中華世紀鐘

2002年5月24日，中共中央政治局常委、国家副主席胡锦涛在黄河尼那水电站工地视察。

摄影：贺建福

李鹏委员长视察小浪底水电站。

2001年7月16日，朱镕基总理、吴邦国副总理视察清江，图为清江公司董事长汪定国向总理一行介绍隔河岩水电站建设运行情况。

摄影：张祖诰

2002年7月，温家宝副总理视察龙羊峡水电站。

2002年3月28日中共中央政治局常委、国务院副总理李岚清同志在贵州省委书记钱运录、省长石秀诗的陪同下，视察“西电东送”工程之一的洪家渡水电站。

摄影：李红灵

2001年3月24日，中共中央政治局常委、中央军委副主席迟浩田视察武警水电部队承建的三峡船闸。

摄影：廖德真　张　雅

2001年6月16日，水利部部长汪恕诚视察武警水电部队承建的永久船闸工地。

摄影：廖德真　张　雅

三峡总公司陆佑楣总经理陪同李锐同志视察三峡工地。

摄影：黄正平

2001年8月8日，国家电力公司副总经理周大兵在黄河公伯峡水电站工地检查指导工作。

摄影：贺建福

2002年1月20日，国家电力公司副总经理周大兵主持小湾水电站开工仪式。

2002年3月，国家电力公司贺恭副总经理陪同国家计委、四川省、云南省领导考察向家坝坝址。

2002年3月27日，国家电力公司贺恭副总经理到龙滩水电站检查指导工作。

摄影：潘炳康

国家电力公司党组副书记、副总经理刘振亚代表国家电力公司在小湾水电站开工仪式上讲话。

2002年6月20日，国家电力公司何璟顾问到龙滩水电站工地检查指导工作。

摄影：潘炳康

中共四川省委书记周永康（右二）视察桐子壕航电枢纽。

2002年1月20日，云南省委副书记、省长徐荣凯宣布小湾水电站开工。

摄影：严镇威

2001年8月8日，青海省省长赵乐际（中）、副省长苏森（右一）等领导在公伯峡工地视察工作。

摄影：贺建福

2002 年 11 月 8 日，三峡明渠截流现场，李鹏委员长、吴邦国副总理及三峡总公司总经理陆佑楣在截流仪式上。

7141

世界最高双曲拱坝，仅次于三峡的巨型水电站——小湾水电站于2002年1月20日在云南小湾举行隆重开工仪式，该电站总装机容量420万kW，首台机组计划2010年发电。

出席小湾电站开工仪式的有国家电力公司副总经理刘振亚、周大兵，云南省省长徐荣凯等领导。 摄影：叶 琳

2001年7月1日，龙滩水电工程正式开工，图为开工典礼会场。

龙滩水电站建设方案专题报告专家评估会。

2001年8月8日，我国“西电东送”的启动工程——黄河公伯峡水电站隆重开工。

摄影：贺建福

2002年3月20日，国家电力公司领导出席公伯峡水电站截流仪式。

摄影：贺建福

2002 年 5 月 18 日，清江流域开发的龙头工程——装机 184 万 kW 的水布垭水电站正式开工建设。

摄影：陈　扬

洪家渡水电站是 2000 年 11 月 8 日国家首批开工的 7 个“西电东送”工程项目之一，2001 年 10 月 15 日成功实现大江截流。

摄影：李红灵

2001 年 10 月 16 日，引子渡水电站截流仪式会场。

摄影：李红灵

大渡河公司授牌仪式。

摄影：李燕辉

2001 年 12 月 26 日，大朝山水电站首台机组发电庆典。

2002 年 5 月，柬埔寨首相洪森为我国援建的基里隆水电站完工剪彩。

大朝山水电站全景。

三峡电站机组安装。

摄影：黄正平

三峡工程双线五级船闸。

摄影：黄正平

三峡水电工地之夜。

摄影：贺建福

三峡 70 万 kW 水轮发电机组转轮吊装。

摄影：黄正平

三峡大坝全景。

摄影：黄正平

云南小湾水电工程导流洞工程进展顺利，图为141联营体多臂钻施工场面。

摄影：粟华中

龙滩水电工程施工全景。

摄影：潘炳康

2002 年 3 月 18 日，黄河公伯峡水电站截流成功。

摄影：贺建福

建设中的紫坪铺水电站右坝肩。

摄影：李燕辉

四川瀑布沟水电站项目评估专家考察坝址。

建设中的洪家渡水电站工程。

乌江渡水电站扩机工程。

摄影：李红灵

2002年6月12日，引子渡水电站大坝经济断面填筑1033高程。

摄影：李红灵

索风营水电站工程，导流明渠开挖正在紧张施工。

摄影：李红灵

位于青海省贵德县境内的黄河上游尼那水电站已进入到施工高峰阶段。该电站是河床式电站，最大坝高48.5米，总装机容量16万kW，是青海省第一个引进外商融资建设的水电站。

摄影：贺建福

李家峡水电站历时水电四局14年的建设，于2001年12月19日通过国家级竣工验收。

摄影：贺建福

棉花滩水电站全景。

摄影：许剑华

中国水电年发电量发展示意图

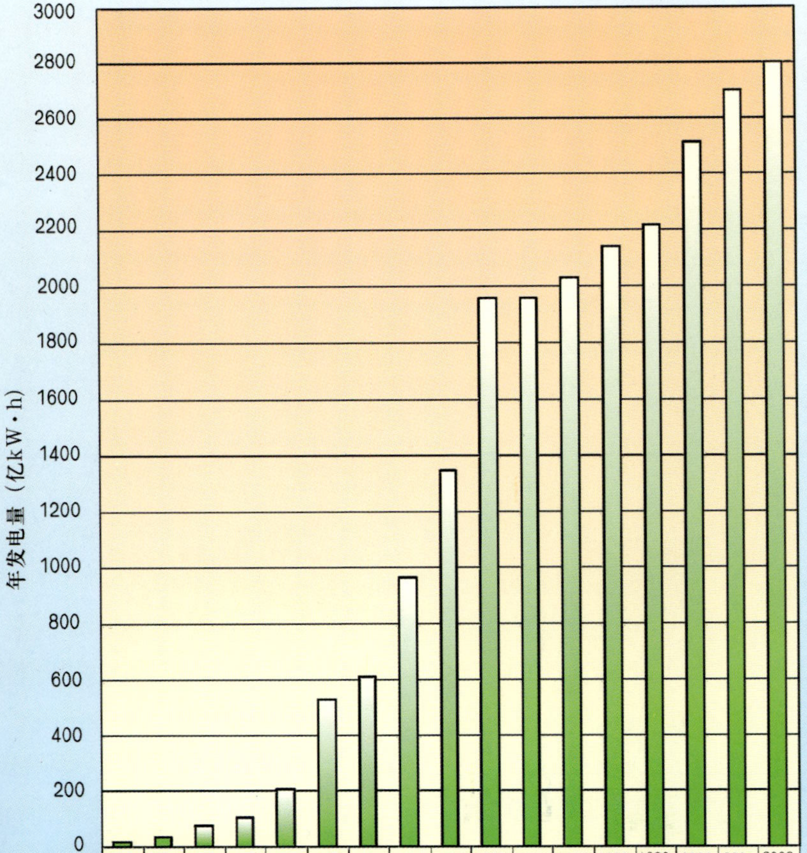

年份	1949	1955	1960	1965	1970	1975	1980	1985	1990	1995	1996	1997	1998	1999	2000	2001	2002
全国合计	18	34	74	104	205	529	611	966	1345	1956	1959	2032	2139	2218	2510	2700	2799

年份

中国水电装机容量发展示意图

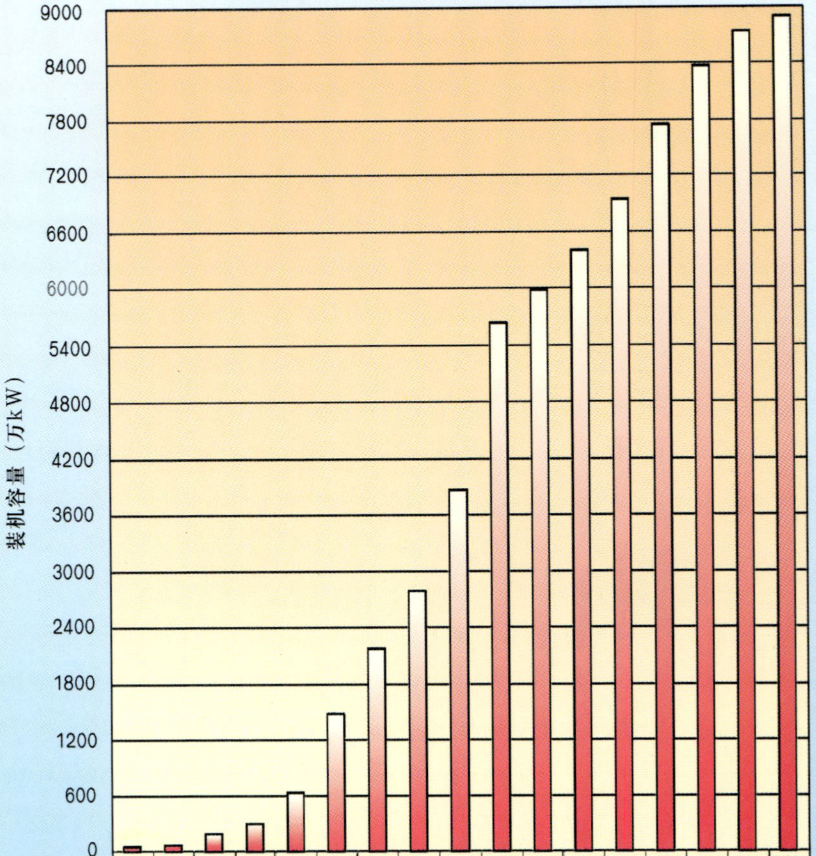

年份	1949	1955	1960	1965	1970	1975	1980	1985	1990	1995	1996	1997	1998	1999	2000	2001	2020
全国合计	54	70	194	302	624	1479	2170	2781	3861	5636	5987	6402	6949	7739	8377	8743	8897

年份

中国2001年装机容量

万kW

总装机容量	水　电	火　电	核　电	风　电
37194	8743	27713	698	40

中国2001年装机容量结构图

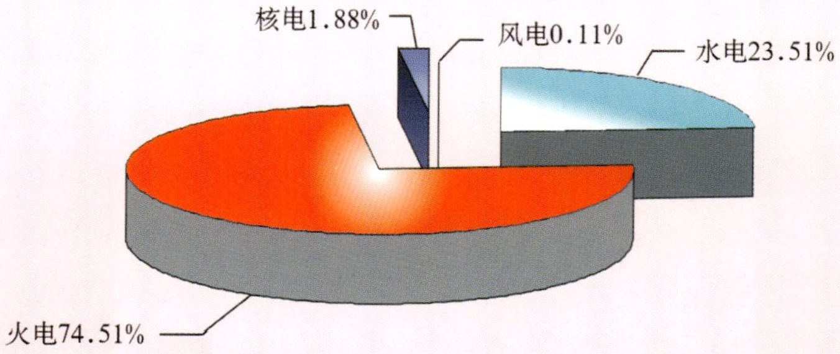

中国2001年年发电量

亿kW·h

总发电量	水　电	火　电	核　电
16296	2700	13044	544

注：总发电量包括风电数据。

中国2001年年发电量结构图

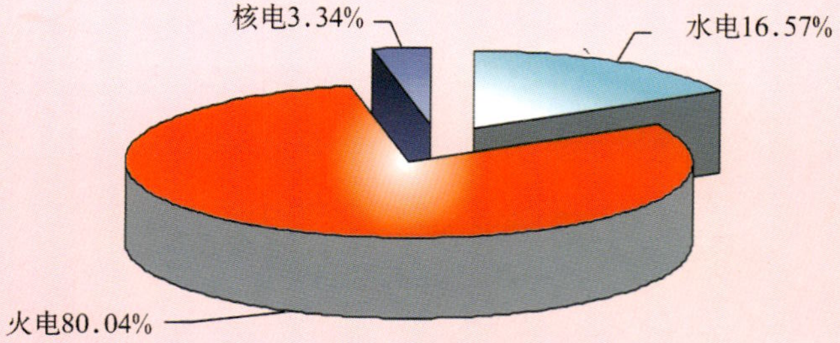

中国2002年装机容量

万kW

总装机容量	水　电	火　电	核　电	风　电
38788.5	8897	28819	1028	44.5

中国2002年装机容量结构图

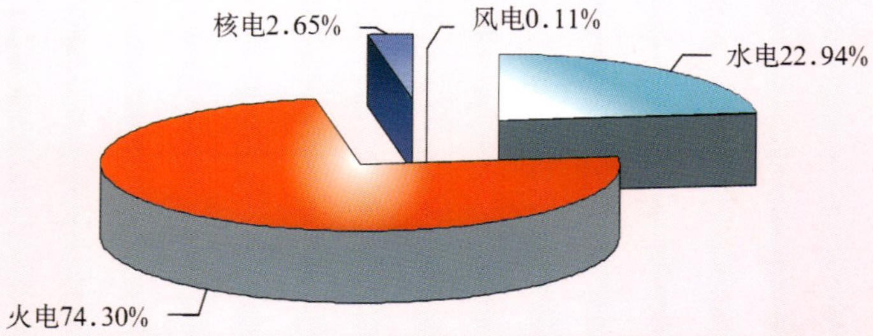

中国2002年年发电量

亿kW·h

总发电量	水　电	火　电	核　电
17857	2799	14419	619

注：总发电量包括风电数据。

中国2002年年发电量结构图

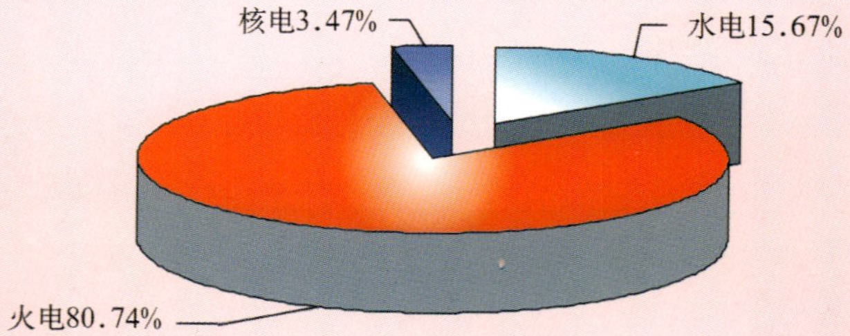

资料来源：中国水力发电工程学会郝凤山秘书长提供。

2001—2002

中国水力发电年鉴

李锐

第七卷

中国水力发电工程学会 主办
中国水力发电年鉴编辑部 编纂

中国电力出版社

二〇〇三年·北京

图书在版编目（CIP）数据

中国水力发电年鉴. 第7卷, 2001年~2002年/中国水力发电年鉴编辑部编. —北京：中国电力出版社，2003
ISBN 7-5083-1625-8

Ⅰ. 中...　Ⅱ. 中...　Ⅲ. 水利电力工业-中国-2001~2002-年鉴　Ⅳ. F426.61-54

中国版本图书馆CIP数据核字（2003）第041265号

中国电力出版社出版、发行
（北京三里河路6号　100044　http://www.cepp.com.cn）
汇鑫印务有限公司印刷
各地新华书店经售
*
2003年6月第一版　2003年6月北京第一次印刷
787毫米×1092毫米　16开本　59.75印张　1979千字　24插页
印数0001—4000册　定价**150.00**元

《中国水力发电年鉴》第七卷

编纂委员会

史振寰　刘　忱　刘本粹　刘连希　刘炎生
刘瑞源　孙玉才　孙洪水　孙荣博　许以敏
朱　军　朱　彤　朱培林　陈兴耀　陈毓骐
陆振刚　李光强　李启友　李良顺　李玲龙
李跃平　李锦文　李鹏程　汪易森　吴远海
吴新琪　肖贡元　杨南安　杨志雄　张长源
张为民　张治源　范集湘　林　干　郑合顺
郑声安　郑征宇　周厚贵　宗敦峰　段荣国
贺建华　胡　斌　姜戌年　姜梦清　柳太康
祝中尧　郭志强　秦云全　夏　忠　夏可风
徐家鑫　徐鹿元　常兆堂　常焕生　黄　坤
黄宪培　蒋效忠　彭学威　童劲松　童显武
蔡声芸　蔡明昌　廖家凯　衡富安

特约组稿人：（以姓氏笔划为序）

王　斌　王守德　王锐林　尤建中　艾玉兰
边建利　叶　青　刘永娟　刘忠长　吕祖珩
孙金库　许传经　朱耀泉　陈为明　陈好军
陈品祥　杜崇玲　李　冰　李东晖　李世东
李定中　李超毅　苏加林　杨世平　杨进川
杨诗经　张志良　张重汶　张晋秋　张淑珍
郑旭东　郑桂斌　费京伟　胡耀斌　姜　斌
高　翔　顾洪宾　袁建新　贾恩红　索华炜
崔　燕　黄　鉴　梁武军　程树荣　葛永明
葛浩然　韩　立　蒋德军　彭景铮　谢力明
戴庆忠

《中国水力发电年鉴》第七卷

编辑出版工作人员

主　　编　郦凤山

副 主 编　毛亚杰　陈叔康

技术编辑　吕玉英　王东棣　蔡明昌　常兆堂　李　新　陆　健

终　　审　朱良镭　丁　雁　张为龙

复　　审　杨万涛　丁　莉

责任编辑　姜　萍　韩世韬　李　嫚

美术设计　杨晓东

版式设计　王　群

责任校对　刘振英　罗凤贤

出版印刷　蔺义舟

编　　务　王　玉　杨瑞兰

编 辑 说 明

（一）本年鉴的时段为2001年～2002年，按序排列为第七卷。框架结构由篇目、栏目、条目三个层次组成。经多方征求意见、编委会审定，本卷年鉴共列22个篇目、1个附录，91个栏目600余个条目。每个篇目以隔页列出，栏目、条目分别用通栏、双栏并铺以不同的网底、以示醒目。

（二）本年鉴属专业性行业年鉴，主要面向全国水电行业从事勘测、规划、设计、科研、建设管理、施工、咨询、设备制造、生产运行、院校教学的工程技术人员、师生和各级领导与有关专家。

（三）本卷年鉴的编辑是以江泽民总书记“三个代表”重要思想为指导，贯彻国家“西部大开发、西电东送”的战略方针，倡导与时俱进、实施水电可持续发展战略，力求全面反映2001年～2002年时段内我国水电行业各个方面所取得成就和技术进步，做到“大事不漏、小事不上”，更好地服务于水电行业。

（四）本卷年鉴保持了结构框架的相对稳定，为了适应西部大开发、“西电东送”的新形势，增设了“西部大开发中的水电建设”、“水电建设与西电东送的电网建设”、“三峡工程及大中型水电站”等篇目；为了反映电力体制改革的历程和进展，本卷年鉴还收录了有关的文件、专家专论等资料；为了便于查阅数据，本卷年鉴单列了“统计资料”篇目。

（五）本卷年鉴实行文责自负，条目的内容、数据、资料、插图等均由撰稿人及有关单位审定。

（六）本卷年鉴的编辑工作实行主编负责制。主编负责总体框架结构的设计、征询意见、组稿与初审等，各篇目的编辑负责稿件的征集、加工与整理。本卷年鉴主编为邴凤山，副主编为毛亚杰、陈叔康；“水电建设与管理”、“水库移民与环境保护”、“国际合作与交流”、“学术团体”及“生产运行与大坝安全”（大坝安全部分）等5个篇目的编辑为陈叔康；“勘测”、“土建施工”、“水电工程经济”、“水电经济效益与社会效益”等4个篇目的编辑为王东棣；“西部大开发中的水电建设”、“水电建设与西电东送电网建设”、“水工设计”等3个篇目和1个附录的编辑为吕玉英；“特载”、“流域开发”、“三峡工程及大中型水电站”、“小水电及农村电气化”等4个篇目的编辑为蔡明昌；“机电”、“技术法规与标准”、“生产运行与大坝安全”（生产运行部分）等3个篇目的编辑为常兆堂；“科技教育出版与信息研究”、“人物与机构”、“统计资料”等3个篇目的编辑为陆健；目录英文翻译为陈秉良。最后还要强调杨万涛和李新两位同志，在本卷框架设计上，卓见多处，使年鉴质量上乘。

（七）本卷年鉴坚持政治的严肃性，历史的准确性，内容的全面性、科学性、实用性和连续性，对历史负责、对后人负责。编辑过程中力求资料详实、语言规范、文字精炼，但由于水平有限和时间仓促，不妥、疏漏甚至错误之处在所难免，敬请广大读者批评指正。

联系地址为：100761　北京宣武区白广路2条1号中国水力发电工程学会《中国水力发电年鉴》编辑部。

本卷主编：邴凤山

2003年1月

中国水电事业的改革和发展

（代 前 言）

贺　恭

中国水力发电历经数十年的发展，卓有成就，在能源、水利、环保等领域乃至整个国民经济中的地位已十分显著。然而，水能资源的开发率和开发水平仍有待进一步提高。在当前和下一步的改革中，水电如何发展，各方均很关注。本文谈一些看法和建议，就教于有关领导、专家和水电的实践者，目的在于促进水电事业的进一步发展。

一、正确看待水电发展的现状和前景

建国50多年来，特别是改革开放20多年来，中国的水电事业有了巨大的发展。1978年水电全部装机不足千万千瓦，而2001年已达到8300万kW，大于同期整个电力装机从5000万kW到3亿kW增六倍的增长速率。不论是水能资源的开发比例（已达到23%），开发规模（除了金沙江外，全国十二大水电流域基地都已启动或已形成梯级滚动开发的态势），开发技术水平（从大坝的坝型种类、高度及装机水平、综合利用水平已跃居世界前列），还是开发机制、管理水平（以流域梯级滚动开发为目标的流域开发公司机制和以市场经济体制为主的“五制”管理方式已广泛运作），都取得了好的业绩和成效。

近几年来，随着党中央开发西部战略的实施，酝酿多年的“西电东送”三条通道逐步展开建设，水电新的春天来到了。红水河、澜沧江、乌江的水电和贵州、云南的部分煤电向以广东为主的负荷中心地区送电的南通道率先启动并快速展开，将在2004年达1000万kW，随后几年将向送电2000万kW的台阶迈进。随着2003年三峡水利枢纽开始发电及金沙江中段和四川水电的开发，向华东、华中送电的中通道也将逐步形成规模。“西电东送”北通道则是以黄河上游的水电和晋、陕、蒙、宁的煤电“打捆”向华北、山东以至华东送电，近期，晋、蒙部分煤电的启动已拉开了北通道的序幕。

更可喜的是，随着各主要江河的大型水电项目的出现，加上中央倡导的能源结构调整，全国在500千伏乃至更高等级的联网工程也在逐步启动，并将逐步实现全国联网，使中国电力工业上到崭新的台阶。同时，流域水电的开发极大地促进了水利事业，一批调节性能较好的水库出现，不仅将逐步改善东送水电季节性起伏太大的缺憾，而且将使主要江河的防洪标准都有显著的提高，真可谓造福人民，泽被后世！

事实已雄辩地说明，只要国家重视，改革方针正确，在社会主义市场经济体制下，水电一定可以大发展，而水电的发展对电网的建设及国民经济的影响举足轻重。

中国水电发展的前景十分诱人。一方面由于资源和市场的广阔，水电将在很长一个时期处于开发的黄金时期；另一方面，按可持续发展的战略和能源资源的平衡，水电应进入一个加快发展时期。按照有关部门所做的中长期发展规划和专家们的预测，到2030年，中国的电力装机将达到10亿kW（看上去数字很大，按人均也仅700～800kW，与发达国家或国际平均水平的1000～2000kW相比仍不高），而水能资源全国为3.78亿kW，即使全部开发出来，也只占总装机的30%多，核电、气电、风电等要有一定规模的发展，但电力装机中占大头的仍然是煤电，这是中国能源结构的特点。在未来30年发展的过程中，应加速发展水电，既对环保有利，也对能源资源的战略平衡有利。按现在的发展速度和规模，每年平均新增装机1500万~1800万kW，大体上，水、火电各占一半，30年后，水电装机可达3亿kW，水能资源的开发率可达75%左右，那我国就基本上达到了一些发达国家在电力发展过程中大力发展水电，使水电开发尽快达到较高比重的水平。

然而，要实现水能资源的持续开发，是很不容易的。从目前水电建设水平来看，还有很大的提高及改进的余地，否则难以实现快速发展。从国家宏观发展战略和改革看，既要坚持不懈，又要有具体的政策导向，也需要解决不少问题。因此，水电开发的春天要保持下去，需要各方面的努力，需要解决一系列问题，对此我们要有清醒的头脑，要有可行的措施，从宏观到微观方面都要付出巨大的努力。

二、对水电要有准确的定位及相应的政策

任何一个国家利用水能资源都企望至少达到两个目的，即充分发挥其成本低廉及无污染的优势，以及由于调节性能好、启动快而在电网运行中的调峰作用；其二则是水利枢纽的作用，即充分发挥防洪、灌溉、供水等有益于社会和经济发展的功能，这一点是任何其他能源资源所无法替代和做到的。从中国来看，多数水电工程项目也都是从两个方面考虑的。那么，作为政府在宏观决策时，对水力发电的定位就应当从这两方面出发，特别是流域开发的大型水电项目，一方面强调水力发电在能源和电网结构中的重要性，或简言之，水电的电力效益；另一方面则要十分注重其不可或缺的社会功能，即水电的社会效益。进一步说，可以对水电的定位这样概括，即水力发电是具有巨大经济效益的能源资源，更是有巨大社会效益的公益性事业。这样定位既符合水力发电的特点，也是极具战略性、有益于水电大力发展的重大方针。

在这样的战略定位和方针指导下，从政府决策和宏观调控的角度，就有如下四个方面的问题需要解决。

第一，在能源总体规划和供求总量平衡的前提下，应大力和加速发展水电，适度控制化石能源资源的开发。

中国的能源资源毕竟是有限的，化石能源适度控制，有利于战略储备，有利于国家的长治久安。而水能资源则流去不复返，常言“一江春水向东流，流的都是煤和油”，就是这个意思。而且从水能资源开发的特点出发，要超前规划，超前建设，才能满足需要，所以必须及早抓，及时抓。当然，讲适度控制化石资源开发，并非一刀切，在煤炭资源丰富的地区，而水能资源开发又有个时间过程的情况下，因时制宜，因地制宜，宜水则水，宜火则火，采取实事求是的做法。但是，从国家的战略考虑，应把加速、加大水电开发的力度摆在首位。

第二，在投资上要划分清楚公益性社会效益和发电自身效益，以便采取不同方式管理，也利于水电投资的筹集和管理责任的明确。

简言之，水力发电的社会功能，如防洪、供水、灌溉、交通等属于公益性事业，应由国家来办，即政府用纳税人的钱作为投资来办；而电力效益则是企业的事，应在市场上筹集资金，走市场运作的路进行融资管理。长期以来，功能不分，投资不清，一股脑儿压在发电回收一条路上，既不真实地增加水电电力一块的造价，又使电价测算、资金管理方面出现混乱的情况，应下决心调整，“桥归桥，路归路”。

第三，运用经济杠杆和合适的政策进行调控。从国家的宏观战略出发，为利于水电发展，特别是西部大型水电项目的开发，运用经济杠杆和政策进行调节是十分必要的。

数年来，水电界一直呼吁增值税应降低至与火电相同，即“实行国民同等待遇”问题应予及时解决；有些地方政府在收取有关费用、纳有关税收的问题亦不应把水电当作“唐僧肉”；西部开发及对外资、合资企业的一些鼓励政策亦应在水电事业上充分地落实。

第四，进一步抓好水能资源开发规划。

前已述及，水力发电是一项涉及面很广的系统工程，从广义上说，属于国土资源的综合开发利用范畴和国民经济发展的东中西战略；从狭义上说，至少与能源规划、电力发展、江河治理、农业发展、西部开发、内河交通、环境保护等有直接关系。这样的综合系统规划的组织领导协调只能由国家和政府综合部门来抓，才能顺利进行，统筹安排，并且从长期、中期、短期的总体计划上逐步分阶段实施。

上述几方面工作并非政府的全部工作，而且多年来，这些工作也在展开，但缺乏总体上把握和落实，而且经常出现或者政府全管起来，“一统就死”，或者大多推向企业，“一放又乱”的两个极端的情况，在水电事业改革的过程中，应予避免。

三、要努力克服长期以来影响水电发展的工期长、投入大、供电起伏大的弊端

应当指出，水电工程，特别是大型项目，由于水文、地质条件复杂，工程量巨大，不少技术问题需要实验论证，因此，较化石能源资源开发和小型水利水电项目，工期长、一次投入投资大，业主负债率高且周期长，再加上如果水库调节性能差，其电能季节性变化大使受端在电量平衡上须采取一些措施。这些情况，本身就是水电的特点，因此，才需要从电力布局、电网结构的总体规划上予以平衡。这些情况的长期存在，既影响投资者的积极性（电力体制改革后，厂网分开之后的发电公司就面临着投资大型水电项目的艰难选择），也使得电网在受端要增加煤电等季节性的补偿容量，对电网安全、稳定运行是有益的，但同时也占领了水电送出的市场空间，甚至可能导致重复建设，影响水电工程项目的“上马”。因此，工期长、投资大、电能季节性强的三个问题，确实是影响多上水电、早上水电、上大水电的重要因素，而这些因素除了一些社会问题制约外，有不少是水电自身的问题。所以，笔者用“弊端”一词，可能比较尖刻，就在于对此问题的解决要大声呼吁，决不可不以为然，束之高阁，或因循守旧，不去探索。水电战线的同志们都有责任以改革创新的精神，以对水电事业高度负责的态度，下决心从自身做起，逐步克服此“弊端”。

首先，要从规划、设计入手，在流域规划、电源点的设计上，必须把增加调节性能、减少工程量和加快设计进度作为主旨。这里既有设计创新的问题，再不能沿袭传统的保守的设计思路，而要注入新的设计思想，当然也不能再以工程量的大小计取勘测设计费。业主、投资者要以技术创新以达到工程量小、周期短的程度来计取设计费，对设计优化要予以奖励。也有前期工作费投入的问题，不加大、加快设计费的投入就难以缩短设计周期（目前的状况，火电设计周期为三年左右，而水电则要十年左右，太长了！）。业主单位或设计单位要通过设计费的商业化运作筹集足够的前期费用（如投资者投入设计费就等于对电站参股，享有股东的权利等），使得设计者能集中力量和时间尽快完成设计。当然，前期工作的程序过于繁琐，也应当由权威机构研究其简化而有效的做法。

第二，要努力缩短施工周期。过去能源部领导曾提出，一个大型水电项目，从截流开始，要在不超过五年内首台机组发电。应该说，已有不少项目实现了，这是一个进步。根据新的形势要求，随着技术进步，特别是施工装备、施工方法的改进与竞争机制的实施，这个工期还应当可以再缩短。我们高兴地看到，已完成建设向生产移交的棉花滩水电站，正在建的黄河公伯峡水电站，都在截流后3～4年完成首台机组发电。当然每个电站的施工环境、难度不尽相同，但只要施工措施得当，追求技术创新，业主得力而有效的组织协调，缩短工期，以节约投入，降低造价，尽快送电形成效益是可以做到的，也是我们应当不断追求的目标。

第三，实行科学合理的调度，把电网调度与流域梯级调度结合起来，最大限度挖掘水电的调节性能，改善供电稳定性。一个流域的梯级开发，不可能也不需要要求每个电站都有调节性能好的水库，必然有龙头水库和受到其补偿或反调节作用的其他梯级水库。只要调度得当，一个流域若干个梯级电站，以至跨流域的水电站群，就可以进行科学合理的组合，以期实现水能资源的最优综合利用，可以很大程度上解决枯水期、洪水期的供电起伏以及电网峰谷差的调节。同时，电网受端研究和落实的重点应放在加大安全措施上，解决好远距离送电安全保障的技术措施，以充分利用水电，而不要把主要精力放在增加补偿容量上。这样一个指导思想上的调整，值得从事电网规划和运行的技术部门认真研究对待。

四、坚持流域梯级滚动开发机制，不断规范水电建筑市场

有好的资源，有正确的战略和方针，还必须有合适的机制去组织实施。经过 20 年的实践和摸索，实行流域梯级滚动开发是一个好的运作机制。一条可资利用的河流，组建一个公司化运作的把建设与运营结合起来的实体，逐个地或成批地将河流已规划好的梯级电站不断地建设起来，源源不断地向电网和用户提供稳定的优质电能，并以水电开发为龙头，对流域的其他产业进行投入或参与开发，以期推动整个流域地区的经济和社会发展。这样的机制完全符合国家可持续发展的战略方针，有利于水能资源的充分利用，有利于调动投资者的积极性和公司的自我积累与投入产出的良性循环，也有利于流域水电开发和发展电网的结合。目前全国范围内已有十几家流域公司，大多是按照这样的路子在往前走，已有不少公司的实践充分说明这一机制的生命力。当然，有的还刚刚启动，还有一个艰苦的实践过程方能达到滚动开发和良性循环的阶段。

在电力体制改革的方案设计过程中，对流域开发体制，各方面是认同的，在当前和下一步，笔者认为还有需要进一步完善和规范的地方。

第一，流域开发公司要加速现代企业制度的改制或调整的步伐。要完善法人治理结构，按照现代企业制度的有关要求规范运作，对流域开发和经营的重大问题，进行科学的决策和有效实施。要确立企业的远景战略规划，把企业发展同流域开发有机地结合，并分步实现。要大力倡导技术创新，在流域开发过程中，不断提高技术水平。要努力培养一批年富力强的有志于中国水电建设的，既懂专业，又会管理的人才。

第二，要进一步规范水电建筑市场，特别要注意规范招投标，逐步引导竞争机制，从自由的、无序的竞争逐步进入到规范的、有序的竞争，以实现从市场经济初级阶段向高级阶段的转换，这一个过程，需要业主和承包商互动的努力。一方面，施工企业要转换机制，甚至进行必要的重组，形成若干个强有力的企业集团，而不是像现在，一个项目，几个、十几个企业一窝蜂地统统涌去，结果造成过度竞争，低价中标，最终对业主、对承包商都不利，甚至影响到合同乃至项目的正常运作。这样的投标不乏其例。应当指出，中国十几个水电施工企业形成有其历史过程，是在计划经济年代，行政区域切割的结果，在历史上为中国水电的发展起了重要的作用。在市场经济时代，在技术进步而水电施工人数又相对过剩的今天，水电施工企业的改革和重组势在必行，虽然这一过程已实际在启动，已形成的针对不同项目的若干个联营体，可以说是雏形，但还须抓住电力体制改革的历史机遇进一步主动改革，把水电施工企业艰苦奋斗的老传统与现代企业制度相结合，进一步焕发中国水电建设者的时代精神。另一方面，则要依靠流域开发公司（以及今后的发电集团公司）作为业主去规范去引导，切不可把项目造价的控制仅仅依靠招标竞争省了几个钱而沾沾自喜。应当明确，规范市场、有序竞争、合理价格和技术创新、加强管理的结合才是项目上台阶、实现投入产出优化的正确路子。

第三，要注意处理好引进先进技术和促进装备、设备国产化的关系。中国水电的发展，对装备、设备的新的技术要求给国内设备的制造生产带来了前所未有的机遇，但在一些技术水平上，又和先进国家大企业集团相比有差距，流域开发公司的历史责任就在于既要坚持市场竞争和开放的格局，又要帮助国内企业有技术进步的实践机会，已有不少重要的项目较好地处理了这个关系，值得倡导。

五、抓住机遇，把中国水电推向世界

随着我国加入世贸组织，随着全球经济一体化的到来，中国的改革开放政策还在深入进行，在国际企业向中国市场卷来的时候，中国的企业怎么办。面对这样重大的课题，中央适时地提出了“走出去”战略，这不仅是企业的宏观发展战略，也是中国市场经济发展的战略，会对中国经济发展和在国际经济中的地位产生极其深远的影响。包括中国水电企业在内的电力系统积极响应和落实“走出去”的战略，近几年来在过去经援、经贸的基础上，已在东南亚、非洲、中亚、南美等地区，通过竞争，承揽了不少项目。如水电总公司和葛洲坝集团联手承包了被当地誉为埃塞俄比亚“三峡”的泰可泽水电站，合同金额达2.24亿美元。近两年，这两个公司的对外承包额已达同期总承包额（国内、国际总和）的1/5和1/6，成绩斐然。而且，通过项目入手，建立信誉，达到了不断开拓市场，扩大市场占有率的目的。更重要的是，培养了一批涉外经营的人才，将长远地起到作用。

但是，我们应当清醒地看到，一方面，中国水电经过多年来、特别是近二十多年的发展，在技术水平上有了巨大的进步，与发展中国家形成了一个明显的差距，这是我们能“走出去”的基本条件；再加上中国水电建设者所保持的吃苦耐劳精神，较发达国家又形成了一个优势。当然，中国国力的增强和在世界上地位的提高是我们“走出去”最基本的条件。另一方面，由于封闭太久，中国水电界缺乏熟悉国际商务、法律等国际商业规则的人才，各国的环境，条件又各异，我们承包的项目从总体上看，还属零星的、小型的，具有规模的还较少，有一个逐步拓展的艰苦过程，真正在国际上如其他一些跨国公司打响品牌、形成优势还有待时日。因此，在当前和下一步要做好以下一些工作：一是要不断总结经验教训，既加强对“走出去”战略的深刻理解，更在于把此战略与本单位（水电施工企业，流域公司及今后的发电集团公司以及勘测设计咨询单位等）的发展战略结合起来。二是切实搞好承包项目，真正达到一些单位提出的“建一个项目，树一座丰碑，交一方朋友，拓一片市场”。三是大力培养适合国际商贸和承包工程的复合型人才，要逐渐组建一批既懂得专业技术，更懂得国际合同和商务运作的队伍，这是根本。

国家电力体制改革正在深入进行，改革是动力，它必将对中国电力，中国水电的发展产生巨大的影响。但一个改革方针的落实，并非一蹴而就，还有一系列的配套和磨合工作需要进行。让我们以饱满的政治热情和务实精神，投身改革，抓住机遇，推动中国水电事业的进一步发展。

（本文系笔者根据贺恭同志2002年8月21日在中国水力发电工程学会建设管理专业委员会年会上的报告改编而成）

篇　目

目　录

2 西部大开发中的水电建设

3 水电建设与“西电东送”电网建设

4 流域开发

5 三峡工程及大中型水电站

6 水电建设与管理

7 水工设计

8 勘　测

9 施　工

10 机　电

11 水库移民与环境保护

12 水电工程经济

13 水电站经济效益与社会效益

14 运行管理与大坝安全

15 小水电及农村电气化

16 科技教育出版与信息研究

17 技术法规与标准

18 国际合作与交流

19 学术团体

20 人物与机构

21 统计资料

22 大　事　记

附录 国外水电发展情况

内　容　索　引

CONTENTS

Ⅰ. Specials

Development plan

Important Documents

Essential Literature

Experts 'forum

Structural reform of power industry in China

Ⅱ. Hydropower construction in Western Region Development

Ⅲ. Hydropower development and the west to east power transmission grid construction

Ⅳ. River Basin Development

Ⅴ. Three Gorges project and other hydropower projects of large or medium size

Ⅵ. Hydropower development and management

Ⅶ. Hydraulic Structures Design

Ⅸ. Construction

Foundation treatment

Excavation blasting

Others

Ⅹ. Electro-machinery

Hydropower generating units and accessaries

High and low voltage electric apparatus

Ⅻ. Hydropower engineering economy

XIII. The economic and social benefits of hydropower projects

Revenue analysis of hydropower projects

Policy and revenue compensation study

XIV. Operation and dam safety

Operation management

The extension of hydropower plants

XV. Rural hydropower (small hydropower) and electrification

XVI. Science, technology, education, publication and information research

XVII. Techical standards and regulations

XVIII. International cooperation and exchange

XIX. Academic societies

XX. Figures and Organizations

XXI. Statistics Information

彩色插页目录

到施工高峰阶段。该电站是河床式电站，最大坝高48.5米，总装机容量16万kW，是青海省第一个引进外商融资建设的水电站。

棉花滩水电站全景。

李家峡水电站历时水电四局14年的建设，于2001年12月19日通过国家级竣工验收。

水电单位简介

中南勘测设计研究院
中国水利水电建设集团公司
中国安能建设总公司（中国人民武装警察部队水电指挥部）
云南大朝山水电有限责任公司
黄河上游水电开发有限责任公司
云南澜沧江水电开发有限责任公司
贵州乌江水电开发有限责任公司
中国水利水电基础工程局
中国水利水电闽江工程局
中国水利水电第四工程局
中国水利水电第七工程局
中国水利水电第十四工程局
福建水口发电有限公司
四川杂谷脑水电开发有限责任公司
红水河龙滩水电工程
能达公司

1

特　载

发 展 规 划

国家计委“十五”能源发展重点专项规划（摘要）

一、能源发展现状及“十五”面临的形势

（一）能源发展取得了巨大成就

1. 能源产量迅速增加。2000年全国一次能源生产量预计为10.89亿t标准煤，居世界第三位。2000年的原煤产量为9.98亿t；原油、天然气产量分别为1.63亿t和270亿m^3；发电量为13500亿kW·h，其中水电为2400亿kW·h，核电从无到有，2000年核电发电量164亿kW·h，太阳能、风能、地热等新能源的生产能力也有不同程度的提高。能源产量的迅速增长，使我国能源供需矛盾总体上趋于缓和。

2. 能源结构不断优化。在一次能源消费总量中，煤炭消费量所占比重2000年降为61.03%；石油、天然气和水电等的比重逐步提高，2000年上升为38.97%。在一次能源生产总量中，石油、天然气和水电生产量所占比重2000年分别上升为20.94%、3.3%和9.64%，新能源和可再生能源发展迅速，优质能源生产比重有所提高。能源结构的调整，为提高我国能源质量和能源利用效率以及改善大气环境等做出了一定的贡献。

3. 能源工业重大项目建设进展顺利。“九五”时期我国煤炭工业基本建设速度虽然较“八五”时期放缓，但仍然开工建设了山西平朔安家岭1500万t大型露天煤矿等一批矿井；天然气建设步伐加快，投产了南海崖城13-1气田及至香港管线，陕甘宁气田及至北京、西安、银川管线等项目；电力建设继续保持较快增长，长江三峡水电站建设进展顺利，四川二滩水电站投产，城乡电网建设和改造大规模展开；以国产化率不断提高的大型风力发电机组为依托的“乘风计划”和为解决偏远地区无电人口用电问题的“光明工程”都取得了初步进展。

4. 现代化程度进一步提高，技术水平不断迈上新台阶。电力工业已基本掌握60万kW亚临界火电机组和500kV交直流输变电工程的设计、施工、调试及运行技术；具备了修筑240m双曲拱坝、180m级各类大坝及施工大型抽水蓄能电站的能力；电网运行初步实现了自动化、现代化管理。我国电力工业发展进入了以大机组、大电厂、大电网、超高压和自动化为主要特征的新阶段。

5. 能源工业管理体制改革取得不同程度的进展。煤炭工业将94个原国有重点煤矿以及企事业单位全部下放地方政府管理。煤价基本放开，煤炭生产、运输和销售全面进入了市场。

石油天然气工业重组了石油、石化两大公司，实行勘探开发、加工利用、内外贸一体化，两大公司核心业务和非核心业务进行分离，并成功地在海外上市。原油、成品油价格实现了与国际市场的接轨。

电力工业初步实现了政企分开，确立了“厂网分开、竞价上网、国家监管”的改革目标，并在部分省市进行改革试点。

通过改革，中国能源行业市场化程度进一步提高，市场机制的作用越来越明显，管理体制和价格体制逐步与国际接轨，为今后发展创造了条件。

6. 节能工作成绩显著。在“开发与节约并举，把节约放在首位”方针指导下，我国节能工作取得了巨大成就。“九五”时期，国内生产总值能耗下降了30%，预计由1995年的3.97t标准煤下降到2000年的2.77t标准煤；年节能率达到7.2%，节能率居世界前列，节约和少用能源4.1亿t标准煤左右。

（二）能源发展中仍存在许多亟待解决的问题

我国能源发展虽然获得了长足进步，成为世界能源生产和消费大国，但仍存在着许多深层次的问题，有些矛盾在新的形势下显得更加突出。

(1) 随着能源供求总量矛盾的缓和，结构性问题上升为主要矛盾，成为制约能源工业进一步发展的关键因素。

(2) 能源工业技术水平有待进一步提高。

(3) 能源工业管理体制还远远不能适应完善社会主义市场经济体制的总体要求，改革的任务仍然十分艰巨。

(4) 节能提效工作亟待加强。

（三）“十五”能源发展面临的形势

(1) 经济全球化趋势，特别是加入WTO将给我国能源发展带来新的机遇和挑战。

(2) 国民经济变化趋势将对能源发展产生重大影响。

(3) 实施可持续发展战略对能源发展提出了更高的要求。

二、“十五”能源发展重点

“十五”计划是进入21世纪的第一个五年计划，我国综合国力将进一步增强，社会主义市场经济体制将更加完善，产业结构不断升级，科技创新和体制创新对社会经济发展的贡献将加大。与国民经济和社会发展相适应，“十五”能源发展战略的初步考虑是：“在保障能源安全的前提下，把优化能源结构作为能源工作的重中之重，努力提高能源效率，保护生态环境，加快西部开发”。

(1) 保障能源安全：能源安全是国家经济安全的重要组成部分。根据我国的具体国情，从发挥资源优势的原则出发，在“十五”乃至更长的历史时期内，必须继续坚持基本立足国内供应的方针，煤炭作为能源主体的地位不会发生变化。

(2) 优化能源结构：面对经济结构调整和人民生活水平提高对清洁能源的迫切要求，必须充分利用国内、国际“两种资源、两个市场”，优化我国一次能源结构，提高天然气、风电、太阳能光伏发电和水电等清洁、高效的优质能源的比重，逐渐减少煤炭终端消费的数量。要抓住能源供应缓和的历史机遇，推进能源各行业的结构调整，实现均衡发展，提高能源工业总体发展水平。

(3) 提高能源效率：针对我国能源利用效率低、人均资源贫乏的现实，要在继续坚持合理利用资源的同时，把节约能源、提高能源效率放到重要位置，推进技术进步，发挥市场作用，促进提高能源效率。

(4) 保护生态环境：在新世纪的能源建设中要全面开发清洁能源，大力发展洁净煤技术。根据我国经济发展状况，积极开发新能源和可再生能源，大力发展和推广应用包括煤炭洗选、型煤、动力配煤、水煤浆、炼焦、煤炭气化、煤炭液化和地下气化等洁净煤技术，积极发展中煤、煤泥和煤矸石综合利用项目(发电、建材加工等)，以达到提高煤炭利用效率和保护环境的目的；加大对煤层气资源勘探开发的投入，扩大对外合作，优先安排煤层气勘探开发项目，建立和完善煤层气产业政策，力争使煤层气开发有大的突破，初步形成新兴的煤层气产业；大力发展高效大型燃煤电厂，逐步淘汰小火电，并从现在开始除中西部地区部分坑口电厂外，凡新建、扩建燃煤电厂一律加装脱硫装置，暂时不设脱硫装置的电厂也要从设计上预留位置。发展大型循环流化床发电和煤气化联合循环发电，避免和减少能源开发和利用引起的环境污染，促进能源、经济与环境的协调发展。

(5) 加快西部开发：结合国家西部大开发战略，充分发挥西部能源资源优势，加快清洁能源发展。全国水电可开发量为3.78亿kW，其中70%集中分布在西部地区，开发前景广阔；西部天然气资源丰富，风力发电、太阳能光伏发电等新能源与可再生能源有明显优势。在有利于带动当地经济和社会发展的前提下，积极推进“西气东输”、“西电东送”和“光明工程”等的实施。

(一) 煤炭（略）

(二) 石油天然气（略）

(三) 电力

加快体制改革，加强电网建设，积极发展水电，优化火电结构，适当发展核电，因地制宜发展新能源发电。

1. 加快体制改革　从中国国情开发，借鉴国外成功经验，引入竞争机制，由市场配置资源，由供需决定价格。进一步加快体制创新步伐，为电力工业乃至整个国民经济的发展注入新的活力。

重点加强电网建设在“九五”期间建设城网、农网经验的基础上，在新世纪继续安排好农网城网建设的同时，集中力量做好以下工作：一是抓紧建设北、中、南三个输电通道，形成“西电东送”的基本格局；二是重点发展跨省、跨地区输电线路，积极推进区域电网的互联，初步完成不同来水特点流域电网之间、不同峰谷时段电网之间的联系，实现电量补偿调度，装机互为备用，提高供电质量，优化电力资源配置；三是加强区域内主干电网建设；四是同步建设电网二次系统。

根据逐步形成北、中、南三个跨区互联电网的总设想，结合近期“西电东送”的需要，“十五”期间，跨区送电和联网工程建设计划新增500kV交流线路2500km、直流线路4345km。

2. 城乡配电网建设与改造　“十五”期间，要继续按照国家批准的规划方案，完成全国2400个县、1900亿元的农村电网建设与改造工程。理顺农电管理体制，降低损耗，提高供电能力与质量，实现城乡用电同价，在此基础上，“十五”期间还要根据小城镇建设的需要，进一步做好县城和乡镇电网的规划与建设。

城网建设与改造工作要在做好规划的基础上，完成全国270个地级以上城市、1280亿元的城网改造工程，逐步在重要城市实现电网的双环网结构，不断提高城市中心区电缆化比例，同时，要加强中低压配电网络的改造，基本实现一户一表。

3. 水电建设　根据西部大开发的需要，在确保不恶化生态环境和电力市场落实的前提下，优先发展西部地区调节性能好、水能指标优越的大中型水电站和流域综合开发项目，如南部通道的澜沧江小湾水电站、红水河龙滩水电站，中部通道的长江三峡水电站，北部通道的黄河上游公伯峡水电站等。在水能资源贫乏、系统峰谷差大和电网调峰能力弱的华东及华北等地区，选择经济技术条件好的站址适当建设抽水蓄能电站。安排好水能资源的普查和河流资源规划等前期工作，为水电资源的进一步开发创造条件。“十五”期间，水电新开工规模约为2730万kW，其中抽水蓄能电站740万kW；共计投产1274万kW，其中抽水蓄能电站110万kW。

4. 火电建设　根据电力平衡测算，尽管个别地区到“十五”末期电力仍会相对富裕，但从全国来看，在消化了在建项目投产能力和关停1420万kW小火电的前提下，仍需开工并投产火电约2570万kW。优先建设大型超临界机组国产化和洁净煤发电依托项目，“西气东输”燃气电站及“西电东送”坑口电站项目等。为“十一五”及以后电力增长需要，必须做好前期工作并适时在“十五”后期开工的项目主要有山西、内蒙古和贵州等地的“西电东送”项目，天然气开发配套燃气电站项目，以及必要的水火调剂和调峰项目等。这些项目将根据未来电力市场变化情况，在“十五”执行过程中适时进行调整。

5. 核电建设　在抓好在建核电项目的基础上，“十五”期间，择机开工建设核电国产化依托项目。

（四）新能源与可再生能源

继续实施“乘风计划”，加速风电设备国产化步伐。主要安排建设新疆、内蒙、河北、吉林、辽宁、湖北和广东等地的风电场，建设规模约50万kW。选择条件适宜的大型风力田，实施国际招标，建设大型风电场示范工程。同时，结合“乘风计划”的实施，千方百计提高我国大型风机自主研制开发能力，努力降低风电成本，使风机国产化率从目前的40%提高到“十五”末期的70%。

加速推进“光明工程”，基本解决无电地区的人民用电问题。“十五”期间，要根据“中央扶贫工作会议”精神，通过风力和太阳能发电设施的建设，力争使800万无电人口的人均装机容量达到100W的水平。

加强农村能源综合建设工作。“十五”期间，要继续加大农村能源综合建设力度，为促进农村能源与经济社会的同步发展做出贡献。

（五）能效

实施“电机系统节能”计划。目前，我国有70%的电机只相当于国际上20世纪50年代的技术水平，电机驱动系统能效比国外低20%左右，节能潜力巨大。“十五”期间，要通过“电机系统节能”计划的实施，实现年节电1000亿kW·h。

实施重点耗能行业节能示范工程。计划在冶金、有色金属、建材、化工和石化等行业创办节能示范工厂，通过对工艺、技术和设备的全面改造和大量使用节能材料，实现系统节能，带动全国节能提效工作的进一步发展。

在城市推广“以热定电”的热电联产、热电冷三联产和热电煤气三联供。在北京、上海和成都等有条件的城市开展燃气蒸汽联合循环热电联产试点，以提高能源利用效率，改善城市环境。

三、“十五”能源发展的主要政策和措施

(1) 加快改革步伐，逐步建立与社会主义市场经济相适应的能源工业管理体制，为能源工业发展提供体制保证。

(2) 建立和完善以经济法律手段为主、辅以必要行政措施的能源发展宏观调控体系。

(3) 积极研究制定加快中西部能源开发的政策措施，保证和促进中央“西部大开发”战略部署的实现。

(4) 积极支持海外油气基地的开发建设。

(5) 进一步落实《节能法》，提高能源效率。

国家经贸委电力工业“十五”规划（摘要）

一、基本情况

（一）“九五”期间取得的成就

1. 生产能力持续增长，消除了电力“瓶颈”的制约

“九五”以来，电力工业继续保持快速发展势头，发电装机容量年均增长8%，长期存在的严重缺电局面得到了基本缓解，消除了电力对国民经济和社会发展的“瓶颈”制约。到2000年底，全国发电装机容量达到31932万kW，其中水电7935万kW，占24.9%；火电23754万kW，占74.4%；核电210万kW，占0.7%；风力、太阳能等新能源发电约33万kW。全年发电量达到13685亿kW·h。发电装机容量和发电量均居世界第二位。全国220kV及以上输电线路达16.4万km，其中500kV输电线路2.7万km；220kV及以上变电容量41000万kV·A，其中500kV变电容量9400万kV·A；500kV直流线路1045km，额定换流容量120万kW。

2. 形成了比较完备的电力工业体系，技术装备水平不断提高

3. 电力体制改革取得一定成效

根据社会主义市场经济体制改革的总体要求，从

电力工业的实际出发，国家采取了一系列的改革措施，有力地推动了电力工业的发展。通过实行集资办电和利用外资政策，发电环节基本形成了多元化的投资格局；电力企业加强管理、转变经营机制、建立现代企业制度的工作稳步推进；电力工业政企分开、农电体制和厂网分开、竞价上网试点三项改革取得了一定成效，为进一步深化电力体制改革积累了经验、创造了条件、奠定了基础。

4. 电力法规框架初步形成

《中华人民共和国电力法》从1996年4月1日起开始施行。目前，以《电力法》为基础，以《电力设施保护条例》、《电网调度管理条例》和《电力供应与使用条例》为骨干，以相关配套的电力行政规章和地方性电力法规为补充的电力法规框架初步形成。电力工业初步做到了有法可依、有章可循，开始步入法制化轨道。

5. 电力结构调整取得初步成效

6. 环境保护工作取得积极进展

全国火电厂基本实现了烟尘和废水达标排放，2000年烟尘排放总量与1995年相比下降了约25%，废水排放总量下降了约35%，废水回收利用量增加了约一倍；二氧化硫排放总量开始呈现下降趋势，脱硫技术国产化和产业化取得了实质进展；年粉煤灰综合利用量超过6000万t；水电和输变电工程水土保持和生态环境保护工作逐步规范化。

(二) 存在的主要问题

1. 电力工业内部结构性矛盾突出

2. 电力发展水平和电气化程度仍然很低

3. 环境保护的任务十分繁重

我国能源资源以煤炭为主，在电源结构方面今后相当长的时间内将继续维持燃煤机组为主的基本格局。目前已采取烟气脱硫措施的火电机组容量仅500万kW左右，绝大多数火电厂还没有采取脱硫措施。"九五"期间二氧化硫排放的减少，主要是通过关停小火电机组和"两控区"内的火电厂换烧低硫煤实现的，火电厂的二氧化硫污染排放尚未得到有效控制，这已成为电力工业实施可持续发展战略的制约因素。

4. 电力工业管理体制还不能适应新时期发展的需要

随着我国社会主义市场经济体制的逐步形成，以及电力供需矛盾的基本缓解，电力工业在缺电时期形成的一些管理体制、运行体制和规章办法已经不能适应新的形势要求。由于电力工业的体制性缺陷，电力企业在经营管理上存在着效率低、服务差的问题；电力市场壁垒阻碍着电力资源的优化配置；电价形成机制不能充分反映市场的供需关系，制约了电力消费的有效增长和电网的发展，也妨碍了节约用电和环境保护技术的推广应用，影响了农村经济的发展和农民生活水平的提高。

二、"十五"期间面临的形势和市场环境

(一) 面临的形势

1. 国民经济和社会发展对电力工业提出更高的要求

今后五年，我国经济将保持较快发展速度，经济结构战略性调整将取得明显成效，技术进步和创新能力明显增强，经济增长的质量和效益显著提高。在新的形势下，传统的产业结构将发生很大的变化，高附加值、低消耗的产业将得到发展，大量设备、技术、工艺落后和浪费资源的企业将被淘汰，单位产值的电耗将趋于下降，为此对电力工业的增长方式将提出新的要求。电力工业发展在保持适度增长的同时，必须切实转变电力增长方式，实现从重视增加数量和规模到重视提高质量和效率的转变。

2. 经济全球化对电力工业将带来积极的影响

目前，我国与境外电力贸易数量甚小，加入世界贸易组织不会对电力行业造成明显的直接影响，但是会带来一定的间接影响。总体上看，利大于弊，有利于电力工业的改革与发展。加入世界贸易组织以后，电力工业面对国际、国内两个市场，对所需先进设备和先进技术的引进会有所增加，既可弥补国内某些设备品种和数量的不足，又可通过消化、吸收，逐步增强国内制造先进设备的能力，推动国内电力设备生产技术水平的提高，从而提高电力行业整体的技术装备水平。随着经济全球化趋势的加快，外商在我国电力领域的投资将会进一步扩大，由外商投资经营的发电企业的数量会不断增加，从而促进我国加快电力工业的市场化改革进程、提高电力工业整体的经营管理水平。

3. 科技进步和国民经济信息化对电力工业的促进作用日益增强

加强技术创新，发展高科技，实现产业化，推动社会生产力跨越式发展是我国在新世纪发展的重大任务。当前，科学技术日新月异，知识经济初见端倪，以互联网为基础的网络经济作用越来越大，国民经济信息化将促进电力工业的信息化进程。电力工业必须加快两个根本性转变，加快技术创新及其在结构调整中的贡献率，建立、发展电力工业的信息网络和体系。

4. 电力工业实施可持续发展战略的任务十分艰巨

电力是清洁高效的能源转换利用形式。我国正处于工业化发展阶段，提高电力消费在终端能源消费中的比重，不断提高电气化程度，是我国充分利用资

源、改善环境质量、提高生产效率的一项根本措施。电力工业也是资源消耗大户，提高电力的生产和使用效率、降低消耗，特别是节约和降低水资源、石油资源的消耗，对我国重要战略资源的节约和优化配置具有重大意义。因此，电力工业在努力扩大市场有效需求、提高电气化程度的同时，要加大对水电等清洁能源的开发利用，加大环境保护力度，按照国家环保法规和标准，积极采用环保新技术，特别是煤炭的洁净燃烧技术，加快环保达标治理的步伐。

5. 电力工业要与装备制造业协调发展

电力工业的发展，离不开国内其他行业的支持，同时也带动国内机械制造等相关产业的发展。我国已具备60万kW级及以下发电设备制造能力，其中30万kW级机组的产量已能够满足电力发展的需求，但火电机组的设备质量和调峰技术指标有待提高。超临界机组、洁净煤发电机组、大型联合循环机组以及大型抽水蓄能机组、大型灯泡式水电机组、高于75万kV·A的大容量变压器和高电压等级直流输电设备等国内尚不能完全自主制造，需要通过技贸结合方式，引进技术，逐步消化吸收。同时要努力增强自主开发能力，加快国产化的步伐。

6. 西电东送是实施西部大开发战略的重要内容

我国能源资源主要集中在西部地区。煤炭资源的60%集中在山西、陕西和内蒙古，其余也主要分布在河南、贵州等中西部省份；尚未开发的水电资源绝大部分集中在西南和黄河中上游地区。但是，我国的经济、人口和用电负荷主要集中在东部沿海地区。开发西部电力资源，尤其是开发西部水能资源，实施西电东送，不仅可以促进西部经济的发展，而且可以缓解东部地区的能源短缺问题和“两控区”范围内的环保压力。

党中央、国务院提出的西部大开发战略，是实施我国经济结构调整的一项重大举措。扩大西电东送，是实施西部大开发战略的一个重要内容。西部大开发战略的实施，也是电力工业调整战略布局、加快发展的重大机遇，将对未来我国电力工业的产业结构和布局带来重大影响，随着西电东送规模的扩大和全国联网进程的加快，东西部之间的电力联系将更加紧密。

(二) 电力需求预测及分析

1. 电力需求将保持稳步增长

“九五”期间，全国发电量年均增长6.3%，各年增长速度呈先降后升的趋势。1996年发电量增长速度为7.2%，1997年为5.1%，1998年下降到2.1%，1999年回升到6.5%，2000年达到11%。

根据九届全国人大四次会议审议通过的《国民经济和社会发展第十个五年计划纲要》，“十五”期间我国经济增长速度预期为年均7%左右。分析、综合各方面的研究结果，预计“十五”期间全国电力需求的平均增长速度为5%，实际增长速度可能略高一些，但相对“九五”各年的增长速度，“十五”期间将比较平稳，电量的总供给与总需求基本平衡。2005年全国年发电量将达到17500亿kW·h以上。

2. 用电构成将继续发生变化

3. 各地区供需平衡的差异将逐步缩小

“十五”期间，随着进一步实施宏观调控和电网之间的互联，各电网之间的供需平衡差异将逐步缩小。初步分析，东北电网、海南电网供过于求的情况还将延续一段时间；广东、浙江、河北南部等局部地区供应不足的问题在“十五”初期有可能加剧；其他地区将基本保持供需平衡。

4. 电价对电力需求的影响将趋于明显

5. 负荷增长速度将持续超过用电量增长速度

三、发展和结构调整的指导思想及目标

(一) 指导思想及基本原则

1. 指导思想

坚持以邓小平理论和党的“十五大”精神为指导，按照《国民经济和社会发展第十个五年计划纲要》的要求，适应社会主义市场经济的发展，转换经营机制、转变增长方式，促使电力工业与经济、社会和环境协调发展。深入贯彻国家能源、产业、环保等各项方针政策，坚持统一规划、优化布局、控制总量、调整结构的原则。加强电网建设，推进全国联网。进一步调整电源结构，充分利用现有发电能力，积极发展水电、坑口大机组火电，压缩小火电，适度发展核电，鼓励热电联产和综合利用发电。积极发展新能源和可再生能源发电。积极开发和推广资源节约和综合利用技术，节约资源，保护环境。深化电力体制改革，逐步实行厂网分开、竞价上网，健全合理的电价形成机制。

2. 基本原则

坚持以国民经济和社会发展为基础，搞好电力综合平衡、地区平衡，提高质量、降低价格、改善服务，保证国民经济和社会发展对电力的需求。

坚持以市场为导向，积极开拓和利用国内外两种资源、两个市场，打破行政区域界限，优化地区布局，充分发挥市场对资源配置的基础性作用，实现更大范围内的电力资源优化配置。

坚持以结构调整为重点，注重电源结构和地区布局的统筹、协调、合理安排。实现东、中、西部地区协调发展，充分利用西部地区丰富的能源资源，加大西部地区电力开发力度，促进西部地区经济和社会发展。

坚持以科技为先导，大力推进技术进步，促进电

力发展，提高科技进步对电力工业发展的贡献率，重视环境保护和资源节约。

（二）电力发展与结构调整目标

1. 电源

努力改善电力投资环境，保持相应的电力建设规模，保持电力供需的平衡。“十五”末期，全国发电装机容量预计达到 3.9 亿 kW，其中水电 9500 万 kW，火电 28600 万 kW，核电 870 万 kW，风力、太阳能等新能源发电 120 万 kW。

2. 电网

“十五”期间，全国联网取得实质性进展。到 2005 年末，除新疆、西藏和海南外，各相邻电网基本实现互联，电网结构更加合理，具备防止发生大面积停电事故的能力；全国 220kV 及以上交直流线路达到 23 万 km，变电容量达到 6.7 亿 kV·A；二次系统与一次系统协调发展，通信网络整体能力大幅度提高；城市电网供电可靠性平均达到 99.9%，部分重点地区达到 99.99%；电网综合线损率控制在 7%以下。

3. 技术装备

继电保护、电网稳定控制、超高压输变电、水电筑坝等技术处于国际先进水平；加快大型超临界火电机组、空气冷却机组、洁净煤发电机组、大型抽水蓄能机组、大型燃气蒸汽联合循环机组、核电机组、风力发电机组和电力环保装置等设备的国产化步伐；直流输电、500kV 大容量变压器、电力环保技术等，具备独立的设计、建设和设备供应能力；建立和完善适应电力工业发展需要的技术研究与开发体系、检测与质量保证体系；加强有关电力节能环保技术以及迫切需要的难点技术的研究与开发，掌握占据未来电力科技制高点的技术。

4. 环境保护

按照国家环保法规和标准要求，加强环境保护治理工作，全国火力发电厂主要污染物年排放总量基本维持在 2000 年的排放水平，并力争有所降低。二氧化硫排放得到有效控制，废水回收利用率达到 60%以上。

5. 农村电气化

在农村电力“两改一同价”的基础上，力争通过十年左右的时间，使我国农村电气化水平上一个新台阶，为全面实现农村电气化打下坚实基础。全面完成农村电力体制改革，实现一县一公司。县及县以下人均年用电量及人均生活用电量有较大增长；结合农村经济发展和富裕程度，建成一批电气化县、电气化乡（镇）和电气化村。到 2005 年，全国基本实现村村通电，进一步减少无电农户。

四、发展和结构调整的重点

（一）加强电网建设，推进全国联网

1. 加强电网建设与改造

电网要实行统一规划、统一建设、统一管理和统一调度。继续加大对电网建设的投入，扭转电网建设滞后于电源建设的局面，实现电网与电源的协调发展，实现西电东送、电网互联和受电端网架的协调发展。同步做好二次系统的规划与建设。

重视配电网建设，继续做好城乡电网建设与改造。

2. 努力推进全国联网

继续高标准、高质量地建设三峡输变电工程；继续加强南部、中部和北部三大西电东送通道；建成七项电网互联互供工程，即：东北与华北联网、福建与华东联网、西北与华中联网、华中与华北联网、川渝与西北联网、山东与华北联网以及三峡送电广东；做好山东与华东联网的前期工作。同时，进一步改造和完善各电网主干网架。

（二）充分利用现有发电能力

加强技术改造，努力提高现有发电设备的利用效率。利用现已成熟的技术手段，对国产 20 万 kW 和 30 万 kW 级火电机组继续进行更新改造，使平均供电煤耗降低 10～15g/（kW·h），主要火电机组的调峰能力达到 50%左右，提高机组等效可用系数，合理延长机组寿命，电厂自动化达到集控水平。对部分水电站进行技术改造，实现水电站无病、险坝，提高水电站自动控制水平，保持大中型水电机组平均等效可用系数的稳定；对部分水电站进行扩机增容改造，提高出力和调节能力。

（三）进一步调整电源结构

积极发展水电。重点开发长江中上游及其干支流、红水河、澜沧江中下游、乌江和黄河上游等流域的水电资源。调峰能力不足、系统峰谷差大的电网，在对各种调峰手段进行充分论证的基础上，选择技术经济性较好的站址，适当建设抽水蓄能电站。“十五”期间，开工建设龙滩、小湾、水布垭、构皮滩、三板溪、公伯峡、瀑布沟等调节性能好的大型水电站，改善水电电源结构。同时做好水电河流规划和重大水电项目的前期论证工作，保持必要的前期储备。

优化发展火电。不断优化火电的机组结构、技术结构和地区结构，实现火电技术的产业升级和更新。要继续按照国家现行政策，压缩小火电，努力实现“十五”期间关停小火电和替代老旧机组共 2500 万 kW的目标；严格限制常规小火电的发展，不断提高大机组和高性能机组的比重；积极推进热电联产和综合利用发电，以改善城市环境、提高能源利用效率。新建的燃煤电厂主要采用单机容量 30 万 kW 及以上的高参数、高效率、调峰性能好的机组。在山西、陕西、内蒙和西南等能源基地建设矿区、坑口电厂，向东部及沿海缺能地区送电，促进更大范围的资源优化配置，推动全国联网。积极引进和发展超临界机组，推进循环流化床等洁净煤发电示范工程。通过引进、消化、吸收国外先进的技术，加快循环流化床锅炉和脱硫设备的国产化步伐。

适量建设天然气电站。在沿海缺能地区及大城市，根据国内天然气资源开发、西气东输工程的进展，以及国际天然气市场的情况，因地制宜地适量发展燃气蒸汽联合循环机组，促进国内天然气资源的开发利用，增加电网调峰能力。

适当发展核电。适当开工建设核电国产化驱动项目，逐步实现核电自主设计、制造、建设和运营的目标。

因地制宜发展新能源发电。加快以风力发电为主的新能源发电项目的建设，在新疆、内蒙、东北、华北和东南沿海地区开发规模较大的风力发电场。继续开发利用太阳能、地热能等新能源发电。

（四）促进西电东送

调整东西部电源建设的布局，进一步扩大西电东送规模。在加快西部地区电力资源开发进度的同时，合理控制东部地区常规燃煤电厂的建设，为西电东送提供市场空间。

在南方互联电网重点做好向广东送电1000 万 kW 工程。开工建设龙滩、小湾和构皮滩等大型水电站，在煤炭资源丰富的地区适当建设燃煤电厂。主要建设天生桥至广东第三回、昆明经罗平至天生桥、贵州经广西至广东三项 500kV 交流输变电工程，以及贵州至广东、三峡至广东两项 500kV 直流输电工程。

在中部电网配合三峡水电站的建设，重点配套建设三峡输变电工程，总规模为交流 500kV 输电线路 6900km，直流 500kV 输电线路 2200km，交流 500kV 变电容量 2475 万 kV·A，直流换流站总容量 1200 万 kW。其中约 60%的三峡输变电建设工程在“十五”期间完成。疏通四川电力外送的电网通道，为四川电力东送创造条件。

北部电网在现有山西大同至北京房山、内蒙古丰镇经张家口至北京昌平三回 500kV 西电东送输电线路的基础上，加大蒙西、山西向京津唐送电力度。到 2005 年，京津唐地区接受蒙西送电容量超过 270 万 kW。加快开发西北黄河上游水电站、建设陕北和宁夏煤炭基地坑口电站的步伐，努力实现向华北电网送电。

（五）高度重视环境保护

在继续做好对各种污染物的排放控制及回收利用的基础上，加大对火电厂二氧化硫污染控制的力度。严格执行“两控区”政策，位于“两控区”范围内的新建、改建或在建燃煤含硫量大于 1%的火电厂，必须安装脱硫设施；位于“两控区”范围内已建燃煤含硫量大于 1%的火电厂，分期分批建成脱硫设施或采取其他具有相应效果的减排二氧化硫的措施；除以热定电的热电厂外，在大中城市的城区及近郊区不再新建燃煤电厂；其他地区的火电厂，也要按照国家环保法规和标准，采取切实可行的环境保护措施。

采取有效措施，促进各项电力环境保护技术的开发和应用，力争在“十五”末期我国烟气脱硫产业初具规模，30 万 kW 及以上的国产湿法脱硫机组投入运行。

（六）大力开展电力工业节水、节油工作

加强火电厂的节水管理，在新建火电厂推广应用成熟的节水和废水回收技术，加大对现有火电厂节水技术改造的投入，加强对新的节水技术和工艺的研究开发。在长江中下游、沿海等丰水地区新建的火电厂，推广直流或半直流供水技术；在严重缺水地区新建的火电厂，推广空冷技术；在其他地区的火电厂，推广使用提高循环水浓缩倍率的稳定剂，以减少用水消耗；在供热电厂，推广供热回水处理与利用技术。全面推广高浓度水力冲灰和干除灰、除渣技术。

对燃油电厂实施燃煤和水煤浆代油技术改造，或结合我国天然气资源的开发实施天然气代油技术改造；对仍在使用大油枪的燃煤机组全部完成采用小油枪的技术改造；通过改造提高锅炉在低负荷下的稳燃能力，减少助燃用油；积极开展等离子无油点火技术的研究和推广应用，同时加强管理，降低机组停运次数，以减少火电厂点火用油。

（七）推进农村电气化事业

农村电气化是实现农业现代化的基础和保证，大力推进我国农村电气化事业是电力工业发展的重要内容。按照建立现代企业制度和深化电力体制改革的要求，对县级供电企业实施公司制改革。优化发展小水电，支持有调节性能的小水电发展；改善农村电网结构，防止重复建设，提高供电质量和服务质量，着力降低农村电价水平，减轻农民负担；开发建设小型分散供电系统，解决电网覆盖不到地区无电农户的用电问题。

五、促进发展与结构调整的政策措施

（一）加强电力法制建设

（二）深化电力体制改革

按照建立社会主义市场经济体制的总体要求，深化以市场化为取向的电力体制改革，逐步实行厂网分开、竞价上网，促进电力企业体制创新、机制创新和管理创新，建立现代企业制度。打破垄断、引入竞争，建立和完善公平竞争、规范有序的电力市场运行机制和有效的政府监管体制，充分发挥市场配置资源的基础性作用，促进电力工业的持续健康发展。

（三）积极合理有效利用外资

（四）改革电价、开展电力需求侧管理

（五）加快科技进步

（六）加快电力工业信息化进程

国家电力公司电力工业“十五”计划及2015年远景规划（摘要）

一、中国电力工业发展现状

1. 电力工业保持持续快速发展，不断跨上新台阶，支撑了国民经济和社会发展

1949年新中国成立时，电力工业十分落后，全国发电装机容量只有185万kW，发电量只有43亿kW·h，均位居世界第25位，人均用电量只有9kW·h。到1978年，全国发电装机容量达到5712万kW，发电量达到2566亿kW·h，分别比1949年增长了29.9倍和58.7倍，年均增长12.8%和15.1%。1987年发电装机容量突破1亿kW，1995年又突破2亿kW。期间，相继建成了浙江秦山、广东大亚湾核电站，结束了中国大陆长期无核电的历史，开工建设举世瞩目的长江三峡水电站。到1999年底全国发电装机容量和发电量分别达到2.988亿kW和12331亿kW·h，均居世界第2位，进入了世界电力生产和消费大国的行列。长期严重缺电局面得到了根本缓解，国民经济和社会发展对电力的需求基本得到满足。

2. 比较完备的电力工业体系初步建立，技术装备水平不断提高

除去我国台湾和港澳等地区，目前我国已经形成华北、东北、华东、华中、西北、川渝和南方互联等7个跨省区电网以及5个独立的省级电网。除西北电网最高电压等级为330kV外，其他跨省电网和山东电网均已建成500kV主网架。华东电网装机容量已超过5000万kW。中国的电力工业已经从大机组、大电厂、大电网、超高压、自动化发展时期开始逐步进入跨大区联网和推进全国联网的新阶段，已初步建立起适应社会主义市场经济和改革发展需要的比较完整的工业体系。

3. 多家办电厂、国家管电网的多元化投资格局基本形成，为电力工业持续发展创造了条件

4. 电力工业发展开始步入法制化发展轨道

5. 以建立现代企业制度为目标的政企分开迈出实质步伐，电力工业市场化改革取得较大进展

二、电力工业发展存在的主要问题

1. 电力供应水平和电气化程度仍然很低，电力发展任重道远

到1999年我国人均占有装机只有0.24kW，人均发电量只有979kW·h，不到世界平均水平的一半，为发达国家的1/10～1/6；2000年全国仍有6000万人左右没有用上电。1998年电能在终端能源消费中的比例为9.35%，远低于世界平均水平17%；电煤消费占煤炭产量的比重42.12%，也远比发达国家70%～80%低得多；电力消费能源在一次能源中的比重1999年为34.8%。

2. 省间市场封闭，最大范围的资源优化配置受到局限

3. 电力工业内部结构性矛盾突出

电网投资长期不足。电网建设滞后于电源建设，电网结构薄弱，特别是城乡电网老化，电能损耗大。电源结构不合理。电网负荷率普遍持续下降。各主要电网峰谷差越来越大，调峰能力普遍不足。

4. 科学合理的电价机制没有形成，结构不合理，电价管理混乱，用户不合理负担沉重

5. 科技对电力工业发展贡献较低，技术经济水平仍然偏低，电力环保问题日益突出

6. 电力工业从业人员整体素质和效率不高，效益偏低

7. 电力企业管理弱化，冗员严重，市场经济条件下的企业家队伍尚未形成

三、“十五”电力需求预测

按照《国民经济和社会发展“九五”计划和2010年远景目标纲要》，综合考虑我国“十五”期间所处的国际国内环境，初步预计我国GDP年均增长7%左右。综合有关机构和专家的研究结果，全国“十五”期间电力需求的平均增长速度可能在4.5%～5.0%之间。在2000年用电量为13000亿kW·h的基础上，2005年全社会用电量将达到16200亿～16600亿kW·h，见表1。

表1　多种方法需电量预测表　亿kW·h

方法	需电量	增长率
人均用电量	16120～16660	4.9%～5.6%
产值单耗	16200	4.9%
弹性系数	16300	5%
预测模型	15596～16314	4.2%～5.3%

注　以上是在2000年用电量为12600亿～12800亿kW·h基础上的预测。

四、电力工业发展的指导思想和基本任务

1. 指导思想

电力工业发展的指导思想是：高举邓小平理论伟大旗帜，贯彻落实党的十五大及十五届四中全会精神，深化改革，调整结构，促进产业升级。以市场为导向，以改革为动力，以安全生产为基础，以科技创新为灵魂，以效益为中心，以管理为重点，以服务为宗旨，国家管电网，大家办电厂。加强法规建设，重视经营管理，构筑和完善竞争性电力市场，建立现代企业制度，努力走出一条经济效益、科技开发能力、市场竞争能力和抵御风险能力不断增强，发展适度、效益较好、结构优化、整体素质和综合竞争力不断提高的可持续发展的路子。

2. 基本任务

电力工业发展的基本任务归纳为："构筑竞争市场，调整电力结构，优化电力布局，促进产业升级，提高经济效益，保障供应安全，实现持续发展"。

3. 基本方针

重点发展电网，积极发展水电，优化发展火电，适当发展核电，因地制宜发展新能源发电；开发与节约并重，高度重视环保，提高能源利用效率。

4. 指导原则

(1) 以市场为导向，以经济效益为中心，正确处理速度与效益的关系。认真分析电力工业发展的外部条件，包括市场条件、资源条件、资金条件、政治条件、环境容量、人力资源、政策环境、国际环境等；

(2) 调整产业结构，加强技术创新，推进产业升级；

(3) 深化体制改革，培育市场机制；

(4) 实施可持续发展战略，提高能源利用率；

(5) 加大西部电力开发力度，大力推进"西电东送"，促进西部大开发战略实施；

(6) 切实加大水电开发力度；

(7) 重视电力经济安全性；

(8) 促进民族工业发展；

(9) 继续实行对外开放、利用外资的政策，引进国际上先进的技术，并逐步消化吸收，最终实现国产化；

(10) 贯彻科教兴电战略。

五、"十五"计划及 2015 年规划目标

1. 总目标

"十五"净增装机规模 5100 万 kW。据此，"十五"投产规模 7600 万 kW，其中大中型机组 7386 万 kW。

"十五"开工规模按 7806 万 kW，预备开工近 1262 万 kW。

停运退役拆除近 2500 万 kW 左右小火电机组。

2005 年发电装机容量将达到 3.65 亿 kW，年均增长 3.1%。其中水电 9530 万 kW，占 26.1%；煤电 24558 万 kW，占 67.3%；油电 1425 万 kW，占 3.9%；核电 870 万 kW，占 2.4%；风电 118 万 kW，占 0.3%。

2005 年发电量预计达到 16600 亿 kW·h 左右，年均增长 5%左右。其中水电 3085 亿 kW·h，占 18.6%；煤电 12381 亿 kW·h，占 74.6%；油电 538 亿 kW·h，占 3.2%；核电 566 亿 kW·h，占 3.4%；风电 29.6 亿 kW·h，占 0.2%。

预计到 2005 年全国 330kV 及以上交流线路达 6.2 万 km，直流线路达 3600km，330kV 及以上交流变电容量达 2.1 亿 kV·A，直流容量 900 万 kW。

预计到 2010 年和 2015 年全国发电量将分别达到 20400 亿 kW·h 左右和 24800 亿 kW·h 左右。

预计到 2010 年和 2015 年全国发电装机总容量将分别达到 4.5 亿 kW 左右和 5.5 亿 kW 左右。

到 2015 年，电力结构调整取得历史性进步；主要电网经济合理，开始形成以三峡为中心的全国统一联合电网；城乡电网经济安全，适应社会经济发展要求；电力技术经济指标接近国际先进水平，部分指标达到或超过国际先进水平。形成比较完善的发电竞争市场，输配与售电分开取得较大进展。

2. 电源结构调整目标

(1) 加快西部资源和西部电力开发，加大"西电东送"力度。

(2) 2005 年水电占整个装机的比重比 2000 年上升 1.7 个百分点。开工规模中调节性能好的水电站占较大比重。

(3) 关停小火电。调整大中小机组比例。至 2003 年，全国关停规模效益差、浪费资源、污染环境的 5 万 kW 及以下纯凝汽式小火电机组近 3000 万 kW。"十五"后两年力争将 5 万 kW 及以下纯凝汽机组全部关停。同时把 20 万 kW 及以上大机组的比重在现有基础上再提高 5～10 个百分点。

(4) 发电机组更新改造。20 万 kW 级火电机组平均供电煤耗降低 10g/(kW·h)，30 万 kW 级火电机组平均供电煤耗下降 10～15g/(kW·h)，主要火电机组的调峰能力达到 50%，合理延长机组寿命，自动化达到集控水平，基本满足厂网分开、竞价上网的要求。实现水电站无病、险坝，使大中型水电机组平均等效可用系数保持稳定；对部分水电机组进行扩机增容改造，提高出力和效率，提高水电站自动控制水平。

3. 电网发展目标

“十五”期间，加大“西电东送”输电通道建设；全国联网取得实质性进展；输电网结构合理，运行灵活，基本适应竞争性发电市场需要，具备防止大面积停电事故发生的能力；二次系统与一次协调发展，通信网络整体能力大幅度提高；2005年城网供电可靠性平均达到99.9%，部分重点地区达到99.99%；2005年农户通电率达到98%，农村电气化县达到1000个，高压电网综合线损率达到10%，低压网络损失率为12%。

到2015年，全国主干电网安全稳定，灵活高效，基本形成以三峡为中心的全国统一联合电网，适应竞争性电力市场需要；城乡电网可靠性和经济性良好，适应社会经济发展要求。

“十五”期间，全国建成220kV及以上交流输电线路5.9万km，其中，750kV线路350km（初期降压运行），500kV2.0万km，330kV 3800km，220kV3.5万km；220kV及以上变电容量22000万kV·A,其中500kV7800万kV·A,330kV800万kV·A，220kV13500万kV·A。另外直流线路1600km，新增直流容量576万kV·A。

4. 城乡电网建设与改造

“十五”期间，城市电网要完善城网结构，简化电压等级，提高供电可靠性，城网应满足N-1准则，并具有合理的供电半径和容载比；部分220kV变电所深入市中心；结合城市总体规划，逐步在城市中心区提高电缆化比例；重点建设改造10kV及以下中、低压配电网络，加快一户一表改造。30%或以上城网的用户供电可靠率达到99.96%及以上，城网线损率稳中有降。提高为用户服务的质量。

“十五”建设规模，预计35～220kV变电容量7000万kV·A，10kV公用配变容量2000万kV·A，35～220kV线路18000km，10kV线路60000km，其中电缆约20000km，0.4kV线路约70000km，改造一户一表1500万户以上。

2005年农村电网规模应达到110kV线路17.55万km；35kV线路34.76万km；10kV300.97万km；低压线路764.43万km。变电设备：110kV变电站5554座，22217万kV·A；35kV变电站25391座，17773万kV·A；配电变压器449万台，44967万kV·A。2005年10kV配电线路末端电压达到行业标准。2005年农村高压电网综合线损率达到10%。

5. 电网二次系统

在现有电力通信设施的基础上，重点建设与完善SDH传输网，到2005年建成三纵四横以OPGW光缆为主的网格状SDH传输网络（一级干线）。

全面提高电网各级调度自动化系统的设备和应用水平，努力适应电力市场化改革和大区电网互联的要求，基本达到国际先进水平。

适应发电市场的发展需要，建成比较完善的电力市场技术支持系统，支持发电侧电力市场的运营；进行售电市场的研究探索，做好技术储备。

积极提高配电网自动化水平及营销自动化水平。

6. 科技创新与国产化

加强有关可持续发展的技术、掌握占据未来电力科技制高点的技术，以及迫切需要解决的热点和难点技术的研究与开发，使继电保护技术、电网稳定控制技术、750kV输变电工程设计、运行技术、水电筑坝技术、电力软件工程技术居于国际领先地位；加快大型超临界参数火电机组、洁净煤发电技术、大型抽水蓄能机组国产化进程，研究实施大型燃气蒸汽联合循环机组和核电技术的国产化方案。完成60万kW超临界、抽水蓄能、洁净煤发电、燃气轮机等国产化依托项目的建设；加快我国核电国产化后续依托工程，推进国产化进程。在直流输电、500kV大容量变压器、风力发电、电力环保技术方面具有独立的设计、建设或设备供应能力；建成完善的、适应电力工业发展需要的技术研究与开发体系和检测与质量保证体系；造就一批具有国际先进水平的科技人才。

7. 环境保护

“十五”期间，各项污染排放比2000年有所降低，适应现行国家标准特别是新的大气污染法要求；烟气脱硫产业初具规模（国产化的30万kW及以上湿法脱硫机组投入运行），为2015年接近世界环保先进水平奠定良好基础。

到2015年，全行业环保管理人员素质、环保管理网络、环保管理水平都达到世界先进水平；环保科技水平接近世界先进水平；环保产业具有自主知识产权，达到规模化、成套化和系列化。

8. 人力资源

到2005年电力生产企业全员劳动生产率达到157000元/（人·年），2010年达到193000元/（人·年），2015年达到239000元/（人·年）。

9. 电力价格

2005年销售电价水平控制在2000年用户实际承担的电价水平。

10. 电力改革

2005年全面实现厂网分开，构建比较完善的竞争性发电市场。2010年以后，逐步放开售电环节，构建比较完善的竞争性电力市场。

六、西部电力开发与“西电东送”

1. “西电东送”规划原则

实施“西电东送”要以市场需求为导向，要实现结构调整和可持续发展，要促进电力体制改革，打破本省就地平衡和省间的市场壁垒。总原则是：总体规划、分步实施、突出重点、加强协调、全面推进、坚决制止重复建设。

2.“西电东送”规划具体安排

(1) 南方互联电网。“十五”期间，开工建设龙滩、小湾、景洪水电站和盘县电厂，做好糯扎渡水电站的前期工作。随着东送电力的增加，适时建设天生桥至广东的第3回500kV线路，昆明经罗平至天生桥500kV线路，全长约300km。

积极开展贵州水电和西部的六盘水、织纳煤田及北部的“三水”地区火电基地前期工作，适时开发贵州水电、火电送电广西和广东。

(2) 中部电网。随着三峡水电站的建设，配套建设的三峡输变电工程总规模为：交流500kV线路6900km，直流±500kV线路2200km，交流500kV变电容量2475万kV·A，直流换流站总容量1200万kW。

金沙江是我国规划开发建设的具有战略地位的水电基地。溪洛渡水电站装机1260万kW、向家坝水电站装机600万kW，争取在2010年左右开工建设，2020～2025年实现两电站送电华中、华东和川渝电网，中部输电通道还要满足瀑布沟和锦屏水电站开发后部分电力东送需要。

(3) 北部电网。“十五”期间在现有大同（山西）至房山及丰镇（蒙西）经张家口至昌平共计3回500kV西电东送线路的基础上，加大蒙西、山西向京津唐送电力度与神头二厂二期、托克托等电厂相配合，建设丰镇—张家坊—顺义，托克托—应县—安定双回；神头二厂二期至徐水至天津500kV线路。

做好“三西”地区和宁夏煤电基地前期规划工作，随着“三西”地区煤电电源建设，2010年左右逐步形成下述西电东送格局：

1) 建成晋北大同与神头二厂东送京津唐和河北南网共4回500kV交流输电工程。

2) 建成蒙西达拉特、丰镇等东送京津唐的相应500kV交流输电工程。

3) 建成蒙西托克托东送的2回500kV交流输电工程。

4) 建成晋东南王曲电厂向山东送电的2回500kV交流输电工程，送电距离285km，送电容量初期（2005年左右）为2×60万kW，2010年左右争取达到4×60万kW。

5) 研究陕北煤电基地开发及送电京津唐电网的输电方案。

6) 随着公伯峡、拉西瓦水电站的开发与建设，积极开展西北向华北送电方案的研究，适时实现西北与华北的联网，同时配合公伯峡送出，以项目带动西北高一级电压等级的出现和建设，在陕甘之间规划建设一回750kV的线路，在青海满坪和甘肃兰州之间建设一回750kV线路，初期降压运行；配合拉西瓦电站的建设，建成750kV变电所，750kV线路全压运行。

3.“西气东输”与天然气发电

(1) 新疆塔里木盆地的天然气“西气东输”发电。“西气东输”工程主要特指通过建设4200km左右管道，将新疆塔里木盆地的天然气东送，经甘肃、宁夏、陕西、山西、河南、安徽、江苏到上海，供应长江三角洲地区和沿线各省（区）的工业和居民用气。初期年供气120亿m^3左右，以后将随着资源勘探的深入和下游用气市场的开拓，逐步增加供气量。国家已把它作为西部大开发的重点工程。

天然气电站主要在三峡水电站供电区域内即河南、江苏、上海、浙江进行布局，重点是在华东地区，江苏应该作为“西气东输”天然气电站的重点布局省份。上海和浙江除可以利用“西气东输”天然气外，还可以利用东海近海天然气以及进口液化天然气。考虑到与三峡的补偿运行，河南省可以结合老厂改造，建设适当规模的燃气电厂。“十五”期间主要是对老电厂进行改造或对现有燃油机组进行燃气替代改造。根据“西气东输”工程建设进度，在天然气电站具有竞争性的前提条件下，规划开工建设180万kW左右，主要是江苏望亭电厂燃油机组改造60万kW，老厂改造120万kW（江苏、河南各30万kW，上海60万kW）；“十一五”期间，主要考虑与三峡电站的补偿运行，在相应地区特别是在经济发达、环境容量较小的长江三角洲地区规划建设承担电网调峰和与三峡补偿运行的主力燃气电厂，规划开工建设390万kW左右，初步设想江苏150万kW、上海120万kW、浙江90万kW、河南30万kW。以上共规划建设570万kW左右，发电用气量50亿m^3左右，约占“西气东输”气量的40%。

(2) 利用陕西长庆气田输气进京华北发电。利用陕西长庆气田输气进京工程，在规划建设北京三热燃气电站（60万kW）的基础上，“十五”期间规划建设第二条输气管道，相应在北京先期建设120万kW左右燃气电站，最终规模达到300万kW左右。

(3) 利用四川天然气发电。在四川和重庆规划布局一些天然气电站。随着川气出川，在湖北省规划建设必要的天然气电站。

(4) 利用青海天然气发电。拟对西固热电厂进行改造，同时规划新建燃气电站。

七、电力工业发展与结构调整

1. 电力结构调整

(1) 调整电网与电源比例。

“十五”期间，新建220kV及以上交流输电线路与电源新开工容量之比为7.81km/万kW，新建220kV及以上变电容量与电源新开工容量之比为2.87kV·A/kW，分别比“九五”增长2.67km/万kW、1.24kV·A/kW。

“十五”期间电网建设投资占全部电力建设投资比重提高到40%，逐步扭转电网建设滞后于电源建设的局面，达到电网与电源协调发展。

(2) 调整东西部的电源布局。

“十五”期间及未来相当长的时期内，必须加快西部地区电力的发展速度，同时，对于东部地区，特别是华北、华东、山东、广东等省区的电源建设要严格控制，要严格控制常规燃煤电厂的建设速度，为“西电东送”让出市场份额。

“十五”期间西部地区新开工规模占总开工规模的37.4%；其中水电59.7%。到2005年，西部地区装机总容量占全国的26.9%，比2000年提高1.4个百分点；装机容量年均增长4.2%，比全国平均水平高1.1个百分点。在满足自身需要的同时，增强了西部电力外送的能力。

(3) 调整电源当中水火核电的比例。

“十五”期间水电开工规模占开工总规模的31.8%；投产规模占总投产规模的25%；2005年水电总装机9530万kW，占总装机容量的26.1%，比2000年提高了1.7个百分点。

燃煤电厂开工规模占总规模的比重略超过一半(51.8%)，投产规模(大中型)占总规模的比重也下降较快(59.7%)，电源结构比例调整的作用初步显现。

核电开工规模400万kW，占“十五”开工规模的5.1%。投产规模660万kW，占总投产规模的9%。

(4) 调整大中小型机组的比例，关停小火电。

至2003年，全国基本关停规模效益差、浪费资源、污染环境的5万kW及以下纯凝汽式小火电机组近2500万kW。“十五”后两年力争将5万kW及以下纯凝汽机组全部关停。至2005年20万kW及以上机组的容量将由1998年底的约52.2%提高到约60%。到2015年，要把10万kW及以下剩余的约1560万kW凝汽式机组全部关停，同时把20万kW及以上大机组的比重在现有基础上再提高5～10个百分点。

(5) 优化火电结构。

“十五”期间燃煤电厂主要建设单机容量30万kW及以上的高参数、高效率、调峰性能好的机组，引进和发展超临界机组，积极推进CFBC、PFBC、IGCC等洁净煤发电示范工程的前期工作，通过引进和消化吸收国外先进的循环流化床技术和脱硫技术，加快流化床锅炉和脱硫设备的国产化步伐。根据资源经济性和电网需求，适时适量规划建设天然气电站。

在“十五”规划开工的燃煤电厂中，30万kW及以上机组占火电开工总容量的87.8%；洁净煤发电项目开工规模占火电开工总容量的2.2%。占了一定比例。

(6) 采用多种能源。

“十五”期间，抓住国际石油天然气价格偏低的有利时机，启动进口LNG项目；新能源发展的重点是风电，太阳能、地热能和海洋能发电要继续搞好试点。

燃机发电，特别是天然气发电装机有了质的提升，开工规模占10.2%，投产规模占5.3%。

风电开发进一步扩大，“十五”规划开工和投产规模分别占1%和1.1%，由于当前风电项目造价和上网电价仍然偏高(比一般电源项目高1倍)，加上当前国家没有相应的经济政策，风电开发受到较大限制。若国家出台扶持政策，则风电规模还可有一定提高。2005年底风电总规模达到118.4万kW。

(7) “以大代小”和技术改造。

“十五”期间，在关停小火电的基础上，根据条件和需要，安排“以大代小”项目的建设，规划开工规模占“十五”开工总规模的6.3%。对20万kW级和30万kW级火电机组进行更新改造，降低煤耗，提高机组等效可用系数和调峰能力。20万kW级火电机组平均供电煤耗降低10g/(kW·h)，30万kW级火电机组平均供电煤耗下降10～15g/(kW·h)，主要火电机组的调峰能力达到50%。

(8) 加强电网调峰能力。

加强需求侧管理，运用价格杠杆调节需求，适度提高负荷率，减小峰谷差。加大对现有机组改造的力度，以增加调峰能力；新上机组，必须要求具有良好的调峰性能，同时根据需要，适当安排调峰机组的建设，“十五”期间安排抽水蓄能电站开工500万kW，投产220万kW；安排建设天然气电站792.5万kW，投产390.5万kW。运用多种手段加强电网的调峰能力。

2. 重点发展电网，加快城乡电网建设与改造，推进全国联网，消除电网瓶颈，实现全国资源优化配置

电网发展实行统一规划、统一建设、统一管理和统一调度，重点加强、改造和完善输电网及受端网络，远近结合，优化结构，逐步实现分层分区。积极创造条件，推动跨大区联网。

“十五”期间，重点是加强、改造及完善各省主

干网架、大区主干网架和受端网架，为大区电网间的互联奠定良好的基础。到2003年，以三峡电站建设为契机，首先形成我国的中部电网；到2010年左右我国电网基本形成北、中、南三个跨区互联电网。北部电网由华北、东北、西北及山东电网组成，其中西北电网在330kV电压之上出现750kV电压等级的输电工程；中部电网由华中、华东、川渝和福建电网组成；南部电网由广东、广西、贵州、云南、香港、澳门及海南电网组成。随着电网的不断扩大和主网架的加强，电网之间相互靠拢和出现多点互联，预计2010～2015年期间基本形成全国统一的联合电网。

继续高标准做好三峡输变电工程建设和东北与华北联网工程建设。“十五”期间实施的联网工程主要有：福建与华东联网、西北与华中联网、华中与华北联网、川渝与西北联网和山东与华北联网工程（通过王曲电厂输电工程实现）以及华中与南方联网、华东与山东联网等。“十五”期间跨大区送电及联网工程新增500kV交流线路2500km，直流线路1600km，直流容量616万kW。还要做好西北与华北、海南与广东、福建与广东等联网工程的前期论证工作，适时开工建设。

配电网发展主要是做好城乡电网建设与改造。

发展电网还要做好调度自动化、通信等二次系统发展规划。

3. 积极发展水电，促进西部开发

在国家的“西部大开发”战略中，电力工业的首要任务是积极开发西部的水电资源，实现“西电东送”。

重点开发黄河上游、长江中上游及其干支流、红水河、澜沧江中下游和乌江等流域，实行流域梯级滚动开发。2015年左右使我国电源结构中水电比重力争由目前的23.5%提高到30%。

“十五”期间开工龙滩、公伯峡、小湾以及贵州三板溪等调节性能好的大型水电站，改善水电性能。同时要通过技术进步和技术改造，实现水电站无病险坝；使大中型水电机组平均等效可用系数保持稳定；对部分水电机组进行扩机增容改造，提高出力和效率，提高水电站自动控制水平。

积极做好金沙江溪洛渡（1260万kW）和向家坝（600万kW）水电站、澜沧江糯扎渡（550万kW）水电站、黄河上游拉西瓦（372万kW）和积石峡（100万kW）水电站、大渡河瀑布沟（330万kW）和独松（140万kW）水电站、乌江构皮滩（240万kW）水电站、红水河恶滩（60万kW）、雅砻江锦屏一级（300万kW）和锦屏二级（300万kW）、金沙江上游的虎跳峡（500万kW）和白鹤滩（1000万kW）等水电站的前期工作，为“十一五”和“十二五”的开工建设做好准备，同时还要增加国家投入，做好水电河流规划和重大项目的前期工作，保持必要的前期储备。

4. 优化发展火电

优化和调整火电机组结构、技术结构、品种结构和地区结构，通过优化火电结构促使火电技术的产业升级和更新。大力推行设计改革，控制和降低工程造价。

（1）对20万kW级和30万kW级火电机组进行更新改造，降低煤耗，提高机组等效可用系数和调峰能力，合理延长机组寿命。同时，要使电厂自动化达到集控水平，基本满足厂网分开，竞价上网的要求。

（2）关停小火电，禁止或严格限制小火电发展，提高大机组比重。

（3）燃煤电厂主要建设单机容量30万kW及以上的高参数、高效率、调峰性能好的“以大代小”技术改造项目和必要的新建、扩建项目。

实行输煤与输电并举，重点在“三西”、西南等能源基地进行规划布局，视市场需要，分阶段分批投资建设坑口电厂，推动坑口电厂向东部及沿海缺能地区送电，促进最大范围资源优化配置和推动全国联网。

（4）引进和发展超临界机组，积极推进CFBC、PFBC、IGCC等洁净煤发电示范工程的前期工作，通过引进和消化吸收国外先进的循环流化床技术和脱硫技术，加快流化床锅炉和脱硫设备的国产化步伐。

“十五”重点建设四川白马CFBC、大连台山和江苏贾旺PFBC、山东烟台IGCC等洁净煤发电试点项目。

（5）根据资源经济性和电网需求，适时适量规划建设天然气电站。

国内天然气：利用天然气进京“十五”期间开工建设北京第三热电厂。根据近海气田的开发时间和经济性，在沿海地区适当布局建设一些电站。配合国家的“西气东输”工程，结合电力市场及调峰需求，“十五”期间在华中、华东地区开工建设180万kW燃气机组。“十一五”规划开工390万kW天然气发电的布局。

进口管道天然气：主要是根据俄罗斯天然气管道走向，在东北、华北和华东地区进行规划布局。

进口液化天然气LNG：主要在华东、广东、福建地区进行规划布局。“十五”期间在广东地区开工一个LNG项目，建设一定规模的天然气电站。“十一五”开工建设华东LNG项目，相应开工建设450万kW左右的天然气电站。

（6）加强调峰手段，加强需求侧管理，适度提高负荷率，减少峰谷差，提高电网运行效率。

（7）加大环境保护力度，特别是加大对二氧化硫污染控制的力度。

5. 适当发展核电

以国产化为前提，“十五”期间重点开工建设山东核电（200万kW）国产化驱动项目，争取实现自主设计、自主制造、自主建设和自主运营。同时视国产化进程在广东开工建设200万kW级的核电站。

6. 因地制宜发展新能源发电

根据统计到1999年底，我国风电装机容量约26万kW，预计到2000年底可达到37.5万kW。“十五”期间规划在华北、东北和西北等地区建设47.6万kW风电；在华南、华东等沿海地区建设28万kW风电。这样争取在2005年底我国风电总规模能达到118.4万kW左右，在有国家经济政策支持的条件下，可进一步提高建设的规模。

太阳能、地热能和海洋能发电要继续搞好试点，在西藏一些边远无电县开发光电池发电，在1999年底已建225kW的基础上，“十五”期间再建设500～1000kW，进一步解决无电县供电问题。在东南沿海建设潮汐能示范电站的基础上，加大科技投入，争取“十五”期间能推进商业化开发。

7. 高度重视环境保护

加大环境保护投资力度，特别是加大对二氧化硫污染控制的力度。

1）位于“两控区”范围内的新建、改建或在建燃煤含硫量大于1%的火电厂，必须安装脱硫设施。

2）位于“两控区”范围内已建燃煤含硫量大于1%的火电厂，在2000年前必须采取减排二氧化硫的措施，在2010年前分期分批建成脱硫设施或采取其他具有相应效果的减排二氧化硫的措施。

3）除以热定电的热电厂外，禁止在大中城区及近郊区新建燃煤电厂。

八、实现电力装备发展目标的外部需求

1.“十五”计划投资需求

“十五”期间所需电力建设资金约7000亿元，其中电网建设投资需要2800亿元，约占40%。

2. 燃料需求

2005年需要约5亿t标准煤，折7亿t原煤。

3. 发电设备需求

由于“十五”期间规划投产规模为7600万kW，考虑一定的裕度，则“十五”期间约需发电设备9000万kW。

九、相关专题规划

1. 科技创新

（1）发展目标。到2015年我国电力工业的总体技术应用水平达到国际一流，技术研究及开发与发达国家同步，部分处于领先地位，为电力工业在21世纪持续、稳定、健康发展提供技术支撑。要逐步建立适应电力工业总体发展目标的科技进步机制，为电力工业提供实用化的技术与设备，为我国电力工业具有世界一流的技术水平与竞争能力提供保障。

（2）科技工作重点与科技创新。着重进行电网技术的研究，提高自动化水平，提高控制的灵活性、系统运行的稳定性和供电的可靠性，并最终促进全国大区电网互联的早日实现；要发展大容量、高效低污染超临界火电机组，积极采用洁净煤发电新技术；要全面进行大型水电站建设关键技术的研究，缩短工期，降低造价；要掌握大容量机组烟气脱硫的设计制造技术，降低运行成本，提高经济效益；要有重点有选择地进行节能技术、降低线损技术、新能源发电技术和大型核电站关键技术的研究，扩大洁净能源发电在公司总发电容量中的比重；要大力开展信息技术、新材料在电力系统中的应用研究，加快电力行业高技术化的进程。

在战略上需首先跟踪2010年世界先进水平，重点选择能够占据国际电力科技制高点的项目、能够为加强电力行业技术实力、提高经济效益服务的项目和能够为促进电力工业可持续发展、提高创新能力的项目。重点研究的技术：

1）输电网相关技术。包括电网规划、全国大区电网互联、超高压及特高压输变电关键技术；电网安全、稳定、经济运行关键技术；电网调度自动化、电力系统通信关键技术；输变电工程设计、施工、管理关键技术；电网商业化运营关键技术等。

2）电力科学管理与决策等电力软科学技术。

3）电力环保相关技术。

4）电力设备相关技术。其中包括洁净煤发电关键技术；高参数、大容量火电机组关键技术；电厂自动化关键技术；抽水蓄能机组关键技术；大型水电机组稳定运行关键技术；核电关键技术；新能源发电关键技术等。

5）电力设计施工相关技术。其中包括大型水电工程勘测、设计关键技术；大型水电枢纽建设、运行关键技术。

6）改造传统生产方式的技术。利用新技术对电力系统的传统生产方式进行改造和技术升级，注重电子信息等技术与电力系统传统产业的嫁接，大力开发和应用改造传统工艺的先进技术和工艺。通过改造，大幅度提高技术装备水平，产生更高的效益。

（3）人才、资金与成果转化。新世纪科技人才的培养，重点是富有创新能力的年轻的高层次人才和科技企业家的培养。人才投入主要是人才的培养和人才使用。要有科学的用人机制，竞争机制和激励机制。

人才培养要有重点和层次。重点是对具有国内、国际先进水平的学术技术带头人，给予自由选题、自愿结合的条件，提供充分的物质保证，结合科技创新，实现高新技术产业化。吸引国内外高层次人员到电力行业从事，选择科研课题，组成课题组，以达到既出成果，又培养人才的目的。选拔一批具有真才实学的青年科技人员，有重点、有计划的送到国外深造，作为学术技术带头人的第二梯队。

科技资金投入是科技创新、技术创新的物质保证。国家应每年提出一定资金用于技术开发。技术开发经费主要用于电力行业新技术开发及重点科研项目，特别是促进科技成果商品化、产业化的项目。提倡多渠道、多种方式增加技术开发的投入。逐步探索新的技术开发投资形式。

2. 利用外资与国际合作

利用外资要从过去追求利用外资数量转变为提高利用外资的质量和水平，充分利用国内国际两个市场、两种资源，除必要的设备和技术引进必须利用外资外，其余利用的外资都要从降低融资成本进而降低工程造价的角度确定利用外资途径和数量。

在有效合理利用外资的同时，要积极扩大对外投资，发挥自身的优势，进一步扩大海外工程承包和对外投资以及劳务合作，逐步扩大参与的领域，逐步提高我国电力工业参与国际竞争的能力，开拓国外电力市场，实施电力输出的战略。

3. 人力资源

2015 年以前建立具有一流管理水平的功能完备的人力资源开发与培训体系。进一步努力调整各类人员结构，2010 年初步形成规模适当、结构合理、门类齐全、素质优良的各类专业人才队伍；2015 年形成满足 21 世纪电力工业发展需要，并能参与国际竞争的素质优良的企业家队伍、高级管理人员队伍、高级专家队伍和高级技能人才队伍，实现人力资源与生产要素的最佳配置。

4. 深化电力工业体制改革，建立现代电力企业制度

按照建立现代企业制度的要求和市场化改革的方向，着力于体制建设和机制转变，真正形成“政府宏观管理、行业协会自律服务、企业自主经营”的新型体制框架。理顺农村电网管理体制，建立适应市场经济要求和农村实际的新型管理体制；加强农电企业管理，提高人员素质和服务质量。

5. 加强企业管理

坚持改革、改组、改造与加强管理相结合，深入开展全面质量管理工作，加强财务会计管理，从管理思想、管理组织、管理人才、管理方法和管理手段等方面进行改革创新，推进企业管理现代化。

6. 加强精神文明和行风建设

要求各级领导干部基本掌握马克思主义理论的科学体系和精神实质，不断提高马克思主义理论水平和分析、解决问题的能力；职工积极进取、健康向上，形成与电力体制改革和电力发展基本相适应的企业价值观、经营理念、企业精神和企业形象；服务意识进一步增强，服务态度和服务质量进一步提高，行业作风明显改善；提高电力职工的现代科技水平和法制观念，不断减少消极腐败现象。加强企业文化建设，培养严谨细致、开拓创新、艰苦奋斗、追求卓越的企业精神，树立诚实守信、义利并举、服务人民、奉献社会的经营理念，形成文明礼貌、用户至上、优质服务的企业形象。

十、经济政策及建议

1. 继续实行积极的财税政策，促进电力工业的适度快速发展

建议将当前征收的电力建设基金和贴费并入电价；三峡建设基金继续征收。国家资金优先投资电网特别是农村电网、调节性能好的大中型水电站、洁净煤发电、新能源发电和提高能源利用率、促进产业升级的电力项目，并视需要采取贴息政策。对于调节性能好的大中型水电站、洁净煤发电、超临界和新能源发电项目等实行税收优惠政策，如采取低税率或先征税后返还政策。

2. 加快制定和出台《电价管理办法》，对电价实行法制化管理

改革现行的一厂一价的还本付息电价机制，按照市场化原则建立和完善竞争的上网电价形成机制。加大输配电价比例，形成有合理利润的输配电价机制。优化电价结构，加大峰谷、丰枯分时电价比例，促进优化配置资源。制定电价监管法规，实现电价的法制化监管。

3. 加快出台电力市场法规，构筑市场法律体系，促进最大范围的资源优化配置

加快制定电力市场准入及公平竞争法规，制止各省市区甚至所属地区不接受外来电力的垄断行为。

加快推进厂网分开、竞价上网。加快建立全国电力监管机构，形成公平、公正、公开的市场交易规则，加强交易及调度监管。

对于跨网、跨省区资源优化配置的项目（如南方联营电网的“西电东送”），在当前电力供应出现缓和的情况下，西部已开发的资源得不到充分利用。建议国家制定经济政策和必要的宏观调控政策，协调资源省与用电省之间的经济利益关系，使购售电双方达到互利互惠，依法经营，按合同办事，真正实现资源优化配置。

4. 制定切实可行的政策，促进水电的开发，拉动国家经济增长

5. 对风电等新能源开发进行扶持

6. 关停中低压小火电机组

7. 对西部电力开发和“西电东送”实行必要的扶持政策

8. 建立国家电力基金或国家电力调节基金，专项用于西部电力开发和结构调整

9. 加快电力工业存量资产重组，增强电力企业直接融资功能，如发行企业债券、境内外上市以及设立电力产业基金等

“九五”电力工业发展综述（摘要）

一、国民经济和能源工业稳步发展

1. 国民经济持续稳定增长

受国内外经济环境变化的影响，“九五”前中期，国民经济出现较大幅度下滑，增长速度趋缓。在国家连续3年实施积极的财政政策以及世界经济出现明显好转等因素推动下，加上国有企业改革与脱困3年目标基本实现，使2000年我国宏观经济出现重大转机，呈现出回升的势头。国内生产总值，1995年为58478亿元，到2000年增长到89404亿元，年均增长8.3%，超额完成“九五”8%的计划目标，但增长速度仍低于“八五”时期；人均国内生产总值提前3年于1997年实现了比1980年翻两番的战略目标。

“九五”期间经济发展呈现以下特点：一是经济增长速度前中期逐年减缓，后期开始出现回升，保持了相对较快的增长速度；二是三次产业结构发生了较大的变化，由1995年的20.5%、48.8%、30.7%变为2000年的15.9%、50.9%、33.2%；三是在积极财政政策的持续作用下，“九五”时期全社会固定资产投资完成138735亿元，与“八五”相比增长117.4%，完成“九五”计划的106.7%；四是5年全国外贸进出口总额达到17740亿美元，年均增长11%；五是全国市场物价稳中走低。

2. 一次能源供需总量减少，效率提高

“九五”期间，中国一次能源供需呈现以下特点：

(1) 总量减少，效率提高。一次商品能源生产总量从1995年的12.9亿t标煤下降到2000年的10.9亿t标煤，其中，煤炭生产持续下滑，原煤产量从1995年的13.6亿t下降到2000年的10亿t，年均下滑6.3%；油气工业稳定增长，1995年石油产量为1.50亿t，天然气产量为176亿m^3，2000年分别达到1.63亿t和277亿m^3，年均分别递增1.7%和9.5%；水电和核电生产稳步增长，“九五”期间年均递增3.4%和5.5%。

一次商品能源消费在“九五”期间也呈下降趋势。2000年一次能源的总消费量为12.80亿t标煤，比1995年的13.11亿t标煤略有下降。其特点，一是“九五”时期国内生产总值年均递增8.1%，而能源消费负增长，使单位产值能耗下降；二是能源消费结构虽然仍以煤为主，但出现了结构优质化的势头，煤炭在能源消费中的比重从1995年的74.4%下降到2000年的67%，天然气与水电、核电的比重没有明显变化，而石油及其制品比重却迅速上升，其比重从1995年的17.5%上升到2000年的27%左右；三是终端能源消费中扣除开采、加工、转换损失后，仍然以工业为主，工业用能源占61.6%，民用与商业用能其次，占21.8%。

(2) 由能源输出变为能源进口。“九五”期间，中国由能源净输出国变为能源净进口国。1995年，中国共出口煤炭2862万t，进口煤炭为163万t，净出口量为2699万t；进口原油及油制品3673万t，出口原油及油制品为2455万t，净进口量1241万t，两者合计相当于出口能源188万t标煤。到2000年，中国煤炭进口量为202万t，出口量增为5884万t，净出口量为5682万t；石油及其制品的进口量达8831万t，而出口量仅为1871万t，净进口6960万t，两者合计折算为净进口能源5883万t标煤。

3. 电力供需基本平衡

“九五”期间，电力工业改革和发展取得重大进展：一是五年新增发电装机容量1亿kW，平均每年新增装机容量达到2000万kW，这是历次五年计划中没有的。二是电力供需形势发生了根本性的转折，连续多年的缺电局面得以扭转，全国电力供需出现基本平衡的局面。2000年，全社会用电量达到13466亿kW·h，比1995年增长136.5%，年均增长6.4%。三是人均用电量从1995年的816kW·h提高到2000年的1039kW·h，年均增长5%；电能消费在终端能源消费中所占比例逐年上升，从1995年的9.2%上升到2000年的11%，电气化程度进一步提高。

二、“九五”计划顺利完成，结构调整成效显著

“九五”时期，电力工业五年新增发电装机容量1亿kW，全国发电装机容量在1995年跃上2亿kW台阶后，2000年4月又跃上3亿kW的新台阶。这期间全国电力供需形势发生了根本性的转折，全国性的连续多年的缺电局面得以扭转，局部地区出现供大于求的现象。

1. 顺利完成"九五"计划

根据原电力部1995年6月编制完成的电力工业"九五"计划:新增大中型机组7000万kW,开工规模1.23亿kW。到2000年,全国发电装机容量达到3亿kW,发电量达到14000亿kW·h。220kV及以上线路17.12万km,变电容量3.98亿kV·A,其中:500kV线路2.72万km、变电容量10759万kV·A;330kV线路9353km、变电容量1398万kV·A;220kV线路13.45万km、变电容量2.76万kV·A。

"九五"计划实际执行结果是,发电装机容量完成预期计划的106.3%,而发电量仅完成预期计划的97.8%;到2000年底全国发电装机容量达到31932万kW,发电量13685亿kW·h,发电装机容量和发电量年均增长8.0%和6.6%。220kV及以上线路完成"九五"计划的95.6%,变电容量完成"九五"计划的104.3%。到2000年底,全国220kV及以上线路16.36万km,变电容量4.15亿kV·A。其中:500kV线路26788km、变电容量9447万kV·A;330kV线路8669km、变电容量1410万kV·A;220kV线路128114km、变电容量30632万kV·A。

五年间,电力行业固定资产投资完成12141亿元,其中,基建投资占83.5%,(包括城乡电网建设和改造的)技改投资占14.6%,其他投资占1.9%。"九五"电力行业固定资产投资占全国固定资产投资比重的11.7%,稍高于"八五"时期11.1%的比重,其中电力技改投资比重也高于"八五"时期。五年间,电力系统固定资产投资完成8406.8亿元,其中,电源投资4693.0亿元,电网投资3426.6亿元,小型基建及其他投资287.2亿元,电网投资已占固定资产投资的41%。在电网投资中,城乡电网投资2005.0亿元,占固定资产投资的24%。"九五"期间,"以大代小"的技术改造投资完成317.4亿元,更新改造投资完成258.4亿元,分别占技术改造投资的55%和45%。

"九五"期间,供电量由1995年的8532.9亿kW·h增加到2000年的11365.8亿kW·h,年均增长5.9%,低于"八五"年平均增长率为9.8%;售电量由1995年的7784.4亿kW·h增加到2000年10490.4亿kW·h,年均增长6.2%,也低于"八五"年均增长9.6%。相应地,电力工业主要技术经济指标有较大改善,全国线损率由8.77%下降到7.70%,扭转了"八五"期间线损率上升的局面;供电煤耗降低了20g,由1995年的412g/(kW·h)下降到2000年的392g/(kW·h)。

2. 大力调整电源结构

到2000年底,中国水电、火电、核电、风电装机容量分别达到7934万kW、23753万kW、210万kW、34.5万kW,占总装机容量的比重分别为24.8%、74.4%、0.7%、0.1%,与"八五"比较,水电比重上升了0.8个百分点、火电比重下降了0.6个百分点。"九五"期间,世界最大的水电工程——三峡水利枢纽工程,于1997年11月截流,大坝正式开工;五年中,核电新开工660万kW规模,促进了电源结构的改善。二是大机组容量增加。单机容量30万kW及以上机组313台、总容量为10998万kW,占总装机容量的34.4%,比"八五"末期比重上升了12个百分点,机组结构得到较大改善。全国6000kW及以上机组平均单机容量由1995年的4.52万kW上升到2000年的5.40万kW,是前九个五年中提高幅度最大的一个五年。三是关停小火电机组成效显著。"九五"期间,全国关停5万kW及以下的小火电机组1000万kW,使5万kW及以下的小火电机组容量占发电装机容量的比重,从1995年的26.6%下降到2000年的20.0%。四是在建规模与投产容量的比例呈现下降趋势。"九五"期间电力在建规模与投产容量的比在3.7~4.9之间,低于"八五"期间的4.9~6的水平。

3. 加强骨干电网建设

"九五"期间,电网主网架建设逐步加强,500kV主网架开始逐步取代220kV电网,承担跨省、跨地区电力输送和交换任务;以计算机为主的国际先进调度自动化系统已普遍采用并达到实用化程度,使电网的可靠性、灵活性和经济性得到了显著的提高。"九五"期间,500kV电网规模实现了快速扩张,新增500kV线路13785km、变电容量4940万kV·A,5年增长105.6%和109.6%;新增330kV线路3060km、变电容量591万kV·A,5年增长54.6%和72%;新增220kV线路31201km、变电容量12605万kV·A,5年增长32.2%、69.9%。

为三峡工程配套送出的500kV输电线路9100km、交流变电容量2475万kV·A和直流变电1200万kW的输电工程,自1997年开工建设以来到2000年底,三峡输变电工程进入建设高峰,在建工程达到20个。其中,建成"三线一变",线路长度594km,变电容量75万kV·A;续建"四线三变一直流",线路长度1341km,变电容量300万kV·A,换流容量600万kW;新开工"三线五变",线路长度735km,变电容量300万kV·A,为确保三峡电力送出奠定了基础。一批跨大区电网互联工程前期工作在"九五"期间陆续完成。中国第一个大区间500kV变流联网工程——东北与华北联网工程开工建设,2000年工程建成。

"九五"期间,南方互联电网实现了将天生桥水电站和云南、贵州的季节性电能送往广东,五年累计上网电量314亿kW·h，其中累计送广东174亿kW·h,送广西140亿kW·h。华中电网通过葛洲坝至上海南桥的±500kV直流输电工程，华中、华东电网累计交换电量101亿kW·h。其中，华中电网累计送华东电网电量82亿kW·h，华东电网累计送华中电网19亿kW·h。蒙西电网累计送京津唐电网的电量达到343亿kW·h，最大输电负荷达到93.8万kW，最大年送电量70亿kW·h。蒙东境内的元宝山、通辽和伊敏等电厂共330万kW容量，净送电东北电网电量184亿kW·h。

4. 加快城乡电网建设和改造

从1998年开始实施的城乡电网建设和改造是"九五"电力工业的重要工程。全国城乡电网建设与改造工程累计完成投资1890亿元，其中农村电网完成投资1107亿元，完成10kV及低压工程的竣工县1070个，建设变电站增加变电容量3771万kV·A，建成高低压线路250万km，更换高能耗变压器3548万kV·A；全面完成了省电力公司对趸售县的代管，并有270个县进行了股份制改造试点，87.5%的乡电管站改造为县供电企业的派出机构，精简农村电工21.6万人。2000年，全国农村乡、村及户通电率分别达到了98.45%、98.23%和98.03%，比1995年分别提高0.2个百分点、2.2个百分点和4.7个百分点，农村用电人口以平均每年新增1200万的速度递增。

城市电网改造投资完成783亿元，共投产线路192万km，变电设备8799万kV·A，"一户一表"的总户数达到3030万户。国家电力公司负责的241个城市电网改造，已经完成全部投资的60%，并且已有15个城市电网基本完成改造。

经过城乡电网建设和改造，城网高压配电网供电能力提高30%～40%，大部分城市电网初步形成较可靠的高压网架，配电网络趋于合理，形成环路供电结构，初步消除了"卡脖子、过负荷、烧设备"的现象。农网电压合格率提高10%，供电可靠性大幅度提高。

5. 积极实施国际化战略

"九五"期间，电力工业利用国际金融组织和政府贷款签约额50.4亿美元，虽比"八五"时期减少6.92亿美元，但实际使用额49.4亿美元，比"八五"时期增加34.3亿美元。"九五"期间，全国经批准设立的大中型外商直接投资电力项目公司共计21家，装机容量合计为1850万kW，外方股本金合计为16.7亿美元；境外新增上市企业2家，募集资金7.3亿美元；另有华能国际电力股份有限公司在香港增发新股筹集资金约1.5亿美元；合计上市筹集资金8.8亿美元。到2000年底，全国经批准设立的大中型外商直接投资电力项目公司共计44家，装机容量合计为3240万kW，比1995年增加1840万kW；外方股本金合计为27.0亿美元，比1995年增加16.6亿美元。

通过引进国外先进设备及其国产化，中国电力工业已经拥有了大量30万、60万kW常规火电机组和正在建设的90万超临界机组，30万、55万kW大型水电机组和正在建设的70万kW水电机组、90万kW核电机组、风电机组、抽水蓄能和其他新能源设备。此外，通过引进高压直流输电、光纤通信、电网能量管理系统、电网计量管理系统、配电管理系统、大容量无功串联补偿等一系列新技术、新设备和新的管理系统，大大提高了电网的技术和管理水平，提高了可靠性。

"九五"期间，为配合国家电力公司国际化战略目标的实施，国家电力公司积极推进景洪电站向泰国送电的前期工作，完成了中加合作南方四省（区）能源战略规划项目和中日环保国际合作项目等。

"九五"后期，中央提出"走出去"的开放战略，国家电力公司积极响应，开拓国际市场，制定了国际化经营目标，不断拓展境外业务范围，从过去单纯的劳务输出发展到输出技术、资本和管理。这期间，国家电力公司系统在境外投资项目合同金额达5.8亿美元，比"八五"期间增加了5.2亿美元；境外电厂装机容量3.6万kW，突破了"八五"境外电厂装机容量零的记录。

三、全面加强企业管理，不断提高经济效益

1. 强化企业经营管理

自国家电力公司成立以来，公司系统售电量逐年增长，2000年完成售电量9052.1亿kW·h，占全社会用电量的79%。随着售电量的增长，主要财务指标也有较大改善和提高。2000年，主营业务收入为3560.5亿元，主营业务成本为3098.7亿元，主营业务利润为412.7亿元，其他业务利润为25.6亿元，管理费用为89.1亿元，财务费用为186.1亿元，均比公司成立初期有较大增加和提高。

2. 大力清理整顿电价

大力清理整顿电价，积极疏导电价矛盾，探索合理的电价形成机制。"九五"期间，国家先后取消不合理收费项目、自立名目加收费用、扩大范围的重复收费；整顿不执行国家对特定用户的优惠电价和减免政策、越权制定和擅自提高电价、农网改造的乱加价等568项乱收费项目，初步统计使整个电价平均水平降低0.05元/（kW·h）。

3. 加强生产调度管理

"九五"期间，随同电力企业现代企业制度的逐步建立和完善，并通过达标和创一流企业活动，使电力生产调度管理水平有了显著的提高：①彻底扭转了安全生产不稳定的被动局面。"九五"期间，连续四年未发生系统稳定破坏事故和大面积停电事故，并改变了火电厂脏、乱、差的面貌，企业安全情况明显好转。②发、供电设备的健康状况明显好转，机组性能和各项经济技术指标有了显著提高。③推进了发供电企业的技术改造、技术进步和新技术的应用，使供电设备向小型化、无油化、绝缘化、免维护和易维护方向发展。目前城市电网的110kV及以下电压等级的变电站中绝大部分实现了无人值班；220kV的终端变电站也有一部分实现了无人值班，已有15个水电厂实现了无人值班。

4. 加强电力建设管理

"九五"期间，电力建设始终贯彻"安全可靠、经济适用、符合国情"的方针，全面贯彻工程建设"五制"，即项目法人制、资本金制、招标投标制、工程监理制、合同管理制，以建设质量、安全管理为主线，在勘测设计、施工、监理、达标投产等方面始终坚持高标准、严要求，有效地降低了工程造价，提高了工程的质量、安全水平，提高了基建移交生产的整体水平。加强工程造价管理，使电力项目动态投资在"九五"期间明显下降。坚定不移地贯彻"安全第一、预防为主"的方针，使电力建设安全生产水平不断提高，死亡人数大幅度下降，事故次数逐年降低。加强以达标投产与评优工作为主要内容的建设质量管理，有力推动了电力建设工程整体质量和移交水平的提高。

5. 强化市场营销工作

针对全国电力供需矛盾开始缓和的新形势，各级电力企业通过"增供扩销"和引导客户消费，积极开拓电力市场。定期发布"中国电力市场分析报告"，把工业、城乡居民生活、商业及市政用电作为市场开拓的主要方向，使全社会用电量在"九五"期间年均增长6.4%，2000年用电量达到13466亿kW·h；县及县以下总用电量年均增速达到8.5%。

电力企业普遍开展优质服务活动。在城市，供电企业成立了客户服务中心，实行了服务承诺制，一些大中型供电企业的用电营业实现了自动化，抄表微机化，收费与银行联网，方便了用户；在农村，积极开展农电"三为"服务活动，到2000年底，全国有1312个县（市）供电企业实现了"三为"服务达标。

6. 加强审计监督

审计工作围绕实现"两个根本性转变"，加强电力企业内部监督约束机制，促进企业提高管理水平和经济效益。在国家电力公司的内部审计中，全系统完成审计项目达8万多项，查出违纪违规金额95.7亿元，查出损失浪费4.9亿元，促进增收节支59.8亿元，其中通过工程审计核减工程投资36.9亿元，配合查处经济犯罪50个。

7. 实现企业管理网络化、信息化

"九五"期间，国家电力公司、各电力集团公司、各省（市、区）电力公司，以及大部分地区供电局、发电厂基本建立了以管理信息系统（MIS）应用为主的企业级局域网；连接各省电力公司的电力内联网"国家电力信息网"一级和二级信息网基本建成，三级网正在各省电力公司实施之中。办公自动化系统、管理信息系统、电子邮件系统、WWW信息发布系统、Internet技术普遍得到应用和提高。电力营销系统、配网GIS应用系统等在一些供电企业得到初步应用并取得了明显经济效益。

国家电力通信网一级网络目前已覆盖了全国大部分省级以上企业。全国已建电力干线光纤通信电路1950km。国调、网调、省调的自动化系统应用率已达100%，地调自动化系统已装备85%。

8. 推进多种产业发展

"九五"期间，电力企业通过严格控制新增人员、分离社会职能等措施，仅国家电力公司系统用工总量就由"九五"初期的159.4万人下降到2000年底的137.9万人；使企业全员劳动生产率逐年提高，由1995年的93234元/人增加到2000年的138059元/人，年平均增长率8.2%。

电力企业在"九五"期间积极安置主业转岗分流职工21万人的同时，改变单一经营电力的模式，积极推进多种经营，到2000年，仅国家电力公司系统多种产业总收入就达到1238.8亿元，比1995年增加2.4倍，是国家电力公司主营收入的34.8%；多种产业实现利润和实现利税分别达到71.6亿元和123.9亿元，分别比1995年增加3.5倍和5倍；多种产业总资产达到1776亿元，比1995年增加2.95倍。相应的多种产业从业人员达到79.7万人。

9. 强化员工教育培训

"九五"期间，电力企业坚持普及与提高并举的培训方针，职工队伍中的人才密度由1995年的30.4%提高到了2000年的42.1%；具有研究生、大学本科、大学专科、中专和技校文化程度的职工分别比1995年增加了0.2、2.4、5.5和1.6个百分点，而高中及以下文化程度的职工人数则比1995年减少了9.4个百分点。

"九五"期间，国家电力公司系统先后派出2000多人次赴境外进修和培训。而且与诸多跨国公司在华联合举办研讨会，积极参加APEC能效组、PECC论坛、世界经济论坛等活动，及时、深入交流当前国际领先的电力技术、管理经验、国际惯例等信息，为我国电力工业的发展起到了非常积极的作用。

四、深化电力体制改革，初步实现“政企分开”

1. 初步实现“政企分开”

1997年1月16日，国家电力公司在北京正式成立，与电力工业部一套班子两块牌子；1998年3月，九届人大通过国务院机构改革方案，撤销电力部，原电力部的政府职能由国家经贸委行使，行业职能交中国电力企业联合会，国家电力公司开始独立运作。以此为标志，在电力管理体制国家级层面上，已经基本实现了政企分开；在省级层面上，政企分开也取得了初步成绩，到2000年底，全国已有9个省市电力公司完成政企分开。

2. 开始“厂网分开”试点

为促进电力企业提高效率和服务质量，降低电价，形成统一、开放、竞争、有序的电力市场，推进厂网分开改革，打破垄断，实现电网调度的公平、公正、公开和电厂之间的平等竞争，国家选择上海、浙江、山东、辽宁、吉林、黑龙江等6省市进行“厂网分开、竞价上网”的试点。

3. 农电体制改革取得重大进展

为了进一步理顺农村电力管理体制，1998年开始，国务院决定加快农村电力体制改革：一是理顺县电力企业与省电力公司的关系，原则上一县成立一个独立核算的供电企业，成为省级电力公司的子公司或改组为参控股的有限责任公司、股份有限公司；二是改革乡（镇）电管站的管理模式，将乡镇电管站改为县级供电企业所属的供电营业所的改革改造在全面推进中。

4. 不断深化电站建设体制改革

（1）探索煤电联营体制改革。伊敏华能东电煤电有限责任公司是国家批准的国内第一家煤电联营一体化大型能源企业。根据国家批准的规划，伊敏煤电公司总规划装机容量为400万kW，煤矿年生产能力为2000万t。其中，一期工程安装了2台50万kW俄罗斯产超临界机组，建设了与之相配套的年产500万t的露天矿，2台机组投入生产。

伊敏煤电联营一期工程自1991年破土动工至建成历经8年，在“九五”期间全面建成投产。

（2）积极推进水电流域滚动开发。水电建设认真贯彻落实国务院领导明确提出“流域、梯级、滚动、综合”的水电开发八字方针。根据已建和规划建设的布局，尽可能有计划地按流域组建水电开发公司，实施水电流域滚动开发。水电开发公司作为独立的发电公司对水电流域开发从事全过程管理，实行建管结合方式，行使业主职能，全面负责水电开发的前期工作、工程建设和经营管理。电站与电网确立经济合同关系，统一调度，联合运行，实施商业化运营。“九五”期间，清江水电开发有限责任公司、乌江水电开发有限责任公司、黄河上游水电开发有限责任公司、龙滩水电开发有限公司等在促进和加强流域水电开发方面，都进行了积极而有益的尝试，对于进一步推进流域公司的组织发展和完善起到重要作用。

五、实施科教兴电战略，实现可持续发展

1. 科研取得重大成果

“九五”期间，电力工业配套建设和改造了电力系统“仿真”、“电磁兼容”、“导线力学性能”、“超高压电缆性能测试”等一批重点试验室，使科研的装备水平进一步提高。

“九五”期间，电力工业把跨大区联网、电力扶贫共富、节能节电、洁净煤发电、电力信息化等五项作为电力工业跨世纪科技导向工程，完成了“超高压输电系统中灵活交流输电（可控串补）技术”、“500kV紧凑型输电线路关键技术和试验工程”、“静止无功发生器（ASVG）技术”等重大科研项目的研究，并且成功地解决Y2K问题，使电力系统安全顺利进入2000年。

2. 新能源和清洁能源发电发展迅速

“九五”期间，电力工业实施可持续发展战略，重点突破洁净煤燃烧技术和新能源发电技术。在洁净煤发电技术方面，已经建成了10万kW CFBC示范电站，目前正积极准备建设30万kW CFBC机组和30万kW或40万kW IGCC示范电站。

“九五”期间，中国风力发电得到迅速发展，五年新增风电装机容量为30.6万kW，为1995年风电装机容量的7倍多，到2000年底，全国已建成风电场26个，总装机容量34.5万kW，占全国发电装机总容量的0.1%。同时，风电场建设的综合技术水平也有较大的提高，单机容量不断加大，而且风电场的平均综合造价由原来的10000元/kW左右下降到“九五”末期8500元/kW左右。

“九五”期间，电力工业也高度重视优质能源，特别是天然气发电问题，并在东南沿海地区、华北、东北、山东及其他具备发展天然气发电条件的地区开展了天然气发电规划工作。广东LNG项目已经获得政府批准，正在实施。

3. 加强电力环保工作

“九五”期间，电力企业狠抓火电厂烟尘、废水达标治理和各种脱硫工艺的工程示范，新建机组全部采用静电除尘器，到2000年底，烟尘排放量与1995

年相比减少100多万t，废水排放量约减少10亿t，火电厂烟尘和废水基本实现了达标排放；全国火电厂已投运脱硫机组容量约500万kW，投运和在建脱硫工程装机总容量超过1000万kW，到2000年火电厂每万千瓦时发电量二氧化硫排放量比1995年下降20%。综合利用工作取得新的进展。“九五”期间，全国火电厂总计3.5亿t粉煤灰得到综合利用。

六、（略）

七、电力改革和发展的基本认识和主要问题

1. 对电力改革和发展的基本认识

（1）坚持“发展是硬道理”，是解决“九五”经济和社会发展对电力需求的根本保证。“九五”期间，电力工业之所以出现电力供需基本平衡的局面，首先是电力工业在“九五”期间保持了持续、平稳的发展，不仅克服了亚洲金融危机对中国经济，包括对电力发展的冲击，而且使电力工业在发展中推进结构调整，通过结构调整实现资源的优化配置。

（2）坚持“改革开放”的方针，是推进电力工业全面发展的根本动力。“九五”期间，电力工业继续实施多家办电、利用外资办电；电力建设项目实行以“项目法人责任制”、“项目资本金制”、“工程招标承包制”、“工程监理制”及“合同管理制”等为核心的“五制”，规范了投融资领域的各项活动，对提高投资效益和保证工程建设质量起到了积极作用；组建国家电力公司，使电力工业管理体制从计划经济向市场经济迈出了重要的一步；按照市场化改革的取向，中央层面以及各省级公司推进政企分开改革；部分地区实施内部模拟市场，开展“厂网分开、竞价上网”改革试点和农电“两改一同价”改革。同时，在持续发展中，充分利用“两个市场、两种资源”，引进先进的技术、设备、管理经验及资金，促进了电力的发展；在提高“引进来”水平的同时，积极贯彻“走出去”战略，不断拓展境外业务范围，从过去单纯的劳务输出发展到输出技术、资本和管理，树立“中国电力”国际品牌。

（3）加快电力结构调整，是促进电力资源的优化配置和产业升级的主要途径。“九五”时期，电力工业把结构调整作为发展的主旋律，加大电网投资和建设的力度，加强城乡电网建设和改造，积极推进新能源发电和洁净发电技术的应用，关停1000万kW小火电机组，使电力投资结构更加合理，电网和电源结构得到优化，电力技术结构和地区结构得到较大改善和调整。

（4）依靠科技进步，遵循可持续发展的原则，是电力工业发展的重大任务。“九五”期间，电力工业积极依靠科技进步和技术创新，积极推进大电网互联、电力电子、电力环保与节能等技术的应用，使中国电力工业的技术含量不断提高，能够适应世界科技发展的潮流；积极采用新的环境保护技术，包括煤炭的清洁燃烧技术，加快环保达标治理步伐；加大水电等清洁能源开发的力度，以风力发电为主力的新能源和可再生能源发电取得明显进展，天然气发电已经开始大量的前期规划工作。

（5）创建“两型两化、国际一流”企业，努力实现管理创新、机制创新和体制创新，是电力企业发展的主要方向。“九五”期间，电力企业紧密结合本企业实际，探索和建立科学的管理体系，努力实现经营思想与管理观念的创新、组织结构与经营机制的创新；通过建立现代企业制度，完善公司的制衡机制、竞争机制、激励机制和约束监督机制；按照市场化改革的取向，积极深化电力体制改革，大力推进政企分开、主辅分开，以及厂网分开的试点工作。国家电力公司积极实施“两型两化、国际一流”企业战略，于2000年进入世界500强企业行列。

（6）坚持市场导向的方针，依靠市场，提高经济效益，是电力企业实现两个根本性转变的主要措施。

2. 存在的主要问题

（1）电力结构性矛盾突出，结构优化和升级的任务仍然十分繁重。一是机组结构仍不合理。“九五”期间，电力工业确实关停了5万kW及以下的小火电机组1000多万kW，使凝汽式小火电机组的比重下降，但5万kW及以下的小火电机组总量没有减少，这应该引起政府部门的高度重视。二是高参数、大容量机组比重仍然偏低。全国30万kW及以上机组占全国发电装机容量的34.4%；在5235台6000kW及以上机组中，5万kW及以下机组仍有4174台，占机组总数的79.7%，因此，全国6000kW及以上机组平均单机容量虽然提高到2000年的5.40万kW，平均单机容量仍然偏小。三是水电建设前期工作滞后，影响西电东送后续电源的建设。四是在建规模与投产容量的比例呈现下降趋势。“九五”电力在建规模与投产容量的比比“八五”低1.2个百分点，已经达到临界状态。五是各电网负荷率普遍持续下降，峰谷差越来越大，调峰能力普遍不足。

（2）建立科学合理的电价机制工作没有实质进展，对电力改革与发展的推进产生一定影响。电价形成机制不能充分反映市场的供需关系，制约了电力消费的有效增长和电网的发展，也妨碍了节约用电和环境保护技术的推广应用，影响了农村经济的发展和农民生活水平的提高。电网没有形成有合理利润的输配电价机制，由于电价机制的不合理，一定程度上制约了电力需求的快速增长。

(3) 电力立法工作不能适应市场化改革的需要。

(4) 投融资改革滞后，影响电力的开发建设。投融资体制难以适应市场经济和加入 WTO 的要求，没有形成企业自主决策、自担风险、银行独立审贷、政府宏观调控的新的投融资体制。政府过多干预企业和社会投资的行政审批，企业投融资渠道不多，难以形成投融资主体多元化的格局。

(5) 科技对电力工业发展贡献较低，电力工业整体素质和效率不高。科技投入相对不足，尤其对电网安全稳定运行技术、高电压输电技术以及软科学投入更为不足。火电 60 万 kW 机组比重极小，清洁煤技术发电、核电技术、大型超临界机组、高压直流技术等开始起步。二氧化硫排放尚未得到有效控制，环保问题日益突出，已成为制约电力健康发展的重要因素。电力企业管理弱化、冗员严重。

全国水力资源复查

水力资源是我国能源资源的重要组成部分，开发和利用水力资源是实现能源可持续发展的重要措施。1980 年组织完成了第三次全国水力资源普查工作以来，我国经济和科学技术的发展、水电的开发建设、水电前期工作的逐步深入，越来越多地反映出第三次普查成果与我国实际蕴藏的水力资源之间有着较大的差别。此外，我国尚未采用国际通用的经济可开发量的概念研究和衡量所蕴藏的水力资源，也为研究制定国家和地方的能源及电力发展规划带来一些困难。为了进一步复查我国的水力资源，并填补水力资源经济可开发量的空白，为研究制定国家和地方今后的能源及电力发展规划提供更好的基础资料，国家发展计划委员会 2000 年 12 月 29 日以计办基础[2000]1033 号文发出关于开展全国水力资源复查的通知，决定从 2001 年开始，用 3 年左右的时间对全国水力资源进行复查。

本次水力资源复查的范围包括我国除台湾、香港和澳门之外的所有地区；复查内容为各江河湖泊的理论蕴藏量、技术可开发量、经济可开发量和已开发量；复查方法采用现场查勘、测量和对已有规划、设计、施工成果复核统计相结合的方式；复查成果要形成以行政区划和主要流域水系为基础，以不同工作深度和开发条件为特征的复查成果汇编，并建立起中国水力资源数据库；复查工作由国家发展计划委员会负责，由国家电力公司水电水利规划设计总院具体组织实施，由水利部水利水电规划设计总院负责水利系统水力资源复查的协调和领导工作，各省（区、市）计委负责各地方水力资源复查的组织和协调工作。

2001 年 3 月 28 日至 29 日，国家计委在成都组织召开了全国水力资源复查第一次工作会议，并以计办基础［2001］365 号文发出会议纪要。会议对复查工作大纲和技术标准进行了讨论，并就各省（区、市）复查工作的组织和管理达成了共识。会议成立了由国家计委基础产业司司长任组长、由国家电力公司水电水利规划设计总院院长和水利部水利水电规划设计总院院长任副组长、由国家计委有关司、水利部有关部门及流域委、国家电力公司有关部门和各省（区、市）计委参加的全国水力资源复查工作领导小组，下设办公室，设在国家电力公司水电水利规划设计总院。各省（区、市）计委要成立水力资源复查工作领导小组和办公室，明确各省（区、市）技术负责单位。复查工作经费由国家和地方共同筹集，其中国家定额补助的水电前期工作经费实行合同管理，由各省（区、市）计委、国家电力公司水电水利规划设计总院和各省（区、市）水力资源复查技术负责单位共同签订复查工作合同。

2001 年 7 月 12 日至 13 日，由水利部水利水电规划设计总院代表水利部在天津主持召开了全国水力资源复查水利部工作会议。会议明确水利部系统在本次复查工作中的地位与作用，协调各流域委、各水利厅的工作职责，安排各流域委从水资源优化配置的角度，充分考虑调水工程规划、防洪保留区规划，提出了各流域相应的水力资源复查综合利用技术要求。①全国水力资源复查工作的基础是经国家批准的流域综合规划和国家有关部门及省（区、市）批准的河流水利、水电规划。水力资源复查应与流域综合规划及相关水利、水电规划相衔接，要符合流域水资源综合利用的基本要求。②水力资源复查应考虑各流域主要引、调水工程对调入区和调出区水力资源量的影响。对已实施和已经国家批准立项的跨流域调水工程或大型引水工程涉及的流域、水系，应按其调入、调出后的水量计算水力资源量；对规划水平年 2020 年前拟建设的各地跨流域调水工程或引水工程，应分别计算调水工程实施前后的水力资源量，并注明调入、调出地点。

水利部以水总[2001]325 号文向各流域机构、各省(区、市)水利(水务)厅(局)发出“关于做好全国水力资源复查工作的通知”，明确应将水力资源规划纳入水资源总体规划，并明确指出各流域机构和各省(区、市)水利部门在水力资源复查工作中的任务。

2001 年 12 月 5 日至 6 日，国家计委在昆明组织召开了全国水力资源复查第二次工作会议，并以计办基础[2002]49号文发出会议纪要。会议审议并发布了全国水力资源复查工作大纲和技术标准第一、二、三部分，对各省(区、市)的复查工作大纲进行了审定，签订了水力资源复查工作合同，进一步明确了水力资源复查工作的任务和目标。并强调各省(区、市)计委要抓紧落实配套经费，确保经费及时到位，复查工作经费要专款专用，确保复查工作的顺利进行。

从2001年4月开始，国家电力公司水电水利规划设计总院组织有关水电和经济计量研究方面的专家和合作单位，在大量调查研究和广泛收集国外相关研究成果的基础上，开展专题研究，提出一套既反映中国国情又能与国际接轨的水力资源经济可开发量的综合评价体系，以统一界定全国水力资源的经济可开发量。经济可开发量评价标准的主要内容包括：经济可开发量的定义、评价适用范围、评价体系、评价标准、评价方法等，并单独对小水电（单站装机容量为500kW～25MW）及西藏自治区的水电经济可开发量评价标准提出了简化方法。

国家电力公司水电水利规划设计总院组织水电规划专业、计算机信息专业等各方面的专家，在大量前期调研工作的基础上，在2002年上半年完成了中国水力资源数据库标准的编制工作，2003年将完成数据采集、汇总，形成完整的数据库。

整个水力资源复查工作分为六个阶段：启动阶段、实施准备阶段、实施阶段、汇总阶段、报送和发布。其中2001年10月至2003年3月为实施阶段，2003年4月至10月为汇总阶段，2003年底为报送和发布阶段。

（全国水力资源复查领导小组办公室）

重　要　文　件

国家电力公司法人资本金效绩评价暂行办法

第一章　总　　则

第一条　为加强国家电力公司法人资本金的基础管理，完善国家电力公司法人资本金监管制度，科学评价国家电力公司所直接投资企业的经营效益和经营者业绩，根据财政部等四部委《国有资本金效绩评价规则》、《国有资本金效绩评价操作细则》、《关于深入开展企业效绩评价工作、加强国有企业监督管理的通知》，财政部《企业国有资本与财务管理暂行办法》，制定本暂行办法。

第二条　本暂行办法所称“国家电力公司法人资本金”是指国家电力公司实际投入企业中用以承担义务和据以享有权利的财产；“国家电力公司法人资本金效绩评价”（以下简称“效绩评价”）是指国家电力公司或其委托中介机构依据被评价企业的会计报告等有关资料，对企业在一定经营期间的资产运营、财务效益等经营成果，进行定量及定性对比分析，并作出真实、客观、公正的综合评判。

第三条　按照“公正、简便、完整、规范”的总体要求实施企业效绩评价，并遵循如下基本原则：

（一）有利于国家电力公司对直接投资企业资产经营和财务效益状况实施评价；

（二）有利于国家电力公司制定资产运营战略和考核企业经营者业绩；

（三）有利于正确引导企业经营行为，建立激励约束机制；

（四）有利于增强企业的形象意识，提高企业竞争实力。

第四条　本办法中的效绩评价侧重于以财务指标为主对企业经营事项的评价，侧重于同已实施中的资产经营责任制的衔接，并逐步实现与公司其他考核制度的接轨。

第二章　评价对象及方式

第五条　国家电力公司根据资产经营评价、财务管理和人事任免考核奖惩的需要，确定对被投资企业进行效绩评价的范围。本暂行办法评价范围为国家电力公司全资子公司，以及国家电力公司根据需要所指定的单位（公司或一般企业）。

第六条　国家电力公司法人资本金效绩评价工作分为一般评价和专项评价。

一般评价是指由国家电力公司对直接投资的企业每一个会计年度的经营效绩进行评价。

专项评价是指根据国家电力公司管理的需要，对指定企业一定经营期间的经营效绩进行评价。

第七条　当企业发生如下情况时必须进行专项评价：

（一）领导班子换届或主要领导变动；

（二）发生重大损失或造成严重社会影响；

（三）累计三年以上发生亏损；

（四）拟实施整体的改制、改组、兼并、出售等资产重组行为；

（五）国家电力公司确定的其他情况。

第三章 评价指标及内容

第八条 效绩评价采用多层次指标体系和采取多因素逐项修正的办法,对企业经营效益和经营者业绩两个方面进行分析评判。效绩评价指标体系由基本指标、修正指标、评议指标三个层次共三十二项指标构成。

第九条 基本指标是企业效绩评价的核心指标，由反映企业财务效益状况、资产经营状况、偿债能力状况和发展能力状况四类十一项指标构成，其主要内容如下：

（一）财务效益状况类：净资产收益率、总资产报酬率、利润完成率；

（二）资产运营状况类：总资产周转率、流动资产周转率、对外投资收益率；

（三）偿债能力状况类：资产负债率、已获利息倍数、投资收益上缴率；

（四）发展能力状况类:销售增长率、资本积累率。

第十条 修正指标用于对基本指标评价形成的财务效益状况、资产运营状况、偿债能力状况和发展能力状况的初步评价结果进行修正，具体由四类十三项计量指标构成，其主要内容如下：

（一）财务效益状况类：资本保值增值率、销售利润率、成本费用利润率；

（二）资产运营状况类：应收账款周转率、不良资产比率、资产损失比率；

（三）偿债能力状况类：流动比率、现金流动负债比率、长期资产适合率、经营亏损挂账比率；

（四）发展能力状况类：总资产增长率、三年利润平均增长率、二三年资本平均增长率。

第十一条 评议指标用于进行定性分析验证，以进一步补充和完善基本评价结果。本办法试行期间，评议指标可暂不执行。评议指标由八项非计量指标构成（具体评分标准另行制定），包括如下八方面内容：

（一）领导班子基本素质；

（二）产品市场占有能力；

（三）基础管理比较水平；

（四）在岗员工素质状况；

（五）技术装备更新水平；

（六）行业或区域影响力；

（七）企业经营发展策略；

（八）长期发展能力预测。

第十二条 国家电力公司对直接投资的企业经营效绩只进行年度一般评价时，可单独运用基本指标实施评价，也可同时运用基本指标和修正指标实施评价。

第十三条 国家电力公司对直接投资的企业经营效绩进行特定评价时，必须运用整个评价指标体系实施定量与定性综合评价。

第四章 评价方法及标准值管理

第十四条 效绩评价的基本方法采用功效系数法，辅之以综合分析判断法。即：按照统一制定的多层次指标体系，以企业经营期间的各项指标实际水平，对照国家电力公司颁布的效绩评价标准值，分步得出基本结论。修正结论和综合结论。

第十五条 效绩评价标准值是对评价对象进行客观、公正、科学分析与判断的标尺，效绩评价标准由国家电力公司根据《国有资本金效绩评价规则》和电力行业实际情况统一制定。

第十六条 效绩评价标准值以评价年度国家电力公司系统会计报表为基础，量化基本指标、修正指标和评议指标，将电力企业经济运行状况划分为五个等级，即：优秀、良好、平均、较低、较差。

第十七条 修正后的基本指标得分和评议指标得分分别占综合得分的80％和20％比重。

第十八条 国家电力公司根据资产经营管理需要，及公司系统评价年度前两个年度平均水平，设计效绩评价指标得分初始权数及评价区间值（有关参数取值，另行规定）。

第十九条 效绩评价标准值及评价指标得分权数与评价区间值划分,由国家电力公司测算、确定,报财政部备案后发布执行,并逐步根据变化情况进行修订。

第五章 评价步骤及各主体分工

第二十条 效绩评价工作程序是指从确定评价对象至完成整个评价工作的过程。具体包括以下程序：

（一）由国家电力公司确定评价对象，下达评价通知书，组织成立评价工作组及专家咨询组；

（二）由被评价企业按本办法规定，拟定评价工作方案，收集基础资料；

（三）被评价企业的评价工作组具体实施评价工作，征求专家意见，形成效绩评价报告（建议稿）；

（四）专家咨询组审核效绩评价报告；

（五）评价报告报国家电力公司评价工作组认定，建立效绩评价档案。

第二十一条 被评价企业除提供前两年经中介机构审计的会计报表外，还应提供相应年度的企业生产、经营、人事、管理等方面综合情况资料，以及评价工作组为完成评价工作必需的辅助资料。

第二十二条 被评价企业必须按要求及时提供全

面、完整、规范的基础资料，并对上报的会计报表数据和其他评价基础资料的真实性、合法性负全责。

第六章　评价结果及运用

第二十三条　效绩评价结果分为基本评价结果、评议结果、综合评价结果。由基础数据计算修正调整后产生基本评价结果；定性评分产生评议结果；基本评价结果和评议结果分别乘以其权重系数计算实得分；按评价类型、评价级别得出最终综合评价结果。

第二十四条　评价工作组完成全部工作后，应编写评价报告。评价报告是由评价工作组完成全部评价工作后，对评价对象在评价年度内财务效益状况、资本经营业绩进行对比分析、客观判断形成综合结论的文本文件。

第二十五条　评价报告由报告正文和附录两部分组成：

（一）报告正文包括企业基本情况描述、主要财务指标对比、评价依据、评价方法和评价结论等；

（二）报告附录包括评价工作的基础文件和数据资料。

第二十六条　评价报告必须客观、公正、准确地反映企业情况，准确地描述企业财务效益状况、资产运营状况、债务偿还能力和后续发展能力等，并作出发展趋势预测。

第二十七条　评价工作组在拟定评价报告的过程中应充分听取专家咨询组的意见，对影响企业经营的客观情况应在评价报告中予以充分说明。

第二十八条　国家电力公司直接投资公司的效绩评价报告，在对外披露之前，应提交国家电力公司审核、认定。

第二十九条　效绩评价结果及评价报告主要用于以下几方面：

（一）作为国家电力公司经营决策、对投资企业的资产经营及财务活动进行监管的参考依据；

（二）作为国家电力公司系统资产经营责任制考核的对照、补充；

（三）作为对被投资企业主要经营者进行任免考核或奖惩的参考依据，作为企业主要领导人离任审计和经济责任制审计的重要内容；

（四）反馈给被评价企业，促使其改善经营管理，为企业经营诊断和项目后评估提供依据；

（五）作为外部监督、国家电力公司外派产权代表评价被投资企业效益和经营者业绩的参考依据。

第七章　评价机构及组织

第三十条　为确保效绩评价工作的顺利进行，国家电力公司本部及各子公司应成立效绩评价工作领导小组，由公司有关领导出任组长，组员单位由财务、审计、人事、计划、生产、纪检监察等部门组成。

第三十一条　国家电力公司财务与产权管理部为效绩评价工作的主要实施机构，负责对国家电力公司直接投资的企业的效绩评价管理协调工作，并组织在本部及直接投资相关企业成立效绩评价工作组和专家咨询组。

第三十二条　效绩评价工作组负责完成整个评价工作的具体工作，包括：制定评价工作方案，收集。审核基础数据和基础资料，进行具体评价操作，撰写评价报告，建立评价工作档案。

第三十三条　效绩评价专家咨询组的主要职责：

（一）根据需要，经效绩评价领导小组许可，参与评价工作；

（二）负责对评价报告进行复核，对评价工作组的评价结论进行论证，并提出参考意见；

（三）提供效绩评价工作技术支持及相关政策咨询。

第三十四条　专家咨询组按国家规定选择有资质的中介机构和评价人员，按《国家电力公司效绩评价专家咨询组工作规则》（另行规定）开展工作。

第三十五条　效绩评价工作组和专家咨询组以《国有资本金效绩评价规则》、《国有资本金效绩评价实施细则》及本暂行办法为基本工作规范。

第八章　附　　则

第三十六条　国家电力公司各全资、控股子公司可依据本暂行办法制定本企业的效绩评价实施方案，报国家电力公司备案后，对其所属子公司进行考核。

第三十七条　本暂行办法由国家电力公司财务与产权管理部负责解释，并根据国家财政（国资）管理部门最新规定进行调整、修订。

第三十八条　本暂行办法的实施细则由国家电力公司财务与产权管理部制定。

第三十九条　本暂行办法自 2001 年 1 月 1 日起执行。

长江三峡工程建设移民条例

中华人民共和国国务院令

（第 299 号）

《长江三峡工程建设移民条例》已经 2001 年 2 月 15 日国务院第 35 次常务会议通过，现予发布，自 2001 年 3 月 1 日起施行。

国务院总理　朱镕基

2001 年 2 月 21 日

第一章 总 则

第一条 为了做好三峡工程建设移民工作，维护移民合法权益，保障三峡工程建设，促进三峡库区经济和社会发展，制定本条例。

第二条 三峡工程建设移民，适用本条例。

第三条 三峡工程建设，实行开发性移民方针，统筹使用移民资金，合理开发资源，保护生态环境，妥善安置移民，使移民的生产、生活达到或者超过原有水平，为三峡库区经济和社会发展创造条件。

第四条 三峡工程建设移民工作应当与三峡库区建设、沿江地区对外开放、水土保持和环境保护相结合。

第五条 三峡工程建设移民，实行国家扶持、各方支援与自力更生相结合的原则，采取前期补偿、补助与后期生产扶持相结合的方针，兼顾国家、集体和个人的利益。

三峡工程淹没区、移民安置区所在地的人民政府和群众应当顾全大局，服从国家统筹安排，正确处理移民搬迁和经济发展的关系。

第六条 三峡工程建设移民，实行移民任务和移民资金包干的原则。

第七条 国家对三峡工程建设移民依法给予补偿。具体补偿标准由国务院三峡工程建设委员会移民管理机构会同国务院有关部门组织测算、拟订，报国务院批准后执行。

第八条 三峡工程建设移民工作实行统一领导、分省（直辖市）负责、以县为基础的管理体制。

国务院三峡工程建设委员会是三峡工程建设移民工作的领导决策机构。

国务院三峡工程建设委员会移民管理机构负责三峡工程建设移民工作。

湖北省、重庆市人民政府负责本行政区域内三峡工程建设移民工作，并设立三峡工程建设移民管理机构。

三峡工程淹没区和移民安置区所在地的市、县、区人民政府负责本行政区域内三峡工程建设移民工作，并可以根据需要设立三峡工程建设移民管理机构。

第二章 移 民 安 置

第九条 三峡工程建设移民安置，应当编制移民安置规划。移民安置规划应当与土地利用总体规划相衔接。

水利部长江水利委员会会同湖北省、重庆市人民政府，负责编制《长江三峡工程水库淹没处理及移民安置规划大纲》（以下简称《规划大纲》），报国务院三峡工程建设委员会审批。

湖北省、重庆市人民政府应当按照《规划大纲》，负责组织本行政区域内有关市、县、区人民政府编制并批准有关市、县、区的移民安置规划，并分别汇总编制本省、直辖市的移民安置规划，报国务院三峡工程建设委员会备案。

国务院三峡工程建设委员会移民管理机构应当加强对移民安置规划实施情况的监督。

第十条 经批准的移民安置规划应当严格执行，不得随意调整或者修改；确需调整或者修改的，应当按照原审批程序报批。

第十一条 三峡工程建设用地按照批准的规划，一次审批，分期划拨，并依法办理土地权属变更登记手续。

三峡工程建设移民迁建用地应当严格控制规模，并依据土地利用总体规划和土地利用年度计划，分批次逐级上报省级以上人民政府依法办理农用地转用和土地征用手续。移民迁建用地不得转让，不得用于非移民项目。

第十二条 因三峡工程建设和移民迁建，土地被全部征用并安置在第二产业、第三产业或者自谋职业的农村移民，经本人同意，由有关县、区人民政府批准，可以转为非农业户口。

第十三条 移民安置地的有关地方人民政府应当合理调整土地，鼓励移民在安置地发展优质、高效、高产农业和生态农业；有条件的地方，可以通过发展第二产业、第三产业安置移民。

第十四条 三峡工程建设移民安置实行就地安置与异地安置、集中安置与分散安置、政府安置与移民自找门路安置相结合。移民首先在本县、区安置；本县、区安置不了的，由湖北省、重庆市人民政府在本行政区域内其他市、县、区安置；湖北省、重庆市安置不了的，在其他省、自治区、直辖市安置。

第十五条 农村移民需要安置到本县、区其他农村集体经济组织的，由该农村集体经济组织与县、区人民政府移民管理机构或者负责移民管理工作的部门签订协议，并按照协议安排移民的生产、生活。

第十六条 移民在本县、区安置不了，需要在湖北省、重庆市行政区域内其他市、县、区安置的，由迁出地和安置地的市、县、区人民政府签订协议，办理有关手续。

移民需要在湖北省、重庆市以外的地区安置的，分别由湖北省、重庆市人民政府与安置地的省、自治区、直辖市人民政府签订协议，办理有关手续。

第十七条 三峡工程受益地区和有条件的省、自治区、直辖市及其市、县、区应当接收政府组织外迁和投亲靠友自主外迁的三峡库区农村移民，并及时办理有关手续，统一安排移民的生产、生活。

投亲靠友自主外迁的三峡库区农村移民，应当持有迁出地的县、区人民政府出具的证明。

第十八条 农村居民点迁建应当按照移民安置规划，依法编制新居民点建设规划。编制新居民点建设规划，应当因地制宜，有利生产，方便生活。

新建居民点的道路、供水、供电等基础设施，由乡（镇）、村统一组织施工。

房屋拆迁补偿资金按照农村房屋补偿标准包干到户，由移民用于住房建设。

移民建造住房，可以分户建造，也可以按照自愿原则统一建造。有关地方人民政府以及村民委员会不得强行规定建房标准。

第十九条 城镇迁建，应当按照移民安置规划，依法编制迁建区详细规划，并确定需要迁建的公共建筑和各项基础设施的具体位置。

城镇公共建筑和各项基础设施迁建补偿资金实行包干管理，其数额按照实际淹没损失和适当发展的原则核定。

城镇迁建中单位和居民搬迁的补偿资金实行包干管理，其数额按照实际淹没损失核定。

第二十条 需要迁建的城镇应当提前建设基础设施。

对自筹资金或者使用非移民资金提前搬迁的单位和居民，有关地方人民政府不得减少其应得的移民资金数额。

第二十一条 有关地方人民政府应当根据国家产业政策，结合技术改造，对需要搬迁的工矿企业进行统筹规划和结构调整。产品质量好、有市场的企业，可以通过对口支援，与名优企业合作、合资，把企业的搬迁与企业的重组结合起来；技术落后、浪费资源、产品质量低劣、污染严重的企业，应当依法实行兼并、破产或者关闭。

有关地方人民政府应当妥善安排破产、关闭企业职工和离退休人员的基本生活，做好再就业和社会养老保险工作。

工矿企业搬迁补偿资金实行包干管理，其数额按照实际淹没损失的重置价格核定。

第二十二条 因三峡工程蓄水被淹没的公路、桥梁、港口、码头、水利工程、电力设施、电信线路、广播电视等基础设施和文物古迹需要复建的，应当根据复建规划，按照经济合理的原则，预先在淹没线以上复建。复建补偿资金实行包干管理，其数额按照原规模、原标准或者为恢复原功能所需投资核定。

第二十三条 城镇迁建单位、工矿企业和居民的搬迁以及基础设施的复建，因扩大规模和提高标准超过包干资金的部分，分别由有关地方人民政府、有关单位、居民自行解决。

第二十四条 移民工程建设应当做好项目前期论证工作。城镇、农村居民点、工矿企业、基础设施的选址和迁建，应当做好水文地质、工程地质勘察、地质灾害防治勘查和地质灾害危险性评估。

第二十五条 移民工程建设应当履行基本建设程序，严格执行国务院2000年1月发布的《建设工程质量管理条例》规定的各项制度，确保建设工程质量。

移民工程建设施工，应当保护生态环境，防止植被破坏和水土流失。

第二十六条 安置移民生产，严禁开垦25度以上的坡地；已经开垦的，应当按照规划退耕还林还草。对已经开垦的25度以下的坡地，应当因地制宜，采取“坡改梯”措施，实行山水林田路综合规划治理。

第二十七条 三峡工程淹没区的林木，在淹没前已经达到采伐利用标准的，经依法批准后，林木所有者可以采伐、销售；不能采伐利用的，淹没后按照《规划大纲》的规定给予补偿。

第二十八条 三峡工程建设，应当按照“保护为主、抢救第一”和“重点保护、重点发掘”的原则，做好文物抢救、保护工作。

第三章 淹没区、安置区的管理

第二十九条 有关地方人民政府应当加强对三峡工程淹没区基本建设的管理。任何单位和个人不得在淹没线以下擅自新建、扩建和改建项目。违反《国务院办公厅关于严格控制三峡工程坝区和库区淹没线以下区域人口增长和基本建设的通知》的规定，在1992年4月4日后建设的项目，按照违章建筑处理。

第三十条 三峡库区有关公安机关应当加强对淹没区的户籍管理，严格控制非淹没区人口迁入淹没区。1992年4月4日后，按照《国务院办公厅关于严格控制三峡工程坝区和库区淹没线以下区域人口增长和基本建设的通知》的规定允许迁入的人口，经县级以上人民政府公安机关批准入户的，由国家负责搬迁安置；因其他原因擅自迁入的人口，国家不负责搬迁安置。

三峡库区各级地方人民政府和有关单位应当加强计划生育管理，控制人口增长，保证库区的人口出生率不超过湖北省、重庆市的规定。

本条第一款所称允许迁入的人口，是指因出生、婚嫁、工作调动、军人转业退伍和高等院校、中等专业技术学校毕业分配以及刑满释放等迁入的人口。

第三十一条 按照移民安置规划必须搬迁的单位和移民，不得拒绝搬迁或者拖延搬迁；已经搬迁并得到补偿和安置的，应当及时办理补偿销号手续，并不得返迁或者要求再次补偿。

按照移民安置规划已经搬迁的单位和移民，其搬迁前使用的土地及其附着物由当地县级人民政府依法处理。

第三十二条 三峡水库消落区的土地属于国家所有，由三峡水利枢纽管理单位负责管理，可以通过当地县级人民政府优先安排给当地农村移民使用；但是，不得影响水库安全、防洪、发电和生态环境保护。因蓄水给使用该土地的移民造成损失的，国家不予补偿。

第三十三条 有关地方人民政府应当对三峡工程移民档案加强管理，确保档案完整、准确和安全。

第四章 移民资金使用的管理和监督

第三十四条 移民资金实行静态控制，动态管理。除价格指数变动、国家政策调整和发生不可抗力外，不再增加移民资金。

第三十五条 移民资金年度计划应当纳入国家年度投资计划。

国务院三峡工程建设委员会移民管理机构根据经批准的三峡工程移民安置规划，组织编制移民资金年度计划，报国务院审批。

县级以上地方人民政府移民管理机构或者负责移民管理工作的部门组织编制本行政区域的移民资金年度项目计划，经本级人民政府审核同意后报上一级人民政府移民管理机构审批。

经批准的移民资金年度项目计划，不得擅自调整；确需调整的，应当报原审批机关批准。

第三十六条 移民资金安排应当突出重点，保证移民安置进度与枢纽工程建设进度相适应。

移民资金由有关地方人民政府按照移民安置规划安排使用。

有移民安置任务的省、自治区、直辖市人民政府应当根据国家移民资金投资包干方案，将移民资金拨付到县级人民政府和有关单位，由县级人民政府和有关单位将移民资金具体落实到各类移民投资项目。

第三十七条 移民资金应当在国务院三峡工程建设委员会移民管理机构或者省、自治区、直辖市人民政府移民管理机构指定的银行专户存储、专账核算。国务院或者省、自治区、直辖市人民政府确定的移民资金管理部门应当按照包干方案、移民资金年度项目计划和进度及时拨付移民资金。

第三十八条 移民资金应当用于下列项目：（一）农村移民安置补偿；（二）城镇迁建补偿；（三）工矿企业迁建补偿；（四）基础设施项目复建；（五）环境保护；（六）国务院三峡工程建设委员会移民管理机构规定的与移民有关的其他项目。

任何部门、单位和个人不得挤占、截留和挪用移民资金。

第三十九条 移民资金存储期间的孳息，应当纳入移民资金，不得挪作他用。

第四十条 有关地方人民政府设立的城镇迁建工程建设指挥部（管委会）不是一级财务核算单位，移民项目资金不得经其转拨。

第四十一条 国家对移民资金的管理、拨付和安排使用实行稽察制度，对管理、拨付和安排使用移民资金的有关地方人民政府及其有关部门、机构的负责人实行任期经济责任审计制度。

第四十二条 县级以上人民政府应当加强对下级人民政府及其有关部门管理、拨付和安排使用移民资金情况的监督。

各级人民政府移民管理机构或者负责移民管理工作的部门应当加强内部审计和监察，定期向本级人民政府、上级主管部门报告移民资金年度项目计划执行情况、移民资金拨付和使用情况。

第四十三条 有移民任务的乡（镇）、村应当建立健全财务管理制度，乡（镇）、村移民资金的使用情况应当张榜公布，接受群众监督。

第四十四条 各级审计机关和监察、财政部门应当加强对移民资金管理、拨付和安排使用的审计和监察、监督，依法履行国家有关法律、法规赋予的职责。

审计机关和监察、财政部门进行审计和监察、监督时，有关单位和个人应当予以配合及时提供有关资料。

第五章 扶持措施

第四十五条 国家从三峡电站的电价收入中提取一定资金设立三峡库区移民后期扶持基金，分配给湖北省、重庆市和接收外迁移民的省、自治区、直辖市人民政府，用于移民的后期扶持。具体办法由财政部会同国务院有关部门制定，报国务院批准后执行。

第四十六条 三峡电站投产后缴纳的税款依法留给地方的部分，分配给湖北省、重庆市人民政府，用于支持三峡库区建设和生态环境保护。具体办法由财政部会同国务院有关部门制定，报国务院批准后执行。

第四十七条 农村移民建房占用耕地，免征耕地占用税。三峡工程坝区和淹没区建设占用耕地，按照应纳税额的40%征收耕地占用税；城镇、企业事业单位搬迁和基础设施复建占用耕地，按照国家有关规定缴纳耕地占用税。缴纳的耕地占用税全部用于三峡库区农村移民安置。

第四十八条 三峡电站投产后，应当优先安排三峡库区用电。

第四十九条 国家将三峡库区有水电资源条件的受淹县、区列为农村水电初级电气化县，予以扶持。

第五十条 国家将三峡库区具备一定条件的受淹县、区优先列入生态农业试点示范县，予以扶持，并优先安排基本农田及水利专项资金，用于移民安置区农田水利建设。

第五十一条 国务院有关部门和湖北省、重庆市人民政府及其有关部门在安排建设项目、分配资金时，对三峡库区有关县、区应当优先照顾。

第五十二条 国务院有关部门和有关省、自治区、直辖市应当按照优势互补、互惠互利、长期合作、共同发展的原则，采取多种形式鼓励名优企业到三峡库区投资建厂，并从教育、文化、科技、人才、管理、信息、资金、物资等方面对口支援三峡库区移民。

第五十三条 国家在三峡库区和三峡工程受益地区安排的建设项目，应当优先吸收符合条件的移民就业。

第五十四条 国家对专门为安置农村移民开发的土地和新办的企业，依法减免农业税、农业特产农业税、企业所得税。

第六章 罚 则

第五十五条 违反本条例规定，未经批准，擅自调整、修改移民安置规划和移民资金年度项目计划的，由规划、计划的审批机关责令限期改正；逾期不改正的，对直接负责的主管人员和其他直接责任人员，依法给予行政处分。

第五十六条 违反本条例规定，擅自将移民迁建用地的使用权转让或者用于非移民项目的，由县级以上人民政府土地行政主管部门会同同级移民管理机构依据职责，责令限期改正，没收违法所得，并处违法所得1倍以上3倍以下的罚款。没收的违法所得和收缴的罚款，全部纳入移民资金，用于移民迁建。

第五十七条 违反本条例规定，在淹没线以下擅自新建、扩建和改建项目的，由县级以上人民政府移民管理机构依据职责，责令停止违法行为，限期恢复原状，可以处5万元以下的罚款；造成损失的，依法承担赔偿责任。

第五十八条 违反本条例规定，在移民搬迁和安置过程中，有下列行为之一的，由县级以上人民政府移民管理机构会同同级有关部门依据职责，责令限期改正，给予警告；构成违反治安管理行为的，由公安机关依法予以处罚：（一）拒绝搬迁或者拖延搬迁的；（二）按照规定标准已获得安置补偿，搬迁后又擅自返迁的；（三）按照规定标准获得安置补偿后，无理要求再次补偿的。

第五十九条 违反本条例规定，有下列行为之一的，由有关审计机关、财政部门依照审计、财政法律、法规的规定予以处罚；对直接负责的主管人员和其他直接责任人员，依法给予行政处分；构成犯罪的，依法追究刑事责任：（一）将移民资金用于非移民项目、偿还非移民债务和平衡地方财政预算的；（二）利用移民资金进行融资、投资和提供担保的；（三）购买股票、债券和其他有价证券的；（四）利用其他方式挪用移民资金的。

第六十条 违反本条例规定，在国务院三峡工程建设委员会移民管理机构或者省、自治区、直辖市人民政府移民管理机构指定的银行之外的金融机构存储移民资金的，由县级以上人民政府移民管理机构按照职责分工，责令限期改正，给予警告；对直接负责的主管人员和其他直接责任人员，依法给予行政处分；有违法所得的，没收违法所得，并处违法所得1倍以上3倍以下的罚款。

第六十一条 违反本条例规定，挤占、截留移民资金的，由有关审计机关、财政部门依法予以追缴，可以处挤占、截留移民资金数额1倍以下的罚款；对直接负责的主管人员和其他直接责任人员，依法给予行政处分。

第六十二条 在移民工程建设中，破坏植被和生态环境，造成水土流失的，依照环境保护法和水土保持法的有关规定处罚。

第六十三条 国家机关工作人员在移民工作中玩忽职守、滥用职权、徇私舞弊，构成犯罪的，依法追究刑事责任；尚不构成犯罪的，依法给予行政处分。

第七章 附 则

第六十四条 本条例自2001年3月1日起施行。1993年8月19日国务院公布施行的《长江三峡工程建设移民条例》同时废止。

评标委员会和评标方法暂行规定

国家计委 经贸委 建设部 铁道部
交通部 信息产业部 水利部令 第12令
（二〇〇一年七月五日发布）

第一章 总 则

第一条 为了规范评标活动，保证评标的公平、公正，维护招标投标活动当事人的合法权益，依照

《中华人民共和国招标投标法》，制定本规定。

第二条 本规定适用于依法必须招标项目的评标活动。

第三条 评标活动遵循公平、公正、科学、择优的原则。

第四条 评标活动依法进行，任何单位和个人不得非法干预或者影响评标过程和结果。

第五条 招标人应当采取必要措施，保证评标活动在严格保密的情况下进行。

第六条 评标活动及其当事人应当接受依法实施的监督。

有关行政监督部门依照国务院或者地方政府的职责分工，对评标活动实施监督，依法查处评标活动中的违法行为。

第二章 评标委员会

第七条 评标委员会依法组建，负责评标活动，向招标人推荐中标候选人或者根据招标人的授权直接确定中标人。

第八条 评标委员会由招标人负责组建。

评标委员会成员名单一般应于开标前确定。评标委员会成员名单在中标结果确定前应当保密。

第九条 评标委员会由招标人或其委托的招标代理机构熟悉相关业务的代表，以及有关技术、经济等方面的专家组成，成员人数为五人以上单数，其中技术、经济等方面的专家不得少于成员总数的三分之二。

评标委员会设负责人的，评标委员会负责人由评标委员会成员推举产生或者由招标人确定。评标委员会负责人与评标委员会的其他成员有同等的表决权。

第十条 评标委员会的专家成员应当从省级以上人民政府有关部门提供的专家名册或者招标代理机构的专家库内的相关专家名单中确定。

按前款规定确定评标专家，可以采取随机抽取或者直接确定的方式。一般项目，可以采取随机抽取的方式；技术特别复杂、专业性要求特别高或者国家有特殊要求的招标项目，采取随机抽取方式确定的专家难以胜任的，可以由招标人直接确定。

第十一条 评标专家应符合下列条件：

（一）从事相关专业领域工作满八年并具有高级职称或者同等专业水平；

（二）熟悉有关招标投标的法律法规，并具有与招标项目相关的实践经验；

（三）能够认真、公正、诚实、廉洁地履行职责。

第十二条 有下列情形之一的，不得担任评标委员会成员：

（一）投标人或者投标人主要负责人的近亲属；

（二）项目主管部门或者行政监督部门的人员；

（三）与投标人有经济利益关系，可能影响对投标公正评审的；

（四）曾因在招标、评标以及其他与招标投标有关活动中从事违法行为而受过行政处罚或刑事处罚的。

评标委员会成员有前款规定情形之一的，应当主动提出回避。

第十三条 评标委员会成员应当客观、公正地履行职责，遵守职业道德，对所提出的评审意见承担个人责任。评标委员会成员不得与任何投标人或者与招标结果有利害关系的人进行私下接触，不得收受投标人、中介人、其他利害关系人的财物或者其他好处。

第十四条 评标委员会成员和与评标活动有关的工作人员不得透露对投标文件的评审和比较、中标候选人的推荐情况以及与评标有关的其他情况。

前款所称与评标活动有关的工作人员，是指评标委员会成员以外的因参与评标监督工作或者事务性工作而知悉有关评标情况的所有人员。

第三章 评标的准备与初步评审

第十五条 评标委员会成员应当编制供评标使用的相应表格，认真研究招标文件，至少应了解和熟悉以下内容：

（一）招标的目标；

（二）招标项目的范围和性质；

（三）招标文件中规定的主要技术要求、标准和商务条款；

（四）招标文件规定的评标标准、评标方法和在评标过程中考虑的相关因素。

第十六条 招标人或者其委托的招标代理机构应当向评标委员会提供评标所需的重要信息和数据。招标人设有标底的，标底应当保密，并在评标时作为参考。

第十七条 评标委员会应当根据招标文件规定的评标标准和方法，对投标文件进行系统地评审和比较。招标文件中没有规定的标准和方法不得作为评标的依据。

招标文件中规定的评标标准和评标方法应当合理，不得含有倾向或者排斥潜在投标人的内容，不得妨碍或者限制投标人之间的竞争。

第十八条 评标委员会应当按照投标报价的高低或者招标文件规定的其他方法对投标文件排序。以多种货币报价的，应当按照中国银行在开标日公布的汇率中间价换算成人民币。

招标文件应当对汇率标准和汇率风险作出规定。未作规定的，汇率风险由投标人承担。

第十九条 评标委员会可以书面方式要求投标人对投标文件中含义不明确、对同类问题表述不一致或者有明显文字和计算错误的内容作必要的澄清、说明或者补正。澄清、说明或者补正应以书面方式进行并不得超出投标文件的范围或者改变投标文件的实质性内容。

投标文件中的大写金额和小写金额不一致的，以大写金额为准；总价金额与单价金额不一致的，以单价金额为准，但单价金额小数点有明显错误的除外；对不同文字文本投标文件的解释发生异议的，以中文文本为准。

第二十条 在评标过程中，评标委员会发现投标人以他人的名义投标、串通投标、以行贿手段谋取中标或者以其他弄虚作假方式投标的，该投标人的投标应作废标处理。

第二十一条 在评标过程中，评标委员会发现投标人的报价明显低于其他投标报价或者在设有标底时明显低于标底，使得其投标报价可能低于其个别成本的，应当要求该投标人作出书面说明并提供相关证明材料。投标人不能合理说明或者不能提供相关证明材料的，由评标委员会认定该投标人以低于成本报价竞标，其投标应作废标处理。

第二十二条 投标人资格条件不符合国家有关规定和招标文件要求的，或者拒不按照要求对投标文件进行澄清、说明或者补正的，评标委员会可以否决其投标。

第二十三条 评标委员会应当审查第一投标文件是否对招标文件提出的所有实质性要求和条件作出响应。未能在实质上响应的投标，应作废标处理。

第二十四条 评标委员会应当根据招标文件，审查并逐项列出投标文件的全部投标偏差。

投标偏差分为重大偏差和细微偏差。

第二十五条 下列情况属于重大偏差：

（一）没有按照招标文件要求提供投标担保或者所提供的投标担保有瑕疵；

（二）投标文件没有投标人授权代表签字和加盖公章；

（三）投标文件载明的招标项目完成期限超过招标文件规定的期限；

（四）明显不符合技术规格、技术标准的要求；

（五）投标文件载明的货物包装方式、检验标准和方法等不符合招标文件的要求；

（六）投标文件附有招标人不能接受的条件；

（七）不符合招标文件中规定的其他实质性要求。

投标文件有上述情形之一的，为未能对招标文件作出实质性响应，并按本规定第二十三条规定作废标处理。招标文件对重大偏差另有规定的，从其规定。

第二十六条 细微偏差是指投标文件在实质上响应招标文件要求，但在个别地方存在漏项或者提供了不完整的技术信息和数据等情况，并且补正这些遗漏或者不完整不会对其他投标人造成不公平的结果。细微偏差不影响投标文件的有效性。

评标委员会应当书面要求存在细微偏差的投标人在评标结束前予以补正。拒不补正的，在详细评审时可以对细微偏差作不利于该投标人的量化，量化标准应当在招标文件中规定。

第二十七条 评标委员会根据本规定第二十条、第二十一条、第二十二条、第二十三条、第二十五条的规定否决不合格投标或者界定为废标后，因有效投标不足三个使得投标明显缺乏竞争的，评标委员会可以否决全部投标。

投标人少于三个或者所有投标被否决的，招标人应当依法重新招标。

第四章 详细评审

第二十八条 经初步评审合格的投标文件，评标委员会应当根据招标文件确定的评标标准和方法，对其技术部分和商务部分作进一步评审、比较。

第二十九条 评标方法包括经评审的最低投标价法、综合评估法或者法律、行政法规允许的其他评标方法。

第三十条 经评审的最低投标价法一般适用于具有通用技术、性能标准或者招标人对其技术、性能没有特殊要求的招标项目。

第三十一条 根据经评审的最低投标价法，能够满足招标文件的实质性要求，并且经评审的最低投标价的投标，应当推荐为中标候选人。

第三十二条 采用经评审的最低投标价法的，评标委员会应当根据招标文件中规定的评标价格调整方法，以所有投标人的投标报价以及投标文件的商务部分作必要的价格调整。

采用经评审的最低投标价法的，中标人的投标应当符合招标文件规定的技术要求和标准，但评标委员会无需对投标文件的技术部分进行价格折算。

第三十三条 根据经评审的最低投标价法完成详细评审后，评标委员会应当拟定一份“标价比较表”，连同书面评标报告提交招标人。“标价比较表”应当载明投标人的投标报价、对商务偏差的价格调整和说明以及经评审的最终投标价。

第三十四条 不宜采用经评审的最低投标价法的招标项目，一般应当采取综合评估法进行评审。

第三十五条 根据综合评估法，最大限度地满足招标文件中规定的各项综合评价标准的投标，应当推荐为中标候选人。

衡量投标文件是否最大限度地满足招标文件中规定的各项评价标准，可以采取折算为货币的方法、打分的方法或者其他方法。需量化的因素及其权重应当在招标文件中明确规定。

第三十六条 评标委员会对各个评审因素进行量化时，应当将量化指标建立在同一基础或者同一标准上，使各投标文件具有可比性。

对技术部分和商务部分进行量化后，评标委员会应当对这两部分的量化结果进行加权，计算出每一投标的综合评估价或者综合评估分。

第三十七条 根据综合评估法完成评标后，评标委员会应当拟定一份“综合评估比较表”，连同书面评标报告提交招标人。“综合评估比较表”应当载明投标人的投标报价、所作的任何修正、对商务偏差的调整、对技术偏差的调整、对各评审因素的评估以及对每一投标的最终评审结果。

第三十八条 根据招标文件的规定，允许投标人投备选标的，评标委员会可以对中标人所投的备选标进行评审，以决定是否采纳备选标。不符合中标条件的投标人的备选标不予考虑。

第三十九条 对于划分有多个单项合同的招标项目，招标文件允许投标人为获得整个项目合同而提出优惠的，评标委员会可以对投标人提出的优惠进行审查，以决定是否将招标项目作为一个整体合同授予中标人。将招标项目作为一个整体合同授予的，整体合同中标人的投标应当最有利于招标人。

第四十条 评标和定标应当在投标有效期结束日30个工作日前完成。不能在投标有效期结束日30个工作日前完成评标和定标的，招标人应当通知所有投标人延长投标有效期。拒绝延长投标有效期的投标人有权收回投标保证金。同意延长投标有效期的投标人应当相应延长其投标担保的有效期，但不得修改投标文件的实质性内容。因延长投标有效期造成投标人损失的，招标人应当给予补偿，但因不可抗力需延长投标有效期的除外。

招标文件应当载明投标有效期。投标有效期从提交投标文件截止日起计算。

第五章 推荐中标候选人与定标

第四十一条 评标委员会在评标过程中发现的问题，应当及时做出处理或者向招标人提出处理建议，并作书面记录。

第四十二条 评标委员会完成评标后，应当向招标人提出书面评标报告，并抄送有关行政监督部门。评标报告应当如实记载以下内容：

（一）基本情况和数据表；

（二）评标委员会成员名单；

（三）开标记录；

（四）符合要求的投标一览表；

（五）废标情况说明；

（六）评标标准、评标方法或者评标因素一览表；

（七）经评审的价格或者评分比较一览表；

（八）经评审的投标人排序；

（九）推荐的中标候选人名单与签订合同前要处理的事宜；

（十）澄清、说明、补正事项纪要。

第四十三条 评标报告由评标委员会全体成员签字。对评标结论持有异议的评标委员会成员可以书面方式阐述其不同意见和理由。评标委员会成员拒绝在评标报告上签字且不陈述其不同意见和理由的，视为同意评标结论。评标委员会应当对此做出书面说明并记录在案。

第四十四条 向招标人提交书面评标报告后，评标委员会即告解散。评标过程中使用的文件、表格以及其他资料应当及时归还招标人。

第四十五条 评标委员会推荐的中标候选人应当限定在一至三人，并标明排列顺序。

第四十六条 中标人的投标应当符合下列条件之一：

（一）能够最大限度满足招标文件中规定的各项综合评价标准；

（二）能够满足招标文件的实质性要求，并且经评审的投标价格最低；但是投标价格低于成本的除外。

第四十七条 在确定中标人之前，招标人不得与投标人就投标价格、投标方案等实质性内容进行谈判。

第四十八条 使用国有资金投资或者国家融资的项目，招标人应当确定排名第一的中标候选人为中标人。排名第一的中标候选人放弃中标、因不可抗力提出不能履行合同，或者招标文件规定应当提交履约保证金而在规定的期限内未能提交的，招标人可以确定排名第二的中标候选人为中标人。排名第二的中标候选人因前款规定的同样原因不能签订合同的，招标人可以确定排名第三的中标候选人为中标人。

招标人可以授权评标委员会直接确定中标人。

国务院对中标人的确定另有规定的，从其规定。

第四十九条 中标人确定后，招标人应当向中标人发出中标通知书，同时通知未中标人，并与中标人在30个工作日之内签订合同。

第五十条 中标通知书对招标人和中标人具有法律约束力。中标通知书发出后，招标人改变中标结果或者中标人放弃中标的，应当承担法律责任。

第五十一条 招标人应当与中标人按照招标文件

和中标人的投标文件订立书面合同。招标人与中标人不得再行订立背离合同实质性内容的其他协议。

第五十二条 招标人与中标人签订合同后5个工作日内，应当向中标人和未中标的投标人退还投标保证金。

第六章 罚 则

第五十三条 评标委员会成员在评标过程中擅离职守，影响评标程序正常进行，或者在评标过程中不能客观公正地履行职责的，给予警告；情节严重的，取消担任评标委员会成员的资格，不得再参加任何依法必须进行招标项目的评标，并处一万元以下的罚款。

第五十四条 评标委员会成员收受投标人、其他利害关系人的财物或者其他好处的，评标委员会成员或者与评标活动有关的工作人员向他人透露对投标文件的评审和比较、中标候选人的推荐以及与评标有关的其他情况的，给予警告，没收收受的财物，可以并处三千元以上五万元以下的罚款；对有所列违法行为的评标委员会成员取消担任评标委员会成员的资格，不得再参加任何依法必须进行招标项目的评标；构成犯罪的，依法追究刑事责任。

第五十五条 招标人在评标委员会依法推荐的中标候选人以外确定中标人的，依法必须进行招标项目在所有投标被评标委员会否决后自行确定中标人的，中标无效。责令改正，可以处中标项目金额千分之五以上千分之十以下的罚款；对单位直接负责的主管人员和其他直接责任人员依法给予处分。

第五十六条 招标人与中标人不按照招标文件和中标人的投标文件订立合同的，或者招标人、中标人订立背离合同实质性内容的协议的，责令改正；可以处中标项目金额千分之五以上千分之十以下的罚款。

第五十七条 中标人不与招标人订立合同的，投标保证金不予退还并取消其中标资格，给招标人造成的损失超过投标保证金数额的，应当对超过部分予以赔偿；没有提交投标保证金的，应当对招标人的损失承担赔偿责任。

招标人迟迟不确定中标人或者无正当理由不与中标人签订合同的，给予警告，根据情节可处一万元以下的罚款；造成中标人损失的，并应当赔偿损失。

第七章 附 则

第五十八条 依法必须招标项目以外的评标活动，参照本规定执行。

第五十九条 使用国际组织或者外国政府贷款、援助资金的招标项目的评标活动，贷款方、资金提供方对评标委员会与评标方法另有规定的，适用其规定，但违背中华人民共和国的社会公共利益的除外。

第六十条 本规定颁布前有关评标机构和评标方法的规定与本规定不一致的，以本规定为准。法律或者行政法规另有规定的，从其规定。

第六十一条 本规定由国家发展计划委员会会同有关部门负责解释。

第六十二条 本规定自发布之日起施行。

国家经济贸易委员会
关于印发《电力工程建设定额工作管理暂行办法》的通知

国经贸电力［2001］712号

各省、自治区、直辖市经贸委（经委），国家电力公司，中国电力企业联合会，各有关单位：

为加强电力工程建设定额管理工作，规范电力建设市场秩序，合理确定电力工程造价，促进电力工程建设技术进步，提高投资效益，我委制定了《电力工程建设定额工作管理暂行办法》，现予印发，请遵照执行。执行中的问题和意见，请及时函告我委。

二〇〇一年七月十二日

电力工程建设定额工作管理暂行办法

第一条 为加强电力工程建设定额管理工作，规范电力建设市场秩序，合理确定电力工程造价，促进电力工程建设技术进步，提高投资效益，根据《中华人民共和国电力法》及国家有关规定，结合电力行业的实际情况，制定本办法。

第二条 本办法适用于水电、火电、送变电工程行业定额和费用标准的管理工作。

第三条 电力工程建设定额管理工作，必须贯彻国家有关法律、法规、政策，符合国家基本建设定额体系，遵循科学、公正的原则，维护国家利益和电力建设各有关方面的合法权益。

第四条 为适应新技术、新工艺、新设备、新材料在电力工程建设中的应用，电力工程建设定额工作应当实行动态管理，及时修订各类专业定额及造价管理规定。

第五条 电力企业可在国家、行业定额标准的基础上制定企业定额标准。

第六条 国家经贸委履行电力工程建设定额行政管理与监督职责，主要负责下列工作：

（一）制定电力工程建设定额管理办法和有关政策；

（二）组织制定电力工程建设定额体系及工作规

划；

（三）颁布电力工程建设估算指标、概算定额和费用标准；

（四）颁布电力工程建设估算、概算、预算的管理规定与编制办法；

（五）监督检查电力工程建设定额工作；

（六）决定电力工程建设定额管理工作的其他重要事项。

第七条 各省、自治区、直辖市经贸委（经委）按照统一要求，负责监督和协调电力工程建设定额标准在本省（区、市）的执行。

第八条 受国家经贸委委托，中国电力企业联合会负责电力工程建设定额的日常组织管理工作，主要负责下列工作：

（一）结合实际情况，制定本办法的实施细则并组织落实；

（二）组织编制、修订和管理电力工程建设投资估算指标、概算定额、预算定额、劳动定额、费用标准、机械台班（时）费用定额、工期定额等；

（三）发布电力工程建设各专业补充定额、预算定额、劳动定额、定额的年度价目本等；

（四）拟订电力工程建设有关工程造价管理规定和编制办法；

（五）测算电力工程建设人工工日单价；

（六）收集电力工程建设设备、材料价格信息，测算和发布动态指数；

（七）管理电力工程建设概预算计算机软件；

（八）管理电力工程建设造价资质及电力工程建设技经专业人员资格认证工作；

（九）解释电力工程建设各专业定额及各类费用标准；

（十）指导电力企业制定企业定额标准；

（十一）承办国家经贸委委托的其他相关工作。

第九条 中国电力企业联合会应当充分发挥有关机构和单位在电力工程建设定额工作方面的作用，做好组织和服务工作。

第十条 电力工程建设各专业定额、费用标准及相应管理规定的编制、修订应当按照起草、送审、报批和颁发的程序进行。程序的具体内容由中国电力企业联合会在本办法的实施细则中规定。

第十一条 电力工程建设各专业定额的送审稿和报批稿必须征求有代表性的单位和专家意见。在提交送审稿和报批稿的同时，应提交定额和费用水平的测算报告。

第十二条 电力工程建设各专业定额、费用标准及相应管理规定颁发后，应送国务院建设行政管理部门备案。

第十三条 中国电力企业联合会电力建设定额站、水电建设定额站按照国家有关规定收取和管理电力工程定额编制管理费、劳动定额测定费。收取的费用实行预决算管理制度，并接受有关部门的监督检查。

第十四条 电力工程建设定额标准的出版应当由符合国家有关规定的出版单位承担。未经批准不得擅自印刷、发行。

第十五条 本办法由国家经贸委负责解释。

第十六条 本办法自发布之日起施行。

国土资源部、国家经贸委、水利部关于水利水电工程建设用地有关问题的通知

国土资发［2001］355号

各省、自治区、直辖市及新疆生产建设兵团国土资源厅（国土环境资源厅、国土资源和房屋管理局、房屋土地资源管理局、规划和国土资源局、国土资源局）、经贸委（经委）、水利（水电、水务）厅（局）：

水利水电工程是国家重点扶持的基础设施建设项目，投资大、占地多、移民安置任务重，但经济、社会和生态效益显著，特别是使农业直接受益，对于保护耕地，保证国家粮食安全具有重大意义。《土地管理法》第五十一条规定，“大中型水利、水电工程建设征用土地的补偿标准和移民安置办法，由国务院另行规定”。为保障水利水电工程建设用地，在《大中型水利水电工程建设征地补偿和移民安置条例》修订颁布实施前，根据《土地管理法》和有关规定，现就水利水电工程建设用地有关问题通知如下：

一、关于建设项目用地预审

（一）水利水电工程可行性研究论证阶段，建设项目法人应按《建设项目用地预审办法》（国土资源部令第7号）的规定，办理用地预审手续。负责预审的土地行政主管部门出具的预审意见作为批准工程可行性研究报告的必备文件。

（二）建设项目法人向批准建设项目机关的同级人民政府土地行政主管部门提出建设项目用地预审申请并附有关资料。负责预审工作的人民政府土地行政主管部门应在2个工作日内通知申请人是否受理，逾期不通知视为受理。

负责预审工作的人民政府土地行政主管部门应在受理用地预审申请之日起15个工作日内完成审查工作，并出具预审意见。特大型建设项目的预审，经批

准后可以延长预审时间，但不得超过30个工作日。

（三）水利水电工程用地须符合土地利用总体规划，未纳入规划的，原则上不得提供建设用地。对已列入规划，但用地位置需要调整，涉及占用少量基本农田和局部调整建设用地范围的，可以由当地人民政府土地行政主管部门按照预审意见编制规划调整方案，在报批用地时一并报批；未纳入规划，但符合《土地管理法》有关规定，由国务院和省级人民政府确定的水利水电工程，确需修改规划的，可以根据国务院或省级人民政府批准立项的文件，由当地人民政府土地行政主管部门按预审意见修改规划，与建设用地的有关报批材料一并报批。

（四）江河、湖泊综合治理和开发利用规划，应当与土地利用总体规划相衔接。在江河、湖泊、水库的管理和保护范围内以及蓄洪滞洪区内，土地利用应当符合江河、湖泊综合治理和开发利用规划，符合河道、湖泊行洪、蓄洪和输水的要求。

（五）水利水电工程建设项目法人在进行工程前期工作的同时，应会同地方人民政府编制移民安置规划。移民安置规划应与当地土地利用总体规划相衔接，涉及土地利用总体规划调整的，按国家有关规定办理相关手续。

二、关于建设用地审查报批

（一）水利水电工程建设项目法人、地方人民政府土地行政主管部门、移民主管部门要通力配合，共同做好水利水电工程用地申请、审查、报批工作。

水利水电工程坝区、库区用地由工程建设项目法人向用地所在县、市人民政府土地行政主管部门提出用地申请；移民迁建、专项设施迁建项目由县、市移民主管部门按移民安置规划及移民年度计划，向用地所在县、市人民政府土地行政主管部门提出用地申请；县级以上人民政府土地行政主管部门应按规定的报批要求和办理时限，组织报批材料，办理建设用地有关手续后提供用地。

（二）水利水电工程用地，可分别按不同类型用地组织报批：

1. 坝区、库区用地按单独选址建设项目用地报批；

2. 移民迁建用地应在经批准的城市或村庄、集镇土地利用总体规划确定的建设用地范围内安排，按城市（村庄、集镇）分批次建设用地报批；

3. 专项设施迁建用地，可按单独选址建设项目用地报批要求，另行报批。

（三）国务院批准的水利水电工程、国务院有关部门以及省级人民政府批准的大中型水利水电工程，其坝区、库区及专项设施迁建用地涉及农用地转用的，依法报国务院批准；其他水利水电工程，其坝区、库区及专项设施迁建用地涉及农用地转用的，依法由省级人民政府批准；涉及使用国有建设用地、未利用地的，与农用地转用一同报批。

在土地利用总体规划确定的城市（村庄、集镇）建设用地范围内，水利水电工程移民迁建用地涉及农用地转用的，由所在市、县人民政府按土地利用年度计划，纳入所在城市（村庄、集镇）分批次建设用地，依法报土地利用总体规划批准机关批准。在已批准的农用地转用范围内，具体迁建项目用地依法由市、县人民政府批准。

水利水电工程坝区、库区及移民迁建、专项设施迁建用地需要征用农村集体土地，涉及征用基本农田，或征用基本农田以外的一般耕地超过35公顷，或征用其他土地超过70公顷的，依法报国务院批准；其他征用土地，依法由省级人民政府批准，并报国务院备案。

（四）水利水电工程用地涉及农用地转用依法由国务院批准的，同时办理征地审批手续，不再另行办理征地审批；依法由省级人民政府批准农用地转用并且征用土地在省级人民政府批准权限范围内的，同时办理征地审批手续，不再另行办理征地审批；依法由省级人民政府批准农用地转用，征用土地超过省级人民政府批准权限的，由省级人民政府依法批准农用地转用后，报国务院批准征用土地。

（五）需报国务院批准的水利水电工程用地，涉及多个省（自治区、直辖市）或在省（自治区、直辖市）内涉及多个市、县的，由有关省（自治区、直辖市）组织有关市、县土地行政主管部门分别准备报批材料，省级国土资源管理部门汇总后，以省（自治区、直辖市）为单位报批。

（六）水利水电工程建设所需施工场地、设备堆放场地、弃（取）土场等临时用地，依法由县级以上人民政府土地行政主管部门批准。临时用地按照“谁破坏、谁复垦”的原则，由建设项目法人负责复垦。建设项目法人没有条件复垦或者复垦不符合要求的，依法缴纳土地复垦费，由当地人民政府负责组织复垦。

临时用地确需占用耕地的，复垦后的耕地面积应不少于占用的耕地面积。

（七）移民迁建用地占用城市（含建制镇）土地利用总体规划确定的建设用地范围内土地，经批准超出原建设用地面积的部分用地，由城市人民政府依法按国家有关规定缴纳新增建设用地土地有偿使用费。

（八）水利水电工程在申请报批用地时，由于工期紧，对控制工期的进场道路、导流涵洞（渠）、输电设施等用地，在查清所需使用土地的权属、地类、面积，兑现被用地单位群众的地上附着物和青苗补偿费,妥善处理好先行用地有关问题的前提下,经有批准权的一级人民政府土地行政主管部门同意,可以先行用地,但须在规定的时限内办理正式用地报批手续。

需报国务院批准用地的水利水电工程控制工期的单体工程用地,由省级国土资源管理部门会同省级计划主管部门提出申请,报国土资源部同意后,可以先行用地。

(九)抢险救灾等急需使用土地的水利工程,可以先行用地。其中,属于临时用地的,灾后应当恢复原状交还原土地使用者使用,不再办理用地审批手续;属于永久性建设用地的,建设项目法人应当在灾情结束后6个月内申请补办建设用地审批手续。

三、关于征地补偿安置

(一)水利水电工程建设项目法人在新《土地管理法》实施(1999年1月1日)以后开始进行坝区、库区建设以及移民迁建、专项设施迁建,申请建设用地涉及征用农村集体耕地的,应按新《土地管理法》规定的标准核定土地补偿费、安置补助费;涉及征用其他土地的土地补偿费、安置补助费标准,地上附着物和青苗的补偿标准,按各省、自治区、直辖市规定标准执行。移民迁建用地涉及地上附着物的补偿应遵守按原规模、原标准,恢复原功能的原则。

建设项目法人支付的土地补偿费和安置补助费尚不能使需要安置的移民保持原有生产和生活水平的,可酌情提高安置补助费标准。土地补偿费和安置补助费的总和不得超过法律规定的最高标准。征地补偿费用标准未达到法定标准的,建设项目法人应调整工程概算总投资。

(二)水利水电工程在新《土地管理法》(1999年1月1日)实施以前,坝区已经开工建设,或库区已经蓄水淹没,开始实施移民迁建、专项设施迁建用地的,坝区、库区以及已经使用的移民迁建、专项设施迁建用地,按原《土地管理法》有关规定核定征地补偿费用标准,以县为单位由所在省级人民政府批准完善用地手续;新《土地管理法》实施以后发生的库区淹没用地以及移民迁建、专项设施迁建用地,原则上按新《土地管理法》的规定核定征地补偿费用标准,依法办理建设用地审批手续。

(三)水利水电工程用地在新《土地管理法》实施(1999年1月1日)以前已依法经有批准权的人民政府批准,以后实际使用的土地,当地人民政府、建设项目法人要共同做好被征地单位群众的工作,保证工程及时用地。征地补偿费用确实难以妥善安置移民生产和生活的,建设项目法人可商当地人民政府,酌情予以补助,以保证被征地单位群众生活水平不降低。

(四)水利水电工程移民安置,应结合实施乡(镇)土地利用总体规划和小城镇建设,将原来分散的居住点通过拆旧建新向中心村和集镇集中,乡镇企业通过结构调整向工业园区集中,提高土地利用率。

四、关于耕地占补平衡

(一)水利水电工程建设占用耕地,由建设项目法人负责补充数量相等和质量相当的耕地;没有条件补充或补充的耕地不符合要求的,建设项目法人应按有关规定缴纳耕地开垦费。

(二)向建设项目法人收取耕地开垦费,可区分情况实行以下不同的标准:

坝区、移民迁建和专项设施迁建占用耕地,按各省、自治区、直辖市人民政府规定的耕地开垦费下限标准全额收取;

以发电效益为主的工程库区淹没耕地,可按各省、自治区、直辖市人民政府规定的耕地开垦费下限标准的80%收取;

以防洪、供水(含灌溉)效益为主的工程库区淹没耕地,可按各省、自治区、直辖市人民政府规定的耕地开垦费下限标准的70%收取。

省、自治区、直辖市人民政府已对水利水电工程耕地开垦费标准做出专门规定的,按地方政府有关规定收取耕地开垦费。

(三)根据水利水电工程用地特点,以下情况新增加的土地可以视同补充耕地:

1. 为安置移民的生产和生活新开发出的耕地及按有关规定新开发出的可以调整为耕地的园地;通过土地整理、坡地改梯田新增加的耕地、新增加的可以调整为耕地的园地;

2. 结合工程施工开发复垦整理土地新增加的耕地。

(四)水利水电工程建设占用25度以上坡耕地,不计入需补充耕地的范围。

(五)水利水电工程用地所在县、市人民政府土地行政主管部门要按建设项目补充耕地与土地开发整理项目挂钩的要求,认真拟订和组织落实补充耕地方案,保证达到补充耕地与建设占用耕地数量相等和质量相当。省级国土资源管理部门要对补充耕地方案的落实情况进行监督检查并组织验收。

二〇〇一年十一月二日

国务院批复《国家环境保护“十五”计划》

2001年12月26日,国务院批复了国家环保总局上报的《关于请求批准〈国家环境保护“十五”计划〉的请示》(环发［2001］193号)。批复的内容为：

一、原则同意环保总局会同国家计委、国家经贸委、财政部等部门和各地编制的《国家环境保护“十五”计划》(以下简称《计划》)，请你们认真组织实施。要紧密结合经济结构调整，切实加强环保工作，严格执行全国主要污染物排放总量控制计划，确保到2005年环境污染有所减轻，生态环境恶化趋势得到初步遏制，城乡环境质量特别是大中城市环境质量得到改善。

二、《计划》是“十五”期间环境保护工作的重要依据。各省、自治区、直辖市人民政府和国务院有关部门要根据《计划》，尽快制定本地区、本部门的具体实施计划，把环境保护重点工程项目纳入地方、部门和国家的国民经济和社会发展年度计划，认真落实。

三、继续重点抓好“三河”(淮河、海河、辽河)、“三湖”(太湖、巢湖、滇池)、“两控区”(酸雨控制区和二氧化硫污染控制区)、北京市、渤海的污染防治工作，抓紧治理三峡库区和南水北调工程沿线的水污染。各地要重点解决群众反映强烈、问题突出的环境问题。

四、继续加大环境污染防治力度。加快淘汰落后生产工艺和设备，限期关闭污染严重企业；所有企业排放污染物必须稳定控制在排放标准和总量指标之内，对不能达到要求的，要实行停产整顿。所有新建项目必须依法严格执行环境影响评价制度。技改项目必须做到增产不增污或增产减污。做好重点城市的环保工作，综合治理城市水污染、大气污染、垃圾污染和噪声污染，要限期达到国家环境功能区的标准，建成一批环境保护模范城市。加强小城镇环境保护和建设。强化核设施安全监督。

五、切实加强生态建设和保护，遏制人为破坏。以西部地区为重点，大力进行生态环境保护和建设。积极发展生态农业，科学使用农药、化肥，防止农作物污染。保护海洋环境和海洋生态系统。严格自然保护区管理，提高自然保护区的建设质量。积极推动生态功能保护区和生态示范区建设。

六、积极推进污染治理的企业化、产业化、市场化。结合扩大内需多渠道筹集资金，鼓励和支持各类社会资金投向环境保护，加大城市污水处理费、垃圾处理费征收力度，使污染治理设施运行达到保本微利的水平，形成政府、企业、社会多元化投入和政府主导、市场推进、公众参与的环境保护机制。

七、环境保护的主要责任在地方。地方各级人民政府要将环境保护目标和措施纳入省、市、县长目标责任制，建立总量控制指标和环境质量指标完成情况考核制度。要加强对《计划》实施的领导和监督，做到资金到位，措施到位责任明确。每年要对《计划》实施情况进行检查、总结，对逾期未完成任务的，要查明原因，认真整改。

八、国务院有关部门要根据各自的职能分工，切实加强《计划》实施的指导和支持。需要国家支持的项目由国家计委、国家经贸委分别予以安排，并负责指导和督促；有关产业结构调整和企业技术改造由国家经贸委负责指导和督促；环境监督管理能力建设所需资金由国家计委、财政部予以支持；污水处理厂、垃圾处理厂等城市环保基础设施建设由建设部负责指导和监督；有关经济政策由国家计委、国家经贸委、财政部、税务总局等部门落实；有关环境保护科技投入、开展科技攻关由科技部会同有关部门落实。

九、加强《计划》执行的监督检查。环保总局要按照统一法规、统一规划、统一监督的要求，切实加强环境监测、信息、科技、标准和宣传教育工作。环保总局会同监察部加强环境执法监督，严肃查处各种环境违法行为。加强部门、地方之间的配合，做好跨区域、跨流域的重大环境问题的协调，努力实现“十五”环境保护的目标。

《国家环境保护“十五”计划》的内容包括以下方面：

一、环保“九五”计划完成情况和当前环境形势

(一)“九五”期间环保工作主要进展

(二) 当前我国的环境形势

二、指导思想和目标

(一) 指导思想

(二) 目标

(三) 主要计划指标

三、主要任务

(一) 工业污染防治

(二) 城市环境保护

(三) 农村环境保护

(四) 海洋环境保护

(五) 生态环境保护

(六) 核安全和辐射环境监督管理

四、规划实施的保障措施

(一) 建立综合决策机制，促进环境与经济的协调发展

(二) 完善环境保护法规体系，切实依法保护环境

(三) 政府调控与市场机制相结合，努力增加环境保护投入

(四) 运用激励性政策措施，营造环境保护良好氛围

(五) 加强环境管理能力建设，提高环境管理现

代化水平

（六）加强环境科学技术研究，依靠科技进步保护环境

（七）规范环保产业市场，促进环保产业发展

（八）加强环境宣传教育，提高全民环境意识

（九）积极参加全球环境保护，广泛开展国际环境合作

（十）落实环境保护责任制，保证规划实施效果

五、重点工程与投资

（一）环境保护投资需求

（二）投资来源分析

（三）重点工程项目规划

《国家环境保护“十五”计划》中有关电力行业的要求是：

电力行业：以削减二氧化硫排放量为重点。优化电源布局，促进西电东送，控制东部地区新建燃煤电厂，限制“两控区”新建燃煤电厂，禁止在大中城市市区和近郊新建、扩建燃煤电厂（热电联产除外）。调整电源结构，积极发展水电和坑口大机组火电，压缩小火电，关停和替代老旧机组，适度发展核电，鼓励热电联产和综合利用发电，因地制宜发展风力、太阳能、生物质能等新能源和可再生能源发电。新建燃煤电厂要采用低氮燃烧方式，并同步建设脱硫设施；积极推动现役火电机组脱硫。制定优惠经济政策，为燃煤电厂脱硫创造公平的竞争环境。国家在脱硫资金和政策上要给予有力支持，一是制定不同地区发电环保折价标准；二是国家对电厂脱硫项目给予资金支持；三是保证脱硫电厂优先上网；四是提高二氧化硫排污收费标准，以调动企业脱硫积极性；五是加快采用洁净煤技术。

到 2005 年，电力行业二氧化硫排放量比 2000 年削减 10%～20%。加强燃煤电厂环境监督管理，燃煤、燃油机组必须安装烟气在线监测装置。到 2005 年，燃煤电厂平均供电煤耗比 2000 年降低 15～20g/（kW·h)，废水回用率达到 60%，已满灰场全部复垦。

水利部、财政部、国家计委、国家经贸委、国家电力公司关于加快解决中央直属水库移民遗留问题的若干意见

（二〇〇一年十二月十一日）

自新中国成立至 1985 年，全国共兴建了 8 万多座水库（含水电站，下同），其中中央直属水库 87 座。这些工程在防洪、发电、灌溉、供水、水产养殖以及旅游等方面发挥了综合效益，为国民经济和社会发展做出了很大贡献。但另一方面，由于受当时政治、经济等多方面因素的影响，1985 年底以前投产水库的移民大部分就地后靠安置在库区或山区，由于自然条件艰苦，资源严重匮乏，库区的经济发展缓慢，至今还存在缺乏基本的生产生活条件等问题。现就加快解决 1985 年底前投产的中央直属水库移民（以下简称水库移民）遗留问题提出以下意见。

一、解决水库移民遗留问题的原则、范围和目标

（一）解决水库移民遗留问题应坚持以下原则

（1）不算老账，不搞退赔，不重新补偿。处理移民遗留问题要贯彻开发性移民工作方针。移民扶持资金用于解决移民所需的基础设施和生产扶持项目，不能发放或补助给个人。通过改善移民安置区的生产资源条件、基础设施条件，扶持移民发展生产，使其形成良性循环，具备自我发展的条件。

（2）责任落实到地方，实行分级负责。解决移民遗留问题的工作责任在移民安置所在地的地方政府。各级地方政府要把解决移民遗留问题列入重要议程，根据本地水库移民的实际情况，制定出切实可行的规划，按照分级负责的原则，认真组织实施。

（3）谁受益，谁承担。水库具有防洪、发电、灌溉、供水、水产养殖和旅游等综合效益。解决水库移民遗留问题所需经费，应由受益地区、单位及个人合理分摊、共同承担。

（4）与当地经济社会发展相结合。制定解决移民遗留问题的规划，逐年纳入地方经济社会发展计划。坚持人口、资源、环境协调发展，加强生产条件、基础设施建设，通过规划实施使移民安置区逐步与地方的社会和经济同步发展。

（二）解决水库移民遗留问题的范围和目标

解决水库移民遗留问题的范围是指解决 1985 年底以前投产的中央直属水库农村移民，因缺乏生产条件和基础设施而产生的贫困问题。城镇移民的生活困难问题纳入城镇社会保障体系解决。

从 2002 年～2007 年，用 6 年时间，解决水库移民温饱问题。重点是加强移民安置区的基础设施建设，改善移民的生产、生活和生存条件，使移民的生活水平能逐步达到安置所在县农村人口平均水平。

二、解决水库移民遗留问题的基本措施

（一）中央设立库区建设基金，用于解决水库移民遗留问题。

（二）制定切实可行的规划。规划实施要具体到

村，扶持项目的受益要落实到户。

（三）建立移民集中安置区的社会化服务体系。发展农业产业化经营，增强移民适应市场竞争的能力。

（四）引导移民发扬自力更生、艰苦创业精神。优先扶持勤劳、自立的移民，发挥引导、示范作用，克服依赖思想，共同建设家园。

（五）加强科技扶持措施。积极向库区和移民安置区引进农业优良品种、推广适用技术；培训移民科学文化知识和应用科技的能力，提高移民的素质。

（六）抓好移民干部队伍建设，提高管理和服务水平；加强项目和资金的监督管理，严防挤占挪用，提高投资效益。

三、切实落实解决水库移民遗留问题的资金

（一）解决水库移民遗留问题所需投资由中央和地方共同承担。中央安排给有关省、自治区、直辖市（以下简称省、区、市）移民扶持资金的数额，根据1985年底前投产的中央直属水库现有移民人数，按人均6年累计1250元核定；地方配套资金按1∶1比例安排，由省级政府负责筹集。

（二）中央安排的移民扶持资金由中央财政预算安排的库区建设基金和有关省、区、市按规定提取的库区建设基金组成。库区建设基金提取年限从2002年至2007年。

有关省、区、市从电费中提取库区建设基金，按本地区销售的全部电量每千瓦时2厘钱以内掌握。具体征收标准，由有关省、区、市人民政府根据需中央安排的移民扶持资金的数额和当地的用电情况进行测算，报国家计委、财政部、水利部，由国家计委会同财政部、水利部审核批准。

中央直属水库受益地区的北京、天津、上海市，按全国平均标准提取库区建设基金。三市所提库区建设基金缴入中央金库，和中央财政安排的库区建设基金一并由中央统筹安排，重点用于补助提取库区建设基金后仍有缺口的省。

库区建设基金的征收使用、监督管理采取政府性基金的管理模式，具体办法由财政部商有关部门制定。

四、进一步加强对解决水库移民遗留问题工作的领导

解决水库移民遗留问题关系到移民的生产、生活和社会稳定，情况复杂，政策性很强，任务十分艰巨。地方各级政府要高度重视，加强领导，精心组织，认真落实。

解决中央直属水库移民遗留问题工作的归口管理工作由水利部负责，主要任务是做好协调，研究制定有关法规，监督检查规划实施等。各级政府要明确本级政府移民工作的主管部门，本着精简、统一、效能的原则，健全移民管理机构。

水电工程达标投产考核办法（2001年版）

1 总则

1.1 为促进水电工程达标投产工作持续、健康和深入地开展，严格规范、量化考核标准，稳步提高水电工程的建设质量和整体移交水平，充分发挥投资效益，依据国家有关法规，结合水电建设工程的特点，在原国家电力公司颁发的《水电机组达标投产考核评定办法（1999年版）》的基础上，制订本办法。

1.2 本标准为国家电力公司标准，适用于国家电力公司系统控股的大型水电工程，其他水电工程可参照执行。

1.3 达标投产考核必须以国家、电力行业和国家电力公司颁发的有关水电建设的现行标准、规程以及项目批准的有关文件、设计资料、合同等为主要依据，在工程建设的全过程中，所有参建单位都必须坚持“安全可靠、经济适用、符合国情”的原则，认真贯彻本办法。各项目要结合工程的实际情况，制定达标投产实施的细则。

1.4 严禁以达标为名提高装饰和建设标准，不准做表面文章，不准搞形式主义。

1.5 申请达标考核工程的进口机组和进口设备，凡与机组安全稳定运行和主要技术经济指标有关的项目，均应同时满足合同和本标准的要求。

1.6 申请达标投产考核的工程进行国际招标的土建、机电和金属结构安装工程，均应同时满足合同和本标准的工艺质量要求。

1.7 对建设工期超过6年或机组台数超过3台的大型水电工程，在正式达标考核前可增加阶段检查。

2 考核项目

2.1 安全管理

2.2 土建工程施工质量与工艺

2.3 机电及金属结构工程安装质量与工艺

2.4 调整试验和工程技术指标

2.5 工程档案

2.6 综合管理

3 考核内容和评分规定

3.1 各考核项目的标准分均为100分（其中土建工程部分根据枢纽工程具体情况分配权重，由项目法人或相应的工程建设单位自行制定实施办法，报国家电力公司电源建设部批准实施），总标准分为600分。

3.2 考核时不扣分即得分。对各考核项目中的小项目不限定扣分限额，其标准分扣完为止。

3.3 量化的考核指标必须严格按本标准界定的条件统计填报，瞒报、虚报指标者，应加倍扣分，情节严重的取消达标资格。

3.4 对难以量化的考核项目，必须严格按本标准规定的检查范围、内容、方法、数量和计量单位等进行考核。

3.5 达标投产考核内容和评分规定详见附表（略）。

4 申报达标考核必须同时具备以下条件

4.1 按设计规定要求完成了工程的全部建筑和安装工程，威胁工程安全稳定运行的所有重大问题都已经解决。

4.2 按原电力工业部和国家经贸委颁发的《水电建设工程安全鉴定规定》和DL5123—2000《水电站基本建设工程验收规程》，通过了工程安全鉴定，完成了工程截流、蓄水和枢纽竣工验收，完成了机组的整套启动和相关调试及性能试验项目，并移交商业运行。

4.3 各参建单位在工程的建设期未发生一次性10人及以上人身死亡的群死群伤事故和其他重大及以上的责任事故。

4.4 各考核项目的自检考评得分均在80分及以上。

5 考核程序

达标考核分“自检、复检”二个阶段。

5.1 “自检”阶段

工程各参建单位都应做好建设过程的质量控制和检查工作，工程达标投产自检工作由项目法人或相应的工程建设单位负责主持并组织，参建的设计、施工、监理、调试、生产等单位接受检查。工程的全部建筑和安装工程，应按本办法的要求进行考核。自检组必须在现场进行全面检查，并结合建设过程的质量监督检查情况进行全面考评。满足达标必备条件的工程，由主持达标自检的单位负责，向国家电力公司上报达标自检报告和达标复检申请报告。

5.2 “复检”阶段

5.2.1 收到自检报告后，达标复检应在工程投产6个月以上并经过一个洪水期考验后进行。

5.2.2 复检工作由国家电力公司或由国家电力公司委托的分公司、集团公司、省（市、区）公司主持，项目法人或相应的工程建设单位负责迎检工作。复检组按本办法的要求，对现场随机抽检考评，并通报复检结果。水电工程达标投产申报表见附表（略）。

5.3 国家电力公司将根据《水电工程达标投产动态考核办法（2001版）》，对达标投产工作进行动态考核。

6 奖励办法

6.1 凡通过达标复检并按规定提交达标申报材料的水电工程，经国家电力公司审核认定后，由国家电力公司命名为“达标投产水电工程”，统一颁发奖牌，并根据申报单位的建议，对建设、设计、监理、施工、运行等单位分别颁发证书。

6.2 工程建设项目法人应对工程达标投产做出贡献的参建单位进行适当的物质奖励，以体现优质优价。

6.3 达标工程及其受奖的参建单位名单，将定期在电力行业报刊和有关杂志上发布。

6.4 参建单位达标投产的业绩在工程招投标中应享有加权优惠。

7 附则

7.1 本标准自颁布之日起施行。《水电机组达标投产考核评定办法（1999年版）》于2002年6月30日停止使用。

7.2 本办法由国家电力公司电源建设部负责解释。

（2001年12月29日）

工程建设项目可行性研究报告增加招标内容和核准招标事项暂行规定

国家发展计划委员会令 第9号

2001年6月18日发布

第一条 为了规范工程建设项目的招标活动，依据《中华人民共和国招标投标法》，制定本规定。

第二条 本规定适用于《工程建设项目招标范围和规模标准规定》（国家发展计划委员会令第3号）中规定的依法必须进行招标的各类工程建设项目。

第三条 依法必须进行招标的工程建设项目中，按照工程建设项目审批管理规定，凡应报送项目审批部门审批的，必须在报送的项目可行性研究报告中增加有关招标的内容。

第四条 在项目可行性研究报告中增加的招标内容包括：

（一）建设项目的勘察、设计、施工、监理以及重要设备、材料等采购活动的具体招标范围（全部或者部分招标）；

（二）建设项目的勘察、设计、施工、监理以及重要设备、材料等采购活动拟采用的招标组织形式（委托招标或者自行招标）；拟自行招标的，还应按照《工程建设项目自行招标试行办法》（国家发展计划委员会令第5号）规定报送书面材料；

（三）建设项目的勘察、设计、施工、监理以及重要设备、材料等采购活动拟采用的招标方式（公开招标或者邀请招标）；国家发展计划委员会确定的国家重点项目和省、自治区、直辖市人民政府确定的地方重点项目，拟采用邀请招标的，应对采用邀请招标的理由做出说明；

（四）其他有关内容。

报送招标内容时应附招标基本情况表（表式见附表1）。

第五条 属于下列情况之一的，建设项目可以不进行招标。但在报送可行性研究报告中须提出不招标申请，并说明不招标原因：

（一）涉及国家安全或者有特殊保密要求的；

（二）建设项目的勘察、设计，采用特定专利或者专有技术的，或者其建筑艺术造型有特殊要求的；

（三）承包商、供应商或者服务提供者少于三家，不能形成有效竞争的；

（四）其他原因不适宜招标的。

第六条 经项目审批部门批准，工程建设项目因特殊情况可以在报送可行性研究报告前先行开展招标活动，但应在报送的可行性研究报告中予以说明。项目审批部门认定先行开展的招标活动中有违背法律、法规的情形的，应要求其纠正。

第七条 在项目可行性研究报告中增加的招标内容，作为可行性研究报告附件与可行性研究报告一同报送。

第八条 项目审批部门在批准项目可行性研究报告时，应依据法律、法规规定的权限，对项目建设单位拟定的招标范围、招标组织形式、招标方式等内容提出核准或者不予核准的意见。项目审批部门对招标事项核准意见格式见附表2。

第九条 核准招标事项，按以下分工办理：

（一）应报送国家计委审批和国家计委核报国务院审批的建设项目，由国家计委核准；

（二）应报送国务院行业主管部门审批的建设项目，由国务院行业主管部门核准；

（三）应报送省、自治区、直辖市政府发展计划部门审批和省、自治区、直辖市政府发展计划部门核报省、自治区、直辖市政府审批的建设项目，由省、自治区、直辖市政府发展计划部门核准。

第十条 使用国际金融组织或者外国政府资金的建设项目，资金提供方对建设项目报送招标内容有规定的，从其规定。

第十一条 项目建设单位在招标活动中对项目审批部门核准的招标范围、招标组织形式、招标方式等做出改变的，应向原审批部门重新办理有关核准手续。

第十二条 项目审批部门应将核准建设项目招标内容的意见抄送有关行政监督部门。

第十三条 项目建设单位在报送招标内容中弄虚作假，或者在招标活动中违背项目审批部门核准事项，按照国办发［2000］34号文的规定，由项目审批部门和有关行政监督部门依法处罚。

第十四条 本规定由国家发展计划委员会解释。

第十五条 本规定自发布之日起施行。

附表1

招标基本情况表

建设项目名称：

	招标范围		招标组织形式		招标方式		不采用	招标估算金额	备注
	全部招标	部分招标	自行招标	委托招标	公开招标	邀请招标	招标方式	（万元）	
勘察									
设计									
建筑工程									
安装工程									
监理									
设备									
重要材料									
其他									

情况说明：

建设单位盖章
年 月 日

注 情况说明在表内填写不下，可附另页。

附表 2　　审批部门核准意见

建设项目名称：

	招标范围		招标组织形式		招标方式		不采用招标方式
	全部招标	部分招标	自行招标	委托招标	公开招标	邀请招标	
勘　察							
设　计							
建筑工程							
安装工程							
监　理							
主要设备							
重要材料							
其　他							

审批部门核准意见说明：

审批部门盖章

年　月　日

注　审批部门在空格注明“核准”或者“不予核准”。

国务院办公厅转发科技部等部门关于国家科研计划实施课题制管理规定的通知

国办发［2002］2号

各省、自治区、直辖市人民政府，国务院各部委、各直属机构：

科技部、财政部、国家计委、国家经贸委《关于国家科研计划实施课题制管理的规定》已经国务院同意，现转发给你们，请认真贯彻执行。

中华人民共和国国务院办公厅

二〇〇二年一月四日

关于国家科研计划实施课题制管理的规定

科技部　财政部　国家计委　国家经贸委

（二〇〇一年十二月二十日）

为贯彻落实《中共中央、国务院关于加强技术创新，发展高科技，实现产业化的决定》（中发［1999］14号）中关于“国家科研计划实行课题制，大力推行项目招投标和中介评估制度”的要求，建立和完善科学的科研管理制度体系，提高科技资金的使用效益，促进科技事业的发展，现就对国家科研计划实施课题制管理作如下规定。

一、实施课题制管理的主要内容及适用范围

（一）课题制是指按照公平竞争、择优支持的原则，确立科学研究课题，并以课题（或项目，下同）为中心、以课题组为基本活动单位进行课题组织、管理和研究活动的一种科研管理制度。

（二）实施课题制，应遵循科技发展规律，建立科学、高效的科研管理新机制，完善科研管理制度体系，提高科研管理水平。

（1）建立专家评议和政府决策相结合的课题立项审批机制。充分发挥专家和社会中介机构的作用，确保课题立项的科学性。

（2）建立与科研活动规律相适应的预算管理机制。按照国家财政预算管理改革的总体要求，对课题实行全额预算管理，细化预算编制，并实行课题预算评估评审制度。

（3）建立健全监督机制。建立计划管理与经费管理、课题立项与课题预算之间既分工协作、又相互制约的监督管理机制，公开办事程序和审批决策程序，接受社会监督。

（三）课题制适用于以国家财政拨款资助为主的各类科研计划的课题以及相关的管理活动。

二、课题的确立

（四）加强课题立项管理。科研计划归口管理部门（以下简称归口部门）应根据国家科研计划和国家财政管理的有关规定，加强课题立项管理，建立课题库。课题立项要引入评估或评审机制，符合招标投标条件的，按有关规定实行招标投标管理。对于涉及国家机密或需要紧急决策的国家特殊目标的课题，归口部门可另行规定立项程序。

（五）实行课题责任人负责制。课题责任人在批准的计划任务和预算范围内享有充分的自主权。一个课题只能确立一个课题责任人。课题责任人为自然人或法人。法人课题责任人必须指定所承担课题的课题组长，并在合同或任务书中明确课题组长的责权利，且不得随意变更。

（六）明确课题依托单位。一个课题只能确立一个依托单位。依托单位必须具备必要的课题实施条件，有健全的科研管理制度、财务管理制度、资产管理制度和会计核算制度。法人课题责任人是当然的依托单位。

（七）明确课题责任人与依托单位之间的关系。课题责任人对完成课题任务承担法律责任，依托单位必须提供课题任务书或课题合同中确立的支持条件。属于自然人的课题责任人与课题依托单位之间可以根据课题实施的需要，打破单位、所有制界限进行优化组合。课题责任人与依托单位之间的权利义务关系以合同的形式确定。

（八）允许跨部门、跨单位择优聘用课题组成员。课题责任人应组成一个结构精干、人员相对稳定的课题组，课题组人数及主要成员应符合各科研计划管理办法的要求，并由归口部门确认。

三、课题的组织管理

（九）国家科研计划实行归口管理。归口部门主要履行管理、指导和监督职能。

（十）明确课题研究的层次。根据实际需要课题可实行“课题—子课题”或“项目—课题”两级管理。课题研究的分级情况必须在合同或任务书中明确，不得自行分解或随意变更。实行两级管理的课题，由课题责任人负责签订课题分级合同，并报归口部门备案。

（十一）明确课题管理和课题研究各方的职责。在各科研计划管理办法中要明确各有关部门、课题依托单位以及课题责任人的责权利，并在合同或任务书中详细规定。

（十二）实行重大事项报告制度。课题责任人对课题执行过程中发生的技术路线或主要研究内容调整、课题组主要研究人员变动以及其他可能影响课题顺利完成的重大事项要及时向归口部门报告，并按各科研计划管理办法规定的程序报批。

四、经费管理

（十三）加强预算管理，实行预算评估或评审。归口部门会同财政部门对课题预算的目标相关性、政策相符性和经济合理性等进行审核，确定课题经费预算。

（十四）合理确定课题资助方式。根据课题规模以及管理工作的需要，课题资助方式分为成本补偿式和定额补助式。

成本补偿式是指对受资助课题的成本费用进行补偿的资助方式，最高为全额。由归口部门会同财政部门对此类课题预算建议书进行审查并批复，课题支出必须严格按照批复的预算执行。

定额补助式是指对受资助课题提供固定数额经费的资助方式，资助额度依据评议专家的意见和相关的财政、财务政策并按照规定的程序审核后确定，资助额度一经确定，不能调整。

（十五）加强经费来源预算的管理。课题申请人在编制课题预算时应当同时编制经费来源预算与支出预算，经费来源预算包括用于同一课题的各种不同渠道的经费。

（十六）建立健全经费支出预算体系。经费支出预算包括计划管理费和课题研究费。

计划管理费是指由归口部门使用、为管理科研计划及其经费而支出的费用。一般包括课题遴选、评审、预算评估、招标、课题监理、跟踪检查以及后评估等支付的费用。计划管理费由归口部门报同级财政部门核定。

课题研究费是指课题研究过程中发生的所有支出。

（十七）合理编制课题研究费支出预算。课题研究费支出预算以课题及子课题为预算对象，预算内容包括与课题研究有关的所有直接费用和间接费用。

直接费用是指课题研究过程中使用的可以直接计入课题成本的费用。一般包括：人员费、设备费及其他研究经费等。其中，人员费是指课题组成员的工资性费用。课题组成员所在单位有事业费拨款的，由所在单位按照国家规定的标准从事业费中及时足额支付给课题组成员，并按规定在课题预算的相关科目中列示，不得在国家资助的课题专项经费中重复列支。国家另有规定的，按照有关规定执行。

间接费用是指为实施课题而发生的难以直接计入课题成本的费用。一般包括：支付依托单位课题服务的人员费用和其他行政管理支出、现有仪器设备和房屋的使用费或折旧费等。

（十八）严格执行预算调整程序。经批准的经费预算必须严格执行，一般不做调整。由于课题研究目标、重大技术路线或主要研究内容调整，以及不可抗力造成意外损失等原因，对课题经费预算造成较大影响时，必须按各经费管理办法中规定的程序报批后，可以对经费预算进行调整。

（十九）按规定及时足额拨付课题经费。财政部门或归口部门根据批准的课题经费预算、用款计划、本年度工作进度及以前年度经费结存情况核定本年度课题拨款额，及时足额拨付课题经费。按规定需实行政府采购的，经费拨付按政府采购办法有关规定执行。

（二十）加强课题成本核算。依托单位应对所依托的课题或子课题进行成本核算，未经批准不得分立或变更核算对象。对跨年度的课题，应保持其核算对象、口径的连续性。

（二十一）加强课题结余经费的管理。未结课题的年度结余经费，结转下一年度继续使用；已完成并通过验收课题的结余经费，经归口部门批准后，可留给依托单位，用于补助科研发展支出。

（二十二）按规定编报课题研究费决算。实行定额补助式资助的课题只在结题时编制课题研究费总决算，不编制年度决算；实行成本补偿式资助的课题要编制课题研究费年度决算。课题研究费决算以会计年度为计算期，在规定时间内上报归口部门。自课题研究费下达之日起不满三个月的课题，当年不编报决算，其当年经费的使用情况在下一年度决算中编报。

五、课题验收与资产、成果管理

（二十三）完善课题验收工作。课题验收包括技术成果验收、固定资产验收以及财务决算，有关课题验收工作要同时进行。课题验收要以批准的课题可行性报告、合同文本或计划任务书约定的内容和确定的考核目标为依据。

（二十四）加强固定资产管理，明确资产所有权归属。用课题研究费购置的资产属于国有资产，其使用权和经营权一般归课题或子课题依托单位（资助文件中另有注明的除外）。资产的处置按国家的有关规定执行，防止国有资产的流失。

用课题研究费购置的固定资产，必须纳入课题或子课题依托单位的固定资产账户进行核算与管理。

（二十五）严格执行课题终止程序。课题因故终止，必须经归口部门批准。课题终止后，依托单位和课题责任人应及时清理账目与资产，编制决算报表及资产清单，剩余经费（含处理已购仪器、设备及材料的变价收入）归还原渠道，剩余资产按国家有关规定处置。

（二十六）明确知识产权的归属。课题研究形成的知识产权，在保障国家利益和社会公共利益、保护课题依托单位和课题研究人员合法权益的基础上，在国家新的有关知识产权归属管理办法未颁布前，按现行管理办法执行。

六、课题的监督与检查

（二十七）加强课题监督检查，逐步开展绩效考评工作。归口部门、财政部门应对课题任务完成情况、课题合同执行情况及课题经费使用情况进行监督检查并积极开展绩效考评工作。课题监督要做到独立、客观、公正、及时且不得干扰和干预课题的正常实施。归口部门、财政部门依据监督检查与绩效考评的结果对课题责任人、课题依托单位、社会中介机构和评议专家的信誉度进行评估。归口部门可依据课题合同和有关的科研计划管理规定对重大课题实行监理。每个课题监理人可同时进行多个课题的监理工作。

（二十八）严格预算约束，加强经费支出管理。课题责任人要严格执行课题经费预算。课题依托单位要对所依托课题的一切经费开支行使监督权，做到审批手续完备、账目清楚、内容真实、核算准确、监督措施有力，确保资金的合理使用和安全。

（二十九）实行责任追究制度。对于弄虚作假、截留、挪用、挤占课题经费等违反财经纪律的行为，要按照有关规定对课题责任人和依托单位给予行政处分和经济处罚，同时根据情况可采取通报批评、停止拨款、终止课题等措施。构成犯罪的，依法追究刑事责任。

（三十）尽快建立和完善实施课题制管理的政策法规体系。各归口部门在制定新的科研计划管理办法时应遵循上述原则，并按照上述原则对以国家财政拨款资助为主的各类科研计划的有关管理办法进行修订。

地方财政拨款资助为主的各类科研计划由各地参照上述原则，结合本地实际情况制定实施办法。

国家电力公司就贯彻落实电力体制改革工作发出通知 认真贯彻落实党中央国务院的决策和部署

为贯彻落实党中央、国务院有关电力体制改革的决策和部署，积极稳妥地推进国家电力公司系统的体制改革，国家电力公司日前发出《关于贯彻落实电力体制改革工作有关意见的通知》。

按照国务院电力体制改革有关文件精神，国家电力公司提出如下贯彻落实意见：

一、统一思想认识，加强组织领导，认真贯彻党中央、国务院的改革决策和部署。国家电力公司坚决拥护党中央、国务院关于电力体制改革的决策和部署，要求公司系统广大干部职工坚定地与以江泽民同志为核心的党中央保持一致，站在实践"三个代表"重要思想的高度，牢固树立大局意识，讲政治，讲原则，讲党性，讲纪律。各单位要认真组织学习《电力体制改革方案》及其相关文件，深刻领会电力体制改革的重要意义，把思想认识统一到党中央和国务院批准的电力体制改革方案上来，积极认真、不折不扣地贯彻实施电力体制改革方案。

为认真贯彻落实党中央、国务院关于电力体制改革的各项部署，国家电力公司成立以党组书记、总经理为组长的体制改革领导小组，在国务院的统一领导下，在电力体制改革工作小组的指挥协调下，积极参加和配合电力体制改革的各项工作。各单位要按照国家电力公司党组的部署，统一步调，统一行动，找准定位，积极做好实施电力体制改革的各项工作。

二、高度重视安全生产，确保电力系统安全稳定运行。认真贯彻"安全第一，预防为主"的方针，坚持"三不放过"的原则，进一步落实安全生产责任制。加强电网调度指挥，严格执行《电网调度管理条例》和相关的电力法律法规。认真贯彻党中央和国务院关于安全生产的一系列指示精神，加强电力生产、基建、多经等方面的安全管理。加强电厂、电网的安全生产管理，确保安全稳定发电和供电。切实采取有效的防范措施，防止电网瓦解、大面积停电、重大设备损坏和重大人身伤亡等恶性事故的发生，保障电力体制改革的顺利进行。

三、认真落实公司2002年工作会议精神，全面完成今年的各项任务。在改革未完全到位之前，公司系统实行安全生产、资产经营和党风廉政建设责任制不变。公司下达的2002年生产经营各项指标不变，各在建项目继续进行，原有投资渠道不变。

按照国家电力公司2002年工作会议的部署和要求，认真安排和组织好今年的各项工作，确保生产指挥和经营管理系统的正常运转，确保生产、经营、建设各项指标的完成，做到生产不断、秩序不乱，确保国有资产不流失。深入贯彻"人民电业为人民"的根本宗旨，贯彻"优质、方便、规范、真诚"的服务方针，全面兑现八项服务承诺，为国民经济发展和人民生活提供更加优质的服务。

四、严格遵守纪律，确保政令畅通。切实加强党的领导，严格遵守党的政治纪律。在改革实施过程中，公司系统各级党组（党委）要充分发挥党组织的政治核心作用、党支部的战斗堡垒作用和党员的先锋模范作用，进一步增强广大干部和职工的大局意识和责任意识，确保政令畅通，做到有令则行、有禁必止。

坚决执行国务院的规定，暂时冻结公司系统各单位人事方面的变动，严禁突击进人、突击提干。严肃财经纪律，严禁突击分钱分物、扩大非生产性开支。暂时冻结有关产权转移方面的活动，停止向辅业和"三产"项目的投资，确需继续的通过国家电力公司报国务院电力体制改革工作小组审批。认真组织对国办发［2000］69号文件以后进行的未经国家批准的资产流动和向主业以外的投资进行清理和纠正。

五、落实工作责任，确保职工队伍稳定。各单位党政主要负责人要从讲政治的高度，进一步抓好稳定工作，切实承担起稳定工作第一责任人的职责。

在改革过程中，要坚持正确的舆论导向，加强思想政治工作。对改革中职工普遍关心的问题和涉及职工切身利益的问题，要高度重视并认真研究解决。需要上级研究解决的问题，要按照规定程序提出意见和建议。

进一步做好信访工作。要关心困难企业职工和下岗职工、离退休职工的生活。要深入基层，深入群众，努力把问题和矛盾解决在萌芽状态，把问题解决在基层。

六、加强领导班子建设和作风建设，确保改革顺利进行。进一步加强领导班子建设，贯彻落实"八个坚持、八个反对"的要求，认真组织开展"求真务实、作风建设年"的各项活动。各级领导班子要坚持解放思想，实事求是，与时俱进，扎实工作，带领广大干部和职工坚守工作岗位，认真履行职责，积极实施电力体制改革方案。

牢牢把握改革大局，贯彻"总体设计、分步实施、积极稳妥、配套推进"的原则，加强领导，精心组织，有步骤、分阶段地完成改革任务。加强调查研究，不断总结经验，积极推进改革。

对违反有关规定，擅离岗位、玩忽职守、弄虚作假、敷衍推诿，影响电力体制改革有序进行，给国家财产造成损失和酿成事故的单位和个人，除追究当事人的直接责任外，还要严肃追究有关部门及其单位负责人的领导责任。

水利部、国家计委发布《建设项目水资源论证管理办法》

水利部、国家计委发布了《建设项目水资源论证管理办法》，并于5月1日起施行。其全文如下：

《建设项目水资源论证管理办法》

第一条 为促进水资源的优化配置和可持续利用，保障建设项目的合理用水要求，根据《取水许可制度实施办法》和《水利产业政策》，制定本办法。

第二条 对于直接从江河、湖泊或地下取水并需申请取水许可证的新建、改建、扩建的建设项目（以下简称建设项目)，建筑项目业主单位（以下简称业主单位）应当按照本办法的规定进行建设项目水资源论证，编制建设项目水资源论证报告书。

第三条 建设项目利用水资源，必须遵循合理开发、节约使用、有效保护的原则；符合江河流域或区域的综合规划及水资源保护规划等专项规划；遵守经批准的水量分配方案或协议。

第四条 县级以上人民政府水行政主管部门负责建设项目水资源论证工作的组织实施和监督管理。

第五条 从事建设项目水资源论证工作的单位，必须取得相应的建设项目水资源论证资质，并在资质等级许可的范围内开展工作。

建设项目水资源论证资质管理办法由水利部另行制定。

第六条 业主单位应当委托有建设项目水资源论证资质的单位，对其建设项目进行水资源论证。

第七条 建设项目水资源论证报告书，应当包括下列主要内容：

（一）建设项目概况；

（二）取水水源论证；

（三）用水合理性论证；

（四）退（排）水情况及其对水环境影响分析；

（五）对其他用水户权益的影响分析；

（六）其他事项。

建设项目水资源论证报告书编制基本要求见附件（略）。

第八条 业主单位应当在办理取水许可预申请时向受理机关提交建设项目水资源论证报告书。

不需要办理取水许可预申请的建设项目，业主单位应当在办理取水许可申请时向受理机关提交建设项目水资源论证报告书。

未提交建设项目水资源论证报告书的，受理机关不得受理取水许可（预）申请。

第九条 建设项目水资源论证报告书，由具有审查权限的水行政主管部门或流域管理机构组织有关专家和单位进行审查，并根据取水的急需程度适时提出审查意见。

建设项目水资源论证报告书的审查意见是审批取水许可（预）申请的技术依据。

第十条 水利部或流域管理机构负责对以下建设项目水资源论证报告书进行审查：

（一）水利部授权流域管理机构审批取水许可（预）申请的建设项目；

（二）兴建大型地下水集中供水水源地（日取水量5万吨以上）的建设项目。

其他建设项目水资源论证报告书的分级审查权限，由省、自治区、直辖市人民政府水行政主管部门确定。

第十一条 业主单位在向计划主管部门报送建设项目可行性研究报告时，应当提交水行政主管部门或流域管理机构对其取水许可(预)申请提出的书面审查意见，并附具经审定的建设项目水资源论证报告书。

未提交取水许可（预）申请的书面审查意见及经审定的建设项目水资源论证报告书的，建设项目不予批准。

第十二条 建设项目水资源论证报告书审查通过后，有下列情况之一的，业主单位应重新或补充编制水资源论证报告书，并提交原审查机关重新审查：

（一）建设项目的性质、规模、地点或取水标的发生重大变化的；

（二）自审查通过之日起满三年，建设项目未批准的。

第十三条 从事建设项目水资源论证工作的单位，在建设项目水资源论证工作中弄虚作假的，由水行政主管部门取消其建设项目水资源论证资质，并处违法所得三倍以下，最高不超过3万元的罚款。

第十四条 从事建设项目水资源论证报告书审查的工作人员滥用职权，玩忽职守，造成重大损失的，依法给予行政处分；构成犯罪的，依法追究刑事责任。

第十五条 建设项目取水量较少且对周边影响较小的，可不编制建设项目水资源论证报告书。具体要求由省、自治区、直辖市人民政府水行政主管部门规定。

第十六条 本办法由水利部负责解释。

第十七条 本办法自2002年5月1日起施行。

领 导 专 论

江泽民就西部大开发战略调研时重要指示（摘要）

——要发挥水能等资源丰富、景观风情独特优势，大力发展水电业

中共中央总书记、国家主席、中央军委主席江泽民于5月18日至21日在四川围绕党的建设和西部大开发战略进行调研。

其间，江泽民重点考察了四川实施的西部大开发的进展情况，他先后考察了紫坪铺水利枢纽工程等地。江泽民说，加快民族地区发展，促进各民族的共同繁荣，是实施西部大开发战略的一个重要着眼点和出发点，要发挥水能、森林、草地等资源丰富和自然景观优美、民族风情独特等优势，大力发展水电业、生态产业和旅游业。

（中国水力发电工程学会）

江泽民考察紫坪铺水利枢纽工程

5月20日，中共中央总书记、国家主席、中央军委主席江泽民和随行的中共中央政治局候补委员、书记处书记、中组部部长曾庆红，在四川省委书记周永康、省长张中伟、成都军区司令员廖锡龙的陪同下，来到紫坪铺水利枢纽施工现场考察，详细了解工程施工情况。江泽民对紫坪铺这一西部大开发的标志性工程施工建设表示满意。他强调，水电施工要兼顾防洪、发电和环保等综合效益，合理开发利用，造福后人。

江泽民还看望了水电五局、七局、武警水电部队的建设者。在听完汇报，查看了岷江流域规划图后，江泽民满面笑容地朝着等候已久的建设者人群走来。他亲切地说，今天正好有这个机会到这里来，我是读电机工程专业的，一个水电站也没建设过。应该说，从电站的对比程度来讲，水电站效益最好。虽然初次的投资比较大，但是它的灌溉效益、发电效益、防洪效益、生态效益都是最好的。接着，江总书记从长江上游开发讲到了紫坪铺水利工程建设的可行性。他说，你们现在工程建设刚刚开始，开始的时候总是比较困难的，但任何事情定了就好办。紫坪铺水利枢纽工程已经定了，已经搞了一年，今年就要截流了，到2006年把这项工程建设好已为期不远，预祝你们胜利地完成工程建设任务。江总书记在讲话时发出爽朗的笑声。最后，他对参加紫坪铺水利工程的建设者们亲切地说：“你们走出了路，后人会享受这一成果，谢谢你们！”江总书记希望广大水电建设者，时刻牢记自己对党的事业应该具有的使命感，时刻牢记自己对人民所承担的庄严职责，扎扎实实地把工作做好，扎扎实实地为人民群众谋利益。

（中国水力发电工程学会）

朱镕基总理在湘、川、黔考察工作时对加快水电开发及“西电东送”工程的指示（摘要）

中共中央政治局常委、国务院总理朱镕基2001年4月、6月和8月先后到湖南、四川、贵州考察工作，考察中就加强生态环境保护和建设、加快水电开发及“西电东送”工程时指出：两年来实施天然林保护工程和退耕还林工作进展顺利，成效显著，特别是进一步加快了少数民族地区经济的发展，实践证明，党中央、国务院的决策和措施是完全正确的。要认真总结经验，完善实施办法，严格标准，讲求质量，坚持不懈地推进这一造福子孙后代的千秋大业。

朱镕基说：在退耕还林工作中，必须全面落实中央的有关政策。要解决好退耕农民的当前生计和长远发展生产问题，支持农民发展当地有资源优势和有市场需求的产业，要通过发展小水电、沼气等解决农民的燃料和农村能源问题，防止滥伐山林，保护退耕还林成果。

朱镕基还指出：水电是你们最好的资源，最便宜的能源，你们要好好开发，好好地整顿，使农民用到便宜的电，也为你们增加财政收入。农网改造是一个非常重要的问题，农网改造要和小水电建设结合起来考虑。

关于加快水电开发及“西电东送”工程，朱镕基总理在四川考察时指出，四川水电的问题不是开发不

开发的问题，是怎样用和怎样送的问题。西南地区要有一个统筹考虑。贵州也在向广东送电，整个西电东送，四川是一个重要部分。在贵州考察时指出：要加强以交通为重点的基础设施建设，集中力量加快“西电东送”工程建设。朱镕基说：在这次电力体制改革中，我一直主张把西南这几个省搞成一个电网，一个独立电网。国家电力公司在这个电网里也没有多少股份，基本上都是地方自己的，这有利于西电东送。

（中国水力发电工程学会）

论金沙江溪洛渡水电站的建设

国家发展计划委员会副主任　张国宝

调研组在溪洛渡开个现场会。三峡工程70%的工程已完成，明年第一台机组将发电，有关建筑队伍目前已撤出现场，因此，溪洛渡，向家坝水电站的建设已提上日程，今天我再强调几点。

(1) 三峡工程建成后泥沙的拦截，朝天门码头泥沙到底会出现什么变化，是大家最关注的话题，建设三峡工程有许多国际性的争议，到目前来讲还没有解决，三峡的泥沙47%来自金沙江，所以要通过金沙江上的水电站建设拦截泥沙。

(2) 溪洛渡要启动，前期工作还很重。据我掌握的情况，仅道路的建设就有160km，这160km很多都是在山沟，在溪洛渡开工前完成这个道路的建设，工作量自然相当大。另外是场外道路，任务也很艰辛，从普洱到溪洛渡有79km的大件运输公路需要完成，特别是桥、洞的承重量，一定要达到大件运输的要求标准。

(3) 输电线的问题：原来是500kV交流电，后改为500kV直流，西电东送路程更长，500kV就不够了，要750kV、800kV、1000kV，到底用哪个，要定下来，因牵扯到下面的设备制造部门的技术改造。因此不能轻率。要经过慎重的、认真的论证。

(4) 电力消纳范围：根据以往思路，电能送往华东，三峡明年开始向华东、华南送电，广州有了一个300万kW的输变电站，用户是有空间的，但本地也在建水电、火电，华南下步需不需要考虑送电的问题，现在我得不出结论，但可以研究。为什么呢？因为三峡的电有一股是向南送的，过去也没有，这是去年北戴河会议上定下来的。我觉得这个决策对消纳三峡电量来讲是个很优化的方案。但是目前从北向南的通道就只一条，就是300万kW。除这个300万kW外有没有修第二条线路的可能，这个我觉得还可以研究一下，这与地方的电力市场有关系。它那边的西电东送，比如从云南、贵州出来的电，现在讲的龙滩、小湾，甚至将来的虎跳峡、糯扎渡水电站它也考虑到这个问题。这是一个非常综合的问题，必须从电力总公司的战略发展和电力规划对电力的消纳地区和消纳能力作进一步的研究和论证。

(5) 机组问题。我国通过建设三峡电站，基本掌握了大型水力发电设备的制造能力。但是现在面临许多新的问题，龙滩、小湾、溪洛渡机组的国产化靠我们自己的能力到底还有什么问题没有，究竟选择什么样的机组，我想还可以找一些专家再论证一下，作出最后的抉择。

(6) 大家在现场也看到我们做了一些动态模型，包括泥沙的模型，就是论证溪洛渡对三峡入库的泥沙会产生什么样的影响，这个在以后的可研阶段还应该进一步完善，特别是水文地质、泥沙方面。

(7) 我们在正式开工之前还有大量的前期准备工作需要完成，我想在这次会议之后，相关的部门、相关的公司还要进一步加快开展前期准备工作。

(8) 再一个是融资方面的问题，刚才开行的同志已讲到了，目前提出来的业主是三峡总公司，因为三峡总公司是通过葛洲坝来建设三峡的，将来以葛洲坝和三峡作为资产再进一步滚动开发长江上游的水电，这是非常好的一个模式。这是1995年李鹏总理定下的一个方针。刚才贺总也讲到，在此前国家电力公司刘总也找过我，提出建议，能不能由三峡总公司来搞溪洛渡，国电公司来搞向家坝，我当时没有明确回答他。我想，现在这个模式还是以三峡总公司为主比较好，统一来考虑向家坝和溪洛渡的问题，但是不是以后就由三峡总公司独家建设，我觉得也可以探讨以三峡总公司为主，吸收其他投资者来搞股份制的投入。今后电力系统不是还要成立若干个电源公司吗？那么三峡总公司是不是由你独家来建设溪洛渡、向家坝，还是吸纳今后成立的电源公司或者以股份制开头进行建设，比如现在的大朝山就是以股份制开头，如果人家有兴趣的话，是不是也吸收这样有能力的公司实行股份制开发。在正式决定以前，这个模式还可以进一步研究，最后的业主到底是股份制的还是三峡总公司独家的，这也可以考虑。

……金融方面，如果有可能的话，适当提高一下资本金的比例。如何提高呢？一个是靠三峡总公司本身的滚动实力，再一个就是吸收其他投资者参加。资本金是三峡一家投，还是多家融资公司参加，另外融资当中直接融资的比例和间接融资的比例，有没有外资，这些问题还需进一步研究，尽量优化。总之，围绕前期施工的准备以及前期资本的结构，项目的业主以及电能的消纳方案、输变电线路的技术方案，在正式开工前还要进行细化的研究。但从实际来看，现在是比较紧迫了，我们要马上来开展这项工作。如果今年上半年6月份能完成立项的话，能够争取2003年年底完成可研的各项工作，能够完成国家对这个项目的可研批复。究竟业主是谁？资金结构到底怎么样？技术方案到底是什么？消纳方案到底是什么？前期准备工作，道路、通信这些问题解决得怎么样？都要在2003年年底前完成。所以实际上只有一年半的时间来完成这些工作，应该说相当紧张。我们朝着这个目标努力的话，如果能在2003年年底完成最终的可研，开工就要到2005年了。到2005年导流洞开工以后，要到2014年和2019年我们才能完成溪洛渡的建设。到那时我已经是老头了。所以这个时间是相当长的。

总之，围绕溪洛渡工程，通过这次现场开会和调研，我们的神经就要崩得紧张一些了，看着时间好像很长，实际上是非常紧张的。

另外是一个移民问题，尽管两个省都作了很好的表态，尽全力来支持这个项目，但是我们在做具体工作的时候，困难还是应设想得多一点，还应照顾到各方面的利益。

还有一个问题，就是溪洛渡电站的建设，涉及的面很广，是一个很复杂的系统工程，这个工程不是一般的工程，从它的规模来看，不亚于三峡工程。

最后我讲一下总的水能情况，刚才有同志已经讲过，我们国家是一个水力资源十分丰富的国家，目前掌握的情况看，水能资源和可开发的水能资源均居世界第一位，大概有6亿多kW，但可开发的是3.78亿kW。而这3.78亿kW，目前比较其他国家的开发程度来说我们是最低的，如果不考虑抽水型电站我们只开发了19.5%，也就是说我们开发的还不足能开发的五分之一。这个水能资源，你不开发，它天天流，一句话就是“一江春水向东流，流的都是煤和油”。不开发，电能每天都在流掉。所以及早把它开发出来是既利于环保（是清洁能源），又是可再生能源，它不像矿物能源，就算很多，它毕竟开一个少一个，而水力资源它是循环的。在下阶段国家的中期规划当中水力资源应该优先。把水能资源的开发放在重要位置上。我们在考虑东部电力发展的时候，应该考虑西电东送的问题，一定要给西电东送留出余地，否则西电东送是一句空话。在整体规划上，都要对这个问题作很好的衔接。去年，规划了三个重点工作：一个是青藏铁路，去年已开工，一个是西电东送，一个是西气东输，应该说都有进展了，那么今年这些工程必须走入正规。今年，我们规划了三项重点工作，第一是上海深水港，第二是溪洛渡、向家坝，第三是首都国际机场。现在我想的重点就是这个溪洛渡、向家坝水电站，所以为啥着急要来，也作为前面讲的为什么要来的一个补充吧。在我工作范围当中，这应该是最大的，从它的投资、它的复杂性和重要性，这个项目在全国都算得上大工程。

在国家电力公司2002年工作会议上的报告（摘要）

国家电力公司领导

一、2001年公司工作回顾

2001年，预计公司直属发电量完成2168亿kW·h；公司系统售电量完成9550亿kW·h，同比增长8.3%；跨区输电完成234.5亿kW·h，同比增长35%。预计公司系统主营业务收入3477亿元，同比增长10.1%；实现利润105.7亿元，同比增长8.9%；公司资产总额10027亿元，同比增长8.9%；资产保值增值率完成102.1%，同比提高0.31个百分点；工业企业劳动生产率达到34.9万元/（人·年），同比增长10.7%。预计投产330kV及以上交流线路3181km、变电容量1891万kV·A；直流输电线路960km，输电容量90万kW；公司系统电源投产1061万kW，开工1731万kW。

预计2001年全国投产发电装机1713万kW，全国发电装机容量达到33800万kW；全国发电量完成14780亿kW·h，同比增长8%。

回顾2001年的工作，主要有以下特点：

（一）电网继续保持安全稳定运行

2001年全国安全生产形势严峻。公司根据党中央、国务院关于加强安全生产工作一系列指示精神，坚持“安全第一、预防为主”的方针，坚持“责任重于泰山”，进一步落实安全生产责任制，加大了对安全生产特别是电网安全的管理力度。公司系统严格执行安全生产各项规定，一年来没有发生电网稳定破坏事故，维护了安全生产的大局。上海沪东造船厂“7.17”特大事故发生后，公司党组高度重视，在积极配合国家有关部门对事故进行调查的同时，立即部署全系统进行安全大检查，认真吸取教训，及时消除各种隐患，确保了电网安全稳定运行。公司系统先后完成了北京申办奥运、庆祝建党80周年、上海APEC会议、世界大学生运动会、全国九运会等一系列重大活动的保电任务，较好地满足了经济发展和人民生活对电力的需求。

（二）“西电东送、南北互供、全国联网”取得新进展

公司认真贯彻十五届五中全会和九届人大四次会议确定的“十五”电力工业改革和发展的方针，坚决贯彻落实党中央、国务院确定的西部大开发战略，积

极促进全国资源优化配置，调整电力规划布局，优化电力投资结构，进一步明确了“西电东送、南北互供、全国联网”的发展方针，明确提出了在三峡发电后逐步实现全国联网的宏伟目标，有力地推动了工作的进展。

电网投资和建设力度加大。电网规划、建设、运营管理进一步理顺和加强，预计全年完成电网投资1033亿元，占公司固定资产总投资的66%。落实向广东送电新增1000万kW任务取得突破性进展，天广直流实现双极投运，向广东输电能力达到300万kW。第二批西电东送项目顺利开工，至此，向广东送电新增1000万kW的输变电项目全部开工。全国联网工程继续推进，东北与华北、华东与福建联网工程建成投产。三峡输变电工程投产“五变六线”，新开工“五变六线”。充分利用现有发电能力，通过组织跨区输电，确保了北京、广东、上海、浙江等用电增长较快地区的电力供应，二滩、阳城、伊敏等电站的电能消纳计划得到较好落实。

电力结构调整步伐加快。坚持优先开发西部地区水电、煤电基地，严格控制东部地区新上火电项目，通过西电东送和全国联网解决东部地区电力电量平衡。在2001年新开工电源项目中，西部项目1251万kW，占72%；水电项目726万kW，占42%。龙滩、公伯峡等大型水电站和第二批西电东送电源项目开工建设。陕北煤电基地前期工作步伐加快。关停小火电机组140万kW。严格电力基本建设程序和项目“五制”管理。为缓解电力建设资本金不足，重点对部分在建和拟建电源项目的投资结构进行优化，充分发挥上市公司和发电公司的作用，积极开放电源投资市场。水电流域滚动开发取得新进展，洁净煤发电优惠政策出台。公司获准发行企业债券40亿元。

城乡电网建设与改造成效显著。城网改造工程进入竣工验收阶段，累计完成投资1070亿元，占总投资规模的88.1%；241个城网项目有137个竣工。建设和改造35—220kV变电站2200座，新增变电容量7100万kV·A，高压线路16500km。公司系统农网累计完成投资1488亿元，占总投资1537亿元的96.8%；竣工县完成1729个，占总数1881个的92%；建成高低压线路320万km、35kV及以上变电容量5340万kV·A；解决了2500多万人口的用电问题。城乡电网网架结构更加稳固，供电安全性和可靠性不断提高，城乡用电量大幅度增长，农村电价明显降低，有力地拉动了国内需求，促进了经济发展。

（三）电力改革开放稳步推进

公司党组始终坚持与以江泽民同志为核心的党中央保持高度一致，认真贯彻落实党中央、国务院的各项部署。公司系统坚持公司党组提出的五项原则。积极跟踪研究国际电力体制改革和国内有关行业体制改革动态，本着对电力事业高度负责的态度，提出了深化电力体制改革的意见和建议。政企分开改革取得重要进展。撤销大区电业管理局的准备工作基本完成。公司系统27个省电力局已撤消25个，21个省成立了电力行业协会。6省（市）厂网分开、竞价上网试点工作继续深化。农电体制改革进一步推进，全面完成了乡电管站的改制，完成了262个县的股份制改造和37个县的子公司改革试点。“两改一同价”工作取得实质性进展，江苏、上海、山东等省市实现居民用电同价，全国365个县实现居民生活用电同价，减轻农民负担350亿元。电价形成机制研究进一步深化。公司内部改革积极推进。加强分公司职能与作用，打破行业垄断和地区封锁，进一步明确发展区域市场，做到“两个充分”，建设“四个中心”的目标。科研事业单位改制继续深化，并取得阶段性成果。积极推行现代企业制度，开展了法人治理结构试点。深化企业用工制度改革，减人增效工作逐步深入，继续保持人员负增长。建立健全激励与约束机制，完善经营者考核奖励办法，进行年薪制试点，企业内部分配结构不断调整和优化。

对外开放取得新成绩。积极开展境外投资和项目合作。公司系统第一个境外BOT项目——柬埔寨基里隆水电站一期工程正式开工。境外业务新签合同总额5.58亿美元，利用国外贷款签约额2.63亿美元。加强国际交流与合作，与国际有关咨询机构和同业交往日益密切。

（四）略

（五）略

（六）略

二、当前公司面临的形势及战略思考（略）

三、2002年公司主要目标和工作重点

今年公司工作的指导思想是：认真学习贯彻江泽民同志“七一”重要讲话，十五届五中、六中全会和中央经济工作会议精神，按照“三个代表”的要求，深化电力体制改革，落实“稳定、安全、灵活、多元”的思路，为党和国家的工作大局服务。抓住我国加入世界贸易组织带来的历史机遇，以发展为主题，推进全国联网和公司可持续发展；以结构调整为主线，推进水电流域开发和电源结构调整；以安全稳定为基础，确保电网安全经济运行和队伍稳定；以经济效益为中心，确保完成经营目标和国有资产保值增值；以改革开放和科技进步为动力，加快体制和机制创新；以人为本，加快建设高素质的员工队伍，为实现“两型两化、国际一流”的战略目标而努力工作，

以改革发展稳定的新成绩迎接党的十六大召开。

按照这一指导思想，今年工作的主要目标是：

——电力产量：全国发电量预期目标为15300亿kW·h；公司直属发电量2136亿kW·h；售电量10120亿kW·h；跨区送电量320kW·h。

——电力建设：固定资产投资1293亿元。其中，电网投资821亿元，电源投资438亿元。电网新开工330kV及以上交流线路7916km，变电容量2286万kV·A；直流输电容量36万kW；投产交流线路3879km，变电容量1393万kV·A。电源新开工1500万～2000万kW，投产829万kW。关停小火电104万kW。

——资产经营：主营业务收入3657亿元；利润总额100.2亿元；资产总额11327亿元；应收电热费余额261亿元。工业企业劳动生产率36.8万元/(人·年)。

——安全管理：不发生特别重大事故；人身事故死亡人数同比下降20%；不发生人员责任的重大电网事故；人员责任的重大设备事故同比下降20%；不发生重大火灾事故。

——电力服务和精神文明建设：不发生影响公司形象和稳定的重大事件。

（一）略

（二）*卓有成效地加快公司发展*

继续贯彻十五届五中全会提出的电力工业改革和发展的方针："电力建设要立足当前，着眼长远，调整电源结构，加强电网建设，推进全国联网。充分利用现有发电能力，发展水电、坑口大机组火电，压缩小火电，适度发展核电。深化电力体制改革，逐步实行厂网分开、竞价上网，健全合理的电价形成机制。发展新能源和可再生能源。推广能源节约和综合利用技术。"

在推进电力发展中加快公司发展。要加快制定公司发展规划，以发展为主题，以结构调整为主线，把有限的资金优先用于电网建设，大力推进"西电东送、南北互供、全国联网"。巩固电源结构调整成果，进一步优化电源结构，积极组织落实电源投资，努力营造有利于国际资本、国有资本和社会资本投资建设电源的市场机制，广泛吸纳各方力量参与电源投资。积极培育和提高公司的投融资能力，继续争取国债和发行企业债券，缓解资金压力。建立投资约束机制和风险承担责任制。在发展中既要充分发挥主观能动性，尽力而为，又要科学分析客观条件，量力而行。

全面推进"西电东送、南北互供、全国联网"。从实施西部大开发战略、加快调整产业结构、在更大范围优化资源配置的高度，加快西电东送和南北互供联网工程建设。打破市场壁垒，切实把跨区输电纳入电源电网规划，特别是东部地区应更多地通过西电东送和全国联网实现电力电量平衡。健全完善跨区输电制度，规范跨区输电管理，优先通过跨区输电平衡省区电力市场。加快骨干网架建设和受端网架建设，确保跨区输电"送得出，落得下"。加快第一批、第二批"西电东送"工程建设，确保2005年向广东送电1000万kW。按计划完成三峡输变电工程开工和投产任务，确保2003年三峡首批机组电能可靠送出。加快大区之间、省区之间联网工程建设和前期工作。

继续加快电源结构调整。按照"流域开发、盘活存量、资产重组、争取政策、滚动发展"的原则，理顺水电流域滚动开发机制，加快落实资本金，落实电价，增强项目发展能力和流域滚动开发能力。积极推进陕北煤电基地前期及有关项目建设工作。加快西南、西北等地区大型坑口电站和水电项目的前期工作，增加西部项目储备。严格控制东部地区新建常规火电，为西电预留市场空间。支持东部地区抽水蓄能电站建设，提高电网调峰能力。电力建设要严格执行基本建设程序和"五制"要求，努力降低工程造价，在电力生产和建设中都要严格执行国家环保政策。

（三）*认真贯彻党中央、国务院的部署，深化电力体制改革*

中央经济工作会议要求"推进垄断行业改革，通过政企分开和企业重组，打破行业垄断，形成适度竞争"。公司系统要继续坚持党组提出的五项原则，即"坚持与以江泽民同志为核心的党中央保持高度一致，坚持按照党中央、国务院关于深化电力体制改革的精神，认真搞好电力体制改革；确保安全生产，确保电网稳定、职工队伍稳定和企业效益稳定；按照十五届四中、五中、六中全会精神和"十五"计划《纲要》的要求，全面完成各项任务；切实搞好电力优质服务；以高度负责的精神提出电力体制改革的建议。"认真总结6个省（市）试点的经验，深入研究运行模式、运营规则、技术支持等相关问题，深化"厂网分开、竞价上网"改革。加强电力市场研究，积极开放省内市场，发展区域市场，培育全国市场。进一步研究电价形成机制，建立清晰、完整的分环节电价体系，形成各环节电价与销售电价的联动机制。继续完善农村电力管理体制。深化研究并加快电力通信体制改革。

（四）全面提高公司运营水平（略）

（五）（略）

（六）（略）

（原载2002年1月19日中国电力报）

在国家电力公司系统主要负责人会议上的讲话

国家电力公司领导

（2002年3月25日）

刚刚闭幕的九届全国人大五次会议和全国政协九届五次会议，对我国今年国民经济发展和社会进步等各项事业作出了全面部署。朱镕基总理向大会所作的《政府工作报告》，明确提出了今年工作的总体要求和需要做好的八项重点工作，对电力工业改革与发展具有十分重要的指导意义。

“两会”召开之际，国务院正式下发了《电力体制改革方案》（国发［2002］5号）和吴邦国副总理主持国务院会议《研究部署电力电信民航体制改革实施有关问题的会议纪要》（国阅［2002］18号）两个重要文件。

我们这次会议的主要任务，就是要以“三个代表”重要思想为指导，传达贯彻“两会”精神，传达贯彻党中央、国务院关于电力体制改革的决策和部署，动员公司系统广大干部职工，认清形势，坚定信心，把思想和行动统一到“两会”精神和党中央、国务院对电力体制改革的决策和部署上来，以奋发有为和与时俱进的精神状态，积极做好当前公司改革、发展和稳定的各项工作。

会上，振亚同志传达了“两会”主要精神，提出了贯彻落实的要求。希正同志传达了国发［2002］5号文件、国阅［2002］18号文件以及电力体制改革工作小组第一次工作会议的主要精神，对公司系统的改革工作进行了部署。我完全同意。

国家计委副主任、电力体制改革工作小组副组长张国宝同志，国家经贸委副主任、电力体制改革工作小组副组长欧新黔同志亲临会议指导并作了重要讲话。到会的同志要认真地学习和讨论。希望会后各单位、各部门立即组织传达和贯彻落实。

下面，我讲五点意见。

一、统一思想认识，加强组织领导，认真贯彻党中央、国务院的改革决策和部署

电力工业是国民经济的重要基础产业。深化电力体制改革，对于建立社会主义市场经济体制，促进国民经济发展和社会进步，促进电力工业发展和电力结构调整，推动电力企业建立现代企业制度，提高国民经济整体竞争能力，具有十分重要的意义。

2000年6月16日，朱镕基总理主持召开国务院三峡建设委员会会议时，提出要深化电力体制改革，并明确由国家计委牵头研究制定改革方案。一年多来，国家计委组织进行调查研究，做了大量工作。

今年1月9日，国务院总理办公会讨论通过了电力体制改革方案。我们在1月17日的公司工作会议上向网省公司主要领导同志作了传达。1月24日，中央政治局常委会研究批准了改革方案。1月29日，曾培炎等同志到国家电力公司进行了通报。1月30日，国家电力公司党组召开会议进行了学习和讨论，并决定成立了公司的电力体制改革领导小组和办公室，立即开展工作。2月9日，邦国副总理主持召开会议，研究部署了电力电信民航体制改革方案实施的有关问题，成立了电力电信民航体制改革领导小组。3月15日，国家计委曾培炎主任主持召开电力体制改革工作小组第一次会议，对电力体制改革工作进行了具体安排和部署。3月16日，公司党组召开会议进行了传达学习，并明确了贯彻的具体措施。

公司党组对电力体制改革高度重视，始终与以江泽民同志为核心的党中央保持高度一致，认真贯彻党中央、国务院的部署。在《方案》制定过程中，明确提出了工作中把握的五条基本原则，积极配合国家计委等有关部门，对深化电力体制改革的有关重大问题进行调查研究，及时认真地报出我们的意见和建议。

3月20日，公司根据3月16日党组会议的精神，发出了《关于贯彻落实电力体制改革工作有关意见的通知》。公司党组提出，在实施电力体制改革中要坚持五条原则：坚决拥护党中央、国务院关于进一步深化电力体制改革的决策，坚定地与以江泽民同志为核心的党中央保持高度一致，把思想统一到国发［2002］5号文件和国阅［2002］18号文件精神上来，积极认真、不折不扣地贯彻执行；坚持与时俱进，找准定位，认真完成国家电力公司承担的各项工作，不断总结经验，积极推进改革；坚持以“三个代表”重要思想为指导，讲政治，顾大局，保安全，保稳定，严守纪律，有令必行，有禁必止；坚持“人民电业为人民”的宗旨，认真搞好“求真务实、作风建设年”活动，加强行风建设，继续深入做好电力优质服务工作；坚持指挥不断、忙而不乱、有条不紊，认真抓好公司2002年工作会议确定的各项任务的落实，完成全年生产经营目标，为国民经济增长和人民生活水平提高做出新的贡献。

大政方针已定，我们的当务之要是统一思想认识，认真贯彻落实《方案》。国家电力公司系统各级干部和广大员工要认真学习有关文件精神，把思想统一到党中央、国务院批准的改革方案上来，不折不扣地贯彻党中央、国务院的改革决策和部署，积极做好电力体制改革的实施工作。

要深刻认识电力体制改革的重大意义。市场化是世界电力工业发展的潮流，深化电力体制改革是建立社会主义市场经济体制的必然要求。改革是动力，改革是希望。只有不断深化改革，电力企业才有生机和活力，电力发展才能有不竭的动力。回顾新中国电力工业的历史，就是一部不断改革、不断发展的历史。改革开放 20 多年来，我国电力工业始终坚持以改革为动力，不断深化改革，以改革促进发展，取得了举世瞩目的成就。国家电力公司本身就是改革的产物。进一步推进电力体制改革必将为电力工业发展注入新的动力，使我国电力工业进入一个新的发展阶段。

二、明确任务，积极配合，确保电力体制改革顺利实施

准确把握电力体制改革的目标和任务。《方案》明确，改革的总体目标是：打破垄断，引入竞争，提高效率，降低成本，健全电价机制，优化资源配置，促进电力发展，推进全国联网，构建政府监管下的政企分开、公平竞争、开放有序、健康发展的电力市场体系。“十五”期间电力体制改革的主要任务是：实施厂网分开，重组发电和电网企业；实行竞价上网，建立电力市场运行规则和政府监管体系，初步建立竞争、开放的区域电力市场，实行新的电价机制；制定发电排放的环保折价标准，形成激励清洁电源发展的新机制；开展发电企业向大用户直接供电的试点工作，改变电网企业独家购买电力的格局；继续推进农村电力管理体制的改革。今年改革的主要任务是：成立国家电力监管委员会，组建国家电网公司、区域电网公司及各发电企业。我们要全面、系统地学习领会《方案》精神，准确把握改革的总目标和各阶段的工作任务，按照总体设计、分步实施、积极稳妥、配套推进的原则，加强领导，精心组织，有步骤、分阶段完成改革任务。

积极配合，加快推进，认真完成工作小组部署的工作任务。国务院成立了以吴邦国副总理为组长的电力电信民航体制改革领导小组，同时成立电力体制改革工作小组，由国家计委牵头，负责组织领导电力体制改革工作。国家电力公司作为电力体制改革工作小组的成员单位，要在国务院体制改革领导小组和工作小组的领导下，积极支持和配合工作小组的工作，把分配给我们的任务认真完成好。为认真贯彻党中央、国务院的改革决策和部署，公司成立了电力体制改革领导小组，由我担任组长，希正同志和大兵同志任副组长，下设体制改革办公室。我们要按照电力体制改革领导小组和工作小组的部署和要求，准确定位，认真做好电力体制改革的实施工作。要认真贯彻朱镕基总理在《政府工作报告》中提出的“推进垄断行业改革。通过政企分开和企业重组，打破行业垄断，引入竞争机制”；“尽快实施电信、电力、民航管理体制改革”；“有关部门要加强对改革工作的指导，保证生产经营正常运行和队伍稳定”的要求，加快推进改革。当前的主要任务是，根据工作小组的部署，抓紧研究提出划分重组电网、发电企业和辅业、三产企业的初步方案。各单位、各部门要在公司党组的统一领导下，按照国务院体制改革领导小组和工作小组的部署和要求，积极做好各项工作，确保改革顺利实施。

三、讲政治，顾大局，守纪律，确保安全和稳定

“政治路线确定之后，干部就是决定的因素”。“办好中国的事情，关键在党，关键在人，关键在领导班子”。各级领导班子要加强理论学习，讲政治，顾大局，守纪律，增强驾驭全局的能力。

首先要讲政治。各级领导班子要深入学习江泽民同志“三个代表”重要思想，用“三个代表”重要思想指导各项工作。各级党组织要加强党的领导，加强思想政治工作，充分发挥党组织的政治核心作用，发挥党支部的战斗堡垒作用和党员的先锋模范作用，为深化电力体制改革提供政治保证。江泽民同志最近指出，“在思考问题、抓工作中，要十分注意以下几点。一是要从政治上看问题，要抓大事；二是看问题要讲究辩证法，一分为二，实事求是；三是在工作方法上要发扬民主，善于集思广益、群策群力，最后要敢于决断，敢于负责，一抓到底；四是要善于总结经验，有了问题敢于承担责任，有了成绩要归功于党和人民。这是我们党的好传统。只要坚持发扬这个好的传统，我们就一定能够把各项工作做好。”总书记这段讲话非常重要，是马克思主义认识论的新总结、新概括，对于指导我们的工作具有很强的现实意义。我们要认真学习领会，增强实践“三个代表”重要思想的自觉性，增强贯彻党中央、国务院各项部署的坚定性，增强正确把握改革发展稳定全局的能力。

要顾大局。“电力体制改革涉及的地区和单位多，政策性强，而且要确保改革过程的生产正常、安全运行，是一项综合配套的系统工程”。在改革中各级领导干部要牢固树立大局意识，坚持以改革统揽全局。要正确处理局部与全局、个人与组织的关系，坚持局部服从全局，个人服从组织，下级服从上级，全党服从中央。要在实际工作中不断解放思想，更新观念，开拓创新，积极推进改革。

要严守纪律。在改革中各级领导干部要严守党的政治纪律、组织纪律和财经纪律。按照国务院的有关规定，暂时冻结企业人事方面的变动。公司系统不准突击进人，不准突击提干；不准以各种名义分钱分

物、扩大非生产性开支。暂时冻结公司系统各单位有关产权转移方面的活动，停止向辅业和“三产”项目的投资。确需变动的，通过国家电力公司报国务院电力体制改革工作小组审定。要认真组织对国办发[2000] 69 号文件以后进行的未经国家批准的资产流动和向主业以外的投资进行清理和纠正，并将清理情况报国家电力公司。在改革中，要确保政令畅通，做到令行禁止。对违反规定的，除追究当事人的直接责任外，还要严肃追究有关部门和单位负责人的领导责任。

要确保安全。电力安全事关国计民生，责任重于泰山。要认真贯彻党中央、国务院关于安全生产一系列指示精神，加强电力生产、基建、多种经营等方面的安全管理，全面落实安全生产责任制。各级领导干部要集中精力，坚守岗位，尽职尽责。坚持“安全第一，预防为主”的方针和“三不放过”的原则，加强电厂、电网的安全生产管理，确保安全发电和供电，防止发生电网瓦解、大面积停电、重大设备损坏和重大人身伤亡事故。严格执行《电网调度管理条例》和相关的电力法律法规，保证指挥不断、秩序不乱，保障电力体制改革顺利进行。

要确保稳定。“稳定压倒一切”。各单位主要负责人要从讲政治的高度，更加重视稳定工作，切实担负起稳定工作第一责任人的职责。对改革过程中的热点问题要认真进行分析和跟踪，做深入细致的思想政治工作。要关心困难企业和困难职工、离退休职工的生活，认真解决员工普遍关心的问题和涉及员工切身利益的问题；需要上级研究解决的问题要按照规定程序提出意见和建议。要进一步做好信访工作，努力把可能影响稳定的问题和矛盾解决在萌芽状态、解决在基层。

四、进一步加强作风建设，提高电力优质服务水平

各级领导班子要认真贯彻“八个坚持，八个反对”的要求，加强作风建设。当前要突出抓好四个方面：一是要切实改进思想作风。坚持解放思想，实事求是，与时俱进。“物无不变，变无不通。能否抓住机遇，有力地应对挑战，关键要看我们的工作是否得力，我们的应对措施是否得当。工作抓得不好，既便有机遇也可能因抓不住而丧失掉”。改革就是要解放和发展生产力，改革的过程也是解放思想的过程。必须用时代的眼光、发展的观点、创新的精神认识改革、适应改革，顺应发展潮流。二是要正确处理各种利益关系。江泽民总书记在中纪委七次全会上指出：“对于领导干部来说，打牢思想政治基础，筑牢思想政治防线，最根本的就是要牢固树立马克思主义的世界观、人生观、价值观，牢固树立正确的权力观、地位观、利益观”。改革是一场革命，必然触及观念和利益的调整。各级领导干部要时刻保持清醒头脑，经得起进退留转的考验。三是要坚持走群众路线。深入基层，深入实际，及时掌握真实情况，协调处理好改革过程中的各种矛盾，调动一切积极因素。四是认真落实“三严一表率”的要求，坚决抓好反腐败斗争，从严治企，以身作则，廉洁奉公，勤勉敬业，发扬艰苦奋斗的优良传统，勤俭办一切事业。

认真贯彻公司党组“求真务实、作风建设年”的决定，切实转变作风，以作风建设带动队伍建设，以队伍建设推动行风建设，做好优质服务工作。深化电力体制改革，对电力优质服务工作提出了更高的要求。要坚持“人民电业为人民”的根本宗旨，“让客户满意、让政府放心”。继续坚持“优质、方便、规范、真诚”的服务方针，履行八项服务承诺，重点在治理薄弱环节、解决群众关心的热点问题上下功夫，提高供电服务质量。广泛深入开展向李庆长同志学习的活动，进一步推动优质服务工作上新水平。

五、坚持以经济建设为中心，全面完成今年各项任务

认真贯彻《纪要》的要求，“既要加快推进改革步伐，又要确保各项生产经营活动和建设项目的正常进行”。“在改革未完全到位之前，电力企业生产经营、安全、行政管理体制不变”。公司系统安全生产、资产经营和党风廉政建设责任制不变；公司下达的今年生产经营各项指标不变；各在建项目继续进行，原有投资渠道不变。

要认真贯彻“稳定、安全、灵活、多元”的工作思路，贯彻“两会”精神，按照公司 2002 年工作会议的部署，认真安排组织好今年的各项工作。要认真抓好西电东送、全国联网、结构调整等重点工程建设与前期工作。要保持正常的生产经营秩序，确保今年各项任务和目标的完成。

要坚持“两手抓，两手都要硬”的方针，认真贯彻中央六中全会《决定》精神，贯彻中纪委七次全会的精神，全面加强公司系统党的建设和精神文明建设，更加坚决有效地开展反腐败斗争，努力从源头上铲除产生腐败的土壤，把公司系统两个文明建设推向新阶段。

同志们，电力系统具有优良的传统和作风，公司系统有一支比较优秀的领导干部队伍，有一支爱岗敬业、作风过硬的职工队伍。我们对未来充满信心。我们要紧密团结在以江泽民同志为核心的党中央周围，认真贯彻党中央、国务院的改革决策和部署，发扬与时俱进和奋发有为的精神，紧紧依靠广大干部职工，

求真务实，真抓实干，努力完成改革、发展和稳定的各项任务，以优异的成绩迎接党的十六大的胜利召开！

抓住机遇、深化改革、扎实工作，开创农村水电及电气化工作新局面

水利部部长 汪恕诚

2001年11月21日

最近，国务院批准“十五”全国建设400个水电农村电气化县的规划目标，这是水利工作的一件大事。党中央、国务院历来十分关心和重视农村水电工作。朱镕基总理多次指示，要大力发展小水电，解决农民燃料和农村能源问题，促进退耕还林和天然林保护，保护生态，改善环境，发展贫困山区、民族地区经济，增加地方财政收入，增加农民收入，政府在这方面要给予扶持。温家宝副总理指出，发展农村水电、加快农村电气化建设，是实现农业和农村现代化的重要条件，提出农村水电要坚持为农业、农村、农民服务的方向，要把农村水电建设同经济建设、江河治理、生态保护、扶贫开发结合起来，进一步搞好治水办电，实施小水电代燃料工程，加快农村电网改造，提高农村电气化水平，为促进农村经济社会发展做出更大的贡献。朱镕基总理和温家宝副总理的讲话站在全局的高度，指明了新时期农村水电的发展方向，提出了新时期农村水电新的历史使命，把农村水电及电气化建设在国民经济和社会发展中的地位提升到实现农业和农村现代化的重要条件的新高度。这对于我们深入领会邓小平同志亲自倡导的电气化建设构想，按照江泽民总书记“三个代表”的要求，进一步认识农村水电及电气化的历史作用和地位，做好农村水电及电气化工作，加快贫困地区、少数民族地区和革命老区的经济发展和社会进步，具有十分重要的意义。

一、农村水电及电气化建设是实现农业和农村现代化的重要条件

目前，全国有1500个县开发了小水电，近800个县主要依靠小水电供电，建设了653个农村水电初级电气化县。50年来，累计解决了近3亿无电人口的用电问题。实践证明，农村水电是水利工作的重要组成部分，也是电力工业的重要组成部分。农村水电及电气化建设既是农村能源工程，又是农村、农业基础设施工程和开发性扶贫工程，也是生态建设工程。通过农村水电及电气化建设，极大地促进了中西部贫困地区、少数民族地区和革命老区的经济发展和社会进步。

(1) 加快了边远贫困山区、少数民族地区和革命老区的经济发展，增加了农民收入，加快了农民脱贫致富步伐。过去15年连续三批建设的653个农村水电初级电气化县，基本上都实现了国内生产总值、财政收入、农民人均纯收入、人均用电量5年翻一番、10年翻两番的目标，发展速度明显高于全国水平。2000年，全国电气化县农村水电企业实现利税约50亿元，占县财政收入的8.8%。广东省33个电气化县农村水电企业1999年上缴利税6.6亿元，占县财政收入的22%，最高的乳源县达到68%；“九五”期间建成的335个电气化县，从1995年到2000年，农民人均纯收入由1082元增加到1914元，同比年均增长速度8.1%，是全国平均增速4.7%的1.7倍，与全国平均水平的差距从500元缩小到296元。农村水电及电气化建设，已成为贫困山区、少数民族地区和革命老区经济发展的重要支柱，地方财政收入的重要来源，农民增收的有效手段，农民脱贫致富的重要途径。

(2) 以电气化带动工业化和城镇化，促进了经济结构调整。15年电气化建设，600多个初级电气化县工业产值占工农业总产值的比重，基本上是5年提高10个百分点，而全国是14年提高了10.9个百分点。湖北省兴山县通过电气化建设，形成了以中小水电为龙头的产业链，工业产值的比重由30%提高到80%。电气化县建设带动了关联产业的发展，全国累计有2000多万农业剩余劳动力转移到二、三产业，加快了城镇化进程。电气化县建设带动工业化、城镇化，促进经济结构的升级转换，有利于从根本上解决制约边远贫困山区、少数民族地区和革命老区发展的深层次问题。

(3) 加快了中小河流的综合治理和开发，促进了水资源的合理利用，改善了农业生产条件和农民生活条件，促进了农村经济的发展。农村水电促进了江河治理开发。农村水电及电气化建设坚持治水办电相结合，建设了一批综合利用水利枢纽工程，累计增加库容约500亿m^3，数千条中小河流得到治理开发，提高了防洪能力。重庆市22个电气化县，10年新增水电装机70.4万kW，新增水库库容27.3亿m^3，拦蓄了当地径流和泥沙，减少了下游河段的泥沙淤积，减轻了下游的防洪压力，促进了江河治理开发。云南省通过电气化县建设，有40条河流实现了梯级开发，有12条河流正在进行梯级开发，走出了一条“上游建库，中游发电，下游灌溉”的流域综合治理开发之路。

农村水电是山区水利的龙头。15年电气化县建设，在解决1.2亿无电人口用电的同时，净增灌溉面积2530万亩，增加粮食300亿公斤，解决了6425万人和4742万头牲畜的饮水困难。内蒙古自治区乌审旗在电气化县建设中，电站、机井统筹考虑，配套建设，以水发电，以电抽水灌溉，人均水浇地达到4.6亩，增长了2.8倍。四川省都江堰在电气化县建设中，利用渠道落差大办小水电，装机30多万kW，其中水管单位拥有装机近5万kW，年电力销售净收入近4000万元，不仅改善了职工生活条件，稳定了队伍，还解决了部分渠系的维护费用，基本上实现了水利工程的良性运行。农村水电及电气化建设形成了“以水发电、以电养水”的水利发展格局，发展了以农村水电为龙头的山区水利，提高了防洪抗旱、旱涝保收能力，促进了农业增产、农民增收和农村经济的发展。

(4) 促进了退耕还林、生态建设、环境保护和可持续发展。2000年，全国小水电发电量达800亿kW·h，相当于3000万t标准煤，减少排放7200万t二氧化碳和其他大量有害气体，减少了大气污染。小水电供电区约有2000万户居民使用电炊，每年减少森林砍伐200万亩，节约木材约900万m^3，保护了森林，防止了水土流失，改善了生态环境。初级电气化县的森林覆盖率15年平均增长了9.88个百分点，比全国高5.4个百分点。四川省阿坝藏族羌族自治州在电气化县建设中，以小水电替代林业成为支柱产业，减少了森林砍伐，促进和巩固了退耕还林和天然林保护。全国许多中小水电站及库区都成为当地的生态旅游景点，保护了生态，美化了环境。

(5) 扩大了小水电的对外交流，开辟了国际合作的新途径。我国开发小水电这种清洁可再生绿色能源，建设有中国特色的农村电气化，消除贫困，保护环境，实现可持续发展，得到了国际社会的高度评价和广泛赞扬。现在世界都在发展小水电，中国的小水电世界第一。很多发达国家都来考察我们的小水电，美国也在向我们学习，订购我们的设备。一些与我国无邦交的国家也通过民间途径学习我国建设管理小水电的经验。我最近访问了古巴，他们对小水电及农村电气化很感兴趣，中古双方签署的合作项目几乎都是小水电及电气化建设方面的。由于中国小水电在国际上的广泛影响，由60多个国家和地区，150多个政府和国际组织组成的国际小水电组织的总部设在中国杭州，2000年12月联合国工发组织在中国杭州设立了联合国工发组织国际小水电中心，这是联合国在我国境内设立的第一个联合国法律框架下的组织。这是我国改革开放的一项重要成果，也是实施“走出去”战略的具体体现。

二、进入新的世纪，农村水电及电气化面临着极好的发展机遇

(1) 水利发展进入新的历史时期，为农村水电及电气化工作奠定了良好的基础和条件。党中央、国务院对水利工作高度重视、水利地位空前提高、中央水利投入大幅增加、水利基础设施建设加快，水利事业迎来了难得的发展机遇，进入了新的历史时期，为农村水电及电气化发展奠定了良好的基础和条件。随着水利地位的提高和投入的增加，农村水电及电气化建设的重要性日益提高，投入将相应增加。

(2) 国家实施可持续发展战略，为农村水电发展提供了新的动力。江泽民总书记“七一”讲话中指出，要促进人与自然的协调与和谐，正确处理经济发展同人口、资源、环境的关系。党的十五届五中全会提出，加强人口和资源管理，实现可持续发展。2001年4月以来，朱镕基总理在湖南、四川、贵州考察时多次指示，要大力发展小水电，解决农民燃料和农村能源问题，促进退耕还林和天然林保护，保证退耕还林能够退得下、稳得住、能致富、不反弹。小水电作为清洁可再生绿色能源，越来越广泛地得到全世界的肯定。发展小水电既可以减少有限的矿物燃料消耗，减少二氧化碳的排放，减少环境污染，还可以解决农民的烧柴和农村能源问题，有利于促进农村能源结构的调整，有利于促进退耕还林、封山绿化、植树造林和改善生态环境，有利于人口、资源、环境的协调发展，有利于水资源和水能资源的可持续利用。

(3) 国家实施西部大开发战略，为农村水电发展开辟了广阔的前景。党的十五届五中全会提出，力争用五到十年时间，使西部地区基础设施和生态环境建设有突破性进展。我国西部的小水电资源占全国的67%，现在开发程度不足20%，农民人均用电量不足全国人均的30%。小水电在西部大开发中具有明显的资源优势和市场潜力。西部大开发战略，为小水电发展开辟了广阔前景。

(4) 国家新时期扶贫开发计划，为农村水电发展提出了新的目标任务。新时期《中国农村扶贫开发纲要》指出，要尽快解决极少数贫困人口温饱问题，进一步改善贫困地区的基本生产生活条件，巩固温饱成果，提高贫困人口的生活质量和综合素质，加强贫困乡村的基础设施建设，改善生态环境，逐步改善贫困地区社会、经济、文化的落后状态，为达到小康水平创造条件。农村水电及电气化作为农民增收的有效手段，脱贫致富的重要途径，新时期的扶贫开发计划，为其发展提出了新的目标任务。

三、新时期农村水电及电气化建设肩负着新的历史使命

(1) 满足农民燃料和农村能源需要，促进退耕还林，改善生态环境。我国退耕还林区、天然林保护区、自然保护区和重点水土流失治理区内主要靠烧柴(草)做饭、取暖的居民约1.12亿人。一年要烧掉8400万亩森林。农村能源消耗占全国森林资源消耗的40%，山区占50%～70%。西部山区居民砍树烧柴，破坏林草植被，不仅造成西部地区长期贫困落后，生态恶化，增加了水患和荒漠化，而且对中东部地区的生态安全和社会经济发展构成了很大威胁。解决农民燃料和农村能源问题直接关系到退耕还林工程能否顺利进行，关系到退耕还林、天然林保护工程成果能否巩固，关系到生态环境能否改善。我国小水电资源主要集中在长江中上游和黄河中上游地区，与以小水电代柴重点地区的区位分布基本一致。小水电具有分散开发，就地供电，发供电成本低的特点，而且技术成熟，性能稳定可靠，可实现“以林保水、以水发电、以电护林”的良性循环。要认真贯彻落实朱镕基总理关于大力发展小水电，解决农民燃料和农村能源问题的重要指示，实施小水电代燃料生态工程，满足农民燃料和农村能源需要，促进退耕还林，保护和改善生态环境，为实施可持续发展战略服务。

(2) 满足中西部贫困地区、少数民族地区和革命老区经济社会发展需要。实施西部大开发战略，加快中西部地区发展，关系到经济发展、民族团结、社会稳定，关系到地区协调发展和最终实现共同富裕。朱镕基总理在四川考察时指出，小水电是贫困地区、民族地区发展的希望，是地方财政的重要来源。要充分利用中西部地区小水电的资源优势、区位优势和比较优势，带动工业化和城镇化，扩大内需，促进经济结构调整，发展地方经济，改善农村生产、生活和用电条件，从根本上解决中西部边远贫困山区、少数民族地区和革命老区的落后面貌，逐步缩小与东部地区的差距。

(3) 满足贫困山区人民的脱贫致富需要。由于自然条件和经济社会发展水平等多方面因素，目前全国还有3000万没有解决温饱的贫困人口，另外还有一些初步解决温饱但还不巩固、在温饱线上徘徊的贫困人口。这些贫困人口主要分布在中西部的少数民族地区、革命老区、边疆地区和特困地区。现在我国已进入全面建设小康社会的新的发展阶段。贫困地区的脱贫致富是贯彻邓小平同志共同富裕伟大构想的一项战略决策，直接关系到社会稳定和社会主义现代化建设进程。实践证明，农村水电是西部地区的一大资源优势，在西部贫困山区、少数民族地区的脱贫致富、经济发展和社会进步中发挥了巨大的作用。农村水电是农民脱贫致富的重要途径。农村水电应顺应时代的发展要求，加快发展，满足贫困地区人民的脱贫致富需要。

四、按照电力体制改革方向，加快农村水电和电气化事业的改革与发展

电力体制改革的总体目标是：打破垄断，引进竞争，提高效率，降低成本，优化资源配置，推进全国联网，促进电力发展。

当前电力体制改革的主要内容是：实行厂网分开，重组发电和电网企业；实施竞价上网，初步建立竞争、开放的区域电力市场；推进全国联网，政府实行监管，激励清洁电源生产，满足经济社会发展的电能需要。

目前，对电力体制改革的认识是非常不一致的，其中有一种意见认为：对“厂网分开，竞价上网”的改革取向要重新认识，其重要的一条理由是中国属于发展中国家，发展中国家的电力改革主要应解决“发展”问题，而发达国家才是主要解决“降低电价”问题。中国改革开放以来所进行的电力体制改革有效地解决了缺电问题，现在的电力管理体制大格局不宜动，等等。这种观点似乎有一定道理，但应该看到，在独立电厂已占全国装机一半的今天，电力体制改革不仅要考虑国家电力公司系统发展的积极性，还要有利于调动其他电力企业发展的积极性；不仅要考虑占80%装机容量的燃煤发电企业的发展积极性，更要有利于调动水电等清洁能源发展的积极性。中国的经济发展已经进入了一个新的阶段，从追求量的增长转为在注重量的同时更加注重质的增长。对电力工业而言，质的增长应主要表现为清洁能源和联网效益，具体讲就是发展水电，西电东送。目前，“省为实体”、“厂网不分”的管理体制造成地区封锁和行业垄断，既不利于调动全社会投资发展电力的积极性，又不利于水电、风电等清洁能源的发展。电力体制改革势在必行。

为稳妥起见，电力体制改革将分步进行，先进行发电端改革，条件成熟时再进行配电端改革。目前，我国有一部分小水电发电后直接上国家电网，在下一步工作中，这些小水电厂需要通过加强管理、降低成本来为今后的竞价上网改革做好准备，争取在市场竞争中得到发展。另外，有相当一部分小水电有自己的小电网和供电区，这次国务院批准“十五”全国建设的400个水电农村电气化县，就是通过发展小水电来实现县域的电气化。小水电主要解决县域电能需求，应提倡有条件的县域小电网与大电网相联网，互补余缺，资源优化，但从性质来讲，县域小电网属于配售

电范围，在电力体制改革中属于配电端改革研究的范畴。配供电与电网分离是电力体制改革下一步的内容，但当前的改革不能影响和制约下一步需要改革的内容。现在一些地方以农村电网改造为名，无偿平调和上收小电网的做法是错误的，这种做法既不利于调动大家发展小水电的积极性，又不符合电力体制改革的方向。

需要强调的是，在市场经济条件下，任何企业只有加强管理，降低成本，搞好服务，才能在竞争中发展壮大，否则必然被市场所淘汰。我们一定要认真负责，扎实工作，在管理上狠下工夫，把水电农村电气化县建设好。

新时期农村水电及电气化工作迎来了难得的发展机遇，也面临着严峻的挑战。我们一定要以邓小平理论为指导，紧密团结在以江泽民同志为核心的党中央周围，努力实践"三个代表"的要求，按照中央的水利工作方针和水利部党组新的治水思路，抓住机遇、深化改革、不断开拓、扎实工作，完成好水电农村电气化县建设任务，开创农村水电及电气化工作的新局面。

资源水利的本质特征、理论基础和体制保障

——在中国水利杂志专家委员会会议暨水资源管理与可持续发展高层研讨会上的讲话

水利部部长 汪恕诚

（2002年9月26日）

今年防汛抗洪期间，我在湖南岳阳接受记者采访时说过一段话：作为水利部部长，我希望中国的大江大河每年汛期来的水要超过警戒水位，但是，不要超过保证水位。如果到了汛期一条河的水位达不到警戒水位，说明这个流域今年来水少了，大面积的干旱就要发生。今年中国的大江大河，除了长江有一段时间超过警戒水位，其他江河都没有达到警戒水位。这发出了一个信号：从现在到明年汛前，干旱缺水将成为突出问题。

近些年来，防汛抗洪问题备受各界舆论关注，然而现实的中国水资源主要矛盾仍然是干旱缺水，尤其是北方城市缺水日益严重。对于如何解决中国的水资源短缺问题，各方面专家、学者开出了不同的"药方"：一些工程技术专家从工程技术角度出发，提出要多修水库、多搞调水工程；一些专家说节水就能解决问题；一些地质专家说，中国的地下水十分丰富，可以依靠发掘地下水解决水资源短缺问题；有专家提出出路在海水淡化；还有专家说要大面积种树，森林可引来降雨；而一些经济学家从经济学的角度提出，应该由市场来解决问题，水资源一进入市场，问题就可以解决了；一些搞管理的专家则认为，只要把体制理顺了，一切问题都可以迎刃而解；等等。

这些观点从不同的角度去分析问题，都有其合理和正确的一面，但是中国水资源管理的根本性问题是什么，如何统一思想、达成共识？通过近几年的实践，我们逐渐认识到：任何一项水利工程其本质都应该是生态工程。水利工程的一个根本性问题，就是要维系良好生态，促进可持续发展。各种各样的方案是否能够推进可持续发展，是评价其是否科学可行的一个重要标准。如果这个方案能够推进可持续发展，那么就是一个好的方案；如果这个方案为了改变这里的生态而影响了其他地方的生态，甚至在更大范围内造成生态破坏，这样的方案肯定是不可取的。因此，我认为一定要把水资源的可持续利用和经济社会的可持续发展，作为各项水利工作的指导思想和核心问题。

今天我想谈三点。

一、资源水利的本质特征——人与自然和谐相处

人类社会的进步与发展，从来都是以解决人与自然关系这一重大课题为前提的，处理和解决人与自然关系的水平和能力，标志着社会进步和发展的程度。历史上大量事实证明，如果处理不好人与自然的关系，就会遭受大自然的惩罚。长期以来，由于生态环境破坏，水土流失严重，造成江河湖库淤积；对水资源的无节制开发利用，导致了江河断流、地下水超采、地面下沉；过度地围湖造地，侵占河道，降低了河湖调蓄能力和行洪能力，加剧了洪水灾害；水体污染，造成了严重的生态问题。这些都是人类向大自然无节制索取的结果。社会发展到今天，我们必须转变对水的认识，从人定胜天、向大自然无节制的索取转变为按照自然规律办事、人与自然和谐相处；从防止水对人类的侵害转变为在防止水对人类的侵害同时，要特别注意防止人类对水的侵害。

回顾水利发展的历史，过去从改造自然、人定胜天的理念出发，强调水资源的开发、利用、治理，就特别注重对工程技术的研究。无论是技术研讨、出国考察，还是各种刊物刊载的文章，大多都是强调工程技术问题。改革开放后，在注重工程技术的同时，开始重视工程管理问题，主要是工程建设的管理。现阶段，随着经济社会的进一步发展，可持续发展理论的提出，在强调水资源的开发、利用、治理的同时，需要特别注重水资源的节约、保护和配置，注重维系良

好生态系统，以水资源的可持续利用支持经济社会的可持续发展。这是一种人与自然和谐相处的理念。从这种理念出发，就应特别注重对资源管理的研究。

新《水法》的颁布实施体现了对人与自然和谐相处这一新理念的肯定。恢复和维系良好生态系统，以水资源的可持续利用支持经济社会的可持续发展，是水利工作的基础性目标。任何一项水利工程其本质都应该是生态工程，也就是说，水利工程在改变自然的同时不能以破坏生态为代价。因此，在制定水资源综合规划时，一定要以提高水的利用效率，科学、合理地配置水资源，建设节水防污型社会，促进人与自然和谐相处和水资源可持续利用为目标。

总之，强调改造自然，必然重工程管理；强调人与自然和谐相处，必然重资源管理。资源水利的提出，就是强调资源管理，其本质特征——人与自然和谐相处。

二、资源水利的理论基础——水权和水市场理论

怎样才能达到人与自然和谐相处？如何实现水资源的可持续利用？通过近几年的实践，我们提出了水资源承载能力和水环境承载能力两套系统。

水资源承载能力体现在水资源的使用权上，水环境承载能力体现在污水排放权上。要按照水资源的承载能力，推进水利和经济社会的协调发展。只有经济社会发展和水资源承载能力相协调，才能实现可持续发展。经济社会发展还必须充分考虑水环境承载能力，确保各种水域能够永续使用。既要满足经济用水、生活用水，也要充分考虑生态和环境用水。两套系统都需要建立宏观控制和微观定额两套指标，使二者有机结合，做到层层有指标、有定额，进而通过实施取水许可等制度，把两套系统最终落实到具体工作中去，体现人与自然和谐相处的思想。

在社会主义市场经济体制下，实现对水资源的科学管理，要积极探索建立水权制度和水市场，政府宏观调控与市场机制有机结合，逐步建立水权交易市场，实行水权有偿转让，建立合理的水价形成机制，推动节约用水，促进水资源的高效利用、优化配置和有效保护，以实现人与自然和谐相处的目标。在市场经济条件下，只有以水权和水市场理论来指导实践，在政府宏观调控下，用经济的办法来解决水资源管理中的复杂问题，才能真正实现水资源的科学配置，达到以水资源可持续利用支持经济社会可持续发展的目标。

当前水资源问题的研究应重点放在四类课题上。

其一，良好生态系统的标准以及生态水量的计算。在进行水权分配过程中，必须首先把生态水量留下来，然后才能配置工业、农业、社会生活等其他用水。那么，什么样的情况称为人与自然和谐相处？什么样的系统称为良好的生态系统？维系良好生态系统需要多少生态水量？生态水量和环境水量的内涵是什么？等等。这些都必须有明确的概念和定量的标准。如果这些问题不能解决，水权的分配就是一句空话。

其二，承载能力的确定。水资源承载能力体现在水资源的使用权上，水环境承载能力体现在污水的排放权上。对水资源使用权和污水排放权如何进行总量控制和定额管理，如何确定总量和定额的标准，是十分重要的研究课题。这些问题搞不清楚，理论也就难以付诸实践。

其三，水权、水价、水市场问题。研究水同研究土地和其他矿产资源有很大区别。水资源具有流域性、稀缺性、不可再生性等许多特性，如果在研究中不能抓住水资源的特点，那么提出的建议或建立起来的水市场雏形将是难以操作的。因此，对水权、水价、水市场的研究必须充分考虑水资源的特点。

其四，管理体制问题。以上所说的承载能力、水权分配、水市场的建立以及市场竞价规则等，如果没有科学的管理体制做保障都将是空谈。目前很多研究仍然是在生产力的范围内进行，但最后必然触动生产关系。如果生产关系不能够调整好，水资源问题的解决和水利发展就没有前途。从过去注重对工程技术、工程管理的研究，到现阶段注重对资源管理问题的研究，都是适应社会发展情况和水利发展需要而进行的，水利管理体制改革问题将成为今后的一个重要研究课题。

三、资源水利的体制保障——流域统一管理与准市场的结合

管理体制改革，就是要处理好政府与市场的关系。从目前中国改革形势来看，从计划经济体制向社会主义市场经济体制转变，需要深化对垄断行业的改革，打破一些垄断，引入市场竞争机制。目前我国电信、民航、电力、铁路等行业的改革方案几乎都出来了，往前走了一大步。随着社会主义市场经济体制的逐步建立，水利管理体制改革势在必行。

如何构思水利管理体制改革大的框架？

首先，应当明确不能把水利行业简单地称为垄断行业。我们通常讲水的三大问题：洪涝灾害、干旱缺水、水环境恶化。水环境恶化包含两个部分，一个是水土流失问题，一个是水污染问题。这四个领域涉及到的，有的是社会效益，有的是生态效益，有一部分带有经济效益。而垄断这个词是与市场挂钩的。水利比较突出的带有经济效益的部分，一个是供水，尤其是城市供水，还有一个是水力发电。水力发电的问题

结合电力体制改革已经解决了。现在很多市场问题的讨论，包括水权、水交易、水市场等，更多的是从供水这个领域来研究市场问题。这里要特别注意，不要把供水进入市场和整个水利进入市场的概念混为一谈。把供水尤其是城市供水作为垄断行业来构思一种体制，是一种考虑。但是整个水利行业不能简单地称为垄断行业，这样很可能会影响到改革的整体构思。

其次，我国水资源状况和水资源的特性决定了必须以加强流域水资源统一管理作为管理体制改革的前提。从世界范围来讲，或者从中国经济发展趋势来讲，处理政府管理与市场调节的关系，始终是一个重要问题。当前，政府逐渐从一些领域内退出，逐步地打破垄断，多发挥市场的作用，让市场多管一些，这是经济发展的大潮流。水资源统一管理，尤其是流域水资源的统一管理，表面看与此有矛盾。但是，我国水资源短缺的状况决定了必须加强统一管理才能保证水资源的可持续利用。同时，水资源的一个重要特性是以流域为单元来划分的，水资源的管理也应以流域为单元来进行统一管理。水利改革的过程，应该是在水资源统一管理的前提下，把一些该由市场来管的事情、社会来办的事情交给市场和社会去管。现在水利改革面临的任务，是要把政府的宏观调控或者讲水资源的统一管理和市场机制的建立结合起来，同时体现在一个改革方案当中。

第三，在流域水资源统一管理的前提下，建立政府宏观调控、流域民主协商、准市场运作和用水户参与管理的运行模式。

水资源的一个重要特点是水资源是以流域为单元划分的。水资源管理体制改革在处理政府和市场，或者叫政府宏观调控与市场运作这两者之间的关系时，这个特点一定要非常鲜明地表达出来，要特别强调流域的水资源统一管理。流域管理应该是在水资源统一管理的前提下，建立政府宏观调控、流域民主协商、准市场运作和用水户参与管理的运行模式。这四句话相互依存、缺一不可。单靠民主协商，没有政府的宏观调控，没有政府的决策，水权无法分配。而单靠政府的行政手段也不行，还要有市场运作。而水资源的稀缺性决定了水量和水价都是受控制的，水市场不是一个完全的市场，而是准市场。

第四，区域水资源管理实行涉水事务一体化。只有实行一体化管理，才能真正实行水资源优化配置，提高用水效率，建立节水防污型社会，实现可持续发展。

第五，水行政主管部门的改革方向。水行政主管部门不应再去管微观和非常具体的事情，而应将工作重心更多地转移到制定规划、政策法规、市场规则以及协调处理流域和流域间的宏观问题上来。有些人认为，这样做意味着政府的职能在萎缩，但我认为，政府的职能不是萎缩而是在加强。政府该管的事情，应该更强有力地去管好，政府不该管的问题就不要去管，交给市场、交给企业去管。

作为推进水利事业发展的一个重要问题，希望各位专家能够对水资源的管理体制问题进行深入研究。

加强水电建设管理
争创水电精品工程

国家电力公司副总经理 周大兵

在新世纪的第一个春天，也正值水电开发的春天来临之际，我们在这里召开国家电力公司水电建设管理座谈会。这次会议主题是：以党的十五届五中全会和刚刚开过的中央工作会议精神为指导，全面贯彻落实国家电力公司 2001 年深圳工作座谈会及温州全国电力建设现场经验交流会的精神，研究部署在新的形势下全面加强水电建设管理，重点总结、交流加强水电建设质量管理的经验，不断提高水电建设管理水平，确保水电工程质量，争创水电精品工程，全面促进水电建设的发展。

下面我讲三个方面的问题：

一、适应水电开发的大好形势，进一步提高水电建设管理水平

随着国民经济和电力工业迅速发展，特别是改革开放以来，经过水电建设者的艰苦努力，我国水电建设取得了巨大成就。据初步统计，截至 2000 年底，全国已建、在建大中型水电站约 220 座，100 万 kW 以上的大型水电站就有 20 座，全国水电装机总容量达 7680 万 kW，水电年发电量达 2400 亿 kW·h，分居世界的第 2 位和第 4 位。其中总装机容量为 240 万 kW 的广州抽水蓄能电站是世界上最大的抽水蓄能电站，正在加紧施工的三峡水电站，是世界目前最大的水电站。特别是在 90 年代的十年间，水电投产 4000 万 kW 以上，超过了 90 年代以前水电投产容量的总和，这样的投产速度在世界水电建设史上也是罕见的。

当前随着党中央、国务院确定的西部大开发战略和“西电东送”战略的实施，电力结构的调整和可持续发展战略的实施，为进一步加快水电开发创造了难得的历史机遇。党的十五届五中全会通过的《中共中央关于制定国民经济和社会发展第十个五年计划的建议》明确要求电源建设要“发展水电、坑口大机组火电……”。在国家计委召开的“西电东送”工作会议

上，进一步明确“西电东送”要以水电为主，优先发展水电。国家在产业政策、电力市场、项目审批等多方面对水电给予倾斜，为加快水电发展创造了良好的环境和条件。在2000年底开工的“西电东送”一期工程四个电源项目中，水电就占了三个。国务院在2000年底通过了小湾、公伯峡和吉林台水电站的立项，龙滩、公伯峡、小湾等工程将有望获准于年内正式开工。这一切都充分体现了国家对加快水电开发的高度重视，我们期盼已久的水电开发的春天正在来临。

根据国家规划的要求，到2005年、2010年、2015年水电装机将分别达到9500万kW、1.25亿kW和1.5亿kW。为了实现上述目标，今后一个时期，国家电力公司要在水电资源丰富的中西部地区加快大型水电基地开发和骨干水电站的建设，在缺少常规水能资源的东部地区，积极建设一批抽水蓄能电站。近期我们要重点抓紧开工建设龙滩、小湾、水布垭、公伯峡、三板溪、瀑布沟等常规水电站和桐柏、泰安、宜兴、琅琊山、西龙池、张河湾等抽水蓄能电站。根据形势的发展，我们还要抓紧做好糯扎渡、拉西瓦、构皮滩、思林、平班等项目的前期工作，争取这些水电站在“十五”末或“十一五”初能开工建设。

面临水电开发的大好形势，国家电力公司广大水电工作者一定要紧紧抓住千载难逢的历史机遇，以对国家高度负责的敬业精神，兢兢业业地做好工作。决不能因我们自身的工作疏漏而错失良机，延误发展。特别是在当前一批新的大型水电项目集中开工，水电建设任务增加的情况下，研究如何适应新形势，迎接新挑战，抓好水电建设管理工作，提高水电工程的建设质量管理，确保水电工程的质量，是我们面临的一个重要课题，也是我们这次会议要重点研究解决的问题。

二、正确估价水电建设管理的成绩，充分认识确保水电工程质量的重大意义

不断提高水电建设管理水平，确保水电工程的质量，是一个重大的问题，历来得到党和国家领导人的高度重视，得到国家有关部门的高度重视，得到国家电力公司和广大水电建设者的高度重视。近几年，在国家电力公司党组的领导下，各水电业主、设计、施工、监理单位，始终把水电项目的质量安全工作摆在工程建设的首位，常抓不懈。使水电建设管理，特别是水电工程质量不因市场化的改革而受到冲击，不因竞争激烈而松懈，不因经济效益滑坡而削弱。水电建设管理和质量管理水平在从计划经济向市场经济转轨的过程中，仍然得到稳步提高，取得了明显的成效。我们坚持水电建设体制的改革，形成了以项目法人为主体的质量保证体系，从而使质量管理从管理机制、组织机构上适应了市场经济的需要，质量管理体系等得到了强化和落实。我们通过学习和采用国际先进的管理经验，不断加强施工现场管理，建设了一批整体质量高的工程，其中广蓄和二滩水电站的工程质量和建设管理水平接近或达到了国际先进水平。我们坚持把国际先进管理经验和中国的实际相结合，努力探索一条具有中国特色的质量管理体系，在充分调查研究的基础上，制定颁发了《水电建设工程质量管理办法(试行)》、《水电建设工程安全文明生产管理规定》、《水利水电工程施工合同示范文本》、《水电机组达标投产考核评定办法》等一系列管理规范、规定，并开始组织实施。水电机组达标投产工作已经起步并取得了初步成效，从莲花工程开始，到目前已经有12台水电机组实现了达标投产，提高了水电工程质量。广蓄二期4台机组是首批达标投产的30万kW级水电机组。

尽管我们在水电建设管理，在水电工程质量管理方面取得了很大的成绩，但我们仍应清醒地认识到，我们还存在许多不足和差距。表现在：①质量管理理念、管理思想和管理素质上还不能适应形势的需要，质量管理体系不健全，质量监督作用不能充分发挥；②少数单位和部分职工，特别是个别领导干部不重视工程质量；③工程质量和施工工艺水平有待进一步提高，文明施工水平差距较大；④安全生产基础还不牢固，每年死亡人数居高不下；⑤现代化管理手段应用少，决策管理系统信息不畅、运转不灵、条块分割、效率低下；⑥片面强调水电施工情况特殊，不愿深入开展达标投产活动。这些问题，已经在不同程度上成为水电建设健康发展的制约因素，必须引起我们的高度重视，采取有力措施，认真加以解决。

存在以上问题的原因很多，其中一个重要原因是，对质量工作的重要性认识不足，质量意识不强，因此我在这里还要重点讲这个问题。

第一，水电工程质量是直接关系到人民群众生命财产安全的重大问题。我们建设的大批水电工程都处在大江大河之上，随着水电建设的发展，技术水平的提高，出现了一批规模宏大的高坝大库，如果发生问题，不仅给电网及水资源利用造成损失，而且直接威胁千百万人民群众的生命财产安全，威胁到国家财产和公共设施的安全，直接影响社会稳定，造成难以估量的经济损失和社会问题。这方面过去有着沉痛的教训，如1975年8月河南的连续溃坝事故、1993年青海沟后水库垮坝事故等，都给国民经济和人民群众生命财产造成巨大的损失。事后检讨，不外是因为勘测规划失误、设计不当，或工程质量差，都与质量管理有直接关系。前车之鉴，各级领导同志，务必充分注

意，万万不可掉以轻心。

第二，保证水电工程质量，既是重大的经济问题，也是重大的政治问题。目前正在建设的一批水电工程，以及随着“西电东送”战略的实施开工的和即将开工的水电项目，都是国家经济发展计划中的骨干项目，也是国家电力公司重点投资的项目；既是国民经济新的增长点，也是国家电力公司新的效益增长点。对于促进国民经济和社会发展，促进电力结构调整，实施可持续发展战略，具有重大意义。因此如何保证这些工程的建设质量，具有重大的经济意义。同时，党中央、国务院高度关注“西电东送”项目。朱镕基总理前一时期为华南地区“西电东送”一期工程做了重要指示：“‘西电东送’工程是西部地区大开发的重点骨干项目，必须全力以赴，按时完成，力争到‘十五’计划期末新增向广东送电能力1000万kW，这对于开发西部地区电力资源，满足广东经济发展用电需求，提高双方整体经济效益，都有重要作用。‘西电东送’工程的开工标志着西部地区大开发拉开序幕……”因此，在确保质量的前提下，如期完成“西电东送”项目，落实党中央、国务院的战略部署，已经成为重大的政治问题。如果在水电建设中发生了质量问题，在投产以后将无法实现预期的经济效益和社会效益，影响国家经济发展计划和战略的顺利实施，干扰国家西部大开发的战略部署，将造成严重的政治影响。因此，我们要站在讲政治的高度来看待质量问题，确保工程建设质量。

第三，保证水电工程质量是关系我们能否成功建设一批世界级的水电工程的关键问题。我们正在建设和即将开工的一批水电工程在规模和技术上，属于世界级工程。龙滩、小湾、水布垭水电站不但装机巨大，大坝也是世界同类坝型中最高的。龙滩192m高的碾压混凝土坝世界最高，小湾292m高的双曲拱坝名列前茅，水布垭233m的面板堆石坝世界第一。这就要求我们决不能还停留在过去的水平上，必须以一流的质量来建设这些世界一流的工程。只有这样，才能保证这些项目顺利建设成功，才能保证向世界水电最新技术的冲击成功。

第四，水电工程质量是关系到设计、施工和投资者的效益和形象，关系国家电力公司效益和形象的大问题。任何水电项目的质量问题，最终必然会给责任者以及相关单位和国家电力公司带来损失，包括经济损失和信誉损失，将会使设计、施工、监理等单位的无形资产大打折扣，在激烈的市场竞争中陷于被动。作为世界500强企业，国家电力公司正在朝着国际一流电力公司的目标迈进，这就要求我们水电建设的质量向国际一流的标准靠拢。同时，保证水电建设质量，将为项目投产后的安全经济运行奠定良好的基础，使项目充分具备竞价上网的能力，适应电力体制改革的需要。保证建设质量也是确保投资者经营收益的内在要求，是设计施工企业提高市场竞争力和应对中国加入WTO、实现“走出去”战略的需要。

上面讲的质量，不但指施工质量，还包括勘测、规划、设计等与工程建设有关的方面。希望大家真正充分认识抓水电工程质量工作的重大意义，以高度的政治责任感对待质量工作，切实提高水电工程质量水平。我们应当牢固树立质量意识，以“咬定青山不放松”的精神，加大力度，扎扎实实抓好水电建设管理、水电建设项目质量管理，确保工程质量，把水电建设的管理水平推上一个新台阶。

三、瞄准世界先进水平，创建水电精品工程

提高水电建设管理水平，保证水电工程质量，一定要坚持高标准，严要求，狠抓落实。高标准，就是国际一流的标准。严要求，就是要把水电建设管理和水电项目质量工作纳入到法制轨道，不折不扣地执行水电建设的一系列标准、规范、制度。

改革开放以来，水电建设行业积极顺应改革开放的潮流，取得了令人瞩目的成就。从水电生产能力上，我国已跨入世界水电第二大国。从水电技术发展上，我国在许多领域处于世界领先水平。在国内，水电建设体制率先与国际接轨，实现了自营方式向项目法人负责制的转变，在电力建设体制的改革中产生了具有深远意义的重大影响。因此，在新的形势下，面对水电大开发又一个春天的到来，我们有责任、有理由、有信心提出水电建设管理、水电建设质量管理、水电工程质量水平全面向国际先进水平靠近的目标。

根据国家电力公司党组提出的创建“两型两化国际一流公司”的战略目标，我们在温州会上明确了创建国际一流电力建设水平的目标：2005年，各省级电力公司建设管理、各施工企业管理和工程项目管理要与国际惯例接轨，2010年前，基本达到国际先进水平，部分省级电力公司的建设管理、部分施工企业达到国际一流公司标准、部分工程项目管理要达到国际一流工程管理标准。

创建国际一流的水电建设水平，这就意味着水电工程管理、施工企业管理要符合国际惯例，具有国际一流的管理水平，国际一流的施工工艺水平，国际一流的投产移交水平，国际一流的经营机制和经营效益。创建国际一流水电建设水平的这个总体要求，也是对水电建设质量管理的要求。

当前对所有去年以来新开工的水电建设项目的质量要求是：全部机组实现达标投产，工程总体质量达到或超过目前国内先进水平，部分项目争取达到国际先进水平；单位千瓦人员伤亡数量有较大幅度的下

降，努力实现安全事故零目标。在建项目，也要根据自己的情况，高标准地实施以上目标。

所有国家电力公司系统的设计、施工、监理等单位，所有国家电力公司直接控股和国家电力公司子公司控股的项目，都必须执行以上目标和要求。国家电力公司及其子公司参股的项目，原则上要执行以上目标和要求。

水电建设质量管理是一个庞大的系统工程，实现以上目标，任务极其艰巨。为此必须组织和动员全体水电建设战线上的广大职工，团结协作，努力工作。当前要重点抓好以下工作：

1. 坚持现代企业制度，强化工程质量管理体系

要坚持以业主（项目法人）负责制、建设监理制、招标承包制为主要内容的水电建设管理体制。在水电建设质量管理中，首先要保证落实好项目法人质量责任制，这是抓好质量管理的核心所在。要促进、支持、帮助项目法人做好质量管理工作，保障项目法人的质量管理核心地位。项目法人要切实建立健全质量保证体系，完善质量管理制度。设计、施工、监理等单位也要建立健全相应的质量保证体系，做到质量管理体制健全、体系完善、责任落实、监督有力。要从本单位的实际出发，高标准地确定质量目标，制定质量目标的实施措施。

要强化质量监督，国家电力公司受国家经贸委的委托承担水电工程质量监督工作，并出台了《水电建设工程质量监督暂行规定》，各地区要严格按照国家电力公司的要求建立健全质量监督体系，认真搞好质量监督工作。对于在质量监督工程中发现的问题要及时处理。

2. 建立健全质量责任制，各司其职，各负其责

各单位和水电建设项目，要切实建立健全质量管理制度，重点抓好质量管理责任制的落实，把质量管理的责任层层落实到各级领导、部门和职工。从事水电建设工作的单位、部门和职工，都必须抱着对国家和人民负责的态度，以高度的责任感，以强烈的事业心，加强水电质量管理。各水电工程的项目法人要充分发挥项目质量管理组织指挥者的作用，履行质量管理和质量第一责任人的职责，要把安全管理和质量管理摆在施工管理的首位，认真部署。当前项目法人要特别注意防止抢工期忽视质量的倾向。设计单位在工程质量问题上同样要发挥龙头作用，从工程勘测规划阶段就要树立质量意识，不断优化设计，为实现项目的高质量建设创造条件；在施工过程中，要坚持实事求是的科学态度，从技术上监督和帮助施工单位把好质量关。施工单位作为建设实施的主体，要严格遵守有关质量管理的规章制度，精心组织，精心施工。监理单位要发挥质量卫士的作用，发扬敢于坚持真理、坚持科学的精神，任何情况下，都要恪守职业道德，不盲从、不屈从于来自任何一方的压力。

特别要强调的是，坚持质量第一，要注意处理好质量与工期、质量与效益的关系，把握好其中的辨证关系。当前，为了抓住水电开发的宝贵机遇，必须确保工期，但是绝不能因为工期而牺牲质量。我在这里重申，必须在保证质量的前提下，达到工期要求。任何单位、部门乃至个人，绝不能为了局部利益、个人利益、暂时利益，而损害工程质量。水电工程是百年大计，决不能急功近利，忽视工程的总体质量和使用寿命。要坚持按“三不放过”的原则，严肃处理质量事故，对玩忽职守、不负责任造成重大质量事故的单位和个人，要依法追究法律责任。要按照国家的有关法律法规的规定，实行水电工程项目的质量责任终身追究制度。

3. 加强全过程质量管理

管理是企业永恒的主题，管理创新是新形势下企业生存与发展的内在要求。管理创新的关键在于实现真正的科学管理，并形成特色管理。我们要借鉴火电建设管理“达标投产”的成功经验，深入开展达标投产活动，逐步将水电达标投产活动全方位地推广到水电工程的全过程。水电建设质量要从项目前期抓起，对设计、施工、调试、运行各个阶段，设计、施工、监理各承包商进行全过程控制，加强工程建设过程的质量管理。要教育和动员水电战线的全体职工提高质量意识，积极主动地参与质量管理工作。要更多地注意对建设过程中人为可控因素的管理，提高工程设计和建筑安装质量水平，以过程精品来保证工程精品。

4. 大力推广和运用新技术成果，提高设计和施工质量

要发挥科学技术对提高工程质量的作用，以科技进步带动水电建设质量向世界先进水平靠拢。各级领导一定要高度重视、大力支持科技进步，加大科技投入力度，以提高在建水电项目的工程质量，加快科技创新步伐。要在充分论证的基础上和确保安全的前提下，大力采用新工艺、新材料、新技术，促进建设水平的提高。

在当前突出的是要推进设计革命，建立对设计的激励与约束机制，将设计质量、服务质量与设计单位收益挂起钩来，促进设计质量的提高。设计院要将设计革命的思想深入贯彻到工程设计全过程中，进一步提高设计管理水平、技术水平、设计质量和服务质量，在全面、细致调研的基础上，充分学习借鉴国内外同类工程的先进经验，优化工程设计。还要进一步采用先进技术、先进设备、先进方法，缩短勘测设计周期，特别当在建项目出现重大地质条件的变化时，设计要提高应变能力和紧急处置能力，加快决策速

度，及时采取措施，努力将损失减少到最小限度；管理部门要积极研究鼓励技术进步的措施，制定鼓励科技创新的办法，促进形成企业自主创新的内在动力与机制。

5. 全面实施《水电建设工程安全文明生产管理规定》等一系列关于水电建设管理的办法，开展达标投产活动

我们要认真总结水电建设管理，特别是近年来水电机组达标投产活动的经验，全面实施《水电建设工程安全文明生产管理规定》等一系列关于水电建设管理的办法，创建优质工程和精品工程，逐步向国际一流水平靠拢。

这些年来水电建设质量有了很大的提高，但是，我们水电工程的质量水平还不平衡，总体质量还不能令人十分满意。去年，国家电力公司水电代表团在参观了美国胡佛大坝以后，感触很深，该工程运行了60多年，至今依然如新。对照国内一些项目，大家深感我们在质量方面还存在很大的差距。因此，各级领导要振奋精神，克服水电建设中"环境复杂没条件搞好、条件艰苦不容易搞好、工期紧张来不及搞好、经济困难无法搞好"等畏难情绪，借鉴火电建设的经验，深入开展达标投产活动。

6. 推广计算机在工程管理中的应用

面对我国即将加入WTO的形势，必须加快管理的现代化、国际化进程。要瞄准国际先进的管理模式，大力引进先进的管理手段和方法，广泛采用信息、网络等技术，提高管理水平。

信息技术的发展，对21世纪企业管理提出了新的挑战。信息技术将促进业主、设计、监理、施工、运行等各个环节的整合，改变长期以来的条块分割式的粗放管理，从而产生集约管理，将上游和下游的环节形成一个整体，提高整体工作质量，减少差错。其次，信息技术使信息的交流和传递加快，可以提高决策速度，防微杜渐，一旦发现质量事故苗头，可以及时采取处理措施，防止重大质量事故的发生。我们要鼓励开发和推广使用适合中国国情、用科学的管理思想和先进的技术平台构筑起来的质量管理系统。今后在水电工程建设中，要加快推行和完善工程质量管理网络化、程序化、标准化，进一步发挥微机在工程管理中的作用，大力推广先进软件在工程建设质量管理中的应用，逐步建立健全工程质量管理系统，促进质量管理水平的提高。

同志们，我们已经胜利地跨进了新世纪，虽然前面的道路上还面临着许多困难和挑战，我相信，只要我们团结一致，不畏艰难，抓住机遇，勇于进取，"十五"期间和新的世纪，我国的水电事业必将有一个巨大发展，水电建设管理水平、水电建设质量管理水平也必将有一个大的提高。让我们振奋精神，再接再厉，为促进水电建设质量管理与国际接轨而努力奋斗！

继往开来，为21世纪中国水电事业的更大发展而努力

国家电力公司副总经理
中国水力发电工程学会理事长 周大兵

中国水力发电工程学会自1980年在新安江水电站召开第一次代表大会以来，已经走过了21个年头。21年来，广大水电科技工作者为促进我国水电事业的发展和技术进步做出了很大贡献。今天借此机会，我代表中国水力发电工程学会向学会各级组织和广大水电科技工作者致以崇高的敬意，向一贯关心、领导、支持和帮助学会工作的中国科协、民政部、国家电力公司、水利部、三峡总公司和企事业单位及各界朋友们表示衷心的感谢！

第四届理事会于2000年9月到期。今年4月，经申报中国科协批准，采取了通信选举的方式，进行了改选换届。考虑到当前我国水电建设的大好形势，迫切需要水力发电工程学会充分发挥作用。新一届学会认为，有必要召开五届二次理事扩大会，共商大计，在五届一次理事会议的基础上进一步总结工作、统一思想、明确任务，把学会的工作推向前进。这次会议的主要任务是：高举邓小平理论的伟大旗帜，以江泽民同志"三个代表"思想为指导，总结上届学会工作，安排部署五届理事会的工作，以适应我国电力工业发展的需要、适应水电建设发展的需要。在新的世纪，发动和组织全体会员，为中国水电事业的进一步发展做出更大贡献。

第一部分 四届理事会主要工作回顾

四届理事会高举邓小平理论伟大旗帜，认真贯彻江泽民总书记在中国科协"五大"的重要讲话和中国科协"五大"会议精神，围绕水电改革和发展总体战略目标，组织专家研究水电建设改革和发展中的热点、难点问题，积极开展工作，使我会的活动更富有时代特色。在全体会员的共同努力下，从整体上完成了理事会确定的目标和任务。

1 积极开展水电开发技术和政策咨询

1.1 水电开发政策咨询

在水电开发政策咨询方面主要做了以下研究：①水电建设新体制的研究；②水电建设设计市场的建立

和设计改革的研究；③建立流域水电梯级滚动开发有限责任公司的调查研究；④开拓水电市场和提高水电竞争能力问题的研究。

围绕水电建设的改革、水电建设体制的创新两大重点进行研究。从1995年起连续召开了5次“水电建设新机制、新体制研究讨论会”，4次“水电发展战略研讨会”（两次国际、两次国内）和多次“开拓电力市场、提高水电竞争能力专题研讨会”。针对水电改革发展中的一些重大问题，开展了6次关于政策性和机制等深层次课题研究。编辑出版了研究论文集5卷，对建设具有中国特色的工程项目法人负责制、建设监理制和招标承包制为主要内容的水电工程建设体制，发挥了积极作用，有力地推动了水电施工企业逐步按国际惯例进入市场。

1.2　水电开发战略任务咨询

(1) 围绕电力工业发展战略、电力结构调整、西电东送等问题开展学术咨询。1995年学会“四大”后，再一次向国务院呈报《关于加快水电发展的建议》。每年全国人大会议期间，学会组织研究报告，提供信息，协助人大代表编写“关于加快水电建设，开拓水电市场和提高水电竞争能力所需政策支撑”等方面的提案。

(2) 围绕水电建设战略任务进行咨询。从1995年以来，我会承担了国家电力发展规划中的“金沙江水电东送”、“华东电网2000年—2020年—2050年展望的战略研究”等课题。

1.3　水电工程关键技术咨询

(1) 针对三峡、溪洛渡、龙滩、小湾、二滩和水布垭水电站工程建设中的关键技术问题，组织学会专家开展技术服务。

(2) 先后对十三陵、广州、天荒坪三个抽水蓄能电站从规划、经济性及专门技术等方面总结和评价，并把有关经验加以推广。

(3) 关于新坝型、新结构、新技术的咨询。近几年，学会和地方学会针对高碾压混凝土坝、高钢筋混凝土面板堆石坝、超高混凝土双曲拱坝等坝型的设计施工中的一些重大技术难题，进行技术咨询服务。

2　努力开展学术交流和人才培养

五年多来，学会开展了形式多样的学术交流活动，促进了水电科技发展和人才成长。据不完全统计，五年来，学会组织了各种不同层次的国际和国内学术会议700余次，征集学术论文和技术报告4000余篇，出版论文集20余种。

2.1　办好学术刊物

学会主办了《水力发电学报》、《中国水力发电年鉴》、《水电能源科学》、《China hydropower news letter》（中国水电信息）等学术刊物，其中《中国水力发电年鉴》获得国家专业年鉴编辑部优秀奖。此外还有《大坝与安全》等多种刊物。

2.2　编写科技专著

1998～1999年间，我会在国家电力公司领导和有关部门指导下，组织编著《中国水力发电工程》科技专著，共8卷，600万字左右，已与读者见面。这部著作是“九五”国家重点图书，荣获第五届国家图书奖。学会还组织编著了《中国大坝五十年》、《中国抽水蓄能电站建设》，中、英文版同时发行。

2.3　开展科普工作

认真贯彻《中共中央、国务院关于加强科学技术普及工作的意见》和原电力工业部科技普及规划要点，充分发挥学会的综合优势，批判伪科学，编写科普读物和宣传材料，进行科技宣传活动。

2.4　开展国际学术交流及国际民间技术合作

近几年来，学会先后举办国际学术交流活动20余次，与欧美、亚洲等多个国家水电界建立了联系，进行水电专业学术交流。

(1) 召开国际学术会议。学会举办的大型国际会议有“北京抽水蓄能国际研讨会”；北京“国际水电学术讨论会”等共5次，出版论文集（中、英）5卷达1000万字，参加会议的国家有30多个，代表1000人次。

(2) 组团出访。自1995年以来组团出访共17次，进行学术交流，先后共派出50余名专家参加了4次国际大坝会议。另外，五年来共派出团组10个，到12个国家参加国际交流会议。

2.5　大力培养人才

(1) 推荐两院院士和优秀青年科技工作者。五年来，学会独立或协助原电力工业部推荐了一批水电专业的“两院”院士候选人，有6人被选为工程院院士，向国家推荐优秀青年科技工作者3名。

(2) 举办青年科学家论坛。针对水电建设中一些高难度工程技术问题，组织青年科学家论坛。

3　不断加强学会自身建设

学会根据国务院第250号令的精神，本着适应我国经济建设和学会自身的发展要求，不断加强学会组织建设，以适应学会工作的需要，适应水电改革和发展的需要。

3.1　学会的组织建设

目前，全国会员总计已达9万左右。水电学会把越来越多的水电工程技术人员、专家、学者团结在自己的周围，形成一支重要的科技力量。

3.2　学会的制度建设

1998年7月，按照民政部提出的《社会团体章程示范文本》修订学会章程，并于五次代表大会通过。此外，学会还配套制定了规章制度15余种。

我们在肯定成绩的同时，还必须清醒地看到存在的问题。我们的工作距离上级的要求和全体会员的期望还有一定的差距。这些问题，要在今后的工作中，认真加以解决。

第二部分 关于五届理事会的工作

今后五年工作的指导思想是：高举邓小平理论伟大旗帜，努力实践江泽民同志“三个代表”的重要思想，进一步团结和动员广大水电科技工作者，开创学会工作的新局面。为实施“西部大开发”战略、“西电东送”，加快电力工业结构调整，加大水电资源开发的力度，为大力推动水力发电科技创新和科技成果转化，尽责尽力。同时，要充分发挥学会作为党和政府联系科技工作者的桥梁和纽带作用，把学会建设成“科技工作者之家”。积极促进学会工作的改革，不断加强学会自身建设，增强发展能力，大力开展国际学术交流与合作，把学会办成具有国际影响力的学会。

1 紧紧抓住我国水电大开发机遇，充分发挥水电学会的作用

紧紧围绕我国电力工业的改革和发展开展工作，为我国水电事业提供后援，特别是技术后援，促进我国电力工业、水电事业的不断发展是水电学会工作的一个基本目标，也是基本要求。

随着党中央、国务院确定的“西部大开发”战略和“西电东送”的实施，我国又迎来了新一轮水电建设的春天。经历了连续三年无大型水电项目开工的徘徊之后，从2000年底开始，相继有洪家渡、乌江扩机、引子渡、龙滩、公伯峡等水电项目开工。据国家有关部门规划，到2005年、2010年、2015年水电装机将分别达到9500万kW、1.25亿kW和1.5亿kW。为了实现上述目标，今后一个时期，我国将在水电资源丰富的中西部地区加快大型水电基地开发和骨干水电站的建设。在缺少常规水能资源的东部地区，积极建设一批抽水蓄能电站。

红水河、金沙江中下游、黄河上游龙青段、乌江干流、澜沧江中下游、大渡河干流、雅砻江下游、沅水干流、岷江上游、嘉陵江、南盘江、闽江等大型河流开发规划已完成。小湾、索风营、构皮滩、三板溪、南椏河、瀑布沟、水布垭、溪洛渡、向家坝、糯扎渡、景洪、锦屏一级、拉西瓦、积石峡等一批大型和特大型水电站及泰安、张河湾、桐柏、琅琊山、西龙池、宜兴、宝泉等一批大型抽水蓄能电站的前期工作正在抓紧进行。

今后十年内，我国将建成世界上最大的三峡水电站、世界上最高的小湾拱坝、世界上最高的碾压混凝土坝龙滩工程、世界上最高的水布垭混凝土面板堆石坝。这些水电工程无论从规模上还是技术上都居于世界前列。

我国水电发展的大好形势，为水电学会的工作提供了广阔的天地，为水电科技工作者提供了发挥聪明才智的机遇。我们今后工作的中心任务，就是要适应新世纪我国水电建设的需要，提供后援服务，特别是技术后援服务。重点包括巨型、战略性水电工程设计技术的咨询，如特高坝结构设计准则、高坝抗震设计准则、高速水流消能防冲设计标准化咨询等；水电规划技术的咨询，如梯级水电站群水资源开发规划准则、电网中抽水蓄能电站规划准则咨询；水电工程建设期现场技术咨询；大型水电设备国产化技术咨询等。同时，也要积极研究水电开发优惠政策及在厂网分开、竞价上网条件下，同一河流不同业主开发的电站的管理规则、运行规则和利益协调的问题等。

我国的水电工程技术已逐渐在国际上占据主导地位，一批有国际影响的水电工程的开工建设，吸引了世界上许多知名水电专家、各个方面技术权威的关注和参与，也培养锻炼了一大批我国水电设计、施工专家。但我们要清醒地看到，与国际先进水平相比，我们还有差距，在某些领域，还有相当大的差距。我们水电学会要振奋精神，为缩小这些差距而努力。

2 加强领导积极推进改革，把水电学会办成具有国际影响力的学会

改革的根本目的，就是要把水电学会建设成为有利于加强党的领导、能够真正实现民主办会，在组织制度、活动方式和运行机制方面符合有中国特色的社会团体的规律和特点、充满生机和活力的公益性的学术性学会。

在改革过程中要正确处理改革、发展、稳定关系。要以学会发展为前提，以增加学会的活力为根本，积极进行探索，及时总结经验，使学会工作沿着改革的轨道向纵深发展。

根据水电学会的实际情况，在改革过程中，要注意把握以下几个方面的工作：一是要切实理顺理事会、常务理事会和办事机构之间的关系，确保会员代表大会、理事会及常务理事会在中国科协和挂靠部门党组织领导下，发挥学会章程规定的各项职能。坚持民主管理和部门监督，严格按照水电学会章程开展工作。二是要实行多层次的会员制，以利于更多的水电科技工作者和与水电专业相关的单位加入到学会中来，不断壮大学会的力量。三是建立精干、高效的学会办事机构，要把政治素质高、协作精神好、热爱学会工作、具有真才实学的干部充实到学会专职工作队

伍中来。对专职干部要实行严格考核、奖惩、辞退制度。四是逐步优化水电学会专业委员会的结构。学会专业委员会的设置，要努力促进学科的交叉、融合和综合，防止专业委员会越分越细的倾向。在按标准严格考核和评估的基础上，使专业委员会有并有退，有进有出，实现专业委员会的专业配套和结构优化。五是充分利用现代化科技手段，改革活动方式。在信息、计算机、网络技术飞速发展和日益普及的新形势下，要探索能够快速与会员联系的方式，增强学术交流的时效性和吸引力。

我们要通过改革，把学会办成名符其实的"科技人员之家"和"会员之家"，使之具有广泛的代表性、很高的权威性和开放性。

五届理事会从组成部门来看，有电力生产企业、水电开发企业、水电建设企业、勘测设计和大专院校、科研单位、国家综合管理部门的代表，从专业来看，包括了航运、机械、电子、地质、环境等各类电力、水电专业和其他相关专业。理事中有中科院、工程院两院院士、设计大师等。正因如此，中国水力发电工程学会才具有广泛的代表性和学术方面的权威性。我们一定要通过改革，使学会的办事机构不断提高服务质量，团结全体水电科技人才，献身于新世纪的水电事业。

3 不断提高思想认识，加强科学知识普及工作

在社会主义物质文明和精神文明建设中，加强科学普及工作具有十分重要的意义。开展科学普及工作是学会义不容辞的责任和任务。因此，我们水电学会要成为水电科学知识的主力军。我们要坚持不懈向全社会普及水电科学知识，让广大人民群众，特别是青少年了解和掌握水电科学知识。

我们的工作重点是，继续抓好水力发电科学知识宣传，组织编写水电科普读物等，尤其是要大力宣传我国西部大开发、西电东送、水电能源可持续发展战略、能源结构优化战略、抽水蓄能电站的战略地位等。要集中力量办好《水力发电学报》、《中国水力发电年鉴》等会刊和杂志等。

4 努力发挥水电行业民间国际学术交流的主渠道作用，扩大和促进水电国际技术合作及学术交流

学会是我国水电行业民间国际学术交流的主渠道，要顺应经济、科技的国际化、全球化潮流，充分发挥国际民间科技交流的优势，以更加开放的姿态，扩大多层次、多渠道的水电科技合作活动。20世纪以来，中国的水力发电技术已步入世界前列，通过学术交流可以充分展示我国水电技术的综合优势，扩大国际影响，更重要的是可以为我国水电企业和水电高级人才走出国门参与国际竞争，为进入国际咨询市场创造条件。

同志们，新世纪水电建设的高潮已经到来，放眼未来，我们任重而道远。我相信，只要我们高举邓小平理论伟大旗帜，坚持实践"三个代表"的重要思想，坚持"科学技术是第一生产力"的指导思想，坚定科技创新的信念，团结进取、顽强拼搏，我们一定能取得胜利，一定能够把中国水力发电工程学会办成具有国际影响力的学会，为我国水电事业发展做出更大的贡献。

三峡工程建设运用市场经济体制的初步实践和认识*

国家电力公司副总经理 贺 恭

三峡工程是中华民族的伟大工程，具有防洪、发电、通航的巨大社会效益和经济效益，经过几十年的论证，于1992年经过全国人大立法决定建设。1993年工程启动以来，在国务院三峡工程建设委员会（以下简称"三建委"）的正确领导下，在湖北、四川、重庆等地方政府和广大人民的大力支持下，在三峡工程项目法人——中国长江三峡工程开发总公司（以下简称"三峡总公司"）的精心组织下，三峡建设者坚持改革开放的方针，坚持走社会主义市场经济体制的道路，把工程建设管理和市场经济运行有机地结合起来，使工程建设取得了巨大的成就。以1997年11月8日实现大江截流为标志，圆满地完成了第一阶段的工程任务。从1998年开始进入第二阶段建设，两年多来，工程面貌日新月异，正向2003年初期蓄水、首批机组发电、通航建筑物投运的三大目标迈进。

回顾7年多来工程建设管理和市场经济运行走过的路，值得认真总结。笔者初步整理了在市场经济运行中需要处理好的10个方面的关系，即：项目法人负责制与国家宏观调控的关系；项目法人负责制与招标制、监理制、合同制等"四制"之间的关系；工程目标——进度、质量、造价三者之间的关系；参建各方——业主、设计、施工、监理等各方面的关系；合同管理、工程监理与项目管理的关系；合同管理与工程综合协调的关系；合同正常结算与变更、索赔的关

---

* 作者撰写此文时任中国长江三峡工程开发总公司副总经理。

系；总公司建设管理综合部门与项目管理部门之间的关系；信息管理与工程管理的关系；三峡建设管理机制与国内以及国际工程管理模式的关系等。

上述10个方面在内在逻辑关系上主要包含着4个层次的内容：一是市场经济运行的主体和宏观调控以及运行的基本制度和法则；二是工程建设管理的纵横向网络与合同网络的结合；三是市场运行基本法则的合同管理与工程系统中基本单元项目管理的有机结合；四是三峡工程建设机制与国内国际工程管理模式的比较。

1. 项目法人负责制与国家宏观调控的关系

项目法人负责制和国家宏观调控，是国家重大建设项目确立市场经济体制的两个不可或缺的重要方面。三峡工程更因其工程巨大，涉及国计民生，因此既要确立市场经济的主体即项目法人，落实好其责任和运行机制，又要明确国家宏观调控的机制并处理好两者的关系。首要的是要建立健全项目法人负责制。关于项目法人的职责，国家已规定了六条，即筹划、筹资、建设、运营、还贷、资产的保值和增值。几年来，三峡总公司总的是按照这六条开展工作的，当前重点抓了筹资、建设和运营（筹划中的立项和初设审查主要由国家宏观管理部门组织），今后还要负责还债和资产的保值增值。国家宏观调控的责任主要由三建委承担。鉴于三峡工程特定的地位，在从计划经济向市场经济转变的过程中，三建委起了特殊的作用。一方面，它是三峡建设重大问题的权威决策者；另一方面，它对项目法人运作中的问题和难题予以协调解决。几年来，宏观调控和微观运行两方面的结合总体上是好的，但也有工作上的交叉和矛盾，政企分开的原则在三峡这样大的项目上应当如何落实还需要进一步摸索。随着市场经济体制的进一步完善和项目法人负责制的进一步落实，在三峡工程建设中正逐步建立起完整的项目法人负责制和主要以法律、经济、政策为手段的宏观调控机制。

2. 项目法人负责制与招标制、监理制、合同制之间的关系

项目法人负责制等“四制”是建设项目市场经济体制运行的基本机制。通过这些机制的实施，使得三峡建设市场中以项目法人为主体的施工、设计、监理等各个参与单位和以劳动力要素为主的资金、技术、物资、设备、土地等各个生产要素，通过合同的形式进行有机的组合，形成产权明晰、职责清楚、制度规范、纵横交错、协调运转的网络。通过这个网络达到两个目的：一是真正体现项目法人对国家负责，或者说项目法人在市场经济中居于主体地位得到体现；二是切实落实项目法人如何对国家负责，这就是通过市场把各生产要素和各参建单位有机地组织起来。三峡总公司作为项目法人正是通过市场运行的基本机制和法则来组织工程建设的。通过竞争招标而建立的合同是市场运行的基本法则，在它的面前，项目法人和其他参建单位是平等的。正因为如此，合同的管理是经过监理工程师来进行的，这样才能保证市场经济运行的竞争性和公平性。生产要素也是由各个合同的组合而进行配置的，如设备、物资采购合同，设计合同，技术咨询合同，施工承包合同，土地征用合同，资金借贷合同等。总之，“四制”等基本机制的建立和运转保证了市场经济体制的运行，使工程建设管理的目标得以实现。

3. 工程进度、质量、造价之间的关系

三峡工程建设管理的目标就是工程的质量、进度和造价三个方面都达到设计的要求，并实现三者的优化统一。我们通常所说的“三控制”，或者说工程目标的三要素都是指的这三者。对于工程整体或者具体的项目，这三者都有具体的要求，它们形成一个完整的指标体系，构成工程管理和合同管理的目标要求和主要内容。对于三峡工程来说，不论是初步设计还是建设阶段，都十分重视这三者的关系，把合格的质量、合理的进度、合适的造价作为最基本的要求，在此基础上追求三者的优化，实现工程技术先进性和经济合理性的统一，使投入和产出一致起来，尽量以比较少的投入（投资或造价）得到较好的产出（质量和进度）。应该说，多数情况下三者是能够统一的，也应当统一，但也有矛盾的时候，特别是当质量与进度发生矛盾时，或者质量、进度与造价发生矛盾时，往往后者要服从前者，然后通过在建设管理全过程中的调整，使三者最终达到优化统一。三峡工程第一阶段（1993～1997年）实施的结果是：工程质量总体良好，符合设计要求；工程进度满足设计要求，有些项目还有提前；工程投资无论静态还是动态都控制在设计和预算范围内。这个结论就是一个阶段性的三者优化统一的成果，对工程建设和合同管理是个基本的肯定。进入第二阶段建设，我们正在做进一步努力，以取得优秀的最终成果。尤其是质量目标对三峡工程有特殊重要的意义，但在市场经济运行还不很规范的情况下，一些单位对质量管理有弱化的倾向，需要着重加强控制和管理。此外，工程建设还有环境管理的目标，我们在指导思想上是工程建设和环境建设同步，力求在施工过程中落实环境保护的要求，不断取得阶段成果直至最终成果。

4. 业主、设计、施工、监理等参建各方的关系

业主（项目法人）、设计、施工（含建筑承包商和设备材料承包商等）、监理等各单位既是三峡建设市场的参加者，也是工程建设管理网络中的一个环节，他们既是按照合同办事的平等的竞争者、履约

者，也是实现工程统一目标的协作者和伙伴，既竞争又协作，这是三峡建设市场的基本特点，也可以说这是社会主义市场经济体制中各个参加者的基本精神和风格。当然，各个单位因其在管理网络中的地位、职责不同，承担不同的任务。项目法人既是工程项目的发包方和合同的甲方，也是建设管理网络的中枢，即建设管理的总组织者，这是由他对国家负责的地位所决定的。但是，项目法人要形成权威，更依赖的是招标发包工作的公正和认真履行甲方的职责，以及对工程及时、有力、有效的协调和对参建单位积极性的充分调动。三峡总公司对此有比较清醒的认识并努力实践，取得了较好的效果。技术是工程的先导和灵魂，设计单位则是技术要素的主要供应者，所以也可以说设计是工程的灵魂。三峡工程施工前，国家已明确长江水利委员会（以下简称“长江委”）是设计总成单位，对国家负责。建设开始后，根据新的体制，长江委与三峡总公司签订了设计合同，转变为设计对项目法人负责。由于设计同工程目标的三要素，即质量、进度和造价休戚相关，所以，项目法人同设计单位的合作至关重要。施工单位是工程施工的直接承包者，他不仅是生产要素中劳动力要素的主要载体，也是技术、资金、物资、设备等要素的载体，这些要素经过合理的优化和科学的组织管理，将使施工任务得以圆满完成。因此，施工单位是建设市场中最重要的参加者，是市场经济运行的主体之一。正因为如此，项目法人同施工单位的合同就构成了建设市场中基本的主要的法则。这个（些）合同的运行和甲乙方及相关方的合作也就构成了工程建设管理网络中的主要线路。5年来，项目法人同经过招投标进入三峡工程的施工承包商的合作就是本着上述指导思想进行的。进一步还可以说，施工合同管理和完善的过程就是建设市场法则逐步规范的过程。由于项目法人本身是合同的一方，当合同出现纠纷时不便直接处理，就必须由监理工程师单位以合同为依据进行公正的处理。而监理单位既受雇于甲方，又要以第三者的身份进行管理，难度很大。因此，对监理单位的选择及其运行的要求相当严格。我们曾把对监理单位的要求概括为“科学、公正、廉洁、高效”八个字。同时，各方面都要支持监理的工作，才能树立起监理工程师管理合同的权威。

5. 合同管理、工程监理与项目管理的关系

三峡总公司要落实项目法人负责制，需要经过分解和延伸，使责任得到层层落实。一方面要在公司内部建立决策、管理、执行三层管理体制，逐层确立相应的职责，搞好内部宏观和微观的结合，最终把各个项目的具体责任落实在执行层；另一方面，在对施工、设计、监理等单位进行合同管理的基础上，还必须有恰当的组织形式把项目中各个环节有机地组合在一起。这两方面的结合就是项目管理责任制，责任的落实者（个人或集团）既是项目法人在该项目的代表和责任者，也是该项目各参加单位的协调组织者。必须指出，项目管理的责任必须通过有效的管理加以落实，但它并不能替代合同管理和工程监理。合同是项目管理的依据，监理是项目管理的基本手段。项目管理不可能离开合同另搞一套，而必须严格按照合同办事。项目负责人也不可能撇开监理另行下达指令，而必须依靠和通过监理工程师对合同进行管理。但是，由于三峡工程的项目一般都比较复杂，参加的单位和环节多，而合同不可能包罗万象，监理工程师的权限也有一定局限，这样，在执行合同和施工过程中就会产生较多的技术、经济、环境等方面的问题或矛盾，需要项目负责人从工程大局出发，权衡利弊，参照合同的原则进行协调和处理，但这些处理必须记录在案，经过各有关方面的确认后纳入合同进行管理。总之，项目管理的责任重大，为此，一是要选好项目经理（负责人），配好管理班子；二是要适当授权，权责结合，职权一致。三峡总公司经过几年的实践，已在逐步建立健全项目管理责任制，明确权限职责，建立自我约束和监督机制。

6. 合同管理与工程综合协调的关系

三峡建设市场运行的基本法则是合同，因不同的生产要素及其组合而形成不同种类和层次的合同。这些合同以工程施工合同为主线，基本分为设计（包含技术供应和科研）、建筑安装、设备采购、征购土地等四大类，每类又分若干项。各类、各项合同组成了在时间、空间上纵横交错的合同网络，与整个工程进程中各参加者和生产要素组合的工程网络相配套。因此，不仅要管理好单项合同，更要结合工程做好各类、各项合同的综合协调，这样，才能把合同和工程、局部和整体有机地结合好。为了做好综合协调，首先要搞好招标和合同的总体设计，即从横向把三峡工程的大系统分解为若干个相对独立的小系统，或者叫做相对独立的项目；从纵向把每个项目分解为若干个相对独立的工序，或者叫做小项目。这些大小项目纵横交错，有机衔接，构成完整的系统。根据每个项目在系统中的时空位置，确定其招标和合同开始的时间及同其他项目的衔接，然后形成所有项目的招标进度及相互关系的总体设计。总体设计由三峡总公司主持研究确定，具体委托长江委进行。但设计并不是一劳永逸的，而是要不断进行优化和调整。其次，要重点抓好合同运行中的协调，所谓协调即主要依据上述总体设计进行合理的调度，所谓合理，就是要把总体设计同实际发生的情况结合起来进行必要的调整。调度包含着各项综合性的管理，如年、季、月的工程计

划平衡和各类各项合同进度衔接的调整，以及由此而带来的技术和经济问题的处理等。检验合同管理的水平，对于一个大工程来说，个别的、单项的合同管理成果固然很重要，但更重要的是要看综合和整体的管理成果，项目法人的组织协调功能主要应体现在这里。

7. 合同正常结算与变更、索赔的关系

合同结算是按照合同约定甲方对乙方的经济支付，这种支付须按照既定的程序进行。在乙方提出结算的要求后，监理工程师要对其阶段或最终产品（分别对应进度结算和竣工决算）进行及时的准确的质量和数量的复测，然后进行签证，只有当监理工程师签证后，甲方有关部门方可办理结算（或决算），这是指的合同结算的正常情况。当由于种种原因而引发了合同的变更和索赔时，合同结算就出现了非正常情况。对此，甲方、乙方以及监理、设计等方面需针对各种原因进行定性、定量的分析测算，以及磋商和协调。对于变更，当合同中有相应或类似的规定时，则可参照执行；当合同中规定不确切或没有规定时，磋商和协调就十分重要，通常可以找到双方都能接受的结果，而不需要诉诸法律部门仲裁。但对于索赔的确定则复杂得多。因为索赔不同于变更，虽然两者都多花了钱，但变更一般来说对工程有补充和完善的作用，而索赔通常则是双方对对方执行合同失误的经济惩罚，多数情况下增加了无效成本，因此，不论是乙方向甲方索赔，还是甲方向乙方索赔，都必须本着实事求是、公正公平、严格严密的原则办事，除监理工程师认真做工作外，必要时要诉诸行政或法律部门进行仲裁。在三峡工程建设的实践中，我们有时把消极的索赔转化为积极的补偿，特别对发生经济纠纷的原因比较复杂、纠缠时间长而影响工程、合同价格比较低的情况，采取适当补偿的办法比较有利，当然这需要当事各方有诚意的合作。

8. 总公司建设管理综合部门与项目管理部门的关系

三峡总公司作为项目法人，在内部机构的设置和工作关系上，主要是按照“三个层次”和“两个结合”的原则进行安排的。三个层次即决策层、管理层和执行层，决策层即公司的领导班子，管理层即公司的综合部门，执行层即处于第一线的项目管理部门。所谓两个结合就是总公司的工作重心以工程建设管理为重点与以经营管理为中心相结合，工程建设综合管理部门归口管理与项目管理部门直接管理相结合。三个层次的关系是很明白的，工程管理和经营管理的关系简言之就是要运用市场经济的体制来管理工程。

重点说明一下第二个结合。工程管理的综合部门主要指计划管理、财务管理、工程管理、科技管理以及设备物资管理等部门，他们的主要职能是：①中长期投资计划的编制和统计分析；②概算的控制和分解，编制执行概算、招标标底以及项目实施控制价格；③结算支付和工程成本分析；④工程实施计划的编制和执行；⑤招标和合同的综合管理与项目间的协调；⑥科研工作的综合管理；⑦工程需要的主要设备和物资的计划与市场调节等等。项目管理部门处于总公司工程管理和合同管理实施的第一线，它的职能可以用三句话来概括：一是总公司决策指令和管理方案的执行者；二是本项目施工（包含设备制造等）、设计和监理等单位的组织者；三是落实项目“三控制”目标的责任者。特别需要强调的是，综合部门和项目部门的配合十分重要，前者对后者不仅要进行指导和监督，更要给以协调和服务。后者则既要按照已确定的权限职责坚决落实，又要及时反馈信息和问题，提请前者给以指导和协调。当然，重大的问题要反馈到决策层，以得到正确和及时的解决。本着上述基本原则，根据工程进展和市场运行的需要，几年来，三峡总公司对机构设置和部门职责本着基本稳定适当微调的原则进行过数次动态调整，都取得了较好的效果。

9. 信息管理与工程管理的关系

信息管理是工程管理的基础，信息管理现代化则是工程管理现代化的基础。当然，随着管理的现代化，市场经济运行将更加科学和高效。对于这一点，经过几年的实践已取得了共识。几年来，三峡总公司的信息管理逐步深入。首先是从部门和单项业务工作开始，在计算机上建立各类台账，进行数据的传输、集中，以及简要的分析，这对提高工作效率和准确性有很大的好处。之后围绕着工程管理，进行了需求分析和建立管理模型软件的研究。目前，这个模型已经建立，称做三峡工程管理信息系统，正在逐步启动。它的主要特点是：①完全从三峡工程运作的实际出发，建设管理网络的各个环节、市场经济运行的各方关系、总公司各相关部门的职责关系等等，都在模型中得到充分反映；②充分借鉴国际上先进的工程管理模式和信息管理模式，如项目管理模式、矩阵管理模式、功能块的集成（相当于把各专业管理的信息软件进行有机集成）等；③适用于各个管理层次的使用，操作性、实用性很强。下一步，我们将充分利用这个系统进一步推进工程的现代科学管理。

10. 三峡工程建设管理机制同国内以及国际工程管理模式的关系

三峡工程建设管理按照市场经济体制运作，是国家实行改革开放方针和10多年建筑市场特别是水利水电建设体制改革实践的继续和发展，也是向国际工程管理模式学习和借鉴的结果。当然，三峡工程因其工程特点而在体制上也有自己的特色。笔者认为，三峡体制同国内其他工程相比，主要有这样几个特色：第一，项目法人的职责比较完整，较好地体现了国家对国有大型企业关于产权明晰、政企分开、自主经营、自我约束、科学管理的基本要求，而且在三峡项目的基础上，又扩展到长江中上游的梯级滚动开发(三峡总公司对金沙江上两个水电站的前期工作已做了投入)。这样，不仅对建设三峡工程有利，更重要的是为构造一个以国有资产为主体（即国家控股）、按照市场经济体制运作的大型开发集团奠定了基础。第二，国家宏观调控的权威高、力度大。这是由三峡工程涉及国计民生而决定的。建国以来，一个工程由人大立法，国务院领导亲自抓，并成立建设委员会，三峡工程是第一个。第三，三峡工程不仅是超级经济工程，而且是有强烈的民族性和政治性的工程，因此，既要抓好市场经济体制的运行，也要抓好精神文明建设。在三峡工程建设过程中，精神与物质、政治与经济、全局与局部的结合体现得特别紧密。

向国际工程管理的先进模式学习和借鉴并力求逐步接轨，一直是三峡工程建设管理的目标之一，但必须结合中国和三峡工程的实际。在这方面，三峡总公司认真地做了一些工作。比如，在招标方面，不仅强调报价对评标的重要性，更注意从综合素质的平衡来选定中标者，在国际招标的项目上还注意把招标同技术转让、扶持民族工业及融资结合起来；在合同管理方面，既注意充分发挥监理工程师的作用，又加强项目管理的综合协调功能；在处理合同纠纷方面，既严格按照合同和程序办事，又注重加强协商，尽量变消极因素为积极因素，等等。总之，不论是国内，还是国际，建设项目的市场经济运行和工程管理，既有需共同遵循的规律和规定，又有因项目千变万化而不同的个性特点。因此，正确的态度应当是积极引进、消化吸收、结合实际、有所创新。

11. 结语

在全国改革开放的大潮中，三峡工程建设市场经过数年的运行实践积累了一些有益的经验，这充分说明社会主义市场经济体制是完全适合于三峡工程建设的，具体运行和管理的机制上也是符合工程实际的。但我们也应充分认识到，计划经济体制向市场经济体制的转变需要一个比较长期而艰苦的过程，而且，三峡工程建设的路子还长，市场经济的运行和建设管理还有大量工作要做。我们可以这样来预见，到 2009 年三峡工程竣工时（而且到那时已有了一段枢纽工程运行经营的实践）会有更为成熟的、实践和理论充分结合的经验，连同已经建成的三峡水利枢纽一起奉献给社会。

抓住机遇、加快步伐，实现长江干流水能资源的滚动开发*

国家电力公司副总经理 贺 恭

金沙江是我国亟待开发的最大水电基地，也是世界上少有的水能资源富集的河流。加速开发金沙江水能资源，兴建溪洛渡、向家坝水电站，实施“西电东送”，对实现我国能源合理配置，改善电源结构，促进西部地区特别是川、滇金沙江两岸少数民族地区的经济发展，促进长江流域经济可持续发展具有深远的历史意义。

金沙江一期工程溪洛渡和向家坝水电站勘测设计工作已进行多年。1996 年完成预可行性研究设计报告，并经原电力工业部会同云南、四川两省及三峡总公司审查通过。1995 年 11 月，在国务院三峡工程建设委员会五次会议上，李鹏总理指示：“金沙江向家坝、溪洛渡电站的前期工作要抓紧进行。在‘九五’期间完成可行性研究报告，争取在‘十五’期间开工建设其中一个电站。中国长江三峡工程开发总公司是建设这两个工程的业主。”三峡总公司自 1996 年组织可行性研究阶段的前期工作至今已经 6 年，在相关部门领导和专家的关心支持下，在云南、四川两省各级政府的大力支持、协助下，经过勘测设计、科研单位和大专院校的共同努力，金沙江前期工作进展顺利，并取得了重大的进展和成果，为国家宏观决策开工兴建奠定了科学的、坚实的基础。

一、前期工作的回顾与展望

金沙江溪洛渡、向家坝两电站在预可行性研究的基础上，经历了“比选”和“可研”两个阶段。在可研过程中，除成都、中南两院承担可研任务外，还委托若干家机构进行了相关专题研究，由于各方面的合作配合，取得了好的成果。

(一) 六年来工作历程

预可行性研究报告审查完成后，考虑到两个电站开工建设有一定间隔的实际，为了缓解前期工作经费压力，国家计委提出：考虑“两个项目的开工时间分别在 2005 年前后和 2010 年前后，为减少前期工作费用，请对两个项目进行综合比选。”要通过两工程技术经济指标、梯级补偿效益和送电效益以及投资承受

---

* 作者撰写此文时任中国长江三峡工程开发总公司副总经理。

能力的相对比选论证，选取出其中一个工程继续开展可行性研究工作，另一个则放缓工作进度。要求三峡总公司通过综合比选，确定两工程的建设排序问题。

1997 年 3 月三峡总公司组织并委托原电力工业部水电水利规划设计总院负责两电站的综合比选工作。比选工作的原则是：兼顾需要和可能，力求做到“同等深度，综合论证，相对比选，衔接可研”。通过比选要达到：工程规模基本选定，枢纽布置方案基本可行，重大技术问题基本落实，工程量、总工期、总概算和水库淹没补偿等主要技术经济指标适当留有余地。此外为进一步明确两电站的外部环境和综合效益，对两电站梯级补偿效益、电力外送规划以及投资承受能力等三个专题进行了比较论证。两电站综合比选工作是可研设计的一个中间阶段。

1998 年 8 月三峡总公司正式向国家计委报送比选报告，提出了“溪洛渡在先，向家坝在后”的排序意见。11 月中旬由国家计委委托中国国际工程咨询公司主持，对该报告进行了评审。国家计委、国家电力公司等有关单位和专家参加了会议。审查认为，两项目作为金沙江第一期开发的特大型水电站，继三峡工程之后适时开发，加大实施“西电东送”力度，对于开发西部丰富的水能资源和东部经济发达的优势互补、东西部共同发展，缓解东中部地区能源和电力供需矛盾，是非常必要的。从电力市场需要考虑，溪洛渡水电站装机容量大，电力主送华东、华中，并兼顾川、渝、滇的需要。将该电站排在前，可以使金沙江西电东送规模有一个比较高的起点，取得较大的社会、经济效益。同时由于溪洛渡水电站水库调节性能相对较好，可提高下游三峡、葛洲坝电站的保证出力，增加枯水期调峰电量，发挥的作用也较大。

1999 年 5 月，国家计委以计办基础［1999］330 号文批复三峡总公司，同意按照“溪洛渡在先、向家坝在后”的排序意见开展工作。1999 年 6 月和 11 月，三峡总公司分别与承担溪洛渡和向家坝水电站可行性研究设计的国家电力公司成都、中南勘测设计研究院正式签订勘测设计科研委托合同，要求两院于 2001 年底和 2003 年底分别提交两电站的可行性研究报告。截至目前，三峡总公司组织开展金沙江前期工作，签订了 9 个较大的勘测设计研究工作委托合同，签订合同总额约 4.34 亿元，其中，综合比选投入 1.26 亿元，可研阶段 3.07 亿元。前期工作经费的及时投入，对设计、科研成果的取得起到了保证作用。

2000 年 11 月，三峡总公司向国家发展计划委员会报送了《金沙江溪洛渡水电站项目建议书》，申报列入国家“十五”发展计划；2001 年 3 月，九届全国人大三次会议通过的国家“十五”发展纲要中明确提出，“要抓紧长江上游溪洛渡或向家坝水电站开发的前期论证工作”。

（二）前期工作组织管理

1. 项目法人加强组织管理　三峡总公司承担了溪洛渡和向家坝两电站项目业主的职责后，为加强组织管理，在计划管理部门专设金沙江前期工作处，在总公司领导和三总师协调指导下工作。前期工作处履行委托合同中甲方职责，负责两电站可行性研究工作中的计划、投资、协调等日常管理工作。

2. 加强设计工作合同管理　在计划经济时期，水电前期工作是政府行为，采用行政事业单位管理体制。随着经济体制改革的深入，水电前期工作在预可行性研究报告审查后转为企业行为，由项目业主委托设计及科研单位开展水电站可行性研究阶段以及以后的勘测设计工作，项目业主单位承担了技术风险和工程投资风险。项目业主与设计单位是平等的法人关系，需要一个严谨、公平的合同来维护甲乙双方的权益，保证设计及科研成果质量，提高设计水平。

对受业主委托的单位，合同签订前必须提供详细的工作大纲，包括主要技术路线，进度、质量保证标准和措施，主要工作单位和技术专家组，主要工作人员等。工作大纲经咨询单位咨询，业主单位认可后作为合同的有效附件。这些经双方认定的工作大纲为专题的顺利实施打下了良好基础，通过签订委托合同的方式实施前期工作的组织。在合同实施的过程中，通过年、季的工作协调会或定期报表的方式检查合同实施情况，协调解决相关问题。

3. 发挥中介机构的作用　溪洛渡、向家坝水电站均是仅次于三峡的特大型工程，技术难度大、涉及的业务范围广，特别是溪洛渡水电站更有许多世界领先水平的技术课题和超规范的设计问题。三峡总公司集中精力组织三峡工程建设，在金沙江前期工作阶段不可能投入太多的人力，需要利用社会中介机构的力量。综合比选之后，我们委托中国水电顾问公司（原水规总院）作为溪洛渡和向家坝水电站的技术咨询，对两电站的可行性研究工作进行技术咨询和综合协调，目的是把好设计质量关和协调有关部门的工作。

4. 组织综合专题研究　为科学预测、分析研究金沙江水电输送至华东、华中地区的技术经济合理性和未来的电力市场状况以及两个项目在宏观技术经济方面的种种问题，增强可行性研究工作的深度，三峡总公司委托国家电力公司战略发展部承担了《金沙江一期工程溪洛渡和向家坝输电系统规划设计研究》专题；委托水利部长江水利委员会开展了《溪洛渡、向家坝水电站对长江中下游防洪作用研究》专题；委托北京峡光技术经济公司承担了编制《溪洛渡水电站项目业主概算》专题；委托水规总院在国家环保总局指导下开展了《溪洛渡、向家坝水电站珍稀鱼类保护研究》专题。

承担上述专题研究的单位，均编制了详细的工作大纲，落实了以单位领导为首的工作班子，成立了由国内本行业或本专业权威的专家组成的专家指导组。在这些由项目业主直接组织的综合专题研究的过程中，两电站设计单位积极配合，委托的咨询单位参与技术咨询，业主单位参与中间及最终成果评审验收。目前，各个专题研究工作进展顺利，均可在规定时限内完成并提交最终成果。

5. 积极协调各方协作关系　溪洛渡、向家坝水电站坝址及水库淹没区位于云南、四川两省，电力主送华东、华中地区的9个省市。水电工程建设涉及到国家宏观经济规划、国家能源及产业政策、中央和地方的关系等，都需要得到有关部门的协作与大力支持。

金沙江溪洛渡和向家坝水电站勘测设计工作具有技术难度大、专业性强、项目外部因素涉及范围广与建设环境复杂协调困难的特点。仅就项目外部因素而言，在比选阶段有梯级补偿，电力外送与资金承受能力的课题；在继续进行可研工作时有流域防洪的综合规划研究、外部输电系统规划与电力市场消纳能力的研究等课题，这些均非设计单位自身所能完成的，需要业主发挥主导作用，协调好各方关系。两项目之间某些专题成果与工作进程（例如防洪规划、泥沙效益、水库联合调度运用、电力接入系统规划设计等）的协调，专项成果与综合课题成果的衔接，均属于协调的范围。

实践说明，在项目法人的组织协调下，委托权威单位开展综合专题研究和主设计单位承担设计任务相结合的组织形式，对于溪洛渡和向家坝这种特大型工程可行性研究工作是需要的，是适合的。

（三）前期工作的展望和体会

第一，三峡工程的顺利建设为金沙江的启动奠定了良好基础。自1993年三峡工程开工建设以来，在党中央、国务院和全国人民的关怀和大力支持下，工程建设按计划顺利进行，质量、进度和投资均得到有效控制。截至2001年10月底，已完成投资690亿元，施工形象进度和已完工程量均满足2003年发电要求，可以说胜利在望。由于国家宏观调控和三峡工程建设的有效管理，预计三峡工程的动态投资比原计划有较大的减少。2002年11月将实现长江的第二次截流，2003年将实现初期蓄水，船闸通航和首批机组发电的三大目标。三峡工程的顺利建设为金沙江的滚动开发提供了建设管理力量和必要的资本金筹措；三峡总公司组织建设特大型工程的实践经验也为金沙江开发的启动提供借鉴。

第二，金沙江水电的开发面临历史机遇和挑战。党的十五届五中全会提出的《中共中央关于制定国民经济和社会发展第十个五年计划的建议》，把落实西部大开发战略、西电东送作为了重要内容。朱镕基总理在为华南地区西电东送一期工程的批示中明确指出：西电东送工程的开工标志着西部地区大开发拉开了序幕。国家计委在全国西电东送会议上，进一步明确西电东送要以水电为主，优先发展水电。2001年3月，九届全国人大第三次会议通过的国家“十五”发展纲要中明确提出：要优化能源结构，发挥资源优势，积极发展水电，建设西电东送的北、中、南三条大通道。要抓紧长江上游溪洛渡或向家坝水电站开发的前期论证工作。这些足以表明，党和政府对大力开发水电给予了高度重视，把大力开发水电作为西部开发的重要组成部分，为加快水电开发创造了良好机遇。形势和任务迫使我们要做好勘探设计前期工作，抓住机遇，迎接挑战。

金沙江水能资源丰富，水能资源蕴藏量达1.124亿kW，约占全国的16.7%，是全国规划的最大水电能源基地。目前金沙江干流尚无一座电站开工建设，随着国家西部开发战略实施和西电东送工程的启动、全国能源资源优化配置和环境保护的需要，金沙江干流丰富的水电资源开发利用已提到重要的议事日程。

第三，溪洛渡水电站可行性研究报告基本完成，建设条件已经成熟。2000年11月，中国长江三峡工程开发总公司向国家发展计划委员会上报了《金沙江溪洛渡水电站项目建议书》，申请将溪洛渡水电站列入国家“十五”发展计划。一年来，随着溪洛渡水电站可行性研究工作的进一步深入，溪洛渡水电站的勘测设计和相关外委专题研究都取得了更加科学、翔实、可靠的成果。

溪洛渡水电站可行性研究报告将于2001年底完成。为完整的反映溪洛渡水电站的研究设计成果和开发金沙江溪洛渡水电站的外部环境，根据成都勘测设计研究院可研工作的成果，结合委托国家电力公司编制的《金沙江一期工程溪洛渡、向家坝水电站输电系统设计方案研究》专题研究报告，充分考虑到三峡工程建设的进展情况和三峡总公司资金承受能力，经向国家计委汇报后，三峡总公司近期将上报溪洛渡水电站项目建议书补充报告，争取尽快列项。

目前，溪洛渡水电站的可行性研究报告已基本完成，工程技术问题与移民安置规划均已解决或落实，重大技术专题研究已通过水电顾问公司咨询，可在年底按计划提交可行性研究报告，溪洛渡水电站的建设条件已经成熟。

长期以来，金沙江一期工程前期工作得到了国家各部门、四川省、云南省以及两省各级政府的大力支持、关心和协助，规划、勘测、设计和科研单位为之付出了辛勤的劳动，取得了丰硕的成果，我们应当向他们表示深切的感谢。

二、溪洛渡、向家坝水电站可行性研究工作主要成果及结论

（一）溪洛渡水电站可行性研究主要工作量和科技成果

1. 地质勘探全面完成 溪洛渡可行性研究阶段勘测外业工作已于2000年底基本结束。累计完成勘探工作量（1999～2001年）：钻探15539m，洞探5403m，竖井260m，坑槽23915m^3，物探33733标准点，数百组现场岩体力学试验，现场灌浆试验2个试区，过河斜洞1个，测量373.9标准平方公里，建立了水文站和地震监测台网。通过详细的地质勘探和大量的地质分析工作，溪洛渡工程地质条件已经查明，坝轴线、大坝河床建基面、两岸嵌深及两岸坝肩抗滑稳定边界条件及大型地下洞室群位置已经确定。总体结论是：溪洛渡坝址区具备修建278m高拱坝和大型地下洞室群的工程地质条件。

2. 各专业工作进展顺利 正常蓄水位和装机规模选择、水库调度方式、大坝体型、枢纽总布置、单机容量、机组机型和额定水头选择、施工总布置、对外交通方案选择等已完成。水库淹没实物指标、移民安置规划、专项设施及集镇迁建规划已完成。重大技术专题研究已通过水电顾问公司咨询。可研报告各篇章的编写已基本完成初稿。

3. 专题研究成果丰富 溪洛渡水电站有许多单项工程规模属世界首位、有着工程规模巨大、建设周期长、方案比选多、技术难度大的特点。为使溪洛渡水电站的可行性研究达到一个新的高度，提出高质量的可研报告，成勘院与国内有关院校和科研单位共同进行多项专题研究，联合攻关。该院在1999～2001年期间累计签订外委合同160项，合同金额达3346.1万元。在二滩电站实践经验和小湾设计成果的基础上，吸收“八五”、“九五”科技攻关的丰硕成果，解决了重大的技术问题。丰富的研究成果，众多的参与单位，体现了设计研究的技术领先性、权威性和代表性。

三峡总公司十分重视科学技术研究工作，针对溪洛渡水电站可研设计阶段的重大技术难题，在常规设计收费之外，另列特殊科研专题经费，由成都院组织实施，以支持科技攻关。已确定的13个特殊专项研究课题基本完成并通过验收，研究成果水平居国内外领先地位，将我国的筑坝技术和高拱坝设计、大跨度地下厂房设计与施工等推向一个新水平。

4. 水库淹没实物指标可靠，移民安置规划基本落实 在水库区实测了大比尺的地形图，用长达一年的时间进行了逐村组、逐户调查。统计结果：溪洛渡水库淹没影响人口4.2万人，淹没影响耕地3.95万亩，至规划水平年2013年，溪洛渡库区需搬迁人口5.27万人，需生产安置的人口为4.46万人。以上淹没指标均得到地方政府的确认。

库区实行开发性移民的方针，以土地为依托，以发展农业项目为主要途径，因地制宜地选择移民适宜的生产项目，解决移民的生产生活出路。在详细考察库区各县可利用资源潜力及保证生态环境良性循环的基础上编制移民安置规划。由于库区各县环境容量不多，部分移民需外迁安置。经与地方政府协商，拟将云南省永善县的部分移民外迁至云南省思茅地区江城县安置；拟将四川省雷波县、金阳县的部分移民迁至本州（凉山州）的安宁河谷地区安置。水库淹没影响的人口和耕地相对较少，水库淹没补偿费用正在进一步核算中。

（二）向家坝水电站勘测设计进展情况

从总体计划安排上，向家坝滞后溪洛渡两年，前期工作进程稍后一些。向家坝水电站的地质勘探、库区测量、重大科研课题正在紧张开展，并取得了一定成果；各项设计工作陆续展开。

1. 地质勘测 进行了地下厂房、河底试验洞、砂岩料场、河床左侧大滩坝等的勘探分析工作；根据最新的地勘资料对围岩进行分类分区；初步完成勘探数据库的建立；开挖右岸地下厂房勘探平洞近1700m。钻探钻孔2303m；开挖河底平洞斜井段试验洞60m；过河平洞施工准备工作就绪。

2. 设计 根据目前查明的地质条件，对坝轴线进行局部调整，按水工结构与施工导流建筑物布置的需求，重点对4种枢纽布置进行研究。地下厂房的轴线往下游进行了调整；对地下厂房洞室群进行三维有限元分析和可靠度计算。

3. 科研试验 进行了河底平洞斜井段岩层及右岸地下厂房部位岩石物理力学试验、河床围堰深覆盖层处理现场试验；进行了双河料场、砂岩料、天然砂砾料物理、化学（碱碳酸盐、碱硅酸盐）试验。开展了泄洪消能水力学模型试验、右岸地下厂房不设调压井的特殊尾水系统模型试验；完成了砂岩料轧砂试验。

4. 特殊专题研究 地下厂房研究方面，进行了右岸地下厂房不设调压井的特殊尾水系统设计研究，数模计算已取得阶段性成果；与武汉大学合作的物理模型流道已制作完成、水轮机模型制作完成待安装。

航运专题研究方面，组织人员对航运腹地进行了调查。临时通航方面，对路运方案、驳运方案、船闸方案已展开了设计；永久通航方面已对升船机方案、船闸方案以及驳运方案同时开展设计；与西南所合作的施工期通航水力学模型正在收集有关原始资料。

泄水建筑物特殊水力学模型试验研究方面，对相

间布置和分开布置两大类方案进行了单体试验，已取得阶段性成果，正在着手进行整体水工模型试验的研究和准备。

泄洪水流雾化及环境影响研究方面，对坝址的风速、风向、大气流场进行了观测；对与向家坝相似的湾塘水电站，进行了泄洪时期的原型观测；完成了底流消能电站和挑流消能电站泄洪时类比资料的收集；与天津大学、南京大学合作的数值模型已建立并经过验证；与南京水利科学研究院合作的物理模型正在制作中。

（三）综合专题研究的主要成果及结论

1. 金沙江一期工程输电系统规划设计研究　溪洛渡、向家坝水电站均以发电为主，开发目标是实施“西电东送”，满足华东、华中经济发展的用电需求。两电站的电力消纳和电价竞争能力尤显重要。目前将溪洛渡、向家坝两电站作为相继投产的一组电源考虑，由于溪洛渡水电站先建，因此重点研究溪洛渡水电站的电力市场和电价竞争力，预留向家坝水电站的电力市场空间。

根据可行性研究总工期安排，如溪洛渡水电站2004年正式开工建设，将在2013～2016年陆续投产。向家坝水电站迟后五年开工，与溪洛渡相继投产。国家电力公司据此组织全国电力规划、设计和各受电地区参与开展了《金沙江一期工程溪洛渡、向家坝水电站输电系统设计方案研究》课题，输电系统规划设计工作内容包括两大部分：一是对溪洛渡和向家坝电站的电力市场及其电力电量的合理消纳进行研究；二是对输电方案进行设计论证。课题研究中，把金沙江的水电纳入国家和各受电地区的总体电力电量平衡，电力电量分配到各省网，预留电力电量空间，保证金沙江两电站的电力电量消纳。溪洛渡、向家坝水电站在枯水期云南、川渝电网各留5%的电能，其余全部外送华中华东地区，这是继三峡工程之后中路“西电东送”的主要电源点。东送电力电量按送华中40%～45%、华东60%～55%左右的比例分配。该研究报告已经通过国家电力公司组织的评审，其结果将作为国家“西电东送”和中长期电力发展战略的重要依据。

本专题研究的结论，一是溪洛渡和向家坝水电站是一组电源，互补性能好，整体效益显著，按1860万kW容量进行输电规划。二是由于华东、华中地区电网负荷总容量基数大，且今后10至20年仍将保持较高的负荷增长，网内水电比重小，结构不合理，需补充水电，以改善结构。金沙江水电6至9月份的出力高峰期，正值该地区的负荷高峰期，输送的电力电量可全部被网内吸收，容量替代率达98%以上。三是按2010至2025年的电力发展规划，两电站全部输送给华东和华中地区，其容量占当年当地新增装机容量的40%～60%左右，其缺口部分仍可由火电和其他电源补给。四是由于两电站技术经济指标好，输送电力电量巨大，已形成规模效益，上网电价合理，计入输电成本后到达受电地区的电价仍低于当地同期销售电价，能为用户所接受，具有较强的市场竞争力。

2. 金沙江溪洛渡、向家坝水电站对长江中下游防洪作用研究　金沙江流域面积47.32万km^2，为长江宜昌以上流域面积的55%，汛期洪水总量约占宜昌洪量的1/3以上。溪洛渡水电站水库正常蓄水位600m，相应库容115.7亿m^3，防洪库容46.5亿m^3，具有较大的防洪能力。在《国务院批转水利部关于加强长江近期防洪建设若干意见的通知》（国发［1999］12号）中，提出“抓紧以三峡工程为重点的干支流水库的建设”，“要抓紧澧水皂市、岷江紫坪铺……金沙江溪洛渡等干支流水库的前期工作，落实投资来源，按基本建设程序报批，逐步安排建设。”

防洪作用研究委托长江水利委员会进行，他们已提交了《溪洛渡水电站对长江中下游防洪作用研究》初步报告。研究表明：三峡水库完建后，根本改变了荆江河段的防洪紧张局面。但长江中下游特别是城陵矶以下河段洪水来量与河道泄量不平衡的矛盾依然存在，遭遇大洪水仍需动用分蓄洪区分蓄大量洪量，分洪淹没损失巨大。必须采取综合措施进一步提高抗洪能力，其中的重要措施就是继续结合兴利建设上中游干支流水库，拦蓄洪水，以减免中下游地区的分洪量；溪洛渡水库的防洪作用可以简要地概括为三个方面。

一是溪洛渡水库对川江河段的防洪作用巨大。1994年国家颁布了国标《防洪标准》（GB 50201－1994），按照这一规定，川江上的宜宾、泸州、重庆等城市，要争取达到规定的50～100年一遇的标准。但目前宜宾、泸州等城市仅达到5～20年一遇标准，普遍低于国家规定。溪洛渡水库配合其他措施，可使川江沿岸的宜宾、泸州、重庆等城市的防洪标准逐步达到城市防洪规划拟定的目标。

二是对长江中下游的防洪作用明显。溪洛渡水库汛期拦蓄金沙江洪水，直接减少了进入三峡水库的洪量，溪洛渡水库与三峡水库联合调度，溪洛渡减少对长江中下游的分洪量可达25亿～40亿m^3；遭遇百年一遇洪水时，溪洛渡的防洪效果系数可能达到85%，说明溪洛渡水库对长江中下游有重要的减少分洪量的作用，经济效益和社会效益是十分明显的。

三是拦沙作用有利于三峡水库的长期使用。金沙江是一条多泥沙河流，多年平均含沙量达1.7kg/m^3。溪洛渡坝址年平均输沙量2.47亿t，占进入三峡水库入库泥沙量的47%。溪洛渡水库建成后，死库容51亿m^3，除推移质全部留在库内外，还可以利用巨大的死库容拦截悬移质泥沙，减少三峡水库的入库泥沙。根据综合比选阶段由国际泥沙中心计算的成果，溪洛渡水电站单独运用30年，共减少向下游输沙58.84亿t，占同期来沙量的80%；水库运用60年共减少向下游输沙108.3亿t，占同期来沙量的73.6%，而且使三峡水库入库泥沙颗粒变细，这样可以有效地减少三峡水库库尾段及重庆港的泥沙淤积，有利于三峡水库的长期使用和综合效益的发挥。

综上所述：溪洛渡水库是长江防洪体系的重要组成部分。

3. 金沙江一期工程对长江合江—雷波段珍稀鱼类国家级自然保护区的影响及替代方案专题研究 根据国家环保总局的要求，为了保证溪洛渡和向家坝两电站可行性研究设计工作的正常进行，三峡总公司委托水电规划总院组织开展了《金沙江一期工程对长江合江—雷波段珍稀鱼类国家级自然保护区的影响及替代方案研究》。研究的内容主要有：保护区及珍稀特有鱼类保护现状研究、工程对保护区及珍稀特有鱼类的影响研究、保护区替代方案研究和工程替代方案研究等。

为保证专题研究报告的权威性、科学性和公正性，组织了一个以工程院副院长潘家铮院士为顾问、工程院副院长沈国舫院士为组长的13人咨询专家组，其中6人为中科院、工程院院士，专家分别来自水电、水生生物、水资源、渔业及环境保护等学科和农业部。咨询专家组对专题研究报告起指导、把关的作用，具体工作由水电规划总院负责。经专家咨询，委托中国科学院水生生物研究所、四川省水产局、国家环保局南京环保研究所、农业部长江水产研究所等科研单位开展相应的研究工作。在充分利用各有关科研单位现有成果和基础资料上，进行综合论证，提出保护区的替代方案和工程替代方案结论性意见。总专题研究报告将于年底完成。

4. 溪洛渡水电站项目业主概算 溪洛渡水电站是继三峡工程之后的又一特大水电项目，溪洛渡工程规模巨大，在设计中采用较多的新工艺和新设备。目前常规概算编制方法和定额不能完全反映工程造价的实际需求和今后市场经济的变化。为配合可行性研究设计工作，科学合理和实事求是编制好工程概算，使工程投资预测科学、可行，为今后工程的建设打下良好基础，三峡总公司委托北京峡光经济技术咨询公司进行金沙江溪洛渡水电站可行性研究阶段项目业主概算的编制工作。该成果将与设计单位编制的工程概算相比较，以便最终合理确定投资规模。

（四）三峡总公司滚动开发能力和资金筹措研究

1. 溪洛渡水电站建设管理方式设想 开发长江中上游水力资源是国家赋予三峡总公司的职责。三峡总公司按国务院三峡建设委员会第五次会议纪要的精神和国家发展计划委员会的安排，贯彻流域、梯级、滚动开发的方针，在三峡工程建设的同时，经国家同意利用部分预提投资结余作为前期工作经费，组织开展可行性研究设计工作。溪洛渡水电站的开发有两种可供选择的方式：一是由三峡总公司全资投入开发，即以葛洲坝和三峡电站为母体，实行流域梯级的滚动开发；二是采取股份制的形式，由三峡总公司和其他机构投资者共同出资组成有限责任公司，实施联合开发，实现投资主体多元化。这两种模式都是可行的，第二种模式有利于建立现代企业制度和调动各方面的积极性，三峡总公司作为股份制的控股股东，接纳其他投资机构后，将进一步减轻三峡总公司承受资本金的压力，有利于电力电量的消纳和工程建设的顺利实施。鉴于目前条件和前期筹建工作的深度，暂按三峡总公司独资建设溪洛渡水电站的方案，进行资金筹措分析。

2. 溪洛渡电站的筹资原则与筹资方式 溪洛渡电站投资规模大，建设周期长，但财务指标优越，偿债能力强，且目前筹资环境宽松，筹资方式的选择具有较大的灵活性。在资金筹措上，既要保证资金来源的稳定可靠，也要有利于降低筹资成本，既要保持合理的财务结构，也要考虑三峡总公司前期投入资本金的压力。溪洛渡电站资金筹措将坚持以下原则：以债务筹资为主，资本性资金来源为辅；债务性资金来源，以国内银行长期贷款为主，发行企业债券、利用外资和国内商业银行中短期贷款为辅；资本性资金来源中，前期由三峡总公司独资投入，后期根据情况可以组建有限责任公司，多元化筹集资本金。溪洛渡电站主要筹资方式将有：资本金、银行贷款、企业债券、利用外资。

根据国家有关规定，电力项目资本金是指电力项目总投资中，由投资方按协议投资比例认缴的非债务性资金。资本金比例要求达到20%。根据目前三峡总公司的财务状况和资金运作，经测算筹措20%的资本金是可以做到的。今后随着三峡工程的完建，售电收入的增加，在实施过程中三峡总公司将适当增加资本金的投入，降低溪洛渡电站的资产负债率，优化财务结构。

三、下一阶段的工作任务和安排

下一阶段的工作可分为四个内容：一是继续做好溪洛渡水电站的可研设计补充完善，为提交国家主管部门审查做好准备工作；二是力争明年上半年完成项目建议书和可研报告的审查工作；三是根据工程需要，适时开展溪洛渡电站的前期筹建工作；四是认真抓好向家坝电站的可研设计，重大技术难题和方案选择要在2002年内基本完成，实现2003年高质量全面完成可研设计的目标。

(一) 完成好溪洛渡电站的可研报审工作及向家坝可研工作的继续完善和完成

从现在开始，几个大的时间表这样考虑：2001年年内《溪洛渡电站项目建议书补充报告》报送国家计委，便于国家计委对项目建议书进行研究并批复或表示意见，希望能在明年一季度内完成对项目建议书的审批。2002年年初，溪洛渡可研报告由成勘院正式报三峡总公司，总公司将视情况或组织内审，或上报国家计委，希望在2002年二季度，由国家计委委托国际工程咨询公司评审完毕，并给予正式的审定意见。与此同时，向家坝的可研工作按原定的进度继续深化，全面实现2003年底完成可研工作的目标。

(二) 溪洛渡水电站前期筹建工作初步考虑

按施工组织设计总进度安排，溪洛渡电站若在2004年或2005年开工（以导流洞开挖为标志），在开工之前要有三年半的筹建期。即在2002年前后应进场开展工程的各项筹备工作。

根据溪洛渡电站工程特点和施工工期的安排，筹建期间以下工程项目要进行施工。一是以满足导流洞施工和主体工程正式开工为前提的工程项目；二是施工期保证坝址区左右两岸、上下游交通畅通的项目；三是为满足主体工程施工需要或为减少对主体工程施工的干扰而提前在筹建期进行的主体项目。这些项目大多应争取在2003年内开始启动。

为满足筹建期的工程需要，在溪洛渡水电站可行性研究设计工作计划于2001年底完成，待国家审查通过后即将转入招标设计阶段。2002年应开展必要的单项或专项设计工作。主体工程招标设计也将在筹建期逐步展开。

(三) 前期筹建工作需要得到各个方面的支持和配合

溪洛渡水电站地处深山峡谷，工程规模巨大，施工难度高，为使工程建设能按合理工期，顺利组织施工建设，需要及早开展前期筹建工作，这也是特大型工程建设的经验和溪洛渡工程的特点。

三峡总公司将在国家宏观经济指导下，按基本建设程序，一方面积极推进前期工作的进度，另一方面也要积极认真地抓好现场的筹建工作，创造条件，适度开展，为正式开工创造条件。这方面也希望继续得到国家有关部委、云南、四川两省各级政府的大力支持配合。

长江三峡工程的成功兴建，充分体现了我国目前的强大的经济技术实力，也表明了我国经济快速发展的强劲势头。能源电力的发展是经济发展的后盾和基础。开发金沙江丰富的水能资源，实现流域、梯级、滚动开发的发展道路是长期而艰巨的事业，需要付出辛勤的劳动甚至几代人的努力。能谋百年者为俊杰。三峡总公司将不负四川、云南人民和全国人民的期望，在兢兢业业抓紧三峡工程建设的同时，积极响应和贯彻党中央、国务院实施西部大开发战略的号召，及早做好挥师西进的准备，为建设金沙江水电基地，建设“西电东送”的中部走廊，促进西南少数民族地区经济发展做出贡献。

关于西部大开发水利建设的几点意见

水利部副部长　张基尧

在西部大开发中水利具有重要战略地位和作用，下面我就如何制定西部大开发水利建设思路、加快建设的步伐讲几点意见。

一、西部大开发意义重大，水利大有可为

党中央总揽全局，面向新世纪作出实施西部大开发战略的重大决策，是促进东西部协调发展、增进民族团结、保持社会稳定和巩固边防的重大举措，也是我国现代化建设实现第三步战略目标的重大部署。中央确定西部大开发中的基础设施建设、生态环境建设和产业结构调整等重点，都与水和水利密切相关。在西部特定的自然条件下，水利如何为实现西部大开发目标发挥基础和保障作用，是一项十分艰巨的任务。提起西部，尤其是西北，人们就会想到自然条件恶劣、气候干旱少雨、缺水、生态环境脆弱、生产力水平低下等等。实质上，西南也好，西北也罢，西南水多地少，西北水少地多，其最根本的矛盾就是水土资源组合的极端不平衡和不合理的开发利用。

江泽民总书记、朱镕基总理、温家宝副总理在谈到西部大开发时，都十分强调水的问题。江总书记在中央经济工作会议上指出：“西部开发要重点抓好交通、通信、农业等基础设施建设，尤其要把水资源的合理开发和有效利用放在突出位置。”朱总理在西部地区开发会议上指出：“水资源短缺是西部地区的一个严重问题。没有水，人民生活和经济发展都会有很大困难。必须坚持把水资源合理开发和节约利用放在十分突出的位置。要切实加强水利建设。”温副总理在西部地区开发会议上指出：“基础设施建设也要突出重点，要优先安排最为紧迫的水利、交通、通信等重要项目的建设。缺水问题是制约西部地区发展的主要因素，要把水资源的合理开发和有效利用放在突出位置。”由此可见，水利在西部开发中占有极其重要的战略位置，而且对东部防洪、减少河道泥沙淤积、保护水质及环境都具有十分重要的作用。作为水利部

门，我们有责任认真研究西部大开发中的水利问题，广泛听取各方面的意见，找准问题，理清思路，制定切实可行的规划及措施，加强水利基础设施建设，为全面实现西部大开发的宏伟战略目标做好服务。

二、西部大开发面临的主要水利问题

所谓自然条件的优劣是相对于与之相处的人和人类活动而言的，特定的自然地理条件造就特定的自然生态环境。自从人类进入文明时代以后，随着生产力水平的提高、经济的发展和社会的进步，人类与自然的关系也由适应转向改造和征服，一旦这种改造和征服超出了自然的承受能力、打破了人与自然之间的平衡关系，便是破坏，就会受到自然的报复。在西部地区特定的自然生态条件下，我国劳动人民认识自然、改造自然，积累了丰富的治水经验，兴建了大量的水利工程设施，有力地促进了当地经济的发展和社会的进步。但随着人口的增长、经济的发展，以及自然条件的限制和水利基础设施薄弱、管理水平落后，甚至违背自然规律不合理开发资源等影响，西部地区水利不适应现代经济和社会发展的问题十分突出，西部大开发，将使其问题更加严重。概括起来，主要有以下几个方面。

（一）水利基础薄弱，缺水严重

西部地区无论是西北还是西南，缺水都是制约发展的最关键因素。从自然特点讲，西北大部分地区干旱少雨，不仅降雨时空分布不均，而且水资源量在地域分布上也很不均匀，全区水资源量 2344 亿 m^3，占全国水资源总量的 8%；西南地区整体上雨量相对丰沛，但也存在严重的时空分布不均问题。在缺少控制性调蓄工程的情况下，都存在严重的缺水问题。西北地区降雨少，资源性缺水显得突出些；西南地区多山丘，少平地，田高水低，虽降雨不少，但利用困难，工程性缺水问题突出。应该注意的是，因为矿产资源的无序开发、工业污染排放超标、自身循环水量不够等，西部地区部分河流、湖泊等水体污染，造成一定程度的水质性缺水。有些地方水资源缺乏统一管理，盲目开发，粗放利用，造成浪费性缺水。因为缺水，区域经济发展受到制约；因为缺水，人民生存、生产条件艰苦，难以脱贫致富。我国现有 2400 多万人饮水困难，其中 50%以上在西部地区。西部地区总人口约占全国的 1/4，但贫困人口却占全国贫困人口的一半以上。

（二）水土流失严重，生态环境恶化趋向加剧

西部地区水土资源组合不平衡，自然生态环境十分脆弱，不断加剧的人类活动、不合理的水土资源开发、大量的森林被伐、荒地被垦、草地过牧，导致这里水土流失、绿洲消失、土地沙化、河湖干涸萎缩等不断加重。西部是我国长江、黄河、珠江等主要江河的源头和上游地区，水土流失不仅使当地生态环境遭到破坏，而且造成下游地区河道含沙量增大、淤积加重，防洪更加困难。西南地区主要为高原山地，土层薄，降雨强度比较大，加上毁林、开荒、种地，水土流失以及泥石流、滑坡等山地灾害比较严重，金沙江、嘉陵江、南盘江等流域均成为重点水土流失区和严重的石化区。西北地区黄土高原是黄河泥沙的主要来源区，内陆河区如塔里木河下游、黑河下游因水资源的配置不合理和过度开发，导致河流断流、地下水位下降、水质污染、植被减少、沙漠面积扩大日趋严重。如近期在西北、华北地区频繁发生的沙尘暴，就与内蒙、河北坝上一带的土地沙化直接相关。

（三）防洪标准低，抗灾能力差

西部地区大部分处于我国江河上游和支流地区，洪水影响范围和造成的损失程度远不如大江大河中下游地区。但因设防标准低、洪水来势凶猛、常伴随泥石流和滑坡等山地灾害，往往给地区经济和人民生命财产造成巨大损失，甚至是毁灭性打击。西部地区一些主要河流的主要河段防洪标准一般不足 10 年一遇，城市防洪标准普遍偏低，许多有防洪任务的县级城市不设防，中小型水库病险多，又不能及时除险加固，防洪隐患大，对区域经济发展和人民生命财产安全构成严重威胁。

（四）水资源开发不合理，利用效率低

西部地区除了缺少工程手段合理配置水资源而导致严重缺水外，水资源开发不合理的问题也十分突出，多数地方只注重水量的开发，不重视水能的开发，已开发水资源的利用效率也十分低下。西南和西北局部是我国乃至全世界水能资源最为丰富的地区，可开发水能资源 2.46 亿 kW，目前仅开发 9%。其中小水电开发利用率仅达到 13%，不仅没有发挥水电清洁、廉价的优势，还造成能源结构不合理，增加了环保和交通运输以及供水等方面的压力，小水电没有为地区经济发展发挥应有的作用。另一方面，由于生产手段落后、工程不配套、市场意识淡薄，在水资源十分紧缺的情况下，农业灌溉和工业生产用水效率低、浪费水的现象非常严重。西部地区特别是西北地区主要灌区灌溉定额普遍高于全国平均水平，工业万元产值耗水量也高于中东部一些地区。

（五）管理体制陈旧，管理水平落后

西部地区除了自然条件差、水利建设滞后外，基础工作差、管理体制陈旧和管理水平落后也是问题之一。许多地方水利前期工作薄弱，缺少系统全面的水利规划，水利建设整体效益不明显；有的不能形成持续稳定的投入机制，不仅新工程难建，已有工程也得不到维护；有的不能实现水资源统一管理，上下游各

自为政，造成“效益搬家”、资源浪费。

三、西部水利建设要正确处理好几个关系

西部地区水利建设要认真贯彻党中央关于西部大开发的战略部署，走可持续发展的道路。抓住水资源短缺和生态环境脆弱等主要矛盾，以水资源的合理开发、科学配置和高效利用以及加强生态环境保护和建设为重点，以节水为中心，加快建设，强化管理，建立符合西部特点的水利体系，为西部地区经济繁荣、社会稳定、民族团结和人民生活水平提高以及人口、资源、环境的协调发展提供支撑和保障。

西部大开发是一项伟大的历史任务，需要通过长期而艰苦的努力才能完成。水利是西部大开发的重要基础，要超前动作，加快建设步伐；同时，水利建设有其复杂性、长期性、艰巨性和与其他方面的关联性。必须从全局、系统和可持续发展的观点，认真研究西部大开发中的水利问题，正确处理好各种关系，保证水利服务于西部大开发的大局、服务于我国国民经济和社会发展的大局，并与之协调发展。尤其要处理好以下关系：

（一）水利建设与西部大开发的关系

水利是国民经济基础设施，是西部大开发的重点。水利建设要紧紧围绕西部大开发的战略目标先行展开，并提供坚实的基础和保障。西部水利建设要把水资源合理开发、科学配置、高效利用和有效保护放在突出位置，加紧做好规划，加快建设，以满足西部大开发的各项目标和任务对水利的要求。同时，也要从西部水资源条件的实际出发，从经济效益、社会效益、环境效益相统一的角度，为西部大开发中的宏观经济布局、产业结构调整等献计献策。

（二）经济效益与社会效益的关系

西部大开发不仅是经济发展的需要，而且具有重大的政治意义和社会效益。水利是属于社会公益性极强，同时又具有一定经济效益的基础设施。水利既要突出其服务于西部大开发的政治社会意义，还要按照实现两个根本性转变的要求，按价值规律办事。既要认识到生态建设、防洪保安、扶贫脱困等社会效益明显的一面，也要充分发挥市场机制对资源优化配置的作用，努力实现社会效益、生态效益、经济效益相结合。只有这样，才能最大限度地调动广大群众的积极性，生态环境的保护和建设才能持之以恒。

（三）水利建设与生态建设的关系

生态建设是西部大开发的重点之一。西部的水利规划与建设，要按照中央把生态建设作为根本和切入点的精神，充分认识水对生态保护和建设的极端重要性。既要加大治沟减沙、退耕还林、植树种草等水土保持和生态建设的力度，又要吸取东部开发中的教训，防止开发建设工程中造成新的生态环境破坏和水环境污染。此外，还要在水资源配置中把生态用水作为重点优先考虑。

（四）流域与区域的关系

西部地区跨越10多个省、市、自治区和黄河、长江、珠江几大流域以及西南诸外流河、西北内陆河、外流河区，地区跨度大，自然地理、社会经济、历史文化等不尽相同，有的还存在较大差异。经济发展和水利建设都要结合各地的实际情况，因地制宜，因势利导，切不可“一刀切”。水利以流域为单元进行综合规划、确定水利工程建设布局是符合客观规律的，是科学的。因此，西部大开发中区域水利建设规划要服从流域规划；同时，面对西部大开发在区域上重大的经济建设结构和布局调整，流域规划也应适应变化了的新形势、新情况，保证流域与区域规划的协调一致。

（五）当前与长远的关系

西部水利基础薄弱，面对西部大开发新的要求，建设任务十分艰巨，必须从长计议，全面规划，突出重点，分期实施。当前要把缓解水资源紧缺的矛盾、保护和改善生态环境、解决贫困地区人民生活生产用水用电困难、适当提高重要城市和重要基础设施的防洪抗灾能力作为重点抓紧建设；从长远来看，要用发展的眼光看待西部地区的经济发展和水利建设，水利建设要为西部地区的现代化、为建设秀美山川服务。把实现小城镇战略、工农业现代化、山川秀美、人民生活质量显著提高等作为水利建设的新目标。要通过实施南水北调及区域调水工程、灌区配套及节水改造、工业废水回收及综合治理工程、高标准的防洪工程和水源工程建设等措施，满足经济社会发展对水的需求和提供安全保障。

（六）水资源合理配置与高效利用、有效保护的关系

随着西部大开发战略的实施和经济的高速发展，西部缺水的矛盾将更加突出。因此，水资源的合理开发和科学配置将是当前乃至今后一个时期西部水利建设的重点，同时也要看到西部地区水资源利用效率不高、水污染一定程度上有加剧的趋势，因此，要把节水和灌区改造、产业结构和种植结构调整、水污染防治等作为当前的一项紧迫任务来抓，通过提高水资源的利用效率缓解缺水矛盾。

（七）建设与管理的关系

加快水利建设是基础，加强管理则是根本保证。西部地区水利要在管理上多下工夫，建、管并重，切实把加强工程建设和运行管理作为提高投资效益和生产效率的重要手段。要更新观念，转换机制，明确责任，建立新的管理体制，实现水利工程和水资源的统

一管理、统一调度。

四、西部水利建设要抓好几个重点

（一）搞好规划工作

结合国家水利发展“十五”计划和2015年规划，抓紧编制西部水利发展总体规划、重点河流流域的综合治理及开发利用规划、节水和大型灌区改造规划、水土保持生态环境建设等专项规划以及南水北调西线工程规划，抓好水利建设项目的前期工作。西部地区水利建设前期工作基础十分薄弱，在做好规划的同时，必须抓紧做好重点水利建设项目的经济、技术和生态环境保护论证工作。对于已经论证成熟的项目，尽快落实投资，早日建设。同时各相关部门要采取有效措施做好规划的制定、实施中的协调与监督等工作，保证水利规划的权威性和严肃性。

（二）抓好重点项目建设

西部水利建设要从地区经济发展、维护改善生态环境、区域水资源潜力和特点、流域水资源统一管理、跨流域互补等方面通盘考虑，充分体现水利布局的大局观。在区域布局上要根据不同区情进行分类指导，集中力量，突出重点。充分发挥已建工程的效益，加快建设好在建工程，重点建设一批事关全局的工程。

1. 做好重点水资源开发配置工程　在加快在建工程建设的基础上，力争开工建设一批新的水资源骨干工程。特别要抓紧区域调水工程的前期工作和技术论证，并积极创造条件开工建设，加快引额济乌、引大入湟等调水工程和新疆恰甫其海、黄河沙坡头、黑河正义峡等水利枢纽建设。加快南水北调工程，特别是西线调水工程的前期工作进度。对于南水北调要树立东中西三条线是一个整体的思想，任何一条线的先期开工建设都会对缓解北方水资源短缺起到重要作用，对西部大开发发挥巨大效益。

2. 加强灌区改造及节水工程　重点抓好现有大型灌区和中型灌区的续建配套和节水改造，重点抓好内蒙古河套灌区、四川都江堰灌区、甘肃河西走廊扬黄灌区、宁夏卫宁青铜峡引黄灌区、陕西关中宝鸡峡灌区改造与节水工作，逐步使灌溉水利用系数达到0.60左右。同时使工业用水的重复利用率得到较大提高，万元产值耗水量达到比较合理的水平，初步建立节水型农业、节水型工业和节水型社会。

3. 加快水土保持生态环境建设　重点开展黄河中上游、长江和珠江上游等重点水土流失地区的水土保持生态环境建设，内陆河地区生态环境严重恶化的塔里木河、黑河、石羊河下游和内蒙古阿拉善等地区的绿洲生态环境建设，以及加强重点湖泊河流的水污染防治。黄河和长江、珠江上游地区通过退耕还林、植树种草，恢复和改善破坏、退化严重的植被和草场，并制止新的人为破坏。黄土高原区以多沙粗沙区为重点，小流域为单元，工程、生物和耕作措施相结合，治沟骨干工程与治坡措施相结合，山水田林路相结合，开展水土流失综合治理。内陆河地区的水土保持以预防保护为主，对于生态环境问题比较突出的地区，近期通过调整产业结构，大力发展节水工程，减少无效和低效耗水，安排天然植被补水灌溉和生态环境保护应急工程，逐步恢复部分绿洲和河湖生态环境的用水；远期通过合理配置当地水资源、跨流域调水等措施合理安排生态环境用水，恢复并保障必要的绿洲及河湖生态环境。

4. 抓好中、小、微型水利工程建设　西部地区自然条件差，工程建设难度大，在抓大型骨干工程建设的同时，要重点抓好中、小、微型水利工程建设。把微小型水利工程建设作为改善“老少边穷”地区人民生产生活的德政工程、救命工程和扶贫工程。通过集雨节灌和兴建水池、水窖、水柜等微小型水利工程，解决边远山丘区人民的基本生产用水和人、畜饮水困难，并为脱贫致富奠定基础。

5. 开展防洪及中小河流治理工程建设　开展黄河上中游干流河段及重要支流、长江上游及其支流、珠江上游、西南诸河、塔里木河等重要河流重点河段防洪治理和重点城市防洪工程建设；加大病险水库除险加固力度；西部地区防洪工程建设，各级地方政府一定要引起高度重视，作为西部大开发的重要任务来抓。

6. 加快水能资源开发　充分发挥西部地区水能资源丰富的优势，加大开发力度。通过西部水电基地建设，实现“西电东送”，带动和加快基础设施建设，促进相关产业的发展，增强区域经济竞争力。同时，清洁廉价的水电还会促进西部地区优势矿物资源的开发，促进经济发展。

（三）加大投入力度

西部地区水利建设任务艰巨，中央和地方都要加大投入。首先，要加大中央对西部地区水利建设的投入力度，针对西部地区的特殊情况，增加财政投入用于水利建设的比例，建议设立西部开发水利建设专项基金，通过制定一系列优惠政策，扩大资金来源，保证水利建设投资的稳定性和连续性。各级地方政府也要通过增加财政投入、建立专项资金、进行社会融资等手段，扩大水利建设资金来源，加大水利投资力度。加快水利投入体制改革步伐，改变水利主要靠国家投入的传统思维方式，逐步建立以经营者和受益区群众为主体的多元化投入机制。

（四）提高管理水平

完善法规体系，加大执法力度。加强立法，健全完善水法规体系，加强以流域为单元的水资源的统一管理。加强水利工程的运行管理，进行水利工程的产权制度改革，发挥市场对水资源配置的基础作用，建立适应市场经济条件和西部地区特点的水管理体制，改变粗放的管理模式，确保工程的良性运行，促进水资源高效利用和生态环境保护。

（五）加快改革步伐

西部大开发对西部水利建设是机遇也是挑战，一定要转变观念，深化改革，用新思路、新方法解决实际问题，处理好各种关系。通过改革，建立适应社会主义市场经济的水利投入机制和管理体制。要把大型灌区管理体制改革作为当前水利体制改革的一个重要突破口。按照对水资源统一管理的要求，各地要积极推进城市水务管理体制改革。积极推进水价改革，促进水资源的节约和优化配置。逐步规范水利行政事业性收费，加强工程维护管理，建立水利工程尤其是公益性水利工程的良性运行机制。鼓励集体、个人以多种方式建设和经营小型水利设施，调动各方面特别是农民群众投资兴修水利的积极性。

抓住西部大开发战略机遇，加快四川水电建设，实现“西电东送”目标

四川省副省长　邹广严

一、四川水电50年的光辉成就

四川水电事业伴随着共和国的前进步伐，走过了50年的发展历程，谱写了半个世纪的辉煌篇章。特别是改革开放以来，四川水电更是突飞猛进，取得了令世人瞩目的成就。1998年中，全省发电装机容量1284万kW，其中水电装机771万kW，占60%；全省年发电量476亿kW·h，其中水电发电量253亿kW·h，占53%；预计到1999年底，全省发电装机容量将达到1600万kW，其中水电将突破1000万kW，占63%。在1996年川渝分治减少近300万kW发电装机容量的情况下，仍然提前一年超额完成原定的“九五”新增发电装机容量的计划。电力工业尤其是水电的迅速发展，使电力供需矛盾得到了缓解，摆脱了长期困扰四川经济发展的缺电局面。水电产业已成为全省的主要支柱产业之一，为四川国民经济和社会发展提供了强大的动力，功勋卓著。

回顾50年，四川水电建设经历了3个高潮。第一次是“一五”时期龙溪河的梯级开发；第二次是1965年开始的“三线建设”；第三次是“七五”开始蓬勃而起的大规模水电建设。由于集资办电政策的实施，第三次水电建设的高潮伴随着改革开放的步伐，持续时间最长，建设成果最丰硕，呈现出宏伟壮观的历史画面。尤其是二滩水电站的建设和投产，标志着四川水电不仅在建设规模和装机容量上的重大突破，而且在工程技术、建设管理体制等方面与世界先进水平的接轨，在全国水电建设中极具示范作用。同时，在水电建设捷报频传的同时，我们还开始和完成了一批具有重要战略意义的巨型、大型水电项目和大量中小型水电项目的勘测设计前期工作，为四川水电的进一步发展提供了项目储备。

四川水电50年的光辉成就，为四川国民经济和社会发展做出了重要贡献，而且锻炼了建设队伍，掌握了先进的工程技术和建设管理知识，储备了大批具有良好开发条件的、能够参与全国一次能源平衡的水电项目，四川水电完全有条件创造更加辉煌的成就。在21世纪来临之际，四川水电要做好准备，抓住西部大开发、西电东送的战略机遇，迎接新世纪初四川水电的再一次建设高潮。

二、抓住西部大开发战略机遇，加快四川水电建设，实现“西电东送”战略目标

经过20多年的改革开放和现代化建设，中央提出，要调整地区经济结构，促进区域经济协调发展。实施西部大开发战略是党中央总揽全局，面向新世纪做出的重大决策，其主要意义在于它直接关系到扩大内需、促进经济增长，关系到民族团结、社会稳定和边防巩固，关系到东西部协调发展和最终实现共同富裕。中央认为，现在研究实施西部大开发战略，条件基本具备，时机已经成熟。西部大开发战略的实施，重点之一是抓好基础设施的建设。四川的水电建设，要结合电力结构调整，站在全国的高度，放在全国范围内一次能源大平衡的战略部署中来通盘考虑。应该说，电力结构的调整和西部大开发战略的实施，为四川水电的发展提供了千载难逢的历史机遇，要抓住这个机遇，加快四川水电的发展，实现“西电东送”的战略目标。

（一）加快四川水电建设，实现“西电东送”是西部大开发战略的重要组成部分

第一，加快四川水电开发，实现“西电东送”，是实现全国能源资源优化配置的需要。我国能源资源的分布情况为：煤炭65%集中在“三西”地区（山西、陕西、内蒙西部），水电资源70%集中在西南（云、贵、川、藏），而全国水电资源的25%则集中在四川。但能源消费则主要集中在华东、华中和华南等经济发达的沿海地区，而这些地区能源资源却较为匮乏。因此，引入优质、清洁和廉价的西部水电，已经成为解决东部地区能源和电力紧张的重要途径。这样做，可减少“北煤南运”，既有利于我国西部水能资源优势的发挥，又有利于东部地区电网改善运行条件，

减少环境污染，更有利于改善我国能源平衡格局。

第二，加快四川水电开发，实现“西电东送”，符合全国电力结构调整的需要。根据对当前电力供需形势、建设资金、技术水平等各方面的分析，国家有关部门确定结构调整是我国电力工业目前及今后一段时期内的重要任务，在调整电力建设结构上，国家更注重调整电力布局结构，要求在水电资源丰富的地区，根据电力需求，优先发展水库调节性能好的大中型水电站。在经济发达但一次能源匮乏的地区，积极推进国家“西电东送”战略，以有竞争力的电价为条件，优先消化和吸收区外来电。

第三，大力发展水电，实现“西电东送”是全国和四川实现可持续发展战略的必然选择。目前全国电力供需矛盾已经得到缓解，但只是低用电水平下的暂时平衡，全国人均用电量仅900kW·h左右，无法与世界上发达国家和地区的人均用电量相比较。而四川尚不足全国平均水平的三分之二。因此，我们要具有国民经济和社会发展的战略眼光，继续加快电力建设。然而，电力建设必须走可持续发展的道路。实施可持续发展战略，就是要在实现经济快速发展的同时，实现市场对资源的优化配置，既要科学合理地开发利用自然资源，又要保护好生态环境，正确把握好长远利益和当前利益、发展后劲与发展速度等方面的关系。目前，包括四川省在内的我国大部分地区都面临着相当严峻的生态环境恶化的问题。水电作为洁净的可再生能源，它可避免大气和水体的污染，对保护和改善生态环境具有重要作用。因此，大力和加快水电开发，尤其是开发建设具有良好调节性能的水电电源点，是当前和今后全国及四川省国民经济可持续发展的一项迫切而重要的任务。

第四，加快四川水电开发，实施“西电东送”战略，可密切与东部发达地区的技术、经济和信息交往，同时扩大四川内需，促进四川经济的发展和繁荣、缩小四川与东部发达地区的差距，实现共同富裕。四川的水电开发，尤其是为实现“西电东送”而兴建的巨型梯级水电站，投资巨大，可以扩大四川的有效需求、促进经济增长，同时可加快电站所在地的城镇化进程，实现水能资源与当地丰富的矿产资源开发相互依存、电矿结合、相互促进，进而实现经济繁荣。尤为重要的是，由于巨型梯级水电站的建设需要巨额资金，四川必将以形式多样灵活、内容互惠互利的合作方式，吸引东部发达地区的资本、技术和人才，密切与东部的技术经济联系，电站建成后将强大的电能输送到东部，既解决了东部地区的电力需求，也带动了四川经济的发展，逐步缩小差距、实现共同富裕。

（二）四川省具备加快水电开发，实现“西电东送”战略目标的基本条件

第一，中央实施西部大开发战略，为四川加快水电开发，实现“西电东送”提供了机遇。西部大开发是一项宏大的工程，必须统筹规划，突出重点，有步骤、分阶段实施。统筹规划就是国家要逐步加大对西部地区的投入，并通过政策引导，吸引更多的国内外资金、技术和人才。江总书记指出，要像当年关心、支持沿海经济特区一样关心、支持西部大开发。随着有利于西部大开发的一系列优惠政策的实施，四川将吸引更多的国内外资金，为“西电东送”骨干水电项目的启动和建设打下坚实的财政基础。突出重点，就是要充分发挥西部的资源优势，四川水能资源得天独厚，是西部大开发的重点。有步骤、分阶段实施，就是通过水电开发和“西电东送”，带动相关产业如矿业、冶金、化工等的发展，推动经济繁荣和社会进步。另外，借大型水电项目建设的契机，还可以大搞水土保持、植树种草和退耕还林工程。这是符合中央西部大开发战略部署的。

第二，四川水力资源丰富，有条件大力发展水电和“西电东送”，同时，水电项目建设条件和建设环境好，外送电能质量高。四川境内河流众多，径流丰沛，落差巨大，水能资源极为丰富。1998年，四川率先在全国进行水力资源复查，并首先提出了水力资源经济可开发量的概念和界定方法。据复查资料显示，全省水能资源理论蕴藏量为1.43亿kW；技术可开发量1.03亿kW，年发电量5563.34亿kW·h；经济可开发量7611万kW，年发电量4017亿kW·h，均占全国的四分之一，是我国水能资源最富集的地区。仅长江上游的金沙江、雅砻江和大渡河在四川境内的技术可开发量就达7675万kW。“三江”干流梯级水电站大部分装机容量可达数百万千瓦，最大的可达1200万kW以上，是名副其实的水能“富矿”区，可建成我国最大的水电能源基地。同时，四川省的水能资源开发条件十分优越，主要河流地质、地形条件好，淹没损失和移民搬迁少，建设周期短，技术经济指标优越，电站单位容量投资低。然而，四川水能资源的开发利用程度还很低。至1999年底，全省已建成的大中小型水电站总装机容量约1000万kW，加上在建的水电工程，其装机容量仅占技术可开发量的9%，经济可开发量的12%，还有巨大的开发利用潜力尚待发掘。

第三，有一定的前期工作基础。中型河流以及“三江”都进行了不同程度的规划、勘测和设计工作，为水电开发和实现“西电东送”的战略目标提供了坚实的资源条件。作为“西电东送”的第一期工程，金沙江溪洛渡、向家坝两座巨型水电站分别于1986年和1985年开始进行预可行性研究，并分别于1994年

和1995年提出了预可行性研究报告，预计2001年完成预可行性研究报告。雅砻江官地以及大渡河瀑布沟等大型水电站，都已完成可行性研究报告，具备开工建设的基本技术条件。锦屏一、二级电站也进行了规划。其他中型水电站的前期工作也进行得比较充分。

第四，具备在大江大河上兴建大型水电站的工程技术能力和建设管理经验。经过50年的发展，四川水电队伍已具备较高的勘测、设计、科研、设备制造和施工安装等技术水平，同时，掌握了先进的工程建设管理经验。二滩水电站是具有里程碑意义的大型项目，无论在大库高坝设计、深山峡谷大流量导流等施工组织、大容量水轮发电机组的设计和制造安装等方面，还是在学习、消化世界先进工程管理经验方面，都为今后的水电开发和建设“西电东送”水电基地提供了宝贵经验。

第五，三峡水利枢纽的建设和目前超高压远距离输电线路的建设，为“西电东送”所必要的跨大区联网提供了必要的技术保证。目前，二滩水电站500kV输电线路已到重庆，将与三峡电站到重庆万县500kV线路相连，具备了“西电东送”的基本条件。“十五”期间可利用这条通道将四川水电送往三峡库区和华中地区。

三、加快四川水电开发，实现“西电东送”战略必需的规划、政策和措施

为加快四川水电开发，实现“西电东送”的战略目标，要坚持和发扬水电建设中的成功经验，如加快水电工程前期工作，坚持流域“梯级、滚动、综合”开发，坚持加大政府投入力度，拓宽国内外投融资渠道等等；为配合西部大开发战略的实施，还必须采取一系列促进水电开发的措施。

（一）全面规划，重点突破

四川水电开发和“西电东送”，要放在全国的大格局中统筹考虑，四川水电要参与全国一次能源的平衡，要立足全国，做到全面规划，重点突破。就是要求国家在“十五”计划和中长期电力规划中，将全国重点电源建设布置在西部；近期要利用三峡建设形成跨大区联网的契机，结合全国电网规划，首先争取国家批准二滩水电站通过重庆向华中送电，实现“西电东送”的突破；再争取四川电网与西北电网联网；最后通过金沙江水电梯级的建设，实现大规模“西电东送”。

（二）吸引东部经济发达地区资金，促进“西电东送”

目前四川已经完成可行性研究报告的大型水电项目总装机容量约3000万kW，这些项目已经基本具备开工建设的条件。因此，除国家加大投入、增强政策导向作用外，还要制定一系列针对大型水电开发的优惠政策，吸引东部经济发达地区雄厚的资金参与四川水电项目的建设，促进“西电东送”。

（三）千方百计降低水电造价，提高“西电东送”电价的竞争力

第一，精心设计，科技先行，降低造价。四川水电尤其是“西电东送”的巨型电源点，均是工期长、施工困难、投资巨大的水电工程。应进一步发挥先进科技作为第一生产力的作用，优化设计方案，缩短工期，减少工程量，降低工程造价，提高水电电价的竞争力。第二，放宽水电基建贷款条件，降低贷款利率。延长水电工程融资的还贷期限，最长可延至水电工程的经济寿命期。第三，适当调整税赋。关键在于减轻增值税税赋、降低所得税税率、减免或豁免水电工程土地占用税和减低设备进口关税。

我相信，随着西部大开发、“西电东送”战略的实施，新一轮水电开发的高潮一定会早日到来。

专 家 论 坛

21世纪中国水电发展战略探讨

国家电力公司顾问 中国水力发电工程学会副理事长 何 璟

新中国成立以来特别是改革开放以来，随着国家经济的快速发展，水电建设取得巨大成绩，2000年底水电装机容量达到7935万kW，是1949年底的486倍。水电建设技术已具世界水平，部分领域还进入世界先进行列，并初步建立了适应市场经济的、有中国特色的水电开发建设机制。这些都为今后水电的持续发展提供了坚实的基础。进入新世纪如何在国家大发展、西部大开发的机遇下加快水电的发展？我想应努力贯彻国家电力建设方针，优先发展水电；根据我国的特点优化配置水电资源；练好内功并争取国家政策的支持。

一、贯彻电力建设方针，积极发展水电

根据国家计委《国民经济和社会发展第十个五年计划能源发展重点专项规划》要求，对电力建设提出“重点加强电网建设，积极发展水电，优化火电结构，适当发展核电，因地制宜发展新能源发电”的方针。水电建设要认真贯彻这一方针，并应注意以下三点：

(一) 重点发展电网，协调发展电源

一段时间来我国电网的发展滞后于电源建设。省际、大区间的联网滞后，网架结构薄弱，输配电能力不足，制约了盈亏互补，制约了用电的增长，因此“十五”重点建设电网是完全正确的。

我国的电源建设经多年努力，成效卓著，告别了缺电时代，基本满足了经济建设和人民生活的需要。近年个别省在某些时段还略有“盈余”。但同时有些省份如浙江、广东，有些电网如河北南网、乌鲁木齐电网等在夏季用电高峰仍显电力不足，面临拉闸限电的困境。就全国而言，2000 年我国人均年用电量不足 1000kW·h，人均装机仅 0.25kW，和世界各国相比实属低水平的“供需平衡”。一些发达国家如美国、加拿大 1998 年人均装机都在 3kW 以上，人均年用电量 1.3 万 kW·h 以上，就是西班牙这样中等发达国家，1998 年人均装机就达到 1.23kW，人均年用电量近 5000kW·h。差距之大，让我们感到随着国家经济的发展，电源建设的任务仍然任重道远，如稍有松懈，多年辛苦建立的较为脆弱的供需平衡就可能打破。从电力行业本身看，也只有网、源协调发展，才能提高整体效益。在有市场需求的情况下，有源无网，装机闲置，电源公司受损失，有网无源，电网闲置，电网公司受损失。这是显而易见的道理，但具体要做到动态平衡并不容易。因此，当前，在强调电网建设的同时，一定要兼顾电源的协调发展。

(二) 调整电源结构，优先发展水电

我国在经济迅速发展的同时也付出环境的代价。目前除西藏外，东、中、西部各省、市、区都存在不同程度的污染。如二氧化硫等的排放造成 1/3 以上的国土面积被酸雨覆盖，其中 30% 的二氧化硫排放是电厂燃煤造成的。1995 年全国二氧化硫排放是 2370 万 t，仅在两控区就造成 1100 多亿元的损失，相当于年国民生产总值的 1.98%，这是个不得不引起关注的数字。多年来由于种种原因，煤电发展很快，1995 年～2000 年的五年间发电燃煤从 4.7 亿 t 增加到 5.9 亿 t，增量 1.2 亿 t 就相当于 1980 年全国发电用煤量。根据中国的资源情况，在可预见的将来，电源仍然要以煤电为主，国电公司正按国家电力方针，调整煤电结构，带头关停小煤电，煤电建设以大型为主，坑口（煤炭基地）为主，重视煤电的脱硫、脱氮改造和推广清洁煤技术。另一方面中国水能资源开发程度很低，风力资源丰富，根据现在国家的经济实力，完全有条件大力发展清洁可再生能源，特别是优先发展水电，应在电源结构调整中努力提高水电的比重。

解放以来，国家重视水电的发展。1950 年第一次全国水力发电工程会议上朱德同志代表中央讲话就强调水电建设的重要性，此后不断提出“积极发展水电”，“大力发展水电”的电力建设方针。水电的比例从 1949 年的 8.8% 上升到 1984 年最高值为 32%。改革开放后，由于政策、措施的调整跟不上市场经济的发展，在缺电的情况下，各电源建设单位往往争上“短、平、快”的火电，使水电比例自 1985 年始，一路下滑至 1998 年的 23.4%。国家电力公司成立后，公司党组在国家综合部门的支持下，采取有效措施，调整电源结构，1997 年提出三年内原则上不开新的火电项目，优先发展水电。1999 年开始水电比例有了恢复性的增长，达到 24.4%，2000 年为 24.8%，这是个好的开始。在贯彻实施“十五”计划和今后的电源建设中，就全国而言，除晋、陕、蒙、黔等煤电基地外，仍应优先发展水电。

关于水电的发展目标，虽仁者见仁，智者见智，但多数人都认为 2010 年水电比例以达到 30% 左右为宜。为此 2010 年水电装机要力争达到 1.55 亿 kW 以上，至少要达到 1.45 亿 kW。从近年电量的实际增长情况看，1999 年为 6.52%，2000 年为 10.98%，2001 年 8 月底以前增长率为 7.81%。而电力的增长一般都高于电量的增长。考虑到现有装机容量，经结构调整，尚有一定潜力，如将“十五”、“十一五”期间装机的年均增长率定为 6%（第一方案）或定为“十五”平均增长率 6%，“十一五”平均增长率 5%（第二方案），水电的比例详见表 1。

表 1　2010 年水电装机占电力总装机比例测算

水电比例（%）＼2010年水电装机（亿 kW）＼方案	1.55	1.45	1.25
方案一（2010 年总装机 5.7 亿 kW）	27.1	25.3	21.8
方案二（2010 年总装机 5.45 亿 kW）	28.4	26.6	22.9

也就是说，如果 2010 年水电装机能达到 1.55 亿 kW，水电比例也不过 27%～28%，可提高 3 个百分点左右，如达到 1.45 亿 kW，水电比例只有 25%～26%，只提高一个百分点左右。如 2010 年水电只有 1.25 亿千瓦，水电的比例将降为 22%～23%，降低 2.5 个百分点，那就谈不上电源结构调整，有悖“十五”计划的精神和要求。

当然在清洁可再生能源中还有风能和太阳能等等，特别是中国的风能资源蕴藏量比水能大得多（理论

风能储量为22万亿kW·h/年，理论有效风功率47亿kW)。但受设备外购、电价高等等因素制约，目前尚未大规模开发，今后仍应给予扶持，加快发展。

（三）调整水电结构

水电要加快发展，在生产范畴内还应注意进行四个方面的结构调整，其中三个方面是电力系统自身的，一个是相关行业的调整，可以概括为（3+1）。

（1）常规水电的开发重点要从中东部转到西部。这是中国资源分布和开发现状决定的。

（2）常规水电要从主要开发径流电站和调节性能差的电站转为重点开发年调节以上，特别是龙头电站。在市场经济体制下，要达到这种转变，需要国家调整政策，引导电源公司优先开发年调节以上的水电站。

（3）要从过去只注意开发常规水电，调整为重点开发西部常规水电的同时，根据电网的需求，协调发展东中部地区的抽水蓄能电站。由于以下三个因素，促使有些电网需要配置相应的抽水蓄能电站：

1）随着国家经济的发展，人民生活水平的提高，电网峰谷差逐年增大，对供电的安全和质量要求也越来越高，需要优质、可靠、经济的调峰电源。在一些缺少水电或缺少有调蓄性能水电资源的电网，抽水蓄能电站就成为优先考虑的调峰电源。它既能调峰又能填谷，200万kW的峰谷差只需要配置100万kW的抽水蓄能机组，如煤电调峰则需400万～600万kW，从而节约了基建投资，提高了机组的利用小时。此外，可逆式机组启停、爬坡速度快，中国几个大型抽水蓄能机组从静止到满载只需2～2.5min，而大型煤电机组从冷态到满载要5～8h，联合循环燃气机组需要2～3h，就是单循环燃气机组也要15～20min。抽水蓄能电站从空载到满载只需39～35s，而大型煤电机组和联合循环燃气机组从50%负荷到满载都需要10～30min以上，就是单循环燃气机组也需要6～8min。所以抽水蓄能电站是这些电网调峰、调频、调相和紧急事故备用的理想选择，是系统高度灵活的管理工具和很好的保安电源。

2）西电东送规模越来越大，距离越来越远，受电区负荷中心的紧急事故备用电源必不可少；另一方面，峰谷电价出台，接受超远距离送电的受电区，必然会研究购买便宜的基荷，建设抽水蓄能电站就地加工成峰荷的问题。

3）风电逐步进入规模开发后，这些随机的电力、电量，对一些规模较小的电网的调度造成困难，也需要配置相应规模的抽水蓄能电站，将随机的“劣质”电转换为“优质”的调峰电源。

（4）大型抽水蓄能电站的可逆式机组要调整为以国产化、本土化为主。抽水蓄能电站设备投资占50%以上，设备若能实现国产化将大幅度降低电站成本。抽水蓄能机组的规模有可能达到1亿kW左右，是目前已建容量的10倍以上，说明市场需求较大。

二、水能资源概况

（一）水能资源总量

中国水能蕴藏量1万kW以上的河流3000多条，水能资源丰富，居世界第一。据此前全国水力资源普查成果，水能蕴藏量为6.87亿kW，其中大陆6.76亿kW，台湾0.11亿kW。相应的年电量6.02万亿kW·h，其中大陆5.92万亿kW·h，台湾0.10万亿kW·h，约占世界总量的1/6。据近年河流规划设计、各省和台湾的统计资料，全国技术可开发装机约5.26亿kW，其中大陆5.21亿kW，台湾0.05亿kW；相应年发电量约2.28万亿kW·h，其中大陆2.24万亿kW·h，台湾0.04万亿kW·h。

（二）中国（以下均以大陆论）水能资源的特点

中国水能资源有三大特点：

1. 资源总量十分丰富，但人均资源量并不富裕

以电量计，我国可开发的水电资源约占世界总量的15%，但人口占世界的21%，因此人均资源量只有世界均值的70%左右，并不富裕。

2. 水电资源分布极不均衡，与经济发展的现状更不匹配　从河流看我国水电资源主要集中在长江、黄河的中、上游，雅鲁藏布江的中下游及珠江、澜沧江、怒江和黑龙江上。这七条江河可开发的大、中型水电资源都在1000万kW以上，其总量约占全国大、中型水电资源量的90%。全国大中型水电资源100万kW以上的河流共18条，其大、中型水电资源约4.28亿kW，约占全国大、中型资源量的97%。详见表2。

表2　全国大中型水电资源100万kW以上河流资源分布

序号	河流	装机容量（万kW）	序号	河流	装机容量（万kW）	序号	河流	装机容量（万kW）
1	长江	21081	8	塔里木河水系	791	14	额尔齐斯河	201
2	雅鲁藏布江	5496	9	闽江	381	15	元江	187
3	黄河	3577	10	伊犁河	344	16	朋曲	178
4	澜沧江	2893	11	钱塘江	239	17	开都河	159
5	珠江	2576	12	瓯江	210	18	韩江	148
6	怒江	>3041	13	鸭绿江（中国部分）	206			
7	黑龙江（中国部分）	1153						
1～7小计		39817	1～18总计					42861

如按行政区划分，我国水电主要集中在经济发展

相对滞后的西部地区。西南、西北 11 个省、市、区(包括云、川、藏、黔、桂、渝、陕、甘、宁、青、新)的水电资源约 4.07 亿 kW,占全国水电资源量的 78%,其中云、川、藏三省区共 29743 万 kW,就占 57%,而经济相对发达,人口相对集中的东部沿海 11 个省、市(辽、京、津、冀、鲁、苏、浙、沪、穗、闽、琼)仅占 6%,详见表 3。

表 3 各省(市、区)水电资源量 万 kW

西南		西北		中部		东部			
省(市、区)	可开发水电	省(市、区)	可开发水电	省(市、区)	可开发水电	省(市、区)	可开发水电	省(市、区)	可开发水电
四川	10346	新疆	1924	湖南	1336	吉林	630	浙江	826
云南	10313	青海	2406	湖北	3438	黑龙江	723	安徽	120
西藏	9385	甘肃	912	江西	868	辽宁	198	福建	1075
贵州	2029	陕西	741	河南	362	内蒙	282	广东	697
广西	1912	宁夏	258	山西	404	京、津、冀	219	海南	100
重庆	838					鲁、苏、沪	33		
小计	34823	小计	6241	小计	6226	小计	4903(11 个省、市 3148)		
占可开发水电资源的比例	66.72%		11.96%		11.93%		9.39%		

改革开放以来,沿海地区经济高速发展,目前东部沿海 11 省、市的用电量已占全国的 51%。这一态势在相当长的时间内难以逆转。为满足东部经济发展的需要,根据中央部署加大了西部水电开发力度,加快了西电东送的步伐。

3. 江、河来水量,年内、年际变化大 中国是世界上季风显著的国家之一。不利的自然条件,要求我们在水电规划和建设中必须考虑年内和年际的水量调节,根据情况布置和优先建设具有年调节和多年调节水库的水电站,以提高水电的供电质量,提高系统的整体效益。

(三)抽水蓄能电站资源

我国抽水蓄能电站的建设起步更晚,按各电力公司现有资料统计,全国 21 个省、市、区除上海外都有一定的资源储备,已查明抽水蓄能站址 247 座,规模约 3.1 亿 kW,详见表 4。

表 4 全国 22 个省(市、区)或电网抽水蓄能资源储备

省(市、区)或电网	站址数(座)	装机(万 kW)	备注
京津唐	25	1793.4	做过普查
河北南网	5	381.1	在全省做过普查
山西	15	1240.66	在全省做过普查
内蒙古西部	2	220	做过普查,筛选后的站址:岱海 100,呼和浩特 120

续表

省(市、区)或电网	站址数(座)	装机(万 kW)	备注
辽宁	3	460	在全省做过普查,筛选后的站址:蒲石河 240,青石岭 120,步云山 100
吉林	3	210	在全省做过普查,筛选后的站址:白山 30,红石 120,双沟 60
黑龙江	3	410	做过重点普查,筛选后的站址:荒沟 120,五常 200,三间房 90
上海	0	0	在全市做过普查,没有站址
江苏	8	403	在全省做过普查,筛选后的站址:宜兴 100,省庄 120,沙河 10,南大浮 54,黄泥坎 60,西湾 15,鹿眠谭 14,青石山 30
浙江	14	2378	在全省做过普查
安徽	5	353	在全省做过普查,筛选后的站址:黄山天湖 120,西邪冲 65,琅琊山 60,响水涧 100,响洪甸 8
福建	41	5717	在全省做过普查
江西	15	1645	在全省做过普查
山东	13	1163	在全省做过普查
河南	12	984	在全省做过普查

续表

省(市、区)或电网	站址数(座)	装机(万kW)	备　注
湖　北	31 (5)	4438 (732)	在鄂东做过普查,站址共31个,总装机4438,筛选了5个:白莲河120,九宫山120,花园120,城山120,喷雪岩252
湖　南	5	600	在全省做过普查,筛选后的站址:玉池60,杨桥60,弼石80,平江240,下龙潭160
广　东	41	8001	在全省做过普查
海　南	3	150	在全岛做过普查,筛选后的站址:黎母山50,石露山50,南尧河50
西　藏	1	9	个别选点:羊卓雍湖9
新　疆	2	70	个别选点:天池60,呼图壁10
小计	247	30626	

总之，我国抽水蓄能电站的资源丰富，完全能够满足电网配置的需求。

三、水电开发现状

(一) 常规水电的开发现状

1949年底我国水电装机16.3万kW，占全国总装机8.8%，五十多年来，尤其是改革开放的23年，水电有了突飞猛进的发展，到2000年底水电装机已经发展到7935万kW,占总装机24.8%。水电平均年投产约155万kW,进入90年代年均增长达433万kW,远超过世界各国。以1997年底世界水电装机容量排序前15名的国家为例,各国年均增长量详见表5。

表5　1997年底世界水电装机前15名国家水电年均增长量

国　家	1997年底装机(2000年底装机)(万kW)	1990年底装机(万kW)	年均增长(算到2000年的年均增长)(万kW/年)
美　国	9717	9014	100.4
加拿大	6568	5938	90
中　国	5973 (7935)	3605	338.3 (433)
巴　西	5243	4556	98.1
俄罗斯	4510	前苏联6410	
日　本	4441	3783	94
法　国	2930	2475	65
挪　威	2729	2694	5
印　度	2293	1886	58.1
意大利	2185	1877	44
西班牙	2153	1605	78.3
瑞　典	1661	1633	4
奥地利	1351	1092	37
瑞　士	1189	1235	-6.6
委内瑞拉	1322	791	75.9

除中国外，水电增长最快的几个国家如美国、巴西、日本、加拿大，年均投产强度也只有90万～100.4万kW/年。我国自1993年以后，已连续8年投产强度超过300万kW/年，1998年以后超过500万kW/年,1999年更创历史新高达到790万kW,这样的发展速度，在世界水电建设史上是绝无仅有的。现在水电装机相当于1984年全国的电力总装机。

水电装机容量虽然增长很快，但开发率仍然很低，且东西差距极大。全国平均开发率以规划设计数计，常规水电以容量计开发率约14%，以电量计开发率约10%，列在世界80位左右，远不及发达国家，也排在很多发展中国家如印度、越南、泰国、巴西、埃及等国之后，这与我国发展中大国的地位极不相称，也有悖于可持续发展的原则，不利于环境的改善。

水电总开发率低的原因，在于西部主要资源省的开发率低下。按2000年的水电装机容量计，西藏的水电开发率0.3%，新疆水电开发率4.5%，作为水电资源大省的云南，开发率也不过4.8%，四川略高，为10.6%。东中部的水电资源有限，开发率较高。除黑龙江因国际界河暂时难以开发外，其余19个省、市、区的水电平均开发率（含在建项目）约63%。其中湖北水电已开发80%，广东、浙江也在70%左右，辽宁、吉林、河南三省的大中型水电开发率已高达87%以上。因此21世纪，水电的发展，必然要结合国家西部大开发的战略部署，大力开发西部水电。

(二) 抽水蓄能电站的开发现状

截至2001年6月，我国已在9个省、市建成11座抽水蓄能电站，装机容量约570万kW，占全国装机比例约1.8%。其中大型4座，即广东（240万kW)、浙江天荒坪（180万kW)、北京十三陵（80万kW）和河北的潘家口（27万kW)。中型电站5

座，分布在江苏、浙江、安徽、湖北、西藏等5省区。抽水蓄能电站装机分别占各自电网装机的比例详见表6。

目前在建项目1项，即山东泰安（100万kW）。已经审批了项目建议书并陆续开始筹建的还有浙江的桐柏（120万kW）、山西的西龙池（120万kW）、江苏的宜兴（100万kW）、河北的张河湾（100万kW）和安徽的琅琊山（60万kW）。这些电站预计都在“十五”、“十一五”建成。2010年各电网中抽水蓄能电站的比例见表7，届时，西电东送规模扩大，各电网峰谷差加大，抽水蓄能电站的比例虽有所提高，除湖北、拉萨外，可调峰的水电（含抽水蓄能）只占电网总容量的3%～7%，仍难满足调峰和紧急事故备用的需求。

表6 抽水蓄能电站在各电网中的比例

电网	京津唐	河北南网	华东	广东	拉萨	湖北
2000年电网容量（万kW）	1817	833	5666	3396	18	1510
已建抽水蓄能电站容量（万kW）	109.4	1.1	206	240	9	7
抽水蓄能电站占全网装机的比例（%）	6	0.1	3.6	7	50	0.4

表7 2010年抽水蓄能电站在各电网中的比例

电网	京津唐	河北南网	华东	广东	山东	山西	河南	湖北	拉萨
预期总装机（万kW）	3300	1400	10600	6000	3600	1900	2493	2459	30
抽水蓄能电站装机（万kW）	109.4	101.1	486	240	100	120	132	7	9
抽水蓄能电站所占比例（%）	3.3	7.2	4.5	4	2.7	6.3	5.2	3.9	30
已建年调节以上常规水电（万kW）	38.9	4.1	205.3	57.3	0	0	6	421.7	0
已建年调节以上常规水电比例（%）	1.1	0.2	1.9	0.9	0	0	0.2	34	0
水电可调峰比例（%）	4.4	7.4	6.4	4.9	2.7	6.3	5.4	37.9	30

四、水电优化配置的设想

（一）常规水电实施“西电东送”

中国中西部水电资源比东部丰富，但大部分省、市、区人均资源量并不富裕，仅够自用。从长远看，能输出水电的主要是云、川、青、藏四省、区，近期鄂、黔、桂三省也可以根据自身的经济发展和开发情况适当输出。这些省、区的人均可开发资源量及可输出量见表8。

表8 部分省（区）人均可开发水电资源量及可输出量

项目	长远可输出					近期可输出			
省区	云南	西藏	四川	青海	合计	湖北	贵州	广西	合计
人均可开发资源（kW/人）	2.06	26.81	1.12	3.43		0.498	0.45	0.35	
可输出量不少于（万kW）	7000	7000	4500	1500	20000	送华东 720	500	500	1720

从河流看，能输出电能的主要是金沙江、雅鲁藏布江、雅砻江、澜沧江、怒江和黄河上游的青海段。近期长江干流、乌江、红水河（含上游）均可视情况适量外送。详见表9。

远景由于西电东送2亿kW的水电，将使东部沿海11个省、市人均增加0.36kW的电力，这对保证东部能源供应的安全稳定、促进东部的发展具有重要意义。西电东送距离遥远，即使不考虑西藏电力的送出问题，各主要电源点至京津唐、华东、广东的直线距离都在2500～3000km以上，这么远距离送电似应

表 9 可输出电能的河流的资源量

河流	长远可输出								近期可输出			
	金沙江	雅鲁藏布江	雅砻江	澜沧江	怒江	黄河青海段	大渡河	合计	长江干流	乌江	红水河	总计
可开发大中型水电资源（万 kW）	7900	5500	2600	2900	＞3000	1900	2300	26100	2590	1240	1570	5400
可输出省的容量约（万 kW）	7200	5000	2000	2000	1500	2000	800	20000	送华东 720	500	500	1720

以输送电量为主，即送基荷为主。这样可以缩小西部电源和输电线路建设规模，减轻输电通道的压力，相应也可以减少东部紧急事故备用的电源。其国民经济评价可能优于以输送电力为主，即送峰荷为主的方案。因此在受电区的负荷中心，需要配置相关的抽水蓄能电站，以解决东部调峰和事故紧急备用。

（二）东中部相应发展抽水蓄能电站

初步分析，具有以下三种情况之一的电网，都可能需要配置抽水蓄能电站。

(1) 没有水电或很少水电的电网。东部、沿海各省市特别是京、津、沪、苏、鲁、皖、冀、辽、蒙 8 个省市近期年调节以上夏季可供调峰的水电容量仅 0.3%，他们不仅缺少水电，大都缺少能源，因而都是西电东送的受电区，需建抽水蓄能电站以调峰、调频、调相和紧急事故备用。如接受远距离送电的受电区从安全考虑，建设一定数量的保安电源必不可少，此外电价改革后，若实施峰谷电价，受电区从经济效益考虑，也需要配置抽水蓄能电站。

(2) 虽然有水电，但调节性差的电网，夏季为减少弃水，季调节以下的水电往往承担基荷，这样的电网也应研究是否需要配置抽水蓄能电站。如粤、赣、闽、湘、浙、琼、黑、豫、晋等 9 个省属此类型。

远景年调节以上水电站全部开发完后，除湖北夏季调峰水电可以达到 10%左右，其余各省都在 6.2%以下（见表 10）。难以满足系统调峰的需求，也需要考虑建设抽水蓄能电站的问题。

表 10 部分省（市、区）远景抽水蓄能电站建设规模

		可开发水电（可开发风能）（万 kW）	可开发年调节以上水电（万 kW）	2000 年			远景			
				总装机（万 kW）	年调节常规水电（万 kW）	年调节常规水电比例（%）	总装机（万 kW）	常规水电（开发 90%）与总装机比例（%）	年调节常规水电（万 kW）	需要配置抽水蓄能的大致比例（%）
缺少水电的省（市）	京	60	13	445	0	0	2000	2.7	10	0.65
	津	3	0	503	0	0	2300	0.1	10～12	0
	沪	0	0	1060	0	0	4900	0	10～12	0
	苏	11	0	1925	0	0	9000	0.1	10～12	0
	鲁	22	0	2001	0	0	9000	0.2	10～12	0
	皖	120	46	872	26.4	3.0	5000	2.1	10	0.92
	冀	155	59	1583	21.7	1.3	7500	1.8	10	0.78
	辽	198	3.2	1523	3.2	0.2	7000	2.5	10	0.90
水电调节能力差的省（市、区）	豫	362	11	1531	6	0.4	7000	4.6	10	0.15
	粤	698	82	3190	71.25	2.2	14000	4.5	10	0.55
	赣	686	65	632	31.75	5.0	3000	20.5	5—8	2.16
	湘	1336	168	1033	8.47	8.5	5000	24.0	5—8	3.70
	黑	723	146	1088	68.2	6.2	5000	13.1	5—8	2.48
	浙	826	343	1808	158.62	8.7	8000	9.3	8—10	4.28
	闽	1075	162	1043	36.65	3.5	5000	19.3	5—8	3.24
	晋	404	2.5	1274	0	0	4000	9.1	8—10	0.09
	琼	100	62	179	32.2	17.9	1000	9.0	8—10	6.20
	鄂	3437	781	1510	120.8	8	7500	41.2	3—5	10.6

续表

		可开发水电（可开发风能）（万 kW）	可开发年调节以上水电（万 kW）	2000 年			远 景			
				总装机（万 kW）	年调节常规水电（万 kW）	年调节常规水电比例（%）	总装机（万 kW）	常规水电（开发 90%）与总装机比例（%）	年调节常规水电（万 kW）	需要配置抽水蓄能的大致比例（%）
风电比例高的地区	蒙	（10000）		896			3000		视风电比例定	
	新	（6450）		445			2500			

（3）风电比例高的电网，如内蒙、新疆需要抽水蓄能电站把随机的电量转换为调峰容量。两自治区可开发的风电资源分别达到 1 亿和 6500 万 kW 左右。新疆乌鲁木齐各电网去年风电装机约 7 万～10 万 kW，最大负荷约 150 万 kW，风电比例不到 7%，他们已感到调度困难。这种情况下就需要建设相应容量抽水蓄能电站，既可解决瞬时电力的冲击，又可缓解调峰电力不足的矛盾。

按照上表初步匡估，远景抽水蓄能机组的建设规模可能达到 0.89 亿～1.04 亿 kW。

五、加快水电发展的有关措施

（一）加强前期工作

水电前期工作周期长，投资大，目前水电资源普查、各项规划和设计储备都相对滞后。因此需要做好以下几方面的工作：

1. 做好资源普查　流域水能资源普查的修订工作在国家计委安排下已开始进行，估计技术可开发量将比 1980 年普查值加大 1/3 以上，可能超过 5.2 亿 kW。核实资源对宏观指导水电开发至关重要。

中东部和其他需要建设抽水蓄能电站的省（市、区）还应做好相应范围内站址资源的普查。

2. 扩宽规划概念，加强规划的编制、修订和审批　过去电力部门搞水电规划，主要是搞河流的梯级规划，似太局限，笔者认为水电规划至少要分两个层次：

（1）水电资源规划。包括各流域常规水电的梯级规划和有关省、市、区的抽水蓄能电站的选点规划。资源规划应该是政府行为，目前规划已落后于建设，急需加强。

（2）开发利用规划。包括大规模、跨大区、跨流域的开发利用规划和各大电源开发公司的水电开发经营规划。规划要明确在受送电区哪些河流、哪些电站承担东送任务？送基荷还是送峰荷？送多少？东部受电区在什么地方要配置抽水蓄能电站等等。

此外，各大电源开发公司还要有长远的水电开发规划。实际上是水电开发经济战略的研究，要为 20～30 年的开发考虑：要开发哪些河流？建哪几个电站？先建哪个后建哪个？什么时候建公司和整体的效益最高？这个工作过去注意不够，研究比较粗放，现在市场经济，企业要以经济效益为中心，就要加强这方面的研究，这当然是企业行为。有了规划，企业又重视前期工作的投入，才能做到干着一个，筹建一个，备选 2～3 个，才不至于点错鸳鸯谱，才不会贻误战机，才会有好的投资效益。

3. 增加水电预可研的项目储备　对于事关全局的战略性项目国家要做好引导，企业也要积极参与。如金沙江龙头电站虎跳峡可以做到多年调节，因此如能和溪洛渡同时建成，由于虎跳峡的调蓄作用，溪、三、葛枯水期的保证出力可以增加 500 万 kW 左右，相当于又一个三峡。这也意味着有关电力系统可以少 500 万 kW 的重复容量，整体经济效益巨大。但目前虎跳峡预可研刚刚启动，即使各电源公司有开发意向，有资金保证也难以开工建设。

在调峰电源优化配置规划中需要建设抽水蓄能电站的电网，也要有抽水蓄能电站的预可研储备。

（二）完善水电的滚动开发机制。要加快水电开发，需要完善梯级综合滚动开发的机制

水电滚动开发自 80 年代开始已经实施了十几年，组建的大型水电滚动开发的公司约十几家，从水电的滚动开发过程看，大致可分二个阶段。

第一阶段 1997 年以前。大多以一厂一公司的模式组建了一批水电开发公司如清江公司、二滩公司等等，对本流域进行梯级、综合、滚动开发。它们为加快水电开发趟出了一条新路，功不可没。这些公司大部分进入新世纪后，首建工程基本完成还贷任务，将逐步纳入良性的滚动开发的轨道。

第二阶段是 1998 年以来。为适应市场经济，增加水电生存、竞争的能力，国电公司开始组建一批有母体的、对本流域进行梯级、综合、滚动开发的水电开发公司如澜沧江公司、黄河上游公司等六大一小公司。现在仍有一些已具备条件的流域，应结合下一步深化改革和水电开发，继续组建有母体的流域开发公司。

另一方面已建公司要尽快完善滚动开发机制。要做到两个到位：一是母体电站要尽快到位，尽早完成资产重组的任务。二是母体电站的合理电价要尽快到位。只有这样，新的流域开发公司才能真正完成组建任务，才有可能在公司首建工程投产后，进入良性的滚动发展阶段。

实际上有母体电站的滚动开发，就是以公司已还完贷款的电站的高利润，解决在建电站的高投入和平抑还贷期新电站的高成本。由于新组建的“六大一小”公司中只有乌江公司的母体电站乌江渡和东风规模大于在建的洪家渡，乌江渡无还贷任务，东风也基本还完贷款，且合理电价到位，在洪家渡开工前公司又有一定积累，因此乌江公司已进入良性滚动开发阶段，其余各公司不具备上述条件，首建工程仍需业主投入大量资本金。

根据电力部财务司对全国1980～1996年共17年水、火电售电成本和售电利润进行的统计分析，全国水电的电量只占总电量的16.3%，但创造的利润却占63%。而已建水电站中还完或基本还完贷款能提供较高利润的电站多在东中部。因此就全国来讲，要加快西部水电的开发，还需要以已建水电站的利润作为西部资本金的投入。这是全国意义上的跨流域、跨地区的“滚动开发”。

关于抽水蓄能电站，它既是水电站，也是电网管理的工具，今后的发展机制和管理模式可能是多样化的。可以由电网投资、管理（如广东）；由于它调峰填谷的优势也可以水火互济，由火电厂或以火电为主的公司投资兴建和管理（如山东电力公司）；一些超远距离送电的水电开发公司，为了提高公司效益和竞争力，也可能需要研究是否在负荷中心建抽水蓄能电站的问题，即是常规水电和抽水蓄能的组合。电价改革出台后，实施峰谷电价，调频、调相、事故备用等动态效益付费后，抽水蓄能电站也可以独立存在。

（三）降低成本，提高效益，加快发展

要加快水电开发，除前期工作以外，主要是资本金的筹措。应从开发规划、勘测设计、施工建设和生产经营等各个环节注意降低成本、提高效益以利加快项目储备。为此：

（1）加强管理。我国自然条件好的河流和工程不少，但并不是这些电站的造价都很低，而贵州省电力公司建设的水电站就做到了低成本。他们的经验就是加强全过程的管理，实施限额设计，发挥老专家的作用，优化建设方案，从而使他们的水电站的千瓦造价仅相当于全国火电的平均千瓦造价。这说明管理的潜力很大。

（2）以机制创新推动科技创新。中国水电装机容量世界第二，“十一五”有望升至第一位，但在科技领先方面还有很长的路要走，特别是新技术的推广困难。究其原因，主要是目前市场经济体制不够完善，对推广新技术只有约束没有激励。国家要求建设者对工程质量终身负责，而使用新技术是要承担风险的，按现在的机制，失败了当然要受制裁，但成功了，如提高了质量，没有奖励；如节约了工程投资，设计费和施工承包费用反而减少，效益反而降低。这种只有无限责任，没有经济效益，“鞭打快牛”的机制不调整，新技术就难以推广。1997年以来，笔者多次呼吁在水电建设中推广使用路之宝、氧化镁混凝土和掘进机等新技术，效果甚微。

建议在国家有关政策、法规出台前，业主采用节约分成和质量奖的方式，建立相应的激励机制。高效益能促使高风险的企业发展，也一定能推动水电技术的发展。这样中国水电的科技水平才有望于二三十年后领先于世界。

（四）争取国家的政策支持

长期以来我国一直坚持“积极发展水电”或“大力发展水电”的方针，为什么改革开放以后，水电的比例却一直下降？主要原因在于在市场经济体制下，国家需要通过政策法规调控，引导企业的经济行为。而目前有些具体政策背离了这一方针。因此要加快水电发展，首先要争取尽快改革目前制约水电发展的各项政策，继而按照国家水电开发方针和支持清洁可再生能源的方针，力争政策上的倾斜。

1. 降低税赋　其他行业税改前后税赋水平基本不变，唯水电税改后赋税水平提高约10倍（见政协一提案），从而影响了水电的发展。目前水电要交纳的税费多达30余种，其中不合理又影响较大的有：

（1）增值税。水电因无进项税抵扣，实际为17%，甚不合理，至少应降到和火电一样，即8%，还应力争达到小水电的标准即6%。

（2）耕地占用税。水电站大多有防洪、灌溉、通航、养殖等综合利用效益，应与水利部门修建的水电站一样，免缴耕地占用税。

（3）矿产资源税和矿产资源补偿费。水电建设中将当地的砂石料用于筑坝建厂房，并无经营行为，似可免此税费。

（4）场内公路的养路费、货运附加费。水电施工场地内的公路都是自建并自己养护，应该免缴上述二项收费。

（5）此外建议国家对在建及还贷期的水电站所得税实施优惠减免政策。

2. 改革电价　应建立合理的、科学的上网电价机制。除了发电和输配电分别计价外，上网电价应改变目前单一的电量计价的方式，按不同服务内容和质量计价。实施分时电价（峰谷、洪枯），各种动态效益

（调频、调相、事故备用）分别计价等，在竞价上网中可进一步争取做到“零电价报价”，即水电按同类服务、中标的最高火电价计价。只有这样才能体现国家的电力建设方针，促进水电，特别是调节性能好的水电的开发。

3. 投资分摊　建立合理的投资分摊机制，做到“谁受益，谁分担”。防洪、灌溉等以社会效益为主的投资应由中央或受益地方的政府，以财政拨款投资。通航超现有标准过多的部分，由航运部门投资，总之，能明确受益方的应由受益者分摊投资。

4. 出台水电站调节效益分配办法　具有年调节以上性能的水电站，其下游各梯级所取得的调节效益应合理返还。

5. 重新建立水电前期工作基金　为改变前期工作滞后的局面，希望国家一方面加大水电前期工作经费的拨款，另一方面将回收的国家投入的预可研的经费，一并纳入基金滚动使用。

六、结束语

20世纪很多发达国家、中等发达国家乃至于有些发展中国家的水电开发已基本完成（见表11）。

表11　世界部分国家水电开发率（已开发电量占技术可开发电量百分比）

国 家	开发率（%）	国 家	开发率（%）	国 家	开发率（%）
法 国	>93	捷 克	>71	斯里兰卡	100
瑞 士	>87	葡萄牙	>70	黎巴嫩	>80
德 国	>70	奥地利	>69	肯尼亚	>71
日 本	>67	拉脱维亚	>69	墨西哥	>70
美 国	>66	斯洛伐克	>61	毛里求斯	>70
意大利	>63	挪 威	>60	巴拉圭	>64

中国的水电资源世界第一，但开发建设（特别是西部）才刚刚开始。现在的在建规模约占世界的1/3以上，随着西部大开发战略的实施，我国水电的开发规模、建设、管理水平还将有大的提高。可以预见，2010年前我国水电装机将超过美国，跃居世界第一，同时要力争在十多年的时间在水电科技管理方面也能达到世界先进水平。我们完全有可能在2050年左右基本完成中国的水电开发，同时随着建设的发展，在科技、质量、管理、效益等各个方面也应该全面达到世界领先的水平。总之，就水电而言，21世纪将是中国的世纪。前景美好，任务艰巨。笔者认为，在中央的正确领导下，在国电公司、各电源开发公司及有关行业协会、学会的共同努力下，中国水电一定能加快发展，在21世纪中叶一定能成为真正的水电大国。

统一认识，共同努力
确保三峡工程不留隐患

国家电力公司顾问
中国工程院副院长、两院院士
三峡枢纽工程质量检查专家组成员
潘家铮

钱副主席在去年质量检查会上，有个著名的提法：不留隐患是三峡工程建设的最高原则。现在已到了即将破堰进水的时候，也是截流通航发电的前夕。我今天的发言主要就个人的认识水平，对工程是否有隐患的问题说一点看法，供大家参考。

我认为隐患有以下几类：

(1) 存在未被发现的重大质量事故，工程投运后发生严重后果。

(2) 事故虽被发现，但调查研究不深入，对其性质判断不当，以至处理不力的。

(3) 对事故的严重性和后果虽有恰当的认识，但采取的处理措施不当，或不可行，并不能从根本上解决问题的。

(4) 采取的处理措施虽合理，但施工不好，管理不严，以至未取得效果，在运行后仍然发生严重后果的；所谓严重后果是指影响工程安全、影响工程正常运行、影响工程发挥应起的作用、造成严重经济损失和政治影响。

像三峡这么大的工程，很难做到任何地方都完美无缺。譬如说，在几千万方混凝土中存在一些封闭的空隙；发生一些表面裂缝，蓄水后个别地方渗水量大一些等等。有些次要的缺陷处理不能在破堰前做完，只要没有重大后果，是在预见之中，有处理的时间和手段，就不能定为隐患，这是我判断问题的出发点。妥否，请指正。下面我说四个问题。

一、对三峡工程2001年度工作的看法

在三峡工程建设史上，2001年度是承前启后具有重要意义的一年。在这一年中，三峡工程取得了决定性的成绩：混凝土浇筑量在1999、2000年两破世界纪录的基础上，又取得了浇筑403万 m^3 的成绩。金属结构安装进入高峰，机组及机电安装全面启动，都超额完成了任务。工程形象面貌全面达到计划要求。2001年的卓越成绩为今年破堰进水、明渠截流和实现明年蓄水、通航、发电的目标奠定了坚实的基础。

一年来，总公司提出“双零管理目标”，对工程质

量进行全方位、全过程的监控，对专家们提出的建议认真贯彻，工程质量进一步提高，没有发生严重事故。对过去存在的问题进行全面检查，认真补强。处理工作正在全力、有效、细致、高速地进行。决心之大、投入力量之多、管理之严、进展之快有目共睹。我看了后震动很大，信心倍增，认为完全有条件如期完成，能够达到不留隐患的要求。

当然，也应承认在工作中还存在薄弱环节和有待改进之处。土建工程中的一些顽症仍时有发生，浇筑工艺仍有待改进，混凝土温控有所放松，上游坝面在2001年冬季又出现了新的裂缝，原有裂缝有所发展，永久船闸查出较多缺陷，处理工作量大，金属结构和设备安装中也暴露了一些质量问题，都值得引起警惕和整改。但总的来讲成绩是主要的，存在的不足之处已引起三峡总公司和参建各方的高度重视，从思想教育和加强管理上进行了改进。我深信，只要能坚持不懈地奋斗下去，三峡工程的进展，必能不留隐患地按计划实现，总公司和参建各方的技术水平和管理水平也必能达到新的高度。这是我对三峡工程2001年工作的总的看法。

二、关于厂坝工程质量

厂坝工程质量一直是几次检查工作中的重点。具体情况昨天谭院士详细谈过，我不再重复，只简单表一下态。经过2001年的努力，我认为已达到以下目的：①对发生、发现的质量事故已经查清其性质、范围、原因、后果；②已确定了合理的补强或修复方案；③全面、认真的修补工作基本上已经完成；④对厂坝混凝土质量还进行了全面检查，不使有事故漏网。

过去作为重点检查的一些事故我认为都已解决：①导流底孔过流面不平整质量事故；②导流底孔底板下部混凝土不密实质量事故；③右纵围堰坝身段和堰内段RCC质量事故；④厂房24m高程廊道渗水问题；⑤泄洪坝段及左厂坝段上、下游面裂缝处理。上述各项处理中，①～④项已经完成，可认为合格，能满足要求，不会留下隐患。谭院士建议对右纵坝身段防渗层再做些检查，可请三峡总公司会同各方再认真分析一下，作出决定。估计工作量不会太大，不属于隐患性质。第⑤项已经过全面严格检查，确定了可靠的处理措施，正在全面施工，预计在4月内可以完成。处理措施是周密可靠、有科学依据的；施工是严格、高质量的。处理完成后，库水不可能进入裂缝。只要特别注意在今冬明春保护好水面以上部位的混凝土，待水库水位抬升后，就可放心。运行期中横缝间将承受水压力，更增加安全度，不会成为隐患。

帷幕灌浆和接缝灌浆基本完成，由于接受了建议，改进了设计和工艺，灌浆质量总的讲是良好的，可以形成可靠的阻水幕，实现抽排要求和保证坝体的整体性。谭院士指出有些地段的涌水问题值得重视。水显然是通过细微的裂隙（渗水而不吸浆）涌出，不致产生管涌等危害。破堰以后，要密切进行监测分析，如认为必要，可再用特殊材料补灌，属于提高和维修性质，也不是隐患。

升船机上游面斜裂缝的成因，至今未能完全弄清。我个人认为，裂缝发生在折角处，结构形状不利，应力集中，在表面温度变化下，容易开裂。现在裂缝随季节开合，说明温度应力是原因之一。其次，右1块与中间块虽有横缝分开，但两坝块是贴紧的。右1块沉陷较中间块大1mm多，给中间块施加压力，更促使裂缝发生。总之，不妨认为是综合因素促成。现在可以先化学灌浆封堵补强，继续进行观测分析，以求最终弄清原因。

对裂缝发展的估计：不均匀沉陷主要由于两个坝块重量不同产生。现坝块已浇到顶，估计不均匀沉陷将趋于稳定。水库蓄水后，上游面压应力将减轻，裂缝似不会有大的发展可能，因此，建议暂不必对地基进行加固，待观测一段时间后再议。

关于金属结构和机组方面的质量问题，我没有参与工作，我相信并赞同昨天专家的发言。工程运行后，这方面暴露出来的问题可能比土建更直接，宜特别警惕。

三、永久船闸土建工程

以前几次来工地主要参与厂坝检查工作，对永久船闸了解较少。最近，长江委向水利部报送了专门报告，还有人也向有关方面写了信，引起很多同志注意，所以我也仔细研究了各方面汇报和提供的材料，并去现场观察。总的感觉，永久船闸工程规模大，体型复杂，施工条件困难、强度高，确实发生了一些缺陷和事故。但参建各方都能认真检查，细致补强，已取得显著成效。只要继续重视，严格处理，抓紧进行，可望不影响截流通航，也不至给今后运行带来隐患。现就几个主要问题评述如下：

（一）混凝土表面平整度

主要是地下输水隧洞（和廊道）高流速区的表面缺陷，会诱发气蚀，恶化水力条件，甚至破坏结构。今后也缺少检修条件，必须高标准、高质量地予以修复。对修复方案和具体措施各方认识都较一致，修补经验也较丰富，工作正在全力进行，绝大部分已高质量地补好，相信能够如期完成，满足设计要求。

对于地面结构迎水面上的表面缺陷，虽不至于产生上述后果，但也影响外观和工程声誉，也应尽可能打磨处理，恢复平整光洁的面貌。

（二）混凝土内部缺陷

指局部架空、漏振、渗水等不密实情况。这些有缺陷的混凝土如果位于高应力区，例如人字门或反弧门推力的传力部位，可能产生严重后果，必须认真细致补强，做到不留隐患。如果位于低应力区，虽不一定立刻发生严重后果，但可能成为渗水通道，加速钢筋锈蚀，影响建筑物寿命，也应重视。

首先必须查清这些有缺陷的混凝土位于何处、范围多大、疏松架空性质如何，要有个准确的描述，做到心中有数。据材料上看，重点是下述部位：

(1) 六闸首内局部地区有渗水、架空、裂缝等质量问题。一些专家和设计部门对其他闸首也有怀疑。

(2) 南四闸室底板 11～13 号块右分支廊道顶板混凝土内有串漏、架空、振捣不密实等缺陷。

(3) 北五闸室输水廊道顶板局部存在蜂窝、架空现象。

(4) 地下输水隧洞多处出现渗漏点，说明混凝土有不密实情况。另外，设计单位对隧洞顶拱的回填灌浆是否密实提出怀疑。

对于上述情况，当然要引起我们的关注。但在仔细查阅了有关材料、看了现场和混凝土芯后，我认为所述混凝土的架空、渗水和不密实情况，都是局部的，没有形成大面积、大范围的架空区，只要有针对性地进行灌浆补强，可以把有缺陷的部位灌好，安全地承受荷载，不会成为隐患。

据了解，工地上对于查清混凝土内部缺陷的工作是很认真负责的，动用了各种手段，包括：分析施工记录、灌浆情况、用物探检查，辅以取芯验证。我相信工地参建各方对工作的责任心，并认为所提出的检查报告是可信的。此外，输水隧洞位置很低，地下水更是个严格的“检查官”。因此，不会有重大架空情况不被发现。为稳妥起见，建议各有关部门对过去全面检查的成果再会同作一分析，明确哪些部位问题已解决，哪些尚需要补充检查，取得共识，抓紧进行，真正做到既不留隐患也不影响后续工序。

（三）混凝土衬砌的结构缝

地面建筑的结构缝包括边墙和底板的缝，经检查有很多结构缝止水效果不好，超过设计标准，尤以底部结构缝为甚。地下输水隧洞则发现有 237 条结构缝渗漏。上述缺陷正在处理。应指出，地面建筑的结构缝在运行后会随季节和运行情况不断变化，宜用弹塑性的材料填补，地下输水洞则较稳定，但承受高速水流作用。

我认为，对地下输水洞结构缝的渗漏问题采取缝内灌高分子材料、缝面封堵是可以收效的，目前正在按此施工。对于地面建筑的结构缝是否需要将检查槽全部填死，值得研究，不如以表面嵌缝方式处理为主，只要认真做，可以大大减少渗水量。除非局部地区确有需要，才将检查槽堵死，其他检查槽宜保留，作为将来检查和必要时再处理的手段。

对于结构缝止水不密实问题，当然应尽量补强，但也做不到滴水不漏。在允许范围内的渗漏是无害的。内水外渗，在水量损失方面是微不足道的，主要担心引起地下水位抬高，改变渗流条件，甚至影响边坡稳定。由于船闸工程有完整的排水系统，包括排水洞、排水孔以及衬砌和岩壁之间的排水网，估计少量外渗水不会导致地下水位有很大的抬高，甚至危及边坡、中隔墩的稳定。保证排水系统的畅通有效是首要的任务（必要时还可加强排水设施），再加上对结构缝的细致灌浆嵌缝，不会给运行带来隐患。

（四）混凝土衬砌裂缝及施工层间渗水

据资料统计，闸室临水面出现大小裂缝 600 多条，施工层间缝 96 条，地下输水洞衬砌发现裂缝 529 条，层间缝 81 条。裂缝主要是温度缝性质，输水隧洞裂缝主要发生在特殊段和 12m 长洞段，大部分缝面渗水或流白浆。另外，输水隧洞衬砌面上出现大量点渗、面渗（见第 2 点，混凝土内部缺陷）。

出现上述情况可以理解。隧洞衬砌是固结在岩壁上的薄壁结构，混凝土又是泵送的，水泥含量很高，控制不严或设计不妥，就会开裂。船闸结构是在大山中开挖出来的，闸室和输水隧洞位于最低部位。基岩中有裂隙和裂隙水存在，只要混凝土衬砌有裂缝或本身不密实，就必然成为天然排水通道，地下水就要渗出，并会带出混凝土中的钙质（白浆）。这可以说是大自然对整个结构系统作了初步考验，把薄弱点暴露无遗。如不处理，投运后内水还会外渗，影响钢筋和建筑物的寿命。目前工地正在全面进行灌浆处理，是正确和必要的。这些缝很细，又在渗水，处理比较困难。有的文件上说处理效果不理想。其实有关方面已不断在工艺和材料上研究改进，效果也在不断提高。鉴于灌浆时缝面必然是润湿的，采用合适材料尤为重要，根据中南院的最新资料，效果还是好的。

（五）反弧门支铰的传力部位

支铰反力达 1000t，而且有脉动，弧门启闭又频繁，也缺少检修条件，确实是个重点。据长江委给水利部的报告称，该部位一、二期混凝土结合面普遍渗水，部分牛腿上游混凝土墙上出现竖向裂缝、渗水和流白浆（现场观测，个别阀门井内确实如此），怀疑支铰部位混凝土的密实度，认为一、二期混凝土之间以及混凝土与钢衬间的结合强度对承担支铰反力“十分重要”，作为重点问题提出。但在三峡总公司、中南院和承包商的文件中都未提到此问题。

我不了解详情。但从图上看，千吨推力是通过牛腿传到钢筋混凝土闸墙再传递到地基，牛腿和闸墙中配筋量很多。如果设计中没有失误，似乎不应依靠上游混凝土的拉应力和下游二期混凝土的“顶托”来帮忙。

对于该部位混凝土的密实性，由于出现渗水现象，应承认其抗渗性不高，但混凝土是一、二级配，坍落度大，未出现集中漏水，也可判断不会存在大的架空、疏松情况。

根据上述分析，并鉴于该部位的检查和补强十分困难，我建议召开会议，由设计部门详细说明设计计算情况，再根据对施工质量的判断，研究是否还要加固。如设计上无问题，我是偏于不必加固。如认为牛腿的抗剪断安全度不足，要加打些锚筋，也不反对，但要详细研究有效、可行的措施，不要伤害原结构。

对于上游的垂直裂缝和一、二期混凝土结合面渗水问题，我认为不影响结构受力，但对钢筋锈蚀等有影响，因此尽量用化学灌浆封堵，至少使水不会流动，延长寿命。

（六）总的看法

永久船闸是主要的通航设施，关系重大，投运后不允许停航。许多部位缺少检修维护条件，因此，对已出现的缺陷和事故，必须严肃认真一丝不苟地补强，做到不留隐患，这是一切工作的最高原则。

从大量资料分析，可以认为出现的缺陷、事故属于局部性质，只要认真补强不会对运行构成安全问题和留下隐患，对此也要有信心。

对存在的问题应该实事求是地确定其性质，区分轻重缓急予以正确处理，要抓住重点，例如：

(1) 输水隧洞中高流速部位、易产生空蚀部位的表面平整度以及保证通气道的畅通。

(2) 人字门枕座附近传力部位混凝土的强度和密实性。人字门推力达万吨，但方向有利，支承体是大体积混凝土，检查补强方便，可根据现场调查和应力分析成果进行针对性补强，确保在传力区内的混凝土密实性。

(3) 反弧门支铰的传力部位。如上所述，这一部位至关重要，应作为重点研究对象，抓紧鉴定。如对个别支铰部位必须补强，要采取有效和可行的措施。

(4) 保证整个排水系统畅通有效，同时尽量做好结构缝的堵漏工作。

(5) 准备好各种监测手段，进进严密长期的监测，及时分析研究。

我相信，只要参建各方认识一致，共同努力，永久船闸的消缺补强工作是能够保证质量，如期完成，不留隐患的。

四、正确对待批评意见

三峡工程一直是在人们关心、监督和批评中走过来的。现在经10年苦战，已经到了快要摘取初步果实的关键时期，但工程质量似乎又成为议论热点。先是上游面裂缝问题被人指责为问题严重，隐瞒事实，包庇错误，惊动了国务院领导；现在又有人提出永久船闸质量问题严重。我认为对来自各方面的批评一要欢迎，二要实事求是，三要心中有数，不受干扰，不要有负担，在各自的岗位上尽自己最大努力把工作做到最好。

一些领导和有关部门对工程建设中的问题提出批评纯出至诚。就说质量检查组，每次来工地都要对许多问题提出批评甚至严厉批评。其实，我们的心是连在一起的。不叫“生死与共”也是“荣辱与共”。对大家的辛苦、委屈、成绩都心中有数。三峡工程让我们来干可能问题还会出得更多。之所以提出批评，是为了尽我们的责任，是为了帮助分析问题改进工作，是为了贡献一点经验、教训和建议，也为了提个醒，敲敲警钟。相信大家对这种批评能够理解和接受。许多单位都表示接受批评，并已认真改进。三峡总公司、施工和监理单位更为努力。只有听得进批评，进步才快。其实，专家讲的也不是100%正确，大家可以实事求是地分析，对的采纳，不符事实的加以解释。专家组受水平、时间的限制，对一些问题也未能事前指出，在任务完成结束时也要总结和检查的。

也有些人或媒体对工程情况并不了解，根据些道听途说的消息提出批评、警告或向上反映。对这种情况，我们也应采取欢迎态度，相信他们这么做的出发点也是关心三峡嘛。反映情况不实、方式不妥是次要问题，不要计较。当然，我们要实事求是，对自己的工作有个基本认识，基本评价，不是一切都包揽下来。对不实之处要如实解释，澄清误解，取得共识。像这次在国务院召开的会上，我们如实说明上游面裂缝的性质、成因、后果和采取的措施，我相信通过如实汇报后，没有人会认为这些缝是致命问题，更不会有人相信我们在搞什么包庇、隐瞒。要相信领导有水平，公道在人心。

还有一些批评极不负责，属于造谣和谩骂性的，出现在海外个别网站或报刊上。这是一些反华、反三峡工程的人制造的，或是追求轰动效应而发布的。他们对三峡工程的建设进行歪曲、夸大、危言耸听、幸灾乐祸的报道。对于这些，我们大可不予理会，“任凭风浪起，稳坐钓鱼船”。不要为之动肝火，影响自己健康。前人有诗曰“沉舟侧畔千帆过，病树前头万木春”。我们要遵循党的教导，按照“三个代表”的要求，驾驭好我们的飞船，腾飞前进。把“沉舟”、“病树”抛在一边，让他们去咒骂和哭泣吧！

对全国抽水蓄能电站规划的综合意见（摘要）

国家电力公司顾问中国水力发电
工程学会副理事长 何 璟

近一个时期，本人会同有关部门的专家，先后到河北丰宁、张河湾，江西洪屏、庐山，山东泰安、文登、海阳、青岛，山西西龙池、汾河二库，新疆大阪城（风电）、天池、呼图壁、塔西河，福建长泰、安溪、仙游、平潭（风电）等十六个抽水蓄能电站站址和两个风电场址进行了考察。情况及意见简要报告如下：

一、我国抽水蓄能电站目前的情况

（1）到2001年年底，我国将在六个省、市、区建成9座抽水蓄能电站，约550万kW。其中包括河北的“潘家口”（27万kW）、北京的“十三陵”（80万kW）、广东的“广蓄”（240万kW）、浙江的“天荒坪”（180万kW）等4座大型抽水蓄能电站和安徽、浙江、西藏等5座中、小型抽水蓄能电站。分别占京津唐、河北、华东、广东、西藏拉萨电网总装机的比例，为6%、0.1%、3.6%、7.9%和56.6%，占全国总装机总量不足1.8%。在建的其他抽水蓄能电站只有江苏的沙河（10万kW）、湖北的天堂（7万kW）2座，所以“十五”期间抽水蓄能电站的比例将进一步下降至1.5%以下。这对中国这样一个水能资源分布很不均衡，调蓄能力不足，风电资源又比较丰富的国家，抽水蓄能电站的比例过低。

已经审批了项目建议书的抽水蓄能电站还有山东的泰安（100万kW），河北的张河湾（100万kW），山西的西龙池（120万kW），浙江的桐柏（120万kW）和安徽的琅琊山（60万kW），估计正在审批中的江苏宜兴（100万kW），共6座，计600万kW。

即使这几个电站都能顺利地在“十五”开工，2010年前全部建成投产，届时“西电东送”规模扩大，各电网的峰谷差加大，对安全和调峰的要求更高，而抽水蓄能电站的比例虽略有提高，也仅维持在2%～2.5%的较低水平。

（2）已建抽水蓄能电站的运行特点及其在电网中的作用。抽水蓄能电站以其特有的调峰、填谷、调频、调相和紧急事故备用等优势在电网中发挥了重要作用。

首先，大型抽水蓄能电站建成后都成为电网调峰的骨干电源，而且既能调峰又能填谷。建100万kW的蓄能电站，不仅能顶100万kW煤电容量，还能解决200万kW的峰谷差，这是其他类型的电站做不到的。其次，由于可逆式机组启停、爬坡速度快，是系统高度灵活的管理工具，也是最好的保安电源。已建的大型抽水蓄能电站，都成为系统第一调频电厂和重要的紧急事故备用电源。近几年美国和台湾都发生过大面积停电的恶性事故，造成巨大损失。我国南、北两条“西电东送”500kV线路也都发生过线路故障，由于抽水蓄能机组迅速启动而化解，如1999年3月，内蒙至北京的500kV线路连续雾闪，十三陵紧急成功地启动48次，保证了系统的安全供电。广蓄1994至1996年3月，由于大亚湾和沙角C厂机组运行初期多次跳机甩负荷和500kV大广线故障，曾紧急启动59次，制止了事态的扩大。今后“西电东送”规模大得多，线路长得多，负荷区配置一定规模的保安电源必不可少。已建的一些中、小型抽水蓄能电站有利于解决局部电网的调峰问题，也取得良好效果。因此，宁波溪口抽水蓄能电站（80万kW）准备扩机，河南等省也准备建设回龙（12万kW）及其他中、小型抽水蓄能电站。第三，在我国现有政策下，抽水蓄能电站对系统有明显的经济效益。可以减少煤电电源投资。如京津唐电网建设十三陵就减少煤电投资7亿多元。抽水蓄能电站由于任务单纯，需要的库容不大，即使用进口机组，电站造价一般低于煤电。虽然是“4度换3度”，但由于调峰填谷的作用，并承担系统调频、调相和紧急事故备用，使煤电减少了参与调峰、调频和旋转备用，增加了利用小时，从而降低了煤耗。如十三陵建成后，即取代陡河电厂成为京津唐电网的第一调频厂，减少了火电调峰的规模，经分析每年系统可节约标煤15.3万t，比全用煤电节约年运行费5800万元，系统提高了经济效益。香港中华电力公司租用广蓄后，停了48万kW的燃气轮机，提高了公司收益，还降低了电价。可见在市场经济体制下，抽水蓄能电站效益是实实在在，可见可得的。由于节约燃煤，其环境效益也是显见的。

二、可能需要配置抽水蓄能电站的省、区、市（略）

三、目前存在的主要问题

要推动抽水蓄能电站的建设，除各有关电力公司一个项目、一个项目地推进以外，需要解决以下四方面问题：

1. 认识方面　现在系统内外，对抽水蓄能电站存在不少误解。如：

（1）有的同志认为抽水蓄能电站主要是给核电配套的，所以哪个省、市没有核电，就认为不需要建设抽水蓄能电站。

(2) 不少同志认为火电也能调峰，现在的大型机组调峰深度都能达到50%，甚至70%，有那么多能调峰的火电不用，又另建抽水蓄能电站，觉得不合理。

(3) 有的同志认为，抽水蓄能电站，不管你怎么说，也是“4度换3度”，现在算出来系统能节煤，可能是参数选用不当，因此，经济效益和环境效益可能不好。

(4) 不少同志认为水电比重大的电网，如华中各省、市、福建等只是丰水期缺调峰容量，是不是要建抽水蓄能电站，表示怀疑。

(5) 还有个别同志认为，对抽水蓄能电站的效率估计过高，现在提的“4度换3度”是不可能的，这是常识性的错误，永动机式的错误。

如此等等。其实产生上述看法，主要是缺少沟通。譬如，有关电网建设抽水蓄能电站合理与否，应以效益最大化为标准。经电力规划总院、动能经济中心、水电规划总院及有关的水电、电力设计院研究分析，以及前述已建抽水蓄能电站的实践说明，一些很少水电或有水电，但调蓄性能不佳的电网，配置抽水蓄能电站后，系统年运行费降低，煤耗减少，供电可靠性和质量提高，系统的经济效益、社会效益和环境效益都是好的。因而增建抽水蓄能电站也是合理的。这些都需要通过宣传、沟通，逐步统一认识。

2. 政策方面

(1) 电价政策。抽水蓄能电站由于调峰、填谷、调频、调相、紧急事故备用等优点，国民经济评价很好。但现阶段我国市场经济机制不够完善，相关的经济政策，主要是电价政策不尽合理，造成抽水蓄能电站的财务评价不甚理想，还贷期电价过高，这是当前影响抽水蓄能电站建设的关键。主要表现在以下三方面：一是，上网电价采用平均的电量电价，使抽水蓄能电站调峰填谷的效益在本电站反映不出来，而是系统内的煤电厂受益。其次，抽水蓄能电站除调峰外，还承担系统调频、调相和紧急事故备用，因而年发电量较少，我国的抽水蓄能电站，年利用小时多在1000h以内（日本、法国、德国平均只有800～900h，英国更少，平均仅500多小时）。创造的动态效益，在保证供电安全，提高供电质量方面，作用显著，却又不计经济回报，成为社会效益，致使抽水蓄能电站实际的财务效益更差，还贷期电价高，财务评价不理想。三是建火电厂，国家和地方有关方面容易出台新的电价，建抽水蓄能，他们认为既然抽水蓄能可降低系统煤耗，就应该降低电价，不容易出台相应的还本付息电价，致使电网迫于还贷压力而不敢建抽水蓄能电站。在市场经济条件下，有合理的电价机制，抽水蓄能电站确实能使电网电价降低。但在目前抽水蓄能电站创造的经济效益、社会效益、环境效益得不到合理回报的情况下，要生存必须要有相应的高电价作为保证。由于上述原因，一些经济发达地区，电网规模大、经济效益好的电力集团，出于安全、优质供电的需要，愿意建抽水蓄能电站，但照顾到现实的经济效益，又不愿多建。一些规模小，经济效益相对差的电网，虽然觉得很需要，却担心背不起“包袱”而不敢问津。所以这两年国家批了5个大型抽水蓄能电站的项目建议书，但积极筹建的并不多。

(2) 大型可逆式机组国产化的问题。抽水蓄能电站水工建筑比较简单，机组的投资比重大，约占总投资的50%～60%。现在大型机组全部靠进口，增加了电站投资，使还贷期电价更高，无异于雪上加霜，在一定程度上影响了抽水蓄能电站的发展。

3. 目前大部分抽水蓄能电站的运营管理模式难以适应现行政策　我国抽水蓄能电站的运营管理模式大致有以下三种：一是以广蓄（广州抽水蓄能电站）为代表的容量租赁和容量使用权出售的模式。在这种模式下，电网每年给抽水蓄能电站固定的租赁费，可以根据调峰、调频、调相和紧急事故的需要，灵活地调度抽水蓄能机组。广蓄的还贷及合理利润都有保障，电网每年根据火电厂利用小时的增减调整电价，广蓄二期发电后，火电厂利用小时增加，因此，调减了火电厂的上网电价，以支付租赁费，全网的销售电价并未提高。第二是以十三陵（十三陵抽水蓄能电站）为代表，仍执行单一的电量电价，由电网提高上网电价，而国家并未出台十三陵的还本付息电价，十三陵虽能维持还本付息及正常运行，但电网却因建设十三陵而减少盈利。第三是以天荒坪为代表，国家批准实行两部制电价，容量电价每年为470元/kW，电度电价为0.264元/kW·h。在这种情况下，天荒坪电站能维持还本付息并略有盈余。电网由于建设天荒坪，需相应提高销售电价。

抽水蓄能电站的经济效益，在现有政策下主要体现在火电厂增加了利用小时，减少了煤耗。所以广蓄的模式本可效仿，但各省似难以推广。后两种模式，火电厂均未降低上网电价，所以抽水蓄能电站的还本付息电价只好由用户或电网来承担，这不符合市场经济规律，也挫伤了建设抽水蓄能电站的积极性。

4. 缺乏统一规划　全国只有江西、福建等几个省，对本省的抽水蓄能站址做了全面普查和有关的规划工作。而其余十几个省，没有全省的抽水蓄能选点规划或做得很粗。这既不利于本省调峰电源的优化配置工作，也不利于抽水蓄能电站的建设。

四、几点建议

1. 加强宣传沟通　一方面，有选择地对已建抽水蓄能电站的效益进行定量的分析。另一方面,继续加强宣传、讨论。去年香山会议上决定今年四月国家电力公司由战略规划部召开的“调峰战略研讨会”,效果就很好。此外,电力报也曾对抽水蓄能电站的建设做过宣传报导。建议电力报明年仍用一段时间辟一个小栏目,集中做一些宣传,开展一些讨论。中国水力发电工程学会和中国电力出版社也准备出一本小册子。水电学会的抽水蓄能年会或召开有关抽水蓄能的座谈会,可以请有抽水蓄能建设需要的电力公司或综合部门的同志参加交流讨论。只要加强沟通,就有利于统一认识,就能为抽水蓄能电站的建设创造一个好的舆论环境。

2. 在电价改革中充分考虑抽水蓄能电站的特点

(1) 尽快出台分时上网电价。抽水蓄能电站是以4度低谷电换3度高峰电，如果没有优质优价，即使电站不还本付息也要亏本、破产。所以出台峰谷电价，是最基本的政策需求。

(2) 抽水蓄能电站的动态效益要有经济报酬，不能搞“免费午餐”。抽水蓄能电站启动、爬坡快，承担系统的调频、调相和紧急事故备用任务，是合理的。已建的几个抽水蓄能电站，除混合式以外，年运行时间都只在1000h以内，因此单一的电量电价，不能反映抽水蓄能电站的特性，即使有了峰谷价差，仍然会影响抽水蓄能电站的经济效益，影响投资者建设抽水蓄能电站的积极性。至于是采取两部制电价或按服务项目分别计价，可以在电价改革中研究选定。

(3) 尽早立项。请动经中心、水电规划总院、电力规划总院等单位，对抽水蓄能电站的上网电价以及不同电源点“西电东送”的模式（送基荷还是送峰荷），是单向送电还是双向电量交换等等问题进行研究，以期优化西电各电源点的规模和受电区抽水蓄能电站的建设规模，并结合电价改革，提出适合中国抽水蓄能电站生存和发展的上网电价模式，在“西电东送”中降低成本，提高效益。

如果上述前两个问题在电价改革中解决了，应该说抽水蓄能电站最主要的政策问题就解决了。

3. 电价改革前，经营管理模式的研究和试点　按目前国家电力公司改革安排，大概2005年要全面推行“厂网分开，竞价上网”，电价改革也可能在2005年左右配套出台。在2005年以前投产的抽水蓄能电站，需要探索更适应现行政策的经营管理模式，以解决电站还本付息及生存问题。新一轮已经审批了项目建议书的5个百万千瓦以上的抽水蓄能电站，虽然要到2005～2010年发电、建成，但届时电价改革可能已经出台，应该说风险不大。不过各公司，特别是经济实力不够雄厚的公司，还是担心电价改革推迟或出台的政策不理想，影响公司经济效益，希望等电价改革出台后再说，从而影响了项目的筹建和下一个抽水蓄能项目的前期工作。

如果在现有政策下能找到一个好的经营模式,使建设抽水蓄能电站的公司能够盈利,至少不亏本,就能加快抽水蓄能的建设步伐。除了广蓄二期的模式外,最近山东电力集团公司、北京大唐发电股份有限公司(以下简称“大唐”)都提出来将抽水蓄能电站和火电厂捆在一起,也就是把泰安抽水蓄能电站和相当的火电厂,桃花寺抽水蓄能电站和“大唐”的盘山火电厂捆在一起,组建混合的电源公司。桃花寺抽水蓄能电站到盘山火电厂的18km线路由“大唐”自建,将来桃花寺抽水蓄能电站的抽水电价就按盘山电厂的燃料成本计算,由0.21元/kW·h降至0.085元/kW·h。这样粗估,桃花寺抽水蓄能电站的上网电价只需要0.4～0.5元/kW·h,和火电厂的还贷电价差不多,但它提供的却是高峰优质电。此外,盘山电厂,由于桃花寺抽水蓄能电站抽水,机组利用小时将由原5000h增加为6200h,单位煤耗降低,盘山电厂还有一些潜在的收益。唯“大唐”要求电网原定盘山电厂的发电小时、备用容量等原则不变,且桃花寺不承担系统的调频、调相和紧急事故备用。我想在电价改革真正到位前似可同意。如不同意,桃花寺建不起来,电网不但调频、调相、事故备用没有了,连50万kW的调峰电力也没了,这对“大唐”和电网都不利。如果经过详细测算,“捆绑”方案确实能使电源公司有利可图,电网也略有好处,那就是一个不错的“权宜之计”。这个方案应该说风险不大。因为与“厂网分开,竞价上网”配套,电价改革总是要出台的,分时电价和动态效益计价总会有的。万一出台的电价方案,一时还达不到抽水蓄能电站正常盈利标准,无非是“捆绑”的时间长一点。抽水蓄能电站对电网的动态效益少一点,不至于有负效益。如“大唐”“捆绑”成功,张河湾、西龙池和其他的抽水蓄能电站的筹建及山东、江西等电网下一个抽水蓄能电站的前期工作就可能加快进度。

4. 大型机组国产化或本土化的问题　到2030～2050年，中国人口接近峰值，如按人均装机1kW，可能需要配置抽水蓄能电站的19个省、市、区，暂按10%的配置率，抽水蓄能机组（9.936亿人×1kW/人×10%＝9936万kW）将近1亿kW。这么大的需求量应该向国家反映，建议推进机组国产化和本土化。除哈尔滨、东方等大型水轮发电机制造厂家可以买国外技术自行试制外，也可以在国内与外商合资生产，甚至在国内由外商独资经营等方式生产。目前国内已有四家制造抽水蓄能电站机组的合资企业：上海希科水电设备有限公司，天津阿尔斯通公司，科瓦纳（杭州）发电设备有限公司和富春江富士公司。这样机组造价就可能降下来，从而进一步提高抽水蓄能电站的经济效益。

我国为什么没能优先发展水电

李　锐

从世界范围说，水电是19世纪末的产物，20世纪上半纪就广泛发展了，中国却少为人知。1948年沈阳解放后，我曾随陈云参观过丰满水电站，听说鸭绿江早建了大水电站。1949年南下湖南工作。1952年知道国家将开始第一个五年计划时，于这年秋天我调到北京，分配在当时的燃料工业部主管水电建设。这个部有部外的煤、电、油三个总局，水电则是一个部内局，不为人重视，实际受计划司管辖。我到任做的第一件大事，即不怕人家议论"闹独立性"，让水电成为第四个总局——水力发电建设总局。

当年水电的技术力量是很有限的。国民党政府的资源委员会有个水电处，有几十位包括留学过美英的工程师，抗战时在四川、云南、贵州历尽艰辛，修建过几座装机容量各几千千瓦的小水电站，他们大部分留在总局，少部分在四川、福建和武汉几个地方水电单位。当时，前苏联正热火朝天修建大水电站，从伏尔加河转向西伯利亚山区；思想认识上以为河流的综合利用只有社会主义国家才能得到最好的贯彻。可是，燃料部的苏联电力专家组组长却向中国领导告诫：苏联有教训，不要轻易发展水电，尤其不要建大水电站。原来，苏联欧洲境内多平原河流，落差有限（伏尔加河的总落差只有200多米），因此，工程浩大，工期过长，投资比火电贵好几倍，有的年份电力投资大都被水电占去，而投入容量有限。为具体了解苏联水电开发的经验教训，燃料部派出一个电力代表团去前苏联"取经"，刘澜波任团长，我任副团长。1954年到1955年间，我们在苏联访问4个月，回来后，在《水力发电》月刊发表了5万字的长文《苏联水力发电建设的基本情况和主要经验》。当年我们争取各种机会大力宣传水电的优越性，中国水力资源及其开发条件世界第一，我们有能力做到多快好省地优先发展水电。经过极大努力，"一五"期间就上了新安江、刘家峡这样的大水电站，而且新安江4年建成发电，投资同火电相当。全国共建了8个勘测设计院，有5个放在水力资源最丰富的西部，以求西电东送。1958年1月，中央南宁会议有过关于三峡上马的辩论，中央接受了电力建设方针"水主火辅"。随后八大二次会议上，刘澜波部长发言，力争10年之内水电比重达到50%。这些都成了纸上谈兵。

1995年秋，参加中国水力发电工程学会第9次代表大会时，我有个讲话，谈到水电开发的世界形势。根据20世纪80年代中期的统计，除14个计划经济的国家外，在161个市场经济国家中的电力，水电比重达到和仍在90%以上的国家就有32个；水电比重达到和仍在50%以上的国家有112个。这些国家优先开发水电半个世纪左右，已开发水力资源都在40%以上，高者90%。我去过巴西和澳大利亚，都是煤炭出口大国，水电比重：巴西90%，澳大利亚59%。而我国水力资源的开发不到17%，而2000年降到不及16%。

我们为什么没有优先发展水电呢？我认为有三个基本原因：

第一，同经济体制有关，计划经济不如市场经济。1979年我随能源代表团访问美国，了解到他们对水电有倾斜政策。水电建设由联邦和地方政府投资的占三分之二，还本年限50年，利息比商业银行低。火电建设由政府投资的仅占13%。在市场经济体制中，水电的各种优越性容易体现出来，如它不用烧煤，运行人员很少（为火电的十分之一），成本大大低于火电；在电网运行中，常担任峰荷、腰荷和调频，其售价可高于火电几倍。同火电相比，水电虽然造价高、工期长，政府和企业都乐于投资。

我们计划经济实行统收统支的财政体制，电力部门的利润全部上交，建设资金全靠国家安排。电力、煤炭和交通的基建投资分归各部，火电投资只计电厂本身，而煤炭、运输投资则不计算在内。水电投资大部分用在大坝等土建部分，形成水库后的防洪、航运等综合效益部门，都不分摊投资。电力投资水火电捆在一起，在供电紧迫的情况下，自然"急功近利"，首先安排短平快的火电项目。其实火电属于能源工业内部的电力产业，需要解决燃料的运输问题。水电则是开发与转换合为一体的能源。因此，当时在我国最支持水电优先发展的是煤炭部。

第二，国家计划和电力领导部门宏观决策失误。当年成立水电总局，部内尤其管火电的反对，我只好找陈云解决。刘家峡列入勘测设计计划，部计划司都不同意。上犹江水电站能较早建成，是因为江西没有煤。四川水力资源全国第一，却长期屁股坐在火电上。1979年我回京复职后才知道，60年代末70年代初，由于煤炭紧张，竟兴建了635万kW的烧油电厂，将584万kW烧煤电厂改为烧油，几年之后油价上涨、油源紧张，又全都改回烧煤。这一折腾，损失一千多亿资金，如果投入水电，估计至少能建500万kW以上。电力投资中水电比重逐年下降，从70年代的三分之一降到1988年的六分之一。火电用煤的急剧增长曾使得煤炭工业难以承受，电厂纷纷被迫停机减产，这种恶性循环更加剧了电力紧张局面。

《电力法》第五条规定："国家鼓励和支持利用再

生能源和清洁能源发电”。水电理应同水利一样属于公益事业，同样享有各种优惠政策。实际上水电火电在政策上没有加以区别，过去和现行的财税和信贷政策都不利于水电开发，如进口设备关税、耕地占用税、水资源税、投产后的增值税，信贷还款期、还贷利率等，都极不利于水电开发，造成资金难筹，还本付息负担过重，造价大幅上升等等。水电的综合效益，世界各国早已遵循工程投资合理分摊的原则，如防洪部分资金多由财政直接拨款支付，不需还本付息。我们可怜的水电，却一直被有关部门和电网吃大锅饭，不仅所有优越性视而不见，反而长期戴着“投资大、工期长、造价高”三顶大帽子。在宏观决策上还有两个问题值得提出，一是我国人均能源相对匮乏，占有量不到世界平均水平的一半。专家测算能源的缺口量，21世纪初期将超过一亿吨标准煤，以后会逐步增加。二是能源安全与环境保护问题。我国能源消费总量煤炭占75%以上，其中火电为烧煤大户，许多大城市酸雨频频发生，据统计每年由于酸雨和二氧化硫污染造成的经济损失已达国民生产总值的2%以上，尤其同人民的健康有直接关系。为解决这两个问题，也应尽快发展水电。

第三，水和电思想认识有分歧。自古以来，中国是一个善于开发水利和有治河传统的国家。可是共和国成立以后的水利部门，由于急于彻底解决大江大河的防洪问题，且以修大水库片面防洪为主导方针，跟水电开发形成许多矛盾。最早修官厅和淮河上游水库时，都没有考虑发电。同电力部合作规划黄河时，才统一了综合利用思想。

1982年3月，我调离水电部时，为了水电和水利的顺利发展，我向中央领导同志写了一份《对水利工作的意见》万言书。当时国务院有关部门召开了一个水利讨论会，我这份意见书被印发为会议的文件。

1995年参加水电学会讲话时，结尾我念了这样四句，现在仍以这四句结束我的唠叨：

老去无穷遗恨篇，至今水电未优先。
呜呼大禹今何在？酸雨烟灰满地天。

（本文根据作者为《莫让江河空自流——浅说水力发电》所做序言改编，摘自2002年9月6日水利水电工程报）

加快西部电力开发，实施“西电东送”的战略

国家电力公司顾问　中国水力
发电工程学会副理事长　周小谦

实施西部大开发战略，是党中央、国务院面向新世纪的重大战略决策。加快西部电力开发，实施“西电东送”，是西部大开发战略的重要组成部分，也是西部大开发战略中具有关键性的行动步骤与国家的重点骨干工程之一。

一、实施西部大开发，“西电东送”的战略意义

西部大开发战略，是党中央国务院根据邓小平同志关于我国现代化建设“两个大局”战略思想，在新形势下高瞻远瞩、统揽全局、审时度势做出的重大决策，是世纪之交我国现代化建设即将实现第二步战略目标，全面迈向第三步战略目标的重大战略举措。

我们党的三代领导集体一直十分重视西部地区发展问题，早在50年代，毛泽东同志在《论十大关系》中就提出了要正确处理好沿海与内地的关系问题。80年代末我国改革开放和现代化建设全面开展以后，邓小平同志根据我国各地区条件不同和发展不平衡的实际情况，提出了“两个大局”的战略思想。在世纪之交，我党第三代领导核心江泽民同志高瞻远瞩，十分重视加快西部地区发展，明确指出：“实施西部大开发，是全国发展的一个大战略、大思路，是我国下个世纪发展的一个重大战略问题。”

这些指导思想都成为我国实施西部大开发战略的重要的理论和实践的根据。这些讲话也充分体现了实施西部大开发的伟大意义在于：

（1）加快中西部地区发展，是社会主义的本质要求，也是实现全国现代化的基础；

（2）实施西部大开发，充分发挥西部地区拥有丰富的资源和巨大的市场优势，是扩大国内需求，促进我国经济的持续、快速、健康发展的重大举措；

（3）实施西部大开发，是进行经济结构调整，促进地区经济协调发展的重大部署；

（4）实施西部大开发，是增进民族团结，维护社会稳定和巩固边防的根本保证；

（5）实施西部大开发，是逐步缩小地区差别最终实现共同富裕的必然要求。

西部大开发战略是一项规模宏大的系统工程，主要包括基础设施、生态环境、产业结构、科学教育及改革开放等内容，这是一项长期而艰巨的历史任务。

西部要发展，电力要先行，西部电力开发，特别是要加大水电开发的力度，加快水电建设的速度。九届全国人大四次会议通过的关于我国“十五”计划纲要中明确提出，电力工业要“建设西电东送的北、中、南三条大通道，推进全国联网”，要进一步调整电源结构，“积极发展水电、矿口大机组火电”。这是我国在“十五”期间以至2010年前中国电力建设的重要方向和目标。

“西电东送”，它是我国资源分布与生产力布局的

客观要求，它是实现全国范围内资源优化配置的根本措施，是西部的大事，也是东部的大事，是全国的大事。实施“西电东送”战略可以取得多方面的效益，对于电力本身来说也具有多方面的意义。首先是有利于东部地区电力结构的战略性调整，改善电源结构，减轻东部地区由于火电比重偏高所带来的环保压力，增强可持续发展的能力；同时也有利于促进和加强大区电网之间的互联，充分发挥东西部电网与南北电网之间错峰、调峰互为备用，以及跨流域之间的水火互济、水水调节等联网效益；三是有利于促进区域电力市场的形成和发育，打破省间壁垒，降低电力成本。

总之，实施西部开发“西电东送”战略，具有广泛的深远的社会、经济、生态、历史等方面的意义，是实现共同富裕的重要途径，是“三个代表”思想的具体体现。我们要坚定不移地贯彻党中央国务院关于西部大开发的各项政策措施，增强历史使命感和责任感，积极主动参与西部大开发，进一步加快西部电力发展，不失时机地推进“西电东送”，为西部大开发做出贡献。

二、加快西部电力开发实施“西电东送”的总体思路和基本原则

加快西部电力开发实施“西电东送”，要放在西部大开发战略的大局下统筹谋划，要坚持全国范围内资源优化配置和可持续发展的原则；要把推进“西电东送”与加快西部电力开发，特别是水力资源的开发结合起来；同国家电力工业总体发展战略有机结合起来；与加强区域电网建设和推进全国联网结合起来，与加强电力结构调整和推动产业技术升级结合起来；与建立全国统一电力市场结合起来。实施西部电力开发“西电东送”要以市场为导向，要符合市场规律，要以科技进步为动力，要按科学规律办事，要加强法制化建设，纳入法制化管理的轨道。具体的有如下几点：

1. 要坚持统一规划的原则

“西电东送”作为西部大开发战略的重要组成部分，以及“西电东送”通道建设作为全国联网的重要组成部分，必须把“西电东送”放到全国电网和电力规划中统一考虑，这两者是密不可分的。可以说没有科学可行的西部河流开发和大型水电站开发，大型煤电基地的开发规划也就没有科学的、行之有效的“西电东送”规划。因此，一定要坚持统一规划原则，防止重复建设，克服项目建设中不衔接、不配套因而不能发挥效益的问题。对于每一个“西电东送”项目，都要深入调查研究和进行科学论证，处理好当前需要与长远发展的关系，西部本身与全国整体间的关系；以及处理好“西电东送”与“西气东输”的关系。电力规划既要最大程度地满足西部地区国民经济和社会发展对电力的要求，努力开拓西部地区自身的电力市场，继续加快西部地区城乡电网建设和改造，扩大内需；也要为全国经济协调发展服务，通过“西电东送”实现东、西部地区电力资源优化配置。东部地区更要加快结构调整，关停小火电机组，严格限制常规燃煤火电项目的建设，为西电东送腾出必要的市场空间。总之在总体规划中既要包括送端电源开发，电力电量平衡规划，也要包括受端电源及电力电量平衡规划，既包括西电东送通道和网架及全国联网的网架规划，也要包括送端的电网与受端电网以及配电网的规划，使这些规划相互衔接，统一协调，分期实施取得最佳的经济、社会和环境效益。

2. 要以市场为导向，以经济效益为中心，以法律为依据纳入市场化、法制化管理的轨道

从战略上看，“西电东送”到东部的电力市场范围就是京广铁路线以东沿海经济发达地区，具体地说，就是京津唐电网，河北南网，华中、华东、广东及山东、福建等电网。上述地区 2000 年的装机容量为 19140 万 kW，年发电量为 8243 亿 kW·h，约占全国总量的 60%左右。但上述地区水能资源仅占全国的 16%，煤炭资源仅占全国的 8.5%，东部地区经济发展迅速，受资源和环境的限制，本地区建设过大容量的发电厂难度较大，这就为充分发挥西部地区的资源优势提供了广阔的市场空间。

而西部 10 省市区有十分丰富的能源资源，水电资源理论蕴藏量约 5.57 亿 kW，占全国的 82%，可开发水电资源约 2.74 亿 kW，占全国的 72%，但目前其开发程度只有 8%左右，远低于世界水电资源的平均开发程度（22%）；西部已探明煤炭资源保有储量为 3882 亿 t，约占全国已探明保有储量的 39%。我国一次能源主要分布在西部地区，而生产力主要在东部地区布局，一次能源分布与生产力布局的不协调，这在客观上也决定了“西电东送”必然要成为我国最大范围内资源优化配置的基本取向。

但这一市场的实现，既要打破人为市场壁垒，创造西电东送的体制条件；也要以经济效益为中心，要按市场规律，经济规律办；要尽量降低发电、输电价格，使送电到东部仍具有强的市场竞争力，以创造西电东送的经济条件；还要在发电、输电、用电三方签订相应的具有法律效力的协议合同，逐步纳入法制化管理的轨道，从而创立“西电东送”的法律保障条件。

3. 要优化、调整电源结构，发挥“西电东送”中西部能源资源的优势

能源资源上的优势要转化为电力上的优势，就要优化调整西部地区的电力结构，提高技术装备水平，

最经济地首先满足本地区的国民经济和社会发展对电力的需求，这是实现“西电东送”的前提条件。西部地区的能源开发，要优先大力开发水电，优化发展火电，高度重视新能源的开发。

在西部能源资源优化配置中，要突出水电的开发，要优先开发，要增大开发力度。为此就要进一步加大对水电前期勘测规划的投入，保持必要的水电项目前期储量，保证水电稳定持续的开发；二是要建立和完善水电流域滚动开发机制，深化改革，引入多种经济成分和多种资金渠道；三是依靠科技，努力提高水资源利用率和水电开发效益，降低建设造价，降低电价；四是要有多种政策支持，以促进水电顺利的快速的开发。

西部火电开发中要积极规划开发大型煤电基地，建设大型矿口电厂，提高规模经济效益，以降低工程造价，减少对环境的影响，降低电价；另外要研究完善煤电联合开发的体制，实现以体制创新促进电力的健康快速发展。

要充分利用西部的风能、太阳能资源，积极开发新能源发电。

4. 要依靠科技进步促进产业升级

“西电东送”是一项系统工程，涉及方方面面，其中科技进步和促进产业升级是一个重要方面。一方面要高度重视系统规划研究和勘测设计研究，以及依靠科技不断提高水电开发和施工技术水平，另一方面要重点抓好电力技术装备的升级和更新，要加强自主知识产权的技术创新和引进国外先进技术装备的国产化，促进民族工业的发展，当前的西部开发，“西电东送”工程实施中特别要重视如高压直流输电技术，特高压输电技术，大型空冷机组，洁净煤技术，大型水力发电设备制造技术，新能源发电等设备制造技术。三是研究有效的安全保障措施和科学的调度运行方式，以提高西电东送输电通道的输电能力，节约建设投资费用，节约通道占地，以及实施安全、稳定、高效、灵活的调度运行，发挥多项资源的最佳效益。

5. 坚持保护生态环境，实施可持续发展战略

西部地区的生态环境保护和建设，已作为西部大开发战略中的重要组成部分，而大型水电站建设和大型煤电基地以及电网建设，都会带来一系列的生态环境问题，在建设中必须予以高度重视加以解决。要高度重视对电厂排污的治理，要降低火电厂发电用水，提高水资源利用率；要高度重视大型水电站的移民、淹没等引起的社会、生态地质等方面问题，以在西部开发、西电东送战略实施过程中真正做到社会、经济、环境的协调发展。

三、我国西部电力开发“西电东送”现状及今后的任务

1. 西部水电开发现状

我国水能资源的理论蕴藏量为装机容量 6.76 亿 kW、年发电量 5.92 亿 kW·h，其中探明可开发容量 3.8 亿 kW，1.92 万亿 kW·h/年，均居世界首位。我国其他常规能源资源探明可开采储量的有：煤炭为 1145 亿 t，石油 32.6 亿 t，天然气 1.123 万亿 m^3。以上 4 种资源折合标准煤 1551 亿 t，其中水能资源按发电 100 年、每千瓦小时抵火电煤耗 350g 计，即水能资源可开发量占全国常规能源资源探明可采总储量的 40%强，水能资源是我国能源资源的重要组成部分，必须加强开发和利用。但是，到 2000 年我国水电装机容量 7930 万 kW，发电量为 2400 亿 kW·h，其中西部地区 10 个省市区为 2200 万 kW，发电量为 1300 亿 kW·h。我国水能资源的开发程度按装机容量计算只有 20.8%左右，按电量计算开发率只有 12.5%，低于世界平均水平的 22%；而在水能资源丰富的西部地区，其开发程度更低，按装机计算只有 9.8%，按电量计算开发率为 6.6%。水电在电力中的比重也只有 24%，而水电在全国能源消耗总量中仅占 6.9%。总之我国水电开发程度很低，必须加快水电这一清洁再生能源的开发力度，尤其是要加快西部水电开发力度。

2. 西电东送已有初步的规模

电力发展的历史表明，一个大型水电的开发和大型煤电基地的建设，一个大的负荷用户、市场的出现，总要推动和促进电网的发展。西电东送也是如此，随着西部水电的开发，特别是大型水电站的建设，使西电东送得以逐步实现，目前已初具规模。我国南部地区通过天生桥、鲁布革等水火电的开发及相应电网建设，初步形成了南方互联网。截至 2000 年底，南方互联网累计将贵州、云南、广西等电力送往广东约 247 亿 kW·h，缓解了广东电力供应紧张，减轻了环境污染，优化了广东电网电源结构，稳定了电网运行，平抑了广东电价，同时也提高了广东核电的运行稳定性。

我国中部地区，通过长江葛洲坝水电站的建设及其外送华东的葛沪 500kV 直流线路投入，实现了华东与华中电网的初步联网，截至 2000 年底，两电网累计交换电量超过 184 亿 kW·h，华中电网累计净送华东电网电量 123 亿 kW·h。

在北部通过蒙西和山西电力的火电基地建设实现送电京津唐电网，扩大了华北电网，也扩大了资源优化配置的范围。截至 2000 年底，蒙西累计送京津唐的电量达到 460 亿 kW·h；山西累计送京津唐电量 1100 多亿 kW·h。

总之，我国已初步形成了上述的北、中、南三个"西电东送"的输电通道，并起到了资源优化配置的作用还取得了联网效益和社会环境方面的效益，初步显示了"西电东送"的优越性。

3. 关于"西电东送"、"十五"及以后的任务

在人大批准的关于"十五"规划纲要中明确提出了要建设北、中、南三条西电东送的通道，这是"十五"期间，也是我国2010年乃至2015年前后的"西电东送"的电源和电网建设的主要任务。我们将在已初步形成的北、中、南三大通道的基础上，继续发展和扩大。

第一，关于南部通道。

南部通道包括了广东、广西、贵州、云南等省区，主要是将西部地区的云南、贵州的电力东送到广东及广西的输电通道，也将适当包括部分四川的电力送到广东。2000年8月国务院会议决定，对于广东在"十五"期间的电力不足约1000万kW，主要由"西电东送"来解决，减少在广东省内建设新的常规火电厂。按照这一决定，经过国家电力公司组织各方面设计规划研究单位的研究，提出了实施方案，并经国家批准。方案中安排在"十五"期间东送的电源主要有已建和在建的天生桥一、二级共252万kW，其中东送广东186万kW；贵州新建水电洪家渡54万kW，引子渡36万kW以及乌江渡水电站改造扩机59万kW，共计150万kW。另外利用贵州当地煤建设安顺电厂二期2×30万kW，纳雍电厂一、二期4×30万kW，黔北电厂一、二期4×30万kW，共计300万kW，以上水火电共计450万kW，都要求在"十五"期间内投入，并到2005年实现向广东送电400万～450万kW。云南省主要有在建的大朝山电站135万kW投产及现有的季节性电能，再加上建设曲靖电厂二期2×30万kW，开远二期2×30万kW和宣威二期2×30万kW的建设，到2005年向广东送电120万～160万kW；再加上由三峡送广东300万kW，总计到2005年达到向广东送电1000万kW。

与上述这些水、火电源送出相配套的，在"十五"期间要建设相应的输变电工程。经过研究论证，计划"十五"期间在天生桥到广东现有的2条500kV的交流和一条500kV容量为180万kW的直流的基础上，再建设由天生桥到广东茂名的第3回500kV交流，以及由天生桥到云南昆明的输送容量500万kW交流线路，经广西到广东将云南的电力和天生桥的电力送到广东；在贵州则要相应地建设2条500kV交流线路和一条输送容量为300万kW的直流线路经广西到广东，以将贵州的电力送到广东；再有由华中（三峡）建一条500kV、300万kW的直流线路到广东，将三峡包括华中的电力送向广东。以上总计为2900km的500kV的交流线路，375万kW变电容量和1955万kW直流线路，1200万kW的直流换流容量，总的投资200亿元左右。

西电东送南通道在进行上述"十五"期间向广东送电1000万kW的同时，还规划部署了2005年后向广东送电的工程。这些工程主要有广西龙滩420万kW水电站，已于2001年7月1日正式开工，还有云南澜沧江上的小湾水电站规模也为420万kW，正在抓紧开工准备，争取也在2001年开工，糯扎渡550万kW也在抓紧前期准备。此外还有红水河上的光照120万kW（4×30万kW），平班水电站40.5万kW以及乌江上的索风营54万kW（4×13.5万kW），构皮滩240万kW（4×60万kW）等，"十五"期间准备，在"十五"以后开工建设。火力发电方面主要有贵州黔西4×30万kW、纳雍二厂4×30万kW等，云南滇东4×30万kW火电基地的建设，以不断的增大南通道的"西电东送"规模，规划到2010年后在第十二个五年计划内再向广东送电1000万kW。此外还要进一步开展河流开发规划工作，特别是澜沧江上游和怒江的水电开发规划，为进一步加大水电开发力度和"西电东送"力度做好前期准备。

第二，关于中部通道。

中部通道包括了川渝、华中、华东和福建电网范围内的11个省市，其西电东送通道主要为现在建的三峡电网，该电网建设规模为1000km、500kV交直流线路、2475万kV·A变电容量和三条300万kW的直流，其换流变容量为1800万kV·A，建成后可向华东送电720万kW；向华中送电1200万kW以及向广东送电300万kW。

同时，在"十五"期间提前建设三峡到万县的500kV线路，争取在2002年即跨过三峡水电站向华中电网送电，并通过现有的葛洲坝到上海直流，将四川二滩等富裕的水电外送，其外送能力可达60万～80万kW。此后拟再建设三峡水电站到万县的第二回500kV线路，把四川电网现有150万～200万kW的丰水期的电力外送到华中电网，再由华中电网向东送华东，向南送广东，向北送华北电网，届时华中、华北电网的联网工程将投入，可以实现跨网之间的电力互送，水火互济，互为备用，错峰填谷的联网作用。

到2010年前后，由中部通道外送三峡及川电约2000万kW左右。中部通道电网建设的总格局是由西向东，将长江干支流及长江上游金沙江等水力资源开发，除满足当地用电外，其余电力先向东，出川到华中电网，再由华中向南到广东，向北送华北电网；同时还要加强川渝电网本身的建设及此后进一步实现川渝与西北电网的互联，以取得长江和黄河的跨流域之间的调节效益，以及与西北电网之间的水火调剂的效益。

在相应的电源建设上，除现在正在建设的三峡水电站1820万kW，将在2003年开始投产，直到2009年全部投入外，重点要开发长江上游金沙江、大渡河、雅砻江上的水电站。这三条江河是四川省和全国最大水电富矿区，技术上可开发容量8270万kW，因此，是西电东送重点开发区之一，当前工作的重点是：

一为瀑布沟水电站（330万kW），按照“十五”规划纲要在“十五”期间内要开工，该水电站电力主要供四川地区自己用电增长的需要。

二是抓紧金沙江上的溪洛渡（1260万kW）、向家坝（600万kW）两级水电站的开发，拟安排作为三峡水电站建设之后连续开发的项目。目前，正在进行前期准备工作，该水电站在区域位置上说是比较靠近东部，符合于由东向西推进的原则。同时其建设还可起到防洪灌溉以及缓解三峡水库泥沙淤积的问题，并可起到拦滞洪水及错峰作用。在与三峡水电站调节运行时，尚可增加出力与效益。该水电站的电力50%～60%直接送向华东，40%～50%的电力将送向华中，对于其送电方式初步考虑用±600kV直流技术，但对750kV或更高一级电压等级的交流输电方案也在比较之中。

三是雅砻江上的锦屏一级（360万kW）、锦屏二级（320万kW）、官地（180万kW）水电站都将是“西电东送”的重要电源点，要继续抓好规划前期工作。另外对于金沙江中游的虎跳峡、白鹤滩、乌东德等水电站开发前期规划要进一步抓紧抓好，为远景水电开发“西电东送”做好准备。

四是与此同时还要继续抓好开发四川的杂谷脑河、宝兴河、南桠河、马边河、瓦斯河等中型水电站的工作，这些中型水电站投资省，见效快，既可自用，也可外送。

以上预计到2020年前后，经过中部通道有可能再东送2000万kW左右的四川水电。此外在中部通道范围内规划建设的水电有清江水布桠（160万kW）、沅水三板溪（100万千瓦）等水电站。

第三，关于北部通道。

北部通道包括现有的山西、蒙西送电京津唐，以及西北黄河上游水电和陕西、宁夏的大型煤电基地向华北、山东等送电。

目前由山西、蒙西向京津唐送电，除3回500kV线路外，在“十五”期间还要建设托克托电厂（6×60万kW）和岱海或正蓝旗电厂（4×60万kW），山西神头电厂扩建2×50万kW等，再建设4回500kV线路，向京津唐与河北南网输电。到2010年，由内蒙、山西等建火电厂，向京津唐送电的500kV交流线路将在10回线路左右，预计由西向东送电1000万kW左右。

在建设蒙西、山西向京津唐送电的同时，在陕西北部神木、府谷、榆林地区利用当地煤建设大型火电厂向河北南网和京津唐送电，然后再进一步在陕西、宁夏等煤炭基地建设大型火电厂，用直流向山东送电；开发黄河上游水电和进一步加强西北750kV电网建设，由西北电网向华北直流送电，并发挥黄河上游水电的调节性能强的特点，为华北电网调峰，取得水火调剂的效益。

黄河上游的开发，除2001年刚开工的公伯峡水电站（150万kW）外，还要抓紧盐锅峡、刘家峡等水电站改造扩容等工作，同时要抓紧黑山峡和拉西瓦水电站的前期准备，尽早开工。拉西瓦水电站（420万kW）淹没小、移民少，在与龙羊峡水电站联合运行后将具有很好的补偿调节、调峰和灵活的事故备用电源的作用。黑山峡水电站装机容量200万kW左右，该水电站具有发电、防洪、灌溉的综合利用效益，并且其开发可以起到黄河上游段的承上启下，调剂水量，提高河段水资源利用率的作用。需要尽快决策开发，不宜再争论而错过这次西部大开发的机会。促进该水电站尽早开工建设，这应当是第一位的，各个部门各个单位应本着这一基本目标而求同存异，共同支持其早上、快上。在开发这些大型水电站的同时，要继续抓好龙青段7.4万～28.4万kW的14个中型水电站的建设，例如青海尼娜（16万kW）、直岗拉卡（15万kW）、甘肃的小峡（20万kW）、乌金峡（13.2万kW）、宁夏的沙坡头（12.4万kW）等水电站，其总装机容量247万kW，这些水电站淹没少、投资小，在有了龙羊峡、刘家峡等大水电站后使其调节性能提高，电能质量提高，效益增大。

另外还要建立一些天然气的发电厂（如兰州西固电厂、青海西宁电厂等）及在甘肃建设风力发电场等。

通过这些电站的建设以及输电通道的建设既保证西北地区陕、甘、宁、青各省区的经济社会发展和人民生活水平提高的用电，又实现向东送电，规划用十年或更多一些时间实现向华北、山东电网送电1000万kW左右。

至于新疆的电力开发，主要是在区内自己平衡，由于与东部距离太远，直接送电的经济性尚需论证，因此当前重点在于实施“西气东输”工程。

4. 推进全国联网

我国能源资源分布的特点概括起来就是80%水电在西部，80%左右的煤炭在北部，而80%左右的电力负荷和国民生产总值在中东部，这种资源分布与电力负荷之间布局不均衡状况，决定了我国电力要“西电东送，南北互供，全国联网”，实现全国范围内以及跨国的资源优化配置。“西电东送”三大通道的建设本身就是全国联网的一部分，两者之间要统一规划，紧密结合，相互衔接。“西电东送”需要重点考虑在我国东西之间的资源优化配置问题，而全国联网相对于“西电东送”则侧重于南北之间及各流域之间的电网互联及跨国联网等问题，以及实现水火调剂，跨流域调节跨网的错峰和互为备用等资源优化配置的网络效益，规划在“十五”和“十一五”期间要实施的主要联网工程有如下几个工程：

(1) 东北—华北联网工程，规模为500kV、100万kW，2001年内已正式投入运行，对于确保京津唐地区夏季高峰用电起到了重要作用。

(2) 福建—华东联网工程，规模为500kV、100万kW，现正在建设，2002年内可投入运行，确保福建电网在大机组投入运行时的安全稳定，以及华东电网可以吸纳福建在丰水期和大机组投产初期的富裕电量，以提高电力设备运行的经济性。

(3) 华北—华中联网工程，规模为60万～120万kW，在“十五”期间先投入交流，然后再改为直流背靠背联网。联网后可扩大三峡电站供电范围，将丰水期华中、川渝电网部分水电送到华北，枯水期也可组织华北火电送向华中，实现水火调剂及互为备用，减少备用、错峰等效益。

(4) 华中—西北联网工程，规模为直流背靠背36万kW，争取“十五”期间投入，主要是充分利用现有两网之间的联络线，依靠国内自己力量建设一个示范型的背靠背工程，为我国直流输电设备国产化做出贡献。

(5) 川渝—西北联网，“十五”期间继续研究，争取开工，目的是为了实现两电网之间和黄河、长江两流域之间水火调剂和跨流域调节作用。

(6) 此外还有省网与大区电网互联，如山东电网与华北电网互联，以及山东与华东电网，广东—海南之间的联网都已开展规划研究工作，适时安排工程建设。

最后还有跨国联网，“十五”期间重点研究由云南景洪电站经老挝向泰国送电工程，争取“十一五”开始实施。此外还有俄罗斯与华北、东北的电网互联问题，都值得研究，其实现都将可取得跨国资源优化配置的效益。

四、依靠科技创新和体制创新加快西部开发“西电东送”、全国联网的进程

为了加快西部电力开发、西电东送、全国联网的速度，并不断提高建设水平，努力降低造价，提高经济效益，就必须依靠科技创新和体制创新。

科技创新，大胆采用新技术，提高电力装备水平，是提高西电东送竞争力，提高效率和效益非常重要的方面。

从水电建设来说，我国正在建设的三峡电站无论在建设规模、混凝土浇筑量、船闸、装机容量等均为世界第一，龙滩的碾压混凝土重力坝、小湾的拱坝、水布垭的混凝土面板堆石坝等都将为世界同类坝型之最。我国水电筑坝及洞室开挖衬砌等方面都处于世界领先水平。但是我国西部特别西南处于高地震烈度、高覆盖、高边坡等三高的地质情况下，还有许多技术问题有待研究解决，以及中国河流的泥沙问题、环境生态保护系统与电站的综合开发、综合治理的技术问题，特别是我国河流的水文特性，要求我们在流域开发的梯级布置规划水资源与电力的优化调度等综合开发问题上，要予以高度重视，需要深入研究，以进一步取得经济、社会、环境的综合最佳效益；在水力机电设备装备方面，重点要加快70万kW级大型水电机组和30万级的抽水蓄能机组的国产化问题，以进一步降低造价，提高竞争力。

在火力发电方面，西部煤炭基地发电的开发在技术上重点要解决节水型60万kW级的大型空冷发电机组的国产化问题。尽可能减少发电用水量以及要加快大型超临界、亚临界机组和30万kW级大型洁净燃烧技术的发电设备的国产化，装备西部开发的电厂，以提高火电厂的效率和减少对环境的污染。此外还有600kW级风力发电设备及大型燃气轮机设备制造国产化。

在电网建设方面，要大胆采用新技术，以节约占地，降低造价，提高输电能力，重点有如下几方面：

一是关于加快特高压输变电技术研究和示范工程的建设。经专家论证，决定在西北黄河公伯峡水电工程开发中，首先建设一回750kV电压等级的特高压输电线到兰州，作为我国特高压输电的示范工程，争取在“十五”期间建设，“十一五”期间投入运行。

二是关于采用灵活交流输电技术（FACTS），以及采用静止无功补偿技术和固定及可控的串补技术，以提高输电线路的输电能力，降低造价，节约通道，提高输电效率。

三是积极推进高压直流输电设备国产化。西电东送规划中有不少将采用高压大容量直流直接输电，以及采用直流进行联网，因此直流设备国产化迫在眉睫。

四是采用大容量组合型开关设备GTS和简化型智能化、数字化的GIS等开关设备，从整体上提高我国的输变电装备水平。

五是积极大胆采用输电线路的同杆多回和紧凑型铁塔输电技术，以提高输电容量，减少线路走廊占地，减少对环境的影响。

总之，在西部开发西电东送的工程中，我们要努力实践科技兴国战略，以科技进步为动力，把西电东

送伟大战略任务完成得更好。

为了搞好西部电力开发与西电东送工程，体制创新也是十分重要的。当前重点要考虑的是在西部水电开发中，要组建流域开发公司，进行滚动开发。目前已经组建了三峡工程总公司、乌江、清江水电开发公司和黄河上游开发公司，龙滩水电开发公司以及澜沧江、大渡河开发公司等，要逐步使这些开发公司按现代企业制度进行规范运作，合法经营，各级地方政府应给予支持。对于西部大型火力发电基地的开发，可以组建煤电联合开发公司。在"九五"期间东北伊敏的煤和电联合开发的伊敏电厂基本上是成功的，使电厂和煤矿开发综合考虑、综合利用、综合治理，减少重复建设，节约投资，提高效益，并且可大大节约运营费用，提高经济性。在西部大开发中应予支持，让这种新型体制充分发挥其优越性和生命力，为西部开发、西电东送作出贡献。

在投资体制上，也要全面开放，无论在西部的水电、火电开发中，以及在西电东送的输变电工程建设中，要全面开放吸引投资，向国内、向东部、向企业开放投资，而且也向国外开放，吸引投资，并予以相应的政策性支持。要进一步加强建设管理对西电东送的项目，要按照现代企业制度，组建规范的法人治理结构，要严格按基本建设程序办事，加强对项目建设的管理，严格控制工程的造价，降低成本，使"西电东送"项目的电价有竞争力。在严格控制工程造价前提下，还要保证工程质量，创建一流工程，使西电东送的项目能长久地发挥效益。

可以预见充分依靠科技、依靠改革、依靠开放、依靠管理的西部开发、西电东送工程战略任务一定完成得更好，并把西部的电力建设和电网建设推进到一个新的水平。

五、关于实施"西电东送"战略的政策支持建议

为了加快西部开发，国家已出台了一系列的政策，在西部电力开发与"西电东送"工程实施中都要充分发挥这些政策的作用。根据西部水火电开发及西电东送工程的特点，如下一些支持政策要予以特别的重视。

1. 要加强政府宏观调控作用，深化经济体制改革，消除省间市场壁垒，在规划中东部要为西部留出适量的市场空间

按照市场经济规律，尽早出台促进西部大开发的法律，使东部地区如广东、华东、京津唐等沿海经济发达地区，在确保电网安全稳定的前提下，在电价具有竞争力条件下，为西部电力开发留出市场空间，并控制东部火电的建设。同时在国家有关部门的协调下，签订相应的送授电双方的电力供需合同或协议，然后纳入"十五"及到2015年的中长期规划中，并由国家监督执行。

2. 对西部地区水电开发要给予优惠的政策，以降低水电的建设运行成本，提高水电的竞争力 其中主要有如下几方面：

一是筹资方面：国家优先安排长期国债和政策性低息贷款，用于大型水电开发；允许电力企业发行企业长期债券甚至上市；对于一般银行贷款，采取贴息1～2个百分点等方式降低贷款利率；允许国家资产盘活，用于新电站建设等。

二是税赋方面：可比照农副产品和火电的办法，确定一个固定抵扣率作为水电站的进项税，从而使水电站增值税税率降低到6%左右。水电所得税实行"两免三减半"政策，将还贷期的税率由33%降至15%。考虑到水电站具有综合效益，耕地占用税比照大型水利枢纽（如三峡）和小水电按现有税率的1/3征收。免征耕地占用税、矿产资源税、基本农田保护费、补充耕地费和水资源费等。

三是实行滚动开发政策：建立梯级补偿效益返还机制，鼓励优先投资建设龙头水电站。

四是实行综合利用投资分摊政策：大型水电设施除发电效益外，兼有防洪、灌溉、供水、航运、水产、旅游等方面效益，建议实行效益投资分摊制度，如防洪、灌溉效益所应分摊投资由国家及地方政府投入等。

五是移民政策：实行有利于水电开发的水电移民政策，是西部地区各级地方政府改善西部地区投资环境的具体表现，要建立移民业主监理制。

六是增加勘探规划前期投入：建议国家恢复原财政部每年安排的水电河流勘探规划拨款，专款专用，由国家电力公司提出具体项目安排，财政部或其他有关部门进行监管。

3. 对"西电东送"输电线路建设实行优惠政策，合理降低输电电价

（1）在筹资方面给予优惠：国家优先安排政策性低息贷款；采取贴息1～2个百分点等方式降低贷款利率；适当延长还贷款期限，一般延长到20年左右。

（2）要研究和建立合理的输电电价体制，输电电价应由电量电价、容量电价和联网效益电价三部分组成，使电网经营企业能还本付息，保证获得合理的利润，具备自我发展的能力和空间。

（3）输电线路走廊征用等政府部门和地方政府要予以支持，严格按国家规定的标准进行补偿。

4. 建议建立国家电力基金或国家电力调节基金，专项用于西部电力开发和结构调整

该基金列入国家中央财政预算，专项用于西部电

力开发尤其是西部水火电基地开发以及“西电东送”工程的建设；电网建设与改造、调节性能好的水电以及国家电力科技创新重大研究项目。

5. 要鼓励东部地区对西部开发的支持，如留出足够的电力市场空间以及东部到西部去投资电站建设和输变电工程的建设

西部电力建设是西部大开发的重要组成部分，“西电东送”是实施全国经济建设结构调整的重要措施，是实现我国东西部优势互补手段。我们一定在党中央国务院领导下，认真实践江泽民总书记的“三个代表”重要思想，把西部电力建设，水电大开发和“西电东送”工作做好。

我国抽水蓄能电站建设（摘要）

广东抽水蓄能电站联营公司 罗绍基院士

一、现状

1968 年，我国首次在河北省石家庄附近的岗南水库安装了 1 台从日本引进的抽水蓄能机组，容量为 1.1 万 kW。1972 年又在北京郊区的密云水库安装了 2 台单机 1.2 万 kW 的国产抽水蓄能机组。但由于水库灌溉调度和机组质量问题，加以水头低，容量很小，这些机组都没能很好地发挥作用，也未得到电网的重视。

1978 年以后，随着一大批电厂尤其燃煤电厂的建成发电，社会上缺电局面已由电量缺乏转为调峰容量缺乏；负荷低谷期高周波运行，负荷高峰期拉闸限电的做法也为用户所不满。加上 80 年代后期我国核电起步，这一切促使抽水蓄能电站建设事业得以加快发展。最早建设的河北省潘家口混合式抽水蓄能电站，在已建 1 台 15 万 kW 常规机组之外，安装 3 台单机容量为 9 万 kW 抽水蓄能可变速运行的机组。在 1992 年前后陆续投产，为华北电网服务。

位于我国南方的广东电网，调峰问题尤为突出，加上与香港合资的大亚湾核电站（2×90 万 kW）已先行于 1987 年开工建设。广州抽水蓄能电站一期工程（4×30 万 kW），以与核电同步建设为目标，1994 年全部建成投产。目前，广东岭澳核电站（2×100 万 kW）已在建设，广州抽水蓄能电站二期工程（4×30 万 kW）也于 1994 年开工，1998 年底首台机组发电，2000 年前全部建成，届时它将是世界上容量规模最大（8×30 万 kW）的抽水蓄能电站。

华北电网目前水电装机不足全网装机容量的 5%，调峰困难，影响了电网的质量。但由于首都北京市供电的质量和可靠性要求都很高，因此，在距北京 40km 处建设了十三陵抽水蓄能电站。该电站装机 4×20 万 kW，水头 430m，1989 年开始施工准备，1995 年底首台机组投产，1997 年 6 月 4 台机组全部建成发电。电站利用原有的十三陵水库为下库，上库系人工挖填而成，用钢筋混凝土护面防渗。投产以来为华北电网的调峰填谷、调频、调相、事故备用起到了显著的作用。

天荒坪抽水蓄能电站是利用世界银行贷款于 1994 年开工建设的，装机 6×30 万 kW，水头 570m，电站位于杭州西北 80 多 km 的安吉县境内，上、下库之间的引水洞长为 1428m，$L/H=2.5$。下库水源丰富，上库为人工开挖库盆，利用沥青混凝土护面防渗，首台机组已于 1998 年 9 月投产，由上海市和江苏、浙江、安徽省分配容量运用，作为华东电网调峰容量，并保障秦山一期核电站（2×30 万 kW）安全稳定运行。

位于西藏拉萨市西南方 86km 处的羊卓雍高原湖泊，湖面海拔高程 4440.5m，常年储水量 150 亿 m^3，与雅鲁藏布江天然落差 840m，现作为羊卓雍湖抽水蓄能电站的上库；其下库为雅鲁藏布江。该电站装机 4×2.25 万 kW，1991 年开工，1996 年首台机组投产，是西藏自治区的主力电厂。浙江宁波溪口抽水蓄能电站装机 2×4.0 万 kW，于 1997 年投产。安徽响洪甸抽水蓄能电站装机 2×4.0 万 kW，是在响洪甸常规水力发电厂基础上扩建而成的混合式电站。这些电站的容量虽小，但启停灵活，为地区电网服务发挥了很好的作用。

我国台湾省的明湖电站是该省建设的第 1 座抽水蓄能电站，装机 4×25 万 kW，电站于 1979 年开工，1985 年竣工。同样以日月潭为上库，水里溪为另一处筑坝形成下库，装机 6×27 万 kW 的明潭抽水蓄能电站于 1987 年开工建设，1995 年竣工。台湾省电网 1997 年总装机 2574 万 kW，其中核电 514 万 kW，抽水蓄能 262 万 kW。抽水蓄能容量占系统总装机容量的 10.1%，为核电容量的 50.9%，使电网运行安全、经济。

二、建设经验

我国抽水蓄能电站建设虽然起步较晚，但有以往大规模常规水电建设所积累的经验，加上近 20 年来引进的国外先进技术和管理经验，使我国抽水蓄能电站建设能够有较高的起点。尽管目前已建的这类电站数目并不多，总装机规模也不算大，但单个电站规模已居世界前列。在建设速度方面，广州（一、二期）、十三陵和天荒坪抽水蓄能电站主体工程的实际施工工期，从地下厂房开挖至首台机投产试运行，历时为 49～54 个月，广州一期工程全部竣工仅 58 个月，与世界经济

发达国家相比并不逊色。

通过近10年来建成的我国第一批抽水蓄能电站的实践，积累了建设和运行管理的经验，取得了丰富的技术成果。

1. 建设管理　广州、天荒坪、十三陵等抽水蓄能电站，实行了以项目法人责任制为中心，以建设监理制和招标承包制相配套的建设管理模式。业主对电站的筹资、建设、经营和还贷全过程负责，拥有较大的决策和经营权。业主以项目经济效益最优为目标，合理配置和使用社会资源，大胆采用新技术和新工艺，对设计、施工和监理全面实施合同管理，依靠科技进步和科学管理提高电站建设效益，因而取得工期短、质量好、投资省、环境美的成果。这个经验在广蓄电站尤其得到了很好的体现。

2. 上水库防渗　西藏羊卓雍湖电站的上水库是个不漏水的高山天然湖泊。广州抽水蓄能电站上水库是利用天然高山盆地筑坝而成，由于地形地质条件优越，钢筋混凝土面板堆石坝施工质量良好，渗漏量小于1L/s。这两个实例说明，选好上水库是抽水蓄能站址选择的重要因素。

十三陵与天荒坪抽水蓄能电站的上库，都是人工开挖填筑而成。天荒坪抽水蓄能电站的防渗措施系与德国Stabag公司合作，采用与世界上许多抽水蓄能电站上库人工库盆类似的沥青混凝土衬护，渗漏很少。十三陵抽水蓄能电站上水库，库盆采用钢筋混凝土面板防护，由于面板刚度较大，加上地处我国北部寒冷地区，施工时曾出现裂缝，经修补后，已正常运行，目前夏天渗漏量很少，但冬天渗漏量仍有10L/s左右。它的优点是不必引进国外材料和设备，投资较省。这两个工程说明在人工库盆防渗方面，我国已积累了一定的经验。

3. 地下厂房轻型支护　广州抽水蓄能电站宽21m的大型地下厂房采用喷锚支护，其中顶拱锚杆长3.7～5.0m，顶拱和边墙均挂钢筋网、喷15cm厚混凝土，其支护参数在国内外同类工程中是比较先进的。天荒坪抽水蓄能电站地下厂房也采用喷锚支护，并根据岩石和地质构造条件局部使用了预应力锚索，厂房支护设计和施工也是很成功的。实践证明，我国在地下厂房喷锚支护设计和施工方面都具有成功的经验。

4. 岩壁吊车梁　广州抽水蓄能电站厂房400t天车和天荒坪抽水蓄能电站厂房500t天车均采用岩壁吊车梁，利用岩壁锚杆支撑，浇筑钢筋混凝土形成岩壁吊车梁，取代传统的柱式支承吊车梁，既减少厂房宽度，节约投资，又缩短了工期。通过广州、天荒坪等抽水蓄能电站岩壁吊车梁实践，我国已完全掌握了岩壁吊车梁的设计理论和施工技术。

5. 水工隧洞及岔管钢筋混凝土衬砌　广州及天荒坪抽水蓄能电站水工隧洞及高压岔管均为钢筋混凝土衬砌，充分利用岩石承担大部分内水压力，以减少衬砌厚度和钢筋用量。隧洞采用单层钢筋，混凝土衬砌厚度40～60cm。广州抽水蓄能电站（一期）高压岔管是国内第1个高水头、大直径钢筋混凝土岔管，由国内设计人员与美国哈扎公司联合设计，国内自行施工。天荒坪抽水蓄能电站和广州（二期）工程高压钢筋混凝土岔管完全由国内自行设计和施工。广州抽水蓄能电站（一期）水工隧洞及岔管，经过5年运行实践，地下工程总渗漏量小于1L/s，而3次放空检查，衬砌完好无损，裂缝很少，证明隧洞及岔管钢筋混凝土衬砌设计和施工是非常成功的。

6. 斜井施工技术　抽水蓄能电站的引水道有竖井或斜井2种布置形式；与竖井相比，斜井水道长度短，水力过渡条件好，具有节省投资、提高电站效率等优势。但斜井的施工难度较大，施工技术比竖井复杂。我国目前已建的广州、天荒坪、十三陵等抽水蓄能电站，引水道均采用斜井布置。通过这些斜井施工，已形成了较为成熟的斜井安全快速施工成套技术。其中斜井开挖，广州、天荒坪抽水蓄能电站采用爬罐，十三陵抽水蓄能电站采用反井钻施工。广州抽水蓄能电站（一、二期）和天荒坪抽水蓄能电站斜井钢筋混凝土衬砌采用滑模施工，其中广蓄电站是与国外技术合作，采用以中梁导向的间歇式滑模，施工速度一期为4m/d，二期为6m/d；天荒坪抽水蓄能电站采用国内自行设计和制造的以轨道为导向的连续式滑模，同样取得了很好的施工效果。

7. 运行管理　广州抽水蓄能电站一期工程，在利用法国政府贷款引进设备的同时，也引进了法国电力公司运行管理经验，并结合我国具体情况和其他国家（包括香港中华电力公司）经验，探索出了一套无人值班，少人值守的运行管理模式。一期电厂运行管理人员88人，折合每万千瓦为0.73人，计划二期工程投产后，将实行8台机集中管理控制，届时全电厂每万千瓦运行管理人员在0.6人以内。一期工程电站在全部机组投入商业运行后，还执行国际认可的五星级安全管理标准。台湾明湖、明潭抽水蓄能电站虽同属一个上库，但下库是分开的，故两电站分别管理，其人数每万kW在1人左右，台湾电网计划将两厂集中调度，实行减人增效。明湖电站运行10年后机组才开始大修。

我国抽水蓄能电站起步不久，投产的电站不多，但启、停十分频繁，广蓄一期、十三陵两电厂每年每台机启动分别在1000次与500次左右，各种工况合计的运行小时每年每台机在2500h左右，虽然电厂人数少，但都能保证正常运行和维修，机组可用率和启动成功率都保持在较高水平上。台湾明湖、明潭电厂也类似，且其运行小时还要多。

三、经济评价

一般来说，抽水蓄能电站的技术性能容易被人们所认同，但建设抽水蓄能电站的经济效益评价和建成后如何经营取得合理利润却是一个十分重要的课题。在论证必要性的基础上，已在开发一套电力系统电源结构优化数学模型及相应的计算软件，对电网负荷发展进行较为准确的预测，使不同电源结构方案在预测的负荷曲线上运行，以寻求经济上最有利的电源组合方案。这是最为有效的经济论证方法。建设抽水蓄能电站，使已有煤电能提高使用率，减少或推迟新增煤电或其他电源，从而达到电网成本降低的目的，所以规划建设抽水蓄能电站的经济性在于：在将来，对比其他电源方案，它不是增加电网成本，提高电网电价，而是降低电网成本，降低电网电价。从实时运行情况看，广州抽水蓄能电站同时为广东电网和香港九龙电网服务，运行几年来也证明：对已有电源优化调度后，将煤电多发的低谷电通过抽水蓄能转换为高峰优质电，虽然电量少了，但减少煤电调峰单位电度燃耗和开停次数减少而节约的燃耗或者替代成本较高的燃气轮机和燃油机组调峰，使电网总体燃料得以节省，降低了电网成本。台湾电网的明湖、明潭电厂的实践也得出同样结论。这是个重要的概念，是发展抽水蓄能电站的认识基础。

抽水蓄能电站有容量、电量效益和动态效益。它和一般发电厂不同，蓄能电站的效益主要不在于发电量多少，其容量、动态等效益比起电量更为重要，因为要它担任电网历时很短的尖锋负荷，虽然容量充分使用了，电量是不多的；而动态效益经常是使机组处于待命状态，也是从容量取得，尤其是事故紧急备用产生的电量虽然很少，却是极为珍贵的，因此不应当将电量作为它的主要经济评价和经营效益指标。现在国内大多数电力工作者已接受这种观点。我国的两部制电价及峰谷电价政策也应随着社会主义市场经济发展而科学地得到调整，增加容量在电价中的比重，使电价体系与市场供需相符合。供用电需求的综合电力、电量平衡，是供电经营者（电网）的责任，因此由电网自己建设、经营抽水蓄能电站是理所当然的。已经运行的潘家口、十三陵抽水蓄能电站就是由华北电网筹集资金建设且由华北电网经营、运行的抽水蓄能电站，这种方式当然是可行的。

多家办电、筹集社会资金办电是我国发展电力工业的成功经验，尽管抽水蓄能电站的经营市场离不开电网，但作为独立发电厂（公司）集资自主建设、经营抽水蓄能电站同样是可行的，也是符合电力体制改革方向的。广州抽水蓄能电站一期就是这种模式，它以容量计费为基础，把 60 万 kW 使用权出售给香港抽水蓄能发展有限公司，由中华电力公司（CLP）使用。其余 60 万 kW 租赁给广东电网使用，由电网保证大亚湾核电站不调峰稳定运行，而租赁费则由电网与核电共同承担，实践结果是电网满意，核电满意，蓄能电站投资者满意。这种租赁模式在国外也不乏实例，如德国南部 Schluchseewerk 公司拥有的 5 座总容量为 184 万 kW 抽水蓄能电站和卢森堡 SEO 公司拥有的万丹抽水蓄能电站（100 万 kW）都是采用租赁方式经营的独立发电公司。租赁经营模式的最大好处是避开难以量化的动态效益费用计算问题。对技术上不宜调节（如核电）或经济上不愿付出调节代价的拥有大型核电、煤电机组及联合循环机组的独立电厂（公司）参加租用抽水蓄能电站容量，由电网保证其安全、稳定运行，在增加了本身发电量，提高了本身经济效益的同时付出相应代价，也是租赁经营模式的一种发展。因此，租赁经营模式不失为市场经济中建设抽水蓄能电站的一种好经验。

四、发展展望

2000 年以前，可以预见我国将建成容量达 557 万 kW 的抽水蓄能电站。今后 12 年（2010 年以前），建设规模将会较前 10 年有成倍增加，这是因为：

(1) 我国是经济发展较快的国家，2010 年全国电力装机容量计划较目前增长一倍，达 5 亿 kW 左右。用电量增长，抽水蓄能电站从理论到实践已在我国证明是电网最佳调峰手段，所以发展的必要性是十分明显的。

(2) 随着电力市场将逐步完善，两部制和峰谷分时电价也将按“同网、同质、同价”的原则越来越规范。作为一个公用事业，用户对供电质量要求也越来越高，而抽水蓄能电站的起动迅速、跟踪负荷、事故备用、调频、调相等优越性能，将成为电网提高供电质量的可靠容量，电网也愈来愈愿意为这种服务付出代价。

(3) 2010 年，我国计划达到 5 亿 kW 的电力装机容量。按照台湾省的研究，抽水蓄能电站容量占基荷电厂装机容量的 10%是合理的，考虑到我国有调峰能力的常规水电将有很大发展，抽水蓄能电站比重可以减少，但即使减少到 5%，也应在 1500 万 kW 以上。我国东南部经济发达、资源缺乏地区的比重应当更大。

(4) 我国的核电将有一个很大的发展，预测至 2010 年，将由目前的 260 万 kW 增加至 2000 万 kW，其中广东省规划即有 600 万～800 万 kW。根据国内外经验，为保证核电安全稳定运行，须配套相当规模的抽水蓄能电站。举世瞩目的三峡工程，由于水库要提供库容调节洪水，电力调节能力不高，为充分利用三峡电能减少弃水，也需在其供电区内配置抽水蓄能电站。

（5）我国抽水蓄能电站资源丰富，可供选择的站址很多。当前，装机各为100万kW的河北省张河湾、山东省泰安等蓄能电站已获国家批准立项建设。为配合秦山核电站二、三期工程建设，装机120万kW的浙江省桐柏抽水蓄能电站与江苏省的沙河抽水蓄能电站（2×5万kW）即将获得国家批准。全国许多电网都在积极选点和开展前期工作，可以预见，我国第二批抽水蓄能电站即将陆续开工，而且在建设过程中会不断有新项目加入这个行列。例如安徽省琅琊山（60万kW）、山西省西龙池（120万kW）、辽宁省蒲石河（120万kW）、江苏省铜官山（120万kW）、河南省宝泉（120万kW）、内蒙古自治区呼和浩特（120万kW）、黑龙江省荒沟（120万kW）、新疆维吾尔族自治区天池（60万kW）、北京市板桥峪（100万kW）、广东省博罗（约120万kW）等都在酝酿建设中。一些利用已有水库开发的混合式抽水蓄能电站和一些为解决当地地区电网需要的中型抽水蓄能电站也将不断增多。

关于“西电东送”的几个需要重视的问题（摘要）

罗西北

一、“西电东送”战略的提出

“西电东送”最早是20年前（1979年）提出的，由水力发电工程学会、水利经济研究会、国土经济学研究会、能源研究会等4个学会，组织国内有名的生态、林业、矿业、化工、水利水电等专家教授，为了把丰富的水能资源介绍给社会，做了大量的工作。从20世纪80年代开始，对黄河上游、乌江、四川三江（大渡河、金沙江、雅砻江）、云南澜沧江等进行了考察，同时研究了黄河北干流及黄河上游的开发问题。此后尤其是水力发电工程学会，非常积极地组织了“西电东送”的战略研究。在此基础上，正式向国家提出了水电“西电东送”的战略，对我国水电开发起到了极大的宣传和推动作用。通过上述活动，我提出了两个新的基本观点。

（1）在西部河流水能资源丰富地区，要以水电为龙头，梯级开发带动地区经济发展，“矿电结合”，这是一个主导思路。就是要把水电建设放到地区经济建设中去研究，将矿产资源、水电的开发结合起来。

（2）为了实现水电梯级开发，就必须改革水电管理体制。在当时计划经济的情况下，提出了成立水电开发公司的设想，即把水电开发公司作为一个独立的经济实体，独立于电网，自主经营，滚动开发，以水电养水电，使水电开发进入良性循环。

这两个基本思路，通过十几年的实践，基本上得到了国家的采纳，目前已按现代企业制度组建了10个流域开发公司，开辟了一条新的道路。

经过这么多年的努力工作，终于感动了“上帝”，国家采纳了“西电东送”的战略，朱镕基同志抓得很紧，要求在“十五”期间实现了1000万kW水电东送，这件事情正在实施，而且把“西电东送”的电源扩大到了火电。近期为了解决广东地区负荷增长，把贵州（天生桥一、二级、乌江渡）、云南的多余电量、贵州的火电输送过去，形成了通道，这些都为实施西电东送在舆论上、实践上打好了基础。

结合我国经济发展的需要，党中央提出西部大开发战略，而“西电东送”是西部大开发的重要组成部分。西部大开发是一个长期的战略目标，不是几年内可以解决的，它可能需要半个世纪甚至更长的时间，因此，把西部水电的发展摆到西部大开发这个系统中去考虑，我们不能盲目和过分乐观，不能急躁，更不能有不切合当前实际的幻想。

二、当前需要研究和思考的问题

应当看到，要把西电东送和西部水电发展的工作落到实处，还是有相当大的困难的，这是一个系统工程，涉及到的问题特别多。它不仅是西部经济发展的要求，也是全国经济发展的要求。其中涉及到东西部的关系问题，既有西部的资源支援东部的问题，也有东部帮助西部发展的问题。因此不能就项目论项目，要综合考虑各方面的因素，才有可能落到实处。

我认为，第一位的问题是要有一个全局性的、综合性的长远规划。这个规划要建立在各条河流综合利用规划的基础上，而且要了解各条河流的特点及它们相互之间的关系，否则就容易片面地看问题。

“西电东送”关系到全国电力结构的调整，关系到全国能源优化配置，不是简单地说有多少水能资源，还可以开发多少，可以输送多少的问题，还必须考虑到市场因素。举一个简单例子，现在国家提出“西气东输”工程，它的目标是通过4200km的管道，把新疆的天然气输送到华东地区，输送量达120亿m^3。其用途一半用来搞石油化工和民用，另一半用来发展电力。这就给“西电东送”带来一个问题即电力应该送多少，因为天然气也是清洁能源。这不是我们搞水电的同志能马上说清的。因此，“西电东送”必须有一个全局性的、长期的、综合性的规划，必须要有长期综合规划的指导，而目前国家在安排经济发展计划时，最多只是10年。中央五中全会要研究国民经济发展五年计划和十年规划，没有更长远的具体指标，这给制定西电东送的长期规划造成了一定困难。

以上谈到的主要是外部环境问题，从内部看，要实现“西电东送”，就必须加强行业本身的前期工作。水利也好，水电也好，这里的前期工作不是指建设的前期工作，而是指属于政府行为的前期工作即落实这个长期规划基础的前期工作。国家计委召开会议专门研究“西电东送”时我就说了，第一步要有一定的经费，作为政府的宏观调控和指导来完成这项工作。随后我给中央领导同志写了个报告，申请1亿元的前期工作费用，中央批了3000万元。这项工作是政府行为，而不是企业行为。什么是政府行为呢？是指河流规划、预可研之前（包括预可研阶段）的工作。预可研工作不仅政府可以做，业主也可以做，到了可研阶段，就可全部由业主投资来做了。当然这只是初步解决了一些问题，要真正落到实处，还有很多的工作要做。

要落实“西电东送”，还必须很好地转变思路，就是要转变我们水电建设中一些传统的做法和想法。要考虑水电建设与电网及整个电力建设的关系，我国电力建设从50年代开始就沿袭苏联的做法，包括机构设置、规划指导思想，以及两个设计总院（水电总院和火电总院）的设置都是沿袭苏联的。这样就形成了多年水火电不变的比例关系（即水电只能占整个电力的30%，老同志们还可以回忆起当时的争论），这些都是根据当时苏联的自然资源条件照搬过来的，直至现在国家安排计划时水电还是在30%以下。最近在计委开会研讨水电管理体制时，我谈了不同意见，就是要根据我国的水能资源优于苏联、经济效益好于苏联这个实际出发，要考虑适合我国经济发展水平及可持续发展的要求。搞水电的同志同样必须全面研究电网及其发展，否则很难摆正自己的位置，不知道自己的作用究竟是什么。如果就水电论水电，就工程论工程，就很难有出路，很难被认可，这一点必须转变。

水电的管理体制也不尽科学，水利部只管水资源的配置（防洪、灌溉）以及个别的小水电，大水电部分则由电力部来管，电力部中火电占主导地位。李锐同志就曾经说过，“水电是在夹缝中生存的”（即在水利和火电的夹缝中）。这种管理体制带来的结果是什么呢？去年我参加了一个黄河的规划会议，会上黄河规划只讲了3个问题：防洪、水资源配置（断流）、生态环境。我当时就提出了不同意见，既然是整个黄河的河流规划，起码应该上、中、下游通盘考虑，怎么能只谈中下游的防洪和小浪底、古贤、碛口工程的问题，而对黄河上游水电开发基本没提。这就是管理体制的问题，是由于部门分割造成的。如果不改变这种局面，我看要实现西部大开发和西电东送是有相当障碍的。所以我认为，搞水电的同志也不要光说水电，要站得高、看得远一些，要研究西电东送。你不研究华东电力负荷增长的特性，不研究华东能源结构的组成，不研究输电的可能性，输电线路，不研究全国联网，怎么能实现长远的、真正的、有战略意义的西电东送呢？这些都是值得我们研究和深思的。

三、水电优化配置应该放在能源优化配置的首位

要真正做到能源的优化配置，首先应该把水电的优化配置放在第一位。为什么这样说呢？举个例子，在一条河流开发时，我们首先必须考虑的是龙头水库的建设及反调节水库的设置，这是一个河流本身梯级开发的优化组合问题，此外还要考虑河流之间的关系如何。比如四川的水电和西北黄河上游水电开发的关系，四川的季节性电量是很多的，即使把现在有可能建设的高坝大库都搞上去，还是达不到全年均衡发电，前一时期为了扭转电力工业落后的局面，四川上了一大批中型水电站，二滩电站也发电了，电力总体上是富裕的，但是却带来电能无法消纳的问题，特别是在丰水期，这就是四川电能的特性。如果四川能和黄河上游的水电建立一定的互补关系，形成能量的相互转换，就可以同时提高两个系统能源（包括水、电）的优化配置。四川大量的季节性电量本来是要弃掉的，跟西北联网以后，西北可利用这些电能并通过龙羊峡、刘家峡这样的多年调节水库，汛期把水蓄起来。对四川来说，本来弃掉的电能得到了利用；对西北来说，实现了水资源的科学配置，可以在汛期少放水，在枯水期或灌溉高峰期多放一些。这就是河流之间的关系，要有通盘的考虑。

“西电东送”的关键除了上面提到的因素之外，还有一个占领市场的问题，这要通过两个方面来解决，一是政府的宏观引导，国家在电力规划中对华东缺电地区适当限制火电的发展速度，腾出一定的发展空间给水电，给“西电东送”的水电以相应位置；另一方面，水电建设自身可以实行丰枯期电价拉开，这一设想已提了多年，但一直没有操作起来。

另外，水电行业自身也应该努力做好设计工作，精心组织好施工设计。这就要靠技术进步，要勇于突破，努力攀登世界技术高峰，只有这样才可以缩短工期，才可以降低工程造价，才可能有比较低的电价，也才有竞争能力。在这方面，各个大学、设计单位都

有很大的责任和能力。在建设管理体制上要进一步完善，如招标投标制、项目管理制等，为“西电东送”做出真正的贡献。

我更多地讲了水电方面的问题，水利方面涉及的较少，我很同意大家的意见，水利工作第一位的是西部的生态问题，我认为这个观点很新鲜，也很重要。由于生态环境的脆弱，西部地区经济的发展受到制约，西部地区的人口增长、农业的开发、灌溉面积的扩大一定要有适当的控制，个别地区如大柳树灌区应考虑尽快修建。

四 “西电东送”的战略性工程

西部开发可以说工程很多，每个河段都有各自的重要工程，但究竟什么才是主导性、战略性的工程呢？我在《迎接二十一世纪挑战的水利水电战略性工程》一文中谈了5个工程，其中黄河上2个，一个是大柳树工程，一个是拉西瓦工程。

黄河现在的开发面临的是继小浪底工程之后下一步究竟应该怎么选择。这里面还有较大的争论，黄河水利委员会（以下简称“黄委会”）的同志出于防洪减淤的目的，提出古贤、碛口工程上其中之一。我对此持保留看法，主要是因为：

(1) 我们在黄河这条多沙河流上搞工程建设经验还不足，我认为小浪底还只是一个试验性工程，调水、调沙经验还有待于总结，小浪底水库的清水下放以后对下游河道的冲刷变化情况也需要研究，同时需要把小浪底和三门峡工程联合调度的经验在实践中加以总结，在此基础上，才能选择古贤或碛口工程开展建设。

(2) 黄河中游是多沙地带，有超过100km长的小北干流，是游荡性的，被称为“滚河”，意思是说洪水来了之后整个河道都翻腾了，把泥沙都带走了。在此情况下，黄河中游兴建古贤或者碛口工程（黄委会同志的设想首要任务是拦沙），我很担心小北干流河床的泥沙被清水冲刷后将带到下游去，其数量多少尚需作出正确的判断。

我并非否定这两个工程，而是建议对这些问题都必须重视，认真研究。现在来说，摸得着、看得见的而且是真正具有战略意义的工程就是大柳树工程，其原因是：从地理位置来说，大柳树工程能起到承上启下的作用，来沙量也较少，它的任务主要是水资源配置，运行方式是枯水期蓄水，灌溉期放水，它的作用是可以解放黄河上游的梯级电站，按发电的最优方式运行；它的库容大，而且长期有效库容可以达到50亿m^3以上；在特殊年份需要冲刷时也可以集中放水，并提高径流的利用量。因此这个枢纽是不可替代的。从水电角度来看，装机200万kW，也是一个大电站。因此，对大柳树工程的工作必须高度重视，虽然其重要性正逐渐被人们所认识，但还需要进一步广泛宣传，它的难点在于移民问题，两省共管，需进一步协调。

拉西瓦水电站是黄河上游水电梯级开发的第二级，水库末端紧接龙羊峡水电站尾水，工程建于深切的峡谷中，坝基为花岗岩，拟建一座高250m的双曲薄拱坝，形成高220m的水头，装机容量372万kW，年发电量102亿kW·h。该工程混凝土总量约为400万m^3，淹没耕地16.67hm^2，移民不过1000人，单位千瓦投资将是全国水电站中最低的工程之一。由于上游有多年调节的“龙头”水库，客观上将拉西瓦电站的调节性能由日、周调节扩展为多年调节，因而其保证出力达到96万kW，保证电量达84亿kW·h，占全年发电量的82%，如此优越的电能指标是绝无仅有的。更为有利的是，由于其发电消落深度变幅小，几乎没有受阻出力，是全国最优的网际间事故备用电源。它的投入，不但可为西北电力系统增加一个优质价廉的大电源，更可促进西北与西南、华中和华北电网的联网进程。

继三峡之后，长江上的战略性工程应该是溪洛渡和向家坝。这两个是姊妹工程，缺一不可，必须通盘考虑。从电力市场需求的角度，从电能特性、对三峡的作用，应该溪洛渡电站优先，那是在特定情况下说的。这次我提出，这两个工程既然是姊妹工程，如果统一立项，统一建设，同一业主的话，也可能反过来，先向家坝电站后溪洛渡电站，不能完全排除这种可能性，这是从施工条件出发的。

虎跳峡电站是金沙江上至关重要的工程，它的蓄能量非常大，有两个方案：①正常蓄水位1950m，有效库容124亿m^3，有效蓄能量为470亿kW·h；②正常蓄水位2012m（坝高278m），有效库容243亿m^3，有效蓄能量为960亿kW·h。因此优先开发虎跳峡对下面的梯级很有好处，如果倒过来，先开发下面的梯级就会非常麻烦，送电质量也会差得多。

另一个值得研究的工程就是金沙江上的白鹤滩电站，该电站是金沙江攀枝花宜宾段的第2个梯级电站，库容达195亿m^3，保证出力为325万（单独运行）～431万kW（干流梯级），多年平均发电量为457亿（单独运行）～522亿kW·h（虎跳峡＋锦屏Ⅰ＋二滩＋乌东德＋白鹤滩），装机容量为1000万～1400万kW，它是我国第3个千万千瓦以上的巨型电站（三峡1820万kW、溪洛渡1200万kW）。该电站可继溪洛渡、向家坝两个电站之后，作为三峡工程的第3个后继工程。

因此，在资金允许的条件下，白鹤滩和虎跳峡这两个工程的前期工作应加大力度，以便作为储备项目。

上述工程我认为都是不可替代的，工作也都应该抓紧进行。其他河流上有调节性能的水库、中型河流的开发也都需要统筹安排。

高坝建设对我国水电开发的重大作用

陆钦侃

新中国建国50年来已建100m以上高坝有44座，对各种坝型的高坝在勘测、科研、设计、施工、运用中取得了显著成就，对水利水电事业发挥了巨大作用。

我国西部丰富水能资源的开发，需在人烟稀少的峡谷山区兴建高坝，淹没损失较少，既可取得较大水头，还可形成较大水库，调节天然存在的洪枯径流，以克服水力发电不均衡和水库淹没损失较大的两大缺点。这是根据我国国情进行水电建设的成功经验。兹举我国已建三座最高的大坝水电站说明如下：

我国已建最高的坝，四川西部雅砻江上的二滩双曲拱坝，坝高240m，在世界已建高拱坝中居第四位，仅次于前苏联格鲁吉亚共和国的英古里坝(271.5m)、意大利的瓦依昂坝（262m)、瑞士的莫瓦赞坝（原建坝高237m，1990年加高至250.5m)。二滩水库位于高山峡谷区，总库容58亿m^3，淹没耕地24810亩，迁移21917人，相对较少。调节库容33.7亿m^3，为坝址平均年径流量527亿m^3的6.4%，是四川省已建最大水库、调节最好的大水电站，可改善四川水电的发电性能。在1998年长江大洪水中及时拦洪，对削减宜昌洪峰也起到一定作用。二滩正常蓄水位1200m，与其下级桐子林之间的水头为185m。装机容量330万kW，是我国20世纪内建成的最大水电站。枯水期平均出力100万kW，年发电量170亿kW·h。1993年概算静态投资105.45亿元，1998年核定为104亿元，单位千瓦投资3152元，单位kW·h投资0.61元，相对较低，动能经济指标颇为优越。1998～1999年投产后电力销售发生问题。正如中国科学院国情研究中心主任胡鞍钢在《瞭望》杂志上发表文章所说：“二滩目前的困境完全是人为因素所致，是典型的政策失效，计划失效和制度失效。”

已建第二高坝，黄河上游青海省的龙羊峡重力拱坝，坝高178m，在世界已建高重力拱坝中也居第四位，仅次于俄罗斯的萨扬舒申斯克坝（242m)、美国的胡佛坝（221m）和格兰峡坝（216m)。龙羊峡水库总库容247亿m^3，是我国已建最大水库，淹没耕地86700亩，迁移人口29700人，相对也不多。其调节库容193.5亿m^3，为坝址平均年径流量205亿m^3的94.4%，可进行很好的多年调节。为黄河上游的龙头水库，可对其下游的众多梯级电站进行调节，还可与同网其他河流水电站进行补偿调节。龙羊峡正常蓄水位2600m，与其下级拉西瓦之间的水头148m。装机容量128万kW，枯水期平均出力59万kW，年发电量59.4亿kW·h。是西北电力系统的骨干电站，还可与华北、四川、华中电网相联充分发挥其巨大的电力补偿作用。

已建另一座同列第二的178m高坝，红水河上的南盘口贵州与广西边界上的天生桥一级混凝土面板堆石坝，在世界已建此类坝中居第二位，仅次于墨西哥的河瓜米尔帕坝（高187m)。天生桥一级坝顶长1137m，比阿瓜米尔帕坝642m长得多，坝体堆石量和混凝土面板面积都要大得多。天生桥一级水库总库容102.6亿m^3，调节库容58亿m^3，为坝址平均年径流量193亿m^3的30%，也可进行多年调节，为其下游天生桥二级及红水河梯级水电站调节径流。天生桥一级正常蓄水位780m，与二级之间的水头为135m；二级引水式高水头电站水头204m，两级共计339m。天生桥一级装机容量120万kW，二级132万kW，合计252万kW。枯水期平均出力一级40.5万kW，二级73万kW，合计113.5万kW。年发电量一级52.2亿kW·h，二级82亿kW·h，合计134.2亿kW·h。是南方联合电网西电东送广东的主要电源。天生桥一级水库淹没耕地35819亩，二级低坝水库淹没1036亩，合计36855亩；一级迁移人口40408人，二级迁移1209人，合计41617人，相对也较少。

上述已建3座高坝大水电站，水库库容都相当大，调节性能较好，淹没损失相对较少；发电水头较高，枯水期平均出力相对较多，发电性能良好。3座大水电站分别在西南、西北、华南电网中供应优质水电，效益显著。

以下再说在建和待建的高坝水电站。在建特大的长江三峡工程，重力坝坝高185m，在世界已建高重力坝中居第七位，低于瑞士的大狄克桑斯坝(285m)、印度的巴克拉坝（226m)、美国的德沃歇克坝（219m)、吉尔吉斯的托克托古尔坝（215m)、印度的拉克华坝（204m)、土耳其的博耶巴特坝(195m)、而三峡大坝的坝顶长度达2335m，比上述诸坝都要长得多，土石方开挖量9871万m^3，混凝土浇筑量2643万m^3，则居世界首位。三峡水库总库容234.8亿（初期）～393亿m^3（后期)，位于城镇农村人口密集的峡谷丘陵区，淹没耕地和柑桔地23.53万～38.86万亩，动迁人口约61万～113.18万人，也居世界第一。调节库容89亿～165亿m^3，加上上游已建待建水库约100亿～200亿m^3，共计189亿～365亿m^3，为平均年径流量4510亿m^3的4.2%～8.1%。防洪库容110.8亿～221.5亿m^3。三峡正常蓄水位初期156m，后期175m，与下级葛洲坝之间的水头为 90～109m。装机容量 1820 万 kW，为世界最大电站。枯水期平均出力 360 万～499 万 kW，年发电量 700 亿～847 亿 kW·h。对防洪、航运有较大综合效益。

在建的湖北西部山区清江上游的水布垭水电站，拟建混凝土面板堆石坝，高 233m，将为此种坝型世界最高的坝，比当前已建最高的阿瓜米尔帕坝高出 46m。水库总库容 43.1 亿 m^3，淹没耕地 13200 亩，移民 8581 人。有效库容 23.8 亿 m^3，为坝址平均年径流量 94.7 亿 m^3 的 25%，可进行多年调节。为清江梯级水电站的龙头水库，并对长江防洪起一定作用。水布垭电站正常蓄水位 400m，与其下级隔河岩水电站之间的水头 200m。总装机容量 160 万 kW，枯水期平均出力 31 万 kW，年发电量 39.2 亿 kW·h，将为湖北电网的主要调峰电源。

在建的另一座高坝水电站，贵州省乌江上游六冲河的洪家渡电站，也是混凝土面板堆石坝，坝高 182.3m。总库容 49.2 亿 m^3，淹没耕地 29100 亩，移民 42134 人。调节库容 33.6 亿 m^3，为坝址平均年径流量 48.9 亿 m^3 的 68.7%，可进行很好的多年调节，是乌江上游的龙头水库，可为其下游一系列梯级电站进行调节。洪家渡电站正常蓄水位 1140m，与其下级东风电站之间的水头为 170m。装机容量 54 万 kW，枯水期平均出力 17.2 万 kW，年发电量 15.9 亿 kW·h。

即将正式立项开工建设的广西红水河上游的龙滩水电站，坝高初期 192m～后期 216.5m，拟建碾压混凝土重力坝，将居世界首位。水库总库容 162.1 亿～273 亿 m^3；调节库容 111.5 亿～205.3 亿 m^3，留有防洪库容 50 亿～70 亿 m^3；为红水河龙头水库。与其上游南盘江天生桥一级联合调度，共有调节库容 169.5 亿～263.3 亿 m^3，为龙滩电站平均年径流量 517 亿 m^3 的 32.8%～50.9%，可进行较好的多年调节，对红水河梯级水电站提高发电性能作用很大。龙滩水库淹没耕地 50178～74415 亩，迁移人口 72104～104819 人。龙滩电站正常蓄水位 375～400m，与其下级岩滩电站之间的水头 152～177m。装机容量 420 万～540 万 kW，枯水期平均出力 123.4 万～168 万 kW，年发电量 156.7 亿～187.1 亿 kW·h。为华南地区最大水电站，对红水河下游和西江还有防洪、航运、灌溉等综合利用效益。

将于 2002 年开工建设的云南澜沧江小湾水电站，拟建坝高 292m 的双曲拱，将为世界最高拱坝，比当前已建最高的英古里拱坝高出 20.5m。水库总库容 151.3 亿 m^3，淹没耕地 55678 亩，迁移人口 32737 人。调节库容 99 亿 m^3，为坝址平均年径流量 385 亿 m^3 的 25.7%，也可进行多年调节，为澜沧江中下游梯级的龙头水库，可对其下游诸大电站提高发电性能。小湾电站正常蓄水位 1240m，与其下级漫湾电站之间的水头为 246m。装机容量 420 万 kW，枯水期平均出力 185.4 万 kW，年发电量 188.9 亿 kW·h。

准备在沅水上游清水江建设的三板溪高坝，拟建混凝土面板堆石坝，坝高 185.5m，比已建的天生桥一级和在建的洪家渡同类坝要高些。总库容 37.5 亿 m^3，淹没耕地 10724 亩，迁移人口 30838 人。调节库容 26.2 亿 m^3，为坝址平均年径流量 76.4 亿 m^3 的 34.2%，可进行多年调节。为沅水梯级的龙头水库，可改善其下游梯级电站的发电性能。三板溪电站正常蓄水位 475m，与其下级挂治之间的水头为 150m。装机容量 100 万 kW，枯水期平均出力 23.5 万 kW，年发电量 24.3 亿 kW·h。

黄河上游待建的青海拉西瓦高拱坝，坝高 250m。在陡峭峡谷区总库容仅 10.56 亿 m^3，淹没耕地仅 249 亩，迁移人口仅 882 人。依靠其上游龙羊峡大水库调节径流，仅设日调节库容 1.5 亿 m^3。拉西瓦正常蓄水位 2452m，与其下级尼那之间的水头为 216.5m，装机容量 372 万 kW，是黄河梯级中水头最高、装机容量最大的水电站。枯水期平均出力 95.9 万 kW，年发电量 102.3 亿 kW·h。可供西电东送至华北电网调峰之用。

乌江中游待建的构皮滩高拱坝，高 231m。总库容 56.9 亿 m^3，淹没耕地 27199 亩，迁移人口 25304 人。调节库容 30 亿 m^3，与上游洪家渡、东风、三岔河、乌江渡等水库联合调度共有调节库容 87 亿 m^3，为构皮滩电站平均年径流量 229 亿 m^3 的 38%，可进行多年调节。构皮滩电站正常蓄水位 630m，与其下级思林之间的水头为 190m。装机容量 240 万 kW。枯水期平均出力 75 万 kW，年发电量 96.4 亿 kW·h。可供西电东送至华中电网。

大渡河中游待建的瀑布沟高坝，拟建心墙堆石坝，高 186m，是世界已建此类坝的第十位（最高的塔吉克斯坦的努列克坝达 300m），总库容 50.6 亿 m^3，淹没耕地 43005 亩，迁移人口 77901 人。调节库容 38.8 亿 m^3，为坝址平均年径流量 388 亿 m^3 的 10%，可为其下游已建龚嘴、铜街子水电站提高枯水期出力，改善四川省水电发电性能，并拦截大渡河泥沙减轻龚嘴及其下游的淤积负担。瀑布沟电站正常蓄水位 850m，最大水头 180m。装机容量 330 万 kW，枯水期平均出力 92.6 万 kW，年发电量 145.8 亿 kW·h。

黄河中游陕西与山西界河段拟建的古贤土石坝（原拟龙门坝址，为保留壶口瀑布上移至此），坝高 186m；总库容 160 亿 m^3，淹没耕地 27300 亩，迁移人口 14700 人；调节库容 46.5 亿 m^3，为坝址平均年径流量 229 亿 m^3 的 20.3%。古贤电站正常蓄水位 640m，最大水头 174m，装机容量 256 万 kW，枯水期平均出力 63.9 万 kW，年发电量 82.3 亿 kW·h。有防洪、减淤、灌溉等综合效益，可拦调黄河主要泥沙来源，减轻其下游水库的淤积负担。

黄河支流泾河陕西的东庄水库，拟建混凝土面板堆石坝，坝高195m。总库容28.7亿m^3，淹没耕地13953亩，迁移人口2372人。最大水头150m，装机容量12万kW，年发电量1.61亿kW·h，是防洪、灌溉、拦沙为主的工程。

长江上游金沙江川滇边界的溪洛渡水电站，已定为三峡的后续工程。设计为双曲拱坝，坝高273m。经可行性研究中间报告论证，溪洛渡电站正常蓄水位600m，与其上级白鹤滩电站尾水位的梯级衔接比较合理；坝区地震基本烈度Ⅷ度，与格鲁吉亚已建英古里坝（高272m，地震烈度Ⅶ～Ⅷ度）相似。溪洛渡电站总库容115.7亿m^3，淹没耕地36884亩，迁移人口31982人；调节库容64.6亿m^3，加上其上游已建二滩电站的33.7亿m^3，合计98.3亿m^3，为溪洛渡电站平均年径流量1460亿m^3的6.7%。留有防洪库容42.8亿m^3。溪洛渡电站正常蓄水位600m，与其下游向家坝电站之间的水头差220m。溪洛渡电站装机容量1200万kW，枯水期平均出力338.5万kW，年发电量573.5亿kW·h。是西电东送的主要电源，长江上游拦洪拦沙和改善川江航运的主要水库。

上述在建和近期拟建的175m以上高坝12座，包括超世界水平的特高坝，如双曲拱坝高达273m、292m，混凝土面板堆石坝高达233m，碾压混凝土坝高达216.5m，希望在高坝设计、科研、施工的技术攻关得到解决，为西部大开发做出巨大贡献。前苏联派往中国的黄河专家组长曾说：“为取得水库大库容，是要用淹没损失去换来的。”可否加一句：发展高坝技术，在峡谷山区建更高的坝，在较少淹没损失的情况下，也可取得较大库容。而且在偏僻山区建高坝大水库，对生态环境的负面影响也比较少。

我国已建、在建和近期拟建的175m以上高坝水电站15座，按坝型和坝高排列见表1。

表1 我国已建、在建和近期拟建175m以上高坝水电站一览表

坝型	坝名	坝高(m)	总库容(亿m^3)	调节库容(亿m^3)	年径流量(亿m^3)	调节系数β	水头(m)	装机容量(万kW)	枯期出力(万kW)	年发电量(亿kW·h)	淹没耕地(万亩)	迁移人口(万人)	建设状况
双曲拱坝	小湾	292	151.3	99.0	385	25.7	246	420	185.4	188.9	55678	32737	将建
	溪洛渡	273	115.7	64.6	1460	6.7	220	1200	338.5	573.5	36884	31982	待建
	拉西瓦	250	10.5	1.5	210	92.8	216	372	95.9	102.3	249	882	待建
	二滩	240	58.0	33.7	527	6.4	185	330	100.0	170.0	24810	21917	已建
	构皮滩	231	56.9	30.0	229	38.0	190	240	75.0	96.4	27199	25304	待建
面板堆石坝	水布垭	233	43.1	23.8	94.7	25.0	200	160	31.0	39.2	13200	8581	在建
	东庄	195	28.7		20.0		150	12		1.6	13953	2372	待建
	三板溪	185.5	37.5	26.2	76.4	34.2	150	100	23.5	24.3	10724	30838	将建
	洪家渡	182.3	49.2	33.6	48.9	68.7	170	54	17.2	15.9	29100	42134	在建
	天生桥一级	178	102.6	58.0	193	30.0	135	120	40.5	52.2	35819	40408	已建
碾压混凝土坝	龙滩初期	192	162.1	111.5	517	32.8	152	420	123.4	156.7	50178	72108	将建
	后期	216.5	273.0	205.3	517	50.9	177	540	168.0	187.1	74415	104814	
心墙堆石坝	瀑布沟	186	50.6	38.8	388	10.0	180	330	92.6	145.8	43005	77901	待建
土石坝	古贤	186	160.0	46.5	229	20.3	174	256	63.9	82.3	27300	14700	待建
重力拱坝	龙羊峡	178	247.0	193.5	205	94.4	148	128	59.0	59.4	86700	29700	已建
重力坝	三峡初期	185	234.8	89.0	4510	4.2	90	1820	360.0	700.0	235300	610000	在建
	后期	185	393.0	165.0	4510	8.1	109	1820	499.0	847.0	388600	1131800	

注 调节系数β=本水库及其上游水库调节库容之和/本坝址平均年径流量。

14位院士对国家电力体制改革的建议

我们长期从事水电工作，热切期望早日开发我国丰富的、可再生、无污染、且符合可持续发展、有利于西部大开发的水能资源，深信经这次电力体制改革，必将促进国家提出的“积极发展水电”的方针和适应市场经济发展要求。为此建议在组建发电公司时，考虑水电特点，成立一家以开发水电为主的发电公司。理由简述如下：

一、比较适应水电投资大、工期长，需要有相当实力，且负有水电开发使命感和经验的投资主体，以利有效地开发水电。如水电资产和开发任务分散到各个发电公司，我们担心不利于“积极发展水电”方针的实施。

二、成立以水电为主的发电公司，有利于降低水电造价和竞价上网，也是改革的目的之一。

三、有利于全流域调节和流域内统筹建设、运行

管理和跨流域省区的补偿调节，也有利于实现现有的流域开发公司能持续实施流域滚动开发。

四、水电的前期工作、科研工作投资较大，且不是一朝一夕便可完成，需要有投资主体作战略性考虑，如有以水电为主体的发电公司，则比较容易解决这一问题，否则将影响水电开发后劲。

五、今后许多巨型水电站开发，有许多共性工程问题需要研究。如有一个以水电为主的发电公司，有利于组织科研、设计、施工力量，发挥技术优势和技术创新，解决工程难题。

实施以上设想，会涉及多方利益，也并非没有困难，需要从全局和长远出发，权衡利弊，协调好各方利益，以利水电开发和市场经济发展。

建议人：

周君亮、吴中如、朱伯芳、陈志恺、谭靖夷、曹楚生、韩其为、陈厚群、卢耀如、王思敬、葛修润、郑守仁、梁维燕、王三一

（建议人为中国工程院能源与矿业工程学部和土木、水利与建筑工程学部院士，签名附后）

2002 年 6 月 1 日于北京

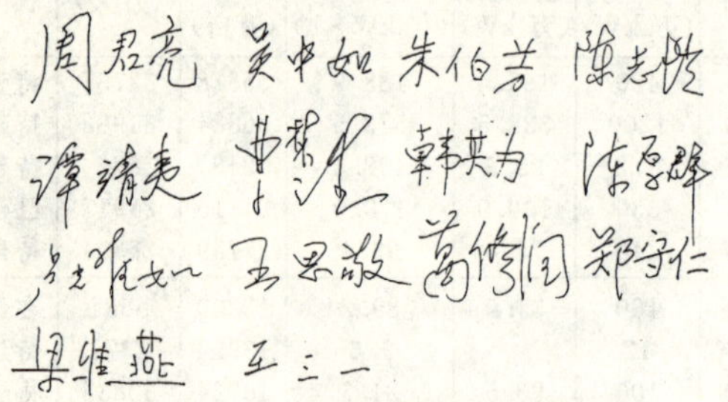

走出误区 探讨正确的电力改革之路

潘家铮

近年来，一些同志对电力体制改革问题发表了许多看法，但其中电力行业的专家并不多。这恐怕不是电力行业的专家们没有见解，而是怕被戴上“反对改革”、“留恋垄断”、“要保护既得利益”的帽子。有关方面在研究改革方案时，也把电力部门排除在外，理由是：他们不会自愿退出垄断经营，必然反对改革。这种做法是不利于探讨问题，发扬民主，正确决策的。因此，不揣冒昧，将个人一得之见，坦陈于下，以供参考。

读了不少讨论电力改革的文章，我以为有一些认识上的误区，如不加以澄清，极易起误导作用。

（一）“电力公司既然是企业，必然要搞企业行为，追求最大利润。”

我认为电力公司不应是盈利性企业。众所周知，电力行业是重要的基础产业，为工业、农业、国防、第三产业提供动力，直接影响人民生活，是国民经济的命脉。因此，它具有极强的基础性和公益性，而不等同于一般企业。任何国家的政府都不会允许电力公司自由定价，追逐高额利润，都要对它进行一定的控制。

作为社会主义国家的电力公司更应该是服务性、公益性企业，其任务和目标应该是尽一切可能，向社会提供充足的、优质的、安全的、低价格的电能，以满足各方所需。电力公司不能以追求最大利润为中心任务，甚至称其为非盈利性行业都无不可。

当然，电力公司要讲经济效益。那是通过加强管理、提高科技水平来降低成本，目的还是降低电价和维持企业的正常运行和良性发展。对于新建工程，还有一个给投资者适当回报率的任务，以促进电力工业的发展。这同一般的企业有本质上的区别。

同样理由，国家不应把电力公司视作纳税大户，应课以轻税，使电价尽量降低，推动经济的全面增长，而在下游取得十倍的利税，这才是聪明的做法。

（二）“所有的垄断都是坏的。中国的电力行业高度垄断经营，必须分拆，打破垄断。”

世界上没有绝对的坏事。电力改革是手段不是目的，不能不问目的和情况，“逢垄必反”，盲目分拆。

电力行业在客观上是一种自然垄断产业。只有规模化、网络化地垄断经营才能实现最高经济效益，才能有保证地、安全地提供优质、廉价电能，才能体现国家的意志和人民的利益。对于中国这样一个发展中的社会主义大国，这一点尤为重要。

法国的电力行业大概是垄断性最强的了。按照垄断是万恶之源的说法，法国的电力应该是搞得惨不忍睹了。事实却是：法国的电力系统强大，电价是欧洲最低的，已经占领了“打破垄断”的英国电力市场。法国电力公司总裁（前法国经济部长）阿尔方德里说：“法国电力如果不靠垄断，今天不会有80%的核电，不会有世界上最标准化的电力工业，也不会有欧洲最低的电价”（引自谢绍雄同志的文章）。

同样的情况在巴西也可看到。巴西全国无煤无油，从国家大局看只能靠水电和核电。巴西的政治家看准这一点，牢牢把握发展方向，建成以水电为主、核电为辅的电力系统，解决了国家电源问题。不依靠国家的力量和垄断性经营，搞自由竞争，能走上这条道路吗？中国今天能源上的深层次问题远比当年的法国、巴西要多、要重。他们的经验值得深思和参考。

（三）“竞争可以解决任何经济问题。”

这一论调可称为“竞争万能论”。和上面的“垄断万恶论”是配套的，即一切垄断都是坏的，一切问题靠竞争就能解决。

我的看法是：在某些情况下垄断不是坏事，竞争更不是医治百病的灵丹妙药。

有些人喜欢把复杂的问题公式化、简单化，热衷于“一”。从当年的“一面倒”、“一窝蜂”、“一刀切”、“阶级斗争一抓就灵”，到改革开放后的“一包就灵”、“一竞就灵”。这是违反党的“实事求是”和“具体问题具体分析”的根本宗旨的。

我国民航业为了打破垄断，成立了多家公司（甚至一省一家）。后果如何呢？除了增加了更多的人员和亏损外，并未见到票价降低和服务质量的改进，现在又酝酿合并。不从根本上解决，光靠分拆成几家公司来竞争，是不解决问题的。

像电力行业这样的基础性产业，更是经不起轻率地改来变去的。

中国电力行业确实存在着问题，可以分为两种类型。

第一类问题是深层次的，如发电、输电容量不足、电网脆弱，科技水平低落，电力结构不合理，发电引起的环境污染严重等等。很显然，这类问题只能依靠国家的宏观调控来解决，而不可能通过竞争来解决。有人认为，实行市场经济后，电力市场必然永远是买方市场，不会再出现电力短缺，许多问题都会迎刃而解。这是没有事实根据的。相反，无序竞争只会使某些问题更趋恶化。

值得注意的是，许多谈论电力体制改革的文章都热衷于对现有的一些资产的产权、组合、竞争议论不休，对上述重大问题完全不提。

第二类问题则是为人们直接感受到的，如电力部门服务生硬、以权谋私、农村电价高、上网不公等等。其实，除上网问题外，这些缺点都出现在最下游的销售服务环节，特别在县、乡一级。而县乡一级很多都掌握在地方上，黑锅却要整个电力系统来背，这是不公平的。纠正这些缺点最有效的办法是实行“法治”、“透明作业”和加强政府及人民的监督权力，这些都比用“竞争”的方式要有效得多。

（四）“西方国家电力体制改革已搞了多年，他们的做法可以搬到中国来用。”

西方国家电力改革中的经验和教训，是可贵的参考资料，但绝不能迷信盲从。不能认为西方做的就是对的，就可以搬到中国来用。

首先，到目前为止，西方的电力改革并没有找到一个公认的最好模式。英国与法国不同，美国和日本有别，同一国家里也有多种模式，而且都不成熟，还在不断变化中。改革结果也成败互见，问题多于成绩，甚至由于“改革”引起了大事故。

更重要的是中国国情与西方完全不同。欧美发达国家人均拥有两三千瓦的电力，人均年用电量超过10000kW·h，是我国的十倍乃至十几倍，他们的电力规模是过剩的。我国到本世纪中叶，至少应装机16亿kW，现有3亿kW只是零头的一半，而且还要退役一大部分机组。所以平均每年至少应增加3000万kW的容量才能满足发展所需。如何筹措资金，保证建设进度，是个大问题。我国幅员辽阔，资源分布及经济发展极不平衡，也没有大量油气资源或大量可用外汇购买油气发电，而是需要在全国范围内平衡，水火核配合，远距离送电，合理统调，全国联网。我国电源以煤电为主，有严重的污染问题，必须解决，因此要大力开发资金密集、工期较长的水电、核电、新能源和发展洁净煤燃烧技术。我们的科技水平低下，难以解决发展中的各项问题，缺乏发展后劲，必须大力增加科技投入……凡此种种，都与西方国家不同，和一些小国相比更有天壤之别。认为照抄西方国家的某些做法进行改革，就可以依赖市场行为自动解决上述问题乃是空想。

对中国的电力行业来讲，政府行为（政策、导向、控制）绝不能放松，否则必会发生严重后果：那就是大家追逐自身利益，搞短期行为，严重影响水电、核电、新能源和洁净煤燃烧技术的发展，使电力结构愈来愈趋于不合理，资源无法优化配置，环境污染更趋严重，科技得不到超前的发展，甚至回到严重缺电、停三开四的局面。那时什么竞价上网、优化结构、降低电价等等许诺都会成为一句空话。

实际上，在国内召开的一些电力体制研讨会上，一些外国专家倒是正确地指出他们体制中的问题，而且认为按照中国国情，解体分散并不是好的模式，更不是当务之急。

（五）“输电网相当于高速公路，只要收取过网费，不必参与更多的活动。”

有的专家除了建议将电力行业在纵向分割成“发电”、“输电”、“配电”、“售电”几大段外，由于“输电”环节不能实行竞争机制，又提出电网相当于高速公路，只要收取过网费，不必管其他的事，希望以此来消除垄断经营的影响。这种说法，几乎是对电力运行性质的无知。

高速公路的管理部门是不必理会来往车辆运载的是什么货物、货物是从哪里买来、销往何处，是否会积压或不符合市场要求。他们确实只要按章收费就是。电网也是这样的吗？

众所周知，电力的生产、输送、分配、销售和使用是在每一瞬间平衡的。电网面对着众多不同性质的发电公司和发电厂，面对着各行各业的用户，面对着瞬息万变的负荷，面对着随时可能出现的事故，必须拥有现代化的调控手段、强大的调峰调频容量、足够的备用设备和周密的规划才能进行科学调度，使各电厂处于最佳的运行位置，发挥最优的综合效益，向用户提供可靠的、优质的和廉价的电能。它是高速公路吗?

如果西方国家有些电网由于发输电容量强大充裕，市场机制完善透明，技术手段先进可靠，加上供电范围有限，电源简单，可以摆脱电厂运行的话，对中国来讲则是不可行的，否则，可能发生灾难性事故。当然，若干大用户可以选择有关电厂订立销售合同，在电网上过网。但就是后者也要纳入电网的统一平衡计划中，合同要由三方面来签订。

值得注意的是，有些电力部门的人也赞成电网、电厂彻底分开的做法，认为这样可以使责任分明，以后电网发生瓦解事故就由不执行调度的发电公司负责。这似乎有些“甩责任”或“负气”的味道，电网瓦解的后果是国家、企业、人民受损，追究谁的责任都没有用。而且我相信发电公司一定能找出一百条理由为自己辩护。我认为：大家应该从中国国情出发，以全局利益为重，认真探讨一下电网是不是高速公路的问题，以及电源和电网的关系问题。

（六）“电力部门在改革中要主副业分开，将副业剥离出去。”

这里的所谓副业如果指电力部门兴办的第三产业，上述提法是有道理的。但有些同志的心中，把规划设计、科学研究和施工安装等都作为副业，就值得斟酌了。

考虑到中国电力行业今后的前期工作、建设和科研任务繁重，责任重大，影响深远，电力系统的规划设计、施工建设、科学研究等领域都应是主业中不可缺少的部分，并不是什么副业。

承认这些领域是主业，并不意味着要把这些单位的人都养起来吃皇粮。毫无疑问，他们都应该按照国家的政策进行改革、改制，增强活力，走向市场。但作为上级单位（如目前的国家电力公司）必须关心支持他们的改革，调查了解他们的困难，帮助解决历史上和现阶段出现的问题，不能采取一放了之、一改了之的甩包袱态度。前期工作中的政府行为部分，科研工作中的基础性、前瞻性、公益性部分及施工等单位历史上遗留下来的包袱，上级单位应名正言顺、理直气壮地给予支持解决，或请求国家支持解决，切莫听信某些人的意见，把全部精力都放在能盈利的领域上去。只有这样，才能调动最广大电力职工的积极性，凝聚成一支强大的队伍，夺取电力改革与发展的全面胜利。

综上所述，我认为：电力行业并非纯粹追逐利润的行业，应该区别对待；电力是自然垄断的行业，垄断并非总是坏事，不宜单纯为了打破垄断而纵横切割，无序竞争；中国的电力存在两类性质的问题，其中深层次的问题最为严重，须加强政府的宏观调控和实施正确的政策来解决，盲目的竞争只会使问题更趋恶化；一些表层的问题可采取加强法治、增强透明度和加强政府、人民的监督来解决；中国的国情与西方国家有本质区别，搞电力改革要充分考虑国情，不能照搬西方的某些做法，何况西方的所谓电力改革也不成熟，大家的评价也不一致，失败的例子很多；电网不是高速公路，担负着极复杂和重要的调控、经营任务，为保证安全优质廉价地供电，电网只能加强，不能削弱和瓜分；电力行业中的规划设计、施工、科研都是本行业中的主业，既要促进这些部门的改革，更要关心、支持他们，解决他们面临的困难。

总而言之，鉴于电力是国家最重要的基础产业并具有特殊性，电力改革是个极为复杂的问题，加上中国国情特殊，所以要特别慎重地进行。要多听取各方面特别是不同的声音。要进行更深入的研究，进一步摸清情况，拟出合理可行的方案，再慎重决策。在此以前，如要推行一些设想，应先局部试点，一切根据试点实践再作结论。不宜事前定调，用行政手段推行，以至事与愿违，陷入被动。

关于成立以水电为主的发电公司加速我国水电开发的建议

根据已经确定的电力体制改革方案，大多数水电专家一致认为：应该在方案确定的框架内，组建一个以水电为主的发电公司，由国务院授权主要进行水电的建设和运营。该公司继承国家电力公司系统参与投资的水电项目建设，继续推动水电流域的滚动开发；统筹进行授权范围内水电的规划、建设和运营；兼顾授权范围内新能源发展项目的规划、建设和运营。主要理由叙述如下：

（一）当前我国水电开发任务繁重而且急迫，水电体制改革应该有利于加速水电发展

根据各国的经验，水电开发具有明显的阶段性。因为，一般来说水电建设本身就是国家优化资源配置、进行国土整治的过程。而且，国民经济的发展结构一旦形成，就难以轻易改变。由于水电建设的最大难点在于移民，水库淹没区的经济生活水平越高，移民就越困难，开发成本就越高开发难度就越大。有利的是我国目前国民经济还处在优化资源配置和整治国土的发展阶段。水电工程淹没库区移民工作也还可以结合提高当地群众的生活水平进行。当前，由于工程

建设对地方经济有巨大的拉动作用，各地方对工程的建设一般都采取积极欢迎、努力配合的态度。应该说我国正是处在水电的最佳发展期。情况不会永远这样，事实上，随着各地方经济的发展，人口的增加，一些本来很有开发价值的水电资源已经或者正在消失。可以预言，如果不能在20～30年内完成我国主要水电资源的开发，水电工程的建设难度将大大增加。也许有一天，很难再建新的水电站。世界各国的发展实践已经说明，历史留给水电的发展时间是有限的，错过时机，水电将难以发展。

1998年的洪水，已经使各界认识到了大型调节性水库对于从源头上减少洪涝灾害的重要作用。同时，尽管时常有洪涝灾害发生，而从总体上讲，我国淡水资源十分缺乏。要解决我国的水资源短缺，措施之一就是必须建设一批大型蓄水水库，增加各流域汛期的蓄洪能力，从而增加水资源的可利用程度。从这种意义上看，开发利用水电，不仅是开发能源资源，也是防洪减灾和开发水资源。当前，西部水电开发正如火如荼地进行，电力体制改革应促进水电持续发展，促进国家西部大开发战略的实施。

（二）政府主导、地方参与、政策支持、企业市场化运作是水电开发的普遍规律

水电是清洁的可再生能源，优先开发、优先利用水电无论从资源还是环境的角度看都有利于社会的可持续发展。此外，多数的水电站都有防洪、灌溉、供水、航运等其他方面的综合社会效益。这些效益具有社会公益性，如果仅从企业发电效益来看，水电恰恰是在以效益最大化为特点的市场经济中而容易被忽视的，因此，需要国家从可持续发展的高度予以特殊关照才能兼顾。纵观世界各国的发展，大型水电开发也都是通过国家行为来实现的。当然，目前很多发达国家已经渡过了水电开发期（水电资源开发任务基本完成），国际舆论也不再强调水电开发，水电需要国家扶持开发的特点也似乎被人遗忘。但我国目前正处在水电开发的最佳期，水电建设的任务急迫而且繁重，水电建设需要国家主导的经验不能忽视。分析我国所有已建和在建的大型水电工程，除了计划经济时代国家直接投资外，无一例外的全是由水利部、国家电力公司、三峡公司和国家开发投资公司这些代表国家的开发主体为主建设的。无论国内、国外的实践都已经证明，单纯依据市场原则运作的企业，不可能成为大型水利水电工程的开发主体。特别是大型水利水电工程关系到枢纽工程安全、移民安置、生态环境等重大国计民生问题，没有国家支持几乎就不可能。可以说，即使在完善的市场经济环境下，政府主导、地方参与、政策支持、企业市场化运作对水电开发仍然是缺一不可。

（三）成立以水电为主的国家级发电公司，有利于集中力量办大事

优先开发水电是实现我国能源、电力工业可持续发展的基本方针。国家级水电公司能够发挥现有水电建设格局的优势，继续促进水电的发展。有利于国家优先开发水电的基本方针的贯彻落实；水电在近几年之所以能够以前所未有的规模和速度发展，一个重要的原因，是有国家电力公司这样一个代表国家的集中的水电投资主体。改革后如果水电分散在各发电公司，就意味着失去了强有力的中央投资主体，造成力量的分散，影响水电的发展。在水电科研上难以集中资金和力量开展高效率的研究攻关。原来由国家电力公司统一管理的水电前期工作，打散后将难以从国家的角度统一协调、统一规划，不利于水电前期工作的开展。

（四）成立以水电为主的国家级发电公司，有利于优化资源配置

为最大限度的优化全国水电资源的配置，提高水电整体效益，不但需要在一个流域统筹规划、统筹建设、统筹运行管理，同时也需要不同流域间统一规划、调剂补偿。从而充分发挥水电的防洪、灌溉、航运等系统综合效益。而这样的功能和任务，是水电分散于所有的几个发电公司所不具备和无法完成的。组建专门的水电公司可以将国家多年对水电的投资形成的资产集中起来，解决目前一些流域尚不具备自身滚动开发的能力，和另外一些流域主要资源已经开发殆尽，缺少新的开发项目的矛盾，有利于水电资源和资金的优化配置，形成以流域、梯级、滚动、综合开发为基础的全国的水电滚动开发机制，也有利于统一调动和发挥我国水电建设管理和技术人才的优势。

（五）结束语

电力体制改革的一个重要目标是打破垄断、引入竞争，实施厂网分离、竞价上网。改革后的发电企业将更加市场化，必然按市场规则行事，追求自身效益。如没有相应的政策支持和体制保证，工期短、投资回收快的火电，势必成为新组建的发电公司的优先开发项目。工期相对较长（包括前期工作的时间也长）、投资较大、投资回收慢的水电项目，很容易被延后甚至放弃。电力体制改革中如能组建专门的水电公司，将从体制上有利于国家扶持水电政策的制定、贯彻和实施。它仅仅是集中了国电公司系统现有的水电资产形成专业的水电开发公司。它可以部分继承原来的国家电力公司，代表国家继续进行大型水电的开发，它并不影响原有国电公司以外的一些企业或部门对水电投入的积极性。它也绝不会排斥，相反应该联合或者鼓励其他部门和企业（包括火电公司）运用市场机制参与对水电的开发和建设。这样，才能形成在

原有的水电开发格局、速度不变的情况下，再进一步调动中央、地方以及各种企业的积极性，加快我国水电建设速度，有利于我国国民经济的可持续发展。

（中国水力发电工程学会）

调整水电行业增值税政策的建议

水力资源的开发具有诸多利益，然而我国水电站的建设及水电业的发展却不尽如人意，主要存在以下制约因素：

一是我国水电站的总体税负较高，特别是增值税的税负很重。水电企业由于行业特殊性，增值税的进项抵扣很少，从而造成其增值税实际税负在所有行业中居于高位，负担很重。这使水电企业在同行业竞争中处于不公平的劣势。

二是水电企业急需国家在贷款政策上加以扶持。水电站的前期投入很大，所需的庞大资金大部分由贷款取得。因此水电企业，尤其是新建水电站的资产负债率均很高，一般都在70%以上。如果水电站的建设费用贷款均由商业贷款构成，则水电企业不得不承担很高的贷款利息，财务费用数目惊人，这对本来还款压力很大的水电企业来说是一项不小的负担。所以，为加快水力资源的开发步伐，国家应为水电企业提供一定的政策性贷款，减轻其还贷的利息压力。

三是水电站在发电的同时，发挥着巨大的社会效益，承担着防洪、防凌、减淤、供水和灌溉任务。有不少水电站在社会效益与自身的经济效益发生冲突时均毫不犹豫地牺牲了自身的经济效益，顾全了大局，但是再生产补偿严重不足。在水电站承担的社会效益上国家应给予相应的经济补偿，尤其是在建设期对社会效益的资金投入上国家应给予补偿。

四是电力行业的改革应加大力度，尽快营造一个公平的竞争环境。电力行业目前实行的“竞价上网”是一个很好的改革举措，但必须在相应的配套措施上加以完善。引入竞争对整个行业的发展来说是必不可少的，但它的前提“公平”必须得到高度的重视。

五是在水电企业的发展上地方政府应给予大力的支持。

我国水力资源丰富，开发潜力大。因此，应当把发展水电业作为“十五”期间和今后可持续发展战略中的一项重点工作来规划。水电资源主要分布在我国西部地区，我国正在实施西部大开发战略，发展水电业与其相吻合，也符合当前的宏观产业政策。但是，在政策的执行过程中，水电行业面临着巨大困难。其中在现行税制设计上未考虑水电行业增值税进项环节基本不能抵扣的问题，造成企业税负过重，有失市场公平竞争原则。如何使税收政策向国家重点产业发展倾斜，是亟待解决的问题之一。

一、增值税税负偏高是水电企业经营困难的原因之一

水电行业税负重是近几年、特别是西部开发方针提出后，引起水电部门和社会各界普遍关注的一个重要问题。目前水电行业普遍经营困难，影响其生存和发展，对我国经济持续发展产生的负面作用也不可低估。以我国20世纪末建设的亚洲第一大水电站二滩水电站为例，其于1999年12月4日提前7个月竣工，然而，这项宏伟的工程刚刚全面投产，就陷入了令人难以置信的困境。

二滩水电站装机容量330万kW，按照设计能力，2000年可发电170亿kW·h，上网电量为145.5亿kW·h，售电价格为0.3968元/kW·h（不含税，下同），当年可实现销售收入57.73亿元（不含税，下同），实现增值税9.8亿元。

然而，二滩水电站2000年共实现销售收入13亿元，缴纳增值税2.21亿元。2000年，二滩水电站的生产总成本为32亿元，其中固定资产折旧分摊14.5亿元，当年贷款利息16.5亿元。由于计划安排的发电量不及设计能力的一半，在生产成本基本不变的情况下，发电量的严重不足，必然导致销售收入的减少和发电单位成本的大幅度增加。二滩水电站按满负荷发电计算，发电成本只有0.22元/kW·h，而现在，实际发电成本高达0.39元/kW·h，等于当初售电价格。

如此一来，耗资285亿元巨大投资的宏伟工程，得到的结果是：

发电量不及设计能力的一半；销售收入不及当年贷款利息的五分之四；销售收入只及生产成本的五分之二；实现增值税不及预计的四分之一。

二滩水电站是我国水电业的“排头兵”，它的困境其实是整个水电行业的缩影。虽然二滩水电站刚一投产就陷入困境的原因是多方面的，如电源结构过剩、电网建设滞后、电力体制的市场化改革滞后、企业负债过重等，但其中一个重要原因是来自于水电行业的增值税税负偏重，存在没有抵扣的“隐性进项税”。

二、水电企业增值税税负偏重的实证分析

（一）1994年税改前后税负比较

1994年税制改革以前，电力行业缴纳的是产品税，发电环节无论水电、火电均按厂供电量0.01元/kW·h计征产品税，供电环节为销售收入的10%，其中发电环节产品税的67%、供电环节产品税的

20%可用来还贷；1994年税制改革后，对电力行业改征增值税，税率为17%，且增值税不能用于还贷。改革前后水电行业的税负成倍增加。

税制改革应以“公平税负”为基本原则，不应造成改革前后税负的巨大反差，但改革后税负是改革前的最低3倍，最高数倍。这样既不利于水电滚动发展的需要，也不符合国家优先开发水电清洁能源的产业政策。

（二）电力行业内部水电与火电的税负有失公平

根据有关资料统计，整个电力系统在产品税改为增值税后，在抵扣进项税额后的应缴增值税，平均税率为11%，与税制改革之前的10%的产品税率差距不大。但是它仅反映了电力系统在水电和火电平衡后，税制改革前后变化不大。而在电力系统内部（水电、火电）税制改革前后差距却是十分巨大的。就我们掌握的资料，水电行业增值税由于进项税抵扣少，其税负一般高于16%，实际税负接近法定税率，大部分企业增值税的税负是改革前产品税税负的3倍左右。这样的税负水平在国民经济的所有行业中是最高的。

税制改革后，由于水电行业增值税上游进项税抵扣少，使得水、火电的增值税税负出现了明显的差距。在相同税率下，火电由于其成本构成中的主要燃煤、燃油及其他原材料中已征增值税可以抵扣，且部分成本在火电成本中所占比例为60%以上，所以通过抵扣，其实际税收负担率仅有6%～10%；而水电业因需要购进的原材料仅为修理性支出及日常消耗性支出部分，支出所占成本比例仅为1%～3%，占成本比重60%左右的折旧中的增值税进项税额则不可以抵扣。对于销项税而言，几乎没有抵扣，实际水电增值税负担率接近17%，比火电高7%～11%左右。

按现行增值税征收办法，水电的增值税税负将长期维持在16.5%左右，而火电的增值税税负为9%左右。可见，税改后水电的增值税税负明显高于火电的增值税税负。

从分行业的增值税税负比较看，如果按增值税与工业增加值计算，电力行业（其中包括水电、火电）税负高达22.85%，是所有行业中最高的；如果按增值税与销售收入计算，电力行业为7.80%，排在第三位，石油天然气开采业为10.20%，排在第一位，煤炭采选业为8.08%排在第二位。但是这两个行业为初级产品开采业，因缺少进项税抵扣造成的，从这两个行业的增值税与增加值的税负看，又远远低于电力行业。我们已经分析了电力行业内部水电与火电增值税税负的比较，可以看出水电行业按增值税与工业增加值计算的税负是全行业最高的。因此，降低水电行业增值税税负是完全必要的。

水电行业名为增值税，实为营业税。因为进项税很小，增值税的税率实际上是营业税的税率。从部分水电行业的增值税与销售额的比率看，一般在16%以上，与增值税17%名义税率相差不大。从理论上讲，增值税的税基是增值额，营业税的税基是销售额，增值税与营业税相比其优点是无重复征税。但是由于水电行业的特殊性，其在实行增值税时出现了增值税实际税率过高现象。如果按营业税的税率分析，高于16%的税率是一个很高的数字。

（三）水电行业增值税税负偏高的原因分析

目前我国实行生产型增值税，虽然对促进税收收入增长起到了积极作用，但其存在的弊端是明显的，这已形成共识。如对购进的固定资产不允许抵扣，使其抵扣范围过窄，税基大，影响了企业的投资积极性。水电行业的特点是前期投资巨大，建设周期长，外购项目中固定资产占相当高的比重，目前水电行业税收方面存在的主要问题是增值税税负偏高，这是不容忽视的。

原因之一：机器设备、建筑安装施工耗用的原材料等进项税没有扣除。对机器设备、建筑安装施工耗用的原材料和动力，在建筑安装施工期间的购进环节征收的增值税，按17%增值税税率计算（理论值，免税等情况未考虑，下同）。如二滩水电站的水轮发电机和相关设备款27.5亿元，已征增值税约4亿元；大坝等建筑物耗用的六大主材款21.15亿元，已征增值税3.07亿元；施工用电款2.3亿元，已征增值税0.33亿元。以上资本物资合计购进价款为50.95亿元，这部分已征增值税为7.4亿元，由于不能抵扣，形成了水电中的一部分“隐性进项税”，要在销项税交纳。

原因之二：水电建设过程中，运送固定资产的运费不允许扣除。根据增值税暂行条例，运费的抵扣率为7%。但是，如二滩水电站有0.2亿元的税款不能抵扣，由此构成了另一部分的“隐性进项税”。

二滩水电站的固定资产总值为285亿元，如果不考虑免税等因素，在第一、第二种情况中，已经征收的增值税为7.6亿元，这部分“隐性进项税”以折旧方式摊入发电成本，按5.19%的综合折旧率计算，每年约为0.39亿元。

原因之三：对建筑安装施工的劳务征收营业税，但在下一环节征收水电增值税时，不允许作为进项税抵扣。对建筑安装施工的劳务（含物化劳动）及“工程所用原材料及其他物资和动力”，在建筑安装施工环节，征收的建安营业税，按建筑安装营业税税率3%计算，二滩水电站在这一环节被征收的建安营业税包括以下部分：

对大坝等建筑物耗用的六大主材款21.15亿元和施工用电款2.3亿元，按规定将其合并到建筑安装劳务中征收建筑安装营业税，计 0.7 亿元。

对其他建筑安装劳务费，按建安工作量 154 亿元，并扣除购进的大坝等建筑物耗用的六大主材和施工用电计算，应征收建安营业税 3.8 亿元。

以上对“料”、“工”合计征收建安营业税 4.5 亿元。

上述三类“隐性进项税”合计为 12.1 亿元，占固定资产总值的 4.2%。这部分“隐性进项税”以折旧方式摊入发电成本，按 5.19%的综合折旧率计算，每年约为 0.628 亿元。

原因之四：水电行业固定资产折旧所含进项税，不允许抵扣。由于我国现在实行的是生产型增值税，固定资产折旧中所含的进项税不允许抵扣，形成重复征收流转税现象，造成水电行业实际税负过重，削弱了水电的还贷能力，抑制了水电发展，例如 2000 年二滩水电站固定资产年折旧额为 9.408 亿元，按 17%的增值税税率，隐性进项税为 1.6 亿元。

水电站在上述情况下已经被征收的增值税和建安营业税摊入固定资产成本，并以折旧方式再摊入发电成本时，由于在销售电力环节不能得到抵扣，所以，还要被征收一道 17%的增值税。

三、调整水电行业增值税的政策建议和实施方案

(一) 改革和调整水电行业增值税政策的建议

建议方案一：将增值税税率按小规模纳税人征收，降为按销售收入的 6%。

水电行业增值税税负接近 17%，在各行业中可以说是最高的，即使是按照营业税的税率 17%也是高的。将水电增值税税率按小规模纳税人的税率 6%征收，可以降低水电行业的增值税税负，起到公平税负的作用。

建议方案二：适应增值税由生产型向消费型转化的趋势，率先在水电行业进行增值税的转型。

水电行业的增值税负担问题，不在于税率的高低，因为同一产品都是相同税率，水电没有多少进项税额可以抵扣，是因为水电的成本构成中，固定资产折旧和财务费用占了很大比重，远远超过了其他行业，按照增值税的征收原理，这部分的税收是应该可以抵扣的。

鉴于水电行业增值税的现状，可考虑在水电行业采用消费型增值税，这样有助于降低水电行业增值税的税负。

从鼓励发展水电的角度考虑，要彻底解决水电增值税税负偏重的问题，最好的办法是增值税扩大税基和转型的改革同步进行，即把建筑安装业纳入增值税征收范围的同时，将现行的生产型增值税改为消费型增值税。

增值税的转型改革在水电行业率先试行，具体方案可选择“抵转投”模式，即允许其抵扣新增固定资产中已征的增值税，再按增值税分成比例，将所抵扣的增值税分别转为中央和地方的资本金。

但是，由于增值税转型改革受制于国家财政承受能力，受制于建筑安装业尚未纳入增值税的征收范围，所以，下一步实行的增值税转型改革，准许抵扣的范围不会太大，很可能限制在机器设置范围内。这样一来，水电行业增值税转型改革中受益程度就会大打折扣。以二滩水电站为例，在固定资产总值中，水轮发电机仅占 15.32%，加上其他设备则占 31.94%；而大坝一项就占到 30.67%，加上与大坝配套的引水工程、泄洪建筑物、地下土建工程等，则占 55.31%。从以上比例可以看出，在水电的成本构成中，固定资产折旧所占的比例很大，如果增值税转型改革方案允许水电抵扣的范围仅仅局限于机器设备，那么，水电增值税税负偏重问题依然得不到很好的解决。

从对二滩水电站的测算可以看出，虽然增值税转型对水电行业的发展有一定帮助，但如果进项税抵扣范围仅限于机器设备，那么仍不能从根本上解决水电行业的税负过重问题。

适当扩大水电行业的进项税抵扣，即可抵扣的范围不仅包括机器设备，还应包括大坝等生产性建筑物中耗用的六大主材（钢材、木材、水泥、粉煤灰、炸药、成品油）及施工用电等。

从水电行业的自身特点看，这些产品均在增值税的征收范围内，可以开具增值税专用发票，具有很强的可操作性。对新建水电站或在建水电站改革前购进的机器设备和施工用电，未开具增值税专用发票的，可以凭当时开具的普通发票据实抵扣；对大坝等建筑物耗用的主要原材料，未开具增值税专用发票的，可采取过渡的抵扣方式，如申报核定法、装机容量或发电量比例法、大坝混凝土体积比例法等进行抵扣。

如果水电行业的这些项目可以在进项税中得以抵扣，即可大幅度降低水电的发电成本。测算表明，如果水电的抵扣范围仅限于机器设备，二滩水电站只能抵扣进项税 4 亿元；如果将抵扣范围扩大到大坝等生产资料和施工用电，可一次性抵扣增值税 7.6 亿元（机器设备 4 亿元、六大主材 3.07 亿元、施工用电 0.33 亿元、固定资产运费 0.2 亿元），占工程投资总额 285 亿元的 2.67%。由于国家对水电站投入的资本金严重不足，水电企业的贷款利息负担特别重，所以，二滩水电站若能一次性抵扣增值税 7.6 亿元，还可以节省相应的贷款利息支出 9 亿元（含复利计算）。按照 5.19%的折旧率和每年 32 亿元的发电成本计算，这两项支出的减少，可以使每度电降低成本

20%左右，从而可从根本上改变二滩水电站的经营困境。

建议方案三：为保持增值税链条的连续性，对水电行业可采取增值税先按17%的税率征收，再根据消费型增值税或6%生产型增值税计算的增值税，将高出部分由财政给予返还。

这样做的优点是保证了增值税下一环节的进项税的足额抵扣，使整个增值税链条保持完整；缺点是给征收管理造成了麻烦，而且在时间上可能会造成企业运营资金的暂时困难。

建议方案四：根据水电企业的特点，在不同时期采用不同的税收政策。

水电行业具有典型的行业特征：其生产初期投资大，固定资产折旧额高，加上现行的投资体制，水电企业投资大部分靠银行贷款，前期还贷压力大，财务费用占成本的比重较大；后期固定资产折旧额较小，特别是过了还款期以后，水电企业的运行成本大幅度减小。针对这种情况，根据水电行业的生产特点，在税收政策上可考虑采用不同的政策。在水电企业建设期和投产的前5～10年前，采用低税收政策，或采取部分免税政策，或采用先征后返或者即征即返的税收政策。

为解决固定资产折旧费较大问题，可以在税法上规定与企业会计上不同折旧率和折旧年限，对财务费用也在税法上规定一个摊入比例。

（二）对各个方案增值税收入的测算

为了科学分析水电行业增值税收入状况，对全国来自水电行业的增值税收入进行科学的测算，以计算各种方案对增值税收入的影响，便于国家从宏观上统筹考虑各方案的可行性。

2000年，全国水电发电量为2431亿kW·h（数据来源：中国电力信息中心《Electricity》2001.3），按全国平均电价（抽样调查数0.2878元/kW·h）计算水电行业销售收入在699.642亿元左右，再按水电行业平均增值税税率计算（15.41%），全国一年来自水电行业的增值税大约在107.81亿元。

通过以上测算我们认为来自水电行业的增值税大体在71.85亿元到118.38亿元之间，按我们抽样调查的数据平均计算为107.81亿元。在近年税收收入每年增收千亿元的情况下，我们即使将水电行业的增值税全部减免也只有一百多亿元的税收减少，但对水电行业却是一项大的优惠政策，我们认为实行对水电增值税的调整政策是一项成本小、效果大的措施，建议不论采取哪种方案都应尽快实施。

（三）其他相关政策选择

为鼓励水电企业进行后期滚动开发，可规定水电企业用税后利润再投资的投资税收抵免。

从水电企业资产结构分析，其负债比例较高，初期财务费用较大，还款压力大，建议由国家担保，发行水电企业债券。在债券的设计上，要充分考虑到水电站建设的周期长、后期运行成本低，宜发行企业长期债券，并在税收上对投资水电企业长期债券的收益，减按15%征收企业所得税，并在一定时期内免征个人所得税。

借鉴国家对风力发电的税收政策。

通过以上不同政策方案的研究分析，我们认为，解决当前水电行业困难最好的决策选择是应当从如下两个方面入手：

一是尽快调整增值税政策，宜实行“即征即退”办法。经测算每年水电增值税征收约108亿元，即使全部退税也只相当于我国全部电力蒸汽热水生产供应业增值税征收额的1/5，对财政影响不大，但对水电行业的发展却是很大的支持。二是从支持水电业的滚动发展看，宜发行企业长期建设债券，用于投资；或者从国债发行中拨出专项投资用于水电建设也是可行的一种办法。随着水电业的发展也可实行减免企业所得税或再投资免税等政策。

此外，在其他配套政策上国家对水电业也应给予相应的支持，如：国家为立项建设的水电站提供政策性贷款，可采取免息、低息和贴息等多种方式；对于建设中的水电站在社会效益方面的投资，国家应作为基础建设给予投资优惠；在水力资源蕴藏量丰富的省份，国家要监督其水力资源的开发状况，给予一定的政策扶持，并作为一项考核标准；同时电力行业要采取积极措施使电网与电厂完全分离开来，尽快创造公平竞争环境，真正实现“竞价上网”。

（摘自水利水电工程报2002年9月6日）

（中国水力发电工程学会　毛亚杰
中国社会科学院　张景曾
国家税务总局税收科学研究所　张培森）

我国电力体制改革

【编者按】　根据国务院国发［2002］5号文件和国阅［2002］18号会议纪要精神，2002年3月15日正式成立了电力体制改革工作小组并立即开始工作。

在电力体制改革工作小组领导下，国家电力公司和中组部经过七个月的认真细致工作，听取了各方面对企业重组和干部安排的意见和建议。在深入研究上述意见和建议的基础上，国家电力公司三次修改制定的《发电资产的重组方案》[即《重组划分电网、发电和辅业、三产（多经）企业的初步方案框架》一文]（国电办[2002]391号，2002年6月12日），8月20日以国电办[2002]566号文正式上报了《发电资产重组划分方案》；中组部负责确定电监会、国家电网公司和5家发电集团公司筹备和组建工作，经过认真考察，顺利地确定了筹备组人选。

中央企业工委、国家经贸委、中编办、财政部、国务院法制办、国家计委、国家环保局、中电联及各省市自治区人民政府、地方计委、电力投资建设单位和许多独立发电公司均按照工作分工和计划安排开展了各自承担的工作（调研、摸底、准备、提出方案和建议等），使电力体制改革有序推进并取得积极进展。

10月15日在电力体制改革工作小组第四次工作会议上，中组部副部长王东明同志宣布了国家电监会主席、党组书记的任职和国家电网公司、南方电网公司及5个发电公司的筹备组成员，并讲了话；国家计委副主任张国宝同志传达了国务院领导批复的《国家计委关于发电资产重组划分分案的请示》的主要精神；国家经贸委欧新黔同志也讲了话。国家计委主任曾培炎同志作了重要讲话，对电力体制改革工作给予了肯定，对下一步工作作了安排并提出了四点要求。至此，电力体制改革实施进入了一个新的阶段。

现将前一阶段电力体制改革过程中涉及的一些重要文件、会议纪要及讲话精神摘录于后，编列专载，供参阅。

国务院关于印发电力体制改革方案的通知（摘录）

国发[2002]5号

（2002年2月10日）

（一）加快电力体制改革的必要性

1. 我国电力工业迅速发展，电力建设取得了巨大成就；

2. 电力市场供求状况发生了明显变化；

3. 现行的电力体制暴露出一些不适应社会主义市场经济体制要求的弊端；

4. 许多国家电力体制改革经验和教训提供了借鉴；

5. 国内先期实行的多家办电的改革试点，为深化改革积累了经验。

上述各点都为电力体制改革创造了良好条件。

（二）电力体制改革的指导思想和目标

1. 电力体制改革的指导思想是：按照十五大和十五届五中全会精神，总结和借鉴国内外电力体制改革的经验和教训，从国情出发，遵循电力工业发展规律，充分发挥市场配置资源的基础性作用……建立与社会主义市场经济体制相适应的电力体制。

2. 要按照总体设计、分步实施、积极稳妥、配套推进的原则。

3. 改革的总体目标是：打破垄断、引入竞争、提高效率、降低成本、健全电价机制、优化资源配置。

4. “十五”期间，电力体制改革的主要任务是：实施厂网分开，重组发电和电网企业；实行竞价上网，建立电力市场运行规则和政府监管体系，初步建立竞争、开放的区域电力市场，实行新的电价机制；改变电网企业独家购买电力的格局；继续推进农村电力管理体制的改革。

（三）厂网分开，重组国有电力资产

1. 实行厂网分开。将国家电力公司管理的资产，按照发电和电网两类业务划分，并分别进行资产、财务和人员的重组。

2. 属于地方政府和其他部门管理的电力企业，也要实行厂、网分开。

3. 以小水电自发、自供为主的供电局，要加强电网建设，适时实行厂、网分开。

4. 重组国家电力公司管理的发电资源，按照建立现代企业制度要求组建若干个独立发电企业……通过重组形成3～4个各拥有4000万kW的装机容量的全国性发电企业，由国务院授权经营；分别在国家计划中单列。

5. 每个发电企业在各电力市场中的份额原则上不超过20%。

6. 重组电网资产，设立国家电网公司。国务院授权国家电网公司，作为原国家电力公司管理的电网资产、出资人代表。

7. 国家电网公司按国有独资形式设置，在国家计划中实行单列。

8. 设立华北（含山东）、东北（含内蒙东部）、西北、华东（含福建）、华中（含重庆、四川）电网公司，这些区域电网公司的组建工作由国家电网公司负责。西藏电力企业由国家电网公司代管。

9. 设立南方电网公司，其经营范围为云南、贵州、广西、广东和海南。南方电网公司的组建工作由控股方负责……在国家计划中实行单列。

10. 国家电网公司的主要职责是：负责各区域电网之间的电力交易和调度；处理区域电网公司日常生产中需要网间协调的问题；参与投资建设和经营相当的跨区域输变电和联网工程；近期负责三峡输变电网络工程的建设管理；受国家有关部门委托，协助制定全国电网发展规划等。

11. “十五”期间，电网企业可暂不进行输配分开的重组，但要逐步对配电业务实行内部财务独立核算。

12. 对现国家电力公司系统所拥有的辅助性业务单位和“三产”、多种经营企业进行调整重组。

13. 有关电力设计、修造、施工等辅助性业务单位，要与电网企业脱钩，进行公司化改革，进入市场。“三产”和多种经营企业参加发电企业的重组。

（四）竞价上网，实行电价新机制

1. 建立电力调度交易中心，实行发电竞价上网。

2. 建立合理的电价形成机制。

（五）设立国家电力监管委员会

1. 国务院下设电力监管委员会（正部级）。

该机构为国务院直属事业单位，按国家授权履行电力监管职责。电力监管委员会按垂直管理体系设置，向区域电网公司电力调度交易中心派驻代表机构。

2. 国家电力监管委员会主要职责是：制定电力市场运行规则，监管市场运行，维护公平竞争，颁发和管理电力业务许可证。

国务院办公厅关于电力工业体制改革有关问题的通知（摘录）

（国办发［2000］69号）

（2000年10月17日）

（一）经国务院同意，1998年12月国务院转发了《国家经贸委关于深化电力工业体制改革有关问题的意见》，（国办发［1999］146号）根据试点情况，对已经开展的电力体制改革试点内容做必要的调整……。

（二）电力体制改革工作，由国家计委牵头，会同国家经贸委、财政部、国务院法制办、国务院体改办，国家电力公司及中国电力企业联合会等有关部门组织成立电力体制改革协调领导小组制定总体方案，报国务院审批。

关于研究电力、电信、民航体制改革方案实施有关问题的会议纪要（摘录）

国阅［2002］18号文

（2002年3月1日）

（一）2月9日下午，国务院副总理吴邦国主持会议，研究电力、电信、民航体制改革方案实施的有关问题。国家计委主任曾培炎对电力体制改革方案实施有关问题做了汇报和说明。

（二）成立由中组部、中央企业工委、中编办、国家计委等十五个部委组成的电力、电信、民航体制改革工作领导小组，组长由国务院副总理吴邦国同志担任，曾培炎、吴基传、刘剑锋、尤权同志任副组长。

（三）电力体制改革工作小组，由国家计委牵头，国家经贸委、国家电力公司、中组部、中央企业工委、中编办、财政部、法制办、体改办，以及广东省和拟成立的国家电力监管委员会等部门和有关单位主要负责人参加。

（四）电力体制改革工作组由曾培炎同志任组长，国家计委副主任张国宝及国家经贸委、国家电力公司有关负责同志任副组长。

国家计委办公厅关于印发电力体制改革工作小组第一次工作会议纪要的通知（摘录）

（特急，计内基础［2002］359号）

（2002年3月26日）

（一）3月15日，国家计委主任曾培炎主持召开了电力体制改革工作小组第一次会议；

（二）电力体制改革工作小组第一次工作会议纪要（2002年3月18日），议定以下意见：

1. 即日起，成立国家计委牵头的电力体制改革工作小组，具体负责组织协调电力体制改革方案的实施工作。国家计委主任曾培炎同志任工作组组长，国家计委副主任张国宝、国家经贸委副主任欧新黔、国家电力公司副总经理赵希正任副组长，中组部副部长孙晓群、中央企业工委副书记赵杰兵、中编办副主任王澜明、财政部副部长朱志刚、国务院法制办副主任李适时、国务院体改办副主任邵秉仁、广东省人民政府副省长欧广源以及即将成立的国家电力监管委员会负责同志（暂缺）为工作小组成员。

2. 工作小组下设办公室，办公室设在国家计委。国家计委基础产业司司长李彦梦任办公室主任。

3. 明确工作小组成员单位的分工和任务。

国家计委办公厅关于印发电力体制改革工作小组第二次工作会议纪要的通知（摘录）

（计办基础［2002］935号）

（2002年7月22日）

（一）6月3日，国家计委主任曾培炎主持了电力体制改革工作小组第二次工作会议。

（二）电力体制改革工作小组第二次会议议定了以下意见：

1. 在国家电力公司管理的现有发电装机容量20179万kW的基础上，除电网保留少数必要的应急、调峰、调频电厂外，其余发电资产重组为包括华能在内的五家全国性发电公司。

2. 现有的上市公司，水电流域公司，独立发电公司整体均衡地划入各发电公司。每家发电公司拥有发电装机容量3200万kW左右。各发电公司在各区域电力市场中的份额均不超过20%的原则进行重组划分。

3. 为保证电网安全稳定运行，电网可以保留少数必要的应急、调峰、调频电厂（主要是抽水蓄能电站，少数调节性能好的水电厂和燃气、燃油电厂）。保留电厂的比例控制在各区域电网统调容量的10%以内。

国家计委办公厅关于印发电力体制改革工作小组第三次工作会议纪要的通知（摘录）

（急，计办基础［2002］998号）

（2002年8月1日）

（一）7月25日，国家计委主任曾培炎主持召开了电力体制改革工作小组第三次工作会议。

（二）工作小组第三次会议内容如下：

1. 国家电网公司管理的各区域电网公司保留电厂总容量不超过2000万kW。

2. 各发电公司重组后容量均为3200万kW左右。

3. 中国水利水电物资有限公司、中国电能成套公司、中国华电工程公司、龙源电力公司，分别划入一家发电公司。

4. 中国安能建设总公司（武警水电部队）管理体制按中央规定执行，资产暂由国家电网公司管理。

5. 中央组织部确定国家电力监管委员会、国家电网公司、南方电网公司、5个发电公司的领导人选，并负责组建工作。

6. 中央企业工委，负责管理组建后的中国电力工程顾问集团公司、中国水电工程顾问集团公司、中国水利水电建设集团公司和葛洲坝水利水电工程集团公司。十月底前，办理好移交手续。

7. 中编办负责拟定国家电力监管委员会的“三定”方案。

关于报送《重组划分电网、发电和辅业、三产（多经）企业的初步方案框架》的函（摘录）

（国电办［2002］391号）

电力体制改革工作小组：

根据国务院电力电信民航体制改革领导小组和电力体制改革工作小组的部署和安排，国家电力公司认真学习贯彻国务院关于电力体制改革的通知（国发［2002］5号），广泛听取各方面意见，在深入研究的基础上，提出《重组划分电网、发电和辅业、三产（多经）企业的初步方案框架》，现报送电力体制改革工作小组。

……

（三）发电公司的组建

1. 发电公司的组建基础

华能集团公司直接改组为发电集团公司。

北京大唐电力股份有限公司、山东国际电源股份有限公司、国电电力发展股份有限公司分别为境外和国内上市公司。中国电力投资有限公司是根据国务院1994年第23次总理办公会议纪要精神，经国家经贸委批准设立的国有独资公司。中国电力国际有限公司原是国务院批准中国电力投资有限公司在香港注册的子公司，现为国家电力公司的子公司。这些企业在资产规模、管理水平、发展潜力等方面都具有良好的基础。

新组建4个全国性的发电集团公司。将中国电力投资有限公司改组为一个发电集团公司，拥有中国电力国际有限公司中原国家电力公司持有的股权；中国电力国际有限公司继续按照国务院已批准的方案落实，发电容量达到800万千瓦。其他3个发电集团公司分别拥有北京大唐电力股份有限公司、山东国际电源股份有限公司、国电电力发展股份有限公司中原国家电力公司持有的国有股权。

2. 各发电集团公司的规模

国家电力公司现有全资电厂容量5622万千瓦，控股电厂容量12249万千瓦，参股电厂的权益容量1919万千瓦，合计发电容量20179万千瓦（包括尚未建立资本纽带关系的发电容量389万千瓦）。

扣除电网保留的抽水蓄能电厂和少数应急、调峰电厂以及国家批准划归辅业集团公司持有的发电资产股权、电网暂保留并准备转让的发电资产、为南方电网公司预留的发电资产（从全资、控股项目中单独安排280万千瓦）后，其余作为可分配容量，重组设立5个发电集团公司。

华能集团公司现有全资电厂容量150万千瓦、控股电厂容量2335.1万千瓦、参股电厂的权益容量135.1万千瓦。鉴于华能集团公司现有规模相对于新组建的其他全国性发电公司规模偏小，在发电资产重组中按照规模相当的原则划转给华能一定的容量。

其余发电容量分配给其他4家发电集团公司。

重组后各发电集团公司的规模详见附件五《发电资产重组情况表》。

（四）发电集团的组建

按建立现代企业制度的要求组建全国性的发电集团。发电集团公司按国有独资公司设立，是国务院授权的投资机构和国有资产出资人代表，是国有发电资产的投资主体和资产经营主体，是经营国有发电资产的企业法人。发电公司根据资产分布和经营、发展的需要，设立必要的分支机构。

各发电集团按企业集团模式经营管理，在国家计划中单列。领导班子由中央直接管理。资产管理及财务关系隶属财政部。

发电集团公司的主要职责：国务院授权经营国有资产，行使国有资产出资人职责，负责国有资产的保值增值；投资建设、经营和管理发电厂；组织电力生产；指导发电厂参与发电市场竞争；经营管理有关的辅业和“三产”、多经企业。

四、电网资产的重组

（一）国家电网公司的组建

国家电网公司按国有独资形式设置，是国务院授权的投资机构和国有资产出资人代表，是国有电网资产的投资主体和经营主体，是经营国有电网资产的企业法人，在国家计划中单列。

国务院授权国家电网公司经营原国家电力公司管理的电网资产和国家批准的发电资产及其他资产。国家电网公司在国务院授权范围内行使国有资产出资人职责，负责国有资产的保值增值。依法实施电网调度，负责电网安全稳定，处理区域电网公司日常生产中需网间协调的问题。受国家有关部门委托，协助制定全国电网发展规划。代管西藏电力企业。

国家电力公司管理的现有国有电力资产，剥离发电资产及其相关业务资产后，电网资产及其相关业务资产（包括保留的发电资产）组建国家电网公司。

国家电网公司负责组建东北、华北、华东、华中、西北电网公司，参与组建南方电网公司。

原国家电力公司本部管理的离退休职工，由国家电网公司管理。

国家电网公司的经营范围：

——经营国家界定的国有电网资产；经营国家批准的与电网相关的其他业务。

——投资、建设和运营跨区域输变电和联网工程，经营跨区联网的输变电资产。

近期负责三峡输变电网络工程的建设。工程投运后按功能进行划分，国家电网公司直接经营三峡输变电工程中构成西电东送、全国联网的国家电网骨干输变电网络，其余交由区域电网公司直接经营。

——负责各区域电网之间的电力调度和交易。国家电力调度通信中心直接调度：区域间以及与南方电网的联络线及有关变电站；三峡、二滩、阳城等跨区域送电的电厂（站）及其输变电系统；国家电网公司投资或参与投资建设的输变电系统；上述系统相关联的二次系统。

（二）公司组织结构

国家电网公司作为国务院授权的国有资产出资人代表，出资设立和控股华北（含山东）、东北（含内蒙古东部）、西北、华东（含福建）、华中（含重庆、四川）5个区域电网公司，参股南方电网公司，依法行使出资者的权利和义务。

考虑到深化体制改革的要求以及电网资产的现状，具备条件的区域电网公司直接改组为国家电网公司控股的有限责任公司或股份有限公司；作为过渡措施，尚不具备条件的区域电网公司暂按国家电网公司的全资子公司设立。

农电体制改革继续按照国务院国发［1999］2号文件规定执行。对代管县农电企业暂维持现有体制；对在一县范围内营业区交叉的多家供电企业，组建有限责任公司或股份有限公司。

（三）保留电厂及其管理方式

为保证电网的安全稳定，电网企业保留抽水蓄能电厂或少数应急、调峰电厂。保留电厂名单和管理方式按照区域和省电网的实际情况具体确定。保留电厂不参与发电市场竞争，接受政府监管。

（四）保留的非主营业务

电网企业保留与电网生产、建设、经营相关的科研、通信、信息、培训等企业。按照国家发展大型企业集团的规定，电网企业保留金融（财务公司）、外经贸等必要的功能性企业。

电网企业经营主业以外的业务，要按规定程序报经国家有关部门批准，并与电网业务分开核算。

五、辅业和“三产”、多经企业的重组

（一）国家电力公司直属单位

1.设计单位和施工企业

将中国电力工程顾问（集团）有限公司、中国水电顾问有限公司分别改组为中国电力工程顾问集团公司和中国水电工程顾问集团公司，交中央直接管理。

将中国水利水电工程总公司改组为中国水利水电建设集团公司，交中央直接管理。

将中国葛洲坝水利水电工程集团有限公司交中央直接管理。现承担的有关社会职能移交地方管理。

2.科研单位

（1）国家电网公司保留中国电力科学研究院、国电电力自动化研究院、国电电力建设研究所、国电武汉高压研究所、国电动力经济研究中心。

（2）国电热工研究院在保证公平和有效运作的前提下，改组为由有关发电公司共同持股的有限责任公司。

（3）国电电力环境保护研究所进入一家发电公司，与国电电力发展股份有限公司有关环保产业合并重组。

（4）国电苏州热工研究所整体划归中国广东核电集团。

3.教育单位

（1）将华北电力大学上划教育部管理，设立国家电网公司和各发电集团公司组成的校董会，与教育部共建。

（2）国电高级培训中心保留在国家电网公司。

4.其他直属单位

（1）国家电网公司保留国电通信中心、中国电力信息中心、中国电力出版社、驻深圳经济联络处（国电深圳科技发展有限公司）。

（2）中国水利电力物资有限公司、中国电能成套设备有限公司、中国华电工程（集团）公司、龙源电力集团公司参与发电资产重组，分别进入一家发电公司，由各发电公司持有国家电力公司现在这些公司中持有的国有股份。今后由各发电公司根据经营发展需要和资源优化配置的原则进一步重组。

（3）中国超高压输变电建设公司与华中电网公司超高压业务部门合并重组。

（4）将中国电力财务有限公司、中国电力技术进出口公司分别改组为国家电网公司相对控股，各区域电网公司、发电公司、南方电网公司参股的有限责任公司。

（5）中能电力工业燃料公司暂改组为有关发电公司、电网公司持股的有限责任公司，按照自愿联合、平等协商的原则，主要经营有关公司之间必要的合作业务。今后随着电力管理体制和燃料采购体制改革的深入进一步深化改革。

（6）中国电力报社由国家电力监管委员会（或中国电力企业联合会）主管，国家电网公司、南方电网公司和各发电公司主办。

（7）中兴电力实业发展总公司改组为国家电网公司和有关发电公司共同持股的有限责任公司。

（8）中国安能建设总公司（武警水电部队）的管理体制按中央规定执行，资产由国家电网公司管理。

在改革重组中设立的有限责任公司和股份有限公司，严格按《公司法》规范运作。公司领导班子按法定程序选聘，由控股方负责管理。

（以下从略）

中组部副部长王东明同志在宣布国家电网公司等6家电力公司筹备组成立会议上的讲话（摘录）

王东明

2002年10月15日

同志们：

根据党中央、国务院有关电力体制改革精神，设立国家电网公司、南方电网公司，重组、设立中国华能集团公司、中国华电集团公司、中国国电集团公司、中国电力投资集团公司、中国大唐集团公司等5家发电公司，这7家电力公司列入中央管理，其领导班子组建工作由中组部负责。经与电力体制改革工作小组研究，除中国华能集团公司外，国家电网公司等6家电力公司领导班子的配备拟分两步走，第一步先成立筹备组。在筹备组运行一段时间，筹备阶段工作基本完成后，再通过考察了解，正式组建领导班子。新组建的中国华能集团公司以现中国华能集团公司为主进行改组，有了一定的基础，拟直接组建领导班子。新的中国华能集团公司领导班子正式批准之前的有关重组工作，暂由现中国华能集团公司领导班子负责。

中央组织部在民主推荐和考察的基础上，经研究，并征得中央、国务院领导同意，分别批准成立国家电网公司等6家公司筹备组。下面，我宣布中央组织部对6家公司筹备组成员的任命决定（宣布任命决定）。

中央对以上6家电力公司筹备组组长和成员的任命，是在充分考虑电力体制改革的要求、各家电力公司的职责和所面临的任务，经过充分听取各方面的意见，经过慎重研究做出的决定。这次筹备组的组成，坚持了选拔任用中管干部的条件，并遵循了以下主要原则：

(1) 考虑电网和发电公司职能特点和业务结构的不同，区分两类领导班子的不同特点，合理搭配班子结构。

(2) 配强公司主要负责人。“一把手”要有较丰富的领导经验和较强的组织协调能力，在群众中有较高威望。筹备组中以老带新，有利于电力企业改革重组和电力安全运行，实现平衡过渡。

(3) 充分考虑干部来源的代表性和工作的连续性，兼顾资产划分、所属单位构成以及地缘情况，以有利于实现各方融合。

(4) 人选掌握一定年龄界限。现国家电力公司班子成员原则上按60岁掌握，根据工作需要，个别人选年龄适当放宽；新进班子成员原则上按不超过57岁掌握。

(5) 筹备组人员配备适当留有余地。这次筹建工作时间紧，所需干部较多，筹备组人员配备严格把握人选条件，各公司筹备组成员先按5～7人掌握。

下面，我想借此机会向筹备组同志就加强领导班子建设提几点要求。

一、充分认识电力体制改革的重要性，严格按照党中央和国务院的要求，努力做好筹备阶段的工作

今年3月份，国务院下发了《电力体制改革方案》(国发［2002］5号文件)，明确了电力体制改革指导思想和工作目标。电力体制改革工作小组根据要求制定了实施方案。作为7家电力公司筹备组（领导班子）成员，对这次电力体制改革的重要性和必要性要有深刻的认识，把思想真正统一到中央、国务院的精神上来，坚决服从和执行有关决定，齐心协力做好公司筹建工作，不辜负党中央、国务院的信任和重托。

当前，落实好中央、国务院的精神，就是要按照电力体制改革工作小组的要求，主要抓好两个方面的工作，一是做好新机构的筹备工作，二是对原单位工作继续负起责任。筹备组的同志多数是原单位的法人代表或负责人，肩负原职责范围内电力生产安全运行的重任，在开展紧张繁重的筹备工作的同时，要统筹安排好原所在单位的工作，正确处理改革、发展、稳定之间的关系，做到生产不断、秩序不乱，确保生产安全。体制改革涉及干部职工的切身利益，要耐心细致地做好过渡时期的思想政治工作和其他各项工作，把工作做深、做细、做实，保持干部职工队伍的稳定。所有筹备组的同志要认真、负责地完成好双重任务，确保平稳过渡，各项工作顺利交接。

二、树立政治意识、改革意识和全局观念，在政治上、思想上、行动上与党中央保持高度一致

7家电力公司重组设立后，作为关系国家安全和国民经济命脉的重要骨干企业，统一交中央管理，体现了7家公司在国民经济中的重要地位。筹备组成员要按照中管企业的要求，增强政治意识、全局意识和大局观念，自觉与党中央保持高度一致，充分认识肩负的重任，在电力体制改革和公司重组的工作中，认真贯彻落实“三个代表”重要思想，按照十五届六中全会“八个坚持、八个反对”的要求，树立良好的思想作风和工作作风，深入、扎实地开展工作。公司重组工作量大，涉及面广，要深入调查研究，了解基层的实际情况，处理协调好各方面关系。提高责任意识，增强群众观念。各筹备组成员要带头坚持和发扬艰苦奋斗的精神，勤俭办一切事情，力戒大手大脚和铺张浪费。要自觉遵守党纪国法，保持清正廉洁，树立良好的风范和形象。

三、认真贯彻党的民主集中制原则，加强团结协作，增强组织原则性和纪律性

筹备组的同志大多是所在单位主要负责人，在新的领导集体里，要摆正位置，加强沟通、协调，维护团结。公司筹备期间，各筹备组要认真贯彻执行民主集中制原则，凡属重大决策、重要干部使用、重要工作安排以及大额资金使用等，都应集体讨论决定。各筹备组组长要注意发扬民主，集思广益，发挥集体的智慧和每一位成员的主观能动性。筹备组其他同志要积极主动支持配合筹备组组长的工作，严格遵守组织纪律，重要问题及时请示报告，认真执行集体决定，认真履行好自己的职责。筹备组的同志来自各个方面，有的是国家电力公司系统的同志，也有其他单位、部门的同志，在一起工作有一个互相加深了解、重新磨合的过程。这就要求我们一切从大局出发，加强团结和协作，互相尊重，互相支持，相互配合。遇事多商量、多沟通，大事讲原则、小事讲风格。真正使班子成为一个团结协作、有凝聚力战斗力的坚强领导集体。

国家电网公司等7家公司筹备工作时间紧、任务重，希望同志们以高度负责的精神，扎实工作的作风，良好的精神面貌投入到工作中去，齐心协力做好公司筹备工作。相信大家一定能够圆满地完成党中央、国务院交给的光荣任务，以优异的成绩迎接党的十六大的胜利召开。

国家计委主任曾培炎同志在电力体制改革工作小组第四次工作会议上的讲话（摘录）

2002年10月15日

同志们：

刚才中组部王东明同志宣布了国家电监会主席、党组书记的任职和国家电网公司、南方电网公司及4个发电公司的筹备组成员，并做了重要讲话，对各筹备组领导班子的建设提出了明确要求；国家计委张国宝同志传达了国务院领导批复的《国家计委关于发电资产重组划分方案的请示》的主要精神；国家经贸委欧新黔同志也做了重要讲话。今天的会议非常重要，标志着电力体制改革实施工作进入了一个新的阶段。下面我讲三个问题。

一、关于前一段工作的简单回顾

今天的会议除电力体制改革工作小组成员外，还请新组建的各电力公司筹备组成员列席参加，因此，有必要对前段工作作一回顾。

根据国务院国发［2002］5号文件和国阅［2002］18号会议纪要精神，电力体制改革工作小组于今年3月15日正式成立并开始工作，至今已有7个月的时间。电力体制改革工作小组各成员单位按照第一次工作小组会议的任务分工和时间进度要求，认真负责地完成了各自所承担的工作任务。目前看来，总体工作正在有条不紊地进行。

在此期间，国家电力公司和中组部开展了大量艰苦、细致的工作，充分听取了各方面对企业重组和干部安排的意见和建议。关于发电资产的重组方案，国家电力公司三易其稿，8月20日，以国电办［2002］566号文正式上报了《发电资产重组划分方案》。中组部负责确定电监会、国家电网公司、南方电网公司和5家发电集团公司筹备和组建工作。为此，中组部领导高度重视，集中组织力量，分赴各地，考察干部，比较顺利地确定了筹备组人选。

其他各项工作也在有序推进，并取得了积极进展。中央企业工委，正在着手重组后的电力工程顾问集团公司、水电工程顾问集团公司、水利水电建设集团公司和葛洲坝水利水电工程集团公司的调整和企业移交工作。

国家经贸委，在电力改革过程中，帮助国家电力公司在保持队伍稳定、强化电力安全生产调度和监督经济运行方面作了大量的工作。

中编办，为拟定国家电力监管委员会的“三定”方案，进行了许多调研和准备工作。

财政部，对厂网分开中有关国有资产的划分、产权变动登记等问题进行了调查摸底。

国务院法制办，就有关电力法律、法规和有关行政法规的修改和制定工作进行了必要的准备。

国家计委，所负责的研究电价机制和电力项目行政审批办法的改革工作正在紧张进行，近期可形成初步意见，待各新的电力企业成立后，即可开始征求意见，讨论研究。

国家环保总局，针对发电厂污染排放折价标准和实时监控系统等有关问题正在组织研究，并提出了初步方案。

中电联，为进一步落实对中电联职责的要求已进行了调查研究工作，并提出了建设性意见。

各省市自治区人民政府、地方计委、电力投资建设单位和许多独立发电公司，都十分关注电力体制改革进程，也反映了一些情况，提出许多好的意见和建议。

总之，按照工作分工和计划安排，电力体制改革工作正在稳步推进，国家电力公司系统认真贯彻落实国务院关于电力体制改革的一系列文件精神，坚决拥护改革、支持改革，顾全大局，抓职工队伍稳定、抓安全生产、抓优质服务，对保证电力体制改革的顺利进行起了重要作用。

二、关于下一步工作安排

根据国务院国发［2002］5号文件对电力体制改革的总体目标，国家电网公司、南方电网公司和各发电集团公司要在今年年内挂牌并正式运转。为此，对下一阶段主要工作安排如下：

（1）国家电力公司，根据国务院批复的发电资产重组划分的方案，在10月底前，完成对发电资产重组方案的调整。

（2）新组建的两家电网公司和5家发电公司及电监会，人员要尽快到位，包括主要领导干部及主要司局长。要于11月15日前，完成组建方案和公司章程的申报工作，11月底，中组部完成新组建各公司领导班子的正式任命，实现挂牌。对国家电力公司现有人员要有总体考虑。

（3）中央企业工委与国家电力公司要在10月底，

完成中国电力工程顾问集团公司、中国水电工程顾问集团公司、中国水利水电建设集团公司和葛洲坝水利水电工程集团公司的接收和移交工作。

(4) 国家经贸委，继续抓好改革过程中电力安全生产和经济运行中的监督和协调工作，按照改革进程要求，及时完成7家新组建电力公司组建方案和公司章程的审查和报批工作。

(5) 国家计委，要继续抓紧研究制定电价改革方案和电力项目行政审批方式的改革意见，及时组织研讨、征求意见，争取尽快出台，并于年底前，对原国家电力公司系统的内部核算电厂提出电价过渡方案。

(6) 电监会，要抓紧组建，逐步开展工作，与中编办积极配合制定“三定”方案，与国家电力公司做好电力体制改革等有关方面的衔接工作。

(7) 其余各项工作，各单位要按照以往的工作分工、进度要求和已明确的文件规定抓紧组织落实。

三、对当前工作的几点要求

当前，电力体制改革方案即将实施，国家电力公司也处于较为特殊的时期，国家有关综合部门要积极支持、帮助国家电力公司做好工作，确保电力安全生产，确保改革发展稳定，确保各项工作顺利进行。为此，我再讲几点要求。

第一，各新组建单位筹备组人员要抓紧到位，抓紧开展工作。要认真学习国务院关于电力体制改革的一系列文件，深刻领会电力体制改革的精神实质和主要内容，严格按照5号文件的精神，结合国家对新组建公司的要求，贯彻、落实好电力体制改革的实施方案。

第二，要千方百计地抓好职工队伍的稳定工作。当前电力改革工作千头万绪，十六大即将召开，国家电力公司又处于一个非常时期。因此，稳定压倒一切，各级领导要高度重视、积极引导，切实加强思想政治工作，把维护稳定的责任落实到位，确保职工队伍的稳定，对于违反工作纪律或失职、渎职，造成不良后果的要严厉追究有关领导和有关方面的责任。进入筹备组的领导同志更要处理好新旧岗位的衔接与交替，顾全大局、先人后己、统筹安排、摆好位置，保证自己所管辖的工作范围不出现任何问题。

第三，采取切实措施，做好安全生产和优质服务工作。电力安全生产和优质服务直接关系到社会稳定的大局，关系到电力改革的实施进程，不可麻痹大意、掉以轻心。要以高度的政治责任感和严谨认真的工作态度，采取切实有效的措施，落实责任、加强管理、严明纪律，杜绝重大电力事故的发生。在冬季用电高峰来临之前，抓好设备检修和维护工作，确保安全供电和优质服务，圆满完成全年各项工作任务。

第四，抓紧电网、电源项目建设和前期工作，确保“十五”计划各项任务的完成。近年来我国国民经济保持快速发展，全社会用电量持续快速增长，各地区用电增幅普遍超过预期。今年1～9月份，全国用电增幅达到9.9%，东部的广东、浙江、江苏以及西部的四川、重庆都出现了用电紧张、局部拉闸限电的现象。一些大中城市在今年夏天用电高峰也普遍出现电网过负荷、跳闸停电的问题。电力系统的广大干部职工，要认真研究电力的发展和建设形势，针对当前电力供需和电力建设的不均衡性，切实做好电力项目的前期工作，继续抓好在建电源和电网建设项目。特别是西电东送和大区联网等重点工程的建设，决不能因电力体制改革影响了电力工程的建设进度和工程建设质量。要按照项目的归属，做好项目衔接和后续工作，保证资金投入，控制工程造价，保证工程质量和进度。

同志们，电力体制改革下一步工作，时间紧、任务重。希望各单位积极工作，加紧落实，努力实现今年电力体制改革的目标，以优异的成绩迎接党的十六大胜利召开。

赵希正同志任国家电力公司党组副书记

10月18日，中共中央组织部副部长王东明同志到国家电力公司，宣布中央中央组织部任免通知：赵希正同志任国家电力公司党组副书记（列刘振亚同志之前，主持国家电力公司全面工作）。

电力体制改革迈出重要一步，中国电力新组建（改组）公司成立

中国电力新组建（改组）公司成立大会12月29日上午在人民大会堂召开。中共中央政治局委员、国家计委主任曾培炎出席大会并作了讲话。

国家计委副主任张国宝主持会议。国家电力监管委员会主席柴松岳，电力工业的老领导黄毅诚、史大桢、姚振炎出席大会。国家电网公司总经理赵希正代表新组建（改组）公司在大会上发言。中央组织部、中央企业工委、中央编制办公室、财政部、国务院法制办、国务院体改办、教育部、国家工商总局、国家环保总局、广东省人民政府有关领导，新组建（改组）公司的主要领导，以及国内有关单位和国外有关机构代表参加了大会。

中共中央政治局委员、国家计委主任曾培炎在中国电力新组建（改组）公司成立大会上的讲话要点

（1）中国电力新组建（改组）的11家公司正式宣告成立，实现了厂网分开，引入了竞争机制，这是我国电力体制改革的重要成果。它标志着电力工业在建立社会主义市场经济体制，加快社会主义现代化建设的宏伟事业中，进入了一个新的发展时期。

（2）新成立的电力公司包括：国家电网公司、中国南方电网有限责任公司、中国华能集团公司、中国大唐集团公司、中国华电集团公司、中国国电集团公司、中国电力投资集团公司、中国电力工程顾问集团公司、中国水电工程顾问集团公司、中国水利水电建设集团公司和中国葛洲坝集团公司。

（3）电力体制改革要按照总体设计、分步实施、积极稳妥、配套推进的要求，进一步统一思想，加强领导，分阶段地完成改革任务。他要求，新公司组建后，要按照建立现代企业制度要求，抓紧公司化改制工作，建立科学的法人治理结构，优化组织机构，精简管理层次，健全各项管理制度，做到产权明晰、权责明确、政企分开、管理科学，认真做好新旧体制的衔接工作，加强班子建设，理顺工作关系，保证人员到位、责任到位，实现企业生产经营活动的平稳过渡。

（4）明年要继续组建区域电网公司及各省市电网公司，进一步做好主辅分离和“三产”、多种经营企业的重组，以及与电网企业的剥离工作。进一步加强国有资产管理，要对新组建或改组的公司逐步开展资产、财务审计工作，进行清产核资。积极稳妥地推进区域电力市场建设，加快建立电力市场交易中心，制定电力市场运行规则，构建电力监管体系，落实电价改革方案，逐步实现竞价上网，研究制定发电排放环保折价标准，在有条件的地区开展发电企业向大用户直接供电的试点等工作。

（5）要正确处理好改革与发展、稳定的关系。在推进电力体制改革的同时，根据经济发展的实际需要，对电力“十五”规划作出适当调整，加强电源电网建设。要抓紧电力项目建设的前期工作，高度重视西电东送等重点工程的建设，确保建设的进度和质量。希望电力系统广大干部职工，继续发扬优良传统，加强管理，明确责任，坚守岗位，保证调度命令畅通和电网安全稳定地运行，防止发生重大电力安全事故。

电力体制改革的目标和主要内容

电力体制改革的总体目标是，引入竞争，提高效益，降低成本，健全电价机制，优化资源配置，促进电力发展，推进全国联网，构建政府监管下的政企分开、公平竞争、开放有序、健康发展的电力市场体系。

电力体制改革的主要内容是，为在发电环节引入竞争机制，首先要实现“厂网分开”，将国家电力公司管理的电力资产按照发电和电网两类业务进行划分。发电环节按照现代企业制度要求，将国家电力公司管理的发电资产直接改组或重组为规模大致相当的5个全国性的独立发电公司，逐步实行“竞价上网”，开展公平竞争。电网环节分别设立国家电网公司和中国南方电网有限责任公司。国家电网公司下设华北、东北、华东、华中和西北5个区域电网公司。国家电网公司主要负责各区域电网之间的电力交易、调度，参与跨区域电网的投资与建设；区域电网公司负责经营管理电网，保证供电安全，规划区域电网发展，培育区域电力市场，管理电力调度交易中心，按市场规则进行电力调度。区域内的省级电力公司可改组为区域电网公司的分公司或子公司。

为了对电力企业进行有效的监管，国务院决定成立国家电力监管委员会，按照垂直管理体系，向区域电网公司电力交易调度中心派驻代表机构。监管委员会的主要职责是制定市场运营规则，监管市场运行，维护公平竞争；向政府价格主管部门提出调整电价建议；监督电力企业生产标准，颁发和管理电力业务许可证；处理电力纠纷；负责监督社会普遍服务政策的实施。

11家新电力公司的组建（改组）

根据国务院正式批复的《发电资产重组划分方案》，在原国家电力公司的基础上，成立了2家电网公司，5家发电集团公司和4家辅业集团公司。其中，2家电网公司是国家电网公司、中国南方电网有限责任公司；5家发电集团公司是中国华能集团公司、中国大唐集团公司、中国华电集团公司、中国国电集团公司和中国电力投资集团公司；4家辅业集团公司是中国电力工程顾问集团公司、中国水电工程顾问集团公司、中国水利水电建设集团公司和中国葛洲

坝集团公司。

厂网分开的工作按行政划拨方式，以2000年的财务决算数为依据，5家发电集团公司的资产规模、质量大致相当，地域分布基本合理，在各区域电力市场中的份额均不超过20%。平均可控容量为3200万千瓦，权益容量为2000万千瓦左右。

已形成较大规模的水电流域开发公司分别划入5家发电集团公司：澜沧江水电开发公司划归华能集团，龙滩水电开发公司划归大唐集团，乌江水电开发公司划归华电集团，清江水电开发公司和国电大渡河水电开发公司划归国电集团，黄河上游水电开发公司和五凌水电开发公司划归中电投集团。

除华能国际电力股份公司、北京大唐发电股份公司、国电电力发展股份公司、山东国际电源股份公司外，原国家电力公司在规模较小的上市发电公司的股权也分别划入5家发电集团公司：浙江东南发电股份有限公司划归华能集团，广西桂冠和湖南华银电力股份有限公司划归大唐集团，黑龙江电力股份有限公司划归华电集团，湖北长源电力发展股份公司划归国电集团，山西漳泽电力和重庆九龙电力股份有限公司划归中电投集团。

11家公司的组建（改组），是我国电力体制改革的重要成果，标志着中国的电力工业进入了一个新的发展时期；是中国电力体制改革的一件大事，是建立社会主义市场经济体制不可分割的组成部分，是实践江泽民同志“三个代表”重要思想的体现。电力体制改革的成功将为全面建设小康社会、加快推进社会主义现代化和电力工业的持续、快速、稳定发展奠定良好的体制基础。

电力工业体制改革进程

（1）燃料工业部：1949年10月中华人民共和国成立，建立燃料工业部，对煤炭、石油、电力工业实行统一管理。

（2）电力工业部：1955年7月第一届全国人民代表大会决议撤销燃料工业部，分别设立煤炭、电力和石油工业部。

（3）水利电力部：1958年3月全国人大二届五次会议决议将电力部和水利部合并为水利电力部。

（4）军管会时期：1967年7月中央、国务院、军委决定对水利电力部实行军管（文革）。

（5）恢复水利电力部：1975年10月国务院决定恢复水利电力部。

（6）恢复电力工业部：1979年2月，国务院决定撤销水利电力部，分别成立电力工业部和水利部。

（7）恢复水利电力部：1982年3月全国人民代表大会常务委员会决定，撤消电力工业部和水利部，将两部合并成立水利电力部。

（8）能源部时期：1988年5月七届全国人大第一次会议决定，撤消水利电力部，把电力、煤炭、石油、核电合并为能源部。

（9）恢复电力工业部：1993年3月国务院决定撤消能源部，恢复电力工业部。之后，成立华东、华中、东北、华北、西北5个电力集团公司，成为全国55个试点典型。

（10）国家电力公司时期：1996年12月国务院发出了《关于组建国家电力公司的通知》，1997年1月正式运转。1998年国电公司决定撤消东北、华东、华中、西北集团公司、改为国电分公司。

（11）颁布新的电力改革方案：2002年2月10日国务院又印发了5号文件，决定进行电力体制改革，改革国电公司，实行厂网分开，主辅分离，重组国有电力资产。

（12）2002年10月15日，国家电网公司等6家电力公司筹备组成立，同时宣布了对国家电监会主席、党组书记、筹备组组长和成员的任命。

（13）2002年10月18日中组部副部长王东明到国家电力公司宣布赵希正同志任国家电力公司党组副书记，列刘振亚同志之前，主持全面工作。

（14）2002年12月29日，国家电网公司、南方电网公司等11家电力公司正式成立，同时宣布了公司的领导成员。至此我国电力体制改革迈出了重要的一步。

（15）国务院正式批复了《发电资产重组划分方案》。

2002年12月29日中国电力新组建（改组）公司成立大会在北京人民大会堂召开。新成立的公司是：国家电网公司、中国南方电网有限责任公司，中国华能集团公司、中国大唐集团公司、中国华电集团公司、中国国电集团公司、中国电力投资集团公司，中国电力工程顾问集团公司、中国水电工程顾问集团公司、中国水利水电建设集团公司和中国葛洲坝集团公司。

2

西部大开发中的水电建设

综　述

西部地区水力资源及其开发规划总体布局

(一) 西部地区水力资源及水电开发现状

根据国务院实施西部大开发的有关文件规定，西部地区为重庆、四川、贵州、云南、西藏、陕西、甘肃、宁夏、青海、新疆、内蒙和广西12个省（市、自治区）。在这一广大的区域内，有着丰富的自然资源，特别是水力资源极其丰富。12省、市、自治区水力资源可开发量约29091万kW，占全国的76.85%，而西南地区云、贵、川、渝、藏更是集中，占全国总量的61.38%，详见表1。西部地区的水力资源又主要集中于中国十二大水电基地的九大水电基地上，占西部可开发水力资源的66%，详见表2。至2000年年底，西部地区已建水电站装机容量3320万kW，占可开发装机容量的11.4%，西南地区只占8.58%，低于世界平均水平（22%），西部地区水力资源开发前景广阔。根据西部水力资源富集于大江大河的特点，在西部地区先后组建乌江水电开发公司、黄河上游水电开发公司、二滩水电开发公司、红水河龙滩水电开发公司、澜沧江水电开发公司、大渡河水电开发公司，分别对西部地区水电基地实行流域梯级滚动综合开发，以加快西部地区的水电开发，实施“西电东送”，九大水电基地的已建、在建水电工程情况详见表2。

表1　中国水力资源分布及开发状况表

分省、市、区	可开发水能资源(MW)	占全国可开发水能资源的比例(%)	截止2000年底 已开发规模(MW)	截止2000年底 已开发程度(%)
全国合计	378532.4	100.00	79352.3	20.96
西部地区	290907.0	76.85	33200.2	11.41
1. 西南地区	232343.3	61.38	19935.4	8.58
四川、重庆	91665.1	24.22	12335.3	13.46
云南	71167.9	18.80	4947.2	6.95
贵州	12917.6	3.41	2358.1	18.25
西藏	56592.7	14.95	294.8	0.52
2. 西北地区	41937.7	11.08	8691.0	20.72
陕西	5507.1	1.45	1451.2	26.35
甘肃	9109.7	2.41	2951.5	32.40
青海	17990.8	4.75	3113.9	17.31
宁夏	795.0	0.21	306.3	38.53
新疆	8535.1	2.25	868.1	10.17
3. 广西、内蒙地区	16626.0	4.39	4573.8	27.51
广西	14183.1	3.75	4163.2	29.35
内蒙	2442.9	0.65	410.6	16.81

表2　西部地区的九大水电基地水力资源状况

基地名称	范　围	总规模 装机容量(MW)	总规模 年发电量(亿kW·h)	已建和在建水电工程 装机容量(MW)	已建和在建水电工程 年发电量(亿kW·h)
合　计		192666.3	9031.42	49941	2042.67
1. 金沙江	石鼓～宜宾	59080	2746.7	0	0
2. 雅砻江	两河口～江口	20100	1156.75	3300	170
3. 大渡河	双江口～铜街子	17720	966.42	1300	66.27
4. 乌江	六冲河、三岔河，东风～彭水	10615	337.94	2735	61
5. 长江上游	宜宾～宜昌，清江	28897	1363.11	22367	1036.79
6. 南盘江、红水河	鲁布革，天生桥～大藤峡	12012	563.98	8712	253.53
7. 澜沧江	云南省境内	21470	1108.29	2600	121.31
8. 黄河上游	龙羊峡～青铜峡	16364.3	597.53	7719	300.2
9. 黄河中游北干流	河口全县～禹门口	6408	190.7	1208	33.57

（二）“西电东送”和西部地区水电开发规划的总体布局

“西电东送”与加快西部地区水电开发和全国联网基本格局的形成是相辅相成的，加快西部水电的开发，形成较大规模的“西电东送”，可促进高电压、长距离输电网络的出现，而南、中、北三大输电通道的建成，又为进一步加快西部水电的开发，实施更大规模的“西电东送”创造了条件。因此西部地区的水电将以南、中、北三条“西电东送”大通道为主轴线进行大规模的水电开发建设布局。

1. 南通道　（以南盘江红水河、澜沧江、乌江和金沙江中游水电基地为主进行开发）

南盘江红水河基地共11个梯级水电站，总装机1312万kW，年发电量564亿kW·h。已建成天生桥一级、天生桥二级、岩滩、大化、百龙滩、恶滩、鲁布革7座水电站，共装机498.2万kW。龙滩水电站已于2001年开工，规划“十五”期间开工平班、恶滩和下游的长洲水电站，“十一五”开工桥拱和大藤峡水电站，争取在2020年前将红水河流域的水电站全部开发完毕，总规模达到1312万kW。

澜沧江水电基地共14个梯级，总装机2137万kW，年发电量1094亿kW·h。近期先开发功果桥以下8个梯级，共装机1520万kW。目前已建成漫湾水电站135万kW，在建大朝山和小湾水电站共装机555万kW（小湾水电站已于2001年开工）。规划在“十一五”开工糯扎渡水电站，根据泰国电力市场情况，在“十一五”适时开工景洪水电站，2020年争取使澜沧江流域的建成规模达到1400万kW。加快功果桥以上各梯级的河流规划工作，为“十二五”及以后储备开工项目。

乌江水电基地共10个梯级，总装机容量为1093.5万kW，年发电量337.94亿kW·h，已建成乌江渡、东风、普定3座电站共装机121.5万kW。目前在建洪家渡、引子渡、乌江渡扩机共152万kW。规划2005年前索风营、构皮滩和彭水水电站开工，2010年前思林、沙陀水电站开工，2020年前将乌江流域水电项目约1100万kW全部开发完毕。

金沙江中游水电基地为一库八个梯级，总装机容量2058万kW，年发电量883亿kW·h，拟组建一个金沙江上游水电开发公司，开发金沙江上游八个梯级电站，规划2005年左右金安桥水电站开工，2010年前观音岩水电站开工，2015年前虎跳峡、两家人水电站开工，2020年前争取鲁地拉和梨园水电站开工，至2020年争取使金沙江上游干流建成规模达到500万kW装机容量，并保持1000万kW左右的在建规模。

通过加强上述4个水电基地为主的水电开发进度，配合必要的火电建设，在原有送电广东规模的基础上，“十五”期间新增1000万kW装机容量，2020年前再增加“西电东送”2000万kW左右装机容量，并实现向泰国送电300万kW。

2. 中通道　（以长江上游、金沙江下游和四川大渡河、雅砻江水电基地为主进行开发）

长江上游水电基地干流5个梯级、支流清江3个梯级共2831万kW，年发电量1360亿kW·h。目前葛洲坝、隔河岩、高坝洲电站已投产，三峡和水布垭水电站在建，2010年全部投产发电，总规模达到2397万kW。

金沙江下游水电基地共4个梯级装机共3626万kW，规划2005年左右开工溪洛渡水电站，2010年前开工向家坝水电站，2020年前争取开工白鹤滩水电站，至2020年争取使金沙江下游水电站规模达到1823万kW，在建规模1200万kW。

大渡河干流水电基地开发方案为两库17个梯级共1772万kW装机容量，年发电量966.42亿kW·h。已建成龚嘴、铜街子水电站装机130万kW。规划“十五”期间开工瀑布沟水电站，“十一五”开工独松、大岗山水电站，“十二五”开工长河坝和猴子岩水电站，“十三五”开工季家河坝、老鹰岩、龙头石水电站，争取至2020年干流梯级建成规模能达到1000万kW，并保持合适的在建规模。同时做好上游河流规划工作，保持必要的项目储备。

雅砻江干流两河口至江口段的梯极开发方案为11个梯级，总装机容量2045万kW，年发电量1156.75亿kW·h，目前已建成二滩水电站330万kW。规划在2005年前后锦屏一级水电站开工，“十一五”锦屏二级和桐子林水电站开工，“十二五”管地和两河口水电站开工，至2020年争取雅砻江干流建成规模达到装机1200万kW左右。同时要做好干流其他梯级的前期工作，为“十二五”以后做好储备开工项目。

通过加强上述4个水电基地为主的水电开发进度，2020年前，在中部通道实现向华中送电1000万kW（川渝150万kW、金沙江860万kW）左右，向华东送电2400万kW（川渝700万kW、金沙江1000万kW、三峡720万kW）左右。

3. 北通道　（以黄河上游和中游北干流水电基地为主进行开发）

黄河上游水电基地25个梯级共装机1700万kW，年发电量597亿kW·h，目前已建成龙羊峡、李家峡、刘家峡、盐锅峡、八盘峡、大峡、青铜峡共7座水电站总装机553.45万kW；目前公伯峡、小峡电站在建，2005年前投产，规划“十五”期间拉西瓦、苏只、乌金峡3座水电站开工，“十一五”积石峡、直岗拉卡等水电站开工，争取在2020年前，使黄河上游梯级电站建成规模达到1400万kW左右，并加快黑山峡河段的规划论证工作，尽早决策，争取2020年前开工建设。黄河中游北干流水电基地规划开发6个梯级，装机653万kW，年发电量193亿kW·h。已建天桥、万家寨水电站120.8万kW，规划2020年前结合水利开发，建设龙口（50万kW）和碛口（180万kW）水电站，使黄河上游和北干流总的建成规模达到1750万kW，配合一定的火电建设，2020年前实现向华北和山东电网送电300万kW以上。

（国家电力公司　刘连玉）

黄河上游梯级水电站建设的战略思考

黄河上游水力资源十分丰富，开发条件优越，是全国著名的水电"富矿"。自青海龙羊峡至宁夏青铜峡918km河段，落差1324m，规划大中型水电站25座，装机容量1684.4万kW，年发电量591.4亿kW·h。已建、在建的10座水电站总装机容量723.2万kW，占黄河上游可开发容量的42.9%，尚有961.2万kW的水电资源亟待开发。

（一）黄河上游水电开发促进了西北电网的发展

1972年刘家峡电厂建成前，西北各省之间互不联网。随着刘家峡电厂（总装机容量116万kW）的建成投运，为了使缺电的陕西省用上刘家峡电厂的优质电力，1972年具有国内最高电压等级的刘关330kV线路建成投运，从而形成了西北陕（陕西）、甘（甘肃）、青（青海）电网。这个事实说明，黄河上游水电的开发促进了电网的形成和发展。龙羊峡电厂1987年投运后，更成为西北电网第一调频厂和重要的事故备用电源。目前黄河上游已建电站的装机容量约占全网总装机容量的30%，是西北电网重要的优质电源。特别是刘家峡、盐锅峡、八盘峡、青铜峡、龙羊峡等厂的电价较网内火电低，是网内利润的重要组成部分，又是各省高扬程、低电价农灌负荷的财务支撑。

（二）黄河上游水电开发的优势和难点

黄河上游龙羊峡至青铜峡河段水电开发比国内其他河流的具有明显的优势：①水库淹没损失小，而且均不淹县城和大的工矿企业，移民搬迁很少；②黄河上游梯级水电站坝址均处于峡谷河段，主体工程量小；③黄河上游水量稳定，天然洪水量小；④调节性能好，电能质量高，黄河上游梯级水电站具有很好的调节优势；⑤上网电价低，具有较强的市场竞争力；⑥青海河段泥沙含量少，是黄河上游少有的清水河段；⑦西线南水北调工程实施后，黄河上游水电的装机容量和发电量将随调水量成比例增加。

黄河上游水电开发的难点主要有：①黄河上游地处不发达地区，人口少，底子薄，经济不发达，国民经济用电增长缓慢，市场容量较小，电价承受能力较低，开发资金不足。②水电开发的税赋较重。增值税偏高，加上耕地占用税和矿产资源税等对西部地区开发不利。此外，税收分配主要集中在资源方（省内），不利于调动购电方（省外）的购电积极性。③水电内外部市场空间的开放问题。目前均存在一定壁垒，电费回收困难。④黑山峡河段开发方式久拖不决，影响早日开发的进程。

（三）黄河上游梯级电站补偿调节模式及巨大效益

1. 黄河上游梯级电站补偿调节模式　黄河上游目前已形成以龙羊峡水电站为"龙头"的梯级电站群。龙羊峡水库总库容247亿m^3，具有多年调节能力；刘家峡水库总库容为41.8亿m^3，具有年调节能力。两水库的总调节库容215亿m^3，相当于黄河兰州断面多年平均水量的90%。黄河上游水量及电量调度主要通过龙羊峡、刘家峡两水库联合调度实现。龙羊峡水库主要承担天然径流、洪水调平削峰、蓄丰补枯的多年和年调节，以减小下游梯级电站丰枯期出力的差异，提高梯级电站的保证电能，增加发电效益，并可减小下游梯级电站泄洪建筑物规模，节省工程投资；刘家峡水库则完成对年内用水过程的调控。龙羊峡水电站为补偿电站，李家峡、刘家峡、盐锅峡、八盘峡、大峡、青铜峡等水电站均为龙羊峡水电站的被补偿电站，即黄河上游梯级电站群的联合调节，实际上是补偿联合调节。通过龙、刘两库联合调度梯级水电站，可提高梯级电站的保证出力及发电量，并使得梯级水电站的入库径流在年际间和年内较为均匀，能更好地满足电力系统的要求。可以说，黄河上游梯级水电站群是一座具有多年调节性能的巨型水电站。

2. 黄河上游梯级水电站的效益　黄河上游梯级水电站效益主要有：①防洪效益；②防凌效益；③灌溉效益；④其他效益，如供水、养殖、旅游等方面。

（四）黄河上游梯级电站建设的战略步骤和措施

（1）黄河上游水电的市场问题。黄河上游梯级电站建设必须与网内网外电力市场发展相协调，立足内部市场，内部与外部市场相结合，抓紧内、外部市场的开拓和发展。对于外部市场，黄河上游水电就是要通过"西电东送"北部通道，与陕北、宁夏火电"打捆"送往华北。因而，国家在全国能源规划布局时，应把黄河上游水电开发纳入总体开发规划中，在华北留有"西电东送"相应的电力市场空间。对于内部市场，西北电网必须统一网内电源发展规划，做好资源优化配置，建立区域电力市场，坚持优先开发黄河上游优质水电，合理开发大型坑口火电，切忌只从省

(区)局部利益各自为政。

(2)黄河上游梯级电站建设的次序问题。要结合网内网外电力市场情况，做好黄河上游水电开发建设的次序研究工作。具体的优化开发次序为公伯峡(已开工)、尼那(已开工)、拉西瓦，同时要积极创造条件，抓紧开发黑山峡、积石峡水电站建设。

(3)黄河上游梯级电站建设以及宁夏、陕北火电基地、750kV线路、西北-华北输电网的建设规划、实施方案及进度应互相配套，协调发展。

(4)分析公伯峡、拉西瓦等电站建成后黄河上游水电的运用方式，高峰用水季节、汛期、防凌期对电力市场的适应情况，可能出现的新情况新问题。

(5)加强黄河上游梯级电站建设和已建电站的经营管理，千方百计降低建设、运营成本，提高盈利能力和“西电东送”的竞争力。

(6)积极开展设计革命和技术创新。在开展设计招标的基础上，积极吸收国内外一切先进的设计理念和设计成果，淘汰落后的和不必要的工程、设施和工艺，力求节约、实用。

(7)由于水电工程建设周期长、规模投资大，因而促进电力产业发展资金的形成，其关键在于建立电力产业发展的长期资金市场，即资本市场。要尽快解决黄河上游梯级电站建设的资金问题，就应着手开辟出水电融资市场，加快水电企业的上市步伐，充分利用股市来筹集开发所需资金。

(8)积极争取上级主管部门和有关部门的理解和支持。在落实“西电东送”市场空间的同时，力争出台黄河上游梯级电站建设的优惠政策。

(9)改善黄河上游水电滚动开发的内外部环境。

(国家电力公司西北公司 秦云全 张淑珍
西北勘测设计研究院 万景文)

龙滩水电站在西部大开发中的地位和作用

龙滩水电站是红水河梯级开发的骨干性工程，是以发电为主，兼有防洪、改善航运等综合效益(工程概况详见本年鉴第四卷)。

(一)龙滩水电站的效益和作用

1. 技术经济指标优越　根据设计院的设计报告，龙滩工程按2000年的价格水平，2001年开工建设，6年半后发电，总工期9年编制投资，龙滩工程总投资为247.39亿元，其中固定资产投资208.084亿元，建设利息38.886亿元，流动资金0.42亿元，工程单位投资为5890元/kW；工程的技术经济指标是优越的。

2. 具有较强的水电市场的竞争力　根据设计部门的测算，龙滩水电站的上网电价为0.229元/(kW·h)(2008年)，低于广西目前平均上网电价为0.32元/(kW·h)，龙滩送到广东下网电价约为0.288元/(kW·h)，低于目前广东电网平均上网电价为0.38元/(kW·h)。龙滩水电站的上网电价与广东广西两省(区)新投产电厂的上网电价相比，具有明显的价格优势。在实行厂网分开、竞价上网的电力改革中具有较强的电力市场的竞争力。龙滩水电站建成后，由于其电网质量优良，运行成本低廉，后期效益巨大，对国家、企业的长期效益和地方经济效益发展均非常有利。

3. 优化电力结构的作用　龙滩水电站位于红水河上游，水力资源占整个红水河的35%～40%，是红水河的“龙头”电站，对下游电站起调节和蓄能的作用。龙滩水电站的装机容量占红水河10个梯级电站总装机容量的37%，发电量占10个梯级电站总电量的30%。龙滩水电站建成后可使下游的多个径流式电站得到更充分的调节，枯水期调节量增至天然情况下最枯量的4倍左右，使枯水期发电量占全年电量的比例大为增加。通过龙滩水库径流调节，还可提高下游几个已建梯级电站保证出力均为30万kW，年发电量10.4亿kW·h。龙滩水电站将在电网系统中担任调峰、调频的重要任务，可从根本上改善广西电源和电能结构。

4. 华中—华南联网的作用　龙滩水电站的建成，不仅优化华南电网的电力结构，提高水电在电力中的比重，而且有利于推进华中电网与华南电网的联网。龙滩水电站是华中与华南电网联结的理想选点，也是可靠的电源点。由于红水河流域纬度低，雨季来得比较早，而龙滩水电站又是多年调节，在电量上与三峡、华中电网实现互补。因此，龙滩工程的建成，将有利于推进华中与华南电网联网，实现更大范围内的资源优化配置，有利于全国电网的安全经济稳定运行。

5. 节能和环保作用　龙滩水电站的发电效果是十分显著的，按近期和远期工程装机容量，年发电量分别达到156.7亿kW·h和187.1亿kW·h，相当于每年替代火电厂发电标准煤680万t和850万t。广东和广西均属于缺煤省份，广东长期以来靠输入煤炭发展煤电，目前年调入煤炭约4500万t，2010年约需煤炭6000万t。广西目前每年需输入原煤1300万t，以后需调入量更大。“两广”地区因从外地调入煤炭运输压力也很大。龙滩水电站的建成，可以大量节省煤炭，实现资源优化配置，并减少火电厂的煤燃烧造成的大气污染，有利于环境保护。

6. 防洪和通航作用　龙滩工程具有巨大的防洪效益。一期工程蓄水位在375m高程时，防洪库容50

亿 m^3；二期工程蓄水位达 400m 高程时，防洪库容为 70 亿 m^3。龙滩水库担负的洪水防护区包括红水河和西江两岸及珠江三角洲，涉及广西 10 个县、市和广东 17 个县、市，这些都是粤、桂两省区经济发达地区，总防护人口达 1201 万，耕地 697 万亩，工农业总产值 3548 亿元。龙滩预留的防洪库容可使下游 90%防护区的防洪标准提高到 50 年一遇。

龙滩水电站是实现红水河全河通航的关键性工程。龙滩水库将淹没险滩 190～210 处，库区干流 180～220km 范围内形成保证率为 90%的深水航道，使贵州、广西两省的资源通过红水河运达珠江三角洲和出海。

（二）龙滩水电站在西部大开发中的地位和作用

在九届全国人大三次会议上，党中央、国务院确定了西部大开发的战略方针，将龙滩水电站列为西部大开发的重点工程。

龙滩水电站工程在西部大开发中的作用主要体现在以下几个方面：

1.“西电东送”，能源平衡的作用　早在 20 世纪 80 年代，国家就提出“西电东送”这一基本能源发展战略，即大力开发和充分利用西部地区特别是西南地区丰富的水电资源，送往水力煤炭资源较缺乏的经济发达的东部地区，实现区域资源特别是电力资源的优化配置。

龙滩水电站的电量根据电力市场情况初步安排广西吸纳 70%，广东吸纳 30%。龙滩工程的开工建设，正是为了满足广西、广东两省经济发展和对电力的需求。从广东、广西二省经济和能源的分布和发展势态看，开发建设龙滩水电站是实施能源可持续发展战略和“西电东送”战略的重大举措和关键步骤。

2. 对国民经济的拉动作用　水电资源开发，即水电站建设，不仅在建设期间，而且在投产运行后，都能对当地的经济发展起到拉动作用。由于投资兴建水电站，投资增长能够带动经济增长；水电站的建设和投产，对相关产业起推动和促进作用。据专家测算，2008 年广西地区 *GDP* 约为 5562 亿元，固定资产投资为 1744 亿元，投资率为 31.3%。如果龙滩工程于 2000 年开工建设，2008 年建成投产，建设期广西区内投资为 184 亿元，使广西投资率提高到 34.7%，增长 3.4%，*CGP* 可增加 0.952 个百分点。

建设水电站需要大量的水泥，钢材，木材，施工机械，水工机械，发、输、变电设备等，还需要大量的劳动力和日用生活消费品，必然促进建材业、钢铁业、机械业、农业、轻工业和第三产业中相关产业的发展。水电站建成发电后，许多以电力为动力和能源的相关产业也就有了发展的条件，也相应地促进这些产业的发展。

3. 对财政税收的作用、贡献　水电站建设涉及面广、环节多，根据国家税法规定，许多项目都要交税，如增值税、营业税、关税、企业所得税、印花税、耕地占用税等，工程建设本身可给国家增加一定税收。水电站建成投产后，电力产品要交纳增值税和销售税金附加，增值税率为 17%。销售税金附加包括城市维护建设税和教育费用附加，分别按增值税额的 5%和 3%征收。企业所得税按利润总额的 33%征收。根据专家测算，龙滩水电站装机 420 万 kW，年发电量 156.7 亿 kW·h，若按销售价 0.229 元/（kW·h）计算，销售收入达 35.88 亿元，销售税金 6.1 亿元。

（三）龙滩水电站工程进展和实施部署

珠江水利委员会和广西电力设计院从 20 世纪 50 年代开始进行龙滩水电站的规划和勘测工作。从 1978 年起，中南勘测设计研究院进行了全面、系统的龙滩水电站勘测设计和科研工作。1992 年，国家计委批准了龙滩水电站初步设计报告和项目建议书，1993 年国家计委将龙滩水电站列为国家电力基本建设大中型预备开工项目。

1999 年 6 月，国家电力公司、广西开发投资有限责任公司、广西电力有限公司、贵州省基本建设投资公司通过友好协商，共同签订“龙滩水电开发有限公司发起人协议书”，决定共同作为发起人开发龙滩水电站项目。龙滩水电开发有限公司于 1999 年 12 月 26 日正式挂牌成立，公司董事会、监事会也相应成立，公司机构现已组建完毕，正式开始运作。

龙滩工程项目业主及施工等单位，为龙滩前期准备做了大量工作，至 1999 年底，工程到位资金 66580.8 万元，完成工程投资 57503.1 万元，占到位资金的 86.37%，完成工程面貌主要有：南丹至天峨对外二级公路通车、龙滩大桥、右岸四级公路竣工及部分施工区的征地和平整等。2001 年完成投资计划 9.1683 亿元；2002 年预计完成投资 13.8 亿元。

目前，龙滩工程项目业主龙滩水电开发有限公司正抓紧以下几项工作：在 2001 年 7 月 1 日主体工程开工的基础上，抓紧左、右岸导流洞工程、岸坡工程、地下厂房工程、大法坪砂石料场工程等施工，抓紧大坝工程的招标准备工作，开展机组机电设备招标的各项准备工作，为龙滩工程各项目的顺利进行打下良好的基础。

龙滩水电站工程建设总体目标已经确定：2001 年 7 月，开始左右岸导流洞施工、岸坡施工、主体工程开工；2003 年 11 月，导流洞完成、大江截流；2009 年，全部机组发电、竣工。

（龙滩水电开发有限公司　戴先俊　刘国平）

中国第一座水电站——石龙坝电站建成投产90周年

1912年建成投产的中国第一座水电站——昆明石龙坝电站于2002年5月份已经运行90周年，当年建成的电站（后称为第一车间），在解放后由于石龙坝电站扩建而将两台机组移至省内新建水电站安装运行，1982年经当时的云南省电力局将机组购回重新安装在石龙坝电厂的原建厂房之内作为历史文物予以恢复，并进行了试运行，由省水力发电工程学会组织了电站建成70周年纪念活动，由昆明市人民政府确定为“文物电站”，1992年被省市有关单位联合命名为“昆明地区中国近代史和国情教育基地”，1993年被命名为“云南省重点文物保护单位”，1994年云南省委、省政府命名为“云南省爱国主义教育基地”。

石龙坝电站于1909年10月由商办民营的“耀龙电灯股份公司”抵制了法国长久以来想独占开发螳螂川水能资源的企图筹资开始建设，从德国西门子公司（含伏依特）购买2台240kW的卧式水轮发电机组，并聘请两位德国工程师技术指导，经中国工人两年多艰苦卓绝的施工，终于于1912年5月建成投产，向昆明市区输送照明用电，7000余盏电灯同时点亮，被称为“天降神火”的电力开始进入昆明，宣告我国第一座水电站诞生。

2002年5月28日，云南电力集团公司在石龙坝电厂召开了电站建成90周年纪念大会，邀请了解放后曾在石龙坝电厂工作过的老工人、老领导数十人及本厂职工代表参加。此前，已将清末建成的电厂老办公楼进行了重新装修作为文物陈列室，并将原置于临时文物陈列室内的全部文物及图片等珍贵历史资料迁入，并完善了历史资料，使之更具有“文物电站”的风貌。纪念会后，由电力公司老领导岳世华、老专家赵人麟为文物陈列室落成剪彩，与会人员兴致勃勃地参观了文物陈列室及文物电站，大家认为，现在石龙坝电厂更具有“文物、教学、旅游、发电”四位一体的功能，必将发挥更大的社会效益。

（云南水力发电工程学会　文宏泽）

西南水电电源建设

贵州引子渡水电站

引子渡水电站位于贵州省平坝县与织金县交界的乌江南源三岔河上，为乌江干流规划中11个梯级之一，坝址以上流域面积6422km^2，多年平均降雨量1267.2mm，多年平均流量140m^3/s。枢纽由混凝土面板堆石坝、左岸溢洪道、发电引水系统、厂房及开关站等水工建筑物组成，见枢纽布置图。电站安装3台水轮发电机组，总装机360MW，年平均发电9.78亿kW·h。

（一）主要水工建筑物

1. 混凝土面板堆石坝　引子渡水利枢纽属二等大（2）型工程，拦河坝为二级建筑物。大坝按100年一遇洪水设计，按5000年一遇洪水校核，正常蓄水位1086.00m，校核洪水位1091.09m，死水位1052.00m，坝顶高程1092.5m。趾板置于弱风化基岩上，最大坝高129.50m，坝顶长276m，上游边坡1∶1.4，下游边坡平均坡度为1∶1.559，坝顶宽10.6m，底宽约380m。坝体除垫层料以外，主要采用溢洪道及其他水工建筑物基础开挖石碴填筑，坝体填筑料约307.5万m^3。

坝体依靠钢筋混凝土面板防渗，面板总面积约11960m^2，面板分缝宽度15m，采用二级配纤维混凝土，强度标号C25，抗渗标号W12，抗冻标号F100。为满足多排帷幕灌浆要求，结合左右岸不同地质条件，趾板宽度分别按4.5m＋x和6.0m＋x模式设置，4.5m和6.0m为固定趾板宽度。“x”为根据水头大小计算出的延长渗径，采用挂网喷混凝土处理。

2. 左岸溢洪道　左岸溢洪道由引水明渠、闸室、泄水槽、消能工组成，总长约600m，引水明渠底板高程1054m，宽47m，长270m；闸室长47m，堰顶高程1068m，设3孔11.5m×18m（宽×高）弧形闸门，最大泄流量8251m^3/s；泄槽段长200～300m，分为3孔，最大流速达34m/s；采用斜鼻坎挑流消能。为避免溢洪道与大坝之间的施工干扰，采用岩锚墙新技术在大坝和溢洪道之间保留分岩坎。

3. 发电引水系统　本工程采用“一洞三机”的供水方式。发电引水系统由塔式进水口、引水隧洞、阻抗式调压井、压力管道等组成。塔式进水口顶部高程1092.5m，闸室断面9.0m×10.5m，设1扇平板检修闸门；引水隧洞长 874.72m，洞径 10.5m，采用 1.0～1.8m 厚钢筋混凝土衬砌；最大引用流量 3×145m³/s；调压井高 103m，位于引水隧洞末端，内径 18.5m 阻抗孔内径 6.0m；压力管道主管长 118.00m，内径 8.7m，支管内径 4.94m，采用“卜”形岔管与主管相接，压力钢管采用 25～35mm 钢钣衬砌，80mm 厚的月牙形钢钣对岔管加固。

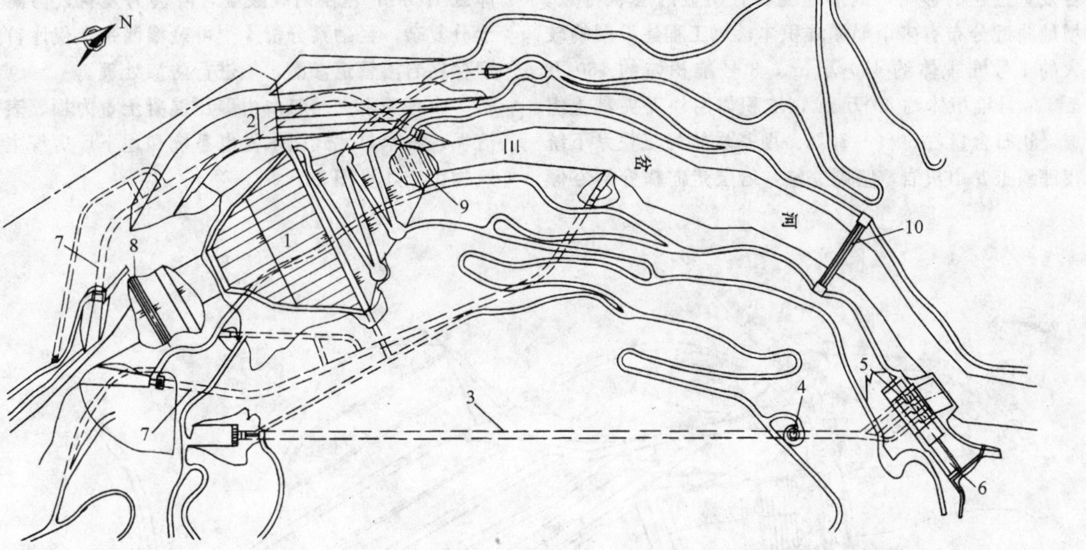

图 1　引子渡水电站枢纽布置图

1—混凝土面板堆石坝；2—左岸溢洪道；3—引水隧洞；4—调压井；5—厂房；6—开关站；7—导流隧洞；8—上游围堰；9—下游围堰；10—下游索桥

4. 发电厂房及开关站　厂房位于大坝下游 1.2km 河床右岸的胡家大地，由副厂房、主机间、右安装间组成，长 123.3m，宽 34～43.85m，高 56.5m，安装 3 台 120MW 水轮发电机组，机组中心距 18.5m，安装高程 968.2m，发电机层高程 980.90m。安装间与发电机层结合地形错层布置，以解决交通运输问题。厂房右侧为主变压器场，平行布置 3 台主变压器，GIS 开关站布置于主变压器上部，共同形成 53.25m×17m×25.5m 的 4 层主变压器开关室。发出电能以 220kV 双回路直送安顺两所。

（二）工程设计的主要特点

本工程无天然垭口可供利用，采用大开挖形成左岸溢洪道，开挖石渣用来填筑大坝，不仅解决了大流量泄洪难题，还为大坝解决了填筑料源，省去了大坝专用填筑料场。为了充分利用开挖石碴，除在坝身设置次堆石区外，还适当将大坝后边坡的平均坡度从 1：1.4 放缓到 1：1.559。在左岸溢洪道还留有 35m 宽的 1130 平台。如果施工组织料源失控，或开挖强度跟不上土坝填筑速度，随时可沿 1130 平台向左扩挖取料补充。

（贵阳勘测设计研究院　杨志雄）

贵州索风营水电站

索风营水电站位于贵州省修文、黔西两县交界的乌江中游六广河段上，是乌江干流开发的第二个梯级水电站，上距东风水电站 35.5km，下游距乌江渡水电站 74.9km，距贵阳市 82km。工程以发电为主，兼有灌溉、养殖、旅游等效益，电站承担电力系统的调峰、调频及事故备用任务，改善贵州电网的运行条件，充分发挥贵州水火互济的优势。坝址控制流域面积 21862km²，占全流域面积的 24.9%，流域内雨量丰沛，多年平均降雨量 1102mm，多年平均流量 395m³/s，年径流量 124.6 亿 m³，设计洪水（$P=1\%$）流量 12500m³/s，校核洪水（$P=0.1\%$）流量 16300m³/s，施工洪水（$P=10\%$）流量 8260m³/s。多年平均输沙量 61.4 万 t（区间），多年平均含沙量 0.609kg/m³。水库正常蓄水位 837m，死水位 822m，总库容 2.012 亿 m³，死库容 1.012 亿 m³，调节库容 0.674 亿 m³，具有日调节性能。电站装机容量 600MW，保证出力 166.9MW，年平均发电量 20.11 亿 kW·h。

坝址位于白马滩尾长约800m的峡谷河段，水流落差约4.0m，河谷狭窄呈不对称的“U”形，谷宽50m左右，右岸为100～200m的绝壁，左岸为70°以上陡坡，地形完整，无垭口。工程区为典型的喀斯特高原、峡谷地貌类型，受新构造运动间歇性抬升及河谷发育过程的影响，地形地貌具有明显的层状特点。坝址附近分布有多个崩塌堆积体，对工程建设影响较大的1号堆积体约450万m^3，3号堆积体约150万m^3，4号堆积体约40万m^3，堆积体由块石夹黏土组成，块石含量占50%～70%。坝基岩体为三叠系下统夜郎组玉龙山灰岩，坚硬完整，岩层走向横穿河谷倾向上游偏左岸，倾角约30°。坝区构造不发育，上游距F_1大断层750多米，下游距F_{13}、F_{25}断层约500m，河床无顺河向断裂通过，f_2小断层横河穿过，f_3小断层在左坝肩山体内。坝址区地震基本烈度小于6度。

索风营水库回水长度35.5km，面积5.7km^2，在库区700km^2范围内碳酸盐岩溶甚为发育，渗漏问题十分复杂，经勘察分析4个可疑渗漏带，仅库首左坝肩存在岩溶管道渗漏，须进行防渗处理。

索风营水电站枢纽由碾压混凝土重力坝、表孔溢流坝、右岸单元式引水发电系统和地下厂房等主要建筑物组成，见图1。

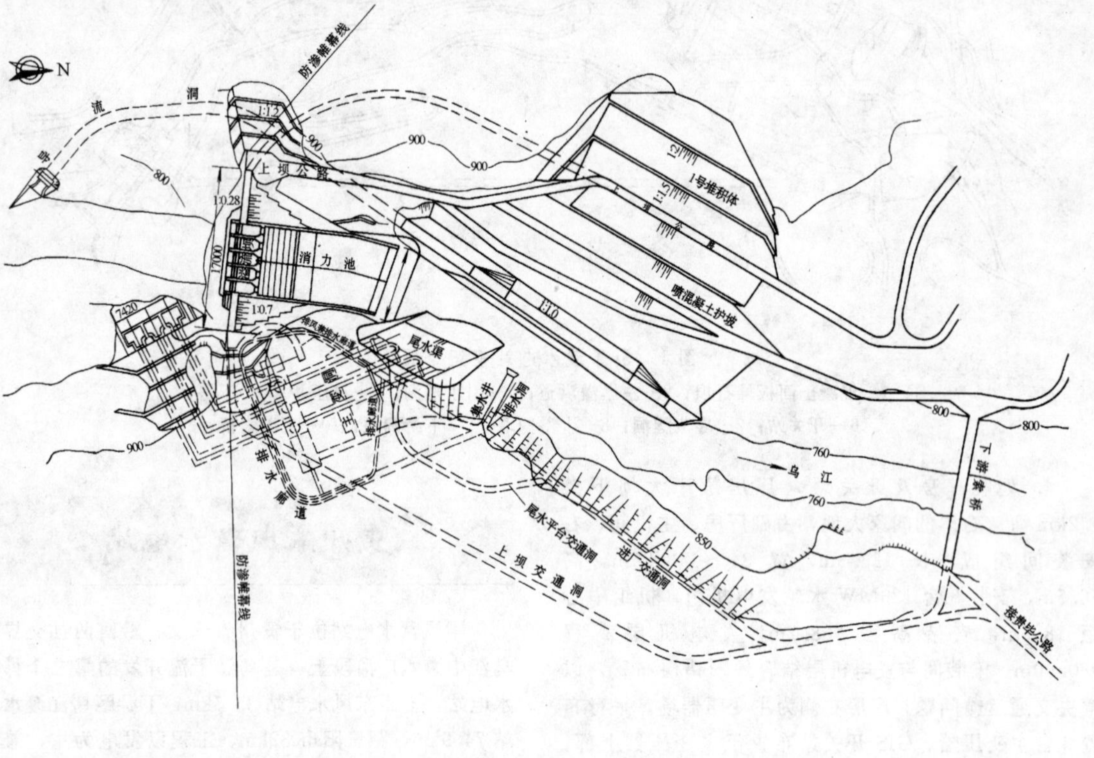

图1 索风营水电站枢纽布置图

大坝为碾压混凝土重力坝，坝顶全长178m，由溢流坝段和非溢流坝段组成。河床中部为溢流坝段，长82m，最大坝高121.8m，坝顶宽8m，坝底最大宽度98.76m，坝体采用二级配碾压混凝土自身防渗。

坝基防渗帷幕为悬挂式，最大孔深125m，左、右岸帷幕伸入山体约1000m，防渗面积约30万m^2，分3层灌浆廊道灌浆。

泄洪建筑物采用坝顶开敞式表孔泄洪，宽尾墩＋台阶坝面＋消力池的联合消能形式。表孔共5孔，单孔宽13m，溢流面采用WES曲线。堰顶上游设一扇13m×19.5m共用平板检修门，堰顶下游侧设13m×19.5m的弧形工作门。宽尾墩为下部留缺口的“X”形，使下部水流沿台阶坝面下泄。台阶坝面利用坝体混凝土碾压形成，宽0.84m，高1.20m，以加快施工进度，适应中小洪水流量下的消能。消力池底宽77m，长110m，池底高于坝基15m。

引水发电系统由塔式进水口、引水隧洞、压力钢管段等组成，进水口段长26m，设拦污栅（3.4m×2.5m，15扇）和事故检修门（8m×9.9m）。引水隧洞长171.24～215.48m，洞径9.9m。压力钢管长75.22～33.19m，内径8.4m，内衬32mm厚的16Mn钢板。

地下厂房位于右坝肩下游约50m的厚层块状灰

岩中，围岩稳定性好；主厂房下游60m为布置主变压器的主变洞，围岩为中厚层夹薄层灰岩，稳定性好。主厂房133.2m×24m×57.72m（长×宽×高），安装3台200MW水轮发电机组，围岩以喷锚支护为主，以岩锚吊车梁作为桥机行走支承，布置2×350/50t桥机。由下游进厂交通洞将主变洞和安装间相连，厂坝间设电梯井。主变洞长75m，宽15m，高24.76m分上下两层，下层布置3台主变压器，上层布置气体绝缘金属封闭开关设备（GIS）开关站，顶部设小吨位桥机，用以装卸、检修GIS等设备；围岩采用喷锚支护，以岩锚梁作为桥机行走支承。出线平台拟用窑洞式。

尾水系统由窄高形尾水管、尾水隧洞、闸门井、尾水渠等组成。洞轴线相距24m，尾水出口位于消力池下游30m。围岩为薄层灰岩，轴线与岩层走向夹角大于60°，围岩主要为Ⅲ类，基本稳定。尾水管长44.5m，接10m×16.13m城门洞形隧洞，洞长85.35～125.55m。尾水闸门井顺陡壁布置，启闭平台与隧洞斜交，设共用10m×14.5m平板检修门1扇，尾水渠宽64.8m，以1∶3反坡与河道衔接。

工程采用枯水期上下游土石围堰挡水，左岸隧洞和明渠导流，汛期基坑过水的导流方式，当坝体碾压至818.5m高程以上时则由坝体挡水，全年施工。导流隧洞为12m×14m的门洞形，长570m。导流明渠为直角梯形（无盖），长为305m。施工总工期5年，第一台机组发电工期4年半，工程总投资31.25亿元（2001年价格水平）。

索风营水电站由乌江水电开发有限责任公司负责建设和管理，由贵阳勘测设计研究院设计。

（贵阳勘测设计研究院　郑　治）

贵州构皮滩水电站

（一）概述

构皮滩水电站位于乌江干流中游贵州省余庆县构皮滩镇，上游距已建的乌江渡水电站137km，下游距拟建的思林水电站89km，距乌江河口涪陵市455km，系乌江梯级开发的第7级。电站以发电为主，兼顾航运、防洪及其他综合利用效益。水库正常蓄水位630m，相应库容55.64亿m^3，调节库容31.54亿m^3，属年调节水库。电站装机300万kW，保证出力75.18万kW，年发电量96.67亿kW·h，是乌江干流开发中规模最大的控制性工程。电站建成后能增补下游思林、沙沱和彭水等3个梯级电站保证出力22万kW，增补年发电量约2.3亿kW·h。水库形成后，可改善通航条件，继而为全线渠化乌江航道创造条件。电站不仅承担电网调峰、调频和紧急事故备用任务，而且能加强西南电网与华南电网的联系。在国家“十五”计划纲要中将列为“十五”期间改善能源结构的开发建设项目，贵州省也将其列为“黔电送粤”的标志性工程。

（二）构皮滩水电站地形地质

坝址两岸山体高耸雄伟，临江峰顶高程722～837m，由坚硬灰岩组成山脊，软弱地段相对低凹，形成顺水流方向锯齿状的单面山地地形。山脊走向为NNE，顺向坡坡度一般为25°～35°，逆向坡多为60°以上陡崖，高差可达50～70m，河谷狭窄，岸坡陡峻。高程550m以上，两岸岸坡坡度30°～40°，以下为55°～65°，部分近直立，为“V”形对称峡谷。高程630m处坚硬灰岩地段谷宽350～550m，软弱地段宽达600～700m。坝址下游侧砂页岩河段，山体相对低矮，河谷地形较宽缓，两岸岸坡坡度25°～35°，左岸有拦河槽、右岸有螃蟹溪等河谷切割，并可见Ⅰ～Ⅳ级阶地。

坝区位于石灰岩地区，坝基为茅口组段（P_1^1m）灰岩，湿抗压强度70～80MPa，变形模量30MPa。地下厂房围岩为茅口组底部及栖霞细（P_1q）灰岩。韩家店组（S_2n）黏土岩为坝址防渗依托层。坝址区发育有4个主要岩溶系统。在库、坝区较大范围内地震活动十分微弱，经国家地震局审查，构皮滩水电站场地基本烈度为6度。水库封闭条件好，无绕坝渗漏问题。

（三）构皮滩水电站主要建筑物

构皮滩水电站为一等工程，大坝、泄洪建筑物、电站厂房、通航建筑物等主要建筑物为1级建筑物，次要建筑物为3级建筑物。大坝、泄水建筑物和通航建筑物按500年一遇洪水设计、5000年一遇洪水校核；电站厂房按200年一遇洪水设计、1000年一遇洪水校核；消能防冲建筑物的设计洪水标准按100年一遇洪水设计、1000年一遇洪水校核。构皮滩水电站枢纽工程主要由混凝土双曲拱坝、坝下水垫塘和二道坝、左岸泄洪洞、右岸地下厂房、左岸预留通航建筑物及渗控工程等组成，枢纽布置见图1。

拦河大坝采用混凝土抛物线形双曲拱坝，坝顶高程640.5m，河床建基面高程408.0m，最大坝高232.5m。坝顶上游面弧长557m，弧高比2.4。拱冠梁顶厚度10.25m，底厚50.28m，厚高比0.216，拱端最大厚度56.62m，坝体混凝土284万m^3。坝身设6个表孔、7个中孔及2个放空底孔。表孔孔口尺寸12m×16m（宽×高，下同），为开敞式溢流堰，堰顶高程614.0m，采用跌流消能。中孔为有压孔，孔口尺寸7m×6m，进口高程分别为550.0m和534.0m，出口采用挑流消能。底孔为有压孔，孔口尺寸4m×

6m，孔底高程 500.0m。水垫塘采用平底板封闭抽排方案，长 284.0m，底宽 70.0m，顶面高程 412.0m，断面形式为复式梯形断面。二道坝坝顶高程 438.0m，底板高程 410.0m。

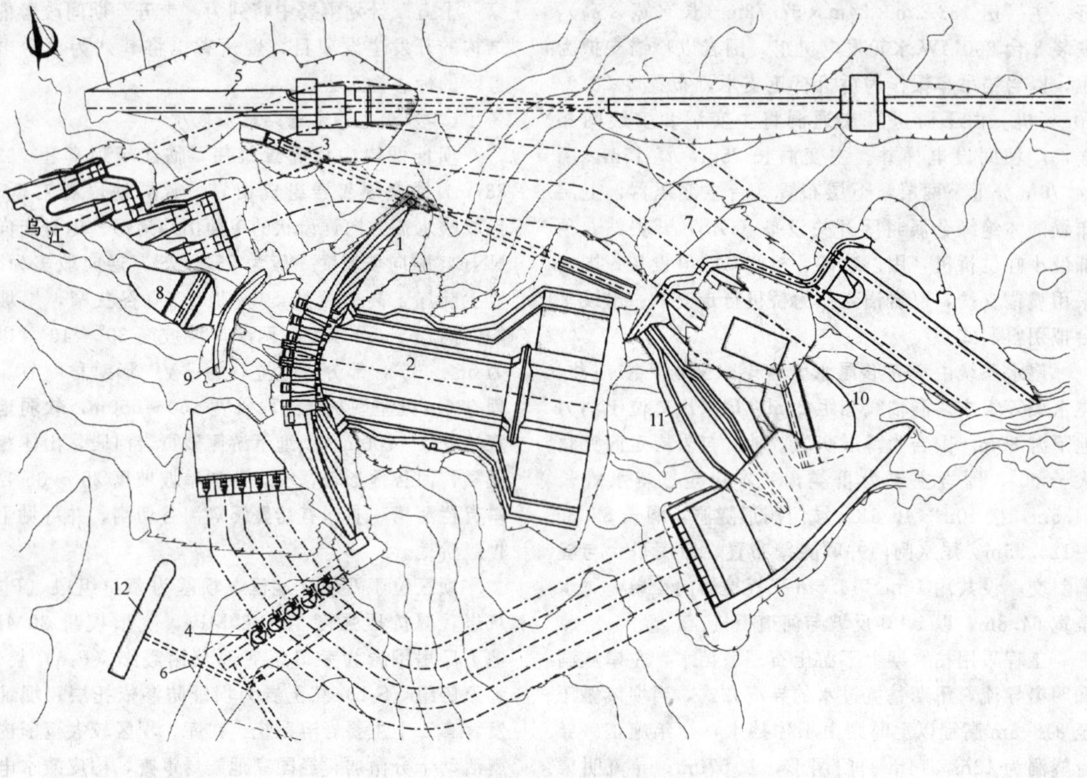

图1 构皮滩水电站枢纽布置图

1—双曲拱坝；2—水垫塘；3—泄洪洞；4—发电厂房；5—升船机；6—防渗帷幕；7—导流隧洞；8—上游土石围堰；9—上游 RCC 拱围堰；10—下游土石围堰；11—下游 RCC 围堰；12—开关站

左岸布置泄洪洞作为辅助泄洪设施。泄洪洞进口高程 590.0m，控制断面孔口尺寸为 11m×12m，为无压洞，洞身尺寸 11m×13m，洞线为直线，全长 580.0m。

设计和校核工况入库洪峰流量分别为 27900m³/s 和 35600m³/s，相应库水位分别为 632.89m 和 638.33m，总泄流量分别为 23600m³/s 和 29100m³/s，相应下游水位分别为 483.61m 和 490.46m。

地下厂房主要由进水口、引水隧洞、主厂房、主变洞、尾水隧洞、调压室、尾水出口及开关站等组成。电站装机 5×60 万 kW，采用岸塔式进水口，引水隧洞采用一机一洞布置，进口中心高程 569.0m，出口高程 416.8m，洞长 370.8～315.83m，洞径 9.5～8.0m。主厂房纵轴线方位 NE75°，开挖尺寸为 228.45m×27.00m×70.44m（长×宽×高，下同），顶拱开挖高程 463.45m，发电机层高程 436.10m，水轮机层高程 422.40m，机组安装高程 416.80m。主变洞位于厂房下游 30.0m，与厂房平行布置，开挖尺寸 178.27m×15.3m×18.94m。尾水隧洞采用一洞一机平行布置，洞长 774.86～606.38m，洞径 10.0m，每条尾水洞设一阻抗式调压室，尺寸为 10.0m×25.0m×117.29m。尾水平台高程 443.5m，平面尺寸为 145.65m×10m（长×宽）。地面开关站位于进水口下游右侧相对平缓的山坡上，地面高程 680.00m，占地 26.0m×185.0m，高压配电装置采用 GIS，以出线竖井、平洞与主变洞联通。

通航建筑物位置预留在左岸，按Ⅳ级航道、通行 500t 级船只设计标准，由 3 级垂直升船机、上下游引航道和 2 级中间渠道组成，待下游梯级电站建成后，再适时兴建。

渗控工程由河床坝基垂直防渗帷幕、左岸出坝肩后向下游接韩家店组隔水层、右岸出坝肩后绕厂房接韩家店组隔水层帷幕组成，线路全长 1756m，防渗面积 31.06 万 m²。

施工导流采用河床一次断流、围堰全年挡水导流方式。整个工程的主要工程量：土石方明挖约 1308 万 m³，石方洞挖 300 万 m³，土石方填筑 62 万 m³，混凝土 548 万 m³；钢筋 11.85 万 t，钢材 2.93 万 t；固结灌浆 47.9 万 m，帷幕灌浆 34.1 万 m。工程静态投资 101.6 亿元，总投资额 135.5 亿元（2001 年第 4

季度价格水平)。

(四) 准备工作

构皮滩水电站项目业主为贵州乌江水电开发有限责任公司,由长江水利委员会设计。项目2001年12月通过可行性研究、审查,2002年4月上报《乌江构皮滩水电站项目建议书》。2001年11月构皮滩水电站筹建处正式成立,负责电站建设的前期筹建工作。目前,电站场内外公路已开始建设,各项工程已陆续开始招标,预计2002年7月导流洞开工,2004年11月大江截流,2009年12月第1台机组开始发电。

(贵州乌江水电开发有限责任公司 黄 辉)

四川紫坪铺水电站

紫坪铺水电站是岷江上游灌汶段六级开发的第五级,位于都江堰市(原灌县)西北95km处的岷江沙金坝河段,距成都市约60km,上游与映秀湾水电站尾水衔接。

紫坪铺工程是一座以灌溉和供水为主,兼有发电、防洪、环境保护、旅游等综合效益的大型水利枢纽工程。水库正常蓄水位877.00m,总库容11.12亿m^3;水电站装机容量4×19万kW(含预留1台机组),多年平均年发电量34.17亿kW·h。水电站在满足下游城市工业、生活和灌溉用水的前提下发电,在电力系统中承担部分基荷,并参与电力系统调峰。

工程区位于龙门山断裂构造带的中南段,北川—映秀与灌县—安县断裂之间,属构造相对稳定区。经国家地震局鉴定,工程区地震基本烈度为7度;水库库盆主要由砂页岩构成,不存在永久渗漏问题。

工程区属中低山地形,山体总体走向与构造线基本一致,由于地质构造及岩性的影响,岷江在沙金坝河段形成一个180°的河湾,使右岸形成被河湾三面包围的条形山,为本工程布置和施工提供了良好的地形条件。坝址位于河湾转折端下游,坝址上游地形较开阔,坝段河谷狭窄,枯水河面宽约85~110m,正常高水位877.00m处河谷宽约640m;河谷形态不对称,主流偏左岸。左岸坡除少数低洼凹沟外,以基岩斜坡为主,自然坡度40°~50°;右岸为条形山脊,沿山脊坡度较缓,自然坡度20°~25°;地表有残积和冰水堆积而成的黏土、块碎石土,靠河床有漫滩和一级阶地分布。

坝区出露地层有覆盖于河谷斜坡和河床表部的第四系松散堆积层,其下为三叠系基岩。河床冲积层一般厚10~15m,由漂卵石组成,在坝址上游还夹有透镜状的沙层;基岩为三叠系上统须家河组的一套湖沼相含煤砂页岩地层,岩层走向与河谷大角度相交,陡倾上游。在坝区地层内,中、细砂岩占49.2%,呈厚层至巨厚层状,坚硬完整,湿抗压强度为60~80MPa;粉砂岩占37.0%,湿抗压强度为30~40MPa;煤质页岩和泥质页岩占13.8%,岩性软弱易碎,强度低,往往与不同规模的层间剪切破碎带对应。在坝轴线下游约360m处有F_3断层出露,产状为N50°~70°E/NW/∠60°~70°,位于泄洪排砂洞下段和溢洪道冲刷段。

紫坪铺水电站属大(1)型工程,引水系统为一级建筑物,正常运用洪水标准为1000年一遇,洪峰流量为8300m^3/s,设计洪水位为871.20m,非常运用洪水为可能最大洪水,洪峰流量为12700m^3/s,校核洪水位为883.10m。水电站厂房为二级建筑物,其正常运用洪水标准为100年一遇,非常运用洪水标准为500年一遇,大坝地震设防烈度为8度。

枢纽布置从左岸至右岸依次为混凝土面板堆石坝、溢洪道、电站进水口及引水隧洞、冲砂放空隧洞、2号及1号泄洪排砂隧洞;电站厂房及开关站布置在坝后靠右岸(见图1)。

混凝土面板堆石坝坝顶高程为884.00m,防浪墙顶高程为885.40m,最大坝高156.00m,坝顶长634.77m,坝顶宽12.00m,上游坝坡1:1.4,下游坝坡在高程840.00m马道以上为1:1.5,以下为1:1.4,分别在高程840.00m、796.00m设2级5m宽的马道,坝底最大宽度为461.79m,总填筑方量1169.32万m^3。

溢洪道由进口段、控制段、泄水陡槽及反弧挑流鼻坎组成。进口段全长65.5m,两边采用椭圆曲线导墙;控制段全长50.0m,为一孔12m宽的机翼型正堰,堰顶高程860.0m,设一扇露顶弧形门控制,边墙高程为885.40m;陡槽长392.00m,宽12.00m,分上下两段,上段长252.00m,底坡0.09,下段长100.00m,底坡0.55,上下段之间为40.00m长的渥奇曲线;陡槽末端设76.00m长的挑流段,由两段组成,第一段反弧半径为76.64m,第二段反弧半径为90.00m,挑射角25°,挑流段边墙顶高程为775.00m,边墙采用不对称扩散形式,鼻坎顶高程为761.835m,鼻坎基础设防淘刷底板。

电站进水口及引水隧洞采用单机单管供水。进水口为4孔连通岸塔式,塔顶高程为885.40m,底板建基高程为796.00m,塔高79.40m,总宽度为90.00m,进水口底板高程800.00m,设4m×4m直立式拦污栅,过栅流速约0.75m/s,栅槽后设尺寸为6.78m×8.35m的平面检修闸门和6.4m×8.0m的快速平面闸门。四条引水隧洞在平面上平行布置,轴线间距为22.0m,与厂房机组间距相同,隧洞为圆形有压,洞径由进口段的8.0m变为进厂钢管的6.025m,钢管与蜗壳进口相接,钢管上覆盖混凝土。

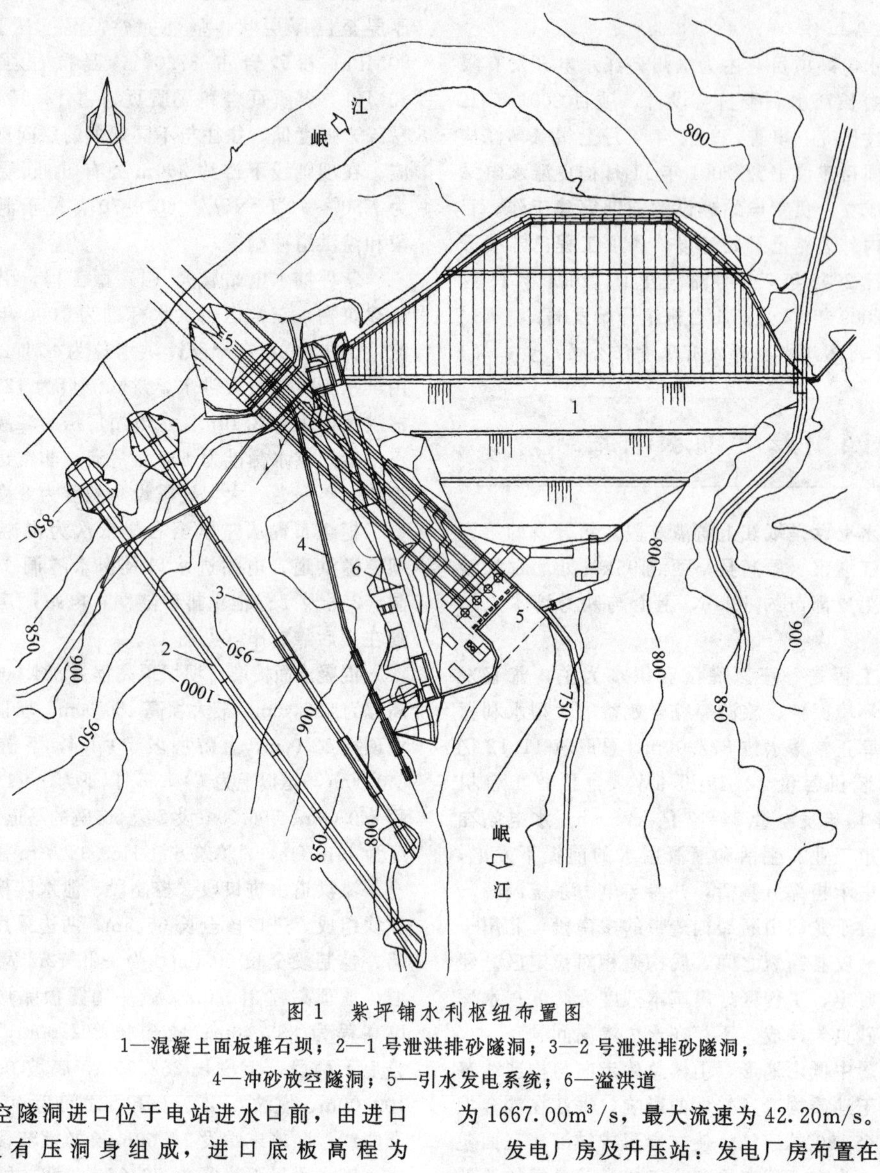

图1　紫坪铺水利枢纽布置图

1—混凝土面板堆石坝；2—1号泄洪排砂隧洞；3—2号泄洪排砂隧洞；

4—冲砂放空隧洞；5—引水发电系统；6—溢洪道

冲砂放空隧洞进口位于电站进水口前，由进口段、竖井及有压洞身组成，进口底板高程为770.00m，出口位于溢洪道挑流鼻坎下游，全长749.94m，洞径4.4m，在进口设4.4m×4.4m的平面检修门，在出口附近设弧形工作门，孔口尺寸为3.0m×3.0m，门后为无压明流段，采用挑流消能。

1号、2号泄洪排砂隧洞，两条导流洞在后期均改造成龙抬头式无压泄洪排砂隧洞，断面形式均为10.7m×10.7m的马蹄形，1号洞进口底板高程为780.00m，进水塔高111.00m，出口底板高程744.50m，洞身长765.43m，其中利用导流洞段长584.84m，出口采用挑流消能，校核洪水泄量为1788.0m^3/s，最大流速为45.42m/s。2号洞进口底板高程为800.00m，进水塔高92.00m，出口底板高程745.156m，洞身长650.55m，其中利用导流洞段长440.72m，出口采用挑流消能，校核洪水情况泄量为1667.00m^3/s，最大流速为42.20m/s。

发电厂房及升压站：发电厂房布置在条形山脊下游岷江右岸，在大坝坝趾和溢洪道挑流段之间的三角地块上。主厂房长125.00m，宽25.00m，高54.00m，安装4台HL（209）-LJ-495型水轮机，安装间布置在主厂房左侧，副厂房靠近主厂房平行于轴线布置，主变压器布置在主厂房上游侧，GIS开关站布置在主变压器室上方。

主要工程量，土石方开挖248.70万m^3，填筑土石方总计1416.81m^3，混凝土及钢筋混凝土85.30万m^3，钢筋68124.00t，金属结构制造安装8036.8t，木材10701m^3，帷幕灌浆14.50万m，固结灌浆13.20万m，回填灌浆5.40万m^2。

工程总工期72个月，其中准备工期23个月，主体工程施工期29个月，工程完建期20个月（工程筹建期12个月，不计人总工期）。

工程经济指标：经水利水电规划设计总院按2000年12月价格水平核定，本工程内外资概算静态总投资为64.33亿元，总投资为69.76亿元。其中资本金为22亿元，利用第四批日本国际协力银行贷款325.75亿日元（折合人民币25.06亿元），其余资金由国家开发银行贷款解决。经测算出厂电价为0.281元/kW·h，农业灌溉供水源水和环境供水源水水价为0.08元/m^3，工业及城市生活供水源水水价为0.20元/m^3。

本工程可行性研究报告于2000年3月经国务院批准，初步设计报告于2000年12月经水利部批准。工程已于2001年3月正式动工，第1台机组将于2005年5月发电。

（四川省水利水电勘测设计研究院　戴晓文）

四川福堂水电站

（一）工程概况

福堂水电站位于四川省阿坝藏族、羌族自治州汶川县境内岷江干流上游，尾水接已建成发电的太平驿水电站。上距汶川县城36km，下距成都市111km。有213国道（成阿公路）通过工程枢纽全区，对外交通方便。

福堂水电站属于沙坝（最大坝高约200m，总装机容量760MW，总库容8.82亿m^3）的一期工程，采用低闸引水式开发，直接向四川省主网供电，并担负系统部分调峰任务。水电站总装机容量360MW（4台90MW），保证出力133.4MW，年利用小时数6305h，年发电量22.7亿kW·h。工程总投资19.5亿元。

该工程由首部枢纽、引水系统、厂区等建筑物组成（其枢纽布置见图1），属二等大（2）型工程。闸前正常蓄水位1268.00m时，总库容297万m^3，调节库容220万m^3，回水长度2.53km。首部枢纽布置有拦河坝、泄洪闸、冲沙闸、溢流坝、排砂闸，最大闸（坝）高度31.0m，闸坝长187m闸坝基础采用置于闸室下的悬挂式混凝土防渗墙垂直防渗，最大墙深34.5m，墙厚1.0m。沿岷江左岸布置取水闸、沉砾池、进水闸、引水隧洞、调压井和压力管道，引水隧洞全长19.3km，其中上游14.4km为底宽8m的马蹄形断面，采用喷锚或钢筋混凝土衬砌，下游4.9km为直径9m的圆形断面，采用钢筋混凝土衬砌。喷混凝土厚度8～15cm，混凝土衬砌厚度30～80cm；开敞阻抗式调压井高118m（二期），大井内径27m；压力管道为地下埋管，长360m，主管为两根，对称布置，管径5.2m。地面发电厂房位于太平驿电站上游800m，包括主、副厂房及尾水渠等建筑物，厂房尺寸为69.49m×22m×43.4m（长×宽×高）。电站共装机4台，单机容量90MW，尾水流入岷江。

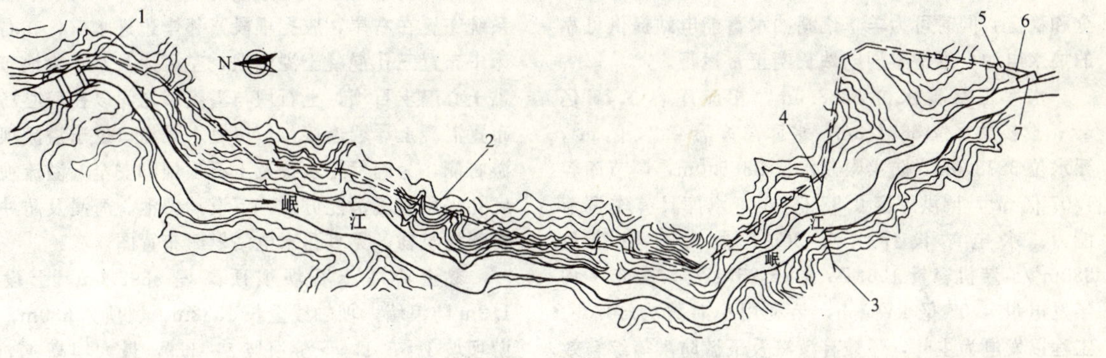

图1　福堂水电站枢纽平面布置图

1—拦河坝；2—引水隧洞；3—沙坝坝轴线；4—二期引水隧洞；5—调压井；6—压力钢管；7—地面厂房

福堂水电站是国家扶持民族地区经济发展，四川实施西部大开发的重点工程之一，是阿坝藏族、羌族自治州以“水头”换“木头”，实施天然林保护工程的替代项目，也是阿坝州充分利用资源优势、振兴民族经济的“翻身工程”。

1999年6月组建了四川福堂水电有限公司，电站实行项目法人负责制、工程建设监理制和招投标制，严格按照国家基本建设程序进行科学管理。

（二）工程进展情况

1996年11月，国家电力工业部批复同意四川福堂水电站预可行性研究报告的审查意见。1998年4月，国家电力公司批复了四川岷江福堂水电站可行性研究报告审查意见。1999年3月25日，国家计委批准了福堂水电站项目建议书。2001年3月，国家计委批复同意福堂水电站可行性研究报告。2001年5月，国家计委批文正式将福堂水电站列为国家2001年度基本建设新开工大中型项目。

福堂水电站于2001年6月6日开工，同年11月

1日大江截流成功。目前闸坝开挖基本完成，正在进行混凝土浇筑及防渗墙施工；引水隧洞开挖总进尺已达14km，并完成永久喷锚及混凝土衬砌2400余米。调压井采用周边预固结灌浆、导井溜渣、大井边挖边支护的方法施工，已顺利下挖30余米。厂房基础开挖及160m高边坡处理已完成，并完成1号机底板混凝土浇筑。

福堂水电站设计单位为国家电力公司成都勘测设计研究院，监理单位为四川二滩国际咨询有限公司，由水电第五工程局、第七工程局、第十工程局，中铁第二工程局、第三工程局、第十二工程局、第十三工程局、第十四工程局、第十八工程局，隧道工程局，成铁工程分局，成都勘测设计研究院准达岩土工程公司参与主体工程施工，成都勘测设计研究院监测中心负责监测工程施工。

电站将于2004年4月第一台机组发电，2004年底完工。

（成都勘测设计研究院　马连升）

西藏拉萨河直孔水电站

直孔水电站位于西藏自治区墨竹工卡县境内拉萨河中下游，下距拉萨市公路里程为96km，是藏中电网的骨干电站，它的建成可满足藏中电网2005年～2010年的电力负荷需求，有助于藏中电网的运行安全和稳定，同时可为羊卓雍湖抽水蓄能电站提供可靠的抽水电源，维持羊湖电站长期正常运行。

水库正常蓄水位3888.0m，相应库容1.75亿m^3；校核洪水位3891.3m，水库总库容2.24亿m^3；死水位3878.0m，防洪限制水位3885.0m，调节库容1.07亿m^3，调洪库容0.88亿m^3，水库具有季调节能力。水电站设计水头30m，最大引用流量380m^3/s，装机容量100MW（4×25MW），多年平均年发电量4.07亿kW·h，年利用小时数为4070h。工程以发电为主外，还兼有灌溉及下游防洪等综合效益，可增加水库上游灌溉面积7.55万亩，提高下游农田的灌溉保证率和扩大灌溉面积，使拉萨市的防洪能力从10年一遇提高到20年一遇洪水。

坝址多年平均气温5.6℃，多年平均降水量472.7mm。坝址以上控制流域面积20179km^2，占拉萨河总流域面积（32471km^2）的62%。坝址处多年平均流量237m^3/s，多年平均含沙量0.096kg/m^3，悬移质年输沙量72.0万t，推移质年输沙量15.1万t。

工程区处于林周——索白拉亚旋层内，以褶皱为主，断层较少，岩体较完整，无强震分布，属相对稳定区，地震基本烈度为7度。坝址区出露地层为上二叠统下段区域变质和热液变质的石英岩和石英砂岩，在河谷低洼地带为第四系松散堆积物覆盖。坝址河心有上、下两个基岩孤岛，将河道分为左右河槽。右河槽水面宽55m，基岩出露，岸边为基岩冲刷陡坡岸，岩性完整，强度高，无大断层和缓倾角软弱结构面，工程地质条件较好。左河槽水面宽60m，沿河有五级阶地分布。阶地开阔，阔达1km以上，河槽部位覆盖层厚度为0～28m，阶地覆盖层厚度最厚达180m，表层为冲积漂卵石层，下部为冰水积漂卵石层，允许承载力和抗剪强度较高，能适应土石坝的要求。右岸边布置引水发电系统，进水口、压力引水隧洞，地面厂房置于坚硬的石英岩、石英砂岩组上，受构造破坏的程度不大，岩体完整，强度高，岩层走向与边坡斜交，微倾向坡内，边坡稳定。

直孔水电站水库属狭长河道型，水库面积14km^2，回水长15.8km，淹没耕地2324.9亩，草地2600.6亩，搬迁人口772人。

直孔水电站属二等工程，主要永久性水工建筑物按二级建筑物设计。考虑下游有重要城市拉萨市，拦河坝有土石坝，所以坝体设计洪水重现期为500年，流量为3200m^3/s，校核洪水为万年一遇，流量为4030m^3/s，泄水建筑物下游消能防冲设计按100年一遇，流量为2730m^3/s。发电厂房设计洪水为100年一遇，校核洪水为500年一遇。

直孔水电站枢纽布置以河心岛为界，将引水发电系统布置在右岸，底孔坝段紧邻岸边进水口，在右河床中布置三孔混凝土溢流坝，左河床及左岸阶地布置黏土心墙土石坝，土石坝与溢流坝之间以在河心岛上布置混凝土导墙连接，厂房尾水渠出口位于溢流坝下游右侧，为确保尾水渠及土石坝坝脚安全，溢流坝及底孔采用底流消能方式，下设消力池、海漫及防冲齿槽等建筑物。见直孔水电站枢纽布置图。

黏土心墙土石坝坝顶高程3892.6m，上设高1.2m防浪墙，坝轴线全长1332m，坝顶宽6.0m，上游坝坡1∶2.1，下游坝坡1∶1.9，最大坝高47.6m（位于左岸主河槽内），坝壳料为冲积和冰水积漂卵石。坝体防渗为黏土心墙，坝基防渗采用封闭式、悬挂式混凝土防渗墙及黏土截水槽相结合的方案，混凝土防渗墙墙厚0.8m，最大墙高64m。

溢流坝段总宽48m，最大坝高55.60m，设3个溢流表孔，开敞式弧门控制，每孔净宽12m，闸门高14m，缝墩厚2m，堰顶高程3876.10m，堰面采用幂曲线，后接1∶0.6的直线坝坡，反弧段后与下游消力池底板衔接，采用宽尾墩底流消能。溢流坝右侧设一个底孔坝段，用于放空水库，兼顾施工导流和泄洪排砂，底孔为压板式短孔口，进口段顶板及两侧呈椭圆曲线收缩，至检修门处孔口尺寸为5m×8m（宽×高），检修门后采用1：2.29的顶板压坡，压板段后孔口尺寸为5m×4m（宽×高），其后为无压出口段，以抛物线接反弧段与消力池相接。底孔和溢流坝共用消力池，池宽58.50～63.5m，池长73.2m，沿程呈扩散形，池末垂直升坎高3m，后接海漫和防冲槽。

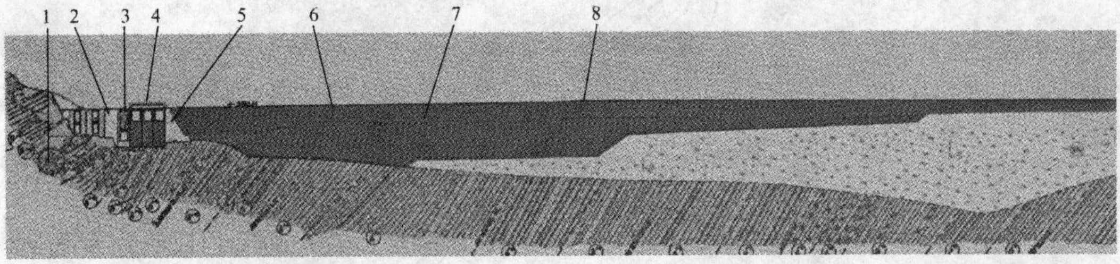

图1 西藏拉萨河直孔水电站枢纽布置图

1—进水口；2—联结坝；3—底孔；4—溢流坝；5—导墙；6—黏土心墙土石坝；7—混凝土防渗墙；8—原地面线

引水发电系统布置在右岸，进水口为深式压力墙式，与右岸连接坝相接，底板高程3861.0m，顶部高程3892.6m。进口分设拦污栅和事故检修闸门，拦污栅尺寸11.6m×15m（宽×高），事故检修闸门孔口尺寸9.9m×11.15m（宽×高）。引水隧洞布置两条，采用“一洞两机”的供水方式，内径为8m，洞长分别为134.43m和97.326m，单洞最大引用流量190m^3/s，两洞间岩壁厚度14.4～26.4m，钢筋混凝土衬砌，厚度80cm。每条压力隧洞末端用“Y”形分叉、长度各为4.8m的两条支管与机组蜗壳相接，采用月牙形内加强肋钢叉管。

厂房布置于右岸坝轴线下游约80m的山体后坡上，为地面厂房，内装4台25MW水轮发电机组，机组间距18m，安装间布置在主厂房右端厂房尺寸为102m×22.5m×45.9m，一、二次副厂房，两台主变压器均布置在主厂房上游，开关站采用GIS户内布置。电站出线四回，二回送拉萨城东110kV变电站，一回送那曲，一回备用。

施工导流采用分期全年导流方案，导流标准为20年一遇洪水，相应流量2240m^3/s。共分三期导流：第一期先围河心岛右河床，完成底孔坝段、溢流坝段和右岸进水口的施工，由于二期导流过水需要，在三个溢流坝段内分别设三个导流底孔（7m×8m）。第二期围左河槽，三期基坑主要修建左河槽土石坝。第三期导流为完建期导流，在第四年汛后，来水由永久冲沙底孔宣泄，设计流量218m^3/s，此时封闭临时导流底孔，逐渐下闸蓄水发电。

工程总工期60个月，其中准备工期10个月，主体工程工期43个月，完建工期7个月。

建筑物主体工程主要工程量：覆盖层开挖88.538万m^3，石方明挖32.373万m^3，石方洞挖2.399万m^3，混凝土26.473万m^3，坝壳料堆筑60.5万m^3，帷幕灌浆1869m^2，固结灌浆5320m。

三材需要量：木材11.0万m^3，水泥11.50万t，钢筋5000t，钢材4400t。

按2001年2季度价格水平，国内施工队伍施工编制概算，其工程静态总投资（含水库淹没处理补偿费）为133695.13万元。

直孔水电站工程由成都勘测设计研究院设计，1989年完成初步设计，项目建议书评估于2001年7月经中国国际水利水电工程咨询公司评估通过，计划于2002年开工建设。

（成都勘测设计研究院　王泽溪）

广西恶滩水电站

恶滩水电站工程是红水河规划开发的第八个梯级水电站，位于广西忻城县红渡镇上游3km，上、下游分别与已建的百龙滩水电站尾水和规划中的桥巩水电站衔接，距百龙滩水电站76.2km。电站坝址左、右分别有2km和3km的公路与省道连接，距南宁市192km，距柳州市137km。该水电站是一座以发电为主兼有航运、灌溉等综合利用效益的水电工程，其经济技术指标优越，社会效益显著。工程区位于构造相对稳定地段，地震基本烈度为6度。坝址基岩主要为厚层和中层灰岩，岩体完整性好，地质构造简单，水库两岸山体雄厚，封闭性好，不存在永久渗漏。电站水库正常蓄水位112m，总库容9.5亿m^3，调节库容0.46亿m^3，具有日调节能力。电站计划安装4台150MW的轴流式水轮发电机组，总装机容量600MW，保证出力301.86MW，年发电量为35亿kW·h。设计过坝船只吨位近期250t，年货运量180万t。电站枢纽由右岸重力坝、溢流坝、河床式厂房、船闸、冲砂闸，左岸重力坝、左岸土坝、开关站等组成，见枢纽布置图。大坝为混凝土重力坝，最大坝高63m。

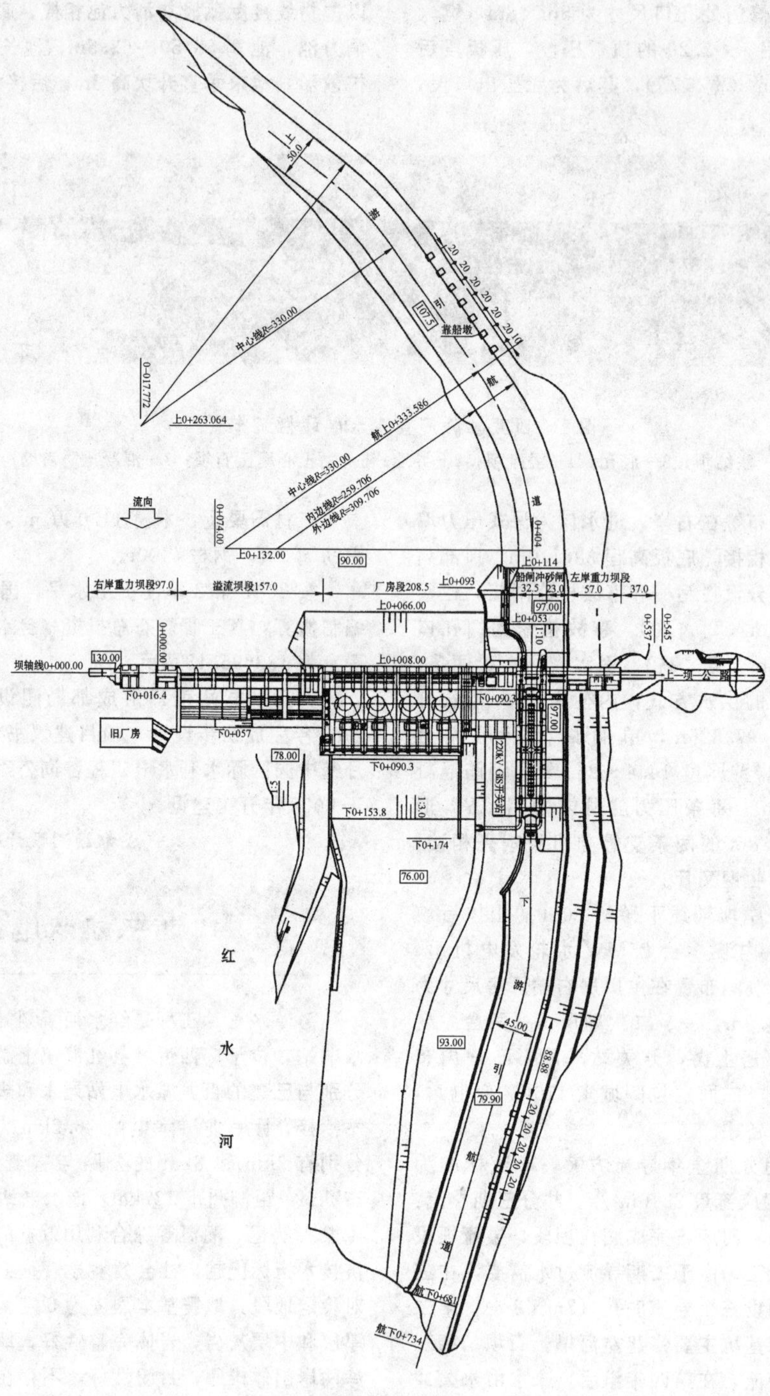

图1 恶滩水电站枢纽布置图（单位：m）

恶滩水电站工程可行性研究报告于1992年8月完成；1992年11月水利水电规划设计总院会同广西区计委在南宁主持召开“可行性研究审查会议”，并提出审查意见；1993年3月5日，能源部以能源水规（1993）203号发“关于广西红水河恶滩水电站扩建工程可行性研究报告审查意见的批复”同意审查意见；1995年8月，恶滩水电站扩建工程初步设计报告通过审查。2002年3月，国务院批准国家计委《关于广西红水河恶滩水电站扩建工程项目建议书的请示》，同意恶滩水电站工程项目立项建设。

恶滩水电站工程的施工准备于2001年10月开始，一期导流工程土石围堰于2001年11月开工，目前该项工程已达到设计挡水要求。计划2004年12月主河槽截流，2004年12月31日第一台机组发电，

2005年12月31日第四台机组发电，2006年工程竣工，总工期5.4年。

恶滩水电站工程总概算39.75亿元，由广西桂冠电力股份有限公司和广西开发投资有限责任公司分别按总投资的52%和48%共同出资开发。2001年3月成立广西桂冠开投电力有限责任公司，作为恶滩水电站项目法人，负责该电站的投资、融资、工程建设和生产管理。工程设计单位为广西电力工业勘察设计研究院。

恶滩水电站工程设计工作细致、深入，前期准备工作充分、扎实，业主管理体制规范，它的建设对贯彻实施国家西部大开发和"西电东送"的战略决策，促进广西国民经济的发展和实现广西"十五"期间电力发展规划将起到非常重要的意义。

（广西桂冠开发投资电力有限责任公司　冯晶妮）

2001年～2002年小湾水电站工程进展情况

小湾水电站工程已于2002年1月20日获国家正式批准开工建设。目前，澜沧江公司正按照施工网络进度计划集中精力抓紧进行施工准备期的工程建设工作，以确保2005年11月实现大江截流的阶段性目标。

（一）目前工程进展情况

1. 投资及主要实物工程量完成情况　根据工程总体施工进度安排，小湾水电站工程筹建期为1999年9月至2001年12月。截至2001年底，筹建期实际完成投资122341万元。其中，1999年实际完成投资4000万元，2000年完成40180万元，2001年完成78162万元。2002年计划完成投资134000万元，2002年1月～4月份已完成投资41612万元，占年度计划的31%。截至2002年4月底，自开始建设累计完成投资163954万元。至4月底止，全年累计完成土石方开挖181.83万m^3（其中洞挖土石方6.67万m^3），填方7.89万m^3，浆砌石15.34万m^3，混凝土11.26万m^3。自开始建设以来累计完成土石方开挖2336.98万方（其中洞挖土石方38.28万m^3），填方246.3万m^3，浆砌石182.42万m^3，混凝土37.27万m^3。

2. 主要工程形象面貌

(1) 对外交通工程：辅线公路凤小线已于2002年5月10日通过竣工验收；主线公路岔小线除新地基隧道因地质原因尚在施工外，其余路段沥青路面已全部形成，5月底交工验收。

(2) 场内交通工程：总长59.1km（其中隧洞3.34km），路基基本成形，隧洞全部贯通，混凝土路面浇筑完成19.3km。小湾永久大桥左岸桥墩施工结束，右岸1号、2号桥墩混凝土浇筑正紧张进行，缆索吊后锚完成，扣架安装到位。

(3) 导流隧洞土建及金属结构安装工程：导流洞上游施工支洞掘进20m，洞脸锁口完成，进出口临时设施基本建成。

(4) 右岸砂石加工及混凝土拌和系统工程：土石方开挖完成，边坡支护及系统主要设施基础施工全面展开，预计可于2002年8月投产。

(5) 左岸砂石料加工系统：成品骨料仓一期开挖至1290m高程，半成品A4运输洞口和3号粗碎车间开挖结束。细碎至半成品料场边坡开裂，需重新削坡开挖。制砂、成品、调节料仓因施工干扰未进行施工。

(6) 左岸缆机基础及坝肩开挖支护工程：目前施工便道已形成，2号山梁开挖边坡降至1618m高程，4号山梁边坡开挖降至1610m高程，1380m高程拦渣墙完成。

(7) 右岸缆机基础及坝肩开挖支护工程：下游A区完成覆盖层开挖，B、C区开挖至1465m高程；中部边坡区及上游边坡区开挖至1410m高程。

(8) 右岸1245m以上地下排水系统工程：A、B洞上游洞口掘进5m，洞口支护完成；C、D洞下游洞口施工便道形成，C洞洞口明挖结束，D洞掘进25m。

(9) 其他项目：电站建设的供电、供水、通信工程已完成投运；业主临时营地及监理及设计代表楼、承包商营地全部建成投入使用；油库、炸药库、医院、业主永久营地、武警营地、祥云转运站等正在紧张建设中。

（二）2002年工程建设主要目标

2002年的主要目标是：完成工程投资13.4亿元和相应的形象面貌，确保主体工程质量合格率达100%、优良率达80%，杜绝群伤群亡和设备重大损坏事故，人身死亡率控制在0.15‰以内，现场环境状况得到根本改观。

1. 主要工程量　全年计划完成土石方开挖448.7万m^3（其中洞挖土石方35.6万m^3），土石方回填15.1万m^3，圬工砌体34.7万m^3，喷混凝土78.8万m^2，铺筑公路路面113万m^2，锚杆2.6万根，预应力锚索2810根，钢结构1225t，混凝土178.8万m^3，钢筋2972t。

2. 主要工程形象面貌

(1)"四通一平"工程，确保2002年上半年前绝大部分项目完工，满足主体工程及后续项目建设需要。

(2) 2002年新开工建设的导流洞工程、左右岸砂石加工系统、1000m以上坝肩开挖、缆机基础及缆机安装工程等项目的施工进度要确保按计划落实。

1）导流洞工程：8月底完成上部施工支洞，年底完成高程1003m以上进口及高程1020m以上出口的开挖、支护，1号洞上层开挖支护514m，2号洞上层开挖支护602m。

2）右岸砂石加工系统工程：一期工程8月31日正式供料，二期工程12月底完成基础开挖。

3）左岸砂石加工系统工程：6月底完成一期开挖、支护，9月底完成胶带机群洞开挖，10月底完成成品料仓竖井开挖，12月底完成半成品运输洞开挖和孔雀沟石料场道路。

4）缆机基础及1000m高程以上坝肩开挖、支护及相关工程：9月底完成缆机基础开挖及底板混凝土浇筑，10月份开始高缆机轨道基础混凝土浇筑，12月底完成缆机基础以上边坡支护及缆机基础以下的部分坝肩开挖。

(3) 其他项目，继续完善供电、供水及通信工作，抓紧油库、炸药库、医院、武警营地及公司永久营地建设，并陆续开展粉煤灰运输供应、施工设备采购、祥云转运站建设、首台缆机安装等工作。

（云南澜沧江水电开发有限公司　李云汉）

2001年～2002年大朝山水电站工程进展情况

大朝山水电站枢纽建筑物主要由拦河坝、地下发电厂房、尾水调压室和两条长尾水隧洞组成（工程概况详见本年鉴第六卷）。主体工程设计工程量为土石方明挖440万m^3，石方洞挖164.05万m^3，混凝土浇筑175万m^3（其中碾压混凝土75.6万m^3），金属结构安装7907t，压力钢管制安2772t。总施工工期7.5年，第一台机组发电工期5.5年。其中施工准备期2年，主体工程施工4年，完建期1.5年。工程静态投资52.6亿元，动态投资88.7亿元。自1996年5月导流洞建成过水开始，工程建设的序幕拉开；1997年8月，大朝山水电站工程正式开工；1997年11月实现大江截流，主体工程施工全面展开；2001年11月4日导流洞下闸，水库开始蓄水；2001年12月14日第一台机组正式投产发电。

2001年～2002年，是大朝山水电站土建工程施工和机电安装的关键时期。主体工程施工经过前三年的奋战，已进入最后冲刺阶段。2001年8月表孔闸墩混凝土浇筑结束，拦河坝工程全面到达坝顶高程，2001年9月通过了验收和枢纽工程蓄水安全鉴定；地下厂房6台机组混凝土于2001年8月全部浇筑到发电机层，地下工程大体积混凝土施工结束；尾水调压室施工2001年10月结束，满足首台机组发电的需要；两条长尾水隧洞分别于2001年10月和2002年4月施工结束并通过验收。包括表孔闸门和启闭机在内，金属结构安装工程至2002年5月全部完工，2002年7月全部移交运行单位。机电安装工程自2000年12月1号发电机定子在安装场叠片开始进入高峰，2001年3月1号发电机定子吊入机坑，1号机组转轮和发电机转子分别于2001年7月和8月吊装完成，为确保2001年年底1号机组发电奠定了基础。大朝山工程从导流洞建成过水至首台机组发电，第1台机组发电工期为5年零7个月；从大江截流开始，主体工程施工只经历了4年略多的时间。并且，在首台机组发电之时，地下厂房6台机组混凝土已提前4个月全部浇筑到发电机层，大坝全线到达坝顶高程。电站厂房装修大部分完成，地下厂房通风系统投入运行，消防和接地系统验收合格，机电设备和继电保护自动化水平满足无人值班（少人值守）的要求，首台机发电即实现全计算机监控，试运行发电正常稳定，预定的发电目标提前实现。

大朝山水电站第2台机组于2002年3月13日投产发电；第3台机组2002年7月15日投入运行，均比预定计划提前1～2月。截至2002年6月底，大朝山水电站土建工程施工已基本结束，机电安装工程除4～6号机组及其发电电压设备和220kV电气设备安装之外，其他大部分机电设备安装均已完成。累计完成土石方开挖351.42万m^3，石方洞挖208.75万m^3，土石方填筑41.3万m^3，混凝土浇筑202.2万m^3。金属结构安装9609t。目前，除土建和机电安装工程之外，水库移民、水土保持和环境保护、消防、劳动保护等单项工程正准备验收，工程竣工验收工作也已在安排、筹划之中。

自2002年起，大朝山水电站进入初期发电运行阶段。截至2002年6月底，累计发电已达1271698MW·h（其中2001年12月发电31437MW·h）。大朝山工程确定的机组投产发电目标是“1、3、2”，即2001年1台机组投产发电，2002年3台机组投产发电，2003年2台机组发电，至2003年10月6台机组全部投产、工程竣工。大朝山水电站是新世纪全国第一个建成发电的百万千瓦级大型水电项目，也是我国实施西部大开发和“西电东送”的主体工程。大朝山水电站工程建成投产，对国家实施西部大开发和“西电东送”发展战略、实现澜沧江流域滚动开发以及在云南省培育水电支柱产业、推动经济发展，将产生深远的影响。

（北京勘测设计研究院　吴义航）

2001年～2002年四川省内河流流域水电开发情况

截止到2001年底，四川省水电装机容量1153.15万kW，较上年增加52.35万kW，增长率4.8%，全省水电发电量428.38亿kW·h，较上年增加59.38亿kW·h,增长率16.1%。

1. 金沙江下段水电开发近况　金沙江下段共规划4个梯级，从上至下依次为乌东德水电站（装机容量740万kW)、白鹤滩水电站（装机容量1250万kW)、溪洛渡水电站（装机容量1260万kW)、向家坝水电站（装机容量600万kW)。溪洛渡水电站自1996年5月预可行性研究报告审查通过之后，即进入可行性研究阶段，2001年12月完成可行性研究报告，预计2002年上半年项目立项，2002年12月可行性研究报告批复。向家坝水电站目前正进行可行性研究，计划2003年完成可行性研究报告。白鹤滩水电站2002年进入预可行性研究阶段，预计2003年12月提交预可行性研究报告。

2. 雅砻江水电开发近况　雅砻江初步规划21级开发，两河口以下有11个梯级，是雅砻江水电开发的重点河段。目前该河段二滩水电站已建成、发电，官地水电站、桐子林水电站已完成可行性研究；锦屏一级电站1998年9月完成预可行性研究，2001年6月完成选址报告。目前，成都勘测设计研究院正在抓紧进行可行性研究，预计2003年9月提交可行性研究报告；两河口水电站2002年6月完成开发方式研究，2002年底进入预可行性研究，预计2004年提交预可行性研究报告。

经四川省计委与国家计委衔接，并与国家电力公司水电水利规划设计总院、二滩水电开发有限公司商定，共同出资进行雅砻江中游水电规划，规划已于2001年启动，预计2004年提交规划报告。雅砻江干流两河口以下河段是水能资源最为集中的河段，通过河段上、中、下三座水库调节（调节库容157.7亿m^3)，可使两河口以下的11个梯级达到多年调节能力，致使该河段成为全国水电开发中动能经济指标最优越的河段之一，随着“西电东送”的逐步实施，必将加快该河段的开发步伐。

3. 大渡河水电开发近况　大渡河干流双江口至铜街子河段原规划拟有17个梯级，已建龚嘴、铜街子两级。拥有季调节水库的瀑布沟水电站处于大渡河中游，其初步设计完成于1993年，1994年经相关部门审查通过。随着西部大开发及“西电东送”，大渡河及瀑布沟的开发步伐逐步加快。2000年底，以龚嘴、铜街子两电站为母体，成立了大渡河流域水电开发公司，拟滚动开发瀑布沟等梯级电站。2000年12月，瀑布沟水电站项目建议书上报国家计委，2001年12月通过国际工程咨询公司评估，目前工程前期准备工作已全面展开。

根据近年来社会经济发展状况，原大渡河水电规划有必要进行新的调整，经四川省计委与国家计委衔接，并与国家电力公司水电水利规划设计总院、大渡河水电开发公司商定，共同出资进行大渡河水电规划调整，调整工作已于2001年启动，预计2003年完成。

4. 嘉陵江水电开发现状　嘉陵江流经陕、甘、川、渝三省市，干流全长739km，共规划14级航电工程，14级电站总装机210万kW，年发电量95亿kW·h。不包括已建成的东西关、马回、红岩子三级电站，工程投资规模将达254亿元，整个工程建设预计2010年全部完成。

嘉陵江的渠化开发，将利用“水资源综合利用，航电结合，联合建设，滚动开发，渠化航道，发展航运”的办法，工程完工后，对保护和改善沿江生态环境、防洪、拦沙、灌溉将起到巨大的作用，促进流域的经济发展。

目前由水电第五工程局承建的桐子壕航电枢纽工程已于2000年11月实现了大江截流，并将于2003年竣工；青居水电站于2001年6月动工，现已进入紧张的施工中。即将开工的金银台、新政、金溪场、小龙门、亭子口等9级航电枢纽工程前期准备工程正在加紧进行，并以1年开工1个项目的速度实现渠化开发。全江渠化后，嘉陵江将是中国内河主要通道中第一条全江渠化的河道，所产生的经济效益和发展前景在国内经济建设和内河建设史上都将产生重要的影响。

5. 其他河流水电开发现状　省内其他河流近几年陆续投产及启动了一批电站。南桠河姚河坝水电站1998年8月开工，2001年9月3台机组全部投产。冶勒水电站主体工程2000年12月开工，目前已进入全面施工建设阶段。福堂电站2001年6月正式开工建设，预计2004年底完工。铜钟、小关子、冷竹关3个电站均于2001年6月投产发电。

另外，宝兴河硗碛、瓦斯河小天都及木格措·金盖、火溪河自一里（已开工）及水牛家水电站均已完成可行性研究设计，近期内有望开工建设。

（成都勘测设计研究院　唐荣斌　周少森）

2001年～2002年贵州省水电开发建设情况

（一）基本情况

据1979年《全国水能资源普查成果》，贵州省水能资源理论蕴藏量为1874.5万kW，经济可开发量为1633万kW，居全国第四位。截至2001年底，贵州省水电装机309万kW，开发利用程度为18.92%。

水电装机中有153.5万kW由贵州电网统一调度，占统一调度总装机容量的27.9%。2001年发电量为66.7904亿kW·h，比2000年增加3.78%。

目前在建的大型水电工程有乌江干流上的洪家渡电站（60万kW）、引子渡电站（36万kW）、乌江渡发电厂扩建和增容工程（62万kW），以上电站均在“十五”期间投产。正在做施工准备的大型水电工程有：乌江索风营水电站（60万kW），可望在2002年7月份开工，2006年投产；已列入国家“十五”发展纲要的乌江构皮滩水电站（300万kW），计划在2003年开工，2012年投产。

（二）贵州水电建设的特点

1. 国家政策是水电发展的强大动力　国家“西部大开发”战略和实施“西电东送”工程为贵州水电的发展带来了新的历史机遇。2000年11月8日，洪家渡、引子渡水电站和乌江渡发电厂扩建工程作为“西电东送”的启动工程同时开工。紧接着2001年又开始筹建索风营、构皮滩两座大型水电站。一个省在一年内开工3个大型水电工程，在建、筹建共518万kW，这在我国水电史上是前所未有的。它标志着贵州省水电建设在国家政策支持下已进入快速发展的新阶段。

2. “流域、梯级、滚动、开发”发展水电的方针成效显著　1992年经国务院批准成立了全国第一家按流域进行组建的乌江水电开发公司，并给予了一定的优惠政策，为了贯彻“流域、梯级、滚动、开发”的水电发展方针，加快乌江流域水电的开发。该公司于1999年按现代企业制度改制为贵州乌江水电开发有限责任公司后，显示了其强大的滚动开发能力。乌江公司以其114万kW的母体电站，同时滚动开发洪家渡、乌江渡扩建工程，索风营和构皮滩共482万kW的水电站。截至2001年共向4个水电项目投入资金7.68亿元，这完全是出自公司自身经营的收益，没有再用国家。经测算，乌江公司不仅能筹措这4个水电项目的资本金，而且还有能力在2007年、2009年分别开工建设思林和沙沱水电站。

3. 前期工作扎实充分　贵州水电建设能抓住历史机遇迅猛向前发展，与贵州各级政府有关部门重视水电前期工作分不开。贵州各主要河流的规划均在80年代前就已完成。虽然90年代贵州水电发展相对缓慢，可是水电站前期工作并未松懈。在2001年底，全省拟建的8座大型水电站均完成了预可行性研究或可行性研究阶段的设计、勘测工作。

（三）下步打算

1. 加快贵州大型水电站的开发进程　贵州北盘江的光照水电站（81万kW）、董菁水电站（48万kW）、马马崖水电站（40万kW），清水河的三板溪水电站（100万kW），乌江的思林水电站（100万kW）、沙沱水电站（100万kW），计划将在2015年前全部建成。至此，贵州境内的大型水电站全部开发完毕，比原计划提前约10年。

2. 加快中小水电站的开发　根据《贵州省中型水电资源开发规划》（1989年），贵州全省可开发中型水电站共73座（其中17座为界河电站），总装机容量413.74万kW，年发电量212.56亿kW·h（界河电站计50%），装机容量和年发电量分别占全国中型水电资源的6.2%和6.6%。有18座中型水电站已经开展一定的前期工作。“十二五”以后，贵州大型水电资源几乎全部开发完毕，而中型水电资源目前只有少量的开发利用。因此，加快中型水电站的前期工作，结合地方经济的发展，采取小流域连续滚动开发和择优选点开发相结合的方式，以加快中型水电站的建设。

（贵州乌江水电开发有限责任公司　何开明）

2001年～2002年广西水电建设现状和“十五”规划概要

（一）概况

截至2001年底，全自治区水电装机容量达4243.7MW，占总发电设备装机容量的57.8%。2001年水电发电量17609GW·h，占总发电量的59.3%。在水电装机容量中，特大型水电站占28.51%，大型水电站占10.42%，中型水电站占26.8%，小型水电站占34.3%。

2001年共新增水电装机容量80.5MW，除浮石电站3号机组18MW和大化电站增容14MW外，其余均为小型水电站新增的容量。

水电“九五”结转到“十五”的在建项目极少，仅有浮石水电站3号机组18MW和1座中型大浦水电站。大浦水电站位于广西柳城县的柳江上，装机容量90MW，于1993年开工，曾由于资金原因停工，现已复工，计划2003年第一台机组投产，2004年全部建成。

（二）广西“十五”水电规划概要

广西是云南、贵州向广东送电的必经之地，加快广西电网网架和电源建设将对南方电网“西电东送”起到强大的电网支撑和电源补充作用。广西属于国家西部大开发地区，随着国家“西电东送”和“西部大开发”战略的实施，对用电将会有更高的需求。因此，广西“十五”水电规划，将充分利用资源优势，积极开发水电，开工建设龙滩（5400MW）、百色（540MW）、恶滩（600MW）、平班（405MW）和长洲（621MW）等大型水电站。并进一步深入开展大藤峡（1200MW）、桥巩（500MW）、瓦村（440MW）等一批大中型水电站的前期工作。

（三）2001年～2002年水电建设状况

1.2001年开工项目

（1）龙滩水电站。位于广西天峨县，是红水河规划的第四座梯级水电站，2001年7月1日已正式开工。规划装机容量5400MW，初期装机容量4200MW，年均发电量15670GW·h，是广西“西电东送”和解决本自治区发展用电的关键性工程。计划2007年第一台机组投产，2010年全部建成。

（2）百色水利枢纽。位于郁江上游的右江上，2001年10月11日已正式开工建设。水电装机容量540MW，年均发电量1690GW·h。计划2005年第一台机组投产，2007年全部建成。

2.2002年计划开工项目：

（1）恶滩水电站。位于广西忻城县，是红水河规划的第八座梯级水电站，装机容量600MW，年均发电量3345GW·h。目前，正在积极开展开工前期准备工作，计划2002年开工，2004年第一台机组投产，2005年全部建成。

（2）平班水电站。位于广西隆林县与贵州册亨县交界的南盘江上，是红水河规划的第三座梯级水电站，装机容量405MW，年均发电量1610GW·h。目前，正在积极开展开工前期准备工作，计划2002年开工，2004年第一台机组投产，2005年全部建成。

（3）长洲水电站。位于广西梧州市浔江干流上，装机容量621MW，年均发电量3100GW·h。目前，正在积极开展开工前期准备工作，计划2002年开工，2005年第一台机组投产，2007年全部建成。

（广西电力公司　农甘宝）

西北水电电源建设

青海拉西瓦水电站

拉西瓦水电站位于青海省贵德县与贵南县交界的黄河干流上，是黄河上游龙羊峡至青铜峡河段规划的大中型水电站的第二个梯级电站。电站上距龙羊峡水电站32.8km（河道距离），下距李家峡水电站73km，距青海省西宁市公路里程为134km，对外交通便利。

电站的任务是发电，主要承担西北电网调峰和事故备用，是支撑即将实施的西北电网750kV网架的骨干电源，是实施西北水火电混送华北电网的战略性工程。

电站装机容量4200MW，保证出力990MW，多年平均发电量102.23亿kW·h。水库总库容10.79亿m^3，为日调节水库，调节库容1.5亿m^3。

电站工程区域构造以NW～NNW向断裂为主。库坝区是一相对稳定的弱震区，坝址的地震烈度为7度。

水库区不存在永久渗漏问题；淹没补偿费占工程总投资的4.83‰；固体径流量很小；水库蓄水后库岸局部可能产生浅层小规模坍滑，但不影响水库正常运行；水库有诱发地震的可能性，其烈度不超过本区的基本烈度（7度）。

坝址两岸陡峭，河水面宽50～60m，覆盖层厚平均8～10m。岩性为中生代印支期中粗粒块状结构花岗岩，岩体坚硬完整，平均湿抗压强度110MPa，完整岩体纵波速4000m/s以上，变形模量（Ⅱ类岩）15GPa以上。坝址区断裂构造规模不大。河谷底及坡脚部位地应力实测最大主应力为54.6MPa。坝址两岸发育平行岸坡的卸荷裂隙带一般深10～20m，弱风化带深20～30m。岩体透水性为微～极微。两岸陡坡高达500～700m，存在危石及局部松动体。

拱坝大部分置于微风化完整的Ⅱ级岩体上，仅两岸坝肩高部位置于Ⅲ级岩体下部。两岸坝肩分布的缓倾角断层是影响坝肩稳定的主要构造。

右岸地下厂房围岩Ⅰ、Ⅱ类约占70%，构造裂隙中等发育，实测最大地应力为20.5～29.7MPa。

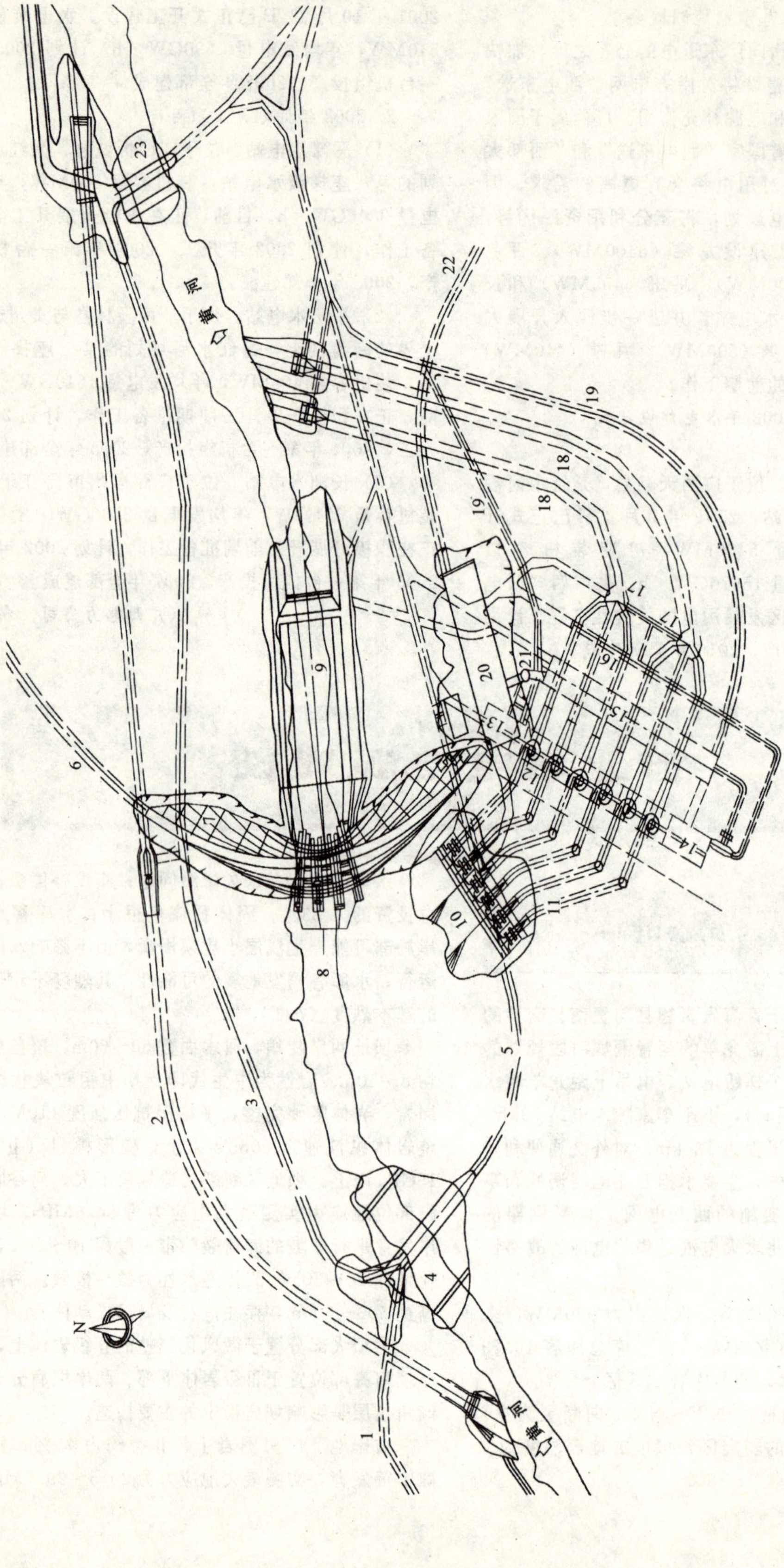

图1 拉西瓦水电站枢纽布置图

1—上游出渣线；2—导流洞；3—左岸过坝洞；4—上游围堰线；5—右岸过坝洞；6—左岸上坝线；7—混凝土双曲拱坝；8—表孔、深孔和临时底孔；9—消力塘；10—电站进水口；11—引水管道；12—主厂房；13—副厂房；14—主安装间；15—主变开关室；16—尾水闸门操作室；17—尾水调压室；18—尾水洞；19—进厂交通洞；20—出线站；21—出线竖井；22—右岸上坝线；23—下游围堰工程枢纽建筑物由混凝土双曲拱坝、坝身泄洪表孔、深孔、坝后消力塘和右岸地下引水发电系统组成，枢纽布置见本条图1。

大坝、泄洪建筑物按1000年一遇洪水设计，入库洪峰流量为4250m³/s；校核洪水标准为5000年，入库洪峰流量为6310m³/s；地下厂房及尾水建筑物按200年一遇洪水设计，1000年一遇洪水校核；消能防冲建筑物按100年一遇洪水设计。

大坝及坝身泄洪建筑物抗震设防烈度为8度，100年基准期超越概率2%时的基岩水平峰值加速度为0.23g。

水库正常蓄水位为2452m，校核洪水位为2457m；死水位为2440m。

对数螺旋线双曲拱坝坝顶高程2460m，最大坝高250m，拱冠梁底部厚49m，厚高比为0.196，坝顶宽10m。

泄水建筑物由坝身3个开敞式表孔、2个深孔和2个临时底孔组成。电站正常运行期间的泄洪一般开启表孔；在设计和校核洪水情况，由表孔和深孔联合泄洪，坝后消力塘集中消能。

引水发电系统布置在右岸。压力管道为地下埋管，单机单管供水，管径9.5m，除下弯段和下水平段采用钢衬钢筋混凝土衬砌外，其余部分为钢筋混凝土衬砌。单管流量380m³/s，最大净水压为234.7m。

右岸中部坝肩式地下厂房洞室群布置在距岸边150～466m深的花岗岩体内，上覆岩体厚度为230～426m。主副厂房、主变压器开关室和尾水调压室轴线相互平行布置。

主副厂房与安装间呈“一”字形布置，总长316.75m，其中主厂房长204m，布置6台700MW的水轮发电机组，副厂房长42m，主、副安装间长分别为55.75m和15m。发电机层开挖跨度为29m，桥吊以上最大开挖跨度31.5m，主厂房最大开挖高度74.9m。

主变开关室长235m，宽27.5m，高23.88m。底层布置750kV单相水冷主变压器组，顶层为750kV GIS开关设备，中间为气体管道层。三回出线经主变开关室左侧的出线竖井至右坝头下游侧出线站引出。出线站长184m，宽42m，高30m。

尾水系统采用3台机一个尾水调压室一条尾水洞。阻抗式调压室内径28m，高52m。在尾水调压室与主变开关室之间，设置尾水闸门操作室。

拉西瓦水电站于1978年开始进行现场勘测工作；1986年完成原可行性研究报告，1987年该报告通过审查；1988年列为原水电部“七五”水电重点前期项目；1990年列入国家“八五”重点科技攻关项目；1992年完成原初步设计报告，该报告因故未审。

2000年重新启动该项目可行性研究（相当于重编初步设计）工作，2002年1月在国家电力公司战略规划部主持下，经水电水利规划设计总院审查确定拉西瓦水电站装机容量为4200MW，工程具有远景扩机的条件。

该水电站可行性研究报告于2002年4月通过审查，目前已开始现场交通工程施工。

（西北勘测设计研究院　姚拴喜）

宁夏黄河沙坡头水利枢纽

沙坡头水利枢纽位于宁夏回族自治区中卫县境内的黄河干流上，上游距拟建的大柳树水利枢纽12.1km，下游距青铜峡水利枢纽122km；工程区距银川市200km，距中卫县城20km。

沙坡头水利枢纽是以灌溉、发电为主的综合性水利枢纽工程，枢纽控制流域面积25.34万km²，多年平均径流量为336亿m³。水库总库容0.26亿m³，灌溉面积为87.7万亩，总装机容量为120.3MW，年均发电量6.06亿kW·h。该工程将为卫宁灌区提供可靠的灌溉水源，改变卫宁灌区无坝引水的落后灌溉条件，扩大灌溉面积，同时还可改善当地恶劣的生态环境，并可充分利用黑山峡河段的水能资源发电。该工程列入国家国民经济发展第十个五年发展计划，是国家西部大开发战略部署中2000年开工建设的大型骨干基础工程之一。

黄河由西向东流经坝址区，库区内河道弯曲，总体河道呈“S”形。坝址区平水期河水位约1230.4m，水面宽160～220m，水深3～5m，最深约6m。河床覆盖层厚0.7～3.5m，基岩面高程1221.6～1227.4m。左岸地面高程1240.0～1243.9m左右，黄河左岸为Ⅰ级堆积冲积砂砾石阶地。右岸近坝区岸坡坡高40～50m，下部15m左右为岩质边坡，坡角多大于70°，上部为洪积碎石土，坡角50°～60°。

坝址区分布有石炭系、第三系和第四系地层。石炭系分布于右岸至左岸岸边附近，岩性主要为灰质泥岩、炭质页岩、泥质灰岩、砂质泥岩；第三系分布于左岸岸坡以北冲积砂砾石底部，为紫红色砂质黏土岩；第四系在左右岸均有分布，左岸以砂砾石和砂壤土为主，全新统冲积砂砾石分布在左岸Ⅰ级阶地上，厚度由南向北逐渐增大。坝基岩体软、硬岩强度差异明显。砂岩、灰岩单轴湿抗压强度为44.04MPa和37.35MPa，属于中硬岩；灰质泥岩、杂色泥岩和炭质页岩等，天然状态下单轴抗压强度为0.36～0.6MPa，属于软岩或极软岩。软岩力学强度的水效应显著，具有亲水性较强、均一性差和低密度等特征。

坝址石炭系地层总体走向为 *NE*60°～*NW*280°，倾向南东或南西，右岸岩层倾角 32°～46°，河床部位 30°～60°，左岸 28°～56°。工程区地震基本烈度为 8 度。

沙坡头水利枢纽为二等大（2）型工程。枢纽由河床电站、泄洪闸、隔墩坝、南干渠渠首电站、北干渠渠首电站和左岸副坝组成（枢纽布置见图）。但考虑到水库库容较小，径流发电水头低，主要建筑物中的泄洪闸和河床电站等按 3 级建筑物设计，并按 2 级建筑物下限洪水标准进行复核，其他次要建筑物按 4 级设计。设计洪水为 50 年一遇，下泄洪峰流量 6550m^3/s，相应设计洪水位为 1240.5m；校核洪水为 500 年一遇，下泄洪峰流量 7480m^3/s，相应设计洪水位为 1240.8m。正常蓄水位 1240.5m，死水位（灌溉限制水位）1236.5m。

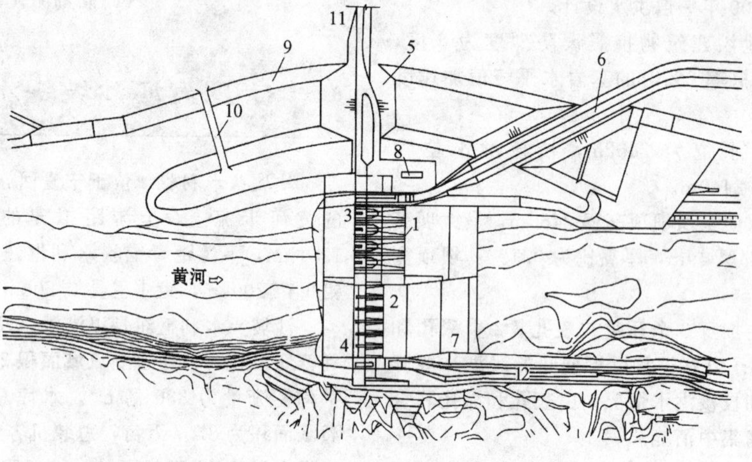

图 1　沙坡头水利枢纽布置图

1—河床电站；2—泄洪闸；3—北干渠首电站；4—南干渠首电站；5—副坝；
6—北干渠；7—南干渠；8—开关站；9—导流明渠；10—施工桥；
11—左岸进厂公路；12—右岸进厂公路

河床电站位于河道左侧，河床电站安装 4 台单机容量为 29MW 的灯泡贯流式水轮发电机组，机组转轮直径为 6.85m，总装机容量为 116MW。机组段宽 25.7m，电站坝段总长 102.80m。河床电站采用“一机一缝”布置，每个机组段右侧为机组流道，左侧设排沙孔。排沙孔进口低于电站进口，以满足电站进口防淤堵的要求。电站设抗滑前齿槽，在齿槽内设枢纽排水和灌浆廊道。坝顶高程 1242.6m，电站坝段最大坝高 37.8m。主厂房宽 24.5m，运行层高程 1233.50m。厂房下游尾水平台高程为 1238.5m，布置有副厂房和主变场地。GIS 开关站布置在枢纽左岸主厂房下游侧。

泄洪闸位于河道右侧主河槽上，为 6 孔开敞式驼峰堰，单孔净宽 14m，溢流前沿总宽 115m。堰顶高程 1227.0m，接近原河床高程有利于库区排砂。闸室设抗滑前齿槽，在齿槽内设有枢纽排水灌浆廊道。闸室上下游均设有检修门，工作门为弧形门，弧门尺寸 14m×13.5m，由液压启闭机启闭。泄洪闸采用底流消能方式，设一级消力池，池深 3.2m。闸室上游设防冲铺盖。消力池下游设海漫，海漫末端抛石防冲。

南、北干渠渠首设渠首电站，利用灌溉引水发电。北干渠设计灌溉引水流量为 50m^3/s，安装 1 台 3.1MW 的灯泡贯流式水轮发电机组；南干渠设计灌溉引水流量为 12m^3/s，安装一台 1.2MW 的轴伸灯泡贯流式水轮发电机组。北干渠渠首电站紧靠河床电站 1 号机组北侧布置，与河床电站共用主厂房。北干渠渠首电站设有泄水孔 1 条，引水流量为 50m^3/s，在电站机组运行受阻时，可保障干渠正常引水。南干渠渠首电站布置在枢纽南侧，南干电站设有引水、泄水孔叉管，叉管引水流量为 12m^3/s，当机组检修时利用泄水孔叉管引水灌溉，在非引水期利用叉管放水排砂，以保证引渠畅通。

左岸副坝为砂砾混合坝，坝体采用塑性混凝土防渗墙结合土工布防渗。最大坝高 15.1m，坝顶宽 10m，上下游坝坡分别为 1∶3 和 1∶2.5。坝顶设防浪墙，上、下游坝坡设块石护坡，下游坝脚设贴坡排水和坡底排水沟。

施工导流采用明渠导流。利用黄河左岸Ⅰ级滩地布置导流明渠，在黄河上修筑围堰一次拦断河床，基坑全年施工。施工总工期为 3.75 年，第 1 台机发电工期为 3.25 年。主体工程主要工程量为：土石方开挖 176.01 万 m^3，土石方填筑 31.82 万 m^3，混凝土 40.07 万 m^3，钢筋 12493 万 t，固结灌浆 24470m，帷幕灌浆 6150m，金属结构制作与安装 5383.5t。工程总投资 11.97 亿元（2001 年价格水平）。

沙坡头水利枢纽由宁夏沙坡头水利枢纽有限责任公司负责建设和管理，由水利部天津水利水电勘测设计研究院主持设计。本工程 2000 年 12 月 26 日进入施工准备期，于 2001 年 11 月 23 日实现了黄河截流，主体工程于 2002 年 4 月 6 日开始施工。计划第 1 台机组 2004 年 2 月 1 日发电，2004 年 9 月 30 日竣工。

（天津水利水电勘测设计院　席燕林）

李家峡水电站通过竣工验收

李家峡水电站是黄河上游龙羊峡至青铜峡河段规划的13座大型水电站的第三个梯级，工程任务以发电为主，电站总装机容量 2000MW，一期装机 1600MW，多年平均年发电量为 60.3 亿 kW·h。该工程由混凝土双曲拱坝、左岸重力墩、左岸副坝，引水钢管、坝后双排机组厂房，左岸泄水中孔、底孔、右岸泄水底孔、下游消能防护建筑物等组成。

经过 10 多年的设计、建设、初期运行，李家峡水电站枢纽工程于 2001 年 12 月 26 日顺利通过了由国家电力公司和青海省经贸委代表国家进行的安全鉴定和竣工验收。

李家峡工程的验收结论在设计上认为："李家峡坝址选用的三心圆双曲拱坝，适应了坝址复杂的地形、地质条件；在国内率先采用坝后双排机为特征的枢纽总布置，紧凑、合理，为我国在窄峡谷建设大型水电站提供了成功经验；坝址上、下游三大古老滑坡在施工期复活，经处理后已满足要求；通过对主要构造带的混凝土网格置换、抗剪传力洞、高吨位预应力锚索、灌浆加固及排水等多种深层处理措施，基本解决了拱坝坝肩岩体抗滑稳定、变形稳定、边坡稳定和渗透稳定问题。我国自行制造的国内最大单机 400kW 的水轮机组、电力设备和金属结构的设计合理，符合规范要求，运行基本正常。中国自主知识产权的水轮机蒸发冷却技术、双排机组布置和坝后背管采用伸缩管、钢管整体现场卷制工艺以及大型滑坡膜袋混凝土护坡工程在大型水电工程中的使用等项目在国内均属首次。

目前水库蓄水已接近正常蓄水位 2180m。大坝和基础的主要观测项目表明，大坝处于正常工作状态。

该工程在设计方面的主要特点如下。

1. 坝型选择及体型优化　李家峡工程初设审定坝型为拱形整体重力坝。由于河床坝基发育有多条顺河向断层，且多组构造相交切，岩体整体性较差。为减轻河床顺河断层的处理难度，提高工程的安全可靠度，节约混凝土工程量，将坝型最后调整为将大部分荷载传向两岸岩体的三圆心双曲拱坝，更好地适应了地形地质特点，节约混凝土量 70 万 m^3。

2. 大坝基础处理设计　由于大坝基础地质条件复杂，各级软弱结构面发育，大坝左坝肩、右坝肩都不同程度地存在以断层结构为主要控制因素的抗滑稳定、变形稳定和局部渗透稳定问题；河床坝基也存在较严重变形稳定和渗透稳定问题，经过大量计算分析和模型试验研究工作，首先对各个部位坝基稳定的力学机制有了深刻的认识，针对不同性质的问题，采用了混凝土回填置换、混凝土抗剪传力洞、混凝土网格置换高压水泥灌浆、化学灌浆、大吨位预应力锚索等特殊基础处理措施，较好地解决了基础稳定问题，在龙羊峡工程基础处理成功的经验基础上，在复杂地基高拱坝地基处理方面又有了较大的进步。

3. 水库滑坡稳定研究　大坝上游在右岸和左岸分别有Ⅰ、Ⅱ号两座巨型滑坡。蓄水后，以蓄水期滑坡运动规律的大量观测资料分析为基础依据，结合对滑带土的物理力学特性进行深入研究，对随水库水位上升过程中滑坡体的变形破坏发展机理进行了深入的分析，并进行了模拟水库运行条件的注水促滑试验，提出了分期逐渐蓄水，不断分析预测，最大限度地减少工程处理量的技术措施，最终节约工程投资 5000 万元。

4. 双排机组厂房枢纽布置　李家峡设计厂房布置为坝后厂房和左岸地下窑洞厂房组成的联合厂房布置。为减轻在地质条件下不十分理想的右坝肩开挖地下厂房的风险和对右坝肩稳定性的影响，在学习前苏联成功经验的基础上，对机组安全运行、机组发电效率及由于双排机布置引起的边坡稳定等重大技术问题进行深入研究后，将发电厂房布置为全坝后双排机厂房，其前后机组的尾水管为上下两层重叠布置。因而该厂房成为我国惟一一座，也是全世界单机容量最大的双排机组厂房，为我国窄峡谷大型水电站的枢纽布置提供了成功的经验。

5. 左岸消能区滑坡治理　在对滑坡整体进行综合加固处理的基础上，对于局部塌滑体，降水入渗造成孔隙水压增长和滑面软化是塌滑体再次滑动的促动因素。因此在国内首次采用表面土工防渗膜和膜袋混凝土护坡相结合的柔性表面防渗处理，加周边锚固的处理措施，为干旱地区边坡治理积累了新的经验。

6. 大型坝后背管技术　李家峡工程坝型为厚度较薄的双曲拱坝，引水发电钢管经过比较，选定了下游坝面管的布置型式（简称坝后背管）。李家峡坝后背管的 HD 值属于全国最大值，我国原有的钢管设计规范中对背管设计又没有明确规定。在设计中，对下游坝面管的受力条件、大坝结合部位的结构措施、坝体和背管的相互作用、背管的结构设计及计算等方面进行了深入的研究，为坝后背管的设计奠定了坚实的技术基础。

7. 高边坡稳定及综合加固措施研究　李家峡工程的高边坡高达100m，就其边坡变形破坏机理有顺层蠕滑、倾倒拉裂、楔形体双面滑动等多种形式。设计从研究不同部位边坡变形机理入手，有针对性地采取了挂网喷混凝土，60t级、100t级、300t级预应力锚索、长短锚杆、锚筋桩、排水孔等不同处理措施的优化组合，并辅以边坡变形监测反馈分析和边挖边锚的工程措施，较好地解决了工程中存在的复杂的高边坡问题。

8. 4号机发电定子绕组改用蒸发冷却　李家峡水电站采用的400MW水轮发电机组是中国当时投运自行研制的最大水轮发电机组。为提高中国水轮发电机设计制造水平，为三峡电站积累经验，国家计委下达了结合李家峡4号机进行蒸发冷却水轮发电机攻关项目，经过和业主、制造厂家一起组织技术攻关，解决了一系列的技术难题，在李家峡4号机设计中成功地实现了具有自主知识产权的机组蒸发冷却技术。

（西北勘测设计研究院　白俊光）

2001年～2002年公伯峡水电站工程进展情况

（一）工程建设简况

青海公伯峡水电站工程是“开发西部”国家重点大型水电工程。（工程概况见本年鉴第六卷）1998年7月开始前期准备工作，2002年12月通过国家立项，2001年8月7日国家计委批准开工报告，8月8日正式开工，2002年3月20日截流。根据公伯峡水电站建筑物布置特点及施工条件，主体工程分为6个标段，即右岸导流洞、混凝土面板堆石坝、左岸溢洪道、电站引渠进水口及压力钢管、发电厂房、左岸泄洪洞工程；机电工程分为水轮机组、水轮发电机组及其附属设备、励磁、调速、主变等13个标段，机组安装1个标段。目前，除机组安装标将于2002年下半年进行招标外，其余招标工作都已基本结束，土建工程已全面开工。导流洞、电站引渠进水口及压力钢管工程和混凝土面板堆石坝工程由中国水电第四工程局中标施工；溢洪道、左岸泄洪洞工程由中国水电第三工程局中标施工；发电厂房工程由葛洲坝集团公司中标施工。监理单位也是通过招标引进，导流洞、左岸泄洪洞工程由青海禹天监理咨询中心监理；电站引渠进水口及压力钢管和电站厂房工程由中国水利水电工程咨询北京公司监理；混凝土面板堆石坝工程由小浪底工程咨询公司监理；溢洪道工程由北京华源工程咨询公司监理。设计单位为西北勘测设计研究院。

（二）工程完成情况

在建设、监理、施工和设计单位的共同努力下，公伯峡水电站自开工以来，工程建设进展顺利，在水电建设安全文明施工上做得较好，受到上级部门领导的肯定，2002年3月20～22日国家电力公司在公伯峡工地召开了国家电力公司系统水电建设安全文明施工现场经验交流会暨水电流域公司管理会，各年度均完成了预定的计划，总的网络计划比原设计稍有提前，2001年及2002年度完成工程量及投资情况见下表。

2001年及2002年工程量及投资完成情况统计表

工程项目	单位	2001年度	2002年度（至5月底）	开工累计
土方开挖	万m^3	211.1	15.2	558.2
砂砾石开挖	万m^3	192.3	10.2	242.7
石方开挖	万m^3	528.9	130.5	747.5
石方洞挖	万m^3	18.8	1.9	26.7
混凝土浇筑	万m^3	18.43	8.21	31.23
钢筋制安	t	6670	1850	9637
建安投资	亿元	5.6308	2.0346	10.9795

至2002年5月底公伯峡水电站工程，分部工程验收一个导流洞工程，质量等级评为优良，其余单元工程评定553个，合格率100%，优良505个，优良率91.3%，工程质量总体良好。

（三）主要施工过程及工程形象

1. 导流洞工程　该工程于2000年7月开工，由于工程地质条件异常恶劣，在施工过程中，虽然采取了管棚超前支护，超前长锚杆支护、短进尺、钢支撑跟进、钢纤维喷锚支护等等一系列支护措施，仍然发生大小塌方数10次，特别是2001年的2月17日大塌方及4月3日的冒顶塌方，塌方量都在数万立方米以上。工程在2002年3月7日通过建设单位验收，18日过流，完工时间比原设计拖了4个月，经建设单位重新调整施工措施，对其他标段施工未造成影响。

在初步设计时，施工后期导流洞是要改建为以“龙抬头”型式的右岸泄洪洞。“龙抬头”式需要施工斜井，工程量大，公伯峡工程地质情况较差，施工风险也大，业主单位和设计单位经过初步模型试验及经济比较后，推荐竖井水平旋流型式结合导流洞的右岸泄洪洞方案，2002年5月10日通过水电水利规划设计总院审查，现正进行更深一步的模型试验及理论分析、研究。预计2003年年初开始土建施工。

2. 混凝土面板堆石坝　混凝土面板堆石坝于2001年8月开工，2002年3月20日主河床截流，围堰在2002年6月20日可以填筑到设计高程1919.0m；两岸坝肩及趾板混凝土已开始浇筑，河床基坑开挖7月份完成，坝体碾压6月下旬浇筑，预计2002年年底大坝碾压至高程1956.0m。

3. 左岸溢洪道　左岸溢洪道于2001年9月开工，堰闸段混凝土2002年3月开始浇筑，基础层已浇完，5月开始固结灌浆，引渠段及泄槽段部分开挖料直接上坝，控制开挖强度。预计2002年年底泄槽段开挖全部结束，堰闸段堰体混凝土浇筑完成。

4. 电站进水口及压力钢管　电站进水口及压力钢管于2001年5月开工，进水口坝段1号机基础混凝土2002年5月开始浇筑，2台高架门机已投入运行；压力钢管斜坡段开挖基本结束。预计2002年底进水口混凝土浇筑至高程1973.0m，压力钢管开始安装。

5. 电站厂房　电站厂房于2001年5月开工，1号机基础混凝土2002年年5月开始浇筑。预计2002年7月开挖全部完成，年底1号、2号机高程1887.9m以下混凝土完成；完成1号、2号和3号机压力钢管平台混凝土；完成全部中墩鼻段端里衬、肘管和1号机锥管里衬安装。4台高架门机全部投入运行。

6. 左岸泄洪洞　左岸泄洪洞于2000年12月开工，2001年7月结束，地下洞室开挖支护工作并开始混凝土浇筑衬砌，隧洞衬砌采用针梁式模板浇筑混凝土，预计2002年9月竣工。

（黄河上游水电开发有限责任公司　洪　镝）

中国水力发电年鉴（2001～2002）

3

水电建设与“西电东送”

电网建设

西　电　东　送

中国未来30年水电"西电东送"规划研究

中国常规能源资源（煤炭、石油、天然气和水能）以煤炭和水能为主，煤炭和水能在全国能源可采储量中的比例分别为58.8%和36.5%，能源资源总体的地区分布为北多南少、西富东贫，能源品种的地区分布为北煤炭、南水、西油气，而经济最发达的地区在东部和东南沿海地区。能源资源分布和经济布局的特点，决定了中国能源的流向是由西向东和由北向南，实施"北煤南运"、"西电东送"和"西气东输"将是未来30年乃至更长一段时期内的必然选择。

中国目前水力资源的开发程度按装机容量计算不到20%，为了实现全国的能源资源优化配置，减少环境污染，最终实现能源资源利用和电力开发的可持续发展，需要大力发展水电，尤其是加大西部水电的开发力度，实现水电的"西电东送"。

当前，中国正在实施西部大开发战略，充分利用西部水能资源的优势，开发西部价廉质优、可再生的水能资源，将西部能源优势转化成经济优势，是西部大开发的重要内容，在党的十五届五中全会上通过的《中共中央关于国民经济第十个五年计划的建议》中也充分强调了"西电东送"在西部大开发战略中的地位与作用，水电的发展面临新的历史机遇。

目前，随着天生桥一、二级水电站的运行，初步实现了"西电东送"南路的连通，随着贵州、云南和广西水电的开发，"西电东送"南路建设得到了加快；已经运行的葛洲坝至上海输电线路形成了中路的初步"西电东送"，随着三峡水电站的投产，将进一步促进中部的"西电东送"，金沙江溪洛渡和向家坝水电站的开发，将使中部成为"西电东送"的骨干网络；黄河梯级水电站的进一步开发，将成为"西电东送"北路的骨干电源。但是，长期以来，由于缺乏最大区域的能源资源优化配置和电源优化的宏观规划，或宏观规划缺乏立法力度，规划的"西电东送"项目不能与东部电力市场实现有机的结合，"西电东送"在全国能源资源优化配置中的重要作用还远没有发挥出来，对未来30年水电的"西电东送"进行统一规划已是当务之急。

为了使水电的"西电东送"得到持续、快速和良性发展，需要根据东部电力市场发展和全国电力宏观规划、西部水电资源点开发条件和前期工作深度、"西电东送"通道和全国联网规划，并结合水电规划目标和开发方针，按照"统筹规划、突出重点、分步实施"的原则，统一研究和部署水电"西电东送"的规划布局和分期实施方案，研究和解决"西电东送"存在的实际问题，使"西电东送"的水电电源点建得快、送得出、效益好。因此，国家计委委托中国水电工程顾问有限公司开展中国未来30年水电发展在西部大开发中的战略地位研究，将对中国未来30年水电"西电东送"规划进行研究是十分必要的，有关成果可作为全国"西电东送"规划的依据，并为国家综合部门在进行全国资源优化配置和电力规划决策时参考。

目前正在进行2005年、2010年、2015年、2020年、2030年各水平年的南部电网、中部电网和北部电网的"西电东送"的研究，包括各水平年受电端市场空间分析、送电端外送能力分析及送电方式初步研究，推荐"西电东送"各水平年的送电方案及送电方式，对"西电东送"的水电开发投资规模及市场竞争力进行分析，对水电前期工作经费进行测算并统一安排水电前期工作，并研究保证"西电东送"顺利实施的有关政策及措施。

（水电水利规划设计总院　严碧波）

全国"西电东送"建设现状

根据中国能源资源的合理流向，中国未来的"西电东送"网架将形成北、中、南三大输电通道。

北通道主要是通过开发山西和蒙西、陕北、宁夏火电基地及黄河上游水电主送京津唐、河北南网，并东送山东电网。

目前主要集中在华北电网区内的"西电东送"，重点是蒙西、晋北向京津唐和河北南网送电。至2001年，区内"西电东送"500kV线路已有4回，其中蒙西电网和山西电网分别通过丰镇—万全—顺义双回及大同—房山双回500kV送电线路向京津唐送电。由于年底大同—房山双回线路的串补装置投产，大同—房山的双回线路的送电能力已由1500MW提高到2000MW左右。丰镇—万全—顺义双回线路的输电能力现为1300MW，计划2003年在该线万全变电所加装串补装置，届时其输电能力可提高到2000MW左右，以满足准格尔二期、达拉特三期投产后整个蒙西电网的送电需要。

“十五”期间蒙西外送通道将在现有2回线的基础上，配合岱海电厂建设岱海—万全—顺义线路400km（包括串补装置），配合托克托电厂建设托克托—应县—安定双回线路（包括串补装置），届时蒙西外送通道将形成5回输电线路；山西外送通道将配合神头电厂二期、大同电厂二期投产，建设神徐津双回线，包括串补装置。山西北部外送将形成大同—房山双回和神徐双回共4回500kV线路。

在此基础上，配合陕北煤炭基地的开发，神木电厂在2005年前后将采用点对网的方式向华北电网送电，送电方案为神木电厂出双回500kV线路经山西开关站至河北南网落点，同时考虑安装串补装置，送电规模1200MW。

中通道主要是通过开发三峡水电站、金沙江梯级水电站、四川水电站向华中、华东、福建地区送电。

目前，华中电网与华东电网通过葛州坝至上海直流工程实现了联网，2000年华中向华东送电24.24亿kW·h，最大送电电力780MW。随着三峡水电站的开工建设，中部通道“西电东送”的规模将大大加强。“十五”期间配合三峡水电站的建设，将开工建设三峡至华东电网两回输电容量为3000MW的直流线路，其中三峡左岸—华东政平直流输电线路正在建设，预计2003年投产。此外，万县—三峡500kV线路已于2002年4月正式投产运行，该线路的投运实现了川渝与华中联网，为实现川电东送创造了有利条件，“十五”期间，万县—三峡的第二回线也将开工建设。

南通道的总格局是开发贵州乌江，云南澜沧江，云南、贵州、广西三省区交界处的南盘江、北盘江、红水河上的水电及云南、贵州两省的坑口火电厂向广东地区送电。

到2001年底，南方电网西电东送主网架已形成两回500kV交流（天生桥—平果—来宾—梧州—罗洞）和1回±500kV直流（天生桥换流站—广州北郊）并列运行的“西电东送”大通道，天生桥出口输电能力可达3700MW左右。

2002年6月天生桥—广东第三回500kV交流线路即天生桥水电站经百色、南宁、玉林至广东茂名的797km线路即将投产。“十五”期间随着向广东送电10000MW工程的实施，为了满足2003年向广东送电5280MW（贵电2000MW，云电1600MW，天生桥水电1680MW）、2005年向广东送电7280MW（贵电4000MW、云电1600MW、天生桥水电1680MW），“十五”期间需新建“黔电送粤”交直流输变电工程，根据广东电力市场的需要，贵广交流工程即青岩经广西河池至柳州双回、柳州经贺州至广东的单回500kV交流输电线路必须在2003年汛前投产，贵广直流工程必须在2005年汛前投产，该直流工程规模为3000MW，线路长度980km。同时，配合三峡水电站的建成投产，2004年汛前将建成1回规模为3000MW的三峡—广东直流输电工程。上述交流输变电工程及两个直流工程的两端换流站已进入三通一平阶段。

（中国电力工程顾问（集团）有限公司　邵　岚）

溪洛渡、向家坝水电站输电方案

溪洛渡、向家坝两座水电站是金沙江干流最下游的一组联系紧密、效益互补的梯级电源工程。溪洛渡水电站装机1260万kW，向家坝水电站装机600万kW，其电能的合理消纳及其输电系统的形成将对中国能源资源优化配置、大容量远距离输电技术的发展和全国联网的格局产生深远的影响。

（1）在金沙江一期工程输电系统规划设计中，首先研究了溪洛渡、向家坝水电站电能合理消纳方案，根据水电站所处的地理位置、建设规模、发电特性和建设进度，通过深入的资源分布和电力市场分析，按照能源资源优化配置的原则，确定溪洛渡、向家坝水电站合理的供电范围为云南、川渝、华东、华中地区，包括上海、江苏、浙江、安徽、福建、河南、湖北、湖南、江西、四川、重庆、云南等12个省市。对两座水电站电能在供电区域内的合理消纳，就不同的电网、不同的消纳比例、不同的输电方式、不同的输电电压等级、不同的水电发电季节、不同的运行方式及不同的基础条件，作了大量方案的分析计算，以取得最大的整体经济效益为中心，进行了详细的技术经济比较，提出了溪洛渡、向家坝水电站电力电量在供电区内各省、市间的合理消纳比例为：①金沙江一期工程电能在丰水期（6月份～10月份），全部东送华东、华中地区；枯水期留10%左右的电能分送川渝、云南（各送5%）；而送川渝的电能全部留给四川电网。②东送电能按送华东60%～55%、华中40%～45%的比例范围考虑；华东分省消纳比例为上海30%、江苏20%、安徽10%、浙江20%～25%、福建20%～15%；华中为河南20%、湖北35%、湖南30%、江西15%。

（2）对于溪洛渡、向家坝水电站接入系统方案根据水电站设计的实际情况，水轮发电机机组按发电机—变压器单元接线或扩大组合单元接线方式接至电站左、右岸500kV开关站，水电站接入系统采用交流500kV一级电压；为简化电站接线，按照“厂网分开”的思路，向华东、华中送电的交流枢纽站或直流送端整流站，与电站开关站分开，异地建设。溪洛渡、向家坝水电站左、右岸开关站分别用500kV线路联入送端交流枢纽站或直流整流站。

(3) 在电能合理消纳方案研究成果的基础上，对于溪洛渡、向家坝水电站送电华东、华中的输电方案，研究了由不同的输电方式、不同的输电电压等级、不同的输电规模组合的12个基本输电方案，分为纯直流（±500kV或±600kV)、纯交流（特高压1150kV）和交直流混合（至华中为交流750kV或500kV，至华东为直流±600kV或±750kV）三大类。通过大量的分析计算和详细的技术经济比较，相对来说，纯直流方案经济性较好，运行模式比较简单，输电系统对受电系统影响小，可以充分发挥直流输电的优势，两水电站输电方案清晰，过渡方便；对于受端电网小范围内的多直流落点，经研究，也不存在严重危及电网安全的重大技术问题，是一个较好方案。

综合考虑到不同电压等级的技术经济合理性、运行可靠性、送电距离，以及水电站送端容量分配和接线的较好的适应性，以安全稳定为基础，对于溪洛渡、向家坝水电站送电华东、华中的输电方案，推荐的具体方案为：采用3回±600kV电压线路送电华东，每回350万kW，顺序落点浙江金华、上海南汇和安徽马鞍山；采用3回±500kV电压线路送电华中，每回270万kW，顺序落点湖南湘潭、湖北武昌和江西新余。这一方案在纯直流输电方案中，年费用最小，两电网的电能消纳比例合理（溪洛渡、向家坝水电站东送的电能56%送往华东，44%送往华中)，相应电压等级的线路送电规模适中，线路选型比较规范。由于输电方案的西电东送线路较多，为避免同走廊内输电线路过于密集而造成对安全运行的不利影响，溪洛渡、向家坝水电站东送线路考虑了南北两个通道，南通道从溪洛渡水电站往遵义方向经怀化至湘潭，北通道从溪洛渡水电站经向家坝水电站、吉首往益阳方向。

(4) 溪洛渡、向家坝水电站送电川渝、云南的规模小，距离短，采用交流500kV，与主网的最高电压等级一致，可较好地满足要求。输电直接从水电站的开关站出线，在川渝落点宜泸、云南落点昭通。研究中考虑由溪洛渡水电站右岸开关站出2回500kV线路至云南电网，由溪洛渡水电站左岸开关站出1回500kV线路至川渝电网，由向家坝水电站左、右岸开关站各出1回500kV线路至川渝电网；根据初步设想的送端交流系统原则接线方式，在设计上考虑溪洛渡、向家坝水电站在枯水期向川渝或云南电网送电时，使川渝和云南电网间无电气连接。由于溪洛渡、向家坝水电站主接线本身都分为左右两部分，两者之间不联系，在运行中，可通过断路器操作切换，切1～2台机组通过线路直供，实现从水电站单独向川渝、云南电网送电，从而避免川渝电网和云南电网通过水电站而联成同步互联电网。

(5) 按照推荐方案，溪洛渡、向家坝水电站输电系统总共需要建设直流输电规模1860万kW、直流输电线路9130km、500kV交流线路4556km、500kV降压变压器容量2550万kV·A及相应的二次系统设备；初步估算总投资为580亿元，其中输电部分（从水电站至各受端电网的第一落点）投资为462亿元，受端配套工程109亿元，二次系统投资为8亿元。

（电力规划设计总院　曾德文）

西北电网的“西电东送”

西北电网电源结构特点是水电比重较大。基于资源分布的特殊性，水电大多分布在西部的青海和甘肃，而火电则分布在东、北部的陕西和宁夏；按人均占有的能源资源相比，西北地区2～8倍于其他地区，从长远看，西北地区应是我国重要的能源供给方；西北地区电源不仅数量大，且电源结构互补性强，性能优良；黄河上游水电虽然利用小时较低，但造价低、水库调节性能好，调峰能力极强，随着黄河上游水电基地的滚动开发，调峰能力将进一步增强，将黄河上游水电与宁夏火电捆绑外送，可向东部既送调峰电力又送火电电量，可改善东部电源的调峰性能，从整体上节约电力建设投资，实现更大范围内的资源优化配置。

（一）西北电网向外送电能力

1. 西北电网自平衡情况　西北电网“十五”、“十一五”、“十二五”末的负荷水平分别为1666万kW、2284万kW、3064万kW，对应的电力负荷增长率为6.72%、6.52%、6.05%。为满足其负荷发展需要，“十五”需新增装机约540万kW，其中水电约170万kW，火电约370万kW；“十一五”新增装机约750万kW，其中水电约140万kW，火电约610万kW；“十二五”新增装机约1050万kW，其中水电约350万kW，火电约700万kW。

2. 水电外送能力　2005年前若考虑李家峡水电站扩建第5台机组40万kW，龙羊峡水电站扩建第5台机组32万kW，加上网内现有的部分水电空闲容量，计可向区外提供120万～150万kW的容量；2010年西北电网新增公伯峡水电站150万kW、拉西瓦水电站（420万～600万kW）2～3台机组，届时水电共有约200万～300万kW的区外送电能力；2015年西北电网将建成拉西瓦水电站、黄河上游积石峡水电站 100 万 kW、黑山峡水电站 184 万 kW，结合西北电网自身平衡和电源开发情况，“十二五”期间可向区外提供 400 万～500 万 kW 的送电能力。

4. 火电外送能力　西北电网可外送火电的有陕北和宁夏火电基地。按规划选厂容量，陕北有 1500 万 kW，按初可研深度有 1000 万 kW。宁夏按规划选厂容量，有 1000 万 kW，按初可深度有 300 万 kW。从目前电源建设前期工作的进展情况看，2005 年西北地区可向区外提供火电 120 万～240 万 kW 电力。2010 年可向区外提供 720 万 kW 电力。2015 年可向区外提供 1380 万 kW 电力。

（二）西北电网区外“西电东送”

“十五”期末或“十一五”初形成西北电网向华北电网送电的输电通道，目前陕北煤电基地前期工作较为落实的 3 个电源点依次为神木、府谷、榆林，规划容量均为 360 万 kW，其中规划神木和府谷电厂向京津唐和河北南网送电，榆林向山东电网送电。首先开发陕北神木电厂 4×60 万 kW 向华北电网送电。初期建设陕北神木电厂两回经山西开关站至保南，采用 500kV 交流点对网的输送方式，送电容量为 120 万 kW，线路长度约 550km，投资约 20 亿元。神木、府谷、榆林 3 个燃煤电厂共 1000 万 kW，规划在 2010 年～2015 年建成投产，成为“西电东送”北通道的主力电源。

西北电网“十五”期间已开工建设公伯峡水电站，应加快拉西瓦水电站的前期工作，争取在“十五”期间开工。加快黑山峡水电站的前期工作，“十五”末期争取黑山峡水电站开工建设。这两座水电站建成后，可以大幅度提高黄河上游水电站的日调节能力，在远期将捆绑黄河上游水电和宁夏的火电向华北和山东电网送电。陕北煤电基地也将加大向华北电网和山东电网送电的力度。远期结合黄河上游水电、宁夏火电及陕北火电基地向华北电网和山东电网送电。送电起点定在陕北和甘青宁两个出口，落点在京津唐电网、河北南网和山东电网。陕北近期采用 500kV 交流线路送电华北电网，远期采用±500kV 直流输电方式送往山东电网；甘青宁出口采用±500kV 直流输电方式到京津唐电网。

“十五”期间，陕北煤电向河北南网送电容量 120 万 kW。“十一五”期间，黄河上游水电、宁夏火电外送即甘青宁出口采用直流输电方式送往京津唐电网，送电容量为 300 万 kW，陕北煤电新增向河北南网送电容量 180 万 kW。“十二五”期间陕北煤电新增向河北南网送电容量 180 万 kW，采用直流输电方式向山东电网送电 300 万 kW。到 2015 年西北外送容量总计 1080 万 kW。

（电力规划设计总院　李娟萍）

500kV 万县至三峡线路情况

三峡水电站总装机容量 1820 万 kW，多年平均发电量 847 亿 kW·h，根据三峡水电站原分电方案，在每年 1 月份～5 月份和 11 月份～12 月份，合计向川渝电网输送电量 38.7 亿 kW·h，最大负荷 171.7 万 kW。为配合向川渝电网送电，在川渝电网内规划建设 500kV 线路 1080km、500kV 变电容量 275 万 kV·A，包括重庆陈家桥—长寿第二回（80km）、长寿—万县双回（2×180km）、万县—三峡双回线路（2×320km）共 5 回 500kV 线路，以及新建万县（2×75 万 kV·A）、涪陵（1×50 万 kV·A）500kV 变电站和扩建长寿 500kV 变电站（1×75 万 kV·A）。

随着川渝境内二滩等水电站的建成，电网出现电力富余，尤其是丰水期存在大量的富余电力，川渝电网联合消化也存在困难，三峡水电站原有向川渝电网送电的规划已经不适宜新的现实情况。为此，国家计委决定三峡水电站不再向川渝电网送电。

根据电力电量平衡，“十五”期间四川电网存在 300 万 kW 左右的丰水期富余电力电量，除满足重庆市电力市场需要外，尚有大量电力电量无法消纳。为解决四川电网丰水期富余电力电量的消化问题，提出了利用三峡送变电配套工程，实现川电外送华东电网的设想，并获得国家电力公司的大力支持。

为了早日实现“川电东送”这一战略目标，国家电力公司决定利用已投运的二滩水电站送出工程和在建的部分三峡输变电工程，并投入自有资金，建立“川电东送”临时输电通道。该通道西起二滩水电站，经昭觉、洪沟、陈家桥、长寿、万县、三峡枢纽临时跨接线、龙泉换流站至荆门开关站，实现川渝电网与华中电网互联。进入华中电网后通过葛南直流系统将电力送至华东电网，500kV 交直流输电线路总长约 2300km，计划年输电量 15 亿 kW·h，最高电力 60 万 kW，在每年 6 月份～10 月份实施。

目前该工程基本建成，已经进入调试阶段，2002 年 4 月底完成了一次、二次设备的所有调试工作，5 月 27 日实现联网运行并开始实现送电。

（四川省电力公司规划发展部　戴松龄）

青海“西电东送”基本情况

青海省水电资源极为丰富，在西北电网区外“西电东送”中占有极其重要的地位。

黄河上游龙羊峡至青铜峡河段流经青海、甘肃、宁夏三省区，全长918km，流域面积14.34万km^2，集中落差1324m，规划布置25座梯级水电站，总装机容量18528.3～18928.3MW，年发电量591.4亿kW·h，目前已建成龙羊峡、李家峡、刘家峡、盐锅峡、八盘峡、大峡、青铜峡7座水电站，装机容量5447.5MW，占黄河上游可开发容量的29%，尚有18座水电站有待开发，远期南水北调西线工程实施后，黄河水量大幅度增加，将使黄河上游梯级水电站的装机规模和保证出力及发电量大幅度提高。黄河上游青海境内规划13座水电站，由上而下依次为龙羊峡、拉西瓦、尼那、山坪、李家峡、直岗拉卡、康扬、公伯峡、苏只、黄丰、积石峡、大河家、寺沟峡水电站，装机容量1118万kW，年发电量373亿kW·h，是西北水电比较集中的地方。继李家峡、尼那水电站之后安排直岗拉卡水电站192MW，康扬水电站284MW，公伯峡水电站1500MW，综合考虑西北电网和"西电东送"调峰水电，争取2002年开工建设拉西瓦水电站，2010年前力争投产3～4台机组，2015年前建成投产，最终规模6000～6200MW。黄河上游青海境内河段水力资源既丰富又集中，开发条件优越，与国内同等规模的水电站相比，具有工程量小，淹没耕地及移民少、单位千瓦投资低、技术经济指标优越等特点，是全国著名的水电富矿。除了发电效益之外，各梯级对四省(区)和内蒙古的防洪、防凌、灌溉及供水等也有巨大的综合效益。黄河上游水电由于工程投资低，保证电能高，运行费用低，效益好，因此上网电价低，具有较强市场竞争能力，如公伯峡水电站上网电价为0.22元/(kW·h)，拉西瓦水电站为0.246元/(kW·h)，无论在西北电网还是考虑"西电东送"华北电网均具有较强的市场竞争能力。龙羊峡水库的建成为下游水电站的建设提供了非常有利的条件，黄河上游天然洪水流量本身就小，再经过龙羊峡水库调节拦蓄后，洪峰流量进一步削减30%～40%，使得泄洪工程实施得以简化，规模进一步缩小，大大降低了工程的技术难度，并可节省大量工程投资。龙羊峡水库为多年调节水库，可对黄河水量进行很好的调节控制，它的建成为下游水电站的开发提供了更为有利的条件。由于龙羊峡水电站的调控蓄洪作用，下游水电站的施工期导流流量可大大降低，如拉西瓦水电站可降低52%，公伯峡水电站可降低18%，不仅节省了导流工程的投资，还可以加快工程的施工进度，缩短工期。

西北电网"西电东送"的市场主要在华北电网和山东电网。华北京津唐电网在2005年预计可以提供900～1500MW的市场空间，冀南电网可提供300～2000MW的受电空间，2010年京津唐和冀南电网各可以提供2000～3000MW的区外受电空间，2015年京津唐和冀南电网各可以提供3000～4000MW的区外受电空间。2010年山东电网至少可以提供约3100MW的市场空间，2015年市场空间可以达到10380MW。西北电网区外"西电东送"有保证的市场空间。

为实施"西电东送"和西北电网内部潮流互换的需要，西北电网将建设750kV电压等级输变电线路，未来西北电网为750/330kV电网。而华北和山东电网为500/220kV，青海的黄河上游水电基地距华北电网负荷中心1400～1500km，陕北煤电基地、宁夏煤电基地距华北电网负荷中心距离分别为400km、900km，距山东电网负荷中心距离分别为900km、1400km，因此西北电网"西电东送"联网方案考虑常规直流、西北交流750kV和华北交流500kV两种方案。综合考虑黄河上游梯级水电站将逐级开发，"西电东送"骨干电源拉西瓦水电站的送出，在青海省民和县境内建设750kV满坪开关站，并相应建设满坪—兰州南，平凉—关中750kV线路。到2010年拉西瓦水电站2～3台机组并网投产，2010年拉西瓦水电站将以750kV电压等级出线2回，分别为拉西瓦—满坪、拉西瓦—兰州，西北电网的750kV网架初步形成。到2015年拉西瓦水电站全部建成投运，水电站将以750kV电压等级出线3回，分别为拉西瓦—满坪2回、拉西瓦—西宁南—兰州西1回，青海电网新建西宁南750kV变电所。

青海是水能富省，青海的水电与陕西、宁夏的煤电联合向区外送电可以获得巨大的社会和经济效益。向华北电网送调峰水电2400～3600MW，主要利用的是拉西瓦水电站的调峰容量，带华北电网日尖峰负荷4～7h，以节省华北电网调峰容量，获得容量效益。西北与华北、山东联网后的水火互补效益主要表现在利用或减少枯水年份或枯水期的水电空闲容量，减少和利用丰水年份或丰水期的弃水电量。青海水电的容量效益按还电方式2010年约为1200～2400MW，2015年约2400～3600MW。西北与华北、山东联网后在一定程度上共享了电源资源和市场资源，从而能够共同承担市场、水电天然来水和投资的风险，并共同分享获利的机会，实现了跨大区资源的优化配置。

(青海省电力公司　张洪平)

贵州至广东500kV"两交一直"跨省输变电工程建设概况

1. "黔电送粤"交流输变电工程　根据国家"西电东送"战略，为满足2003年贵州向广东送电150～200万kW的要求，需要新建贵州安顺变电所—贵阳青岩—广西河池—柳州双回500kV输电线路，青岩—福泉、柳州—贺州—广东罗洞单回500kV输电线路，线路总长度约1793km。新建贵州安顺500kV变电站、贵州青岩500kV变电站、广西河池500kV变电站、广西贺州500kV开关站，扩建贵州福泉、广西柳州、广东罗洞500kV变电站。

贵州至广东500kV交流输变电工程，总投资约38.4亿元，新增变电容量150万kV·A。计划于2003年6月前投产，新增送电能力150万kW。

在跨省交流输电通道建设中，贵州省电力公司承担建设370km，分别是安顺—惠水双回206km，惠水—福泉单回115km，安贵线开断29km进安顺变电站，贵州侧直流换流站与贵州网的500kV交流联络线约20km。

2.“黔电送粤”直流输变电工程　为满足2005年贵州向广东送电400万kW电力需要，直流规模确定±500kV送电容量300万kW（单级150万kW）。需新建贵州安顺、广东肇庆500kV换流站及安顺—肇庆980km直流线路。工程投资约60亿元，其中使用外资约4亿美元，计划于2004年底单极投运，2005年汛前双极投运、新增送电能力300万kW。国家计委以计基础（2001）206号文《国家计委关于贵州至广东500kV交直流输变电工程可行性研究报告的批复》，要求该工程于2005年内建成投运。

贵州电力公司承担建设交流输变电工程中的安顺变电站、青岩变电站、福泉变电站扩建及安顺变电站—青岩、安顺变电站—直流换流站的双回500kV线路、青岩—福泉500kV线路。其他部分由国家电力公司（委托国家电力公司南方分公司）负责建设。

按1999年价格水平，动态总投资1126182万元，其中国家电力公司投资997740万元，贵州省电力公司投资128442万元。

要求2003年4月（汛前）交流输变电工程投产，2004年12月直流输变电工程单极建成投产，2005年4月（汛前）直流输变电工程双极建成投产。

3.“两交”项目工程进展　2001年2月贵州省电力公司下达了“黔电送粤”500kV输变电工程设计任务，要求设计院2001年4月必须完成贵州省电力公司承担的500kV输变电工程初步设计，国家电力公司南方分公司也向设计部门下达了其建设部分的设计任务。2001年3月上旬，国家电力公司对“两交”工程中的安顺—青岩、青岩—福泉500kV线路路径进行了审查，国家电力公司南方分公司承担的“两交”工程于2001年3月下旬审查。2001年5月上旬国家电力公司审查“两交”工程初步设计。2001年11月开工建设“两交”工程，2003年汛前建成。

4.“一直”项目工程进展　直流输变电工程建设由国家电力公司组织进行预初步设计，2001年4月完成预初步设计审查，完成设备招标工作。2002年完成初步设计并开工建设，2004年单极建成投产，2005年汛前双极建成投产。

5.安顺500kV变电站工程　位于安顺市西秀区宋旗镇宋旗村外，变电站建设规模为1台75万kV·A主变压器，500kV出线11回，220kV出线6回，35kV出线8回，是目前全国规模第二、西南地区最大的变电站，也是贵州省“西电东送”“两交一直”线路的起点。由西南电力设计院承担设计，贵州省送变电工程公司负责施工。将在2003年建成交付使用。届时将承担汇集、转送安顺、纳雍两个电厂电能的重任。至2002年6月，500kV断路器已就位，220kV母线已安装。

6.青岩500kV变电站工程　位于贵阳市花溪区青岩镇达夯村，变电站建设规模为1台75万kV·A主变压器，500kV出线5回，远期10回；220kV出线6回，最终出线12回。贵州电力设计研究院设计，贵州省送变电工程公司负责施工。至2002年6月，500kV母线已安装。

安顺、青岩变电站于2001年11月25日经国家计委批准正式开工，施工单位根据贵州省电力公司竣工投产期限安排工期，确保按期完成，建成“两交”跨省输变电工程。

（贵州省电力公司　杨乔华）

电　网　建　设

全　国　联　网　格　局

（一）全国联网是中国电力工业发展的必然趋势

（1）全国联网是实现最大范围内能源资源优化配置和电力结构战略性调整的客观需要。由于中国一次能源和经济发展在区域上极不均衡，煤炭基地在北部、丰富的水力资源主要集中在西北部、西南部，而经济发展较快的地区主要集中在东南沿海省市。中国能源资源和经济发展的特点，决定了“西电东送、南北互供、全国联网”是中国电力工业发展的必然选择。

(2) 全国联网是建立全国电力市场的物质基础。电力市场化改革的最终目的是建立统一、开放、竞争、有序的全国电力市场，通过市场手段实现最大范围内的资源优化配置。全国联网将为建立全国电力市场奠定坚实的物质基础。

(3) 全国联网可以取得显著的效益。全国联网效益包括：①电力电量效益。全国联网包括“西电东送”、南北互供，可以实现最大范围内的资源优化配置和电力结构战略调整所取得的综合效益。②错峰效益。中国地域辽阔，东西时差大，南北季节差别大，不同经济结构和增长方式地区的负荷特性差异大，使联网具有错峰效益。③水、火互补效益。利用各电网电源结构的不同，可以提高水电利用容量，减少弃水，改善火电比重大的电网的调峰状况，获得水、火电相互调节效益。④水电跨流域补偿调节效益。利用不同江河流域水电群水库特性和水文特性的差异，可以获得巨大的水电补偿效益。⑤减少备用和紧急事故支援效益。联网系统可以共享旋转备用和事故备用，电网事故时相互支援，提高电网供电可靠性。在相同可靠性指标下，可以相应减少火电装机容量，这是电网互联带有普遍性的效益。⑥调节余缺效益。电力规划和电网运行中具有很大的不确定性，电力需求预测、电源安排等的不协调，将会带来某一电网电力电量富余或短缺，联网工程可以在一定程度上弥补这些问题，具有相互调剂余缺带来的效益。

(二) 全国联网的基本格局

全国联网因“西电东送”而形成北、中、南三大输电通道，因南北互供促进北、中、南之间的相互联网，为获取联网效益而进行周边联网，从而建成全国统一的联合电网。

1. 西电东送

(1) 北通道包括东北、华北、山东、西北电网。北通道的“西电东送”主要是华北电网内部的“西电东送”(山西、蒙西的火电东送)和为充分发挥西北地区黄河上游水电及陕西、宁夏地区的煤炭资源优势向东部的京津冀和山东电网送电。西北电网向区外的“西电东送”，计划“十五”末或“十一五”初打通西北电网向华北电网送电的输电通道，适时建设西北区内750kV主干网架，预计到2015年西北外送容量达到1080万kW。

(2) 中通道包括华东、华中、四川、重庆、福建电网，从葛洲坝水电站送电上海开始，随着三峡工程建设和近期消纳四川富裕电力，中通道初具规模。远景通过开发金沙江和四川水电基地东送华东、华中、重庆、福建而将联网进一步扩大。四川水电和金沙江水电外送，将是我国西电东送规模最大的地区，并对全国联网结构产生重大影响。金沙江一期工程包括溪洛渡、向家坝水电站，装机容量1860万kW，采用直流或特高压交流送电方案，主要向华东和华中电网送电，预计2013年～2018年实现。四川大渡河流域(包括瀑布沟)、四川其他中小河流开发，在满足四川用电的基础上，富裕电力以网对网送电方案送电重庆、华东、华中，送电容量约600万～800万kW，预计2010年～2015年实现。四川雅砻江流域开发包括锦屏一、二级水电站及两河口、官地、桐子林等水电站以外送为主，设想采用点对网送电方式，送电华东、华中、福建。送电容量约1000万kW，预计2015年～2020年实现。

(3) 南通道包括广东、广西、贵州、云南、海南及香港、澳门电网。随着天生桥、龙滩、小湾、构皮滩、糯扎渡等水电站和贵州、云南坑口火电厂的开发建设而逐步加强。南通道“西电东送”的总体格局是将贵州乌江、云南澜沧江，桂、滇、黔三省区交界处的南盘江、北盘江、红水河，黔、滇两省坑口火电厂的开发向广东送电。在“十五”向广东送电728万kW的基础上，应加快大型水电的开发进度，初步设想到2015年再增加1000万kW送电至广东。

2. 南北互供 北、中、南三大通道以送电为主，兼而取得有关联网效益。在北、中、南三大通道间进行南北互联，主要取得电网互供效益兼顾送电。①北通道和中通道之间。川渝与西北直流联网，华北与华中暂以2回交流线路联网，西北与华中以直流背靠背联网，山东与华东以直流背靠背联网。②中通道与南通道之间。华中与广东以直流联网，远景要深入研究四川与贵州和云南、广西与湖南、福建与广东等中通道与南通道联网的可行性。

3. 周边联网 东北与华北以2回交流线路联网，华北与山东以3回交流联网，福建与华东以2回交流线路联网。

(三) 深化全国联网规划研究

(1) 加强一次网架的研究，其中包括对省主干网架、区域主干网架、高一级电压、直流输电等课题的研究。送受端合理的一次网架，是保证供电可靠性的基础。“西电东送”超长距离的输电，必须研究600kV、750kV直流输电技术及更高一级交流电压输电技术等。

(2) 在长距离、大容量“西电东送”的系统中，系统稳定问题突出，特别是接受多回直流送电的受端电网，无功支撑不足往往容易引起电压崩溃。因此，要重点研究送受端电源建设对输电系统稳定的影响、送受端主网架的加强对输电系统稳定的影响、无功补偿对输电系统稳定的影响等问题。

(3) 积极采用先进的输电技术，提高输电能力，提高“西电东送”的效益。目前各电网交流线路平均输电能力仅为60万kW左右，远未达到线路的自然功率。在远期“西电东送”输电系统规划中，要重点研究采用的技术为串补和晶闸管串补技术、紧凑型线路、同塔双回和同塔多回等提高线路输电能力的措施。

（电力规划设计总院 张 琳 骆 蔚）

大型水电建设对促进全国联网的作用

回顾中国电网发展历史，电网都是从电厂直配地区负荷开始，从经济发达、人口集中的市镇供电开始，由小到大，由低电压到高电压，随着大型水电站的建设而迅速扩展，逐步扩大为省区电网和跨省电网，直至跨大区联合电网，充分体现了电力工业本身发展的客观规律。

20世纪50年代建设的新安江水电站向上海送电促成了浙江省与上海市电网的联网，为华东电网奠定了基础；60年代建设的丹江口水电站，实现了湖北省与河南省电网互联；70年代初，配合刘家峡水电站的投运，于1972年建成了刘家峡至关中的330kV输电工程，逐步形成陕甘青宁电网；1989年葛洲坝至上海南桥±500kV直流输电工程建成投运，实现了华中与华东两大区电网互联；90年代初，随着天生桥水电站的建设和天生桥至广东500kV输电工程的投产，促成了南方联营电网的产生；三峡工程的建设，将使华中、川渝、华东电网互联，形成中部电网，并使中部电网与南方电网互联；黄河上游公伯峡水电站和拉西瓦水电站的建设将促使西北电网与华北电网互联，形成北部电网。最终，南方电网、中部电网、北部电网将互联，形成全国联网。

（一）水电建设对中部电网的促进作用

20世纪80年代以来，随着葛洲坝水电站的兴建，通过葛洲坝水电站外送华东的葛沪±500kV直流线路，实现了华东与华中电网的初步联网。“九五”期间，华中电网通过葛洲坝至上海南桥的±500kV直流输电工程，华中、华东电网累计交换电量101亿kW·h，其中华中电网累计送华东电网电量82亿kW·h,华东电网累计送华中电网19亿kW·h。

“九五”期间，三峡工程开工建设，推动了三峡输电工程的建设。三峡水电站安装26台70万kW的水轮发电机组，总装机容量1820万kW，年均发电量将达847亿kW·h。根据国务院批准的三峡工程分电方案，三峡水电站供电区域为湖北、河南、湖南、江西、上海、江苏、浙江、安徽、广东等八省一市。由于华中、川渝地区电力供求关系的变化，国务院决定三峡水电站不向川渝送电。因此，三峡电力外送将形成三大主要通道：

（1）中通道。在华中电网建500kV交流输电线路4970km，鄂豫间两回，鄂湘间两回，鄂赣间1回，变电容量1350万kV·A；设计输电能力900万kW。

（2）东通道。除利用现有的葛洲坝至上海直流线路输电120万kW外，2002年前建成第二回东送500kV直流输电线路和湖北宜昌、江苏常州换流站，额定容量300万kW；2008年再建成第三回送上海的直流线路，增加容量300万kW。同时，在华东地区配套建设500kV交流输电线路850km，变电容量850万kV·A。

（3）南通道。2004年前建成一条973km的500kV直流输电线路和湖北荆州、广东惠州两个换流站，送电广东，送电能力为300万kW。

三峡输变电工程总规模为：交流500kW线路6900km，直流±500kV线路2200km，交流500kV变电容量2475万kV·A，直流换流站总容量1200万kW。到2009年，将形成以三峡为中心的连接华中、华东、川渝的中部电网，并实现中部电网与南方互联电网的互联。三峡输变电工程的建设，拉开了全国联网工程的序幕。

金沙江是中国规划开发建设的具有战略地位的水电基地。金沙江溪落渡水电站（1260万kW）和向家坝水电站（600万kW）的建设，将通过5～6回直流输电线路向华中、华东和广东送电，这将进一步促进中部电网与南方电网的互联。四川瀑布沟水电站和锦屏水电站的建设及其电力东送要求也会进一步加强中部电网的联网。沅水三板溪水电站（100万kW）的建设将促进南方电网与华中电网的互联。

（二）水电建设对南方互联电网的促进作用

通过天生桥、鲁布革等水电站的建设及相应电网的建设，初步形成了南方互联电网。“九五”期间，南方互联电网实现了将天生桥水电站和云南、贵州的季节性电能送往广东，5年累计上网电量314亿kW·h，其中累计送广东174亿kW·h，送广西140亿kW·h。

2000年以向广东送电为主的洪家渡（54万kW）、引子渡（36万kW）、乌江渡扩建（50万kW）等3个水电项目和天广3回、云南宝峰至罗平500kV输变电项目开工建设为标志，拉开了电力工业在西部大开发中“西电东送”的序幕。“十五”期间将建设贵州至广东的两回500kV交流线路和1回直流输电线路，红水河龙滩水电站（420万kW）、澜沧江小湾水电站（420万kW）、乌江构皮滩水电站（200万kW）都将开工建设，所有这些都将进一步加强南方电网的互联。

（三）水电建设对北部电网的促进作用

随着公伯峡（150 万 kW）和拉西瓦（420 万 kW）水电站的开发与建设，将适时实现西北与华北电网的联网，同时配合公伯峡水电站送出工程，带动西北高一级电压等级的出现和建设，将初步形成包括西北、华北、东北和山东的北部电网。

（国家电力公司动力经济研究中心　雷体钧）

关于西北与华北联网的基本思路

西北与华北联网是全国“西电东送”整体格局及北部通道的重要组成部分。从 20 世纪 80 年代以来，有关设计和科研单位对西北与华北联网工程进行过多次的研究分析论证，提出过联网思路和方案。一是根据西北电网水电比重大而华北电网以火电为主的特点，负荷高峰期由西北水电承担华北电网一部分调峰任务，负荷低谷期华北火电向西北返送电量，即通过联网实现水火电补偿，发挥西北水电调峰容量效益，但该方案由于两电网间互送电量相等，没有输送电量的直接效益，而容量效益又难以具体体现，所以联网工程投资筹措和偿还难度较大；二是在山西与陕西两相邻电网间进行周边联网，取得错峰、互为备用等联网效益，该方案由于山西与陕西两电网地理位置相临，电源结构及负荷特性比较相似，联网容量和电量效益不明显；三是在陕北煤炭基地建设坑口燃煤电厂向华北电网送电，主要取得输送经济电量效益。

近两年来，有关单位开展了西北电网“西电东送”研究和总体规划工作，提出西北电网水火电打捆外送的总体方案。根据国家电力公司关于西北电网西电东送总体规划的审查意见，西北电力外送可以概括为两个出口、三个起点、三个落点。两个出口是陕北出口和甘青宁出口；三个落点是指京津唐电网、河北南网、山东电网；三个起点包括陕北起点以 500kV 交流方式向华北电网送电，甘青宁水火电打捆向京津唐电网送电，陕北或甘肃起点以直流方式向山东电网送电。该规划已纳入国家计委关于西电东送北部通道的总体安排，并要求加快有关工程的前期工作，力争早日实现西北与华北联网和“西电东送”。

（一）西北与华北联网和“西电东送”的意义

(1) 西北电网所在的陕西、甘肃、青海、宁夏四省区地域辽阔，资源丰富，具有得天独厚的水、煤、气等能源优势，矿产资源、动力资源在全国占有重要地位。西北地区属于我国经济发展落后地区，且与经济发达地区的差距呈拉大趋势。实施西电东送可以促进黄河上游水电和西北煤电基地的开发，带动和促进地区相关产业和行业的发展，有利于将资源优势尽快转化为经济优势。

(2) 从中国能源资源分布和经济发展格局来看，今后能源及电力供给输出方主要是西部地区的煤电和水电基地，需求方则是经济较发达的东部地区。西北地区的煤电基地和黄河上游水电基地在全国能源基地中占有重要地位，实施“西电东送”有利于在更大范围内实现东西部能源资源的优化配置。

(3) 华北、山东等地电源结构主要以煤电、油电为主，占 90%以上。面临的突出问题是环境容量的限制，排放的二氧化硫等对大气造成严重污染，危害生态环境，制约经济的可持续发展。西北电网水电比例大，约为 40%，而且调节性能好，调峰能力富裕，随着黄河上游水电基地的滚动开发，调峰能力将进一步增强。开发西北的水电资源并实施“西电东送”工程，将促进东部地区电力结构的战略性调整。东部地区接受外来电力电量，可以减少有害气体排放，改善环境质量。

(4) 实施西北与华北联网和“西电东送”，可以充分发挥电网的相互调节作用。通过水火电互补，将西北电网的水电优势充分发挥，降低电源投资；可以改善电网运行条件，提高电网运行的可靠性和经济性。

（二）西北水电开发优势和向外送电能力

西北地区拥有丰富的水能资源，是中国北方的水电富矿，主要分布在黄河上游龙羊峡至青铜峡河段、汉江、白龙江及黄河北干流等，水能资源理论蕴藏量达 50622MW，可开发装机容量和电量分别为 32270MW 和 1445 亿 kW·h。现已开发装机 6836MW，开发率为 21%。黄河上游是中国重要的水电基地，可开发装机容量和电量达到 24870MW 和 950 亿 kW·h，分别占西北水电资源的 77%和 65.7%，其中黄河龙青段（龙羊峡—青铜峡）装机容量和电量达到 16843.8MW 和 597.5 亿 kW·h，分别占西北水电资源的 52.2%和 41.3%。黄河龙青段已建成 7 座水电站，总装机 5534MW。黄河上游水电开发条件好，具有淹没损失小、移民搬迁少、工程投资省、上网电价低、调节性能好、综合效益大等特点和优势。黄河上游水电具有全国最好的调峰性能，目前已建成的龙羊峡、刘家峡水电站，分别具有多年调节和不完全年调节性能。由于调节库容大、调节能力强，可以将黄河上游梯级水电站逐月出力基本拉平，预想出力远远大于月平均出力，水电调峰能力强，可以在电网中承担主要的调峰任务。根据西北电网内部电力平衡及水电开发条件，可外送调峰水电容量 2005 年为 1200～1500MW、2010 年为 2000～

3000MW、2015年为4000～5000MW。

（三）西北电网向外送电的市场空间

目前考虑的西北电网向外送电的市场空间主要是京津唐电网、河北南网和山东电网。京津唐电网基本为纯火电系统，电网的调峰主要是靠火电机组深度调峰。受水资源、环保及土地等方面限制，依靠本地电源建设已不能满足本区电力需求增长的需要，预测“十二五”期间，京津唐电网将有一定缺口，缺额在2500～5000MW左右，具有接受西北东送电力的可能性。河北南网是纯火电系统，且水资源匮乏，发电能源也相对缺乏，未来大规模发展火电的难度较大。目前河北南网缺电的局面尚未得到根本好转。2005年电力供需缺口在1000MW左右，西北电力东送河北南网具有较好的市场空间。山东电网基本为一个纯火电系统，存在电源结构单一，调峰难度大，火电建设受到水资源制约等问题，从长远看山东电网将是一个电力输入省，西北电力在山东电网具有一定的市场空间。

（四）西北与华北联网及“西电东送”规划目标

西北电力“西电东送”的基本方针是以黄河上游水电开发为基础，陕西、宁夏火电基地协调开发，做到西北电网整体优化外送和内部供需平衡，同步建设区内750kV骨干网架，形成西北电网“西电东送”的大格局。

西北电力“西电东送”，规划甘青宁和陕北两个出口。甘青宁出口（可从银南和靖远送出）以黄河上游水电为主，配合宁夏坑口煤电，以500kV直流方式外送，受电市场在山东和京津唐地区，规模为6000MW。甘青宁出口向华北、山东电网送电，主要是调峰水电容量及火电电量，送电利用小时数按4000h考虑，不考虑受端返还电量。电源开发规划目标是，“十五”开工规模17905MW，其中水电6700MW。开工规模中“西电东送”开工规模11700MW，其中水电5700MW，依次是公伯峡水电站1500MW、拉西瓦水电站4200MW。电网工程规划目标是，“十五”期间开工陕北到河北保南的500kV交流线路及与西北电网的直流背靠背联网线路、甘青宁银南到山东的500kV直流线路，投产2回陕北到河北保南500kV交流线路；“十一五”期间开工建设陕北到山东500kV直流线路、甘青宁靖远到京津唐的500kV直流线路，投产1回陕北到河北保南500kV交流线路及与西北电网的直流背靠背联网线路、甘青宁银南到山东的500kV直流线路等。

（五）西北与华北联网效益及“西电东送”的经济性

宁夏银南起点送出到京津唐的方案，不脱硫时，落网电价为0.2399元/（kW·h）；宁夏银南起点送出到山东电网的方案，不脱硫时，落网电价为0.2437元/（kW·h）。在经济上是可行的，能够为受电端节约数额可观的费用，相应可以降低受端上网电价。

西北华北联网效益主要有：①通过联网输送电能，以送电替代送煤，获得电量效益。按年利用小时4000h估算，1回3000MW输电线路输送电量120亿kW·h。②发挥西北水电的调峰容量效益，约为2400～3600MW。③水火电互补效益。可以用西北电网的空闲容量替代华北火电装机，以及发挥西北水电的多年调节作用，与华北火电实现日、季和年际间的电力电量补偿等。④互为备用效益。电网互联后，可实现共享资源，降低备用容量，初步分析互为备用效益约1200MW。⑤错峰效益约为200MW。⑥其他效益。提高电网运行经济性、特殊年份相互支援等。据计算分析，在综合考虑电源投资、联网线路投资和运行成本后，若联网规模为7200MW，综合费用可以节约15.7亿～36.5亿元，表明西北与华北联网及“西电东送”的经济效益十分显著。

（西北勘测设计研究院　王化中）

四川与西北联网工程

川渝电网与西北电网联网工程于1998年开始进行初步可行性研究工作，同年9月，国家电力公司组织有关部门及特邀专家在北京召开了川渝电网与西北电网联网论证专题审查会，对西南电力设计院和西北电力设计院联合编制的《西北电网与川渝电网联网初步可行性研究》报告进行了审查。审查认为川渝电网与西北电网联网为两电网内水电站进行补偿调节，实现水火互补创造了条件，可以取得互为备用、两网间紧急事故支援、提高两网供电可靠性等效益，同意采用直流联网方式，规模按60～120万kW考虑。

按照联网工程初步可行性研究审查意见，西南电力设计院和西北电力设计院开展了工程可行性研究工作，提出了可行性研究报告。2001年8月，国家电力公司在西安组织召开了川渝电网与西北电网联网工程可行性研究审查会议，对可研报告进行了审查。主要结论如下：

1. 容量效益　由于负荷特性及水火电调节特性的差异，两电网火电装机的控制月份不同，互联可以节约总的火电装机。计算2005年和2010年可减少火电装机容量分别为30万～60万kW和60万～120万kW；通过可靠性计算分析，联网后两网2005年、2010年可分别减少备用容量45万kW和90万kW。但近期由于对黄河上游水库综合利用的要求，水电站的补偿作用受到制约，远期随着黑山峡水库投入运行，可以充分发挥上游水库的调节作用，取得跨流域补偿效益。

2. 电量效益 川渝电网水电装机比重较大，且调节性能差，不仅存在调峰弃水，还有基荷弃水。西北电网水电调节性能好，火电机组基本上带基荷运行，可利用西北电网火电剩余的调峰能力接纳川渝部分弃水电量，可节约燃煤。经过计算，2005年和2010年可分别接纳弃水电量16.84亿kW·h和34.19亿kW·h，节煤费用为1.92亿元和3.9亿元。

3. 联网规模和方案 联网规模按120万kW考虑，通过技术经济比较，同意采用常规直流联网方案，联网点川渝侧为四川德阳地区，西北侧为陕西宝鸡地区。从德阳换流站出发，架设直流线路至宝鸡换流站，线路长约551km，直流额定电压为±500kV，德阳换流站交流额定电压500kV，宝鸡换流站交流额定电压330kV。

审查认为：川渝电网与西北电网联网有利于加速全国跨大区联网，实现更大范围内资源优化，建设是必要的。但由于川渝和西北两电网“十五”期火电项目基本确定，已经不大可能更改，近期联网后替代火电容量效益得不到；另外，规划直流输电项目多，大量采用国外设备不大可能，直流设备要立足国产化。因此，从联网效益的实际取得和直流输电设备国产化因素考虑，该联网工程时机应视直流设备国产化进程而定，争取“十一五”期间建成。

（四川省电力公司规划发展部 戴松龄）

四川电网建设情况

（一）四川电网现状

2000年末，四川省电力公司拥有500kV输电线路1956.3km，220kV线路6702.8km，110kV线路8961.9km，35kV线路5130.5km，500kV变电站容量225万kV·A，220kV变电站容量885万kV·A，110kV变电站容量1079.71万kV·A，35kV变电站容量239.67万kV·A，220kV容载比1.205，110kV容载比2.111，全省220kV及以上资产均属于省电力公司所有。

2000年四川省电力公司售电量为337.81亿kW·h,在省内的售电市场占有率为72.4%，市场占有率稳定提高，并且在省外电力市场总体也呈扩大之势，2000年售重庆电量为16.25亿kW·h。目前四川电网供电区域延伸覆盖了19个地市州的138个市县。

省电力公司所辖电网分为500kV、220kV、110kV、35kV、10kV及以下几个电压等级，其中220kV和500kV电压等级电网为互联系统，称为输电网络；110kV及以下电压等级电网为配电网络，承担分区供电任务。由于220kV及500kV的电力系统均为环网运行，承担主要的输电任务，通常称为高压输电网络，而110kV及以下的电网一般分区运行，相互不连接，称为中低压配电系统。

由于四川能源结构的特点，西南部水能资源丰富，电源结构中水电比重约为50%，并且集中于西南地区，而中东部多为火电，并且具有年调节性能的水电站不多，在丰枯期电力的传送存在着显著不同的特点，电网的丰枯、峰谷调节矛盾较为突出。电网结构上，存在着关系电网安全稳定运行的川南—川西、川南—川东、攀西—川西等几个重要的断面。并且，伴随着二滩水电站的投运，四川500kV电网开始逐步形成，500kV和220kV电网的环网运行结构短期无法改变，构成电网安全稳定运行的隐患。

（二）四川省电网建设与改造情况

“九五”期间，公司完成电力项目投资（1997年以前含重庆）279.56亿元，电源与电网投资比例为1：1.96，与“八五”期的7.35：1相比较，重点已转到电网。完成该类投资的主要来源是银行贷款，1997年～2000年间，长期借款余额为206.36亿元，投入资本金60.06亿元。

省电力公司3年城网建设与改造工程国家批复的规模及国家批复的总投资为64.3471亿元。内容为：新建220kV主变4台，容量630MV·A；110kV变电站62座，容量3398MV·A；改造220kV变电站1座，新增容量150MV·A；改造110kV变电站22座，新增容量1898MV·A；新建220kV线路119km，110kV线路825.5km，其中电缆为100km；新建配电变压器3094台，容量为1100MV·A；新建10kV线路2650km，其中电缆246km，400V低压线路2281km，一户一表工程38万户，低压无功补偿容量1118Mvar。

省电力公司3年农网建设与改造工程国家批复的规模及国家批复的总投资为40.7453亿元。内容为：110kV变电站44座，容量1380MV·A；110kV线路719km；35kV变电站173座，容量875MV·A；35kV线路1841km；10kV线路30930km，低压线路55346km；更换高耗能配变13470台，容量575MV·A；新装配电变压器20226台，容量1214MV·A；低压无功补偿装置101500Kvar；县调自动化系统36个。涉及县104个，其中国家计委批复竣工县为62个。

“九五”期间从低压配电网的入户线到500kV电网大规模的电力建设，有力地促进了四川经济的发展。3年的城乡电网建设与改造已经或即将竣工，第二期农村电网建设与改造也将在2002年完成。四川电网配电网的供电能力显著提高，供电质量得到了明显改善。500kV电压等级的出现，标志着四川的电力建设已进入了一个新的时期。但是多年来电网建设的严重滞后及四川地方经济的持续高速增长，对于电力建设的需求在较长的时期仍然会比较强劲，而且，500kV电网还较薄弱，稳定水平低，需要尽快完善。目前，融资渠道的缺乏、电价机制的不合理等是影响电网建设的主要因素。

（三）未来四川电网建设的思路和原则

1. 电力需求预测　根据四川省国民经济发展规划，考虑西部大开发和加入WTO等政策因素影响，预计四川省“十五”期用电量年平均增长率为7%，到2005年全省用电量达到731亿kW·h，最高负荷为1323万kW，“十一五”期用电量平均增长率为8%，“十二五”期用电量平均增长率为6%，最高负荷达到2700万kW。

2. 总体思路　以500kV超高压输电网络作为未来骨干电网建设的重点，完善和优化目前的220kV输电网络，条件成熟时分区解环运行。依据四川省的负荷预测增长率和分布进行中低压配电网的规划与建设，力求以较少的投资建设一个结构合理、层次分明，具有足够运行灵活性和适应性的开放式电网。

3. 基本原则

(1) 加强500kV骨干电网建设，优化220kV主网架。四川的水能资源极为丰富，目前仅开发了10%。随着西部大开发各项政策的相继出台，四川省已将水电产业作为支柱产业，大规模的水电开发正在展开。要将大型水电站的电力安全可靠地送出，采用500kV的电压等级是合适的。“川电外送”战略需要建设大量超高压、远距离、大容量的输变电设施。另外，要适应四川经济发展对电力的需求，必须形成合理的电网结构，提高稳定水平，节约线路走廊，也要求大力发展500kV电网作为未来的骨干网架。根据四川电网“十五”规划，将建设攀枝花、南充、德阳3座500kV变电站，共计新增500kV变电容量225万kV·A。建设洪沟—南充—龙王（德阳）500kV环网。220kV电网重点是优化结构，依据地方经济发展对电力的需求，择优适时建设。在“十五”末期，使220kV容载比达到1.9，在条件成熟的地区使220kV系统与500kV系统解环运行。

(2) 继续进行城乡电网改造，完善中低压配电网络的建设。根据四川电力公司城乡电网“十五”规划，将长期进行城乡配电网建设与改造。“十五”城网建设部分城市将逐步实现220kV双环网；对于市区内110kV变电站，采用110/10kV直接降压供电，逐步取消35kV、6kV电压等级，供电可靠性满足$N-1$规则；城网容载比220kV达到1.9，35～110kV电网达到2.1；无功补偿、短路容量等满足规程要求；大力推广一户一表，集中抄表。农村电网建设与改造遵循小容量、密布点、短半径的原则，400kV线路供电半径不大于0.5km，10kV线路不大于15km，35kV线路不大于40km，110kV线路不大于150km。在供电半径过长或经济发达地区增加变电站布点；农村电网高压综合线损率降到10%以下，低压线损率降到12%以下；35～110kV容载比达到1.8～2.1。

(3) 对电网通信、自动化等“二次”系统实行统一规划和建设，加快建设数字化电力系统，提升电网运行水平。四川电网已经发展为一个具有相当规模的现代电网，其特点是传统电网与信息化相结合的“数字电力系统”，它包括通信、调度自动化、配网自动化、变电站综合自动化、继电保护、安全自动装置、电力市场支持系统、管理信息系统等各方面。未来的电网建设中，做好“二次”系统的规划和建设是提高电网运行水平的重要前提。“十五”期间，计划将变电站的保护全部更换为微机保护，逐步推广变电站综合自动化，更新省调度自动化系统，完善电力市场支持系统，建设成都—广元、成都—南充—达川、成都—乐山、成都—内江—自贡等几条大容量光纤干线及完成部分ATM组网等。

（四川省电力公司　曾　鉴）

“西电东送”中的广西电网规划及建设

广西地处云南、贵州、广东之间，云南和贵州送电广东的输电线路全部从广西境内穿过，广西电网与“西电东送”的输电网已融为一体，广西电网已经成为贵州和云南送电广东输电网络的“桥梁”。

随着天广（天生桥至广州）第一、二回500kV交流输变电工程建成投产，在广西境内已建成了柳州、平果、来宾、梧州共4座500kV变电所。目前天广第三回500kV交流输变电工程正在建设之中，计划2002年建成投产。该工程在广西境内将建设百色开关站（2003年建成变电站）、南宁变电站、扩建玉林变电站，以及天生桥—百色—南宁—玉林—广东茂名、平果—南宁500kV交流线路。根据计划，“黔电送粤”500kV交流通道将于2003年建成投产，该工程在广西境内将建设河池变电站、扩建柳州变电站、贺州开关站（2005年建成变电站），以及贵州惠水—河池—柳州双回、柳州—贺州—广东罗洞单回500kV交流线路。目前在广西境内已建成及国家已批准建设的500kV“西电东送”交流线路长度约3020km，沿途有河池、柳州、贺州、百色、平果、来宾、南宁、玉林、梧州共9座500kV变电所或开关站与广西电网相连。

“十五”期间，广西将积极配合“西电东送”主网架天广第三回500kV交流工程和“黔电送粤”500kV交流通道的建设，统一规划、设计、建设广西电网。广西将做好南宁、百色、河池、贺州变电站的220kV配套电网工程的规划和建设，扩建柳州500kV变电站，配合合山电厂改扩建工程投产，建设合山电厂—来宾双回500kV线路。随着钦州电厂投产，建设钦州—南宁和钦州—玉林500kV线路。

2001年，广西电网建设继续加强，柳州500kV变电站扩建工程开工建设，大丰、兴安、贺州、车河等一批220kV输变电工程先后建成投产。2001年广西电网新增220kV变电容量96万kV·A，220kV线路11条，长度590km。到2001年底止，广西境内拥有500kV输电线路10条，总长2045km；500kV变电所5座，变压器6台，总变电容量3750MV·A（含国家电力公司南方公司产权部分）；220kV输电线路74条，总长4424km；220kV公用变电所37座，主变压器55台，总变电容量6336MV·A。

2002年，广西进一步强化电网主网架建设，把广西电网发展和南方电网发展紧密结合起来，认真研究广西电网目标网架，抓好平班、恶滩水电站及合山电厂改扩建工程等重要电源送出工程的规划设计，建成投产柳州沙塘500kV变电站扩建工程和静兰等一批220kV输变电工程，新开工建设武鸣等220kV输变电项目，全面完成城乡电网建设改造任务。对新开工的电网项目，根据负荷需求，做好计划，合理安排设计、招投标、设备采购、土地征用等工作，使工程能如期实施，按时投产。

（广西电力有限公司　潘荣译）

4

流域开发

流 域 开 发 规 划

中国主要河流流域梯级滚动综合开发规划

一、流域梯级滚动综合开发思路的由来和发展历程

中国水力资源丰富，可开发装机容量 3.78 亿 kW，年发电量 1.92×10^4 亿 kW·h，居世界首位，但开发程度低，截至 1990 年底，中国水电的装机容量只有 3600 万 kW，不到可开发量的 10%。根据世界经济发达国家电力建设的实践，尽早开发水力资源，优先发展水电，是电力建设中成功的经验。今日经济发达的国家，正是昔日水电开发较好的国家。因此中国迫切需要研究和探索加快水电开发的经济政策和管理体制，以加快中国水电的开发建设。

水电的建设周期长、投资大，国家的再投入有限，不能满足加快水电建设的需要，资金缺乏成为制约加快水电开发的关键因素。如何有效地解决水电投资的资金来源，成为研究加快水电开发问题的重中之重。由于水电运行成本低，国家投资兴建的一批老水电站经济效益较好，将老水电的收益用于新水电的开发，成为水电开发者共同的思路。但由于管理体制和经营体制等多方面的原因，老水电的收益不能有效地用于水电的再开发，水电资金的筹措思路在实际运作中受到管理体制方面的严重制约，迫使人们寻求新的水电建设管理体制。

中国大多数河流年内、年际径流分布不均，丰枯季节流量相差悬殊，需要建设调节性能好的水库，才能有效地改善电源结构，提高水电的总体发电质量，更好地适应电力系统的需要。但大水库投资非常高；且由于经济政策和管理体制方面的因素，增加给河流其他梯级的效益不能有效地返给龙头水库，如在一条河流上，一座水电站一个公司，各水电站隶属于不同的管理单位或投资主体，各利益主体间的经济效益没有政策和机制进行约束和协调，使能有效改善电源结构的大型水库水电站投资主体的经济效益无法得到保障，致使各投资主体失去了建设大型水库水电站的内部驱动力和积极性。这个问题也要求人们研究新的水电建设管理体制，促进大型水库水电站的建设。

一条河流上各水电站存在着天然的水力联系，随着一条河流上建成的水电站数量的增加，通过有效的梯级优化调度，可大大增加梯级各水电站的发电量，有效地改善整个河流的电能质量。但由于没有有效的经济效益补偿机制，隶属于不同经济实体的各水电站在实际的运行调度中，很难从整条河流的整体经济最优角度进行运行，无法实现整条河流的梯级优化调度。

鉴于以上几方面需要解决的问题，在中国现行体制下，从客观上要求水电建设最好能实现一条河流由一个投资主体进行开发建设，用老水电站的收益滚动开发新的水电站，实现大型水库水电站与下游各梯级水电站经济利益及整条河流的梯级优化调度利益的协调统一。因此在参考国外特别是美国田纳西流域滚动开发成功经验的情况下，中国于 20 世纪 80 年代提出了梯级滚动开发的概念，并在中央各有关部门的积极推动下，首先成立了贵州乌江水电开发公司。但由于各方面的原因，该公司的成立并没有有效地推动乌江水电的开发。进入 90 年代，随着多家办电和多渠道集资办电格局的形成，国家经济管理体制和投融资体制也发生了重大改变，流域梯级滚动开发的思路逐步深入人心，为各有关方面所接受，被认为是中国加快水电开发建设的一个比较好的体制。特别是湖北清江水电开发公司成立并有效地加快了清江流域各水电站的建设和前期工作，使人们进一步认识到了流域梯级滚动开发体制的优越性。中国水力资源分布富集于大江大河，集中在十二大水电基地（占总资源的 55%），这一特点有利于建成大型的水电基地，实现流域梯级滚动开发。因此，至 2000 年底相继成立了澜沧江、大渡河、黄河上游、龙滩、二滩、乌江、三峡、清江、五凌等多家流域水电开发公司，使水电流域梯级滚动开发变成了水电开发的主要形式，走上了健康发展的道路。

二、全国主要河流流域梯级滚动综合开发规划

根据近年来流域梯级的发展情况，结合国家实施西部大开发和“西电东送”的战略，在国家电力公司上报国家计委的《电力工业“十五”计划及 2015 年远景规划》和 2001 年国家电力公司编制并下发的《国家电力公司“十五”计划及 2010 年远景规划纲

要》中，对全国主要河流的梯级滚动开发进行认真研究，把水电流域的梯级滚动开发放在西部大开发和“西电东送”的大的战略背景下进行考虑，综合西部大开发与东部地区的协调发展。根据电力市场发展、各流域投资主体的投资能力、各电源项目的前期工作进度，各主要河流梯级滚动开发情况及规划如下：

（一）乌江流域滚动开发

乌江是长江上游右岸最大的一条支流，全河长1037km，天然落差2124m。乌江梯级规划为10级开发，上游北源六冲河洪家渡（54万kW）水电站，上游南源三岔河普定（7.5万kW）、引子渡（36万kW）水电站，两源河口以下为东风（51万kW）、索风营（60万kW）、乌江渡（63万+62万kW）、构皮滩（300万kW）、思林（100万kW）、沙陀（100万kW）、彭水（140万kW）水电站，总装机容量为973.5万kW，年发电量337.94亿kW·h。已建成乌江渡、东风、普定三座水电站（共121.5万kW·h）。乌江流域内投资主要主体是贵州乌江水电开发有限责任公司，其前身为乌江水电开发公司，是经国务院同意于1990年成立的，1999年按照现代企业制度对该公司进行改制，产权比例为国家电力公司占51%，贵州省金茂国有资产管理公司占49%。该公司以乌江渡和东风两座水电站作为母体，滚动开发贵州省境内的乌江梯级电站。乌江流域目前在建的洪家渡、引子渡水电站及扩建的乌江渡水电站，共152万kW。规划2005年前开工索风营、构皮滩和彭水水电站，2010年前开工思林、沙陀水电站，2020年前将乌江流域约1100万kW水电项目全部开发完毕。

（二）澜沧江流域滚动开发

澜沧江在中国境内全长约2000km，落差5000m。目前规划的为云南境内的河段，梯级开发方案为溜筒江（55万kW）、佳碧（43万kW）、乌弄龙（80万kW）、托巴（164万kW）、黄登（150万kW）、铁门坎（150万kW）、功果桥（75万kW）、小湾（420万kW）、漫湾（150万kW）、大朝山（135万kW）、糯扎渡（550万kW）、景洪（150万kW）、橄榄坝（10万kW）、勐松（60万kW）共14级水电站，总装机容量2192万kW，年发电量1108.29亿kW·h。已建成漫湾水电站，大朝山和小湾水电站在建。流域内投资主体为云南澜沧江水电开发公司，以漫湾水电站为母体并注入一定的资本金滚动开发澜沧江有关梯级水电站。第一期工程为已于2001年开工的小湾水电站，规划在“十一五”期间开工糯扎渡水电站，根据泰国电力市场情况，在“十一五”期间适时开工景洪水电站。2020年争取使澜沧江流域的建成规模达到1400万kW。加快功果桥以上各梯级的河流规划工作，为“十二五”及以后储备开工项目。

（三）黄河上游流域滚动开发

黄河上游开发河段是指龙羊峡～青铜峡河段，全长1023km，河段总落差1465m。梯级开发规划方案为龙羊峡（128万kW）、拉西瓦（420万kW）、尼那（16万kW）、山坪（16万kW）、李家峡（160万kW）、直岗拉卡（15万kW）、康扬（16万kW）、公伯峡（150万kW）、苏只（21万kW）、黄丰（24万kW）、积石峡（100万kW）、大河家（18万kW）、寺沟峡（25万kW）、刘家峡（139万kW）、盐锅峡（44.6万kW）、八盘峡（19.2万kW）、河口（7.4万kW）、柴家峡（9.6万kW）、小峡（23万kW）、大峡（32.45万kW）、乌金峡（15万kW）、黑山峡（140～200万kW）、大柳树（192万kW）、沙坡头（13万kW）、青铜峡（30.2万kW）共25座梯级水电站。总装机容量约1700万kW，年发电量597.53亿kW·h。已建成龙羊峡、李家峡、刘家峡、盐锅峡、八盘峡、大峡、青铜峡共7座水电站553.45万kW。黄河上游河段主要的投资主体是黄河上游水电开发公司和黄河小三峡水电开发公司。黄河上游水电开发公司以龙羊峡、李家峡两水电站为母体滚动开发公伯峡等大型水电站；黄河小三峡水电开发公司以大峡水电站为母体滚动开发另外两座中型水电站。目前公伯峡、小峡水电站在建，2005年前投产；规划“十五”期间开工拉西瓦、苏只、乌金峡水电站，“十一五”期间再开工积石峡、直岗拉卡等水电站。争取在2020年前，使黄河上游梯级电站建成规模达到约1300万kW，并加快黑山峡河段的规划论证工作，尽早决策，争取2020年前开工建设。

（四）雅砻江流域滚动开发

雅砻江干流两河口～江口段是四川省境内调节性能最好的河流，也是四川电源结构调整的重点所在。其梯极开发方案为两河口（200万kW）、牙根（90万kW）、蒙古山（160万kW）、大空（100万kW）、杨房沟（200万kW）、卡拉乡（80万kW）、锦屏一级（330万kW）、锦屏二级（330万kW）、官地（180万kW）、二滩（330万kW）、桐子林（45万kW）共11级水电站，总装机容量2045万kW，年发电量1156.75亿kW·h，目前已建成二滩水电站（330万kW）。雅砻江干流投资主体为四川二滩水电开发公司，以二滩水电站为母体滚动开发干流各梯级水电站。规划在2005年前后开工锦屏一级水电站，“十一五”期间开工锦屏二级和桐子林水电站，“十二五”期间开工管地和两河口水电站，争取至2020年雅砻江干流水电站建成规模达到1200万kW左右，同时要做好干流其他梯级水电站的前期工作，为“十二五”及以后储备开工项目。

（五）大渡河流域滚动开发

大渡河干流全长1062km，天然落差4175m，可开发装机容量2348万kW。目前规划开发河段为双江口～铜街子河段，规划梯级开发方案为两库十七级，即独松（136万kW）、马奈（30万kW）、丹巴（100万kW）、季家河坝（46万kW）、猴子岩（140万kW）、长河坝（124万kW）、冷竹关（90万kW）、泸定（60万kW）、硬梁包（110万kW）、大岗山（150万kW）、龙头石（50万kW）、老鹰岩（60万kW）、瀑布沟（330万kW）、深溪沟（36万kW）、枕头坝（44万kW）、龚嘴（70万kW）、铜街子（60万kW）共17座梯级水电站，总装机容量1513万kW，年发电量966.42亿kW·h。已建成龚嘴、铜街子两个梯级水电站共130万kW。大渡河干流投资主体是四川大渡河水电开发公司，以龚嘴、铜街子两水电站为母体并再注入少量资本金滚动开发大渡河各梯级水电站。规划“十五”期间开工瀑布沟水电站，“十一五”期间开工独松、大岗山水电站，“十二五”期间开工长河坝和猴子岩水电站，“十三五”期间开工季家河坝、老鹰岩、龙头石水电站，争取至2020年大渡河干流梯级水电站建成规模达到1000万kW，并保持合适的在建规模，同时做好上游河流规划工作，保持必要的项目储备。

（六）沅水流域滚动开发

沅水流域梯级规划开发范围主要指沅水干流和其主要支流酉水。沅水干流梯级规划开发方案为革东（4.5万kW）、三板溪（100万kW）、挂治（7.6万kW）、远口（14万kW）、白市（10.2万kW）、托口（26万kW）、江市（6.9万kW）、洪江（22.5万kW）、安江（14万kW）、铜湾（12万kW）、清水塘（7.8万kW）、大伏溪（9万kW）、渔潭（6万kW）、五强溪（120万kW）、凌津滩（27万kW）共15座梯级水电站，总装机容量414.5万kW，已建成五强溪、凌津滩两座水电站共147万kW，洪江水电站在建。酉水梯级规划开发方案为湾塘、塘口、石堤（72万kW）、碗米坡（24万kW）、凤滩（40万kW）、高滩（5.6万kW）6座梯级水电站，共179.6万kW。已建成凤滩、高滩两座水电站共45.6万kW，碗米坡水电站在建。流域内投资主体为五凌水电开发公司，以五强溪、凌津滩两水电站为母体滚动开发流域内各梯级水电站。规划“十五”期间在投产洪江、碗米坡水电站的基础上，开工龙头水库三板溪水电站，“十一五”期间开工革东、挂治、安江水电站，“十二五”期间开工铜湾、托口等水电站，争取在2020年前，将沅水流域内的约590万kW水电资源全部开发完毕。

（七）金沙江流域滚动开发

长江上游自青海玉树至四川宜宾称金沙江。金沙江全长2320km，天然落差5280m。金沙江干流是中国水力资源最丰富的河流。根据梯级开发规划研究，上游规划一库八级，主要梯级为上虎跳峡（280万kW）、两家人（400万kW）、梨园（228万kW）、阿海（210万kW）、金安桥（250万kW）、龙开口（180万kW）、鲁地拉（210万kW）、观音岩（300万kW）水电站，总装机容量2058万kW，年发电量883亿kW·h;下游布置4个梯级为乌东德（600万kW）、白鹤滩（1200万kW）、溪洛渡（1260万kW）、向家坝（600万kW）水电站，总装机容量为3660万kW；上下游共12个梯级，总装机规模5718万kW，年发电量2746.7亿kW·h。金沙江是中国最大的水电基地，是“西电东送”的主力，但到目前为止尚未开发一座水电站。流域内惟一明确的开发主体是中国长江三峡工程开发总公司，为加快金沙江水电资源的开发，目前正在筹划在金沙江上游组建一个新的开发公司。由中国长江三峡工程开发总公司以葛洲坝、三峡两座水电站为母体滚动开发金沙江中游各梯级水电站；组建一个金沙江上游水电开发公司，开发金沙江上游8级水电站。规划2005年左右开工溪洛渡水电站，2010年前开工向家坝、金安桥、观音岩水电站，2015年前开工虎跳峡、两家人水电站，2020年前争取开工白鹤滩、鲁地拉和梨园水电站。至2020年争取使金沙江干流水电站建成规模达到2320万kW，并保持1500万kW左右的在建规模。

（八）清江流域滚动开发

清江是长江中游的重要支流，规划河段长250km，落差380m。梯级规划布置为水布垭（160万kW）、隔河岩（120万kW）、高坝洲（25.2万kW）3级水电站，总装机容量305.2万kW。流域内投资主体为湖北清江水电开发公司，利用已建成的隔河岩、高坝洲两座水电站为母体滚动开发龙头水库水布垭水电站，2001年底水布垭已正式开工，将于2008年全部投产。到时清江流域全部开发完毕，是水电流域滚动开发中比较成功的一个典范。

（九）红水河流域滚动开发

红水河的滚动开发河段主要是南盘江和红水河河段，已规划河段总长1143km，落差692m。梯级规划方案为天生桥一级（120万kW）、天生桥二级（132万kW）、平班（40万kW）、龙滩（420万kW）、岩滩（121万kW）、大化（40万kW）、百龙滩（19.2万kW）、恶滩改扩建（60万kW）、桥巩（50万kW）和大藤峡（120万kW）共10个梯级水电站，总装机容量1122.2万kW，年发电量535亿kW·h。已建成天生桥一级、天生桥二级、岩滩、大化、百龙滩、恶滩6座水电站，共438.2万kW。流域内的投资主体为红水河龙滩水电开发公司和广西桂冠电力股份公司，龙滩公司以岩滩水电站为母体滚动开发龙滩和其他梯级水电站；桂冠公司以大化、百龙滩水电站为母体滚动开发平班、恶滩水电站。龙滩水电站已于2001年开工，规划“十五”期间开工平班、恶滩水电站，“十一五”期间开工桥巩和大藤峡水电站，争取在2020年前将红水河流域的水电站全部开发完毕，总规模达到1141万kW。

（国家电力公司 刘连玉）

水电规划思路要适应市场经济的需求

能源是国民经济的基础产业，支撑着中国经济的稳步发展。中国能源生产和消耗量较大，2000年全国一次能源生产量约为10.89亿t标准煤，居世界第三位。中国能源总储量多，但人均储量少；能源富矿少，勘探程度低，开发利用的难度很大；能源蕴藏与经济发展需求的自然分布极不匹配，近80%的能源资源分布于西部和北部，但60%的能源消费在经济发达的东南部地区；生产和消费的结构不合理，以煤为主的能源结构在相当长的时期内难以改变，将对环境和运输造成越来越大的压力；能源价格不合理，导致能源开发和利用上的低效率和严重浪费。中国能源和消费结构的以上特点决定了能源规划在能源工业发展中的至关重要性。

随着经济的快速发展和人口的不断增长，能源需求也将不断增加，然而中国人均能源资源并不丰富，能源供需缺口日益扩大，所以中国的经济发展必须由过去的粗放经营逐步转向集约经营，走可持续发展的道路。

根据中国能源“十五”规划和2010年远景展望，2005年中国终端消费中煤炭的比例将由2000年的61.03%，下降3.88个百分点；相应天然气和水电等洁净能源的比重将比2000年提高5.6个百分点，达到17.88%，到2010年还将进一步提高。根据规划，未来电力工业的发展思路为：加快体制改革，重点加强电网建设，积极发展水电，优化火电结构，适当发展核电，因地制宜发展新能源发电。积极发展水电的具体措施是：在水能资源丰富的中西部地区，根据西部大开发和电源结构调整的需要，优先安排调节性能好、水能指标优越的大中型水电站和流域综合开发项目的建设；在电网供电能力不足的地区，因地制宜开发小型水电站；在水能资源缺乏、电网调峰困难的地区安排一些抽水蓄能电站的建设。

随着经济的发展和人民生活水平的提高，环保的要求越来越高，经济可持续发展越来越受到人们的重视，可再生能源的开发进程需要大大加快。中国水电可开发容量为3.78亿kW，2000年开发程度仅为18.5%，水电开发潜力巨大。在未来10～20年中，加快水能资源的开发，已成为中国能源开发中不可替代的重要内容。

传统的水电规划只是就梯级或流域或跨流域的水能资源本身，研究和提出水电的开发规划，这是计划经济模式要求的结果，供给和需求没有被纳入到统一的规划中去，也没有考虑供应方各种能源形式的配合问题。随着中国市场经济体制的建立和完善，随着电力工业改革的不断深入，发电企业都将逐步进入市场，由市场决定其生存和发展。尽管电力行业为国民经济的基础产业，电力项目往往都是资金密集和技术密集型项目，也不可避免地受到改革大潮的影响，应该面对市场需求，确定各水电站的开发时间和规模。

所以，水电规划思路应进行调整，新时期水电规划应该以国家能源规划和产业发展政策为先导，将水能资源开发与中国能源开发与利用统一起来，将水电开发与其他形式能源的开发协调一致，优势互补。应深入研究水电站供电市场的现状和未来需求的变动趋势，客观分析水电站的发电特性及其与市场需求的适应性，弄清并事先规范水电站所担负的可能的各种综合利用要求之间的关系，分析大型水电与其他形式电源之间的竞争和协作关系，掌握大型水电站在电力市场中的竞争力，在此基础上全面进行水电项目规划，抓住时机使水电资源得到尽早开发。

（动力经济研究中心 孙镇西）

黄河上游水电开发规划

黄河上游水电开发规划，以青海省境内的龙羊峡为界，分为龙羊峡～青铜峡河段和龙羊峡以上河段两个河段。

（一）龙羊峡～青铜峡河段规划

龙羊峡～青铜峡河段（简称龙～青段）位于中国西北高原。该河段从青海省共和、贵南两县交界的龙羊峡进口起，经甘肃流至宁夏回族自治区的青铜峡出口止，河段长918km，流域面积14.36万km^2。该河段距海洋较远，地势较高，气温较低，干旱少雨，蒸发量大，属高原大陆性季风气候。黄河在刘家峡以上段植被条件较好，尤其是龙羊峡以上地区植被条件良好，泥沙量小，刘家峡以下集流区属于黄土高原，植被条件较差，水土流失逐渐严重。

龙～青段水电开发规划工作始于新中国建立初期，由国家计委牵头，由各有关部、委及科学院等单位组成的黄河规划委员会于1954年编制了《黄河流域综合利用规划技术经济报告》（以下简称《技经报告》），并于1955年7月经第一届全国人民代表大会第二次全体会议审议通过。黄河上游龙～青段是《技经报告》整个规划的重要组成部分，它以发电为主，兼顾灌溉、防洪等任务，共布置了16座梯级水电站。20世纪60～70年代，有关单位在龙～青段先后做过多次局部的查勘研究。1983年西北勘测设计研究院在规划查勘工作的基础上，编制上报了《黄河干流龙羊峡～青铜峡河段梯级开发规划报告》，该报告是继《技经报告》后的又一个比较完整的河段水电开发规划报告。在河段内共布置了15座梯级水电站，依次为龙羊峡、拉西瓦、李家峡、公伯峡、积石峡、寺沟峡、刘家峡、盐锅峡、八盘峡、小峡、大峡、乌金峡、小观音、大柳树、青铜峡，总装机容量12464MW，多年平均年发电量500.6亿kW·h。1993年，西北勘测设计研究院又在黄河龙～青段几个川地河段补充进行了中型水电站的规划，编制了《黄河上游龙羊峡～刘家峡河段中型电站规划报告》，新增了尼那、山坪、直岗拉卡、康扬、苏只、黄丰、大河家7座中型水电站。同期，甘肃省水电勘测设计院在八盘峡～兰州之间补充了河口、柴家峡2座中型水电站；宁夏回族自治区水电勘测设计院在大柳树～青铜峡之间补充了沙坡头1座中型水电站。至此，龙～青河段梯级规划自上而下共规划了龙羊峡、拉西瓦、尼那、山坪、李家峡、直岗拉卡、康扬、公伯峡、苏只、黄丰、积石峡、大河家、寺沟峡、刘家峡、盐锅峡、八盘峡、河口、柴家峡、小峡、大峡、乌金峡、小观音、大柳树、沙坡头、青铜峡25座大中型水电站。总装机容量16843.8MW（包括已建水电站扩机），多年平均年发电量597.53亿kW·h。

龙～青段开发规划方案，除黑山峡河段开发方式尚有争议外，其他梯级规划方案均已被国家主管部门和有关单位认可和采用，对指导该河段水电资源的开发利用起到了积极有效的作用。目前已建成龙羊峡、李家峡、刘家峡、盐锅峡、八盘峡、大峡、青铜峡等7座水电站，总装机容量5534MW，至2000年底累计发电量3191.15亿kW·h，为国民经济发展做出了巨大贡献，同时发挥了防洪、防凌、灌溉等显著的综合利用效益、环境效益和社会效益。

为了协调、整编不同时期的工作成果，形成完整统一的龙～青段规划，并适应国民经济发展和社会经济形势的变化和要求，西北勘测设计研究院目前正在按照国家计委水电规划前期工作的安排，开展龙～青段规划复核工作，计划于2003年完成。

（二）龙羊峡以上河段规划

龙羊峡以上河段是指从黄河源头到龙羊峡水库末端的羊曲河段，该河段地处青藏高原内陆腹地，海拔高、气候寒冷，属高原大陆性气候。其中鄂陵湖出口～羊曲河段，长1360m，平均比降为1.23‰，水力资源条件较好。

1995年西北勘测设计研究院和青海省电力公司共同组织对龙羊峡以上干流进行了查勘，初步拟定了湖口、特合土、建设、官仓、门堂、塔吉柯、多松、多尔根、玛尔挡、尔多、茨哈、江前、班多和羊曲14座梯级水电站，利用落差共1241.3m，总装机容量8026.4MW，多年平均年发电量352.71亿kW·h。之后，西北勘测设计研究院对海拔高程3000m以下的茨哈～羊曲河段进行了规划，于2001年12月提出了《黄河上游茨哈至羊曲河段水电规划报告》，推荐该河段按茨哈、班多、羊曲3级开发，总装机容量2650MW，多年平均年发电量117.04亿kW·h；推荐班多水电站为近期工程，梯级开发顺序依次为班多、羊曲、茨哈。该规划方案已通过有关部门的审查。

（西北勘测设计研究院　王化中）

澜沧江上游水电开发规划及进展

一、澜沧江上游河段简介

澜沧江是较大的国际河流，发源于青海省唐古拉山，在中国境内流经青、藏、滇三省区，上游称扎曲，在西藏昌都与解曲汇合后称澜沧江，在云南西双版纳流出中国国境外称湄公河。

在云南省境内，澜沧江流域面积9万km^2，干流河长1227km，天然落差1792m，国境处多年平均流量2120m^3/s。从滇藏省界至苗尾水电站为上游河段，河长447km，天然落差953m，苗尾水电站多年平均流量943m^3/s，控制流域面积9.4万km^2。

澜沧江上游河段位于云南省西北部，属迪庆州、怒江州和大理州管辖；地处横断山脉中段，峰峦重叠，山高谷深，地势北高南低；东邻金沙江，西邻怒江，距离较近。在同一纬度金沙江水面比澜沧江高约100m以上，澜沧江水面比怒江高约300m以上。沿江没有县城，顺江边均有公路相通，交通条件较好。

二、水电规划工作进展情况

1996年原电力部水电水利规划设计总院（以下简称水规总院）以水电规计［1996］0057号文安排昆明勘测设计研究院（以下简称昆明院）正式开展澜沧江上游河段水电规划工作。随后昆明院于1996年7月向水规总院上报了《云南省澜沧江上游河段水电规划工作大纲》。

1998年，水规总院又以水电规计［1998］0006号文强调做好澜沧江上游河段水电规划工作。昆明院根据几年来实际工作情况，于2000年4月又修编并再次上报《云南省澜沧江上游（云南省境内）水电规划工作大纲》。

2001年初，昆明院与水规总院签订澜沧江上游水电规划工作合同。

昆明院自1958年以来，多次对澜沧江上游河段进行查勘和开发研究。从1996年开始进行大量勘测设计工作，目前已完成大部分勘测工作，如规划工作经费能到位，估计2003年可完成澜沧江上游河段水电规划报告。

三、已完成的主要工作

按照《中华人民共和国水法》、《江河流域规划编制规范》、《河流水电规划编制规范》等法律、规范的要求，在大量勘测设计工作的基础上，目前已初步查明河流开发条件、明确了河流开发任务，协调综合利用要求等，正进行优选梯级开发方案、推荐近期工程、梯级水电站供电范围研究等工作。

（一）测量工作

完成了滇藏省界～功果桥约500km河段的1∶10000河道纵剖面测量，以及大部分河段1∶10000地形图，苗尾、黄登、古松、巴东、果念、溜筒江、古水、说美等代表坝址1∶5000地形图和坝址1∶2000横剖面图等的绘制。准备进行调节能力较好的古水梯级水库1∶10000地形图测量工作。

（二）地质勘测工作

完成区域地质调查，上述各坝址低方案的钻探、平洞、物探、坑槽探等勘探工作及有关地质工作。正进行古水、黄登等较大调节水库和高方案的地质勘探工作。

（三）设计工作

完成综合利用调查，确定了开发任务；初步研究了滇藏铁路、“三江并流”风景名胜区与水电开发各梯级水电站的关系；初步确定了梯级开发方案组合及各梯级正常蓄水位等特征值；完成了各坝址月径流及洪水计算；进行了上游河段环境现状调查、各开发方案环境影响分析；完成不同方案、不同正常蓄水位水库淹没面积量算及淹没实物指标调查；完成各方案不同正常蓄水位各坝址1∶50000和1∶10000水库容积量算，各方案不同正常蓄水位各坝址水工枢纽布置初步研究；上游段龙头水库设置及比选。正进行上游河段外送能力、大水库及水库淹没处理专题研究工作等。

四、可能的代表方案及主要指标

规划工作正在进行中，还未形成推荐的梯级开发方案，规划阶段可能的代表方案及主要指标见表1。

表1 规划阶段可能的代表方案

水电站名称	古水	果念	乌弄龙	里底	托巴	黄登	苗尾	小计
多年平均流量 (m^3/s)	680	709	736	750	810	892	943	
正常蓄水位 (m)	2340	2080	1943	1820	1715	1622	1479	
装机容量 (万kW)	220	120	120	30	90	160	220	960
年发电量 (亿kW·h)	100	59	57	16	46	80	101	459
保证出力 (万kW)	70	45	43	13	35	60	82	348

（昆明勘测设计研究院 杨杰锋）

雅砻江流域开发概况

雅砻江系金沙江的最大支流，发源于青海省巴颜喀拉山南麓，在攀枝花市的倮果注入金沙江。从河源至河口，干流全长1571km，流域面积约13.6万km^2，天然落差3830m，其中四川境内流域面积12.5万km^2，天然落差3180m。两河口水电站以上为上游，两河口水电站至卡拉为中游，卡拉以下为下游。河口多年平均流量1910m^3/s，年径流量602亿m^3。

雅砻江水系水量丰沛、落差巨大，流域内干支流有180条，水力资源理论蕴藏量3771.18万kW，其中干流水力资源理论蕴藏量2200.5万kW，支流1570.68万kW，干流占全水系理论蕴藏量的58.4%，其开发任务主要为发电。

截至目前为止，已开展了雅砻江卡拉～江口河段水电开发规划、两河口水电站开发方式研究及全流域多次水力资源普查工作，正开展雅砻江中游（两河口～卡拉）河段水电开发规划。

雅砻江流域干支流技术可开发水电站共有339座，总装机容量2757.72万kW，年发电量1632.88亿kW·h。其中干流呷衣寺～江口河段共拟定了21级开发的方案，装机容量2390万kW，占整个水系的86.6%，年发电量1415.77亿kW·h。

两河口以下至江口是中国能源发展规划的十二大水电基地之一，水力资源最为集中，拟定了按11级开发的方案，总装机容量2135万kW。其中上游两河口～卡拉河段长268km，规划了两河口（300万kW）、牙根（90万kW）、蒙古山（160万kW）、大空（100万kW）、杨房沟（200万kW）、卡拉乡（80万kW）共6座梯级水电站，总装机容量930万kW。两河口水电站水库为雅砻江中游的控制性龙头水库，调节库容74.9亿m^3，具有多年调节能力。卡拉～江口河段长412km，天然落差930m，水能资源高度集中，且该河段区域地质构造稳定性较好，水库淹没损失小，开发目标单一，为近期重点开发河段。该河段水电规划报告于1996年2月通过审查；自上而下依次为锦屏一级（330万kW）、锦屏二级（320万kW）、官地（180万kW）、二滩（330万kW）、桐子林（45万kW）水电站。卡拉至江口河段总装机容量1205万kW。锦屏一级水电站水库为雅砻江下游的控制性水库，对下游各梯级补偿调节作用显著，调节库容49.1亿m^3，具有年调节能力。二滩水电站水库为雅砻江下游的控制性水库，调节库容33.7亿m^3，具有季调节能力。由于两河口、锦屏一级、二滩水电站水库的调节（调节库容157.7亿m^3），可使该河段梯级水电站水库具有多年调节能力，成为全国大江、大河中电能质量最好的河段之一，并可对其下游金沙江各梯级水电站及长江的三峡、葛洲坝等水电站具有巨大的梯级补偿效益，而其淹没损失是“三江”中最小的。

雅砻江近期主要开发锦屏一级、两河口等水电站。

二滩水电站的后续工程——雅砻江下游的控制性水库锦屏一级水电站位于四川省盐源县、木里县交界的雅砻江干流上，控制流域面积10.26万km^2，占雅砻江流域面积的75%，多年平均流量1200m^3/s，年径流量378亿m^3，多年平均年输沙量1690万t，是以发电为主，兼顾防洪的综合利用工程。

锦屏一级水电站正常蓄水位1880m，死水位1800m，正常蓄水位以下库容77.7亿m^3，调节库容49.1亿m^3，具有年调节能力。水电站总装机容量300万kW，单独运行时的枯水期平均出力为110.9万kW，多年平均年发电量162.87亿kW·h，其中枯水期（12月～翌年4月）电量为62.15亿kW·h，占全年的38.16%。水电站建成后可担负系统调峰、调频和事故备用。同时可使其下游的锦屏二级、官地、二滩、桐子林，金沙江的溪洛渡、向家坝，长江的三峡、葛洲坝8个水电站增加枯期平均出力274.8万kW，增加枯期电量107.78亿kW·h；年发电量97.65亿kW·h。近期可增加二滩、溪洛渡、三峡、葛洲坝4个水电站枯水期平均出力129.4万kW，年发电量44.41亿kW·h（枯水期电量49.78亿kW·h）。锦屏一级水电站调丰补枯，使汛期电量转化为枯水期电量，提高电能质量作用十分显著。

锦屏一级水电站水库干流回水长58km，水库淹没涉及两个县。据1993年调查，水库淹没耕地7628亩，迁移人口5251人。每万千瓦装机容量水库淹没耕地仅为23亩，每万千瓦装机容量水库迁移人口仅为16人，水库淹没处理补偿费用仅占总投资的1.24%，在全国同类型的水电站中是相当低的，弥补了输电线距离较远的缺点。

根据施工总进度安排，水电站筹建期3年，第一台机组发电工期8年6个月，总工期9年10个月。

锦屏一级水电站工程静态总投资164.7亿元（1999年价格），单位千瓦投资4991元。按借款期限20年还清本息测算（不计价差预备费），锦屏一级水电站上网电价为0.217元/（kW·h），与四川电网1999年平均上网电价0.32元/（kW·h）相比是相当便宜的。再加上其电能质量好，梯级补偿效益大等优势，因此该水电站具有很强的市场竞争力。

锦屏一级水电站经济效益和社会效益显著，每年可节约标准煤507万t，折合原煤约712万t。锦屏一级水电站地理位置适中，开发条件优越，是四川省继二滩水电站之后又一具有战略性的骨干电源。该电站的建设对满足21世纪初四川省国民经济发展的需要，促进少数民族地区脱贫致富，保护生态环境，改善系统运行条件将起到重大的作用。

两河口水电站位于四川省甘孜州雅江县境内的雅砻江干流上，为雅砻江中下游的龙头水库，对整个雅砻江梯级水电站的开发影响巨大。两河口水电站坝址位于雅砻江干流与支流鲜水河的汇口下游约2km，在支流庆大河汇口下游侧，下距雅江县城约25km，至成都的直线距离约300km。坝址控制集水面积65729km^2，多年平均流量为657m^3/s，多年平均悬移质年输沙量481万t，推移质年输沙量为27.8万t，其开发任务为发电。

两河口水电站正常蓄水位2880m，死水位2800m，正常蓄水位以下库容120.31亿m^3，调节库容74.92亿m^3，具有多年调节能力。水电站总装机容量300万kW，枯水期平均出力123.1万kW，多年平均年发电量116.87亿kW·h，其中平、枯水期（12月～翌年4月）电量为71.60亿kW·h，占全年的61.26%。水电站建成后可担负系统调峰、调频和事故备用。建成后可增加雅砻江两河口下游的牙根、蒙古山、大空、杨房沟、卡拉、锦屏一级、锦屏二级、官地、二滩、桐子林，金沙江的溪洛渡、向家坝，长江的三峡、葛洲坝14个水电站枯水期平均出力686.0万kW，年发电量204.71亿kW·h（平、枯水期电量335.46亿kW·h）。近期可增加锦屏一级、锦屏二级、官地、二滩、桐子林、溪洛渡、向家坝、三峡、葛洲坝9个水电站枯水期平均出力426.4万kW，年发电量116.1亿kW·h（枯水期电量213.31亿kW·h）。两河口水电站调丰补枯，使汛期电量转化为枯水期电量，提高电能质量作用十分显著。两河口水电站建成后，与锦屏一级、二滩水电站联合运行，可使雅砻江各梯级水电站水库达到多年调节能力，成为全国电能质量最好的河流。

两河口水电站水库干流回水长度约122km，支流鲜水河回水长度约98km，水库淹没涉及4个县。经调查，水库淹没人口4925人，耕（园）地7839亩。每万千瓦装机容量水库淹没耕地仅为26亩，每万千瓦装机容量水库迁移人口仅为16人。

根据施工总进度安排，筹建期3年，第一台机组发电工期7年10个月，总工期10年5个月。

两河口水电站工程静态总投资169.1亿元（2000年价格），单位千瓦投资5636元。按全部投资财务内部收益率不低于8%测算，两河口水电站经营期平均上网电价为0.223元/（kW·h），与四川电网1999年平均上网电价0.32元/（kW·h）相比是相当便宜的。再加上其电能质量好，梯级补偿效益大等优势，因此两河口水电站具有很强的市场竞争力。

该河段内的二滩水电站已于1999年12月全部机组投产发电；成都勘测设计研究院1997年9月完成了官地水电站可行性研究报告，1998年3月通过审查；成都勘测设计研究院1994年12月完成了桐子林水电站可行性研究报告，1995年5月通过审查。目前，成都勘测设计研究院正在开展锦屏一级水电站可行性研究，预计可在2003年完成；锦屏二级（一期）水电站已由成都勘测设计研究院、华东勘测设计研究院完成预可行性研究报告。两河口水电站已由成都勘测设计研究院完成开发方式研究报告，正在开展预可行性研究工作。

根据四川省电力发展规划，预计锦屏一级水电站2005年开工，2013年首批机组发电，2014年完建；锦屏二级水电站2007年开工，2015年完建；两河口水电站2010年开工，2020年前完建；官地、桐子林水电站“十二五”期间开工，2020年前完建。

（成都勘测设计研究院　唐荣斌）

大渡河流域开发概况

（一）大渡河流域规划调整的缘由

大渡河水力资源极为丰富。1977年，原水电部以（77）水规38号文指令成都勘测设计研究院开展大渡河规划。1983年，成都勘测设计研究院提出《大渡河规划报告》。1989年，原水利部、能源部和四川省政府共同主持审查通过《大渡河规划报告》。该报告为国家确定大渡河为全国十二大水电基地之一提供了坚实依据，为促进瀑布沟水电站开展设计和开工立项，为加快全河开发发挥了重大作用。近20年来，水力发电技术水平大为提高，流域社会经济情况也有较大变化。特别是2001年，组建了国电大渡河流域水电开发有限公司，启动了瀑布沟水电站的建设并决定加快开发大渡河。为适应新情况，拟适当调整规划思路和目标，优化梯级开发方案，提出一批近期开发工程，并将规划河段由双江口上延到足木足河。为此，水电水利规划设计总院、四川省计委、国电大渡河流域水电开发公司委托成都勘测设计研究院开展了大渡河规划调整工作。

（二）规划调整任务

遵照《河流水电规划编制规范》的基本要求，拟定规划调整的具体任务为：

（1）对原规划进行复核、补充、调整及优化。

（2）对上游主源足木足河进行新的规划。

（3）推荐3～4个近期开发工程，并达到相应工作深度。

（4）提交《大渡河水电规划复核调整及优化报告》。

（三）规划调整工作总体思路

全面规划、分段研究、找出问题、抓住重点、综合考虑、拟定方案，考虑“南水北调”等因素，在技术可行、经济合理的前提下，追求总体效益最大化。在水库调节方面，力争实现全河各梯级水电站都达到年调节。

（四）调整工作进展情况

成都勘测设计研究院已于2001年4月、2002年2月和2002年5月组织了全面查勘，查勘上延到双江口以上的足木足河。通过实地查勘，对大渡河的特点和水力资源开发利用有了进一步的认识，旋即开展了策划研究工作，确定了下步工作方向。

大渡河规划调整拟分上、中、下三段进行研究。上段（丹巴以上）研究重点是优选龙头水库梯级。足木足河上游下尔呷水库梯级条件较好，可以确定下来。双江口以下原规划独松水库控制条件好，但要淹没金川县城，淹没损失较大，提出用木足（大）水库梯级或木足（小）、太阳河口、热足3个水库与独松进行比选择优。中段（丹巴～石棉）原规划季家河坝梯级规模小，拟研究将其并入其他梯级；对长河坝和大岗山梯级拟研究提高其正常蓄水位；原冷竹关梯级要淹没姑咱镇，淹没损失较大，拟研究不淹姑咱镇的替代方案；对硬梁包梯级拟进行引水开发与坝式开发的比较。下段（石棉～铜街子）拟对瀑布沟下游的深溪沟梯级加深研究。

重点研究的梯级为下尔呷、热足、木足、独松、长河坝、大岗山、龙头石、深溪沟，在重点研究梯级中推荐近期开发工程。

规划调整报告将于2003年11月编制完成。

（成都勘测设计研究院　周明德）

四川省中小流域开发概况

一、南桠河

（一）流域概况

南桠河是大渡河中游右岸的一级支流，位于四川省冕宁县和石棉县境内，发源于牦牛山东麓，在石棉县城注入大渡河。河流全长78km，流域面积1200km²，河口多年平均流量50.6m³/s，流经高山区，流量丰沛稳定。河道天然落差3835m，平均比降49‰，水力资源程度居四川省中型河流前列。

（二）规划情况

1988年6月，成都勘测设计研究院编制提交了《南桠河规划报告》，1991年9月通过主管部门审查。报告推荐南桠河干流采用一库六级开发方案：上游一级为龙头水库，冶勒水电站（水库调节库容为3.13亿m³，可进行多年调节；水电站总装机容量200MW，多年平均年发电量6.12亿kW·h）；下游五级为引水式开发梯级：栗子坪（120MW/3.76亿kW·h）、姚河坝（123MW/7.6亿kW·h）、南瓜桥（120MW/7.69亿kW·h）、洗马姑（42MW/2.56亿kW·h）、大渡河边（60MW/3.6亿kW·h）水电站。6级总装机容量665MW，年发电量31.33亿kW·h。

（三）开发建设情况

1958年，为满足地方用电需求，选择洗马姑水电站（二级）先行开发，1964年建成投产14.5MW，1989年扩建为20MW（仍未达到规划终期规模）。

1971年，开工建设南瓜桥水电站（三级），1982年投产发电，装机容量120MW。

1992年6月，成都勘测设计研究院完成姚河坝水电站（四级）初步设计，1993年国家计委批准立项，1998年开工建设，2001年10月投产，总装机容量调增为132MW，多年平均年发电量为6.91亿kW·h。该水电站首次实现了“以库代池”，即以首部水库替代沉沙池，在多泥沙、高水头引水式开发方面走出了新路。

龙头水库冶勒水电站（六级）的初步设计报告于1991年7月由成都勘测设计研究院提交。1993年8月，国家计委批准立项。2000年10月该水电站正式开工，定于2004年12月投产发电。技术实施阶段将该水电站装机规模调增至240MW，相应多年平均年发电量为6.25亿kW·h。

栗子坪水电站（五级）的可行性研究报告已于1997年12月由成都勘测设计研究院编制完成，大渡河边水电站（一级）的可行性研究报告于1996年12月由成都勘测设计研究院提交。此两座水电站将随冶勒水电站滚动开发。

二、瓦斯河

（一）流域概况

瓦斯河是大渡河上游右岸的一级支流，位于四川省甘孜州康定县境内。发源于大雪山，上游称雅拉河，在康定接纳折多河后称瓦斯河。全河长83km，流域面积1566km²，河口多年平均流量47.1m³/s。河道天然落差2465m，平均比降35.7‰，局部河段达70‰。水力资源丰富集中。

（二）规划情况

1991年6月，成都勘测设计研究院编制完成《瓦斯河干流水电规划报告》，1992年6月通过主管部门的审查。此报告规划范围为干流康定～河口段，推荐进行龙洞（114MW/7.29亿kW·h）、小天都（153MW/9.77亿kW·h）、冷竹关（153MW/9.42亿kW·h）3级开发，总装机容量420MW，年发电量26.48亿kW·h。

为适应持续开发瓦斯河的要求，成都勘测设计研究院于2000年3月编制提交了瓦斯河上游河段雅拉河规划报告，并于2000年9月通过了主管部门审查。规划推荐龙头水库——木格措抽水蓄能电站（120MW/3.09亿kW·h）和金盖水电站（40MW/2.35亿kW·h）2级开发，总装机容量160MW，年发电量5.44亿kW·h。

雅拉河和瓦斯河共规划5级水电站，其中龙洞梯级水电站所在河段由地方开发，其余4级总装机容量466MW，年发电量24.63亿kW·h。

（三）开发建设情况

瓦斯河一期工程冷竹关水电站于1995年2月完成可行性研究报告，1998年7月开工建设，2000年10月投产发电，其装机容量经调整后实装180MW，年发电量9.88亿kW·h，建成后运行良好。

瓦斯河二期工程有小天都、木格措、金盖3个梯级水电站，2000年11月～2001年1月完成了木格措、金盖水电站预可行性研究报告，2001年8月完成小天都水电站预可行性研究报告。2002年3月同时完成3个水电站的可行性研究报告，5月通过主管部门的审查。

木格措为瓦斯河的龙头水库，坝高60m，调节库容1.07亿m³，可实现年调节，为抽水蓄能电站，其发电装机规模调增为210MW，年发电量为3.87亿kW·h，并可增加下游梯级枯期电量1.83亿kW·h。

金盖水电站可行性研究报告调增装机至70MW，年发电量为2.85亿kW·h。小天都水电站可行性研究报告调增装机至240MW，年发电量为10.84亿kW·h。二期工程3个水电站总装机容量520MW，年发电量17.56亿kW·h，近期将滚动开发。

三、宝兴河

（一）流域概况

宝兴河是青衣江上游主源，发源于四川省宝兴县巴朗山南麓，至飞仙关后称青衣江。河源至飞仙关长141km，天然落差3605m，流域面积3321km²（不含玉溪河），多年平均流量98.5m³/s（不含玉溪河）。硗碛～铜头场河道长86km，天然落差1361m，平均比降15.9‰，水量丰沛稳定，水力资源富集，开发条件优越，是主要开发河段。

（二）规划情况

1993年3月，四川省水利勘测设计院编制完成《四川省宝兴河梯级电站规划报告》，于1993年10月通过了主管部门审查。规划河段为干流硗碛～铜头场，推荐采用一库六级开发方案：硗碛（龙头水库梯级，调节库容0.88亿m³，可进行年调节，装机容量176MW，年发电量8.22亿kW·h）、民治（105MW/5.48亿kW·h）、宝兴（136MW/7.27亿kW·h）、小关子（120MW/7.07亿kW·h）、灵关（54MW/3.22亿kW·h）、铜头（80MW/4.63亿kW·h）水电站。6级总装机容量671MW，多年平均年发电量为35.89亿kW·h。

（三）开发建设情况

按国家计委交能（1995）28号文《关于四川宝兴河梯级水电站工程项目建议书的批复》，由四川华能公司开发的宝兴河梯级水电站除上述规划6级外，还有下游紧邻的飞仙关、雨城2级，建设总规模920MW。其中铜头、雨城为第一期工程，已于1996年建成发电，装机容量和年发电量分别为80MW/4.79亿kW·h、60MW/3.11亿kW·h。

小关子水电站由成都勘测设计研究院于1995年4月提交可行性研究报告，1998年6月开工建设，2000年9月投产发电，建成规模为160MW/8.34亿kW·h。为适应地质条件布置主厂房，水电站压力钢管跨越宝兴河，其跨河桥号称“亚洲第一管桥”，为该水电站特色。

宝兴水电站由西北勘测设计研究于1995年编制完成可行性研究报告，待建。

灵关和飞仙关水电站由四川省水利勘测设计院于1995年编制完成可行性研究报告，待建。

硗碛水电站由成都勘测设计研究院于1999年5月编制完成可行性研究报告。水库正常蓄水位由2060m提高至2140m，调节库容由规划阶段的0.88亿m³增至1.87亿m³，水电站装机容量增至240MW，年发电量增至9.11亿kW·h。

民治水电站已由成都勘测设计研究院于2002年3月开始开展可行性研究阶段勘测设计工作。

（成都勘测设计研究院　周明德）

杂谷脑河流域开发

（一）流域概况

杂谷脑河地处四川阿坝州境内，系岷江上游的右岸一级支流，发源于鹧鸪山脉，流经著名的米亚罗原始森林区，于汶川县汇入岷江。流域面积4632km²，干流河道长168km，天然落差约3092m，平均比降18‰，河口多年平均流量110m³/s，水能资源理论蕴藏量达85.6万kW。流域内大部分山峰海拔4000m以上，高山起伏，河谷深切。沿河两岸山势陡峻，水流湍急。多年降水量700～800mm，其中5～10月份降水量占全年的81.3%，每年积雪期为12月～次年2月。流域内天然湖泊共90余个，众多的湖泊及繁茂的森林对径流起着天然调蓄作用。杂谷脑河在四川省众多的中型河流中，是资源富集、开发条件较优越的河流之一。

（二）开发方案、顺序及效益

杂谷脑河干流按一库七级方案开发，自上而下依次为：狮子坪（18万kW）、红叶二级（9万kW）、理县（3.3万kW）、危关（2.5万kW）、甘堡（3.05万kW）、薛城（9万kW）、古城（11万kW）水电站，总装机容量55.85万kW。同时，为便于流域上网，从红叶二级水电站至四川绵阳县新建一条220kV输电线路，全长203km。其中，理县、甘堡水电站已建成发电，红叶二级水电站及220kV输电线路在建。

杂谷脑河流域开发规划见表1，杂谷脑河干流规划河段梯级开发方案主要技术指标见表2。

表1　杂谷脑河流域开发规划表

水电站名称	装机容量（万kW）	总投资（万元）	施工时段（或预计施工时段）
红叶二级	9	40475.48	2000年9月1日～2003年1季度
狮子坪	18	171306.71	2003年1季度～2006年4季度
危关	2.5	—	2006年4季度～2008年4季度
薛城	9	62480.00	2004年4季度～2007年4季度

续表

水电站名称	装机容量（万 kW）	总投资（万元）	施工时段（或预计施工时段）
古城	11	76660.00	2004 年 4 季度～2007 年 4 季度
输电线路	电压等级 220kV，线路长度 203km。 总投资 23165.89 万元（其中缓建变电站投资 5450 万元）		2001 年 8 月～2002 年 6 月

杂谷脑河规划河段一库七级梯级开发方案全部建成后，总装机容量可达 55.85 万 kW，可获得保证出力 21 万 kW，年发电量 32.91 亿 kW·h，可提高四川主网枯水期出力，改善电网运行状况；替代火电，每年可节约燃煤 155 万 t。

杂谷脑河开发任务是发电，经济效益主要为发电效益。规划梯级全部建成后，按单位电能产值 6 元计算，每年可创产值约 201.6 亿元，效益显著。按 1998 年价格水平测算，全部未建梯级水电站（不包括危关水电站）的静态总投资为 33.27 亿元，平均单位千瓦投资为 7312 元，平均单位电能投资为 1.25 元，与目前四川省内规划、设计的中型电站相比属中等水平。

开发杂谷脑河梯级水电站，除发电效益外，还具有发展地方经济，振兴民族经济，促进社会秩序稳定等社会效益。

（三）开发进展情况

1997 年 7 月，国家电力公司、四川省计委和阿坝州政府三方达成联合开发杂谷脑河意向性协议。1998 年 9 月完成了《四川省杂谷脑河干流（芦沟桥～下庄河段）水电规划报告》，经审查确定了一库七级梯级开发方案。2000 年 6 月 29 日，由国家电力公司控股，共 6 家企业合资成立了四川杂谷脑水电开发有限责任公司。2000 年 9 月 1 日红叶二级水电站正式开工，预计 2003 年 1 季度竣工。同时，从红叶二级水电站至四川绵阳 220kV 输电线路 2001 年 8 月开工，预计 2002 年 6 月竣工。狮子坪水电站预可行性研究设计报告已经国家电力公司以国电水规（1999）144 号文批复，2001 年 11 月，中国国际工程咨询公司以咨能源（2001）914 号文，对狮子坪水库项目建议书提出了咨询意见。目前，狮子坪水电站正在进行可行性研究阶段勘测设计工作，预计 2006 年 4 季度全部建成。

（四川杂谷脑水电开发有限责任公司 陈为明）

表 2 杂谷脑河干流规划河段梯级开发方案主要技术经济指标表

项 目 单 位	梯 级 水 电 站						
	狮子坪	红叶二级	理县	危关	甘堡	薛城	古城
工程阶段	预可行性研究	在建	已建	规划	已建	规划	规划
坝(闸)址距河口距离(km)	95	75	62.7	58	48.8	45.8	29.75
坝(闸)址集水面积(km^2)	1200	1560	2312	2312	2608	2610	3843
多年平均流量(m^3/s)	32.2	41.8	62.7	62.7	63.6	68.7	93.8
正常蓄水位(m)	2540	2087	1925.2	1845.6	1784.5	1709.6	1555
尾水位(m)	2088.15	1928.5	1845.6	1784.5	1711.8	1555	1405
正常蓄水位库容(万 m^3)	13270		100			89.3	85.5
调节库容(万 m^3)	10994		40			75.9	66.6
调节性能	年	无	日	无	无	日	日
利用落差(m)	452.6	157.5	79.6	61.1	72.7	154.6	150
发电引用流量(m^3/s)	54.12	73.29	54.4	54.4	51.4	79	96.4
装机容量(万 kW)	18	9	3.3	2.5	3.05	9	11
保证出力(单独/联合)(万 kW)	5.939	2.05/2.89	1.06/1.56	0.87/1.27	1.26/1.73	2.42/3.42	3.19/4.19
年发电量(单独/联合)(亿 kW·h)	9.3	4.66/4.9	2.14/2.29	1.61/1.73	2.12/2.26	5.24/5.5	6.62/6.9
年利用小时（单独/联合）(h)	5167	5178/5445	6485/6942	6439/6904	6951/7393	5826/6111	6015/6270
水库淹没耕地、园地（亩）	557					75	50
水库淹没拆迁人口（人）	340					115	56
坝（闸）型式	闸坝	闸坝		闸坝	闸坝	闸坝	闸坝
最大坝（闸）高（m）	137	11.5				24	20
引水线路长度（m）	18364	7703	2210		2450	14900	15900
引水洞径（m）	4.6	5.2				5.6	6.0
土石方开挖量（万 m^3）	186.79	34.311				12.434	18.47
石方洞挖量（万 m^3）	64.28	35.554				59.33	66.17
土石方填筑量（万 m^3）	722.15	9.404					
静态投资（万元）	151699	39870				62480	76600
动态投资（万元）	171433	43284					
单位千瓦投资（元）	8428	4430				6942	6964
单位电能投资（单独/联合）（元）	1.63	0.86/0.81				1.14	1.11

嘉陵江流域开发概况

嘉陵江是长江上游左岸的一条主要支流，发源于陕西省秦岭南麓，流经陕西、甘肃、四川，在重庆注入长江，河流全长1120km，落差2300m，流域面积15.98万km^2。干流广元至重庆的中、下游河段，水能资源丰富，开发条件较好，共规划16个梯级开发。除亭子口水电站外，其他均采用中低水头的闸坝（含河湾取直）开发。已建成东西关、马回、红岩子水电站；在建的有金银台、青居、桐子壕水电站；沙溪、新政、金溪、草街等水电站正在开展设计，其他还规划了水车坝、亭子口、苍溪、凤仪场、小龙门、井口等梯级水电站。

（一）金银台水电站

位于四川省阆中市河溪镇境内，距阆中市11km，水电站正常蓄水位352.00m，相应库容1.66亿m^3，多年平均流量728.00m^3/s，控制流域面积67.7万km^2，装机容量120MW，保证出力36.1MW，年平均发电量5.75亿kW·h。坝区处于四川红层地区，坝基岩层为泥质细砂岩、砂质黏土岩。枢纽由船闸、泄洪闸、冲砂闸、发电厂房及挡水坝等建筑物组成。坝轴线长540.40m（不含船闸），坝顶高程363.0m，最大闸高41.00m。泄洪设施位于河道中央及左岸，设有14孔泄洪闸和1孔冲砂闸，泄洪闸孔口尺寸12.0m×18.0m，冲砂闸孔口尺寸10.0m×18.0m。平顶堰堰顶高程334.00m，下游设T形消力墩的综合消力池，消力池长度55.00m。厂房位于右岸，为河床式整体厂房，前缘长度103.00m，顺水流向长度72.20m。厂房内安装3台40MW的贯流式水轮发电机组。两岸为混凝土挡水接头坝。船闸位于左岸，利用河湾“垭口”修建，有效尺度120m×16m×3.0m（长×宽×门槛水深）。工程土石方开挖239.61万m^3，土石方堆筑31.67万m^3，混凝土浇筑60.97万m^3，采用枯水期分期导流。2002年2月28日导流明渠正式开工，计划2005年2月28日第一台机组发电，2005年10月工程竣工。

（二）桐子壕水电站

位于四川省武胜县，距县城约12km，水电站正常蓄水位224.00m，相应库容为1.24亿m^3，多年平均流量871m^3/s，控制流域面积78926km^2，装机容量108MW，保证出力33.3MW，年平均发电量5.25亿kW·h。坝基岩层为砂岩，泥质粉砂岩及粉砂质泥岩。枢纽建筑从左至右由开敞式溢流坝、泄洪冲砂闸、厂房及船闸组成。坝轴线总长706.90m，坝顶高程239.83m，最大闸高39.83m。溢流坝前缘长度209.00m，布置9孔泄洪闸和3孔冲砂闸，泄洪冲砂闸孔口尺寸均为12.0m×14.0m。下游设T形墩的综合消力池，消力池长度50.00m。厂房坝段长109.68m，坝段底宽80.20m，厂内安装3台36MW贯流式水轮发电机组。船闸位于右岸，船闸尺寸为120m×16m×3.5m。工程土石方开挖84.40万m^3，混凝土浇筑54.49万m^3。2000年2月导流工程开工，2000年11月截流，2003年2月底第一台机组发电，计划2003年7月工程竣工。

（三）青居水电站

位于四川省南充市青居镇，距南充市17km。水电站采用闸坝挡水，利用大河湾截弯取直，增大利用水头。正常蓄水位262.50m，相应库容1.17亿m^3，多年平均流量850m^3/s，控制流域面积76753km^2，装机容量136MW，保证出力34.0MW，年发电量6.01亿kW·h。坝基岩层为紫红色砂质黏土岩。工程由闸坝枢纽、厂房枢纽及船闸等建筑物组成；闸坝枢纽建筑为挡水坝、泄洪闸和溢流坝。坝轴线长432.00m，坝顶高程262.50m，最大闸高49.70m，11孔泄洪闸孔口尺寸12.0m×15.0m，下游设T形墩的综合消力池，消力池长度50.00m。开敞式溢流坝前缘总长217.00m，为覆盖层上建坝，基础防渗为0.8m厚的混凝土防渗墙。厂房及船闸均利用大河湾截弯取直，厂闸分离布置；厂房安装4台34MW的贯流式水轮发电机组，船闸尺寸为120m×16m×3.0m。工程于2001年6月28日开工，计划于2004年7月第一台机组发电，2005年6月底第四台机组发电。

（四）草街水电站

位于重庆市的合川市境内，上距合川市26.8km，下距河口重庆市68.2km。水电站正常蓄水位203.00m，总库容30.5亿m^3，坝址多年平均流量2160m^3/s，装机容量600MW，保证出力92.9MW，多年平均发电量19.70亿kW·h。坝基岩层为砂质黏土岩、长石砂岩及粉砂岩。枢纽由挡水坝、溢流坝、冲砂闸、厂房及船闸组成，坝轴线长度646.50m，坝顶高程223.00m。泄洪设施布置18孔溢流表孔及2孔冲砂闸，表孔尺寸13.0m×18.0m，冲砂孔尺寸12.0m×17.0m，可宣泄校核洪水流量67100m^3/s。厂房为河床式，厂内安装4台单机容量为150MW的轴流式机组。船闸布置于河道左岸，船闸有效尺寸为180.0m×16.0m×3.50m，可通行2×1000t级船队。目前正在开展可行性研究设计。

（成都勘测设计研究院 周 钟）

四川省水力资源复查进展情况

为进一步查清中国水力资源，2001 年 4 月，国家计委在四川省都江堰市召开了全国水力资源复查工作会议。会上，国家计委阐述了再次开展全国水力资源复查工作的必要性和重要性，明确了各负责单位的工作任务。接受任务后，四川省迅速成立了由四川省计委副主任李亚平为组长，四川省水利厅副厅长朱家清、成都勘测设计研究院院长郑声安为副组长及省计委、省水利厅等相关部门领导为成员的四川省水力资源复查领导小组。领导小组办公室设在成都勘测设计研究院，具体负责：①制定工作大纲与实施细则；②组织有关单位开展四川省水力资源复查工作；③对各协作单位的复查工作进行业务指导并协调有关技术问题；④组织复查成果的咨询；⑤汇总编制四川省复查成果；⑥资金使用计划的拨付；⑦完成领导小组交办的其他事项。成都勘测设计研究院作为四川水力资源复查的技术负责单位，负责组织四川水力资源的复查工作。

四川省水力资源复查领导小组及相关组织机构成立之后，旋即着手工作大纲的编制及水力资源经济可开发量评价方法、原则的制订工作。2001 年 9 月，领导小组提出了四川省水力资源经济可开发量评价方法、原则，提交全国水力资源复查第二次会议（贵阳）研讨；又于 2001 年 11 月提出了四川省水力资源复查工作大纲。

鉴于四川河流众多、水量丰沛、水力资源在全省能源资源中占有绝对的优势，其可开发水电装机与发电量均居中国各省区的首位，初步估算，四川省水力资源蕴藏量 10MW 以上的河流约有 740 条，装机 1MW 以上的水电电源点有 1900 多个。河流众多、电源点构成复杂是四川省水力资源复查的突出特点，也正是其与全国其他地方的不同之处。因此，在上述工作大纲的制定中，体现出了针对水力资源构成复杂性所采取的工作方法和步骤：①复查河流理论蕴藏量，选用具有理论蕴藏量 10MW 以上的河流；②复查单站装机容量选用 0.5MW 以上的电源点；③在电站指标的选取上项目更多，在工作程序上采用室内、野外、电子录入相结合的方法。考虑到四川省目前尚有很大一部分河流未进行河流规划工作，1997 年编制的《四川省水力资源》成果精度较低，难以继续采用，为此本次复查经初步分析，选择大渡河流域的绰斯甲河、小金川、革什扎河、安顺河，雅砻江流域的力丘河、鲜水河、理塘河、卧落河，金沙江流域的黑水河等十余条理论蕴藏量较大但未进行过规划的河流，作为本次复查野外工作的重点。

经四川省水力资源复查领导小组协调，本次复查将青衣江干流、青衣江一级支流玉溪河、荥经河、天全河、周公河、沱江干流、涪江干流、涪江一级支流虎牙河、通口河、渠江干流、渠江一级支流大通江、州河、安宁河共 13 条河流的复查工作交由四川省水利水电勘测设计院负责。目前，该院配置了专人，正抓紧进行复查。

成都勘测设计研究院负责上述 13 条河流外其他河流的复查工作，还负责成果汇总、报告汇总。目前，金沙江、雅砻江、大渡河、嘉陵江、岷江干流的站点复查、数据录入已初步完成，下一步待完成野外查勘工作后，对原成果重新复核、调整。

（成都勘测设计研究院　唐荣斌　周　云　周少森）

流 域 滚 动 开 发

黄河上游水电滚动开发机制

黄河上游水电梯级开发，需建立水电滚动开发机制，本着“流域、梯级、滚动、综合”的开发方针，以利实现黄河上游水电的可持续发展。

（一）黄河上游干流开发现状

黄河上游龙羊峡～青铜峡河段长 918km，落差 1324m，规划有大、中型水电站 25 座，总装机容量 1713 万 kW，年发电量 593 亿 kW·h。目前已建成的有龙羊峡、李家峡、刘家峡、盐锅峡、八盘峡、大峡和青铜峡七座水电站。在建的有尼那、公伯峡和沙坡头三座水电站。拉西瓦水电站已开始开工前的准备工作；小峡水电站“三通一平”工作已基本完成，导流明渠已于 2001 年底开工。已完成初步设计（可行性研究）的有积石峡、直岗拉卡、康扬和乌金峡水电站。另外还有多座水电站正在进行或已完成预可行性研究的设计工作。

黄河龙羊峡～青龙峡段的水力资源既丰富又集

中，既有优良的工程建设自然条件，又有梯级连续开发的优势，且调节性能优越，筑坝地形地质条件好，工程量小，水库淹没和移民少，技术经济指标优越。前期工作做得充分，为加快该河段的梯级开发奠定了基础。

（二）黄河上游水电滚动开发机制

为了加快黄河上游水能资源的开发，充分发挥已建水电站的效益，促进梯级电站的开发，西北勘测设计研究院在20世纪80年代中期就研究过黄河梯级滚动开发方案。1996年研究黄河上游水电开发问题会议决定：确定龙羊峡电站作为黄河流域滚动开发的“母体电站”；待李家峡电站建成后，再用龙羊峡、李家峡这两个“母体电站”去滚动开发黄河下一个规模适当的水电站。

在多年工作的基础上，由国家电力公司、西北电力集团公司、西北四省（区）电力公司及西北四省（区）电力投资公司十方共同出资组建的黄河上游水电开发有限责任公司（简称黄河水电公司），于1999年10月挂牌成立。

在组建的十方中，青海省电力公司以其拥有龙羊峡电站评估后的净资产出资，西北电力集团公司、西北四省（区）电力投资公司以其拥有的原李家峡水电有限责任公司评估后的净资产出资，上述六方均为以净资产出资的股东方。陕西、甘肃、宁夏三省（区）电力公司，国家电力公司带资入股，从根本上解决了公司的资本金问题。

黄河水电公司首期注册资本金为10亿元，西北电力集团公司、青海省电力公司、陕西省电力公司及四省（区）电力投资公司以净资产出资，各方实际拥有净资产超过出资额的部分，作为黄河水电公司对相应投资方的负债处理；实际拥有资产不足出资额的部分，以现金出资补齐，国家电力公司和甘肃、宁夏电力公司以现金出资。

已成立的黄河上游水电开发有限责任公司，是按现代企业制度组建的公司，负责黄河上游的水电开发，水电站建成后的生产经营，尤其是以龙羊峡和李家峡电站作为母体水电站，使所得的收益继续用于黄河上游水电的开发，形成以企业为主体的资本运营方式，真正使黄河上游水电开发具有“业主负责、管建结合、主体明确、产权明晰、流域开发、滚动发展”的特点。

（三）黄河上游水电滚动开发的实施情况

目前黄河上游干流待开发电站的前期工作做得充分，为开发提供了可靠的前提条件。

黄河水电公司成立后滚动开发的第一座水电站是公伯峡水电站，其后为拉西瓦水电站和积石峡水电站，并且在建设公伯峡水电站的同时准备开发苏只水电站。

公伯峡水电站于1998年6月开始进行前期准备工作，2001年8月8日主体工程正式开工，2001年12月下旬导流洞全部贯通，在2002年3月20日截流成功。目前，工程进展顺利，主要建筑物正处在开挖高峰期。按计划第一台机组将于2004年发电，到2005年五台机组全部并网发电，工程完建。

拉西瓦水电站是紧接龙羊峡水电站的第二个梯级电站。1992年完成了电站初步设计报告，2000年根据国家西部大开发及“西电东送”的要求，重新启动拉西瓦水电站前期勘测设计工作，根据新的规定和条件，重新编制可行性研究报告（等同初步设计）。工程枢纽永久建筑物由250m高的混凝土双曲拱坝和安装6台单机容量70万kW机组的地下引水发电建筑物等组成。拉西瓦水库淹没损失极小，淹耕地412亩，草山18718亩，迁移人口1650人。工程总工期8年，第六年6月首台机组发电。拉西瓦工程现场前期施工准备工作已于2001年11月开工。目前，左右岸高低线交通工程、黄河大桥和生产生活场地平整工作正在进行。

苏只水电站紧邻公伯峡水电站，距公伯峡公路12km，规划装机容量21万kW。黄河水电公司准备在建设公伯峡水电站的同时，一并建设苏只水电站，除苏只水电站前方所必需的设施外，其余设施、施工队伍等，可与公伯峡水电站共用，以利于节省投资，缩短工期。苏只水电站拟与公伯峡水电站同时发电。

（西北勘测设计研究院　宋　臻）

金沙江中游河段水电开发规划

金沙江为长江上游河段，发源于青海省境内唐古拉山北麓，流经青海、西藏、云南、四川4个省区。金沙江干流玉树～宜宾河段，全长2326km，习惯上将其分为上、中、下三段。石鼓以上为上段，石鼓至雅砻江口为中段，雅砻江口至宜宾为下段。国务院于1990年9月以国发［1990］56号文《国务院批转全国水资源与水土保持工作领导小组关于长江流域综合利用规划简要报告审查意见的通知》，原则批准了长江水利委员会编制的《长江流域综合利用规划简要报告》（以下简称《简要报告》），指出：“《简要报告》是今后长江流域综合开发、利用、保护水资源和防治水害活动的基本依据。各有关地区和部门要根据全流域的综合利用规划，抓紧编制与其相适应的支流规划、区域规划和专业规划，并按有关法定程序审查批准”。根据国务院的批示，为了编制金沙江中游河段的水电专业规划，水利水电规划设计总院于1992年

9月以水规计［1992］037号文印发了《关于安排金沙江中游河段规划前期工作的通知》，并于1993年7月以［1993］水规计便字29号文进一步明确了工作分工，由昆明勘测设计研究院负责金沙江中游河段水电规划工作，中南勘测设计研究院负责其中的虎跳峡梯级开发方式研究。昆明勘测设计研究院和中南勘测设计研究院在承担具体的水电规划工作任务后，在过去长江水利委员会等单位工作的基础上，历时8年，进行了大量勘测设计和研究工作，于1999年12月完成了《金沙江中游河段水电规划报告》。2002年4月16～19日，国家计委在北京主持召开审查会议，审查并通过了该报告。

（一）金沙江中游河段水电规划的指导思想

水电规划要与长江流域的总体规划及其《简要报告》相协调；正确处理好资源开发与环境保护，整体与局部，远景与近期，中游河段与上、下游衔接，左岸与右岸，发电与防洪及水资源综合利用等方面的关系；充分考虑金沙江中游河段及所在地区的自然特点，因地制宜，趋利避害，选择开发条件相对较好的梯级方案；应遵循开发与保护协调一致的原则，重视当地社会经济发展和环境保护要求，力求选择对自然环境影响相对较小、淹没损失和移民相对较少的方案。

（二）金沙江中游河段开发任务

长江流域的《简要报告》针对河流开发任务提出："长江干流各河段特点与要求不同，治理开发任务各有侧重。宜宾以上河段主要开发任务是发电、航运、防洪、漂木和水土保持"。经研究论证，金沙江中游河段开发与治理任务是发电、灌溉供水、防洪、水土保持、航运和旅游。

（三）金沙江中游河段梯级开发任务

金沙江中游河段按一库八级梯级方案开发，即上虎跳峡、两家人、梨园、阿海、金安桥、龙开口、鲁地拉和观音岩，全梯级总装机容量20580MW。各梯级电站除两家人梯级拟采用混合式开发外，其他梯级均采用堤坝式开发。

（四）金沙江中游河段近期开发工程

推荐上虎跳峡、金安桥、观音岩水电站为金沙江中游河段近期开发工程。上虎跳峡梯级是龙头水库，除自身发电效益好外，还可以显著增加下游梯级水电站的效益，提高水电"西电东送"的质量和市场竞争力，同时，还可起到配合长江三峡水库对长江中下游防洪的作用，是整个梯级开发的关键性工程，应优先开发；金安桥、观音岩水电站开发条件相对较好，工程技术经济指标优越，对外交通便利，工程规模适中，技术难度不大，具备近期建设条件，可视经济发展需要适时开发。

上虎跳峡水电站位于云南省迪庆州中甸县和丽江地区丽江县交界处，地处虎跳峡大峡谷上段。坝址控制流域面积21.84万km^2，多年平均流量1410m^3/s，规划以水库正常蓄水位1950m作为代表性方案，相应总库容183.4亿m^3，调节库容138.6亿m^3，装机容量2800MW，年发电量105亿kW·h。

金安桥水电站位于云南省丽江县和永胜县交界处，为中游河段规划的第五级电站。坝址控制流域面积23.74万km^2，多年平均流量1670m^3/s，规划推荐水库正常蓄水位1410m，相应总库容6.63亿m^3，调节库容1.58亿m^3，装机容量2500MW，年发电量114亿kW·h。观音岩水电站位于云南省丽江地区华坪县和四川省攀枝花市交界处的塘坝河口附近，为中游河段规划的最后一级电站。坝址控制流域面积25.65万km^2，多年平均流量1830m^3/s，规划推荐水库正常蓄水位1132m，相应总库容19.7亿m^3，调节库容5.42亿m^3，装机容量3000MW，年发电量131亿kW·h。

金沙江中游河段水电规划装机20580MW，连同下游河段已经开始启动立项建设的溪洛渡、向家坝，以及启动前期工作的乌东德、白鹤滩4个梯级水电站，构成的整个金沙江中下游水电基地总装机容量近60000MW，是中国最大、指标最好的"西电东送"水电能源基地。开发金沙江中游河段的水电站，对促进当地社会经济的发展，实现少数民族和贫困地区脱贫致富具有十分重要的作用，符合中国西部大开发战略。

金沙江中游河段水电规划梯形开发方案技术经济指标见表1。

表1 金沙江中游河段水电规划梯级开发方案技术经济指标表

项目	上虎跳峡	两家人	梨园	阿海	金安桥	龙开口	鲁地拉	观音岩	合计
建设地点	云南中甸 云南丽江	云南中甸 云南丽江	云南中甸 云南丽江	云南丽江 云南宁蒗	云南丽江 云南永胜	云南鹤庆	云南永胜 云南宾川	云南华坪 四川攀枝花	
距雅砻江口距离（km）	515.6	513.6	445.6	365.1	291.4	249.3	150.2	52.4	
流域面积（万km^2）	21.84	21.84	22.01	23.54	23.74	23.97	24.73	25.65	
多年平均流量（m^3/s）	1410	1410	1430	1640	1670	1710	1750	1830	
多年平均水量（亿m^3）	444.66	444.66	450.95	517.9	526.65	539.27	551.88	577.11	

续表

项目		上虎跳峡	两家人	梨园	阿海	金安桥	龙开口	鲁地拉	观音岩	合计
多年平均悬沙量（万 t）		2640	2650	2750	3790	3920	4080	4430	5030	
校核洪水流量（m^3/s）		12400	12400	14900	17300	17600	17900	18800	27200	
设计洪水流量（m^3/s）		11600	11600	13100	15200	15400	15700	16500	17100	
校核洪水位（m）		1954.01	1817.69	1622.00	1506.00	1419.30	1299.00	1223.00	1136.00	
设计洪水位（m）		1951.26	1812.99	1617.50	1501.00	1415.20	1294.50	1218.20	1128.20	
正常蓄水位（m）		1950	1810	1620	1504	1410	1297	1221	1132	
死水位（m）		1880	1810	1608	1494	1400	1289	1212	1120	
总库容（亿 m^3）		183.45	0.043	8.91	8.4	6.63	6.57	20.99	19.73	254.723
调节库容（亿 m^3）		138.62		1.73	2.15	1.58	1.3	5.74	5.42	156.54
库容系数		0.32		0.004	0.004	0.003	0.002	0.01	0.009	
调节性能		多年	无	月	月	月	月	季	季	
利用水头（m）		147	202	120	96	116	79	89	117	966
装机容量（万 kW）	单独运行	280	270	152	140	160	120	140	187.5	1449.5
	联合运行	280	400	228	210	250	180	210	300	2058
保证出力（万 kW）	单独运行	105.25	57.5	38.65	37.38	45.15	32.08	40.85	54.25	411.11
	联合运行	109.93	181.2	116.14	100.44	121.67	83.22	97.04	132.95	942.59
多年平均年发电量（亿 kW·h）	单独运行	114	137.54	81.77	75.57	89.43	64.38	75.95	103.14	741.78
	联合运行	105.32	163.12	102.85	93.78	114.17	78.90	93.59	131.49	883.22
年利用小时数（h）	单独运行	4071	5094	5380	5398	5589	5365	5425	5501	
	联合运行	3758	4079	4514	4462	4564	4385	4452	4379	
发电引用流量（m^3/s）		2735.6	2744.5	2394	2958	2988	3144	3180	3304	
水库淹没（亩）	耕地	156160	22.2	2800	4690	2099	4315	31229	14059	215374.2
	水田	112900	15	100	1430	1142	2616	12909	9822	140934
迁移人口（人）		80569	8	1215	2251	991	1918	16819	8606	112377
坝　型		双曲拱坝	混凝土重力坝	混凝土重力坝	混凝土重力坝	混凝土重力坝	混凝土重力坝加右岸堆石坝	混凝土重力坝	面板堆石坝	
最大坝高（m）		216	99.5	155	139	156	113	120	148	
坝址地质		大理岩石英片岩	大理岩石英片岩	玄武岩正长岩	石英砂岩辉绿岩	玄武岩	玄武岩	石英砂岩正长岩	钙质砾岩石英砂岩	
河床覆盖层最大厚度（m）		40（钻）		3～10（物）	5～15（物）	4.9～5.5（钻）	11.13（钻）	6～8（物）	16.16（钻）	
地震基本烈度		Ⅷ	Ⅷ	Ⅶ	Ⅶ	Ⅷ	Ⅷ	Ⅷ	Ⅶ	
主要工程量	土石方明挖（万 m^3）	731.26	294.92	694.05	726.85	739.32	971.06	511.48	2413.44	7082.38
	石方洞挖（万 m^3）	264.5	1515.66	276.24	309.2	204.58		318.24	304.14	3192.56
	土石方填筑（万 m^3）	68.76	55.07				403.28		1218.55	1745.66
	混凝土（万 m^3）	316.89	339.29	456.9	337.58	490.6	357.54	297.84	236.21	2832.85
	钢筋、钢材①（万 t）	7.87	22.99	7.83	7.56	10.51	8.01	7.37	14.37	86.51
工程静态总投资（亿元）		144.12	145.62	94.08	85.06	101.05	77.14	88.86	132.55	868.48

续表

项目		上虎跳峡	两家人	梨园	阿海	金安桥	龙开口	鲁地拉	观音岩	合计
单位千瓦静态投资（元/kW）		5147	3641	4126	4050	4042	4286	4231	4418	4238
单位电能静态投资[元/(kW·h)]		1.37	0.89	0.91	0.91	0.89	0.98	0.95	1.01	0.99
建设工期	第一台机组发电(年/月)	7/9	7	5	5	6	6	5	6/6	
	总工期（年/月）	9/3	9	7	7	7	8	7	9	

①钢筋、钢材未计入金属结构部分。

（水电水利规划设计总院　李世东）

怒江中游干流河段水电规划

（一）流域概况

怒江发源于青藏高原唐古拉山南麓海拔 6070m 的吉热格帕山。怒江自西藏流入云南，在潞西市流出国境，出国后称为萨尔温江，流经缅甸、泰国入海，是一条较大的国际性河流。

怒江流域面积为 12.51 万 km^2，其中西藏境内 10.36 万 km^2，云南境内 2.15 万 km^2。在中国境内，怒江干流河段全长 2018km，整个干流河段天然落差 4833m，其中西藏境内 3717m，云南境内 1116m。怒江中游干流河段为西藏察隅县色邑达至云南省怒江州六库镇，河段长 434km，天然落差 1219m。

怒江干流径流主要来源于降雨，其次为融雪补给。根据怒江六库下游约 120km 处的道街坝水文站资料统计，多年平均流量约为 $1690m^3/s$，多年平均径流量为 533 亿 m^3。

怒江干流洪水由暴雨形成，汛期为 6 月～10 月，道街坝水文站实测最大洪峰流量为 $10400m^3/s$。

怒江流域中国境内水力资源理论蕴藏量共计 46000MW，其中干流为 36407.4MW，占河段总量的 80％左右。怒江干流中，怒江中游河段长度仅占总长的 21.5％，水力资源理论蕴藏量为 15950MW，占干流总量的 43.8％。

（二）海段开发任务及开发优势

怒江中游干流河段的开发任务以发电为主，兼顾防洪、灌溉及旅游等。

怒江中游干流河段水力资源开发优势体现在：①水量丰沛，单位面积产水量大，枯水期流量大且稳定。如六库镇大桥处多年平均流量为 $1490m^3/s$，单位面积产水量为 44.1 万 m^3/km^2，远较金沙江及相邻流域澜沧江大；同时怒江两岸多为雪山，加之深山森林茂密，融雪补给及森林调蓄作用，使水量年内分配趋于均匀，增加了枯水期流量。②河道比降大。怒江中游河段，流经高山深谷，河道落差大。河道比降平均约为 3‰，个别河段达到 10‰，河道比降大于金沙江和相邻的澜沧江。③怒江中游河段单位河长蕴藏的水流出力为 37.6MW/km，水能资源富集。所规划梯级装机年利用小时数为 4500～5500h，丰、枯水期电能比为 6∶4，电能质量优越，完全可与金沙江和澜沧江水电基地相媲美。④尽管怒江干流地质条件比较复杂，但沿江仍能找到建设条件好的河段，具备建设高坝的优良地质条件。⑤由于沿江居民多居住在半山坡上，与其他河流相比，淹没损失小，对生态环境的不利影响小。⑥怒江中游云南段沿江已有交通公路，目前所选坝址大部分均有公路相通。

总之，怒江水能资源丰富，开发条件较好，是中国待开发的大型水电基地之一。

（三）中游河段水电规划的主要原则

结合怒江中游开发条件和初步拟定的供电方向，其规划主要原则为：

(1) 选择具有优良地形、地质条件的坝段作为梯级组合方案的基础，如松塔、布西及亚碧罗梯级。

(2) 选择库容较大、调节性能较好的水库作为下游梯级的龙头水库，以提高供电质量。由于怒江中游河谷狭窄、河道比降大，选择具有较大库容的地形比较困难。为了获得较大库容，一方面要提高大坝壅水高度，另一方面要适当向上游延伸在西藏境内寻找。初步拟定以松塔和布西两个梯级为龙头和控制水库。

(3) 要合理利用水头，梯级电站尽可能合理衔接，但要妥善处理发电效益、水库淹没损失、环保生态影响及工程技术难度之间的关系。

(4) 考虑到怒江中游河段大部分为少数民族地区，其生活习惯将给移民带来较大的困难，因此，梯级规划中应尽可能减少水库淹没损失，应以不淹没福贡县和大片农田为宜。

依据上述原则，目前拟定了 8～11 级梯级开发方案进行综合技术比较。

（四）规划工作进展情况

怒江是中国除雅鲁藏布江外惟一没有开展水电规划工作的大型河流。目前，怒江中游干流河段水电规划工作由北京勘测设计研究院承担，计划于 2003 年 8 月完成该河段的规划报告。

（北京国电水利电力工程公司　邱彬如　翟国寿）

澜沧江流域水电滚动综合开发

一、澜沧江流域水电资源及规划概况

澜沧江在中国境内水能资源可开发量约为30000MW，其中云南省为25150MW。根据河段自然地理特点，对云南省境内河段划分为上游（滇藏交界至苗尾坝址）和中下游（苗尾坝址至国境）。各级主要参数分别见表1和表2。

表1 澜沧江上游梯级水电站主要参数表

水电站名称	古水	果念	乌弄龙	里底	托巴	黄登	苗尾	合计
装机容量（MW）	2200	1200	1200	300	900	1600	2200	9600
保证出力（MW）	700	450	430	130	350	600	820	3480
年发电量（亿kW·h）	100	59	57	16	46	80	101	459

表2 澜沧江中下游梯级电站主要参数表

水电站名称	功果桥	小湾	漫湾	大朝山	糯扎渡	景洪	橄榄坝	勐松	合计
正常蓄水位（m）	1319	1240	994	899	812	602	533	510	
坝高（m）	130	292	132	111	258	107	—	65	
总库容（亿 m^3）	5.1	149.14	10.6	9.4	227.41	12.33	—	—	413.98
调节库容（亿 m^3）	1.2	98.95	2.57	3.67	121.95	2.49	—	—	230.83
装机容量（MW）	750	4200	1500	1350	5500	1500	150	600	15550
保证出力①（MW）	390	1778	806.8	712.3	2402.6	833.3	78	333.7	7334.7
年发电量①（亿 kW·h）	40.6	189.9	78.05	67	237.77	80.59	7.8	33.8	735.51
坝型		双曲拱坝	重力坝	重力坝	心墙堆石坝	重力坝			
开发现状	规划	在建	已建一期	在建	进行可研	可研完成	规划	规划	

①均为梯级联合运行时的指标。

二、已建和在建项目

（一）已建成的漫湾水电站（一期）

漫湾水电站位于云县和景东县交界处。漫湾水电站1985年进行施工准备，1986年正式开工，1993年6月第一台机组投产发电，1995年6月一期工程5台机组1250MW全部建成，1998年底通过国家竣工验收。

漫湾水电站为中国第一家中央与地方合资建设的水电站，公司的资产按资本金投入比例划分为中央股权56%，地方股权44%。

（二）正在建设的大朝山电站

大朝山水电站位于云县和景东县交界处。装机容量1350MW，保证出力363.1MW，年发电量59.31亿kW·h。

大朝山水电站由云南大朝山水电有限责任公司进行建设，1992年7月开始筹建，1997年8月批准开工，同年11月截流。2001年12月26日第一台机组发电，预计2003年建成投产。

（三）已开工建设的小湾水电站

小湾水电站位于南涧县和凤庆县界河段，装机容量4200MW，保证出力1778MW，多年平均发电量189.9亿kW·h，于2002年1月20日正式开工建设，计划于2005年11月截流，2010年底第一台机组投产，2012年全部建成。

小湾水电站由云南澜沧江水电开发有限公司负责开发建设。该公司将以漫湾水电站为母体，本着“流域、梯级、滚动、综合”开发的原则对云南省境内的澜沧江、金沙江等流域水电站实行滚动开发。

三、规划建设项目

（一）近期开发项目

1. 糯扎渡水电站　糯扎渡水电站位于思茅县和澜沧县交界河段。水电站装机容量5500MW，保证出力约2394MW，年发电量约236.84亿kW·h，水库总库容227.41亿m^3，调节库容121.95亿m^3，具有不完全多年调节能力，是澜沧江流域电力外送的主要电源点。糯扎渡水电站1995年完成预可行性研究报告，1998年3月通过国家审查。计划2003年完成可行性研究报告并开始前期筹建，2005年正式开工建设，2014年第一台机组投产，2016年建成。初步安排1500MW电力送泰国，3000MW送广东，其余1000MW在云南省内消化。

2. 景洪水电站　景洪水电站位于西双版纳州首府景洪市北郊，具有“两头在外”（即引进外资建设，向国外送电）的有利条件，计划送电泰国。

景洪水电站装机容量1500MW，单独运行保证出力和年发电量分别为343.3MW和68.37亿kW·h。小湾水电站投产后保证出力可提高到669.7MW，年发电量提高到72.14亿kW·h；糯扎渡水电站投产后保证出力和年发电量可分别再提高到833.3MW和80.59亿kW·h。

景洪水电站于1995年6月完成预可行性研究报告。由云南电力集团有限公司与泰国GMS公司按52∶48的比例联合出资进行可行性研究工作。1997年底完成可行性研究报告，1999年3月通过国家审查。

2000年9月5日，泰国GMS公司、国家电力公司、云南电力集团有限公司和云南省开发投资有限公司，在昆明签署了《中泰投资者合作投资开发云南景洪水电站投资协议书》，明确了中泰双方的投资比例分别为30%、70%。计划于2007年开工建设，2011年第一台机组发电，2012年全部建成投产，2013年正常运行后1500MW电力电量全部外送泰国。

（二）远景开发设想

按照云南几大江河的资源情况和前期工作的深度，云南澜沧江水电开发有限公司拟定的开发顺序是2000年～2015年集中开发澜沧江中、下游河段；2010年以后开发金沙江中游河段及澜沧江上游等河流。

（云南澜沧江水电开发有限公司　周　建）

清江流域滚动开发

清江是湖北省境内长江的一条主要支流，发源于湖北省利川市齐岳山，干流全长423km，流域面积17000km^2。清江流域可开发的水能装机容量为329万kW，年发电量105.17亿kW·h，80%以上集中在恩施以下的干流河段上。根据《清江流域规划纲要》，在清江中下游规划了“水布垭—隔河岩—高坝洲”3个梯级工程。

湖北省清江开发公司成立于1987年1月，1992年2月更名为湖北省清江水电开发总公司，1995年8月根据《公司法》要求，改制为湖北清江水电开发有限责任公司（以下简称清江公司），国家方出资代表为华中电力集团公司，湖北方出资代表为湖北省清江水电投资公司，是中国第一家按现代企业制度组建的流域性水电开发公司，其主要任务是负责清江流域各梯级工程的开发建设及水电站建成后的经营管理。

清江公司按照湖北省政府“首战隔河岩、再战高坝洲、决战水布垭”的战略部署，1987年～1998年开发建成了隔河岩水电站，1997年～2000年建成了高坝洲水电站，目前正在抓紧进行水布垭水电站的施工前期准备工作。

（一）隔河岩水电站

隔河岩水电站是清江梯级开发的启动工程，由大坝、发电厂房和升船机三大建筑物组成。大坝为混凝土重力拱坝，最大坝高151m，坝顶长653.5m，坝顶高程206m，正常蓄水位为200m，总库容34亿m^3，防洪库容5亿m^3。水电站为引水式发电厂房，安装4台30万kW水轮发电机组，总装机容量121.2万kW，年发电量30.4亿kW·h，是华中电网的骨干调峰电站。通航建筑物为两级垂直升船机，最大提升高度122m，可通过300t级船舶，年单向通过能力为170万t。1987年1月开始前期准备施工，1987年12月实现工程截流，1988年1月开始主体工程施工，1993年6月首台机组发电，1994年11月四台机组全部投产，1998年4月整个工程除升船机外，均通过国家竣工验收，建设总工期为7年，达到中国百万千瓦级大型水电站建设较快速度。

（二）高坝洲水电站

高坝洲水电站距离隔河岩大坝50km，下距清江与长江交汇口12km，是隔河岩水电站的反调节电站。高坝洲水电站由发电、泄洪、通航三大建筑物组成，大坝为混凝土重力坝，最大坝高57m，坝顶长430m，坝顶高程83m，水库正常蓄水位80m；水电站为河床式厂房，安装3台8.4万kW发电机组，总装机25.2万kW，年发电8.08亿kW·h；通航建筑物为垂直升船机，最大提升高度40.3m，可通航300t级船舶。

高坝洲工程是一个“短、平、快”项目：1992年10月国家批准项目建议书；1993年工程开始“四通一平”等前期工程施工准备；1996年9月国家批复可行性研究报告，10月实现一期工程截流，同年年底开始基坑开挖；1997年4月1日开始浇筑主体工程混凝土，5月正式批准开工建设；1998年10月实现二期截流；1999年8月首台机组具备发电条件；2000年2月1号、2号机组相继并网发电，4月30日正式下闸蓄水，7月30日3号机组并网发电，主体工程基本建成。

（三）水布垭水电站

水布垭水电站位于恩施州巴东县境内，是清江流域梯级滚动开发的龙头工程，坝址距上游恩施市117km，距下游已建成的隔河岩水电站92km。主体工程由大坝、发电厂房、左岸溢洪道和右岸放空隧洞等组成。大坝为混凝土面板堆石坝，最大坝高233m，为目前此类坝型中的世界最高；水电站为引水式地下厂房，安装4台40万kW水轮发电机组，总装机160万kW，年发电39.2亿kW·h，是清江干流上最大的梯级水电站。

水布垭水电站水库是一座具有多年调节性能的水库，正常蓄水位400m，总库容45.80亿m^3，调节库容23.83亿m^3，预留了防洪库容5亿m^3。1999年8月，国家经贸委批复同意由中国水电顾问有限公司和湖北省计委提出的《水布垭水电站可行性研究报告审查意见》，12月17日国务院总理办公会批准水布垭电站项目建议书。截至2001年底，水布垭工程已累计完成投资14.5亿元，2002年底工程截流，主体工程开工，计划2007年首台机组发电，2009年工程建成。

2001年，清江公司水电站基本建设、电力生产、多种经营和精神文明建设等方面都取得稳步进展：水布垭水电站建设项目报批工作取得进展；现场施工前期准备工程全面展开，“五通一平”基本完成，导流隧洞开挖已全线贯通；主体工程招标设计完成并通过审查，为2002年截流奠定了坚实基础。高坝洲水电站竣工验收取得阶段性成果。

2001年清江流域出现了春、夏、秋连旱的罕见局面，为1951年以来最枯水年，全年来水量为67亿m^3，比常年少46.7%。受此影响，隔河岩和高坝洲两个水电站的发电量较2000年下降了22.15%。

（湖北清江水电开发有限责任公司　吴晓铭）

溪洛渡水电站开发概况

溪洛渡水电站位于金沙江下游河段，系倒数第二个梯级，是一座以发电为主，兼有拦沙、防洪和改善下游航运条件等综合效益的巨型水电站。该工程发电、拦沙和防洪效益显著，水库淹没损失小，工程建设条件好，是“西电东送”十分理想的电源点，也是开发金沙江最适宜的启动工程。

（一）发电效益

溪洛渡水库正常蓄水位600m，死水位540m，水库总库容126.7亿m^3，调节库容64.6亿m^3，可进行不完全年调节。水电站总装机容量12600MW，在上游仅有二滩水电站的情况下，保证出力3395MW，年发电量571.2亿kW·h；当上游再建成锦屏一级、两河口、白鹤滩、上虎跳峡等水电站后，保证出力可达6657MW，年发电量约达640亿kW·h。溪洛渡水电站对于改善能源结构、缓解中国东部地区电力供需矛盾意义重大。

该水电站建成后，通过水库的调节作用，可增加下游三峡、葛洲坝电站的保证出力378MW、枯水期电量18.8亿kW·h。

（二）拦沙作用

金沙江中游是长江主要产沙区之一，溪洛渡坝址多年平均含沙量1.72kg/m^3，悬移质年输沙量2.47亿t，推移质年输沙量182万t，约为三峡入库沙量的1/2。

溪洛渡水库有死库容51.1亿m^3，利用金沙江输沙量高度集中在汛期的特性，合理调度水库运行方式，可使大部分入库泥沙淤积在死库容内。因此，三峡库区入库含沙量将比天然状态减少，泥沙中粒径细化，对促进三峡工程效益的发挥和重庆港的繁荣有不可替代的作用。

（三）防洪

金沙江流域面积47.32万km^2，为长江宜昌以上流域面积的55%，汛期洪水总量约占宜昌洪量的1/3以上。溪洛渡水库防洪库容46.5亿m^3，具有较大的防洪能力。

溪洛渡水库紧临川江，距宜宾市184km，具有控制洪水比重大、距离防洪对象近的特点。水库调蓄洪水可使川江沿岸的宜宾、泸州、重庆等城市的防洪标准大大提高。

溪洛渡水库汛期拦蓄金沙江洪水，直接减少了进入三峡水库的洪量，配合三峡水库运行可使长江中下游防洪标准进一步提高。

（四）枢纽布置

水电站枢纽由拦河大坝、泄洪设施、引水发电建筑物等组成。

拦河大坝为混凝土双曲拱坝，坝顶高程610m，最大坝高278m，坝顶弧长698.07m。

泄水建筑物洪水标准按千年一遇洪水设计，万年一遇洪水校核，相应洪峰流量分别为43700m^3/s和52300m^3/s。泄洪设施由坝身7个表孔、8年深孔和5条泄洪洞组成，其中一条泄洪洞由导流洞改建。坝下游设两道坝，形成400m长的水垫塘。

左、右岸地下厂房各安装9台单机容量700MW的水轮发电机组，采用首部方式布置，厂房最大埋深300～700m。引水发电建筑物由进水口、引水隧洞、主厂房、副厂房、主变室、尾水调压室、尾水隧洞、电缆竖井及地面开关站等组成。

（五）工程建设条件

溪洛渡水电站位于青藏高原、云贵高原向四川盆地的过渡地带，大地构造上处于扬子准地台之二级构造之单元扬子台褶带范畴。坝址区属外围强震波及影响区，经国家地震局烈度评定委员会审定，坝址区地震基本烈度为Ⅷ度。

坝址区河谷呈对称的窄U形，河道顺直、岸坡陡峻，基岩裸露，枯水期江面宽70～110m，正常蓄水位600m高程相应谷宽500～535m。河床覆盖层较浅，一般厚度15～20m。两岸谷肩及河床出露基岩均为二迭系上统峨眉山玄武岩，总厚度490～520m。岩体坚硬较完整，风化卸荷较弱，区内断层不发育，主要为一套发育于岩流层层间和层内的构造错动带和节理裂隙系统。

坝址区具备修建300m级高混凝土拱坝和大型地下洞室群的地形、地质条件。

（六）水库淹没影响

溪洛渡水库正常蓄水位600m时，回水长度200km，水库面积133.6km^2。水库淹没涉及云南省和四川省的9个县（区），共淹没耕地418434亩，影响人口39467人，水库淹没不涉及县区级城镇、大中型工矿企业和省市级以上文物古迹，属国内大中型水电站中淹没损失较小的。

（七）环境影响

溪洛渡水电站是长江开发治理的控制性工程之一，兴建溪洛渡水电站对环境的影响以有利为主，不利影响通过采取的环保措施可以减免，无制约工程兴建的不利环境因素。

（八）施工规划

采用河床一次断流、隧洞导流、全年施工的初期导流方式，导流标准为50年一遇，左、右岸各设3条导流隧洞，后期由坝身底孔导流。

导流及主体工程主要工程量：土石方明挖1967.88万m^3，石方洞挖1575.57万m^3，混凝土和钢筋混凝土1305.46万m^3。利用坝址两岸谷肩以上的开阔台地和上、下游沟谷缓坡地作为施工场地。

水电站对外交通以铁路和公路为主，水运为辅。

施工准备自第1年7月至第5年2月完成，施工工期44个月，直线工期64个月，完建工程工期38个月；从工程开工至第一批机组发电工期108个月。

（九）水轮发电机组的主要参数

水轮机型号	HL（153.3）—LJ—750
额定出力	713MW
最大水头	230m
最小水头	155m
额定水头	186m
单机额定流量	423.8m^3/s
发电机型号	SFS700-48/1500
额定容量	700MV·A
最大容量	855MV·A
功率因数	0.9

（十）经济指标

工程静态总投资445.72亿元，水电站单位千瓦投资3537.5元，单位电能投资0.78元/（kW·h），经济内部收益率可达14.88%，从国民经济角度衡量，兴建溪洛渡工程是有利的。

溪洛渡水电站是落实国家西部大开发战略，实现“西电东送”的骨干工程，具有巨大的联网和错峰效益，对满足华中、华东地区的电力需求，改善电力系统电源结构，实现东、西部优势互补，带动当地少数民族贫困地区经济发展及三峡工程综合效益的发挥均具有重要意义。

溪洛渡水电站的业主单位为中国长江三峡工程开发总公司；设计单位为成都勘测设计研究院，可行性研究报告已于2001年底完成，正待国家审批列项。

（成都勘测设计研究院　肖白云）

怒江流域的考察及规划

一、怒江水电开发评述

（一）怒江开发的重要意义

怒江流域的开发，是实施党中央、国务院西部大开发、西电东送战略和支援东南沿海国民经济可持续发展的可靠保证。为此，国家电力公司顾问何璟于2001年5月率水电开发战略规划专家实地考察，对怒江开发的战略地位、水能资源特点，以及开发的思路与现实性，提出了宏观规划意见，认为它的开发，有利于带动怒江地区社会、经济发展，有利于当地人民脱贫致富和改善生态环境，有利于各民族的团结，有利于边陲国防巩固与稳定；它的开发，体现了党中央对少数民族的关心和爱护，体现了社会主义制度的优越性。

所以，应该对怒江流域开发的紧迫性、重要性有足够的认识。

(二) 怒江水电资源

怒江水能丰沛，落差大，水量大，单位面积产水量大，径流稳定，多年平均流量 1840m^3/s，年水量 580 亿 m^3，单位面积产水量 46.5 万 m^3/km^2。怒江人均水电资源居全国之首。

怒江河道落差大，在云南境内怒江干流平均比降为 1.81‰，在怒江州境内 300km 河道比降平均为 2.5‰～3‰，落差集中，流量大而稳定。

初步匡算，云南境内怒江干流 10 个梯级水电站，总装机容量约 1900 万 kW，再加上支流中小水电站装机容量，远远超过 2000 万 kW，可以与澜沧江媲美。

(三) 怒江地形地质条件

怒江流域水电开发，地形地质条件较好。尽管怒江河道有顺河大断裂，但水电站坝址均落在火成岩、变质岩基岩岛上，相对远离大断层。岩溶不发育，具备建设高坝和水库的优良地质条件，便于水工建筑物布置。施工条件好，交通比较方便，淹没损失小，对环境不利影响小。开发目标单一（主要是发电），综合利用矛盾小，技术经济指标先进，是中国大型水电基地之一，是云南水电“西电东送”后续基地之一。

(四) 怒江水电东送的市场空间

开发怒江水电，总的原则是“大电外送，小电地方自用”。怒江中游与澜沧江、金沙江上游，平面分别相距 30km、60～100km，地处三江并流区。即怒江距离澜沧江水电基地东送变电站直线距离仅 30km，对于 1000～1500km 的远距离输电线路仅是一个零头，电力输送不成问题，更不会增加输电成本。

据专家预测，今后一个时期，华东电力需求每年增长为 1000 万 kW 左右，广东电力需求每年增长 300 万 kW 左右。从“西电东送”南线、中线受端看，电力市场还是有空间的。另外在国家资源的优化配置、政府宏观控制和税赋政策的引导下，东部电力市场空间还会增大。

(五) 交通、通信及施工条件

对外交通比较方便，施工条件较好。怒江沿岸交通以公路为主，目前所选坝址大部分均有公路相通，且怒江州各县均已实现程控电话通信。

(六) 怒江开发的原则

根据怒江工程地形地质条件和资源的特点，为更好发挥怒江水电东送的战略优势，进行怒江水电规划时要遵循以下原则：

(1) 千方百计规划选好龙头水库。怒江在云南境内，具备建高坝的地形、地质条件，但不具备形成有调节能力的大库盆地。如果在云南境内找不到合适的大库，就到西藏去找，如果找一个不够，就在滇、藏两地找两个串联起来，总库容应能达到 200 亿 m^3 左右，库容系数要求能在 0.2～0.3 以上。

(2) 尽量减少淹没损失。怒江河谷，尤其是怒江州境内，河道两侧高山峡谷，可耕地甚少，寸土寸金。在水电站水能设计和梯级水位衔接中，尽量不淹县镇，不淹耕地，不淹风景点。

怒江干流在六库以上，开发目标以发电为主，可以建高坝和大的水电站；在六库以下至三达地，建低坝径流水电站；三达地以下到国界，视条件开发。

二、怒江流域概况

(一) 河流特征及指标

怒江是一条较大的国际河流；发源于青藏高原唐古拉山的南麓、西藏自治区那曲地区安多县境内；穿越西藏自治区和云南省。在中国境内，怒江干流长 2013.4km，其中大部分位于西藏自治区境内，长为 1392.4km，小部分位于云南省境内，为 621km。干流天然落差 4840m，其中西藏境内 3717m，云南境内 1123m。

据 1980 年《全国水力资源普查报告》和昆明勘测设计研究院近几年的研究结果，怒江干流水力资源理论蕴藏量为 36407.4MW，其中西藏境内 19307.4MW，云南境内 17100MW。云南境内可开发容量 10000MW。怒江流域面积 124830km^2，其中西藏境内为 103330km^2，云南境内 21500km^2。此外，蚌东站多年平均流量 1690m^3/s，年水量 533 亿 m^3；国界处多年平均流量 1840m^3/s，年水量 580 亿 m^3；可以认为：怒江水量丰沛，流量稳定，有利于水电开发。怒江为云南省六大水系之一，纵贯云南西部边陲，在潞西出国境后称为萨尔温江，经缅甸、泰国注入安达曼海。

怒江河流特征指标见表 1。

表 1 怒江河流特征指标表

指标	国境内		西藏自治区		云南省	
	数值	比例(%)	数值	比例(%)	数值	比例(%)
河长(km)	2013	100	1392.4	69.2	621	30.8
流域面积(万 km^2)	12.48	100	10.33	82.8	2.15	17.2
落差(m)	4840	100	37.7	76.8	1123	23.2

续表

指标		国境内		西藏自治区		云南省	
		数值	比例(%)	数值	比例(%)	数值	比例(%)
理论蕴藏量	干流(万 kW)	3640.7	100	1930	53.0	1710	47.0
	支流(万 kW)	959.3	100	695.3	72.5	264	27.5
	总量(万 kW)	4600	100	2625.3	57.1	1974	42.9

怒江水能资源丰富，开发条件甚好，是中国待开发的大型水电基础之一，也是中国惟一没有开展水电规划工作的大型河流。为贯彻国家西部大开发的战略方针，加快云南境内怒江水能资源的开发进程，实施“云电东送”，水电水利规划设计总院安排北京勘测设计研究院、华东勘测设计研究院分别对怒江流域水电开发进行规划研究，在2003年完成怒江流域水电开发规划，为怒江开发做好设计准备。

（二）水能资源特点

怒江流域水力资源丰富，主要集中在干流，理论蕴藏量占河段总量的80%左右。怒江干流落差分布均匀，水能蕴藏量的分布没有特别集中的河段。如怒江上游那曲河段，长460km，总落差约920m，河道平均比降2‰；滇藏交界至泸水县跃进桥，河道长295km，天然落差840m，平均比降2.85‰；跃进桥以下至惠通桥，河道长175km，天然落差162m，平均比降0.93‰；惠通桥至南信河口（国界），河道长151km，天然落差121m，平均比降0.8‰。

因此，在规划中下游梯级电站特别是中游梯级电站时，以坝式开发为主，关键问题是选择适当坝址，研究提高水库蓄水高度的可能性和合理性，以获取较大的调节库容。

怒江中下游河段水力资源主要有以下特点：

(1) 怒江中下游水量丰沛，单位面积产水量大，枯水期流量大且稳定。如六库镇大桥处多年平均流量约1610m³/s，年水量约508亿m³，单位面积产水量45.4万m³/km²，约为金沙江的2倍。同时怒江中游两岸多为雪山，山顶终年积雪，加之深山森林茂密，融雪补给及森林调蓄作用，使水量年内分配趋于均匀，增加了枯水期流量。

(2) 怒江中下游特别是怒江中游河道落差大，河道比降约为2.5‰～3.0‰。而金沙江上游较陡的虎跳峡～观音岩443km河段，落差250m，平均比降仅为1.69‰。相邻的澜沧江干流河长2253km，落差4583m，平均比降2.13‰。上游溜筒江～铁门坎长400km的河段，落差735m，平均比降也仅为1.84‰。由此可见地处云贵高原的怒江中游，因流经高山深谷，河道坡降均大于西南地区其他各条河流，水能资源富集。

(3) 由于沿江居民多居住在半山坡上，与其他河流相比，淹没损失小，对环境不利影响小。

怒江、澜沧江、金沙江规划河段主要指标比较见表2。

表2　怒江、澜沧江、金沙江规划河段主要指标比较表

项目		怒江(云南境内)	澜沧江中下游规划河段	金沙江中游规划河段
最下游梯级	水电站名称	蚌东	勐松	观音岩
	流域面积(万 km²)	11.56	16.0	25.65
	年平均流量(m³/s)	1690	2020	1860
	单位面积年产水量(万m³/km²)	46.10	39.81	22.87
规划河段长度(km)		643	847	773
规划河段天然落差(m)		1170	854	1045
规划河段河道坡降(‰)		1.81	1.01	1.35
梯级电站座数		6～9	8	8
梯级电站利用水头(m)		842～922	837	1015
梯级电站装机容量(万 kW)		1400～1700	1560	2240
梯级电站年发电量(亿 kW·h)		710～830	740	960
梯级电站保证出力(万 kW)		335～572	713	1114
最枯流量出现月份		12～次年1	2～4	4～5
最大/最小年平均流量比值		1.63	1.72	1.82

三、怒江水电基地十个水电站概况

（一）马斯当水电站

马斯当水电站主要技术经济指标为：

(1) 流域面积：10.49万km^2；

(2) 平均流量：1537m^3/s；

(3) 正常蓄水位：1700m；

(4) 最大水头：280m；

(5) 死水位：1616m；

(6) 总库容：49.12亿m^3；

(7) 调节库容：29.97亿m^3；

(8) 装机容量：560万kW；

(9) 保证出力：129万kW；

(10) 年发电量：256亿kW·h；

(11) 年利用小时：4576h。

（二）布西水电站

布西水电站主要技术经济指标为：

(1) 流域面积：10.54万km^2；

(2) 平均流量：1502m^3/s；

(3) 正常蓄水位*：1600m；

(4) 最大水头：301m；

(5) 死水位：1510m；

(6) 总库容：76.4亿m^3；

(7) 调节库容：47.6亿m^3；

(8) 保证出力：163.9万kW；

(9) 装机容量：400万kW；

(10) 年发电量：224亿kW·h。

（三）鹿马登水电站

鹿马登水电站主要技术经济指标为：

(1) 流域面积：10.60万km^2；

(2) 平均流量：1514m^3/s；

(3) 正常蓄水位：1299m；

(4) 最大水头：124m；

(5) 死水位：1274m；

(6) 总库容：9.6亿m^3；

(7) 调节库容：3.9亿m^3；

(8) 保证出力：74.4万kW；

(9) 装机容量：180万kW；

(10) 年发电量：99亿kW·h。

（四）亚碧罗水电站

亚碧罗梯级水电站主要技术经济指标为：

(1) 流域面积：10.84万km^2；

(2) 平均流量：1563m^3/s；

(3) 正常蓄水位：1175m；

(4) 最大水头：246m；

(5) 死水位：1126m；

(6) 总库容：33.2亿m^3；

(7) 调节库容：16.1亿m^3；

(8) 保证出力：163.9万kW；

(9) 装机容量：380万kW；

(10) 年发电量：210亿kW·h。

（五）跃进桥水电站

跃进桥梯级水电站主要技术经济指标为：

(1) 流域面积：10.97万km^2；

(2) 平均流量：1589m^3/s；

(3) 正常蓄水位：929m；

(4) 最大水头：120m；

(5) 死水位：911m；

(6) 总库容：8.1亿m^3；

(7) 调节库容：2.8亿m^3；

(8) 保证出力：82.1万kW；

(9) 装机容量：180万kW；

(10) 年发电量：102亿kW·h。

（六）六库水电站

六库水电站主要技术经济指标为：

(1) 流域面积：11.1万km^2；

(2) 平均流量：1620m^3/s；

(3) 正常蓄水位：818m；

(4) 最大水头：13m；

(5) 死水位：818m；

(6) 装机容量：12.8万kW；

(7) 保证出力：4.5万kW；

(8) 年发电量：6.7亿kW·h。

（七）双虹桥水电站

双虹桥水电站，原来初步勘测规划曾设想建一个梯级，壅水80m高，装机容量200万kW，特点是流量大、淹没多，地质构造复杂。后来，随着深入研究的进展，认为这个梯级没有必要，放弃了选择。

（八）大山水电站

大山水电站主要技术经济指标为：

(1) 流域面积：11.41万km^2；

(2) 平均流量：1667m^3/s；

(3) 坝址水面高程：682m；

(4) 正常蓄水位：720m；

(5) 壅水高：38～40m；

(6) 装机容量：50万kW；

(7) 保证出力：21万kW；

(8) 年发电量：30亿kW·h；

(9) 年利用小时：6000h。

（九）红旗桥水电站

红旗桥水电站主要技术经济指标为：

* 布西水电站还有低坝方案，正常蓄水位为1426m；当马斯当水电站为高坝时采用该方案。

(1) 壅水高：50～60m；
(2) 河道平均比降：<0.1‰；
(3) 年利用小时：5000～6000h；
(4) 装机容量：60万kW；
(5) 年发电量：40亿kW·h。

(十) 三江口（即苏帕河口）水电站

三江口水电站主要技术经济指标为：
(1) 流域集水面积：11.70km²；
(2) 壅水高：55m；
(3) 装机容量：70万kW；
(4) 保证出力：33万kW；
(5) 年发电量：43亿kW·h；
(6) 平均流量：1700m³/s；
(7) 正常蓄水位：660m。

（中国水力发电工程学会）

水能规划设计

拉西瓦水电站水能设计

拉西瓦水电站是黄河上游干流紧接龙羊峡水电站的第二个梯级电站，坝址距龙羊峡水电站32.8km，是黄河干流水头最高、规模最大、技术经济指标优越的骨干水电站，是北部“西电东送”的战略性电源。拉西瓦水电站工程原可行性研究于1987年完成并通过审查，原初步设计工作于1992年完成，但未审查。2001年重新开展了可行性研究（等同原初步设计）工作，此阶段水能设计的重点是装机容量论证和水库特征水位选择工作。

（一）装机容量论证

原可行性研究阶段，拉西瓦水电站装机容量设计水平年为2010年，在考虑西北与华北联网两回线路（2×1800MW）情况下，选择装机容量为3720MW（6×620MW）。原初步设计阶段，设计水平年仍采用2010年，但西北电网预测最高负荷比原可行性研究阶段提高了41%，同时由于西北华北联网方案未定，因此以不考虑西北华北联网情况下电力电量平衡结果作为选择装机容量的依据，装机容量仍选择为3720MW（6×620MW）。时过10年之后，原初步设计所依据的电力发展规划、供电范围、设计水平年、负荷水平及负荷特性、电源组成、电力市场需求等设计条件都发生了很大变化，加之西部大开发和“西电东送”战略的实施等新的形势和要求，因此现阶段对拉西瓦水电站装机容量进行了重新论证。

根据“西电东送”要求和前期工作情况，拟定拉西瓦水电站2002年开工，2008年发电，设计水平年为2015年，供电范围为西北、华北电网。电力平衡计算基本方案为考虑“西电东送”的方案，外送方式为西北水、火电混送大华北，送电容量为3000MW，水、火电比例为1∶1，即水电送电容量1500MW，宁夏火电送电容量1500MW。拉西瓦水电站按2002年5月导流洞开工，2008年6月底第一台机组发电进行平衡。电力平衡计算在西北电力系统内进行，并根据送电方式和要求对西北电网负荷曲线进行相应修正，高峰负荷时甘肃、青海水电在非汛期每天按6h、每小时1500MW容量外送；汛期每天按10h、每小时1500MW容量外送，外送电力在对应时间上与西北本区负荷叠加。低谷负荷时宁夏火电按每小时1500MW等额返还甘肃、青海水电外送电量，在西北负荷曲线对应时间相应扣减。根据电力平衡结果，2015年水平若在西北电网本网平衡，拉西瓦水电站的必需容量约为3200MW；若加上外送水电1500MW，拉西瓦水电站必需容量为4200MW。根据对拟定的2800MW、3500MW、4200MW和4900MW四个装机容量方案的经济比较结果，装机容量4200MW方案总费用现值最小，表明拉西瓦水电站装机容量4200MW在经济上是合理的。

2002年1月由国家电力公司战略研究与规划部主持，委托水电水利规划设计总院对《黄河拉西瓦水电站装机容量论证报告》进行了审查。审查意见认为：“考虑到电网的发展、北部‘西电东送’规模的增加及‘南水北调’西线工程的实施等因素，会议同意拉西瓦水电站装机容量确定为4200MW，其具体的装机进度可根据电力市场需求情况在建设过程中研究确定。”

（二）正常蓄水位选择

由于拉西瓦水电站坝址地质地形和水库淹没损失不影响正常蓄水位选择，因此拉西瓦水电站正常蓄水位比较，实际上是龙羊峡和拉西瓦两个梯级水电站的水位如何衔接和合理重叠利用的比较问题。根据水库泥沙淤积和回水计算成果，以及龙羊峡水电站下游水位与流量关系曲线复核成果，在多年平均流量时，龙羊峡水电厂下游尾水位为2452.4m。当拉西瓦水电站坝前水位为2450m、流量为多年平均流量时，在龙羊峡水电站尾水断面处的回水高程为2452.4m，与龙羊峡水电站尾水处天然水位持平。正常蓄水位在2452.4m的方案，考虑日调节水库消落因素后，拉西瓦水库回水至龙羊峡水电站尾水处的回水高程为2453.04m，比天然水位高0.64m，衔接合理，且经济可行。若再抬高则对龙羊峡水电站尾水影响相对较大，因此，推荐拉西瓦水电站正常蓄水位为2452.4m。

（三）死水位选择

拉西瓦水电站的任务是发电，是西北电网骨干调峰电站和西北向华北送水电调峰容量的主力电站。在正常运行情况下，死水位主要由满足系统调峰要求进行日调节所需要的最大日调节库容，以及事故备用库容确定。日调节库容按照电站调峰运行要求计算，所需最大日调节库容为3100万m^3，相应水库最大消落深度为2.2m，平均消落深度为0.9m。根据担负系统备用的需要，设置事故和负载备用库容共10250万m^3，合计共需调节库容13350万m^3，相应死水位为2441m。考虑到拉西瓦水电站是一座理想的调峰电站，为留有余地，死水位选择为2440m。

根据黄河上游梯级水电站群联合调节计算，当设计发电保证率为90%时，拉西瓦水电站保证出力为990MW，装机容量4200MW时，多年平均年发电量为102.23亿kW·h。《黄河拉西瓦水电站工程可行性研究报告》（等同原初步设计报告）已于2002年4月通过审查。

（西北勘测设计研究院　王化中）

澜沧江小湾水电站水能设计

小湾水电站是澜沧江规划的第二个梯级，中、下游梯级的龙头水库。坝址位于云南省南涧县、凤庆县交界处，坝址控制流域面积11.33万km^2，多年平均流量1210m^3/s。工程开发任务以发电为主，并兼有综合利用效益。水电站建成后，除满足云南省发展需要外，部分电力电量将送往广东。

（一）正常蓄水位

云南省电力系统是一个以水电为主的系统。小湾水电站投产前，云南省电源构成中径流水电比例过大，调节性能较差，系统汛枯矛盾十分突出。小湾水电站对其下游已建成的漫湾水电站、正在建设的大朝山水电站和拟建的糯扎渡、景洪水电站具有巨大的径流补偿效益，对云南省其他水电站也有较大的电力补偿效益，因此正常蓄水位选择时以水电站群获得最大补偿效益为基本依据。小湾水电站的上游衔接梯级为功果桥水电站，正常蓄水位选择时研究了与其合理衔接并分析了对其将来开发的影响。

正常蓄水位在原可行性研究阶段1207m、1230m、1240m、1250m4个方案并基本选定1240m方案的基础上，又比较了1240m、1243m及1246m3个方案。

正常蓄水位提高，水电站群的保证出力呈增加趋势，但方案间增值递减，对功果桥梯级能量指标略有影响，小湾与功果桥梯级能量指标之和仍呈增加趋势。糯扎渡水库投入后，小湾水库消落几率增加，对功果桥梯级影响更小。正常蓄水位提高，功果桥坝段的淤积量虽呈增加趋势，但方案间差别不大，对其将来的开发不会造成很大的困难。

正常蓄水位提高，小湾水电站第一台机组投产时间将滞后两个月，对投产期的发电量有一定影响。经各方案费用现值计算，费用现值随着正常蓄水位提高而逐渐增大。小湾水电站正常蓄水位1240m时最大坝高已达292m，是世界第一高坝；提高正常蓄水位，势必增加坝高，增加工程建设难度。综合比较各方案的经济性、与上游梯级的合理衔接，并考虑工程建设难度，选定小湾水电站的正常蓄水位为1240m。

（二）死水位

小湾水电站及其下游梯级共利用落差约737m，为发挥其补偿作用，要求具有较大的消落深度，但对机组预想出力影响较大。小湾水库死水位选择在原可行性研究推荐的1161m基础上，拟定了1156m、1161m、1166m、1171m四个方案，并主要研究了各方案的能量指标、特征水头和机组预想出力、汛枯期电量构成等因素。

糯扎渡水电站投入前，降低死水位对水电站群的补偿效益较大，而其投入后则补偿效益明显减少；提高死水位虽可提高运行水头，在相同的机组机型和参数情况下可增加预想出力，但机组预想出力应以不同的机组参数去研究才有可比性。降低死水位可以提高枯期电量比重，但增加不大，对方案的选择无决定性影响。小湾水电站首台机组发电控制工期的工程为大坝浇筑及接缝灌浆，降低死水位方案有利于发电。水电站在总体布置方案不变的前提下，为了提前发电的需要，进水口底板高程降低至1140m，库水位蓄至1160m时即可发电。

综合上述各种因素，并考虑到糯扎渡水电站将在小湾水电站投产后5～10年内投产，确定小湾水电站的死水位为1166m，遇特殊需要时也可降到1160m运行。

（三）装机容量选择

根据电源建设安排，小湾、景洪水电站将于2004年投产，糯扎渡水电站将于2011年第一台机组投产。小湾、糯扎渡和景洪水电站是澜沧江中下游梯级的3个电站，3个电站的设计水平年十分接近，它们的部分装机容量可互相替代。故小湾水电站的装机规模论证以其校核水平年即糯扎渡水电站的设计水平年，确定小湾、糯扎渡和景洪水电站的总装机规模，然后拟定比较方案，按费用最小准则确定其分配，并综合其他因素确定小湾水电站的装机容量。

根据《关于合资开发云南省澜沧江中下游梯级电站的原则协议》及云南省与泰国签署的开发景洪电站向泰国送电的意向协议，在研究了云南省负荷发展需要和输电线路的输送能力后，确定小湾水电站60%的电力电量送广东；糯扎渡、景洪水电站50%的电力电量分别送广东和泰国，各水电站各时段的容量和电量均按上述比例外送。

经对广东电力系统的研究，广东电力系统缺乏调峰容量，外送部分不能送基荷，由于输电线路长达1500km，也不宜送峰荷；景洪水电站外送泰国，与泰国电力系统的关系为买卖电关系。同时考虑到三座水电站外送部分占受电系统的比例很小，而留云南部分则占云南系统的比例很大，故先确定三座水电站在云南电力系统的必需容量，再根据三座水电站初拟的机组台数和外送比例，拟定方案进行比较。

根据云南电力系统的电力电量平衡，三座水电站的必需容量为518万kW，计入按比例外送的容量后，总必需容量为1120万kW，并据此拟定了4个方案进行比较。

经三座水电站逐年容量和电量效益计算及动态经济分析，以小湾水电站420万kW、糯扎渡水电站550万kW、景洪水电站150万kW的组合方案在经济上最优。

综合以上因素，并考虑地质条件对小湾水电站增加装机容量的影响，在研究了三座水电站装机容量与保证出力倍比、年利用小时的协调、各水电站补充千瓦投资、补充电度投资的比较及投产时序对投资积压的影响后，确定小湾水电站装机容量为420万kW。

（昆明勘测设计研究院 张 平）

龙滩水电站水能设计

（一）正常蓄水位选择论证

龙滩水电站正常蓄水位问题，涉及多方面的因素，论证难度大。从红水河河流规划至龙滩水电站初步设计完成，历经了十多年的反复研究。

1978年8月原水利电力部规划设计管理局文件（78）水电规字第123号文提出：“龙滩水电站在红水河规划中研究过正常蓄水位440m、375m、335m三种方案，为了给今后选定方案留有余地，勘测工作按高方案布置。”

1981年11月国务院组织审查并批准了《红水河综合利用规划报告》，明确龙滩水电站是关系全流域的第一位的骨干工程，综合效益显著。规划报告中研究过正常蓄水位375m、400m、440m三种方案，但对水位问题意见不一，为便于下一步开展工作，将发电水位高程暂定为400m。

根据上述情况，1984年5月编制完成的《红水河龙滩水电站开发可行性研究报告》中对375m、400m和440m水位方案进行了全面的论证。受国家计委委托，原水电部在（85）水电计字第190号文《关于红水河龙滩水电站开发可行性研究报告审查会议纪要的报告》中提出：“关于龙滩水电站的正常蓄水位方案，贵州省委、省政府多次研究认为，虽受淹区要做出巨大牺牲，但从全局整体利益出发，同意修建龙滩水电站，正常蓄水位要求采用375m。我部和会议大多数（包括广西）代表认为，从南、北盘江和红水河梯级电站的整体效益考虑，采用400m为宜”。由于龙滩水库淹没范围中，贵州省所占比例较大，贵州省认为以375m为宜，因此，对报告中推荐的龙滩水库正常蓄水位，仍需国家进一步协调后确定。

1988年6月原能源部，国家能源投资公司、广东省、贵州省与广西壮族自治区五方面领导考察龙滩坝址时，就龙滩水电站正常蓄水位选择和合资建设问题进行了讨论，对正常蓄水位达成一致意见：“龙滩水电站按正常蓄水位400m设计，375m建设。”

1988年9月，贵州省人民政府在《关于建设龙滩水电站有关问题的批复》中提出：“龙滩水电站大坝按400m设计、375m建设的方案办理，移民搬迁安置按375m正常蓄水位考虑。”

1990年8月，原能源部主持会议，审查并通过了《红水河龙滩水电站初步设计报告》，审查意见为“关于正常蓄水位，同意《关于合资建设龙滩水电站意向书》中的一致意见：‘按正常蓄水位400m设计，375m建设’。”

龙滩水电站于2001年7月1日开工建设，随着工程建设的进展对于正常蓄水位400m建设的有关问题需要尽早落实。2001年12月编制完成了《龙滩水电站正常蓄水位400m一次建成方案技术经济比较专题论证报告》，2002年3月13日国家电力公司电源建设部在北京组织召开了专家论证会，专家组评审认为：“龙滩水电站按400m水位一次建成，效益大、工程量省、投资积压少、技术难度明显降低，财务指标优越，且有利于整个库区移民的统一规划和妥善安置，无论是对国家，还是对地方、业主均是有益和可行的。”专家组赞成龙滩水电站按 400m 方案一次建成，并建议国家有关部门尽早协调解决龙滩水电站 400m 方案一次建成所存在的水库移民安置问题和有关政策措施的落实，尽快下达龙滩水电站 375～400m 水位之间的库区停建令，以确保 400m 方案一次建成顺利实施。

龙滩水电站正常蓄水位方案的最终选定，是严谨科学的设计论证和各方面生产关系及社会关系协调的综合结果。

(二) 装机容量选择论证

龙滩水电站系水电“富矿”红水河上的骨干水电站，也是广西、广东两省（区）最大的水电站。在 1989 年 3 月编制完成的《龙滩水电站初步设计报告》中，以广西、广东两省（区）为基本供电范围并考虑扩大供电范围至华中地区，采用 2010 年作为设计水平年，对近期 375m 水位和远景 400m 水位的经济合理的装机容量规模进行了综合研究分析工作。研究中重点考虑了供电范围和其他水电电源点如三峡水电站的开发时序对龙滩水电站合理装机规模的影响，论证结果为：近期 375m 水位的合理装机规模为 360 万～450 万 kW，远期 400m 水位的合理装机规模为 550 万～600 万 kW。

1990 年 8 月《红水河龙滩水电站初步设计审查会议审查意见》中关于装机容量的审查意见为：“同意该电站供电范围为两广及贵州地区。正常蓄水位为 375m 时，装机容量为 420 万 kW；正常蓄水位为 400m 时，装机容量为 540 万 kW”。

2000 年 7 月完成了《龙滩水电站可行性研究补充设计报告》，该报告对龙滩装机容量进行了复核论证。论证结果表明，初步设计阶段确定的装机容量方案在目前条件下仍然是合理的；为更好适应广西、广东两省区社会经济发展和电力需求增长的需要，大力推进“西电东送”战略，充分开发龙滩的水电资源，龙滩水电站适当增大装机容量是经济有利的。

龙滩水电站的供电范围基本确定为广西和广东电力系统。对于龙滩水电站送电广西、广东的比例，在 2000 年 7 月完成的《龙滩水电站可行性研究补充设计报告》中进行了专题研究，提出了《龙滩水电站电力市场及电力电量消纳研究报告》。该报告对龙滩水电站以 70%、60%、50% 的电力电量送广西，另 30%、40%、50%电力电量送广东的三组送电方案进行了综合分析研究，研究结果显示，龙滩水电站各以 50%电力电量分送广西、广东方案的整体经济性最好，资源利用最为充分。

（中南勘测设计研究院　李林之）

乌江构皮滩水电站水能设计

构皮滩水电站是乌江干流梯级开发中规模最大的控制性工程，位于乌江干流中游，上距乌江渡水电站 137km，下距乌江河口 445km，控制流域面积 4.325 万 km^2，占乌江流域面积的 49%，多年平均径流量 226 亿 m^3，工程的开发任务以发电为主，兼顾航运、防洪等综合利用。构皮滩水电站是贵州省“西电东送”的骨干电源，其供电范围为“主要向广东送电，同时可满足贵州用电要求。”

(一) 正常蓄水位

构皮滩水电站上游梯级乌江渡水电站坝下枯水位为 625～627m，构皮滩正常蓄水位的选择，主要考虑两梯级的合理衔接、水库淹没指标及航道渠化要求和预可行性研究审查意见，拟定 625m、630m、635m 三个方案进行比较。

经梯级调节计算，从构皮滩水电站本身的发电指标和对下游待建梯级的补偿效益来看，正常蓄水位越高效益越好。从淹没指标来看，三方案之间淹没人口分别增加 571 人和 2639 人，淹没耕地分别增加 804 亩和 2346 亩，正常蓄水位由 630m 抬高到 635m，增加淹没指标较大。从各方案经济比较结果来看，正常蓄水位越高，总费用现值越小。是否影响川黔铁路桥的安全成为正常蓄水位选择的制约因素。

乌江铁路桥是川黔铁路跨越乌江的重要设施，位于乌江渡水电站坝下 3.2km，处于构皮滩水库尾端，设计洪水标准偏低。不改造铁路桥惟一的措施是乌江渡水库配合运用，削减下泄洪峰流量。经专题研究结论为当遭遇 50 年一遇洪水时，乌江渡水库配合运用，构皮滩水电站正常蓄水位 630m 和 625m 方案，铁路桥处水位低于建库前校核水位且满足原设计安全超高的要求；而 635m 方案不能满足原设计安全超高的要求。综合考虑选择构皮滩水电站正常蓄水位为 630m。

(二) 防洪限制水位

构皮滩水电站是乌江干流最大的控制性工程，承担乌江干流下游防洪和配合三峡水库对长江中、下游防洪的双重任务。为此，在正常蓄水位以下设置了 4 亿 m^3 防洪库容，汛后利用余水充蓄，增加保证电能。拟定 6～7 月防洪限制水位为 626.24m；8 月份防洪限制水位为 628.12m。

(三) 装机容量选择

构皮滩水电站枯水期保证出力 751.8MW，影响其装机的主要因素是建设时机和供电范围，构皮滩水库与上游梯级联合调度运用具有多年调节能力，具备装机 3000MW 左右的潜力。2000 年 8 月贵州省与广东省签订了“黔电送粤”售电协议，并将构皮滩水电站列为“黔电送粤”的标志性工程。为此拟定了构皮滩水电站装机2000MW、2400MW、2750MW、3000MW、3300MW共五个容量比较方案，并考虑各方案送广东不同比例的供电情况。研究了分区平衡与整体平衡的关系、构皮滩水电站送电广东与电网规划的关系，并从项目业主的角度分析水电站扩大装机增加调峰效益的财务可行性，研究分期投产的可行性和经济合理性。通过多方面的技术经济比较，最终认为构皮滩水电站装机5×600MW是经济合理的。对于机组是否分期投入，拟定了第五台机组预留不同时间的几种方案进行技术经济比较，结论为在目前预测的负荷及电源组成情况下，以工程完建时5台机组全部投产为宜，同时由于构皮滩水电站建设工期达10年，在工程竣工前还可根据当时的电力市场状况再行研究，做出是否预留第五台机的最后决策。

（四）设计体会

构皮滩水电站是乌江开发的关键工程，在水能设计中应充分考虑上、下游梯级间的关系和发电与综合利用的关系，在水力资源的利用上要打破行政区划的界线，跨地区综合考虑，以期充分利用中国有限的资源，促进国民经济的可持续发展。

（长江水利委员会勘测设计研究院　邹幼汉）

北盘江光照水电站水能设计

光照水电站是北盘江干流水电开发的龙头梯级，距贵阳直线距离162km，坝址控制流域面积13548km²，占北盘江流域面积的51%，多年平均径流量为81.1亿m³。工程的开发任务以发电为主，航运次之，兼顾灌溉、供水及其他。可行性研究比选阶段，光照水电站主要水能参数的选定情况如下：

（一）正常蓄水位

根据梯级开发及光照水电站的特点，拟定正常蓄水位730m、735m、740m、745m、750m、755m、760m共七个方案进行综合比较。

正常蓄水位730m、735m时水库为年调节，740m、745m、750m时为不完全多年调节，755m、760m时为多年调节。正常蓄水位越高则电能指标越好；水电站所在地区煤炭资源丰富，火电发展潜力大，光照水库的调节能力适当大一些为好。水电站利用落差为150～180m，最大坝高在200m左右。正常蓄水位745m以上时，方案间投资增量相对较大，工期也较745m方案长半年。正常蓄水位从730m增至760m，淹没耕地及矿产增加约1/3；正常蓄水位每增加5m，淹没耕地增加1600～2000亩、人口增加800～1000人。由于当地人均耕地较少，高方案移民安置难度相对较大。光照水库正常蓄水位745m（及稍高）与善泥坡水电站衔接对水资源利用及环境的影响较合理，远景过坝航运位置预留对正常蓄水位影响相对较小。方案经济比较表明，正常蓄水位745m方案的总费用现值最小。

综合技术经济、调节能力、淹没及移民、梯级衔接、工程难易程度，选择正常蓄水位为745m，相应库容为31.35亿m³。

（二）汛期限制水位

坝址以上多年平均含沙量为2.085kg/m³，水库泥沙呈三角洲淤积，汛期限制水位对排沙效果影响不大，且无特别防洪对象，水库不另设汛期限制水位。

（三）装机容量

根据贵州水煤资源情况、电力系统特点及水电站规模特性，采用网对网的外送方式，主要送电方向为广东。装机容量比选拟定840MW、1040MW、1200MW、1320MW四个方案。

“贵州＋网送”的最大负荷在7～11月，光照水电站多年平均出力7～10月较大，联网有利于水电站的水库调蓄能力及装机容量充分发挥作用。四个装机方案的保证出力均为180.2MW，装机840～1320MW相应多年平均年发电量为26.87亿～27.84亿kW·h，装机年利用小时为3199～2109h；单位千瓦投资在4518～3187元/kW，单位电量投资在1.412～1.511元/（kW·h）；补充千瓦投资在828～899元/kW，相差不大；补充电量投资在2.552～11.991元/（kW·h），以装机840MW～1040MW方案间最小，但仍大于840MW方案本身的80%。水电装机大则系统总费用现值相对较小；按方案间绝对电量增量测算经营期上网电价，以840～1040MW方案间最小，且小于广东平均电价；若考虑峰谷分时电价差异，840MW、1040MW、1200MW三个方案的折算上网电价基本相同。

结合贵州水能资源状况、市场条件、工程特点及技术经济等比较，推荐光照水电站装机容量1040MW，相应多年平均年发电量为27.54亿kW·h。

（贵阳勘测设计研究院　范国福）

青海山坪水电站水能设计

青海山坪水电站位于青海省贵德县境内黄河干流上，距下游贵德县城5.0km，距上游已建的龙羊峡水电站58km，是黄河上游龙（羊峡）～刘（家峡）河段规划梯级中的第四座水电站。坝址以上流域面积

13.29万km^2，占黄河全流域面积的17.7%，多年平均径流量211.9亿m^3。根据预可行性研究报告，山坪水电站正常蓄水位为2219m，死水位为2217.5m，装机容量为160MW。

（一）正常蓄水位

山坪水电站与上游在建的尼那水电站相距10km，库区地形为U形川地。在正常蓄水位选择时，根据两座梯级水电站水位连接的要求，拟定了2218m、2218.5m、2219m、2219.5m和2220m共5个方案。由于各方案水库水位基本淹没了库区沿河阶地，淹没损失差别较小，且泥沙淤积末端距尼那水电站坝址均有一段距离，泥沙对库尾的影响差别也不大。因此，主要从山坪和尼那两座梯级水电站总体发电效益、经济指标，以及对尼那大坝安全稳定的影响等方面进行比较。

从经济指标上看，5个方案之间差额投资经济内部收益率分别为65%、48%、23%、2%，前三种情况的差额投资经济内部收益率均大于社会折现率12%，其中以正常蓄水位2219.5m方案经济性最优，2219m方案其次。

从梯级电量来看，随正常蓄水位的升高，梯级电量增大，差值则随之减小。2219m与2218.5m的梯级电量差值为0.156亿kW·h，2219.5m与2219m的梯级电量差值为0.082亿kW·h，前者为后者的1.9倍。由此可见，正常蓄水位达到2219m后，随着水位的增高，梯级电量的增加幅度显著减少。

正常蓄水位2219.5m、2220m两方案，山坪水电站的回水水位已影响到尼那水电站正常发电尾水位，从对尼那大坝安全稳定的影响考虑，山坪水电站正常蓄水位不宜超过2219m。

综合以上比较结果，选择2219m为山坪水电站的正常蓄水位。

（二）死水位

山坪水电站坝址下游灌溉对河道最小流量的要求为300m^3/s，下游贵德川地防护标准为最大流量2000m^3/s。山坪水电站上游拟建的拉西瓦水电站，是西北电网的主力调峰电站，设计装机容量近期为4200MW，远期为5600MW。调峰运行时，水电站下泄流量波动较大，其流量变幅最大为0～3000m^3/s，对下游灌溉取水和川地的防护影响较大。在建的尼那水电站日调节库容仅为860万m^3，不能满足反调节要求，需要再经山坪水电站的调节，从而组成拉西瓦、尼那、山坪水电站日调节链，进行三座水电站联合日调节，以满足下游贵德川地的防护及灌溉取水要求。

由西北电网的电力电量平衡，计算出拉西瓦水电站三个代表年逐月典型日出力过程，经尼那水电站反调节后，计算山坪水电站的日调节库容。考虑的计算情况为以拉西瓦水电站近期装机容量4200MW初步选择调节库容，用远期装机容量5600MW作为校核。

死水位选择考虑的原则：在满足下游对日调节库容要求的情况下，结合不同装机容量的比较，经综合论证后，选用发电效益较优者。

经综合比较，装机容量160MW时，山坪水电站选用调节库容1720万m^3，相应的死水位为2217.5m。

（三）装机容量

山坪水电站装机容量选择是根据梯级径流调节计算成果，综合考虑水能资源的利用程度，经电力电量平衡和经济比较后确定的。参考梯级规划阶段山坪水电站的装机容量和设计水平年2010年水电站的出力过程，拟定了140MW、150MW、160MW、170MW、180MW5个方案进行比选。装机容量超过170MW后，增大装机容量对提高水能资源利用率的作用较小；水电站按投入西北电网内的青海电网设计，同时对投入西北电网的情况也做了分析，山坪水电站投入两个电网都有较好的容量和电量效益；对各装机容量方案，考虑不同的投资和发电效益，采用年费用最小法进行经济比较。最后经综合比选，推荐山坪水电站的装机容量为160MW。

（天津水利水电勘测设计研究院　袁学安）

木格措·金盖水电站水能设计

木格措·金盖水电站位于四川省甘孜藏族自治州康定县境内，为大渡河支流瓦斯河的龙头水库梯级水电站。上库利用雅拉河支流牛窝沟上游的天然海子——木格措，于湖口筑一高50.5m的堆石坝而成；下库利用雅拉河上的金盖水电站低闸水库。该水电站与下游小天都水电站一起被列为瓦斯河梯级滚动开发的二期工程，是国家支援四川藏区建设的项目。

一、抽水电源、抽水时间及水电站运行方式

木格措抽水蓄能电站利用金盖水电站以及下游的瓦斯河干流上已建的冷竹关水电站与拟建的小天都水电站作为该工程的抽水电源，三座水电站的发电装机容量共46万kW。

根据四川用电趋势、负荷特性以及电源发展情况分析，抽水时间按负荷低谷时段和平时段共16h考虑。

上库木格措抽水蓄能电站的运行方式为：汛期利用抽水电源在日负荷低谷时段和平时段的弃水和部分

有效电量抽水，蓄存于水库，并在保证汛后水库水位蓄至正常蓄水位的前提下利用多抽水量于高峰时段8h调峰发电；枯水期水库放水发电并对下游梯级进行补偿。

汛期下库金盖水电站的日调节池作为木格措抽水蓄能电站的下库，提供抽水水源，水库水位按汛期限制水位运行；其他月份与木格措抽水蓄能电站保持基本同步运行，并对区间来水进行日调节。

二、正常蓄水位

（一）上库

根据四川系统的电源构成、水电站群的调节性能及丰枯出力变幅情况、对瓦斯河下游各梯级水电站的补偿调节效益，以及预可行性研究审查意见，拟定木格措·金盖水电站上库正常蓄水位3825m和3830m两个比较方案。

在充分分析了水库淹没、环境影响以及动能经济指标等多方面因素的同时，重点考虑到工程坝址地处高地震区，地质条件复杂，从保证工程安全可靠角度出发，确定木格措抽水蓄能电站正常蓄水位为3825m，相应的调节库容1.07亿m^3。

（二）下库

作为木格措抽水蓄能电站的下库，金盖水电站水能设计的主要任务是满足木格措蓄能电站抽水的需要。根据金盖与木格措水电站联合运行对调节库容的需要以及上库木格措水电站厂房机组安装高程，结合闸址的地质地形条件，考虑水电站引水防沙以及运行灵活的需要，经分析比较选定金盖水电站正常蓄水位为2764m，相应调节库容为46.02万m^3。

二、装机容量

（一）上库木格措电站

木格措抽水蓄能电站最大水头1066m，根据抽水蓄能机组设计和制造能力并本着积极稳妥的原则，在装机容量比较阶段，抽水蓄能机组暂按三机式考虑。

考虑到水电站调峰运行的经济效益，在水电站容量配置上，发电装机容量适当大于抽水容量是有利的。根据初拟抽水容量及抽水流量分析，在保证木格措水库汛末蓄满以及提高水电站的发电效益和运行灵活性的前提下，拟定了9万kW、10万kW、12万kW、14万kW、16万kW五个抽水容量方案，各方案相应的发电装机容量拟定为13.5万kW、15万kW、18万kW、21万kW、24万kW。

从系统情况分析，木格措水电站具有年调节能力，在考虑了四川电网分期分时电量效益差别后，装机容量增加到21万kW是有利的。

经综合分析，推荐木格措·金盖龙头水库水电站上库木格措抽水蓄能电站装机容量为21万kW，抽水容量为14万kW。

在机组机型比较中，从能量指标、降低水电站的总投资以及机组在运行、操作、维护及检修上所具有的灵活性及简易性考虑，最终选择木格措抽水蓄能电站机组机型的发电容量为10.5万kW、抽水容量为7万kW的三机式机组。

（二）下库金盖水电站

为避免平、枯水期弃水，按与木格措抽水蓄能电站发电引用流量基本协调的原则，拟定了6万kW、7万kW和8万kW三个装机容量方案进行比较。

从动能经济指标、与上库水电站木格措联合运行的需要考虑，推荐金盖水电站装机容量为7万kW，机组台数为2台。

木格措·金盖水电站总装机容量28万kW，抽水容量为14万kW。

（成都勘测设计研究院　李　宁）

沅水三板溪水电站水能设计

三板溪水电站位于贵州省锦屏县境内，是沅水干流上惟一具有多年调节性能的龙头水电站，其主要开发任务是发电和提高下游在建和待建水电站的发电效益，并兼有防洪、旅游等综合利用效益。三板溪水电站建成后主要供电湖南电网，还将显著改善下游沅水干流梯级水电站的运行条件。

根据1996年初审查批准的《三板溪水电站可行性研究报告》及2001年批准的《三板溪水电站项目建议书》，三板溪水电站水库正常蓄水位475m，死水位425m，总库容37.48亿m^3，调节库容26.16亿m^3，水库具有多年调节性能；水电站装机100万kW，保证出力23.5万kW，年发电量24.3亿kW·h。三板溪水电站与下游梯级水电站连续运行，近期可增加下游已建梯级保证出力5.5万kW、年电量6.4亿kW·h；远景增加下游13个梯级保证出力20.3万kW，年发电量14.7亿kW·h。

三板溪水电站工程静态投资56.40亿元，总投资64.63亿元，在不计下游梯级补偿效益情况下，按满足国内投资财务内部收益率7.21%、还贷期20年测算，经营期平均上网电价为0.268元/（kW·h）。

经过多年的规划、勘测、设计和研究工作，2001年8月湖南、贵州两省计委向国家计委上报的项目建议书已由国务院批准。

一、主要水能参数选择

（一）正常蓄水位

通过多方案综合分析比较，确定的三板溪水电站正常蓄水位为475.00m，其选择主要分析依据为：

1. 满足龙头水库发电和梯级补偿要求　三板溪水电站作为沅水梯级的龙头水库，具有很好的调节性能，下游已建的五强溪水电站、凌津滩水电站及在建的洪江水电站均可受到其调节补偿之利，将来还可带动全梯级的滚动开发。从长远出发，适当抬高正常蓄水位是有利的，但该水库已达到多年调节，库容系数为0.35，水量利用系数已达98%，再抬高水位，保证出力和年电量虽然增加，却使上游革东水电站水位重叠太多，带来革东水电站的电量损失。另外，正常蓄水位475.00m方案装机年利用小时数已达2400h以上，对梯级的调节补偿作用已基本发挥，再抬高水位意义不大。

2. 符合工程经济性较优的要求　根据三板溪水电站工程投资、工程量与水库淹没指标比较，各正常蓄水位方案间无跳跃式变化，而475.00m方案年费用值最小，电能指标、经济指标等综合分析最优，水库淹没单位实物指标相对较优。从各方面衡量，选定正常蓄水位475.00m是合适的。在《关于贵州省清水江三板溪水电站可行性研究报告审查意见的批复》中，明确同意正常蓄水位475.00m。

（二）死水位

三板溪水电站死水位选择是在正常蓄水位475.00m前提下进行的，为获得较大调节库容和梯级补偿效益，结合考虑坝前淤沙高程要求等各方面的因素，推荐三板溪水电站死水位为425.00m。

在《关于贵州省清水江三板溪水电站可行性研究报告审查意见的批复》中明确同意死水位425.00m。

（三）装机容量

1. 装机容量论证及主要结论　三板溪水电站供电范围和销售市场由原先的贵州和湖南两省共担变为由湖南省承担，两省政府也曾多次协商达成了共识。为此，1999年开始针对水电站供电范围和负荷预测成果及负荷特性等设计条件的变化，对三板溪水电站装机容量100万kW在湖南电网的利用情况进行了复核，于2000年11月完成《三板溪水电站可行性研究综合报告》。主要结论为：三板溪水电站装机100万kW，送电湖南电网，汛期在尖峰运行，枯水期主要在腰荷运行，还可承担系统备用12万～15万kW，容量效益十分显著。100万kW容量投入湖南电力系统后，可减少火电装机105万kW，电能等技术经济指标十分优越，是一难得的调峰电源。因此，选定装机容量为100万kW是合理的。

2. 三板溪水电站在电力系统中的效益分析　根据2001年预测的湖南电力系统负荷需求，对三板溪水电站装机容量100万kW在湖南电力系统的作用和效益进行了复核。根据湖南省电源建设安排及工程施工进度要求，同时分析了2010年与2015年两个水平年三板溪水电站容量和电量的效益，主要结论有：

（1）三板溪水电站具有显著的容量与电量效益。三板溪水电站送电湖南电力系统各水平年替代容量效益102万～103万kW，减少系统煤耗95万～106万t，容量和电量效益显著（见表1）。

表1　三板溪水电站在湖南省容量与电量效益表

项　目	2010年水平	2015年水平
减少系统装机容量（万kW）	103	102
减少系统煤耗（万t）	106	95

（2）可明显改善湖南电力系统的运行方式。三板溪水电站具有多年调节性能，投入湖南系统运行后，梯级连续运行可显著提高下游梯级枯水期的径流量，增加枯水期水电发电量，可大大缓解湖南系统枯水期缺电量、汛期缺调峰容量的矛盾，降低系统火电调峰率，减少水电调峰弃水电量，改善系统运行方式。三板溪水电站各水平年效益指标见表2。

表2　三板溪水电站改善系统运行工况表

<table>
<tr><th>年份</th><th colspan="2">项　目</th><th>设计枯水年</th><th>设计平水年</th></tr>
<tr><td rowspan="6">2010年</td><td colspan="2">减少水电调峰弃水（亿kW·h）</td><td>4.71</td><td>7.89</td></tr>
<tr><td rowspan="3">降低火电调峰率（%）</td><td>汛期平均</td><td>6.7</td><td>5.5</td></tr>
<tr><td>枯水期平均</td><td>15.1</td><td>11.8</td></tr>
<tr><td>年平均</td><td>10.9</td><td>8.7</td></tr>
<tr><td colspan="2">增加火电年利用小时（h）</td><td>341</td><td>25</td></tr>
<tr><td colspan="2"></td><td></td><td></td></tr>
<tr><td rowspan="5">2015年</td><td colspan="2">减少水电调峰弃水（亿kW·h）</td><td>1.41</td><td>0.72</td></tr>
<tr><td rowspan="3">降低火电调峰率（%）</td><td>汛期平均</td><td>6.1</td><td>8.9</td></tr>
<tr><td>枯水期平均</td><td>10.6</td><td>14.4</td></tr>
<tr><td>年平均</td><td>8.3</td><td>11.7</td></tr>
<tr><td colspan="2">增加火电年利用小时（h）</td><td>314</td><td>152</td></tr>
</table>

(3) 三板溪水电站经济效益显著。三板溪水电站投资及运行费用现值为46.44亿元（按贴现基准年2001年、贴现率12%计算），可减少系统火电投资及固定运行费用现值38.62亿元，减少系统燃料费用现值16.66亿元，净效益现值为8.84亿元。

3. 水库运行方式　根据三板溪及沅水梯级水电群的水文特性，三板溪水电站以梯级补偿的运行方式为主。水库多年平均运行水位为464.52m，相应保证率约为60%。三板溪水电站多年平均弃水流量3.15m³/s，水量利用系数达98.8%，水量利用较充分。

在梯级水电站调度中，以不蓄电能损失最小为原则，采取三板溪水电站先放后蓄、五强溪和凤滩水电站早蓄晚放的蓄放水原则，使梯级有效利用水头和总蓄能量大。三板溪水电站下游13个梯级水电站共可利用水头285m。三板溪水电站与下游梯级水电站连续运行，可增加全梯级保证出力20.3万kW，考虑对下游梯级补偿，可增加保证出力36.6万kW，两种情况年电量均增加14.7亿kW·h，效益非常显著。

二、经济评价

三板溪水电站的兴建，可为下游梯级带来十分可观的容量和电量效益，投入湖南系统后，其优质的电能对解决电力系统调峰困难、改善系统电源结构以及合理消纳三峡电能具有重要意义。

财务评价结果表明，该项目有较强的贷款偿还能力和财务盈利能力，按满足内、外资还贷条件和国内投资财务内部收益率7.21%测算的经营期上网电价为0.268元/（kW·h）。通过电价对比分析和敏感性分析，该水电站有较强市场竞争力和抗风险能力。

国民经济评价结果表明，项目经济内部收益率达19.19%，经济净现值183146万元。项目国民经济评价指标优越，经济评价可行。

（中南勘测设计研究院　李蓓蓉）

宜兴抽水蓄能电站水能设计

宜兴抽水蓄能电站位于江苏省宜兴市铜官山山区，利用铜官山顶沟谷地带采取半挖半填形式筑坝建上水库，利用会坞水库扩建为下水库，通过潢潼河引取三氿（东氿、团氿、西氿）水作为电站蓄、补水水源，电站装机容量1000MW。

一、水库主要特征水位

（一）上水库

正常蓄水位：预可行性研究阶段，根据上水库的地形地质条件，拟定465m、470m、475m三个方案进行比较，初步选择正常蓄水位为470m。在可行性研究阶段，根据查明的地质条件并结合工程枢纽布置，拟定正常蓄水位468.0m、471.5m、475m三个方案。经进一步的技术经济比较，选定正常蓄水位为471.5m。

正常消落水位与死水位：根据正常发电与应急发电备用库容要求，并结合库盆开挖，选择正常发电消落水位与死水位分别为435.0m和428.6m。

（二）下水库

原会坞水库为一灌溉小水库，设计灌溉面积约为46.7km²，为避免灌溉用水对发电的干扰，经原水库管理单位同意，将会坞水库征用，改扩建为抽水蓄能电站专用下水库，原水库的灌溉任务由水电站补水工程一并承担。

死水位：根据水库的地形地质条件及进出水口工程布置等要求，拟定54m、57m、60m三个比较方案，经技术经济比较选定死水位为57m。

正常消落水位、正常蓄水位与最高蓄水位：为利用部分天然径流补充水损，同时避免补水泵站的频繁启动，在下水库设置了15万m³的水损备用库容。水损未发生时相应正常消落水位为58m，上水库正常发电库容与应急备用库容发电后相应正常蓄水位与最高蓄水位分别为78.9m和80.6m。

二、装机容量

按照国内日调节抽水蓄能电站的设计惯例，装机容量折合日满发利用小时数一般取5h。故预可行性研究阶段，在进行装机容量选择时，根据坝址条件及电力系统需求，按折合满发利用5h，拟定了700MW、800MW、1000MW三个方案。其中1000MW方案库盆开挖量较大且对库岸的稳定不利，故从江苏省电网负荷峰尖谷深、主要缺短历时大容量的调峰电源的负荷特性出发，又拟定了装机容量1000MW折合日满发利用小时数为4h的方案，共组成四个比较方案。经电力电量平衡与燃料平衡计算及经济比较，初步选择装机容量为1000MW折合日满发利用4h的方案。

可行性研究阶段，在以上成果的基础上，对装机容量800MW折合日满发利用5h和1000MW折合日满发利用4h两个方案做了进一步比较分析：

（一）电力电量平衡与燃料平衡计算

根据预测的设计水平年2010年的用电负荷，经电力电量平衡与燃料平衡计算分析，两个装机容量方案，容量均能得到充分利用，且与常规火电及燃气轮机电站调峰相比较，均可为系统节省一定的燃料费用。

（二）装机容量日满发利用小时数分析

从江苏省电网现状和远景负荷特性分析，适当降低装机利用小时、扩大装机容量，可为系统提供更多的调峰容量，对电网调峰和经济运行更为有利。

经对电站最优日利用小时数分析，当装机容量为1000MW时，日最优利用小时数为1.62～3.12h，年利用小时数为863h；当装机容量为800MW时，日最优利用小时数为1.42～3.10h，年利用小时数为834h。表明按装机日满发利用小时4h设计是合适的。

另外，通过对国内已投入运行的抽水蓄能电站的实际运行小时数分析也表明适当降低日利用小时数是可行的。

（三）经济比较

经对两方案进行经济比较，装机容量1000MW折合日满发利用4h方案较800MW日满发利用5h方案更优，故最终选定装机容量为1000MW折合日满发利用4h的方案。

三、设计体会

抽水蓄水电站装机容量的选择主要取决于坝址条件和电力系统需求，在坝址条件许可且获得有效库容代价不太高的情况下，选择较大的发电利用小时数，有利于电网灵活调度。但如果受坝址条件限制，获得有效库容的代价较高，而电力系统需要短历时大容量的调峰电源时，可经论证适当降低发电利用小时数以扩大装机规模，增加调峰容量，满足电力系统需要。

（上海勘测设计研究院 李茂学 宋 强）

中国水力发电年鉴（2001～2002）

5

三峡工程及大中型水电站

三峡工程管理及施工技术

三峡工程建设中若干重大技术问题的突破

三峡工程规模巨大、技术复杂，在实施阶段又由于一些特殊运用条件及极为紧张的工期安排，使得工程的技术难度更为复杂。现就三峡工程建设中若干重大技术问题的突破做扼要介绍。

一、大江截流和混凝土防渗墙施工技术

大江截流和混凝土防渗墙施工是二期围堰的两个关键技术问题。

（一）大江截流

三峡工程大江截流具有截流水深和截流流量大，截流施工强度高和工期紧，截流进程中有通航要求，以及戗堤下压覆盖层深厚的难点。

三峡工程坝址位于葛洲坝枢纽水库回水区，截流时河床最大水深约 60m，截流水深居世界首位。如何防止戗堤进占时堤头坍塌和保证堤头稳定成为截流实施过程中首当其冲的关键问题，经研究最终确定采用预平抛垫底、上游单戗立堵；双向进占，下游尾随进占的方案。试验研究表明：当水深减少到 30m，堤头坍塌明显减弱；当减少到 20m 左右，可以有效防止堤头坍塌，保证堤头的安全稳定。此外，还对预平抛合理时段，抛投料的粒径级配、抛投范围及水下形态和防冲措施做了详细研究，使预平抛垫底达到了预期目的。

三峡工程大江截流设计流量 14000m^3/s，为了做到万无一失，按截流流量 19400m^3/s 进行备料及截流准备。同时采用高科技手段为合理安排截流施工进度、选择截流时机、及时掌握截流工程中戗堤束窄口门和明渠的水文要害、水下断面形态以及河床和导流明渠冲淤变化等情况提供技术支持。此外，在长江水利科学研究院宜昌前坪试验基地的大江截流整体水工模型上开展跟踪预报试验，模拟动态变化的边界条件跟踪现场施工，预报并分析截流过程中可能产生的影响；同时还采用大江截流三维仿真模型，演示截流进展动态，供现场总指挥部决策。

1997 年 9 月，随着长江流量的递减，截流戗堤继续预进占，于 10 月 23 日提前形成了 130m 宽的龙口。10 月 26 日开始龙口合龙，至 27 日龙口束窄至 40m。11 月 8 日上午 9 时，开始龙口最终合龙，下午 3 时 30 分，大江截流合龙胜利完成，创造了截流流量 8480～11600m^3/s、截流水深 60m、上下游戗堤进占 24h、抛投强度 19.4 万 m^3 的世界纪录。

（二）混凝土防渗墙施工技术

二期围堰的主要特点有：围堰规模名列世界前茅，最大堰高 82.5m，土石方总填筑量达 1220 万 m^3，防渗体总面积达 20 万 m^2，其中混凝土防渗墙近 10 万 m^2；堰址水深达 60m，约 2/3 的堰高在水下施工，难度很大，必须在一个枯水期内完成，月填筑强度超过 300 万 m^3，月成墙强度达 1.3 万 m^2。

针对不同地层特征，研究采用了不同的最有效的成槽方法和机具，极大地提高了成槽速度，攻克了难关。主要的方法有：

(1) 铣削成槽法。采用从德国进口的液压双轮铣槽机，对堰体、覆盖层和全强风化层铣削成槽，速度快、效率高。

(2) 铣、砸、爆结合成槽法。在铣削成槽中，遇大块石、块球体和硬岩时，即用 SM-400 型全液压机钻孔爆破或辅以槽内紧密聚能爆破，对块球体密集带则经钻孔预爆后再以重锤冲砸，击碎后再用液压铣清孔，有效地解决大块石问题。

(3) 两钻一抓（铣）成槽法。先用冲击钻或冲击反循环钻机钻主孔，终孔后用抓斗抓副孔（或用液压铣铣副孔）。该法造孔精度高、效果好。遇块球体和硬岩时，仍用冲击钻砸碎成槽。

(4) 上抓（铣）下钻成槽法。在槽孔上、中部用抓斗或液压铣成槽，下部有块体和硬岩时，用冲击钻或冲击反循环钻砸碎成槽。该法功效也很高，但造孔精度不及以上方法。

在采用上述各法造孔时，还遇到许多难题，例如平抛垫底层、一期围堰坡脚及预进占裹头段石渣架空严重，危及槽孔及施工设备安全。为此采用投入堵漏料（黏土、风化沙、小石，必要时投入水泥、膨润土等）后，用钻头冲打击实（一般平打深度为 1m），然后抓取 1～2m，再投再抓，分层施工完成，并用优质膨润土泥浆固壁，防止坍塌。另一措施是根据先导孔资料，掌握严重架空部位，布设灌浆孔自下而上分段预灌浓浆。灌浆材料为掺水玻璃、膨胀粉、膨润土等的水泥膨润土砂浆。

在钻进过程中，研究采用了高强度耐磨底刃；成槽施工中，在槽内掉入钻具或其他铁件难以避免，为此研究了深水电磁铁打捞技术。制造的电磁铁为ϕ590mm的圆柱体，重250kg，密封性达10MPa。配高级电缆及漏电保护装置，应用效果十分良4好。

上述各种成槽技术的应用，使二期围堰近10万m^2的防渗墙得以按期高质量地完成。

三峡工程二期围堰堰高变形量大，经长期研究试验，确定采用塑性混凝土为墙体材料，其技术参数为：抗压强度不低于5MPa，抗折强度不低于1.5MPa，初始切线模量700～1000MPa，渗透系数不大于10^{-7}cm/s，破坏渗透比降不小于80。运行表明塑性混凝土材料防渗墙具有很强的适应变形能力，为确保防渗墙的安全运行提供了重要的技术保障。

下游二期围堰深槽段防渗墙最大深度达68m，设置一道厚1.0m的墙体，其强度和稳定性略嫌不足。经分析研究表明将下游混凝土防渗墙厚由1.0m增至1.2m，可满足施工和设计要求，并顺利实施。

截至2000年底的围堰内变形观测资料表明，防渗墙最大压应力2.73MPa，最大拉应力0.045MPa，均在墙体材料允许范围内。最大渗水量约90L/s，远低于设计预测值600L/s。上游围堰第一道防渗墙最大变位达591.40mm，防渗墙虽位移较大，墙体变形仍是平滑曲线，无明显错位，说明防渗墙具有良好的塑性，防渗墙是安全的。

二、大坝电站高强度混凝土施工

厂坝混凝土施工的难点在于：虽然是重力坝，可是泄洪坝段设有溢流表孔、泄洪深孔和导流底孔三层孔口；厂房坝段布置有电站进水口和排沙孔口，且有内径为12.4m的钢衬钢管混凝土压力管道，结构复杂；电站厂房安装14台70万kW特大型水轮发电机组，并采用保温保压浇筑蜗壳混凝土，工序十分复杂；三峡坝区年内气候骤降频繁，夏季高温持续时间长，对混凝土温控有特殊要求等。因此高强度混凝土施工非常具有挑战性。

为了保证三峡大坝的高强度施工，最后选用了以塔带机为主，辅以高架门、塔机和缆机的综合施工方案。配置四个混凝土拌和系统（共7套拌和楼），设计拌和能力为1960m^3/h（常温），生产7℃混凝土能力为1290m^3/h。加上永久船闸混凝土拌和系统，整个三峡第二阶段工程混凝土生产能力为2500m^3/h，制冷总容量2.94×10^{11}J/h。可满足混凝土月浇筑强度50万～55万m^3，年浇筑强度500万m^3的要求。

三峡工程于1999年和2000年先后创造了年浇筑混凝土458.5万m^3和542.85万m^3的世界纪录，1999年12月创造了月浇筑混凝土58.5万m^3的纪录。（其中厂坝部分分别为364.8万m^3、369.8万m^3和44.5万m^3）。

（一）混凝土配合比优化

为满足三峡工程混凝土耐久性的特殊要求，严格限制水泥熟料中碱含量小于0.5%，要求混凝土中总碱量≤2.5kg/m^3；在混凝土中掺用Ⅰ级粉煤灰，具有防止温度裂缝和减少干缩等功能；选用品质优良的高效减水剂，混凝土用水量由110kg/m^3减少至85kg/m^3左右；采用缩小水胶比增加粉煤灰掺量的技术路线，从而更有效提高混凝土的耐久性；采用有补偿收缩性能的525号中热大坝水泥，以减少混凝土收缩变形，减少混凝土产生裂缝的风险。

（二）混凝土制冷技术

为保证混凝土质量和生产7℃预冷混凝土，增加了粗骨料二次筛分冲洗脱水设施和骨料一、二次风冷技术。经三年的生产实践证明，7℃预冷混凝土生产工艺流程先进合理，合格率一般都在85%以上，为厂坝混凝土温度控制提供了保障。

（三）塔（顶）带机连续浇筑混凝土工艺

塔（顶）带机具有连续浇筑、生产率高、可实现混凝土浇筑工厂化生产的特点，创造了塔带机浇筑四级配和一个仓号多品种混凝土的先河。

对塔带机浇筑混凝土方面采取了以下措施：拌和楼供料采用液压弧门控制，可以随时任意调节出料量，做到均匀连续供应；控制塔带机象鼻管下料高度不超过1.5m，并尽可能做到布料均匀，避免堆积；配合比优化，对四级配混凝土要减少特大石比例5%，并适当增加砂率；层面接合取消砂浆，每个仓面第一坯层采用二级配或三级配富浆混凝土。采用以上综合措施以后，一般单台塔带机平均混凝土浇筑月强度可达3万～4万m^3，高峰可达5万m^3，在大坝混凝土特高强度浇筑中发挥了关键性作用。

三、永久船闸高边坡施工技术

永久船闸横贯枢纽左岸山体，上下游设引航道与长江主河道相连，全长6442m，其中主体建筑物段长1607m，是高边坡最集中的区域，最大边坡高度达170m，边坡高度连续超过120m的范围长达约460m，土石方明挖3715万m^3，土石方洞挖98万m^3。

两线船闸中间留有54～57m的岩石中间隔墩，因此在主体建筑物段形成双陡槽式双侧边坡。

和一般高边坡相比，永久船闸高边坡具有以下特点：

（1）它是在山体中深切出来的陡高边坡，高度大、形态复杂、范围广、应力释放充分，呈现出明显的卸货和非均质特征。

（2）对边坡稳定，尤其是变形特性有严格要求。

作为永久船闸的边坡，不仅整体和门部稳定必须保证，而且对边坡的流变必须严格控制，以满足船闸人字门的正常运行要求。

(3) 施工难度大、干扰多、工期紧。如何解决开挖爆破的相互影响，最大限度地减少岩体损伤和确保施工安全都是需要处理的难题。

针对永久船闸高边坡的特殊性和重要性，采取了山体排水，地表水堵、截排和预应力锚索、高强锚杆、喷混凝土支护，施工中严格控制施工程序和整套控制爆破措施，以及加强原型监测和反馈分析，实行动态设计的综合治理措施。

通过对永久船闸外部变形、内部变形、渗流及应力应变等监测资料的综合分析，永久船闸边坡与中隔墩岩体整体无异常变形。截至2000年年底，测得南、北坡岩体向闸室中心线方向的最大位移分别为58.92mm和48.62mm；南、北坡直立墙最大位移分别为47.25mm和34.67mm；中隔墩南、北侧最大位移分别为27.92mm和32.30mm，均控制在设计预测范围之内。

四、水电站大型钢衬钢筋混凝土压力管道和蜗壳保温保压浇筑混凝土技术

(一) 钢衬钢筋混凝土压力管道及垫层管

三峡水电站引水管道内径为12.4m，具有压力管道直径大、条数多、HD值高等特点，经综合比选，选用钢衬钢筋混凝土联合受力结构。在吸收前苏联经验的基础上，经设计优化，总的安全系数为2.0；钢衬、钢筋各自单独承担全部内水压力时，安全系数分别为1.2和0.8，选用Ⅲ级钢筋调整为三层环筋，可节约钢材10%左右，又有利于施工。

由于压力管道直径特大，采用常规伸缩节难以满足安全要求。研究采用垫层管取代伸缩节的方案，经计算分析左岸厂房1～6号机组段厂坝间的相对位移和转角小，在任何季节合拢钢管的应力均在允许应力范围内，确定用垫层管取代伸缩节。考虑到安全因素，最后7～14号机组厂坝连接段选用带波纹管和外套常规伸缩节的联合方案，该结构型式新颖，是国内外尺寸最大的波纹管伸缩节。

(二) 蜗壳保温保压混凝土浇筑技术

三峡工程水轮机蜗壳与外围混凝土结构型式，先后研究了充水加压、半包（上部铺设垫层）和全包（全部铺设垫层）三个方案。经综合分析，为更有利于水轮发电机组稳定运行和结构安全考虑，确定采用打压方案。针对三峡工程水轮发电机组运行水头变幅大、初期水库处于低水头运行、后期又有相当长的时间内在防洪限制水位运行的特点，为保证在运行期间蜗壳与外围混凝土贴紧连成整体，保压水头可综合考虑外围混凝土受力条件和简化闷头结构，最后确定保压水头为70±2m，水温控制在16～22℃。由于保压水头接近水轮发电机组的最小水头，当在高水头运行时蜗壳外围混凝土拉应力值将明显增大。因蜗壳本身按承受高水头设计，外包混凝土按限裂设计，其混凝土抗裂安全系数允许在1.0左右，布设四层钢筋。由于施工方案和技术措施落实，在施工中进展顺利。

(五) 沥青混凝土心墙

沥青混凝土防渗技术应用于大型水工建筑物，在国际上是近20年来发展起来的新技术。三峡茅坪土石坝最大坝高104m，坝顶长1840m，采用碾压式沥青混凝土心墙防渗，心墙厚0.5～1.2m，下部设置3m厚的扩大段，心墙顶轴线长880m，墙体最大高度94m，沥青混凝土工程量约5.0万m^3。茅坪土石坝分两期施工，一期工程至142m高程，已于2000年底完成，沥青混凝土工程量为2.2万m^3；二期工程于2001年下半年开工。

在现场摊铺和生产性摊铺试验的基础上进行沥青混凝土的施工。心墙采用水平分层铺筑，摊铺机摊铺，1.5t振动碾碾压密实，碾压温度控制在140～160℃，不得低于130℃，不宜高于170℃。施工中经反复检测分析沥青混合料的厚度，压实系数在0.85～0.91之间。据此，确定每层摊铺厚度控制在23±2cm，压实厚度为20±2cm。为能达到最大压实密度，便于排除混合料内部气泡，混合料在入仓后需静置约半小时，再进行碾压。从施工角度考虑，用1.5t振动碾碾压的最佳遍数为静1+动8+静2。碾压时行走速度为20～25m/min，行走过程中不得突然刹车或横跨心墙碾压。横向接缝处要重叠碾压30～50cm。

经现场无损检测和取芯样检测，沥青混凝土力学指标均满足设计的要求，其密度>2.4g/cm^3，孔隙率<3%，渗透系数<1×10^{-7} cm/s。一期工程于2000年9月完工，共完成单元工程355个，单元工程验收合格率为100%，优良率达86.7%，使中国碾压式沥青混凝土施工水平提高到一个新的高度。

(中国长江三峡工程开发总公司　张超然)

三峡工程建设管理综述

三峡工程建设实行了项目法人负责制。自1993年开工以来的8年中，通过工程实践，在吸取国内外工程建设科学管理经验的基础上，已逐步建立了质量管理、进度控制、投资控制、合同管理和安全管理的项目管理体系，基本形成了具有三峡工程特点的建设管理模式。

(一) 三峡工程建设的管理体制和运行机制

三峡工程分三个阶段导流，总工期 17 年，静态总投资 900.5 亿元。工程建设一开始，就确定了采用项目法人负责制和国务院宏观调控有机结合的建设管理体制，以及以项目法人责任制为中心的招标承包制、工程监理制和合同管理制的运行机制，确保了三峡工程建设计划的顺利实施。

1. 国家宏观调控与监督　国务院成立了三峡工程建设委员会（简称三建委），负责三峡工程建设重大问题的决策、有关各方的协调、宏观资源的配置和监督。

2. 项目法人负责制　国家明确中国长江三峡工程开发总公司（简称三峡总公司）为三峡工程项目法人，全面负责三峡工程的建设和经营管理，赋予在国家计划中单列的职能。

3. 招标承包制　三峡工程自开工起，就按照招标程序运作，通过市场竞争机制优选国内的建筑安装施工承包人、国内外的设备制造商，建立承包合同关系。

4. 工程监理制　按项目（包括设备制造）合同，主要采用邀请招标方式选择监理单位，按照“公正、独立、科学”的原则，用合同明确了监理职责、任务和权利；项目法人相应建立了协调管理机构。

5. 合同管理制　整体上，将分期建设阶段需要实施的不同项目的质量、进度和造价的建设管理目标，制定成分项合同进行层层落实。

（二）三峡工程建设管理体系

三峡总公司采用项目管理的基本方式，建立了具有三峡工程特点的建设管理组织体系。主要管理框架为：

1. 项目法人的管理体系基本框架　概括为“三个层次，两个结合”，通过一系列内控制度对管理过程加以规范。

（1）三个层次：

1）决策层：由三峡总公司领导班子组成，凡属重要事项均由决策层集体迅速做出决定。

2）管理层：为三峡总公司的综合管理部门，主要有计划、财务、工程建设管理、科技管理、物资、设备等部门。

3）执行层：为工程项目管理部门，是项目法人现场代表。

（2）两个结合：

1）三峡总公司的工作重心以工程建设管理为重点，与以经营管理为中心相结合，使工程建设既要达到质量、进度、安全控制目标，又要符合成本效益的原则。

2）综合部门归口管理与项目管理部门直接管理相结合。综合部门为实施工程项目提供协调和服务，进行指导和监督；工程项目管理部门按权限职责落实，及时反馈实施信息和问题。

2. 第二阶段工程实施的项目管理基本框架

（1）建立分项目管理的组织形式和责任考核机制，组成厂坝工程、航建工程、右岸工程、机电安装工程、公共工程等项目部，全面负责相应工程项目的建设管理目标。

（2）签订三峡总公司、工程建设部和项目部三级责任书，明确项目部负责质量、进度、造价、安全四项控制目标职责，按年度进行考核兑现。

（3）项目部对其管理范围的工程项目，以项目合同为依据组织协调承包人、监理、设计和相关技术服务人员，落实、实施项目的共同目标。

（4）由工程建设部负责施工总体策划、资源平衡，对各工程项目部之间进行全面协调、统一指挥和管理，统一调度物资、设备供应；归口管理工程设计。

（5）项目承包人按“施工项目管理”方式调整自己的体制，在机构、人员和资源配置上进行合理的优化；实行了单元施工工艺设计。

（6）监理单位按项目配置人员、装备，除按合同实施监督管理外，还实行了单元工艺设计审查、施工过程旁站监理。

独立于监理之外，组建工程建设中的专业总监，对施工过程的质量、安全进行巡回检查监督。

3. 工程实施中的建设管理　三峡工程每个项目规模巨大，有大量问题需要及时处理，基本做法是：

（1）对于技术、质量、标准等问题，由三峡总公司、设计单位、承包人、监理单位四方总工程师组成联席会议，项目部、监理参加，适时做出决定解决。

（2）施工进度、工作面、设备材料供应问题由项目部适时组织监理和有关单位协调解决。

（3）涉及全局性进度的问题、重大质量问题、安全事故等，通过三峡总公司现场例会或专题会议解决。

（4）重要技术难题，由项目部或技术主管组织专业机构和设计单位或聘请专家专门研究，通过决策层做出决定。

（三）投资控制与管理

三峡总公司在三建委的支持下探索并采用了静态控制、动态管理的投资管理模式，经过几年实践，投资控制已逐步形成机制，初步建立了国家批准的初步设计概算—业主执行概算—分项目实施控制价的三道防线，取得了初步成效。

1. 投资静态控制　三峡总公司对枢纽工程静态总投资负责控制和管理，具体实施中，采用编制业主执行概算作为基本计划。采用总量控制、合理调整的原则，以现量概算价、现量现价等几种表现形式进行业主单项工程执行概算和总执行概算编制。

2. 投资动态的管理　动态投资包括建设期投资价差和融资费用，约为工程总投资的55%，比重巨大。

(1) 投资价差管理：三峡工程的投资价差管理按三建委制定的办法进行。

(2) 融资费用管理：融资费用按每年实际支付的利息及其费用计列。

3. 工程实施中的投资控制

(1) 建立执行概算和合同价两个价格控制体系，项目法人通过这两个价格同期对比，反映工程投资亏损情况。

(2) 对影响投资变化较大的建筑和安装工程，由三峡总公司编制合同项目实施控制价，作为项目部对合同项目实施价格控制的最高限额，落实项目管理在投资方面的责任。

(3) 三峡总公司承包人合同价差的结算，按合同有关条款规定进行，即按合同中规定的调差范围、调价方式和权重系数计算。

4. 投资风险分析与管理

(1) 关键性施工风险决策与措施：三峡工程中许多富有挑战性的重大难题已超出世界现有水平，潜在风险较大。

三峡总公司在充分依靠设计、国内有关机构在技术上攻关和技术委员会把关的基础上，通过全面施工规划和风险研究后，做出了相应对策。

(2) 投资风险分析：从第二阶段工程开始对投资投入过程的各种管理效果、变动因素进行跟踪，分析各种影响和趋势，提出需要及时采取的防范措施。

(四) 工程合同管理

三峡工程项目合同管理主要是由项目部负责，依靠和通过监理单位对合同进行管理。

1. 项目合同总体策划　三峡枢纽第一、二阶段主体工程项目合同近400项，合同之间在时间、空间、内外部关系上相互关联、制约，组成庞大的工程项目系统，因此需在合同实施施工前，做好总体策划，采取了“分项目”和“分阶段”的管理办法。

2. 工程项目合同　三峡总公司根据三峡工程不同阶段建设特点、建设施工艰巨性和技术复杂性，分别研究编制了各项合同。

3. 工程合同管理的主要程序

(1) 三峡工程项目合同中的要点：

1) 承包人是保证合同项目顺利实施的直接责任者。

2) 承包人所有工作由监理单位负责监督。

3) 工程价款经监理单位审核报项目部批准后结付。

(2) 项目法人的合同管理：

1) 按管理职责和范围，由项目部（或责任部门）按立项审批程序办理项目立项。

2) 与中标承包人签订合同协议。

3) 组织协调承包人、监理单位、设计和其他服务机构实施合同，管理合同结算。

4) 合同项目完工验收后评价。

4. 变更与索赔管理

(1) 编制招标文件阶段：规定变更和索赔的程序与权限划分。

(2) 合同实施阶段：

1) 出现变更、索赔事件，由监理单位按合同规定时间审查、取证。

2) 重大变更、索赔额由项目部提交认定，经工程建设部审核后报主管副经理或总经理办公室批准。

(五) 工程建设质量管理与控制

三峡总公司对工程建设实施了全过程质量管理与控制。

1. 建立的质量保证体系

(1) 三峡总公司统一组织参建各方的主要成员组成“三峡工程质量管理委员会”（简称质委会），由质委会制定“三峡工程质量管理办法”。

(2) 建立三峡总公司现场试验中心、测量中心、金属结构中心、安全监测中心、水文水情气象中心，提供质量保证手段。

2. 质量管理与控制

(1) 三峡总公司向国内外供应厂商派出了驻厂监造。

(2) 实施了单元施工（全面或工作面）工艺设计，强化施工过程承包人自己“三控制”和监理人员旁站监督。

(3) 由三峡总公司五个中心对原材料、运输、储存、制造、加工、施工进行抽样检查。

3. 工程质量监督　三建委成立了三峡工程质量权威监督机构——质量专家检查组，每年对三峡工程质量进行一次检查，以及接受国家组织的工程验收。

4. 工程质量事故处理程序与奖罚

(1) 事故处理程序：凡由于建设管理、设计、施工、材料、设备等原因造成质量不符合标准和规范要求，从而影响工程使用寿命和正常运行，需返工或采取补救措施的工程事件，定为工程质量事故，处理基本程序为：

1) 在规定时间内报告事故。

2) 参建方到现场记录事故经过。

3) 项目部门及时组织有关各方和专家进行研究，提出临时处理措施，避免事故扩大。

4）按权限进行事故调查，并将结果报三建委质量检查小组。

5）按处理方案在监理单位直接监督下进行处理。

6）判定事故责任方，并提出处罚意见。

（2）质量奖罚：

1）依据合同规定和《三峡工程质量奖罚办法》决定奖罚。

2）按合同规定扣留质保金。

3）三峡总公司拿出2.5亿元资金设立三峡工程质量特别奖。

（六）工程建设进度管理

工程建设中的实施计划，按控制性总进度编制各阶段综合进度，并依此来控制和监督工程施工进展情况及其形象面貌，由工程建设部全面负责管理。

1. 工程进度目标控制

（1）对控制性总进度中每阶段单项工程进度进行细化和优化。

（2）在合同中结合前后项目进度的衔接要求，按调整的单项工程进度和项目进度的关键路线控制环节，确定合同进度目标时间。

2. 合同工程施工进度管理

（1）承包人根据合同，编制合同工程施工总进度、年度、季度、月份四类施工进度计划。

（2）承包人的上述进度计划在监理单位批准后实施。

3. 合同工程施工进度控制

（1）为了便于实施对每个合同项目施工进展的动态连续监控和汇总分析、管理，项目法人、监理单位、承包人三方面统一采用P3软件编制进度计划。

（2）设立了项目目标奖。

（七）计算机管理系统

另有专题介绍，此处略。

（八）主要成效

1. 工程建设按计划进行，按期实现了阶段性控制目标工程建设主体工程量完成情况见表1。

表1　三峡工程主体工程量完成情况表

项　目	主体工程计划总量	完成工程量			
		总量	占计划量百分比（%）	第一阶段	第二阶段
开挖工程（万 m^3）	11616	11791	101.5	9268	2523
填筑工程（万 m^3）	3062	2748	89.7	2162	586
混凝土工程（万 m^3）	2862	1471	51.4	349.1	1121.9
钢筋工程（万t）	51.99	23.64	45.5	1.35	22.29

2. 工程投资得到有效控制

（1）投资与完成的工程数量相匹配。

（2）通过合同管理、合理解决工程变更与补偿问题，确保了工程进度和质量控制，开工以来的变更补偿累计总量约为合同价的11.8%。

（3）通过项目管理、投资控制，工程投资略有节余，其中第一阶段工程约8%，目前第二阶段约3%。

（4）通过三峡总公司各方面努力，使静态投资得到有效控制，总投资在国家宏观政策的有力调控下，预测全部工程总投资可控制在初始计划之内（目前预测约1800亿元，低于开工时预测的2039亿元）。工程静态投资完成情况见表2。

表2　三峡工程静态投资完成情况表

项　目	投资概算（亿元）	至2000年底完成	
		投资（亿元）	占概算量（%）
投资总额	500.9	245.56	49.0
开挖工程	37	33.7	91.1
填筑工程	12	6.1	50.8
混凝土工程	102	49.9	48.9
钢筋工程	31	13.56	43.7
金属结构及安装	30.9	7.45	24.1
临时工程	80.68	63.91	79.2

3. 工程质量满足设计要求　主体工程开工以来评定单元工程10.47万个，合格率100%，优良率79.1%。

（中国长江三峡工程开发总公司　陈文斌）

三峡工程资金筹措与管理

三峡工程自开工以来，资金到位情况良好，国务院批准的三峡工程总体筹资方案得以顺利实施。截至2001年底，累计到位建设资金762.30亿元，满足了工程建设及库区移民补偿投资的需要。

1. 国家资本金投入和国家开发银行贷款作为三峡工程资金来源的主渠道，发挥了稳定资金供应大局的作用　从1992年开始国务院决定开征三峡基金，并以国家资本金的形式注入三峡总公司。国家开发银行在工程开工时就承诺给予三峡工程300亿元贷款，从1994年至2003年每年提款30亿元。2001年，三峡基金到位53.07亿元，国家开发银行贷款提款30亿元。截至2001年底，三峡基金累计到位346.02亿元，国家开发银行贷款239亿元，分别占资金到位总额的45%和31%。三峡基金征缴工作逐步规范，基金到位情况总体较好，绝大多数省份都完成或超额完成年度征收计划，三峡基金已经成为三峡工程最稳定可靠的资金来源，并为三峡工程开辟其他筹资渠道创造了条件，为工程建设顺利进行提供了有力保障。

2. 在政府政策的支持下，三峡工程市场融资的份额逐步加大　1997年三峡总公司开始进入国内资本市场，面向社会公开发行第一期企业债券（'96三峡债），筹集资金10亿元，此后又连续发行三期企业债券（'98三峡债、'99三峡债、'01三峡债）。2001年，三峡总公司成功发行'01三峡债券，筹集资金50亿元。截至2001年底，三峡总公司累计发行企业债券110亿元，按期支付应付利息并兑付到期债券本金10亿元。在债券发行过程中，不断进行品种创新，先后推出八年期附息债券、十年期浮动利率债券、十五年期固定利率债券等创新品种，以满足市场的需求。经财政部批准，三峡总公司以三峡工程建设基金为债券担保，提升了债券的信用级别，已发行的'96三峡债信用级别被评定为AAA一级，'98三峡债、'99三峡债、'01三峡债均为AAA级。由于三峡工程和三峡总公司良好的社会形象和信誉，三峡债券市场表现突出，得到投资者广泛认同，已成为国内企业债券市场的龙头债，对中国企业债券市场的发展起到了重要的作用。通过资本市场直接融资，债券票面利率均低于同期限的银行贷款利率，有效地降低了三峡工程融资成本。

3. 多渠道筹资格局初步形成，融资结构更趋合理　除国家资本金投入、政策性银行贷款、发行企业债券外，国外出口信贷及商业贷款、国内商业银行中短期贷款和临时贷款、短期票据融资等融资方式进一步改善了总体融资结构，满足了资金需求，并降低了总体融资成本。1997年、1999年在三峡工程左岸电站水轮发电机组和高压电气设备国际招标采购过程中，利用出口国政府提供的出口信贷和国际商业银行贷款，协议总金额13.2亿美元，覆盖全部商务合同价款、建设期利息和出口信贷保费，出口信贷期限最长达21年，有效缓解了三峡工程国内融资压力和建设期再融资的压力。至2001年底，国外出口信贷和商业贷款共提款2.64亿美元，利用外资协议执行顺利。1998年，三峡总公司分别与建设银行、工商银行、交通银行签订总额为110亿元的三年期贷款授信协议，截至2001年底，累计提款53.5亿元。此外，三峡总公司还根据每年资金需求与来源的特点，使用部分临时贷款，与中长期资金来源相搭配。中短期贷款和临时贷款的使用，改善了负债的期限结构，增加了资金调度的灵活性，降低了三峡工程的资金成本。

4. 实行全面预算管理，大额资金集中收付，加强资金安全监控和使用监督　2001年三峡总公司对工程建设的各项支出实行全面预算管理，加强预算编制和审核，强化执行过程中的预算约束。加强对银行账户的管理，工程价款结算、物资设备采购等大额支出实行集中支付，保证了资金安全，加快了资金周转。历次稽查、审计均认为，三峡工程建设资金使用合理，未发现挤占、挪用工程建设资金的行为。

（中国长江三峡工程开发总公司　程志明）

三峡工程的招标及合同管理

（一）2001年度三峡工程招标管理情况

三峡总公司招标委员会的各招标责任部门和招标机构认真执行《招标投标法》和《三峡总公司招标管理办法和实施细则》，坚持公平、公正、公开的原则，严格履行职责，加强协作配合，全年签订合同524项，合同金额19.42亿元。其中新签项目合同375项，合同金额15.34亿元；公开招标合同25项，合同金额9.51亿元；邀请招标合同31项，合同金额3.99亿元；询价采购合同14项，0.21亿元；其他合同305项，合同金额1.63亿元；全年通过招标的项目合同金额13.71亿元，占全年新签项目合同金额的89.37%。

招标委员会对招标工作采取集中统一管理，对限额以上的重大项目，从招标立项、招标方式、招标程序、评标组织到决标全过程进行组织、领导和协调；对一般项目的招标进行指导，增加透明度，保证了招标工作正常、有序地进行。2001年年初，三峡总公司颁布了《三峡总公司招标工作管理办法和实施细则》，三峡工程确定将招标项目划分为建筑安装工程、机电设备采购（含金属结构制造）、大宗物资材料采购三大类。基本形成了以各专业责任部门分工负责，以招标公司为招标代理人行使招标中心职能的三峡工程招标体系。实现集中统一领导，进行专业化管理，提高了效率和质量；同时，规范招标程序，严格立项管理，有效控制招标项目及建设规模。

2001年以来，所有重大项目的招标，均由招标公司会同责任部门编制《评标大纲和细则》，并成立相应的评标组织机构，在开标前由招标委员会（或招标委员会委托评标委员会）主持，对《评标大纲和细则》进行认真的审查；专家组提出的评标报告由评标委员会组织初审后，再提交招标委员会审议，确保了评标工作的质量。同时，坚持专家评标，对重大项目招标明确了外聘专家比例，把定性分析和定量打分结合起来，在研究、完善评标办法的基础上，针对不同性质的招标项目，设置科学、合理的评分办法，使评标因素尽量符合工程特点。

建筑安装工程的招标项目，均编制了业主标底，并采取 AB 法确定评标标底，把业主标底和市场价格结合起来，作为对投标总价进行评审和比较的参考价，公平地确定总价打分原则，合理地评价投标人的总体报价水平，对评标具有一定的指导意义。

三峡总公司在招标文件编制时坚持贯彻执行七部委 12 号令精神，将评标办法和评标标准部分纳入了招标文件。

按照《招标投标法》规定，根据评标委员会提出的评标报告和推荐的中标候选人确定中标人。对重大招标项目，坚持由招标委员会审议后，报总经理办公会集体决标，一般项目由招标委员会决标，小型项目的决标由招标委员会领导批准。

（二）2001 年三峡工程合同管理情况

2001 年在完成混凝土浇筑的同时，金属结构安装和机电设备埋件、机组本体安装全面展开。混凝土浇筑施工设备经过几年高强度的运行，设备的安全、连续运行又经受了严峻的考验。广大三峡建设者精心组织、精心施工，克服施工机械连续安全运转、土建施工与金属结构安装、机电安装的交叉作业等困难，在保证工程质量的前提下，工程投资和主要工程量指标都已完成或超额完成年度计划。混凝土浇筑完成 406.38 万 m^3，金属结构、机电埋件及安装完成 6.38 万 t。工程形象均已达到年初制定的控制性计划目标。在工程质量方面，参建各方紧紧围绕“零质量事故”的管理目标开展质量控制工作，通过狠抓质量保证体系，落实岗位责任制，提高质量管理的预见性，严格现场质量工艺过程控制，狠抓制度和措施的落实，将质量专家组意见落到实处，努力实现零质量事故。2001 年，三峡工程评定 16645 个单元工程，全部合格，其中主体工程混凝土单元工程 13132 个，质量评定全部合格；优良 11325 个，优良率 86.2%。在工程投资控制方面，静态、动态投资均控制在国家批准的初设概算及预计的投资范围内。总的来看，2001 年三峡工程实现了“进度、质量、投资三控制”目标，为 2002 年及以后三峡工程的建设和管理奠定了坚实的基础。

在确保工程建设稳步进行的同时，2001 年三峡工程实现了三个转移：施工的重点、难点和高峰期逐步由混凝土浇筑向金属结构和机电安装阶段转移；大坝混凝土施工手段由以塔带机为主向以布设在高程 120m 栈桥上的门机、塔机和缆机为主转移；右岸工程的建设，特别是右岸岸坡厂坝开挖、场地平整和高程 84m 混凝土拌和系统提前建成，为第二、三阶段工程转移和衔接奠定了基础。

在工程建设管理过程中，三峡总公司继续加大合同管理力度，在强化项目管理部门职责的同时，针对合同管理中出现的问题和三建委稽察组对合同管理提出的整改要求，进一步规范合同变更索赔工作，本着“实事求是、以合同为依据”的原则，加大处理力度，严格合同变更及索赔的审核。与监理单位、承包商就变更索赔的原始现场记录、签证和审核的要求、索赔的资料和程序等问题，按合同要求加强了各自的规范管理。

为了规范第二阶段工程缺陷处理工作的费用补偿问题，及时制定了《三峡第二阶段土建与安装工程项目工程质量检查与施工质量缺陷处理费用补偿办法》。针对第一阶段和第二阶段工程合同执行中存在的问题，在新签合同和招标文件编制中，使合同条款更具针对性、科学性、合理性和可操作性。对影响投资控制的合同变更索赔，从原始资料的记录和签证，施工组织、资源投入的审查、批复，到变更补偿费用的批准和支付，也进行了较为详细的规定。

为了使合同变更索赔费用的计算有据可依，三峡总公司在招标文件和新签合同中，要求施工单位提供较为详细的报价资料，使合同变更索赔费用的计算和分摊更趋规范、合理。

（中国长江三峡工程开发总公司　王淑玲）

三峡工程大坝混凝土快速施工新技术的研究及实践

一、三峡工程概况

长江三峡工程是开发和治理长江的关键性骨干工程，具有防洪、发电、航运等综合效益，建成后对中国社会经济的发展将产生巨大的影响。枢纽主要建筑物由大坝、水电站和通航建筑物三大部分组成。拦河大坝为混凝土重力坝，最大坝高 181m。水电站采用坝后式厂房，总装机容量 1820 万 kW。

三峡工程自 1993 年开工以来，工程建设进展顺利，工程进度符合总进度要求，工程质量满足设计要求，工程投资控制在概算范围之内，一些技术问题取得了重大突破。三峡工程大坝混凝土快速施工新技术的研究及实践是三峡工程建设十年来取得的重大科技成就。

二、三峡大坝混凝土快速施工的关键技术及创新

三峡工程混凝土总量达 2800 万 m^3，其中第二阶段工程为 1800 万 m^3，工程量巨大，施工强度特高，高峰期持续时间长。同时金属结构安装及其他项目的施工强度也非常高，施工期有通航要求，施工干扰

大。三峡工程技术要求高，质量要求严，在施工技术上必须有重大突破和创新。

混凝土快速施工新技术的主要技术突破和创新点是：

（一）创造了水电施工混凝土浇筑强度的世界纪录

选定以塔带机为主、辅以大型门塔机和缆机的综合施工方案。采用混凝土连续浇筑系统，由各混凝土拌和楼通过皮带机系统输送到塔带机直接入仓浇筑，速度远远超过常规方式。1999 年～2001 年是三峡第二阶段工程混凝土浇筑持续高峰年，年混凝土浇筑强度均在 400 万 m^3 以上，2000 年最高混凝土浇筑强度达 548 万 m^3，月最高混凝土浇筑强度 55.35 万 m^3，日最高混凝土浇筑强度 2.2 万 m^3，连续三年混凝土浇筑总量高达 1409 万 m^3，远远超过了由前苏联古比雪夫水电站创造的年浇筑 313 万 m^3、月浇筑 38.9 万 m^3 和日浇筑 1.9 万 m^3 的前世界之最。

与混凝土快速施工相配套的还有砂石料特高强度生产及供应。为此，采用了国际先进的生产加工成套设备，充分利用基坑开挖石渣料等有效措施，首创了巴马克 9000 与棒磨机联合制砂新工艺，有效地保证了混凝土施工需要。

（二）创立了一整套混凝土快速施工工艺和质量保证体系

塔带机可实现混凝土生产工厂化和混凝土水平垂直运输的一体化，具有连续浇筑、生产率高的特点。三峡工程大坝共布置 6 台塔带机，每台理论设计生产率可达 $420m^3/h$，这是在世界水电建设史上前所未有的。为了与选定的特高强度浇筑方案相配套，确保混凝土浇筑进度和质量，建立了一整套新的施工工艺和现代施工管理体系，包括建立健全质量保证体系，全面推行仓面工艺设计，制定一整套严密的浇筑施工工艺，配备与入仓强度相匹配的仓面资源，形成了具有三峡工程特色的混凝土快速施工工艺，创造了塔带机浇筑四级配和一个仓号多品种混凝土的先例。

“混凝土生产输送浇筑计算机综合监控系统”是在大型水利水电工程施工中融入现代测控技术的一次创新，实现了混凝土施工全过程的实时监控、动态调整和优化调度，开创了大型水电工程项目立足于自主技术、实现施工计算机综合监控的新局面。

“混凝土浇筑施工计算机模拟系统”针对混凝土浇筑的复杂状况，对施工方案和施工计划进行更科学的选择和安排，突破了传统的经验决策模式，有助于大幅度提高混凝土施工效率。

（三）首创二次风冷骨料新技术

三峡工程采用二次风冷骨料技术为国内外首创，它解决了混凝土制冷系统规模大、施工场地不足、系统难以布置的困难，节省了大量施工用地及工程投资。该技术高效可靠，为三峡工程快速优质施工提供了重要保证，为混凝土预冷工程提供了一项先进可靠的新技术。

（四）混凝土原材料及配合比优化达到一流水平

混凝土原材料采用具有微膨胀性能的中热 525 号硅酸盐水泥；选用品质优良的高效减水剂；在混凝土中将Ⅰ级粉煤灰作为功能材料掺用；采用缩小水胶比加大粉煤灰掺量的技术路线；限制原材料的碱含量和混凝土总碱量，满足了三峡工程混凝土耐久性的特殊要求。混凝土配合比先进，用花岗岩人工骨料的大坝四级配混凝土在塔带机为主的运输浇筑方式情况下，其用水量仅为 $90kg/m^3$ 左右，并能满足高性能大坝混凝土的要求。

（五）首次全面实施全过程综合温控技术

三峡工程大坝柱状块尺寸大，基础温差标准高，温控措施要求严格。为此，在广泛分析国内外工程已采取单项或多项温控措施现状的基础上，首次实施全过程、全方位、高标准、大容量的综合温控技术，以确保混凝土施工质量。尤其是高温季节塔带机快速高强度浇筑坝体约束区混凝土，在国内外均为首次，没有可借鉴的施工经验及有关计算分析方法确定混凝土运输过程中的温度回升率。对此，建立新的计算模型采用差分法求解，解决了混凝土温度回升计算的难题。三峡工程各建筑物孔洞多、结构复杂、混凝土温控防裂难度大，更增加了研究的难度。坝区气温骤降频繁，混凝土表面防裂难度大。所采用的大柱状块温差标准及综合温控防裂措施的规模和难度，均超过国内外其他已建和在建工程的水平。

三、应用情况和经济效益

该项研究成果自 1998 年底三峡第二阶段工程大坝混凝土开始浇筑以来，在施工中得到了全面应用，并取得了巨大的综合经济效益：

(1) 混凝土浇筑采用 6 台塔（顶）带机，辅以 10 余台大型门塔机、2 台摆塔式缆机和 4 台胎带机的综合方案。1999 年～2001 年分别完成 458 万 m^3、548 万 m^3 和 403 万 m^3 混凝土浇筑，创造了年、月、日等一系列世界之最，实现了大坝混凝土的机械化快速施工。

(2) 改进传统的仓面资源和工艺配置，创立了一整套混凝土快速施工工艺和现代施工管理体系。为按计划、高质量完成第二阶段工程高强度混凝土浇筑提供了保障。

(3) 混凝土生产系统采用了二次风冷技术，5 个系统 9 座拌和楼，夏季月生产低温混凝土可达 45 万 m^3，其配置的制冷容量大大低于原有的制冷方法。经过 1999～2001 年三个夏季高峰的运行，实测混凝土出机口平均温度为 6.85℃<7℃，合格率均在 80% 以上，确保了混凝土的生产质量。

(4) 混凝土原材料采用具有微膨胀性能的 525 号中热水泥、优质高效减水剂和Ⅰ级粉煤灰，四级配混凝土用水量仅为 90kg/m³ 左右，节省了水泥用量，经济效益显著，并能满足高性能大坝混凝土的要求。

(5) 通过实施全过程综合温控措施，混凝土浇筑温度、基础温差和混凝土最高温度均满足设计要求，大大减少了坝体混凝土裂缝的产生。截至 2001 年底，三峡第二阶段工程未发现危害性贯穿裂缝。

该成果可在溪洛渡、向家坝、龙滩、小湾、水布垭等大型水电工程推广应用，将会取得更大的综合效益。

（中国长江三峡工程开发总公司　戴会超）

三峡工程二期围堰拆除施工难点及措施

一、概述

二期围堰主要由风化砂、石渣料、石渣混合料、块石料以及过渡料等组成，围堰防渗采用塑性混凝土心墙上接土工合成材料下接帷幕灌浆的复合防渗形式。目前，二期围堰工程即将完成历史使命，并于 2001 年 11 月开始拆除上游围堰，2002 年 2 月拆除下游围堰。为给三期截流提供较好的分流条件，上游围堰需将宽 470m 范围拆至高程 57m；下游围堰需将宽 410m 范围拆至高程 53m，在完成三期截流后继续完成下游围堰拆除工作。围堰拆除总工程量：水上开挖约 454.26 万 m³，水下开挖约为 345.31 万 m³，混凝土防渗墙 3.24 万 m²。

围堰拆除控制性工期为：上游围堰 2001 年 11 月 1 日～2002 年 6 月 30 日拆除完成，破堰进水时间 2002 年 5 月 1 日；下游围堰 2002 年 2 月 1 日～2003 年 4 月 30 日拆除完成，破堰进水时间有 2002 年 7 月 1 日和 9 月 1 日两个方案，2002 年 10 月 31 日以前应将满足三期截流的最小范围（410m）拆除完成。

二、围堰拆除难点

（一）高强度水下开挖

二期围堰拆除工程量大、工期短、施工强度高，特别水下开挖高峰强度达到 30 万 m³/月。按计划基坑破堰进水，上游仅剩 2 个月时间要完成整个施工任务。下游围堰若采用方案一（2002 年 9 月 1 日破堰进水），要达到三期截流最小过流断面要求仅剩 2 个月时间；若采用方案二（2002 年 7 月 1 日破堰进水），也不过 4 个月时间。因此，水下开挖不仅工程量大，而且开挖时间集中，同时受施工水域控制，开挖难度相当大。

（二）防渗墙爆破拆除技术

防渗墙爆破拆除包括二期上、下游围堰塑性混凝土心墙墙体、盖帽和导向板混凝土，上游围堰双墙间隔墙，一期围堰与二期上下游围堰交叉部位原未拆除部分柔性混凝土防渗墙。上游围堰河床段（含深槽部位双墙）防渗墙顶高程 73m，墙厚 1m，两岸段墙顶高程 79m，墙厚 0.8m；下游围堰河床段防渗墙顶高程 70m，墙厚 1.1m，两岸段墙顶高程 79m，墙厚 0.8m。上、下游围堰混凝土防渗墙内均预埋有灌浆管，当墙体深度小于 30m 时，预埋管为塑料管；当墙体深度大于 30m 时，预埋管为钢管。预埋钢管直径 114mm，壁厚 4mm，单根管长 6～8m，采用对焊接长，并采用钢筋保持架，沿槽深方向每隔 15m 设置一个，将单个槽段内的多根预埋钢管连成一片。

防渗墙爆破拆除时，一方面是考虑如何将预埋钢管及保持架爆断、爆碎，以方便爆破后顺利进行水下拆除开挖，另一方面要考虑爆破作业对附近永久性主体建筑物的破坏影响，并要确保主体建筑物安全。

（三）其他方面

上游围堰水下弃渣场位于大坝上游约 5.5km 处的路家河长江深泓；下游围堰水下弃渣场位于大坝下游约 2km 处的长江深泓。在围堰拆除施工期，出渣运输相当频繁，长江航运交通也比较繁忙。如何能够既确保长江航运畅通，又保证围堰水下拆除施工顺利进行，仍是一个不可忽视的难点。

下游围堰右端布置有高程 79m 混凝土系统，该系统不仅占压下游围堰右侧开挖部位，还占压大坝下游部分护坦施工部位。其拆除及占压部位的土石方开挖、护坦混凝土浇筑施工道路均需通过下游围堰，给围堰拆除正常施工带来较大困难。

三、措施研究

（一）防渗墙材料及爆破参数试验

防渗墙爆破效果如何，将直接影响围堰水下拆除开挖进度。因此，在陆上拆除部分进行系统的钻爆试验，并结合墙体材料参数试验，最终确定合理的钻爆参数。

二期围堰经过三年多的运行，其塑性混凝土防渗墙墙体参数指标已发生变化。因此，需要进行墙体材料参数试验，并在合适的部位进行专门的墙体爆破试验。通过爆破试验寻求合理的钻爆参数。试验要求：①必须得出合理的钻爆参数和起爆方式，以确保防渗墙爆破拆除的安全、质量和进度；②试验参数除根据直观的爆破效果判断是否合理之外，还必须结合爆破监测结果进行综合分析确定；③试验采用在国内水电工程爆破试验中使用过的比较成熟的技术和方法。

（二）加强现场管理协调

施工船舶进场前，向航运管理部门及相关部门取得船舶通行、停泊许可证，并申请发布船舶施工航行通告。

影响下游围堰破堰进水的关键是高程79m混凝土系统的拆除及其占压部位的护坦混凝土施工。因此，要求承担主体工程施工的单位按最有利的破堰进水方案，对主体工程施工做深入、细致的研究，并采取倒排工期的方式进行施工布置安排、资源调配，给下游围堰在比较有利的时候破堰进水提供有力支援。

（三）水下开挖措施

高强度水下开挖任务的圆满完成措施有：①通过参建各方的努力，特别是承担主体工程的施工单位的努力，力争达到下游围堰采用方案二的施工条件，及早进入水下开挖高峰期，削减水下开挖高峰强度。②采用合理的布置形式，尽可能多布置水下开挖作业设备，在围堰破堰进水后，迅速打开一条通道，将部分开挖作业船舶开至围堰另一侧施工，以克服单侧布置施工设备的不利局面。③采用开挖能力强的施工设备，并充分发挥其优势。④合理配备备用开挖设备，以确保预计的开挖强度。

四、结束语

二期上、下游围堰拆除工程量大，工期紧，施工强度高。围堰能否按时拆除完成，直接影响到三峡三期明渠截流的成败，责任重大。二期围堰拆除工程施工具有一定的难度，但做好现场试验、采取合理资源配置、加强周边关系协调以及参建单位的大力配合，可以确保二期围堰拆除按正常施工进度进行，定能为三期截流提供良好的分流条件，也能为工程运行提供良好的条件。

（中国长江三峡工程开发总公司　肖兴恒）

三峡工程左岸电站厂房屋顶网架安装

三峡工程左岸电站主厂房网架总面积23854m²，总质量2095.74t，按机组段分为17段（14台机组和3个安装间），网架上、下游支撑跨度36.192m，标准段网架宽37.62m（安Ⅱ段～13号机组段），安Ⅰ段宽26.325m，14号机组段宽39.52m。网架固定支撑在主厂房上、下游墙上，并能传递水平力。网架节点采用焊接球，网架形式为正方四角锥，上铺轻型屋面板（太空板）。网架弦杆采用20号优质碳素钢无缝钢管，节点球采用Q235B热压成型焊接球。

每段网架分为两个安装单元（14号机组段分为三个安装单元），在专设的拼装平台进行拼装，左厂安Ⅰ～安Ⅲ共9段的拼装平台设在1～4号机组尾水平台下游，7～14号机组共8段的拼装平台设在左导墙顶面。每段网架的两个安装单元拼装验收合格后，用尾水平台上布置的MQ2000型门机吊装到位。

网架最大安装单元质量62t。网架吊装的吊点设在网架上弦球上，共设四个主吊点和四个副吊点，主吊点布置在网架顺水流方向四分点处球体上。吊点高度17.95m，主索最大夹角72.56°。主索选用6×37-43-1700双绳，副索选用6×37-30-1700双绳＋10t导链，副索用于网架起吊后调平作用。因网架每一个安装单元的重心与起吊中心不重合，为保证网架吊装时其下平面的高差不超过150mm的设计要求，网架起吊时副吊点起调平作用。

网架吊装的吊点采取在网架球体上焊接吊耳的方式。吊耳两侧焊接肋板，吊耳中心与吊索的受力方向相同，以避免网架吊装过程中产生弯矩，改善球体局部受力状态。对吊耳焊缝做PT探伤检查。

按吊装设计要求挂好四个主吊点和四个副吊点的卡环、吊索、导链等，在网架四角挂好用以调整网架转向的麻绳，经检查无误后，由门机指挥人员指挥MQ2000门机慢起钩，吊起网架距地面约300mm后，检查网架整体平衡并用10t导链进行调整，使网架下平面保持最大高差不超过150mm。调平后门机慢起钩网架吊离拼装平台距约500mm后再慢落，依次起落三次，以检查网架整体结构受力、变形情况和MQ2000门机各机构的动作情况，无异常后在500mm高度上停止5min左右进一步观察，无异常后指挥门机以每分钟不超过10m的速度提升。网架起吊高度超过主厂房上、下游墙高度约500mm后，慢慢转动MQ2000门机使网架摆正，并由吊装人员在四角用麻绳牵引，以保持方位后缓慢下降。在就位过程中，随时检查网架与上、下游墙的安全间距，网架就位且稳定后摘钩。吊耳均用割枪割除并用磨光机打磨干净，吊耳割除时不能伤及球体母材。

每段网架的各安装单元均按要求吊装到位并调整合格后，进行底部支座焊接和上、下游水平支座安装。网架各安装单元之间杆件连接，利用主厂房1250/1250kN桥式起重机作为工作平台在空中进行连接。网架安装验收合格后，进行轻型屋面板（太空板）的安装。

三峡工程左岸电站主厂房安Ⅰ～安Ⅲ共9段首批封顶，2001年9月11日～2002年1月20日进行了网架安装。实践证明，网架安装措施是可行的，网架吊装过程中未出现扭曲和变形，满足设计要求。

（中国水利水电第三工程局　李　俊）

三峡工程左岸电站厂房混凝土施工

（一）概述

三峡工程左岸厂房为坝后式厂房，共布置14台机组和3个安装段，机组段长38.3m，厂房总长约643.7m，总高度93.8m，水下宽68m，尾水平台以上宽度38m。厂房结构主要采用R250、R300和R350混凝土，混凝土总量约159万m^3。三峡左岸厂房主体工程从1997年12月30日开始浇筑混凝土，2002年1月1～5号机已经陆续向机电安装标段移交工作面，2002年7月1日下游围堰破堰进水，预计2004年4月竣工。

（二）混凝土施工方法

1. 特点　厂房结构复杂，水下部分为大体积钢筋混凝土结构，布置有尾水管和蜗壳等空腔孔洞，结构的受力条件复杂，混凝土的温度应力较大。根据分缝分块原则，单机分为左右两块，长度为18.5～19.8m；顺水流向分为Ⅰ、Ⅱ、Ⅲ、Ⅳ四块，分块长度为12.15～19.85m，除Ⅲ与Ⅳ之间为直缝外，其他施工缝均为错缝搭接。混凝土的浇筑分层厚度，根据结构特点、浇筑能力及温控要求，基础约束区及温控较严部位为1.0～2.0m，非约束区为1.5～2.5m，结构尺寸较小的墩墙为2.0～3.5m。基础约束区浇筑温度不超过12～14℃（冬季12～次年2月采用自然入仓），脱离基础约束区不超过16～18℃（冬季11～次年3月采用自然入仓）。

2. 混凝土主要材料和混凝土生产　厂房混凝土主要采用华新和荆门525号中热硅酸盐散装水泥；粗骨料主要采用基坑开挖的微、新鲜闪云斜长花岗岩经破碎的人工骨料，细骨料采用下岸溪的微、新鲜斑状花岗岩人工砂；为了节约水泥、改善混凝土和易性、提高混凝土的耐久性和抗裂性，延缓水化热散发速度和夏季混凝土初凝时间，掺用减水剂ZB-1A约0.6%，引气剂DH9约0.007%，粉煤灰约20%。厂房混凝土主要由高程82m拌和系统供应，该系统位于左岸下游约600m处，安装一座国产4×3m^3混凝土拌和楼，常态混凝土生产能力为240m^3/h，7℃、14℃预冷混凝土生产能力为180m^3/h。

3. 混凝土浇筑采用汽车加门塔机方案　水平运输为10～20t自卸汽车；垂直运输以4台MQ2000型门机为主，辅以SD1260、MQ900、MQ600型门机和POTAIN塔机。MQ2000型门机浇筑工况为71m幅度时，起重量20t。门塔机先后布置在高程30m尾水渠施工平台和高程82m尾水平台上，承担厂房混凝土浇筑、金属结构和设备吊装任务，高峰月浇筑强度超过5万m^3。厂房下部结构分块最大尺寸19.8m×19.85m，约400m^2，分层厚度1.5～2.0m，采用台阶法铺料，台阶高度0.5m，分3～4个台阶，台阶宽度2～4m，采用4～6台ZDN100型手提式振捣器进行平仓和振捣，满足浇筑要求。其他墩墙仓面较小，采用平铺法浇筑。施工缝采用额定压力50MPa高压水冲毛机冲毛、辅以人工凿毛，浇筑前层面铺3～5cm厚的水泥砂浆。混凝土坍落度一般为3～5cm，钢筋较密的部位采用5～7cm。

4. 模板　厂房主要采用定型3m×3m悬臂钢模板，下游墙外表用WISA胶合面板，其他均用钢面板；尾水肘管为特制专用木模板，表面贴三合板；其他缝面一般为30cm×150cm标准钢模板。

5. 钢筋　结构钢筋主要为Ⅰ、Ⅱ、Ⅲ级，接头以焊接为主，也采用钢筋机械连接。

6. 温度控制措施　混凝土生产主要采用骨料二次风冷、加冷水和加冰拌和，控制出机口温度不超过7℃、14℃；混凝土水平运输车车厢外贴5cm厚聚氯乙烯泡沫板，车顶拉盖遮阳棚，合理安排车辆，控制等待时间，进行仓面喷雾、避开高温时段浇筑混凝土；采用台阶方法铺料、提高入仓强度、边浇筑边覆盖2cm厚聚氯乙烯泡沫保温被，$\beta<2.0$W/（m^2·℃）。浇筑完一个仓后，随即进行覆盖保温被、通水冷却和洒（流）水养护，对混凝土的长期暴露面进行常年保温和长流水养护。

（三）结语

三峡左岸厂房施工已5年，混凝土浇筑累计完成130万m^3，合格率100%，优良率85%以上，满足各阶段进度目标要求。

（中国水利水电第三工程局　李积伦）

三峡工程永久船闸预应力锚索施工技术

（一）工程概况

三峡双线五级永久船闸是在古老的花岗岩山体中爆破开挖深切形成的，船闸主体段长度为1637m，边坡最大高度为170m，其中闸室直立边坡最大高度为68m，一般边坡高度为45～55m，开挖宽度为37m，中间保留60m宽的岩体隔墙，闸室衬砌1.5m厚的混凝土，每线闸室两侧及中隔墙设有输水廊道，并有36个竖井与廊道相通，船闸上、下游水位高差113m。

该区岩性以前震旦纪闪云斜长花岗岩为主，少量石英岩脉、片岩捕掳体和辉绿岩分布其间，岩石强度高，结构裂隙较发育，断层、裂隙以NEE和NWW

组为主，与边坡大角度切割组成不同规模的块体，其中大于 $100m^3$ 以上的块体 309 个，小于 $100m^3$ 的块体 426 个。

为限制船闸高边坡岩体变形、保证岩体稳定，开挖过程中除采取爆破控制、地表截水和地下排水等措施外，还及时采取了大量的对穿锚索、端头锚索及锚杆加固。

（二）锚索施工特点

1. 锚索工程量大施工强度高　船闸边坡布置了 4370 束锚索，孔深达 20～66m，施工月高峰强度达 200 束。

2. 成孔精度高　对穿锚索孔斜允许误差≤1%，端头锚索孔斜允许误差≤2%，未超过规范允许误差≤3%的要求。

3. 施工干扰严重　单线 37m 宽的闸室同时进行开挖与锚索施工，锚索随边坡开挖成型后才能实施，且间隔两个梯段高度（20m）以上才能穿索、灌浆、张拉。支护完成后才能继续下挖，开挖与锚索施工相互干扰，相互制约，同时与地下洞室施工也互相影响。

4. 安全形势严峻　直立边坡开挖后岩体松弛变形，小型岩块自然塌滑。锚索施工均需在高排架上进行，排架搭设及锚索钻孔、穿索时安全问题尤为突出，钻孔时动荷载较大，穿索时排架上人员多，对排架设计和搭设安全稳定要求高。

（三）施工难点

1. 高排架搭设困难　锚索随边坡梯段开挖下降而实施，但船闸工程为动态设计，施工过程中不断增补随机锚索和锚杆，在直立深槽开挖施工面需搭设高达 40～60m 的排架，其难度很大，排架安全稳定性问题显得特别突出。

2. 造孔难度大　永久船闸直立边坡面布置了混凝土排水管网，为防止锚索占据排水管网位置，除少量布置在南北排水洞的对穿锚索为倾斜（2°～17°）状态外，其余对穿锚索和端头锚索均呈水平布置，其孔斜允许误差小，而地质条件较复杂，小型断层和裂隙发育，造孔时容易偏斜，特别是在高排架上造孔需通过改进钻机和钻具性能、加固排架等有效措施来保证其质量。

3. 穿索场地窄小　锚索穿索均需人工抬运或缆绳滑运至高排架上人工穿入，排架宽度只有 5m，而锚索长达 22～69m，重达 2～3t，穿索时不得使钢绞线旋转，不得损坏端头锚索的止浆气囊。穿索人员在高排架上施工工效低，危险性大。

（四）锚索主要施工工艺

1. 造孔　永久船闸南北边坡对穿锚索一端位于山体排水洞壁面，为减少闸室开挖与锚索施工相互干扰，钻机在洞内往边坡方向造孔，要求孔斜误差控制在标准范围内，中隔墩对穿锚索和所有端头锚索均需搭设高排架操作平台造孔。开孔位置偏差不得大于 10cm，孔斜允许误差也控制在标准范围内。通过对钻机、钻头和冲击器进行改造，在钻杆上加焊扶正，采用风动冲击钻进，根据不同地质条件下钻孔排出的岩粉颜色与声音调整风压和推进速度，并不断校正孔斜，以此控制钻孔孔斜允许误差小于 1%或 2%的标准。

2. 内锚段灌浆　端头锚索采用止浆气囊将内锚段与张拉段隔开，内锚段长为 8m，进浆管达到孔底端部 50cm，回浆管安装距止浆环 20cm。灌浆压力为 0.2～0.4MPa，将配制好的浆液由进浆管灌入内锚段，回浆管排出孔内积水、空气，待排出浓浆后并浆 30min 结束。灌浆不得间断进行，如止浆气囊在灌浆时破裂而漏浆，则将索体从孔内拔出，清洗孔内浆液后再重新穿索、内灌。

3. 张拉工艺　锚索张拉前对压力表、千斤顶配套进行率定，绘制率定曲线。先将单根钢绞线预紧，使钢绞线受力均匀，再整体分级张拉，每级稳压 5min 后量测钢绞线伸长值，最后一级稳压 10min，与理论伸长值比较，其值差在－5%～10%之间均为正常。

4. 张拉段灌浆　灌浆方法与内锚段相同，端头锚索灌浆管编索时伸入至距止浆环 50cm 处，回浆管位于钢套管上，灌浆压力可达 0.2～0.7MPa。为防止二次进浆管张拉后堵塞，在钢套管内端口增加锚索体收缩环来约束索体直径，保证二次灌浆管从钢管外岩壁钻孔中引出，有足够的空间和活动余地，同时可增大回浆管口的空间，充分排放孔内空气，钢套管外端口扩成喇叭状与钢垫板焊接，可以除去索体与管壁磨擦，有利于保护索体，提高其耐久性。

对穿锚索进浆管出口安装在锚索体中部，浆体在孔内由中间向两端流动，两端排气管排出空气，待两端均排出浓浆后并浆 30min 即可结束灌浆。

（五）结束语

三峡工程永久船闸高边坡预应力锚索加固工程在目前已建水电工程中规模最大，其施工技术得到了发展和完善，实施预应力锚索后，高边坡岩体变形趋于稳定。

（武警水电三峡工程指挥部　　郭冬生）

三峡工程永久船闸混凝土温度控制施工技术

永久船闸混凝土温控具有以下特点：船闸多为薄衬砌结构，大部分混凝土均与基岩接触，受基岩约束，温控防裂难度大；船闸多为二、三级配混凝土，水泥用量大，水化温升高；受浇筑手段限制，混凝土入仓速度较慢，浇筑强度较低，温度回升快。因此，混凝土的温控工作难度较大。

（一）温度控制标准

1. 设计允许最高温度 块体最高允许温度主要是根据块体在基础约束区内允许温差和块体混凝土在不同季节允许的内外温差综合考虑确定。设计提出的各部位不同月份的允许最高温度标准见表1。

2. 表面保温要求 永久船闸各部位薄壁结构较多，暴露面大，坝址气温骤降频繁，需特别注意加强表面保温：

(1) 当日平均气温2～3d内连续下降≥6℃时，28d龄期内混凝土必须进行表面保温。

(2) 对于永久暴露面，10～次年4月份浇筑的混凝土拆模后立即保温，5～9月份浇筑的混凝土10月初开始保温。保温后混凝土表面等效放热系数为：闸室衬砌墙及结构混凝土 $\beta \leqslant 1.0$W/（m²·℃），闸首边墙及底板、上游挡水坝、重力墙等大体积混凝土 $\beta \leqslant 2.0$W/（m²·℃）。

表1 设计允许最高温度

部位			区域	月份				
				12～次年2	3、11	4、10	5、9	6～8
闸室	衬砌墙		0～0.2L	25	30	32	32	32
			>0.2L	25	30	32	34	34
	重力墙		0～0.4L	24	28	31	34	34
			>0.4L	24	28	31	34	36
	底板	厚度<6m		24	28	29（31）	29（33）	29（33）
		厚度6～8m		24	28	30（31）	30（33）	30（33）
		厚度>8m	0～0.2L	24	28	31	31（33）	31（33）
			>0.2L	24	28	31	34	34
闸首	边墙	厚度<13m	0～0.2L	24	28	30	30	30
			0.2L～0.4L	24	28	31	32	32
			>0.4L	24	28	31	34	34
		厚度≥13m	0～0.2L	24	28	31	31	31
			0.2L～0.4L	24	28	31	33	33
			>0.4L	24	28	31	34	35
	底板	厚度<6m		24	28	29（31）	29（32）	29（32）
		厚度6～8m		24	28	30（31）	30（32）	30（32）
		厚度>8m	0～0.2L	24	28	31	31（33）	31（33）
			>0.2L	24	28	31	34	34
挡水坝	衬砌墙	厚度<13m	0～0.2L	24	28	30	30	30
			0.2L～0.4L	24	28	31	32	32
			>0.4L	24	28	31	34	34
		厚度≥13m	0～0.2L	24	28	31	31	31
			0.2L～0.4L	24	28	31	33	33
			>0.4L	24	28	31	34	35
	重力坝		0～0.4L	23	27	31	34	34～36
			>0.4L	23	27	34	34	36～38

注 分块尺寸为15m左右，设计允许最高温度采用表中括号内数值；L为浇筑块长边尺寸。

（二）主要温控措施

1. 优化混凝土配合比，减少水泥用量 在满足强度、抗冻、抗渗等技术指标前提下，选用低水化热水泥，掺Ⅰ级粉煤灰及高效缓凝减水剂以减少胶凝材料用量，延缓水泥水化热发生速率，减少混凝土的总发热量，降低混凝土的水化热温升。采用的混凝土施工配合比见表2。

表 2　永久船闸混凝土施工配合比

序号	使用部位	设计标号	级配	配合比参数				外加剂掺量		材料用量(kg/m³)									
				水胶比	用水量(kg/m³)	砂率(%)	粉煤灰掺量(%)	ZB-1A(%)	DH_9(‰)	水	水泥	粉煤灰	人工砂(F.M.=2.6)	碎石 小石(5～20mm)	碎石 中石(20～40mm)	碎石 大石(40～80mm)	碎石 特大石(80～150mm)	外加剂溶液 ZB-1A	外加剂溶液 DH_9
1	重力墙内部	R_{90}150，F150，W6	三	0.50	99	31	40	0.7	0.04	99	108	72	659	375	375	750		6.30	0.72
			四		89	28				89	97	65	607	319	479	479	479	5.67	0.65
2	闸首边墙内部	R_{90}200，F150，W6～W8	二	0.55	121	38	30	0.7	0.05	121	154	66	773	581	710			7.70	1.10
	上游挡水坝基础及内部		三		101	32				101	129	55	679	369	369	738		6.44	0.92
3	重力墙基础	R_{90}200，F150，W6～W8	二	0.50	119	37	30	0.7	0.05	119	167	71	749	587	587			8.33	1.19
	闸首边墙(第一闸首检修门前上游段除外)；闸首底板(第一闸首检修门前上游段除外)	R_{90}250，F150，W8	三		99	31				99	139	59	655	373	373	746		6.93	0.99
4	闸首边墙(第一闸首检修门前上游段)	R_{90}250，F250，W10	二	0.45	118	36	30	0.7	0.05	118	183	79	721	590	721			9.17	1.31
	闸首底板(第一闸首检修门前上游段)		三		98	30				98	153	65	629	376	376	751		7.63	1.09
5	第一闸首边墙上游封堵、事故门槽周边	R_{90}300，F250，W10	一	0.45	136	41	20	0.7	0.05	136	242	60	791	1164				10.57	1.51
	闸室底板	R_{28}250，F150，W8	二		120	36				120	214	53	721	590	721			9.34	1.34
	衬砌墙		三		100	30				100	178	44	629	375	375	750		7.77	1.11
6	闸室底板	R_{90}300，F150，W8	一	0.40	134	40	20	0.7	0.04	134	268	67	762	1169				11.72	1.34
			二		118	35				118	236	59	694	593	725			10.32	1.18
			三		98	29				98	196	49	603	378	378	756		8.58	0.98
7	闸室边墙上部	R_{90}200，F150，W6～W8	二	0.55	127	38	30	0.5	0.06	127	162	69	764	573	701			5.78	1.39
			三		107	32				107	136	58	671	365	365	729		4.85	1.16
8	闸室边墙下部	R_{90}250，F150，W8	二	0.45	126	36	20	0.5	0.05	126	224	56	711	581	711			7.00	1.40
			三		106	30				106	189	47	620	370	370	740		5.90	1.18

注　水泥采用中热 525 号，粉煤灰为Ⅰ级灰，ZB-1A 和 DH_9 溶液配制浓度分别为 20%和 1%。

2. 采用制冷混凝土，降低混凝土出机口温度

基础约束区除12～次年2月份为自然入仓外，其他月份要求采取二次风冷骨料和加冰及制冷水拌和，使出机口温度控制在7℃；脱离约束区混凝土11～次年3月份为自然入仓，其他月份出机口温度为14℃，相应浇筑混度为12～14℃和16～18℃。

3. 合理控制层厚及层间间歇期

(1) 施工分层。大体积混凝土基础约束区为1.5m，脱离约束区为2m，低温季节视情况采用2.5～3m；闸室衬砌墙按3m层厚控制。

(2) 层间间歇期。从散热和施工工作面等方面综合考虑，按不同部位和分层采用4～10d，强约束区及3m层厚取高值。

4. 采用多种措施，降低混凝土浇筑温度

(1) 在混凝土运输车辆上搭设遮阳棚，避免阳光直射，减少混凝土与外界热交换，以减少预冷混凝土温度回升。

(2) 选择最短运输路线，用门机直接吊运入仓，缩短水平运输和垂直运输时间。

(3) 仓面喷雾，降低仓面环境温度。

(4) 仓面覆盖保温被，避免阳光直射。

(5) 较大仓位采用台阶法施工或用多台门机同时浇筑，加快覆盖速度。

(6) 尽量在夜班浇筑，避开高温时段。

5. 流水养护和初期通水冷却

(1) 在混凝土拆模后立即进行同龄期流水养护，既减少外界高温倒灌，又防止干缩裂缝的发生，促进混凝土强度稳定增长。

(2) 在大体积混凝土部位埋设冷却水管，间距为1.5m×2m。在收仓后12h内开始通制冷水进行初期通水冷却，进口水温为10～15℃，流量18～25L/min，通水时间一般为15d左右。初期通水冷却的目的是为了削减混凝土初期温峰，控制大体积混凝土内部的最高温度。

6. 中期通水　为削减混凝土内外温差，预防混凝土出现裂缝，每年9月初开始对当年5～8月浇筑的大体积混凝土，10月初开始对当年4月及9月浇筑的大体积混凝土，11月初开始对当年10月浇筑的大体积混凝土进行中期通水冷却。中期通水用常温水进行，通水时间为1.5～2.5个月，以混凝土块体达到20～22℃为准，单根水管通水流量达到20～25L/min。

7. 混凝土表面保温　三峡地区昼夜温差日变幅大，坝址气温骤降频繁，低温季节采取表面保护可以降低混凝土内外温差，减少混凝土表面裂缝，防止产生深层裂缝。为此，对永久暴露面10～次年4月份浇筑的混凝土拆模后立即设永久保温层，5～9月份浇筑的混凝土在10月初设永久保温层。永久保温持续时间至少越过一个低温季节，并对孔洞进行封堵。保温材料主要选用聚乙烯泡沫塑料保温被(EPE)等。

(三) 温控措施效果分析

温控工作是一项复杂的系统工程，除了从配合比设计、拌和、浇筑、冷却通水、外露面保温几个环节做好工作外，合理安排仓位、科学配备资源、加快入仓速度、加强仓面保护等对混凝土温控也有着极其重要的作用。

(1) 通过控制混凝土浇筑温度和混凝土水化热温升以控制块体最高温度；通过控制出机口温度、混凝土运输途中温度回升、仓面温度回升以控制浇筑温度；通过优化混凝土配合比、采用合理的层厚和混凝土层间间歇期、埋设冷却水管以控制水化热温升；通过流水养护和表面保温以控制干缩、表面裂缝。

(2) 控制混凝土原材料温度和利用冰的融解热可以有效控制出机口温度。初步估算，石子温度下降1℃，可使混凝土出机口温度下降0.6℃左右，每立方米混凝土加10kg冰，可使出机口温度下降1℃左右。

(3) 测试结果表明：当气温在28～30℃、运距为2～3km时，安装遮阳篷的运输汽车混凝土温度回升仅为1～3℃，而无遮阳情况时温度回升达2～5℃；仓面采用喷雾机喷雾后混凝土温度比环境温度可降低约5～7℃。

(4) 经试验，如果仓面平仓、振捣（坯厚为50cm）后至覆盖上坯混凝土的暴露时间分别为1h、2h、3h，取混凝土入仓温度11℃、外界气温30℃，混凝土温度回升分别为2.3℃、4.2℃、5.5℃，其浇筑温度分别约为13℃、15℃、17℃。可见仓面温度回升对浇筑温度的影响十分明显，所以仓面坯间暴露时间一般以小于2h为宜。

(5) 浇筑层采用合理的层厚和混凝土层间间歇期，利用浇筑层顶面向空气散发大体积混凝土内部积聚的水化热。计算和实测结果表明，层厚1.5～2.0m，间歇5～7d，可散发胶凝材料水化热的30%～40%，且层厚越大，此值越小。为不使顶面散热效果因上层混凝土过早覆盖而丧失，从而导致第二个水化热高峰，应有一个合理的散热最短间歇期。

(6) 利用冷却水管内流通的制冷水带走大体积混凝土内部积聚的水泥水化热，起到了削减浇筑层水化热温升的作用，一般水管冷却可削减水化热温升2～3℃。工程通过中期通水至10月，夏季浇筑的混凝土其内部温度基本降至21～25℃，起到了削减内外温差的作用。

(7) 为分析EPE材料的保温效果和现场保温情况，保温被分无水和有水两种情况对EPE保温被内

外温度进行了测试，保温被内外温差一般在5℃左右。

（武警水电三峡工程指挥部　李　佶）

三峡工程永久船闸薄壁混凝土衬砌墙施工技术

（一）概述

三峡工程永久船闸闸室段混凝土由边墙和底板两部分组成，边墙结构型式主要为薄壁混凝土衬砌墙，墙体紧贴已开挖好的直立岩面，岩面上纵横每隔1.5m有一根ϕ40mm的高强锚杆，锚杆伸出岩面约1.5m；每级闸室衬砌墙分为21块，每块宽12m，两侧对称；混凝土衬砌厚度一般为下部1.5m，上部2.1m，高度一般在30～50m之间，最大高度达60m，其垂直向每隔15～30m设有水平缝；墙内设内外双层钢筋，外侧钢筋保护层为10cm；闸室迎水面每隔24m设一浮式系船柱槽，背水面设有纵横排水管网，底部设有基础排水廊道。

（二）单侧滑模施工技术

1. 施工方案　对闸室薄壁混凝土衬砌墙的浇筑，初期曾提出两侧对称式滑模、单侧整体式滑模和单侧分离式滑模三种方案。结合现场实际情况及混凝土的施工特点，最终确定采用单侧分离式滑模施工方案。

滑模模具提升采用GYD60型液压千斤顶，支撑杆采用ϕ48mm×3.5m钢管，将液压平台与模板分开，第一排支撑杆布置在混凝土衬砌墙体内，并与墙面高强锚杆和结构钢筋连接成整体，第二排支撑杆紧靠迎水混凝土面，墙外另外再设置三排支撑杆，共布置24个千斤顶。在第一排支撑杆与第二排支撑杆中设置钢模板，模板高度120cm，钢模板挂在围檩上，围檩和千斤顶均设置在门架上，液压控制台采用HY—36型。第三排支撑杆和第五排支撑杆间布置下料和操作平台，整个平台与模板分离，平台加固采用ϕ48mm钢管。

2. 施工工序　在施工前进行技术方案的细化、模体的加工制作、混凝土配合比及性能试验等，施工期的主要工序为：脚手架搭设→基岩面清理→基础验收→排水管网安装→内层钢筋架设→浮式系船柱安装→拆除脚手架→模体及操作平台安装→验仓→浇筑→人工抹面→养护或保温。

3. 施工工艺及质量控制

（1）混凝土性能及滑升速度控制：混凝土标号为R_{28}250W6F150，坍落度采用3～5cm，经试验混凝土冬季（气温约2～7℃）初凝时间约为10～12h（强度0.2～0.4MPa），最佳滑升时间为混凝土初凝前2h左右（强度0.1～0.2MPa）。滑升距离视气温而定，冬季约2～2.5m，夏季约3～4m。

（2）滑升偏差控制：在滑模滑升过程中，采用经纬仪和吊锤相结合的方法检查纠正模体偏差，每滑升20～30cm高度，观测垂球对中情况，每天还用经纬仪检测1～2次，发现偏差及时纠正。

（3）钢筋施工：墙体内侧钢筋预先安装，外侧钢筋边浇筑边安装，钢筋接头采用等强直螺纹连接技术，可满足滑模连续施工的要求。

（4）止水安装：水平止水利用内外侧的钢筋网架立，竖向止水利用分缝模板进行架立，并随混凝土的上升逐节焊接安装。

（三）单侧滑框倒模施工技术

单侧滑框倒模在单侧滑模的基础上进行了修改，其原理和施工工艺与单侧滑模基本一致，主要区别是增加了人工倒模工序，减少了人工抹面工序。

滑框倒模系统主要由模板、滑道、提升架、导轨和操作平台等组成。模板高度为200cm，分5层，每层40cm；滑道采用ϕ48mm×3.5m钢管制作，间距30cm；提升时模板不随提升架滑动。滑框倒模系统共布置有28个千斤顶，液压控制系统与单侧滑模相同。

在正常滑升过程中，按照浇筑40cm→滑升40cm→底部拆模40cm→顶部立模40cm的程序循环进行。质量控制的重点是底部拆模时间。

（四）结语

在闸室薄壁混凝土衬砌墙浇筑中，采用单侧滑模和滑框倒模施工技术，解决了混凝土入仓困难的技术问题，同时具有速度快、质量好的优点。至2000年12月底，永久船闸混凝土衬砌墙浇筑已全部完成，经内部混凝土无损检测和体形、外观检测，各项指标均满足规范和设计要求。

（武警水电三峡工程指挥部　马青春）

三峡工程永久船闸喷植混凝土施工技术

（一）喷植混凝土原理

边坡混凝土喷植绿化工艺与一般护坡混凝土喷锚工程工艺相同，只是喷植的材料不同，混凝土砂浆换成了植被混凝土生植基质。利用客土掺普通硅酸盐水泥混黏结剂和固网技术，使客土物料紧贴坡面，创造草类与灌木生存的良好环境，以恢复坡面生态复合功能。

混凝土喷植绿化的工程目的是绿化和浅层防护，浅层防护是指防止雨水的表面冲刷，不能防止深层的山体滑动，是在边坡稳定的前提下布设的。

（二）技术要点

（1）喷植混凝土绿化分为挂网和不挂网两种。一般坡度缓于1：1.5，可不挂网，喷植厚度为8cm；坡度陡于1：1.5，需挂网，喷植厚度为10cm。喷植绿化用网，与工程上喷锚用铁丝网不同，为14号丝的铁丝斜方网。

（2）锚杆是为了固定绿化用的铁丝斜方网，与喷锚用锚杆作用不同。锚杆长度根据岩石情况确定，一般回填边坡为2m，风化边坡及完整岩石边坡为1.5m。

（3）坡面排水孔一般采用ϕ38mm塑料管，长70cm，用土工布包扎埋入坡面内50cm，外露20cm，间距3m×3m。

（4）预埋沙土包或植生带：包中灌装营养泥沙土，均匀分布在边坡上，植草后可缓缓补充草被营养，保障后期不脱肥。

（5）草种选择：草种宜采用狗牙草、白三叶、画眉草、百喜草、百幕达、柱花草等，或根据当地气候条件试验选择。

（6）喷植混凝土配合比应通过现场试验选定，在保证喷层性能指标的前提下，尽量减少水泥和水的用量；保水剂的掺量由现场试验确定，喷植混凝土应满足设计和现场喷射工艺要求，配合比试验成果在施工中进一步优化。

（7）分层喷植：分两次喷。第一次喷基质层，回填土石边坡厚度为6cm，风化边坡及完整岩石边坡为8cm；第二次喷草种土2cm。

（8）覆盖及养护：植被混凝土喷射完毕后，采用无纺布覆盖；盖好无纺布后即进入养护管理阶段，主要抓好喷灌水、追施肥料、病虫害防治、清除杂草等护理工作。

（三）喷植混凝土施工工艺措施

（1）清理表面：人工现场清理受喷面浮石及杂物、障碍物等，按要求对表面进行整理，用小钢筋埋设控制喷层厚度的标志。

（2）排架、工作平台：采用脚手架钢管搭设承重排架，提供工作平台。

（3）钻孔：经测量放孔位后，进行锚杆、排水孔的造孔。挂网锚杆孔、排水孔采用手风钻钻孔，孔径56mm。钻孔后安装锚杆和排水孔。

（4）挂网：按设计要求准备好仓位并经验收合格后，将机制14号斜方网拉紧，平铺于坡面，斜方网固定在挂网锚杆或辅助锚钉上，其与岩石面的距离控制在4cm左右，为保证此距离，采用10cm×10cm×4cm混凝土预制垫块，垫块按2m×2m布设，平整度较差的部位适当加密垫块；网与网之间采用平行对接方法，不重复搭接，网间用细扎丝绑扎牢固。

（5）吊沙土包：沙土包用罗纱布（蚊帐布）裁制，泥沙土包按等高线反绑在网下，以重压坠平网面。

（6）筛分及混合：土壤选定后，进行筛制，将杂物、石块除去，大土块打碎；将水泥、生植土、腐殖土、混凝土绿化添加剂、草种等原料，按一定比例用混凝土搅拌机充分拌和。

（7）喷护施工：喷植开仓验收合格后，把混合好的基质材料加水拌和，搅拌时间不得小于1min；混合料掺用外加剂时，搅拌时间适当延长，使混合料搅拌均匀。用一般混凝土喷射设备，分两次喷，第一次喷基质层，喷植厚度为：回填土石边坡6cm、风化边坡及完整岩石边坡8cm；第二次喷草种土2cm。喷射角度与坡面成40°～50°角，喷射施工由下层至上层，以保证植被混凝土的质量。

（8）覆盖：植被混凝土喷射完毕后，暖季采用无纺布覆盖，但在低温季节为了提高地温，以保证种子发芽所需温度，覆盖地膜；在施工48h内应防止暴雨冲刷。

（9）洒水养护：洒水采用雾状喷灌。喷水养护分前、中、后三期管理，前期喷灌水养护为60d，播后第一次灌水应浇透但不宜有水分流失和发生径流，防止基底材料冲垮，此后根据天气状况，第一个月每隔3d浇水一次，经常保持土壤湿润，以促进灌草种子发芽和全苗、齐苗。第二个月每隔5～7d浇水一次，以保持土壤湿润，促进灌草幼苗扎根和快速生长覆盖；中期养护每月喷水2～3次；后期靠自然雨水养护，若遇干旱，每月喷水2次。

（10）追肥、防虫、除杂草：

1）追肥：追肥在齐苗后进行，追肥分春肥（3～4月）和冬肥（10～11月）两次，可结合喷水追施或干施后浇洒一次水，还可依据实际情况进行叶面追肥。

2）防虫：草出苗后随时观察有无病虫危害，一经发现，需及时喷洒针对性农药。防治病虫害应遵循“治早、治小、治了”的原则，以提高防治效果。

3）除杂草：播种前、后可使用针对性的除杂草剂；杂草生长已高出主草丛时，可采取人工拔除。既防止了杂草与主栽草争光、争水、争肥，又能保证草坪美观。

（四）永久船闸喷植混凝土成果

永久船闸喷植混凝土主要施工部位在下游引航道北侧80m高程以上边坡及96m高程平台上一观测墩四周，喷植面积约35500m^2，其中挂网喷植混凝土面积5500m^2，不挂网喷植混凝土面积30000m^2。

根据三峡地区的气候和工程设计要求，选用EASYCAR（高羊茅混配品种）、多年生黑麦草、狗芽根、羊胡子草四种草种；四种草的配合比是EASYCAR（高羊茅混配品种）40%、多年生黑麦草20%、狗芽根20%、羊胡子草20%。

已生产性试喷的4000m²表面，经过一个雨季的生长，已覆盖了原来的坡面，长势良好，形成了很好的生态和景观效应，与人造"西陵峡"——永久船闸上下呼应，美观自然。既起到了稳固坡面，又克服了混凝土边坡单一灰黑的色调，增加了整体美观效果。

（武警水电三峡工程指挥部　邹　俊）

三峡工程永久船闸地下输水系统混凝土施工模板工程

（一）工程概述

三峡工程永久船闸地下输水系统体型结构复杂，洞长多变、井多且高、洞井相贯，分成南、中、北三条线，主要由36条竖井、12条渐变斜井、6级18段平洞及72个渐变段等组成。隧洞总长5.5km，竖井衬砌总高2.578km，混凝土总量约50万m^3，钢筋约5万t。

三峡工程永久船闸地下输水系统混凝土施工从1998年9月底开始，于2002年5月15日全部完成了混凝土浇筑，月浇混凝土强度达到了3.818万m^3，年浇混凝土强度达到了24.83万m^3，创造了国内地下混凝土施工的新纪录，这与采用形式各异的模板是分不开的。在永久船闸地下输水系统混凝土施工中，不仅汇集了多种传统的模板类型，更为可喜的是又为模板家族增添了像斜井全断面变径滑模、边顶滑模、大断面竖井自升式爬模及平洞底拱翻转模板等新成员。以在国内首创的斜井全断面变径滑模为代表的一批科研成果，大大丰富和强化了施工手段，为混凝土优质高效、多快好省地施工创造了条件。

模板分为竖井、斜井和平洞模板三大类型；以结构型式又可分为滑模、爬模、筒子模、悬臂模、翻模、组合模及台车等。共投入了约13个种类的专用模板，模板总数约达80多台套，模板种类及套数配置见表1。

（二）竖井模板

永久船闸地下输水系统36条竖井呈南中北三条线、六线分布，其中阀门井18条，下游检修井18条。阀门井衬砌后又分为工作阀门井、上游检修井及水泵井，中隔墩衬砌后井的数量为南北坡的2倍，模板数量亦是南北坡之和。竖井最高91.65m，最低54.55m，除一、六级大部分竖井为半埋藏式外，其余竖井皆为全埋藏式，竖井衬砌总高达2547m。

表1　三峡工程永久船闸地下输水系统模板资源配置表

模板型式		套数	使用部位
竖井模板	自升式爬模	10	阀门井
	滑框翻模	1	阀门井
	滑模	4	下游检修井
	悬臂模	6	工作阀门井
	筒子模	20	检修井/水泵井
斜井模板	底拱滑模	4	斜井底拱
	边顶拱滑模	4	斜井边顶
	边顶小钢模	2	斜井边顶
	全断面变径滑模	1	斜井全断面
平洞模板	边顶钢模台车	12	平洞边顶
	底拱翻模台车	7	平洞底拱
	底拱小翻模	8	平洞底拱
	升坎段翻模	3	升坎段底拱
合计		82	

注　1. 表中套数皆以南北坡断面计。
2. 当用于中隔墩时需两套同时使用。

竖井模板主要采用爬模、滑框翻模、滑模、悬臂模及筒子模。

1. 爬模　模板每次浇高3.3m，油缸行程1.65m。爬模是竖井模板中投入套数最多，使用最为成熟的类型。

2. 滑框翻模及滑模　模板由6层组成，每层高30cm。千斤顶为GYD-35及QYD-60型，爬杆为ϕ25mm圆钢或ϕ48mm×3.5m钢管。工作阀门井、水泵井及上游检修井同时往上滑升，模板经人工从下往上逐层进行翻装。滑模除模板与围圈及提升架连为一体同步滑升外，其余均与滑框翻模相同。

3. 悬臂模板　每块悬臂模板宽约2～3m，模板每次浇高3.3m，悬臂模板主要用于工作阀门井内模及竖井外伸段的外模，模板提升用吊车或行车。

4. 筒子模　模板每次浇高3.3m，模板用吊车等进行整体提升。筒子模主要用于水泵井、上游检修井及下游检修井。

从几种竖井模板使用情况来看，滑框翻模及滑模由于连续滑升，不需脱立模及缝面处理，工序少，速度快；但钢筋堆放、绑扎困难，模板易跑偏，需随时纠偏，投入人力多。悬臂模板及筒子模由于质量轻、造价低、钢筋好绑扎，体型较易保证；但调校模板较困难，钢筋无地方堆放，分层浇筑，脱立模需外力提升及缝面处理，工序多，配件易损失，投入人力较多。自升爬模由于液压自行爬升，钢筋易堆放、好绑扎，速度较快，体型易保证，混凝土表面质量好，投入人力少；但分层浇筑，需缝面处理，工序多。

（三）斜井模板

永久船闸地下输水系统共有斜井4级12条（衬

砌后为 16 条，中隔墩一分为二）。除二级斜井长 21.9m，底板倾角 54.5°、顶拱倾角 57.6°，高度由 5.5m 渐变至 6.7m 外；三～五级斜井均为长 35.2m，底板倾角 56.9°、顶拱倾角 57.5°，高度由 5m 渐变至 5.4m；二～五级斜井顶拱半径均为 2.5m，底板与边墙均为半径 0.5m 的圆弧过渡。斜井混凝土施工除北四、北五采用全断面变径滑模全断面一次浇筑外，其余皆分为底拱及边顶拱二次浇筑。二次浇筑施工模板底拱均采用滑模，边顶拱除二级斜井采用边顶小钢模外，其余 3～5 级斜井均采用边顶拱滑模。

1. 底拱滑模　模板长 1.5m，宽 5m；轨道用 ϕ114mm×5m 钢管，安装于底拱边墙钢筋上；滑模牵引用 2 只 5t 手拉葫芦。

2. 边顶小钢模　脚手架用 ϕ48mm 钢管，顶拱弧形模板宽 30cm、长 196cm、圆弧半径 250cm，边墙模板用标准小钢模；脱、立模均由人工进行。

3. 边顶滑模　模板长 1.5m，宽 5m，轨道为 P24，固定于底拱混凝土面支座上，轨道平行于顶拱母线；滑模下放及钢筋运输、绑扎用 1 台 8t 卷扬机牵引，滑升时用 2 只 10t 手拉葫芦牵引。

4. 全断面变径滑模　模板长 1.2m，中梁长 14.7m，每次有效行程 6m。边顶模及底拱模各用 2 只钢绞线液压爬升器牵引，爬升器牵引力每只为 15t，钢绞线为 ϕ15.24mm，中梁用 1 台 8t 慢速卷扬机牵引。轨道用［12 槽钢，前轮轨道固定于底板钢筋上，后轮轨道置于底拱混凝土面上。

边顶小钢模由于整条斜井边顶搭设满堂脚手架并拼装小钢模，不仅费工、费时、成本高，且施工困难又不安全、表面质量差、工期长。边顶滑模利于钢筋运输及绑扎，操作简单，施工安全、表面质量好、施工速度较快。以上两种方法由于分两次施工，工序重复，增加了对纵向施工缝面的处理。斜井全断面滑模由于滑升过程中自动完成收分，使底拱和边顶拱一次浇筑成形，大大减少了工序、缩短了工期，而且由于没有施工缝，质量得到了极大的提高，但斜井全断面滑模不适于钢筋运输及绑扎，操作较复杂、运行要求较高。

（四）平洞模板

三峡工程永久船闸地下输水系统平洞呈南中北三条线布置，被分流口、斜井及竖井等分成 6 级 18 段，平洞总长 5140m。平洞体型除进出口段为平顶结构、宽为 6m 外，其余平洞均为宽 5m、顶拱半径 2.5m 的圆弧，底板与边墙均为半径 0.5m 的圆弧过渡，平洞一、六级高 6.7m，二～五级高 5.4m。平洞混凝土施工分为底拱和边顶拱二次浇筑，底拱模板采用翻模，边顶拱模板采用钢模台车。由于南北坡衬砌厚度较薄，为减少混凝土裂纹，浇筑分块长 8m，中隔墩浇筑分块长 12m。

1. 底拱小翻模　模板单块宽 1.2m，背肋用 ϕ28mm 钢筋或 ϕ48mm 钢管，拉筋用 M12 尼龙锥套连接。底板中部直段靠刮板及人工抹面找平、压光。当混凝土浇筑初凝达到一定强度后，人工把小钢模按顺序逐块翻起、拆除，对混凝土表面进行抹面、压光，消除混凝土表面水汽泡和麻面。

2. 底拱翻模台车　模板单块宽 2m，高 90cm，底板中部直段靠拖板及人工抹面找平、压光。当混凝土初凝达到一定强度时，根据浇筑顺序，用丝杆把模板逐块翻起，进行人工抹面，消除水汽泡。台车移位时用手拉葫芦牵引，前轮在底板钢筋上行走，后轮在成型混凝土面行走，行走轮下垫［12 槽钢。

3. 钢模台车　模板宽 5m，高 5.4～6.7m，模板脱立模皆用液压操作。台车每节长 4m，轨距宽 2.5m，轨道为 P24，固定于底拱混凝土枕木上，台车行走用 2 只 10t 手拉葫芦进行牵引。

底拱混凝土施工的关键主要是解决底拱混凝土表面水汽泡和平整度。底拱翻模台车整体移位，脱、立模较快，但由于质量大，拆装及操作调整较困难，不易掌握翻模时间，且因隧洞短而多变，不利于弯段施工，也不利于与边顶拱台车的同步作业。底拱小翻模虽然脱立模全靠人工，但由于质量轻，结构轻巧，拆装方便，易于掌握翻模时间，且利于弯道施工，也便于与边顶拱台车的同步作业。

边顶钢模台车分为 4m 一节，利于弯道施工、拆除及转移，只要浇筑时处理好与成型混凝土面的搭接，就能较好地防止漏浆和错台。

（中国水利水电第十四工程局　钱兴喜）

三峡工程塔带机事故及其处理

2000 年 9 月 3 日下午 6 时 50 分，位于三峡工程大坝泄洪坝段的 3 号塔带机，在检修基本结束时，皮带机尾部突然断裂，造成两节长 100m、质量约 40 余 t 的皮带落至 20m 以下的混凝土浇筑仓面，造成 3 人死亡、20 人重伤、10 人轻伤的重大伤亡事故。为彻底查清“九三”重大伤亡事故发生的原因及有关责任，经国务院领导批准，国务院三峡工程建设委员会决定成立并派出“三峡工程‘九三’重大伤亡事故调查领导小组”。经查明，事故是由于布料皮带与塔身平台连接处一吊耳焊缝焊接存在严重缺陷造成的。2000 年 10 月 5 日采用替代方案恢复生产，3 号塔带机于 12 月 25 日修复重新投入生产。

针对塔带机 9 月 3 日出现的安全事故和存在的诸多隐患，三峡总公司多次召开研究塔带机事故运行管理办公会议，制定切实可行的措施，颁发《关于TC2400型塔带机安全操作和保养规程（试行）部分条款的修改和补充规定》的通知，与美国罗泰克公司签订《三峡工程建筑安装工程设备运行承包合同》，委托罗泰克公司进行4号塔带机的施工管理、安全运行及维护，并负责对1号～4号塔带机和1号～6号混凝土供料线进行安全监督和技术服务。要求施工单位进一步完善安全生产管理体系，落实安全生产管理责任制，加强安全生产教育，提高工人安全生产意识，实施第一线工人的人身安全保险，全面落实安全生产措施，做到预防第一；监理单位增设专职安全管理人员，加强现场安全生产管理工作的监督和检查。

根据三峡总公司2000年第99期专题会议纪要精神，经研究决定成立三峡工程塔带机安全运行领导小组，并于2000年11月15日发出《关于成立三峡工程塔带机安全运行领导小组的通知》。通知中明确领导小组的职责是：①坚持预防为主的方针，确保塔带机、供料线的安全、高效运行；②依据国家有关安全生产的法律、法规，检查、监督、协调、保证以岗位责任制为核心的塔带机、供料线运行、维护、保养等规章制度的贯彻实施；③对塔带机、供料线在运行、维护、保养过程中发现的重大危险源进行评估和监控，并组织制定应急方案，采取措施，及时整改，消除隐患，防止事故特别是重大事故的发生；④定期和不定期地研究塔带机运行管理中存在的问题，并就重大事项及时做出决策和协调，不断提高现场施工设备安全运行的管理水平。

（据《中国三峡建设年鉴》2001有关条目资料综合）

（中国水力发电年鉴编辑部　张培基）

三峡工程进展情况

三峡工程建设

（一）概况

2001年是三峡工程建设三年攻坚阶段的第一年。通过全体三峡建设者的共同奋斗，三峡工程建设实现了“进度、质量、投资三控制”的目标。主要工程形象实现了预计的目标，若干工程难点有了重大突破，施工重点和高峰期逐步由混凝土浇筑向金属结构、机电安装转移，右岸工程建设为第二阶段工程向第三阶段工程转移奠定了基础。

（二）三峡工程固定资产投资和主要工程量完成情况

2001年，三峡枢纽工程共完成总投资1403159.28万元。其中，建安工程316595.85万元，机电设备费43313.62万元，金属结构设备费32371.29万元，其他费用25005.37万元，基本预备费14199.53万元，水库淹没处理补偿费478465.92万元，库区移民包干外补偿费20000.00万元，贷款利息186149.55万元。三峡工程固定资产投资完成情况见表1。2001年三峡主体工程完成土石方开挖587.24万m^3，土石方填筑330.56万m^3，混凝土浇筑406.38万m^3，固结灌浆8.76万m，帷幕灌浆7.17万m，接缝灌浆15.75万m^2，钢筋制安2.58万t，锚杆2.75万根，混凝土防渗墙0.64万m^3，机电安装0.57万t，金属结构安装5.81万t。三峡主体工程主要工程量完成情况见表2。

（三）主要工程形象和建设目标完成情况

1. 泄洪坝段　上块平均高程已达156m，最高为高程172m（泄19号），最低为高程146m（泄10～12号）；中块除泄10～13号外，其余全部达到并缝高程；导流底孔金属结构及弧形工作门启闭机系统全部安装调试完成；泄洪深孔工作门全部吊装就位。

表1　2001年三峡工程固定资产投资完成情况　万元

项目		年计划	2001年完成	占年计划（%）
总投资		1436230.00	1414487.58	98.49
三峡工程	建安工程	276100.00	316595.85	114.67
	机电设备费	51800.00	43313.62	83.62
	金属结构设备费	36600.00	32371.29	88.45
	其他费用	22200.00	25005.37	112.64
	基本预备费	29300.00	14199.53	48.46
	水库淹没处理补偿费	461900.00	478465.92	103.59
	价差预备费	304630.00	287058.15	94.23
	贷款利息	225000.00	186149.55	82.73
	库区移民包干外补偿费	20000.00	20000.00	100.00
	总计	1427530.00	1403159.28	98.29
金沙江开发前期工作		8700.00	11328.30	130.21

表2　三峡主体工程主要工程量完成情况

项　　目	年计划	2001年完成	占年计划(%)
土石方开挖(万 m^3)	370.00	587.24	158.71
土石方填筑(万 m^3)	290.00	330.56	113.99
混凝土浇筑(万 m^3)	400.00	406.38	101.60
固结灌浆(万 m)	4.50	8.76	194.67
帷幕灌浆(万 m)	7.00	7.17	102.43
接缝灌浆(万 m^2)	13.00	15.75	121.15
钢筋制安(万 t)	11.40	12.58	110.37
锚杆(万根)		2.75	
混凝土防渗墙(万 m^2)	0.50	0.64	128.00
机电安装(万 t)	0.57	0.57	100.00
金属结构安装(万 t)	6.00	5.81	96.83

2. 左岸厂房坝段　甲块左厂1～6号已浇筑到坝顶高程185m，安Ⅲ～14号已浇筑至高程134m以上，平均达到157m；乙块除安Ⅲ～7号外，其余均达到并缝高程；拦污栅槽全线达到高程130m以上；1～6号机电站进水口闸门二期埋件、1～6号机压力钢管安装全部完成。

3. 左非坝段　甲块9号、14～18号已浇筑到坝顶高程185m，10～13号平均高程达164m；乙块除11～13号外，其余均已到顶。

4. 左岸电站厂房　完成1～6号机蜗壳二期混凝土及发电机层混凝土，1～6号机组段厂房边墙已经到顶，1～5号机组段屋顶网架吊装完成，1、2、4号机已经向机组安装交付。尾水门埋件及门体吊装完成过半，大、小桥机安装完毕。

5. 永久船闸　闸首混凝土全部完成；闸室边墙及底板混凝土浇筑进展顺利，南一闸室边墙已浇筑完毕；竖井及南坡输水隧洞混凝土全部完成；人字门已全部吊装就位，反弧门埋件基本吊装完毕，完成8扇反弧门吊装。

6. 右岸工程　茅坪防护大坝心墙及坝体填筑已达高程148m以上；地下电站引水隧洞开挖全部结束，已开始混凝土衬砌；3～6号进水塔已开始浇筑混凝土，平均高程达108m；高程84m拌和系统一座 $4\times3m^3$ 拌和楼投入试运行。

（四）三峡工程建设管理和工程质量

2001年，三峡总公司进一步强化项目管理，落实岗位责任制，继续实行内部工作例会制度、三方经济协调例会制度，及早协商解决合同执行中出现的问题；深入施工现场，加强业主现场协调管理力度；合理配置资源和各生产要素，增强工作预见性和前瞻性；积极探索工程建设管理新模式，在右岸项目部和机电安装项目部采用项目管理与监理联合办公的管理模式；加强合同管理，做好招标文件审查和项目招评标工作，依据合同管理原则加快合同变更、合同索赔、合同竣工决算及重大合同经济问题处理；组织各参建单位认真贯彻三峡枢纽质量专家组意见，研究整改方案和措施，并严格监督实施；加大质量保证体系的落实和质量奖惩力度；规范质量总监办公室工作，充分发挥其技术权威和专业优势；全面实施单元工程施工工艺设计制度，对已浇筑的混凝土展开全面质量检查和缺陷处理，消除一切质量隐患；严把设备制造出厂质量关；加强金属结构设备和机组埋件安装质量监控，全面提升质量控制水平；加强技术创新和设计管理工作，进一步提高工程科技含量；进一步提高监理人员素质，规范和强化监理管理；加强现场监理工作力度，提高现场工作效率；建立了监控有效的安全管理体制，安全生产形势有较大改善。2001年，三峡工程单元工程质量评定15248个，全部合格，优良工程12192个，优良率79.96%。2001年三峡工程实现了“进度、质量、投资三控制”目标。

（五）计划合同与财务工作

2001年，三峡总公司加强工程投资管理和合同管理，加大投资控制力度，概算控制、投资管理体系和招投标机制日臻完善，再一次实现了工程“进度、质量、投资三控制”的目标。三峡工程全年完成总投资1403159.28万元，占计划总投资1427530.00万元的98.31%。2001年三峡总公司共签订合同529项，合同总金额195391.70万元。截至2001年底，三峡工程共签订合同5488项，合同总金额385.48亿元，各项合同执行情况总体良好。三峡总公司2001年共筹集资金159亿元。其中，三峡基金到位53.07亿元，成功发行三峡企业债券筹资50.00亿元，国家开发银行贷款30.00亿元，商业银行贷款19.00亿元，出口信贷提款5.94亿元。

（六）工程科研及应用

2001年，三峡总公司加强科研与实际应用相结合，组织立项部门参与科研项目的管理，组织科研人员到工地与现场施工技术人员互相切磋，使科研工作更具有技术针对性，使现场技术人员能及时应用科研成果，使科研成果能尽快转化为生产力。全年共签订各类科研合同33项，合同总金额1000余万元，主持、参与、归口验收的到期科研合同90余项。这些研究项目的适时开展，对在技术上保证三峡工程的质量和推动工程建设均具有显著作用和重要意义。

（七）物资、设备的采购、供应

三峡总公司在物资采购上全面实行招标采购和竞价采购办法，对投标单位进行投标前的资质审查，采取“投标资质一票否决制”。全年采购钢材148953t、木材 5973m^3、油料 22911t、炸药 2538t、水泥 77.11 万 t、粉煤灰 24 万 t，采购总金额 84257 万元。按实际采购量计算，水泥节约采购成本 2828 万元，粉煤灰节约采购成本 1022 万元，钢材采购价也低于市场同期价。全年累计供应钢材 149203t、木材 6972m^3、油料 24209t、炸药 2812t、水泥 771059.69t、粉煤灰 22.85 万 t，供应总金额 87613 万元。

三峡总公司继续完善设备保障体系，以安全管理为核心，确保施工设备安全运行。全年组织施工设备操作维护培训班 12 期、共 277 人，设备修理 16 台次，签订各类设备合同 75 项，总金额 849.67 万元。三峡总公司所管理的设备全年完成混凝土拌制 327.10 万 m^3、混凝土浇筑 236.90 万 m^3，设备平均完好率 94.80%，平均利用率 53.30%。

（八）施工区环境保护

2001 年，施工区长江干流各断面年度水质较好，总体水质为Ⅲ类水，近岸水域水质与去年基本持平。环境空气质量继续保持良好，环境噪声质量与去年持平。2001 年，施工区生态环境监测（见表 3）继续执行 2000 年监测方案，新增施工区酸雨监测和施工区垃圾填埋场大气污染物监测。进一步规范污染防治设施运行的监督管理，加强坝区市政、环卫、绿化维护管理。风箱沟生活垃圾填埋场全年运行正常，总排污口以下基本无污染带形成。2001 年，共处理垃圾 5403.2t，全年清扫的保洁面积 568157m^2，补植植物 1777 株，维护绿地面积 925545m^2。全年累计处理各种违章案件 671 起，收缴、暂扣各类违章物品 374 件，查处不文明施工 85 起。

表 3　　施工区生态环境监测情况

功能区	污染物	污染指数	空气质量级别	质量状况	首要污染物	较去年升（+）降（−）幅度
办公生活区	二氧化硫	10	Ⅰ			
	氮氧化物	13	Ⅰ			
	总悬浮颗粒物	65	Ⅱ	良	总悬浮颗粒物	−4.4%
施工作业区	二氧化硫	9	Ⅰ			
	氮氧化物	18	Ⅰ			
	总悬浮颗粒物	131	Ⅲ1	轻微污染	总悬浮颗粒物	+11.0%

（九）国际合作与交流

2001 年，三峡总公司全年共接待来自日本、法国、美国、德国、加拿大、澳大利亚、马来西亚、巴基斯坦、越南、瑞士等 39 个国家和地区的境外团组 165 批共 2712 人次，其中技术交流 295 人次，学术交流 54 人次，商务交流 92 人次、参观考察 2271 人次，部长、大使、大型公司总裁等政府官员、知名人士共 76 人次。巴基斯坦总统穆沙拉夫于 12 月 23 日参观了三峡工程，盛赞三峡工程是中国人创造的世界第八奇迹。三峡总公司全年共派出 59 批团组，共 282 人次前往 28 个国家和地区进行技术考察、执行合同及技术培训、出席国际会议等。2001 年，三峡总公司聘请美国哈扎公司专家为混凝土质量总监、奥地利专家为焊接总监、日本前田建设株式会社专家为安全总监，以确保三峡工程的建设质量。

（十）2001 三峡债券发行

2001 年 11 月 8 日，总金额为 50 亿元人民币的三峡债券开始发行。本期企业债券采用 20 亿元 10 年期和 30 亿元 15 年期两个品种发行，均为每年付息一次，到期一次还本。10 年期债券采用按年浮动利率，利率为中国人民银行公布的一年期整存整取存款利率加上 1.75%，15 年期债券采用固定利率 5.21%。国家财政部同意以三峡工程建设基金为本期三峡债券提供不可撤消的全额担保，信用等级为 AAA 级。本次债券主承销商为中信证券股份有限公司，副主承销商为国家开发银行、三峡财务有限责任公司等。11 月 9 日，除部分机构投资者尾款在途外，各地发行工作基本结束。

（十一）国务院三峡工程建设委员会第十次全体会议召开

2001 年 5 月 31 日，国务院三峡工程建设委员会第十次全体会议在北京召开，会议对三峡工程建设所取得的成绩给予了充分的肯定。

朱镕基总理在讲话中强调，三峡工程是一项世界瞩目的宏伟水利枢纽工程，质量是三峡工程的生命。要牢固树立质量第一的思想，以崇高的责任感和历史使命感，切实做好三峡工程建设工作，确保三峡工程质量经得起历史考验。同时，要继续坚持“两个调整”方针，积极鼓励库区移民外迁安置，加大库区搬迁工矿企业结构调整力度；切实加强库区地质灾害防治工作，进一步搞好环境保护和生态建设，促进库区经济和社会的持续发展。

（十二）国务院三峡工程移民暨对口支援工作会议召开

2001 年 7 月 16～18 日，国务院三峡工程移民暨对口支援工作会议在三峡坝区召开。

朱镕基总理在讲话中说：“目前距三峡水库蓄水不到两年时间，三峡二期工程移民工作已进入倒计时阶段，任务十分繁重和紧迫。各有关部门要认真贯彻两个调整方针，加快库区移民外迁安置步伐，加大库区搬迁工矿企业结构调整力度，千方百计完成移民和企业搬迁任务，千方百计确保三峡工程按时蓄水、发电和通航。”

（十三）三峡工程机组安装正式启动

2001年11月22日上午，三峡工程左岸电站2号机组定子顺利吊装，三峡工程首台机组安装正式开始。三峡工程左岸电站共安装14台单机70万kW的水轮发电机组。通过国际招标，由阿尔斯通/ABB和VGS联营体两大国际承包商分别提供8台和6台机组设备。通过公开招标，分别由中国水利水电第八工程局、中国水利水电第四工程局和葛洲坝集团公司承担6台、4台和4台机组的安装与调试任务。

（中国长江三峡工程开发总公司
柳定祥　时香丽　乔仁贵）

2000～2001年三峡工程建设概况

（一）2000年三峡工程建设

1. 工程量完成情况　2000年三峡工程主要项目实物工程量完成情况：土石方开挖572.94万m^3，为年计划的136.41%；土石方填筑441.24万m^3，为年计划的140.07%；混凝土浇筑548.17万m^3，为年计划的105.42%；喷混凝土55265m^2，为年计划的114.63%；沥青混凝土心墙6473m^3，为年计划的114.63%；金属结构机电埋件及安装2.26万t，为年计划的98.26%；机组埋件9600t，为年计划的114.29%；固结灌浆3.44万m，为年计划的143.50%；帷幕灌浆7.05万m，为年计划的116.87%；接缝灌浆12.02万m^2，为年计划的111.31%。

2. 主要项目工程形象进度

(1) 泄洪坝段：泄1、2号坝段分别达到高程93m、90m，泄3号坝段实现高程90m深孔上块扣顶，最高部位达到高程112.19m，导流底孔泄12、18～22号完成弧门安装，深孔工作门进行埋件安装。左导墙坝段到达163m并缝高程。

(2) 左岸厂房坝段：左岸厂房坝段1～4号甲块最高达到高程180m，平均达到172m；5号～安Ⅲ坝段甲块最高达到高程154m，平均达到137m；7～14号坝段甲块最高达到高程129m，平均达到106m。1～6号机组钢管安装只剩下上弯段未完成。8～10号机组钢管斜直段安装全部完成。

(3) 左非坝段：左岸非溢流坝段14～18号坝段分别达到高程185m、182m、185m、162m、176m。

(4)左岸电站厂房：1～11号机组厂房尾水平台浇至设计高程82m，12号机组尾水平台浇至高程80m；1～5号机组蜗壳安装完毕，4、5号机组基本具备保压浇筑混凝土条件，6号机组完成蜗壳挂装；7～13号机组锥管安装完成，14号机组完成肘管安装。

(5) 永久船闸：六闸首公路桥于6月18日按期通车，六闸首和一闸首混凝土分别于6月、8月浇筑至顶，并于7月、8月开始人字门吊装，六闸首北线人字门已安装22节，一闸首南北线人字门各安装8节；二、三、四闸首混凝土上升至顶，为金属结构安装提供有利条件；地下输水系统六级、一级南北及南二、北二、北三阀门井具备向金属结构交面条件，六级和北二检修井混凝土上升到顶，除检修井和五级大小井由于施工组织及F1096断层处理滞后计划工期1～2个月，其他部位施工进展顺利。

(6) 升船机：升船机上闸首混凝土浇筑第一至三块受图纸供应和施工设备布置限制浇到高程175～180m，第四块右侧已到设计高程185m。

(7) 右岸工程：茅坪防护大坝一期工程顺利结束，处于二期工程招标阶段；右岸地下厂房进水口预建项目完成明挖及部分边坡锚固工作，引水洞上平段完成5、6号上导洞开挖施工。右岸二、三期衔接工作处于深入研究之中，右岸三期工程施工总布置初步规划完成。

(8) 砂石料项目：全年生产成品砂石料1205万t（其中人工砂365万t、骨料840万t），砂含水率、离差系数、骨料粒径严格控制在合同许可范围内，为三峡工程完成混凝土浇筑任务提供了有力保障。

(9) 机组安装标书、永久船闸机电安装标书编制工作按期完成。

（二）2001年三峡工程建设

1. 工程量完成情况　2001年是三峡第二阶段工程混凝土施工的第三个高峰年，金属结构安装、帷幕灌浆和接缝灌浆也进入高峰期。2001年工程建设任务，除金属结构机电埋件较计划有所滞后外，其他工程项目均完成或超额完成年度计划，主要工程形象达到年初制定的生产计划和建设目标。全年完成混凝土浇筑402.88万m^3，金属结构机电埋件及安装63860t，机组埋件6339t，帷幕灌浆67057m，接缝灌浆170405m^2，固结灌浆84104m，土石方开挖708.91万m^3，土石方填筑409.85万m^3，混凝土防渗墙5159m^2，沥青混凝土心墙4844m^3。

2. 主要项目工程形象进度

(1) 泄洪坝段：泄洪坝段上块平均高程已达156m，最高为高程172m（泄19号），最低为高程146m（泄10～12号）；中块除泄10～13号外，其余全部达到并缝高程；导流底孔金属结构及弧形工作门启闭机系统全部安装调试完成；泄洪深孔工作门全部吊装就位。

(2) 左岸厂房坝段：甲块左厂1号～左厂6号已

到坝顶高程 185m，安Ⅲ～左厂 14 号已浇筑至高程 134m 以上，平均达到 157m；乙块除安Ⅲ～左厂 7 号外，其余均达到并缝高程；拦污栅槽全线达到高程 130m 以上；1～6 号机电站进水口闸门二期埋件、1～6 号机压力钢管安装全部完成。

(3) 左非坝段：甲块 9、14～18 号已到坝顶高程 185m，10～13 号平均高程达 164m；乙块除 11～13 号外，其余均已到顶。

(4) 左岸电站厂房：完成 1～6 号机蜗壳二期混凝土及发电机层混凝土，1～6 号机组段厂房边墙已经到顶，1～5 号机组段屋顶网架吊装完成，1、2、4 号机已经向机组安装交面。机组埋件工作进入高峰，完成了 6、7、8、10 号机蜗壳的挂装，和 6、7、10 号机蜗壳的焊接及 7、8、9、10、11 号机基础环、座环的安装工作。

(5) 永久船闸：闸首混凝土全部完成；闸室边墙及底板混凝土浇筑进展顺利，南一闸室边墙已浇筑完毕；竖井及南坡输水隧洞混凝土全部完成；人字门已全部吊装就位，反弧门埋件基本吊装完毕，完成 8 扇反弧门吊装。

(6) 升船机：混凝土已全部浇筑到顶，并提前完成跨越升船机临时栈桥的施工。

(7) 右岸工程：茅坪防护大坝心墙及坝体填筑已达高程 148m 以上；地下电站引水隧洞开挖全部结束，已开始混凝土衬砌；3～6 号进水塔已开始浇筑混凝土，平均达高程 108m；高程 84m 拌和系统一座 $4\times3m^3$ 拌和楼投入试运行。

(8) 砂石骨料项目：全年生产人工砂 290 万 t，骨料 630 万 t；砂含水率、石粉含量、细度模数均满足规范要求，骨料颗粒级配、超逊径等指标均控制在合同要求范围内。

（中国长江三峡工程开发总公司　裴红波）

大 中 型 水 电 站

清江水布垭工程

水布垭水电站位于湖北省巴东县境内，是清江流域梯级滚动开发的龙头工程，距下游已建成的隔河岩水电站 92km。主体工程由大坝、发电厂房、左岸溢洪道和右岸放空隧洞等组成。大坝为混凝土面板堆石坝，最大坝高 233m，为目前此类坝型世界最高；电站为引水式地下厂房，安装 4 台 46 万 kW 水轮发电机组，总装机容量 184 万 kW，年发电量 39.2 亿 kW·h，是清江干流上最大的梯级电站。

水布垭水电站水库是一座具有多年调节性能的水库，正常蓄水位 400m，总库容 45.80 亿 m^3，调节库容 23.83 亿 m^3，预留了防洪库容 5 亿 m^3。可行性研究阶段工程概算为：静态投资 88.44 亿元，动态投资 120.43 亿元。截至 2001 年 12 月底，2001 年共完成投资 6.83 亿元，累计完成投资 14.49 亿元，完成主体土石方开挖 333.39 万 m^3，土石方填筑 6.11 万 m^3，混凝土浇筑 6.55 万 m^3，钢筋制安 4354t。项目报批和前期准备工作取得了重大进展。

1. 项目报批工作全面完成　1999 年 12 月 17 日国务院总理办公会批准了《水布垭水电站项目建议书》。2001 年 6 月 20 日国务院总理办公会批准了《水布垭水电站项目可行性研究报告》。2002 年 1 月 23 日国务院总理办公会批准了《水布垭水电站项目开工报告》。至此,全面完成了水布垭水电站项目报批工作。

2. 工程施工进展顺利　已完工和基本完工的工程项目有：对外交通的榔水公路路基工程（已通车）、场内 45km 公路、水布垭大桥、附有光缆的 110kV 长水线、110kV 变电站、3000t 水厂、水布垭基地（除接待楼外）营房。正在施工的工程有：导流洞工程、左右岸趾板工程、放空洞工程、地下厂房的交通洞和排水洞工程、马崖高边坡整治工程、马崖湾滑坡体整治工程、左岸灌浆平洞工程、3.6 万 t 水厂工程、左右岸砂石系统工程、渣场和料场工程、武警营房、医院楼、银行楼等。库区移民工作已经启动。

3. 科技攻关和优化设计成果显著　面板堆石坝专题研究、泄水建筑物专题研究等 6 个专题 36 个子题研究工作取得了成果并已应用于工程设计；水布垭工程大件运输方案、光缆传输系统方案等 4 个专题研究已经完成；水轮机参数优化及稳定性研究、增设最大出力研究已取得阶段性成果。同时，对导流洞、大坝、溢洪道、地下厂房、放空洞等工程进行了优化设计，解决了不少技术难题，降低了工程造价。另外完成了水布垭工程施工组织设计编制工作。

4. 建设水平和工程质量进一步提高　成立了左岸、右岸和基地建设三个责任组，通过招标选择信誉好、技术强的工程质量监理队伍，加强了现场监管力度，制定了质量和安全管理办法，加强了质量、安全检查，实现了全年无重大人身伤亡事故和质量事故的目标，单元工程验收 2498 项，合格率 100%，优良率 81.4%。对工区实行封闭式管理，清除了违章建筑，加强了环境绿化美化工作，正逐步推行文明施工。

（湖北清江水电开发有限责任公司　李　扬）

浙江滩坑水电站

（一）概述

滩坑水电站位于浙江省青田县瓯江支流小溪中游河段，接近电网负荷中心，对外交通便利，经济指标较好，综合效益明显，是瓯江流域水电梯级开发规划中的一座重要骨干水电站。开发任务以发电为主，兼有防洪等其他综合效益。

滩坑水电站水库校核洪水位 168.17m，总库容 41.5 亿 m^3；正常蓄水位 160m，相应库容 35.2 亿 m^3；防洪高水位 161.47m，汛期限制水位 156.00m，防洪库容 3.7 亿 m^3；死水位 120m，调节库容 21.2 亿 m^3，系多年调节水库。水电站装机容量 3×200MW，保证出力 83.6MW，年发电量 10.35 亿 kW·h，年利用小时 1725h。

（二）工程地质条件

库区地层以侏罗系上统火山岩系为主，次为白垩系下统陆相碎屑岩，侏罗系中、下统含煤建造，前中生界变质岩系及第四系堆积。

库区无规模较大的断裂通向库外，分水岭高程多在 500m 以上，分水岭处的地下水位均高于正常蓄水位，水库蓄水后不会产生永久性渗漏。库岸现状稳定，局部地段有规模不大的滑坡，蓄水后即使失稳，也不会影响大坝的安全。

工程区为区域构造稳定区，根据国家地震局编制的中国地震烈度区划图，坝址区地震基本烈度小于Ⅵ度。

坝址峡谷段两岸地形陡峻，基本对称，山体浑厚，大片基岩裸露，两岸坡覆盖层薄。坝址处于上侏罗系的熔结凝灰岩与集块岩，岩性坚硬，岩体较完整，风化浅。河床覆盖层较厚，一般为 20m，最大厚度 27m。坝区构造断裂规模不大，只需局部处理，即可兴建各种高坝。

溢洪道、厂房、引水系统、升压站等地形地质条件较好，一般均能满足要求。

（三）工程布置

1. 设计标准　该水电站水库总库容 41.5 亿 m^3，装机容量 600MW，按照 GB 50201—1994《防洪标准》和 SL 252—2000《水利水电工程等级划分及设计标准》的规定，属于一等工程。枢纽由拦河坝、溢洪道、泄洪洞、引水系统、发电厂房、升压站、开关站等组成。拦河坝、溢洪道、泄洪洞和发电进水口为Ⅰ级建筑物，按千年一遇洪水设计，可按最大洪水（PMF）校核。厂房、引水隧洞、泄洪洞下游出口消能Ⅰ等为Ⅱ级建筑物，按百年一遇洪水设计，500 年一遇洪水校核。坝址区地震基本烈度上于Ⅵ度，拦河坝设计按Ⅶ度设防。

2. 工程布置　河床布置拦河大坝，右岸布置引水系统和发电厂房，左岸布置泄洪洞，溢洪道布置在左岸垭口。

拦河坝采用混凝土面板堆石坝，最大坝高 161m，坝顶高程 170.5m，坝顶宽度 12m，坝顶长度 506m，最大坝底宽度 460m。混凝土趾板置于弱风化基岩上，基岩采用水泥灌浆固结，基础防渗采用灌浆帷幕。面板厚度 0.3～0.9m，在高程 80m 以下，面板上游设粉土防渗斜墙和保护层。坝壳基础，河床部分除趾板基础及其下游侧开挖 50m 外，其余均置于砂砾石覆盖层上，两岸坝肩部分置于强风化基岩上。坝体堆石料采用溢洪道、水电站系统开挖料，不足部分由备用石料场或砂石料补充。

溢洪道位于左岸垭口，采用开敞式溢洪道，设有 6 孔 13m×13.5m 弧形工作闸门，堰顶高程 148m，最大泄洪流量为 14745m^3/s，相应出口单宽流量为 158.5m^3/s，采用出口预挖冲刷坑消能。

泄洪洞由施工导流洞改建，进口底板高程 62m，设有 1 孔 7m×7m 弧形工作闸门，工作水头 102m，总水推力 62000kN，洞身为无压城门洞，兼作放空水库之用。最大泄流量约 1600m^3/s，最大流速 35.7m/s。

引水系统和厂房布置于右岸，装有 3 台 200MW 水轮发电机组，引水系统采用单洞单机，设有 3 条引水隧洞，内径 8m，为混凝土衬砌。压力管道为地下埋管，内径 6.5～7m，分别向厂房内 3 台机组供水，每条压力管道的末端设有蝴蝶阀。厂房采用地面厂房，主厂房上游侧布置主变室、开关站、电气副厂房；下游侧布置水机副厂房，顶部为尾水平台。安装场布置于主厂房右端，与进厂公路及尾水平台互相连通。

（华东勘测设计研究院　陈振文）

平班水电站建设概况

（一）项目概况

平班水电站位于广西壮族自治区与贵州省之界河——南盘江上，距广西南宁市 448km，距隆林县城 35km，距贵州省安龙县 43km，是红水河综合利用规划的第三个梯级水电站。坝址控制流域面积 51600km^2，多年平均流量 616m^3/s，多年平均径流量

194亿m^3。水电站正常蓄水位440m，与上游天生桥二级水电站尾水位衔接，水库总库容2.78亿m^3，正常水位以下库容2.11亿m^3，死水位437m，调节库容0.268亿m^3。装机容量405MW，选用3台轴流转浆式机组，多年平均年发电量16.03亿kW·h。

水库淹没影响涉及广西、贵州两省（区）的3个县，规划水平年2003年时，水库生产性安置人口为5071人（其中广西2488人、贵州2583人），按1998年价格水平测算，水库淹没处理静态补偿费为2.1亿元。

按1999年价格水平测算，该水电站工程静态投资为17.7亿元，动态总投资为20亿元。

（二）项目报批情况

1999年6月国家电力公司对平班水电站的环境影响报告进行了预审，1999年9月27日国家环境保护总局以环函［1999］341号文《关于广西平班水电站环境影响报告书的批复》批复了环境影响报告书；1999年8月国家经贸委委托中国水电水利及新能源发电工程顾问有限公司商广西壮族自治区计委、贵州省计委对《平班水电站可行性研究报告》进行了审查，2000年11月10日国家经贸委以电力［2000］57号文《关于平班水电站可行性研究报告审查意见的批复》下达了可行性研究批复意见。

2001年4月广西发展计划委员会以桂计能源［2001］87号文、国家电力公司以国电规［2001］232号文分别向国家计委上报平班水电站工程项目建议书。2002年3月5日国家计委以计基础［2002］299号文批复了平班水电站项目建议书。

（三）项目公司

平班水电站项目公司为广西平班水电开发有限公司。该公司于2001年8月在广西南宁市正式成立，由广西桂冠电力有限公司、广东能发集团公司、贵州省黔西南州工业投资有限责任公司、广西隆林县电业公司四方投资，出资股比分别为35%、28%、27%、10%。

（四）前期准备工程

为确保平班水电站的顺利开工建设，首先开工建设了盘百324国道改建道路、进同福采石场公路、施工生活区场地平整等前期“三通一平”准备工程。目前准备工程已基本完工，具备正式开工条件。

（广西平班水电开发有限公司　李远平）

陕西汉江喜河水电站设计

喜河水电站位于陕西省石泉县与汉阴县交界处，为汉江上游规划7个梯级中的第三级，主要承担电网调峰、调频及事故备用，并兼有航运、防洪等综合利用效益。水库正常蓄水位362m，死水位360m，汛期限制水位357m，总库容2.3亿m^3，调节库容0.2亿m^3，为日调节水库。水电站安装3台60MW轴流转桨式水轮发电机组，多年平均年发电量4.9亿kW·h。

坝址区河谷较为狭窄，枯水期河水水位329m时，水面宽160～180m，两岸边坡左陡右缓。坝址岩性为浅变质含砾凝灰岩，地震基本烈度为Ⅵ度。

枢纽由河床式厂房、5个表孔、3个右泄洪排沙中孔、1个左泄洪中孔、升船机和左、右导墙等组成。坝体为碾压混凝土重力坝，坝顶高程367.8m，坝顶长度352m，最大坝高60.8m，设计洪水和校核洪水流量分别为100年一遇、流量21800m^3/s和1000年一遇、流量28200m^3/s。表孔孔口尺寸为14m×22.5m（宽×高），中孔孔口尺寸为8.5m×15m（宽×高）。工程的泄洪消能具有“低水头、大单宽、高尾水、低佛氏数”的特点，表孔采用一级消力池水跃消能，右泄洪排沙中孔采用两级消力池水跃消能，左泄洪中孔采用底流消能。通航建筑物设计标准为50t级，采用垂直升船机。

工程施工导流采用分期导流、明渠过水、枯水期基坑的导流方式。

（北京勘测设计研究院　乔明秋）

江西省抱子石水电站

抱子石水电站位于修水县城下游约14km，是修河上游河段梯级滚动综合开发的以发电为主，兼有改善县城环境、发展旅游等综合效益的引水式径流水电站。枢纽坝址控制流域面积5343km^2，坝址多年平均流量151m^3/s。在其上游已建成具有多年调节性能、调洪库容2.34亿m^3、发电调节库容3.84亿m^3的东津龙头水电站，以及位于上游支流的具有年调节性能、调洪库容1500万m^3、发电调节库容7740万m^3的大塅水电站。上述两水库控制流域面积共1690km^2，占抱子石坝址控制流域面积的31.6%，两水库调节库容共4.62亿m^3，可为抱子石水电站提供有效的调洪和发电补偿效益。

抱子石水电站是修河上游河段梯级开发规划的第6级，通过设计方案招标选定设计开发方案，坝址利用有利的地形地质条件，布置枢纽大坝及引水发电系统，裁截（取直）修河7km弯道，多利用发电水头3.5m。在设计正常高水位93.5m不变的条件下（受上游修水县城控制），装机容量由原初步审定设计方案（河床式）的2.8万kW，增加到4万kW（引水式），年发电量由9500万kW·h增加到

1.28亿kW·h,装机容量和年发电量分别增加50%及34.7%，为江西水电开发设计引进竞争机制、优选设计方案、提高工程效益、降低工程造价，创造了一个良好的先例。

抱子石水电枢纽拦河坝，由右岸混凝土重力挡水坝段、河床溢流闸坝段［11孔，14m×11.5m（宽×高)］、左岸接头坝段及均质土坝组成，坝轴线总长635.56m；引水取水口位于大坝右岸上游200m的库湾内，库湾地面高程墙均为89m，引水渠长216m，与库湾清库段相接进入发电前池，发电尾水排入修河。枢纽建筑物地基位于白垩纪红层盆地内，基岩主要为紫红色块状中细粒砂岩、砂砾岩与含砾粉砂岩，地质条件较简单，无大的不良地质构造，河床砂砾覆盖层厚4～8m。工程施工场地开阔、交通方便，近坝区天然建筑材料充裕，厂坝区施工互不干扰，施工条件优越。枢纽主要工程量为：土石方明挖137.2万m^3，土石方填筑25.1万m^3，混凝土15.8万m^3，钢筋3958t，金属结构2450t，帷幕灌浆7468m。工程于2001年12月7日正式开工建设，设计第一台机组发电工期2年5个月，建设总工期2年11个月，工程动态总投资3.4亿元。

抱子石水电站是继上游东津水电站之后，修河上游河段梯级滚动综合开发的后续工程之一，建成后与上游东津、大塅水库联合运行，将充分发挥上游龙头大水库的补偿调节效益，提高梯级水电站的调峰能力，缓解赣西北地区电网日益尖锐的调峰矛盾，为促进赣西北革命老区国民经济的快速发展做出积极的贡献！

（江西省水力发电工程学会　熊俊伟
江西抱子石发电有限责任公司　李家兰）

抽水蓄能电站

抽水蓄能电站的运行方式和电网的经济效益分析

用计算机模拟法建立模拟模型，对选定的系统进行生产模拟，统计计算出电网系统投入不同抽水蓄能容量时所发生的系统运行总燃料费用（包括抽水蓄能电站的抽水费）和系统的负荷缺电力时间概率(LOLP）等指标。通过对计算结果的分析，可得出不同系统在投入不同容量抽水蓄能机组和采取不同运行方式的情况下，其运行总燃料费用的边际成本和LOLP的边际值的变化规律，并且可对电网的经济效益进行合理分析，从而为抽水蓄能电站的规划和投资建设提供理论依据。

（一）抽水蓄能电站的功能和效益

抽水蓄能电站既具有静态功能，又具有动态功能。静态功能是指其以水泵方式运行，在低谷抽水，吸收系统多余的容量和电能，在高峰时段，利用其低谷所抽水量，以水轮机方式运行，调节高峰出力，起到能量转换作用。动态功能是指其运行灵活、易调节、易转换的特点，可快速爬坡，跟踪负荷变化，调节频率；可利用其空闲容量及备用水量作系统的旋转备用；也可作发电调相、抽水调相运行，稳定系统电压等。抽水蓄能电站的功能如图1所示。

由于抽水蓄能电站具有以上功能和特点，其在电网中运行提高了电力系统供电的安全性、可靠性、经济性，减少了系统的停电损失，为电网和用户都带来了巨大的经济效益。

（二）抽水蓄能电站效益分析的计算机模拟模型和评价指标

1.模拟模型　抽水蓄能电站的经济效益除了容量效益与运行方式关系不大外，其他各项效益都与运行方式有关。容量效益是在规划阶段考虑的，经系统的电力电量平衡，考虑各种方案的投资费用后，易于确定；但其他效益受负荷情况、系统电源结构、电源的技术经济特性、调度方式等的影响较大。计算机模拟模型是采用电网的年负荷曲线，考虑在不同的时序负荷情况、不同的电源组成、不同的调度方式等条件，较全面、较合理地统计计算抽水蓄能电站在运行上所体现出的综合经济效益。

目前，中国抽水蓄能电站的发展处于起步阶段，在各大电网中所占的比例都很小。近年来，电网的缺电状况得到了暂时缓解，但缺调峰电源的问题仍很突出，所以抽水蓄能电站在电网中的作用仍以调峰为主，这是本模型考虑的抽水蓄能电站的主要运行方式。从已运行抽水蓄能电站的情况来看，除了削峰填谷作用外，抽水蓄能电站在电网中也发挥出了其动态功能，为电网、为社会带来了巨大的效益，特别是空闲容量及备用水量作旋转备用。从有关资料的分析中也可看出，旋转备用效益在抽水蓄能电站的效益中是

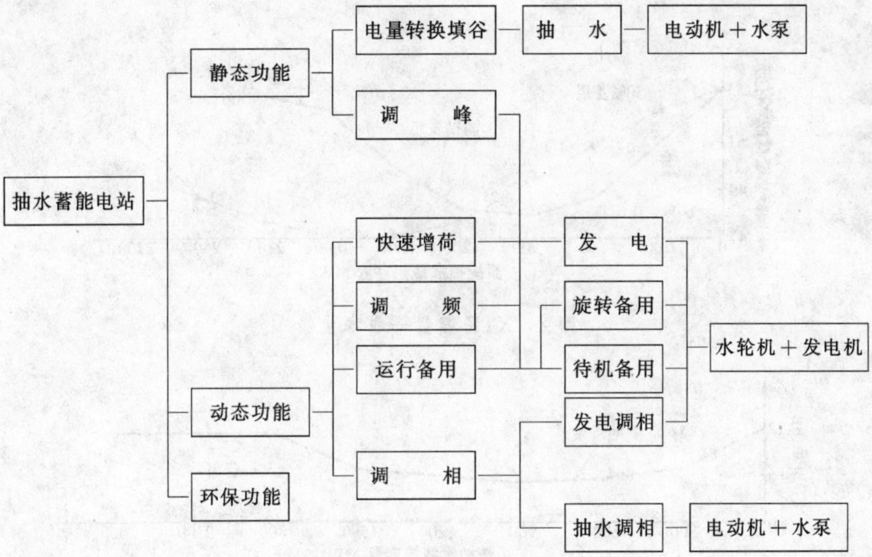

图 1　抽水蓄能电站功能图

占很大比重的，不可不考虑。所以，模型重点考虑了抽水蓄能电站的削峰填谷和旋转备用功能，同时考虑了机组的随机故障及检修安排等，选择了两种典型运行方式：满抽满发方式（1993 年潘家口抽水蓄能电站的主要运行方式）和留一定比例的机组容量及水量作旋转备用的方式（十三陵蓄能电厂目前的运行方式），来进行详细的模拟与分析。

抽水蓄能电站还有调频、跟踪负荷、快速爬坡等功能。要详细模拟抽水蓄能电站的调频过程，并统计有关指标很困难，只能在掌握比较多的运行资料后，再做比较分析。

2. 评价指标　评价发电系统的经济效益如何，正确确定评价指标很关键。通过模拟一个发电系统的生产，取得统计数据，分析该系统在投入不同容量抽水蓄能电站时，系统的运行成本和可靠性指标的变化规律，从而找出投入的抽水蓄能电站的最佳容量。因此确定以下两个重要的评价指标：

(1) 系统燃料的边际成本。系统燃料的边际成本就是系统中投入的抽水蓄能电站容量增加一个单位时，系统燃料成本的变化率，也就是“边际值”。系统燃料的边际成本可以从系统投入的抽水蓄能容量和系统的运行总燃料费用关系曲线中得到。系统燃料的边际成本这一指标是系统投入抽水蓄能电站后，其经济效益评价的最关键的指标。

(2) LOLP。LOLP 是指系统的负荷缺电力时间概率，也就是系统由于不能满足负荷的需要而造成的缺电力时间概率。这一指标也可以从系统的模拟中统计得到，是电力系统中的一项重要的可靠性指标，也是系统投入抽水蓄能电站后其社会效益评价的最关键的指标。LOLP 的边际值可以从系统投入的抽水蓄能容量和 LOLP 值的关系曲线（以下简称 XTX 容量—LOLP 曲线）中得到。LOLP 值小则说明社会效益好；LOLP 值大则说明社会效益不好。

（三）抽水蓄能机组规划投入方案与算例

在电力系统规划中，要考虑机组的单机容量和已建工程等情况来确定机组的投入方案。考虑到京津唐电网目前的抽水蓄能电站的装机水平和将来规划的水平，在模型中设定的机组投入方案以 150MW 为基本单位，投入方案均取 150MW 的倍数。

以京津唐电网某一年的实际负荷为算例的模拟负荷，机组组成与该年京津唐电网的机组组成相同，抽水蓄能机组的投入不影响原有机组的组成。抽水蓄能机组的投入方案为 300MW、600MW、900MW、1200MW、1500MW、1800MW……。机组的运行方式为满抽满发和留 50％的容量及水量作旋转备用两种方式。

当年京津唐电网总装机为 11514MW，其中水电装机 363MW（包括抽水蓄能 270MW），只占总容量的 3.15％，该电网是典型的以火电为主的电网。当年最高负荷为 10400MW，最大峰谷差 3437MW，冬、夏季的平均负荷率分别为 0.794 和 0.806。

（四）算例分析

通过模拟计算得到算例的结果，主要数据有运行总燃料费用、火电燃料总费用、事故次数、LOLP、火电系统供电量、开停机次数等。利用这些数据生成算例和 XTX 容量—成本曲线（见图 2）和算例的 XTX 容量—LOLP 曲线（见图 3）。根据结果分析得出以下结论：

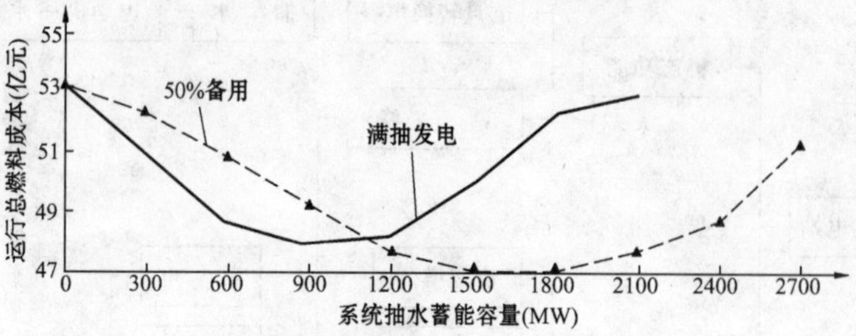

图 2　XTX 容量—成本曲线

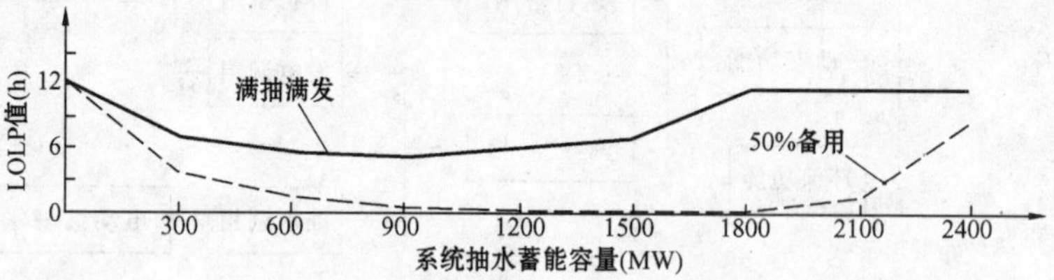

图 3　XTX 容量—LOLP 曲线

(1) 系统中投入的抽水蓄能容量由小到大变化时，系统的运行总燃料费用是按大→小→大变化的，发电系统燃料的边际成本是按负值→零→正值变化的。

(2) 系统中投入的抽水蓄能容量由小到大变化时，系统的 LOLP 值也是按大→小→大变化的，其边际值也是按负值→零→正值变化的。

(3) 以系统燃料的边际成本为指标评价，投入的抽水蓄能电站以满抽满发方式运行时，系统抽水蓄能电站的最优投入容量为 900MW，占总装机容量的 7.2%。

(4) 以系统燃料的边际成本为指标评价，投入的抽水蓄能电站以 50%容量做旋转备用方式运行时，系统抽水蓄能电站的最优投入容量为 1500MW，占总装机容量的 11.5%。

(5) 以 LOLP 为指标评价，投入的抽水蓄能电站以满抽满发方式运行时，系统抽水蓄能电站的最优投入容量为 900MW，占总装机容量的 7.2%。

(6) 以 LOLP 为指标评价，投入的抽水蓄能电站以 50%容量作旋转备用方式运行时，系统抽水蓄能电站的最优投入容量为 1500MW，占总装机容量的 11.5%。

(五) 结论

(1) 抽水蓄能电站的投入运行，很好地改善了火电机组的运行条件，减少了其运行费用。火电机组的启停调峰次数、故障次数明显减少，年平均利用小时明显提高，煤耗率明显降低。这对火电机组的安全、稳定、经济运行是非常有利的。抽水蓄能电站参加运行、减少了火电调峰机组日后的检修工作量、运行工作人员的工作量，延长了调峰火电机组的使用寿命。

(2) 如果将固定资产投入和环保因素也考虑到对系统的效益评价中来，计算结果表明，计算年京津唐电网的电源结构是不合理的，当时如果有 600MW 的抽水蓄能机组投入运行，则系统多余了 300MW 的火电容量，也就是说系统可以少建 300MW 的火电机组。而且系统的运行总燃料费用一年可节约 5.22 亿元，在系统固定成本不变的情况下（火电机组和抽水蓄能机组的单位容量造价基本相等，1997 年价格水平均为 6000 元/kW 左右），减少如此多的变动成本，足见抽水蓄能电站的经济效益是非常巨大的。另外，抽水蓄能电站本身就是环保型电源，它又可以使系统关停相当容量的火电机组，这充分体现了抽水蓄能电站的环保优势。国家电力公司从 1997 年开始实施关停小火电计划，到 2000 年底已实现关停小火电机组 470 台，关停容量 7780MW，2001 年关停 1400MW，这应是抽水蓄能电站发展的大好时机。

(3) 抽水蓄能电站的投入降低了调峰火电厂的煤耗率、厂用电率等，增加了系统的供电量，提高了电网的经济效益。抽水蓄能电站运行方式的选择对系统运行经济效益有很大影响。系统安排其运行方式前，应对其可能的各种运行方式的运行情况进行分析后，再做选择、安排。缺电状态下，抽水蓄能电站应以削峰填谷、空闲容量作旋转备用的运行方式为主。随着系统调峰能力的日益提高，应逐步增加抽水蓄能电站承担旋转备用容量的比例，一方面，可减少系统火电机组承担旋转备用的空载损耗，节约耗煤量和运行费，特别是在水电容量少的系统中。另一方面，由于抽水蓄能机组启停灵活，增减负荷速度快，具有快速的事故、负荷响应功能，提高了系统供电的可靠性。

(4) 该模型对实际系统的分析较符合系统的实际情况。算例分析的结果表明，在以火电为主的电网中建设7%～12%的抽水蓄能电站是比较合理的，这与国际上有关机构提出的在以火电为主的电网建设10%左右的抽水蓄能电站比较合理的说法一致，说明该模型的建立是合理的，具有一定的实用性。

(5) 抽水蓄能电站的运行方式对电网的经济效益和可靠性的影响是非常大的，电网对抽水蓄能电站装机容量的要求也不一样。以满抽满发方式运行的情况下，电网对抽水蓄能电站容量的要求较少，经济效益比较好，可靠性水平一般；以预留一定比例的容量及水量作系统备用的方式运行，电网对抽水蓄能电站容量的要求较多，经济效益也比较好，可靠性水平很高。

(国家电力公司　于文革)

十三陵抽水蓄能电厂经济调度运行效益分析

十三陵抽水蓄能电厂（以下简称十三陵电厂）始建于1992年9月，装有4台单机容量为200MW的可逆式水泵水轮发电机组，年设计发电量12亿kW·h（年利用小时数1500h）。1997年6月全部投产，工程总投资37.3亿元。机组投产后对电网的调峰、调频、调相以及事故备用起到了重要作用。作为电网经营企业，在电力市场条件下如何灵活运用抽水蓄能机组，使之既充分发挥其应有的作用，又能使电网运行的经济效益尽可能得到提高，是调度部门面临的新的研究课题。针对这一课题，结合十三陵电厂开机运行情况及其对电网经济效益的影响进行分析论证，得出结论并确定抽水蓄能机组最合理的运行方式。

(一) 分析论证依据

1. 确定基准的运行方式　选择一个典型日，以十三陵电厂不开机工况作为基准运行方式；在同一电网负荷水平下，将十三陵电厂分别开1、2、3台机的工况，通过经济调度计算与基准运行方式进行效益比较。

典型日方式：京津唐电网高峰负荷13500MW，低谷负荷9200MW，峰谷差4300MW，峰谷差率31.9%，高峰旋转备用888MW，停机备用容量1470MW，停机检修容量750MW，高峰实际最大可调出力14388MW，省网间联络线及地方自备电厂按核定计划执行。抽水蓄能机组循环效率按75%计算。京津唐电网直属电厂、独立电厂按照现行的最大可调出力、单位成本及上网电价计算。

2. 经济调度计算　在满足典型日负荷平衡及有关限定的条件下，目标函数对直属电厂按单位成本由低到高排序进行经济调度，对独立电厂按上网电价由低到高排序进行经济调度。以此为原则，按十三陵电厂不开机和分别开1、2、3台机的工况，计算出各电厂发电量及相应的发电成本或购电费用，并得出电网发电侧市场的运行总成本。计算不同抽水工况各电厂发电量及与基准工况相比发电量差值和相应的发电成本或购电费用及电网运行总成本及基准工况相比费用差值，得到以下成果：

(1) 十三陵电厂不开机工况。直属电厂日发电量0.40521亿kW·h，独立电厂日发电量1.7994亿kW·h,发电量总计2.20461亿kW·h。直属发电成本372.62万元，对独立电厂购电费用4179.61万元，日总成本4552.24万元。

(2) 十三陵电厂开1台机工况。直属电厂日发电量0.41313亿kW·h，独立电厂日发电量1.79548亿kW·h，抽水蓄能机组日抽水电量160万kW·h，日发电量120万kW·h，发电量总计2.20861亿kW·h（均未含十三陵电厂发电量）。直属电厂发电成本379.78万元，对独立电厂购电费用4163.40万元，总成本4543.27万元，与十三陵电厂不开机工况相比日总成本降低8.97万元。

(3) 十三陵电厂开2台机工况。直属电厂日发电量0.42375亿kW·h，独立电厂日发电量1.78886亿kW·h，抽水蓄能机组日抽水电量320万kW·h，日发电量240万kW·h，发电量总计2.21261亿kW·h。直属电厂发电成本389.85万元，对独立电厂日购电费用4141.32万元。总成本4531.17万元，与十三陵电厂不开机工况相比日总成本降低21.07万元。

(4) 十三陵电厂开3台机工况。直属电厂日发电量0.4294亿kW·h，独立电厂日发电量1.78621亿kW·h，抽水蓄能机组日抽水电量440万kW·h，日发电330万kW·h，日发电量总计2.2156亿kW·h。直属电厂发电成本395.24万元，对独立电厂购电费用4130.85万元，总成本4526.09万元，与十三陵电厂不开机工况相比日总成本降低26.15万元。

以上计算在负荷预测偏差不大、机组稳定运行的前提下可保证一定的精度。

(二) 主要成果

通过对以上4种工况计算结果的对比可以看出，抽水蓄能机组参与电网运行的台数为1、2、3台时，与不开机工况相比，虽然直属电厂发电成本分别增加7.16万元、17.23万元和22.62万元，但是对独立电厂购电费用分别降低16.21万元、38.29万元和48.76万元，从而使电网运行总成本分别下降8.97万元、21.07万元和26.15万元（费用变动曲线见图1）。所以，抽水蓄能机组参与电网运行能大幅度降低电网发电侧市场的购电成本，提高电网的经济运行水平。

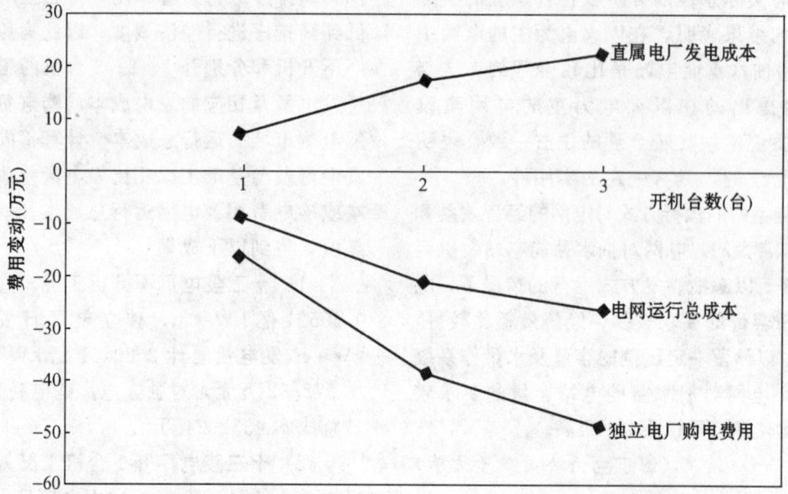

图1 4种工况对应直属电厂发电成本对
独立电厂购电费用和电网运行总成本的费用变动曲线

抽水蓄能机组参与电网运行改变了火电机组的发电结构，低谷利用直属电厂低成本机组和独立电厂低上网电价机组的电力抽水，高峰代替高上网电价机组发电，从而大大降低了电网的购电费用。由于抽水蓄能机组以上的效益超过其本身循环效率25%的损失，所以充分合理地安排抽水蓄能机组的运行方式将大大提高电网整体的经济运行水平，它所带来的经济效益是相当可观的。

根据电网的实际运行情况兼顾电网安全方面的需求，建议十三陵电厂正常情况下应安排不少于2台机参与电网运行（4台机运行由于受电网安全约束不能采用），这样既能保证独立电厂和直属电厂及其增长任务的完成，又可优化购电结构，减少购电费用。

（华北电力调度局　蒋晓溶　刘军）

山东泰安抽水蓄能电站与燃煤火力发电厂联合运行的经济性浅析

国务院1999年12月份批准了山东泰安抽水蓄能电站（以下简称山蓄电）的可行性研究报告。山蓄电安装4台单机容量为25万kW、总装机容量为100万kW的可逆式抽水蓄能机组，设计年抽水运行小时数为1784h、年抽水用电量17.84亿kW·h，设计年发电运行小时数为1338h、年发电量13.38亿kW·h，综合效率为75%。动态总投资为432590万元，其中静态总投资为354490万元。利用JBIC贷款的转贷，2006年第一台蓄能机组投入运行，2007年4台蓄能机组全部投入运行。关于山蓄电与燃煤火电机组联合运行的探讨，是抽水蓄能电站运营管理的一种新形式，希望能共同探讨这种新形式的可能性，促进抽水蓄能电站健康快速地发展。

（一）山东泰安抽水蓄能电站的作用

山蓄电为日调节抽水蓄能电站，即每日可为山东电网填谷约107万kW、6h，削峰100万kW、4h（尚有0.8h留作紧急事故备用），这仅仅是从调峰填谷的角度讲的。当然它还可以在山东电网中发挥调频稳频、调相稳压、事故备用、改善火电机组运行条件、提高供电质量和供电可靠性，以及使山东电网更加安全、稳定、可靠和经济地运行等重要作用。

除电网外，独立发电公司也是山蓄电的受益者之一。常规燃煤火电机组优势是带基荷运行，如果频繁启停参与电网调峰填谷，不但使独立发电公司减少发电量，而且还增加了油耗和煤耗。一份统计资料表明，20万kW机组启停一次需耗标煤约250t；10万kW机组发电5万kW时的单位煤耗为481.65g/(kW·h)，而发电9.53万kW时的单位煤耗为393.39g/(kW·h)。如果独立发电公司租赁了山蓄电的部分装机容量配合燃煤火电机组运行，就可能使燃煤火电机组长期带基荷运行，不但增加了独立发电公司的发电量，而且节约了能源（油和煤等），减少了对环境的污染，延长了机组的寿命，减少了维修费用等。由此可以看出，山蓄电配合燃煤火电机组运行，有利于独立发电公司在厂网分开后的竞价上网。

核技术的民用形式之一是建设核电站。要保证核电站的安全运行，充分必要的条件是使核电机组长期带基荷稳定运行。国内外的实践经验证明，建设核电站的同时，应考虑同步建设具有40%～50%的核电站装机容量的抽水蓄能电站。广州抽水蓄能电站配合广东大亚湾核电站运行的实践，已经证明了这种观点的正确性。山东电力兴建核电站的前期工作正在紧张有序地进行，胶东抽水蓄能电站应按同步运行考虑前期工作和建设进度。

理论研究和实践都证明，在纯火电电网中，按发电总装机容量的10%～15%建设抽水蓄能电站是恰当的。

（二）山东泰安抽水蓄能电站与燃煤火电机组联合运行的经济效益

厂网分开、竞价上网是电力工业管理体制改革的必然趋势，这是无须质疑的。但是，这是不是意味着电网不得拥有任何电源资产、仅仅管理电网，即完全彻底的厂网分开呢？为了保证电网安全、可靠、稳定和经济地运行，厂网分开后电网拥有部分高参数、大容量、调节性能好的优良电源资产可能是必要的，这些优良电源资产的发电装机数量占全部电源资产总发电装机数量的20%左右，可能是合适的。

关于独立发电公司是山蓄电的受益者，大家都希望能够定量地说明这个问题，可通过对山蓄电与燃煤火电机组联合运行产生电量的经济效益分析来说明。为了分析方便起见，这里把邹县电厂的2台60万kW燃煤火电机组和莱城发电厂的4台30万kW燃煤火电机组，共计为6台240万kW的燃煤火电机组(以下称为“邹莱发电公司”)。如果邹莱发电公司按年平均利用小时数为7000h考虑，那么邹莱发电公司年理论发电量应为168亿kW·h。如果按照电网接收邹莱发电公司年平均运行5500h的电量考虑，即132亿kW·h，这样电网接收的电量远小于发电能力，明显地影响了邹莱发电公司的经济效益。

根据初步计算，在邹莱发电公司上网发电量为年运行5500h的电量、即132亿kW·h及山蓄电装机容量为100万kW的条件下，两座电站联合运行时，山蓄电在邹莱发电公司负荷低谷抽水时以平均入力计算，需要邹莱发电公司提供的发电容量约为107万kW，此时邹莱发电公司可以满发240万kW，其中133万kW供给电网。表1是两座电站联合运行时，邹莱发电公司的发电容量供给电网和山蓄电的分配关系及相应的时间关系。按照这种容量分配关系及相应的时间关系，可以确保邹莱发电公司满发、稳发、多发电。

如果两座电站不联合运行，山蓄电的抽水用电量由山东电力调度中心调配，邹莱发电公司仅能发133万kW的容量供给电网，其压荷系数约为0.55，接近机组最小出力系数0.5。

表1　邹莱发电公司发电容量分配关系及时间表

供给电网（万kW）	240	213.25	186.50	159.75	133
供给山蓄电（万kW）	0	26.75 (1)	53.5 (2)	80.25 (3)	107 (4)
可持续时间（h）	电网调度确定	约24.40	约12.20	约8.13	约6.10

注　表中括号内数字为山蓄电运行的机组台数。

通过以上分析可以看出，两座电站联合运行后，电网低谷时避免了邹莱发电公司压荷107万kW，降低了燃料成本，提高了其发电经济效益。同时还可以看出，两座电站不联合运行时，邹莱发电公司的压荷系数与机组的最小技术出力相近，说明两座电站联合运行装机容量匹配基本上是合理的。

根据山蓄电的接入系统方案，届时具备两座电站联合运行的条件。山蓄电与邹莱发电公司联合运行的发电量计算仅为了说明问题而已，这里仅计算邹莱发电公司的发电量和山蓄电的上网电量产生的效益，而厂用电、线损和变压器损失等暂不考虑。两座电站联合运行与不联合运行的发电指标计算结果见表2。

表2　两座电站不同运行方式发电指标计算结果

运行方式	邹莱发电公司				山蓄电	
	年利用小时（h）	发电量（亿kW·h）			年利用小时（h）	上网电量（亿kW·h）
		山蓄电抽水	供给电网	合计		
联合	7000	36	132	168	5887	约27
不联合	5500	0	132	132	5887	约27

注　山蓄电年利用小时数包括抽水3364h和发电2523h。

经济效益计算如下：

(1) 联合运行。假设邹莱发电公司平均上网电价为0.3元/(kW·h)，低谷时段的电价（即燃料成本价）为0.09元/(kW·h)，山蓄电平均峰荷电价为0.35元/(kW·h)，那么

邹莱发电公司：132×0.3+36×0.09=42.84（亿元）

山蓄电：27×0.35−36×0.09=6.21（亿元）

合计：42.84+6.21=49.05（亿元）

(2) 不联合运行。假设电网供给山蓄电的平均低

谷电价为0.15元/(kW·h)，那么

邹莱发电公司：132×0.3=39.6（亿元）

山蓄电：27×0.35−36×0.15=4.05（亿元）

合计：39.6+4.05=43.65（亿元）

从上述电量效益分析可知，邹莱发电公司与山蓄电联合运行比不联合运行多收入5.4亿元，这充分说明邹莱发电公司与山蓄电联合运行可以产生明显的经济效益。对邹莱发电公司来说，与山蓄电联合运行比不联合运行多收入3.24亿元，显然是划算的；对山蓄电来说，联合运行的收入（6.21亿元）比不联合运行的收入（4.05亿元）多收入2.16亿元，也是划算的。

这里需要强调说明的是，仅用电量一个参数指标来衡量和评价抽水蓄能电站的经济效益，是很不全面的。因为抽水蓄能电站是电网发展到一定阶段、现代电网的产物。抽水蓄能电站应该在电网需要调峰填谷、调相稳压、调频稳频和事故备用时，使电网能够更加安全、稳定、可靠和经济地运行，从而产生更大的经济效益、环保效益和社会效益。

（山东省电力集团公司　邢小平）

华中电网抽水蓄能电站规划与建设

（一）华中电网建设抽水蓄能电站的必要性

华中电网覆盖河南、湖北、湖南、江西四省，分别通过500kV葛南直流及500kV万龙交流与华东和川渝电网联网。2001年底华中电网统调发电装机容量为3905万kW，其中水电1212万kW，占31%。2001年，全网统调电厂发电量1535亿kW·h，其中水电413亿kW·h，占26.9%，统调年最大用电负荷2684万kW，最大峰谷差986万kW。

随着城乡人民生活水平的提高和用电结构的变化，华中电网用电负荷率自“九五”初期持续下降，至近两年趋于稳定，系统峰谷差不断增大。虽然华中电网是水火并举、水电比重较大的系统，但季调节、日调节和径流式水电站的比例较大，丰枯期出力相差悬殊，约三分之二的水电机组丰水期基本无调节能力。加之大中型水电站综合利用任务重，调峰能力受限，同时由于目前占全网装机容量三分之二的火电发电装备技术水平滞后，整体调峰能力差，因此全网调峰能力仍很有限，汛期水火电综合调峰能力不足30%，电网调峰容量，尤其是丰水期调峰容量严重不足，被迫大量弃水调峰。

“十五”～“十二五”期间，华中电网将采取优先建设投资省、见效快的水电扩机工程和调节性能好的常规水电工程，充分发挥现有火电的调峰能力，以及在丰水期低谷时段适当弃水调峰等措施来满足电网不断增长的调峰需求，同时适时建设一定容量的专门调峰电源，开发适当规模的抽水蓄能电站，以改善电网的调峰能力。

华中电网水电比重较大，电网调峰手段较多，同时火电机组的调峰能力在不断加强，单从电网调峰的技术角度分析，在可预见的未来，不存在只靠建设抽水蓄能电站才能满足系统调峰需求的问题。但是，随着三峡水电站发电机组的逐步投产、川电东送规模加大、2010年后西南水电向华中送电及“南水北调”工程对丹江口水电站调峰能力的制约与影响，华中电网运行稳定性和安全性将对全国联网产生重大影响，电网运行需要有不受来水影响、距负荷中心较近且运行灵活而控制方便的黑启动、应急备用及调频电源。从这一角度分析，华中电网适时建设一定规模的抽水蓄能电站仍然是非常必要的。

华中电网是否需要、何时建设抽水蓄能电站，建设多大规模的抽水蓄能电站，关键还是取决于其在经济上是否有利，是否确实能替代火电装机容量，并在投资造价上具有明显的优势。根据近几年和将来的负荷变化趋势，华中电网未来最高负荷主要发生在丰水期，届时将出现电量富裕和容量紧张的矛盾，建设一定规模的抽水蓄能电站，在丰水期低谷时段可以充分利用汛期的弃水电量，在高峰时段可以替代相应容量的火电机组，替代率在80%以上。另一方面，华中电网枯水期峰谷差大，在充分利用水电调峰的情况下抽水蓄能电站可承担一部分系统调峰和系统的备用。因此在华中电网这种水电比重较大的系统中建设一定规模的抽水蓄能电站，可以提高系统火电利用小时数，提高系统运行的经济性，效益显著。

有关研究表明，抽水蓄能电站造价低于2600元/(kW·h)时，华中电网在2010年投产120万～180万kW、在2015年投产180万～240万kW的抽水蓄能电站是经济的。

（二）华中电网抽水蓄能资源及规划选点工作概况

华中电网有较好的抽水蓄能电站站址资源。自20世纪80年代中期至90年代后期，华中地区各省均开展了抽水蓄能电站的规划选点工作，共推荐了近20座抽水蓄能电站站址，总装机规模在2000万kW以上（见表1）。

河南省主要进行了豫北地区、南阳市抽水蓄能电站选点规划，推荐了宝泉、石门、沁北、花园、回龙、卢岩寺6座站址。其中回龙电站已于2001年初开工建设，预计2004年底建成投产；宝泉抽水蓄能电站项目建议书已经批复，可行性研究报告也已编制完成，有望成为华中电网首个开工建设的大型抽水蓄能电站。

湖北省主要进行了鄂东地区抽水蓄能电站选点规划，推荐了天堂、白莲河、城山、九宫山、喷雪岩5座站址。其中天堂抽水蓄能电站已经建成投产；白莲河抽水蓄能电站项目建议书已报至国家发展计划委员会待批。

湖南省进行了全省范围内的普查选点工作，在资源站点普查的基础上，推荐了近期可供开发的杨桥、玉池、弼时、平江和下龙潭5座抽水蓄能电站站址。

江西省于1995年3月完成抽水蓄能规划选点报告，1997年7月通过审查，推荐了洪屏、柘林和云居山3座站址。

表1　　华中地区抽水蓄能主要资源点情况表

序号	电站名称	站址	上水库		下水库		平均毛水头（m）	L/H	装机容量（万kW）	单位千瓦投资（元/kW）
			水位（m）	库容（万 m^3）	水位（m）	库容（万 m^3）				
1	宝泉	辉县	788	744	260	5509	553	3	120	3477
2	石门	辉县	1510	206	287	285	122	1.9	101	
3	沁北	济源县	860	409	200	409	660	2.4	120	
4	卢岩寺	登封县	893	114	443	112	450	33	20	
5	回龙	南阳县	899	118	502	168	379		12	3249
6	天堂	罗田县	291	5400	246	291	45		7	
7	白莲河	罗田县	308	2496	104	80000	208	9.5	120	
8	城山	通山县	730	762	141	17475	589	3.9	132	
9	喷雪岩	黄梅县	646	1275	73	13404	573	4.5	252	
10	九宫山	通山县	990	668	378	548	611	2.2	108	
11	杨桥	长沙县	404	570	94	581	301	4.82	60	2670
12	玉池	汨罗县	553	380	139	381	409	3.18	60	2378
13	弼时	汨罗县	674	453	111	461	562	4.09	80	
14	平江	平江县	1075	1130	360	1233	715	5.03	240	2905
15	下龙潭	安化县	695	1228	300	1548	395	7.59	160	3294
16	洪屏	靖安县	714	1033	174	540	4.73	240	60	2666
17	柘林	永修县	806	870	190	616	5.41	240	60	
18	云居山	永修县	680	500	142	538	5.25	120	80	

（三）华中电网抽水蓄能电站规划建设方案

目前，华中地区的首座抽水蓄能电站——湖北天堂抽水蓄能电站已建成投产，河南回龙抽水蓄能电站也正在建设之中，此两座中型抽水蓄能电站的建设为华中电网大中型抽水蓄能电站的建设和运营积累了宝贵的经验。

在“十五”期间乃至今后相当一段时间内，华中电网将遵循靠近负荷中心、全网分散布置、容量适中的原则，积极、稳妥、适时有选择地规划和建设一定规模的大中型抽水蓄能电站，优先开发外部建设条件优越、单位造价低的抽水蓄能电站。为满足华中电网经济调峰的要求，规划“十一五”期间优先建设河南宝泉抽水蓄能电站和湖北白莲河抽水蓄能电站一期工程，总装机容量180万kW；规划“十二五”期间，华中电网抽水蓄能电站总规模达到240万kW。

（国家电力公司华中公司　张　昌　胡代清）

广州抽水蓄能电站机电设备运行情况

广州抽水蓄能电站（简称广蓄）是中国的大型纯抽水蓄能电站，最大设计净水头537m，装机8×300MW，分两期建设，一、二期分设厂房，各装机4×300MW，两期共用水库，水库按8h抽水、6h发电日循环设计容库。广蓄共有三回500kV送出线与广东电网联接，6×300MW 机组接受广东电网调度运行，另有 2×300MW 机组给香港中华电力公司直接调度使用，为粤港两地调峰填谷、事故备用、提高供电质量服务。

凭着中国多年来水电工程的设计建设经验，独立自主完成广蓄的土建工程是理所当然的。自 1993 年投产以来，实践运行证明，广蓄的工程建设是成功的，由于其地形、地质条件优越，施工质量管理良好。受广蓄引用外资方的贷款条件限制，广蓄一、二期的机电设备几乎全是引进设备（见表 1）。

为消化吸收国外引进的设备，广蓄员工做了很大的努力，取得了较好的运用成果，表 2 的项目是反映蓄能电站利用率及设备运行质量的指标。

从上述的运行质量指标看出，除了运用得当、设备维护管理较好之外，应该肯定引进的国外先进设备是可靠运行的基础条件，实践是检验优劣的最有力根据，因此可以说广蓄的设备引进是成功的。

表 1　　广蓄一、二期机电设备制造商

主设备	水泵/水轮机	电动/发电机	500kV 主变压器	备　注
一期	法国 NEYRPIC	法国 ALSTHOM	法国 ALSTHOM	机组前（球阀）后（尾闸）水流控制设备随主机配套
二期	美国 VOITH	德国 SIEMEMS	英国 PEEBLES	
主要辅助设备	**500kV 电缆**	**500kV GIS**	**机组出口断路器**	**监控系统**
一期	法国 ALCATEL	法国 ALSTHOM	瑞士 ABB	法国 CEGELEC
二期	法国 ALCATEL	德国 SIEMENS	瑞士 ABB	德国 SIEMENS

表 2　　广蓄机组各工况运行质量统计

一　期		1994 年	1995 年	1996 年	1997 年	1998 年	1999 年	2000 年	2001 年
发电工况	启动次数	1631	1951	2037	2142	1704	1726	1959	1729
	启动成功率	96.6%	98.6%	98.7%	99.3%	99.6%	99.8%	99.6%	99.2%
泵工况	启动次数	1108	1342	1467	1404	1187	1120	1150	954
	启动成功率	89.4%	92.7%	94.3%	96.9%	97.2%	97.7%	97.4%	98.1%
机组等效可用系数		74.7%	83.5%	93.6%	85.3%	66.4%	81.7%	94.5%	94.7%

二　期		2000 年	2001 年	备　注
发电工况	启动次数	2616	2540	二期首台机组 1999 年 4 月 6 日投入运行，2000 年 3 月 14 日四台机组全部投产，且均由广东电网调度运行（基本是网调直接启停机组）
	启动成功率	98.8%	99.5%	
泵工况	启动次数	1929	1589	
	启动成功率	96.2%	99.0%	
机组等效可用系数		87.3%	88.6%	

实践证明：根据中国现有的科技水平及运行检修经验，制定运行维护规程乃至革新改造其设计制造缺陷或不足之处是十分必要的，是安全可靠运行不可缺少的。

广蓄几年来发生过的故障及发现的缺陷有：

(1) 1997 年 8 月 25 日 2 号机组在泵工况运行过程中，转轮与泄水锥连接螺栓断裂造成泄水锥脱落，由于水流向上的托力不能迅速消散，泄水锥随高能量水流旋转了几圈，严重撞击叶片的出口边，致使无法现场修复，返回原制造厂家重修，造成停运一年多。事后经过各方面的分析，普遍认为泄水锥与转轮间的固定连接结构设计不尽合理、强度不足、材料选用也不尽恰当是造成此事故的根本原因。类似泄水锥脱落掉下，在常规水电厂机组中也偶有发生（广东省内的国产老机组中就曾发生过），但落下后迅速随水流落下到尾水管中，不曾产生如此严重后果。

(2) 1997 年 12 月 4 日发现并网运行中的 2 号主变压器（3400MV·A～500/18kV）油含乙炔严重超标，后经检测试验、开盖吊检，发现高压线圈有明显的放电击穿点，放电闪络至围屏（纸壳）也有明显的放电痕迹，现场无法修复，返回原生产厂家，修复期达一年多。综合分析这次缺陷，也是由于制造材料质量不佳及工艺缺陷引发的。

(3) 1999 年 8 月 25 日一期 500kV 送出线电缆（500kV 充油纸绝缘电缆）C 相户外电缆终端套管在运行中爆炸，造成火灾并波及相邻设备、损失十分严重。事后由制造厂家采用驳接的方法停运了四个多月才修复。由于厂家阐明此类电缆运行中免维护，因此从设计上就没有设置油样采集口，运行中无法监测油质的变化参数，尽管发现了明显的击穿点也无法判定事故的原因。

综合上述的三件大事故说明发达国家的先进设备投运后也不可能一劳永逸，中国电力行业经常提倡的安全生产各项规章制度仍然是行之有效的管理方法。上述事故（2）就是对变压器油的绝缘监督定期检测发现的缺陷；借鉴事故（3）暴露的问题，广蓄对全部高压充油式电缆都重新设置了采油样口，加强对油样的绝缘性能监督，几年来收到了明显的效果。

广蓄有 8×300MW 机组，可能发生的问题（缺陷、故障）很多，已发生过的有：机组主轴动密封易损、推力轴承甩油、转子滑环温升偏高、充油电缆头泄漏、自动化检测控制元件易损等。通过广蓄员工的努力这些问题有的已有明显改善，有的正在解决过程中。电站竣工后，提高设备健康水平就是广蓄在市场经济中生存的关键，因此，对任何设备缺陷、潜在危险都不可掉以轻心。

中国已投产的大型抽水蓄能电站主要机电设备均从国外进口。根据 1997 年 2 月 12 日经济日报消息，国外进口电力设备综合价一般为国产同类型设备的 2.7 倍。一般常规水力发电机电设备费只占总投资的 30%，而目前国内抽水蓄能电站机电设备费一般都为总投资的 60%以上。由此可见机电设备逐渐国产化是降低抽水蓄能电站造价的最有效途径，是发展中国抽水蓄能事业的必由之路，且符合我国的国情。对照中国现有科技水平及装备工业的能力，结合中国现有的水电技术运行维修管理水平，尽量采用国产设备发展中国的抽水蓄能电站是完全可行的。而且，只要踏踏实实地做好运行维修，一定会提高中国抽水蓄能电站运行水平。

（广州抽水蓄能电站　许接源）

潘家口抽水蓄能电站机组运行情况

（一）基本情况

潘家口抽水蓄能电厂座落在河北省迁西县境内滦河干流的中上游，担负着华北电网的调频、调峰、事故备用任务。总装机容量 28 万 kW，其中上池 3 台可逆式抽水蓄能机组，单机容量 9 万 kW；下池 2 台贯流式常规机组，单机容量 5MW。抽水蓄能机组全部引进意大利 ABB 公司的设备，其主要参数如下：

发电电动机组

型号　MV840/240142—48

容量　发电 98MV·A；抽水 59/96MV·A

转速　发电 125r/min；抽水 125/142.8r/min

出口电压　发电 13.8kV；抽水 13.8kV

定子电流　发电 4100A；抽水 2542/4088A

功率因数　发电 0.9；抽水 1

主变压器

型号　TULFX—100MV·A

容量　100MV·A

调压形式　有载调压

额定变压比 220±11×1.4%/13.8（kV）

接线组别　Y_0/Δ—11

变频器

型号　VERISTACR　TD4/14L

额定功率　60MW

潘家口抽水蓄能电厂于 1991 年开始投入商业运行，1996 年以前机组运行情况良好，为华北电网的安全稳定、经济运行、调频调峰和紧急事故备用做出了巨大贡献。

（二）存在的主要问题

（1）设备安装时，由于种种原因设备没有达到“四遥”功能。

（2）设备的备品备件全部依赖进口，费用昂贵，而且不能很好地满足机组正常运行需要。

（3）机组振动摆度监测传感器低频响应不良，测量信号失真，不能准确反映机组的实时振动情况。

（4）没有安装厂房工业电视监视系统。

由于以上情况，潘家口抽水蓄能电厂已不能满足机组的安全、稳定、经济运行和现代化水电厂管理模式的要求。为了彻底解决以上问题，从 2000 年 11 月开始，该厂对监控系统、远动控制系统、振动摆度监测系统、工业电视监视系统进行国产化改造，这在中国大中型抽水蓄能电厂中尚属首次。经过考察，以上系统的国产化设备完全能够满足现代化水电厂运行管理的需要。

（三）改造后的效果

经过公开的招投标，南瑞自动化控制公司提供的 SSJ—3031 水电厂计算机监控系统、国家电力公司爱普科公司 EP—LA2000 远动控制系统、北京英华达公司提供的 EN3800C 机组振动摆度监控系统、石家庄昂克公司提供的 HTF2000 工业电视监控系统分别在监控、远动 RTU、振动摆度、工业电视 4 个改造项目中中标。

通过以上项目的国产化改造后，该厂实现了“无人值班（少人值守）”和“四遥”功能；为机组运行状况的分析提供了真实基础数据；减少了运行人员的巡回次数，又能及时了解主要生产设备的运行情况，提高了工作效率，强化了对生产设备的控制能力。

潘家口抽水蓄能电厂是国内水力发电厂首家全套引进国外设备的抽水蓄能电厂，其监控系统的国产化改造具有十分重要的意义，它充分证明了国产计算机监控系统完全可以胜任抽水蓄能电厂复杂控制工况监控任务的需要，并且具有人机界面全面汉化、符合国内水电厂运行习惯、系统可以迅速实现安全稳定运行的特点。此外，系统一旦出现故障，在国内可以迅速得到解决，从而彻底解决了依赖进口备品备件的突出矛盾。

潘家口抽水蓄能电厂计算机监控系统等四项工程的成功改造经验，对于其他抽水蓄能电厂在计算机监控系统应用上具有参考和借鉴价值。

（潘家口抽水蓄能电厂　朱克杰）

充分发挥抽水蓄能机组在电网中的特殊作用

十三陵抽水蓄能电厂装有4台200MW抽水蓄能机组，1995年12月第一台机组建成投产。现结合十三陵抽水蓄能电厂机组的特点介绍挖掘抽水蓄能机组功能潜力的经验，以及抽水蓄能机组在电网安全中的特殊作用。

1. 启动快，响应及时　十三陵抽水蓄能电站机组自静止到并网发电所需时间不到3min，而且四台机组可以同时开机，即在3min左右的时间里，可以为电网提供800MW的发电出力，为其作为应急电厂创造了条件。

十三陵抽水蓄能电厂机组是高水头（481m）、高转速（500r/min）机组，在电厂运行初期，每次开机时间约为3min20s。在仔细了解设备性能的基础上，修改了外方的开机程序，将原先开机的九大步改为七大步；在开机过程中能够同时、并列进行的项目让其同时进行；将原先的单步分项检查改为在转动前同时检查各项条件，尽量缩短开机时间，提高机组的响应速度。例如，进水阀是一个内径1.75m的大型球阀，采用8MPa高压液压操作，开启时间为50s，在开机过程中占用时间最长。在原先的程序中，球阀完全开启后才进行下一步过水升速操作。经过充分论证并征求有关设计部门专家的意见，针对开机升速时水流量很小的特点，认为在球阀半开状态时就可以让水从中流过，对球阀的开启没有任何影响。为此，经试验后改为在球阀打开到50%时，就让水从阀中流过进行机组升速，这样在球阀完全打开时机组也已经升到了额定转速，节省了近20s的时间。此外，将换相刀闸合闸命令的发出时间由第六步提前到第三步，由原来机组升到额定转速并加励磁后再合换相刀闸，改为在机组升速的同时合换相刀闸，节省等待时间近10s。经过争取和改进，现在开机时间已经缩短到2min40s左右，并实现了网调远方开机，使十三陵抽水蓄能电厂的机组成为名副其实的快速响应机组，在电网历次事故中均能快速启动，为电网安全稳定运行发挥了作用。

2. 负荷调节快而稳　十三陵蓄能机组采用数字式电液调速器和晶闸管自并励静止整流励磁系统，具有良好的负荷调节功能，负荷从0到200MW之间连续可调，120MW以下时，机组振动和压力脉动较大，但仍符合设计要求。十三陵抽水蓄能电厂机组在华北电网最早实现AGC功能，负荷调整信号（模拟量4～20mA）自网调下达后，到达电厂控制系统并传至调速器调整导叶的开度，同时励磁系统自动调整励磁电流的大小，进而调整机组的负荷，整个过程的响应时间小于7s，负荷调整速度可以达到8～10MW/s。即旋转中的机组自零负荷到200MW只需不到30s；反之，自200MW到零负荷也只需半分钟，并且任何负荷下都能稳定运行，使得十三陵抽水蓄能电厂成为华北电网第一调频厂。

3. 具有很强的无功调节能力，确保电网电压稳定　十三陵抽水蓄能电厂单台机可以发出的无功功率最大值为154MW，可以吸收电网无功（无功进相）－170MW。十三陵蓄能电厂又处在丰镇—沙岭子—昌平500kV线路昌平变电站附近，具有如此强大的无功调节能力的机组，既是华北电网“西电东送”末端很好的电压支撑点，又是非常灵活方便的电网电压调节工具。

4. 工况多，易转换，并且具有应急快速转换工况功能　十三陵抽水蓄能电厂机组具有发电、发电调相、抽水、抽水调相和停机备用五种工况，正常情况下，具有13种工况转换过程。

在建厂初期，发电调相和抽水调相都不能长时间运行，原因是调相运行时，机组转轮在空气中旋转，尾水管中的水不流动，而机组冷却水取自尾水管，又排回到尾水管，调相时间稍长，整个尾水管的水温便上升，从而造成轴承瓦温过高而跳闸停机。由于冷却水的管道无法更改，最后通过增加联络管道和电动控制阀门，并修改调相程序，将调相时的冷却水排至另一机组的尾水管中才彻底解决了此问题。

在工况转换中，抽水至停机有正常停机和紧急停机两种方式，抽水紧急停机也叫低频保护，当频率降至49.4～49.7Hz时，抽水机组按顺序自动跳闸停机。一方面保护机组不会因转速太低无法继续抽水，另一方面对电网来说，每台机组相当于200MW的低频减载装置自动启动，使电网很快恢复正常。同时，网调或运行人员还可以紧急启动机组发电，满足电网需要。

需要特别说明的是，抽水蓄能机组还有抽水直接转发电功能。对同一台机组来说，抽水直接转发电比抽水到停机再开机发电要快得多，整个过程只需 2min。当然，380t 重的转子要从反转 500r/min 的转动惯性中快速转到正转 500r/min，机组大轴要承受很大的冲击力，具有一定的破坏性和危险性。为此，当电网需要紧急停止抽水转发电时，应在发出抽水机组停机令的同时，先开其他静止备用的机组发电，尽快满足电网需求，待抽水机组停稳后，如需要再将其开机发电。

5. 具有黑启动功能　黑启动是抽水蓄能电厂自救和电网崩溃后抢救的应急方式，是指在厂用电全部失去后，利用厂内蓄电池组直流供给励磁和高压顶转子油泵，同时利用高压气罐中存贮的高压气保持进水阀油罐和油压装置油罐的压力，以完成进水阀和调速器的操作。在没有冷却油和润滑油及没有冷却水的情况下，强行打开导叶使机组升速至额定转速，启动后，将发出的电经电气回路首先恢复厂用电，接着迅速恢复黑启动机组的附属设备，使油和水循环正常，使机组处于小电网孤立发电运行状态，此时，还可通过输电线及变电站向北京重要用户或其他电厂供电，整个过程全部自动操作完成，仅需时间两分十几秒。几次试验证明，黑启动时各部瓦温均在安全范围内。

一台机黑启动成功后，其他机组可以按正常方式启动发电，向外界供电。

在十三陵抽水蓄能电厂黑启动三次试验成功的基础上，2000 年 5 月 5 日，华北电力集团公司组织了“电网黑启动试验”，在模拟电网全部停电后，由十三陵 4 号机黑启动，通过预先腾空的线路将电送至石景山热电厂，为石景山 1 号机组提供厂用电后，石景山 1 号机启动成功，并与十三陵 4 号机并列运行。这次试验的成功填补了国内的空白，为华北电网发生大停电后系统的恢复提供了技术方案，对电网安全具有重要的现实意义。

综上所述，抽水蓄能机组既有常规水电机组的优点，又有常规水电和火电机组所不具备的特殊功能。应继续研究探讨抽水蓄能机组的特点，使它更为完善，更好地发挥作用，为电网服务。

（十三陵抽水蓄能电厂　高明杰）

宁波溪口抽水蓄能电站运行情况

（一）水电站基本概况

宁波溪口抽水蓄能电站位于浙江省奉化市溪口镇，距宁波 39km，属日调节纯抽水蓄能电站。水电站主要由上水库、下水库、输水系统、110kV 升压站和半地下竖井式厂房组成。厂房内安装有 2 台 40MW 竖轴单级单速可逆式水泵水轮机/发电电动机组。其中发电电动机以及水电站监控系统、励磁系统由瑞士 ABB 公司提供；水泵水轮机及球阀、调速器和其液压控制系统由瑞士 SEW（苏尔寿）公司提供。水电站设计额定水头 240m，最大毛水头 271m，吸出高度 23m 有效调节库容 67 万 m^3。设计年发电量 1.26 亿 kW·h；年发电利用小时 1570h。设计年抽水用电量 1.73 亿 kW·h，年抽水利用小时数 2160h。日发电历时（折合满发）约 5h；日抽水历时（折合满发）约 6.3h；日平均启停次数 4 次；机组综合效率 73%。该水电站于 1998 年 6 月正式投产发电。

（二）水电站实际运行情况

该水电站于 1994 年 2 月正式开工，1998 年 3 月 2 日首台机组投入商业运行。水电站投产后运行相对一直比较稳定，发电量、年综合效率等指标都超出设计值，其原因有：①机组运行稳定，启动快速，可靠性高，受到地区调度的重视，每天均参与系统调峰填谷，在酷暑日子一天进行 3～4 次的调峰填谷，使日开停机次数最高达到 14 次，日最高发电量达 79 万 kW·h；②水电站刚刚投产发电后，根据对宁波电网电量的预测及水电站大坝的实际情况，对上、下水库进行了扩容改造，增加了有效调节库容；③根据水库运行和当地降水量情况，在下库增加了一个泄流洞，当水库水量多时提前从下水库泄流，避免上库溢流，从而增加发电量，减少抽水电量，提高了机组综合效率；④设备检修以预知检修为主、计划检修为辅，每年只对机组进行 2～3d 的全面检查维护。

4 年来电站运行总体是好的，但也发生过一些问题，由于各种原因机组启动成功率还不高。

（三）发生过的主要问题

1.1 号机尾水洞大量渗漏水　1 号机投产不久，发现在球阀层有一 ϕ75mm 的厂房渗水管向外大量漏水，当 1 号机尾水洞排空后，该管不再漏水，当 1 号机尾水洞充水后，该管又开始漏水。为此对 1 号机尾水洞进行检查，发现尾水管钢衬同混凝土接缝处大量漏水，如同水幕，洞身侧面及个别灌浆孔也有渗漏。分析认为是由于尾水洞施工质量不好，导致洞内压力水渗漏到竖井式厂房井壁的排水系统中，通过厂房渗水管向外大量漏水。为此委托有关施工单位进行全面处理。方法是：①对全洞进行回填灌浆，对尾水管钢衬处也开孔进行灌浆，灌浆采用 424 号普通硅酸盐水泥；②回填灌浆达到一定天数后，再进行固结灌浆，灌浆采用 525 号普通硅酸盐水泥。经过近一个月的处理，1 号机尾水洞充水后再没发生渗漏水。

2. 机组、主变压器差动保护误动　该电站根据设计要求，水泵工况启动方式为半压异步启动。电站投产初期，机组、主变压器差动保护误动达15次之多（机组10次，主变5次），每次都是在抽水工况启动时半压切换到全压，全压断路器合上几十毫秒后，差动保护即动作。从委托浙江省电力试验研究所所做的半压启动测试报告及差动保护动作的跳闸报告上分析看，其主要原因是：半压异步启动过程中电流太大，其最大的基波峰值可达额定电流的5倍，接近于短路电流。在全压断路器合上瞬间，机端电压下降35%左右，相当于对主变压器一次小规模冲击，主变压器两侧电流互感器在大电流下特性不一致，造成了主变压器927B间断角原理的差动保护有时无法躲过。对机组差动来讲，由于发电机中性点处一组电流互感器是外方提供的，发电机出口侧电流互感器是国产的，两组电流互感器级别不同，在伏安特性上有一些差别。因此，机组差动保护动作的概率比主变压器差动保护更大。

针对这一问题水电站采取了整改措施，即对机组差动保护，引入一个抽水全压断路器辅助触点，只要差动保护装置检测到全压断路器合上，就闭锁机组差动保护500ms，躲过全压断路器合上后的最大差流。对主变差动保护也引入一个抽水全压断路器辅助触点，当927B装置检测到全压断路器合上，在500ms内增加一个判据，即抬高定值。经过这一整改，再没有出现过机组、主变压器差动保护误动现象。

3. 发电机出口隔离开关烧损　1999年10月7日1号机在抽水启动工况下，当全压断路器合上1151ms后，出现1MT差动保护动作，现场检查发现1号机出口隔离开关C相动、静触头和导电杆严重烧毁，柜内安装板、瓷瓶、柜门等均有损坏。2001年7月27日2号机在抽水工况运行时，出现2MT差动保护动作，现场检查发现2号机出口隔离开关B相动、静触头和导电杆严重烧毁，小车挡板部分变形。这两次事故是该电站运行三年来设备发生的最严重的事故。事后分析原因主要是两方面：一是该隔离开关质量不好，三相动、静触头接触不一致，小车推进去后又无观察窗等可以检查。二是抽水工况启动电流很大，对其有冲击，即使在抽水工况运行时电流也比额定电流高很多，因此在抽水启动工况和抽水运行工况时易发生这一故障。

根据设备实际检修隔离要求看，该隔离开关作用不大，由于半压启动断路器直接从主变压器低压侧半压抽头引出，机组出口断路器检修时，仍需停主变压器。该隔离开关不能起隔离作用，而发电机组需检修时，由于电站的发电机出口10kV断路器均为小推车式，发电机出口所有10kV断路器断开并将小车拉出即可使发电机组处于电气隔离检修状态。为此2001年10月电站将该隔离开关取消，采用母线直接连接。

4. 其他一些问题　电站投产以来在其他方面也发生过一些问题，如：引水隧洞及洞脸渗漏水；调速器和球阀液压装置的自动补气阀经常故障；机组运行时，导叶接力器反馈信号电缆受干扰，造成导叶开度突变，机组负荷失控；球阀工作密封有时在停机时不能按时自动投上；直流系统和厂用电系统可靠性不高，受外界影响时偶尔会出现故障；技术供水泵、压水浮子等也发生过多次故障，虽然对设备正常运行没有造成严重影响，但影响了机组的启动成功率。目前部分故障已得到处理，有一些问题正在改进中。

（宁波溪口抽水蓄能电站　王　仲）

天荒坪抽水蓄能电站主设备运行情况

天荒坪抽水蓄能电站位于浙江省安吉县境内，属日调节纯抽水蓄能电站，总装机容量为180万kW，安装有6台30万kW立轴混流可逆式水泵水轮机/发电电动机组。电站地理位置和地形条件优越，接近华东电网负荷中心，在电网中主要承担调峰填谷、调频、调相及系统事故备用等功能。

电站由上水库、下水库、输水系统和地下厂房等部分组成，上水库设计总库容885万m^3，下水库设计总库容877万m^3，发电最大毛水头为610.2m，额定水头526m。工程静态投资45.39亿元人民币，动态投资73.76亿元人民币。

1992年6月电站准备工程开始动工，1994年3月1日电站主体工程开始正式施工，1998年9月30日1号机组投入运行，2000年12月25日6号机组投入运行，至此通过电站全体建设者八年多的共同努力，6台机组已全部投入运行。

天荒坪抽水蓄能电站设计水头高，水头变幅大，装机容量大，机组转速高，技术难度大。为了使电站机电设备能够早日实现安全稳定运行，各台机组移交生产后，电站加强了机组试生产的管理，抓紧设备消缺，不断完善和提高设备主要技术指标，对一些基建遗留问题如机组低水头并网困难、导叶端面甩负荷后磨损严重、转子磁极连接线转角裂纹，主轴密封运行不稳定等问题进行了突击处理。运行中暴露出来的水工建筑物缺陷已基本消除，现场检查和监测成果表明，工程运行正常。

从近几年电站运行的情况来看，机组已逐步实现安全稳定运行，机组的开机成功率和发电量年年攀升，综合效率达到80%。其中自动装置投入率达100%；继电保护投入率达100%；辅助设备消缺率为100%；主设备、辅助设备完好率均为100%。充分发挥了抽水蓄能机组调峰、调频和事故备用等作用，为华东电网的安全稳定运行做出了应有的贡献。

机组运行期间存在的主要问题有以下几方面：

（1）机组低水头并网问题。关于机组发电工况并网不成功的问题，具体故障现象表现为：下午晚峰发电水头较低时（<550m），机组发电工况并网前，转速升至额定转速后无法稳定运行，导叶开度变化较大，同时机组振动加剧、机组转速开始大范围波动，转速摆动频率超过0.07Hz，并有继续加大的趋势，无法实现并网，并时常导致机组逆功率保护动作。经初步分析判断，该问题是由于机组低水头运行时，导叶空载开度相对较大，机组并网前在其临界点即飞逸工况线运行时未能避开S形不稳定区造成的。为彻底解决这一设备隐患，拟定采用“预开导叶法”加以改进。预开导叶法的工作原理是将对称的2个导叶先打开至23°左右，保持到其他导叶打开至某一特定开度后再进入同步操作，在其他导叶较小开度时就能得到相应的流量和速度，由于在导叶较小开度时避开了S形不稳定区，所以机组空载运行时的稳定性得到了明显改观，即运行范围已不在S区。MGV装置安装完成后，进行了一系列的调试试验，从试验及实际运行情况来看，MGV装置的投用使机组发电工况低水头并网困难的问题得到了根本性解决，起到了稳定机组转速、缩短机组并网时间的作用。

（2）主轴密封问题。自机组投产以来，曾多次发生因主轴密封温度高报警和跳机现象，机组无法在调相工况保持长期运行，并且在下水库水位全幅变幅运行时，主轴密封压力控制无法满足自动调节的要求，严重威胁机组的安全稳定运行。主要原因是主轴密封设计结构强度和压力控制方式不合理。目前已对主轴密封供水回路进行了多次改造，更换减压阀、增加增压泵等，且对主轴密封的结构做了一些改进措施，运行情况有所好转，但问题并未得到彻底解决，机组开停机过程中仍需采用人工调压。鉴于主轴密封的目前情况，外商不久将对主轴密封结构进行一次大的改造，电站亦已成立了主轴密封问题QC小组，为彻底解决这一问题而努力。

（3）500kV GIS的操作过电压问题。天荒坪抽水蓄能电站500kV开关站采用瑞士ABB公司生产的SF_6气体绝缘金属全封闭组合电器（GIS）。该设备自1998年5月陆续投运以来，运行情况良好。然而在1998年年末巡检记录中发现，其地下GIS避雷器计数器存在频繁动作现象，而且三相动作极不平衡，一单元A相动作最多，B相最少。后两单元投入运行，其避雷器计数器也存在频繁动作，同样动作也不平衡，A相动作最多，C相最少。经初步分析，系500kV GIS操作过电压引起的，通过试验证实在操作500kV断路器母线侧隔离开关时会造成避雷器计数器的动作，并实施了相应的改进方案，提出了采用“断路器带电冷备用”的运行方式，即断路器在分闸状态，断路器带电侧母线隔离开关合上，另一侧隔离开关分开，以尽量避免带电拉合隔离开关，从而减少避雷器计数器的动作次数。有关避雷器计数器频繁动作的原因还需进一步的分析调查。

（4）主变压器爆破事故。2000年7月5日，1号主变压器在空载状态下发生爆裂事故，通过事故调查认定原因为变压器冷却器内部在制造和安装过程中，由于工艺和质量管理不严存有金属异物，以及由于设计结构即主变压器高压绕组采用纠结和连续式混合结构，造成在冲击波作用下电位分布不均而形成绝缘结构上的薄弱环节，引起A相短路爆炸。目前1号主变压器已更换为常州东芝变压器厂生产的主变压器，由原生产厂家英国PEEPLE公司承担事故的全部责任并负责赔偿，同时电站对所有主变压器的冷却系统进行了全面的检查处理，加强了巡检和监测的力度，并在2号和4号主变压器增设了高压套管介损检测装置，目前各主变压器运行情况良好。

（5）上水库出现库底裂缝。上水库在运行初期，随着上库蓄水位的不断提升，库底由于不均匀沉降，个别部位出现了裂缝。为此电站两次对上库进行放空处理，并对库底集水廊道渗水量加大部位进行了补强加固处理，使渗水量得到控制，且随着上水库蓄水位逐步提升至正常运行水位，库底沉降也已趋于稳定。

（天荒坪抽水蓄能电站　马明刚）

西龙池抽水蓄能电站进展情况

西龙池抽水蓄能电站位于山西省五台县境内滹沱河的左岸，距滹沱河与清水河交汇处约3km。距太原市、忻州市的直线距离分别为100km和50km，对外交通十分便利。该水电站总装机容量为1200MW，安装4台300MW竖轴单级混流可逆式水泵水轮机组。额定水头640m，年发电量18.05亿kW·h，年抽水用电量24.07亿kW·h，年发电利用小时数为1504h，年抽水利用小时数为2006h，综合效率系数为0.75。电站建成后，并入山西电网，承担调峰、填谷、调频、调相及事故备用任务。

该工程为一等工程，主要建筑物为Ⅰ级，电站由上水库、输水系统、地下厂房系统、下水库、地面开关站及副厂房、补水建筑物等组成。

上水库总库容为485.1万m^3，调节容库为424.1万m^3，正常蓄水位为1492.5m，死水位1467.0m。上水库由一座主坝和两座副坝组成，主、副坝均为沥青混凝土面板堆石坝，主坝最大坝高50m，坝顶长度

499.56m，库岩及坝体上游边坡均为1：2，坝体下游边坡为1：1.8，全库采用沥青混凝土面板防渗，总防渗面积为22.46万m^2。

输水系统由上水库进出水口、上游闸门井、高压管道、尾水隧洞、下水库进出水口、排水廊道等组成，总长为1859.28m。高压管道采用一管两机的供水方式，在立面上采用斜井布置，高压管道内径为5.2m～4.7m～4.2m～3.5m，在距厂房54m左右处布置高压岔管、支管4根，以65°方向斜向进厂。尾水洞采用一洞一机布置方式，洞径4.3m。

电站采用尾部开发方式，主厂房与主变压器室平行布置，地下厂房的开挖尺寸为145.3m×22.25m×48.5m（长×宽×高），安装场布置在主机间中部。地下厂房采用“无人值班（少人值守）”的方式，主要副厂房及开关站布置在地面下水库进出水口附近的地面开关站及副厂房内。地下仅设置一些必备设备间及值班室等，地下副厂房布置在主厂房的左端。

下水库位于西龙池沟洪积扇的顶部，覆盖层厚度一般为20～40m，经大量勘探、试验，证明覆盖层是可以利用的。下水库正常蓄水位838.0m；死水位798.0m，总库容494.2万m^3，调节库容421.5万m^3。下水库由大坝、库区防洪建筑物、补水建筑物、放空设施等组成。大坝采用沥青混凝土面板堆石坝，最大坝高97m、坝顶长度533.06m、坝顶高程840.0m，上游坝坡1：2，下游坝坡1：1.7，库岸1：0.75。库底、坝坡采用沥青混凝土防渗，库岸采用钢筋混凝土面板防渗。为检修方便，在右岸布置了放空洞。下水库支沟发育，为防止支沟和库区洪水入库，布置了库区防洪系统。由于上、下水库皆为人工库，故设置了补水系统，补水水源采用段家庄泉水。

电站建设总工期为6年，第一台机组发电工期为5年，按2000年11月价格水平工程总投资为50.72亿元，静态总投资为44.35亿元，其中利用日本国际协力银行贷款1.85亿美元。2001年6月国家计委以计基础［2001］1101号文批复了西龙池抽水蓄能电站可行性研究报告。

电站建设资金来源于三部分：①资本金10亿元人民币，由山西省电力公司和山西省地方电力公司分别出资73%和27%；②利用日本国际协力银行贷款约1.85亿美元；③其余部分由中国工商银行山西分行贷款。2000年成立山西西龙池抽水蓄能电站有限责任公司作为电站建设单位，设计单位为北京国电水利电力工程有限公司（原北京勘测设计研究院）。目前电站建设资金基本落实，移民和征地工作正在进行中，2002年6月开始筹建。

（北京国电水利电力工程有限公司　王志国
山西西龙池抽水蓄能电站有限责任公司　王敦厚）

河北丰宁抽水蓄能电站

（一）概况

丰宁抽水蓄能电站位于河北省丰宁满族自治县北部，南距北京180km，东南距承德170km，西距沙岭子火电厂170km，西北距计划建设的正蓝旗火电厂70km。

电站建成后投入京津唐电网作为能源输入的受端电网的重要保安电源，特别是由于其具有较大的调节库容，是电网不可多得的周调节抽水蓄能电站，可有效地解决电网在周内负荷不均衡问题，保证京津唐电网安全、稳定、经济运行。

该电站正在抓紧进行开发前期工作，2001年6月底北京勘测设计研究院完成了丰宁抽水蓄能电站预可行性研究报告，同年10月该报告得到审查通过。2002年2月19日北京大唐发电股份有限公司以大唐电计［2002］8号文下达《关于开展河北丰宁抽水蓄能电站前期工作的通知》，北京国电水利电力工程有限公司于2002年4月完成丰宁抽水蓄能电站第一期工程可行性研究的勘测设计及科研工作大纲，以及进点前的各项准备工作。

（二）京津唐电网周负荷的变化及电力市场需求

中国实行双休日制度以来，京津唐电网最大负荷日在周内发生变化，夏季的高峰负荷周出现在7月份，冬季出现在12月份，周一至周五的日负荷特性相近，冬季周最大负荷出现在周二的概率最大，夏季最大负荷出现在周三的概率最大，周六、周日最大负荷明显低于周最大负荷。根据1997年～1999年京津唐电网负荷资料分析，年内各周最大供电负荷与周日最大供电负荷的平均差值分别为660MW、760MW及840MW，其中1999年最大值已达2500MW。综合考虑地区国民经济发展规划和产业结构调整情况，预计到2010年、2015年及2020年，最大差值将分别达到3700MW、4700MW、和5800MW左右。电网冬、夏季主要负荷特性指标见表1，电网在周内负荷不均衡问题明显的表现出来。建设调节性能好的抽水蓄能电站是京津唐地区能源结构调整、电源优化配置，作为受端电网保安电源的必然选择。

（三）丰宁抽水蓄能电站枢纽布置

丰宁抽水蓄能电站下水库利用滦河干流已建成的丰宁一级水电站的水库为下水库，在该库左岸灰窑子沟顶部筑面板堆石坝，库周具备良好的天然封闭条件，形成优良的大库盆，作为该电站的上水库。在上、下库之间以地下水道系统采用一洞三机布置，电站地下厂房初拟采用中部开发方案，在引水和尾水系统设置调压井。上、下库间水平距离3120m，最大落差465m，距高比6.71，电站额定水头420m，总装机容量3600MW。初拟分两期开发，Ⅰ期装机容量1800MW，按两洞六机、同一地下厂房布置；Ⅱ期装机容量1800MW，同样以两洞六机、另设独立地下厂房布置，可以分期开发不受施工干扰。电站总共设置12台单级混流可逆式水泵水轮/电动发电机组。

表1　京津唐电网各水平年负荷特性指标预测成果表

年份		2010	2015	2020
冬季	日平均负荷率	0.790	0.786	0.782
	日最小负荷率	0.56	0.54	0.52
	月不均衡系数	0.940	0.935	0.932
	周最小负荷率	0.471	0.450	0.431
夏季	日平均负荷率	0.815	0.811	0.807
	日最小负荷率	0.60	0.58	0.56
	月不均衡系数	0.928	0.919	0.912
	周最小负荷率	0.501	0.473	0.459

上水库修建混凝土面板堆石坝，最大坝高119m，坝轴线长541m，坝顶宽度10m，上、下游坝坡均为1∶1.4，混凝土面板厚度从0.3m渐变到0.646m，对趾板基岩进行固结灌浆处理。库区天然封闭条件良好，多数地段地下分水岭高程高于正常蓄水位，山体雄厚，不存在全面渗漏，库区仅对断裂分布区域和垭口处做局部防渗处理。上库正常蓄能位1505m，死水位1460m，总库容达5253万m^3，调节库容4356万m^3，足够蓄存周六、周日电网低谷回抽的水量，满足电站周调节循环的库容要求。

引水系统引水隧洞长792.3m，内径8.5m，钢筋混凝土衬砌。高压管道采用钢衬斜井布置，主管总长650.288m，主管内径分段缩小，为7.5m～6.5m～5.5m，支管内径3.2m，岔管采用内加强肋“卜”形岔管。尾水隧洞为三机一洞布置，内径为8.5m，长度1363.04m。

地下厂房洞室群布置在粗粒花岗岩层内，主厂房、主变压器洞、尾水事故闸门室采用三洞沿水流方向平行布置，水道系统布置成正进正出厂房，高压电缆经出线洞和高约270m的出线竖井引至地面出线场和开关站，开关站地面高程为1250m，Ⅰ、Ⅱ期工程地面开关站及出线场布置在一起。电站采用地面GIS全封闭组合电器断路器。交通洞洞口位于下水库左岸，交通洞布置在Ⅰ、Ⅱ期工程地下厂房之间，两期共用。交通洞断面为9.0m×8.0m（宽×高），长度为1630m，平均坡度5.3%。1号通风洞位于Ⅰ期厂房左端，长度为1491m，断面为7.5m×7.0m（宽×高）。

现已建成的丰宁水电站水库满足了丰宁抽水蓄能电站Ⅰ期运行要求。Ⅱ期工程由于正常蓄水位比Ⅰ期抬高10m，为1060m，正常蓄水位以下库容达9616万m^3，周调节库容6991万m^3，大坝需要改建加高，相应现有的泄洪和引水建筑物等需要进行改造。

（四）开发前景

近代抽水蓄能电站的设计和运行，更多地关注电站的快速启动和多种工况间快速变换的能力，这种功能是电网其他类型电站难于替代的，是保证电网安全、稳定、经济运行的得力工具。目前国内电价政策尚未体现出这种可贵功能的价值，但从电网的需求和大区联网的技术保证措施上看是不可缺少的。这正是丰宁抽水蓄能电站周循环大容量的开发前景所在。因此，在有条件的丰宁抽水蓄能电站设计中，将十分注意追求最佳的动态调节功能。

（北京勘测设计研究院　刘连希）

华东地区抽水蓄能电站规划选点

（一）华东电网调峰需求

华东电网覆盖浙江、江苏、安徽及上海市，为中国最大的跨省（市）电网。截至2000年底，全网总装机容量已超过50000MW，最高负荷超过40000MW，最大峰谷差达15300MW，年最小负荷率已降至60%以下。随着第三产业及人民生活用电的迅速增长，预计2020年全网最高负荷将超过130000MW，最大峰谷差接近55000MW，峰谷差的年均增长率约高出最高负荷年均增长率1～2个百分点，年最小负荷率将降至55%以下。

目前，在华东电网的电源结构中，火电占90%以上，常规水电的比重仅占5%左右。长期以来，电网调峰主要依靠火电机组承担。出于对电网经济运行的考虑，建设适当规模的抽水蓄能电站作为电网调峰措施已逐渐取得共识。

（二）华东地区抽水蓄能电站规划选点主要成果

20世纪70年代，华东地区就开始着手抽水蓄能电站的规划选点工作，先后完成的主要规划选点报告有：

（1）《安徽省东南地区抽水蓄能电站规划选点报告》（1976年12月）。

（2）《华东电网抽水蓄能电站规划选点报告》（1984年11月）。

（3）《浙江省抽水蓄能电站规划选点报告》（1992年6月）。

（4）《江苏省苏南地区大型抽水蓄能电站规划选点报告》（1997年4月）。

以上各次选点规划，找出了一批可供开发的抽水蓄能电站站址，经过比较择优选出了天荒坪(1800MW)、桐柏（1200MW)、宜兴（1000MW)、响水涧（1000MW）等第一批工程。到目前为止，天荒坪抽水蓄能电站已经建成，桐柏和宜兴两座抽水蓄能电站正在建设，响水涧抽水蓄能正在积极争取早日开工建设。

(三）华东地区最近一次规划选点工作进展

由于以往的选点规划采用的设计水平年不够远，并受其他因素的影响，致使所选站址的数量和规模不能满足电网进一步发展的需要，使第一批工程之后的待建项目不明朗，最终导致前期工作滞后，缺乏项目储备。

2001年伊始，根据华东网局规划工作会议精神，华东勘测设计研究院着手进行新一轮规划选点工作。到目前为止，已完成了主要站址的外业勘察（或复勘）工作。通过广泛的勘察，初步选出一批建设条件优越的抽水蓄能站址，改善了一批老站址的工程布置及开发条件，拟定了此次选点规划的研究对象，并在此基础上，对重点站址逐个进行规划选点阶段的设计工作。

从初步的工作成果看，华东地区靠近负荷中心，具有较好开发条件的抽水蓄能站址资源主要集中在浙江。以杭州为中心、100km为半径的范围内，有6个优良的大型抽水蓄能电站站址（见表1)，总装机规模12200MW。逐步开发这些站址，可满足中、远期杭、沪、宁等负荷中心地区的调峰需求。

表1 杭州附近地区的主要抽水蓄能电站站址

站址名称	地点	平均毛水头(m)	可装机规模(MW)	L/H
天荒坪（二）	浙江安吉	720	2400	3.14
乌龙山（二）	浙江建德	729	3200	3.84
常安	浙江富阳	514	1800	5.97
龙门	浙江富阳	532	2400	4.13
高峰	浙江临安	512	1200	3.52
乔麦塘	浙江临安	496	1200	4.04
合计			12200	

（华东勘测设计研究院 王达邦）

福建省抽水蓄能电站选点规划

福建省抽水蓄能前期工作始于20世纪80年代，在资源普查基础上，华东勘测设计研究院（简称华东院）和福建省水利水电勘测设计研究院（简称福建省院）于2001年4月共同编制完成了《福建省抽水蓄能电站选点规划报告》。

（一）建设必要性

改革开放以来，福建省电力工业得到了持续、快速发展，截至2000年底全省发电装机容量为10400MW，其中水电5300MW，占51%，火电5100MW，占49%。2000年电网最高负荷为6300MW，最大峰谷差2400MW。

福建省水电开发程度较高，但调节性能好的电站较少，水电整体调节能力较差，汛期水电弃水调峰。预计2010年前福建常规水电资源将基本开发完毕，水电占电网的比重也越来越小，2010年、2020年全省水电装机比重将降至36%和22%。根据预测，2010年全省用电量为900亿kW·h，电网最高负荷为14700MW；2020年全省用电量为1770亿kW·h，电网最高负荷为29500MW。随着电网负荷的不断增长、核电的投入及水电比重的不断减小，电网调峰问题将日益突出。选点规划报告根据电力电量及调峰容量平衡，综合分析提出在2010年前后应有一定装机规模的抽水蓄能电站投入福建电网；2010年以后福建电网对抽水蓄能电站规模的需求逐渐加大；2010～2015年间应有一座百万千瓦级抽水蓄能电站参与运行。

（二）选点规划工作及其结论

根据华东院和福建省院对全省抽水蓄能电站资源的普查，初步统计全省具有开发价值的抽水蓄能站址共41处，合计可开发容量为57170MW，单站装机容量最大可达3400MW，1000MW以上的有27处，合计装机容量48250MW。水头超过300m的有37处，合计装机容量54020MW。福建省抽水蓄能电站不仅资源丰富，而且建设条件较好，多为高水头大容量的抽水蓄能电站。

考虑到福州至厦门东南沿海地区是全省最大的用电负荷中心，此次规划选点范围定为福州以南、厦门以北包括福州、莆田、泉州、厦门四市所辖地区。经综合比较分析，按照地理位置适中、地形地质条件较好、水头较高、环境影响小、水源条件较好等综合建设条件，选择福州鼓岭（1200MW)、永泰白云(1200MW)、仙游西苑（1200～2400MW)、安溪龙门（1200～1800MW）和漳州长泰（1800MW）5处作为规划站址，开展选点规划阶段的勘测设计工作。

上述5个站址中，西苑站址具有地理位置较好、单位千瓦投资较低、技术经济指标相对较好、装机规模大、具有分期开发的条件、综合建设条件较好等优势。选点规划报告通过技术经济比较，推荐仙游西苑站址为福建省抽水蓄能电站的近期开发工程。

（三）近期开发工程概况

仙游西苑抽水蓄能电站站址位于莆田市下辖的仙游县西苑乡，紧靠福建省主要受电地区，上网便利。站址上下水库库容、落差较大，根据抽水蓄能量指标，电站装机容量最大可达2400MW左右，可根据福建电网对抽水蓄能电站的需求进行分期开发，电站平均水头为448.5m，L/H值为4.64，水库淹没耕地390亩，移民约150人。

2001年6月中国水电顾问有限公司会同福建省计委在福州市召开审查会，对《福建抽水蓄能电站选点规划报告》进行审查。审查意见认为：福建电网适时建设抽水蓄能电站是必要的；基本同意报告在对福建抽水蓄能资源普查多次复勘的基础上，从40余处普查站址中筛选出福州鼓岭、永泰白云、仙游西苑、安溪龙门和漳州长泰5处为选点规划站址，开展选点规划阶段的勘测设计工作；同意选点规划报告推荐的仙游西苑站址为福建抽水蓄能电站的近期工程。

（华东勘测设计研究院　计金华）

山东省抽水蓄能电站规划

（一）抽水蓄能电站规划选点概况

山东地区水力资源贫乏，煤炭资源相对较丰富，电网发展以火电为主。根据山东省电力集团公司的发展目标，为适应未来经济的快速增长，电力发展以开发煤炭和核电资源为主，建设两个电力基地：一个是利用省内煤炭资源，在济宁、荷泽地区开发建设大型现代化煤矿的同时，配套建设两座大型坑口电站，重点发展600MW及以上机组，装机规模8000～10000MW；另一个是在胶东沿海地区的海阳、乳山一带发展核电站，规划装机8000MW。目前第一个核电站选址在海阳冷家庄，规划装机4000MW。随着胶东核电的建设，逐步改变目前山东电网“西电东送”为“东电西送”，并促进与邻近省份的联网。主要解决电网调峰容量不足，同时也为配合核电站运行，计划在电网内建设一定规模的抽水蓄能电站。

从1987年开始，北京勘测设计研究院在山东地区进行了多次抽水蓄能电站规划选点工作。第一期规划选点中（1987年～1992年），通过对全省的资源普查和几个主要站址的重点分析，推荐泰山抽水蓄能电站作为山东电网抽水蓄能电站建设的第一期工程，目前该电站正在建设之中。为满足山东电网的不断发展要求，1997年～1999年末，又开展了山东省抽水蓄能电站第二期规划选点工作，除了考虑全省电网的调峰要求外，并以胶东地区核电站建设配套抽水蓄能电站为重点，寻找建设条件好、并具有一定规模的抽水蓄能电站作为继泰安抽水蓄能电站之后开发的新站址。

通过对山东胶东地区及中南部地区进行的多次现场调查与规划工作，并汇总分析过去所做的工作成果，提出了《山东省抽水蓄能电站规划选点综合报告》。其中规划抽水蓄能电站站址有47个，现场勘察过的站址有30个。经综合分析比较，比较好的站址有12个，有烟台市的海阳、牟平、北邢家站址，威海市的文登站址，青岛市的青岛（崂山泉心河）站址，泰安市的徂徕山、泰山二级站址，济宁市的八里碑站址，临沂市的上冶站址，莱芜市的雪野、团山站址，淄博市的太河站址。

根据这十几个站址的建设条件，通过从电站的地理位置、水头、水源、工程地质、对外交通、建设规模等方面进一步的综合分析比较，从中又选出比较好的5个重点站址：胶东地区的海阳、文登、青岛站址和中部地区的徂徕山、泰山二级站址。

（二）电网对抽水蓄能电站的需求

山东电网为纯火电电网。截至1998年底，全省区拥有发电设备容量17433MW，其中，火电容量为17386MW，占全网装机容量的99.73%；水电容量为47MW，仅占全网装机容量的0.27%。1998年电网最高负荷为11266MW，年发电量843.10亿kW·h，最大峰谷差为4012MW。

由于电网电源结构单一，调峰问题突出。在全省17433MW装机容量中，水电容量仅为47MW，且无调峰能力；燃油机组容量1167MW，占全网装机容量的6.69%，所提供的调峰能力有限；其余16219MW装机容量均为燃煤火电机组。近十几年来，投产的高温高压大容量燃煤火电机组大都按带基荷设计，调峰性能及参与调峰的经济性均较差。由于缺乏必要的调峰手段，使电网调峰问题日趋严重。

从山东电网电源分布及各城市用电情况来看，目前全省大的电源点主要集中在西部（包括西北和西南）的德州、济宁等地区，而负荷则主要集中在中部和东部的济南、青岛、烟台、淄博、潍坊等地区，因此形成了山东电网“南电北送”、“西电东送”的格局。近几年来，山东省中部和东北部地区陆续投入了一批大容量燃煤火电机组，使这一格局有所改变，但仍未从根本上得到解决。

根据山东电网负荷特性、电源建设规划及其开发条件，在分析不同调峰电源技术经济特性的基础上，以系统总费用（包括投资、运行费和燃料费）现值最小为原则，分析电网经济合理的电源结构。根据调峰途径分析，山东电网可供选择的调峰电源主要有抽水蓄能机组与燃气轮机组。抽水蓄能机组启动快、运行灵活，除担负电网调峰任务外，同时还具有抽水填谷的作用，以及调频、调相和事故备用等功能；燃气轮机组同样具备启动快、运行灵活的特性。

以山东电网电源建设规划为基础，通过对电网低谷电量的分析，考虑电网调峰要求，初步拟定在2015年山东电网调峰电源中，燃气轮机组装机容量分别为600MW、900MW与1200MW，抽水蓄能机组装机容量分别为2000MW、2500MW、3000MW，组合成不同的电源配置方案，进行电力电量平衡与费用现值计算。

计算成果表明，在山东电网2015年调峰电源配置方案中，以“3000MW抽水蓄能电站加900MW燃气轮机组”方案的费用现值为最小。此方案抽水蓄能电站加燃气轮机组的装机容量占山东电网总装机容量的比例为12.72%。其中，抽水蓄能电站装机容量占山东电网总装机容量的比例为9.79%。通过对胶东地区分电网调峰电源优化配置进行分析，在胶东地区分电网2015年调峰电源配置方案中，以“1000MW抽水蓄能机组加300MW燃气轮机组”组合方案的费用现值为最小，表明胶东地区在2015年应配置1000MW左右的抽水蓄能电站和300MW左右的燃气轮机组。

通过进行电网调峰容量盈亏分析与调峰电源优化配置分析，无论是从调峰能力方面还是从经济运行方面考虑，山东电网对抽水蓄能电站均有较大的需求。从几种可能的调峰电源来看，主要应以抽水蓄能电站来弥补电网调峰能力的不足。

（三）抽水蓄能电站建设布局分析

根据对山东电网电源的优化配置分析，在2015年以前投入装机容量3000MW左右的抽水蓄能电站是十分必要的。目前，山东省抽水蓄能电站的建设与电网需求存在着很大差距，除泰山抽水蓄能电站（装机容量1000MW）正在建设外，其他抽水蓄能电站均处在规划选点阶段。根据山东省各地区经济开发状况、负荷分布、调峰需要及电源建设布局，继泰安抽水蓄能电站之后，应选择新的抽水蓄能站址，并尽快开展前期工作。

抽水蓄能电站在电力系统中的主要功能是调峰、填谷与事故备用，应尽可能位于用电负荷中心地区。在资源条件允许的情况下，抽水蓄能电站的建设应尽可能分散布置，做到就地平衡，减少远距离输送调峰电力，以提高送电经济性。

胶东地区是山东电网除鲁中地区外的另一个负荷中心，为解决能源不足，拟安排建设海阳核电站，从配合核电运行需求出发，就近安排建设抽水蓄能电站，既靠近负荷中心，也靠近抽水蓄能电源，布局合理，在运行上也是经济的。根据分区调峰能力分析，其中胶东地区安排1000MW左右的抽水蓄能电站较为合理。泰山抽水蓄能电站计划在2010年以前投产，届时胶东地区的电网调峰容量缺口比鲁中地区要大。因此，继泰山抽水蓄能电站之后，建议在胶东地区安排山东省第二个抽水蓄能电站的建设，可重点研究胶东地区的文登、青岛、海阳站址的开发。

文登、青岛、海阳三个站址的装机规模为1000～1400MW，从自然条件、技术特性与经济指标上看，三个站址都是比较好的。随着几个站址的陆续开发，可以较好地满足胶东地区及山东全电网未来对抽水蓄能电站的需求。

（北京勘测设计研究院　李复生）

安徽琅琊山抽水蓄能电站的建设和进展

琅琊山抽水蓄能电站位于安徽省滁洲市西南郊，距市区3km，距合肥市105km，距南京市50km。电站总装机容量为4×150MW，年发电量8.56亿kW·h，年抽水电量11.72亿kW·h，年利用发电小时数1427h。电站建成后主要承担安徽省电网的调峰填谷、调频调相和紧急事故备用等任务，具有快速跟踪负荷、提高系统供电可靠性等多种作用和效益。

电站主要建筑物由上水库主坝和副坝、水道系统、地下厂房、出口明渠及已建成的下水库等组成，平面布置见图1。

（一）工程地形地质条件

电站位于琅琊山主峰小丰山的西北侧，在龙华寺、大狼洼、小狼洼三条冲沟交汇外筑坝形成上水库。水道系统及地下厂房布置于丰乐溪与蒋家洼间条形山体内，地下建筑物埋深50～170m。

工程区位于凤山背斜南东翼与小丰山倒转向斜北西翼之间的地块上，为紧闭褶皱区，背、向斜轴线走向为NE45°左右，岩层倾角均在70°以上，挤压紧密，局部出现倒转，出露地层主要为上寒武统琅琊山组（$\in_3$Ln）及车水桶组（$\in_3$C）。

工程区主坝坝基和地下厂房等建筑物位于②号背斜琅琊山组地层内。副坝～龙华寺分水岭为③号向斜核部的$\in_3C^2$地层（厚层灰岩），岩溶较发育；在副坝部位F_1上盘为岩溶最发育区，分布有较大型的地下洞穴。其他地层中岩溶不甚发育。

工程区基岩裂隙水水位一般埋深在10～30m，最大不超过60m。基岩岩溶水主要富存于工程区$\in_3C^2$地层中，其中副坝坝址区为岩溶地下水最发育地段，F_1断层处的LK_1落水洞是地表水流入地下的主要通道，大狼洼和龙华寺地表径流流经$\in_3C^2$地层时，变为地下伏流。除岩溶发育区外，工程区的岩层基本挤压紧密，岩体透水性微弱。

（二）主要水工建筑物

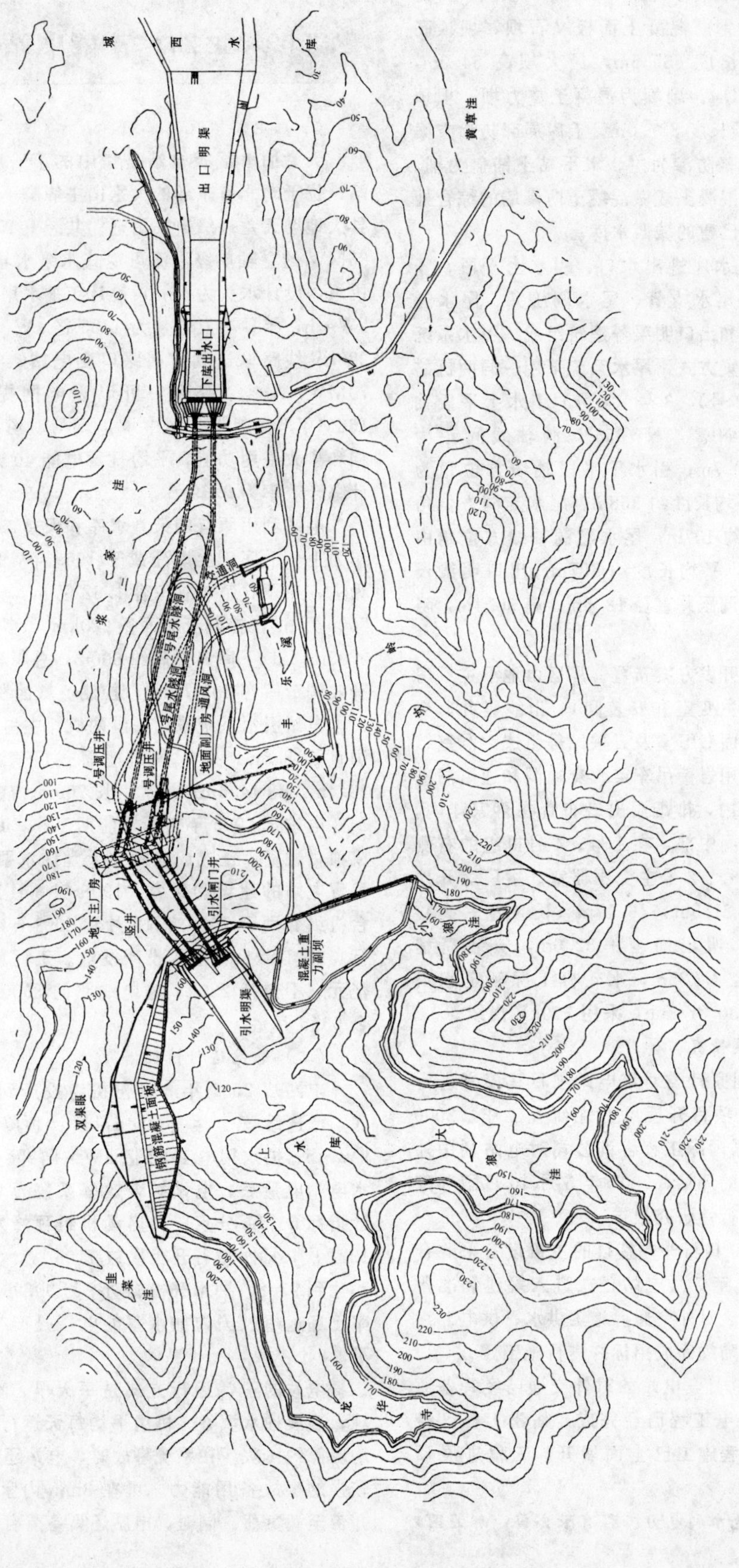

图1 琅琊山抽水蓄能电站枢纽平面布置图

上水库正常蓄水位171.8m，总库容为1804万m^3，主坝为钢筋混凝土面板堆石坝，坝顶高程174.0m，坝顶长度655.5m，最大坝高64.0m，上、下游坝坡1∶1.4。副坝为混凝土重力坝，坝顶高程173.4m，坝顶长度327.0m。上库局部防渗方案采用以垂直灌浆帷幕防渗为主、水平黏土铺盖为辅、结合溶洞掏挖回填混凝土或做混凝土防渗墙的综合处理措施。下水库为已建的城西水库。

水道系统由上水库进出水口、引水上平段、竖井、引水下平段、尾水支管、尾水调压井、尾水隧洞、下库进出水口和出口明渠等建筑组成。引水系统采用一洞一机的布置方式，尾水系统采用一洞两机的布置方式。1号（2号）、3号（4号）引水上平段轴线方位角分别为NE2°、NW356°，洞轴线间距为22m；竖井段高90.7m；引水下平段轴线方位角为NE5°；引水隧洞平均长度约368m。尾水支洞方位角NE46°，平均长度约107m；尾水隧洞轴线方位角由NE46°转为NE35°，平均长度约887m。出口明渠长度约1012m。尾水调压井直径18.6m，高96.4m，阻抗面积约32m^2。

厂房采用首部开发方案布置。厂区由地下主厂房洞室（含主机间、主变室和安装间）、出线竖井、交通洞、通风洞、地面GIS室及开关站等组成。洞室结构为喷锚支护，采用岩壁吊车梁。交通洞和通风洞进口均布置在丰乐溪内，排烟洞出口布置在蒋家洼内。安装间布置在主机间中部，在1号、4号机组的右侧和左侧分别布置1号、2号主变压器室。主厂房开挖尺寸为156.66m×21.5m×46.17m（长×宽×高）。机组间距22.5m，吸出高度－32.0m，安装高程－10.0m，转轮直径4.725m，水轮机工况额定水头126m，额定转速230.8r/min，采用220kV出线。

（三）工程进展情况

1999年8月国家计委对该电站项目建议书进行了批复，同意对该项目开展可行性研究工作。2000年11月通过了中国国际工程咨询公司对电站利用外资可行性研究报告的评估，2001年5月10日国务院批准了该电站的可行性研究报告。

2001年5月30日与外方签订的主机设备采购合同正式生效。2001年7月电站正式进入筹建和准备期，施工征地移民、对外交通、施工供水、供电、污水处理等临建工程陆续完成招标并进行施工。

截至2002年9月，电站的对外交通已经具备通车条件，供水、供电工程已经完成，临建工程已经接近尾声。主体工程施工已全面展开，工程进展顺利。

（北京国电水利电力工程有限公司　郝荣国）

湖北天堂抽水蓄能电站的运营

（一）电站概况

天堂抽水蓄能电站是华中的第一座抽水蓄能电站，位于湖北省东部的大别山主峰脚下，座落在罗田县大地坳天堂一级电站附近。共装有2台单机容量为35MW的立轴单级混流可逆式水泵水轮机/电动发电机组，设计水头为43m，设计年抽水用电量为1.6亿kW·h，年顶峰发电量为1.25亿kW·h，通过一回220kV线路输送到黄冈路口变电站。电站发电能力70MW，用电88MW，可以为电网提供调峰容量168MW，在湖北电网中承担调峰、填谷、调频、调相和事故备用功能，平均日蓄电能40万kW·h，设计综合效率为0.69。

电站利用原有的天堂水库和天堂二级水电站水库作为上、下库。上库建成于1969年，以发电、防洪为主，兼顾养殖，总库容1.62亿m^3，有效调节库容7000万m^3，控制流域面积220km^2，多年平均径流量5.98m^3/s。下库离上库约600m，总库容1083万m^3，有效调节库容291万m^3，控制流域面积260km^2。

电站引水系统采用一洞两机，主引水洞长383m，洞直径8.5m；主厂房为地面式厂房，长66m、宽23.4m、高44.6m；尾水渠长706m、底宽50m。

电站于1995年初开始前期工作，1997年7月完成项目融资，正式成立湖北天堂抽水蓄能有限公司，负责电站的建设和经营。1998年8月正式动工，两台机组分别于2000年12月和2001年2月投入试运行，2001年5月正式投产发电。工程总投资为3.18亿元（不包括220kV输电线路的8000万元），资本金6356万元。

（二）电站运行情况

电站从2001年5月份机组投产到2002年8月底，已连续安全运行450d，累计顶峰发电1.26亿kW·h，抽水用电1.52亿kW·h，除去补偿原一级水电站电量后，电站综合效率系数为0.75，高出设计指标6个百分点；共启动机组顶峰发电开机次数1221次，抽水填谷开机次数1106次，发电开机成功率达到97%，抽水开机成功率为90.96%，开机成功率已远远超过国内抽水蓄能电厂投产初期的平均水平。

电站的正常运行方式是每天早、晚两次发电顶峰，凌晨抽水填谷。机组平均每天运行约10h，日平均启停约4次。在系统事故时，电站还可为电网提供较强的事故备用能力，可在3min内紧急开启机组，并带至满负荷。同时，电站还具备黑启动能力，当电网瓦解，全部停电情况下，电站可在15min内完成该厂一台机组的启动过程和相应的开关操作，恢复电站220kV出线电源，帮助系统恢复电力供应。2002年1月16日，在湖北省电力公司的组织下，与路口变电所、阳逻电厂共同成功完成了220kV天路线和路阳线的零启动和阳逻电厂一台给水泵启动及运行试验。电站投入运行后，大大提高了系统安全运行水平，提高了抵抗系统事故的能力。

（三）电站经营管理情况

电站的经营管理由湖北天堂抽水蓄能有限公司负责。

加强电站内部管理，是公司长期坚持的重要举措。目前公司MIS系统已投入运行，完全实现了计算机信息化管理，正逐步向无纸化办公过渡。电站设备实时监视、生产数据实时采集及远控系统均将在年底投入运行，并与公司MIS系统相连。到时，电站就完全具备了“无人值班（少人值守）”的基本条件“五遥”，即遥测、遥信、遥调、遥控和遥视。

电站在投产运行后，2001年因电价问题一直未得到解决，执行常规水电厂临时电价，导致出现较大亏损，后经湖北省物价局用价差余额补贴，才使公司收支基本持平。通过多方面工作，2002年元月，国家计委正式批复该厂实行两部制电价，即容量电价32.4元/（kW·月）和电量电价0.457元/（kW·h）。但由于多方面原因，目前电价仍没有完全到位。如果此价格2002年能全部到位，则公司将可盈利200万元左右。

作为华中地区的第一座抽水蓄能电站，尽管该电站调峰容量相对较小，但在电网中的作用还是比较明显的，特别是在鄂东地区水电容量缺乏、而火电集中的情况下，能为系统发生事故时提供可靠、及时的保安电源。其除了具备快速启、停和事故备用功能外，还有调峰特性不受季节影响的优点，使得该电站备受电网的青睐。

电站经过一年多的运行实践证明：工程项目的立项决策是正确的，机电设备的引进是成功的，设计是合理的，质量是良好的。电站不仅取得了一定的经济效益，而且赢得了很好的社会效益。同时，通过对电站的建设和管理，不仅为华中地区其他抽水蓄能电站建设、管理提供了许多经验和可借鉴之处，而且为华中地区储备了建设和管理抽水蓄能电站的后备人才。

（湖北天堂抽水蓄能有限公司 杨洪涛）

抽水蓄能电站（已建、在建及已批准立项项目）统计表

电站名称	所在地	设计单位	装机容量（台×万 kW）	电站类型	机组		水轮机工况				水泵工况				启动方式	调节周期	立项时间（年．月．日）	主体开工时间（年．月．日）	首台机组发电时间（年．月．日）	竣工时间（年．月．日）
					类型	产地	最大容量（万 kW）	最大流量（m^3/s）	最高水头（m）	转速（r/min）	最大容量（万 kW）	最大流量（m^3/s）	最高水头（m）	转速（r/min）						
岗南	河北省平山县	北京勘测设计研究院	1×1.1	混合式	斜流可逆式	日本富士	1.1	26	64	250	1.3	23	59	250	半压启动	日调节			1968.5	1968.5
密云	北京市	北京勘测设计研究院	2×1.3	混合式	斜流可逆式	中国天发	1.064	28	64	250	1.5	23.9	59	273/250	半压启动	日调节			1973.11	1974.12
潘家口	河北省迁西县	天津勘测设计研究院	3×9	混合式	混流可逆式	意大利	9	145.4	71.6	125	27	119.5	70.11	142.8	变频启动	日调节	1975.12	1984.5	1991.9	1992
寸塘口	四川省蓬溪县	成都勘测设计研究院	2×0.1	混合式	混流可逆式	中国东风	0.1	3.44	34.8	500	0.125	2.79	41.6	500	全压启动	日调节	1990.8	1991.2	1992.11	1993.5
广蓄	广东省从化县	广东省勘测设计研究院	一期 4×30	纯蓄能	混流式、半伞式、下拆式	法国 ALSTOM	33.3	72.2	541.8	500	34.0	60.03	541.8	500	主启动：SFC；备用：背靠背同步启动	日调节		1989.5.25	1993.6.29	1994.12.1
			二期 4×30	纯蓄能	混流式、悬吊式、中拆式	美国 VOITH 德国 SIMENS	35.2	72.2	541.8	500	34.0	60.03	541.8	500	主启动：SFC；备用：背靠背同步启动	日调节		1994.9.12	1999.4.6	2000.6.26
十三陵	北京市昌平区	北京勘测设计研究院	4×20	纯蓄能	混流可逆式	美国 VOITH 奥地利 ELIN	20.4	53.8	474.8	500	20.35	43.6	488.6	500	主启动：SFC 备用：背靠背	日调节	1988.2.26	1992.9.11	1995.12.20	1997.6
羊卓雍湖	西藏拉萨山南贡嘎	成都勘测设计研究院	4×2.25	混合式	三机一体	奥地利 ELIN 美国 VOITH	2.56	3.16	816	750	1.9	2.0	850	750	远方、现地自动启动		1989	1991.5.25	1997.5.23	1997.9
溪口	浙江省奉化市	农村电气化研究所	2×4.0	纯蓄能	混流可逆式	瑞士	4.4	19.6	271	600	4.55	17.3	271	600	半压异步和 SFC 变频启动	日调节	1993.2	1994.2.1	1997.12.12	1998.6.8

续表

电站名称	所在地	设计单位	装机容量（台×万kW）	电站类型	机组		水轮机工况				水泵工况				启动方式	调节周期	立项时间（年.月.日）	主体开工时间（年.月.日）	首台机组发电时间（年.月.日）	竣工时间（年.月.日）
					类型	产地	最大容量（万kW）	最大流量（m^3/s）	最高水头（m）	转速（r/min）	最大容量（万kW）	最大流量（m^3/s）	最高水头（m）	转速（r/min）						
响洪甸	安徽省金寨县	安徽省设计院	2×4	混合式	混流可逆式	中国东方	5.5	105.0	63	150	4.1/5.5	106.8/104.4	64	150.01/66.7	背靠背、变频启动	季调节	1993.1.11	1994.12.16	2000.1.8	2000.7.1
天荒坪	浙江省安吉县	华东勘测设计研究院	6×30	纯蓄能	混流可逆式	挪威KVAERNE 加拿大GE 奥地利ELIN 三家联营体	33.8	72.5	610.2	500	33.6	58	614	500	变频启动、背靠背同步启动	日调节	1991.8.9	1994.3.1	1998.9.30	2000.12
天堂	湖北省罗田县	中南勘测设计研究院	2×3.5	纯蓄能	混流可逆式	克瓦纳杭发	3.5	94.27	52	157.9	4.4	93.8	52	157.9	SFC、变频	日调节	1996.3	1998.8	2000.12.21	2001.5
明湖	台湾省	台湾中兴工程顾问公司	4×25	纯蓄能	混流可逆式	日本	25.5	95	316.5	300	26.5	82	326	300	同步电机			1979.4	1984	1985.9
明潭	台湾省	台湾中兴工程顾问公司	6×26.7	纯蓄能	混流可逆式	美国VOITH 法国ALSTOM	27.5		401	400	28.0		411	400	SFC及背靠背			1987.9	1994	1995.6
沙河	江苏省溧阳市	上海勘测设计研究院	2×5.0	纯蓄能	混流可逆式	法国ALSTOM	5.15	60.1	121	300	6.0	55.4	125.4	300	变频启动	日调节	1994.9	1998.9.18	2002.4	2002.6
泰安	山东省泰安市	华东勘测设计研究院	4×25	纯蓄能	混流可逆式		27.8	137/61	253/212.5	300	274	113.3/91.6	260.6/224.22	300		日调节	1997.12	2001.7	2006.10	
张河湾	河北省井胫县	北京勘测设计研究院	4×25	纯蓄能	混流可逆式		25.5	94.73	343	333.3	27.2	86.5	351	333.3	变频启动	日调节	1998.3	计划2003.12	计划2008.6	计划2009.12

续表

电站名称	所在地	设计单位	装机容量（台×万kW）	电站类型	机组		水轮机工况				水泵工况				启动方式	调节周期	立项时间（年.月.日）	主体开工时间（年.月.日）	首台机组发电时间（年.月.日）	竣工时间（年.月.日）
					类型	产地	最大容量（万kW）	最大流量（m^3/s）	最高水头（m）	转速（r/min）	最大容量（万kW）	最大流量（m^3/s）	最高水头（m）	转速（r/min）						
琅琊山	安徽省滁州市	北京勘测设计研究院	4×15	纯蓄能	混流可逆式	奥地利	15.3	136.0	146.7	230.8	16.4	122.33	153.15	230.8	背靠背（备用）、变频	日调节	1999.8	计划2002.7.1	计划2006.12	
桐柏	浙江省天台县	华东勘测设计研究院	4×30	纯蓄能	混流可逆式	奥地利	33.3	143.5	285.7		33.6	133.6	288.7	300	水轮机常规启动 水泵变频SFC启动	日调节	1999.9	2001.12.30	2006.3.31	
白山蓄能泵站	吉林省桦甸市	东北勘测设计研究院	2×15	纯蓄能	混流可逆式		14.3		123.9	200	15		126.7	200	高压背靠背启动	日调节	2000.3			
西龙池	山西省五台县	北京勘测设计研究院	4×30	纯蓄能	混流可逆式		30.6	49.6	687.8	500	31.69	46.5	703.9	500		日调节	2000.4	计划2003.7	计划2008.8	
回龙	河南省南阳市	黄河水利委员会勘测设计研究院	2×6	纯蓄能	混流可逆式	中国哈尔滨	6.15	17.9	412.3	750	6.32	15.8	424.2	750	静止变频启动、背靠背备用	日调节	2000.8	2001.6.6	计划2004.3.31	计划2004.6.30
宜兴	江苏省宜兴市	华东勘测设计研究院 上海勘测设计研究院	4×25	纯蓄能	混流可逆式		25.43	80.78	410.8	375	23.19	51.23	420.4	375	变频异步、背靠背同步启动	日调节	2001.2	计划2003.7.1	计划2007.12.31	计划2008.12.31
宝泉	河南省辉县	黄河水利委员会勘测设计研究院 华东勘测设计研究院	4×30	纯蓄能	混流可逆式		30.6	70.25	562.48	500	309.47	91.90	572.46	500		日调节	2001.4.18	计划2004年初	计划2008.2.28	计划2009

（中国水力发电工程学会抽水蓄能专业委员会）

中国水力发电年鉴（2001～2002）

6

水电建设与管理

中国加入 WTO 对水电的影响

加入 WTO 对水电勘测设计企业的影响及对策

2001 年 12 月 11 日，中国正式成为了 WTO 成员。加入 WTO 是一把双刃剑，对中国水电勘测设计企业而言，利益与风险并存，机遇与挑战同在。

一、中国做出的与勘测设计咨询业有关的承诺

在《中华人民共和国加入议定书》附件 9《服务贸易具体承诺减让表》中，与水电勘测设计咨询企业有关的具体承诺内容如下表所示。

表 1　有关水电勘测设计咨询企业的具体承诺

部门或分部门	市场准入限制	国民待遇限制	其他承诺
d. 建筑设计服务 e. 工程服务 f. 综合工程服务 g. 城市规划服务（城市总体规划服务除外）	（1）对于方案设计没有限制。 要求与中国专业机构进行合作，方案设计除外。 （2）没有限制。 （3）仅限于合资企业形式，允许外资拥有多数股权。 中国加入 WTO 后 5 年内，允许设立外商独资企业。 （4）除水平承诺中内容外，不作承诺	（1）没有限制。 （2）没有限制。 （3）外国服务提供者应为在其本国从事建筑/工程/城市规划服务的注册建筑师/工程师或企业。 （4）除水平承诺中内容外，不作承诺	

注　（1）跨境交付；（2）境外消费；（3）商业存在；（4）自然人流动。

“水平承诺”是指，减让表中涵盖所有部门的承诺。

按 WTO 对服务部门的分类，上述减让表中各部门或分部门的涵盖范围如下。

（1）建筑设计服务，包括咨询和设计前期的建筑服务、建筑物与其他构筑物的建筑设计服务（含方案设计服务、扩大设计服务、最终设计服务）、合同管理服务等。

（2）工程服务，包括工程顾问和咨询服务、基础和建筑物结构建设的工程设计服务（含初步设计、最终设计、建设阶段的服务，下同）、建筑物设备和电气安装的工程设计服务、土木工程建设的工程设计服务。

（3）综合工程服务，包括运输基础设施和上下水工程交钥匙项目综合工程服务等。

（4）城市规划服务，涉及土地使用，场地选择，道路系统的发展规划服务等。

二、对水电勘测设计企业的影响

1. 市场竞争更加激烈　由于西方国家水能资源的开发程度已很高，像美国、法国、挪威、澳大利亚、日本等国从事水电工程咨询设计的公司在本国的业务已经很少，经营业务主要在国外。据英国《水力发电与大坝建设》的统计资料，1998 年，全世界在建 60m 以上坝高的水电站约 200 座，其中 99 座在中国，约占一半。可以预见，在今后 5 年过渡期内，会有一批过去 20 多年中在中国已取得水利水电工程咨询业绩的国外著名公司来中国寻求合作伙伴，成立中外合资公司。5 年后这些合资公司还会谋求设立独资公司，以获取更大的利益。按“减让表”的承诺，合资公司也好，外商独资公司也罢，均可享受国民待遇。这就意味着内资项目他们也将享受与国内勘测设计咨询企业同等的竞争权利。请注意这里并没有外汇兑换的技术壁垒问题，因为中国目前实行的外汇管理制度是经常项目下可兑换，而经常项目包括投资利润、劳务服务等。因此，中国原本“僧多粥少”的水电勘测设计市场的竞争状况将会更加激烈。

2. 技术手段差距较大　经过建国后 50 多年的水电建设，中国已具备大型水电站自行勘测设计的能力。但同西方国家比，中国还存在一些差距，如在地质勘探方面使用钻孔、平洞等常规手段多，使用先进物探仪器少；在设计软件方面，解决局部问题的计算程序多，而缺乏具有系统性、商业化程度较高的应用软件；在设计技术方面，对一些高难度工程还缺乏实践经验，国外有部分高新技术我们还没有掌握；在管理方面，中国还普遍存在经营管理粗放问题。

3. 人才流失难以避免　入世后大量国外公司到中国寻找市场，他们有资金、有技术、懂管理，而缺

乏的是熟悉中国国情又有技术能力和勘测设计咨询经验的双语人才为其服务。作为我国人才高度集中的水电勘测设计企业，必然成为外商抢占中国市场猎取高素质人才的目标。

当然，加入WTO对中国水电勘测设计企业也会带来有利的影响：一是有利于学习国外的先进技术和科学管理方法。中国加入WTO后，随着国外咨询公司的界入，必将带来先进的勘测设计技术和管理方法，这将有利于提高中国勘测设计企业的技术水平和管理水平。二是有利于社会认识勘测设计咨询的价值。中国目前水电工程设计收费率仅为工程总投资的1.53%，而国外建筑工程咨询设计收费率一般都比较高。德国建筑项目对建筑师、工程师的咨询服务费为工程造价的7.5%～14%；美国从设计阶段开始委托整个咨询设计费为10%～15%；英国建筑师、工程师、机电工程师、测量师等的咨询服务费为8.85%～13.25%。虽然他们的服务内容比中国取费标准涉及得要宽，一般包括设计、咨询、监理等内容，但就同口径比较，外国设计收费标准比中国要高得多。中国加入WTO后，国内的规范、标准等将会逐步与国际接轨，被扭曲的勘测设计的价值也将会得到应有的体现。三是有利于开拓海外市场。加入WTO后，中国可以平等地取得其他142个成员国家和地区的国民待遇，面临的市场将大大拓展，将会有更多的机遇“走出去”承揽业务。

三、水电勘测设计企业的应对措施

1. 实行强强联合，加快公司制改革　按照国务院关于勘察设计单位体制改革和电力工业体制改革的要求，参照国际通行的工程公司、工程咨询设计公司等模式，建立现代企业制度。引入其他法人股东和职工持股，组建多元股东的有限责任公司或股份有限公司。并按“调整结构、扶优扶强”的原则，实行强强联合，组建企业集团，以发挥整体优势。

2. 深化内部改革，加速经营机制的转换　继续深化劳动、人事、分配制度改革，建立职务能上能下、人员能进能出、待遇能升能降的用人机制，坚持公开、平等、竞争、择优的原则，优化人才资源的配置。坚持效率优先、兼顾公平的原则，合理拉开收入分配差距，使职工所得的报酬与其所做的贡献挂钩。建立健全收入分配的激励机制和约束机制，鼓励资本、技术、管理等生产要素参与收益分配。努力创造条件，对公司经理层和技术骨干实行年薪制或股票期权制，千方百计留住人才。同时，要增强服务意识，在服务质量上向国外公司看齐。

3. 发展专有技术，增强核心竞争能力　按照国家规定提足科技开发费，加大科技攻关的力度，并将科研成果转化为生产力。要增强知识产权保护意识，发展具有自主知识产权的专有技术。通过采用高新技术，提高工程设计质量，提高水电工程的科技含量，优化设计方案，降低工程造价，增强企业的核心竞争能力。

4. 重视做好个人执业资格管理工作　为了与国际接轨，中国将会在一定的时期内逐步淡化直至取消勘测设计咨询的单位资质，从而过渡到实行个人执业资格管理。因此，水电勘测设计企业更高度重视个人执业资格申报认证工作，为员工创造执业资格申报认证的条件，做好平稳过渡。

（国家电力公司综合计划与投融资部　程念高）

加入WTO对水电施工企业的影响及对策

建筑业是充满竞争的行业，而且是中国开放较早、开放范围较广泛、外资进入较多的一个领域。作为建筑业的一部分，加入WTO后，水电施工企业必然受到影响和冲击，也面临着新的发展机遇，总的来说是机遇和挑战并存。

一、水电施工企业面临难得的机遇

(1) 有利于拓展国内建筑业市场。加入WTO有利于外资进入国内建筑领域。预计基础设施建设将有所增加，客观上扩大了建筑市场的空间，为水电施工企业拓展国内建筑业市场，扩大市场占有份额提供了良好的机遇。

(2) 有利于提高管理水平。由于国际承包商的进入和相应市场竞争机制的引入，有利于水电施工企业与国际接轨，学习国外先进的经营管理理念和管理制度，推动企业管理水平的提高。

(3) 有利于加快技术进步。国外投资的进入，必然对建筑业水平提出更高要求，这将带动建筑施工新技术、新材料、新工艺的开发和应用，促使水电施工企业建筑施工水平上一个新台阶。

(4) 有利于建筑市场的进一步规范和完善。加入WTO后必然要求引用通行的国际惯例和游戏规则，为水电施工企业提供一个相对公平、合理的竞争环境。

(5) 有利于开展国际化经营。水电施工企业生产能力相对过剩问题十分突出，进入国际市场，寻求新的出路是最佳选择，尤其是中国的水电施工企业在不发达国家和发展中国家具有一定的比较优势，开拓国际市场具有很大的潜力。加入WTO后，为中国水电施工企业进入WTO成员国的市场消除障碍和壁垒，提供了广阔的市场空间和发展机遇。

(6) 有利于加强国际合作。随着国际承包商进入中国市场的增多和中国水电施工企业在国际市场业务的不断扩大，中外建筑企业之间的合作逐步增多。在广泛的合作过程中，中国的水电施工企业将获得更多国内和国际信息，更有利于学习到国外先进的经营方式、科学技术和管理经验，为水电施工企业全方位开拓国际、国内市场提供有利条件。

(7) 有利于企业加快改革步伐。加入 WTO，一方面逼迫企业加快改革以增强竞争力；另一方面，国企改革的一些深层次矛盾有望在更加开放的环境中得到解决，从而为企业改革创造更为有利的条件。

二、水电施工企业面临严峻的挑战

(1) 建筑市场竞争加剧。加入 WTO 后，国际承包商进入国内市场的数量必然要增加，中国面对的将是经过长期市场经济考验、具有高度经营决策能力、经济实力雄厚的国际竞争对手。他们凭借其先进的管理、雄厚的资金、先进的技术、强大的融资能力和市场运作能力，在大型基础设施项目、大型公共建筑项目、世行项目、亚行项目、外商投资项目、国际招标项目和利用外资项目中，对中国建筑企业构成很大威胁和挑战。使本已处于过度竞争状态的国内市场更加拥挤；而国内可以从事对外工程承包业务的经营主体也必然要增加，使得国际市场的竞争进一步激烈。水电施工企业面临着新、老强手如林的竞争局面。

与国际、国内先进的施工企业相比，国内水电施工企业在融资能力、技术装备、经营机制和管理水平等方面处于相对劣势。加入 WTO 后，原先对国内企业的保护措施将逐步被取消，如果不尽快改变劣势，扬长避短，有的水电施工企业将面临被挤垮的危险。

(2) 资本金不足难以抗衡。加入 WTO 后，水电施工企业将直接面对国际承包商的挑战。与国际承包商相比，水电施工企业财务能力不足的问题特别突出，严重制约着国际竞争力的提高和国际市场份额的增加，影响中国对外经营业务的扩展。

(3) 传统经营模式受到冲击。加入 WTO 后，BOT（建造、经营、转让）、EPC（设计、采购、施工）、BOOT（建造、拥有、经营、转让）等新的承包方式将被更多地采用，由此将带动建筑业的兼并、联合和重组，逐步形成总承包、专业承包、劳务分包分层竞争格局。国内水电施工企业相互竞争、分散经营、非集团化运作的传统经营模式受到冲击，不走集团化和联合之路将有被各个击破的危险。

(4) 加速人才流失。国际承包商必然凭借其雄厚实力、优越待遇、灵活机制，特别是他们在推行本土化战略过程中，将大量吸引中国水电施工企业中的优秀人才。因此，加入 WTO 后，人才的争夺和企业人才需求的多样性使人力资源开发和人才的加速培养成为水电施工企业最严峻、最紧迫、最具有基础性的现实问题。

三、加入 WTO 后水电施工企业的应对策略

对于水电施工企业，无论是抓住机遇，还是应对挑战，最根本的是要提高企业的竞争能力，在更为激烈的竞争中发展壮大。而且，WTO 带来的全面的体制性开放逼迫企业必须按照递次开放的时间表，加快应对措施的实施乃至如期完成。

1. 加快结构调整步伐，增强整体实力和抗风险能力

(1) 组织结构调整。通过重组、联合或兼并，尽快组建具有国际竞争力的大型企业集团，形成适应国际市场竞争的企业组织结构和经济规模。如中国水利水电建设的主要队伍——中国水利水电工程总公司要尽快组建中国水利水电工程建设集团，实现水电施工企业内部资源的优化配置，发挥合力效应，提高综合实力和国际竞争力。

(2) 产业结构调整。水电施工企业要从单一的水利水电施工变为综合性的工程建设。一方面，进一步夯实水利水电工程建设这一核心业务，巩固与此相关的核心市场，同时继续发展相近的土木建筑和基础设施建设产业，使非水电建筑业尽快具备在企业经济中的支柱作用。另一方面，通过重组、联合或兼并，完善水电施工企业的融资、投资、设计、科研、国际贸易功能，适应国际工程承包市场带资承包、全方位服务的新需求。

(3) 队伍结构调整。与剥离（剥离企业办社会职能，分离、分立多种经营企业，分流富余人员）、改制、重组相结合，使部分水电施工企业向管理、技术密集型发展，成为工程总承包企业；部分企业向专业施工企业发展；大部分水电施工企业的劳务作业层逐步与企业分离，改造成为小型化、专业化、市场化、社会化的劳务分包企业。同时，通过实施人力资源开发与管理战略，提高队伍的智力、技术含量，特别是要培养出一支相对稳定的高层次、外向型、复合型的经营管理人才和专业技术人才队伍。

2. 加快建立现代企业制度，转换经营机制 按照“产权清晰、权责明确、政企分开、管理科学”的要求进行公司制改造。尽可能实现投资主体多元化，逐步改制为有限责任公司或股份有限公司，并积极创造条件使部分企业成为上市公司；建立规范的法人治理结构，形成科学、合理的企业领导体制和组织制度，构建一套有效的激励和约束机制。通过现代企业制度的建立，形成具有生机和活力的企业经营机制。

3. 大力开拓国际市场，提高国际化经营水平　开拓国际市场是企业实现国际化的必由之路和主要表现。水电施工企业一要努力扩展地域市场，在巩固现有发展中国家市场的同时，创造条件进入欧、美发达地区；二要不断提升经营层次，与完善功能结构相结合，积极采用 EPC、BOT、BOOT 等新型承包方式，并不断探索其他先进的、适合的经营方式，力争在国际建筑市场的分工体系中占据制高点；三要在做实做强水利水电建设核心业务的同时，体现向综合性建筑企业发展的思路。

4. 加强和改善企业管理，提高企业整体素质　针对水电施工企业管理中的薄弱环节和当前改革的需要，要着重抓好资产管理、财务管理，成本管理、质量和安全管理。在做好企业基础管理工作的同时，要根据企业不断变化的内外部环境，正确制定企业的发展战略，实施战略管理，防止重大决策失误。在加强管理过程中，水电施工企业要广泛采用现代化管理方法和手段，不断学习和借鉴国内外先进的企业管理经验。

5. 进一步增强核心技术，推动经济增长方式的转变　发挥中国水电施工企业已有的技术优势，广泛开展与相关科研机构的联合与合作，在水利水电及部分相关工程建设领域，选择一些对企业发展有重大意义的研究领域、前沿课题和关键技术难题，如新坝型的建造、特大型机组安装、特种爆破等，集中力量进行重点攻关，形成自己的知识产权，进一步增强自己的核心技术。同时，技术创新要与管理创新相结合，形成技术创新的良好运作机制和投入产出的良性循环，推动企业经济增长方式由粗放型向集约型转变。

加入 WTO 为中国经济融入全球化浪潮提供了新的平台，也是中国企业改革和发展的又一次重大机遇。水电施工企业只要进一步解放思想，开拓创新，扎实工作，切实把机遇变为现实，把挑战化作动力，就一定在新的形势下取得新的更大发展。

（中国水利水电工程总公司　郭建堂）

浅谈加入 WTO 对水电勘测设计咨询企业的影响和对策

世界经济一体化进程的加快和中国加入 WTO，将对中国政治、经济、贸易等产生深远的影响。这是中国与世界经济实现全面接轨的一次契机，其中有冲击和挑战，也有希望和机遇。需要深入分析中国水电勘测设计咨询企业的现状，寻找与国际接轨的差距，提出入世的对策，把握机遇，迎接挑战。现就水电勘测设计咨询企业入世对策提出如下建议。

（一）加快改革步伐，推进结构调整，形成与国际跨国公司抗衡的“联合舰队”

中国加入 WTO 之后，国际跨国公司对中国市场已是兵临城下。如今全球最大的 200 家工程咨询公司，已有 141 家进入中国，有的公司是实力雄厚、技术手段先进的行业“巨无霸”。中国入世，这些强手必然大展拳脚，抢占中国的投资市场，对此要有清醒的认识。

目前，中国电力体制将进行改革。根据这一精神，中国水电顾问公司进行了战略性重组，即将中国水电顾问公司和 7 个直属设计院及中国水电建设咨询公司组建为中国水电顾问集团公司，以增强企业的整体竞争能力。各设计院作为集团的子公司也应实行资产重组，实现产权多元化，组建为有限责任公司，从而形成一个能够与国际跨国公司进行抗衡的“联合舰队”。

（二）转变经营机制，调整经营模式，走 EPC 和 PCM 道路

中国的工程勘察设计咨询单位大多以“勘察设计院”命名，事业单位色彩较浓，业务范围主要为勘察、设计。近年来一些大型设计院已向工程建设监理、造价咨询、项目管理和工程总承包延伸，不少设计院承担了国外工程咨询业务，已逐步与国际接轨。勘测设计咨询企业应进一步转变经营模式，积极拓展服务范围，向多功能服务发展。在搞好传统服务领域基础上，努力争取实行国际普遍采用并行之有效的工程项目建设总承包（EPC）和工程项目管理总承包（PCM）。这是勘测设计咨询企业经营中潜在的巨大机遇。

项目管理是国外工程咨询企业普遍采用的项目管理办法。近几年广泛流行于国内勘测设计咨询企业，具有管理简便、反应迅速、措施直接、控制有效的优点。应结合本企业的实际，进一步推进和实施项目管理，以此推进企业内部管理机制的深层次改革。

（三）学习和研究市场准入的规则，保护自身权益

按照 WTO 规则和中国的承诺，入世 5 年后国外工程咨询公司将直接进入中国市场，通过竞争承揽业务。那些在计划经济体制下，靠部门和地区保护而生存的勘测设计企业，将面临极大的考验。中国水电勘测设计咨询行业是较早进入市场的行业之一，积累了一定的国内市场运作经验。入世后市场的不断规范对该行业进一步扩大市场提供了难得的机遇。对于中国的企业来说，经济全球化意味着更多的机遇，也带来更大的风险。

对于中国的勘测设计咨询企业，资质已成为衡量企业水平的重要标志。中国当前的市场准入制度是以

单位资质管理为主，个人执业资格管理为辅，并逐步过渡到取消单位资质，全部实行个人执业资格管理。因此，不仅应加强单位资质的申报和管理，更要大力鼓励职工个人申报执业资质，以便逐步与国际接轨。

（四）全力做好水电前期工作，努力巩固市场

中国有丰富的水力资源，理论蕴藏量和可开发容量均居世界首位。但开发程度较低，按装机容量计算不到20%，低于世界平均水平22%。中国水电资源的开发在地区间差异很大，东部水电开发程度已达到79.61%（扣除抽水蓄能电站为63%），而西部地区的开发程度较低，仅为11.41%。西部地区有大量的大型水电资源点等待开发。随着中国西部大开发战略和“西电东送”、全国联网工程的实施，为西部水电的开发提供了极为有利的机遇。中国的西部水电市场已引起国外工程咨询企业的注目，正在寻找机会进入中国市场。水电顾问公司系统应抓住这一难得的历史机遇，尽快完成水电开发的战略性布局，尤其要做好“西电东送”战略性项目的前期工作，加大前期投入，稳固占领国内水电市场。

（五）加快高素质人才队伍的培养和使用

长期以来，受计划经济的影响，中国工程师虽然在技术上训练有素，但重技术、轻营销的传统根深蒂固，对市场经济条件下工程咨询活动规律不适应，严重束缚了中国工程咨询企业的竞争力。据世界工程咨询业权威杂志ENR《工程新闻纪录》统计，在1997年全球160亿美元海外工程咨询营业额中，仅美英两国就分别占去44%和13%，中国所占市场份额却不足2‰，而且只局限在亚洲、非洲等少数几个国家和地区有业务。工程咨询是技术附加值很高的行业，还能带动设备、管理、劳务出口。中国工程咨询队伍的规模不算小，但能参与国际竞争的单位并不多，其中一个重要原因，就在于中国咨询工程师太技术化，缺乏商务、法律、FIDIC合同的系统知识和海外经验，以及在语言交流上的障碍，都极大地制约了中国工程咨询企业对外展示其技术优势，因而很难通过海外市场承揽工程，往往只能充当配角。

根据中国咨询队伍人才结构的现状，当前要重点培养既能掌握和熟悉国家经济政策法规、又精通一定领域专业技术知识的复合型人才，熟悉市场调查和预测分析的人才，善于经济评价和风险分析的人才，具有技术创新与竞争的人才，熟悉国际惯例，能够进入国际咨询市场参与竞争的人才。

当前国外咨询公司到中国寻求市场，常以商业存在的方式在中国设立分公司，推行“人才本地化”战略是他们的必然选择。他们有资金、有技术、懂管理、会经营，缺乏的是熟悉中国国情又有技术能力和勘察设计咨询经验的人才为其服务。作为中国人才高度集中的勘察设计咨询企业，必然成为他们抢摊中国市场猎取高素质人才的首选目标。这就要求勘察设计企业加快人事制度改革，尽快建立培养人才、使用人才、尊重人才、留住人才的有效机制。

（六）实施名牌战略，建设精品工程

名牌产品是市场经济发展到一定阶段的必然产物。当今国际范围的市场竞争，实际上是品牌的竞争，只有创出名牌并能维持企业的发展，才能赢得市场。中国水电勘测设计系统在过去几十年开发中国水力资源的工程实践中，在高拱坝设计、大型地下工程设计、碾压混凝土筑坝技术、基础处理技术、大机组机电设计、高水头抽水蓄能电站设计、水电项目技术经济评价和水电规划等方面具有明显的优势。其正在从事设计的双曲拱坝、重力拱坝、碾压混凝土拱坝、地下洞室以及抽水蓄能电站等，都位居当前世界或亚洲前列，这些都是我们的名牌产品。当前，我们更应加强技术进步，推进科技创新，依托在建工程，围绕关键性技术开展攻关，搞好优化设计，创造精品工程，提高核心竞争力。

（七）加强知识产权保护

长期以来，国内对专利权、专有技术权、商标权、版权、商誉等比较淡漠。入世之后这些权利对企业至关重要，应引起企业充分重视。

随着计算机技术的迅猛发展，计算机软件越来越多，盗版软件作为“物美价廉”的产品在部分人手中使用着，很少有人感到是在违法。中国政府已经出台了《计算机软件保护条例》，加大了知识产权保护和执法力度。同时，国际软件业也加强了中国软件市场行为的寻查追踪。去年，在北京、深圳、上海、西安等地都有勘察设计企业相继被要求索赔。使用正牌软件，加强知识产权保护，是WTO对中国市场的要求，也是中国政府的承诺，勘测设计咨询企业应从长远利益出发，维护计算机软件的版权。

（八）加强FIDIC条款学习，推动与国际惯例接轨

菲迪克是世界工程咨询业的权威组织，其制订的建设项目管理规定与合同文本，已为联合国有关组织和世行、亚行等国际金融组织以及许多国家普遍所承认和广泛采用。菲迪克提出的有关工程咨询管理和职业准则，也为各国工程咨询业界共同遵守，著名的“菲迪克条款”已成为工程咨询国际惯例的同义语。

有关部门对中国“八五”以来完成的重点项目进行分析后发现，凡是世界银行或亚洲开发银行的项目，其完成质量都比较好，这与他们在项目管理中成功运用FIDIC条款有很大的关系。因此，在中国工程项目中推广和运用FIDIC条款，是实现与国际惯例接轨、保证工程建设质量的重要途径。

FIDIC是在中国实行改革开放政策以后才开始进入国内的，如果从20世纪80年代中期的鲁布革水电站项目算起，迄今已有近20余年的历史。总的看来，FIDIC条款在中国的应用范围很窄，仅限于一些世界银行、亚洲发展银行等国际金融组织贷款额较大的项目。而且推广的进程相当缓慢。水电勘测设计咨询企业是国内最早采用FIDIC条款的行业。我们应按照FIDIC条款的管理模式，规范内部管理，尽早与国际惯例接轨。

（九）利用加入WTO后的缓冲期，寻求与国际咨询公司合作

加入WTO对于中国的水电市场有“天时、地利、人和”的有利条件。中国水电勘测设计咨询业掌握有中国水电资源的基础资料，了解市场的需求，与业主有天然的联系。要利用入世缓冲期内外国咨询公司进入中国市场必须与国内咨询企业合资或合作的机遇，积极寻求与国外知名咨询公司合作，在合作中锻炼和培养人才，掌握先进的管理方法和运用模式，提高整体竞争力，为该行业进一步走向国际市场，参与国际竞争创造条件。

中国勘测设计咨询企业只有参与国际竞争才能最终走向成熟。

（西北勘测设计院　熊炳煊）

水电发展战略研究与政策研究

“九五”计划期间水电建设的回顾

“九五”期间，全国发电装机容量由1995年的2.17亿kW增加到2000年的3.19亿kW，年均增长8.0%；其中水电装机容量由1995年的5220万kW增加到2000年的7935万kW，新增2720万kW，年均增长8.7%；到2000年水电装机容量占总装机容量的24.85%，与“八五”期间比较，水电比重上升了0.8个百分点。

“九五”期间，全国发电量由1995年的10069亿kW·h增加到2000年的13685亿kW·h，年均增长6.3%；其中水电发电量由1995年的1868亿kW·h增加到2000年的2431亿kW·h，年均增长5.41%。

“九五”期间，电力大中型基本建设投资完成5559.3亿元，其中电源投资4129.7亿元，占74%；电源投资中水电投资925.2亿元，占22%。

“九五”期间，电力建设开工规模4611.5万kW，其中水电437.1万kW，占总开工规模的9.5%。到2000年底，全国在建装机总规模7461.4万kW，其中水电3167.9万kW（其中抽水蓄能容量107万kW）；结转“十五”规模5528.6万kW，其中水电2327.6万kW。

“九五”期间共投产大中型发电机组9710.5万kW，其中水电2139.7万kW，占22.03%。

“九五”期间加大了水电前期工作，许多大型或特大型水电站相继完成前期工作，进入开工或预备开工阶段，如红水河上的龙滩水电站、黄河上的公伯峡水电站、澜沧江上的小湾水电站、清江上的水布垭水电站、乌江上的构皮滩水电站、沅水上的三板溪水电站等。这些水电站都将在“十五”期间正式开工。

“九五”期间各地区新增水电装机容量及在建水电装机容量。

“九五”期间各地区新增水电装机容量及在建水电装机容量

	“八五”末水电装机容量（万kW）	“九五”末水电装机容量（万kW）	“九五”新增水电装机容量		2000年底在建水电装机容量（万kW）	
			容量（万kW）	年均增长率（%）	水电	其中：抽水蓄能
全国总计	5218	7934	2716	8.7	3167.9	107
华北地区	124	318	194	20.7	0.	
东北地区	444	560	116	4.8	39	
华东地区	880	1325	445	8.5	195.3	70
中南地区	1960	2617	657	6.0	300.8	37
西南地区	1174	1993	819	11.2	638.2	
西北地区	592	869	277	8.0	16.6	
不分区	44	252	208	41.8	1978	

“九五”期间，中国电力工业实际利用外资约160亿美元，利用外资项目新增装机容量超过5700万kW。其中利用世界银行贷款项目13项1050万kW，实际利用外资22.45亿美元，其中的水电项目有天荒坪抽水蓄能电站（总装机180万kW）和二滩水电站（330万kW）；利用亚洲开发银行贷款项目6项347万kW，实际利用外资17.35亿美元，其中水

电项目有凌津滩水电站（27 万 kW）、广州抽水蓄能电站二期（120 万 kW）和棉花滩水电站（60 万 kW）；利用日本海外协力基金贷款项目 9 项 630 万 kW，实际利用外资 6.89 亿美元，其中水电项目有十三陵抽水蓄能电站（80 万 kW）、五强溪水电站（120 万 kW）、天生桥一级水电站（120 万 kW）和天生桥二级水电站（132 万 kW）。

在“九五”期间，利用外国政府贷款的电力项目有 7 项 143.3 万 kW，实际利用外资 3.7 亿美元；利用国外商业贷款和出口信贷的电力项目有 11 项 1127 万 kW，实际利用外资 27.4 亿美元；利用国内外汇购买国产设备试点项目 4 项 360 万 kW，外资金额 7.92 亿美元。所有这些都无水电项目。

在直接利用外资方面，主要方式是合资、合作、外商独资、BOT 以及电力企业境外上市等，也都无一项水电项目。

与“八五”相比，“九五”期间水电利用外资的项目和规模都大幅度缩小。

（国家电力公司动力经济研究中心　雷体钧）

水电建设制度变迁的理论分析

新中国成立以来，水电建设历经坎坷，从小到大、从弱到强逐步发展。特别是改革开放的 20 年，水电建设者积极探索，大胆实践，水电建设迅猛发展，工程规模不断扩大，尤其是三峡、二滩、天生桥一级等水电工程的兴建，标志着中国水电建设已经逐步迈向世界先进水平。目前中国已成为世界上水电在建规模最大、发展速度最快的国家。

(1) 20 世纪 80 年代以来，中国经济体制改革的核心一直围绕着企业制度展开。改革初期，试图通过向基层生产单位放权让利，“放”出企业来。但在传统体制中，只有行政隶属关系，而无市场契约关系，也就没有作为契约集合的企业组织。现代企业理论之所以把企业看作是一系列契约的有机集合，就是因为企业是依靠市场契约而不是行政手段将生产要素聚合起来。因此，只有改变方式和规则，才能出现与传统体制不同的企业组织。

(2) 在企业这种契约集合中，资本投资是基础要素，它用股权表示，具有剩余索取权并相应具有控制权。取得这一企业家权利的前提是，它必须为其他要素支付固定报酬，如利息和工资；且报酬不低于这些要素的机会成本，因而企业完全是自愿的契约集合，当支付了固定报酬之后，企业剩余的多寡完全取决于具有控制权的一方（企业家）能否创造性地指挥这些要素，使其协作的成果大于个体要素成本的总和。由于资本金是预先垫付的资本，而市场是不确定的，所以，资本必须为错误的决策导致的损失负责，有可能血本无归。现代企业制度是建立在企业家的冒险精神的基础上，这种精神再加上对市场的敏锐洞察，奠定了企业家在合约中的核心地位。

(3) 从计划经济向市场经济的过渡，是从依赖政府指令配置资源的生产方式，向以自愿承担风险的企业家为中心的市场体制过渡。在实行统收统支和固定工资的计划经济下，政府垄断了从劳动到资本的一切生产要素，一切收益都作为社会收益（共享），一切支出都当作社会成本（共担），私人成本和私人收益是不予计较的，因而无法形成私人收益等于社会收益的有效激励机制（市场经济等价交换的法则）。而且，由于“将全社会组织成一家大工厂”（列宁语），彻底排除了企业家产生的条件，如何建立一套激励生产要素的制度结构，特别是企业家的选择机制，培育企业家精神，就成为改革的核心目标。

(4) 制度变迁是新的规则不断替代旧的规则，并逐渐改变组织形态的过程。在诺斯（1994，中译本）看来，“制度变迁是在规则与组织的互动中完成的，制度是大到意识形态小到生活习俗的等级规则结构，组织是与规则相应的，为捕捉规则机会集合的机构”。规则的改变是一个渐进的过程，整体规则的改变不可能一夜间完成。中国的经济体制改革证明了这一点，制度变迁同时也是个学习的过程，需要规则与组织的相互适应，意识形态和生活习俗的相互配套。在上述有关水电建设与运营制度变迁的过程中，可以感受和体验到，企业制度如何随规则的演变而改变，也许是某个偶然引进的新规则改变了传统的组织形态，而新的组织形态又如何对新规则产生了进一步要求。

(5) 新制度经济学把制度变迁纳入一般均衡的分析之中，在诺斯（1994）看来，制度变迁是渐进的动态均衡过程。“渐进的变迁来自于政治和经济组织中的企业家的如下感知：即他们认为在某些边际上改变现存的制度框架会使他们的境况更好。”当决定鲁布革水电项目引进外资时，对于建设资金严重不足的水电建设行业来说，这显然是一种边际改善。不过，这种改善的效果大大超过了决策者的预料，它带来的不仅是外资，而且是新的建设制度，这种制度恰恰迎合水电建设的需要。于是传统自营制的制度均衡被打破，开始走上以业主负责制为核心的制度变迁之路。每一个行业的制度变迁都有其特殊性，水电的特点在于，它从建设体制开始，并且借助外来资本打破了传统制度的均衡。

(6) 水电行业的企业制度变迁是在一系列“制度企业家”创新中完成的，形成了具有行业特点的特殊路径。

1）“鲁布革冲击”带来一个全新的东西——“业主”。但在自营体制中，建设和生产是分离的，并且进一步划分为立项—审批—拨款—设计—建设—生产—分配等更加细小的环节，由不同的主管部门分别管理，没有一个对全过程担负责任的主体。可以说，这个外来“业主”，正中了自营制的靶心，“业主缺位”的制度缺陷在FIDIC条款冲击下暴露无遗。为了应付FIDIC条款要求，水电部只好以文件形式明确，鲁布革工程管理局对外代表业主，对内代表甲方。“业主”、“工程师”都带有模拟性质。

2）集资办电促进了一批国内“业主”的诞生，外来“业主”有了内生的土壤，投资主体多元化造就了一大批“独立电厂”，对制度变迁提出了新的要求。为了解决独立电厂与直属电厂（即网管电厂）的平等、公平竞争问题，迫切要进行“厂网分开，竞价上网”的改革，为电力生产企业创造公平竞争的市场环境。没有大批独立电厂的诞生，目前正在酝酿进行的打破垄断的改革是不可想象的。

3）尽管实行了集资办电，但“业主”的组织形式很不规范，没有按现代企业制度明晰投资者在企业中的产权关系。没有严格区分债权和股权，企业资本结构畸形，债权资本过大而股权资本过小，资本金不足。政府主管部门依然代表国有出资者，对“业主”落实责任。“业主”与主管部门签订的各种形式的“投资包干协议”、“包建合同”等，说明“业主”还不是真正意义上的业主，“业主负责制”本身就反映出这种矛盾的状态，责任不是内生的，而是政府外加的。我们从漫湾“纵向责任制”的模式中，看到了“业主”对政府的依赖性。

4）从业主负责制向现代企业制度的跨越是一次“惊险的跳跃”，它的代表作是“清江体制”。这一跳跃完成的使命是将投资人的产权“内部化”，通过完善法人治理结构保证投资人的利益，使业主的“责任”由“外生”变为“内生”，从而使业主负责制纳入现代企业制度的框架，获得组织保障。“清江体制”告诉我们一个（制度）企业家向政府要求剩余索取权的曲折过程，从而了解到企业家如何在制度框架内，自主实现制度创新。制度创新的主体由政府转向企业。

5）制度变迁的路径是与制度企业家们的选择、创新密切相关。但身处变革过程中的企业家们又是在既定的制度约束中决策的，并不知道整个制度变迁的全部变量，他们的“知识”只能是有限的，局限于他们关心的特殊问题。他们是在不知不觉中影响、推动了制度创新，与其说是他们选择制度，不如说是制度选择了他们。他们往往是在某个特殊难题的逼迫下，搜寻出一条“出路”，他们创新的结果本来是不确定的，本意并非要推动整个体制的变迁，但由于他们的创新改善了制度绩效，正好迎合了对新制度的需求，因而改变了制度变迁的路径。这从一个方面说明了“路径依赖”并非路径决定，在制度变迁中没有必然的路径可寻，一系列偶然的条件选择了一条特殊的路径，但只有改进绩效的制度才会在演进中替代旧制度，形成持续创新的过程。因此，制度变迁决非是某个集团或个人设计的结果，相对整个制度而言，任何人的知识都是极其有限的，但正是这些特殊情况下的偶然的创新，激发了个人、组织和规则的互动，推动了整个体制的一系列演进，最终决定制度变迁的是超越人为因素的效率法则。

（7）水电建设与运营制度的变迁，大致经历了两次跨越，一次是从自营制到业主负责制，一次是由业主负责制迈向现代企业制度。两次跨越的分水岭基本上以《公司法》为界限，是与整个经济体制改革的步骤相一致的。

1）在业主负责制向现代企业制度的跨越中，“清江体制”具有一个重要的理论意义。它在偶然中验证了企业理论的一个原理：剩余索取权和剩余控制权必须是对称的，企业家职能必须是统一的（委托人资本与经营者才能的完美统一），“股份公司的特征是企业家身份的分解，而非所有权与控制权的分离”（张维迎，1995年）。假如政府将剩余索取权授予政府某个部门或者某个不受汪定国控制的国有资产管理公司，那么，汪定国的企业家身份是不完整的。在国有制没有明确“人格化”代表的情况下，把国有资产权利授予经营者也许是一个有效的选择，正如张维迎所言，“如果不存在其他一些有效的机制，则企业家企业（指管理与剩余索取权完全重叠）将成为企业的惟一形式”。这也是“清江体制”中不断强调的“所有者的代表尽可能同经营者靠近”的意义所在。较之行业性的国有投资公司或地区性的国有资产经营公司，清江投资公司与经营者最近，既实现了企业家身份的分解，又在企业家身上实现了剩余索取权与控制权的统一，较好地解决了企业家的激励问题。

2）“尽管从政府手中将决策权和剩余索取权转移给经营者改善了经营激励机制，但对中国国有企业来讲，有一个根本问题还没有解决，这就是，如何选择有能力的经营者。一个称职的经营者应有赚取利润的动力，但是目前尚没有一种机制保障只有高素质的人们才占据经营者岗位，原因是国有企业的经营者仍然是由官方选定而非由真正承担风险的资本所有者选出。”（张维迎，1995年）相对于政府部门直接控制产权，以及行业性和地方性投资公司而言，清江体制向前迈进了一大步，使企业家可以滚动发展。但这里的剩余索取权并非最终索取权，“清江体制”及其内部的经营者们依然代表国家行使投资者权利。不管是政府部门，还是像汪定国这样的企业家，都代表“公民”投资，公民是国有资产的最终委托人，但并没有一种机制使我们这些个体公民行使选择代理人的权利。国有资产和“全体公民”有关，但又好象与每个个体公民无关。由于“全体公民”难以人格化，选择经营者的机制实际上是政治机制，不是市场机制，到底选谁作为经营者（代理人）和最终的剩余结果关联度很低。

3）迄今为止。国有企业改革的核心成就表现为剩余控制权从政府逐渐放给企业内部经营者，使得公有规模不断缩小。但剩余索取权的问题只是形式上解决了，国家授权给各种形式的国有资产管理公司，将政府职能与国有资产的增殖职能划分开来，但这种权利与法理上的最终剩余索取人（全体公民）依然是不相关的。官方授权国有资产管理公司的方式，没有解决国有资产动力机制，国有资产的收益与风险与我们都相关，又都不相关。清江体制在已有的国有资产经营机制中是放权最彻底的，较之行业性投资公司和地方性投资公司有更大的活力，但剩余权利到底应该落实给谁并非不重要，不仅应当将国有资本划分成可分离的股份，而且要有股权转让机制。股权转让机制可以形成控股权市场和经理市场，建立健全经营者选择机制。

4）在现有的国有资本进一步的分割中，至少有一部分是应当量化给公司的经营者和劳动者的，要监督代理人为委托人恪尽职守，必须将经营者纳入到持股者的行列。将部分股权界定给经营者（尤其以期权形式）可以使经营者目标函数中自觉追求股权价值极大化，降低代理成本。实践证明，股票期权（ESO）和职工持股计划（ESOP)，即使在资本主义企业，也能取得良好的激励效果。

(8）但目前的企业制度还存在严重缺陷，资本制度的改革成为问题的核心。如何在企业制度创新中，既保障国有资产不受到个人资本的侵蚀，又能使国有资本从竞争性产业中退出，让位于真正有冒险精神的个人资本，形成资本与个人经营才能之间的有机结合，调动潜藏在社会中的企业家精神，是企业改革面临的任务。

目前，在股票市场上，国有股减持已成定局，垄断行业也相继对民间资本开放，水电建设行业也应从只有中央和地方政府少数一两家股东的封闭状态中走出，形成开放的资本结构，不仅可以解决资本金不足的问题，而且可以进一步完善企业法人治理结构，解决国有资产无人负责的难题。完全可以考虑国有资本由股权转化为债权，获得优先清偿权，从风险的核心位置中解脱出来，这其实是保护国有资产的最好办法。如其把国有资本放在合约的核心位置，在无人保护的状态下，受私人资本的侵蚀，不如尽早退到安全的位置。把风险转嫁给个人，于国于民都有利，何乐而不为？开放资本结构，并非一定都要走上市的道路，因为目前的水电开发企业还不足以带给投资者很好的预期，定向募集是更好的办法。

（国家电力公司　朱　军）

从业主负责制到现代企业制度

在长期计划经济管理体制下，中国水电建设管理体制一直采取一种被称为“自营制”的模式，即由国家指派建设单位施工，建成后移交生产单位。它的基本特点表现为“建管分离，收支分离”。事实证明，传统自营体制的投资效率低下，建设工期一再拉长，预算规模一再突破，形成“工期马拉松，投资无底洞”的状况。到了20世纪80年代，水电行业已头戴“投资大，周期长，移民难”三顶帽子，国家财政已无力支持大规模的水电建设，改革建设管理体制已经十分迫切。

1982年5月，吉林红石水电站由施工单位进行了总承包，很快得到推广，太平湾、葛洲坝、紧水滩等自营工程也相继实行了投资包干责任制。但这种承包制仅仅是自营体制内部的改革，建设单位依然不管后续的生产运营，只是在建设过程中下级对上级负责，是节约投资、提高效率的一种管理手段。它和后来由业主组织的招标承包制是根本不同的。自鲁布革工程国际招标开始，水电建设经历了从自营制到业主制，再从业主负责制到现代企业制度的改革变迁过程。

一、“鲁布革冲击”

鲁布革水电站早在20世纪70年代中期就开始施工准备，由于资金等方面的原因，施工前期准备时间长达7年之久。鲁布革的困境在某种程度上，是整个水电行业处境的一个缩影，即不仅资金严重短缺，而且效率低下，到了非改不可的地步。当时主管水电建设的电力部副部长李锐毅然力主利用世界银行贷款解决水电建设资金严重缺乏的局面。正是由于这一偶然的因素，却成为水电建设制度变迁路径的开端，水电建设由此逐步开始了管理体制的改革。

世行贷款有个先决条件，就是必须遵守国际通行的FIDIC条款。FIDIC条款是国际建筑市场成熟经验的总结，体现了建筑市场的一般规律。尽管各方权利义务是对称的，但建筑市场的核心是业主，是一切合同关系的甲方，其他两方虽然是独立主体，但都要完成业主赋予的职责和任务。而自营体制下，设计、建设、生产等环节各自为政，他们都代表国家，又都不对投资全过程的综合效益负责，造成“业主缺位”。为了应付FIDIC条款的要求，水利电力部下文临时组建鲁布革工程管理局，并指定鲁布革工程管理局对外代表业主，对内代表甲方，通过招标方式选择承包商。

按照世行的要求，鲁布革水电站对发电引水隧洞进行了国际招标，日本大成公司以低于标底43.4%的标价中标，仅用11个月就打通了中国石灰岩地区断面最大的导流隧洞，创造了大型水电工程当年准备、当年截流的国内新纪录。事实上它的高效节省是中国水电建设史上从未有过的，而且，日本大成公司使用的是中国国内的施工队伍。

鲁布革水电站引进国际资本的同时，引进了国际建筑市场的规则，对自营制形成真正的冲击。但中国当时并不存在建筑市场，不论“业主”还是“工程师”都是模拟出来的，是在行政体制中划分出来临时赋予有关职能的。中国“业主”成长的条件还不具备。但“鲁布革冲击”引进了全新的“业主”概念，渐渐被水电建设者们所熟悉、接受，为新体制的建立打开了一个突破口。

二、漫湾模式（模拟业主）

如果说，引进外资为新的建设体制打开了一个缺口，那么集资办电的政策就为新制度的推广创造了条件。1985年，国务院出台的《关于鼓励集资办电和实行多种电价的暂行规定》，打破了国家独家办电的垄断格局，为多家“业主”的形成奠定了基础。在全国大型水电项目中，漫湾水电站是第一个中央和地方合资建设的项目。该项工程的管理体制具有典型的代表意义。

事实上，新制度的施行与旧的管理体制是同时并存的，业主并没有从行政主管部门的束缚中完全摆脱出来。以漫湾水电站为例，它实行的是投资包干与招标投标两种制度相混合的模式。前者是纵向的行政关系，后者是横向的市场关系，两者的混合反映了当时产权不明、政企不分的实际状况，具有一定的代表性(如岩滩水电站的业主被指定为广西电力局，与水电部签订了《包建合同》)。这种行政指派“业主”，带有“模拟业主”的性质，真正的业主，必须是对投资者负责的，享有独立法人财产权的企业。

在“鲁布革冲击”下，至1986年，水电建设全行业（除西藏羊卓雍湖水电站）开始实行业主负责、建设监理、招标承包等项相关制度。1987年，全国基本建设施工会议介绍推广了鲁布革经验，从而对全国的基本建设管理体制改革产生了重大影响。随着“鲁布革经验”的普遍推广，以及“五朵金花”竞相开放，对新制度的总结就顺理成章地提了出来。1991年12月，水电建设系统召开了广蓄建设经验交流会，对多年来水电建设管理体制改革进行了系统总结，为水电建设改革和发展指明了方向。中国水电建设新的管理体制由此基本确立，形成了以业主负责制、建设监理制、招标承包制为主要内容的建设管理体制的初步框架，水电建设业主（项目法人）、监理、施工企业和设计咨询各方关系的大格局得以确立，一项制度创新的历史使命初步完成。

三、清江模式

尽管推进了业主负责制的制度创新，但新制度与旧体制之间的关系并没有理顺。主管部门、投资者、业主、建设单位之间的关系经常交叉，为了解决在谁是“业主”等问题上的争论，规范业主行为，采取新的企业组织形式成为当务之急。早在1993年下半年，十四届三中全会召开前夕，中国理论界就公司制进行了讨论。此时，电力部副部长汪恕诚积极倡导水电建设行业实行公司制，大力推动水电建设行业在业主负责制向现代企业制度的演进，水电再次走在建设领域制度创新的前列。

与其他一些水电开发企业一样，清江公司也经历了一场非同寻常的制度革新。清江开发公司成立于1987年，由原国家能源投资公司和湖北省按30%和70%的协议比例合资组建。但随着市场经济体制的深入，产权关系发生了重大调整，传统的企业制度面临彻底挑战。

按照《公司法》的要求，企业资本金必须明确，投资人以股权方式明晰与企业的产权关系。那么，谁将代表国家行使对清江公司的投资权呢？此问题是重要的。于此关键时刻，根据清江公司的要求，1994年4月，省政府以鄂政函31号文，批复同意清江公司的请求，将国有资产的代表权直接赋予清江公司，使清江公司不仅具有经营权，而且具有投资权和资产处置权。这对于清江公司的经营者来说是命运攸关的，它意味着清江公司创造的利润可以继续留在公司做滚动开发，继续实现清江公司最初确立的“流域开发，滚动发展”的目标。

1994年9月，清江公司与电力部、国家开发银行就适应国家投融资体制改革进行磋商。可是清江开发公司无权和代表国家出资人的华中电力集团公司并排坐在一起签订合资协议，因为清江开发公司是经营者，“负责隔河岩等电站的建设、经营和管理”，两者之间合资，混淆了“老板”与“打工仔”之间的关系，不符合投资融资改革的要求。在鄂政函31号文的基础上，湖北省鄂政函（1995）72号文同意成立湖北省清江水电投资公司，作为湖北省清江流域水电开发的投资主体和国有资产经营主体，承担鄂政函31号文赋予清江开发公司的权益，同意将清江开发公司改组为规范的“湖北省清江水电开发有限责任公司”，汪定国担任投资公司总经理和有限公司的董事长。这样，投资权与所有权既在主体形式上分离，又在企业家身上通过企业机制结合起来。一个“制度企业家”如何利用体制允许的规则，在产权博弈中为企业获得利益，具有典型的代表性、重要的理论价值。通过向现代企业制度的跨越，形成了新的清江模式，即“业主负责，建管结合；主体明确，产权明晰；流域开发，滚动发展”。清江公司把“业主负责”比作机器，把“流域开发”比作目标，而最关键的就是“主体明确，产权明晰”，它是决定一部机器好坏的机制。和清江公司一样，1995年以后，一大批水电企业借助《公司法》的契机进行了改制，二滩、乌江、五凌等许多企业都走上了现代企业的道路，改组为规范的有限责任公司，明确了产权关系。原来只是业主授权的建设单位的企业，也纷纷成为独立业主，成为电力工业重要的改革成就——独立电厂之一。从业主制向现代企业制度转变，不能不提到广西桂冠电力股份有限公司（上市公司股票代码：600236)，它是全国大中型水电建设系统中目前唯一一家上市公司。虽然水电企业并非一定要上市，但作为现代企业的一种组织形式，它仍然具有重要的象征意义。事实上，它也确实为解决水电企业资本金比例偏低的问题提供了一种方式。

广西桂冠电力股份有限公司是水电建设行业第一家上市股份公司，是经广西体改委桂体改股字(1992) 6号文批准，由广西电力局（现广西电力有限公司)、广西建设投资开发公司（现广西开发投资有限责任公司）等四家单位发起成立的，以定向募集方式设立的股份公司，不到一年即募集资本金5.2亿元，其中发起人股2.7亿元，社会法人股1.5亿元，内部职工股1亿元。募集资金用于开发建设百龙滩水电站，这是一家装机25万kW的中型水电站。为了有利于公司滚动开发红水河的目标，同时达到上市前三年赢利的指标，1994年，经电力部和广西自治区体改委的批准，将红水河上运行多年的大化水电厂的经营资产折股投入桂冠电力。2000年3月，公司向社会公众公开发行11000万股人民币普通股，从而成为第一家上市的水电企业。上市后，目前公司的资本金比例达到75%以上，具有很强的滚动发展实力。

（国家电力公司　朱　军）

水电建设改革三位一体的制度结构与经济功能

水电建设行业在全国最先从实践经验中总结出业主负责制、招标承包制和建设监理制，三项制度成为基本建设领域的标准制度。这些制度原本就是三位一体，起源于FIDIC条款。三峡工程开工后，三峡工程总公司又补充了合同管理制。把建设领域的制度称为“四制”——项目法人责任制、建设监理制、招标承包制和合同管理制。但是，对于这些制度的内涵和相关关系，则缺少足够的理论分析。

一、业主负责制

根据国家计委《关于建设项目实行业主负责制的暂行规定》第二条，“项目业主是由投资方派代表组成，从建设项目的筹划、筹资、设计、建设实施直至生产经营、归还贷款及债券本息等全面负责并承担风险的项目（企业）管理班子”，这个定义本想尽量把投资责任人格化，但却引起了很大的歧义。

1993年3月，水电建设行业专门召开了“水电建设项目业主负责制研讨会”,会议的意见五花八门,但占主流的意见还是认为业主是由项目投资者组建的企业,是独立法人(详见《水电建设管理研究文集》第四辑)。分歧集中在谁是“业主”上,这不但是个理论问题,也是一些尚未被认定为业主的建设单位的权利之争。如果把业主定义为投资者,那么,若干个投资者都称为项目业主,如省和部合资的一些项目,同一项目就有两个以上的业主,怎样体现为合资呢？如果是董事会或者是别的什么形式的领导班子,不仅其成员是变更的,而且只是企业的一部分,不具备法人资格。从合同的角度看,业主对应的承包商和监理都是法人,业主只能是一个独立法人,合同落款盖章签字的只能是独立法人及其法人代表,不可能是某某领导班子。

谁是业主的问题之所以引起争议，反映了业主的组织形式很不规范，出资者并没有按照现代企业制度的方式组建公司，出资者本身既是政府主管部门，又是国有资产的代表，反映了《公司法》之前中国企业制度的不完善。

业主（项目法人）责任制是对自营制的突破。表现为建管结合、贷还结合，从而把自营制下分离的建设与运营的完整经济周期，以市场经济的形式，由业主整合起来，核心是投资效益责任制。业主负责制确立了业主在整个投资过程，包括从筹划、筹资、设计、建设、生产、经营、收益全过程的核心地位，它之所以被当作建设制度，是针对自营制下业主缺位的弊端而言的。在建设过程中，首先要有业主，它是项目管理的核心，其他几项制度都是由业主组织实施的，它是“三制”的灵魂、龙头。实际上，这已不单纯是一种建设制度，也是一种企业制度。

二、招标承包制

业主是建筑商品的经营者和拥有者，所以，一开始就关注建设质量、价格和工期。而建设是由施工企业完成的。挑选最佳的承包商非常关键，这种由业主对承包商进行层层选择的机制就是招标承包制。

在市场经济中，要以最佳条件达成交易，必须克服逆向选择的问题，即那些信誉、能力都较差的行为人最迫切地希望与你达成交易，建设项目业主必须首先进行资信能力的调查，排除逆向选择的干扰。招标承包制就是在订立契约前对潜在的交易伙伴进行反复调查评定比较的机制，通过严格的招标程序和办法，把不合格的交易伙伴排除出去，从而与最满意的伙伴达成交易。招标程序多环节的目标无非是一点，就是保证业主可以在最大范围的建筑市场挑选出符合要求的最佳伙伴。

三、建设监理制

在建筑市场的演进过程中，出现了独立的监理工程师，是市场分工和专业化的结果。监理需要很强的专业知识，专业监理的产生，一方面，业主通过委托监理工程师（组织），可以享受市场专业分工的好处；另一方面，监理组织的独立设置和安排，可以比业主自身监理更加经济有效。监理是代理业主对承包合同的履行进行监督和管理的，监理权是业主权利派生的权利，因此，建设监理制当然也是以业主为核心，并为之服务的。

四、合同管理制

组织制度和组织化制度区别为，前者是因一种组织的产生而产生、因一种组织的存在而存在，其作用表现为该组织的职能，该组织即为这种制度的载体和化身，如家庭制度、企业制度和政府制度等；后者如市场制度和产权制度，其制度行为的一个基本特征是组织化和制度化，市场行为是种组织化和制度化了的交易行为，产权制度是组织化和制度化了的权利关系。业主制、监理制和承包制是一种组织制度，是因一种组织的产生而产生、因一种组织的存在而存在的组织制度。它们之间的关系是市场关系。而合同制是一种组织化制度，是各个主体发生关系和相互交易的一种方式和形式。业主对项目的管理主要体现在合同管理上，包括合同的缔结、履行、修改和仲裁等。因为合同通常是不完全契约，不可能预先规定合同双方一切权利义务的细节。随着环境条件的改变，难免发生合同的变更、修改以及引起的索赔等情况。作为合同关系甲方的业主，是合同管理的核心。我们认为，合同管理制将业主负责制等“三制”有机地联系为一个整体，是一项建筑市场中不可缺少的重要制度。但是，它是附属于业主负责制等三项基本制度的一项组织化的制度。作为各个主体发生关系和相互交易的一种方式和形式，把“合同管理制”与三项有明确制度主体的制度并列在理论上是不对称的，“三制”较“四制”概括得更加准确。

五、三位一体的制度结构及其经济功能

通过描述上述制度，我们将这些制度概括为三位一体的结构中渗透合同关系的制度框架。以业主负责制为核心的“三制”，形成了建筑市场的基本制度。这些制度最早提炼于 FIDIC 条款，结合中国国情不断完善，从而形成了中国的 FIDIC 条款。

自从科斯发现了市场机制的交易成本以来，经济学家就对合约为什么这样而非那样安排兴趣大增。在契约理论看来，交易成本来自契约过程的事先与事后，事前市场存在逆向选择，为排除逆向选择必须付出必要的交易成本。作为业主筛选承包商的一种机制，招标承包制是国际建筑市场制度的总结，有其降低交易成本的功能。至于建设监理制，契约理论认为合约的当事人在订约后存在道德风险，即一方可能为单方面利益而违约，因此需要保障合约履行的监督机制。

契约理论不仅研究了市场和企业两种基本形式，而且研究了在不同条件下合约特殊安排，结果发现，在完全自由与完全指令之间有很多混合模式。因为存在较长的建设期，而且建设项目往往是专用项目，合约双方在合约期内进入了一种双边关系，因此契约安排需要保护机制。也许这可以解释建筑市场为什么一定要实行招标制和监理制。FIDIC 条款体现了对各方利益的保护，规定了对违约方的惩罚机制，包括规定预付一定的履约金和对违约方要求索赔。在需要一定期限的专用工程或设备的合约中，规定一定的保护机制，约束双方的投机倾向，是市场机制的一种补充和完善，是一种介于完全自由的市场机制和依靠指令的企业机制的混合模式，反映出在市场与企业两种基本模式中间，还有很多丰富多彩的交易形式，这些模式最终取决于交易成本的高低，是市场充分发挥作用的结果。

（国家电力公司 朱 军）

水电经济政策研究与探讨

大型水电资源的开发除受到自身客观资源条件的

限制之外，国家相关政策对水电的开发也具有较大的影响。如税收政策，中国目前实行的是生产型增值税，在此税制下，基本建设工程建设时期大量设备购置的进项税不许抵扣，而其正常运行时期进项税又很小；大型水电项目具有的这种建设期投资巨大而建成后运行成本极低的特点，造成水电项目的平均税赋接近17%，大大高于（不到10%）社会平均税赋。现行增值税政策不利于像水电工程这样大型基础设施的开发和建设。中国税收实行属地化征管政策，电站所在地为生产环节的纳税地，而大型水电站拥有一个大型水库，由于库区涉及面宽，淹没可能影响到上游的省，电站在下游省，受淹没的省得不到发电环节的税收，这一税收额对于这些受淹没省来说一般是一个非常大的财政收入。跨大区输电项目也有类似的税收在不同省间的分配问题。这些问题也影响着一些地方开发水电的积极性。由于这些问题不单单涉及电力行业，还涉及到国家税收征管体系，亟待研究提出解决这类问题的政策建议。新世纪伊始，国内就上述相关问题进行了广泛和深入的研究，在下面三个方面取得了较大的进展，并认为对于附加于水电资源开发的不合理税费（如矿产资源费等）国家应命令取消，对于不合理的收费项目应以取缔。

《跨省区电力投资项目税收分配原则和办法研究》通过分析中国大型跨区电力开发面临的主要问题，从国家和相关省（区）的不同角度，分析了跨区电力投资项目对国家及相关省（区）的综合效益，分析了影响这种效益的关键因素，提出增值税、企业所得税和附加税的地方份额的合理调整是各省（区）最应关心的问题。分析得出分税应遵循效率性、公平性、投资补偿、资源补偿和损失补偿的主要原则，分税应考虑各相关地区终端产品消费量、投资数额、资源拥有量、国家对中西部地区政策倾斜等因素，建立了相应的分配办法和计算公式，对分配的具体实现进行了有益的探讨。从理论分析和实务两方面提出了一套完整的相关税额的计算、分配及实现方案。研究报告认为，相关税收的调整的实现应力求少改变或不改变国家现行税制和相关法规，建议采取的方法为：各种税的征收仍按原征收渠道和规定执行，各相关省（区）通过协商，每年1月下旬（或7月下旬），将税额的分配值由征收省（区）分别转付其他省（区）。本研究所涉及的电站以规划电站为主，对已建成的电站，其税收缴纳已形成肯定的格局，不易打破，以免更大范围内各因素的调整。

《跨省区输电价格研究》认为：改革开放以来，中国经济实现了持续、快速、健康发展，尤其是东部沿海和对外开放地区，经济增长迅猛，举世瞩目。随着国民经济的快速增长和人民生活水平的不断提高，对电力的需求也越来越大。而东部地区因能源、资源较为缺乏和受环保容量的限制，在自身地区开发建设大型电源越来越困难。中国中西部特别是西部地区拥有丰富的煤炭、水力等能源资源，在中西部开发大型的水、火电电源基地，实现“西电东送”，是解决东部地区能源供应的主要途径之一。目前，中国电力工业正在进行“厂网放开、竞价上网”的市场化改革，在市场逐步成为配置资源的主要手段的条件下，加快开发西部廉价清洁的水火电源，以“西电东送”的方式参加全国发电市场竞争，实现更大范围的资源优化配置，正成为越来越紧迫的任务。本研究以《电力法》及国家相关价格法规为依据，并考虑跨省区输电工程的特殊性，在设定的跨区输电工程经营模式下，提出跨区输电工程总成本费用计算及分摊原则、方法、跨区输电工程作价机制及收取方式。制定公平合理的跨区输电工程费用分摊方法及相应的输电价格体系，不但符合电力法的规定和市场经济的普遍原则，而且可以规范跨区送电参与受端电力市场的竞争行为，提高“西电东送”电力电量在受端电网电力市场的竞争力，对调动各方参与“西电东送”的积极性，保证跨区输电工程的顺利立项建设、经营管理及建成后最大限度地发挥效益都具有重要意义。

《水电电价政策研究》的背景是当前电力结构调整要求优先发展水电，发电端电力市场正在进行“厂网分开，竞价上网”的改革，水电开发既面临困难的挑战，又面临发展的机遇。电价是电力市场内协调各方利益的重要因素。以水电上网电价结构和形成机制为研究对象，通过对现阶段水电上网电价问题的分析，认识单一制电价结构对水电开发的影响，并围绕水电开发提出水电电价政策制定的目标、原则和思路。然后分析两部制电价结构和分时电价结构对水电特性的反映。按电力市场发展的完善程度，进行水电两部制上网电价方案设计。研究认为：①水电两部制上网电价可充分反映水电开发、运行的特点，可促进电力结构和资源优化配置；②中国电力市场尚处于初期发展阶段，实现电力资源的优化配置，需要制定相应的电价政策措施；③随着电力市场的逐步完善，水电上网电价的竞争力会逐步增强；④现阶段水电两部制上网电价结构还应进一步丰富和完善，应扩大峰谷电价、丰枯电价的实行范围。应在“两部制”上网电价结构中按水电站水库调节能力及水电机组造价等分类计量容量电价。应在“两部制”上网电价结构中按机组动态效益的大小，增加辅助电价项，按一定的制度计入上网电价收取。

（动力经济研究中心　孙镇西）

水电西部开发优惠政策

根据（国发［2000］33号）《国务院关于实施西部大开发若干政策措施的通知》，国务院西部开发办会同有关部门，进一步研究制定了《西部大开发若干政策措施的实施意见》，并于2001年8月28日发布。《实施意见》中与西部水电开发有关内容如下：

（1）西部大开发政策措施的适用范围。实施西部大开发若干政策措施的适用范围，包括重庆市、四川省、贵州省、云南省、西藏自治区、陕西省、甘肃省、宁夏回族自治区、青海省、新疆维吾尔自治区（新疆生产建设兵团单列）和内蒙古自治区、广西壮族自治区（上述地区以下统称：西部地区）。其他地区的民族自治州（湖南省湘西土家族苗族自治州、湖北省恩施土家族苗族自治州、吉林省延边朝鲜族自治州），在实际工作中按照有关政策措施予以照顾。目前，我国水电开发的重点地区是西南和西北地区，尤其是四川、云南、贵州、广西、青海、甘肃、新疆等省、自治区。这些地区都在西部地区，完全可以享受西部大开发的优惠政策。西部地区范围的确定对水电开发是有利的。

（2）明确规定水电是应优先安排建设的项目。

（3）西部地区可能得到更多的水电建设资金。中央将提高财政性建设资金包括中央基本建设投资资金、国债建设资金用于西部地区的比例。国家政策性银行贷款、国际金融组织和外国政府优惠贷款，在坚持贷款原则的条件下，尽可能多安排西部地区的项目，争取提高用于西部地区的比例。对国家新安排的西部地区重大基础设施建设项目，其投资主要由中央财政性建设资金，其他专项建设资金、银行贷款和利用外资以及企业自筹资金解决，不留资金缺口，地方政府在土地使用、收费减免等方面积极配合。要集中力量建设一批关系西部开发全局的重大工程，如“西气东输”、“西电东送”、青藏铁路、公路国道主干线、水资源合理开发和节约利用等。中央将采取多种方式，筹集西部开发的专项资金，支持西部开发的重点项目。

水电是西部地区开发的重要基础设施工程，根据上述意见，水电应能得到更多的建设资金。

（4）加大了对水电的金融信贷支持。对投资大、建设期长的基础设施项目，根据项目建设周期和还贷能力，适当延长贷款期限。其中，国家开发银行对高速公路项目，在项目资本金比例达到40%和统借统还的条件下，贷款期限可放宽至18年（含宽限期，下同）；对水电项目，贷款期限可放宽至25年；对“西电东送”非水电项目，贷款额超过3亿元的，贷款期限一般可放宽至18年，最长可放宽至20年；对城市基础设施项目，贷款期限可放宽至10年；对其他基础设施项目，贷款期限最长可放宽至15年。

（5）水电开发企业可享受税收优惠政策。对在西部地区新办电力、水利企业，给予减免企业所得税的优惠政策。其中，内资企业自生产经营之日起，第一年至第二年免征企业所得税，第三年至第五年减半征收企业所得税。外商投资企业经营期在10年以上的，自获利年度起，第一年至第二年免征企业所得税，第三年至第五年减半征收企业所得税。本条所称电力企业是指投资新办从事电力运营的企业；水利企业是指投资新办从事江河湖泊综合治理、防洪除涝、灌溉、供水、水资源保护、水力发电、水土保持、河道疏浚、河海堤防建设等开发水利、防治水害的企业。除另有规定外，上述各类企业主营收入需占企业总收入的70%以上。

西部地区内资鼓励类产业、外商投资鼓励类产业的项目在投资总额内进口自用设备，除《国内投资项目不予免税的进口商品目录（2000年修订）》和《外商投资项目不予免税的进口商品目录》所列商品外，免征关税和进口环节增值税。符合《中西部地区外商投资优势产业目录》的外商投资项目，在投资总额内进口自用设备，免征关税和进口环节增值税，其审批程序按照《国务院关于调整进口设备税收政策的通知》（国发［1997］37号）的规定执行。

（6）水电开发可享受土地使用优惠政策。提高建设用地审批效率，减少审批环节，及时提供并保障经济建设用地。需报国务院批准的建设用地，在用地报批阶段，政府主管部门主要审查是否符合土地利用规划与计划、耕地占补平衡和征地补偿安置能否落实。报批资料可以根据审查的内容相应简化。征地补偿安置要符合《土地管理法》等法律规定，防止各种搭车收费，同时切实保护农民利益。使用国有未利用地，可以免缴土地补偿费。水电开发经常会淹没大片国有未利用地，因此对这部分土地应可以免缴土地补偿费。

（7）有利于水电的“西电东送”工程中调整电价。积极疏导西部电网电价矛盾，单独核定西部地区各电网输配电费用，鼓励电力生产企业与用户直接签订购电合同，降低用户电费负担；适当降低东西部地区之间骨干电网联络线的输电费用，鼓励“西电东送”。

（8）有利于水电的利用和外商直接投资。对外商投资西部地区基础设施和优势产业项目，视不同行业适当放宽对外商投资的股比限制。在华外资企业和中外合资合作企业向西部地区投资，被投资企业注册资本中外资比例不低于25%的,享受外商投资企业待遇。

对外商投资西部地区基础设施和优势产业项目,适当放宽国内银行提供固定资产投资人民币贷款的比例,中外合资合作项目一般放宽到中方出资比例的120%,外商独资项目扩大到外方注册资本的100%。对属于《外商投资产业指导目录》鼓励类和《中西部地区外商投资优势产业目录》的项目,外商具有良好信誉,贷款用于购买项目所需的国产设备材料及支付国内工程承包费用的,国内银行向其提供固定资产投资人民币贷款可不受上述比例限制,由银行独立评估,自主确定。允许外商投资项目开展包括人民币在内的项目融资。

西部大开发若干政策措施实施意见自2001年起开始实施。

以上规定对西部水电开发有实质性优惠,一是水电贷款偿还期可放宽至25年;二是对在西部地区新办电力、水利企业,给予减免企业所得税的优惠政策。其中内资企业自生产经营之日起,第一年至第二年免征企业所得税,第三年至第五年减半征收企业所得税。外商投资企业经营期在10年以上的,自获利年度起,第一年至第二年免征企业所得税,第三年至第五年减半征收企业所得税。其他各项规定的落实存在一定灵活性和难度。

(动力经济研究中心 雷体钧)

水电梯级补偿效益分配办法的研究

我国大多数河流流量的年内、年际分布不均,丰、枯季流量相差悬殊,需要有梯级“龙头”水库电站进行年内或年际间的径流补偿调节,以提高梯级水电的整体调节性能和电能质量。

梯级水电站在运行时,存在着上下游水库电站之间的梯级补偿效益,尤其是一条河的“龙头”水库,对其下游的若干个梯级电站都起着较大的补偿作用,增加了其保证出力和年发电量。但这些补偿效益由于国家还没有政策规定,无法进行合理分配。

我国有不少国际河流,也有国外来我国投资办水电的,在国际水电开发的交往中,如何计入我国河流上游水库的补偿效益,也需要有国家的相关规定,以保护我国合法权益。

由于“龙头”水库电站对下游梯级电站的补偿效益得不到应有的返还,而大型水库电站的建设条件较差、投资相对较大、工期相对较长,从而严重影响了建设“龙头”水库电站的积极性,使得电网缺乏水电的调节能力,影响了水电站在系统中的作用。迄今为止,还没有一条大型河流实现了全梯级开发,开发程度还很低,具有年调节以上的水电开发更是寥寥无几。因此,我国水电梯级开发潜力巨大,方兴未艾。梯级开发的重点应抓好龙头水库电站的建设,以实现水电电源优化配置,从而提高水电梯级的整体效益。

为此,国家计委委托国家电力公司水电水利规划设计总院开展水电梯级补偿效益分配办法研究,现已提出《水电梯级补偿效益分配办法》(初稿)。该办法共分八章。

(1) 第一章,总则,规定了编制目的、依据,补偿效益分配的原则,应共同遵守的条款及适用范围等。

(2) 第二章,公共效益的界定,规定上游水库梯级对具有水力联系的下游水电水利梯级均可产生梯级补偿效益而形成公共效益。

(3) 第三章,公共效益的确定,公共效益通过梯级水电站径流补偿调节计算确定,计算工作应委托具有资质的中介机构进行。

(4) 第四章,公共效益的分配及支付,对应的施益方和受益方的公共效益一般按各50%分配。公共效益分配期限为30年。

(5) 第五章,执行程序与管理模式,原则上同一条河流梯级电站各方可以组建梯调中心,集中优化调度,由梯调中心与电力交易中心结算后,实施公共效益的分配。同一条河流梯级电站的公共效益分配受当地电力监管部门监管,跨省(自治区、直辖市)河流的公共效益分配,可以向全国电力监管部门申请监管。

(6) 第六章,权利与义务,分别规定了施益方、受益方及受委托的中介机构的权利与义务。

(7) 第七章,协调与仲裁,规定了时效、争议、索赔等协调解决和仲裁程序。

(8) 第八章,附则,规定本办法解释权属于国家计委,生效日期等。

该办法经广泛征求有关意见和专家咨询后,报国家计委。在条件成熟时,国家计委将发布执行。

(水电水利规划设计总院 袁定远)

国家开发银行对水电项目的金融服务

自1994年国家开发银行(以下简称开行)成立以来,水电项目一直是开行重点服务的领域之一,1994年～2002年间,开行支持的水电项目累计投产规模为×××万kW,约占全国同期水电投产规模的×××%;对水电项目累计发放人民币贷款×××亿元，约占全国同期水电基建投资的×××%。开行作为全国最大的服务于“两基一支”的政策性银行，多年来，一直积极探求多种方式支持全国水电事业的发展。

1. 发挥政策性银行资金的杠杆作用，积极引导社会资金用于水电建设　根据国务院赋予开行的职责，开行自成立以来，一直致力于完善水电项目的投资结构，引导社会多方资金用于水电建设。一方面充分发挥政策性银行资金的杠杆作用，调动地方政府和各投资主体投资开发水电的积极性，拓展水电建设资金的来源渠道；另一方面，积极调整自身的贷款发放结构，加大对水电项目特别是收尾、投产项目的贷款支持力度，积极促进这些项目早日投产发挥效益。1994年～2002年间，开行对水电项目人民币贷款发放量约占全国同期基建投资的×××%，约占开行电力行业贷款总发放量的×××%。

2. 积极推进贷款项目的评审、审议制度，提高社会资金的使用效益　建立投资约束和风险责任机制，提高投资效益是我国基本建设改革的重点内容之一，开始成立伊始，借鉴国际上成功的经验和做法，对拟承贷项目积极推行贷款评审、审议制度，通过按现代企业制度规范项目法人，完善水电项目信用结构，构建政府、项目法人和银行三位一体的结构化风险防范措施等手段，明确有关各方的投资约束和风险责任机制，有效地促进了水电建设持续、健康的发展。1994年～2002年间，开行共评审承诺人民币贷款金额×××亿元；截至2002年底，开行水电项目人民币贷款余额×××亿元，信贷资产质量良好。

3. 贯彻国家电源结构调整的政策，加大对水电电源结构调整的支持力度　调节性能好的水电项目一般单位（kW和kW·h）电的投资水平较高，自身经济性相对较差，但对下游梯级和电力系统贡献较大，具有良好的梯级效益。开行成立以来，在项目选择、评审安排和贷款发放方面，优先支持调节性能好的水电项目，加快水电资源丰富地区电源结构的调整步伐，先后评审了诸如龙滩、小湾、洪家渡、南桠河一期、棉花滩、水布垭、吉林台等一批调节性能较好的水电项目。另外，根据电力系统电源结构调整的需要，开行也对扩机项目及抽水蓄能项目的建设予以支持，如江西柘林扩机，山东泰山、河北张河湾蓄能电站等。

4. 不断地通过制度创新，提高开行金融服务的质量和水平　目前，开行实行总分行两级管理，先后成立了×××家分行，对贷款项目开展“柜台前移”业务，逐步完善银行功能；根据国家基建审批程序的要求，在水电项目正式开展评审工作以前，推行贷款承诺意向制度；对一些经济指标较好的水电项目，适当简化评审程序，执行“快通道”政策；根据水电项目融资量大，担保问题突出的特点，对部分滚动开发的水电项目采取电费收入质押贷款的方式支持建设；为提高服务客户的效率和质量，开行积极推行高级客户经理制，目前，开行已对全国几大流域公司选派了高级客户经理。另外，开行积极与有关地区和客户签订了金融合作协议，建立信用评级制度，为开行下一步更好地支持水电建设奠定了基础。

5. 针对市场需求，利用各种金融手段，支持水电事业的发展　水电项目具有建设工期较长，资金需求量较大，初期现金流较小的特点。开行在对水电项目金融服务手段方面积极探索，对一些资金需求量特别大的巨型水电项目，如龙滩水电站，开展了银团贷款业务；针对水电项目存在设备和材料储备的需求，推出了设备储备贷款业务；为满足水电施工准备期资金的需求，对部分已承诺贷款的水电项目提供3～5年的施工准备贷款；针对水电项目投产初期现金流较小的特点，对部分项目开展了“搭桥贷款”业务，另外，还通过调整还款计划，适当延长贷款期限等手段，缓解水电项目建成初期的还款压力，有效地支持了水电建设。

国家开发银行2000年～2002年评审大中型水电项目基本情况

序号	项目名称	借款单位	装机容量（万kW）	评审项目总投资（万元）	承诺贷款（万元）	评审时间	备注
1	四川宝珠寺水电站调增贷款	四川省电力公司	70	654362	46700	2000	
2	贵州洪家渡水电站	贵州乌江水电开发有限责任公司	54	499407	271430	2000	
3	广东东江木京水电站	广东东江木京电站有限公司	3	33460	23460	2000	
4	四川福堂水电站	四川福堂水电有限公司	36	194238	77600	2000	
5	广西龙滩水电站	龙滩水电开发有限公司	420	2471000	700000	2001	
6	昆明柴石滩水库坝后电站	昆明柴石滩发电有限公司	4	18000	12600	2001	
7	广西百色水利枢纽工程	广西右江水利开发有限责任公司	54	471300	271300	2001	

续表

序号	项目名称	借款单位	装机容量（万 kW）	评审项目总投资（万元）	承诺贷款（万元）	评审时间	备注
8	黄河小峡水电站	甘肃小三峡水电开发有限责任公司	23	151828	90000	2001	
9	辽宁金哨水利枢纽工程	本溪市润东水资源开发有限公司	8.4	69200	28200	2001	
10	湖北清江水布垭水电站	湖北清江水电开发有限责任公司	160	1199203	600000	2001	
11	黄河公伯峡水电站	黄河上游水电开发有限责任公司	150	625731	330000	2001	
12	湖北黄龙滩水电站扩机工程	湖北省电力公司	34	57012	42700	2001	
13	四川红岩子水电站	四川省南部红岩子电力有限责任公司	8.7	66866	21140	2001	
14	云南小湾水电站	云南澜沧江水电开发有限公司	420	2753600	1500000	2001	
15	重庆芙蓉江江口水电站	重庆江口水电有限责任公司	30	194000	110000	2001	

（国家开发银行　杨永江　姜道国）

抽水蓄能电站试行两部制电价的意见

一、现有电价制式的由来及缺点和不足

1981年起国家实行了拨改贷的金融政策，由于电力建设一次性投资大，过低的成本式上网电价造成了电力项目还款能力差，国家的贷款难以回收，也使电力建设难以吸引社会各方面的资金，这些问题阻碍了电力的发展，以致于形成了延续几十年的全社会性电力短缺。为此1985年国家在电价上出台了还本付息的经济政策，使新电厂能够具备偿还贷款本息的能力。这项政策使电力行业吸引了大量的外资和社会各方面的资金投资，推动了多家办电和多渠道集资办电格局的形成，使我国电力工业连续十几年高速发展，缓解了电力不足的矛盾，这就是一直延续至今的还本付息一部制电量电价制式。但随着我国经济体制由计划经济向市场经济改革的逐步深化，还本付息一部制电量电价制式的电价政策在电力工业的市场化经济改革中带来的矛盾和问题越来越多，产生的负面影响越来越严重，因此《电力法》中明确提出了同网、同质、同价的法律要求。

其实目前的电量一部电价制式中，既有补偿与电量有关的费用（可变费用）的电量价格，又有补偿与电力有关的费用（固定费用）的容量价格，只是把容量价格部分也按电量分摊了而已。这种分摊的结果就隐藏了其容量的作用，隐藏了容量的价值，使具有不同作用、在负荷中位于不同位置的电站的电量价格差别非常大，以致于人们得出许多错误的认识和结论。比如对火电站，一般在基荷运行时，其装机利用小时为5000～6000h，而抽水蓄能电站一般都在峰荷运行，其发电利用时数一般在600～1200h。如果利用小时数为5000h的火电站，按电量一部制电价计算的电价为0.4元/（kW·h），其中0.12元/（kW·h）为电量价格（目前一般火电站的可变费用），而0.28×5000＝1400元/kW应为容量价格。如同样的火电机组，让它承担与抽水蓄能电站相同的供电任务，即峰荷，其利用小时1000h。按同质同价的原则，容量、电量分别计价，电量价格应基本上比0.12元/（kW·h）稍高一点，而容量价格应仍然为1400元/kW。但按电量一部制电价计算，价格要上升到1.52元/（kW·h）（1400/1000＋0.12）才达到同质同价。从0.4元/（kW·h）上升到1.52元/kW·h的原因是其中包含不同的容量价格。后者每千瓦时电量中包含的容量价格是前者的5倍。由此可以说明电量一部制电价不能根据容量作用的变化而变化，某一价格［如0.4元/（kW·h）］只适用于某种情况（如利用时数为5000h），不能通用于不同情况，它没有反映出位于负荷不同位置的电站，其单位电量中所付出的不同的容量投资费用。这就是电量一部制电价明显的缺点和不足。

二、两部制电价制式的设想

根据统计资料，在2000年的全部售电量中，电网购电量已经占到了50%以上，不同产权发电厂争发电量的矛盾日渐突出，迫切要求上网电量调度的公平、公正、公开，以保证各投资者的利益，所以建立公正、透明和规范的发电市场竞争规则是当前既重要又必要的事情。上网电价又是所有竞争规则中最重要的一项规则，因此如何确定合理的电价体系和电价制式，就成为实行厂网分开建立发电侧电力市场需要解决的重点问题。参考世界多数发达国家的上网电价制式，电力工业部于1996年9月29日以电经［1996］

657号文印发了“关于规范购电合同管理的暂行办法”，规定“上网电价结构原则上采取两部制。实行两部制的容量电价反映容量成本水平，电量电价反映电量成本水平，电量电价采取峰谷分时电价。”2002年3月国务院在国发［2002］5号文件《国务院关于印发电力体制改革方案的通知》中明确提出要建立合理的电价形成机制，上网电价由国家制定的容量电价和市场竞争产生的电量电价组成，因此两部制电价是电力体制改革中电价改革的方向和目标。

根据国务院国发［2002］5号文件的要求，改革后的电力市场模式为电网、电厂分离，上网电价采用容量电价和电量电价的两部制电价制式，上网电价要被作为一种电厂是否上网的杠杆，从而用它调整电网的电源结构；也要用它调整各种电源的运行方式，让电量电价低的电厂多发电量，从而降低发电成本。根据两部制电价的有关理论，则两部制电价制式的设想如下：

(1) 容量电价用来补偿固定成本、财务费用、固定税金和基本利润。固定成本中包括折旧、固定的运行维护费用。电量电价用来补偿燃料和与电量有关的运行费用。容量电价是基本的，不论机组当时发了多少电量，电厂业主从中可以取得基本利润，保证电厂当年可获得必要的利益。容量按协议规定的质和量计价。“量”指机组随时准备就绪可听从并执行电网调度指令的千瓦小时数，称可用率。“质”指机组的可调幅度（最大可调容量和技术最小出力之间的可变幅度）、开停次数、启动时间、停机时间、载荷速度等。不同的质，不同的价，电网按量、质付费，电厂按量、质的标准要求服务。

(2) 电量电价用来补偿可变费用，采用峰谷、丰枯分时电价，通过市场竞争产生务时段的电量电价。

三、两部制电价的优点和作用

(1) 使价格与价值相一致，便于经营管理。由于电量一部制电价把容量价格分摊到电量价格中，隐藏了容量的作用和价值。电网中的各类电站都争要利用小时数，都要多发电量，其结果是火电比重大的电网，电网峰谷差大，调峰能力差；水电比重大的电网，径流式水电站多，丰枯季节出力悬殊，给电网的经营管理造成困难。相反实行两部制电价，使容量电价反映容量成本水平，电量电价反映电量成本水平，就可以比较好的解决上述矛盾和困难。我国广州抽水蓄能电站的经营方式原来就是单一按电量收取加工费，尽管在1994年电厂的容量实际被利用得相当充分，但由于当年发电量没有达到设计年电量而严重亏损，没有办法经营下去。相反租赁给香港的另外两台机组，容量利用情况基本一样，当年却获得了相当可观的利润，经营情况良好。由此比较可见，电量一部制电价使价格与价值产生了背离，不利于调峰电源的经营管理和发展，没有正确反映调峰电源的容量价值，这就是造成目前我国各电网调峰能力普遍不足的主要原因，极大的影响了电力资源的优化配置。

(2) 两部制电价有利于优化调度。用电量一部制电价作为上网电价，电厂业主必然要求电网给予一个承诺：机组年利用时数不小于某数，不然电厂将收不回必要的容量价格。我国电网给煤电机组的承诺一般在5000h。显然，这种承诺会限制电网优化调度。当别的电源的电量价格（变动费用）比该机组低时，本应少发该机组电量，但为兑现承诺，不得不多发该机组电量，从而增加全网成本。现在电厂竞争上网、抢发电量的矛盾的根源也在于一部制电价，因为电厂能不增加开机而增加发电量，增加的投入仅仅是变动费用，但得到的电价收入中，除为电量支付的变动费用外，还包括有相当大比重的原为电力支付的容量费用。所以，一部制电价严重阻碍电网的优化调度。用两部制电价则为优化调度创造了条件，按变动费用排队，让变动费用低的机组在前，多发电量，变动费用高的机组则少发电量，降低全网的运行成本。

(3) 两部制电价有利于电网电源优化选择。电网一般由几种特性不同的电源组成较为经济，即由固定费用（主要是单位千瓦投资）相对低、变动费用（主要是燃料费）相对高的电源承担峰荷，固定费用相对高而变动费用相对低的电源承担基荷和腰荷。我国从实行还本付息的新电新价以来，确实吸引了不少投资，但以兴建煤电为多，水电也多为径流式水电站。因为在上网电价实行一部制电价条件下，煤电或径流式水电站利用小时数多，推算新电新价相对低，易被电网接收，回收资金有保证。至于象抽水蓄能电站一类的调峰电源，利用小时数低、推算新电新价高，除非利用世界银行等贷款，对此问津者很少。即使在领导部门，有时也会因抽水蓄能电站新电新价高，而成为立项困难的原因。如果投资者都不开发调峰电源，电网电源无从优化。实行两部制上网电价，投资回收及投资利润主要体现在容量价格上，投资者的投资方向就不会只局限在某一类电源，而是会投向电网需要、经济性好的电源，利于电网的电源优化选择。

四、应优先对抽水蓄能电站试行两部制电价

从上述可知，两部制电价具诸多方面的优点和作用，是应该大力和积极推广使用的电价制式，但电价制式的改变，对电力系统来说是一项非常大的经济政策的变化，必然受多种因素制约，一般来讲，发电领域实行两部制电价需要具备以下几个条件：①在电网

供电区内，发电项目的审批、建设必须以电网购电容量和购电量为依据；②电网对其供电区域内用电负荷的中、长期预测比较准确；③新电厂的造价基本合理，并有合理的准入程序；④要有科学、完善、规范的电价形成机制。

从目前我国电力行业的现状来看，现在尚未完全达到这些条件，如果在条件不具备的情况下就对所有电厂采用两部制电价，会给电网经营企业造成相当大的经营风险，这对电力工业的发展是不利的。因此我们一方面要积极探索完全实施两部制电价的过渡方式，另一方面也要积极寻求能比较适合于试行两部制电价的电源，在试验中发展，在发展中完善两部制电价制式。根据各类电源的特点及我国各类电源的具体情况，我们认为应该优先对抽水蓄能电站试行两部制电价。

(1) 抽水蓄能电站是用电力系统的低谷电量抽水，在电力系统高峰时发电的一种电源，在系统中不是为了多发电。它的作用主要是调峰填谷、负荷备用、事故备用、调频、调相。其作用和效益主要体现在容量上，没有办法从电量效益上体现其经济效益，只有有了容量电价，其经济效益才能得到反映，这种电源才有人建设，才能发展，才能从电源优化的角度解决电网调峰能力不足的问题。

(2) 从国内外已建抽水蓄能电站运行情况看，抽水蓄能电站的效益主要为容量效益，大家对此点的认识比较一致，给抽水蓄能电站以容量效益，试行两部制电价大家应该比较容易接受。同时由于目前我国已建及在建的抽水蓄能电站数量很小（仅有400万kW左右)，占电力系统的比例也非常小（1%左右)，从它开始试行两部制电价模式，对市场冲击小，市场比较容易接纳（抽水蓄能电站量比较小)，在改革试行的初期影响小，有利于试行。

(3) 目前，在全国各电网已开始推行对用户的两部制电价结构，发电端的两部制电价也已处在起步阶段。天荒坪抽水蓄能电站实行了两部制电价，广州抽水蓄能电站和北京的十三陵抽水蓄能电站实行的也是类似于两部制电价的租赁经营方式和委托经营方式，对抽水蓄能电站实行两部制电价的现实基础已初步具备。国家电力公司先后颁发了《抽水蓄能电站经济评价暂行办法》和《抽水蓄能电站经济评价暂行办法实施细则》，从而在理论上和具体技术规则上为抽水蓄能电站推行两部制电价铺平了道路。

综上所述，两部制电价的改革已是目前我国电力工业电价改革的发展方向和总体趋势，但由于存在种种方面的问题和原因，一步到位的执行两部制电价制式还有很多困难，还必须进行多方面的试点及过渡工作。基于抽水蓄能电站在电力系统中的作用和特点，以及对抽水蓄能电站试行两部制电价所做的理论和技术方面的准备工作，用抽水蓄能电站试行两部制电价具有诸多方面的优点和便利条件。应该积极的加以试行，以此作为一部制电价向两部制电价过渡的突破口，在此基础上逐步对各种类型的电站的上网电价实行两部制电价。

（国家电力公司　刘连玉）

勘 测 设 计 管 理

水电水利规划设计总院的水电建设工作

（一）水电勘测设计及评审情况

2001年水电水利规划设计总院（以下简称总院）系统共完成46项前期报告，其中规划阶段报告6项，预可研报告16项，可行性研究报告24项，承担了三峡、龙滩、小湾、公伯峡、洪家渡、索风营、乌江渡扩机、蔺河口、泰安抽水蓄能、桐柏抽水蓄能、琅琊山抽水蓄能、西龙池抽水蓄能等全国大部分大中型在建水电项目的设计、工程监理和移民监理工作，完成水电工程基建投资169.88亿元，实现了国家电力公司系统当年投资机组20台，投产装机容量138.16万kW，全国水电投产880万kW。总院本部完成规划、预可行性研究、可行性研究等阶段性审查13项，专题评审65项，咨询66项，安全鉴定10项，水库移民监理5项，工程监理1项，工程设计12项，各类政策性专题研究10项。据初步统计，目前全国80%的在建水电项目的施工设计、监理、咨询工作和60%的前期项目的勘测设计、评审工作均由总院系统承担。

（二）科研及科技攻关情况

2001年总院系统紧紧围绕：①总结已建工程的设计、运行经验，对其进行分析总结，提出进一步指导设计的思想和准则（二滩、白山、天荒坪和十三陵等)；②结合在建工程，建设过程中急需解决的技术难题和关键技术，组织攻关研究，为工程建设服务，提高设计水平和质量（小湾、大朝山、洪家渡、龙滩和泰安、桐柏等）；③从工程前期开始，从关键技术和经济性方面，对工程的主要问题进行研究（向家坝、察汗乌苏等）。这三个层次开展科研及科技攻关，承担国家水电重点科技攻关15项（2000年底结转项目：《拱坝沿拱座基面滑动机制和控制标准研究》、《特殊地质工程研究》、《非常规水工建筑技术研究》、《MgO筑坝技术研究》、《抽水蓄能电站运行总结及经济效益评价方法研究》，以及2000年新列《深覆盖层地基上的混凝土面板堆石坝关键技术研究》、《抽水蓄能电站厂房结构振动研究》、《高水头大流量底流消能技术研究》、《纤维混凝土在水电工程中的应用研究》。2001年～2002年，《引水式水电站气垫式调压室关键技术研究》、《内加强月牙肋岔管及坝后背管裂缝研究》、《岩质高边坡稳定分析、安全系数取值标准研究》、《抽水蓄能电站土工膜防渗与坝身溢洪道研究》、《水电站厂房钢管混凝土结构的关键技术研究》、《架空层钻进取芯技术研究》），完成了《拱坝沿拱座基面滑动机制和控制标准研究》、《特殊地质工程研究》、《非常规水工建筑技术研究》、《抽水蓄能电站运行总结及经济效益评价方法研究》4项课题研究报告。

（三）技术标准制修订

2001年总院结合水电勘测设计实际，以满足水电建设发展需要为目标，逐步完善勘测设计专业标准化体系，积极完成水电勘测设计方面的国家标准和行业标准的制定、修订任务。完成技术标准编制项目16项（2001年完成《水利水电工程施工机械设计导则》、《水利水电工程施工交通设计导则》、《水力发电厂二次接线规定》、《水力发电厂照明设计规范》、《水力发电厂气体绝缘金属封闭开关设备装置设计规范》、《水电站压力钢管设计规范》6项标准的报批工作，2002年计划有《短路电流计算规定》、《溢洪道设计规范》等10项标准），为促进水电建设的技术进步和保证勘测设计产品质量的提高发挥了重要作用。

（四）国家计委水电前期工作经费的执行情况

国家计委水电前期工作经费恢复后，尽管资金不多，但总院十分珍惜这笔资金，好钢用在刀刃上。遵照国家计委的指示，从2000年开始，先后安排了：①水电宏观规划专题研究：中国未来30年水电发展在西部大开发中的战略地位研究、水电梯级补偿效益分配办法研究、已建水电站社会效益回顾与总结——黄河上游已建水电站社会效益分析、水库移民管理体制研究。②全国水力资源复查。③河流水电规划和战略性项目预可行性研究：金沙江中游河段水电规划、怒江水电规划、黄河上游（茨哈～羊曲河段）水电规划、澜沧江上游（溜筒江～功果桥河段）水电规划及战略性项目——虎跳峡水电站预可行性研究。目前，各项工作进展顺利。

（五）水电建设政策和发展规划研究

在国家有关部委的领导下，总院在水电建设政策研究和水电发展规划方面做了大量工作，所取得的研究成果已经被采纳或已引起高度重视。如水电建设的信贷政策和财税政策已经部分执行。水电发展中长期规划的指导思想（以国家实施西部大开发战略和“西电东送”工程为契机，抓紧抢建一批具备开工条件的具有调节能力的大型水电站；实施全国能源资源优化配置和电力结构调整，加大西部水电基地的开发力度，以水电为主力电源，大力推进“西电东送”工程的全面实施；集中资金和制定有关政策支持开发西部具有战略性的水电站，分散开发和深度开发中小型水电站，加强调节性能好的水库电站建设，带动流域梯级滚动综合开发，形成点、线、面的水电开发格局；将水电开发与全国联网、水资源综合利用、生态环境保护密切结合；结合“西电东送”和电网调峰及安全稳定运行的需要，因地制宜发展抽水蓄能电站）和思路已经在具体实践。

（水电水利规划设计总院　李菊根　王开成）

水电勘测设计咨询

（一）咨询目的

设计是工程项目的龙头和灵魂。设计的质量关系工程项目的工期和投资及投入运行后的安全。水力发电工程是一个复杂的系统工程，没有一个统一的模式，具有极强的个性及相对特殊的问题，因此设计人员在设计过程中不可避免地会遇到一些难题和把握不了的问题，咨询专家运用自己的知识和丰富的工程经验为工程项目的勘测设计提供技术服务，以提高勘测设计的质量，保证设计方案在技术上可行，经济上合理。

（二）咨询内容

水电工程项目勘测设计的咨询内容非常广泛，既有有关技术的，又有有关经济和社会的。具体咨询内容如下：

（1）勘测设计工作大纲咨询。勘测设计工作大纲是勘测设计的指导性文件。咨询专家就工作大纲编制方法、要点、技术方法和路线、内容、特殊要求等进行咨询。

（2）原始资料如水文、泥沙、供水、径流、气象等方面的咨询。

（3）勘探和地质咨询。包括勘探方法、手段和项目，区域地质，工程地质，水文地质，环境地质等。

(4) 规划咨询。包括河流规划，河段规划，枢纽的开发方式和任务等。

(5) 水文和水能计算咨询。包括径流、供水泥沙，功能指标，特征水位，过水，装机规模，电力电量平衡，电力系统及运行方式等。

(6) 环境保护和水土保护咨询。

(7) 水库淹没处理咨询。包括水库淹没实物指标，移民安全规则等。

(8) 水工建筑物咨询。包括工程等级，设防标准，结构设计和水力计算，基础处理和防渗工程等。

(9) 金属结构咨询。包括各种水工闸门和启闭机结构、构件、零部件、埋固件计算等。

(10) 水电站电气部分咨询。包括电气主接线，高、低压电气设备，防雷接地，电气照明，继电保护，水轮发电机的励磁、通信等。

(11) 水轮机造型咨询。包括机型，特性参数和安装高程等。

(12) 施工组织设计咨询，包括导截流，土石方工程施工，混凝土工程施工，矿石出料及其生产系统，施工总进度，施工总布置等。

(13) 工程核算及其风险咨询。包括价格、定额、工程量、投资风险预测等。

(14) 经济评价和财务分析咨询。

(15) 运行与管理咨询。

(三) 咨询方式和方法

咨询方式按设计阶段划分，有规则阶段咨询，预可行性研究阶段咨询，可行性研究阶段咨询，招标设计咨询，施工详图咨询；按时间划分有全过程咨询，短期咨询；按内容划分有专项咨询，专题咨询。

咨询方法：咨询单位受委托组成咨询专家组，设专家组组长1～2名。咨询专家组察勘现场，调阅有关文件，听取有关方面意见后进行分析研究，最后提出咨询报告。咨询报告经咨询单位审批后发送委托单位。

(四) 咨询效果

水电勘测设计咨询开展的时间不长，但效果显著，受到了工程项目业主和设计单位的好评，使设计质量得到了保证，满足了工程建设的需要。

(1) 规范了设计程序，把握各设计阶段深度。在溪洛渡、向家坝、水布垭、锦屏一级等工程的设计咨询中，首先进行勘测设计大纲的咨询，明确设计各阶段的内容、重点、要求和技术路线，使设计循序渐近，由浅入深。这种有层次的不同深度要求的勘测设计大纲，不仅控制了设计进度，更重要的是确保了各阶段的设计质量。

对龙滩、小湾、构皮滩、瀑布沟、洪家渡等工程水库淹没处理咨询时，也首先咨询水库淹没处理设计大纲，使水库移民实物调查和安置规划有章可循，成果质量得到保证。

(2) 把握了关键技术的论证方向。技术路线正确与否是设计的关键，在咨询中，我们紧紧把握了技术，尤其是关键技术的论证方向。

向家坝水电站泄洪雾化及其影响是设计中的关键技术，其技术路线和论证方向既采用工程类比法，又采用建立在原型观测、雾流扩散试验，以及风洞模拟实验等基础上的数学模型进行分析研究。由于论证方向和方法正确，研究成果得到认可，并具有较高的科技含量。

水布垭工程在造坝之前拟以混凝土面板堆石坝作为代表，但考虑到当时对高达234m的高坝国内外都尚无经验，天生桥一级大坝又刚开始施工，而预可行性研究和造坝阶段不可能进行大量的科技攻关，因此，咨询建议用土石心墙坝进行比较，使方案成立有一定基础，技术上现实可行。而在选定坝址后，鉴于混凝土面板堆石坝在经济上的优越性，咨询又提出组织科技攻关，促使这一坝型成立。

(3) 在关键技术的落实上发挥重要作用。小湾，龙滩，水布垭，溪洛渡，向家坝，锦屏一、二级水电工程是世界顶级工程，国内外都没有经验，我们针对设计中提出的难题和关键技术问题，向包括科学和工程院士，科研院所和大专院校的学生、教授咨询，起到了积极的咨询作用和效果，把握了关键技术问题的落实。

(4) 积极促进移民安置的落实。在水电工程中，水库移民既有技术问题，又有社会问题，再加上补偿标准偏低，使移民安置非常困难。中国水电顾问有限公司在棉花滩、洪家渡、龙滩、小湾、构皮滩、瀑布沟、吉林台等水电工程移民安全规划和实施咨询中，充分发挥自己的优势，把握方针、政策，深入基层调查研究，针对具体问题提出咨询意见，使各工程的移民安置顺利进行。移民安置咨询受到当地政府移民机构和业主的高度重视，也受到移民的欢迎。

(5) 促进优化设计，缩短工期，降低造价。水电周期长，投资大一直是世人关注的问题。在咨询中，我们紧紧抓住优化设计这个环节，在缩短工期，降低造价上下功夫，取得了显著的经济效益。

在水布垭工程的咨询中，由于挖掘了混凝土面板堆石坝的关键技术问题，使设计上最终采用该坝型，与心墙堆石坝比较，发电工期可提前一年，静态投资减少20%。在三板化工程核算咨询中，在定额、单价、工程量等方面的咨询意见，使静态投资减少近4.0亿元。在吉林全优化设计中，将岸边溢洪道改为表孔泄洪洞，不仅减少了投资，而且大大改善了泄洪建筑物的运行条件。

（中国水电顾问有限公司　童显武）

水利水电勘测设计单位改革情况

1999 年 12 月，国务院办公厅以“国办发［1999］101 号”文下发了《国务院办公厅转发建设部等部门关于工程勘察设计单位体制改革若干意见的通知》。据此，为加强水利部勘察设计单位体制改革工作，2000 年 1 月 27 日，水利部成立以张基尧副部长任组长，高安泽总工任副组长，有关司局（院）等单位负责人为领导小组成员的水利部勘察设计单位体制改革领导小组（以下简称领导小组），同时，领导小组下设办公室，开展具体工作。

按照水利部的要求，在此基础上，东北勘测设计研究院、天津勘测设计研究院、上海勘测设计研究院、长江委员会设计院、黄河委员会设计院、珠江委员会设计院、淮河委员会设计院部（委）7 家属勘测设计单位分别通过相应的流域机构向领导小组办公室上报了管理体制改革方案，并经部长办公会研究审定后报送建设部。其主要内容为：①基本情况，主要包括人员和资产财务状况。②管理体制改革方案，主要提出东北院、天津院、长委院、黄委院、珠委院、淮委院等六院改为由相应的流域机构管理，上海院移交地方管理。同时，对方案的必要性和可行性进行了论证。国务院办公厅以国办发［2000］71 号《转发建设部等部门关于中央所属工程勘察设计单位体制改革实施方案的通知》批准了水利部上报的七家勘察设计单位管理体制改革方案，并要求在该实施方案发布后，具备条件的单位，可以按照《公司法》改制为有限责任公司或股份有限公司。

此后，领导小组办公室根据国办发［1999］101 号和国办发［2000］71 号文件精神及领导小组办公会意见和工作调研、摸底情况，制定了《水利部勘察设计单位体制改革指导意见》，经领导小组审定并报部长办公会批准，于 2001 年 1 月 22 日，以水人教［2001］21 号文正式印发。其主要内容包括改革的原则与目标、体制改革方案、组织领导、实施步骤、改革中应注意的问题等，进一步明确了水利部系统勘察设计单位体制改革工作。

目前，按照国务院文件精神和水利部指导意见要求，上海院已正式移交上海市管理。长委院在完成与长江水利委员会在资产、人员划分的基础上，将改为由长江水利委员会管理的科技型企业，具体实施方案制定后上报水利部进行批复。其他五院已分别由控股单位如水利水电规划设计总院、黄委、淮委、珠委等会同相应持股单位，制定有关勘察设计单位体制改革实施方案，明确股权结构、人事安排、公司章程等内容，并于 2001 年底前，陆续将珠委院、淮委院、天津院、东北院、黄委院体制改革实施方案上报水利部。待水利部批复后，此五院将正式依照《公司法》明确投资主体，进行资产划转，组建股权多元化的有限责任公司，组成法人治理结构，由现行的部属事业性质改制为科技型企业，使之成为适应社会主义市场经济要求的法人实体和市场主体。

（水利部水利水电规划设计总院　罗庆玲）

洪家渡水电站工程特点及设计优化

1. 工程概况　洪家渡水电站是国家“西电东送”启动工程之一，2000 年 11 月 8 日正式开工建设，是 2001 年惟一列入国家重点工程的水电工程。工程总工期 5 年 9 个月，主体工程施工期 3 年 6 个月，从准备期至第一台机组发电共 4 年 9 个月，工程完建期 1 年。1998 年底开始施工筹备，2000 年开始施工准备及部分永久建筑物的开挖，导流洞已于 2000 年底全部贯通。2001 年 10 月 15 日顺利截流。大坝于 2002 年 3 月 5 日开始填筑，5 月 25 日达到 100 年一遇度汛高程。目前，各项工作进展顺利。

2. 工程特点　根据洪家渡坝址的地形地质条件，其主要特点是：坝址处于一直角河流转弯带，两岸山高坡陡，地形高度约 300～400m 左右，左坝肩开挖边坡高度达 310m，平均坡度 1∶0.25，是国内最陡的高边坡之一，且两岸无天然垭口可供布置泄洪建筑物。地层为灰岩和页岩五层，岩性软硬相间，只宜布置当地材料坝。上游和下游灰岩内的岩溶发育，有的规模还相当大，但通过大量的工程地质和水文地质勘测试验，并借鉴已建成的乌江渡和东风水电站的经验，确定坝区上下游岩溶形态间无任何水力联系。中部的泥页岩岩石强度虽不高，但却是坝区可靠的防渗隔水层，这一点在已建的乌江渡和东风水电站已经得到充分的证明。坝区无大的断裂构造，但有两处较大的崩塌堆积体。

根据坝址区地形地质条件、电站承担的任务和本身安全运行需要，洪家渡枢纽建筑物布置主要遵循如下原则：①挡水建筑物布置避开上下游不利岩溶系统，同时利用页岩地层作为库首可靠的防渗依托。②利用河湾裁弯取直，使泄水、引水建筑物线路最短，泄洪水流归槽和消能条件好。③利用河湾上游左岸 25°～35°的灰岩缓坡地带布置进水口。④利用左岸山体内坚硬的厚层和中厚层灰岩布置大型地下洞室群。

根据以上原则，经多个建筑物组合方案比较，枢纽建筑物主要由大坝及库首防渗、洞式溢洪道、泄洪洞、引水系统、地面厂房及开关站等组成，形成了除大坝外，其余建筑物均布置在左岸的总格局，加上上游永久交通洞、施工支洞等，左岸山体内洞室大小多达20余条。

洪家渡工程特点可归结为：高边坡、窄高坝、强岩溶、多洞室。

3. 设计优化　洪家渡工程设计优化主要贯穿于招标设计和施工图设计两个阶段。

自1992年初步设计通过审查后，即开展了招标设计。为减小工程投资，缩短建设工期，做到“技术先进，经济优越”，从1993年起，设计院在初设报告审查意见和专家咨询意见的基础上首先开始的是设计优化工作，并在招标设计中始终贯穿优化的思想。本阶段优化主要解决初设报告中的一些技术难点，为此进行了必要的补充地质工作和设计专题研究工作。大坝、泄洪系统、引水发电系统、石料场、塌滑体等重大工程技术问题已经得到优化，技术难点已经得到解决。截至到2000年10月止完成的设计优化和调整工作主要有：①枢纽布置优化：解决了大坝与坝后地面厂房布置紧张、厂坝施工干扰大的问题。②大坝及边坡设计优化：采用高陡边坡和等宽连续窄趾板，优化坝体轮廓尺寸、填筑分区和接缝止水结构，适应了狭窄河谷地区高面板坝变形特点，减少了坝肩开挖量及大坝堆筑量。③防渗工程优化：通过左岸防渗帷幕线路布置和结构优化减少了灌浆工程量。④引水发电系统优化：将初设地下厂房改为地面厂房，引水系统为三洞三机单元供水方案，取消了上、下游调压井，缩短了水道长度，提高了机组运行灵活性。⑤开关站优化：为避免泄洪水雾影响和方便电站运行，将开关站移至水雾区上游的上游副厂房顶部，并将开敞式开关站改为GIS开关站。⑥减小溢洪道规模优化：充分利用水库的调蓄作用，减小了溢洪道规模。⑦堆石料场优化：取消了左岸上游田秧寨石料场和右岸尖山石料场，而将料场优化为右坝肩附近及下游的天生桥和卡拉寨两料场，改善了开采条件，缩短了运距。⑧导流工程设计优化：将导流洞设计断面从城门洞型优化为改进马蹄型，缩小了断面面积，将初设阶段的全年混凝土围堰优化为枯期10年一遇土石围堰，用坝体临时断面挡100年一遇洪水，缩短围堰布置场地，优化了水工布置和改善了施工条件。⑨施工总布置及施工方法调整优化：以适应水工布置的优化和调整。⑩场内外交通优化：对外公路节约10km，场内公路减少17.2km。⑪施工总工期优化：通过对总工期的深入研究，将初设工期压缩2年。

2000年开始准备工程和部分主体工程施工后，本着节约投资、方便施工和提前工期的原则，在施工图设计和施工过程中也开展了大量设计优化和新技术新材料应用工作。到2002年5月为止，完成的优化设计有：①导流洞进出口结构优化。②1号导流洞好岩石洞段顶拱改用喷钢纤维衬砌优化。③溢洪道和泄洪洞防渗线下游好岩石洞段改用喷钢纤维衬砌优化。④大坝填筑分区参数调整优化。⑤泄洪建筑物出口明挖优化。⑥溢洪道进口顺向坡拱形开挖优化。⑦大跨度洞室不良地质洞段中空自钻式锚杆成拱应用。⑧塑料排水盲材在边坡及地下洞室排水孔中的应用等。

洪家渡水电站两阶段优化和新技术新材料的应用，节约了大量投资，加快了施工进度，提高了工程技术含量，为工程期提前2年提供了有力保障，创造了巨大的工程经济效益和社会效益。在后续工程施工中，本着以上原则，还将不断开展设计优化工作。

（贵阳勘测设计研究院　杨泽艳）

江苏沙河抽水蓄能电站设计控制

江苏沙河抽水蓄能电站位于江苏省溧阳市天目湖风景区内，距溧阳市18km。电站装有2台水泵水轮机-发电电动机机组，总装机容量100MW。电站以一回220kV输电线路接入江苏省电网，承担调峰填谷任务。该电站是江苏省建设的第一座抽水蓄能电站。

上海勘测设计研究院（下称上海院）承担了该电站的设计任务（其中可研阶段的设计与河海大学设计院合作完成）。在设计过程中，上海院建立了项目经理负责制，推行以项目管理为中心、专业管理为基础的矩阵式管理方式，对质量、进度、造价进行控制，取得了明显效果。

（一）组建项目组，确保投入本工程的技术力量

设计项目组由项目经理、项目总工、各专业主设人、各专业设校审人员和合同工程师、质量工程师、计划工程师组成。项目经理主持项目组全面工作，项目总工负责项目的技术和质量管理。各专业主要设计人员协助项目经理对本专业的进度、质量、费用进行控制，各专业产品质量由专业审查人员负责把关。合同工程师、质量工程师、计划工程师接受项目组和职能管理部门的双重领导，协助项目经理和各职能部门对本项目的合同履行、质量及进度控制进行管理。各专业设计、校核、审查人员，其技术资质均经过院总工程师核准。在设计过程中，项目组采取有效措施积极保证所投入的技术力量并根据工程进展的需要及时地调整、补充。如确保主要专业人员相对稳定，地质、水工、水机、电气专业基本做到从项目前期工作

到施工图阶段不更换主要的专业人员，以利于系统、连贯、深入地理解各专业的技术要求。在施工详图设计期间，考虑与现场的配合及工程建设的需要，将主要专业人员集中于现场，进行现场设计，同时完成设计及施工地质勘测任务，此举有效地保证了设计进度和解决施工现场问题，提高了工作效率。

（二）严格执行院质量体系，保证设计质量

为实现本项目的质量目标，项目组根据院质量体系的要求，结合本项目的特点和业主的要求，制定了质量计划。质量计划明确了设计及服务全过程中关键环节的控制要求。

1. 坚持事先指导，精心策划，统一设计原则　项目经理、项目总工以及专业主要设计人员、专业审查人在充分理解业主要求的基础上，根据技术标准和规程规范的规定，分别编制了本项目的总体和各专业的设计策划文件，明确了产品的主要质量特性、设计依据、设计原则、设计内容及深度、关键技术路线等和总体设计进度及各专业相配合的控制节点，并提出对重要设计方案、阶段性成果及重要专业产品的设计评审要求，统一了设计原则和思路。该文件作为开展各阶段设计工作的依据性文件，在执行过程中，项目经理、项目总工通过设计例会定期检查进展情况，发现问题，及时协调解决，并根据需要调整修改策划文件，以保证对设计工作进行事先指导。日常的督促检查工作则由质量工程师和计划工程师承担。

2. 开展设计评审，采取纠正和预防措施，确保关键技术的可靠性　项目总工按照设计策划文件中对设计评审工作的计划要求组织开展设计评审会，目的在于评价设计结果满足质量要求的能力，发现问题并及时解决，以保证产品质量。在设计各阶段，先后邀请院内外有关专家对上水库坝轴线、输水线路的走向、主厂房位置、厂房总体布置、主坝北段严重风化基岩和断层处理、厂房前压力钢管起点位置、装机容量的选择、机组机型的选择、电站接入系统及主接线方案等进行了评审，确保了关键技术的可靠性。

（三）合理安排计划并跟踪执行，保证设计进度

（1）项目经理按设计阶段组织编制设计计划和施工图供图计划。由各专业主要设计人负责按计划组织本专业的技术力量按期完成设计产品。计划工程师协助项目经理进行日常的跟踪检查，发现问题及时报请项目经理协调解决，保证设计进度主要控制节点目标的实现。

（2）成立进行现场设计的设计组，由项目经理亲自挂帅任设代组长，组织技术力量配合现场施工，满足施工进度的要求。设计组开展的主要工作是，设计交底，解释设计意图；联络设计前后方，及时提供技术文件；处理设计变更；参加工程验收；收集设计质量信息等。

（四）严格技术变更制度，控制工程造价

为控制工程造价，技术变更实行审定会签制度。凡重要的设计变更需经本项目专业审查人、项目总工、分管院总逐级审定，若涉及设计方案的重大变更，还须报上级主管单位批准。施工现场的一般设计修改，由设代组组长组织相关专业的会签后批准执行。

（五）加强信息沟通，提高设计控制水平

充分准确地理解业主的需求，是实现项目质量目标，提高业主满意程度的首要条件。在施工期间，项目组与业主之间建立了良好的沟通渠道，业主通过各类文件与项目组沟通，而项目组设代人员可通过每周的工程例会、每天的现场设代办公及工作联系单等形式解决各类问题，并通过定期向业主发送设代月报，让业主及时了解设计工作进展情况及技术力量的配备情况。此外，院有关的职能部门也多次赴现场了解有关工程现场设计质量、进度等方面的问题，倾听业主的反馈意见，对业主提出的每条意见和建议在进行了认真的分析讨论后，分门别类采取了有效的改进措施，增强了相互之间的理解和信任。同时，项目组还保持与监理单位、施工单位、设备供应单位等参建各方的沟通联络，及时了解各方面的信息，让有关单位更充分地了解和掌握设计意图，也便与设计在满足技术标准和规程规范要求的前提下，尽可能地方便施工和安装，提高设计整体的控制水平。

（上海勘测设计研究院　叶建春）

昆明勘测设计研究院项目管理及改企建制

（一）项目管理

昆明院实施以项目管理为中心、专业管理为基础、质量管理为核心的项目管理制度，自1995年开始，在天生桥一级水电站项目上试点，取得经验后在院管各工程项目上推广。院里制定了项目管理办法，实行项目经理责任制。项目经理受院委托主持项目管理工作，对外经院级授权代表设计院履行项目合同中规定的权利和义务，对内具有项目人员选聘权、技术决定权、成本控制权和项目分配权，同时承担项目的质量、进度、成本控制、奖金分配、安全生产责任。

项目组织机构为工程项目部，机构成员包括项目经理（副经理）、项目总工（副总工）、项目计划工程师、项目会计师（经济师）、专业审查人、专业负责人、勘测设计人员。项目部成员按规定程序任命或聘用。项目成员需经项目经理认可后才能开展项目生产

活动，并在生产过程中接受项目经理和分院专业室的双重考核。考核以年度计划中预定的进度、质量、成本控制目标为基础进行。对于不称职者，项目经理有权提出更换要求。

通过实施项目管理，明确了项目任务目标，保障了项目所需人、财、物等资源，明确了责、权、利，减少了管理跨度和层次，完善了工作标准和程序，最终保证了项目上既定的质量、进度和成本目标得以实现。

（二）改企建制

昆明院改企建制工作按国家电力公司、水电水利规划设计总院的统一部署进行，经历了一个循序渐进、逐步深入的改制过程，特别是1995年以来，以“转机制、练内功、抓管理、上水平、增效益”为中心，认真开展了本院“事改企”工作，加快了从事业单位转向企业单位的步伐。

自改革开放以来，昆明不断加大改革的力度，为“事改企”奠定了坚实的基础。

1979年开始，由原来吃“大锅饭”，按人头核拨勘测设计事业费，改为按工程项目收费。

1983年开始，推行技术经济责任制。同时，贯彻“一业为主、两头延伸、多种经营”的方针，除完成上级下达的指令性计划任务外，配合水电基本建设投资体制的改革，拓展业务范围，开展技术咨询、工程监理等活动，并开始承接外协工程项目。

1988年开始，领导体制改为院长负责制和任期目标制，并建立院长任期目标责任审计制度。

1993年开始，经上级批准，实行以利税包干和工效挂钩为主要内容的技术经济承包责任制。随后，昆明院加大了“一业为主，两头延伸”和“外进内转”（外部进入设计咨询市场，内部转换经营管理机制）的力度。

1994年以来，开展了三项制度改革，调整了机构，将后勤服务职能人员从生产和管理的主体中分离出来。在一些管理和生产处室实行干部竞争上岗，建立和完善了职工聘任、待岗、待聘等办法。

1994年8月在云南省工商行政管理局注册登记领取了《企业法人营业执照》。由此，昆明院除编制仍属事业单位外，实质上已成为独立享有民事权利和承担民事义务的企业法人实体。

1995年以天生桥一级水电站工程项目为试点，开展了项目管理。

1996年起执行《企业财务通则》和《企业会计准则》。

1997年成立院政策研究中心，负责研究“事改企”方面的有关理论、法规、政策，开展调查研究，拟定事改企方案和组织实施。

1998年，与水电顾问公司建立了资产纽带关系。按照国家电力公司的部署，昆明院制定了与水电顾问公司建立资本纽带关系的方案，并在国电公司批复后立即组织实施，于1998年底完成了账务调整。资本纽带关系的建立，确定了水电顾问公司与昆明院的投资与被投资关系，明晰了产权，将原来的行政隶属关系转变为资本纽带关系。

1999年，为适应市场需要，加大内部机构改革力度，昆明院对二级机构的设置进行了全面调整，使行政管理职能部门由14个精减至11个，生产部门由18个精减至9个。

1999年8月，昆明院通过贯标认证，获得了国际（UKAS）和国内（CNACR）的ISO9001质量体系认证证书。随后，每年均通过了质量体系认证复核。

2000年9月，向水电水利规划设计总院上报了昆明院体制改革方案。昆明院改制的目标是按照建立现代企业制度的要求，由事业体制改为企业体制，组建有限责任公司，成为适应市场经济要求的自主经营、自负盈亏、自我发展、自我约束的法人实体和市场主体。改制后企业定位，是争创一流的管理、一流的技术人才队伍、一流的科学技术水平、一流的产品质量和服务，建设成为国际一流的咨询工程公司。

在推进“事改企”的进程中，昆明院妥善处理好“改革、稳定、发展”的关系，把“外进市场，内抓管理，团结拼搏，提高效益”的工作思路落到实处，促进了两个文明建设的共同进步和协调发展。2000年被评为国家电力公司双文明单位及全国电力行业质量效益型先进企业。

（昆明勘测设计研究院　程树荣）

2001年～2002年全国电力行业优秀QC小组评选结果

受中国水利电力质量管理协会电力分会的委托，国家电力公司水电水利规划设计总院组织了2001年和2002年全国电力行业（水电水利勘测设计系统）优秀QC小组评审工作。经全体评委认真的评审，共评出2001年度全国电力行业优秀QC小组11个（见附表1），共评出2002年度全国电力行业优秀QC小组12个（见附表2），并由中国水利电力质量管理协会电力分会公布表扬。

由于各院领导重视，并把QC小组活动情况作为院双文明单位考核的一项内容，水电水利勘测设计系统的QC小组活动得到健康的发展，活动成果质量也不断得到提高。各院QC小组活动的开展，对调动企业职工的积极性、创造性，提高企业的管理水平、经济效益和产品质量等都起到积极作用。

附表1　2001年度全国电力行业（水电水利勘测设计系统）优秀QC小组名单

获奖等级	编号	单位名称	小组名称	课题名称
优秀	1	国家电力公司贵阳勘测设计研究院	现场岩体强度试验QC小组	索风营水电站现场岩体强度试验
	2	国家电力公司中南勘测设计研究院	电力系统运行模拟模型研究及软件开发QC小组	提高电力系统运行、模拟计算软件水平的二次开发研究
	3	国家电力公司华东勘测设计研究院	咨询公司碾压混凝土层间结合质量控制QC小组	棉花滩水电站碾压混凝土层间结合质量控制
	4	广西电力工业勘察设计研究院	电气二次QC小组	降低岩滩水电站消防系统技改工程投资
	5	国家电力公司中南勘测设计研究院	"实物法"QC小组	加强造价改革，探索快速推广水电工程"实物法"概算的有效途径
	6	国家电力公司昆明勘测设计研究院	勘探大队技术部QC小组	天生桥二级水电站Ⅲ号引水隧洞灌浆施工质量控制
	7	国家电力公司贵阳勘测设计研究院	雷达数据与图形处理系统QC小组	雷达数据与图形处理系统的应用
	8	国家电力公司中南勘测设计研究院	大朝山水电站主厂房混凝土施工进度控制QC小组	大朝山水电站主厂房混凝土施工进度控制
	9	国家电力公司成都勘测设计研究院	瓦都水库昔格达地层钻灌质量控制QC小组	昔格达地层钻灌质量控制
	10	国家电力公司中南勘测设计研究院	住院部整体护理推广QC小组	实施整体护理，提高病人满意度
	11	国家电力公司西北勘测设计研究院	西藏巴河冲久水库工程枢纽整体水工模型试验研究QC小组	冲久水库工程枢纽下游消能防冲试验研究

附表2　2002年度全国电力行业（水电水利勘测设计系统）优秀QC小组名单

获奖等级	编号	单位名称	小组名称	课题名称
优秀	1	国家电力公司中南勘测设计研究院	星星之火QC小组	成功穿越高速路
	2	国家电力公司中南勘测设计研究院	井下CT电缆研制QC小组	井下CT电缆研制
	3	国家电力公司西北勘测设计研究院	昌马水库帷幕灌浆质量控制QC小组	帷幕灌浆施工质量控制
	4	广西电力工业勘察设计研究院	物探QC小组	进一步提高弹性波CT成像10m以内距离的分辨精度
	5	国家电力公司西北勘测设计研究院	拉西瓦整体水工模型试验研究QC小组	拉西瓦水电站（坝后双排机厂房方案）消能防冲试验研究
	6	国家电力公司华东勘测设计研究院	桐柏抽水蓄能电站钢纤维喷射混凝土的应用QC小组	解决好大跨度地下洞室钢纤维喷射混凝土支护问题
	7	国家电力公司昆明勘测设计研究院	糯扎渡电站三维建模QC小组	三维模型制作方法研究
	8	国家电力公司贵阳勘测设计研究院	高边坡危岩爆破处理QC小组	河南盘石头水库鸡冠山危岩爆破
	9	国家电力公司成都勘测设计研究院	四川准达岩土工程公司紫坪铺项目部QC小组	仰角锚索孔注浆研究
	10	国家电力公司昆明勘测设计研究院	招标地质图件翻译标准化QC小组	掌鸠河输水线路工程地质英文翻译标准化及成果整理
	11	国家电力公司昆明勘测设计研究院	小湾主体工程施工QC小组	小湾水电站缆机布置优化
	12	国家电力公司中南勘测设计研究院	龙滩地下厂房施工工期的合理确定QC小组	龙滩地下厂房按工期6年半发电的进度分析论证

（水电水利规划设计总院　郭宝秀）

建设项目管理

李鹏委员长发贺信祝贺“推广鲁布革工程管理经验15周年交流会”召开

贺　信

同志们：

首先，我向全国工程建设行业召开“推广鲁布革工程管理经验15周年交流会”表示热烈的祝贺。

鲁布革水电站工程是80年代初期我国首次利用世界银行贷款兴建的项目，也是我国第一次采取国际招投标程序授予外国企业承包权的工程。工程运用了国际先进的施工技术、方法和管理方式，无论造价、工期还是质量都达到了合同要求。

鲁布革经验的推广与广泛运用，不仅涌现出一大批质量优、工期短、成本低的工程项目，而且推动了施工企业内部管理体制和经营运行体制的改革。进一步总结与推广鲁布革经验，对于加快中国工程建设行业走向国际化的步伐，提高国际竞争力，将会起到积极作用。

经济全球化是当今世界经济的发展趋势，既给我国经济发展带来新的机遇，也会对我国部分企业带来一些冲击。鲁布革的实践经验告诉我们，坚持对外开放，与时俱进，不断创新，就能够顺应世界经济潮流发展。希望工程建设行业的同志们继续解决思想，树立开放意识，以广阔的视野，科学的应变能力，在积极参与世界经济的合作与竞争中，结合中国国情，实现经营观念、经营行为和管理方式的改革和创新，把经营管理水平提高到一个新的层次。

预祝会议取得圆满成功。

李　鹏

二〇〇二年八月二十日

三峡工程稽察工作

为了搞好三峡工程建设，根据国务院领导同志指示，国务院三峡工程建设委员会决定，从1999年起向三峡枢纽工程派出稽察组。这是加强国家对三峡工程监督，完善三峡工程项目法人责任制、企业领导人管理制度和强化约束机制的一项重大举措。

国务院三峡建委代表国家行使对三峡工程的稽察、监督职责。三峡工程稽察组（以下简称稽察组）对国务院三峡建委负责，其主要职责和任务是：通过对三峡工程的资金管理、建设进度和安全施工以及对中国长江三峡工程开发总公司（以下简称三峡总公司）与其下属公司的关联关系等方面进行稽察，提出稽察报告，做出年度评价。在此基础上，结合对企业管理者贯彻执行党的路线方针政策、国家的法律法规以及廉洁自律等情况，提出对三峡总公司主要领导成员的评价。稽察组不参与不干预三峡总公司的工程建设和生产经营活动。

三峡工程稽察工作每年进行一次，2001年是继1999年、2000年后，对三峡总公司进行稽察的第三年。稽察时段为2000年元月1日～2000年12月31日，其中考虑到工程进度和安全生产的时效性，稽察截止时间分别为2001年10月31日和2001年6月30日。

三峡工程稽察组由18人组成，组长石启荣，副组长张德楠，下设：稽察一室，负责对三峡总公司（除葛洲坝水力发电厂）的稽察；稽察二室，负责对三峡总公司下属葛洲坝水力发电厂的稽察。

2001年的稽察工作从3月份开始。首先在原有基础上重新修订了《稽察工作基础材料》。4月在北京召开“稽察工作基础材料填报会议”，向三峡总公司布置了基础材料的填写工作。5月由国家会计学院对稽察组成员进行了短期培训。6月初三峡总公司完成了《稽察工作基础材料》的填送，稽察组成员开始阅读、分析材料，提出稽察的重点问题，编制实地稽察工作计划。

7月全月稽察组全体成员到三峡工程建设现场进行实地稽察，11月工程进度小组再次赴现场进行实地稽察。在实地稽察期间，稽察组成员查看了三峡工程施工现场，召开了处级以上干部参加的“三峡枢纽工程2001年度稽察工作动员大会”，听取了三峡总公司的工作汇报和财务工作专题汇报，到总公司有关部门。下属企业及三峡工程设计、施工、监理等参建单位对基础材料进行验证核查和调查询问，走访、调查370余人，收集资料448份。之前财务小组走访了财政部驻湖北省专员办、国家审计署驻武汉特派办、国家开发银行武汉分行，收回相关银行、供货单位询证材料75件。稽察组组长与三峡总公司领导人员、三总师，部门负责人及监理单位负责人进行了25人次的谈话，通过座谈、设立信访箱，接待来访等方式听取各方意见，向三峡总公司主任以上干部80人发出问卷，对三峡总公司6位领导在政治思想、工作业绩、业务知识、对关键事件的处理等方面的表现进行调查。实地稽察结束时，稽察组与三峡总公司领导交流了稽察的初步意见。7月份，由三峡枢纽工程稽察组委托，中资资产评估有限公司对三峡总公司下属实业总公司和绿原公司的有关专题进行了专项稽察，提出了专项稽察报告。

8月稽察工作进入分析评价和总结阶段，形成了工程进度、投资控制、安全生产、财务管理、下属企业、领导班子评价等稽察工作的底稿，在此基础上最终形成了《关于中国长江三峡工程开发总公司的稽察报告》（2001年度）。稽察报告在征求了国家计委、国家经贸委、财政部、水利部、交通部、国家审计署、中国人民银行、国家开发银行、国家电力公司9个部委的审核意见后，在12月份向国务院三峡工程建设委员会报送。

（国家开发银行　孙耀增）

大朝山水电站工程建设管理

大朝山水电站由国家开发投资公司、云南红塔实业集团总公司、云南省投资公司、云南省电力集团公司联合出资，按5：3：1：1的比例，组成了大朝山水电有限责任公司，公司注册资本金17.7亿元。

工程管理机构及方式：大朝山工程建设采用业主负责制、招标投标制、建设监理制。公司是工程建设的主导，全面贯彻董事会的决定，负责对工程进度、资金计划进行控制，对工程重大的措施、技术方案的变动、总进度的调整作最终的审定。公司设立技术管理部对设计进行系统管理，建立设计联络会制度，将设计管理贯穿于从工程技术施工设计到竣工验收的全过程，为降低工程造价、保证工程质量、缩短建设工期起到了重要的作用。公司组建了工程监理部和机电监理部，行使业主和工程监理及工程大面协调的双重职能，全面负责建设期土建及机电的建设管理、监理工作。大朝山工程建设监理采用自组、外委相结合方式；公司自组监理的项目主要是临建及附属设施工程，导流洞工程标（DCS/C2）、长尾水隧洞工程标（DCS/C5）；水轮发电机组及其附属设备制造标（DCS/C6），也采用以机电监理部为主，聘请部分有管理、施工经验的人员参加工程监理。主体工程项目采用外委方式，主要项目是：大坝工程标（DCS/C3），由昆明勘测设计研究院和葛洲坝集团公司组成的监理联合体承担监理；地下厂房土建及机电安装工程标（DCS/C4），由中南勘测设计研究院和水电九局组成的监理联合体承担监理。工程监理部另外聘请相关专业人员建立了试验、测量、地质、观测、自动化测报系统等专业监理，配合各项目监理开展监理工作。各外聘项目监理实行总监负责制，总监对项目的进度、质量负责，明确项目的监理内容、要求和责任，并给予相应的经济处理权力。

公司董事会根据工程进度，每年批准、确定建设资金、工程计划，合理地对施工机械增加投入，并设立工程进度质量奖、合理化建议奖，使工程进展顺利，体现了公司对工程建设的总体控制作用。公司对所有索赔事件拥有最后的决定权，所有索赔事件经工程监理部按合同条件进行分析、审核，形成意见后报公司计划部审定。为公正解决合同争议，公司和承包商共同与中国水电工程经济调解中心建立了关系，成立了争议仲裁小组。

监理部的主要任务和职责是相对独立地依据合同文件，通过对合同管理、信息管理和协调方法，对工程质量、进度、投资进行控制。主要控制方法有：

（1）质量管理是建设的主题，大朝山监理工作始终贯彻“百年大计、质量第一”的方针。建立常规的机构、制度，作好监理规划，审查工程项目的施工组织、技术质量、安全措施，督促施工单位建立健全质量安全工作体系；在施工中，严格执行三检制度和质量“一票否决权”制度，对重要项目、工序实行24小时旁站监理；试验监理加强对原材料的检测、对每仓混凝土取样，有效地控制了工程质量，促进了工程进度。

（2）进度控制是过程控制，监理根据公司下达的年度计划，与承包商同时编制施工进度计划，实行三级网络控制，督促承包商采取确实可行的措施保证计划实现，一旦有所提前则立即进行调整。公司设立的进度质量奖由监理审查核定，对监理在进度控制上起了很大的作用。

（3）投资控制在工程建设是股东方最关心的题目，公司每月准时提出报表并预计下月的资金使用计划，监理在每月月中、月底两次协调会时检查落实进度计划执行情况，及时协调解决工程控制中要解决的问题。用计算机应用软件建立支付台账，预测投资动态情况。建立限额设计的指导思想，加强从设计龙头开始的投资控制，事实证明此举是有效的。制定了投资管理及索赔管理制度，注意预防索赔事件的发生，注重施工过程资料和原始凭证的收集，以合同条件及客观情况为依据，公正、妥善处理好索赔事件，做好工程竣工决算和价差结算工作。

大朝山工程建设，通过实践，以业主为建设主导，重视设计和施工组织、合同管理、监理的整体作用。业主对设计的龙头作用非常重视，对设计工作的管理放在重大方案和深化限额设计上，从一开始就重视投资控制，认真抓好工程技施设计阶段的工程优化，在降低工程造价同时，确保了工程进质、进度，工程在全面控制中稳步前进，在质量、投资、进度控制方面取得了非常满意的效果。

（云南大朝山水电有限责任公司　黄国庆）

大朝山水电站机电项目管理

一、大朝山水电站机电项目管理思路

1. 必须重视机电项目管理全过程的管理　大型水电项目管理的最终效果是安全和效益。机组的长期、安全、稳定运行，随时能满足电网调度的要求，才能产生巨大的发电效益。但是，安装和试运行出现的问题大部分在设计或制造阶段就因工作不细或考虑不周埋下了问题的根源，且有的后果往往是难以弥补的。所以，只有整个机电项目管理的全过程都良好，才会产生良好的结果。因此，项目业主必须正确处理好土建工程与机电工程的关系，以土建保机电，以机电出效益。并且在水电工程项目开始之初，对机电项目管理要像对重视土建工程那样给予同等的重视。

2. 项目业主应发挥项目主导作用　在市场经济过程中，设计、制造和施工有了市场的观念，市场把设计、制造、施工的利益和业主的利益捆在了一起，为业主服务的思想逐步得以形成。市场把业主推到了中心地位，才有可能把进行不同项目阶段管理任务的众多单位协调一致，并在项目管理的全过程中体现业主的意图，实现全过程的集中统一管理，达到项目管理的最佳效果。

3. 项目业主必须在项目管理实践中不断提高项目管理水平、管理能力　如果项目业主在电站建设管理经验和工程实践方面经验不足，往往难以说服电站设计单位、制造厂家和安装单位听从协调和指挥，还需在项目管理的实践中不断提高项目管理水平和管理能力，不断更新知识，总结经验和教训，善于依靠咨询和听取专家意见，注意协调好和设计、制造、安装等单位的关系，才能把项目管理起来，在实践中树立威信，在项目管理中真正起到主导作用。

4. 项目管理运作的组织保证　任何一种好的思路如果没有组织上的保证是无法实现的。由于大朝山水电有限责任公司是实行董事会领导下的总经理负责制的现代企业，因此，明确董事会、公司的职责和权利，避免董事会和公司在决策层次和指挥权限之间的脱节和冲突，并在公司内部成立专门的部门具体实施董事会和公司的意图，这是机电项目管理运作的组织保证。

除重大或重要设备的选厂和关系到重要技术和经济指标的事项报请董事会决策外，具体的运作则是在公司机电分管领导的指挥下，由公司设备物资分公司和机电监理部具体实施。

5. 进度计划是机电项目管理的控制主线　电站设计单位在主体工程招标设计阶段就已编制了工程总进度网络计划，随着工程的进展，业主和施工单位都要根据施工组织设计编制可行的合理的总进度网络计划，也就是能保证施工质量的合理的计划。鉴于大朝山工程总工期较紧，留给机电安装的时间更紧，机组投产间隔紧凑，安装工程量大，加之安装场地非常狭窄。如果机电安装进度计划编制不合理，除了发电目标得不到保证外，工程质量也难以得到保证，因为计划工期的拖后往往伴随着质量的牺牲。因此，编制合理的可行的进度计划是很必要的。我们通过与其他工程的比较，并紧紧结合大朝山的具体情况，多次和施工单位交换意见，按发电计划编制了机电安装控制性网络计划，同时以此计划要求编制了设备采购计划和设备交货计划，并采用先进的P3软件方便地进行进度计划的静态管理、动态调整和控制。

二、大朝山机电项目管理的运作方式

按照机电项目管理的思路，为抓住工作重点，我们提出了“一个龙头、两个关键、两个保证”的项目管理运作方式，具体叙述如下。

（一）设计管理工作是机电项目管理的龙头

水电站的机电设计不只是电站设计单位的设计，是加上设备制造厂家的设计、业主单位和有关专家的经验综合而成的具有技术和经济价值的成果。机电设计是项目管理的重要组成部分，对机电项目管理的成本高低和成败影响极大，因此，我们将设计管理工作作为机电项目管理工作的龙头，并注入了很大精力。

1. 对电站设计单位的设计管理　技施设计大纲审查的目的是，避免大的方案性失误。先由设计院编制金属结构、通风、消防、水力机械、电工一次、电工二次等专业的技术施工设计大纲初稿（此前业主和设计单位进行了一些意见交换），由业主分别组织召开各专业专题审查会（视情况邀请一些有经验的老专家参加），对重要的设计方案和主要设计原则进行完

善和认定，并对某些设计方案进行优化。这样就避免了技术施工设计阶段出现大的设计更改，同时也使得技施设计更利于现场施工和质量控制。

设备招标设计审查：在电站设计单位编制出设备订货技术条件初稿后（此前设计根据情况与一些厂家进行技术交流或询价），业主内部对技术条件初稿进行讨论并征求有关专家的意见（与接入系统有关时需征求省电力局职能部门的意见），同时和设备厂商进行大量的技术交流，然后提出对技术条件初稿的修改意见并要求电站设计单位考虑。这样用于招标的技术条件更加完善，利于采购到性能优良、质量可靠、价格合理的设备。

2. 设备设计审查和设计联络　设备制造厂商选定后，在厂家的设计进行到一定深度时，分期召开设计审查会和设计联络会。我们在设计审查会或设计联络会召开之前，要做很多调研工作，并认真考虑其他工程的经验和教训。设计审查会对厂商设备大的设计方案、结构、型式试验报告、设备在工地的布置等方面进行审查和认定。设计联络会对厂家设计图纸投入制造前进行审查，以及进行电站设计单位与设备厂家间接口的设计联络、相关设备厂家之间的交接面的协调、现场安装及现场试验问题讨论等。对于主要设备（如 500kV GIS、水轮机发电机组）需进行两次设计联络会。

除抓好设计审查和设计联络外，对重要问题，如影响机组效率和稳定运行的模型转轮验收和压力脉动等问题及 500kV 主变油处理问题等，多次和电站设计单位、有关厂家进行研究。

3. 与电力系统的设计配合工作　任何一个电厂能否顺利并网发电与系统在调度、通信、线路保护等专业上的配合和协调工作休戚相关。因此，业主和电站设计单位从初设起就主动和省电力局、系统设计单位做好设计上的配合，并指定了一个部门专门负责与电站方面的协调工作。

（二）设备选厂和监造工作是机电项目管理工作的关键

（1）经过电站设计单位和业主充分讨论、广泛征求专家意见，并与有关厂商进行必要的技术交流（重大设备，如水轮发电机组、主变和 GIS 都和多家厂家进行了很多次技术交流）后形成的招标文件即作为投标厂家编制投标文件或方案的依据，也是双方谈判的基础。在招标过程中首先与满足并响应标书的 2～3 个厂商进行技术谈判，并根据谈判深度与其中 1～2 个厂商签订技术条件协议，然后在设备技术性能和价格、厂商信誉、售后服务等方面综合考虑后最终优选一个供货厂家并签订设备供货合同（先期签订的技术条件协议作为合同附件）。

（2）厂内监造。首先在合同中就已明确了各种标准、试验项目（含型式试验和现场试验），以及所用材料材质要求、主要部件和外购件的原产地（或原产国）等，为厂内监造明确了依据。其次，对主要设备（如水轮发电机组、主变压器等）进行监造，派出具有丰富经验和责任心的监造人员长驻工厂进行监造，同时业主派出专业人员（必要时邀请省内和部内专家）参加重要的试验和出厂检验。对其他设备，派人员不定期到各厂进行巡视。

（三）成套管理是搞好机电项目管理的保证

永久机电设备的供应是满足工地机电安装和按期实现发电目标的重要保证，必须抓好监造、出厂验收、发货、运输、转运、现场开馆，以及厂家技术图纸供应、技术人员现场服务等。

由于大朝山电站地处云南西部偏僻的山区，设备到铁路转运站后，仍有 300 多 km 的公路运输，又受雨季公路运输困难因素的制约。因此，必须考虑工厂厂内发货后到工地有足够的运输时间，即六个月，根据现场安装计划，以此明确设备厂内交货时间。同时为避免工厂交货推延，加强监造工作以保证设备按合同规定时间交货。

设备技术资料对安装和运行是必不可少的，因此把设备技术资料管理也作为成套管理的重要工作内容来抓。

（四）安装及监理是机电项目管理的关键

（1）为了使安装单位提前熟悉将要安装设备的情况以及便于编制施工组织设计，从设计技施大纲审查、设计联络、出厂验收等开始就让安装单位介入，使他们尽早熟悉设计意图和设备情况及在安装、试验方面的一些要求，也使他们编制出的施工组织设计更合理、更切合实际。同时安装单位在参与这些工作时，根据他们的施工经验，提出问题或好建议，使得设计单位和厂家在设计和产品制造时更多地考虑工地安装的方便，有利于减少设备安装的难度，保证质量，加快工期。

（2）为更好地实施安装阶段的管理，纵观国内完建和在建水电工程的监理机构和人员构成，了解他们的管理模式，吸取其成功的经验和避免不足，并结合大朝山的实际情况，采用了由业主单位组建机电监理部的方式。机电监理部下设电气组、机械组、金结组、合同管理组和资料室，进行质量、进度和费用控制，以及合同及信息管理工作。机电监理部人员除业主自身的一部分专业人员外，另聘一些安装单位具有丰富安装经验的老工程师。要求机电监理部领导和专业组组长除具有丰富的专业知识外，还须具备较高的管理水平和较强的协调能力。

（五）运行人员培训是机电项目管理的保证

水电站工程的效益最终将体现在机电设备的运行状况上。如果光有良好的设备条件和生产环境，而运行人员对设备不熟悉，人员素质和运行水平达不到相应的要求，仍然实现不了机电项目管理的最终效益。为做到从安装单位手中接手设备起就能安全稳定地运行设备，就要要求运行人员要对设备的原理、结构和性能很熟悉才行。因此，电厂运行人员在建设期就介入设计、制造和安装过程。电厂运行人员的培训主要分为两方面：一方面是运行和检修培训，将一部分人送到其它已开始运行的电厂参加运行和检修；另一方面是一部分人员参与设备招标（包括招标设计、技术条件审订等）、设计联络、出厂检验及试验、安装监理，这样可使得他们对将来要运行的设备进一步加深了解，为顺利接手并运行好这些设备创造条件。

三、结语

在大朝山电站的建设过程中，我们始终以“一个龙头、两个关键、两个保证”，即设计管理龙头、设备选厂及监造关键、安装及监理关键、成套管理保证、运行人员培训保证全过程抓好大朝山机电项目管理工作，在确保工程安全和工程质量前提下，按计划实现了2001年12月首台机组投产发电目标，第二台机组也已于2002年3月顺利投产发电，创造了大型水电站建设的较好业绩，即：①首台机组投产之前就实现了主厂房混凝土施工全部结束和大坝混凝土施工全线到达设计高程（同时金属结构设备满足水库蓄水及渡汛要求）；②首台机组投产时永久通风、空调系统投入运行，相关的消防系统通过省消防总队验收，为机组及相关设备创造了较好的运行环境；③首台机组投产时计算机监控系统投入；④与首台机组投产时间间隔3个月就实现了第2台机组发电，且第2台机组启动试运行时间仅用了13d。

目前大朝山电站已投产机组及相关设备运行情况良好，截止2002年5月1日，1号、2号机组已累计发电量6.39亿kW·h。可以说，大朝山电站建设已实现了质量好、进度快、投资省的建设目标。

（云南大朝山水电有限责任公司　冯励生　杨　诚）

大朝山水电站工程质量管理

大朝山水电站位于云南省澜沧江中游河段，于1997年8月正式开工，2001年12月第一台机组并网发电。大朝山水电站质量管理的主要办法和措施如下。

1. 制定质量管理办法，明确建设各方职责　为依法进行大朝山水电站工程质量管理，规范项目法人（云南大朝山水电有限责任公司）、监理、设计、施工等建设各方（单位）的行为，明确各方职责，保证工程质量，云南大朝山水电有限责任公司依据国家有关法规，结合大朝山电站建设的实际而制定“大朝山水电站工程质量管理办法”。本办法详细规定了建设、监理、设计、施工各单位的职责，统一了质量检验及评定方法，明确了质量评定标准，对质量事故的处理程序及事故责任的划分作了明确规定。

2. 定期召开质量工作会议，强化质量法制责任意识　从大朝山水电站主体工程开工以来，云南大朝山水电有限责任公司每年定期召开质量安全工作会议，传达国务院、电力公司有关质量安全问题的文件，学习中央领导关于质量安全问题的重要讲话，充分认识“质量责任重于泰山”以及实行工程质量终身责任制、工程质量领导责任制，把工程质量纳入法制轨道的重要意义。通过质量安全工作会议，检查和总结各工程项目的质量安全情况，提出了以“一流的设计、一流的施工、一流的监理、一流的管理”来保证“创一流电站，保发电目标”这一目标的实现。质量工作会议还落实了创优的工程项目及措施，对质量优良的项目进行表彰奖励。

3. 建立健全质量控制及保证体系，完善质量控制手段

（1）健全监理组织。云南大朝山水电有限责任公司下设工程监理部及机电监理部，全面负责组织和管理大朝山水电站建设监理工作。为此首先健全了监理组织，通过邀请招标选择具有甲级资质的监理单位分别组建成C3、C4标项目监理部；外聘昆明院和北京院的有关人员组成试验、测量、地质、观测等专业监理组室；自行组建了C5标项目监理部、临建监理组、C2标项目监理组、资料室等。本着“管理出效益”的思想，强化内部管理，理顺了工程监理部与项目监理部、专业监理组室的关系，大力支持监理合法、独立、公正地履行监理合同赋予监理的职责和权力，树立监理的权威性；及时协调各项目监理部之间、项目监理部与专业监理之间的关系，使监理工作在工程监理部的统一组织和管理下，形成了一个管理层次明确，工作职责清晰、各组成部分密切联系、可操作性较强、工作效率较高的监理组织机构。

（2）提高监理人员素质。在监理单位和人员的选聘中，既注重资质又注重结构的合理，要求专业配套，职称结构合理，主要岗位的监理必须持证上岗。专门组织全体监理人员召开监理质量控制专题会议，学习了中央领导关于建设监理制的有关指示，各标监理交流质量控制方面的经验，牢固树立“百年大计，质量第一”、“质量责任重于泰山”的意识，并提出监理必须要过“三关”，才能真正成为工程质量的“守护神、保护神”。所谓“三关”即坚持质量标准，不以领导意

志为转移的“领导关”；坚持是非分明，不讲情面的“人情关”；思想及业务素质过硬的“过硬关”。

(3) 完善质量检测手段。公司购买了大量实验室设备，建立了监理实验室，对混凝土及原材料的质量进行检测，并购买了核子密度仪、全站仪、电子水准仪、断面仪等一批先进的设备和仪器，从而保证了监理检测资料的权威性。此外还不定期地聘请昆明院物探对利用地质雷达、声波等先进方法对锚杆长度、灌浆饱满度、喷混凝土厚度、灌浆质量、开挖质量等进行检测，取得了较好的效果。

(4) 建立监理相关工作程序，使监理工作规范进行。工程监理部和各项目监理组室都建立了岗位责任制。单项工程开工前，项目监理都编制监理实施细则，编制了《坝基验收手册》、《地下洞室分部验收手册》，使验收工作规范进行。项目监理也规定了很多质量监控工作程序，如对混凝土的仓面验收、浇筑过程中质量问题的处理都有一套完整的工作程序。

(5) 督促施工单位建立健全质量保证体系。各施工单位都建立了质检机构和相应的质检制度，但在实施过程中，经常发现施工单位现场质检人员权、责不到位，三检制不落实。利用各施工单位都在开展ISO 9000系列达标活动的有利时机，加强对施工单位质量保证体系的监督、检查，督促施工单位按ISO9000系列标准去建立、健全质量体系，同时按照ISO9000系列标准对施工单位的质量体系进行评审，使质量管理工作规范化、标准化。

4. 加强对施工人员的资质审查与控制　人是施工的主体，是工程质量的创造者，人员素质的高低及质量意识都直接影响到工程质量。针对各单位都大量使用民工，甚至在一些关键工艺和技术要求较高的岗位上也使用民工，但民工的素质及责任心与所承担的工作不适应的情况，加强了对施工人员技术资质的审查，重要部位和关键工序的施工人员，必须经监理工程师审查认可后，方可上岗施工。此外还加强对分包单位的资质审查。

5. 加强对工程质量的预控　所谓“预控”，就是主动控制，预先分析影响质量的各种因素，制定和采取预防性措施，保证工程质量。

(1) 坚持技术超前的原则。对分部、分项工程，施工前都要求施工单位编制施工组织设计或施工技术措施，监理从组织体系特别是质量保证体系、技术措施的针对性、科学性、可行性、施工程序的合理性等方面认真组织审查，超前预料到施工中可能影响工程质量的各种因素，并制定对策，以技术措施和组织措施来保证施工质量。在大坝碾压混凝土开浇之时，公司专门召开了碾压混凝土质量工作会议，对大坝碾压混凝土施工质量控制从技术措施、组织措施等方面进行了充分准备。

(2) 加强对施工准备工作的控制和检查。施工准备工作是否充分，是关系到工程质量的一个重要因素。在监理工作中，加强了对施工准备工作的控制，严格把好“开工关”。在混凝土开浇之前，项目监理对混凝土浇筑队伍的资质、施工质检、施工实验室、混凝土拌和楼、施工设备、混凝土的各项施工措施、混凝土的配合比等逐项进行检查、验收、审批，并及时进行设计交底，在各项准备工作基本落实后，才下达开工令。

(3) 加强对原材料的质量控制。原材料质量是工程质量的基础，加强原材料质量的控制，是提高工程质量的重要保证。大朝山水电站大坝混凝土采用人工砂石骨料和PT掺合料，监理除加强了对生产过程的控制外，试验监理加强了现场取样，并统一了各标的试验用筛和取样地点，从而规范了各标对砂石料质量的检测。对PT掺合料监理实验室也加强了取样次数，并规范了取样方法。对水泥、钢筋等原材料，除提供产品的合格证外，实验监理定期进行抽样检查。

6. 强化工序质量控制　加强对施工过程的跟踪监督、检查与控制，对重要工序设置质量控制点，进行旁站监督与控制。

在大坝碾压混凝土施工中，针对碾压混凝土施工的关键环节和薄弱部位，将层间结合设置为质量控制点，项目监理和试验监理对碾压混凝土施工全过程进行旁站监督控制。试验监理对每一层都进行V_c值、入仓温度、压实度进行检测，项目监理重点对“边、点、面”进行控制。边，指仓位四周模板边缘的变态混凝土或常态混凝土施工；点，指仓内预埋的观测仪器、止水等；面，指仓内大面上的碾压混凝土。通过现场监督、检查，及时发现施工中存在的问题，如粗骨料集中、局部不泛浆、泌水、局部初凝等，督促施工单位解决。

在明挖和洞挖施工中，始终坚持“安全质量第一的原则”，将爆破作业设置为质量控制点，实行爆破许可证制度。重要部位进行爆破作业前，都要报送爆破设计，监理除对爆破设计进行审查外，现场对孔深、孔距、装药量、分段等进行检查，检查合格后，签署爆破许可证，方能进行爆破作业。

对固结灌浆、帷幕灌浆等隐蔽工程的施工，要求施工单位必须使用灌浆自动记录仪，监理实行24小时旁站监理，重点检查灌浆工艺是否符合施工技术要求的规定，检查孔深、浆液比、灌浆压力及施工记录是否符合要求，发现问题及时纠正。

7. 大朝山电站的整体质量评价　大朝山电站自1993年开始筹建准备以来，经过设计、施工、监理的共同努力，工程进展顺利，工程质量符合设计要求，涌现出一批以大坝坝基开挖、厂房岩锚梁施工，大坝混凝土浇筑、长尾水隧洞开挖等为代表的优质工程。施工中虽然还存在不少质量缺陷，但未发生过大的质量事故，工程质量总体上是好的。

(1) 坝基开挖工程。开挖施工全部采用了边坡预裂爆破，并大规模采用了水平预裂爆技术，坝体体型、轮廓尺寸控制较好，爆前爆后声波衰减率小于10%，残孔率达90%以上，建基面的平整度、超欠挖值均在规范要求以内。

(2) 1号长尾水隧洞开挖支护工程。全为上部和下部两层开挖，上部开挖采取了中导洞先行后扩挖，下部采用仓断面开挖。施工严格采用光面爆破措施，严格放线，严格控制钻孔角度，严格控制爆破。开挖质量控制较好，达到了国内先进水平，上部开挖的半残孔率在85%以上，下部扩挖的半残孔率在70%以上，平均超挖值仅24cm。

(3) 地下厂房岩锚梁施工。大朝山电站地下厂房岩锚梁长度为2×208m，锚杆四排共2016根，混凝土1620m³。岩锚梁在地下厂房施工中，历来是施工技术、施工工艺控制的难点。通过施工单位的精心施工，获得了质量和进度的双重效益，其施工质量和进度均属国内一流，保护层开挖采用手风钻造孔、光面爆破技术，残孔率95%，上、下游边墙的平均超挖值分别为11.9cm和14.2cm，砂浆锚杆合格率为100%，优良率达91.6%，混凝土合格率100%，优良率达93.5%。

(4) 大坝混凝土施工。大坝碾压混凝土通过试验监理的取样试验及钻孔取芯检查，施工质量是好的。在施工单位压水、取芯、声波检测试验的基础上，公司请湖南湘水基础施工有限公司再作大规模的压水取芯检测试验，并对芯样的物理力学性能指标进行检测。共钻孔取芯40个孔，进尺1266.94m，芯样获得率平均97.8%，单根芯样最长10.47m，大部分芯样表面光滑，结构密实，物理力学性能都能满足设计要求。压水试验检查孔完成82个，2735.4m，压水814段次，小于1Lu的占94.4%。

（云南大朝山水电有限责任公司　邹　麟）

百色水利枢纽工程的建设管理

百色水利枢纽是开发治理郁江的关键性工程。以防洪为主，结合发电、航运，兼有灌溉、供水等效益的综合利用工程。坝址位于广西壮族自治区百色市上游22km的右江上，集雨面积19600km²，年径流量82.9亿m³。水库正常蓄水位228.0m，相应库容48.0亿m³；最高洪水位233.7m，相应库容56.6亿m³；死水位203.0m，死库容21.8亿m³；水库调节库容26.2亿m³，属不完全多年调节水库。水库预留防洪库容16.4亿m³，可将自治区首府南宁市的防洪标准由20年提高到50年；右江盆地及沿江城乡防洪标准达到50年；郁江两岸城镇和耕地防洪标准提高到20年。保护人口187.3万人，保护耕地109万亩，多年平均防洪效益7.8亿元；水电站装机容量54万kW，多年平均发电量16.9亿kW·h，其中64%以上的电量可用于调峰，年发电效益4.5亿元；工程建成后可使百色港的通航流量达到140m³/s，百色至田东的右江航道达到五级标准，可通航300t船舶；田东至南宁达四级标准，通航500t船队。库区则可渠化航道300km，过坝设施为2×300t级的垂直升船机，年航运效益为4.8亿元。

工程分两期建设，第一期为130m高、720m长的RCC主坝，水电站地下式厂房和高度分别为26m及39m的两座土石方副坝；第二期工程为通航过坝设施。一期工程计有土石方560万m³，混凝土301万m³（其中RCC为212万m³），钢筋钢材28700t。批准的初设概算投资为53.3亿元，施工总工期为6年。库区淹没涉及广西、云南两省区，共淹没耕地6.1万亩，迁移人口2.7万人，323、324国道改线64km。移民补偿及环保投资共计20亿元，占投资总额的37.5%。

1996年8月8日经广西区政府批准，成立了“广西右江水利开发有限责任公司”，为直属自治区政府领导的国有独资企业，其主要任务是“全面负责百色水利枢纽的准备、实施、管理和右江各梯级滚动开发”。当时第一期工程的投资核定为65.6亿元，资金组成为，广西区政府20.0亿元，水利部补助7.0亿元，世界银行贷款33.2亿元（折美元4.0亿元），国内贷款5.4亿元。电站上网电价0.48元/(kW·h)。由于广西筹资困难，世行贷款额度过高（51%），项目实施存在困难。1999年7月在水利部领导和自治区领导主持下将公司改组为由6家股东组成的股份制企业。公司资本金27亿元，由广西水利电业有限责任公司代表广西区政府出资20亿元占40.5%，实行控股，珠江水利水电开发公司代表水利部出资7亿元占26.0%，其余由广西地方四家公司分担。公司改制后继续工程的施工准备并根据新的形势，着手研究利用国内贷款的建设方案。该方案经审定一期投资为53.3亿元，较世行贷款方案节省资金12.3亿元。上网电价则降为0.28元/kWh。由此2001年元月右江公司再次重组，由水利部领导和广西区政府领导组成“百色水利枢纽工程建设领导小组”代行股东会职权。双方商定资本金降为20亿元，占工程投资的37.5%。珠江水利水电开发公司代表水利部出资12.5亿元占62.5%,实行控股,珠江水利委员会主任代表水利部兼任公司董事长。广西水利电业有限责任公司代表自治区政府出资5.9亿元,占29.5%,南宁投资开发公司出资1.3亿元,百色水电投资有限责任公司出资0.3亿元。不足部分由国家开发银行贷款解决。工程建设领导小组确定了四个里程碑:①2001年10月主体工程开工;②2002年10月大江截流;③2005年10月第一台机组发电;④2006年底工程全面竣工。

2001年10月11日经国务院批准，百色枢纽正式开工。工程建设严格实行了项目法人责任制、招标投标制和工程监理制，委托湖北长江三角洲招投标公司为招标代理。通过招标选定了国家电力公司华东设计院为设计监理，广西桂能·湖南水电联营体为RCC主坝施工监理，四川二滩国际咨询公司为水电站施工监理，水利部江河水电咨询中心为库区移民监理。2001年12月28日RCC主坝开工兴建，由闽江·黄河水电工程9联营体中标承建；2002年3月23日水电站开工，由广西百色滇桂水电工程联营体中标承建。质量监督由水利部水利工程质量监督总站承担并已开展工作。

施工准备自1997年10月8日开展以来已先后完成左右2岸进场公路17.5km，跨右江平圩大桥一座，左右岸上坝公路4km，35kV和110kV施工变电站各一座，长828m、内径13.2m的导流洞一条及大江截流准备工程。截止2002年4月，已投入资金7.5亿元。以社会效益为主的百色水利枢纽采用企业方式进行建设和管理有下列特点：①资本金比例较高，一般水电工程的资本金为20%～25%，本工程达37.5%；②在还贷期资本金不取回报，电费收入除必要支付外全部还贷以降低上网电价增强竞争能力；③实施“小业主、大监理”方针，目前公司职工不到70人，避免庞大的建设机构和管理费用。

（广西右江水利开发有限责任公司　陈顺天）

施工企业管理

水电施工企业项目成本管理

项目成本管理是施工企业项目管理水平的综合反映。项目成本管理由项目成本的预测、分析、控制、考核等内容组成，是对项目进行事前策划、事中控制和事后总结的全过程的成本管理。多年来，我工程局成本管理是通过以下几方面来实施的。

一、确定项目目标成本

项目中标合同签订后，有必要对项目的施工组织措施进行重新论证和确定。结合企业自身情况和投标书承诺的条件，对资源进行可操作性的配置和技术经济比较，力求做到最合理的投入和产出比。并结合中标工程主要工程的单价的工、料、机消耗，各项费用对比分析、预测，从而确定中标项目的目标利润。项目中标合同价减去目标利润即为企业对项目的静态目标成本。

二、策划项目成本

依据招标文件中的合同条件与中标价，并结合经过论证的施工组织措施，对项目进行分阶段（施工准备期、高峰期、收尾期）策划和总体策划。

在确保合同的施工进度、质量、安全、文明生产等目标的前提下，成本策划既要实现企业确定的目标利润率和各种费用的上交（各种社会保险、上级管理费、劳务管理费等），又要做到其他开支的预见性和可操作性。

成本策划的主要内容有：

（1）组织机构。根据项目施工规模和特点，本着“精简设置、职责明确、功能齐全、办事高效”的原则，大多数情况下我工程局采用“二级管理、一级核算、队为基础、责任经营”的项目管理模式，设置管理层和作业层。

（2）资源配置。必须分阶段安排劳务数量与设备数量。劳务数量的配置要优化劳动组合，做到“一专多能”，并通过经济政策提高劳动生产率；在施工机构设备配置方面，要做到合理、科学，既要“成龙配套”，又要避免“大马拉小车”现象；并不断提高设备的完好率和利用率，发挥机械设备的最大效用。

（3）生活、生产设施。参照中标报价中的临建费用和结合施工中的实际需要，除合理规划办公、生活及福利设施外，更重要的是对生产性辅助设施合理规划和布置。规模过大造成浪费，规模过小造成二次投入往往影响工期又加大了成本。同时生产设施的布置既要结合场地条件，减少土建工程量，以及减少半成品和成品的运输费用。

(4) 物资材料供应。对施工所需的各类物资材料，应按定额和实际消耗水平做出预测，从总量上加以控制。并根据年度、月度生产计划做好年、月物资材料供应计划；建立信息网络，从质量、价格上货比三家；大宗物资材料要进行招标采购，既要满足施工需要又要最大限度地减少库存。

(5) 内部核算。项目部应编制出以直接费为基础的内部施工预算单价，将内部施工预算单价及其人工费、材料费、机械费、其他直接费作为作业队成本考核指标和核算的依据。

(6) 分包管理。对于不适合大型机械化施工的个别项目或需要社会力量进行工序分包的，需按业主及上级有关部门的规定进行分包队伍的选择。分包单价应结合市场价格确定，有条件的情况还可以进行分包招标、议标或比价来确定选择分包队伍，并且对分包队伍实行全过程施工控制和监督管理，以确保工程质量、工期及成本控制的有效完成。

三、项目成本控制

为保证项目成本得到有效控制，项目部应在项目开工前编制出项目单项、单位工程，年度、总体成本预算，以及相配套的各项管理办法和实施细则。作业队职工的收入应与工程进度、质量、安全、成本核算等指标挂钩，作业队成本节约（超标）要作为效益工资（奖金）考核的依据之一，管理层职工的收入要与厂队收入挂钩。

编制当期预算成本时，按工期和资源投入，详细测算工程可能发生的人工费、材料费、机械费、其他直接费及现场管理费，并对各项费用进行分解，逐项加以控制。把预算成本与中标合同中的各种费用进行对照比较，在总的目标成本内，合理进行预测调整，以丰补欠。对明显出现亏损的单位、单项工程，及时修改或调整施工方案和措施，改变资源配置。对非项目经理部自身施工和管理等原因而发生的损失，应通过加大变更和索赔补偿的力度，得到应有的补偿和支付。

四、项目成本核算和考核

分阶段进行项目成本核算是项目成本控制的重要环节。通过成本核算，反映施工消耗和计算施工项目实际成本，检查预算成本的执行情况，计算项目部的经济效益，贯彻成本管理责任制，为分析、考核、预测、调整等提供科学依据。

项目成本核算必须确定核算对象和核算期限及细化核算方法。人工费、材料费、机械费及其他直接费都应该根据成本核算对象在核算期实际完成的工程量所发生费用及分摊计入进行核算；对机械设备的配件应根据价值高低确定合理的摊销比例。对间接费的核算，应当确定间接费分配标准，并与预算的间接费取费口径一致。

项目经理部应对其项目成本进行季度、年度成本实际情况分析与反馈，并定期（季度、年终）考核，而后及时调整成本和与之配套的管理办法，如实填报项目成本报表，将成本报表和成本分析报告企业总经理办公室，以利于各项目点定期成本考核分析报告进行对比考核。同时，对各项目点的成本执行情况进行定期和不定期的稽查或审计，对成本执行较好的项目给予表彰，并在项目经理年薪考核时按“项目经理管理办法”的规定及时进行考核和兑现年薪；对成本控制差的项目将给予通报批评，限期整改，必要时撤换项目经理，并追究有关责任。

（中国水利水电第十四工程局　周　游）

中国葛洲坝水利水电工程集团有限公司成立

中国葛洲坝水利水电工程集团有限公司（以下简称集团公司）是我国迄今最大的实体性水利水电工程施工企业。公司前身是1971年为兴建长江葛洲坝水利枢纽而组建的三三〇指挥部。1974年6月，改名为三三〇工程局；1982年10月，三三〇工程局改称电力部长江葛洲坝工程局；1992年8月，又改名为中国水利水电长江葛洲坝工程局；1994年12月，经国务院批准，水利水电长江葛洲坝工程局改组为中国葛洲坝水利水电工程集团公司，并以此为核心企业组建葛洲坝水利水电工程集团。2000年11月，国家经贸委以国经贸产业［2000］1086号文正式批准，集团公司的债转股协议和方案，列为全国第二批实施债转股企业，并以国家电力公司为控股方，中国华融资产管理公司、中国信达资产管理公司和中国长城资产管理公司为参股方组建中国葛洲坝水利水电工程集团有限公司。2001年10月10日集团公司在宜昌总部召开了公司第一次股东会，选举产生了公司董事会、监事会和总经理等高级管理人员。2001年11月16日经工商行政管理部门登记注册，2001年12月8日对外宣布挂牌成立。至此，葛洲坝集团在经过30余年的发展之后，又跨入了一个新的历史发展时期。

葛洲坝集团公司债转股的实施，优化了资本结构，推动了现代企业制度的建设。转股前集团公司的注册资本为5.7亿元，总资产45.05亿元。转股5.7亿元后注册资本增加到153822.47万元，总资产达到79.37亿元，其中国家电力公司出资96302.42万元

(其中集团公司所占用的土地评估值为86130.65万元),占公司注册资本的62.61%;中国华融资产管理公司出资28110.05万元,占公司注册资本的18.27%;中国信达资产管理公司出资27200.00万元,占公司注册资本的17.68%;中国长城资产管理公司出资2210.00万元,占公司注册资本的1.44%。

集团公司在管理体制上按照公司章程规定,采用母子公司和总分公司体制构筑企业框架,有全资子公司6个,控股子公司18个,有分公司13家,直管项目部9个,并实行"六统一",即统一发展规划和年度计划;统一承包经营重点建设项目;统一重大投资信贷;统一对外经营,进出口贸易和相关商务活动;统一国有资产管理和统一任免主要负责管理人员。到2001年,集团公司下属分公司(包括无独立施工资质而列为分公司管理的4个有限责任公司和5个事业部)拥有43136名员工,其中各类专业技术人员11361人,高级职称人员1240人,中级职称人员4084人,高级技师43人,技师522人。一级项目经理60余人,特殊工种作业人员5934人,持证率和持证上岗率均达到100%。目前,集团公司不仅自己培养了一批当今水电施工技术领先水准的专家和高级工程师,还建立了技术创新能力强,拥有省级技术中心和企业博士后科研工作站及覆盖主要建安专业的技术科研所。历年取得包括国家科技进步特等奖在内的重大科技成果奖达1000余项。光面爆破、预裂爆破、混凝土温控、基础处理等处于国内领先水平。大江大河截流、高强度低温混凝土施工、大型水电机组安装及大型金属结构制作安装,高速水流隧洞混凝土环向预应力、特种水泥制造等技术达到国际先进水平。

目前,集团公司正以有限责任公司成立为契机,完善法人治理结构,建立灵活的市场机制,按照集团《2000年—2010年发展战略》中描述的"管理型、现代化、多元化、国际化"规划目标,力争用十年的时间,将集团建成国内一流、国际知名的大型企业集团。

(葛洲坝集团年鉴编辑部 孙秀萍)

莲花水电站获鲁班奖

1. 工程建设概况 莲花水电站位于黑龙江省海林市牡丹江干流上,距牡丹江市160km,是牡丹江梯级开发的第一座水电站。该工程以发电为主,兼有防洪、灌溉等综合效益。水库总库容41.8亿m^3。电站装机4台,总装机容量550MW,多年平均发电量9.97亿kW·h。

电站枢纽由大坝、二坝、溢洪道、引水系统和地面厂房组成。大坝为钢筋混凝土面板堆石坝,最大坝高71.8m,坝顶长度902m。布置在左岸垭口的二坝为黏土心墙坝,最大坝高47.2m,坝顶长度332m。溢洪道布置于右岸,全长990m,底宽90~130m,布置7个泄洪孔口,最大泄量18570m^3/s。引水发电系统布置于右岸,包括进水口、引水隧洞、调压井、压力管道、地面厂房、开关站及变电站等。电站枢纽工程属一等工程,拦河坝及泄洪建筑物为一级建筑物,厂房及引水建筑物为二级建筑物。

主要工程量:土石方开挖664.73万m^3;土石方填筑670.86万m^3;混凝土54.48万m^3;钢筋制安19944t;钻孔灌浆71500m;锚杆79185根。

工程总投资47.02亿元。

莲花水电站地处严寒地区,多年平均气温3.2℃,极端最低气温-45.2℃,月平均气温为负温的月份达5个月,河流封冻期154d,最大冻土深度191cm。

莲花水电站工程1992年经国家计委批准开工建设,1992年11月主体工程开工,1994年10月大江截流,1996年8月下闸蓄水,1996年12月第一台机组投产发电,1998年12月主体工程完工,1999年11月竣工验收。

莲花水电站建设实行业主负责制、建设监理制、工程招标承包制。建设单位是黑龙江省水电建设管理局,设计单位是东北勘测设计院,监理单位是西北勘测设计院,主要施工单位是中国水利水电第一工程局。工程建设伊始,即建立了业主、监理、设计和施工单位齐抓共管的质量保证体系,确定了创建优质工程的目标,并贯彻于工程建设的全过程。通过参建各方的共同努力,工程筹建期比原计划缩短了两年,主体工程仍按原定总工期完成,工程质量达到优良。各主要单位工程质量评定结果,分部工程优良率分别为,大坝工程91.75%,溢洪道工程100%,厂房工程83.3%,水轮发电机组安装工程96.2%,电气及辅助设备安装工程85.7%。

《竣工安全鉴定报告》对莲花水电站工程的评价为,莲花水电站主体工程的设计正确,工程施工及主要金属结构和机电设备的制造和安装质量良好,均满足国家有关规程规范要求。

《竣工验收鉴定书》的结论是,莲花水电站工程建设是成功的,工程整体质量优良。

工程审计结论确认,总工期缩短15个月,由此产生直接经济效益6亿多元,并节省建设期支出2亿多元。

2. 工程建设主要难点及突破结果 莲花水电站大坝是我国在严寒地区修建的第一座大型混凝土面板堆石坝。在气候严寒、每年冬季施工时间长达6个月的条件下,大坝填筑施工能否在严寒的冬季进行,面板混凝土这种大面积的薄壁混凝土能否保证质量、能否满足严寒地区气候条件下的运行要求，是关系到电站建设工期和工程质量的关键问题。为了解决这些问题，原能源部1992年下达了科技项目“严寒地区混凝土面板堆石坝施工技术研究”。结合工程施工，进行了大量试验研究，通过制备细碎石、掺筛分脱水河砂等措施，解决了冬季填筑垫层料的材料问题，使垫层料在冬季不洒水碾压条件下达到设计干重度要求，使控制整个大坝施工进度的垫层料填筑在严寒季节能够继续施工，从而保证了整个大坝五个冬季连续填筑，缩短了工期。大坝填筑质量优良，施工期沉陷量仅为坝高的0.17%，远远小于同类坝型0.5%左右的沉陷量。同时，通过一年多的试验研究，确定了抗冻标号高达300的面板混凝土配合比。并且，对于面板混凝土越冬，现场试验、观测，确定采取了聚苯乙烯板进行可靠的防护，保证了面板混凝土的质量。面板混凝土达到质量优良，内实外光，表面平整，$75400m^2$的混凝土面板需要处理的裂缝只有57条，远远少于同类坝型。由于大坝施工质量优良，最大渗漏量只有12L/s，远远小于同类坝型每秒数十升至上百升的渗漏量。

结合莲花大坝施工，圆满完成了原能源部下达的上述科技项目。专家鉴定认为，该项研究成果填补了面板坝施工技术的一项空白，对于严寒地区修建混凝土面板堆石坝有很大的推广价值。由于该项研究成果直接应用于莲花大坝施工，使莲花面板坝的施工速度比常规混凝土坝缩短了1～2年。该项成果2000年获国家电力公司科技进步二等奖。该研究成果已推广应用于吉林省松山引水工程面板坝和新疆吉林台工程面板坝施工。

3. 施工中采用的新技术、新工艺　引水隧洞是国内最大直径的圆形引水隧洞之一（直径13.7m），混凝土衬砌采用了钢模台车。

拦污栅墩混凝土采用了滑模施工，并同时安装拦污栅槽，取消了二期混凝土。

进水口闸门井混凝土采用了滑模施工。

调压井混凝土采用了滑模施工。

大坝面板混凝土采用了无轨滑模施工。

上坝料开采采用了深孔微差挤压爆破技术。

在进水口高边坡开挖中采用了扇形深孔爆破。

在道路开挖中采用了大型洞室爆破。

采用了孔内CT、孔内电视等新设备、新技术，对大坝趾板灌浆效果进行检测，并提出了用结石率评价灌浆效果的方法。检测结果为，大坝固结灌浆、帷幕灌浆结石率均达到100%。

上述各项先进技术和工艺的采用，对保证工程质量、保证工期起了关键作用。

4. 莲花水电站工程建设结硕果　莲化水电站工程设计2000年获全国优秀工程设计银奖。

莲花水电站工程2001年被国家电力公司确认为优质工程。

莲花水电站工程建设1997年、1998年连续两年获黑龙江省重点优质工程竞赛先进单位奖。莲花水电站是全国第一个达标投产的水电站，荣获国家一流水电厂、全国文明企业称号，1997年荣获“五一”劳动奖状。

人民日报记者在《半月谈》上发表上《中国水电建设史上一面旗帜》一文，宣传莲花水电站建设经验。

由于莲花水电站建设速度快、质量好、效益显著，被上级领导誉为“南有广蓄，北有莲花”。

莲花水电站已经成为黑龙江省骨干调峰电厂。自1996年8月蓄水以来，大坝已经经过了各个汛期和严寒冬季的考验，运行完全正常。1998年松花江流域特大洪水期间，莲花水电站停机拦洪，削减洪峰流量$2200m^3/s$，大大减轻了松花江下游的洪灾损失，受到黑龙江省政府嘉奖。

莲花水电站工程以其优良的工程质量、快速的建设速度、显著的经济效益、创新的科研成果等综合成就，2001年荣获建筑工程国家级优质工程奖——鲁班奖。

（中国水利水电第一工程局　常焕生）

中型水电站发展情况及经验

研究加快云南水电资源开发、培育水电支柱产业的措施

云南省委、省府已决定将培育以水电为主的电力工业为本省第五大支柱产业，并列入“十五”发展纲要。为了加快云南水能资源的开发，云南电力集团公司与省政府有关部门配合开展规划研究，云南省水电学会、国电公司昆明院及澜沧江水电开发公司都积极参与了加速水电开发的研究，提出了供省政府及投资方选择的开发步骤。基本思路是：在电源建设方面，

大型（巨型）水电站由国有资本的集团公司或投资公司合股建设。由2001年组建的澜沧江水电开发有限公司作为主体，滚动开发澜沧江中下游及金沙江中游的大型水电站，并授予开发权。在2010年小湾电站投产前抢建一批中型水电站，投产容量100万kW作为补充，主要依靠省内投资主体建设经营，并对国内外开放吸引投资，尽早开发。边远地区则积极开发小水电，与农网改造相配合，满足当地需要，积极推行以电代柴。大力开发水电的同时，合理配合火电容量，以实现向广东输送均衡电力的要求。在电力市场方面，积极向受电省宣传云南绿色能源，扩展西电东送市场，加强西电东送骨干网的建设进程，逐步扩大"西电东送"的容量与电量规模。与此同时，积极培育省内电力市场，开展矿电结合项目的研究与试点，积极开创矿电双赢的新路子。对"云电外送"的景洪水电站，促进泰国投资方尽快作出投资决策，完成必要的前期准备工作，实现景洪水电站2013年投产向泰国送电的目标。

培育支柱产业需要政策措施的支持，水电产业更需要创造良好的投资环境，降低投资风险，才能吸引各方面资金投入云南水电开发，而政策措施的制定要有政府部门研究和制定，具体建议是：

(1) 政府部门要有专门机构研究和制定措施。电力体制改革的第一步"政企分开"已经完成，第二步"厂网分开"也正在逐步实施。电力的管理职能交省经贸委。作为电源开发项目又需列入省计委的基础产业建设计划，水电项目、尤其是大型水电项目由于建设周期长，在项目筹建期就要预测进入电力竞争市场的风险是很困难的，电源及电力市场的规划与全省国民经济发展密切相关，省政府应有专业部门来管理电力产业的发展计划，更何况还要培育水电支柱产业。至于支持水电开发的政策、措施及引进外部资金的协调与配合、征地移民等都离不开政府的支持与服务。

(2) 降低水电项目的投资风险才能吸引资金投入。水电项目投资的风险主要来自于自然环境——土地与地质。地质风险可以通过项目前期勘察、试验与设计深度来控制，而土地资源是国家严格控制的，近几年来在征用土地上不断出台新的政策，大大提高了征地的成本，而水电项目、特别是水库要占用大量土地，涉及征地移民，投资难以控制、突破很大，给水电项目增加了很大风险。云南的水电项目，都在高山、峡谷之地开发，虽然移民数量相对不大，但水库淹没土地较多，而且大多是贫困山区的土地，大量土地是25°以上坡地。征用这些土地完全可以和国家的异地扶贫安置和退耕还林政策相结合，可明显降低水电项目的征地移民投资。

其次国家出台的西部大开发支持政策，省政府应以此为依据，细化制定本省的支持政策，并落到实处，使投资者心中有数。

(3) 制定支持再生能源利用开发的税收政策。这个问题已研究、建议了多年，现仅就环境保护和支持"西电东送"提出建议。税制改革电力产业的税赋负担是水电大大增加（无增值税抵扣），火电和电网相对减轻，实际上是税赋的转移。"西电东送"的实质是大力开发西部水电资源，实现以水电为主的电力的大规模东送，以西部水电替代东部火电，减轻煤炭的运输压力和保护大气环境。火电的温室气体排放要占据大气环境容量，并且要花巨大的代价来改善，因此应以火电占用大气环境容量的代价来补偿可再生、无污染的西部水电，国家应体现在税收的调节上，对水电项目建成后的发电增值税采取先征后返的政策，返回比率应不小于50%，增强新开发水电项目的还本付息能力和抗风险能力。

(4) 电力体制改革应促成水、火电分别成立独立发电公司。国家电力公司系统的水、火电厂长期与电网捆在一起核算，水、火电厂的投资效益很难区分，在电网内火电坐享老水电低成本高效益是不言而喻的。新组建的大型水电流域公司还刚起步独立核算，还本付息负担重，上网电量与电价按计划经济模式确定分配，又无老水电厂作为资本金支撑，因此在竞价上网后处于何种地位尚难预料，但可以肯定比同类火电厂是有竞争力的。根据国家的能源政策及西部大开发要求，成为国家级的或者是区域性的水力发电公司来规划、协调、投资、经营水电资源的开发，代行一定的政府委托职能，对加速我国西部地区水电资源、促进"西电东送"都是十分必要的。

（云南省水力发电工程学会　文宏泽）

7

水工设计

坝 工 设 计

龙滩水电站碾压混凝土重力坝设计的几个技术问题

(一) 碾压混凝土重力坝布置

龙滩工程为一等大 (1) 型工程，挡水建筑物洪水标准按 500 年一遇洪水 ($Q=27600m^3/s$) 设计，万年一遇洪水 ($Q=35500m^3/s$) 校核。

根据坝址地形、地质条件选定的坝轴线，河床坝段位于强度较高的以砂岩为主的岩层上，相对较弱的以泥板岩为主的岩层（板纳组 18 层）只在建基面较高的左岸进水口坝段通过。正常蓄水位 375m 时，坝顶高程 382m，最大坝高 192m，坝顶长约 746m，正常蓄水位抬高至 400m 时，坝顶高程 406.5m，最大坝高 216.5m，坝顶长约 832m。

泄洪建筑物布置在河床部位，设有 7 个表孔和 2 个底孔。表孔孔口尺寸为 15m×20m（宽×高），堰顶高程初期为 355.00m，后期提高至 380.00m。泄洪全部由表孔溢洪道承担，最大泄量初期为 28190 m^3/s，后期为 27134m^3/s。下游消能采用高低挑坎差动式挑流消能。

表孔两侧对称布置 2 个底孔，底孔进口底板高程 290m，控制断面尺寸 5m×8m（宽×高）。底孔不担负泄洪任务，主要用于后期导流、水库放空和冲排沙任务。为适应碾压混凝土施工，底孔采用有压流，孔身水平布置，孔口上游设平面事故检修门，下游出口设弧形工作门，孔身采用钢钣衬砌。下游消能也采用挑流消能型式。

(二) 碾压混凝土重力坝设计

1. 大坝碾压混凝土配合比设计　通过对原材料的选择和试验，选定合适的胶凝材料及其比例、研究相容的高效缓凝剂品种及其用量，确定了龙滩大坝碾压混凝土配合比。通过大量的室内和现场试验论证，表明龙滩大坝坝体中下部碾压混凝土采用富胶凝材料 ($c+F=90+110=200kg/m^3$ 和 $c+F=75+105=180kg/m^3$) 是合适的和必要的。

2. 大坝体型优化及稳定和应力分析　考虑地基条件、坝高、坝体布置及施工要求，选取典型断面，以满足规范要求的稳定和应力条件为约束条件，以坝体工程量为目标函数，对典型断面进行了体型优化，优化后溢流坝断面最大底宽为 168.58m，坝底宽与坝高的比值 (B/H) 为 0.779，最大挡水坝断面底宽为 158.45m，B/H 为 0.806，均为经济的断面体型。

根据各坝段坝基地质条件，拟定各坝段坝基面高程，逐坝段进行了沿坝基面的抗滑稳定计算和应力分析。计算成果表明，各坝段的应力及各坝段沿坝基面的抗滑稳定安全系数均满足规范要求。

考虑到施工中碾压混凝土坝存在较多施工层面，这些层面可能是结构上的薄弱环节，故对碾压混凝土坝的应力和稳定的影响进行了深入的研究，进行了非线性分析、动力分析以及静、动条件下的结构模型试验，对所采用的工程措施提高大坝安全性的效果进行了评价。

3. 碾压混凝土高度范围研究　200m 高的大坝在多大高度范围内可采用碾压混凝土，主要取决于大坝体型、层面抗剪断强度指标、层面扬压力及沿层面的抗滑稳定安全系数等因素。根据现场试验结果来看，在常温条件下的几种工况均获得了很高的层面抗剪（断）强度参数。在高温条件下，只要采取一定的措施，层面抗剪（断）强度参数仍可满足要求。因此，只要碾压混凝土配合比设计得当，施工中建立有效的质量检测与控制系统，保证碾压混凝土的施工质量，龙滩大坝除基础垫层混凝土外，从高程 196m（基础垫层顶面）以上，均可采用碾压混凝土。

4. 防渗和排水结构研究　根据龙滩碾压混凝土重力坝体型设计的特点，对坝体上游面防渗结构型式，1995 年以前曾重点研究过。3～5m 厚常态混凝土防渗（“金包银”）；预制混凝土板内贴 PVC 膜防渗；现浇钢筋混凝土面板和二级配碾压混凝土组合防渗；沥青混合料防渗；表面布筋的变态混凝土和二级配碾压混凝土组合防渗等方案。

通过对上述防渗结构方案的防渗效果及可靠性、耐久性、施工进度和造价等因素的综合比较分析，并考虑当时碾压混凝土筑坝的实践经验，曾推荐采用现浇钢筋混凝土面板与二级配碾压混凝土组合防渗方案。

近年来，将龙滩工程的坝体防渗结构型式作为重大技术课题开展了大量的设计研究和试验工作。随着科研工作的深入、国内外碾压混凝土筑坝实践的发展和筑坝技术水平的提高，对碾压混凝土各种性能的认识也在逐渐加深，在总结已有研究工作成果和国内外碾压混凝土筑坝实践经验的基础上，龙滩坝体防渗结构现阶段已优化为表面布筋的变态混凝土与二级配碾压混凝土组合的防渗方案。

龙滩坝体排水系统紧接上游防渗体，设置排水系统包括排水廊道、竖向排水管等。为达到层面强迫降压效果，确保层面扬压力不超过设计采用值，在坝体下部（高程 230m 以下）设置了 3～4 排竖向排水管将碾压混凝土层面与底部排水廊道连通。

高程 270m 以上的渗水自流排出坝外，高程 270m 以下渗水排至坝基集水井后，抽排至下游。为进一步减小扬压力增大坝体稳定性，高程 270m 以下坝基采用封闭抽排措施。

5. 温控防裂和坝体分缝　在龙滩工程设计的各阶段中，龙滩大坝混凝土的温控防裂一直作为重要的研究课题，开展了大量的试验和分析计算工作，并将该课题列入“八五”、“九五”科技攻关项目，开展了专题研究。研究表明，龙滩工程横缝间距应在 20～25m 范围内选择；尽管龙滩大坝最大长宽比（L/B）达 8.4，但只要合理选择碾压混凝土的原材料、配合比和基础混凝土的浇筑季节、适当控制混凝土浇筑温度、加强表面保护和养护，龙滩碾压混凝土坝不分纵缝通仓浇筑是可行的。

（中南勘测设计研究院　肖　峰）

百色水利枢纽碾压混凝土重力坝设计

（一）概况

百色水利枢纽位于广西百色市境内，是一座以防洪为主，兼有发电、灌溉、航运、供水等效益的综合利用工程（工程概况详见本年鉴第六卷《大中型水电站》篇目的有关条目）。

百色水利枢纽工程总体布置分为主坝区、两座副坝和通航建筑物三大部分。主坝区主要建筑物有拦河大坝、地下发电厂房及相应的引水系统和地下式升压站。拦河大坝为碾压混凝土重力坝，坝顶高程 234m，最大坝高 130m，坝顶长 720m，混凝土总量为 258 万 m^3，其中碾压混凝土 212 万 m^3。水库总库容 56.6 亿 m^3，水电站装机 540MW。

主坝区地形为“V”形河谷，贫水期河面宽 45～110m，主要工程岩体为辉绿岩和榴江组的硅质岩、泥岩、泥质灰岩。辉绿岩宽 130～140m，厚 120m 左右，拦河大坝建在辉绿岩上；消力池则置于硅质岩、泥岩、泥质灰岩上，岩体呈软硬相间，强度不一。

（二）坝体设计

坝轴线布置在坚硬的辉绿岩条带上，沿辉绿岩穿越河床的走向按 3 段折线布置。左岸坝段和溢流坝垂直河道流向，右河床坝段向上游转折角 28.8°，右岸坡挡水坝段再向上游折角 11.2°。大坝沿坝轴线方向共分为 24 个坝段，每个坝段的长度是根据温控、施工强度和水工布置等综合考虑选定，一般为 30m 左右，最长 36m，最短 22m。大坝为全断面碾压混凝土重力坝，按校核洪水位 231.49m 确定大坝设计基本三角形顶点高程为 232m；坝体上游面 146m 高程以上铅直，146m 高程以下坡比为 1∶0.2，非溢流坝下游面坡比为 1∶0.75，溢流坝的下游坡比为 1∶0.7。考虑到 PMF 水位 233.73m 时洪水不漫顶，坝顶高程取 234m，上设防浪墙。

1. 设计原则　百色碾压混凝土重力坝设计的主要依据为 SDJ21—1978《混凝土重力坝设计规范》及其补充规定、DL/T5005—1992《碾压混凝土坝设计导则》和 SL53—1994《水工碾压混凝土施工规范》。具体设计原则为：①坝体分缝分块应满足温控和施工要求，为减少或防止迎水面出现臂头缝，应研究是否需要在部分长度超过 25m 坝块的迎水面中部增设一条长 3m 左右并有止水系统的短缝；②坝的设计断面应满足坝体与坝基的稳定和应力条件的同时，应满足结构布置和连续快速施工的要求；③坝体的体型力求简单，碾压混凝土级配宜控制在两种级配以内，不设纵缝；④应尽可能地研究或应用新技术、新工艺、新材料和设计创新。

2. 坝体断面设计方法　采用动态规划（DP）法进行坝体断面优化设计。目标函数为满足各部位应力和抗滑稳定安全的条件下，坝的断面面积（A）最小；决策变量为坝上游坡率（m_0）及其起坡高程（H_2）与下游面坡率（m_1、m_2）及其变坡高程（H_3）。m_1 和 m_2 分别为下游面上部和下部的坡率（$m_1 \leqslant m_2$），溢流坝断面和非溢流坝断面基本三角形顶点高程分别为 231.4m 和 232.0m。

根据 SDJ21—1978《混凝土重力坝设计规范》及其补充规定和其他有关规程、规范，以及坝基地质条件，确定各项应力和抗滑稳定的约束条件和坝底宽度限制条件（辉绿岩宽度仅 130～140m）；再根据碾压混凝土机械化施工要求，确定上下游坝坡率的约束条件。由上述各种“条件”形成目标函数的约束集，然后按动态规划的“逆序”求解法求解，得出满足应力和稳定及其他所有约束条件的最优设计断面为：坝上游面坡 146m 高程以下均为 1∶0.2，146m 高程以上为铅直；非溢流坝和溢流坝的下游面坡分别为 1∶0.75（$m_1=m_2$）和 1∶0.7（$m_1=m_2$）。坝顶宽 10m。

3. 坝体混凝土分区设计　根据坝体部位的不同及其对混凝土的抗压、抗渗、耐久、抗冲刷、低热等性能的要求，坝体混凝土分成Ⅰ～Ⅳ区：Ⅰ区为主坝内部准3级配碾压混凝土A；Ⅱ区为主坝上游面2级配防渗层碾压混凝土；Ⅲ区为坝基垫层、闸墩、溢流坝过渡层等常态混凝土；Ⅳ区为溢流面、闸墩过水表面等抗冲耐磨常态混凝土。各分区混凝土设计指标如下表所示。

分区	抗压强度 MPa	抗渗标准	抗冲刷	抗侵蚀	低 热	抗冻
Ⅰ	$R_{180}15$	$W>2$	无	无	中热水泥、掺粉煤灰	F_{25}
Ⅱ	$R_{180}20$	W_{10}	无	无	中热水泥、掺粉煤灰	F_{25}
Ⅲ	$R_{180}20$ $R_{180}25$	W_8	无	无	中热水泥、掺粉煤灰	
Ⅳ	$R_{28}40$	W_8	抗冲耐磨	无		

（三）设计创新

在百色碾压混凝土重力坝设计中，为了解决采用坚硬的辉绿岩作为混凝土骨料的高弹性模量问题，国内首先提出用准三级配碾压混凝土。A（所谓准3级配碾压混凝土，是把标准3级配碾压混凝土骨料的最大粒径由80mm改为60mm，其他不变，从而获得更好的效果。）准3级配碾压混凝土与3级配碾压混凝土比较，有以下优点：①改善混凝土和易性和骨料分离，工作度减少1.5s左右，便于施工；②密实度增大，提高抗渗性能；③减少超强，降低弹性模量20%～30%。

（广西水利电力勘测设计研究院　韦卓信）

江口水电站混凝土双曲拱坝设计

（一）概况

江口水电站工程位于重庆市武隆县江口镇芙蓉江河口以上2km处。枢纽由混凝土双曲拱坝、水垫塘、二道坝和地下引水发电系统组成，拱坝最大坝高140m，是国内已建拱坝中最高的椭圆形双曲拱坝。水库正常蓄水位300.00m，总库容4.97亿m^3，电站装机容量300MW。工程于1999年5月开工，2000年10月20日截流，2000年12月30日大坝混凝土开仓浇筑，目前工程正在施工建设中。

坝址河谷为一基本对称的“V”形峡谷，河谷宽高比2.72。两岸地形坡度45°左右，两岸岸坡多为基岩裸露。坝基和两岸拱座岩体为灰岩、白云岩、含灰质串珠体页岩及白云质页岩，岩层倾向下游，倾角37°～50°。河谷底部堆积有砂、砾石夹块石的松散层，厚度约6～10m。岩层中揭露有软弱夹层，灰岩、白云岩中岩溶不甚发育，坝基范围内无规模较大的溶洞。地震基本烈度为6度。

（二）拱坝体形优化选择

拱坝体形优化设计及应力分析的基本方法采用中国水利水电科学研究院朱伯芳等编制的“拱坝体形优化程序”（ADASO）。该程序获国家科技进步二等奖，并被列为国家“八五”重点推广科技项目。拱坝体形设计比较复杂，传统的设计方法要人工做大量的比较方案，反复修改，不但工作量大，而且还难以求得较优方案。江口拱坝优化设计是由程序求出满足设计要求的拱坝最优体形，然后由设计人员根据实际情况选定合理的拱坝体形，不仅经济效益显著，设计效率也大大提高。

通常坝体的造价主要取决于坝体的混凝土方量，故ADASO程序以坝体的体积作为目标函数，同时将几何约束及应力约束等作为约束函数，对拱坝体形进行优化，寻求理想的坝体体形。在技施设计阶段分别对抛物线、椭圆、二次曲线三种线型的拱坝体形进行优化计算。在应力水平基本相当的情况下，三种线型拱坝优化方案的坝体体积分别为61万m^3、57.3万m^3和53.4万m^3。从水平拱圈的型式看，前两种线型拱坝坝体均为单一的线型，而二次曲线型拱坝为椭圆或双曲线的混合线型。经过经济技术比较，选定椭圆曲线作为江口拱坝的最终拱形。

江口椭圆双曲拱坝坝顶高程305.00m，最大坝高140m，拱冠梁剖面坝顶宽度6m，坝底宽度26.94m，顶拱中心角74.93°，最大中心角92.79°，最大半中心角46.31°，坝顶中心线弧长394.4m，坝体弧高比2.82，厚高比0.192。

由于拱坝的地质条件是影响坝肩抗滑稳定的主要因素，而地质条件又难以准确地反映在程序中，因此根据坝体应力计算的拱端力系成果，对坝体进行平面、三维抗滑稳定验算，计算结果满足稳定要求。

（三）拱坝体形特点

选定的椭圆曲线长轴顺河道方向，短轴对左右岸方向，这样保证了拱圈的曲率半径是由拱冠向两岸逐渐减小，整个曲线由拱冠至拱端逐渐扁平，因此既使拱的作用能充分发挥，又使拱端保证有一定的推力角，有利坝肩稳定。

由于江口坝基岩石条件较复杂，两岸基岩的变形模量在不同部位相差较大。为了适应坝基岩石变形模量的变化，水平拱圈由拱冠向两岸逐渐加厚。江口拱坝是根据拱圈中心线的弧长比逐渐加厚的，其特点是拱圈在拱冠附近加厚较慢，在拱端处加厚较快，拱圈受力均匀，能适应基础条件的变化。

拱冠梁剖面的形状在很大程度上决定了拱坝的垂直曲率和自重应力。江口拱坝拱冠梁剖面是由剖面中心线及各高程拱厚确定的，其中心线在铅直方向为三次插值曲线。在满足悬臂梁自重应力、倒悬度及上下游坝面曲线保凸的情况下，拱冠梁剖面中下部前倾，中上部后仰。因此不但坝体水平拱圈具有曲度，而且悬臂梁剖面亦具有竖向曲度，使坝体成为一个空间壳体，增强了坝体整体受力效果。

（东北勘测设计研究院 云宪义 陈玉夫）

官地水电站混凝土重力坝设计

官地水电站位于四川凉山州西昌市与盐源县交界的雅砻江上，电站尾水与二滩水库衔接（工程概况详见本年鉴第六卷篇目五的有关条目）。

（一）结构布置

拦河重力坝由左、右岸挡水坝段、河床中部溢流坝段及两侧的泄洪兼放空中孔坝段组成。坝顶高程1334m，最大坝高168m，最大底宽153.2m，坝顶总长465m，用横缝分为24个坝段。根据坝体结构、浇筑能力、温控要求和发电工期综合考虑，溢流坝段、中孔坝段和左、右岸8号、9号、17号、18号挡水坝段均设两条纵缝，其余挡水坝段只在中部设一条纵缝。纵缝间设水平键槽、在坝体达到稳定温度后，进行纵缝灌浆。

（二）坝体断面设计

重力坝基本剖面为三角形，挡水坝段和中孔坝段上游面垂直，在下部有1∶0.3的斜坡，下游坝面为1∶0.75的斜坡，坝顶宽20m。溢流坝段上游面同挡水坝段，下游坝面为1∶0.7的斜坡与坝顶部WES溢流坝曲线衔接，下部与泄流反弧曲面相接。坝顶设5孔13m×21m溢流表孔，闸墩顺水流方向长44m。在坝踵靠近基础处设一道3m×4m的基础灌浆兼排水廊道，另在下游纵向布置了3条2.5m×3m的基础排水廊道。坝体上游侧不同高程设置了4层2m×2.5m的交通兼观测廊道，廊道上游侧设置了竖向坝体排水管。

（三）坝体抗滑稳定和坝基应力计算

官地水电站重力坝稳定计算分别考虑了沿建基面的抗滑稳定和应力以及沿坝基软弱夹层的深层抗滑稳定。坝基混凝土与基础Ⅱ或Ⅲ级岩体间的抗剪断强度指标为$f'=1.05$，$c'=1.05$MPa，与Ⅲ$_3$级岩体间的$f'=0.9$，$c'=0.8$MPa。按重力坝规范抗剪断公式及材料力学公式计算得的结果，建基面抗剪断（剪摩）安全系数在各种工况运行下都满足要求。在地震情况下，坝踵出现0.16MPa的拉应力，其他工况下坝踵、坝趾都为压应力。

深层抗滑稳定是官地重力坝设计的主要问题。河床坝基下有f_{xh01}、f_{xh05}、f_{xh07}三条缓倾角错动带对坝体深层抗滑稳定性影响较大。其产状为$N41°E$、$SE\angle22°$，EW、$S\angle28°$、$N14°W$、$SW\angle12°$。其抗剪断强度指标f_{xh01}为$f'=0.45$，$c'=0.05$MPa，$f=0.45$；f_{xh05}、f_{xh07}为$f'=0.55$，$c'=0.1$MPa，$f=0.5$。三条缓倾错动带可组成三种滑移模式。第一种，沿f_{xh01}为主滑面，坝址下游岩体为抗力体的滑移；第二种，沿f_{xh05}为主滑面，坝址下游岩体为抗力体；第三种，沿f_{xh05}为第一滑移面，再顺f_{xh07}形成滑移通道的滑移。由于缓倾角错动带不连续，相互间不一定贯通，深层滑移面和抗滑面的抗剪（断）综合强度指标则按滑移面上错动带和完好岩体所占长度的比例采用加权平均求出。下游消力池底板混凝土按压重计入。抗剪安全系数按规范公式计算，抗剪断安全系数按刚体极限平衡等安全系数法计算。第一、二种滑移模式各种工况下抗剪和抗剪断安全系数都满足规范要求。惟第三种滑移模式在正常荷载土地震情况下抗剪断安全系数满足要求，但抗剪安全系数只有1.07，不满足规范1.10的要求，需进行处理。其方法对f_{xh07}错动带在护坦末端埋深较浅部位的40m范围内予以挖除，再回填混凝土置换。处理后抗剪安全系数值可达要求。

（四）大坝抗震动力计算

官地电站可行性设计时，新的《水工建筑物抗震设计规范》（下称“新规范”，已编制完成，正报送审批。因此，大坝抗震设计除按SDJ10—1978《水工建筑物抗震设计规范》（下称“78规范”）设计外，还要求按“新规范”进行计算，并比较。官地电站坝区地震基本烈度为7度，大坝按8度设防，100年超越概率2%的水平峰值加速度为0.28g。对挡水坝段和溢流坝段分别进行一维材料力学分析和二维有限元抗震分析，并与“78规范”拟静力法进行对比。挡水坝段一维动力法按“78规范”和“新规范”计算结果，动拉应力最大值分别为2.74MPa和3.98MPa，均发生在坝下游高程1315.33m坝坡转折处附近。二维动力法按“78规范”和“新规范”计算结果，动拉应力最大值分别为3.96MPa和6.06MPa，均发生在坝踵附近。溢流坝一维动力法“78规范”和“新规范”计算，动拉应力最大值分别为2.47MPa和3.74MPa，二维动力法动拉应力最大值分别为4.25MPa和6.28MPa，均发生在溢流坝坝顶下闸墩折坡附近。说明大坝坝头和坝踵部位是抗震的薄弱部位。

按“新规范”二维动力法计算的地震动应力叠加正常荷载的静态应力所得的综合应力，挡水坝坝踵处为4.43MPa的拉应力，坝趾处为11.1MPa的压应力；溢流坝坝踵处为3.47MPa的拉应力，坝趾处为11.4MPa的压应力。此有限元计算结果反映了基岩约束和坝体断面形状突变引起的应力集中现象。在挡水坝坝趾建基面上 6.0m 处，综合应力减小为 7.03MPa 的压应力；溢流坝坝趾建基面上 7.1m 处，综合应力减小为 2.31MPa 的压应力，可见应力集中范围不大。

大坝抗震计算反映出的坝踵、坝头及上下游折坡等处局部动拉应力较大，设计中将在这些部位提高混凝土标号，布设抗拉钢筋以及在折坡处采用圆滑过渡等措施解决。

（成都勘测设计研究院　易乃厚）

龙首水电站碾压混凝土拱坝设计

1. 工程概述　龙首水电站位于甘肃省张掖西南 30km 黑河干流，坝址以上控制流域面积 $10009km^2$，多年平均流量 $50.4m^3/s$，电站总装机容量 52MW，年发电量 $1.836\times10^8kW\cdot h$，水库总库容 $1320\times10^4m^3$，属中型三等工程。

该流域地处西北内陆腹地，属大陆性气候，夏季酷热，雨量稀少，蒸发较大，冬季严寒，最大冻土深度 1.5m。多年平均降水量为 171.6mm，多年平均年水面蒸发量为 1378.7mm，年平均气温为 8.5℃，极端最高气温 37.2℃，极端最低气温 －33.0℃。坝址区地震基本烈度为 8 度。坝址河床左岸有比主河道高出 20 多米的古河槽，古河槽覆盖层深约 15～20m，以砂砾石为主，右岸岸坡覆盖层约 30 余米厚，为坍坡积物堆积而成，剥去覆盖层后，坝址基岩实际地形为以主河道深切、两岸均有阶地的倒“品”字地形。坝址基岩为含条带硅质板岩，岩石坚硬，但由于河流多级切割，两岸顺河向垂直裂隙发育。

2. 大坝平面布置及体型设计　龙首水电站由大坝、引水系统和厂房组成。根据地形地质条件，拦河大坝平面上布置为混合坝型，主河道左岸断层节理发育，从安全考虑拟建碾压混凝土重力坝，兼作拱坝坝肩，主河道设碾压混凝土双曲拱坝，右岸 1720m 高程以上基岩顶板平缓，拟设推力墩，整个大坝坝顶全长 217.32m。

拱坝体型为抛物线变厚双曲薄拱坝，坝顶高程 1751.50m，最大中心角 94.58°，最小中心角 54.79°，坝顶最大弧长 140.84m，最大坝高 80.0m，坝顶厚度 5.0m，坝底厚度 13.5m，厚高比 0.17，坝体混凝土量为 $6.83\times10^4m^3$，最大仓面面积为 $1028.5m^2$。

重力坝坝高 54.5m，同时还要考虑发电引水需要。坝体上游为铅直面，坝顶宽 30.0m，坝底宽 65.43m，下游坝坡为 1：0.65，坝顶长 47.16m。混凝土量为 $10.8\times10^4m^3$。

推力墩布置于右岸 1720.0m 高程以上，高 31.50m，体型主要由稳定控制，坝顶宽 14.50m，坝底宽 30.25m，坝顶长 29.32m，上游面垂直，下游面为一斜坡，坡比 1：0.5，混凝土体积为 $2.1\times10^4m^3$。

3. 碾压混凝土大坝的防渗设计　龙首碾压混凝土双曲拱坝采用富胶凝材料的 2 级配碾压混凝土作为坝体防渗层，二级配碾压混凝土层厚为 1.5～6.5m，抗渗标号 W8，强度标号 C20，抗冻标号 F300；拱坝上游面采用 1.5～4m 厚 2 级配碾压混凝土防渗，重力坝、推力墩上游面防渗层与拱坝相同。同时在上游面 2m 范围内每一碾压层撒铺水泥粉煤灰混合浆液，以增强层面防渗效果。考虑到工程地处西北高寒地区，坝体渗漏易产生冻融，为进一步加强防渗效果，在上游面 1748m 高程以下涂抹了一层防渗涂料。

4. 碾压混凝土大坝的防裂抗冻设计　本电站气温变幅较大，分析表明，拱坝温度荷载占了较大比重。拱坝顶轴线长 140.48m，长宽比大，因此为了防止在施工或运行时产生温度裂缝，采用诱导缝和周边缝相结合的形式防裂。周边缝从 1719m 高程起设，缝内设置键槽并布置接缝灌浆系统，下游 2/3 缝宽设插筋，以提高沿拱端面的抗滑稳定性和抗震性能。坝体上设置两条诱导缝，1 号诱导缝布置在 1 号表孔右侧，2 号诱导缝布置在 4 号表孔左侧，两条诱导缝将坝体分成 40m，60m，41m 共三段。诱导缝从 1695m 高程坝体内起设，缝端设置双层并缝钢筋。

诱导缝采用径向间断的形式，即沿水平方向和竖直方向设置一定数量的间断六面体空隙，空隙由特制的混凝土预制板形成，使其在坝体内同一径向断面形成若干个人造缝隙。为了能够对产生的裂缝进行灌浆，在诱导缝中埋设两套灌浆系统，一套进行水泥灌浆，另一套进行化学灌浆，灌浆系统可以进行多次重复灌浆，以确保拱坝的整体性。另外，拱坝用外渗 MgO 混凝土具有一定膨胀性，膨胀量 $\geqslant60\mu\varepsilon$，以补偿混凝土收缩。

推力墩、重力坝、拱坝坝体下游面均设抗冻层，其厚度按其冻融深度确定为 1.5m，采用的三级配碾压混凝土，抗冻标号 F300。另外在拱坝下游坝面设 15cm 厚泡沫板作永久保温层。

5. 碾压混凝土拱坝泄洪消能　龙首水电站 500 年一遇校核洪水下泄流量 $3090m^3/s$，泄洪形式按 2 个表孔和 3 个中孔的方案布置。2 个表孔布置在 3 个中孔两侧，为 WES 溢流堰，堰顶高程 1741m，每孔净宽 10m，采用挑流消能。3 个中孔沿拱坝中心线对称布置，底板高程 1710m，出口孔口尺寸 $5m\times5.5m$。进口设平板事故检修门，出口设平板工作门。采用挑流、窄缝和跌流等混合消能形式。

6. 实施效果　大坝于 2000 年 3 月开始浇筑碾压

混凝土，于2001年6月浇筑到坝顶高程。在施工期拱坝上的两条诱导缝完全拉开，在拱坝其余部位未见明显的危害性裂缝，说明诱导缝防裂效果明显。2001年3月对两条诱导缝1700m高程以上进行了水泥灌浆，对1700m高程以下进行了化学灌浆。大坝已安全运行一年。

龙首碾压混凝土拱坝是我国在西北高寒、高温、高震区修建成功的第一座在拱坝坝身开设大中孔的碾压混凝土薄拱坝，这为碾压混凝土在结构复杂的拱坝中运用进行了有益的尝试。

（贵阳勘测设计研究院 苏 勇）

紫坪铺水利枢纽面板堆石坝设计

紫坪铺水利枢纽工程位于岷江上游，坝址在都江堰市城西北约9km处的沙金坝岷江干流河段，工程的开发任务是以灌溉和供水为主，兼有发电、防洪、环境保护、旅游等，控制灌溉面积1400万亩，并提供城市生活及工业用水50m³/s，城市环境保护用水20m³/s。电站装机4×190MW，工程等级为一等，工程区地震基本烈度为7度。

（一）紫坪铺面板坝坝体结构设计

1. 大坝剖面　紫坪铺水利枢纽工程正常水位877.00m，校核水位883.10m，死水位817.00m，总库容11.12亿m³。面板堆石坝剖面设计考虑了工程的重要性、坝料特性及抗震要求，坝顶高程884.00m，趾板地基高程728.00m，最大坝高156.00m。坝顶长约650m，宽12.00m，坝顶设“L”形防浪墙，墙顶高程885.40m，墙高6m。坝体上游坡坡度1∶1.4，下游坡分别在高程840.00m及796.00m处设置宽5m的马道，840.00m高程以上坝坡坡度1∶1.5，840.00m高程以下的坝坡坡度1∶1.4。坝轴线上游100m至趾板及下游坝壳堆石ⅢD区坝基覆盖层砂卵石全部挖出，其余部分覆盖层砂卵石保留。

2. 坝体分区设计　堆石坝坝体分区设计以控制坝体的变形、沉降为主导，避免面板开裂及接缝止水破坏，同时坝体各分区要有良好的级配过渡，满足透水要求。筑坝料主要为坝轴线上游4.5～5km岷江左岸尖尖山石炭系（C）灰岩料，岩石饱和抗压强度弱风化为63.48MPa，新鲜为76.42MPa；软化系数弱风化为0.92，新鲜为0.87，岩石干密度2.70t/m³。此外，部分坝基覆盖层砂卵石料、尖尖山料场可利用部分强风化灰岩料、建筑物开挖可利用的硬砂岩料将作为次堆石区用料。

依据上述设计思想及筑坝材料的实际情况，大坝主要的填筑分区为：

（1）Ⅱ区（垫层区）：垫层料位于面板下部，水平宽度3m，等宽布置。垫层底部周边缝处设ⅡA特殊垫层区，其断面为梯形，最小厚度2m，顶宽2m，下游坡1∶1。

（2）ⅢA区（过渡区）：为满足垫层与主堆石间水力与刚性过渡而设置，过渡区水平宽度5m，等宽布置。

（3）ⅢB区（主堆石区）：是承受水荷载的主要支撑体，位于过渡区至坝轴线下游1∶0.5坡度线以内部位。

（4）ⅢC区（次堆石区）：位于主堆石区下游高程753.00m以上部位。

（5）ⅢD区（下游堆石区）：为保证大坝排水通畅和下游坡稳定而设，下游坝坡面采用1m厚干砌块石护坡。

3. 面板与趾板　面板是大坝防渗主体，面板厚度应满足防渗和耐久性。面板厚度按$T=0.3+0.0035H$确定，为0.3～0.83m，最大板长260m。面板配筋采用单层双向结构，置于面板截面中部，每向配筋率0.4%左右，并在周边缝位置及邻近周边缝的垂直缝两侧布置抗挤压的构造钢筋。面板混凝土强度等级为C25，抗渗标号W≥12，抗冻标号F150。

趾板是面板与地基帷幕间的防渗连接结构，趾板厚度0.6～1.0m，宽度按约1/12水头采用6～12m。表面设单层双向钢筋，每向配筋率0.4%，净保护层厚8～10cm。趾板设ϕ28锚筋锚固，纵、横间距1.5m，锚入基岩以下4m。趾板混凝土强度等级为C20。

（二）堆石坝坝料设计

（1）坝料设计原则。根据国内外高面板坝施工实践及紫坪铺面板堆石坝坝体分期填筑和面板分期浇筑的特点，以及坝料实际，坝料设计中考虑以下原则：①各分区坝料透水性从上游到下游增大并满足水力过渡要求；②满足垫层、过渡层、主堆石料模量的刚性过渡，以协调坝体变形；③选择模量与主堆石料相差不大的开挖利用料用于次堆石区；④与同类量级面板堆石坝比较，选择较高的可实施填筑标准，以避免产生堆石体大变形造成的垫层与面板脱空及面板破裂，保证大坝安全。

（2）坝料填筑标准的确定。依据各分区用料及级配，用等重量替代法（或先相似后替代）处理超径，表面振动器法测求最大干密度，考虑紫坪铺工程的等级及重要性，采用压实度≥0.97确定填筑干密度标准，再以孔隙率及相对密度衡量干密度的合理性。

（3）坝料设计参数。根据以上设计原则及填筑标准，在大量室内试验及有限元分析结果，结合现场爆破试验成果，综合确定较为合理的坝体各主要分区坝料级配及填筑控制参数，见下表。

（四川省水利水电勘测设计研究院　陆恩施　杨志宏）

主要坝料设计参数表

坝料分区	编号	Ⅱ	ⅡA	ⅢA	ⅢB		ⅢC		ⅢD
	名称	垫层料	特殊垫层料	过渡料	主堆石	次堆石			下游堆石
	来源	尖尖山灰岩爆破料	尖尖山灰岩爆破料	尖尖山灰岩爆破料	尖尖山灰岩爆破料	河床砂卵石	尖尖山可利用灰岩	建筑物开挖硬砂岩	尖尖山灰岩爆破料
碾压参数	最大粒径 d_{max}（mm）	100	40	300	800	1000	1000	1000	1000
	＜5mm 含量（%）	30～45	50	10～20	5～15				
	＜0.074mm 含量（%）	＜8		＜5	＜5				
	干密度 ρ_d（t/m³）	2.30	2.30	2.25	2.16	2.34	2.15	2.15	2.15
	压实度灰	0.966	0.970	0.974	0.969	0.970		0.977	
	孔隙率 n（%）	15.4	15.4	17.3	20.6	16.4	21.8	21.0	21.0
	相对密度 D_r	0.90	0.91	0.93	0.92	0.919		0.95	
	渗透系数 k（cm/s）	2.5×10^{-3}		5.3×10^{-1}	2.1				2.1
	每层厚度 h（cm）	40～50		40～50	80～100	100	100	100	100
	振动碾压遍数 N（遍）	6～8				6～8			
	其他要求	加碾压体积10%的水		加碾压体积10%的水		加碾压体积20%的水			

尼尔基水利枢纽沥青混凝土心墙砂砾石坝设计

尼尔基水利枢纽位于黑龙江省与内蒙古自治区交界的嫩江干流上，是一座以防洪及工农业供水为主，结合发电、兼顾航运及改善水环境质量，并为松辽流域水资源的优化配置创造条件的大型控制性工程。整个枢纽由拦河主坝、左右岸副坝、右岸岸坡开敞式溢洪道、右岸河床式电站及两岸灌溉输水洞（管）组成。

主坝为沥青混凝土心墙砂砾石坝，最大坝高41.5m，坝顶高程221m，坝顶宽8m，坝长1658m，上下游面均采用二级坡，在高程205m设一宽4m的戗道。上游坝坡均为1∶2.2，下游坝坡为1∶1.9和1∶2。上游坝面在高程217m以上采用四角空心混凝土预制块护坡，尺寸为1.2m×1.2m×0.7m。高程217～192m处采用干砌石护坡，厚度0.55m。下游坝面采用干砌石护坡，厚0.3m。下游坝趾设贴坡式排水体和块石护趾，顶高程191.5m，顶宽4m，坡度1∶2。坝顶设4.2m高“L”形混凝土防浪墙，下游侧设2m高的混凝土挡墙。

主坝防渗体以碾压式沥青混凝土心墙为主，导流明渠段（长约250m）由于需在冬季枯水期进行抢筑，而采用了可在寒冷季节施工的浇筑式沥青混凝土心墙。沥青混凝土心墙中心线位于坝轴线上游2m处，顶高程218.5m。碾压式沥青混凝土心墙在高程200m以下厚0.7m，以上厚0.5m；浇筑式沥青混凝土心墙采用复合结构，主心墙为浇筑式沥青混凝土，高程200m以下厚0.4m，以上为0.3m，副心墙设在主心墙上下游两侧，厚均为0.15m，为沥青砂浆砌筑的普通混凝土预制块，既起辅助防渗作用，又可作主墙浇筑时的模板。

沥青混凝土由沥青、骨料、填料等组成。采用欢喜岭90号道路沥青（溶解度为99.5%）作为碾压式沥青混凝土胶结料，锦西10号建筑沥青与大庆渣油掺配（1∶1.4）作为浇筑式沥青混凝土胶结料。沥青性能指标要求为：

(1) 碾压式：针入度（25℃，1/10mm）70～90，

软化点为45°，延度（25℃）＞150cm，加热后软化点升高≤5℃，针入度比≥65%。

（2）浇筑式：针入度（25℃，1/10mm）96，软化点48.5°，延度（25℃）8.4cm。

沥青混凝土粗骨料要求采用质地坚硬、性质稳定的碱性碎石，细骨料采用碱性岩人工砂，填料采用碱性矿粉。碾压式及浇筑式沥青混凝土的配合比如下：

碾压式沥青混凝土配合比

名称	筛孔尺寸（mm）	按重量计（%）
粗骨料	20～15	6.00
	15～10	14.00
	10～5	20.00
细骨料	5～2.5	8.00
	2.5～0.074	38.00
矿粉	＜0.074	14.00
沥青		7.05

浇筑式沥青混凝土配合比

名　称	筛孔尺寸（mm）	按重量计（%）
粗骨料	25～5	44
细骨料	5～0.074	43
矿　粉	＜0.074	13
沥　青		11

坝址上下游滩地及两岸阶台地有丰富的砂砾石料，主坝坝壳料以砂砾石料为主，只在导流明渠段、主坝与厂房连接段采用溢洪道等处开挖出的石料。砂砾石料最大粒径60mm，40～60mm的砾石含量一般在1%～5%之间；小于5mm的颗粒含量一般在30%～45%。沥青混凝土心墙上下游各设3m宽砂砾石过渡带，心墙下游过渡带后设“L”形碎石排水体，粒径为0.5～30cm，垂直向水平宽3m，水平向厚2.4m，和下游坝脚贴坡式块石排水体相连。

坝基砂砾石采用混凝土防渗墙防渗，最大槽孔深度38.5m，墙厚0.8m，墙顶部通过混凝土底座与沥青混凝土心墙相连接。在导流明渠段，由于砂砾石层较薄，其下基岩断层较发育，岩体相对破碎，采用明挖后现浇墙。两岸基岩进行帷幕灌浆，深入5Lu线下2m，单排孔孔距2m，在导流明渠段主帷幕下增设一排辅助帷幕，孔距2m，孔深5m。

（东北勘测设计研究院　苏　萍）

宜兴蓄能电站上水库混凝土面板混合堆石坝设计

（一）概述

江苏宜兴抽水蓄能电站位于宜兴市西南郊约10km的铜官山区，是一座日调节纯抽水蓄能电站，总装机容量1000MW。电站枢纽由上水库、下水库、输水系统、地下厂房和地面开关站等建筑物组成。

上水库位于铜官山主峰北侧的沟源坳地，由主坝、副坝和库周山岭围成。正常蓄水位471.5m，正常发电消落水位435.0m，死水位428.6m，有效库容507.3万m^3，总库容530.7万m^3。上水库主坝坝址处地形、地质条件复杂，坝基岩性主要为缓倾下游的泥盆系五通组石英岩状砂岩夹粉砂质泥岩和茅山组岩屑石英砂岩夹粉砂质泥岩，局部见燕山晚期花岗斑岩脉出露。主坝坝基沿坝轴线方向沟梁相间，呈不对称的W形；坝基顺沟向山坡陡峭斜长，坡度一般为20°～40°。为了获得所需库容，堆石坝的下游坝体必须座落在倾斜山坡上，由此带来一些特殊问题。经坝型多方案的技术经济比选，推荐主坝为钢筋混凝土面板混合堆石坝（以下简称“混合坝”，大部分断面由面板堆石坝组成，而在下游尾部设一道混凝土重力挡墙）。

（二）混合堆石坝设计

1. 坝体断面设计

（1）坝体轮廓布置。混合坝坝顶高程474.2m，防浪墙顶高程475.4m，坝顶宽8.0m，坝顶长498.9m。上游坝坡为1∶1.3，下游坝面与“之”字形施工道路结合布置，道路宽9.0m，道路之间平均坝坡为1∶1.26，下游面综合坝坡为1∶1.48。趾板以上最大坝高47.2m。

由于坝基倾向下游，为了缩短下游坝坡的长度，在坝轴线下游135.5m处设置衡重式混凝土重力挡墙，墙顶宽4.0m，墙顶长347.0m，最大墙高为45.9m，平均墙高24.0m。挡墙底部至坝顶的最大高差为138.2m。

（2）坝体材料分区。坝体堆石材料共分5个区，从上游至下游依次为垫层区、过渡层区、主堆石区、次堆石区及基础过渡区。

垫层区水平宽2.0m，过渡层区水平宽4.0m。这两个区的坝料设计与一般的面板堆石坝相近。

主堆石区采用西梅园料场或上库库盆开挖的石英砂岩夹泥岩料，要求是新鲜或弱风化岩石，控制泥岩含量不超过15%，级配和透水性良好，根据本工程料场实际情况，设计孔隙率$n\leqslant 20.5\%$，最大粒径$d_{max}\leqslant 600$mm。

次堆石区利用库盆开挖的石英砂岩夹泥岩或岩屑石英砂岩夹泥岩料，要求剔除厚层泥岩夹层，控制泥岩含量不超过15%，级配和透水性良好，设计孔隙率n不大于20.5%～22%，最大粒径$d_{max}\leqslant 600$mm。由于次堆石区位于倾斜建基面上，填筑要求高，故主堆石区和次堆石区的设计要求差别不大。

为提高堆石与基岩的抗剪强度，增加坝体的稳定性，在次堆石区与基础之间设置一厚度为 4m 的过渡区，过渡区采用不含泥岩的灰岩料，设计孔隙率 $n \leqslant 20\%$，最大粒径 $d_{max} \leqslant 300$mm。

2. 稳定分析 混合坝的稳定分析包括挡墙的抗滑稳定分析、混合坝整体边坡的抗滑稳定分析以及沿深层软弱结构面的抗滑稳定分析。

(1) 重力挡墙稳定分析。重力挡墙的稳定分析关键在于分析计算填筑在倾斜建基面上的堆石体作用在重力挡墙上的土压力。土压力研究采用传统的极限平衡分析方法，即通用条分法和相应的程序(STAB95)，分析相应最大土压力临界滑裂面的部位，并通过调整土压力的作用点位置、土压力作用方向，以及对堆石和基岩接触面的强度指标进行敏感性分析等，求出由于各种可能的原因出现的土压力中的最大值，解决混合坝方案重力挡墙的计算荷载问题。

经计算，当挡墙与基岩接触面之间采用抗剪强度指标 f 时，抗滑稳定安全系数 $K \geqslant 1.5$；当挡墙与基岩接触面之间采用抗剪断强度指标 f'、c'时，抗滑稳定安全系数 $K \geqslant 3.0$。

(2) 混合坝整体边坡稳定分析。混合坝整体边坡稳定分析，包括堆石体边坡抗滑稳定分析，以及堆石体与挡墙整体边坡抗滑稳定分析。

堆石体边坡抗滑稳定分析采用圆弧滑动法，堆石体取剪摩指标 ϕ、c 控制边坡稳定安全系数 $[K_c] \geqslant 1.5$。

堆石体与挡墙整体边坡的抗滑稳定分析，由于滑动面沿“堆石体—堆石体与基岩接触面—重力挡墙建基面”多种材料界面穿越，安全系数尚无现行规程规范可循。我们在分析计算中采用四种方法分别进行，取用不同的控制标准。①剪摩法。堆石体取剪摩指标 ϕ、c；堆石体与基岩接触面及重力挡墙与基岩接触面均取剪摩指标 f'、c'。由于重力挡墙建基面的长度在整个滑动面的长度中所占比重很小，完全按重力坝规范要求，安全系数控制值取 $[K_c] \geqslant 3.0$ 要求偏高。我们选择安全系数控制值 $[K_c] \geqslant 2.0$。②抗剪强度储备法。堆石体及堆石体与基岩接触面取剪摩指标 f'、c'均缩小 1.5 倍，重力挡墙与基岩接触面的剪摩指标 f'、c'缩小 3.0 倍，控制安全系数 $[K_c] \geqslant 1.0$。③分项系数法。参照 DL5108—1999《混凝土重力坝设计规范》第 8 章中承载能力极限状态计算规定，须满足式 (8.2.1)。在基本组合情况下，对混凝土与基岩接触面、堆石料与基岩接触面以及堆石料与堆石料之间的抗剪断强度 f'、c'的分项系数均分别取 1.3 和 3.0。其余各项系数按规范规定选取。④分段计算法。采用类似极限平衡方法分段核算，即首先计算挡墙在堆石体荷载作用下，按剪摩公式计算挡墙在满足稳定条件下 ($[K_c] \geqslant 3.0$) 所能承受的最大推力 P，然后将 P 反向施加于墙后堆石体，利用 STAB—1995 程序计算墙后堆石体的稳定，控制安全系数 $[K_c] \geqslant 1.5$。

经计算混合坝整体边坡抗滑稳定安全性均满足上述要求。

(3) 三维深层抗滑稳定分析。在对混合坝坝基深层滑动的可能滑动体边界进行分析，对构成横向切割的结构面进行系统统计的基础上，采用中国水利水电科学研究院开发的边坡稳定三维极限平衡法，对六个地质单元不同滑动面组合条件下的三维深层抗滑稳定进行了分析。当采用抗剪断强度指标 f'、c'时，经计算抗滑稳定安全系数 $K \geqslant 2.5$。

3. 三维应力应变分析 面板混合坝堆石体的本构模型采用 Duncan E—B 模型，三维应力应变分析的主要成果为，坝体沉降最大值为 26.7cm，坝体下游向水平位移最大值为 14.95cm；面板的最大挠度为 4.49cm，最大轴向位移在 0.5cm 左右；面板内应力主要为压应力，拉应力区域和拉应力值都较小，顺坡向和坝轴向最大拉应力分别为 0.64MPa 和 0.32MPa。面板周边缝变位也不大，正常蓄水位时三向变位最大值分别为，张拉 1.4mm、沉陷 4.7mm、错动 3.2mm。挡墙墙顶最大顺河向变形为 5.27cm。基岩和挡墙中最大拉应力分别为 0.32MPa 和 1.03MPa。

4. 坝基开挖及基础处理设计 面板混合坝堆石体对基础要求不高，一般来说只需挖除覆盖层和残积土，遇全强风化花岗斑岩脉、软弱岩层或断层破碎带，则需进行刻槽回填碎石处理，并做好反滤。由于坝基顺沟向地形陡峻并倾向下游，为提高坝体沿建基面的抗滑稳定性，下游倾斜建基面开挖处理成台阶状。

趾板及重力挡墙的建基面要求座落在弱风化砂岩岩层上，遇全强风化花岗斑岩脉、软弱岩层或断层破碎带，则需进行刻槽回填混凝土置换处理，混凝土与基岩之间设锚杆锚固。趾板及重力挡墙的建基面需进行固结灌浆，以加强建基面岩体的完整性。为增加重力挡墙的抗倾覆安全度，拟设置部分预应力锚索。

为了保证地下水及渗漏水排泄畅通，降低扬压力，提高坝体沿深层软弱结构面的抗滑稳定性，在坝基范围内平行坝轴线方向共布置 5 条排水平洞。此外，为了提高深层抗滑稳定的安全裕度，在重力挡墙轴线及其上游坝基共布置了 18 根混凝土抗剪桩。

（上海勘测设计研究院 傅文荣）

白溪水库面板堆石坝设计

白溪水库工程位于宁波市宁海县白溪干流上，是一座以供水、防洪为主，兼顾发电、灌溉的综合利用大（2）型水利工程。水库总库容1.684亿m^3，每年向宁波市供水1.73亿m^3，电站装机2×9MW。枢纽由大坝、溢洪道、发电引水洞、厂房等组成。

（一）坝体结构设计

坝顶高程177.40m，宽10.0m，坝顶长398.0m。L形混凝土防浪墙顶高程178.6m，墙底高程173.38m，高出正常蓄水位3.38m。上游坝坡1∶1.4，下游面设宽度为10.0m的上坝公路，路间坡度1∶1.25，下游平均坡度1∶1.52。大坝建基面最低高程53.0m，最大坝高124.40m。

坝体总填筑量约390万m^3，其中建筑物开挖料约322万m^3，其余部分采用下游河床砂砾石料。

坝体断面分区原则：①上游堆石区及下游水位变动区采用新鲜至微风化石料填筑；②砂砾石料布置在中、下游水上区域；③下游堆石料布置在下游干燥区，允许部分风化石料分散填筑。

坝体填筑料自上游向下游分为上游铺盖区、垫层（包括小区料）区、过渡层区、上游堆石区、砂砾石料区、下游堆石区和下游水下堆石区。其中垫层区水平宽度2.0m，过渡层区水平宽度4.0m。

（二）坝体填筑料设计

（1）垫层料。40～80mm粒径采用下游河床砂砾石料筛分后大于80mm的超径卵石料轧制；5～40mm粒径采用40～80mm超径卵石轧制料轧制；粒径小于5mm采用天然河砂。

（2）小区料。设在周边缝下游3m半径区，要求对面板上游铺盖区的粉煤灰起良好的反滤作用。

（3）过渡层料。采用级配良好的洞渣料，不足部分由溢洪道开挖控制爆破获得，岩质要求为新鲜至微风化。过渡层料与垫层料界面最大粒径不超过20cm。

（4）上游堆石料及下游水下堆石料。来自溢洪道开挖料，上游堆石料采用新鲜至微风化及少量分散的弱风化石料；上游堆石料与过渡层料界面最大粒径不超过30cm。下游水下堆石料采用新鲜至微风化石料，并严格控制含泥量。

（5）砂砾石料。来自下游河床，含泥量小于6%。两岸与岸坡接触部位填筑水平宽度不小于4m的堆石过渡料；底部与水下堆石接触面上设置厚度1m的反滤过渡料；下游侧底部4m高度范围与下游堆石料之间也设置反滤过渡料。

（6）下游堆石料。允许部分风化石料分散填筑。

各区料物主要设计指标见下表。

各区料物主要设计指标

参　数	小区料	垫层料	过渡料	上游堆石	下游堆石	砂砾石	下游水下堆石
最大粒径（cm）	4	10	40	80	120	60	120
压实层厚（cm）	20	40	40	80	120	80	120
碾压设备	BW HS-220	BW	BW	BW	YZT BW	BW YZT	BW YZT
加水量（%）	适量	适量	20	15			15
碾压遍数	6	6	6	6	4	6	4
孔隙率（%）	18	18.5	19	20	22	18（Dr0.85）	22
干密度（g/cm^3）	≥2.18	≥2.18	≥2.13	≥2.07	≥2.02	≥2.15	≥2.07
渗透系数（cm/s）	$A\times10^{-4}$	$<1\times10^{-4}$					
级配	细反滤料	<5mm 35～55%	<5mm <15%	<5mm <20%	<5mm <20%		<5mm <20%

注 BW＝BW219DH-3型号自行式振动碾，总自重19t，装压仓水后21t，碾重13t，碾直径1600mm，碾宽2130mm，机宽2300mm，最大离心力32.6t；HS-220＝自重约1t的液压振动板，尺寸约1m×1m，激振力9～13t。

（三）面板混凝土设计

面板分两期施工。一期面板从54.0m高程浇筑至128.5m高程，最大斜长为125.0m。二期面板最大斜长为78.3m，面板宽度12.0m，采用聚丙烯纤维混凝土。每立方米混凝土中掺0.9kg纤维丝；Ⅱ级粉煤灰等量替代水泥，掺量为水泥用量的15%；混凝土水灰（胶）比0.40～0.425，含气量4%～5%，出机口混凝土坍落度为5～7cm，仓面为3～4cm。

根据现场混凝土试块28d龄期力学性能检测，满足设计指标C25、W8、F100，保证率大于95%。其中抗渗等级达到W8～W14，抗冻等级F100～F150。

聚丙烯纤维混凝土应用结果表明，二期面板的裂缝宽度、深度、长度都较一期面板有明显改善；与国内同类面板坝相比，面板裂缝数量较少，充分显示了聚丙烯纤维混凝土良好的抗裂性。同时，其他力学指标均达到和超过普通混凝土，聚丙烯纤维混凝土其他方面的优越性也相应提高了面板混凝土的质量和耐久性。

聚丙烯纤维混凝土在堆石坝混凝土面板中的应用成果于2001年4月通过水利部国际合作与科技司鉴定，并认为其研究成果总体上达到国际先进水平，其中聚丙烯纤维混凝土在堆石坝混凝土面板中的应用达到国际领先水平。

（华东勘测设计研究院 郑子祥）

地 下 工 程 设 计

龙滩水电站引水发电系统洞室群设计

龙滩水电站是红水河梯级开发的骨干工程，位于广西天峨县境的红水河上，坝址距县城15km。工程以发电为主，兼有防洪、航运等综合效益。工程枢纽布置为：碾压混凝土重力坝、泄洪建筑物、右岸通航建筑物、左岸地下引水发电系统。电站正常蓄水位400m，电站装机容量为9×600MW。

龙滩水电站引水发电系统布置在坝址左岸，是因地形相对整齐，山体雄厚，地质条件优于右岸；左岸地层由厚层砂岩、粉砂岩和泥板岩互层夹少量层凝灰岩、硅泥质灰岩组成。围岩新鲜或微风化，透水性小，地下水活动微弱。洞室所在区域围岩绝大部分为Ⅲ类，小部分为Ⅱ类围岩，具有较好的成洞条件。

龙滩水电站引水发电系统的主要建筑物有进水口、引水隧洞、主厂房、母线洞、主变室、尾水调压井、尾水岔洞、尾水隧洞、尾水出口、开关站和出线平台以及进厂交通洞等。除进水口、尾水出口、开关站、出线平台及中央控制楼布置在地面外，其他均布置于左岸地下。地下厂房洪水标准为，设计洪水重现期为300年，校核洪水重现期为1000年；进水口设计标准与大坝相同。

（一）主厂房轴线和厂房位置选择

在考虑了厂区的地形地质条件、地应力大小和方向、水力学条件以及与左岸导流洞等其他地下洞室的关系之后，经过方案比较，决定主厂房纵轴线方向为310°，与岩层走向夹角约为40°。

在选择厂房位置时，主要考虑了以下因素：①力求将厂房洞群布置在新鲜完整的岩体中，并使洞室有一定的埋深；尽量避开大断层F_{63}、和F_1或以较大交角穿越；②方便运行和管理；③使引水发电系统各建筑物布置协调顺畅；④尽量缩短高压引水隧洞的长度，以避免上下游均需设置调压井；⑤尽量减少工程量和造价；⑥有利于施工支洞布置，以便加快施工进度；⑦注意将临建工程与永久建筑物相结合，尽量做到一洞多用。

经过比较，现在选定的地下厂房位置，在D_{21}勘探平洞附近。主要洞室群布置在F_{63}断层以南，F_4断层以北，层面错动F_5、F_{18}之间。区内岩体新鲜完整、强度较高，未发现缓倾角断层，层间错动绝大多数不含夹泥，呈光面或方英脉充填。洞室群北端与F_{63}大断层最小距离约25m。厂房南端虽与F_1断层相交，但F_1为一陡倾角断层，破碎带宽约0.2m，与洞轴交角约35°，经过处理，不致边墙失稳。地下厂房右端距河岸约160m。厂房洞室上覆岩层最小厚度为100m，最大厚度约230m。距导流洞最小距离约80m，地下厂房开挖时不致影响导流洞的运行。主厂房、主变洞顶拱的施工支洞可与永久进排风洞相结合，长不足200m，有利于加快地下工程的施工进度和改善施工期的通风条件。

地下洞群中的主要洞室为：主厂房、主变压器室和尾水调压井。其洞室间距根据厂房规范规定，并参考国内外30个大中型地下厂房洞室之间的岩墙厚度资料，龙滩主厂房与主变洞间岩墙厚定为43m，主变室与尾水调压井岩墙厚定为29.4m，与相邻洞室平均跨度比分别为1.79和1.40。

（二）地下厂房的布置

机组间距。根据机电设备布置和尾水管间岩墙厚度的要求，决定机组间距为32.5m。

安装场长度。龙滩水电站9台机组布置在同一个地下厂房内，按电站施工总进度安排，从2007年至2009年每年要投产2～3台机。此外，今后有可能同时扩大性检修2台机组。故安装场的布置方案为，主、副安装场分别布置在主厂房右、左两端，主安装场长60m。副安装场长36m。地下厂房总长度（主机间加主副安装场）为388.50m。

厂房宽度。为尽量减小厂房宽度，机组上游侧不留通道，厂房上游侧的宽度为11.5m。厂房下游侧宽度由机电设备布置及运输通道宽度决定，下游侧宽17.0m，即厂房净宽为28.5m。安装场与主机间同宽。

装机高程。安装高程由2台机的额定流量所对应的下游水位来确定。当下游岩滩水库水位在219.00

～223.00m时，对应的龙滩水电站尾水位为224.40～225.80m。由此计算的安装高程为216.11～217.52m，决定采用安装高程为215.00m。

主厂房各层高程。龙滩采用高窄型尾水管，尾水管底板高程为187.60m。水轮机层地面高程为221.70m。母线层地面高程为227.70m。发电机层地面高程为233.70m。安装间地面高程与发电机层相同。

桥机轨顶高程为246.70m。厂房顶拱高程为261.20m。

（三）主变压器洞的布置

主变压器洞分两层布置，下层为主变压器室，上层为500kV电缆层。

(1) 主变洞尺寸。总长度为406.75m。考虑上游通风夹层和下游侧结构尺寸，主变洞宽19.5m，高20.2～32.2m。

(2) 主变洞与其他洞室的关系。主变洞右端与进厂交通洞通过主变进风兼主变运输洞相连。主变洞左端与副安装间通过联系洞相连。每台机组的离相封闭母线洞与对应的一台组合三相变压器连接。500kV高压电缆经过3个电缆井上升至高程340m的GIS开关站的电缆层。

(3) 电缆竖井及电缆平洞布置。由于主变洞高压电缆层与GIS开关站之间的高差近100m，且二者之间布置有尾水调压井，斜井布置方案不能成立，故采用高压电缆竖井沟通主变洞与开关站间的出线，每条高压电缆竖井与一条平洞相接。综合高压电缆和土建的造价，总的来看，三井方案经济上较省。故采用3个电缆竖井方案。

（四）地下洞室群的通风系统

完善的通风系统，对于地下厂房洞室群内机电设备的运行和人员生产生活，是至关重要的。本工程地下厂房的通风系统采用由主厂房拱顶和进厂交通洞进风，从母线排风洞和主变洞拱顶排风的方式。高程260.00m公路旁设有2个进风口、2个出风口，高程480.00m缆机平台端部设有1个排风排烟竖井。

（五）地下厂房排水

地下水对地下洞室的围岩稳定极为不利，因此设置完善的排水系统十分必要。水库蓄水后，地下水活动将会加剧。因而，在离厂房上游侧，厂房和主变洞的两端近20m处以及主变洞与尾水调压井之间设有4层或3层排水廊道。顶层排水廊道向主厂房、主变洞顶拱方向打斜向排水孔，形成主厂房顶拱封闭排水幕；上、下层排水廊道之间设排水幕，形成绕主厂房和主变洞外围封闭排水幕圈。顶层和第二层排水廊道的渗水按"高水高排"的原则，自流排入红水河；第三层和第四层渗水引至厂房渗漏集水井后用水泵排出厂外。

（六）地下洞室群的围岩稳定和支护

龙滩地下厂房洞室群规模巨大，布置集中，洞室纵横交错。为了选择合理的洞室间距、开挖程序、支护参数和局部加固措施，保持和加强围岩整体稳定性，进行了大量的设计、计算、咨询和试验研究工作，包括弹塑性理论计算、线性、非线性平面有限元计算分析，平面地质力学模型试验，用块体理论矢量运算法进行不稳定块体分析，三维非线弹塑性损伤有限元计算分析。依据上述计算和试验结论，采用GBJ86—1985《锚杆喷射混凝土支护技术规范》，巴顿Q系统分类法和工程类比、专家咨询意见，综合确定主要洞室支护参数。利用围岩为承载主体，充分发挥围岩的自承作用，尽量采用锚喷支护，对局部软弱构造带，采用锚杆加衬砌，对计算塑性区较大的部位，加预应力锚索重点加强支护，作为支护设计的原则。

综合上述分析，确定龙滩主要洞室的支护参数，详见表1。

表1 地下厂房洞群支护参数表

支护部位	围岩分类	喷射混凝土厚度（mm）	锚杆、锚索参数	挂钢丝网（mm）
主厂房顶拱	Ⅱ	喷聚丙烯微纤维混凝土，200厚	Φ28@1.5m，L=4.5m/8m，交错布置，其中L=8m锚杆为120kN预应力锚杆	Φ4@100×100
	Ⅲ		Φ28/Φ32@1.5m，L=4.5m/8m，交错布置，其中L=8m锚杆为150kN预应力锚杆	
主厂房上游侧墙（高程223.70m以上）	Ⅱ		Φ28@1.5m，L=4.5m/9.5m，交错布置，其中L=9.5m锚杆为120kN预应力锚杆，岩锚梁部位另设2排（主机间3排）2000kN，L=20m间距3m的预应力锚索	
	Ⅲ		Φ28/Φ32@1.5m，L=4.5m/9.5m，交错布置，其中L=9.5m锚杆为150kN预应力锚杆，岩锚梁部位另设2排（主机间3排）2000kN，L=20m间距3m的预应力锚索	

续表

支护部位	围岩分类	喷射混凝土厚度（mm）	锚杆、锚索参数	挂钢丝网（mm）
主厂房下游侧墙（高程 223.70m 以下）	Ⅱ	喷聚丙烯微纤维混凝土，200 厚	Φ28@1.5m，L=4.5m/9.5m，交错布置，其中 L=9.5m 锚杆为 120kN 预应力锚杆，岩锚梁部位另设 2 排 2000kN，L=20m 间距 3m 的预应力锚索	Φ4@100×100
	Ⅲ		Φ28/Φ32@1.5m，L=4.5m/9.5m，交错布置，其中 L=9.5m 锚杆为 150kN 预应力锚杆，岩锚梁部位另设 2 排 2000kN、L=20m、间距 3m 的预应力锚索	
尾水管	顶拱	喷聚丙烯微纤维混凝土 100 厚	Φ25@1.5m，L=4.5m	
	侧墙		Φ25@3m，L=4.5m 锚杆与 Φ32@3m，预应力 200kN 预应力对穿锚杆，交错布置	
主变洞 顶拱	Ⅱ	喷聚丙烯微纤维混凝土，150 厚	Φ25@1.5m，L=4.5m/7.1m，交错布置	Φ4@100×100
	Ⅲ		Φ28@1.5m，L=4.5m/7.1m，交错布置	
主变洞 上游墙	Ⅱ、Ⅲ		Φ25@1.5m，L=7.1m，矩形布置	
主变洞 下游墙	Ⅱ、Ⅲ		Φ28@1.5m，L=4.5m/8.1m，交错布置，与尾调间用 1200kN，L=32m 间距 3m 的对穿预应力锚索相连	
母线洞	Ⅱ、Ⅲ	喷聚丙烯微纤维混凝土，100 厚	Φ25@1.5m，L=4.5m，矩形布置	Φ4@100×100

（中南勘测设计研究院　关沛文）

棉花滩水电站地下厂房设计

棉花滩水电站位于福建省永定县汀江干流棉花滩峡谷中部福，电站装设 4 台 15 万 kW 混流式水轮发电机组，总装机容量 60 万 kW，额定水头 87.60m。地下厂房位于左岸山体内，厂区岩层为燕山早期第三次侵入的黑云母花岗岩，据勘探钻孔统计，岩芯平均采取率 95%，*RQD* 指标 80%，岩体纵波速 4600～5600 m/s，湿抗压强度 165MPa。

（一）地下厂房位置选择

在选择地下厂房位置时，考虑了下面几个因素：①厂房上游侧有 F_1 断层，靠近水库，与厂房轴线基本平行。厂房应尽量远离 F_1，以确保厂房围岩稳定和减少水库通过 F_1 断层进入厂房的渗水量。②厂房靠山体侧的 F_3 断层沿冲沟发育，受 F_3 影响范围内的不透水层埋藏很深，透水量较大，因此厂房应尽可能远离 F_3 影响带。③通过厂房的 F_7、F_{28}、F_{29} 断层，与厂房轴线有较大的夹角，对厂房围岩稳定影响不大。而 F_{12}、F_2 断层与厂房轴线基本平行，F_{12} 断层靠河床侧正与厂房顶拱相切，对厂房围岩稳定不利，厂房应尽可能地避开。

综合以上因素，同时考虑主变压器室（主变室）、尾水调压室及输水系统的布置，确定了主厂房位置。

（二）地下洞室群布置

除了开关站出线场和控制楼布置于地面外，主厂房、主变室、尾水调压室及其他洞室均布置于地下，形成了一个错综复杂的地下洞室群。

厂区枢纽布置采用主厂房、主变室、尾水调压室三大洞室平行布置的形式。主厂房开挖尺寸为 129.50m×21.90m×52.08m（长×宽×高），主厂房与主变室间净距 22m，主变室与尾水调压室间净距 19.6m。主变室靠近主厂房布置，母线长度较短，可降低造价，提高运行的可靠性。

主厂房与主变室间布置有四条母线洞，每台机组母线通过各自的母线洞至主变室。主变室中布置有电缆电梯竖井，与 180m 高程的开关站和地面控制楼相连接。由于主变室与主厂房安装场高程相同，故布置了一条进厂交通洞，担负主厂房和主变室的交通运输。在主厂房和主变室四周设上下两层排水廊道，排水廊道内设 ϕ76@3m 排水孔形成排水帷幕，组成厂区排水系统，以减少主厂房和主变室的渗水量。

地下厂房安全通道除靠山体侧的进厂交通洞和电缆电梯竖井直接与地面相通外，靠河床侧还利用下层排水廊道经过2号排风竖井和调压室运输洞，与左岸厂坝公路相接。

（三）地下厂房支护设计

根据厂房部位的地质条件，主厂房、主变室、母线洞、尾水调压室和进厂交通洞等均采用喷锚支护作为永久支护形式，对尾水管及局部洞室交岔口采用钢筋混凝土衬砌作为永久支护形式。

初期系统喷锚支护参数的选择，主要采用围岩分类法、工程类比法、理论验算法、并辅以有限单元法计算成果进行验证。围岩分类法采用N·Barton，Q系统分类法、Bieniawski地质力学分类法（RMR）、GBJ86—1985《锚杆喷射混凝土支护技术规范》和SD335—1989《水电站厂房设计规范》等；工程类比法采用国内外已建地下厂房的实例进行类比；理论验算法采用喷、锚、网联合支护的设计方法验算支护效果；有限单元法采用平面有限元和三维有限元法对地下洞室群的围岩稳定性、初选支护参数的合理性、地质参数的敏感性等进行分析、论证。

（四）岩壁吊车梁设计

岩壁吊车梁是通过长锚杆将钢筋混凝土吊车梁固定在岩壁上的结构，吊车的全部荷载是通过锚杆和钢筋混凝土吊车梁与岩石接触面上的摩擦力传到岩体上。岩壁吊车梁计算取纵向单米宽度，按刚体极限平衡计算，不考虑吊车梁纵向的影响。桥机设计最大轮压450kN，计算中对岩壁吊车梁的断面尺寸、岩壁壁座角和上排锚杆倾角进行了多种组合，最终确定的岩壁吊车梁岩壁壁座角$\alpha=20°$，受拉锚杆（两排）倾角分别为25°和20°，锚杆直径和间距均为ϕ36@0.75m，锚杆计算安全系数$K=2.24$（设计），$K'=2.11$（校核）。受拉锚杆锚入岩石的深度，根据挪威专家推荐的经验公式$L=0.15H+2$（H为厂房边墙高度m）进行计算，受拉锚杆锚入岩石的深度为8m。

受压锚杆主要起加固围岩和保证吊车梁混凝土与岩壁良好黏结的作用，参照已建工程的经验选用ϕ32@0.75m，$L=6$m。

（五）地下厂房结构设计

地下厂房按2级建筑物设计，厂区地震基本烈度为6度，按规范规定，建筑物不进行地震设防。

地下厂房结构主要有尾水管、蜗壳、机墩、风罩及板梁系统等。尾水管为单孔钢筋混凝土结构，出口为8m×8m的方形断面，轴线与机组纵轴线垂直。蜗壳采用金属蜗壳，进口直径为5.40m，顶板最小厚度1.50m，蜗壳上半部与外围钢筋混凝土之间铺设弹性垫层隔开，弹性垫层材料采用聚苯乙烯泡沫板，厚度为3cm。机墩型式为圆筒式，内径5.93m，下部最大壁厚4.035m，高3.145m。发电机风罩为一钢筋混凝土薄壁圆筒结构，内径13m，壁厚0.50m，高3.655m。采用结构力学方法和平面有限元法进行结构分析、配筋。

由于本电站水轮发电机组为常规机组，机组运行时的振动相对较小，因此，发电机层楼板采用薄板、次梁、主梁和柱组成的常规板、梁、柱结构系统。设计活荷载发电机层为50kN/m²，安装场为160kN/m²。

（上海勘测设计研究院　成卫忠）

百色水利枢纽地下厂房设计

（一）概述

百色水利枢纽位于右江干流百色市上游22km处，是一座以防洪为主，兼有发电、灌溉、航运、供水等综合利用的大型水利枢纽。枢纽主要建筑物包括碾压混凝土主坝一座、地下厂房一座、副坝两座、通航建筑物一座。

地下厂房布置在坝址左岸，装机容量4×135MW，其范围在坝线上游150m至坝线下游400m之间。主要建筑物有进水塔、引水隧洞、主机洞、主变压器洞（主变洞）、尾水支洞、尾水主洞、尾水明渠等。所涉及到的地层从上游至下游为泥盆系榴江组D_3l^{1-1}～D_3l^{8-2}和间夹于D_3l^3与D_3l^4之间的华力西期辉绿岩。地下厂房的主机洞和主变洞布置在宽度约150m的华力西期辉绿岩内。

（二）进水口

进水口采用塔式进水口，布置在坝上游约50m库岸边。进水口底坎高程为179m，塔顶高程234m，最大塔高60m、宽82m，顺水流向长26m。进水塔布置有拦污栅、检修闸门、快速闸门以及相应的启闭、清污设备，工作门孔口5.1m×6.5m。

进水塔地基持力岩层为泥盆系榴江组地层，呈软硬岩相间，强度不一，变形模量差别大，存在不均匀沉陷和部分岩层的承载力偏低的问题。进水渠存在高达90m的高边坡，坡体岩层处于岩层挠曲部位，岩层挤压强烈，产状多变，短小节理发育，岩体较破碎；由于坡体由多种岩层组成，其岩石强度、水理性质和风化程度相差很大，存在下软上硬现象，边坡结构较为复杂。

（三）引水隧洞

引水隧洞采用一机一洞，隧洞洞径为6.5m，洞长195.5～266.8m，4条隧洞平行等间距布置，边墙相距约12m。隧洞上、下平段之间的连接选用平洞—竖井—平洞连接方式，末端43～44m用钢板衬砌。

4条引水隧洞穿过主要地层为泥盆系榴江组地层，上水平段围岩类别为Ⅴ类；竖井段围岩类别为Ⅳ～Ⅴ类，下水平段围岩类别为Ⅲ～Ⅳ类。

(四) 百色工程地下厂房

地下厂房主要包括主机洞及主变洞，布置在水平宽度仅有150m左右的辉绿岩体内，属Ⅱ、Ⅲ类岩体。

主机洞总长147m，开挖宽19.5m，顶拱宽20.2m，最高49m。中间为主机间，左端为安装间，右端为副厂房。其中主机间段长83.2m，高49m，水轮机安装高程为115.2m；发电机层高程128.1m，母线层高程123.45m，水轮机层高程119.45m，尾水管底面高程100.65m；左端安装间段长38.8m，地面高程与发电机层同高；副厂房布置在主机间段的右端，长度25m。厂内布置有1台2×2500kN/500kN/100kN电动双小车桥式起重机，桥机跨度18.5m。主厂房的上下游侧设岩锚梁，桥吊轨顶高程137.9m。

主变洞宽19.2m，拱顶高程152.9m，洞室总长度93.79m，主变洞与主机洞平行，两洞室之间岩柱厚21m。内设主变室和尾闸室，尾闸室布置在主变室的下游侧，宽度5.4m。主变室分主变层、GIS管道层及GIS层三层布置。主变洞右端设一高压出线洞，高压电缆通过高压出线洞引出到布置于主坝左岸挡水坝段下游坝坡的出线平台。

在距厂房上游边墙约35m处以及厂房左、右侧约11m处设置一道封闭的灌浆防渗帷幕，并在厂房上游侧约11m处以及厂房左、右侧约10m处设置一道排水孔幕，以此形成厂外防渗排水系统。

在安装间下游侧128.1m高程设一条交通洞与下游进厂公路连接，全长231m，在主机洞右端副厂房137.6m高程布置一条通风疏散洞与下游进厂公路相通，洞长92m。

地下厂房的主机洞及主变洞布置在水平宽度仅有150m左右的辉绿岩体内，主厂房的轴线走向与岩体走向一致，存在以下不利因素。一是主机洞上游边墙距上游蚀变带很近，最小仅8m，主机洞与主变洞的岩壁厚度较小，仅为一倍洞跨，主变洞上覆岩体有效岩体厚度仅17～25m，尚不足一倍洞跨。二是辉绿岩岩体发育4组节理裂隙，在主机洞和主变尾闸洞的拱顶、边墙均存在一些不稳定的三角块体和楔形块体。三是地应力方向近水平与主机洞及主变洞正交，对边墙的稳定不利。四是辉绿岩上游地下水洼槽可能对主机洞上游边墙造成较大渗透压力。采用了三维非线性有限元计算分析表明，地下洞室布置可行，围岩稳定性好，局部拉损区、塑性区则需加强支护。利用赤平投影分析方法进行了分析，表明四组节理裂隙互相交切，在主机洞、主变洞的拱顶和边墙均存在一些稳定状态不好的小三角块体和楔形块体，可能存在掉块和小塌方，需及时进行锚喷支护及局部加强支护。

主机洞和主变洞支护采用喷钢纤维混凝土，设$\Phi28$@1.5m×1.5m，$L=5$m、7m砂浆锚杆与张拉锚杆相间布置进行系统支护，洞室交叉处及岩锚梁部位加设$\Phi28$，$P=120$kN，$L=8\sim10$m的张拉锚杆。主机洞与主变洞之间及主机洞母线廊道下部拟采用预应力锚索加强锚固。

(五) 尾水建筑物

尾水洞由四条支洞和一条主洞及尾水渠组成，支洞宽8m，高10.84m，主洞宽13m，高21.5～26.2m，围岩为辉绿岩，主洞出口地质条件较差，为蚀变带与强风化硅质岩，结合洞脸开挖予以挖除，并设一段明洞与尾水渠相衔接。尾水主洞在常遇泄洪流量3000m^3/s时保证尾水洞为明流状态。

(广西水利电力勘测设计研究院　陈宏明)

沙河抽水蓄能电站半地下式厂房设计

江苏沙河抽水蓄能电站位于溧阳市天目湖镇境内，装机容量100MW。电站由上水库、输水系统、厂房和变电站组成。上游输水采用一洞两机联合供水方式，下游输水为单洞单机布置。电站厂房采用竖井半地下式，下游为变电站。

(一) 厂区工程地质

厂房位于龙兴亭西侧高程30～50m的缓坡地形，地形走向近南北，往南北方向延伸地形均向东退缩，形成略向西凸出、宽约50m的山梁。

厂区覆盖层厚普遍为0.5～1.5m的坡积碎石土。基岩由第③、⑤层熔结凝灰岩和第④、⑥层沉凝灰岩组成。熔结凝灰岩为块状构造，岩石坚硬。沉凝灰岩为层状构造，力学性质较差。地层呈软硬相间分布。岩层产状$NE5°\sim20°$，$NW\angle80°\sim85°$，往北及向南延伸走向逐渐偏转为$NE20°\sim40°$，平面上呈“S”形走向。

厂区断层以北北东方向的陡倾角断层为主，倾向北西，倾角80°以上，主要断层为F_{17}、F_{18}、F_5，分布在厂区的东部和西部，局部见有层间挤压破碎现象。厂区有多组裂隙发育，以北北东和北西西两组陡倾角裂隙为主，但延伸短小，下部多呈闭合状。

(二) 厂房和变电站布置

1. 厂区布置　厂房布置在输水洞的末段，占地51m×33.5m。西侧为变电站，长80m，宽57.5m。厂区地面高程23.2m。东侧为高50多米的边坡，坡比1：0.5～1：1，每隔14～15m高设置一条马道。考虑到交通运输和消防要求，厂区布置有环向通道，北端与进厂公路相连。

2. 厂房　厂房采用竖井半地下式布置，井内安装2台50MW的竖轴单级混流可逆式水泵水轮机—发电电动机机组。主厂房共5层，安装场布置在地面，高程为23.50m，机组安装高程为－8.0m。

地面以下竖井内径29m，机组间距13m，竖井总高38m。主厂房蜗壳层高程－11.5m，布置有检修排水泵和渗漏集水井，直径2.8m的压力钢管与蜗壳之间安设了蝶阀和伸缩节，在埋入竖井衬砌的部位设置了截水环和弹性垫层，减小压力钢管变形对竖井衬砌的影响。－5.5m高程的水泵水轮机层布置有调速系统、主阀油压装置和操作柜以及技术供水泵。2.5～－1.5m高程发电电动机层和中间层布置有励磁盘、机旁盘和中性点设备等。地下副厂房共7层，其中3层与主厂房相通。

地面以上主厂房安装场布置在竖井北侧，满足1台机组安装和扩大性大修要求，上方安装有1台125t/30t/5t单小车桥机。地面副厂房共4层，自下而上分别布置有透平油库、发电机电压开关设备、静止变频装置、高低压开关柜等，中控室布置在顶层。副厂房设有电梯和楼梯与竖井内的主厂房相连接。

厂房竖井为钢筋混凝土衬砌，厚1m。机墩、风罩采用圆筒形结构。水泵水轮机层以下为大体积混凝土，埋设有蜗壳和尾水管。地面厂房为框架结构，主厂房采用钢桁架、预制混凝土屋面板。

3. 变电站　变电站设有2回主变进线和1回220kV出线。两台主变压器靠副厂房布置，设有事故油池。场地高程23.35m。站内四周设有宽4m的环向道路，与进厂公路相通。主变压器检修可通过搬运轨道牵引至厂房安装场内。设备支架采用预制混凝土和钢架组合式结构。

（三）厂房主要设计特点

1. 厂房位置和型式　根据厂区地质构造，为避开断层及其破碎带，厂房选择在熔结凝灰岩和沉凝灰岩成层相间地区，竖井东、西侧井壁位于较好的熔结凝灰岩范围内，岩性较差的沉凝灰岩从竖井中部穿过，其结构面与南北侧井壁基本垂直，从而有利于井壁围岩稳定。

关于厂房布置，曾对两机一井、两机两井方案进行了技术经济比较。由于圆形竖井受力条件较好，有利于竖井开挖稳定，而且主机设备集中布置在一个井内，运行管理方便，因此采用了两机一井圆形竖井布置方案。

2. 竖井衬砌　厂房处于软弱相间的岩层上，岩性不均匀，开挖空间较大。为此采用三维非线性有限元分析方法，对竖井在不同开挖支护方式下的围岩和衬砌应力、变形进行计算。采取了分层开挖并及时喷锚支护的施工方法，最后对竖井进行混凝土衬砌。实践证明该支护措施是成功的。

3. 蜗壳外围钢筋混凝土结构　本电站蜗壳承受的最大水头1.8MPa，为钢蜗壳。为增加结构刚度，提高抗振性能，蜗壳与外围混凝土采用了联合受力设计，采用在蜗壳充水加压状态下浇筑外围混凝土方案。浇注混凝土时，对蜗壳设置临时闷头，充水加压到0.71MPa，保证任何运行情况下蜗壳与外围混凝土结合紧密。

4. 厂房抗振措施　抽水蓄能电站水头变幅大，运行条件复杂。为减小机组运行中出现的振动，保证电站的安全运行，蜗壳与外围混凝土按联合受力设计，两者之间不留间隙，机墩采用了刚度大、抗扭和抗振性能好的圆筒式结构，并与主厂房各层楼板整体连接，并加大各层梁板和支柱、隔墙刚度。

5. 厂房排水防潮措施　为减小竖井直径，厂房内不设防潮隔墙，竖井采用了钢筋混凝土衬砌。在竖井外侧下部、距井壁8m处布置了环向排水廊道，顶面设置了间距3m的竖向排水孔，形成排水幕，以阻止地下水渗入竖井。排水廊道集水经沟管排入厂房渗漏集水井。上、下游地质探洞与环向排水廊道之间采用竖向排水孔连接，探洞渗水排入排水廊道。为防止下游水沿尾水管钢衬与混凝土之间的缝隙进入厂房，在钢衬外侧设置了加劲截水环，并进行了接缝灌浆。

为了改善地下厂房环境，在井壁表面布置了铝塑穿孔板，与井壁间设置隔水吸音垫层。为满足机组设备运行温度、湿度要求，电站安装了通风系统。

（上海勘测设计研究院　叶建春　陆忠民）

李家峡水电站双排机组厂房设计中的几个主要技术问题

李家峡电站枢纽工程主要由三心圆双曲混凝土拱坝、双排机组厂房、泄水建筑物、两岸灌溉渠首和取水建筑物等组成。泄水建筑物布置在大坝两侧，右岸7号坝段设1个泄水中孔，左岸分别在15号坝段和16号坝段设1个泄水底孔和1个泄水中孔。电站共装5台单机容量为400MW的混流式水轮发电机组。工程分二期建设，一期完成全部土建工作并安装4台机组，二期安装1台机组。

（一）厂房布置

李家峡电站双排机组厂房设计方案的研究始于1991年。为了保证电站施工总工期不变，并和电站枢纽布置相协调，确定了研究工作的基本条件为：①

拱坝布置及体型不变，泄水建筑物布置不变，将原地下2台机组的地下压力钢管改为同原坝后3台机组的坝后背管型式；②电站装机台数不变，单机容量不变，安装高程不变，电气主接线不变；③双排机厂房布置以不影响两岸坝肩岩体稳定为原则，同时考虑泄水建筑物的稳定，尽量不重复开挖，并兼顾厂房自身的结构特点、布置和运行要求以及与压力钢管的衔接等。

根据以上原则的电站特定条件，经多方案比较，主厂房采用了坝后双排机组对称布置的双层双跨水工结构明厂房。主厂房上跨为上游厂房，布置2台机组（2号机和4号机），主厂房下跨为下游厂房，布置3台机组（1号机、3号机和5号机），其中2号机和3号机上下游对称、4号机和5号机上下游对称，1号机布置在下游厂房、上游空缺，机组布置为单列。布置在上游厂房的2号机组与4号机组和布置在下游厂房的3号机组与5号机组之间的横向间距为33m，布置在下游厂房的1号机组与3号机组之间的横向间距为24m，上下游对称布置的机组排距（纵向间距）为26.5m。在上下游厂房的左右两端均设有安装间。上游厂房总长110.8m，下游厂房总长133.5m，两排厂房的跨度均为26.5m，厂房在发电机层以上顺水流向总宽度55m，发电层以下总宽76.4m，主厂房总高68.9m。

发电机层高程为2059.00m。机旁盘、调速器和油压装置布置在发电机层。采用双排机组布置，主厂房屋顶跨度大，为了节省工程投资，减少大跨度屋盖设计难度，加快屋盖施工安装进度，屋顶采用平放正四角锥螺栓球节点的空闸平板钢网架，总跨度53.054m厂房上中下游墙的网架支承支座与预埋钢钣相焊，增大了网架整体刚度，更好地限制了上、中、下游墙在轨顶高程处的变位。

由于该电站双排机组采用对称布置，安装高程相同，因此上游2台机组尾水管需加深8.2m加长30.3m，从下游尾水管底部引至尾水渠。为适应双排机组布置的要求，李家峡电站设计了三种不同形式尾水管，其中1号机为4H型、3号机和5号机为GE型（肘管出口为椭圆形，水平桩段出口为方形断面），2号机和4号机为加深加长的GE型。

上层尾水管出口高度8.1m，尾水闸门尺寸8.4m×8.1m，下层尾水管出口高度7.9m，闸门尺寸8.4m×7.9m，尾水闸门均由设置在尾水平台上的2×1250kN尾水门机操作。

（二）厂房设计中的几个主要技术问题

（1）双排机组重叠尾水管设计。双排机组运行时，尾水管扩散段上下重叠的两台机组在不同负荷工况下，两个尾水管出流相互间有一定影响，尾水管的压力脉动和水轮机效率会有所变化。在该电站双排机组设计中，为了尽量减小和排除双排机组间的相互影响，设计上采用了在下层尾水管扩散段出口后相接的尾水渠的底板保留20m水平段，尾水渠底板高程同下层尾水管出口段底板高程，20m水平段后再以1：4的反坡与下游河段衔接，以改善出流的水力学特性。其次，在尾水管的设计上应充分利用下层尾水管较深的有利条件，上、下层尾水管的锥管段、肋管段、水平扩散段的尺寸均不相同，目的是改善尾水管的水力学条件，减少振动有利于机组稳定运行在结构设计中，上、下层尾水管之间的隔板在混凝土浇筑和配筋方面也有专门规定。

（2）厂房分缝。1992年3月25日上级主管单位审查决定采用双排机组厂房方案，工程要求1993年4月浇筑大坝混凝土，7月浇筑厂房混凝土，主体工程形象是左岸坝基下挖50多m（坝高155m），右岸坝基下挖105m，两岸泄水道边坡也已开始开挖。根据现场施工状况和双排机组厂房布置所规定的基本工作条件，在坝后和两岸泄水道之间布置的双排厂房的空间是有限的，因此机组主要部件之间，如高压钢管之间，高压钢管与蜗壳之间，上、下层尾水管之间的结构厚度反而比传统的单排厂房通用距离小，最小的只有1m多。考虑到水下混凝土大孔洞多，体型复杂，散热条件好，因此水下混凝土不设永久缝，只根据厂房结构特点，尺寸、形状、结构要求设备和埋件、浇筑能力等实际情况进行混凝土分层分块，垂直施工缝基本不设键槽，不进行灌浆，缝面为毛面，设插筋，做好止水等。水上部分，为了减少厂房横向尺寸，将两岸泄水道边墙做为厂房端墙，上、中、下游墙与泄水道边墙接触部位按永久缝处理，在厂房中部部位设一道永久缝。

（3）厂房的抗震研究。李家峡电站地处强震区，厂房地震设防烈度为8度。国产大型机组，首次采用双排布置，这种布置形式在水力、机械力及电磁力及其他各种动荷载作用下产生的振动能否引起与厂房共振或使振动加剧。厂房结构尤其是结构的薄弱部位（如两层尾水管之间的隔板）在上述各振源及地震等荷载作用下的动力反应等问题作过专题研究。因此从机组稳定运行，减少或避免振动加剧，除对机组设计提出明确的要求外，同时从结构型式和技术措施上保证厂房抗震性能。

（4）采用移跨简化主厂房起吊设备。李家峡电站原混合式厂房机组为单列布置，主厂房设置2台（3500kN＋3500kN）/600kN电动双梁双小车桥机，以满足机组起吊（转子重1150t）和扩大性大修需要。采用双排机组厂房后，如在每排厂房仍按原设计思路设计，电站共需设置4台桥机。为了降低工程投资，经方案论证，设计在国内首次采用了简易台车运载桥机的移跨方案。借助于台车移跨后，全厂只需 2 台 (3500kN+3500kN) /600kN 双小车桥机，跨度 23m，平时分别设置在上下游厂房，以满足除转子外的设备起吊需求。只有起吊发电机转子时，可将一侧厂房桥机经移跨台车移到另一侧厂房，由 2 台桥机共同起吊转子。简易台车置于主厂房左端头，行车轨距 5.8m，运行速度 3.9m/min，运载能力按一台桥机自重设计，移跨一次不超过 30min。运行实践证明，采用台车移跨成本低，操作简便可靠，可简化主厂房起吊设备，有利于减小厂房尺寸和显著降低工程投资。

李家峡电站从 1997 年 2 月至 1999 年 12 月一期工程的 4 台机组相继投入运行，2001 年 12 月工程通过竣工验收。经过几年运行考验，证明双排机组厂房设计是成功的，能满足电站长期安全可靠运行。双排机组布置在国内是首次，这种采用坝后双排机为特征的枢纽布置为我国狭窄河谷建设大型电站提供了成功经验。

（西北勘测设计研究院　吕六和　王人宣）

天荒坪蓄能电站地下厂房洞室群施工期三维有限元分析及施工方案优化

天荒坪抽水蓄能电站地下厂房采用尾部布置方式，厂房洞室群的主要洞室有主副厂房及安装场、主变洞、母线廊道、尾水闸门洞以及其他一些用于交通、通风、排水的洞室和竖井。主副厂房全长 200.7m，宽 21.0m～22.4m，高 47.53m。主变洞长约 180.9m，宽 17.0m，高约 25.63m。（以上是指主厂房和主变室实际开挖后尺寸）。

（一）施工期三维弹塑性有限元分析目的

地下洞室开挖表明，整个地下洞室范围内虽仅有数条Ⅲ级结构面，但整个厂房和主变洞室均处于节理密集带范围。对于顶拱层开挖，产状为 N5°～15°E，SE∠60°～65°的节理发育密集，且其走向与厂房轴线交角较小，开挖后使下游岩壁起拱位置附近的节理倾角与开挖面间形成小夹角临空面，岩体松动变形，掉块较严重。而对于边墙开挖，主要产状为N5°～15°E，SE∠60°～70°的节理，与 N40°～50°W，SW∠50°左右的节理组合，对上游岩壁稳定不利。

由于施工进度的要求，天荒坪工程地下厂房开挖工期仅有 22 个月，在实际施工中以厂房开挖为关键路线对洞室群的施工进行了整体优化，既在单个大洞施工中做到了“平面多工序、立体多层次”，又在整个洞室群的开挖中采用“立体多层次、多工作面交叉”。此外，天荒坪工程地下开挖中的洞室交岔现象也很突出。为此，结合施工开挖过程，在对地下洞室的地质构造和岩石物理力学参数有了更真实了解的基础上，进行了地下厂房洞室群的三维弹塑性的有限元分析。

（二）计算条件的确定

取主厂房指向主变洞方向为 X 方向的正向，顺主厂房洞向为 Y 方向，取铅直向上为 Z 方向的正向。则计算范围为：X 方向取 205m，Y 方向取 320m（包括副厂房、主厂房、安装场及部分围岩），Z 方向取 195m。

边界上所有节点取为固定约束。围岩采用八节点六面体等参数实体单元；节点总数为 9360 个，单元总数为 8533 个。较窄的软弱夹层采用专门夹层单元。

围岩物理力学参数、岩体变形的应力—应变曲线、初始地应力场的确定等作为设计有关资料。

（三）计算方案的拟定

在计算中按天荒坪工程实际施工进度超前模拟主厂房顺序开挖以及主变洞隔层且间断开挖实况：一期，主厂房第 1 层。二期，主厂房第 2 层，主变洞第 1 层及第 3 层的靠主厂房半边。第三期，主厂房第 3 层。第四期，主厂房第 4 层、六个母线洞、主变洞第 2 层的靠主厂房半边。第五期，主厂房第 5 层。第六期，主厂房第 6 层。第七期，主变洞剩余部分。

（四）计算成果及分析

1. 关于主厂房、主变洞围岩位移的分析　主厂房拱顶 Z 向位移都在 2mm 左右（指向洞内）。经分析主厂房第 1 层开挖后，洞周释放荷载应引起主厂房中部负 Z 向（指向洞内）的最大位移，而主厂房两顶端洞壁释放荷载应引起主厂房中部正 Z 向（指向洞外）的最大位移，两者叠加的结果，主厂房拱顶负 Z 向（指向洞内）位移最大处未发生在主厂房中部，而是靠主厂房两端附近。

第一期开挖后，尽管进行了主厂房、主变洞的各层开挖以及母线洞的开挖，主厂房顶拱处的 Z 向位移变化不大。第四期开挖即主厂房第 4 层、主变洞第 2 层及母线洞的同期开挖造成了主厂房拱肩点 X 向位移的较大变化。母线洞挖通后，由于其影响，第五期开挖即主厂房第 5 层的开挖也造成了拱顶 X 方向位移较大变化。

2. 关于开挖后引起围岩屈服问题的分析　第一期开挖后，部分洞室段主厂房顶拱部分范围进入屈服，屈服深度为 3m。随着第二期、第三期的开挖，除局部范围外，未引起主厂房洞壁、主变洞壁屈服范围的明显增大。第四期开挖后，主变洞靠主厂房一侧的部分洞室结构段洞壁开始进入屈服状态，屈服深度为 2.5m，靠近拱肩部位为 6m。第五期开挖即主厂房第 5 层开挖后，未引起主变洞屈服范围的增大，主厂房部分洞室段高程 245.80m 以下洞壁开始进入屈服，屈服深度为上游壁 3m、下游壁 7m。第六期开挖即主厂房第 6 层开挖后，未引起主变洞屈服范围的增大，主厂房洞壁进入屈服范围进一步扩大，部分洞室段高程 245.80m 以下洞壁进入屈服状态。屈服深度为 3～7m。第七期开挖即主变洞剩余部分的开挖后，部分洞室段主变洞壁处于屈服状态，屈服深度为 2.5m。部分洞室结构段于主厂房靠主变洞一侧高程 245.80～233.00m 之间洞壁进入屈服，屈服深度为 3～7m。不仅仅洞壁部分容易进入屈服，洞室沿轴向两顶端部分围岩也可能会进入屈服。

（五）超前施工措施的确定

模拟施工开挖过程计算中出现主厂房拱肩点向 X 方向较大位移的现象，和施工现场的最终观测结果是一致的。为此，我们除做好厂房下游侧墙开挖后的喷锚支护外，尤其重视下游侧拱肩部位斜向长锚杆的施工质量，以改善围岩的承受能力。

洞室之间交叉贯通部位是地下厂房施工的另一个重点部位，尤其是厂房 4 层开挖施工，在厂房下游侧开挖后必须立即进行母线洞开挖。其上部有岩壁梁，下部有尾水洞。为了保证洞脸稳定，我们要求施工单位先完成母线洞周围的洞脸锚杆支护，然后在下部开挖小导洞，小导洞开挖 6m 后再进行扩挖。扩挖时采用水平密孔间孔装药爆破，6m 段扩挖完成后立即进行锚杆支护。在此基础上再继续进行全断面开挖，从而保证了在整个开挖过程中岩壁的整体稳定。

洞室全部开挖完毕后洞底将浇筑混凝土，故洞底的屈服范围可不予考虑。另外，在分期开挖中出现的某些屈服范围，如果最终开挖完毕时会被挖去，这些部位的屈服范围也就显得不那么重要了。所以，在施工中最感兴趣的是成洞后洞顶、洞壁处的屈服范围，这些就成了天荒坪地下厂房选择锚杆长度和重点支护区域的依据。计算表明开挖全部完毕后，主厂房顶拱处围岩有部分洞室结构段进入屈服状态，屈服深度 3m。主变洞壁有部分洞室结构段进入屈服状态，屈服深度 2.5m。主厂房部分洞壁段高程 245.80m 以下部分进入屈服状态，屈服深度 3～7m。锚杆长度设置以穿过屈服区为基本要求，故锚杆长度可取 3～7m，同时对上述出现塑性变形的区域进行重点支护。

（水利水电规划设计总院　汪易森）

棉花滩水电站尾水调压室设计

棉花滩水电站装机 4 台，每 2 台机设一尾水调压室，型式为阻抗式，主体呈城门洞形，并兼作尾水闸门廊道。闸门槽作为阻抗孔的一部分，两调压室上部合二为一，水力条件较为独特。调压室岩壁高，与厂房洞室形成地下洞室群，采用喷锚支护。

（一）调压室的布置

根据输水发电系统的布置和水力计算结果，确定调压室的总体布置为：尾水调压室中心线与厂房纵轴线间距 75m；1 号、2 号机组和 3 号、4 号机组在高程 82.50m 以下各设一尾水调压室，两尾水调压室断面分别为 40.7m×12.0m 和 37.7m×12.0m（长×宽），底板高程为 59.0m；两尾水调压室在高程为 82.5m 以上合二为一，断面尺寸为 87.7m×12.0m；高程 82.5m 以下保留岩壁隔墙，厚 8.6m，以改善洞室稳定和受力条件。同时，将尾水检修闸门设在调压室内，避免另设尾水检修闸门廊道，闸门槽为阻抗孔的一部分，另设附加阻抗孔口。尾水调压室右端设有一运输洞与厂坝公路相通，最高涌浪水位要求低于公路路面高程并有一定的安全裕度。

（二）调压室的支护设计

1. 地质条件　调压室部位的围岩为新鲜的黑云母花岗岩，大部分围岩为Ⅰ～Ⅱ类，岩石完整性较好。上覆岩层厚度平均约 65m，地应力场属中等地应力，且地应力分布较为均匀，地应力的应力偏张量较小，对洞室围岩稳定较为有利。通过调压室部位的断层和岩脉宽度较小，倾角陡，对洞室的稳定性影响较小。但调压室的长度有 87m，底板至顶拱高度达 42m，仅中部有 8.6m 宽、34m 高的岩埂；底部与尾水洞交叉，上游侧与主变洞间净距仅 19m，围岩稳定问题依然需重视。

2. 锚喷支护设计　支护方式有锚喷支护和混凝土衬护两种。混凝土衬护是最可靠的，同时可以有效减弱调压室内水对相邻洞室的影响，但工程量相当大、且需增加洞室开挖宽度，对施工期的围岩稳定不利，故考虑采用锚喷支护。地下洞室采用锚喷支护，已被诸多工程实践证明是经济、有效的方法。但由于尾水调压室运行时长期充水，且水位经常骤升或骤降，受力条件复杂，在锚喷支护之外还需有相应的工程措施，以解决围岩稳定和向相邻洞室渗漏问题。

调压室锚喷支护的参数的确定方法：根据工程类比法初拟锚喷支护参数、再根据平面有限元分析法和三维有限元计算确定锚喷支护参数，计算分析时将洞室群（厂房、主变洞、调压室和相连洞室）作为一个整体。通过平面有限元、三维有限元分析计算，调压室支护参数设计为：锚杆 $\phi25$@1.5m×1.5m，长度为 4m 和 6m 相间；挂钢筋网 $\phi8$@30cm，喷混凝土厚 15cm。同时按新奥法原理，采用“设计→施工→监测→修正设计”的方法，根据开挖揭露的地质情况对锚杆进行局部调整，并在施工中加强监测和观察。从锚杆埋设起至电站试运行间，调压室洞周围岩位移最大值见表 1，锚杆应力实测最大值见表 2。

资料表明，岩壁的变位值和锚杆应力均低于计算值，证明围岩是稳定的。但锚杆应力可能在运行期因水位的大幅变动继续增大，需进一步关注观测成果。

调压室相邻的主变室地面高程为76m，两洞室净距19.45m。机组正常运行时，调压室水位与主变室地面高程相近，但最高涌浪水位达92.0m，与主变室底板高差约20m。两洞室之间围岩较完整，没有贯穿两洞室的明显的软弱结构面，但存在裂隙。为减少调压室内水向相邻洞室的渗透，同时提高围岩的整体性，设计对调压室的上、下游侧壁进行固结灌浆，孔深5m。固结灌浆分两段进行，表层因无盖重取0.2MPa的灌浆压力，深层提高到0.5MPa。排水孔仅在正常水位以上设置，正常水位以下不设排水孔。初期运行证明，不存在向主变室渗漏问题。

表1 尾水调压室洞周围岩位移观测成果 mm

高程(m) / 桩号(m)	100.55(顶拱)	94.450 边墙		86.000 边墙		79.450 边墙	
		上游	下游	上游	下游	上游	下游
调0+086.690	0.62	0.48	0.78				
调0+100.00				0.70	0.91		
调0+128.615	0.42	0.46	0.75			0.50	1.14

表2 尾水调压室系统锚杆应力观测成果 MPa

高程(m) / 桩号(m)	100.55(顶拱)	94.450 边墙		86.000 边墙		79.450 边墙	
		上游	下游	上游	下游	上游	下游
调0+084.000		96.90					
调0+096.000	−4.90			22.70	6.30		
调0+126.000	2.60	2.80	7.70			2.00	6.60

注 “+”为受拉，“−”为受压。

（上海勘测设计研究院 赵井根）

龙滩水电站输水发电系统设计

（一）厂区布置设计简况

龙滩水电站输水发电系统主要建筑物除进水口、尾水出口、开关站、出线平台及中控楼布置在左岸地面外，其他如引水隧洞、主厂房、母线洞、主变洞、尾水调压井、尾水隧洞等均布置在左岸地下。电站正常蓄水位高程400m、375m，分两期建成。电站装机容量分别为7×600MW与9×600MW。

9台机进水口采用“一”字形坝式进水口，直立屏幕式拦污栅，单机单洞引水。引水管平面管线布置为9条，引水管自进水口大坝正交引出，用隧洞穿过左岸坝线下游山体，与厂房纵轴线成65°交角斜向引入地下厂房。引水洞竖向管线布置为，1号～6号机采用55°倾角斜井、7号～9号机采用竖井分别与上、下平洞相连。引水洞内径10m。主厂房、主变洞、尾水调压井依次平行布置，三大洞室纵轴线均N50°W。主厂房总长度388.5m，跨度28.5～30.3m，总高度71.7m，机组间距32.5m，机组安装高程215m，发电机层高程233.7m，厂房内设岩锚吊车梁。尾水调压井采用“三机一井”的单元长廊阻抗式调压井，共3个，跨度21.6～24.8m，高度65.7～87.7m。3条圆形尾水隧洞轴线与尾水调压井轴线平行，1号尾水隧洞直接从1号尾水调压井右端墙引出，2号、3号尾水调压井通过两个三合一的“卜”形岔洞与2号、3号尾水隧洞连接。尾水隧洞内径21m。尾水出口布置在下游离溢流坝轴线约800m处，尾水出口建筑物由三个尾水出口顶部连为一体的塔式结构组成。500kV出线场和GIS开关站集中布置在左岸坝下游约500m的山坡用不等高空间框架搭建的平台上，分上、下层布置，框架柱高10～50m。中控楼布置在出线平台上游侧的地面上。

主厂房与主变洞及主变洞与尾水调压井间岩墙厚度与相邻洞室平均跨度比分别为1.79和1.40。引水洞之间及尾水隧洞之间的岩体厚度分别为开挖洞跨的1.32倍和1.34倍。

（二）厂区工程地质条件

厂区地层为三叠系中统板纳组，洞室群穿越$T2b^{18}$层～$T2b^{47}$层，由薄至厚层砂岩、粉砂岩和泥板岩夹少量层凝灰岩、灰岩组成，其中砂岩和粉砂岩占68.2%，泥板岩占30.8%。岩石湿抗压强度微风化～新鲜砂岩130MPa，泥板岩60～80MPa。变形模量13～20GPa。厂区岩层为单斜构造并倾向厂房下游侧，岩层产状为345°～355°/NE∠57°～60°。主洞室布置区岩石新鲜，完整～较完整，RQD大于75，岩体波速平行岩层走向5600m/s，垂直岩层走向5000m/s，围岩属质量较好和中等的层状岩体。

厂区内以层间错动为代表的顺层断层是最发育的一组断层。厂区节理以层间节理和平面X节理较为发育，平均线密度0.2～0.3条/m，延伸长度不超过3m，连续性差，节理面紧密闭合或为石英脉充填。

厂区地应力场属以水平应力为主的构造应力场。最大主应力方向280°～330°，平均量值12MPa，近水平分布，属中等量级。垂直主厂房上下游边墙方向的倾压力系数1.5～1.9。

三大洞室、母线洞、尾水管等90%以上洞段围岩属质量中等～较好的Ⅱ、Ⅲ类围岩，局部断层交汇带属Ⅳ类围岩。除2号引水洞Ⅳ类围岩占34%外，引、尾水洞其他仍有80%以上的洞段属Ⅱ、Ⅲ类围岩。

厂房纵轴线为N50°W，与岩层走向的夹角约

40°，与最大地应力水平交角约10°。厂房洞室上覆厚度约100～230m。

（三）地下洞室支护设计

针对龙滩地下洞室群布置，经过大量的分析、计算和研究，确认龙滩地下洞室群围岩整体稳定性较好，支护设计应充分发挥围岩的自承作用采用锚喷支护，局部支护加强。

主厂房、尾水调压井两边高墙、大跨度洞室，采用长、短相间锚杆支护，长锚杆为水泥药卷锚固型预应力锚杆，短锚杆为普通水泥砂浆锚杆。主厂房支护采用不挂网喷钢纤维混凝土，加快施工进度，尾水调压井、主变洞采用挂网喷聚丙烯微纤维混凝土，一般洞室采用普通喷射混凝土。主厂房、尾水调压井高边墙中部变位大、塑性区深的部位另加预应力锚索加强支护。

（四）地下厂区通风气流通道

地下全厂房的通风系统由2个进风口，3个排风口组成气流通道。进风主通道2条，一条由主厂房专用进风洞、经主厂房拱顶供风主厂房；另一条由进厂交通洞、经主变运输道将风送至主变室。排风主通道2条，为主变拱顶排风道和母线专用排风道。2条排风道均向两端排风，靠山外端经主变排风洞、母线排风洞分别排出、靠山里端2条排风道汇聚至专用排风竖井到高程480m缆机平台端部排出。

（五）地下厂区排水

通过设计4层排水廊道和上、下层排水廊道之间排水长孔，形成绕主厂房和主变洞外围封闭排水幕圈，构成地下厂房区排水系统。顶层和第二层排水廊道的渗水按高水高排的原则，自流排入红水河；第三、第四层排水廊道渗水引至厂房渗漏集水井后用水泵排出厂外。

（六）厂内外交通

厂内对外运输永久通道设有进厂交通洞。运行维修管理人员进出地下厂房的主通道通地面中控楼与地下厂房的1号竖井电梯。考虑事故时人员安全，另在厂房上游侧还设有事故安全撤退廊道。

（中南勘测设计研究院　张孝松）

自一里水电站气垫式调压室设计

自一里水电站位于四川省平武县境内的火溪河上。电站总装机容量130MW，设计水头445m，发电引用流量$34m^3/s$。引水隧洞总长9167m，断面为4.2m×4.6m（宽×高）城门洞形，设计流速1.9m/s。隧洞沿线最小埋深均大于0.5倍内水压力，沿线所处围岩均为二云母花岗岩，绝大部分洞段采用不衬砌隧洞。

气垫式调压室水平距厂房约450m，垂直覆盖厚度350m（从弱风化层开始计算），侧向覆盖厚度280m（从弱风化层开始计算）。气垫式调压室区为弱风化印支期二云母花岗岩，岩体中主要发育一组产状为N60°E/SE∠73°的结构面，裂隙闭合，与洞向近正交，岩体呈整体～块状结构，以Ⅱ类围岩为主。

气垫式调压室底板高程高于机组安装高程约150m，压力管道长523m。经水力学初步计算，调压室的稳定面积为$1000m^2$。气垫式调压室由一个气室和一个水幕洞组成。气室为100m×10m×13m（长×宽×高）城门洞形，底板高程1707.00m，水面高程1710.00m，水床深3.0m，设计气体压力为3.25MPa，设计气体体积为$9998m^3$，最大气体压力为3.8MPa，最小气体压力为3.1MPa，最大气体体积为$11057m^3$，最小气体体积为$8881m^3$。由于自一里水电站气垫式调压室所处位置的地下水压力小于气室内的内气压力，围岩吕荣值是否小于1（或通过灌浆达到小于1）有待进一步查明，故设计有水幕。水幕洞为318m×4m×6m（长×宽×高）城门洞形，对称布置在气室两侧，距气室最小距离15m，底板高程1707.00m，在顶拱处，与水平夹角42°45′40″，朝向气室上端，分别布置两排水幕孔，每排18孔，孔径ϕ70mm，孔深32m，水幕孔与气室最小距离为7m。水幕超压初步为0.3MPa，即水幕压力按4.1MPa设计，其值小于该处最小地应力。调压室考虑采用不衬砌，视地质情况和裂隙发育程序，局部采用高压固结灌浆。调压室交通洞利用地勘平洞改建而成，断面为4m×4.5m（宽×高）的城门洞形，在其中布置空压机房、水泵房和其他的观测、控制设备。

目前，自一里水电站已开工建设，气垫式调压室正在研究设计中。自一里水电站气垫式调压室是我国水电站的第一个气垫式调压室，它的研究设计将填补我国在此项目上的空白，使我国水电站在调压室设计方面上一个新的台阶，对推动我国水电事业的发展具有重要的意义。

（成都勘测设计研究院　陈五一　张逢银）

泄洪建筑物设计

洪家渡水电站泄洪建筑物设计

洪家渡水电站枢纽属一等大（1）型工程，大坝及泄洪建筑物为一级建筑物，按500年一遇（$P=0.2\%$）洪水设计、可能最大（$P=PMF$）洪水校核，相应入库流量分别为$6550m^3/s$、$11000m^3/s$，库水位分别为1145.40m、1141.34m，下泄流量分别为$3866.5m^3/s$、$6234m^3/s$。消能防冲建筑物按100年一遇洪水（$P=1\%$）设计，相应入库流量$5210m^3/s$，库水位1139.82m，下泄流量$3448.5m^3/s$。正常蓄水位1140m，防洪限制水位1138m，死水位1076m。

乌江泥沙多为悬移质，多年平均含沙量为$1.53kg/m^3$，最大含沙量为$3.19kg/m^3$，最小含沙量为$0.466kg/m^3$。泥沙年内及年际间分配极不均匀，汛期河水含沙量大，枯期河水清澈。多年平均输沙量为675万t，最大为1630万t，最小为162t。输沙模数为$706t/km^2$。悬移质泥沙粒径平均小于0.025mm的沙重为83%。入库泥沙大都沉在库中，50年泥沙淤沙高程1018.0m，100年泥沙淤积高程1040.5m。

1. 洪家渡泄洪建筑物布置　坝址区间河段长约1.5km，河流方向由SW45°转向SE45°，形成向西凸出的直角形河湾。右岸支流底纳河以伏流形式在转弯端点流入干流，转弯点以上左岸为25°的顺向坡；右岸为高190m左右、倾角75°～85°的高陡壁。坝址位于转弯点以下，河谷呈不对称的“V”形。与泄洪建筑物有关的地层从上游向下游方向依次为永宁镇灰岩、九级滩泥页岩、玉龙山灰岩、沙堡湾页岩。河床及两岸分布有覆盖层，右岸下游距坝轴线约500m处有1号塌滑体（90万m^3）、距坝轴线约800m处有2号塌滑体（60万m^3）。

根据坝址区地形地质条件、电站承担的任务和本身安全运行的需要，洪家渡枢纽主要由大坝及防渗、洞式溢洪道、泄洪洞、引水系统、地面厂房及开关站等建筑物组成。总格局为除大坝外，其余建筑物均布置在左岸。

洪家渡坝址两岸为高山峡谷，无天然垭口可供布置泄洪建筑物，大坝为钢筋混凝土面板堆石坝，坝身不宜设置泄洪建筑物。泄洪建筑物的布置先后考虑过右岸溢洪道、左岸洞式溢洪道、泄洪洞及泄洪兼放空洞等多种形式。经多方案比较，将泄洪系统布置在左岸地下，利用直角河湾，截弯取直，利用上游永宁镇灰岩缓坡带布置进水口，形成立体泄洪系统，上层为开敞式进口、隧洞泄槽的洞式溢洪道，中层为泄洪洞。平面上溢洪道靠山内侧，泄洪洞靠河岸侧，两洞轴线方位近平行，其水平轴线距离50～35m。两洞出口位于左岸灰岩陡壁上，相距约70m，与河流交角20°左右。消能防冲区两岸左陡右缓，河床宽度30～100m，河床狭窄，基岩为沙堡湾页岩，抗冲流速为4m/s。1号塌滑体距泄洪冲坑上游100～150m，2号塌滑体在冲坑范围内。

（1）洞式溢洪道位于左岸山体内，距大坝约70m，进口为2孔10m×18m（宽×高）的开敞式WES溢流堰，进口短明渠底板高程1101.5m，堰顶高程1122m，设两扇弧形工作门，堰后为平面收缩段，长40m，从24m收缩至14m。无压隧洞长755m，纵坡7.5%，隧洞底宽14m，直墙高17.5m、上部为120°圆弧顶拱的城门洞形，洞高21.54m，洞身断面大，其规模目前属国内同类型之首。设计洪水泄量$3370m^3/s$，核校洪水泄量$4591m^3/s$。洞内最大流速37.5m/s，设一道跌坎式掺气减蚀设施。

施工时开挖断面宽16.2～18m，高25.5m，前后穿越强度较高但岩溶较为发育的永宁镇和玉龙山灰岩，中段通过隔水性能良好但强度较低的九级滩泥页岩。但是穿越软岩及溶洞等不良地质洞段的洞室稳定是控制工程进度的关键。为此，设计提出加强地质预报，在施工中做好超前钻探，切实按新奥法施工，并根据不同地质条件采用管棚法、自钻式锚杆或小导管灌浆等先进材料和施工工艺。目前，顶层开挖已全部贯通。

（2）泄洪洞位于洞式溢洪道右侧约50m处，系多用途隧洞，用以参加渲泄校核洪水、运行期低水位放水和施工期渡汛，其洞线与1号导流洞轴线重合。采用前有压后无压的布置形式，大型永久泄洪建筑物为国内首次运用。竖井式进水口设一道6.8m×9m（宽×高）的平板事故检修门，底板高程为1056m，较溢洪道堰顶高程低66m。上游水平有压洞段长425m，圆型断面直径9.8m，有压洞尾部为工作闸室，长26.826m，宽9m，高52.851m，设一道6.2m×8m的弧形工作门。下游无压洞段长420m，纵坡7.5%，断面为7m×12.62m城门洞形、直墙高

10.6m。最大泄量 $1643m^3/s$，最高流速 32.8m/s，设三道跌坎式掺气减蚀设施。整条泄洪洞布置格局较为复杂。

2. 消能防冲建筑物布置　狭窄河谷特点带来消能防冲设置难度大。消能工设计的原则为：满足消能防冲标准；结构稳定可靠，易于施工，检修方便；出口挑射水流纵向拉开，射流充分，消能效果好；泄流对下游河床及岸坡的冲刷范围小，冲深满足不大于13m的设计要求，并且对1号及2号塌滑体的影响小；对可能发生的高速水流破坏现象如空蚀、雾化、回流淘刷等易于防治；经济上合理可行。根据泄洪建筑物出口的实际地形地质条件和上述消能设计原则，经多方案比较，选定泄洪建筑物出口消能工均为曲面贴角鼻坎挑流消能工型式，为国内首选，其特点较为适合洪家渡所处狭窄河谷具体情况。

溢洪道出口消能工段长 31.6m，底坎高程 1036.6m，高坎高程 1048.6m。泄洪洞出口消能工段长 21.5m，底坎高程 1020.7m，高坎高程 1031.5m。两洞底坎高差 15.9m，为了使出口水舌不冲砸本岸，溢洪道和泄洪洞消能工鼻坎出口轴线分别向右偏转1.5°和4.0°。试验结果表明，挑射水流的水舌挑距、入水长度及水舌最高点随水位升高而加大。100年一遇水位时，溢洪道泄流最大挑距 156m、入水长度84m、水舌最高点高程 1076.4m；泄洪洞泄流最大挑距 144m、入水长度 79m、水舌最高点高程 1054.4m。各试验工况下的最大冲深一般为 10.0～12.6m。在100年一遇以上水位运行时，冲刷区偏向右岸，位于2号塌滑体下游，最深点距右岸边 15～25m，随着水位的降低或泄量的减小，其冲刷区逐渐移向河床中部和左岸。各种水位工况下消能区河道表流速均大于4m/s，最大达 7.69m/s，河道中最大流速在水舌落点前沿，水舌沿导向角扩散使右岸边流速大于左岸边流速。由于河道流速大于岩石的抗冲流速，因此在消能区河道约 280m 范围左右岸坡均设置钢筋混凝土护坡保护。右岸护坡在 975.0m 高程以下，设厚 3.0m、深 17.0m 的混凝土防冲墙，以防止水流对右岸坡脚的淘刷，确保右岸坡的稳定。位于消能防冲区的2号塌滑体 997.0m 高程以下全部挖除，997.0m 高程以上进行稳定和保护处理。

3. 雾化及其防治　由于曲面贴角鼻坎挑流消能工不同导向所形成的三股主流冲击对撞，抛射水流形成既有向高处上挑又有向下洒开，同时又向下游方向拉开的纵向水舌形态。空中消散能量作用巨大，消能充分，但雨雾较大，雾化现象严重，且易受河谷地形风向影响，涉及范围较广，泄洪区两岸山体首当其冲。据初步估算，溢洪道单独运行时，最大雾化高度117m、降水强度 3912.3mm/h；泄洪洞单独运行时，最大雾化高度 90m、降水强度为 3573.3mm/h；若考虑联合泄洪，则降雨强度叠加可高达 7500～8000mm/h，属特大暴雨，消能区两岸及下游 200～250m 甚至更远范围将为雾化严重影响区域。

在雾化严重影响区内的右岸1号、2号塌滑体，采用雾化防治的主要工程措施是，在部分挖除后采用表面喷混凝土或混凝土护面、设置排水洞排水等综合治理方案；其余部位则采用混凝土或砌石等各种护坡保护河岸；地面厂房电器设备需考虑防雨防潮；泄洪雾化区交通考虑设置避雨道，较低能见度区域应禁止通行等。

（贵阳勘测设计研究院　杨泽艳　张晋秋）

棉花滩水电站泄水建筑物设计

（一）概况

棉花滩水电站位于福建省永定县境内。电站属一等枢纽工程，由 RCC 大坝、泄水建筑物、副坝、地下厂房发电系统、航运过坝设施等组成。RCC 大坝及泄水建筑物为Ⅰ级水工建筑物，按500年一遇洪水设计，5000年一遇洪水校核，相应入库流量分别为 $12000m^3/s$、$15500m^3/s$，下泄流量分别为 $9840m^3/s$、$11890m^3/s$。水库正常蓄水位 173m 高程，总库容20.35亿 m^3，属不完全年调节水库。

坝址区两岸山体雄厚，河谷深切呈“V”字形，枯水期河面宽 20～30m，正常蓄水位 173m 高程处河谷宽约 260m，河谷两岸地形基本对称，在 110m 高程以下河床基岩大部裸露。坝址处基岩为黑云母花岗岩，岩石坚硬，但断层较多，下游消能区岩石的抗冲能力较强。

（二）棉花滩泄水建筑物布置

棉花滩大坝为 113m 高的全断面碾压混凝土坝，考虑到 RCC 重力坝适宜布置坝顶溢洪道及河谷狭窄、下泄流量大等特点，确定在 RCC 重力坝河床坝段上设置坝顶开敞式溢洪道。同时为了满足放空水库要求，需设置一孔（兼泄洪用）泄水底孔。由于左岸设有引水发电系统进水口及左岸厂坝公路，故将泄水底孔设在溢洪道右侧。因此，棉花滩水电站泄水建筑物由两部分组成，一部分为泄洪用的坝顶开敞式溢洪道，另一部分为既作放空水库又兼泄洪用（遇50年一遇以上洪水时）的泄水底孔。

坝顶开敞式溢洪道设于河床部位的③号、④号坝段，共3孔，每孔净宽为 16m，每孔由闸墩分隔单独出流，中墩厚 5m，边墩厚 4m。溢流面堰顶高程为155m，堰顶上游进口为 $\frac{(x+100)^2}{560^2}+\frac{(327-y)^2}{327^2}=1$

的椭圆，堰面为 $y=0.03918x^{1.85}$ 的幂曲线，后接坡度为1∶0.65的直线段，直线段连接半径为23m的反弧，反弧后为收缩式消能工。溢洪道设弧形工作门和平面叠梁检修门，弧形工作门的尺寸为16m×18.54m（宽×高），平面叠梁检修门的尺寸为16m×14.4m（宽×高）。

泄水底孔设于右岸的⑤号坝段，由于河床狭窄，为避免底孔泄洪水流冲击岸坡，将泄水底孔中心线向河床偏转5°。泄水底孔进口高程为115.4m，底坡 $i=0$。底孔进口顶板为 $\frac{x^2}{800^2}+\frac{y^2}{350^2}=1$ 的椭圆，两侧闸墩头部平面曲线为 $y=8.72807344x^5$ 的抛物线。进口设事故检修平板闸门，闸门处孔口尺寸为5m×11.7m（宽×高），孔身断面为5m×8.2m（宽×高）。工作弧门及启闭机室布置在坝后，工作弧门处的孔口尺寸为5m×7.2m（宽×高）。为避免高速水流的空蚀破坏及因孔周混凝土裂缝而产生的坝体渗水，底孔周边用钢板衬砌。

（三）模型试验及消能工型式的优化

棉花滩溢洪道及泄水底孔的消能工在初始方案设计阶段均采用连续式鼻坎挑流式消能，但通过水工模型试验后发现，由于水流未经充分消能，下游冲坑较深且范围大。在宣泄校核洪水时，最大冲坑深达22m，在宣泄消能防冲设计标准100年一遇洪水时，冲坑深也达18.3m，且由于冲坑范围大，而河谷较窄，对下游两岸的山坡稳定构造较严重的危险。另外由于冲刷引起的堆渣一直堆至坝下0+650m，而滚至厂房尾水渠内。

针对原连续式鼻坎挑流式消能工存在的问题，对棉花滩工程泄水建筑物的消能工进行了多方案的比较试验，最终选定了溢洪道，采用在溢流面反弧后尾端设收缩式消能工、泄水底孔采用窄缝式消能工的形式，具体描述如下：溢洪道边孔出口由宽17.25m不对称收缩到5m，溢洪道中孔出口由宽18.5m对称收缩到6.5m，平底出口高程为88.07m；泄水底孔出口由宽5m对称收缩到2m。由于采用了上述消能工，泄流水舌能在空中自身消能，并沿河床纵向拉开达130m，大大减小了对河床的冲刷，在不拆除下游围堰（兼二道坝）的情况下，使冲坑深度减小至10.5m（下泄100年一遇洪水），同时冲刷范围也大大缩小，冲刷引起的堆渣也只至坝下300m，对厂房尾水渠不构成威胁。另外，由于提高了消能效果，泄流进入河床后，流速调整较快，涌浪不淹左岸厂坝公路。

为了判断泄水底孔是否会发生空穴破坏的可能性，对泄水底孔进行了减压试验。试验中发现，在渲泄50年一遇以上洪水时，在进口门槽低压区发现有空穴现象，通过试验测得的各种水位下实际空穴数为0.99～0.887，均小于临界初生空穴数1.48～1.21，也证明了进口门槽处有空穴发生。为此通过减压试验对底孔进口处的体形进行多方案的对比试验，最终采用了将进口两侧闸墩头部的平面曲线由圆弧改为抛物线的方案，消除了空穴现象。

（四）雾化区防护

由于棉花滩工程溢洪道及泄水底孔的消能工分别采用收缩式及窄缝式消能工，消能比较充分，但各产生较严重的雾化问题。为此，对雾化采用数学模型进行了研究分析，分析成果表明：棉花滩水电站的泄洪雾化影响范围是比较大的，在渲泄100年一遇洪水时，雾流降雨（降雨强度＞0.5mm/h）区域纵向达544m，横向宽296m，雾流升腾高度至172m高程；大坝下游两岸及左岸厂坝公路部分区域处于雾流降雨区，其中局部区域处于雾流的强降雨区，这对大坝下游两岸边坡及左岸厂坝公路的边坡稳定不利；棉花滩水电站的开关站位于右岸上坝公路180m高程处，根据雾化分析成果结合考虑坝址处的水文气象资料分析，雾化流爬升至开关站的可能性甚小。

根据雾化分析的成果及雾化区的工程地质条件，对大坝下游两岸可能滑动的边坡进行了边坡稳定分析，并考虑雨雾作用对地质力学参数的影响，边坡稳定分析表明两岸边坡在整体上是稳定的，但需对两岸稳定性差的孤石采用爆破解体及人工搬运等方法进行处理。为了减轻泄洪雾流强降雨对两岸河床及左岸厂坝公路边坡的冲刷及淘刷，对右岸110m高程以下及左岸厂坝公路（高程90～92.5m）以下岩石较破碎或抗冲能力薄弱的部位采用钢筋混凝土护坡保护，并对左岸厂坝公路的开挖边坡采用喷混凝土支护。

（上海勘测设计研究院 董勤俭 毛影秋）

大朝山水电站RCC台阶式溢流坝

大朝山水电站河床坝段采用RCC重力坝。泄水建筑物采用14m×17m（宽×高）的5个表孔，堰顶高程882.0m。设计洪水流量为500年一遇18200m³/s，表孔泄量为9790m³/s，单宽流量113.8m³/(s·m)；校核洪水流量为5000年一遇23800m³/s，表孔泄量为16646m³/s，单宽流量达193.6m³/(s·m)。另设3个7.5m×10m的泄洪排沙底孔，以及1个3m×6m的冲沙孔。

表孔采用宽尾墩加戽式消力池的联合消能工布置。中间三孔的ε（表孔宽尾墩的收缩比ε）为0.45，两边为不对称布置，其ε为0.55；戽式消力池底板高程为804.55m，池长18.14m，尾坎高6.5m，坡度为1∶2。

（一）宽尾墩、台阶式坝面联合消能工的优化设

计

在招标设计阶段，表孔溢流坝的设计布置为自宽尾墩末（下0＋035.6）至反弧起点（下0＋066.66）之间1∶0.7的坝面在坝体RCC之外浇筑3m厚的R_{90}300号高标号常态混凝土，形成光滑溢流面。随着设计研究的进展，提出了新的优化设计构想，具体如下。

（1）由于宽尾墩对下泄水流的约束收缩作用，水舌在1∶0.7的坝面上方形成良好的纵向拉开的片状射流，主流在空中，水舌下缘与坝面的接触宽度为5～5.5m，坝面70%以上为无水区。显然，这部分无水区内的R_{90}300号高标号常态混凝土可以取消。

（2）由于宽尾墩形成三元收缩射流，即使是光滑坝面水舌也与之呈射流接触流动，压力值很小，有个别点有时会测到零压或轻微负压。据此可以设想，如果把坝面做成台阶式，水舌下缘与坝面也只能是接触式冲击，完全不同于传统的台阶溢洪道上的二元流动，且宽尾墩、台阶式坝面恰可构成对片状水舌下部的突扩、突跌式的掺气作用，有利于掺气减免空蚀。于是，这部分“有水区”的R_{90}300号高标号常态混凝土也可取消，为保留RCC施工时的台阶创造了条件。

（3）戽池水面以下至反弧起点之前的这部分斜坡坝面，不是下泄水流主流的落水部位，而是宽尾墩收缩射流下部非主流区的落水处，属于戽池三元水跃漩滚区的作用范围，动水压力明显衰减，这部分R_{90}300号高标号常态混凝土也可取消，代之以RCC施工的台阶。而反弧段和戽池则是主要的消能区，尽管由于下游尾水较高水垫深度大，经宽尾墩的跌落射流在戽式消力池内形成稳定而完整的三元水跃。但作为消能工的主体，这部分的R_{90}300高标号常态混凝土仍然保留。

通过一系列的设计研究，便形成了最终用于施工的坝体布置（见图1）。将宽尾墩末端至反弧起点的1∶0.7斜坡坝面，设计布置成完全适应RCC分层碾压施工的特点形成台阶。为使宽尾墩后的收缩射流底部形成较好的掺气条件，第一级台阶高2m，其前部（位于宽尾墩内）形成一小挑坎，其余各级台阶高1.0m、宽0.7m，共40级。1∶0.7的坝坡线通过0.7m宽台阶的中点（台阶段斜面长度54.47m），使坝体体积保持不变。坝体内部为R_{90}150号的RCC，台阶式坝面为R_{90}200号变态混凝土，其后期强度已达250号以上。

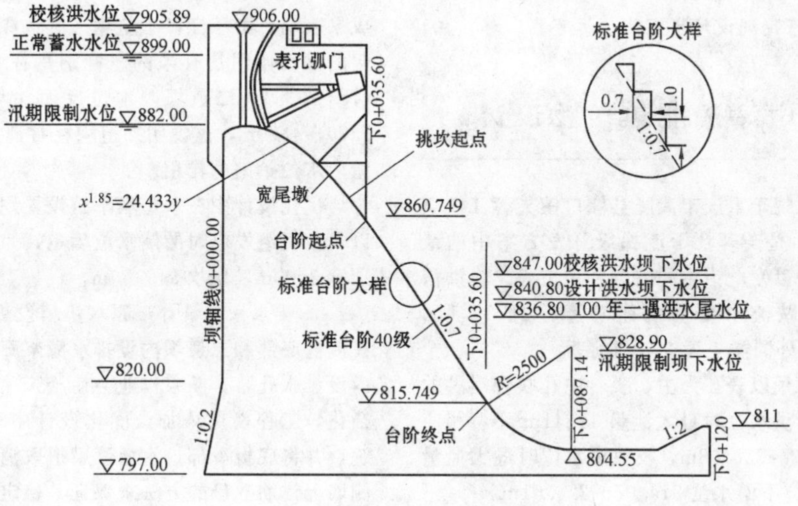

图1　大朝山RCC表孔台阶式溢流面剖面

（二）联合消能工的试验研究

经试验研究表明，由于宽尾墩末端设置了2.0m高的挑坎，使得出宽尾墩的收缩射流的水舌下缘与坝面脱空，至高程为845.75m的第13个台阶处才开始与台阶形成接触冲击，冲击动水压力沿程呈锯齿状分布，最大为10～11.0m水柱，且随库水位变化不大。经计算，在裸露的台阶坝面上，无水区近90%，受动水冲击的台阶约10个。从坝面流态来看，水舌下缘受台阶阻截后，有一薄层掺气水流沿台阶横向流动，使得两孔间本来的无水区形成薄层掺气水流沿台阶滚落而下，这种现象在库水位越低、流量越小时越明显。这表明台阶式坝面在中小流量时略有消能作用，而在大流量时由于宽尾收缩射流扩散充分、主流远离坝面，消能作用甚微。据初步估算，整个宽尾墩、戽式消力池的消能率约为60%～70%，而台阶仅为1%～3%。这一现象已在安康水电站表孔坝段施工期过流时得到证实。安康表孔是第一次采用宽尾墩—消力塘联合消能工的工程，其坝高128m，施工期当下游台阶未铺设高标号常态混凝土时就临时过水，单宽流量超过100m³/（s·m），汛后检查台阶混凝土没有破坏。

（三）联合消能工的设计原则

(1) 采用台阶式坝面，应使台阶式坝面与原光滑坝面布置尺寸保持不变，以确保坝体结构强度和稳定条件。

(2) 高坝、大单宽流量RCC溢流坝采用台阶式坝面，是在有宽尾墩使过坝水舌从二元水流变成收缩射流的三元水流，且具有足够的满足消能要求的消能工条件下才得以实现的。这样，台阶体型的设计，既要保证坝面水流平顺衔接，又要使流经台阶的水流具有良好的掺气减蚀条件，而且在消能特性方面不应与光滑坝面时有所改变。

(3) 台阶高度的设置应与RCC施工时的层厚相协调，达到方便施工。

(4) 台阶坝面上动水冲击压力的允许值，可采用水垫塘底板的冲击压力控制值15～20m水柱。台阶坝面的RCC应采用加浆捣实的变态混凝土，其设计强度应≥R_{90}200号。

大朝山水电站于2001年2月首台机组发电，大坝已经过水。2002年6月20日进行了水力学原型观测，水位在堰顶上17m，泄量为6000m^3/s，单宽流量143m^3/(s·m)，放水6h，证明RCC台阶式溢流坝是成功的。

（北京勘测设计研究院 林可冀 韩 立）

江口水电站消能建筑物设计

江口水电站位于重庆市武隆县江口镇芙蓉江江口以上约2km处，是芙蓉江干流梯级开发方案中的最下一级。电站是以发电为主的综合利用工程。泄洪消能防冲建筑物跌流水垫塘消能功率达到19.1×10^{6}kW，在国内外同类工程中名列前茅。

坝身泄流采用以表孔为主，表、中孔联合泄洪的布置方式。设计洪水位时最大泄量11841m^3/s，相应下游水位208.00～220.08m，校核洪水位时最大泄量14582m^3/s，相应下游水位214.07～226.61m。

1. 底板设计　原设计中水垫塘底板建基高程为167.00m，底板厚度3.00m，试验测得底板最大动水压强为81kPa。国外（如巴西、日本）水垫塘动水冲击压力值大部分都在250kPa以上，巴西甘班勃水电站达到490kPa，而国内一般取值在100kPa以下。参照国内外大量工程经验，综合考虑国内外施工质量和施工材料的不同，优化设计中将水垫塘动水冲击压力允许值取为150kPa。试验还表明，表孔采用连续鼻坎时，冲击压力284kPa，加设齿坎后减小到78kPa，改善表孔出流状况对减小底板动水冲击压力效果显著。优化设计将底板建基高程抬高3.00m，为170.00m。

坝身孔口的运行方式是决定水垫塘长度的控制性因素。原设计水工模型试验表明，5年一遇中孔单泄时水垫塘内流态不佳。在中孔单独泄洪的工况下，水舌挑距较远，入水后潜射流直冲二道坝上游斜坡面，而大坝坝址下游82m范围内存在静水区，不能消能。为了改善在中孔单独泄流工况下，水舌入水后潜射流直冲二道坝上游斜坡面的水流状态，将二道坝下移35m，水垫塘中的水流流态并未得到改善。因此，加长水垫塘长度不能解决消能问题。而水垫塘的长度的确定是以表孔泄洪为主、表孔和中孔联合泄洪方式为辅作为原则。

2. 尾坎设计　原设计在水垫塘末端设置14m高二道坝，其主要作用是为水垫塘提供检修条件，并兼作壅水、稳定水跃和阻挡回砂。二道坝顶高程由水电站3台机组满发时相应下游水位184.00m确定，以满足水垫塘检修要求。

一般工程的消力塘末端设置二道坝主要是为了抬高下游水位，保证下游有足够的水垫深度。江口水电站距芙蓉江与乌江汇合处只有2km，下游水位受乌江顶拖严重，可能最高顶托与最低顶托水位相差达13m，且最低顶托与不考虑顶托水位相差10m。试验成果表明，由于江口水垫塘下游水深较大，二道坝所起的壅水作用是有限的。特别是在常遇洪水发生时（$P=20\%$），二道坝内水位反而比坝外下游水位低5.70～4.70m，这说明二道坝在常遇洪水时起到阻止塘内水位抬高的作用。

优化设计中在水垫塘下游设置尾坎。尾坎顶高程以1台机组发电时的尾水位确定，为182.50m。尾坎顶宽3.00m，尾坎高9.50m。

3. 排水系统设计　原水垫塘设置封闭抽排系统。在侧墙底部和二道坝内设排水灌浆廊道，两侧墙山体内设排水孔幕。灌浆作业会使施工项目增加，工程复杂化，工程费用增加。优化设计中取消封闭抽排系统，并将底板下部排水灌浆廊道取消，用加密底板和侧墙上锚筋数量的方法来保证其稳定性。为有效降低底板、边墙的底部水压力，在底板底部设置软式透水管自流式排水系统。

4. 水工模型试验　对江口水电站水垫塘进行了1：80水工模型试验。试验结果表明，水垫塘底板动水冲击压力在表孔单泄时最大，为139.2kPa，不超过水垫塘动水冲击压力150kPa的控制标准。水垫塘底板脉动压力基本符合正态分布，以表孔单泄时最大，为89kPa。从流态及有关的试验数据看，水垫塘底板高程、长度、宽度及尾坎的高度是合适的。在各级流量下塘内未见冲刷料，表明尾坎高程不低。

采用优化设计有效地解决了高拱坝、大流量消能的技术问题，节省投资3633万元，缩短了工期，社会效益、经济效益显著。

（东北勘测设计研究院　于来广　苏　萍）

尼尔基水利枢纽消能建筑物设计

该工程泄洪建筑物为岸坡开敞式溢洪道，具有低水头、大泄量、低弗洛德数的特点。溢洪道全长875m，由进水渠、控制段、泄槽段、消力池段及出水渠5部分组成。溢洪道属于一级建筑物，其设计洪水标准为1000年一遇洪水（$P=0.1\%$），相应上游库水位为218.15m，下泄流量为14227m^3/s；校核洪水标准为可能最大洪水（PMF），校核洪水位为219.90m，相应下泄流量为20300m^3/s。溢洪道消能防冲设施设计洪水标准为100年一遇洪水（$P=1\%$），相应的下泄流量为8097m^3/s；校核洪水标准为1000年一遇洪水（$P=0.1\%$），相应下泄流量为14227m^3/s。溢洪道采用双差动扩散式底流消能型式。

（一）溢洪道布置

进水渠长约340m，底宽166m，开挖成梯形复式断面。控制段前60m范围内设置混凝土导墙与桥墩相连。控制段长39.5m，溢流堰体采用WES型堰面曲线，共设11孔，单孔净宽12m，溢流前缘总长166m，工作闸门为12m×19m（宽×高）弧形闸门。采用预应力闸墩，闸墩宽3.4m。泄槽段总长248.50m，为矩形断面陡槽，底板宽度为166m，泄槽底坡度为$i=0.018$，建基于弱风化带上部，钢筋混凝土底板厚度由0.5m过渡为2.0m。泄槽侧墙为混凝土重力式挡墙。

消力池总长为178.63m，由连接段、消力池段、护坦段3部分组成。连接段前部设置渥奇段与泄槽相连。渥奇段长33.03m，方程为$y=0.018x+7.19\times10^{-2}x^2$。在渥奇段上布置一级差动式齿坎，齿坎共计14个，等间距布置，齿坎表面为$R=16$m的反弧，坎顶高程为188.05m，两侧两个齿坎宽为6.0m，其余12个齿坎均为8.0m宽，齿坎间距为4.0m，连接段后部是$R=20$m的反弧段，与消力池底板连接。连接段底板宽度为166.0m，高程由187.50m过渡为177.00m。消力池段平面呈扩散状，自166.0m扩至214.53m。扩散段边墙与泄槽段边墙以$R=60$m弧相接，扩散角为17°。消力池底高程177.0m，建基于弱风化花岗岩上，混凝土底板厚3m。消力池段末端设置二级差动式消力坎。消力坎横向布置18个正坡坎，17个逆坡坎；正坡坎高8.0m，坡度为1：2；逆坡坎高4.4m，两侧坡均为1：2。护坦段位于消力坎后。护坦采用逆坡型式，高程由177.00m抬高至179.00m。护坦底板为2.0～2.5m厚钢筋混凝土结构，并在右侧设有导墙，直到尾渠末端，宽度由214.53m至240.0m。护坦后开挖45m长的出水渠，与下游河道相连。消力池边墙为混凝土重力式挡墙。

（二）水工模型试验研究

溢洪道水工模型试验是在经水力学计算得出的底流二级消能的布置型式基础上，通过加深池深、变换池长、增加扩散段、增加差动式消力坎等方式进行比较，最终选定双差动扩散式消力池。

初始试验方案采用底流二级消能的布置型式，一级池池底高程为179.00m，池长为65.00m，二级池池底高程为177.00m，池长为44.00m，消力坎高7.44m，护坦高程为180.00m。经水工模型试验研究，该方案下泄100年一遇洪水时，消力池中形成淹没水跃，出池水流较为平稳。护坦末端最大垂直淘刷深度为3.10m，冲坑坡比为1：2.2，不能满足稳定冲坑坡比要求。该方案渲泄1000年一遇洪水时，水流在一级池消力坎内不能形成水跃，水流被一级坎直接挑入二级池末端。护坦末端垂直淘刷深度为8.30m，冲坑坡比为1：1.8，不能满足要求。当$Q>13000m^3/s$时，一级池内就不能形成水跃。

修改方案Ⅰ为解决不形成水跃问题将消力池平面扩散。该方案渲泄1000年一遇洪水时，消力池中形成淹没水跃，冲坑坡比除右侧最陡达1：2.5外，其余均缓1：3.2。下泄1000年一遇洪水时，池中流态为稳定的淹没水跃，但护坦末端呈急流流态，护坦末端垂直淘刷最深为6.7m，最陡冲坑坡比为1：2.1。

修改方案Ⅱ是为了消除护坦末端的急流流态，使出池水流与下游水位平稳连接。采取了降低尾坎高程和底板高程，改修改方案Ⅰ水平护坦变为逆坡护坦等措施。此方案下泄1000年一遇洪水时，护坦末端垂直淘刷深度较修改方案Ⅰ减轻0.9m下游冲坑坡比均缓1：3.2；下泄千年一遇洪水时，护坦末端垂直淘刷深度较修改方案Ⅰ减小1.9m，下游冲坑坡比最陡处为1：2.7。

修改方案Ⅲ采用双差动布置，主要为提高消能效果。该方案在下泄100年一遇洪水时，护坦下游冲刷与修改方案Ⅱ基本一致。下泄1000年一遇洪水时，冲坑最深点距护坦末端距离比方案Ⅱ远8m。护坦末端垂直淘刷较修改方案Ⅱ减小2.5m。

采用方案是在修改方案Ⅲ的基础上，并经系列优化试验而得。下泄100年一遇洪水时，消力池中经一级差动坎上的水流跌入水中的水股与经过齿槽扩散后的水股碰撞并掺混，通过二级差动坎后进入护坦前端的水流呈淹没水跃状态，流态稳定，消能充分。下泄1000年一遇洪水时，一级差动坎上的水流呈分层运动，水流经二级差动尾坎进入护坦，护坦末端垂直淘刷深度为1.4m。冲刷坑冲深为10.00m。冲坑坡比均缓于1：3.7。

（三）结论

经水工模型试验证明，采用双差动扩散式底流消能型式消能，效果良好，满足设计要求。

（东北勘测设计研究院 李晓岩 苏 萍）

通航建筑物设计

棉花滩水电站垂直——斜面升船机设计

（一）通航建筑物规模与方案选择

棉花滩水电站通航建筑物规模为20t级，近期通航能力（投入运行后前5年）为4.6t/年，远期通航能力为11.2t/年。下闸蓄水前设计方案根据施工后现场实际情况进行了优化，一方面，根据现场实际情况进一步完善原转盘式斜面升船机方案，另一方面，研究了上游采用垂直提升、下游仍为斜面提升的升船机方案。两方案通过对工程布置条件、施工条件、运行管理条件、投资几方面的比较，选用了“垂直—斜面升船机”方案。

（二）工程布置

根据坝区枢纽布置、地形条件和机械设备的布置，为满足运行要求，垂直升船机工作时，不影响坝面的交通，因此，垂直升船机道与坝顶交通采用立交交汇，其轨顶高程取为188.00m。升船机运行时，其承船箱底缘与坝顶之间的安全距离为4m。根据布置，上游为垂直提升（布置一台桥式提升机），下游为斜面提升（布置一台固定卷扬式斜面提升机），为同一轴线，其轴线与坝轴线夹角为75.926°。上游垂直升船机的承重结构为12根钢筋混凝土支墩，沿垂直升船机轴线方向形成5跨，总长83.5m，轨道梁顶高程188.00m，轨距11m。下游斜坡道坡度为1：6，坡顶高程181.0m，下游斜坡道轨道坡脚高程为63.50m，为防止下游泥沙淤积，将下游斜坡道坡脚高程降为62.33m。下游斜坡道水平总长718.5m，其中水平长162m的斜坡道用9跨跨度为18m（水平长）的排架梁支撑，其余水平长556.5m的轨道直接敷设于岩面地梁上。下游斜坡道后设一孔口为5m×5m的清淤检修闸门，操作设备为2×100kN电动葫芦，以便清淤时挡水；清淤闸门段后布置长78.8m，底宽9～17.04m，底高程为69.2m的引航道，引航道的河流一侧设导航墙，便于船只进出。

上游码头布置在坝轴线上游约150.0m处，其结构型式为浆砌块石踏步，并与右岸库区公路相接；下游码头布置在下游引航道下游约135.0m处，其结构型式仍为浆砌块石踏步，并与广东石市公路相接。

（三）垂直—斜面升船机运行方式

当船只从上游往下游过坝时，船只从上游停泊区自航或由顶拖轮顶至垂直提升区内事先已潜入水中的承船箱上，定位后船只系缆，顶拖轮脱离船只并驶出提升区，然后由桥式提升机将载有船只的承船箱提升至坝顶高程以上4m，桥式提升机起升机构停止起升，运行机构开始向下游运行，过坝到达垂直——斜面交换位置后运行机构停止运行，起升机构启动下降，承船箱在导向装置引导下停在坝顶的斜架车上。承船箱在斜架车上就位后，液压自动抓梁开始脱销松开承船箱，自动抓梁与承船箱脱离。承载着承船箱的斜架车在提升机的控制下沿下游斜坡道下行，直至斜架车与承船箱到达下游引航道并潜入水中预定深度后，顶拖轮驶入斜面提升区，船只解缆，然后自航驶出承船箱或由顶拖轮拖出至直下游停泊区。

当船只从下游往上游过坝时，船只从下游停泊区自航或由顶拖轮顶至斜面提升区并驶入承船箱。定位后船只系缆，携带着承船箱的斜架车在斜面提升机的控制下沿下游斜坡道上行，直至斜架车到坝顶交换位置，液压自动抓梁下降到位后开始穿销抓住承船箱。由桥机将载有船只的承船箱提升至坝顶高程以上4m，然后桥机起升机构停止起升，运行机构向上游运行，过坝到达垂直提升区后运行机构停止运行，起升机构启动下降，直至承船箱潜入上游水中预定深度后，顶拖轮驶入垂直提升区，船只解缆，然后驶出承船箱，并自航或由顶拖轮拖至上游停泊区。木材过坝类同。

（四）设计要点

通航建筑物位于枢纽右岸，上游建筑物基础位于①号顺坡结构面和 f_5、f_{10} 断层组成的潜在不稳定岩体上，经在岩体下浇筑混凝土支墩及对岩体设置锚筋桩处理后，满足了稳定要求；下游建筑物基础均座落在弱风化基岩上，基础下无明显的不稳定结构面。

本区地震基本烈度为6度，设计烈度也为6度。工程等别为Ⅰ等，通航建筑物级别为3级。

上游最高通航水位173.0m（水库正常蓄水位），最低通航水位146.0m（水库死水位）；下游最高通航水位73.6m（青溪水库正常蓄水位），最低通航水位

71.2m（青溪水库消落死水位）。

上游建筑物由梁、柱组成，结构设计时，顺轴线方向按二跨三层框架结构，垂直轴线方向简化为一跨二层框架结构，采用建筑框架程序PK计算。下游建筑物由排架柱组成，结构设计时按常规排架柱计算。计算中考虑了自重、启闭荷载、风荷载、水流冲击力，船舶撞击力等荷载，并对其进行不利荷载组合。

通航建筑物缓建，目前只完成上游升船机排架的施工。

（上海勘测设计研究院　赵井根）

岩滩水电站垂直升船机特点

（一）概况

岩滩1×250t钢丝绳卷扬、部分平衡、船厢下水式垂直升船机，布置在电站枢纽左岸，由上游引航道、挡水坝段、中间渠道、升船机本体段和下游引航道等建筑物以及上闸首、下闸首、主提升机、承船厢、液压平衡装置、自动控制与监测等系统的金属结构和机电设备组成，并配置有消防、交通通讯及指挥等系统。航道中心线总长905.8m。升船机设计通航250t级铁驳船、年货运量280万t，通航最大高差68.5m，双向运行时间为42min。

岩滩升船机1999年12月开始试运行，2000年5月竣工验收，正式投入运行。岩滩升船机新技术研究及应用成果，经专家鉴定，认为卷扬垂直提升、部分平衡、船厢下水式船机，都是国内外第一，其科技成果总体上达到国际先进水平，并获得广西科技进步一等奖。

（二）升船机主要特点及创新

（1）机型。岩滩升船机采用钢丝绳卷扬垂直提升式和盘式制动器二级安全装置，比垂直升船机另一种主要方式——带大螺杆螺母安全装置的齿轮齿梯爬升式升船机，在设备制造、安装和维护技术上难度要低、经济易行，塔柱施工精度无特殊要求，适宜船厢入水方式，其安全可靠性完全可满足规定要求；岩滩采用承船厢下水式，国内外尚无先例，成功地适应了如岩滩水电站类似的提升高度大、下游水位变幅大及变率快、多泥沙河流的高坝快速通航设施的要求。

（2）主提升系统。主提升机为4组大功率同步卷扬机装置，其提升力大、双向受载，并承受力矩过零（换向）的载荷冲击。额定载荷4410kN，短时尖峰载荷7708kN（船厢出入水过程）。

主提升系统中，采用4台高精度硬齿面的大扭矩低速减速器，总速比为6.2292，双输出轴，最大输出扭矩2×900kN·m，应用载荷分流的均载技术；采用16个大直径多绳共槽卷筒，长2400mm，槽径ϕ3148mm，用80mm钢板卷制，卷制后不圆度达到1/1000，槽径加工误差均在0.5mm之内，精品制造；采用全封闭刚性同步轴系统，保证16个卷筒的同步旋转，轴系中心尺寸为10.40m×42.80m，应用联轴器补偿技术，补偿量达±30mm；采用4套ITX和48对SH18的液压盘式制动器为工作制动和安全制动，构成二级制装置，实现多点集群同步控制，同级制动上闸时差不大于0.3s。

（3）承船厢与液压调平。承船厢外形长48.5m，宽16.3m，高4.4m，有效水域长38.5m，宽10.8m，水深1.8±0.1m，自重465t，载水965t，总重1430t。两端分别设置卧倒式钢闸门用于上下游对接，采用长凹槽形的组合薄壁钢结构，合理的体形和结构，保证了承船厢出入水过程中，补排气顺畅，运行平稳。成功采用电液比例阀控制的液压调平系统，一个比例阀控制12个油缸，实现了动态调平和静态调平的设计要求，实际调平效果为船厢四角水平差达到3～5mm（设计小于20mm），响应时间、调平速度和动态稳定性都达到或超过设计要求。

（4）传动、控制与监测。采用多电机同轴全数字电气传动装置，4台339kW电机共用一个速度外环4个电流内环控制方式，实现电气同步与机械同步相配合，电机出力偏差小于1%；主提升控制系统集计算机控制、网络与监测、信号检测、电气传动、直流调速、液压传动等于一体的综合系统，实现了精确的上升7段和下降5段速度图运行，升船机在空气中速度为0.19m/s，水中速度为0.03m/s，加速度为±0.01m/s，单向垂直运行时间小于8min；检测系统共计12类300多台件，涉及位移、加速度、油压、水深、水位、行程、位置、电压、电流、扭矩等十多种不同性质、参数的检测，通过合理选用、精确调试，船厢保证在±3cm停位精度，船厢水平偏差精度达到±2mm。

（5）安全平稳性能。设计及试验验证，当发生下列情况，如承船厢运行漏水甚至水全漏完、一台电机事故、同步轴系统断轴、钢丝绳一根或多根断绳（含平衡油缸事故），岩滩升船机能保证继续运行、就近安全停靠。研究创新了船厢入水后微调和无动力点动浮升控制，更突出了船厢入水式升船机的优点和安全保障，更适应下游水位变幅大、变率快的安全要求。

通过精心设计、精确制造和严格安装调试，值得升船机运行平稳、单向运行中船厢四角水平偏差变化不大于5mm，厢内水体和出入水时厢外水体变化平稳。

（6）塔柱建筑。升船机建筑物关键是主体段，主体段由船厢池、塔柱、顶部的中控室和主机房组成。

主体段上下游方向长 45.3m，分成 2 段，每段长 22.65m，宽 42m，建基面高程为 145m，塔柱顶板高程为 240.6m，上部主机房屋顶高程为 258.17m，建筑物总高 113.17m。塔柱是升船机主体的承重结构，体形高耸而单薄，结构与受力较复杂。经过反复研究计算及试验的比较，最终确定采用顶板刚接塔柱不对称封闭式框架结构型式，塔柱腹板、翼缘和圈梁约为 1m，在空间形式 3 个平衡重井，采用大模板滑模施工。

（原广西岩滩水电站工程建设公司　孙国森）

嘉陵江通航建筑物设计

嘉陵江发源于陕西省秦岭南麓，河道由北向南流，是长江上游重要的一级支流，系长江水系的交通水道之一，它连接陕、甘、川、渝的重要水运交通通道，是沟通西南、西北地区的主要交通运输线，地理位置十分重要，被国家列为战备航道。2000 年嘉陵江水运货运量为 400 万 t，预计 2010 年和 2020 年全江货运量将达到 700 万 t 和 1000 万 t，而嘉陵江干流广元至重庆航道，险滩众多，天然航道为Ⅳ～Ⅵ级，严重阻碍了航运事业的发展。1998 年完成了《嘉陵江渠化开发规划报告》，经批复同意嘉陵江按十六梯级开发进行全江渠化，规划中广元至合川段为Ⅳ级航道，合川至重庆段为Ⅲ级航道。结合电站梯级开发，以发电、航道为主，兼顾灌溉、防洪，滚动开发，以电养航，尽早实现全江渠化。

通航建筑物设计

（1）船闸设计标准。嘉陵江干流（四川段）渠化后为Ⅳ级航道，闸首、闸室按三等水工建筑物设计，结合嘉陵江船舶营运特点，多为机动驳单船，代表船队为一顶二 500t 级分节驳及一顶一 500t 级普通驳，考虑梭型、燕型船队，闸室有效尺寸按 120m×16m×3m（长×宽×门槛水深）设计。

（2）船闸的布置。山区河道，地形、地质条件复杂，存在发电与通航建筑物布置间的矛盾。应充分利用水力资源，妥善解决枢纽泄洪、发电与通航间的布置关系，满足船舶安全进出船闸的要求。嘉陵江上船闸布置多分为二类，一为利用河道大河湾，截弯取直，引航道相对较短，如东西关、青居、马回、金银台等，其余为电航结合布置，船闸多布置在顺直的主河道岸，有利于船舶的运行安全。针对山区河流，协调好航运与电站的布置，对于航运及水力资源的综合利用是十分必要的。

（3）闸室（墙）结构。闸室（墙）基础多置于岩基上，闸墙与底板采用分离式结构，闸墙型式有重力式、衬砌式和混合式。东西关、马回、金银台等船闸为深开挖形式，闸墙采用全衬砌式；金溪船闸沿河道岸坡布置，外墙为重力式，内墙为衬砌式；在砂石软基上的船闸，因地基承载力不能满足要求，采用了整体底板重力式结构，如红岩子船闸。因此，闸室结构受力复杂，应结合工程地质特点进行分析比较，选择合理形式。

（4）输水系统。其布置及结构与闸墙、底板型式密切相关，主要为底部廊道输水，侧墙长廊输水。东西关船闸闸室开挖边坡较高，宜尽量减少闸底的宽度，输水系统采用闸底廊道，顶缝出口盖板消能的形式；金银台船闸闸室开挖边坡较小，侧墙输水工程量少、施工方便，为侧墙长廊输水系统，因此，输水系统型式力求简单，便于检修以减少工程投资。

（5）上、下引航道。山区河流水位变幅大，引航道导墙较高，甚至高达 20～30m，重力式体积大、造价高，导墙结构型式多为护坡衬砌式。顺直河道，有足够的引航道长度，但河湾闸段，直河段较短，如东西关船闸，东关河湾颈部宽度仅为 800m，上下引航道直段总长要求 1060m，针对导航段、调顺段和停泊段的使用特点，利用调顺段的弯道，将停泊段布置在连接折线上，这样布置既能满足船舶进出闸安全的基本要求，也可解决山区河流航道短的具体问题。

（成都勘测设计研究院　周　钟）

单项水工建筑物设计及其他

龙滩水电站施工导流设计

1. 概述　龙滩水电站位于广西天峨县境内的红水河上，下距天峨县城 15km。枢纽主要由碾压混凝土重力坝、泄洪建筑物、通航建筑物及地下厂房引水发电系统组成。工程以发电为主，兼顾防洪和航运，为Ⅰ等大（1）型工程。电站初期装机容量 4200MW，后期装机 5400MW。工程于 2001 年 7 月 1 日开始导流洞和岸坡施工，计划 2003 年 11 月截流，2007 年 7 月首台机发电。

坝址以上控制流域面积 98500km²，占红水河流域面积的 71.2%。多年平均流量 1610m³/s。雨季一般为 4 月份～10 月份，6 月份～8 月份为主汛期。最大实测洪峰流量 16900m³/s，最小流量 174m³/s。

2. 导流方式　根据坝址地形、地质条件及大坝施工特性，采用一次性拦断河床的隧洞导流方式，导流建筑物由左、右岸导流洞和上、下游碾压混凝土围堰组成。

3. 导流标准和导流程序

(1) 初期导流。根据施工程序和施工进度的要求，综合考虑以前的各设计阶段中专家们的历次审查意见及围堰能在一个枯水期建成等因素，围堰挡水标准采用全年 10 年一遇、相应流量为 14700m³/s。初期导流自 2003 年截流后至 2006 年汛前止，历经两个汛期。

(2) 坝体拦洪度汛。2006 年汛前大坝浇筑高程超过上游挡水围堰顶高程后，即利用坝体挡水。坝体拦洪度汛标准采用全年 100 年一遇、相应流量为 23200m³/s。汛期由两条导流洞泄洪。

(3) 初期发电。导流洞于 2006 年 11 月下闸封堵，2007 年汛期由高程 342m 溢流坝上的缺口泄洪，度汛标准为全年 200 年一遇、相应流量为 25100m³/s。

4. 导流建筑物

(1) 导流隧洞。综合分析比较，采用两条 16m×21m 的城门洞形导流隧洞，分别布设于左、右两岸。左、右岸导流洞洞身长度分别为 598.63m、849.42m，进口底板高程均为 215.00m，底坡 0.001m。由于导流洞最高运行流速达 28m/s，洞身采用全断面钢筋混凝土衬砌。

(2) 碾压混凝土围堰。上、下游围堰顶高程分别为 277.60m、249.10m，最大堰高分别为 87.60m、52.60m。

5. 截流　2003 年 11 月上旬工程截流，截流流量为 11 月上旬 5 年一遇旬平均流量 1570m³/s，采用单戗立堵进占的截流方式，龙口计算最大落差 1.25m、最大平均流速 4.10m/s。

6. 下闸蓄水　2006 年 11 月下旬导流洞下闸，下闸标准为 11 月下旬 10 年一遇旬平均流量 1200m³/s。经计算，至 2007 年 6 月底至死水位 330.00m 的初期蓄水保证率不低于 85%。

（中南勘测设计研究院　周　洁　宋亦农）

龙滩水电站左岸进水口高边坡设计

龙滩工程受地形限制和建筑物布置需要，枢纽区形成了 10 余处人工高边坡，其中左岸地下厂房进水口高边坡稳定和安全施工是龙滩工程建设的关键性技术问题之一。

左岸地下厂房进水口，紧靠一已发生弯曲倾倒变形的自然边坡（以下简称蠕变体），蠕变体按其平面位置和变形程度，分为 A、B 两区。A 区上部存在一顺坡向的 F_8 断层，其上盘岩体已构成潜在滑体，体积约 $90\times10^4m^3$，经比较研究，采用全开挖处理。结合左岸导流洞进口和潜在滑体的开挖，进水口边坡开挖后，形成长约 400m，最大组合坡高 420m、面积 27 万 m² 的反倾向层状结构岩质高边坡。

1. 设计原则

(1) 边坡轮廓和加固支护按 400m 水位设计。开挖满足进水口结构布置需要，通过控制适宜的变形，满足进水口结构施工、运行要求。

(2) 通过防渗排水和锚喷支护。边坡在各种施工和运行工况下，均能保持整体稳定，并不发生危及进水口大坝的安全。

(3) 在保证边坡稳定和大坝安全前提下，保护环境，兼顾环境美化。

2. 开挖设计　按梯段坡基本自稳的原则，确定梯段坡高一般为 20m，开挖坡比为：微风化—新鲜岩体 1∶0～0.25；弱风化岩体 1∶0.5；强风化岩体 1∶0.75～1；全风化岩体 1∶1～1.5。马道宽度一般为 5m；结合上坝公路、高缆和分级治理的需要，高程 382m 平台宽 12～21m、高程 480m 平台宽为 20m。个别对马道宽度、梯段坡高根据结构布置作了适当调整。

3. 防渗、排水系统　包括周边截水沟、坡面排水沟、排水孔和坡面保护。在边坡开口线以外 5～10m 处设周边截水沟，在开挖区沿各级马道纵向设排水沟，并与周边截水沟相连。开挖区坡面布置系统排水孔，并在梯段坡脚布 1 排深排水孔。系统排水孔孔径 ϕ76mm，孔深 3m；梯段坡脚处深排水孔孔径 ϕ91mm、孔深 10～15m。结合坡面支护，斜坡面用网喷或素喷混凝土、平台用现浇混凝土封闭，防止雨水入渗。

在坡体内布置了 8 层排水洞，高程分别是 520m、480m、460m、425m、382m、345m、300m、260m，排水洞距坡面的水平距离为 40～60m；排水洞还兼顾补充勘探、安全监测、科学试验和锚固的需要。上下层排水洞之间布排水幕孔，孔径 130mm。在穿过地质缺陷、强风化岩体的孔段，视需要采取孔内反虑保护措施。排水洞侧壁、顶部设置辅助排水孔，孔径 ϕ76mm，孔深 5～10m。还利用大坝防渗帷幕，截断 F_{63}、F_{69} 断层渗水通道，阻挡库水渗入边坡。

4. 加固措施

(1) 软弱层带混凝土置换。坡面上出露的软弱层带强度低，易成为变形突破口，采用沿软弱层带刻槽回填混凝土置换，增强其抵抗压缩变形能力，保证坡面岩体传力的连续性。

(2) 系统锚杆。为提高坡面岩体的完整性和抵抗岩体变形（倾倒）能力，布设系统砂浆锚杆。一般选用普通螺纹钢筋，直径 ϕ25～32mm，长度 5～12m；边坡岩体与大坝混凝土接触面，为提高岩体强度和承载能力，保证混凝土与边坡岩体可靠连接，布置 ϕ32mm、长度 9～12m 的高强锚杆，连接混凝土结构与边坡岩体；系统锚杆间排距为 1.5～2m。

(3) 超前锚杆。超前锚杆是针对进水口反倾向层状结构岩质边坡的变形特点而布设的。利用施工过程中的马道、平台，边坡一出露，即施打 1 至 2 排长锚杆，加固上梯段坡脚，防止坡面岩体二次回弹，加固平台以下坡顶，限制下梯段边坡岩体倾倒变形和开裂。超前锚杆布置在梯段坡的顶、中、底部，长 15m，有竖直和近似水平两种型式。

(4) 预应力锚索加固。为改善边坡岩体应力条件，限制反倾向节理面的连通，控制变形，采取预应力锚索加固。对陡坡段、大坝混凝土与边坡岩体接触岩坡、残存蠕变体，根据不同部位，布置了 1000kN、2000kN、3000kN 3 个级别，长度为 30～70m 的预应力锚索。

5. 绿色设计 结合龙滩枢纽工程整体景观环境，因地制宜，依山造势。利用平台布设绿化带和观景平台，采用“佳者收之，庶者避之”的基本手法，创造赏心悦目的环境，改善、改变以往高边坡处理后灰朦、单调的视觉形象。

6. 坡面交通 结合工程建设和今后水库旅游业的开发，布设了系统的坡面交通。以高程 382m、480m 和 260m 三条公路为主干道，上下马道之间用踏步连通。当坡面坡比陡于 1∶0.75 时，设钢爬梯，缓于 1∶0.75 时，设混凝土踏步。

（中南勘测设计研究院 戴谦训 赵红敏）

普定碾压混凝土拱坝设计的再认识

普定坝是结合中国“八五”科技攻关，应用碾压混凝土筑坝新技术建设成的中国首座碾压混凝土拱坝，位于贵州省乌江上游三岔河中段普定县内，距贵阳市 125km。最大坝高 75m，水库正常蓄水位 1145.0m，总库容 4.2 亿 m^3，电站装机 75MW，年发电量 3.4 亿 kW·h。1993 年 11 月大坝建成蓄水，1994 年 4 月第一台机并网发电，工程已安全正常运行 8 年半。除发电以外，它还承担了向安顺火电厂（1200MW）的供水任务。水库起名“夜郎湖”，成为黔中旅游景点，带动了地方经济迅速发展。

（一）设计特点

普定坝为定圆心、变半径、变中心角、双曲非对称拱坝，其主要设计特点如下：

(1) 采用高掺粉煤灰、低水泥用量的碾压混凝土作为筑坝材料，在我国首次将碾压混凝土筑坝技术推广运用到拱坝工程。

(2) 坝体采用碾压混凝土自身防渗，在国内最先打破碾压混凝土筑坝技术中“金包银”的传统习惯。

(3) 坝体不设施工缝，采用整体、薄层、通仓、全断面碾压填筑，革新了常规混凝土拱坝分缝、分块、跳仓浇筑的传统施工方法，省去了复杂的温控措施和麻烦的接缝灌浆程序。

(4) 坝上设有两条诱导缝，将坝体沿弧长分成 55m、80m、30.67m 三段。诱导缝缝面面积约为该部位坝体断面面积的 20%。

（二）大坝运行情况

1993 年 11 月水库开始下闸蓄水，当库水位上升到 1133.7m 高程时，巡视人员发现坝体底层高程 1090m 廊道墙面及洞顶局部有滴水，立即通过 1115m 廊道对 1090m 廊道上游侧进行局部灌浆处理，滴水消失，目前廊道干燥。

1999 年元月 25 日，为了彻底了解大坝运行状况，结合大坝安全鉴定对坝体裂缝进行了一次系统编号详查，总计发现裂缝 49 条，远低于中国同期修建的其他混凝土坝。其中有 40 条位于坝面常态混凝土部位，9 条位于碾压混凝土内，绝大部份为表层干裂缝，只有左岸拱端与基岩陡坡相接部位发现的 4 号和 21 号两条裂缝，下游坝面潮湿，有渗水痕迹，2001 年 3 月利用汛前进行闸门检修期间，对 4 号和 21 号裂缝采用化学灌浆方法进行了简单处理。

（三）对普定碾压混凝土拱坝设计的再认识

(1) 经质量检测和多年挡水运行考验，普定坝总体质量远高于国外同期建设的碾压混凝土拱坝，也不亚于国内同期建设的其他混凝土坝，坝内廊道干燥，整个坝体渗漏量极小，证明坝体采用碾压混凝土自身防渗的设计方案是成功的。

(2) 普定坝总计只发现 49 条裂缝，且大多数（40 条）出现在仅占混凝土总量 24.8%的常态混凝土内，只有9条发生在碾压混凝土内，证明在同等环境条件下，碾压混凝土的抗裂性远远高于常态混凝土，大有发展前景。

(3) 在这次裂缝详查中，两条诱导缝之间的80m碾压混凝土坝段内未发现裂缝，证明50～80m间距设置一条诱导缝是可行的，但缝的形式和对坝体断面削弱的程度有待进一步研究。

(4) 从普定坝4号和21号裂缝的成因分析，在陡坡坝段拱端与基岩接触部位设置周边缝，对改善拱端应力，防止裂缝产生大有好处。

(5) 根据有关资料分析和统计，常态混凝土坝运行2～3年，碾压混凝土坝运行4～5年才趋于稳定，笔者认为在大坝运行3～5年后再作质量评价较为合适。

（贵阳勘测设计研究院　杨志雄）

东风水电站设计回顾和特点

乌江东风水电站距贵阳88km，控制流域面积18161km^2。坝址地处高山峡谷，河床深切，岸坡陡峻，岩性均一，单斜构造，主要问题为岩溶渗漏问题。电站总装机510MW，多年平均发电量24.2kW·h，总库容10.25亿m^3。枢纽由拦河大坝、泄洪系统、防渗系统和引水发电系统四部分组成。

（一）设计特点

1. 超薄高双曲拱坝　初设审查时，选定的拱坝为双曲率圆弧拱，最大坝高172m（含深槽回填），顶宽8m，底厚33m。工程开工以后，为改善稳定条件，减少工程量，对拱坝体型作了进一步的调整。初期两次优化，分别采用了五心圆拱坝和抛物线拱坝。

1988年，设计人员从“扁平、少嵌、减薄”入手，又进行了诸多方案的比选，并辅以模型试验，正式提出《拱坝优化报告》，大幅度地调整了拱坝体型。选定的抛物线拱坝，最大坝高162m，顶宽6m，底厚25m，厚高比0.163，坝顶中心弧长254.35m。与初设相比，节约工程量约1/3，获1989年能源部科技进步二等奖。

拱坝除了高、薄以外，坝身还开设有多个孔口，计有3个中孔、2个表孔，泄洪洞、溢洪道进口均从坝身开孔进口，施工期还设置3个临时导流底孔，蓄水时封堵。

2. 狭窄河谷和大泄量泄洪消能　坝址区河谷为不对称“U”形峡谷，地形狭窄，岸坡陡峻，枯水期河水面宽仅50～60m。校核洪峰流量14000m^3/s，设计洪峰流量11000m^3/s，由于水库调蓄能力不大，泄洪消能难度很大。

初设选定的泄洪布置为：3个中孔、2个表孔、左岸1条泄洪洞和2条溢洪道。由于地形狭窄，该方案很难实施。经过多方案的分析和模型试验论证，设计于1989年7月提出优化方案，确定左岸设泄洪洞和溢洪道各1条，坝身3表孔、3中孔的布置型式。溢洪道全长270.4m，槽宽15m，后部收缩至9.5m，接尾部消能工。泄洪洞全长526.02m，与溢洪道平行布置。3中孔两大一小，尺寸分别为5m×6m和3.5m×4.5m，小中孔兼作冲沙孔。

消能布置考虑泄洪水舌落点沿河纵向拉开，能量尽可能地在空中消刹，以适应狭窄河谷。由于泄洪建筑物挑流鼻坎高，下泄水流对河床冲击力大，必须设法在空中尽可能地消能。因此采用了各种不同的异型消能工。其中，泄洪洞为斜鼻坎消能工，溢洪道采用曲面贴角鼻坎消能工。中孔采用带跌坎的窄缝消能工。原观和运行10年的情况表明，水舌形态与试验相同，入河水流平稳，消能效果良好。

3. 规模庞大的防渗工程　东风工程岩溶发育，处理工程量巨大。设计上集中了所有的现代化勘测手段进行查漏，基本弄清了岩溶发育的规律。经查明，右岸库区存在着坝上游的鱼洞暗河系统和坝下游的凉风洞暗河系统，其间有一地下分水岭，必须切断其间的水力联系。

历来有多种防渗方案比较。经研究，采用接地下分水岭横向拦截最为可靠，对地下分水岭以上的水力联系重点拦截，进行“堵、灌、排”相结合。帷幕布置左岸及厂坝区全长1323m，右岸库区2340m，总长3663m，共设3层灌浆廊道，主洞长8km多，灌浆帷幕总长31.5万m，防渗面积55万m^2。

东风防渗处理在大管道封堵技术、长距离输浆、长洞灌浆、灌浆洞支护型式研究及掺粉煤灰稳定性浆液研究等方面均有较大的突破。

4. 材料设计和科研

(1) 高掺粉煤灰技术。在大坝混凝土的配合比设计中，首次运用高掺粉煤灰和掺复合外加剂的双掺技术。大坝混凝土设计标号300号，掺加30%的粉煤灰，水泥用量仅113kg/m^3，为全国最少，质量完全符合或超过设计要求，目前东风大坝仍然是全国裂缝数最少的坝。以东风为依托，《高混凝土坝裂缝防治研究》获国家科技进步二等奖。

(2) 外掺氧化镁混凝土技术，经过大量科研，在国内首次将该技术运用到坝体，浇筑基础混凝土和导流底孔封堵。

(3) 东风工程在全国首次将硅粉混凝土运用到薄拱坝中孔代替钢衬，其抗冲耐磨各项指标超过设计要求。

(4) 从红枫电站堆石坝灌浆开始，贵阳院就着手研究高掺粉煤灰灌浆浆液。在东风工程中，进一步研究粉煤灰水泥浆液的配合比及输浆、灌浆工艺等，并将之运用到防渗工程中，这在全国尚属首例。

（二）原型观测

运行10年来，原型监测成果表明坝体最大位移值16.96mm、切向最大位移值为6.25mm（向左岸）小于设计计算值。横缝监测表明，大坝横缝最大开合度为2.37mm。1997年以后变幅很小，趋于稳定。大坝与基础接触面最大开合度为0.578mm。裂缝计监测变幅很小，比较稳定。基岩温度测值最高为20.35℃、最低13℃，测值变幅很小，受气温、水位等外界因素影响不大。目前坝体内部温度已处于基本稳定状态，多为15～18℃，坝体表面受气温和水温一定影响，但内外温差上游面不超过4℃，下游面不超过6℃。

1997年进行了水力学原型观测。原观表明，雾化充分，消能效果良好，建筑物震动甚微，雾化对工程无危害。东风工程还设有边坡、溢洪道结构、渗流及绕流、灌浆抬动、地下厂房等多个监测项目。监测成果均表明，工程运行正常。

东风工程的设计充分体现了"精、细、新"的思想，集当时国内外能收集到的最新科技动态，加以发展、创新。2000年度，东风工程勘测设计获得国家优秀勘测、优秀设计金奖。

（贵阳勘测设计研究院　苏　勇）

聚丙烯纤维混凝土在白溪面板坝中的应用

聚丙烯纤维是由丙烯聚合物或共聚物支撑制成的烯烃类纤维，具有比重低、强度高、完全不吸水、与酸碱不起化学反应等特点。普通混凝土加入少量聚丙烯纤维可在很大程度上改善混凝土的性能。

聚丙烯纤维混凝土是20世纪60年代末国外开发的一种新型混凝土材料，中国从90年代初开始引进该建筑材料，在交通及建筑部门中得到应用。其主要特点是：

（1）由于聚丙烯混凝土的弹性模量比普通混凝土低5%～13%，它的极限拉伸率比普通混凝土高6%～20%，其适应干缩及温度变形能力得到一定程度地提高，可防止或减少干缩裂缝的产生。

（2）聚丙烯纤维混凝土具有较高的韧性。通过对比试验证明，聚丙烯纤维混凝土比普通混凝土的韧性系数大5%～136%，尤其是当其发生初期裂缝时，承载能力虽然有所下降，但仍可在较长的时段内承受一定荷载，对防止混凝土结构产生脆性破坏有明显作用。又由于聚丙烯纤维混凝土具有较高的韧性，其抗冲击能力可以提高2倍以上，抗磨损能力提高20%～105%。

（3）聚丙烯纤维混凝土具有较高的抗渗性能。国内外试验资料表明，加入聚丙烯纤维后，混凝土的渗漏量可减少25%～79%，抗渗标号从W10提高到W14。抗渗性能的改善必然使其抗冻融能力得以提高。

（4）气候及光照对聚丙烯纤维混凝土的老化作用很小，在强烈光照条件下，仅在构件表面3～4mm范围内，聚丙烯纤维性能下降，对构件整体强度影响可忽略不计。

（5）低廉的价格是聚丙烯纤维混凝土的另一个显著的特点。目前研制的聚丙烯纤维混凝土的纤维掺量仅为0.9kg/m^3，每方混凝土增加材料费用45元人民币，施工费用增加不多，与所得到的效益相比，是十分经济的。

白溪水库混凝土面板堆石坝，最大坝高124.4m，面板分二期浇注。一期面板浇注后，经检查发现宽度大于0.15mm裂缝共21条。二期面板位于水位变动区，对面板的抗裂及耐久性要求较高，鉴于聚丙烯纤维混凝土的上述特点，研究决定二期面板全部采用聚丙烯纤维混凝土浇注。

白溪水库大坝二期面板选用华东纺织大学研制，方大纺织化纤有限公司生产的聚丙烯纤维，其性能指标如下：密度0.91g/cm^3；纤维长15mm±1mm；直径51μm；抗拉强度382.9MPa。掺量为0.9kg/m^3。二期面板共33个条块，面板宽12m，斜长17.33～78.33m，混凝土总量11000m^3。测试资料表明聚丙烯纤维混凝土的各项指标均达到设计指标，其中抗折28d强度为3.4MPa，抗压强度与抗折强度比为8.8∶1；抗渗等级为W8～W14；抗冻等级为F100～F150，平均抗渗与抗冻指标均高于普通混凝土，在一定程度上提高了二期面板的耐久性。

采用读数显微镜对二期面板的裂缝进行观测，宽度大于0.15mm的裂缝为8条，主要集中发生在6号坝块。二期面板已经历了二个冬季的考验，产生的裂缝很少，大多数坝块无裂缝发生，裂缝的长度和深度均较一期面板有明显改善。与一期面板及国内同类工程相比，充分显示出聚丙烯纤维混凝土具有良好的抗裂性能。

（华东勘测设计研究院　郑芝芬）

砾质土防渗料在高土石坝中的应用

中国砾质土防渗料在高土石坝上的应用研究始于90年代初的大渡河瀑布沟工程。近年来，四川省又有多个高土石坝工程对砾质土的应用开展了研究，其中包括锦屏一级（选坝阶段比较坝型）、硗碛、狮子坪、水牛家（均为可研阶段推荐坝型）等，这几个工程的有关资料见表1。

表1 部分工程砾质土防渗料特性表

特性 \ 工程名称		锦屏一级	瀑布沟	狮子坪	硗　碛	水牛家
坝高（m）		295	186	137	123	110
土料场名称		洼里Ⅵ区	黑马Ⅰ区	长河坝	咔日村	水牛家
颗分主要指标（%）	<5mm	54.30	48.19	33.62	46.68	72.12
	<0.1mm	36.10	19.00	15.64	19.62	50.69
	<0.005mm	12.70	4.40	5.36	10.64	5.50
主要力学指标	ρ_d（g/cm^3）	1.99	2.25	2.21	2.14	1.86
	c（MPa）	0.02	0.02	0.05	0.03	0.06
	ϕ	20.18°	32.90°	36.00°	24.50°	21.80°
	k_{20}	3.56×10^{-7}	4.40×10^{-5}	4.83×10^{-6}	3.68×10^{-7}	2.90×10^{-8}
	i_k	6.96	0.96	1.75	4.59	—
	i_f	12.56	4.04	4.75	9.86	>12.67
土料质量改进措施和结果	措　施	—	剔除>80mm颗粒	剔除>60mm颗粒	—	—
	<5mm		49.76	42.33		
	<0.1mm		21.77	19.69		
	<0.005mm		5.50	6.74		
	k_{20}		7×10^{-6}	1.51×10^{-6}		
反滤保护效果	i_k		16.44	22.50	55.7	
	i_f		100	>139	>157	

通过这些工程的研究，对砾质土的工程特性、其用作高土石坝防渗土料的适应性以及工程处理措施等有了更深入的认识，归纳如下：①砾质土一般具有抗剪指标高、压缩性小的优点，但一些天然级配砾质土存在细粒含量偏少、防渗与抗渗性能不能完全满足要求等缺点，必须采取工程措施对土料性能加以改进。瀑布沟工程采用格栅筛除法剔除土料中大于80mm的粗料，土料分类由剔除前的G_p变为剔除后的G_c，其性质由石质材料向土质材料转化，力学指标能满足高坝防渗材料的要求；狮子坪工程现场试验采用振动筛剔除土料中大于60mm的粗料，能显著提高土料中的细粒含量（尤其是小于0.1mm的颗粒），从而提高土料的抗渗性能，现场筛分试验还得出了砾质土过筛含水量对筛分效果影响不大、剔除料中附带的粉、黏粒极少等结论，说明采用剔除法调整砾质土级配、改善其性能是行之有效的措施。②砾质土的不均匀系数一般较大，反滤设计应以保护土料中的细颗粒为主要对象，通过合理的反滤设计，砾质土在反滤料保护下的抗渗比降可较无反滤时提高10倍以上。③加大击实功能可提高土料的压实密度，从而提高其力学指标。对砾质土而言，通过加大击实功能提高其防渗与抗渗性能有着更大意义。同时，随着高土石坝施工技术水平的不断发展，研究加大击实功能也具有现实意义。

（成都勘测设计研究院　余　挺）

中国水力发电年鉴（2001～2002）

8

勘 测

勘 测 技 术

遥感技术及其应用研究

“遥感技术及其应用研究（96-221-01-01）”系国家“九五”重点科技攻关课题“快速勘探技术的综合应用”的第一个专题，研究成果于2000年10月经国家电力公司验收与鉴定，达到国际先进水平。该专题研究成果的主要内容如下所述。

（一）遥感技术（RS）与地理信息系统（GIS）集成与应用

将遥感与地理信息系统引入到大型水电站库区环境地质的应用领域，以GIS软件为平台，结合金沙江溪洛渡水电站库区环境地质问题的调查资料，建立和开发完成了溪洛渡库区环境地质信息系统（E-GIS）。该系统包括地形、地层、构造及大型滑坡的图形库，库区大型重点滑坡遥感图像及录像资料库，地质测绘卡片及钻孔属性库等，同时也实现了图形数据与属性数据的联接及统一管理，并与该系统开发的数据获取、检索查询、统计分析、图像处理及数据输出模块等一起，组成了环境地质信息系统，从而为库区环境地质研究提供了新的手段、新的方法，它是一项将RS与GIS技术首先引入水利水电工程库区环境地质评价的创新成果。数据获取模块可解决各种属性数据、图形、图像数据、文字资料的入库问题，开发了数据格式转换的软件，将原始数据转换为系统可以接收的数据格式；检索查询模块实现了EGIS内各类图形、图像、音像、文档、属性等信息的检索、查询及动态连接，包括地理位置、地形地貌、地质构造、地层岩性、滑坡、泥石流、库首向下游岩溶渗漏及工程地质分段八大部分；统计分析模块可综合分析溪洛渡水电站库区边坡稳定的规律，对边坡稳定性进行工程地质分区的常规统计分析，空间分析由GIS软件提供的二次开发函数进行开发，模型分析及预测软件引进国内外现有的先进软件，编制了分析软件与系统的接口；图像处理模块对图像进行单波段显示，多波段彩色合成、信息复合及专题信息提取；数据输出模块基于Windows环境开发设计，输出功能利用Windows的优势，精心设计屏幕多窗口显示，可方便地进行空间图形、文本、表格、统计图等各种数据的输出，对地图的输出同时兼备矢量和栅格输出格式。

（二）深挖高边坡快速地质编录成图技术的应用

高边坡快速地质编录系统在“八五”成果的基础上实现了更新换代，达到了设备轻便化及快速、实时的需求。形成了摄像＋图像采集卡、照像＋扫描及数码照像三种数字图像的获取方式，满足各种高边坡和经济条件的需要；软件实现了升级换代，由原来的DOS环境升级为WINDOWS环境，界面友好，操作容易。软件提供了完备的功能，包括平面拟合、图像变换、图像拼接、线画图生成、标注等。软件自成体系，不用借助其他软件就能完成所有工作；针对工程开挖边坡和自然边坡高、陡，人工无法编录的困难，采用无觇标测量控制点技术，能完成坡高60m以内的深挖边坡地质编录，为高陡边坡地质编录开辟了新的技术途径。该项技术在三峡船闸高边坡和溪洛渡坝址自然边坡中进行了应用，所取得的成果令用户满意。

（三）地下洞室围岩地质编录成图技术的开发与应用

对该技术的开发研制出一套地下洞室影像获取的摄像装置，并探索了一套洞室影像摄取方法。该系统装置由数码像机、底坐、旋转杆、度盘、制平装置及脚架组成。该装置能调整摄像系统的水平，以保证摄像系统位置与洞壁关系简单化，减少由摄像方法引起的误差；在360°范围内旋转像机，可连续获取洞壁影像，提高工作效率。针对洞室摄像的特点，创造性地提出了对洞室洞壁、洞顶不同位置的原始图像的校正方法，开发了地下洞室图像校正、拼接、投影变换、地质线画解译、产状计算、生成洞壁展示图像的软件系统。与其他图像处理软件相比，它操作简单，图像处理速度快，较好地解决了普通计算机在图像处理中运算速度不高的技术困难。该项技术使用方便，成图精度高，代表了地质编录技术发展的方向。

以上各项研究成果，分别在不同的工程中进行了应用，并在应用中不断完善，取得了较好的应用成效，明显的经济效益和社会效益。

（长江勘测技术研究所 范中原 王秋明 高政萍 胡瑞华）

遥感技术在白鹤滩水电站工程勘测中的应用

金沙江白鹤滩水电站库区河段长约175km，库容约 195 亿 m^3，地质背景复杂，滑坡、泥石流灾害严重。利用遥感解译为主，辅以计算机图像处理及解析测图仪解译，并结合重点区现场验证开展了调查工作。

完成了坝址和库区 1∶2 万、1∶6 万、1∶20 万的图像制作；1∶5 万库区地层构造复核调查：库区主要滑坡、崩塌分布，估算体积，分析活动状态及形成；主要泥石流沟的分布、规模和形成条件；库区土地利用现状，估算淹没损失等。主要成果如下：

（一）滑坡遥感调查

滑坡遥感调查采用了 1∶6 万的彩色红外航片及部分黑白航片进行识别，解译滑坡类型、微地貌、活动状态，估算面积与体积，对重点滑坡还应进行实地验证。解译的滑坡，最小体积约为 100 万 m^3，即滑坡边界图斑约 5mm×5mm，滑坡要素图斑约 2mm×2mm。解译最小崩塌堆积约为 100 万 m^3，或最小崩塌面积 0.1km^2。

本库区边坡变形类型主要有滑坡、崩塌、崩滑三种，大于 100 万 m^3 的约百座，估算总方量可达 60 亿 m^3；尚存部分未定。库区滑坡分布不均匀，礼河沿岸分布较密集，普渡河口、小江河口、小米地附近也较多。崩塌分布较均匀。90％的滑坡分布在支流，其前缘在正常蓄水位以上，后缘高程为 1200～3120m，远离正常蓄水位。

本区堆积层滑坡与基岩滑坡各半，滑坡活动方式复杂多样，牵引、推移、剧冲、蠕变、整体滑移、碎石流，应有尽有。目前大部分滑坡整体上已稳定，由于地质环境改变、生态环境破坏等影响，在特定条件下也可能触发其再次活动。如普福沟滑坡——碎石流。

对工程有影响的重点滑坡为：①坝址下游 5km 的恩子坪滑坡，体积约 $275\times10^6 m^3$。②坝址上游 5km 的金江古滑坡，体积约 $158\times10^6 m^3$。③坝址上游约 48.5km 的石膏地大垮山滑坡群，总体积约 $13\times10^6 m^3$，曾由滑坡触发大规模碎石流，使金沙江堰塞堵。④库尾附近的普福滑坡——碎石流，体积约 $495\times10^6 m^3$。

（二）泥石流遥感调查

泥石流遥感调查解译的最小泥石流流域为 0.20km^2，泥石流堆积扇为 0.01km^2。调查范围为 175km 河段两岸 5250km^2，一级支流、二级以上支沟及两岸坡面泥石流约 180m 处，泥石流主要分布在距坝址 60～90km 的河段，其高程为 578～4387m，半数在高程 2500m 以上。

本区泥石流的地形特征是：流域高差 1000m，部分大于 2000m；沟道比降 100‰～300‰，部分大于 400‰；具明显的高程分带，高程 1300m 以下一般为堆积区，高程 1300～2300m 为松散固体物质补给区和流通区，高程 2300～3300m 为大型泥石流沟形成区、松散固体物质或水源的补给区，高程 3300m 以上为大型泥石流沟的源头区，多为清水汇流区。

库区河谷环境具备泥石流发育的松散固体物质、陡峭地形和充足水源三项基本条件。泥石流堆积扇表面坡度为 5°～10°，面积为 0.01～0.05km^2，一般规模不大。本区泥石流流体中，破坏性极大的黏性泥石流占总数的 80％。从泥石流发育阶段分析，目前处于活跃期，新的泥石流沟还在发展。

对工程影响明显的泥石流沟有：①距坝址约 1.5km 的大寨泥石流沟，流域面积 24.3km^2，处于衰退期。已经小流域综合治理，水土保持有明确改善。②距坝址 4.2km 的海子泥石流沟，处于活跃期时可能爆发大规模泥石流。③距坝址约 35～90km 的巧家～小江口泥石流群，是分布密集的河段，规模大，以黏性为主，处于发展活跃期。④距坝址约 86km 的小江泥石流，是我国泥石流典型发育地区。

（三）水库淹没损失遥感调查

水库淹没损失遥感调查内容主要是与估算水库淹没损失有关的土地利用现状，包括居民点、交通、工矿、通信、输电线路等。提供不同淹没高程的各种淹没类型数据，利用影像特征，辅以相关因素分析与地质综合分析进行解译。

水库淹没涉及宁南、会东、巧家、会泽、东川和禄劝六个县、市。库水位高程 850m 时，库区面积 238km^2，其中云南省占 46％，四川省占 54％。淹没田地约 7.2 万亩、果地约 3.5 万亩、林地约 0.3 万亩。库水位高程 800m 时，库区面积 172km^2，其中云南省占 43％，四川省占 57％。淹没田地约 5.6 万亩、旱地约 2.6 万亩、林地约 0.2 万亩。对于不同淹没高程所涉及输电线路、电信线路、交通公路，也提供了测量统计成果。

（华东勘测设计院　邱永葆）

综合物探技术研究及其应用

本课题系国家“九五”重点科技攻关“快速勘测技术的综合应用研究”的第二专题。该专题结合溪洛渡水电站及三峡水利枢纽工程库坝区的工程地质勘测和工程地质专题研究工作，以提高勘测效率，解决设计、施工中的关键问题，提高中国水电工程勘测技术水平为目的。2000 年 10 月经国家电力公司验收与鉴定，研究成果总体达到了国际先进水平。主要成果如下：

（一）地震波 CT 技术及应用研究

针对工程勘探的现场条件和勘测目的，通过对反演算法的比较和对影响因素的分析，选择适用性较强的反演算法确定CT技术处理的工艺，同时提出了地震资料采集、规划、设计系统，有效地减少了野外工作量，保证了原始数据质量。

研究了地震反射有效波的提取，建立了地层深度和层速度之间的目标函数，以及进行了目标函数的求解等。研究中利用了射线追踪技术构造相关叠加函数，通过求解目标函数最优问题，反演地层界面及层速度，并将研究成果应用于多个工程实践中。工程应用表明，该成果是一种有效的勘探方法，对井（孔）间岩体分区、岩溶洞穴分布及岩体中存在的较大构造破碎带的研究等，能明显地减少勘探量及勘探经费。

（二）*钻孔彩色电视孔壁成像系统及应用研究*

钻孔彩色电视全孔壁成像系统是能够直接观察钻孔孔壁360°范围图像的新技术。该成果的关键技术主要有：360°孔壁成像的实现、干涉光斑的消除、密封结构的设计、图像处理软件系统的研究与开发等。主要技术经济指标为：①孔壁图像范围为360°；②适应孔径ϕ91mm；③最大测试孔深为70m水深；④深度计数精度为1mm。钻孔彩色电视全孔壁成像系统于2000年4月至7月在对三峡永久船闸中隔墩岩体力学特性的综合研究中取得了较多岩体结构面的图像资料，解决了工程中的实际问题，尤其是毫无遗漏地取得了整个孔壁的所有资料，并能对部分地质构造直接获得产状、张开宽度、部分充填物的情况等重要参数。

（三）*声波测井技术应用研究*

成功研制出适合水文地质、工程地质和工程测试应用的XSC-Ⅱ型小口径全波列测井系统。该系统不仅整个机体为奔腾工业控制机体的一体化设计，而且其独特的信号传输技术保证了高信噪比的信号记录，功能强大的信息处理软件及友好的工作界面可以直接打印波列，自动提取纵、横波波速等。该技术在三峡工程永久船闸岩体测试和葛洲坝电厂1号船闸裂缝检测中的应用效果良好。

（四）*高密度电法勘探研究*

在传统的电法勘探中引入地震勘探的野外数据采集方法和K剖面法的数据处理技术，并应用现代电子技术和计算机技术大幅度地提高信息的采集速度和信息量，在国内率先研制出新型分布式智能高密度电法勘探系统。（以便携机作控制平台的主机、智能电极、数据处理及反演软件）。该系统主要技术参数为：①最大通道数240道（一般为60道）；②电位测量范围±10V，分辨率为10μV；③电流测量范围±3A，分辨率为0.01mA；④输入阻抗大于20MΩ（内部为100MΩ）；⑤供电电流±3A，最大电压400V；⑥50Hz工频抑≥80dB；⑦测量参数包括：自然电位，一次场电位，二次场电位（它们的平均值或时间序列）；⑧仪器功耗为±12V，130mA。该系统实现了现场采集、实时处理，改变了传统电法勘探的工作方法，体现了现代高新技术的特点，现已在水利和地矿等系统推广应用。

（五）*岩体弹性波原位测试技术研究*

在完善和开展LX-Ⅰ型声波发射系统、接收换能器和虚拟仪器开发研究的基础上，推出了LX-Ⅱ型岩体工程质量检测分析仪。在各类数据处理软件和瑞利波研究成果的支持下，在对三峡工程中岩体、混凝土、灌浆帷幕等的检测中，该仪器的应用取得了较好的社会、经济效益。

开发研制的LX-Ⅱ*岩土工程质量检测分析仪*将当前国际上最流行的虚拟仪器同国际领先的声波发射换能器技术以及多种现代信息处理关键技术较完善地结合在一起。通过更换不同的辅助配置设备及相应的执行软件，该仪器可实现桩基检测、岩土工程质量检测、声波层析成像、声波测井、浅层地震勘探、瑞利波勘探等多种功能。在震源系统方面，已经形成了超磁致伸缩地面声波发射换能器和井间CT声波发射换能器系列产品。这些震源系列具有发射功率大、能量稳定且可调、接收信号一致性好、可任意次叠加等特点。数据采集系统的通道数由LX-Ⅰ的两个通道改为8个通道，并可扩展为72道，采样间隔由LX-Ⅰ的10μs提升到1μs。它具有抗干扰能力强、动态范围大、频带宽、采样速度快、灵敏度和精度高、实时性能好，以及具有良好的人机对话功能等诸多优点。

LX-Ⅱ型岩土工程质量检测分析仪系统研制成功后，已将其成功地应用于长江三峡建基岩体质量检测、初凝混凝土质量跟踪检测、帷幕灌浆和固结灌浆效果检测，均取得了良好的效果。

（*长江勘测技术研究所　许刚林　范中原*）

钻探新技术的开发和应用

一、专题研究的主要内容及目标

本专题为“九五”国家重点科技攻关第221项高坝科学技术研究课题“快速勘探技术的综合应用”专题之一。专题的依托工程是金沙江上游的溪洛渡电站，根据工程需要，针对当前钻探生产技术中的薄弱环节，就以下关键技术问题进行攻关。

1. *岩心定向新技术研究*　研究随钻岩心定向作业的新器具及配套工艺技术；一个钻进回次完成定向、标记、取心等工作孔深在300m以内。

2. 适合溪洛渡地层条件的金刚石钻头的研制　其主要技术指标：①钻头平均时效>1.3m/h；②钻头平均寿命提高30%；③钻进单米钻头成本下降30%。

3. 新型复合胶无黏土冲洗液研究　开发在提黏、降失水、防塌、护心、润滑、减阻、减振等性能指标上与SM植物胶相当，并可用以替代新型复合胶无黏土冲洗液材料。

4. 冲击式金刚石取心跟管钻进技术

开发出一种能有效克服严重漏失的松散覆盖层、钻进困难的同径跟管钻进器具。

二、专题研究的主要成果

1. 岩心定向新技术研究

(1) SDQ-91定向取心器。适用于91mm以上的钻孔直径、0～90°的钻孔顶角和300m以内的孔深。可在4级以上的完整和微型隙岩石中取得合格的定向岩心。在同一回次完成各项定向取心工序。

(2) 随钻测量仪。适用于顶角0°～90°。方位角和定向标记位置角的测量范围为0°～360°。测量精度：顶角为0.5°～1°，方位角和定向标记位置角±2°。耐压能力大于6MPa，抗振能力可适用500～600r/min的回转速度。

(3) 微机软件包。具有数学计算和作图求解层面和断裂面产状的功能，其结果即刻在屏幕上显示；可供随时查阅和调用岩心定向数据，且具有岩心定向数据库的功能。

(4) 定向取心操作规范。包括准备工作、下钻、钻进、提钻、取定向岩心、测定层面和断裂面岩心定向参数并求解产状以保持定向取心器的操作要求。

2. 适合依托工程地层条件的金刚石钻头的研制

(1) 确定了以663-Cu为基础，基本组元包含WC、Co、Ni、Mn、Ti等元素的胎体和最佳结合剂配方，编制了配方优化软件。

(2) 确定了最佳烧结温度，保温时间，降温速度等钻头加工工艺参数，编制了工艺参数优化软件。

(3) 引入了两次级配的金刚石粒度设计，保证了较快的钻进速度，提高了钻头的使用寿命。

(4) 试验钻头平均时效1.4m/h，比历年平均时效1.1m/h提高了27%；平均寿命55m，比历年平均寿命42m提高了30%。

3. 新型复合胶无黏土冲洗液研究

(1) 通过原料筛选和优化配方研究，获得了一种种植植物胶和合成高分子聚合物复合胶联的新型复合胶产品。该产品材料用量少，成本低。

(2) 对该新型复合胶无黏土冲洗液性能进行了全面评价。检测表明：新型复合胶无黏土冲洗液性能与SM植物胶相仿。重点解决了冲洗液的提黏和降失水问题，在黏弹性和成膜作用对岩心的保护方面与SM植物胶相当或更优，润滑减阻性能好，利于金刚石钻头高转速钻进。

(3) 研究了新型复合胶配制无黏土冲洗液的应用问题，提出了相应的工艺流程、技术方法和质量保证措施。

4. 冲击式金刚石取心跟管钻进技术研究

(1) 冲击式金刚石取心跟管钻具。该钻具包括ϕ108mm，ϕ89mm两种系列。由张敛式跟管钻具、正作用液动冲击器和SD金刚石钻具组合而成。钻具的核心部分是张敛式跟管钻具，其结构设计合理，张敛动作灵活可靠，报信泵压醒目，钻具承压传扭能力大，水路设计可满足排砂和钻进的需要。

(2) 冲击式金刚石取心跟管钻进工艺规程。包括设备要求、准备工作、钻具组合、操作规则、事故预防与处理等，具有较强的可操作性。

该成果经专家鉴定，总体成果达到国际先进水平。已获水电水利规划总院科技进步一等奖。

三、专题研究成果的应用情况和取得的经济效益

根据专题取得的主要成果和评审验收意见，可看出本专题研究工作起点高、难度大。在新产品、新工艺、新方法的研究和结合依托工程的应用方面，达到了较高的水平，取得了一系列有价值的研究成果。

专题成果已应用于溪洛渡电站科研阶段的工程地质勘察。如研究开发的定向取心新技术已在坝区两个钻孔中得到应用，取出了多组可供确定裂隙面、滑移面产状和测定地应力的定向岩心；研制的冲击式金刚石取心跟管技术应用于左岸开关站基础滑坡体勘探，使钻孔质量达到优级水平，工期比原采用的常规跟管技术缩短了一半，大幅度地降低了材料消耗；结合溪洛渡地层条件研制的金刚石钻头钻进时效和平均寿命，分别比历年来的平均水平提高了27%和30%；研制的新型复合胶无黏土冲洗液除应用于溪洛渡电站外，还应用于康定木格措电站，它以良好的取心效果和护壁功能，证明其基本性能与SM植物胶相仿，可以替代使用。

因采用以上四项科研成果在溪洛渡等工地应用，其1999年直接经济效益为1400余万元，2000年直接经济效益为2100万元。由于加快勘探进度，缩短勘探周期所产生的其他效益无法估算。

总之，专题成果在溪洛渡等工程的应用，对于保证工程质量、提高劳动生产率、降低成本等均起到了重要作用。随着成果的进一步推广应用，其经济和社会效益将会更加显著。

（成都勘测设计研究院　楼日新）

工程地质综合分析技术的开发和应用

国内水电工程地质勘测由于数据量大，结构复杂，迄今尚未在网络数据库系统方面得到很好的应用和发展，已不能满足工程要求。溪洛渡工程作为金沙江水电基地的重要骨干电源点（装机1260万kW)，设立了《工程地质综合分析技术的开发和应用》专题，为国家“九五”重点攻关项目从三方面开展专题研究：①岩体结构工程特性；②如何准确的描述岩体的几何特征；③从三维方向估计结构面粗糙度、与节理强度关系的研究、岩体参数的选取不规范、不标准的问题。

本专题建立了一套基于网络的工程地质原始资料数据库系统，该系统研究了各种软件和网络数据库的接口技术；并将三维渗流分析软件、基体裂隙分析软件和水文地质常规分析软件集成于Win32环境下；为其他成熟的应用软件预留接口；建立了基于Win32平台的溪洛渡岩体结构三维可视化模型系统。该系统是以节理岩体测网法为基础的节理岩体结构参数分析系统，为岩体结构研究和工程设计提供基体裂隙的几何参数，包括节理的优势方位、间距、连通率、迹长、测网RQD、裂隙系数、三维结构模型、测网网络分维、损伤张量、渗透张量等。目前，工程地质技术人员可以随时随地存取所需数据，通过建立数据库与应用分析软件之间的接口，工程地质应用分析软件也可方便地使用数据库中的数据，达到了数据共享、提高分析效率和运用多种分析方法进行分析的目的。

以现场扎实的地质调查和大量的测量资料为基础，结合现代数理分析手段，立足于复杂岩体结构的精细描述，提出一套针对溪洛渡水电站工程实际的复杂岩体结构现场调查、描述与定量化评价分析方法，并将这套方法应用于溪洛渡拱坝坝肩抗滑稳定分析评价。

对岩体和结构面的力学参数，不但通过统计分析取得成果代表值，而且对代表值作进一步的统计特征分析和概率分析，以评价所取代表值的合理性和可信性。

通过攻关，取得了以下主要成果：

(1) *溪洛渡工程地勘资料网络数据库及资料信息发布系统*；系统运用最新的Internet/Intranet网络数据库技术进行开发，利用规范化的数据库结构设计与分析方法，分析了溪洛渡工程大量的测绘、钻探、洞探及试验等地勘数据资料结构及数据元素间的复杂关系，建成了网络化的溪洛渡工程地勘数据资料库系统。该数据库系统用于组织管理溪洛渡工程地质勘测资料数据，使用传统的客户/服务器方式及先进易用的Web/浏览器/数据库方式为不同需求的工程地质技术人员进行地质问题分析评价提供动态的数据查询检索服务。同时应用最新的ADO/OLEDB数据库连接技术及传统的ODBC连接、数据库同步复制等全方位的数据接口方法，为各类工程地质问题分析应用软件提供便捷可靠的数据接口服务，最大限度的实现地勘数据资料共享。

(2) *溪洛渡工程水文地质条件分析软件系统*；集成于Win32环境下的岩体地下水三维数值模拟软件系统3D-Seepage。该系统软件应用Windows环境下多语言联合编程技术进行开发，系统具有良好的图形用户界面，较完善的全程联机帮助系统，操作简单、方便。系统包括完善的前、后处理，正、反分析模块，具有计算、模拟水工建筑地区复杂水文地质条件下地下水三维渗流场、分析复杂水文地质条件下地下水补给、径流、排泄关系以及确定结构面及岩体渗透参数等功能，同时也可用于其他有关裂隙岩体渗流的工程问题。

(3) *溪洛渡工程岩体结构可视化分析软件系统*；基于Win32平台的岩体结构三维可视化模型系统。该软件系统具有地形图的绘制、数据的浏览、剖面图的绘制和交互式修改、平洞结构面扩展及其交互式修改、三维地质实体模型的生成、三维模型的放大缩小、三维模型的旋转和切片等功能。

(4) 针对溪洛渡水电站坝区这套特殊的错动带结构面体系，建立了其定名原则、描述指标体系和相应的描述标准。这套方法对类似结构面的描述具有一定的普遍意义。

(5) 针对基体结构面的发育特点，从理论上论证了测网对基体结构面迹长控制的尺寸效应，并指出，由于高度（测网宽度）的限制，常规平洞测网对基体结构面的控制能力仅限于测网高度1.5～2.0倍迹长以内的裂隙。

(6) 针对短迹长裂隙的发育特点，提出了利用常规平洞进行基体结构面现场测量与调查的方法，包括普遍测网法、全迹长调查法和迹长估计法。

(7) 建立了基于基体裂隙与测网交切关系的结构面迹长与连通率估计概率模型。结构面迹长概率模型较之目前国内外已有的模型更为合理（针对溪洛渡工程而言）。连通率概率模型则是首次建立。

(8) 编制了原始资料整理程序。该程序可从原始资料输人计算机人手，快速整理出清晰、规范化的成果表，本构关系图，加快了资料整理进度，提高了整理质量，并便于计算机存储管理。

(9) 对常用的统计分析方法作了延伸，不但可通过统计分析取得成果代表值，而且对代表值作进一步的统计特征分析和概率分析，以评价所取代表值的合理性和可信性。

(10) 建立了反映岩体质量与结构的指标（如 *RQD*、V_P、*BQ*、*BIR* 等）和对应力学参数的相关关系，为岩体质量分级进一步量化提供依据，对参数选取的合理性做出评价，特别是对现场原位变形试验，进行了配套的原位、原点的声波测试，建立了 $V_P \sim E_0$ 的相关关系，并进行了相关显著性分析。

(11) 对国外应用较多的 E·霍克～J·布莱预测岩体抗剪强度方法进行了探讨。为较准确确定材料常数 *m*、*s* 值，除了采用常用的 *RMR* 地质力学评分法外，还采用现场岩体直剪资料推求 *m*、*s* 值，预测强度参数，并积累了初步资料。

上述成果已应用于溪洛渡工程的可行性设计。基于互联网技术的网络化勘测资料数据库系统已经在我院局域网中得到应用，利用地下水三维数值模拟软件系统，对溪洛渡坝区水文地质条件做了综合评价，提出了岩体渗透性参数，建立了坝区水文地质模型。提出的坝区结构面的描述指标体系、连通率的概率分析模型和由此得出的连通率值、坝肩抗滑稳定分析模式、改进的岩体力学参数统计分析方法得出的参数也已应用于溪洛渡的勘测设计工作。

（成都勘测设计研究院 杨 建）

坝基工程地质

公伯峡水电站坝基地质研究与评价

公伯峡水电站是黄河上游龙～青河段规划中的第八个梯级电站，由混凝土面板堆石坝、左岸泄洪洞、溢洪道、右岸旋流消能泄洪洞（导流洞改建）及右岸引水发电系统组成。最大坝高 127m，正常水位 2005m，总库容 6.2 亿 m^3，总装机容量 1500MW。

1. 勘察方法 该工程坝基工程地质条件的研究与评价分两部分。一部分为河床混凝土面板堆石坝坝基，以常规钻孔和平洞勘探为主，主要布置在趾板防渗线及河床内。在平洞内做洞壁地震波及穿透测试，了解岸坡岩体风化、卸荷情况。趾板地基开挖后进行建基面地震波及孔内爆前、爆后声波探测，评价建基面岩体状况。另一部分为右岸混凝土坝式进水口部分。该处为一宽广的Ⅲ级侵蚀堆积阶地基座，基座上为第三系红层，之下为古风化壳，故此部位布置了更多的地勘及科研工作。除常规查明古风化岩的分布规律及基本地质特征外，1994 年和 2000 年两次进行了古风化岩的综合工程地质和施工开挖保护的专题研究。

2. 研究内容 为了研究和评价河床混凝土面板坝趾板及两岸高趾墙地基条件，查明了覆盖层厚度，岩性、岩相变化规律，岩体风化程度，断层分布及性状，并通过钻孔压水试验对趾板地基岩体的透水性进行研究，结果表明相对软弱的片岩、片麻岩透水性较弱（$q=1 \sim 5$Lu），而断裂相对发育的花岗岩体及断层影响带和裂隙密集带透水性较强（$q=5 \sim 10$Lu），相对隔水层顶板（$q<1$Lu）左岸埋深为 30～60m，河床为 10～30m，右岸一般为 40～60m，局部断层影响带相对较深，达 70～90m。从而确定两岸趾板建基岩体主要为弱风化岩体，花岗岩局部为强风化底部。利用岩体的地震波波速标准为：强风化底部 v_p 为 2500m/s，弱风化花岗岩 v_p 为 3000m/s，弱风化片岩 v_p 为 2500m/s，河床片岩 v_p 为 3000m/s。

通过现场及室内试验，揭示了古风化岩独特的工程特性。对其形成环境、结构、物理力学性质、渗透稳定性的研究，并结合施工开挖研究了古风化岩边坡，洞室开挖后岩体松弛带的厚度，不同保护措施对古风化岩质边坡及地下洞室围岩变形稳定性方面所起的作用，取得了较多的研究成果。

3. 坝基工程地质条件评价 整个趾板地基地质条件，左岸与河床相对较好，主要为片岩，少量片麻岩及花岗岩，断层发育少，且破碎带宽一般小于 1m，岩体相对完整，趾板建基于弱风化岩体上。右岸相对较差，主要为片麻岩，少量片岩及花岗岩，岩体中发育破碎带宽达 3～5m 的断层，性状较差。除按前述波速标准挖至利用岩体外，尚需对建基岩体进行固灌补强处理和断层处理。

河床堆石坝坝基岩性变化较大，软硬相间，断层发育，局部岸坡岩体卸荷后产生松动。为满足堆石坝体填筑要求，坝表面坡积及阶地堆积层均需清除。

通过对古风化层工程特性的综合研究，并考虑目前施工水平，确定建基岩体为弱风化花岗岩，岩体中裂隙发育，断层较少，破碎带宽度一般小于 1m，地质条件可满足 58m 高混凝土闸坝的要求，同时也减少了古风化岩特殊的开挖保护要求。

右岸高趾墙地基岩体的均一性相对较差，高趾墙地基变形及抗滑稳定问题需结合施工复核。右岸坝式进水口的坝基岩体中发育缓倾裂隙，坝后紧接高压钢管斜坡，坝基岩体相对较单薄，需复核坝基深层抗滑稳定问题。

（西北勘测设计研究院 马福祥）

王二河水库混凝土面板堆石坝工程地质条件

王二河水库位于贵州省安顺市打帮河上，坝顶高程 1106.4m，河床趾板建基面高程 1051m，坝高 55.4m，坝顶长 417.78m，坝轴线方位角 N62.5°W。水库总库容 0.995 亿 m^3，坝体填筑总方量 65.8 万 m^3。

1. 地层　坝址出露二叠系龙潭煤系第二段地层，在坝基自下而上分为三层：第一层（下层）（P_2L^{2-1}）黑灰色薄层泥钙质粉沙岩夹炭质、粉沙质泥岩，厚约 45m。第二层（中层）（P_2L^{2-2}）浅及深灰色含燧石结核及燧石条带灰岩，厚度和岩性变化大，岩溶发育，厚约 27m。第三层（上层）（P_2L^{2-3}）黑灰色泥质粉沙质泥岩，厚度大于 48m。河床及左岸岩层缓倾下游，倾角 8°～15°；右岸受断层影响岩层产状较陡，倾下游，倾角 30°～50°。

2. 构造　坝址下游 150～400m 为 NW 向武胜堡区域性大断层，次一级断层、褶曲发育。坝基揭露的 F_{12}、f_1、f_2 断层皆为斜交坝轴线的次一级构造。断层影响带岩石破碎风化严重，灰岩为溶蚀残存物，形成极不利的工程地质条件。

(1) F_{12} 断层：由 2～3 条破裂面及夹持带组成，走向 N65°～70°W，NE 向倾斜，倾角 70°～75°，破碎带由角砾岩、碎块、碎裂岩等压碎岩组成，砾径 0.5～5cm，地表呈松散结构，破裂面溶蚀形成相间分布的 3～4 个宽大深溶槽，断层具多期复合构造特点。

(2) f_2 断层（原 F_{12} 断层）：距 F_{12} 约 60 余米，走向N75°E，NE 向倾斜，倾角 70°，由右坝头穿过，破碎带宽 1.5～2m，由鳞片状碎块岩、糜棱岩组成。

(3) f_1 断层：走向 N75°E，NW 向倾斜，倾角 N75°～85°E，斜穿左坝端溢流堰基础。断层破碎带宽 0.4～1m，由角砾岩及碎裂岩组成，旁侧裂隙发育，沿断层在节理密集交汇带形成囊状风化深槽。

3. 风化及岩溶

(1) 风化状况。①河床强风化深度较浅，下限基本为 1054m。②左岸缓坡灰岩区局部溶隙风化较深，其余皆较浅。受 f_1 断层影响，溢流堰一带溶隙风化比一般地带强风化深 10～12m。③右岸受 F_{12} 断层影响，破坏了山体的完整性，强风化明显加深，灰岩层基本溶穿。

坝址下层（第一层）为钙泥质粉砂岩，埋藏较深，强风化深度浅，约为 2～4m。

(2) 岩溶。坝址出露的第二层灰岩，岩性组合较复杂，岩溶发育程度受断裂构造影响最为明显。左岸坡岩溶形态为规模不大的溶蚀裂隙，溶槽宽度也在 3m 以内，延伸短、深度小，岩体基本保存连续性。右岸 F_{12} 断层下盘部分亦属此类型。

右岸坡灰岩层受 F_{12} 断层影响强烈，岩块破碎，岩溶程度高，坝基范围内岩溶率大于 60%，溶槽深、大、纵横交错，大多数已溶穿至下层，半数以上呈独立的石芽和石柱。溶槽充填物为坡积、塌积似层状全风化泥质粉沙岩。

左岸厚层灰岩下部存在 4～6m 厚的薄层灰岩及炭质泥层互层。由于其上部为强透水而下部为相对隔水层，地下水在此层的活动使该层溶蚀严重，形成多孔疏松的“溶余层”，主要分布在受 F_{12} 断层影响大的右岸坡。

4. 水文地质条件　坝址附近未见泉水出露。两岸钻孔揭示，地下水水位为 1060m，补给河水。

坝基下第一层、第三层砂页岩为弱透水层，但在全强风化带仍表现为裂隙性强的透水层。可利用的下层相对隔水层在河床段，高程 1040～1045m（埋深 15～20m）。左岸高程 1040～1080m。

右岸坡经钻孔揭露地下水位一般在中层与下层接触带。当中层分布较深处可形成地下水凹槽，下层为可利用相对隔水层，其上部灰岩层（溶槽）经注水试验表现为强透水层，上层全强风化带经注水试验表现为中至弱透水层。

5. 结论及意见

(1) 河床及左岸坡坝基，除断层带需采取工程措施外，其他部位均可满足面板堆石坝对地基的要求。

(2) 左坝端溢流堰基础可采用局部加深开挖、混凝土置换及固结灌浆进行处理。

(3) 右岸坡占全坝基 1/4 范围，趾板 1/3 长段的地质条件差，且复杂。设计上采用的趾板线需做大幅度的调整，应充分利用下层地层以满足其承载和防渗的要求，对主堆石区的地基大溶槽内的疏松物质也应进行处理，防止出现堆石体过大的不均匀沉降。

(4) 对 F_{12} 断层及其影响带的处理应满足防渗要求。

（贵州省水电勘测设计研究院 杨卫中）

尼尔基水利枢纽主坝基深覆盖层工程地质特性研究

尼尔基水利枢纽工程由主坝、左右岸副坝、河床式厂房、岸坡溢洪道组成。主坝为沥青混凝土心墙土石坝，最大坝高40m，两岸山体低矮，河谷呈不对称U形谷，谷宽1770m。嫩江在坝前为两股水流，主流靠右岸，支流居中，平水期水面宽为450m和120m，河谷中部埋藏着深切的嫩江古河谷，埋藏谷宽约1300m，上覆砂砾石和含泥砂砾石冲积层，厚度20～40m。埋藏谷两侧，分布掩埋基座阶地。左岸宽286m，右岸宽244m，上覆砂卵砾石层2～9m。

初设阶段，为查明河谷深厚覆盖层的工程地质条件，考虑到以往常规钻探造成细颗粒流失、丢失薄的软弱夹层、分层取样不准确等问题，决定改进钻探方法和钻探工艺，采用SM胶钻进、双管双动钻进、合金无泵钻进等方法，查清了覆盖层的分层和颗粒级配情况。设计特殊的取样装置，取出含泥砂砾石层的原状试样，测定其天然密度。采用大口径合金干钻，采取含泥砂砾石层的扰动样，保证细颗粒不流失。再根据含泥砂砾石层的实测天然密实度，进行装样试验，测定含其物理力学性质指标。据此，查明了坝基覆盖层的基本情况：

(1) 第一层，砂卵砾石层，厚3～10m。通过地表挖坑和钻孔取样，卵石占27%，砾石占48%，砂粒占24.6%，天然干重度平均值为19.60kN/m³，相对密度平均值为0.63。建议抗剪指标$\phi=35°$，$c=0$。

(2) 第二层，黄色含泥砂砾石，厚度变化较大，分布在埋藏谷内，厚度为1～18m不等，颗分情况卵石占8.7%，砾石占31.6%，砂粒占40.9%，黏粉粒占18.8%，通过SM胶取原状样测定平均天然干重度19.70kN/m³，建议抗剪指标$\phi=32°$，$c=40$kPa。

(3) 第三层，灰绿色含泥砂砾石，厚度变化较大，为3～20m不等，分布在埋藏谷内。颗粒分配情况：卵石占9.2%，砾石占27.1%，砂占45.4%，黏粉粒占18.3%。通过SM胶钻孔取原状土样，测定天然干重度平均值为19.70kN/m³。建议抗剪指标$\phi=32°$，$c=40$MPa。

此外，通过钻孔连续取样，也查明了坝基中软弱夹层的分布规律。总的情况是，在进行的55个钻孔中，共发现各类夹层25个，其中淤泥质壤土、壤土、淤泥质黏土共15层（点）。中砂～粗砂9层（点），泥炭1层。淤泥质壤土、黏土夹层厚度大部分小于1m。中砂层厚度几十厘米至2m不等，泥炭层厚度仅30cm。通过分析和钻孔追索，夹层的平面连续性较差，多分布在8m以下。通过测定，其物理力学性质指标可满足设计要求。

（水利部东北勘测设计研究院 鞠占斌）

黄河上游中型水电站新第三系红层工程地质特性研究

该课题（SPKJ006-02-04-01）专题于2001年通过国家电力公司的鉴定和验收，成果内容总体达到国内领先水平。专题要点如下：

(1) 黄河上游龙羊峡～刘家峡河段的尼那、直岗拉卡、苏只等7座中型水电站坝厂址均位于新生界第三系红色沉积岩（黏土岩、泥质粉砂岩和砂砾岩）上，统称为红层。因沉积时代新，成岩作用差，红层岩性软弱、变形模量、抗剪强度、地基承载力均低。开挖暴露后受环境影响，其工程性状变化大，特别是遇水后表面膨胀、崩解、软化，失水后干缩开裂，地基可利用性降低或丧失。

(2) 盆地内红层为巨厚沉积，自重压密是红层的初始成岩作用，但后期的12～20MPa的构造挤压使红层成岩。红层中亲水的伊利石、绿泥石、蒙脱石等黏土矿物是红层遇水膨胀、失水干缩开裂的物质基础；化学成分以硅、铝、钙、镁、铁的氧化物为主，Fe_2O_3含量高，呈红色，具一定胶结强度；$CaCO_3$以无机胶结物的形式包裹土体颗粒，一定程度上有阻止膨胀的作用。这是黄河上游红层虽具膨胀性，但又表现为膨胀力不高的化学基础；钙、镁、钾、钠等可交换性阳离子的存在，又使土粒具有较高的物化活性及亲水性，这是红层在干湿交替条件下快速膨胀、崩解的物理化学基础。

(3) 红层是软岩，因而承载力是水工建筑物设计的控制性岩体力学指标。研究中提出了通过采用天然饱和抗压强度的1/5、干抗压强度的1/10和现场载荷试验比例极限的平均值选取红层软岩的承载力值，三个值具有较好的一致性。此方法可适应不同的设计阶段，参数可靠。特别是修正了现行规范规定的岩石室内试验规程，用天然饱和（饱和度为70%～100%）抗压强度代替室内人工饱和抗压强度，使试验更符合实际，参数大幅度提高。

(4) 通过对红层岩体进行大量的现场抗剪试验的常规方法和泡水后剪切的特殊试验方法的对比研究，分析论证了红层岩/岩、混凝土/岩抗剪指标。通过不同方法的整理分析，考虑水工建筑物基础下红层的水下运行环境和长期强度要求，提出了红层的保底抗剪指标：

岩/岩 f' 0.47～0.57，c' 0.07～0.14MPa，f 0.45～0.5

混凝土/岩 f' 0.48～0.60，c' 0.1～0.14MPa，f 0.48～0.57

目前设计采用值 f' 0.45～0.5，c' 0.05～0.1MPa，尚有一定安全余度。

(5) 红层的开挖保护和补强措施对水工建筑物安全至关重要，爆破试验表明，爆后影响深度可达1.3m，故预留保护层厚度1.5m。其中1m小药量爆除，0.5m机械或人工挖除；敞露试验发现，建基面不加保护，岩体的孔隙比、强度、波速等快速衰减，表层松动、开裂特征明显。多种保护方式试验表明，建基面形成后4h及时喷浇10cm厚混凝土以保护待浇主体混凝土，能满足地基要求和符合工程施工实际。红层具可锚性，Q＝25mm锚杆，长3.5m时，破坏拉拢力10.75t/根；锚杆长4.5m时，破坏拉拔力12.28t/根。红层虽基本不透水，但当构造裂隙发育，且存在较多爆破裂隙时，仍具一定的可灌性：Ⅰ序灌浆耗灰平均33.3kg/m，灌后波速提高6%～7%；Ⅱ序耗灰平均26.25kg/m，波速提高10%～11%。

(6) 承载力敏感分析表明，0.8MPa承载力时，施工和运行期尼那工程闸坝（高33m、宽40m）基础应力分别为0.65MPa和0.6MPa，满足要求，即0.8MPa承载力时，坝高可达40m；当承载力提高到1.2～1.5MPa时，仅从基础应力角度，也可修建60～75m高的坝；红层的变形模量较低，但当其承载力较高时，变形模量为控制坝高的一般性地质因素；按红层的抗剪参数，一般不能满足抗滑稳定要求，故需采取适当的结构措施，如坝基开挖成反坡、设置混凝土齿墙等。

（西北勘测设计研究院　万宗礼）

地下建筑工程地质

拉西瓦水电站地下厂房地质勘察与评价

拉西瓦水电站为黄河龙～青段第2梯级电站，位于青海的龙羊峡谷出口。设计双曲拱坝最大坝高250m，总库容10.79亿m³，装机4200MW。右岸地下主厂房、主变室和调压室平行布置，形成地下洞群，主厂房尺寸为316.75m×29m×74.9m（长×宽×高）。

1. 基本地质条件　地下厂房垂直埋深230～460m，距岸边150～492m。地层为中生代印支期花岗岩，致密坚硬。断层裂隙中等发育，裂隙密度平均0.87条/m，最小间距0.2～0.3m，最大5m以上。裂隙主要为NW～NNW组、NE～NNE组、近SN组和NWW的缓倾角组。断层多为NNW和近SN组，少量NNE向，规模较小，最大破碎带宽度0.8～1m，大多0.1～0.5m，延伸长度多为200～300m，多为Ⅲ～Ⅳ级结构面，少量为Ⅱ级。拉西瓦坝址区域地应力高地下厂房探洞中多出现岩石片状剥落、板状劈裂，及轻微岩爆现象。

2. 工程地质勘察与研究　对地下洞群围岩除进行常规勘探、测绘、物探和试验外，还进行了专门研究：①洞壁和孔内弹性模量对比，以确定围岩弹性、变形模量指标；②做了大量岩体和结构面的大型野外抗剪试验，以分类提出岩体和控制性结构面的抗剪参数；③对围岩断层进行现场高水头（250m）三段压水试验，确定断层及不同范围岩体的渗流模式和渗透参数，并用实测孔内水位的参数反分析法和同位素示踪测试法验证；④进行原位地应力测试和围岩应力状态及分带的研究，为厂房位置、轴线选择和围岩稳定分析提供依据；⑤进行预埋多种监测仪器，而后模拟开挖，实测开挖过程中围岩应力变化、位移、松弛圈厚度等数据，并辅以岩爆声发射监测、围岩收敛变形监测，以经济合理地确定临时和永久支护措施。

3. 工程地质评价

(1) 厂房轴线的地质选择。拉西瓦地下厂房轴线的控制条件是地应力和断层型结构面。在满足水工总体布置的条件下，可调整的范围为近SN向和NNE向。SN向布置时，轴线与最大主应力方向近于平行（实测 $\sigma_{1,max}$ 为29.7MPa，方位NW340°～NE12°），但与发育最多且规模较大的近SN向断层平行；按NE25°布置时，与坝区应力场反演分析所得最大主应力主导方向NE18.67°也近平行，但避开了SN向断层组，NE向断层规模小、数量少；裂隙性结构面对围岩稳定影响很小，围岩块体相近。因此，厂房轴线方案以NE25°方向较优。

(2) 围岩分类。用中国水电规范法、Q法和RMR三种方法进行对比性综合分类，三者相近，地下厂房围岩总体以Ⅰ、Ⅱ类为主，占70%以上，断层带及影响带、裂隙密集带等为Ⅲ类，围岩工程性质良好。

(3) 围岩块体稳定分析。用传统的赤平投影方法和最新的楔体分析程序，检索分析出围岩中有10个向厂房空间的可滑性块体。其中顶拱部位受缓倾岸里的

f_8 断层和 NNE、NNW 陡倾结构面控制，构成坍落型块体；边墙部位为陡倾结构面构成的单面或双面滑动块体。各块体最大方量 1.36 万 m^3，最小 $700m^3$，最大分布深度 42m。由于各块体结构面规模较小，性状较好，加之高地应力引起的高围压作用，宏观判断块体稳定性较好。最小稳定性系数计算结果为 1.72，故各块体稳定性好。但对顶拱块体需结合开挖支护加固，对边墙块体的边界断层亦应适当加固。

(4) 岩爆预测。根据厂区实测地应力 σ_1 为 20～29.7MPa，岩石饱和抗压强度 σ_c 为 110MPa，饱和抗拉强度 σ_t 为 6.7MPa 等实测资料，选用巴顿法、卢森法、中国水电法、前苏联法等进行岩爆预测，拉西瓦地下厂房围岩在开挖时可能会发生轻微～中等岩爆，需有相应的预防措施。

（西北勘测设计研究院　　万宗礼）

龙滩水电站地下厂房地质勘探与评价

龙滩水电站位于广西天峨县红水河上游，枢纽建筑物有碾压混凝土重力坝、左岸地下厂房、右岸通航建筑物等。最大坝高 216.5m，坝顶高程 406.5m，总库容 272.7 亿 m^3，装机容量 9×600MW，年发电量 187.1 亿 kW·h。

（一）地下厂房位置与轴线选择

初设阶段，曾对地下厂房布置的多种方案进行详细比较，为加快大坝施工，提前发电，选定了左岸全地下厂房方案。左岸地形整齐，山体宽厚，岩体相对完整，断裂构造相对不发育，适合于布置大型地下厂房。

为保证主要洞室布置于微风化～新鲜完整岩体内，尽量避开 F_{63}、F_{69}、F_1 等断层，减轻 NE 向结构面对洞室边墙的不利影响，并力求主洞室轴线与岩层走向夹角不小于 35°的基础上，使主厂房轴线与地应力最大主应力方向交角较小以及引水、尾水系统布置顺畅，避免引、尾水洞内均需设置调压井，最终确定厂房轴线方位角为 310°。通过地质力学模型试验及技术经济比较，为缩短高压引水钢管和高压电缆的长度，采用了由上游至下游主厂房—主变室—尾水调压井平行排列布置的方式。主厂房尺寸 388.5m×28.5m×74.4m（长×宽×高），主变室 405.5m×19.5m×34.2m，调压井（3 个）（67～95）m×21.58m×（65.7～87.7）m。

（二）地下厂房区工程地质条件

为查明地下厂房区工程地质条件，采用了水平探洞和钻孔相结合的勘察方式，并辅以各种物探、试验手段。厂区主要布置了 D_{21} 号平洞，呈十字交叉网布置，总长约 1100m。洞内进行了岩体声波、地震波测试，地应力测试，岩体及结构面物理力学试验，围岩收敛变形试验以及地温、地下水等观测。

地下厂房区岩层以砂岩为主，砂岩与泥板岩互层，岩层产状 N10°～15°W，NE 向倾角 57°～60°。主洞室上覆岩体厚 120～240m，岩石新鲜，完整～较完整，*ROD* 大于 70%，岩体波速（v_p）5000～5600m/s，砂岩饱和抗压强度 130MPa，泥板岩 40～80MPa。揭露的断层主要有 NE 向陡倾角的 F_{63}、F_{69}、F_{13}、F_{26}、F_{56} 断层和 NW 向的 F_1 等断层。其中 F_{63}、F_{69} 规模最大，F_{63} 岩层产状为 N55°～65°E，倾角 SE∠80°，破碎（影响）带宽 5～7m，断层带两侧次级断裂结构面发育；其次为 F_1 断层，产状 N85°W，倾角 NE∠80°，断层破碎带宽 0.2～0.7m。两者均充填岩屑、断层泥，未胶结。洞室内层间错动较发育，平均为 4.8m/条，绝大部分不夹泥，以劈理化压碎或紧密接触的擦痕光面为特征，仅有 F_2、F_{12}、F_{18} 三条较大的层间错动夹少量泥。节理以 NE 向陡倾角为主，长度一般小于 3m，平均密度 1～2 条/m，连续性差，多闭合或被方解石石英脉充填。

厂区实测地应力最大主应力平均值 12～13MPa，方向 280°～330°，近水平分布，与岩石强度之比约为 0.1～0.2，属中等偏低地应力区。

厂区地下水活动较弱，D_{21} 号平洞位于地下水水位以下 40～200m，除个别较大断层地段有少量集中渗水外，一般为裂隙性渗、滴水。D_{21} 号平洞常年总渗水量约为 10～25L/min。

（三）地下厂房区围岩稳定性评价

所有洞室均避开 F_{63}、F_{69} 断层（厂房距 F_{63} 最近距离约 35m，调压井距 F_{63} 最近距离约 15m），但 F_1 断层与厂房轴线夹角约为 35°，切割主安装间。由于安装间边墙高度近 30m，减轻了 F_1 断层对洞室高边墙的不利影响。厂房轴线与岩层走向夹角 35°～40°，与地应力最大主应力夹角小于 30°，且地应力量级不大，对围岩稳定性影响不大。

依据水利水电地下工程围岩质量综合分类标准，主要洞室 90%以上围岩属质量中等～较好的Ⅱ、Ⅲ类围岩，以Ⅲ类为主，局部断层或断层交汇带属Ⅳ类围岩。以顶拱为例，主厂房围岩，Ⅱ类占 32%，Ⅲ类占 63%，Ⅳ类占 5%；主变压器室围岩，Ⅱ类占 31%，Ⅲ类占 67%，Ⅳ类占 2%。围岩整体稳定性较好。

洞室围岩稳定性主要受控于开挖后的应力释放和由结构面组合形成的楔体。根据弹塑性平面有限元和三维非线性弹塑性损伤有限元法计算结果，厂房边墙塑性区深度达 20m，位移达 32.5mm。洞室楔形体主要有3种类型：A类为由断层或层间错动组成的特定楔体，此类规模较大，多出现于F_1断层两侧，如主安装间上游边墙可能出现的由F_1+f（层间错动）$+F_{NE}$组成的楔体，体积达$6082m^3$，高度达17m；B类为由断层或层间错动与复合节理面（或缓倾角长节理）组成的半特定楔体，这类楔形体发育规模和深度受控于节理规模，稳定性一般尚可，受爆破和地下水影响较大；C类为由节理构成的随机楔体，出现几率高，规模小，分析表明，其频率为3～5个/$100m^2$，体积小于$2m^3$，深度小于3m。

目前，龙滩水电站地下厂房区已进入全面施工状态，施工揭露的厂区工程地质条件与勘测设计阶段的主要工程地质结论吻合性较好。

（中南勘测设计研究院　　邹文志）

泰安抽水蓄能电站地下洞室高压渗透试验

泰安一级抽水蓄能电站发电水头256m，装机容量800MW，由上水库、下水库、地下厂房和输水系统组成。输水系统有钢筋混凝土岔管和压力钢管。岔管处内水头约4MPa，而水压致裂地应力试验测试所得相应的最小地应力为3～4MPa，小于岔管内水压力。岔管区域岩体在高内水压力作用下的渗透稳定性如何，将直接关系到岔管形式和经济性等，因此，在岔管区岩体进行了高压试验以获取岔管围岩的地应力数值、渗透情况和允许水力坡降，为优化设计提供依据。此外，高压钢管段有f_{10}和f_{25}断层通过，为了解其在高压水作用下的稳定情况和确定允许水力坡降，对f_{10}和f_{25}断层进行了高压渗透试验。现将两种试验简介如下。

1. 岔管区域岩体高压试验　在PDI主洞延伸段岔管区域上方布置了3个试验孔，孔径$\phi76mm$，孔深130m，孔口高程220m，岔管中心高程100m。每只孔中向下分段进行高压试验，试验方法参照国际SL25-1992《水利水电工程钻孔压水试验规程》进行，试验最大压力一般为5MPa（个别孔段试验最大压力稍有变化），分5级进行，每级压力差为1MPa。

试验所得各孔段岩体的渗透量与试验压力之间的关系大致有两种情况。一种为当岩体节理较发育，裂隙连通性好，试验段岩体渗透量和渗透系数较大，而且，渗透量随压力变化较平缓；另一种为岩体较完整，裂隙连通性较差的，存在有一临界压力。当试验压力小于该临界压力值时渗透流量很小，而大于该压力值时，流量大增。总体上渗透流量比节理发育处小。

2. 断层高压渗透试验　断层高压试验又分两种，现分述如下。

（1）第一种试验。先在主洞布置了试验孔和观测孔各一只，试验孔先后钻穿断层f_{10}和f_{25}，试验孔离最近的临空面（即左支洞）距离为10m。试验分两段进行，第一段在先钻穿f_{25}断层后进行。待该段高压渗透试验结束后，重新钻孔，使得试验孔钻穿另一断层f_{10}，随后进行该断层的试验。

试验时，压力分级施加，每级压力维持时间为2h，每级压力下，每5min测定试验孔进水量和观测孔出水量，并在观察面（即上述的左支洞上断层出露面）上观察断层带的渗水变化情况。试验最大压力为6MPa。

两断层渗透试验结果表明：①存在一临界压力，当试验压力小于该压力时，渗透量较小；而大于该值时，渗透量明显增大。渗透量与试验压力之间的关系，以临界压力为转折，成双直线关系。②未在原先设计的观察面处观察到大量渗水，即渗透破坏未在近距离的临空面发生，而是在结构面更弱的方向先发生了。

（2）第二种试验。根据第一种试验结果，又先后进行了f_{10}和f_{25}断层的高压渗透试验，即在左支洞上分别钻一与断层相交的试验孔，用封隔器封堵，单独对断层进行高压渗透试验。试验方式和试验所得的渗透量和压力之间关系与第一种的相同。但是，在对f_{25}断层进行高压渗透时，在近距离的临空面或观察面上发生渗透破坏，在该断层破碎带上出现较多的喷水等渗透破坏现象。

（华东勘测设计院　　刘世明）

深长隧洞不良工程地质问题

随着水利水电工程的发展，深长隧洞大量涌现，单洞长度已由10余km发展到80km；最大埋深已接近3000m。地质条件日趋复杂，不良工程地质问题已成为工程的重要制约因素。

1. 大断层带围岩失稳及涌水问题　这是隧洞工程常见也是危害性最大的不良工程地质问题。引滦入津隧洞$F_1\sim F_{10}$断层交汇带和$F_9\sim F_{11}$断层交汇带，宽度分别达到220m和150m，大塌方10余次，涌水量约$50\sim100m^3/s$。万家寨引黄入晋工程摩天岭断层曾塌方卡住TBM机头，工程处理近4个月。天生桥发电隧洞突水、突泥影响工期达2年之久。这些隧洞遇到的大断层带具有以下主要特点：

（1）断层规模巨大，延伸长度数百千米，宽度几十至数百米，甚至1000m以上。它们常是不同地质构造单元的分界性断裂，切割深，具多期活动性。

(2) 常为地下水径流与存储创造有利条件；特别是在碳酸岩地区断层带上盘富水性强，隧洞围岩失稳与突水、突泥的危害性大。

(3) 浅埋隧洞地下水活动强烈，受大气降水影响明显，涌水的突发性强。而深埋隧洞因受地应力影响，岩体的渗透性较弱，地下水活动性随之减弱，使隧洞涌水量变小。但深埋隧洞滞后涌水常见，影响穿过断层带的施工。

(4) 我国西部地区活动性断层较多而隧洞线路多与山脉走向和构造线方向垂直，有时无法避开活动性断裂。

西部地区深长隧洞遇到的第三纪活动性断层较多，而第四纪以来活动断层较少。

活动性断层的位移分蠕动和错动两种类型；前者对工程产生缓慢的破坏，后者沿两盘产生突然的相对滑动与错动，对工程危害性大。

2. 高地应条件下软质围岩变形 随着地下工程向深部进展，受软质围岩变形及其稳定性控制越来越突出。高地应条件下软质岩工程性质十分复杂，其主要原因是：

(1) 它既有岩石本身的地层、岩性、矿物成分、水理性质、岩体结构及强度等多方面的性质，也有应力和应力变化引发围岩状态和性质改变的许多特点。

(2) 对高地应力条件的软质岩目前还没有完善的定义。按围岩强度应力比 S 的概念：

$$S=\frac{R_b K_v}{\sigma_m}$$

式中：R_b——岩石饱和单轴抗压强度（MPa）；

K_v——岩体完整系数；

σ_m——围岩最大主应力（MPa）。

在隧洞围岩压力集中部位，当 $S<4$ 时，出现应力超限，形成塑性区，围岩稳定性差；当 $S<2$ 时，围岩变形显著，围岩不稳定。随着地下工程向深部进展，围岩 S 值可能更小，变形将加剧。

(3) 深部地应力情况，特别是地下洞室开挖后三维的地应力变化情况很难了解清楚。

(4) 深埋地下洞室软质岩变形往往具有变形量大、变形期长、形态复杂等特点，因而也带来了“支护难”。万家寨“引黄入晋”总干线 6 号隧洞 N_2 红土洞段 TBM 管片衬砌后很快被压裂，管片之间最大错距达 90mm。甘肃金川矿巷道围岩严重变形使巷道无法通行，经多次扩挖、改变洞形、喷锚支护和强力支护才维持住围岩的稳定。

3. 岩爆 岩爆是在施工开挖临空条件变化改变了围岩的应力状态和性质时产生的岩石破坏现象。

(1) 地下洞室多发生在构造活动（水平及垂直升降运动）比较强烈的地区。我国西部地区实例较多。

(2) 据国内外工程实例统计，发生在坚硬岩浆岩中的岩爆约占 70%，新鲜坚硬的变质岩和沉积岩中约占 30%。岩爆岩体的纵波波速多在 5000～6000 m/s,甚至更高一些。

(3) 在大型压性断层下盘的隧洞工程发生强烈岩爆的实例较多。

(4) 在构造活动强烈、地形高差悬殊的地区，分布在边坡应力集中带中的隧洞也容易发生岩爆，如岷江的太平驿等。

(5) 埋深大的隧洞，产生岩爆的强度和频率往往较高。

(6) 岩爆多发生在干燥无水、岩体完整的洞段。

(7) 据秦岭隧道经验，钻爆法隧洞岩爆的发生频率和危害性均较大，TBM 法施工可以使岩爆危害程度大大降低。

4. 隧洞高地温问题 当隧洞中原始地温达到 28℃时，施工中就要采取适当的降温措施；地温达到 35℃、湿度达到 80%就会对作业人员的健康和安全产生危害，同时使机械效率降低和劳动生产率下降。

锦屏二级水电站引水隧洞出口的勘探平洞中，由于地下水深循环在 1200m 埋深处，洞内温度仅 12～13℃，出现地温负异常现象。与地势高、气温低、山顶区积雪覆盖时间长、地表水及地下水温低有关。相反地区地壳活动、火山活动、温泉和放射性元素含量较高的地层的存在，也会出现高地温异常带。故不能简单地用每百米升高 3℃来计算深埋隧洞的地温。

5. 有害气体问题 天然形成的有害气体赋存于产生气体的源岩和岩体的孔隙裂隙中，少量溶于地下水中。开挖后，有害气体在地应力的作用下就会释放、溢出和运移，有时运移距离很大，所以在许多不含有害气体源岩的地层中开挖洞室也会遇到有害气体问题。

有害气体的种类很多，危害大的主要有煤层瓦斯（CH_4）、石油天然气（nCH_4）、一氧化碳（CO）、二氧化碳（CO_2）、二氧化硫（SO_2）、硫化氢（H_2S）等。

地质勘察时首先要查明隧洞及其附近地区是否存在生成有害气体的源岩，同时要注意是否将有害气体引向隧洞区的地质构造条件。

（天津勘测设计研究院 宋 岳）

高边坡稳定与处理

洪家渡水电站左坝肩高边坡稳定及加固措施研究

洪家渡水电站是乌江梯级开发的龙头电站，位于乌江干流北源六冲河下游。电站以发电为主，兼顾防洪、供水、养殖、旅游等。最大坝高 182.3m，正常蓄水位 1140m，总库容 49.25 亿 m^3，总装机容量 540MW（3×180MW），年发电量 15.94 亿 kWh，控制流域面积 9900km^2，具有坝高、库大的特点。

洪家渡水电站除大坝外，其余水工建筑物包括所有泄水洞群（洞式溢洪道，泄洪洞，由导流洞改建的放空洞），引水系统，以及地下厂房和地面开关站等全部集中在左岸。洪家渡左岸陡高边坡开挖高度达 310m，它将水利水电工程的最大开挖边坡高度提高了 140m，在中国水利水电工程中具有历史性的意义。左岸高边坡一旦失稳，将对整个工程的建设和运用带来难以设想的后果。因此，左岸高边坡的稳定成为工程顺利进展和今后水库正常运行至关重要的问题，也是洪家渡工程最具有挑战性的课题之一。

（一）工程地质概况

研究区左岸为高达百余米的陡壁，坡度 70°～80°。出露地层从下游往上游，分别为二叠系上统龙潭组、长兴～大隆组，三叠系下统夜郎组、永宁镇组。与边坡稳定计算有关的地层有三叠系下统夜郎组，永宁镇组。洪家渡水利水电枢纽工程坝址区的岩性较好，为新鲜、完整的灰岩、泥质灰岩，岩石的整体性和坚硬度都比较高。

研究区内与左岸山体稳定有关的断层主要有 F_3 逆断层，F_6 正断层和 F_8 平移正断层。裂隙主要有五组，其中包括岩层层面，节理面，多以陡倾角裂隙为主，缓倾角、反倾角裂隙发育较少。研究区地下水主要表现为岩溶裂隙流及岩溶管道流。地下水位受旱、雨季影响，水位变幅一般为 1～10m。

（二）建立有限元计算模型

1. 计算边界条件　洪家渡工程左坝肩为 310m 岩质陡高开挖边坡，坝顶高程 1147m 以上 140m 左右开挖坡度 1：0.25，坝顶高程 1147m 以下开挖坡度 1：0.5，剖面图见图 1。

由于岩质边坡中存在地应力，边坡开挖将导致部分岩体卸载，从而使一定范围内的应力场发生变化。正确模拟这种开挖效果是分析岩质边坡问题的重要问

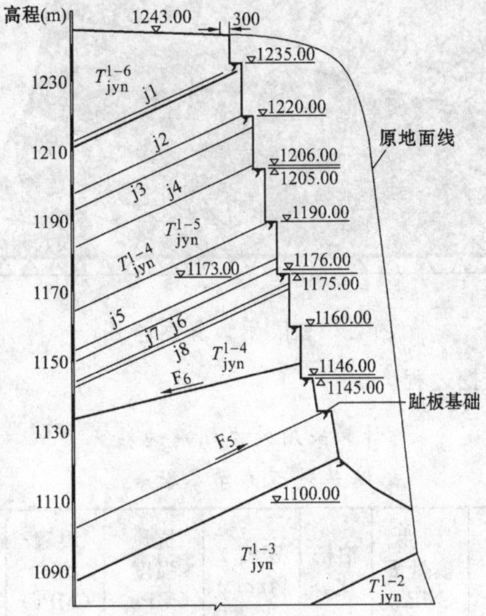

图 1　左坝肩剖面图

题之一。模拟加荷方式是：边坡未开挖前处于初始应力状态，并假定初始应力仅由岩体自重产生，随着边坡和隧洞开挖，边坡及其坡面上隧洞周边初始应力解除，破坏了初始自重应力状态，边坡岩体中应力发生重分布。因此，总的应力状态为初始自重状态叠加上由于开挖卸荷作用所产生的应力状态。边坡各点在自重应力作用下变形已完成，因而，各点位移可看作均由开挖卸荷所引起。

边坡稳定分析采用加拿大多伦多大学开发的 PHASE^2 程序。该程序使用边界元和有限元结合的方法进行模拟边坡和地下洞室开挖过程的应力应变分析。左岸开挖边坡有限元计算网格剖分图见图 2。网格划分总结点数为 1149 个，单元形式是 3 节点三角形网格，共 1118 个。下边界在 X、Y 方向固定；左边界在 X 方向固定、Y 方向不受限制，可自由移动。此问题可按平面应变问题来考虑。

2. 计算参数　计算采用的左坝肩边坡岩体物理力学参数见表 1。

3. 计算方案　为分析不同开挖模式和工序条件下左坝肩岩体应力应变特征，及对边坡稳定性进行分析评价，本次计算根据边坡实际施工开挖情况，做了一定的简化，计算中考虑分四步工况模拟左坝肩高边

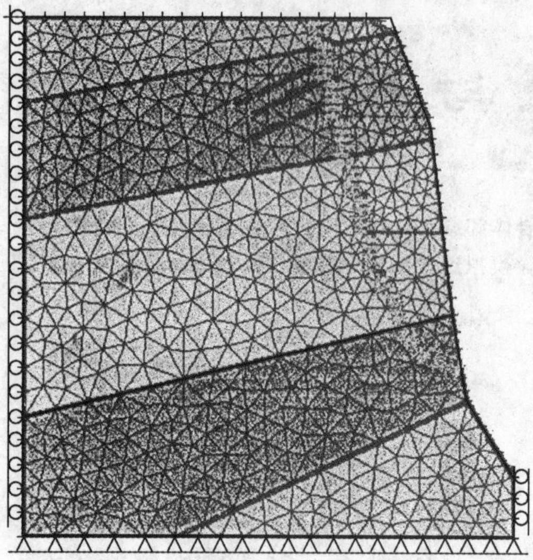

图 2 有限元计算网格图

坡的开挖过程。

表 1 计算采用的左坝肩边坡岩体物理力学参数表

特征 地层	弹性模量 E (MPa)	泊松比 μ	密度 γ (t/m^3)	抗拉强度 (MPa)	凝聚力 C (MPa)	摩擦角 φ (°)
T_1yn^{1-6}	29500	0.22	2.66	5.0	0.03	34
T_1yn^{1-5}	29500	0.22	2.66	4.0	0.03	34
T_1yn^{1-4}	29500	0.22	2.66	4.0	0.03	34
T_1yn^{1-3}	30000	0.24	2.65	5.95	0.03	35
T_1yn^{1-2}	29500	0.22	2.64	5.0	0.03	35
T_1yn^{1-1}	29500	0.22	2.66	5.0	0.03	35

(1) 边坡由 1243m 高程开挖至 1205m 高程。

(2) 边坡开挖至 1160m 高程，并且在 1243m 高程至 1205m 高程之间加三排预应力锚索、系统锚杆和喷混凝土支护。

(3) 边坡开挖至 1115m 高程，并且在 1205m 高程至 1160m 高程之间加系统锚杆和喷混凝土支护。

(4) 进行 1160m 高程至 1115m 高程之间的系统锚杆和喷混凝土支护。

左岸边坡采用锚索加固，相关设计参数详见表 2。

表 2 预应力锚索计算参数

类型	直径 (mm)	弹性模量 (MPa)	长度 (m)	平面内间距 (m)	平面外间距 (m)	最大承载力 (MN)	预张力 (MN)
端锚式	45	210000	40	10	10	1.8	1.5

（三）计算结果及分析

采用弹塑性有限元数值模拟方法对不同开挖模式和加固条件下左岸山体的应力应变状态进行分析计算，各工况条件下的计算结果绘制成最小主应力等值域图及位移等值域图，详见图 3～图 6。

1. 应力分布 从第一阶段至第四阶段的计算结果可以看出，边坡开挖使岩体内的应力重新分布，大主应力方向基本平行边坡坡面展布，符合一般的应力分布规律。小主应力 σ_3 量值相对较小，一般为零点几至零点零几个兆帕，主要表现为压应力，仅在每一级开挖平台的外侧一定范围内出现拉应力，量值一般为 0.01～0.04MPa。由于拉应力量值相对较小，没有超过岩体的抗拉强度，边坡岩体内并没有出现拉张破坏区。这表明开挖后，左坝肩边坡岩体内的应力状态对于边坡的稳定是有利的。

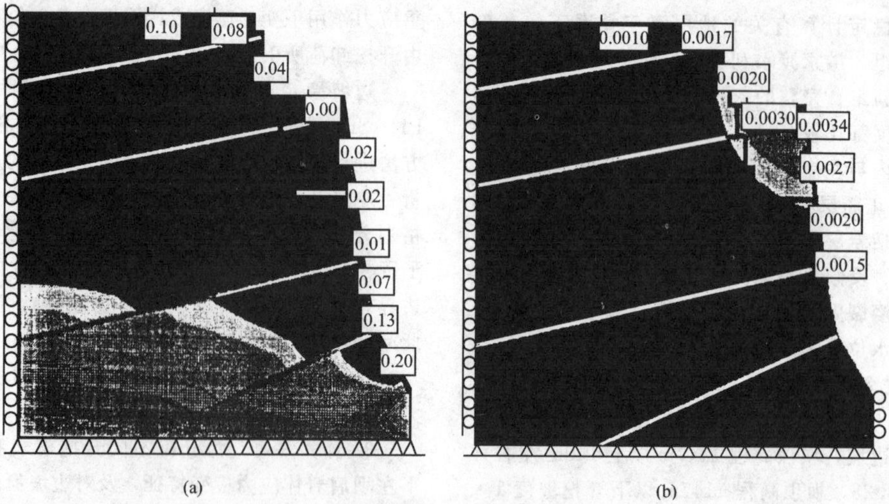

(a) (b)

图 3 工况 1 的应力应变等值域图

(a) σ_3 等值域图；(b) 位移等值域图

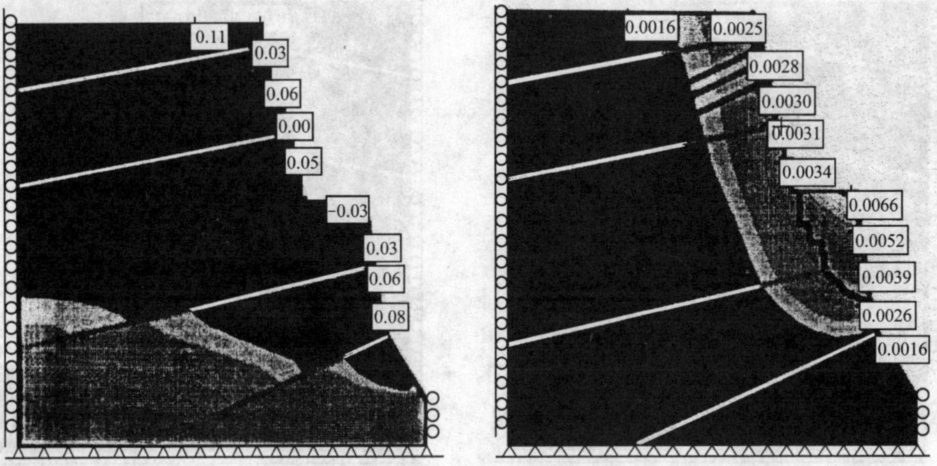

(a)　(b)

图 4　工况 2 的应力应变等值域图

(a) σ_3 等值域图；(b) 位移等值域图

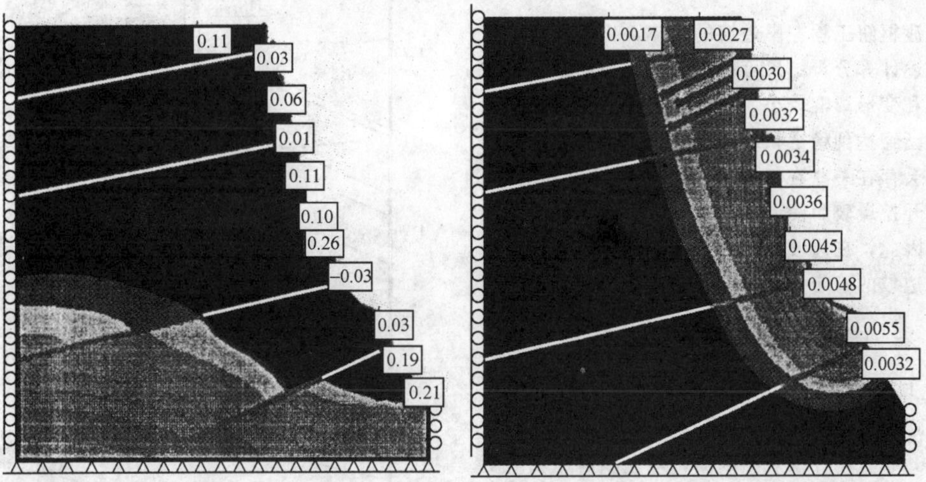

(a)　(b)

图 5　工况 3 的应力应变等值域图

(a) σ_3 等值域图；(b) 位移等值域图

在边坡上部开挖面上采用三排锁口锚索，整个边坡开挖面上采用系统锚杆和挂网喷混凝土等加固措施后，开挖边坡岩体内的应力状态并没有明显变化，表明对于洪家渡左岸坚硬、完整、质量较高的岩石边坡来说，采用的加固措施对岩体内的应力状态影响较小，但对于上部开挖边坡的锁口，防止边坡开挖形成卸荷裂隙起到有效的作用。另外对于边坡表面加固支护，防止因开挖爆破而导致的局部岩体松动破坏后的塌滑也有明显的作用。

2. 位移分布　由位移等值域图可知，边坡开挖面上岩体向坡外的卸荷形变较小，一般仅为 4mm 左右。在每个施工步骤形成的开挖平台附近，由于开挖卸荷，岩体发生向上的隆起变形，其值一般为 7mm 左右。由此表明，边坡开挖不会导致岩体发生较大变形，采用一系列边坡加固措施对于限制边坡卸荷形变的发展是十分有利的。可见，边坡开挖后不会因发生大变形而失稳。

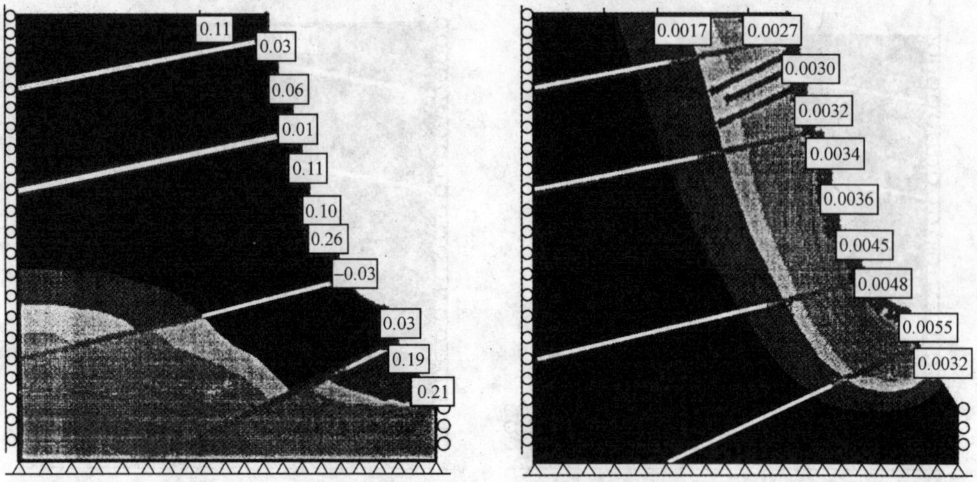

(a)　　　　(b)

图 6　工况 4 的应力应变等值域图

(a) σ_3 等值域图；(b) 位移等值域图

四、加固措施研究

洪家渡枢纽工程左岸边坡的岩体，比较坚硬、完整，从前述计算分析结果可以看出，施加锚索对边坡内的应力和变形影响较小，可以认为，不需要锚索支护边坡就已经达到稳定状态。但由于工程实际开挖过程中可能会存在一些在计算中考虑不到的现场问题，例如，因开挖爆破而使岩体受到破坏后的部分岩体的塌滑等。因此，在边坡上部施加几排锁口锚索，以进一步提高边坡的稳定性，仍然是非常必要的。

五、左坝肩边坡监测结果及分析

1. 左坝肩监测仪器布置　为了掌握左坝肩边坡施工期和运行期稳定状况，设计单位在左坝肩边坡施工开挖后，布置了 5 条观测剖面，对左坝肩边坡的变形及锚索受力情况进行观测。为便于实测资料与数值计算结果进行对比，本文仅对布置在坝轴线附近的 2-2 观测剖面（见图 7）的观测资料结果进行分析。

2-2 观测剖面上共布置了两个测斜孔（IN_{B2-1} 和 IN_{B2-2}）、三个多点位移计（M_{B2-1}、M_{B2-2} 和 M_{B2-3}）和两个锚索应力计（IS_{B2-1} 和 IS_{B2-2}）。具体布置位置见图 7。

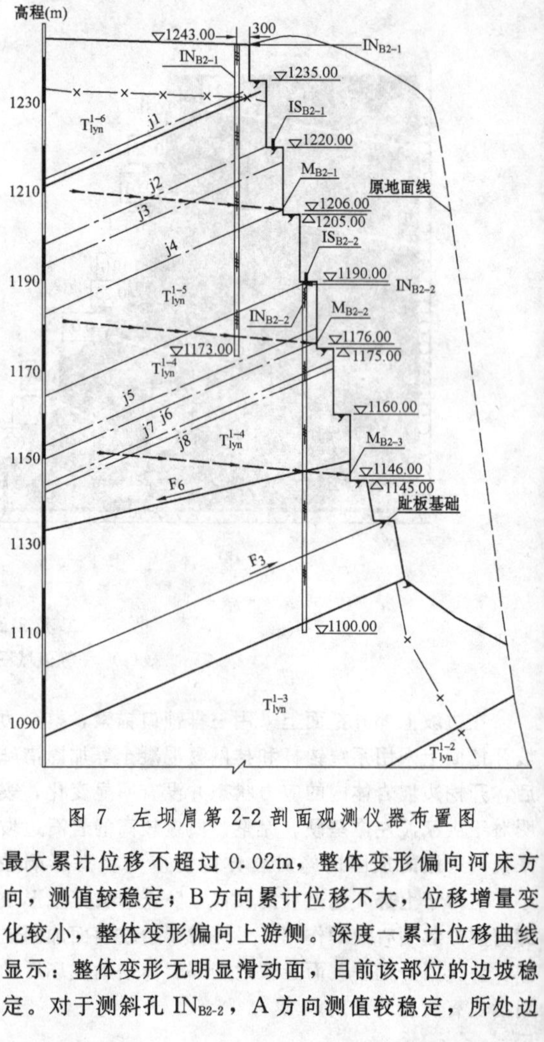

图 7　左坝肩第 2-2 剖面观测仪器布置图

2. 监测结果及分析　2002 年 2 月，1160 高程以上的喷锚支护工作已经完成，也就是说，2002 年 2 月的施工进度相当于计算工况的第三个阶段，即已开挖至 1115m 高程，1160m 高程以上的喷锚支护工作已经完成。2002 年 1 月 4 日至 2 月 15 日内，实际监测到的左岸山体的累计位移随深度的变化曲线如图 8 和图 9 所示。由图可见，对于测斜孔 IN_{B2-1}，A 方向最大累计位移不超过 0.02m，整体变形偏向河床方向，测值较稳定；B 方向累计位移不大，位移增量变化较小，整体变形偏向上游侧。深度—累计位移曲线显示：整体变形无明显滑动面，目前该部位的边坡稳定。对于测斜孔 IN_{B2-2}，A 方向测值较稳定，所处边

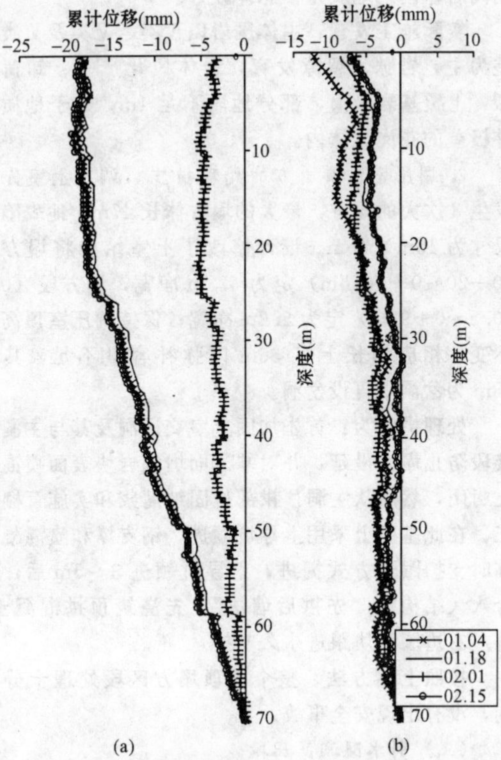

图 8 IN_{B2-1} 测斜孔深度—累计位移曲线
(a) A方向；(b) B方向

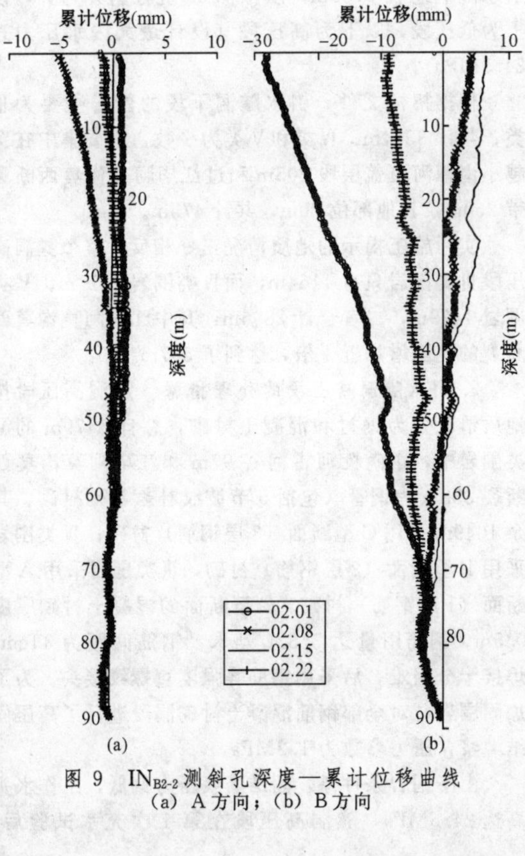

图 9 IN_{B2-2} 测斜孔深度—累计位移曲线
(a) A方向；(b) B方向

坡整体变形较小；边坡在B方向最大累计位移不超过0.03m。深度—累计位移曲线显示的整体变形中无明显滑动面存在，目前该部位所在边坡稳定。

相应此工况下有限元计算所得的左岸山体中各点的位移如图5（b）所示，最大位移为0.007m。可见，有限元计算结果与左坝肩岩体变形监测结果差别不大，位移量在误差范围之内，由此验证了计算的正确性。因此，计算结果可以较好地反映左坝肩陡高边坡岩体在各个施工开挖阶段的变形情况。

六、结论

（1）洪家渡左坝肩边坡岩体为坚硬、完整的灰岩或泥质灰岩，岩石强度较高，风化程度较弱。有限元数值分析计算结果表明，尽管左坝肩边坡开挖高度达310m，而且坡度很陡，为1∶0.25（1147m高程以上）或1∶0.5（1147m高程以下），但由于开挖卸荷而引起的岩体开裂是非常微小的，开挖平台处岩层由于卸荷回弹产生的位移量一般为7mm左右，而坡面附近岩体向临空方向的位移较小，一般为4mm左右。左坝肩边坡开挖不会导致边坡岩体发生较大变形，而采用一系列边坡加固措施对于限制边坡卸荷形变的发展也是十分有利的。边坡不会发生大变形失稳。

（2）岩体内以压应力为主，仅在每一级开挖平台的外侧一定范围内出现量值一般为0.01～0.04MPa的拉应力，但岩体内并没有出现拉张破坏区。表明开挖后，左坝肩边坡内岩体的应力状态对于边坡的稳定是有利的。

（3）边坡开挖后采用锁口锚索、系统锚杆和挂网喷混凝土等边坡加固措施，对边坡岩体内的应力状态并没有明显影响，但对防止边坡开挖形成卸荷裂隙及防止因开挖爆破而导致局部岩体松动破坏后的塌滑可以起到有效的作用。

（4）左坝肩高边坡2-2监测剖面的测斜仪观测成果表明，高边坡岩体内各测点位移变化量不大，变化速率不大，无异常的突变现象，变形情况显示无明显滑动面存在，因此目前边坡处于稳定状态。

（中国水利水电科学研究院岩土所 陈祖煜 杨健）

姚河坝水电站重大地质变化及处理

姚河坝水电站总装机容量132MW，其工程包括高35.5m、长181.5m的坝和3孔泄洪闸，长8714.1m的引水隧洞、调压井和压力管道及地面主副厂房和开关站。

（一）厂房高边坡工程

1. 厂房高边坡地质变化情况

(1) 招标阶段地质情况。边坡岩体为粗粒花岗岩，弱偏强风化，多呈破裂状散体结构，块体咬合弱。在高程1510m以下（厂房地面高程1370m），有成片基岩出露，仅在主机间段宽度15～20m狭长范围内，有覆盖不深（小于5m）的崩坡积块碎石，边坡稳定主要受顺坡向断层和缓倾角结构面控制。

(2) 施工阶段地质情况。开挖过程中揭示边坡1438m高程以上有近70m高边坡为崩坡积块碎石土层，结构松散，有架空现象。高边坡基岩为弱偏强风化、强卸荷的中粗粒花岗岩体多呈碎裂状散体结构，发育8条辉绿岩脉破碎带，具遇水易软化，承载力及抗剪强度低，压缩变形量较大，抗风化能力弱的特点。分布有2组顺坡面裂隙和1组垂直坡面陡倾角裂隙，原生的顺坡结构面是高边坡稳定的主要控制结构面，边坡开挖后卸荷影响深度15～20m。

2. 厂房高边坡的处理措施　由于地质条件发生重大变化，开口线高程由1450m抬高到1502m，最大开挖边坡高度也由原来的81m增加至132m。据此，设计上改变了刚性支护方案，采用以柔性支护为主的综合治理方案。取消原来1410m高程附近的锚洞，在1438m高程以上覆盖层坡面采用深孔锚杆（ϕ32@3×3m，L=10/20m），C_{25}混凝土框架梁和预应力锚索（1000kN级无黏复合型，28根，L=50m）。1438m高程以上岩石坡面采用深孔锚杆（ϕ32@3×3m，$L\geqslant$10m，深入基岩$\geqslant$5m）；在1438～1410m范围采用深孔锚杆（ϕ32@2×2m，L=10/15m间隔布置），1410m高程C_{25}锚索基础梁和预应力锚索（1000kN级无黏复合型，15根，L=40m）；1410～1377m高程采用深孔锚杆（ϕ32@2×2m，L=10/15m间隔布置），C_{25}混凝土锚索基础梁和预应力锚索（1000kN级无黏复合型，21根，L=40m）；整个坡面采用挂网喷混凝土（ϕ8@20×20cm，喷厚$\geqslant$12cm）并设置排水孔（@2×2m，孔深2～3m）。

为了监测高边坡的位移和锚索、锚杆的应力，在桩号（厂）0+014和（厂）0+038设置了2个观测剖面，布置了8套多点位移计，6套锚杆应力计和4套锚索应力计。通过从开挖、支护、厂房施工到机组运行历时3年6个月的连续观测：锚杆和锚索的应力在设计允许的范围内，边坡的应变已经趋于稳定，且总变形量在设计允许范围内，厂房高边坡整体是稳定的。

(二) 调压室上室工程

1. 调压室上室地质变化情况　调压室系统由332.57m斜井连接269m长上室组成，上室断面为宽6m、高7m城门洞形。

调压室上室布置在F_1^3断层上盘较完整的弱风化花岗岩体内，地质条件总体较好。

实际施工发现：主体围岩以Ⅳ类、Ⅴ类及Ⅵ类偏差为主，岩脉、裂隙发育，岩体风化严重、卸荷强烈，上覆基岩极薄，部分地段不足1m，处于地质条件极差的花岗岩体内。

2. 调压室冒顶塌方的处理措施　调压上室先后发生3次大的塌方，最大的塌方体长47m，地表陷坑尺寸为10m×15m。设计修改了上室结构将塌方段（0+20～0+70.5m）定为4.3m净宽，塌方段（0+70.5～0+92m）定为5.2m净宽；保持调压室顶高程不变，相应增长上室36m以弥补容量不足，其中28m为岔洞中再设岔洞。

处理措施为：首先加固上室交通洞及其与主洞连接段防止塌方漫延，并对掌子面坍塌岩块表面喷混凝土封闭，然后从主洞顶拱部位固结灌浆和实施管棚施工。在此基础上采用上导坑领进，钢支撑和喷混凝土临时支护跟进方式掘进，上导坑领进3～5m后，结合永久结构按“先拱后墙法”，先浇筑顶拱混凝土，再左右边墙跳块跟进永久支护。

按照上述方法，整个冒顶塌方区段处理十分顺利，没有出现安全事故。

(三) 引水隧洞高压段

1. 引水隧洞地质条件的变化情况　姚河坝电站引水隧洞总长8732m，以4+903桩号斜井为界，以上为低压段，以下为高压段（设计最大内水压力达24.5MPa）。

根据招标文件，引水隧洞下段的围岩主要为Ⅲ类，共计3354m；Ⅳ类和Ⅴ类为少数，主要集中在穿越小南桠河覆盖层段205m和过江毕阿莫沟莫西断裂带250m，其他部位20m，共计475m。

实际施工揭示的地质情况正好相反，整个隧洞高压段Ⅲ类围岩只有1164m，而Ⅳ类围岩1417m、Ⅴ类围岩1479m，二者合计2896m，其中江毕阿莫沟莫西断裂的范围增加近1倍，达到了507m。

2. 引水隧洞高压段的处理措施　隧洞高压段按地质情况分为钢衬和混凝土衬砌，总计1479m的Ⅴ类围岩中，小南桠河古河谷97m和江毕阿莫沟莫西断裂333m为钢管（包括5节波纹补偿器）衬砌，其余1049m采用C型断面（3层钢筋）衬砌；Ⅳ类围岩采用B型断面（2层钢筋）衬砌，Ⅲ类围岩采用A型断面（1层钢筋）衬砌。C型断面的混凝土衬砌厚度0.5m，钢筋用量达3.32t/延米，钢筋间距为11cm，焊接十分困难，后采用钢筋等强度直螺纹接头。为了加固围岩，对全部钢筋混凝土衬砌洞段进行了高压固结灌浆，压力参数为1.2MPa。

由于围岩条件差，固结灌浆压力偏低，工作水头高达24.5MPa，隧洞高压段在第1次充水试验后，检查发现结构缝、施工缝和部分混凝土冷缝漏水严重，后将压力提高到2.5MPa进行补充固结灌浆（先水泥灌浆再化学灌浆），情况有较大好转，目前漏水量稳定在150m³/h，待有条件时需进一步处理。

（四川南桠河流域水电开发公司　陈建春）

锦屏一级水电站普斯罗沟坝址高边坡勘察及评价

锦屏一级水电站是雅砻江中下游的控制性工程。锦屏一级水电站普斯罗沟坝为混凝土拱坝，最大坝高305m，主库库长58km，支库库长90km，总库容77.7亿m³，调节库容49.1亿m³，装机容量3300MW，年发电量167.85亿kW·h。

（一）高边坡地质环境

锦屏工程位于青藏高原向四川盆地过渡的斜坡地带。呈典型的高山峡谷地貌景观。据阶地勘测年资料，中更新世晚期以来地壳抬升（河谷下切）速率大约由1.4mm/年加快到4.4mm/年。地壳的急剧抬升伴随着雅砻江的强烈下切，塑造成今日谷底至谷肩高差600m、谷底至分水岭高差达3000m的挺拔陡峭地形。

该区处于松藩—甘孜地槽褶皱系之东缘，由三叠系变质砂岩、板岩、大理岩及绿片岩所构成的一系列北北东向复式紧密倒转褶皱。断裂构造除北北东向压扭性断层外，北东向右扭兼压性及北西向左扭兼张性两组共轭断裂比较发育，显示本区地层曾受北面西向构造应力的强挤压作用，并有程度不同的变质。据地应力实测成果可知，最大主应力值达36～40MPa，方向N46°～56°W，倾角3°～26°，表现出现今有构造应力残存，并与自重应力叠加，属高地应力区。

在上述地形地质条件下，天然和工程高边坡的稳定性成为突出的工程地质问题。为此成都勘测设计研究院10余年来，在普斯罗沟坝址已进行了洞探12530m/64个分洞、10890m/73个钻孔以及大量的岩体力学特性现场试验、地应力测试、波速测试与CT、绝对年龄测定等工作。现就普斯罗沟坝址左岸高边坡深拉裂发育的特征作一简要介绍及初步评价。

（二）岸坡深拉裂发育特征及形成机制

普斯罗沟坝址左岸深约50～200m范围内规模不等的裂缝或裂隙松弛带，具有深、拉张为主和成带分布的特征，单带宽一般0.1～1m，最宽可达12m；带长一般数十米，最长179m；集中发育带间距3.3～6.3m，零星发育带间距9.7～40.1m。每一带内有数条裂缝或松弛裂隙，单条裂缝张开度一般1～10cm，最大可达20cm。裂缝多新鲜无风化，其产状多为顺坡向的N30°～50°E/SE∠50°～60°，此外N50°～70°E/SE∠50°～60°及N70°～80°W/SW（NE）∠60°～80°亦有发育。深部裂缝及松弛带波速低，宽大缝中声波或震动波不传播，可测松弛带声波的纵波波速仅1400～3500m/s，变形模量0.8～1.6GPa。

由于深部裂缝发育段岩体破碎、松弛，工程地质性状差，对水工建筑物的布置、坝基及边坡的稳定不利，通过地质环境条件调查、岩体力学特性研究、地应力场反演、裂缝充填物的显微结构分析与年龄测定等多种手段的试验研究，认为普斯罗沟坝址左岸深部裂缝的形成与地质环境条件有关。

(1) 大理岩及变质砂岩岩性硬、脆。据试验成果，大理岩湿抗压强度一般65～90MPa，湿抗拉强度2～4MPa，岩块弹性模量45～70GPa；变质砂岩湿抗压强度80～100MPa，湿抗拉强度2～3MPa，岩块弹性模量45～55GPa。说明岩质硬、脆是深部拉张裂缝发育的物质原因。

(2) 顺坡向构造结构面发育。从岩层产状看，普斯罗沟坝址左岸为一逆向坡，岩层倾向坡里。但倾向坡外顺坡向的小断层、裂隙发育密集（产状N30°～60°E/SE∠50°～70°），大部分裂缝都是因这组构造结构面拉裂松弛的。统计表明，深裂缝中沿已有小断层拉开的占32%，沿长大裂隙拉张的占24%，沿裂隙密集带松弛的占44%。说明早期构造是深裂缝形成的重要原因。

(3) 初始地应力高。地应力实测表明，坝址区层高大于地应力区。在两岸谷坡，水平埋深200m以内探洞中进行空间地应力测试的结果为：左岸最大主应力达40.4MPa，右岸35.7MPa，方向与岸坡近垂直，倾角较缓，倾向坡外。二维和三维有限元数值模拟分析亦显示初始地应力值高，坡脚和谷底有应力集中现象。这说明坝区地应力场是构造残余应力与谷坡自重应力叠加的产物。左岸更高、这与左岸更靠近倒转向斜轴部有关。

(4) 中更新世晚期以来地壳急剧抬升。根据阶地测年资料并结合夷平面、雅砻江河谷地形地貌特征分析，地壳抬升速率由1.4mm/a左右增加到4.4mm/a，形成典型的峡谷地貌，高地应力释放导致岸坡卸荷。据左岸深裂缝岩体应力测试，该部位应力已骤降为5～6MPa。

综上分析，左岸高边坡在高地应力环境和硬脆岩质条件下，伴随地壳急剧抬升河谷下切，边坡应力强烈释放，从而在原有顺坡向构造结构面基础上卸荷张裂，形成一套边坡深卸荷拉裂体系。

（三）岸坡深拉裂对工程影响的初步评价

(1) 左岸山体稳定性。顺坡向结构面拉张卸荷后，由于倾角中陡（50°～60°），张开后，在自重作用下，部分出现上盘微量下错，凸点岩体被压碎的

“剪胀”破坏现象。但深部裂缝并无新变形迹象，整体变形的地质边界（尤其上游侧）并不明显，故左岸山体现状整体是稳定的。

(2) 工程稳定性。鉴于左岸深拉裂发育具有差异性，为了拱坝坝体稳定，设计上将坝线适当上移，避开深拉裂体系最发育地段的影响。并采取混凝土置换、传力洞、传力墙、网基、固结灌浆、拱端锚索及防渗排水等综合处理措施。

由于下游段大理岩内深拉裂发育规模大，且与岸坡表层浅卸荷带之间岩体厚度小，需要针对性地进行边坡加固，并建立边坡变形监测系统，以确保工程安全。

左岸坝顶以上变质砂岩、板岩中深部拉裂仍较发育，亦需要对拱肩槽开挖边坡及坝顶以上高边坡的稳定条件进行勘察论证，采取有效的加固处理措施。

（成都勘测设计研究院　李文纲）

地质灾害调查与评价

三峡库区地质灾害调查评价技术

库区地质灾害调查评价是地质灾害防治的基础和依据。三峡库区地质灾害的调查先后由水利部长江委、地矿部及国土资源部完成。2001年10月形成《长江三峡库区地质灾害防治总体规划》的成果，该项调查的范围是水库175m正常蓄水位影响区和库区移民安置区（含专业设施复建区）。内容包括滑坡、崩塌、塌岸、泥石流、高切坡和深基础。任务是查明规模、结构、稳定性、可能成灾范围及主要实物指标。提交搬迁和防治方案的意向分析，进行经费的初步估算和比较。

（一）调查的步骤

(1) 收集已有资料，作系统分析。

(2) 对列入规划的崩滑体和可能塌岸的岸坡进行全面踏勘，提出初步意见。

(3) 对建议进行搬迁避让和监测预警的崩滑体进行以地面测绘为主的调查评价；对建议进行工程处理和可能塌岸的岸坡在地质测绘的基础上进行钻探和物探工作。

(4) 最终完成调查报告。

（二）稳定性分级标准

1. 崩滑体的稳定性分级标准　在稳定系数计算中，设定的工况条件为：基本工况指。自重＋蓄水；特殊工况指。自重＋蓄水＋暴雨或自重＋蓄水＋地震。

(1) A类，稳定。即在各种工况下都是稳定的。基本工况稳定系数大于1.2，特殊工况稳定系数大于1.1。

(2) B类，基本稳定。即在基本工况下是稳定的，在特殊工况下，可能局部有变形，整体是稳定的。基本工况稳定系数大于等于1.1；特殊工况稳定系数大于等于1.05，小于1.1。

(3) C类，潜在不稳定。即目前状态稳定，但安全储备不高，略高于临界状态。基本工况稳定系数大于等于1.05，小于1.1；特殊工况稳定系数大于等于1.0，小于1.05。

(4) D类，不稳定。即目前状态接近临界状态，且向不稳定发展。基本工况稳定系数大于等于1.0，小于1.05；特殊工况稳定系数小于1.0。

调查中主要采用定性的地质分析法，因此，为统一判别尺度，根据以上分级标准，还制定了崩塌、滑坡稳定性的野外判别标准。该标准主要是从崩滑体的地形地貌特征、滑面形态、水文地质条件、滑坡历史上的滑动情况及有否新的滑坡加载来源等综合分析判断。

2. 库岸稳定性分级　库岸稳定性调查也建立了与上述崩滑体类似的评价标准，划分为稳定性好的岸坡（A类）、稳定性较好的岸坡（B类）、稳定性较差的岸坡（C类）、稳定性差的岸坡（D类）。稳定性系数的定量指标与崩滑体的一致。

（三）调查成果

调查的地质灾害点共计2548处，其中崩滑体2490处，泥石流47处，塌陷6处，地裂缝5处。

在2490处崩滑体中，受蓄水175m水位直接影响的有1627处，另外一部分主要位于移民迁建区内，共863处。

另外，规划中还将303段、总长441km的库岸列为调查任务。高切破处理共1428处，深基础处理以奉节、巫山、巴东等新建县城为主。

（四）防治目标和任务

1. 崩滑体防治　对2490处崩滑体进行分类防治：进行工程处理并实施监测预警的615处；搬迁避让并进行监测预警的553处；仅进行监测预报的644

处；不需防治的578处。

在2003年以前需完成的任务是957处，其中工程治理并进行监测预警的197处，搬迁避让并监测预警的232处，进行监测预报的152处，不需防治的376处。

2. 塌岸防治　在本阶段主要将库岸稳定性列为调查项目。初步的防治任务是139km。其中2003年前完成调查评价184km，防护工程实施79km。

3. 监测预警　监测预警分专业监测、群测群防和不监测几类。在2490处崩滑体中，专业监测237处，群测群防1501处，不监测的752处。

4. 高切坡防护与超深基础处理　高切坡和超深基础均是在建筑施工中人为形成的。初步的防护任务为1428处，深基础处理的重点在奉节、巫山、巴东新县城。

（五）防治费用

三峡库区地质灾害的防治分三期进行，近期为2003年6月蓄水135m前；中期是2003年7月至2009年9月；远期是2009年9月期至蓄水175m水位以后。

近期2001年～2003年，包括崩滑体治理、塌岸防护、监测、高切坡防护和深基础处理共计39.08亿元。

（中国水电顾问有限公司　袁建新）

索风营水电站水库岩溶渗漏勘察与评价

（一）工程规模与地质概况

索风营水电站是乌江干流上的第三个梯级，地质条件复杂。大坝为碾压混凝土重力坝，最大坝高121.8m，正常蓄水位837m，库容$1.68\times10^8m^3$。装机容量3×200MW。

坝址天然河水位760m，坝址以上流域面积$21862km^2$，河流多年平均流量$395m^3/s$，多年平均径流量$124.6\times10^8m^3$。

库区处于黔中岩溶地区，河流深切300m以上。可溶岩层、断裂及岩溶管道遍布水库上下游，水库岩溶渗漏问题成为该工程的关键技术问题。

（二）岩溶水文地质勘察

(1) 小比例尺（1∶50000～1∶10000）综合地质测绘、岩溶水文地质测绘及遥感信息处理相结合，查明库区两岸地质结构、进行地貌分区。按照岩溶水文地质构造特点布置勘探工作。

(2) 利用物探可控源音频大地电磁测深（EH-4、GDP-32）及激发极化方法对重要构造缺口部位、岩溶发育情况及地下水位进行较大范围的勘探（在岩溶山区可作出深度在400m以内、解析度较清晰的视电阻率成像，通过纵横方向的图片，大致判断一定区域深部地质结构及岩溶发育特点、地下水位变化情况），为水文地质钻探工作的布置提供参考。

(3) 在分水岭地区重要构造缺口的岩溶管道附近布置钻孔，对地下水位进行验证。并分析岩溶地下水管道系统的发育阶段、层位、高程、规模、流速、坡降等特点及其水位变化规律。

（三）水库渗漏评价

1. 可疑渗漏带划分　库区有4个可疑渗漏带。左岸河湾地块有假角山向斜和库首2个带，右岸河间地块为大锅寨和二叠系可溶岩2个带。各带溶蚀槽谷地形明显。

2. 勘探成果分析

(1) 地形地貌分析左、右岸跨河湾（间）地块的大范围渗漏途径均跨越地形分水岭，其地面高程均在1350m左右，与河水面高差在500m以上，分水岭岩体宽度3～10km，较完整，未受溯源侵蚀。分水岭地区地表出露地层为三叠系中统松子坎组及寒武系中厚层白云岩、泥质白云岩等弱岩溶含水岩组地层，有地表径流分布，以浅碟状洼地及缓丘组合的缓丘溶原地貌为主，岩溶发育程度微弱。

地形分水岭两侧斜坡地带高程1100～1250m，与山盆Ⅱ期剥夷面高程对应。该地带分布三叠系强可溶岩组，为岩溶峰丛洼地及峰丛谷地地貌类型，地表大型岩溶洼地、谷地发育，谷地呈辐射状由地形分水岭分别指向上下游河谷。该带岩溶强烈发育，为岩溶地下水的补给及运移区，地下水活动以岩溶管道型式为主。

乌江干流及大型支流河谷地带，为地下水排泄区，水库上下游均有众多泉点出露，有代表性的岩溶大泉共20个，进行了大量连通试验，确定补排关系与流速。

(2) 地下水位分析，两岸可疑渗漏带共布置14个水文地质钻孔。在分析孔深/水位变化曲线、综合测井资料及水位长期观测资料后，认为大部分钻孔均具有较好的代表性。揭示库区地形分水岭地带地下水位在1100m高程以上；两侧斜坡地带山盆Ⅱ期台地地下水位在870m高程以上；河谷地区有一个地下水位低平带，宽约200m左右，与河水位呈同步变化。

3. 水库渗漏评价　大量勘探试验成果证实，左、右岸河湾（间）地块大范围可疑渗漏带均存在地下分水岭，且两侧分别发育独立的岩溶地下水系统，彼此无水力联系。连通试验及一个完整水文年的观测资料表明，靠近地下分水岭部位的地下水位已高于水库正常蓄水水位，不存在沿河湾（间）地块产生大范围岩溶管道性和裂隙性渗漏的条件。

左岸库首小范围绕渗带处于地下水排泄区，地下水位低平，水库建成后上下游水位差最大，渗漏途径仅数百米；钻孔压水试验、物探测试表明，该带靠河岸部位岩溶发育、岩体透水率大于10Lu，甚至不起压的试验段较多；由左岸斜切向下游发育的F_{13}为区域性压扭性断层，断层影响带靠近坝肩，影响带内岩体扭曲破碎，透水性好。因此存在库首渗漏问题，须作防渗处理。

（贵阳勘测设计研究院 徐光祥）

岩溶浸没内涝灾害研究

（一）岩溶浸没内涝灾害的分布特征

(1)岩溶浸没内涝的区域性分布特征。封闭、半封闭的谷地、洼地、河流两侧的缓坡区开阔的分水岭地带易发生岩溶浸没内涝。如贵州独山黄后地下河流域内的槽谷内涝区，湘西南宜章岩溶丘陵低地内涝区，云南开远高原山间盆地内涝区。又据广西52个岩溶县统计，常年岩溶内涝面积达6.12万km^2。典型的有：罗城双寨、东兰板文、都安地苏、大化大调、隆安布泉、贵港古樟以及桂林的“三条江”内涝区。

(2) 岩溶浸没内涝具有周期性和突发性。周期性指当地每年5月～8月汛期，当降雨量超过某一量值时出现1次或数次内涝。突发性指当地本无内涝历史，但由于岩溶通道的变迁，崩塌、堵塞、改道而产生新的内涝点。

（二）岩溶浸没内涝研究

红水河岩滩水电站和百龙滩水电站建成蓄水后，水库周边发生和加重了河道型岩溶浸没。

岩滩水电站正常蓄水位为223m，1993年由于连续暴雨，5月至8月份降雨量1726mm，水库周边10个岩溶洼地遭到浸没内涝，总面积达660km^2。造成水库右岸板文地下河系中游的拉平、巴纳两个封闭的岩溶谷地内涝，平地起水7～16m，淹没耕地456km^2；受灾人口6671人，内涝延时85d，当年颗粒无收。

为此广西电力工业勘探设计研究院和地矿部岩溶地质研究所于1993年至1998年对岩滩、百龙滩水库岩溶浸没内涝进行了包括岩溶地质调查和钻探试验，气象、地表水、地下水长期观测，水化学同位素分析，地下河系物理模拟试验，水文径流分析计算等方面的研究，获得了有关内涝成因、分布规律等重要成果，并以频率雨量对内涝规模进行了预测。

研究表明，岩滩库水循板文地下河系倒灌了13km，拉平谷地内涝水位高于岩滩库水位70～80m，在3d降雨量219mm情况下，内涝淹没耕地比蓄水前增加46%，延时增加35d。说明水库蓄水加重了原有的河道型浸没内涝。

（三）岩溶浸没内涝形成的机理

岩溶浸没内涝是岩溶多重介质环境变异与人为活动的综合产物。受气象、地质和人为等多种因素影响。

(1) 降雨的历时和强度。汛期集中暴雨或连续降雨，是内涝的直接外因。红水河为例，峰林洼地区“起涝雨量”约200～230mm，峰林平原地区为100～120mm，累积时限7～10d。

(2) 地表、地下岩溶、多层多方向组合，纵向坡降多变、横向发育“瓶颈”断面，导致其汇水功能大于排水功能，形成岩溶浸没内涝的内在因素。

(3) 地表、地下岩溶既连通又制约，大气降水、地表水、地下水运动状态转换，时间上快速多变、空间上复杂多样。当补给区与径流排泄区同步降雨，则地表水与地下水位峰值时空遭遇，极易形成内涝灾害。

(4) 人为的环境行为。指人类的生产、生活和工程活动，如森林砍伐、过度垦植、工程开挖、垃圾堆放，堵塞输排水通道，修建不合理的水利工程，改变地下河出口的排泄条件等。

（四）岩溶浸没内涝灾害的治理与控制

岩溶浸没内涝灾害成因复杂，目前还难以直接正向调控，采取的主要对策是避开、限制、治理和加强环境保护等。

被动性措施有随机补偿、移民搬迁和汛期限制水库水位。主动性措施有工程措施和加强区域环境保护两方面。工程措施包括扩大消水洞入口、开挖明渠疏导、隧洞排水等。岩滩水电站为解决库区拉平、巴纳谷地近700km^2的农田内涝问题，开挖两条直径3.0m、总长10119m的隧洞，将两片内涝积水排至岩滩水库中。设计排涝标准$P=0.20$，3日暴雨最大泄洪流量为81m^3/s，三天内排至耐淹水深，效益显著。

区域环境保护是根本。加强水土保持、封山育林、减少水土流失。禁止向消水洞、地下河倾倒废物垃圾。建拦石坝，防止泥石被水流带入洞中，造成地下岩溶管道堵塞。在岩溶地区兴建水利工程应进行环境影响评价，预测岩溶浸没内涝的可能性和规模，并提出应急处理措施。

（广西电力工业勘察设计研究院 光耀华）

尼尔基水利枢纽
右岸副坝下游浸没评价研究

尼尔基水利枢纽右岸副坝位于白土山台地，坝长3775m，最大坝高15m，黏土心墙土石坝，坝轴线基本沿台地最高处布置。

浸没评价问题，在可研阶段就进行过研究，结合防渗处理措施，进行了8个比较方案的三维电脑网络程序计算，均存在较大的浸没范围。右岸副坝呈双层结构，上部为厚5～25m的黏土层，下部为含泥砂砾石层和风化层构成的透水层。下游排水不畅，蓄水后呈承压状态，承压水头高出地面或接近地面。初步设计阶段针对上述情况对副坝浸没评价进行的研究，主要解决两个问题。

(1) 黏性土含水带厚的确定。下部含水层的承压水头与上部黏土层中的地下水位的关系，即下部含水层承压水头在上部黏土层中形成的含水带厚度，和承压水头的折减关系。

(2) 目前室内试验是通过测定土层的毛细力来代替土层的毛细水上升高度，通常黏土层黏粒含量越高，毛细水上升高度越大，达到一定比例后，黏土层成为隔水层。

本次专题研究根据结合水动力学理论，即黏性土中水的运动规律。黏性土中水不断克服土粒表面结合水的抗剪强度，存在一个初始水力梯度 I_0，只有水力梯度超过该值，地下水才能流动，即满足下式。

$$V = K(I - I_0)$$

式中：V——渗流速度；

K——渗透系数；

I——比降；

I_0——初始水力梯度。

据此，采取野外调查与室内试验结合，宏观研究与微观研究结合的研究方法，具体如下。

(1) 在野外挖一定数量的试坑至黏土层中出现地下水位，测定稳定地下水位埋深。实测地下水位以上的毛细水上升高度。在肉眼观测的同时，沿坑壁一定深度间距取样测定其含水量和饱和度。

(2) 挖穿或钻穿黏土层至透水层，量测黏土层底板埋深，测定稳定测压水头，用野外测得的含水带厚度 T 和测压水头 H_0 计算 I_0。

(3) 取样进行土的室内试验，项目包括：物理性质，即颗粒级配、比重、容重、孔隙比、天然含水量、饱和度、界限含水量；水理性，即毛细水上升高度、渗透系数、起始水力梯度；矿物化学性，即化学成分、矿物成分、阳离子交换容量、微观结构（扫描电镜）、比表面积。

通过现场和室内试验，黏土层初始水力梯度的野外测定值为0.5～2.5，室内测定值为1.09～5.37，毛细水上升高度野外测定值为1.3～2.35m，室内测定值为1.8～3.04m，最后综合取 $I_0=0.5$，采用 $T=H_0(1+I_0)$ 计算黏土层含水带厚度，把黏土层中的测压水头转化成黏土层中的实际地下水位。土的毛细水上升高度选取2.5m，据此确定的浸没评价标准和浸没范围，较可研究阶段的缩小，简化了工程处理，节省了搬迁、耕地赔偿和各项费用约2000万元。该项成果已顺利通过水利部水规总院组织的专家审查。

（东北勘测设计研究院　鞠占斌）

天生桥一级水电站水库滑坡塌岸影响区勘察

天生桥一级水电站水库正常蓄水位780m，总库容102.57亿 m^3，回水距离127km，库岸线长约1200km。两岸阶地较明显的有四级。近坝库段岩溶发育，陡崖时有崩塌现象。在砂泥岩地区，全强风化深度一般为20～30m，局部可达40～50m。1998年下闸蓄水后，频繁诱发地震，库岸再造明显。国家电力公司昆明院先后对整个水库库岸高程780～850km范围库岸的稳定性及其影响进行了专门地质调查，并对失稳区处理措施进行了规划设计。

（一）工作内容

(1) 用0.2万地质测绘进行全面调查。

(2) 对问题突出、影响较大的点（30多个）进行重点勘察，包括地质调查，平（剖）面测绘、勘探及试验工作。

(3) 室内分析、工程类比并结合库岸具体地质情况，预测和确定库岸再造影响范围，并标绘于1：1万的地形图上。

(4) 由测量现场的地质条件及放点、打桩、规划、现场复核，确定最终范围。

(5) 对确定的失稳区近迁点和外迁点进行稳定评价，并提出处理措施建议。

（二）库岸稳定评价

库区岩层均为层状结构。横向河谷地段，岸坡整体稳定性较好。纵向河谷地段，岩层倾向与岸坡一致时，整体稳定性较差，将以沿层面变形或滑动为主要形式；逆向岸 坡整体稳定性较好，仅可能发生局部塌滑或崩塌。斜向岸坡，整体稳定性较好，岩坡变形往往是楔形块体滑落。

根据库岸地形地貌、地质结构、岩石类型和岩体完整性、水文地质条件，南盘江干流以基本稳定库岸为主，约占54%；稳定性较差库岸次之，约占30%；而稳定库岸及稳定性差的库岸均较少，分别占9%和7%，多分布在支流及冲沟两侧。

（三）库岸再造特点及影响范围预测

1. 库岸再造特点　库岸再造类型有两种：一是蓄水后产生整体性滑坡（古滑坡复活和产生新滑坡），一般规模较大；二是松散覆盖层的一般土层滑动，规模较小。据调查，水库蓄水至740m高程时库岸已发生了多处变形和滑动。高程达到850m。它们具有以下特点：地形坡陡，一般大于30°，其中近沟边（水下部分）局部达50°；覆盖层厚度一般大于3m，全强风化带厚；变形特征相似，为弧形多级错台变形或滑移，以表层的自下而上渐进式缓慢发展为主要变形特征。

2. 库岸再造影响范围预测　根据工程经验类比，对于由全、强风化的砂泥岩互层状地层及覆盖层组成的水库岸坡，水下稳定坡角相当于冲刷角为20°至25°；水上稳定坡角为30°至35°。因此地形坡度小于20°（滑坡地带除外）的水库岸坡，库岸再造影响范围较小，主要考虑浪蚀及浸没作用的影响；有滑坡体分布的地段，前缘出露点低于正常蓄水位，库岸再造影响的范围基本与滑块的分布范围一致。对地形坡度超过20°的水库岸坡，库岸再造影响范围根据库岸的结构类型分别预测。

(1) 对于库岸坡度大于20°的逆向、斜向及横向库岸坡。水上稳定坡角取35°，水下冲刷角取25°，再造取平均库岸坡度为30°的库岸，依据长江三峡水库最终坍岸宽度的预测方法及模型，进行图解分析，求得最终坍岸高度。库岸再造影响范围一般低于800m高程。

(2) 对于库岸坡度大于20°的顺向岸坡。岩层倾角大于或等于地形坡度时，库岸再造将主要表现为表部覆盖层沿层面的滑动，影响范围与覆盖层厚度、岩层倾角及地形坡度有关，影响范围一般较大，可能超过800m高程。

（四）库岸再造对环境的影响

1. 对居民点的影响　(1) 居民点部分被水淹没，已搬迁，剩余部分位于水边线附近，前缘坡度较陡或属顺向，覆盖层及全强风化层较深厚，已有变形现象。影响范围大，涉及户数多。

(2) 居民点位于水边线以上一定高程处，但属库岸再造影响范围内，影响户数不多。

(3) 居民点位置较高，但位于库边陡坡或古滑坡体后缘地段，库岸再造将危及居住点安全。

(4) 居民点位于干流与支流交汇处，三面环水，地形坡陡，局部已产生变形或滑塌，蓄水后危及居民安全。

(5) 居民点位于古滑坡体上，滑坡前缘低于水库淹没线，水库蓄水后滑坡可能复活。涉及范围大，影响居民多。

(6) 对居民点影响的同时，也对经济作物带来普遍影响。

2. 对移民工程的影响　据调查，库岸再造对沿岸公路的影响较突出。靠水边线的路段，最低处约785m高程，路基外侧多为堆渣，坡度较陡，局部路段还通过滑坡堆积体，蓄水后将影响路基的稳定，影响公路的正常运行。

（五）失稳区搬迁点地质调查

水库失稳区大致分为两类：一类是目前已发生变形失稳或预测近期将失稳的；另一类是尚未变形失稳但预计10年内可能失稳的。为避免再发生二次搬迁，对失稳区后靠或外迁安置点进行了处理措施规划设计和场地稳定性评价。

经地质、规划设计及地方政府共同确定近迁安置点一般建在库岸800m高程以上、小于25°的平缓斜坡上。除少数安置点需进行一定的处理外，其余整体稳定性均较好；外迁点一般地形开阔、平坦，场区整体稳定性较好，适于移民安置。但应统一规划安置。对多层及高层建筑物应进行必要的专门勘察工作，采取相应的工程处理措施。

（六）处理措施建议

通过三省（区）库岸780m到850m高程范围内334个移（居）民点（原居住点165个，后靠点169个）稳定性调查分析与评价，查明和预测局部或部分存在问题的移（居）民点共有152个，其中52个位于滑坡地带。水库蓄水后截止2001年8月库岸坍塌、房屋地基下沉、地表变形开裂的共有60个点，绝大部分发生在原来预测的范围内，局部点出现了新的变形失稳现象。鉴此，提出以下处理措施建议：

(1) 搬迁处理。原居住点位于滑坡地带，建筑材料缺乏、交通不便，代价太高，以搬迁为主。

(2) 分期分批处理。按轻重缓急的原则，对目前已发生或预测近期将失稳的塌滑区，地方政府应尽快组织人员迁出影响区。

(3) 稳定监测。鉴于库岸再造是一个长期的、渐进的过程，对尚无变形失稳迹象，但预计10年内可能失稳的移（居）民点，加强对库岸稳定的观察，发现新的隐患，按总体规划尽快组织迁出影响区。

（昆明勘测设计研究院　王自高）

小湾库首堆积体地质勘探与稳定性研究

（一）小湾库首堆积体地质勘探

小湾库首堆积体位于左岸坝前，紧临坝基，总体积达$400\times10^4m^3$，其中水库正常蓄水位以下$40\times10^4m^3$。为查明其稳定性，昆明勘测设计研究院进行了1∶1000平面地质测绘，并开展了平洞、钻探和物探相结合的综合勘探工作。在堆积体部位累计完成的勘探工作量主要有：平洞约250m；钻孔约2100m；物探，浅层地震反射法剖面长5364m、浅层折射法剖面长约770m、面波勘探剖面长933m。并取接触带土体2组进行三轴试验，22组颗分试验；对2个钻孔揭露的上层滞水进行了4年～6年的观测。

（二）库首堆积体形态及基本地质条件

库首堆积体平面似舌形，其山坡地形平均坡角32°～35°，局部地段有陡坎。堆积体南侧边界相对凸起；北侧为现代冲沟凹地。前缘高程约在1130m，平均厚度约为33～35m；SN向长80～200m，EW向长745～830m，最大高差约460m。堆积物主要为块石和特大孤石夹碎石质土、碎石层或砂壤土。特大孤石直径一般为2～5m，最大可达9m。块石直径一般为0.2～0.8m，最大可达1.0m。碎石粒径一般为5～15cm，最大可达到20cm。母岩为黑云花岗片麻岩，主要呈弱、微风化状态。碎石质土、碎石层以及砂壤土分布不成层，主要填塞在特大孤石、块石的缝隙之间。堆积体与下伏基岩面间多分布一层接触带土体，其厚度一般为0.15～8.05m，最厚可达12.16m。接触带土体的成因类型以坡积为主，由砾石、粉砾和砂砾组成；局部地段分布有洪积物，由砾质粘土或砾质轻壤土组成，主要分布在下伏基岩面低洼处。不同部位接触带土体中细粒物质（小于0.05mm）的含量差别较大，颗粒级分资料表明，其细粒含量最小为6%，最大可达33%，一般为15%～27%。

堆积物总体上较密实，局部较为疏松，并存在架空现象。据物探资料，堆积体的地震波纵波速度一般为600～1350m/s，横波速度一般为300～500m/s。

据各种勘探成果，堆积体下伏基岩主要为弱风化的黑云花岗片麻岩夹薄层透镜状片岩。堆积体下伏基岩面无论是纵向或横向上均呈波状或阶梯状，起伏差较大。基岩面的总体形态是：在横剖面上两侧陡峻，坡度大于45°，中间为总体平缓但有起伏的槽地；在纵剖面上是向西倾斜并呈台坎状的斜坡，平均坡度约25°～30°；下伏基岩面不仅向河床方向倾斜，并向上游侧冲沟方向缓倾。

堆积物具强透水性，接触带土体透水性相对微弱。有2个钻孔揭露有上层滞水，对其进行了4～6年的观测，成果表明，上层滞水水层厚度一般为0.22m～4.2m，年变幅2.86m～3.57m，主要分布在冲沟沟底附近。

堆积体的形成过程大致可分为冲沟发展和槽地形成、崩塌堆积、压密、再剥蚀等阶段。

（三）库首堆积体稳定性研究

根据地形、基本地质条件分析可知，如果堆积体在工程施工和运行期间发生整体变形破坏，主要是沿堆积体与下伏基岩的接触带土体的滑移破坏。根据试验成果并进行经验类比，接触带土体的抗剪参数为：$\varphi'=30°\sim32°$，$c'=0.04\sim0.05\text{MPa}$。

对堆积体在各种工况条件下的稳定性采用土工离心模型试验，二维、三维刚体极限平衡和三维有限元等多种法进行了分析研究。其成果表明：堆积体在自然状态下是稳定的，在工程施工运行期间正常工况条件下仍是基本稳定～稳定的，在地震工况条件下稳定性稍差。土工离心模型试验成果表明，堆积体下伏基岩的前缘两侧相当于拱肩部位岩体中的应力值明显比其中间部位大了将近一倍。说明前缘两侧岩体对堆积体稳定性起到很重要的阻滑作用。

（昆明勘测设计研究院　汤献良）

清江隔河岩水电站水库滑坡影响区的勘察

清江隔河岩水电站大坝坝顶高程206m，最大坝高151m，设计洪水位202.8m，正常水位200m，库容31.2亿m^3，库长91km。1993年4月10日下闸蓄水，水域面积近70km^2，最高水位达到203.99m。

（一）水库滑坡的基本概况

隔河岩水库岸线全长560km，滑坡共42个，总体积2.3亿m^3。其中，规模＞1000万m^3的滑坡5个；100～1000万m^3的滑坡27个；＜100万m^3的滑坡10个。滑坡前缘分布高程一般125～200m，后缘分布高程一般240～608m。

（二）滑坡影响区的圈定与分类

1. 滑坡影响区的圈定　库内滑坡体大部分或部分处于库水位以上，未淹没部分滑坡体上仍然有居民点、农田、工矿企业、学校、公共设施，虽不为水库直接淹没，由于水库蓄水后，环境发生重要变化，必将受不同程度的影响，在此过程中将发生不同程度的变形或滑动，圈定这一范围即称为滑坡影响区。

其圈定原则为：

(1) 滑坡地段的水文地质特征、地质结构。

(2) 滑坡的地质背景、几何边界条件及地貌。

(3) 滑坡近期的变形特征，特别是蓄水后的变化。

据此，42个滑坡体中，有35个圈定了影响区。其意义在于：引起当地政府的高度重视；规定划定的影响区内不准建新村、新移民点及新房舍等；在滑坡影响区进行了实物指标的调查，并落实预留影响区的移民安置经费。

2. 滑坡影响区的两大类型与移民安置

(1) 蓄水前影响区内的居民及公共设施必须搬迁——该类滑坡稳定性差，水库蓄水前有明显的变形迹象，蓄水后预测将会出现较大的变形或失稳。如青鱼洞滑坡影响区等。

（2）蓄水前影响区内的居民及公共设施可暂不搬迁、待蓄水后观察——该类滑坡总体稳定性尚好，但不能排除出现变形和局部失稳，由于居民户多，一旦出现变形将有重大社会影响。

（三）滑坡影响区的勘察与对策

1. 重要的滑坡影响区蓄水前即建立监测系统　杨家槽、墓坪、枣树坪、覃家田和茅坪五滑坡规模大、居民多，稳定与否关系重大，在蓄水前就进行了地质勘探，并埋设了观测墩进行地表变形监测和钻孔埋设倾斜仪进行深部变形监测，为滑坡影响区移民安置或防护治理提供科学依据。

2. 水库运行期变形量大的滑坡影响区采取撤迁安置　在水库运行期，有些滑坡影响区变形量大，发展也快，工程治理代价大，故采取撤迁安置，如茅坪滑坡和沿乡溪滑坡等。茅坪滑坡前缘高程150m，后缘高程570m，体积2350万m^3，居民234人，水库蓄水的第二年即出现变形，发展较快，影响区居民全部迁出，目前累计平面最大位移量达2.04m（1993年3月～2001年3月）。

3. 水库运行期前缘局部变形的最重要的滑坡采取工程治理　杨家槽滑坡现已成为一个现代化的新型城镇，基建费用已达数千万元，滑体上居民上千人。新镇址未经正规地质勘察而定，后经清江地质大队勘测认定为滑坡时，地方政府和居民极为关注，尤其是蓄水后滑坡前缘库边出现局部变形时，当地居民极为恐慌。长江水利委员会清江地质大队为此进行了滑坡治理前的地质详勘工作，基本查清了滑坡的形成机制、物质组成与滑带特性，并在滑体内发现了一个规模较大的地下岩溶洞穴系统，洞穴沉积物齐全、完整。这个洞穴系统常年过水，成为天然的地下排水通道，对滑坡体长期稳定有重要作用。结合模拟计算、分析其形成演化过程，评价出滑坡现今稳定性好，但需进行局部治理。工程治理已于2000年6月完成。

4. 通过对滑坡影响区勘察选择"安全岛"　西湾滑坡分布高程165～370m，体积107万m^3。1995年5月出现变形，有的房屋已成危房。经过对滑坡的成因、物质组成与分布特点的详细调查，依据其地质结构，选择了四处"安全岛"，安置滑坡影响区的居民，充分利用了当地的土地，减轻了当地政府的安置压力，社会、经济效益明显。

5. 通过对滑坡影响区的勘察与稳定性研究避免了大搬迁　通过勘察与稳定性研究，避免了大搬迁的有天池口、塔池河、春树坪、三洞水滑坡。

天池口滑坡，前缘高程145m，后缘高程518m，体积3200万m^3。滑体上居住有数百名村民及一所小学。水库蓄水前临库滑坡平台被圈定为滑坡影响区。蓄水以来，临库陡坡严重坍岸区出现六处小规模的坍塌，滑体下段轻微变形区有34栋民房，墙体出现不同程度的裂缝、裂纹。经地质勘探查明第一序次滑体稳定性好，变形主要出现在第二序次滑体范围内，且目前变形已趋缓和，故认为滑坡影响区以外的居民户可不进行搬迁，影响区范围内的居民户是否搬迁视情况发展而定。

（长江水利委员会综　徐瑞春　徐同海）

三峡库区地质灾害防治与资金管理

2001年，中国地质环境监测院编制了《三峡工程库区地质灾害监测预警工程建设规划报告》，规划了受蓄水位135m影响的1302处崩滑体采取分类监测，有重点地实施监测预警，由国土资源部负责组织实施；制定了《长江三峡工程库区移民安置地质灾害治理项目管理规定》，对使用三峡移民资金的地质灾害进行工程治理项目的分级管理、申报审批、方案设计、工程实施、竣工验收、经费概算的编制、经费审核与使用管理等提出了要求，提出了《长江三峡工程库区滑坡防治设计与施工技术要求》的方案。由水利部长江水利委员会开展了三峡库区蓄水后的坍岸影响及库岸稳定性勘查工作，提出奉节、巫山、巴东三县城移民迁建工程的高边坡防护与房屋建设基础超深处理的专题研究报告。对三峡库区高程135m处，蓄水前需开展崩滑体工程治理的项目有21处，布置了专题地质勘查和防治工程设计，安排了重庆市石柱县张家坝滑坡、云阳县壁上挂灯滑坡、奉节县安坪新址藕塘滑坡、巫山县秀峰寺滑坡、巫山县双龙集镇新址马家屋场至后坪滑坡及赵家屋基变形体、湖北省秭归县马槽岭滑坡、兴山县彭家槽滑坡等工程治理项目7个，资金5190万元，这些项目在重庆市、湖北省移民局的组织下顺利进行。对危害大、影响大的湖北省巴东黄土坡滑坡、重庆市云阳县西城滑坡、万州区和平广场滑坡、万州区关塘口滑坡布置了补充地质勘察与防治工程可行性研究设计工作。

2001年7月，中央决定用40亿元，专项治理蓄水135m水位时的各类地质灾害。同年8月成立了由国土资源部牵头，国家计委、财政部、三峡工程建设委员会办公室和移民开发局、建设部、水利部，以及重庆市、湖北省人民政府参加的三峡库区地质灾害防治工作领导小组，统一协调、推进此项工作。年底，三峡库区地质灾害防治总体规划已经编制完成，对影响2003年135m水位蓄水后的各类地质灾害防治工作已经全面展开，国家计委批准了第一批地质灾害防治项目投资计划。

三峡工程库区地质灾害主要包括3个方面，一是崩塌滑坡，库区有各类崩塌、滑坡体2490处，其中受水库蓄水影响的1627处，移民迁建区内有863处。经分析：①可能造成较大危害的1168处崩滑体，采用工程治理或搬迁避让的措施处理；目前较为稳定的744处，以实施监测预警为主；另外578处相对稳定或不直接造成重大危害的，暂不处理。②在新城镇迁建及公路等专业设施复建的高切坡和基础超深问题上，1428处高切坡中，一部分稳定性较差，需要实施工程防护；奉节、巫山、巴东等移民新区地基条件不好，房屋等设施的地基基础需要超深处理。③塌岸。在三峡库区5300余公里岸线中，存在地质灾害隐患的库岸长约440km，需实施工程防护的库岸139km。

为规范和加强库区地质灾害防治资金的项目与经费使用管理，国家计委和财政部分别制定了相关管理规定。国家计委要求，三峡库区地质灾害防治项目的报批参照国家基本建设项目报批程序，根据具体情况适当简化，以加快治理进度；在项目安排上，要求把库岸、人口集中的集镇和居民点所在的崩滑体、塌岸治理作为重点，近期着重抓好蓄水135m水位前库区需要工程治理的地质灾害项目；对防治项目报批和实施实行分级负责、属地管理，按治理规模和投资额度纳入国家和省级重点工程管理。财政部制定的《三峡库区地质灾害防治资金管理办法》，要求三峡库区地质灾害防治资金实行项目管理，按规定程序编制年度财政预算，并按年度项目投资计划将资金分别拨付重庆市和湖北省财政部门，重庆市、湖北省财政部门按规定程序将资金落实到具体使用单位；重庆市、湖北省财政部门应设立专账统一核算管理三峡库区地质灾害防治资金，保证专款专用；三峡库区地质灾害防治资金纳入三峡工程概算，中国长江三峡工程开发总公司根据财政部批复的三峡库区地质灾害防治资金年度决算相应增加国家资本金。

至2001年底，国家计委共审批限下项目（项目投资少于3000万元）17个，总投资19383万元，其中湖北省项目8个，投资7060万元，重庆市项目9个，投资12323万元。国家计委委托中国国际工程咨询公司对6个限上项目（项目投资大于3000万元）可行性研究报告进行了评估，分别是：重庆市巫山县北门坡变形体、奉节县白衣庵滑坡、云阳县宝塔滑坡、涪陵区长江乌江汇合口东岸滑坡、万州区二丝厂（火车西站）变形体和万州区清泉路滑坡。以上项目除涪陵区长江、乌江汇合口东岸滑坡有一部分需补充工作外，其他项目都经国家计委批复同意，进入初步设计阶段工作。

（国务院三峡建委办公室　　罗元华）

抽水蓄能电站上库工程地质条件

江苏沙河抽水蓄能电站上水库工程地质条件与评价

沙河抽水蓄能电站位于江苏省溧阳市南20km的龙芥沟。电站以沙河水库为下库，上库利用龙芥沟沟源洼地，挖岸扩容而成，库岸开挖坡比1∶0.75。上库东西宽240m，南北长620m，呈不规则长方形。

主坝建于上库西侧，为混凝土面板堆石坝，正常蓄水位136m，消落水位120m，库容电站总装机容量100MW。

（一）库盆地质条件

组成上库的基岩为侏罗系上统大王山组中的一酸性火山岩，以灰白或暗灰绿色凝灰岩为主，夹沉积凝灰岩，偶见紫红或灰绿色凝灰质粉砂岩薄夹层或透镜体。南库岸和北库岸西段，有后期侵入的安山玢岩。断层以*NNW*和*NE*两组为主，主要有F_{23}（南库岸）、F_{11}、f_{71}、f_{56}、F_1（北库岸）等，一般特征：①宽度为5～30cm，最大1m；②多为陡倾角（65°以上）；③多有分岔交汇现象，密集发育处（如F_{11}与f_{71}之间库岸段）呈网状切割，岩体破碎。

（二）库岸渗漏评价

南、北库岸的中部各有宽厚的山体，其余库岸均为山体外延的梁状低山，且东侧和北侧各有一个低凹的垭口（东侧垭口低于正常蓄水位）。库外侧为30°～50°斜坡，正常蓄水位时山体厚120～200m，北侧垭口宽仅30m，略高于正常蓄水位。勘探查明，除宽厚山体外，大部分库岸地下水位和相对隔水层顶板高程（透水率$q<1$Lu线）均低于正常蓄水位136m。南库岸相对隔水层顶板高程为120～127m，低于正常蓄水位9～16m，北库岸相对隔水层顶板高程为115～120m，低于正常蓄水位16～21m，平均透水率以1～10Lu和10～50Lu两个等级为主，说明库岸岩体为弱

到中等透水程度。但北库岸断层 F_{11} 与 f_{71} 两断层之间(宽 30～40m)，由于断裂密集呈网状切割导致岩体破碎，透水性增大，其相对隔水层顶板线呈上宽下窄的槽状下凹，槽底高程约 85m，低于正常蓄水位 51m，最大透水率大于 100Lu，形成强透水库段。

库岸渗漏段为库岸总长的 70%，透水程度以弱到中等（透水率 $q=1\sim50$Lu）为主，相对隔水层(<1Lu) 顶板埋深浅（仅低于正常蓄水位 9～21m)，同时考虑抽水蓄能电站的特性要求，渗漏库岸须进行防渗处理。工程采用了垂直帷幕灌浆防渗处理，孔距为 2.0m，断层呈网状切割的强透水地段，孔距为 0.5～1.0m，帷幕孔深以进入相对隔水层 5m 为准。

（三）库岸稳定评价

库岸边坡由凝灰岩构成，开挖边坡的坡比为 1：0.75，正常蓄水位以下坡高 25～35m。无较大规模的顺坡向断裂通过，亦无对库岸稳定不利的结构面组合，库坡整体稳定。

由于不同的安山玢岩侵入体与围岩接触处多见形状不同、宽窄不一（宽度 0.2～20m）的接触破碎带，其组成物质强层风化，遇水易软化崩解。由于接触破碎带形态不规则，施工清除的难度较大。水库运行时水位日变幅达 16m，接触破碎带对库岸的局部稳定有较大影响，须进行护坡处理。施工通常采取挖深 1.0m 清基后，表面浇筑厚 0.5m 的混凝土，隔离库水并用锚杆锚固，与基岩连结成整体。

本电站于 1998 年 9 月正式开工，2001 年 5 月第一台机组发电，至今运行情况良好。

（上海勘测设计研究院　　刘爱实）

中国水力发电年鉴（2001～2002）

9

施　工

混 凝 土 坝 施 工

高碾压混凝土拱坝快速施工研究

一、概述

1993年中国建成了普定碾压混凝土拱坝。在碾压混凝土材料、入仓工艺、坝面作业等方面都取得了高水平的科研成果，在100m以下碾压混凝土拱坝的设计、施工方面积累了经验。在总结成功建筑100m以下碾压混凝土拱坝经验的基础上，集中力量对坝高100m以上的薄拱坝采用碾压混凝土筑坝进行攻关研究，使中国在使用碾压混凝土建筑高拱坝的技术上继续居于世界领先地位。

沙牌大坝为目前世界上在建的、最高的全断面碾压混凝土拱坝，被列为中国国家“九五”重点科技攻关项目依托工程。该专题研究目的是在“八五”期间普定碾压混凝土施工技术的基础上，探索一套100m级高拱坝全断面通仓碾压、连续施工工艺技术。

二、高碾压混凝土拱坝施工过程仿真研究

（一）沙牌大坝施工模拟计算边界条件

沙牌大坝计算机模拟施工参数见表1。

表1　沙牌大坝模拟施工参数表

序号	项　目	数　值	备　注
1	坝顶高程(m)	1867.5	
2	坝底高程(m)	1735.5	
3	开工时间	1999年3月	
4	碾压机型号	BW202AD	
5	碾压机台数	3台	主碾设备
6	碾压带宽度(m)	1.8	
7	搭接宽度(m)	0.2	
8	行走速度(km/h)	1.0	
9	碾压遍数	10遍	
10	铺层厚度(m)	0.3～0.35	
11	压实层厚(m)	0.25～0.3	
12	机械检修	结合间歇期	
13	初凝时间(h)	8	
14	拌和楼生产率(m^3/h)	200	
15	自卸车运混凝土量(t)	15	6m^3料罐
16	重车/空车行驶速度(km/h)	15/20	
17	基础灌浆时间(d)	35	含混凝土等强时间
18	升层高度	视道路和建筑定	
19	升层间歇时间	视各工序时间定	
20	各月停工天数	按统计	降雨、雪等
21	相临高差(m)	0.6	

（二）模拟计算及分析

1. 方案拟定及计算

（1）大坝混凝土运输模拟。大坝施工采取低线和高线两种供料方式，低线采用自卸汽车直接入仓，高级采用自卸汽车转真空溜管入仓。经混凝土运输过程模拟计算，其车流量为22～25车次/h，且行车间距均在200m以上，可见低线和高线道路行车状况均较闲。

（2）大坝施工过程模拟。针对沙牌大坝情况，拟定了方案并进行计算，结果可得到大坝任意时刻的施工强度、设备利用情况、仓面作业情况等参数，同时可针对不同方案预测到达任意高程的施工进度及工程措施等。

2. 计算成果分析　从模拟施工进度分析，日浇筑大坝3层，单层施工时间7～8h。与大坝实际浇筑进度、日上升层数对比分析，实施进度与预测几乎完全一致，说明该软件开发是成功的，所取施工参数和边界条件符合沙牌大坝施工实际。

三、高碾压混凝土拱坝入仓方式及施工研究

（一）100m级真空溜管设计和试验研究

100m级真空溜管的设计研究，主要解决混凝土入仓高差在100m时的技术问题。入仓设施应简单、实用，方便施工，具有经济效益，要求：①真空溜管输送混凝土高差达到100m级；②输送强度不低于180m^3/h；③管径控制在0.4～0.8m，管节4～5m；

④溜管长度控制在90～120m；⑤输送二级配或三级配碾压混凝土，控制最大骨料粒径80mm。

1. 真空溜管设计

(1) 真空溜管入仓工艺设计。采用传统的气动弧门控制方式和新型的油动给料泵控制方式。

(2) 真空溜管结构设计。真空溜管结构设计是实现真空溜管入仓工艺的关键。结构设计分为受料斗、下料控制装置、溜管管身及系统支撑结构四部分，前三部分是关键。主要应解决好管斗形状、截面大小、柔性材料、控制方式和系统密封等问题。

(3) 真空溜管光电计算机测速系统。研究设计了一套测速系统，可测定碾压混凝土下滑过程中的线速度。

2. 真空溜管制造工艺及生产性试验　真空溜管研究和生产性试验的现场为云南大朝山水电站C3标段工地，采用真空溜管入仓浇筑的大部分为碾压混凝土，共布置四条溜管。

在右岸7号公路布置1号和2号溜管，受料斗高程均为856.45m；1号溜管的出料口高程为807.2m；2号溜管为813.00m。在左岸1号公路布置3号和4号溜管，受料斗高程均为906.00m；3号溜管的出料口高程为817.00m；4号溜管出料口高程为820.00m。

生产性试验表明：通过入仓效果及生产工艺性比较，以浅槽形为最优。在100m高差条件下，用溜管输送碾压混凝土入仓是可行的。

(二) 坝面作业工艺研究

1. 高碾压混凝土拱坝施工工艺研究

(1) 混凝土入仓布置方案。在1738.0～1800.0m高程，利用坝下游入仓道路，汽车直接入仓；在1800.0～1860.0m高程，采用左岸两条真空溜管入仓，仓内自卸车接料运至碾压条带摊铺；在1860.0m～1867.5m高程，采用左岸坝顶斜溜槽＋缆机和汽车直接组合入仓方案。

(2) 坝面作业工艺。

1) 铺料与平仓。混凝土料采用自卸车两点叠压式卸料串联摊铺作业法，铺料条带从上游向下游垂直于水流向布置。平仓厚度根据碾压混凝土工艺试验结果以及施工实际的碾压厚度确定。

2) 仓面的碾压。沙牌大坝为全断面碾压混凝土的高拱坝，根据工艺性试验结果及大坝实际施工情况确定：大碾作业时无振碾压2遍，有振碾压6～8遍，再无振碾压1～2遍，最终以核子密度仪检测密度是否达到规定要求。

3) 改性混凝土施工。改性混凝土施工方法是用RCC的拌和熟料在仓面采用与碾压混凝土平仓的相同方法，再加入适量的水泥粉煤灰净浆，用插入式振捣器从改性混凝土的边缘附近向RCC熟料振捣。

(三) 改性混凝土扩大使用范围研究

改性混凝土是在碾压混凝土拌和物中铺洒一定数量的水泥粉煤灰净浆，使碾压混凝土改性，可用变频振捣器振实的混凝土。为此，结合沙牌工程进行了一系列有关的室内和现场试验，以解决浆体设计、浆体量控制、施工工艺、质量控制等问题。

1. 室内试验

(1) 原材料。主要进行了水泥、粉煤灰、外加剂和砂石料的原材料试验。

(2) 配合比参数。

1) 碾压混凝土配合比。选用二级配混凝土，水灰比0.52，用水量98kg/m^3，砂率36%。

2) 净浆性能试验。为使水泥净浆有足够的强度和耐久性，取水泥粉煤灰净浆水灰比比碾压混凝土小0.03，减水剂掺量减半，灰浆的凝结时间、抗折、抗压强度及浆液的流动度都满足工程设计的要求。

(3) 加浆量选择。随着加浆量的增加，改性混凝土的泛浆时间大幅度下降，加浆量由2%增至10%时，泛浆时间下降了104s。综合室内试验成果，碾压混凝土改性加浆量以4%为宜。

(4) 改性混凝土性能试验。为了检测改性混凝土的各项性能指标是否达到要求，根据试验成果选用4%的加浆量对其各项性能进行试验，全部达到了设计要求，并且反映出高拉伸低弹模的特性。现场施工的加浆量为4%。

2. 改性混凝土应用范围　在普定RCC坝施工中，已成功地将改性混凝土应用于振动碾碾压不到的死角及电梯井、廊道周边钢筋混凝土区域。在沙牌大坝工程中将坝面上游防渗区混凝土、下游斜面混凝土与两岸坡基岩面接触的垫层常态混凝土均用改性混凝土代替。通过改性混凝土、碾压混凝土和基岩面的结合部取芯检查，其芯样致密光滑，改性混凝土和碾压混凝土结合部无法区分辨认。从而证明，在基岩面上用改性混凝土代替常态混凝土施工，技术上是可靠的。

(四) 冬季施工研究

沙牌碾压混凝土拱坝采用全断面通仓碾压、连续上升施工工艺，由于施工期跨越1999年、2000年及2001年冬季(12月～次年2月)，而坝区在12月～次年2月月平均气温分别为0.7℃、－1.6℃、0.2℃，极端最低气温为－10.6℃。为确保拱坝冬季亦能正常施工，必须研究冬季施工时段的碾压混凝土施工工艺和防冻保温措施。

1. 气温及材料试验研究

(1) 气温情况。坝区最冷月为元月，极端最低气温值低于－10℃，但出现的次数不多。冬天最高气温出现在下午15：00左右，较低气温时段是早上5：00～8：00。

(2) 原材料温度检测。砂石料、水泥和粉煤灰的原材料试验，取砂石料温度值高于当月月平均气温2.0℃；取水泥、粉煤灰温度为30℃。

(3) 保温材料保温效果试验。碾压混凝土工艺试验时，对用泡沫塑料、稻草及海绵三种材料加工制成的保温被效果进行对比，泡沫塑料保温被效果最好，应优先选用。

2. 热工计算分析

(1) 计算条件。

1) 选取全年最冷月份进行热工计算。

2) 水泥、粉煤灰的热学指标及材料温度按试验及分析值取，水泥和粉煤灰材料温度均取30℃。但冬季施工强度不高，水泥、粉煤灰储存时间可能会较长，考虑材料温度下降这种不利因素，仍取温度值为20℃做对比计算。

3) 砂石骨料的含水量：取砂、大石、中石、小石的含水量分别为6%、0.2%、0.5%、1%。

4) 砂石骨料温度：取高于元月平均气温1.6～1.8℃作为砂石骨料计算温度值。

5) 拌和水温度：在科研楼配水箱内配置140kW电热管，改装成为保温热水箱，要求提供45℃左右的热水。

6) 机械热：根据科研楼砂石骨料称量、运输及混凝土搅拌实际情况，利用经验公式进行估算，取值为2520kJ。

(2) 混凝土出机口温度、入仓温度及浇筑温度计算。根据上述计算条件，计算出混凝土出机口温度、入仓温度及浇筑温度。在环境气温为－3～－5℃的低温情况下，控制混凝土出机温度在5℃以上，浇筑温度在3℃左右，满足低温季节混凝土的施工要求。

3. 冬季施工的技术措施

(1) 骨料储存。当日平均气温高于－5℃时，仍可进行砂石骨料加工，要求成品料仓堆料高度不小于6m。

(2) 混凝土拌和。采用45℃左右的热水。

(3) 混凝土运输。自卸汽车周边挡板外侧贴4cm厚泡沫塑料，底板上密铺3cm厚木垫板，车厢上覆盖保温被，被上缝铁环后套在车厢板焊接的钢筋上，装卸时应尽可能减少温度损失。

(4) 混凝土施工与保温。采用蓄热保温法，露天进行混凝土碾压施工。

(5) 养护与拆模。浇筑后养护时间不少于28d。上、下坝面模板要尽量晚拆，避免在夜间或气温骤降期间拆模，拆模时间应根据混凝土强度实际上升情况确定。拆模后及时覆盖保温被。

(成都勘测设计研究院　郑家祥)

湖南碗米坡工程碾压混凝土施工技术

一、工程概况

碗米坡水电站位于湘西保靖县西水中游，尾水与凤滩水电站回水相接，水电站装机3台，总装机容量24万kW，厂房为坝后式。碾压混凝土实体重力坝坝顶长238m，坝顶高程254.5m，最大坝高64.5m。坝体混凝土量为37.57万m^3，其中碾压混凝土14.67万m^3，占坝体混凝土总量的39%，分10个坝段施工。

二、碾压混凝土施工

(一) 坝体碾压混凝土分缝及施工分层

大坝分10个坝段，只设横缝，按结构布置和温控要求确定间距为20～34m，顺水流方向横缝最大长度为42m。按设计要求大坝2～4号引水坝段碾压混凝土浇至219m高程，浇筑高度28m，5～10号溢流坝段和左岸非溢流坝段浇至224m高程，浇筑高度33m。采用大仓面薄层连续上升斜层平推法施工，按2～3m一个浇筑升层分层。2～4号坝段分10个升程，5～10号坝段分12个升程，最大仓面面积5590m^2，最大升程混凝土浇筑量为16500m^3。坝体内部碾压混凝土标号为C7.5，上游防渗体混凝土标号为C15。坝基垫层为1.1m厚C15常态混凝土。

(二) 碾压混凝土施工工艺

1. 碾压混凝土配合比和*VC*值的选取　碾压混凝土配合比以中南勘测设计研究院提供的RCC指标和保证率，按施工规范进行设计，大坝内部用C7.5碾压混凝土，NF外加剂掺量为0.6%，水胶比0.53，砂率32%，粉煤灰掺量55%，胶凝材料总用量为151kg/m^3（其中水泥为68kg/m^3）*VC*值选用6±3s。施工中出机口混凝土检测*VC*值362次，最大为15s，最小为3s，平均值7.2s，标准偏差2.1s；现场*VC*值检测387次，最大为15s，最小为4s，平均值9.1s，标准偏差1.84s。

2. 碾压混凝土仓面施工　大坝碾压混凝土采用10～15t自卸车直接入仓，负压溜槽作为混凝土入仓的辅助手段。大仓面通仓薄层连续上升，混凝土铺筑厚度330～340mm，压实厚度300mm，仓面分平仓、碾压、质检三个工作区条带。条带碾压结束后，及时采用核子密度仪按规范规定测点检测混凝土密实度，现场检测碾压混凝土压实度共1836个测点，最小值97%，平均值98.4%，标准偏差0.73%，压实度合格。大坝横缝采用小型打夯机改制的切缝机先切后碾夹彩条布的方式，切透面积的比率为60%。其他施工方法严格按碾压混凝土施工规范施工。

（三）碾压混凝土施工强度

工程日平均浇筑强度为2000m³，最大日浇筑强度为3076m³，月高峰强度为5万m³，施工月平均上升速度为6m，高峰月为10m。目前国内外大型碾压混凝土重力坝施工速度先进水平为月平均上升速度为5～7m/月，碗米坡大坝尽管工程规模不大，但碾压混凝土施工速度已达到世界先进水平。

三、碾压混凝土施工新技术

（一）含泥量对混凝土性能的影响及施工实践

碗米坡工程的砂石骨料含泥量较大，其中小石含泥量平均为2.5%，中石平均为1.5%，大石平均为0.7%，远超出国家标准规定。砂分为两种，一种为经水洗的砂，含泥量在3%左右，用于生产常态混凝土；另一种为未经水洗的砂，含泥量在10%～17%之间（包括砂中粒径小于0.08mm的石粉），用于生产碾压混凝土。鉴于碾压混凝土标号低，混凝土受水灰比及最小水泥用量限制，强度富余较多，各项性能指标满足要求，对含泥量控制没采取特别措施。高含泥量对碾压混凝土的性能影响正在进行试验。

（二）低坍落度混凝土碾压法施工

低坍落度常态混凝土碾压法施工是针对工期紧、度汛任务重的特点，为实现一个枯水期度汛目标，在施工场地狭小、吊运设备无法布置及工期矛盾突出的情况下，利用碾压混凝土施工工艺及机械，对坝基垫层常态混凝土进行碾压施工的一种新方法。在垫层常态混凝土浇筑区，按碾压混凝土施工方法，分层铺筑厚350mm左右的坍落度为0～30mm的混凝土平仓碾压。混凝土施工时应进行专门控制，对于坝上游模板及止水部位和靠近边角部位1m范围内，混凝土坍落度控制在20～30mm左右，用振动棒进行振捣密实；其余部位混凝土坍落度控制为0mm（VC值2～4s），用振动碾分层碾压密实。混凝土振捣（碾压）密实后，按两种方法分别进行检查验收，即按常态混凝土验收方法进行检查，按碾压混凝土方法用核子密度仪进行压实度检查验收，各项性能指标满足设计要求。

（中国水利水电第七工程局　罗永安）

龙首水电站碾压混凝土坝施工技术

龙首水电站位于甘肃省张掖市，大坝由碾压混凝土拱坝、左岸重力坝、右岸推力墩组成。坝顶长217.3m，坝顶高程1751.5m。

（一）原材料和配合比

骨料采用龙首水电站附近古河床冲积层的天然砂砾石骨料，最大粒径为80mm，状态干燥、松散；含泥量少，且多为粉质颗粒，小于0.08mm的细粉含量达到14%左右，天然砂的细度模数为2.0～2.4。

水泥采用525号硅酸盐水泥，熟料中MgO含量较稳定（2.3%），具有微膨胀性能。

粉煤灰采用甘肃省永昌热电厂风选的粉煤灰（达到二级灰标准）。膨胀剂选用辽宁海城的MgO。外加剂选用贵州高峡科技开发有限公司的NF高效缓凝减水剂。

碾压混凝土配合比见表1。

表1　　碾压混凝土配合比

混凝土标号	水胶比	外加剂掺量（%）			砂率（%）	混凝土材料用量（kg/m³）					粗骨料比例 大石：中石：小石	VC值（s）
		NF-A	NF-C	MgO		水	水泥	粉煤灰	石子	砂		
C90F300W8	0.43	0.7	0.45	4.3	32	83	91	102/53	1435	673	0：60：40	5～7
C90F200W8	0.43	0.7	0.4	4.3	32	83	91	102/53	1435	673	0：60：40	5～7
C90F100W8	0.48	0.7	0.07	4.3	32	78	55	108/66	1563	606	35：35：30	5～7
C90F50W8	0.48	0.7	0.05	4.3	32	78	55	108/66	1563	606	35：35：30	5～7

（二）碾压混凝土拌和及入仓方法

1. 碾压混凝土拌和　选用三座HZS75-1500型强制式拌和站，每站配置一座400t水泥罐和一座300t粉煤灰罐。有干粉状外加剂掺入时，纯拌制时间90s；无干粉状外加剂掺加时，纯拌制时间70s；平均产量200m³/h。

2. 入仓方法　前期采用自卸汽车直接入仓，在仓外设冲洗站、脱水路面，防止汽车轮胎将泥、水带入仓内。后期在左岸重力坝布置两条负压溜槽输送混凝土，溜槽角度在42°～48°之间，垂直最大高度为

48.5m。为保证负压溜槽下料顺畅，碾压混凝土 VC 值控制在 5～8s。后期采用缆机垂直入仓及坝后 30t 高架门机垂直入仓，基本上满足碾压混凝土仓面的生产强度。

（三）碾压混凝土施工工艺

仓面碾压设备为 BW-202 2 台、BW-75S 2 台、D50T 平仓机 2 台、D31P 湿地推土机 1 台，检测设备为 3440 型核子密度仪 2 台及 VC 值测量仪等。

1. 层间结合　龙首水电站碾压混凝土层间结合采用铺浆方式，一种为新老混凝土面结合，在结合面铺一层 1.0～1.5cm 厚水泥砂浆；另一种是在坝前 2～3m 范围内、碾压混凝土层与层之间（一层层厚为 30cm）铺设 1～1.5mm 厚的水泥粉煤灰净浆，提高坝体防渗能力，铺浆范围与下料范围协调一致，避免浆液干硬。碾压混凝土层间覆盖时间不超过 8h，从拌和出机到碾压完毕不超过 2h。

2. 卸料平仓　采用多点式卸料法，最初直接卸到混凝土层面上，用平仓机辅以人工摊铺，后续来料卸在已平仓的混凝土面上，避免骨料均集中在料堆底部。卸料和平仓均按平行坝轴线方向进行，条带宽度 5m 左右，碾压层厚度按 34～35cm 控制，一次铺到要求厚度；摊铺好的混凝土面，及时覆盖塑料编织袋保护，并喷雾增湿。埋件、钢筋等部位采用人工摊铺的方式。

3. 碾压工艺　碾压的条带方向与平仓方向一致，均平行于坝轴线；铺料厚度为 34～36cm，压实后为 30cm。碾压遍数依次为 2 遍无振＋8 遍有振＋2 遍无振，碾压条带搭接长度为 10～20cm，条带端部搭接 1～1.8m。大振动碾碾压后，小振动碾立即对仓号边角部位进行碾压（小振动碾碾压 28 遍），碾压完成的混凝土表面应泛浆充分，有 0.5～1cm 厚砂浆层，人走在表面感觉有弹性。由于龙首水电站气候干燥，蒸发量大，混凝土料入仓后，表面极易发干变白，应采取混凝土表面喷雾增湿或振动碾适量补水后再行碾压。

4. 变态混凝土施工　在模板周边、孔洞周围、埋件及钢筋网部位均应用变态混凝土施工。在摊铺好的混凝土表面注入水泥粉煤灰净浆，并静置 10～15min，使浆液沉入混凝土内，然后振捣成型。变态混凝土的运用大大加快了碾压混凝土的施工速度。

5. 缝面处理　水平施工缝用高压水冲毛，时间在收盘后 12～30h 之间（视气温情况），坝前 2m 的水平施工缝采用人工凿毛确保新老混凝土的结合。周边缝是拱坝与重力坝、推力墩之间的缝面，设有键槽、接缝灌浆系统、止水及限缝工字钢等。采用定型键槽模板，缝面人工凿毛处理，接缝灌浆采用塑料拔管形成灌浆管路。诱导缝采用预制混凝土成缝器沿径向布置，每隔一个碾压层埋设一层，进、回浆管路埋入成缝器中。后期两道诱导缝全部裂开 5～7mm，达到了设计结果；两道周边缝受压，未裂开，与设计一致。

（四）碾压混凝土温控

龙首水电站坝址区夏热、冬寒，年温差（最高与最低月平均温差为 31.6℃）与昼夜温差（平均为 10～15℃）极大；年蒸发量高达 1378.7mm。

在夏季，对成品料堆搭设防雨棚；对水泥、粉煤灰罐外侧搭设防雨棚，并对骨料喷淋降温，有效降低骨料及胶凝材料的温度。混凝土拌和采用 4℃冷水，混凝土出机温度控制在 10～14℃。仓面采用喷雾降温与混凝土面覆盖湿麻袋结合的方式，尽量减少碾压混凝土层间间隔时间。运混凝土的车辆均搭设防晒棚，以防止混凝土温度回升，高温季节通冷水冷却强制降温。

在冬季，在成品料堆底部采用蒸汽排管加热骨料，配料仓、拌和楼及各种上料皮带用蒸汽排管、保温被（板）等对骨料保温，混凝土采用热水拌制，使混凝土出机温度达到 8～12℃。仓面采用保温模板，入仓碾压混凝土料时及碾压完成后需用保温被及时覆盖保温。入仓混凝土 VC 值控制在 0～3s 左右，当混凝土料表面局部风干时，采用振动碾补水后进行碾压。混凝土收盘后顶面覆盖 5cm 厚保温被，拆模后混凝土面立即用 5cm 厚保温被覆盖。混凝土运输时，顶部用 5cm 厚保温被覆盖。以上措施，延长了大坝碾压施工时段。

（五）坝体碾压混凝土施工质量

龙首水电站碾压混凝土浇筑量为 20.7 万 m^3，C20F300W8 混凝土，90d 龄期平均强度为 24.96MPa，C_V 值为 0.12，强度保证率达 96%。碾压混凝土的抗渗、抗冻标号均满足设计要求，碾压混凝土现场质量控制结果为：二级配压实密度平均为 2380kg/m^3，相对压实度平均达到 99%；三级配压实密度平均为 2418kg/m^3，相对压实度平均达到 99.4%。钻孔取芯结果表明碾压混凝土层面、缝面结合较好。芯样外观密实，骨料排列均匀，表面较光滑。芯样获得率约 90%，最长一段为 5.3m，芯样物理力学性能检测满足设计要求，碾压混凝土施工总体质量达到优良。

（中国水利水电第四工程局　花红亮　台德伟）

重庆江口水电站大坝温度控制

（一）简介

江口水电站位于重庆市武隆县江口镇芙蓉江河口以上 2km 处，是芙蓉江干流梯级开发的最下一级。水电站由拱坝、水垫塘、二道坝和地下引水发电系统组成。大坝为混凝土双曲拱坝，坝顶高程 305m，建基面高程 165m，最大坝高 140m，坝轴线弧长 368.67m。坝体混凝土总浇筑量约为 65 万 m^3。

江口水电站多年平均气温为 17.3℃。7、8 月份为高温期，月平均气温为 27.5℃，最高 41℃；1 月份气温最低，月平均气温为 6.7℃，最低－3.5℃。

大坝分块主要根据坝体结构要求、混凝土浇筑能力和温控防裂等要求分为 21 个坝段，最大坝段长 24m，顺流向坝段最大底宽 30.49m。不设纵缝，通仓浇筑。

江口拱坝基础允许温差及坝体混凝土允许最高温度见表 1 和表 2。

表 1 基础允许温差标准

控制高度	允许温差（℃）
0～0.2L	20
（0.2～0.4）L	23

注 L 为浇筑块长边尺寸。

表 2 坝体设计允许最高温度 ℃

部位	区域	月份				
		12～次年 2	3、11	4、10	5、9	6～8
溢流坝段	基础约束区	26	28～30	28～31	28～31	28～31
	非基础约束区	26～28	30	33	36	39
非溢流坝段	基础约束区	26	28～30	30～33	30～33	30～33
	非基础约束区	26～28	30	33	36	39
水垫塘、二道坝		26	30	33	33	33

（二）混凝土温控措施（热带）

（1）合理利用施工时段，严格控制浇筑层厚。拱坝混凝土由于浇筑时间、约束情况及边界条件的差异，因此为满足温控要求应尽量在每年 11 月～次年 3 月的低温时段多浇、快浇混凝土，既可节省温控费用，又可确保混凝土质量，大坝各部位浇筑层厚控制要求如下：①基础约束区采用薄层、短间歇、连续浇筑法，浇筑层厚 1.5m；②岸坡坝段基础及过水度汛部位浇筑层厚 1.5m；③非约束区浇筑层厚 2～3m。

（2）采用制冷工艺、控制浇筑温度。当混凝土自然拌和的出机温度高于温控要求的出机温度时，混凝土拌和料应进行预冷。预冷方式采用骨料堆场降温、冷水（或加冰）拌和、风冷骨料等多项措施。采取上述措施后，根据实测资料，7、8 两月混凝土出机温度一般在 8～14℃之间，可达到预期目的。

（3）控制内外温差，加强表面保护。

（4）加强混凝土表面养护。

（三）坝体冷却水管布置和通水冷却

1. 坝体冷却水管布置 坝体内部冷却水管采用 ϕ25mm 钢管和 ϕ32mm 聚乙烯塑料管（PE 管），在坝内按蛇形布置。江口工程工期较短，需加快施工进度，选用 PE 管作为大坝主要预埋冷却水管。PE 管导热系数为 1.66kJ/（m·h·℃），应用于非约束区部位，水管间距 1.5m，层厚 2.0～3.0m。经温控计算，基础约束区内布置 PE 管需管间距 1.0m、层厚 1.5m，布置较密。考虑到基础固结灌浆，钻孔时可能打断水管，为保证冷却水管布置可靠，此部分改用 ϕ25mm 钢管敷设，管间距为 2.0m，层厚 1.5m，从而减少了固灌钻孔打断水管的可能性。

2. 坝内通水冷却 坝内通水冷却分为初期、中期和后期。

（1）初期通水冷却是在混凝土浇筑完毕后（12h）进行，作用是削减混凝土的水化热温升，减少基础（或上、下层）温差，对防止早期混凝土表面裂纹有显著作用。通水时间 15～20d，每天进出水方向互换一次，日降温不超过 1℃。一般通江水或后期冷却回水，对高温月份基础约束区采用通制冷水。

（2）中期通水主要作用是削减混凝土内外温差。通水时间根据混凝土浇筑季节和初期通水情况确定。一般通江水，以混凝土块体温度达到 20～22℃为准。

（3）后期通水目的是为了满足坝体接缝灌浆要求。通水时间一般在接缝灌浆前两个月开始，以达到坝体灌浆温度为准，后期通水采用制冷水。

采取上述温控措施后，加快了混凝土浇筑速度，收到了较好的效果。自 2000 年 12 月 31 日至 2002 年 5 月底，大坝浇筑混凝土 40 万 m^3 以上，仅出现两条裂缝，初步验证温控措施是合理的。

（东北勘测设计研究院 杨明刚 苏 石）

土 石 坝 施 工

紫坪铺工程面板堆石坝施工技术

紫坪铺工程大坝为钢筋混凝土面板堆石坝，坝高156m，坝顶长650m。坝体上游坡度1：1.4，下游坡马道840.0m高程以上为1：1.5，以下为1：1.4。大坝体积1100万m^3，坝料主要来自坝上游灰岩料场。面板厚度按 t（m）$=0.3+0.0035H$［水头(m)］控制，面板面积12.2万m^2，含筋率0.4%。

（一）大坝填筑和面板浇筑分期

为满足工程施工总进度和导流标准的要求，大坝填筑和面板浇筑分三期施工。

第一期：2004年汛前，大坝填筑至810m高程，面板浇筑至796m高程，面板挡100年设计洪水。

第二期：2004年11月底，大坝上游填至850m高程，面板浇筑至845m高程，面板挡500年设计洪水；

第三期：至2006年底，完成剩余坝体填筑和面板浇筑。

（二）大坝填筑

垫层区及过渡区水平宽度分别为3m、6m，压实层厚均为40cm。主堆石压实层厚80cm，次堆石压实层厚100cm。该工程垫层及过渡层和部分主堆石同时填筑，即在已填筑的平面上先用进占法填一层80cm厚主堆石，并在上游界面上用反铲清除粒径大于30cm的超径石；再铺一层40cm厚过渡料，在过渡料上游界面上用反铲清除粒径大于15cm的超径石；再在其上游铺一层40cm厚垫层料，上游侧超设计线20～30cm；接着对已铺好的过渡料及垫层料进行碾压，在碾压完成后的面上再按上述要求铺过渡料和垫层料。重复以上工序，每次升高80cm。垫层料每填高3.0～4.5m，用配置有激光导向装置的反铲对垫层坡面进行削坡修整，修整后的坡面在法线方向高于设计线5～8cm。垫层料每填高10～15m，对上游坡面进行斜坡碾压。

对边、角及小区填筑料等大型碾压设备碾压不到的部位，采用装在反铲上的液压振动板压实。

垫层坡面压实合格后，尽快对坡面进行保护，采用碾压砂浆。砂浆由人工摊铺，每条宽度5m，砂浆初凝前碾压完毕。碾压后的砂浆表面不应高于设计线5cm或低于设计线8cm。

（三）大坝面板混凝土浇筑

面板宽度分16m、8m两种，采用溜槽入仓、跳块浇筑、无轨滑模浇筑技术。

面板堆石坝ITA法固坡施工技术研究

混凝土面板堆石坝垫层料的碾压通常采用“超填碾压⟶削坡⟶斜坡碾压⟶坡面保护”的施工方法。该方法工序繁杂且相互干扰、速度较慢、超填削坡造成浪费，常由于坡面保护不及时而遭受雨水冲蚀。

为此，中国人民武装警察部队水电第一总队针对施工中存在的问题，对“ITA”法固坡新技术进行了试验研究。该项技术可概括为：在填筑垫层料前，先在上游侧浇筑一道与垫层料填筑厚度同高的低标号混凝土挡墙，再进行垫层料的填筑压实，挡墙与垫层料同步上升，以实现垫层料碾压密实并及时固坡的目的，减少了超填削坡、斜坡碾压、坡面保护等工序。南美及非洲等地区在部分面板堆石坝（尤其是ITAPEBI坝）的设计施工中已采用了这项新技术，国内此前尚未对此进行过研究应用。

试验主要研究了挡墙材料的配合比及技术性能，并进行了1：1模型的科研性现场试验和生产性现场工艺试验（见图1）。

（一）挡墙的结构型式

挡墙结构的设计原则：

(1) 上游面与大坝坡度一致，高度与垫层料填筑厚度同高。

(2) 在垫层料填筑碾压过程中应保持稳定并碾压密实。

(3) 保证人员及设备的安全。

据此确定挡墙的结构尺寸为高40cm、顶宽20cm、上游坡度1：1.4、下游坡度8：1、底宽81cm（见图2）。

（二）固坡材料及力学特性

固坡材料选用干贫混凝土，浇筑后应早凝、早强、及时脱模成型，能与垫层料同步施工，且具一定

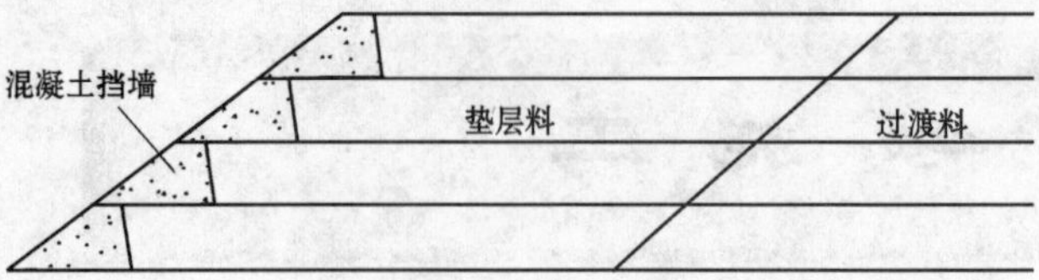

图1 混凝土挡墙、垫层料横断面图

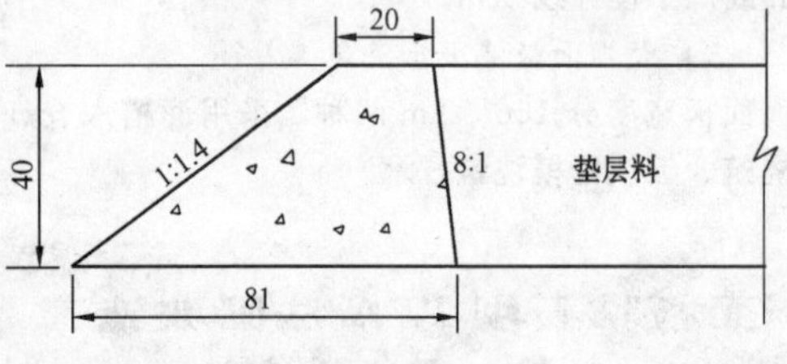

图2 混凝土挡墙结构图（单位：cm）

的透水性或半透水性。为减小挡墙对面板的约束，28d 抗压强度控制在 5MPa 以下。经配合比设计及室内试验，选定表1中数据作为基准配合比。

表1 干贫混凝土基准配合比

材料名称	胶凝材料 (kg/m^3)	水 (kg/m^3)	粗骨料 (kg/m^3)	细骨料 (kg/m^3)	外加剂 (%)	平均强度 (MPa)	
材料规格	水泥+粉煤灰	淡水	粒径 5～20mm	河砂/人工砂	PB-3	3h	28d
数量	100～120	75～85	1350～1450	650～550	5～7	0.6	5.2

对基准配合比进行调整后共选用5组在现场试验中应用，其 28d 抗压强度为 4.2～6.3MPa，干密度为 2180～2250kg/m^3，渗透系数为 10^{-3}cm/s 量级。

（三）挡墙及垫层料的施工工艺研究

经现场试验确定挡墙及垫层料的施工工艺流程为：现场准备──→挡墙混凝土拌制──→挡墙浇筑成型──→垫层料摊铺──→垫层料碾压──→质量检查。

1. 挡墙成型　以下两种方法可满足挡墙施工要求：

(1) 模板浇填法。这种方法需要人工和模板多，混凝土成墙速度为 30～35m/h。

(2) 移动式模板成型法。用一台长 3m 的自行移动式模板连续施工，挡墙施工速度可达 40m/h 以上。挡墙干贫混凝土由拌和站拌制、自卸车运输，人工入仓分层插捣密实，浇填后即可脱模。

2. 垫层料填筑　混凝土挡墙脱模后即可开始摊铺垫层料，2h 后可进行振动碾压。分别选用了 4t、10.5t 双钢轮自行振动碾进行试验，最后选定 10.5t 自行振动碾为垫层料的碾压机械。每层压实厚度 40cm，与挡墙同高，对碾压6遍后垫层料的条带中心、上游边缘处进行了挖坑检查，干密度均达到了设计值。

3. 垫层料施工对挡墙的变位观测　在垫层料填筑碾压过程中，对挡墙的水平位移进行了观测，9层挡墙向上游的最大平均水平位移为 8mm，其余在 3mm 以下。从观测结果分析，挡墙在垫层料碾压侧压力、振动力作用下无明显位移变化。

4. 挡墙施工质量　混凝土挡墙表面光洁，坡面平整，整体表观良好。成型 24h 后能够抵御高压水冲刷，具备施工期固坡能力。

以上表明挡墙结构型式和干贫混凝土的性能，能够满足垫层料填筑压实施工和上游固坡的要求。

（中国人民武装警察部队水电第一总队　李虎章　宁占金）

冶勒水电站沥青混凝土心墙堆石坝施工技术

一、工程概况

冶勒工程坝址地区海拔 3670m，气候低温多雨，冬季长达 6～7 个月，多年平均降雨天数达 215d、降雨量为 1872.8mm，年平均气温为 7℃，最低月平均气温为−2.0℃，年平均相对湿度在 86%以上，最大风速达 10m/s。冶勒水电站沥青混凝土心墙堆石坝为南桠河流域梯级开发的龙头水库大坝，最大坝高 125.5m，坝址左岸为石英闪长岩、右岸为超过 420m 的深厚覆盖层，基础软硬不一且严重不对称。

二、坝体结构简介

坝顶高程为 2654.50m，最大坝高 125.50m，坝顶宽度 14m。坝体由沥青混凝土心墙、过渡区及堆石区组成，在下游坝底部与基础土体的接触面上设反滤排水层，在反滤排水层与堆石之间设过渡区。心墙采用直心墙，由上到下逐渐变厚（0.6～2.0m），心墙底部设混凝土垫座，垫座下设 200 余 m 深的防渗设施（混凝土防渗墙和帷幕灌浆），心墙上下游设碎石过渡层和堆石区，上游坝坡度 1∶2.0，下游坝坡度 1∶1.8，在上游水位变动区坝坡实施干砌石保护处理，在心墙下游开始沿坝体建基面设置反滤排水垫层。同时由于坝基下相对隔水层承压的水压力较大（约为 70%的上下游水头差），在坝址下游还增设了平均厚度约 22m、长约 215m 的压重层。

坝体主要工程量为，覆盖层开挖 150 万 m^3，混凝土 6.55 万 m^3，沥青混凝土心墙 3.01 万 m^3，心墙过渡料 18.17 万 m^3，坝体排水反滤料 20 万 m^3，坝壳料填筑约 540 万 m^3，混凝土防渗墙 5.53 万 m^2，基础帷幕灌浆 15.31 万 m，坝下游盖重 86 万 m^3，钢筋 3793t。

三、沥青混凝土心墙堆石坝施工技术

沥青混凝土是始于20世纪70年代的一种人工材料，其性质能满足水工建筑物特定的防渗、抗渗和抗侵蚀性能，不易老化，能较好地适应坝体变形而不出现开裂和显著的剪切膨胀效应，且防渗体薄，用材经济；心墙无施工缝，易于施工和压实，其特有的黏弹性和柔性使它能阻止心墙裂缝开展和具有自愈能力。同时，浇筑和压实受气候影响较小，雨季不会给施工带来困难，大雪和低温天气稍有影响，挪威、前苏联、德国及中国北方地区都有采用。

（一）坝体材料

1. *沥青混凝土* 沥青混凝土由沥青和矿料组成，矿料包括粗骨料（粒径5～20mm）、细骨料（粒径0.075～5mm）及填料（粒径＜0.075mm）。粗骨料采用岩质坚硬的闪长岩加工，细骨料可采用岩质坚硬的闪长岩加工而成的人工砂或天然砂，填料则采用石棉县水泥厂的灰岩矿粉。

2. *坝壳料* 采用石料场弱风化、微风化或新鲜石英闪长岩破碎加工而成。坝壳料Ⅰ区最大粒径800mm，小于10mm的颗粒含量控制在10%～25%，小于2mm颗粒含量≤10%，压实后的干密度≥2.23t/m³，铺料厚度1～1.2m，振动碾碾重≥13.5t，碾压遍数4～8遍；Ⅱ区最大粒径800mm，小于10mm的颗粒含量控制在10%～20%，小于2mm颗粒含量≤10%，压实后的干密度≥2.29t/m³，铺料厚度1～1.2m，振动碾碾重≥13.5t，碾压遍数4～8遍。

3. *心墙过渡料* 由石料场弱风化、微风化或新鲜石英闪长岩破碎加工而成，Ⅰ区最大粒径60mm，小于5mm的颗粒含量≥20%，小于0.075mm的颗粒含量≤3%，压实后的干密度≥2.10t/m³，铺料厚度20cm，振动碾碾重≤2.5t，碾压遍数4～8遍；Ⅱ区最大粒径150mm，小于5mm的颗粒含量≥20%，小于0.075mm的颗粒含量≤3%，压实后的干密度≥2.05t/m³，铺料厚度20cm，振动碾碾重≤2.5t，碾压遍数4～8遍。

4. *坝基反滤料* 采用石料场弱风化、微风化或新鲜石英闪长岩破碎加工而成。最大粒径40mm，小于5mm的颗粒含量≥30%，小于0.075mm的颗粒含量≤3%，压实后的干密度≥2.05t/m³，铺料厚度30～40cm，振动碾碾重≤10t，碾压遍数4～8遍。

5. *坝基过渡料* 采用石料场弱风化、微风化或新鲜石英闪长岩破碎加工而成。厚50cm，粒径5～150mm，压实后的干密度≥1.40t/m³，铺料厚度30～40cm，碾压遍数4～8遍。

（二）沥青混凝土心墙施工技术

沥青混凝土心墙是坝体防渗的关键，心墙体高125.5m，居国内外同类型工程之首。据有关规程规范要求，沥青混凝土施工的气象条件为：日平均气温5℃以上，日降雨量小于5mm及风力不大于4级，且不宜在夜间施工。据冶勒地区的情况，沥青混凝土心墙有效的施工天数为220d。考虑到沥青混凝土心墙须与两侧过渡带保持均衡上升的特殊性，在预计的施工工期内无法完成。为此，工程承包单位针对冶勒地区的水文气象特点，适当增加施工投入，深挖施工时段潜力，排除各种制约因素，将有效利用施工天数扩展到320d，满足了施工进度要求。

1. *一般要求* 沥青混凝土的施工顺序为：室内配合比试验→现场铺筑试验→沥青混凝土心墙施工。

合格骨料经加工、储存、运输、初配及干燥加热后形成可供配料；沥青经脱桶、脱水、加热、恒温等流程后备用。拌制沥青混合料时，先投骨料和矿粉干拌，再喷洒沥青湿拌，确保均匀，无花白料，卸料时不离析，温度在150～165℃。拌好后进入成品料仓储存，采用电加热保温。

沥青混凝土约在140～160℃左右压实，采用配有保温料罐的自卸汽车运输，结合配有多用夹的叉车入仓，同时铺筑等压实厚度的沥青混凝土和过渡带。摊铺采用有初碾功能的专用联合摊铺，局部人工立模摊铺，每层压实厚度控制在0.2m，施工总层数625层。沥青混凝土和过渡带考虑由三台振动碾压实，位于中间的碾应比沥青心墙稍宽一些，同时考虑到混合料比较柔软、拟采用1.5t左右轻碾进行压实（必须满足孔隙率要求）。过渡带的压实由两台1.5～2.5t的振动碾并行完成，两边应协调振捣，以避免热沥青混凝土侧向移动。

接缝处理：沥青混凝土心墙施工应尽量保证全线均衡上升，保持在同一高程，减少横缝，当必须出现横缝时，其结合坡度应缓于1∶3，且上下层的横缝错开不小于2m。横缝施工时，人工剔除表面粗颗粒骨料，先用汽油夯夯至表面返油后，再用振动碾在横缝处重叠碾压30～50cm，直至碾压密实为止。在下次摊铺前，人工用钢钎凿掉斜坡接头尖角处的沥青混凝土，表面用高压风吹灰，并用钢丝刷除掉粘附在表面的异物，在摊铺前加热表面和边角部位。与沥青混凝土相接的常态混凝土表面采用冲毛机处理，将其表面的浮浆、乳皮、废渣及粘附的污物等全部清理干净。

层面处理：对于连续上升、层面干净且已压实的沥青混凝土，表面温度大于70℃时，沥青混凝土表面不做处理，可连续上升。当下层表面温度低于70℃时，采用红外线加热，加热时应控制加热时间以防沥青混凝土老化。对于因故停歇时间较长、较脏的层面，需用高压风带水处理（必要时还应喷洒一层冷底子油），再用红外线加热后方可铺筑；钻孔取芯孔，回填时应先将孔壁冲洗干净、擦干，后用红外线加热，再逐层回填并捣实。

对于过渡带，其铺筑厚度应稍高出沥青混凝土，并根据沥青与过渡带用料情况，确定碾压顺序和碾压遍数，以达到设计要求。每一层碾压后，沥青混凝土表面会稍呈曲面，且中间出现一些细小的裂缝，这些裂缝会在下一层铺筑时自然消失。

施工过程中应确保心墙和过渡层顶部高于其上下游相邻坝体填筑料1～2层。当雨雪或季节性停工时，心墙和过渡带都应高于其上下游相邻的坝体填筑料。

2. 冬雨季施工措施　在日平均气温5℃以下的低温季节施工时的保温措施有：①沥青混合料出机口温度采用规定上限值；②沥青混合料的储运设备和摊铺机等加保温措施；③加强施工组织管理，各工序紧密衔接；④加强现场工作面的加热保温措施；⑤加强天气预报，避开大雪、大风天气；⑥提高摊铺、碾压温度的检测频率等。

雨季施工措施：①大暴雨及短时雷阵雨时，要停工；②沥青混合料拌和、储存、运输全过程采用全封闭覆盖方式；③对摊铺机进行防雨改造；④现场增设移动式防雨篷车、篷罩、毡布等；⑤缩小碾压段，采用干法加工骨料，以及加强坝区排水等。

3. 夜间施工措施　两班作业时，夜间施工要加强照明，更须注意保暖保温工作。照明的主要加强部位是：坝体两岸、心墙上下游侧、摊铺机前后及铺筑作业面等。

（三）质量控制和检查

沥青混凝土质量控制内容包括：①拌制现场沥青、骨料、填料的质量以及拌和质量控制；②现场铺筑质量控制，主要指对沥青混合料的温度、厚度、宽度、碾压及外观等进行控制。沥青混凝土质量检测项目和要求按有关规程规范要求执行。

（成都勘测设计研究院　何顺宾）

松山大坝面板施工期冻胀破坏的原因分析

（一）概况

松山引水工程位于吉林省抚松县，气候寒冷，多年平均气温3.6℃，极端最低气温－40.5℃。拦河坝为混凝土面板堆石坝，最大坝高80.8m，坝顶高程713.80m，坝顶长258.00m。面板混凝土设计指标为C30F200W8。

松山大坝699.0m高程以下面板混凝土浇筑于2000年10月完成。入冬前对该部分面板和全部趾板进行了保温覆盖。

2001年5月，清理面板保温材料时发现河床部位有4块面板底部出现网状裂缝，高程在635～642.00m之间。裂缝深度均在30cm（板厚的一半）以上，局部裂缝贯穿面板。裂缝宽度多为0.1～2.0mm，少数达20mm以上。趾板以上2m范围内，裂缝倾角较缓，为剪切破坏；上部裂缝垂直于面板，似为弯折破坏。面板底部混凝土发生较严重的表层剥离破坏，且面板与趾板间出现错位，其中B16面板底部上抬达20cm。面板底部周边缝有水自坝体内流出，说明该部位止水已破坏。面板下有脱空现象，经钻孔检测，局部最大脱空深度达230mm，脱空主要发生在高程644m以下。

（二）面板破坏原因分析

根据面板裂缝的实际情况分析，不是面板混凝土干缩裂缝、温度裂缝，也不是坝体不均匀沉陷造成的，而是由坝体低部位积水在冬季冻结产生的冻胀力造成的。

河床段坝基岩石为玄武岩和安山岩，其间的砂砾石夹层在B14～B17坝块处出露，最厚达12m。坝基开挖时，此处比原设计高程向下深挖12m，在坝基内形成一深沟，沟底高程约633m。

位于坝基右侧的导流洞出口水位长期位于641m高程以上，导流洞与坝基之间的山体较薄（5～10m），且岩体破碎、透水性强，造成江水自导流洞出口渗漏至大坝基坑。大坝施工期间在B14、B16面板底部分别埋设了钢管，向面板上游侧引排坝体内的这部分渗水。但2000年入冬前、大坝面板保温后，因故停止了此项排水，致使上述排水钢管在冬季被结冰堵死。

裂缝分布在642m高程以下，沿坝轴线方向的范围与坝基内的深沟宽度相对应，说明裂缝的产生与导流洞渗入坝体的积水有关。综合分析认为，面板裂缝为受来自坝内向外的作用力使面板混凝土破坏而产生的。这个作用力来自内部冻胀，其破坏机理为，上年入冬后，预埋在面板内的排水管被结冻堵死而不起作用，坝体内水位开始较快上升，直至与导流洞出口水位相平；随着气温降低，坝体内的水体从贴近面板处逐渐向内部冻结，产生冻胀力，使面板破坏、开裂，并沿面板法向产生较大变形；当春季冰块融化，面板不能回复原位，于是在面板下面形成空腔。

（三）面板补强措施

针对大坝面板破坏和止水破坏情况，采取了重筑混凝土板加三元乙丙止水板的补强方案。

首先采用水泥砂浆灌浆填充面板下空腔。水泥砂浆强度等级采用M5；灌浆采用纯压式，灌浆压力不大于0.05MPa；由低到高以排孔为单元灌注，先灌下排孔，以相应上排孔为回浆孔。依此类推，直至顶排孔回浆，保持压力灌注 20min 结束。

然后在补强范围内重筑趾板和面板混凝土。按设计要求在旧混凝土面板和新浇趾板、面板上分别铺一层 GB 卷材，GB 材料与混凝土板间须涂刷一层与现有 GB 材料配套的专用潮湿面黏结剂。黏结剂的配比（质量比）为：A 组分：B 组分：525 号大坝硅酸盐水泥＝10：1：13。

补强面板混凝土采用无轨滑模的方法施工，侧轨采用二层 15cm×15cm 的木方上铺∠50×50 角钢作滑道。混凝土经由坝顶至工作面安设的溜槽入仓。

（四）结语

为了避免其他工程再出现类似问题，应采取以下措施：对于寒冷地区的面板堆石坝施工，低部位的、处于可能有积水的坝体上的面板施工完成后，越冬前应按设计要求完成面板上游的黏土填筑，以起保温作用，保证渗入坝体内、积聚于趾板下游的水体在冬季不冻结，避免面板混凝土受该水体冻胀而破坏。

（中国水利水电第一工程局　常焕生　李静明）

白溪工程二期面板聚丙烯纤维混凝土施工

（一）概述

白溪工程以供水、防洪为主，兼顾发电、灌溉等效益，拦河坝为钢筋混凝土面板堆石坝，坝高 177.4m，最大坝高 124.4m，坝顶长 398.0m、宽 10m。上游坝坡度为 1：1.4，下游设“之”字形上坝公路，公路间坝坡度为 1：1.25。面板混凝土分两期施工，一期面板混凝土设计高程为 128.5m，最大斜长 128.09m，面板表面积 2.3 万 m^2，混凝土量 1.07 万 m^3，采用常规混凝土浇筑。二期面板为 128.5m 高程以上部分，分 33 块，最大斜长 78.33m，面板表面积 2.63 万 m^2，混凝土量 1.1 万 m^3，采用聚丙烯纤维混凝土浇筑。混凝土于 2000 年 9 月 20 日开浇至 12 月 5 日结束。

聚丙烯纤维混凝土在国外军事、房建、水利等工程中已广泛应用，在中国刚刚起步。为此，宁波白溪建设指挥部委托南京水利科学研究院针对白溪大坝二期面板混凝土进行室内试验研究，进行配合比调整，验证聚丙烯纤维混凝土在大坝面板上的施工适宜性。经在少量板块上进行施工工艺性试验，专家组确定，建议在二期面板上全面应用。

通过试验，对坍落度及混凝土运输时间控制、压面困难、工序衔接等问题在后续块施工中采取了相应措施，对混凝土拌制方式进行改进，保证了质量，又提高了工效。为检验聚丙烯掺量对混凝土质量及工艺的影响，又在 28 号面板块上进行了增加聚丙烯掺量的对比试验。

聚丙烯纤维混凝土比普通混凝土在防裂、阻裂、增韧及提高抗冻、抗渗、抗冲磨、抗冲击、抗老化等性能方面，具有优越性。白溪水库二期面板防裂效果明显，并获得了宝贵的施工经验。

（二）面板混凝土配合比

1. 面板混凝土设计指标　混凝土强度等级为 C25，抗渗标号 W8，抗冻标号 F100，含气量 4%～5%，机口坍落度 6～8cm，二级配混凝土，最大骨料粒径小于 40mm。

2. 面板混凝土配合比　聚丙烯混凝土设计配合比见表 1。

表 1　聚丙烯混凝土设计配合比

编号	水灰比	砂率	坍落度(cm)	混凝土材料用量（kg/m^3）								
				水泥	粉煤灰	聚丙烯	砂	卵石 5～20mm	卵石 20～40mm	B1y-1 掺量 1%	NMR 掺量 0.75%	水
A-3	0.425	37%	6～8	254	45	0.9	670	595	595	2.99	2.24	127

（三）混凝土拌和

1. 混凝土拌制方式　混凝土拌制时间为 5min，即先按中石、小石、水泥、粉煤灰、聚丙烯顺序进料干拌 1min，之后加水及液体外加剂，再湿拌 4min。经试验观察发现先干拌、后湿拌方法存在以下问题：①混凝土坍落度变化较大；②环境污染严重；③生产效率低。据此，决定取消干拌，直接湿拌。最终选择湿拌 5min 方式拌制混凝土。

2. 坍落度的调整　坍落度大小直接影响混凝土的运输、振捣、强度及外观质量。坍落度过大，混凝土运输过程中易分离，混凝土强度达不到设计值，且出模后混凝土易下塌，表面平整度差；坍落度过小，混凝土在溜槽中易发生堵塞现象，滑行困难，入仓后难以振捣，滑模时阻力大，易拉裂。因该混凝土坍落度损失较快，现场试验室的试拌结果，1h 后坍落度为零；实际施工中坍落度 0.5h 后损失 1/2。为寻求最佳坍落度，在施工过程中经常检测出机口和仓面坍落度，并结合施工时振捣、滑模、压面等情况及时调整出机口坍落度，将出机口坍落度控制在 4～6cm 范围内，较配合比设计值低 2cm。

（四）混凝土浇筑

混凝土采用 0.4m^3 机动翻斗车运至坝顶受料斗，

溜槽入仓振捣，出模后平整度较好。仓面设 ϕ30mm 和 ϕ50mm 两种振捣器。滑模滑升速度最大 3.12m/h，最小 0.71m/h，平均 1.92m/h。混凝土出模后立即进行压面，初凝结束前完成二次压面。实际上，此种混凝土抹面难度大，效率低，人员增加 1 倍（安排 6～7 人），混凝土面不易光滑平顺。二次压面结束立即覆盖塑料薄膜，终凝后覆盖草帘，需不间断洒水养护。

（五）28 号试验块施工

1. 混凝土设计配合比　28 号试验块采用 A-4 配合比，见表 2。

表 2　　　　　　　　　A-4 设 计 配 合 比

编号	水灰比	砂率	坍落度 (cm)	混凝土材料用量（kg/m³）								
				水泥	粉煤灰	聚丙烯	砂	卵石 5～20mm	卵石 20～40mm	B1y-1 掺量 1%	NMR 掺量 0.75%	水
A-4	0.41	37%	6～8	253	45	1.2	686	610	610	2.98	2.24	123

2. 现场生产性试验　经 A-4 配合比生产性试验，结果表明：混凝土几乎无泌水，保水性好，坍落度 30min 后损失近 1/2；砂浆富余，易振捣；抹面难度较 A-3 配合比混凝土大一些；聚丙烯纤维的均匀性控制在 −13% ～ +7.5% 范围之内，平均值为 1.17kg/m³，误差为−2.5%。

（六）混凝土检测成果

1. 现场施工检测成果　施工阶段检测项目包括坍落度、温度、含气量。二期面板检测结果见表 3。

表 3　　混凝土浇筑时温度、坍落度、含气量测试汇总表

测试项目	设计值	实测平均值	实测最大值	实测最小值	频数
气温(℃)		15.1	32.5	4.0	577
水温(℃)		16.7	28	7.5	576
混凝土温度(℃)		18.8	29.5	10.5	575
坍落度(cm)	6～8	5.7	8.2	2.9	419
含气量(%)	3～5	4.56	6.0	3.6	81

2. 纤维均匀性检测　在 3 号试验块浇筑时对纤维均匀性做了检测，取混凝土样品重 2310g，筛分后经烘干纤维称重约 0.89g，含量约为 0.88kg/m³，从样品中观测纤维在混凝土中分布较均匀，但未做单位体积纤维根数测定。

3. 混凝土力学性能检测

（1）试验块混凝土力学性能检测。在 1 号试验块用 A-3 配合比做 B-组掺与不掺纤维的混凝土对比试验，试验结果见表 4。从表中可以看出，掺纤维后的混凝土力学性能指标明显好于不掺纤维的混凝土。在 28 号块做了增加纤维掺量的试验，纤维掺量由 0.9kg/m³ 增至 1.2kg/m³，其力学性能指标见表 5。

（2）二期面板混凝土质量评定。二期面板混凝土质量评定结果见表 6。

4. 裂缝检测　采用读数显微镜对二期面板聚丙烯纤维混凝土的裂缝宽度、长度进行观测，并且超声波检测仪对裂缝深度进行观测。

表 4　　　　　　1 号块混凝土力学性能对比试验成果

级配编号	坍落度 (cm)	抗压强度（MPa）			劈拉强度（MPa）		抗冻标号	抗渗标号
		3d	7d	28d	7d	28d		
A-3（掺纤维）	3.0	24.2	30.6	39.5	1.62	2.64	>F100	W16
A-3（不掺纤维）	3.6	20.0	25.9	34	1.41	1.70	<F100	W16

表 5　　　　　　28 号块混凝土力学性能试验成果

级配编号	抗压强度（MPa）					劈拉强度（MPa）		抗折强度 (MPa)	抗冻标号	抗渗标号
	3d	7d	28d	60d	90d	7d	28d			
A-4	20.7	30.0	37.5	39.4	42.7	1.6	2.25	3.4	>F100	>W8

表 6　　　　　　　二期面板混凝土质量评定结果

	抗压强度 (MPa)	抗渗标号	抗冻标号	劈裂抗拉强度 (MPa)	抗折强度 (MPa)		抗压强度 (MPa)	抗渗标号	抗冻标号	劈裂抗拉强度 (MPa)	抗折强度 (MPa)
最大值	50.1	>W14	>F150	2.94	3.4	平均值	38.8	>W6	>F100	15	1
最小值	29.2	>W8	>F100	2.1		组数（n）	108				

二期面板裂缝宽度超过 0.15mm 的裂缝共 8 条，其中裂缝宽度超过 0.20mm 的有 4 条，裂缝总数量少于一期常规混凝土面板，而且裂缝宽度、深度、长度都较一期面板有明显改善。与国内同类面板坝相比，面板裂缝数量较少，显示了聚丙烯纤维混凝土良好的抗裂性，也相应提高了面板工程的质量和耐久性。

（中国水利水电第十二工程局　劳俭翁）

株树桥面板堆石坝渗漏处理施工技术

（一）工程概况

株树桥水库大坝位于湖南浏阳市小溪河下游，坝型为混凝土面板堆石坝。坝高 70m，总库容 2.78 亿 m^3，工程于 1990 年 11 月下闸蓄水，1991 年 7 月第一台机组发电。水库蓄水运行以来，大坝出现漏水现象。正常蓄水位 165m 时测得渗漏量为：1994 年 8 月 970L/s，1998 年 7 月 1600L/s，逐年增加，1999 年已超过 2500L/s。

1999 年 11 月 15 日中国水利水电第八工程局开始对株树桥水库大坝渗漏处理试验性施工。施工前期采用水下彩色电视对大坝渗漏进一步详查，基本找到了大坝渗漏的原因和部位。详查结果表明，多块面板下部塌陷、折断，混凝土面板破坏严重。据此，渗漏处理改为抢险工程，于 2000 年 1 月 8 日开始实施放空水库、填筑围堰、对面板进行修复的综合处理方案。抢险处理自 2000 年 1 月 8 日开始放空水库，4 月 26 日完工并蓄水，大坝垫层料加密处理灌浆从 2002 年 2 月 10 日开工，至 5 月 26 日完工。

（二）大坝渗漏破坏检查情况

水库放空后对出露的面板、止水与垫层等进行了检查与检测，破坏情况如下：

(1) 近岸岩体的大坝底部面板出现不同程度的破坏，特别是 L1、L9、L10、L11 等面板下部严重变形、断裂、破碎，多处形成集中渗漏通道。

(2) 表面止水基本失效，部分接缝成为漏水通道。

(3) 已检查部位面板脱空严重，L8 面板下部最大脱空高度达 130cm。

(4) 面板裂缝密集，部分裂缝发展成断裂。据不完全统计，面板出现大小裂缝共有 300 多条，其中宽度大于 0.2mm 的裂缝或贯穿性裂缝超过 90 条。

(5) 垫层料细颗粒流失严重，测得的最大干密度为 1.99t/m^3，最小的仅为 1.54t/m^3，而设计干密度为 2.2t/m^3；垫层料中粒径小于 5mm 的含量最大为 26.3%，最小的仅为 10.3%，而设计值为 30%～40%。

(6) 设计的坝前防渗铺盖透水严重。

(7) 坝顶防浪墙变形严重，向外侧倾斜且部分断裂。

（三）渗漏处理设计

基于以上问题，大坝渗漏处理分度汛抢险处理和加固处理两个阶段进行，抢险处理主要完成已发现的破损面板的修复及相应止水结构修补等；汛后加固处理是在汛前抢险处理的基础上，对面板脱空和疏松垫层进行灌浆处理，完成坝前辅助防渗系统。

（四）混凝土面板修复

1. 面板检查处理　面板多处塌陷，表面裂缝遍布。分以下三种情况对面板进行处理：

(1) 面板混凝土破坏严重的部位，首先凿混凝土至上层钢筋网，对于凿出的钢筋网锈蚀严重或混凝土断裂夹泥的部位，则全部凿除，直至垫层料。

(2) 面板破坏严重、分缝明显变形，则沿分缝位置左右两侧各凿除 60～80cm 宽的条带，检查止水系统并更换已破坏的止水铜片。

(3) 对于面板基本完好、分缝位置无明显变形的部位，依据破坏的关联性，在适当位置开孔，检查止水是否破损。

2. 混凝土面板修复施工　面板修复混凝土技术指标：混凝土强度等级 C25；抗渗标号＞W10；极限拉伸值≥1×10^4；坍落度 4～7cm；水泥采用强度等级 42.5 的普通硅酸盐水泥。进行以下工序：仓面清理；扎筋、立模；浇筑及养护。

（五）止水施工

1. 分缝止水修复　分缝止水铜片位于混凝土面板最下层，混凝土浇筑前，应首先对已破坏的止水铜片进行修复。先凿除与止水铜片结合的松散混凝土，再割除已破坏的止水铜片，并进行焊接。为使止水铜片安装稳固、平顺，应恢复破损部位的沥青砂浆垫层。

2. 新浇混凝土施工缝止水施工　按照设计要求，对新浇混凝土施工缝采用华东勘测设计研究院科研所生产的 SR-2 型止水材料进行处理。

3. 斜、侧周边缝及垂直缝 SR 止水施工　施工程序：拆除原表面止水→清缝、烘缝→刷 SR 底胶（两道）→嵌填 SR 材料及找平层→鼓包→压盖片封边→锚固。

（六）面板裂缝处理

1. 贯穿性裂缝处理　对裂缝宽度大于 0.2mm 的贯穿性裂缝采用 SR 塑性止水材料封闭处理。工序：凿槽→基面清理→刷 SR 底胶（两道）→嵌填 SR 材料及找平层→SR 盖片粘贴→封边。

2. 裂缝密集区处理　对于面板上裂缝密集区域

采用SRCM水泥砂浆进行处理。

(1) SRCM材料配比。SRCM材料由水泥、砂、合成橡胶乳液、助剂按一定比例配制而成。采用湖南省水利水电设计院科研所研制的合成橡胶乳液；湘乡42.5普通硅酸盐水泥；天然河砂质地坚硬，粒径0.3～1mm。

(2) 面板SRCM水泥砂浆处理施工。

1) 砂轮打磨突出的棱角，并清除作业面的水泥乳皮及杂物。

2) 冲洗作业面的杂物及尘埃，保持潮湿但无积水。

3) 按配方称量好各组分，将水泥和砂料在$0.35m^3$强制性拌和机内搅匀，在另一容器中称量好SR乳液，在不断搅拌下，徐徐加入已称好的助剂并充分搅匀。

4) 采用人工涂抹SRCM水泥砂浆，涂抹前控制作业面保持潮湿但无积水，作业区气温在5～25℃之间，涂抹时先抹薄层胶乳砂浆，使其充分填满混凝土麻面，然后再加抹到设计要求厚度5mm。

5) 初凝后（常温下约4h）喷水雾养护，凝结后洒水养护，10d内使喷层表面经常处于湿润状态，喷涂层在28d内防止烈日暴晒，28d后采用草袋或其他覆盖物加以覆盖保护。

(七) 面板脱空灌浆处理

对大坝面板与垫层脱空部位，采用50号砂浆充填灌浆处理，施工措施如下：

(1) 灌浆材料采用砂浆充填，其配合比为水泥∶粉煤灰∶砂＝1∶2∶1（质量比）；水∶（水泥＋粉煤灰）＝0.45∶1。水泥采用32.5普通硅酸盐水泥；砂采用质地坚硬的中细天然砂，粒径≤2.5mm，细度模数小于2.0；粉煤灰采用Ⅱ级粉煤灰。

(2) 灌浆施工程序：钻孔→检查脱空情况→预埋灌浆管→扫孔灌浆→封孔→割除灌浆管→SR材料封堵。

(3) 钻孔孔位按顺坡向5.0m、水平向3.0m梅花形布置。

(4) 钻孔采用手风钻钻孔，孔径不小于ϕ50mm，钻孔穿过面板，孔向铅直。检查结束后，孔内预埋内径不小于ϕ50mm的钢管，孔壁与管壁采用250号砂浆封堵，凿槽及凿除部分在混凝土浇筑时预埋灌浆管。

(5) 灌浆次序：同一高程的灌浆孔先灌两侧孔，再灌中间孔，单孔灌注，每单元面板充填灌浆由面板下部向上部推进。

(6) 灌浆压力为0.01MPa，以孔口压力表压力读数为准，严禁超压。

(7) 结束标准：在规定的灌浆压力下，灌浆孔停止吸浆即可结束灌浆。灌浆结束后向孔内填塞砂浆，24h后割除孔口管，对表面脱空部位采用SR-2填料找平，再在孔口盖以25mm×25mm的SR盖片。

(八) 垫层料加密灌浆

根据株树桥大坝度汛抢险施工中的实际情况，株树桥大坝面板与垫层有明显的脱空现象，且脱空范围大，而在度汛抢险施工中，只对已处理面板进行了脱空灌浆，大部分脱空面板未进行充填灌浆处理。同时，垫层料密实度低，抽样检测干密度只有1.54～$1.99g/cm^3$，远小于原设计的$2.2g/cm^3$，垫层料疏松，小颗粒流失严重。以上问题的存在，直接影响面板及大坝的安全，在高水头的作用下，可能导致面板破坏开裂，因此对面板脱空和疏松垫层亟需进行灌浆处理。

加固处理范围包括：①L0面板150m高程至底周边缝范围、L1和L2面板全部范围、L3～L9面板167～150m高程范围、L7面板126m高程至周边缝范围、L8～L11面板136m高程至周边缝范围、L12面板150m高程至底周边缝范围及L14和L15面板167m高程至斜侧周边缝范围的面板脱空灌浆；②L1和L2面板150m高程以下至周边缝范围、L8～L11面板136m高程以下至周边缝范围的垫层加密灌浆。

1. 垫层料加密灌浆施工

(1) 钻孔方式。钻孔方向与面板平行，距面板底面的垂直距离为50cm，距垫层料底部182cm，钻孔倾角35.54°，单孔最大孔深117m。

(2) 钻具。采用DIAMEC-262型和XY-2型钻机配以合金钻头进行回转钻进，钻孔孔径ϕ76mm。

(3) 钻机就位。采用ϕ76mm的钢管搭设钻灌钢架施工平台，方向与孔位中心平行。保证钻机立轴和开孔方向与设计方向一致，并埋设孔口管进行导向。DIAMEC-262钻机不使用钢架施工平台。

(4) 浆液配比。水泥∶粉煤灰＝1∶2的水泥粉煤灰浆液，水灰比为1∶1或0.5∶1，并掺入5%的膨润土。

(5) 灌浆。灌浆分两序孔进行加密。待孔深达到设计孔深后，不起钻，将灌浆管接至钻杆即可进行灌浆，灌浆自下而上分段，按自流限量的方法进行，灌浆段长度为3～6m。钻孔无法一次到底时，将该孔分数段，先对第一段进行加密灌浆；凝后扫孔继续钻进第二段，再进行加密灌浆；如此渐进直至设计孔深。

(6) 灌浆结束标准。当灌浆孔段吸浆量达到3000～5000L或灌浆孔孔口返浆时，即可结束该段灌浆。

(7) 灌浆封孔。灌浆完毕，采用压力灌浆封孔法封孔，封孔浆液的配合比按灌浆使用的参数，水灰比0.5∶1，并采用预缩砂浆封孔。

2. 灌浆成果分析 灌浆单耗干料1288.5kg/m，

Ⅰ序孔单耗量1466kg/m，Ⅱ序孔1100.6kg/m，为Ⅰ序孔的75%。Ⅰ序孔单耗＞1500kg/m的孔段有55段，占Ⅰ序孔孔段数的34%，而Ⅱ序孔单耗＞500kg/m的孔段只占Ⅱ序孔孔段数的19%。以上说明随着孔序的加密，灌浆单耗量明显减小，并且耗浆量大的孔段减少更显著，符合灌浆的一般规律。

（九）水下堵漏

经水下电视检测，发现L12～L13面板之间存在渗漏通道，为加强高水头作用下的防渗止漏效果，在渗漏点处用粉煤灰、粉细砂覆盖，再视情况灌注水下絮凝柔性混凝土。

1. 水下堵漏材料　采用中国长城铝业公司水泥厂生产的高水固体速凝材料；Ⅱ级粉煤灰；粒径为2.8±0.2mm的砂及中国矿业研究所研制的UWB型絮凝材料。水下混凝土配合比见表1。

表1　水下混凝土配合比　kg/m^3

高水速凝材料		膨润土	粉煤灰	水	砂	UWB型絮凝剂
H甲	H乙					
117	117	70	399	541	322	10.5

2. 粉煤灰及粉细砂水下抛填　粉煤灰与粉细砂按1∶1比例混合，通过导管灌至面板渗漏点，封堵面板细小裂缝。

3. 水下混凝土施工　在水上作业平台上采用木板装钉一个可移动的搅拌槽，槽体积$0.5m^3$，槽中间开孔与水下ϕ100mm导管相连，导管管脚距缝顶0.5m。施工前采用水下电视检测导管是否就位，并由缆绳将水上操作平台固定。搅拌时用木塞将管口堵住，待混凝土拌制均匀后，拔除木塞，将混凝土灌至渗漏点，因其具有高流动性，可达到自动铺摊效果。水下电视检测混凝土覆盖缝面约50cm，覆盖范围达缝面两侧各1.0m后，将操作平台移至下一渗漏点进行水下混凝土浇筑。

（十）结语

（1）针对面板破坏的情况，采取面板重新修复、缝面SR止水材料封堵、面板裂缝集中区域SRCM水泥砂浆修复、面板脱空充填灌浆、垫层料加密灌浆、水下絮凝性混凝土堵漏等综合处理措施，堵漏效果显著。2000年4月26日水库水位130m高程时，渗漏量仅为3L/s；达到正常蓄水位时，渗漏量为14.5L/s。

（2）SR塑性止水材料具有耐老化、高塑性、耐高温、延伸性和黏结性能好等特点，施工工艺简单，是一种理想的缝面止水材料。

（3）SRCM合成橡胶乳液砂浆抗压强度高、耐磨性和黏结性好，且具有施工速度快、止漏效果好等优点，对面板集中裂隙有较好的适用性。

（4）在垫层料中采用三翼钻头钻110m深的斜孔，在国内尚属首例。株树桥大坝垫层料斜孔造孔工艺各项参数是合理的，该工艺其成孔率高，能有效地避免钻孔打穿混凝土面板。

（5）通过斜孔加密灌浆，提高了垫层的整体性和支承能力，提高了垫层干密度。灌浆前测试的干密度为1667～2034kg/m^3，灌浆后垫层干密度达2161kg/m^3，提高了大坝的安全程度。

（6）针对面板细小裂隙渗水的部位，采用水下抛填粉煤灰、粉细砂混合料，铺盖水下絮凝柔性混凝土的办法进行堵漏，其效果明显。

（7）实践证明株树桥面板堆石坝综合加固处理措施是合理、有效的，可为类似的工程借鉴。

（中国水利水电第八工程局　涂建湘　张世兵）

地 下 工 程 施 工

福堂水电站调压井工程

（一）概况

福堂水电站位于四川省阿坝州汶川县境岷江干流上。开敞式调压井，布置在长条形山脊中，开挖直径31.0m，衬砌后直径27.0m，井高117.5m，堪称“亚洲第一井”。工程处于龙门山北东断裂带之茂汶断裂和映秀断裂两者间的地块中，地质构造复杂。上部井壁1255.0m高程以上为强卸荷岩体，Ⅳ、Ⅴ类围岩占98%，部分呈松动或松散状态，完整性差；下部小断层与裂隙呈不利组合，易出现坍塌。

（二）施工特点

工程区地质条件恶劣，施工难度大，安全问题突出，且工期紧。

（三）施工方法和工艺

（1）预加固井周岩体，为开挖安全创造条件。井台形成后对导井、大井周进行深孔固结灌浆，累计灌浆量达8823t；同时在井周设置锚筋桩（2ϕ32＋ϕ32mm管），桩深50～60m。

（2）扩挖溜渣导井，畅通出渣通道。采用L-200

型反井钻机将溜渣导井直径扩挖至1.4m，然后人工扩挖至3.0m，保证溜渣顺畅。

(3) 优化施工方法、程序，平衡施工循环，协调进度计划。

采用自上而下的溜渣法施工。程序为导井与井周加固平行作业；立面分段，平面分区，大井扩挖，倒挂混凝土衬砌跟进。

立面分段根据井周岩体条件不同分为上、中、下三段，每段采用不同的开挖顺序和施工循环，使开挖、锚喷支护和倒挂混凝土衬砌三大工序按规则循环工班平衡作业。上段借鉴平洞双侧壁导坑法，采用“平面分三区，先机械清挖两侧，后爆破开挖中间岩体，保留部分后坡岩体，混凝土衬砌前连续开挖”；中段采用“周壁预裂爆破，全断面开挖，钻孔与钢筋架设平行作业”；下段采用“井外扩井，台阶下挖，小井超前”的施工方法。

(4) 应用控制爆破技术，优化开挖爆破设计。

1) 中上段采用光面爆破、中下段采用预裂爆破控制爆破震动破坏。

2) 内环加密炮孔、同周同段环向起爆，合理延时，以改善爆破料块度和爆渣堆积方式，防止溜渣导井堵塞。

3) 外环扩大孔网，减少装药，以提高钻爆效率。

4) 控制爆破飞石，保护整体模板等施工机械设备安全。

5) 加强爆破施工震动监测和爆破实效检查分析。

(5) 合理控制井壁岩体出露的高度和时间，使施工安全与进度计划相协调。通过施工程序和施工循环优选，加强现场管理，保持均衡施工。将上段岩体出露高度控制在9.0m以内，最长时间控制在40d左右；中下段岩体出露高度控制在6.0m以内，最长时间控制在45d左右。

(6) 及时跟进锚喷支护和衬砌倒挂混凝土，这是保证调压井施工安全的重要措施，及时衬砌80cm倒挂混凝土更是关键，其施工方法和工艺是：

1) 设计运用超大直径29.4m整体模板，同步电机配电柜控制整体升降，可缩短施工循环周期，模板就位只需2.5～3.0d。

2) 自下而上跳仓浇筑倒挂混凝土，有三个优点：①减小井周岩体出露的高度，缩短出露的时间；②缩小混凝土收缩缝，提高混凝土质量；③减小爆破震动对附近混凝土的破坏。

3) 设计运用混凝土溜管系统，满足混凝土垂直运输质量，使每层（仓）400m^{3}的混凝土运输工作得到保证。

(7) 加强施工监测。施工中进行了爆破震动、岩体应力应变、井体收敛等监测，并使施工和运行监测项目相结合，每天读数一次，及时分析，为施工安全提供预警。

(8) 地质条件特差层区，采用钢板衬砌。根据固结灌浆后钻孔和开挖情况，井壁南侧岩体变形模量多数很低，且变化较大，对1245～1305m井壁采取常规钢筋混凝土与12～32mm厚、直径28.2m钢衬板衬护结构的组合衬砌代替对周边岩体的固结灌浆。

(9) 高陡后边坡采用了预应力锚索以及喷纤维混凝土封闭和加固。

（中国水利水电第五工程局　骆志明）

公伯峡水电站泄洪洞开挖

（一）工程简介

公伯峡左岸泄洪洞长607m，开挖断面为平底圆型，直径为9.7～10.5m。出露的岩石主要为片岩，其次为花岗岩和片麻岩。Ⅱ类围岩111m，Ⅲ类围岩341.114m，Ⅳ类围岩154.886m。隧洞多位于地下水位线以上，洞顶覆盖岩层厚80～100m，跨沟地段为45～60m。

2000年12月11日开挖施工支洞，次年2月21日主洞施工。主洞采用分层开挖，上层层高7.7～8.3m，采用手风钻钻爆。楔形掏槽，全断面掘进；下层采用小孔梯段爆破结合水平光面爆破开挖。6月22日主洞上层全线贯通。

（二）钻爆

为保证成型质量及减小对围岩的扰动，周边采用光面爆破。Ⅱ～Ⅲ类围岩光爆孔间距45～50cm，光爆层厚度50～70cm，线装药密度为110～140g/m。Ⅳ类围岩光爆孔间距25～35cm，光爆层厚度55～65cm，线装药密度75～85g/m。爆破后开挖面平整，无明显爆破裂隙，平均超挖控制在12cm以内。Ⅱ～Ⅲ类围岩区炮孔残孔率在95%以上，Ⅳ类围岩区在70%以上。

施工中，对爆破参数进行跟踪、分析和优化，尽量降低单耗、提高循环进尺、减小爆破震动，以达到降低成本、缩短工期、保护围岩的目的。经多次试验，主洞Ⅱ～Ⅲ类围岩区每循环钻孔进尺3.8m，布孔110～130个，单耗1.15～1.2kg/m^3，循环进尺达3.3～3.5m，炮孔利用率为87%～92%；Ⅳ类围岩区每循环钻孔进尺1.8m，布孔130～140个，单耗0.6～0.8kg/m^3，循环进尺达1.5～1.7m，炮孔利用率为83%～94%。

（三）支护

在Ⅳ类围岩区进行超前预支护，使主洞上部全断面开挖时，有时间进行喷锚或其他支护，主要采用超前锚杆支护。

及时进行系统支护，尽早形成支护承载拱，对保证施工期围岩的稳定具有重要意义。在每循环造爆破孔前完成上一循环的系统锚杆支护，局部区域增加随机锚杆支护；围岩松散破碎区域还要喷 2～3cm 厚素混凝土（或钢纤维混凝土）对围岩进行封闭。根据围岩状况，确定挂网、喷射混凝土的跟进时间。

在锚喷支护仍不能保证围岩稳定的区段，进行钢筋网格或格栅拱架、型钢支撑支护。钢筋网格采用 ϕ22～25mm 螺纹钢按间排距 25～45cm 焊接成网状，下料弯曲在现场进行，紧贴岩面布设，网格与锚固于稳定岩层的锚杆相焊接。格栅拱架采用三根主筋形式，主筋材料采用 ϕ22mm 螺纹钢，腹筋和箍筋采用 ϕ12mm 圆钢。洞身段型钢支撑采用 I18 工字钢制作。钢筋网格、格栅拱架和型钢支撑安装后，均喷射混凝土覆盖密实。

（四）进、出口渐变段施工

进口渐变段为花岗岩，有三条与洞轴线平行的断层斜切洞顶，洞室跨度为 12m；出口渐变段为花岗岩、片岩和片麻岩交汇区，岩体破碎，洞室跨度 11.5m。据此，除进行洞脸锚固、锁口施工及系统锚喷支护外，进口渐变段采用两排辐射状锚桩穿透断层进行超前锚固，出口渐变段采用管径为 ϕ76mm，长 9m 的管棚进行预加固。开挖后按 0.8～1m 间距安装型钢支撑，喷射钢纤维混凝土。

进、出口渐变段的上部开挖采用中导洞领先、两侧跟进的方法，中导洞宽 6m。为保证洞脸成洞形状，中导洞采取短进尺、弱爆破，每次循环进尺 1.2～1.5m；另在设计开挖线上造间距 20～30cm、深 4m 的减震孔，减震孔在爆破时隔孔按光爆装药，非装药孔作为导向孔。爆破后洞脸成洞形状良好，及时跟进锚喷支护及型钢支撑支护后，进、出口渐变段围岩保持稳定，顺利进洞。

（五）现场量测

开挖过程中及时根据围岩状况选择典型地段布设收敛断面进行围岩收敛观测，进行跟踪、分析围岩和支护的应力和变形状况，预报险情，正确指导了施工，确保了安全。

（中国水利水电第三工程局　郭　坤　魏　勇）

天生桥一级水电站引水隧洞预应力环锚施工技术

（一）工程概况

天生桥一级水电站装机 4 台共 1200MW，采用单机单洞引水。4 条引水道位于左岸，每条分别由 9.6m 直径隧洞及高压钢管道组成，隧洞中心间距 24m。过 10 号冲沟部位岩石为中厚层、厚层泥、砂岩，泥岩约占 2/3。上覆岩体厚度最小仅 20 余 m，在正常蓄水位下承受内水水头 128～133m（含水击压力），常规钢筋混凝土结构难于满足电站安全运行要求。故对此洞段采用后张法预应力混凝土结构衬砌，300t 级环形预应力锚索进行加固，环锚工程量见表 1。

表 1　　引水隧洞环锚工程量

部位	1 号洞	2 号洞	3 号洞	4 号洞
桩号	0+223～0+371	0+242～0+362	0+248～0+363	0+262～0+345
锚索数量	433	349	331	225
预埋特点	全断面钢模衬砌	1/4、3/4 断面钢模衬砌	全断面钢模衬砌	全断面钢模台车衬砌

引水洞土建施工顺序为，先进行 4、2 号洞开挖，4、2 号洞衬砌后，再进行 3、1 号洞开挖及衬砌。根据土建混凝土衬砌方式，预应力孔道采用先预埋 1/4（或 3/4）断面、后预埋 3/4（或 1/4）断面、全断面一次形成孔道共三种孔道成型方式。预应力混凝土衬砌段共计 466m。

（二）环锚试验

为选择合适的锚固体系与施工工艺及相关参数，在施工前进行了 1∶1 的现场原位试验，分 250t 及 300t 两种类型锚索进行。

结果表明，张拉荷载经过千斤顶、张拉延伸筒、过渡块、弧形垫座、限位板、工作锚板和喇叭管等进入孔道后损失 20%，与张拉端对应的顶部荷载为张拉荷载的 39%。

在 300t 锚索作用下，隧洞内表面预压应力较大，分布也较均匀，最大预压应力为 3.2MPa，断面平均预压应力为 2.7MPa，充分说明在主洞采用 300t（2943kN）级锚索较为合适。预应力锚索作用的扩散范围在 2m 左右。

（三）预应力环锚结构体系

1. 环锚工作原理及结构　预应力环锚在混凝土结构内预埋波纹管形成穿索预留孔道，通过张拉预应力锚索对衬砌混凝土径向施加预应力，从而在混凝土衬砌内形成预压应力，使结构能够承受正常工作压力。

2. HM 锚固体系　HM 锚具由可以双向穿索、固定端和张拉端为一体的锚板，配以 OVM 夹片构成。适用于环形预应力锚索的锚固，施工时配以专用的弧形垫座，即可对环形预应力索进行张拉。HM 锚固体系主要由 HM 工作锚板、限位板、弧形垫座、过渡块、张拉延伸筒、群锚千斤顶、工具锚板、钢铰线等组成。

（四）环锚施工

1. 工艺流程　环锚施工工艺流程如图 1 所示。

2. 环锚施工　环锚施工主要工序为波纹管预埋、穿索、张拉、预留槽回填和封孔灌浆等。波纹管沿结构主筋环向布置在外层钢筋上，为使波纹管固定牢靠和预埋管曲线平滑，沿结构主筋每隔 0.8～1.0m 布置定位钢筋，将波纹管固定。每根锚索由 14 根 ϕ15.24mm 钢铰线组成，钢铰线标准强度 1860～1980MPa，锚索采用编帘法制作，卷扬机牵引人工辅助穿束，环锚张拉以混凝土浇筑段为单元。采用小千斤顶单根预紧，分级对称循环张拉到一定吨位，再整体张拉到设计吨位，然后进行预留槽回填及孔道灌浆。

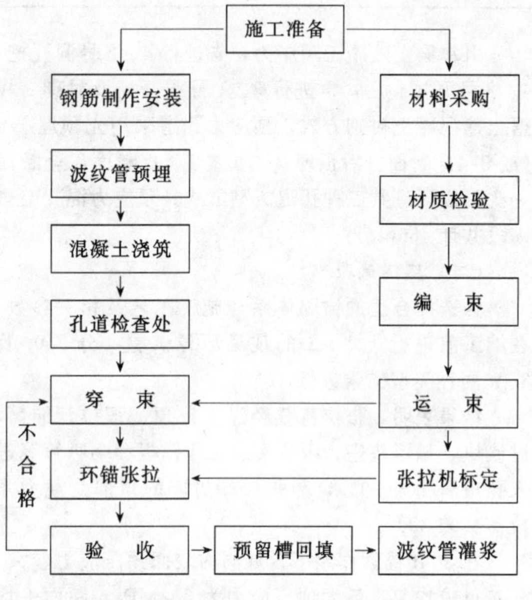

图 1　环锚施工工艺流程图

（五）结语

引水洞环锚施工始于 1997 年 4 月，于 2000 年 10 月竣工。共安装环锚 1338 根，总安装吨位 39.8 万 t，加固了 466m 薄弱洞段，同时电站库区水位达到正常蓄水位高程。原型观测结果表明，钢筋应力、混凝土应力为全断面受压，环锚衬砌段工作正常，运行状况良好。

通过天生桥一级水电站引水隧洞预应力环锚施工，证明预应力环锚应用于水工隧洞复杂地质处理技术可行、运行安全、投资经济，具有进一步推广的价值。

（中国水利水电第七工程局　朱　彤　李　军）

紫坪铺工程泄洪洞出口高边坡综合治理及导流洞穿越 F3 大断层施工

（一）工程概况

紫坪铺工程位于岷江沙金坝河段，距都江堰市 9km，距成都市 63km。正常蓄水位 877.0m，总库容 11.12 亿 m^3，总装机容量 760MW。

（二）泄洪洞出口高边坡的综合治理

1. 概况　泄洪洞出口边坡最大开挖高度 180 余米，边坡为厚约 10～27m 的崩、坡积的块碎石土，基岩为煤质页岩、含煤中细砂岩、泥质粉砂岩、薄煤层中细粒砂岩互层，同时有 F3 大断层和 Lc、L7、L8 组成的破碎带穿过。边坡岩体风化强烈，裂隙密集，稳定性较差，Ⅴ类围岩为主，Ⅵ类次之。开挖过程中多次发生坡体滑移。

2. 滑坡变形区域治理　对已发生较大规模破坏的滑坡体采取削坡减载及坡面保护、坡体引排水或清除等措施。对滑坡体后缘变形较小区则采取“挡”的措施，即布置两排 ϕ108mm 钢管桩及一排深孔抗滑桩，钢管桩及抗滑桩都穿过滑动面至基岩面内一定深度，抗滑桩断面为 3m×5m，最大孔深 32m。

3. 边坡开挖及坡面保护　采取自上而下的原则开挖。强度高的岩坡面，坡比为 1∶0.75，局部为 1∶0.5；强度低的岩坡面，坡比为 1∶1.25。马道宽度分别为 2m、3m。成形后的坡面，及时喷 C25 混凝土支护，厚度 8～10cm；岩石破碎坡面加挂 ϕ6.5mm 或 ϕ8mm 钢筋网。局部断层破碎带采取贴坡混凝土或换填混凝土。

4. 边坡支护　分浅表层支护及深层支护。浅表层支护以锚杆支护为主，辅以固结灌浆。锚杆选用 ϕ25mm、ϕ28mm 钢筋，长度 4～9m。覆盖层较厚的部位，采用锚筋束结合混凝土框格梁，锚筋束长度控制于 10m 以内，以 3 根 ϕ32mm 的钢筋点焊而成，上部与混凝土框格梁连接。深层支护主要为 200t、300t 锚索，长度分别为 50m、55m。

5. 边坡引排水系统　深层引排水系统主要为排水洞及大孔径（ϕ140mm）、深层（$L>25$m）排水孔。浅表层排水以小孔径（ϕ50mm、ϕ95mm）、浅层（$L=5$m、10m）排水孔为主。

（三）导流洞穿越 F3 大断层施工方法

1. 概况　导流洞为平底马蹄形，最大开挖断面 13.7m×14.6m，混凝土衬砌厚度 0.8～1.5m。F3 断层宽度大（100～130m）、岩体松散、遇水泥化，由煤质页岩、纯煤层、糜棱岩、角砾岩、断层泥等组成；地下水丰富，在开挖过程中多次出现泥石流现象；地质探洞、旧煤窑塌空区及空洞较多（2号导流洞遇10余条煤洞）；上覆岩体薄（最薄处仅18m）；瓦斯富聚。

2. 主要施工方法　F3断层段导流隧洞分上、下半洞进行开挖，上半洞开挖高度6～8m，下半洞开挖高度6～9m。开挖严格按隧洞瓦斯防治规程进行施工。

3. 上半洞开挖、支护　开挖方式为错马口形或分层开挖。在地下水较少、围岩整体性相对较好时，采用错马口形（掌子面预留中墩以防止掌子面崩塌）一次开挖上半洞，但当地下水丰富、围岩整体性极差时，上半洞采用分层开挖，即先人工开挖高度2.0m的上半拱，再按错马口形开挖下半拱。开挖方法主要为人工结合反铲开挖，短进尺、强支护，循环进尺不超过1.5m，在开挖过程中加强围岩变形观测及引排水。支护采用超前固结灌浆、喷钢纤维混凝土5cm、大管棚（ϕ140mm钢管，$\sigma=7$mm，$L=15$m，顶拱120°范围，与水平交角7°，间距30～40cm，管棚内安装$L=15$m，3根ϕ32mm钢筋，灌注水泥砂浆）或小管棚（ϕ42mm钢管，$\sigma=5$mm，$L=5$m，间距20～30cm）、钢支撑（间距30～50cm）、模喷混凝土系统锚杆（砂浆锚杆或自钻式锚杆）、回填及固结灌浆等。

4. 下半洞开挖、支护　开挖前采用钢管桩（ϕ108mm钢管，$\sigma=6.5$mm，深度15m，间距0.5m）、固结灌浆、拱座地梁、自钻式锁脚锚杆（ϕ35mm杆体，$L=8$m，间排距0.5m）、锚筋束（3根ϕ32mm钢筋，$L=12$m）等对上半拱及下半洞围岩进行加固处理后，方可开始开挖下半洞。下半洞开挖采用分层（视岩石情况分二、三或四层梯级开挖），每层左右错台、人工结合反铲开挖，短进尺、强支护、勤观测，循环进尺不超过1.5m。支护采用钢支撑（同上部钢支撑连接）、模喷混凝土、喷钢纤维混凝土、系统锚杆（砂浆锚杆或自钻式锚杆）、锁脚锚杆（ϕ35mm杆体，$L=8$m，间排距0.5m）、固结灌浆及拱脚地梁等。

（中国水利水电第七工程局　申茂夏　郗举科）

百色水利枢纽导流隧洞工程施工

一、工程概况

百色水利枢纽位于右江干流百色市上游22km处，以防洪为主，兼有发电、灌溉、航运、供水等功能。工程主坝区施工导流采用枯水期河床断流、隧洞过流、汛期围堰和导流洞联合泄洪的导流方式。

导流洞由进口明渠、进水塔、洞身和出口明渠组成，隧洞长828m，衬砌后为直径13.2m的圆形压力洞，隧洞纵坡4‰。导流洞工程地质条件非常复杂，沿线地形起伏大、埋深浅，岩性变化大，风化破碎，挤压破碎带发育；地下水活动各向异性显著，地下水位起伏大。围岩分类：基本稳定～稳定性差的Ⅱ、Ⅲ类围岩占46%，不稳定～极不稳定的Ⅳ、Ⅴ类围岩占54%。

二、隧洞开挖施工

（一）洞口明挖施工

进口与出口明挖均采用风钻打孔、两侧边坡光面爆破、明渠底板预留保护层开挖的施工方法。

洞口明挖分两个阶段：上半部开挖结束，对边坡和洞脸进行喷混凝土及锚杆支护，开始导流隧洞上半断面开挖。隧洞上半断面开挖深度为60～70m时，再开始洞口下半部分的分层开挖，随即进行喷混凝土及锚杆支护。

（二）导流隧洞洞身施工

洞身分为进口、施工支洞、隧洞出口三个工区四个作业面同时开挖。

1. 进口渐变段施工　该段处于Ⅳ～Ⅴ类强风化区，山体覆盖薄，围岩层理、节理发育，岩体破碎松散，地下水较丰富。施工中采取明挖方案，增加岩墙支护。明挖自上而下分四层开挖，分层高度5～10m，采用潜孔钻钻竖直孔预裂爆破；洞挖采用中导洞法施工。以上方案保证了工期，保证了施工安全及施工质量。

2. Ⅳ号冲沟洞段施工　导流隧洞在Ⅳ号冲沟底部的覆盖层厚仅为1.3m，围岩全强风化，破碎松散，成洞条件极差，沟中常年流水（雨季为山洪），汛期受流水影响，施工困难且不安全。采取了预浇混凝土盖板，洞挖通过的施工方案，导流隧洞在盖板下安全成洞，加快了施工进度。

3. Ⅴ类围岩洞段施工　Ⅴ类围岩洞段分上、下两个台阶开挖：上台阶开挖采用预留核心土环形开挖法进行，即先开挖周边1～1.5m，预留中部，开挖后及时初喷混凝土封闭岩面，制作钢拱架或格栅拱架，系统管式注浆锚杆，再开挖中间部分；下台阶开挖采用中间拉槽，即先开挖中间，后扩挖两边。

采用预留核心土环形开挖法能优化施工方案，减少施工工序，降低工程成本，加快施工进度。实践证明，施工单位采用的替代施工方法为按期完成导流隧洞工程创造了有利条件。

4. 塌方段施工　虽然在施工过程中对不良地质洞段采取了各种加固措施，但由于地质情况复杂，地下水位高，在2000年9月7日，导流隧洞K0+487～0+510段发生了大塌方，塌方量在2500m^3以上，塌方高度达30m以上。塌方发生后，业主、设计、监理和施工单位迅速在现场召开会议分析塌方原因，并提出了处理的方案：首先对塌体进行灌浆，待浆液达到强度要求后再进行开挖，对塌体的开挖仍采用预留核心土环形开挖法，在开挖的同时采用钢支撑、锚喷支护及岩体固结灌浆的联合方式进行加强支护。经过一个半月的处理，塌方段处理完毕，导流隧洞工程恢复了正常施工。

（三）混凝土施工

进出口明渠及进水塔的混凝土浇筑大面积使用全悬臂大面爬升模板进行施工，模板面板材料使用了表面有保护涂层的进口高强胶合板，以提高混凝土的表面质量。

洞身混凝土衬砌采用钢模台车进行浇筑，分底拱和边顶拱两层施工，底拱使用全液压底拱针梁台车立模，边顶拱使用全液压轨道自行式边顶拱钢模台车立模，两部台车均匀曲直两用台车。混凝土进仓后，按台阶法分层铺料分层振捣，混凝土仓面收仓并达到养护条件后，及时洒水养护，保持混凝土表面的湿润，直到达到规范规定的养护时间。

导流隧洞工程自1999年11月25日开工，于2001年12月31日按期完工，虽经受了大塌方与超标准洪水的严峻考验，却未发生一起人身安全事故，单元工程合格率100%，优良率78%。

（钟卫秋）

公伯峡导流洞古全风化围岩施工方法

一、公伯峡导流洞古全风化围岩区地质情况

公伯峡导流洞洞身段全长721m，其中出口段长达60m，处于前震旦系古全风化的片岩（Sc）及片麻岩（Gn）体中，属典型的Ⅴ类围岩，开挖断面宽15m，高18.5m。岩体破碎，风化强烈，且有F50逆断层及T441、T477、T479、T481剪切断层通过，其中F50断层带宽度达到12m，充填物为无胶结的糜棱石和破碎石。岩性较弱，极限抗压强度仅有5～8MPa，用手可折断、捏碎，岩块遇水浸泡后易崩解，裂隙面充填胶泥，裂隙性潜水较发育，岩体开挖后易松弛卸荷。

二、围岩洞挖施工方法

（一）进洞前洞脸支护措施

鉴于围岩易松弛卸荷，为确保洞脸稳定，导流洞进洞前洞脸支护采取了以下措施：①出口洞顶正上方及两侧打安穿透性锚杆，即洞顶1913m高程以上打安4排ϕ32mm长锚杆，间排距2m×2m，长度12～20m不等；洞脸两侧高程1907～1913m各打安一排ϕ32mm长锚杆，间距2m；长锚杆均穿透导流洞开挖轮廓线50～100cm，并按照固结灌浆的要求实施固结灌浆，灌浆压力控制在0.3MPa。穿透性锚杆加固围岩时，外露100cm与下述的贴坡混凝土钢筋网焊接形成整体，内侧外露50～100cm与进洞后钢支撑焊接形成悬吊支撑，目的在于在隧洞开挖前开挖轮廓线外形成固结区以加固围岩。②从1906～1920m高程进行贴坡混凝土和导流洞3m明拱混凝土浇筑，为解决3m明拱段与后期下部混凝土相接问题，施工时在明拱底部下挖1m深的坑槽，安装插筋后用石渣进行人工夯实回填，夯实标准为1.9t/m³，并在回填表面铺设油毡以防止混凝土浇筑时浆液浸入石渣造成后期接缝施工困难。

（二）围岩洞挖施工顺序

导流洞上扩开挖（Ⅰ区开挖高度7m）→中间拉槽下卧开挖（Ⅱ区开挖高度7.5m）→两边保护层开挖（Ⅲ区开挖高度7.5m）→底板保护层开挖（Ⅳ区开挖高度4m，分左右半幅交替开挖支护）。

（三）古全风化围岩上扩段开挖施工方法

1. 开挖方法　上扩开挖采用全断面、短进尺（1m）、密孔、小药量、非电毫秒微差光面爆破技术。鉴于古全风化围岩特性，光面爆破参数的正确选定对开挖后的成型及顶拱的稳定至关重要。根据经验公式及爆破实验确定参数：

$$Q_x = q_x a W$$

式中　Q_x——松动爆破单位耗药量，取0.4kg/m³；

a——光爆孔间距，取0.35m；

W——最小抵抗线，取0.6m。

带入公式得光爆孔线装药密度q_x=84g/m；主爆孔爆破时单响药量控制在5kg以内；爆破参数见表1。

表1　上扩开挖光面爆破参数表

孔类	孔深(m)	孔径(mm)	间距(cm)	排距(cm)	单耗量(kg/m³)	线装药密度(g/m)	单响药量(kg)
光爆孔	1.2	42	35			84	
主爆孔	1.1	42	80	80	0.5		5

2. 支护方法　支护的主要手段是网喷混凝土、打安系统长短锚杆、超前锚杆、安装钢拱架。施工顺序为：爆破后立即素喷 5cm 厚混凝土封闭暴露岩面→挂网喷混凝土→打安超前锚杆及系统锚杆→安装钢支撑→二次挂网喷混凝土→钢支撑加固。超前锚杆采用管式注浆锚杆，管径为 1″，长度 4m，仰角 25°。灌浆时在浆液中加入早强剂和速凝剂，对古全风化围岩的超前加固效果明显。钢支撑的加固方法为：①钢支撑榀与榀之间设剪刀撑焊连，使钢支撑整体受力，大大提高钢支撑的支撑能力。②钢支撑竖向支腿采用设在钢支撑两侧的成对锚杆，用钢垫板与钢支撑焊连成一体形成支托；竖向钢支撑与岩面的空隙采用喷混凝土覆盖钢支撑。③钢支撑的圆弧段部分安装后和岩面之间的脱空较大，为确保导流洞下卧开挖施工的安全，提高钢支撑的承载能力，钢支撑顶拱部分每 6 米喷射 1 条 1m 宽的混凝土条带，使喷混凝土和钢支撑联合形成柔性支撑拱。

（四）导流洞下卧（Ⅱ、Ⅲ区）开挖支护方法

为保证下卧开挖后边墙的稳定，开挖前在两侧墙底部打安 $L=12$m、3 Φ 28、间排距 2m 的锚筋桩，锚筋桩下倾 30°，按固结灌浆要求施工，对边墙实施预锚固。Ⅱ、Ⅲ区的开挖高度均为 7.5m，开挖采取先中间拉槽（Ⅱ区）后开挖保护层（Ⅲ区保护层厚 3m）的方法。中间拉槽开挖采用阿特拉斯 D7 液压钻机造孔，为减轻爆破对边墙围岩的破坏，两侧设预裂孔。爆破参数见表 2。

表 2　下卧开挖预裂爆破参数表

孔类	倾角	孔深（m）	孔径（mm）	间距（cm）	排距（cm）	单耗量（kg/m³）	线装药密度（g/m）	单响药量（kg）
预裂孔	60°	9	80	80			200	
主爆孔	60°	8.7	80	200	200	0.4		50

两侧保护层开挖采用手风钻钻孔，预裂爆破，预裂孔间距 35cm，线装药密度 90g/m。保护层开挖后为达到及时限制围岩变形的目的，边墙采取了湿喷 10cm 厚佳密克司（Dramix ZP30/0.5）钢纤维混凝土的方法，代替挂设钢筋网工序，节约了宝贵的时间，使暴露围岩及时得到封闭，在最短时间内使围岩进一步的变形得到控制。湿喷钢纤维混凝土完成后，立即打安 $L=12$m、3 Φ 28、间排距 2m 的锚筋桩。根据此区域布设的收敛观测仪器观测数据的跟踪分析，下卧开挖期间顶拱及边墙围岩变形值均在安全规范允许值之内（见表 3）。进一步证明了锚筋桩和钢钎维混凝土联合作用在限制围岩变形、保证边墙的稳定方面起着至关重要的作用。

表 3　顶拱边墙围岩变形的收敛观测数值表

日期	2001/4/9		2001/4/10		2001/4/11		2001/4/12		2001/4/13		2001/4/14		2001/4/15	
桩号	收敛值（mm）	相对收敛（%）	收敛值（mm）	相对收敛（%）	收敛值（mm）	相对收敛（%）	收敛值（mm）	相对收敛（%）	收敛值（mm）	相对收敛（%）	收敛值（mm）	相对收敛（%）	收敛值（mm）	相对收敛（%）
0+680	1.44	0.03	1.24	0.03	1.24	0.03	2.02	0.1	1.68	0.09	2.69	0.13	4.71	0.19
0+700	1.4	0.03	2.99	0.05	1.65	0.11	4.59	0.2	1.83	0.18	3.03	0.25	2.97	0.29
0+710	1.94	0.02	3.98	0.04	3.98	0.04	3.75	0.04	1.78	0.03	4.38	0.06	2.37	0.07

注　Ⅳ～Ⅴ类围岩容许相对收敛值为 0.4%～1.2%。

（五）底板（Ⅳ区）开挖方法

边墙高达 14m，为了保证稳定，最终确定底板（Ⅳ区）采用半边开挖并进行边墙混凝土浇筑交替施工的方法，支护方法同Ⅱ区支护。半边开挖及混凝土浇筑完成后，对另半边开挖采取了严格的控制措施，为保证已浇混凝土避免爆破震动破坏，爆破采用短进尺、密孔、小药量、小单耗、单孔单响毫秒微差预裂爆破的施工方法。在上述方法及措施指导下，0＋664～0＋724 段 60m 古全风化围岩区洞挖安全顺利完成，为导流洞后期施工提供了安全、可靠的保证。

紫坪铺水利枢纽导流洞施工

（一）工程概况

紫坪铺水利枢纽两条导流洞布置于右岸，并横穿条形山脊，洞轴线相距约 100m，两进口相距约 230m。导流洞前期用作施工导流，后期改建形成“龙抬头”式泄洪洞。洞断面为平底马蹄形，衬砌后断面尺寸为 10.7m×10.7m，钢筋混凝土衬砌厚度 1.0～2.0m。1、2 号导流洞洞身段长分别为 793.43m

和 702.5m。

两条导流洞所处的右岸条形山脊，在构造上为一完整的 NE 向倾伏向斜，洞轴线横穿整个向斜，洞室穿越地层为三叠系上统须家河组中～厚层状含煤屑中细粒砂岩夹粉砂岩及煤质页岩，洞轴线与岩层走向交角为 40°～90°，洞室埋深大部分在 100m 以上，最大埋深达 211m，洞室沿线有层间剪切破碎带 L9、L8、Lc、L7 和 F3 断层带。

工程施工工期为 2000 年 10 月～2002 年 10 月。

（二）施工难点

（1）进、出口边坡为强卸荷带岩体，支护工程量大，洞口削坡与洞挖之间工期矛盾突出。

（2）洞室穿越层间剪切破碎带。层间剪切破碎带厚度一般为 2～13m，岩性软弱，结构松散，属Ⅴ类围岩，成洞条件极差。

（3）洞室穿越 F3 断层带。F3 断层宽度达 55～80m，岩体十分软弱、破碎，属Ⅴ类围岩，稳定条件极差。断层带为一相对隔水层，上盘汇集有较丰富的地下水。

（4）洞室穿越向斜轴部。向斜轴部岩层产状平缓，岩体裂隙较发育，地下水丰富，以Ⅳ类围岩为主，成洞条件差。

（5）洞室所经沿线存在废旧煤洞及瓦斯。这些废旧煤洞及煤层采空区存在于层间剪切破碎带内和 F3 断层带内，分布情况不确定。废旧煤洞及煤层采空区往往又是瓦斯聚集区，瓦斯浓度很大。

（三）施工方法

1. 开挖与支护　位于强卸荷带岩体内的进、出口边坡开挖，采用自上而下分层、边坡预裂爆破、紧跟支护的方式，支护型式采用了注浆锚杆、挂网喷混凝土和预应力锚索。隧洞分上、下两个半洞开挖，四个掌子面掘进。为了解决进、出口掌子面掘进与洞口边坡削坡间的工期矛盾，除 1 号导流洞进口外，其余进、出口掌子面均采取了开挖小导洞超前进洞掘进的措施。上半洞开挖采用车载作业平台、手风钻钻孔或三臂凿岩台车钻孔，楔形掏槽，周边光面爆破，单循化进尺 1～1.5m；下半洞开挖采用手风钻或液压钻机钻孔，梯段爆破，周边预裂或光面爆破。出渣采用 $3m^3$ 装载机装 15t 自卸汽车运输。下半洞扩挖时，对Ⅳ、Ⅴ类围岩地段除进行超前加固外，扩挖过程中还采用了分层、分块、跳块开挖的措施。隧洞穿越Ⅳ、Ⅴ类围岩时，预先采取小导管超前固结灌浆、超前锚杆或大管棚加固等措施，然后再进行短进尺（单循环进尺 0.5m）、弱爆破开挖，开挖结束后，对洞壁及掌子面喷钢纤维混凝土进行初期支护，出渣后，紧接着安装格栅钢拱架或钢支撑并模注混凝土进行二次支护。采用的锚杆型式有自进式中空注浆锚杆、钻孔注浆锚杆和药卷式锚杆。

2. 瓦斯防治措施　瓦斯浓度控制标准为：洞内施工时，瓦斯浓度≤0.3%；当瓦斯浓度≥1%时，不进行施工，人员撤离现场。爆破器材使用煤矿许用炸药和雷管，洞内照明使用防爆开关和低压钠灯。加强通风，严格进行瓦斯监测。出渣前对洞壁和掌子面采取喷混凝土或砂浆进行封闭，以防瓦斯泄漏。宣贯瓦斯防治知识，加强对作业人员的安全教育，洞口设立警示牌和安全检查岗。

3. 混凝土衬砌　隧洞衬砌混凝土由里向外施工，先浇底板，然后将边墙、顶拱一次浇筑成形。边墙、顶拱的模板采用穿引式钢模台车，每条洞配备 2 套。钢筋采用人工绑扎，混凝土采用 $6m^3$ 搅拌运输车运至洞内，混凝土泵车或混凝土泵输送入仓。

（中国水利水电第五工程局　颉建军）

土 工 膜 施 工

泰安抽水蓄能电站上库土工膜施工

一、工程概述

泰安抽水蓄能电站上水库由三面环山库岸和一座混凝土面板堆石坝组成，坝高 100m，坝顶高程 413.8m，坝顶长度约 547m，正常蓄水位为 386.00～410.00m，最大水位变幅为 24m，蓄能发电调节库容约 900 万 m^3。根据工程地质和水文地质条件，决定采用右岸岸坡混凝土面板防渗和库底土工膜防渗方案。实施这种防渗方案，在堆石坝的钢筋混凝土面板和右岸钢筋混凝土面板的底部设置连接板与库底土工膜连接，在土工膜左边界和库尾边界，通过库底观测廊道与基岩相连接，沿库底观测廊道实施 20～60m 深的帷幕灌浆。

土工膜防渗技术应用于抽水蓄能电站尚无先例，

故其施工和运行的实践有较大意义。

上库复合土工膜铺设在库底碾压填筑石渣上，自下而上由支持层、复合土工膜、30cm厚粗砂上垫层、50cm厚石渣保护层组成。支持层包括10cm厚碎石找平层、500g/m² 涤纶针刺无纺土工布及30cm厚粗砂下垫层。复合土工膜防渗铺设施工面积约15.4万m²，针刺无纺土工布铺设施工面积约17.5万m²，碎石找平层工程量约1.73万m³，上、下粗砂垫层工程量约9.42万m³，石渣保护层填筑工程量约7.85万m³。复合土工膜防渗铺设施工质量对上库工程质量的影响极大，是上水库防渗系统的关键工程。因此，复合土工膜及土工布的采购、运输、储存、铺设、焊接缝、周边缝连接处理及其质量检测等环节，必须严格执行SL/T231—1998《聚乙烯（PE）土工膜防渗工程技术规范》和GB/17630～17642—1998《土工合成材料》及SL/T225—1998《水利水电工程土工合成材料应用技术规范》等标准、规程、规范和施工详图的施工工艺，确保铺设施工质量。

二、土工膜及施工特点

（一）土工膜及复合土工膜

通常所说的土工膜，有聚氯乙烯膜（即PVC膜）和聚乙烯膜（即PE膜）两大类。PE膜的各项技术指标优于PVC膜，具有优异的温度指标、可焊性好、抗老化、耐化学腐蚀、耐环境、耐开裂及耐戳穿能力强。随着土工膜的应用和发展，产生了复合土工膜，即将土工膜和土工织物（即土工布）按要求制成土工膜—土工布的组合物，称为复合土工膜。其中土工膜主要用来防渗，土工布主要发挥加筋、排水和增加土工膜与界面物之间摩擦力的作用。上库采用的是高密度聚乙烯膜（即HDPE膜）与土工布组合成的复合土工膜，规格为300g/m²×1.0mmHDPE×300g/m²，上下两面的土工布为涤纶针刺无纺布、中间为HDPE膜，其各项技术指标优于PE膜。

（二）复合土工膜施工特点

质量轻、易搬运、易储存、适应性强、干扰少、工效高、铺设施工简单，能使用热隔焊机一次焊接出双重焊缝，可保证质量，造价低。但在结构物多、拐角多、形状不规则时，会增加铺设施工难度。

土工膜属于聚合物薄膜，在反聚合作用和分子断裂时，由于聚合物分解，易发生软化；若失去增塑剂及辅助成分，聚合物硬化会变脆；由于液体浸渍而膨胀甚至溶解，会降低强度增大透水性；当接缝处应力过高，接缝可能拉开。另外热、氧、光、臭氧、湿气、NO_2、SO_2、溶剂、低温、应力、酶和细菌等，尤其是紫外线长时间直接辐射对其寿命影响较大，应注意克服和避免。

三、复合土工膜施工技术

（一）施工准备

建立符合要求的仓库，备好合格的碎石、砂料和石渣料，采购验收应满足标准、规范、规程及施工详图要求，做好铺设前预分区分块工作，备好施工设备（测量仪器、运输车辆、焊接机具、碾压设备及质量检测仪器等），对施工人员进行培训，组织现场技术交底，严格执行“三检制”、“监理制”，确保铺设质量。

（二）铺设施工工序

铺设施工作业面大、工期长，采用“先中央、后周边”、“先库头、后库尾”、“相邻区块连续施工”的工序进行铺设工序流程图见图1。

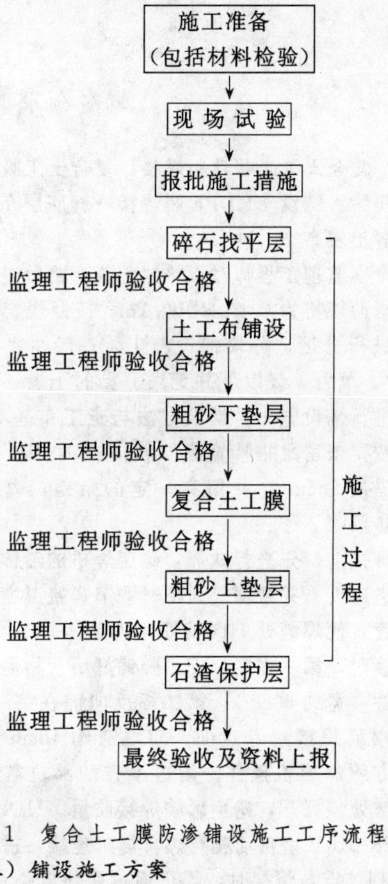

图1 复合土工膜防渗铺设施工工序流程图

（三）铺设施工方案

1. 支持层施工 在库底回填石渣碾压检查验收合格后，按照常规方法进行支持层施工。

2. 复合土工膜铺设施工

(1) 施工工艺流程如图2所示。

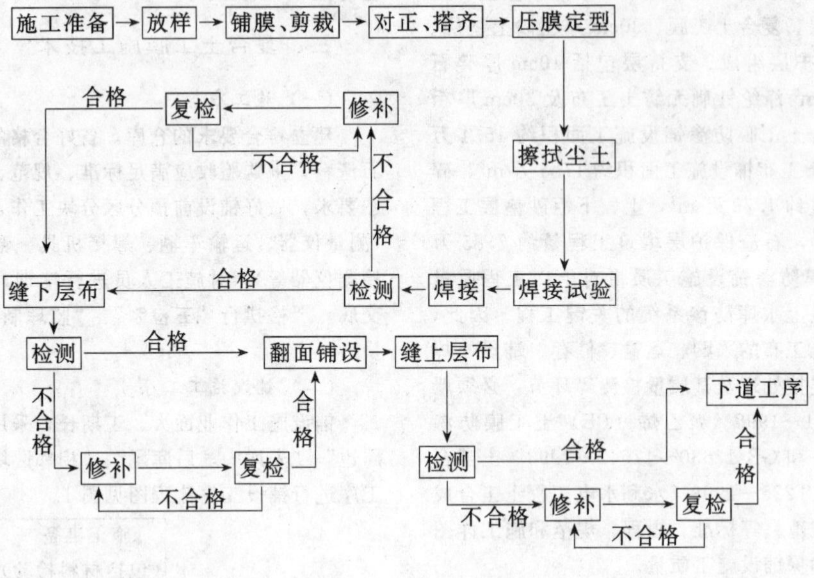

图 2 复合土工膜施工工艺流程图

(2) 复合土工膜铺设和焊接。复合土工膜铺设和焊接顺序为：铺设→HDPE 膜焊接→缝底层布→翻面铺设→缝上层布。

铺设在监理工程师对下垫层验收合格后进行。拟采用的幅面规格为 6.1m×100.1m，按照规定的顺序和方向进行分区、分块铺设施工。一般在室外气温5℃以上、风力 4 级以下并无雨、雪的干燥、暖和的天气中进行铺设施工，铺设方法与土工布基本相同。铺设时按要求留足搭接宽度（膜搭接 10cm、上下层土工布搭接 25cm)，并留有一定的余地，边铺膜边压，以防风吹。

在焊接前，先进行试焊，确定焊机的最佳焊接温度、行进速度。并根据气温随时调节焊接温度和焊机行走速度，使焊缝处 HDPE 膜熔为整体。

焊接时，第一幅复合土工膜铺好后，将需要焊接的边翻叠（宽约 60cm)，第二幅反向铺在第一幅上，调整两幅膜焊接边缘走向，使之有约 10cm 宽的搭接，以方便焊接机操作。留边不齐的部位需进行修剪，褶皱处须展开，避免影响焊接质量。HDPE 膜拟采用 ZPR-210V 型自动爬行热合焊机连接，拼接接头采用 T 型结点。焊接时，焊机通过两块电烙铁供热，胶带轮通过耐热胶带施工，滚压塑膜。焊缝两条，每条焊缝宽 10mm，焊缝间距 16mm 左右。连接施工时，横向焊缝间错位尺寸不小于 500mm，连接的两层 HDPE 膜搭接平展、舒缓。HDPE 膜焊接时，用柔软的干净纱布条擦拭焊缝搭接处，保持焊面干燥，待焊面洁净后再进行焊接。焊缝做到无水、无尘、无垢，粗砂下垫层表面保持干燥。

(3) 土工布缝合。HDPE 膜焊接质量经自检合格并经监理工程师确认后进行缝合面层土工布。缝合拟采用 GH9—2 型手提式封包机，用高强维涤纶丝线丁缝法缝合，搭接宽度 25cm，缝合针距 6mm 左右，连接面松紧适度，自然平顺，确保膜布联合受力。

(4) 周边缝施工。复合土工膜周边与库岸及坝体连接板、库底廊道、进出水口拦渣坎底座混凝土连接的周边缝，采用槽钢和角钢及锚栓锚固、混凝土回填固端。下层混凝土浇筑时，确定镀锌膨胀螺栓的位置。连接处的锚固要求紧密而不损伤土工膜，铺设稍松弛以适应结构物的变形。周边缝连接采用目测法检测，如发现褶皱或烫伤等应及时修补。周边缝固定好后，立即浇筑二期混凝土进行封固。

(5) 焊缝质量检测。HDPE 膜焊接后，应及时对其焊接质量进行检测。检测部位主要包括全部焊缝、焊缝结点、破损修补部位、漏焊和虚焊的补焊部位、前次检验未合格再次补焊的部位等。检测的方法主要包括目测、现场检测和室内抽样检测。目测贯穿全过程，即进行表观检查，观察焊缝是否清晰、透明，无夹渣、气泡、漏点、熔点、焊缝跑边或膜面受损等。现场检测时，焊接部位采用充气法进行检测，检测仪器采用气压式检测仪和真空检测仪。对双焊缝选择充气长度 30～60m，将待测的双焊缝之间预留的空腹两端封死，插入气针充气，充气压力为 0.15～0.20MPa，保持时间 3min，若压力无明显下降即表示焊接质量合格。对于焊接结点、破损修补部位、漏焊和虚焊的部位需再次补焊，采取 50cm×50cm 小方格进行真空检测，真空压力不小于 0.005MPa，保持时间 30s 而肥皂液不起泡即为合格。

焊缝质量检测完毕，立即对检测时所做的充气打压穿孔全部用挤压焊接法补堵。对现场检测过程及结果详细记录并标示在施工详图上。

施工初期每 1 万 m^2 取一个试样，随着铺设进展逐渐递减到每 5000～10000m^2 取一个试样，进行强度试验，要求焊缝强度不低于母材的 80%，且试样断裂处不在接缝处。对于焊接缝与周边缝，除抽样测试外，还可以在周边缝处涂一层乳化沥青加强防渗漏。

(6) 粗砂上垫层和石渣保护层施工。在监理工程师对复合土工膜铺设施工验收合格后进行，其方法与下垫层基本相同，但需在膜面上铺设木板，采用人力推车运输至膜上。石渣保护层采用进占法施工，汽车运料、推土机铺料、碾压密实。

(7) 质量验收及竣工资料整理。在铺设施工过程中，每一道工序都必须严格按照规程、规范和施工详图进行，必须在自检合格、监理工程师复验并签认合格证书后，方能进行下道工序施工。设专人整理保管过程验收资料和终验资料。按要求，编制竣工资料和竣工报告。

（四）需要研究的其他问题

(1) 由于上库水位可能发生骤变，如何及时排除复合土工膜下面可能产生的空气和可能产生的反向渗水压力？应研究解决这一问题的有效可靠措施。

(2) 拟采用的石渣保护层是否会发生移位，从而导致某些部位石渣聚积、某些部位石渣很少甚至复合土工膜裸露？应研究保护层的结构型式。焊接缝与周边缝是防渗的关键技术，应重点研究周边缝的连接形式。

(3) 如果发现渗漏水量明显增加的话，在 15 万 m^2 的面积上，如何有效查找渗漏部位？应研究复合土工膜运行状况检测方法。

（泰山抽水蓄能电站有限公司　邢小平）

施　工　导　流

黄河沙坡头水利枢纽导流工程施工

一、工程概况

黄河沙坡头水利枢纽位于黄河黑山峡河段峡谷出口，以灌溉、发电为主。施工导流采用一次拦断河床、明渠导流方案。主要导流建筑物为导流明渠和上、下游围堰，等级Ⅳ级，导流标准为十年一遇，相应流量为 5860m^3/s。明渠位于左岸一级堆积阶地覆盖层厚度为 5.6～14.6m，由风积沙和冲积砂砾石组成，下部基岩为砂质黏土岩、砾岩，地下水埋深 0.9～6.1m，明渠全长 1407.7m，底宽 70m，纵坡为 0.8‰，边坡为 1∶2，设二级消力池消能。明渠采用全断面混凝土衬砌，进、出口采用铅丝笼块石防护。上游围堰长 316m，最大堰高 15m，下游围堰长 326m，最大堰高 11m。围堰采用土石结构，防渗体为塑性混凝土防渗墙及复合土工膜。

导流工程主要工程量：导流明渠土石方开挖 173 万 m^3，混凝土浇筑 6.02 万 m^3，塑性混凝土防渗墙 5015m^2（厚 30cm）；围堰土石方填筑 20.8 万 m^3，塑性混凝土防渗墙 5291m^2（厚 60cm），复合土工膜 5600m^2。

二、施工特点

(1) 导流明渠施工排水。导流明渠地下水位较高，基础为黏土岩，具有遇水软化、失水崩解的特点，基础的开挖及保护是施工期重点问题。

(2) 塑性混凝土防渗墙施工。防渗墙穿过风积沙和砂砾石地层，均质性差，对防渗墙的质量和工期影响较大，是工程的技术难题。

(3) 围堰截流施工。由于截流时间提前，流量增大，昼夜变辐大，且河床抗冲刷能力差，块石料场运距远，施工难度较大。

三、导流工程施工

（一）导流明渠施工

1. 土石方开挖　砂砾石开挖采用 1～5m^3 挖掘机，岩石开挖采用钻爆法，15～20t 自卸汽车运输，月平均开挖强度 40 万 m^3。岩石建基面预留 50cm 厚保护层，在混凝土浇筑前采用人工开挖，尽可能缩短基础面暴露时间。

2. 塑性混凝土防渗墙　右堤防渗墙厚度为30cm，墙体轴线长为878m，孔深4.3～9.4m，要求墙底嵌入基岩0.5m，墙体材料为塑性混凝土。防渗墙指标为 $R_{28} \geqslant 2.0$MPa，$E_{28} \leqslant 1000$MPa，$k \leqslant 1 \times 10^{-7}$cm/s。配合比见表1。

表1　塑性混凝土配合比　kg/m³

中砂	卵石	425号水泥	膨润土	水	木钙
906	906	150	60	230	0.3%

施工方法采用膨润土泥浆固壁，抓斗法成槽，混凝土搅拌车运输，水下导管直升法浇筑混凝土成墙，主要施工设备为YW-300抓斗、KH180液压抓斗、BH12液压抓斗。防渗墙施工分Ⅰ、Ⅱ期进行，两期槽孔长度分别为6.4m、7.1m，采用“接头管法”进行槽段连接，Ⅰ期槽孔浇筑时，导管距端部不大于1.5m；Ⅱ期槽孔浇筑时，导管距端部不大于1.0m，槽内混凝土面上升速度不得小于2m/h。防渗墙施工工效平均为36.7m²/(台·日)。

（二）围堰工程施工

明渠施工完毕，上、下游围堰开始预进占之后，进行龙口合龙施工。由于块石料运距远，龙口段以钢筋铅丝笼块石（1m×1m×2m）和混凝土四面体（10t和15t）为主，截流采用从左岸单侧立堵进占，45°上挑角抛投（20t自卸汽车运输），截流过程流量为500～750m³/s，时间为40h，抛投强度350m³/h。龙口段抛投铅丝笼块石940m³，混凝土四面体60块，大块石及石渣1200m³，合龙后，开始围堰防渗墙施工（塑性混凝土防渗墙，厚60cm），工艺同导流明渠防渗墙。

四、初期运行情况

施工完毕后，渠内水流平稳，进出口顺畅，消力池效果较好。基坑抽水后，上、下游围堰及导流明渠右堤背水坡均无明显的集中渗水点，各项指标符合设计要求。

（天津水利水电勘测设计研究院　李天骄）

尼尔基水利枢纽一期导流工程设计与施工

（一）工程概况

尼尔基水利枢纽位于嫩江中游，流域面积6.64万km²，总库容86.1亿m³，水电站装机容量为250MW。

枢纽主坝为沥青混凝土心墙土石坝，最大坝高41.5m，坝顶长1807.31m（含河床式水电站厂房）。

坝址河谷宽约1770m，主坝工程施工采用一期明渠导流，二期底孔导流。导流明渠布置在左岸滩地上，底孔位于右岸厂房安装间的下部。

（二）一期导流工程设计

1. 导流标准　按规范一期施工导流建筑物为Ⅳ级，标准应为挡水时段20～10年重现期洪水。根据工程具体情况，确定一期导流建筑物按大汛10年重现期标准设计，相应流量为4880m³/s。

2. 导流建筑物设计　一期导流建筑物包括围堰和导流明渠。围堰为土石结构型式，堰体主要为砂砾石料和开挖弃渣土石料，最大堰高约11m，设计边坡为1∶2.5，堰顶宽10m，上游迎水顺采用50cm厚抛石护坡。围堰基础为强透水砂砾石层，厂房上、下游围堰和纵向围堰基础及水下抛填的堰体部分采用振孔高喷防渗墙防渗，主坝围堰采用链槽铺塑作防渗。堰体采用土工膜作防渗。

导流明渠布置在左岸滩地，设计底宽190m，渠底高程182.0m，明渠左侧边坡为1∶2.5，右侧边坡为1∶2。设计标准情况下，明渠内水流流速较大（3～7m/s），采用钢筋石笼和铅丝石笼作防护。

3. 一期截流设计　按计划，一期进占围堰于2001年9月初填筑，月底截流闭气。截流标准选用9月下旬5年重现期旬平均流量947m³/s。经计算的龙口最大平均流速为3.87m/s，截流最终落差为93cm，最大抛石粒径为60cm。

（三）一期导流工程施工

一期导流工程于2001年5月底开工。首先进行导流明渠开挖，随后进行链槽铺塑防渗、明渠防护工程施工及一期围堰填筑等。链槽铺塑防渗是为明渠防护工程施工而设置的，设计的一期围堰基础链槽铺塑防渗，根据工程实际情况变更为振孔高喷防渗墙作防渗。

导流明渠开挖、铅丝石笼施工和围堰填筑采用常规施工方法，而链槽铺塑、钢筋石笼和振孔高喷防渗墙的施工方法为：

（1）链槽铺塑施工。采用链槽机在砂砾石层中开槽，槽宽约为15～25cm，造槽的最大深度约12m泥浆固壁，人工铺设土工膜，回填黏土或砂砾石以形成防渗帷幕。实际的防渗效果不理想渗透量较大。主要原因为：①冻层未融化和遇大孤石，造槽未达设计深度；②因槽壁坍塌，铺塑未达设计高程；③槽段间土工膜搭接不好出现渗透。

（2）钢筋石笼施工。钢筋石笼尺寸为3.0m×1.0m×1.5m和3.0m×1.0m×1.2m（长×宽×高）。在钢筋加工厂加工钢筋笼后，采用小型运输设备运至施工现场，人工安装就位。石料采自石料场，人工装石入笼后，封盖焊牢。

(3) 振孔高喷防渗墙施工。振孔高喷成墙是东北岩土公司的专利技术，是利用振孔高喷灌浆机以振动方式造孔，在振孔和上提过程中直接进行高喷灌浆作业成墙。厂房上、下游围堰基础高喷灌浆于2001年9月中旬开始施工，10月下旬完成，经检查成墙效果较好。但抽水试验发现堰体及基础渗水量较大，原因为：①堰基础遇大孤石，成墙未达岩面高程；②堰体未碾压，大型运输设备在围堰上作业时，堰体不均匀沉陷，导致墙体断裂。

(四) 一期截流工程施工

一期导流工程于2001年11月8日截流，实际流量为65m³/s，实测最终落差0.5m，龙口最大流速3.5m/s，最大抛石粒径0.5～1.0m。

截流施工采用20t和32t自卸汽车运输石料。接近龙口位置时，由于河床为砂砾石，龙口流速较大，对河床冲刷严重，截流困难。因此现场决定采取抛石护底措施，采用索铲抛石护底，胜利完成了截流。

(东北勘测设计研究院　崔金铁)

小峡水电站导流及泄洪闸工程深水草土围堰

(一) 围堰工程概况

小峡水电站位于兰州市皋兰县境内黄河干流上，水库正常蓄水高程1499.0m，最大坝高47.7m，总库容4800万m³，水电站装机容量23万kW，其导流及泄洪闸工程位于黄河右岸Ⅲ级阶地上，在进出口围堰挡护下全年进行施工。

进、出口围堰为Ⅳ级临时建筑物，导流标准为10%频率的洪水，相应流量为4150m³/s，相应上游水位高程为1487.75m，堰顶高程为1488.70m，相应下游水位高程为1486.75m，下游围堰堰顶高程1487.5m。进口围堰分两期填筑，Ⅰ期先形成枯水期围堰，枯水期10%频率洪水相应流量为1250m³/s，相应上游水位高程为1482.7m，堰顶高程1483.40m。枯水期围堰为草土围堰，断面为梯形，边坡1∶0.2，最大堰高13.40m，顶宽15.0m，最大底宽20.56m。基础防渗采用高压摆喷灌浆，覆盖层为细砂层、砂砾石层。

(二) 施工特点及难点

进口Ⅰ期草土围堰全长约250m，平均水深9.1m，最大水深11.8m，最大流速2.5～3.0m/s，河道束窄度41%，底部地形起伏差大。由于上游水电站发电及沿线农灌水位每天涨落两次，相差1.8～2.0m，使施工难度加大，易断堰。

(三) 工程进度及施工方法

1. 工程进度　从2001年12月6日开始预进占，2002年元月18日完成，平均日进占约6m，日完成草土体约740m³。

2. 草土体施工

(1) 填筑程序。采用从下游至上游顶水单向进占，按“铺土、压捆草、铺土”的工序进行。

(2) 施工方法。采用捆草法施工，进占前清理岸边，铺填土料，将草捆顺轴向并排沉放施工。涨水时草土体端部易成陡坡，草土体不易下沉。落水时，漂浮的草土体易断裂。故涨水时；只进行进占草土体的加固、加高，同时在堰头抛投装满黄土的编织袋、草袋等，以增加漂浮体的自重。落水时，快速将堰头处理成30°～40°的斜坡后，立即进行草土体的填筑，主要选用直径1.0～1.2m，长度6～8m以上的大草捆，夹裹装满黄土的编织袋，加固压好后，再铺一层厚约30cm的散草，随即进行洒水，使草料浸湿，便于下沉和压实。然后用推土机摊铺一层厚为35～40cm的黄土，再用推土机压实。

(3) 防冲刷措施。在堰体上游修筑顶宽为3m的铅丝笼填石挑流丁坝，降低堰头流速，并在堰体的外侧抛填石渣和块石进行跟进保护，以防止水流对堰体和地基的冲刷。

(4) 安全措施。由于水深，流速大，水位变化大，进占过程中，堰头10m左右始终处于漂浮状态，为安全起见，采用小型推土机进行黄土的摊平铺筑工作，并用钢丝绳拴挂在20m外D85型推土机上。汽车倒土、倒草距离控制在距堰头10m以外，在草土体上埋设木桩，保证堰头人员安全工作。

(四) 枯水期工程运行质量评价

进口Ⅰ期围堰于2002年3月28日开始基坑限制性抽水后即投入挡水运行，在2个月的运行中，经历的最大流量为1520m³/s，最高水位1483.4m。围堰沉陷量24.8cm，背水坡未发现明显渗漏现象（渗漏量较小，为3.5L/s），约为设计渗漏量的25%。说明该围堰工程施工质量优良，经枯水期挡水运行，各项指标均在设计允许范围内，可满足设计洪水标准安全运行的要求。

(中国水利水电第三工程局　姚安华)

基础处理

冶勒水电站基础处理设计和施工技术

（一）工程概况

冶勒水电站位于大渡河一级支流南桠河上，是梯级开发的龙头水库电站，大坝位于冕宁县冶勒乡，厂房位于石棉县栗子坪乡，厂、坝距离 11km，厂址距 108 国道约 7km，距石棉县城约 42km，与成昆铁路乌斯河车站相距 110km。坝址河床狭窄，两岸坡度 30°～40°，左岸山体雄厚，右岩上、下游分别被山沟深切形成条形山脊，地形较单薄。电站采用引水式发电，正常蓄水位 2650.00m，死水位 2600.00m，水库总库容 2.98 亿 m^3，调节库容 2.76 亿 m^3，装机容量 240MW，拦河大坝为沥青混凝土心墙堆石坝，坝顶高程 2654.50m，最大坝高 121.50m，坝顶长 410m。两岸坝体建在深厚覆盖层上，大坝基础及右岸覆盖层台地采用混凝土防渗墙和帷幕灌浆相结合的方法进行防渗处理，河床段防渗墙厚度为 1.2m，左右两岸坝肩及右岸台地防渗墙厚度为 1.0m，其中右岸坝肩及台地部分防渗墙深度达到 140m，其墙下帷幕灌浆深度达到 58m，防渗墙总面积达 5.5 万 m^2。

（二）基础处理设计技术特点

冶勒水电站基础处理采用混凝土防渗墙与帷幕灌浆相结合的方案，从左至右依次为左岸平洞基岩、左坝肩防渗墙及墙下基岩、河床防渗墙、右坝肩防渗墙、右岸台地防渗墙及墙下覆盖层帷幕灌浆五部分，各部分地质特征及相应的设计技术参数及特点分述如下：

1. 左岸平洞基岩帷幕灌浆　左岸坝肩山体雄厚，覆盖层厚 35～60m，基岩由石英闪长岩组成，左岸利用平洞深入山体 150m 进行基岩帷幕灌浆，布置双排灌浆孔，间距 2m，孔深 80m，要求透水率不大于 3Lu。

2. 左坝肩防渗墙及墙下基岩帷幕灌浆　左岸坝肩基岩以上覆盖层深度 30～60m，由块碎石土组成，采用嵌入式混凝土防渗墙，墙底嵌入基岩 1～2m，墙体厚 1.0m，深度 20～60m。墙底以下基岩帷幕灌浆，帷幕灌浆设计深度 30～60m，质量要求与左岸平洞基岩帷幕灌浆相同，通过在防渗墙体中预埋帷幕灌浆管实施。

3. 河床防渗墙　河床段及右岸地层覆盖层深厚，由卵砾石层、粉质壤土和块碎石土组成，泥钙质胶结和固结压密作用使其结构密实。河床段采用悬挂式防渗墙，深度 20～70m，厚度 1.2m。

4. 右坝肩防渗墙　右坝肩长度 86m，墙深度 20～70m，墙厚 1m，底部与下层防渗墙施工廊道顶拱接触连接，顶拱以上连接区进行灌浆处理。

5. 右岸台地防渗墙及墙下覆盖层帷幕灌浆　右岸台地防渗墙分两层施工，墙体厚度为 1.0m，上层防渗墙长度 300m，深度 78m；下层防渗墙长度 300m，深度 61m。下层在断面 6m×6.5m 的施工廊道内施工，上下两层防渗墙之间通过防渗墙施工廊道钢筋混凝土衬砌连接。顶拱以上连接区进行灌浆处理，下层防渗墙底部以下接覆盖层帷幕灌浆。灌浆孔布置为三排，孔距 2m，通过下层防渗墙中两排预埋灌浆管和一排钻孔完成。

（三）基础处理施工进展

1. 已完成的基础处理工程　大坝主体工程于 2001 年 4 月开工至 2002 年 3 月已经完成的防渗墙实施情况见表 1。

表 1　已完成防渗墙及帷幕灌浆实施情况

项目＼部位	左岸 2640m 平台	左岸 2568m 平台	右岸 2602m 平台	右岸 2639m 平台
施工日期	2001 年 7 月～2001 年 12 月	2001 年 9 月～2001 年 12 月	2001 年 8 月～2001 年 12 月	2001 年 7 月～2002 年 3 月
防渗墙面积（m^2）	653	1086	501	1586
防渗墙厚度（cm）	100	120	100	100
防渗墙深度（m）	20～40	45～55	20～35	70
帷幕灌浆量 m	1535	72	无	无

2. 正在施工的防渗墙　正在施工的防渗墙部位包括右岸台地段和右岸平台，施工情况见表 2。

表2 正在进行的防渗墙施工情况

项目 \ 部位	右岸台地 0+610m～0+710m段	右岸2561m平台
施工日期	2002年2月～2002年4月	2002年3月～2002年4月
防渗墙面积（m^2）	653	1586
防渗墙厚度（cm）	100	120
防渗墙深度（m）	78.5	70～75

（四）基础处理的若干技术难题

1. 防渗墙施工廊道开挖和衬砌　右岸防渗墙施工廊道和两条交通洞都在覆盖层中开挖成洞，洞身穿越的覆盖层以粉质壤土和透镜体砂卵砾石层为主，该地层含水丰富，粉质壤土遇水易软化并形成泥浆，砂卵砾石层透水性强，洞室顶拱穿过该层时易形成坍塌，造成洞室开挖和临时安全支护的难度；特别是直接处于下层施工场所的防渗墙施工廊道，实际开挖断面达到9.0m×9.5m，加之同期进行的上层临近部位防渗墙施工的干扰和限制，洞身开挖和衬砌的施工难度极大。根据特殊的地质情况，施工中采用超前锚杆、钢拱架和喷混凝土支护，有效地解决了临时安全稳定问题。目前，长度270m的1号交通洞开挖和临时安全支护已经顺利完成，全长300m的2号交通洞开挖和临时支护已经完成250m。经验总结之后，全长300m的防渗墙施工廊道于2002年元月开始开挖，目前已经顺利完成140m的洞段开挖和临时支护，并开始进行混凝土衬砌施工。

2. 防渗墙与施工廊道的连接　右岸防渗墙施工廊道既是下部防渗墙的施工场所（兼作永久观测廊道），又是防渗体的一部分，上部顶拱与右岸台地防渗墙相接，底板与下部防渗墙相接。由于工期的原因，顶拱与上部防渗墙的连接因上墙与施工廊道的施工顺序不同存在两种形式。“先墙后洞”顺序时，廊道顶拱用混凝土进行回填并灌浆连接；“先洞后墙”顺序时，廊道顶拱以上与土墙底部存在有3m左右的空间，采用帷幕灌浆进行连接，灌浆的参数需要现场进行试验确定。底板与下部防渗墙的连接，先浇筑廊道边墙和顶拱，再施工廊道内下部防渗墙（墙顶部5m内布置有钢筋），最后浇筑廊道底板与下部防渗墙刚性连接。

3. 洞内防渗墙的施工　在断面6m×6.5m的防渗墙施工廊道内进行，须用CZF1500反循环钻机并对其桅杆结构进行改造来满足廊道内施工的要求。

因地质条件不良，导向槽几乎全部处于粉质壤土层中，槽口部位受泥浆侵蚀和造孔的施工扰动，极易垮塌。因此，在廊道底部永久结构下面增加了垫层混凝土，以保证槽口的稳定和廊道的安全。

此外，还必须解决洞内钢筋笼安装、混凝土浇筑、帷幕灌浆管预埋、施工噪音和干扰等一系列问题。

从2001年4月正式开工至今的一年中，在参建四方的通力合作下，特别是葛洲坝集团公司务实高效的现场作业和二滩国际监理的有效现场管理，克服了工程严峻的施工条件，摸索和总结出了很多针对性的施工经验，为今后工程的顺利实施创造了条件。

（四川南桠河流域水电开发有限公司　陈建春）

冶勒水电站大坝坝基及右岸廊道防渗墙施工

（一）工程概况

冶勒水电站位于四川冕宁县南桠河上，坝基覆盖层由弱胶结卵砾石层、粉质壤土层、块碎石夹硬质土组成，最大厚度超过420m。地基采用防渗墙与帷幕灌浆联合防渗处理。原设计防渗墙深度为100m，1996年已完成长5.4m、深100m的墙体和一个孔径1m、深100m的单孔与一个套接孔，以及一个双反弧100m深接头的试验性施工。

新设计的大坝防渗墙由三部分组成：左岸段（桩号0+000～0+150）墙厚1m，墙底深入基础1～2m；河床段（桩号0+150～0+310）墙厚1.2m，为悬挂墙；右岸段（桩号0+310～0+710）墙厚1m，为悬挂墙，墙分两层处理，即台地防渗墙和廊道防渗墙（深度70m，桩号0+310～0+610），其沿轴线剖面布设见图1。两层防渗墙总深度140m，廊道防渗墙下帷幕灌浆深度为60m，两层墙的连接方式为“幕接墙”。廊道内施工厚度1m，深度为70m的防渗墙，在中国水电建设中属首次。0+000～0+259.6段称坝基防渗墙及廊道防渗墙。

（二）防渗墙施工方案

1. 坝基防渗墙施工方案

（1）施工设备：造孔机具以CZ—1500型冲击反循环钻机为主，CZ—30型冲击钻机为辅；除砂设备为JHB—200泥浆净化机。CZ—1500冲击反循环钻机在CZ—30冲击钻机基础上，将单卷扬改为双卷扬，造孔时配以砂石泵、泥浆净化机等机具，采用反循环连续出渣，提高了造孔工效。槽孔施工先打导孔，确定地层及层间变化界面。施工方法为冲击钻进，抽筒或泵吸反循环出渣，膨润土泥浆固壁，部分槽段内下设灌浆预埋管或观测仪器。由于坝基覆盖层较厚，且有承压水影响，槽孔划分以五个孔作为一个成槽单元，以提高成槽率。左岸段（桩号0+000～0+150）及河床段（桩号0+150～0+259.6）防渗墙如采用套接接头，则Ⅰ、Ⅱ期槽长5.8m，有3个主孔2个副孔；如采用双反弧接头，则Ⅰ期槽长5.8m，Ⅱ期槽（即双反弧近弧点）长1.0m。河床段防渗墙均采用套接法，Ⅰ、Ⅱ期槽长以6.6m为主，有3个主孔2个副孔。

(2) 施工平台：岸坡坡度大，原地面线高差达100m，需开挖填筑形成台阶式施工平台。根据边坡地形，坝基防渗墙共分6个平台进行施工。考虑到平台上有坝肩公路，河床部位截流前不能施工，故在施工顺序上做了相应安排。施工平台宽为18m，导向槽断面尺寸为0.8m×1.5m。导向槽为钢筋混凝土结构，混凝土标号为C20。

2. 廊道防渗墙施工方案　廊道防渗墙在断面为6.0m×6.5m的城门洞型廊道内施工，与长约300m的两条交通洞（最大尺寸4.0m×4.5m）相连，所有施工设备及材料必须经交通洞进入施工场地。廊道防渗墙是冶勒工程基础处理的重点和难点，其难度有以下几点：

①冲击钻需经特殊改造才能进入廊道，且辅助设备如吊车、装载机等根本无法进入，因此施工工效较低；②废渣、废水、废气排出困难；③噪声污染严重；④混凝土浇筑强度难以得到保证。因此廊道防渗墙采用冲击钻配合液压铣的施工方案，既可保证在不均匀地层中的成槽精度，且工效高、工期短、噪音小、废气少，废渣可以直接排出至洞外，辅助作业少。成槽设备选用BC120隧洞型液压铣，最大施工孔深为80m，一次成槽长度为2.8m，设备最大高度为5.0m，满足廊道断面及施工孔深要求。施工工艺为：液压铣铣削地层，遇漂石、大块石等改用冲击钻凿形成槽孔，然后进行清孔换浆，浇筑混凝土。槽孔分两期施工：Ⅰ期槽分三铣成槽，槽长6.5m，先铣两端再铣中间；Ⅱ期槽为一铣成槽，槽长为2.2m。Ⅰ期槽在混凝土浇注24h后，便可进行Ⅱ期槽施工。Ⅱ期槽与Ⅰ期槽槽段连接为液压铣“锯齿型”连接，其套铣连接长度均为30cm，以确保墙体连续。Ⅱ期槽在清孔之前须用钢刷刷洗接头。

3. 混凝土浇筑　采用混凝土拌制能力为40m³/h的小型拌和楼集中拌制混凝土。岸坡段（左岸）采用混凝土搅拌车运输、溜槽入仓的方式；廊道防渗墙采用混凝土搅拌车运输、混凝土泵入仓的方式。混凝土均采用泥浆下直升导管法浇筑。

（三）工程施工情况

为检查混凝土防渗墙的有关参数、材料、设备及施工工艺措施的合理性，在左岸高程2640m平台的防渗墙轴线上选3个槽孔做现场生产性试验。试验区轴线长度12.6m，槽孔为YL-Z-01～YL-Z-03号（桩号0+30.7～0+43.3），其中YL-Z-02为双反弧接头槽。主要试验内容有成槽和混凝土浇筑工艺、配合比、墙体套接法和双反弧连接试验。该试验自2001年7月16日开始至2001年12月10日全部结束，历时148d，共浇筑混凝土581m³，成墙面积359.22m²。从试验结果来看，副孔施工工效高于主孔，冲击反循环钻机工效高于冲击钻机，选择的副孔宽度1.4m是合适的，混凝土浇筑质量满足要求。双反弧试验施工工效为2.09m²/（台·日），冲击反循环钻机工效为3.63m²/（台·日），冲击钻机工效为1.6m²/（台·日），施工质量均满足设计要求。试验证明：施工方案是合理，冲击钻机及冲击反循环钻机可用于此类地层施工。

工程从2001年7月开始施工，到目前为止已完成左岸高程2640m及2568.6m平台的防渗墙施工任务。共计完成工程量：左岸成墙980.83m²，河床段成墙796.68m²，混凝土浇筑3074.5m³。

（中国水利水电基础工程局　姚朝铭）

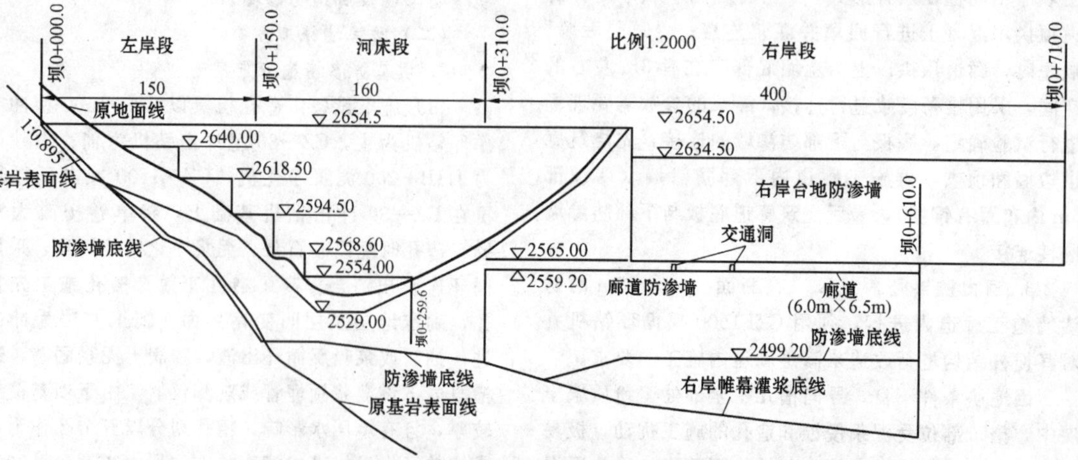

图1　冶勒电站防渗墙轴线剖面图（单位：m）

润扬长江大桥南汉桥北锚碇基础地下连续墙工程

南汉桥为单孔双铰钢箱梁悬索桥结构，主跨度1490m，是润扬长江大桥的重点，其关键工程是坐落在世业洲上的北锚碇基础，该基础将承受约6.8万t的悬索拉力。初步设计阶段，北锚碇基础经比选冻结壁、地下连续墙（以下简称地连墙）和沉井方案，最终选择了地连墙方案。

北锚碇基础地连墙工程由中国水利水电基础工程局承担，施工程序为：在地面上建造地连墙→分12层开挖基坑，浇筑内撑→浇筑底板、隔墙与内墙→在隔仓内充填混凝土、砂、水→浇筑顶板。

地连墙建造是基础工程中最关键的工序，作用是在基坑开挖时挡土围护和防渗。地连墙平面呈矩形，长67.8m，宽48.8m，轴线总长235.2m，划分为42个槽孔。墙体底部接双排帷幕灌浆，平均深度14.8m，最大深度22.0m。墙段接缝用高压旋喷灌浆补强封水。

在国内起挡土围护作用的地连墙工程中，该项工程的综合难度最大，拥有多项全国之最：墙体深度最大56.5m，平均53.2m；墙体厚度1.2m；基坑开挖深度50m；单槽钢筋笼质量72.72～99.39t；嵌岩深度平均4.0m；V形钢板接头深度平均53.2m。此外，工程地质条件也十分复杂：覆盖层上部为淤泥质黏土，呈流塑状；下部主要为粉细砂，松散、透水性大，渗透系数在21～55m/d之间。基岩为闪长花岗岩，弱、微风化层平均抗压强度68.6MPa，最高达150MPa。

地连墙施工有几大难点：①槽孔开挖；②墙段连接；③钢筋笼的制作与下设；④墙体及基岩封水。为此，采取以下措施，保证了工程顺利进行：①上部淤泥质黏土用深层搅拌加固；②成槽采用了液压铣、抓斗、冲击反循环钻机等先进设备，并以此组合了若干新工艺，确保成槽精度与嵌岩深度；③墙段连接比选了多种方案后，选定先进的V形钢板接头，并在墙外用高喷补强；④钢筋笼上下节整体加工，各节用两台大型吊车采取“九点法”起吊下设，槽口对接采用镦粗直螺纹新技术；⑤选用优质膨润土泥浆固壁，采用反循环并配用泥浆净化机清孔换浆；⑥墙下帷幕灌浆采用稳定性浆液，墙底接触段用高压水喷射冲洗。

地连墙工程于2001年5月18日开工，于2001年10月28日完工，墙下帷幕与接缝高喷也相继完成。完成的主要工程量：槽孔开挖15068m³；钢筋笼制作3677t；混凝土浇筑15258m³；帷幕灌浆3648m；高喷灌浆2500m。

施工过程中，工序、质量得到严格的控制，确保了成槽精度和清孔换浆质量，钢筋笼均顺利下设到位，混凝土浇筑顺利成墙，用超声波检测，混凝土强度全部满足设计要求，无重大缺陷。墙下帷幕检查孔共12孔50段，压水试验透水率全部小于3Lu。

地连墙工程完成后，于2001年11月开始基坑开挖及内部支护工程，至2002年4月21日开挖全部完成并浇筑封底混凝土。开挖时，对地连墙的施工质量进行了观测，结果：①墙体总体平滑顺直；②墙体混凝土均匀密实，无混砂夹泥现象；③墙体接缝无贯穿性夹泥；④墙体渗水量极少；⑤墙下帷幕质量良好，基坑日总渗水量仅为350m³，远小于设计量。质量优良的地连墙很好地发挥了围护及封水作用，保证了开挖顺利进行，成功地建造了国内第一深基坑，为南汉悬索桥奠定了坚实的基础。

（中国水利水电基础工程局　蒋振中　田学良）

锦屏一级水电站固结灌浆试验

（一）试验目的和要求

锦屏一级水电站位于四川凉山州境内的雅砻江上，电站装机容量330万kW，大坝为混凝土双曲拱坝，最大坝高305m，是目前世界第一高拱坝。

坝址区出露地层主要由大理岩、砂板岩和绿片岩组成。勘探反映出的主要工程地质问题是大理岩中的软弱结构面（包括左岸F5和F8、右岸F13断层、层内错动带和绿片岩夹层及煌斑岩脉等）、左岸岸坡岩体中的拉裂松弛的Ⅳ$_2$类岩体和深部裂缝对岸坡岩体的抗滑稳定和变形稳定的影响问题。

针对这些问题，在可行性研究设计阶段，于2002年2月～11月选择两个区域进行了固结灌浆试验研究，其目的是：①了解深部波速较低的Ⅳ$_2$、Ⅲ$_2$类岩体（含Ⅲ和Ⅳ级深部裂缝）灌浆后变形模量提高程度，力争达到设计要求值；②了解F5断层灌浆后变形模量、抗渗性和强度的提高程度，以实现部分替代现设计采用的混凝土网格置换，减少对岩体的扰动破坏。

灌浆后要求Ⅳ$_2$级岩体的完整性系数$K_v \geqslant 0.5$、平均声波速度$V_{pm} \geqslant 4600$m/s、透水率$q \leqslant 3$Lu、变形模量$E_0 = 6 \sim 8$GPa；F5断层的透水率$q \leqslant 1$Lu、变形模量$E_0 = 3 \sim 5$GPa；岩体抗剪强度的增加值作为工程安全储备。此外，需根据裂隙中水泥浆液的充填情况和结石强度等做进一步研究，从而论证经过灌浆处理后的岩体作为拱坝基础的合理性、耐久性和可靠性。

（二）灌浆试验和效果

试验共布置2个试验区，每个试区均按正方形各布置13个灌浆孔和4个灌后检查孔。另外在一试区布置2个灌前测试孔，二试区布置3个测试孔。一、二试区灌浆孔的孔距，Ⅰ序孔分别为7.00m和8.00m，Ⅱ序孔分别为3.50m和4.00m，Ⅲ序孔分别为2.47m和2.83m。灌浆孔的孔深分别为30m和35m。两试区均采用孔口封闭灌浆法，灌注普通水泥浆液，Ⅲ序孔中少量孔段灌注干磨细水泥浆液。灌浆试验效果分析如下：

1. 单位注入量和透水率　一试区Ⅰ、Ⅱ、Ⅲ序孔的单注量和透水率分别为1001.6、342.8、252.1kg/m和112.5、65.8、38.8Lu，Ⅱ序孔的单注量和透水率较Ⅰ序孔分别递减了65.8%和41.5%，Ⅲ序孔较Ⅱ序孔分别递减了26.5%和41.0%；二试区Ⅰ、Ⅱ、Ⅲ序孔的单注量和透水率分别为818.6、316.4、154.2kg/m和80.0、6.5、4.3Lu，Ⅱ序孔的单注量和透水率较Ⅰ序孔分别递减了61.3%和91.9%，Ⅲ序孔较Ⅱ序孔分别递减了51.3%和33.8%。随着灌浆次序的递增，各次序孔的单注量和透水率递减明显，表明灌浆效果明显。

2. 灌浆前后压水试验成果　一、二试区岩体平均透水率灌前分别为46Lu和64Lu，灌后分别为1.12Lu和0.63Lu，均小于设计要求的3Lu。灌后F8断层（其性状与F5相同）的平均透水率为0.83Lu，小于设计要求的1Lu。

3. 灌浆前后岩体的声波速度　一试区灌浆前后岩体的声波速度平均值分别为3465m/s和5490m/s，其中大理岩中的$Ⅳ_2$级岩体灌浆前后的波速分别为3088m/s和3832m/s，灌后较灌前提高了24.1%；F8断层灌后的波速为5545m/s。二试区灌浆前后岩体的波速平均值分别为5162m/s和5331m/s，其中大理岩中的$Ⅳ_2$级岩体灌浆前后的波速分别为3377m/s和3984m/s，灌后较灌前提高了18.0%；绿片岩中的$Ⅳ_2$级岩体灌浆前后的波速分别为4618m/s和5074m/s，灌后较灌前提高了9.9%；煌斑岩中的$Ⅳ_2$级岩体灌浆前后的波速分别为3156m/s和3618m/s，灌后较灌前提高了14.6%。

4. 灌浆前后钻孔变形模量　一试区灌后岩体的钻孔变形模量平均为9.80GPa，其中大理岩中的$Ⅳ_2$级岩体灌前为2.65GPa，灌后为4.96GPa，提高了87.2%；F8断层灌前为1.85GPa，灌后为6.30GPa，提高了240.5%，超过了设计要求。二试区灌后岩体的钻孔变形模量平均为11.74GPa，其中大理岩中的$Ⅳ_2$级岩体灌前为3.04GPa，灌后为7.26GPa，提高了138.8%，达到了设计要求；绿片岩中的$Ⅳ_2$级岩体的钻孔变形模量灌前未测到，灌后为7.34GPa，也达到了设计要求；煌斑岩中的$Ⅳ_2$级岩体灌前为1.17GPa，灌后为2.19GPa，提高87.2%。

5. 岩体的完整性系数　一试区$Ⅳ_2$级大理岩的波速分别为3823m/s，二试区$Ⅳ_2$级大理岩和绿片岩的波速分别为3984m/s和5074m/s，大理岩和绿片岩的岩块波速均取为6500m/s，则一、二试区$Ⅳ_2$级大理岩和二试区绿片岩的完整性系数分别为0.35、0.38和0.61。

综上所述，本次灌浆试验的灌浆效果是好的，灌浆试验是成功的。灌浆试验的成果，将为锦屏一级电站高拱坝建基面的确定、体型优化及变形与应力分析奠定基础，为今后大面积灌浆施工提供合理的设计和施工参数。

（中国水利水电基础工程局　龚木金）

尼尔基水利枢纽主坝基础混凝土防渗墙施工

（一）工程概况

尼尔基水利枢纽工程位于黑龙江省与内蒙古自治区交界的嫩江干流中部，是具有防洪、供水、发电、航运及水资源保护等功能的综合利用工程，同时也是实现北水南调的控制性工程之一。

枢纽工程由主坝（沥青混凝土心墙土石坝），左、右副坝（黏土心墙土石坝），右岸岸坡溢洪道，右岸河床式电站厂房和两岸灌溉输水洞（管）组成。主坝基础混凝土防渗墙总长度1356.25m，墙体厚度0.8m，混凝土设计标号为C20W6，最大深度39.75m。

中国水利水电基础工程局于2002年6月3日开始防渗墙施工，2002年10月5日完工，施工历时125d。共完成混凝土防渗墙槽孔225个，防渗墙截水面积40425.53m²，浇筑混凝土35526.85m³。按照SDJ249—1988《水利水电基本建设工程单元工程质量等级评定标准（一）》（试行）中规定的方法，对防渗墙工程的225个单元进行了单元工程质量评定，评定结果为工程单元质量合格率100%，优良率99.6%。

（二）防渗墙施工

按照枢纽工程施工总进度的安排，要在4个月内完成4万m²防渗墙，其施工强度之高，在国内少见。

混凝土防渗墙的施工地层，主要是厚10～38m的砂卵砾石和含泥砂砾石层。其中砂卵砾石较松散，强透水，含泥砂砾石层较密实，中等透水～强透水。基岩是花岗闪长岩，防渗墙嵌入基岩1.0m，遇断层加至2.0m。

防渗墙造孔，在覆盖层中采用“两钻三抓”法，基岩中采用钻凿法。先采用冲击钻机钻端孔（导孔），钻孔终孔后，采用液压抓斗抓取覆盖层，至基岩面后，再改用冲击钻机完成基岩部分的钻孔施工。与传统的“两钻一抓”工艺相比，充分发挥了抓斗的作用，造孔施工效率高，同时也满足了墙段连接的施工要求。施工中使用液压抓斗6台，其中BH-12型4台、BS650型2台；冲击钻机46台，其中CZ-22型20台、CZ-30型26台（包括改进型）。通过施工证明所选机械是适合于地层的，且工效较高，抓斗平均工效达到1950m^2/（台·月），钻机平均工效达到75m^2/（台·月）。

施工中选用的接头管为圆形，直径800mm，下设和起拔采用BG350/800型拔管机，设计最大起拔力350t。工程共投入两套液压拔管机，成功地拔起了225个施工槽孔的全部接头管，共拔管6538.3m，节约混凝土3285m^3。最大拔管施工深度39.6m，拔管起拔力在100～150t之间。与采用传统的套打一钻法相比，工期可缩短一个半月。

防渗墙混凝土运输采用4台6m^3混凝土搅拌车，平均运输距离约2.5km。混凝土浇筑采用直升导管法，水下浇筑混凝土。混凝土面平均上升速度6.7m/h。

防渗墙墙体质量检查采用检查孔钻孔取芯、注水试验、检查孔声波测试等方法。钻孔取芯检查，取芯率在99%以上；注水试验检查，除墙顶部位和墙底接触部位透水率值偏高以外，墙体混凝土的透水率在0.002～0.1Lu范围内；声波测试检查，纵波波速在3896～5000m/s之间。检查结果，墙体质量达到要求。

中国水利水电基础工程局在较短的时间内完成了防渗墙的施工，在8月11日～9月10日施工高峰期，月浇筑槽孔90个，成墙面积达到1.47万m^2，创造了国内水利水电工程混凝土防渗墙施工月成墙面积之最。混凝土防渗墙接头工艺全部采用接头管技术，且100%成功，也创造了国内水利水电工程混凝土防渗墙施工之最。

（中国水利水电基础工程局　刘建发　董学君）

堤防垂直防渗施工新技术

长江、黄河等大江大河有堤防数万公里，虽历年都有加高加固，防洪能力仍然偏低，达不到现行防洪标准。

江河防洪的重要环节是堤防的垂直防渗 1998年起，在长江、黄河等堤防工程中应用的垂直防渗施工新技术主要有以下几类：

（一）置换成墙技术

利用专用机具，在堤身、堤基中建造槽孔，并在其中充填防渗材料，形成连续的防渗墙。在拟建防渗墙位置，堤身和堤基的土体被防渗材料置换，防渗材料包括塑性混凝土和土工膜。根据成槽机具不同，置换成墙技术有薄抓斗成墙、射水成墙、锯槽成墙等工法。

1. 薄抓斗成墙法　用液压或钢丝绳抓斗挖槽，膨润土泥浆护壁，塑性混凝土为防渗材料的成墙工法。槽孔开挖分一、二期进行，其连接采用接头管法。开挖方法有纯抓法和钻抓法等。防渗墙厚30～60cm，最大深度可达40m以上。此法适用于粒径小于250mm的各类地层。

2. 射水成墙法　用射水成槽机的高速射流切割土体并修整孔壁后成槽，泥浆护壁，塑性混凝土为防渗材料的成墙工法。切割下来的渣土泥浆溢出或被抽出地面。槽孔开挖分一、二期进行，接头处用高压射水冲洗后平接。防渗墙厚度为22～45cm，深度可达30m。此法适用于黏土、砂土、粉土及含少量粒径小于8mm的砾石层。

3. 锯槽成槽法　用锯槽机锯管上的刀具上下往复切削土层成槽，泥浆护壁，塑性混凝土为防渗材料的成墙工法。其沉渣用反循环法清除，槽孔开挖连续进行，混凝土是在槽孔内用隔离体（土工布混凝土袋等）分隔后分段浇筑的。防渗墙厚度18～40cm，最大深度可达40m。这种方法适用于粉质黏土、粉土、砂土和小砾石地层。

（二）原位搅拌成墙技术

该技术利用深层搅拌机，将土体与喷入的水泥浆搅拌形成水泥土防渗墙。在拟建防渗墙位置，堤身和堤基的土体在原位与水泥混合并被搅拌成墙，不需要成槽工序。

搅拌机有单头、双头、三头搅拌机等，目前最多达六头，堤防加固中常用双头以上的搅拌机施工。搅拌机的每个头在深搅时可形成一根水泥土桩，每个头和每次深搅凝结成的水泥土桩相互切割并搭接，从而形成连续的防渗墙。水泥土是土与水泥混合后重新胶结的材料，以质量计，土料在水泥土中一般约占80%以上。

原位搅拌防渗墙成墙厚度为20～30cm，深度一般为15m以内。这种方法适用于黏土、粉土和砂土。

（三）振动排土成墙技术

该技术利用强力振动器，将一定断面的模板或型钢在有导向情况下振入地层，在起拔时形成空间并同时注入浆液建成防渗墙。堤身和堤基的土体被挤密再充填防渗材料挤密，防渗材料可以是水泥浆、水泥砂浆等。施工时要注意防止堤身裂缝和变形。通常采用以下方法：

1. 振动沉模法　振入地层的是断面为矩形的长条型空膜模板，其下端带尖刃，宽度一般为40cm。提升时，浆液从模板内的活门注入槽孔内。施工时两块模板联合作业，先沉入的模板可作为后沉入模板的导向，相邻板墙墙体在流态状态下被混合成一体。防渗墙的厚度为8～25cm，墙深不超过20m。这种技术适用于标贯值不大于15击的黏土、壤土、砂土及薄层的砂卵石层。

2. *振动切槽法* 振入地层的是与振管连接的切头，其宽度为40～80cm。浆液从切头底部喷注入槽。切头上的副刀可在相邻已成墙段内搅拌，使两个墙段紧密结合，形成连续完整的防渗墙。依次利用已成墙段作导向。防渗墙的厚度可达15cm，最大深度可达20m以上。此法适用于黏土、壤土、砂土和含碎石土层。

3. *振动沉型钢法* 振入地层的是底端加强的H形（也可是其他形状）型钢。提升时，浆液从附设在型钢腹板上的输浆管内喷注入槽。依次形成的薄墙与先期已成墙段搭接15cm，从而形成连续的墙体。墙的厚度一般为8cm，墙深可达20m。此法适用于细颗粒土类。

除了上述方法外，还有链斗挖槽成墙法、气举反循环挖槽成墙法、高压喷浆成墙法、灌浆成幕墙法等堤防垂直防渗技术。

在设计时，主要根据堤防的地质和地下水条件、历年洪水情况、堤防的重要程度 环境要求和防洪标准等因素，选择采用的堤防垂直防渗施工技术，确定防渗墙的深度、厚度和防渗性能等参数。一般地说，采用上述技术，防渗墙的渗透系数可达到$i\times10^{-7}$（$1\leqslant i<10$）～$i\times10^{-6}$（$i=1\sim3$）cm/s，完全可以满足堤防的防渗要求。

（中国水利水电基础工程局 张志良）

新型灌浆自动监测系统及应用

一、概述

灌浆自动化主要包括钻孔参数自动记录仪、灌浆浆液的自动制备和自动输送、灌浆设备的自动控制、灌浆参数的自动监测及灌浆成果自动生成系统等。1998年以来，中国水利水电基础工程局开发出了更为先进的智能灌浆自动监测系统，该灌浆自动监测系统可对灌浆过程中的浆液密度、浆液流量、灌浆压力、灌浆区域地层变形四个参数进行实时监测，该局开发和研制的密度传感器和位移传感器也经济适用。该系统是目前国内较先进的将灌浆施工诸参数数据采集、处理、输出并及时生成灌浆成果分析资料的智能灌浆自动监测和处理系统，已在小浪底帷幕灌浆工程和水布垭灌浆试验中成功应用。

二、监测系统及性能

系统在设计中主要考虑适用性、先进性、自身性能的稳定性，以及对环境的适应性，努力减轻人工操作强度。系统由硬件和软件组成，硬件力求结构简单、小巧轻便、抗干扰能力强、内部高度集成、功能强大且兼容性强；软件力求最大限度地提高智能化水平，实现自动化管理、统计、分析灌浆作业，减少内业资料整理的工作量。

（一）硬件构成及主要功能

硬件部分主要包括：变送器（包括压力、流量、密度、位移四种传感器）、多路显示器、转换机、工业控制机系统、监视器、输出系统、抗干扰电源等。

（1）变送器：直接与监测目标相连接，将灌浆过程中浆液的压力、流量、密度和地层位移转变为电流信号送入转换机。

（2）多路显示器：实时显示灌浆过程中监测的数据，便于现场操作人员控制灌浆过程。

（3）转换机：将变送器的电信号经过I/V、A/D转换后，传输给工业主控机。

（4）工业控制机系统：完成数据采集 、数字滤波、故障诊断、数据处理、通过监视器实时显示压力、流量、密度及各参数间的关系，输出各种需要的数据，自动生成灌浆成果资料。

（5）监视器：用以监视各灌浆参数及图形数据。

（6）输出系统：用以输出各种形式的数据或成果。

（二）软件的性能

软件应用最新的桌面操作系统，将数据采集和统计分析融为一体。

软件具有多种显示和记录功能，显示屏可实时显示每一个灌浆过程中的各种参数，如灌浆压力、注入率、密度、位移、累计注入灰量、注浆体积等。还可显示出灌浆压力和时间，注入率和时间、单位注入量和时间、可灌性和注入水泥量、灌浆压力和注入灰量、灌浆压力和位移、注入率和位移等多种曲线。还可通过打印机输出这些数据和曲线，可以直接利用自动采集的数据生成最新灌浆规范中要求的各种成果表和成果图。

软件的主要特性：

（1）灌浆记录时间间隔从1min开始无级调节，灌浆过程中可在不同通道中任意改变，可满足不同工程的需求。

（2）软件可自动判断各种传感器的故障情况。在记录过程中，计算机若发现在1min内采集到的压力和流量值均为零，程序则立即停止记录，同时保存记录，弹出对话框，及时提醒操作员。

(3) 若正在灌浆或压水时，当压力和流量满足结束标准或稳定标准时，程序自动提示是否结束灌浆或压水试验。

(4) 可以以曲线的形式同步反应灌浆过程中各灌浆参数间的关系。

(5) 每2min自动存储一次数据，分别存在专设文件夹中，断电时采用闪存技术优先存盘，避免数据丢失。

(6) 每个通道独立工作，当一个通道出现故障时，不影响其他通道。

(7) 记录过程中，每个通道每隔1min更新一次记录数据，每2～15min输出一次统计结果。

(8) 当压力发生突变（大于或小于设计压力50%）的数据超过30%时，程序会提示操作者维修灌浆泵（不停止记录）。

(9) 为了适应不同用户，使用密度传感器自动采集密度和手工输入水灰比计算密度可切换。

(10) 可以按照规范要求生成用于分析灌浆效果的各种图表。

(三) 监测系统的突出优点

(1) 增强了程序的人性化性能，便于操作者迅速掌握。

(2) 工业主控机设计精巧，体积小，便于携带和移动。

(3) 计算机采样频率高，每50ms采样一次，不会遗漏极值（最大值和最小值）。

(4) 系统计量精度高，在变化值很小时仍具有良好的分辨率。

(5) 可用于各种灌浆方法和各种复杂地层的灌浆工程。

(6) 可同时监测多个灌浆过程，可随时查阅当前和历史灌浆成果。

(7) 既适用于普通灌浆，也适用于GIN法灌浆。

(8) 高精度数据采集与转换，数据误差率≤1%。

(9) 设有最先进的自动保护电路和备用电源，即使出现突发故障，也不会造成资料的丢失。

(10) 配有抗干扰精密稳压电源，省电且适应于电压波动大、电磁干扰强的施工场地。

(11) 具有良好的防潮、防湿、去潮、除湿和抗震动功能，能适应较差的工矿环境和长途运输。

(12) 可以实现远距离监测。

三、监测系统的应用情况

新型监测系统已经应用在国内的多项灌浆工程中，比较有代表性的是小浪底的帷幕灌浆工程和水布垭大坝趾板帷幕灌浆试验。

小浪底帷幕灌浆始于1995年，最后一项帷幕灌浆工程于2001年底结束。中国水利水电基础工程局在小浪底的灌浆工程中，开发、研制并应用了新型灌浆监测系统。施工中，通常一套监测系统同时监测2～3个灌浆段的灌浆过程，现场利用传感系统采集记录的灌浆参数为灌浆压力和浆液流量。浆液密度传感系统和地层变形传感系统是借助于小浪底的灌浆工程研制和试用成功的，利用新型监测系统完成的灌浆工程量约50000m。

水布垭大坝趾板帷幕灌浆试验要求现场采集记录灌浆压力、浆液流量、浆液密度和地层位移四个参数，其中地层位移为最重要的参数。设计要求地层抬动变位不能超过0.1mm，灌浆过程中，只要监测系统发出位移超量警报，则立即采取降压、限量等措施。该项工程完成灌浆试验300多段，监测系统的工作状态良好，受到了有关方面的一致好评。

（中国水利水电基础工程局　赵存厚）

溪洛渡工程灌浆试验

溪洛渡水电站位于金沙江下游、四川省雷波县与云南省永善县相接壤的溪洛渡峡谷。混凝土双曲拱坝最大坝高278m，电站装机容量12600MW，作为三峡水利枢纽的后续工程，将于近期开工建设。该工程不仅坝高库大，而且泄洪流量大，地震烈度高（基本烈度Ⅷ度），大坝对坝基及两岸岩体质量要求较高。大坝基岩为峨嵋山玄武岩，强度高，总体完整性较好。主要构造形迹为一套发育于岩流层层间和层内的构造错动带和节理裂隙系统，总体性状较好，但作为高坝基础，必须进行固结灌浆处理。

灌浆试验的目的是探索坝区岩体固结灌浆的效果，即了解坝基弱风化下段岩体、层间层内错动带及节理裂隙系统经灌浆处理后的整体性、刚度和强度的改善程度，为确定大坝建基面、基础处理设计与施工提供依据。

试验分左右岸两个试区：右岸一试区灌浆对象为弱风化岩体和玄武岩四、五岩流层层间、层内错动带；左岸二试区为微新岩体和第六岩流层及其层内错动带。试验由中国水利水电基础工程局和成都勘测设计研究院联合进行，并聘请了咨询专家组。现场试验工作于2000年4月开始，至2001年2月结束，两个试区共完成测试孔、灌浆孔、检查孔等共2144m，开挖平洞100.9m，以及压水试验、弹性波测试、变模测试、大剪试验等各项检查工作。

试验施工采用了小口径金刚石钻孔、孔口封闭灌浆法和其他钻孔灌浆方法，一试区最大灌浆压力5.0MPa，二试区最大灌浆压力6.0MPa。针对不同地层比较了普通水泥、改性细水泥、湿磨水泥等灌浆材料和稳定性浆液；灌浆前后采用了多种测试手段检测地层性质和灌浆效果，获得了大量的成果资料。试验成果表明：

（1）一试区错动带的密实性较差，层间、层内错动带及其影响带为主要吸浆结构面，可灌性好；节理裂隙系统为次要吸浆结构面，可灌性较好；平均单位注灰量达222.4kg/m，次序间递减明显。二试区岩体及错动带结构紧密，可灌性较差，Ⅱ、Ⅲ序孔采用了改性磨细水泥灌注，试区平均单位注灰量为39kg/m。

（2）一、二试区岩体灌前平均透水率分别为16.41Lu和0.76Lu。通过灌浆以后，透水率分别降至0.07Lu和0.12Lu，采用3.5MPa（1.5倍设计水头）压水检查时，透水率分别为1.38Lu和0.97Lu，满足设计要求。

（3）灌浆区的岩体，特别是Lc和Ⅲ、Ⅳ类岩体（大体对应于错动带、弱风化上段和弱风化下段）通过灌浆以后，力学性质明显改善。其中，一试区岩体声波速度平均提高了3%，Lc和Ⅳ类岩体分别提高了58.5%、33.1%。二试区岩体灌前平均波速已经很高（5629m/s），灌浆后平均波速基本未变，但其中的Lc、$Ⅲ_2$和Ⅳ类岩体波速有所提高，幅度为1.1%～3.0%，明显地消灭了低波速岩带，提高了岩体的均匀性。岩体的完整性系数K_v值，一、二试区的结构面分别为0.44～0.56和0.50～0.64；Ⅲ、Ⅳ类岩体分别为0.55～0.94和0.65～0.95，均满足设计要求。

（4）岩体钻孔变模与声波波速有良好的相关关系。灌浆前Lc和$Ⅲ_2$、Ⅳ类岩体的钻孔变形模量为1.23～9.98GPa，灌浆后提高到4.00～11.74GPa，提高幅度为6.3%～374.6%。

（5）根据试验成果提出了对灌浆处理后的岩体及结构面力学参数的建议值（见表1），以及对灌浆孔布置、灌浆压力、灌浆工艺、灌浆材料和灌浆效果检测方法等的建议。此次灌浆试验达到了预期的目的，为溪洛渡高拱坝坝基处理的设计和施工提供了重要的资料。

表1 灌浆处理后岩体及结构面物理力学参数建议值

参数 \ 岩体	$Ⅲ_1$	$Ⅲ_2$	$Ⅳ_1$	层间、层内错动带 裂隙岩块型	含屑角砾型	岩屑角砾型
岩体完整性系数K_v	0.7～0.9	0.6～0.8	0.5～0.7	0.4～0.5	0.4～0.5	0.4～0.5
声波速度（km/s）	5.0～5.4	4.6～5.0	4.4～4.8	3.9～4.3	3.8～4.3	3.6～4.0
变形模量E_0（GPa）	8.5～12.5	5.0～8.0	3.5～4.5	2.0～3.0	1.5～3.0	1.0～2.0
透水率（Lu）	≤3.0					

（中国水利水电基础工程局 夏可风 王仁坤）

开 挖 爆 破

水电工程爆破技术发展与应用

水电工程爆破技术的进步，解决了一系列施工难题：

（1）三峡永久船闸170m高边坡开挖中，五级船闸闸室直立边坡最高为68.5m，成功地解决了对爆破影响、开挖精度等的特殊要求。

（2）葛洲坝大江上游围堰混凝土防渗墙水下爆破拆除，采用复式交叉连接的非电起爆网络，3548个炮孔分为324段，总延时8.1s、总装药47.70t一次起爆，有效地控制了对大坝的爆破影响，创造了多段微差爆破的新记录。

（3）广东珠海炮台山移山填海洞室大爆破，总装药量1.2万t，爆破总量1085万m^3，刷新了大爆破记录。

（4）利用定向爆破筑坝技术已填筑了数十座拦河坝、尾矿坝及大型路堤等，积累了成熟的经验。

（5）水下岩塞爆破针对爆破影响、集渣方式、泄渣影响、施工工艺等的设计已十分成熟，很多工程成功地实施了难度较大的岩塞爆破。

（6）随着高坝大库及大型抽水蓄能电站的建造，大跨度地下厂房爆破技术日趋成熟，二滩水电站地下厂房为280.3m×25.5m×63.9m（长×宽×高），大吨位岩壁桥机梁的爆破开挖已在各个地下厂房顺利实施。

(7) 复杂的群体地下洞室的爆破开挖越来越多，小浪底工程共有19条立体交叉相距很近的泄洪、排沙、发电等地下洞群，石方洞挖达315万m^3。

(8) 天生桥二级水电站岩溶发育解决了一系列复杂的地质问题，开挖了直径10m，三条长达10km的引水隧洞。

(9) 使用洞室爆破开采面板堆石坝石渣料，满足了坝料的级配粒径，加快了坝料的开挖速度。

(10) 水电站基坑保护层采用小孔径、小抵抗线宽孔距、炮孔底部设置柔性垫层的梯段爆破，以及使用垂直或水平预裂的一次爆破技术也被广泛采用。水电工程的爆破技术在炸药与起爆器材、施工机械、爆破安全技术、爆破理论与实践等方面得到不断的发展和提高。

炸药与起爆器材日益更新，是爆破技术提高的原因之一。目前大中型水电站主要使用具有防水性能的乳化炸药、2号岩石硝铵炸药、4号岩石抗水炸药等，还引进了乳化炸药和铵油炸药现场混制与装药技术，提高了安全性和机械化水平。起爆器材中毫秒电雷管、非电雷管正向高精度多段数等间隔方向发展，已有30段和60段的毫秒延期雷管，塑料导爆管毫秒雷管可按设计规定的顺序起爆。中国自行研制的高精度电子延期雷管，可进行等间隔不跳段起爆。起爆器材的发展使多分段、长延时等特殊要求的爆破得以正常进行。

施工机械是提高爆破技术的重要条件，水电站开挖主要为钻孔爆破，中国20世纪50～60年代的钻孔机械以手风钻为主，以后逐渐使用潜孔钻，并由低风压向中高风压发展，提高了钻孔速度；引进使用了液压钻机，进一步提高了钻孔效率和精度，加快了开挖速度，提高了开挖质量；引进和研制使用多臂钻机及反井钻机后，使地下工程的钻孔爆破进入了新阶段。近年来引进使用的混装炸药车，使装药机械化，实现了现场连续式自动化合成炸药生产工艺，稳定了产品质量，改善了生产条件，既提高了装药质量和爆破效果，又利于安全生产。

水电工程开挖爆破安全技术主要涉及两方面：一方面为爆破器材性能、使用条件、检验方法和起爆技术等安全问题，随着防水及高安全性能炸药的研制使用，以及非电起爆器材的推广，现场混装炸药车的引进，起爆系统的安全大为提高。另一方面为爆破对周围环境的作用及影响，涉及到爆破作用机理、爆破参数与设计方法、数值准则、测试技术、控制标准等技术问题。为此在葛洲坝、万安、东江等水电工地以科研院所、施工单位为主进行了系统的试验研究，使用各类仪器测定了爆破质点振动速度、加速度、位移、水耦合压力、冲击波压强、动应变等动态参数，并配合超声波、孔内电视、压水试验等的测量，确定了爆破地震波、空气冲击波、水下冲击波、噪音、飞石、粉尘、毒气、边坡滑落等有害效应的影响规律，得出相应的计算公式；由综合测试数据判别爆破对基岩内部的影响规律；针对爆破对大体积混凝土、高边坡、地下洞室、结构物等的震动影响，制定了安全判定标准；提出了减轻爆破影响的措施和方法。随着新型测试仪器的研制，以及引进了国外先进设备，一批性能优越测试精度高，自动控制可作遥控测试实行数据处理仪器的使用，为更高水平的爆破测量和监测创造了条件。

开挖爆破中一系列的试验研究，获得了大量的测试数据和成果，包括洞室爆破设计理论与方法、定向爆破抛掷与堆积计算、岩石爆破计算和设计、爆破工程地质学、爆破地震效应研究、预裂爆破成缝机理、岩石破碎机理、岩石爆破性分级、爆破鼓包运动及爆堆形态、深孔梯段爆破参数设计、光面爆破、拆除爆破、切割爆破和炸药加工等。在水电工程广泛采用的深孔梯段爆破，经多年实践已使用齐发爆破、微差爆破、微差顺序爆破、微差挤压爆破、小抵抗线宽孔距爆破等多种形式，装药结构多样化，有耦合连续及间隔装药、不耦合连续及间隔装药、混合装药等，可进行孔内微差起爆。在这些工程爆破理论和实践的指导下，随着计算机技术的发展，已开展工程爆破数字模型设计和应用，目前正在针对地形地质条件、爆破块度要求、爆破有害效应控制等，进行爆破参数计算机程序设计的研究。

中国于1994年修订了SDJ211—1983及SDJ212—1983两个水电工程规范，相应颁布实施了SL47—1994《水工建筑物岩石基础开挖工程施工技术规范》及DL/T5099—1999《水工建筑物地下开挖工程施工技术规范》，新规范的实施进一步推进了水电工程爆破技术的发展。

（中国人民武装警察部队水电指挥部　梅锦煜）

紫坪铺导流隧洞开挖的瓦斯危害预防

（一）工程概况

紫坪铺工程右岸1、2号导流隧洞分别长836.1m和702.5m，为平底马蹄型，最大尺寸为10.7m×14.59m，横穿沙金坝向斜的中细粒砂岩、粉砂岩、煤质页岩和纯煤层。其下标段洞身穿越L9剪切破碎带和F3断层破碎带，主要由片状页岩、角砾岩、糜棱岩、断层泥及片状煤质页岩组成。岩性弱，裂隙发育，遇水强度迅速降低，成洞条件差且存在旧煤洞采空区和地质探洞，隧洞所经条形山脊地层均为页岩夹煤层页岩和纯煤层，存在有害气体 CH_4 以及 CO_2、CO、H_2S、SO_2 等。

（二）瓦斯特性及爆炸条件

瓦斯是易燃、易爆、无色、无味、无嗅的 CH_4 气体。密度为 0.716kg/m³，比空气轻，常聚积在隧洞顶部和冒高空洞通风不良的地方。瓦斯浓度在 5%～16%时即可能爆炸，9.5%时爆炸威力最大，当可燃性气体、煤尘混入时爆炸下限将降低；火源温度在 650～750℃时，可引燃瓦斯；氧气浓度大于 12%时满足爆炸条件，实际上要求工作面进风风流中氧气浓度不得低于 20%。因此在正常施工的隧洞中，不可能采用降低空气中氧气含量的办法来防止瓦斯爆炸。

（三）瓦斯控制指标

依据煤矿安全规程，瓦斯浓度控制指标及结合施工机械大多不防爆的特点，制定如表 1 所示的指标。

表 1 瓦斯安全浓度控制指标表

序号	检测地点		执行标准（%）		超标采取的措施
			CH_4 浓度	CO_2 浓度	
1	进风风流		<0.5	<0.5	立即查明原因，处理，上报
2	总回风风流		<0.75	<0.75	立即查明原因，处理，上报
3	工作面风流		<1.0	<1.5	停工，撤人，断电，加强通风，查明原因
4	工作面回风风流		<1.0	<1.5	停工，撤人，断电，加强通风，查明原因
5	工作面附近 20m 内风流	装药前	<1.0	<1.5	停工，撤人，断电，加强通风，查明原因
		放炮前	<1.0	<1.5	禁止放炮，断电，加强通风，查明原因
		放炮后	<0.3	<0.3	浓度降至 0.3%以下方可作业
6	电动机及开关附近 20m 内风流		<1.0	<1.5	断电，停机处理后 CH_4 浓度降至 1.0%以下及 CO_2 浓度降至 1.5%以下方可作业，加强通风，查明原因
7	工作面内体积大于 0.5m³ 的空间，局部 CH_4 浓度大于 2.0%时，附近 20m 以内停止工作，撤人，断电，查明原因				
8	所有因 CH_4 浓度超标而切断的电气设备都必须在 CH_4 浓度降到 1.0%以下后方可送电，启动				

（四）瓦斯预防和控制措施

1. 开挖方案　先挖上半洞，后挖下半洞，上半洞开挖高度 7.0m，下半洞为 5.3～7.59m。根据地质资料和岩石出露情况，预测煤层厚度和瓦斯涌出量。当岩石较好时，上、下半洞均采用全断面开挖，循环进尺 3.0m；当夹有煤层时，循环进尺 1.0～2.0m。周边采用光面爆破，中部岩体采用斜眼掏槽毫秒微差爆破。其中 L9 剪切破碎带段循环进尺 1.5m，F3 断层循环进尺 1.0m，小范围进行微差松动爆破。尽量降低爆破对围岩的破坏，减少瓦斯排放量。炸药采用 RM—Ⅱ型煤矿许用乳化炸药；雷管采用煤矿许用毫秒电雷管，其最高段延时为 130ms；导爆索采用安全导爆索。

2. 通风措施　每条隧洞采用 2 台 110kW 通风机混合式供抽风，每台供风量达 1500m³/min，其供风安全系数达 2.2。一旦通风机停止运转，洞内马上断电，撤人。正常后，待检查人员检测瓦斯不超标的情况下方可进洞施工。施工过程要及时延伸风带，始终保持工作面有新鲜空气，防止形成局部的瓦斯聚集。

3. 杜绝火源　洞内一律采用防爆型、安全照明型电器设备。不准打干钻，不准进行电气焊作业，打火器具不准带入洞内。钢支撑的安装采用洞外预制成型、洞内组装、榀与榀之间用 8 号铅丝绑扎的办法。严格执行“一炮三检”制（装药前、放炮前、放炮后检查瓦斯）。

4. 加强检测　每个工作面挂 2 台 AZJ—91 型微型沼气检测自动报警仪，检查人员每小时用 GQJ—1B 型光干涉甲烷测定器沿洞巡回检查一次。将检测结果记入瓦斯检查手册和洞口的记录牌上，并随时通知现场工作人员。

（五）瓦斯超标采取的处理措施

放炮后掌子面围岩将释放大量瓦斯，造成工作面瓦斯超标，此时不准送电，须用高压风稀释并加强通风，待检测浓度小于 0.30%后再送电，并立即用 TK—961 型湿式喷浆机喷 C30 混凝土封闭暴露面。如果钻孔过程中有瓦斯冒出，立即用黄泥封闭；开挖过程中出现煤层时，在掌子面上超前钻几个孔，让瓦斯向外排放。

（中国水利水电第七工程局　杨　勇　杨　平）

其 他

龙滩水电站的施工组织规划设计

(一) 前言

龙滩水电站枢纽工程由RCC重力坝及泄水建筑物、左岸地下引水发电系统和右岩通航建筑物等组成。前阶段工程按正常蓄水位400m设计、初期按正常蓄水位375m建设的原则开展设计工作。初期建设时大坝按375m设计断面施工(水下部分按400m设计断面一次建成);引水发电系统土建部分按400m设计一次建成,机电设备初期安装7台机,预留2台机后期安装。

枢纽主要工程量为:土石方明挖1505万m^3,石方洞挖404万m^3,混凝土及喷混凝土825万m^3,钢筋钢材13.8万t。不论是前期工程项目,还是主体工程项目均采用业主负责制、招标投标制、建设监理制组织施工。

(二) 临建工程及辅助工程规划

1. 施工交通

(1) 三条外交通。黔桂铁路的南丹站沿红水河左岸直抵坝址;新建山区81km二级公路,经天峨县城与龙滩坝址以下2.5km新建的龙滩大坝相接;原天峨至坝址10km的地方简易公路改建为四级公路,形成左、右岸双线进场条件。

(2) 铁路物资转运站。龙滩工程外来物资总运量约372万t,年高峰运量为85万t,经南丹转运站转运的总运量为240万t,年高峰运量约70万t。

(3) 场内交通。业主提前在坝区修建了13条道路,总里程为26km。

2. 混凝土骨料供应 砂石骨料采取距坝址下游4.5~5.5km的二迭系灰岩人工轧制而成,均采用采场深溜井运输。初碎方式为,溜井上部设置移动式破碎机,溜井底部设置鄂式破碎机。砂石加工系统均配置废水处理装置,处理水回收利用。

3. 施工场地及生活区 坝址位于高山峡谷区,冲沟发育,施工场地高差大,条件差,依靠工程开挖弃渣分级堆填冲沟形成,其余场地较分散,需沿河滩和公路填渣或开挖造地;生活区则利用弃渣平台附近山坡形成。施工和生活用房建筑面积,分左右两岸集中布置7个区,规划坝区生产及仓库、生活及办公用房场地面积约85万m^2,各标段施工和生活用房部分,由业主提供,其他大部分由承包人自行建设。

4. 施工供水 由业主提前修建三个集中施工供水系统,其中右岸上游的纳付堡供水系统供应整个坝区的生活用水及右岸岸坡和导流洞施工的生产用水,在红水河支流布柳河取水,供水规模为690m^3/h;左岸下游供水系统供应左岸工程的生产用水,供水规模为750m^3/h;右岸下游供水系统供应右岩工程的生产用水,供水规模为3000m^3/h。左、右岸下游供水系统均取自红水河水。此外,两个砂石加工系统分别自建供水系统。

5. 施工供电 从南丹县的车河架设2回110kV供电线路至工地,高峰供电负荷42MW,工地110kV施工变电站设于右岸坝轴线下游800m处,共引出22回线路向整个施工区供电。

6. 施工通信 目前天峨县城已有与全国联网的程控电话及移动通信系统,业主不单独设置施工通信系统,由地方通信部门将通信设施延伸至工地与工程建立通信网。

(三) 施工控制性进度

龙滩工程控制发电工期的关键路线为:准备工程→左岸蠕变体、左岸岸坡开挖及处理、导流洞工程→截流及基坑抽水→河床地基开挖及处理、碾压混凝土围堰施工→大坝混凝土浇筑→下闸蓄水。此外地下厂房系统的主厂房系统的主厂房开挖、一期混凝土浇筑及机组安装等也是控制发电工期的关键项目。

2001年6月前进行前期项目的施工及准备,由业主完成对外交通、场内主干公路、施工供水、施工供电、施工场地征地移民、渣场排水涵洞、麻村砂石加工系统等建设,以及部分土建工程招投标工作。

2001年7月开始进行左、右岸导流洞和岸坡施工,历时27个月于2003年9月将导流洞建成,并将两岸岸坡挖至高程245m;2003年11月河床临时围堰截流,2004年1~5月浇筑上、下游碾压混凝土围堰,河床地基开挖也同时进行,2004年9月份完成;同年10月开始浇筑大坝混凝土,位于河床中部的溢流缺口坝段为控制工期的坝段,2005年汛前升高到高程230m,2006年汛前升高至高程288m;同年12月初浇至高程324m,11月中旬及12月上旬两条导流洞分别开下闸蓄水;2007年7月首台机组发电,此后再经过2个枯水期,大坝全部完建。

左岸地下厂房于2001年7月开始主洞施工，历时42个月，主厂房开挖于2004年底完成，2005年1～9月进行主厂房一期混凝土浇筑，2005年10月～2007年6月进行机组安装，2007年7月初第一台机组发电，此后每4～6个月安装一台机组，全部机组于2009年年底安装完成，工程竣工。第一台机组发电工期6.5年，总工期9年。

施工总进度强度指标见表1。

表1　施工总进度强度指标表　万 m^3

项目		强度指标
土石方明挖	高峰年开挖量	477.2
	高峰时段月平均开挖强度	52.3
石方洞挖	高峰年开挖量	130.6
	高峰时段月平均开挖强度	11.9
混凝土浇筑	高峰年浇筑量	265.1
	高峰时段月平均浇筑强度	24.6

（四）大坝混凝土施工

1. 碾压混凝土坝规模巨大　龙滩碾压混凝土重力坝，初期建设时坝高192m（后期加高至216.5m），坝体混凝土量580万 m^3，其中采用碾压混凝土方量376万 m^3，占坝体总量的65%。大坝高，混凝土量大，碾压混凝土坝高度和工程量均居当今世界首位。

2. 大坝施工强度高，且需高气温条件下施工　大坝是控制6年6个月发电的关键项目之一，施工总进度安排33个月将大坝连续浇至发电高程，其高度为152m，故要求在高气温条件下应能保证施工。大坝月平均上升高度为4.75m，月最大上升速度达6～8m，年最大浇筑量达232万 m^3，高峰时段月平均浇筑强度为24.6万 m^3（其中碾压混凝土为18.3万 m^3），高峰月浇筑强度达到28万 m^3 以上。

3. 大坝浇筑仓面大，入仓强度高　RCC坝采用通仓浇筑，全坝最大浇筑面积约3.8万～3.9万 m^2，位于高程230～250m之间，在高温季节分为6个浇筑段，常温季节分为4个浇筑段，按初凝时间控制，浇筑一仓需要的小时浇筑强度为400～600 m^3/h。

4. 大坝需要有较高入仓能力的浇筑设备作保证　基于以上的特点，且汛期需留缺口泄洪，受地形、地质及枢纽布置的影响，左岸为常规混凝土的进水口坝段，右岸为常规混凝土的通航坝段，碾压混凝土相对地位于河床的中部，因而碾压混凝土的入仓方式受到了极大的限制，要求具有较高入仓能力的浇筑设备，才能使碾压混凝土的质量得到保证。

根据上述施工特性，经过多种方案比较后，并参考国内外近年浇筑碾压混凝土坝的经验，设计选定进口高速皮带机运输上坝、仓面履带布料机浇筑为主，缆式起重机、塔机、自卸汽车、真空溜槽等为辅的混凝土运输浇筑方式。

混凝土拌和系统和制冷系统布置在右岸坝线以下350m处，采用3座2×6 m^3 强制式搅拌楼和2座4×3 m^3 常规混凝土搅拌楼，4座搅拌楼均配置楼顶筛和扶壁式冷风机。

（中国勘测设计研究院　石青春）

碾压混凝土搅拌设备研制

为满足碾压混凝土筑坝高速、连续、大强度特点的需要，实现连续强制式搅拌设备的国产化，国家把碾压混凝土搅拌设备研制纳入“九五”重点科研攻关项目（96-220-02-02）。

项目的研制，主要针对连续精确的配料和搅拌、材料的耐磨性、设备的模块式设计、微机全自动控制等关键技术进行了攻关，取得了以下主要成果：①研究开发出中国第一台连续强制式搅拌设备；②自行设计制造出第一台双卧轴连续强制式搅拌机；③实现了用重量法连续配料；④抗磨材料耐磨性好；⑤设备采用模块式设计；⑥系统采用全自动控制方式。

该设备已应用于四川沙牌工程拦河大坝，这是世界在建的最高碾压混凝土拱坝。1999年2月开始生产沙牌工程试验块碾压混凝土，3月9日正式投入沙牌大坝混凝土浇筑，至2001年年底已生产混凝土35万 m^3，产生经济效益近427.5万元，经济和社会效益显著。

通过对所生产的混凝土的统计分析认为：①该设备称量系统的精度较高，能满足现行国家标准及规范的要求；②混凝土拌和物均匀性的测试成果表明，砂浆容重相对误差小于0.8%，单位体积混凝土中粗骨料含量的相对误差小于5%，两项指标均满足考核要求；③连续强制式碾压混凝土搅拌设备生产的混凝土质量稳定，其均方差及离差系数能达到规范要求的优良水平。

2000年9月，水电施工设备质量检验测试中心在四川汶川沙牌工地对设备进行了检测，认为该设备主要性能参数均达到GB10172—1988《混凝土搅拌站（楼）技术条件》中规定的要求。

2000年10月，该专题通过了国家电力公司组织的鉴定和验收，其研究成果总体上处于国内领先水平，其中重量法连续配料控制系统达到了国际先进水平，成功填补了国内的空白。

2001年12月该研究项目获两项国家专利，分别为：连续强制式混凝土搅拌设备；混凝土重量法连续配料装置。

连续强制式混凝土搅拌设备带来了混凝土生产工艺的一次变革，它带来了一个全新的概念。它在配料和搅拌方面与传统的自落式及强制式设备不同，具有以下优点：

(1) 由于连续配料，设备省去了间歇式搅拌设备中大量采用的料斗、弧门、气顶等运动机构，具有结构简单、质量轻、成本低、故障率少的特点。同等生产强度其成本不到其他类型搅拌设备的一半。

(2) 因采用连续配料和物料预混使搅拌时间减少，采用连续搅拌使搅拌功率降低，搅拌机叶片和衬板磨损减少，料斗及配料装置磨损率极低，其结果是运行成本大大降低。因其运行机构少，整个系统所需运行功率也大大降低。

(3) 由于采用模块结构，安装、运输十分方便，整个系统安装工期只需5～7d，拆卸工期只需2～3d。该系统可以随不同地形条件布置，土建的工程量小，对土建的要求低。既降低了成本，又可加快施工速度。

(4) 抗磨材料耐磨性能高，在沙牌工程生产混凝土的过程中，德国BHS搅拌机仅生产了1.8万m^3，其衬板已磨穿；而自制搅拌机生产了8.6万m^3混凝土。可见自行研制的衬板耐磨寿命是BHS搅拌机衬板耐磨寿命的2～3倍，搅拌叶片的使用寿命更长。

(5) 操作简单，可靠性高，因采用连续配料，机械运行环节大大减少，故操作简单，可靠性大大提高；运行方便迅速。

连续强制式混凝土搅拌设备用途广泛，能生产碾压混凝土也能生产常规混凝土，可用于水利水电工程，也可用于公路、机场、城建、码头等工程，具有很好的推广应用前景。在可预计的将来，因连续强制式搅拌设备本身所具有的优势，将会大量地取代其他类型的搅拌设备。

（中国水利水电第八工程局　张祖义）

高坝洲水电站竣工验收

2000年3月15～16日，国家电力公司电源建设部、质量技术处、华中分公司水电处组成的达标验收（复检）专家组，对高坝洲1、2号机组的质量、安全、调试、文明生产、资料等5个方面进行了认真的检查验收，最后以1号机组461.3分、2号机组469.3分、两台机组得分均超过90分、调试工作单项得分达到97分的高分，顺利通过达标投产（复检）验收。2002年1月26～27日，国家17位水电专家组成的高坝洲电站竣工验收组对葛洲坝集团公司承建的高坝洲电站主体枢纽工程进行了竣工验收，最终认定高坝洲工程“施工质量优良率较高，运行状态良好，发电效益显著，具备竣工验收条件”。至此，葛洲坝集团公司实现了高坝洲工程“三年发电、五年建成”的承诺，创造了国内同等规模水电站建设工期最短记录，被电力建设同行专家誉为“水电工程、火电速度”。

高坝洲水电站位于湖北省宜昌市境内，上距隔河岩水电站50km，下距清江河口12km，是清江干流3个梯级电站中的最下游一个。总库容4.86亿m^3，正常蓄水位为80m，主要功能为发电、防洪、航运、养殖、旅游等。大坝为混凝土重力坝，最大坝高57m，由6个表孔和3个深孔联合泄流，电站为河床式，安装3台单机容量为8.4万kw的发电机组，通航建筑物采用坝后式300t级平衡式垂直升船机。年发电量8.98亿kW·h，工程总投资30.76亿元。

高坝洲水电站主体工程于1996年6月由葛洲坝集团公司清江施工局中标承建，7月开工，9月开挖明渠，10月26日一期工程截流成功，年底开始基坑开挖，12月8日左岸1号坝段开仓浇筑混凝土，实现了“当年开工、当年截流、当年开挖、当年浇筑”的目标。1997年初，3个月内，5条围堰填筑到设计高程，确保了工程安全度汛，4月1日主体工程开仓浇筑。至1998年6月15日，一期工程坝顶、尾水全线达到设计高程，施工转入金属结构与机电安装阶段；1998年3～9月，共完成金属结构安装3200t，一期工程各种门体、拦污栅、启闭机、桥机全部安装到位；同时，开始拆除一期工程上、下游土石围堰，一期深孔泄流；10月26日，二期工程截流成功；12月6日，二期上、下游围堰防渗墙完成，二期基坑开始开挖，年底浇筑混凝土。1999年1～4月，1号机定子、转子相继安装就位，7月15日开始调试。8月8日，2号机组开始安装；至年底，二期工程主要建筑物升船机、表孔坝段、导航墙、隔水墙均已具雏形；12月20日，1号机组顺利通过并网后的72小时试运行后交付甲方，实现了开工3年首台机组发电的目标。2000年，高坝洲水电站2、3号机组均提前发电并交付甲方，5月1日，高坝洲水电站下闸蓄水成功，主体工程结束。

在整个工程建设中，葛洲坝集团共投入各类施工设备700多台（套），施工高峰期职工达3000余人。至2001年底，累计完成土石方开挖260万m^3，土石方回填92万m^3，常态混凝土浇筑68.5万m^3，碾压混凝土浇筑21.2万m^3，钢筋制安1.86万t，帷幕灌浆8.95万m，固结灌浆1.52万m，金属结构设备安装6425t，排水孔9000m。在技术工艺上，创造推广包括预应力混凝土蜗壳锚锁结构、磨削机床、多卡模板，改进埋件安装和钢筋焊接方式等在内的多种新材料、新技术、新工艺。经工程监理站评定，在全部的4620个单元工程中，优良工程4021个，合格率100%，优良率87%，安全事故频率控制在2‰以内，葛洲坝集团有限公司连续两年获国家电力公司安全生产先进单位称号。

（中国葛洲坝集团有限公司　孙秀萍）

10

机　　电

水电机组及附属设备

中国的水电开发与机电设计的现状及未来课题研究

（一）建国以来水电建设的巨大成就

1949年，全国水电装机容量仅为360MW（不包括台湾省），水电年发电量约12亿kW·h。截至2000年底，全国已建、在建大中型水电站约220座，1000MW以上的大型水电站就有20座，全国水电装机容量达79350MW，水电年发电量达2400亿kW·h，分居世界的第二位和第四位。

改革成为发展的动力，一批批建设速度快、施工质量好、投资得到控制的工程项目涌现出来。20世纪80年代，有“五朵金花”广州抽水蓄能电站、水口、隔河岩、岩滩和漫湾等工程；20世纪90年代，有五强溪、李家峡、天荒坪、十三陵和莲花等工程；世纪之交，有二滩、三峡、小浪底、天生桥、大朝山、棉花滩等工程。其中，装机2400MW的广州抽水蓄能电站是世界上最大的抽水蓄能电站，在建的装机18200MW的三峡水电站也是世界上最大的水电站。

（二）水电前景的展望

目前，中国是世界上水电在建规模最大的国家。20世纪90年代，十年投产达容量36000MW，2003年以后，随着三峡水电站第一批机组投产，中国水电年投产容量将继续维持在4000～5000MW的高水平。但是能源供应不足和结构不合理仍将是制约我国经济发展的主要因素之一。2000年我国人均年用电量不足1000kW·h、人均装机容量仅0.25kW，还不到世界平均水平的一半，仅为发达国家的1/16～1/10。另一方面，中国水能资源丰富，可开发装机容量378000MW，年发电量19200亿kW·h，但开发程度很低，尚不及10%，不仅远低于发达国家水平（50%～80%），也低于世界平均水平（22%）。因此，中国的电力市场尚存在较大的发展空间，加之全国上下环保意识的不断增强，为水电的可持续发展提供了美好的前景。

当前，随着党中央和国务院确定的“西部大开发”战略和“西电东送”战略的实施，到2005年、2010年和2015年，水电装机容量将分别达到95000MW、125000MW和150000MW左右。在缺少常规水电资源的东部地区积极建设一批抽水蓄能电站；近期重点抓紧开工建设龙滩、小湾、水布垭、公伯峡、三板溪、平班、瀑布沟等常规水电站和桐柏、泰安、宜兴、琅琊山、西龙池、张河湾等抽水蓄能电站；还在抓紧做好糯扎渡、拉西瓦、构皮滩、思林等项目的前期工作，争取这些水电站在‘十五’末或‘十一五’初能开工建设。

最近，中国长江三峡工程开发总公司还加强了对金沙江溪洛渡和向家坝水电站“西电东送”一组电源可行性研究设计阶段的力度。2001年底，成都勘测设计研究院按时编制完成溪洛渡水电站可行性研究设计报告；与之配套的《金沙江一期工程输电系统规划设计溪洛渡、向家坝水电站输电方案研究》报告也在国家电力公司战略研究部的主持和水电水利规划设计总院，以及各有关电力公司和水、火电设计院等单位的密切配合下历时近两年顺利完成。国家计委拟将溪洛渡和向家坝水电站一并审批立项。地处中国西南部“西电东送”南线的小湾和龙滩水电站及西北部北线的公伯峡和拉西瓦等水电站的输电方案也在积极研究和论证之中。

（三）中国水电工程机电设计已逐步赶上和达到世界一流水平

建国52年来，我国水电建设机电设计、制造、安装和运行的技术水平取得了明显进步，现仅以水电站电气一次设计专业为例，20世纪70年代以来，在电气主接线可靠性计算，短路电流计算，高型和半高型高压配电装置、铝管母线的试验研究、220kV～330kV敞开式组合电器、110kV和220kV GIS的开发和应用，雷击厂房反击过电压的研究，工频接地优化布置均压网的研究和应用，大电流离相封闭母线的试验研究，220kV主变压器现场组装、主变压器中性点小电抗接地技术的开发应用，国产220kV～330kV充油电力电缆的应用等领域都是在国内率先开发、研究、试验、设计、布置、投运的，大多达到国内先进和领先水平。同时，水电站的大力开发和建设，又有力地推动了中国电力系统交、直流输电电压等级和电网技术的提高。

继刘家峡、龙羊峡水电站之后，岩滩、隔河岩、广蓄、天荒坪等水电站一批300MW以上的大型水轮发电机组和蓄能机组相继投产发电，单机400MW的李家峡和单机550MW的二滩水电站也已投产发电，单机容量为700MW的三峡水电站正在建设之中，加上小湾、龙滩、溪洛渡、向家坝等巨型水电站前期工作、招标设计及对外技术交流的深入开展，已充分表明，中国的水电机电设计正逐步全面赶上世界先进水平。

在设备选型、参数研究和设计布置上，我国最大容量 840MV·A、推力负荷达 55000N、转轮直径达 10.6m 的三峡混流式机组；最大水头 189.2m、单机最大持续出力 610MW、空冷每极容量达 14.57MV·A、转轮直径 6.247m 的二滩混流式机组；最大水头 57.8m、额定容量 200MW、转轮直径 8.0m、推力负荷达41000N的水口轴流式机组；最大水头 27.3m、额定容量 45MW、转轮直径 5.46m 的洪江灯泡式机组；最大水头 637.2m、额定容量 120MW、转轮直径 2.6m 的冶勒冲击式机组；采用蒸发冷却技术（具有我国自主知识产权）的李家峡水轮发电机；孔口尺寸 6.4m×7.5m、设计水头 120m、最大承压水头 130m、总水压力 87000kN 的天生桥一级放空洞深孔弧形工作闸门；广州抽水蓄能电站 500kV、200m 高落差充油电力电缆；二滩水电站 500kV、200m 高落差挤包绝缘电力电缆；漫湾、二滩水电站、三峡等多个百万千瓦级以上水电站的 500kV GIS 开关站；二滩水电站 18kV、120kA、22000A 发电机出口断路器及水电站的过电压保护和接地技术等均已处于国际领先水平。

通过水口、二滩等工程世界银行贷款土建和机电设备国际招标文件的编制和成功实施，华东勘测设计研究院和成都勘测设计研究院已获得承担世界银行贷款项目咨询的资质证书。同时，通过鲁布革、五强溪、十三陵、天生桥、广蓄、天荒坪、岩滩、漫湾、三峡等工程机电设备国际招标的锻炼和实践，中国多个直属和省级水电勘测设计研究院积累了宝贵的国际招标经验。可以说，中国在机电设备国际招标标书文件编制的整体水平上已达到世界先进水平。

（四）未来机电设计的课题和技术难点

面临新世纪水电开发史无前例的历史机遇和可持续发展的挑战，从二滩、三峡工程开始，结合目前龙滩、小湾、水布垭、公伯峡、泰安、桐柏等一批大中型水电站招标设计工作的全面启动，伴随溪洛渡、向家坝、瀑布沟、锦屏、拉西瓦等巨型水电站和惠州、仙游等抽水蓄能电站前期工作及“西电东送”输电方案规划设计的深入开展，对水电工程机电设备的选型和布置提出了大容量、超高压、高参数、高落差、运行稳定和可靠等更高的要求。为适应中国水电发展的新形势，未来的机电设计，应认真研究和解决如下具有世界一流水平的主要机电课题和技术难点：

（1）150m 和 250m 水头段、700MW 及以上大型混流式水轮发电机组关键技术的研究开发，重点为主要参数和结构型式研究及其优化设计、水轮机水力设计、模型试验和真机制造、推力轴承、线圈绝缘、发电机冷却（含蒸发冷却技术）等关键技术国内外联合研究、联合设计、合作生产，逐步由外商为主转向以国内制造厂为主，国产化部件的比例将逐步占主导地位。

（2）大型水轮发电机组运行稳定性研究；水轮发电机组的振动特性及其处理措施研究；水轮发电机组在线监测系统的开发、研究和应用；大型混流式水轮机转轮现场组装加工技术研究和应用；圆筒阀的研究、完善和应用。

（3）200～300MW 抽水蓄能机组逐步国产化；抽水蓄能机组运行稳定性的研究；抽水蓄能电站计算机监控系统和软件的国产化；变频交流励磁技术（含连续调速机组）的研究和应用。

（4）100～250m 长垂直段和长倾斜段大电流离相封闭母线的研究和应用。

（5）为解决山区大件运输和水电站枢纽布置的困难，500kV 及以上电压、三相组合式巨型电力变压器的研究和应用。

（6）水轮发电机出口断路器采用真空断路器的过电压及其对策研究和应用。

（7）±600kV 直流换流站和输电技术的研究、设计和应用。

（8）750kV 特高压交流输、变电技术的研究、设计和应用。

（9）1150kV 特高压交流输、变电技术的开发、论证和研究。

（10）250～500m 高落差 500kV 挤包绝缘电缆的设计选型、布置方式的研究和应用。

（11）大容量、100～500m 高落差 500kV 和 750kV SF_6 管道的设计选型、布置方式的研究和应用。

（12）电气主接线可靠性计算研究，重点为可靠性指标的规范化及对设计方案经济性的动态分析和评估。

（13）水电站无人值班方式及其相应计算机监控、继电保护、直流电源、通信、工业电视、在线监测等系统设计原则、设备配置的研究和应用。

（14）水情测报、大坝监测系统设备配置和数据分析装置的研究和应用。

（15）总水压力约 130000kN、高水头、大孔口弧形工作闸门的研究和应用；19m×24m 及以上大孔口表孔弧形工作闸门的研究和应用；相应闸门止水、密封型式和材质的研究和应用。

（16）巨型水电站地面、地下厂房消防设施配置和设计原则的研究。

（17）抓紧修编水电站机电设计技术规范；及时编制和更新有关机电及金属结构各专业国家和行业设计技术标准和规范。

水电机电设计人员肩负着历史赋予的神圣使命，

应抓紧关键技术的前期投入和储备，加强设计人员的素质培养和业务建设，努力提高机电设计的质量和水平。

（中国水电顾问有限公司　李定中）

黄河小浪底水电站转轮裂纹原因分析与处理

黄河小浪底水利枢纽工程位于黄河干流最后一个峡口处，是集防洪、防凌、减淤、供水、灌溉、发电于一体的综合性多功能水利枢纽工程，库容为126亿m^3，能拦蓄黄河约20年的泥沙，它还将黄河下游的防洪标准从60年一遇提高到千年一遇。引水式地下水电站是枢纽重要组成部分，共安装有300MW的混流式水轮发电机组6台，通过一座有5回出线的220kV开关站接入河南500kV骨干网。水调受黄委会统调，电调接受河南省调度，水电站在系统中主要承担调峰、调频和事故备用任务。多年平均发电量51亿kW·h。

一、转轮型式和特点

黄河是世界上含沙量最大的河流之一，其最大含沙量可达600～800kg/m^3。在吸取了上游三门峡等水电站的运行经验后，为满足汛期混水发电的要求，在水轮机的招标书中对转轮的抗泥沙磨蚀提出了较高要求，最后美国VOITH公司中标，负责提供七台/套（备用一台）不锈钢转轮及其附属设备（包括调速器、筒形阀及控制系统）。转轮主要参数如下：

型式：HL175-LJ-657.0

叶片数量：13

标称直径：6570mm

总高：3450mm

水头范围：67.91～141.67m

额定水头：112m

额定流量：296m^3/s

额定出力：306MW

额定转速：107.1r/min

同时小浪底转轮具有以下几个特点：

(1) 为了提高转轮的抗磨蚀性能，不仅整个转轮采用不锈钢材料制作，而且在转轮叶片上均喷涂碳化钨耐磨材料。

(2) 转轮运行水头变幅倍数大于2，这是目前国内同型机组中水头变幅最大的转轮。

(3) 取消了常规的顶盖真空破坏阀，采用大轴中心补气方式。

二、裂纹情况

2000年5月25日，经检查发现6号机组转轮13个叶片均产生严重裂纹。6号机投运时间约1300h，运行水头不超过80m，简单补焊后运行一段时间仍出现裂纹，同时5号、4号、3号机组也出现同样情况。特别需要说明的是新机组首次启动空转做相关实验，运行时间不足100h后就出现裂纹。总的情况见表1。

表1　机组出现裂纹情况及其处理措施

机组号	首次发生时间（年-月-日）	裂片数及最长度（片，mm）	处理措施	再次发生时间（年-月-日）	裂片数及最长度（片，mm）	处理措施	备注
6	2000-5-28	13，450	简单补焊	2001-8-5	8，350	综合治理	
5	2000-9-12	6，70	简单补焊	2000-11-21	8，290	简单补焊	2001年8月再次发现8片裂纹
4	2000-12-21	5，210	简单补焊	2001-6-26	8，390	综合治理	
3	2001-4-26	5，230	简单补焊			综合治理	

各叶片裂缝均是在出水边距上冠焊缝约50mm处产生，并向母材方向扩展延伸，呈不规则树枝状。

三、检查与分析

1. 运行异常情况说明

(1) 小浪底水电站自投运以来，机组运行水头均小于额定水头，受水库运行方式的限制，有相当一段时间在低水头下运行。

(2) 每次机组启动时都会出现轴系剧烈扭振，5～8s后方能平稳运转，水头越低，扭振现象越强烈。

(3) 机组负荷在130MW以内，可听见水轮机过水流道像有大块石块通过发出的撞击声音，负荷超过130MW后，补气阀关闭，水轮机运转平稳，声音正常。

(5) 每次机组停机，转速降至60%～20%额定转速时，机坑内都会发出奇怪的“嗡嗡”声。

2. 检查与分析　6号机组首次发现裂纹后，引起了业主和供货商的高度重视，中方即刻对13个叶片进行了超声波探伤检查，同时收集裂纹源区材料送检，进行材料化学成分、金相组织及断口机制分析。探伤结果表明，裂纹仍在内生长，正压侧和负压侧裂纹主干线是同一条贯穿性裂纹。材料分析报告表明，叶片材料是美国S41500台号不锈钢，叶片母材是马氏体钢材，焊接材料是奥氏体钢材。报告初步认为裂纹属于非晶体学延伸性疲劳性质，产生疲劳性裂纹的原因与叶片受力情况复杂和焊缝有缺陷有直接关系。

与此同时，VOITH公司也将材料取样寄回德国一家材料研究所进行分析，得出的结论几乎一致。

四、试验项目和分析结果

为了找出产生裂纹的真正原因，从2000年8月～2001年9月，现场组织了多次多项试验。

1. 叶片应力测试试验　首先是测试运行中特别是机组启停时叶片动载应力变化情况，现场组织了应力测试试验。试验分成机组启停应力测试和机组负荷单增/单减时应力试验两小项目。试验后作了应力频谱分析，发现了三个现象：①当调速器以60s的全开速度启动机组时，应力图表明，在开始的6～7s间，叶片出水边与上冠结合角的应力出现超过500MPa的峰值，而当调速器以15s的全开速度启动机组时，出现上述峰值的时间减小到1.5～2s，动载应力峰值远远超过材料屈服应力值约300MPa；②发现在停机时也出现较高的应力峰值；③发现在流量偏大（超过$220m^3/s$）时，应力频谱在220kHz附近出现峰值。这三个现象伴随的过高交变应力是造成叶片出现裂纹的力学原因，这也和观察到的启动时强烈扭振和停机时发出奇怪的声音相吻合。是否是叶片本身存在较大的残余应力？或者是由于低水头时叶片型线非优，造成启停机时动力矩不足，引起振动造成叶片动载应力过大？或者是推力负荷超过设计值或推力塑料瓦摩擦系数过大？

2. 推力阻力矩和推力塑料瓦摩擦系数试验与分析　带着这些问题，现场又进行了机组推力阻力矩和推力塑料瓦摩擦系数测试，试验结果表明，推力塑料瓦摩擦系数最大为0.018，属正常范围。同时VOITH的仿真计算表明，设计应力虽然偏高，仍不足以造成叶片开裂。这样看来，过大动载应力应是最有可能的原因。

3. 原因分析　应力频谱初步分析表明，启动时的扭振是因为机组启动力矩偏小，不足以迅速克服阻力矩以至于造成轴系剧烈振动，这种振动造成的交变应力只需20～40次开机就能促使叶片产生裂纹；停机过程中的应力峰值是因为叶片出水边的冯·卡门（Von Karman）涡带与叶片的1阶和2阶固有频率接近产生共振造成的；大流量时的应力峰值是因为出现了冯·卡门涡与叶片的5阶固有频率接近产生共振造成的。

五、综合治理措施

主要是从减小启动阻力矩，增大启动动力矩，消除冯·卡门涡流和削减交变应力峰值等几方面同时采取措施。主要有：

(1) 提高导叶开启直线的斜率，以便增大开机时导叶开度，缩短开机时间。将原来60s全开的直线改为15s全开，实际上就是增大启动原动力。

(2) 增设至底环补气管的外围管路，在开机时采用低压（0.8MPa）气源补气约2min，将底环和转轮下环间的空腔中的水排掉，类似机组“调相”，以减小转轮启动时的水摩擦阻力矩。

(3) 将出水边端面修形，负压侧削薄，从原来的近似直角端面修为契形。其主要作用是改变叶片的固有频率，避免与冯·卡门涡（Von Karman Vortex）频率一致而导致的共振现象，同时能减少冯·卡门涡流。

(4) 在出水边与上冠连接的弯角处增焊一块同厚度的300mm×300mm的应力释放三角铁，主要作用是增大应力接触面，释放应力峰值。计算表明，该措施可将转轮最大出力时叶片的应力从270MPa降到167.5MPa。

六、试验与结论

2001年9月，在采取以上综合措施后，再次进行了应力试验，试验效果非常满意。启动时剧烈的扭振现象基本消失了，叶片的微应力从原来峰值约$1000\mu m/m$减小到$300\mu m/m$（远小于材料屈服应力）；同时试验结果显示，停机过程中和大流量时的共振现象消失了，对应的微应力小于$100\mu m/m$。水电站的进一步试验表明，机组启动过程中继续补气，防止叶片出水边上冠区产生空腔脱流，启动效果更好。随后机组投入商业运行，并安排作为主调峰机组，运行一个月后检查表明，叶片没有出现裂纹。1号和2号机组在采取综合治理措施后投入运行一段时间，叶片也没有出现裂纹。

小浪底水电站机组转轮产生裂纹的原因基本清楚，处理结果也令人满意。长时间运行特别是高水头时的情况效果又将如何，还须进一步接受实践的检验。随着国内大型水电工程陆续开工建设，由于大坝分期蓄水运用或承担防洪供水等功能，造成水轮机运行水头变辐较大，甚至较长时期在低水头运行。类似小浪底水电站机组转轮运行工况的情况很多，在设计、制造、招标时应充分考虑到如何防止出现类似问题，小浪底水电站的经验无疑提供了重要借鉴。

（小浪底水力发电厂　雷定勇）

小湾水电站水轮机参数选择

小湾水电站总装机容量为 4200MW（6×700MW），最大水头 251m，将是世界上该水头段单机容量最大的混流式水轮机。它的主要特点是单机容量大，运行水头高，水头变幅大（达 87m）。在系统中担任调峰、调频和事故备用。其水轮机制造难度、蜗壳制造难度均居世界前列。水轮机设计和制造属世界级水平的。

（一）水轮机参数选择的原则

据该电站运行特点，要求水轮机有较宽的稳定运行范围，使在运行中的水轮机主要部件振动小，转轮叶片不产生裂纹，能长期安全稳定运行。在参数选择中不追求过高的能量指标，而把水轮机稳定性放在参数选择的首位。水轮机主要参数的选定以有利于提高水轮机稳定运行为前提。

（二）水轮机比转速的选择

比转速 n_s 和比速系数 K 是水轮机最重要的两个特征参数。随着水轮机技术水平的提高，水轮机比转速 n_s 和比速系数 K 均不断提高。n_s 和 K 值的提高虽然会带来经济效益，但会影响到水轮机空蚀性能和运行稳定性，最优工况会变窄。通过对世界上大型水轮机的统计分析，特别对大型水轮机稳定运行情况的分析，认为为保证水轮机安全稳定运行，小湾水电站的水轮机的比转速 n_s 宜选目前世界的中等偏高的水平，经比较，确定 $n_s=153.1\text{m}\cdot\text{kW}$，相应比转速系数 K 为 2250。

（三）模型水轮机的主要参数选择

国内外水电站的实际运行经验表明，水轮机的综合性能的优劣，在很大程度上与模型转轮参数的匹配关系极大。经对 250m 水头段模型转轮参数的分析统计及水电站运行情况的分析，在水轮机额定比转速 $n_s=153.1$（m·kW）的条件下，水轮机模型主要参数应为：

$$n'_{10}=64\sim67\text{r/min}$$

$$Q'_{1\max}=0.58\sim0.62\text{m}^3/\text{s}$$

$$\eta_{\text{Mmax}}>94\%$$

$$\eta_{\text{Mr}}=91\%$$

$$\sigma_{\text{Mr}}<0.065$$

（四）水轮机额定水头的选择

混流式水轮机额定水头的选择将直接影响水轮机高水头部分负荷的运行稳定性的范围，此时转轮进口有较大的正冲角，并同时伴有较大的出口正环量，对机组稳定运行危害大。

近几年研究发现，在最大水头下要避免叶片进口边产生叶道涡和空蚀，一般要求在 $H_{\max}$ 下发额定出力的运行工况点应在最优区附近，且导叶开度大于 $60\%a_{\max}$。ALSTOM 公司据其经验，推荐此时水轮机的 Q'_1 应 $>0.85Q'_{10}$，考虑水头等因素，在最大水头下，可稳定运行的最小负荷的 $Q'_{1\min}=0.8Q'_{10}$。

小湾水电站加权平均水头为 222.41m，据统计，一年中运行水头大于 210m 占 67.54%，大于 220m 占 56.58%，一年中有 8 个月的月平均水头在 210m 以上，有七个月的月平均水头在 220m 以上，水轮机效率加权因子中水头在 210m 以上的占 68%，水头在 220m 以上加权因子占 57%。因此小湾水电站不论从运行时间还是能量指标，高水头运行工况都占极其重要的地位。

因此，提高小湾水电站水轮机的额定水头，同时提高水轮机的设计水头，加大水轮机在高水头部分负荷的开度，可以减少进口空蚀和叶道涡产生的范围，可扩大水轮机在高水头的稳定运行范围，有利于提高水轮机运行的稳定性。

当然提高水轮机的额定水头，会增加水电站低水头（低于额定水头）水轮机的受阻出力，减少机组低水头时的调峰能力，经计算额定水头每提高 4m，水电站平均受阻容量约增加 80MW。

经综合比较最后选定，水轮机额定水头为 216m，水轮机设计水头大于 228m。

（五）水轮机吸出高度及安装高程的选择

大量的水轮机模型试验和水电站实际运行经验都证明尾水管的压力脉动：

$$\Delta H/H=f\ (n'_1、Q'_1、\sigma)$$

它与空化系数有着密切的关系，一般随空化系数的增加在一定的范围内，$\Delta H/H$ 值是减少的。

试验还表明，加大空化系数能减少水轮机高水头部分负荷时叶片进口边产生的叶道涡及特殊压力脉动区的范围，提高水轮机的运行稳定性。

加之小湾水电站是地下厂房，加大空化系数即降低水轮机安装高程，不会增加土建工程量。

经全面比较选取水轮机空化系数为 0.095，水轮机吸出高度 $H_s=-12\text{m}$，水轮机安装高程为 980m。

显然，为了提高水轮机运行稳定性，小湾水电站除了正确选择水轮机参数外，还将在今后招标制造过程中注意优化水力设计，增加机组整体刚强度，强化导叶、转轮叶片卡门涡激振频率、自振频率及水工引水系统固有频率的计算分析，避免产生共振，并采取补气等措施。

（六）最终推荐的水轮机主要参数

1. 综合能量指标

（1）比转速 $n_s=150\sim160$m·kW。

（2）比速系数 $K=2204\sim2351$。

2. 模型目标参数

（1）最优单位转速 $n'_{10}=64\sim67$r/min。

（2）最大单位流量 $Q'_{1max}=0.58\sim0.62m^3/s$。

（3）最优效率 $\eta_{Mmax}\geqslant94\%$。

（4）额定工况点效率 $\eta_{Mr}\geqslant91\%$。

（5）模型空化系数 $\sigma_M\leqslant0.065$。

3. 原型真机参数

（1）型号 HL153-LJ-650。

（2）最大水头 $H_{max}=251$m。

（3）最小水头 $H_{min}=164$m。

（4）额定水头 $H_r=216$m。

（5）设计水头 $H_d\geqslant228$m。

（6）额定出力 $N_t=714.3$MW。

（7）额定流量 $Q_r\leqslant365m^3/s$。

（8）额定转速 $n_r=150$r/min。

（9）飞逸转速 $n_f\leqslant280$r/min。

（10）额定工况效率 $\eta_{t\cdot r}\geqslant92\%$。

（11）最高效率 $\eta_{t\cdot max}\geqslant95\%$。

（12）装置空蚀系数 $\sigma_y\leqslant0.095$。

（13）吸出高度（以导叶中心计）$H_s=-12.0$m。

（14）压力脉动相对值 $\overline{A}\leqslant2\%$（主要工况）；$\overline{A}_{max}\leqslant5\%$（整个运行范围）。

（15）比转速 $n_s=153.1$m·kW。

（16）比转速系数 $K=2250$。

（昆明勘测设计研究院 徐正镐）

缅甸邦朗水电站水轮发电机

缅甸邦朗水电站总装机容量为4×72.3MW由哈尔滨电机有限责任公司制造，发电机为立式三相凸极同步发电机，具有静态励磁系统和全封闭双路径向自循环空气冷却系统。水轮发电机组为三导悬式结构。

（一）发电机主要参数

额定容量 85MVA/72.3MW

额定电压 11.0kV

额定电流 4461.3A

额定频率 50Hz

额定转速 273r/min

额定励磁电压 160.88V

额定励磁电流 1344.9A

额定功率因数（滞后） 0.85

相数 3

绝缘等级（定子、转子） F级

转动惯量 $GD^2\geqslant2400t\cdot m^2$

纵轴同步电抗（不饱和值） $X_d=0.98915$

纵轴暂态电抗 $X'_d=0.29708$

纵轴次暂态电抗 $X''_d=0.18791$

比值 $X''_q/X''_d=1.02576$

发电机效率 98.38%

（二）发电机总体结构

发电机是由定子、转子、上机架、下机架、推力轴承及空气冷却器装置、灭火装置、制动系统、油水管路等辅助部分组成。

1. 定子 定子机座由钢板焊接而成，机座外径为7000mm，高度为3220mm，定子机座具有足够的刚度和强度。

定子铁芯由DW270-50冷轧无取向硅钢片冲制的定子扇形片叠成，扇形片的两面涂F级绝缘漆，定子铁芯外径为5800mm，内径为5070mm，高1650mm。

定子绕组为双层波绕组，2路并联，星形连接，定子线圈直线部分采用不完全换位，以减少损耗。

2. 转子 转子由磁极线圈、磁极铁芯、阻尼绕组、转子磁轭、转子支架及主轴组成。转子支架为圆盘式焊接结构。在厂内组焊成整体并且退火。磁极铁芯由1.5mm冷轧16Mn钢板迭压而成，两端压板为锻钢加工结构通过拉杆压紧。磁极线圈采用铜排四角焊接后再成型的结构，有效降低线圈温升。磁轭由低合金高强度结构钢板（WEDR600）经冲制再叠压而成，在工地叠压成整体。

3. 推力轴承 推力轴承支撑在上机架上，它由旋转部分、支撑部分、冷却部分组成。旋转部分由镜板、推力头和连接件组成。支撑部分由推力塑料瓦、托盘、支柱螺钉推力轴承座组成。推力轴承油槽上方设有接触式密封盖，以防油雾扩散。

4. 下机架装配 下机架装配由下机架及下导轴承组成。下机架为非负荷机架，它由中心体和4个支臂组成，钢板焊接件。

5. 上机架装配 上机架装配由上机架和上导轴承组成。上机架由中心体和支臂组成，为钢板焊接件。中心体和支臂在工地安装时把合成一体，上机架为负荷机架。

（三）结语

邦朗水电站水轮发电机组为我国向国外出口的最大的水电机组之一，也是缅甸目前最大的水电站，它的建成和发电将为我国的发电设备制造业参与国际市场竞争起到重要作用。

（哈尔滨电机有限责任公司 陈 琪）

百色水电站水轮机主要参数与结构

（一）概述

百色水电站装有四台混流式水轮机，额定水头为88m，单机额定功率为137.8MW，最大功率为148MW。水电站由广西水利电力勘测设计研究院设计，业主为广西右江水利开发有限责任公司。水轮机经国内竞争性公开招标，由上海希科水电设备有限公司中标并于2002年4月签定了水轮机供货合同。

（二）水轮机主要参数和性能

在招标中通过对水轮机参数的比选和论证，确定的水轮机参数为：

额定出力　137.8MW

最大允许出力（当 $H \geqslant 89.2$m 时）　148MW

额定转速　166.7r/min

转轮特性直径 D_1　4280mm

额定工况比转速　229m·kW

比速系数　2148

飞逸转速　341.9r/min

水轮机安装高程

（导叶中心高程）　115.200m

最大水推力　≤3930kN

上海希科水电设备有限公司在百色水电站水轮机流道设计的最后阶段，采用较完善的计算机优化程序，把从蜗壳经导叶、转轮到尾水管的水流作为一个完整的流场，进行流动分析，结合模型试验研究，调整流道的几何参数。达到尽量提高运行区效率并计及加权因子，获得相对较多的平、枯期电量；提高稳定性，改善叶片进水边下部与下环相连处的几何参数，消除叶道涡。业主则将组织模型验收，以验证转轮的性能参数是否达到了合同保证值，并决定是否生产。合同保证的水轮机主要性能如下。

1. 能量性能　水轮机模型的3个控制性效率为：

$$\eta_r \geqslant 92.08\%$$

$$\eta_{wav} \geqslant 93.07\%$$

$$\eta_{max} \geqslant 95.26\%$$

原型水轮机的3个控制效率用2/3摩迪公式换算可以得到：

$$\eta_r \geqslant 93.30\%$$

$$\eta_{wav} \geqslant 94.29\%$$

$$\eta_{max} \geqslant 96.48\%$$

2. 空蚀性能　以 σ_0 研究水轮机的空蚀特性表明转轮提供了足够的空蚀裕量。各水头下由空蚀所限制的功率见表1。

表1　由空蚀限制的功率

净水头（m）	71（初期运行）	79（正常运行）	88	93.4	106.3
限制功率（MW）	106.72	124.48	145.4	148	148

水轮机运行8000h期内，由于磨蚀引起的水轮机转轮、座环、导叶、底环、基础环和尾水管里衬等的金属损坏之和不超过4kg，金属剥蚀深度不超过10mm，连续的剥蚀面积不大于0.5m²。上述失重要求是基于水轮机出力在0%～45%额定出力之间的运行时间不超过800h，出力大于相应水头下最大出力运行时间不超过100h考虑的。

3. 稳定性　水轮机在各水头部分负荷时的压力脉动混频双振幅相对值见表2。

表2　水轮机在各水头部分负荷时的压力脉动混频双振幅相对值

水头（m）	出力	双振幅混频值（相应水头的百分比）（%）	预计频率（Hz）
71～88	0～45%额定出力	≤9	0.7～1.0
	45%～80%额定出力	≤7.5	0.7～1.0
	80%额定出力至各水头下的预想出力	≤2	0.7～1.0
88～89.2	0～45%额定出力	≤7	0.7～1.0
	45%～80%额定出力	≤7	0.7～1.0
	80%额定出力～各水头下的预想出力	≤2	0.7～1.0
89.2～107.6	0～45%额定出力	≤7	0.7～1.0
	45%～80%额定出力	≤6.5	0.7～1.0
	80%额定出力～各水头下的预想出力	≤3.5	0.7～1.0

（三）水轮机结构特点

1. 转轮　转轮为采用铸钢件和叶片拼焊制造成的一个整体转轮。叶片采用抗空蚀性能优良、可焊性好的 G-X4 CrNi134 铬镍不锈钢制造，由 VOITH 和 SIEMENS 在巴西铸件工厂进行精炼铸造，并经在那里的工厂进行全面数控加工成成品叶片。转轮上冠和下环采用 ZG 0Cr13Ni4Mo 国内铸件，在上海希科水电设备有限公司的工厂把叶片与上冠和下环焊接加工成整体转轮。

转轮的最大直径为 4358mm，高度为 2554mm，重为 45t。

2. 水轮机轴　水轮机采用与发电机分轴结构。水轮机轴外径 1100mm，长 7765mm，与发电机轴采用法兰连接，法兰直径 1800mm。用 20SiMn 锻钢整体锻造，重 22t。根据水轮机和发电机转动部分联合的临界转速的计算，机组轴系的第一临界转速为最大飞逸转速的 1.5 倍以上。

3. 导轴承　采用分块瓦结构，稀油润滑，巴氏合金瓦衬，自润滑。轴承的润滑、冷却系统可以保证轴承在最大飞逸转速下运行 30min 而不致损毁巴式合金。

4. 座环　采用无蝶形边平行式焊接结构，为了满足运输需要分成两瓣，分瓣的组合面精加工，各组合面用预应力螺栓把合后作现场封缝焊接。

座环材质为 Q345C Z35 抗撕裂钢板制造，座环尺寸（外径×高度）为 6530mm×2224mm，重量为 41t。

5. 蜗壳　进口直径为 5300mm，壁厚为 26mm，偏心距为 5095mm，X 轴方向为 7990mm，Y 轴方向为 5335mm，材质为 Q345C Z35 抗撕裂钢板制造，重量为 80t。

6. 导叶和操作机构　导叶用 0Cr13Ni4Mo 不锈钢整铸，从空载到全开范围具有水力矩关闭倾向。

每个导叶轴设 3 个自润滑轴承，设置了剪断销、导叶摩擦限位装置、限位块以保护导叶和操作机构。摩擦限位装置和限位块均能限制导叶在剪断销破断后的活动范围，不致全方位自由转动而撞击转轮叶片或撞坏前后导叶。摩擦限位装置的摩擦力矩调整得比导叶正常最大操作力矩大 25%。而作为最后屏障的限位块可以承受的载荷与导叶轴发生扭曲破坏的载荷相当。

导叶两端对应于顶盖和底环处设置可拆卸和可更换的抗磨板，用螺钉固定，并打磨齐平。导叶的上、下端面中线处开有凹槽并压入可拆卸和可更换的硬质合金、高强度合成材料制成的密封条，密封条与凹槽底接触的部位配置有弹性材料以保证导叶端部密封条与顶盖、底环上的抗磨板紧密接触，密封延伸至导叶杆，可以完全地密封住导叶上、下端部之间的间隙，并随导叶转动。在停机时，几乎没有水流流过导叶端面，因此也不会产生空蚀和磨损；在开机时水流是沿着导叶密封条两边的间隙流过，其压力场的分布与横贯导叶端面的水流是不一样的，也可以改善此时的间隙空蚀。

导叶的立面间隙的大小取决于加工质量和安装质量，因此，合同规定在静水头 93.2m 时，导叶关闭状态下的漏水量不超过 0.3m^3/s。

7. 主轴密封　采用恒压式主轴工作密封，用合成树脂制造的密封件从 VOITH 和 SIEMENS 德国公司进口。它具有效果不受转轮室水压波动变化及主轴轴向和径向振动的影响、保持顶盖内无渗漏水、寿命不小于 40000h 和磨损率低的特点。密封元件可被检查、调整或更换而不需要机组排水且不影响水轮机导轴承。密封件在它整个工作寿命期对于磨损作自动补偿。设置了一个充气膨胀式检修密封以便不排除水轮机流道内的水就可以更换轴封。

8. 尾水管　采用窄、高型尾水管，它的几何形状使得百色水电站地下厂房工程具有较小的工程量和良好的成洞适应性。它比传统的 4E 型尾水管的恢复系数约高 10%。

尾水管里衬钢板厚 16mm，衬至肘管出口。

（广西水利电力勘测设计研究院　徐秉均）

沙河抽水蓄能电站水泵水轮机主要参数及结构

江苏沙河抽水蓄能电站安装两台 50MW 可逆式抽水蓄能机组，总装机容量为 100MW，是江苏省第一座抽水蓄能电站。

沙河抽水蓄能电站选用法国阿尔斯通（ALSTOM）公司的水泵水轮机。该公司利用目前国际上先进的 CFD 计算机流体仿真计算技术并与模型转轮试验相结合，新设计了水泵水轮机。水泵水轮机的主要参数见表 1。

表 1　水泵水轮机的主要参数

参　数	水轮机工况	水泵工况
最大净水头(扬程)(m)/相应流量(m^3/s)	121/46.33	125.04/42.4
最小净水头(扬程)(m)/相应流量(m^3/s)	97.7/60.80	100.70/53.70
额定水头（m）/相应流量（m^3/s）/额定出力（MW）	97.7/60.80/51.10	
最大出力（入力）(MW)	57.80	<57.80

续表

参数	水轮机工况	水泵工况
零流量扬程（m）/零流量入力（MW）		165.46/24.72
加权平均效率（%）	89.86	91.01
日运行时间（h）	7～8（其中满发2～5	6
额定转速（r/min）	300	
稳态飞逸转速（r/min）/暂态飞逸转速（r/min）	450.3/495	
转轮直径（mm）	$D_1=3320$，$D_2=2482$	
最小淹没深度（m）	−21	
转轮叶片数/活动导叶数/固定导叶数	7/20/20	
蜗壳进口直径（mm）/尾水管出口直径（mm）	2670/4800	

水电站非常重视水泵水轮机的运行稳定性，要求在各种运行工况下，包括各种过渡过程中，各部件的设计均能防止有害振动、摆动或产生有害的压力脉动。为此保证：

（1）最大稳态飞逸转速不大于475r/min，最大瞬态飞逸转速不大于495r/min。

（2）水泵水轮机过渡过程：①蜗壳中心线最大压力不大于1.805MPa。②尾水管出口中心线最大压力不大于0.4MPa。③水泵水轮机及发电电动机旋转部分转动惯量不低于1310t·m²。

（3）压力脉动和振动：①尾水管管壁压力脉动（双振幅$\Delta H/H$），水轮机额定负荷下运行不大于2%，水轮机50%负荷下运行不大于7%，水泵工况下运行不大于3%。②导叶与转轮之间的压力脉动（双振幅$\Delta H/H$），水泵工况在最优效率的扬程下运行不大于5%，水泵工况在整个运行扬程范围内运行最大不大于6%，水泵工况断电时不大于15%，水轮机额定负荷运行时不大于8%，水轮机工况甩负荷时不大于35%。③过渡过程时顶盖垂直位移、水泵水导位移均不超过0.26mm。④水导轴承处摆度，稳态工况下不大于0.13mm，过渡工况下不大于0.13mm。

水泵水轮机主要部件结构和材料如下：

（1）转轮为铸焊结构，采用抗空蚀性能优良、可焊性好的A743GrCA6NM不锈钢制造。叶片由不锈钢模压成形后经数控机床加工以保证叶型精度，上冠、下环铸造，通过焊接组合成整体。泄水锥采用与转轮相同的材料，采用与转轮上冠组焊。转轮的上冠和下环均设有可拆卸、与转轮材料相同的不锈钢止漏环，以保证间隙漏水量尽可能小。

（2）主轴采用A668C1FB级钢材锻制，中空带有锻制法兰，主轴与转轮和发电电动机轴之间采用摩擦传递力矩。法兰之间所需要的夹紧力是通过螺栓并对其伸长尺寸进行精确测量得到的。

（3）主轴工作密封属机械组装型，能保证密封面的良好配合和密封性能，并设水压自动平衡装置以使机组运行中能自动调整，从压力钢管经精密滤水器引入至两个同心环之间，这些环摩擦旋转承磨板，同心环与承磨板之间始终有纯净水以避免运行中由于水质而造成这些构件受损。同心环材质为SESTIDUR，水磨环材质为Z20C13，供水量为3.5L/s。主轴检修密封使用压缩空气，压力0.7MPa，密封材质为橡胶。在正常停机时检修密封可作为工作密封。

（4）水泵水轮机导轴承采用巴氏合金分块瓦（8块）结构，油冷却器采用内置冷却器，其设计工作压力为0.7MPa。

（5）顶盖和底环采用钢板焊接结构，顶盖分为两瓣，材料采用S275J0。底环为整体结构，材料采用16Mn。顶盖和底环上均设有可拆卸的抗磨环，顶盖上的承磨板为不锈钢X3CrNiMo13-4，承磨环为青铜CuAl10Fe5Ni5；底环上的承磨板为不锈钢00CrNi5Mo，承磨环为青铜ZCuA19Fe4Ni4Mn2。

（6）座环为钢板焊接结构，其材料为16Mn，分为两瓣，其上、下平行边与蜗壳焊接，20个固定导叶与座环平行边焊接。

（7）蜗壳为钢板焊接结构，其材料为G500Q，进水口直径为2670mm，蜗壳分为3个主要部件和2个附件运至工地。

（8）导水机构主要由20个活动导叶及连杆拐臂等组成，活动导叶采用A743GrCA6NM不锈钢材料整体铸造。导叶采用3支点支撑，轴颈轴承和止推轴承采用自润滑式。导叶操作力矩采用剪断销和摩擦装置联合传递，摩擦装置除用于传递力矩外还用于防止剪断销破断后由于导叶的摆动而碰撞相邻的导叶。导叶调整垫片可上下调整导叶位置，使导叶上下端间隙符合设计要求（上部为0.35mm，下部为0.25mm）。

（9）水泵水轮机装有两只油压操作、双向滑动活塞型接力器。接力器对称布置，最大操作油压为7.0MPa，接力器最大行程为401mm。为保证安全运行，在一个接力器上设置手动锁定装置和一个液压锁定装置。

（10）尾水管上翘6.3°，直锥管段材料为不锈钢，弯肘管和扩散管材料为Q235C碳钢，尾水管出口断面为ϕ4800mm，与尾水隧洞相接。在设计中我们认为ALSTOM公司设计的尾水管的管壁和加筋环抗外压稳定安全系数均不能满足规范要求，对此进行增设新的加筋环及在原加筋环上加焊锚筋等办法加固。

（上海勘测设计研究院　胡德义　胡建根）

龙滩水电站水轮发电机组参数和结构特点

龙滩水电站前期按正常蓄水位375m建设，最大水头154m，最小水头97m，装设7台单机额定容量600MW、最大容量700MW的水轮发电机组；后期按正常蓄水位400m设计，最大水头179m，最小水头107m，增设2台机组。水轮发电机组采取国内公开招标的方式，计划2007年第一台机组正式投产发电。

（一）结构型式及设计难点

龙滩水轮发电机组为设有上导、下导和水导三导轴承的半伞式结构，推力轴承布置在下机架上，水轮机和发电机采用两根轴，机组旋转方向为俯视逆时针。

由于龙滩水电站有前期375m和后期400m两种水位，要确保前后期机组均能安全、稳定、高效运行，因此水轮发电机组的设计存在以下三大难点：

(1) 水头变幅大。前期水头运行范围为97～154m，水头变幅57m；后期水头运行范围为107～179m，水头变幅72m，前后期水头变幅达82m，给水轮发电机组特别是水轮机的设计带来较大的难度。

(2) 负荷变幅大。水电站在电力系统中担任调频、调峰、事故备用，由于负荷变化剧烈，机组开、停机频繁，而且要求在低负荷区也能长期稳定运行，因此要求机组具有良好的变负荷适应性。

(3) 下游水位变幅大。龙滩水电站下游水位洪枯两季变化达40m。部分负荷运行时向水轮机补气困难，可能对机组安全稳定运行有影响。

（二）水轮机性能参数及结构特点

1. 水轮机性能参数

(1) 额定转速。可供龙滩水电站机组选用的有111.1r/min和107.1r/min两种转速。根据厂家和高等院校的CFD分析成果，大部分推荐111.1r/min转速，也有的推荐107.1r/min转速。因此在机组招标文件中规定，投标者除投111.1r/min转速方案外，还应对107.1r/min转速方案进行比选，并提出推荐意见。

(2) 功率。在额定转速下，水轮机在净水头140.0m时，功率为714MW；在净水头125.0m时功率不小于612MW。

2. 水轮机结构特点

(1) 整体转轮。水轮机转轮采取将加工好的上冠、下环、叶片等部件运至工地，现场进行组装、焊接，在工地整体交货的方式。买方提供转轮现场组装所需的场地，由卖方专业人员实施现场组焊。

(2) 蜗壳。蜗壳的设计不考虑与混凝土联合受力的条件，单独承受最大内压（含水锤压力），要求在上半部外表面设置弹性层，对所有焊缝进行100%射线探伤检查，不能用射线检查的部位进行100%超声波探伤检查。

(3) 尾水管里衬。由于国内外水头变幅大的机组出现过尾水锥管撕裂现象，因此龙滩水电站机组要求尾水管里衬厚度不小于25mm，其中锥管里衬厚度不小于30mm。在尾水管里衬锥管上部要求有不小于1500mm的不锈钢段，以抵抗空蚀和撕裂。

（三）发电机性能参数及结构特点

1. 发电机性能参数

额定容量　777.8MVA

额定电压　18kV

额定功率因数（滞后）　0.9

直轴瞬变电抗 X'_d（不饱和值）不大于　34%

直轴超瞬变电抗 X''_d（不饱和值）不小于　22%

短路比不小于　1.1

额定效率不小于　98.6%

飞轮力矩 GD^2 不小于　200000t·m²

2. 发电机结构特点

(1) 推力轴承布置位置。龙滩水电站机组的推力轴承可以通过推力支架布置在水轮机顶盖上，也可以布置在发电机下机架上，两种结构国内外均有成熟的经验，均能保证机组的安全稳定运行。由于龙滩水电站机组台数多，设计、制造难度大，根据工程进度安排要满足年投产3台的要求，采用下机架布置方式有利于减少水轮机与发电机的协调工作，便于水轮机与发电机的分开授标，通过专题论证和专家咨询后决定采用推力轴承布置在下机架的方式。

(2) 发电机冷却方式。龙滩水电站发电机的冷却方式可采用全空冷或定子水冷。发电机的发热与每极容量有直接关系，龙滩水电站发电机每极容量14.4MVA，在世界上已投运的大型发电机中两种冷却方式均有成功的设计、制造和运行经验。通过对国内厂家进行调研和技术交流以及专家咨询，大部分推荐全空冷方式。因此在机组招标文件中规定以全空冷方案为主，同时允许投标者投建议方案，以充分发挥各制造厂的特长。

(3) 定子机座。为满足年投产3台和厂房布置要求，定子机座的设计要求有足够的刚、强度，能满足在安装场或发电机机坑组装定子，承受将整体定子（带绕组）从安装场或发电机机坑吊入另一机坑过程中引起的应力而无变形。

（中南勘测设计研究院　徐立佳）

三峡水电站全数字式水轮机调速器研制

三峡水电站对水轮机调速系统的总体要求是：调速器应是最新一代具有PID调节规律的全数字式电液调速器，额定工作油压6.3MPa。调速系统应能实现远方控制和现地自动、电手动控制，能与水电站计算机监控系统通信并与其时钟同步。调速系统还应具有良好的可维修性，方便检查、检修与调试。

按上述要求，本课题分成四个子项进行了研究，成果报告已通过专家评审和中国长江三峡工程开发总公司验收。

（一）三峡水电站6.3MPa液压随动系统研究

研究内容包括系统结构、液压元件选择、油压装置控制方式及样机试验。

系统采用全液压集成式电液伺服比例控制的液压随动系统，采用电液伺服比例阀直接控制辅助接力器及主配压阀的工作流量，内环采用位移传感器反馈。电液伺服比例阀有良好的静、动态特性，内置差动变压器式位移传感器检测阀芯位置，比例放大器采用桥式双控高频脉冲调制驱动电路，反馈采用磁致伸缩式位移传感器，可直接安装于接力器内或接力器外。还研究了采用旋转变压器作信号源进行接力器位移测量。辅助接力器与主配压阀活塞做成一体。油压装置则应用了液压插装技术，采用两只二通插装阀加控制盖板分别代替卸载阀、安全阀和止回阀。采用可编程控制器（PLC）作为控制核心、计算机智能化程序控制，软启动控制油泵电机。该6.3MPa调速器液压随动系统已有应用。

（二）结构模式、调节规律和控制功能优化研究

已完成了结构模式、调节规律和控制功能优化的研究，并进行了大量仿真试验和水电站真机试验。主要成果有：

(1) 数字控制器硬件结构有以下三种模式：①采用基于通用的工控机或PLC进行二次开发或设计研制专用微机控制器。②采用高档可编程控制器或高档监控系统中应用的现场总线模板及模板级冗余的微机系统。③采用两个PLC构成的二模系统和由工控机（PLC）构成的监测、诊断、维护系统的三机模式。

(2) 数字控制器软件结构模式：①软件开发平台采用模块组态型；②采用组态软件编程的多功能人机界面；③采用结构化、模块化的方法进行设计，且具有网络接口及相应的通信模块。

(3) 调节规律：①采用适应式变结构、变参数PID调节规律。②采用加和型单神经元智能权函数神经模糊控制。

(4) 控制功能优化：按三峡水电站需要，建议频率、开度、功率三种控制模式均予设置，同时还可考虑设置较完善的容错功能（如网频、机频、反馈断线容错）及确定最优启动过程特性等。

（三）提高调速器制造工艺和可靠性措施研究

除控制原理、控制回路改进外，重点进行了改进液压装置高压力无渗漏和相关密封技术、抗油污技术、制造工艺和可靠性措施的研究，除合理选用材质、热处理加工工艺外，加强了油过滤，还研究了电液伺服部件自修复技术和杂质浓度诊断技术。

（四）内置式调试和维护系统的研究

主要研究内容有实时仿真技术、自动测试技术、模型参数故障诊断理论、优化维护决策专家系统、技术管理和智能化人机界面设计。本系统的主要功能有：①调速器静态特性自动测试；②随动系统静态特性自动测试；③调节系统空载稳定性自动观测；④空载频率扰动的自动实现和过程自动记录分析；⑤空载频率扰动过程中实现对调节参数的自动整定；⑥以显示或图形打印的方式给出相应结果或曲线；⑦智能维护功能。

（长江勘测规划设计研究院　熊腾晖　李修树）

棉花滩水电站水轮机及附属设备

棉花滩水电站位于福建省永定县境内，地下厂房内装有四台水轮发电机组，单机容量150MW。水轮机转轮是在VOITH公司为三峡工程研制的水轮机模型基础上，根据本水电站的水力参数，采用目前国际上先进的CFD技术——计算机流体仿真计算及模型试验优化而成的。水轮机的水力设计和总体设计在德国VOITH公司总部完成，水轮机模型试验在美国VOITH公司进行，由上海希科水电设备有限公司制造生产。

（一）水轮机主要参数

水轮机型号	HLS200-LJ-440
转轮直径	4.40m
额定出力	153MW
最大出力	175MW
最大水头	104.00m
平均水头	92.80m
额定水头	87.60m
最小水头	68.00m
额定流量	193.6m^3/s
额定转速	166.7r/min
飞逸转速	307r/min

额定效率	93.50%
最高效率	96.31%
吸出高度	−4.9m
比转速	243.3m·kW

（二）水轮机结构

水轮机主要由转轮、顶盖和底环、导水机构、水导轴承、水轮机轴、主轴密封和补气装置等部件及尾水管、蜗壳、座环等埋入件组成，分述如下。

（1）转轮。转轮由上冠、叶片、下环和泄水锥组成，采用G-X5CrNi134不锈钢制造，铸焊结构。转轮的13个X型叶片在制造厂模压成形、经数控加工后与上冠、下环组焊，整体转轮交货。泄水锥材料采用1Cr18Ni9Ti不锈钢，长形伸出转轮下环外，在工地与转轮组焊。

（2）顶盖和底环。顶盖和底环采用钢板焊接的整体结构，包括固定止漏环、不锈钢抗磨板和导叶端面密封。在顶盖上设有12个强迫补气孔4个顶盖卸压孔。顶盖材料采用Q235B，底环材料采用Q235B+Q235A。顶盖和底环上均设有可拆卸的不锈钢抗磨环，材料为X4CrNi134V1。顶盖和底环与导叶相对应的部位装配有可更换的不锈钢抗磨板，材料采用1Cr18Ni9Ti，端面密封材料采用CuSn12-B合金。

（3）导水机构。导水机构由24个活动导叶及连杆拐臂等组成，活动导叶采用GX5CrNi134V1不锈钢材料整体铸造，导叶瓣体高度为1255mm，具有自关闭趋势的水力特性。导叶不设立面密封，但有不小于20mm的机械加工面，以保证密封要求。导叶采用三轴承支承结构，采用剪断销和摩擦装置保护。导叶采用两个摇摆式接力器操作，最大操作油压为6.4MPa。

（4）水导轴承。水导轴承采用巴氏合金分块瓦（8块）结构，稀油润滑，油冷却器采用内冷，其最大可承受1.2MPa的水压力。

（5）水轮机轴。水轮机轴采用中空结构，带轴领、外法兰型式，材料为CK45。水轮机轴与发电机轴及水轮机轴与转轮之间采用摩擦传递扭矩，为增大摩擦系数，在各摩擦面上喷涂碳化硅摩擦材料。联轴螺栓通过加热的方法来达到设计伸长量，实现预紧。

（6）主轴密封。主轴密封采用VOITH公司典型的压差自平衡式端面密封。主轴密封通过旋流器供水，旋流器出水口接至主轴密封的上腔，用于密封面的冷却润滑，旋流器排水接至下腔，通过上下腔的压差，来补偿由于水头变化而造成的密封件与密封面的接触压力变化，使密封件与密封面之间的压力在整个运行水头范围内基本保持不变。主轴密封旋转部分（即滑环）材料为ZG0Cr13Ni4Mo，固定部分（密封条）材料为HGW2082Mo，可自动补偿磨损量，允许磨损量为12mm。

（7）补气装置。补气系统由自然补气和压缩空气补气两部分组成。自然补气装置布置在机组顶部，通过机组大轴中心及转轮的泄水锥进入尾水锥管。补气装置电动阀的动作由调速器根据导叶开度进行控制。在尾水锥管上设有辅助自然补气管路。压缩空气补气管路布置在顶盖上。

（8）尾水管。尾水管采用无支墩的窄高型，底部呈水平布置，到导叶中心的高度为15.60m；尾水管最大宽度为8.60m，长度为22.60m，出口断面尺寸为8.0m×8.0m。尾水锥管里衬上部500mm采用1Cr18Ni9Ti不锈钢板，锥管上开有一个800mm×600mm的进人门；尾水管弯肘管采用金属里衬，设有2只ϕ500mm的盘型排水阀，一根ϕ400mm机组顶盖泄压管与尾水管相连。

（9）蜗壳。蜗壳为330.8°的金属蜗壳，进口直径为ϕ5400mm。蜗壳采用钢板焊接结构，总共分为29节（4节凑合节），其中最大板厚度为41mm，材料为Q345C。蜗壳第28节设有一个直径为ϕ500mm的排水孔和一个直径为ϕ250mm的技术供水取水口；蜗壳第16节设有一个直径为ϕ650mm的进人门。

（10）座环。座环为钢板焊接结构，由上下环板和固定导叶组成，外径6650mm，分为二瓣，工地组焊。24个固定导叶，其中在4个固定导叶中设有排水孔，可将顶盖上的积水排除。在座环上焊有导流板。座环的主要材料上下环板采用Q345D/Z35，固定导叶采用ZG20SiMn。

（三）调速器

棉花滩水电站水轮机的调速器采用HPU结构，调速系统的液压元件与液压系统的回油箱结合在一起，结构紧凑，具有设备元件之间的连接管路短，电磁液压元件的排油、漏油直接进入回油箱，无需管路连接，无油污等特点，设备运行维护方便。

调速器为微机数字式，具有在线诊断功能，无机械回复机构，采用电气反馈，设备管路布置简洁。

（四）模型验收试验

棉花滩水电站水轮机的模型验收试验在美国VOITH公司的实验室进行。模型试验结果，水轮机在运行范围内最高效率、额定工况点效率、加权平均效率均满足合同保证值要求；空蚀验收试验根据合同要求对不同工况点的装置空化系数、初生空化系数和临界空化系数进行了观测，在运行范围内，装置空化系数大于初生空化系数和临界空化系数，具有一定的裕度；压力脉动试验，在40%～70%负荷时，压力脉动值（峰值）相对值超过合同保证值7%。在进行补气试验过程中，当补气量达到12.9L/s时，压力脉动值（峰值）相对值的大部分试验点满足合同保证值。

（上海勘测设计研究院 华浩发 吴 现）

DJ-SB型步进式无油“电液转换器”

步进式无油“电液转换器”由滚珠螺旋自动复中装置(专利号:ZL00225696.7)连接微型电动机构成。微型电动机即步进式交流伺服电动机或直流伺服电动机。

本转换器可将微型电动机的转矩和转角(≤±99°)转换为具有一定操作力(大于1000N)的位移输出(SB型)或具有一定压力的流量输出(QB型),并具有停电自锁即微型电动机失电时自动复中回零的功能。

本转换器的自动复中功能、技术指标等与常用电液伺服阀(电液转换器)相当,故称无油“电液转换器”。由于与油质无关,其零位不受油压、油温影响,无需增加振动电流防卡,既不耗油也不受滤油精度的限制使用,故是一种理想的具有自动复中功能、运行可靠性极高的电液转换装置,可以取代抗油污能力有限、依赖油液工作的电液伺服阀(转换器)和比例阀(电液比例阀、伺服比例阀),以及有油型的步进式电液转换器等。由于与油质无关,故从根本上解决了抗油污防卡的问题。

(一)技术参数

输入定位脉冲

正常工作行程 ±5.5mm(微型电动机旋转±99°)

最大行程 ±7mm(微型电动机旋转±126°)

位移输出力 >±1000N

静态特性死区 <0.001(即回差<0.01mm~0.02mm),近似直线

3dB时频宽 >10Hz

环境温度 -20℃~+80℃

平均无故障运行时间 >50000h

外形尺寸(含微形电动机及手轮手操):Φ150mm×300mm、两侧(复中定位器)宽220mm

(二)系统框图

其系统框图如图1所示,结构图如图2所示。

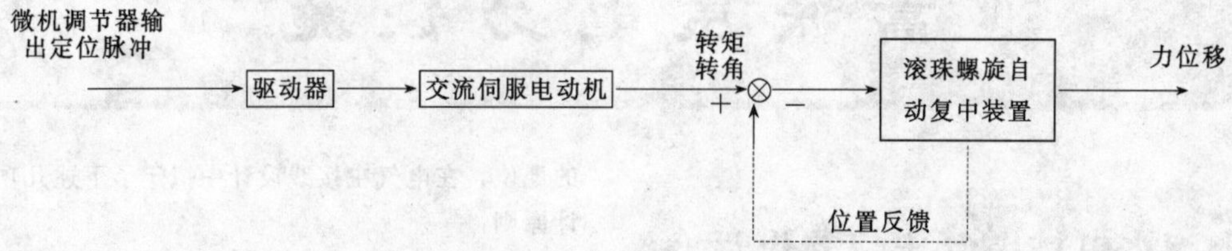

图1 DJ-SB型步进式无油电液转换器系统框图

微型电动机通过联轴器和小手轮(手操用)直接连接滚珠丝杆,当带动滚珠丝杆正转(或反转)时,滚珠螺母和与其连成一体的位移输出杆即上升(或下降)。可直接操作引导阀。在滚珠螺母和位移输出杆的水平对称两侧各设有一个定位器,定位器由弹簧推压滚球或滚动轴承所构成。微型电动机失电时,在定位器作用下,滚珠螺母和与其连成一体的位移输出杆即回复到原来的原始水平零位,同时,滚珠丝杆也转回到原始的中位。

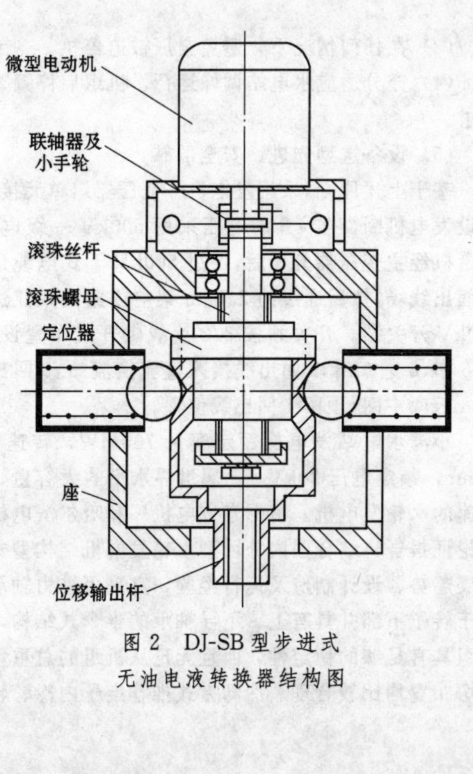

图2 DJ-SB型步进式无油电液转换器结构图

(三)新装置投入使用的现实意义

根据中国国情,要做到水电站油系统绝对清洁,往往是难以实现的。而依赖油液工作和抗油污能力有限的电液转换器(伺服阀)或电液伺服比例阀等也就难以满足广大水电站的使用要求。于是20世纪90年代中期以来,许多单位先后开发了微型电动机式(步进电动机、伺服电动机)微机调速器——我国的新一代产品。由于这类产品没有自动复中功能,故多数采用具有中间接力器的二级随动系统方式,即电子调节器加电动机伺服装置(步进电动机通过滑动丝杆传动输出机械位移,相当中间接力器)加机械液压随动系统的系统结构模式。这类系统结构的微机调速器的转速死区 i_x 不可能做到很小,不及一级随动系统的优

点明显。另外，滑动丝杆传动还存在摩擦阻力大、效率低（30%～40%）、寿命短、反向空行程死区大及螺纹间隙配合较紧时易烧电动机等弊病。也有在步进电动机带动的传动机构中装设专用的传感器作复中用，构成一级随动系统即电子调节器加电液随动系统的系统结构模式，例如，有关单位推出的一种有油型“步进式电液转换器（伺服阀）”，其特点是由步进电动机带动梯形滑动螺杆正、反转（各三圈），依靠油液工作的随动活塞即上、下动作（各 6mm）以操作引导阀，并靠专用的传感器复中回零，无自动复中功能，据有些水电站反映，在未复中时断电，则引导阀、主配压阀无法复中，机组失控，即存在一种安全隐患。这种“步进电动机式电液转换器”要转三圈才能走 6mm，而无油“电液转换器”只要转 108°即可走 6mm，在电动机转速相同情况下，后者速度比前者要快 3×360°/108°＝10 倍。

为使中国新一代的产品——高可靠微型电动机式微机调速器更加圆满和无缺陷，既能做到产品技术指标真正优越而又具有自动复中功能，于是提出一种无油“电液转换器”方案。现已研制成功，达到了预期的设想，已在龙门滩、连江山仔、黄龙滩、叶茂及三江口等水电站获得成功的应用。实测结果：整机静特性转速死区小于 0.02%；甩 25%负荷接力器不动时间小于 0.1s。显然，这种首次在水电调速器行业使用的滚珠螺旋副还具有摩擦阻力小、传动效率高（＞90%）、死区极小、寿命长等优点。

国际上，VA TECH 公司（依林、奥刚联、瑞士爱雪维斯即原苏尔寿水电等组成的总公司）已认可这种中国的无油“电液转换器”，现已将其和 VA TECH 最新研制成功的 TC 1703 型双微机柜配套推向国内、外市场，用以作为他们长期使用过的电液比例阀的换代产品。

（长沙星特自控设备实业有限公司 周泰经等）

高低压电力设施

小湾水电站电气主接线设计

（一）水电站接入系统

小湾水电站总装机容量为 4200MW，单机容量为 700MW，水电站年发电量 190.6 亿 kW·h，保证出力 1854MW，在云南电力系统中承担调峰调频任务。小湾水电站建成后，使下游漫湾、大朝山和景洪三个梯级水电站的保证出力增加约 1100MW，增加年发电量 27 亿 kW·h（枯期电量）。

按系统规划，小湾水电站还是西电东送的主力电源。水电站计划将于 2012 年底全部建成发电，届时通过小湾至广东的直流输电线路将电力输送至广东（丰水期 50%、枯水期 30%），对解决广东电力供需矛盾起到积极的作用，而且能有效替代广东的火电装机。小湾水电站输送到广东的电力将主要工作在腰荷及峰荷位置。

小湾水电站接入系统目前按如下方式考虑：

（1）小湾水电站按一定电量送至广东。

（2）小湾水电站按交流 500kV 一级电压出线，水电站机组以发电机—变压器组单元接线接入升压站。

（3）小湾水电站升压站最终按 6 回出线考虑。

（二）电气主接线

小湾水电站装机容量大，在系统中占有举足轻重的地位，在电气主接线设计中拟定了下述几项主要设计原则：

（1）安全可靠、运行灵活、维护方便、有成熟可靠的运行经验。

（2）当任一断路器或母线检修时，不影响连续供电。

（3）在任何情况下，避免全厂被迫停机。

（4）充分适应水电站调峰运行、机组启停频繁的要求。

（5）设备选型先进、安全可靠。

基于上述原则，采用发电机—变压器组单元接线，装设发电机断路器，升高电压采用 500kV 一级电压，六台机经主变压器升压后，通过 500kV 干式电缆送至地面出线场，然后通过约 2.5km 架空线路接入江边户 500kV 开关站。开关站按 3/2 接线敞开式布置设计，共 6 串，6 进 6 出，2 回出线接入直流换流站，3 回出线接入云南主网，预留 1 回出线位置。

小湾水电站发电机额定容量 700MW，转速 150 r/min，额定电压 20kV，已属世界水平的大容量、高转速的水轮发电机。根据东方电机厂和哈尔滨电机厂的论证报告，结合国内外巨型水轮发电机结构型式的发展趋势、设计制造及运行经验，宜采用推力轴承布置于转子下部并具有上、下导轴承的半伞式结构，使机组具有足够的稳定性，而且无论从机组的总重量及厂房布置均比较合理。冷却方式推荐定子内冷、转子空冷的方案，不推荐设置最大容量。

水电站具有多年调节水库，开停机频繁，采用专门的发电机断路器进行启停操作，其安全性、可靠性和经济性均优于在主变压器高压侧装设断路器；装设发电机断路器，不仅能保证厂用电源的倒送和高压侧的闭环运行、有利于对发电机和主变压器分别设置保护，提高保护可靠性，而且能在主变压器内部故障时得到更好的保护，目前国际上已生产出可供选择的发电机断路器。经过技术经济比较，推荐在发电机侧装设断路器。

水电站共有780MVA、500kV升压变压器6组，均布置于地下洞室内，公路运输限制重量为150t。鉴于目前国内的生产制造经验，推荐采用单相变压器、水冷方案，共18台，全厂设置1台备用相。单相变压器在国内外均具有较丰富的设计、制造及运行经验，设备选厂有较大的选择范围。

目前，高压干式电缆的制造技术已经成熟，安装及运行经验也日趋丰富，500kV干式电缆已在工程上普遍采用。干式电缆与充油电缆相比，具有防火性能好、适应高落差等优点，因此，高压引出线决定采用干式电缆。

（三）电气布置

小湾水电站为混凝土双曲拱坝右岸地下厂房布置型式，坝顶高程为1245m，主厂房（包括副厂房）、主变压器室和尾水闸门室三大洞室平行布置于右岸地下，机组间距33m，主厂房总长303.5m，每个机组段有一条母线廊道连接主厂房与主变压器室。500kV高压电缆在主变压器室上层通过两条斜洞引至地面出线场。然后通过6回约2.5km长的架空线路接入右岸下游的江边户500kV敞开式开关站。

副厂房布置于地下主厂房内远离安装场端，布置有中控室、计算机室、通信载波室、厂用电配电装置、空调机设备、办公室等。

主变压器洞分二层布置，下层为主变压器室，布置18台单相变压器，主变压器布置间距与发电机相对应（每台为11m）；上层为高压电缆层，六组18根高压电缆通过端部的两条夹角约33°左右、长度为430m和460m的斜洞引至地面出线场，地面出线场高程为1250m，电缆落差240m。

（昆明勘测设计研究院　毕　雷）

龙滩水电站的电气设计

（一）电气主接线

龙滩水电站初步设计审定的电气主接线为：发电机、变压器单元接线，不设发电机断路器，500kV电压侧双母线四分段、出线双断路器接线，其中分段断路器兼做出线断路器。这种接线是基于1986年的接入系统设计和当时的设备制造水平。

根据目前接入系统规划设计，龙滩水电站以交流500kV电压接入系统。通过对双母线四分段接线、3/2接线、4/3接线、3/2和4/3混合接线4个主接线方案的可靠性进行分析研究，4/3接线方案可靠性较高，投资较省。根据龙滩水电站调峰的特点和目前发电机断路器的制造水平，设置发电机断路器是必要的也是可行的。

（二）主要电气设备

1. 发电机　龙滩水电站发电机为设有上下导轴承的竖轴半伞式结构，推力轴承布置在下机架上。主要参数为：

额定容量　777.8MVA

额定电压　18kV

额定功率因数（滞后）　0.9

冷却方式　全空冷

2. 500kV电气设备选型　龙滩水电站地处峡谷，两岸山势峭峻，采用敞开式电器需要大量开挖土石方，并存在高边坡稳定问题。经技术经济比较，推荐选用SF_6全封闭组合电器，并于1990年初步设计审查同意。

3. 发电机断路器的设置　在1990年初步设计和1994年原招标设计阶段未设发电机断路器，主要由于当时国内外不能生产额定电流大于24000A的SF_6发电机断路器，而PKG发电机出口空气断路器尺寸大、噪声大，在龙滩水电站地下厂房内布置困难，因此上一阶段的电气主接线按没有发电机断路器设计。由于龙滩水电站为调峰水电站，为减少500kV开关的操作，并适应水电站无人值班（少人值守）的计算机监控方式，提高运行可靠性和安全性，有必要设置发电机断路器。目前ABB公司已能生产满足龙滩水电站要求的SF_6发电机断路器，HEC8型发电机断路器已在德国挂网运行。

4. 主变压器型式　主变压器可采用的型式有单相变压器、三相变压器和特殊组合三相变压器。由于运输重量的限制及设备的制造情况，初步设计阶段推荐采用单相变压器。目前，经分析比较，采用特殊组合三相变压器布置比较宽敞，与单相变压器方案相比可节省投资。因此推荐采用特殊组合三相变压器。

5. 500kV高压电缆　500kV出线方式可采用的有SF_6管道母线、充油电缆和干式电缆。SF_6管道母线由于生产制造长度的限制，现场安装工作量大，而且价格昂贵，不推荐采用。

至于充油电缆与干式电缆，作为高压引出线应用较多，中国均有成功的经验。相对而言，干式电缆绝缘性能要好，介电常数要低，运行维护工作量相对小，同时具有较好的防火性能，因此推荐采用干式电缆。

（三）过电压保护与接地

1. 过电压保护 在500kV出线端装设并联电抗器，以限制工频过电压和自励磁过电压。

对洞外的户内和户外设备，主要利用屋顶避雷带和出线避雷线进行防直击雷保护。

对雷电侵入波的过电压和操作过电压保护，拟采用在每回出线和500kV GIS母线上装设金属氧化锌避雷器的方式进行保护。

2. 接地 由于岩石的电阻率很高，洞内接地网主要保证设备的安全接地和均压，减少接地电阻则主要利用水下接地网。

洞外500kV开关站与中控楼也是建于开挖后的岩石上，属于高电阻率区域。为了降低接地电阻，保证人身和设备安全，除做好接地均压设计外，需采取特殊措施，如深井接地与引外接地，根据对现场电阻率的测量情况，也可使用降阻剂。

（四）主要电气设备布置

1. 主厂房电气设备布置 主厂房为地下式，净宽28.5m，机组间距32.5m。发电机层高程为233.7m，下游侧布置励磁系统设备和机组自动控制保护屏。

母线层高程为227.7m。布置有发电机主引出线、中性点设备、机组自用变压器、机旁动力盘及二次屏柜。

2. 主变压器洞设备布置 主变压器洞位于主厂房下游，与主厂房平行。主变压器洞分2层布置，下层布置主变压器，高程为233.7m，与发电机层同一高程，以方便主变的运输。主变压器室上层高程245.7m，该层主要布置500kV干式电缆。

3. 500kV GIS开关站与出线平台设备布置 500kV GIS开关站与出线平台设备集中布置在左岸地面，位于大坝下游约500m处。开关站层高程为340m，出线平台高程为360m。

（中南勘测设计研究院 徐立佳）

天生桥水电站接入系统

天生桥水电站位于红水河上游的南盘江河段，由一、二级水电站组成。一级水电站装机为4×300MW，首台机组于1998年年底、全部四台机组于2001年并网发电；二级水电站装机为6×220MW，首台机组于1992年底、全部六台机组2000年年底并网发电。两水电站沿南盘江河道距离约14km。由于一级水电站拥有约70亿m^3的调节库容，而二级水电站的调节库容仅有840万m^3，两级水电站发电用水在时间的同步上联系密切，因此，两水电站实际上是一组电源。

由于天生桥两水电站位于滇、黔、桂三省区交界处，水电站的接入系统，除了要考虑将本身的电能送出外，还要考虑能将云南、贵州的富裕电力送向东部，使之成为西电东送的中间枢纽点的特点。天生桥水电站的接入系统设计为满足这个要求，与此配合，在天生桥一级水电站近旁的马窝设置了一座输送容量为1800MW、电压为±500kV的直流换流站。该换流站已于2000年年底投入运行。

天生桥一级水电站主接线比较简单，为发—变—线单元接线，其每台发电机、主变压器及线路为一个单元，共四个单元的四回220kV出线，直接接入马窝换流站交流220kV双母线，经升压、换流后，成为±500kV的直流，经约960km距离，送至广州。

天生桥二级水电站主接线为：发—变扩大单元接线，每两台发电机通过一台容量为500MV·A的低压双分裂变压器升压至500kV，500kV电压级为3/2接线，共计四串。其中机组进线三回、出线三回共占用了其中的三串，另一串为不完全串，接入一组500/200kV、容量为750MV·A的联络变压器。500kV出线三回，其中两回经270km送电广西平果变电所，并经来宾、梧州变电所送电至广州罗洞变电所；另一回经290km送电贵州贵阳；联络变压器的低压侧接220kV双母线，除进线间隔和母联间隔外，还有六个220kV出线间隔：两回至广西近区，两回至贵州近区，两回经云南罗平变电站与云南电网相连。

天生桥水电站至广西、贵州近区的220kV出线，主要是满足水电站近区的工、农业发展用电，而至云南的220kV出线，则主要是解决云南富裕电力的外送问题。由于贵州、广西近区在近期负荷不大，而云南电力外送近期主要为季节性电力，容量大而时间短，天生桥二级水电站750MV·A的联络变压器成了云电外送的卡脖子咽喉。为解决此问题，2001年，对天生桥二级水电站至云南罗平的两回220kV出线进行了改造，线路在中间开断，并接于马窝换流站交流220kV母线，使云南电力有了两个东送通道。

天生桥水电站目前由国家电力公司所属南方公司调度所调度，水电站对外通信以微波为主，载波为辅，调度监控计算机在水电站侧设有RTU（远方终端），以实现与水电站间的调度自动化信息交换。水电站侧还设有电量计费系统子站，以完成系统电量的统一计费。水电站还设有安全自动装置子站，以便在系统失去稳定时，能远方切机、解列等，实现系统的安全稳定运行。

由于管理体制上的原因，目前天生桥一、二级水电站之间还未能实现计算机联合控制，但从其水力联系的密切程度看，联合控制是必然的。

天生桥二级水电站设有一回500kV出线至贵州贵阳，原来目的为送电贵阳，但由于贵州目前电源优势明显，急需电力外送，实际上送电潮流与原来目的相反，已成为黔电外送的一个重要通道。因此，天生桥水电站实际上已成为贵州、云南送电广州的一个枢纽点。

鉴于天生桥两水电站总容量已达2520MW，加上近区黔、桂两省区合资建设的贵州盘县火电厂，滇、粤合资的云南昭通火电厂的电力东送，云南、贵州两省富裕电力的外送，两交、一直的输送能力(3200～3400) MW已不能满足需要，目前有关方面正考虑在天生桥二级水电站增建一回500kV出线至广州。

(贵阳勘测设计研究院　李明桂)

三峡左岸水电站500kV出线线路设计

三峡左岸水电站共有500kV交流出线8回，设计范围为：起点系主厂房顶出线架构，终点为三峡工程永久船闸左侧第一基耐张杆塔。枢纽范围内线路长约2.3～3.0km范围内，线路走廊狭小，地形、地貌复杂，跨越诸多枢纽建筑物、施工企业及辅助设施，经多方案比选最终采用双回线路共杆方案。设计中着重解决了两个技术问题：

(一) 500kV双回共杆线路的绝缘配置

双回同杆线路在遭受雷击时，会发生两回线路同时跳闸的可能。为降低同杆双回线路同时跳闸率及总跳闸率，对500kV双回共杆线路的绝缘配置进行了研究，不同绝缘配置有如下规律：

(1) 不平衡低绝缘（高绝缘为正常绝缘，低绝缘为正常绝缘的80%），与双回正常平衡绝缘相比，总的雷击跳闸率增加约一倍，尽管双回同时跳闸率有所降低，但下降不明显。

(2) 平衡高绝缘（皆为正常绝缘的110%）和不平衡高绝缘（低绝缘为正常绝缘，高绝缘为正常绝缘的110%），由于都加强了绝缘，总的跳闸率都有了较大幅度下降，与正常平衡绝缘相比，分别下降至49%和62%，而且双回同时跳闸率降低了很多，下降至42%和40%。

(3) 改变导线相序的排列方式，在上、下横担上安排了导线的不同相序，可降低同时跳闸率。导线采用逆相序排列，总的跳闸率变化不大，但双回同时跳闸率有明显的降低，约为顺相序时的一半。

采用平衡高绝缘及不平衡高绝缘时，总的跳闸率也有明显降低，双回同时跳闸率只占总跳闸率的1.8%（杆塔冲击接地电阻为7Ω）～3.4%（杆塔冲击接地电阻为15Ω）和1.7%（杆塔冲击接地电阻为7Ω）～3.1%（杆塔冲击接地电阻为15Ω）。本工程线路采用不平衡高绝缘配置（低绝缘为正常绝缘，高绝缘为正常绝缘的115%），导线排列方式采用逆相序排列。

(二) 杆塔接地电阻

对杆塔接地电阻值的要求，是为满足杆塔的跳闸率减小的要求、OPGW的热稳定要求和GIS避雷器的合理配置的要求。

为降低同杆双回线路的同时跳闸率，要求杆塔冲击接地电阻值不大于10Ω；OPGW的热稳定要求杆塔工频接地电阻值不大于4Ω；改善GIS配电装置雷电过电压分布，降低过电压幅值，要求杆塔冲击接地电阻值不大于10Ω。由于土壤电阻率在1000Ω·m左右，在线路出口区域铺设200m×200m的人工水平接地网，该区域内的八基杆塔均采用井字形放射性接地装置与人工水平接地网相连；降低线路出口几基杆塔的冲击接地电阻不大于10Ω。枢纽接地网上留有与杆塔接地装置连接的接地端子，若杆塔接地装置测试不能达到要求时，再将杆塔地网与枢纽地网连接。

(长江水利委员会　王华军　毛永松)

水布垭水电站高垂直布置大电流封闭母线

水布垭水电站装机容量1840MW，装机4台，单机容量460MW，是华中电网不可多得的调峰调频水电站。该水电站为地下厂房，布置于地下206.5m高程，500kV主变压器布置在地面315.0m高程的500kV变电所内。发电机与主变压器的连接采用全链式离相封闭母线，其额定电压24kV，额定电流15.5kA。对应4台机组设4条母线洞，每台机组的封闭母线在地下厂房发电机夹层沿下游母线洞水平引出23.5m后再垂直上引至118～321.5m高程，然后再水平沿母线洞引至主变压器并与其连接（4号机无此水平段），1～3号机此水平段长度最长的达100m。此种高垂直布置的大电流封闭母线在国内尚无使用，该水电站属首例。

(一) 封闭母线主要参数与冷却方式

根据母线布置，按自冷和风冷方式进行母线损耗及发热计算，并经技术经济综合比较优选母线尺寸。

结果表明，无论是自冷还是风冷都是可行的，但自冷方式简单、运行费用低，所以采用自冷方式。

封闭母线主要参数为，额定电压 24kV，额定电流 15.5kA，热稳定电流 100kA（3s），动稳定电流 270kA，导体尺寸 ϕ650mm × 14mm，外壳尺寸 ϕ1200mm×8mm，相间距离 1500mm。

（二）封闭母线基本结构

母线导体采用三绝缘子支撑。在垂直段，导体约 5m 设一伸缩节，采用垂直段封闭母线专用绝缘子及金具、弹性装置和等电位装置，使每个绝缘子除承担导体自重和短路电动力要求外，也满足导体、外壳热胀冷缩的要求；外壳 15m 左右设一个伸缩节，外壳伸缩节将整个垂直段分割成数个孤立体，使其内应力分开，各孤立体之间的受力互不干扰。在每个 15m 段的外壳上设一个外壳固定支撑结构，直接固定在钢横梁上，承担 15m 母线外壳和导体的自重及电动力等，还设 2 个具有一定伸缩量的外壳支撑结构，并考虑设置减震装置。

（三）封闭母线防凝露措施

母线防凝露采用热超导冷却装置，机组正常运行时将母线壳内的热空气采用风机导出，使热空气通过超导冷却装置聚冷，将潮气冷凝成水再除去，并将变冷后较干燥的空气充回母线壳内，形成闭式循环，这就使母线壳内空气不断除湿，同时降低母线运行温度。停机后，也有可能因潮气进入封闭母线外壳使绝缘下降，此时通过热超导冷却装置加入加热后的循环空气，除去母线壳内的潮气。

（四）封闭母线导体及外壳的温度监测

封闭母线导体及外壳的温度采用多点自动循回检测并采取微机控制。

（五）封闭母线的安装

垂直母线洞为长方形，尺寸为 4m×5m，洞内除布置离相封闭母线外，还设有安装维护的楼梯。对母线安装将采取自下而上的安装顺序。在母线洞的上方设置卷扬机，将导体和外壳按 5m 左右一段向下吊装。由于垂直段很长，安装空间有限，因而安装过程还将采取相应的安装措施，以保证母线安装万无一失。

由于垂直高差如此大的大电流封闭母线在国内尚无先例，因此有些问题还有待进一步研究和完善。

（长江勘测规划设计研究院　殷　勇　高光华）

三峡水电站大电流离相封闭母线的选型

三峡水电站水轮发电机组单机容量为 777.8MVA，最大容量 840MVA。发电机—变压器组为单元接线，发电机回路采用离相封闭母线，其主要技术参数如下：

	主回路	分支回路
额定电压	20kV	20kV
最高电压	24kV	24kV
额定电流	26kA	0.5kA
三相短路电流(r.m.s)	160kA	300kA
额定峰值耐受电流	440kA	820kA
额定短时耐受电流(r.m.s)	160kA	300kA
额定短路持续时间	2s	2s
额定冲击耐受电压(峰值)	125kV	125kV
工频耐受电压 1min(有效值)		
湿试	55kV	55kV
干试	68kV	68kV
爬电比距	≥1.7cm/kV	≥1.7cm/kV

离相封闭母线选型设计前需确定母线的布置。为了减少损耗和提高发电机回路的可靠性，在保证厂用电及母线配套等设备连接的情况下，封闭母线的长度应尽可能的短；三峡水电站母线的布置充分考虑了这一原则，且发电机回路电压互感器和避雷器分别置于发电机制动开关装置和励磁变压器内，因此省去了电压互感器/避雷器柜，而发电机制动开关装置也仅以 T 接头与主回路封闭母线连接，从而减少了相应的分支回路。主回路封闭母线每台机每相长均为 28m，其中垂直段高约 15.65m；分支回路母线的长度每相均为 4.5m（含厂用变压器和励磁变压器分支）。

三峡水电站封闭母线的选型主要是冷却方式的选择，主要比较了自然冷却（以下简称自冷）和强迫风冷（以下简称风冷）两种方式。

全连式离相封闭母线采用自然冷却，其电流最大可达 30000A，超过该值一般就应采用风冷方式；然而，由自冷到风冷的过渡在国际上并没有严格的规定或统一的标准。三峡水电站封闭母线的额定电流为 26000A，从技术角度而言，采用自冷或风冷都是可行和满足要求的，各有利弊，有关技术参数及计算结果分列于表 1 中；相对而言，自冷母线比风冷母线简单、可靠，现阶段国内制造和应用经验多一些，加之每台套风冷母线的总损耗增加近 67%，故在技术方面，三峡水电站 26000A 大电流离相封闭母线自然冷却方式相对优于强迫风冷方式。

三峡水电站 26000A 封闭母线的经济比较以总费用（总投资与总运行费之和）的多少来衡量；经济比较计算中，材料、设备及运行费按 1998 年的平均价格计算，计算结果表明三峡水电站封闭母线采用自冷方式，每台套母线的总费用比采用风冷低 64.37 万元，按 26 套母线计算，采用自冷母线可节省费用总计 1673.62 万元，因此自然冷却方式对于三峡水电站而言在经济方面优于强迫风冷方式。

通过技术和经济比较，三峡水电站发电机回路 26000A 离相封闭母线采用自然冷却方式。显然，由于自冷式母线的设计、制造及安装相对简单，又无风冷方式下的附属设备，因此运行可靠性较高，维护工作量少，在自冷式母线额定电流的极限范围内宜优先采用自冷式封闭母线。

表 1　三峡水电站封闭母线自冷和风冷方案技术参数对照表

序号	技术参数	单位	自然冷却	强迫冷却
1	额定电压	kV	20	20
2	额定电流	A	26000	26000
3	导体外径	mm	980	640
4	导体厚度	mm	15	15
5	导体计算温度	℃	87.4	79.28
6	导体截面积	mm^2	45475	29437.5
7	导体单位长度直流电阻	Ω/m	8.24×10^{-7}	1.24×10^{-6}
8	导体单位长度损耗	W/m	602.2	909.7
9	导体长度	m	3×28	3×28
10	导体损耗	kW	50.585	76.415
11	外壳外径	mm	1530	1250
12	外壳厚度	mm	10	8
13	相间距离	mm	2500	2500
14	外壳计算温度	℃	66.0	62.78
15	外壳截面积	mm^2	47752	31199
16	外壳单位长度直流电阻	Ω/m	7.31×10^{-7}	1.11×10^{-6}
17	外壳单位长度损耗	W/m	490.5	719.685
18	外壳长度	m	3×28	3×28
19	外壳损耗	kW	40.202	60.454
20	导体和外壳总损耗	kW	91.79	136.87
21	空气流速	m/s		3.5
22	出口空气温度	℃		64.77
23	空气流量	kg/s		6.82
24	风机损耗	kW		18
25	每台套母线总损耗	kW	98.3	154.87

注　表中的数据是工程设计计算参考值，仅供方案比较。

（长江勘测规划设计研究院　赵　鑫　梁　波）

水电站高压配电装置设计

高压配电装置是水电站的主要组成部分，高压配电装置的选型和布置对水电站枢纽布置、电气主接线选择、施工工期、运行维护及设备和土建投资都有直接影响，因此，合理地设计高压配电装置，在水电站电气设计中尤为重要。

结合李家峡、宝珠寺等十几座大中型水电站的设计与施工，对高压配电装置设计中所遇见的问题和处理方法加以介绍。

（一）开关站型式选择中应注意的方面

（1）一次投资比较。10～35kV 开关站设备，采用户内金属开关柜的型式与采用敞开式的一次投资相当，有的还低于敞开式开关站的一次投资。在设计 110～220kV 开关站时，建议 GIS 按 1.2～2 倍敞开式设备考虑。330kV 及以上开关站的 GIS 一般与采用敞开式开关站的一次投资相当或低于敞开式开关站的一次投资。

（2）30 年运行费用。建议敞开式开关站 30 年运行费用取 10%～20%设备投资，GIS 为敞开式开关站的 12%～18%较合理。

（3）事故损失费。事故损失费主要考虑直接损失费和间接损失费。对于直接损失费一般可根据损失电量、电价计算。间接损失费主要由各个地方的经济状况及每千瓦时电量的经济效益来确定。由于地方差异，建议仅做定性分析。

（4）对电气主接线影响。由于开关站的可靠性直接影响电气主接线的可靠性，因此，在开关站选型时，应结合电气主接线方案比较。

（5）改建和扩建的影响。应特别注意施工周期、施工影响及原运行设备的停运损失。

（6）安装周期和施工影响。开关站施工周期应与土建相对应，在水电站施工中由于土建施工进程的影响，使设备安装周期时间较短，因此在开关站设备选型时，应将设备安装周期作为比较依据之一。

（二）开关站布置选择中应注意的方面

（1）敞开式布置形式不仅与设备选择密切相关，而且对水电站枢纽布置、占地面积大小、安装维护是否方便起着重要作用。在布置场地许可的条件下，建议采用中式布置形式。

（2）敞开式开关站采用中式布置方式，还需进一步优化其设备布置的模式，使整个布置清晰、运行维护方便及占地面积小。例如，可采用管型母线布置和 E 型布置。

（3）在设计中应结合水电站布置要求，可考虑采用敞开式组合电器来缩小开关站尺寸。

(4) 阻波器安装特点。220kV及以下建议采用V型绝缘子串悬挂方式。330kV及以上建议采用支撑结构。

(5) 电流互感器、断路器及隔离开关之间的距离主要取决于断路器搭检修架所需的距离。因此，在设计时应根据布置具体要求，适当调整设备间距。

(6) 应注意进出线的基本要求，如相序、相间距、拉力、线路排序，应便于进出线段设计和施工。

(7) 要注意分期建设和改扩建的要求，以便减小工程投资，特别是原设备停运时间、新老设备之间的影响。

(三) 进出线方式对电气设计的影响

(1) 在电气主接线方案比选中，应考虑进出线段设计方式。一般应尽量减少进出线回路数，以便于设计和减少投资。

(2) 对水电站开关站选择和布置，进出线方式也往往起着重要作用。

(3) 主变压器布置选择，进线方式的投资也起着重要作用。

(四) 架空进出线方式设计中应注意的问题

(1) 当进出线段与其他架空线路交叉时，设计难度较大，应考虑不同电压线路交叉、交叉点的位置确定、施工干扰等几个方面。

(2) 进线回路避雷线，大多数与主变压器门型架相连，为了防止雷电反击，通常采用隔离法。在设计时应注意如下几点：

1) 应尽量缩短一端绝缘避雷线的档距，以便减少雷击点到接地装置的距离，降低雷击时避雷线的过电压。

2) 绝缘子个数选择与被保护的架空线路的电压无关。

3) 当有两根及以上一端绝缘避雷线并行敷设时，可考虑将各条避雷线的绝缘末端用与避雷线相同的导线连接起来。

4) 为了降低雷击时的过电压，应尽量降低接地端的接地电阻。

(3) 当水电站位于高海拔地区时，对进出线的外绝缘需进行修正，即对塔头的空气间距和绝缘子个数修正。

(4) 水电站采用两级电压出线且变压器采用三绕组时，应对中压进线方式进一步研究，以避免中高压线路交叉以及出线困难等问题，建议中压采用电缆进线较合理。

(5) 进线回路的塔头塔型设计，一般尽量采用标准塔型，以简化设计工作。当采用非标塔型时，应对拉力、转角、空气间距等详细计算，并提出塔头有关要求。

(五) 电缆进线设计中应注意的问题

(1) 从运行可靠性和方便性考虑，建议采用交联聚乙烯或低密度聚乙烯电缆。

(2) 电缆外护套主要作用是防止水分渗入、机械损伤和承受短路电流等。选择时应考虑不透水性能、热膨胀和收缩性能、耐腐蚀性能、导电性能、强度、重量以及敷设等因素。目前，大都采用铜和铝护套。

(3) 对于线路较短且感应电压满足要求的情况，一般采用一端直接接地方式。

(4) 对电缆运行温度的监测十分重要，一般采用铂金电阻探测方式。

(5) 电缆实际采购长度应结合安装、敷设、转弯半径、电缆终端制作及制造厂的建议等来确定。

(6) 国内主要制造220kV及以下的交联聚乙烯电缆。

(7) 电缆绝缘材料的可塑性会随环境温度变化而变化，加之高压电缆截面大、绝缘层厚，在环境温度较低时硬度增加、可塑性差。因此，在设计时应考虑制造提供敷设温度要求，合理安排工期。

(8) 如电缆廊道需设计为斜洞，为了满足施工和运行要求，一般坡度不应大于30°。

(9) 电缆与主变压器连接方式主要有直接连接和通过架空线路连接两种方式。前者无外露的带电部分，与主变压器之间连接协调工作量大；而后者便于分包之间的协调。因此，应根据工程具体情况选择。

(六) SF_6 气体管道设计中应注意的问题

(1) SF_6 气体管道的投资明显高于架空进线和电缆进线，因此，应根据工程布置情况，经过技术经济比较来选择。

(2) SF_6 气体管道输电容量大，在单机容量大、电压等级高、敷设落差大等情况下，可采用 SF_6 气体管道。

(3) 设计时应注意安装施工要求，以满足安装要求。如拉西瓦水电站，在竖井中设计了电梯和平台。

(七) 小结

通过近几年水电站高压配电装置设计，特别是工程中所遇见问题的处理，在设计中应注意以下几点：

(1) 在开关站选择比较中，应结合电气设备的发展和造价的变化，使选择的方案技术先进、经济合理。

(2) 应重视进出线段的选择和影响。

(3) 应考虑施工干扰和停电损失费用。

(4) 应考虑30年的运行费用和事故损失费用。

(5) 应注意环境条件对施工影响，合理安排工期。

(西北勘测设计研究院 阮全荣
西安交通大学 施 围)

三峡左岸水电站合空载线路过电压研究

三峡左岸水电站八回500kV交流出线，其中3回至龙泉换流站，线路长度约60km；2回至万县，线路长度约320km；2回至荆门，线路长度约140km；1回至荆州，线路长度约135km。后5回出线线路较长、导线截面大，出线断路器是否需要装设合闸电阻，要进行合空载线路操作过电压计算，计算采用国际通用的EMTP程序，影响计算操作过压电值的主要因素有：

(1) 发电机机端电动势的取值。发电机机端电动势的取值有三种：①合空载线路前母线电压为550kV；②合空载线路后母线电压为550kV；③合空载线路后全线电压不超过550kV。经分析取②较为合适。

(2) 线路计算模型。计算模型对操作过电压计算结果影响较大。由于马丁模型考虑了线路的阻抗频率特性，计算结果更接近于实际，故计算采用了马丁模型。

(3) 线路并联电抗器布置的位置。三万线（三峡至万县线路）两端都装有并联电抗器，2回荆门线路的并联电抗器布置在三峡侧，1回荆州线路的并联电抗器布置在荆州侧，在三峡侧合空载线路时，荆门线路电抗器在首端，荆州线路电抗器在末端。无合闸电阻时，三万线合空载线路过电压为1.98p.u.，荆门线合空载线路过电压为2.03p.u.，荆州线合空载线路过电压为2.07p.u.。说明并联电抗器布置的台数和位置不同，合空载线路过电压不一样。

500kV合空载线路，不装设合闸电阻的判据为相对地统计过电压不超过2.0p.u.。其实只要线路两端相对地过电压值不超过2.0p.u.，线路中部虽超过2.0p.u，而线路的闪络跳闸率在可接受的范围内，也可以不装设合闸电阻。计算研究的主要结论如下：

(1) 三峡至万县线路，出线断路器不带合闸电阻时，首、末端合闸过电压不超过1.83p.u.，线路中部最大合闸过电压为1.98p.u.，满足规程规定取消合闸电阻的条件。但对320km线路，国内还没有不装线路断路器合闸电阻的先例，故断路器仍保留合闸电阻。

(2) 三峡至荆门、荆州线路，出线断路器不带合闸电阻时，首、末端合闸过电压在1.49p.u.～1.86p.u.之间，线路中部最大合闸过电压荆门线路为2.03p.u.、荆州线路为2.07p.u.，按杆塔2.7m间隙计算，荆门线路跳闸率为0.057×10^{-5}、荆州线路跳闸率为0.124×10^{-5}。以每年操作20次计算，荆门线路需8.8万年发生一次闪络，荆州线路需4万年发生一次闪络，这是完全可以接受的。故三峡至荆门、荆州的线路出线断路器不装设合闸电阻。

(3) 当出线断路器不带合闸电阻时，线路首端最大相间过电压均不大于3.36p.u.，电气设备中最低的相间绝缘水平为1800kV，相当于4.0p.u.，有19%裕度。

（长江勘测规划设计研究院 袁爱玲 王华军）

三峡水电站发电机中性点经消弧线圈接地暂态过电压的研究

三峡水电站水轮发电机的单机最大容量居世界首位，发电机单相对地电容为2.03μF，单相接地电容电流达22.1A。对于这种大型发电机的中性点接地方式，目前世界上采用较多的是谐振接地（消弧线圈接地）方式和高电阻接地方式。为此对三峡水电站发电机中性点经消弧线圈接地方式的暂态过电压进行了专门的分析研究。

首先建立了分析模型和等值电路，编制了仿真计算程序，对三峡水电站发电机进行了间歇电弧接地暂态过电压计算，得出影响发电机单相间歇电弧过电压的主要影响因素有：

(1) 重燃电压的影响。重燃电压的数值即电弧的重燃特性会影响暂态过电压。考虑到发电机绝缘为非自恢复绝缘，发生单相接地后，重燃电压应小于第一次的击穿电压，且有很大的随机性，若重燃电压为0.6～1.0p.u.，即使发生二次重燃时，在三相对地电容对称情况下，暂态过电压也不大于2.3p.u.。

(2) 残流的影响。机组允许残流为－1～－5A。当重燃电压为0.6p.u.时，残流对过电压的影响不大；当重燃电压为1.7p.u.时，暂态过电压随残流（绝对值）的减小而增加。

(3) 三相对地电容不对称度影响。发电机动态过电压随三相对地电容不对称度的增加而增大，暂态过电压也随之增大。一般发电机三相对地电容不对称度在5%以内。

(4) 品质因数Q的影响。在三相对地电容对称的条件下，品质因数Q值在20到100之间变化时，对过电压影响不大；在三相对地电容不对称时的条件下，暂态过电压随品质因数Q值减小而降低。

(5) 相间电容的影响。增加发电机组相间电容，可进一步降低暂态过电压。

(6) 过电压与偏离额定频率的关系。在发电机的正常启动、停机或突然过负荷、甩负荷工况下，频率可能偏离额定值，若在此情况下又发生单相接地故障，则可能会产生危险的过电压，其中以甩负荷情况下发生单相接地的情况为最严重。特别是当发电机对地电容不对称度较大时，动态电势较高，可能会引起绝缘弱点故障。因此，此类过电压应作为潜在的危险过电压予以考虑。

当发电机甩负荷发生同时单相电弧接地故障时，由于动态电势的升高，当残流为－1A，不对称度 m 为－5%，品质因数 Q 为 80 时，最大暂态过电压可达 3.79p.u.。Q 值从 80 降至 20，暂态过电压降为 3.2p.u.，动态过电压由 3.79p.u. 降到 2.79 p.u.，但若残流变为－5A 时，则最大暂态过电压将降至 2.87p.u.。保持残流为－1A，不对称度减至 2%时，最大暂态电压可降至 2.87p.u.。

因此，采取加大脱谐度（即增大残流），在消弧线圈中接附加电阻（减少 Q 值），限制发电机组对地电容不对称度，可限制发电机组中性点经消弧线圈接地系统的过电压。

（长江勘测规划设计研究院 舒廉甫 计绿野）

三峡左岸水电站雷电过电压研究

三峡左岸水电站雷电过电压的计算，采用清华大学编制的 FLFX 计算程序（程序采用特征—差分法计算并考虑线路冲击电晕的衰减）和 EMTP 计算程序。长江水利委员会勘测设计研究院、武汉高压研究所和 ABB 公司同时采用 EMTP 计算程序计算。长江水利委员会勘测设计研究院还采用 FLFX 计算程序计算。

根据三峡左岸水电站电气主接线，经与 ABB 公司专家协商，确定了 14 个计算方案，其中左一电站 11 个计算方案，左二电站 3 个计算方案。由于三峡左岸水电站 GIS 母线较长，左一电站为 332m，左二电站为 217m，通过方案的计算，每条 GIS 母线上必需设置两组罐式避雷器。影响计算雷电过电压值的主要因素有：

（1）计算步长对过电压的影响 FLFX 计算程序是采用牛顿迭代法，步长越小，积累误差越大，对接线尺寸影响越小误差也小。步长越大，积累误差越小，对接线尺寸影响越大误差也大。首先采用不同的步长进行试算，当计算的过电压趋于稳定较小值时，就选用该步长。根据三峡 21 个步长的计算，最后取步长 0.01μs。

（2）线路杆塔冲击接地电阻值的影响 出线杆塔冲击接地电阻分别采用 10Ω、20Ω、30Ω 对三峡工程 60 个方案的计算，杆塔冲击接地电阻越大，过电压越高，有时会发生两基相邻的杆塔闪络。故对三峡左岸水电站出线 1、2 号杆塔冲击接地电阻按 10Ω 设计，其他杆塔按 30Ω 设计。

（3）设备布置位置的影响 瓷柱式避雷器紧靠 GIS 出线套管，计算出 GIS 内部的过电压比避雷器远离 GIS 出线套管的过电压要低。最终设备布置采用瓷柱式避雷器紧靠 GIS 出线套管。

三峡左岸水电站主要设备上最大雷电过电压计算值及安全因数见表 1。

表 1 三峡左岸水电站主要设备上最大雷电过电压计算值及安全因数

	左一电站雷电过电压值（kV）				左二电站雷电过电压值（kV）	
	方案 1—2（2′）		方案 3—10		方案 11—13	
	变压器	电抗器	变压器	电抗器	变压器	电抗器
设备绝缘水平	1550	1675	1550	1675	1550	1675
FLFX 计算值	1161	1277	1259	1076	1240	1081
EMTP 计算值	1312	1381	1348	1179	1238	1057
最小绝缘裕度*	1.18	1.21	1.15	1.42	1.25	1.55
EMTP(ABB)计算值*	1385	1399	1366	1178	1367	1106

* 由于 ABB 在计算程序中未考虑线路电晕衰减，计算结果偏大，一般来说电晕对过电压值的影响约在 5% 左右，因此 ABB 的计算结果若计及电晕影响与长江勘测规划设计研究院的计算结果一致。

（长江勘测规划设计研究院 舒廉甫 毛永松）

水轮发电机中性点接地方式

除低压发电机中性点采用直接接地方式外，高压发电机电压中性点采用非直接接地方式。非直接接地方式有中性点绝缘、消弧线圈接地和高电阻接地三种。为避免故障电流烧损难以修复的定子铁芯，对允许发电机带单相故障运行一段时间的机组，要求单相故障电流限制在较小的数值以内；对不允许发电机带单相故障运行需瞬时跳闸的机组，根据世界统计单相故障电流也不超过 30A。

定子铁芯烧损程度与电弧的能量有密切关系，电弧能量又与发电机电压有关，机组电压越高，要求故障电流越小。当发电机单相故障电流超过表 1 值时，就要采用消弧线圈进行补偿。补偿后的残流也不超过表 1 规定值。

为使故障电流不致危及发电机定子铁芯，当发电机单相故障电流不超过表 1 允许值时，可采用发电机中性点不接地方式；超过允许值时，对不瞬时跳闸的机组必须将故障电流限制到表 1 允许值以内，一般采用消弧线圈进行补偿；对于瞬时跳闸的机组，一般可采用高电阻接地或消弧线圈接地，采用高电阻接地的故障电流也不希望超过30A。

表1　发电机允许单相故障电流值

发电机额定电压（kV）	6.3	10.5	13.8～15.75	18～20
故障点残余电流（A）	≤4.0	≤3.0	≤2.0	≤1.0

随着系统的发展，发电机容量不断增大，发电机单相故障电流也增大，再采用机组带故障运行，将消弧线圈补偿残流限制到表1值是非常困难的。由于系统储备容量的增大，不再需要发电机带单相故障继续运行。为防止单相接地故障扩大为匝间故障或相间故障，同时对定子铁芯修复的时间又较长，故大容量机组都是采用瞬时跳闸。只要继电保护准确无误地动作，发电机中性点采用高阻接地或消弧线圈接地都是可行的，但后者的残流要小些。

1. 经消弧线圈接地　发电机经消弧线圈接地的补偿方式有欠补偿和过补偿两种。一般采用欠补偿方式（$I_L<I_C$）；当发电机系统电容电流变化较大时，可采用过补偿方式（$I_L>I_C$）。但过补偿比欠补偿的潜在暂态过电压要大。

接入消弧线圈的发电机网络由于三相电容不对称，中性点会发生位移电压，当无消弧线圈时，中性点位移电压很小；对不瞬时切机的消弧线圈接地方式，脱谐度很小时，中性点位移电压比无消弧线圈时增大Q倍（Q为消弧线圈品质因数）。在发电机启动、停机、突然过载和甩负荷时，发电机的频率会在额定频率值附近发生偏离。中性点位移电压高，发电机的动态过电压也高，如此时发电机绕组发生单相接地故障，接地电弧发生二次重燃，潜在危险的暂态过电压可达到3.6p.u.，如在消弧线圈内串联较大的电阻，可使动态和暂态过电压得到一定的抑制。对瞬时切机的消弧线圈接地方式，欠补偿脱谐度可增大到30%。可大大减小中性点位移电压，也大大降低了潜在危险的暂态过电压。

2. 经高电阻接地　发电机中性点经高电阻接地方式，通常是将电阻器接在发电机中性点所接单相变压器的二次侧绕组上。高电阻接地方式暂态过电压与频率无关。接入发电机中性点高电阻值的大小，将影响发电机单相接地时健全相暂时过电压的大小，一般运行的发电机工频耐压试验值为1.5倍发电机额定电压，用发电机相电压峰值U_x表示，即为$1.5\sqrt{3}U_x=2.6U_x$，故要求健全相上的暂态过电压峰值不应超过2.6倍相电压峰值。此时发电机中性点上的电阻功率损耗等于或大于发电机对地电容的无功损耗，即发电机中性点电阻值应按$R\leqslant1/2(\pi fC)$选择。单相变压器二次侧电阻值可按变压器的变比进行换算。同时由于中性点变压器具有损耗，可等效一电阻值，将换算二次侧电阻值减去等效电阻值，即为单相变压器二次侧接入的电阻值。发电机中性点所接单相变压器的绝缘水平应不低于发电机的绝缘水平。

发电机中性点接地方式的选择原则：①要求单相接地故障电流值越小越好，以免烧损定子铁芯，尤其是允许带单相故障运行一段时间的机组的故障电流不允许超过表1规定值；②要求机组在各种运行状态下暂时过电压不危害发电机的绝缘；③要求适应接地方式的继电保护动作准确。

（长江勘测规划设计　研究院　舒廉甫）

大朝山水电站接地系统设计

（一）概述

大朝山水电站位于云南省澜沧江中游河段上，水电站共安装6台水轮发电机组，总装机容量为1350MW。水电站为全地下式厂房，坝基和厂房区的岩石以玄武岩、杏仁状玄武岩、火山角角砾熔岩为主。经测量，玄武岩和变酸性斑岩的视电阻率为1000～9600Ω·m，杏仁状玄武岩为100～6800Ω·m，火山角角砾熔岩为700～4000Ω·m，河水电阻率为49.5～52.9Ω·m，浸泡在水中的混凝土电阻率为57.1～67Ω·m。

全厂最大入地短路电流达12kA，根据《水力发电厂接地设计技术导则》（DL/T 5091—1999）规定，水电站接地电阻计算值不应大于0.17Ω。但水电站处于高电阻率地区，接地电阻值达到上述值难度很大。因此，大朝山水电站接地系统设计引起我们极大的重视和关注。

（二）接地系统设计

1. 接地系统设计　接地系统设计经历了初步设计和技施设计两个阶段，初步设计考虑以大坝迎水面垂直接地网作为水电站的主接地网；随着设计工作的深入，在技施设计阶段前期（招标设计），为验证垂直接地网的效果，在上游混凝土拱围堰专门做了一个试验接地网，该围堰的边界条件类似于大坝迎水面。通过试验证明，大坝迎水面垂直接地网作为整个水电站的主网不太合适。故在技施设计阶段我们在方案上作了优化调整，将主接地网设计改为以水下水平接地网为主。

2. 接地装置设计　大朝山水电站接地网由人工接地体和自然接地体组成。

人工接地体主要由进水口坝段和溢洪坝段前护坦水平接地网、河床坝段底层接地网和上游混凝土拱围堰至导流洞之间的拱围堰前水平接地网、排沙廊道前水平接地网、500kV 和 220kV 开关站水平加降阻剂接地网、进水口坝段大坝迎水面垂直接地网、上游混凝土拱围堰迎水面垂直接地网组成。

自然接地体由拦河坝段、溢流坝段、地下厂房和引水系统、尾水系统的钢筋、闸门槽等钢构件组成。

水电站最终接地系统形成一个以水下水平地网为主、充分利用自然接地体，并将 4 号黄土层滑坡体的 7 个钢筋混凝土抗滑桩接入水电站主接地网。水电站接地电阻计算值约为 0.128Ω。

3. 隔离、均压措施　由于大朝山水电站地处高电阻率地区，根据规程规定，若接地电位控制在 2000V 以内，实际接地电阻测量若超过计算值，则需采用相应的隔离均压措施。具体隔离措施有：①为防止将地网的高电位传递到厂外或将厂外零电位引进厂内，低压电力线路向接地网外供电时，宜采用架空出线；②当厂用电回路采用电缆向接地网外供电时，除电源中性点在用户处接地外，宜采用全塑电缆，若采用铠装电缆应将电缆外皮屏蔽层剥去 50～100cm，并穿入绝缘护套内；③对引出接地网外的金属管道最好埋入地下；④对明敷引出的金属管道在法兰连接处应不少于 3 处，采用绝缘垫圈。均压措施在接地网外边缘处铺设高电阻率的沥青地面，其最小厚度不应小于 80mm。

（三）接地电阻测量

2001 年 11 月 17 日采用直线布极电压电流法，利用调压变压器和接地电阻变频测量仪，由葛洲坝集团大朝山施工局和云南中试所两个单位分别进行测量，设计、监理单位参加。测量结果分别为：开关楼测点接地电阻值为（0.16～0.17）Ω，大坝电缆沟测点接地电阻值为 0.13Ω。

水电站接地网接地电阻在 1 号机组发电时达到小于 0.17Ω 的要求，实现了投产达标。隔离、均压措施不再考虑。

（北京勘测设计研究院　万凤霞　张惠寰）

三峡水电站干式励磁变压器的研究与应用

三峡水电站水轮发电机组是世界上最大的水电机组，单机额定容量 778MVA，最大容量 840MVA。水轮发电机的励磁容量大，可靠性要求高，励磁变压器是发电机励磁系统的重要组成部分，其性能指标和可靠性直接关系到发电机励磁系统的运行性能和安全。为保证三峡水电站大容量干式励磁变压器满足发电机励磁系统运行工况的要求，对其开展了专项科研并列入“九五”国家重大科技项目（攻关）计划，由长江勘测规划设计研究院与顺德特种变压器厂共同承担。通过研究，在国内首次系统解决了大容量干式励磁变压器参数优化、谐波含量及谐波损耗计算等技术难题，完成了迄今国际上容量最大的单相干式励磁变压器样机的设计、制造和试验验证，技术性能指标及对整流谐波附加损耗和过热研究的定量分析计算等研究成果得到试验验证，达到国际先进水平。

根据三峡水电站水轮发电机的技术参数，在与主机制造厂 ALSTOM 和 VGS 集团交流协调的基础上，确定三峡水电站励磁变压器样机技术参数如下：

变压器的单相（台）容量取为 3000kVA

额定电压　$[(20\pm2)\times2.5\%]/(1.25\sqrt{3})$(kV)

连接组别：Y/d

阻抗电压：8%

绝缘等级：H

温升：80K

绝缘水平：LI 125AC 50/LI 20AC10

冷却方式：AN

防护等级：IP 31

噪声：55dB（A）

三峡水电站励磁变压器样机于 1999 年 10 月份顺利地通过了包括突发短路试验在内的各种试验。试验完成后，邀请了有关单位的专家进行样机评审，专家认为样机的结构是合理的，性能指标满足三峡水电站发电机励磁系统的要求，而且，肯定了励磁变压器附加损耗计算及温升试验的方法是准确的，可以模拟励磁变压器实际运行工况下的温升。样机采用了 H 级绝缘等级按 B 级温升考核，进一步满足了励磁变压器对谐波所增加损耗的温升要求，提高了励磁系统的可靠性。

三峡工程大容量环氧浇注干式励磁变压器样机的优良性能和试验验证令德国西门子公司（三峡工程发电机励磁系统承包商）和业主感到满意，决定以此产品替代进口，用于三峡左岸水电站 14 套发电机励磁系统。

由于三峡左岸水电站 14 台发电机分别由 ALSTOM 和 VGS 两个集团制造供货，两个集团的发电机励磁容量有差异，故 ALSTOM 供货的发电机（共 8 台）配置的单相励磁变压器组为 3×2925kVA，单相励磁变压器外形尺寸为 2800mm×1600mm×2900mm（长×宽×高）；VGS 集团供货的发电机（共 6 台）配置的单相励磁变压器组为 3×2200kVA，单相励磁变压器外形尺寸为 2700mm×1600mm×2800mm（长×宽×高）。

通过该项目研究和试验，不但为三峡工程的水轮发电机组励磁系统提供励磁变压器，而且，在大型励磁变压器设计方面积累了丰富经验，也为今后我国励磁变压器技术的发展提供了理论与实践的依据。该项目的研究成功，填补了国内空白，对行业的技术进步起到了重大的作用，使中国在该领域的综合技术水平上了一个台阶。改变了300MW以上水轮发电机组励磁变压器基本采用进口设备的状况，可为国家节约大量外汇。因此，该成果的应用使中国特大型发电机干式励磁变压器具有广阔的市场前景。

(长江勘测规划设计研究院 赵 鑫 易先举 王树清)

广州抽水蓄能电厂交流灭磁技术的应用

水轮发电机晶闸管静止整流励磁系统已获得普遍应用，其灭磁方式由过去的恒值电阻灭磁或灭弧栅灭磁转向非线性电阻灭磁。目前常用的方式是直流磁场断路器配合非线性电阻灭磁和过电压保护。由于交流断路器技术成熟，生产成本相对直流灭磁断路器低，现在国外部分厂家主张在静止整流器的交流侧装设三相交流灭磁断路器。广州抽水蓄能电厂B厂300MW电动发电机采用西门子公司THYRIPOL励磁系统和交流灭磁断路器方式，1999年4月投入运行，至今运行基本正常。本文以该系统为例，简要介绍交流灭磁技术的特点及3WN型交流灭磁开关的实际应用情况。

广州蓄能电厂（简称广蓄）B厂300MW电动发电机励磁系统的主要参数如下：

额定励磁电压 255V

额定励磁电流 2334A

顶值励磁电压 638V

顶值励磁电流 4668A

空载励磁电压 101V

空载励磁电流 1320A

励磁变电压 18000V/510V

励磁变容量 3×621kVA

灭磁系统的构成如图1所示。

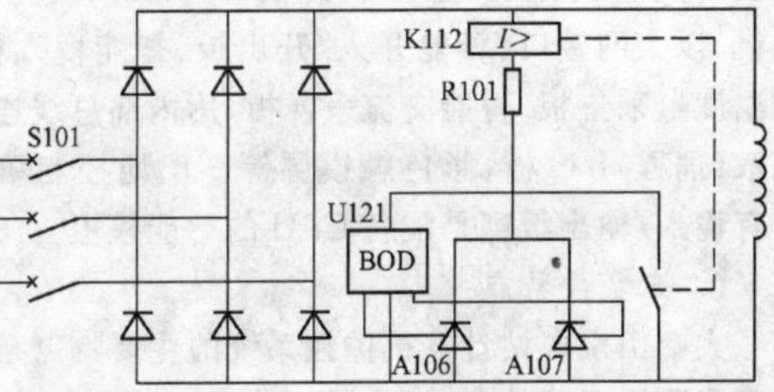

图1 灭磁系统的构成

灭磁系统主要元件包括交流灭磁开关S101、线性电阻R101和灭磁触头K611，以及过电压保护U121、A106、A107等。该灭磁系统的特点有：①采用交流低压断路器S101作为灭磁断路器，并兼作晶闸管桥的故障保护。交流开关与直流开关相比，选型方便，理论上来说可利用过零点瞬时断弧，其磨损小。②采用线性电阻R101配合辅助触头K611灭磁，保证其灭磁时间和灭磁电压在设计范围内。③采用反向并联晶闸管元件A106、A107配合恒值电阻作为正、反向过电压保护，限制转子绕组和晶闸管桥的过电压不超过其绝缘耐受水平。④灭磁时以晶闸管桥逆变配合交流灭磁断路器断开和闭锁晶闸管桥脉冲并同时切交流灭磁断路器方式，保证成功灭磁。

交流灭磁开关S101是该灭磁系统的关键元件之一，采用SIEMENS生产的3WN1671加长灭弧栅型交流低压3极开关，其主要参数如下：

额定工作电压 690V AC

额定电流 2500A

额定短路开断能力 80kA (1ms)

峰值短路合闸能力 176kA

合闸操作电源 220V DC

分闸操作电源 220V/48V DC

机械寿命 10000次分合

电气寿命 1000次额定电流开断

最小分—合间隔 120ms

兼作转子绕组过电压保护作用的磁场灭磁电阻R101采用的线性铸铁电阻材料，型号3PR3201-1B，单个电阻0.12Ω，由两个串联组成，其容量确保最严重灭磁情况下，承受的耗能容量不超过其工作能容量的80%（工作能容量是指线性电阻元件或装置在接受脉宽一般为0.35和1s的冲击波后能自动恢复特性的最大允许能量数值），设计使用寿命不少于10年，并不限制灭磁次数。

广蓄B厂机组的灭磁方式分正常停机灭磁和故障停机灭磁两种。机组正常停机时采用逆变灭磁方式。此时晶闸管触发角$\alpha=150°$，转子绕组两端被施加反向的顶值励磁电压，从而使励磁电流在最短的时间内减小至零。这种情况下灭磁时间的长短主要取决于反向励磁电压的大小。逆变灭磁开始10s后，将进行切脉冲；同时交流灭磁开关S101断开而触点K611闭合，剩余的磁场能量将通过灭磁电阻R101而被消耗掉。故障停机灭磁方式：若励磁系统收到外部故障跳闸命令，此时交流灭磁开关S101立即断开，K611节点合上，同时晶闸管桥触发脉冲全部闭锁而不进行逆变灭磁，磁场能量被线性灭磁电阻R101吸收，磁场电流按指数规律降低。若因某种意外导致K611不能正常闭合，那么，将通过电压保护BOD元件来限制实际过电压值。

广蓄B厂共安装有4台300MW的电动发电机，由于机组在系统中地位很重要，使得机组启停非常频繁。以2001年机组运行情况为例，机组平均开停次数约为1000次/台·年，交流灭磁开关的平均操作次数为2000次/年（以一个ON-OFF操作计一次）。该灭磁开关投运2年多来基本运行正常，但在定期维护检查中也发现了一些问题。其中最主要的问题是主触头机械损伤及电弧灼伤较重，多个灭弧罩网被电弧烧穿；情况严重的主触头整个接触面被电弧烧熔并脱落；弧触头情况相对较好，只是引弧片端部有部分被电弧灼伤和烧熔。根据厂家的维护说明，要求灭磁开关主触头接触面厚度不得小于0.7mm，弧触头接触面厚度不得小于1mm，否则应更换主触头或灭弧触头。按此要求，四台机组的交流灭磁开关运行2年已无法使用，只能用备用开关替换。根据机组及开关的实际运行统计数据，开关操作次数远未达厂家的开关设计寿命（机械操作10000次，电气操作1000次）。

造成这一问题的原因目前未彻底查清，初步分析认为灭磁开关的选型不当，根据对原各台灭磁开关磨损情况的综合分析，灭磁开关主触头异常损伤应属机械损伤，可能系主触头材料抗机械合闸力的能力不足。此外，灭磁开关与辅助接触器K611的分合操作配合设计不好也可能是导致灭磁开关电弧损伤过快的原因之一。但是我们认为灭磁方式不是造成上述问题的真正原因。

交流灭磁技术对灭磁开关提出了较高的要求。交流灭磁开关不仅要有高的分断能力，而且要有短路接通—分断能力及机械和电气操作次数的指标，这就要求交流灭磁开关的触头材料既要有好的分断性能，又要有好的耐电磨损性能。而在机组启停非常频繁的抽水蓄能电厂，这种要求就更具有重要性。

（广州抽水蓄能电厂　张明华　曾广移）

监控与保护

大朝山水电站的计算机监控技术

大朝山水电站的计算机监控采用全分布、开放式系统，选用了维奥机电技术北京公司（伊林）的SAT 250/SAT 1703系统。现将系统的构成及特点介绍如下。

（一）主要组成部分

（1）网络系统。本系统设电厂级和现地控制单元级。网络为100Mb/s快速交换式以太网。网络的主干为思科公司的2套100Mb/s网络交换机，电厂级各工作站直接与两套交换机通过UTP电缆连接。两台主干交换机上跨接了5个子环。1～10LCU分别设一台3COM小型交换机，小型交换机经由光缆接在5个子环中。各LCU本体、分散I/O及触摸屏等通过网络接口设备与小交换机连接。

（2）远程通信设备。至云南省调度所的通信通道为数字微波加电力线载波，由数据转发装置11LCU实现。微波通道经路由器接入，载波通道经调制解调器接入。昆明办公室、大朝山办公区的通信通过连接在两套交换机的路由器实现。至临沧基地的通信通过连接在两套交换机的光收发器实现。昆明办公室、大朝山办公区、临沧基地均设小型网络交换机，连接当地各工作站。

（3）电厂级设备。电厂级设备包括2台电厂级计算机、2台操作人员工作站、1台工程师工作站、1台通信服务器、6台远方监控终端（昆明、临沧、大朝山办公区各设2台），以上各设备除电厂级计算机采用SUNE250工作站外，其余均为奔腾Ⅲ工业微机。此外，还有大屏幕（4×170cm）、2台UPS电源装置（5kVA，热备用）、语音报警装置、2台GPS授时装置（分脉冲和NTP协议）等。电厂级计算机操作系统采用SOLARIS，操作员工作站、工程师工作站的操作系统采用WINDOWSNT。

（4）现地控制单元。全厂共设10台LCU，1～6LCU用作机组现地控制单元。7LCU和8LCU分别用于500kV开关站和220kV开关站，9LCU用于全厂公用设备，10LCU用于坝上设备。每个现地控制单元内设有交直流电源、主处理器板、100Mb/s以太网交换机、以太网接口、智能开入/开出板、智能模入板、智能温度量采集板、智能交流采样板、用内部总线连接的分散(远程)I/O板、彩色触摸屏等。现地控制单元的所有输入/输出板都是配备CPU的智能模板。

（二）主要特点

大朝山水电站计算机监控系统的主要特点是大量采用了网络通信技术。各LCU均设置了多条总线，分别采用 MODBUS、IEC 60870—5—101 和 IEC

60870—5—103协议与继电保护、励磁、GIS、厂用电和机组辅助设备等进行通信。全厂公用设备（空压机、排水泵、通风机等）的PLC控制屏则由承包商组成MODBUS PLUS网络，设一台上位机，将信息综合后与监控系统通信。此外，设计中还充分利用了SAT 250/SAT 1703系统自身的分布功能，设置了多台远程I/O，实现了“就近并行采集，远方串行传送”。

全厂监控系统采用数字通信方式（包括现场总线、串行通信、远程I/O等）传送的信息（开关量、模拟量）约有3900项，占全部信息的52%。凡有条件的设备，各种事故和异常告警信息都采用数字通信方式传送。这种安排节省了大量电缆，减少了安装和维护的工作量，降低了成本，但需要各供货厂家的协调、配合。为确保可靠性，与安全联锁有关的开关设备位置信号和操作命令则主要通过硬布线方式（如无源触点）传送。

（北京勘测设计研究院 姜树德）

棉花滩水电站监控系统

（一）概述

棉花滩水电站位于福建省永定县汀江干流上。工程以发电为主，兼有防洪、航运等功能。水电站装设4台150MW混流式水轮发电机组，总装机容量为600MW。电气主接线为每二台发电机连接一台15.75kV/220kV主变压器，220kV双母线接线，5回220kV出线。水电站在电网中担负调峰、调频任务，接受福建省电力中心调度所调度。

棉花滩水电工程于1998年3月开工。当年开工，当年截流；2000年下闸蓄水；2001年4月首台机组并网发电；2001年12月四台机组全部投产发电。整个工期比国家计委下达的目标提前一年整，工程建设合格率达到100%。

（二）水电站计算机监控系统结构及配置原则

水电站按“无人值班”（少人值守）的原则进行设计，取消了常规监控设备，采用符合国际开放系统标准的全计算机系统。水电站计算机监控系统利用亚洲开发银行贷款，国际招标，由南瑞自控公司中标。

水电站计算机监控系统由电厂控制中心系统和现地控制单元等组成。整个计算机监控系统采用冗余设计。

水电站计算机监控系统控制中心设备包括厂级工作站2套、操作员工作站2套、厂长工作站1套、工程师工作站1套、通信服务器1套、打印服务器1套、光纤双冗余以太网、大屏幕投影装置1套、完全并联冗余的UPS不间断电源2套。

水电站计算机监控系统现地设备包括现地控制单元6套，每台机组1套现地控制单元，公用设备和220kV开关站各1套。

2套厂级工作站互为热备用，两套操作员工作站可同时工作但操作相互闭锁。水电站中控室不设置模拟屏，而设置1个2m×5m的大屏幕投影装置。上述全部设备都以双节点直接连接到光纤双冗余以太总线网上，网络为IEEE802.3标准；100Mbps；TCP/IP通信协议。

现地控制单元LCU为双工控机热备用、2个光纤以太网口、8个串行口、1个并行口。采用ABBMOD-CELL 2000系列I/O模块，是具有32位CPU的智能单个处理的I/O。每套机组现地控制单元还另配1套PLC，当机组LCU故障时，PLC可独立自动开/停机。

全厂计算机监控设备都由UPS不间断电源供电；2套电源可完全并联在一起运行；不需作切换，是完全并联冗余的UPS。

（三）水电站计算机监控系统控制方式

水电站的监视控制有三个等级的操作：①调度级操作。福建省中调通过调度中心的计算机，经载波和光纤通道与棉花滩水电站的计算机系统通信，实现遥测、遥信、遥控、遥调、AGC、AVC。②水电站中控室集中操作。操作人员通过控制台监控电站的全部主要设备。③现地控制。操作人员通过各单元控制器监控该单元控制器监控的设备。

水电站每一值只有三个运行人员，顺利地实现了水电站计算机监控系统与首台机组的同步投运，目前监控系统已经过一年多的运行考验。

（四）水电站计算机监控系统的功能及软件

水电站计算机监控系统的主控级采集、处理各现地控制单元发送的有关参数，存入数据库，用于显示器画面更新、控制调节、记录检索、操作指导及事故记录和分析。操作员通过操作员工作站对监控对象进行下列控制与调节：①机组启动、停机；②同步并网；③机组运行方式选择；④机组有功功率、无功功率增减；⑤AGC的投/切；⑥AVC的投/切；⑦10kV及以上的断路器、隔离开关的合/分及闭锁；⑧重要的400V断路器的合/分及闭锁；⑨进水口快速闸门紧急关闭操作等。

水电站计算机监控系统的现地单元控制器采集和处理监控对象的数据，并将数据上送主控级。显示监控对象的各电气量、非电量、设备的状态信号及运行工况。当单元控制器处于“远方”位置时只接受主控级命令。当处于“现地”位置时，闭锁主控级控制指令，但不影响上送信息。单元控制器以串行口或现场总线的方式与由其他供应方提供的现地控制设备进行通信。这些设备包括微机励磁调节器、微机调速器、微机机组保护装置、进水口闸门 PLC、辅机 PLC、10kV 系统、400V 系统、220kV GIS 系统、直流系统、各公用系统等。

水电站计算机监控系统的软件功能包括人机接口软件、数据库软件、网络通信软件、控制功能软件、高级应用功能软件、系统配置组态软件等。系统软件设计在开放系统环境下运行。整个系统采用分布式数据库；操作系统采用 UNIX 标准；用户接口支持多窗口操作，具有友善的用户界面。

高级应用功能软件包括与中调通信的软件、自动发电控制（AGC）软件、自动电压控制（AVC）软件、历史数据库软件。其中 AGC 软件能根据操作员或电网给定的全厂总功率，调频、调峰和备用容量的要求，以及设备的实际状况，自动计算出当前水头下水电站的最优机组组合数及机组间的负荷分配。最优化目标是在满足给定总功率的条件下机组发电耗水量最低，避开空蚀振动区，同时避免频繁启停机组和频繁的功率调整的操作，在优化计算时，实时水头值计入未来时段尾水位由于发电流量改变而产生的变化。

（上海勘测设计研究院 周革亚 姚金根）

H9000 V3.0 水电站综合自动化系统

H9000 系统是中国水利水电科学研究院自动化所研制开发的系列化计算机监控系统，已被应用于东北白山梯级、青海龙羊峡、贵州东风、乌江渡、陕西安康等 90 多个大中小水电站的自动化工程，出口埃塞俄比亚 Tis Abay 二级水电站的系统已于 2001 年初投入了商业化运行，完成了隔河岩水电站引进计算机监控系统的改造工程，实现了湖南镇水电站 100MW 机组扩建的“关门运行”，联合中标三峡梯级调度中心及左岸水电站计算机监控系统工程。为白山、龙羊峡、紧水滩、乌溪江、东风以及东江等 6 个水电站通过国家电力公司“一流水电厂”验收创造了必要条件。

于 2001 年研制开发的 H9000 V3.0 系统不仅继承了 H9000 系统的开放性、友善性、标准化、通用化及面向对象等优点，而且进一步吸收了国内外系统的先进经验和技术，在系统结构、WEB 浏览、集成开发工具软件及高级应用软件等方面有较大改进，在隔河岩、高砂、重庆江口等一系列水电工程中得到成功应用。下面简要介绍 H9000 V3.0 系统的技术特色。

1. 新型的系统结构　由于工业控制微机（简称 IPC）结构复杂，有机械旋转部件如硬盘、风扇等，是 LCU 乃至监控系统的可靠性瓶颈。H9000 V3.0 在系统结构上有较大改进，LCU 采用了可编程控制器直接上以太网的方式，在控制主回路中取消了 IPC，IPC 仅作为现地的辅助控制人机联系设备，系统正常运行时，IPC 可以退出运行。由于控制主回路取消 IPC，使 LCU 的可靠性大幅度提高，基本上可以满足下一阶段水电站无人值班运行的要求。IPC 也可由智能化液晶操作面板代替，可靠性可进一步提高，但通讯功能略有降低。在进行 H9000 V3.0 系统设计时，充分考虑了与 H9000 老系统的兼容性，可确保 H9000 的老系统平稳升级到 V3.0，并且新老系统可全兼容混合运行，因此为老系统的升级改造提供了非常便利的途径。

2. WEB 浏览　由于因特网普遍采用浏览器等瘦客户端软件，系统的使用及维护十分方便，受到广大用户的欢迎。H9000 V3.0 增加了 WEB 浏览功能。为了确保系统的安全性，可设硬件或软件防火墙。同样，WEB 浏览功能充分考虑了与 H9000 系统原有图形界面的兼容性。

3. 系统集成工具软件　H9000 V3.0 系统在原开发工具软件的基础上，进一步充实完善，不仅提供 IPM 交互图形开发系统、DBgen 数据库开发系统、PDC 综合计算工具软件、ControlLock 控制闭锁工具软件、API 接口等，而且新开发研制了 DEtool 数据工程软件，进一步提高了系统开发集成效率和质量，也为设计部门和最终用户提供了有效的系统设计开发手段。

4. 国际标准通信规约　通过与 ABB、Alstom 等公司在三峡工程的合作，H9000 V3.0 系统在通信规约方面获得进一步充实，不仅支持 DL476—1992、u4f、SC 1801、CDC 8890 Type II、CDT 及 Polling 等传统远动规约，而且研制开发了 IEC870-5、DNP3.0、TASE-2 规约通信软件，形成了较为完善的通信软件包。

5. 高级应用软件　H9000 V3.0 系统在 AGC/AVC 等高级应用软件方面有较大进展，实现了白山、乌溪江等梯级水电站的联合 AGC，在东江实现了 AGC/AVC，在龙羊峡、乌江渡等近 20 个水电站实现了调度远方 AGC，其中贵州东风水电站在没有人工干预的情况下，实现了水电站监控系统按省调负荷曲线自动开停机和负荷调整，实时性好，对保证贵州系统“西电东送”电能质量起到了重要作用。在更多的水电站实现了电站 AGC 功能。

（中国水利水电科学研究院 王德宽 刘晓波 袁 宏）

三峡工程永久船闸监控系统设计

三峡工程永久船闸是我国首次设计的特大型双线

连续五级船闸，各由6个闸首和5个闸室组成，总长1621m。控制对象包括12扇人字门、12个输水阀门、2个辅助泄水阀门、2套防撞警戒装置和14套通航信号灯等。五级船闸分南、北两线，采取单向连续过闸运行，可容纳3批船队同时过闸。一线检修或故障时，则另一线单向成批过闸、定时换向。根据不同的运行要求，船闸具备双向、换向、变级数（三级/四级/五级）、闸室补水/不补水、防超灌（超泄）、手动分段和多级连续等运行方式。

船闸各闸首左右侧各设1个现地控制站（子站）互为热备用，一个工作一个备用（监视），接受集中控制或现场控制命令，操作本闸首人字门、输水阀门、信号灯的运转，并将现场信息和执行结果上送集中控制站（集控站）。运行时只有工作子站的控制信号输出，监视子站的输出被禁止。子站的核心控制器是PLC，当工作子站或自动元件故障时，可自动将监视子站转为工作子站。相邻子站之间的闭锁联系，除采用冗余的快速以太网通讯外，还采用电缆硬连接各闭锁点，以确保子站设备即使在集控站或集控网络发生故障时，仍能各自独立地进行有闭锁保护的现地单机控制。PLC的型号为SIEMENS S7 CPU417H，并配置电源、主机CPU、通信、A/D、I/O、计数等特殊模块和扩展单元，以及TP37可视操作面板和2个工业以太网通信接口。信号检测装置包括：水位检测，人字门和充泄水阀门开度检测、位置检测，液压站系统信号检测，防撞警戒装置行程检测、位置检测等。

集控站分为监控层和信息管理层，由集中控制单元、数据及通信服务器、操作员站、工程师站、培训站及其他外围设备组成。系统软件包括计算机操作软件、支持软件、系统开发工具软件和专为永久船闸监控系统开发的应用软件。集中控制单元配置2台PLC，互为热备用，负责实时过程数据的采集及处理、集中自动控制和操作、数据通信。1台数据及通信服务器承担实时过程数据服务、文件服务、数据库管理服务、对外通讯服务、网络管理等。2台冗余的操作员站，互为热备用工作，主要完成辅助操作及运行参数设置、动态模拟显示船闸运行过程中的各种数据、画面、报表、图形及打印管理等。1台工程师站用于各种系统软件及应用软件的开发、调试和诊断维护，画面、报表、数据库的编辑修改等。1台培训站用于操作人员的培训、系统运行仿真和文档打印工作等。

系统的网络结构第一层为双冗余100Mbps快速光纤以太网，用于集控站设备和子站之间的信息交换。第二层为100Mbps快速交换式以太网（单网），用于船闸管理信息和多媒体信息的交换和传输，并通过数据及通信服务器实现集中控制层和信息管理层的信息交换。

监控系统还设置了工业电视监视系统设备、通航信号及广播指挥设备，用于监视、指挥船舶过闸行驶、停位调度，监视人字门的合拢状态、机房设备运行情况。其中通航指挥命令由集控站发出，经由子站PLC输出执行命令。

（长江勘测规划设计研究院 段 波 董博文）

水口水电站船闸监测

水口水电站位于福建省闽江干流闽清县境内，是一座以发电为主、兼有航运和过木的大型水利枢纽工程。通航建筑物由一线三级船闸和垂直升船机组成，并列布置在河床右岸。整个船闸结构形式为整体坞式结构，由四个闸首、三个闸室及上下游引航道组成。水口船闸是我国第一座高水头三级船闸，其规模较大，是水口水电站枢纽主要通航建筑物之一。因而船闸的安全稳定监测具有极其重要的意义，加强船闸安全监测管理，确保船闸安全运行，成为船闸管理工作的首要工作任务。

水口水电站三级船闸工程于1992年1月开始施工，根据水口水电站三级船闸设计原理和结构特点，分别设立了变形、裂缝、渗漏等安全监测项目，以此监测船闸各闸室在充水、放水等工况下的工作状态，1994年9月进行首次观测。

水口船闸的人工变形监测采用小角度观测方法，以设立于两岸稳定地基的基点为起算点，在船闸左闸墙上设了26个视准线测点，各闸首设置视准线端点，闸墙相对位移分别在左右墙布设测点26个，垂直位移测点50个，分别用于监测三个闸墙的水平及垂直位移。通过多年的变形监测和成果分析，发现船闸一闸室存在结构性的风险，在承受高水位荷载后多次出现裂缝，危及结构安全运行，为此，自1994年通航后进行了多次综合加固处理，前后新增设测缝计60支，并入大坝IDA内观测数据采集系统，用于监测其裂缝趋势性变化。

传统人工观测虽具有一定的优势，但缺陷也很明显，如劳动强度大、受通航时限的影响，观测的“同时性”及观测精度和可靠性难以保证等。为及时、迅速地采集观测数据，实时监测船闸充水、放水等工况下的工作状态，2001年起逐步对船闸变形监测进行自动化改造，引入NARI的DAMS-IV型智能分布式大坝安全监测系统，新增设了1条引张线体、2条倒垂线体、10个伸缩仪、1个水位计、17个静力水准测点及3个空腔量水堰，从而实现船闸一闸室绝对位移、垂直位移及空腔渗漏监测自动化监测。通过一年多来的数据采集、分析及人工比测，测值符合精度要求，具有较高的可靠性和稳定性，避免了人为因素和天气影响，并解决了人工观测一系列问题，对深入分析船闸工作状态具有较高的实用价值。

通过几年的监测成果分析，各项安全监测设施运行稳定可靠，能反映船闸的实际运行工况。但目前国内尚未有统一的船闸安全监测技术规范，宜通过长期比较实验，以逐步完善船闸安全监测技术管理，实现船闸安全监测规范化、正规化和制度化。

（福建水口发电有限公司　林　芳）

大朝山水电站发电机的主保护

大朝山水电站装机 6 台，发电机单机容量为 250MVA，额定电压 15.75kV。额定电流 9164A。定子绕组为 4 分支接线，内部并联后，中性点侧以 2 分支形式引出。

为了检验各种主保护（尤其是不完全纵差保护和高灵敏横差保护）在发电机内部短路时的灵敏度，以确定主保护方案，包括不完全纵差保护中性点侧电流互感器配置在哪个（或哪些）分支，应当计算定子绕组的内部相间短路电流和匝间短路电流，这类计算必须依靠专门的计算机程序进行。清华大学电机工程系推出的多回路分析法就是为了解决这个问题而开发的。清华大学根据制造厂提供的发电机的定子绕组连接图、详细电磁参数和几何尺寸，利用多回路分析法计算了机组内部相间短路电流和匝间短路电流及完全纵差保护、不完全纵差保护和单元件横差保护在这些情况下的灵敏度。内部短路计算对不同相间和同相不同分支间发生短路故障各两种分别进行，用以论证所采用的主保护方案有足够的灵敏度。为使计算结果偏于安全，短路电流计算采用的工况是发电机未与系统并列、发电机为空载额定电压、且不计励磁调节器作用。其内部短路电流采用稳态工频分量，数值比暂态值小，所以所得到的保护灵敏系数是实际可能的最低值。

根据计算分析，大朝山水电站机组共设置了四套主保护：

（1）比率制动完全纵差保护。用于反映发电机定子绕组的相间短路。计算表明，即使在短路匝数最少的情况下，也有两相保护会以高灵敏度可靠动作。但完全纵差保护对匝间短路完全不起作用。

（2）比率制动不完全纵差保护（国外称为裂相纵差保护）。大朝山机组定子末端以两分支形式引出，具备采用不完全纵差保护的条件。计算表明，不完全纵差保护对相间短路的灵敏度低于完全纵差保护，但高于国家标准《继电保护和安全自动装置技术规程》的规定值 2.0。此外，计算还表明，不完全纵差保护对于匝间短路有足够的灵敏度，这是完全纵差保护不具备的优势。

（3）高灵敏单元件横差保护。用于反映发电机定子绕组的匝间短路。传统的单元件横差保护电流互感器的原边额定电流取发电机额定电流的 25%，动作电流约为额定电流的 20%～30%。这样的整定值使得发生匝间短路时保护的灵敏度很低。大朝山水电站用于横差保护的电流互感器的原边额定电流共有 200A、400A、600A 三个抽头。试运行时，额定工况下实测的横差不平衡电流约为 300A，互感器取 600A 抽头，为发电机额定电流的 6.5%。动作电流 0.8A，换算到原边为 480A，为额定电流的 5.2%，灵敏度为传统横差保护的 4～6 倍。计算表明，高灵敏单元件横差保护不仅在匝间短路时能可靠动作，而且能在相间短路时以高灵敏度动作。

（4）故障分量负序方向保护。用于反映发电机定子绕组的匝间短路、相间短路及定子绕组开焊。发生上述不对称故障时，负序源在故障发生点，系统是对称的，必有负序功率由机组流出。保护逻辑采用负序功率增量、负序电压增量和负序电流增量三个判据组成的与逻辑门。

这样，反映相间短路的有上述四种主保护；反映匝间短路和定子绕组开焊的有比率制动不完全纵差保护、高灵敏单元件横差保护、故障分量负序方向保护等三种主保护。四种主保护分设在可以独立运行的两面保护屏上，使机组总能处在主保护覆盖之下，保证了设备运行的可靠性。

（北京勘测设计研究院　姜树德）

公伯峡水电站继电保护的配置

公伯峡水电站装机总容量为 1500MW，有五台 300MW 的水轮发电机组。水电站采用发电机—变压器组接线，330kV 系统为双母线接线，水电站的主要任务是发电，兼顾灌溉和供水，主要担负西北电力系统的基荷、峰荷，同时承担系统的调频和事故备用。

根据水电站的情况，其继电保护的配置在满足规程要求的前提下，主要有如下特点：①主保护双重化。②采用计算机保护。

下面就此做简要说明：

1. 主保护双重化　公伯峡水电站机组单机容量为 300MW，属大型机组，选用了双重化的主保护。同样，主变压器也是双重化主保护。升高电压系统

330kV双母接线型式，保护方案选择为双重保护的母线差动保护和双重主保护的线路保护。为了充分发挥双重化主保护的作用，在方案配置上考虑了：①两套主保护原理不同，因此，当某种原理的保护在一些特殊运行方式下可能发生拒动时，则另一套保护应能正常动作，以提高保护装置动作的可靠性。②两套主保护各有独立的交流电源和直流电源，以防由于某一套电源系统的故障或其二次接线故障，使某一套保护拒动时，另一套保护应可以正常工作。

继电保护装置的动作可靠性可以由以下两方面条件确定：①不误动是指在装置保护范围之外，电力系统发生故障时，保护不应动作。②不拒动，是指在装置保护范围之内，电力系统发生故障时，保护不应拒绝动作。双重化的保护由于有并行的跳闸出口（即或门出口）而增加了保护防止拒动的可靠性，但同时却增加了保护误动的可能，从而降低了保护的可靠性。

自从继电保护装置从电磁式（有触点继电器）发展为晶体管式（无触点继电器）以后，继电保护防止干扰，提高其动作可靠性就成为继电保护行业十分重视的问题。计算机保护问世以后，由于计算机系统本身的特点，可以从软件和硬件两方面保证计算机保护装置的正确动作。在硬件方面，选用可以保证长期稳定运行的计算机，并且要求计算机系统具有足够的抗干扰能力。在软件方面，采用多次运算表决，自动诊断和程序简化等方法，以保证保护的正确动作，采用了这些措施之后，现代继电保护误动的概率大大降低。因而，双重保护的配置方案使继电保护动作的可靠性有较大程度的提高。

2. 采用计算机保护　计算机保护虽然问世时间不长，但它在中国电力系统中已获得较广泛地应用，其原因在于计算机保护具有较多的优点。

(1) 灵活性。在使用计算机构成保护时，各种类型的保护装置的计算机硬件和外围设备可以通用，只要按预先拟定好的不同程序，就能得到不同类型的保护。此外，计算机还有自适应能力，可以根据系统接线和运行情况的变化自动改变定值，从而提高保护灵敏度。

(2) 可靠性。计算机保护的主要优点之一是有自诊断能力，不断地检查和诊断保护本身存在的故障。这种自诊断能力还可以扩大到保护的直流电源及断路器的跳闸线圈等。这样就可以及时发现和处理故障，提高保护装置的可靠性。

(3) 经济性。在计算机保护的早期阶段，计算机继电器的价格是传统继电器（模拟式）的10到20倍。近年来计算机价格稳定下降，而计算机能力不断增强，相反，传统继电器的价格却是上升趋势，两者基本持平。考虑到计算机继电器较高的性能。其性能/价格比肯定高于传统继电器保护装置，也就是说，他具有较好的经济性。

(4) 高速运算和大量的存储能力。计算机具有高速代数和逻辑运算能力，并具有大量存储信息的能力，这是传统继电保护装置不可比拟的。这些能力使计算机可以达到任何一种思维过程的结果，而这些思维过程是可以用明确而一定的运算来描述的，这样就有可能利用计算机来实现更为理想的保护原理。

(5) 低负担和小型化。由于大规模集成电路技术的发展，微型计算机的体积日趋减小，因此计算机保护装置的尺寸进一步缩小，此外，由于辅助变换器可以集中使用，数量减少，从而使电流互感器和电压互感器二次负担显著降低。

(6) 调试维护方便。调试及运行维护简单，减少了工作人员的工作量，修改定值极为方便，甚至可以在线修改保护定值，减少了水电站停电时间，提高了主设备运行的连续性。

基于以上理由，公伯峡水电站选用计算机保护装置。保护配置方案如下：

(1) 发电机保护包括：

1) 发电机纵差动保护，不同原理纵差动保护两套。

2) 发电机高灵敏度单元件横差动保护。

3) 发电机定子绕组单相接地保护。

4) 发电机复合电压过电流保护。

5) 发电机过电压保护。

6) 发电机过负荷保护。

7) 发电机转子表层过负荷保护(负序过负荷保护)。

8) 发电机励磁绕组过负荷保护。

9) 发电机转子一点接地保护。

10) 发电机失磁保护。

11) 发电机失步保护。

12) 发电机过励磁保护。

13) 发电机轴电流保护。

14) 发电机断路器失灵保护。

15) 发电机突加电压保护。

16) 电压互感器断线保护。

(2) 励磁变压器保护包括：

1) 励磁变压器差动保护。

2) 励磁变压器过电流保护。

3) 励磁变压器温度保护。

(3) 主变压器保护包括：

1) 主变压器瓦斯保护，包括重瓦斯保护及轻瓦斯保护。

2) 主变压器差动保护。

3) 主变压器复合电压启动的过流保护。

4) 主变压器零序电流电压保护。

5）主变压器过负荷保护。

6）主变压器过励磁保护。

7）主变压器温度过高保护。

8）主变压器油位异常保护。

9）主变压器压力释放保护。

10）主变压器冷却系统故障保护。

11）电压互感器断线保护。

（4）厂用变压器保护包括：

1）厂用变压器差动保护。

2）厂用变压器过电流保护。

3）厂用变压器过负荷保护。

4）厂用变压器温度保护。

（5）330kV母线保护包括：两套不同原理母线保护，它们均具有母线差动保护，母联保护，失灵保护，母线充电保护，复合电压闭锁，电流互感器断线保护及告警，电压互感器断线保护及告警等功能。

（6）330kV送出线保护包括一套高频闭锁距离（零序）保护和一套高频方向保护。

（西北勘测设计研究院　田文涵）

机组制造技术

三峡水电站水轮发电机组研制

（一）东方电机股份有限公司承制三峡左岸水电站机组部件情况

三峡水电站地上厂房共装机26台，单机容量700MW，总容量18200MW，分两期完工。一期左岸水电站装机14台，东方电机股份有限公司共承制6台机组中的约2.5台份共计88个部（套）件，总重12630t，主要部件特征详见表1、表2。同时，还承制5套励磁设备。

表1　　　水轮机情况

部件名称	结构特点及尺寸、重量
座　环	由上、下环板、过渡板和固定导叶组焊而成，分6瓣，外径14.6m，高4.86m，重391.6t
顶　盖	钢板焊接，箱式结构，分4瓣，外径12.72m，高2.267m，重300t
底　环	上、下环板焊接结构，分4瓣，外径12.29m、高0.51m、重76.44t
导　叶	三导轴承支承结构，导叶数24，不锈钢整体铸造，瓣体长2.818m，单个导叶重9.55t
导水机构	导水机构重119.7t，其中控制环为钢板焊接结构，分2瓣，外径9.1m、高1.598m、重55t
主　轴	内法兰结构，由钢板卷制的轴身和锻造法兰焊接而成，最大外径4.16m、轴径3.8m、长6.3m、重114t，主轴连接重20.8t
转　轮	整体不锈钢铸焊结构，最大外径10.07m、高5.4m、重416.4t，上冠重115t、下环重81.3t，13个叶片，每片重18.9t，上冠下环装有不锈钢止漏环
接力器	直缸结构，油压6.3MPa
水导轴承	稀油润滑，分块瓦结构

表2　　　水轮发电机情况

部件名称	结构特点及尺寸、重量
定子机座及铁芯	分8瓣，外径21.42m、高4.265m、重246t。铁芯有510槽、长3.13m、重470t
定子绕组及连接线	条形波绕组，水内冷，重77t
转子磁板	磁板线圈为带散热匝的焊接结构，重437t
转子磁轭	由厚4.78mm冲片叠成，浮动磁轭打键结构，重970t
转子支架	圆盘式结构，扇形支架，分10瓣，重276t
上端轴 电机轴	电机轴为内法兰结构，重118t
上机架 上导轴承	八边框结构，16个支臂，重126t
下机架	6支臂结构，中心体外径3.55m、高3.94m、重140t，在工地与6支臂焊为一体，重378t
推力轴承 下导轴承	推力负荷4600t

（二）为制造三峡水电站机组所作的技术改造

三峡水电站机组部件的尺寸、重量及技术要求堪称世界水电设备之最，转轮、座环、顶盖、主轴、转子支架、定子机座、下机架、定子绕组等部件的制造技术要求高、难度大。东方电机股份有限公司投入巨资进行了技术改造，增强了核心制造能力，具备了年产三套三峡水电站机组的生产能力。详见表3。

表3　技术改造主要项目

序号	名　称	技术规格及用途
1	550t级重跨厂房	324m×36m，用于转轮等大件加工
2	550t吊车	用于转轮等大件的起吊
3	6.6m五轴数控天桥铣	6.6m×15m×4m，用于叶片、顶盖等部件的加工
4	ϕ22m三轴数控立车	工作台ϕ10m，最大加工直径22m，加工高度8m，承重720t，用于顶盖、转轮、转子支架等部件的加工
5	15m卧车数控改造	最大加工直径4.2m，承重160t，用于主轴加工
6	ϕ260五轴数控镗铣床	21m×6m，回转工作台承重100t，用于顶盖、底环、叶片等部件的加工
7	大型喷丸室	12m×9m×5m，承重200t，用于大部件喷丸处理
8	光电经纬仪	用于叶片型线测量
9	窄间隙焊机	8m×8.5m，用于主轴等部件的焊接
10	大型退火炉	12m×13m×7m，承重550t，用于转轮等大件退火
11	激光数控切割机	用于厚度大于2.5mm的磁轭冲片加工
12	5m五轴数控天桥铣	5m×8.5m×1.5m，用于叶片等部件的加工

（三）关键制造技术及运输条件

通过技术引进和消化吸收，东方电机股份有限公司在转轮水力设计、CFD流动分析、电磁设计、通风冷却计算、推力轴承计算、大部件刚强度和动态特性计算等方面有了巨大的进步，正在为三峡右岸水电站等研制水力性能、空化和稳定性优良的转轮。结合三峡水电站机组的制造难点进行攻关，完成了巨型混流式转轮叶片型面的五轴数控加工工艺，五轴联动数控编程，光电经纬仪非接触式测量与计算；巨型转轮的马氏体不锈钢同材质焊接材料、焊接接头匹配原理、富氩混合气体保护焊工艺、加工及转轮测杆应变法平衡；主轴的窄间隙埋弧自动焊及加工；发电机线圈F级绝缘结构、绝缘材料及工艺；主轴、顶盖、底环、转子支架、定子机座等大部件加工工艺及测量等核心制造技术的研究，满足了三峡机组的制造，也为今后巨型机组的发展打下了坚实的基础。

东方电机股份有限公司于1994年通过了ISO9001质量保证体系认证，为造好三峡水电站机组，又编制了三峡水电站机组质量保证大纲。经三峡总公司、VGS联合体、法国BV/EDF公司审核，认为质量体系处于有效运行状态。2002年，已制造出座环、主轴、电机轴、上端轴、顶盖、底环、定子机座、转子支架、接力器、盖板、外罩、转轮等一批关键部件。

（东方电机股份有限公司　朱元巢　贺　元）

三峡水电站水轮发电机组关键技术研究

（一）概述

三峡水电站安装26台700MW水轮发电机组，左岸14台中6台由VGS（VOITH-GE-SIEMENS）集团承制，东方电机股份有限公司分包其中2台套机组。三峡水电站机组是国内首次承制700MW级的机组，也是世界上单机容量、尺寸及技术难度最大的机组。从1997年10月起东方电机股份有限公司承担国家“九五”攻关课题“三峡水轮发电机组研制”，结合技术引进，对三峡机组设计制造关键技术展开了全面研究。

（二）水轮机水力设计研究

水力设计是影响机组稳定可靠性最为关键的技术，两集团经多年开发优选的左岸转轮具有世界先进水平，但都存在一个很窄的特殊压力脉动区，是否危及真机安全有待检验。利用引进消化技术开展了如下研究：

(1) 左岸转轮模型复制、复试，结果与VGS模型吻合。验证了VGS模型性能参数，也促进了模型加工试验技术水平的提高。

(2) 右岸转轮模型开发。在原左岸转轮的基础上，通过CFD分析计算，开发出了性能更为优越的转轮，其能量、空化水平与左岸VGS模型相当，压力脉动小于左岸转轮模型，最为突出的是，没有明显的特殊压力脉动区，为机组稳定性找到了一条新途径。

（三）发电机电磁与通风冷却研究

三峡水电站发电机额定/最大容量778MVA/840MVA，电磁与通风冷却设计已达极限，定子绕组采用水冷技术，通风采用GE公司先进的端部回风系统。开展了以下研究：

(1) 用引进的和国内的软件对电磁、通风、温升对比验算，与VGS集团的结果吻合，并对其合理性研究，包括用二滩水电站等真机通风温升测试来检验软件的实用性。

(2) 集中研究了绕组减小单边磁拉力对提高三峡水电站机组稳定性的作用，并通过丹江口水电站机组改造等真机运用来验证。

(3) 制作1∶10三峡水电站通风模型进行模拟试验，试验总风量与计算仅差0.7%，整个风路静压分布合理、定转子通风均匀，验证了三峡水电站通风系统设计的合理性。此外，还研究了转子采用散热匝的降温效果。

(4) 通过6种不同结构空气冷却器试验研究其传热及风阻特性，验证三峡水电站机组翅片冷却器性能。

(四) 推力轴承结构及试验研究

VGS集团承制的推力轴承推力负荷4500t，外径5.15m，是目前世界上难度最大的推力轴承，故开展了如下研究：

(1) 通过推力轴承热弹流、支撑部件刚强度、循环冷却系统计算等验证轴承设计。

(2) 制作模拟推力轴承，在1000t试验台全面试验。完成了蝶簧支承、弹簧束支承等不同支承结构，乌金瓦、塑料瓦两种不同瓦面材料性能对比试验，得到压力、温度、油膜分布曲线。此外，还完成了支承蝶簧交变应力寿命试验。

(五) 发电机绝缘研究

三峡水电站发电机电压高达20kV，VGS的绝缘很薄，定子线棒主绝缘场强2.51kV/mm，具有很高难度。中外绝缘体系不同，采用各自体系满足相同绝缘性能。开展了如下研究：

(1) 定转子绝缘材料选用及绝缘电晕结构研究。包括双面0.20mm绝缘的实心、空心电磁线，主绝缘及配套绝缘、防电晕材料选用研究，以及内均压技术、槽内、端部固定结构研究。

(2) 定转子绝缘性能试验研究。包括常规性能、定子阶梯耐压、冲击耐压、局部放电、长期电老化寿命试验研究，应用微光技术开展电晕测试的新方法研究。此外，还开展了绝缘结构蠕变性能和机械性能研究，研究热、机械、疲劳与线棒质量寿命关系。

(3) 线圈制造工艺研究，包括工模具、工艺参数、方案、质检质保措施，特别是水冷线圈接头及试验装置等准备。

(六) 机组稳定性及大部件刚强度研究

用引进软件对三峡水电站机组轴系、转动系统稳定性及大部件刚强度进行核算，判断机组结构设计是否满足需要。同时，首次将水轮机过流部件在水介质下的动力分析计算新方法，应用于转轮稳定性分析。还进行了卡门涡频率、转轮叶片固有频率等共振分析，并在大朝山水电站的机组中验证。

(七) 机组关键部件制造工艺研究

三峡水电站机组尺寸大、重量重、制造精度要求高，没有直接经验，制造工艺研究非常关键。首先是制造设备的准备，增加了一大批切割、焊接、喷沙、退火、加工、起吊等大精设备。其次是焊接、加工工艺试验研究，确定工艺参数及方案。再次是大尺寸、高精度检测技术的研究。

(1) 转轮制造工艺。转轮是机组制造难度最大的关键部件，直径10.07m，重量416t。研制的三相焊接材料解决了高强度马氏体不锈钢焊接关键技术，提出了优化的焊接工艺参数和焊接方案。叶片采用光电经纬仪测量，研究了测量方法并编制了相应测量软件，完全抛弃了过去传统立体样板工艺。叶片加工采用5轴联动数控加工，研究了加工方法并编制了加工程序。为转轮准备了专用大型退火炉，并研制了相应工艺。

(2) 主轴、镜板加工工艺。6台机组主轴、镜板全由东方电机股份有限公司加工，发电机和水轮机轴分别由3段和4段采用窄间隙焊机自动焊成，研究了焊料、焊接工艺，及焊接质量控制。加工分别用改造后的15m卧车及22m立车，制订了保证加工精度的工艺方案。主轴法兰孔采用镗模加工以实现互换，M160螺孔由数控镗铣床圆弧差补方式加工。镜板直径5415mm，加工精度要求极高，在15m立车上磨削加工，研究了保证精度的工艺和检测方案，并进行了相应试验。

(东方电机股份有限公司　贺建华　铎　林
曹大伟　付风旗　贺　元)

三峡水电站水轮发电机组技术引进与吸收

(一) 概述

三峡水电站左岸14台700MW水轮发电机组中8台由ALSTOM-KAVAENER集团承制，6台由VGS(VOITH-GE-SIEMENS)集团承制，哈尔滨电机厂有限责任公司和东方电机股份有限公司分别为这两大集团的国内分包制造商，与其签订了技术转让协议，引进三峡水电站机组研制关键技术，这是我国首次全面引进国外先进技术的水电机组。

技术引进工作从1997年底开始，包括技术人员赴VGS集团培训、自开发软件转让、计算机硬件及商业软件准备、软件安装调试与试运行、验收等过程，1999年底全部完成并投人使用。随后结合国内已有成果完成了相应计算规范编制，并在新机组开发中全面应用。此外，还通过设计、制造、管理、安装等项目培训，学习掌握了VGS集团承制的三峡水电站机组研制的全面技术，东方电机股份有限公司共264人次接受了培训。

（二）水轮机技术引进与吸收

（1）水力设计软件。由GE公司转让，由自开发和商业软件组成，构成完整的水力分析计算系统，有SDRC-IDEA实体造型几何设计绘图及机械性能分析、BBX转轮叶片专用设计、WDD或SWIN EXCEL7通流部件设计、CFX-TASCFLOW全三维黏性流动分析、ICEMCFD通流部件网格划分、DTUBESIM尾水管网格划分、MACROS性能预测等6大类软件。其特点为：采用全三维黏性流动计算分析，可以做到从蜗壳到尾水管的全流道分析；能较准确地预估效率、空化、水力稳定性等性能，设计出性能优越的模型，从而大大提高水力开发成功率，缩短开发周期。另外，模型设计加工和试验技术水平也很高。掌握了水力设计关键技术，并结合自己成果形成了具有国际水平的水力设计系统。开展了左岸模型复制与复试，模型装置设计制造及试验技术改进，右岸转轮开发，凤滩等6个水电站高水平水力开发应用。

（2）结构设计软件。GE公司转让转轮及埋入部分计算，其余由VOITH转让。结构设计软件较为系统和全面，包括补气、选型、水推力、导轴承、密封、导水机构优化、摩擦装置、锥管进人门强度、过渡板厚度、蜗壳厚度、顶盖与座环连接螺栓强度、固定导叶强度、锥管强度等13个计算程序。

（三）发电机技术引进与吸收

（1）电磁设计软件。由SIEMENS转让，全为自开发软件，由基本电磁计算DI1204、温度分布计算DI3425、噪声计算DI3551、水冷线棒温升计算WCOOLING和定子铁芯端部发热计算ENDERW等6个软件组成。此前，国内一直沿用俄罗斯计算系统，两系统计算结果基本相同。主要掌握其设计思想、经验和参数应用范围以及水冷电机的设计计算方法。其特点为，经多年开发在70年代基本成熟的软件，积累了数十年来在电动机电磁设计方面的技术成果，功能齐全，凡涉及与机组电气性能相关的参数数据都已罗列其中，还可计算不同种类的电动机。纯水冷却系统从别的公司采购，东方电机股份有限公司参与了纯水冷却系统的设计培训。

进行了李家峡、二滩、漫湾等水电站大型水轮发电机电磁计算核算，丹江口水电站发电机改造，公伯峡水电站电磁设计计算。结合东方电机股份有限公司已有经验，编制了电磁设计规范。

（2）通风温升计算软件。通风计算软件由GE公司转让，由VENT、HOLE程序组成，温升计算包括在电磁软件内。其特点为，GE公司根据多年模型及真机积累的经验系数，采用节点网路法进行端部回风结构计算，计算与实际吻合较好。同类机组GE公司设计风量比其他公司都小，体现了GE公司在发电机通风领域的领先地位。

进行了二滩通风核算，制作了1：10的三峡水电站通风模型对三峡水电站通风进行验证。用于盐锅峡水电站通风改造，运行测试证明了其实用性，并在同类型新机组设计中广泛采用。

（3）推力轴承计算软件。由GE公司培训。GE公司使用名为GENMAT的商业软件，通过对比计算，东方电机股份有限公司与西安交通大学开发的三维热弹流润滑计算软件完全可覆盖GENMAT计算范围，加之其价格昂贵，故仅进行培训而没有购买。多年计算及试验证明，东方电机股份有限公司程序完全满足要求。

（四）机组稳定性及大部件刚强度计算技术引进与吸收

按VGS集团各公司承担机组的部分划分培训转让，主要学习其建模方法、边界条件及加载方式。稳定性计算包括机组轴系临界转速、转动系统扭振、转动系统竖向振动、发电机气隙稳定性、发电机上下机架、机座动特性计算，水轮机转轮、顶盖、活动导叶在空气和水介质下的动特性分析；刚强度计算包括水轮机主轴、底环、顶盖、活动导叶、控制环、转轮、座环、蜗壳的刚强度计算；发电机转子磁轭过盈配合、定子铁芯热膨胀计算，定子机座、转子支架、上机架、下机架刚强度计算。

其特点为，以商业软件（ANASYS5.5、COSMOS/M、IDEAS等）为主进行计算，增加了发电机磁轭键、定子铁芯热膨胀计算等自开发程序，载荷、工况考虑较完善，如120°同步误合闸和地震等，可以高效计算仿真及优化结构。

除购买了VGS相同商业软件外，轴系稳定性、临界转速动态响应计算则购买了世界上领先的ARMD商业软件。开发了水轮机过流部件在水介质下的动力分析计算方法。编制了相应计算规范，并在大朝山等水电站机组中全面推广应用。

（五）技术引进主要经验

（1）依靠国家技贸结合引进技术效果突出，掌握了三峡机组设计制造关键技术，极大地促进了国内发电设备制造业技术进步并迅速达到了国际先进水平。

（2）技术引进为合作制造左岸机组打下了基础，为右岸机组稳定性及加快右岸、龙滩、小湾、溪洛渡、向家坝等水电站700MW级机组国产化提供了保证。

（3）锻炼了技术队伍，培养了一批高技术人才。

（东方电机股份有限公司　贺建华　谭叔楠
陈锡芳　石清华）

水轮发电机组制造科技成果及先进技术

2001年～2002年间，中国水力发电设备制造业在引进技术、合作生产、消化吸收国外先进技术及自主开发方面又取得了很大的发展。三峡水电站700MW水电机组在国内生产厂家的成功设计、制造，洪江水电站45MW灯泡贯流机组的合作制造，回龙抽水蓄能电站60MW抽水蓄能机组的自主开发，使中国水力发电设备制造技术又有了长足的进步。

（一）水轮机

1. 水力设计新软件的应用与开发　哈尔滨电机厂有限责任公司（简称哈电公司）结合三峡工程技术引进、消化吸收和二次开发，应用CFX-TASC flow商业软件，对混流式、轴流式、冲击式和可逆式水泵水轮机各通流部件进行三维黏性流动计算。其强大的后处理软件可以直观地表述各通流部件内部的速度分布、压力分布和流线形状，并预估水轮机的性能指标。

2. 建立高水平模型试验台　哈电公司新建的高水头试验Ⅱ台，最高试验水头可达150m，最大流量为$2.0m^3/s$，效率测量综合精度为0.2%。试验台设有两个工位，A工位可进行混流式、可逆式水轮机和水泵试验，B工位则侧重于轴流式、贯流式和卧式水轮机试验。自行开发了水轮机模型试验流态观测成像系统，可直接观测到转轮叶片间的流态，该观测系统属国内首创，具有世界一流水平。

3. 产品设计新技术　应用世界上先进的I-DEAS和ANSYS软件对结构部件进行刚强度分析和结构动态特性分析。对转轮计算，利用引进的世界最先进的CFX-TASC flow程序计算压力场，使转轮强度计算结果更真实可靠，用子模型法对初步计算后的高应力区或认为有必要更准确计算应力的局部区域重新进行网络细化，把这一局部的全部细节都用单元表现出来，然后再对这一子模型进行分析计算。

结合三峡项目技术引进、消化吸收及自行开发，已有20套高水平的产品设计软件广泛应用于水轮机产品设计。产品结构的三维设计方法的应用为提高设计的准确性、合理性和提高产品设计质量提供了可靠保证。

4. 先进的产品制造技术　新装备的大型五轴、三轴数控镗铣床和大型的立式、卧式加工中心大大提高了产品部件的加工精度。在叶片制造方面开发了模压、模压＋数控加工、铸造＋数控加工等多种工艺方法。叶片测量方法方面，开发了双电子经纬仪计算机辅助测量系统和三维数显划线机计算机辅助测量系统。

（二）水轮发电机

1. 主要结构件设计技术发展　通过三峡项目技术引进，水轮发电机主要结构件设计技术也发生了改变，特别是Alstom公司在大型结构件上采用斜元件的方法，给大型结构件设计增添了新的途径。

（1）定子机座　三峡水电站发电机定子机座采用斜筋支撑结构，这既改善了在铁芯热膨胀时机座的受力状况，减小或消除铁芯翘曲，又减小了机座的重量，使结构设计与计算技术有机地结合在一起，达到了优化设计的目的。

（2）转子支架　三峡水电站发电机转子支架采用斜支撑圆盘式结构。铁芯热膨胀力、磁轭热打键力、突然短路扭矩及磁拉力等均可通过斜支撑变形吸收，极大地改善了结构件和焊缝的受力状态且可始终保持定、转子同心运行。这就将圆盘式转子支架技术推向前进。

（3）机架　三峡水电站发电机上、下机架都采用斜支撑结构。中心体与支臂为组焊结构。支臂与中心体呈一倾斜角，在工地组焊成一体。导轴承所受的力通过斜筋变形吸收，只有少部分力传递到基础上。这极大地改善了结构件本身和基础受力。使机架设计拓宽了思路。

2. 通风系统及其计算技术的发展　通过引进国外先进计算软件，消化吸收及自主开发，目前用于水轮发电机通风发热计算的软件有温度场有限元计算——ADINAT、流场有限元计算——ADINAF、通风网络计算——FLOWMASTER。由于拥有了先进的计算软件，完善的试验设备及高精度的测试仪器。哈电公司已具备了开发设计高、中、低速大容量水轮发电机，灯泡贯流式水轮发电机和抽水蓄能机组的通风冷却系统的能力。

3. 灯泡贯流水轮发电机技术的发展　哈电公司自主开发了广东木京水电站10MW灯泡贯流水电机组，现已并网发电，各项技术指标均满足合同要求。哈电公司又与日本日立公司、法国Alstom公司合作制造了洪江水电站45MW灯泡贯流水轮发电机组。到目前为止哈电公司已完全具备自主设计制造大、中容量的灯泡贯流水轮发电机组的能力。

4. 抽水蓄能机组技术　近年来通过在抽水蓄能机组项目上与外国制造商的合作及在设计、科研、制造等方面的雄厚技术储备，哈电公司终于独立获得了回龙水电站60MW抽水蓄能机组的供货合同。这标志着抽水蓄能机组技术已从合作学习阶段转为自主开发和消化、吸收、利用阶段。

（哈尔滨电机厂有限责任公司　王泉龙　田君礼）

当代水电设备工业动向及技术进展

(一) 当代水电设备工业动向

1. 水电设备市场低迷，竞争激烈　20世纪90年代后，由于美国、日本等发达国家的大型经济可开发水电资源的枯竭和前苏联解体后俄罗斯的经济衰退，西方发达国家和前苏联地区的水电建设规模锐减。与此同时，中国、巴西、印度、土耳其等发展中国家，水电开发步入高速发展期。目前，全球每年新增水电装机容量在23000MW左右，水电设备市场的重心已从发达国家转向发展中国家，中国、巴西、印度、土耳其四国每年新增水电装机容量约占世界的1/2。

庞大的生产能力与有限市场容量间的巨大反差造成许多厂严重开工不足。水电设备市场的残酷竞争还迫使一些厂商退出了水电设备制造领域或破产关门。

2. 企业加速重组，形成三足鼎立格局　企业间并购重组加速，西方水电设备行业由群雄争霸进入“三国”时代。

水电设备行业的残酷竞争除将一些厂商淘汰出局外，还促使众多厂商进行联合重组。从而在20世纪90年代末在全球掀起了又一场水电设备行业间的并购重组风潮。

1999年3月23日，两大发电设备公司——ABB公司和Alstom公司——宣布成立ABB Alstom电力公司。2000年5月，Alstom公司完成了原属ABB公司发电设备（核电除外）业务的收购，成立新的Alstom电力公司（Alstom Power Inc），成为全球三大水电设备供应商之一。

1999年8月9日，GE公司一举收购了挪威Kvaerner能源公司在挪威、瑞典、芬兰、英国、美国和澳大利亚的水电设备行业。加上原在加拿大的、实力强大的GE Hydro公司，从而使新的GE Hydro公司成为世界水电设备三巨头之一。

1999年10月1日，西门子（Siemens）公司和伏依特（Voith）公司宣布合并相关部门，成立伏依特-西门子水电公司（Voith Siemens Hydor Power Generation Inc.），从而稳居水电设备三巨头之一。

因此，到2000年5月，世界水电设备行业的三足鼎立的格局已基本形成，西方世界水电设备行业已由群雄争霸进入“三国”时代。

此外，2000年10月1日，奥地利VA Tech水电公司（VA Tech Hydro GmbH & Co.）宣布收购瑞士苏尔寿（Sulzer）公司的水电业务，加上原在其麾下的原Escher-Wyss、依林（Elin）等公司的能力，从而使VA Tech Hydro公司成为世界上另一个有技术特色和较大影响的著名水电设备公司。

在此期间，天津发电设备厂、杭州发电设备厂和富春江水电设备总厂分别与Alstom、Kvaerner和富士公司进行了合资合作，建立了合资企业；Voith公司与上海电机厂合作建立了上海希科。而东方电机厂和哈尔滨电机厂进行了股份制改造，成立了东方电机股份有限公司和哈尔滨电机厂有限责任公司。两公司通过参与国际竞争，参与二滩、三峡等重大水电项目，进行技术改造，加快技术引进、消化和创新的步伐，从而使中国水电设备行业跻身于世界先进行列。

3. 转移生产基地，降低生产成本　鉴于世界水电开发重点已转移到发展中国家。为了更好地参与竞争、降低生产及运输成本，许多大公司纷纷在一些水电资源非常丰富的发展中国家（如中国、巴西、阿根廷、印度等），通过建立合资或独资企业进入这些地区，把生产基地转移或扩展到这些地区。例如Alstom、GE Hydro、富士、Voith Siemens公司进入了中国；Voith Siemens、GE Hydro、Alstom公司进入了巴西；VA Tech Hydro公司进入了秘鲁和墨西哥；Alstom进入了阿根廷，VA Tech、Voith Siemens等进入了印度。

4. 水电设备行业间的合作　20世纪90年代后，水电设备行业间在相互竞争的同时，也围绕重大水电项目开展了比以前更广泛、更深入的合作。主要合作方式有：①联合投标。合作各方根据各自长处和有利的价格，进行组合，联合投标。②分工制造。根据各方经验、特长、加工能力、进度要求等，分工制造。③一方作为技术、商务总承包，他方参与技术设计、分包制造等。④一方以卖方信贷方的优越条件取得项目后向工程所在国的制造厂转包或委托加工。⑤项目所在国的某公司取得工程合同后，根据实际情况或用户要求，将自己某些薄弱的关键部分如水力设计、转轮设计制造、调速器、励磁装置等向国外定货或转包。

除此以外，近年来水电设备行业间合作的另一重大特点是将行业间产品研制的合作与技术转让及技术引进消化有机地结合起来。

近年来，世界水电设备行业间国际合作的成功范例是三峡水电站水电机组的合作。围绕三峡水电站水电设备这一项目，世界上所有著名水电设备行业都参与了竞争及合作。最后中标的两大集团（VGS和AAK）涵盖12个国家（不包括中国）的14家著名企业。而且中国企业在参与该项目时自始自终将机组研制与技术引进、消化有机地结合起来。这对于中国企业赶上世界先进水平，全面溶入国际水电设备市场起了不可磨灭的作用。

（二）当代水电设备技术进展成就

1. 超高压水轮发电机（Powerformer）诞生 超高压水轮发电机的诞生，是近年来水轮发电机技术的重大突破，它预示水轮发电机在结构、绝缘系统和冷却领域的一场革命。

超高压水轮发电机是原ABB公司瑞典分部经多年研究成功的。20世纪90年代，该公司摒弃传统电机绕组及其绝缘结构，研究用高压输电用交联聚乙烯（XLPE）电缆绕制发电机线圈。1998年2月25日，他们对外宣布世界上第一台超高压发电机在瑞典Porjas水电站直接并网运行，以后又相继为瑞典、日本和加拿大的5个水电站制造了多台超高压水轮发电机见表1。

表1 Alstom公司生产的水电站用超高压水轮发电机

序号	电站名称	容量(MW)	电压(kV)	cosφ	转速(r/min)	投运时间
1	Porjus（瑞典）	11	45	0.93	600	1998年5月31日
2	Porsi（瑞典）	75	155	1.0	125	2001年5月5日
3	Høljebro（瑞典）	25	78	1.0	115.4	2001年6月
4	Miller Creek（加拿大）	29.3				2002年

和传统水轮发电机相比，超高压水轮发电机的主要优点是发电机输出电压很高，可以直接与电网相连，省去了传统发电机系统所必须的封闭母线、出口断路器和升压变压器，从而可以节省水电站占地面积，降低水电站投资费用和提高水电站的总效率（约2%）。

根据目前交联聚乙烯的耐压水平，Alstom公司认为水电站用超高压水轮发电机的适用范围为20～800MW，电压25～245kV，转速60～900r/min。而且将来的电压有望达到420kV。

2. 交流励磁调速发电机的实用化和推广 交流励磁发电机是一种很古老的机种，但长期以来并未推广使用。20世纪80年代后，由于某些水电站和抽水蓄能电站的水头变幅大，要求水电机组能调速运行。在此背景下，交流励磁调速技术重新引起人们的重视，日本、德国开始研制水电站用交流励磁发电机。1993年，日立公司研制的大河内水电站395MW交流励磁发电电动机投入运行，自此以后，日本在抽水蓄能电站中广泛应用了交流励磁调速技术。近年来，Siemens公司和Alstom公司也加大了交流励磁发电机的研究力度。可以预料，今后随着交流励磁发电机转子成本和静止变频器成本的降低，交流励磁调速技术将逐渐推广应用于水头变幅较大的水电厂和抽水蓄能电厂。

国外交流励磁水轮发电机和发电电动机的参数见表2。

表2 交流励磁水轮发电机及水轮发电电动机一览表

序号	电站名称	国家	额定功率	转速（最低/额定/最高）(r/min)	制造商	投运年份	备注
1	约夫斯克	俄罗斯	50MVA	136（同步转速）	电力	1972	G
2		俄罗斯	400kW	350/500/650	乌拉夫重型电机厂	1979	潮汐电站，GM
3	Neckarll	德国	80MVA			1983	G
4	Seeback	德国	80MVA			1983	G
5	成出	日本	22/18.5MW	190/200/210	日立	1987	G，蓄能电站，但本机仅为发电机
6	Neckar Westheim	德国	82.5MVA			1989	G
7	矢木泽	日本	85/87.4MW	130/150/156	东芝	1990	G-M
8	高见	日本	105/140MVA	208/231/254	日立	1993	G-M
9	大河内	日本	395/400MVA	330/360/390	日立	1993	G-M
10	盐原	日本	360MVA	345/370/405	日立，东芝	1995	G-M
11	奥清津II	日本	345MVA	323/340/357	日立，东芝	1996	G-M
12	蛇尾川	日本	300MW			1996	G-M
13	奥见野#1～6	日本	279MVA			1996	G-M
14	冲绳	日本	33MW			1997	G-M
15	Compuerto	西班牙	10MVA			1997	G-M
16			330MW		Siemens	2001	
17			200MW		Alstom	2002	

3. 大型蒸发冷却水轮发电机研制成功 作为一种新型冷却技术，蒸发冷却具有提高电机材料利用率、降低发电机定子绕组运行温度等优点。1981年和1991年，东方电机厂先后为中国云南大寨水电站和陕西安

康水电站研制成功10MW和52.5MW定子绕组蒸发冷却水轮发电机，投运后，运行情况良好。1996年，李家峡水电站400MW水轮发电机的研制列入中国“九五重点科技攻关项目”。1998年，东方电机股份有限公司完成该机的制造。1999年12月2日，李家峡水电站400MW蒸发冷却水轮发电机成功并网发电。

李家峡水电站400MW蒸发冷却水轮发电机的研制和成功投运，标志着蒸发冷却技术成熟，也为其他型式电机电器设备（如汽轮发电机、变压器等）采用蒸发冷却技术提供了有益的借鉴。

4. CFD技术取得突破，一批高性能转轮诞生

计算流体动力学（Computational Fluid Dynamics，即CFD）是一门很古老的学科，但长期以来，囿于计算理论和计算手段的限制，进展缓慢，工程应用受到限制。20世纪80年代后，随着小型、大容量、高速计算机的出现和一批高级软件的诞生，CFD技术在水轮机流态分析和转轮设计方面取得重大进展。进入90年代后，三维欧拉法、三维紊流、不正常三维紊流等分析方法相继问世，采用CFD技术设计、优化的转轮不但改善了转轮的性能，而且由于CFD设计的精度越来越高，在某些场合已可以省去模型试验，将设计计算直接用于商务投标甚至生产制造。

由于CFD技术的突破，一批性能优异的特殊转轮脱颖而出。例如高性能X叶片转轮、带副叶片（即长短叶片）的转轮等。

5. 环境保护呼声增高，鱼友水轮机面市　近年来，环境保护的呼声一浪高过一浪，水轮机转轮伤鱼问题越来越引起公众的关注。为此美国、德国等开始开发不伤鱼或少伤鱼的鱼友（fish-friendly）水轮机。到目前为止投入使用的有最小间隙转轮转桨式水轮机；正在试验的有美国ARL/NRE三螺旋形水轮机转轮、Alstom公司的涡旋形水轮机转轮等。

6. 一些结构新颖的水电机组　最近几年许多公司根据用户要求开发了一些特殊结构的水电机组，例如日本富士公司开发的立式灯泡水轮发电机组；VA Tech Hydro USA公司开发的低水头电站用水电阵列水轮发电机组，用于海洋能开发的特殊水电设备。如三螺旋桶形水轮机、中心开敞式水轮机等。

（东方电机股份有限公司　戴庆忠）

超高水头混流式机组设计及制造技术

西南地区是中国水电资源的富矿之一，该地区除了有溪洛渡、向家坝、小湾、锦屏等一批特大型水电站外，由于该地区特殊的地理结构，分布了众多的高落差、高坡降、有很好的水能开发价值的河流。众所周知，水电站水头越高，单位千瓦投资越小，经济效益越大。我国在20世纪80年代中期以前，由于受设计制造水平的限制，高水头水电站的开发特别是装有混流式水轮机的水电站开发较少，这期间主要通过消化前苏联技术，生产了用在绿水河、西洱河1级、渔子溪1级和2级、南桠河3级等水电站的机组。20世纪80年代后期以来，通过国外先进技术引进、合资合作等方式，我国先后开发了使用水头在300m～400m水头段的混流式水轮机转轮，设计并制造了具有较优性能及较高参数的渔子溪（新转轮）、冷竹关（水头361.3m～387.5m，单机容量60MW，额定转速500r/min）、姚河坝（水头270m～307m，单机容量50MW，额定转速500r/min）等使用水头在400m以内的混流式水轮机。水头在400m以上的混流式水轮机转轮的研究和开发在中国还是空白。中国合资厂通过水轮机转轮技术引进，正在设计制造400m水头以上如浙江庆元大岩坑（水头356m～415m，单机容量20MW，额定转速1000r/min）、福建周宁（水头388.8m～437m，单机容量125MW，额定转速500r/min）等混流式水轮机，使中国高水头混流式水轮机的设计制造及技术水平又上了新台阶，相信在不久的将来，中国将拥有自己的性能优良的超高水头混流式水轮机转轮。现将目前超高水头混流式机组设计及制造技术的现状及发展概括如下：

1. 水轮机水力设计研究及试验手段　随着计算机和控制技术的进步，20世纪80年代中期以来，通过计算机模拟研究水轮机流道流场的流体动力学计算软件（CFD）在不断研究和完善，如苏尔寿、克瓦纳、阿尔斯通等公司，利用CFD结合模型试验研究，在模型水轮机的水力设计上达到了较高的精度，使水轮机的研究开发取得了突破性的进展。而哈尔滨电机厂、哈尔滨大电机研究所、东方电机厂、中国水利水电科学研究院等制造及科研单位，在水轮机设计理论方面也在不断的摸索、创新，开发了比较实用的三维流体动力学的计算机分析程序，特别是在近年引进先进的CFD设计理论及应用软件基础上，加大了新转轮的研究、开发力度，水轮机模型效率大幅度增加，空化、压力脉动等性能的研究水平也大大提高。与此同时，中国对原有的模型试验台进行了大规模改造，采用了更高精度的量测手段和计算机自动数据采集系统，使模型试验综合精度达到了0.25%左右的国际先进水平。利用以上先进的水力研究及试验手段，中国制造及科研单位结合目前高水头、大容量水电站如小湾、水布垭、溪洛渡、拉西瓦、锦屏、公伯峡等，陆续开发了一批性能指标比较优良的250m水头段水轮机新转轮，开发能力大大增强。当然，由于中国在

转轮的开发方面与其他国家相比起步较晚，水平及经验上与国外尚有一定的差距，因此，近几年中国已建和在建的较高水头水电站的混流式水轮机转轮，其技术均从其他国家引进在中国生产。随着国内高水头水电站的不断开发及设计、试验、制造、材料等技术的进步，根据水电站特点和对水轮机性能的要求，用先进的计算机软件计算方法，对水轮机的能量特性参数进行预估及模型验证，中国制造及科研单位完全有能力开发出400m水头以上的超高水头混流式水轮机转轮。

2. 超高水头混流式水轮机比转速 n_s 选择 作为反映水轮机技术经济综合性能的重要指标，对于超高水头混流式水轮机而言，比转速 n_s 应是首先要确定的参数。选定了比转速，水轮机的空蚀性能、机组尺寸和重量也基本确定。一般而言，水头越高，比转速 n_s 越小，转轮流道越狭窄，叶片应力越大，流速增加，水力损失增大，机组总的效率将下降。在条件相同的情况下，选择较小的比转速，虽然可以改善水轮机的空蚀性能，但对高水头水轮机而言并不明显，较小的比转速反而对效率方面影响较大，因此，超高水头混流式水轮机的比转速 n_s 并不希望选得太小。根据统计，目前世界上400m～700m水头段的混流式水轮机的比转速 n_s 均选在60～78m·kW范围，低于此比转速范围，转轮流道越来越狭窄，水力损失增加，同时转轮外侧摩擦损失和迷宫损失也随之增加，水力效率将有较大幅度下降。另一方面，高水头混流式水轮机的导叶高度已比较小，如果再人为降低比转速 n_s，转轮高压侧的流道高度将更小，不利于铸造、焊接或打磨，制造上将十分困难。有时，为了使水轮机效率不至降低，也兼顾水轮机空蚀性能，在确定适当的比转速 n_s 水平后，可采用增大单位流量、减小单位转速的办法，可减小水轮机尺寸、重量和转轮圆周速度，降低水轮机造价、减少水轮机磨蚀。

3. 超高水头水轮机转轮设计 低比转速水轮机的转轮叶片较长，转轮进口D1与出口D2差异较大，采用常规的设计方法，转轮进口比出口要宽得多，两叶片之间的水流流速分布很不均匀，低负荷运行时，叶片正面某些部位可能出现水流速度为零甚至为负的情况，特别是在负值情况下，叶片正面局部将形成一个涡流区，将大大降低水轮机效率，并引起机组振动。如何改善转轮叶片间的流态，世界上各著名水轮机制造商对此开展了各种研究。

在转轮进口处加短叶片、使进口变窄出口不变的长短叶片的设计思想，就是在这一基础上由克瓦纳公司提出并发展起来的。为了解决加短叶片后对进口处水流的排挤，长短叶片转轮把传统的17片叶片改成15片长叶片和15片短叶片。叶片增加后，转轮进口处的流道开口减少，流道两侧的压差大大减小，流道内压力及流场分布均匀，不易产生叶道涡，部分负荷时进口边背面的脱流和漩涡现象改善，降低了压力脉动和空蚀，使得水轮机运行的稳定性趋好、效率提高，空蚀性能大大改善。国内如鲁布革电站的长短叶片转轮（水头295m～372.5m，单机容量153MW，额定转速333.3r/min），运行10年才进行第一次大修，转轮叶片仅出口边背面有轻微磨蚀痕迹。中国其他采用长短叶片转轮的机组，如冷竹关、姚河坝等水电站，其机组运行稳定性明显优于相同水头段的传统机型。

近年利用CFD配合模型试验发展起来的X型叶片，也是为了解决从转轮上冠到下环的流速场和压力场的问题。采用X型叶片，流道流场分布更均匀，不易产生二次回流及局部脱流，对水头、负荷的变化比常规转轮有更好的适应性，增加了水轮机运行稳定性，使水轮机高效率区宽、抗空蚀及磨损性能增强。这种叶片不仅在大容量水轮机上采用，也用于高水头混流式水轮机。克瓦纳公司的长短叶片转轮的叶片形状也为X型。

4. 超高水头混流式水轮机结构设计特点

(1) 活动导叶。对于混流式水轮机，发生在活动导叶处的磨损大于流道内其他部件，因为此处的相对水流速度大，而泥沙磨损只与相对流速有关。水轮机水头越高，相对水流速度越大，活动导叶处磨损越严重，特别是超高水头水轮机在蜗壳充水后顶盖上抬使导叶端部间隙增大，对活动导叶的磨蚀危害更大，因此，超高水头混流式水轮机的活动导叶设计应有特殊措施。如导叶采用带翼大端面偏心结构、导叶上下端面加弹性密封条、顶盖采用预应力结构等。前者在中国已成功用于几个高水头水电站，后两者限于设计制造工艺及安装方面的原因目前在中国尚未应用，其中导叶上下端面加弹性密封条的结构相对而言易于实现，中国的制造单位应加强这方面的研究。

(2) 主轴密封。传统的主轴密封结构由于机组高水头高转速的原因已不适用。目前比较有效而实用的结构为无接触密封。该结构既无磨损又不需要润滑水，运行维护十分方便，且易于实现转轮中心向尾水管补气。这种结构克瓦纳公司有数十年的经验，中国也发展了类似结构，但利用转轮中心向尾水管补气（这是一种非常好的补气方式）在一些水电站使用起来并不太理想，有待制造单位进一步研究。

(3) 座环及尾水管。基于转轮上下密封直径相等、作用在座环上的上下力相等的原理而设计的座环，是目前高水头水轮机的一种发展方向。这种座环不仅使基础混凝土荷载减小，蜗壳受力也大大减少。这种设计还可为尾水锥管周围留出空间，为实现水轮机转轮下拆方案提供了前提条件，也为尾水锥管外围的导叶下轴承、蜗壳焊缝及下部管路的检查、巡视提供了方便。

(4) 蜗壳。超高水头水轮机运行时要承受较高的水压和振动频率，因此蜗壳及座环所用的材料均比较厚。座环及蜗壳焊接工作量大，焊后局部残余应力较大且难以消除，特别是座环与蜗壳连接部位的残余应力，由于设备运行引起疲劳裂纹可能性大大增大。因此，超高水头水轮机在现场必须进行1.5倍升压水头压力的应力释放试验。同时，蜗壳应采用保压浇混凝土技术，有利于限制座环及蜗壳振幅，减小振动对蜗壳焊缝的危害。

5. 超高水头水轮机制造技术及工艺　超高水头水轮机流道内水流相对流速较大，除了在水轮机的水力、参数、结构等方面应有特殊设计外，在制造技术及工艺上也应提出相应的要求。转轮叶片的模压成型无疑会使材料质量及制造质量得到充分保证，这一技术目前在中国高水头水电站的水轮机上已普遍采用，在此基础上，对于更高水头水电站而言，有必要进一步对叶片表面采用数控加工，叶片表面较高的加工精度将有助于水轮机效率及抗空蚀能力提高。水轮机转轮及活动导叶应采用整体不锈钢材料制造，普遍采用的不锈钢材料有Ocr16Ni5Mo、Ocr13Ni4Mo，前者的焊接性能、加工性能及抗空蚀、抗腐蚀性能略优。然而，对于超高水头水轮机，进一步提高过流部件的使用寿命，对过流表面进行适当处理是十分必要的。常用的表面强化（硬化）处理、非金属（复合尼龙、环氧金刚沙等）涂层、超高分子聚乙烯材料等仅在低、中水头水轮机上使用有优势，在高水头水轮机上使用，其耐磨性能并不突出。国外的等离子喷涂陶瓷护面和热喷涂碳化钨护面，具有很高的耐磨性，在高水头水轮机上普遍使用，国内有引进设备，但技术及经验尚欠缺，面层常有脱落等问题。对超高水头水轮机过流表面的防护处理还有待国内制造及科研单位不断研究。

（成都勘测设计研究院　茅振华　刘　丁）

金　属　结　构

三峡工程左岸厂坝金属结构安装工程

(一) 工程概况

三峡工程分三期建设：①1992年～1997年的一期工程主要是修建右岸导流明渠，浇筑碾压混凝土纵向围堰，同时修建左岸临时船闸和升船机闸室，进行长江主河床段的大江截流。②1998年～2002年的二期工程，主要项目是修建纵向围堰以左的长江主河床上的泄洪坝段和左岸1～14号机组段厂前大坝和电站厂房，同时修建双线五级永久船闸，在2002年年底进行右岸导流明渠截流；2003年6月下闸蓄水至▽135m初期水位运行，首批机组发电，永久船闸通航。③2003年～2008年，将进行右岸三期碾压混凝土挡水围堰修建（使枢纽蓄水至▽135初期运行水位线）和15＃～26＃机组段厂房及厂前大坝的建设；2006年封堵导流底孔蓄水至▽175m。不难看出，二期工程是三峡枢纽建设的主要和关键阶段。因此三峡二期的金属结构安装工程也处于主要和关键的地位。

(二) 三峡二期厂坝工程金属结构布置、种类和主要技术参数

1. 泄洪坝段　泄洪坝段位于长江主河床中部，前沿长度483m，分为23个坝块，设有三层泄洪通道，即导流底孔、泄洪深孔和泄洪表孔。在垂直方向上，表孔、底孔与深孔相间布置，表孔、底孔各22个，深孔23个，三层孔道共67孔。

(1) 导流底孔在坝块间跨缝布置，共22孔，底坎高程56m/57m，每个底孔从上游到下游设置四道门槽及相应闸门：

1) 底孔进口封堵检修门。孔口尺寸8.4m×16.0m，门型为反钩式叠梁门，设计总水压力12360t；单扇门重237t，使用坝顶门机2×63t副小车逐节启闭。

2) 底孔事故闸门。孔口尺寸6.0m×12.0m；门型为平面定轮门，设计总水压力5385t；单扇门重160t，使用坝顶门机500t主钩整体启闭。

3) 底孔工作闸门。孔口尺寸6.0m×8.5m；门型为R18m潜孔弧形门，设计总水压力5160t；单扇门重212t，使用单吊点摆缸式350/100t液压启闭机启闭。

4) 底孔出口封堵检修门。孔口尺寸宽6.0m（敞顶）；门型为反钩式叠梁门，设计总水压力1245t；单扇门重66t，使用高程120m栈桥上20t施工起重机逐节启闭。

(2) 泄洪深孔在各坝块中部布置，共23孔，底

坎高程 90.0m，每个深孔从上游到下游设置有三道门槽及相应闸门：

1）深孔检修门。孔口尺寸 9.6m×14.5m，门型为反钩式叠梁门，设计总水压力 10752t；单扇门重 228t，使用坝顶门机 2×63t 副小车逐节启闭。

2）深孔事故闸门。孔口尺寸 7.0m×11m，门型为平面定轮门，设计总水压力 6262t；单扇门重 170t，使用坝顶 500t 门机主钩整体启闭。

3）深孔弧型工作闸门。孔口尺寸 7.0m×9.0m，门型为 R16m 潜孔弧型门，设计总水压力 6630t；单扇门重 250t，使用单吊点摆缸式 400/100t 液压启闭机启闭。

（3）泄洪表孔在坝块间跨缝布置，共 22 孔，底坎高程 158.0m，每个表孔设置有二道门槽及相应闸门：

1）表孔事故检修闸门。孔口净宽 8.0m，门型为滑动支承平板门，设计总水压力 1288t；单扇门重 97t，使用坝顶 500t 门机主钩启闭。

2）表孔工作闸门。尺寸参数均与检修闸门相同。

（4）排漂孔分别布置在泄洪坝段两侧的左导墙和右纵坝块，共 2 孔。每个排漂孔设置有两道门槽及相应闸门。

1）上游第一道闸门为事故检修门。孔口尺寸 10.0m×15.4m，底坎高程 131.62m，门型为平面定轮门，设计总水压力 5596t；单扇门重 225t，使用坝顶 500t 门机主钩启闭。

2）第二道闸门为弧型工作门。孔口尺寸 10.00m×12.84m，底坎高程 128.66m，门型为 R20m 潜孔式弧型门，设计总水压力 5203t；单扇门重 250t，使用双缸 2×200t 液压启闭机启闭。

2. 左岸厂房坝段和水电站　三峡左岸水电站共安装容量 700MW 水轮发电机组 14 台，设置有 14 个进水口、42 个尾水出口；在左非 18 安Ⅱ坝段和安Ⅲ坝段还布置有 3 个排沙孔。

（1）每台机组坝段从上游至下游分别设置下列设备：

1）水电站进水口拦污栅：每台机组设 6 孔双层拦污栅槽，双层栅槽中上游侧一道为工作槽，下游侧一道为备用槽。孔口尺寸 4.75m×47.00m，底坎高程▽102m/▽98m（1#～6# 机组/7#～14# 机组），栅体型式为平板式拦污栅，单扇栅体重 71.6t，使用厂坝坝顶门机的 120t 副小车启闭。

2）水电站进水口检修闸门。孔口尺寸 12.21m×18.07m，底坎高程 106.5m，门型为反钩式叠梁门，设计总水压力 12820t；单扇门重 320t，使用厂坝段坝顶门机 450t 主钩启闭。

3）水电站进水口快速闸门。孔口尺寸 9.2m×13.2m，底坎高程 108m，门型为平面定轮门，设计总水压力 7555t；单扇门重 254t，使用单缸 400t/600t（启门力/持住力）液压启闭机启闭。

4）压力钢管。钢管尺寸内径 12.4m，每条钢管轴线长度 122.84m，钢管轴线进口中心高程 113.584m；出口中心高程 57m，设计工作水头 175m，*HD* 值 $2170m^2$，每条钢管分为 72 节制作和安装，单条压力钢管重量 1504.6t。

5）水电站尾水闸门。每台机组尾水管出口设 3 孔尾水门槽及闸门，孔口尺寸 9.0m×9.4m，底坎高程 28.45m，门型为平面滑动门，设计总水压力 4078t；单扇门重 105t，使用尾水平台 2×125t 门机启闭。

（2）安Ⅱ和安Ⅲ坝段排沙孔从上游至下游设置三道闸门及钢衬（其中安Ⅱ段布置排沙孔 1 个，进口底坎高程 90m；安Ⅲ段布置排沙孔 2 个，进口底坎高程 75m）：

1）排沙孔挡水事故闸门。孔口尺寸 5.00m×7.63m；门型为平面定轮门，设计总水压力 3971t；单扇门重 76.2t，使用厂坝段坝顶门机 450t 主钩启闭。

2）排沙孔压力钢衬。钢管尺寸内径 5.0m，轴线长度约 171.5m，采用厚度 24mm 不锈复合钢板卷制安装，不锈钢复合层厚 4mm，单条压力钢衬重量 551t。

3）排沙孔工作闸门。孔口尺寸 3.2m×5.0m，底坎高程 60.5m/57.5m（安Ⅱ/安Ⅲ）门型为定轮式平板高压闸门。设计总水压力 1500t，单扇门重 34.5t，使用单缸 250t/200t（启门力/下压力）液压启闭机启闭。

4）排沙孔出口检修闸门。孔口尺寸 2.8m×4.0m，底坎高程同工作门，门型为反钩式平面滑动门。设计总水压力 207t，单扇门重 8.5t，使用尾水门机 40t 回转吊启闭。

三峡二期厂坝工程金属结构制作和安装总工程量约 11 万 t，是一项庞大复杂的系统性工程。在施工过程中，工程建设各方特别是三大承建单位克服了各种困难，采用了很多新技术和新工艺，以极其认真的精神和顽强的意志保证安装质量和施工进度，刷新了多项全国和世界纪录，已经圆满实现了 2002 年 5 月 1 日上游基坑进水的预定目标，剩余安装工程量将在 2003 年年内全部完工，并实现向右岸三期工程的转移。

（葛洲坝集团有限公司　张建新）

三峡水电站尾水闸门加工技术

（一）尾水闸门结构特征

三峡水电站尾水闸门属超大型平面滑动门，它由顶、中、底三节门叶组成，闸门高 9.56m、宽 10.2m、厚 1.66m、重 105t。以宽度中心线为基准，相距6.4m节间设有两排八根ϕ180连接轴将三节门叶连成一体，相距9.7m处边梁下翼设有两排十二套滑道，滑道内侧和顶节门叶主梁上端下翼设有“P”型侧水封，节间设有底水封，相距4.8m的顶节门叶上端设有两个平压阀吊耳。

(二) 闸门加工技术要求和闸门加工基准

闸门制造合同要求，闸门加工必须在组焊、矫形完成后进行，侧水封座面、滑道座面在大组状态下加工。加工精度和粗糙度要求见表1：

表1 加工精度和粗糙度

	精 度 (mm)	粗糙度 (μm)
大组节间间隙	≤2	Ra25
节间联接孔中心偏差	≤2	Ra6.3
吊耳孔中心距偏差	≤2	Ra6.3
平压阀座面高差	≤2	Ra25
侧止水座面与滑道座面高差	90±0.5	Ra25
底止水座面平面度偏差	≤1	Ra25

闸门加工关键之一是加工基准确定。为此将闸门大组调正后分别划出高、宽、厚三个方向的立体中心线，以此作为各加工工位找正、划线、加工、检测的基准。

(三) 闸门加工技术与设备研制

1. 节间端面和平压阀座面加工　以立体线为基准，分三个工位在T6216落地镗床上完成节间端面和平压阀座面加工。

2. 顶节门叶平压阀吊耳长孔加工　关键是长孔两端圆弧的加工，以立体线为基准，找正门叶，确定吊耳长孔位置。利用Z3080摇臂钻和如图1所示镗孔工装进行长孔两端圆弧的加工。原理为，利用定位孔，将镗模分别装在吊耳上、下腹板下面，镗模相应位置各装三个可调式偏心定位滚动轴承以支撑装在Z3080摇臂钻上的万向镗杆。摇臂钻主轴箱处于自由状态进行圆弧镗削。主轴转速45r/min；切削深度分别为，粗镗（3～5）mm、精镗0.5mm、进给量0.16mm。因万向节的作用，机床无需找正，工作时几乎无冲击，避免了对设备的冲击，工作稳定。

3. 门叶节间联接孔加工　以立体线为基准找正门叶和确定节间连接孔位置。因该孔位于狭小的半封闭空间中，为此我们设计和自制了一台小型镗孔机。该机的电动机功率3kW、主轴转速46r/min、主轴行程250mm、垂直与水平调整量60mm、自动进给量0.17mm。实践证明，该机在狭小工作空间中操作方便，工作稳定。

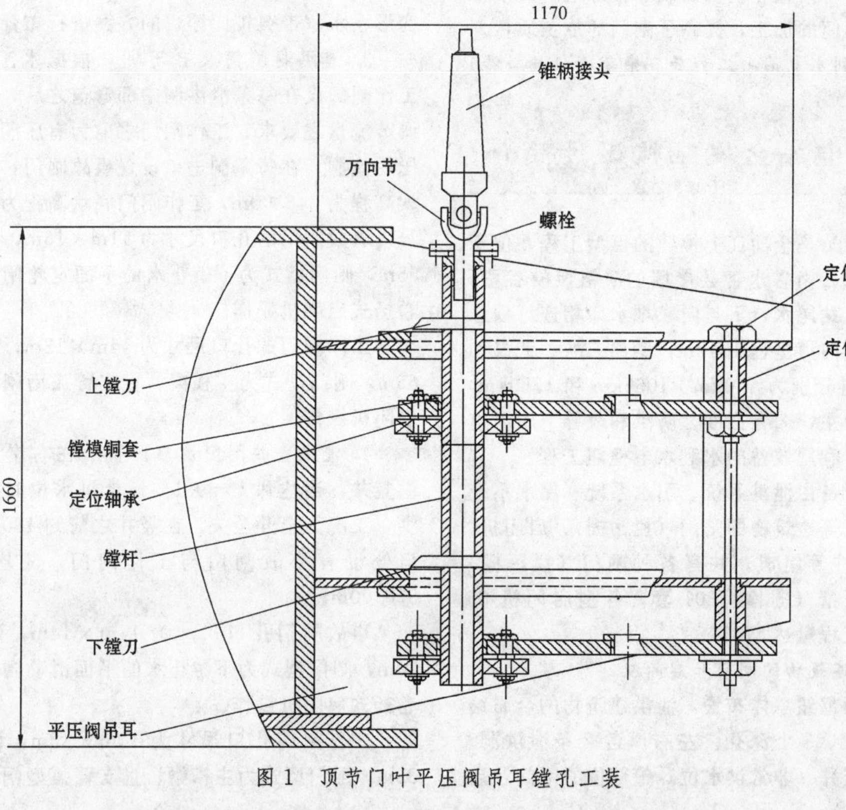

图1 顶节门叶平压阀吊耳镗孔工装

4. 闸门侧止水座面与滑道座面加工　以立体线为基准将闸门大组成一体加固稳定，划线确定两座面的加工位置。设备上，我们将厂闲置设备镗铣床解体，利用两节床身，拖板及进给系统和铣削头，自制与之匹配的铣削头架和床身基础架，改制成移动式平面铣削机。纵向铣削长度 7000mm、横向铣削宽度 700mm、主轴垂直移动量 200mm，进给电动机功率 1kW、主电动机功率 4kW。在两座面加工中，共分六个工位，其加工控制的关键是机床水平找正与固定。该机的成功改制，解决了闸门制造业水封座面铣削难题。

（四）闸门加工效果

闸门加工效果见表 2。

表 2　闸门加工效果表　mm

	合同要求	加工质量	设计粗糙度	加工粗糙度
节间间隙	≤2	≤1.5	Ra25	Ra12.5
节间吊耳孔偏差	≤2	≤1	Ra6.3	Ra6.3
吊耳孔中心距偏差	≤2	≤0.5	Ra6.3	Ra6.3
底止水座面平面度	≤1	≤1	Ra25	Ra12.5
平压阀座面高差	≤2	≤1.5	Ra25	Ra12.5
侧止水座面与滑道座面高差	90±0.5	90±0.5	Ra25	Ra12.5

通过以上技术措施和设备研制，很好地解决了三峡水电站尾水闸门的加工，提高了闸门的加工质量。

（中国水利水电第七工程局　余蕴刚　杨　涛）

溪洛渡水电站金属结构设计简介

溪洛渡水电站是金沙江上拟建的巨型工程，位于四川省雷波县和云南省永善县接壤的溪洛渡峡谷段，上接白鹤滩水电站尾水，下与向家坝水库相连，坝址距离下游宜宾市河道里程 184km，距离三峡、武汉和上海的直线距离分别为 770km、1065km 和 1780km，是一座以发电为主，兼有拦沙、防洪和改善下游河道航运条件等综合利用效益的水利水电枢纽工程。

金属结构设备由泄洪系统、引水系统、尾水系统及施工导流系统等建筑物的闸门（拦污栅）、启闭机、埋件和各种附件等组成。共有各种闸门（拦污栅）195 扇，各类门槽（栅槽）301 套，各型启闭机 85 台，金属结构工程量达 57372t。

（一）泄洪建筑物的闸门和启闭机

根据该工程枢纽总体布置，泄洪建筑物的金属结构包括 7 个表孔、8 个深孔、左右岸各 2 条泄洪洞、右岸 1 条泄洪竖井（非常洪水位）等部位的闸门及启闭机。

考虑到国内同类工程曾经出现为满足下游防洪的要求，将水库运行水位抬高至正常蓄水位以上的极端情况，为留有余地，根据枢纽防洪总体方案，该工程深孔、泄洪洞、泄洪竖井、进水口等部位的工作闸门按 605.00m 水位进行设计。

1. 表孔闸门及启闭机　表孔共 7 孔，孔口尺寸 12.5m×14m（宽×高，以下同），工作闸门选用弧形门、用液压启闭机操作。由于枯水期库水位降至堰顶高程 586.50m 以下至少有 3 个月以上时间，具备检修时间，因此不设检修闸门。

2. 深孔闸门及启闭机　在表孔的闸墩内设置有 8 个深孔，由于消能需要，①、⑧号深孔底板采用下翘式布置，②～⑦号深孔底板采用上翘式布置。在每条深孔出口设工作闸门，工作闸门为全开全闭方式运行，在进口设事故闸门，8 个深孔设 2 扇事故闸门。

事故闸门的孔口尺寸为 5.2m×14.14m（斜高），闸门均以④、⑤号进口底坎高程 490.70m 进行设计，设计水头为 109.30m，事故闸门型式为下游止水的平面链轮闸门，由坝顶双向门机操作。

工作闸门的孔口尺寸为 6m×6.7m，闸门均按④、⑤号出口底坎高程 499.50m 设计，设计水头为 105.50m。工作闸门型式为主横梁、直支臂弧形闸门，由液压启闭机操作。闸门的止水型式，本阶段按变形止水（带突扩门槽）的方案进行布置。

3. 泄洪洞闸门及启闭机　根据水工枢纽布置，工作闸门设在每条泄洪洞中部弯道之后，有局部开启调节流量之要求，工作闸门之前为有压洞，之后为无压明流洞，在每条洞进口设置事故闸门，事故闸门底坎高程为 545.00m，工作闸门底坎高程为 540.00m。

事故闸门的孔口尺寸为 11m×16m，设计水头为 55m，闸门型式为下游止水的平面定轮闸门，由固定卷扬式启闭机操作。

工作闸门的孔口尺寸为 14m×12m，设计水头为 65m，闸门型式为主横梁、直支臂弧型闸门，由液压启闭机操作。

4. 泄洪竖井闸门及启闭机　在右岸设有 1 条泄洪竖井，当达到 $P=0.1\%$ 设计洪水位时开启闸门泄洪，工况为全开全关。在竖井之前约 100m 的水库进口处设有事故闸门与工作闸门，底坎高程均为 570.00m。

事故闸门孔口尺寸为 14m×14m，设计水头为 30m，闸门型式为下游止水的平面滑动闸门，由固定卷扬式启闭机操作。

工作闸门孔口尺寸为 14m×12m，设计水头为 35m，闸门型式为主横梁、直支臂弧型闸门，由液压启闭机操作。

（二）引水建筑物的闸门及启闭机

左、右岸地下厂房各安装9台机组，采用岸塔式进水口，每台机组为单进口，进口底坎高程为518.00m。引水建筑物的金属结构包括进水口的拦污栅、检修闸门、快速闸门及其启闭机。

拦污栅布置在进口前缘，为保证当拦污栅被部分堵塞时仍有足够的引水量，以及当拦污栅检修时机组仍能安全运行，设置多跨连通式两道直立栅槽，前一道为工作栅槽，后一道为备用栅槽。每台机组进口前缘由栅墩分成5个过水栅孔，每孔宽度3.8m、高度23m，按4m水位差设计，拦污栅由进水口双向门机附设的回转吊操作。为确保拦污栅的安全运行，拟采用液压抓斗进行清污。

在拦污栅后面设置检修闸门，其孔口尺寸为8.25m×10.40m，底坎高程为518.00m，设计水头82m，左、右岸厂房进口各设2扇，9孔共用。闸门型式为下游止水的平面滑动闸门，由进水口双向门机操作。

每台机组进口在检修闸门后面设一扇8m×10m的快速闸门，底坎高程为518.00m，设计水头为87m，闸门为下游止水的平面滑动闸门。快速闸门的启闭机选用液压启闭机，闸门平时悬挂在孔口以上约1m处，当机组发生事故时，可在中控室或启闭机房内操作关闭闸门，闭门时间不大于2min。每3台液压启闭机共用1套泵站，左、右岸共设6套泵。

（三）尾水建筑物的闸门和启闭机

该电站为地下厂房，尾水建筑物的金属结构包括左、右岸尾水管出口和尾水洞出口的检修闸门及启闭机。

1. 尾水管出口检修闸门及启闭机　左、右岸地下厂房均为9台机组，尾水设有阻抗式调压室，室内设有二道岩柱隔墙，分为3个室，即3机1室，在低水位运行时，3室分开相互独立运行，在高水位时可抑制涌浪高度。在调压室上游侧尾水管出口设置检修闸门，其孔口尺寸为12m×16.5m，底坎高程均为336.50m，设计水头为81.18m。闸门型式为上游止水平面滑动闸门，由台车式启闭机操作。

2. 尾水洞出口检修闸门及启闭机　左、右岸地下厂房尾水各布置有3条尾水洞（其中左、右岸各有2条尾水洞出口与导流洞出口相结合），每条洞出口设置一扇检修闸门，底坎高程均为362.0m。1号、6号的孔口尺寸为15m×20m；2号～5号的孔口尺寸为18m×20m。设计水头均为47.513m，闸门型式为上游止水的平面滑动闸门，由固定卷扬式启闭机操作。

（四）施工导流建筑物的闸门和启闭机

根据施工总体布置，导流系统由左、右岸的导流洞和大坝上的导流底孔组成。其中左、右岸导流洞各3孔，导流洞底坎高程均为368.00m；大坝导流底孔共10孔，在410.00m高程有6孔，在450.00m高程有4孔。除3号、4号导流底孔为汛前下闸、汛后封堵外，其余各孔均为汛后下闸、次年来汛之前封堵。

为了在大坝蓄水期间满足向下游提供航运、灌溉、工业及生活用水，以及参加第10年汛期泄洪等（即供蓄结合），在3号、4号、7号～10号导流底孔出口设置工作闸门以调节流量，在进口设置封堵闸门，封堵闸门按事故闸门设计。

根据“封堵闸门下闸程序说明”，结合下闸后的水位上升情况及现场的运输条件等因素综合考虑，导流洞封堵闸门的10台固定卷扬式启闭机拟全部借用永久设备的卷扬式启闭机。

由于3号、4号导流洞进、出口的施工围堰均拟安排在开工后的第3个枯水期拆除，其后的汛期采用闸门挡水，以保护尚在进行的混凝土衬砌等工程，因此在导流洞出口增设检修闸门及其启闭机。检修闸门及其启闭机是专为围堰拆除后的配套设备。

1. 导流洞的封堵闸门及其启闭机

（1）1号、6号导流洞封堵闸门。孔口尺寸为18m×17m，下闸水头为8.59m，设计水头为16.63m，闸门型式为下游止水的平面滑动闸门，启闭机借用2台1号、6号尾水洞出口检修闸门的固定卷扬式启闭机。

（2）2号、3号、4号、5号导流洞封堵闸门。进口设有中墩，共二孔，孔口尺寸均为9m×20m，挡水水头均为93.89m。2号、5号导流洞封堵闸门下闸水头为11.25m，3号、4号导流洞封堵闸门下闸水头为21.62m，闸门型式为下游止水的平面滑动闸门。2号、5号孔的启闭机借用4台2号～5号尾水洞出口检修闸门的固定卷扬式启闭机。3号、4号孔的启闭机借用4台泄洪洞事故检修闸门的固定卷扬式启闭机。

导流洞各封堵闸门启闭机借用关系见表1。

表1　导流洞各封堵闸门启闭机借用对照表

导流洞封堵闸门	被借用的启闭机
3号、4号导流洞封堵闸门 固定式启闭机 （加配中间轴） 4台	泄洪洞事故闸门 2×4000kN/2×7000kN 固定式启闭机、扬程66m 4台
1号、6号、2号、5号导流洞封堵闸门 固定式启闭机 （加配中间轴） 6台	1号～6号尾水洞出口检修闸门 2×4000kN 固定式启闭机、扬程50m 6台

(3) 3号、4号导流洞出口检修闸门

孔口尺寸为18m×20m，底坎高程364.50m，设计水头32m，闸门型式为上游止水的平面滑动闸门，由固定卷扬式启闭机操作。

2. 导流底孔的闸门及启闭机

(1) 1号、2号、5号、6号导流底孔封堵闸门。孔口尺寸为5.00m×14.74m，设在大坝进口，底坎高程410.00m，下闸水头15.54m，设计水头51.89m，闸门型式为下游止水的平板定轮闸门，由固定卷扬式启闭机操作。

(2) 3号、4号导流底孔进口封堵闸门及出口工作闸门。进口封堵闸门的孔口尺寸为5m×14.74m，底坎高程410.00m，下闸水头55m，设计水头190.00m，闸门型式为下游止水平面闸门，由于下闸水头与设计水头相差较大，为解决支承问题，本阶段按"定轮＋钢滑块"考虑，定轮用于下闸水头时的启闭，当水位上升至设计水头时抗剪销剪断，闸门由钢滑块支承，闸门由固定卷扬式启闭机操作。出口工作闸门的孔口尺寸为5m×10m，底坎高程410.00m，设计水头为55m。闸门型式为主纵梁、直支臂弧形闸门，由液压启闭机操作。

(3) 7号～10号导流底孔进口封堵闸门及出口工作闸门。进口封堵闸门的孔口尺寸为4.500m×12.166m，底坎高程450.00m，下闸水头100m，设计水头为150m，闸门型式为下游止水的平面滑动闸门，由固定卷扬式启闭机现地操作。出口工作闸门的孔口尺寸为4.5m×8m，底坎高程450.00m，操作水头为100m，闸门型式为主纵梁、直支臂弧形闸门，由液压启闭机操作，闸门操作水头虽然较高，但在供蓄结合调节流量期间，不处于关闭状态，主要应防止射水，因此采用常规预压式水封，顶楣增设一道旋转式水封以防局部射水。

(成都勘测设计研究院　王利学)

棉花滩水电站金属结构设计

(一) 概述

棉花滩水电站金属结构由引水系统、尾水系统、泄水系统、施工导流及航运过坝设施等五部分组成，其中航运过坝设施暂缓建设。共有闸门15扇、栏污栅22扇。闸门和栏污栅总重为1995.4t，埋件重808.2t；各类启闭机13台，启闭机总重876.2t，轨道及埋设件重67.1t；航运过坝设施有桥式提升机一台、承船厢一只、斜架车一台、斜面提升机一台，这部分重约364t。金属结构工程总量为4111t，特性见表1。

(二) 布置及特点

1. 引水系统　引水系统布置在大坝的左岸，进水口为岸塔式布置，临水库前沿为连通式栏污栅，共20孔，每孔设前、后栏污栅槽各一道，在前面的栅槽内配置20套栏污栅，在后面的栅槽上方锁定二套副栅，当前面的栏污栅需清污或维修时可用后面的副栅栏污。在每个引水隧洞进口的闸门竖井内设有检修门槽和快速闸门槽。设置一套检修闸门和四套快速闸门供四台机组用。快速闸门用液压启闭机操作，油缸、油泵站、控制阀组和电气控制柜均布置在进水口180m高程操作平台下方。快速下降补油不设补油箱而用虹吸管从主油箱补油。在进水口180m高程操作平台设置一台带悬臂的双向门机，门架上设有一台主小车和一台桥机，前者用于操作检修门和快速闸门及其液压启闭机的安装和维修。后者用于操作栏污栅，采用一台桥机可代替在门机两条腿上设两台旋转吊，且既经济又美观。

2. 尾水系统　在机组尾水管出口与调压室进口处设置尾水检修闸门槽，设置二套检修闸门供四台机组检修用，用2×400kN台车式启闭机和自如式自动抓梁操作。闸门平时存放在检修平台。在调压室后的两条尾水隧洞出口处设置检修闸门槽，配置一套检修闸门，用2×400kN单向门机和自如式自动抓梁操作。闸门平时存放在两门槽之间的存放槽内。

3. 泄水系统　泄水系统由三孔开敞式表孔溢洪道和一个泄水底孔组成。表孔弧门采用斜支臂圆柱铰，轴承为DEVA自润滑轴套，轴套带有法兰边，能承受轴向力和径向力。用2×2000kN后拉式固定卷扬式启闭机操作，动滑轮组与闸门下主梁悬臂端上的吊耳连接。定滑轮和单衡滑轮组固定在埋入闸墩的钢梁上。启闭机主体设计成四个独立的安装单元。简化和解决了制造、运输和安装问题。主机布置在闸墩之间下游面的机房内。钢丝绳从卷筒下方水平引出经负荷限制器进入定滑轮。负荷限制器设有机械（簧弹）和电子式二套保护装置。闸门开度采用RMϕ10绝对型编码器，电气采用变频拖动和可编程控制器控制。表孔弧门上游侧设置检修门槽，配置一套由三节相同的叠梁组成的检修门，平时分别锁定在三个门槽上方。用2×500kN单向门机和自如式自动抓梁操作。泄水底孔的进水口设置事故闸门，支承为胶木滑道。采用固定卷杨式启闭机操作，该机起升机构采用双联，卷筒为双层卷挠，负荷限制器为电子称，开度仪采用RMϕ10绝对型编码器。泄水底孔的出水口设置直支臂圆柱铰弧门，支铰轴承材料同表孔弧门。闸门设二道顶止水，一道在门上，另一道转角水封在门楣上。用液压启闭机操作，在油缸有杆腔回路上采用BLINGR平衡阀作为闭锁阀，提高了闸门下降时工作的平稳性和动作可靠性。电气控制采用可编程控制器。

4. 施工导流　施工导流洞为一孔，封堵闸门为平面滑动钢闸门，支承材料为胶木滑道，闸门由九节组成，在孔口上方进行组装。沉放设施由慢速卷杨机、动滑轮组和定滑轮组组成。沉放设施的启闭容量为2×2500kN。因下闸后水库水位上升很快，不久就将沉放操作平台淹没，故闸门不予回收。

（三）金属结构特性表

表1　　金属结构特性表

所在系统	闸门(栏污栅)						启闭设备			
	名称	孔口尺寸(宽×高)—设计水头(m)	门型、支承型式	操作条件	孔数	门(栅)数	型式	容量(kN)	数量	扬程(m)
引水	栏污栅	2.6×20—4	分节活动、定轮	水位差≤1m，动水启闭	20	22	双向门机	200(桥机)	1	15
	检修闸门	6.0×7.5—44	平面滑动、铸铁滑块	静水启闭	4	1		800(主小车)	1	轨上13/总63
	快速闸门	6.0×7.5—44	平面滑动、胶木滑道	动水关闭、静水开启	4	4	液压启闭机	4000/1600	4	9.0
尾水	尾水检修闸门	8.0×8—33.5	平面滑动、尼龙滑道	静水启闭	4	2	台车式启闭机	2×400	1	34
	尾水洞检修闸门	9.4×11.0—16.0	平面滑动、尼龙滑道	静水启闭	2	1	单向门机	2×400	1	轨上6/总29
泄水	表孔弧门	16.0×18.54—18.04	斜支臂弧门、圆柱铰	动水启闭	3	3	固定卷扬式启闭机	2×2000	3	17.5
	检修闸门	16.0×14.4—13.5	平面滑动、尼龙滑道	静水启闭	3	1	单向门机	2×500	1	轨上7/总28
	底孔事故闸门	5.0×11.7—60	平面滑动、胶木滑道	动水关闭、静水开启	1	1	固定卷扬式启闭机	4000	1	58
	底孔弧门	5.0×7.2—60	直支臂弧门、圆柱铰	动水启闭(不作局开运行)	1	1	液压启闭机	2000/1000	1	10
施工导流	导流洞封堵闸门	11.0×15.0—96.7	平面滑动、胶木滑道	动闭水位差<13.5m能开启	1	1	临时设施	2×2500	1	19

（上海勘测设计研究院　徐文炎）

刘家峡水电站泄水道2号孔深水封堵浮体闸门设计制造

（一）概况

刘家峡水电站泄水道2号孔7×15.304—62.25(m)浮体闸门，是为修复泄水道2号孔内混凝土和钢衬板的磨蚀破坏而设，闸门的封水坝面既无止水钢埋件又无导向约束限位装置，闸门是以喇叭口四周的坝体混凝土面作为封水支承面，形成门后洞内旱地施工条件。

（二）浮体闸门设计的基本资料和浮体闸门的就位过程

浮体闸门是为在水深60多m的泄水道2号孔喇叭口处封孔堵水而设的，国内尚无这么大孔口和水头的浮体闸门设计先例。泄水道2号孔进口喇叭口（宽×高）为7.000m×15.304m，浮体门封水尺寸为7.25m×15.8m，设计水头为62.25m，外形尺寸（宽×高×厚）为7.810m×16.36m×2.60m，总重195t，总浮力260t，可充水总量约70～75t，能使浮体门产生5～10t的下沉力。浮体门下水、封孔及拆除均由水电站坝顶门机30t回转吊操作，门体充水直立后沿孔口左右两根软导向绳沉放，再通过左拉、右拉和后拉钢丝绳进行调整直至准确就位，然后提起下游工作闸门放水使浮体门的随形水封承压封孔。107m^{2}的孔口，62.5m的水深，6300t的总水压力，无闸门门槽及钢埋件，封水面为混凝土坝面，橡皮水封兼作支承的浮体闸门，一次封水成功，封水效果滴水不漏，为泄水道2号孔修复处理创造了旱地施工条件。

（三）浮体闸门在设计方面独创的新方法和新技术

(1) 深水软导向锚固桩技术，确保了试探框、浮体门的安全下水和准确就位。浮体门工作位置的底部和两侧均无支承限位，因此在孔口周围特设了限制门体上下位置的软导向定位桩、调整闸门左右位置的左右桩和使浮体门贴近坝面的向下游拉桩，这种深水导向就位实现了水下作业水上操作的高难度突破。

(2) 试探框水下测量技术，为浮体门水封设计提供了可靠的依据。在试探框四周闸门封水位置，均匀布设尼龙棒测点，由触及坝面的尼龙棒端点所组成的面即为混凝土的封水面和承压面，试探框测量成果（坝面凹凸不平度）作为设计闸门水封的依据。

(3) 随形水封兼主支承技术，即水封橡皮既封水又承受和传递水压力。水下60多m、承压63000kN、止水面最大不平度89mm的水封，经过压缩试验、水密性试验和大量的计算分析，具有以下特点：①能够承受1352kN/m的线压；②具有一定的压缩量，以填塞和包容止水面上的凹坑和鼓包；③断面高度随形，以适应坝面止水带内长度方向不平度的缺陷，使水封各断面的压缩量和承载基本均匀。

(4) 充水、排气及平衡舱技术。浮体闸门体内设有互不连通的6个密闭舱，其中5个注水舱，1个空舱。注水舱包括水平调节舱和垂直调节舱，这5个注水舱可使浮体闸门下沉并能调整闸门直立的水平度和垂直度。闸门在挡水期间，门体结构相当于压力容器，其内腔绝对不能进水，否则闸门在拆除时将无法提出水面。

(四) 浮体闸门运行效果

大坝深水封堵浮体闸门首次成功地应用于刘家峡水电站泄水道2号孔修复工程，解决了修复处理检修门槽前段不能进行旱地修复处理的难题。泄水道2号孔浮体闸门的成功实践得到了国内有关知名专家的高度评价和肯定，认为刘家峡泄水道2号孔浮体门深水封堵技术属国内首创，国际领先水平，其经济效益和社会效益是无法估量的。

（西北勘测设计研究院　丁晓利）

全自动焊接技术在三峡工程压力钢管生产中的应用

(一) 工程概况

三峡工程二期工程1～14号坝段共安装14台发电机组，单机容量为700MW，每台机组均采用单机单管供水。钢管单管长度为122.5m，直径为12.4m，每条钢管重量约1500t以上。单条钢管由上平段、上弯段、斜直段、下弯段、下平段组成，上弯段至斜直段钢板采用国产16MnR（500MPa级）低合金结构钢，板厚$\delta=26\sim34$mm；下弯段及下平段采用日本产500MPa级低合金高强度调质钢板，板厚$\delta=34\sim60$mm。其中1～6号机采用了日本NKK公司的610U2钢板，板厚分别为$\delta=34$、46、60mm。7～10号机采用了日本住友公司的610F钢板，板厚分别为$\delta=34$、44、54、58mm。该工程具有直径大、焊接工程量大、焊接变形难以控制、技术要求和质量要求高等特点。水电行业在压力钢管焊接中一直采用传统的手工或半自动焊接，生产率低，劳动强度大，作业环境差，焊接质量也因焊工的技能、精神状态受制约。如何使用全自动焊接替代手工及半自动焊接、提高效率、改善施焊条件、保证质量是一个新课题。

(二) 焊接方案比较

鉴于水电焊接领域半自动焊采用的是实芯和药芯焊丝CO_2气体保护焊两种焊接方式，初步采用美国林肯、唐山松下、北京时代的焊接设备，根据不同材质的板材与之相匹配的焊接材料，进行了焊接和机械性能对比试验。得出的结论：①药芯焊丝CO_2气体保护焊虽然具有焊缝成型好、飞溅少、劳动生产率高等优点，但该焊丝熔敷金属的力学性能不稳定，焊缝的韧性和抗裂性较实芯焊丝相对较差，且焊缝熔深浅，不能完全满足水电站压力钢管的特殊需要；②采用实芯焊丝CO_2气体保护焊，尽管具有生产率高、成本低、操作简便，对铁锈的敏感性弱，易于实现机械化和自动焊，但焊接飞溅大，外观成型不良，内部质量不易保证，对焊工的操作技能相对要求较高；③实芯焊丝脉冲电源富氩保护焊不但具备了手工焊、普通CO_2气体保护焊的优点，更能体现药芯焊丝的特点，在相同板厚、相同坡口、相同角度和焊接位置条件下进行试件试验对比，它不但有较好的工艺性能和较高的熔敷金属力学性能，且焊接质量稳定，焊接飞溅小、不易堵塞焊嘴、焊缝成型美观，对焊工的操作技能要求不高，易于掌握，焊缝内部质量得到保证，生产效率明显提高。

(三) 脉冲电源富氩保护焊接技术的应用

1. 设备的选择　选用芬兰肯比DEMPPI500全功能逆变焊机（含脉冲电源、送丝机构）和美国林肯BUG-O MDS全位置焊接辅助小车（配有柔性磁性轨道）可实现压力钢管纵、环缝全自动焊接。脉冲电源为多特性逆变电源，实现了一个脉冲、一个熔滴，完全处于射流过渡。使焊接过程中的飞溅变小，且反馈焊接调节速度快，动态特性好，电弧平稳、安静、能耗小，能有效地控制热输入，保证熔深和焊接变形小，并且实现高速焊接。

2. 保护气体的选择　经对比分析选用80%Ar和20%CO_2混合气体作为脉冲焊的保护气体，可改善熔滴过渡稳定性，使得电弧燃烧稳定，减少焊接飞溅，改善焊缝成型。

3. 焊接材料的选定 用于16MRn的500MPa级的实芯焊丝，采用大西洋牌CHW-50C6实芯焊丝，其化学成分及抗拉强度、延伸率和－20℃冲击功均能满足设计要求。而且焊缝成型美观，可进行全位置焊接。

用于610U2的600MPa实芯焊丝选用了日本产MGS-63B高强度钢MAG焊丝，它具有工艺性能良好、熔敷金属力学性能优良，适用于焊接压力容器。目前国内没有生产厂家。

4. 工艺参数的确定 制定合理的焊接工艺参数，应解决的几个关键技术问题：

(1) 实芯焊丝与高强钢、低合金结构钢的合理匹配。

(2) 焊材力学性能及化学成分稳定性的分析。

(3) 纵缝焊接脉冲自动焊的坡口型式、尺寸大小及平焊、立焊两种焊位的焊接层数和焊层道数的确定。

(4) 焊接工艺参数的研究及高强钢焊接线能量、层间温度和预热温度的控制。

为了达到以上各个方面的目的，首先结合焊接设备、焊丝使用说明及市场调研结果，并依据手工焊接的工艺参数，对预先所制定的焊接工艺进行试验，掌握不同条件下的焊接工艺参数的操作方法，拟定出不同的坡口形式及不同焊接环境下的焊接电流、焊接电压、焊接速度等工艺参数范围。再通过试验论证，最终确定出合理的工艺参数和操作方法。通过大量试验，最终确定出适应16MnR低合金结构钢和610U2高强钢纵缝全自动焊接各阶段的焊接工艺参数，见表1、表2。

表1 610U2高强钢焊接工艺参数

内容	焊丝直径(mm)	焊接电流(A)	焊接电压(V)	焊接速度(mm/s)	线能量(kJ/cm)	层间温度(℃)	气体流量(L/min)
打底	1.2	138～141	21～21.6	1.1～1.04	26～29	100～105	
填充	1.2	130～136	23.1～23.7	1.15～1.65	26～28	115～127	18～20
盖面	1.2	110～132	22～22.8	1.09～1.27	22～24	127～147	

表2 16MnR低合金结构钢焊接工艺参数

内容	焊丝直径(mm)	焊接电流(A)	焊接电压(V)	焊接速度(mm/s)	线能量(kJ/cm)	层间温度(℃)	气体流量(L/min)
打底	1.2	130～140	21～21.6	1～1.09	27～28	65～80	
填充	1.2	125～130	22.6～23.7	1.18～1.4265	22～24	90～120	18～20
盖面	1.2	115～130	21.5～22	1.1～1.4	20～23	115～130	

5. 坡口型式、焊道层数和16MnR、610U2高强钢焊接预热温度的确定

(1) 坡口型式。纵缝自动焊的坡口型式、角度大小、对接间隙将直接影响焊缝的内部质量。坡口角度大，熔敷金属填充量多，费工、费时、费材料。角度小，焊丝不易伸到焊缝根部，熔深浅，容易造成未焊透和未熔合等焊接缺陷。所以最终确定的坡口型式为：对称和非对称两种，详见图1、图2、图3。

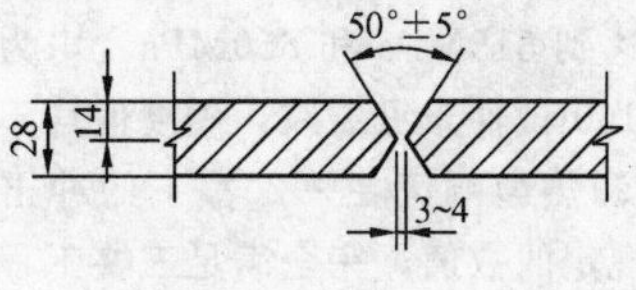

图1 对称坡口

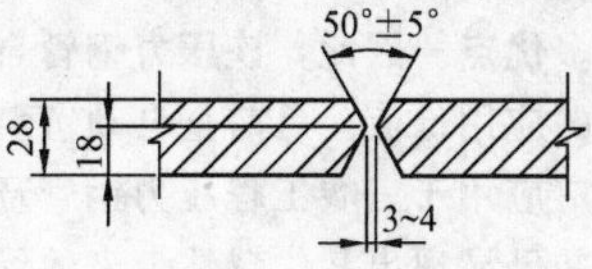

图2 非对称坡口

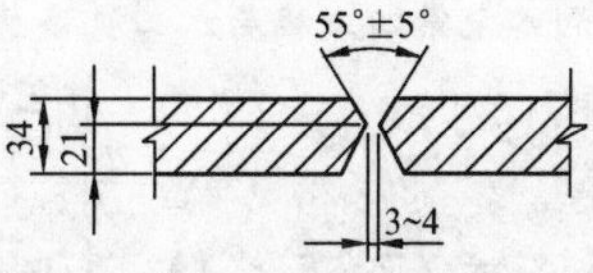

图3 非对称坡口

(2) 焊道层数。对于低合金结构钢和高强钢两种材料，焊接过程中必须控制焊接线能量和层间温度，特别是高强度钢尤为重要（线能量不大于40kJ/cm），这就要求严格控制焊道层数，按每层厚度不超过5mm来控制（焊层太厚，导致线能量超标，影响焊缝的力学性能），最终确定$\delta=28$mm分7层施焊，$\delta=34$mm分9层施焊。

(3) 预热温度的确定。低合金高强度钢既有较高的强度，又有较好的韧性、塑性和焊接性，调质后的组织是回火低碳马氏体或贝氏体。它在焊后冷却过程中，易产生延迟裂纹。对两种材料的自动焊纵缝焊接前的预热温度经斜Y、窗形拘束反复试验，确定不同板厚、环境温度下的预热温度、层温和后热温度，见表3。

表3 不同板厚、环境温度下的预热温度

钢板牌号	钢板厚度δ(mm)	环境温度(℃)	湿度(%)	预热温度(℃)	层间温度(℃)	后热温度
16MnR	28	≤5	90	30～50	≤180	
		≥5	90	不预热	≤180	
601U2	34	<20	90	50～70	≤180	150～200℃保温2h
		≥20	90	不预热	≤180	

6. 机械性能试验分析　根据所确定的焊接参数、坡口型式、对接间隙、焊道层数和预热温度，分别对两种材料的焊缝接头进行了机械性能试验，结果表明接头抗拉强度分别达到 515MPa 和 650MPa，均为母材塑断，侧面弯曲 100°试件未见裂纹，硬度值均不大于 350HV，焊缝区和热影响区在－20℃下的冲击韧性值均已超过规范规定的数值，完全满足三峡工程压力钢管制作的设计要求。

（四）结束语

实践证明，压力钢管焊接采用脉冲电源实心焊丝富氩保护全自动焊技术，是目前钢管焊接的一种先进工艺。该技术不仅能够满足压力钢管焊接的要求，而且能提高焊接质量、提高工作效率、降低劳动强度、改善焊接环境，同时还具有能耗少、焊丝利用率高、成本低等许多优点。因此，该压力钢管自动焊技术具有广泛推广的应用价值。目前全自动富氩气体保护焊接技术已推广应用于三峡工程压力钢管环缝和加劲环的焊接中，并已显现出其优越性带来的经济效益，也填补了水电行业压力钢管无全自动焊接的空白。

（水利水电第四工程局水工机械总厂三峡分厂 钟艺谋　霍建民）

巨型压力钢管整体卷制技术

巨型压力钢管整体卷制技术，改变传统的巨型压力钢管由瓦片制作再组焊接成圆的工艺方法，提出新型、实用一次成型的压力钢管制造技术。主要应用于巨型压力钢管的制作及各种巨型压力容器的制作。它的基本工序是：钢板到货验收、排料、标记、划线、下料→对需要焊接的钢板头进行特殊处理→将分块钢板在平面上进行拼接→用自动焊组焊成整块→焊缝无损探伤→整块钢板卷制成型→机上对接→焊接最后一道焊缝→机上校圆→焊缝无损探伤→调圆上内支撑→验收出厂。

该工艺的技术关键是钢管焊接后经过卷制，其焊缝受力变形的各项性能指标是否能达到技术要求，为此对焊接接头经拉伸、冷弯、冲击、硬度等进行了全面试验，通过优选最佳焊接坡口、优选焊接工艺参数，以获得良好性能的焊接接头。实践表明：焊缝及母材内外表层各项指标，均能优于设计标准，焊缝各区 V 型坡口，常温和 0℃的冲击值都大于 34J/cm^2，金相分析未发现宏观和微观的裂纹，证明焊缝在受力变形后各区依然有较高的塑性储备。

经过多家专业机构和专业院校的论证和测定，以及青海省李家峡水电站（引水压力钢管 5×ϕ8m，本体重量 5197.20t）、黄河万家寨水电站（引水压力钢管 6×ϕ7.5m，本体重量 2741.688t）等大型水电工程的应用证明，整体卷制纵向焊缝的残余应力水平低于瓦片工艺制作的管节纵向焊缝的残余应力水平，纵向残余应力峰值下降了 42%，横向残余应力峰值下降了 48%。其焊接接头质量及钢管整体质量，完全符合压力钢管制造安装及验收规范要求。目前又试卷成功 ϕ12.4m 全国最大的引水压力钢管。经再次论证及测试，其技术指标均优于国家标准。

该项技术与传统工艺相比，彻底消除了传统工艺中的多项缺点，即：①由钢板瓦片制作到组圆、拼接、手工焊接、调圆等一系列复杂工序，大面积采用了自动焊接，机械化程度高，大大降低了人工投入及劳动强度；②大幅度降低了对冷作工的依赖性，提高了劳动生产率；③缩短了钢管制造周期，降低了生产成本，经济效益和社会效益十分显著。

在整体质量方面，整体卷制主要优点有：①管口不平度用控制直线的办法，很容易得到控制；②自动焊比例提高，大大提高了焊缝的质量等级；③钢管圆弧弧度均匀性、一致性得到保证；④椭圆度得到有效的控制，提高了钢管制做的精度；⑤彻底消除了传统技术中，由于瓦片焊接而产生的直边形现象。

经有关专家的鉴定认为：①该项目整体卷制的方法属国际首创；②其技术在先进性、实用性（如：提高压力钢管的整体质量、节约人工、缩短钢管制造周期、创造良好经济效益等）方面，与国内外巨型压力钢管制造的先进技术相比，处于国际先进水平。该项技术已经完全成熟。

随着国内外水电站机组向大容量的方向发展，对压力钢管的整体质量要求越来越高，对压力钢管的制造速度要求越来越快。国内大、中型水电站压力钢管直径绝大多数都超过了 6m，这就给整体卷制技术提供了广阔的应用前景。

该项目于 1995 年获联合国技术信息促进系统“发明创新科技之星奖”、于 2001 年获国家发明专利证书（专利号为 ZL　94118021.2）

（中国水利水电第四工程局　张光敏）

大朝山水电站采用筒形阀、取消快速闸门的实践

大朝山水电站共装设 6 台单机容量为 225MW 的混流式水轮发电机组，水轮机额定水头 72.5m，工作水头范围 53.02～85.63m，极限最大水头 87.9m。引水系统从进水口至地下厂房采用压力管道单机单管引水，管道内径由 8.5m 渐变为 8m，每条压力管道总长 179.2m，管道容积约 9500m^3。在招标设计阶段，

从1993年至1997年经过长达4年的反复论证和技术经济分析，采用了6台水轮机设置筒形阀，进水口取消快速闸门（只设一道事故检修闸门）的方案，这是大朝山水电站机电设计的一个比较显著的特点。

大朝山水电站机组转轮直径为6m，筒形阀外径为7937mm，壁厚120mm，高度为1815mm，由6个直径为320mm的直缸接力器操作，用滚珠丝杆和链轮链条实现机械同步。筒形阀开启时间为90s，关闭时间为60s。采用独立的操作油源，两台机共用一套油压装置，机组调速器油压装置作为事故备用。筒形阀阀体布置在水轮机活动导叶和固定导叶之间，全开时缩进顶盖与座环形成的腔体内，下端与顶盖齐平，不产生水头损失。当机组突甩负荷产生飞逸时，可动水关闭筒形阀，以保护机组。全关时，筒形阀密封性好，与导叶相比漏水量极小，漏水电能损失大大减少。并且，对多泥沙河流的水电站，停机时关闭筒形阀，可有效保护导水机构免遭间隙空蚀和泥沙磨损。

大朝山水电站机组进水口的布置，在初步设计阶段采用的是快速闸门加检修闸门的常规布置方案。经过对筒形阀的设计、制造、安装等环节进行认真研究，并结合其他工程使用筒形阀的经验，在对筒形阀的安全可靠性做了充分的论证后，经业主单位董事会批准，取消了进水口快速闸门和6台液压启闭机，改为只设一道事故检修闸门。由于机组的事故保护作用由筒形阀承担，压力管道的事故保护和检修可利用事故检修门动水关闭、静水开启的功能，所以，论证后认为这种布置是安全可靠的，并且是经济合理的。大朝山水电站进水口事故检修门孔口尺寸为7.0m×9.3m，共设置6扇。闸门平时锁定在进水口孔口上方、坝面之下，操作设备为3200kN单向门机。大朝山水电站6台机组设置筒形阀的费用为1567.62万元。取消进水口快速闸门及其启闭设备改为设6个事故检修闸门，可减少投资886.1万元。由于进水口门槽数量从两道减少到一道，进水口坝段上部坝体的厚度减薄5m，减少混凝土工程量约1.2万m^3，可节省工程投资360万元以上。综合分析，采用设置筒形阀、取消快速闸门的方案仅增加投资约320万元。如果考虑设置筒形阀后，每年每台机可减少漏水电能损失约50万元，则采用筒形阀、取消快速闸门的方案经济性更为明显。

大朝山水电站1号和2号机组已相继投产发电，在机组测试试运行阶段，筒形阀的静水、动水试验进行得非常顺利，筒形阀开、闭灵活，运行平稳，各项参数均符合技术要求。到目前为止，两台机组的筒形阀在每次开、停机时均进行操作，运行情况正常，初步证明采用筒形阀、取消快速闸门的实践是成功的。

（北京勘测设计研究院　吴义航）

机　电　安　装

水电机电安装50年发展与技术进步

水电机电安装伴随着中国水力发电建设事业的发展已经走过了50年的历程。至今，中国已是世界上第一位的常规水电装机大国，在建水电工程规模在世界上也遥遥领先。本文从水电机电安装队伍的发展壮大、装机规模的增加、安装技术的进步和具变革性的技术创新等几个方面论述了中国水电安装事业及其技术发展的过程，并提出在新一轮水电建设大潮中机电安装技术的发展趋势和方向。

（一）概述

建国初期的1951年，东北丰满水电站修复并开始安装原苏联制造的新机组，丰满水电工程公司安装工程队成立，水电机电安装行业由此诞生。50年来，中国水电机电安装行业经历了从无到有，从小到大，从弱到强的发展壮大过程。截至2001年底，全国水电装机容量达到8270万kW，其中常规机组容量7700万kW，已超过美国跃居世界首位。而大中型水电机组约占70%。最近11年来，大中型水电机组就投产3213万kW，97%由中央直属水电施工企业安装。水电机电安装施工企业（以下简称安装企业）作为一种专业性和技术性较强的安装工程建设实体，从计划经济时代开始创业直到现在，独立的或与土建施工企业联合进入市场已有50年历史，取得了显著的工程业绩和跨时代的技术进步，并造就了一批有代表性的综合实力较强的企业，掌握了具有代表世界水平的施工技术和施工工艺。近6000万kW的大中型水电机组的投产和运行，充分体现了中国水力发电工业的综合实力和世界先进的技术水平。这些水电工程在为国家创造巨大经济财富和综合效益的过程中，有水电机电安装企业一份不可磨灭的贡献。

（二）50年成就与业绩

1. 机电安装施工企业的发展、壮大历程　1951年，在东北丰满水电站成立安装工程队，修复该电站机电设备及安装原苏联制造的7.25万kW机组。1957年成立水电总局机电安装工程公司，1958年下放至地方。1963年恢复成立水利水电机电安装局，直至1969年文革期间撤销。随后原安装局的八个处分别划归水电工程局管辖，建立各工程局的机电安装处。其演变结果是：安装一处归水利水电第一工程局和第七工程局；安装三处归水利水电第十二工程局和武警水电第二总队；安装四处归葛洲坝集团公司、水利水电第八工程局、广西水电工程局和水利水电第七工程局一部分；安装五处归水利水电第十工程局和水利水电第六工程局；安装七处归水利水电第十四工程局；安装二处和六处在1965年合并为八处，以后分别归水利水电第四工程局、水利水电第五工程局、水利水电第三工程局、水利水电第十一工程局和水利水电第二工程局。经过从1969年到现在的32年的发展和重组，水电机电安装企业基本上稳定在由工程局辖属，成为中国水利水电工程总公司和葛洲坝集团公司不可分割的重要组成部分。目前，中国水利水电工程总公司系统共有14支机电安装队伍（含水利水电第十二工程局），称为机电安装分局（处或公司），从业人数8800人。葛洲坝集团机电建设公司2900人，再加上广东、广西、湖南水利水电工程局及武警水电第二总队等单位的安装处（支队）共约14000人。据调查和统计，平均年龄不超过33岁，文化程度全部在高中或相当高中的专业技校以上。企业领导及经营、生产、技术管理人员和施工项目经理绝大多数为大学本科学历以上。这些企业的大多数，全员劳动生产率、建安产值利润率、人均利润和收入均高于同行业的土建施工企业。它们的产业是水电施工企业支柱产业的重要组成部分，它们的专业技术是集成度较高的传统工业技术。在水电工程建设系统中占有一定的比重和地位。

2. 水电装机容量的发展　50年来水电装机容量的发展和进步见表1。

表1的统计数据说明：进入九十年代以来，我国水电装机以每年投产300万kW以上的速度快速发展，其中“九五”期间的1999年，大中型水电机组投产为600.4万kW/36台，这在世界水电发展史也上是罕见的。九十年代以来我国大中型水电装机投产情况如表2。

表1　50年来我国水电装机容量和发电量统计

年　份	装机容量（万kW）	年发电量（亿kW·h）
建国时	16.3	7.1
50年代末	237.9	90.4
60年代末	623.5	204.6
70年代末	2032	582.1
80年代末	3605	1263
1991年	3788	1248
1992年	4068	1315
1993年	4459	1507
1994年	4906	1668
1995年	5218	1768
1996年	5558	1869
1997年	5973	1946
1998年	6506	2043
1999年	7297	2129
2000年	7935	2431
2001年	8270	2575

表2　1991年～2001年中国大中型水电机组逐年投产统计表

年　份	1991	1992	1993	1994	1995	1996	1997	1998	1999	2000	2001
投产容量（10^4kW）	101.8	185.4	309	314	223.4	214.9	252.5	354	600	428	255
累计容量（10^4kW）	101.8	287.6	597	915	1138.4	1353.3	1605.4	1960	2561	2988	3213
投产台数	10	14	14	18	20	23	17	15	36	45	20
装机单位	水利水电工程总公司			葛洲坝集团			武警水电部队			其　他	
工程量（万kW）	2397.95			654.7			62.08			99.0	
分配比例	74.6%			20.37%			1.93%			3.0%	

注　以上仅从机电投产方面考虑，不计全部的土建工程量。

3. 安装施工技术和施工能力的进步　50年代初以江西上犹、东北大伙房、安徽梅山和佛子岭、四川狮子滩、浙江黄坛口、广东流溪河、福建古田等为代表的水电站的建设开创了中国水电机电安装的早期历史，安装机组的容量大多在1.5万kW左右。在此之后的50年，机组安装容量等级上了若干个台阶，它们是：①以新安江、柘溪、新丰江水电站为代表的7.25万～8.5万kW级的机组安装；②以云峰、龚嘴水电站为代表的10万kW级的机组的安装；③以刘家峡、丹江口水电站为代表的15万～22.5万kW级的机组的安装；④以葛洲坝、水口水电站为代表的12.5万kW级及以上的大型轴流转桨式水轮发电机组的安装，其中水口水电站20万kW轴流转桨式机组为世界上该类型容量最大的机组；⑤以白山、龙羊峡、隔河岩、漫湾、天生桥、岩滩、小浪底等水电站为代表的25万～30万kW级的机组的安装；⑥以李家峡、二滩水电站为代表的（40～55）万kW级的大型水电机组的安装；⑦以三峡、龙滩、小湾、拉西瓦为代表的70万kW级的超大型水电机组的安装。

通过以上各时段水电机组设备安装工程的实践和锻炼，一代又一代的水电机电安装建设者，已经掌握了极丰富的水电站成套机电设备的安装、调试和试运行试验技术。可归纳为：

(1) 能组装、焊接直径大于8m的混流式水轮机偏心或对称分瓣的转轮，其工艺技术已达到世界先进水平。首次在国内实现在现场散件组装焊接直径超过6m的全不锈钢（马氏体）混流式水轮机的转轮，完成组焊、加工和抗磨层喷涂的全部工艺过程，质量完全符合国际标准要求。

(2) 用先进的CO_2气体保护焊接机具成功地组焊了近60台直径超过10m的水轮发电机转子圆盘式支架，其变形被控制在允许的范围内。

(3) 能安装目前世界上单机容量最大的水口水电站轴流转桨式水轮发电机组，并实现了一年三投的工程业绩。

(4) 能安装的大型混流式水轮发电机组的单机容量已达40万～55万kW，并创造了一年投产四台55万kW机组的工程业绩。

(5) 能安装调整各种形式的大型机组推力轴承，其中包括由日立公司专利技术设计、制造的轴向负荷为4100t的世界上第三大推力轴承。

(6) 在世界上首次安装了40万kW蒸发冷却的水轮发电机，其安装工艺水平和调试技术在内冷电机的技术领域里又有重大的创新。

(7) 能制造和安装直径达12.4m的目前世界上最大的压力钢管、水头达500～600m的高压输水钢管和三峡工程永久船闸的超大型金属结构，适应抗拉强度达600～800MPa级钢材的各种加工、焊接和安装要求。

(8) 能安装容量在36万kV·A及以上、电压等级达500kV的整体式或三相组合式电力变压器、油浸电抗器、高压电缆及500kV封闭组合电器。

(9) 能安装大容量、高扬程的可逆式抽水蓄能水泵/水轮机组及其启动设备，其中包括世界上最先进的能带负荷和使机组变速运行的晶闸管静止式变频装置（SFC）。

(10) 能实现由计算机监控系统管理和操作的水电站各种自动装置和计算机设备的安装和调试，包括安装、调整和操作世界上一流的电器制造商生产的各种机电一体化控制设备，如微机调速器、励磁系统、智能化监测装置等。

(11) 如果在建工程规模和电力设备供应能得到保证，全行业具有完成年安装投产大中型水电机组600万kW以上的能力；单个工程项目点年装机投产强度可达每间隔3～4个月左右投产一台机组，均衡生产和保持持续装机强度的概念和实践已被总结为编制网络计划的原则并形成优秀实用的计算机施工管理软件。

上述施工技术的形成和逐步完善无可非议地显示出中国机电安装企业的实力和经验。世界上没有任何一个国家的水电专业施工队伍或工程公司能像中国水电机电安装企业一样在50年的时间内经历过这么多的工程，完成过这么多台机组设备的安装，处理和解决过这么多的复杂的技术难题。我们已经具有了年装机700万～800万kW，年金属结构制作安装10万t的能力。

4.50年来带变革性的重大技术创新

(1) 发电机定子现场整体叠片组装、嵌装全部线圈的现场装配工艺和定子整体吊装技术，使得80年代以后的大中型水轮发电机定子已经如同发电机转子一样，被确定为在现场整体装配。

(2) 发电机推力轴承的推力轴瓦及导轴承的导轴瓦由单一的巴氏合金瓦面材料改为增加了弹性金属塑料瓦的新材料、新结构、新技术。推力轴瓦采用弹性金属塑料瓦的应用技术已从根本上解决了大型推力轴承运行可靠性的问题。

(3) 超大型水轮机埋件（如尾水管的肘管、锥管、基础环、蜗壳、机坑里衬等）现场下料、卷板制造的生产方式。

(4) 大型混流式水轮机转轮由分瓣（半）结构现场组装焊接发展到由散件运输、在现场整体组焊的加工制造工艺。

(5) 新型发电机内冷技术用于水电工程，蒸发冷却水轮发电机定子的安装工艺和调整试验技术。

(6) 发电机圆盘式转子支架结构的应用与组装焊接技术。

(7) 用于压力钢管、高压岔钢和蜗壳的600MPa和800MPa级高强钢的焊接和应力消除技术。

(8) 调速器和励磁装置系统智能化机电一体化控制设备的安装调试技术。

(9) 高电压等级（330kV、500kV）封闭组合电器设备 GIS 的安装、调试技术；大容量组合式壳式变压器现场组装、安装调试技术。

(10) 以新型自动化监测装置和元件为基础的水电站计算机监控系统的安装和调试技术及可逆式抽水蓄能机组启动试验技术。

以上十项技术创新，已经把中国水电机电安装的施工技术全面地推到了世界先进水平，实现了与国际水平接轨的目标。与此同时当代中国机电安装施工标准化体系，以成熟的施工经验为依据，提供了在世界最丰富、最全面、最合理的机电安装工艺导则、技术规范、质量标准和试验规程，成为机电安装工程最重要的技术保证和质量保证的基础，同时也是这个行业能逐步达到世界先进水平的重要标志。

（三）安装施工技术的发展展望

进入 21 世纪，水电机电安装企业所面临的是近 4000 万 kW 的在建水电工程规模，它们大致可分成如下几类：

(1) 以三峡、龙滩、小湾、拉西瓦等水电项目为代表的 70 万 kW 巨型水轮发电机组和相应机电设备的安装。其中包括水内冷发电机、极限容量条件下的全空气冷却发电机、大容量变压器、超高压（750kV）电气设备的安装试验、大型水轮机稳定性工况试验、超大型金属结构制作、安装等。

(2) 以桐柏、泰安、张河湾、宜兴等抽水蓄能电站为代表的 20 万～30 万 kW 可逆式抽水蓄能机组及启动设备的安装、调试。

(3) 以公伯峡、洪家渡、乌江（扩机）、平班、恶滩等水电站为代表的 20 万～30 万 kW 常规水轮发电机组及其 330kV、500kV 高压电气设备的安装。

(4) 以洪江、尼那、青居、桐子壕等水电工程为代表的一大批 3 万～4.5 万 kW 低水头灯泡贯流式机组的安装。

上述在建工程的划分，基本上构成了当代中国水电机电设备的安装格局，相应的机电安装技术发展也必将围绕着这些工程的建设和投产而展开，它们将是：

(1) 超大型水电机组结构装配中的刚强度及装配应力控制技术；转轮在现场组装、焊接、应力消除和加工技术。

(2) 超大型机组埋件现场制作工艺技术的规范与制造方式的推广，埋件制造方式的变革性创新。

(3) 水内冷发电机绕组的安装与试验（包括水力和电气试验）技术，水处理系统与机组联合启动调试技术。

(4) 高铁芯全空气冷却发电机的叠片工艺和空气冷却系统冷却通道结构件安装、调整技术要求的工艺措施。

(5) 75 万 kVA 及以上超大容量变压器的运输、安装和试验。其中包括局放试验的要求和试验方法。

(6) 750kV 超高压电压等级的出现、相应电气设备的安装试验技术和相应试验设备的应用。

(7) 可逆式机组启动试验、调试技术的进一步成熟和在全系统内的掌握范围进一步扩大，工况转换智能化程度和转换成功率技术的进一步提高。

(8) 水电站与电力系统之间调试、送出试验进一步规范和完善。

(9) 水电机组运行工况在线监测系统，其中包括对机组稳定性监测和故障诊断技术的发展，促使在水电站计算机监测系统的安装、调试中将这部分相对独立的系统包括进去，并掌握其工作原理和智能软件。

(10) 大型灯泡贯流式发电机冷却系统的改进和安装技术，大型卧式机组轴线调整标准的进一步完善和规范。

（四）结论

水电机电安装 50 年发展和技术进步是史无前例的，是在中国优越的水力资源条件下，水力发电事业发展的结果。归根结底，是社会工业化发展和技术进步的产物。机电安装企业的存在和发展也是在中国特定条件下形成的。作为电源建设的一个环节，水电机电安装起着将水电站建设投资转化为现实收益的重要作用。新世纪时代的水电机电安装行业和安装企业，一定要再抓住水电开发的大好机遇，不断地实现技术创新和管理创新，不断地总结发展过程中的经验和教训，才能再有所作为。技术创新和管理创新将是安装企业赖以继续生存和发展的根本条件。

（中国水利水电工程总公司　付元初）

李家峡水电站 400MW 机组偏心分瓣转轮现场组焊

（一）概述

由于水轮发电机组单机容量的增大，水轮机转轮尺寸和重量也相应增大。为了解决运输和起重设备限制，提高混流式机组转轮的制造和安装精度，国内设计制造的混流式转轮多采用分两瓣制造现场组焊的结构方式。水轮机转轮的安装对整台机组的安装有重大影响，因此，分瓣转轮的现场组装焊接是必须认真解决的施工关键技术。

中国自六十年代初开始进行现场分瓣转轮组焊，依靠自己的技术力量首先在三门峡水电站焊接成功，现已完成施工投入运行的分瓣转轮 40 余台。位于青海省境内黄河上游的李家峡水电站，单机容量

400MW，是目前国内已投运的单机容量最大的水轮发电机组，水轮机转轮为分瓣结构，现场组装焊接。水电站设计安装5台机组，其中一期要完成安装4台机组，前2台机组已分别于1997年2月和1997年12月投入运行。

（二）水轮机参数与转轮结构

李家峡水电站水轮发电机组是博采众家之长设计制造的，混流式水轮机转轮是引进加拿大GE公司的D203转轮，全套水轮发电机组由东方电机厂生产制造。

1. 水轮机基本参数

水轮机型号	HLD203—LJ—603
额定水头	122m
额定出力	408.2MW
额定流量	262.38m^3/s
额定转速	125r/min
吸出高度	−7m
额定效率	94.12%
额定比转速	197m·kW

2. 转轮结构　转轮采用铸焊结构，叶片和下环的材质分别为ZG0Cr13Ni6Mo和ZG0Cr13Ni4Mo不锈钢。上冠材质为ZG20SiMn低合金钢，止漏环材质为Cr16Ni5不锈钢。转轮分两瓣制造，在工地组合时下环和跨分瓣面处的叶片采用焊接连接，下冠采用螺栓把合，工地组装焊接后需进行车磨圆消除变形，并进行静平衡试验。转轮主要尺寸及重量如下：

转轮最大直径	6636mm
最大高度	3224mm
上止漏环直径（高度）	5995mm（300mm）
下止漏环直径（高度）	6638mm（450mm）
过流进口高度	1508mm
转轮重量	147t

转轮结构有以下几个特点：

（1）转轮与主轴连接法兰之间设有销套传递扭矩，全部销套孔用同一套镗模加工，5台机组的转轮与主轴可以互换。

（2）上冠顶面为铸造成形的粗加工锥形表面不采用钢板。上冠外缘加工出一圈宽度80mm、深度100mm的凹槽，用以置放静平衡试验配重块。

（3）叶片及下环分缝的坡口采用大钝边结构，用以减少现场焊接量同时减少焊接变形。

（4）上冠采用螺栓把合，把合螺栓埋入上冠内，优化了转轮结构尺寸。

（三）组装与焊接工艺

1. 工艺流程　李家峡水电站转轮的组焊步骤及流程与其他分瓣转轮的施工大体相同。

（1）分瓣转轮运到安装间后，拆除运输过程中的加固支撑，对上冠分瓣面、下环及叶片坡口钝边进行认真清扫检查，同时检查分瓣面上的定位销应完好无损。

（2）清扫好场地，布置6个转轮支墩及调整高程用的楔子板，各支墩上楔子板顶面高差应不大于1mm。将第一瓣转轮吊起后放置在3个支墩上，调整转轮上法兰面水平到0.05mm/m以内。转轮分瓣面应与厂房内桥机轨道的方向布置一致或与桥机小车轨道一致，便于第二瓣吊起后组合。

由于上冠把合螺栓埋入在上冠内，此时就要检查清扫好的螺栓装入第一瓣就位的转轮并上好这一端的螺母。螺栓有M140×4和M160×4两种。螺栓用热把合方式把紧，采用中心加热棒的方式加热。加热棒应事先测试完好后穿入螺栓中心孔内，螺栓安装时要保护加热棒不受任何伤害。

第二瓣转轮起吊后，应将上法兰基本调平，水平大致在1mm/m以内，上冠把合面涂白厚漆。起吊第二瓣转轮与第一瓣转轮靠近，此前应把调好高程的第二瓣转轮下的3对支撑楔子板做好标记后，去掉上面一块。2瓣转轮靠近过程中设专人监护以免任何撞伤。当第二瓣上的转轮组合螺母可以旋入时，保持桥机不动，将所有螺母旋入把合无间隙后，打入转轮底部的楔子板。检查调整组合间隙及法兰面缝错牙，检查焊口断面及转轮有关外形尺寸，用预紧扳手把紧全部组合螺栓。

（3）螺栓加热把紧。使用螺栓加热控制器对两侧组合螺栓对称加热，注意全部螺栓加热应分两次，每次加热一半数量的螺栓，以免全部螺栓同时热胀后引起组合缝错位。应按厂家规定的螺栓把紧应力计算螺栓伸长值及相对应的螺母旋转弧长。李家峡水电站分瓣转轮螺栓把合应力为200MPa，M140×4和M160×4两种螺栓的螺母外侧旋转弧长分别为72.2mm，84.9mm。

（4）因转轮与大轴之间采用销套连接方式，所以焊前应装入销套并将大轴与转轮把合，一是检查焊前大轴与转轮把合情况，二是联轴焊接转轮，决不允许由焊接引起任何影响联轴的问题产生。转轮焊接前的联轴，装入了全部20个联轴螺栓，把合应力为设计值的50%。

2. 转轮焊接　李家峡水电站转轮下环及叶片分缝坡口采用大钝边形式，在国内属首次，焊前下环间隙顶开值由制造厂在厂内试验确定，工地不再进行刚度试验和全断面焊接试验，间隙顶开值下环中间位置2mm。转轮焊接方式为主轴与转轮连接的方式，这种方式目前国内也较少采用。焊接不进行热处理。

（1）焊前准备。在转轮下环合缝两侧内外用钢冲打出下环焊缝测点记号。以合缝面为中心两测点距离约200mm。测点分上、中、下布置，内外侧高低对齐，每条缝共有6对测点。在下环中部外侧焊接顶开间隙挡板，用50t压机顶开焊缝间隙，并在上、中、下三个部位打入间隔块，间隔块材料为45号钢。在下环内外侧上、中、下部位装焊搭板。在距转轮下环165mm处搭设焊接保温棚，必要时采取加温措施，保证转轮焊接过程中环境温度在10℃以上。

(2) 基本工艺要求。焊缝预热温度120～150℃，加热宽度小于300mm。下环和叶片封底及焊接均采用A237、ϕ4焊条，盖面用M831、ϕ4焊条，上冠焊接用J507焊条。焊条使用前经350～400℃烘干10h并放在保温筒内随用随取，层间温度200～250℃。

(3) 下环焊接。下环高度为1416mm，分4段，从上至下各段长度依次为272mm、436mm、340mm和376mm。封底焊的顺序从上至下为1—2—3—4，第二层至第六层按4—1—2—3顺序焊接，最后盖面分3段从上至下进行焊接。由于采用大钝边结构，内外同时对称封底，为避免对弧，内侧先施焊1根焊条后外侧再开始施焊，这与其他转轮先单侧焊对侧清根，然后再同时施焊的方法不同。采用多层多道焊接，焊层厚度上端3～4mm，下端4～5mm，焊道宽度不大于12mm，焊接速度为150～200mm/min。每焊完一层用风铲锤击熔敷金属消除应力，锤击至金属表面平展发亮为止。在焊接工程中，每焊完一层并锤击消应力后（封底及盖面不做锤击）测量一次焊缝收缩值及角变形，根据测量结果并通过改变焊接电流、施焊顺序、摆副宽度和焊层厚度等方法控制变形情况。焊接变形主要发生在一至四层，因此这几层焊接中要对变形进行严格监视和控制。割取间隔块的时间为内、外侧封底完成后割取下部间隔块，内、外侧各焊完第一层后割取上、中部间隔块。割取拉板的时间为封底焊完后割下拉板，内、外侧施焊二三层后，视具体情况割除内外拉板。

(4) 叶片焊接。叶片焊缝共分为7段，最上部一段长300mm，最下部一段长350mm，中间5段均分其余长度。为控制变形，施焊前在叶片第二、四、六段焊缝间隙内打入间隔块，在间隔块对称位置叶片正面及前面增加了长400mm左右的拉板，以增加叶片刚度。焊接过程中每条缝由两名焊工同时采用逆向分段退步焊接。头三层用ϕ3.2mm焊条，摆幅不大于8mm，其后各层采用4mm焊条，摆幅不大于10mm，每层焊缝厚度控制在4～5mm。焊接变形控制、焊接规范及应力消除与下环相同。

（四）转轮的磨圆与静平衡

转轮组焊后对上、下止漏环进行车磨圆，是为了消除制造、运输及焊接过程中各种应力对止漏环圆度及上、下止漏环同心度的影响。转轮车磨圆后进行静平衡试验，以消除焊接产生的不平衡重量。

1. 转轮车磨圆　转轮车磨圆使用的专用设备是制造厂提供的。车磨圆前，应以上法兰面为基准调平转轮，使其水平度达0.05mm/m以内。安装立车，并以转轮法兰止口为准调整立车同心度，使四个方向的偏差不大于0.05mm。调整立车两端车削支臂走刀架的垂直度达0.10mm/m以内。用π尺测取上、下止漏环的周长。并与固定止漏环实测直径相比较，以确定车削加工量。

开始车圆时，应先回转立车，找出上、下止漏环的最大半径点，以该点定刀进行车圆。当车圆至单侧余量0.15mm时，把车刀换成磨头通过磨圆使止漏环粗糙度提高到图纸要求。

2. 转轮的静平衡试验　转轮静平衡试验工具支持座水平应调整到0.02mm/m以内，支座底面应垫实并加固牢靠。按转轮下环底端直径对称放4只千斤顶，其全部行程应满足转轮起落要求。平衡球心应在转轮重心垂线上，同时使用中应与支持座中心一致。

按下列公式求出静平衡试验工具的灵敏度h值：

$$h=\frac{(PR-G\mu)R}{GH}$$

式中：h——平衡球中心到转轮重心距离，cm；

P——试验平衡块重量，kg；

R——试验平衡块放置半径，cm；

G——转轮体重量（含试验工具重量），kg；

μ——平衡球与支座滚动摩擦系数，cm；

H——在R处加试验平衡块后，对应该半径点的下降值，cm。

试验平衡块准备1kg、2kg和3kg各一块。试验时放置在上冠顶面外缘R2848mm处。通过放置1kg、2kg和3kg试块，可得到对应的H_1、H_2、H_3共三个值，利用其中任意两个值代入上面的公式，解联立方程同时求出h值和μ值。因每个水电站使用的静平衡工具μ值不一样，厂家推荐值为0.001～0.002cm，但无法准确使用，所以第一台转轮试验时应同时求出h值和μ值，这样才使计算的残余不平衡值更准确。

将灵敏度h值调整到国标GB8564的要求范围内，重新放置1kg试块在R=2848mm处，测取下降值h，即可根据配重后的上法兰残余不平衡度换算得出残余不平衡重量g，李家峡水电站转轮配重后，在R=2848mm处的残余不平衡重量小于1.5kg、换算到R=1000mm处，残余不平衡重量不大于0.53kg。

（五）结束语

大型分瓣转轮的工地组焊技术、加工技术是大型机组安装的重要课题。李家峡水电站400MW水轮发电机组分瓣转轮由中国自行制造，并在结构上有所改进。现场组焊焊接成功后运行良好。这不仅标志着中国水电机组转轮制造安装技术上的又一进步，同时也为今后大型混流式机组制造安装提供了成功的经验。

（中国水利水电第四工程局 许春江）

大型发电机定子现场装配

（一）概述

近年来随着机组容量的不断增大，发电机定子的外形尺寸也在不断增大，为了克服运输上的困难和消除电磁振动及噪声，大型水轮发电机定子普遍采用现场装配。然而许多水电站在安装中经常出现一些由于不能熟练掌握现场装配工艺而产生的一系列问题而影响装配质量，现通过中国水利水电第四工程局机电安装分局近年来十多台发电机定子装配中经常出现的问题及其相应对策进行论述。

（二）定子机座焊接

将清扫干净的定子机座及基础板把合，置放在600～800mm高的钢支墩上组成整圆，以下环板为基准调整机座水平，使之达到规定要求，调整中心测量柱使其与机座同心且垂直度在0.02mm/m之内，测量机座环板圆度，并以压紧螺孔为基准测量机座的绝对半径，机座调整合格后按下环板的厚度选用30～40mm钢板做拉板，固定在机座各层环板组合缝的位置，由于下环板厚度比较大，焊接收缩大，因此在其侧向加装拉板，平焊位置由于设计有工艺组合块可不加装拉板，其主要目的是为了控制焊接过程中焊接收缩，当焊缝量超过三分之二时，可把拉板及组合工艺块割除，在焊接过程中要特别注意各焊缝焊接速度均匀，下环板的焊接还应注意仰焊、平焊的对称，防止由于焊接而产生合缝处环板凹凸变形，为了有效的控制焊接过程焊接收缩，焊接时采用小规范，窄道焊接，除打底及盖面焊接外，其余各层焊接采用锤击消除应力，对于对接焊接结构的定子机座焊接规范可适当放宽，无论何种结构的定子在有条件的情况下，尽可能采用CO_2气体保护焊，可有效的减小焊接变形和收缩。但应特别注意气体的纯度不能小于99.9%，否则易产生气孔及夹渣，影响焊接质量。

（三）定位筋与托板搭焊及装配

1. 定位筋与托板焊接 按定位筋的安装位置，预装定位筋托板，托板与定位筋点焊后，拆下放置在焊筋架上进行托板焊接。为了减小托板焊接产生的变形，托板与定位筋焊接时，最好采用CO_2气体保护焊，一则可有效地减小焊接变形，再者可充分提高焊接效率，在定位筋与托板焊接完成后，定位筋一定要严格按照规范要求校正。

2. 定位筋安装 定位筋安装开始前，先将定子机座周围用蓬布封盖起来，避免阳光直照，冷热风直吹。避免温度急剧变化而产生的测量误差。因此，在定位筋安装时，要经常监视环境温度的变化。在过去的其他几个水电站的安装中，由于定位筋安装工作繁杂，时间持续长，因此，一般安排两班作业或三班作业，由于厂房内昼夜温差较大，往往由于温度变化，使得测量结果变化很大，工作效率非常低。对于定位筋施工测量误差大这种情况，进行理论分析寻找影响测量的主要原因，认为最根本的原因是由于温度变化影响。如果搭设保温棚，进行温度调节，一则工程量大，再者需要增加相应的照明、通风，加大工程成本且不经济。因此施工中，通过对连续几天定子施工部位每天各时段温度变化的测量，确定温度变化最小的时段，进行定位筋调整施工作业，其他时段进行定子其他工序施工，如定位筋与搭板焊接、定位筋校直等不受温度控制的工作，使工作的连续性提高，使该程序实现流水作业。这样在后来机组施工中，我们一般都将定位筋安装工作安排在每天的特定时段进行。在通常情况下，温度变化都在3℃以内，对测量结果的影响不大，如遇有温度急剧变化的天气，该工序停工。通过几台机组安装的实践证明，工作效率大大提高，安装质量优良。使定位筋由过去一般二十几天的工期缩短为一周左右。定位筋安装调整时半径取上限，安装调整好后，在托板焊接前，检查基准筋的测量基点，复测每根筋的实际情况，确定其相应的焊接顺序，基准筋放在每遍焊接的最后进行施焊，以保证其垂直、半径在设计的范围内及测量的准确性。例如，万家寨1号机定子实测筋面扭斜小于±0.05mm，垂直偏差小于0.2mm，相邻半径差小于0.20mm，同一高度弦距差小于0.15mm，远小于设计误差。对于下压指在现场装配时，必须检查其是否内高外低，一般定子焊接后其压指装配不能直接达到这一要求，如果不能达到要求，必须对下压指进行修磨处理，达到内高外低，这样可提高定子铁芯压紧的紧度，保证铁芯质量。

（四）定子铁芯叠装

定子铁芯叠装按制造厂有关设计技术要求进行，但定子叠装由于铁片数量多、层数多，往往由于层间控制不好而影响铁芯质量，甚至造成定子下线困难，铁芯局部凸起，使铁芯难以压紧。造成这种情况的主要原因是由于叠片中整形不彻底和定位筋弦距误差。在近几台机组的施工中，通过采取特定措施已有效的解决了定位筋垂直、弦距误差引起铁芯凹凸蹩劲等问题；叠片中安排专人进行整形，制造厂供货槽样棒仅为定位筋数量。由于铁芯叠片的层间交叠，致使有些时候个别叠片处于槽样棒的控制之外，槽形不易控制，为了有效控制槽形，适当增加槽样棒的数量现场加工，使每张铁片始终处在槽样棒及槽契槽样棒的控制中，稍做人工整形，就可使整形质量连接优良。使每张铁片始终处在槽样棒控制中，使铁芯槽形质量达到优良。如万家寨1号机定子实测叠装后槽形宽度比设计要求叠片后槽形宽度大0.1～0.15mm。铁芯内径经实测偏差为$R+0.45$mm，最小为$R-0.40$mm，远小于$R+0.80$mm的设计要求；远小于气隙的5%，铁芯紧压后用扭力扳手检查均优于设计值，说明铁芯紧压质量优良。

通过铁损试验也充分说明铁芯叠装质量优良。铁损试验铁芯最大温升13.6℃，铁芯最大齿温差2.7℃，单位损耗1.4W/kg，均优于设计要求值。

（五）定子机坑下线

定子下线中要防止线棒绝缘损伤，在抬放线棒时要平稳，严禁野蛮施工。定子下线时环境要保持清洁，严格执行设计文件，还必须注意以下几点：

(1) 拿线棒时必须戴干净的线手套，轻拿轻放，绝对禁止磕碰。

(2) 嵌线用橡皮锤将线棒打入槽内，应上、下两端同时打入，不允许先打入一端再打入另一端。万一个别线棒防晕层划破但未伤及主绝缘，则可在划伤处刷防晕漆处理。

(3) 线棒端部的斜边间隙要求均匀，各种绑线接头要整齐，没有凸出的线头。槽内半导体适形材料伸出10～15mm，伸出端头要平齐。

(4) 线棒耐压前，槽内测温电阻要可靠接地。

(5) 中频硬钎焊接质量用5X放大镜进行外观检查，实际焊缝范围内不应有气孔和裂纹；焊缝交角用焊料自然形成R角。

(6) 铜环焊接质量使用5X放大镜外观检查表面无裂纹、气孔及夹渣。铜环与铜排的焊接焊缝单面缺陷长度不大于3mm；对接接头焊接，其单面缺陷不大于单面焊缝长度的5%，气孔夹渣缺陷不大于2mm。

（中国水利水电第四工程局机电安装分局　陈生荣）

万家寨引黄工程泵站安装

（一）概述

万家寨引黄工程是一个跨流域，大规模的引水工程，位于山西省西北部。该工程从万家寨水库取水，向太原和大同供水。万家寨引黄工程包括三个部分：

(1) 总干线。设计总长43.5km，从万家寨水库取水，通过隧洞和渡槽到分水口。总干线包括三个泵站（GM1、GM2、GM3）。

(2) 南干线。从分水口往南向太原供水，总长103km，建有两个泵站（SM1和SM2）。

(3) 北干线。从分水口至大同，总长170km，建有一个泵站。

工程分两期建设，一期工程只包括总干线、南干线及5个泵站，每站装机三台，机组从日本引进（电动机部分由东芝公司生产，水泵部分由荏原公司生产）。一期输水线路总长316.5km，总扬程636m，总装机容量464MW。设计引水流量12.9m³/s。

（二）泵站基本参数

(1) 泵站型式，从GM1至SM2为梯级输水泵站，各站主要参数见表1。

表1　各泵站主要参数

主要参数	单位	GM3泵站	GM1、GM2、SM1、SM2泵站
设计扬程	m	76	140
设计流量	m³/s	6.45	6.45
转　速	r/min	500	600
吸上高度	m	−13	−15/−14.7
配套电动机功率	kW	6500	12000

(2) 水泵型式为立式单级单吸离心泵。

(3) 电动机型式为三相、立轴、空冷、悬式同步电动机。

（三）主要结构特点

1. 泵轮　泵轮采用ASTM CA6NM材料锻造，表面涂有约3mm厚的陶瓷抗磨层，GM3泵站的泵轮出口直径为1710mm，GM1、GM2、SM1、SM2泵站的泵轮出口直径为1786mm。

2. 主轴　水泵主轴采用AIS440材料锻造，为满足中拆方式，设有中间轴，水泵主轴与中间轴之间、中间轴与电动机主轴之间均采用锥形轴孔与键槽相结合的连接和传动方式。

3. 座环　座环为金属焊接结构，用螺栓与蜗壳把合在一起，座环固定导叶和过流面涂有陶瓷抗磨材料。

4. 蜗壳　蜗壳为金属结构裸露式，不埋入混凝土中，蜗壳与基础环采用螺栓连接，可拆卸更换。

5. 定子　定子机座为钢板焊接，铁芯为硅钢片，线棒采用整体真空浸漆工艺，绕组接头为铜银焊接。定子采用整体运输结构。

6. 转子　转子采用整体运输方式，由转子支架、磁轭和磁极等组成。转子装有纵横阻尼绕组。

7. 推力轴承　推力轴承位于上机架，为弹簧支撑式，设有高压油减载装置，采用镜板泵内循环润滑方式，可在冷却水中断条件下运行15min。

8. 上、下机架 上、下机架为辐射型钢板焊接结构，上机架置于定子上，下机架置于定子下部内环板之上。

(四) 安装特点

1. 水泵部分安装 水泵部分主要安装程序如下：进水肘管安装→蜗壳基础和埋管安装→基础混凝土浇注→吸入锥管临时安装→泵壳组件（支持环、蜗壳、座环）安装、调整、加固→底环安装→吸入锥管焊接（仅在外部进行封闭焊）→埋管敷设→锥管二期混凝土浇筑→锥管内部焊接→出水镇墩临时就位→出水管安装→出水阀和伸缩节安装→连接管安装、焊接→出水镇墩焊接→水泵芯包组装→水泵芯包吊装→电动机部分安装→联轴盘车→定轴线→水导轴承安装、主轴密封安装定位。

水泵部分主要安装特点：该泵站采用中拆式结构，水泵芯包（包括转轮、主轴、主轴密封、水导轴承、顶盖）均在安装间利用专用工具及支架组合成整体，通过吊物孔及转运轨道吊入泵壳内，再调整就位。如需更换转轮时，不用拆除转子等电动机部分，只需拆除中间轴，利用芯包转运轨道上的手拉葫芦将芯包整体转运至吊物孔，再用桥机吊至安装间即可进行更换。

2. 电动机部分安装 电动机主要安装程序如下：定子基础安装→定子及下机架安装→转子吊装→上机架、推力轴承安装→电动机盘车→联轴盘车→将电机与水泵从中间轴处拆开→电机单转试验→再次联轴盘车→充水试验。

电动机部分主要安装特点：该机组下机架布置在定子内环板上，安装时可同定子一起吊入机坑内调整就位；机组采用 SFC 变频装置启动，与常规机组相比，增加了用 SFC 带电动机单转这一试验，该试验在机组联轴盘车定好中心后进行，把电动机和水泵在中间轴处脱开，用 SFC 带动电机做完单转试验后，为确保机组轴系不变，需再次联轴盘车定轴线。

（中国水利水电第十工程局 秦 伟）

大朝山水电站筒形阀安装

大朝山水电站装有 6 台 225MW 的水轮发电机组，水轮机型号为 HL（261）-LJ-580，机组额定水头为 72.5m，额定流量为 345.87m^3/s，额定转速为 115.4r/min。本文主要介绍水轮机进口筒形阀的结构和安装质量控制。

(一) 筒形阀结构及参数

大朝山水电站筒形阀主要由筒体、接力器、链条同步机构及油压装置操作控制系统组成。筒体布置在固定导叶与活动导叶之间，由布置在顶盖上的 6 个直缸接力器操作，筒体靠装焊于固定导叶上的青铜导向板定位导向，筒体橡胶密封装置布置在底环、顶盖上，油压装置布置在机坑外（两台机共用一套）。

筒形阀的主要技术数据为：筒体外径 7937mm；筒体高 1815mm；筒体壁厚 120mm；操作接力器的行程为 1740mm；筒形阀开启时间不大于 90s，关闭时间不大于 60s；接力器操作油压不大于 4.0MPa；筒形阀最大工作水头 87.9m，承受最大升压水头 130m；筒形阀初装时最大漏水量不大于 16L/s，投运 8000h 后最大漏水量不大于 40L/s。

(二) 筒形阀安装质量控制

由于筒形阀在国内应用时间不长，特别是大朝山水电站取消了进水口快速事故闸门，筒形阀是机组能否安全投运的关键设备，因此必需重视筒形阀的安装质量，并在施工过程中掌握质量控制要点。

筒形阀的筒体在钢平台上组合、调整、焊接合缝坡口，筒体、接力器与顶盖的组装在平台和相应的支墩上进行。筒形阀在工地安装主要执行厂家标准，应达到以下一些重要的质量控制要求，并经监理逐项检查、认可。

1. 筒体圆柱度 筒体为筒状，分两半制作，相对刚性较差。虽然筒体加厚到 120mm，运输采用特殊支架加固保护，但运到工地组合调整及合缝焊接后，其圆柱度都在 3mm 左右，超过 1mm 的要求。筒体圆柱度超差过大是筒形阀发卡的一个因素，但是工地现场要调整到很理想的程度是很困难的，圆柱度多大才行是个值得研究的问题。从经验上看，圆柱度在 5mm 以内应是可行的，重要的是要保证筒体导向面的垂直度。

2. 筒形阀的垂直度 整个筒形阀垂直度受到筒体、接力器、座环、顶盖等各部件加工精度和安装质量的影响。如果按厂家的标准要求：筒体垂直度不大于 0.2mm/m，筒体连接螺孔端面水平度不大于 0.03mm/m，顶盖外缘法兰不平行度不大于 0.15mm，相当于水平度不大于 0.02mm/m，座环（支持环）上平面水平度不大于 0.05mm/m，接力器提升杆垂直度不大于 0.2mm/m，如果叠加，筒体的综合不垂直度不大于 0.5mm/m，筒体高 1.815m，可能产生的最大不垂直度达 0.91mm。如果青铜导向板不垂直度及表面不平度达 0.1mm（是可能的），再加上筒体圆度变化或向某一方向偏移，将有可能使筒体与青铜导向板（间隙要求为 0.8mm～1.0mm）相摩擦或卡住，所以要满足筒体运动垂直度的要求，需要加强以下几个环节的控制：

(1) 筒体垂直度。筒体的垂直度是在筒体上端面水平度不大于 0.03mm/m 状态下控制筒体外圆的 12

条不锈钢导向面的垂直度。由于筒体存在一定的变形，需在工地组焊后认真测量、修磨12个导向面。处理后的大朝山水电站1～3号筒体的垂直度在0.02～0.17mm/m范围内。

(2) 接力器提升杆的垂直度。单个接力器应先做耐压和动作试验。提升杆垂直是在筒体与顶盖对中把紧后进行调整。在筒体检查符合要求后，顶盖吊到筒体内的支墩上，使顶盖法兰下平面的限位块离筒体上平面50～60mm位置；调整顶盖的方位和中心，使顶盖与筒体基本同心，顶盖与筒体的接力器提升杆孔位也基本同心，调整顶盖的水平不大于0.05mm/m，再利用把合螺栓把筒体提起与顶盖把紧；去除限位块，松开螺栓微落筒体（约1mm）使之处于自由状态再与顶盖把紧；安装调整接力器（解体）的提升杆的垂直度。提升杆垂直度是要求修磨提升杆与筒体间一个特殊连接垫环的平面来达到。大朝山1～3号筒形阀提升杆垂直度调整在0.01～0.13mm/m范围内。但这种调整要多次加热松紧连接螺栓，修磨调整过程较麻烦。

(3) 座环（支持环）上平面水平度。该水平度按0.05mm/m要求，高差可达0.4mm，大朝山水电站支持环上平面高程不够，堆焊后用磨削设备磨平在0.3mm以内。

(4) 青铜导向板。导向板是根据顶盖、筒形阀预装时测量筒体与固定导叶上部的间隙减去预留间隙（过流段控制在0.6mm，上口1.0mm）为准的垂直面与固定导叶的距离即为导向板（分块）的厚度值；配刨青铜导向块，在顶盖吊出机坑后将其焊接在12个固定导叶内表面上。用吊钢琴线来检查并修磨，使导向板垂直度控制在0.1mm内。

3. 接力器的安装、调整　除了提升杆的安装调整外，接力器缸套的垂直度和下轴套的间隙调整也十分重要。缸套垂直度是靠修磨接力器的座垫环的上平面（使水平不大于0.03mm/m）来实现的，大朝山水电站1～3号机处理在0.01～0.02mm/m范围。

接力器提升杆下轴套的总间隙，图纸要求为0.11～0.32mm，根据漫湾水电站检修、运行的经验，其单边间隙在允许范围内偏大比较有利，所以大朝山水电站提升杆下轴套的单边间隙按要求处理在0.09～0.15mm范围。

4. 筒阀在机坑内安装　筒体、接力器与顶盖组装调整符合要求后，随顶盖吊入机坑参加导水机构预装。并按照前述的办法配刨青铜导向块。青铜导向块装焊修磨合格后，即可进行水轮机的正式安装。在顶盖吊入就位找正后，首先应检查筒体与上部青铜导向块的间隙，如果上部的间隙达不到要求（可按1mm控制），应吊起顶盖处理导向块，直至上部间隙符合要求，才能把紧顶盖，继而安装同步机构和筒阀管路。

同步机构的安装质量要求为：①接力器上部支架平面高程允许±0.5mm，水平不大于0.15mm/m，方位偏差不大于1mm；②拉紧轮支架水平不大于0.15mm/m，标高误差控制±0.5mm。③利用拉紧轮装配的双调式顶推滑板，调整链条的松紧度。

5. 接力器力矩过载和链条张力过载保护的调整　用于过载保护的接力器上部ϕ200/ϕ102×14碟簧和拉紧轮装配中的ϕ40/ϕ18.3×2碟簧的计算压缩值分别为80000N、1.66mm，4800N、2.21mm。应根据碟簧力特性试验值调整碟簧预压缩值和行程开关的动作行程。

此外，还有油压装置、控制柜及操作管路安装调试。

(三) 筒形阀的动作试验

筒形阀整体安装完毕后，应通过无水动作试验、静水动作试验和动水关闭试验，以确认筒形阀是否能够安全可靠地投入运行。大朝山水电站1号、2号筒形阀已顺利进行了无水、静水动作试验和满负荷工况动水关闭试验，筒阀启闭动作灵活、平稳，并已投入使用，运行正常。无水动作试验时，利用筒形阀升降对导向块与筒体的间隙进行检查、处理（及修磨），使间隙控制在0.6～0.8mm范围内。

综观大朝山水电站筒形阀的设计、制造、安装及质量监控，大朝山水电站全部筒形阀将会成功投运，发挥其启闭速度快、密封性能好等优点，并使导水机构免遭间隙空蚀和作为机组飞逸事故的保护。

（大朝山水电有限责任公司　苏文良）

棉花滩水电站XLPE电缆安装

(一) 概况

棉花滩水电站装设四台150MW水轮发电机组，机端电压为15.75kV，电站采用220kV架空出线。主变压器布置在地下，而GIS开关室和出线场设在与之高差达108m的洞内和地面，其间采用220kV干式电缆连接。电缆布置在电缆隧道和竖井中，其中GIS开关室至主变压器室的两回电缆需经过108m高的电缆竖井，这使得电缆安装成为一件专业性强而且复杂的工作。

该工程电缆安装共包括敷设交联电缆六回，安装SF_6式电缆终端八组，户外瓷套式电缆终端四组，回流线、测温报警器、控制电缆、传感器接地箱、护层保护器等。该工程电缆本体及附件均由日本住友电缆公司制造。电缆型号为252kV-Cu/XLPE/A1/PVC1

× 630sq. mm，外径 107mm，单位电缆重量 13.7t/km。电缆铜芯允许最大牵引力 35kN；护套允许最大牵引力 18.46kN，允许最大侧压力 3kN/m；最小弯曲 1.8m。

（二）电缆安装准备

所有电缆隧道支架均在电缆敷设前安装完成，电缆各相及回流线将波形布置敷设在支架上，然后用电缆卡具固定，电缆与金属之间垫一圈胶皮，回流线采用塑料扎带固定。

电缆敷设前，施工队伍应对电缆隧道进行检查，如电缆隧道的弯曲半径、支架间距和位置、预埋件、地面和墙面平整性等，确保施工通道畅顺，特别注意检查在竖井顶部可承重 5t 的挂钩安装就位，电缆终端施工范围内无阻碍。在电缆敷设前再测量一次实际需要的电缆长度。

施工机具及消耗性材料必须完全无遗漏地准备好，避免影响进度。

（三）电缆安装

1. 出线场至 GIS 开关室四回水平段电缆的安装　采用人力进行牵引，配合电动滑轮、电缆输送机、托辊滑轮敷设。将电缆盘放置在出线场隧道南侧尽头地面上，根据计算，由于电缆较短，且为水平敷设，牵引力较小，采用 10 人进行人力牵引，在电缆上每隔 3m 左右绑一根绳子，按绳头数布置人力。为了方便施工，保障电缆敷设，再在弯位位置布置四台电缆输送机。这种方法使敷设简单，较为适合本工程施工特点。

由于出线场至 GIS 开关室间的各回交联电缆为三相一个电缆盘，因此当一相敷设完毕，留出全线及终端制作长度后，两侧各留出约 2m 的预留长度，同时注意考虑波形摆线长度后，将电缆锯断封口后，才进行下一相敷设。当每回三相电缆敷设完成后，即进行人力摆线及电缆固定工作。摆波形利用电缆自重及电缆扳弯机进行施工，保证 5.4m 跨距弧深度 170mm ±30mm的设计要求。

2. GIS 开关室至主变压器的两回垂直电缆的安装　采用慢速卷扬机制动溜放、电缆输送机、电动滑轮、托辊滑轮配合敷设的形式。此种形式利用把钢丝绳绑扎在电缆上，使电缆受力分散，以降低电缆受自身重力产生的影响。

将电缆盘放置在 GIS 开关室隧道北侧尽头地面上，卷扬机放置在竖井正对电缆隧道位置以控制电缆溜放。电缆盘支架应用粗铁线固定在牢固物体上，并准备好三角木垫以备急用，防止电缆敷设时因重力作用急速下降。牵引机位置应预埋锚钩，钢丝绳通过上部可承载 5t 的挂钩上的定滑轮挂在电缆上。直线滑轮每 1.5～2m 布置 1 个，转弯位装置满足弯曲半径的滚动滑杆与导向架，以减少对电缆的侧压力。

敷设时，电缆溜放速度保持 6m/min。在各段安排相应人员，与卷扬机、输送机同步。钢丝绳绑扎在电缆上，采用弹性变形的尼龙绳，借助弹性作用，使得所绑扎绳扣都能均匀受力。采用 6× (19)、直径为 13mm，使用安全系数为 5 的钢丝绳、ϕ5mm 尼龙绳双股绑扎，为防止钢丝绳滑脱，尼龙绳在电缆上采用分别间隔式绑扎。通过计算，全长电缆至少共需 30 个扣，因此采用竖井放线每隔 3m 绑一个扣，采用动态作业即保持电缆以 6m/min 的速度匀速施放，同时布置 4 人分别在两层间隔进行绑绳。

随着电缆在竖井的长度增加，其重量也随之增加，在重力及牵引钢丝绳的作用下，电缆将产生绕轴心自转的作用，为防止电缆过度扭转，采用旧钢丝绳进行牵引及绑扎，同时电缆头需被一定的力牵引，钢丝绳应保持竖直，防止由于钢丝绳的退扭而导致电缆扭转。同时在平台上设置十字竹杠，使电缆的自转受到一定限制。

电缆被牵引到终端位置后，悬挂在竖井的电缆应及时固定，切不可放置时间过长，以防止电缆损坏。

（四）电缆安装注意事项

1. 安装前的电缆隧道检查　电缆安装前应对电缆隧道进行检查，确保通道畅顺，施工条件满足要求；特别注意检查竖井顶部可承重 5t 的挂钩安装就位；电缆终端施工范围内无阻碍。在电缆敷设前再测量一次实际需要的电缆长度。

2. 电缆安装的监督　由于电缆要经过一百多米竖井，施工较为复杂。通过弯位敷设时应适当保护，防止电缆变形、损伤，保证转弯半径满足要求。敷设时预留电缆长度满足实际需要。在较为潮湿的隧道内，各相电缆如有锯断后必须做好断口密封处理。

3. 电缆附件安装（电缆终端）　电缆附件安装时，根据电缆厂家现场指导，严格遵守制作工艺规程。同时要满足电缆附件安装的温度、湿度、洁度环境要求等。

4. 电缆安装所用材料　确保所用材料都符合要求。对于敷设时的牵引钢丝绳应采用旧钢丝绳，以防止电缆扭曲。

5. 电缆安装的验收　电缆及终端安装必须进行分级分项验收制度，即施工队自检，业主、监理验收。

（上海勘测设计研究院　石　明）

11

水库移民与环境保护

水库淹没处理与移民工作

2001年～2002年水库移民工作的进展

随着国家实施西部大开发的战略，水利水电工程建设项目日益增多，投资形式也越来越多样化，在建水利水电工程的移民工作量大量增加。投资业主、地方人民政府都从不同的角度要求切实做好水利水电工程建设中征地、移民安置工作。为进一步做好水库移民工作，在国家计委、经贸委、水利部、国土资源部及国电公司等国家主管部门的领导下，水库移民工作在加强制度化建设和严格管理方面有了较大进步。

（一）报批《条例（草案）》、制定过度执行文件

经水利部、国家经贸委、国土资源部的共同努力，原国务院颁布的第74号令《大中型水利水电工程建设征地补偿和移民安置条例》的修订、报批工作正在抓紧进行。经过广泛地征求意见和进一步修改，已形成了《大中型水利水电工程建设征地补偿和移民安置条例（草案）》，由水利部、国家经贸委上报国务院法制局审批。

为保障水利水电工程建设用地，国土资源部、国家经贸委、水利部联合发布了国资发［2002］355号《关于水利水电工程建设征地有关问题的通知》。该文件根据《中华人民共和国土地管理法》和有关规定，在《大中型水利水电工程建设征地补偿和移民安置条例》修订颁布实施前，对水利水电工程建设项目用地预审、审查报批、征地补偿安置、耕地占补平衡等有关问题进行了规定。文件对有关用地报批程序、耕地开垦费的缴纳条件和缴纳数额方面的规定，体现了国家对具有公益性基础设施和基础产业性质的水利水电工程建设的优惠政策。文件要求按照1999年1月1日起实施的《中华人民共和国土地管理法》规定的标准核定土地补偿费、安置补助费。同时规定，土地补偿费和安置补助费的总和不得超过法律规定的最高标准，征地补偿费用标准未达到法定标准的，建设项目法人应调整工程概算投资。

该文件已从2001年11月起正式执行。

（二）健全移民管理机制，研究移民管理问题

从水库移民政府行为的特点出发，近两年国家在总结水库移民工作以往经验教训的基础上，进一步实行了政府负责、投资包干、业主参与、移民监理的管理体制，加强了水利水电工程建设征地移民工作的管理。许多省、自治区对移民管理机构进行充实，加大了政府的管理力度。如贵州移民办提升为省政府领导及直接管理的正厅级单位，云南、浙江等省移民办也提升为副厅级单位。许多水电投资方和建设公司纷纷积极参与水库移民前期专题设计报告的审查，移民安置实施的项目计划和资金使用的监督等移民工作。龙滩水电开发有限公司在龙滩工程协调领导小组的领导下，委托中国水电顾问有限公司与广西、贵州两省、区移民办和中南勘测设计研究院编制完成了《龙滩水电站移民安置实施管理办法》，并由两省区人民政府颁布执行。

针对水利水电工程的移民工作管理问题，国家计委也委托水电水利规划设计总院研究移民工作有关各方的职责，起草《大中型水利水电工程移民工作管理办法（建议稿）》。经过深入研究和广泛听取项目业主、地方人民政府、移民安置设计单位等有关方面的意见，最终形成了《办法（征求意见稿）》。目前，已由国家计委下发各省、市自治区计委征求意见。该文件对移民工作的管理责任进行了界定，提出了移民安置实施的项目管理要求，明确引进了移民综合监理的监督机制。

在移民管理体制的研究中，水利部移民局和水库经济专业委员会共同进行了配套管理制度的专题研究。自2000年以来，开展了《大中型水利水电工程移民验收办法》和《水利工程移民监理规定》两个课题的研究，已召开多次研讨会议，并形成了征求意见稿，上报审批。

（三）水库移民综合监理逐步推行

水库移民综合监理是近年来移民工作中新的探索题目。在移民监理试点的基础上，洪家渡、洪江、碗米坡、水布垭、龙滩和百色等大中型水利水电工程都相继推行了水库移民综合监理制。由项目业主和地方人民政府共同委托有资质的监理单位在工程现场开展移民综合监理工作。移民监理的推行对保证移民安置的进度和质量、提高移民资金使用率具有一定的监督保障作用，是更好地实行“政府负责制”的一项有效的手段，促进了水利水电事业的发展。

（四）解决老水库移民遗留问题的新政策出台

在国家有关方面的关怀下，国务院办公厅于

2002年1月8日以国办发［2002］3号文件，向各省、自治区、直辖市人民政府，国务院各部委、各直属机构，转发了水利部、财政部、国家计季、国家经贸委、国电公司于2001年12月11日上报的《关于加快解决中央直属水库移民遗留问题的意见》，并指出，此《若干意见》“已经国务院同意，现转发你们，请认真贯彻执行。”

此文件针对1985年底以前投产的中央直属水库移民遗留问题提出了加快解决的若干意见。即在解决水库移民遗留问题的原则、范围和目标，解决水库淹没遗留问题的基本措施，切实落实解决水库移民遗留问题的资金，进一步加强对解决水库移民遗留问题工作的领导等方面提出了具体要求。

文件明确了解决中央直属水库移民遗留问题工作的归口管理工作由水利部负责，解决水库移民遗留问题所需投资由中央和地方共同承担。文件要求按照不算老账、不搞退赔、不重新补偿，责任落实到地方、实行分级负责，谁受益、谁承担，与当地经济社会发展相结合的原则，采取制定切实可行的规划，引导移民自力更生，加强科技扶持，抓好移民队伍建设等措施，从2002年至2007年，用6年时间，解决水库移民的温饱问题。

（五）2001年水库专委会年会

水库经济专业委员会2001年年会于2001年11月16日至19日在长江水利委员会宜昌培训中心举行。中国水力发电工程学会理事长、国家电力公司周大兵副总经理出席了会议并做了《大力发展水电事业，加强水库移民工作》的重要讲话。本次会议的主题：一是进行学术交流，共交流会议论文34篇，并研讨了《大中型水利水电工程移民验收办法（征求意见稿）》和《水利水电工程移民监理规定（征求意见稿）》；二是举行本专委会换届，组成了有91人的第五届委员会，由程念高任主任委员，董述春任常务副主任委员，黄凯、傅秀堂、晏志勇、刘天增、姚少华、陈东平、莫国汉任副主任委员，李明传任秘书长。

（中国水电顾问有限公司　张一军）

三峡工程开发性移民政策的“两个调整”

1999年5月，“国务院三峡工程移民工作会议”在北京召开，朱镕基总理在会议行将结束时的重要讲话中指出：“如果说这次会议具有历史意义，就在于实行了农村移民安置和工矿企业迁建政策上的两个调整。”2001年7月召开的“国务院三峡工程移民暨对口支援工作会议”上，朱镕基总理又强调指出：“必须继续贯彻‘两个调整’方针，认真做好库区移民外迁和迁建工矿企业结构调整工作。”“两个调整”是在我国社会主义市场经济逐步建立的条件下提出的；是在1998年长江流域发生特大洪水，必须保护好长江流域的生态环境、可持续发展战略逐步深入人心的情况下提出的。两年多来的实践证明，“两个调整”是符合三峡库区实际的，深受三峡库区广大干部和移民群众的赞同、支持和欢迎。

一、农村移民安置政策的调整

（一）农村移民安置政策调整的内容

农村移民安置政策由就近安置、二三产业安置、自谋职业安置调整为以多种方式安置农村移民的方针，要因地制宜，把本地安置与异地安置、集中安置与分散安置、政府安置与自找门路结合起来，鼓励和引导更多的农村移民外迁。农村移民安置要继续坚持以土为本、以大农业为基础，大力发展高效生态农业，有条件的地方应积极发展二、三产业。为保护库区的生态环境，保障库区的可持续发展，不得强求就近安置，严禁开垦坡度25°以上的坡地，已开垦的要逐步退耕还林、还草；对25°以下坡地，要采取“坡改梯”措施。外迁移民首先要尽量在本省、市非库区安置；本省、市安置不了的，在邻近省安置；邻近省仍安置不了的，可适当考虑在沿江各省、市和长江下游滩涂地及其他省、市安置。要大力支持农村移民以投亲靠友方式自主分散到库区以外的地区，继续从事农业生产。对外迁的农村移民，国家将制定相应的鼓励政策并给予适当的经济补助。

（二）农村移民安置政策调整的必要性

三峡库区的中部和东部山高坡陡，沟壑纵横，土地可利用系数很低，人多地少的矛盾本来就十分突出，这也是该地区成为连片贫困区的重要原因之一。特别是重庆库区的巫山、奉节、云阳、开县和忠县5个县，情况更为严重。三峡工程正常蓄水位175m时，被淹没的耕园地达21.5万亩，需要生产安置的农村移民达22.3万人，而通过开荒、坡改梯、调整责任田等各种途径能够得到的耕园地只有13.3万亩，仅占被淹没耕园地的61.8%。土地是农民的饭碗，土地容量的不足，决定了对三峡库区部分农村移民必须实行外迁安置。

长期以来，三峡库区由于毁林开荒、陡坡种植，大量水土流失，造成生态环境的严重破坏。加上这一地区地质条件复杂，每年汛期山体滑坡、泥石流等自然灾害时有发生，人民生命财产受到严重威胁。因此，长江上游、尤其是三峡库区必须千方百计地防止新的水土流失，还长江两岸的青山绿水。1998年洪水灾害过后，国家又明确规定，严禁开垦25°以上坡地，已经开垦的要逐步退耕还林、还草，这就进一步减小了三峡库区土地的安置容量。因此，从保护三峡库区生态环境的客观需要出发，鼓励和引导更多的农村移民外迁安置势在必行。

（三）农村移民外迁安置的实施

农村移民安置政策调整的核心是，要鼓励和引导更多的农村移民外迁安置。湖北库区的外迁农村移民由原规划的1.2万人，调整为2.5万人，全部在湖北省非库区、县安置，即出县不出省外迁安置。重庆库区的外迁农村移民由原规划的7.1万人，调整为10万人，其中，重庆市非库区、县安置2万人，投亲靠友、自主分散外迁安置1万人，外迁到其他省、市安置7万人。经国务院原则同意，重庆库区的这7万农村移民，将外迁到上海、江苏、浙江、安徽、福建、江西、山东、湖北、湖南、广东、四川11个省、市的农村进行农业安置。各迁入地政府从讲政治、讲大局的高度来看待这件事，为国分忧，都表示要千方百计努力完成。2000年，重庆市7000多人的外迁试点任务和2001年外迁4.3万人的任务均已顺利完成。重庆市和11个省、市在外迁移民的资格认定、动员、对接、建房、承包土地、运送、结对子帮扶等各个环节上都积累了丰富的经验。

11个省、市在安置外迁农村移民时，都坚持了以土为本、以农为主的原则。以大农业为基础安置外迁农村移民，既符合农村移民发展经济的要求，也符合他们的习惯性心理，才能使他们“稳得住，逐步能致富”。11个省、市还都做到了外迁移民承包的耕地、自留地、宅基地不低于当地农民的平均水平，并积极帮助和引导他们以市场为导向发展生产。在安置方式上大都采取了“相对集中到县、乡，分散安置到村、组”的做法。这种做法的好处是，便于当地农民对外迁移民进行帮扶，便于外迁移民尽快融入当地社会。11个省、市在安置点的选择上，事先都做了详尽的调查和规划，选择了自然条件较好、经济相对发达、土地容量较为充裕、民风淳朴的村、组，作为外迁移民的安置点。各迁入地政府因地制宜地采取了多种办法解决移民住房，在征得外迁移民同意后，有的由乡镇政府统一建房，有的由移民户自建或联户自建，有的购买当地农民进城镇后留下的旧房。迁出地和迁入地各级政府，都认真细致地做好外迁移民的思想政治工作，迁入地还认真做好安置点各级干部和农民群众的思想政治工作。实践证明，思想政治工作是一项至关重要、必不可少的重要工作，是做好外迁移民安置工作的有力保证。整个外迁移民安置工作，计划在2003年内全部完成。

二、工矿企业迁建政策的调整

（一）工矿企业迁建政策调整的内容

工矿企业迁建政策由结合技术改造进行迁建，调整为工矿企业迁建要把工作重点、着力点放在结构调整、改进质量和提高效益上来。加大工矿企业组织结构、所有制结构和产品结构的调整力度，绝不能搞原样搬迁。对污染严重、产品无市场和资不抵债的国有、集体搬迁工矿企业，要坚决实行破产或关闭；对产品有市场、资产质量好、领导班子强的搬迁工矿企业，通过与对口支援名优企业合作或合资，进行组合搬迁。对于符合上市条件的已经迁建的工矿企业，有关部门要积极给予支持。三峡库区要大力引进名优产品和名优企业，努力改善投资环境，尤其要转变观念，认真改善投资软环境，切实加大对口支援工作的力度。国家将制定优惠政策，鼓励和调动迁建工矿企业结构调整的积极性。

（二）工矿企业迁建政策调整的必要性

三峡库区受淹，工矿企业在迁建过程中必须进行结构调整，这是由库区工矿企业现状和我国宏观经济环境所决定的。

从现状看，三峡库区受淹工矿企业共有1599家（含商贸运输企业215家），除6家为大型企业、26家为中型企业外，其余1567家都是小型企业，占企业总数的98%。这些小型企业，所有制结构单一（国有、集体企业占99%），产品结构雷同，档次低、附加值低，市场覆盖面小。绝大多数小型企业管理落后，设备陈旧，污染环境，产品没有销路，亏损严重，竞争力差，平均资产负债率达113%，搬迁前亏损面达70%以上。这些小型企业如果不抓住移民搬迁的难得机遇进行结构调整，就根本不能适应竞争日益激烈的市场环境，没有出路。

从我国的宏观经济环境看，工业生产能力普遍过剩，绝大多数产品已由卖方市场转变成买方市场，企业之间的竞争十分激烈。这些小型企业如果还是原样搬迁，或者不以市场为导向盲目进行技术改造，势必形成新的亏损源、污染源，使企业、地方和国家背上新的包袱。因此，受淹工矿企业只有将迁建与结构调整紧密相结合，认真切实地加大结构调整力度，才能给库区经济的振兴带来希望。

（三）工矿企业迁建紧密结合结构调整政策的实施

为了鼓励和调动搬迁工矿企业进行结构调整的积极性，国家专门为三峡库区制定了五项优惠政策。

湖北省、重庆市重新修订了规划，1599家搬迁工矿企业，准备破产、关闭1012家，占总数的63.3%；保留的587家，合并重组为406家。

三峡库区各级政府狠抓搬迁工矿企业的结构调整，使库区经济形成了许多新的增长点。例如，重庆市涪陵区紧紧抓住对口支援机遇，对搬迁工矿企业进行结构调整，涌现出太极制药集团、娃哈哈涪陵分公司、建筑陶瓷股份公司、榨菜集团公司、金帝麻纺集团等10多个大型骨干企业，均成为当地的利税大户。湖北省宜昌县（现已改名为宜昌市夷陵区）是狠抓对口支援的"后起之秀"，自1997年以来，共引进20多家外地名优企业，40多家投资在100万元以上的外地民营企业。杭州娃哈哈、北京汇源、青岛海尔、澳柯玛、浙江均瑶、上海汇丽等国内名优企业纷纷到该县落户，搞活国有、集体企业46家，盘活存量资产10.8亿元，对口支援企业的产值占全县工业总产值的70%，使该县在湖北省的经济位次逐年上升，2000年年底已位于全省十强县中的第六位。

三峡库区搬迁工矿企业的破产关闭工作，按照不同所有制企业破产、关闭的法定程序进行。三峡库区搬迁工矿企业在破产关闭时虽然有一笔移民补偿资金，但如何安置好企业职工，仍然是搬迁工矿企业破产关闭工作中的重点和难点。国务院要求库区各级政府妥善安置好破产关闭企业的职工，使他们的基本生活得到保障，并积极扩大再就业门路，保证社会安定。库区各区、县政府已在新城镇开辟商贸市场、运输市场、劳务市场等，对下岗职工再就业制定了优惠政策，并千方百计使下岗职工的收入达到当地的最低生活保障线。鼓励下岗职工积极参加再培训，提高生产技能，争取被效益好的企业录用。

搬迁工矿企业进行结构调整的最终目的是发展生产力，要通过结构调整扶优扶强一批，被对口支援名优企业兼并或与对口支援名优企业合资、合作搞活一批，破产关闭一批。"三个一批"必须同时并重，片面地强调、重视其中某"一批"，都是不利于企业结构调整和库区经济发展的。

三、"两个调整"的重要意义

三峡工程开发性移民政策的"两个调整"，是贯彻江泽民总书记"三个代表"重要思想的榜样。它丰富和发展了具有中国特色的社会主义的开发性移民方针，为三峡库区移民工作进一步开拓了思路、指明了方向。三峡工程对生态环境的不利影响主要在库区，"两个调整"可以将不利影响降低到最低限度，对保护好三峡库区的生态环境必将做出重大贡献。"两个调整"还必将对三峡库区移民工作乃至全国的工程移民工作产生深远影响，必将以其重要的历史意义而载入三峡工程建设史册。

（国务院三峡工程建设委员会办公室　陶景良）

三峡工程库区移民计划执行情况

一、1993年～2001年12月累计计划执行情况

1993年～2001年国家共安排移民资金计划287.15亿元，按各年价差折算静态资金221.42亿元，已下达计划各大类资金具体执行情况如下：

（1）农村移民安置累计完成动态投资60.9亿元，折静态为39.77亿元。

（2）城（集）镇迁建累计完成动态投资114.47亿元，折静态为89亿元。

（3）工矿企业迁建累计完成动态投资55.91亿元（含中央军工企业），折静态为46.07亿元。

（4）专项设施复建累计完成动态投资29.57亿元，折静态为22.7亿元。

（5）环境保护累计完成动态投资0.53亿元，折静态为0.42万元。

注：2001年价差指数暂用2000年指数计算。

二、1993年～2001年12月累计实物量完成情况

（1）农村移民建房共完成640.93万m^2，搬迁安置移民23.19万人，分别占2003年年前规划任务量的146%和140%。

（2）城（集）镇建房1291.05万m^2，搬迁安置移民22.65万人，分别占2003年年前规划任务量的109%和58%。

（3）迁建工矿企业941家，其中破产关闭的有522家。占2003年前规划任务量的99%。

（4）专项设施完成道路建设808.14km，架设输变电线路141.66万m，广播电视线路166.34万m，分别占2003年年前规划任务量的88%、53%和56%。

三、2001年年度计划执行及实物量完成情况

2001年移民资金计划安排的指导思想和原则是，以江泽民同志"三个代表"重要思想为指导，认真贯彻落实2001年国务院召开的移民工作会议精神，突出135m水位线下移民任务重点，打好攻坚战。认真执行"两个调整"方针，抓好农村移民外迁和搬迁，企业结构调整，确保三峡工程库区2001年度移民搬迁任务的完成。

2001年已安排三峡库区移民资金64.35亿元。

下达湖北省计划资金5.93亿元，重庆市计划资金57.36亿元（含外迁计划资金9.22亿元），中央直属军工企业计划资金0.75亿元，其他0.30亿元。

(1) 农村移民安置已完成移民投资21.8亿元，占当年计划资金的112%；建房198.05万m^2，占当年计划任务的131%。

(2) 城（集）镇迁建已完成移民投资24亿元，占当年计划资金的116%。建城市居民住房187.2万m^2，占当年计划任务的153%；建集镇居民住房42.24万m^2，占当年计划任务的86%。

(3) 工矿企业迁建已完成移民投资10.86亿元，占当年计划资金的84%。工矿企业建房74.49万m^2，占当年计划任务的74%。

(4) 专项设施复建已完成移民投资6.31亿元，占当年计划资金的88%。复建公路71.6km，铺设输变电线路447.8km，邮电通信线路1482km，广播通讯线路295.8km，分别占当年计划任务的95%、156%、769%和61%。

(5) 环境保护已完成移民投资2582.49万元，占当年计划资金的99%。

2001年湖北省已完成移民项目投资5.16亿元，占当年项目计划的94%；重庆市已完成移民项目投资59.44亿元，占当年项目计划的107%。

2001年三峡工程库区共搬迁安置移民（实迁）145017人，占当年计划任务的127%。其中城镇移民67930人，农村移民77087人，分别占当年计划任务的124%和130%。农村生产安置移民77285人，占当年计划任务的131%。其中，湖北省生产安置移民5288人，占当年计划任务的126%，重庆市生产安置移民71997人，占当年计划任务的131%。

四、“两个调整”工作稳步进行

为进一步贯彻落实国务院“两个调整”，重庆市农村移民出市外迁工作取得较快进展，截至2001年底，完成出市外迁43737人，占规划人口的62%。市内外迁完成12300人，湖北省内外迁2500人。两省市工矿企业结构调整继续稳步进行，工作重点是：①解决企业职工住房问题；②加快企业发展进度；③落实下岗职工的社会保障和失业保险经费，积极为他们创造就业门路，以加快工矿企业破产关闭进度。

五、文物保护工作进展顺利

自1997年以来，三峡建委累计已预拨湖北省、重庆市三峡库区文物保护项目经费2.4亿元。到2001年12月份，两省（市）与项目承担单位共签订文物保护项目实施合同400多个，合同金额1.5多亿元。已完成考古发掘任务46万m^2，完成地面文物留取资料项目72项、原地保护工程35项、实施搬迁保护2项，有120余项搬迁保护项目完成了初步设计工作。三大项（白鹤梁、石宝寨、张桓侯庙）的保护工作进展顺利，并全面完成2001年度计划任务。

六、库底清理工作规范有绪推进

库底清理是三峡工程二期蓄水前的一项重要工作，直接关系到三峡工程能否按期蓄水，蓄水后长江的水环境和长江中下游人民的健康。本着边搬迁边清理的原则，三峡建委移民局抓紧抓好库底清理规范化工作，会同国家环保局、卫生部、长江水利委员会的专家编写了《长江三峡工程二期蓄水库底清理规定》、《长江三峡工程水库库底建（构）筑物、林木清理技术要求》、《长江三峡水库库底卫生清理技术规范》、《长江三峡水库底固体废物清理技术规范》，并初步完成了相关实物量调查，以及《长江三峡水库底清理方案设计大纲》及清库经费匡算。截至12月底，经过专家和库区两省、市有关方面的反复论证，上述文件的编写工作已全部完成，并上报待批。这些文件将分别由三峡建委办公室会同有关部门联合批准颁发后，三峡库区各级政府按照清理规定和技术要求以及库底清理任务量制定库底清理实施计划，并组织实施库底清理工作。

（国务院三峡工程建设委员会办公室　柳　地）

三峡工程库区文物保护工作进展情况

国务院三峡工程建设委员会（以下简称三峡建委）审查批准三峡工程库区文物保护项目1087个（重庆库区752个，湖北库区335个），其中地下发掘项目723个，（重庆库区506个，湖北库区217个），地面文物保护项目364个（重庆库区246个，湖北库区118个）。

涉及135m水位的文物保护项目723个（重庆库区435个，湖北库区288个），其中地下发掘项目468个（重庆库区276个，湖北库区192个），发掘面积60.779万m^2（重庆库区47.899万m^2，湖北库区12.880万m^2）；地面文物保护项目255个（重庆库区159个，湖北库区96个），搬迁保护项目117个（重庆库区83个，湖北库区34个），原地保护项目32个（重庆库区31个，湖北库区1个），留取资料项目124个（重庆库区63个，湖北库区61个）。

自1997年以来，三峡建委已累计预拨湖北省、重庆市三峡库区文物保护项目经费23894.36万元。

到2001年11月份，两省（市）与项目承担单位共签订文物保护项目实施合同400多个，合同金额15000多万元，已完成考古发掘任务46万m^2，完成地面文物留取资料项目72项、原地保护工程35项、实施搬迁保护2项，有120余项搬迁保护项目完成了初步设计工作。

三大项（白鹤梁、石宝寨、张桓侯庙）的保护工作进展顺利。涪陵白鹤梁题刻保护已完成题刻的翻模拓片、摄影录像、精密测绘，建立了题刻区数据模型，对题刻进行了表面加固处理。同时制定了《涪陵白鹤梁题刻保护规划设计方案》题刻本体水下保护方案的可行性研究正在进行。《张桓侯庙搬迁保护规划设计方案》已经国家文物局批准，目前已转入施工前期准备，已预拨新址征地经费220万元，55亩迁建用地已划红线，并已开展占地移民的补偿安置工作。石宝寨原地保护设计方案正在修改和补充。

从总体上看，湖北省、重庆市人民政府及有关部门认真落实三峡建委关于三峡库区文物保护工作的决策，明确责任，增添措施，管理工作逐步强化；有关县（区）政府发挥主人翁作用，积极性和主动性不断增强；有关文物、移民部门按照“保护为主、抢救第一”和“重点保护、重点发掘”原则作了大量工作，促进了年度计划保质保量完成。文物保护现场管理良好，没有发生安全事故。三峡库区文物保护工作形势一年比一年好，地面文物迁建保护进度相对滞后的状况开始扭转，有关管理工作正逐渐理顺。涉及135m水位的地下考古发掘任务量已完成过半，地面文物留存资料工作已基本完成，原地保护项目任务正有序进行，地面搬迁保护项目的选址、征地工作可在2002年春节前基本完成。只要进一步强化项目实施管理，库区文物保护工作将不会影响三峡工程如期蓄水发电目标的实现。

（三峡工程建设委员会移民开发局　邓一章　韩一兵）

小湾水电站水库移民安置规划

小湾水电站位于澜沧江中游，装机容量4200MW，年发电量189.9亿kW·h。电站于2002年1月20日开工。水库正常蓄水位240m，水库水面积193.98km^2，干流回水长179.6km，主要支流黑惠江回水长125.3km。水库淹没区涉及云南省大理、临沧和保山三地（州）的凤庆县、昌宁县、保山市、南涧县、巍山县、永平县、漾濞县和云龙县8县（市），31个乡（镇），118个村民委，775个村民小组。2001年5月经中国水电顾问有限公司审查、国家经贸委批准的小湾水电站《水库淹没处理规划可行性研究补充报告》，不包括水库滑坡、塌岸等失稳区，水库区直接淹没人口6418人（2000年），其中农业人口5696人，非农业人口722人。设计水平年（2009年）移民总人数35899人，其中农业移民35048人，非农业移民851人，拆迁各类房屋面积220.4万m^2；淹没耕地62529.5亩（1亩$=6.6667\times10^2m^2$下同），其中水田面积27792.8亩、旱地34736.7亩；淹没3级干线公路19.2km、4级公路131.65km，大中型桥梁8座、总长945m；淹没小型水电站1704kW等。

小湾水电站水库农村移民（设计水平年）需生产安置人口40392人，结合库区涉及县（市）实际情况，移民从大农业方面安置，按人均耕地1.5～2.0亩（其中水田0.5～0.8亩）配置生产资源，并考虑到贯彻执行国家“天然林保护”和“25°以上坡耕地退耕还林”政策后出现的新情况，对需要生产安置的农业人口，首先在库周原各村民小组内通过改造低产田地提高集约化程度。可就地安置6347人（其中就地动迁安置1003人）；在本村内跨组和在本乡（镇）内跨村近迁安置9679人；在涉及的各县（市）内跨乡（镇）外迁集中安置12896人，以上在各县（市）内安置28922人，设集中安置点83个。另外，凤庆县需出县外迁11470人至临沧地区的耿马、镇康和永德3县设8个集中安置点进行安置。规划开发利用耕、园地96195.12亩，其中新开垦耕地38325.62亩，以解决移民生产的基本条件。搬迁非建制农村集镇1个、农贸街场5个，设计水平年搬迁非农业移民851人。此外，规划改建3级公路21.5km、大中型桥梁3座（总长900m），4级公路120.36km、大中型桥梁5座（总长1064m）；架设35kV输电线路21.5km、变电站2座（容量2520kVA），10kV输电线路320.5km、配电变压器总容量10830kVA；改建长途光缆通讯线18km，中继线32.1km，用户线144.2km。

小湾水电站水库淹没处理补偿投资，国家经贸委按2001年一季度物价水平审查核定为324997.13万元。其中静态投资250684.71万元，建设期贷款利息74312.42万元，目前，小湾水电站业主单位——云南澜沧江水电开发有限公司正按照国家经贸委审查意见，与云南省移民办公室签定包干实施协议和深入开展移民安置规划设计工作。按工程建设进度计划，小湾水库移民分3期进行搬迁安置，即第一期2005年底前完成围堰度汛水位1032m以下1600人搬迁安置，第二期2010年底前完成18200人搬迁安置，第三期2012年底前完成15248人，全部完成移民迁安任务。

（昆明勘测设计研究院　李杰富）

洪家渡、引子渡水电站水库淹没处理与移民安置

洪家渡、引子渡水电站（以下简称两渡电站）分别位于贵州乌江上游北源的六冲河和南源的三岔河上。洪家渡水电站装机60万kW，水库正常蓄水位1140m，相应库容44.97亿m^3，水库面积80.5km^2，干流回水长度84.89km。水库淹没涉及贵州省毕节地区的黔西、织金、大方、纳雍4个县、22个乡（镇）、118个村、397个村民组。淹没土地10.87万亩，其中耕地6.29万亩，林地0.95万亩；淹没房屋79.71万m^2。规划搬迁移民47767人（含施工区2608人），迁建各类房屋97.84万m^2。电站2000年11月开工，2001年10月截流，计划2004年11月首台机组发电，2005年8月全部建成投产。引子渡水电站装机36万kW，水库正常蓄水位1086m，相应库容5.31亿m^3。水库淹没涉及毕节地区的织金县和安顺市的平坝县、普定县共7个乡（镇）、42个村、162个村民组。淹没土地1.71万亩，其中耕地0.86万亩。规划搬迁移民5346人（含施工区307人）。电站2000年11月开工，2001年10月截流，计划2003年5月首台机组发电，2003年10月和2004年上半年全部建成投产。

两渡电站是“西电东送”首批开工的骨干水电项目之一。2000年11月8日国家有关部委以两渡电站工地为主会场举行的开工典礼，拉开了党中央、国务院实施西部大开发、“西电东送”战略部署的序幕。近两年，两渡电站库区认真贯彻党和国家开发性移民工作方针，立足当地社会经济发展实际和资源特点，坚持大农业有土安置为主，采取政府集中安置与移民自谋职业安置相结合，贯彻“少靠”、“多迁”原则，广开移民安置就业门路，尽全县、全地区乃至全省之力搞好移民工作，取得了显著的成绩。截至2001年底，洪家渡库区完成移民搬迁24256人（含施工区2608人），占应迁47767人的51%。国家审定洪家渡水电站工程总投资49.3亿元，其中移民投资11.49亿元（含施工区5306.66万元）。截至2001年底，移民资金累计拨付到位42987.07万元（含施工区5302.76万元），占移民总投资的37.41%。引子渡库区完成移民搬迁2883人（含施工区307人），占应迁5346人的54%。国家审定引子渡水电站工程总投资15.9亿元，其中移民投资1.79亿元（含施工区942.38万元）。截至2001年底，引子渡电站移民资金累计拨付到位8370.72万元（含施工区942.38万元），占移民总投资的46.76%。通过两渡电站移民工作卓有成效的开展，不仅保证两渡电站双双于2001年10月顺利实现截流，而且带动和促进了省内其他水电工程移民工作的顺利推进。

两渡电站移民工作较之贵州省内其他已建工程而言，有以下几个主要特点。一是层层签订移民工作任务和投资双包干目标责任书。二是从2002年度开始实行移民工作年度目标考核制。三是推行移民综合监理制，由中国水电顾问有限责任公司承担综合监理任务。四是正在研究制定诸如领导干部移民工程项目负责制、移民搬迁安置例会调度制、移民工作重大问题督办制、移民工作重大责任追究制等管理制度，逐步实现规范化管理。五是在库区地县政府设置移民工作专职领导，移民办（局）干部职工工资全部纳入本级财政，列入参照试行国家公务员制度范围。

（贵州省移民开发办公室　张锦文）

小浪底水利枢纽工程移民项目实施与管理

一、项目完成情况

小浪底水利枢纽工程共有20万移民。其中，施工区移民1.0万人，库区移民19.0万人；按行政区划分，河南省15.8万人，山西省4.2万人。

小浪底施工区移民搬迁安置工作从1992年开始，到1993年底完成，1994年通过水利部组织的施工区移民征地拆迁清场验收，共建新村12个，修建房屋29.6万m^2，人均近28m^2，调整划拨耕地8000亩，农业人口人均1.0亩。

小浪底库区移民根据水库蓄水计划分三期实施。

库区一期为高程180m以下区域移民，包括1个乡政府、27个移民村，4.61万人，该期移民从1994年开始搬迁，到1997年6月底安置完毕，1997年9月通过了水利部组织的库底清理验收，1998年元月国家计委委托水利部对移民安置工作进行了验收。共修建房屋112.3万m^2，人均24.4m^2，划拨生产用地3.6万亩，农业人口人均1.1亩。

库区二期移民为高程180～265m区间移民，包括10个乡镇政府、104个行政村，12.65万人。该期移民搬迁安置工作从1998年开始，到2001年年底实际搬迁安置了12.86万人（含三期2100人），库底清理及验收工作于同年完成，为移民修建房屋310万m^2，人均24m^2，划拨耕地12.3万亩，农业人口人均1.0亩。

高程265m水位移民的搬迁安置，标志着小浪底水库初期运用水位移民任务的完成，截至目前，小浪底水利枢纽工程搬迁安置的移民总数为18.5万人，占移民总任务的92.5%。

库区三期为高程265～275m区间移民，规划人数1.7万人，在2003年底前完成，目前还剩余1.5万人，新村建设和土地划拨等工作都正在实施之中。

二、项目管理情况

小浪底水利枢纽工程是中国在“八五”期间上马的特大型水利工程，移民项目管理形式为“水利部领导、业主管理、两省包干负责、县为基础”。水利部是项目的领导单位，负责小浪底移民工作的宏观管理与协调工作，小浪底建设管理局是项目业主单位，下设移民局负责移民管理工作，河南、山西两省以及有移民任务的市、县都成立了移民局（或移民办），具体负责组织移民搬迁安置实施工作。小浪底移民项目把规划设计、搬迁安置和资金作为管理工作的重点，在规划设计方面，注重抓设计大纲的编制，淹没损失调查，安置方案比较论证三项工作。在搬迁安置方面，注重抓移民机构职责的划分，普及移民政策宣传，引入并强化移民监理、监测工程师的作用三项工作。在资金管理方面，注重抓制度规范化和监督机制的完善，把资金审计作为移民工作的重要组成部分。

三、搬迁安置效果

小浪底水库位于河南省西部和山西省南部的山区，蓄水前库区干旱缺水、土地贫瘠、交通不便、信息闭塞、经济文化落后，库区群众文盲和小学文化程度的人口占50%以上，有许多村庄看不上电视，吃不上井水。搬迁后，移民安置区多数位于经济条件相对较好的交通干道和城市附近，生产生活条件得到了很大的改善，不仅村村修建了柏油公路，架设了输电线路和通讯线路，自来水通到各家各户，而且适龄儿童就学率达100%，病人可不出村得到医疗，90%以上的移民户还购买了电视机和洗衣机等家电设备。根据监测机构的评估结果，目前，施工区和库区一期移民的生活大部分已达到或超过搬迁前的水平，库区二期移民生活水平正处在恢复阶段。

（小浪底水利枢纽建设管理局移民局　李松慈）

龙滩水电站水库淹没处理及移民安置

龙滩水电站是国家“十五”计划建设项目之一，是以发电为主，兼顾防洪、航运及水产养殖等综合效益的大型水电站，2001年7月1日正式开工。龙滩水电站位于红水河上游、广西自治区天峨县境内。电站按正常蓄水位400m设计，初期按正常蓄水位375m建设，初期总装机容量为4200MW。龙滩水库正常蓄水位375m时，总库容为162.1亿m³。

龙滩水电站可行性研究补充报告水库淹没处理规划设计专题报告于2000年6月通过国家审查。水库淹没涉及广西、贵州两省（区）的10个县（广西、贵州各5个县），淹没总面积376.87km²（广西占53%、贵州占47%），其中陆地面积301.24km²、水域面积75.63km²。水库淹没影响的主要实物指标为，直接淹没影响人口61264人，其中广西自治区26056人，贵州省35208人；各类房屋196万m²，其中广西自治区93万m²，贵州省103万m²；耕地84265亩，其中广西自治区35950亩，贵州省48315亩；园地23550亩，其中广西自治区8904亩，贵州省14646亩；林地218671亩，其中广西自治区152670亩，贵州省66001亩。淹没涉及12个集镇，其中广西自治区4个，贵州省8个。淹没区无较高等级的专项设施和较大规模的工矿企业。

龙滩水电站水库淹没农业人口占淹没总人口的93.7%，因此，农村移民安置是龙滩水电站水库淹没处理的重点。农村移民安置规划的原则是，以土地为依托，大农业安置为主；因地制宜，合理开发利用资源；以集中安置为主，分散安插为辅；以县内安置为主，外迁安置为辅。龙滩水电站移民安置规划水平年为2008年，全库规划生产安置人口为80472人，其中广西自治区33350人，贵州省47122人；全库规划搬迁安置人口为75125人，其中广西自治区32130人，贵州省42995人。根据可行性研究阶段的移民安置规划成果，全库区移民集中安置占移民总量的90%以上。规划县内生产安置移民76185人，其中种植业安置占91.64%，林业安置占4.94%，养殖业安置占1.51%，二、三产业安置占1.91%。种植业安置是以开垦耕（园）地为主要措施，规划开垦耕（园）地73714亩，另外需调整和改造部分耕地用于安置移民。由于水库涉及淹没的天峨县移民安置环境容量有限，需规划出县外迁移民4287人。

根据国务院《大中型水利水电工程建设征地补偿和移民安置条例》的规定，并结合移民安置规划和参考原初步设计审定的耕地补偿及安置补助倍数，按2000年一季度的价格水平，经国家审定水库淹没处理补偿静态投资为461565万元（含有关税费53188万元），其中广西自治区214914万元，贵州省

246651万元。

（水电规划总院　王锐林）

棉花滩水电站水库移民安置和监督评估

棉花滩水电站坝址位于福建汀江干流永定县峰市镇，1998年4月开工，同年9月实现汀江干流截流，2000年12月下闸蓄水，2001年4月首台机组发电，同年12月4台机组全部投产。电站装机容量为4×150MW，调节库容$1.122\times10^9m^3$，年发电量$1.52\times10^9kW\cdot h$，水库正常蓄水位173m，相应水库面积$64km^2$。水库淹没涉及永定、上杭2个县的8个乡镇、69个行政村，淹没耕地31679亩、林地40272亩、园地2347亩、鱼塘700亩、宜林荒山189亩，计算至2000年底，需拆迁各类房屋$1625314m^2$，迁移人口34377人。

（一）移民安置实施情况

在工程开工前，库区两县移民机构在初步设计审定的移民安置规划基础上，对安置点和安置项目进行了较大的优化调整。主体工程开工后，根据主体工程施工进度"三个里程碑"的要求，水库移民分三期搬迁。龙岩市人民政府组织编制了《福建省棉花滩水电站水库移民安置实施规划报告》，并及时制定了棉花滩水库移民安置实施意见。各专业部门也出台了各项帮扶措施，保证了移民搬迁的顺利实施。首期移民5549人于1998年8月搬迁完毕，二期移民10915人于1999年底完成搬迁，三期移民17913人也已于2000年底前全部搬迁完毕。移民被分别安置在永定、上杭两县的14个乡镇，并不同程度地改善了交通、供水、供电、通信等条件，如今搬迁移民的生活均已稳定下来。

因搬迁后土地资源的减少以及农产品价格的大幅度下降，移民群众在搬迁后的收入水平下降幅度较大。为使移民生产及收入水平尽快得以恢复，库区政府坚持以大农业安置为基础，鼓励移民发展非农业生产及劳务输出。龙岩市和库区两县还组织各种生产技能培训，并经龙岩市政府批准后将30%的淹没土地补偿费分发给移民发展生产，帮助移民尽快适应新的生产生活方式。现在移民群众的收入水平正在稳步恢复。

棉花滩工程开工后，上海勘测设计研究院对因棉花滩水库承担下游广东的防洪任务后水库淹没范围调整引起的淹没实物变化进行了复核调查，还对库周40多处居民点逐个进行调查分析，对其中受水库蓄水影响丧失基本生产生活条件和存在稳定或浸没危险的库周居民点分别提出了处理意见，并经福建省有关部门审查后组织实施。现大部分已经处理完毕，少部分正在处理之中。棉花滩水库对部分入库小溪的顶托影响也正在论证中。1999年2月、2000年2月、2000年5月上海勘测设计研究院分别编写了棉花滩水电站水库清理技术要求、库底清理设计报告和库底清理概算专题报告。龙岩市根据这些文件的要求对棉花滩库区进行了全面清理，并于2002年3月通过了福建省有关部门组织的验收。

棉花滩水库淹没处理补偿1997年11月审定的静态投资为95870万元，2000年12月审定调整为117677万元。

（二）移民安置监督评估

应亚行要求，并受福建棉花滩水电开发有限公司委托，上海勘测设计研究院承担了棉花滩水电站库区移民安置监督评估任务，对棉花滩水电站移民安置的全过程进行监督，并对移民安置的结果进行综合评估。为此，上海勘测设计研究院必须随时对移民安置工作进展情况进行监督，并每6个月向亚行提交一份移民安置工作进展情况的监督调查报告。另外，必须进行移民搬迁前的本底资料收集调查，再每隔一年或一年半对移民样本的主要生活来源、文化程度、劳力从业、土地分配、新建房屋、收入、优抚对象、移民意见等进行一次全方位的跟踪评估调查，并提交移民安置的评估报告。至今，上海勘测设计研究院已向亚行提交了8份移民安置工作进展情况的监督调查报告，并分别于1997年6月和2000年6月提交了永定、上杭两县库区移民本底调查报告，于1999年7月、2001年4月、2002年3月分别提交了首期移民搬迁安置评估报告、移民搬迁第二次评估报告和移民搬迁第三次评估报告。根据跟踪调查的成果分析，移民搬迁后，在交通、供水、供电、就医、就学等方面有了较大改善，但各期移民在完成搬迁初期的纯收入水平均出现较大降低，然后再逐步回升，目前与搬迁前的整体水平还存在一定差距，移民的收入结构已经由原来的主要依靠大农业生产转变为主要依靠非农业及劳务输出。

（上海勘测设计研究院　梁承忠）

紫坪铺水利枢纽工程移民监理

紫坪铺水利枢纽工程位于四川省都江堰市境内的岷江中游，兼有防洪、灌溉、环保、发电等多种任务。挡水建筑物为最大坝高156m的面板堆石坝。电站设计装机容量760MW，年发电量34亿kW·h。水库正常蓄水位877m，相应水库面积18.16km²，库容11.12亿m³，具有季调节能力。水库淹没耕地约844hm²。库区迁移人口40438（农业人口18157，非农业人口22281），淹没集镇5个，工矿企业25个，电站4座5665kW。工程占地区内耕地467hm²，迁移人口约2600（其中农业人口1303人）。

紫坪铺水利枢纽工程建设严格按照国家现行基本建设体制，实行“三制”，即业主负责制、招标投标制和建设监理制。业主单位为四川省紫坪铺开发有限责任公司（以下简称业主单位），主体设计院为四川省水利勘测设计研究院。该工程于2001年开工建设，计划于2006年第一台机组发电，2008年完建。

为适应社会主义市场经济的要求，加强和完善水库移民的管理体制，保证水库移民工作顺利进行，原电力工业部于1998年以电综（1998）251号文规定，在新建大中型水利水电项目中推行水库移民监理制。另一方面，紫坪铺水利枢纽工程建设部分利用了日本协力银行贷款，按照其贷款条件要求，也需要对工程建设引起的移民安置进行监理。

出于宏观环境的要求和自身管理的需要，业主单位于2001年4月与国家电力公司成都勘测设计研究院（以下简称监理方）签订了CZC（2001）005《四川岷江紫坪铺水利枢纽工程施工区占地移民综合监理合同书》。根据合同规定，监理方的监理范围为紫坪铺水利枢纽工程施工区（坝区、青云坪、韩家坝、白沙、料场、施工公路）范围内移民搬迁、安置点基础设施建设和生产条件落实等；监理工作内容为参与审核移民安置实施规划设计，比照实施规划监督搬迁安置过程和搬迁安置效果，参与审核移民资金计划、监督资金使用，参与搬迁安置过程中重大问题处理和移民安置竣工验收，按季度向业主单位提出监理报告；监理时间为2001年4月～2004年12月，其中，2001年4月～2002年3月为移民搬迁安置现场监理，其后为检测评估期。

监理方按照合同规定，在2001年4月成立了紫坪铺水利枢纽工程移民综合监理部，派出了相应的监理人员3名，负责实施具体的移民监理工作。经过监理与业主、移民部门的共同努力，紫坪铺工程占地区移民到2002年1月已经全部搬迁完毕，满足了工程建设用地的数量和进度要求。到目前为止，移民综合监理部已经按照合同要求提交了3份监理报告（季报、年报），还按照监理合同的要求建立了移民样本户，调查了本地资料并完成了第一期跟踪调查。

移民综合监理在我国还是一件新事物，制度不够完善，紫坪铺移民综合监理也不例外。在这一年的实际工作中，监理方工作难度很大，体现在两方面。首先，在机制方面，移民综合监理是由业主单方面委托的，移民部门对此持保留意见，地方政府虽然口头承诺接受监理，但移民办在具体行为上对监理的接受程度有限；移民监理合同赋予移民监理部的权利没有业主与地方政府或移民办之间的任何书面协议或合同加以确认，致使监理没有制约移民部门移民行为的权力与手段，监理效果受到影响，监理合同规定一些工作无法开展。其次，监理部作为监理依据的技术文件（“批准的施工占地移民安置规划”、“批准的移民安置实施年度计划”）不落实，使监理部在按照设计文件监理移民安置的进度、质量和投资方面缺少权威的判别标准。这种局面需要各方面共同努力、协商解决。

（成都勘测设计研究院　刘映泉）

水电工程水库淹没处理补偿投资概估算数据库

为了改进水电工程水库淹没处理补偿投资概估算的编制与信息管理工作，在国家电力公司水电水利规划设计总院组织和支持下，自1997年底至2000年5月，水电水利规划设计总院水库处和华东勘测设计研究院工程移民设计咨询事务所共同研制完成了“水电工程水库淹没处理补偿投资概估算数据库”的开发工作。

“水电工程水库淹没处理补偿投资概算数据库”总体划分为6个模块：工程项目管理、实物指标输入、概算统计、汇总打印、快速查询和在线帮助。

工程项目管理模块允许用户选择当前需要打开的工程项目或增添新的工程项目名称；实物指标输入模块对实物指标分农村、城镇、集镇街场、专项设施四个部分进行记录和修改；概算统计模块分农村、城镇、集镇街场、专项设施四个部分进行单价表录入和概算的分项运算；汇总打印模块汇总并打印输出农村、城镇、集镇街场、专项设施四个部分的投资概算分项表和总投资概算表；快速查询模块分农村部分、集镇部分、城镇部分和专项部分四个部分，可以快速查询实物指标；概算统计和汇总打印模块，可以分项查询概算值；在线帮助模块包含了在线操作提示信息内容和“一本在线”帮助手册。该数据库已按照商用要求进行了完善。

“水电工程水库淹没处理补偿投资概估算数据库”利用计算机新技术，根据DL/T 5064-1996《水电工程水库淹没处理规划设计规范》的规定，将水库淹没处理补偿投资概估算进行标准化、规范化及电算化。该数据库人机界面友好、操作维护方便、功能与结构合理，具有对水电工程水库淹没处理补偿投资相关信息的录入、查询、计算等一体化功能，可以明显提高水库补偿投资费用的设计和使用管理水平及效率。该数据库软件运行可在当前的主流操作平台 Windows 95/98/2000 中文版下运行，性能稳定。

2000年4月，该数据库通过了组织的“水电工程水库淹没处理补偿投资概估算数据库”的验收，并受到了项目验收委员会的好评。2002年4月被评为国家电力公司水电水利规划设计总院系统的水电科技进步二等奖。评审认为，该数据库选用 Windows 95/98/2000 操作平台，人机界面友好，软件功能与结构合理，使用方便；数据库根据《水电工程水库淹没处理规划设计规范》编制，其内容符合该规范要求；数据库软件为水库淹没处理专业具有开创性的一项技术成果，促进了专业的技术进步，填补了水电工程水库淹没处理补偿投资概（估）算编制和信息管理工作的一项空白，达到了国内同行业的领先水平，为促进水库淹没处理专业的技术进步和专业发展起到了很好的作用，并已经在实际工程中成功使用，具有明显的推广应用价值。

（中国水电顾问有限公司　张一军）

天生桥一级水电站水库库岸失稳区处理

天生桥一级水电站位于南盘江下游贵州省安龙县和广西自治区隆林县之间的大湾村，由坝高178m的混凝土面板堆石坝形成水库，正常蓄水位780m时，水面积177.75km²，回水长度127.54km，装机容量1200MW，年发电量52.26亿kW·h。水库淹没区涉及广西自治区隆林县和西林县、贵州省兴义市和安龙县、云南省罗平县和师宗县，共3省（区）、6县（市）、16乡（镇）、300多个自然村。水库淹没耕地面积8.03万亩（1亩＝$6.6667\times10^2m^2$），库区移民4.82万人（其中农业移民4.56万人，非农业移民0.26万人）。电站于1991年开工，1994年12月截流，1998年12月第一台机组发电，1999年完成大坝建设，2000年全部机组投产发电。水库于1998年汛期开始蓄水，2000年汛末已蓄至正常蓄水位。水库为不完全多年调节，死水位731m，汛期限制水位在下游龙滩电站投产前后分别为773.1m和776.4m。一般年份水库从6月起进入汛期后缓慢上升，至10月底或11月初达到正常蓄水位，此后，库水位缓慢下降至次年5月，消落到相应的年消落水位。

水库库岸失稳区，指的是水库蓄水运行后10年内可能引起的岸坡古滑体复活、产生新的滑坡和塌岸，以及由于库岸变形再造产生的坍塌等失稳现象所能达到的地区。库周位于云贵高原东南边缘斜坡，滇、黔、桂3省（区）交界地带，跨越扬子地台及华南地台，主要分布一套中生界三叠系地层，缺失上统，下、中统为连续沉积，岩性主要为薄层、中厚层砂岩、泥岩，局部地段为灰岩。第四系覆盖层普遍发育，主要为残积、坡积、洪积及少量钙华等。库岸失稳区主要发生在岸坡稳定性较差的库段，产生于水库水位变动引发古滑体复活和松散堆积体失稳，其主要表现为滑坡和塌岸。经过近3年的地质调查、勘探和试验，综合分析预测，库岸失稳区分布在库周780～820m范围（水库淹没征用线和居民搬迁线以上地区）内，共涉及154个已经失稳和预测近期（10年内）可能产生失稳的居民点，其中广西两县有69个点、贵州两市（县）65个点、云南两县18个点。库岸失稳区范围土地总面积5890亩（占水库淹没水面积2.2%），其中耕地2192.6亩（占水库淹没耕地面积2.7%），各类林地1384.1亩，村庄用地1023亩，其他土地1290.3亩。居住在失稳区内的人口共8563人（包括原住居民5709人、库区就地后靠安置的移民2854人），约为水库淹没区应搬迁移民4.82万人的17.8%，其中广西3837人、贵州3234人、云南1492人；各类房屋面积36.0万m²。失稳区内还有已修建的4级公路1.56km、机耕路1.55km，以及10kV输电线路7.0km等。在进行库岸失稳区处理措施规划设计期间，由于水库蓄水初期1998年～2001年在砂泥岩与碳酸盐岩地层相变带产生了岩溶气爆型水库诱发地震，其中大于3级以上的浅表型地震数十次，受地震影响房屋遭受严重破坏的重灾户共计208户1190人（其中贵州省204户1094人、广西4户25人），也进行了专题调查。

库岸失稳区处理措施，包括可能采取工程防护治理保护、居民搬迁安置、土地补偿与整治、生物工程综合治理等内容。

由于水库已蓄水4年，居住在失稳区的居民，其居住地和房屋已经出现失稳和将要产生失稳的住户，按地质预测占总人口75%以上，从“以人为本”出发，对其中的广西西林县6人、云南师宗县41人可就地采取工程防护措施予以保护而不必搬迁之外，其余的8516人（其中广西3831人、贵州3234人、云南1451人）应一律迁出失稳区另行安置。其中广西、贵州两省因地处库区下游，库周在25°以上坡耕地退耕还林后，安置容量减少，失稳区居民采取了就地安置与在县（市）内跨乡（镇）外迁安置相结合的方式；云南省两县地处库尾，采取就近安置的方式。广西应迁出3831人，其中县内就地集中安置310人设安置点2个、跨乡安置3182人设安置点15个，就地零星分散安置339人；贵州省应迁出3234人，其中就地集中安置1884人设安置点16个，跨乡安置1119人设安置点5个、分散安置231人；云南省应迁出1451人，其中就近集中安置1167人设安置点8个、零星分散安置284人。水库诱发地震重灾户1119人，均在当地给予房物建筑物拆迁重建。各集中安置点水、电、路等基础设施和必要的公共设施均作了相应配置设置。

失稳区范围内的土地，经过对各失稳体逐一分析研究，按其分布位置、地形坡度、表层松散堆积体厚度、失稳体与水库水面相对位置等，预测失稳后对土地面积造成的损失程度。对将会落入水库损失的3636亩（耕园地、林地和宅基地）土地，参照水库淹没区补偿标准给予补偿；对地表遭受破坏的613亩耕地，给予整治修复，使其继续利用。

采取工程防护的对象有：广西隆林县境内4级公路和机耕路外过坡挡护、金钟山乡政府新址边坡防护和西林县西舍小学岸坡治理工程；云南省罗平县八大河村公所滑坡体治理、纳肥沟滑坡体上公路防护和师宗县戈勒集贸市场边坡防护等工程项目，共计土石方开挖8.27万m^3、浆（干）砌石1.73万m^3、混凝土浇筑902m^3。

生物工程综合治理与环境保护。对库岸失稳地区局部岸坡陡峻、冲沟发育，将危及周边居民点安全的地段，采取植树、种竹和修建小型防冲刷的谷坊相结合的治理措施。共设计营造防护林3395亩（其中广西1659亩、贵州1199亩、云南罗平县云南537亩），在云南罗平县八大河村未桥沟建谷坊一个（土石方开挖0.23万m^3、浆砌石0.16万m^3、混凝土72.5m^3）。对于移民安置点村镇建设和生产开发中，应防止水土流失，禁止对25°以上山坡进行农业开垦。在移民点推广沼气池建设，给予每户移民一定的资金作为沼气池补助费，并要求地方移民机构认真实施。

库岸失稳区处理措施投资，经2001年12月国家计委委托国家电力公司水电水利规划设计总院审查、并经报国家计委核准为15894.91万元（广西5946.31万元、贵州7011.71万元、云南2936.89万元）。其中库岸失稳区处理费用为14204.27万元、水库诱发地震震灾处理费用为1690.64万元。

（昆明勘测设计研究院　李杰富）

清江水布垭水电站水库影响区

清江水布垭水电站大坝坝顶高程409m，最大坝高233m，校核洪水位404m（库容45.8亿m^3），设计洪水位402.2m，正常水位400m，死水位350m。水库长109km。正常蓄水时水域面积64.35km^2。

1. 水库滑坡、崩塌堆积体、危岩体的基本概况　水布垭水库滑坡、崩塌堆积体、危岩体共146个，总体积16.9822亿m^3，分布于水库干、支流两岸。

滑坡、崩塌堆积体、危岩体的规模：>1亿m^3的2个；1000万m^3～1亿m^3的32个；100～1000万m^3的69个；<100万m^3的43个。

库内滑坡、崩塌堆积体、危岩体前缘分布高程一般为210～390m，后缘分布高程一般为450万～800m。

2. 圈定水库影响区的原则及意义　正常高水位以下是淹没区；淹没区以上的库岸边坡因受库水的影响而可能导致库岸变形或变化的某些区域称为水库影响区。

水库影响区的圈定主要依据如下原则：

(1) 库坡地段的地质背景、地质结构、水文地质特征。

(2) 滑坡体的成因类型、物质组成、几何边界条件及地貌特征。

(3) 滑坡或库岸坡积物近期的变形特征。

(4) 水库蓄水以后可能出现的其他影响如浸没、出现孤岛、塌陷等。

圈定影响区的意义：接受国内、外在水库运行中出现的各种问题之经验与教训。在清江梯级开发中，我们始终坚持圈定水库影响区的做法，正确的圈定水库影响区，对水库两岸的总体规划，库岸两侧的社会安定，保证库区人民生命财产以及国有设施的安全有非常重要的意义和作用，消除了库区群众与政府间的矛盾与扯皮。我们的这一做法在已建隔河岩、高坝洲水库中取得了显著的社会效益和经济效益。为此，希望这一做法能在国内在建水库特别是三峡水库中得到借鉴。

3. 影响区的类型　水布垭水库共圈定水库影响区80处（其中35处分布于干流，45处分布于支流）。影响区的类型可分为五种，滑坡变形、坍岸、孤岛、岩溶塌陷及溶蚀洼地水情灾害加重。

滑坡变形51处，占影响区总数的63.8%；坍岸24处，占影响区总数的30%；孤岛3处，占影响区总数的3.8%；岩溶塌陷1处，占影响区总数的1.2%；溶蚀洼地水情灾害加重1处，占水库影响区总数的1.2%。

4. 影响区的地质特征及评价

(1) 滑坡变形：共51处，水库干、支流均有分布。从滑坡影响区的背景看，规模多为中、小型，物质组成多为块石、碎石夹土。厚约数米、十余米或数十米。影响区分布高程一般为401～620m，面积一般为1.5～35.1万m^2。

滑坡影响区在水库蓄水以后可能会出现局部的变形破坏，由于面积小，规模不大，除少数影响区较大外，一般发生在滑体的前缘，对大坝、航道、库容无危害，但对影响区范围内的居民的生命财产产生危害。

(2) 坍岸：共24处，水库干、支流均有分布。从这些圈定为影响区的背景物质看，主要为库边第四系松散推积土石体，厚约数米至十余米。影响区的分布高程一般401～450m，面积一般为0.25万～1.6万m^2。库边第四系松散推积物厚度不大，变形破坏的规模小，一般只影响或危及其上居民的生命财产安全，对大坝、航道和库容无危害。

(3) 孤岛：共3处，指原属陆地，因水库形成而成岛屿与外界失去陆上通道，居民生存困难。

(4) 岩溶塌陷：见(1)处，为一个处于水库消落区范围内且上覆岩体较薄的岩洞系统，在水库消水的瞬间而产生负压，并导致上覆岩体塌落，并造成一定危害。

(5) 溶蚀洼地水情灾害加重：见(1)处，为千师营溶蚀洼地，位于清江干流右岸宣恩县贡茶乡境内。千师营溶蚀洼地长6km，宽一般为100～250m，呈*NNE*向展布。洼地的积水由洼地北端高程439m一线的三个落水洞潜入岩溶通道，经过1700m地下通道排向清江，出水洞口高程352m。千师营溶蚀洼地的汇水面积29.9km^2，一般的大气降水所汇聚的水流都能通过落水洞排泄，无水体滞留的淹没现象，但在暴雨期间，由于降水强度大，落水洞的消水能力有限，常造成该洼地良田的短暂淹没。1996年7月21日暴雨过后，洼地淹没水深达6～7m，历时约5d。水布垭水库蓄水运行后，由于库水位的抬升千师营溶蚀洼地的出口溶洞被淹48m，将导致该溶蚀洼地的消水能力减弱，进而导致溶蚀洼地的消水更加滞后而加重水灾。

(长江水利委员会综合勘测局　徐瑞春　徐同海)

公伯峡水库淹没影响及施工占地处理规划设计

1. 概况　公伯峡水库设计正常蓄水位2005m，相应库容550Mm^3，死水位2002m，相应库容4.75亿m^3，有效库容75Mm^3，属日调节水库。当水库水位为正常蓄水位时，水库面积22km^2，平水库长48km。计入设计洪水回水后，最大库长为53.4km，平均库面宽420m。水库最窄处150m，水库最宽处1100m。水库淹没涉及青海省海东地区的化隆回族自治县、循化撒拉族自治县及黄南藏族自治州的尖扎县共2地(州)、3县、10个乡镇、27个行政村、62个村民小组和9个企事业单位。总的淹没影响涉及人口5936人，其中农业人口5571人，各类耕地面积8789亩，果园地988亩，用材林地1204亩，各类房屋22.65万m^2，零星树木30.18万株。提灌站41座，三级公路8.6km-5处，黄河大桥2座，四级公路4.8km，35kV输电线路21.6km，10kV输电线路26.9km，电信光缆22.9km，文物古迹27处。设计以2004年为规划水平年，按2000年物价水平编制水库淹没影响处理补偿静态投资概算为3.99亿元，其中农村移民安置补偿投资概算为1.46亿元。

公伯峡水电站施工占地涉及青海省海东地区的化隆回族自治县、循化撒拉族自治县共1地、2县。涉及人口1011人，其中动迁589人。各类耕地面积1333亩；果园地347亩；用材林地572亩；各类房屋2.08万m^2；零星树木8.72万株；10kV输电线路26.9km；文物古迹27处。设计以2001年为规划水平年，按2000年物价水平编制施工占地处理补偿静态投资概算为0.45亿元。

2. 特点

(1) 由于当地后备耕地资源少，就近后靠进行生产安置的条件差，淹地不淹房引起的动迁人口数占了总的动迁人口数的绝大部分(约为80%)，动员移民搬迁工作难度大。

(2) 移民安置以农业种植业为主，以集中安置为主。购买一个拥有4700余亩耕地的农场安置3200余人，一个集中开发3300余亩耕地的安置区安置移民1700余人。

(3) 采取防护措施减少了耕地损失、移民数量和工程投资。设计对水库末端成片的三片临时淹没区考虑筑堤防护减少耕地损失700余亩，另外还减少了部分企业的搬迁。

(4) 农村生产安置规划中水利设施配套工程量较大，需建小(1)型水库一座，建提水灌溉泵站7座(扬程多在50m以上)。

(水电水利规划设计总院　蔡　频)

水电站环境保护

环境影响报告书编制情况

自2000年7月以来，由水利部和国家电力公司分别委托两个总院预审的水利水电工程环境影响报告书（表）共计57份，其中水利36份（含2份复核报告），水电21份（含11份复核报告书）。工程名称、评价单位、预审时间详见表1及表2。

随着中国环境影响评价技术的发展，水利水电工程环境影响报告书的编制水平不断得到提高，报告书在内容、深度和格式方面都已经相对规范化。在生态环境影响评价中，遥感技术得到了普遍运用；单独编报水土保持方案报告书使环境影响报告书中相应内容得到充实；移民环境影响评价进一步得到重视，龙滩水电站单独编制了移民环境影响评价工作大纲和报告书，并上报国家环境保护总局审查。在水土保持、水质保护、噪声防治、鱼类保护等方面要求对策措施更加细化和具有可操作性。

表1 2000年7月以来水电项目环境影响报告书审查情况

工程名称	编制单位	预审时间
北京板桥峪抽水蓄能电站	国家电力公司北京勘测设计研究院	2000年7月
安徽琅琊山抽水蓄能电站*	国家电力公司北京勘测设计研究院	2000年7月
西藏巴河雪卡水电站	国家电力公司西北勘测设计研究院	2000年9月
贵州北盘江光照水电站	国家电力公司昆明勘测设计研究院	2000年12月
云南澜沧江小湾水电站*	国家电力公司昆明勘测设计研究院	2001年3月
新疆喀什河吉林台一级水电站*	新疆水利水电勘测设计研究院	2001年5月
贵州乌江索风营水电站	国家电力公司贵阳勘测设计研究院	2001年9月
贵州乌江构皮滩水电站*	长江水资源保护科学研究院	2001年9月
甘肃黄河小峡水电站*	国家电力公司西北勘测设计研究院	2001年9月
广东惠州抽水蓄能电站	中山大学	2001年9月
西藏直孔水电站*	国家电力公司成都勘测设计研究院	2001年10月
河北张河湾抽水蓄能电站*	国家电力公司北京勘测设计研究院	2002年4月
青海黄河拉西瓦水电站	国家电力公司西北勘测设计研究院	2001年4月
贵州三板溪水电站*	国家电力公司中南勘测设计研究院	2001年12月
四川瓦斯沟小天都水电站	国家电力公司成都勘测设计研究院	2002年5月
四川瓦斯沟木格措金盖龙头水库电站	国家电力公司成都勘测设计研究院	2002年5月
四川火溪河水牛家水电站	国家电力公司成都勘测设计研究院	2002年5月
四川白龙江紫兰坝水电站*	国家电力公司西北勘测设计研究院	2001年5月
陕西汉江喜河水电站*	国家电力公司北京勘测设计研究院	2002年5月
湖北白莲河抽水蓄能电站	国家电力公司中南勘测设计研究院	2002年6月
湖北忠建河洞坪水电站*	湖北省环境科学研究院	2002年6月

*环境影响复核报告书。

表2 2000年8月以来水利项目环境报告书审查情况

工程名称	编制单位	预审时间
英那河水库扩建工程	大连市环境科学设计研究院	2000年9月
引额济乌一期一步工程	新疆水利水电勘测设计研究院	2000年9月
房县三里坪水利枢纽	湖北省环境科学研究院	2000年9月

续表

工程名称	编制单位	预审时间
中国新疆日本国际协力银行贷款节水灌溉工程	新疆水利水电勘测设计研究院	2000年11月
淮河入海水道近期工程	淮河水资源保护研究所	2000年4月
黄河下游防洪工程建设核心子项目	中国水利水电科学研究院	2000年11月
金哨水利枢纽	中日友好环境保护中心	2000年12月
岷江紫坪铺水利枢纽	中国水科院环境评价中心、四川省环科院	2000年12月
渭河中游干流防洪	西北勘测设计研究院	2001年1月
内蒙绰勒水利枢纽	内蒙古自治区环境科学研究所	2001年1月
新疆特克斯河恰甫其海水利枢纽一期	新疆水利水电勘测设计研究院	2001年2月
滦水皂市水利枢纽*	长江水资源保护科学研究所	2001年2月
洪汝河下游河道治理	淮河水资源保护科学研究所	2001年2月
百色水利枢纽*	珠江水资源保护科学研究所	2001年3月
长江江西省部分防洪工程	长江水资源保护科学研究所	2001年4月
枝江市上百里州江堤整险加固	长江水资源保护科学研究所	2001年4月
鲤鱼塘水库	国电公司中南勘测设计研究院	2001年5月
嫩江、松花江干流县场及六大城市堤防加固	中国水利水电科学研究院 黑龙江省水利水电勘测设计研究院	2001年6月
四川武都引水二期灌区	国电公司成都勘测设计研究院	2001年6月
北江大堤加固达标	国家环保总局华南环境科学研究院	2001年7月
遵义灌区一期	国电公司贵阳勘测设计研究院	2001年8月
长江干流宜昌城区段防洪护岸	长江水资源保护科学研究所	2001年9月

续表

工程名称	编制单位	预审时间
广东潮州供水枢纽	珠江水资源保护科学研究所	2001年9月
宁波市周公宅水库	浙江省环境保护科学设计研究院	2001年9月
临淮岗洪水控制	淮河水资源保护科学研究所	2001年10月
西藏满拉灌区	中国市政工程东北设计研究院 松辽水环境科学研究所	2001年11月
奎濉河近期治理工程	淮河水资源保护科学研究所	2001年12月
重庆主城区、岷江干流成都段防洪整治	长江水资源保护科学研究所	2001年12月
新疆下坂地水利枢纽	国家电力公司西北勘测设计研究院	2002年2月
磨盘山水库供水工程	中国市政工程东北设计研究院 黑龙江省水利水电勘测设计研究院	2002年2月
济南市东湖供水工程	中国科学院长春地理所	2002年3月
黄浦干流新增防洪工程	中日友好环境保护中心 水利部上海水利水电勘测设计研究院	2002年3月
辽河大伙房水库输水工程	中日友好环境保护中心	2002年4月
嫩江右岸防洪工程	松辽水环境科学研究所	2002年5月
长江堤防重要隐蔽工程	长江水资源保护科学研究所	2002年5月
云南省麻栗坝水库工程	中国水利水电科学研究院	2002年6月

*环境影响复核报告。

（国家电力公司水电水利规划设计总院　顾洪宾）

水土保持方案报告书编制情况

根据《中华人民共和国水土保持法》和水利部与国家电力公司联合颁布的水保［1998］423号《电力

建设项目水土保持工作暂行规定》的要求，电力建设项目在可行性研究阶段编制项目水土保持方案报告书，报告书经国家电力公司组织并主持预审后报水利部批复。经统计，自该规定颁布以来至2002年7月底以前，共有41个水电项目通过国家电力公司水电水利规划设计总院的预审（详见表1）。水利部委托水利部水利水电规划设计总院进行水利项目水土保持方案报告书的预审，经统计至2002年6月共有44个项目通过预审（详见表2）。自水利水电项目水土保持方案报告书单独编报审批以来，在水利部、国家电力公司的严格要求下，方案报告书不断完善，编制质量明显提高。方案报告书在防治目标、水土流失预测、防治分区和分区防治措施、水土流失监测以及报告书的格式、制图标准等方面进一步得到明确和规范化。

表1 2002年7月底以前水电项目水土保持报告书审查情况

工程名称	编制单位	预审时间
甘肃黄河大峡水电站	国家电力公司西北勘测设计研究院	1999年3月
新疆开都河察汗乌苏水电站	新疆水利水电勘测设计研究院	1999年4月
山西西龙池抽水蓄能电站	国家电力公司北京勘测设计研究院	2000年2月
贵州乌江洪家渡水电站	国家电力公司贵阳勘测设计研究院	2000年4月
青海黄河公伯峡水电站	国家电力公司西北勘测设计研究院	2000年4月
湖北黄龙滩水电站扩建工程	国家电力公司中南勘测设计研究院	2000年4月
江苏宜兴抽水蓄能电站	国家电力公司上海勘测设计研究院	2000年5月
安徽琅琊山抽水蓄能电站	国家电力公司北京勘测设计研究院	2000年7月
浙江天荒坪抽水蓄能电站	国家电力公司华东勘测设计研究院	2000年7月
四川华能硗碛水电站	国家电力公司成都勘测设计研究院	2000年7月
西藏巴河雪卡水电站	国家电力公司西北勘测设计研究院	2000年9月
四川岷江福堂水电站	国家电力公司成都勘测设计研究院	2000年10月
北京板桥峪抽水蓄能电站	国家电力公司北京勘测设计研究院	2000年10月
吉林丰满水电站三期工程	水利部东北勘测设计研究院	2000年11月

续表

工程名称	编制单位	预审时间
湖北清江水布垭水利枢纽电站	长江水资源保护科学研究所	2000年12月
四川火溪河自一里水电站	国家电力公司成都勘测设计研究院	2000年12月
四川南桠河姚河坝水电站	国家电力公司成都勘测设计研究院	2001年4月
福建汀江棉花滩水电站	国家电力公司上海勘测设计研究院	2001年5月
云南澜沧江小湾水电站	国家电力公司昆明勘测设计研究院	2001年6月
重庆市芙蓉江江口水电站	长江水资源保护科学研究所	2001年8月
贵州乌江索风营水电站	国家电力公司贵阳勘测设计研究院	2001年9月
贵州乌江构皮滩水电站	长江水资源保护科学研究所	2001年9月
甘肃黄河小峡水电站	国家电力公司西北勘测设计研究院	2001年9月
西藏拉萨河直孔水电站	国家电力公司成都勘测设计研究院	2001年10月
西藏金河水电站	国家电力公司成都勘测设计研究院	2001年11月
河北张河湾抽水蓄能电站	国家电力公司北京勘测设计研究院	2002年1月
浙江桐柏抽水蓄能电站	国家电力公司华东勘测设计研究院	2002年1月
青海黄河拉西瓦水电站	国家电力公司西北勘测设计研究院	2002年3月
广西红水河龙滩水电站（施工专项）	国家电力公司中南勘测设计研究院	2002年4月
陕西汉江喜河水电站	国家电力公司北京勘测设计研究院	2002年4月
贵州三板溪水电站	国家电力公司中南勘测设计研究院	2002年4月
四川瓦斯沟木格措金盖龙头水库电站	国家电力公司成都勘测设计研究院	2002年5月
四川瓦斯沟小天都水电站	国家电力公司成都勘测设计研究院	2002年5月
广西南盘江平板水电站	广西电力工业勘察设计研究院	2002年5月
四川白龙江紫兰坝水电站	国家电力公司西北勘测设计研究院	2002年5月

续表

工程名称	编制单位	预审时间
四川火溪河水牛家水电站	国家电力公司成都勘测设计研究院	2002年5月
四川火溪河木座水电站	四川省水利水电勘测设计研究院	2002年5月
湖北白莲河抽水蓄能电站	国家电力公司中南勘测设计研究院	2002年6月
河南宝泉抽水蓄能电站	国家电力公司华东勘测设计研究院	2002年6月
湖北宣恩洞坪水电站	湖北省水利水电勘测设计院	2002年7月
青海黄河康扬水电站	国家电力公司西北勘测设计研究院	2002年7月

表2 2002年6月以前水利项目水土保持方案报告审查情况

工程名称	编写单位	审查时间
宁波白溪水库引水工程	浙江省水利水电勘测设计院	1999年6月
满拉水利枢纽（初设阶段）	水利部东北勘测设计研究院	1999年7月
岷江鱼嘴水利枢纽	四川省水利水电勘测设计院	1999年8月
尼尔基水利枢纽	水利部东北勘测设计研究院	1999年8月
河南省淇河盘石头水库	河南省水利水电勘测设计研究院	2000年1月
黄河沙坡头水利枢纽及灌区节水改造	宁夏自治区水利水电勘测设计院	2000年4月
浙江省分水江水利枢纽	浙江省水利水电勘测设计研究院	2000年5月
四川凉山州大桥水库灌区漫水湾渠首及左干渠（初设阶段）	国家电力公司成都勘测设计研究院	2000年6月
溧水皀市水利枢纽	长江水资源保护科学研究所	2000年6月
娄水江垭水利枢纽（初设阶段）	长江水资源保护科学研究所	2000年6月
黄河内蒙古河套灌区续建配套与节水改造	内蒙古自治区水利水电勘测设计院	2000年6月
广东北江飞来峡水利枢纽（初设阶段）	珠江水利水电勘测设计研究院	2000年7月

续表

工程名称	编写单位	审查时间
察尔森水利枢纽	东北水利水电开发总公司	2000年7月
牡丹江市林海水库供水	黑龙江省水利水电勘测设计研究院	2000年8月
大连英那河水库扩建工程	辽宁省水利水电勘测设计研究院	2000年9月
湖北三里坪水利水电工程	湖北省水利水电勘测设计研究院	2000年9月
新疆引额济乌一期一步	新疆水利水电勘测设计研究院	2000年9月
辽河石佛寺水库枢纽一期	辽宁省水利水电勘测设计研究院	2000年11月
江西长江干流堤防加固整治	江西省水土保持科学研究所	2000年11月
广西百色水利枢纽（初设阶段）	广西水利水电勘测设计研究院	2000年12月
吉林四湖沟水利枢纽	水利部东北勘测设计研究院	2000年12月
新疆恰甫其海综合利用水利枢纽一期	新疆水利水电勘测设计研究院	2001年2月
洪汝河下游河道近期治理	淮委规划设计院	2001年2月
北江大堤加固达标	广东省水利水电勘测设计研究院	2001年3月
万家寨水利枢纽	黄河上中游管理局规划设计研究院	2001年4月
重庆开县鲤鱼塘水库	国电公司中南勘测设计研究院	2001年5月
唐白河防洪治理一期	长江流域水土保持监测中心站	2001年5月
武都引水工程二期灌区	四川省水利水电勘测设计研究院	2001年6月
黄河小浪底水利枢纽	黄委会勘测设计研究院	2001年8月
宁波白溪水库	国电公司华东勘测设计研究院	2001年8月
黑龙江伊春西山水库	黑龙江省水利水电勘测设计研究院	2001年8月
宁波周公宅水库	浙江省水利水电勘测设计研究院	2001年9月
广东潮州供水枢纽	广东省水利水电勘测设计研究院	2001年9月

续表

工程名称	编写单位	审查时间
临淮岗洪水控制	淮委规划设计研究院	2001年10月
南昌昌南城区防洪	江西省水利水电规划设计院	2001年10月
满拉灌区	水利部东北勘测设计研究院	2001年11月
奎濉河近期治理工程	淮委规划设计研究院	2001年12月
新疆下坂下水利枢纽	新疆水利水电勘测设计研究院	2002年2月
哈尔滨磨盘山水库供水工程	黑龙江省水利水电勘测设计研究院	2002年2月
辽宁大伙房水库输水工	辽宁省水利水电勘测设计研究院	2002年4月
新疆乌鲁瓦提水利枢纽	新疆水利水电勘测设计研究院	2002年4月
港口湾水库（初设阶段）	安徽省水利水电勘测设计研究院	2002年4月
江西廖坊水利枢纽	江西省水利水电勘测设计研究院	2002年5月
云南麻栗坝水库	云南省水利水电勘测设计研究院	2002年6月

（水电水利规划设计总院　李鹤媛）

水电工程竣工环境保护验收

为了加强建设项目环境保护竣工验收管理，确保建设项目环境保护工作的落实，国家环保总局在1994年发布的《建设项目环境保护设施竣工验收管理规定》的基础上，于2001年12月11日重新发布了《建设项目竣工环境保护验收管理办法》。新办法把环保验收的范围扩大到建设项目的整个环保工作，不仅要对环境保护设施进行验收，还对其他环境保护对策措施以及工程建设对环境影响的结论进行检查和核实。并对建设项目按工业污染为主和生态破坏为主进行分类管理，加强了以生态破坏为主的水电建设项目的竣工验收管理，规定以生态影响为主的建设项目环保竣工验收，业主单位需提交建设项目竣工环境保护验收申请报告（表）及环境保护验收调查报告（表）。

2000年8月以来，共有二滩水电站、高坝州水电站、天荒坪抽水蓄能电站及李家峡水电站4个水电站工程通过了国家环保总局主持的环保竣工验收。其中天荒坪抽水蓄能电站及李家峡水电站是2001年12月新的环保验收规定发布以后进行的环保验收。各电站环保验收情况如下。

1. 二滩水电站工程竣工环保验收　①废水处理。二滩水电站施工期间，Ⅰ、Ⅱ砂石骨料系统分别设一座沉砂池，废水经沉砂池沉淀后，通过集中管路排入雅砻江；各施工营地生活污水均经过废水处理设备净化处理，排入雅砻江或其支沟。环保监理整编资料表明，施工期废水治理基本符合环保设计排放要求，未发生对水质的污染现象。②施工区水土保持。二滩工程弃渣总量1500万m^3，施工组织设计共规划6个渣场，后因施工堆渣需要调整为3个渣场。金龙山渣场位于库区被完全淹没，蓄水后不会新增水土流失；三滩大沟渣场一侧临雅砻江干流，1998年该渣场坡脚曾被水库下泄洪水冲毁，工程完建后，重新对此渣场进行了整治，在距沟口1km处修建堆石坝截水，采用断面为4m×5m、长800m的隧洞，将沟水直接引入雅砻江，渣体临江面采取浆砌块石衬砌和挂网喷混凝土支护相结合方式进行永久防护，并在临河岸部分修建混凝土挡墙防护；阿布郎当沟渣场进行了浆砌石护坡防护后建设单位将其改造为码头。③库底卫生清理。水库清理包括居民迁移线以下的建筑物清理，正常蓄水位以下的林木砍伐及迹地、坟墓清理等，初期蓄水监测资料表明，水质良好，清库效果较好。④库岸防护示范林。根据环境评价要求，工程于1998年开始在库周1200～1300m范围内营造库岸防护林，完成造林240.3hm^2，成活率90%，较好地涵养了水土。⑤鱼类资源保护。环境影响评价表明，二滩工程对河段鱼类种群有影响，但物种不致有绝灭的危险，恢复措施是采用人工放养结合人工投放鱼巢。根据世行特别咨询团1999年咨询意见，库区鱼类资源保护工作应待水库运行稳定后，再行实施，以保证投放鱼苗的顺利成活与生长。该建议得到本工程环境监理小组的肯定，故此措施目前暂未实施，工程为此预留114万元实施经费。⑥移民安置区环保。在迁建过程中实施了部分水土保持、人群健康保护，对人群健康进行了预防和保护，基本完成了移民安置区环保设计规定的要求。⑦环保投资。二滩水电站枢纽工程环境保护费用共投资3066.46万元，包括施工区水土流失防治与生态环境建设、施工期污染防治、库周防护林带营造、库区鱼类资源保持等。验收时已完成2952.46万元，预留投资114.00万元。⑧环保验收。2001年5月12日，国家环保总局组织国家电力公司等有关单位在现场主持召开了二滩水电站环保验收会议，会议成立了验收组，有关单位代表和验收组成员现场考察了电站建设环保工作落实情况，听取了编制单位成都勘测设计院对《二滩水电站竣工验收环境保护调查报告》的汇报。经认真评议，同意予以验收。

2. 高坝州水电站竣工环保验收　①废水处理措施。工程施工废水日平均废水量约 9600m^3，主要污染物为SS，废水采用自然沉淀处理，修建 2 个 30m×10m 的沉淀池，废水集中经管道进入沉砂池沉淀后由涵管排入清江，沉淀物定期清理，运至渣场。但由于生产废水排入量较大，沉淀时间短，处理效果有限，排放废水仍对清江水质产生了一些污染。施工区及永久生活区共建有化粪池 60 余套、地埋式无动力污水处理系统 2 套，生活污水处理达到了设计的二级排放标准，没有对清江水质产生大的影响。但由于迁建集镇磨市未对生活污水进行处理，造成了对马磨河入库段的水质污染，影响了库区回水末端局部水体。长阳县城和津洋口镇的工业废水和生活污水大部分未经处理直接排入库区，对水库水质构成了影响。②水库清理。卫生清理 11476 处，工矿企业污染源清理 29 处，各类建筑物清理 3100 处，同时对 81m 线下（正常蓄水位 80m）的高大林木、专项线路设施等进行了全面清理。水质监测资料表明，水库蓄水初期未出现因清库造成的污染问题，水库水质较好。③库区文物保护。高坝洲库区共有地下文物点 13 个，考古队对这些文物分别进行了规模发掘、试掘和勘探工作，并完成了室内整理工作。库区共有地面文物点 19 处，已分别完成了对这些文物点的绘图、照相、拓片等资料整理及各文物点的搬迁工作，并开发性的复建了几个文物点。④施工期水土保持。工程弃渣 115.3 万 m^3，工程布置 3 个渣场。干溪沟渣场二期截流后被水淹没。最大的毛家沱渣场实施工程拦护措施后，当地居民已利用建筑住房，余下部分将进行绿化植树，预留费用 20 万元。洞木浴料场和渣场临江面修筑了挡渣墙，实施了覆土植草皮。另外对场内滑塌区加强了观测，对场内公路的开挖及弃渣也都采取了水保措施，效果较好。⑤绿化美化。高坝洲电站 1995 年提出了《高坝洲绣清花园总体规划》，工区共植树 8 万余株，种植草皮 6 万 m^2，培育花卉盆景 5000 余盆，完成绿化面积近 80hm^2，绿化投资 768.77 万元。⑥移民安置区环保。各移民安置点在生活环境方面都有不同程度的改善，布设了雨水排放系统，但对磨市、石门两个迁建集镇的生活污水没有处理措施，直接排入库区，造成了对水库水质的污染。⑦环保投资。工程完成环保投资共计 15534.34 万元，包括施工期的污染防治、环境监测、生态恢复、景观建设和迹地恢复及移民环保。⑧环保验收。2001 年 9 月 22 日国家环保总局在宜昌主持召开了高坝洲水电站环保验收会议，会议成立了验收组，有关单位代表和验收组成员现场考察了电站建设环保工作落实情况，听取了《高坝洲水电站工程环保竣工验收环境调查报告》编制单位中国水利水电科学研究院的汇报，经认真评议，同意予以验收。

3. 天荒坪抽水蓄能电站竣工环保验收　①废水处理。天荒坪抽水蓄能电站施工废水主要影响潘村水库（下游横路村居民生活饮用水水源，库容 105 万 m^3）和赤坞溪水质。施工期间采取对潘村水库库尾设置的拦砂坝加高了 2m，修建沉淀池及沉淀池加油水分离器三种措施对大坝基坑废水、乌石头轧石筛分系统及地下厂房洞室群开挖产生的废水加以处理，但其他部位的生产废水如导流洞施工废水没有采取处理措施。施工期水质监测资料表明，该工程施工废水处理存在不足，造成了对潘村水库的污染。施工营地生活污水均未经任何处理直接排入荒地，但未造成大的影响。该电站蓄水运行初期，水质资料表明，由于零散施工的原因，上、下水库的 pH 值和石油类出现超标现象。②绿化美化。电站施工后期和运行投产后，重点进行施工区和生活区的生态环境恢复，已种草皮（马尼拉草、四季青草等）16.9 万 m^2。种植树木、各类花草面积 3.9 万 m^2，投入资金 348.8 万元。③水土保持。天荒坪抽水蓄能电站建设期间，根据国家建设项目水土保持要求，补编了《天荒坪抽水蓄能电站水土保持方案报告书》。该工程土石方开挖量 952.55 万 m^3，总弃渣量 261.25 万 m^3，施工布置 5 个渣场，其中潘家岭弃渣场、烂田坞弃渣场、磨石坑弃渣场及赤坞弃渣场属于临时借地，均按水保设计的要求进行了防治，现已都归还了地方。半山凉亭渣场根据旅游需要采取了工程防护措施及绿化美化处理，现已开辟为旅游景点。④水库淹没。本工程上下库淹没面积都较小，影响居民较少，采取了本村安置，居民生活没有受到影响。⑤环保投资。本工程完成环保投资 7953.2 万元，主要用于施工期的污染防治、环境监测、生态恢复、水土保持、景观建设和迹地恢复等。⑥环保验收。2002 年 4 月 29 日，国家环保总局监督管理司组织有关单位在现场召开了天荒坪抽水蓄水电站环保竣工验收会议。由各单位组成的环保验收组现场检查了该工程环保措施落实及生态恢复情况，听取了天荒坪抽水蓄能有限责任公司该工程环保执行情况报告和中国水利水电科学研究院对《浙江天荒坪抽水蓄能电站工程竣工环境保护验收环境调查报告》的汇报。经认真讨论，认为该工程基本符合环保验收条件，同意通过验收。

4. 李家峡水电站竣工环保验收　①废水处理。本工程废水主要有施工废水和生活污水组成，高峰用水期为 6 年，生产废水平均排放量为 1394m^3/h，生活污水平均排放量为 143m^3/h，工程施工期生产废水和生活污水均未经处理直接排入了黄河。施工期监测报告表明，施工区下断面 BOD_5、COD、氨氮、总磷、石油类等含量较工区上断面有不同程度增加，细菌学指标大肠菌群最大超标 22 倍。根据黄河水域李家峡河段Ⅰ类水域功能的要求，施工期监测报告建议电站运行期应在大坝区、牛滩办公生活区设立污水处理设备，该设施验收前已投入运行。②施工期水土保持。本工程总弃渣量为 657 万 m^3，施工规划 4 个渣场。最大的渣场位于库内，堆存量 175 万 m^3，堆渣过程中作了碾压处理，蓄水后已被淹没。德龙尖巴沟渣场，位于大坝下游右岸沟口，原设计中做一心墙坝，被 1990 年一场 50 年一遇的大洪水冲毁，后为了工程进度，在没有建拦护措施的情况下，直接在排洪洞下游堆放弃渣。1997 年 8 月 4 日一场大洪水，使堆渣坝前形成长历时的壅水，在一定程度上给电场安全运行构成了威胁。左坝沟渣场位于左坝沟沟口，堆渣表面经平整碾压后在堆渣上建成拱桥，桥面上建设出线平台。俄家台河滩渣场位于大坝下游黄河岸边，该渣堆进入河道较多，堆渣后较天然河道束窄较多，可能形成壅水，影响电站尾水位和行洪。③水库清理。拆除房屋 1492m^2，砍伐各类树木 185271 株，清理消毒坟墓 584 座，对 20 处具有发掘价值的古代居住遗址、古城遗址等进行了资料收集整理及搬迁，实施投资计 50 万元。水质监测资料表明，水库初期蓄水期间，BOD_5、COD、氨氮、总磷、石油类、细菌学指标均超标，主要原因是施工期废水与生活污水没经过处理，直接入库造成的。④移民安置区环保。李家峡水库总移民安置人口为 4481 人，根据水库淹没情况分别在德贵县和化隆县安置。大多安置区房、地、水、电路、教育卫生等系统建设等到了落实，人均收入有所增加，住房条件有所改善。但扎马堂安置区等部分安置区存在环境容量不足及塌岸问题，如水库蓄水造成扎马堂安置区塌岸问题，塌岸发展至耕地边缘，部分耕地已无法耕种，存在二次移民的问题。⑤环保投资。李家峡水电站环保设施投资为 453 万元，水土保持、基地绿化等投资 2716.93 万元，合计环保投资为 3389.93 万元。⑥环保验收。2002 年 5 月 13 日，国家环保总局监督管理司组织国家电力公司水电水利规划总院等有关单位对李家峡水电站工程进行了环境保护现场检查验收，由相关单位代表及专家组成的验收组，通过对现场环保措施落实及生态恢复情况的检查，并听取了建设单位对工程环保执行情况的报告和中国环境监测总站对《黄河李家峡水电站工程竣工环境保护验收调查报告》的汇报后，经审议后认为该工程基本具备验收条件，同意通过环保验收。

（水电水利规划设计总院　陈玉英）

金沙江一期工程珍稀鱼类保护研究

（一）概述

金沙江一期工程珍稀鱼类保护研究课题是根据国家环境保护总局要求，由中国长江三峡工程开发总公司委托开展。研究目的是协调金沙江一期工程（溪洛渡、向家坝水电站）与长江合江～雷波段珍稀鱼类国家级自然保护区的关系，通过对工程和保护区替代方案的研究，本着科学合理开发利用水资源和“开发与保护并重”的原则，在建设金沙江一期工程的前提下，实施保护区替代方案；或不建金沙江一期工程，寻求金沙江一期工程替代方案，并在两者之间提出推荐意见，争取实现经济建设和生态保护“双赢”的目标，供国家宏观决策参考。

课题由水电水利规划设计总院主持，中科院水生生物研究所、四川省水产局、长江水产研究所、国家环保总局南京环科所、中南院、成都院等 6 个单位参加了研究。2001 年 3 月水电水利规划设计总院编写完成了研究工作大纲，并邀请潘家铮、沈国舫、曹文宣、曹楚生等 4 位院士和 7 位著名专家进行了咨询。2002 年 2 月，水电水利规划设计总院编制完成了《金沙江一期工程对长江合江～雷波段珍稀鱼类国家级自然保护区的影响及替代方案研究报告》。2002 年 4 月通过了以中国工程院潘家铮副院长为顾问，沈国舫副院长为组长，曹文宣院士、曹楚生院士、金鉴明院士、刘昌明院士等 17 位专家组成的专家组评审。

（二）主要研究内容

主要研究内容包括保护区鱼类资源现状研究、工程对珍稀鱼类的影响研究、工程替代方案研究、保护区替代方案研究四个方面。现状研究在大量已有工作的基础上，充分利用现有资料，采用鱼类分类和区系、鱼类资源和生态的研究方法以及水电工程相关专业的技术方法，基本摸清了工程及附近江段的鱼类资源状况。工程对保护区及珍稀特有鱼类的影响，采用类比法分析计算了施工期对水环境的影响，并建立了两电站联合运行时的水温、水质预测模型，研究了大坝阻隔、水文泥沙情势变化、下泄低温水、大坝泄洪水体氮气过饱和状况等保护区及邻近水域水环境可能产生的变化情况；根据鱼类生态特点分析了水环境改变可能带来的珍稀特有鱼类影响。保护区的替代方案研究，在工程建设的前提下，通过多方案的实施条件、保护效果比较，从保护区的调整方案、在其他江段新建保护区进行补偿、加强珍稀鱼类人工繁殖研究及保护的管理措施四个方面，综合提出了一个相对可行的和较可靠的替代方案。工程替代方案的研究是从工程具有的发电、防洪、航运、拦沙、灌溉等效益方面分别提出替代工程，并进行综合分析和评价。

（三）主要结论

(1) 鱼类资源现状。保护区及附近江段可能分布有鱼类188种，包括长江上游特有鱼类64种，其中白鲟和达氏鲟为国家Ⅰ级保护鱼类，胭脂鱼为国家Ⅱ级保护鱼类。因过度捕捞、环境破坏等原因，白鲟已极度濒危。保护区江段长约420km，向家坝水库位于核心区内，溪洛渡水电站坝址位于保护区上边界附近。

(2) 工程的主要影响。工程兴建后，水库将淹没白鲟、圆口铜鱼等珍稀特有鱼类的主要产卵场，大坝阻隔将使相对完整的水生生物生态环境被分割成上下两段，鱼类的生境将缩小；溪洛渡水库是分层型的高坝大库，春夏季节的下泄水温较天然河道低，将使白鲟等鱼类的产卵期推迟，对苗种发育和成活率产生不利影响；水文泥沙情势的变化将改变天然河道的水位、流速和河床断面等，对流水型鱼类的栖息生境不利，从而导致鱼类种类结构发生变化。水环境的变化对珍稀特有鱼类的影响是明显的，资源量将大幅减少。在三种珍稀鱼类中，现已极度濒危的白鲟的影响程度最大，将影响其维持种群生存的关键生境，使其种群延续进一步受到严重威胁；因达氏鲟和胭脂鱼在长江上游的适应范围相对较广，其影响程度相对较弱。在特有鱼类中，影响最大的是对工程建设及其下游江段依赖性很高的昆明高原鳅等16种鱼。圆口铜鱼等分布范围虽然较广，但由于金沙江下游是其关键的繁殖环境，其种群生存也会受到较严重的不利影响。

(3) 保护区替代方案。主要包括保护区调整方案、白鲟的人工繁殖研究和人工繁殖措施、达氏鲟和胭脂鱼的人工增殖及放流措施、圆口铜鱼等特有鱼类的人工繁殖研究及增殖措施、加强监测和管理等措施。保护区调整方案是建议将保护区调整为向家坝坝址～木洞江段，并增加赤水河。在替代效果上，因自然条件的惟一性，现保护区不可能完整替代，若金沙江一期工程建设，建议根据堆荐方案调整保护区，可保存金沙江下游和长江上游鱼类的残留生存空间，促进对该江段的有效保护，使适应于向家坝下游环境的鱼类免遭进一步的人为威胁。工程兴建后，达氏鲟、胭脂鱼等对现保护区水域依赖性较低的鱼类可能在向家坝下游江段建立自然种群，但种群数量可能进一步减少。赤水河保护区的建立，可在长江上游地区保存一条生物多样性较高的自然河流，因其鱼类种类全部可在现保护区找到，故对现保护区的保护目的和效果具有较高的替代性。但是，因白鲟和圆口铜鱼对现保护区江段的高依赖性，新保护区的保护作用相对较小。因此，必须在调整保护区的同时，开展濒危物种的人工繁殖放流和人工种群的建立研究工作。

(4) 工程替代方案。建设燃煤火电电源是发电效益的替代方案，电力电量基本可达到同等程度地满足电力系统要求，但存在CO_2等温室气体的排放及对可耗竭性资源的消耗问题。防洪效益的替代方案是加高川江段城镇或沿江的防护堤，但防洪范围和效果难以同等替代。航运效益的替代方案是在山区修建公路，但代价昂贵，且存在其他生态影响。拦沙效益的替代方案是在上游主产沙区兴建水土保持工程。灌溉效益的替代方案是扩展原灌渠、修建提水工程，但运行费用高。在替代效果上，金沙江一期工程具有巨大的规模效益和综合利用效益，在单项开发目标上可以分别寻求到代价昂贵的替代工程，但在整体上，难以寻找到一个或一组工程方案达到完全等效的替代目标。

(5) 综合结论。金沙江一期工程效益巨大，难以替代。但工程所在的金沙江下游是白鲟等珍稀特有鱼类的重要生境，金沙江一期工程的建设将对长江合江～雷波段珍稀鱼类保护区产生明显不利影响。保护区替代方案的实施，可以最大程度地减缓工程带来的影响。目前，白鲟的情况已经十分危急，如尽早实施保护区的替代方案，对保护白鲟这一宝贵物种有重要的意义。

（水电水利规划设计总院　舒泽萍）

棉花滩水电站环境保护设计

棉花滩水电站位于福建省永定县境内的汀江干流下游河段，邻近广东省，是汀江流域规划中惟一有较大调节库容的水电站。工程主要任务是发电，兼有防洪、航运等综合效益。水库正常蓄水位173m，相应库容16.98亿m^3，有效库容11.22亿m^3，电站装机容量600MW，年发电量15.2亿kW·h。

棉花滩水电站勘测设计阶段，正值我国环境管理制度发生重大转折时期，1986年颁布《建设项目环境保护管理办法》（即通常人们熟知的003号文），环境保护工作得到普遍重视。棉花滩水电站的环境保护设计经历了环境影响评价（包括利用外资阶段环境影响复评价）、环境保护设计和施工期环境管理监督评估三个阶段。

客观的科学预测和分析，对不利影响提出减免措施。环评工作分为本底调查、重点因子分析预测、综合评价三个阶段。

(1) 环境影响评价。棉花滩水电站环境影响评价分本底调查、重点因子分析预测、综合评价三个阶段。本底调查阶段，根据环境影响评价的基本要求，对自然环境和生态系统，社会环境和区域经济等两个方面进行了详细、深入的调查，收集了许多有价值的本底资料。预测分析阶段根据本底调查资料进行因子识别，对影响因子逐个分析，筛选出局地气候、水温、水质、环境地质、淹没损失、施工期影响等因子，作为预测与分析的重点因子。重点因子决定了未来的环境状态，对重点因子开展相应的预测分析工作，其他因子采用定性分析为主。通过预测分析，基本弄清了重点因子的现状及变化规律，库尾上杭工业和生活污染源随经济发展而增加、施工期污水排放等因子是危害环境的重点因子，应引起重视；淹没区原农业系统基本解体，库周经济面临重建任务；另外，电站建设又为库周新的经济发展提供了有利条件，若规划合理、措施得力，可较快实现库周经济的繁荣；局部气候、水生生物、工程效益等也都是有利因子，可提高工程的总体功能和效益，预测分析为综合评价奠定了基础。综合评价采用环境影响评价矩阵，表中的“行”内各元素表示水、生物、地球物理、社会环境等影响，“列”内各元素则列举开发目标、作用类型、影响区域、改善与保护措施等工程作用因素，代表环境影响与工程作用的不同组合，在重点单因子分析预测基础上进行综合分析，得出棉花滩工程建设的环境效益明显大于不利影响。

(2) 环境保护设计。环境保护设计对环境影响报告书提出的不利影响进行措施设计，设计范围为库周区、施工区、淹没区，根据不同的技术要求，提出环境保护措施。对库周移民安置区，主要以非工程措施为主，提出环境保护的管理要求；对施工区，则进行生产废水和生活污水处理的设计；对淹没区，则提出水库库盆清理的基本技术要求。在项目招标设计阶段，又进一步编制施工期环境保护设计，缩小设计范围，细化设计项目，对各施工标进行专项环境保护要求和措施设计。

(3) *施工期环境保护监督与评估*。棉花滩施工期环境保护工作由棉花滩公司组织实施，组织机构为环境管理办公室，负责组织协调与日常事务工作，归属公司直接领导，设计院作为成员单位参与电站的环境保护管理，定期监督和检查承包商实施的环境保护工作，提出评估意见。

(4) 主要建议。重视基础资料的收集和现场调查；关注生态环境影响评价，环保措施设计中必须重视生态环境保护设计；重视减缓措施的有效性和可操作性，保证环境保护经费的投入；重视施工期环境监理工作；建立环境监测系统并开展环境影响回顾评价。

(上海勘测设计研究院 杜心慧)

瀑布沟水电站的环境保护

瀑布沟水电站位于大渡河干流中游四川省汉源县、甘洛县境内，采用堤坝式开发，主要开发任务为发电和防洪。坝型为直立心墙土石坝，最大坝高186m。水库正常蓄水位850m时，水库回水长度72km，水面积84km^2，总库容50.64亿m^3，调节库容38.82亿m^3，水库具有季调节性能。电站装机3300MW，保证出力926MW，多年平均年发电量145.8亿kW·h。

工程区地处四川盆地西部边缘，属中、高山峡谷地貌。工程区气候属川西南亚热带气候区，干、湿季分明，立体气候特征显著，河谷区多年平均气温18℃左右，多年平均降水量约740mm，多年平均相对湿度67%。工程区及上游集水区工业不发达，污染源少，河流水质状况良好。工程区植被属亚热带常绿阔叶林带，垂向分布上与气候、土壤相适应，同时受人类活动影响，退化现象比较严重，海拔较低的河谷、中低山缓坡地均已被农耕植被所取代，成片的天然林多分布在海拔2000～3000m地带。由于植被状况差，缺乏野生动物的适宜环境，水库及周边区域无大型野生动物分布。工程区的环境问题主要体现在两个方面：土地开垦强度大，泥石流发育，水土流失日趋严重；水资源时空分布不均导致干旱与洪涝灾害交替出现。

瀑布沟水电站的环境保护设计工作最早开展于1985年，并于1988年2月编制完成环境影响报告书，该报告书于同年9月通过国家环境保护局审批。评价结论认为，本工程无制约性的环境问题，从环境保护角度看，瀑布沟水电站工程的兴建是可行的。按照《建设项目环境保护管理条例》的规定：“建设项目环境影响报告书自批准之日起五年，建设项目方开工建设的，其环境影响报告书应当报原审批机关重新审核”。为此，本项目建设单位——大渡河流域水电开发有限责任公司于2001年委托国家电力公司成都勘测设计研究院承担瀑布沟水电站环境影响评价复核工作，预计2002年10月完成。根据初步调查复核，工程区域环境状况发生了一定的变化，而且国家现行有关法律法规和标准对本工程环境保护提出了更高、更全面要求。本工程的环境保护主要工作包括：

(1) *施工期环境保护*。包括施工生产废水处理、生活污水处理、垃圾处理；施工噪声和大气污染防治；弃渣防护处理及生态恢复。

(2) *运行期环境保护*。包括库区水环境保护（库底卫生清理、库周城镇——汉源、石棉县城生活污水和垃圾处理）；下游用水补偿措施（尼日河苏雄镇和大渡河金口河镇工农业及生活用水）；文物古迹保护（富林文化遗址）；鱼类资源保护；库周生态环境保护（重点是水土保持）。

(3) 移民安置区环境保护。包括的内容十分复杂，首要解决的是污染防治和生态保护问题。

(4) 环境管理。包括工程施工、运行期的环境监测和监督管理工作。

需要注意的是，江河鱼类资源保护已经成为水电建设项目环境影响方面备受关注的焦点，但是，就瀑布沟水电站本身而言，目前很难找到妥善的措施方案。为此，建议利用大渡河干流水电规划调整的契机，从流域角度统筹考虑江河鱼类资源的保护问题。这不但可以减轻瀑布沟水电站的投资负担，而且可以取得最佳效果。

（成都勘测设计研究院　喻卫奇）

小湾水电站环境影响评价

（一）环评工作情况

昆明勘测设计研究院于1991年编制完成《澜沧江小湾水电站环境影响报告书》，国家环保局1992年以环监［1992］397号文件批复；2001年编制完成《澜沧江小湾水电站环境影响复核报告书》，国家环境保护总局以环审［2001］157号文件正式批复。

（二）工程建设主要不利的环境影响

1. 移民安置环境影响　水库将淹没陆地166.37km²。其中淹没耕地41.6863km²、园地0.8623km²，淹没村庄居民点118个、房屋47.7117万m²。至设计水平年2009年，需要生产安置的移民人数为4.0392万人（其中动迁人口为35048人）。

征地移民主要以农业生产方式进行安置。移民新垦耕地和居民点建设，及配套水、电、路等基础设施建设占地约3000亩。因水库区域山高坡陡，宜农荒地有限，移民安置对当地生态环境潜在影响较大，必须重视移民安置方案设计及相应环保工作。

2. 对自然保护区的影响　水库淹没涉及两个省级自然保护区的边缘地带（实验区），其中淹没金光寺自然保护区2.85km²，占该保护区总面积的3%；淹没青华绿孔雀自然保护区1.01km²，占该保护区总面积的10.1%。因受淹没的保护区地带耕地多（占37%和40%）、有林地少（占26%和3.4%），并且都是次生植被，不会影响保护区的完整性和保护功能。

3. 对陆生动、植物资源的影响　水库淹没和施工占地面积共173.52km²，其中占用各种林地94.88km²，占54.7%，但95%以上属次生和人工植被。受淹没影响较大的有血桐—千果榄仁、清香木—白背桐和甜根子草3种群落，但下游或其他地区尚有分布；有零星分布的千果榄仁、合果含笑和红椿3种珍稀植物（国家三级保护）的少量植株受淹没影响，但在淹没区外广有分布。

水库淹没线以下发现有国家保护的7种珍稀鸟类、12种珍稀兽类动物的踪迹，但水库区域野生动物环境多样，各种珍稀动物的分布高程上限可至1500m以上（水库正常蓄水位1240m），工程建设施工、水库蓄水时，野生动物出于本能会自然逃避。

4. 对鱼类资源的影响　水库区域河段及其支流有鱼类50种和亚种，经调查，没有发现珍稀、洄游鱼类。水库建成后，水库中喜流动水环境的土著鱼类有所减少，喜静水环境的鱼类的种类和数量将大幅度增加。

5. 水土流失影响　工程建设期间，有925.1亩土地将受到施工扰动，新增水土流失数量约402.06万t。由于施工区域水土流失量较大，如不实施水土保持方案，将对工程及下游造成较大影响。

6. 施工环境影响　电站施工工程量大、施工期长，施工期间每年排放SO_2约908t，NO_x约4693t，及大量的粉尘；排放废水893.6万t；另外还存在施工噪声污染问题。

7. 对下游环境的影响　水库建成运行后，下游澜沧江出境处汛期平均流量较天然状况减少17%，枯水期平均流量增加39.7%，并将丰水年的部分水量调节至枯水年。这种水量调节作用对下游地区和国家的能源开发、农田灌溉、航运都是有利的。

水库建成蓄水后，水库及下游水质不会恶化；下游泥沙含量将减少约35%；水温将出现分层现象，推算至澜沧江出国境断面（距小湾水库约500km），春夏季节水温约降低0～2℃左右，对下游农业灌溉基本没有影响，但对景洪以下河段的部分热带区系鱼类有一定影响。

（三）评价结论

小湾水电站大多数环境影响可以通过采取措施加以减免（环保措施投资）3193.3万元，水土保持投资7101.14万元）。电站建设使工程区自然环境质量有所降低，但工程社会、经济效益巨大，社会环境质量明显提高，从环境保护角度评价，工程建设是可行的。

国家环保总局的批复意见认为，该项目“在落实报告书提出的环境保护措施后，从区域环境保护角度，同意该项目按现定方案建设”。

（昆明勘测设计研究院　李　英）

珊溪水库工程水土保持

（一）概述

珊溪水库工程位于浙江省东南部温州市境内的飞云江中游河段。工程区以中低山为主，坝址两岸平均坡角30°～45°，河谷呈“U”形，河道落差大。区域雨量丰沛，暴雨雨量集中、强度大、溅蚀动能大，水土流失类型以降雨和地表径流冲蚀引起的水力侵蚀为主。

工程区原有土壤侵蚀模数为250.5t/（m^2·年），小于SL 190—1996《土壤侵蚀分类分级标准》中南方红壤丘陵区土壤容许流失量500t/（m^2·年），属微度侵蚀。

工程建设过程中，土地的占用、开挖、填筑、取土、采石和弃渣堆置等扰动山丘坡面，使土壤分散率、侵蚀率等发生变化，导致土壤抗蚀性、抗冲性减弱。若不及时采取防治措施，易造成严重的水土流失。

（二）坦歧渣场防护设计

工程开挖土石方总量609.99万m^3，综合利用量490.11万m^3，弃渣量119.88万m^3。弃渣已分别堆置到规划的四个弃渣场。为防止渣体滑塌，影响工程安全和河道行洪，均已采取相应的防护措施。

1. 工程措施设计　坦歧渣场位于珊溪水库坝址下游坦歧村东南面飞云江弯道左侧的河漫滩上，中心位置距坝址约1.8km。该渣场先期作为大坝填筑料的中转料场，后期作为弃渣场，堆渣约45万m^3。

由于弃渣的堆置占据了部分河滩河床，改变了该河段原天然的河道形势。此外，根据文成县珊溪镇总体规划，渣场河段右岸为文成县片区的一个中心镇，坦歧渣场也将作为城镇建设用地。因此，在各项防治措施设计前，必须对该河段的河势进行合理规划，确定设计标准及相关技术参数，以满足拦渣、河道行洪和城镇防洪等要求。

（1）设计标准：

河势规划设计标准主要为防洪标准。

珊溪镇城镇建成区人口规模现状为1.5万人，规划规模近期25000人，远期为40000人。根据GB 50201—1994《防洪标准》，在乡村防洪等级和防洪标准中，防洪区人口小于等于20万人、防护区耕地面积小于等于30万亩的乡村，防洪标准为20～10年一遇洪水。因此，确定坦歧渣场河段防洪标准为20年一遇洪水。

（2）河段两岸护坡顶面设计标高：

考虑坦坡渣场对岸的飞云江右岸公路及护坡已经建成，其防洪标准为20年一遇，同时兼顾左岸坦歧村现状地面标高以及渣场堆渣量对地面标高的要求。因此，左岸护坡标高取值基本上与右岸公路路面标高保持一致，设计高程取51m。

（3）堤线走向及河床宽度的确定：

由于河段右岸线路走向及位置已经固定，即按照河道顺直、流畅的要求，左岸线路走向基本与右岸线路走向平行，同时结合渣场渣体地形、珊溪镇总体规划、河道行洪要求和左岸护坡工程量较小的设计原则。

设计中划定了三条堤线进行方案优化比选。Ⅰ线外靠，河道相对较窄；Ⅱ线居中；Ⅲ线内靠，河道相对较宽。并对由于弃渣缩窄河道而壅高水位进行了回水计算（20年一遇的洪水流量为5084m^3/s），根据回水水面线计算分析，确定河道宽为260～320m，渣场涉及河段各断面基本满足20年一遇的防洪要求，而Ⅰ线方案在满足行洪和防洪等要求的前提下，工程量较小，故作为选定方案。

（4）护坡设计：

坦歧渣场护坡防治的长度约1.55km，弃渣量较大，护坡长度长。因此，对坦坡渣场河岸坡进行了整治。设计中，护坡采取干砌石勾缝护坡型式，护坡坡比1∶1.5，干砌石厚度60cm，下设20cm砂砾石垫层，并设抛石坡脚，以防止水流淘刷。同时，为防治渣场汇水对堆渣体的水力侵蚀，以及坦歧村生活污水的排放，设置了预制盖板浆砌石排水涵洞。

2. 植物措施设计　工程措施实施后，采取相应的植物措施，进行乔、灌、草等植物配置，以更有效地保持水土，改善当地的生态环境和景观环境。

在沿江堤岸设置宽2.5m绿化带，栽植香樟，间距为5m。其树冠高大，主根发达，深根性，对土壤要求不严，且具有优良的遮阴、抗风等生物特性。除道路、建筑物之外的其他渣场地表全部栽植水杉，栽植密度3m×3m，其立地条件适宜，生长快。绿化均采用穴状整地方式，苗圃苗木回填耕植土栽植。地表植被的生长恢复，对有效地控制水土流失起到了重要作用。

3. 结束语　在坦歧渣场的工程防护措施设计中，充分结合渣场的地形、位置和行洪防洪等要求，结合其特点，在防护措施可行的前提下，优化设计，降低工程成本。

（华东勘测设计研究院　陈根兴　李海林）

天荒坪抽水蓄能电站水土保持设施验收

(一) 验收简况

根据《中华人民共和国水土保持法》等法律、法规的有关规定，受水利部的委托，浙江省水利厅于2001年12月23日至25日在杭州组织进行了天荒坪抽水蓄能电站工程水土保持设施验收，会议组成了验收专家委员会。

工程建设单位、水土保持方案编制和水土保持设施设计单位以及监理单位，分别向会议提交了天荒坪抽水蓄能电站工程水土保持自检报告、竣工设计报告和监理工作报告等验收材料。

验收期间，专家及代表听取了有关验收材料的汇报，查阅了水土保持设施设计文件、招标文件、质量评定表、单项工程验收文件和财务支付凭证等资料，实地查看了所建设的各项水土保持设施，对照有关技术标准，进行了认真的讨论、评议，形成并通过了验收意见。

(二) 水土保持工作开展情况

天荒坪抽水蓄能电站工程地处浙江省安吉县境内的天目山区，总装机1800MW，是1993年11月1日国家计委批准主体工程开工并确定列为国家重点的建设项目，1998年9月1号机组投入试生产2000年12月6台机组全部投产。

工程永久占地面积186.271hm^2，临时占地面积223.27hm^2，共计409.541hm^2。

工程土石方开挖量952.55万m^3，综合利用量691.3万m^3，弃渣量261.25万m^3。

天荒坪抽水蓄能电站工程动工兴建后，针对工程建设过程中所造成的水土流失情况，采取了一定的治理措施，同时，于1995年委托国电公司华东勘测设计研究院编制了“天荒坪抽水蓄能电站水土保持方案报告书”，1998年根据SL 204—1998《开发建设项目水土保持方案技术规范》，对“报告书”作了修改，完成了送审稿。

1999年11月10日至11日，受国电公司委托，中国水电水利及新能源发电工程顾问有限公司主持召开了“天荒坪抽水蓄能电站工程水土保持方案报告书”预审会，2000年7月，水利部以水保[2000]266号文《关于天荒坪抽水蓄能电站工程水土保持方案的复函》予以正式批复。

在水土保持方案审批以后，对照水土保持方案和水利部的批复意见，建设单位对拟建的水土保持设施进行了实施，对原已实施的水土保持设施进行了检查和完善。

(三) 完成的水土保持设施及效果

验收过程中，专家和代表对照水土保持方案中提出的分区防治措施，对半山凉亭河道整治及弃渣处理工程；上库坝址附近和库周开挖面防护；赤坞、潘家岭、烂田坞、磨石坑等弃渣场防治工程；C_4标场地防护工程；上下库连接公路沿线边坡防护；潘村水库拦沙坝上游河道以及淡竹湾采石场防治工程等进行了实地查看。并认为，通过水土保持方案的全面实施，水土保持设施已建设完成，工程设施保存完好，植被设施保存率较高且生长较为良好，所建成的水土保持设施总体达到了相应要求，起到了较好的水土保持作用，防治责任范围内工程建设所造成的水土流失得到了初步治理，较大幅度地减少了水土流失产生的危害。

对有的渣场需进一步采取工程措施和恢复植被等提出了处理意见。

(四) 水土保持管理与投资

除实地查看外，对天荒坪抽水蓄能电站工程水土保持管理与投资情况进行了验证。通过查阅文件说明，水土保持设施实行了招投标制和监理制，并由具有施工资质的施工单位施工和监理单位监理；技术档案、合同、资料基本齐全可靠；建设单位财务管理机构、制度健全，财务与计划及工程监理单位相互监督、相互制约，严格执行国家有关部门财经法规，总的支出基本合理，财务手续规范，共完成水土保持投资7070.2万元。

(五) 验收结论

根据天荒坪抽水蓄能电站工程水土保持开展情况、水工保持设施实施及效果、水土保持管理及投资情况等，提出了验收结论。

“天荒坪抽水蓄能电站工程在建设过程中，组织编制了《水土保持方案报告书》，并办理了审批手续，对所造成的水土流失采取了预防和治理措施，水土保持设施的建设执行了工程招标制和监理制，有关合同较为规范，档案资料基本齐全，水土保持投资使用基本得当，工程建设所造成的水土流失基本得到控制，生态环境基本得到恢复，基本符合要求，同意予以通过水土保持设施验收。”

“对所在的问题，请按处理意见抓紧实施完成。”

(六) 评价

天荒坪抽水蓄能电站工程为国家重点建设项目，建设单位华东天荒坪抽水蓄能有限责任公司较好地执行了国家有关水土保持的法律、法规，地方水行政主管部门不仅对水土保持进行了有效监督，同时给予了大力支持，使工程水土保持工作取得了明显的成效，并顺利通过了验收。

本次验收组成了验收专家委员会，验收成员由各方面专家组成，验收的内容、方法和程序有针对性，操作比较规范，反映了执法的公正性、权威性和严肃性。因此，本次验收也为其他同类工程的水土保持设施验收提供了经验和借鉴。

（华东勘测设计研究院　张祖生）

三峡库区水污染防治

三峡库区位于我国中西部、长江上游下段，受回水影响的淹没区和移民安置，涉及湖北省宜昌市至重庆市的江津，计600多km的江段、5.4万km^2。区内地形复杂，高差悬殊、山高坡陡、河谷深切。区内经济以农业为主，农业中又以种植业为主，工业基础薄弱、设备陈旧，基础设施落后；陆上交通条件差，生产水平不高，经济比较单一，综合管理水平低，属我国连片贫困地区之一。

（一）三峡库区水环境现状

三峡库区水环境经过“九五”期间的综合治理，取得了一定的进展，但由于环境保护基础比较薄弱，环保投入有限，库区仍然面临比较严重的水环境污染问题。

1. 废水排放量大，城镇污水、生活垃圾处理率低　据2001年监测，库区60家重点工业污染源共排放工业废水1.08亿t，比2000年减少15.6%；排放各类污染物的总量为0.8万t，其中化学需氧量排放7587.7t，比2000年减少48.3%；石油类排放77.5t；氨氮排放324.8t；挥发性酚排放481kg；氰化物排放416.7kg；六价铬排放312.0kg；铅排放100.9kg。

三峡库区直排长江的主要城市污水口66个，2001年三峡库区直排长江的城市污水排放总量为3.17亿t。排放量较大的三个地区为重庆主城区、万州区和涪陵区。污水集中处理率低于10%。库区城镇生活垃圾年产生量204.98万t，目前仅基本做到清运出城进行简易处理，无害化处理率仅为7%。

长江干流水质以两类为主。长江、嘉陵江、乌江中，主要城镇江段的大肠杆菌、非离子氨、凯氏氮、石油类、化学需氧量、总磷等多项指标均存在不同程度的超标现象，超过Ⅲ类水质。重庆主城区、涪陵区、万州区等城镇江段已经形成岸边污染带。次级河流严重污染。

2. 农业面源和船舶污染依然严重　库区及影响区水土流失面积达5万km^2，每年入江河泥沙总量达0.9亿t，是全国水土流失最严重的地区之一。每年随泥沙带入大量氮、磷等物质，对库区水体富营养化构成隐患。库区农业人口众多，年均使用农药折纯量786.46t，使用化肥折纯量13.37万t。大量农药、化肥随着水土流失带入长江，成为氮磷的主要来源之一。另外，上游水面集中养殖，以及沿岸集中畜禽养殖场，也加大了库区水质的污染负荷。

2001年，三峡库区船舶年产生生活垃圾约1.23万t，船舶生活污水年产生量628万t，含油污水82.4万t。

3. 工业污染尚未得到全面控制　2001年，库区工业废水近三分之一未达标排放；工业固体废物年产生量约800万t；危险废物年产生量约40万t，其中工业危险废物年产生量39.4万t，医院有毒有害废物年产生量0.6万t。工业固体废物历年堆存量达3000多万t，多数就地堆积，大量占地，部分江河边堆放。

（二）三峡库区水污染防治

三峡库区水环境现状严峻，如不采取积极的措施，长江三峡库区水环境污染问题势必影响库区人民的生产、生活及库区经济和社会的可持续发展，以及三峡水库的水质安全和三峡工程的声誉，并对长江三峡下游经济带的生态环境及其经济发展产生影响。

党中央、国务院高度重视三峡库区水环境污染问题。1994年，国务院三峡建委批准的《长江三峡工程水库淹没处理及移民安置规划大纲》，明确规定了移民安置必须编制相应的环境保护规划。在移民工作实践中，为保护库区生态环境，实施可持续发展战略，1999年5月，经国务院同意，决定将重庆库区的7万农村移民外迁到11个沿江、沿海省市安置。坚决执行退耕还林、退耕还草的政策，安置移民生产，严禁开垦25°以上的坡地；已经开垦的，按照规划退耕还林还草。对于已经开垦的25°以下的坡地，因地制宜，采取“坡改梯”措施，实行山林水田路综合规划治理。在新城镇的建设中，规划了污水处理设施，建设了新城镇绿地和公园。对技术落后、浪费资源、产品质量低劣、污染严重的企业，依法实行兼并、破产或者关闭。

1995年成立了由国务院有关部委和湖北省、重庆市政府共16个成员单位组成的生态与环境保护协调小组，专门负责协调与三峡工程有关的生态建设和环境保护工作。建立了跨地区、跨部门的三峡工程生态与环境监测系统（包括水质、水文、泥沙、污染源、局地气候、农业生态、河口生态系统、土壤环境、陆生动植物、人群健康、鱼类与水生生物、山地灾害等子系统），对三峡工程涉及的生态和环境问题进行全过程跟踪监测。

1997年，受原国务院三峡工程建设委员移民开发局委托，国家计委牵头组织湖北省、重庆市有关部门编制了《长江上游水污染整治规划》，于1999年得到国务院批准。

2001年7月，国务院召开了三峡工程移民暨对支援工作会议，要求国家环保总局牵头会同国家有部门以及有关省市政府组织编制《三峡库区及其上游水污染防治规划》，于2001年11月经国务院批准。其规划，在今后8年内，国家将投资392亿元用于峡库区及其上游流域水污染防治，使三峡库区及其游主要控制断面水质在2010年整体上达到国家地水环境质量二类标准。

该规划的主要内容为水污染防治和生态保护，要重庆市、四川省、云南省、贵州省、湖北省及国务有关部委，要按照规划的要求立即组织实施，务必证规划任务的完成和目标的实现：

(1) 水污染防治必须坚持高标准严要求。未经处达标的废（污）水不准直接排入库区，城镇污水处厂的建设应满足库区水质要求。生活垃圾和危险废必须全部无害化处置。严禁库区及其上游的城镇沿堆放生活垃圾。

(2) 严格限制工业水污染物排放总量。切实控制污染，大力推行清洁生产。库区要坚决关闭产品质低劣、浪费资源、污染严重、危害人民健康的厂，淘汰污染严重、规模以下的落后生产能力。规模上的工业污染源必须稳定达标排放。

(3) 生态保护与生态建设并举。加强生态保护，防为主，保护优先，遏制人为生态破坏。库区及其游地区的天然林保护、水土流失治理、草原沙化治和矿山治理与恢复等生态建设工程必须统筹安排，先实施。

(4) 相互协调，分步实施。水污染防治项目的布、规模、投资、时序安排等，要与三峡工程建设进、移民安置、城镇迁建、工矿企业搬迁相衔接，并当超前。

(5) 建立政府主导、市场推进的水污染防治新机。各级政府要切实履行职责，按照规划要求组织实相应的水污染防治和生态保护工程项目，全面加强境监督管理工作，并对当地的水环境质量负责。完城市污水和垃圾收费制度，运用市场机制，拓宽资筹集渠道，保证环保基础设施正常运行。

为了确保三峡库区水环境质量的安全，三峡库区在大规模削减现有污染的基础上，合理控制人口规，严格控制不合理的开发活动，禁止新建污染严重企业。重点完成城镇污水处理、垃圾和危险废物处、工业污染防治、生态环境保护以及船舶污染控制项工作任务。

1. 加快城镇污水处理设施建设　三峡库区所有县（区）和沿江建制镇正在建设污水集中处理设。2003年以前将解决库区沿岸城镇生活污水污染题。库区蓄水后，将严格禁止所有城镇向库区直接排放未达标污水，库区中的20个区县市将建成城镇污水处理厂计25座，总处理规模为185.5万t/d。库区沿江重点城镇将建成污水处理设施42座，总处理规模为12万t/d。

到2010年，库区将新扩建污水处理厂17座，规模68.5万t/d，建成库区沿江重点小城镇污水处理设施71座，总处理规模为12万t/d。

2. 抓紧治理城镇生活垃圾　2003年、2006年和2009年前，将分别完成其相关水位线以下堆存的垃圾清理，重点是废塑料含量大于0.5%的生活垃圾、列入《国家危险废物名录》的各种固体废物以及化工、铁合金、电镀等行业企业的残留建筑废物。

三峡水库蓄水后，库区将建成垃圾处理厂21座，处理规模7315t/d，重庆市主城区、万州区、涪陵、长寿及湖北宜昌，分别建设1座危险废物处置场，年处置能力共58万t，危险废物综合利用率要超过50%，沿江集镇建立垃圾处理场，处理规模730t/d。

至2010年，将建成城市生活垃圾处理场2座，规模1000t/d，建成重点集镇垃圾处理场71座，处理规模为500t/d。

3. 加大工业污染防治力度　2003年前，三峡库区将关闭所有规模以下的造纸、制革、农药、染料等污染严重企业，关闭污染物排放量大的年产5万t以下的啤酒企业、1万t以下的白酒企业。小氮肥企业要通过技术进步与技术改造，实现污水零排放，其他所有工业企业，都将实现污染物全面达标排放。关闭所有小型采矿点。所有搬迁企业必须实行清洁生产。

4. 强化生态环境保护　三峡库区12条污染严重的次级河流将进行集中综合整治，整治后河流水质达到相应水环境功能区标准。重点整治桃花溪、清水溪、梁滩溪、香溪河、黄柏河等5条河流。通过退耕还林还草、封山育林、护坡等工程措施，基本建立库区沿岸生态保护带。到2010年，将建成沿淹没线以上两岸100万亩的库岸生态防护带的11600hm^2，保障库区生态安全。通过实施矿渣资源化利用、景观保护、土地复垦、植被恢复、边坡治理、污染控制等措施，以建设自然保护区为重点，恢复农地、林地，净化水体，改善库区生态环境。

加强农业面源治理，所有规模化畜禽养殖场污水粪便将综合利用和处理，实现达标排放。

5. 全面治理船舶流动污染源

(1) 船舶废弃物接收工程。将在重庆主城区、万州、宜昌等主要港口选择一些地理位置合适、基本具备能力的码头设置污水、垃圾处置专用设施，配置含油污水、生活污水、生活垃圾收集船，设置污水处理装置。船舶生活污水接收量为4.9万t/d，生活垃圾200t/d。

(2) 船舶生活污水集污治理工程。将对3400艘大型客船、300hp（1hp＝735.5W）以上的拖船、200t以上的货船和非机动船舶设置生活污水贮存柜；对100艘豪华旅游船设置生活污水和一体化处理装置；对1500艘短途客船、高速客船、游艇、渡船设置污水收集设施。

(3) 化学危险品船舶洗舱基地工程。将在重庆(500t/d)、长寿（200t/d)、涪陵（200t/d)、万州(20t/d)、宜昌（200t/d）建设5个洗舱基地，处理洗舱污水，实现达标排放。

（国务院三峡工程建设委员会办公室　周　维

12

水电工程经济

造价改革与研究

加入WTO后，水电工程造价行业面临的机遇和挑战

2001年11月11日起，中国恢复世贸组织(WTO)成员国地位。中国加入WTO，将对工程建设领域产生很大影响，也不可避免地会给造价咨询行业的发展带来机遇和挑战，面对国外同行的强力竞争，机遇和挑战并存。

(一) 水电工程造价行业现状

(1) 工程计价管理模式采用定额定价为主导。即上级主管部门发布概预算定额和费用定额，造价人员以此为依据编制投资估算、设计概算、标底、投标报价等造价文件。由于水电工程具有一次性、复杂性等特殊因素，水电造价行业形成了量价分离的定额格局。这与现行建筑工程计价方式比有明显的进步。但由于定额是反映社会必要劳动量，因而在反映个体差异上存在较大不足。同时，受造价管理体系和定价模式的制约，定额在反映合理消耗量上也存在不到位和难到位的问题。

20世纪80年代以来，随着水电行业率先利用外资和实行国际招投标制，鲁布革、二滩、小浪底工程引入了国际通行的工程计价模式——实物量分析法。但因受各方面因素影响，未能有效推广。

(2) 已经形成了静态控制、动态管理的工程造价管理思想。但因受定额的静态性和滞后性影响，以及投资体制、建设体制方面的缺陷制约，无法适应市场经济要求，造成静态控制不住，动态考虑科学性不足。

(3) 在工程招标阶段，虽普遍推行工程量清单计价模式，但未形成以市场形成价格为主的价格机制。标底和标价编制基本上都使用现行概预算定额和办法，招标单位往往在标书中也规定使用某颁定额、某费用标准等。

(4) 工程造价咨询机构和造价人员的服务范围目前多以编制项目概估算、标底、标价为主。服务范围较窄，内容单一。

(5) 从业人员和企业现状不容乐观。目前，水电造价从业人员主要分布在设计、咨询、施工单位，少数在管理单位和建设单位。存在知识结构单一、知识老化问题。且国家电力公司注册造价工程师水电系统仅有217人，不能满足水电投资规模的需要。

另外，水电工程造价单位大部分还未真正走上市场，离工程造价行业自主经营，自担风险的市场经济实体模式还有很大距离，一定程度上阻碍了市场培育和水电工程造价业的发展。

(二) 加入WTO为水电工程造价业提供的发展机遇

加入WTO，是我国发展社会主义市场经济，参与经济全球化进程的必然结果。对工程造价业，这意味着计划经济体制下的计价管理模式、依据和方法、市场主体须按国际惯例重新予以规范，这就为工程造价业的发展提供了历史机遇。

(1) 加入WTO后，我国的改革步伐将大大加快。首先加快造价管理体系的改革步伐，改革不适应市场机制运作的办法，建立水电工程造价管理新机制。同时，通过制定行业法律、法规和政策，明确工程造价管理在水电建设中的作用和地位。

(2) 外部环境更加有利。利用加入WTO提供的社会、经济等有利外部环境，建立与国际接轨的工程造价计价模式，加快推进“实物法”应用。加入WTO后，大量外资和国际同行进入，将带来不同地区不同的计价方式。国际上较通行的“实物法”的特点，可适应水电工程规模大、技术复杂、施工条件多样化这些特性，应作为水电造价管理计价模式改革的主要目标积极推进。2000年，国家电力公司以国电电源(2000)800号文下发了“关于颁发‘水电工程实物法概算编制导则’(试行)的通知”。这些为“实物法”的推行奠定了良好的基础。下一步，应抓住时机，针对现状，制定实施步骤和措施，建立并完善“实物法”配套体系工作。

(3) 有利于提高现有人员的工作水准和业务能力。加入WTO，为造价咨询从业人员提供了更多学习的机会，通过对国际造价管理体系方法的学习和实践，将从根本上改变现有的观念和认识。

(4) 有利于加快水电造价单位走向市场的步伐。加入WTO后，政府参与造价管理的职能将有所改变。随着“公平、公正、公开”市场环境的形成，中介市场将日益发育和强大，市场将需要更多的中介服务机构独立、公正地发挥作用。因此，水电造价业应利用有利时机，建立和完善中介服务体系，使水电造

价咨询单位尽早走入市场，谋求发展。

（三）加入 WTO 水电工程造价业面临的挑战

（1）面临观念和认识上转变的挑战。加入 WTO 后，与国外同行竞争，水电工程造价业依赖于水电行业和有关的保护政策、依赖于“关系”的条件将不复存在。因此，必须转变传统观念，树立新的市场经营理念，强化服务意识，以质量和服务赢取市场和地位。

（2）面临工程造价咨询市场竞争的挑战。根据服务贸易总协定政府减让表，中国工程造价咨询行业在市场准入限制上，承诺在 2005 年以前只允许外商设立合资、合作企业，2005 年后允许设立外商独资的工程造价咨询企业。这意味着这一行业很快会面对国外同行的竞争。从服务范围上看，水电造价咨询业目前主要以概估算编审、标价标底编制为主，而国外造价咨询企业的服务范围一般是为委托方提供以工程造价咨询为龙头的全方位、全过程咨询服务，这种服务对投资效益具有重要作用。再者，国外的造价管理体系经过近百年的发展应用，工作效率高，创新能力强，二滩、小浪底等工程已经体现出来。另外，国外咨询企业底子厚，抵御风险能力强。这些恰恰是我们所缺乏的，因此会带来极大的挑战。

（3）面临工程造价专业人才竞争的挑战。目前，中国水电造价行业虽有数千人从事各类造价咨询活动。由于长期处于从属地位，缺乏系统的、专业的人才培养渠道，造成现有人员结构不合理，知识和技术能力都很难满足未来业务发展的需要。国外企业进入后，一些优秀人才很难继续留下来。因此，造价专业人才面临严峻的挑战。一切竞争归根到底是人才的竞争，人才培养应是当务之急。水电行业应当利用 2005 年以前这段时间，抓紧实施人才培养工程，建立一套快速、实用、高效的人才培养方式和方法。必要时采用外送（国外）委培方式，争取在几年内培养十几个、几十个通晓国际通行计价方法、有创新思想的高层次带头人，以解决水电造价专业加入 WTO 后对人才的急切需求。

总之，加入 WTO 后，机遇与挑战并存。要抓住这一历史机遇，利用水电造价业多年改革探索的有利基础，进一步转变思想观念，建立行业规范管理制度，加强行业建设。面对挑战，应有清醒的认识，尽早加强对 WTO 规则的研究和利用，制订应对措施。真正的出路不是寻求新的保护措施，而是积极努力，树立和强化市场观念，按市场规律办事，只有这样才能使水电工程造价业在与国外同行的竞争中立于不败之地。

（西北勘测设计研究院　张天存）

关于水电造价改革的建议

（一）建立实物法造价体系面临的问题

“实物法”计价模式能更好地适应水电工程多变的施工条件，科学地体现工程质量、进度、投资之间的关系，是水电工程造价改革的方向。2000 年，国家电力公司以国电电源(2000)800 号文下发了“关于颁发《水电工程实物法概算编制导则(试行)》的通知”，为实物法造价体系的建立和推行奠定了良好的基础，但因各种原因，使这一体系和方法难以实施。

目前，建立实物法造价体系面临以下问题：

（1）体制方面的问题。①工程造价管理体制不完善。中国工程造价管理模式长期采用定额定价为主的定额体系，即上级主管部门发布概预算定额和费用定额，造价人员以此为依据编制设计概算、标底等造价文件。至今定额体系仍然是主要的（几乎是惟一的）计价模式。且定额是指令性的，一般情况不允许调整，客观上限制了“实物法”生存的空间。②建设管理体制改革有待深化。水电建设领域已普遍实行了项目法人负责制，但目前投资风险约束机制尚未真正建立，使业主对按采用“实物法”这种能科学和准确地反映工程和市场实际情况的造价体系编制投资文件缺乏主动性、积极性和迫切感。招投标计价方式还未真正走上市场形成价格为主的价格机制，如业主往往在招标文件中规定使用定额的类别、取费标准等，限制了施工企业用“实物法”报价的可能性和积极性，影响了“实物法”造价体系的推行。③目前，建设主管部门未有一套完善的适应市场经济体制下工程造价管理方面的法规，使“实物法”造价体系的建立和推行缺乏有力的政策支持。

（2）造价队伍人员素质问题。“实物法”是按工程具体的施工条件、施工规划方案，结合质量、工期等要求进行资源配置来分析工程成本的造价方法。它要求专业人员熟悉施工组织设计和相关专业技术，具备计划管理能力和较强的政策、法律、法规水平。而现有水电造价专业人员同其他行业造价专业一样，大多数人长期以来习惯于定额体系工作方法，存在知识结构单一、知识老化的问题，部分人员甚至对水电工程设计、施工方面的知识也缺乏。人员素质问题实际上是影响“实物法”实施的关键性问题。

（二）对“实物法”造价体系面临问题的对策建议

（1）改革现行造价管理体制，建立“实物法”造价体系。第一步，逐步放弃水电行业定额的指令性、统一性地位和作用，使其处于指导性地位；建立定额的动态管理体系，随新技术、新工艺的发展不断更新调整指导性定额，为“实物法”推行创造条件。第二步，宣传“实物法”在确定和控制投资方面的优点，扩大用“实物法”编制造价文件的试点工作范围，条件成熟时，在水电建设工程中全面推行“实物法”。

(2) 深化改革建设管理体制，完善招投标计价机制。在水电工程招投标中，逐步与国际接轨，引导、鼓励施工企业采用“实物法”报价，不断积累资料，发挥施工企业在推行“实物法”过程中的主导作用。

(3) 推进“实物法”造价体系的配套工作建设。“实物法”虽具有显著的优点，但分析工作量大，计算过程复杂，需要大量的配套基础工作支持。因此，应同步建立和完善各种价格信息发布系统（劳务、材料、服务等），工程材料消耗参考手册，施工机械效率参考手册，施工机械价格手册、施工机械台时（租赁）费手册（类似国外的“绿皮书”、“蓝皮书”），相关价格指数发布系统等。以上工作可以指导性服务为出发点，按市场化要求运作，以质量、效率获得认可，取得“权威性”地位。

(4) 培养高素质的人才。建立和推行水电“实物法”造价体系，培养懂工程技术，善计划管理，识法律、法规的复合型人才是当务之急。一方面，利用后续教育、培训等方式提高现有造价人员水平，另一方面必要时可采用外送（国外）委培方式，争取在几年内培养一批通晓国际通行计价方法，有创新思想的高层次的带头人。

中国目前市场经济体制的深化改革及加入 WTO 的大好背景，给建立和推行“实物法”造价体系提供了良好的发展机遇，应抓住时机，积极推行，使其早日为国家水电建设做出贡献。

（西北勘测设计研究院 张天存）

水利水电工程价格指数体系

水电建设定额站从 2002 年第一季度起，以 2001 年第四季度价格为基数，进行各地区水利水电工程价格指数测算，以后每季度或每半年公布指数。

价格指数是指在固定的时间间隔检定特定数量的货物或资源的成本，并与某一特定早期的同类数量的同种货物或资源的成本相比较，现在的成本除以早期的成本再乘以 100 即算出指数。分定基指数和环比指数。

定基指数是各期均以同一时期价格为基期所编制的价格指数。作为基数的同一时期，可以是某一固定时期。环比指数是各期均以其前一时期价格为基期所编制的指数。

水利水电工程价格指数是反映不同时期工程造价的相对变化趋势和影响程度的指标。表示某一时期的工程造价比另一时期工程造价上升或下降的百分比。水利水电工程价格指数体系得出的几类指数为：

(1) 水利水电工程分类综合指数。综合反映本行业各种类型工程（如当地材料坝、混凝土坝）的物价变化情况。

(2) 水利水电工程分部综合指数。综合反映本行业各部分工程（如土方、石方、土石方、砌石、混凝土、锚固、钻孔灌浆、钢筋、其他工程）的物价变化情况。

(3) 水利水电工程分地区指数。综合反映各地区本行业分类、分部工程的物价变化情况。

由以上各类指数构成的定基指数和环比指数，即构成水利水电工程价格指数体系。

水利水电工程价格指数体系建立的步骤为：

(1) 确定建筑工程权重调价因子。选择人工、电力、水泥、钢筋、木材、炸药、柴油、机械折旧及修理费、费利税（包括其他直接费、间接费、利润、税金）和其他（包括次要材料、运杂费、替换设备费、安装拆卸费等含量）共十项，作为建筑工程权重的基本项目。

(2) 权重测算。按土方工程、石方工程、土石方填筑工程、砌石工程、混凝土工程、钢筋工程、钻孔灌浆工程、锚固工程和其他工程共九项，进行上述调价因子的权重测算。

(3) 按照当地材料坝和混凝土坝分类统计全国水电站土方、石方、土石方填筑、砌石、混凝土、钢筋、锚固、灌浆和其他等工程投资，得出水利水电工程当地材料坝和混凝土坝电站的分类工程权重。

(4) 根据水电站建筑工程采用的主要材料等制定出建筑工程调价要素代表品种、规格和比例，作为价格测定系统中规定的基础价格采集的稳定格式，定期采集各地区相应的价格。

(5) 统计全国各地区“十五”期间正在建设和国家规划即将开工的大中型水电站建筑工程投资，并分当地材料坝和混凝土坝对各地区分华北（北京、天津、河北、山西、内蒙古）、东北（辽宁、吉林、黑龙江）、华东（浙江、安徽、江苏、福建、山东、江西、上海）、中南（河南、湖北、湖南、广东、广西、海南）、云南、四川、重庆、贵州、西藏、西北（陕西、青海、甘肃、宁夏、新疆）进行分地区投资计算。

(6) 根据采集的价格和计算的权重进行有关价格指数计算，并定期发布各地区和全国水利水电工程建筑工程定基价格指数和环比价格指数。

建立水利水电工程价格指数体系是推行水电工程

"静态控制，动态管理"的需要，把工程价差的合理确定纳入科学管理的轨道，是水电工程的投资控制管理的重要内容；利用水电工程价格指数能满足水电项目宏观决策的需要，可简单地将不同时期编制的工程造价指标及时调整至相应时期的价格水平，为有关方面对水电工程估价、调差和掌握水电工程造价的变化情况提供方便，以便上级有关领导和项目业主决策参考；同时，也可作为投资主管和计划部门计划和调价结算的依据，使在建大中型工程的年度计划调价、统计、结算等纳入科学、合理、规范化的轨道。

1991年至今，水电建设定额站对五强溪、隔河岩、大峡、李家峡、水口、漫湾、宝珠寺、东风等水电站工程试点发布价格和指数，并为天生桥二级、广蓄二期、松江河、百龙滩电站调整概算进行价差计算。实践证明，价差计算成果是切合实际的，工程投资控制效果显著。近年来，三峡等大中型工程也采用指数调价，用公式计算的指数作为工程项目实施时控制投资的重要依据，现已写入《水利水电土建工程施工合同条件（标准文本）》中。

（水电水利规划设计总院　陈　皓）

投资控制与成本分析

大朝山水电项目成本分析与投资控制

工程项目成本　工程项目成本即造价，即项目投资，一般成本较造价或投资更加详细和更具可操作性。工程项目成本一般可分为直接成本和间接成本，直接成本是组成合格工程实体必要的人、材、机消耗；间接成本则是为具体组织工程建设所必需的利润、风险及管理费用等。投标报价时直接成本一般不允许降低，而间接成本则是竞争性费用，允许适当调整和降低。

（一）大朝山水电项目成本

大朝山项目分别按照初设概算、业主预算、施工合同报价三种情况，并依照相同的主材价格和取费标准计算，基本实现了绝对值的分析和比较。具体见表1。

表1　　大朝山水电项目成本

成本项目名称		概算成本（%）	预算成本（%）	招标合同成本（%）
直接成本	合计	74.94	74.13	74.85
	人工费	3.14	6.93	3.52
	材料费	54.24	48.96	54.71
	机械费	15.69	15.78	14.12
	（基本折旧费）	(4.09)	(3.09)	(3.03)
	其他费用	1.87	2.46	2.50
间接成本	合计	25.06	25.87	25.15
	其他直接费	3.37	3.39	3.34
	间接费	12.40	13.15	12.66
	计划利润	6.35	6.32	6.21
	税金	2.94	3.01	2.94
总计		100.00	100.00	100.00

由上表可看出，水利水电工程概算定额（1988年）与预算定额（1986年）成本指标基本一致，也反映了大朝山项目招标合同成本与概算或预算成本指标基本相同，特别是直接成本部分的指标，说明大朝山项目招标及所选定施工单位合同报价直接成本部分的科学合理性。经过实践，验证了合理成本报价对工程质量的保证作用。

当然，通过工程项目成本计算，以及与实际施工成本的对比分析，也反映出原概、预算定额与目前实际项目具体实施成本之间存在一定的不足或不吻合之处，主要总体表现为定额水平偏低，而相应单价也偏低，不能真实反映实际耗量与单价的关系。定额耗量与目前客观实际出入太大，如人工定额耗量与实际相差近一倍，而机械折旧费用则比实际远远偏低，相差甚远。以上成本情况从另一侧面反映了现实施工机械使用比例增高和相应劳动力强度降低的实际。其他如柴油、汽油、炸药等消耗量，定额和实际之间也都存在较大差异。这些都是目前定额需要调整和完善的地方。

（二）成本分析与投资控制

随着计划经济向市场经济转变，各项经济制度及投资控制管理方式也在相应变革和完善，传统的工程投资控制管理模式已不适应改革和发展，特别是加入世贸组织（WTO）后，经济全球化趋势加快，将对我国工程经济发展和工程造价改革带来新的机遇和挑战，大朝山项目成本分析与控制可以应对目前改革和经济发展的要求。

大朝山水电站于1997年8月开工，是"九五"期间开工的惟一一个百万千瓦级大型水电项目。尽管招标合同报价直接成本（绝对值比较）较为合理，但就相对实际投标合同成本而言，由于市场竞争激烈，各承包商为得到施工项目，不惜大幅度降低间接成本费用，部分标段（特殊个别情况）曾出现承包商投标报价间接成本与国家规定标准偏离太大，甚至根本无法支付国家法定施工人员每年来回探亲差旅费用，更谈不上正常管理费用及管理人员的工资和企业利润。怎能保障工程质量及工程建设的进行？大朝山项目投资控制成本体系的建立，真正实现了投资的成本控制和合理控制，保证了工程质量和工程建设的顺利进行，同时对后来大朝山主标工程合同措施费用调整以及专项问题实事求是地解决，特别是对投资控制起到了非常关键的作用。

由于大朝山项目初设概算、业主预算及投标合同报价成本系统的全面建立和运用，特别是工程预算系统与计划、统计管理系统资源共享的实现，在保证工程正常结算的同时，实现了月度或年度资源的提前计划及统计、对比和分析，为业主基建计划的准确编制，为承包商施工成本控制和各项经济成本分析提供了快速科学及准确的手段。同时，大朝山项目施工合同管理实现了按月及按定额耗量计补人、材、机价差的“实物法”方式，建立了实物工程量台账和相应实物工程量对应成本体系。大朝山项目投资有望控制在国家批准概算范围内，并争取有所结余，成本系统的建立和分析功不可没。同时，大朝山项目实现了质量、工期及投资的全面综合合理控制。

大朝山项目建设成本系统的建立和分析，为电站建设投资控制奠定了坚实的基础，为投资合理控制提供了科学可靠的保障，同时也为水电建设投资控制管理的改革探索和积累了一定的经验，必将为推动“实物法”工作的开展提供有益的基础资料。

（云南大朝山水电有限责任公司　陈建伟）

吉林台一级水电站投资分析与控制

新疆伊犁喀什河吉林台一级水电站工程（以下简称吉林台电站）位于伊犁喀什河中游吉林台峡谷中段。电站以发电为主，兼有灌溉和防洪效益，总装机容量为460MW（4×115MW）。坝型为混凝土面板砂砾堆石坝，最大坝高为157m，水库总库容为25.3亿m^3，属大（1）型一等工程，是新疆目前最大的水电站工程。

2001年国家计委审批项目工程总投资为228604万元（物价上涨指数为零）。其中工程静态投资为209803万元，建设期贷款利息为18801万元。

1. 投资控制模式　工程的投资控制采用“静态控制，动态管理”的模式。实行投资静态控制，是按“总量控制，合理调整”的原则，将静态投资控制在批准的设计概算静态投资的范围内。投资的动态管理，是按“逐年审定，有效监管”的原则，根据建设期物价以及发生的融资成本，按规范办法逐年计算审定，使动态投资控制在预计的范围之内，形成一个控制目标、两个价格体系、三个管理办法的投资控制管理框架。

（1）一个控制目标。该工程静态投资总量控制目标为20.98亿元，满足进度为2005年首批机组发电，2006年4台机组全部建成投产。

（2）两个价格体系。建立了预算价和合同成本价两种价格控制和考核体系。即用项目执行预算单价计算的投资加按国家有关政策计算并经董事会批准的价差和融资成本支出，为预算价投资体系，是据以列报投资完成额的依据。批准的设计概算静态总投资与执行预算静态总投资减去预计可调剂费用的概算节余（或超支）额，为第一层投资控制和考核体系；按合同价格结算的价款支出，加变更价款，加索赔，加各承包单位结算的价差和设备、物资费用支出，加融资成本支出，即为工程成本实际支出。预算价投资与工程成本实际支出的差额的预算节余（或超支）额，为第二层投资控制和考核体系。

（3）三个管理办法。即制定了吉林台电站投资“静态控制、动态管理办法”以及与之相配套的“项目执行预算编制办法”和“价差计算办法”。

2. 控制目标实施　按“静态控制、动态管理办法”规定，吉林台工程投资实行分层次管理，即董事会对投资控制实行全过程监管，负责制定与工程有关政策、规定、办法，负责审批项目执行预算、年度投资价差和融资成本，协调年度计划安排和资金筹措方案，确保工程建设顺利进行；新疆吉林台水电梯级开发有限责任公司（以下简称吉林台公司）根据批准的初步设计和概算，全面负责吉林台工程的建设管理，编报和执行工程项目执行预算，以执行情况承担静态投资控制的责任。同时建立投资风险分析制度。

3. 静态投资控制　静态投资控制的主要方法之一就是编制项目执行预算。吉林台水电站工程项目执行预算不是简单地对设计概算的分割，而是根据“项目执行预算编制办法”采用“总量控制、合理调整”的原则进行编制调控。

根据工程的建设体制和分标方案，项目执行预算的编制在设计概算基础上进行合理的调整，即项目划分为三个部分，分别为董事会审批项目（包括建设期贷款利息、建设期价差等），吉林台公司管理项目（包括概算中的第五部分和基本预备费）和招标项目。三级及以下的一般预算项目及工程量，根据招标文件进行必要的调整。

4. 动态投资管理　动态投资管理的主要内容是建设期价差和融资成本。根据"价差计算办法"规定，价差计算采用公式调价法。工程分类按建筑工程和安装工程一般为土石方、混凝土、钢筋制安、钻孔灌浆、发电厂设备安装、闸门启闭机设备安装等。各分类工程的权重包括定值权重和变值权重，定值权重按风险分担的理论确定，变值权重则根据编制项目执行预算所采用的定额综合分析计算而得。按"逐年审定，有效监管"的原则，各类物价的采集，区分不同情况采用定点、定时的办法进行。部分不能自市场采集的，则采用国家物价部门或统计部门所发布的资料。

在工程实施期要做到投资的静态控制、动态管理，必须通过"优化设计、降低成本、提高效益"的途径，将增减的项目投资，严格按照执行预算中"以丰补歉"的原则，把减少的投资调整到需增加投资的其他主体项目或作为预留费用列入各单位工程项下。工程实施中严格对照项目执行预算检查合同履行情况，及时调整纠偏，确保工程投资控制达到预期目标。

（新疆水利水电勘测设计研究院　左　忠）

高坝洲水电站的投资控制分析

1. 工程简况　高坝洲水电站是清江流域最下游的一个梯级，是隔河岩水电站的反调节枢纽。控制集水面积 15650km^2，多年平均年径流总量 140 亿 m^3。发电装机容量 3×8.4 万 kW，多年平均发电量 8.98 亿 kW·h。通航设施为 300t 级垂直升船机，最大通过能力 173.3 万 t/年。枢纽工程由挡水及泄洪建筑物、电站建筑物和通航建筑物三大部分组成。大坝为混凝土重力坝，最大坝高 57m，坝顶高程 83m，正常蓄水位 80m。主体工程量（招标设计）为，土石方开挖 227 万 m^3、土石方填筑 103 万 m^3、混凝土 95.1 万 m^3、帷幕灌浆 12.72 万 m、固结灌浆 1.25 万 m、金属结构安装 1.175 万 t。国家批准工程概算（1994 年价格水平）总投资为 30.762 亿元。

2. 工程的投资控制

(1) 明确业主的主导地位，掌握投资控制主动权。项目管理必须明确项目法人主导地位。建设单位是项目法人的代表，对项目建设全过程负责，因此，必须明确建设单位的主导地位，掌握建设投资管理的主动权，参与组织建设项目的设计概算编制，组织工程项目的招标发包，负责项目的计划、合同、财务管理。

(2) 加强工程设计管理，把好投资控制的源头。设计的节约是最大的节约，加强设计管理，就把握住了投资控制的源头。为此，一要参与重大工程项目的设计方案的讨论，高坝洲公司参与工程总体设计方案、主机选型、施工导流方案的研究、确定最优方案。二要对设计单位提出限额设计要求，三要在实施过程中优化设计。

(3) 加强概算管理，明确投资控制的目标。工程概算是工程造价控制的尺度，将工程造价控制在国家审定的概算范围内，是建设单位投资管理的总目标，是保证工程经济效益的关键。概算执行的管理，主要是按概算项目分项进行单项切块管理，概算内的每一个单项，按其概算额度进行控制，分阶段进行检查，对少数可能超其概算额度的单项，及时分析原因，提出控制措施。

(4) 加强计划管理，保证投资控制有条不紊。计划管理既是保证设计工期的要求，也是投资控制的需要。建设计划管理的原则是，按照施工总进度计划，保证控制性工期按期实现，年度投资按照设计概算的分年度资金流程计划进行安排。

(5) 引进竞争机制，实行招标承包制。引进竞争机制，实行招标承包是高坝洲工程合同产生的主要形式。高坝洲工程主要项目都进行招标，大到主体建筑安装工程、主机设备制造、主要金结设备制造，小至施工道路、临建小型设备采购，单项投资从数亿元，至几十万元。从施工准备项目，到主体工程，只要具备条件，就进行招标。通过招标投标，择优选用施工单位和制造厂商，有利于降低工程造价、提高工程质量、加快工程进度。实行招标承包制使工程建设的资源配置达到最优状态，为工程投资的有效控制创造有利条件。

(6) 加强合同管理，抓住投资控制的关键环节。工程的承包合同是工程经济活动的主要形式，加强合同管理，就抓住了控制工程投资的关键环节。合同管理须从合同的产生、执行、纠纷处理、索赔理赔等方面入手。加强全体员工的合同意识，熟悉合同，按合同规定办事，严格把握合同的验收结算关、价款补充关和索赔理赔关。

(7) 加强资金管理，提高投资效益。水利水电工程项目投资大，合理调配使用资金，降低投资成本、提高投资效益是工程经济管理的重要环节。加强资金管理，一是要保证支付，满足工程进展需要；二是严格控制超期支付，避免增加利息负担。

(8) 强化管理的基础工作，提高管理水平。管理工作以人为本，强化管理的基础，首先是提高管理人员的素质。高坝洲工程的经济管理机构包括计划、统计、合同、财务等方面，坚持高效、精干的原则配备人员，多数人员不仅熟悉工程概预算等经营管理业务，而且都具较长工程施工管理经历。同时，还注重管理人员素质的提高，知识的更新，拓宽知识面，安排人员参加各专业培训班。同时，加强制度建设，建立健全规章制度，依靠制度进行管理。

3. 处理好工程投资控制的几个关系

(1) 关于投资控制与工期控制的关系。工程建设的效益应该是项目的整体效益，既要降低造价，也要保证合理工期，工期适当提前的效益更加显著。适当提前，可能增加一定的投入，这种增加，将带来更大的收益，这就是整体效益。高坝洲工程首台机组发电的设计工期原为主体工程开工后的第四年，但公司提前到开工后的第三年，且招标时又将此目标提前三个月，虽投资略有增加，但获得的发电收益和减少的贷款利息是相当可观的。

(2) 关于投资与质量的关系。投资省必须是在确保质量的前提下实现。有时为了获得优良的工程或设备，增加部分投资是必要的。高坝洲工程从施工准备开始，就注重高质量。许多临时工程项目都结合永久实施进行考虑，电厂内的永久设备采用优质产品，计算机监控系统采用进口设备。高起点、高质量虽增加一些投资，但为工程更好发挥效益打下了基础。

(3) 关于坚持原则与实事求是解决承包商实际困难的关系。水利水电工程量大、工期长、情况复杂，经常产生合同纠纷，处理时，要以合同为依据，实事求是，友好协商的原则进行处理。有些问题施工单位确实难以解决，而不解决将影响工程进度，对此应该既坚持合同，也要采取灵活措施，以保证工程顺利进展。

（湖北清江水电开发有限责任公司　张桂初）

业主预算在大朝山水电项目中的应用

为搞好水电站建设投资控制管理，真正体现现代企业制度对电站建设管理的优越性，实现大朝山电站建设投资合理控制，大朝山水电有限责任公司主动提出并报经公司董事会批准同意，组织编制了大朝山水电项目业主预算。

（一）业主预算

所谓业主预算，顾名思义即业主控制和管理项目投资的预算，是业主对项目投资控制的目标，是现代企业制度下股东方、董事会对公司经营层建设管理的总体考核经济指标。业主预算与初设概算或施工预算，有着本质的区别。

（二）业主预算编制

大朝山水电项目业主预算严格按照“总量控制、合理调整”的原则编制。就总体编制原则及编制方法，业主预算是在国家计委计投资（1997）1349号文批准的初步设计概算（1986年价格水平，总投资88.72亿元。以下简称“批准概算”）的基础上，根据大朝山项目具体实施情况，并依照公司二届三次董事会审定的《大朝山水电项目业主预算编制办法》进行编制，采用1998年价格水平和技施设计工程项目及工程量，同时参照工程招标及合同文件，参考能源部水利部能源水规[1991] 527号文件颁发的有关项目划分，相同条件下业主预算整体水平低于批准概算，且业主预算更切合工程实际和具有可操作性。结合项目实际投资控制管理状况，大朝山业主预算共分为五大部分：①直管项目；②招标项目；③水库淹没处理补偿项目；④基本预备费；⑤动态投资项目。

无论是编制单价水平（套取定额），编制价格年份，还是工程项目和工程量，业主预算与批准概算均有不同。

1. 单价水平　大朝山批准概算单价编制依据的是水利部（1988）水电基字第19号文颁发《水利水电建筑工程设计概算定额》和（1986）水电水建字第50号文颁发《水利水电设备安装工程设计概算定额》；业主预算采用的则是招标工程合同单价的实物消耗水平和批准概算的相关取费标准，相当于水利部（1986）水电基字第81号文颁发的《水利水电建筑工程预算定额》标准。就两个定额的总体水平，业主预算定额工程单价水平低于批准概算。

2. 编制价格年份　批准概算编制价格水平年为1996年；业主预算编制价格水平年则为1998年。价格水平年的不同，必然形成批准概算与业主预算静、动态投资的转换及变化，若其他编制条件不变，大朝山业主预算静态投资少于批准概算。

3. 工程项目及工程量　批准概算按照电站初步设计工程项目及工程量进行编制；而业主预算则是根据技施设计工程项目及工程量进行计算和编制，其中1998年底以前完成的工程项目、工程量以及相应投资按实计算。主体工程项目主要实物工程量变化见表1。

表1 大朝山水电主体工程项目的主要实物工程量

序号	工程项目	单位	业主预算	设计概算	增减状况(±)
1	土石方明挖	万 m^3	437.41	366.61	70.80
2	石方洞挖	万 m^3	189.38	200.18	−10.80
3	土石方填筑	万 m^3	47.08	41.39	5.69
4	混凝土	万 m^3	205.03	224.32	−19.29
5	喷混凝土	万 m^3	6.72	7.99	−1.27
6	帷幕灌浆	万 m	8.54	3.83	4.71
7	固结灌浆	万 m	11.08	21.50	−10.42
8	钢筋制安	万 t	4.32	4.78	−0.56

由此可见，主要实物工程量变化对业主预算静态投资的影响。

4. 其他费用　业主预算其他费用严格按照以下原则计算，即1998年底以前发生的费用按实计列，1999年及以后年份费用严格按国家相关文件规定计算。

5. 基本预备费　批准概算基本预备费按概算一至六部分总和的6%计算，而业主预算由于采用了技施设计工程项目及工程量计算，相应基本预备费按未完工程项目投资的4%计算。

6. 动态投资　1999年及以后年度工程项目的价差预备费，按物价上涨指数3%计列，其指标低于批准概算；1998年底以前建设期贷款利息按实计划，1998年以后项目建贷利息按1999年银行贷款利率计算，由于静态投资的降低以及受国家整个宏观金融政策的影响，其投资总额远远低于批准概算。

根据公司董事会审批及决议，大朝山水电项目业主预算自1999年起作为编制基建计划、进行价差结算、测算上网电价、分析投资效益，以及进行工程审计的主要依据。大朝山公司依照业主预算切块对各部门进行业绩考核。大朝山业主预算维护及管理严格区分生产性投资和非生产性费用两大部分，并一贯遵照合理控制项目投资的原则，正确处理质量、工期和投资三者的关系，制订了一系列的规章制度和管理办法以及管理措施，重点抓好项目建设投资控制，特别是非生产性费用的控制管理。

对应业主预算每年系统计算和分析预测一次投资。首先由公司工程技术部门负责严格对照业主预算项目，并按已完工程和未完工程（含业主预算外项目）提供相关资料，然后由公司具体投资控制职能部门根据业主预算单价进行投资计算和投资控制分析，最终形成清晰完整的项目投资控制书面报告提交公司高级决策层。这样的工作程序循环进行，逐步接近精确，最终达到与项目竣工结算投资完全一致，提前预知总体投资趋势。

就价差结算管理。由于全面推行和使用计算机进行大朝山项目的投资控制和管理，大朝山项目价差计算和结算工作完全实现了宏观权数（指数）法以及实物法（按实际定额耗量计算），其中实物法方式主要用于各主标项目施工合同管理及价差结算，同时可用于业主预算价差计算；宏观权数法方式则主要用于每年业主预算价差计算。两者之间数据可进行必要的统计、对比、分析和校正，并找出差别，这就是大朝山公司推行的“价差计算双轨制”。

目前，大朝山项目已经实现了投资的静态控制及动态管理。但业主预算编制和维护应用只是投资控制的新尝试，目前，总投资能够控制在国家批准概算范围内，但有些问题今后还要继续不断地实践和检验，如业主预算项目与国家文件规定概算项目不一致问题；审计的依据问题等。希望业主预算的编制和应用管理经验能为我国水电造价改革提供帮助。

龙滩水电站执行概算编制

龙滩水电站仅次于三峡工程发电装机容量4200MW。2001年，国家计委以计基础（2001）567号文批复“龙滩水电站项目可行性研究报告”，批准了龙滩水电站工程可研补充报告设计概算（以下简称批准概算）静态投资为203.71亿元，总投资为242.91亿元。

一、目的与作用

龙滩水电站执行概算的编制是为了适应基本建设管理体制改革的要求，提高电站建设管理水平，加强工程投资管理，控制工程造价，提高投资效益，使龙滩水电站从开工起就纳入工程投资“静态控制、动态管理”的轨道。

“静态控制”是指将批准概算的静态投资作为控制目标，不能任意突破；“动态管理”是指对建设期因物价、汇率变动产生的投资价差以及融资费用实行逐年测算、由项目业主审查核定。项目业主应对工程静态投资总额负责。在保持批准概算静态投资总额不突破的前提下，根据工程招标设计、施工规划及业主的管理方案对设计概算项目及投资进行切块调整，有针对性地进行项目重组，并对施工辅助工程和有关费用进行合理分摊。按照执行概算的切块，对各项投资指定归口管理部门，明确责任控制目标，制定相应管理办法，以达到控制投资的目的。

执行概算经审批后，可作为项目业主在工程实施阶段管理控制工程造价的主要依据，是工程投资的控制目标，是制定年度计划、资金流计划和统计年报的依据，是对工程投资控制情况进行考核的依据，是工程进行限额设计的依据，也是对工程投资进行动态管理的基础。

二、执行概算的编制原则

执行概算以批准概算为基础进行编制，遵循“总量控制、合理重组”的原则。具体编制原则如下：

(1) 静态投资及总投资与批准概算静态投资及总投资保持一致。

(2) 工程量与批准概算工程量保持一致，暂不考虑招标设计阶段批准的设计变更及施工规划设计所引起的工程量变化。

(3) 静态投资的价格水平与批准概算保持一致。

(4) 项目划分应满足工程分标及业主管理的需要，可对部分项目及投资进行调整并重新组合，但建安及设备投资不能调整到费用项目，各费用项目之间原则上不相互调整。

三、编制依据

(1) 国家计委批准的“龙滩水电站可行性研究补充报告及设计概算”。

(2) 工程施工规划及项目业主的管理方案。

(3) 已签定的工程施工合同。

(4) 原能源部能源水规（1989）1151号文颁发的《水利水电工程执行概算编制办法》，原电力工业部电水规（1997）123号文颁发的《水力发电工程可行性研究报告设计概算编制办法及费用标准》，有关定额依据。

(5) 现行国家及行业的有关政策及文件规定。

四、枢纽建筑物执行概算编制

(一) 基础资料及工程单价

按照执行概算的编制原则，基础资料单价如人工预算、材料预算、永久设备、费用指标以及建安工程单价均与批准概算一致，不作变动。

(二) 组成内容及编制方法

龙滩水电站执行概算项目根据工程的分标方案、建设管理需要以及便于业主操作的原则进行划分，主要划分为七部分，在七部分之后列预备费和建设期融资费用。

1. 建设及施工场地征用费　指为兴建工程永久性建筑物及相应的施工辅助工程而征用土地所支付的费用。本项费用在与批准概算相应项目相比总额不变的前提下，按征地所在地区及所需额度分别计列。

2. 前期施工准备工程　指在主体工程开工以前，由项目业主先行招标建设的为主体工程施工服务的建筑设施。主要有永久和临时交通工程，施工供电、供水工程，砂石料系统，施工通信工程，渣场前期处理工程等。由于施工供电、供水工程、砂石料系统的建设及运行费用与主体建安采购工程有密切关系，其建设及运行费用将按比例由各主体建筑工程项目中扣回，合并计入各施工准备工程项目内。

3. 主体建安采购工程　根据主体工程布置情况及总体施工规划，将主体建筑工程分为左岸边坡开挖及导流洞标、右岸边坡开挖及导流洞标、大坝工程标、地下厂房工程标和航运工程标五大标区，五大标之后列主要机电设备安装工程和金属结构设备安装工程。除主体工程之外，各标中还包括相应的施工辅助工程和承包商进退场费等。五大建筑标投资中扣除了本标应承担的施工供电、供水工程、砂石料系统的建设及运行费用。

4. 设备采购工程　包括构成固定资产的全部设备采购，主要包括机电设备采购、金属结构设备采购。

随同设备采购及独立采购的装置性材料如高压电缆、封闭母线等计入设备采购中。

5. 专项采购工程　指前期施工准备工程、主体建安采购工程和设备采购工程中未包括的工程项目，主要包括：房屋建筑工程，环保工程、水土保持工程、观测工程、水情自动测报系统以及专项设备采购及安装工程等。

6. 技术服务采购　指业主与有关单位签订技术服务合同的项目及费用，包括工程建设监理费、工程科学研究试验费、工程特殊科学研究试验费、勘测设计费、技术咨询服务费等。

以上各项费用总额均按批准概算数计列，工程建设过程中发生的各项费用支出应按不同费用性质在相应项目中列支。

7. 项目管理费用　指由项目法人掌握，用于工程建设管理和电站建设期运行管理所需各项费用及需缴纳的各种税费。主要包括业主管理费（指业主在工程项目筹建和建设期间的工程管理费用，主要包括建设单位开办费、人员日常费、董事会及监事会费用、项目建设管理费和特殊宣传费）、联合试运转补贴费、生产准备费和业主税费等。

以上各项费用额度按批准概算数计列。

8. 预备费

(1) 基本预备费作为静态投资的组成部分，在编制执行概算时，除考虑“特殊宣传费”暂列2000万元由基本预备费列支以外，剩余部分仍保留在基本预备费项目，由业主根据项目的执行情况统一掌握使用。

(2) 建筑期价差。根据国家计委计投资（1999）1340号文规定，龙滩水电站批准概算投资中价差预备费为零，在编制执行概算时亦按零计划。

9. 建设期融资费用　执行概算中的建设期融资费

用按批准概算总量计列。

10. 几项费用处理

(1) 其他施工辅助工程。将其投资的70%列入前期施工准备工程，剩余的30%按投资比例分摊至主体招标工程项目中。

(2) 承包商进退场费。该费用总额度同批准概算相应费用额度，按投资比例分摊到前期施工准备工程和主体建安采购工程中的各有关项目中。

(3) 观测工程。将内、外部观测工程项目合并列入“专项采购工程”中。

(4) 特殊施工机械购置补贴费。该项费用在执行概算中列入“主体建安采购工程”项目中的“大坝工程”内，主要用于购买塔带机、缆机和拌和楼等特大型施工设备。

11. 枢纽建筑物总概算　按以上方法编制的龙滩水电站枢纽部分执行概算总投资为1884001万元，其中工程静态投资1575536万元，建设期融资费用为308465万元。

五、水库淹没处理补偿投资概算

按《龙滩水电站可行性研究补充报告水库淹没处理规划设计专题报告》(审定本)，将水库淹没处理补偿投资概算按分省（区）明细表和分县投资汇总表列入执行概算。

龙滩水电站水库淹没处理补偿静态投资不含税费为408377万元，含税费为461565万元；建设期融资费用为83539万元；总投资为545104万元。

六、结语

龙滩水电站工程执行概算的编制是水电工程实施阶段投资控制与管理工作上的一次探索，它以批准概算投资为基础，项目划分上又体现了工程分标方案，便于施工合同与概算投资进行同口径对比分析，达到了对工程投资进行全过程的监测与控制的目的。

(水电水利规划设计总院　郭建欣)

二滩水电站竣工决算简述

二滩水电站位于长江支流雅砻江上，装机总容量330万kW (55万kW/台×6)，多年平均发电量170亿kW·h，是中国20世纪投产的最大的水电站。1987年开始施工准备，1991年主体工程开工，1998年第一台机组投产，2001年完成全部尾工，达到国家验收的标准。按国家有关规定，在编制单台机组竣工决算的基础上，于2000年年末编就了项目竣工决算，经公司董事会审查后，按项目竣工决算审计的有关规定，报请审计署驻成都特派办进行审计。

一、概算执行情况

1. 按资金来源分析　二滩水电站概算总投资285.55亿元，实际完成投资280.50亿元，减少5.05亿元，降低1.77%，详见表1。

表1　二滩水电站投资来源　单位：亿元

序号	资金类别	概算总投资	实际完成投资	实际较概算差	百分比
甲	乙	(1)	(2)	(3)=(1)-(2)	(4)=(3)/(1)
1	内资	195.69	193.85	1.84	0.94
2	TCC信贷	0.19	0.12	0.07	34.92
3	外资	89.67	86.24	3.42	3.82
4	挪威赠款		0.28	-0.28	
	合计	285.55	280.50	5.05	1.77

2. 按工程、费用类别分析　按概算工程和费用项目对比分析，主体建筑工程实际支出81.31亿元，较概算74.65亿元超出6.66亿元，上升8.92%；机电设备购置及安装实际支出23.50亿元，比概算26.29亿元减少2.79亿元，降低10.63%；金属结构设备购置及安装实际支出6.64亿元，比概算6.45亿元增加0.19亿元，上升3.04%；其他费用实际支出169.05亿元，比概算178.16亿元减少9.11亿元，降低5.11%。详见表2。

表2　二滩水电站概算工程和费用项目对比　单位：亿元

序号	项目名称	概算总投资	实际完成投资	实际较概算差	百分比
甲	乙	(1)	(2)	(3)=(1)-(2)	(4)=(3)/(1)
1	主体建筑	74.65	81.31	-6.66	-8.92
2	机电设备	26.29	23.50	2.79	10.63
3	金属结构	6.45	6.64	-0.19	-3.04
4	其他费用	178.16	169.05	9.11	5.11
	合计	285.55	280.50	5.05	1.77

二、特殊会计事项的处理

1. 过木机道工程　四川省人民政府川府函(1996) 621号《关于二滩水电站库区木材收漂及坝下游设施改造工程的批复》和经国家计委计办建设(1998) 204号文和电力部电水规 (1998) 306号文《关于〈二滩水电站内外资调整概算〉(审定本) 的核定和批复》，该工程的投资计入二滩项目概算，列在永久工程项下。后因国家实行天然林资源保护工程，上游不再漂木。根据国家政策的这一重大变化，四川省计委以计能源（2000）635号文批准停建，其实际投资减去回收价值后（8.05亿元），按共同费用分摊。

2. 投资支出　二滩水电站工程建设中发生的为项目配套的专用设施投资支出，按照财政部财基字（1998）4号《关于印发〈基本建设财务管理若干规定〉的通知》第二十六条规定“经营性项目的统建住房和为项目配套的专用设施投资，包括专用道路、专用通信设施、送变电站、地下管道、专用码头等由本单位负责投资但产权不归属本单位的，作无形资产处理；产权归属本单位的，计入交付使用资产。”按此规定计入无形资产2.83亿元。

3. 预计未完工程量　二滩水电站机组全部投产后，所需尾工工程及费用投资不到概算的1.5%。按照有关文件规定，预留未完工程和费用3.21亿元，按工程和费用的类别，归集到相关的工程和费用项内。

三、共同费用的分摊

共同费用系指不能直接计入主体工程的基建费用，如建设期间的借款利息、建设管理费、库区移民费、设计费等，以及为主体工程服务的辅助工程、临时设施等，如风、水、电、通讯、混凝土生产、沙石骨料生产等，导流工程、临时交通等临时设施。按其余额170.72亿元（从施工筹建至2000年12月31日的实际支出，减去构成固定资产标准的建设管理所用设备、家具、递延资产、无形资产和永久房屋价值）按主体建筑安装工程投资的比例分摊。

四、竣工决算编制实施工作

1. 成立竣工决算编制小组　按照行业有关文件的要求，依据财务会计制度，结合公司的实行情况，组成以总经理、总会计师为核心的单台机组竣工、项目竣工决算编制小组。及时计算投产运行单台机组和已交付使用资产以及项目全部竣工形成各类资产的价值，做好考核设计概算的执行，分析建设成本和投资效益等项目后评估工作。在公司领导的支持下，参与编制竣工决算的部门和单位互相配合、团结协作，在规定的时间内，完成了单台机组竣工、项目竣工决算编制工作。

2. 制定编制竣工决算制度　项目竣工小组认真学习行业有关文件和财务会计制度，结合二滩水电站建设的实际情况，制定了《单台机组竣工、项目竣工决算编制办法》和《编制二滩水电站项目竣工决算有关工作的补充通知》。

3. 确定竣工决算的范围和核实　对工程从筹建起至关账时间（即基建工程支出的终止时间）已入账的投资（土建、机电和其他费用等账务），公司业务、统计、财务等部门进行清理与核对，做到账账、账证、账实、账表相符。在关账之后尚有部分尾工工程和费用，经过公司业务部门计算，财务部门汇总提请总经理办公会审定后，按工程和费用的类别，归集到相关的工程和费用项内。

4. 工程建设配套的专用设施的处理　为项目配套的专用设施，包括专用道路、专用通信设施、送变电站、地下管道、专用码头等依照财政部有关文件规定按无形资产入账，其实物部分指定专人与有关单位洽谈移交事宜，办理移交手续。

（二滩水电开发有限责任公司　张玉祥）

“十五”计划开工的六座大型水电站的概算投资

在2001年3月15日第九届全国人民代表大会通过的《国民经济和社会发展第十个五年计划纲要》中，龙滩、小湾、水布垭、构皮滩、三板溪、公伯峡、瀑布沟7座大型水电站被列为“十五”计划开工的项目。至2002年底，7个项目中，除瀑布沟外，6个项目的可行性研究设计报告已经先后通过审查，概算投资见表1，龙滩、小湾、水布垭、公伯峡等项目已经先后批准开工。

表1　“十五”计划项目概算投资表

单位：万元

项目	龙滩	小湾	水布垭	构皮滩	三板溪	公伯峡
价格水平	2000年	2001年	1999年	2002年	2001年	2000年
枢纽	1472068	1819736	733595	891809	360256	468989
水库	461565	230975	84906	126966		35969
静态投资	2080840	2212449	884376	1108407	567534	536198
总投资	2469701	2753596	1418196	1341035	645325	625731
千瓦投资	5880元	6602元	8864元	3695元	6453元	4122元
电度投资	1.57元	1.45元	3.62元	1.15元	2.66元	1.22元

这六座大型水电站枢纽部分的概算投资，是按照1997年电力工业部颁发的概算编制办法和定额编制的，基本上反映了近期我国水电行业大型水电站基本建设平均的效率水平。概算静态投资采用1999年～2002年之间的市场价格水平，是我国基本建设价格水平相对平稳阶段的水平。除水布垭水电站的概算计列了价差预备费，其他水电站的概算根据国家计委计建设［1999］1340号《关于加强基本建设大中型项目概算“价差预备费”管理有关问题的通知》的规定，价差预备费均为零。

由于各水电站的个性差异，造成了在水文与径流、地质地形、装机规模、建筑物布置和建设工期的差异性，最终导致投资差异。各电站建筑安装工程费、设备购置费和其他独立费用在枢纽工程投资中所占比例见表2。

6座大型水电站全部为全内资建设项目。由于电站规模大，设备制造有难度，部分设备用换汇采购方式进口或中外合作生产。外汇来源是利用国内自由外汇，用人民币购买，额度经国家有关部门批准。国际采购设备主要是那些国内制造有难度或不能制造的施工设备，如水轮机转轮、缆机、塔带机等。六个项目中完全进口的设备占总投资比例较小，大量设备为国内制造或中外合资合作制造，将对我国机械设备制造工业产生大的推动作用。

表2　“十五”计划项目主要工程投资比例

单位：万元

项目	龙滩	小湾	水布垭	构皮滩	三板溪	公伯峡
枢纽费用	1472068	1819736	733595	891809	360256	468989
建筑安装工程费	846120	1337569	549029	595377	252233	318435
比例	57.48%	73.51%	74.84%	66.76%	70.01%	68.90%
设备购置费	389527	282308	103826	181994	64440	98728
比例	26.46%	15.51%	14.15%	20.41%	17.89%	21.05%
其他独立费用	236421	199859	80740	114438	43583	51826
比例	16.06%	10.98%	11.01%	12.83%	12.10%	11.05%

（中国水电顾问有限公司　周尚洁）

招投标与合同管理

乌江洪家渡水电站招投标与合同管理

（一）工程概况

洪家渡水电站位于贵州省乌江干流北源六冲河下游，贵阳市西北158km，是乌江梯级“龙头”水电站。水电站正常蓄水位1140m，装机540MW，保证出力171.5MW，多年年平均发电量15.94亿kW·h，总库容49.47亿m^3，调节库容33.61亿m^3，具有多年调节性能。由于水库的调节作用，近期可提高已建的东风，乌江渡两电站保证出力239MW，增加年发电量11.79亿kW·h，包括洪家渡本身电量总计27.73亿kW·h，远期可增加全梯级保证出力833MW，增加年发电量15.96亿kW·h。

（二）工程分析

在研究分标过程中，经分析类似工程关键线路及网络计划，考虑洪家渡工程的具体特点，按以下原则进行招标。

(1) 关键线路工程必须网络清楚，占据关键线路的项目可以分离出来，在准备工程中施工，尽量不占直线工期。如导流洞上下游施工支洞，上坝公路等项目均属此类，主标承包商进场时，该项目均已完工，提前了主标施工准备时间。

(2) 对施工重叠、交叉项目进行重新组合，避免干扰。泄洪系统进口群开挖在后期施工，带来工期滞后及上下层作业干扰，此部分项目列入前期坝肩开挖中。泄洪系统，发电引水系统，帷幕灌浆等标工作面接近，施工交叉突出，宜归入一个标的范畴。

(3) 坝肩开挖单独成标，可增加前期准备工程力度提前一年工期。由于大坝招标较晚，坝肩开挖势必后延，第一年截流后，遗留开挖清基尾工较多，无法保证大坝填筑至渡汛高程，工期只能顺延。

分标方案如下：

HJD/C1　导流洞工程标

HJD/C2　坝肩厂房后坡及进水口开挖标

HJD/C3　大坝工程标

HJD/C4-1　泄洪系统标

HJD/C4-2　发电引水标

HJD/C4-3　帷幕灌浆标

从目前主体工程进展分析，干扰相对较小，各标进展顺利。

（三）招投标程序

为严格执行国家招投标法及相关规定，做到“公平、公正、公开”公司制定了一系列规章制度及完善组织机构来规范和约束工程招标和投资控制。

公司招投标委员会根据国家相关法规、文件确定招投标的方针政策及年度计划；根据各标的内容确定参与投标单位及评标委员会的人员组成；根据评标报告推荐的中标候选人最终确定中标单位。

从开标到合同签订，贵州省公证处对公司每标的招投标工作进行全过程公证、监督。在洪家渡工程招投标工作中，严格按以下程序执行：

(1) 编制计划。建设公司根据公司招投标委员会审查通过的年度计划编制工程项目招投标计划。

(2) 审查标书。根据所提供标书，分成技术、经济两组由工作人员及专家审定，重点是技术方案，参数校核，承包方式，材料预算价的确定等，经修改后的标书报招投标委员会审查定稿。

(3) 资质预审。根据各标工程的具体要求进行资质预审。如参加洪家渡导流工程的投标商应有岩溶地区施工经验及大型地下洞室的施工经验;砂石料系统由于是自行设计,资质预审中要求投标商应有相应设计资质。

(4) 招标。在指定的时间、地点发售标书及踏勘工地。

(5) 开标。按投标法规定，在指定的时间、地点公开开标并公证。

(6) 评标。全体评标委员进行封闭环境评标。评标分成经济、技术两组讨论并汇总意见，排出中标候选人顺序，写出评标报告。

(7) 定标。评标委员会依据评标报告确定第一中标候选人。

(8) 合同谈判，签订。

通过严格管理，洪家渡水电站招投标情况反应良好，工程造价得到有效控制。

(四) 几个问题的探讨

1. 如何对待筹建期中的无标底项目　工程前期，由于未批准开工及设计滞后等多种因素，工程标底无法制定，评标工作有一定难度，工程前期，一般技术含量不高，在此前提下，如技术上都能满足的承包商则报价至关重要。

评标价的制定可以按投标商的平均价计算，也可按工程概算与投标商平均价的权重计算。在时间充裕的前提下，也可采用单价法分析。

以上中标价必须严格控制在工程概算内。

2. 关于材料预算价问题　为了降低造价、减少间接费，业主一般采取主材自供。首先应认真研究材料的市场价格，制定合理的招标文件预算价。二是业主须有足够的供应协调能力，因为一旦进入标书，此条款将作为合同依据，双方均有权作为索赔依据。

3. 如何对待项目漏项及报价平衡问题　在水电项目招标中，业主一般对工程量清单作详尽的界定及补充，但在投标商报价中，总有一些项目漏项，业主对此应认真分析。

一种是计算错误或对标书的理解导致，可以允许投标商在答疑阶段作进一步的补充和修正。另一种则是恶意漏项，业主应按评标办法中的相关规定予以扣分或取消投标资格。(可视造成的后果进行界定)。

同时，业主应认真阅读投标文件，对投标商工程量清单中有价无量或工程量大小不一单价进行认真分析，防止承建商不均衡报价，严格控制工程投资。

4. 关于地质、水文资料等投标文件的界定　鉴于水电施工的特点，前期工程造成的地理、水文条件变化，同时，招标文件达不到技施设计的要求，为此，在招标文件中应认真分析，一些地质、地形资料，水文情况不能作为投标商施工及索赔依据，为双方签定合同及工程结算界定一个良好的平台。

5. 基础资料　某项目的可利用资料来源未作界定，导致各承包方报价出现开挖资料、可利用资料、运输里程等的多样，不统一。评标时，评标小组必须依据项目的具体情况，制定统一标准及个体特征。为此，笔者建议在招标文件中采用以下方法：

(1) 依据现有工程资料，明确界定公路里程及可利用资料比例。

(2) 列人工程量清单中的有价无量项目。

6. 关于合同价格问题　工程建设合同，一般选用的是总价合同，单价合同及成本加酬金合同。由于选择总价合同业主可以不承担价格风险，业主较愿选用。但由于水电工期较长，项目复杂程度较高，风险较大，且设计分阶段设计精度不一致，承包商更趋向于选择单价合同或成本加酬金合同。为规避此类不可预测因素，减少双方风险，建议在以下各类中选择：

(1) 项目规模小、工期短（一般在一年左右），宜选择总价合同。

(2) 项目具有一次性特点，如抢险、救灾、小型临建等，宜选择成本加酬金合同。

(3) 对于项目规模大，工期较长，设计精度达不到技施要求，不可预见因素较多的项目，选用临建项目总承包（不调整），主体工程单价按投标价；工程量以实际发生计算，但国家政策发生变化可调整。此类调整因素在合同中必须预先界定，如调价指数、人工定额的来源等，以后工程结算严格按此执行。

7. 关于合同管理问题

(1) 合同支付。乌江公司是建管结合的模式，几个项目同时开工，资金运作尤为重要，为减少资金沉淀，获取最大的投资效益，大笔的工程投资（移民、设计、主标工程等）采用由外派的各建设单位审核，公司统一支付的形式。

(2) 合同索赔。乌江公司几个项目根据各自的工程特点，制订不同的索赔办法，但合同索赔的基价，原则基本统一，对承包商建立信誉记录，在合同中预先约定，避免惩罚性索赔。

(3) 合同管理。由建设单位每月召开合同执行分析研究会，监理，设计，承包商参加制订纠偏措施及合同调整进度。

8. 对投标价的一点建议　由于目前建筑市场是买方市场，业主选择余地较大，为避免施工单位在投标中竞相压价（尤其是前期项目），恶性竞争，报价决策是投标政策中最为重要的一环。所谓合理偏低，决不能舍弃正常的利润水平或亏本经营。

投标商应认真研究招标文件和现场，根据充分掌握的市场价格和地方政策，确定合理的基价水平，做到有理有据，符合国家相关政策规定，制定符合本企业水平的投标报价。

（贵州省乌江水电开发有限公司　陈晓彬）

龙滩水电站招标与合同管理

龙滩水电站是西部大开发的十大标志性工程和“西电东送”的战略项目之一，主体工程于2001年7月1日开工建设。龙滩水电站位于红水河上游广西壮族自治区天峨县境内，设计总装机容量540万kW，是目前国内已建和在建的仅次于三峡工程的特大型水电站。该工程分两期建设，其中第一期装机420万kW，概算总投资243亿元。1999年12月26日，由国家电力公司（出资33%）、广西电力有限公司（出资32%）、广西开发投资公司（30%）、贵州省基本建设投资公司（出资5%）共同发起组建龙滩水电开发有限公司，全面负责龙滩水电站的建设和运营管理。为保证龙滩水电站的顺利建成，龙滩水电开发有限公司按照“项目法人制、招标投标制、建设监理制、合同管理制”原则对各项目进行管理。

（一）项目分标

龙滩水电站工程项目分标按照“标界清晰，便于合同管理，优化施工布置，减少施工干扰”的原则，将主要工程项目分标见表1。

表1　龙滩水电站主要工程项目

序号	合同名称	备　注
1	左岸导流隧洞及左岸岸坡工程	葛洲坝集团公司中标承建
2	右岸导流隧洞及右岸岸坡工程	江南水电工程公司　广西水电工程局　联营体中标承建
3	大坝工程	待招标
4	地下厂房工程	中国水电第十四工程局第七工程局　第八工程局联营体中标承建
5	升船机工程	待招标
6	大法坪砂石系统工程	葛洲坝集团有限公司　广西水电工程局　联营体中标承建
7	水轮发电机组及附属设备制造	待招标
8	大坝及引水系统金结及机电设备制造	待招标
9	升船机设备制造	待招标

（二）项目招标

针对招标项目规模大、技术要求复杂的特点，按照“公平、公正、公开、择优”的原则，通过有序竞争选择承包人，2001年初即制定了招标管理办法，规范了招标工作程序。对项目立项、招标组织、招标程序、招标方式及投标条件、标底编制、评标委员会、保密事项等都作了规定，明确了职能责任。对投资200万元以上的建筑安装项目，一般采用公开招标方式。对投资在200万元以下的建筑安装项目，一般采用邀请招标的方式，邀请对象为目前正在龙滩工地施工的六家大型施工承包人投标。对监理等服务项目和机电设备项目，采用询价后的邀请招标方式，邀请投标人不少于三家。在招标过程中，业主应重点把握以下几点：

(1) 认真审查招标文件，保证招标文件的合法性和严密性。

(2) 认真组织开标工作，保证竞争的公平和有序性。招标项目，均采用公开开标，公证员现场公证，公司监事会和广西检察院预防职务犯罪处派人员过程监督，保证开标过程的公正。

(3) 认真组织评标工作，保证评标过程的合法、公平、公正、合理。评标过程严格执行国家计委等7部委联合发布的《评标委员会和评标方法暂行规定》，评标办法作为招标文件的组成部分发所有投标人，外聘合格专家在评标委员会专家总人数的2/3以上，评标委员会专家采用综合评分法独立评标。按照评标委员会推荐2～3名中标候选人，公司招标领导小组定标的程序定标。招标评标的整个过程有广西检察院预防职务犯罪处派员监督，保障全体评标人员遵守评标纪律，防止干扰，使整个评标工作能按照合法程序进行。

（三）合同管理

(1) 严格合同的预管理。即做好合同签订前，合同项目的计划立项、招标文件的编制及审查等管理工作。招标文件的编制和审查要以技术标准合理、先进，商务条款严谨、公平，整体规划可靠为原则。

(2) 严格合同的签订程序。合同签订之前，文本要经各业务职能部门会审把关，然后甲乙双方进行平等协商，双方达成一致意见，以便减少合同执行难度。

(3) 严格按合同办事。对质量、进度、安全、造价、文明施工等的管理要求，都应遵从合同约定。合同双方是平等的合同主体，一切事务的处理都以合同为准绳。监理工程师和设计代表，以及其他服务单位，都在合同规范的范围内履行职责。对于设计变更和自然因素造成的费用增加，依据合同条款规定，本着公平、公正的原则进行处理。

(4) 完善合同清算工作。合同履行结束，必须对合同进行清算，一方面，合同竣工资料要齐备并符合国家档案管理要求，另一方面对合同费用问题要有最终决算，双方对决算结果要签字认可。

(龙滩水电开发有限公司　刘学海)

小浪底水利枢纽国际合同管理

(一) 合同管理概况

小浪底水利枢纽主体工程部分利用了世界银行贷款，在实施过程中采用项目业主负责制、建设监理制和招标投标制，以合同管理为中心。主体土建工程分为大坝、泄洪、引水发电设施三个国际标，业主根据世行所规定的招标程序，采用国际竞争性招标方式，选择了由以意大利英波吉罗公司 (Impregilo S. P. A) 为责任方的黄河联营体、以德国旭普林公司 (Zublin) 为责任方的中德意联营体、以法国杜美兹公司 (Dumez) 为责任方的小浪底联营体分别作为三个国际标的承包商。业主以国际土木工程师联合会 (即 FIDIC) 所颁布的“土木工程施工合同条件”第四版为基本合同条件，与三个国际承包商分别签订了施工承包合同。同时，经过水利部批准，依据 FIDIC 合同条件并根据《公司法》的要求组建了小浪底工程咨询有限责任公司，承担小浪底工程土建国际标的监理工作，负责工程投资、进度、质量控制及工程建设各方的协调，按照 FIDIC 合同条件对工程实施严格的合同管理。

在建立机构、明确职责、确立程序的基础上，业主通过编制全面和完善的合同条件、制定合同支付和审核程序、加强对合同执行的监督管理、严格控制合同中的变更和妥善处理索赔和争议等措施，较好地保证了各个合同的顺利实施和各项合同目标圆满的实现，三个国际土建标均提前完工。通过招标和严格合同管理等措施，并由于外汇汇率走低和物价趋稳等原因，工程投资完全控制在概算范围内，并有较大的节余，合同管理达到了预期目标。

(二) 国际标合同争议处理

争议处理是合同管理的重要内容和工作难点。小浪底三个国际标中，一标合同问题均通过合同各方的友好协商得到圆满解决；三标的合同争议也在小浪底合同争议评审团 (DRB) 建议的基础上，通过承包商、业主的积极协商，于 2000 年 5 月达成一揽子友好解决的协议；二标的合同争议处理则经历了一个漫长、复杂的过程。

二标作为三个国际土建标中投资最大的一个标，地下洞室规模宏大，地质条件极为复杂，因此也是最复杂的一个标。合同执行过程中，由于变更、导流洞塌方、为确保 1997 年底截流而实施赶工等，引起了许多争议。从 1995 年到 1998 年底，承包商、工程师和业主就有关问题进行了大量的多层次的协商，但在导流洞是否存在“不可预见条件”以及赶工责任方面一直存有较大分歧。从 1998 年 12 月开始，DRB 对这些争议进行听证，并在多次听证和调解的基础上提出了部分原则建议，指出导流洞部分地段存在“一个有经验的承包商不可预见的不利的地质条件”，建议双方按“But For”(要不是) 方法划分责任和评估费用。业主和承包商方面的专家和合同人员以 DRB 的建议为依据，从 1999 年底到 2001 年初，进行了 100 多次的艰苦的技术谈判，达到了澄清事实和区分责任的目的，承包商提出的所谓“总费用法”、“总时间法”被彻底否定。然后，双方以技术谈判的成果为平台，从 2001 年 3 月到 6 月底进行了四轮商务谈判，认识上的差距逐步缩小。2001 年 7 月 1 日，经过最后一轮高层商务谈判，双方终于达成了最终解决二标全部争议的“协议备忘录”。业主通过协议中的具体措施，有力地保护了国际标联营体中中方伙伴、分包商、供应商的利益。

(三) 合同管理的主要做法

(1) 始终强调以合同管理为中心，把合同管理放在各项管理工作的首位。

(2) 建立处理重大争议问题的领导机构，加强对合同争议处理工作的领导。

(3) 建立专门的工作机构。中方人员和外国咨询专家组成工作组，密切配合，深入研究，为领导决策提供方案和依据。该机构还分设若干个专门小组，分别就不同性质的问题与承包商进行协商和谈判。

(4) 对工程师充分授权。在建立统一的合同管理决策机构、确立业主在项目合同管理中的中心地位的前提下，按“小业主，大监理”原则建立监理机构和配置监理人员，保证工程师全面履行合同所赋予的职责和权利。

(5) 制订“小浪底合同管理暂行办法”，对合同管理机构、合同管理的职责、合同签约程序等做出了明确的规定，同时在支付审核控制、合同价格调整、变更和索赔处理、争议调解和解决、技术问题处理、进度计划审批和质量监督等方面，制定了一系列工作程序和制度，使合同管理工作走向程序化和规范化。

(6) 借助计算机和网络等先进的信息管理手段，做好各类信息的记录、搜集、录入、分析整理工作。信息资料成为日常合同管理的基础、各项决策的依据、解决合同争议问题的证据。

(7) 在争议处理方面，尊重小浪底争议评审团的专业权威地位。充分作好争议听证的准备工作，争取获得对业主最有利的结果。

(8) 充分发挥外国咨询专家在合同管理、争议处理方面的专业优势和丰富经验；及时听取小浪底技术委员会合同专家组的咨询意见；就重大问题邀请国内权威机构和专家开展专题咨询；加强与世界银行的沟通，争取世界银行对业主更多的理解和支持；适时启动业主的仲裁准备工作，适当运用国际律师团的影响力。

(河南省济源市小浪底建设局　曹应超)

规范招投标市场行为，建立科学、公正的合同管理机制

(一) 建立以项目法人责任制为核心的建设管理制度是完善社会主义市场经济体制的重大改革措施

水电建设行业认真贯彻执行党中央和国务院有关经济体制改革的各项方针政策，为促进水电工程市场化改革的需要，在全国工程建设领域里率先引进招投标竞争机制，并在实践中逐步建立起符合我国国情的新的建设管理体制—以项目法人为核心的项目法人责任制、招标承包制和建设监理制（以下简称“三项制度”）。

1982 年国家计委和水电部决定在鲁布革工程中使用世行贷款进行建设。应用 FIDIC 条款进行的招投标和合同管理使鲁布革工程建设按预定计划有条不紊地推进，有效地控制了工程投资和进度，提高了工程质量。原水电部从 80 年代中期开始在大中型工程建设中开始全面推行招投标竞争机制，除在水口、引大入秦、二滩、小浪底等工程按 FIDIC 模式进行国际招标外，全国所有大中型水利水电工程均全面进行国内招标。

实行工程招投标后，计划经济管理模式下开工建设的鲁布革工程，成立了鲁布革工程管理局，行使建设单位职能，组织工程建设的实施，推行项目管理。随着市场经济改革的不断深入，此后开工的广蓄、水口、漫湾、岩滩、隔河岩、五凌、二滩等工程逐步改制成立了兼有投资控制、建设管理和生产经营等职能的有限责任公司（或股份有限公司），推行项目法人责任制。1996 年，国家计委颁发《关于实行建设项目法人责任制的暂行规定》，明确了项目法人对项目的策划、资金筹措、建设实施、生产经营、债务偿还和资产保值增值全过程负责。

由于水电建设关系到国家水资源的合理利用、河流的防洪安全、生态环境保护以及移民安置等重大的国计民生问题，工程项目有了法定的责任主体，将有利于国家资源开发政策的贯彻执行，有利于保证工程建设的质量、进度和安全。

水电建设行业的改革实践，证明了“三项制度”符合国情和适应市场经济体制改革的要求，促进了水电建设的迅速发展，中国已成为世界上水电建设规模最大、发展速度最快的国家。

(二) 规范招投标市场行为，建立科学、公正的合同管理机制是深化建设管理体制改革的重要内容

市场经济是契约经济（合同经济），市场的繁荣和发展依靠科学、公正、公平的合同机制来调节。工程建设招投标的目的是通过公平竞争，择优选择合格的投标人中标承建，从而有效保证工程质量、进度和安全，提高工程建设的投资效益，发挥资源优化配置的作用。

市场经济也是法制经济，在计划经济体制转向市场经济体制的改革过程中，国家进行经济立法，建立适应社会主义市场经济体制的法律体系，有关经济建设的《合同法》、《招投标法》等几十部法律法规相继颁布施行，为进一步规范经济活动中的市场行为创造了有利的条件。

水电建设行业在进行市场化改革过程中，建立和完善建设管理的新体制，加强招投标市场管理，建立科学、公正的合同管理机制，规范建设监理机制以及探索工程造价管理的改革等方面做了大量工作，使水电建设市场逐渐走上规范化和制度化的轨道。

由于水电行业起步较早，在当时计划经济模式下建立的某些招投标规则已不适应当前市场经济的要求，而人们受旧习惯势力的影响和局部利益的驱使仍在不适当地沿用旧模式，甚至违反《合同法》和《招投标法》规定的“公开、公正、公平”三原则，必须予以纠正。

目前招投标市场存在两方面问题。

(1) 思想认识存在问题，即过高估计招投标工作对工程建设成败的决定作用。认为只要实行了招投标，工程的进度、质量、安全和效益就万事大吉了，建设管理体制的改革就完成了。这种认识是片面、肤浅的。招投标的实际意义在于通过“三公”原则制订一个规范化的程序，选择一家有业绩、有实力、标价合理、充分响应招标文件要求、能够保证按期完成质量合格工程的承包商，从而使工程建设的成功更有保证。对工程实践而言，合同管理工作对工程的进度、质量和安全具有更重要的决定作用，需要引起管理者更多的关注和花费更多的精力。

(2) 不能公正、规范地进行招投标工作。如一些业主利用买方市场的客观环境，在招标和签约过程中向承包方提出不合理、不公正的中标条件，开标后变相压价，有的还进行幕后交易，牟取不正当利益；某些投标者则采取不正当竞争手段，以低标价为诱饵，

增加中标机会，中标后以牺牲工程质量的手段来追求利润，危及工程安全；个别领导对评标过程进行不适当的干预，干扰业主和专家组的评标和决标，以上不良现象在一些中小型工程招投标中尤为严重。这将破坏我们多年创建的市场环境，使招投标和合同管理的规范化工作受阻，使国家的经济建设蒙受损失。

为此，我们必须在深化改革中进一步强化法制管理，加强对招投标工作的有效监督，加强对工程质量和安全的管理，建立和完善科学、公正的合同机制，引导水电建设市场走向健康有序的发展道路。

（三）对当前深化建设管理体制改革和规范招投标市场的建议

上述种种问题，说明在实施建设管理新体制过程中，与新体制相适应的管理还没跟上，法律法规尚需进一步完善，建设新体制中各方职能尚未完全到位。建议要重点加强建设过程中的微观管理，制订可操作的招投标管理、合同管理、进度管理、质量管理、安全管理、投资控制等一系列的规章制度。近期要抓好以下两方面工作。

（1）以国家法律法规为依据，建立完善的监督机制，对招投标市场有效监控，针对各种违法、违纪和不正当竞争行为，制订约束合同建设各方市场行为的行业法规和监督工程质量和安全的强制性技术标准，对工程建设全过程进行全方位的规范化管理。

（2）加强规章制度建设，加紧组织编制和修订完善包括工程咨询服务、勘测设计、材料设备采购、施工、安装等的合同范本系列和各项管理规定，建立科学的、系统的、协调统一的建设管理标准体系，为进一步规范建设市场秩序提供法律保障和制度保证，将有利于市场化改革的健康发展。

（华东勘测设计研究院　陈纪伦
国家电力公司　郭占池）

招投标体制下的水电施工企业项目成本管理

项目成本管理由项目成本的预测、分析、控制、考核等内容组成，是对项目进行事前策划、事中控制和事后总结的全过程的成本管理。中国水利水电第十四工程局成本管理是通过以下几方面来实施的。

1. 确定项目目标成本　项目合同中标签订后，要对项目的施工组织措施进行重新论证和确定，结合企业情况和投标书承诺的条件，对资源进行可操作性的配置和技术经济比较，力求最合理的投入产出比。按中标工程的主要工程单价的工、料、机消耗，各项费用对比分析、预测，确定目标利润。项目中标合同价减去目标利润即为企业对项目的静态目标成本。

2. 策划项目成本　依据招标文件中的合同条件与中标价并结合经过论证的施工组织措施，对项目进行分阶段（施工准备期、高峰期、收尾期）策划和总体策划。

在确保合同的施工进度、质量、安全、文明生产等目标的前提下，成本策划既要实现企业确定的目标利润率和各种费用的上交（各种社会保险、上级管理费、劳务管理费等），又要做到其他开支的预见性和可操作性。

成本策划的主要内容有：

（1）组织机构。根据项目规模和特点，本着“精简设置、职责明确、功能齐全、办事高效”的原则，多采用“二级管理、一级核算、队为基础、责任经营”的项目管理模式，设置管理层和作业层。

（2）资源配置。必须分阶段安排劳务数量与设备数量。劳务数量配置要优化劳动组合，“一专多能”，并通过经济政策提高劳动生产率；施工机械设备配置，要合理、科学，“成龙配套”，但不能“大马拉小车”。合理选择机型，对成本控制有重要作用。要尽量国产化，且不能贪大。国产机械性能并不都比进口机械差，如隧洞开挖机械，进口多臂钻与国产气腿比较，成本差达数倍，效果相同。同时，设备的完好率和利用率，也是十分重要的。

（3）生活、生产设施。参照中标报价的临建费用和施工的实际需要，合理规划办公、生活及福利设施，对生产性辅助设施合理规划和布置，不要造成浪费；也不要造成二次投人，影响工期又加大成本。生产设施的布置要结合场地的条件，减少土建工程量，也要减少半成品和成品的运输费用。

（4）物资材料供应。各类物资材料，应按定额和实际消耗水平做出预测，控制总量，并按年度、月度生产计划做好年、月供应计划，建立信息网络。从质量、价格上货比三家，大宗物资材料要招标采购，既要满足施工需要又要最大限度地减少库存。

（5）内部核算。项目部应编制出以直接费为基础的内部施工预算单价，将内部施工预算单价及其人工费、材料费、机械费、其他直接费作为作业队成本考核指标和核算的依据。

（6）分包管理。不适合大型机械化施工的项目或需要社会力量进行工序分包的，需按业主及上级有关规定进行分包队伍的选择。分包单价应结合市场价格确定，有条件的情况还可以进行分包招标、议标或比价来确定选择分包队伍，并且对分包队伍实行全过程施工控制和监督管理，以确保工程质量、工期及成本控制的有效完成。

3. 项目成本控制　为保证项目成本得到有效控

制，项目部应在项目开工前编制出项目单项、单位工程，年度、总体成本预算，以及相配套的各项管理办法和实施细则。作业队职工的收入应与工程进度、质量、安全、成本核算等指标挂钩，作业队成本节（超）要作为效益工资（奖金）考核的依据之一，管理层职工的收入要与厂队收入挂钩。

编制当期预算成本时，按工期和资源投入，详细测算工程可能发生的人工费、材料费、机械费、其他直接费及现场管理费，并对各项费用进行分解，逐项加以控制。把预算成本与中标合同中的各种费用进行比较，在总的目标成本内，合理进行预测调整，以丰补歉。当然做到均衡生产是很有必要的，因为搞突击任务和抢工期必定会加大资源投入。对明显出现亏损的单位、单项工程，应及时修改或调整施工方案和措施，改变资源配置。对非项目经理部自身施工和管理等原因而发生的损失，应通过加大变更和索赔补偿的力度，得到应有的补偿和支付。

4. 项目成本核算和考核　分阶段进行项目成本核算是项目成本控制的重要环节。通过成本核算，反映施工消耗和计算施工项目实际成本，检查预算成本的执行情况，计算项目部的经济效益，贯彻成本管理责任制，为分析、考核、预测、调整等提供科学依据。

项目成本核算必须确定核算对象和核算期限及细化核算方法。人工费、材料费、机械费及其他直接费都应根据成本核算对象在核算期实际完成的工程量所发生费用及分摊计入进行核算；对机械设备的配件应根据价值高低确定合理的摊销比例。对间接费的核算，应当确定间接费分配标准，并与预算的间接费取费口径一致。

项目经理部应对其项目成本进行季度、年度成本实际情况分析与反馈并定期（季度、年终）考核，及时调整成本和与之配套的管理办法，如实填报项目成本报表，将成本报表和成本分析报告企业总经理室，以利各项目点定期成本考核分析报告进行对比考核。同时，对各项目点的成本执行情况进行定期和不定期的稽查或审计，对成本执行较好的项目组予以表彰，并在项目经理年薪考核时按“项目经理管理办法”的规定及时进行考核和兑现年薪。对成本控制差的项目将给予通报批评，限期整改，必要时撤换项目经理，并追究有关责任。

（中国水利水电第十四工程局　周　游）

水力资源及水电项目经济评价

水力资源经济可开发量评价标准

研究提出中国水力资源经济可开发量的评价标准，是为了全国水力资源复查统计全国水力资源经济可开发量。

经济可开发量是指河川或湖泊在当前技术经济条件下，具有经济开发价值的资源量（年发电量和装机容量），即与其他能源相比具有竞争力，且没有制约性环境问题和制约性水库淹没处理问题的水力资源量。

根据全国水力资源复查技术标准（第一部分　基本技术标准），水力资源项目按其前期工作及建设程度被划分成一至五类。其中一类资源是已建和在建的水电站，均被统计为经济可开发资源。二类资源是已经完成预可行性研究报告或可行性研究报告的水电站。三类资源是已经完成河流水电规划的水电站。二类、三类资源已经过一定的经济分析，因此一般被统计为经济可开发资源，对于其中前期工作完成时间较长、外部条件有较大变化的水电站则须进行评价。四类资源是进行了现场查勘，并进行了简单的测量工作和初拟了工程布置的水电站，该类资源均需要评价。五类资源是未进行现场查勘，仅在室内估算过水能指标的水电站，该类资源的前期工作深度太浅，没有资料供经济分析计算，暂不研究其是否经济，按技术可开发资源统计。已建、在建或已纳入“十五”计划的，或已经批准项目建议书而确定的以水利为主的项目，均统计为经济可开发资源。

影响甚至制约水电项目开发的主要因素有生态环境、水库淹没影响和经济指标等，因此判别一个水电项目是否属于经济可开发资源，须进行生态环境影响评价，水库淹没影响评价和经济评价。一个水电项目只有在这三项评价均可行时，才是经济可开发量。

项目涉及特别重要的生态环境问题，如自然保护区、风景名胜区、文化遗产等，经研究论证后认为环境影响评价是不可行的，则不属于经济可开发资源。

项目水库淹没处理、移民安置有极大困难，如库区有重要文物、军事设施等目前不允许淹没、或无法搬迁、或可以搬迁但代价太大的淹没对象，移民安置容量有限，目前无法安置等，则不属于经济可开发资源。

经济评价采用国民经济评价方法。考虑到经济增长的实际情况和今后较长时期的经济增长预测情况，社会折现率有降低趋势，本次社会折现率暂按10%计。替代电源统一为燃煤火电（以下简称煤电）。经济评价标准为：当水电站年费用≤煤电年费用时，该水电站属经济评价可行。

其中，水电站年费用等于水电站投资年费用加上水电年运行费，煤电年费用等于煤电投资年费用加上煤电年运行费和年燃料费。

在计算煤电替代装机容量时，要考虑：有时水电存在空闲容量从而使水电装机容量不完全是必需容量的因素；水电检修时间不同于煤电的因素；水电工期长，机组往往分几年投产，与煤电投产时间不同的因素。

在计算煤电年发电量时要考虑：在水电比重较大的电网，汛期可能弃水调峰，水电损失电量因素；煤电厂与水电厂用电差异。

本经济可开发量评价标准中的经济评价主要适用于大中型水电站。本标准对于小型水电站和西藏自治区的水电站经济可开发量评价标准的经济评价提出了适当简化的方法。

由于影响水力资源开发经济性的因素很多，因此需每隔一段时间，随着技术进步、经济发展、能源需求量的扩大、常规能源开发程度和价格波动、环境意识的增强等，对经济可开发量进行修正。本经济可开发量评价标准是为本次水力资源复查而制定的，今后再统计水力资源经济可开发量时，可根据当时实际情况，对经济可开发量评价标准作相应调整。

（水电水利规划设计总院　钱钢粮）

龙滩水电站经济评价

（一）国民经济评价

依据国家审定的龙滩水电站“按正常蓄水位400m设计，375m建设”的原则，为从国民经济角度论证各建设方案的经济性，对龙滩水电站375m方案、400m一次建设方案和后期加高方案分别进行了国民经济评价。分期建设方案考虑按375m建成后在2015年、2020年、2030年开工建设400m加高工程三个方案。

1. 工程投资　按2001年1季度价格水平测算，龙滩375m水位建设方案、400m水位一次建设方案的静态投资分别为2080840万元、2570076万元，并剔除各种内部转移的税费后的投资费用分别为2018848万元、2483874万元；龙滩按375m建成后在2015年、2020年、2030年开工建设400m加高工程三个方案的静态总投资分别为769154万元、831401万元、983463万元，并剔除各种内部转移的税费后的投资费用分别739359万元、801640万元、953668万元。

2. 工程效益　龙滩水电站是同时具有发电、防洪、航运等方面效益的大型综合水电工程。国民经济评价计算中主要考虑发电效益，暂不考虑防洪和航运两方面效益，它们仅作为分析因素考虑。龙滩水电站的发电效益包括电站本身的容量和电量效益，以及下游梯级因龙滩的调节而增加的容量和电量效益。设计水平年2015年龙滩水电站在广西、广东两电力系统的电力电量平衡结果表明：龙滩375m水位装机容量420万kW以50%的电力电量送广东，另外50%电力电量送广西可替代系统装机约412.11万kW，容量替代率为98.1%，减少系统火电煤耗600.34万t；龙滩400m水位装机容量540万kW可替代系统装机约552.73万kW，容量替代率为102.4%，减少系统火电煤耗725.23万t。

3. 国民经济评价结果　龙滩水电站375m建设方案、400m一次建设方案和3个分期建设方案的国民经济评价结果列于表1。

表1　龙滩水电站各建设方案国民经济评价结果表

项　目		国民经济评价指标值	
		经济内部收益率（%）	经济净现值（10%～12%）（万元）
全部投资	400m一次建设方案	21.36	737807
	375m水位建设方案	20.35	547967
差额投资	400m一次建设方案	26.92	189840
	2015年开工加高至400m方案	15.10	14399
	2020年开工加高至400m方案	13.32	3855
	2030年开工加高至400m方案	12.51	404

从国民经济评价指标来看，400m一次建设方案的工程全部投资的经济内部收益率为21.36%，高于375m方案1.01%，经济净现值为737807万元，高于375m方案189840万元。另外，从工程差额投资的国民经济评价指标来看，以375m方案为基础，400m一次建设方案的差额投资经济内部收益率为26.92%，高于3个后期加高建设方案的差额投资内部收益率11.82%～14.41%经济净现值增加175441万元～189436万元，优势明显。因此，从国民经济角度来看，龙滩按400m一次建成大大有利于分期建设方案。虽然各后期加高方案经济上仍然是可行的，

但随着加高时间的向后推移。工程差额投资的经济性在下降，由此说明即使在分期建设情况下，由 375m 加高至 400m 的时间越早对国民经济越有利。

（二）财务评价

按工程全部投资财务内部收益率 8%测算各方案的经营期上网电价，计算结果见表 2。

表 2　龙滩水电站 400m 一次建设方案与分期建设方案上网电价测算结果表

项目		经营期上网电价[元/（kW·h）]
400m 一次建设方案	基本方案	0.194
	下游已建 3 梯级发电量增值返还 50%	0.184
	下游 6 梯级发电量增值返还 50%	0.178
375m 建设方案	基本方案	0.196
	下游已建 3 梯级发电量增值返还 50%	0.189
	下游 6 梯级发电量增值返还 50%	0.184
2015 年加高至 400m 方案		0.208
2020 年加高至 400m 方案		0.209
2030 年加高至 400m 方案		0.212

计算结果表明，400m 一次建设方案的经营期上网电价为 0.194 元/（kW·h），若考虑下游已建 3 梯级和全部 6 梯级增发电量的 50%返还给龙滩，则 400m 方案经营期上网电价分别下降为 0.184 元/（kW·h）和 0.178 元/（kW·h）；375m 建设方案的经营期上网电价为 0.196 元/（kW·h），若考虑下游已建 3 梯级和全部 6 梯级增发电量的 50%返还给龙滩，则 375m 方案经营期上网电价分别下降为 0.189 元/（kW·h）和 0.184 元/（kW·h）；400m 一次建设方案的经营期平均上网电价比 375m 方案还略低，说明 400m 方案所增加的电量效益好于 375m 方案，而 375m 方案的效益已非常优越，因此 400m 一次建成方案的财务效益十分显著，将进一步提高龙滩水电站在未来广西、广东电力市场中的竞争力。另一方面，龙滩水电站 375m 方案仅具有年调节能力，而 400m 方案具有多年调节能力，其电能质量明显优于 375m 方案，使龙滩水电站在未来电力市场的竞争中更具优势。

（中南勘测设计研究院　李林之）

拉西瓦水电站经济评价

拉西瓦水电站是黄河干流龙羊峡至青铜峡河段紧接龙羊峡水电站的第二个梯级电站，是黄河流域规模最大、技术经济指标优越的水电站，是北路“西电东送”的骨干电站。其开发任务是发电。

电站装机容量 4200MW，多年平均年发电量 102.23 亿 kW·h，其中保证电量占年发电量的 84.8%。工程总投资 145.14 亿元，其中水库淹没处理补偿投资 7005 万元，工程静态投资 121.02 亿元，单位千瓦静态投资 2881 元，单位电度静态投资 1.184 元。工程总工期 9 年，第一批机组发电工期 6.5 年。

1. 国民经济评价　以等效替代火电站的费用（包括投资、燃料费、经营成本等）作为拉西瓦电站的发电效益进行国民经济评价。拉西瓦电站替代火电容量 4494MW，替代电量 107.34 亿 kW·h。经计算，拉西瓦电站经济内部收益率为 21.6%，当社会折现率 12%时，经济净现值 45.4 亿元。

2. 财务评价　工程建设资金由资本金和贷款两部分组成：其中资本金为 20%，资本金收益率按 8%计；其余 80%为银行贷款，贷款年利率 5.76%（按季结息）。

城市维护建设税税率为 5%，教育费附加取 3%，以增值税税额为计算基数。所得税税率为 33%，根据《国务院关于实施西部大开发若干政策措施的通知》，所得税采用前二年免征，三年减半征收的优惠政策。

经测算，拉西瓦电站按资本金财务内部收益率 9%测算的经营期上网电价为 0.162 元/（kW·h）[含税 0.19 元/（kW·h）]，相应贷款偿还期 26.5 年。

3. 综合评价　拉西瓦水电站是“西电东送”北通道的骨干电源和实现西北水火电“打捆”外送的骨干性工程，在支撑即将实施的西北电网 750kV 网架中起着其他电站不可替代的作用。拉西瓦水电站具有日调节能力，没有综合利用的要求，上游有龙羊峡巨大的库容作为依托，是不可多得的调峰电源点和事故备用电源。

电站建成后，每年可使系统减少标煤煤耗约 407 万 t，减少向大气中排放粉尘 171 万 t、二氧化硫 12.2 万 t、一氧化碳 8.9 万 t、氮氧化物 3.5 万 t。既解决了能源紧缺的矛盾，又减轻了铁路运输的压力，同时又减少了对环境的污染，环境效益显著，社会效益巨大。

拉西瓦水电站的建设既是基础设施建设又是资源开发，它的兴建对于带动陕、甘、青、宁四省（区）尤其是青海地区的经济发展，变资源优势为经济优势有着重要的作用。

（西北勘测设计研究院　宋　臻）

瀑布沟水电站经济评价

瀑布沟水电站装机容量3300MW，多年平均年发电量145.8亿kW·h，工程静态总投资（2002年价格水平）1532050.61万元，单位千瓦投资4643元/kW，单位电能投资1.05元/（kW·h）。

水电站建成后主供川渝电网，参与“西电东送”。根据川渝电网的实际情况，以燃煤火电站作为瀑布沟水电站的替代电站。经计算，本电站的经济内部收益率为16.12%；当社会折现率为12%时，本电站经济净现值为239437万元。

工程资本金按总投资的20%计，其余资金从银行贷款，年利率为5.76%。按经营期内全部投资财务内部收益率为8%测算的基础上网电价为0.192元/（kW·h），相应资本金财务内部收益率为10.58%，借款偿还期为25年。

瀑布沟水电站具有满足四川经济发展与电力负荷增长的需要和改善四川电源结构、增加系统调峰能力以及提高电网系统稳定水平的作用。

瀑布沟水电站坝址控制大渡河流域82.6%（铜街子站）的径流量和85.3%（沙坪站）的泥沙量。在其运行的50年间，泥沙出库率仅为12.3%，能够有效地解决龚嘴、铜街子两电站水库泥沙淤积问题，延长两水库和电站的使用寿命，并可减轻泥沙淤积对成昆铁路安全运营带来的威胁。

瀑布沟电站建成后，可使龚嘴电站地面厂房的防洪标准由目前的百年一遇提高到500年一遇；使铜街子至乐山河段的40余个江心洲（居民5万多人）的防洪标准从不足2年一遇提高到5年一遇；可使下游龚嘴、铜街子两电站的保证出力增加215MW，枯期发电量增加7.8亿kW·h；三峡和葛洲坝枯期出力增加290MW，枯期发电量增加10.58亿kW·h。可使四川电力系统每年节约标准煤407万t，减少SO_2的排放量16万～17万t，并减少其他火电配套工程（如运输等）的投资及运行费。可使大渡河铜街子电站下游的通航河段的枯期平均流量由467m^3/s提高到726m^3/s，使目前的六级航道改善为四级航道，载重吨位从目前的30～150t提高300～500t。电站建成后每年可为四川省创造产值668亿元。

（成都勘测设计研究院　刘碚洪　周　云）

溪洛渡水电站工程经济评价

溪洛渡水电站坝址位于四川省雷波县和云南省永善县接壤的金沙江干流上，以发电为主，兼有防洪、拦沙、改善库区及坝下游河段通航条件等综合效益。溪洛渡水库控制了金沙江流域面积的96%，电站正常蓄水位600m，相应库容115.7亿m^3，调节库容64.6亿m^3，具有不完全年调节能力，防洪库容46.5亿m^3，是长江防洪体系的重要组成部分。电站总装机容量12600MW，年发电量571.2亿kW·h（远景达639.2亿kW·h）。

溪洛渡水电站是落实国家西部大开发战略，实施“西电东送”的骨干电源，建成后将主送华中、华东电网（占其年发电能力的90%），兼顾川渝、云南用电需要。

1. 电力市场消纳分析　据全国电力发展规划，到2020年，华东、华中电网统调负荷分别将达到91300～97500MW与60100～65650MW，华东、华中电网2010年～2020年期间平均每年需新增装机容量5200～6300MW才能满足负荷发展需要。溪洛渡水电站按2004年开工，2013年首批机组投产方案实施，2013年～2016年平均每年将可向华东、华中电网增送3000MW左右的电力电量，仅相当于华东、华中电网当年新增装机容量的50%左右，具有市场消纳空间。

2. 国民经济评价　溪洛渡水电站静态总投资445.72亿元，单位千瓦投资3538元，单位电能投资0.780元/（kW·h）。经济内部收益率为14.88%，大于社会折现率12%，说明修建本电站从国民经济角度分析是合理可行的。

溪洛渡水电站不仅具有巨大的发电效益，而且还有显著的综合利用效益。通过溪洛渡水库补偿，可增加下游三峡、葛洲坝两级电站设计枯水年枯水期平均出力378MW；通过补偿调洪，可使下游宜宾市的防洪能力从20年一遇提高到50年一遇；通过与三峡水库联合调度，可减少长江中下游地区的洪灾损失。溪洛渡水电站建成后，大量泥沙被拦截在水库库内，且出库泥沙粒径变细，这将改善重庆港的通航条件，使三峡水库充分发挥作用；可增加枯水期下泄流量500m^3/s,能改善川江航道枯水期的航运条件，并可使葛洲坝枢纽下游近坝段水位接近或达到通航要求的水位。

3. 投资分摊　溪洛渡水电站的投资只在发电和防洪两个主要受益部门之间进行分摊。投资分摊选用库容分摊法和按各功能可获得效益现值的比例分摊法两种方法进行计算。按两种方法计算结果的中间值进行分摊，发电分摊91%，防洪分摊9%。

4. 财务评价　按全部投资财务内部收益率不低于10%、经营期30年测算，溪洛渡水电站经营期不含税的平均出厂电价为0.204元/（kW·h）（考虑投资分摊的相应电价为0.186元/kW·h，下同），相应的借款偿还期23.65年，资本金财务内部收益率13.97%，财务指标优越。

按长期边际成本理论计算的2013年以后华东和华中电网的上网电价（不含税）分别应为0.413元/(kW·h）和0.401元/（kW·h)。溪洛渡水电站经营期平均出厂电价为0.204元/（kW·h）[0.186元/（kW·h)]，加上送电到华东电网、华中电网的过网费，到达华东、华中电网的不含税到网电价分别为0.322元/（kW·h）[0.303元/（kW·h)]、0.291元/（kW·h）[0.272元/（kW·h)]，其电价水平是能够承受的，具有较强的竞争力。

盈亏平衡分析表明，该电站的保本电量仅占溪洛渡水电站的多年平均年出厂电量的49.79%，其风险较小，抗风险能力较强。

（成都勘测设计研究院　陈寿海　郭云峰　罗洋涛）

小湾水电站经济评价

小湾水电站为澜沧江中下游梯级的龙头电站。水库具有多年调节性能，装机容量420万kW，保证出力177.8万kW。多年平均年发电量189.9亿kW·h，其中枯期电量95.72亿kW·h，占全年电量的50.4%。工程于2002年1月正式开工，2010年底第一台机组发电，2012年底全部机组投产，工程竣工。工程静态总投资223.31亿元（2001年价格水平），其中水库淹没处理补偿投资25.07亿元，单位千瓦投资5317元，单位电量投资1.17元。

（一）国民经济评价

小湾水电站供电云南和广东，采用分别在云南、广东建燃煤火电厂同等程度满足云南和广东电力系统电力、电量需求的替代方案的投资费用作为兴建小湾水电站的效益。经过建和不建小湾水电站两种方案的逐年电力、电量平衡计算，小湾水电站可替代火电容量480万kW，替代电量252亿kW·h。计入小湾水电站送电广东的送出工程投资57.41亿元后，经计算，经济内部收益率为14.37%。当社会折现率为12%时，经济净现值为15.47亿元。

（二）财务评价

工程的资本金占总投资的20%，融资占80%，贷款年利率6.21%，贷款期限25年。筹建期全部使用资本金，剩余资本金在正式开工至第一台机组发电前逐年平均投入；不计价差预备费，只计本电站的发电效益。经测算，满足资本金财务内部收益率10%，小湾水电站经营期上网电价0.2228元/（kW·h）（不含增值税，下同），全部投资财务内部收益率8.5%，投资利润率9.4%，投资利税率12.2%；计入过网加价后，至云南和广东负荷中心的下网电价分别为0.2563元/（kW·h）和0.3361元/（kW·h）。

（三）综合评价

小湾水电站除自身的发电效益外，还可增加下游已建的漫湾和大朝山水电站保证出力79.05万kW，增加枯期电量31.26亿kW·h，使全省年调节及以上性能的水电容量占水电总容量的比例，由小湾投产前的10%左右提高到约70%，使系统汛期与枯期水电发电量的比例，由无小湾时的64.3：35.7改善为49.6：50.4，彻底扭转了云南电力系统长期存在的“丰弃枯紧”的被动局面，提高电网运行的经济效益。

小湾水库建成后，可拦蓄坝址以上绝大部分泥沙，使漫湾和大朝山水电站汛期不必降低水位排沙，可减小机组水头受阻容量，增大机组调峰能力，同时减小过机沙量而减轻水轮机磨损；可将坝址最枯流量由275m^3/s提高到约1000m^3/s，增加下游河道水深，改善通航条件；可渠化澜沧江干流库区航道178km，支流黑惠江库区航道125km，为发展库区航运创造了条件；可削减洪峰12%，提高下游已建漫湾和大朝山电站的防洪标准。

小湾水电站可替代燃煤火电的电量252亿kW·h，每年节省标准煤约790万t，有利于区域大气污染防治和农业、林业生态保护。电站建设还可带动当地民族地区的经济发展，加速脱贫步伐。

（昆明勘测设计研究院　杨荣嵩）

构皮滩水电站经济评价

1.概述　构皮滩水电站位于乌江干流中游，地处“西电东送”前沿，具有发电、航运和防洪等综合效益，是乌江干流梯级开发中规模最大的骨干工程，也是“黔电送粤”的标志性工程。

水库正常蓄水位630m，调节库容31.54亿m^3，防洪库容2亿～4亿m^3。电站保证出力751.8MW，装机容量3000MW，多年平均发电量达96.67亿kW·h，扣除调峰弃水电能，多年平均有效发电量93.81亿kW·h。主要建筑物为双曲拱坝、右岸地下厂房和左岸三级垂直升船机（升船机缓建）。工程筹建期2年，总工期9年2个月。按2001年第四季度物价水平估算，工程静态总投资1116372万元。

构皮滩电站发电效益巨大，航运和防洪等效益相对较小，经济评价中，工程效益仅计入发电效益。

2.国民经济评价　采用等效替代工程法进行国民经济评价，等效替代工程的费用即为设计工程的效益。构皮滩电站主要向广东供电，输电距离远，专用配套输送电工程投资大，设计工程和等效替代工程的费用均包括电站费用和专用配套输变电工程费用两个部分。

构皮滩电站调峰性能较好，等效替代电源采用进口机组煤电。根据构皮滩电站的逐年容量效益，确定替代煤电逐年投产的机组容量。

国民经济评价中对替代电源的设置位置进行了优化。若等效替代电源设置在贵州，煤价便宜但专用配套输变电工程投资大；若等效替代电源设置在广东，专用配套输变电工程投资小但煤价贵。经比较，拟定等效替代电源设置在贵州。

经过对效益和费用的动态对比分析计算，本工程经济净现值为 129544 万元，经济内部收益率为 15.34%，分别大于规定值 0 和 12%。

3. 财务评价　财务评价中，投入拟采用工程的全部费用，产出仅采用发电销售收入。

构皮滩电站静态总投资 1116372 万元，计入流动资金和建设期利息，工程总投资 1354864 万元，其中 20%由业主乌江水电开发公司注入资本金，剩余 80%从银行贷款。

在经营期 30 年内还清贷款本息，资本金年回报率 8%，全部投资和资本金的内部收益率分别不小于 8%和 10%的条件下，测算的上网电价 0.222 元/(kW·h)，相应还贷年限为竣工后 14 年。

本电站上网电价与贵州电网现行平均上网电价相当；考虑远距离输电过网费，至广东 500kV 网架下网电价约 0.33 元/（kW·h)，远低于广东电网现行平均上网电价，市场竞争力强。

综上所述，构皮滩电站地理位置适宜，技术经济指标优越。相对工程规模而言，工程量和投资额度均不大。经国民经济评价和财务评价，本工程经济上合理，财务上可行，并具有较强的抗风险能力。宜尽早开工兴建。

（长江勘测规划设计研究院　罗　斌　黄家文）

乌江流域滚动开发效益评价

1. 乌江流域概况　乌江是长江上游右岸最大的一级支流，发源于贵州省北部乌蒙山东麓，干流横穿贵州省中部，于重庆涪陵市汇入长江。乌江全长 1037km，天然落差 2124m，流域面积 87920km^2，平均年径流量约 534 亿 m^3。

乌江是我国十二大水电基地之一，全流域水能理论蕴藏量达 1043 万 kW，其中贵州部分占全省的 40%，可开发量占贵州的 47%。干流水能资源集中，并具有地理位置好、开发条件优越，电站规模适中、工期相对短、水库淹没损失及工程投资少、效益大等特点。1988 年审查通过的乌江干流规划报告，明确乌江干流开发任务以发电为主，推荐十一级开发方案，即普定、引子渡及洪家渡，下接东风、索风营、乌江渡、构皮滩、思林、沙沱、彭水、大溪口。前九级位于贵州境内，总装机容量 850 万 kW，平均年发电量 294 亿 kW·h，水库总调节库容 96 亿 m^3；后两级位于重庆境内，大溪口梯级与三峡正常蓄水位有关。

乌江流域内矿产品种多，储量大，分布相对集中，具有十分重要的战略地位。乌江流域贵州境内，煤矿保有储量约 457 亿 t，占全省的 86%；铝土矿保有储量 3.95 亿 t，占贵州省的全部；磷矿保有储量 25.1 亿 t，占全省的 98%；锰矿、硫铁矿等储量均丰富。

乌江流域贵州境内土地面积 67516km^2，占贵州省总面积的 38.3%，人口占 51%，工农业产值占 67%，开发乌江流域是贵州经济发展的重要组成。

2. 黔源电力公司的滚动开发　乌江三岔河上的普定、引子渡水电站由黔源电力公司开发。普定电站装机容量 7.5 万 kW，于 1995 年投产发电；引子源电站装机容量 36 万 kW，总投资 16 亿元，为国家西电东送第一批开工的电源项目，已于 2000 年 11 月开工，计划 2004 年竣工。两电站均具有季调节能力，补偿效益可在公司内部得到转换。

3. 贵州乌江水电开发公司的滚动开发　贵州乌江水电开发公司，经国务院批准于 1992 年成立，以东风、乌江渡两电站为母体滚动开发。1999 年 6 月，改制为有限责任公司，国家电力公司与贵州省分别拥有产权为 51%、49%。

乌江渡水电站装机容量 63 万 kW，1983 年竣工，是贵州的主要电源。东风水电站装机容量 51 万 kW，1984 年开工，1995 年竣工。两水库均为季调节。

洪家渡电站是乌江的龙头电站，是“西电东送”第一批开工的电源项目，装机容量 60 万 kW，年发电量 15.94 亿 kW·h，调节库容 33.6 万 m^3，水库为多年调节，总投资 49 亿元。近期，增加东风、乌江渡两个水电站的保证出力 23.9 万 kW，增加两电站纳入系统电量 11.79 亿 kW·h；增量与洪家渡合计，10 月至次年 5 月的电量占 75.8%，高峰及正常时段电量占 80.6%。远景可对全梯级进行补偿，补偿效益巨大，可促进下游其他水电站的建设。

洪家渡的投入，为下游东风、乌江渡扩机创造了条件。乌江渡扩机增容容量 62 万 kW（总投资 10 亿元）已与洪家渡一同开工，东风扩机正在论证当中。

索风营水电站，装机容量 60 万 kW，发电量

20.1亿kW·h，动态总投资31亿元，工期短、投资少、距贵阳近。水库本身仅为日调节，但被补偿效益大。该电站已作为首批西电东送项目于2002年7月开工，预计2006年工程竣工。

构皮滩水电站是乌江梯级中最大的电站，也是贵州西电东送的战略性支撑电源，装机容量300万kW，发电量96.67亿kW·h，总投资126亿元，水库具有年调节能力，在乌江滚动开发中起到承上启下的作用。目前电站正进行筹建及施工准备，预计2012年竣工。

思林、沙沱水电站，规模相当（均约装机100万kW、发电量40亿kW·h、投资50亿元、周调节），受构皮滩补偿，两电站保证出力可提高17.8万kW，发电量增加2.1亿kW·h。构皮滩之后，相继滚动开发思林、沙沱两电站。

4. 重庆彭水水电站的开发　彭水水电站，为乌江在重庆的干流电站，装机容量140万kW，多年平均年发电量61.24亿kW·h，库容系数仅为0.013，但在上游诸多水库的补偿下，可进行多年调节，从而较好地适应重庆电力市场需求。紧接在上游洪家渡及构皮滩等之后开发，还可及时获取梯级补偿效益，其中枯水期11月至次年4月电量占全年的41%，较单独运行增加一倍。

5. 效益评价　乌江干流水电梯级中，调节性能最好的是龙头洪家渡水电站，为乌江第一补偿梯级；调节库容大的有构皮滩水电站，是承上启下的补偿梯级；其他水库主要调节区间流量；补偿调节使全梯级整体达到多年调节性能。在现有电站的基础上，先启动龙头，从上向下连续开发，扩大规模优势。首批项目开工后，积极融资兴建构皮滩作为加大外送的支撑电源，进一步拓宽电力市场，增加效益及梯级补偿能力，并为建设下游电站做好铺垫，滚动开发使容量和电量均得到及时充分利用。西部大开发、“西电东送”及体制改革促进了水电开发的滚动提速，预计再用15年左右即可完成乌江干流水电开发。乌江滚动开发，不仅发展了贵州的水电，同时促进了火电的大力发展，对带动当地社会经济的快速、可持续发展也将起到重要作用。

（贵阳勘测设计研究院　范国福）

中国水力发电年鉴（2001～2002）

13

水电站经济效益与社会效益

水电站效益分析

黄河上游已建水电站社会效益分析

黄河上游干流龙羊峡～青铜峡河段内已建成龙羊峡、李家峡、刘家峡、盐锅峡、八盘峡、大峡和青铜峡共七座水电站，形成了以龙羊峡为“龙头”、梯级水电站联合运行的格局，承担着向西北电网供电及黄河上游灌溉、防洪、防凌等综合利用任务，发挥了巨大的社会效益。国家计委委托水电水利规划设计总院对这些效益进行了调研分析。

（一）发电效益

已建的七座水电站设计总装机容量为5209MW，年发电量为234.46亿kW·h。到2000年底，累计发电量为3192.27亿kW·h，其中2000年年发电量为201亿kW·h。至2000年底，累计发电销售收入255亿元、发电利税188亿元，分别为工程投资的1.66倍和1.22倍，其中盐锅峡水电站已分别达29.97倍和25.75倍。据统计，历年来七座水电站承担了西北电网绝大部分峰荷，基本满足了西北电网的调峰要求。它们的建成相应使西北电网减少火电装机6000MW，节约火电建设投资120亿元，同时提高了电网供电质量和安全可靠性，节省了运行维护费。

（二）灌溉效益

青铜峡水利枢纽的建成，免除了宁夏河套灌区千百年来引黄渠道岁修的艰苦劳动，节约了大量资金且渠道引水得到了保证。刘家峡水库每年4月底在水库中预留8亿～12亿m^3水量，为宁蒙灌区春灌期（4～6月份）补水，刘家峡水库在龙羊峡水库建成前的1972年～1990年春灌高峰期5月份平均补水6.8亿m^3，龙羊峡水库建成后的1991年～1999年该月平均补水9.73亿m^3，增加幅度达59%。龙羊峡水库对黄河水量的多年调节，增加了枯水年的水量；年内调节，增加了灌溉期的可用水量。

由于可供灌溉的水量增加，甘、宁、蒙引黄灌区面积已从刘家峡建库前的约1000万亩增加至目前的1800万亩左右；灌溉保证率由65%提高到近100%；农作物亩产也有较大幅度的提高。随着廉价水电的供应，甘肃、宁夏等省区都兴建了多处大面积的电力扬水灌区。

（三）防洪效益

刘家峡水库的调蓄，将兰州市的防洪标准从20年一遇提高到100年一遇。龙羊峡水库拦蓄洪水的能力更强，基本解除了洪水对黄河上游干流两岸的城乡、川地的威胁；同时大幅度降低了龙羊峡～青龙峡河段在建和待建的水利水电工程的设计和施工洪水洪峰流量，从而节省了工程投资，缩短了工期，有利于黄河上游干流水电的开发。

（四）防凌效益

刘家峡水库在凌汛期对河道流量的有效控制，基本解除了宁蒙河段凌汛灾害的威胁。在刘家峡水库投运前的1950年～1968年间，宁蒙河段凌汛灾害引起堤防决口平均每两年发生一次。自1969年刘家峡水库投运后的30年内，凌汛灾害发生过8次，其严重程度大为降低。

（五）拉动当地社会经济的发展

七座水电站的建设投资在其施工期内使相应省份的年GDP值平均提高2.5～4.0个百分点。建设期共提供47万个人年的就业岗位；上缴税收总约6亿元；同时修建了永久房屋395175m^2；修建了383km的对外公路、139km施工区内公路和67.55km铁路。大量使用了建筑材料、施工机械和发输变电设备等，对相应工业的科技发展起到了促进作用。

龙羊峡和李家峡水电站的发电改变了青海省电力紧缺的局面，使之成为向外省供电的电力大省。水电建设带动了地方工业的发展，如青海省的有色金属冶炼工业和甘肃的化工工业等。到2000年底，七座已建水电站总上缴税收约62亿元，直接就业岗位2000人，并促进了龙羊峡、李家峡、刘家峡、青铜峡等城镇建设。

（六）环境效益

截至2000年底，已建七座水电站累计发电量3192.27亿kW·h，节约标煤1.213亿t，减少温室气体——二氧化碳的排放量约3.5亿t、二氧化硫16.3万t、氮氧化物15.4万t，灰渣5200万t。龙羊峡、刘家峡水库的水量调节，使枯水期流量增大，对兰州市排放的污水起到了稀释的作用，改善了下游水质。但由于大坝的阻隔、水流条件改变的影响，使鱼类种群发生了一定的改变。

（七）减轻黄河下游断流

龙羊峡、刘家峡两库汛期（7～10月份）蓄水，考虑流达时间1个月，蓄水只影响下游8～11月的下泄水量，该期除个别年份外下游一般并不断流，且有不少水量流入黄海。

龙羊峡、刘家峡两库非汛期（11月～次年6月份）补水运行。对龙羊峡、刘家峡两库补水量和下游利津等水文站相应月平均流量对比分析看，1990年～1996年非汛期若没有两库补水，下游平均每年将断流4个月。由于有龙羊峡、刘家峡两库补水，实际平均每年断流2.79个月，平均每年缩短断流时间1.21个月，即缩短了30%。其中补水最多的是1991年11月～1992年6月，有效补水时间为7个月，缩短下游断流时间共5.3个月，占可能断流时间的66%；有效补水量37.6亿m^3，占同期花园口来水量的32%。龙羊峡、刘家峡两库采用蓄丰补枯的运行方式，对缩短下游断流时间和缓解水量供需矛盾起了重要作用。

（八）黄河上游已建水电站水库移民问题探讨

七座水电站建设中先后征用了25万亩耕地，安置了约9.6万移民。移民安置区存在的主要问题是灌区土地塌陷、水利工程问题、耕地资源的盐碱化和沙化、土地资源不足、永靖县城迁建的遗留问题、施工区和库区移民补偿标准不统一等。

遗留问题的原因主要有：水库移民规划设计工作深度不够；移民安置规划没有严肃的法律地位；青海和甘肃省高寒、干旱地区，自然条件恶劣；缺少监督机制；移民机构不固定，管理部门交叉，责任不清；有关税费的增加并没有用于移民等。

为了解决这些问题，建议：移民工作实行政府负责制，进一步明确移民工作的责、权、利关系；加大后期扶持力度；加强实施管理监督；严格移民规划审批制度；理顺税费政策等。

（九）结论

七座已建水电站除发电效益外，还具有十分显著的灌溉、防洪、防凌等综合利用效益，这些工程的建设运用，在黄河上游乃至全流域沿黄各省（区）的社会经济发展中发挥了重要作用，促进了当地社会经济发展，改善了环境。

（水电水利规划设计总院　钱钢粮）

大型水电站建设对社会经济的拉动作用

大型水电站的建设对当地及相关地区的社会经济具有明显的拉动作用，特别是欠发达地区。大型水电站具有投资巨大、技术密集、人力密集、产业关联度大等特点，是国民经济发展的基础设施。大型水电站对社会经济发展的拉动作用体现在宏观和微观两个方面。宏观方面体现在：对当地和相关地区经济总量增长的贡献；对中央和地方财政税收的贡献；对当地就业状况的改善；对当地人民文化素质的提高；对扶贫攻坚、加速促进城镇化的作用；对当地环境和局部气候的改善；对当地经济结构调整的推进等。微观方面体现在：建设企业、发电企业、其他相关企业的发展及其职工的收入提高。

不同历史时期，大型水电站的建设对中国经济的拉动作用特点不同。中国大型水电站的建设从20世纪50年代起步到如今经历了三个特点分明的时期：

（1）70年代之前，中国社会经济从百废待兴到具备发展的基本条件。这一时期所建设的水电站为中国培养了第一批水利电力方面的专家，使中国水电容量初具规模；这一时期中国水力发电设备制造业从无到有，不断进步，水电的开发建设大大促进了中国制造业的发展，常规水力发电设备制造水平基本能够满足国内的需求，从根本上带动了国民经济高速发展。

（2）70年代后期～80年代，中国水力发电设备制造水平不断提高，水电建设规模不断扩大，使得大型水力发电机组的国产化程度不断提高；大型水电站的建设也促使施工水平不断提高。不但为经济建设提供了稳定优质的电力，还为社会资金和国外资金的利用创造了良好的市场，为中国基础产业利用非政府资金进行了有益的尝试，保障了社会经济的稳定发展。

（3）90年代以来，随着社会发展和经济结构质量的提高，近期有效拉动内需，远期保证社会经济持续发展，成为中国经济发展面临的主要问题。这一时期开工建设的大型水电站，不但缓解了相关地区电源结构及电力供需方面的矛盾，而且建设需要的大量基建材料、发输电相关设备、劳动力岗位等，为有效扩大国内需求起到了相当重要的作用。水电是可再生的清洁能源，为社会提供的是稳定优质的电能，保障了经济的持续发展。

已建大型水电站对社会经济的拉动作用已在当地经济结构的调整和经济发展中得到体现。如新安江水电站的建成，将一个山区小镇改变成初步现代化的花园城市，成为浙江的著名旅游景点之一。60年代刘家峡水电站的建成，极大地改善了西北地区的电源结构，使西北地区许多县摆脱了柴油机发供电的状况，有力地推动了地区社会经济的发展。刘家峡水电站多年年平均发电量为57亿kW·h，2000年刘家峡水电站创造的税收占甘肃全省财政收入的2%，占当年全省税收总额的4.2%。80年代建成的葛洲坝水电站，将宜昌这个沿江小镇变成具有相当经济基础的中等城市，地区国内生产总值飞跃增长，人民生活得到根本改善。葛洲坝水电站年发电量157亿kW·h，水电站几乎没有进项税，估算2000年该水电站所创造的税收约占湖北省当年财政收入的1.9%。上述数字反映了已建水电站对社会经济的直接贡献，还未包括水电站的建设和运行对产业结构调整的作用及由此产生的其他效益。

待建和在建大型水电站的建设和运行在其建设期和正常生产运行期对社会经济的拉动作用和方式各不相同。建设期主要是投资拉动的作用；而正常生产运行期则表现为通过电力产品的供应，使得本产业和消耗电力产品的相关产业产值增加的拉动。这种对经济拉动作用的定量计算和分析，是以对相关地区未来社会经济的预测结果和反映国民经济各部门间经济数量关系的投入产出表为基础，利用投入产出分析方法，通过分析国民经济各部门之间的相互定量关系及其可能的变化情况，最终得到大型水电站的建设和投产运行对国民经济各部门经济总量增量的贡献，即该水电站对社会经济的拉动作用。

根据上述方法和思路，有关方面就龙滩、小湾、水布垭、锦屏一级等在建和待建大型水电站对相关地区社会经济的拉动作用进行了定量分析。以龙滩水电站为例，龙滩水电站的建设对广西社会经济的拉动作用为：龙滩水电站基建期间投资对广西区内同期新增总产值的拉动作用为5.66%；其投资乘数为1.3。龙滩水电站7台机组投产运行后，2010年时间断面，对当年广西区内经济增长的拉动作用为8.3%，即新增总产值的8.3%是龙滩水电站的作用，对广西建材与钢材部门的拉动作用尤为明显。龙滩水电站的建设与投产对广西财政收入的贡献为0.35%～1.7%。龙滩水电站建设有助于加速库区社会经济发展，并具有明显的扶贫作用，库区移民补偿费平均为每人4400元/年，库区后期扶持基金为每人816元/年，可使库区贫困人口脱贫，生活达到温饱水平。龙滩水电站的建设，可在建设期提供直接就业机会5.8万个和相当数量的从属就业机会。龙滩水电站的建设，将资源优势转化为经济优势，不仅对广西经济有明显的拉动作用，还可促进少数民族地区的跨越式发展，促进社会安定团结。

（动力经济研究中心　孙镇西）

二滩水电站的效益

位于四川省攀枝花市雅砻江干流上的二滩水电站，总容量为330（6×55）万kW。水电站总库容58亿m^3，有效库容33.7亿m^3，具有季调节性能。二滩水电站第一台机组于1998年8月18日投产，其余5台机组相继在1999年内全部投产。水电站建设使用了9.3亿美元世界银行及其担保的贷款，主体工程建设和主要机电设备均通过国际招标采购，项目的实施和管理实现了与国际惯例全面接轨，工程的质量、进度和成本得到了有效控制。自投入运行以来，二滩水电站在发电、电网运行及环境等方面的作用和效益逐渐显现出来。

（一）发电效益

自1998年第一台机组投产以来，在国家计委的大力协调、川渝政府的支持、国家电力公司及川渝电力公司的精心安排和调度下，二滩水电站发电量逐年增加。二滩水电站历年年发电量统计见表1。从投产至2001年底，二滩水电站累计发电270亿kW·h，相当于1992年四川电网全年发电量的总和，从根本上改变了川渝两地长达20多年的缺电局面，为国家创造直接产值50多亿元。按单位电力产值拉动的社会总产值增长计算，间接创造社会产值1200多亿元，对川渝两地的社会经济发展起到了积极的推动作用。

表1　二滩水电站历年年发电量统计表　亿kW·h

年份	1998年	1999年	2000年	2001年	2002年
年发电量	8.09	51.24	83.85	127.05	146

（二）在川渝电网运行中的骨干作用

按二滩水电站500kV输电线路的布局，二滩水电站的电力和电量输送至四川和重庆两个电网。四川电网是一个以水电为主的电网，水电又以径流式水电站为主，在二滩水电站投入运行前，丰水期电量富余，枯水期供电紧张，结构性矛盾较为突出。重庆电网中95%为火电机组，调峰性能较差。二滩水电站装机容量和发电量占川渝电网约25%的比例，具有川渝电网内最大的一个调节水库，机组自动化程度高，启停快速灵活。自投入运行、特别是2001年以来，二滩水电站对改善四川电网的电源结构和提高枯水期供电可靠性，对改善重庆电网的调峰性能起到了骨干作用。

以2001年第一个枯水期为例。由于自2000年10月开始出现了四川省30多年罕见的秋、冬、春“三连旱”现象，四川电网内大部分水电站来水普遍偏少，而1～3月份四川电网的用电需求比上年同期增长12.6%，日需电量平均近1亿kW·h，日最大负荷高达650万kW。在所有火电机组均投入后，备用容量只有40万～50万kW，电网的电力电量平衡出现了较为紧张的局面。在此情况下，二滩水电站以其大库容的优势，2001年1、2月份分别发电7.2亿kW·h和8.31亿kW·h；3月份发电10亿kW·h，约占全网电量的三分之一，对保证电力系统的供电平衡，避免可能出现的拉闸限电局面，起到了支撑作用，为地区的经济稳定发展提供了电能保证。

另外，二滩水电站自1998年第一台机组投产以来，一直作为川渝电网的第一调频厂运行，对电网的频率稳定起到了骨干作用。据统计，为保证电网的电能质量，2000年全厂机组开停机次数高达574次。

（三）环境效益

自投产至2001年底，二滩水电站发电270亿kW，相应减少煤耗约920万t，分别减少二氧化硫气体和二氧化碳气体排放量约19万t和230万t，替代火电的环境费用约15亿元，发挥了巨大的社会环境效益。

（二滩水电开发有限责任公司　吴世勇）

李家峡水电站的经济效益和社会效益

李家峡水电站位于青海省尖扎县和化隆县交界处，是黄河上游已规划的第三座梯级水电站，枢纽建筑物由混凝土拱坝、泄水建筑物、坝后式厂房和左右岸灌溉渠组成。总装机容量2000MW，保证出力581MW，设计多年平均年发电量59亿kW·h。水库正常蓄水位2180m，库容16.5亿m^3，有效库容0.8亿m^3，具有日调节和周调节性能。

李家峡水电站是中国第一个采取双排机厂房布置的水电站，1987年开工，1997年2月第一台机组投产发电，1999年12月一期四台机组全部投入电网运行。该水电站与西北330kV电网联网，在系统中承担调峰、调频任务，是以发电为主，兼有灌溉、旅游等综合效益的大型水电站。

（一）发电效益

李家峡水电站工程概算总投资923985万元，由国家开发银行（占80%）与陕西、甘肃、青海、宁夏四省区（合计占20%）联合投资建设。该水电站开发任务以发电为主，供电西北电网，是电网骨干电源之一，承担电网调峰、调频、调相及事故备用等多项任务，提高了电网供电质量和安全可靠性。

自1997年2月1号机组投产发电，1999年12月一期四台机组全部建成发电，截至2001年年底，水电站累计发电180亿kW·h，创产值近14亿元（按1990年不变价格计算）。

（二）社会效益

(1) 拉动了地方经济发展。李家峡水电站的工程投资占同期青海省总投资的13%左右，根据投资分析，平均每年可拉动青海省经济增长约3个百分点，促进了青海经济发展。

(2) 增加了国家和地方税收。据统计，李家峡水电站工程建设期共上缴税款2.547亿元，水电站1997年运行至2000年累计上缴税收为5.761亿元。地方税收部门自1988年～2000年累计征收税收4.82亿元左右，占全省地方财政收入的1%左右。如果考虑水电站提取的水库库区维护基金和水库库区后期扶持基金，则地税和两基金之和占省地方财政收入的3%左右。

(3) 增强了电力工业实力，李家峡水电站的发电量约占青海总发电量的34.8%，该水电站投产运行后，使青海省发电能力大大提高，为工农业生产和国民经济发展提供了更充足的电力保证。

(4) 带动了建材、设备制造、交通运输等相关行业的发展。李家峡水电站建设期平均每年的水泥用量约相当于青海省水泥年平均产量的10%，钢筋钢材用量约相当于青海省年产量的3%，促进了建材工业的发展。李家峡水电站建设中修建对外交通二级公路79.5km，混凝土路面8km和两座黄河大桥，显著改善了当地交通运输条件。

(5) 大坝两岸修建专用灌溉取水口，促进了当地回、藏少数民族农牧业的发展。水库蓄水后，促进了渔业发展、植树造林，减少了水土流失，改善了生态环境。

(6) 创造了大量的就业机会。李家峡水电站建设不仅提供了直接就业机会，而且还带动了第三产业的快速发展，创造了大量间接就业机会，提高了人民生活水平。据不完全统计，施工期平均施工劳力8000人，带动社会服务和工商服务等行业平均就业2500人。自1997年发电起至2000年末，平均提供的就业岗位为3000～3500人。

(7) 带动了小城镇发展。李家峡水电站地处尖扎县一个偏僻的小行政村，随着水电站兴建，行政村变成了工商贸、金融保险、文教卫生、邮政通信、服务行业、交通旅游全面发展的繁荣小镇。

（西北勘测设计研究院　王化中　马宁泰　冯春平）

小浪底水利枢纽的经济效益和社会效益

小浪底水利枢纽工程的开发目标是“以防洪、防凌、减淤为主，兼顾供水、灌溉和发电，综合利用，除害兴利”。已建成的小浪底水利枢纽工程可使黄河下游防洪标准由60年一遇提高到1000年一遇；与三门峡水库联合运用可基本解除下游凌汛威胁；利用75.5亿m^3淤沙库容拦蓄泥沙，可使下游河床20年内不淤积抬高；每年可增加 20 亿 m^3 供水量，改善下游农业灌溉和城市供水条件。小浪底水电站装机 6 台，单机容量 30 万 kW，总装机容量 180 万 kW，设计多年平均年发电量 51 亿 kW·h，是河南电网中理想的调峰水电站。

小浪底水利枢纽工程 1999 年下闸蓄水，2001 年完工，目前正在收尾阶段。该工程已在防洪、防凌、减淤、供水、灌溉、发电和生态保护方面都取得了初步效益。

（一）防洪

2000 年小浪底水库初次投入防洪运用，就为黄河下游提供了 25.8 亿 m^3 防洪库容，使花园口的防洪标准从不足 60 年一遇提高到 500 年一遇；2001 年汛期，小浪底水库的防洪库容达 66.49 亿 m^3，使黄河下游的防洪标准提高到 1000 年一遇。

（二）防凌

2000 年～2002 年凌汛期内，小浪底水库一方面拦蓄上游来水，一方面严格控制下泄流量，使下游河道保持了均匀、适量的流量，减小了凌汛风险，使黄河下游平稳度过了凌汛期。

（三）减淤

对黄河下游的减淤作用表现在两个方面：①小浪底水库有淤沙库容 75 亿 m^3，2000 年、2001 年水库拦蓄泥沙 7.112 亿 m^3，减少了下游河道淤积。②通过水库的调水调沙运用，可将部分库区、河道淤沙直接冲入大海，2001 年虽做了调水调沙运用的准备，但由于汛期蓄水量较少，经国家、黄河防汛抗旱总指挥部同意，取消了调水调沙运用计划。

（四）供水、灌溉

小浪底水库投运两年恰逢北方地区严重干旱，2000 年 5 月～8 月水库动用库存水量向下游供水，水电站停机达 3 个月。

2000 年夏，天津城市水源告急，小浪底水库有计划地蓄水，加大泄量向天津供水 8.66 亿 m^3。

2001 年黄河流域遭遇特大干旱，小浪底水库来水量仅为多年平均来水量的 30.13%。于是，小浪底停止发电，动用最低发电水位线以下库存水量向下游供水，又一次为下游抗旱保收做出了贡献。

2000 年～2001 年，小浪底水库向下游供水 307.9 亿 m^3，其中通过水库调蓄作用向下游补水 81.5 亿 m^3，实现了黄河下游大旱之年不断流。

小浪底水利枢纽工程南岸引水口工程建设已经完工，北岸灌溉配套工程已开工，今后将在为下游供应灌溉用水方面发挥重要作用。

（五）发电

河南电网火电比重大，需要水电调峰电源。小浪底水电站调节性能好，靠近河南省的负荷中心，是理想的调峰电源，参与调峰后，河南电网的调峰、调频状况明显改善，节约了煤炭和石油资源，减少了环境污染。

2001 年底，小浪底水电站 6 台机组 AGC 系统（自动发电控制系统）投运成功，河南电网可通过计算机对小浪底水电站发电机组实施远控，电网的调峰、调频性能和豫、鄂两省联络线的运行条件因此得到进一步改善，事故备用能力明显增强。

2000 年、2001 年小浪底水电站在两度动用最低发电水位线以下库容供水的情况下，加强维护、精心运行，同省电力公司积极合作，两年累计发电 27.49 亿 kW·h，创产值约 8 亿元。

（六）生态保护

由于黄河下游在大旱之年不断流，河口地区最低生态用水得到了保证。小浪底水库也为黄河湿地提供了水源，使黄河湿地成为珍稀鸟类理想的栖息地。

（小浪底水利枢纽工程建设管理局　范满朝　吴联春）

水口水电站的经济效益和社会效益

水口水电站位于福建闽江干流，上距南平市 94km，下距福州市 84km。水电站以发电为主、兼有航运等综合效益，是华东地区装机容量最大的常规水电站。1993 年 8 月首台机组发电，1996 年 11 月 7 台机组全部投产，三级船闸于 1996 年 2 月通航。

（一）发电效益

水口水电站装机 7 台，总装机容量 1400MW，保证出力 260MW，多年平匀年发电量 49.5 亿 kW·h，通过 220kV 和 500kV 输电线路供电福建电网。

水口水电站装机容量占闽江流域大中型水电站 1999 年底装机容量 2553.5MW 的 54.83%，占福建电网统一调度发电机组装机容量的 16.06%。水电站建成后 1999 年和 2001 年发电量均超过 60 亿 kW·h，分别为 60.09 亿 kW·h、61.17 亿 kW·h，占当年全省电网发电量的 20.03%和 15.14%。由此可见水口水电站所发电量在福建电网中举足轻重，在电网安全、经济运行中发挥着重大的作用。

（二）航运效益

水口水库改善闽江上游航道约 100km，与南平上游沙溪口水电站船闸相衔接，沟通了闽江干流与上游支流的航道，改善了福建省的内河航运条件，使 500t 级船队由南平市通过水电站通航设施直达福州。水电站通航设施可满足过坝年货运量 400 万 t，年竹木过坝运量 200 万～250 万 m^3 的远景需要。

至 2001 年底，水口三级船闸累计通航 10936 闸次，过坝船舶 77640 艘次，过坝货运量 395 万 t。目前年过坝货运量已远远超过建设期 30 万～40 万 t 的过坝运量。三级船闸的通航对闽江航运业的振兴和沿江市县的经济发展具有积极作用。

（三）社会效益

水口水电站为电气化铁路建设、厦门特区的发展、地方工业的振兴提供了能源保证。

1998 年 6 月，闽江发生百年一遇洪水，由于水情自动测报系统及时预报、水库调度科学决策，洪水到来之前在库水位 60.4m 的情况下，提前采取百年一遇洪水的调度方式，溢洪道全开闸门泄流。百年一遇的洪峰流量为 $37500m^3/s$，经过水口水库调节后最大出库流量为 $33600m^3/s$，比设计同频率洪水规定的出库流量 $35000m^3/s$ 少 $1400m^3/s$，削峰率为 10.4%；最高库水位比设计同频率洪水允许的最高库水位 63.3m 低 1.85m，上、下游河道水位分别降低了 0.6m、0.52m；减少洪水灾害损失 100 亿元以上。

水口水库淹没耕地 3.6 万亩，搬迁人口 6.7 万人。库区开发性移民安置，城镇基础设施得到全面改善，移民的房屋建筑面积由搬迁前的人均 $30.93m^2$ 增加到 $39.23m^2$；砖木和混合结构的居住房由搬迁前的 10%～20%增加到 97.7%。库区果林、水上运输、网箱养殖等得到大力发展。移民实际平均收入已超过搬迁前的水平且逐年增加。库区的铁路改线大大提高了年货运量，铁路沿线的防洪标准也得到了提高。水库形成 $93.5km^2$ 的水面，为发展闽江渔业生产提供了新的场所，也成为临近福州的旅游胜地

（华东勘测设计研究院　蒋效忠）

广西岩滩水电站效益的发挥

（一）概述

岩滩水电站以发电为主，兼顾航运等综合效益，位于红水河中游，是红水河梯级水电站中的第五级。坝顶高程为 233.3m，正常水位为 223m，汛期限制水位为 219m。水电站装机容量为 1210MW，年发电量为 56.6 亿 kW·h。1992 年第一台机组发电，1995 年四台机组全部投产，水电站经济效益良好。

（二）发电效益

岩滩水电站是广西电网中主要的调峰、调频水电站，下游 83km 的大化水电站装机容量为 456MW。汛期在有溢流的情况下岩滩、大化水电站都不同程度地存在水头受阻现象，电网的峰谷负荷差别很大，在中心调度所带领下两水电站共同研究，提出了比较完整的利用闸门调节晚峰出力能力的方案。当岩滩水电站出力受阻时，利用负荷低谷期加大出库流量，在汛期限制水位以下腾出调峰库容，在处理高峰期以前减少出库流量，以提高水头从而提高高峰期的出力能力，大化水电站也因为岩滩出库流量的减少而减轻了出力受阻程度。通过调节，两个水电站每次增加出力约 100MW，相当于负荷高峰期要求，节约了一台 100MW 的火电机组。一个汛期，岩滩人库流量大于 $3000m^3/s$、小于 $8000m^3/s$ 的时间大约有 50～60d。这样的调度方法使岩滩水电站及广西电网的发电效益得到提高。

2000 年天生桥一级水电站建成投产后，对广西河段梯级水电站水库调度运行进行了研究，结合岩滩、大化、百龙滩、恶滩水库性能，分析了天生桥一级水电站投入运行后红水河干流的径流特性。岩滩水库的死水位由单独运行下的 204m 调整到 212m，按此计算岩滩水电站多年平均年发电量达 57.6 亿 kW·h，下游三个水电站年发电量可提高 3.4 亿 kW·h。2001 年岩滩水电站改按新的调度方案运行。

（三）防洪效益

岩滩水电站在初步设计报告中对下游没有防洪任务。根据国家电力公司《关于提高发供电设施抗御洪水灾害能力有关问题的通知》，1999 年按设计规范对水电站可能超蓄洪水进行研究复核，在确保水电站安全的前提下，确定了岩滩水电站的安全超蓄洪水能力，对五个级别的洪水确定了 9 种安全超蓄方案（见表 1），研究了各种方案对库区的淹没影响程度。尽管岩滩水电站建成发电以来还没有发生过大于 10 年一遇的洪水，但超蓄洪水复核从设计角度明确了岩滩水电站的防洪效益。

表 1　岩滩水电站水库安全超蓄洪水工况及相应安全超蓄水位表

序号	水库安全超蓄洪水工况				水库安全超蓄水位 (m)	相应下游水位 (m)
	洪水频率 (%)	洪峰流量 (m^3/s)	削峰流量 (m^3/s)	下泄流量 (m^3/s)		
1	10	17500	2500	15000	221.4	177.75
2			5000	12500	226.58	174.95
3	5	19700	2500	17200	221.19	179.95
4			5000	14700	225.68	177.47
5	2	22400	2500	19900	221.99	182.51
6			5000	17400	225.23	180.14
7	1	24300	2500	21800	222.96	184.24
8			5000	19300	225.55	181.94
9	0.1	30500	2500	28000	227.35	189.52

（四）航运

岩滩水电站兼顾航运任务，拥有一座可垂直提升 250t 的升船机。岩滩水库的存在，使河道得到渠化，上接龙滩水电站，下连大化库区，龙滩水电站建成后

红水河有望成为西南又一条出海通道。

（广西岩滩水力发电厂）

天生桥一级水电站的经济效益与社会效益

（一）概况

天生桥一级水电站位于广西隆林县与贵州安龙县交界的南盘江干流上，系南盘江～红水河规划十个梯级中的龙头水电站。电站以发电为主，兼有防洪、拦沙、航运及旅游等综合利用效益。水库正常蓄水位780m，总库容102.57亿m^3，调节库容57.96亿m^3，具有多年调节能力。水电站总装机容量120万kW，保证出力41.89万kW，多年平均年发电量51.46亿kW·h。水电站于1991年6月开工，1998年底首台机组发电，2000年底第四台机组投产，工程竣工。水库于2000年10月蓄水至779.96m水位，实现了多年调节水库工程竣工当年就蓄水至正常蓄水位的最好效益。截止2001年底已累计发电约50亿kW·h。

（二）龙头水库的梯级调节效益

天生桥一级水电站水库为梯级的龙头水库，可利用落差757.4m，可发电近100亿kW·h，可对下游各梯级水电站发挥巨大的补偿效益。目前，已建的天生桥二级、岩滩、大化三座水电站的总装机容量为298.6万kW，如果没有天生桥一级水电站水库的调节，其保证出力仅为49.18万kW，不到装机容量的五分之一，汛期与枯水期出力相差悬殊，难以发挥这些水电站在系统中的调频、调峰和备用容量的作用。天生桥一级水电站投入运行后，除本身的发电效益外，还可使上述三座水电站增加保证出力83.29万kW，即增加1.69倍，增加枯水期电量28.55亿kW·h，汛期（6～10月）与枯水期（11月～次年5月份）电量的比例由天生桥一级水电站投产前的65.84∶34.16调整为51.57∶48.43，改善了三座水电站的供电质量，增强了调峰能力。天生桥一级、天生桥二级、岩滩、大化四座水电站联合运行，保证电量为年发电量的73%。

（三）综合利用及社会效益

重复利用库容可提供防洪库容6.07亿～11.34亿m^3，对下游梧州地区的防洪有一定作用。结合大坝防洪需要，提供防洪库容24.69亿～29.96亿m^3，可将PMF洪峰流量从28500m^3/s减小至22700m^3/s，削减约20%；千年一遇洪峰流量从20900m^3/s减小至15800m^3/s，削减约24%，可提高下游天生桥二级水电站的防洪标准。水库可拦蓄坝址以上绝大部分泥沙，使下游天生桥二级、平班水电站的泥沙问题得到根本解决，使岩滩、大化水电站的入库沙量减少三分之一，可延长水库使用寿命，提高汛期运行水位，减小机组水头受阻容量。同时因过机沙量减少而减轻水轮机磨损，可形成约140km库区深水航道，可增加下游河道枯水期流量和航深，改善下游航运条件，形成了174km^2水面的万峰湖，为发展旅游创造了条件。水库淹没涉及广西、贵州、云南三省（区）交界的少数民族居住区。水电站总投资近100亿元，其中水库移民补偿投资占20%以上，加上其他就地消耗的资金，约有40亿元消耗在当地。如今，一个个移民新村（镇）拔地而起，都修了公路，通了电，基础设施有了较大改善，促进了当地少数民族地区经济发展。

（四）对实施“西电东送”战略的作用

自改革开放以来，华南地区经济迅速发展，但能源资源缺乏，开发红水河丰富水能资源是解决华南地区能源问题的一项战略措施。“八五”期间，由于鲁布革、天生桥二级和岩滩等大型水电站的建成，促成了广东、广西、贵州、云南四省（区）互联电网，初步实现了中国“西电东送”（南线）的战略目标。随着天生桥一级水电站的建成和天生桥一级至广东500kV直流线路、至贵州500kV线路及云南罗平至天生桥一级（换流站）500kV线路的建成，进一步增强了南方四省（区）互联电网的联系。从1993年8月联网以来，截至2000年9月底，送广东电量230亿kW·h，送广西电量154亿kW·h，为云南和贵州送出季节性和富余电量116亿kW·h，已成为中国实施“西电东送”规模最大的南方电网。目前，送电能力已达370万kW，为实施“十五”末西电东送广东1000万kW的战略目标奠定了基础。

（昆明勘测设计研究院　杨荣嵩）

宜兴抽水蓄能电站在电网中的作用和效益

江苏宜兴抽水蓄能电站装机4台，总装机容量100万kW，设计年发电量14.9亿kW·h，年抽水电量19.6亿kW·h，综合效率为0.76。电站建成后，以二回500kV输电线路接入相距约8km的宜溧变电所，经政平换流站至武南500kV变电站与华东主网相联。

一、江苏电网现状

江苏电网是华东电网的组成部分，位于华东电网的腹部，至2000年底全省500kW以上机组装机容量为1980万kW，基本上是火电电网。2000年全社会用电量970.5亿kW·h，最高负荷1660万kW，统调最大峰谷差576.2万kW，全年峰谷差大于400万kW的天数达233天，调峰已成为系统运行的主要问题。

2000年全省火电机组的综合调峰能力约为34%，为满足系统日负荷的变动需要，火电燃煤机组除需压荷运行外，还要迫使部分机组开停运行。据统计，2000年全年共调停5万kW以上机组1318台次，因机组调停增加油耗达13000t，煤电机组压荷运行增加标煤约40万t，电网仅燃料消耗一项估计约增加1.6亿元。

二、宜兴抽水蓄能电站在电网中的作用

宜兴抽水蓄能电站是配合正在实施建设的连云港田湾核电站、三峡水电站送电的关键性项目，它投运后可保证田湾核电站稳定运行，有利于接受三峡水电站汛期基荷电能，为电网提供调峰填谷、事故备用容量，提高电网运行的经济性和安全、可靠性。

（一）有利于接受三峡水电站汛期基荷电能

从江苏省能源资源构成来看，接受三峡水电站送电是解决省内能源不足的出路之一，而调峰能力不足又限制了江苏电网对三峡水电站电能的吸纳。江苏建成抽水蓄能电站后，可使电网接受三峡水电站基荷电能有一定的余地。根据三峡水电站2010年的出力过程，汛期7、8、9三个月，宜兴抽水蓄能电站可在夜间负荷低谷时吸纳三峡水电站基荷电能约3.7亿kW·h,能提高三峡水电站送电江苏的经济性。

（二）保证核电站稳定运行，提高核电站经济效益

连云港田湾核电站第一期装机200万kW已开工兴建，计划于2005年投产，核电站的投运势必加重电网的调峰压力。兴建宜兴抽水蓄能电站100万kW与核电站配合运行，可以吸纳电网中负荷低谷时核电站的多余电力，有助于核电站带基本负荷稳定运行，提高核电站设备的完好性和安全性。

另一方面，由于核燃料费在其生产成本中所占比重很低，抽水蓄能电站配合核电站运行，可以提高核电站的装机利用小时数，增加核电站的发电量，提高经济效益。

（三）增强系统调峰能力

宜兴抽水蓄能电站装机100万kW，正常情况下通过削峰填谷可承担江苏电网负荷峰谷差约200万kW，具有双倍功效，是燃气轮机和燃煤火电机组调峰能力的2～4倍。

（四）能快速跟踪负荷，稳定电网频率

从江苏电网负荷曲线上看，某些负荷急剧上升和下降时段负荷变化平均速率较大，煤电机组跟踪能力差，据江苏电网1997年统计，机组出力速度跟不上负荷变化所引起的频率不合格时间约占全部频率不合格时间的一半左右。宜兴抽水蓄能电站具有快速跟踪负荷能力，通过对电网负荷的调节，对稳定电网频率至关重要。

（五）提供快速的备用容量

抽水蓄能机组由于其增减负荷速度快，调整幅度大，可在紧急情况下，通过机组快速启动或运行工况的灵活转换，提供快速的备用容量，消除事故对电网运行的影响。

宜兴抽水蓄能电站上、下水库设置了50.7万m^3的应急备用库容，可在系统负荷最高峰以外的其他时间，承担系统100万kW短时间的事故备用，以弥补火电热备用机组爬荷的滞后性。

三、宜兴抽水蓄能电站的经济效益

宜兴抽水蓄能电站与火电机组调峰相比，其主要经济效益为：

（一）节省建设投资

宜兴抽水蓄能电站静态投资3918元/kW，低于燃煤火电机组投资4200～4700元/kW。

（二）固定运行费低

宜兴抽水蓄能电站可行性研究报告设计定员242人，远低于火电厂定员水平。加之抽水蓄能电站水工建筑物和机电设备维修费要比火电厂少，因此宜兴抽水蓄能电站其固定运行费为固定资产投资的2.5%，而据江苏电网统计，燃煤火电机组的固定运行费，按运行方式的不同，变负荷调峰火电机组为4%，二班制启停调峰火电机组为4.5%。

（三）改善电网运行条件，节约系统煤耗

宜兴抽水蓄能电站调峰填谷节煤效益主要反映在以下几个方面：

1. 火电深度调峰，煤耗大幅度增加　根据江苏电网燃煤机组运行实绩统计，火电30万～35万kW机组带50%负荷运行时，发电煤耗比满出力运行时平均增加24～25g/（kW·h），20万kW机组要增加29g/（kW·h），12.5万kW机组要增加30g/（kW·h）。江苏电网2000年因煤电机组压荷运行，增加标准煤约40万t。

2. 火电启停调峰，增加油耗　在以燃煤火电为主的江苏电网中，为弥补调峰能力不足，往往需要部分煤电机组采用启停方式调峰，据统计，2000年共调停5万kW以上机组1318台次，因机组调停增加油耗达13000t。

3. 填谷效益　由于抽水蓄能电站在负荷低谷时抽水，使电力系统中部分担负腰荷的燃煤机组的空闲容量转为基荷运行，能在均匀稳定负荷下高效率运行，煤耗降低。

经过江苏电网2010年各调峰电源方案电力电量平衡、系统燃料消耗和总费用计算，宜兴抽水蓄能电站与建设同等规模的煤电相比，可减少二班制启停机组容量209万kW，系统节约标准煤13.95万t，合计节约燃料费0.49亿元/年。包括投资、运行费、燃料费的总费用现值，比燃煤火电机组节省61393万元。

（上海勘测设计研究院　马维麟）

尼尔基水利枢纽工程的经济效益和社会效益

一、工程概况

尼尔基水利枢纽工程位于嫩江干流上游，右岸为内蒙古莫力达瓦自治旗，左岸为黑龙江省讷河市，下距齐齐哈尔市130km，是嫩江流域的控制性水利工程。工程建设任务以防洪、工农业供水为主，兼有发电、航运及改善水环境作用，并为北水南调提供水源。

工程最大坝高40m，坝顶长为7.2km。坝址控制流域面积6.64万km^2，占嫩江流域面积的22.35%，多年平均径流量104.7亿m^3，占嫩江流域多年平均径流量的45.7%。总库容为86.11亿m^3，防洪库容为23.68亿m^3，总投资5.423亿元。

二、工程效益

（一）防洪效益

嫩江干流防洪主要靠堤防，除齐齐哈尔城堤达到50年一遇的防洪标准外，其他均为5～15年一遇。特别是干流缺乏大型控制性调蓄工程，难以有效控制洪水，防洪调度和抗洪抢险难度很大，严重威胁着齐齐哈尔、大庆油田和沿岸人民生命财产的安全。

工程建成后，可使齐齐哈尔市的防洪标准由50年一遇提高到100年一遇，尼尔基至齐齐哈尔段沿江地区的防洪标准由20年一遇提高到50年一遇，齐齐哈尔至大赉沿江地区的防洪标准由35年一遇提高到50年一遇。对哈尔滨市发自嫩江的洪水也有一定的防洪作用。

（二）供水效益

嫩江流域是黑龙江、吉林两省重要的粮食产区。齐齐哈尔和大庆都是全省乃至全中国的重要工业基地。嫩江是松嫩平原工农业用水的主要水源，目前从河道引、提水的方式远不能满足地区经济发展的需要。工程建成后，可解决齐齐哈尔、大庆、哈尔滨及白城等地区的供水不足。到2015年，可提供工业及生活用水量30.17亿m^3；到2010年灌溉面积可达到257.6万亩，比无库时增加59.36万亩；到2015年灌溉面积可达454万亩，比无库时增加255.6万亩。

（三）发电效益

截至1998年底，黑龙江省电网总装机容量9700MW，其中水电装机719MW，仅占7.4%，电网中缺少水电调峰容量。随着电网负荷和峰谷差的增加，调峰容量紧缺的状况将更为突出。尼尔基水电站装机容量250MW，多年平均发电量为6.387亿kW·h，2010年以前，水电站在系统最大负荷时可承担调峰容量180MW，备用容量70MW，占系统调峰容量的3.5%。

（四）环保效益

嫩江的齐齐哈尔段和松花江干流的哈尔滨段为松花江流域的主要污染区域，尼尔基水利枢纽建成后，可逐年增加对下游补水，使齐齐哈尔江段流量不小于35m^3/s、哈尔滨江段流量不小于250m^3/s，使两江段的水环境得到改善。

（五）调水效益

北水南调工程是《松花江、辽河流域水资源综合开发利用规划》确定的跨流域调水工程体系，即从松花江流域调出部分水量，解决辽河中、下游地区的严重缺水问题。2015水平年，尼尔基水利枢纽与哈达山水利枢纽等联合调度，可从嫩江向辽河调水16.97亿m^3。

（六）其他效益

尼尔基水利枢纽建成后，可使松花江干流哈尔滨断面保证率$P=90\%$的通航流量由215m^3/s提高到550m^3/s，满足松花江干流Ⅲ级航道（驳船1000t级）的通航标准；可使齐齐哈尔至大赉江段达到Ⅳ级航道标准。

此外，2010水平年可为湿地保护补偿供水3.28亿m^3，为恢复湿地面积、维护生态系统的稳定起到积极作用。同时在渔苇、水产养殖方面也有一定的效益。

（东北勘测设计研究院　杨秋玲　王　伟　赵鹏敏）

电气化建设促进了高原农牧区经济的快速发展

青海省境内水电资源丰富，水能理论蕴藏量达2337万kW，可开发装机为2059万kW，居全国第五位。

近年来，青海省以开发中小水电资源、兴建发供电网络为建设重点，以农牧民脱贫致富为目的，开展电气化建设，圆满完成了第三批六个县（贵南、班玛、河南、泽库、玉树、都兰）农村水电初级电气化建设的任务。

一、电气化建设成果

（一）完成的主要建设项目

1. 电源工程　新建水电站5座，装机容量8460kW；建成太阳能电站4座，装机容量18.5kW；柴油发电机组129台、风力发电机组13台、太阳能光电板17144台（套），装机总容量342.9kW；改造水电站6座，增加保证出力750kW。

2. 电网工程　建成110kV线路138.4km，35kV线路98.14km，10kV线路504km；改造10kV线路73km；新建低压线路228.7km。新建110kV变电所3座，变电容量18900kV·A；新建35kV变电所3座，变电容量6430kV·A。改造35kV变电所一座，增容1000kV·A，新增配电容量14349kV·A。大多数县建成了县调度中心，安装了载波通信设备，电网实行统一管理、统一调度，提高了调度水平。

3. 人员培训情况　六县先后有200余人参加了省、州、县举办的水电工程建设、管理培训班，整体上提高了电气化建设和管理水平。

（二）投资完成情况

五年来共调整完成投资1.22亿元，其中电源4203万元，电网4208万元，太阳能光电板2936万元，其他866.55万元。总投资中，国家投资2270万元，平均每县投资378万元，六个电气化县还吸收社会投资1.4亿元用于电气化规划项目外的其他电源电网的建设，提高了电气化县建设的整体标准。

（三）电气化县达标情况

经检查，六县平均户通电率达到94.77%，人均年用电量289kW·h，户均年生活用电量375kW·h，综合网损率10.4%，发供电设备完好率96.2%，电压合格率94.5%，频率合格率96.17%，与大电网联网的县供电量中，自发自供电量均在60%以上。

二、电气化建设效益

（1）各县发供电企业收入明显增长。截至1999年底，六县年发电量8359万kW·h，增长了94%；售电量8463.9万kW·h，增长了98.6%；电力销售收入1571万元，增长了49%。

（2）六县国民生产总值、财政收入、农牧民人均年收入有了较大幅度的增长。1999年，六县国民生产总值53301万元，财政收入7164万元，农牧民人均年收入1336元均比基准年有了大幅度提高。

（3）群众生活质量得到显著改善。电气化县的建设累计解决了17个乡、200个村、31693户，约14万人的用电问题。

“家电”进入了普通农牧民家，文化、教育、科技的迅速发展，广播、电视、电化教育推广普及，促进了农牧区两个文明的建设，加快了脱贫致富的步伐。

（4）改善了生态环境。已有20%以上的农牧户采用以电节煤节柴措施，缓解了对林木的砍伐，促进了生态环境的保护。

（5）推动了水电资源全面开发。青海省水电资源丰富，因供电网络限制和用电负荷小，水电资源开发严重不足，通过电气化县的建设，部分县已和大电网联网，随着用电的增长和联网速度的加快，各县均把水电资源开发作为今后经济发展新的增长点，作为“十五”计划的重要内容。

（6）带动了乡镇企业的发展。电气化建设，促进了当地矿产资源开发，带动了农牧产品深加工的乡镇企业蓬勃发展。截止1999年底，六县乡镇企业总产值已达6130万元，五年来大批农村牧区劳动人口（17700人）进入乡镇企业就业。集镇规模及城镇经济迅速发展。

电气化建设，推动了农牧区社会经济发展和精神文明建设，促进了民族地区的稳定，为西部大开发奠定了良好的基础。

三、“十五”期间青海省水电农村电气化县建设的目标、任务、发展思路和对策措施

（一）目标和任务

全面贯彻党中央实施西部大开发的战略意图，充分发挥小水电资源优势，通过综合开发利用，改善生态环境，进一步提高农村牧区电气化水平，加速农村社会和经济的全面发展，结合青海“十五”水利建设计划和国民经济与社会发展2015年规划，以开发中、小水电，解决本地经济社会发展的用电需要为主。具体目标和任务是：建设6个水电农村电气化县，新建水电站11座，新增装机容量26775kW，新建电网650kW，新增变电容量72710kV·A，基本形成以格尔木、黄南、玉树、果洛四个地区电网为骨干的全省水利水电发供电体系。

（二）措施

（1）积极创造有利于小水电开发的良好环境。坚持小水电“自建、自管、自有”，“小水电要有自己的供电区”，继续实行6%的增值税、还本付息电价等优惠政策，争取国家的贴息、延长还贷期、水电企业加速折旧、所得税减免等方面的支持。

（2）加强水利水电的行业管理。青海省边远农牧区基本上都是不发达和贫困地区，主要依靠小水电解决生活、生产用电和促进护林、还草、保持水土、改善生态环境等。近期若仅依靠企业和市场化运作，难以全面进行小水电开发，只有利用西部大开发的有利时机，争取中央和各级地方政府在资金、政策上的支

持，才能从根本上解决农牧区缺电、无电问题。

(3) 认真做好小水电项目储备。青海省水利厅将结合全国水力资源复查工作，对全省水力资源进行认真勘测和规划，遴选适当项目，为青海省水电资源的开发做好项目储备。

（青海省水利厅 俞永科 唐晓萍）

政策与效益补偿研究

中共四川省委、四川省人民政府《关于加快水电支柱产业发展的意见》（川委［2001］18号）（摘录）

一、指导思想（略）

二、发展目标

（一）到2005年，全省装机容量达到2000万kW，其中水电装机容量达到1300万kW；外送电力250万kW；水电业增加值年均增长11%。

（二）到2010年，全省电力装机容量达到3000万kW左右，力争水电装机容量翻一番，达到2200万kW左右；力争水电资源开发程度翻一番，达到20%；全省全社会用电量翻一番，达到1100亿kW·h；全省人均用电量翻一番，达到1200kW·h；川电外送能力力争达到800万～1000万kW。

三、总体思路（略）

四、重点项目

（一）“十五”期间水电主要建设项目

加快在建的南桠河姚河坝、冶勒水电站、岷江紫坪铺水利枢纽工程、嘉陵江红岩子、青居、桐子壕水电站、宝兴河小关子水电站、瓦斯沟冷竹关水电站、杂谷脑河红叶二级水电站，以及杨村、永乐等中型水电站建设。

开工建设大渡河瀑布沟、宝兴河硗碛、杂谷脑河狮子坪、马边河舟坝、水溪河水牛家等具有高调节能力的大中型水电站和岷江福堂、天龙湖、白龙江紫兰坝、嘉陵江金银台等水电站。

加快金沙江的溪洛渡、向家坝水电站前期论证工作，雅砻江桐子林、锦屏等梯级水电站和嘉陵江亭子口水利枢纽前期工作，使之及早具备开工条件，争取“十五”期间开工建设。

加快大渡河独松、雅砻江两河口等梯级水电站前期工作。

积极开发岷江上游、杂谷脑河、黑水河、瓦斯河、火溪河、马边河、田湾河、嘉陵江等梯级水电站。

“十五”期间水电建设投资300亿元。

（二）“十五”期间主要电网建设项目

建设攀枝花、南充、德阳500kV变电站，形成自贡——南充、成都500kV超高压环网，配套建设220kV高压骨干电网。

继续推进农村电网和城市电网的建设与改造。2001年底基本完成全省农村电网建设与改造累计总投资88.7亿元，180个县（市、区）及成都高新区一期工程基本竣工；完成17个市、州城市电网建设与改造工程累计总投资64.5亿元。在此基础上，继续向国家争取安排城乡电网建设资金100亿元。

建设四川电网与华中二回500kV交流联网工程和与西北电网的直流联网工程；研究建设金沙江干支流（雅砻江、大渡河）水电送往华东地区的电网通道；打通川电外送通道，实现四川电网向华中、华东、西北等地区送电，开拓省外电力市场。

“十五”期间电网建设投资300亿元。

（三）兴建多晶硅、工业硅、电解铝、铁合金、钒钛、化工产品等一批高耗能项目。

五、促进水电产业加快发展的措施

（一）积极向国家有关部门汇报我省电力工业的实际情况，争取国家有关部门的大力支持，为大中型电力项目的立项创造条件。同时，对项目业主、建设资金、外部环境、施工条件等均已落实的部分中型水电项目，由省发展计划委员会征得国家发展计划委员会同意后，报省政府批准开工。

（二）加大对外开放，积极招商引资，鼓励国内各种所有制企业和外商投资建设水电站。

（三）鼓励按流域开发实行项目法人制，项目法人通过采取“筹资—投资—建设—经营—收益—再投资”的资金循环和资本运营的运作机制，实现水电建设资金在流域开发范围内的良性循环，滚动增值。

（四）按照社会平均成本定价原则，兼顾发电企业、电网企业和用户三方利益，制定电价政策，既鼓励消费，又保护投资者利益，促进水电产业的稳定发展。

按合理的资本金回报率确定水电站上网电价。

鼓励电网企业出资建设骨干电网和配电网络以及大中型水电工程的配套送出工程，并按合理的资本金回报率确定电网输配电价格。

继续实行和完善我省丰枯、峰谷电价，促进水电发展和消费。

（五）进一步健全和完善流域梯级水电站机构，由各受益电站按照《四川省流域梯级水电站间水库调节效益补偿管理办法》（四川省人民政府第95号令）规定，对有季调节及以上补偿能力水库的水力发电站进行效益补偿。

鼓励综合利用水电工程实行投资分摊和利益分享。综合利用水电工程，其水库、淹没赔偿、移民等投资应合理分摊，因为水电建设带来的综合开发利用效益由投资者共享。

（六）积极开拓电力市场，优先消纳水电。

继续完成和执行已制定的鼓励高耗能产品和城乡居民用电的优惠政策，鼓励省内电力消费。

大型水电站和具有季以上调节能力水库的水电站，按高于省网统调电厂年平均发电利用小时一定的幅度安排年度发电计划。

加大小火电关停力度，积极进行水、火电量的置换，扩大水电市场占有率。

加强与华中、华东、西北等地区的联系，积极做好华南等省外电力市场的开拓工作，为川电外送创造条件。

（七）按照国家统一部署，加快电力体制改革。

六、制定有利于水电产业加快发展的税费优惠政策

（一）对水电行业实行以下税收优惠政策

1. 按照《国务院关于实施西部大开发的若干政策措施的通知》（国发［2000］33号），水电企业在一定期限内，按15%的税率征收企业所得税。少数民族地区的企业经省政府批准，可以定期减征或免征企业的所得税。新办的电力企业所得税，实行2年免征，3年减半征收的政策。

2. 对水电项目在投资总额内进口自用先进技术设备，除国家规定不予免税的商品外，免征关税和进口环节增值税。

3. 对水电技改项目购买国产设备的，可以按其购买国产设备投资额的40%，抵扣企业本年比上年新增的企业所得税额。

4. 按照国发［2000］33号文件精神，对水电工程中的国道、省道建设用地免征耕地占用税，其他公路建设用地经省政府批准，免征收耕地占用税。对水电工程中其他建设用地缴纳的耕地占用税，经当地政府批准，可在财政预算内安排列支，专项用于水电站建设。

5. 对水电工程自采自用施工区内的水库淹没线以下的砂石免征矿产资源税。

（二）营造良好的投资环境，降低水电建设造价，提高水电竞争能力

对水电建设项目的收费，要按照能免则免、能减则减、能缓则缓的原则确定收费范围和收费标准，特别是由建设单位采取相应措施治理达标后，则不再收费。水电建设主要几项收费标准如下：

1. 水电工程建设征用的土地，耕地补偿费和安置补偿费按国家法律法规的低限执行。

2. 耕地开垦费按国家规定标准的低限收取，开垦的耕地应用于移民安置。

3. 大型水电建设项目的征地土地管理费，经省政府批准，在移民管理费中适当列支。

4. 无单位和个人使用的国有荒滩地免收土地补偿费。

5. 水电工程淹没区的林木，淹没前已是近熟林、成熟林和过熟林的，经依法批准后，林木所有者可以采伐、销售，不再给予其他补偿。对不能采伐利用的林木，按照国家有关法律法规规定标准的低限给予一次性补偿。

6. 对水电工程自采自用水库淹没线以下的砂石免收河道采沙管理费。

7. 水电工程按批准的水土保持方案治理好水土流失的，免收水土流失防治费。水库淹没线以下的库区，不计收水土流失防治费。

8. 水土保持设施补偿按国家有关法律法规规定标准的低限收取。水库淹没线以下的库区收取的水土保持设施补偿费应全部用于移民安置区的水土保持设施建设。

9. 移民安置区免收供电和配电贴费。

10. 仅在水电工程施工区内和自建自养的公路上运行的施工车辆，施工期间不收养路费。

七、加强水电建设项目的移民安置规划和实施管理（略）

八、加强水电项目移民资金使用和管理（略）

九、制定有利于水电项目建设移民的扶持措施（略）

十、政策的落实与实施（略）

中共四川省委
四川省人民政府
2001年6月7日

四川省电网丰枯、峰谷电价暂行规定

（国家发展计划委员会1998年9月1日以计价格[1998] 1802号致文四川省物价局，印发《四川省电网丰枯、峰谷电价暂行规定》，批准执行该规定；四川省物价局、四川省计划委员会、四川省经济贸易委员会、四川省电力局、四川省水电厅、四川省财政厅、四川省国税局于1998年12月3日以川价[1998] 210号文通知从1999年1月1日起执行。）

第一条 为了适应四川电力发展的新格局，进一步鼓励用户调整用电负荷，更好地起到削峰填谷作用，合理使用电力资源，缓解电力供需矛盾，提高社会效益，在原丰枯、峰谷电价试行办法的基础上，制定本办法。

第二条 实行丰枯、峰谷分时电价总的原则是：在电价总水平不变、总体上不增加用户负担的基础上，确定各季节和时段的价格；通过合理确定丰枯季节和峰谷时段、浮动幅度，调动发电企业枯水季节和高峰时段的发电积极性，促进用户削峰填谷，提高社会经济效益。

第三条 丰枯季节、峰谷时段划分：

（一）丰枯季节划分

丰水期：6～10月份

枯水期：1～4月份、12月份

平水期：5月份和11月份

（二）峰谷时段划分

高峰时段：7：00～11：00 19：00～23：00

低谷时段：23：00～7：00

平 段：11：00～19：00

第四条 上网电量丰枯电价执行范围为装机容量在2000kW及以上水电厂的上网电量。丰水期电价在基准电价基础上下浮25%；枯水期电价在基准电价基础上上浮50%；平水期电价按基准电价执行。基准电价为物价管理部门批准的上网电价（不含增值税），随电价计征的增值税均按以平段电价为基础计算的税额执行。

第五条 上网电量峰谷电价执行范围为四川电网主网内装机容量2000kW及以上电厂的上网电量及地方独立电网送四川电网主网的上网电量。平段电价执行基准电价；高峰电价在基准电价基础上上浮33.5%，低谷电价在基准电价基础上下浮50%。基准电价为物价管理部门批准的上网电价（不含增值税），其中装机容量在2000kW及以上的水电厂根据不同季节分别以丰、枯、平水期电价（不含增值税）为基准电价。随电价计征的增值税均按以平段电价为基础的税额执行。

第六条 销售电量丰枯、峰谷电价的执行范围为受电变压器容量在315kV·A及以上的大工业用户；受电变压器容量在50kV·A及以上的非工业、普通工业用户；除党政机关、事业社团、学校、医院、民政福利单位和城市公用路灯以外的非居民照明用户；以及趸售用电。

大工业或非工业、普通工业用户中的自来水生产和城市热力燃气用电不实行丰枯、峰谷电价办法。

第七条 计算丰枯、峰谷电价的基准销售电价为国家规定目录电价中的电度电价。基本电价以及随电费加收的电力建设基金、三峡建设基金、城镇公用事业附加费等，不实行丰枯、峰谷电价。

第八条 丰枯销售电价为：丰水期电价在基准电价基础上下浮10%，枯水期电价在基准电价基础上上浮20%，平水期电价按基准电价执行。

峰谷销售电价为，在丰枯电价基础上，高峰用电电价上浮60%，低谷用电电价下浮60%。

第九条 实行丰枯、峰谷电价的用户和上网电厂（地方独立电网）必须装有由供电部门统一安装的分时计量装置，分别计量高峰、低谷、平段的用电量。

第十条 两部制电价用户以实行丰枯、峰谷浮动后的电度电价加上国家规定的基本电费为基础，单一电价制电价的用户以浮动后的电度电价为基础，按国家规定功率因数调整办法，计算功率因数调整电费。

第十一条 城市附加费仍按现行规定以未执行丰枯、峰谷浮动的目录电价为基数征收。

第十二条 趸售用电按规定的电网损耗电量不实行丰枯、峰谷电价。转供趸售电量，要严格按照规定的范围执行丰枯、峰谷电价。电网代购代销、尚未实行二级均摊的电量，暂不实行丰枯、峰谷电价。

第十三条 个别只在高峰时段发电、以调峰为主的调峰电厂，不实行本规定。

第十四条 丰枯、峰谷电阶随基准电价的变化而调整。

（四川省水力发电工程学会 樊天龙）

四川电网优惠电价措施（摘要）

四川省物价局根据省委、省政府的决定，于2000年10月发出了《关于进一步调整四川电网销售电价的通知》（川价工字［2000］190号），2001年2月26日，省物价局又结合川价工字［2000］34号、137号，川价工字［2001］9号文件精神，发布了川价工字［2001］39号文，对贯彻川价工字［2000］190号文件的若干具体问题进行补充通知，摘要如下：

（一）高耗能生产用电

(1) 高耗能生产企业的生产用电指直接用于生产高耗能产品（包括铁合金、电石、黄磷、烧碱、纯碱、电解铝、电炉钢）的用电，不包括辅助生产用电和其他用电。

(2) 对高耗能产品的用电，其电度电价在每千瓦时0.28元的基础上分别加上国家计委对四川电网电价2000年新调增的部分，即1～10kV加2.1分、35～110kV加1.3分、220kV加0.3分，作为基准电价计收，基本电费按国家规定每千伏安14元或最大需量每月每千瓦21元计收。

(3) 继续执行丰枯、峰谷浮动电价（以每千瓦时0.28元加新增标准为基准电价），高峰时段用电电价上浮60%，丰水期低谷用电电价下浮70%，枯水期、平水期低谷用电电价下浮65%。

(4) 按国家规定继续执行利率调整电费。

(5) 继续执行征收三峡基金、调峰电量均摊加价。原电建基金按国家计委计价格［2001］44号文件精神，改为农网还贷资金，继续征收。

(6) 对容量在315kV·A以上的大型宾馆、酒店、商场、商厦等1999年3月以后使用电力集中制冷、制热的中央空调系统动力用电，执行高耗能生产用电的优惠电价。

（二）超过1999年基数用电

(1) 基数用电量指普通工业、非工业用户中的生产（含车间照明）用电量，不含生产照明、非居民照明用电和商业用电量；大工业用电户电量中扣除居民照明用电量后的电量；容量在315kV·A及以上的非居民照明用电和商业用电。

(2) 超过1999年基数用电量指超过1999年全年用电量；对1999年正式投运不足一年的新增用户生产用电，按用电起止月份的实际用电天数平均电量折算成全年用电量。对申请暂停用电的设备应扣除其暂停时间进行折算。

(3) 超过1999年基数用电量的基准电价为每千瓦时0.25元；属执行大工业两部制电价的，其电度电价为每千瓦时0.23元，基本电费按国家规定执行，并征收三峡基金、农网还贷资金和调峰电量均摊加价。

(4) 对1999年基数内的用电量一律按国家规定的目录电价执行，基本电费按用户装接容量或最大需量计收，同时征收价外各种基金、调峰电量均摊加价。

(5) 按照国家规定，100kV·A（kW）及以上的用户均应执行利率调整电费。

(6) 每月按照实际用电量及国家规定的电价（含丰枯、峰谷电价，并继续执行高峰时段用电电价上浮60%，丰水期低谷时段电价下浮70%，枯水期、平水期低谷时段电价下浮65%的规定）计收电费，代收基金。对超过1999年的基数用电部分，年终结算时再按国家目录电价与上述优惠电价的价差清退电费及价外代收的基金。

（三）1999年以后新增用户用电

(1) 新增的用电户指2000年1月1日以后正式投运的，包括直供的普通工业、非工业用电、大工业用电、非居民照明用电和商业用电，农业生产用电和农排用电。不包括高耗能用电和居民生活用电以及城市“光彩工程”用电。

(2) 对于新增的用电户，按用电性质分别执行国家规定的电价政策。即未开征城市附加的目录电价（含三峡、农网还贷资金）、基本电价、利率调整电价、丰枯、峰谷电价，征收调峰电量均摊加价。

(3) 因供区划转移交的用户，不属于新增用户。

（四）居民生活用电

(1) 居民生活照明用电指直供（含趸售）城乡居民用电，机关、部队、团体、学校、工厂等企事业单位的职工住宅用电，大中学校学生住宅用电，劳改单位监舍照明。

(2) 对居民生活照明用户，在丰水期（6～10月）的高峰、平段用电电价按每千瓦时0.25元加应征收的三峡基金、农网还贷资金执行；在丰水期低谷时段（23：00～次日7：00，下同）用电电价按每千瓦时0.10元执行；在枯水期和平水期的高峰、平段用电按现行国家目录电价每千瓦时下降0.03元执行，低谷时段按不含基金的目录电价下浮50%执行。

(3) 对实行农村分类综合电价的居民用户，丰水期按照居民生活综合电价，减去不含基金的目录电价与每千瓦时0.25元的差额并扣除差额部分的12%线损后执行。具体水平由市州物价局转发此文时做出安排。

(4) 趸售用户趸售电量中的居民生活用电，在电业部门对电力公司综合电价测算时，其丰水期按每千瓦时0.25元执行，枯水期和平水期的高峰、平段用电按现行国家趸售目录电价每千瓦时下降0.03元执行，并扣除12%线损。三峡基金、农网还贷资金及价外基金的收取按现有趸售政策执行。对趸售用户的居民生活低谷时段的优惠电价，待计量条件具备后一并考虑。

(5) 实施一户一表的城乡居民用户，在未安装分时计量装置前，暂不能执行低谷时段下浮 50%的规定，合表用户要积极创造条件实施一户一表，尽快落实低谷用电优惠措施。

(五) 城市“光彩工程”用电

(1) 城市“光彩工程”用电指城市霓红灯、高楼装饰射灯、各种广告灯具用电，不包括城镇路灯用电。

(2) 对“光彩工程”用电，高峰、平段用电电价按每千瓦时 0.23 元加应征收三峡基金、农网还贷资金、城市附加及价外基金和调峰电量均摊加价执行；在丰水期低谷时段用电电价按每千瓦时 0.08 元加各种应征收三峡基金、农网还贷资金、城市附加及价外基金和调峰电量均摊加价执行。

(3) 按照国家规定，100kV·A (kW) 及以上的用户均应执行利率调整电费。

(4) 继续执行城（镇）路灯新增容量免缴供电贴费和配电贴费。

(5) 现有新增城（镇）路灯继续执行在低谷时段用电下浮 60%。

(6) 继续执行霓虹灯、高楼装饰射灯、各类广告灯具等用电新增容量部分免缴供电贴费，只缴纳配电贴费。

(六) 新引进的外资企业用电

(1) 新引进外资企业指省外、境外投资的全资或控股工业企业。

(2) 对新引进外资企业的生产用电，属执行大工业电价范围的，其电度电价按每千瓦时 0.22 元计收，基本电费按国家规定每月每千伏安 14 元或按最大需量每月每千瓦 21 元计收；属执行非、普工业电价范围的，按每千瓦时 0.25 元计收电费。

(3) 继续执行丰枯、峰谷浮动电价，高峰时段用电电价上浮 60%，丰水期低谷用电电价下浮 70%；枯水期、平水期低谷用电电价下浮 65%。

(4) 按国家规定继续执行利率调整电费。

(5) 继续执行征收三峡基金、农网还贷资金和调峰电量均摊加价。

(七) 取消二级均摊加价和代购代销综合销价

(1) 取消各地的二级均摊加价和代购代销销售电价，取消时限定为 2000 年 11 月 1 日。

(2) 取消各地的二级均摊加价和代购代销销售电价后，各地代购代销上网电厂上网电价按省物价局川价工字 [2001] 9 号文件规定重新确定。

（四川省水力发电工程学会　樊天龙）

四川省流域梯级水电站间水库调节效益偿付管理办法（摘要）

四川省人民政府令第 95 号

《四川省流域梯级水电站间水库调节效益偿付管理办法》已于 1997 年 11 月 13 日经省人民政府 82 次常务会议讨论通过，现予发布施行。

省长　宋宝瑞

一九九七年

该办法共分九章三十七条，分别对流域梯级水电站间水库调节效益的偿付管理、监督、偿付关系的建立、偿付合同、调节效益计算、偿付、法律责任等方面做了比较系统的规范和规定。摘要如下：

第一条　为引导投资兴建有大库容、高调节补偿能力的水力发电站，保障投资者获得合理的收益，促进流域水能有效、合理的开发，根据《中华人民共和国电力法》等有关法律、法规的规定，结合四川省实际，制定本办法。

第二条　在流域水电站间因水库调节而增加经济效益（以下简称调节效益）的，受益电站应依照本办法向施益电站给付补偿。

第五条　流域内水电站的调节效益偿付管理，可以由下列机构之一（以下称偿付管理机构）行使：

（一）各水电站共同组建的实施调节效益偿付管理机构；

（二）各水电站共同选择的：

1. 流域管理机构；
2. 流域的梯级调度机构；
3. 电网管理机构；
4. 其他实施调节效益偿付管理的机构。

各水电站对偿付管理机构的确定不能达成一致的，由省人民政府指定的部门、机构决定。

第十条　在同一条河流中，从一个调节电站开始，直至该河流的出口，与其他河流的汇合口，或直至出现另一个调节电站止（含该调节电站）的一段河段为调节效益偿付段。

在一个偿付段中，上游调节电站和下游的各梯级电站间，存在水库调节效益施益和受益事实的，施益电站和受益电站间须建立调节效益偿付关系。

第十三条　调节电站的下游没有其他调节电站，并具备本条第二款规定条件时，偿付段可以延伸到河流汇合口以下的另一河流上的梯级水电站。

按照设计资料，上游调节电站的多年平均径流量不低于另一河流上的水电站多年平均径流量的 20%。

第十四条 施益电站和受益电站间应当按照本办法签订调节效益偿付合同。

第十七条 施益电站和受益电站间未能按本章规定签订调节效益偿付合同的，由偿付管理机构协调解决；协调不成或尚未成立偿付管理机构的，由省人民政府授权的部门、机构裁决，并交由电网管理机构执行。

第十八条 调节效益包括：

（一）因水库调节而增加的发电量的收益；

（二）因水库调节而获得的将较低电价季节、时段的电量转移至较高电价季节、时段而增加的收益。

第十九条 第十八条规定的收益，扣减该项收益应支付的流转环节税、费后的余额为实际受益。实际受益是调节效益偿付的依据。

第二十条 在一个偿付段内，下游水电站因上游调节电站的水库调节而获得的调节效益为主调节效益。偿付段的上游调节电站是主调节效益的施益电站，其下游各电站是主调节效益的受益电站。

第二十一条 当下一个偿付段的末端是一个调节电站时，该调节电站因上游调节电站的调节而在本偿付段中所获效益为延伸效益。延伸效益为该电站的施益净额与延伸系数的乘积。

施益净额是调节电站在本偿付段中的施益总额减去反调节效益后的余额。

延伸系数为上游调节电站的库容值与上、下游调节电站库容值的和之比。表达式为：

延伸系数＝上游调节电站的库容值/（上游调节电站的库容值＋下游调节电站的库容值）

第二十二条 在一个偿付段内，下游水电站对紧邻的上游调节电站实施反调节而获得的效益为反调节效益。该下游水电站是反调节效益的施益电站，上游调节电站是反调节效益的受益电站。

第二十三条 调节效益以小时为基本时段，并逐日、逐月、逐年进行累计，形成月、季、年度的调节效益报表。

第二十八条 主调节效益，由受益方以实际受益额的70％向偿付段上游调节电站偿付。

第二十九条 延伸效益，由偿付段末端的调节电站向上游调节电站偿付。偿付额为实际延伸效益额的70％。

第三十条 反调节效益偿付额为实际受益额的70％。

第三十一条 偿付关系双方，可以按下述方式确定偿付期限：

（一）双方每年按当年应偿付额度偿付的，偿付期15年。

（二）双方每年按约定的年偿付额度定额偿付的，偿付期12年。

上述偿付完成后，双方的偿付关系自动解除。

第三十二条 调节效益偿付按偿付合同规定的偿付周期（月或季或年）和清结时限清结，也可一次结清。

第三十四条 施益电站和受益电站，违反调节效益偿付合同给对方造成损失的，应当依法承担赔偿责任。

第三十六条 违反本办法规定，有下列行为之一，给对方造成损失的，应当依法承担赔偿责任。

（一）使用或提供不实数据的；

（二）故意改变测量、计量设施，致使设施不能正常测量、计量的；

（三）未按偿付合同规定编制调节效益偿付报表的。

（四川省水力发电工程学会　樊天龙）

鼓励水电流域梯级开发和实施效益补偿

（1）水电流域开发中，引导修建大库容、高调节能力的水电站的重要性　水电流域开发需要修建一两个有大容量水库，具备强大水量调节能力的水电站和若干个不具备或基本上不具备调节能力的水电站即径流水电站，以提高全梯级水电站的经济效益。

调节水电站利用大坝对天然来水量进行蓄留，从而实现水量在一定地理范围内，在若干经济和社会领域内可按照需要提供使用，这种调节将带来重大的经济和社会效益。

1）水量被大坝蓄留，可实现季、甚至年以上调节能力，这将有助于改善丰、枯水期电力供应的不平衡，缓解枯水期电力紧缺，减少水火电的重复容量；夏季弃水量减少，水量利用率提高，水电的经济效益亦将大幅提高。水量在日用电量高峰和低谷间进行调节，将缓解用电高峰期的电力紧张，是解决电力供应中的调峰问题的最经济和最有效的手段。同时，由于季节和时段电价（即丰枯、峰谷电价）的原因，将大幅度地提高整个水电系统的经济效益。

2）水库的调节将缓解洪水对下游的威胁，提高下游的防洪标准，保障下游工农业用水。

3）通过对水量的调节，可以解决许多地区已经出现的供水紧张问题。

4）水量调节将增加下游河道的航运能力和河道的综合利用效益。

可见，水电流域开发中，修建一定数量的调节水电站的重要性。

(2) 由于调节水电站的投资与收益的严重不平衡，很大程度上阻碍了水电流域开发 兴建调节水电站，需要修建大型水库。水电站建成后，其效益分布于流域下游各梯级电站，调节水电站自身投资额巨大，效益偏低而必然带来吸引投资难的问题。所以必须改变调节水电站的投资与收益的不平衡。

南桠河水电流域的开发方案，最能说明这个问题。南桠河是山区河流，规划开发容量 70 万 kW，分六级开发。上游第一级，冶勒水电站为具有多年调节水库的水电站，装机容量 24 万 kW。以下五级均为径流式水电站，除第二级栗子坪电站和第三级姚河坝电站有日调节能力外，其余三级均为无调节能力的径流式电站。按照 1996 年的价格水平计算，冶勒电站的单位电能投资为 5.59 元/（kW·h），以上网电价 0.35 元/（kW·h）（太平驿电站的上网电价）估算，投资回收期为 17.5 年。而其下游的姚河坝电站的年单位电能投资为 1.64 元/（kW·h），投资回收期为 5.13 年。

经过分析和统计计算，冶勒水电站的调节作用使下游电站获得了巨大的经济效益。首先是水量在季节间调节可使下游五级水电站平均年增发电量 6.66 亿 kW·h（约为冶勒水电站年发电量的 1.1 倍）。其次，三级径流式水电站从丰枯、峰谷电价差异中获得一定的收益。若将这些经济效益补偿给冶勒水电站，则其投资收回期将下降为 5.73 年。

投资兴建有大库容、高调节补偿能力的水电站耗资巨大，投资者理应获得合理收益。如果不考虑梯级补偿调节效益的适宜分配，不遵循客观经济规律，其直接结果就会阻碍流域梯级联合开发和最优运行方案的实现。最终必然是影响联合效益，也将损害其局部利益。

调节水电站的单位发电能力单位成本很高，但因其调节作用而大大提高了经济效益，从整个流域来看，投资调节水库电站的效益是很高的，特别是在经济和社会多方面具有巨大收益，政府有必要进行导向，鼓励投资者投资调节水库电站建设，立法保证其投资收益，以保证水力资源能依照政府的规划，合理、高速、高效、经济地开发。

由此得出，受益的下游电站以其受益额的一定比例向上游调节电站进行偿付是合理的，对这种偿付关系进行立法规范，是非常符合经济规律和市场经济事务惯例的，是水电建设和发展所必须实施的重要措施。

由此可见，上游调节电站，投资巨大，带来的水量调节效益不均衡地分布于本站和其下游的若干个径流电站中。就单个水电站而论，调节水电站的经济效益远远低于其下游的径流式水电站，因此调节水电站很难吸引投资者。在市场经济条件下，电源投资主体多元化，河流将由众多投资者或由多家公司投资开发。如果没有相应的优惠政策、措施和手段以及相应的法规作保障，调节电站几乎不可能成为投资对象。

(3) 实施调节效益补偿，是促进大库容，高调节能力水电站开发的重要措施 综上所述，我们不难得出以下结论：调节水电站的高额投资所形成的水量调节效益，分布于该站和其下游的若干个径流电站中，它们之间存在着施益与受益的关系。

（四川水电学会 鲁 建）

关于发电市场优化配置的管理办法（水火电置换市场）

第一章 总 则

第一条 为了合理利用能源资源，充分发挥水电优势，尽量多发水电，减少弃水，支持高效率火电，确保电力产业结构调整的顺利实施，特制定本管理办法。

第二条 本管理办法坚持平等自愿的参与原则和效益共享的分配方式。

第三条 适用电厂范围：凡并入四川省电力公司（以下简称省电力公司）电网内，并由四川省电力调度局（以下简称省调）统一调度的发电企业。

第四条 独立电力公司内的水火电厂的上网电量，可以由公司自行组织水火电的电力、电量调剂，但其总量不能超过调剂双方年度计划上网电量之和。

第五条 受四川省人民政府的委托，由四川省电力公司负责组织实施。

第二章 营 运 规 则

第六条 凡自愿参与的电厂均应向省电力公司提出书面申请，并参加省电力公司于每月二十日主持的置换电量市场交易会。

第七条 参与交易会的电厂双方应签订置换电量合同；合同内容应明确：

(1) 电厂的月度置换电量。

(2) 电厂的置换电量电价（按国家批准价格之内的互补差价）。

第八条 省电力公司根据四川电网的结构，并在保证电网安全与稳定的原则下，对置换电量合同，包括独立电力公司内水火电厂间的电量调剂方案进行审核。经省电力公司批准后，委托省调执行。

第三章 考核与结算

第九条 省电力公司对置换电量实行年度综合平衡；并由省调按调整后的月度上网电量编制日上网曲线，下达各电厂执行。

第十条 置换电量按交易价格执行川价工字［1998］210号文明确的四川电网丰枯、峰谷电价。

第十一条 参加交易的水火电厂应按下列规定分别承担由此增加的电力电损（简称线损）和煤炭系统调剂费。

(1) 水电厂按置换电量的4%承担线损。

(2) 火电厂从置换电量的收入中按每千瓦时一分钱计缴煤炭系统调剂费。

第十二条 置换电量电费结算：

(1) 水电厂扣除线损后的置换电量与置换电量电价之积，作为置换电量电费；并由省电力公司或委托相关电业局直接向该电厂支付购电费。

(2) 火电厂的置换电量与置换电量电价（即国家批准的上网电价减去水电厂置换电量电价和每千瓦时一分钱的煤炭系统调剂费后的单位价格）之积，作为置换电量电费，省电力公司或委托相关电业局向该厂直接支付购电费，并由省电力公司向省政府有关部门直接缴纳煤炭系统调剂费。

第十三条 省电力公司对水电厂上网电量的考核计费顺序为：上网电量首先保证原计划上网电量，剩余部分为置换电量。

第十四条 由于水电厂自身的原因未完成置换电量应按下列规定办理：

(1) 省调可根据系统状况，临时调整其他水火电厂的上网电量，保证其对应火电厂的置换电量。

(2) 该水电厂应承担本厂的置换电量电价与其他水火电厂临时上网的置换电量电价的差额电费。

第四章 其　　他

第十五条 各电厂的计量点、电量考核与电费的结算仍以《购电合同》和《并网调度协议》中的条款为准。

第十六条 水电厂（或火电厂）增发的置换电量不能作为次年上网电量的计划基数。

第十七条 大小水火电厂间的电量置换比照本办法执行。

第十八条 本办法从一九九九年七月一日起试行。

第十九条 根据本办法由省电力公司制定实施细则。

（四川省水力发电工程学会　樊天龙）

四川发电市场资源优化配置的创举——水火电量置换

“九五”期间，四川电力结束了长达20多年的缺电局面，且出现了暂时的电力过剩，形成了电力的买方市场；以市场化为取向的电力体制改革也取得了实质性进展，四川省电力公司发扬“解放思想、勇于创新、实事求是”的精神，按照“公平、公正、公开”的原则，在四川电网内建立起了四川省电力公司内部模拟电力市场、四川电网水火电量置换市场和四川电网发电侧竞价市场。这三个电力市场的建立，对在电力企业间引入竞争机制，促使发电（供电）企业降低成本，提高效益，优化资源配置均具有重要意义，同时也为进一步深化电力体制改革，建立和完善更大范围的电力市场奠定了良好的理论和实践基础。三者之中，水火电量置换市场以其全新的理念、独特的创举而备受众人的关注。

（一）水火电量置换市场产生的背景条件

四川水电资源极为丰富，在计划经济时代，电力建设发展缓慢，电力供应长期不能满足国民经济和人民生活用电增长的需要，四川人民饱受缺电之苦。随着市场经济体制的逐渐建立，在国家集资办电政策的引导下，四川电力建设在“八五”期间步入了快车道，“九五”期间更是高速发展。全省净增发电装机容量775万kW，比“八五”期末装机容量增长83.75%，年平均递增12.94%，其中仅1999年投产的装机容量就达320万kW，这一容量相当于四川“七五”和“八五”期间十年总投产容量的54.8%。截至2000年底，全省装机容量已达1700.89万kW，其中水电装机1082.67万kW，占总装机容量的63.65%；火电装机618.22万kW，占总装机容量的36.35%，四川已成为全国水电第一大省。同时，原本发展缓慢的电网建设在“九五”期间也得到了快速发展，全省已初步形成了以500kV为骨干的超高压电网。

在电力建设取得巨大成绩的同时，四川省的电力消费市场却受国民经济宏观调控和产业结构调整的影响，未能保持同步增长。全省社会用电量年增长率从1995年的9.96%下降到1997年的2.2%，1998年更是出现了四川省电力消费的首次负增长，为−2.98%；1999年虽有所回升，但增长率仅为3.41%。也就是说，从1997年开始，全省用电量连续三年基本没有增长。因此，当电源投入呈跳跃式增长而用电量呈缓慢增长时，出现了电力暂时的相对过剩。电力的过剩最直接的表现就是各发电企业的发电能力不能得到充分利用，发电利用小时数大大低于设计利用小时数。四川电网统调统分电厂的发电平均利用小时数由1997年的4579h很快下降到2000年的2900h，降幅达36.67%，发电利用小时数为全国各省份最低。面对供需形势的急剧转变，各发电企业纷纷向省政府打报告要求增加上网电量。为了平衡各方利益，缓解矛盾，省政府在充分听取各方意见后，确定了全省水火电机组按同一利用小时数编制计划合同电量的原则。应该说，省政府的这一原则，在电力投资已呈多元化的今天，对于体现“三公”，做到“困难面前，厂厂平等”，保持社会稳定均具有积极作用。但由于没有考虑到各发电厂在资源利用上的差异，其结果将造成水电厂大量弃水，浪费了资源，不利于资源的优化配置。那么，是否有更好的办法，既可以让水电多发，又可以不因火电少发而损害投资者的利益呢？正是在这样的背景条件下，四川省电力公司的主要领导从四川的电力形势和独特的电源结构这一基本省情出发，站在有效利用资源的高度，在四川电网推出了水火电量置换市场。

（二）水火电量置换的内容和交易原则

如果说省政府确定的计划合同电量编制原则还带有计划经济时代政府行政管理电力的痕迹的话，那么，水火电量置换办法则体现了市场经济时代经济手段对电力资源的调配作用。所谓水火电量置换，就是计划合同电量指标的有偿出让和相应电量的买卖，即交易各方在平等自愿的原则下，在不影响电力消费者利益的前提下，通过市场竞价，使发电成本较高的火电厂将其计划合同电量份额的部分或全部出让，由发电成本较低的水电厂在计划合同电量之外代替其完成这部分电量的发电任务。显然，整个置换交易应受电网安全、稳定运行条件的约束，并在电力市场运行管理部门的监督和管理下有序进行。在置换交易活动中，通过置换市场售出计划合同电量指标，买入上网电量的电厂称为买方（通常为火电厂）；通过置换市场购进计划合同电量指标，卖出上网电量的电厂称为卖方（通常为水电厂）。

按照目前水火电量置换交易规则——《关于发电市场资源优化配置的管理办法》，水火电量置换确定了如下原则：

（1）市场准入：为规范交易行为，提高管理效率，规定参与置换市场交易的主体是由省级调度部门直接调度的水火电厂。当置换市场成熟后，将扩大参加交易的主体范围。

（2）交易主体：不同的独立发电企业间可进行水火计划合同电量的买卖，同一独立电力企业内部，可自行组织其所属的水、火电厂间进行计划合同电量的调剂，但年度计划合同电量总量应保持不变；除了水、火电厂间可进行电量的置换交易外，火电厂与火电厂之间也可进行计划合同电量的置换交易，如大火电厂与小火电厂之间的交易。

（3）交易方式：置换市场交易初期，省公司每月定时召集参与交易的各水、火电厂到市，交易前省公司向各电厂公布根据电网情况和各电厂实际发电能力确定的本期交易额度，买卖双方根据各自的额度自由配对，交易价格由配对双方协商确定，成交双方签订交易合同。随着交易市场的逐步成熟和交易手段的进步，目前交易双方不需见面，而是通过计算机网络向市场报价，计算机通过集合竞价按规则自动撮合成交，清算电价是统一的也是惟一的市场成交价，交易合同由计算机自动打印。

（4）煤炭调剂费：由于火电厂少发电量将减少用煤，考虑到当前煤炭企业面临较大困难，规定火电厂按置换交易电量计，提取0.01元/（kW·h）的煤炭调剂费，交由政府部门管理并安排给相关煤矿。

（5）电网补偿：由于作为卖方的水电厂一般远离负荷中心，输电成本较高，在没有更好办法的情况下，暂规定水电厂在置换电量上增加4%的线损电量对电网进行相应补偿。

（6）电量结算：由于置换市场和全省发电侧竞价市场同步进行，为保证两个市场的协调进行和合同电量的滚动平衡，规定各电厂上网电量的考核结算顺序为扣除不合格电量后，按竞价电量、置换电量、合同电量依次进行。

（7）电费结算：置换电量的电费每月结算一次。买方（火电厂）按国家批准的上网电价减去置换清算价再扣除煤炭调剂费后的电价与置换成交电量的乘积作为置换电费；卖方（水电厂）按置换清算价与置换成交电量的乘积作为置换电费。

（三）水火电量置换是实现资源优化配置和社会效益最大化的成功创举

当前，电力工业正处于计划经济体制向市场经济体制的过渡时期，电力投资主体已呈多元化，电力市场的发育尚不成熟。面对有限的电力消费市场，各投资主体为了其经济利益，都希望自己的电厂多发电。如何平衡各方利益，减少矛盾是一件很困难的事。在这种背景下，省政府确定了按同一发电利用小时编制各电厂计划合同电量的原则。这是一种原始的、简单兼顾各方利益的原则，但又是一种不得已的原则。而水火电量置换正是从这种原则的不足之处切入，利用市场经济的利益调节机制，较好地处理了各方关系，从而实现了社会效益的最大化。

（1）较好地处理了水火电厂间的经济利益关系，实现了资源的有效利用。在电力消费市场一定的条件下，要想多发水电，势必少发火电。水火电量置换办法之所以成功，关键在于它使得火电厂虽然少发了电量，但最终获得的经济效益并没有减少。按照置换原则，火电厂获得的置换电费收入为按国家批准的上网电价减去置换清算价再扣除煤炭调剂费后的电价与置换成交电量的乘积，单从收入看，比火电厂自己按置换计划电量指标发电时要少，但由于火电厂参加置换后将不再发电或少发电，因此参与置换这部分电量将不再发生燃料及相关材料成本，只要火电厂付出的置换清算价加煤炭调剂费低于置换电量对应的燃料及相关材料成本，那火电厂获得的利润就一定比自己发电时要多，也就有利可图。2000 年全网水火电量置换平均清算价为 0.0523 元/（kW·h)，加上煤炭调剂费仅为 0.0623 元/（kW·h)，这显然低于火电厂的燃料及相关成本，所以，参加水火电量置换，火电厂是赢方。对水电厂而言，由于置换电量是计划合同电量之外的超发电量，如果不参加置换，也就得不到这部分电量，只能表现为弃水白白浪费掉。由于这部分电量不承担发电固定费用，因此，只要其发电变动费用低于置换清算价，水电厂参加置换就有利可图，而通常水电厂的变动费用是远低于置换清算价的。所以，参加水火电量置换，水电厂也是赢家。既然水火电厂在置换市场中均是赢家，按照市场经济的观点，水火电量置换交易就是可行的，也就是有生命力的。据统计，从 1999 年 7 月四川电网水火电量置换首次交易到 2000 年底止，共计置换电量 32.75 亿 kW·h，即多发水电 32.75 亿 kW·h，使水电资源得到了有效利用。

(2) 较好地处理了资源优化配置的关系，促进了生态环境保护。煤炭资源和水能资源是四川省用于发电的主要能源资源。全省的煤炭储量不到全国的10%，且开采条件差，灰、硫含量高，用于发电将对环境造成严重污染，而且煤炭资源是不可再生资源，开采一吨就少一吨；水能资源是本省的优势资源，蕴藏量和技术可开量均占全国的四分之一，且水电是清洁能源，又是可再生能源，因此从资源的优化配置和环境保护角度出发，应该充分利用水能资源，尽可能多发水电。在市场经济利益多元化的今天，要处理好这一关系，更多的只能是用经济的手段来解决。水火电量置换办法正是充分利用了市场的利益调节机制，较好地解决了这一问题。根据前面的统计，通过置换市场多发了 32.75 亿 kW·h 水电，也就是少发了同样的火电。按照 2000 年全省火电平均发电煤耗率 430g/（kW·h)计算，共计少消耗标煤 141 万 t 左右，折合原煤 210 万 t 左右。同时，还将大量减少向大气和河流排放的二氧化硫气体和粉尘、灰渣。显然，通过实施水火电量置换，实现了对资源的优化配置和保护，对减少大气与环境污染，促进生态环境保护均起到了积极作用。

(3) 较好地处理了局部利益和全局利益的关系，维护了社会稳定。开展水火电量置换，其结果是水电多发，火电少发，水火电厂双方均从置换市场中获得了利益。但火电厂少发势必少消耗煤炭，将会给当前并不景气的煤炭企业带来困难，增加了社会不稳定因素。为支持煤炭企业正在进行的改革和结构调整，按照置换原则，规定火电厂应按置换电量计，提取 0.01 元/（kW·h）的煤炭调剂费，由政府部门安排对相关煤矿进行补偿。根据测算，相当于煤炭企业在不生产这部分煤炭的情况下，每吨煤仍可得到 15.5 元的收益，这对于大多数煤炭企业生产一吨煤的利润尚不能达到这一水平来说，这个补偿是合理的。由此可见，水火电量置换不仅处理好了电力行业内部的利益关系，同时还从维护社会稳定的大局出发，对受影响的煤炭行业给予了适当补偿，对促进国民经济协调发展起了积极作用。

(4) 较好地处理了调整电力产业结构的关系，为按期关停小火电机组赢得了时间。为优化资源配置，减少环境污染，国务院对调整电力产业结构、限期关停小火电机组做出了明确规定。四川省小火电机组量大，从业人员多，关停压力大，其中，职工的安置和电厂的还本付息是矛盾的焦点。水火电量置换的开展较好地缓解了这些矛盾。小火电厂通过参加置换，在不发电的情况下仍可获得不低于发电时的收益，这些收益一部分可为职工的安置做准备，一部分可用做还本付息。在此基础上，市场可逐步减少其计划合同电量，最终使其平稳关停。显然，水火电量置换为按期、平稳地关停小火电机组赢得了时间。

综上所述，实行水火电量置换，对于合理处理各方利益关系，促进生态环境保护和国民经济的协调发展，推进电力产业结构调整都是一件新的、有益的尝试，是一件利国利民、造福子孙后代的大好事，是电力市场资源优化配置的一个创举。

（四川省电力公司　胡　刚）

14

运行管理与大坝安全

运 行 管 理

中国大型水电站的运行维护与技术改造

目前中国已建成投产的装机250MW以上的大型水电站有51座，共44000MW，约占全国水电总装机容量的53.2%。这些大型水电站为满足国民经济对电力的需求、提高人民的生活水平发挥了重要的作用。已建成投产的大型水电站中，有19个水电站装机容量达1000MW以上，有11个水电站的主机设备全部或部分由国外引进。其中最大的混流式机组容量为550MW；最大的轴流转桨式机组容量为200MW；最大的灯泡贯流式机组容量为32MW；最大的抽水蓄能机组容量为300MW。由于加强了对机电设备的运行维护、缺陷治理和技术改造，使这些大型水电站技术经济指标不断提高，机组能安全稳定运行。

（一）改造了一批老机组，增加了出力，提高了运行可靠性

水电机组技术改造是围绕机组的改造增容和提高运行可靠性进行的。重点是更换空蚀、磨损严重和效率低的水轮机转轮或叶片，更换发电机定子绕组，改进通风系统或更换主变压器等，以提高机组出力或效率。目前已取得显著的经济效益。2002年2月4日，刘家峡水电站5台机组增容改造全面竣工，通过更换发电机定子绕组，更新水轮机转轮，增加出力190MW，经济效益十分可观。2001年装有6台机组（共900WM）的丹江口水电站已完成4台机组的技术改造，总容量增加65MW，待其余两台机组技术改造完成后，该厂将加入百万千瓦电厂行列。另外丰满、新安江、柘溪、乌江渡等水电站，在更新水轮机转轮或发电机绕组或推力瓦后，也提高了设备的出力、运行的可靠性和稳定性。目前中国大中型水电机组的平均等效可用系数已达到90%。

（二）积极采用先进实用、成熟可靠的技术改造水电机组取得实效

引进俄罗斯弹性金属塑料推力瓦，用在龙羊峡、葛洲坝、丹江口、白山、新安江等大型水电站机组上，减少了由于推力瓦温升过高而烧瓦停机事故，减少了运行检修工作量，提高了机组运行可靠性和经济性。目前中国水电机组使用的弹性金属塑料瓦80%都由国内厂家制造。

水电机组的调速器和励磁系统的技术进步近年来也取得了较大的突破，由模拟式改为微机调速器和励磁调节器，运行可靠性有了很大的提高。葛洲坝水电站以步进电动机和微机改造了7台125MW机组的调速器，在简化系统结构、避免油质的影响方面，取得了成功。铜街子水电站4台机组用电力自动化研究院生产的SJ-700双微机调速器替代DST-150-4调速器，效果很好，更换后的调速器可靠性高，维护调试方便，空载稳定性和动态性能指标好。葛洲坝水电站大江电厂12台国产励磁设备中，有10台更换成了ST-820双微机励磁调节器。新设备硬件简单，软件功能丰富，适应性强，试验方便，满足调节器国标、部标要求。2001年岩滩水电站对3号、4号机灭磁装置进行技术改造，更换上广州电器科研所、广州擎天电气控制公司制造的灭磁开关柜、非线性电阻柜，改进后的灭磁装置工作原理先进、运行可靠，效果很好。

由于在许多机组上采用了电气制动装置，解决了调峰机组由于启停次数多从而造成制动环开裂事故及风洞内刹车粉末污染严重的问题。隔河岩水电站3号、4号机原来没有装设电制动，由于调峰、调频开停机频繁，机械刹车磨损大，而且风洞内刹车粉末污染严重，检修清扫工作量大，加装电制动后，彻底解决了这个问题。

（三）大型水电站计算机监控系统完善、改造取得长足进展，设备状态检修开始试点

经过多年的努力，中国的大型水电站都在不同程度上实现了计算机监控。这些计算机监控系统投运初期，基本上满足了生产的需要。随着时间的推移，计算机监控系统早期设计和固有的问题日益显露出来。“无人值班”（少人值守）、减人增效制度的实施，对计算机监控系统提出了更加严格的要求。为了适应发展的需要，各大水电站都对计算机监控系统进行了完善和改造。目前通过完善和改造，已有葛洲坝、广蓄、隔河岩、鲁布革、漫湾、莲花、十三陵、白山、万安、五强溪、岩滩、水口、宝珠寺、新安江等十多个大型水电站实现了“无人值班”（少人值守）。这样得到的效果是：①减人增效；②有利于安全；③促进了对设备的技术改造；④提高了自动化水平；⑤有力地支持了生活基地设在远离现场的城市；⑥提高了电网的调度自动化水平；⑦为设备开展状态检修创造了

条件；⑧为进一步实现无人值班，赶上世界先进水平创造了条件。

随着水电站自动化水平的提高和对经济效益的深入追求，水电站设备状态检修开始提上日程。2001年底国家电力公司决定在丰满、宝珠寺、漫湾、鲁布革、东风五个水电站进行状态检修试点，这将对推动状态检修发挥很好的示范作用。

（四）综合治理水轮机过流部件的磨蚀破坏

据初步统计，中国约有占大中型水电总装机容量三分之一左右的水轮机遭受泥沙磨损的危害，至使水轮机效率下降，出力不足，运行可靠性差，每年发电损失、部件检修或更换费用都得用亿元计。治理水轮机过流部件的磨蚀破坏是一项十分复杂的工作，影响因素多，涉及面广。为了解决这一问题，中国已由采取单一防护措施发展为多方面综合治理：在水电站枢纽布置上，采取尽量减少过机含沙量的措施；适当降低水轮机的比转速以降低流道中关键部件的过流速度；改进水力设计，以改善流态；选择抗磨性能好的材料；提高制造质量和加工工艺，对表面粗糙度、波浪度提出严格的技术标准；采用有效的表面喷涂防护措施；结构上方便维修和更换易损件；合理安排运行及检修，使水轮机避开沙峰运行。

黄河上游的龙羊峡、李家峡两座水电站，由于龙羊峡水库大，李家峡水库新建成，龙羊峡与李家峡水库之间没有大的支流汇入，短时间这两座水电站水轮机不会发生严重的磨蚀破坏。其下游的刘家峡、三门峡水电站的水轮机磨蚀却很严重。在合理排沙方面，刘家峡水电站采取有计划地进行低水位拉沙和异重流排沙；三门峡水电站根据黄河来沙高峰集中在7、8月份的特点，采取7、8月份机组停运的方式，收到了较好的减轻水轮机泥沙磨损的效果。

叶型测绘修型是减缓磨损破坏的有效途径之一。盐锅峡、新安江、刘家峡、碧口、潘家口等水电站经叶型测绘修型后，磨蚀性能得到了不同程度的提高和改善。

在抗磨材料方面，中国科学院金属研究所研制的GB1等焊条在三门峡、葛洲坝、刘家峡等水电站使用，其抗磨蚀效果优于普通不锈钢；合金粉末喷焊在盐锅峡、青铜峡、三门峡水电站及云南省内上百座水电站使用，抗磨效果很好；环氧金刚砂涂层，也有很好的抗磨性、耐水性和黏结性，在葛洲坝、龚嘴等水电站水轮机上已推广使用；超高分子量聚乙烯板，具有很好的抗磨蚀性能，在刘家峡、大峡、万家寨等水电站的水轮机抗磨板上应用，抗泥沙磨损效果优于不锈钢板。法国聚氨酯涂料用在万家寨水电站的水轮机上容易脱落，小浪底水电站的水轮机叶片喷涂炭化钨抗磨层也容易大面积脱落，需改进工艺。

（五）清除尾水河道堆渣，降低尾水位，增加机组出力

中国不少已建成的水电站，由于淤渣而使尾水位壅高，影响水电站机组出力。因此，对水电站尾水淤渣进行处理，是对已建成水电站进行技术改造挖潜的重要课题之一。

刘家峡水电站采取此措施，每年增加发电量1.2亿～1.4亿kW·h；丰满、富春江、凤滩等水电站都已采用这种办法取得了很好的效果。

（六）高度重视解决大型水电机组的稳定性和叶片裂纹问题

20世纪90年代至今，中国投产了200～550MW的水电机组83台。机组容量的增大，运行水头变幅大，转轮直径大，水轮机比转速大，使水轮机性能和结构发生变化，带来比较普遍的问题，是运行稳定性问题，进口机组同样也不例外。机组在某些工况下，某个部位发生振动，造成转轮叶片裂纹和尾水管锥管开裂等事故，至使机组检修频繁，运行时必须避开振动区，不仅造成大量经济损失，而且给电网运行带来不便。其中岩滩、五强溪、小浪底等水电站机组振动和转轮叶片裂纹问题比较突出。这些问题的发生引起了业主和有关主管部门的高度重视，组织设计、制造、安装、运行、科研等单位共同分析研究，积极采取对策。通过大量的现场测试、模型试验，对机组振动、叶片发生裂纹的原因分析及处理对策取得了进展，并得到下列认识：

(1) 一般来说，水轮机比转速越高，其压力脉动相对幅值也要大些。因此从稳定性出发，一般选取比转速较低的方案较有利。

(2) 从已投运的有关机组和已积累的对模型试验的观察来看，采用进口边具有负倾角的X型叶片，由于改善了叶片进口部位的压力分布状况，可在一定程度上适应水头变幅较大的水电站。

(3) 为了提高机组稳定性，要使设计水头尽量靠近较高水头，避免高水头运行可能引起的不稳定因素，如叶片进水边背面脱流产生空化和叶道涡。

(4) 要保证部件有足够的刚强度，使机组的稳定性得到提高。要注意加固尾水锥管及进人门，以防开裂。

(5) 选用超低碳精炼铸件，叶片采用全方位数控加工。要采用严格的焊接、探伤和热处理工艺，保证转轮不产生裂纹。

(6) 优化补气系统，改善低负荷区的稳定性能。

(7) 已投运的水轮机，要通过现场测试，摸清机组的振动区域范围，研究改善措施。并经有关部门批准，提请调度部门按机组运行特性调度，以保证机组安全运行。

（七）大型抽水蓄能电站为电网安全和调峰填谷发挥了重要作用

随着“全国联网、西电东送、南北互供”的实施，电网规模越来越大，要保证电网安全稳定运行的风险就越大。抽水蓄能电站反应快，对电网的安全运行能发挥很好的作用。从静止到满载发电，十三陵抽水蓄能电站机组只需2min40s；天荒坪抽水蓄能电站机组只需2min；广州抽水蓄能电站一、二期分别是4min和1min40s。从空载并网后到带满负荷十三陵抽水蓄能电站机组是30s；广州抽水蓄能电站一、二期均是20s。2001年3月8日天广交流Ⅰ、Ⅱ回出线突然跳闸，送粤功率以1460MW降为零，广东电网频率由事故前的50Hz下降到49.44Hz，广州抽水蓄能电站紧急开启可用机组，总出力达1100MW，使系统频率很快恢复到50Hz；2001年3月26日天广直流发生直流闭锁，送粤负荷从730MW降至零，系统频率很快从49.98Hz降至49.78Hz，广州抽水蓄能电站紧急增加550MW负荷，系统频率恢复到50Hz；2001年2月10日宁波北仑港电厂1号联络变压器事故，三台600MW机组跳闸，损失出力1450MW，系统频率从50.01Hz下降到49.65Hz，天荒坪抽水蓄能电站立即开启两台300MW机组，同时新安江、富春江等水电站也启用备用出力，在3.5min内，使系统频率恢复到49.8Hz以上，从而迅速满足了浙江电网的要求；2001年十三陵抽水蓄能电站机组在电网三次事故中均快速启动，为电网安全稳定发挥了重大作用。

抽水蓄能机组是系统调峰填谷的很好的手段。2001年广州抽水蓄能电站和天荒坪抽水蓄能电站机组平均抽水发电运行时间接近3000h。据资料统计，日本、法国抽水蓄能机组年运行小时数均在1000h左右，中国广州抽水蓄能电站、天荒坪抽水蓄能电站机组年运行小时数大大超过了该数值，说明机组在调峰填谷中使用是很充分的，是电网调峰填谷的很好的手段。

中国在大型水电站机组运行与维护方面取得了较为丰富的经验。不久后随着三峡、龙滩、小湾等水电站的巨型机组的投产，一定还会有新的问题产生，要认真总结经验，努力吸收国内外的先进技术，努力探索和解决遇到的新问题，把大型水电站机组的运行与维护提高到新的水平。

（国家电力公司 朱家鹏）

李家峡水电站双排布置水轮发电机组的运行

（一）概述

李家峡水电站单机容量为400MW，装机5台（一期装机4台），保证出力581MW，设计年平均发电量为59亿kW·h。水电站在系统中担任调峰、调频任务，汛期担任基荷，是西北电网的主调频厂。水电站主要技术参数见表1。

表1 李家峡水电站主要技术参数

项 目	单位	数 据
正常蓄水位	m	2180
设计洪水位	m	2181.3
正常死水位	m	2178
正常尾水位	m	2049.30（相应流量662m³/s）
设计水头	m	122
最大水头	m	135.6
最小水头	m	114.5
水轮机额定出力	MW	408.2
水轮机额定流量	m³/s	362.38
装机高程	m	2041.5
吸出高度	m	−7
水轮机型号		HLD203-LJ-603
发电机型号		SF400-48/12800
机组布置形式		双排机组布置

李家峡水电站为坝后双排机组布置型式，即上游侧布置2台机组（2号、4号机组），下游侧布置3台机组（1号、3号、5号机组），上游侧2台机组的尾水管加深并加长26.5m后从下游侧机组尾水管底部穿过引至尾水渠。机组布置如图1所示。

李家峡水电站机组双排布置型式在国内是首次采用，没有运行经验。在国际上只有吉尔吉斯斯坦的托克托古尔水电站（4×30MW）和车臣边界的契尔盖水电站（4×250MW）为双排机组布置。李家峡水电站自3号水轮发电机组1998年5月投入运行后，双排机组就开始了实际运行。

本文从双排机组布置的模型试验、现场单机运行、双排机组运行的稳定性试验及现场实际运行监测的结果，对李家峡水电站双排机组布置水轮发电机组的运行情况简单进行总结。

（二）双排机组布置水轮机模型试验

（1）李家峡水电站水轮机转轮的软件技术是引进加拿大GE公司的技术，模型转轮的性能见表2。从水轮机模型试验结果来看，转轮的性能是比较优越的，这为李家峡水电站机组今后的运行打下了良好的基础。

表2 GE公司开发的转轮性能

转轮型号	η_{max}（%）	η_r（%）	η_w（%）	空化系数σ	n_{run}（r/min）	水推力（MN）	压力脉动最大相对值（双振幅）%
D203（F483）	94.1	92.20	93.90	0.066	233	9.82① 6.40②	4.07

①关闭减压阀。

②打开减压阀。

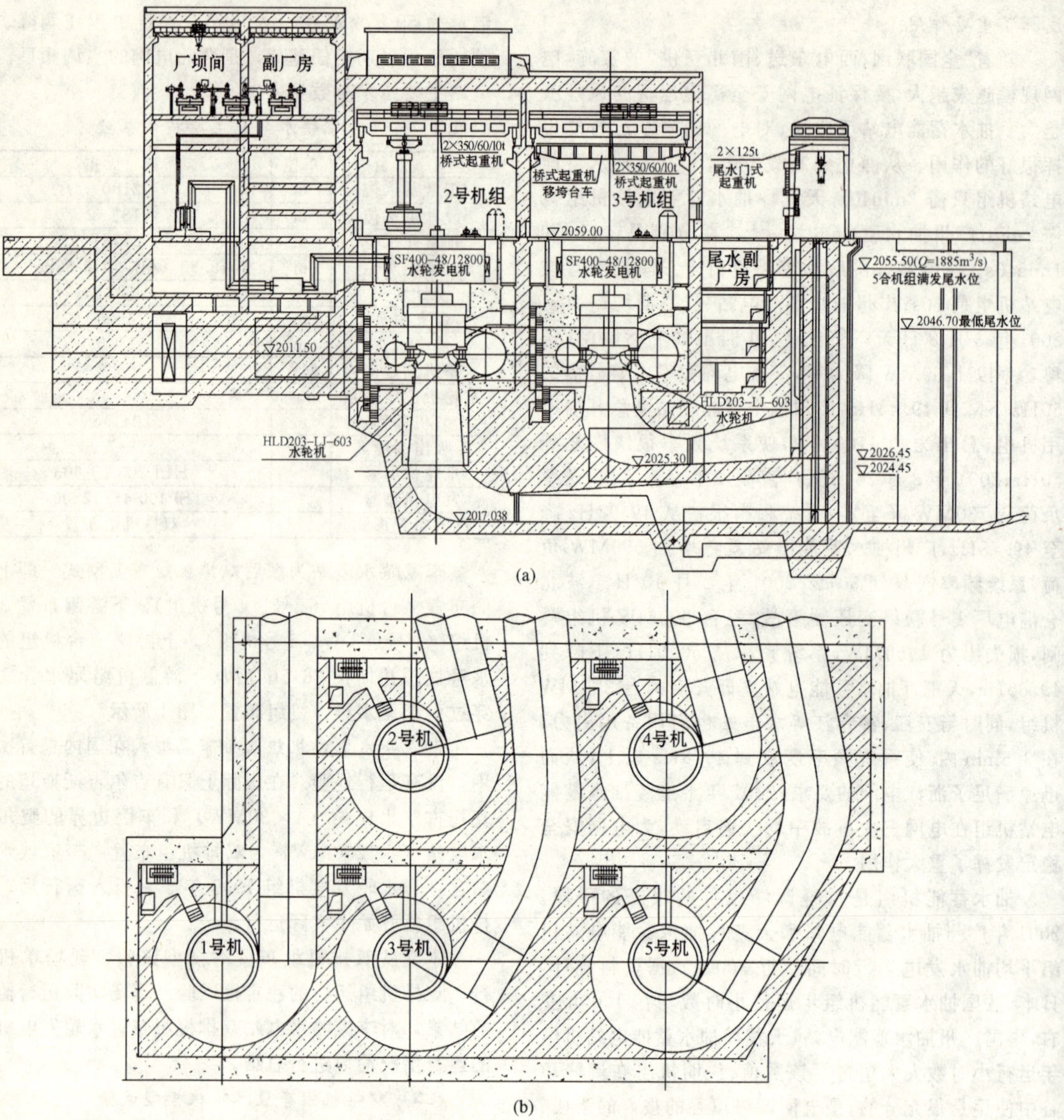

图 1　双排机组布置图

(a) 双排机布置机组剖面图；(b) 双排机组布置水轮机层平面图

(2) 根据国外双排机组布置水电站的经验介绍，采用双排机组布置时，下层尾水管所对应的机组不论是单机运行还是双排机组运行时，机组效率均会有所提高。当两台机组带不同负荷时，两层尾水管之间才会相互影响，即当上层尾水管对应机组带部分负荷时，将下层尾水管对应机组带满负荷，可以改善上层尾水管的水力特性，使上层尾水管对应机组效率有所提高；而只有当下层尾水管对应机组所带负荷低于上层尾水管对应机组所带负荷的 80% 时，下层尾水管对应机组的效率才会有所下降。1992 年在东方电机股份有限公司进行了李家峡机组双排布置水轮机模型试验。模型试验模拟机组运行水头 $H=88$、101、114.5、122、135.6m，试验工况点分别为 40%、50%、60%、75%、80%、85%、100%。双排机组模型试验的结果表明：

1) 前排机（下层尾水管）满负荷，后排机（上层尾水管）带部分负荷时，后排机效率有增加的趋势。后排机开度越小，效率增加越明显。

2) 后排机满负荷，而前排机带部分负荷时，前排机效率有降低的趋势。

3) 压力脉动无论单排还是双排机组运行，前排机组都明显优于后排机组，双排机组运行的压力脉动主要对后排机组运行影响较大，而对前排机组影响较小。

4）后排机组压力脉动频率明显高于前排机组。

（三）双排机组的现场测试

李家峡水电站1号水轮发电机组于1997年2月18日投入商业运行，运行水头约96m左右（水位2145.00m）。自1997年7月起，先后对1号～4号水轮发电机组单机运行、双排机组运行进行了现场稳定性测试，测试结果见表3。

1998年10月进行了双排机组运行的现场测试，图2、图3为2号、3号机组联合运行时2号、3号机组尾水管压力脉动变化曲线。

表3 李家峡水电站机组稳定性试验结果

机组	测试时间（年．月．日）	运行方式	运行水头（m）	主振区（MW）	次振区（MW）	备 注
1号	1997.08.07	单机运行	96.00	100～180		主振区为涡带区
1号	1998.10.14	单机运行	96.37	100～160	0～40	
1号	2000.04.13	单机运行	108.00	120～180	0～80	
2号	1998.11.12	单机运行	94.89	100～180	0～40	尾水管压力脉动双振幅相对值在0～200MW负荷范围基本上都超过10%，最大压力脉动双振幅相对值出现在120MW下，为15.25%
3号	2001.07.02	单机运行	118.00	120～160		摆度：额定负荷（400MW）时上导0.23mm、下导0.26mm、水导0.19mm；负荷为140MW时上导0.296mm、下导0.473mm、水导0.335mm
4号	2001.08.25	单机运行	119.00	0～180		

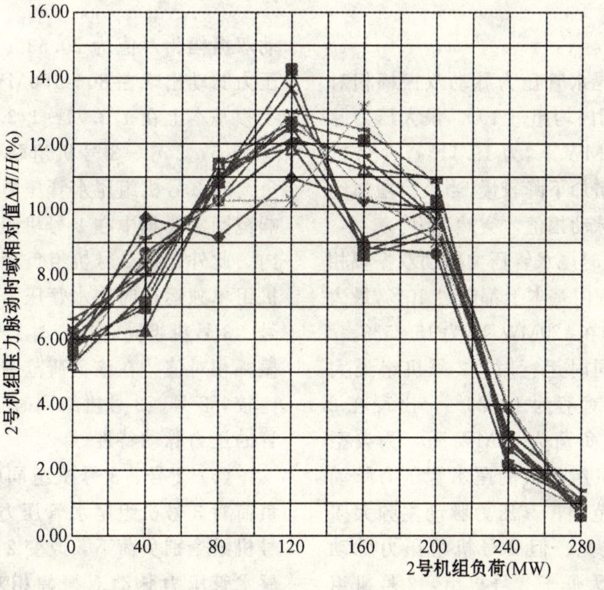

图2 李家峡水电站2号、3号机组同时运行时2号机组不同负荷下2号机组尾水管压力脉动双振幅时域相对值随2号机组负荷变化

3号机组0MW负荷；3号机组20MW负荷；3号机组40MW负荷；
3号机组60MW负荷；3号机组80MW负荷；3号机组100MW负荷；
3号机组120MW负荷；3号机组140MW负荷；3号机组160MW负荷；
3号机组180MW负荷；3号机组200MW负荷；3号机组220MW负荷；
3号机组240MW负荷

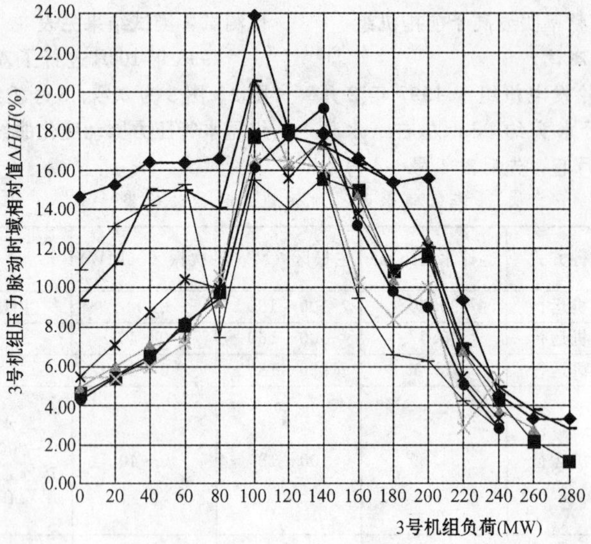

图 3 李家峡水电站 2 号、3 号机组同时运行时 2 号机组不同负荷下
3 号机组尾水管压力脉动双振幅时域相对值随 3 号机组负荷变化

2 号机组 0 负荷；2 号机组 40MW 负荷；2 号机组 80MW 负荷；
2 号机组 120MW 负荷；2 号机组 160MW 负荷；2 号机组 200MW 负荷；
2 号机组 240MW 负荷；2 号机组 280MW 负荷

1. 现场试验结果分析

(1) 李家峡 1 号机组尾水管压力脉动双振幅相对值在 40～240MW 负荷范围内均超过 10%，最大压力脉动双振幅相对值出现在 80MW 下，为 19.11%。1 号机组尾水管压力脉动随负荷增加下降较慢，当负荷增加到 280MW 即接近满负荷时，脉动幅值才突然下降。

(2) 2 号机组单独运行时尾水管压力脉动双振幅相对值在 2～200MW 负荷范围内基本上都超过 10%，最大压力脉动双振幅相对值出现在 120MW 下，为 15.25%。

(3) 2 号、3 号机组同时运行时，2 号机组最大尾水管压力脉动双振幅相对值为 14.26%，出现在 2 号负荷为 120MW、3 号机负荷为 20MW 下，为典型的尾水管低频涡带。2 号机组较大的尾水管压力脉动出现在 80～160MW 负荷范围，其压力脉动主频大多在1/4.17～1/3.56 转频之间。但 2 号机组压力脉动双振幅相对值总体上要大大低于 3 号机组，3 号机组最大压力脉动双振幅相对值是 2 号机组的 1.7 倍。

(4) 2 号、3 号机组同时运行时，在三个工况组合下 3 号机组尾水管压力脉动双振幅相对值超过 20%，一个是 2 号机组负荷 0MW、3 号机组负荷为 100MW，压力脉动双振幅相对值为 23.81%；第二个是 2 号机组负荷为 80MW、3 号机组负荷为 100MW，压力脉动双振幅相对值为 20.53%；第三个是 2 号机组负荷为 280MW，3 号机组负荷为 100MW，压力脉动双振幅相对值为 20.53%。3 号机组较大的尾水管压力脉动出现在 80～160MW 负荷范围，其压力脉动主频基本上在 1/3.71～1/3.05 转频之间。

(5) 2 号、3 号机组联合运行时，3 号机组不同负荷对 2 号机组尾水管压力脉动是有影响的，但其影响范围主要集中在 2 号机组负荷为 40～299MW 范围内。此外，在 2 号机组负荷为 0～120MW 范围，2 号机组单独运行时尾水管压力脉动双振幅相对值大于 2 号、3 号机组同时运行时 2 号机组尾水管压力脉动双振幅相对值，在该负荷范围内，与 2 号机组单独运行比较，2 号、3 号机组同时运行改善了 2 号机组尾水管的压力脉动特性。

(6) 2 号、3 号机组同时运行时，2 号机组不同负荷对 3 号机组尾水管压力脉动的影响是很大的，3 号机组个别负荷下，改变 2 号机组负荷可使 3 号机组尾水管压力脉动双振幅相对值变化达到 10%左右。此外，2 号机组小负荷 0～30MW 运行和 2 号机组大负荷 240～280MW 运行均会使 3 号机组尾水管压力脉动双振幅相对值幅值明显增加。

(7) 无论 2 号机组在任何负荷下运行时，3 号机组的补气量都基本上在 140MW 时最大，当 3 号机组在不同负荷下运行时，2 号机组的补气量基本上都在 200MW 左右达到最大值。机组的补气量大小对机组的振动、摆度、压力脉动特性影响极大。从现场对 3

台机组补气情况的测试可知，1号机组的补气量最大，3号机组的补气量最小。

(8) 比较1号、2号、3号机组尾水管压力脉动真机实测结果，2号机组尾水管压力脉动特性最好，3号机组尾水管压力脉动特性最差。2号机组尾水管压力脉动特性较好的原因除2号、3号机组双排机组运行时相互影响外，2号机组位于电站上游侧由于尾水管较高（深）也会改善尾水管压力脉动特性。

(9) 从整个试验过程来看，当2号、3号机组联合运行时，对机组上机架振动影响较大，尤其2号机组在40MW固定时，上机架振动比其他工况的振动幅值大，这主要是由于2号、3号机组的厂房基础、机组基础共振响应所引起的。

2. 双排机组正常运行中的观测　现场对正常运行中的机组各部位状况进行了人工观测，从现场机组正常运行的工况观测记录来看，4台机组运行中有如下的现象：

(1) 1号机组的振动区在80～200MW，160～200MW区域，负荷摆动达到10MW，顶盖上腔水压波动达到0～0.14MPa，水导摆度最大达到0.65mm，补气量在200MW时达到最大。

(2) 2号机组的振动区基本上在200MW以下，200MW时负荷摆动最大6MW，120MW时顶盖压力波动为0.038～0.060MPa，补气量在200MW时达到最大。

(3) 3号机组的振动区基本上在250MW以下，140MW时负荷摆动最大达到8MW，水导摆度最大达到0.38mm，尾水管直锥段进口真空度为0.16～0.28MPa，顶盖上腔压力波动为0～0.08MPa，补气量在140～180MW时达到最大。

(4) 4号机组的振动区在40～220MW之间；顶盖上腔压力波动在120MW时为0.01～0.03MPa，200～220MW时为0.02～0.05MPa到0.04～0.07MPa，补气量在140MW～250MW时最大。

现场运行的观测结果基本上符合机组稳定性测试的结果。

(四) 机组运行工况情况

李家峡水电站在西北电网担任调峰调频的任务，水库为周、日调节水库，实际运行调节基本是日调节，水头调节的变幅很小。但是水位在1997年初期发电时为2145m，随着大坝主体工程的进度，逐渐提升到2165m、到2170m、到2175m等。统计机组在年内负荷区域的运行时间分配见图4。

从图4可以看出，1号机组1999年负荷运行时间分配区域：在100MW及以下占18.47%，10～240MW占40.33%，在240MW及以上占41.19%。机组在振动区及小负荷区域运行占全年运行时间的58.81%，超过一半的时间。

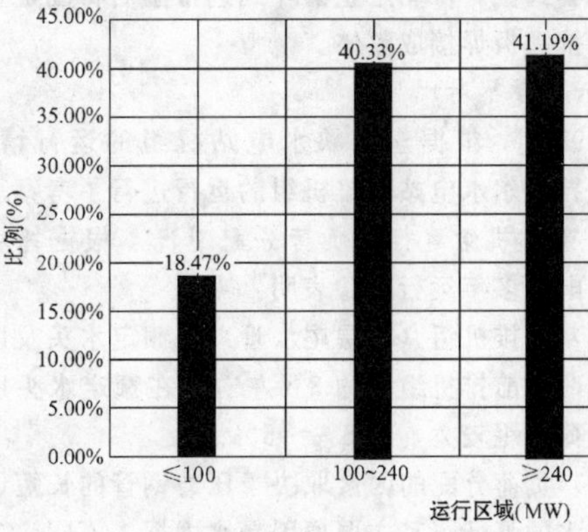

图4　1999年1号机组运行区域统计

(五) 水轮机叶片的裂纹和空蚀问题

1. 转轮叶片的裂纹问题

(1) 1998年7月对2号机组进行检修时，发现水轮机转轮叶片出现裂纹后，先后在机组小修中对其他3台机组水轮机转轮进行了检查并发现叶片也出现裂纹。裂纹的部位集中在叶片出水边与转轮的上冠、下环的连接焊缝或焊缝的热影响区内，与下环连接的焊缝处的裂纹有向下环本体发展的现象。裂纹的最大长度为500mm，裂纹的性质基本上全部是贯穿性裂纹。

(2) 叶片的裂纹除了3号机组的13号叶片出现重复外，其他叶片的裂纹未出现过重复。

(3) 2号机组转轮叶片的裂纹在进行了2次处理后到目前未出现过裂纹，其他机组的叶片裂纹随着处理在减少。

2. 上冠上流道的空蚀问题

(1) 李家峡水电站水轮机转轮上冠为ZG20SiMn，下环材质为ZG0Cr13Ni4Mo，叶片为ZG0Cr13Ni6Mo。1998年7月份以后检查发现各台机组水轮机转轮上冠上流道出现不同程度的空蚀，1号机组的空蚀最严重，空蚀面积占到上冠上流道两个叶片之间面积的一半以上，最大空蚀深度达到5mm以上。

(2) 转轮叶片、下环等处包括分瓣转轮对接叶片的焊缝处未发现空蚀现象。

3. 水轮机下固定止漏环开焊的问题

(1) 2001年4月份进行1号水轮发电机组检修时发现水轮机下止漏环间隙局部为0mm。进一步检查发现，水轮机下固定止漏环焊缝局部开焊，纵缝开焊后翘出，端部紧靠转轮下止漏环，造成转轮下止漏环严重磨损。2002年3月份对4号水轮发电机组进行检修时发现水轮机下止漏环焊缝局部开焊，但止漏环未翘出，没有对转轮止漏环造成损坏。

(2) 根据止漏环的结构，参照二滩水电站水轮机止漏环的处理方法，重新加工止漏环，现场组焊成圆后采用冷套的工艺，将固定止漏环冷冻到－90℃后，迅速冷套到位。待固定止漏环到达常温后将固定止漏环与下抗磨板焊接成整体。

（六）考察对比

1998年，根据李家峡水电站机组的运行情况，对托克托古尔水电站双排机组的运行进行了考察。

1. 双排机组运行的负荷分配情况　根据托克托古尔水电厂多年运行经验表明：

(1) 后排机组（下层尾水管）在额定水头及以上时，负荷比前排机组多约3%左右；在额定水头以下时，负荷差距较大，约5%～6%。

(2) 负荷分配的因素取决于压力钢管的长短、尾水管出水的高低，其主要原因是水力损失不同。

2. 双排机组的运行方式　从机组本身的性能以及机组运行的稳定性考虑，托克托古尔水电站的机组在运行中，直接避开振动区即不在振动区运行。当国家调度中心下达的负荷任务将导致机组在振动区运行时，水电站直接向国家调度中心打电报说明机组的运行工况，并附工况区范围、振动数据等，要求避开振动区运行。

（七）分析

从李家峡水电站水轮发电机组单机运行、双排机组运行的观测以及稳定性试验情况来看，双排机组的运行基本上是稳定的。现场测试结果的变化趋势符合1992年在东方电机股份有限公司进行的双排机组模型试验的结论，尾水管压力脉动从空载起幅值就比较大，且随负荷增加下降较慢，直到负荷增大到很大时，脉动幅值才突然下降。但是，真机实测的压力脉动值明显大于模型试验值，例如，1号机组的实测值几乎是模型尾水管上下游测点平均值的1.9倍。

分析双排机组的运行情况，造成尾水管压力脉动幅值过大的原因主要是水力因素。

李家峡水电厂水轮机设计水头是122m，正常运行水头范围为114.50～135.60m，而初期发电运行水头为95～97m，2001年下半年水库水位才接近正常水位。在前期的运行阶段，水轮机远偏离设计工况，从水轮机运转特性曲线上看，处于最下方，已是非最优工况。

根据加拿大GE公司所做的李家峡水轮机模型试验结果可知，在初期发电水头下，转轮叶片背部出水边将发生空蚀，同时，在转轮出口和尾水管内形成偏心涡带。

混流式水轮机在远远偏离最优工况的低水头下运转时，空蚀和振动都较严重。当水电站头几台水轮机投入运转的初期，水库水位较低，水轮机在低水头、低负荷工况下运行，转轮叶片背面、叶片的工作面与出水边常遭到严重的空蚀破坏。叶片空蚀是由于水轮机在非最优工况下运行，转轮叶片的绕流条件不良所引起的。由于偏心涡带（这是混流式水轮机所特有的）将产生强烈的压力脉动，激起尾水管壁、转轮、导水机构、蜗壳、压力钢管等的振动，压力脉动的强烈程度，随偏心涡带的大小和形状而变化，影响这些变化的因素主要是机组的运行工况。

混流式水轮机在部分负荷时，尾水管中出现一种不稳定的流动现象，在转轮出口形成涡旋运动，这是引起水轮机功率摆动，机组转动部分及尾水管壁低频振动和噪声的根源。

另外，由于双排机组的布置造成尾水管上下迭放，尾水管内的压力脉动的相互影响是很大的，同时，双排机组通过机组基础、厂房基础造成的共振响应以及传递，也是造成双排机组运行中尾水管压力脉动幅值增大的一个主要原因。

李家峡水电站是西北电网的主调峰调频厂，从统计的1号机组各负荷区域的运行时间来看，长期在振动区域、小负荷区域运行，是引起机组振动、尾水管压力脉动幅值很大的一个关键原因。水轮机转轮上冠上流道的空蚀现象的发生，是由于部分负荷造成的过流面脱流形成的典型的空腔空蚀。

振动区域运行，也是造成转轮叶片裂纹、止漏环焊缝开裂的一个水力的诱发因素。

采用真空破坏阀、尾水管短管或大轴中心补气的补气的措施，对改善水轮机空蚀性能，减轻尾水管压力脉动等的实际效果，许多文献资料都有报道，但效果的好坏，关键在于补入的空气是否是叶片的空蚀区、尾水管偏心涡带内。补气可以减小压力脉动幅值，空气补入叶片出水边附近，将提高这个区域的压力，减弱漩涡强度，以削弱流道内的压力脉动，降低水力扰动损失，从而提高水轮机运行效率。从加拿大GE公司及东方电机股份有限公司模型试验的资料（尾水管偏心涡带照片）上看，尾水偏心涡带在转轮泄水锥出口及下方。李家峡水电厂水轮机采用大轴中心自然补气方式，补气管出口在转轮泄水锥内，距泄水锥出口有550mm，未到达尾水管内偏心涡带中心，可能存在补气不到位的现象。

（八）总结

李家峡水电站双排机组，当2号、3号机组联合运行时，不同的负荷对机组间的影响是非常大的，双排机组的运行改善了上游排机组（2号机组）尾水管的水力特性，但是对3号机组尾水管的压力脉动的影响是很大的。

双排机组运行对机组基础以及厂房基础带来的共振响应，目前一直未进行测试，单从机组的测试中可以看到，基础的共振性还是存在的。

由于机组长期在振动区和小负荷区域运行，运行工况的恶劣，对水轮机尾水管压力脉动的增加是有很大影响的。同时，也会激发对水轮机部件的破坏，如空蚀、叶片裂纹、止漏环焊缝开焊等。

李家峡水电站水轮发电机组的运行、负荷调配，应该在充分考虑不同机组的运行工况、遵循双排机组布置的水力特性及规律后，进行合理的负荷分配，尽可能使水轮机运行在高效率区域，以期充分发挥高性能转轮的良好特性，提高水能利用率，并最大可能的延长各部件的使用寿命。

目前，李家峡水电站上游水位已达到设计正常水位，机组已达到额定出力，但是，正常运行水头下的双排机组的稳定性等未进行测试，厂房基础的振动测试未开展。从低水头下的测试结果及双排机组的实际运行情况来看，十分有必要尽快开展现水头下的双排机组运行的测试工作，取得双排机组真机运行的全面的资料，为李家峡水电站水轮发电机组的安全稳定运行提供更可靠的依据。

（黄河上游水电开发有限责任公司
李家峡发电分公司　张东胜）

二滩水电厂运行维护管理

（一）概述

二滩水电厂从1998年8月18日接管第一台水轮发电机组至1999年12月4日陆续接管全部设备，成功的完成了由施工到电力生产的过渡。截止2001年12月31日，二滩水电厂累计发电270.2299亿kW·h，累计总产值达（1990年不变价）213481.3621万元。

二滩水电厂目前全体员工人数为185人，平均每万千瓦0.56人。二滩水电厂的管理本着“高起点、高标准、高素质、高效益”的要求总结和消化了国内外水电厂的管理经验及教训，突破了中国水电厂传统管理模式，开创了以运行为主的、具有二滩特点的管理模式。二滩水电厂自投产至今一直承担着电网的调频、调峰、调压任务，使川渝电网的电压、频率的合格率提高到新的水平，为川渝电网的稳定及缓解电力供需紧张的局面做出了贡献。二滩水电厂的兴建，标志着我国水电建设已达到了一个新的水平。

（二）生产运行

二滩水电厂确立了“以人为本，科技领先，制度治厂，追求更好”的管理原则，制定了创建国内一流水电厂和达到国际先进水电厂管理水平的管理目标。在管理制度建设方面，要求全厂各部门、各专业管理人员从二滩水电厂自身特点出发，将各项工作的执行程序化、规范化、标准化，每项工作的开始、结束、考核有详细的流程图。由于全厂各项制度的完善，从而大大提高了制度的可操作性。目前，二滩水电厂全体员工在制度的执行上已进入规范化、标准化的运营轨道。

开展双达标和创一流活动是提高管理水平的重要手段，经过1998年投产发电以来的设备整治、制度完善，二滩水电厂安全文明生产水平、管理效率得到了大幅度提高。二滩水电厂于2001年12月对全厂各部门、各班组进行了全面、深入的检查和验收。验收结果为全厂各部门和班组全部达标合格。通过达标工作，水电厂进一步理顺了管理制度和程序。整个水电厂的管理井然有序，“以人为本，科技领先，制度治厂，追求更好”的管理理念在管理中得到了体现。目前，二滩水电厂正在加紧达标申报和整改工作。

为了早日实现国内一流企业、国际先进企业的目标，二滩水电厂在不断地完善内部管理的同时也重视与同行业的横向比较和纵向联系。2001年6月，二滩水电厂在同行业中分别与中国第一个一流水电企业——广州抽水蓄能电站结成了姊妹厂，借鉴广蓄的管理经验，多次邀请对方深入基层、现场，检查指导工作并提出建设性整改、提高的意见。为了能够更多的了解其他先进的管理经验和模式，实现真正意义上的与国际接轨，在国际上创建自己的品牌，二滩水电厂把目光指向了国际知名水电企业，放眼世界，寻求在管理上与国际接轨。经过2001年的调研，目前已确定与加拿大水电国际公司建立长期友好合作关系。国际合作立足于借鉴国际先进管理模式和人才培训，并邀请国际上的知名专家检查指导工作，评估并提出整改意见和再评估。

在水电厂传统管理模式的基础上，二滩水电厂在设备管理体制方面进行了新的探索，成功的解决了传统的管理模式存在的“两个主人”的矛盾：运行是设备运行的主人，检修是设备管理的主人。检修部既是设备的管理者，又是检修任务的执行者，对设备检修维护缺乏有效地监督控制手段。

针对存在的问题，二滩水电厂从2000年6月开始，实行了以运行为主的管理体制，运行部（巡检组）为设备的主人，检修部为运行服务，生技部为运行部提供技术支持并对其考核。从检修部抽调专业人员担任专责工程师，组成巡检组。巡检组归运行部领导，是二滩水电厂运行设备管理和检修维护指挥中心。作为专职设备管理者巡检专工负责运行设备的管理，确认设备缺陷、签发工作票、对检修质量进行监督、记录设备台账、对设备进行运行分析、提出技改“两措”项目、负责设备定期巡检和切换工作。

通过设备管理职责的调整，进一步明确了安全责任，加强了安全考核。厂内职责调整后，运行部承担了设备安全生产运行的责任，检修部对设备检修维护计划的执行、质量和工期负责。目前，设备的定期维护计划完成率、消缺率和维护质量有了明显提高。2001年，二滩水电厂杜绝了重大事故、重大设备损坏和人身伤亡事故，全厂全年无事故，机组跳闸次数2次，同期比较有大幅度降低，取得了明显实效。二滩水电厂先后在设备检修方面完成了5台机组大修。通过机组大修和小修，消除了机组甩油、机组上机架振动超标、止漏环破损、转子中心体裂纹等重大设备缺陷，大修后的机组质量有了显著的提高，做到了一次启动成功。通过对机组的检修实现了对设备的全面整治。

建立计算机管理系统是企业现代化管理的必备条件，同时也是实行以运行为主的设备管理体制和实现状态检修的技术基础。二滩水电厂选择了德国西门子公司的BFS＋＋系统（电厂管理信息系统），这套软件在二滩水电厂的实际应用中通过二次开发，使其符合国内水电行业的工作流程（如工作票办理、运行值班日志等），完整地把工作内容、工作程序和材料管理、成本管理融为一体，具有信息的即时性、准确性和系统性。1998年8月18日，BFS与二滩水电厂首台机组同步投入使用。

计算机监控系统代表着二滩水电厂设备的现代化，实现全厂设备的计算机监控，首先要达到“前方值守，后方监控”的目标，进而达到无人值班的要求；BFS计算机管理系统代表着二滩水电厂管理的现代化。CCS和BFS在二滩水电厂的应用，形成了技术的积累、经验的积累、管理的积累，为达到管理的现代化、科学化创造了良好的条件。

（三）业绩评价

业绩评价是企业管理期望值和实际值的比较，反映了企业管理的水平和各项工作的成果及业绩，是客观、公正评价各部门业绩的标准。通过业绩评价，使我们看到了取得的成绩和存在的差距，从而不断改进工作。

二滩水电厂从建厂起就建立了业绩评价体系。2001年，二滩水电厂仍然坚持“公正、公平、公开”的业绩评价原则，严格执行经济责任制考核制度，使各项工作都得到了客观的评价，极大地调动了员工的工作积极性、主动性和创造性。2001年的主要业绩评价见表1。

表1　2001年的业绩评价

序号	指标名称	单位	完成值
1	连续安全无事故记录	天	444
2	本年度事故	次	无
3	本年度人身重伤	人	无
4	大坝安全评价情况		通过了国家验收
5	等效可用系数定额完成率	%	103.4
6	强迫停运次数	次/（台·年）	0.33
7	主设备完好率	%	100
8	主设备一类率	%	98.2
9	自动装置投入率	%	100
10	继电保护投入率	%	100
11	继电保护正确动作率	%	100
12	全员劳动生产定额完成率	%	183.4

（二滩水力发电厂）

龚嘴、铜街子水电站运行管理

龚嘴、铜街子水电站（以下分别简称龚站、铜站）是大渡河中下游的大型梯级水电站，两水电站装机容量分别为700MW和600MW。水电站实行一厂两站，集中检修。两站在安全生产、电力市场运营、设备检修改造、企业内部管理方面取得了一定成绩。

（一）安全生产情况

2001年继续保持了良好的安全生产局面，杜绝了重、特大设备事故和生产人身伤亡事故的发生，实现了全年无事故。截至年底，总厂连续安全生产纪录为788d，其中龚站788d，铜站1242d，铜站首次突破1000d，创发电以来最高纪录。在制度建设方面，修订出台了《危险点分析与控制管理办法》和《大洪水和超标洪水应急措施方案》等，进一步加强了安全生产的科学管理。防汛工作布置早、落实细，确保了安全度汛和汛期大发电。由于在安全生产方面成绩显著，去年被国家电力公司评为2000年度和“九五”期间安全生产先进单位。

（二）电力市场运营

在全省电力市场竞争日趋激烈的情况下，通过大力开拓市场空间，精心完善竞价策略，调动一切积极因素增供促销，取得了良好效果。全年累计完成发电量47.54亿kW·h。2001年，该厂以完成公司下达的利润为目标，狠抓经营管理。一是认真推行了全面预算管理。二是继续推行了内部承包办法，同各单位签订了可控费用承包责任书，增强了各单位的管理责任，保证了承包指标的有效控制。三是以制度建设为手段，推进财务规范化运作，明显地改善了企业财务状况。四是在开源节流上下工夫，开展了清仓查库工作，上报处理了大量废旧积压物资，减少了流动资金占用；对全厂物资采购和废旧物资处理作了进一步规范，堵塞了管理漏洞。五是积极发挥审计监督的作用，在做好企业内部审计的同时，全年配合会计师事务所及地方税务机关的检查共6批次，促进了企业管理基础工作的加强和规范运营。

（三）设备检修改造

2001年，该厂各检修单位在工期紧、任务重、要求高的情况下，克服困难，提前20d完成了两站的设备检修工作。在整个检修期，两站共完成1台机组扩修、3台机组大修、7台机组中修、10条线路及7台主变压器的年检预防性试验和全厂辅助设备的计划性检修任务。修后设备全部达到了一次性启动成功，确保了半年内无临时检修、无返修。2001年4月1日，沙湾梯调中心正式投运，实现了对铜站的远方控制，且稳定性和可靠性较好，达到了预期目标。

（四）企业内部管理

在2001年，该厂创造性地实施了从严管理。通过广泛的宣传动员、严格的检查监督、过硬的考核奖惩，尤其是依靠全厂员工、家属的大力支持，不仅做到了顺利起步，而且做到了持之以恒。在从严管理举措的带动和影响下，全厂的工作秩序明显好转，工作作风明显转变，工作效率有了很大提高，员工的精神面貌和企业外部形象也发生了可喜变化。同时，也推动了企业管理向更深的层次和更高的目标迈进，向更加规范化、法制化的方向发展。该厂以公正、公开、公平为指导原则，进行了新一轮岗位组聘工作。其特点：一是优化了企业组织结构，对主业和多经机构进行了合理调整，实施了检修和维护职能分离，使企业的组织机制更加适应面向市场竞争的需要。二是深化了岗位动态管理，对中层干部实行了考试与考核相结合的尾数淘汰办法，加大了干部交流和培养选拔年轻干部的力度，共有5名中层干部在竞争中被淘汰，有40名中层干部实现了岗位交流，有15人新竞聘上了中层干部岗位。三是进行了专业工种的合并，在分离检修与维护职能的基础上，采用了大工种方式设置专业班组，为培养复合型专业技术人才创造了条件。四是完善了竞争激励机制，在主要生产班组增设了技师岗位，带动员工岗位成才；制订了新竞聘管理岗位办法，坚持学历与能力相结合，公开考试、择优选用管理人员，营造“赛马”环境。

（龚嘴水力发电总厂　张祥金）

十三陵抽水蓄能电厂机组的黑启动

（一）电厂概况

十三陵抽水蓄能电厂位于京、津、唐电网的负荷中心，为地下式厂房，装有4台200MW抽水蓄能机组。上池建在蟒山之巅，蓄水量可供全厂4台机组满发5h，现为华北电网的第一调频、调峰厂，还担负着华北电网紧急事故备用的重任。

（二）黑启动功能简介

1. 电厂机组黑启动　在电网事故、自然灾害或其他原因等情况下，造成该厂全部外来厂用电源消失，且短时间内无法恢复，电厂为了保护地下厂房的安全和恢复生产，实行自救，利用仅有的直流系统，启动监控专门程序，使机组发电，恢复厂用电供电，进而恢复厂用设备的运行。

2. 电网黑启动　电网“黑启动”是指整个电网因故障停运后，在无法依靠其他电网送电恢复的条件下，通过电网内具有自启动能力机组启动，带动无自启动能力的机组，进而逐步扩大电力系统的恢复范围，最终实现整个电力系统的恢复。

3. 黑启动的作用　（1）由于蓄能机组的特殊性，设计为地下式厂房，日渗水量较大，厂用设备如排水、照明、通风、消防等对厂用电要求很高，特别是长时间不能恢复供电，将有可能造成水淹厂房的严重后果。因此，要求电厂具备生产自救功能，设计利用水电机组的优越性，采用机组黑启动。

（2）近些年来，世界范围内发生的几起大电网的停电事故提醒我们，作为电力系统安全措施之一，研究电力系统事故后的恢复问题即“黑启动”问题具有重大的理论和实际意义。成功的系统恢复方案的储备，将对系统在极端情况下的恢复提供有力的保障，大大缩短系统的停电时间。

（三）电厂“黑启动”试验

十三陵抽水蓄能电厂机组黑启动功能是设计本身具备的功能，在全部机组投运后，该厂按照合同的要求，总结外方试验的经验和教训，大胆改革，再次完善开机的程序，并对试验进行严密的监控和测试，在1998年和1999年重新自行组织试验取得圆满的成功。

1. 厂用电电源　十三陵抽水蓄能电厂的厂用电分别从三个方向取得。通过主系统两台厂用电变压器分别挂在4母线和5母线，通过两条220kV线路（厂房经同一隧道）分别连接在昌平500kV变电站。另外还通过一条10kV线路从昌平龙山110kV变电站直接送到（经厂房不同的隧道）厂用电的10kV2G母线和通过从龙山110kV变电站经35kV线路到35kV凤山变电站经10kV线路到2G母线。正常情况下，四个外来电源，三段10kV母线分别独立运行，当其中一个进线回路发生电源故障而跳闸时，母连开关备用自投在0.5s内自动合上，由相邻的母线带上。但仍存在可能发生厂用电全部消失的情况，为了确保电厂安全，使用机组具备的黑启动功能开机自带厂用电。

2. 监控系统的程序设置　选定4号机组进行黑启动功能开机，当系统接收到自用盘无交流电，机组要并网的220kV母线无电压信号及其他一些必要条件满足时，启动按钮方才有效。程序启动首先是启动机组直流高压油顶起泵，打开主轴密封水阀、合换相断路器，正常信号返回后开球阀，接着是调速器将机组调整到额定转速，励磁开关合，当机端电压达到额定电压时，通过主变压器高压侧断路器合闸并网。需要注意的是此处没有同期问题，因为母线是空的。并网后，电流通过2号厂高变到110kV3G母线，到机组自用变，再到机旁盘。监控系统收到4号机旁盘带电信号后，即发令启动机组的交流辅助设备，设备正常运转，黑启动程序结束，启动成功。

这次黑启动对预启动条件作了较大修改。

该方案将黑启动程序作为一个独立的工况处理，在保证机组安全的前提下，尽可能的减少黑启动工况的预启动条件，选择20条作为黑启动的预启动条件，修改后的黑启动程序如下：

黑 启 动 程 序

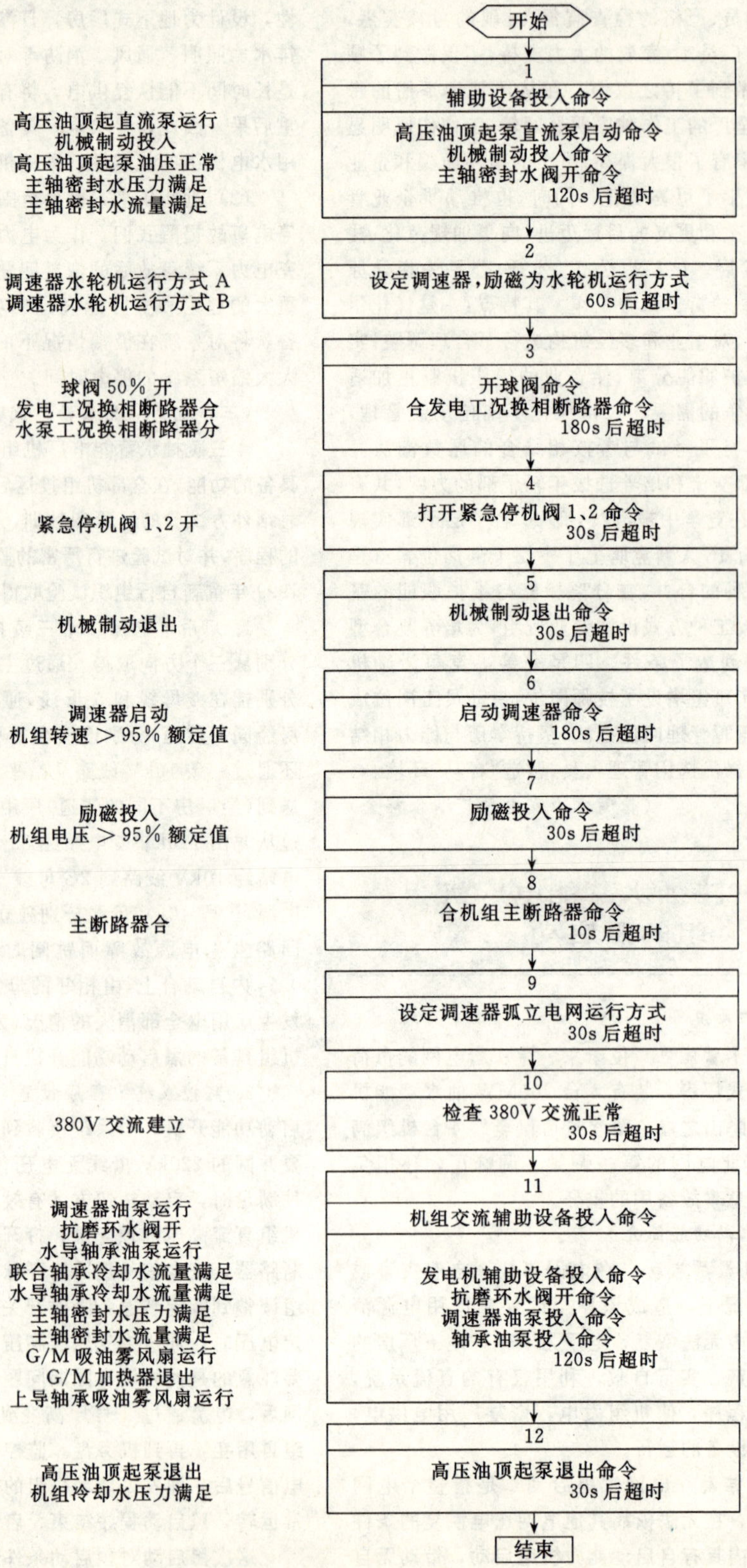

其中的主轴密封水由高压管道取得，转子的励磁由直流系统供给。

3. 机组黑启动试验

(1) 黑启动试验中的停机条件。为了防止黑启动过程中，机组有意外的情况发生，在发现以下情况时，将做停机检查，以免损坏设备：

1) 启动机组开机程序 3min 后无电压终止试验。

2) 启动机组后任意部位瓦温迅速上升到 60℃终止试验。

3) 在启动试验过程中，不管何种原因造成机组停机终止试验。

4) 机组定子电流达到额定值 8000A 终止试验。

(2) 试验。1999 年 5 月 4 日，在 4 号机组上进行了机组黑启动试验，结果在 3min 之内，机组达到额定转速、额定电压，并通过 2 号厂高变反送厂用电成功，机组各部瓦温正常。并延伸试验将电空充至昌平 500kV 变电站之间的线路，机组调速器、励磁系统在孤立小电网状态下，均能稳定控制机组的转速、电压等，为下一步向系统送电打下基础。2000 年 4 月 8 日，又成功的再一次进行了机组黑启动试验。

2000 年 5 月 5 日，在运用 4 号机组带动电网子系统黑启动过程中，十三陵抽水蓄能电厂机组情况如下：①机组膨胀型温度计，推力、上导、下导、水导瓦温的变化不大，最大变化为 16K 在推力轴承；②主要油罐压力的变化情况，球阀油罐压力下降 0.5MPa，调速器油罐压力下降 0.1MPa；③机组电阻型温度计的变化情况，上导瓦最高温度 46℃，最大温升 3K，下导瓦最高温度 41℃，最大温升 4K，推力瓦最高温度 47℃，最大温升 8K，水导瓦最高温度 29℃，最大温升 5K。各项数据的变化没有超出要求。

(四) 电网“黑启动”试验

1998 年在华北电网中期发展规划的计算分析报告中，指出了随着华北电网规模的不断扩大，负荷量和发电容量逐渐增加，存在着电力系统发生严重事故全网失去稳定甚至垮网的危险；为了保证首都电网的安全、可靠运行，一定要做好最恶劣事故的预防措施；提出在十三陵抽水蓄能电厂机组本身“黑启动”试验成功的基础上，北京地区如果出现大面积停电的情况下，如何利用水电厂恢复其他电厂的厂用电，以及逐步恢复整个电力系统的专题研究并进行试验。为此成立了试验工作小组，组织相关单位研究“首都电网快速恢复技术课题”。

1. 电网黑启动研究步骤　1999 年明确了此项工作分三步进行：

第一步：首先完成在十三陵蓄能电厂失去全部外部电源后，通过机组黑启动自带厂用电的试验工作。

第二步：在第一步成功的基础上，研究如何向京内其他火电厂送电，恢复其他火电机组。

第三步：制定出切实可行的电网“黑启动”调度实施预案。

2. 试验接线

(1) 选择试验子系统的原则：①系统启动路径尽量短；②尽量减少不同电压等级的交换；③尽量先启动大容量的机组；④尽量先启动离重要负荷近的机组。

(2) 接线示意如图 1 所示。经过研究和选择，共设计了约 14 种子系统方案，最终选定以上的子系统，该子系统的电气距离较短，为 91km，所选机组均为靠近负荷中心的最大可用机组，所用线路为 220kV 同一电压等级，因而，电气操作少，过电压水平低，不会产生自励磁。

(3) 电网黑启动过程中，几个技术问题的分析如下：

1) 空充长线路过程中，十三陵抽水蓄能电厂机组是否会发生自励磁。

2) 空充长线路过程中，线路末端暂态过电压和工频过电压倍数是否在允许范围以内。

3) 在空充变压器的过程中，是否会发生铁磁谐振。

4) 在蓄能机组逐步供电给石热火电机组厂用负荷过程中，十三陵抽水蓄能电厂机组的进相运行能力，其调速系统和励磁调节系统的特性能否保证蓄能机组在小负荷状态下稳定运行，子系统的电压频率是否在合理的范围以内。

5) 蓄能机组与石热火电机组并网后，由于水电、火电机组的调速系统和励磁调节系统特性相差比较大，水电机组调节速度快，火电机组调节速度慢，是否会引起子系统内发生低频振荡，造成机组有功功率摆动，甚至不能稳定运行。

上述可能产生的问题必须先从理论上进行计算分析。在上面选定的子系统中经过计算后，认为可以进行实际试验进行进一步验证。

3. 试验结果

(1) 试验过程。2000 年 5 月 5 日 0：00～8：00，华北网从主网正常运行方式中倒出本次试验子系统接线方式。上午八时，陵昌Ⅱ线及启动石热电厂线路停电，十三陵抽水蓄能电厂的 4 台机组全部处于停机状态，4 号机组的厂用电全失。8 时 25 分启动 4 号机组的黑启动程序，开始执行开机操作，8 时 27 分 15 秒并入小网，标志着 4 号机组黑启动最危险的时段已过，机组附属设备的运转表示 4 号机组启动顺利成功。从机组黑启动程序开始运行到机组并入小网仅用 2min15s，途径 91km 的线路及昌平、清河变电站，给石景山热电厂 5 号母线充电。同时十三陵抽水蓄能电厂 2 号厂高变带厂用电成功。9 时 15 分石热 3 号机打闸停机，9 时 28 分石热 3 号机组点火，9 时 46 分石热 3 号发电机组并入小网成功，整个电网黑启动过程用时仅为 1h23min。

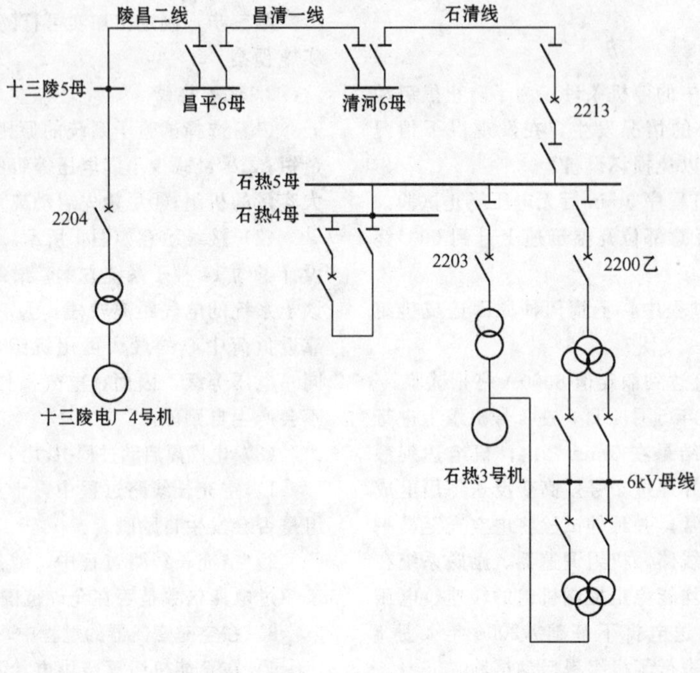

图1 接线示意图

(2) 试验结论。在本次试验的整个过程中,十三陵抽水蓄能电厂机组4号机组在低负荷下,运行稳定,并有较强的进相能力,与石热机组并列运行时,两机组协调性较好,均能维持电压、频率稳定,没有出现小系统的振荡现象;在整个试验过程中,未发生异常的过电压现象,其实测数据和计算结果基本相符。本次试验的顺利进行,说明十三陵抽水蓄能电厂蓄能机组能胜任华北电网黑启动的启动电源,本次研究的电网黑启动方案是可行的,试验达到了预期的目的。

(五) 几点体会

(1) 随着华北电网容量的不断增加,对电力系统的稳定性要求越来越高。京津唐电网担负着首都政治性供电的重任,所以确保京津唐电网的安全稳定运行,是当前首先要研究解决的任务之一。系统全部停电以后,使其恢复供电是一件十分复杂而又耗费时间的事情。充分而合理的事故恢复方案,可能帮助调度及生产运行人员采取适当的措施,从而大大减少停电时间;反之,可能延长停电时间,甚至进一步造成设备损坏的严重后果。

(2) 电网黑启动,首先应保证有可靠的启动电源,与火电机组相比,水电机组的启动过程较快,比较方便。十三陵抽水蓄能电厂机组性能先进,上池蓄满水量可供4台200MW机组连续满发电运行5h,是华北地区最大的水电厂,机组全部采用自动化控制,机组"黑启动"时间在3min之内,从启动速度、调节系统特性及可持续供电时间来看,是比较理想的电网"黑启动"电源。

(3) 机组黑启动的关键是不能烧瓦,因为此时油泵(除了直流高压油顶起泵)未运转。因此黑启动过程中,从机组开始转动到辅助设备正常运转这段时间是最危险的。而交流辅助设备的启动时间很短,所以最危险的时段基本上也就是从机组转动开始到机组并网这一段时间。

(4) 机组黑启动过程中,对于机组控制系统来说,监控系统是使用了区别于正常开机的专用程序。对励磁系统没有特别要求,而对于调速器来说则有特别要求。正常情况下,机组在电网的巨大容量的影响下,单机的能量显得微乎其微,转速基本稳定,机组随着电网运转。而通过黑启动运转起来的机组,自成一个小网,对转速的控制要求很高,此时调速器工作于孤立电网运行方式。

(5) "黑启动"问题的研究在中国处于起步阶段,华东电力局已用天荒坪抽水蓄能电站作为启动电源,对系统恢复方案进行过计算分析。迄今为止,国内尚未在实际电网进行"黑启动"试验,2000年5月5日华北电网利用十三陵抽水蓄能电厂机组进行的"黑启动"试验在中国是首例成功的试验。

(十三陵抽水蓄能电厂 王志刚 吴张建)

隔河岩、高坝洲两梯级水电站联合调度初步研究

隔河岩、高坝洲水电站是清江干流最下游的两个

梯级水电站。隔河岩梯级水电站以发电为主，兼有防洪、航运、供水等综合利用效益，控制流域面积 14430km²，水库正常蓄水位 200m，死水位 160m，调节库容 19.75 亿 m³，具有年调节能力，水电站总装机容量 1200MW。高坝洲水电站是隔河岩水电站的反调节梯级，位于隔河岩水电站下游 50km 处，开发任务是发电、航运。水库正常蓄水位 80m，死水位 78m，调节库容 0.537 亿 m³，具有日调节能力，水电站总装机容量 252MW。隔河岩水电站至高坝洲水电站区间流域面积 1220km²，只占高坝洲水电站控制流域面积的 8%，两梯级水电站投入同一电网运行，由华中电力公司统一调度，发电量全部送湖北省。

(一) 隔河岩、高坝洲两水电站洪水调度

(1) 隔河岩梯级水电站防洪调度。对于隔河岩水库来说，下游 9km 处的长阳土家族自治县的县城是其主要防护对象。隔河岩水库的防洪调度原则为：①洪水期，当隔河岩水库水位低于正常蓄水位时，控制最大下泄流量为 11000m³/s；②当隔河岩水库水位在 200～203m（清江 1969 年实际发生的洪水过程，按最大下泄流量 13000m³/s 控制调洪的最高坝前水位）之间时控制最大下泄流量 13000m³/s。另外，隔河岩水库还承担着为长江、清江洪水错峰的任务，在 6、7 月份需为长江防洪预留 5 亿 m³ 防洪库容，相应的防洪调度服从长江总体防洪安排。

(2) 高坝洲梯级水电站洪水调度。在隔河岩水库防洪调度方式已定条件下，为减少高坝洲水库壅水后对长阳县城的影响，缓解长阳县城防洪压力，高坝洲水库的洪水调度采用大洪水时降低高坝洲水库坝前水位至死水位以下的洪水期调度方式，即当隔河岩水库的下泄流量大于 10000m³/s 时，及时将高坝洲水库坝前水位从 78m 降到 76m 高程。

(3) 两梯级水电站联合调度。在前述隔河岩、高坝洲单个梯级水库洪水调度基础上，确定的梯级联合洪水调度的基本原则为：①当发生大洪水时，首先由隔河岩水库根据其洪水调度原则对洪水进行拦蓄，控制隔河岩水库下泄流量，若隔河岩水库下泄流量大于 10000m³/s，高坝洲水库水位开始预泄，库水位从 78m 降到 76m；②当隔河岩水库下泄流量在 11000～13000m³/s 时，高坝洲水库尽可能维持库水位在 76m 左右运行。

高坝洲大坝坝址设计洪水的地区组成分为两种，即隔河岩大坝坝址发生与高坝洲大坝坝址同频率的设计洪水，隔河岩至高坝洲区间洪水相应；隔河岩至高坝洲区间发生与高坝洲坝址同频率的设计洪水，隔河岩坝址洪水相应。每一种组合洪水，先进行隔河岩梯级调洪计算，下泄流量加上区间流量后，再进行高坝洲梯级调洪计算。

隔河岩水库洪水调节计算的起调水位为 200m，相应的设计洪水位为 203.19m，校核洪水位为 204.40m。高坝洲水库 5%频率洪水按 76m 起调，而 1%频率和 0.1%频率洪水按 78m 起调，高坝洲水库 5%频率洪水最高坝前水位为 76.09m；1%频率洪水最高坝前水位为 78.09m。0.1%频率洪水最高坝前水位为 82.81m。

(二) 隔河岩、高坝洲两梯级水电站发电调度

隔河岩、高坝洲两梯级水电站发电运行调度时，视两水电站为一整体联合调度，由于隔河岩梯级水电站控制了高坝洲梯级水电站 90%以上的流域面积，水库规模大，因此，联合调度时以隔河岩梯级水电站为主，通过隔河岩水库调节控制两梯级水电站旬（或日）的平均发电出力，以满足系统的用电要求。

隔河岩和高坝洲两梯级水电站的运行方式属于不同类型。隔河岩水库具有年调节能力，是电网的主要调峰调频电源，而高坝洲水电站是隔河岩水电站的反调节工程，水库只具有日调节能力，其发电运行受隔河岩水电站发电运行影响较大，因此发电调度方式只对隔河岩水电站而言，高坝洲水电站则按日调节运行，除航运要求带基荷外，发电出力基本上根据隔河岩水电站的出力大小而变化。

两梯级水电站联合运行时，根据两梯级水电站的特性，水库调度图在隔河岩水库单库运行调度图基础上，进行修改编制，以使两水电站总的发电指标较优。

由于高坝洲水库具有日调节能力，当水库日均入库流量小于水电站机组预想出力相应的日均发电流量时，在满足航运和下游用水要求条件下，高坝洲水电站宜采用与隔河岩水电站同步调峰方式运行；当水库日均入库流量大于或等于机组预想出力相应的日均发电流量时，水库维持正常蓄水位 80m 高程运行，以利发电。大洪水时，为减少水库淹没损失，应降低坝前水位运行。

根据两梯级水电站发电调度原则和调度图，按日径流进行径流调节计算，隔河岩水电站多年平均发电量为 29.19 亿 kW·h，保证出力为 180MW，高坝洲水电站多年平均发电量 8.86 亿 kW·h，保证出力为 55.2MW；按旬径流进行径流调节计算，隔河岩水电站多年平均发电量为 30.4 亿 kW·h，保证出力为 180MW，高坝洲水电站多年平均发电量 8.98 亿 kW·h，保证出力为 61.5MW。

（长江水利委员会长江勘测规划设计研究院
李文俊 安有贵）

三峡、葛洲坝水电站梯级调度规程编制

三峡、葛洲坝水电站梯级调度规程（以下简称规

程）是为实现工程综合利用效益最大，规范梯级调度工作而编制的。根据编制计划，目前长江水利委员会长江勘测规划设计研究院已完成三峡（围堰发电期）、葛洲坝水电站梯级调度规程送审稿。并已着手准备初期运行期和正常运行期的规程编制工作。

（一）编制目的、原则

三峡工程是具有防洪、发电、航运等综合效益的水电工程。工程将于2003年蓄水发电，到2009年，工程完建，届时三峡工程将发挥巨大的综合利用效益。葛洲坝水电站在三峡工程投入运行后作为三峡水电站反调节航运梯级，配合三峡水电站运用。三峡工程规模巨大，举世瞩目，水库调度运用涉及面广，影响重大，所编制的规程主要从水库调度运用来协调防洪、发电、航运及工程长期运用等方面的关系，指导工程调度运用，以达到工程安全可靠运行，并使综合利用效益最大。

规程编制应在三峡工程初步设计和多年的论证、科研成果的基础上，进行深入的专题研究，结合三峡工程建设、技术设计和葛洲坝水电站运行实践，对各方面因素充分研究协调后形成，规程是具有可操作性的法规性文件。

（二）规程编制有关情况

三峡工程的建设方针为“一级开发，一次建成，分期蓄水，连续移民”，按建设程序和分期蓄水位水库分围堰发电期、初期运行期和正常运行期三个调度运行期。规程编制分三阶段分别提出以上三个运行期的调度规程。在2002年提出围堰发电期规程，2005年提出初期运行期规程，2007年提出正常运行期规程。

葛洲坝水电站在三峡工程投入运行后，和三峡工程形成梯级联合运用。葛洲坝水电站原单独运行时的运行管理规程停止使用。调度规程编制的内容包括两个水电站独立运行及联合运行时的运用原则和运行方式。规程主要对水库调度运用作出规定，工程有关建筑物和设备等运行操作规程，将在梯调规程指导下另行编制。

（三）围堰发电期规程

1. 规程组成　2003年6月以后，三峡工程由右岸围堰和左岸大坝共同挡水形成水库，水库运用水位135m，到2007年9月水库蓄水至156m以前为围堰发电期。三峡（围堰发电期）、葛洲坝水电站梯级调度规程共分九章：总则、基本参数和指标、水文气象情报与预报、防洪调度、发电调度、航运调度、水工建筑物安全运用、库区及坝下游河道管理、水库调度运行管理。

2. 规程主要内容　针对围堰发电期三峡工程处在建设阶段的特点，梯级调度运用总原则为：确保工程安全，适应工程进度要求，逐步发挥效益。规程编制始终贯穿这一原则。其主要内容包括：①编制目的、依据、使用期；②水库运用水位；③防洪、发电、航运三大调度的各自调度原则和相互协调的调度原则、调度权限及执行程序、调度方式和实施调度方案；④建筑物安全运用的规定；⑤对库区及坝下游河道环境保护和有利于工程长期利用的管理规定；⑥水库调度运行管理单位的职责与任务等。

规程在经过审查和批准后将正式颁布实行。

（长江勘测规划设计研究院　刘丹雅）

湖南2002年特大秋汛中水库的科学调度

2002年8月份湖南省遇到建国以来罕见的特大秋汛，湘、资、沅江洪水与长江洪水恶劣组合，湘江、资江和洞庭湖全面超警戒水位或危险水位，城陵矶水位最高达34.91m，位于建国以来的第四高水位。由于最大限度的发挥了五强溪、柘溪、东江和凤滩等水库的削峰、错峰和拦洪能力，成功地拦蓄了洪尾，充分发挥了水库的防洪与发电效益。

（一）湘、资、沅三水降雨与汇流过程及洞庭湖水情

2002年8月份湖南省出现了两次强降雨过程，强度之大、范围之广、影响之深，均为历史同期罕见。

第一次降雨发生在8月6～7日，郴州、永州、衡阳地区旬降雨量分别为197mm、165mm和99mm，比历年同期均值分别偏多286%、266%和153%；娄底、邵阳地区旬降雨量分别为57mm和59mm，分别比历年同期均值偏多35%和40%。

第二次较大的降雨过程发生在8月11～21日，8月11～14日湘西北、湘北持续降雨；8月15日副热带高压开始减弱东撤，中纬度地区有中亚阻塞高压扩大，并向南移动，8月16日湘中15个县市降暴雨；8月18日暴雨带从湘中推进到湘南，又有15个县市降暴雨；8月19～21日湘水全流域、资水及沅水流域再次普降暴雨。

2002年8月份两次强降雨过程的特点是：

（1）降雨间歇短、历时长、范围广。

（2）降雨时空分布不均匀，雨带来回移动。

（3）同期面雨量大，点雨量频率高。

该时段洞庭湖水系水情的主要特点是：

（1）前期土壤含水量高，径流系数大，降雨产水量丰富。

（2）湘、资、沅水干流洪水此起彼伏，洞庭湖底水偏高。

(3) 长江干流洪水峰高量大，维持时间长。

(4) 洞庭湖高洪水位对四水下游水位顶托明显。

(5) 洪水组合恶劣，净入湖水量大，湖区水位上涨快。

(二) 水库调度决策与实施

在该次严重秋汛的洪水调度过程中，东江水库全部拦蓄“北冕”强热带风暴所产生的降水3.3亿m^3，入库洪峰$2013m^3/s$，出库流量$325m^3/s$，削峰率83.8%，有效地减轻了郴州地区的灾害；柘溪水库于8月21日错开了柘溪上游洪水$8110m^3/s$与柘桃区间$2160m^3/s$洪水的叠加，使桃江免受灭顶之灾；五强溪水库错开城陵矶洪峰约54h，并为洞庭湖拦蓄洪水8亿m^3。该次秋汛水库防洪调度的主要经验有：

(1) 水库防洪调度原则明确。通过认真总结多年水库防洪调度的经验和对洪水利害的辨证认识，湖南省防汛指挥部进一步明确了水库防洪调度的原则：首先是要保证大坝的绝对安全，二是要上下游兼顾，三是要为洞庭湖适度拦洪、错峰，四是要实时调度，发电服从于防汛，并适度多拦蓄洪尾。

(2) 滚动预测雨水情和制定调度预案，增强水库调度的预见性。在秋汛期，湖南省气象局每天两次对未来3日、5日天气状况进行滚动预报，实时跟踪降雨趋势、强度及落点的变化；水文部门也实时测报各水系河段水情的变化，预测其不利组合；五强溪、柘溪、凤滩和东江等大型水库24h值班，实时遥测水库流域的降雨，每天8段次进行降雨径流预报，并根据流域水情和水库调洪特点制作调度预案报湖南省防汛指挥部。湖南省防汛指挥部在综合分析气象、水文、水电厂提供的预报与预案和堤防的处险情况后，动态控制水库的泄水时机与力度，增强了水库防洪调度的预见性与主动性。

(3) 适时利用五强溪防洪库容主动滞洪，实施不同水系的错峰调度。如图1所示，8月20日8：00，预报城陵矶水位于25日将达峰值35m，25～26日将处于较高水位。此时，天气预报21～24日为降雨间歇期，五强溪库水位已降至100.81m且已预腾出防洪库容9亿m^3，五强溪泄流至城陵矶的传播时间约为86h。鉴此，湖南省防汛指挥部果断决策，将五强溪水库的泄量减少了$6000m^3/s$并维持了54h，以错开城陵矶的洪峰，使城陵矶的最高水位降低至34.91m。

(4) 实施柘溪水库与下游区间补偿调度，用足河道的行洪能力。资水流域防洪调度的难点在于实现柘溪水库泄流与柘桃区间（暴雨中心）产流的补偿调度，因柘溪水库泄流与区间产流几乎同时到达桃江，且受现有预报手段限制，完善的资水补偿调度系统未建立。但是，在2002年秋汛的防洪调度中，湖南省防汛指挥部利用卫星云图实施了准补偿调度，用足了资水尾间的安全泄量，有力减轻了水库上游的防洪压力。如图2所示，8月20日8：00前，区间最大产流达$2500m^3/s$，控制柘溪水库最大泄量不超过$6500m^3/s$；20日8：00～21日2：00间，区间产流在$1500m^3/s$左右，柘溪水库泄量增大至$7000m^3/s$左右；21日2：00区间反涨超过$2000m^3/s$，柘溪水库泄量则逐渐减少至$6000m^3/s$。

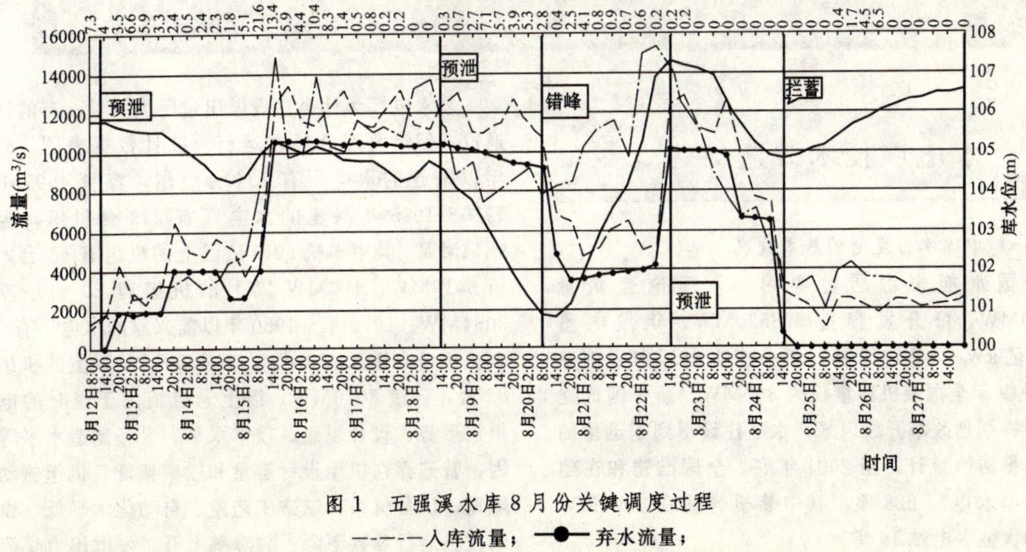

图1 五强溪水库8月份关键调度过程

—·—·—入库流量；—●—弃水流量；

------出库流量；——库水位

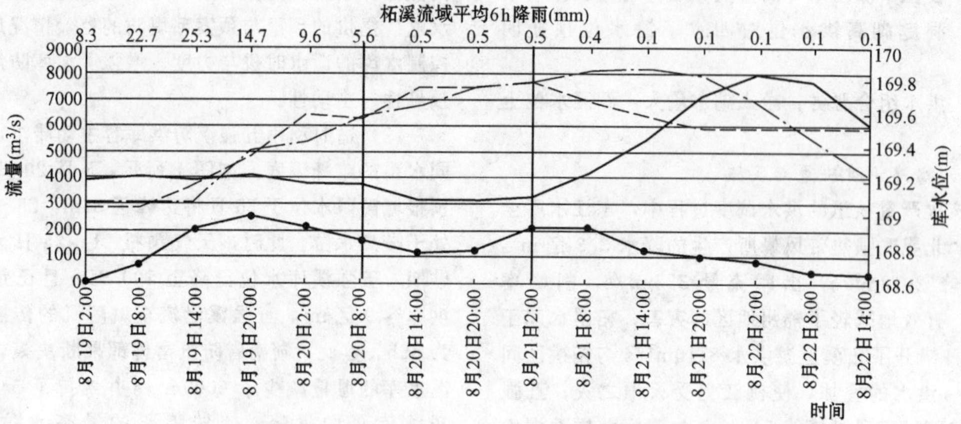

图2 柘溪水库与柘桃区间补偿调度过程

—·—·—入库流量；------出库流量；

—●—柘马区间产流；——库水位

(5) 适度预泄与拦蓄，充分发挥水库的综合效益。8月份是水库蓄水的关键时段，防洪调度的难点在于水位的控制，水位过低则回蓄困难，水位过高则防洪被动。在2002年特大秋汛的水库调度中，湖南省防汛指挥部充分利用未来3日、5日天气预报和降雨径流预报，在降雨和洪水预见期内适度预泄水库，在退水段适度拦蓄，成功地解决了腾库防洪与蓄水发电、抗旱的矛盾。预泄流量与深度主要根据实时水位与预报洪水过程确定，以不使退水段水位回蓄困难为度。库水位高、预报入库流量大，则预泄流量大、预泄水深深；库水位低、预报入库流量小，则预泄力度小。例如，五强溪水库分别于8月12日14：00、18日14：00、22日8：00进行三次预泄，分别将水位降低至104.27m、100.81m和104.82m，同时于24日20：00拦蓄洪尾，使库水位回蓄至107.44m，详见图1；柘溪、凤滩水库分别于8月24日20：00和25日23：00关闸，使库水位分别回蓄至168.53m和204.64m。距各水库的正常蓄水位相差约0.5m，储备了各水库汛后发电、抗旱与航运的用水。

(湖南省电力公司 魏敏文 符乐林 曹希尧)

水电厂扩机增容改造

水电厂技术改造综述

(一) 中国水力发电的基本状况

中国水能资源居世界第一，理论蕴藏量676050MW，可开发容量378530MW，年发电量19200亿kW·h。1912年，第一座水电厂在云南建成，1949年全国装机容量仅为360MW。新中国成立以来，特别是改革开放以来，水电建设得到了迅猛的发展。据初步统计，至2001年底，全国已建和在建的大中型水电厂228座，其中装机容量在1000MW以上的大型水电站19座。

(二) 中国水电厂技术改造情况

老水电厂为社会建设做出过巨大贡献，有的已经退役，但绝大部分仍在运行。统计数据表明：1969年以前建的水电厂有134台机组，容量4599MW。1970～1975年兴建的水电厂有243台机组，容量9844MW。其中单机50MW以上的机组有65台，容量6419MW；100MW以上的机组有20台，容量3084MW。1976年～1980年以前兴建的水电厂有303台机组，容量12373MW；其中50MW以上的机组有82台，容量8010MW。以上老机组由于当时的电力供需形势、设计思想、技术水平、设备制造水平等原因，普遍存在机组设计容量和效率偏低、机组振动区域宽、设备材料和制造工艺差、自动化水平低、设备老化、运行参数下降、故障率上升、发电出力受阻等问题，不利于水电厂的安全稳定运行，也不能满足现代电力市场对水电厂调峰、调频、快速响应的要求。

针对水电厂的情况，电力部门一直很重视水电厂的技术改造工作，也取得了一定的成绩。水电厂技术改造是紧紧围绕着机组改造增容进行的，重点是更换空蚀、磨损严重及效率低的水轮机转轮或叶片，更换发电机定子绕组，改进通风系统，更换主变压器等，提高机组的出力与效率，取得了显著的安全经济效益。刘家峡水电厂从2号机组通过更换发电机线棒，更换新型水轮机和叶片技术改造开始，先后对3台机组实施改造，3台机共增加出力95MW。新安江水电厂通过与科研部门合作开发新转轮，将72.5MW机组改造增容为90MW。东北电网所辖14座水电厂54台机组中已有9座水电厂31台机组进行了不同程度的改造增容，31台3038MW的机组增容达405MW，平均单机增容13.3%。据粗略统计，通过对全国几十座水电厂上百台机组的发电机、水轮机、主变压器及断路器不同程度的改造，共增加容量800MW以上，相当于新建一座近百万千瓦级大型水电厂，而投资仅为新建一座同容量水电厂投资的1/3～1/4。

目前，刘家峡水电厂5号机组已完成改造，新安江水电厂的9台机组正在按计划进行改造，青铜峡水电厂全部机组改造的研究报告已上报国家经贸委，计划年内开工。在扩机方面，石泉水电厂已完成扩机，乌江渡水电厂、柘林水电厂、凤滩水电厂、黄龙滩水电厂正在按计划进行。

（三）国外水电厂技术改造情况

1991年黄毅诚部长去瑞士考察时了解到，瑞士对其水电厂进行了以提高水轮机、发电机和系统效率为核心的技术改造，改造后可平均增加出力15%左右。

1997年国家电力公司组团赴美国考察时了解到，美国田纳西流域管理局（TVA）正在实施对其所属30个水电厂（总装机容量4800MW）109台机组的现代化改造计划。该计划主要是通过更换水轮机转轮等措施，增加水电机组容量536MW，平均增加出力约9%。该计划到2010年完成，总投资7亿美元。

2000年8月，应美国（Hydrovision 2000）国际会议组委会的邀请，国家电力公司组团参加了会议。他们了解到美国的技术改造的主要内容包括对老水电机组水轮机、发电机的改造和对水电厂的自动化改造。他们认为，水电厂机组动力驱动部件的寿命为40年，发电机使用寿命为45年。已达到或接近服役年限的机组，故障率高，检修时间长、工作量大、费用高，从技术经济的角度分析，进行改造是必要的。

（四）中国水电厂改造中存在的问题

中国水电厂技术改造取得了一定的成绩，但是，还存在一些问题，主要有：

（1）统一规划的工作有待进一步加强，相对于新建水电工程，对已建水电厂技术改造的规划工作重视不够。

（2）在资金投入和技术引进方面没有形成规模。

（五）几点建议

（1）对老水电厂进行改造，从经济的角度讲，是投资省、工期短、见效快的项目，经济效益和社会效益明显。从电力系统的角度讲，由于提高了设备的可靠性和自动化水平以及调峰能力，因而提高了电力系统的安全可靠性和经济效益。目前中国老水电厂的技术改造潜力很大，老水电厂的改造也应成为电源结构调整的重要组成部分，建议国家有关部门给予足够的重视。

（2）随着“网厂分开，竞价上网”的推进，水电厂以其发电成本低廉，调峰调频运行灵活等优势，在电网中的作用已受到各电力公司和电网调度部门的重视，一些电力公司已对水电厂进行了技术改造，取得很好的经济效益。但是，由于国家有关综合部门的支持和指导的力度不大和资金缺乏等因素的制约，水电厂的现代化改造没有形成足够的规模。因此，建议对中国水电厂改造进行统一规划，学习国外的先进经验，在资金方面争取国家的政策支持，通过统一的规划和实施，使中国水电厂的设备水平提高一个档次，管理水平提升一个台阶。

（3）当前，中国正在加快发展水电，加大项目投入，一批大型水电厂将在“十五”开工建设。在加快水电开发建设的同时，也要重视对已建水电厂的技术改造。改造要在认真研究水电厂实际情况的基础上，提出水电机组的修复要求，水轮机增容潜力和相关的改造原则，考虑减人增效所节约的费用及新增发电容量和电量收益，进行经济评价和财务评价后，确定机组改造的总体方案。

（国家电力公司　于文革）

三门峡水电站1号机组增容改造

（一）工程概况

黄河三门峡水电站位于黄河中游下段的干流上，距下游小浪底水电站130km，是黄河干流上修建的第一座大型水电工程。工程于1957年4月开工兴建，水电站原设计安装8台单机容量为145MW的混流式水轮发电机组。1960年9月水库开始蓄水运用，1961年4月大坝建成，1962年2月第一台机组试验发电。由于水库“蓄水拦沙”运用仅一年半时间，库区发生严重泥沙淤积，安装的第一台混流式机组也被迫拆迁。水电站经过改造和扩机，于1973年～1978年安装了5台单机容量为50MW的轴流转桨式水轮发电机组，于1993年～1997年扩建2台单机容量为75MW的混流式水轮发电机组。

（二）改造前机组运行情况

自1973年底第一台机组投入运行至今，20余年，水电站经历了三个阶段，即1980年以前的全年运行期；1980年～1989年非汛期运行；1989年至今的非汛期的清水发电和汛期浑水发电试验。

由于水轮机长期受高含沙量水流磨损，转轮叶片和转轮室遭受极其严重破坏，以致造成机组效率下降10%以上。水轮机遭受极其严重的破坏，叶片磨蚀破坏已近于报废。更为严重的是整个水电站5台机组，6套转轮共计48个叶片，至1992年有45个叶片在叶片枢轴根部出水边一侧不断发现有不同程度的裂纹，机组被迫大修。水轮机的主轴密封和叶片枢轴上止封装置等也遭受泥沙磨损的影响，事故常有发生。

现有发电机组是哈尔滨电机厂70年代初期生产的第一代“黄绝缘”（B级绝缘）发电机。因受当时制造水平的限制，并经受了长期机械、电气、发热各种负荷运行的影响，发电机线棒和槽绝缘受电腐蚀较为严重，且温升较高，线圈绝缘日趋老化。虽经压紧处理，状况仍然不佳。

（三）机组改造的措施

根据三门峡水电站1号机组的运行工况、原机组在运行中存在的问题，对1号机组改造采取如下措施：

1. 重新确定水电站参数　根据枢纽的运行调度情况及机组运行工况，对水电站的运行工况进行调整：

（1）水电站最大水头由52m调整为41.7m。

（2）水电站最小水头由15m调整为21.5m。

（3）水轮机额定水头由30m调整为31.5m。

（4）机组额定容量由50MW调整为60MW。

2. 重新选择水轮机参数　根据水电站运行工况的调整，对水轮机参数进行重新选择：①转轮的最优工况进行调整，最优单位转速由115r/min降低为103.1r/min，最优单位流量由0.78m^3/s调整为0.75m^3/s；②水轮机转轮直径由6.0m改为6.1m，转轮叶片数由8只改为7只；③水轮机桨叶中心线高程由275.20m降低为275.00m；在桨叶外缘增加防空蚀裙边。

3. 改进水轮机的结构设计　1号水轮机重新进行了水力设计，设计采用新的转轮ZZK7方案。新的水力设计更换了转轮（包括叶片和轮毂体）、转轮室、活动导叶、底环、顶盖抗磨板、桨叶操作机构及部分尾水管直锥段等。

为减轻叶片破坏，去掉原叶片上的吊装孔，转轮安装采用在机坑内由轮毂泄水锥下支撑结构；转轮室由半球型改为全球型，转轮室中环与底环做成整体；为改变转轮进口处水流流态，重新设计加工了活动导叶；并为改善座环进口的绕流条件，在无蝶形边的座环上下环外圆焊接半圆形的导流板；新转轮减少了轮毂比，由原0.55减为0.53；相应的桨叶操作机构除活塞及活塞轴以外全部更换。

4. 对过流部件进行防护　结合本次机组改造工程，对机组过流部件进行全面的抗磨蚀保护：

（1）改造设计中新转轮叶片采用不锈钢材料制作，其防护采用碳化钨/钴高速氧燃料（HVOF）火焰喷射涂层及聚氨脂涂层两种材料。原转轮叶片表面经多年运行各部位的磨损程度不同，并存在一些强磨蚀区域，防护将根据不同的磨蚀特性采用不同的涂层材料。

（2）全球型的转轮室（包括底环部分）采用碳化钨全面积涂层防护。其上、下部分的合缝处及分瓣连接法兰处的涂层均采用特殊结构的聚合物材料封堵间隙。

（3）转轮轮毂由碳钢铸造，表面堆焊不锈钢层，轮毂所有的过流表面都采用碳化钨涂层。泄水锥采用聚氨脂涂层。

（4）24个导叶采用碳钢焊接结构，上、下端面为不锈钢板焊接，上、下轴颈为不锈钢材料。导叶过流表面为聚氨脂涂层。上、下端面表面喷涂碳化钨涂层。

（5）顶盖抗磨板表面为碳化钨涂层。

5. 对发电机进行改造　由于发电机组是哈尔滨电机厂70年代初期生产的第一代“黄绝缘”B级绝缘发电机。在本次改造过程中，对发电机定子、转子进行改造。

定子在机坑内重新进行叠片下线，更换全部叠片、线圈，绝缘等级由B级提高至F级。

转子重新叠片，将磁极返厂进行改造，绝缘等级由B级提高至F级。

推力轴瓦将原巴氏合金瓦改为弹性金属塑料瓦。

（四）机组改造的实施情况

三门峡水电站1号机组改造于1999年11月6日正式开工，2000年12月31日1号机组试运行完成，并网发电。

改造后的机组在一年多的运行中，在各水头工况下运行稳定，机组振动、摆度及保证出力均达到改造设计要求，水轮机实际效率有较大幅度提高。对机组采取的各种抗泥沙磨蚀措施，除转轮叶片上的聚氨脂涂层全部脱落外，其他防护措施基本达到防护要求。

（天津水利水电勘测设计研究院　王树民）

青铜峡水电站增容改造

青铜峡水电站位于宁夏回族自治区青铜峡市，是黄河上游龙青段水电梯级开发规划中的最后一级水电站，是以灌溉、发电为主，兼有防洪、防凌等综合效益的大型水利水电工程。控制流域面积 275010km^2，原设计多年平均流量 952m^3/s。多年平均输沙量为 2.36 亿 t，多年平均含沙量 9.83kg/m^3。水电站为闸墩式布置，总装机容量 272MW，由 7 台 36MW 和 1 台 20MW 水轮发电机机组组成。该工程于 1958 年 8 月开工建设，1967 年底第一台机组发电，至 1978 年电站 8 台机组全部投运。

水电站至今已运行 30 余年，受五六十年代我国水力发电及机电设备技术水平的限制，水电站 8 台机组中三种机型四种规格尺寸的轴流转桨式水轮机，设备老化；同时河流泥沙含量大，经多年运行，水轮机通流部件磨损破坏严重；发电机设备主绝缘老化；电站基础自动化产品性能落后，已无法保证电站的安全运行和达到设计出力。

水电站已于 1999 年和 2001 年分别对 5 号、4 号水轮机转轮进行了改造，更换为原瑞士苏尔寿公司（现维奥技术水电公司 VATECH）转轮，5 号水轮机转轮经过两个汛期运行后检查，转轮叶片正面光滑如新，仅背面出水边涂层局部脱落。

青铜峡水电站是宁夏电力系统所属的惟一水电站，是电网的骨干和调峰电源，为了保证水电站的安全可靠运行，充分发挥其在系统的调峰作用，2000 年 12 月宁夏电力公司委托西北勘测设计研究院对青铜峡水电站技术改造增容进行可行性研究设计。

2001 年 6 月完成可行性研究设计，9 月通过了国家电力公司对青铜峡水电站技术改造可行性研究报告的审查。

青铜峡水电站技术改造是以消除缺陷、技术升级、增加效益为原则，通过淘汰陈旧设备，更换水轮机转轮及水轮发电机、主变压器等设备，提高水轮机效率，达到机组增容目的。

本期首先对 1 号、2 号、3 号、8 号机组进行改造增容。机组容量可由原 4 台机的 128MW 增加到 150MW，增容容量为 22MW，即河西机组（1 号）由原 36MW 增加到 38MW，河床机组（2 号、3 号）由原 36MW 增加到 42MW，河东机组（8 号）由原 20MW 增加到 28MW。并相应进行调速器、励磁及主变压器设备的更新。

水电站按照“无人值班”（少人值守）的原则进行计算机监控系统的总体设计和系统配置，采用成熟的全分布的开放式系统结构。

为改善本工程在施工过程中，由于尾水管中墩伸入肘管段内对机组运行稳定性的影响，拟定将进行尾水管中墩向下游移动改造。

通过该期水电站技术改造，水轮机更换转轮可适当提高机组出力和效率，水电站装机容量由原 272MW 提高到 294MW，增加容量 22MW。改造增容的电量效益为 1.826 亿 kW·h。增容改造所增加容量为系统必须容量，可以在宁夏电网中发挥调峰作用。

青铜峡水电站技术改造增容工程总投资 19275 万元，静态总投资 18272 万元。

（西北勘测设计研究院　苑连军）

石泉水电站扩机增容改造

石泉水电站位于汉江上游陕西省石泉县县城西 1km 的峡谷出口处。拦河坝为混凝土重力坝，左岸有坝后式厂房，原装机容量为 135MW。正常高蓄水位 410m，调节库容为 2.15 亿 m^3，为季调节水库。

（一）工程规模与枢纽布置

扩机工程位于大坝左岸，利用原水库设施引水发电，为左岸短洞引水、一洞二机岸边厂房布置方案。扩机容量 90MW，为三等引水发电工程，进水口、引水隧洞和发电厂房等主要建筑物为 3 级建筑物。

扩机工程为一相对独立、具有完整体系的水电站，主要由闸门井式进水口、引水隧洞、高压管道、扩机厂房、尾水渠、主变压器升压站和复建改造的 220kV 高压开关站等建筑物组成。各建筑物均坐落在下志留系变质黑云母石英片岩基础上，岩层产状正常，走向 NW340°，倾向 NE，倾角 35°～40°。

（二）工程设计特点

扩机工程总体布置科学、紧凑、简洁明快，全部建筑物仅布置在长 350m、宽 100m 的坝头左岸。

引水隧洞与高压管道总长 245m，控制了洞内流速，满足不设调压室的技术条件。

采用筒形阀代替蝴蝶阀技术方案，解决了一洞二机布置和单机检修发电问题，开创了中国筒形阀在分岔管路上应用的先例。

适当加长尾水平台至 13.8m，解决了进厂交通布置困难问题。

自动控制与保护按“无人值班”（少人值守）原则设计，并留有接口，既可与原厂三台机联网统调，又为将来实现西北总调中心远程直接调度准备了可实施条件。

坝前进水口基坑利用基岩岩坎挡水施工，解决了拱围堰挡水或岩塞挡水施工可能出现的风险。

通过优化设计取消了岔管段的钢板衬砌，使 2 号施工支洞断面由原设计的 13m×12m 减小至 5.2m×5.5m。

（三）工程建设进展情况

扩机工程由西北勘测设计研究院承担设计。

1998 年 3 月组建业主建设单位——石泉发电有限责任公司，并着手扩机工程筹建期的工作。1998

年9月29日主体工程全面开工。2000年3月21日进水口事故检修门下闸，4月25日挡水岩坎拆除，解除了施工期对库水位的限制。2000年3月和7月，分别完成了主副厂房的混凝土浇筑和引水隧洞的混凝土衬砌，7月4日主厂房封顶。2000年9月19日和11月29日，5号机、4号机在设计工期26个月内顺利投产发电。2002年1月通过了竣工安全鉴定。目前正随时准备着迎接竣工验收。

（四）工程效益

石泉水电站原装机容量135MW，扩机增容90MW。从电力电量平衡计算结果看，在电力系统中既有电量效益，又有容量效益。

扩机工程主要是利用弃水发电，年均发电量1.75亿kW·h，年利用小时数为1945h；扩机后整个石泉水电站的年利用小时数为3596h。

扩建机组受陕西电力系统统一调度，石泉水电站在系统日负荷图上的运行位置可以上移，5台机组225MW全部带峰荷，可以承担6h的尖峰负荷，可以部分缓解陕西电网调峰困难的局面。

扩机工程是陕西省“九五”期间20项重点建设项目之一，它的按期投产发电，不仅建设单位可以获得预期的经济效益，而且对加快汉江流域梯级水电站的滚动开发、促进陕西经济繁荣与发展起到积极作用。

（西北勘测设计研究院　王万禎　杨经会）

江西柘林水电站扩建工程

（一）概述

江西柘林水电站位于江西省修河干流中下游的永修县境内。柘林水电站于1958年动工兴建，后经停工—缓建—复工，至1975年4台机组建成投产。水库总库容79.2亿m^3，调节库容34.47亿m^3，库容系数42.7%，水电站装机容量4×45MW，年平均发电量6.3亿kW·h，年利用小时数3500h。

进入90年代后，江西电网调峰矛盾日益加剧，利用现有水电站库容进行扩机增容，能有效地缓解电网调峰困难。柘林水电站具备优良的扩建条件，调节库容大，电站靠近负荷中心，与大型火电厂相距不远，又是鄂赣联网的一个接口，十分有利于电网结构的优化。1999年2月，经国家计委批准，在不改变水库运行方式及规模、不影响原有建筑物的基础上，水电站扩建2×120MW混流式水轮发电机组，工程动态投资7.56亿元。

水电站扩建的主要任务是为电网提供更大的调峰容量，对防洪也有一定的改善。扩建后，水电站总装机容量达420MW，多年年平均发电量6.9亿kW·h，年利用小时1644h，保证出力52.5MW，水电站将基本位于尖荷位置运行，腾出约5亿kW·h电量为电网其他电厂带腰（低）荷，减少了高峰限电和火电调峰煤耗及水电弃水，改善了电网结构，提高了电网效益。同时，扩建可增加水电站引用流量约780m^3/s，对于50年～500年一遇的洪水，可减少库区淹没损失，并使第二溢洪道的启用标准由原设计200年一遇提高到310年，增加调度的灵活性，对水库防洪能力有所提高。

（二）主要建筑物及工程建设

该扩建工程为单一的引水发电系统，集中布置在水电站大坝左侧鲫鱼山上、下游处，采用一洞一机单元布置方式，由引水明渠、进水口、引水隧洞、发电厂房、尾水渠和扩建开关站等组成。

由于扩建开挖区域紧邻老厂房和开关站，厂房后边坡高，地质条件复杂，因而对高边坡的治理和开挖爆破控制成为该工程建设的重点和难点。新建地面厂房坐落于古滑坡堆积体的坡脚，自上而下存在堆积层和强风化岩体，厂房后坡最大坡高94.5m（施工期临时最大坡高134m），在边坡开挖中出现过局部变形和裂缝。对此建设单位非常重视，组织了多次专家咨询和专题研讨，优化设计方案，采用抗滑桩、混凝土嵌槽、锚筋桩、1200kN级预应力锚索、喷锚支护、坡面排水孔和山体内排水洞等措施，并在施工中采取边开挖边支护，特殊地质条件部位先支护后开挖等方法，确保了边坡的稳定。开挖爆破主要措施有优化爆破参数、加强爆破监测、控制爆破震速（一般小于0.5cm/s，重要部位小于0.25cm/s）、设置防护网等，工程实施达到了预期的效果。

扩建工程于1998年9月开始施工准备，同年底开始南北围堰填筑、厂区和引水明渠开挖，工程正式开工建设。2台机组分别于2001年12月31日、2002年5月13日顺利完成72h连续运行并移交试生产。

（三）经验

(1) 立足江西资源的实际，充分利用已建水电站有利条件进行扩建，工程规模小、工期短、投资省、见效快，是缓解电网调峰困难，调整电源结构的快捷途径，电网受益，社会效益显著。

(2) 柘林水电站扩建以盘活老厂存量资产组建有限责任公司进行扩机增容的模式，在国内水电建设中尚属首次，它的成功实现为中国水电开发建设开辟了一个新路子，既充分挖掘老厂的潜力，又推动了老厂的发展壮大。

(3) 盘活老厂存量资产，新老厂合并，吸收多方资金，实行公司化运作，推动了水电站的现代企业制度建设，提高了科学管理水平。

（江西省电力公司　杨为群）

凤滩水电站扩机简介

凤滩水电站为沅水最大支流酉水河流开发的第一期工程，位于湖南省怀化市酉水下游沅陵县境内。凤滩水电站始建于1970年，1979年建成。凤滩水电站包括空腹重力拱坝、空腹内厂房、右岸岸边垂直加斜面的升船机、右岸非溢流坝段灌溉取水口、放空泄洪底孔、空腹右侧和两岸重力坝后的变电站、开关站等。开发任务以发电为主，兼有防洪、航运、灌溉、水产养殖等综合效益。

凤滩水电站原设计正常蓄水位205.0m，死水位180.0m，总库容17.4亿m^3，有效库容10.6亿m^3，库容系数0.067，具有季调节性能；水电站总装机容量400MW，保证出力97MW，年发电量20.8亿kW·h，装机年利用小时5153h。

扩机工程在已建工程基础上扩建2台200MW机组，布置在左岸，采用地下厂房方案，建筑物由进水口、引水隧洞、压力钢管、地下厂房、尾水隧洞等组成。进水口布置在左岸刺桐溪内，采用竖井式进水口，设检修门和工作门各一道，进水口底板高程163.00m，竖井顶高程211.50m，与坝顶同高；引水系统采用单机单洞，洞径9.50m，尾水隧洞采用城门洞型，出口设检修门，出口底板高程100.00m。地下厂房主厂房全长88.80m，机组间距23.50m，安装间长42.30m。主厂房岩锚梁以上宽24.60m，以下宽23.00m。

扩机后水电站总装机容量800MW，保证出力110.3MW，多年平均发电量24.89亿kW·h，其中扩机电量5.45亿kW·h，工程概算总投资8.26亿元。

扩建工程可行性研究报告于1999年2月编制完成，同年5月通过审查，2000年1月由国家经贸委批复；环境影响报告书于1999年5月通过审查，2000年8月由国家环境保护总局批复；水土保持方案报告书于2000年11月通过审查，2001年2月由水利部批复。

现凤滩扩建工程项目建议书已于2001年1月得到国家经贸委的批准，2001年8月开始建设，计划2004年5月1日第一台机组发电，2004年8月第二台机组投产发电。

（中南勘测设计研究院　邓学平）

新安江水电厂继续进行技术改造

新安江水电厂是中国自行设计、自制设备、自己施工建设起来的第一座大型水电厂。该水电厂由原上海水电勘测设计院设计，9台水轮发电机组由哈尔滨电机厂制造，其中9号机组为双水内冷发电机，是国家发展大型水轮发电机的实验项目。2、3号主变压器和联络变压器分别装于坝顶，1号主变压器和联络变压器装于发电厂房下游右岸40m高程平台上，“文革”时期，由于“战备”需要，在1967年～1970年相继把1号、2号、3号主变压器和联络变压器搬到下游右岸山坡建造的掩体内。“文革”时期建设的4号主变压器装于左岸副厂房外掩体内，6号主变压器则装于左岸第18～19坝段坝体宽缝内，这样的变动不但使变压器的工作环境恶化，也使发电机出线在泄洪时的安全受到影响。

新安江水电厂1957年4月1日破土动工，1960年4月22日第一台机组投产，1977年10月22日全厂9台机组全部投产，总容量662.5MW（5×72.5MW+4×75MW），至今一直担负着华东电网调峰调频和事故备用任务。新安江水电厂在电网中顶事故出力的频次很高，统计资料表明，从1977年到1997年累计顶事故出力次数达1225次，平均每次顶出力250～300MW，最高时达到600MW，为华东电网的安全运行做出了应有的贡献。

新安江水电厂经过三十多年的运行，电厂设备显露出老化问题。如：水轮机转轮空蚀严重、发电机绝缘老化、主变压器存在严重缺陷，计算机监控系统不可靠，位于大坝下游的1、3单元出线在泄洪时多次发生断线事故等，成了安全生产的重大隐患。20世纪90年代以后，由于华东电网容量的增加，新安江水电厂的单机出力显得更小，参与系统的调峰调频和事故顶出力容量严重不足。因此，电厂全面的增容改造被提到了华东电力集团公司的议事日程上。

新安江水电厂的水轮机，使用的HL662及其改进型转轮，系20世纪50～60年代100m水头段的常用机型，存在过流量偏低、空蚀严重、效率偏低等情况，制约了水电厂效益的发挥。1993年水利水电科学研究院受华东电管局、新安江水电厂的委托研制了JF2001、JF2003、JF2004三个新型转轮，并在中国电力企业联合会科技工作部主持下通过专家鉴定，模型效率为91.6%，单机发电功率可达85MW，空化系数0.044。1995年，新安江水电厂5号机组大修把HL662转轮换成JF2001新转轮，在毛水头74.186m时，机组出力可达90MW。经过实际运行检验JF2001转轮有两个情况不太令人满意。其一是机组运行8个月后检查，叶片已有局部空蚀，一年零五个月后小修检查，叶片空蚀总面积达1.1678m^2；其二是水轮机效率在90MW以上有急剧下降的趋势。

1995年5月华东电管局确定了新安江水电厂全厂增容改造的原则：要从电厂的整体出发来考虑全厂的技

术改造，通过改造使电厂上一个新的台阶。机组通过改造出力达到90MW以上；主接线要改造，更新后的变压器恢复装于坝顶；抓紧110kV九个间隔的拆除工程和扩建一个220kV出线间隔(新德2387)。

到1995年年底，新安江水电厂完成了110kV九个间隔的拆除和扩建一个220kV出线间隔工程。

1996年8月华东电管局在上海召开了“新安江水电厂机组增容技术改造方案和机组增容后机—变组合方式及主变布置可行性研究初步审查会”，同年11月又在新安江水电厂召开了“新安江水电厂机组增容改造汇报会”，同意电厂电气主接线采用“三机一变”方案作为全厂的最终接线方式，在全厂增容改造总体规划尚未全部落实前，对有条件进行增容改造的机组结合大修先行实施，把4号机组作为试点，检验改造措施的有效性。同时要求对5号机组JF2001转轮存在的问题，通过修型解决。

1997年10月6日到1998年1月25日，进行了4号机组增容改造大修，水轮机采用了JF2002A-410转轮，叶片和下环都用了不锈钢，发电机定子绕组更新并提高绝缘等级，转子磁极提高绝缘等级、磁极线圈加2匝，改造后的机组出力达到90MW以上，机组最高效率点在80MW，比修前提高1.27%，但高效率区较狭，70MW以下效率无明显改善，而且当出力在72.5MW以上时机组的振动和噪声明显逐渐增大，5号机组JF2001转轮上存在的问题在新的转轮上仍未得到解决。通过4号、5号机组改造的实践，大家都认为以后的机组改造应选择一个效率曲线更佳、抗空蚀性能更好的水轮机转轮，进一步提高水轮机的安全经济性。

通过对外技术交流，得知国外几个知名水轮机制造厂有通过CFD设计研究进行老机组改造的丰富经验，但直接由国外制造厂来进行，改造费用太高。1996年在富春江水电厂召开的“华东电网水电站机组增容改造经验交流会”上，与中德合资（上海电机厂有限公司和伏伊特西门子水电公司）上海希科(SHEC)水电设备有限公司（简称“希科公司”）进行了接触，通过相互交流，新安江水电厂提出了机组改造的一些限制条件和目标、技术要求；希科公司经过CFD分析表示完全能设计出一个满足新安江水电厂改造要求的新转轮。

由于9号发电机为双水内冷的科研机组，运行中过热严重，降低出力到40MW以下，仍不能安全运行，决定先行改造，报废更新发电机，由哈尔滨电机有限责任公司重新设计、制造新的发电机(包括励磁设备)，容量为100MV·A，并于1998年3月9日签订了合同。水轮机为希科公司的HLS66.46-LJ-410转轮，该转轮采用Voith技术，水轮机合同保证性能为：

(1) 在73m净水头（额定导叶开度310mm）下保证出力92.3MW。

(2) 新转轮运行后，在70m、73m、75m和80m净水头下，水轮机保证最优效率分别为93.6%、93.8%、94%和93.3%。另外，在72～80m净水头范围内，任意取二个水头，在水轮机出力为60MW～90MW范围内，真机效率与提供的综合特性曲线一致。

(3) 稳定性和空蚀性能符合GB/T 15468—1995《水轮机基本技术条件》和GB/T 15469—1995《反击式水轮机汽蚀评定标准》。

为了全面规划全厂的技术改造，新安江水电厂委托华东勘测设计研究院进行了全厂增容改造工程可行性及扩初设计，1999年1月28～29日，华东电力集团公司在上海召开审查会，通过了《新安江水力发电厂增容改造工程可行性及扩初设计报告》，工程的主要内容为：

(1) 水轮机（4号、5号机除外）按9号机的模式进行改造，调节装置更新。

(2) 发电机按4号机的模式进行改造，励磁系统更新。

(3) 主接线改为三机一变，主变压器安装在坝顶，容量为300MV·A。

(4) 发电机出口母线到主变压器采用离相封闭母线。

(5) 发电机和主变压器断路器采用SF_6断路器。

(6) 机组控制采用全厂性的计算机监控系统，中控室异地新建。

(7) 新建继电保护楼，继电保护设备搬迁，发电机和主变压器保护采用微机保护。

(8) 厂用电系统更新。

全厂增容改造（不包括4号机组和5号水轮机）工程总投资46750万元。从此，新安江水电厂增容改造工程开创理性局面。

1999年7月22日到2000年4月29日，9号机组进行了增容改造大修和电气主接线新三单元（03单元）改造工程。9号机组的主要技术改造内容有：

(1) 水轮机新转轮为模压叶片的铸焊结构形式，叶片采用0Cr16Ni5Mo不锈钢，上冠、下环采用ZG0Cr13Ni4Mo不锈钢。为配合新转轮，对固定导叶进行了修型，并在出口尾水管直锥段加了一个过渡导流锥，转轮的固定密封环换新。水轮机主轴利用原来的主轴改造，水导瓦换用塑料瓦。调速器更新为步进式微机调速器，接力器和压油装置换新。活动导叶轴套密封改进消除漏水。

(2) 发电机更新。定子铁芯由硅钢片（DW310-50）叠成整圆，线棒采用360°延长换位、F级绝缘、铜线截面2.5mm×7.1mm，采用径向通风，配8台空冷器。磁极线圈采用七边形铜线，主绝缘F级。

励磁系统为静止励磁和微机励磁调节器。

(3) 发电机断路器换用ALSTOM的FKG型SF_6断路器（遮断容量105kA)。

(4) 机组监控系统纳入全厂双微机、双网络监控系统改造，自动化元件和电缆等全部换新。

(5) 电气一、二次设备全部更新，机组保护改为微机保护。

(6) 油、水、气系统改造，管路、阀门及有关附件换新。

新三单元（03单元）改造工程内容为：

(1) 7号、8号、9号发电机合用的一台03号主变压器，容量为300MV·A，由常州东芝变压器有限公司生产，装于坝顶，与其配套改造的有出线和构架、坝顶接地网、事故排油系统、消防系统、油库及排、注油系统和坝顶配电室等。

(2) 03号主变开关为北京ABB高压开关设备有限公司生产的LTB245E1型SF_6断路器。

(3) 03单元监控系统也是全厂微机监控系统的一个部分，取消了常规仪表和硬手操。

(4) 03号主变保护采用了ABB公司生产的RET-521数字式微机变压器保护装置。

(5) 03单元的7、8、9号发电机出线分支母线和汇流段主母线采用了镇江电器设备厂生产的离相封闭母线，母线全长150m，其中长斜段长47m，竖井段长约30m。

03号主变压器于2000年3月25日投运以后，除了低压套管座的升高座发热以外，本体及附属设备、封闭母线、主变压器断路器、主变压器保护和现地控制单元LCU运行情况基本正常。主变压器本体、油温、线圈温度及封闭母线在低压侧电流11564A情况下运行稳定。通过监控系统对主变压器操作方便灵活，运行工况、参数、故障显示一目了然。

9号机组于2000年4月29日投产后，运行情况基本良好，推力、上导轴瓦温度稳定，振动、摆度正常，机组保护、调速系统、现地控制单元LCU运行情况正常，机组手、自动同期正常且自动准同期时间有所缩短。在70.6m水头下，机组最大出力达97.3MW，具有较大的容量裕度，在90MW出力下能稳定运行。

2000年6月由福建省电力试验研究院进行了9号水轮机的效率和出力验收试验；2000年5月由哈尔滨大电机研究所进行了9号发电机效率试验；2002年6月由华东电力试验研究院进行了高水头下的水轮机性能试验。

福建省电力试验研究院试验的结果如下：

(1) 在试验水头分别为71.7m和69.8m时，补气和不补气工况下水轮机效率均在制造厂保证曲线范围内。

(2) 在71.7m净水头、额定导叶开度310mm下，水轮机出力为94.25MW，换算到73m水头下为96.825MW，大于保证值。

哈尔滨大电机研究所试验的结果如下：

(1) 谐波测量：线电压波形畸变率为0.26%＜5%，符合标准规定，合格；线电压波电话谐波为0.13%＜1.5%，符合标准规定，合格。

(2) 温升试验：有功功率95.49MW（定子电流4176A）时，线棒最高温度90.1℃，小于允许温度140℃；有功功率89.2MW（转子电流1281.3A）时，转子平均温度60℃，小于允许温度140℃，从温升试验结果看，9号发电机还有较大裕量。

(3) 效率试验结果见表1。

表1 效率试验结果

有功功率（MW）	发电机效率（%）
46.823	98.1
61.333	98.26
73.08	98.34
89.2	98.37

2002年6月，新安江水库水位达到103m，华东电力试验研究院为9号机组进行了75m水头下的出力试验，试验结果如下：

(1) 当工作水头为75.6m，导叶开度74.2%，接力器行程434.07mm时，机组出力为94.03MW，机组效率为92.03%。

(2) 当工作水头75.4m，导叶开度80.67%，接力器行程471.93mm时，机组出力达99.81MW，机组效率为90.37%。

试验显示希科公司的转轮在75m水头时的最佳效率和出力都达到了合同保证要求，同时还显示机组出力能有达到100MW的裕度。但当机组出力接近100MW时，水轮机顶盖水平振动有陡变，在考虑进一步提高出力时应予以解决。

新安江水电厂自9号机组改造完成后，接下来就按照一年改造2台机组的安排，有序进行了7号机组改造（2000年8～12月)、8号机组改造（2001年2～6月）和1号机组改造（2002年)，至此第一批4台希科转轮已用完。在2001年再次订购3号、2号、6号转轮时，公司领导考虑到哈尔滨电机厂在三峡工程中引进了许多国外先进的硬件和软件，因此给了哈尔滨电机厂改造一台水轮机转轮的合同，让其有一个施展身手和希科比一比的机会。同时，02单元主变压器（合肥ABB厂生产）于2001年年底投人运行，01单元主变压器（合肥ABB厂生产）配合1号机组改造正在安装。预计2004年可完成第一轮的机组改造，届时，新安江水电厂将以一个崭新的面貌展示在美丽的千岛湖畔。

（国家电力公司华东公司　赵耀钟）

刘家峡水电厂5号机增容改造

刘家峡水电厂是中国20世纪60年代自行设计、制造、施工、安装的第一座百万千瓦级水电厂，设计总装机容量122.5万kW。1969年第一台机组投产发电。1980年水电厂整体竣工验收时核定总装机容量为116万kW，其中1号～4号机单机容量为22.5万kW，5号机单机容量为26万kW。由于受机组长期出力不足、故障频繁等因素的影响，从1986年就开始进行机组增容改造的前期工作。特别是“九五”期间，以提高设备安全运行及自动化水平，增大电力生产能力为中心，通过实行多元化投资筹集资金2.35亿元，引进国内外先进技术、设备，对双水内冷水轮发电机5号机进行了增容改造，净增容量6万kW。大量具有国际水平的新设备、新技术、新工艺的应用，极大地改善了机组运行的稳定性和技术水平。同时，通过机组改造，锻炼了职工队伍，使机组检修和管理水平得到了极大提高。在国内同行业创出了一条老水电厂通过多元化投资进行机组增容改造，实现国有资产保值增值的新路。1996年，朱镕基总理在视察该厂时，对该厂走增容改造之路，给与了充分的肯定，并做了重要指示：“刘家峡水电厂在设备改造方面的思路和方针是可行的，所以设备改造工作不仅要继续搞，而且速度要加快”。总理的指示给全厂干部职工以极大的鼓励和鞭策。“九五”期间，共增容改造3台机组，净增容量13万kW，加上1994年2号机的增容容量3万kW和2002年2月完成的1号机的增容容量3.5万kW，使全厂总装机容量达到了135万kW，净增容量19万kW。这相当于又建了一座中型水电站。按照目前的投资水平新建一座19万kW的水电站大约需要资金20亿元，而该厂用不到三分之一的投资就实现了这一目标。这在中国水电厂技术改造史上是绝无仅有的，在世界水电厂建设史上也是少有的杰作。

以下主要介绍5号机增容改造工作施工情况。

（一）5号机增容改造为老水电厂通过多元化投资实现国有资产保值增值开创了一条全新的、成功的道路

刘家峡水电厂5号水轮发电机组是中国设计制造的惟一的一台30万kW双水内冷水轮发电机组，是在原22.5万kW机组的机坑里安装了新机型并采用双水内冷冷却方式将机组出力提高到30万kW，从技术上讲并不成熟，而且该机组是在文革期间制造，发电机、水轮机和变压器及主辅设备均存在一定的缺陷和问题。1973年6月28日投产发电以来，5号机基本上维持在26万kW以下运行，无法达到额定出力。截至改造时已运行了27年，累计发电272亿kW·h，为西北经济的发展发挥了巨大的作用。改造前，由于线棒绝缘急剧降低，转轮裂纹的不断增多加长，机组小修周期缩至3个月一次。水轮机过流部件严重磨蚀，据转轮叶型实测，叶片厚度已平均减薄24%。机组在调峰运行时只能旋转备用，空耗水量，而无法停机备用，而且随时有发生事故的可能。面对5号机组日益难以为继的运行情况，对机组进行增容改造已显得十分迫切。通过深入调查、专题研究、集思广益，在总结以往增容改造经验的基础上，决定对5号机组进行全面、彻底的技术改造，不仅要恢复机组原有的性能和出力，还要增加出力。

鉴于5号机组主要机电设备存在的问题，经过充分的讨论和研究，先向上级部门提出了机组整体改造项目建议书。原电力部领导非常重视该厂的机组增容改造工作，有关领导曾指示：“水电厂机组改造工作从刘家峡水电厂5号机开始，作全国水电厂改造的试点，设备从国外引进，5号机通过引进、提高效率把铭牌出力提高到32万kW”。

进行机组增容改造最大的问题是资金问题。甘肃省电力局和刘家峡水电厂在积极努力地开展各项准备工作的同时，决策者们审时度势、开拓创新，决定引入新的投资主体。经过充分研究论证，决定由兰州宏源电力技术公司出资2.35亿元进行5号机组增容改造。机组原26万kW容量仍属国有，增容的6万kW归宏源公司所有。这一投资方式的引入，不仅解决了电力技改资金投入不足的矛盾，缓解资金紧张局面，而且实现了国有资产的保值增值，开创了老水电厂通过多元化投资进行技术改造的新渠道。

1997年7月委托西北勘测设计院进行5号机增容改造总体初步设计。随后与加拿大GE水电公司、法国GEC阿尔斯通公司、瑞士布鲁克公司、奥地利伊林公司等国内外设备制造厂家签订了供货合同。5号机组的整体增容改造是在原机组位置上，保持基础结构基本不变的前提下，利用国外的先进技术，提高机组参数，进行水轮机、发电机和变压器的整体更换并使机组容量由26万kW增容到32万kW以上。

从改造范围看，这是该厂建厂以来进行的规模最大、涉及制造厂家及国家最多的改造项目。由于改造设备多，设计、制造技术水平高，许多设备安装技术水平均为20世纪90年代国际最高水平，因此对设备的安装、调试、试验和运行都提出了更高的技术要求。其中主要设备的组装、组焊在该厂尚属首次，如转子中心体、上机架、下机架组焊、定子机座组装和定子铁芯堆叠等。为使该项工程做到满意合格，达到优质标准，该厂抽调专人进行机组技术改造准备工

作。1998 年抽调精兵强将成立了“5 号机组整体增容改造专业技术准备小组”，通过积极工作，做好各项技术准备工作，保证了 5 号机组工程的各项工作都能够有组织、有计划、有方案，有条不紊地完成。

经过全面充分、认真细致的准备，增容改造工程于 1999 年 11 月 9 日正式动工。在改造过程中，总指挥刘军同志提出：“我们要用一流的设备、一流的工艺，安装出一流的工程，培育出一流的队伍”。随着国内外先进的设备进入现场，许多安装标准为 20 世纪 90 年代国际最高标准，技术难度大，安装要求高。在施工安装中实行全面质量管理，严格执行工序工艺卡，三级验收制度，填写质量控制单，施工方、厂家驻现场代表和监理三方签字认可，保证了整个改造工程的施工和安装质量。

在安装过程中，施工人员攻克了一道道技术难关。例如：在转子冲片堆叠时，由于 GE 公司制造的转子冲片毛刺较大，加工质量存在一定问题，为争取机组及早投产，保证堆叠质量，必须进行打磨处理，工作量十分艰巨。指挥部根据冲片的具体情况，及时编制了现场清理的工艺方案，组织人力对冲片进行现场二次清理打磨工作。期间克服场地小、人员少、冲片重、数量多、缺陷多等诸多不利因素，费时 38d 共清理冲片 4215 张，投入工时 1982 个，经过处理，清理的全部冲片达到了现场安装要求，并且在清理过程中，对冲片厚度及重量进行了细测，为切实保证转子磁轭冲片的堆积质量打下了坚实的基础。

转轮静平衡试验是转轮组焊后的主要项目，主要检查转轮的质量分布是否平衡，为以后机组的稳定运行打下良好的基础。第一次转轮静平衡试验时，发现测量数据和要求的数据偏差较大，且多次测量数据不一致。工程技术人员通过认真分析认为测量数据偏差大的原因是法方提供的静平衡工具底座钢性差所造成。经及时与法方驻厂代表联系后，法方同意再提供一套配有高压油系统的装置。但由于高压油泵到货较晚，直接影响了后期的工期。为了减少对安装工期的影响，指挥部果断决定，在现场对原有的平衡工具加以改造，施工人员不分昼夜、精心施工，顺利完成了静平衡试验。经试验调整，在转轮出厂前配置的位置加配了 14.51kg，配重后的残余不平衡力矩低于国标要求，受到了国外驻厂专家的高度称赞。

(二) 增容改造的顺利完工，标志着该厂水电机组检修、安装水平迈上了一个新的台阶，机组增容改造取得了巨大的经济效益和社会效益

经过全厂干部职工 365 个日夜的艰苦奋战，2000 年 10 月 20 日胜利地完成了 5 号机组增容工程的全部安装任务，并进行了机组首次启动。经过各种试验和大负荷运行，充分证明 5 号机组设计、制造、安装质量十分优良，达到了优质工程标准。

5 号机增容改造总共投入资金 2.35 亿元，把长期带病运行面临报废的 26 万 kW 机组更换为全新的进口机组，净增容量 6 万 kW。5 号机增容改造成功，不仅每年可增加 2.5 亿 kW·h 的电量效益，而且也缓解了系统容量不足的状况，提高了系统的调峰和事故备用能力，为提高电网的供电可靠性和供电质量发挥了积极作用。另外，提高了机组的自动化水平，减轻了设备运行及维护的劳动强度。

5 号机的改造成功，改善了设备的健康水平，提高了职工的技术素质，转变了职工的思想观念，走出了一条可行的路子。

（刘家峡水电厂）

乌江渡水电站扩机增容改造

(一) 扩机规模

已建乌江渡水电站为乌江干流开发的第一个水电站，成功地解决了水库防渗、高速水流、重叠式枢纽布置三大问题，工程于 1979 年 11 月水库下闸蓄水，同年底第一台机组并网发电，1983 年 3 台机组全部建成投产发电，水电站总装机容量 3×210MW。

由于电网发展的需要及水电站在电力系统中的运行方式变化，早在 1984 年中南勘测设计研究院就对乌江渡水电站扩机工程提出了《乌江渡水电站进行扩大装机可行性研究报告》，1999 年 8 月补充编制了《贵州省乌江渡水电站扩机工程预可行性研究报告》，2000 年 4 月由贵州省计委会同中国水电顾问有限公司共同主持对《贵州省乌江渡水电站扩机工程预可行性研究报告》进行了审查。

乌江渡水电站扩机工程建成后，拟供电贵州电力系统，在系统中承担调峰和事故备用任务，考虑贵州电网外送电力电量，经系统电力电量平衡计算及多种方案综合经济比较，选定扩机电站装机容量为 2×250MW。

乌江渡扩机工程为一等工程，进水口为 1 级建筑物、主厂房为 2 级建筑物。采用左岸地下厂房布置方案，岸边式进水口、单机供水方式。发电厂房及主变压器洞位于坝下游左岸玉龙山灰岩内，两机共用一条免暗河水和下游水通过厂区发育的岩溶管道进入发电厂房内，依托现有水库左岸防渗帷幕及坝后厂房左岸侧向帷幕和下游九级滩页岩，布置了厂房上下游防渗帷幕。扩机工程主要工程量有土石方明挖 39.6 万 m^3、石方明挖 45.30 万 m^3、混凝土 18.14 万 m^3、钢筋 9974t 等。

由于原机组运行了 20 余年，需进行改造，拟在原单机 210MW 基础上增容到 250MW，因此，乌江渡水电站扩机增容改造实施完成后，其装机容量达到 1250MW。

（二）工程效益

乌江渡水电站扩机工程静态投资为7.92亿元，建设期贷款利息为4110万元，总投资8.33亿元。乌江渡扩机装机容量500MW，多年平均增加年发电量6.50亿kW·h，扩机部分年装机利用小时1300h；静态投资1584元/kW，电能静态投资1.22元/（kW·h），其动能经济指标在贵州省乃至全国待开发的大中型水电工程中是较为优越的。经济评价结果表明，兴建该工程在经济上有利，财务上可行，具有较强的盈利能力和贷款偿还能力。

乌江渡水电站扩机工程实施完成后，其装机容量得到充分利用，提高了乌江渡水库的水量利用率，增发电能，其能量指标见表1。

表1　　乌江渡水电站扩机能量指标表

项目	单位	无洪家渡调蓄			有洪家渡调蓄		
		扩机前	扩机后	差值	扩机前	扩机后	差值
装机容量	MW	630	1130	500	630	1130	500
年发电量	亿kW·h	32.26	39.90	7.64	34.06	40.56	6.5
年利用小时数	h	5121	3531	−1590	5406	3626	−1780
水量利用系统	%	79.5	95.4	15.9	85.0	97.2	12.2

注　该表未包括老厂增容改造增加容量。

洪家渡水电站建成投产后乌江渡水电站保证出力由现有的202kW提高到322kW。在考虑一定的备用及检修容量后，现有机组将基本上全年维持基荷或腰荷运行，而目前电网运行方式改变，作为系统主要调峰、调频和事故备用电厂纳入系统的电量受到限制，必将造成大量弃水。而电站扩建后，可有效地将乌江水电站的基荷或腰荷电量转化为调峰电量，且纳入系统的有效电量将有较大程度的提高。

（三）工程进展

乌江渡扩机工程于2000年上半年进行前期准备工作，2000年11月8日正式开工，原计划于2004年一季度首台机组发电，二季度第二台机组发电，后采取优化施工方案等措施后，计划调整于2003年9月30日前首台机组发电，同年底第二台机组发电。

老厂增容改造首台机组于2003年10月开始进行，2004年其余2台机组也着手改造，到2005年汛前完成3台机组的增容改造任务。

目前，扩机工程进水口、进水塔混凝土浇筑已完成，计划于2003年元月开始进行挡水岩坎及引水渠开挖拆除及混凝土底板和护坡浇筑，争取2003年5月完成。1号机引水道已开挖完成，正进行混凝土衬砌准备；2号机引水道竖井开挖未完成，计划于2003年4月完成引水道工程。

厂房开挖已于2002年6月15日完成，1号机混凝土浇筑已浇筑到锥管层，2号机肘管底板和排水廊道混凝土已浇完，正进行肘管的钢筋制安工作。母线洞已完成开挖及混凝土衬砌，正进行母线竖井开挖，确保2003年9月30日发电，力争提前。

尾水主洞上半洞开挖已基本完成，上半洞混凝土衬砌正紧张进行；尾水叉管洞开挖支护已完成，尾水出口闸墩混凝土浇筑已完成。

主变洞开挖已完成，正进行底板混凝土浇筑及尾水闸门竖井扩挖。

开关站及副厂房人工挖孔桩已完成，准备进行框基混凝土浇筑。

扩机工程主机由东方电机厂制造，机电安装已完成1号机肘管、锥管及2号机肘管等安装，正进行座环及蜗壳安装准备工作。

扩建工程完成后将作为优质调峰、调频电源，以提高电网安全性和稳定性，同时具有促进贵州能源基地建设及良好的经济效益，并被国家批准为“西电东送”首批电源点工程。

（乌江水电开发有限责任公司　龚朝蜀）

水情自动测报

水电厂水情自动测报系统和电网水调自动化系统实用化工作

为进一步提高水电厂水情自动测报系统和各网省水调自动化系统的运行管理水平，更好地满足水库调度工作和管理的需要，国家电力调度通信中心（以下简称国调中心）在1999年底召开的国家电力公司系统水电调度工作会议上，提出了在国家电力公司系统内开展水电厂水情自动测报系统和网省水调自动化系统的实用化工作的设想和初步要求。随后，在2000年初，国调中心发文《关于印发国家电力公司水电调度工作会议有关文件的通知》中，对开展水电厂水情自动测报系统和网省水调自动化系统的实用化工作提出详细的目标和要求。

为适应开展实用化工作的需要，国调中心分别在2000年4月和2001年5月制订和颁发了《水电厂水情自动测报系统实用化要求及验收细则（试行）》和《电网水调自动化系统实用化要求及验收细则（试行）》，成为水电厂和网省公司开展实用化验收工作的依据，对于推动水电厂水情自动测报系统实用化工作和电网水调自动化系统实用化工作起到重要的指导作用。在验收细则中规定，水电厂水情自动测报系统由网省公司组织验收，网省电网水调自动化系统由国调中心组织验收。

2000年下半年和2001年国调中心会同有关网省公司进行了部分水电厂水情自动测报系统实用化验收试点工作，先后完成了水口、莲花、丰满、乌溪江、紧水滩、大化、漫湾、鲁布革、沙溪口等水电厂水情自动测报系统的实用化验收工作。从实用化验收的结果来看，这些水电厂水情自动测报系统从功能和指标上均很好地达到了实用化要求，在相应地区的实用化验收工作方面起到了示范作用。2002年初，又有白山、柘林水电厂水情自动测报系统通过了实用化验收。

在电网水调自动化系统实用化验收方面，2001年12月24日福建电网水调自动化系统率先通过了国调中心组织的实用化验收。该系统由一个中心站、七个分中心站组成，具备数据采集和处理、安全监视、数据库管理、人机联系、水库调度应用、数据通信等功能，实现了电网水库调度信息采集、传输、处理、汛情监视、图形报表及洪水调度、发电调度计算分析管理自动化。系统具有实用、可靠、先进、开放的特点，在水库防洪减灾、增发水电、缓解通航矛盾等方面取得了显著的经济和社会效益，为电网安全、优质、经济运行做出了重要贡献。

水电厂水情自动测报系统和电网水调自动化系统实用化验收工作，极大地推动了各系统的功能完善工作和运行管理工作，有效地促进了应用水平和管理水平的提高。2002年将有一大批水电厂水情自动测报系统和电网水调自动化系统进入考核期，有望在下半年通过实用化验收。

（国家电力调度通信中心　唐　勇　裴哲义）

近年来全国水电调度工作概述

1999年12月，国家电力调度通信中心在广西组织召开了自国家电力公司成立以来的首次全国水电调度工作会议，总结了以往的工作成绩，交流了经验，共商了水电调度的发展大计，对于进一步提高水电调度工作和管理水平、做好新世纪水电调度工作起到了积极的促进和推动作用。近年来，全国水电调度工作有了长足的进步，取得了如下几个方面的可喜成绩。

（1）做好防汛各项工作，确保水电厂和电网安全度汛。各级水调人员认真做好防汛各项工作，一方面密切监视水、雨情的发展，确保水情信息的畅通，及时为各级领导的决策提供了全面、准确的依据；另一方面正确处理防洪与兴利的关系，与防汛有关部门密切配合，科学调度洪水，不仅保证了公司所属水电厂和电网的安全度汛，还为水库上、下游的抗洪斗争做出了重要贡献，取得了良好的社会效益。

（2）充分发挥水库的作用，做好水电经济调度和水库综合利用工作。在经济调度方面，各单位通过加强水文气象预报，采取汛前预泄、拦蓄洪尾、抬高水库汛期运行水位等措施，进行梯级电厂优化调度和水火电联调，减少了弃水调峰损失，提高了水能利用提高率，增加了水电发电量。从2000年以来，全国主要电网水能利用提高率连续3年均超过了3%的考核指标。几年来，有关网省调还在国调中心的统一协调下，采取各种行之有效的措施充分利用大电网的优势，加大西电东送的力度，积极落实国家西电东送的战略布置。在综合利用方面，各级水调机构与各综合利用部门充分协商，统筹兼顾，克服困难，顾全大局，适时地调整水库运行方式，较好地满足了各综合利用部门的要求，充分发挥水电厂水库最大的综合利用效益，受到中央和地方各级部门的肯定。

（3）以“创一流”为手段，加强专业管理工作。近年来，各网省调度机构以《大中型水电站水库调度规范》为依据，以“创一流”为手段，加强水电调度管理工作，在规范化、制度化和科学化管理方面也取得了新的成绩。从2001年开始，国家电力调度通信中心每年汛前均组织召开了年度水电调度专业会议，对加强网省调之间的专业交流，促进水电调度工作水平的提高，起到了积极作用。各网、省调也组织召开了类似的专业会议，制订了水库调度管理和经济调度等方面的规程，修订了水电厂经济调度和商业化运营考核指标，整编了水库调度资料，举办了水库调度学习班，开展了水库经济运行考核和评优活动，不少网、省调还创建了水电调度专业信息网页，促进了各单位水库调度管理工作和水调专业人员综合业务能力的提高。

（4）积极推进科技进步，加强水情自动测报系统和水调自动化系统的建设和管理，提高科学调度的手段和水平。近年来，各级水调机构积极采用新技术、新手段，研究和开发了一些适合水库流域特点的水文预报模型，实现了联机水文预报，使水文预报的精度和预见期都有较大程度的提高。同时，一些单位还加强了气象预报成果的考评工作，在气象预报上引入竞争机制和考核机制，促进了气象部门预报精度和服务质量的提高。

为进一步提高水电厂水情自动测报系统和电网水调自动化系统的运行管理水平，充分发挥两个系统的作用，国调中心结合“达标创一流”工作，先后颁发了两个系统的实用化要求和验收细则，召开了“水调自动化和水情自动测报工作研讨会”，组织有关单位学习和交流了工作经验，在国家电力公司系统开展了两个系统的实用化工作。

有关网省调积极开展两个系统的建设和管理工作，截至2002年6月，全国已有10个网省调建成电网水调自动化系统，130余个水电厂建成了水情自动测报系统，其中，福建电网水调自动化系统、水口等10个水电厂水情自动测报系统通过了实用化验收，全国水情自动测报系统和水调自动化系统的建设、管理工作从此进入了一个新的发展阶段。

水情自动测报系统和水调自动化系统的建成和运行，特别是实用化工作的顺利开展，为各级防汛管理部门和电网调度部门及时、全面、准确地了解各水电厂的雨情水情信息，掌握水库调度和洪水调度情况，科学地指导防洪度汛工作和开展流域梯级水库洪水联合调度，开展电网内水库群优化调度和水火联调等工作，实现资源优化配置，充分利用水能资源，发挥了主要作用。

（国家电力调度通信中心　和　青　裴哲义）

丰满水电厂水情自动测报系统

（一）水情自动测报系统

丰满水电厂水情自动测报系统包括超短波通信、有线水位和卫星通信三种方式。该系统超短波通信部分由电力自动化研究院（现南瑞公司）承建，有线水位部分由哈尔滨金星公司承建。丰满水电厂水情自动测报系统于1983年5月开始进行站网规划、电路测试，1984年3月份完成总体设计报告，1985年5月开始遥测站的调试安装及土建工作，1986年6月1日投入试运行，1988年10月通过工程验收。1994年至1997年增加了10个遥测站；1999年至2000年6月将部分通道不好，维护量大的8个测站由中国水利水电科学研究院自动化所改建为卫星站。丰满水电厂水情自动测报系统采用四级中继超短波通信与卫星通信相结合的方式，超短波选用单向自报式工作体制，卫星站具有双向通信功能。该系统具有自动进行水文参数实时采集、传输、处理及水文预报等功能。

丰满水电厂水情自动测报系统控制面积23500km^2，系统由30个测站，4个中继站，1个中心站组成。其中超短波测遥站20个，卫星测站8个、有线水位站2个。

中心站网络为以太网（包括Unix、Windows 2000/NT/98），同时通过电力微波与东北公司、白山电厂水库调度连接，通过电信分组数据交换网与吉林省水文水资源局、吉林市气象局连接，通过光缆与厂Mis网及电力网连接，详见图1。

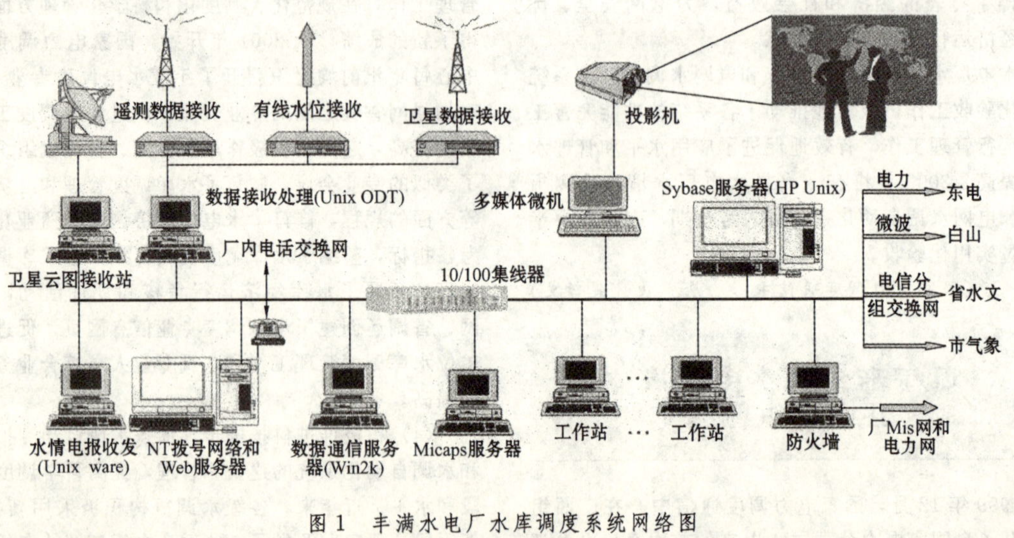

图1　丰满水电厂水库调度系统网络图

（二）系统应用软件

1997年开始，根据《东北电网水库调度自动化系统总体规划》的要求，丰满水电厂与武汉水利电力大学合作，进行了水库调度自动化的研制工作，2001年11月通过东北公司的验收。系统应用软件是基于Windows 2000/NT平台，各项功能达到较高的实用化水平，软件设计标准化、模块化，具有实用可靠、人机界面友好、支撑功能强大、使用方便、易于二次开发等特点。系统的功能主要有数据采集、数据传输、数据处理、应用功能、预报（水文预报、气象预报）和调度（洪水调度、发电调度）、水务综合管理、系统的维护和管理、对外接口等。

系统不仅可以与厂Mis网直接连接，而且已经与东北公司调度通信中心、白山发电厂、吉林省水文水资源局、吉林市气象局进行了广域网连接，达到水文、气象信息的共享。

（丰满水电厂）

水口水电厂水情自动测报系统实用化工作

水口水电厂水情自动测报系统始建于1993年9月，1999年4月建成一套设备先进、功能完善、实用性强的水情自动测报系统。系统在功能、指标、管理上均达到了《水电厂水情自动测报系统实用化要求及验收细则》的要求，并于2000年11月15日在全国电力系统率先通过实用化验收。该系统的实用化验收对水电厂水情自动测报系统实用化工作的开展具有重要的示范和促进作用，标志着电力系统水电厂水库调度自动化工作迈上规范管理的新台阶。现将本系统建设、改造及实用化工作简要总结如下。

（一）水情自动测报系统技术改造

水口水电厂水情自动测报系统的规模为1个中心站、11个中继站、53个遥测站。为了确保系统的正常稳定运行，提高系统的整体可靠性，随着近年来水情自动测报技术的不断发展，几年来我们对系统进行了以下技术改造：

(1) 1995年1月进行洪水预报软件技术改造，安装了人工智能模型，对于个别水位站点、雨量站点故障等问题可由软件自动判断插补进行预报，使系统的预报成功率得到保证。

(2) 1996年进行了系统双路中继改造，两套中继双机热备份运行，同时为了降低中继站接收机值守功耗，采用接收模块代替电台工作，大大降低了中继站值守功耗，提高了系统的整体可靠性。

(3) 1997年将部分中继站改造为法拉第筒式中继，增强了中继站的防雷效果。

(4) 1999年对系统进行扩容改造，在建溪上游流域增设了1个中继站，9个遥测站，扩大了对流域末端雨量水情信息的收集。系统中心站软件由Dos平台升级为基于Windows NT平台，建成了水库调度局域网，具备了较强的灵活性和扩展性。

（二）水情自动测报系统应用软件开发

(1) 在1998年8月开发了水口水库实时洪水调度应用软件，软件提供了五种调度模式及会商调度功能，改变水库洪水调度演算及决策等工作的传统手工操作方式，具备了较高的实用化水平。

(2) 1998年10月开发水口水务信息管理系统应用软件，以Web方式向全厂MIS用户传递实时水情信息，实现了水库调度信息的共享。

(3) 1999年1月完成了水务自动计算系统高级应用软件的开发，实现了水务计算、水情报表、汛情监视自动化。

(4) 1999年10月开发发电调度计划分析计算、管理应用软件，该软件可选择不同频率的来水或实时预报入库流量，按不同的调度边界条件分别进行年、季、月、旬、日发电调度计划的计算与分析，规范了水库发电调度计划分析及管理工作，为水库发电调度提供指导。

（三）系统具备的实用化功能特点

水口水电厂水情自动测报系统具备了数据实时采集与处理、系统监测及报警、数据管理、水文预报、水库调度分析计算、水务管理、信息交换、图形与报表显示编辑等主要功能，在部分功能上已超过了细则要求。该系统有如下特点：①关键中继站采用双路中继方式；②实现了水务实时自动计算；③针对水库调度专业开发的图形、报表编辑软件易于用户二次开发扩充；④洪水预报模型适合水口流域特性，实时校正能力强，预报精度高；⑤实时洪水调度决策支持系统具有丰富的模型库，会商及灵敏度分析仿真效果好；⑥水情电话查询及报警功能实用性较强。

（福建水口发电有限公司　蒋昌兴）

福建电网水调自动化系统实用化

为充分利用现代计算机及通信技术为水库调度及电网安全、经济服务，提高水电厂防洪减灾能力及发电效益，福建电力系统于1995年10月开始规划设计福建电网水调自动化系统，1997年7月完成闽江流域古田、安砂、池潭、沙溪口、水口水电厂水情自动测报联网，2001年3月芹山、棉花滩水电厂水情自动测报接入电网水调自动化系统。1998年1月至2001年6月，水库群实时洪水调度、水调信息管理、水文及水能自动报表、水库群发电调度、气象信息联网等高级应用功能相继开发成功并投入运行。

福建电网水调自动化系统设置古田、安砂、池潭、沙溪口、水口、棉花滩、芹山共7个分中心站，采集福建闽江、汀江、穆阳溪3个流域共146个雨量站、87个水位站、55台机组（含全厂负荷）、49个闸门、118个水务参量、25个控制断面的预报流量过程等水调信息，实现了水调数据采集、传输、水务计算、图形报表、汛情监视、水文预报、水库调度、信息交换、水调管理及水调信息浏览自动化，使水库流域实时水情一目了然地处于调度决策人员掌握之中，为水库科学调度提供了及时准确的信息和可靠的手段，在水库防洪减灾、增发水电、缓解通航矛盾以及电网安全、经济运行中取得巨大的经济和社会效益。

福建电网水调自动化系统解决了实现水库调度自动化中的技术难题。系统在线水务自动计算技术，解决了水库调度自动化实用化的关键技术问题；在水调通信计算机内存中构建水调实时数据库，极大地提高了水调数据调用速度；研制开发的水调图形、报表编辑专用软件，在该项技术上填补了国内水调专业领域的空白；在DL476—1992《电力系统实时通信协议》的基础上扩展的水调数据通信协议成为全国水调自动化系统通信协议标准；按不同的防洪调度需要构建的水库群实时洪水调度模型库，解决了实用性模型和通用性问题，针对不同的预见期研制出水库群洪水联合调度的有效方法；研制的图形直接操作会商及灵敏度分析软件为洪水调度群决策提供了直观、方便、灵活、快捷的通用决策工具；水库群短期联合经济调度中引入“最佳投入容量”的概念，不仅反映了梯级水电厂之间投入容量的匹配问题，而且能有效地利用水能。

福建电网水调自动化系统1999年9月正式投入运行后，继续不断的进行应用软件的开发和功能完善。系统经过2001年4月～9月连续6个月的实用化运行考核，各项功能、指标及管理等均达到国调调[2001] 105号文《关于印发电网水调自动化系统实用化要求及验收细则（试行）的通知》的规定，系统于2001年12月24日在全国率先通过实用化验收，对全国水调自动化系统的建设和实用化工作起到示范和促进作用，标志着水库调度和管理迈上了自动化的现代化轨道。福建电网水调自动化系统成为水调自动化建设的基本模式，在全国得到广泛的推广应用。

（福建省电力调度通信中心　张初旺）

龙滩水电站防汛减灾体系

（一）前言

随着中国改革开放的深入，国民经济的快速发展，人民物质与文化生活质量的不断提高，对防洪保安的要求也越来越高。龙滩水电站是开发治理西江流域的一个重要综合利用枢纽工程，有50亿（近期）～70亿（远期）m^3的防洪库容，在流域防洪中有着重要的作用。龙滩的防洪区涉及广西壮族自治区的梧州市等10个县市和广东省包括广州在内的24个县市这些经济发达的地区。对于通常发生于6、7月份的流域型或上中游型洪水，通过防洪调度可把梧州站100年一遇洪水削减为50年一遇洪水，50年一遇洪水削减为20年一遇洪水，结合沿江堤防的作用，可以减轻或解除洪水对下游城镇、工矿企业和居民的威胁。龙滩水库防护区的防护范围之广，防护对象规模之大，防护区国民经济地位之重要，在全国大江大河中很少见。在珠江流域中下游地区防洪中，龙滩水电站这座干流控制性防洪骨干工程发挥着至关重要的作用，构建了完善的防汛减灾体系。

（二）龙滩水电站概况

1. 流域概况　龙滩水电站所在的红水河是珠江流域西江水系的中上游河段，发源于云南省沾益县马雄山，流经滇、黔、桂三省（区），上游主流称南盘江，流至蔗香双江口处与北盘江汇合后始称红水河，到广西象州县三江口与柳江汇合后改称黔江。红水河全长1573km，流域面积138340km^2。龙滩坝址以上集水面积98500km^2，占红水河流域面积的71.2%。流域整个地势自西北向东南倾斜，平均海拔高程1450m，南、北盘江中上游一带属云贵高原，其下大部地区处在由云贵高原向广西丘陵的过渡地带，形状东西长、南北短。红水河主流甚为弯曲，蒙江、曹渡河、布柳河三大支流在天峨以上左岸加入，形成不对称的上宽下窄的形状。河道比降较大，因而水流湍急，洪水传播速度快。

2. 工程概况　龙滩水电站位于红水河上游广西天峨县境内，距天峨县城15km。拦河大坝为碾压混凝土重力坝，引水发电系统布置在左岸山体之中，右岸布置两级垂直升船机。工程分两期建设，前期正常蓄水位375m，最大坝高192m，电站装机7台，总装机容量4200MW，年发电量156.7亿kW·h，总库容162.1亿m^3，有效库容111.5亿m^3，预留防洪库容50亿m^3，水库具有年调节能力。工程已于2001年7月举行开工典礼，计划于2007年7月首台机组发电，2009年年底完工。

3. 暴雨、洪水特性　流域雨季一般自4月初开始，至10月底结束。5～9月份多暴雨，尤以6～8月份为甚，约占年暴雨总数的70%以上，其中大暴雨多发生在7月份。造成暴雨的天气系统主要是锋面类、高空低涡类和高空低槽类。

流域洪水发生季节及其地区来源与暴雨发生情况

一致。每年4月份入汛，但流域内各区主汛期开始时间迟早不一，蔗香—天峨区间自5月中旬开始，南、北盘江流域内各区主汛期一般从6月中旬开始，比区间迟后1个月。6月中旬以后，干、支流全部进入主汛期，实测及调查的最大洪水都发生在7月份。8月份以后，洪水涨势渐小，至10月底汛期结束。龙滩以上流域，主流源远流长，大支流多，加之地形复杂，多区域性暴雨，汛期暴雨量级虽不大却频繁发生，造成洪水连续，呈现多峰型特性，一次洪水总量较大。天峨站洪水量是上游干、支流及区间来水组合的结果，实测大洪水主要来自天生桥、这洞—天峨区间。该区面积仅占天峨以上流域面积的1/3，而洪峰竟占2/3以上，造峰能力十分突出，是流域的主要产流区。

（三）龙滩水电站防汛减灾体系的结构

1. 防汛减灾的工作目标　电站建设期间防汛减灾的工作目标为：准确及时做好水情预报，为安排工程防洪度汛、截流、下闸蓄水时期的施工计划和制订防洪措施提供可靠依据，使受到洪水威胁的工作面上的施工人员、机械设备和物资及时安全撤离，将洪灾的损失降到最低限度，避免因水情不明、决策不当而造成人员伤亡、机械物资受损，保障工程安全度汛、安全生产，获得明显的经济效益。

电站运行期间防汛减灾的工作目标为，在保证工程本身安全度汛的基础上，更着眼于发挥干流控制性防洪作用，必要时参与珠江流域的防洪调度，蓄洪错峰，为保障防护区千百万人民的生命财产安全作贡献，创造巨大的社会效益。

2. 体系结构　龙滩水电站防汛减灾体系由工程防洪体系和洪水预警预报系统、安全监测系统、防汛决策支持系统等信息系统构成。

龙滩工程防洪体系主要由碾压混凝土重力坝，坝身7个宽15m的表孔溢洪道和2个5m×8m的泄流底孔、9条单管单机引水发电隧洞，挡水、泄流建筑及形成的防洪库容为50亿～70亿m^3的水库构成。

信息系统由信息采集系统、通信系统、计算机网络系统和决策支持系统四部分组成。信息采集系统包括水情气象测报、岸坡安全监测系统、地下引水发电系统安全监测系统、大坝安全监测系统、库区地震监测台网等；通信系统为信息采集系统传输、防汛调度指挥提供通信保障，有卫星通信网、微波通信网、超短波通信网等多种方式供选择；计算机网络为整个体系资源共享和信息畅通提供公用的数据传输和处理平台。由各报汛站通过通信网连接到水情气象预报中心，利用计算机网络完成水情雨情信息的汇集、传输、储存、处理、预报和预警的系统专称洪水预警预报系统。

工程防洪体系的减灾作用是最为明显和有效的，是一项必不可少的基础性措施，在抵御设计标准以内的洪水方面可以起到决定性作用。信息系统是工程防洪体系的耳目、神经中枢，能监控工程建筑的安全，获取并预报准确的洪水信息，提高科学决策水平，在组织工程防洪体系进行有序、有效的防汛减灾活动中起到重要作用，最大限度地减轻超设计标准洪水造成的灾害损失。信息系统投资少，见效快。

3. 洪水预警预报系统　由遥测水文站、水位站、雨量站等报汛站自动采集的雨情、水情，通过卫星、超短波等遥测通信手段将数据传输到龙滩水电开发有限公司水情气象预报中心。该中心结合红水河流域具体情况，选用国内外先进的洪水预报模型、建立专家预报模型、降雨径流模型、河道洪水演算模型等，利用计算机的高速计算和处理能力结合现代数学、水文高新技术理论，建成一个集先进性、实用性、可靠性、灵活性于一体的实时洪水预警预报系统。在系统控制下可完成所有断面自动预报和选定断面的手动预报，同时，系统对流域各水情站点进行列表显示并对该列表进行动态刷新，当出现超警的站点时，发出警报，提醒监视人员注意。

4. 防汛决策支持　防汛决策过程可概括为在防汛信息采集处理、预测预报的基础之上进行方案设计、方案选择（决策）的过程。防洪决策属事先决策，即在洪水到来或最高峰值到来之前对工程的运用、采取的措施等做出安排。没有预测预报就没有事前决策，预测预报的结果是调度的依据。预测预报的误差和及时性不能满足要求，是决策风险的主要原因。水雨情、工情和灾情及发展趋势的预测预报，构成了防汛形势，经过分析归纳可以拟定防汛决策的具体内容和目标。然后依据决策目标和可使用的手段设计出实现决策目标的可行方案集，以及每个可行方案的风险和后果评价。方案设计是防汛决策工作的主要内容。决策人员在认清防汛形势的基础上，根据各种信息及经验，本着灾害损失最小、实施可靠性高的原则，经过会商、权衡利弊，进行方案补充的调整，最终选择满意的实施方案。

（四）龙滩水电站防汛减灾体系的建设

建设中需要遵循实用、可靠、先进、标准、开放、实时的原则。实用就是要考虑系统的实用性和可操作性，根据实际需要规划、设计系统的规模，并充分利用气象、水利、信息产业等部门的设施和信息源，避免重复建设；可靠就是要求在汛期恶劣条件下，在地理位置偏僻的地方，在各种突发事件的状况下，确保系统正常运转，实现汛情上传、汛令下达；先进就是在满足决策对信息的要求的条件下，采用的技术起点要高，尽量选用当前最先进的软件、硬件及通信设施，采用先进的管理方法、决策支持方法；标准就是要求在建设各子系统时，应按统一标准，以便能够集成一个有机整体；开放就是要求在统一的开放标准下建设系统，使之结构化、模块化和标准化，以利于调整和扩展，做到界面清晰、接口标准、连接通畅；实时就是要求能够实时调用信息，满足防汛工作对时效性要求。

龙滩水电开发有限公司安全监测中心已于9月委托华东勘测设计研究院管理，左、右岸岸坡和地下引水发电系统的安全监测系统已陆续通过招标选定单位实施。随着工程进展，逐步建成大坝安全监测系统、通航建筑物安全监测系统、库区地震监测台网、水文气象泥沙监测系统等，组建龙滩水电开发有限公司水情气象预报中心，开发洪水预警预报系统。现阶段安全监测系统采取人工收集监测数据的方式，但永久性监测项目留有自动采集数据的接口。工程建成后将成立龙滩水电站调度中心，统一完成防汛减灾系统集成，负责水电站防汛兴利调度，安全监控。

在开发洪水预警预报系统时要考虑报汛站网设置、信息采集设备、通信网的选择、汛情处理及预报等问题。该工程只需对天生桥、这洞—龙滩区间面积上的水雨情报汛站网进行规划、设站。根据区间暴雨洪水特性及水情预报的需要，充分利用现有区间内气象、水文、水位站等报汛站，不变更报汛站的位置，保持原观测资料的一致性和连续性。经过综合考虑，规划区间在施工期间的水雨情测报站网为水文站22个、水位站4个、雨量站56个。水库蓄水后，干支流部分河段被淹或受回水影响，必须对少数测站进行调整。蒙江的八茂站、曹渡河的甲板站分别上迁至不受回水顶托的石门坎、坪岩一带。布柳河平腊站被淹后，河道大部分变成库区，为掌握好入库洪水，应适当增设雨量站。根据信息采集设备的技术现状，雨情信息采集选用翻斗式雨量计，水位采集选用自记水位台，流量测量中结合缆道、测船和桥测设施考虑超声波流速仪等新设备新方法。水情信息通信网可以采用卫星与超短波混合的组网方案，在保证通信可靠性的条件下，投资较少。水情气象预报中心完成水情气象数据的汇集、规范化处理，存储、转发，建立水文气象数据库，进行水情气象信息查询服务，负责发布水文气象预报，洪水预警。

（五）建议

在建设龙滩水电站防汛减灾体系时既要重视工程的质量和安全，又要注意到安全监测系统、洪水预警预报系统等信息系统具有投资少、见效快、早建设、早受益的特点，全面构建防汛减灾体系。

汛情预测预报是防汛调度的依据，汛情预报越准确，防汛减灾体系的威力发挥得越充分，因而在系统设计阶段应该选择适合龙滩工程流域特点的预报模型，并在建成后经过几年的运行率定，优化和完善模型参数，提高预报的准确性，为珠江流域防洪最大限度地发挥防汛减灾的巨大作用。

（龙滩水电开发有限公司　晏新春　程纲为）

大坝安全管理

水电站大坝安全现状

中国电力系统所属的水电站大坝有130余座（其中已注册的125座），其数量虽仅占全国84000多座水库大坝的极少部分，但多为高坝大库，具有发电、防洪等多方面的综合效益。一旦大坝失事，将给国民经济和人民生命财产造成重大损失。国家电力管理部门历来十分重视大坝安全的管理，1987年颁布了大坝安全管理的专门性法规，同时建立了水电站大坝安全定期检查制度。十多年来依法管坝的实践，使中国水电站大坝的安全状况得到了很大的改善，大坝的安全管理水平也上了一个新的台阶。

（一）大坝安全定期检查及大坝安全状况

1987年～1998年对电力系统的96座大坝进行了首轮大坝安全定期检查，主要内容包括设计复核、施工质量复查、运行性态分析、现场检查等，基本摸清了20世纪80年代前投产的水电站大坝的安全状况。在这96座大坝中，评定为正常坝的有87座，病坝7座，险坝2座，另有1座未定级。

1997年以枫树坝、青铜峡2座大坝为试点开始了第二轮的大坝安全定期检查工作，计划检查130座大坝。截止到2001年底，已有88座大坝开展了定检，其中完成了51座，除安徽梅山、贵州李官和福建水东3座大坝评定为病坝外，其余均为正常坝。第二轮定检重点突出了闸门金属结构检测和复核、水下检查及监测系统的评价等方面的工作。

从第二轮定检成果来看，水电站大坝的安全状况与首轮定检时相比得到了全面的改善：病、险坝数量有所减少；大坝防洪标准、结构强度和抗滑稳定等问题不再具有普遍性；监测设施比较齐全。由于先进的水下检查、施工技术的引进和水下修补材料的发展，对检查出的水下缺陷得到了及时的处理，如柘林大坝泄空洞检修闸门槽和刘家峡大坝冲沙孔钢衬的修复，其技术已达到国际先进水平。应该指出的是，20世纪90年代后期投运的水电站大坝经工程竣工安全鉴定，工程缺陷大都得到了彻底的处理；但也应该看到，仍然存在一些不容忽视的问题：①少数大坝防洪标准依然偏低；②部分闸门金属结构存在着锈蚀、焊缝不合格、构件应力超标和变形过大、滑道老化破坏、材质不合格等问题；③大坝裂缝、渗漏析钙问题尚未根治，90年代初期建成的碾压混凝土坝渗漏问题尤为突出；④其他如冲刷问题、水库淤积问题等都有一定程度反映。

（二）大坝补强加固、消缺处理进展

通过加固补强，首轮定检确定为病、险坝的9座大坝，已有青铜峡、修文、绿水河、马迹塘、白鱼潭、以礼河四级6座大坝较为彻底地消除了安全隐患，天桥、佛子岭已划归地方或水利系统，洛东大坝一期加固工程业已完成；第二轮定检有3座评为病坝，其中李官大坝已完成加高加固工作，梅山大坝已划归水利系统，水东大坝将在2002年汛后实施加固处理。

对正常坝的缺陷，近两年也做了大量的消缺处理，如吉林丰满大坝泄洪闸门和启闭机全面的更新改造、新疆大山口拱坝重力墩裂缝的处理和大坝建基面的渗漏处理及监测系统的改造、广西拉浪大坝左岸岩溶管道渗漏封堵、浙江湖南镇大坝右岸帷幕补强、广东南水水电站泄洪洞加固改造、新疆托海大坝右坝肩绕渗处理、福建古田三级大坝防渗和结构补强处理、江西罗湾大坝坝面防渗处理、湖南柘溪大坝坝面劈头缝的防渗处理等，均有效地改善了大坝的安全状态。

（大坝安全监察中心 谢宵易）

水电站大坝安全监测现状

中国电力系统水电站大坝有130余座，多数属高坝大库，其安全与否直接影响人民生命财产的安危和国民经济的发展。大坝安全监测是掌握大坝安全运行状况的“耳目”，各业主单位都较为重视，从20世纪80年代开始，陆续进行了大坝安全监测设施更新改造工作，并投入了大量的人力和财力，近几年来，每年用于大坝安全监测设施上的资金达几千万元。截至2002年5月底，除7座规模较小的大坝未设监测设施外，其余水电站大坝都设置了一定的监测项目，相当一部分大坝还实现了监测工作的自动化，对掌握大坝运行规律、及时发现大坝异常现象起到了积极的作用，为科学判断提供了一定的依据。

由于客观条件的限制和变化及人们认识水平的不断提高，大坝安全监测还存在较多问题。

（1）监测设施方面。部分大坝监测精度不能满足规范要求，设备老化、受损现象较为严重；部分新建大坝的监测项目和测点繁杂，需根据实际运行情况和大坝安全管理的要求进行优化和整合。

（2）监测自动化方面。各大坝自动化系统的规模、功能、稳定性、可靠性参差不齐，尤其是1997年以前建成的自动化系统问题较多，有一些已处于瘫痪状态；绝大部分系统只实现单项监测自动化，较难发挥整体在线监控作用；而有些系统几乎将所有监测项目和测点都实现（或计划实现）监测自动化，并提出不切合实际的功能要求，往往造成系统过于庞大、监测数据繁多和系统运行故障频发，既容易分散管理人员的精力，还造成了人力和物力的浪费。

（3）监测仪器的质量。在大坝安全监测中，仪器是安全监测成败的关键。据统计，在更新改造中涉及到仪器厂家大小有44家（1998年统计资料），这些厂家大多数缺少“制造计量器具许可证”，在规模、设施、技术力量及经营方式等方面差异较大，由于市场竞争相当激烈，竞争时手段各异，某种程度上直接或间接地影响仪器产品的质量与服务质量。

（4）监测设施更新改造设计。设计的好坏对于监测设施更新改造成功与否起着决定性的作用。按照《水电站大坝安全监测工作管理规定》的要求，更新改造设计必须由具有相应资质的单位进行。可是在监测更新改造中，有80%的水电站未委托设计单位设计，而是由科研院校、仪器生产厂家等总承包。因此，由于监测工作的不规范导致监测项目和测点布置不合理、仪器选择不当和重复设置、造价偏高等不良后果，影响更新改造的整体质量。

上述问题已引起国家安全生产监督管理部门、国家电力公司和国家电力公司大坝安全监察中心的高度重视。随着中国电力工业体制进行重大改革，有关大坝安全监测方面的法规、规范及技术标准也将进行修改和完善，因此，各有关单位要加强有关法规和规范的学习、贯彻和宣传，提高法制观念，依法监测，并强化监督检查的力度，同时应加大监测工作的投入，使大坝安全监测工作尽快走上正规化和规范化的健康发展轨道。

（大坝安全监察中心 叶建群）

水电站大坝安全法制建设

自1929年美国加利福尼亚州 圣佛兰西斯坝失事造成极为惨痛的损失后，加州政府制定了美国维护大坝安全的首部法律，其后世界各国相继都在制定和颁发关于水库和大坝安全管理的法律法规，确保水库和大坝的安全，中国也不例外。

1985年，原水利电力部针对部属水电站大坝安全管理的严峻形势，借鉴国外大坝安全管理的经验，成立了水利电力部大坝安全监察中心，填补了中国大坝安全管理机构的空白。大坝安全监察中心成立后即代部编写了《水电站大坝安全管理暂行办法》，1987年9月由水利电力部批准，颁发实施。紧接着又编写了《水电站大坝安全检查施行细则》，并在福建古田溪一级水电站大坝和江西上犹江水电站大坝安全定期检查中试用，在取得经验和修改补充的基础上，1988年8月由能源部批准颁发。这两个法规的颁发，改变了过去单纯依靠行政手段管理大坝的现状。1988年1月第六届全国人大常委会审议通过正式颁布了《中华人民共和国水法》，1991年国务院颁布了《水库大坝安全管理条例》。根据《中华人民共和国水法》和《水库大坝安全管理条例》，1997年1月原电力工业部在《水电站大坝安全管理暂行办法》的基础上，颁布实施了《水电站大坝安全管理办法》，同期颁布了《水电站大坝安全注册规定》和《水电站大坝安全监测工作管理规定》。这样初步建立了中国电力系统水电站大坝安全管理的法规体系——在《水电站大坝安全管理办法》下，有《水电站大坝安全检查施行细则》、《水电站大坝安全注册规定》和《水电站大坝安全监测工作管理规定》三个子法规，使中国的大坝安全管理工作初步进入了有章可循、有法可依和依法管坝的轨道。

国务院1998年机构改革后，中国的政府管理职能发生了大的改变。执法主体的变化，使得《水电站大坝安全管理办法》中的许多条款和现行的管理体制不相适应，不能顺利操作。1999年，国家经贸委安全生产局着手修订工作，2001年12月国家安全生产监督管理局成立后，修订工作移交国家安全生产监督管理局，这一法规的修订工作可望在近期完成。修订后的《水电站大坝安全管理办法》将改名为《水电站大坝安全管理规定》。新的大坝安全管理法规，将强化政府对大坝的安全监督。修订的基本原则有以下四条：

(1) 预防为主，全面监督。水电站大坝在为人类利用自然资源、改造自然环境、兴利除弊等方面发挥巨大作用、创造巨大财富的同时，又具有潜在的安全风险。如果管理不严或有疏漏，极易引起垮坝等恶性事故。因此，必须加强各个环节的监督与管理，防患于未然。

(2) 责权统一，各负其责。强调水电站大坝安全管理实行大坝管理单位负责和政府监督管理的制度。坚持“谁管的水电站，谁承担大坝安全责任”，水电站大坝安全管理单位必须对大坝的安全负责。参与大坝建设的各方，依据法律法规、技术规程规范和合同开展工作，承担相应的责任并对水电站管理单位负责。

(3) 加强政府监管。水电站大坝的安全不仅涉及到水电企业安全生产运行而且涉及公共安全问题，因此水电站大坝管理单位在负责水电站大坝安全管理的同时，必须接受政府的监督管理。各级安全生产监督管理机构承担水电站大坝安全管理的政府职能，同时委托大坝安全监察中心承担水电站大坝安全技术监督服务工作。

(4) 操作性强，方便企业。所有条文均要求具有可操作性，方便企业遵照执行。

根据以上基本原则，新的法规除保留了《水电站大坝安全管理办法》中行之有效的一些条款外，对其结构和内容都做了较大的修改、调整和充实。

(大坝安全监察中心 张秀丽)

大坝安全注册

为了加强水电站大坝安全管理和监督，提高水电站大坝安全状况，促进水电站大坝安全制度化、规范化管理。国家经贸委颁布实施的《水电站大坝安全管理规定》对水电站大坝安全注册做了更为明确、详细的规定。

正如工商行政管理、消防、卫生等主管部门对其行业内的有关企业实行注册登记制度一样，大坝安全注册管理是强化行业安全正规化管理所必须推行的一项制度。因为大坝安全涉及到重大社会公共安全，企业的安全行为必须要受到国家主管安全监督部门的监管，而这种监管又应该由一项严格施行的制度来实现。

综上所述，大坝安全注册，它不是一项简单的登记制度，其注册与否及注册安全等级是与大坝安全的实际情况挂钩的，注册依据是五年一次的大坝安全定期检查的结论及大坝安全管理状况。大坝定期检查被评定为正常坝的大坝，其安全注册为甲、乙级，大坝定期检查被评定为病坝的大坝，其安全注册为丙级或不予注册，大坝定期检查被评定为险坝的不予注册；同时，对大坝安全管理状况实行百分制考核，其考核结果将决定大坝安全注册为甲级还是乙级。由于大坝安全定期检查是由国家安全监督管理部门授权的中介机构来负责实施，所聘专家均由获得从事大坝安全检查资格相关专业专家来承担，因此定期检查的结论具有一定的合法性、公正性和客观性，以此结论作为大坝安全注册的主要依据是合理的。另外大坝的安全状况与安全管理水平息息相关，所以在决定正常坝是注册为甲级还是乙级，病坝是注册为丙级还是不予注册，就要由安全管理情况的考核结果来下结论。大坝安全注册为什么要这么严格，原因就是要通过一项行之有效的制度来确保大坝的安全运行，不出半点安全事故。

《水电站大坝安全管理规定》中明确规定，国家安全生产监督管理机构为水电站大坝安全注册主管部门，大坝安全监察中心为水电站大坝安全注册执行机构。《水电站大坝安全注册实施细则》中规定了注册登记程序为：

(1) 申报。凡符合《水电站大坝安全管理规定》，需安全注册的大坝，由大坝管理单位负责申报，将填写好的《水电站大坝安全注册申请书》和《水电站大坝安全注册评分表》报大坝安全监察中心。

(2) 审核。大坝安全监察中心受理申请后负责审核、定级。

(3) 发证。大坝中心按审核级别代国务院负责安全生产监督管理部门签发《水电站大坝安全注册登记证》，发证情况报国务院负责安全生产监督管理部门备案。

通过大坝安全注册这项制度的有效落实，它可以让我们较全面地监管和了解大坝安全的整体水平，及时了解和分析存在带共性的问题，提供给有关领导部门决策，及时得到解决。通过安全注册，对每一座大坝的补强加固、消缺处理也是一个有力的促进。

（大坝安全监察中心　弓正华）

水电建设工程安全鉴定现状

自1995年以来，电力系统在20世纪80年代建设的一大批大中型水电工程及其以后建设的水电站的业主，相继委托经原电力部确认有鉴定资质的水电水利规划设计总院、大坝安全监察中心、中国水利水电科学研究院开展工程安全鉴定工作。通过业主和鉴定单位的努力，截至2002年底，电力系统完成的工程安全鉴定情况见表1。

表1　水电建设工程安全鉴定情况汇总

序号	水电站名称	坝型	安全鉴定阶段	完成时间	鉴定单位
1	海南大广坝	混凝土重力坝	竣工	1996	大坝安全监察中心
2	广西岩滩	混凝土重力坝	竣工	1996	水电水利规划设计总院
3	青海李家峡	混凝土双曲拱坝	蓄水 竣工	1997 2001	水电水利规划设计总院
4	湖北隔河岩	混凝土拱坝	竣工	1997	水电水利规划设计总院
5	吉林白山	混凝土面板坝	蓄水 竣工	1997	水电水利规划设计总院
6	浙江天荒坪	沥青或混凝土面板坝	蓄水 竣工	1997 2001	水电水利规划设计总院
7	北京十三陵	混凝土面板坝	竣工	1998	水电水利规划设计总院
8	云南漫湾	混凝土重力坝	竣工	1998	水电水利规划设计总院
9	福建水口	混凝土重力坝	竣工	1998	业主单位
10	广西天生桥（一级）	混凝土面板坝	蓄水 竣工	1998 2000	中国水利水电科学研究院
11	四川二滩	混凝土拱坝	蓄水 竣工	1998 2000	水电水利规划设计总院
12	贵州东风	混凝土拱坝	竣工	1998	中国水利水电科学研究院
13	四川铜街子	混凝土重力坝	竣工	1998	业主单位
14	湖南凌津滩	混凝土重力坝	蓄水 竣工	1998 2000	大坝安全监察中心

续表

序号	水电站名称	坝型	安全鉴定阶段	完成时间	鉴定单位
15	黑龙江莲花	混凝土面板坝	竣工	1998	水电水利规划设计总院
16	甘肃大峡	混凝土闸坝	竣工	1998	水电水利规划设计总院
17	湖南五强溪	混凝土重力坝	竣工	1999	大坝安全监察中心
18	湖北白水峪	混凝土重力坝	竣工	1999	大坝安全监察中心
19	福建雍口	混凝土闸坝	竣工	1999	大坝安全监察中心
20	福建孔头	混凝土闸坝	竣工	1999	大坝安全监察中心
21	福建芹山	混凝土面板坝	蓄水 竣工	1999 2000	水电水利规划设计总院
22	福建高砂	混凝土闸坝	竣工	1999	中国水利水电科学研究院
23	福建斑竹	混凝土闸坝	竣工	1999	中国水利水电科学研究院
24	广西百龙滩	混凝土重力坝	竣工	2000	大坝安全监察中心
25	安徽响洪甸	混凝土重力坝	竣工	2000	大坝安全监察中心
26	青海龙羊峡	混凝土重力拱坝	竣工	2000	水电水利规划设计总院
27	四川铜头	混凝土拱坝	竣工	2000	水电水利规划设计总院
28	四川雨城	混凝土闸坝	竣工	2000	水电水利规划设计总院
29	湖北高坝洲	混凝土重力坝	蓄水	2000	水电水利规划设计总院
30	陕西安康	混凝土重力坝	竣工	2000	中国水利水电科学研究院
31	四川宝珠寺	混凝土重力坝	竣工	2000	中国水利水电科学研究院
32	福建棉花滩	碾压混凝土重力	蓄水	2000	水电水利规划设计总院
33	广西天生桥（二级）	混凝土重力坝	竣工 竣工	2001 2002	大坝安全监察中心
34	福建沙县城关	混凝土闸坝	竣工	2001	大坝安全监察中心
35	福建竹州	混凝土闸坝	竣工	2001	中国水利水电科学研究院
36	浙江北溪	混凝土拱坝	蓄水	2001	水电水利规划设计总院
37	云南大朝山	碾压混凝土 重力坝	蓄水 竣工	2001	中国水利水电科学研究院
38	四川东西关	混凝土闸坝	竣工	2002	大坝安全监察中心
39	四川姚河坝	混凝土闸坝	蓄水	2002	大坝安全监察中心
40	福建贡川	混凝土闸坝	竣工	2002	大坝安全监察中心
41	湖北陡岭子	混凝土面板坝	蓄水	2002	大坝安全监察中心

从安全鉴定开展情况看，国家投资的大中型水电建设项目，工程安全鉴定工作做得较好，项目法人和工程各参建单位都比较配合和重视，鉴定资料准备齐全，工程质量问题反映得比较充分，鉴定意见容易落实，工程缺陷能得到及时消缺处理。但地方投资或股份制企业投资的一些中小工程，由于技术力量薄弱、施工设备简陋、施工方法陈旧，在工程建设过程中往往遗留一些质量缺陷或隐患，而这些工程的业主由于资金等原因，对工程安全鉴定不够重视，使工程缺陷得不到及时处理，给工程运行带来隐患。主要表现在以下几方面：

（1）认识问题。一般中小工程验收均由地方有关部门组织进行，对安全鉴定无严格要求，业主则能不做，尽量不做。

(2) 资金问题。中小工程一般由地方政府或有关企业投资，进行工程安全鉴定，必然需承担相应费用，因此，业主大都不愿意开展此项工作。

(3) 时间问题。按《水电建设工程安全鉴定规定》，无论蓄水或竣工安全鉴定，均需工程参建单位准备自检报告，这给工程各参建单位增加了工作内容。蓄水阶段正是工程建设最忙的阶段，因此，各单位认为是负担，不积极配合。

因此，今后需加强中小工程安全鉴定工作，通过鉴定，及时发现和消除隐患，确保大坝正常运行。

（大坝安全监察中心　聂广明）

水电站大坝安全科研进展

大坝安全管理作为事关国家安全、社会稳定大局的新兴行业，必须及时把握材料科学、仪器仪表科学、监测技术、信息技术、数理分析技术等的最新发展，并为我所用，与时俱进，不断提高大坝安全管理的理论水平和技术水平，创造大坝安全管理的新局面。

大坝安全涉及水文、气象、工程地质、工程结构、病害诊断、施工技术等各个学科，还与系统科学、工程经济学、社会管理学等密切相关。从目前来看，亟待开展的工作主要有以下几个：

(1) 大坝安全评价方法的研究。大坝安全评价是大坝安全管理的基础。影响大坝安全的因素很多，因而准确评价一座已建大坝的安全状态是十分复杂的。中国在20世纪80年代曾研制了一套水电站大坝安全评价办法，至今已对100多座大坝进行了定性评价。该方法根据大坝的现状，追查大坝的勘测设计、施工建设过程，从设计标准、坝基处理、坝体设计、边坡稳定等几个方面对大坝进行安全评价。但是该方法只是依靠专家的经验判断，缺乏定量判断依据，随意性较大，在实际应用中还存在这样那样的缺陷。随着监测技术和分析方法的发展，研究一套以定量分析为主，结合专家经验判断的大坝安全评价方法，是大坝安全管理领域面临的首要课题。

(2) 大坝监控指标的研究。大坝监测资料分析对大坝安全管理具有极其重要的作用，是判断大坝安全状况的重要依据。一座运行几年的大坝，观测资料一般都是非常丰富的。简化繁重的原观读数分析工作，将分析工作重点化，是对大坝安全进行合理和有效的管理的要求。因而利用数学模型的分析成果，结合工程实际，将多年来大坝观测资料进行分析、归纳、汇总，提出关键项目的安全监控指标，针对大坝的不同时期和不同特点，对关键的观测仪器设定警戒值将大大有助于提高大坝安全监测的效率和质量，为掌握大坝的安全提供便利。

(3) 大坝险情预计和应急处理计划。大坝作为一个挡水建筑物所具有的潜在的安全问题是一个相当复杂的问题，其失事后果也非常严重。中国广大地区人口稠密，即使地处偏僻地区的大坝失事都会带来大量的人员伤亡和财产损失。许多大中型大坝如新安江、丰满、刘家峡等大坝，都位于上百万人口的大中城市的上游，一旦大坝出现安全问题，后果更是不堪设想。尤为严重的是这些大坝都已运行40多年，有的达到了设计年限，有的还带有严重的缺陷。为了有效保证人民生命财产安全，必须及早开展大坝险情预计，对大坝潜在的可能引发的危害予以充分估计，并开发大坝安全预警系统，拟定大坝应急处理计划，提高大坝及其下游社会、环境的抗灾害能力，在发生灾害性事故的紧急时刻，及时预警，及时采取补救措施，将灾害损失降低到最低限度。2002年中东欧发生了百年一遇的洪水，捷克的“联合抢险救援系统”在战胜洪水方面发挥了重大的作用，也证明了应急处理计划的重要性。

(4) 大坝安全管理的风险评价技术的研究。随着对大坝安全引发的环境和社会安全问题的关注，大坝因各种不确定因素的作用引起的风险正日益受到重视。国际大坝安全委员会将于2002年9月在巴西专门召开有关风险评估在大坝安全管理中的应用的会议，足可见风险分析、风险评估在国际上的受重视程度。而在这方面中国还几乎是一个空白。大坝安全的风险管理包括风险分析、风险估计和风险评估，通过风险管理可以确定导致大坝破坏的主要风险源或事件，详细描述各种事件的模式和逻辑关系，确定与每个破坏模式相关的人员损失和经济损失，并通过风险决策，选择降低风险和减少投资效果最好的工程措施，是一个崭新的大坝安全管理工具。集合中国的国情和文化背景、法律制度、政治体制，应用风险分析、风险评估技术进行大坝安全管理是非常必要的，在新的时期具有特别重要的意义。

(5) 大坝安全在线管理系统的开发研究。影响大坝安全的因素多种多样，而且都是动态的，因而大坝安全管理也应该是动态的，实时的，需要根据大坝的瞬时工作状态作出科学的水库调度和运行决策。目前的大坝监测在很大程度上还是事后分析，人们对大坝性状的认识大大滞后于大坝所受到的作用和大坝的响应。通过“大坝安全在线管理系统（LDSMS）”的研究、开发和实施，大坝安全主管部门可以借助于先进的科技手段及时掌握所辖大坝的运行条件和安全状况，对大坝的运行状况进行实时监控、及时分析和评价，提高大坝安全管理水平，实现调度的科学决策。

特别在汛期，通过对流域内甚至系统内各大坝的实时管理，可以根据大坝的工作状况作出科学、统一的运行调度，为大坝安全管理和度汛提供强有力的技术支持，既可防止盲目超蓄造成垮坝灾害，又可在确保大坝安全的前提下尽可能减小下游的泄洪损失，其经济效益是难以估量的。因此大坝安全在线管理系统的开发研究必将产生巨大的社会效益和经济效益，及早开展大坝安全管理系统的研究开发不但具有重要的理论价值，更有重要的现实意义。

(6) 大坝失事模式和后果分析（FMEA)。大坝受到的作用千差万别，因而可能导致大坝破坏的风险源或事件也是各式各样的。不同的作用会产生不同的破坏方式和后果。然而大坝失事一般不是单一的缺陷引起的，而是由于周围环境、坝体和坝址条件、人为缺陷和失误等联系在一起的复杂因素共同作用的结果。大坝失事模式和后果分析可以描述这种自然条件和人为因素的结合，从而为发现大坝可能的失事原因提供依据，这将有利于提高大坝现场检查的质量，并为寻求相应的对策措施提供指导。

(7) 混凝土坝病害探测、评估及修复加固技术。大坝的补强加固需要对症下药，及时、准确发现大坝病害并进行适当的评估，是对大坝进行补强加固、更新改造的基础。这方面，技术装备显得特别重要。在大坝安全管理领域，此类设备包括：混凝土病害探测的地震波CT技术、地质雷达应用技术、复合材料加固钢筋混凝土构件和金属结构构件成套技术、混凝土坝水下病害和缺陷修复材料和工艺等都是工程需要亟待开发的技术和装备。

(8) 水工建筑物的寿命评估技术研究。随着服役时间的延长，大坝及其附属结构越来越接近其寿命。虽然我国目前的水电建设热火朝天，方兴未艾，但我国许多大坝的服役年龄已在三十年、甚至四十年以上。因而紧接着的一个问题就是大坝的寿命到底是多少？大坝到了设计寿命后还安全吗？在美国等西方发达国家，寿命评估技术和风险评估技术一样，已在发挥经济效益。而这方面的研究目前在中国还没有引起人们的重视。

以上只是根据我们工作过程中的认识提出了大坝安全管理方面的几个科研课题。这些课题有的已经取得了一些进展，有的还有待于进一步的工作。

（大坝安全监察中心　杜德进）

大坝安全管理的培训规划

大坝安全管理培训是大坝安全管理中必不可少的重要组成部分。大坝安全的责任在业主，大坝的安全与否在很大程度上取决于大坝运行管理人员的安全意识和技术素质。负责大坝安全工作的工程师必须对大坝安全具有明确的认识，能够对大坝进行正确、可靠的检查、监测和分析，并能够对不安全的状况提出初步的应急补救措施。

近几年来，大坝安全监察中心已举办了几期大坝安全管理培训班，其中1999年和2001年举办了七期水电厂厂长、总工培训班，2000年举办了一期网省公司经理的大坝安全管理培训班，都取得了很好的效果。根据国家电力体制改革和大坝安全管理工作发展的需要，遵循大坝安全培训的总原则，大坝中心拟在2002年～2005年的四年中举办以下一些培训班：

(1) 结合修订后新发布的《水电站大坝安全管理规定》，进行法规的宣贯培训，培训对象为各网省公司和流域机构主管水工的经理、总工，水电厂的厂长、总工、水工专责，旨在强化领导和主管人员的大坝安全法制意识，并根据变化的形势，认清大坝安全管理的新体制、新方法。

(2) 举办新法规体制下大坝定检的经验交流会。培训对象为各水电厂主管部门的水工专职。该期培训的前提是经过一年左右的工作，在完成了一至二座大坝的定检工作基础上，总结经验教训，在全系统进行总结推广。

(3) 举办大坝观测人员的上岗培训，培训对象为观测班人员，普遍提高观测人员的业务水平和技术素质。

(4) 举办大坝自动观测系统培训班，培训对象为各水电厂的观测班骨干。随着自动化改造的不断进行，系统内安装了自动观测系统的电站越来越多。但水电厂观测人员普遍只停留在操作读数阶段，不了解自动化观测系统的原理，无法分析测数的异常及异常的原因，没有发挥自动化观测系统面前观测人员的主观能动性。该培训班旨在通过自动观测系统基本原理和操作方法的培训，使观测人员详细了解大坝自动观测的机理、特点和操作规程，提高观测人员现场分析自动化观测成果的能力，使水电厂真正取得自动化改造的效果。该培训班同时为各家自动化观测系统的厂商推介产品提供平台，为水电厂选择自动化观测系统提供便利。

(5) 举办一期大坝现场检查培训班。对象为水电厂的主管水工建筑物的工程师。旨在提高现场管理人员对大坝安全隐患的认识能力，提高现场检查的效果。

（大坝安全监察中心　杜德进）

大坝定期检查

第二轮大坝安全定期检查和病险坝补强加固工作

（一）概述

目前，电力系统的大坝安全形势总体是好的，但是，在第二轮大坝定期检查工作中也还存在一些问题，有些大坝定期检查工作未按计划完成，个别病险坝的除险加固工作进展缓慢。1988 年～1996 年完成电力系统首轮大坝定检工作，首轮定检有 2 座大坝被评定为险坝，7 座大坝被评定为病坝。从 1997 年起电力系统开始了第二轮大坝定期检查工作，计划用 7 年的时间到 2003 年结束。从目前的情况看，虽然已开始第二轮定期检查的大坝有 60 座，而完成定检工作的大坝只有 30 座，不到总数的四分之一。首轮定期检查评定为病坝的还有 5 座没有达到“摘帽子”的条件。

（二）按照授权做好大坝安全管理工作

1999 年，国家电力公司受国家经贸委的委托承担电力系统的大坝安全管理工作，这是政府对国家电力公司的重大责任性授权。国家电力公司要求各级领导和有关人员必须尽职尽责、落实具体措施和办法，按照规定的程序对大坝进行安全管理。这些要求不管对国家电力公司直属和控股水电站，还是对独立发电公司的水电站都要认真执行。国家电力公司向国家经贸委、国家安全生产监督管理局负责，组织、协调和监督电力系统各大坝业主单位做好大坝安全管理工作，保证电力系统水电站大坝安全运行。各大坝业主单位要配合国家电力公司和大坝安全监察中心做好大坝安全管理工作。

大坝安全的责任在业主，大坝安全管理工作实行企业法人责任制。坚持“谁管的水电站，谁承担大坝安全责任”的规定。各级电力企业要加强领导，明确责任，切实加强大坝安全管理工作，保障水电站大坝安全，要全面承担其所属大坝的安全责任。国务院在 2001 年 4 月 21 日公布了《国务院关于特大安全事故行政责任追究的规定》，规定明确要对各级政府及部门、各单位负责人就 7 种特大事故依法追究责任。各大坝业主单位的领导要认真学习、贯彻落实《国务院关于特大安全事故行政责任追究的规定》等法律法规。

国家电力公司大坝安全监察中心作为国家电力公司公司大坝安全管理工作的常设机构，其职责是按照“规划、监督、指导、服务”八字方针，在国家电力公司的直接领导下，配合各大坝业主单位做好大坝安全工作。其主要任务是，制定好大坝安全定期检查规划；协助国家电力公司监督各大坝业主对所属大坝安全管理的工作情况；做好大坝安全定检报告的审查工作，对大坝的安全状况提出公正、科学、实事求是的评价结论；协助国家经贸委和国家安全生产监督管理局做好有关法规、规定等的制（修）订工作等。

电力系统从事大坝安全工作的其他企事业单位、高等院校、科研机构也在积极投入到大坝安全管理工作中，共同做好电力系统的大坝安全管理工作。

（三）切实做好第二轮大坝定期检查工作

1999 年国家电力公司决定开展的大坝定检试点工作是一次有益的探索，在试点工作中也出现了一些问题。国家电力公司决定在以后的大坝安全定检工作不再采取试点的方式，仍要按照原电力部电安生［1996］563 号文件《关于开展第二轮水电站大坝安全定期检查工作意见的通知》要求进行。组织形式采取大坝业主单位领导下的定期检查专家组，专家组对大坝业主单位负责。专家组组长和组成人员由大坝业主单位与大坝安全监察中心商定。完成定检的大坝业主单位根据专家组的意见向国家电力公司大坝安全监察中心提出定检报告，大坝安全监察中心组织专家对评价报告审查后提出最终评价结论报国家电力公司审批。为了保证大坝安全定检的质量和避免定检工作走弯路，对于大坝定检中的一般项目按照大坝定检的有关规定执行，对于大坝定检中的特殊项目要认真调研，做好准备工作，选择具有资质的单位负责实施。对于超出大坝安全监察中心审查范围的内容，由大坝业主单位负责委托有审查资格的机构审查，比如降低水工建筑物等级的审查等。

第二轮大坝定检基本是按计划开始的，但没有一个明确的完成计划，这是定检工作完成不好的主要原因之一。有了首轮定检的经验，根据大坝的实际情况制定合理的定检完成计划应该是有条件的，大坝安全监察中心将负责制定这个计划。一旦计划确定，就要按计划完成。

（四）尽快消除病险坝

首轮定检评定为病险坝的有9座，天桥大坝由于业主单位已不属电力系统，实际电力系统首轮评定为病险坝的有8座，目前还有云南的以礼河四级水电站、贵州的洛东水电站、安徽的佛子岭水电站、湖南的白渔潭和马迹塘水电站共5座不具备“摘帽子”的条件。第二轮定检中又有贵州的李官大坝被评定为病坝。黄龙滩水电站大坝是惟一一座在首轮定检中没有结论的大坝，现在正在开展第二轮定检。以上情况表明，病险坝的消除工作存在很多问题，而且问题很复杂，工作难度大，任务繁重。有病险坝的大坝业主单位必须给予高度重视，克服一切困难，制定切实可行的工程措施和资金筹措计划，限期完成。

在病险坝的除险加固方面，宁夏的青铜峡大坝第一个摘掉了病险坝的帽子。在大坝补强加固工作中，各大坝业主单位也都做了大量的工作，比如丰满大坝的补强加固工程、刘家峡大坝2号泄水洞的水下改造、新疆大山口大坝的除险加固等，都取得了很多有益的经验。

有病险坝的各大坝业主单位必须全面掌握所属大坝存在的问题，按计划落实大坝除险加固措施，尽快消除病险坝。水电站大坝安全与效益不是一般的安全与效益的关系，在任何情况下，大坝的安全是第一位的。

（国家电力公司　于文革）

水电站大坝第二轮定检工作进展和成效

（一）第二轮定检工作进展情况

继首轮定检之后，1997年开始启动第二轮定检，截止到2002年12月止，已有64座大坝完成第二轮定检，目前正在进行的有35座。2001年共有45座大坝进行第二轮定检工作，其中2001年新开展的有珠窝、落坡岭、陈村、古田二级、古田四级、柘林、柘溪、马迹塘、大洪河、太平驿、红岩、百花、麻石、大广坝、龚嘴共15座大坝；往年接转过来的有30座。在2001年度内，已有黄坛口、湖南镇、梅山、范厝、万安溪、水东、八盘峡、碧口、天生桥二级、渔子溪一级、渔子溪二级（耿达）、以礼河一级（毛家村）、拉浪、长湖、太平哨、桓仁、回龙山、成屏、上标共19座大坝完成定检工作。

目前正在进行第二轮定检的有35座。其中2002年启动第二轮定检的有云峰、太平湾、新安江、石塘、紧水滩、华安、池潭、万安、洪门、白渔潭、狮子滩、映秀湾、南桠河三级、红枫、窄巷口、红林、绿水河、六郎洞、以礼河二级、以礼河三级、以礼河四级（其中绿水河、六郎洞、以礼河二级、以礼河三级、以礼河四级5座大坝于2002年12月前完成，不计入正在进行第二轮定检的大坝数量）、大化、清溪、长潭24座大坝。往年接转过来的有陈村、古田二级、古田三级、古田四级、良浅、沙田、柘溪、马迹塘、黄龙滩、大洪河、西洱河一级、西洱河二级、西洱河三级、西洱河四级、南水、南告16座大坝。

2002年1～12月前已有珠窝、落坡岭、柘林、太平驿、红岩、百花、绿水河、六郎洞、以礼河二级、以礼河三级、以礼河四级、麻石、广蓄上库坝、广蓄下库坝、大广坝、龚嘴16座大坝完成第二轮定检工作。

按照国家电力公司批准的大坝安全第二轮定检规划，2002年～2003年需要完成和新开展定检工作的大坝尚有67座，其中2002年12月底～2003年底应开展定检工作的大坝有32座，即十三陵上池、白山、红石、丰满、莲花、毛尖山、高砂、水口、船场溪二级、隔河岩、葛洲坝（二江、三江）、东津、江口、凤滩、五强溪、南河、安康、李家峡、龙羊峡、上硐、下硐、回龙寨、宝珠寺、东风、鲁布革、大寨、漫湾、洛东、岩滩、牛路岭、大峡、铜街子。

（二）第二轮定检工作的成效

第二轮定检重点突出了水工金属结构检测和设计复核、水下检查、观测资料分析研究。通过第二轮定检，取得了以下主要成效：

(1) 进一步掌握了电力系统水电站大坝的安全状况，查出了若干座病坝和安全隐患，及时发现了继首轮定检后一些新问题，进一步查清了运行中出现的异常问题，对一些严重缺陷的危害程度作出了明确评价。

(2) 增强了各级主管领导的大坝安全意识，充分认识到大坝的安全是关系到国民经济建设和人民生命财产安全和社会稳定的大事，进一步提高了大坝安全管理的法制意识，增强了大坝安全工作的使命感和责任感。

(3) 完善和健全了大坝监测设施。大坝监测系统是大坝安全监测的“耳目”，虽然大部分大坝都建有安全监测系统，但监测系统普遍存在项目不全、设施陈旧老化、观测手段落后、观测精度偏低等问题。通过第二轮定检，各主管单位和水电厂加大了对监测设施更新改造的投入，进一步提高了观测精度、稳定性、可靠性和实时性。

(4) 促进了大坝补强加固和消除缺陷处理。首轮定检确定为病、险坝的9座大坝，已有3座大坝通过实施补强加固后被批准为正常坝，马迹塘、以礼河四级、白渔潭3座大坝不同程度地进行了补强加固，洛东大坝一期加固工程也已完成；天桥、佛子岭已划归地方或水利系统。第二轮定检有3座评为病坝，其中李官大坝加固工程已经过验收，梅山大坝今年已划归水利系统，水东大坝将在2002年汛后实施加固处理。对于正常坝存在不同程度的缺陷，各有关责任单位也做了大量的补强加固和消缺处理工作。经过补强加固和消缺处理，明显改善了大坝的安全状况，提高了大坝安全程度，减少和避免了重大事故的发生，取得了良好的经济效益和巨大的社会效益。

（三）第二轮定检中存在的主要问题

目前已经完成和正在进行第二轮定检的大坝共计99座，主要发现以下几类问题：

(1) 防洪标准偏低，不能满足现行规范的规定。二轮定检经水文系列延长复核，设计洪水的洪峰、洪量都有所增加，使部分大坝防洪能力不能满足现行规范的规定。

(2) 水工钢闸门和启闭设备存在缺陷。许多水电站特别是20世纪50、60年代兴建的水电站，闸门锈蚀严重，焊缝或钢材材质不合格，应力复核结果不能满足现行规范的规定，问题相对较多，急需更换或加固处理。

(3) 水下建筑物结构缺陷较多。已经进行水下检查的工程表明，泄水建筑物的水下进水口、闸门槽和泄水孔、流道内部，由于长期经受高速水流的冲磨，空蚀损坏比较严重，已经影响到大坝安全运行。

(4) 混凝土耐久性差。其一是坝体渗漏析钙严重；其二是混凝土坝或土石坝的混凝土建筑物裂缝，有的坝老的裂缝在发展，新的裂缝又产生；其三是混凝土表面或溢流表面的碳化、剥蚀都影响到大坝的安全和正常使用。

(5) 坝后掏刷影响到坝体稳定。个别大坝溢流坝段坝趾基础有不同程度的掏刷现象，而且掏刷范围在逐年增多，掏刷深度亦在逐年增加。

上述问题都是首轮定检后发现的新问题，说明大坝在各种外界条件作用下，安全状况不断发生变化，大坝安全状态是一个动态变化过程。因此，必须长期不懈地做好大坝安全管理工作，坚持"安全第一，预防为主"的方针，认真做好大坝安全监测和各种安全检查，确保定检质量，才能及时发现异常情况，消除安全隐患，确保大坝安全。

（大坝安全监察中心　郑子祥）

水电站大坝补强加固的新进展

（一）持续开展补强加固

据130多座大坝的不完全统计，在近几年内共完成规模较大的补强加固项目250多项，累计投资约3亿元。这阶段的补强加固工程具有以下两个特点：一是某些长期威胁大坝安全的重大缺陷得到处理，如珠窝大坝投资360万元，对坝基预应力锚固和溢流面裂缝灌浆处理后，增强了大坝的稳定性；狮子滩大坝投资700多万元，对已运行40多年的溢洪道进行改造；南水大坝投资850万元，对多年来渗漏严重的泄洪洞做了修补；已有50多年坝龄的丰满大坝投资2400万元，基本完成溢洪闸门系统改造工程。二是大坝一旦发生严重损坏，随即制定措施并落实资金进行处理。1998年长江发生全流域特大洪水，五强溪、凤滩、隔河岩、万安等大坝，为保护下游人民生命财产和国家经济建设命脉，多次滞洪削峰，取得巨大社会效益，而大坝坝体及其下游设施都遭受到严重损坏，五强溪大坝溢洪面、坝后两岸护坡和消力池底板大面积被冲刷破坏，凤滩大坝下游护坦和进厂公路大范围遭受淘刷破坏，隔河岩大坝坝后消力池产生大面积磨损破坏，万安大坝下游长约900m的护坡被冲毁，这4座大坝战胜特大洪水后，及时研制加固方案和组织施工队伍，共投入资金6000万元，在近几年内完成了对大坝的补强加固工程，保证了水电站的安全运行。

（二）重点整治险、病坝

至2002年5月底，通过定期检查被评价确认的水电站险、病坝共10座，其中天桥和佛子岭大坝因管理体制改变解除了与电力系统的代管关系，已划归地方管理，其余8座险、病坝的重大缺陷和主要加固措施见表1。这些险、病坝的主管单位根据专家组建议和上级审批意见，组织有关部门深入研究险、病坝治理方案，积极加大资金投入力度，精心施工严格控制工程质量，抓紧时间完成了一系列技术难度较大的补强加固项目。目前已有3座险、病坝摘除帽子，2座病坝具备摘帽条件，3座病坝正在补强加固处理，大致情况如下：青铜峡大坝对平行于坝轴线的三大条纵向裂缝作了灌浆封闭处理，对胸墙上的渗水裂缝作了灌浆防渗处理，同时对平压水箱的检修和防锈蚀技术难题进行深入的研究，已于1999年摘除病坝帽子。修文大坝坝顶加高3m后满足了防洪标准的要求，绿水河大坝增建侧槽式溢洪道后泄量满足了泄洪的要求，这两座坝已于2001年摘除险、病坝帽子。李官大坝对防浪墙作了改造，使其具有挡水功能，已具备摘除病坝帽子的条件；以礼河四级（小江）大坝对坝体作了补强加固处理，根据该坝库容很小、下游无城镇和工矿企业，可以降低防洪标准的实际情况，也已具备摘除病坝帽子的条件。白渔潭大坝的补强加固工程已基本完成，马迹塘和洛东大坝已完成大部分补强加固项目，上述3座病坝预计在2002年底可以达到摘除病坝帽子的要求。

表1　　8座险、病坝的重大缺陷和加固措施

坝名	坝型	坝高(m)	总库容(亿 m^3)	主要缺陷和隐患	主要加固措施
修文	混凝土拱坝	49	0.139	洪水复核结果，设计洪水时已漫坝（评为险坝）	坝顶加高
青铜峡	混凝土重力坝	42.7	6.06	三条平行于坝轴线的纵向裂缝破坏了大坝的整体性；用于平衡蜗壳内水压力的平压水箱伸缩节锈蚀严重（评为病坝）	对裂缝进行化学灌浆封闭处理
洛东	混凝土宽缝重力坝	46	1.32	经批准按3级建筑物进行洪水复核，实际防洪标准仅为200年一遇；厂房下游和侧墙结构强度不满足要求（评为病坝）	厂房加固和坝顶加高
以礼河四级(小江)	混凝土重力坝	17.6	0.0027	实际防洪标准仅为100年一遇；大坝抗滑稳定和坝基应力不能满足要求（评为病坝）	对大坝进行加固
绿水河	混凝土扶壁坝	23	0.0032	洪水复核结果，500年一遇洪水的下泄流量，比实际泄洪能力大20%（评为病坝）	增建侧槽溢洪道
白渔潭	砌石重力坝	19.5	2.65	经批准按3级建筑物进行洪水复核，非溢流坝段坝顶高程仍低0.38m；船闸上闸首防洪标准也偏低（评为病坝）	续建溢洪道
马迹塘	混凝土重力坝	26.8	0.88	23个溢流闸孔均无检修门，机组坝段右边侧基底在校核、设计和检修工况下均产生拉应力（评为病坝）	增设检修闸门和对机组坝段进行加固
李官	混凝土重力坝	34	0.0235	校核洪水位比坝顶高出0.32m（评为病坝）	防浪墙改造

（三）积极采用新工艺新材料

在这阶段的补强加固工程中，大量采用新工艺新材料，加快了工程进度，保证了工程质量，积累了宝贵的经验，并取得良好的工程效果和显著的经济效益。柘林水电站库容达79.2亿 m^3，担负着繁重的防洪任务，其泄洪放空洞检修闸门门槽护角钢板挤压脱开和二期混凝土松动，严重威胁到水库的泄洪运行，经过优选，采用水下安装临时封水闸门形成旱地施工的方案，完成了检修工程，与临时挡水土石围堰方案相比较，不仅缩短了工期，并节省投资750万元。刘家峡大坝2号泄水道运行26500h以后，因高速水流挟带泥沙的冲磨空蚀，进水口和门槽部位遭受严重破坏，在修复工程中，借鉴了柘林水电站的经验，经过模拟、导向、定位，在60m以下水中，使约200t重的临时浮体闸门一次封水成功，为检修高坝深水部位孔洞创造了成功的先例，2001年6月经国家电力公司主持鉴定："技术思路正确，属国内首创，并达到国际领先水平"。新安江水电站采用LW化学材料和SX防渗模块，从上游面对19号～20号坝段伸缩横缝进行防渗封堵处理，实际封堵段长达水下38.2m，是目前国内水下横缝处理最深的一个工程。青铜峡大坝泄水管底板冲刷破坏严重，采用水下PBM聚合物混凝土进行修补，取得快速硬化、强度高的补强加固效果。太平哨大坝溢洪道闸墩的弧形门支铰与弧形门轨道之间，有贯穿性大型竖向裂缝，为保证闸墩的受力安全，采取粘贴钢板法进行加固处理，利用高强度粘胶将钢板粘贴在闸墩两侧，以达到加固目的，这是粘贴钢板法应用于大型水电工程上的一次尝试。

（大坝安全监察中心　邢林生）

三峡二期工程枢纽工程蓄水安全鉴定工作简介

（一）工程概况

三峡工程是开发和治理长江的关键性骨干工程，它由拦河大坝、左右水电站厂房、通航建筑物等三大部分组成，具有防洪、发电、航运等巨大的经济效益和社会效益。

三峡工程坝址位于湖北省宜昌市三斗坪，坝顶高程185m，坝轴线全长2309.5m，正常蓄水位175m，围堰发电期水位135m，总库容393亿 m^3，防洪库容221.5亿 m^3；左、右岸水电站共安装26台水轮发电机组，单机容量均为70万kW，总装机容量1820万kW，年平均发电量847亿kW·h。

三峡工程总工期为17年，分三期施工。第一期1993年～1997年，以实现大江截流为标志；第二期1998年～2003年，以实现2003年6月蓄水至135m水位、船闸通航，同年10月左岸厂房第一批机组发电为标志；第三期2004年～2009年，以实现三峡工

程竣工为标志。

中国长江三峡工程开发总公司是三峡工程建设项目法人，长江水利委员会是三峡工程的设计单位。

（二）工程验收

三峡一期工程验收即三峡工程大江截流前工程验收，根据国务院164次总理办公会议决定由国务院三峡工程建设委员会（以下简称三峡建委）负责组织，已于1997年9月28日完成。

三峡二期工程验收由国务院于2002年2月27日批准成立的国务院长江三峡二期工程验收委员会（以下简称国务院验收委员会）主持验收工作。三峡建委于2001年11月颁布了《长江三峡二期工程枢纽工程验收工作大纲》（以下简称验收工作大纲），验收工作范围及具体安排如下：

(1) 2002年4月完成上游基坑进水前验收，本次验收由国务院三峡验收委员会授权三峡总公司组织验收。

(2) 2002年6月完成下游围堰破堰进水前验收，本次验收由国务院三峡验收委员会受权三峡总公司组织验收。

(3) 2002年8月底完成船闸下游引航道破堰进水前验收，本次验收由国务院三峡验收委员会授权三峡总公司组织验收。

(4) 2002年10月由国务院验收委员会组织明渠截流前验收。

(5) 2003年完成水库蓄水（135m水位）、双线五级船闸试通航和左岸电站厂房首批机组启动验收，由国务院验收委员会主持。

（三）二期工程安全鉴定

根据国家有关规定，三峡工程水库蓄水（135m水位）验收前，必须进行工程安全鉴定，提出蓄水安全鉴定报告。安全鉴定的范围包括大坝（不包括右岸大坝）、左岸电站厂房、升船机上闸首、双线五级船闸（含高边坡）、茅坪溪防护坝、右岸地下电站进水口预建工程、纵向围堰上纵堰内段及三期碾压混凝土围堰等。安全鉴定工作应突出重点部位和项目。

三峡工程安全鉴定由水电水利规划设计总院（以下简称水规总院）承担。在上、下游基坑进水验收前应提交允许进水的书面意见，明渠截流验收前应提交阶段性报告，在蓄水验收前1个月提交蓄水安全鉴定报告。除总报告外，应编写一份对各建筑物能否安全运行的结论性意见的简要报告，提交国务院验收委员会审阅。

安全鉴定工作的进度紧密配合三峡工程阶段验收安排的控制性进度，共分以下几个阶段进行：

(1) 准备阶段。2001年9月～12月，组织和成立安全鉴定机构，初步梳理三峡工程重点技术问题，提出各专业供安全鉴定所需资料的清单和编写自检报告的要求，提出《长江三峡二期工程枢纽工程蓄水安全鉴定工作大纲》（以下简称安全鉴定工作大纲）并向三峡建委办公室报备后执行。

(2) 第一阶段。2002年1月～4月，进行现场调查、与有关方面讨论、查阅资料，必要时提出需补充进行研究分析工作的要求。对二期上游土石围堰拆除后将被淹没于水下的基础处理和渗控工程以及部分建筑物的设计和施工质量进行评价，对水工建筑物的检测提出要求。提出大坝上游面高程90m以下涉及的土建和金属结构部分的允许基坑进水的书面意见。

(3) 第二阶段。2002年5月～7月，完成与大坝下游围堰高程90m以下、左岸厂房、下游消能建筑物和破堰进水有关的工程安全评价工作，提出相应部分允许进水的书面意见。2002年7月～8月，完成与双线五级船闸下游引航道破堰进水有关的工程的安全评价工作，提出双线五级永久船闸土建和金属结构、部分机电安装工程相应部分允许进水的书面意见。

(4) 第三阶段。2002年8月～11月，基本完成明渠截流前验收前挡水、泄洪、排沙、排漂建筑物，双线五级船闸与高边坡及三期碾压混凝土围堰设计的安全评价工作，评价2003年度汛方案，提出较为全面的阶段性报告。

(5) 第四阶段。2002年12月～2003年5月，完成三期碾压混凝土围堰施工质量及所有规定范围工程项目的安全鉴定工作，提交国务院验收委员会。

截至2002年8月中旬，水规总院已完成了大坝上、下游基坑及船闸下游引航道破堰进水前的安全鉴定工作，并提出了相应的大坝安全鉴定书面意见，其结论意见如下：

(1) 上游基坑进水前大坝安全鉴定意见。大坝左岸18号坝段至纵向围堰范围的二期主体工程，涉及基坑进水后上游面最高挡水位85m有关项目的建设形象面貌已能满足设计要求，相应部位的基础工程、水工结构工程、金属结构工程的设计、施工和制作安装质量总体上符合国家和行业有关技术标准的规定，土建工程局部缺陷的处理和监测仪器基准值的确定将在4月完成，并且不会给后续工程形成隐患。鉴此，三峡二期大坝工程具备5月上游基坑进水并安全运行的条件。

(2) 下游基坑进水前大坝安全鉴定意见。到2002年6月底，二期主体工程涉及下游基坑进水的有关工程项目的建设形象面貌，能满足设计和验收工作大纲对下游基坑进水的要求，监测仪器的初值也能按时取得；相应部位基础工程、水工结构工程、金属结构工程的设计成果及施工和制作安装质量可满足下游基坑进水后工程的安全要求。

(3) 下游引航道破堰进水前双线五级船闸安全鉴定意见。长江三峡工程双线五级船闸工程建设形象面貌可以满足下游引航道进水的设计要求，尚未施工完成的上游引航道和第1闸首防渗工程的部分工作，在下游引航道进水后仍可继续正常施工，船闸结构剩余少量零星工作、缺陷处理工作以及监测仪器基准值的确定可在8月底完成；各项水工结构工程、边坡及基础工程、金属结构工程、安全监测工程的设计、施工和制作安装质量符合国家和行业有关技术标准的规定；鉴此，三峡工程双线五级船闸在2002年9月下游引航道进水后将是安全的，并为实现安全调试创造条件。

(中国长江三峡工程开发总公司晏元湘)

小浪底水利枢纽工程安全监测系统

黄河小浪底水利枢纽工程规模巨大，地质条件复杂。安全监测系统对于保障工程施工、蓄水、正常运行各阶段的安全有着重要意义。

(一) 工程安全监测布置

小浪底工程布置各类监测仪器共3200多个测点，其中860多个测点纳入自动化采集系统。

(1) 大坝及基础。外部变形观测包括水平变形和垂直变形项目，坝体上、下游边坡及坝顶共布置了14条视准线进行水平位移观测。各标点附近设一水准标点观测垂直位移。内部变形采用了测斜仪、堤应变计、沉降仪等观测设备。渗透压力观测主要布置在三个典型断面、两个控制纵向剖面上。此外，基础断层区域增加了渗压测点。采用分区的量水堰对渗流量进行观测。对坝体和混凝土防渗墙还布置了应力应变观测。

(2) 泄水建筑物。进水口塔架设置了视准线、垂线、引张线、几何水准、静力水准、多点变位计、测缝计、渗压计等观测项目；在孔板洞、明流洞和排沙洞中选择了代表性剖面进行观测，观测项目包括应力应变、测缝计、多点变位计、压力计、渗压计等；进出口高边坡设置了锚索拉力计、多点变位计、测斜仪、渗压计、位移测点等观测项目；综合消力塘主要观测项目有渗压计、锚杆测力计及位移测点。

(3) 左岸山体。对近河1.5km范围内山体的稳定进行观测布置，包括山体的变形、地下水位、洞群渗流等项目。

(4) 地下厂房和引水发电洞。地下厂房重点观测项目为监测围岩稳定的多点位移计、锚杆应力计、锚索测力计、测斜仪等，对岩壁吊车梁也进行了变形及测缝监测；发电引水及尾水洞的观测剖面上布置了应力应变、测缝、围岩变形、外水压力等观测项目。

(二) 观测成果及应用

到目前为止，全部监测仪器设备已埋设安装完毕。自动化采集系统安装调试近期也将完成。目前仪器的完好率约在85%左右。观测频次按有关规范要求进行，已经取得了大量的观测数据。1999年，有关科研单位对截止到当时的全部观测资料进行过全面的分析。分析成果为蓄水安全鉴定工作提供了依据。目前，资料整编与初步分析由业主完成。

(三) 工程安全监控系统

工程安全监控系统是小浪底工程安全监测系统中的一个重要组成部分。系统开发的总目标是：充分利用现代计算机先进的软、硬件技术条件，对小浪底工程大量的监测信息进行科学、有效的管理，及时发现结构异常情况，对工程的安全状况作出评价，为上级部门进行决策提供可靠的依据。

系统按照“四库三功能”的决策支持系统模式开发。“四库”包括数据库、模型库、方法库和知识库。按功能划分为综合信息管理、综合分析推理以及输入输出三个子系统。可以应用于监测数据以及现场检查结果的在线及离线分析。

综合分析推理子系统是系统开发中的重点部分，具有一定的研究性质。开发单位注意吸取了国内外同类系统开发中的经验，在综合分析推理中采用了人工智能技术（专家系统），提高了系统的“结构化”程度。

系统采用微机局域网络环境下的客户机/服务器的体系结构，以Microsoft Windows NT为网络操作系统，采用Sybase作为数据库管理系统。对数据自动采集系统采用多闭环结构进行连接。该系统由多个单位共同开发。目前正在进行最后的安装测试工作，近期可望投入使用。

(中国水利水电科学研究院　张进平)

李家峡水电站大坝安全鉴定

李家峡水电站是黄河上游龙羊峡至刘家峡河段规划开发十三级大型梯级水电站的第三座大型梯级水电站，位于青海尖扎县与化隆县交界处，是以发电为主，兼顾灌溉等综合利用的大型水利工程。水电站由三心圆双曲混凝土拱坝、左岸重力墩、左岸副坝、坝后双排机厂房和两岸泄水道等建筑物组成。拱坝最大坝高155m，厚高比0.29，坝顶轴线长414m；水库正常蓄水位2180m，总库容16.5亿m^3；水电站总装机容量2000MW，第一期工程装机1600MW，多年平均发电量60.63亿kW·h。水电站以330kV级电压连入西北电网，在系统中担任调峰、调频任务。

在1996年年底，工程在初期蓄水前进行了大坝安全鉴定，认为混凝土拱坝坝肩抗滑稳定、坝肩两岸边坡的抗滑稳定和大坝与基础的整体超载安全度偏低。在2000年年底，黄河上游水电开发有限责任公司完成了旨在提高拱坝与基础整体安全度的河床坝段化学灌浆、左岸6000kN预应力锚索及山体加固等工程措施。2000年11月，中国水电顾问有限公司受黄河上游水电开发有限责任公司的委托，在初期蓄水大坝安全鉴定基础上，负责李家峡水电站竣工安全鉴定工作。竣工安全鉴定范围包括拱坝、中底孔泄水建筑物、引水发电建筑物、近坝库岸滑坡、两岸及下游消能区边坡等土建部分及机电工程与金属结构。

鉴定的主要内容包括：①设计标准、设计变更及防洪安全；②拱坝和基础工作状态，包括抗震复核、大坝加固等；③拱坝两岸拱座岩体抗滑稳定及边坡稳定；④近坝库岸和下游滑坡处理后稳定性；⑤泄水及引水发电建筑物的安全性；⑥工程安全监测系统及观测成果评价。

竣工安全鉴定工作，在黄河上游水电开发有限责任公司组织下，西北勘测设计研究院、李家峡枢纽工程建设监理部、中国水利水电第四工程局等单位全力配合，中国水电顾问有限公司编制了安全鉴定大纲，进行现场调研、阅研报告和资料，征询并梳理参建各方意见，最终于2001年10月提出《黄河李家峡水电站工程竣工安全鉴定报告》。

竣工安全鉴定主要建议如下：

(1) 根据大坝和基础变位的实测资料进行了反分析，并根据反分析及加固处理后的实际效果，综合确定坝基岩体的变形抗剪参数，复核拱坝和基础的变形、抗滑稳定及超载安全度；进一步复核左岸坝肩重力墩和边坡的动力稳定性和抗震安全。

(2) 对现有监测系统进行一次全面清理、鉴定，结合大坝自动化监测系统的建设，进一步完善安全监测系统，为监视大坝运行状态提供全面、准确、真实的依据；加强对坝体裂缝的监测和巡视。

(3) 加强对地下水水质的监测，并对帷幕灌浆和固结灌浆体的耐久性进行监测和研究。

竣工安全鉴定结论：李家峡坝址选用的三心圆双曲拱坝，适应了坝址复杂的地形、地质条件。在国内率先采用坝后双排机为特征的枢纽总布置，紧凑、合理，为我国在窄峡谷建设大型水电站提供了成功经验。坝址上、下游三大古老滑坡在施工期复活，经处理已满足要求。通过对主要构造带的混凝土网格置换、抗剪传力洞、高吨位预应力锚索、灌浆加固及排水等多种深层处理措施，基本解决了拱坝坝肩岩体抗滑稳定、变形稳定、边坡稳定和渗透稳定问题。坝后背管采用伸缩管，钢管整体现场卷制工艺和大型滑坡膜袋混凝土护坡工程在大型水电站使用在国内均属首例。

建设单位注重施工质量管理，工程质量控制体系完善，总体施工质量满足规范和设计要求。

大坝和基础的主要观测项目表明，除局部变位有异常外，大坝变位的观测值小于设计值，且变化规律一致，坝基帷幕防渗、排水效果良好，拱坝和坝肩岩体断层未发现异常情况，大坝工作性态正常。

在2001年12月19日，李家峡水电站顺利通过了国家电力公司组织的枢纽工程专项竣工验收。

（黄河上游水电开发有限责任公司
武志刚）

大朝山水电站大坝安全鉴定

大朝山水电站位于云南省云县和景东彝族自治县交界处的澜沧江上，是澜沧江中、下游河段梯级规划中紧接漫湾水电站的下一个梯级水电站。距昆明公路里程600km。

该水电站以发电为主。水库正常蓄水位899.0m，库容9.4亿m^3。总装机容量1350MW。工程为一等，主要水工建筑物为1级。工程采用折线型河床碾压混凝土重力坝，右岸地下厂房、长尾水隧洞布置。坝长460.4m，坝高111m，大坝主体混凝土总量为129.5万m^3，其中，RCC混凝土占48.3%。水电站总投资88.7亿元。

1994年底，由国家开发投资公司、云南红塔集团、云南省投资公司和云南省电力公司按5：3：1：1比例出资，按现代企业制度规范组建了大朝山水电有限责任公司，负责工程的全面组织建设管理任务。1997年8月经国家计委批准正式开工建设，1997年11月10日实现大江截流。工程网络进度计划安排，2001年11月下闸蓄水，年底首台机发电。公司按现行水电体制改革管理要求，根据工程实际施工进度安排，2000年11月正式向国家经贸委报送电站计划在2001年11月下闸蓄水安全鉴定请鉴报告。同年经贸委以电力［2000］65号文批准由中国水利水电科学研究院承担大朝山水电站工程下闸蓄水阶段的安全鉴定工作。水科院依据《水电站基本建设工程验收规程》，2001年2月在现场召开了安全鉴定工作会，确定了工程蓄水前安全鉴定工作大纲，期间充分听取了建设、设计、监理和施工单位的工程汇报，并全面的对大朝山水电站蓄水前枢纽建设进度、质量控制情况、设计洪水与调洪计算、工程地质及边坡稳定、混凝土（碾压混凝土）工程、金属结构及启闭机、大坝观测系统、导流洞混凝土堵头设计等10大专项进行了深入系统的安全分析。对存在的安全质量缺陷提出了蓄水前整改意见。经过系统严格的工程设计、监理和施工单位提供的最终资料成果分析，2001年9月水科院安全鉴定专家组在大朝山水电站工地召开了工作会，正式提出了《大朝山水电站枢纽工程蓄水安全鉴定报告》。报告结论意见为“大朝山水电站与蓄水安全有关的工程设计和施工均未发现影响蓄水安全的重大问题。工程地质及水文地质条件清楚，近坝库岸稳定，水库不具备向邻谷渗漏的条件。大坝应力及地基稳定满足规范要求。大坝混凝土密实，抗压及抗拉强度以及抗渗标号合格。闸门及启闭机设计、制造及安装质量合格。大坝形象进度能满足蓄水后的泄洪要求，可以下闸蓄水”。公司（业主）依据大坝蓄水安全鉴定意见，结合库区蓄水前清库和移民工作验收条件，10月28日组织了大朝山水电站工程蓄水前整体验收，通过了大坝蓄水验收意见。11月4日导流洞正式下闸蓄水成功。12月14日完成了首台机72h试运行，并投入商业运营。

随着电力体制的改革，水电建设项目投资多元化和厂网分离管理趋势的发展，水电站项目的建设管理从工程技术组织归口上要严格按《水电站基本建设工程验收规程》程序进行。在工程安全鉴定工作时间的把握上，要根据工程建设的实施进度，要提前向国家经贸委提交《工程蓄水前安全鉴定请鉴报告》，争取早期确定安全鉴定单位。在安全鉴定过程中设计、监理和施工单位等要在业主牵头组织下全力配合，抓好工程建设期所有设计文件和原始报告及工程验收资料成果的准备，特别是工程缺陷及重大设计变更的处理结论要毫无保留的提供给安全鉴定单位进行分析，对鉴定工作中发现的工程问题，要抓紧时间从设计安全和工程安全上予以论证，抓紧工程处理。这对安全鉴定单位能及时独立做出科学的“安全鉴定结论”意见尤为重要，对一个工程能否按期下闸蓄水能起到关键性的作用。这是大朝山水电站在下闸蓄水前安全鉴定工作中的一点经验体会。

（云南大朝山水电有限责任公司　郭世明）

湖南镇、黄坛口大坝安全第二次定期检查

乌溪江水电厂湖南镇大坝、黄坛口大坝安全第二次定期检查由浙江省电力公司组织，聘请6位专家，自2000年4月至2001年9月期间，召开过3次专家会，2次赴现场进行检查，完成各项专题报告23份。

电厂根据国家电力公司大坝安全监察中心对第二次大坝定检布置的要求，对坝体（坝坡）或坝基水下部分，或深孔、底孔的过水部分，经分析有可能产生破损、冲蚀或闸（阀）门损坏影响大坝安全的工程部位，进行了必要的水下检查。对首次定检及近期内未进行过专门检查鉴定的泄洪建筑物的闸（阀）门、启闭机等金属结构设备进行了全面检查和安全鉴定，尤其对超过使用年限的设备特别重视。

通过本次大坝安全定期检查，经水下检查，金属结构检测，观测资料分析及现场检查，专家组认为：湖南镇大坝建筑物的等级及洪水设计标准符合现行规范，大坝结构完整，水下无明显缺陷，上游防渗面板完好，水库无新的塌方、滑坡，近坝库岸稳定。金属结构检测表明，溢洪道弧形闸门和启闭机，泄水中孔进水口闸门及启闭机正常。大坝经建库以来最高库水位的考验，观测资料表明，大坝变形正常，坝基渗流量及扬压力除个别部位外，基本正常。

黄坛口大坝整体性完好，泄流能力满足设计要求，扩容工程对水流条件影响较小，坝下消能防冲设施经历次修补处理较运行初期明显好转，大坝变形正常，坝体、坝基渗漏量不大，个别测压孔水位高于原设计值但不影响大坝整体稳定，右岸东山边坡岩石破碎存在向河岸方向的变形，并呈现逐渐下沉趋势，但目前不至于危及大坝安全。黄坛口大坝弧形闸门至今已运行40余年，一直处于挡水状态，金属结构检测表明，溢洪道弧形闸门支臂和箱型梁支座的主要受力部位局部应力超标，影响黄坛口大坝安全运行。针对这一缺陷电厂及时委托华东勘测设计研究院对8扇弧形闸门及启闭机、箱型梁进行更新改造设计，设计方案经二次定检第三次专家会议通过，近期已开始实施。

专家组根据对两座大坝检查情况，对照《水电站大坝安全检查施行细则》第四十二条规定评定湖南镇大坝、黄坛口大坝为正常坝，并对两座大坝存在的局部缺陷提出了处理意见和建议。

2002年5月15日16日由浙江省电力公司组织，聘请7位专家对两座大坝存在的局部缺陷再次进行深入、细致的讨论，并对每项缺陷提出相应的处理意见，电厂将根据专家意见对存在的缺陷逐年进行处理，确保大坝安全运行。

（乌溪江水力发电厂）

徐村水电站竣工安全鉴定

徐村水电站位于云南省大理州漾濞县与巍山县交

界处的漾濞江上，是其中游河段规划的第三个梯级水电站，距大理市约 45km。坝址多年平均流量达 $127m^3/s$，多年平均径流量为 40.1 亿 m^3。水库总库容 7375 万 m^3，调节库容 2390 万 m^3，死库容 4517 万 m^3，为不完全月调节水库。工程以发电为单一目标，水电站装机容量 3 × 26MW，保证出力 24.24MW，多年平均发电量前期为 3.48 亿 kW·h，后期为 3.45 亿 kW·h，年利用小时数为 4423h。枢纽主要建筑物包括拦河坝、右岸岸边开敞式溢洪道、左岸泄洪（导流）洞、右岸泄洪（导流）洞、排沙洞、左岸引水发电系统等。拦河大坝为砾质土心墙堆石坝，最大坝高 65m，坝顶长度 165m，坝顶宽度 8m。

受大理华能水电有限责任公司的委托，中国水利水电科学研究院负责组成专家组，根据原电力工业部《水电建设工程安全鉴定规定》的要求，对云南省大理州漾濞江徐村水电站枢纽工程实施竣工安全鉴定工作。徐村水电站竣工安全鉴定的范围以砾质土心墙堆石坝为主的枢纽工程中与安全有关的建筑物，包括泄水建筑物、引水发电系统、坝址岸坡及近坝库岸、金属结构等方面的设计、施工、运行、原型观测等。并对枢纽布置、洪水资料复核、工程等级和设计标准等问题作出评价。

中国水利水电科学研究院在接受徐村水电站竣工安全鉴定的任务之后，组成了以蒋国澄教授级高工为组长的专家组，在与委托单位协商之后，制定了工作大纲，提出所需资料清单，确定了工作计划，有步骤地开展这项工作。

徐村水电站竣工安全鉴定工作分为三个阶段进行。

第一阶段，2001 年 4 月初，专家组部分成员赴工地，召开了第一次工作会议，进行现场考察，听取有关单位介绍，了解工程情况及主要问题，确定了竣工安全鉴定工作大纲，并提出了设计、施工、监理等单位编写自检报告、专题报告等要求，提出了鉴定所需第一批资料清单及资料提供的日期等。

第二阶段，2001 年 5 月底，专家组在收到了各项自检报告及相关资料后，组织安鉴专家阅读、讨论，并提出需要补充的资料清单。于 7 月中旬在现场召开了第二次工作会议。会议期间，专家组成员分专业与有关单位的人员讨论和交换意见，编制安全鉴定报告初稿，听取了各相关单位对报告中安全鉴定的结论和建议部分的意见。

第三阶段，专家组在充分听取有关方面意见后，对安全鉴定报告修改定稿，于 2001 年 8 月底向委托单位提交了安鉴报告。

安鉴报告共分以下八章：①概述；②工程等级、设计标准及洪水；③工程地质及边坡稳定；④砾质土心墙堆石坝；⑤泄水建筑物；⑥引水发电系统；⑦金属结构及启闭机；⑧竣工安全鉴定结论和建议。

主要结论为：徐村水电站枢纽工程已经建成，设计和施工质量合格，水库不存在向低邻谷渗漏的条件，近坝库岸稳定基本上得到控制，心墙堆石坝是稳定的，地基处理措施恰当，泄水建筑物布置合理，泄量能满足要求，冲刷坑远离坝址，不影响大坝安全，金属结构设计、制作和安装基本符合要求。工程已于 1999 年 8 月 22 日下闸蓄水，2000 年 6 月基本建成，已蓄水运行近两年，历经两个汛期，大坝已经受前期正常蓄水位 1304m 的考验，泄水建筑物都已多次泄洪，水电站也已正常发电，运行基本正常，工程已具备进行竣工安全鉴定和验收的条件。并对工程存在的问题提出了建议。

（中国水利水电科学研究院　朱耀泉）

龚嘴水电站大坝第二次定期检查

龚嘴水电站首次大坝定期检查（简称定检）于 1993 年 12 月结束，定检后认定，龚嘴大坝坝体稳定，帷幕工况基本正常，基础未见恶化，局部不良地质条件经基础处理后满足设计要求，为正常坝。

按照大坝安全监察中心对第二次定检工作的安排和有关规定，龚嘴大坝第二次定检专家组第一次会议于 2001 年 5 月中旬在龚嘴水力发电总厂召开，会议听取了首次定检后水库、大坝的运行情况，工程补强加固情况，闸门和启闭机及大坝安全监测设施更新改造情况，确定了第二次定检工作的重点内容为水下检查，水工金属结构检测，大坝运行工况、补强加固及设备更新改造情况等。

根据专家组确定的工作内容，结合水电站的实际情况，2001 年底完成了水下检查、水工金属结构检测、大坝观测资料分析三个外委项目的招投标。2002 年元月 17 日，水电站有关人员陪同专家组部分成员进行了现场检查，2 月 5 日完成了金属结构现场检测，3 月 29 日完成了水下检查工作，4 月底完成了大坝运行总结报告初稿，所有的专题报告初稿于 5 月底完成，经专家组预审后定稿，10 月底召开专家组第二次会议，从而完成大坝定检。

水工金属结构检测现场工作主要是对 9 号溢洪平板闸门及其启闭机、15 号冲沙底孔弧形闸门及其启闭机、地面厂房 4 号机组压力钢管进行了外观检查、结构应力测试、焊缝探伤检测、材质性质检测，闸门动水试验及启闭力测试，报告将根据测定的参数按现行规范进行设计复核。

水下检查工作主要完成了以下内容：①6号、10号、15号冲砂底孔进水口附近坝面及底坎、检修门槽及底坎，三孔冲水阀进水口及其周围；②4号、7号、8号、9号四孔溢洪道进水口上游坝面到检修门槽前（包括表孔底板及侧墙）、三孔下游鼻坎及护坦（水流方向约20m范围）；③大坝下游消力塘周边部位，包括三孔溢洪道两侧导墙、6号底孔右导墙、10号底孔左导墙、地面厂房分水墙、漂木道右侧墙及消力塘底部；④2号、3号坝段横缝，15号、16号坝段横缝左右两侧5m范围内上游坝面；⑤地面、地下厂房机组进水口拦污栅门槽及底坎、地下厂房四个小冲砂管周边；⑥坝前100m范围内泥沙淤积地形测量。

对孔洞及易冲蚀磨损部位（如底孔、溢洪道及消力塘），首次定检遗留问题如2号、3号坝段横缝漏水量大且与库水变化同步的部位；对现场检查发现的新问题如基础廊道3排8号、9号坝段横缝漏水增大明显的部位进行了详细检查，利用水下录像设备详细记录了其位置及特征（特征主要是指破坏的范围、形状、大小、深浅）。现场检查发现冲砂底孔底坎及其以上3m范围内喇叭口破损严重，大量粗骨料及钢筋外露。

对于大坝运行，总结的重点是大坝运行工况、水工建筑物及大坝机电设备的检修维护情况、补强加固及设备更新改造情况，如7号坝段帷幕补强灌浆、地面厂房厂坝间廊道封堵、下游尾水河道整治、地面厂房防洪体系加高研究、增设坝顶真空激光系统、水工钢闸门及启闭机改造等。

（龚嘴水力发电总厂　沈定斌）

中加合作对丰满大坝安全评价研究

丰满水电站位于吉林省吉林市第二松花江干流上，下游距吉林市24km，是一个以发电为主，兼有防洪、灌溉、供水、养殖、航运和旅游等综合利用效益的大型水电工程。工程于1935年开始规划，1937年开工建设。二战结束后，中国政府接管了丰满大坝的完建、续建工作，解放后历经多次的补强加固和改扩建，使丰满这一千疮百孔、有严重缺陷的工程改造成为一个具有百亿立方米库容、百万千瓦装机容量的现代化大型水电站，在东北地区的经济建设和松花江防洪中起着举足轻重的作用。目前丰满大坝全长1080m，最大坝高91.70m，水库汛期限制水位216m，正常蓄水位为263.50m，最高库水位为267.65m，死水位为242m，相应水库总库容107.8亿m^3，正常蓄水位对应库容87.70亿m^3，死库容27.60亿m^3，发电库容53.5亿m^3，防洪库容33.5亿m^3。大坝设有11孔溢流坝，左岸山体布置有一条直径9.2m，长682.9m的泄水隧洞，1991年改造成泄洪洞，参加水库泄洪。丰满水电站总装机容量为1002.5MW。

由于丰满大坝本身的特殊性，尽管建国后采取了一系列措施，但大坝的渗漏、变形、应力、混凝土强度等方面仍存在许多的缺陷。为了更好地评价丰满大坝的安全性，利用西方发达国家的大坝安全管理理论和技术，按照现行的国际大坝安全标准，对丰满大坝进行一次大坝安全评价和补强加固研究，保证大坝能继续安全有效地运行。为此国家电力公司与加拿大国际工程管理公司（CIPM）于2001年2月13日签订了中加双方对丰满大坝及水电设施安全评价及补强加固研究合作项目的谅解备忘录，并于同年3月正式启动该项目。9月中旬和2002年2月下旬，分别召开了两次有关中加丰满水电站大坝安全技术的交流会，明确了工作的范围和依据，并对加方提供的评价初稿进行了审定。2002年3月，加方提交了丰满大坝安全评价的正式报告。

为了保证成果的可比较性及分析资料的可靠性，根据杭州会议确定的原则，大坝安全评价的基础是丰满大坝的首轮定检成果。针对丰满大坝的特点，加方专家根据加拿大大坝协会的《大坝安全导则》的要求，对丰满大坝及水电设施有关的每个专题进行了全面、细致的检查和评价，从大坝安全等级的分类到大坝荷载工况、地质条件及稳定应力、洪水复核等各方面，逐一与导则的要求进行了分析、比较。根据丰满大坝的运行管理现状，发现丰满水电站有27项完全满足导则的要求，有23项部分满足，在导则所要求的各评价项目中，丰满大坝存在13项潜在的缺陷，有13项实际缺陷，需要立即采取措施进行处理。

对中方多年来一直较为关心的问题，如226m高程以下的上游坝面防渗、大坝的整体性、大坝的稳定性等，加方也提出了自己的看法：

（1）目前大坝渗漏量较小，是可以接受的，从安全状况、技术条件、工程投资和处理效果等方面综合考虑，封闭226m高程以下上游坝面不是最有效的方案。

（2）丰满大坝的设计洪水演算，应不计入机组的过机流量；按加方的导则，丰满大坝的设计洪水应采用PMF。

（3）丰满大坝的重点监测项目应集中在坝顶变位监测、坝踵变形监测、渗漏监测、扬压力监测；纵、横缝和水平缝的变形监测可以减少。

(4) 对6、14、26、35号等四个典型坝段的稳应力进行了四种工况的计算分析（正常蓄水工况、校核洪水工况、地震工况、地震后工况），分析结果表明35号坝段的稳定不满足导则的要求，因此加方建议加强坝内排水，并采用锚固措施进行加固处理。

(5) 根据加拿大大坝安全导则的要求，丰满大坝也应该制订应急处理计划。

（大坝安全监察中心　杜德进）

龙羊峡拱坝抗震安全运行评价

龙羊峡水电站坝高178m，库容247亿m^3，位于黄河上游梯级水电站之首，号称“龙头”水电站（总装机容量为128万kW）。该水电站的工程地质条件极为复杂，又地处中国西部高地震烈度区，大坝按9度地震设计。在这样严峻的条件修建高拱坝，曾为国内外所瞩目，被国外专家称为“挑战性工程”。龙羊峡拱坝是20世纪70年代中国设计的最高拱坝，当时国内外对高拱坝抗震安全性的认识和研究都还很不够，中国尚无水工抗震设计规范，各国也少有拱坝震害实例。因此，该拱坝的抗震设计不能不受历史条件限制，其抗震安全性一直为有关部门所关注。特别是1990年4月26日，在坝址上游60余km的唐格木地区发生了6.9级强烈地震后，尽早弄清大坝究竟有多大抗震潜力的问题更显迫切。

该项目由陈厚群院士负责进行，主要包括两部分，第一部分为在龙羊峡大坝进行现场振动试验，以进一步对拱坝抗震中作为拱坝—地基—库水体系动力相互作用的焦点问题，对坝基沿河谷高程不均匀地震动输入对坝体动力反应的影响，进行深入研究。第二部分为弄清龙羊峡拱坝实际抗震能力的目标，应用最新的、更接近工程在地震时实际情况的分析方法，进一步计入了对坝体抗震安全性评价有重要影响的诸因素，如，地震能量向远域地基逸散、坝基不均匀地震输入、坝体横缝的开合、及坝址河谷实际地形及地质条件等。这些问题也是当前国内外都在致力探索中尚未较好解决的工程抗震学科发展中的前沿课题。

通过第一部分现场试验的分析研究，可以概括以下几点结论：

(1) 龙羊峡拱坝坝体混凝土总的平均弹性模量要比设计采用值高不少，估计可达$3.9\times10^{10}N/m^2$左右。

(2) 龙羊峡拱坝正对称高阶振型的影响显著，是导致坝体动力反应增大的重要原因。可能反映出重力拱坝在抗震性能上不一定较双曲拱坝有利的一面。

(3) 目前中国水利水电科学研究院开发和应用的计算拱坝坝基不均匀地震动输入的动力分析方法和程序，再次得到了验证，可以在实际工程中推广应用。

(4) 在上游库内进行浅层水下基岩露头爆破激励坝体—地基—库水体系的途径在龙羊峡现场试验中的应用是成功的。所激发的由基岩传播的地震波工程特性与天然地震波接近，特别是水中气泡破裂产生的地震效应使地震动的持续时间增大，进一步改善了激励效应。

第二部分对龙羊峡拱坝抗震安全运行进行评价主要结论是：

(1) 按照现行规范，龙羊峡拱坝在Ⅷ度地震作用下，无论在正常蓄水位或运行低水位时，坝体抗拉强度承载能力在上下游面的较大范围内都不能满足要求。

(2) 龙羊峡重力拱坝的正对称高阶振型影响显著，导致坝体动力反应增大，这已为现场振动试验实测结果和计算分析所验证。对坝址场地作进一步的地震危险性分析结果，使坝址基本烈度由原定的Ⅷ度降为Ⅶ度，从而使设计烈度由Ⅸ度相应降为Ⅷ度，设计基岩加速度为0.237g，已经使坝体抗震安全情况有了改善。

(3) 对龙羊峡拱坝抗震能力作更切合实际情况的深入分析结果表明，大坝仅局部小范围抗拉强度承载能力小于允许限值的20%，但在坝体抗压强度承载能力和坝肩岩体抗滑稳定方面，其抗震能力都有较大裕度。考虑到出现最大拉应力的坝基部位，实际岩体存在的微小裂隙将对作为均质弹性地基的角缘应力集中有一定缓解效应；拱坝作为超静定结构在抗压强度裕度较大情况下的调整能力；以及现场试验结果显示的坝体实际弹性模量值高于设计值约30%以上；相应的运行已达10年的坝体后期总体强度也会有相应提高等有利因素，可以认为，地震时大坝抗拉强度基本满足极限状态的抗震安全度临界要求。

(4) 考虑到所研究问题的复杂性和龙羊峡工程的重要性，以及受历史条件限制及自然条件影响，施工中可能存在的局部缺陷，为确保大坝的抗震安全，建议对大坝继续作进一步的抗震研究，采取必要的能适当增加坝体抗震安全裕度的有效抗震措施。

（中国水利水电科学研究院　胡　晓）

大坝安全监测与水情测报

混凝土大坝安全监测数据管理和处理系统

混凝土大坝安全监测数据管理和处理系统是监视大坝运行状态的一套软件系统。本系统具有数据采集（自动的或人工的或两者结合的方式）、管理、处理、分析和安全评价、辅助决策等功能。通过对大坝及其环境进行仪器（由混凝土大坝安全监测项目所设定的数以千计的监测仪器）量测和人工巡视所得的大量数据，与过去各自已有的几千个或几万个数据联系起来，经加工处理、分析，迅速形成各种综合信息，分析人员或决策者可依靠系统了解、掌握、解释大坝运行状态，并依据有关监控标准的指标进行交互式综合分析和判断，就能及时、准确、高效地发现大坝有无异常、异常的程度，并对大坝当前的工作状态做出评估，从而确定要否采取措施。还可利用系统中的辅助决策功能，提供有关建议，以采取必要的措施。这样就能做到防范大坝异常状态的发展，保障大坝能处在正常状态下安全运行。

（一）国外简况

早在20世纪70年代，意大利、法国、美国、澳大利亚、加拿大、日本等国家应用计算机及时进行监测数据的处理分析。意大利国家电力局开发了管理和处理监测数据的MIDAS系统，还以数学模型为基础建立了大坝安全监控系统。90年代又开发了结构安全管理决策支持系统DAMSAFE。这一系统在国际同类系统中是最先进的。

（二）国内状况

中国在20世纪80年代中期有了较简单的大坝监测数据管理系统。

1989年完成了“龙羊峡大坝安全监测微机数据处理系统”。该系统可针对龙羊峡大坝安全监控的关键部位29类监测项目、426个点位（包括环境量、变形、应力、渗流和巡视检查等）的数据与信息，通过人工录入，用关系数据库进行长序列数据的组织、存储和管理，再通过数据可靠性检查、统计分析、计算、建立模型和预报等过程，形成条理化、系统化的多种图形与汇总统计资料，可供分析与决策人员通过直观、经验和数学模型等多种途径，对信息（如监测量的变化范围、规律、趋势、速率及因果关系等）进行交互式综合分析和判断，以实现对大坝各个阶段的安全监控。之后丰满、潘家口等十余座大坝也建立了同类软件的监测数据处理系统。

1990年，中国有了第一套全面自动化的大坝安全监测系统。该系统配有安全信息管理软件，具有对应力、变形、渗流量、渗压在内的测点总数在1000点以上的监测系统进行数据自动采集、实时处理、在线监控、离线分析和大坝安全管理等较全面的功能。

1995年，装设了大化水电站混凝土重力坝安全监测数据管理系统。它建立在Windows NT的网络平台上，以实时多任务方式运行，能对各监测项目进行离线计算分析和线监控，具有图文声像数据管理、安全评估、分级报警及网络通信等功能。同型软件系统也应用于岩滩、大广坝等十余座坝上。

东北电网于1998年对直属管辖的丰满、云峰等8座大坝统一建立了大坝安全监测信息系统。它的网络是一个广域网，采用客户/服务器体系结构。系统的核心是一个分布式数据库。数据处理分析系统含有数据管理、数学模型建立、内部观测仪器数据的计算分析、综合检查分析、图形表格输出等功能。

1998年完成的二滩水电站拱坝安全监测在线监控及反馈分析系统的总体结构中包含有总控部分、工程数据库、综合分析推理库、方法库、图形库、输入系统、输出系统等。

正在建设的长江三峡工程的监测测点近1万个，已建成施工期安全监测数据库管理系统，正积极开发安全监测决策支持系统。该系统有三个基本功能：数据量测、数据采集和数据管理（包括数据处理、分析、安全评价及辅助决策）。

在20世纪末修改的《混凝土大坝安全监测技术规范》中明确规定了各大坝应建立“监测资料数据库或信息管理系统”。

（三）存在的问题

不少水电厂的监测人员仅使用“系统”的部分功能，为了他们能全部使用“系统”的功能，这需要加强培训，提高他们的技术素质。

（中国水利水电科学研究院　庄万康）

大朝山水电站大坝安全监测自动化系统

（一）工程概况

大朝山水电站位于云南省云县与景东县交界的澜沧江上，是澜沧江梯级规划中接漫湾水电站的下一个梯级水电站，水电站总装机容量1350MW。枢纽为一等工程。水电站由碾压混凝土重力坝、压力引水遂洞、主变室、尾水调压室及长尾水隧洞等主要建筑物组成。最大坝高111m，坝顶长度460.39m。大朝山水电站工程于1997年11月10日截流，2001年11月4日下闸蓄水，2001年12月26日第一台机组投产发电。

（二）系统实施情况

大朝山水电站安全监测自动化系统工程（下称大朝山系统）安装调试工作自2001年8月1日开始，至2002年4月结束，大坝外部监测自动化系统包括真空激光准直系统、静力水准系统、垂线系统、扬压力系统、坝体和坝基渗流监测系统等。内部监测自动化系统接入大坝部分应力、应变、温度、接缝、渗透压力、库水温度等监测项目及地下厂房围岩监测、主厂房混凝土监测、岩壁吊车梁监测、尾水调压室监测等，共纳入内部监测仪器测点733点，外部监测仪器测点157点，创建系统软件一套。

（三）系统配置、原理及主要功能

1. 系统配置　大朝山系统采用了NARI公司的DAMS—IV型分布式大坝监测系统。由传感器、数据采集单位（DAU）、真空激光准直系统监控主机、计算机网络工作组、信息管理软件及通信网络构成。各种测量控制单元（DAU）、真空激光准直系统监控主机对所辖的仪器按照监控主机的命令设定的时间自动测量，并转换为数据量，暂存于DAU及真空激光准直系统监控主机中，并根据监控主机的命令向主机传送所测数据。监控主机根据判断对实测数据进行检查和在线监控，并向管理主机传送经过检验的数据入库。管理主机主要是对存储的数据进行处理和分析，并向各级主管部门发送有关安全方面的信息。

2. 系统原理

（1）变形监测。采用垂线、激光准直法，以垂线、激光准直线为基准，RZ型垂线坐标仪、ZJG型激光准直系统将测点相对于基准线的位移变化转换为差动电容值或CCD的图像；倾斜、基础垂直位移采用静力水准法，差动电容感应式静力水准仪将测点的倾斜、垂直位移转换为差动电容值；双金属标监测则采用电容感应式位移仪将测点间的相对位移变化转换为差动电容值输出。

（2）扬压力。采用美国Geokon公司的4500S型振弦式渗压计将测压管中水位或压力变化转换为频差或频率量输出。压阻式渗压计将测压管中水位或压力转换为电流量输出。

（3）内部监测。应力、应变、温度监测是将应力、应变、温度变化转换为差阻比、电阻或频率量输出。

数据采集单元（DAU）接收监控主机的指令，定时或随机将传感器转换成的电容比、电压、频率、电阻比、电阻值等电量自动采集并存储。监控主机根据传感器性能参数将测得的电容量计算为相应的位移、水位高程及应力、应变温度等。由后方机分析、计算、处理监测资料。

3. 系统功能　数据采集单元具有时钟、存储、掉电保护、故障自诊断功能；整个系统具有在线监测、数据库管理、离线分析、图形绘制、年报制作、大坝安全册、网络管理和远程控制等功能。

（四）大朝山系统特点

大朝山工程的特点是结构复杂，建筑物分布广，监测仪器数量和类型繁多，埋设分散；并且气温高，湿度大，水电站地处雷电多发区。大朝山自动化监测系统为开放式结构，具有稳定性强、可靠性高、使用灵活、维护方便、扩展性能强；系统的前端数据采集装置（DAU）能满足气候的环境要求，在温度高和湿度大的条件下能正常稳定工作。整个系统的防雷和抗干扰能力强。系统能与电厂的MIS系统互联。系统故障与越限报警信号能进入水电站监控系统中，以实现电站“无人值班”（少人值守）的管理模式。

（五）监测系统的效果

大朝山水库于2001年11月4日下闸蓄水，在此期间自动化监测系统进行了连续密集的监测，从而取得大量宝贵的数据。

外部监测：坝基在库水骤升的情况下，产生了微小变形，在水位骤降时能迅速恢复；基础扬压力主要是幕后扬压力在蓄水后有一定增涨，此后趋于稳定；左、右岸坝肩水位增加较大；蓄水后的总渗流量大致保持稳定，其中下游渗水约占总渗流量的75%以上。

内部监测：坝基垂直向始终分布了较大的压应力，在水压力用下该部位产生了拉应力，作用不大；大坝性态将逐渐趋于稳定，在蓄水期间成功经受了考验，尚未发现严重影响大坝安全的危险征兆；地下厂房及尾调室的围岩稳定，无显著变化。

（六）经验

大朝山安全自动化监测系统绝大部分监测项目在水库初期蓄水前就投入了运行，并取得了蓄水前初始值。内观监测项目和外观监测项目的测点在蓄水后都有相应的变化。观测资料能全面、准确和及时地反映大坝的工作性态，一些细微但很重要的变化，过去难以及早觉察或肯定，在此次蓄水过程中得到了应证，这对反馈设计和对大坝安全工作性态的分析奠定了基础及累积了经验。

（大朝山水力发电厂　查雨文）

乌溪江水力发电厂水情自动测报系统通过实用化验收

乌溪江水力发电厂位于钱塘江上游衢江河段的乌溪江支流上，地处浙江省西部，由湖南镇、黄坛口两梯级水电站组成，总装机容量322MW。该流域属副热带湿润气候，降水充沛且时空分布不均，境内地形陡峭，山峰林立，洪水集流迅速。

为提高乌溪江流域水情测报的速度与精度，乌溪江水力发电厂于1982年首次与电子工业部第六研究所和机械工业部共同承建第一套水情测报系统（简称“系统”）研制和开发，1986年7月通过考核验收。运行4年后，由于早期设备性能上的缺陷，于1991年由南京水利水文自动化研究所对原系统进行改造。改造后的系统运行稳定，各项运行指标均达到了《水电厂水情自动测报系统规范》要求，1992年12月通过运行考核验收。为了进一步提高系统可靠性，合理地布设流域站点，1995年针对流域站点分布情况，增设了2个遥测站和1个分中心，扩建后的规模为11个遥测站（其中8个雨量站，2个水文站，1个水位站），2个中继站，2个中心站，采用单向实时自报式工作模式，具有自动进行水文参数采集、传输、处理等功能。1999年为使系统能更好地满足水库调度的需要，相继开发了水务管理、洪水预报、洪水调度、计划调度等功能模块，并使采集与计算的数据除本地存储外，还传输至电厂MIS服务器，为全厂所有部门提供数据浏览工作环境，实现了数据共享。经过专家鉴定系统已达到并部分超过了国家电力调度通信中心颁发的《水电厂水情自动测报系统实用化要求及验收细则（试行）》的要求，2001年11月7日，通过了国家电力调度通信中心与浙江省电力公司水情自动测报系统的实用化联合验收。

系统从筹建、研制到建成，经过了两次建设的反复，积累了丰富的维护和管理经验，制定了严格的系统检修维护规程，确保了系统正常运行。1992年～2001年没有出现过重大运行事故，系统功能满足乌溪江水库调度的要求，在1992、1994、1997年间湖南镇水库遭遇建库以来的三场较大洪水中，充分体现了系统快速、准确的特点，为流域防洪、水库调度提供了及时正确的决策依据，取得了良好社会效益与经济效益。

（乌溪江水力发电厂）

大坝安全监测自动化系统可靠性探讨

大坝安全监测自动化是大坝安全现代化管理的有力手段。可靠的自动化监测系统为大坝的安全提供着大量有效的反映大坝性态的数据，为及时发现大坝发生病变、确保大坝安全起着举足轻重的作用。不可靠的自动化监测系统比故障率高而数据准确的系统危害更严重，因为监测数据不准确、不可靠，易于造成对大坝安全程度的“误判”。本来安全的大坝被误判为危险，会造成处理措施失当，浪费人力、物力，甚至造成社会的不安。因此可以认为可靠性是大坝安全监测自动化系统的是否成功的前提。本文就如何提高系统的可靠性作一些探讨，希望能对改进大坝安全监测工作有所裨益。

（一）大坝安全监测自动化系统的基本结构

大坝安全监测自动化系统通常由一个数据采集计算机、若干个数据采集单元（DAU）或测量控制装置（MCU）和埋设安装在大坝现场的传感器组成。计算机和DAU或MCU之间的通信可用双绞线、光纤或无线方式通信，传感器和DAU或MCU之间一般采用各种不同型号的电缆连接。数据采集计算机可以接入电厂的MIS系统，共享大坝安全监测数据。

（二）影响大坝安全监测自动化系统可靠性的因素分析

大坝安全监测自动化系统的可靠性影响因素众多，与系统选型、监测仪器、系统设备、配套设施和运行管理都有密切联系。

1. 设计阶段　大坝安全监测自动化设备的生产厂家众多，产品质量、性能、功能及售后服务良莠不齐。提高自动化系统的可靠性工作应该在系统选型阶段就开始，在设计阶段就选用质量高的产品，选择售后服务好、技术力量强的厂家。在了解厂家对设备的宣传资料，熟悉产品功能、性能后，应该认真考察厂家产品实际性能，了解相似工程同类仪器设备现场运行情况，还应结合对应的人工比测资料分析系统的可靠性。

中国长江三峡工程开发总公司为了选择在永久船闸使用的变形监测仪器，邀请多个厂家在船闸高边坡5号排水洞内安装少量变形监测仪器及自动化测量设备，进行现场严格测试，1年后根据系统故障率和数据缺失率等优选监测设备。这是选择大坝监测自动化设备的最有效手段之一，当然并不是说每个工程有这必要做。

2. 监测仪器及引出电缆　大坝监测仪器的精确

度、稳定性及可靠性是保证监测数据准确、可靠、连续的前提和基础，良好的监测仪器才能如实反映大坝工作性态。埋设、安装的监测仪器，必须可靠运行几年甚至数十年才能达到原型观测、安全监测目的。监测仪器长期需要在大温差、高湿度、强电磁干扰等恶劣水工条件下稳定运行。需说明的一点是，应尽可能选择具有自校功能的监测仪器，以便检查测量、通信系统的故障，提高测值的可靠性。监测仪器的引出电缆也是可靠性的有力保证，埋设在坝体内的电缆，如发生绝缘度降低、断（短）路，造成的损失也将是无法挽回的。

3. 系统设备的可靠性　采用分布式数据采集系统代替集中式数据采集系统，可以使系统运行和监测数据可靠性大为提高。分布式系统分散了故障的风险，1台DAU（MCU）发生故障，只影响系统局部，不至于造成系统瘫痪。目前有代表性的国外产品如意大利的ISMES研究所的GPDAS，美国GEOMATION公司的2300系统和SINCO公司的IDA系统，后两者都已在中国应用。国内有南京水利水文自动化研究所的DG型系统，国电南瑞公司的DAMS系统，都属于分布式系统。此外还应注意系统设备的防潮、防大温差性能，元器件的老化筛选，DAU内设置蓄电池，保证系统在交流电源中断后能继续运行1周等措施提高系统的可靠性。

（1）设备的通用性和互换性。设备的通用性和互换性是提高系统可靠性的重要措施。组成大坝安全监测自动化系统的数据采集单元，设备的接插件，应当具有较强的通用性、互换性，品种尽可能少，符合标准化要求。接入同类仪器的数据采集单元应做到一致，通过设置数量、类型等参数就可使用，尽可能降低系统的复杂性、运行管理人员的操作难度，做到只需少量的备品备件就可保证系统的稳定运行，降低运行成本。

（2）可维修性。主要设备如数据采集单元、便携式检测仪应具有自检功能，并能显示故障信息。运行人员只需要根据应用软件故障显示信息，更换相应电路板或其他零部件即可排除故障，无需复杂的技术和操作。数据采集单元应设有调试接口、RS232接口，便于通用的测试仪表现场测试或用便携式计算机进行系统调试，做到在尽可能少的时间内查出故障所在部位。

（3）解决好自动化设备的防雷问题。埋设在大坝现场的监测仪器或自动化测量设备，分布在大坝的各个部位，平面上从几百米或上千米都有，仪器的品种多分布广，自动化系统很容易遭受雷击而破坏。因此必须高度重视防雷接地。根据多年的经验，建议按照原邮电部微波站防雷接地规范中的要求，系统中所有的接地形成1个接地网，而不应采用多点独立接地。将大坝现有测压管用导线或钢管可靠连接成一体，其接地电阻能在5Ω以下，可以用来作为系统防雷接地网。这种方法在水府庙、潘家口、东张、大山口、飞剑潭等水库实施后，取得了非常好的防雷效果，同时节约了工程投资。

为了提高系统的防雷性能，必须采用多种措施。如采用半导体少长针消雷装置避免系统遭受雷电直击；合理进行测点布置和电缆敷设，尽量采用钢管埋地保护；选择耐压水平高的元件、仪器与系统。

为了提高DAU自身的防雷性能，在数据输入接口采用光电隔离技术及过压保护技术，以保证输入数据可靠性，同时也避免了数据传输电缆引入的雷电干扰。对输出控制接口，采用多层次隔离，包括光电耦合、继电器隔离等技术，既保证了控制的可靠性，又隔离了可能存在的强电反馈及雷电干扰的破坏。采用硬件“看门狗”技术和软件陷阱技术，一旦程序在干扰作用下失去控制时，迫使系统强制复位，保证系统正常工作。

（4）提供必要的便携式检测仪及备品备件。自动化系统总会因为各种各样的问题发生故障，尤其在安装初期。为了保证监测数据不中断，监测系统应该多级备用设计，具有一些半自动、人工比测的接口保证数据连续。对系统的易损件如防雷器、保险丝和关键设备（如测量模块）等都应有备用，方便用户排除故障。

（5）安全性。为了保证操作者的安全，设备外壳，操纵杆等外露金属件的泄漏电流不得超过5mA，一般都应可靠接地。在湖南某水库的自动化监测系统因为器件故障，造成设备外壳带220V交流电，而外壳没有可靠接地，几乎造成人员伤害。

4. 采用适应自动化的配套设施　变形观测通常采用垂线—引张线系统，安装垂线坐标仪、引张线仪实现自动化监测。除采用可靠的监测仪器外，保证引张线线体、垂线的自由是另一个关键因素。实现自动化测量后，每次测量不能做到像人工测量时检查各个测点线体是否处于自由状态，因此必须保证引张线随时处于自由状态。为此，测点箱必须满足下面要求：①引张线浮托装置的浮船与水盒有一定间距，要根据工作环境温度变幅，钢丝的温度膨胀系数，钢丝长度和测点位置进行计算和测试，保证在任何工况钢丝伸缩变形后仍为自由状态；②采用水密性好的浮船，避免长期渗水而翻沉；③水盒中采用防冻、防蒸发、防腐、黏滞系数小液体，如黏度系数为5的甘油；④采用可以升降的人工读数尺，自动化测量时人工读数尺和引张线的距离相距20mm以上，避免两者接触。应该指出有些系统，由于仪器设备的局限性，只能将引张线两端夹死，虽可减少线体温差伸缩，但温度变形仍然会造成线体垂直和平面变化，同样会导致不可忽视的系统误差。

垂线装置应排除由于浮力不足、钢丝过长、气流振动等因素对钢丝造成影响，提高测值的可靠性。

在采用测压管方式监测渗透水位时，应防止雨水从管口进入管内，保证可以进行人工比测，防止人为破坏。我们曾在多个水库发现测压管管口进水现象，造成测值失真，这一点应引起足够的重视。

（三）系统运行中的可靠性管理

一个可靠的自动化系统与用户的科学管理是分不开的。大坝安全监测自动化系统不同于其他交钥匙工程，它牵涉的专业广，干扰因素多，移交给用户之后，必须采取严格的管理措施，保证系统能正常运行，充分发挥投资效益。

据了解在安徽某大坝安装的自动化系统，在运行管理人员和电厂领导的重视下，取得良好的观测数据并取代了人工观测，真正实现了大坝安全自动化监测，在2000年度评上安徽省科技进步二等奖。而同样的设备在河北某大型水库发生故障后，用户和厂家没有及时沟通，造成无效或丢失数据，以至系统安装完成3年无法投入正式运行，不能讲与管理不当无关。根据多年的系统运行管理经验，用户应制定严格的规章制度，重视并做好以下工作：

(1) 系统现场管理人员应具有一定的水工、自动化控制、计算机软硬件知识，必须接受并掌握厂家的培训内容，在日常运行中监视设备的运行，负责更换电源保险丝、防雷器、蓄电池，检查设备外观等工作。

(2) 通过合格的培训，根据设备维修说明书，用户能通过设备测试接口，初步检查故障部位，并用备用设备或插件进行更换、设置，恢复系统运行；同时将损坏的部件送修，保证正常数量的备品。

(3) 如遇到无法恢复的故障应记录故障现象、初步判断故障部位并及时通知厂家维修人员。

(4) 为了保证监测数据的连续性，在系统无法自动化测量和故障修复前的一段时间内，应使用系统的辅助功能如自报测量、用便携式检测仪测量或人工测量，保证不丢失数据。

(5) 由于自动化控制技术及计算机软硬件的发展，为保证自动化可靠稳定运行，在系统运行8～10年后应更新改造，并保持监测数据的连续性。

对设备提供厂家来说，应该提供完善的仪器设备说明书、安装调试方法、运行中的注意事项、日常维护手册，以及各监测项目的初始测值、最终成果的计算方法。另外应和用户保持联系，及时协助用户处理系统发生的故障，做好售后服务工作。

（四）可靠性检验

安全监测是一个长期连续的过程，监测数据的变化应始终正确反映建筑物的工况。自动化系统的可靠性影响着监测数据的准确性。在被测物理量不变的条件下，监测系统每1h采集一次数据，连续运行8h，其稳定性应满足测量准确度的要求，这种方法可以在较短的时间内得出系统测值是否可靠。考核系统的长期可靠性可以采用以下方法统计：自动化系统的关键设备DAU（MCU）的MTBF（平均无故障工作时间）≥6300h；监测系统数据自动采集数据缺失率≤2%。

随着时间的推移，仪器设备在长期潮湿、大温差、强电磁干扰下，易产生零点飘移、绝缘度降低，造成测值误差或不可靠。应该指出的是以上的MTBF、数据缺失率应该按定期进行统计，而并非局限在系统试运行考核阶段，这样才能保证自动化系统始终能提供稳定可靠的监测数据。

（五）总结

系统的可靠性是一个与时间有关的长期统计量，在自动化监测系统的运行期间应常抓不懈，它与系统选型、监测仪器、系统设备、系统防雷性能、配套设施都密切相关，一个成功的自动化系统也离不开科学的管理，同时需要厂家和用户的密切配合。

（南京水利水文自动化研究所 周克明）

龙羊峡水电站水情自动测报系统

龙羊峡水情自动测报系统从2000年开始设计，它是在分析了流域水文特性、自然环境、应用目标及工作模式等情况的基础上，本着实用、可靠的原则设计的。

（一）概述

龙羊峡水电站是以发电为主、兼顾防洪等任务的“龙头”水电站，于1986年10月下闸蓄水，1987年10月投产运行。

龙羊峡水库控制流域面积13.142万km²，占全流域的18%，多年平均流量659m³/s，控制水量占兰州断面的62%，占黄河入海水量的42%。流域地处北纬330°～350°、东经990°～1000°的高寒地区，海拔在2600m以上，年平均气温在－4.1～3.3℃之间，极端最低气温－48.1℃，日温差一般在15℃左右，最高可达20℃。降雨量在年内分配很不均匀，4～10月份降水量占全年84.1%，主汛期6～9月份占66.1%，冬季降水稀少。暴雨常发生在7～9月份，具有明显的季节性。由于流域面积大，降雨量小，局地降雨造洪威胁小，大洪水为大面积长历时降水所造成。

干流主要报汛水文站有吉迈、玛曲、军功、唐乃亥，其中唐乃亥站为龙羊峡入库代表站，主要产流域位于吉—玛区间。

（二）系统构成

系统主要为龙羊峡水电站水库调度自动化服务。其目的是实现水库调度的测报、传输决策等方面的自动化，以加强水库资源的管理能力，合理利用水资源，保证龙羊峡大坝及下游的防洪安全，提高水电站经济运行水平。

1. 系统规模

(1) 中心站为龙羊峡水电站、西宁基地，共2个。

(2) 遥测雨量水位站为唐乃亥、玛曲，共2个。

(3) 水位站为坝上、坝下，共2个。

2. 组网方式　通过Inmarsat-C卫星站将唐乃亥、玛曲2个测站的水文信息直接传输至龙羊峡中心站；龙羊峡中心站通过VSAT信道将有关信息传输至西宁中心站。其中，Inmarsat-C信道负责遥测数据的传输（遥测站至龙羊峡中心站）；VSAT信道负责中心站和分中心站之间的计算机通信。

中心站计算机网络采用基于局域网的分布式多机系统，计算机系统采用客户机/服务器结构，服务器采用美国DELL公司的PowerEdge2400PⅢ/733高性能服务器。

网络采用快速以太网。网络互连采用工业标准TCP/IP协议。运行WindowsNT4.0操作系统。数据库管理系统采用Oracle公司Oracle8.0.5for WindowsNT。

3. 系统构成　本系统由数据采集子系统、数据传输子系统、中心站子系统组成。其中，遥测数据采集子系统承担流域内侧站的数据采集任务；数据传输子系统承担中心站之间数据传输任务；中心站子系统负责系统控制、数据处理和对上级或其他同级系统的联系。

全系统网络拓扑为水情系统常见的星状结构；各遥测站与龙羊峡中心站构成星状网络，龙羊峡中心站为中心节点；西宁中心站为分中心节点。

4. 信息流程及其控制　全系统以龙羊峡中心站为主控节点，遥测站信息直接接入主控制节点，同时主控制节点在特定时间内可对遥测站进行远程设置。当龙羊峡管理中心移至西宁后，西宁中心站将通过计算机广域网接管龙羊峡中心站的控制功能，成为主控制节点。

5. 与机组监控系统的连接　水情自动测报系统与监控系统连接采用网络方式连接。监控系统将数据存入生产服务器的数据库，数据库结构公开，供水情自动测报系统及其他系统读取。

（三）龙羊峡水电站水情自动测报系统中心站功能设计

中心站采用双服务器方式，一台作为数据库服务器、一台作为Web服务器。

中心站软件系统构成如下：

(1) 数据采集和处理子系统。

(2) 数据传输子系统。

(3) 数据库维护子系统。

(4) 图形显示打印子系统。

(5) 报表子系统。

(6) 查询检索子系统。

(7) 告警子系统。

(8) 水务计算子系统。

(9) 数据的装载/备份子系统。

(10) 数据交换子系统。

(11) 技术支持子系统。

(12) 远程查询子系统。

(13) 防洪调度及洪水分析软件。

(14) 超文本格式文件传输系统。

（四）运行情况

水情自动测报系统从2001年6月份起进入试运行以来，经过一年的运行。从运行情况来看，设备可靠性较高，运行情况良好，主要功能和性能指标已达到设计要求，为该公司的防汛及合理调度做出了很大贡献。目前存在的缺陷，冬季河道封冻，采集水位数据困难等，正在通过水位测井的改造进行完善处理。

（龙羊峡发电分公司　王战策）

大山口大坝安全监测系统更新改造

（一）监测系统更新改造的必要性

大山口水电站位于新疆巴音郭楞蒙古自治州和静县的修浦特，是开都河梯级开发的第八个梯级水电站。枢纽建筑物由混凝土重力拱坝、左右岸重力墩、两岸混凝土重力坝接头、发电引水系统、地面式厂房、开关站等组成。主坝长219.98m，最大坝高72m，最大坝底宽24.66m。大坝原有水平位移监测系统未按设计要求实施，且观测设施简陋；原扬压力孔由排水孔改装而成；内部观测仪器理设后未经过检测、鉴定。根据规范要求，并结合定期检查中暴露出的一些不安全迹象，对监测系统进行更新改造是很有必要的。

（二）更新改造设计原则

(1) 全面规划，分期实施。以安全监控为主，重点对变形、渗流等监测项目进行完善和改造。

(2) 选择控制大坝安全的重点项目及关键测点实现在线安全监控和监测信息管理。

(3) 选用可靠性高、长期稳定性好、技术先进的仪器设备。

(4) 满足现行规范《混凝土大坝安全监测技术规范》(SDJ336—1989) 的要求。

(三) 更新改造项目及布置

(1) 变形监测。恢复7号坝段拱冠部位的正倒垂系统及左右重力墩部位的2条倒垂线，增设1/4拱(3号、11号坝段) 的正垂线。更新表面位移点的对中底盘。T_3经纬仪更换为TCA2003全站仪，采用边角交会法观测坝体及边坡表面位移。保留原有坝顶垂直位移测点，并在两岸重力墩顶部新增3个垂直位移观测点，采用水准测量法进行观测。

(2) 渗流监测。按规范要求重新钻设扬压力孔，每个坝段布置1孔外，还在左岸重力墩增设2孔，右岸重力墩增设4孔，共计19个观测孔。在基础廊道、左右重力墩廊道和左右岸排水洞内设量水堰，监测不同部位的渗漏量。在集水井内监测总渗漏量。

(3) 坝体内部仪器。根据鉴定成果，选择处于正常工作状态的重点部位的温度计、基岩变位计继续观测。

(4) 监测自动化系统。监测自动化系统包括监测数据采集自动化和大坝安全信息管理自动化。监测数据自动采集装置采用南京水利水文自动化研究所生产的MCU-M型现场测控单元，通过双绞线与交换机、计算机连接形成星形水工观测局域网。大坝安全在线监控及信息管理自动化系统采用杭州国电大坝安全有限公司开发的软件，主要包括数据自动采集、数据管理、离线分析、安全评判与监控、曲线制作、报表制作、远程控制等内容。纳入自动化系统的传感器有:

1) 变形监测，5组垂线13个步进电机式垂线坐标仪测点。

2) 渗流监测，19个观测扬压力的Geokon弦式渗压计、2个集水井水位计、1支弦式气压计。

3) 坝体内观仪器，79支电阻式温度计、9支电阻式基岩变位计。

4) 环境量监测，气温测点1个、水温测点8个、水位测点1个、雨量测点2个。

(四) 更新改造项目实施

大山口拱坝监测系统更新改造工程的设计工作由华东勘测设计研究院完成。工程分二期实施。一期工程完成正、倒垂线系统的改造，内部仪器鉴定，完善扬压力及渗流量观测系统；二期工程完成重点观测项目，关键部位测点的自动数据采集及大坝在线安全监控和监测信息管理。两期工程均由杭州国电大坝安全有限公司负责实施，于2001年10月投入试运行。

经过更新改造后的监测系统测点布置合理，突出了安全监控的重点。选用的仪器设备可靠、稳定，满足精度要求。大坝安全监控管理功能强大。

(大坝安全监察中心　王玉洁)

DSROMS大坝安全自动化监测系统在凌津滩水电站的应用

(一) 自动化监测系统功能要求及方案设计

自动化监测系统设计采用新兴的网络式DSROMS大坝安全远程在线监测系统。运用现代化网络布控方式，实现数据的实时判别分析处理、远程在线动态监测与分析，使其适应大坝安全在线动态监控发展的需要，达到国际先进水平。

1. 自动化监测系统的功能要求　系统要求运行于windows98/2000/NT平台上，对任何运行于该平台上局部或单个结构都能有效包容。系统包括数据采集、在线动态分析与处理、数据管理、远程在线控制和离线分析等。其主要功能应包括操作、自动数据采集、实时在线数据判别与复验、人工数据采集、综合信息、系统自检、防雷抗干扰、显示状态及自动报警等。

2. 自动化监测项目内容　凌津滩大坝自动化监测项目主要包括外部观测、内部观测、渗流、和环境量监测4个部分。其中外部观测包括垂线、引张线、变位点、静力水准和高程传递；内部观测包括测力计、应力应变计、钢筋计、测缝计和温度计；渗流包括扬压力、量水堰和绕坝渗流；环境量监测包括气温、大坝的上下游水位和水温。

(二) 建成后的凌津滩大坝安全自动化监测系统

系统采用最新发展网络技术，并引入现代国际通行的Web服务器概念，运用动态在线运行和采取二级三层的灵活多变组网方式，构成DSROMS系统网络式的凌津滩大坝安全监测总体布局结构。其中二级为远程控制级和现场监控级。现场监控级按测点层→测量控制层→运行管理层三层结构设计，组合成现场数据测控网络。

测点层由分布安装在各监测测点上的各种不同类型的自动化测量仪器组合而成；测量控制层由DAM系列数据智能测控模块和DPU数据处理模块组成的RDPU远程数据处理单元构成，形成独立的Web网点，即构成多个独立的监控测站；运行管理层是大坝安全监测管理的中枢，建立在水电站中控楼内，形成大坝安全监控管理中心。

1. 监控测站 (RDPU远程数据处理单元)　凌津滩大坝安全自动化监测系统四个监测项目共设27个监控测站 (Web网点)。27个监控测站根据测量仪器的布置共配置安装45台智能数据测控单元(DAM)，建立起凌津滩大坝安全自动化监测的现场测控网络。

RDPU远程数据处理单元能独立完成在线监测、定时测量、分析比测、复验复测、自动校验、电源管理、数据存储、数据传输、分类处理、时钟管理等数据处理和分析工作，是一种智能化的数据处理服务器；具有运行速率高、存储容量大，在线计算功能强、多种接口方法并行、配置异常灵活等特点。并可用便携式计算机直接从RDPU中提取原有的测量数据和对其工作参数进行重新设置。此外，还具有自检、故障诊断功能和防雷、抗干扰、防潮、防腐蚀性能，能在恶劣环境下连续工作。

2. 大坝安全监控管理中心 大坝安全监控管理中心配有一台运算速度高且存储容量较大的工业PC机作为监测系统的监控主机，安装基于网络环境的DSROMS大坝安全监测管理系统，用于大坝安全监测的全部运行管理工作。并配置有计算机外围设备和构成局域网络的网络设备。监控管理中心具有24h不间断运行和在线监控及分级报警的能力。监控主机可与DAM和基地主控机进行网络通信，接收主控机的各种控制信息和向DAM发出各种命令，还能修改系统设置、设备参数及运行方式等。

3. 远程控制中心 远程控制管理中心设于远离凌津滩水电站的异地基地。主要实现对凌津滩大坝安全远程控制，以期最大限度地减员增效，实现无人值守。进而形成流域或区域的集中控制与管理运行要求。

远程控制管理中心配置有工业控制机（主控工作站），数据服务器、HB、DSROMS系统远程控制设备、智能控制卡、大屏幕多媒体投影机、音响设备、UPS不间断电源、光盘刻录机、打印机、扫描仪、静化电源、绘图仪等设备。整个系统运行在基于Windows98/2000/NT平台上功能强大的DSROMS大坝安全远程在线监测管理系统的环境中。系统网络适用于DDN、PSTN、微波、无线通道等为媒体的数据、图像等传输方式。是一个集计算机多媒体、网络技术、远程DDT、光电、工业视控、无线电等高新技术为一体的控制管理系统，可以对多个站点集中进行同步监控管理。

（中南勘测设计研究院 陈玉龙）

大坝补强及病险坝治理

新安江水电站19～20号坝段伸缩缝水下处理

新安江水电站1959年9月截流蓄水，采用宽缝重力坝，坝段之间伸缩缝设有沥青阻水设施。运行40多年来，沥青逐渐老化，伸缩缝漏水日趋严重。因沥青井加热电极短路（四次通电处理效果都不佳)，而底部未留沥青排放孔，并且沥青井在80m高程有转折，不易修复。水电站曾对伸缩缝采用丙凝化材灌浆，但效果不能持久。1992年首次大坝安全定期检查的专家组报告，也要求研究处理措施。经水电站多渠道调研，按照“上堵下排”的一般原则，决定采取从上游迎水面防渗封堵的措施，并选择在19～20号坝段横缝试验。试验采用华东勘测设计研究院研制的双组份LW（水溶性聚氨酯）化材灌浆和SX防渗模块两套系列止水材料。由上海水上救助打捞局负责水下施工。

LW具有遇水固化的功能，固结体遇水膨胀，是一种快速高效的防渗堵漏材料。该材料由AB两部分组成，可控制不同比例而调节固化时间。灌浆前，先用金刚石刀片切割机沿横缝垂直切割10cm深8mm宽的连续灌浆缝槽；在缝槽底部（高程56.9m）钻一个深120cm的止浆孔；使用SXM水下快速密封剂封堵止浆孔、埋灌浆管、封缝；由下而上逐段灌LW浆液；并用SXM封孔。

SX防渗模块是由SR混凝土防渗保护盖片、SR塑性止水材料和HK963水下黏合剂复合制作的柔性防渗材料。粘贴前使用液压动力刷将横缝两侧混凝土表面沉积物清除；若缝面错台3cm以上时，可用45度倾角金刚石刀片切割机切割出平滑表面。用HK963水下黏合剂将SX防渗模块粘贴在横缝上，两侧用膨胀螺栓和扁铁压紧；并用HK963对SX防渗模块各边和螺栓孔封边。

19～20号坝段横缝处理后，止水效果良好，仅在处理高程以下（坝前堆渣影响，无法处理到底）发现水印。这次水下横缝处理每米总造价约9100～9880元，其中材料费800～880元，施工费8300～9000元。水下施工费用较高，若水深在20m之内，或总工程量较大，单位造价可降低。另外，是否每条缝都要同时采用两种措施，也是可研究的。

2001年12月20日，作为科技项目通过了国电华东公司组织的验收。

（国家电力公司华东公司　舒燕平）

水电站水工钢闸门和水下建筑物安全现状及处理情况

（一）前言

电力系统所管辖的水电站，投运多年的水工钢闸门和水下建筑物均不同程度地存在着不安全因素。就水工钢闸门而言，存在局部腐蚀、结构强度下降等多种缺陷，有些是重大安全隐患，亟待进行更换或加固处理。水下检查表明泄水建筑物的水下进水口、闸门槽和泄水孔、流道内部，由于长期经受高速水流的冲磨，空蚀损坏比较严重。随着时间的推移，各种老化现象会逐渐显露出来，应引起运行管理单位的重视，做好日常维护，及时进行修补处理和安全检测是非常必要的。

（二）水工钢闸门的安全现状及处理简况

截止到2002年5月底，在第二轮定期检查中有28座水电站完成了水工钢闸门安全检测专题研究。其结果表明：①腐蚀是水工钢闸门存在的普遍问题，多数闸门部分构件存在着防腐涂层脱落，有明显的锈斑、锈坑等缺陷，相当部分构件锈坑较深，或出现孔洞，截面厚度严重削弱，属严重腐蚀或锈损。②钢结构构件应力超标、刚度下降。在第二轮定检中发现部分闸门主要结构强度、刚度及稳定性不能满足现行规范要求，尤其五六十年代兴建的佛子岭、梅山、黄坛口、西津等大坝，其水工钢闸门主要受力构件应力超标，有的钢材屈服和极限强度有所下降，有从塑性向脆性转化的倾向。③闸门启闭过程中的振动，如梅山泄洪洞出口弧形工作门、石泉中孔闸门、刘家峡溢洪道工作闸门等均存在振动问题。④焊缝质量缺陷。有的闸门制造质量不高，部分焊缝存在漏焊或未焊透等原始缺陷，削弱了闸门构件的焊接强度。如西津溢洪道平板门焊缝存在夹渣、气孔及未焊透等超标准缺陷，急需更换或加固处理。

许多运行主管单位和水电站对水工钢闸门的运行安全问题都非常重视，发现缺陷后，积极组织进行水工钢闸门更新改造和补强加固处理工作。如乌溪江水电站在第二次定检期间即委托完成了黄坛口溢洪道弧形闸门更新改造方案设计。西津水电站也正在对17扇溢流闸门进行逐年更换。有的水电站对闸门主要受力构件进行了补强加固，改善了闸门安全状况，确保闸门安全运行。

（三）水下建筑物安全现状及修复简况

已经进行水下检查的工程表明，部分水电站的深式泄水口门槽和孔洞内段损坏比较严重。泄水建筑物的水下进水口、闸门槽和泄水孔、流道内部，由于长期经受高速水流的冲磨、空蚀损坏比较严重。如刘家峡大坝经水下检查发现2号泄水道进口四周混凝土粗颗粒裸露，事故检修门槽附近衬砌钢板冲出沟槽10多处，工作门槽附近衬砌钢板部分已被掀起；柘林左孔事故检修门槽下游护角钢板翘起，二期混凝土脱落，放空洞不能正常使用；东江一级放空洞曾出现大量漏水事故，经水下检查发现进水口钢衬外鼓，其后的钢筋被拉断，二期混凝土被冲坏，形成上下游贯通的水流通道，经复核进水口检修门槽、塔筒体结构强度不足，底板及拦污栅中墩的强度安全系数较低。

由于水下修复施工难度大，修复方案的确定十分关键。柘林水电站检修闸门位于水下21m，经研究决定选择临时闸门挡水方案，即制造两扇临时挡水闸门，用钢丝绳通过中墩托架拉紧，从检修门槽上游侧封堵，形成旱地施工条件。该方案在柘林水电站获得了成功。刘家峡水电站2号泄水道检修门位于水下60m以下，其门槽修复难度更大，经多方研究确定了先利用检修门挡水修复其后破损部位，而后采用浮体门挡水，创造旱地施工条件，修复检修门段的分段施工方案。在各有关单位的共同努力下，浮体门一次就位成功，滴水不漏，创造了国内60多m水深的施工先例。

（四）结语

金属结构检测和水下检查均是第二轮定检的重点内容。通过定检，进一步掌握了电力系统水电站水工钢闸门和水下建筑物的安全状况，查出了一些影响大坝安全运行的事故隐患，分析了某些缺陷对大坝安全的影响程度，推动了大坝补强加固、消缺处理工作的尽快实施，也为今后处理类似问题积累了一定的成功经验，使其他工程提供借鉴和参考。

（大坝安全监察中心　谭秀娟）

龚嘴大坝10号底孔检修门段修复研究

龚嘴大坝10号底孔检修门段修复工程与其他大坝的深孔检修门段修复工程一样，关键的问题是制造旱地施工条件。经理论研究和原理性模型试验验证，利用“潜行式深孔自动封堵浮体闸门”可以顺利实现龚嘴水电站10号冲沙底孔坝前封堵目标，也同样适用于其他深孔坝前止水。

“潜行式深孔自动封堵浮体闸门”是一个通用系统，在不大于龚嘴水电站10号底孔有关尺寸的深孔上均可运用。该系统主要包括能在百米深水条件下正常工作的积木式浮体闸门、检修门槽内的目标靶系统、坝面不平整度测量系统、浮体闸门的三维驱动系统、自动就位定位系统、可视化测控导向系统、确保顺利完成封堵工程工作及撤退工作所必备的软件系统、已集成的各系统在水下和陆上测控用仪器仪表，以及已配置成“零浮力”的能完成所需连接任务的电缆、水管、气管、钢丝绳等。

本次研制的潜行式深孔自动封堵浮体闸门及其自动推进就位系统和可视化测控导向系统的主要特点是分体、积木、悬浮、潜行、自动、通用、安全、可靠、经济、耐用。体现在：①研制的浮体闸门可按需要拆卸组装，能适应多种孔型；②全套系统是可以多次拆卸，可以分解后长途运输，可以根据不同环境条件多次重复使用的；③浮体闸门安装有三维自动推进就位系统，配置有必要的三维驱动能力，能实现浮体闸门在深水中的自动三维慢速行走；④浮体闸门在运动过程中有适当的定位能力，需要停留时能使浮体闸门准确定位，并能保留在该位置不动；⑤在有限距离内能自动寻找到给定的目标靶，不需潜水员水下辅助，仅根据目标靶，在测控导向系统的引导下实现浮体闸门的自动对中和定位；⑥浮体闸门能安全自动就位封堵深孔进口并止水，确保成功制造深孔旱地施工条件；⑦能在完成施工任务之后确保浮体闸门安全撤退；⑧配备的测控导向系统是可视化的系统，能确保闸门的任意工况都是受控的；⑨有必须的安全备用措施，能确保工程实施的安全和顺利作业以及在特殊情况下的应急处理。

（龚嘴水力发电总厂　章友中）

柘溪水电站水下修补

1995年柘溪大坝首轮定检时，定检专家组提出必须对大坝迎水面裂缝进行处理。1998年底～1999年初，采用裂缝表面粘贴环氧砂浆块的方法对1号和2号支墩迎水面裂缝进行了处理，但效果仍然不佳。2001年3月，委托华东勘测设计院科研所对柘溪大坝裂缝处理提出新方法、新材料和新工艺，并在2001年底～2002年初按此方法对1号支墩裂缝再次进行处理。经处理后，1号支墩裂缝漏水量由处理前的160L/S降低到0.12L/S。该处理方法为嵌填SR塑性止水材料结合表面浇筑增韧水下环氧树脂混凝土保护的方法。具体工艺如下：①由潜水员将原有的环氧砂浆块全部凿除，并将裂缝两侧各30cm范围内的混凝土表面打毛，除去附着物、浮生物及松动层，用记号笔将裂缝标出；②沿裂缝走向切割缝槽，形状为表面宽50mm，深度50mm的V型槽，要求缝槽大小均匀，切割面平整，为防止渗漏量突然加大，每切割2～3m，立即用SXM水下快速密封剂封闭裂缝，以临时堵漏；③根据缝槽的实际情况制作相应的木模板；④沿V型槽在其两侧各25cm处钻孔，孔径3cm，孔深32cm，孔间距33cm，预先将ϕ22mm的螺纹钢一头车成ϕ16mm的螺栓，用水下环氧锚固剂锚固；⑤在缝两侧约10cm左右的位置，每隔1m钻孔埋设锚筋；⑥按1～2m为一个操作段，在已清理干净的V型槽表面涂刷HK水下涂料；⑦待HK水下涂料表面干后，由潜水员将SR塑性止水材料沿V型槽表面嵌填，要求尽可能压实；⑧安装木模板并用螺母压紧；⑨在岸上配制增韧水下环氧混凝土，用吊篮送至指定位置，由潜水员倒入木模中，并用铁棒略微振捣，表面抹平。由于水下混凝土具有很好的黏结力，对于层间结合面无需作特殊处理。

（柘溪水电站　梁超英）

丰满大坝溢流设备技术改造

（一）溢流门系统更新改造的必要性

1．溢流门系统的现状　丰满大坝十二扇泄洪工作闸门（包括一扇备用闸门）孔口尺寸均为（宽×高）12m×6m，闸门设计水位264.50m，底坎高程252.50m，设计水头12.0m，大坝加高后坝顶高程267.70m，闸门动水启闭，有局部开启调节流量的要求。

闸门为潜孔台车式平面钢闸门，闸门沿高度方向分上、下两节，均为双主梁结构，安装时连接为整体，启闭时不再分解，整体运行，主梁为工字型变截面组合梁。每扇闸门4个台车，8个主轮。闸门水封布置在上游侧，常规P60型橡皮止水。闸门自重52t。

2台坝顶单向门式启闭机结构相同，外形尺寸为14.16m×6.04m×12.21m，门机启闭力1250kN，启闭扬程7.5m，门机自重69.5t。门机通过吊杆实现对泄洪闸门的操作，吊杆长度约10.0m。

门机的门架由主框架、侧框架和平台框架等组成。主起升机构布置在平台框架上，框架主梁均为单腹板工字型断面，支腿采用丁字型断面，因此门架整体刚度较差。

2．钢闸门存在的问题　水利部水工金属结构安全监测中心1996年进行现场检测和计算后提出，总体而言闸门锈蚀速度较低，但终因运行时间太久，闸门已存在较严重锈蚀。其中闸门面板最大锈蚀量3.6mm，主梁最大锈蚀量3.3mm，锈蚀不但造成截面厚度削减，而且常常相伴发生晶间腐蚀，可能出现构件低应力破坏。

在闸门原最高挡水位264.5m及抬高后的最高挡水位266.5m时，闸门主横梁最大弯曲应力均已超过材料的允许应力，分别达到181.9MPa和212.4MPa，闸门主横梁强度已不满足要求。

3. 门式启闭机存在的问题　门机结构刚度不足，在起吊额定载荷1250kN时，主纵梁悬臂端挠度为2.59mm，起吊试验荷载（1.25倍额定荷载）主纵梁悬臂端挠度为3.55mm，均超过允许值2.375mm。而当门机起吊1.1倍额定荷载时，门机主纵梁跨中挠度大于规范允许值。

在最高挡水位（266.5m）时，闸门依靠自重无法关闭，需要加配重。而增加配重后，启门力已超过门机额定启闭力。

（二）设计与施工

1. 门槽埋件改造　现有工作闸门埋件是1953年安装完成的，已运行40多年，在调查中发现现有埋件存在下列问题：①埋件锈蚀比较严重，平均锈蚀量达2.0mm左右。②铸钢主轨工作表面直线度等项偏差接近规范要求。③反轨、侧轨和止水座安装误差较大，特别是止水座板，其工作表面直线度最大偏差超过5.0mm。④由于原苏联采用普通焊条焊固不锈钢止水座板，焊缝高度3～4mm，经数十年运行，很多焊缝已被锈蚀掉。近年来丰满水电站数次用不锈钢焊条对开裂处进行补焊，但这次普查仍发现有十余处止水座板焊缝开裂，边缘翘起，表面凸起等缺陷，焊缝最大开裂长度达800mm。⑤底坎仅有底止水处一条工字钢，而且锈蚀严重，平均锈蚀量在3.0m左右。门槽内混凝土面高低不平。

通过分析论证，决定将门槽埋件及底坎全部更新，将埋件的型式改为组合断面焊接结构，主轮踏面采用35CrMo铸件与之栓接，反轨止水座板采用不锈钢板贴焊，该单项工作已于2000年5月20日现场安装完成，其各项技术质量指标均已达到规范要求。

2. 闸门及备用闸门　更换已有12扇平面钢闸门，按抬高后挡水位266.50m，重新设计工作闸门12扇，其中一扇备用，所有闸门均为潜孔式平面定轮钢闸门，并完全可以互换使用。闸门孔口尺寸仍然是12m×16m，设计水头14m，总水压为8390kN。闸门门叶为多主梁整体结构，顶梁和底梁采用刚度较大的箱型梁，顶梁设计挠度控制在2mm以内，以确保闸门的整体刚度和顶止水效果。门叶宽13.4m，门叶高6.5m，主梁高1.6m，为适应已有门槽结构要求边梁高度为1.2m，闸门结构材质Q235D。

止水装置采用常规P60型橡皮，橡皮预压4mm，顶止水压板进行了特殊考虑。门叶分上下两节制造，现场拼装焊接，门叶检测合格后，对钢止水垫板进行整体刨削加工，以保证止水效果。

为确保主轮的平面度，采用偏心简支式主轮，调心自润滑复合轴承。闸门总重71.5t，对门叶结构进行了喷锌防腐处理。

3. 固定式启闭设备　固定式启闭设备选用液压启闭机。根据工作闸门启闭力计算结果，每扇闸门配1台QPPY—D—2×800—6.5倒挂式液压启闭机，启门力2×800kN，闭门力2×200kN，行程6.5m，可以保证闸门提出孔口以上0.5m，启门速度0～1.0m/min,为有利于控制双缸同步，缸距应尽量大，为此液压启闭机布置在闸门两侧门槽顶部，吊点距12.70m。高度指示装置选用光纤式闸门开度测控系统，以保证同步纠偏装置的精确度。液压机采用SY1181—76N15航空液压油，其凝点可达到－45℃。

4. 门式启闭机　坝顶设单向门机2台，门机启门力2×800kN，扬程16m，吊点距8.0m，轨上扬高7.7m，轨距8.4m，起升速度1.0m/min，大车运行速度20m/min。单向门机的主要作用是在动水或静水中启闭泄洪工作闸门和备用闸门，实现工作闸门和备用闸门的互换，平移闸门和油缸至指定坝段进行检修维护。门机下游侧框架配有50kN简易回转吊，幅度5.5m，扬程18m，起升速度8m/min，回转速度0.4r/min，回转吊可以覆盖整个坝面，吊运处在252.5m高程以上、自重小于5t的设备及杂物。门机自重122t。

（丰满水电站　李　才　高雅茹）

15

小水电及农村电气化

小水电行业管理

全国农村水电暨“十五”水电农村电气化县建设工作会议

为贯彻落实国务院“十五”建设400个农村水电电气化县的目标任务。2001年11月21～22日在人民大会堂隆重召开了“全国农村水电暨‘十五’水电农村电气化县建设工作会议”，会议全面总结了过去15年连续三批特别是“九五”农村水电初级电气化县建设取得的成就和经验，表彰了第三批农村水电初级电气化县建设先进集体和先进个人，部署了“十五”期间全国400个农村水电电气化县建设。中共中央政治局委员、书记处书记、国务院副总理温家宝代表国务院向会议致信，指出了新时期农村水电及电气化建设的方向、目标和任务。

温家宝副总理给汪恕诚部长的信中指出：发展农村水电、加快农村电气化建设，是实现农业和农村现代化的重要条件。改革开放以来，这项工作取得显著成效，经济社会发展和人民生活发生了很大的变化。实践证明，党中央、国务院关于发展农村水电的决策是正确的，是符合广大人民群众根本利益的。从新世纪开始，我国进入全面建设小康社会，加快推进社会主义现代化建设的新的发展阶段，这对农村水电工作提出了新的更高的要求。他要求水利系统广大干部职工要认真学习贯彻“三个代表”的重要思想，坚持为农业、农村、农民服务的方针，把农村水电建设同经济建设、江河治理、生态保护、扶贫开发结合起来，进一步搞好治水办电，实施小水电代燃料工程，加快农村电网改造，提高农村电气化水平，为促进农村经济社会发展做出更大的贡献。

会上汪恕诚部长论述了农村水电及电气化建设在国民经济和社会发展中的地位和作用，新时期农村水电及电气化建设面临的大好发展机遇，指明了新时期农村水电及电气化发展的方向。分析了电力体制改革的重要性和当前的一些认识问题，全面阐述了电力体制改革的指导思想、目标任务和具体方案，指出电力体制改革一定要打破行业垄断和地方垄断，把握住保护全社会办电的积极性和绿色能源问题，指出必须把电网大小和市场范围这两个概念分清楚，指出农村水电坚持独立配电公司的方向，允许有自己的供电区，供需直接见面。敬正书副部长就大家普遍关心的问题作了重要讲话，阐述了当前做好农村水电及电气化工作必须把握好的几个关系，对贯彻会议精神进行了全面部署。陈雷副部长全面总结了农村水电及初级电气化建设工作的成就、经验和问题，提出了今后一段时期农村水电及电气化建设的目标任务和重点工作。财政部副部长张佑才要求各级财政部门加大投入力度，优先安排建设资金，支持农村水电电气化县建设，促进农业和农村经济发展。国家计委高俊才副司长表示各级计划部门要加大支持力度，优先安排农村水电电气化县建设项目。会后，各地纷纷贯彻会议精神。湖南省委、省政府联合召开全省农村水电暨“十五”农村水电电气化县建设工作会议，农村水电电气化县建设正在全国各地全面展开，开局很好，进展顺利。

这次会议主题非常突出、内容十分深刻，规模之大、规格之高都是空前的，是新时期农村水电及电气化实现新转折、取得新发展、开创新局面的一次十分重要的会议。温副总理的讲话站在全局高度指明了新时期农村水电的发展方向，提出了新时期农村水电新的使命，把农村水电及电气化建设在国民经济和社会发展中的地位提升到实现农业和农村现代化的重要条件的新高度。会议进一步明确了“十五”农村水电及电气化建设的目标和任务：以邓小平理论和江泽民同志“三个代表”的重要思想为指导，认真贯彻中央十五届五中、六中全会精神和党中央、国务院关于农村水电建设的方针政策，按照新时期中央水利工作方针和水利部党组新的治水思路，坚持农村水电及电气化建设为农业、农村和农民服务的方向，以发展为主题，以改革和科技创新为动力，全面规划，统筹兼顾，综合开发，结合经济建设、江河治理、生态建设、扶贫开发治水办电，实施小水电代燃料工程，加快西部地区水电建设，搞好水利系统农网改造，解决边疆地区、少数民族地区和贫困山区无电乡和无电村的用电问题，以水能资源的合理开发、优化配置、综合利用和有效管理，促进水电及农村电气化事业的持续、健康、快速发展。

（水利部　赵　虹）

2001年全国农村水电建设总结

2001年，中国实施可持续发展战略，把加强人口和资源管理、重视生态建设和环境保护列为必须着重研究和解决的一个重大战略性问题。朱镕基总理在湖南、四川、贵州考察时多次指出，要大力发展小水电，解决农民燃料和农村能源问题，促进退耕还林和天然林保护，保护生态，改善环境，发展贫困山区、民族地区经济，增加地方财政收入，增加农民收入，在这方面要给予扶持。2001年，农村水电建设以水资源的可持续利用为主题，以促进区域经济协调发展、保护生态环境为出发点，以改革和科技创新为动力，发挥水能资源丰富的比较优势，快速发展。

（一）农村水电装机增长迅速

2001年全国农村水电新增装机1098处，2136台，装机容量1714MW。至2001年底，全国拥有农村水电站43057处，70508台，装机容量28787MW，占全国水电总装机容量的34.81%。农村水电装机容量超过1000MW的省区有11个，其中，四川4132MW、广东3716MW、福建3264MW、云南2621MW、湖南2398MW、广西1897MW、浙江1873MW、湖北1466MW、江西1180MW、重庆1023MW、贵州1008MW。

2001年，农村水电全年发电量94.90TW·h，占全国水电总发电量的36.86%。农村水电年发电量超过10TW·h的省有4个，分别为四川15.5TW·h，广东12.4TW·h，福建12.2TW·h，云南10.7TW·h。全国农村水电发电设备年平均利用小时数为3281h，其中云南最高，为4272h。

（二）重视农村水电资源的统一规划和管理，促进生态环境保护与水资源综合利用

小水电是清洁可再生能源，具有分散开发、就地供电、发供电成本低、性能稳定可靠的特点。2001年，在加快农村水电发展的同时，注重加强农村水电资源的统一规划和管理，结合电气化县建设、小水电代燃料工作，促进小流域综合治理和水土保持。发展以农村水电为龙头的山区水利，调整农村能源结构，提高防洪抗旱、旱涝保收能力，促进农业增产、农民增收和农村经济的发展，与西部大开发和“西电东送”等工作密切结合，促进退耕还林，保护和改善生态环境，形成了“以林涵水、以水发电、以电养水、以电兴工、以电护林”的良性循环发展格局。

（三）深化改革，政策创新，改善投资环境

近几年，全国农村水电建设项目普遍推行了项目法人负责制、招标投标制、建设监理制和工程审计制，基本形成了农村水电建设项目的投资风险约束机制。投资体制改革的深入和建设管理的强化，促进了农村水电投资大幅增加，建设周期缩短，工程质量提高，年投产装机多年保持在百万千瓦以上，效益显著。

在抓好工程建设管理的基础上，农村水电建设项目的政府机构审批程序进一步简化，良好的政策和投资环境，吸引了大批国内外资金投资开发农村水电，市场配置资源的优势得到充分发挥。

（四）促进科技进步和水电企业改革

近几年，农村水电新技术研制与开发速度不断加快，在规划、建设、管理及设备、材料等各方面注重技术先进性，注重科研与生产相结合，注重农村水电技术的信息数字化，积极研制和推广应用新技术、新工艺、新材料和新产品，不断提高农村水电的技术水平和科技含量。

农村水电企业按照建立现代企业制度的要求，积极推行股份制和股份合作制改造，建立现代企业制度，强化企业管理，减员增效，降低生产运营成本。同时，积极推进资产重组、制度创新和机制转换，以资产为纽带，实行农村水电企业资产组合，组建农村水电集团公司，推进集约化经营，发挥规模经营效益，企业改革取得实质性进展，竞争力明显增强。全国组建了70多个跨县的地区性水电集团公司。有11个省成立了省级水电集团公司，9家农村水电公司挂牌上市，在中国证券市场上形成了业绩稳健的中小水电板块。

（五）积极利用外资，发展国际合作与交流

中国开发小水电这种清洁可再生绿色能源，建设有中国特色的农村电气化，消除贫困，保护环境，实现可持续发展，得到了国际社会的高度评价和广泛赞扬。中国的小水电总量居世界第一，很多发达国家都来考察中国的小水电，美国也在向中国学习，订中国的设备。一些与中国无邦交的国家也通过民间途径学习中国建设管理小水电站的经验。由于中国小水电在国际上的广泛影响，由60多个国家和地区、150多个政府部门和国际组织组成的国际小水电组织的总部设在中国杭州，2000年12月联合国工发组织在中国杭州设立了联合国工发组织国际小水电中心，这是在中国境内设立的第一个联合国法律框架下的组织。

经过几十年的发展，中国小水电在规划、设计、施工、管理及设备制造等各方面的技术均得到了长足的发展，在国际上树立了良好形象，国际间的技术合作与交流日益广泛。中国生产的小水电设备已出口到40多个国家，国际小水电中心在60多个国家发展了小水电的成员组织，与100多个国家和地区建立了技术信息交流。

随着中国市场经济体制改革的不断深入，法制的不断健全，投资环境的不断改善，各地相继出台了许多优惠政策，吸引了大批外资用于农村水电建设。

新世纪，进入一个崭新的发展时期。农村水电将肩负起生态保护、农村经济发展和扶贫攻坚三大使命，为实现农业和农村现代化作出新的更大的贡献。

（水利部 赵 虹）

农村水电改革

（一）认真学习、贯彻国家电力体制改革方案，积极推动国家电力体制改革和农村水电体制改革工作

为进一步打破垄断、引进竞争，促进电力工业更快更好地发展，我们提出，在完成“厂网分开、竞价上网”改革之后，建议逐步实行“输配分开、在售电环节中引入竞争机制”，以农村水电供电为主的自供自管县供电企业，要按照独立配电公司的要求，参加配电端的改革，没有供电区的农村水电站，参加发电端的改革，国家要制定政策鼓励包括农村水电在内的清洁可再生能源的发展，积极鼓励发电厂与用电大户直接签订供用电合同，形成科学合理的电价机制，促进水电等清洁可再生能源的发展。这些意见得到了有关部门的重视，许多内容在国家电力体制改革方案中得到了反映。

《国务院关于印发电力体制改革方案的通知》（国发［2002］5号）出台后，先后在成都和福州召开了两次“学习贯彻国务院5号文件、深化农村水电改革”研讨会，部分省水利厅主管厅长和各省水电局（处）长参加了会议。会上，大家一起学习国发［2002］5号文件精神，探讨国家电力体制改革给农村水电带来的机遇和挑战，研究下一步农村水电体制改革思路。会后，各省先后组织召开了本省学习贯彻国发［2002］5号文件研讨会，并根据农村水电的特点和本省具体实际，提出了下一步农村水电改革的思路和措施。

在农网改造过程中，始终坚持对自供自管县水电企业不能实行“代管”、“上划”，要按照独立配电公司改革的方向，做好自供自管县农村水电改革工作。目前，农村水电供电企业绝大部分已成为较为规范的股份制企业，已经成为中国独立配电公司的雏型，将为中国电力体制的改革创造有益的经验。

在加快县级农村水电体制改革的同时，积极推动乡镇电管站改革，取消农村供电管理中间环节，实现了县电力公司直管到户，有效地降低了农村电价，减轻了农民负担，提高了供电质量和农电管理水平，受到了广大农民的欢迎。

（二）按照建立现代企业制度的要求，加快推进农村水电企业资产重组、制度创新和机制转换

2001年底，全国农村水电共有发、供电独立核算企业22836家，其中国有企业4483家、集体企业13175家、股份制企业2256家、私营企业1113家、个体企业1217家、其他企业592家。全国农村水电电源、电网资产达到1616.3亿元，其中电源资产1270.9亿元，电网资产345.4亿元。近两年，农村水电企业按照建立现代企业制度的要求，加快推进资产重组、制度创新和机制转换，取得了实质性进展。

组建了一批水电集团公司。截至2002年7月，已有山西、辽宁、吉林、浙江、安徽、福建、江西、河南、湖北、湖南、广东、广西、重庆、四川、贵州、云南、青海、新疆等18个省（区、市）成立了以资产为纽带的省级水电集团公司。在“十五”农村水电及电气化县建设中，这些省级水电集团公司将作为省一级项目法人，对农村水电及电气化县建设资金进行监管。四川、重庆、广西、吉林、湖南、云南、湖北等省（区、市）水电集团公司还作为农网改造的承贷主体，负责自发自管县农网改造统贷统还工作。通过“十五”农村水电及电气化县建设和农网改造，这些公司将进一步壮大实力，与各县的资产关系将更为紧密。广西、吉林水利系统管理的县水电公司均已改制成为省水电集团公司的子公司，省公司通过资产关系实现了对县公司的统一管理。湖南省政府提出湖南省水利电力有限责任公司作为地方农网改造与建设的国有资产出资人，行使国有资产投资经营和管理职能，并决定将各县地方电力资产51%划转给省水电集团公司，由省水电集团公司对各县实行控股经营并负责主要管理人员的任命。湖北省召开了全省农村水电产权制度改革现场会，目前已有11个县完成了产权制度改革。

形成了股市上的农村水电板块。截至2002年7月，农村水电已有乐山电力、明星电力、岷江水电、三峡水利、乌江电力、闽东电力、钱江水利、桂东水电、西昌水电等相继上市，河南水电集团公司出资控股已上市的四川招商股份，并更名为世纪光华，实现了借壳上市，在中国股市上已形成了业绩稳健的农村水电板块。2001年8月，在杭州召开了有数十家农村水电企业参加的农村水电板块论坛。新疆“新水股份”、四川“永安水电”、“大渡河水电”和湖南“郴电国际”等一批农村水电企业正在抓紧筹备上市。

农村水电企业今后的发展方向是适应加入WTO和国家电力体制改革的新形势，建立现代企业制度，实行股份制和股份合作制，组建跨地区、跨行业、跨所有制的水电产业集团、省级水利水电产业集团、流

域水电集团和小企业联合体等，发挥规模优势和集约优势，提高企业竞争力。

（水利部　付自龙　边广琦）

水电农村电气化县建设管理

2001年11月水利部召开了全国农村水电暨“十五”水电农村电气化县建设工作会议，部署开展“十五”水电农村电气化县建设，全国24个省（区、市）及新疆生产建设兵团的400个水电农村电气化县建设正式启动。

“十五”水电农村电气化县是党中央、国务院根据新时期的要求，在总结15年农村水电初级电气化县建设经验的基础上，从提高农村用电水平、促进农村能源结构调整、改善农村农业基础设施、促进退耕还林、保护和改善生态环境、推进农村经济与社会全面发展等方面，按照适应全面建设小康社会要求而组织建设的。水电农村电气化县建设是农村社会主义现代化建设的重要组成部分。

（一）水电农村电气化县建设项目的前期工作

水电农村电气化县建设项目必须按照基本建设程序做好各建筑项目前期工作，按照国家有关规定履行审批手续。尚未完成审批程序但因特殊原因需抓紧建设的子项目，要严格按照流域规划和电网规划确定的标准，抓紧做好各项前期工作。要努力提高电气化县建设中的科技含量，高新技术和设备要达到30%。

水电农村电气化县建设项目必须达到施工图的设计深度。续建项目和新开工项目，必须备有一定超前量、经过审批的图纸施工，否则，不得擅自施工。

勘测设计等前期工作必须由具备相应资质的勘测设计单位承担。项目前期工作必须按照国家规定的内容，严格执行有关技术规程、规范，达到规定的工作深度。

项目前期工作经费由项目责任主体按照国家规定列支，任何单位和个人不得以任何借口和理由克扣、虚列前期工作费用。项目前期工作经费首先要保证地质勘测、测量和设计的开支。

（二）水电农村电气化县项目安排原则

安排中央财政预算内（或专项）资金的水电农村电气化县建设项目，必须符合有关部门批准的水电农村电气化县建设规划。电源建设项目必须符合江河综合开发、治理的统一规划，符合生态、环保要求。

使用中央财政预算内（或专项）资金的基本建设项目必须严格执行国家基本建设程序，切实做好前期工作，履行审查审批手续，落实工程建设条件、工程建设资金和分年施工建设计划，保证工程按期建成。

使用中央财政预算内（或专项）资金进行水电农村电气化县建设，根据当地实际情况，分别以省级、市（地、州）级、县（市）级水利部门作为项目的责任主体，相关水电集团或水电企业作为项目法人，以保证国有资产的保值增值。

各有关地方政府要成立专门的电气化建设领导小组，组长由当地政府领导同志担任，办公室设在相应的水利部门，承担有关电气化县建设的组织、协调和管理工作。

中央财政预算内（或专项）资金应落实到电气化县建设项目。各级水电农村电气化建设领导小组负责落实配套资金，保证电气化县建设的全面完成。

（三）水电农村电气化县资金的管理和筹集

水电农村电气化县建设项目资金按投资来源和管理阶段，实行分级管理，分级负责。用于农村电气化县建设项目的水利基本建设资金，必须按规定用于经批准的水电农村电气化县建设项目，不得截留、挤占和挪用。水利基本建设资金的筹集、使用和管理，必须厉行节约，降低工程成本，防止损失浪费，提高资金使用效益。

水电农村电气化县建设项目资金管理的基本任务是贯彻执行水利基本建设的各项规章制度；依法筹集、拨付、使用水利基本建设资金，保证工程项目建设的顺利进行；做好水利基本建设资金的预算、决算、监督和考核分析工作；加强工程概预算（结）算、决算管理，努力降低工程造价，提高投资效益。

水电农村电气化县建设项目所需投资，以地方投入为主，国家适当补助。省级财政补助与中央财政补助一般为2：1，特别贫困地区不得低于1：1。地方与中央安排的资金同步到位，做好各渠道资金的衔接工作。

水电农村电气化县建设项目资金来源包括中央补助投资（中央财政预算内基本建设资金或中央财政预算内专项资金）、水利建设基金、扶贫资金、自筹资金和其他资金。

水电农村电气化县建设资金筹集应符合国家法律、法规，严禁高息乱集资和变相高息集资。未经批准不得发行内部股票和债券；要根据批准的项目概算总投资，多渠道、多元化筹集资金；要根据工程建设需要，以最低成本筹集资金。

水电农村电气化县建设实行项目法人责任制和资本金制度。筹集资本金按照财政部《关于印发〈基本建设财务管理若干规定〉的通知》（财基字［1998］4号）的有关规定执行。

对于中央补助地方的项目，地方投资要与中央投资按比例同步到位，对地方或部门资金不落实或到位差的，水利部将调减直至取消其年度基建投资计划。

（四）水电农村电气化县项目质量管理

水电农村电气化县项目建设由项目责任主体和项目法定代表人负责项目质量，由法定代表人对工程质量负总责。建设项目如发生重大工程质量事故，要按照有关规定追究当事人的直接责任，追究法定代表人和相关行政领导人的领导责任。项目法人必须按照有关法律和规定认真组织工程建设，严格执行招投标制、工程监理制、合同管理制、工程竣工验收等制度。项目实施过程中，省级水利厅（局）要加强对项目的检查监督，水利部将组织专家检查项目进度、工程质量、资金管理使用、合同执行情况等，对违反规定的要限期改正，对存在问题的要限期整改，逾期不改的，将追究当事人、责任人和有关单位的责任。项目单位要编制资金完成情况报表，按有关规定定期向逐级水利部门上报。省级电气化建设领导小组在每年年初负责将上一年度的项目综合完成情况和当年中央的水电农村电气化资金安排原则报水利部，否则，当年中央的水电农村电气化资金不予下达。各级水电农村电气化县建设领导小组要对项目质量、进度及资金使用情况进行定期和不定期的检查和抽查，发现问题及时处理。

（五）水电农村电气化县项目的考评、验收及建后管护

在项目实施阶段，每个项目单位都要填报考核表，水利部和省水利厅对项目执行情况进行考核。考核情况作为下达下年度投资的重要依据。个别不具备水电农村电气化县建设条件的县（市），各省（区、市）要及时提出调整和替补方案，以保证全面完成国务院部署的电气化县建设任务。

年底由水利部门会同有关部门对水电农村电气化县建设项目进行综合考评。项目综合完成情况，包括地方配套资金、技术方案、工程进度、领导机构、工程效益等材料，考评结果报上一级水利部门。

项目责任主体对水电农村电气化县建设的竣工，应根据有关规定的要求及时进行自验，并向省级人民政府提出验收申请。由省级人民政府对项目进行全面验收。验收结果报水利部，水利部将组织进行抽查。项目验收后，要及时办理竣工验收手续，项目验收总结报告等资料要及时报水利部农村水电及电气化发展局备案。项目主体要对竣工项目尽快制订管理办法，建立健全各项规章制度以及实现良性循环的管理机制，保证工程正常运行和工程效益的充分发挥，确保国有资产的保值增值。

（水利部 周 双）

水利系统农网“两改一同价”工作综述

（一）第一期农网改造工作情况

1. 第一期农网改造投资规模和工程量　国家计委批复水利系统负责四川、湖南、湖北、云南、广东、广西、吉林、重庆、青海等9省（市、区）自供自管县农网改造任务。由于近期体制变化，水利部门不再负责广东、青海两省自供自管县农网改造任务。经调整后，水利系统第一批农网改造总投资模为124.245亿元，根据规划，需建设110kV变电站81座（2003.5MVA），35kV变电站907座（3604.3MVA），110kV线路1502.7km，35kV线路10833km，10kV线路79594.1km，低压线路173677.4km，新安装和更换配电变压器55975台/8815.93MVA，改造台区73567个。

2. 工程进展情况

（1）资金到位和完成投资情况。到2002年6月底，一期农网改造累计到位资金114.07亿元，占已下达计划的91.8%，其中财政专项资金30.1亿元，占已下达计划的99.5%；银行贷款83.9亿元，占已下达计划的89%。累计完成投资120.63亿元，占一期总投资的97.1%，占到位资金的107.6%。四川、吉林全部完成计划投资。为确保按时完成任务，各省（区、市）自筹了一部分资金，完成投资超过了计划内到位资金。

（2）工程进展和竣工验收情况。截至2002年6月底，一期累计新建和改造110kV变电站70座（2003MVA）、35kV变电站626座（2757MVA）、110kV线路1551km、35kV线路9228km、10kV线路78292km，低压线路201983km，改造配电台区67133个，新安装与更换高耗能变压器57594台（3245MVA）。到2002年6月底，已有207个县竣工，其中四川102个、广西39个、重庆14个、湖南18个、云南26个、湖北2个、吉林6个。

（3）农电管理体制改革情况。到2002年6月底，共有2362个乡镇电管站完成了改革，新建供电所1782个，农网改造完成的地方，都实现了“三公开、四到户、五统一”。吉林、四川、湖北已经全部完成了乡镇电管站的改革。

3. 加强领导，采取有力措施，确保按时完成任务

（1）加强了对水利系统农网改造工作的领导。水利部对水利系统农网改造工作非常重视，为确保按时完成农网改造任务，部领导多次批示加强农网改造管理，并亲自进行协调，督促各省加快工程进度，有力

地推动了这项工作。各省、自治区、直辖市水利厅(局)也都成立了以厅主管领导为组长的农网改造工作领导小组，地、市、县也都成立了相应的组织机构。2001年召开了水利系统农网改造工作会议，研究加快水利系统农网改造工作的措施，2002年又专门发文，对农网改造工作提出了详细要求。同时，多次派出检查小组赴各地检查督促，各省也多次召开农网改造工作会议，为水利系统农网改造工作提供了强有力的保障。

(2) 积极争取出台全省均摊的还贷政策。针对水利系统农网改造存在的具体问题，多次组织召开座谈会，研究提高水利系统农网改造还贷能力的办法，并积极争取国家计委、财政部等部门的支持，在2001年底，国家计委、财政部出台文件，明确在“一省两贷”省建立农网还贷资金，实行全省均摊，为水利系统农网改造创造了条件。

(3) 采取措施，确保水利系统农网改造的进度和质量。一是各省水利厅结合本省实际，制定了具体的工作计划和措施，狠抓资金计划的落实和工程进度，采取了很多措施，收到了一定效果。如四川省，召开会议逐县排查安排进度，成立督导小组赴各县进行监督检查指导，想方设法解决资金问题，工程进度明显加快，110个县在2001年底全部达到了竣工验收条件，其中98个县通过了水利厅组织的预验收。二是各省都制定了一系列管理办法，严格按照国务院和国家计委的有关文件精神，狠抓质量管理，确保了农网改造的工程质量。三是严格实行项目法人责任制、招标投标制、工程监理制、合同管理制和工程质量终身负责制，到目前为止，水利系统农网改造工程质量良好，没有发现大的质量问题。四是各省都加强了农网改造资金的管理，实行“专户存储、专款专用、封闭运行”，确保资金的使用安全和投资效益的发挥。

(二) 第二期农网改造工作情况

按照国务院部署，2002年继续实施第二期农网改造任务，对第一期项目拾遗补缺，扩大改造覆盖面，时间一年，计划到2002年底完成。国家计委已下达水利系统第二期农网改造计划，四川等7省(区、市)水利系统二期农网改造投资规模共88.93亿元，其中四川35亿元、重庆14.8亿元、云南6.0亿元、湖南8.3亿元、广西19.2亿元、吉林4.6亿元、湖北1.0亿元。

到2002年6月底，二期农网改造工程累计到位资金9.29亿元，占已下达计划的10.4%，其中财政专项资金7.22亿元，占已下达计划的40.6%；银行贷款2.07亿元，占已下达计划的2.9%。累计完成二期投资15.53亿元，占已下达计划投资(总投资)的17.5%。

到2002年6月底，二期累计新建和改建35kV变电站12座(27MV·A)、35kV线路147km、10kV线路12128km，低压线路44699km，改造配电台区7054个，新安装与更换高耗能变压器10042台(445MVA)。

(水利部 于 翔)

农村水电政策法规研究

农村水电在过去的几十年里，取得了举世瞩目的成绩，其发展速度、装机容量、发电量和供电范围都堪称世界第一，让世界很多国家，包括欧美发达国家惊叹，并纷纷来华学习中国建设农村水电的经验。中国的农村水电之所以取得如此成绩，关键在于中国政府十分重视农村水电建设，并为之制定了“自建、自管、自用”等一系列行之有效的优惠政策，这些政策扶持极大地解放了农村水电发展的束缚，使农村水电沿着改革和发展之路不断前进。但随着形势的不断发展和变化，农村水电又面临着新的问题和要求，在进一步落实前有政策的同时，还要加强研究制定新的政策，尤其是要加强法律法规研究，加强农村水电的法制建设，确立农村水电的法律地位。

(一) 落实政策，加强研究，推动农村水电工作不断发展

中国政府为了鼓励农村水电建设，为之制定了“自建、自管、自用”、“农村水电执行6%增值税率”、“要有自己供电区”、“以电养电”等政策。但在实际执行中，有的没有得到很好的贯彻落实，如“农村水电执行6%增值税率”政策。为此，2002年对23个省(区、市)和新疆建设兵团农村水电6%增值税率政策执行情况进行了调查，对各地执行中存在的不同问题和困难及好的经验和建议进行了汇总，为进一步落实这项政策做好基础工作。

在农网改造中，积极与国家计委、财政部研究农网改造还贷政策问题，在“一省两贷或多贷”省建立还贷基金政策得到国家计委、财政部同意。

配合国家计委，提出《可再生能源配额制(农村水电部分)》。该项目旨在促进中国可再生清洁能源发展。农村水电配额制政策是指在地区电力建设中，可再生能源发电必须保持或占有一定比例，从而促使可再生能源发电能够在不同地区均衡，保证可再生能源健康地发展。它是一种强制性的政策法规，其实质就是使配额比例相当的可再生能源电量在各地区(各电网)之间交易，以解决地区间可再生能源的差异。该项目若能制定实施，将对农村水电的发展发挥重要作用。

(二) 积极进行法律法规研究，为农村水电事业

发展提供法律保障

几十年来，农村水电建设虽取得了长足发展，但仍存在着很多问题和困难，主要是：①对农村水电的战略地位缺乏足够的认识，对清洁可再生能源缺乏研究。农村水电作为清洁可再生的绿色能源，在国际社会已经得到足够的重视，而在国内的一些地方，对其减少温室效应、减轻污染和保护生态环境等方面的作用认识不足，甚至把农村水电等同于小火电。②对农村水电资产代管、上划，限制农村水电生产和上网电量，压低电价，极大地损害了全社会办电的积极性。③农村水电资源开发无序、混乱，造成水资源浪费和不合理利用，影响了农村水电的科学规划、合理开发，影响了中小河流的治理。④随着改革的深化，在一些地方出现了农村水电资源开发使用权转让的现象，这给新时期农村水电资源开发管理提出了新的课题。⑤信贷渠道不畅。农村水电所在地多为贫困地区，地方电力资产少，当地银行多为“贷差”行，放贷能力有限，由上级银行拨付转贷，加大了放贷成本和风险，导致农村水电开发的贷款渠道不畅。这些困难和问题的产生的根本原因在于缺乏法律保障。中国虽然为投资者投资农村水电制定了一系列优惠政策，但由于未能上升为法律，缺乏强制作用，在实践中常常受到其他因素的干扰，无法充分发挥应有作用；虽然《中华人民共和国电力法》中有国家鼓励开发农村水电等清洁可再生能源的条款，但没有出台与之配套的实施条例，在实践中缺乏可操作性。

新时期，党中央、国务院对农村水电及电气化工作特别重视，提出了新的历史任务目标。一是促进退耕还林、天然林保护，改善生态环境；二是促进中西部贫困地区、少数民族地区和革命老区经济和社会发展；三是促进新时期扶贫攻坚任务的完成，带动贫困地区人民脱贫致富。要完成这些任务，加强农村水电的立法工作是十分必要的。只有用法律的形式把农村水电资源的规划、开发、投资机制、运行体制、产权关系、管理和监督及当事人之间的权利义务等方方面面加以调整和规范，给农村水电创造一个良好的发展环境，才能保证新时期农村水电肩负的新任务新使命顺利实现，保证农村水电事业持续、快速、健康发展。《农村水电管理条例》已列入水利部立法工作计划，并已经对农村水电法制建设做得比较好的黑龙江、吉林等省进行了重点调研。

（水利部　周鹏飞）

农村水电技术标准编制工作

2001年国务院颁布了《工程建设标准强制性条文（水利工程部分）》，水利部也颁发了《水利技术标准体系表》，这标志着水利技术标准化工作进入了规范化、科学化的轨道，为今后水电技术标准化工作提供了科学的工作基础。

《水利技术标准体系表》中小水电及农村电气化专业门类共有46项技术标准。其中已颁布标准21项，拟编标准25项。体系表分为8个专业序列，其中综合技术类6项，主要包括《水电农村电气化标准》、《小型水电站技术改造规程》等；规划类11项，主要包括《中小河流水能开发利用规划导则》、《农村水电供电区电力发展规划导则》等；设计类9项，主要包括《小型水电站初步设计报告规程》、《农村水电供电区电力系统设计导则》等；施工类6项，主要包括《小型水电站建设工程验收标准》、《小型水电站施工技术规范》等；质量类1项，为《小型水电站机组运行综合性能质量评定标准》；管理类5项，主要包括《小型水电站优化运行导则》、《小型水电站技术管理规程》等；实验类2项，为《小型水电站电气设备现场测试规程》和《泵站现场测试规程》；设备类6项，主要包括《小水电站机电设备导则》、《小型水轮机基本技术条件》等。

按照水利部技术标准制修订工作部署，计划用五年时间完成25个拟编标准的编制和21个已颁布标准的修订，使农村水电技术标准形成较为完整的体系，为水行政主管部门依法行使管理职能提供基本依据，进一步规范农村水电建设与管理，提高农村水电工程质量和技术水平。

2001年和2002年水电局先后编制了《农村水电技术标准制修订五年计划》、《2001年农村水电技术标准编制计划》、《2002年农村水电技术标准编制计划》和《2003年农村水电技术标准编制计划》。在大连市召开了“农村水电技术标准编写知识讲座”，组织专家审议了2001年和2002年制修订的7项标准编制工作大纲。

为了确保农村水电技术标准编制工作质量，2002年水电局围绕强化标准编制基础工作管理、提高编写人员素质开展了如下几项工作：

（1）加强标准制修订管理的基础工作。做好标准编制合同档案管理，建立主编单位定期汇报制度，按季度进行标准编制工作汇报，以便及时了解编制进度和存在的问题。

（2）建立水电技术标准评审专家库。选择水电行业有关专业技术带头人、资深工程技术与管理人员组成水电技术标准评审专家库，为水电技术标准编制提供评审、咨询等服务。

（3）分期举办标准编写知识讲座。为了保证农村水电技术标准编写质量，水电局结合国务院《工程建设标准强制性条文（水利工程部分）》及水利部《水利技术标准编制管理办法》的宣传贯彻，聘请技术标准编制专家授课，分期举办水利技术标准编写知识讲座，对农村水电技术标准参编人员进行标准编写培训。

（水利部　刘京和）

制定农村水电建设政策
促进广东山区经济发展

广东省水力资源丰富，水力资源蕴藏量为1125万kW，可开发量为824万kW，其中小水电可开发量为621万kW。至2001年底，全省共建成小水电站6515座，装机容量357万kW，年发电量119.2kW·h。其中，50个山区县小水电装机容量271万kW，年发电量91亿kW·h。尚待开发的容量为260万kW。

（一）政策先行，是发展农村水电及实施电气化的基本前提

广东省委、省政府、省人大把小水电作为发展山区经济脱贫奔小康的支柱产业来扶持，制定了一系列政策和采取有力措施支持其发展。

（1）1983年，为全面发展农村水电，广东省政府《印发〈广东省发展小水电暂行办法〉的通知》（粤府［1983］8号）文件，对小水电的建设原则、经营办法、并网管理等做了全面规定。

（2）1984年，广东省政府印发《广东省人民政府关于加快我省小水电建设的通知》，对广东省第一批10个电气化试点县工作在技术、资金等方面给予支持。

（3）1990年，广东省政府《广东省人民政府关于发展小水电的问题的通知》（粤府［1990］110号）文件，要求将小水电上省网电价，由0.065元/(kW·h)提高到0.176元/（kW·h），同时对小水电的投入作了明确的规定。

（4）1992年，广东省委、省政府《关于进一步加强水利建设的决定》（粤发［1992］16号）文件，规定“小水电实行‘谁建、谁有、谁管、谁受益’的政策，执行发、供、用电统一管理体制，归口由水利水电部门负责勘测、设计、开发利用和行业管理”。

（5）1996年广东省人大常委会通过了《关于加快农村小水电建设的决议》，对小水电的管理体制、电价、投入、优惠政策等方面都作了明确的规定。这一具有法律约束力的决议，保护了小水电，在全国来说尚属首次。

以上一系列文件，有力地扶持着农村水电建设，使广东省农村水电建设取得了显著的成效。

（1）上网电价得到大幅调整，保护了农村水电企业权益。议案实施之前，全省小水电上省网电价为0.176元/（kW·h）（含税），远低于同期省网综合平均收购价（约0.41元/（kW·h）），许多小水电企业难以生存。议案实施后，达到0.30元/（kW·h），有些地方达到或超过了省网综合平均收购价。仅因小水电上网电价的提高，每年就为山区县直接增加6亿～7亿元电费收入。

（2）激发了社会办电的积极性，加快了农村水电建设的步伐。农村水电实行“自建、自管、自用”的方针以及“谁建、谁有、谁管、谁受益”的政策，极大地激发了社会办电的积极性。据统计，1996年～2001年，全省累计新增小水电装机123万kW，平均每年新增20.5万kW，远远高于议案实施办法中提出的每年新增小水电装机8万kW的目标。

（3）促进了农村水电管理体制的完善。议案实施以来，各地的农村水电行政主管部门进一步明确，完善了农村水电发、供、用统一管理体制。乳源、封开等县组建的农村水电集团（公司），初步显示了农村水电管理现代化的生命力。

（4）农村水电的发展，促进了山区的经济发展和社会进步。农村水电的健康发展，逐步成为山区县财税收入的主要来源。据1999年统计，广东省33个农村水电初级电气化县农村水电（包括发供电）总产值为51.6亿元，上缴利税5.3亿元，占33个县总财税收入25.7亿元的21%左右。农村水电的建设，不仅推动了山区的经济发展，同时也促进了山区的社会文明进步，使山区人民的观念发生了深刻的变化，促进了山区社会文明进步。

（二）继续实行农村水电建设补助政策

广东省地区间经济发展相对不平衡，山区的经济水平和珠江三角洲地区的经济水平存在着较大差距。据2000年的统计数据，山区县人均收入是珠江三角洲地区的1/6；全省最贫困的十个县（山区县）的人均收入约为2700元，不到东莞市人均收入（32477元）的1/12；最贫困的十个县的财政收入之和为2.35亿元，仅相当于东莞市财政收入（30.22亿元）的1/13。如此大的社会经济发展差距，也相应反映在农村水电基础设施建设滞后，没有有效发挥山区水力资源优势。

因此，2002年8月份的广东省的山区工作会议制定了《关于扶持山区发展小水电的实施意见》，主要措施有：

（1）加强小水电电价管理。

1）小水电上网电价继续按《地方小水电站上网电价作价原则》（粤价［1995］50号）文件的要求测算制定，但一般不高于广东省同期火电平均上网电

价。

2）小水电收购价以省网综合平均收购价作为最低保护价。小水电上网电价低于省网综合平均收购价的，由省财政或省供电部门按省网价支付。

3）有条件的小水电企业，允许有自己的供电区，也可直接向用户或配电网供电，过网费征收标准由省物价主管部门审核。

（2）继续实行小水电建设补助政策。2003年～2007年，继续实行小水电议案，对全省小水电继续实行每千瓦500元贴息补助政策，每年重点扶持50个山区县新建农村水电装机10万kW，同时继续扶持山区农村水电挖潜改造，配套完善山区农村水电送电工程，解决农村水电上网"瓶颈"问题。

（3）继续执行优先收购农村水电电量、上网电量按月互抵和缴纳6%增值税等政策。电网企业拖欠电费的，每天按2‰缴纳滞纳金。

（4）加强对农村水电建设的管理。各级计划部门和水利部门，对开发建设新的农村水电，要把好关，讲究经济效益。建议尽快制定《广东省小水电建设管理条例》，进一步规范全省农村水电的建设和管理，切实保障和促进农村水电事业持续健康发展。

（广东省水利厅　成　敏）

浙江省制定《水电资源开发使用权出让管理暂行办法》

浙江省水电资源丰富，可开发装机为800万kW。近几年来，得益于浙江省良好的宏观经济和政策环境，浙江水电一直保持着较高的开发速度，特别是2000年以来每年新增装机都在20万kW左右，全省开发总装机已达到370万kW。随着市场经济体制的不断完善和人们市场经济意识的不断增强，水电开发过程中暴露出许多新的问题。如水电资源开发选点困难，资源优势已逐渐丧失，资源争夺中矛盾加剧等。新的形势下如何加强水电资源开发管理是摆在水行政主管部门面前的一个重要课题。

2000年文成县对珊溪水库下游装机3000kW的水电站开发使用权进行公开拍卖，政府获拍卖收入362万元。以此为契机，2001年7月浙江省召开水电工作会议明确提出要探索一条使水电开发使用权获得过程符合市场经济规律的路子。会后省水利厅发文确定松阳和遂昌列为试点县。两县结合自身实际分别制定了县水电资源开发管理办法，并积极做好符合市场要求的水电资源开发管理的试点工作。2002年松阳县通过协议出让的形式把水电站的开发使用权出让给开发业主，出让底价为每千瓦50元。2002年4月遂昌县通过公开拍卖的形式把装机为1500kW的淤连山水电站和装机为2500kW的陈坑水电站的开发权分别以99.5万元和118万元的价格出让给开发业主。这两个试点县的成功经验为浙江省推行水电资源开发使用权有偿出让奠定了坚定的基础。到2002年8月底全省已有偿出让十多座水电站的开发使用权。

2002年8月底浙江省水利厅以浙水电［2002］18号下发《浙江省水电资源开发使用权出让管理暂行办法》（以下简称《办法》）在全省范围内试行。该办法的出台，在浙江水电资源开发中具有历史性意义。它旨在解决水电资源开发中因不符合市场经济规律而引发的各种矛盾，使人们获得开发使用权的机会均等，规范业主的开发行为，遏制水电开发中的各种政府寻租行为，建立一个真正公正、公平、公开的水电资源开发市场，为浙江省营造一个良好的水电投资环境。《办法》共分十四条，其中界定了出让的概念，定义为政府将水电资源开发使用权在一定期限内让渡给投资开发者的行为，明确出让方式为公开招标、拍卖或协议出让。同时规定了水电资源出让之前所必须具备的条件，包括规划、取水许可的核准，具备相应管理权限的水行政主管部门的批准等等。《办法》在开发使用权的使用年限、出让价格确认和对获得开发使用权的单位和个人约束方面做了具体规定，明确了依法获得的水电资源开发使用权受法律保护。

（浙江省水电开发管理中心　叶　舟　姚岳来）

农村水电及电气化的国际合作与交流（摘要）

（一）主要成果

中国农村水电设备制造厂家具有年生产300万kW成套设备的能力，同时每年可完成300万kW农村水电的设计与施工，在世界上居领先地位。据不完全统计，中国农村水电设备已出口到40多个国家和地区，其低廉的价格、成熟的技术和稳定的性能受到了国际上的普遍赞誉。

2001年6月7～8日，国际小水电协委会第七次年会在印度喀拉拉邦科瓦兰市隆重举行。会议选举了中国水利部农村水电及电气化发展局局长程回洲为国际小水电网主席，经主席提名并经全体委员表决通过童建栋教授为国际小水电中心总干事，选举欧盟可再生能源委员会主席亨利·巴库涅、拉美能源组织秘书长赫莱拉为副主席。推选格鲁吉亚总统谢瓦尔德纳泽、中国水利部副部长陈雷、浙江省副省长章猛进为国际小水电网名誉主席，外经贸部副部长龙永图为顾问。

2001年12月国际小水电中心的新网站于12月在 http://www.inshp.org 登录。同月在印度设立了国际小水电分中心。

通过开展发达国家、发展中国家与国际组织间三方合作，国际小水电中心的国际化进程稳步推进，能力建设取得长足进步。现已实现了自我发展和良性循环，也为发达国家了解发展中国家小水电，为发展中国家小水电走向世界，开辟了新的途径。

中国农村水电外资利用已初具规模。已实施的利用外资项目有：①利用奥地利政府贷款引进设备建成投产的湖南南津渡水电站，利用外资1300多万美元；②引进加拿大政府贷款建成投产的湖南高滩水电站，引进外资250多万美元；③广东、浙江等省利用港资和华侨投资建设了许多小水电站。拟利用外资的项目有：①利用亚洲开发银行技术援助资金进行的“中国农村小水电发展研究”项目；②拟利用贷款进行的湖北省保康县寺坪等10个水利水电枢纽工程，利用世行贷款的额度为1.1亿美元；③甘肃黑河小孤山梯级水电站，拟利用亚行商业贷款，额度为5000万美元。

（二）“十五”期间农村水电国际合作的主要任务

（1）抓住中国加入世贸的有利时机，充分发挥中国农村水电的比较优势，积极开拓国际市场。同时发挥国际小水电中心的窗口作用，进一步扩大中国农村水电的国际影响。

（2）大力改善投资环境，特别是中西部地区的投资环境，积极引导外资开发建设中西部地区丰富的农村水电资源，以外资带动内资，提高外资利用效益及国际项目建设管理水平。

（3）增强农村水电企业的国际竞争力。把农村水电资产和社会优良资产进行大规模重组，组建跨县、跨地区的水电集团公司，形成全国性资本或几个大的区域性资本，达到业绩与资本扩张的同步增长，增强农村水电企业的国际竞争力。

（4）促进国际、国内两个市场的联系沟通，使农村水电国际合作更好地为能源结构调整及资源优化配置服务。

（水利部　张学进）

利用世行贷款促进湖北农村水电建设发展

湖北省水电资源十分丰富，中小水电可开发量670.5万kW。从20世纪50年代初期开始，经50年的建设，目前电源装机已达到148.1万kW，年发电量42.9亿kW·h。

以水电农村电气化建设为龙头，进一步开发湖北省丰富的水能资源。但是，缺乏建设资金和项目建设管理效率不高是湖北省农村水电建设的制约因素，而利用外资是打破这个瓶颈的一个有效手段。

湖北省近两年利用外资进行农村水电建设有了新的突破。世界银行经过慎重考察，决定参与湖北贫困地区水电发展项目（包括宣恩洞坪、南漳峡口、竹山松树岭、来凤纳吉滩等4个水利水电枢纽工程）建设。项目总装机容量230MW，总投资18.8亿元，其中利用世行贷款1.05亿美元。目前项目已进入实施阶段。

（一）抓住世行战略重点转移的机遇，利用世行贷款促进农村水电建设事业的发展

随着中国财力不断增长和对外资需求的减少，世行援助计划更多地把重点放在支持相对贫困落后的中西部地区的基础设施和加强体制机构建设的项目，贷款对象主要是以减贫为重点的项目、城市发展和环保项目。

这个转变对农村水电建设是一个机遇，因为：

（1）农村水电建设的目标（如充分利用贫困地区的资源条件，支持当地经济发展、扶贫、水土保持等）与世行的扶持重点相一致，使利用世行贷款成为可能。

（2）世行贷款数额大、周期长（长达20年）、资金到位准时可靠的特点，对前期准备工作完成后仅缺资金的农村水电建设项目非常适合。

（3）世行项目的建设主体是现代企业，采用企业管理，重视社会效益，更重视经济效益，项目建设的总体效益更高。因此，世行贷款项目的建设实施对农村水电建设体制改革起着积极的推动作用。

（二）世行水电项目建设促进当地经济可持续发展

（1）利用世行贷款建设的湖北贫困地区水电发展项目每年能为当地电网提供近7亿kW·h的电量，将资源化为经济效益。

（2）由于这些项目都建有扶贫基金，所以，当地的贫困农民可以从项目建设中直接受益。

（3）洞坪、松树岭和峡口等水电站都具备较好的调节能力从而优化电源结构，增强了电网的调节性能。

（4）这些项目在工程建设管理中非常重视环境管理工作，促进了工程所在地的生态建设。

（三）参与世行项目建设管理实践，促进水利行业管理

中国加入WTO后，农村水电建设在行业管理和企业管理方面都要与国际惯例接轨。世行在中国的项目实施过程中，其项目前期规划、采购管理、环境管理和移民管理的经验都具有借鉴作用。以工程建设实

例引导企业进入规范管理，同时推动行业管理全面现代化。

（四）高素质的人才是农村水电建设事业成功的保证

世行的项目管理体系经过几十年在全球实践的考验，不断得到完善和改进，使其体系规范而严谨（如其对项目全过程的评估，严格的采购管理、环境管理和移民管理等）。通过参与项目建设管理，使我们能全面学习其先进的经验，达到提高人员素质的目的。

世行的经验是先进的，但与中国的实践相结合还有一个过程，要转变观念（如环保、移民、采购等）以接受其先进东西的同时，也要在降低融资成本方面（如小项目的咨询、外部评价等）进一步做工作，使之与中国的社会环境逐步相适应，最终达到农村水电建设管理与国际惯例接轨，使我们的建设事业在中国进入 WTO 后能赢得机遇，战胜挑战。

（湖北省水利厅　易家庆　闵惠斌）

甘肃农村水电的发展对生态环境的改善起到了积极作用

甘肃位于西北大陆腹地，地处青藏高原、内蒙古高原和黄土高原的交汇处，分属长江流域、黄河流域和内陆河流域。全省水力资源丰富，理论蕴藏量 1724 万 kW，可开发量 1051 万 kW。其中中小型水电可开发量 498 万 kW，居全国第十位。

（一）农村水电建设新成就

甘肃农村水电在新世纪开局之年成效显著，全年新增中小水电站 13 处、28 台，装机容量 8.39 万 kW，是计划的 2.8 倍；发电量 14.19 亿 kW·h，超额完成计划 13.5%；发电设备年利用小时数 4024h；新增高压线路 2572km，低压线路 5134km；全省县县通电，乡、村、户通电率分别达到 100%、93.81%、92.77%。2001 年全省共投入水电建设资金 41156 万元。与此同时，甘肃“十五”水电农村电气化建设也取得骄人成绩。2001 年全省 23 个水电农村电气化县完成新增装机 64450kW；新增高压线路 1539km，低压线路 3200km。累计完成投资 58926 万元，其中，中央投资 12980 万元、地方投资 8535 万元、贷款 32783 万元、自筹 4628 万元。建设资金中用于电源建设的 39686 万元，占总投资的 67.35%。水电农村电气化县国内生产总值年增率为 9%，工业、农业、乡镇企业产值增长率分别为 18%、5%、16%，县级财政收入增长率 5%。乡、村、户通电率分别达到 100%、96.9%、96.4%，电炊户率为 14%。

（二）农村水电发展促进了生态环境改善

小水电作为清洁可再生绿色能源，对减少和遏制环境污染有着十分显著的效果。2001 年，甘肃省小水电发电量为 14.19 亿 kW·h，相当于 67 万～86.7 万 t 标准煤，减少排放烟尘 1.67 万 t，二氧化硫 1.77 万 t，一氧化碳 167.56 万 t，二氧化碳 216.79 万 t，氯化氮 6.33 万 t 及大量污水。

以甘肃省甘南藏族自治州为例，自开展农村电气化建设以来，全州相继有七县（市）达到初级电气化县标准。通过小水电及电气化建设，各县（市）大力发展了城镇以电代柴、代煤电炊使用和农牧村以电节煤、节柴措施。目前，全州 14.79 万户城乡居民中，以电能作为能源烧饭、烧水及取暖的有 2.11 万户，电炊户率达到 16.34%；节柴节煤措施户率达 22%；户均生活用电量达到 341.13kW·h，这些措施每年可减少生活用薪约 2.8 万 m^3 木材蓄积，极大地减轻了广大农牧民生活能源中对森林和植被的依赖性，有效地遏制了对森林植被的破坏，促进了天然林保护工程和退耕还林还草措施的顺利实施。而从甘肃全省来看，现有电炊户 20.08 万户，年可减少木材用薪量约 17.74 万 m^3。农村水电是促进农村能源结构调整，促进退耕还林、保护森林资源和改善生态环境的有效途径。

（甘肃省水利厅　姜　仁　杨建国）

实施小水电代燃料生态工程是解决山西环境问题的有效途径

（一）山西水力和煤炭资源基本情况

山西省地处黄河中游的黄土高原东部，属大陆性季风气候，全省多年平均降水量为 520mm，降水总量 835 亿 m^3，多年平均水资源总量为 142 亿 m^3。

全省可开发利用的水电资源 741 万 kW，大体包括三部分：一是本省境内小水电资源理论蕴藏量 151 万 kW，可开发量为 62 万 kW，已开发利用 15.1 万 kW；二是省境内万家寨引黄入晋水电资源 39.08 万 kW，尚未开发；三是黄河北干流河段水电资源 640.8 万 kW，已开发利用 120.8 万 kW。截至 2001 年全省水电资源已开发利用 135.9 万 kW，利用率仅 18.3%，水电资源开发前景十分广阔。

山西省煤炭资源丰富、储量大、分布广。全省煤炭预测储量为 8700 亿 t，到目前已探明保有储量为 2537.25 亿 t，占全国总量的 28.15%，居全国首位。

（二）山西煤炭资源开发及对生态环境的影响

山西省是全国能源重化工基地，全省采、运、燃煤使山西成为生态环境形势十分严峻的省份之一。

（1）河流地面水污染严重。全省河流地面水体

80%以上受到采煤的不同程度污染，具有饮用及城市用水功能的河段不足15%。

(2) 地下水漏失。全省采煤造成地下采空区1300km²，塌陷区520km²，仅原国家统配煤矿采煤漏水就涉及18个县、市，240个村庄，造成23万人吃水困难，30万亩水浇地变为旱地。根据统计资料，每采1t煤，将漏水2.7m³。日前，导致全省城市日缺水量60万m³，有一半以上的县城发生水荒。

(3) 大气污染严重。2000年全省全年烟尘、粉尘排放量为154万t，二氧化硫120.2万t，分别是全国平均水平的3.7倍、2.8倍。城市环境空气污染烟尘和二氧化硫为主要污染物的煤烟型污染，全省大气污染指数为19.18，排放强度指数为42.36，在全国排序为第27位。

(4) 植被稀少，水土流失和土地退化情况严重。盐碱化和沙化土地目前分别为54万hm²和60万hm²，没有得到有效控制。

(三) 水电清洁能源开发产生了良好的社会生态效益

水电作为广大山、老、贫困地区特有的易于开发的优势资源，把这种清洁低成本的水能资源转化为产业优势，除了直接发电效益外，还带动了当地基础设施和相关产业的兴起及生态环境的改善。

(1) 基础设施的改善，带动了当地产业的兴起。开发建设水电工程，首先要解决通路、通电、通电信等问题，这些基础设施的改善，将带动当地产业的兴起。

(2) 生态环境改善，带动了旅游产业的兴起。水电开发建设中兴建的拦河大坝，蓄水后形成的水库回水区域，在干旱缺水的北方地区，成为一道亮丽的风景线，成为当地旅游开发的热点。

(3) 中小河流的治理。如垣曲县李家河电站和陵川县古石电站的拦河大坝建成，使西阳河、门河得到了相当程度的治理，综合效益非常明显。

(4) 文化、观念更新，社会进步。水电农村电气化县建设的一项重要任务就是解决偏远山区无电农户的用电问题。以山西省第三批电气化县建设的泽州、阳城、陵川、垣曲四县为例，四县共架设低压线路708km，解决了414个无电村、3.57万无电农户共14.28万人的用电问题。通电使这些偏僻山区的群众听到了广播、看上了电视、安装了电话，为这些地区脱贫致富注入了强大的动力。

(四) 实施小水电代燃料生态保护工程，是解决燃煤、燃柴污染环境的一项根本性举措

山西省“十五”期间及2010年小水电代燃料生态工程规划范围为退耕还林还草区、天然林保护区、自然保护区和重点水土流失区，“四区”涉及全省黄河流域及海河流域25个县市。根据规划区年平均电量需求，“十五”期间规划水电电源工程78处，装机120010kW。若实施小水电代燃料工程，到2005年将减少二氧化碳气体的排放量121.14万t、二氧化硫气体的排放量2.64万t，减少的二氧化硫排放量占到目前全省年平均排放量的2%，可保护退耕还林面积217.902万亩、天然林715.33万亩、自然保护区499.544万亩、治理水土流失面积1939.079万亩。由于燃煤造成的环境污染将大为减轻，山西的大气环境质量将得到改善。

“十五”期间，国务院批复山西省6个农村水电电气化县建设任务，全省25个县小水电代燃料生态工程规划也已报水利部，这都将给山西省水电事业带来新的发展机遇。

通过小水电代燃料生态工程使山西水电事业再上一个新台阶，为社会发展、生态环境的改善做出积极贡献。

（山西省水利厅 孙廷容 高建民 陈海清 张君）

西藏等西部省区边境无电乡镇光明工程

中国西藏、新疆、云南等西部省区边境地区能源、交通和通信等基础设施十分薄弱，尤其是电力供应已成为当地经济发展和社会进步的主要制约因素。缺乏电力的影响主要表现在以下几个方面：

目前中国西部边境地区普遍人均用电水平很低。据统计新疆边境地区乡镇人均装机容量为16W，人均用电量为58kW·h，西藏边境地区乡镇人均装机容量为60W，人均用电量为120kW·h。人均装机容量分别为全国平均水平的0.64%和2.4%。在这些边境地区仍有400多万无电人口，其中相当大一部分农牧民至今沿用着“日出而作、日落而息”的生活方式，生活生产条件极为艰难。

由于没有电力供应，当地森林、矿产和畜牧业等资源无法开发利用，工业及主导产业不能发展，只能依靠落后农牧业支撑当地经济，难以摆脱贫困状态。

由于没有电力供应，村村通广播电视、通电话、通邮等国家级和省级项目不能实施。加快通信广播设施建设，对强化国家防范体系，确保社会安定和国家安全具有特别重要的意义。

由于没有电力供应，边境地区居民生活照明依靠油灯。与之相比，许多边境地段的境外居民点在夜晚都是灯火通明。这不利于人心的稳定，并在一定程度上影响了中国的国际形象。

当地居民缺乏生活生产用能，只能砍伐树木，毁坏植被，造成水土流失，从而导致边境地区生态环境的破坏。

长期以来，中国西部边民散居在边境的高山坡地之中，边境地区人口密度很低。架设几十公里输电线路也只能解决几户边民的用电问题。单纯等靠国家电网延伸解决供电问题至少需要20年。

这些地区大部分水能资源较为丰富。如西藏边境地区水能蕴藏量为6000万kW；云南边境地区水能蕴藏量为3000多万kW；新疆边境地区水能蕴藏量为2600多万kW。水电资源丰富地区与农村能源缺乏地区及无电人口区域分布基本一致。因此，采取分散开发，就地供电的方式发展农村水电，具有明显的经济优势。除少数距国家电网近的无电乡村应考虑延伸供电外，绝大部分边境无电地区可以因地制宜开发小水电解决供电问题。

但西部边境省区一般也是经济落后的特殊地区。开发小水电缺乏资金自筹能力，主要依靠国家投资建设。由于当地居民人均收入大部分低于国家贫困县标准，对电价承受能力十分有限。电站建成后也只能根据边民经济承受能力适当收取电费。在许多边境地区，要保证水电站正常运行还需要国家和政府给予补贴。总之，需要政府在投资、税收、电价等政策上予以扶持。而小水电项目产生的效益目前更多的表现在国际斗争需要、社会效益和生态效益上。

为农村有水无电偏远地区的居民提供水电的公共服务是水利部门的重要职责之一。2001年水利部水电局启动了西藏、新疆等西部省区边境无电乡镇光明工程。将开发西部边境地区水电资源，解决当地居民用电问题列为工作重点。

据统计，在“七五”、“八五”和“九五”期间，中国西部边境地区农村水电开发和电气化建设共计投产电力装机100.84万kW，建成边境电气化县43个，解决边境无电人口1660万人。其中，新疆投产电力装机31.58万kW，建成边境电气化县10个，解决边境无电人口396万人；云南投产电力装机51.46万kW，建成边境电气化县21个，解决边境无电人口578万人；广西投产电力装机17.2万kW，建成边境电气化县11个，解决边境无电人口684万人；甘肃与蒙古接壤的电气化县肃北县投产电力装机5970kW，解决边境无电人口18987人。

2001年，水利部在第四批电气化县建设中，重点安排了西部省区边境地区电气化县建设。如在云南26个边境县中安排了17个电气化县；在广西12个边境县中安排了9个电气化县；在新疆28个边境县中安排了5个电气化县；西藏也首次安排了米林、芒康2个边境电气化县。

2002年，水利部水电局结合援藏工作，启动了西藏边境无电乡镇100座小水电工程。该项目包括64个乡镇级水电站，36个村级水电站。它的实施将解决西藏边境地区64个无电乡镇，712个无电村，14.4万无电人口的生活生产用电问题。2002年度计划投资9000多万元，目前已经完成了30座小水电站的初步设计工作，并通过了有关部门的审批。其中18座已开工建设，其余70座小水电站的前期工作正在进行中。

（水利部　刘京和）

农村电气化建设

农村水电站建设情况

2001年全国水利系统水电新增装机1105处，机组2155台，装机容量为2666.7MW。其中，大中型水电站投产5座，21台，装机容量1195MW；小型水电站1093处，2118台，装机容量1419.5MW；风电等52.2MW。

至2001年底，全国水利系统年末拥有水电站49360座，机组78997台，装机容量36743MW。其中大中型水电站46座，机组156台，装机容量7341MW，小型水电站43027座，机组70405台，装机容量26263MW；配套小火电344座，机组757台，装机容量2899MW；风力发电站3135座，机组3794台，装机容量16MW；其他电源2808座，机组3885台，装机容量224MW。

2001年水利系统中小水电在建规模为964座，机组1959台，装机容量达3547MW。全年新开工项目363座，机组691台，装机容量146MW。

2001年水利系统水电及配套电网建设共投入资金291.6亿元，其中电源投资181.9亿元，电网投资98.9亿元，其他投资10.8亿元。在当年投资中，中央拨款及各级水利基建、农水补助资金共30.1亿元，省、地、县自筹资金49.8亿元，以电养电、电力建设资金及其他资金203亿元，利用外资80.5亿元，国内银行贷款110.9亿元。

国家对农村水电建设信贷投资进一步实行优惠政策，电力建设基金实行还本付息政策有重大改变：①电力建设基金［0.02元/（kW·h）］至2000年底并入电价，用于解决城乡电网改造的还本付息。②对电力建设基金（包括三峡基金）已形成投资的，且基金已偿还完毕的电力项目，降低项目上网电价。尚未偿还完毕的，项目为国有独资公司的，一律转增国家资本金；为股份制企业的项目，由股东协商后转为资本公积金或按比例转增资本金，对转为资本金的基金预期回报率，按低于银行长期贷款利率确定。③地方各级政府违反规定加收的电力建设基金和附加费，已形成电力投资的，既不还本付息也不计回报；已按还本付息原则计入电价的，电价相应降低。

延长电力项目贷款还本付息年限：①今后新投产机组，均改为按整个经营期核定平均上网电价。②已核定上网电价的机组，过了还贷期的，及时降低电价；仍在还贷期的，对尚未归还的贷款本息，原则上改为按剩余的经营期核定平均上网电价。③银行将水电项目贷款年限延长为25～30年。

政府机构审批水电建设项目程序继续简化，投资主体多元化，投资渠道更为灵活。绝大部分水电建设项目实行了项目法人制、招（投）标制、监理制和财务审计制，基本上形成了中小水电建设投资风险约束机制。由于投资体制改革的不断深入，建设管理不断强化，水电项目投资大幅增加，建设周期缩短，工程质量提高，连续多年投产装机都在百万千瓦以上，项目效益显著。

（水利部　刘京和）

水电农村电气化县建设

（一）全国“十五”水电农村电气化县基本情况

“十五”期间，国务院批准建设400个水电农村电气化县。水电农村电气化县是在前三批农村水电初级电气化县建设的基础上，立足于提高农村用电水平、促进农村能源结构调整、改善农村农业基础设施、促进退耕还林、保护和改善生态环境、推进农村经济与社会全面发展等作用。“十五”水电农村电气化县建设采取地方投入为主，中央适当补助的建设方式。水电农村电气化县建设从2001年正式启动。这些县涉及全国24个省（区、市）和新疆生产建设兵团，总面积199万km^2，耕地面积1121万hm^2，其中灌溉面积518万hm^2；有7991个乡（镇）、112708个村、4087万户，总计1.52亿人口。

（二）全国“十五”水电农村电气化县建设情况

（1）投资情况。2001年水电农村电气化县共投入建设资金72.53亿元，占全国水利系统电力建设投资的24.9%。其中：中央投资7.12亿元，占9.8%；地方投资6.67亿元，占9.2%；县自筹18.53亿元，占25.5%；国内银行贷款40.21亿元，占55.4%。总投资中，用于电源建设29.6亿元，电网建设40.7亿元，其他项目建设2.2亿元。投入资金超过1亿元的有12个县，1000万～10000万元的有123个县。

（2）电源电网建设情况。2001年水电农村电气化县新增装机63.31万kW，其中新增水电装机容量为56.21万kW，分别占水利系统当年新增装机容量的23.7%和21.5%；有17个县新增装机超过1亿kW，14个县在5000～10000kW之间，39个县在1000～5000kW之间。在建装机规模259.2万kW，其中在建装机规模超过1亿kW的有63个县，1000～10000kW之间的有85个县。到2001年底“十五”水电农村电气化县拥有装机总计1379.42万kW，其中水电总装机1231.20万kW，分别占水利系统总装机的37.5%和36.6%。其中总装机超过5万kW以上的有88个县，1万～5万之间的有219个县，1万kW以下的有43个县。2001年，水电农村电气化县新增110（220）kV变电站21处，容量为123.62万kV·A，输配电线路为1099km；新增35（63）kV变电站126处，容量为120.77万kV·A，输配电线路为2365km；新增配电变压器17272台，容量148万kVA；10kV以下线路新增11万km。

（3）年发电量和年用电量。2001年水电农村电气化县年发电量达到463亿kW·h，其中水电发电量达到405亿kW·h，分别占全国水利系统年发电总量的40.9%和39.0%。有162个县年发电量超过1亿kW·h。水电农村电气化县年用电量为559.8亿kW·h。有207个县年用电量超过1亿kW·h。

（4）电气化主要指标情况。到2001年底，水电农村电气化县人均年用电量达到375kW·h，每户年均生活用电量达到332kW·h。有7941个乡、111296个村、3999万户通了电，乡、村、户通电率分别达到了99.4%、98.8%和98%。用电水平和通电面都有较大幅度提高。

（注：以上数据缺西藏和新疆生产建设兵团共7个水电农村电气化县的资料。）

（水利部　周　双）

农村水电配套电网建设概况

至2001年底，有1515个县有农村水电站，其中水电供电为主的县有760个，电网由水利系统管理的县有505个。由水利部门管理的农村水电配套电网，2001年新增110kV及以上线路0.27万km，35kV线路0.71万km，3～10kV线路5.8万km，低压线路22.26万km。新增110kV及以上变电站72座，容量309.18万kV·A，35kV变电站352座，容量231.32万kV·A，新增配电变压器容量413.38万kV·A，电站升压变压器容量185.26万kV·A。到2001年底，拥有110kV及以上线路3.18万km，35kV线路11.98万km，3～10kV线路88.54万km，低压线路214.57万km；拥有110kV及以上变电站692座，变电容量2404.28万kV·A，35kV变电站4984座，变电容量2406.96万kV·A，配电变压器容量5425.42万kV·A，电站升压变压器容量4062.99万kV·A。

电网由水利系统管理的县年末装机容量16914.5MW，当年发电量607.92亿kW·h；购入县外电量373.47亿kW·h，其中购入国家电网电量274.61亿kW·h；输出县外电量158.49亿kW·h，其中上国家电网电量95.93亿kW·h。当年总供电量965.06亿kW·h，售电量875.89亿kW·h，网损率9.24%，综合电价0.318元/(kW·h)，单位售电成本0.253元/(kW·h)。

（水利部　于　翔）

农村水电配套电网技术发展情况

随着大规模农网改造工作的实施和农村水电电气化的建设，农村水电配套电网整体装备水平明显提高，同时，各地还积极推广使用新技术、新设备，提高了农村电网的科技含量。

新建变电站基本按无人值班要求设计，大部分采用了综合自动化系统。有载调压低耗能变压器、SF_6和真空断路器等设备在新建变电站中得到大规模使用。部分老变电站也按无人值班要求进行了改造，大量高能耗变压器、老式油断路器等设备被淘汰。

自动重合器、自动分段器在部分配网中得到应用，高能耗配电变压器绝大部分得到更换，S9型低损耗配电变压器得到广泛使用。50%以上的配电台区都按“小容量、密布点、短半径”的原则进行了改造，消灭了木电杆、单股线、破股线、铁线，除少数地区采用电子式电能表外，全部采用DD862型电能表。农村水电供电区的大部分低压电网达到了国家技术标准和要求。

许多农村水电供电区都实现了调度自动化，信息管理系统(MIS)、远程抄表、光纤通信、无功优化、配电自动化等新技术和新设备也在部分地区得到了应用。

以湖南省永兴县为例，其调度自动化系统、变电站自动化系统及信息管理系统已达到较高水平。变电站综合自动化系统采用统一软、硬件平台，按分层分布式方案设计，可实现数据采集及处理、控制与调节、历史数据记录和统计、故障录波、画面显示、打印制表等功能，并通过通信管理系统，完成变电端与调度端远方通信，实现遥信、遥测、遥控、遥调、遥视（变电站安装了电视监视系统）“五遥”功能，满足了“无人值班”（少人值守）的要求。

永兴县电网调度自动化系统由主站系统、通道系统、当地变电站综合自动化系统、通信系统组成。主站系统采用客户/服务器体系的计算机局域网，运用网络技术实现与公司MIS网络的互联。系统利用主站对各变电站综合自动化系统和通信、通道系统提供的各类信息的分析与处理，实现以下调度功能：①对变电站的“五遥”控制实现电网自动化管理；②对发电、变电、供电实时数据采集、二次处理和分析，实现电力、电量平衡、无功优化的电网运行方式管理；③建立实时数据库和历史数据库，并在此基础上分析、汇总得到二次数据库实现辅助决策管理。

永兴县水电公司综合信息管理系统（MIS）涵盖所有管理业务，按资源共享、辅助决策、无纸办公的原则设计，主要包含企业管理、财务管理、生产技术、电力营销、人力资源管理、行政管理等六个子系统，并与调度自动化和水电站监控两个实时系统联网。MIS系统对公司电力生产、电力营销，企业内部人财物信息、行政与办公自动化信息、电网自动化信息等进行分析与处理，使企业生产、经营、决策信息化，提高了管理的质量和效益。整个MIS系统使用客户/服务分布式星形网络结构，各办公区使用超五类双绞线分层集中式布线，相隔数公里的办公区之间使用单模光纤和光电转换器相连，保证100兆的传输速率，服务器使用Windows2000操作系统，SQLServer数据库等组成的软、硬件网络平台环境。

为了促进农村水电行业技术进步，水利部水电局从各个方面入手开展工作，在行业内引起很大的反响。2002年5月成立了农村水电现代化建设工作委员会，委员会委员由25个省、市、自治区分管农村水电工作的局（处）长组成。在湖南郴州召开了农村水电现代化建设工作现场会，来自全国25个省、市、自治区和有关单位的近200名代表出席会议。会议通过现代化水电站、变电站、调度系统和综合信息管理系统的现场示范，通过报告和研讨，达到了解放思想、提高认识、找出差距、明确目标、增加实现农村水电现代化紧迫感的目的，取得了很好的效果。

为了提高电网运行人员的技术水平，2001年3～4月份，在江苏举办了两期水利系统电网自动化技术培训班，来自全国9省（市、区）的105名技术人员和管理人员接受了为期20d的培训。2002年3月举办了全国水利行业变电站值班员竞赛。通过竞赛在全行业中掀起了认真学习、不断提高技术水平的热潮，各单位积极开展岗位练兵和技能培训，广大职工苦练技能，钻研业务，使变电站运行人员的技术水平普遍上了一个台阶。

（水利部　孙亚芹）

小水电代燃料生态保护工程规划全面启动

新世纪的第一个春天，朱镕基总理在湖南考察时指出：保护和改善生态环境，已到了刻不容缓的地步。要切实搞好退耕还林、封山育林工作。在退耕还林过程中，要重视抓好农村能源结构的调整，解决居民生活所用燃料问题。在有条件的农村，要推广蜂窝煤、沼气，特别要大力发展小水电，这方面要给予扶持。在湖南湘西州指出：要重视小水电的发展，而小水电发展，又可以带动机械制造业和建筑业的发展，只要有资源而不破坏资源，这条路子是完全可以走的。总之，要采取各种方式，通过政策支持，把能源结构调整过来，不去砍树，封山才有效。6月，朱镕基总理在四川考察时再次指出：要采取各种形式，处理好退耕农民的当前生计和长远致富问题。大力发展小水电、沼气等，解决农民的燃料和农村能源，把退耕还林和调整产业结构紧密结合。要使中央关于退耕还林的政策真正落到实处，保证退得下，稳得住，能致富，不反弹。在四川甘孜州指出：你们的能源结构现在很明显，不许你砍树，那不就得靠水电吗？靠煤炭那距离很远。开发水电是民族地区发展的希望，无论如何要让水电能很好地发展，这样就能保护生态环境。水电是你们最好的资源，最便宜的能源，你们要好好开发，使农民用到便宜的电，改善人民生活，也为你们增加财政收入。8月，朱镕基总理在贵州考察时再三强调：要解决好退耕农民当前生计和长远发展生产问题，支持农民发展当地有资源优势和有市场需求的产业，要通过发展小水电、沼气等解决农民的燃料和农村能源问题，防止滥伐山林，保护退耕还林成果。朱总理关于要大力发展小水电的多次讲话，一是退耕还林保护生态刻不容缓，要保证退得下，稳得住，能致富，不反弹，就必须解决农民燃料和农村能源问题，要从源头上解决这个问题，就要大力发展小水电；二是开发农村水电要同退耕农民的当前生计和长远致富、长远发展结合起来；三是开发农村水电要同农村经济结构调整结合起来，增加地方财政收入，促进社会经济发展，加快脱贫致富。

温家宝副总理于11月指出，发展农村水电、加快农村电气化建设，是实现农业和农村现代化的重要条件。改革开放以来，这项工作取得显著成效。到2000年底，农村水电已遍布全国1/2的地域、1/3的县市、1/4的人口，使3亿多无电人口用上了电，特别是中西部地区、老少边穷地区有了水电的带动，经济社会发展和人民生活发生了重大变化。实践证明，党中央、国务院关于发展农村水电的决策是正确的，是符合广大人民群众根本利益的。同时强调指出，从新世纪开始，中国进入全面建设小康社会，加快推进社会主义现代化建设的新的发展阶段，这对农村水电工作提出了新的更高的要求。水利系统广大干部职工要认真学习贯彻“三个代表”的重要思想，坚持为农业、农村、农民服务的方向，把农村水电建设同经济建设、江河治理、生态保护、扶贫开发结合起来，进一步搞好治水办电，实施小水电代燃料生态保护工程，加快农村电网改造，提高农村电气化水平，为促进农村经济社会发展做出更大的贡献。国务院领导的讲话充分体现了党中央、国务院对农村水电的高度重视和亲切关怀。

新世纪第一年，全面启动了小水电代燃料生态保护工程。为了贯彻落实朱总理要大力发展小水电，保护生态、改善环境等一系列重要指示，从4月中旬起历时半年多时间，水电局组织调研组赴湖南、安徽、四川、重庆、云南、贵州、广西、甘肃、青海、新疆等10个省（区、市）进行了广泛的调查研究，听取了各级地方政府和有关部门的汇报，深入农村、林区，走访了大量农牧户，与基层干部和农牧民群众深入座谈。在调查研究的基础上，水电局于10月22日下发《关于编制小水电代燃料生态保护工程规划的通知》（水电电［2001］36号），要求根据《小水电代燃料生态保护工程规划大纲》，坚持“全面规划、分步实施、突出重点、注重实效、多能互补、综合利用”的原则，结合经济建设、江河治理、扶贫开发，认真做好小水电代燃料生态保护工程规划。全国共有900多个县、25个省（区、市）和新疆生产建设兵团开展了规划编制工作。为解决规划编制过程中出现的一些突出问题，12月5日～12日水电局再次组织调研组赴四川调研。调研组考察了水电站、电网调度中心，与有关部门的领导和专业人员进行了深入座谈，走访了多家农户，与专家进行仔细的研究讨论，解决了一些突出问题，取得了良好的效果。为了加快规划进度，提高规划质量，水电局于12月27～29日在成都召开了全国小水电代燃料生态保护工程规划研讨会。研讨会介绍了规划编制中的一些技术问题，就各地关心的突出问题进行了研究讨论并形成共识，还实地考察了小水电代燃料生态保护工程典型县，为规划编制工作提供了良好的基础。至2001年底，全国共有近万人参加了各级小水电代燃料规划的编制工作，各地大力开展调查研究，取得了大量详实资料，全国县级小水电代燃料生态保护工程规划全面启动。小水电代燃料生态保护工程将和水电农村电气化县建设一样，成为推进农村经济发展和社会进步的旗帜。

（水利部　李如芳）

福建农村水电及电气化发展成就

（一）发展概述

福建省水电资源有1075.29万kW，真正得到发展，还是在新中国成立之后。福建省水电开发经历了20世纪50年代试办，60年代普及，70年代发展，80～90年代农村电气化县建设等四个阶段。在50～60年代的试办和普及过程中，提出了“水电为主，小型为主，群众自办为主”的“三自方针”，有力地推动了小水电的发展，建设了一批容量较大的骨干水电站，1969年全省水电装机33.59万kW。全省过半数的生产大队用上了电。1975年省出台小水电享受“五小”工业待遇的“以电养电”政策，调动各地办电积极性。1979年全省水电装机75万kW，其中地方办的小水电装机51万kW。1983年全省水电装机120.7万kW，其中地方办的小水电装机84.7万kW，并相应配套了一批县电网。

1984年后，全省进行了三批农村电气化县试点和建设工作，成为全国实施农村电气化县试点建设速度最快、质量最好的省份，到1999年达标县达53个，占比例最高。到2000年，全省水电装机容量达535万kW，占可开发水电资源1123.33万kW的49.7%，其中农村水电装机容量达300.2万kW，居全国先进行列。

（二）2000年～2002年度农村水电及电气化情况

在电源建设方面继续按照“流域、梯级、综合、滚动”的要求，努力提高水电调节能力和电能质量，提高综合效益，完善梯级开发；对已建水电站进行技改、扩机、增容，提高水能利用率；调动各方办电积极性，就地开发利用水能资源。2000年全省新增水电装机13万kW，2001年新增22万kW，2002年上半年已投产11万kW。

在用电普及和小康电力工程建设方面，从1994年起就继续抓紧解决无电行政村的扫尾工作，至2000年底，全省100%的乡、100%的村、99.6%的农户用上了电，大大高于全国平均水平(98.03%)，实现全省村村通电和实现小康的目标，走在全国前列。

“九五”期间，福建省有19个县列入第三批全国农村水电初级电气化建设计划。提前一年，超额完成了第三批农村水电初级电气化县建设任务。

2001年，国务院批准“十五”期间全国建设400个水电农村电气化县的任务，福建省有21个县列入计划。2002年初，福建省召开全省水利暨农村电气化工作会议，部署福建省21个水电农村电气化县建设计划任务。同时上半年赴龙岩、南平、宁德等地进行小水电代燃料生态保护工程规划研究，已经完成全省38个县小水电代燃料生态保护工程规划编制上报工作。

在技改挖潜方面，福建省地方电力技术改造工作一直围绕“高要求、迈大步、上台阶”的思路，通过采用电力调度自动化、计算机监控和保护系统，使水电站向“无人值班”（少人值守）自动化方向发展。通过水轮发电机组更新改造、扩机增容，输变电工程升压改造，电网结构改善，流域梯级规划、建设和复核完善等手段，提高企业经济效益。

2002年，福建省农电工作主要以国务院批准“十五”期间全国建设400个水电农村电气化县和国务院以国发［2002］5号文件发布的《电力体制改革方案》为契机，5月份召开了《电力体制改革方案》学习研讨会，提出了贯彻落实电力体制改革方案的初步意见，以促进农村水电发展。

（三）水电企业发展情况

经过50年的发展，全省农村水电资产达127亿元，发电年营业收入78.8亿元，实现税利约11亿元，取得了显著的经济效益。目前全省水利系统按照规范现代企业制度先后组建16家县级发电公司、8家以农村水电为主体的跨县地区性水电集团公司，其中闽东电力股份有限公司成为上市公司。

1998年12月设立的闽东电力股份有限公司，以弘扬“团结、务实、高效、创新”的企业精神，坚持“以人为本，以实业为基础，以资本营运为核心，以高科技的孵化为推动方向”的经营方针，逐步形成“稳固主业、跨业经营、多角发展”的经营战略格局，致力于把公司建设成为多元化、集约化、现代化、国际化的集科、工、贸为一体的现代企业集团，为福建省水利系统水电企业的改革和发展提供了良好的模式。

（福建省水利厅　农村电气化处）

吉林农村水电事业发展

吉林省近30年来农村水电实现了三次大的飞跃。即20世纪70年代敦化、汪清、安图、河龙、长白、靖宇、抚松、临江、通化等县建起数十座水电站，装机达到7.8万kW；80年代靖宇、抚松、临江、长白、安图、通化建成了地方独立电网，实现了自建、自管、自用；90年代，尤其是近15年电气化县建设和农网建设改造工程的实施，使吉林省农村水电建设实现了实质性飞跃，取得了辉煌成就。目前吉林省已有24个县（市）建成农村水电站137座，总装机容量29.48万kW，年发电量能力可达到11亿kW·h，占全省农村用电的24%以上。建成63kV送电线路816km，10kV送电线路4607km，建成变电所（站）44座，总容量27万kV·A。农网改造完成后全省农村水电固定资产可达21亿元。

（一）农村水电已初步发展成为兴国富民的大事业

农村水电的发展，使全省比较贫困的24个县（市），全部通了电，受益人口达到732万人，占全省总人口的36.2%。吉林省于1998年在全国率先消灭了无电村屯，农村水电供电区内人均年用电量在300kW·h以上，最高县市已超过700kW·h。

全省农村水电初级电气化县，1996年工业生产总产值为65.88亿元，2000年增加至95.97亿元，比其他县市平均高出2.9个百分点。2000年农村水电供电区内各县乡镇企业总产值实现29.18亿元，较1996年的6.36亿元，增长了458.57%。农村水电供电区内各县最低人均收入达到2482元，最高县（市）达到3890元。从以上数据不难看出在大电网覆盖下的吉林省农村水电，实实在在办起了兴国利民的大事业。

（二）继续发展农村水电的基本思路

吉林省农村水电从建设到运行管理，从电源工程到电网工程已初具规模，尤其是比较薄弱的输变电工程，通过投资8.6亿元的建设与改造，标准化程度和自动化程度跃居同行之首，外部环境又为农村水电提供了发展机遇。总体思路是，夯实地方水电发展基础，激活存量扩张总量，实现地方水电向产业化迈进。

吉林省水能资源比较丰富，主要分布在东南部的山区，经查实可开发的中小水电容量119.8万kW，目前已有24个县（市、区）开发建成小水电站，截止2001年底已建成137座，总装机容量29.48万kW·h，占可开发装机容量的24.6%，年发电量为7.78亿kW·h，农村水电的发展已成为山区县域经济的龙头企业。随着市场经济的逐步完善，为农村水电的发展带来新的发展空间。要抓住机遇，把农村水电的开发建设做大、做稳。

（1）农村水电产业发展的指导思想。充分利用清洁可再生的水能资源，结合水利系统农村电网改造，建设具有市场竞争能力农村水电独立的供电区，实现发、供、用、管一条龙，推进地方水电企业资产重组，向产业化发展。

（2）农村水电产业化发展的目标任务。引进先进技术、加快行业建设、降低经营成本、提高企业效益、扩大企业实力为目标。结合生态建设，抓以电代燃料建设；结合现有水能资源开发，抓水电工程项目储备；结合电气化县建设、农网改造，抓输电行业建设发展，抓电能转换增值，抓新产品开发，逐步增强企业经济实力，实现水电发展产业化。

（3）农村水电产业发展的总体布局。以吉林省地方水电有限公司为核心，通过资产重组、资源优化配置，盘活资产存量，实现资本扩张，规模经营发展，实现区域发、供、用、管一条龙目标，向水电产业化迈进。

（吉林省地方水电局　王明贵）

“十五”水电农村电气化建设推动河北水电快速发展

河北省水能资源主要分布在太行山、燕山42个偏远山区县，其中多数是革命老区、贫困县、少数民族聚居区，形成了水能资源与老少边穷地理位置相辅相成的状况。加快开发农村水电是加速老少边穷县脱贫致富的有效途径，因此河北省委、省政府把水电扶贫作为燕山、太行山老少边穷县扶贫工作的重要的环节。

河北省地理位置环京津，环境治理的问题非常突出。燕山、太行山的植被环境不但影响河北省人口、资源、环境的协调发展和国民经济的可持续发展，而且影响北京、天津，影响着首都承办奥运，一定程度上影响中国的国际信誉。为加速京津和河北省的生态环境治理，张家口、承德列入了“21世纪首都水资源规划”任务，发展农村水电是农村能源建设的主要措施，是实现稳定生态环境治理成果的重要手段。

“十五”期间，全省计划完成14个水电农村电气化县建设任务，投资11亿元，完成水电装机容量18万kW。全省农村水电装机容量将由“九五”末的20万kW增加到38万kW，平均年发电量超过10亿kW·h。在完成14个电气化县和农村水电建设任务的同时，还将按照国家拟批准的小水电代燃料生态保护工程建设规划，实施小水电代燃料生态保护工程，发挥小水电的扶贫及生态环境保护作用。

为完成上述任务，河北省委、省政府确立了三个原则、三个效益和两个结合。

一要坚持优选水电资源，保障运营效益。要在国家批准总体规划基础上，进一步抓好建设前期工作，优先选择效益好的工程，加快开发建设，要做到开发一处、生效一处、受益一方，严防开发低效工程，浪费资金，影响水电形象。

二要坚持优先老、少、边、穷县，突出扶贫效益。要按照《中国农村扶贫开发纲要》和河北省的扶贫工作安排，优先在贫困县、革命老区和少数民族聚居县加大开发力度，要通过水电农村电气化建设形成农村水电支持产业，推动多业发展，促进当地产业结构调整，巩固温饱，提高贫困人口的生活质量。

三要坚持优先开发代燃料水电资源，加速实现生态植被保护效益。要按照国家代燃料工程建设要求，超前谋划，尽快安排试点，总结适合河北省客观情况的代燃料模式。通过"十五"小水电代燃料生态保护工程建设，确实在燕山、太行山实现代燃料植被保护效益，同时带动村经济发展。

这三个优先、三个效益是发展农村水电的目的和方向，必须实事求是地抓好落实。在工程建设组织中还要搞好两个结合。

一是水电发展同行业稳定相结合。要通过发展水电提高行业自我发展能力，过去水电建设已经为县级水利部门增加收入和稳定队伍起到了较好的作用，今后要结合引江、大型灌渠农灌、城市供水、水库加固、中型水库建设等水利工程建设，发展农村水电，实施"以水发电，以电补水""一水多用，小水大用"的办电措施，增加电费收入，补充水管单位经费，缓解因水价不到位而引起的运营困难，稳定灌区、水库等水利队伍，加强供水基础，促进农业发展和产业结构调整。要搞好林水结合，全省大型林场的河道都有水电资源，要研究"以林保水，以水发电，以电护林"的林电协调发展措施。要按照"谁建、谁管、谁受益"的原则，支持多部门投入水电建设，把发展水电、保护生态和自身建设结合起来，搞出成效。

二是水电农村电气化及小水电代燃料工程建设要与21世纪首都水资源规划、退耕还林还草、防沙治沙、小流域综合治理等生态工程相结合。要统一部署，统一安排，把国家和省批准的分项规划，在县域内实现相互结合，要按照国务院退耕还林若干意见（国发［2002］10号文件）的规定，有关市县政府要统筹安排，综合利用好国家和省支持地方的扶贫开发和生态建设资金，张家口、承德两市还要与21世纪首都水资源规划、防沙治沙工程相结合，在加速生态工程建设的同时，加快地方经济发展，增加财政收入，加速扶贫步伐。要按照治理与保护并重的原则，安排治理任务的同时，因地制宜、实事求是地安排好农村能源的开发。要在水电资源条件好的区域优先安排水电开发，适当开发沼气，实现水电、沼气互补的农村能源结构。力争实现治理一个区，保护一个区，把治理成果稳定住，尽快改善生态植被环境，真正为首都水质、水量的改善作贡献，为河北省经济建设发展创造优越环境。

（河北省水利厅　郭　立　回士光）

江西农村水电及电气化发展回顾

（一）资源开发情况

江西是一个水电大省，水能资源十分丰富。水能理论蕴藏量682.03万kW，可供开发610.9万kW，年发电量215.6万kW·h。规划建设大型水电站3座，装机135万kW，中型水电站36座，装机204万kW，小型、微型水电站万余座，装机271.9万kW。到2001年底，全省已开发水电装机195.00万kW，占可开发量的30.3%，其中农村水电已开发3956座、118.03万kW、年发电量33亿kW·h。

（二）农村水电发展回顾

江西农村水电起步于20世纪50年代中期，70年代发展较快。特别是改革开放以来，江西以农村水电初级电气化建设为目标，全面贯彻国家"自建、自管、自用"，"以电养电"，"小水电要有自己的供电区"等方针政策，充分调动了各方面办电的积极性，农村水电有了一个大发展。到2001年底，农村水电的装机容量及发电量分别约占全省电力装机容量和发电量的20%和15%，原由水利部门建成的比较完善的县级电网64个，其中45个以农村水电供电为主。"七五"至"九五"期间，江西共建成农村水电初级电气化县45个，45个县中，多属国家"八七"扶贫攻坚县、省级重点扶贫县和革命老区县。农村水电初级电气化建设，不仅为当地提供了工农业生产和生活用电，还较好地解决了防洪、灌溉、饮水、还林还草问题，有力地促进了地方经济的发展，提高了山区农民的生活水平。经统计，45个电气化县共新增装机容量25万kW，人均年用电量由平均101kW·h增加到210kW·h，通电户率由80%提高到95%，综合网损率由13.5%降至10.1%，各县工农业总产值和县财政收入都有稳定的增长。通过电气化建设，累计治理水土流失面积1.34万km^2，累计解决人口饮水377万人，累计形成水库总库容162亿m^3，森林覆盖率提高了10%左右。

江西农村水电在“两改一同价”之前能够快速健康的发展，其原因：

(1) 农村水电是水资源统一管理和江河综合治理开发的重要内容，是水利事业不可分割的极具活力的组成部分。

(2) 农村水电发展是在国家有限扶持下，主要依靠地方、群众自己的力量完成的。农村水电按照就地开发，就地成网，自发自用的原则，逐步形成了自己的供电区，是农村水电发展的客观规律。

江西农村水电及电气化建设发展的基本经验是领导重视、科学规划、加强管理、多方筹资、股份办电。

(三) 农村水电管理体制

江西农村水电在1998年之前，一直归口水利部门管理。通过各级政府水利部门的努力，建成了64个县级电网，其中20个县形成了110kV电网，44个县形成了35kV电网。建成110kV等级的变电站20座、线路725km，35kV等级的变电站295座、线路6271km。形成电网固定资产13.4亿元。

1998年10月江西省实施农电建设改造，江西省电力公司根据有关规定对农网建改资金实行“一省一贷”，采取“先改制后改造”的做法，先后对各县水电企业推行“发供分开”，对分离出来的县电网推行“控股股改”，将县供电公司的股本金设定为800万至1000万元，县里持有总股本金的40%；省电力公司控股本金占60%。

为了有效保护各水电企业的利益，增强水电投资者的积极性，落实省委提出的“江西在中部崛起”的目标。江西各县采取了有关措施：

(1) 以县国有骨干水电站组建独立法人的县级发电总公司。总公司负责统一上网、统一调度、统一定价（上网价）、统一结算和统一纳税，既保护了企业利益，又起到了行业自律作用，避免恶性竞争。

(2) 加大国有水电企业股份制改革力度。大部分县对已建水电站进行清产核资，采取合理作价，出售股份，面向社会各阶层认股，形成新的股份制企业，按照“公司法”运作；对已完成前期工作待建的水电项目，积极开展招商引资，鼓励开发。各县人民政府在土地利用、上网电价、地方税收等方面出台了相关政策。目前，江西省水电项目开发已出现新的转机，呈快速发展的势头。

（江西省地方电力建设管理局　王振华　何大信）

云南农村水电及电气化县基本情况

云南省水能资源丰富，理论蕴藏量10364万kW，居全国第三位，可开发水电容量9400万kW，居全国第二位，年可发电量4800亿kW·h。中小水电可开发量1718万kW。全省128个县（市）中有118个县（市）可开发1万kW以上中小水电。得天独厚的水力资源为云南省地方电力事业和农村电气化县建设提供了有利条件。

新中国成立以来，云南省地方电力取得了长足发展，特别是改革开放以来，发展更为迅速。在云南省委、省政府制定的“开发我省水电资源，要继续坚持实行国家和地方、集体两条腿走路；大、中、小并举的方针，在加速建设现已开工的骨干电站和积极争取国家建设新的大型电站的同时，要大力发展小水电”的办电方针指引下，电力建设自“七五”起走出了低谷。

截止2001年底全省地方电力已拥有发电装机容量296万kW，占全省电力总装机的35.85%，其中：水电装机容量262万kW，大中型水电站37.1万kW，火电装机容量33.9万kW。全年发电量118.2亿kW·h，占全省年发电量的32.86%，其中水电发电量107亿kW·h、火电发电量10.85亿kW·h。全省128个县市中，有98个县主要由小水电供电，全省乡、村、户通电率达到100%、98.46%、92.44%。拥有高压线路164775km，其中110kV线路4259km、35kV线路18966km，拥有低压线路203733km。地方电力全年用电设备拥有量达到8492475kW，其中农村用电设备拥有量4415380kW，占总量的52%。县城用电设备拥有量为4077095kW，占总量的48%。全年用电量达到127.9亿kW·h，其中农村用电量为48亿kW·h，占总用电量的37.5%，县城用电量为79.9亿kW·h，占总用电量的62.5%。

地方电力建设对全省经济发展，社会进步，民族团结，边疆巩固发挥了重要的作用，做出了巨大的贡献。全省128个县（市）中，118个县（市）拥有地方中小水电。88个自供自管县（市）以地方电力供电为主（自供电量占50%以上），占全省的三分之二，已建成15个跨县、跨地（州）的电网，覆盖了全省82%的面积，肩负着全省64%人口的供电任务，地方电力已成为地方经济发展的支柱之一。至2001年底，地方国有电力企业（事业）单位共有211个，从业人员4.09万人，已形成固定资产130亿元，年售电总收入41.1亿元，综合售电价0.256元/(kW·h)，上交税金4亿元，实现利润2.6亿元，完成总投资146717万元，其中电源投资27868万元，电网投资114980万元。

云南省的地方电力建设始终坚持水资源统一管理，水电建设与中小流域综合治理、治水与办电相结合的方针，实现了由单站开发逐步走向“流域、梯级、滚动、综合”开发，精心选择“龙头水库”，用充足的水量进行调节，从而增强了地方小水电的供电可靠性，促进了工程系统管理，充分发挥了企业的经济效益，增强了地方办电的积极性。至2001年末，已实现梯级开发的中小河流约50条，总装机容量99万kW，发电量43.56亿kW·h，分别占全省地方电力总装机容量和发电量的33.4%和36.9%。

云南省地方水电建设取得了辉煌的成就，促进了边远贫困山区的经济发展，提高了当地人民群众的物质和精神生活水平。但还存在着建设资金筹措困难，地方电力体制较为紊乱，电源结构不尽合理，电网结构较为薄弱，上网电价偏低，地方电力职工队伍素质普遍较低等问题，有待于继续进行深化改革，理顺体制，克服困难，加强地方电力建设和管理，努力提高职工队伍素质，以适应改革发展的需要。

（云南省水利厅　吴　茜）

新疆农村水电和电气化建设

（一）新疆水力发电资源概况

新疆地处欧亚大陆腹地，四周高山环绕，形成了三山夹两盆的自然地貌特征。境内河流主要发源于高山山区，山区流程较长，流量较大，水力资源比较丰富。在160多万km^2的土地上，分布着大小570多条河流和272条山泉，形成的年径流量为882亿m^3，占全国总量的3%。经1985年～1988年国家计委、中国科学院组织的新疆能源考察队考察，水力资源的理论蕴藏量为3350万kW，年可发电量3020亿kW·h，占全国总量的5%，仅次于藏、川、滇，居全国第四位。其中经济可开发量为1796万kW，年可发电量845亿kW·h，也居全国第四位。

1. 资源特征　由于新疆山高雨少，河流在山区段虽然形成的落差较大，但水量相对小，因此新疆的水力资源开发很大部分适合中小规模开发。在总共3449万kW的蕴藏量中，经济可开发的大型水电站规划有9座，装机容量343.7万kW（占可开发量的19.1%），年可发电量130.4亿kW·h。经济可开发的中小水电资源达1452.3万kW（占可开发量的80.9%），年可发电量714.9万kW·h。

2. 分布特征　地域分布特征，新疆大部分地区水力资源都很丰富，并且南北疆分布大体均衡，南疆五地（州）为1790万kW，北疆五地（州）为1610万kW，分别占总蕴藏量的51.9%和43.4%。

3. 流域分布特征　新疆水力资源大多集中在年径流量超过10亿m^3的18条大河的山区段，理论蕴藏量占全疆总量的80.8%，近期可开发资源量占全疆的97.1%。

（二）2001年～2002年水电开发和利用状况

1. 水电电源建设情况　几十年来，充分利用丰富的水能资源，开发建设了一大批水力发电电源和配套电网。截至2001年底，新疆地方电力总装机达126万kW，年发电量37亿kW·h。其中水电装机容量72万kW，年发电量21亿kW·h。地方电力固定资产总值达到45亿元，其中水电站部分为32亿元，电网13亿元。

近期的大型水利工程项目都将水电建设纳入统一规划，进行综合开发。2001年，结合乌鲁瓦提水利枢纽工程建设的乌鲁瓦提中型水电站（总装机容量6万kW）4台机组全部投产运行；结合克孜尔水库工程开发建设的克孜尔水库水电站（总装机容量2.6万kW）4台机组全部投产；结合“635”调水工程建设的“635”水电站（总装机容量3.2万kW）4台机组全部投产。2002年10月，托洪台水电站扩建工程（2×5000kW）全部竣工验收，总装机容量1.65万kW。

2. 水电管理情况　在“七五”、“八五”、“九五”期间，新疆先后建成了26个农村初级电气化县。2001年11月，国务院批准“十五”期间在全国建设400个水电农村电气化县，新疆有布尔津县等20个县（市）列入其中。为了确保电气化建设任务的顺利完成，成立了新疆维吾尔自治区水电及农村电气化发展局，全面负责新疆水电和农村电气化建设管理方面的工作。

（三）存在的问题

（1）由于目前水电上网电量受限，电价过低仍是主要矛盾。如乌鲁瓦提中型水电站上网电价仅0.06～0.09元/（kW·h）。各水电站的上网电量均受到不同程度的限制，不得不大量弃水。另外，水电上网电费结算困难。

（2）新疆的水电发展必须建设一批具有调蓄能力的大中型水电站及枢纽性的水利水电工程，提高水电电源品质。

（3）近几年来，由于种种原因，新疆的地方电力资产被大量上划或代管，造成产权不明晰，给下一步电力体制改革的顺利实施带来了困难。

（4）由于新疆工农业用电发展不平衡，造成区域电网季节性和时段性缺电局面较为严重。由于未形成全疆统一电网，目前还无法解决这一问题。必须加强电网建设，提高供电质量。

（新疆维吾尔自治区水利厅　胡　燕）

面对现实，进一步搞好西藏边境小水电建设

（一）概况

西藏地处中国西南边陲，与印度、尼泊尔、不丹、锡金、缅甸等国接壤，许多乡村处于偏远落后且交通不便的边境地带，能源建设滞后于其他地区，从而影响了社会稳定和经济发展，也在一定程度上影响到中国的国际形象，搞好边境地区的农村水电建设，成为西藏自治区“十五”水利建设的一项重要任务。

西藏的农村水电建设主要依靠国家投资，在许多边境地区，尤其是西北部地区要保证水电站运行还需要政府给予补贴。该地区农村水电建设项目的财务收益率极低，需要政府在税收、电价等政策上予以扶持。农村水电项目产生的效益目前只能更多的表现在国际斗争需要、社会效益和生态效益上。

目前158个边境乡镇通电率仅为18%，低于全区乡镇通电率近14个百分点，且通电乡镇人均装机仅有61W，人均年用电量为124kW·h，分别为全区平均水平的61%和27%，用电水平很低。当地仍有28万无电人口，生活生产条件极为艰苦。

（二）建设进展情况

目前开工建设的边境县农村水电建设项目18个，总投资11485.61万元，预计2002年底竣工13个项目，完成投资7764万元，5个续建项目，预计2003年竣工。

（三）经验、存在问题及建议

1. 经验　在近年来的边境农村水电项目建设过程中，我们有以下几方面的经验。

(1) 搞好农村水电项目建设必须严格按照基本建设程序办事，尤其要认真落实“三制”。严格执行国家和自治区有关基本建设程序的规定，认真落实“三制”，确保工程建设质量是我们始终高度重视和认真对待的问题，是确保工程发挥应有的经济效益和社会效益的保证。

(2) 搞好边境农村水电建设必须切实加强资金管理，坚持专款专用。不断加强中央预算内专项资金的管理，制订各项规章制度，加大监督检查力度，加强廉政建设，实行内部审计，不断提高财务人员的素质，取得了比较明显的成效。在近年来的水利国债资金项目使用过程中，没有出现大的问题，推进了西藏水利国债资金使用走向规范化。

(3) 搞好边境小水电建设必须切实发挥各方面的优势特别是对口援藏的优势。中央第三次西藏工作座谈会以来，水利部对西藏的援藏工作高度重视，先后召开了两次水利援藏工作会议，并在第二次水利援藏工作会议上建立了部属单位和各流域机构对口援藏的新机制。我们把人才引进作为重点，明确提出了“以人才援助为主、以技术援助为主、以项目合作为主”的新的受援工作思路，取得了明显成效。

(4) 搞好边境小水电建设必须坚持建设管理一体化，加强项目的运行管理。“十五”期间在加强调研的基础上，制定了乡村水电站改革的有关措施；加大了水利工程运行管理人员的培训力度，先后举办了近30个各类培训班；从前期工作入手，明确要求在项目设计过程中就要充分考虑运行管理的因素，没有运行管理方案的一律不审批。力争通过有效的措施，加强工程建设管理。

2. 存在的问题　在中央和水利部的亲切关怀下，在自治区党委、政府的正确领导下，西藏水利工作得到了长足发展，取得了巨大的成绩。但是由于地理、历史等多方面因素的制约，也清醒地看到了存在的问题：一是人才紧缺仍然是制约西藏水利事业健康发展的重要原因。二是基本建设程序虽然与以往相比有了明显的规范，但与兄弟省市相比，还存在一定的差距。尤其是“三制”的落实，仍然需要加强。三是项目前期工作深度不够、质量不高，直接影响到工程的开工上马和工程质量。四是资金管理水平有待进一步提高，管理的方式有待于进一步规范。同时，中央预算内专项资金到位晚，也影响到了工程建设的进度。

3. 建议

(1) 加大人才的援助力度。建议水利部和各流域机构进一步加大人才援助力度，特别是高中级技术人才。同时，通过举办各类培训班，不断提高西藏水利技术队伍的整体素质，适应大规模的工程建设需要。

(2) 加快资金拨付进度。西藏工程每年的施工季节比较短，国债资金工程实际完成的工程量大于投资量的情况比较普遍，贷款建设、垫资建设比较突出。建议上级有关单位尽最大努力加快资金拨付进度。

(3) 加强检查指导。建议进一步加大对西藏水利国债项目的监督、检查、指导力度，特别是在工程基本建设程序落实、项目前期工作、资金使用管理、工程运行管理等方面能加大指导力度，帮助解决具体工作中的实际问题，以不断加快西藏水利事业的发展。

（西藏自治区水利厅　王印海）

地方中小水电建设经验

湖南农村电气化县建设

湖南省地处长江中游，水能资源非常丰富，水能理论蕴藏量为1532万kW，可开发量为1299万kW。“七五”、“八五”、“九五”期间共完成农村水电初级电气化县建设44个。电气化县建设促进地方电力事业飞速发展，使之成为水利基础产业的重要支柱，地方经济的重要组成部分，对改变农村贫困落后的面貌发挥了极其重要的作用。

（一）地方电力的主要成就

(1) 电源电网迅速发展。至2001年底，地方电力装机达286万kW，年发电量98亿kW·h，装机容量和年发电量均占全省总量的1/4强，约占全省水电的一半。在电源建设的同时，不断完善电网结构，建成了48个由水利系统管辖的县级电网和怀化、郴州两个以110kV为网架的地区电网。

(2) 供电面迅速扩大。1999年底，全省地方电力供电区乡、村、户通电率分别达到了100%、99%和96%。

（二）水电及农村电气化建设的主要作用

(1) 促进了地方经济发展。15年来，电气化县建设共消灭无电村4250个，新解决农村900万户的用电问题。44个农村水电初级电气化县，2000年售电总收入达16亿元，实现利税2亿多元。

(2) 成为水利基础产业的支柱。水利部门依靠水的自身优势，发展水电与其他相关产业，使水利行业走“以电养水”的道路。目前，湖南省的防洪灌溉兼发电的水利工程，大部分靠发电收入来维持灌区的正常运行。地方电力不仅稳定了水利职工队伍，也为促进农田水利建设起到了重要作用。

(3) 增强了农业发展后劲。电气化县建设有效地提高了农田旱涝保收水平，也使干旱死角地方的人畜饮水困难得到了有效解决。据统计，已达标验收的44个农村水电初级电气化县（市、区），共解决了275万人、170万头牲畜的饮水问题，共治理水土流失面积11738km²。

(4) 改善农村生产生活条件。15年来，共转移农村劳动力230万人，搞活了农村经济，农民收入迅速增长。44个农村初级电气化县，农民人均纯收入由1985年的几百元迅速提高到目前的1763元。农村消费结构发生了变化，电饭煲、电炒锅、电视机、电冰箱、洗衣机、收录机、电风扇等家用电器进入普通农民家庭。至2000年底，44个县（市、区）电视机覆盖率86%，平均百人电视机保有量达到77台，学龄儿童入学率达97%。

（三）主要经验

(1) 加强领导，落实责任。为了确保任务按期完成，从省到市、县、乡镇，各级建立电气化建设领导小组，层层签订了责任状，奖罚分明，形成层层有人抓、事事有人管，组织严密、机构健全、分工明确的水电及农村电气化建设管理体系。

(2) 精心规划，科学施工。根据各地的实际，在搞好本县国民经济发展规划和流域规划的基础上作好电气化规划。电气化规划通过市（州）组织的初审，水利厅再组织复审，最后经省计委批复实施。电气化县建设的关键是骨干电源的选点，必须选择技术经济指标优、建设工期短的项目。针对部分县（市、区）水电资源比较贫乏而其他县（市）又非常丰富的情况，打破了各县只能在县内进行电力电量平衡的框框，引进县外电力电量来满足本县供电。

(3) 依靠国家政策的扶持，积极探索新的办电途径。“九五”以来，随着国家政策的重大调整，国家投入大幅度减少，对地方中小水电的开发几乎没有再安排资金；银行贷款也转入商业化运作；随着国家各种减负政策的出台，大部分集资项目均已禁止。因此，建设项目的资金只能通过其他渠道筹集。近年来，各地采用引资和股份制形式进行开发，探索出了不少开发水电资源的新路子。

(4) 组建区域电网，外引内联，提高供电能力。大部分水电站属径流式水电站，调节性能差，丰枯、峰谷矛盾突出，且各县之间发展极不平衡，给电网的稳定运行和可靠供电带来极为不利的影响。为此，在重视建设有一定调节能力电源的同时，逐步进行县电网的组建工作，并在此基础上率先组建的怀化市跨县地区电网，进行县间调剂。进一步提高电网运行的稳定性，提高供电能力，各市、县电网根据自身实际，积极与外省联网，实现了资源互补，明显提高了社会效益和企业经济效益。

（湖南省水利厅 何同国）

广西小水电及农村电气化建设与经验

广西境内河流众多，雨量充沛，水力资源比较丰富，为广西小水电建设提供了良好条件。据统计，可供开发的小水电资源约5700MW，年发电量245亿kW·h，为建设电气化县提供了资源保障。

广西小水电建设是指，充分利用丰富的水力资源，按"治水"与"办电"相结合的水资源总体规划，贯彻"自建、自用、自管"的办电方针，由地方、有关部门或个人投资兴建和管理的中小型水电站及电网建设。广西小水电建设坚持以小型水电站为基础、中型水电站为骨干、建设和管理并重、以网定点、以点带面、站网结合和区域发展的原则；建设小水电站的同时，建设和完善地方供电网络。据不完全统计，至2001年底，广西已建成中小型水电站（不包括电力系统管辖的水电站，下同）2547座（报废400多座），小水电总装机1922MW，占广西电力总装机容量（7498MW）的25.6%，年总发电量70.43亿kW·h；初步建成了梧州、玉林、百色等3个110kV区域网，地方电网共有高压线路11.8万km；在全广西87个县（市）中，以水电供电为主的有47个。

（一）小水电建设

（1）1956年以前，广西仅有2座小水电站，总装机容量115.5kW。1956年广西省水利厅建设一座40kW的西云江小水电站以后，在广西掀起了大办小水电的高潮。20世纪50年代末期，在各级政府的号召和支持下，为了解决农村照明和农副产品加工用电问题，农民自力更生大办小水电的同时，政府还扶持兴建一批单机容量在500kW以上的农村骨干水电站。到1970年底，广西小水电装机已达153.4MW，年发电量1.09亿kW·h。

（2）20世纪70年代和80年代，广西小水电建设得到较大的发展，20年内小水电平均年新增装机42.5MW，是60年代年平均新增装机的三倍多。1971年广西水利电力厅发出指令，凡有水力资源的县，在最近几年内至少要争取兴建一座几千千瓦以上的水电站，以适应农村"五小工业"为主的工农业用电的需要，从而掀起了新一轮大办小水电的高潮。到1990年底，广西小水电装机达到1003.5MW，年发电量27.55亿kW·h；有33个县小水电装机超过10MW，其中贺县、全州、岑溪等3个县小水电装机超过30MW。

（3）20世纪90年代广西小水电建设的特点，是以地区或地级市及交通部门筹集资金建设中型水电站，集体或个人出资兴建小型水电站。为配合农村电气化县建设，这期间建成投产的中型水电站7座，其中装机46.5MW和120MW的桂平和贵港2座水电站由广西交通厅结合航运建设集资兴建；集体或个人出资兴建的小水电站发展也很快，其中有田东县农民企业家班光司于1996年出资4500万元，兴建装机容量7650kW的登高水电站，年发电量0.45亿kW·h。

（4）目前广西正在施工建设大埔、草头坪、南山、福禄河五级、大冲等中小型水电站，其中南山水电站（装机容量48MW）和大冲水电站（装机容量5MW）分别由桂林市和广东的私人出资兴建。大冲水电站主要是向广东连山县供电。

（二）农村电气化县及农村电网建设

1982年广西根据中央领导提出："首先在小水电资源丰富的地区，以自力更生精神，建设100个具有中国特色的农村电气化试点县"的要求，开始实施农村电气化县建设。到2001年底广西已有大新县等55个县达到了农村初级电气化标准。

广西在大力开发建设中小型水电站和实施农村电气化县建设的同时，1999年初在87个县（市）开展农村电网建设和改造，经过3年的努力，到2001年底基本按计划完成了农村电网改造，使农村电网供电可靠性提高到90%以上，电价由0.90～1.20元/（kW·h）下降到0.56～0.63元/（kW·h）。

（三）建设经验

回顾广西小水电建设历程，其主要经验是：①广西小水电及农村电气化建设是在地方政府的领导和支持下，严格按规划实施；②坚持"治水"与"办电"相结合和"自建、自管、自用"的办电方针，多方筹集资金建设水电站的同时，搞好电网规划和建设，提高用电的可靠性，确保有电卖得出去，让投资者得到合理的回报。

（广西水利电力勘测设计研究院　韦卓信）

以电气化建设为依托，大力推进地方小水电工程建设

青海地处青藏高原，境内水力资源丰富，全省水能理论蕴藏量为2337万kW，可开发装机容量2059万kW，水能资源居全中国第一位，是中国14个中小水电重点开发地区之一。

近几年来，青海省以第三批电气化县建设为依托，以开发中小水电资源、兴建中小水电发供电网络为建设重点，以解决农牧民脱贫致富为目的，紧紧抓住西部大开发这一大好机遇，精心组织，真抓实干，使地方小水电工程建设步伐明显加快。据统计，截止2002年，全省已建在建地方小水电站达154座，装

机容量达 23.44 万 kW。其中 2001 年～2002 年建成地方小水电站 4 座，装机容量 20000 万 kW，2001 年全省地方小水电实际发电量达 8.38 亿 kW·h。地方小水电的开发建设，有力地促进了高原生态环境的改善，加快了高原城镇建设进程，推动了全省农村，牧区经济发展和社会进步，维护了民族团结和地区稳定。总结和回顾近几年来地方小水电建设的实践，我们的主要做法和经验有以下几个方面。

(1) 健全组织机构，落实工作责任。根据 1996 年 5 月国家计委和水利部联合召开的农村水电初级电气化县建设工作会议的要求，由省计委、省水利厅等部门组建省电气化建设领导小组，主管省长任领导小组组长，在省水利厅设立领导小组办公室，负责具体工作。主要职责是：认真落实有关电气化县各项方针政策；督促检查各县建设项目的完成情况；下达建设计划，召开工作会议，组织经验交流。各州、县也有一名县长或副县长为电气化建设的主要负责人。在健全组织机构，明确工作职责的基础上，省电气化建设领导小组与各县逐级签订《电气化县达标责任书》，落实责任和任务，做到计划、组织、措施三落实，保证电气化建设的顺利进行，各县在机构改革中保持农村水电电气化县建设领导班子和管理机构的相对稳定，对人员及时充实、加强。

(2) 立足实际，确定电气化实施原则。青海省在第三批农村水电初级电气化县实施中，适逢国家实施西部大开发战略，全国开展“两改一同价”工作，为使电气化规划更好的适应当地经济发展和农网改造的需要，青海省确立了“量力而行，注重实效”的电气化建设基本原则，以达标为前提，注重发挥已有水电站、电网的作用，在科学论证的基础上，对经过改造和修复，可以满足发供电和达标要求的水电站及电力设施，尽量加以利用；在广大农牧区，将部分线路建设调整为太阳能发电，既缓解了资金紧张的矛盾，又加快了电气化县建设进度。

(3) 想方设法，多渠道筹措资金。在列入第三批电气化建设的县有一半是国家或省级贫困县。其项目多，资金筹措难度大，在积极争取国家补助资金的同时，省政府两次召开资金协调会，共筹措配套资金 2100 万元，自治州、县发动企业、农牧民群众积极筹措资金，自筹资金 2000 多万元，缓解了电气化建设资金紧缺局面，保证了电气化建设的正常进行。

(4) 高度重视，狠抓项目实施进度。按照水利部的达标要求和时间，青海省按倒计时确定项目建设进度。对影响电气化县达标的项目进行了适当调整，并组织有关人员现场检查、督促，确保了电气化县按时完成达标验收任务。

(5) 强化监督，提高工程质量。第三批电气化项目建设严格实施项目法人责任制、招标投标制和工程监理制，严格按照基本建设程序办事，把好工程质量关，电气化骨干工程均按照“三制”要求进行了建设和管理。

(6) 加强管理，努力提高电气化管理水平。青海省 6 个电气化县分布在牧区 5 个自治州，受客观条件的制约，技术力量缺乏，为切实抓好电气化工作，省电气化办聘请设计、建设、财务专家，对相关人员进行培训，选派工程专家深入现场进行指导；各县也选派骨干人员到学校培训。几年来，6 县累计培训人员达 200 余人次，职工技术水平和管理水平都有了较大的提高。

(7) 理顺管理体制，提高企业、市场运营能力。在电气化启动之时，各县均成立了隶属于水利部门的县水电公司，按照现代企业制度对公司进行改革，使企业真正走向市场，为今后中小水电资源滚动开发和良性运营机制的建立打下了良好的基础。

（青海省水利厅　吴德文）

贵州地方中小水电建设情况

贵州省是全国惟一没有平原支撑的农业省，全省总面积 17.6 万 km²。截至 2001 年底全省总人口 3743.63 万人，共 86 个县（市），48 个民族。自 1995 年贵州省兴建第一座小型水电站兴义市狮子山水电站以来，贵州省地方办电已有 46 年历史，地方小水电取得了巨大成就，同时也带动了地方经济的快速发展。

贵州省中小水电资源丰富，可开发的经济资源为 674.3 万 kW，居全国第四位。截至 2001 年底，贵州省共建成地方小水电站 1155 处，装机 1974 台，总容量100.8467万 kW。其中：中型水电站 1 座，装机 1×5 万 kW，年发电量 36.5725 亿 kW·h，年平均利用小时为 3627h；高压输电线路 58034km（其中 110kV 及以上线路 808km，35kV 线路 4755km，10kV 以下线路 52471km），低压线路 79034km，拥有供电变电站 110kV 有 16 座（19 台），35kV 有 198 座（262 台），总容量 1024530kV·A；输配电变压器容量 1488597kV·A；水电站升压变压器 1296 台、1023050kV·A。贵州省已开发的水能资源占可开发量的 15%，开发率低于全国平均开发水平 28.6%，开发潜力极大。

全省 86 个县(市)，有水电的县 80 个，水电供电为主的县 27 个，电网由水利系统管理的县 7 个，乡(镇)行政区划数 1489 个，到乡政府一级全部通电；水电供电的乡 1039 个，通电率 100%；村行政区划数 25938 个，已通电村 24502 个，水电供电的村 16192 个，通电率 94.46%；全省人口总户数8620036户，已通电户数7689378户，通电率89.2%。

2001年度全省上国家电网电量12.07亿kW·h，平均上网电价0.113元/(kW·h)，部分县(市)与电力部门协商上网电价达到0.17～0.22元/(kW·h)。

贵州实施西部开发的重要战略是“西电东送”工程。大水电送出之后，中小水电将成为地方经济建设和发展的主力军。2001年4月～8月，朱镕基总理在考察湖南、四川、贵州三地时强调，要大力发展小水电，解决农民的燃料和农村能源问题；退耕还林，要从农民长远的生计和发展生产、改善地方产业结构、促进地方经济发展来考虑。说明中央对小水电代柴工程和提高农村贫困人口生活质量的重视。朱镕基总理站在保护和改善生态环境、实现中国经济社会可持续发展战略全局的高度，提出了新时期农村水电发展的方向，为农村水电指明了新的发展空间和广阔的发展前景。目前，贵州省已完成了《小水电代燃料生态工程规划》的审查工作，申报水利部列入计划实施。与此同时，全省“十五”期间电气化县建设已全面启动。争取小水电建设在“十五”期间有一个大的飞跃，为振兴贵州经济作出更大的贡献。

(贵州省水利厅　姜　瑛)

贵州农村电气化县建设情况

中国小水电发展经历了三个阶段：第一阶段解决照明问题，为边远贫困山区的老百姓带来了光明；第二阶段带领贫困地区居民脱贫致富，使老、少、边、穷地区人民摆脱了贫困。逐步进入现代文明生活；第三阶段是保护和改善生态环境，进一步发展地区经济。农村初级电气化县的建设就是小水电发展第二阶段的充分体现。贵州省自1985年～2000年经过“七五”、“八五”、“九五”三批电气化建设，共建成了21个农村水电初级电气化县（占全省县数1/4），700万人（占全省人口中的1/5）步入农村初级电气化，300万人告别无电历史，取得了新增装机21万kW的成就，带动了地方经济的快速发展，加快了贫困山区脱贫致富奔小康的步伐。

贵州省第一批初级电气化县是镇宁、镇远、赤水、玉屏4个县，于1990年率先建成达标，获国家计委、水利部颁发的“农村初级电气化县”奖牌和证书。1991年3月国务院批准“八五”期间在全国建设第二批200个农村初级电气化县。1993年11月施秉县和铜仁市建成达标；1995年10月关岭、罗甸、瓮安、江口县和兴义市达标验收。至此，贵州省在“八五”期间共建成7个农村初级电气化县，获国家计委和水利部颁发的“农村初级电气化县”奖牌和证书。1996年3月国务院批准“九五”期间在全国建设第三批300个农村水电初级电气化县，贵州被批准建设10个县。1998年底长顺、岑巩县提前2年率先建成达标；2000年7月～11月，省计委、水利厅组织省、地（州、市）有关部门现场验收了普安、湄潭、余庆、道真、天柱、荔波、盘县、紫云共8县。“九五”期间共建成10个农村初级电气化县。

农村水电初级电气化县的特点主要是电源点、电网、负荷同步发展，满足县城农业生产和人民生活用电需求，使年人均用电量在200kW·h以上。贵州省经过“七五”、“八五”、“九五”三批电气化县建设，建成21个农村初级电气化县，这些县的社会面貌和经济状况发生了历史性的变化，达到和超过国家农村初级电气化标准，实现了“四个翻番”、“四个促进”，即水电站装机容量、发电量、用电量、县财政收入翻番；促进了边远山区经济的发展，促进了人民文化生活和精神文明建设，促进了生态环境的改善和旅游发展，带动了相关产业发展，促进了地方水电的开发和提高了中小水电的科技含量，推动社会和农村水电的科技进步。以贵州省已建成的电气化县为例，从国民经济主要指标来看，电气化县的平均增长速度高于全省平均值，其中1995年前建成的11个电气化县更为突出。如1999年一、二、三批电气化县国内生产总值平均增长率为15%，高出全省平均值6.7个百分点（其中11个县为19.5%，高出全省平均值11.2个百分点）；工业增加值平均增长率为25%，高出全省平均值16.79个百分点（其中11个县为22.2%，高出全省平均值13.9个百分点）；财政收入平均增长率15%，高出全省平均值6.6个百分点（其中11个县为19.9%，高出全省平均值11.5个百分点）；1999年农民人均纯收入平均为1436元，高出全省平均值3.9%（其中11个县为1611元，高出全省平均值16.6%）。全省17个县及以下人均用电超过300kW·h/人年的县中，有8个农村初级电气化县。由此可见，中小水电事业的社会价值远高于其本身的价值，它所发挥的社会效益在今后相当长一段历史阶段内都具有不可代替的特性。

国务院于2001年11月20日在北京召开了农村初级电气化建设表彰暨“十五”水电农村电气化县建设工作会议，贵州省被列入进行“十五”期间水电农村电气化建设的县共12个，它们是兴义、普安、水城、长顺、三都、镇远、天柱、镇宁、余庆、石阡、松桃、盘县。这些县大部分都按照黔水电[2002]5号文精神，组织成立了电气化领导小组。水利部派人先后三次到贵州进行调研和参加贵州省水电暨农村电气化工作会议，对贵州的电气化建设和农村小水电开发倾注了极大关注，农村电气化县电源点建设和准备新开工的各电气化县电源点前期工作正紧锣密鼓地进行。

（贵州省水利厅　姜　瑛）

四川一期农网建设与改造

（一）四川省农电基本情况

四川省有 21 个地（市）、181 个县（市、区）。农村供电由国家电网（四川省电力公司）、地方电网（四川省水电产业集团公司）及个别自发自供的小电网负责。有供电村 55943 个、供电农户 1960 万户。

（二）第一期农村电网建设与改造工程实施情况

1. 工程计划完成情况　国家计委批准四川省农网建设与改造三年总投资 88.7 亿元，其中，四川省电力公司 42.9968 亿元，地方电力公司 45.7032 亿元。

到 2001 年底，全省累计完成一期农网建设与改造投资计划 88.7 亿元，占国家下达计划投资的 100%，全面完成一期农网建设与改造投资计划。共建成 110kV 变电站 80 座（2410MV·A），110kV 线路 1696km；35kV 变电站 472 座（2277MV·A），35kV 线路 5690km；10kV 线路 56104km；低压线路 126457km；更换高能耗配变 33454 台（1813MV·A），改造配电台区 59614 个，建成县调自动化系统 62 个。10kV 及低压工程投资占一期总投资的 66%，达到 58.54 亿元，符合国家计委要求不能低于 60% 的标准，使农村低压电网得到较大改善。

2. 竣工县完成及验收情况　到 2001 年 12 月底，全省 181 个县（市、区）已完成下达的投资计划，已通过预验收的“竣工县”共 150 个，其中四川省电力公司 52 个，地方电力公司 98 个。有 2 个“竣工县”通过省政府正式验收。

3. 农电体制改革及同网同价情况　在县级农电体制改革方面，到 2001 年底，四川省电力公司已对 38 个地方县电力公司进行了代管，并按照国务院 2 号文件和省府发（2000）44 号文件精神，本着“平等、互利、规范、发展”的原则完成了其中 2 个县电力公司的股份化改制和 4 个县电力公司股份制协议的签定，对理顺大小电网关系、优优电网结构、合理利用电力资源进行了积极的探索和实践。

在乡镇农电体制改革方面，共撤销乡镇电管站 2632 个，成立了 1699 个县电力企业的派出结构——农村供电所。按照“收支两条线、一体化管理”的原则，减少了农村供电中间环节，降低了农村供电成本，服务水平得到提高。

通过农村电网建设与改造和乡镇农电体制改革，为实现同网同价打下了基础。

（三）三年农网建设与改造工作取得初步成效

(1) 农村电网覆盖面扩大，电能质量提高，线变损降低。通过改造，乡通电率由 1997 年的 96.46% 提高到 2001 年的 97.72%，村通电率由 95.38% 提高到 97.91%，农户通电率由 94.73% 提高到 97.71%。10kV 及以上供电电压合格率为 99.66%，低压用户端电压合格率为 90.62%，分别比改造前提高 2 个和 5.2 个百分点。已改造地区农村低压电网综合线损率平均 14.2%，比改造前下降 8～12 个百分点。

(2) 农村用电量显著增加。2001 年全省县及县以下用电量为 173.88 亿 kW·h，较 2000 年增长了 16.3%；其中 2000 年全省农村居民生活用电量为 48.28 亿 kW·h，较 1998 年增长了 30%，高于全社会用电量增长幅度。

(3) 降低了农村电价，减轻了农民电费负担。已完成改造地区的农村电价平均下降 0.09～0.15 元/(kW·h)，最高的达 1.00 元/(kW·h)，全省农村平均电价下降约 0.13 元/(kW·h)，初步估计每年可减轻农民电费负担 14.17 亿元。

(4) 改善了农村基础设施，促进农村经济发展。通过三年实施改造农村电网、改革农村供电管理体制，改善了广大农村的投资环境，使农副产品加工、乡镇企业等得到了发展。

(5) 刺激农民消费需求，拉动相关产业的发展。农网改造不仅促进了机械、电子、建材等相关产业的发展，拉动经济增长，也使大量家用电器及加工机械进入农村，促进了消费增长。

（四）积极做好二期农网建设与改造工作

按照省委、省政府安排，按照城乡用电同网同价为二期农网改造的指导思想，完成省委、省政府对二期农网提出的目标任务。

（四川省电力公司　梁　旭）

吸取事故教训　做好地方电站建设管理工作

（一）概述

某地方水电站库区流域面积 4520km²，多年平均流量 52.1m³/s，径流调节库容 1018 万 m³，为周调节水库。拦河坝为混凝土重力坝，坝高 43.5m，坝顶长 126m。水电站安装 2 台轴流转桨式水轮发电机组（$N=8\text{MW}$，$D_1=2.5\text{m}$，$H_r=19.6\text{m}$，$n_r=250\text{r/min}$），水轮机型号为 ZZ(K310740)-LH-250；发电机型号为 SF-J8000-24/4250。该水电站为 1996 年 8 月 8 日开工，由于 6 次较大的事故，曾多次推迟发电日期。

（二）事故简介

1. 围堰冲跨　围堰冲跨事故发生了三次。

(1) 第一次事故发生在1996年12月7日，来洪水时洪水位超过堰顶，使围堰溃堤，坝面过水，土石坝被冲毁，施工机械被淹，直接经济损失8.15万元，造成推迟工期半月有余。事故原因主要是：围堰设计高程为520m，而实际施工围堰高程左岸仅为516.5m，右岸只有515.9m，与设计要求相差近4m。盲目降低围堰高程无疑是造成事故的主要原因，后在洪水过后重新筑围堰，使顶高至518m高程。

(2) 第二次事故发生在1997年11月9日，洪水冲毁围堰，造成直接经济损失16.64万元，又推迟工期半月余。按水文资料11月15日～次年5月31日枯水期为导流时段，可截流施工。当时为了抢工期，施工局与指挥部协商一致，决定共担风险，提前25天于10月20日筑围堰施工，结果造成了洪水冲垮围堰事故。

(3) 第三次事故发生在1998年11月7日，同样是在10月20日提前围堰施工，结果重蹈覆辙。当时洪峰流量大于300m^3/s，大大超过导流洞泄洪能力。事故造成直接经济损失20余万元，再次推迟工期半月余。

2. 弧门因设计存在问题不能下闸度汛　第四次事故是2000年5月15日安装时发现弧门吊耳与液压启闭机的油缸连接件存在问题。吊耳圆弧半径R为300mm，与铰接件尺寸240mm相差60mm，无法组装，使原定5月20日下闸蓄水成为泡影，而当时正面临防洪度汛，形势十分严峻。后由指挥部召集省内金属结构专家共商对策；提出了几种处理方案，经比较最后决定更换吊耳，R由300mm改为235mm，肋板加厚25mm，中间增加竖肋板，基础板与弧门在现场增加若干塞焊孔。整个加工及处理费用超过3万元，工期推迟一个月，且在此之前，先用钢丝绳捆扎代替无法安装的铰接件提起一扇门，用钢梁将门锁定在混凝土支墩上，同时考虑到水库未形成，弧门未承受水压、启升力小，吊耳强度低等情况，决定修割吊耳尺寸，及时开启了另二扇弧门，才为度汛争得了时间，未酿成更大事故。

3. 水淹厂房　第五次事故发生在2000年5月19日凌晨6时40分，由于未及时关下机组进水门，结果在当晚连续暴雨时造成水涌进厂房，使机组定子、转子铁芯下部受淹深度达30～50mm，需彻底清洗及重做电气试验；其他受淹的机电设备均需拆卸、清洗、烘烤、回装、检查、试验。事故还造成油库油桶翻转移位，油管断裂，45桶约7.8t透平油全部流失，以及空气压缩机、储气缸进水等。整个处理费用超过60万元，推迟发电一个月，间接经济损失近100万元。

4. 尾水泥沙沉积不能开机　第六次事故是2000年11月7日发现机组尾水被泥沙沉积。当时2号机已具备充水条件，但尾水平压充水管已被泥沙堵塞，沉沙高度超过7m（尾水门上泥沙有4m）。由于2号机尾水门尚未打开，尾水侧泥沙及门顶泥沙对门的作用力再加上门的自重约达93t，大大超过了启闭机32t的起吊力。而1号机因尾水门未关，泥沙已进入机组尾水管堵塞了流道，若开机冲沙，高压水进入尾水低压区，混凝土伸缩缝有可能漏水而造成水进厂房，因此必须排沙，才能开机。

要排沙就要筑围堰抽水。当时雨水较多，排沙、放水相间进行，需8d一个周期。临时围堰开始是在沉沙上加沙包筑成，但放水后底部沉沙冲走，上部沙包下沉或冲走，且漏水严重，后用钢脚手架作为支撑成矩形，再后又在厂房侧加斜撑加固，斜撑固定在临时设置的基础钢筋上，还在围堰中间增加二道（每道四层）尼龙布止水。开始时是用抽沙机抽沙，但4台机6d才抽沙约200m^3，速度太慢，后改用人工沙桶传递排沙，计投入2800人每天分4班连续进行，三昼夜排沙约800m^3，直至机组流道挖通，前后处理历时25d才完成了排沙。经估算直接处理费用23.4万元，推迟发电25d，间接发电损失近100万元。

（三）事故教训

该水电站发生的六次事故，直接损失131.19万元，推迟发电近五个月．间接损失超过500万元。这对一个地方小水电站来说，造成的损失是相当巨大的。分析事故的原因，有技术问题、认识问题，而更多的是管理水平问题，应当从中吸取深刻的教训：

(1) 应尊重科学，严格按科学规律办事。在发生的三次围堰冲跨事故中，一次是围堰未按设计要求施工至设计高程，使来洪水时水位超过堰顶而冲跨围堰。而另两次围堰冲跨事故竟都是忽视根据水文资料而安排的截流施工时段，为抢工期而盲目提前围堰施工，由于洪峰流量大大超过导流洞泄洪能力致冲跨围堰，在上一年已发生这样的事故后，竟丝毫不吸取教训，在下一年又发生性质、原因完全相同的事故，以致为抢工期反而延误了工期，还造成了重大经济损失。事与愿违，这都是不尊重科学的结果。

(2) 对设计、制造每一个环节都应认真审查、协调、验收和把关。在弧门吊耳圆弧尺寸与铰接件尺寸因相差过大而无法组装这一事件中，弧门和油缸及金属构件等由某设计院归口设计，但弧门（包括吊耳）和液压启闭机（包括油缸）则由两个单位分包设计和制造。在此过程中，召开过有关方面参加的设计审查会，交货前水电站也曾派员到厂家验收，直至设备到工地多时，均未发现上述问题，照理这些不是技术性问题，而是有关的审查、协调、验收等一系列工作未做好，说明有关的管理工作环节存在漏洞。

(3) 要建立健全工作人员责任制，加强工作责任心。上述的水淹厂房事故纯属人员责任事故，原因是没有及时放下机组进水门。事故前的晚上，施工局领导根据气象预报已经通知指挥部有关领导：“上游正降大雨，应检查进水门是否已放下去了……”，而回答则是“已经做了安排”，但实际进水门一直没有放下，结果由于整夜连续暴雨而造成水淹厂房，幸好施工局清晨进行检查发现后采取了措施，才使进厂水位未进一步上升，否则事故后果将更为严重。

(4) 造成泥沙沉积堵塞尾水的事故。其原因是多方面的,因而也要从多方面总结吸取事故教训:一是机组试运行后如因某种原因需停机较长时间,应关闭其尾水门,并加强对尾水沉沙的检测,及时采取措施,如空载泄流冲沙等。该水电站1号机组在试运行后处理缺陷,停机两个月而未关闭尾水门,在泄洪和冲沙孔开启后下游泥沙回流而造成泥沙进入机组尾水堵塞流道。湖南郴县石面坦水电站1号机组也曾因同样的原因发生过类似的事故。二是下游堆渣要及时清除,使河道畅通。该水电站由于下游堆渣未清除使河道变狭,导致泥沙在尾水渠形成回流,阻止了泥沙下泄,这也是施工管理中应引起注意的问题;三是要从设计上完善,对可能引起尾水泥沙沉积的问题给予应有的考虑。对导流墙和排沙墙的设计应作模型试验进行方案研究比较,而实际上该水电站的水工设计前期工作缺乏论证试验,是可能造成这类事故的又一个原因。

(克瓦纳“杭州”发电设备有限公司　孙定茂)

发展农村水电　促进三峡库区脱贫致富

重庆市辖40个区县（自治县、市），幅员面积8.24万km^2，2001年全市总人口为3097.91万人，其中农业人口2408.39万人，是一个典型的大城市和大农村并存的直辖市。重庆水电资源较丰富，水能理论蕴藏量为1400万kW，可开发量760万kW，其中可开发的中小水电约300万kW。中小水电资源绝大部分分布在经济发展水平较低的三峡库区和贫困山区。农村水电建设在这些区域重点展开，使水能自然资源变成电力商品，变成了现实的经济资源，是促进三峡库区脱贫致富的重要基础产业之一。

重庆市农村水电是在中央“两条腿走路”的方针指引下，在国家“自建、自管、自营”和“以电养电”的政策鼓励和扶持下，为解决广大农村地区和中小城市用电，发展农村电气化，逐步从无到有，从小到大发展起来的。2001年地方电网供电范围包括24个区县级城市和全市80%以上的乡（镇），电网覆盖范围约6万km^2，占全市幅员面积的70%以上，供电人口近2000万，占全市总人口的67%，2001年全市县级以上地方电力已拥有固定资产66.3亿元，职工人数已达3万余人，全年实现利税3亿多元。

2001年全市完成国内生产总值1749.77亿元，城镇居民人均可支配收入6721.09元，农民纯收入为1971.18元。重庆市原有18个贫困区县，其中有17个属三峡库区，共有农村贫困人口一百多万，占全市总贫困人口的50%左右，扶贫攻坚任务极其繁重。在开展农村水电和农村电气化建设的工作中，市委、市政府和各区县把解决贫困人口用电问题摆到非常突出的位置，实施“电力扶贫”工程，在资金、技术和服务上对库区贫困村社实行倾斜。在重庆市重点解决三峡库区用电问题中，共增加解决172.7万户农户的用电，消除了无电乡，基本消除了无电村。2001年底，三峡库区农村乡、村、户通电率分别由1990年的96%、77%、67.2%，提高为100%、98.8%、97.5%；地方电网供电区域人均用电量和总用电量分别由1990年的44.5kW·h和9.29亿kW·h增加到230kW·h和40.1亿kW·h，分别增加了5.2和4.3倍，与全市用电水平基本持平。库区用电面的迅速扩大和用电水平的提高，大大推动农村经济迅速发展和贫困村社农民脱贫致富的进程，促进了农村两个文明建设。据统计，重庆市17个库区县中，2001年农民人均纯收入已由1990年的680元左右增加到1771.00元，增加2.87倍。农村地区家用电器迅速普及，仅以电视机为例，目前农村电视机占有率已由1990年的15%提高为87%，增长5.39倍。

在三峡库区的经济建设中，农村水电的发展起到举足轻重的作用。自1994年三峡工程开工以来，重庆市的移民工作繁重而又艰巨，要求在2003年，将120万城镇、农村人口迁移，在国家移民局和重庆市委、市政府的领导下，重庆市顺利地完成了一期移民迁建工作，二期移民迁建工作正在稳步推进。在移民迁建工作中，电力建设作为基础设施的“先行官”，总是走在移民迁建工作的最前头，一是保证了移民新区建设用电需要，二是保证了移建工矿企业用电的需要，三是保证了对口支援和招商引资项目用电的需要。近十年来，重庆市水利系统农村水电和农村电气化建设进入加速发展阶段。在此期间，随着中小水电资源的开发，水电地方电网覆盖面的扩展，电力对经济社会发展的“瓶颈”制约逐步解除，城乡用电水平大大提高，对重庆市经济社会发展和人民物质文化生活、特别是三峡库区以及贫困地区农村人民的脱贫致富起到了促进作用。

(重庆市水利局)

16

科技教育出版与信息研究

科技研究成果

三峡工程水轮发电机组研制主要成果

三峡水电站水轮发电机组单机出力700MW，最大容量840MV·A，水轮机转轮直径9.85m，水电站运行水头61～113m，推力负荷5500t（550kN），三峡工程机组的设计制造具有很大的难度。

三峡左岸工程14台机组以国外引进为主，要求通过引进技术分包制造逐步掌握三峡机组的设计制造技术，实现三峡右岸工程以国内机组为主的目标。为了做好这项工作，在国家经济贸易委员会、国务院三峡建设委员会、原机械工业部的组织下，国内两大机电设备制造厂——哈尔滨电机厂有限责任公司（以下简称哈电）和东方电机股份有限公司（以下简称东电）在接受三峡机组外商引进技术的同时，又承担了"九五"国家重大技术装备研制和国产化课题"三峡水轮发电机组研制"的科研攻关任务。在政府有关部门的正确领导和三峡业主的大力支持下，通过课题承担单位的共同努力，取得了大量高水平的科研成果并直接用于三峡机组及其他的大型混流式机组的设计制造。一些主要成果达到了国外先进技术的同等水平，缩短了中国与国外先进水平的差距，使中国具备了研制大型混流式水电机组的能力。该课题于2001年3月分别在黑龙江哈尔滨和四川德阳通过了国家组织的验收。

（一）大型混流式水轮机水力设计与试验技术

通过三峡项目的技术引进和攻关，采用先进的三维黏性流体计算软件（CFD）对水轮机进行选型设计，使设计过程优化。哈电、东电通过消化吸收现代流体计算软件成果，并结合多年研究成果和设计人员经验，进行了创造性的开发工作，利用此项技术研制出一批模型效率在94%以上的优秀转轮，目前水轮机水力设计方面达到了国际先进水平。

哈电对高水头试验台测试系统进行了改造，将数据采集转换系统、传感器、计算机及试验软件全部更新，综合测试精度由0.3%提高到0.24%，达到了国际先进水平；并在此试验台上严格按IEC规程完成了天生桥Ⅱ级5号、6号机和伊朗卡尔河等十几个大型水电项目的模型验收试验。同时，哈电又投入1400万元，建立了第二座综合测试精度为0.2%、拥有2个试验工位、具有国际领先水平的高水头试验台，其试验能力在国内领先。

为进行模型转轮内特性研究，同时验证CFD计算结果，哈电在国内首次成功研制出高清晰度多画面模型转轮试验实时流态观察成像系统。该系统可将转轮进口、出口、锥管、尾水管等处的水流流动状态通过光导纤维内窥镜和摄像机传送到计算机画面上，对流态进行全面的观察和记录，为深入进行水轮机运行性能的研究提供了手段。该系统在三峡模型转轮复试，柘林、岩滩、公伯峡等模型转轮的研究中得到应用，是开展大型混流式水轮机稳定性研究和准确地观察记录水电站运行范围内叶道涡、正背面脱流空蚀气泡发生、发展的有力工具。

（二）水轮机转轮制造工艺研究

三峡水电站水轮机转轮直径近10m，质量约450t，采用X形叶片、全不锈钢材料，其尺寸大、质量重、结构新、精度高，这些都增加了三峡转轮的制造难度。转轮是水轮机的核心部件，其制造质量将直接影响机组的技术性能及经济效果。水轮机转轮叶片属复杂自由曲面，加工难度大，要求形线精度高，必须采用数控加工。作为中间试验，哈电进行了水轮机叶片数控加工程序的编制和加工工艺的研究，并在天生桥Ⅱ级5号、6号机（转轮直径4.5m）和柘林水轮机叶片（转轮直径6.9m）上应用，成功地实现了整台混流式机组叶片的数控加工，提高了加工精度和效率，叶片形线公差控制在1mm以内，填补了国内空白，为三峡转轮叶片的数控加工做了充分的准备。

（三）三峡大型推力轴承设计技术

三峡机组推力负荷高达5500t（550kN），无论是国外公司还是国内厂家对如此大负荷的推力轴承均没有成熟的设计制造经验。为保证三峡水轮发电机组的安全运行，哈电与ABB公司联合进行科研攻关，在哈电的3000t（300kN）推力轴承试验台上对三峡左岸机组推力轴承进行仿真机全模拟试验，试验轴承外形尺寸与真机一致、平均压力一致、平均线速度一致，试验瓦数比真机减少一半，所加载荷比真机少一半，参照真机运行工况制订试验方案。试验表明：该轴承可以满足各种工况下三峡机组安全运行的要求，为三峡机组推力轴承安全运行提供了保证。同时，哈电对瓦面材料性能和测试技术开展了研究工作，取得了许多有益的成果，为深入研究弹性金属塑料瓦打下了基础。在3000t（300kN）推力轴承试验台上采用哈电推力轴承结构，对瓦面材料为弹性金属塑料瓦的轴承也进行了模拟三峡真机运行工况的试验，获得了成功。

（四）三峡发电机绝缘技术的研究

哈电采用多胶模压体系研制的三峡发电机定子线棒，绝缘厚度4.6mm，并将线棒送往ABB公司进行常规试验及电老化试验，试验结果均达到ABB公司的要求（ABB的绝缘系统为micadur）。目前ABB公司已同意哈电采用多胶模压体系生产制造三峡定子绕组，标志着哈电在定子绕组主绝缘方面已经达到世界先进水平。

为满足ABB公司设计的三峡发电机的技术要求，哈电研制成功了用于匝间绝缘的上胶Nomex纸、用于极身绝缘的Nomex纸加高强度层压板、浸漆涤纶毡复合结构、用于磁极托板的玻璃纤维粗防毡及配套胶黏剂，并将这些成果应用于国产机组上，取得了良好的效果，为生产制造三峡发电机转子绝缘系统奠定了基础。

（哈尔滨电机厂有限责任公司　陶星明）

三峡工程通航船闸水力学关键技术研究

三峡三大主体工程之一的永久船闸，采用双线连续五级布置，总水头113.0m，闸室有效尺寸280.0m×34.0m×5.0m（长×宽×槛上水深），一次可通过1＋9×1000t或1＋4×3000t的万吨级顶推船队，年通过能力5000万t，是当今世界上水头最高、规模最大、技术最复杂，也是中国内河航运地位最重要的船闸工程，其综合指标超过了国内外已有水平。水力学问题是三峡工程船闸关键技术难题之一。

中国早在20世纪50年代就开始对三峡船闸水力学问题进行研究，特别是从80年代起，通过国家“七五”、“八五”、“九五”重点科技攻关、国家自然科学基金、三峡工程前期科研等大量课题的研究，取得了许多富有创新的研究成果，主要有以下几个方面：

（1）在船闸总体布置上，对连续五级、连级四级、带中间渠道的分散三级，还有带调节水池的连续三级等多种方案进行了技术经济比较，为确定双线连续五级的布置方案提供了科学依据。在输水系统布置方面，对进出水口、输水廊道、阀门段廊道体型、闸室四区段八支管顶支孔及消能盖板的布置型式进行了研究，提出了优化布置方案。

（2）成功研制了国内外迄今惟一的一座大比尺非恒定流减压试验设备，解决了模拟船闸非恒定输水过程空化现象的难题，为三峡船闸阀门空化这一关键性技术问题的研究创造了条件。利用该模型对阀门水力学各个方面如动水荷载脉动、空化、振动、结构动态优化、启闭力、掺气等进行了系统研究。

（3）对船闸输水阀门空化及水动力特性进行了综合研究，在国内外首次提出能满足三峡船闸输水阀门运行条件、体型及性能优异的阀门后底扩廊道体型。

（4）首创的带掺气坎新型门楣通气措施已成功地在葛洲坝1号和2号船闸原体上应用，它不仅消除了顶缝空化，还有效地抑制了阀门底缘空化，且通气稳定，解决了国内通航船闸因水位变幅大而不能采用阀门后廊道顶自然通气的难题。这不仅解决了葛洲坝1号船闸长期难以解决的阀门空化和声振问题，也显著改善了葛洲坝2号船闸阀门运行工况，并为三峡船闸阀门通气减蚀措施提供了原型依据。

（5）为解决三峡船闸输水阀门空化这一关键技术难题，提出了“输水阀门快速开启＋阀门后底扩廊道体型＋带掺气坎门楣通气＋跌坎通气”的综合措施，从多种途径确保输水阀门安全、可靠运行。

（6）成功地建立了国内外第一座能全面模拟三峡双线连续五级船闸运行过程的总体运行水力学模型。研究了三峡船闸各运行控制工况的有关水力学问题，提出了满足设计要求的各种工程措施和建议，为未来三峡船闸运行管理提供了科学依据。

（7）模拟船闸输水末期人字闸门开启的试验，首次在模型上研究了船闸输水惯性超高（降）对闸室内船舶停泊条件的影响，论证了同时采用输水阀门提前关闭及水位平齐时开启人字闸门两种措施可降低惯性超高（降），满足船闸安全运行要求。

（8）对国内外罕见的旁侧超长泄水廊道运行方式及水动力特性进行了研究，提出了泄水箱涵断面尺寸和主辅泄水系统的操作方式。为解决超长廊道紧急动水关闭的特殊水力学问题，提出了封闭检修门井、有控制通气及适当降低闭门速度等措施。

（9）对启闭频繁的船闸工作闸门，通过物理模型试验，得出了动水阻力矩的变化规律，提出了减小阻力矩峰值的措施；对液压直联式和四连杆式启闭机进行了比较，并对其运行方式进行了优化。研究表明，对选定的液压直联式启闭机，采用一级和二级无级变速运行，均能大幅度降低动水阻力矩。

（10）应用动力可靠度理论，首次对两种阀门段廊道体型（顶扩、底扩）下的阀门振动状态进行了评估，并对各种输水阀门门型的水动力特性进行了研究。

(11) 在减少闸室泥沙淤积措施的研究中，利用出水分支廊道剩余压力，在其首尾布置辅助冲沙管，实现了全闸室出水，避免了死水区，并通过优化保证了充泄水过程较长时段闸底出水孔水流速度大于泥沙启动流速，大大减轻了原布置第一、二分流口及上、下闸首十分严重的泥沙淤积，取得了较为满意的减淤效果，为船闸的正常运行提供了良好条件。

三峡永久船闸水力学研究内容十分丰富，前后采用了近30个不同类型和用途的物理模型和数学模型以及（葛洲坝、水口、沙溪口）三座船闸的原型观测等途径，广泛运用了计算机及其他高新技术，保证了研究成果的高质量，其研究的深度及规模在国内外均属罕见。提出成果报告100多篇，其中3项成果总体达国际领先水平，4项成果总体达到国际先进水平、部分达国际领先水平；获国家科技进步二等奖2项、三等奖1项，部科技进步一等奖2项、二等奖6项。这些成果不仅直接应用于三峡工程，而且具有广泛推广应用前景，对推动中国高水头船闸建设及提高船闸水力学的学术水平均具有重大意义。

（南京水利科学研究院　张瑞凯）

超大型地下洞室群合理布置及围岩稳定研究

国家“九五”科技攻关“超大型地下洞室群合理布置及围岩稳定研究”专题，在总结国内外地下洞室设计与建设经验的基础上，结合溪洛渡、小湾工程超大型地下洞室群设计中的围岩稳定与支护方式、合理施工顺序、抗震稳定性等关键技术问题组织科技攻关；以改进设计方法、改善设计手段、提高设计效率、发展配套软件和选择最优方案为目的。

通过科技攻关，取得了丰硕的成果：

(1) 建立、完善了超大型地下洞室群复杂岩体渗流问题的分析方法，提出了适用于大区域复杂地质条件下的地下工程三维有限元计算网格自动生成的“断面节点控制法”和能任意放置排水孔幕的“高密度排水系统快速模拟生成法”。

(2) 拓展了超大型地下洞室群围岩稳定静力分析方法，提出了岩体工程建模的几何仿真、本构仿真、应力状态仿真和动态过程仿真的四原则，以及分区界面元—有限元—无限元的混合计算方法。建立了围岩稳定性评价的静力方法、超变形法、干扰能量法及其联合方法的广角度量化评判体系。

(3) 发展了超大型地下洞室群抗震计算分析方法，提出了二维动力时域边界元—可变形体离散元耦合模型，推进了地下结构的动力仿真分析。

(4) 开创了超大型地下洞室群非线性非定值分析方法，探索了基于三维弹塑性有限元的可靠度计算方法。

(5) 完善、拓展了超大型地下洞室群施工顺序及仿真系统，采用三维弹塑性有限元分析洞室围岩稳定，提出了用塑性耗散能准则来评判合理施工顺序，并探讨了施工爆破因素对围岩稳定的影响；还提出了集循环网络计算机模拟技术、可视化面向资源建模技术、网络计划分析与优化技术及动态演示技术于一体的地下洞室群施工系统分析方法。

(6) 研制、开发和完善了一大批高水平的应用分析软件和专家系统。

专题科研成果直接应用于溪洛渡和小湾工程选定的洞室群布置方案，确定了结构与支护型式，与原设计方案比较，初步估计可节约投资9000万元以上。同时，为中国在复杂地形、地质条件下修建超大型地下厂房积累了设计经验，其科研成果有着广泛的应用前景。

2000年10月该专题通过了国家电力公司组织的专家验收鉴定，结论为该成果“整体达到国际先进水平，部分达到国际领先水平”。

（成都勘测设计研究院　王仁坤　李　杰　尹晓林）

高碾压混凝土拱坝原型观测研究

（一）前言

自20世纪70年代美国学者首先提出碾压混凝土的概念以来，国内外碾压混凝土筑坝技术的蓬勃发展及所积累的宝贵经验，为中国碾压混凝土拱坝技术向更深领域和更高水平发展，提供了十分有益的借鉴。但也同时表明，现阶段碾压混凝土拱坝筑坝技术研究工作，存在一些急待深入研究和解决的课题。其中，对原型观测的研究相对薄弱，特别对100m级的碾压混凝土高拱坝的原型监测研究更是空白。因此，其被列入“九五”国家重点科技攻关项目。

专题研究与设计、施工密切结合，目的是解决132m高的沙牌碾压混凝土拱坝建设中的设计和施工问题，包括解决碾压混凝土拱坝及漩流竖井消能原型监测等问题。具体的内容为：①提出132m高的沙牌碾压混凝土拱坝原型观测设计研究成果；②建立拱坝初次蓄水模型，观测数据采集和分析系统；③研制适应沙牌碾压混凝土拱坝分缝结构要求的测缝计；④提出漩流泄洪竖井原型观测系统设计，为这种新型泄洪设施的推广应用提供原型观测资料成果。

（二）专题研究的主要成果

1. 碾压混凝土拱坝安全监测设计

(1) 依据已建和在建的碾压混凝土坝，特别是碾压混凝土拱坝的安全监测设计现状的综合分析研究，提出了沙牌碾压混凝土拱坝安全监测设计的指导原则及基本原则；并结合沙牌工程的水文、地质及拱坝结构特点，对重点监测项目进行了深入研究，提出了包含6类18个观测项目、共306支传感器的拱坝安全监测设计优化方案。

(2) 根据沙牌碾压混凝土拱坝快速施工的特点，进行了适合其施工方法的仪器选型和埋设技术的研究。提出并采用"护管悬挂法"、"钻孔法"和"挖坑法"进行坝内仪器的埋设安装，对仪器的长期可靠运行和提高观测精度具有普遍的推广意义。结合一次传感器的埋设安装，提出了性能价格比优良的、采用"护管悬挂法"进行大坝上游水位遥测的实施方案。

(3) 综合分析了国内外较常用的自动数据采集设备仪器，提出了适合沙牌碾压混凝土拱坝原型观测的系统配置方案，达到了较好的性能价格比。

(4) 初步探讨了自动化数据采集系统的通信接口方式的特点，提出了沙牌工程拱坝安全监测系统实用可行、性能价格比高的系统通信方案，以及异地超远程通信的一体化解决方案。

2. 碾压混凝土埋入式测缝计的研制 专题研制出适合碾压混凝土的RCJ—1型埋入式测缝计，其主要性能已经达到或超过了国际上90年代同类仪器的先进水平。其主要特点为：采用新型密封结构，耐水压高，适用于高坝工作条件与碾压混凝土拱坝诱导缝灌浆的需要；电缆允许长度达2km，温度修正系数小，便于实现自动化监测；同时可用于其他碾压混凝土坝工程和常规混凝土坝工程。

3. 原型观测成果分析及其反馈分析应用研究 碾压混凝土拱坝是一种新型的坝型，目前尚有许多技术问题急待解决。通过研究，取得了以下主要成果：

(1) 坝体温度计的测值能真实反映坝体温度的变化，针对坝体埋有一定数量温度计的特点，提出了基于温度实测资料，建立坝体温度场时空分布分析模型的理论和方法。

(2) 施工期混凝土的徐变变形较大，需采用徐变度来分析坝体的黏性位移。针对坝体埋有一定数量应力应变计的特点，提出了可变容差优化反演徐变参数的方法。

(3) 通过分析碾压混凝土坝的渗流特性，提出了采用三维等效连续介质模型模拟碾压混凝土本体、薄层单元模拟碾压混凝土层面、排水孔，以及夹层单元模拟防渗帷幕的计算模型。以薄层单元模拟碾压混凝土层面，提出了坝体渗流场和应力场耦合的黏弹性和黏弹塑性分析模型及拟定变形监控指标的方法，并拟定了沙牌拱坝蓄水期、运行期的一级监控指标。

(4) 针对单测点的监控模型仅反映坝体和基岩的局部变化规律，在缺乏实测资料或实测资料不足的情况下，引入力学模型模拟坝体材料的本构模型，提出了建立全坝位移场、梁挠曲线和水平拱的位移确定性模型的方法。其中温度位移分量采用单位等效温度分析、时效位移分量用黏弹性有限元计算，并引入空间坐标，通过最优拟合，建立了沙牌全坝位移时空分布。

(5) 根据不同条件，提出了相应分析坝肩稳定的方法。在已知坝肩最不利滑动面的情况下，依据抗剪断公式，提出了建立坝肩稳定分析确定性模型的方法。此外，在有坝肩实测位移资料的情况下，提出了用突变理论判别大坝坝肩稳定性的方法。

4. 漩流泄洪竖井原型监测设计研究 结合沙牌工程漩流竖井泄洪洞的设计及模型试验，全面系统地进行了水力学原型监测设计研究，使沙牌工程的原型观测设计达到了经济合理、施工便捷、系统可靠稳定、综合性价比高的目的，取得的主要研究成果为：

(1) 依据竖井泄洪洞的设计及模型试验成果，提出了沙牌漩流竖井泄洪洞安全监测设计的指导性原则，选定了动水压力、水流空化、水流流速、通气量、进出口流态、泄洪冲刷及泄洪后的检查观测项目。

(2) 结合沙牌工程的水文、地质及泄洪洞结构特点，确定了动水压力、水流空化、水流流速、通气量等的监测断面，并对其进行了深入研究，提出了优化的安全监测设计方案。

(3) 根据沙牌漩流竖井泄洪洞的结构特点，进行安全监测断面设计及仪器的布置方案的优化研究，提出了八个脉动压力测点、四个水流空化测点、一个流速观测断面、两个通气量观测断面的整体优化布置方案。

(4) 在收集并分析了国内外相关仪器资料的基础上，结合沙牌工程实际，经过比较研究，确定了监测传感器和自动化数据采集系统方案。

5. 专题成果的主要创新

(1) 结合沙牌碾压混凝土拱坝进行的原型监测设计研究，提出了经济、合理和施工方便的整体优化集成方案。

(2) 提出基于温度实测资料，建立施工期坝体温度场时空分析模型和三维有限元正、反分析模型，以分析坝体施工期应力；提出了初期蓄水渗流分析模型和运行期坝体渗流场和应力场耦合的黏弹性和黏弹塑性分析模型；分别拟定了蓄水期和运行期拱坝变形的监控指标；用突变理论提出了判别坝肩稳定的方法。以上方法对沙牌拱坝施工和运行的安全监控有重要意义，同样对其他碾压混凝土拱坝的原型资料分析和反馈分析有重要借鉴价值。

(3) 首次提出部分碾压混凝土监测仪器采用“护管悬挂”的埋设方法，对仪器的长期可靠运行和提高观测精度具有重要意义。

(4) 研制的新型埋入式测缝计采用新型密封结构，仪器结构设计先进，耐水压高，符合碾压混凝土拱坝施工要求。

(5) 漩流式竖井泄洪洞原型观测设计的优化研究，对推动漩流式竖井泄洪消能功的发展起重要作用，对西部即将兴建的大型水电工程所采用的漩流式竖井泄洪洞优化设计具有重要参考价值。

（三）结语

专题研究紧密结合沙牌碾压混凝土拱坝的工程实际，其研究成果直接为沙牌工程服务，这对提高中国高碾压混凝土拱坝的技术水平和碾压混凝土拱坝的原型观测设计具有重要的指导意义和借鉴价值。

专题研究在原型观测理论、方法、仪器的埋设技术及成果分析上都有所突破和创新，部分成果填补了国内空白，对100m级高碾压混凝土拱坝的设计、施工和运行具有指导意义和借鉴价值。

（成都勘测设计研究院　舒　涌）

高碾压混凝土拱坝结构分缝及建坝材料特性研究

（一）研究目的

高碾压混凝土拱坝具有施工速度快、施工方法简便、节省筑坝材料、大坝运行性能良好等优点。当前，修建性能良好的碾压混凝土高坝和拱坝已成为国内外的一个重要发展方向。

碾压混凝土拱坝一般采用全断面通仓碾压、连续上升的施工工艺，在施工时形式上已经形成封拱条件，施工期的水化热温升要影响到最终的拱坝应力状态，这对高碾压混凝土拱坝来说，将会引起较大的拱坝结构应力，成为制约高碾压混凝土拱坝建设的关键问题。该专题研究紧密结合高132m的沙牌碾压混凝土拱坝的实际，研究适合碾压混凝土施工的坝体结构分缝技术，消除施工期水化热温升对坝体的不利影响，从而改善坝体应力，防止温度裂缝，保证拱坝结构安全；同时因地制宜选择筑坝材料，优化碾压混凝土筑坝材料的性能，提高材料的抗裂性，保证大坝施工及运行性能良好。

（二）研究内容

该专题主要研究内容见表1。

（三）主要研究成果

(1) 为沙牌碾压混凝土高拱坝设计提供了合理的结构分缝方案。根据工程条件，通过全过程温度场和温度应力仿真分析及模型试验对坝体开裂破坏机制的研究，优化了沙牌高碾压混凝土拱坝的结构分缝设计方案。

(2) 首次应用碾压混凝土拱坝成缝新技术，有利发挥碾压混凝土快速施工的优势。在国内外首次提出了采用预制混凝土重力式模板结构型式和先安装后填筑碾压混凝土的成缝技术，具有成缝效果好、施工简单、适应碾压混凝土快速施工等优点，在诱导缝靠近坝面处增设边缘切口，对降低诱导缝的缝面强度、发挥诱导缝的作用，具有良好的效果。

(3) 开展了预埋冷却水管技术研究，为解决高碾

表1　专 题 研 究 内 容

<table>
<tr><td rowspan="15">高碾压混凝土拱坝结构分缝及建坝材料特性研究</td><td rowspan="9">高碾压混凝土拱坝结构分缝研究</td><td rowspan="5">分缝设计优化研究</td><td colspan="2">诱导缝和横缝布置及开裂机制研究</td></tr>
<tr><td rowspan="2">开裂和破坏机制的研究</td><td>石膏整体模型试验</td></tr>
<tr><td>三维有限元配合计算</td></tr>
<tr><td rowspan="2">拱坝承载能力的研究</td><td>混凝土仿真模型试验</td></tr>
<tr><td>ANSYS程序校核</td></tr>
<tr><td rowspan="2">全过程温度及仿真计算研究</td><td colspan="2">应力应变全过程非线性仿真计算</td></tr>
<tr><td colspan="2">非线性三维有限元仿真计算</td></tr>
<tr><td rowspan="2">重复灌浆研究</td><td colspan="2">重复灌浆材料及灌浆系统细部结构研究</td></tr>
<tr><td colspan="2">重复灌浆系统布置及施工工艺的研究</td></tr>
<tr><td rowspan="6">高碾压混凝土拱坝建坝材料特性研究</td><td rowspan="4">高抗裂混凝土配合比研究</td><td colspan="2">低脆性微膨胀水泥定型化研究</td></tr>
<tr><td colspan="2">人工骨料对碾压混凝土性能影响研究</td></tr>
<tr><td colspan="2">提高碾压混凝土抗裂能力的研究</td></tr>
<tr><td colspan="2">配合比复核试验研究</td></tr>
<tr><td rowspan="2">碾压混凝土热学及非线性力学的研究</td><td colspan="2">热学试验方法研究</td></tr>
<tr><td colspan="2">热学及非线性力学指标测试</td></tr>
</table>

压混凝土拱坝温度应力过大的难题开辟了新的途径。试验研究和工程实践表明，碾压混凝土埋设高密度聚乙烯冷却水管，降温效果较好，对碾压混凝土的仓面施工干扰不大，施工简便、成本较低，具有广阔的推广价值。

(4) 提出了诱导缝设置的理论。建立了以断裂力学为基础的诱导缝强度模型，推导得出诱导缝在坝体受拉时的等效强度，根据缝断面上的应力和强度，提出了评价诱导缝开裂的判别式，为碾压混凝土拱坝诱导缝设置提供了具有指导意义的科学方法。

(5) 编制和完善了碾压混凝土带缝拱坝全过程三维非线性的仿真分析程序。研究了碾压混凝土的本构关系及破坏准则，探讨了仿真温度场和应力场的计算理论和方法，编制和完善了碾压混凝土拱坝仿真分析程序，解决了工程设计的分析手段。

(6) 采用整体模型试验，结合数值分析，对沙牌碾压混凝土高拱坝坝体的结构形态和开裂破坏机制进行研究。论证了诱导缝开裂相似条件，提出了诱导缝的模拟技术，整体模型试验首次成功采用了光纤传感量测技术，结合运用断裂力学理论的非线性有限元计算，揭示了坝体应力分布、破坏形态及超载安全度。还研究了整体混凝土仿真模型，模拟工程实际的建坝材料与施工方法，反映了碾压混凝土的本构关系和层面结合的不均匀性。

(7) 提出了一套适用于碾压混凝土拱坝接缝重复灌浆的新技术。通过试验研究，首次提出了一套适用于碾压混凝土拱坝的重复灌浆系统、橡胶套阀重复出浆盒及可灌注细缝的改性超细水泥浆材等技术。在碾压混凝土拱坝接缝重复灌浆技术方面取得的这一重要突破，在国际上亦属首次，现已在沙牌工程中采用。

(8) 以技术、经济并重的原则，就近选择厂家按专门配方生产水泥，选用弹强比小的花岗岩作为人工骨料，为配制高抗裂性碾压混凝土奠定了基础。确立水泥熟料中降低 C_3A 与 C_3S、提高 C_4AF 与 C_2S 含量，以及引入低碱性钢材混合材的技术，成功地生产出低脆性延迟微膨胀水泥。以微观研究手段，揭示水泥浆体与沙牌花岗岩骨料的界面效应等机理，首次采用高压渗透试验方法，揭示了配制的混凝土具有弹模低、极限拉伸值与徐变度大等特性。

(9) 通过对碾压混凝土性能的全面试验研究，优化配制出高抗裂性能的碾压混凝土。配制出供沙牌拱坝应用的碾压混凝土，其具有高强度、高极限拉伸、低弹模等高抗裂性能。首次提出以抗裂参数作为评价碾压混凝土抗裂能力的指标。还研究证实，调整水泥的矿物成分和在胶凝材料中合理使用掺合料可改善混凝土的抗裂能力。

(10) 在国内外首次研究出具有高精度（达0.02℃）的混凝土绝热温升自动控制仪。利用微电子测控技术，运用新型集成电路传感器、多组直流电路及差分放大跟踪控制电路等研制出 NSC—98 型混凝土绝热温升自动控制仪。其能够测定混凝土水化初升期、平缓上升期、快速上升期和终结收敛期的绝热温升全过程，数据精确可靠。

(11) 取得碾压混凝土非线性力学研究成果。非线性力学试验研究采用的测试手段先进，证实了沙牌碾压混凝土的高抗裂性及非线性力学特征。

（四）研究成果的创新点

(1) 建立了碾压混凝土拱坝设置诱导缝的理论依据和设计方法。

(2) 首次提出并成功采用了重力式预制混凝土模板成缝技术、预埋高密度聚乙烯冷却水管降温技术及边缘切口缝措施。

(3) 完成并优化了沙牌高碾压混凝土拱坝的结构分缝设计方案。

(4) 成功研制和采用了适用于碾压混凝土拱坝接缝的重复灌浆技术。

(5) 成功研制定型化生产低脆性微膨胀水泥，配制了高抗裂性能碾压混凝土。

(6) 提出了碾压混凝土拱坝诱导缝模拟技术和物理模型试验技术。

(7) 建立了碾压混凝土拱坝仿真分析损伤本构模型和破坏准则，编制了仿真分析软件。

(8) 研制成功 NSC—98 型高精度混凝土绝热温升自动控制仪。

（五）结语

该专题通过三年的研究，在高碾压混凝土拱坝的分缝理论、分缝结构设计、计算及试验方法、温度控制措施和筑坝材料优选等方面取得了突破性的成果，并已在沙牌工程建设中应用，基本达到预期效果，部分成果已推广应用到石河子、蔺河口、龙首等工程，具有广阔的推广应用前景。研究成果促进了沙牌工程优质、高速建成，对中国碾压混凝土高拱坝的筑坝技术发展和继续保持国际领先地位起到了较大作用，同时也造就和锻炼了高碾压混凝土拱坝技术的人才队伍。

研究成果经国家电力公司组织专家鉴定，成果总体上达到国际先进水平，在坝体成缝技术和碾压混凝土中预埋高密度聚乙烯冷却水管降温等技术达到国际领先水平。研究成果荣获 2000 年中国水电水利规划设计总院科技进步一等奖；以该研究成果为其重要组成部分的“沙牌碾压混凝土拱坝筑坝配套技术”荣获“九五”国家重点科技攻关计划优秀成果奖。

（成都勘测设计研究院　陈秋华）

三峡工程施工机械联合作业防撞测控系统研究

（一）概述

在三峡工程大坝和厂房混凝土浇筑施工现场，由于以塔带机、缆机和高架门机为主的众多大型施工机械联合作业，形成一个立体交叉的作业环境。

目前，所有的臂架式起重机械和桥式起重机械，在大车行走前后方向的顶端安装有机械式防撞装置（用缓冲材料制成），在轨道前后终点用钢结构或混凝土结构做止动设施。当起重机械行走到终点后，防撞装置与止动设施相撞，缓冲材料虽起了一定的缓冲作用，但起重机械由于相撞而存在着的潜在变形却无法控制，容易造成机械设备的结构变形，降低机械设备的使用效率，称为“接触式防撞”。有些起重机械上安装了限位开关，与机械式防撞相比有所改进，但也受到终止点的限制。一般情况下，起重机械起重臂在做回旋运动时无任何防撞措施，只能依靠指挥人员目测指挥司机进行操作，但因作业空间狭窄，特别是在夜间施工或阴雾天能见度不佳的情况下，施工机械易发生相互碰撞的现象，造成设备的坏损和人员安全事故。

为此，中国长江三峡工程开发总公司委托华北水电学院承担了三峡工程施工机械设备联合作业现场智能防撞测控系统项目的开发研制任务，以便为三峡工地机械设备施工运行提供安全保障措施。

（二）系统开发的主要内容

项目组在对三峡工地施工现场大型机械设备进行详细调查和全面分析的基础上，研究采用微电脑测控技术和超声波探测技术，应用超声波回波测距原理对机械设备动件与其运动路径上障碍物之间的距离进行测量，由微电脑对测量结果进行分析处理，并与所输入的参数（报警距离、制动距离）进行比较后发出相应的控制指令，由执行器执行控制动作，以达到智能化的行移、旋移同步控制，从而实现预期制动的目的，使各种大型施工机械的非预期碰撞得以有效控制。

（三）系统的工作原理

系统主要采用超声波回波测距原理测量机械设备在运动路径上与障碍物之间的距离。其工作原理为：微电脑中央处理器根据操作人员从键盘输入的参数（报警距离、制动距离），通过超声换能器在机械设备的运动方向上形成一定范围的超声波声场。一旦有障碍物进入该声场时，超声换能器便将回波信号反馈于微电脑处理器，微电脑的信号识别系统对其加以辨别和确认，若是本机的回波信号则即刻发出报警信号，提示操作人员谨慎驾驶。与此同时，微电脑将根据事先预置的制动距离，同步切断危险方向上的电源，使机械设备得以及时制动。为了确保控制器的“探测准确度”，以便准确无误地识别其接收到的是本机的探测回波，而不是其他机械发出的探测波信号，系统采用了“探测波内携带本机编码”的方式以求分辨。探测波内所携带本机编码，通过数模/模数（DA/AD）转换器，以探测波为载体，隐含在探测波/回波之中，以供信号识别电路判别其真伪，从而达到准确的警示和制动效果。

（四）系统现场运行试验结果

2001年9月～10月，在中国长江三峡工程开发总公司设备部和科技管理部的主持下，在设备施工单位——三七八施工联营总公司、监理单位——中国水利水电第十三工程局设备监理处等单位的配合下，项目组对安装在三峡施工现场的MQ2000高架门机1号机和3号机进行了智能防撞测控系统现场试验。

1. 项目系统的安装方法和试验方法

（1）将超声波传感器焊接固定在起重设备的臂架左右两侧和行走机构两端，将信号线连接进入驾驶室与控制箱控制线接通。

（2）一台起重设备臂架向另一台起重设备臂架进行回旋动作，另一台起重设备只开启智能防撞测控系统并在原地不动，试验同频抗干扰、警戒区域报警预停车和限位控制停车功能效果，完毕后退回安全区域。然后两台起重设备都开启智能防撞测控系统，两台吊车都相向做回旋运行，试验同频抗干扰、警戒区域报警、限位停车和控制制动功能。

2. 项目系统试验结果　试验结果表明系统已实现如下功能：

（1）该系统自成回路，其作用不改变起重机械本身固有的控制系统，不需要大量铺设地下电缆，并可随机迁移。

（2）系统在臂架两侧、大车前后顶端安装的超声波测距系统，能时刻监视起重设备运行的前方是否安全，一旦有障碍物进入能及时将信息传送到微电脑处理器，并发出报警，提示司机谨慎驾驶，达到限位距离后自动停车，但可向安全方向运行。

（3）系统为非接触式防撞，不会对设备产生任何损伤，从而延长了机械使用寿命。

3. 系统解决的主要技术难题

（1）通过利用微电脑技术对换能器接收到的超声波信号进行分析，使系统能正确识别本机的回波信号与相邻设备的探测信号间的差别，并只对具有本机信号特征的超声波信号进行响应。

（2）解决了超声波传感器的并联应用技术，使其在1条线路上可同时并联2～50只超声波传感器，顺利解决了探测范围、微电脑输入端口及工作速度间的矛盾。

(3) 系统采用了一体化超声波传感器及超声波专用处理模块，使探测灵敏度大为提高，从而保证系统能准确及时地发现较小的及特殊形状的障碍物。

(4) 为了保证系统在强电磁干扰的环境下能正常稳定地运行，系统在硬件抗干扰设计、软件抗干扰设计及电路板设计等方面均采取了一定的措施，并利用软件识别技术，在干扰严重时及时提醒操作人员。

(5) 利用自检程序对传感器线路及信号放大处理通道的工作状态进行检测，能快速检测损坏的传感器和线路故障，使维修人员能根据主机的提示及时准确地维修损坏的传感器或线路；同时关闭故障传感器，开启正常传感器使系统进入防撞测控工作状态，从而有效地避免了因部分传感器损坏影响整个系统正常工作的状况。

(五) 结束语

系统的成功开发和运用，将打破大型施工机械目前传统的限位开关控制方式，使施工机械的行移和旋移控制完全智能化、同步化，从而填补了该领域里的国内外空白。该项目的推广，对大型机械作业环境的改善、作业面的拓展及操作性和可靠性的提高等方面将发挥积极的作用，从而有效避免大型施工机械联合作业时因其作业空间及夜间视觉所限而发生的相互碰撞导致的人机安全事故，保障三峡工程的顺利进行。

(中国长江三峡工程开发总公司　尹庭伟)

斜井全断面变径滑模研制与应用

(一) 概述

三峡工程永久船闸为南北双线五级船闸，地下输水系统呈南、中、北三条线布置，共有斜井12条(衬砌后为16条，中隔墩衬砌后一分为二)。除二级斜井长为21.9m，断面高由5.5m渐变至6.7m，底板及边顶倾角分别为54.5°及57.6°外，三～五级斜井均为长35.2m，断面高由5m渐变至5.4m，底板及边顶倾角分别为56.9°及57.5°；顶拱半径均为2.5m，底板宽均为5.0m，由两个半径0.5m的圆弧与直段连接而成。南北坡斜井设计混凝土厚度为0.6m；中隔墩斜井底板、两边墙设计混凝土厚度为1.0m，中隔墙混凝土厚为1.5m，正顶拱最大混凝土厚为1.2m。混凝土设计标号为R_{90}300。

永久船闸地下输水系统工程斜井具有数量多、长度短、体型复杂、钢筋粗而密集、混凝土表面质量要求高，尤其是斜井上大下小、边墙高度逐渐变化等特点，使斜井成为一个变截面的斜井，给混凝土施工带来了极大的困难，致使斜井工期一度严重滞后，成为控制整个地下输水系统工期的关键线路。

(二) 方案构思与选择

(1) 在二级斜井施工中采用了底拱滑模，边顶拱搭满堂架并拼装定型小钢模的方法。在边顶拱施工中整条斜井搭满堂脚手架及拼装小钢模，不仅费工、费时、重量重、成本高；同时给模板安装拆除，钢筋运输、安装及调校都带来极大的困难和安全隐患；而且施工后，混凝土表面有错台、麻面，平整度差。此方案模板安装、拆除占据了很大部分的时间，造成工期太长。

(2) 三～五级南坡及中隔墩斜井采用底拱、边顶二次滑模施工。此方案虽然利于钢筋运输、绑扎，施工简便安全，混凝土表面质量较好，成本较低；但其工序重复，特别是增加了对施工缝面的处理、边顶滑模轨道埋件的埋设及处理，施工周期亦较长；而且滑模牵引采用手拉葫芦，牵引较费力、费工。

(3) 根据中国长江三峡工程开发总公司责任方中国水利水电第十四工程局在广州抽水蓄能电站、浙江天荒坪抽水蓄能电站等斜井全断面滑模使用的经验，并结合三峡工程斜井施工的情况，新研制的斜井全断面变径滑模，主要由模板、针梁、锁定装置、轨道装置及牵引系统等组成。中梁采用卷扬机牵引，模板采用钢铰线液压爬升器牵引。模板分为底模和顶模，在施工过程中，模板沿中梁滑升形成自动变径，达到全断面一次成型及高度变化的目的。

新研制的斜井全断面变径滑模与以往使用过的滑模相比，主要有以下两个显著特点：①模板分为两半，在滑升过程中自动变径，实现斜井全断面一次浇筑成型，构思新颖；②模板牵引采用钢铰线液压爬升器，此种爬升器研制在国内尚属首次。

根据上述情况，在永久船闸地下输水系统工程的斜井混凝土施工中成功地使用了底拱滑模、边顶拱二次滑模技术，为攻克斜井混凝土施工难关奠定了坚实的基础；同时为了技术创新、寻求解决变径斜井施工的更好方法，又进一步研制了斜井全断面变径滑模。

(三) 滑模工作原理

由于斜井高度是由下往上逐渐变大的，因此将中梁制成与斜井同样的锥度并设有上部和下部轨道，顶模和底模是独立的两部分。滑升时，顶模及底模分别沿上部轨道及下部轨道运行。顶模与底模在边墙结合处的面板是相互搭接包容的，即顶模的部分面板紧贴在底模面上，滑升时这两部分模板产生相对位移，其结果便形成了衬砌断面逐渐变大的收分效果。

(1) 模板滑升时，把中梁定位好，前端用卷扬机拉住，后端用尾部锁定架调整受力，顶紧成型混凝土面。顶模与底模是相互独立的两部分，各由两只爬升器牵引，既可同步运动，又可单独进行滑升。

(2) 模板滑完一个行程后，把顶模及底模连固为一体，将模板支架调整受力、顶紧底板混凝土面，松开中梁尾部锁定架及其他连接件；然后中梁用 8t 慢速卷扬机进行牵引就位。

(3) 中梁就位后，把尾部锁定架支撑好，将顶模行走轮调至中梁上轨面，解除顶模与底模之间的连接，松开模板支架，至此模板又可进行下一循环的滑升。

由于中梁长度的限制，模板沿中梁的有效行程每次约为 6m，但只要经过“模板滑升→提升中梁→模板滑升”这样的多次循环，就可以完成整条斜井的全断面混凝土衬砌。

(四) 施工实践

全断面变径滑模首次应用于地下输水系统工程北四斜井，2001 年 4 月 21 日凌晨 1：30 开始混凝土浇筑，历时两周时间，于 5 月 4 日 21：30 顺利完成了整条斜井的混凝土衬砌。斜井滑模混凝土施工主要包括下部三角体、直段及上部三角体，特别是上部三角体的施工一改以往拆除滑模后重新架立小模板浇筑的状况，全部用滑模进行施工。

北四斜井施工完后，滑模经过简单的修复及维护，于 2001 年 9 月 1 日 14：20～9 月 15 日早晨 5：30 又成功地应用于北五斜井混凝土浇筑。

经全断面变径滑模施工后的斜井表面光滑平整，无错台、麻面及施工缝，大大减少了工序，加快了施工进度，平均每天滑升速度约达 2.5m，最高日滑升达 3.5m；由于采用液压爬升器进行牵引，操作简便、省力；滑升中，模板高度顺利地实现了自动变化，满足了斜井体形的要求。

(五) 结束语

斜井全断面变径滑模由于整体成型，混凝土表面光滑平整，无错台及施工缝，极大地提高了混凝土表面质量。在三峡工程建成通航运行中，可减少隧洞在高速水流冲刷下发生气蚀的可能性，提高洞室的使用寿命，减少维修的几率，具有显著的经济效益和社会效益。斜井全断面变径滑模在三峡永久船闸地下输水系统斜井中的成功应用，得到了业主、监理单位及国内外专家的高度评价。

斜井全断面变径滑模由于构思新颖，在国内水电施工中尚属首创，特别是其模板自动收分变径的思想和钢绞线液压爬升器技术在未来同类斜井及其他施工中有很好的借鉴意义和拓展前景。

(中国长江三峡工程开发总公司　尹庭伟)

三峡工程混凝土浇筑仓面管理系统

长江三峡工程是当今世界规模最大的水利枢纽工程，混凝土浇筑总方量达 2715 万 m^3，仓面多、工程量大、工艺复杂。为保证混凝土施工质量，保证混凝土仓面施工生产过程受控，必须及时、准确收集混凝土浇筑各环节过程的信息，并使各环节之间的信息及时传递和沟通，确保施工各环节之间协调有序进行。混凝土浇筑仓面管理系统为过程受控提供了有力保障，并提供准确、及时的查询服务，使三峡工程混凝土施工质量管理上到一个新台阶。

(一) 混凝土浇筑仓面管理系统概述

混凝土浇筑仓面管理系统是一个通过仓面过程记录器和计算机网络数据库，对混凝土施工从仓面设计到浇筑全过程信息进行全面、准确记录和统计、查询、分析的系统。该系统对混凝土施工浇筑仓面进行实时管理、监控和跟踪，以便及时发现问题并有效追溯。该系统由中国葛洲坝集团总公司承担开发。

(二) 混凝土浇筑仓面管理系统的主要指标

1. 仓面设计　对目前所使用的仓面设计内容进行补充和完善，并采用数据库平台，建立一个以浇筑仓为核心的仓面设计信息库，供管理和查询用。

2. 过程记录　该系统开发一个性能完备、携带方便的仓面过程记录器，对浇筑仓的来料和各种异常事件及恢复正常时间进行记录，并将所记录的信息直接输入系统中，确保过程记录的真实性、准确性和完整性。

3. 统计查询　该系统建立一个以混凝土仓面施工（施工方案设计—仓面准备—浇筑施工—混凝土养护）为核心的计算机网络管理体系，对所采集的信息资料进行规范整理、统计分析，最后归纳、抽象出用户所需的信息，向用户提供更优化的质量控制方案，避免质量缺陷和质量事故的发生，同时为领导进行施工策划提供第一手现场资料。

4. 联机帮助　该系统向用户提供友好的用户终端界面和在线联机帮助，便于系统的稳定运行。

(三) 混凝土浇筑仓面管理系统的研究和技术

仓面过程记录器开发硬件采用 MC551 系列单片计算机，汇编语言编程，仓面设计和查询采用 Power Build 和 Sybase 数据库开发。

(四) 开发成果应用情况

经过项目研发小组近 200 天的研制与开发，2001 年 7 月混凝土浇筑仓面管理系统终于投入使用。开发单位首先分别选择泄洪 21 号坝段上块和泄洪 16 号坝段下块两下仓进行试用，对仓面浇筑全过程进行记录，并形成数据报表。

从试用情况看，仓面记录器受到质检人员的普遍欢迎，它操作简单，基本涵盖浇筑全过程的信息；记录真实、准确、完整；与计算机通信快捷方便，快速形成浇筑全过程记录表，并及时、公正地做出质量评定；数据便于查询、统计。仓面管理系统的开发已达到设计要求。

截至2001年8月底，已在三峡工程混凝土浇筑中采用该系统管理仓面共20个，目前该系统已在葛洲坝集团所属标段混凝土浇筑仓面管理中全面使用，并将逐步在三峡工程中全面推广应用。

（五）混凝土浇筑仓面管理系统的经济效益和社会效益

混凝土浇筑仓面管理系统的开发应用一方面能对施工生产的过程起到有效的监督作用，促进工程施工质量的提高；另一方面大容量的施工信息贮存，为质量策划提供了第一手统计资料。更重要的是仓面过程记录器的开发应用将大幅度降低施工管理者的劳动强度，降低管理成本，实现了混凝土现场施工记录办公自动化上的新突破，更为工程竣工验收资料的收集和整理开辟了一个新途径，也为三峡工程留下了较为宝贵的历史资料。

混凝土浇筑仓面管理系统的开发应用，将用先进的信息管理模式来进行混凝土施工生产管理，在国内开创了计算机用于混凝土生产和施工中质量记录无纸化的先河，实现了质量控制和信息管理的新途径，为混凝土施工过程中各环节的质量状态能准确及时地得到反映提供了高科技手段。同时，混凝土浇筑仓面管理系统成功开发应用后，可推广到其他建筑行业，将使整个建筑行业质量管理效率和管理水平登上一个新台阶。

（中国长江三峡工程开发总公司　尹庭伟）

三峡工程大江截流与二期围堰工程设计

三峡工程大江截流与二期围堰是三峡工程最关键的技术和临时建筑物之一，被列入三峡工程八个需重点研究的单项技术问题之一。三峡工程大江截流与二期围堰工程设计获2000年度湖北省优秀工程设计奖。

三峡工程大江截流采用单戗堤双向进占立堵方案；针对深水抛填存在较为严重的堤头坍塌这一问题，提出了预平抛垫底后双向立堵的方案；为解决截流施工期的航运问题，结合水力学分析与水工模型试验验证成果，通过控制每一时段的进占口门宽度，有效地保证了长江船只从截流口门区通航过渡到右岸导流明渠通航，实现了整个截流施工期长江不断航的目标。

三峡工程大江截流于1997年11月8日15时30分胜利完成。实际截流最大水深为60m，截流流量8480～11600m^3/s，龙口实测最大流速为4.22m/s，最大落差为0.66m；围堰最大日抛投强度19.4万m^3/d，最大小时抛投强度1.71万m^3/h；截流戗堤最大日抛投强度为12.09万m^3/d，最大小时抛投强度0.65万m^3/h。

大江截流后，跟进施工二期深水围堰，二期上游围堰按100年一遇洪水流量83700m^3/s设计，围堰顶高程88.5m，最大堰高82.5m，防渗墙最大高度73.5m，围堰拦蓄洪量达20亿m^3。三峡二期深水围堰工程规模巨大，土石方总填筑量达1032万m^3，混凝土防渗墙面积8.35万m^2；施工工期短，要求在大江截流后6个月内将围堰填筑至度汛高程，以确保围堰安全度汛；施工难度大，最大水下填筑深度达60m，围堰最大挡水水头超过85m；基础地质条件复杂，存在新淤积沙、块球体、深槽陡坎及基岩裂隙渗漏等重要的工程地质问题；堰体填筑材料受当地材料限制，三峡坝址附近天然砂砾石、黏土料等十分缺乏，其主要填筑材料只能取自三峡第一阶段工程的开挖料，包括风化砂、石渣、混合料和块石等，尤其是混凝土防渗墙施工部位的风化砂在深水抛填条件下的物理力学性能研究在国内具有开拓性。

三峡工程二期围堰基础新淤沙的处理、深水抛填进占时的堤头稳定问题、围堰堰体填筑材料的优化研究、围堰防渗型式及施工设备的选择，均是深水围堰设计与施工的难题。通过优化围堰断面，采用综合的基础处理方案，成功地实现了大江截流和二期围堰按期抽水的目标，解决了三峡工程的一个关键技术难题，取得了宝贵经验。经过三年的运行检验，围堰渗水量很小，结构先进，技术可靠，对类似工程的建设有重要的指导意义。

（长江勘测规划设计研究院　周良景　李勤军）

溪洛渡水电站泄洪消能关键技术研究

（一）主要研究内容及关键技术

金沙江溪洛渡水电站位于三峡工程的上游，直线距离770km，是一座以发电为主，兼有拦沙、防洪等综合利用效益的巨型水电站。水电站总装机容量12600MW，年平均发电量571.2亿kW·h。该工程综合效益显著、经济指标优越，水库调节性能好、淹没损失小，建设条件好，是中国实施“西电东送”十分理想的电源点，巨大的优质电力主要输往华东和华中地区，以满足其经济增长的需要。

水电站枢纽由混凝土双曲拱坝、两岸地下厂房和泄洪建筑物组成，拱坝最大坝高278m，设计洪水流量43700m^3/s，校核洪水达52300m^3/s，泄洪功率近100000MW，遥居世界高拱坝之冠。

课题研究内容主要是解决高拱坝、大流量、窄河谷的泄洪消能问题。按分散泄洪、分区消能、按需防护的布置原则进行泄洪建筑物设计，通过优化坝身孔口布置和水垫塘的体型，使拱坝坝身泄量达到30000m^3/s；研究泄洪隧洞新体型，提高单洞泄量；将导流隧洞改进为泄洪洞，节省投资，优化溪洛渡工程枢纽布置方案。

（二）主要技术参数、性能特点和创新点

(1) 通过优化表孔、深孔体型和采用反拱消力池底板等结构措施，实现了坝身宣泄流量30000m^3/s的目标，技术上有重大创新。

(2) 揭示了水垫塘消能机理和底板稳定控制条件，为反拱型水垫塘设计提供了重要的依据。

(3) 首次研究具有“三维弯道”和“龙落尾式”型式的泄洪隧洞体型，在关键技术上取得重大突破。

(4) 提出了将导流洞改建为高水头（$H>$200m)、大流量（$Q>$2000m^3/s）的漩流竖井式泄洪洞的体型和设计计算方法，为溪洛渡工程利用导流洞改建为泄洪洞创造了条件。

(5) 优化了溪洛渡工程枢纽布置方案，为提前一年发电创造了技术条件。

（三）技术水平的先进性

溪洛渡工程泄洪流量大、水头高，泄洪功率居世界高拱坝之首。专题研究以解决溪洛渡工程泄洪消能中的重大技术问题为目标，取得了多项水力学研究的综合成果，在坝身宣泄30000m^3/s的关键技术、新型的“反拱型”水垫塘、泄洪隧洞体型及导流洞改建为泄洪洞等方面均有突破，具有世界先进技术水平。

（四）成果在工程中的应用情况和推广价值

专题研究成果已应用于溪洛渡工程可行性研究设计中，基本解决了该工程泄洪消能布置和结构设计中的关键技术问题，节约工程投资约4亿元，提前发电可获得200亿kW·h电能。目前该工程可行性研究已经完成，即将继三峡工程之后开工建设。

（成都勘测设计研究院　肖白云）

混凝土面板防渗在抽水蓄能电站上水库工程中的应用

北京十三陵抽水蓄能电站，上水库总库容445万m^3，防渗面积17.5万m^2，采用了全库混凝土面板防渗技术（见图1）。从1995年8月开始初期蓄水至2002年6月的近7年间处于正常运行状态。这一成功实践，使得国外20世纪70年代后期已很少采用的防渗方案，经过技术改造和创新，又寻求到该方案最佳技术经济指标的应用范围。

抽水蓄能电站上水库与常规水电站水库的工作条件主要存在以下不同点：

(1) 抽水蓄能电站的上水库一般修建在高山的沟壑或起伏不大的高地，地形地质条件复杂，上水库的渗漏将影响工程区水文地质条件，影响相邻建筑物如坝体、岸坡、地下洞室群的安全。库水位发电工况骤降在混凝土防渗面板后可能产生反向压力，造成面板失稳。上水库渗漏量大，又将影响电站的循环效率系数。因此，上水库应具有良好的防渗性能。

(2) 面板基面介质不均一，除填筑体外尚有不同风化程度的岩体、断层和裂隙破碎带，以及建筑物周边与地基连接部位等。因此要求面板具有适应变形（特别是不均匀变形）的能力。

(3) 在寒冷地区的上水库，应注意解决面板下地基冻胀和结冰对防渗面板的破坏问题，应具有较好的耐久性。

（一）混凝土面板全库防渗和排水设计的控制标准

抽水蓄能电站上水库建设的关键技术问题是渗流控制，所产生的渗流基本不应改变工程区原始水文地质条件，其渗流带来的电能损失，应在电站合理的技术经济指标以内。国内外已建成的上水库，在无天然径流补给的情况，全库防渗的渗流应控制在日渗量不大于0.2‰～0.5‰的总库容范围内。北京十三陵抽水蓄能电站上水库运行7年来，实测1997年冬季最大渗漏量为14.16L/s，相当每日的渗漏量占总库容的0.28‰，以后年份有逐年减小的趋势，2000年冬季实测最大渗漏量减小为5.63L/s。因此，混凝土防渗面板控制每日渗漏量为0.3‰～0.5‰的总库容，技术上是可行的，工程上也是安全的。

为避免面板渗漏水在水库水位骤降情况下，在面板后产生反向水压力，以及防止冬季冻胀的影响，在混凝土面板下部设置了排水层。排水层的排水能力应计入以下几个因素：①库内水外渗，并随着渗流汇集加大排水截面；②考虑山体地下水补给量；③计入常年运行排水堵塞的影响。十三陵抽水蓄能电站上水库山体地下水补给量很小，排水层的排水能力大于可能最大渗量的三倍，确保排水层自由排泄渗流而不形成压力。坝坡面板下的排水层，即利用坝体剖面的上游垫层，其水平宽度为3m，选用级配良好、新鲜坚硬的碎石，渗透系数大于1×10^{-2}cm/s。岩坡面板下的排水层，采用厚30cm的无砂混凝土，渗透系数大于1×10^{-2}cm/s。库底面板下部，采用厚50cm的碎石排水垫层，渗透系数大于1×10^{-2}cm/s。在碎石垫层底部设置排水管，直接与排水廊道相接。在库底周边设置排水兼检查廊道，高2.5m，宽1.8m，沿线每3米设一根排水管与排水垫层相连，廊道总长约1600m。

建设抽水蓄能电站较多的国家，特别注意上水库防渗工程的维护和修理，对沥青混凝土面板定期维护其表面封闭层，对钢筋混凝土面板或其他防渗材料的面板按允许渗流量和渗压的标准进行控制，并及时翻修或加固。

(二) 混凝土面板设计新工艺、新材料、新构造的采用

防渗面板设计包括面板工作条件、面板设计、连接板设计、分缝布置、接缝止水、复合防渗层设置及岩坡部位面板地基处理等。

混凝土材料为刚性材料，沥青混凝土材料为黏弹性材料，两种材料受力适应变形有较大差别。一般混凝土弹性模量$E=(2.5\sim3.0)\times10^4$MPa，而沥青混凝土劲度系数为$(1\sim2.1)\times10^3$MPa（温度$t=0\sim5$℃），当温度降到$t=-30$℃时劲度系数为8.5×10^3MPa，两者受力适应变形的能力差3～10倍。要弥补混凝土材料这方面的缺陷，必须采用人工柔性化，即分块分缝。为此，十三陵抽水蓄能电站上水库设置周边缝0.3万m，垂直缝1.5万m（受压垂直缝1.3万m，受拉垂直缝0.2万m)，水平缝0.1万m，沉降缝0.1万m，合计约2万m永久缝。这样大量的分缝为做到不渗漏，需要设法减少温度裂缝，改善永久缝的止水条件。设计中必须采用新工艺、新材料、新构造等一系列技术进步措施。

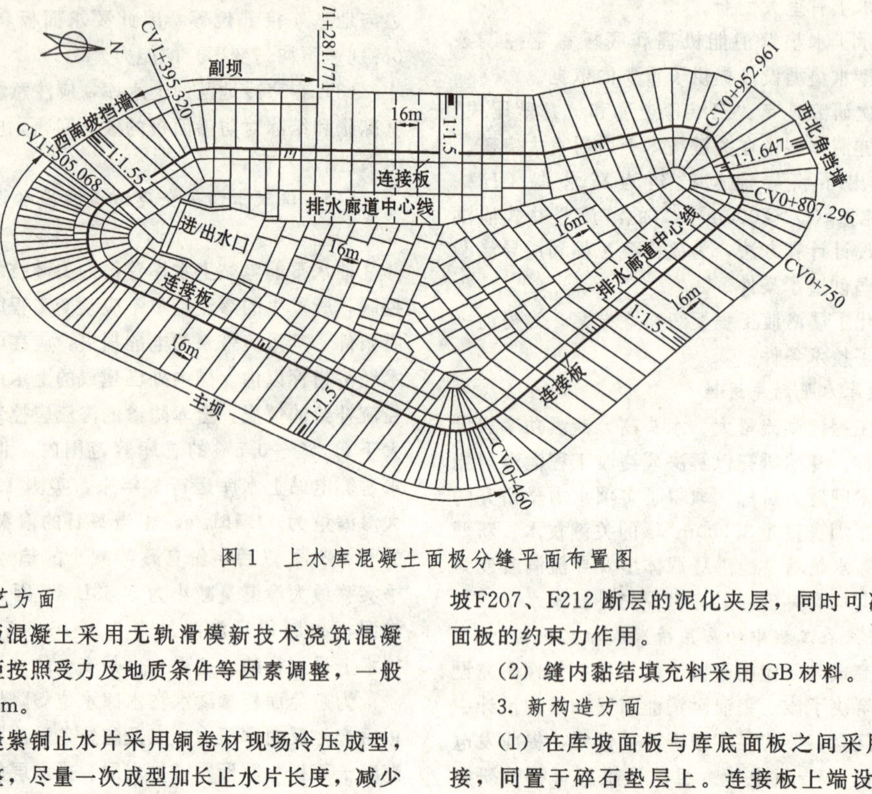

图1　上水库混凝土面板分缝平面布置图

1. 新工艺方面

(1) 面板混凝土采用无轨滑模新技术浇筑混凝土，分缝间距按照受力及地质条件等因素调整，一般间距为6～16m。

(2) 分缝紫铜止水片采用铜卷材现场冷压成型，长度可以调整，尽量一次成型加长止水片长度，减少现场焊接接头。

(3) 交叉缝“丁”字接头、“十”字接头采用工厂退火冲压成型，可消除异型焊缝焊接质量不易保证的问题（见图2)。

2. 新材料方面

(1) 选用JL—90A厚浆型氯丁胶乳做基础防渗层，在上水库西坡岩面铺6cm厚的混凝土整平层，其上喷涂JL—90A乳化沥青，防止面板渗水浸入西坡F207、F212断层的泥化夹层，同时可减少基岩对面板的约束力作用。

(2) 缝内黏结填充料采用GB材料。

3. 新构造方面

(1) 在库坡面板与库底面板之间采用连接板连接，同置于碎石垫层上。连接板上端设一段斜板，坡比与库坡比一致，斜长80cm，厚度30cm，宽度16m，长度根据地形做适当调整，一般长度为15m。

(2) 在库内岩坡段设置厚6cm的混凝土整平层，在防止渗流进入岩体的部位增设复合防渗层喷涂JL—90A乳化沥青。

(3) GB黏结填料改立面黏结构造为平面黏结构造，使之在水压作用下黏结效果良好（见图3)。

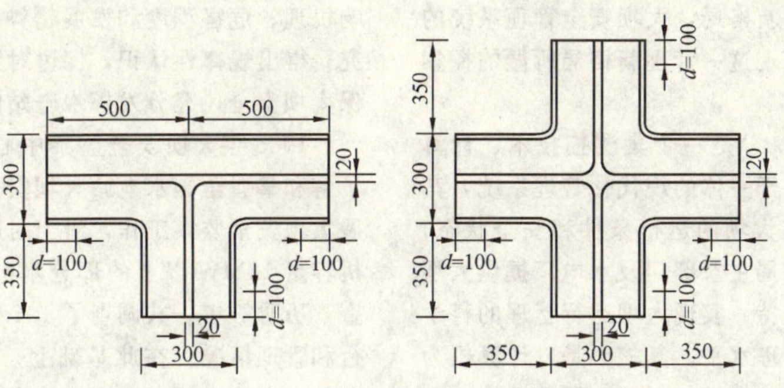

(a) (b)

图 2 铜止水"丁"字和"十"字接头图(单位:mm)

(a)"丁"字接头;(b)"十"字接头

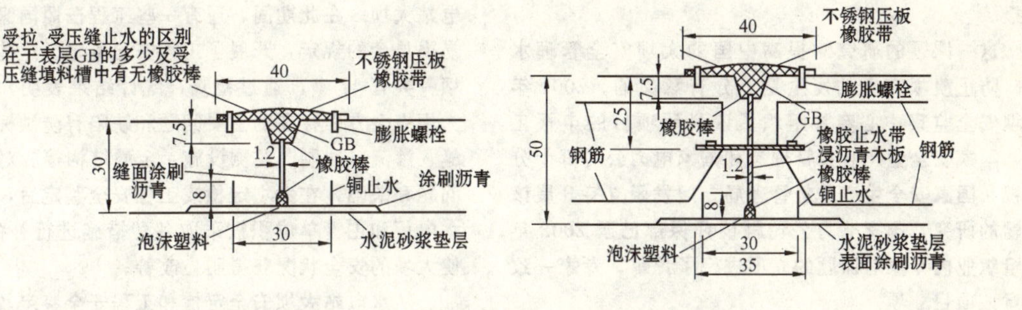

图 3 表层止水结构型式图(单位:cm)

(三) 运行主要经验

(1) 十三陵抽水蓄能电站上水库排水廊道内对渗流的监测证明:通过防渗面板的少量渗流量随季节气温而变化,与上水库水位高低无明显关系。一般在冬季 12 月 15 日至次年 2 月 15 日渗量增加约为 5L/s。随着气温回升渗量减少,夏季渗量约为 0.02L/s。

(2) 建议寒冷地区抽水蓄能电站按照冬季规定运行,尽量避免形成冰盖,破坏面板的表面止水。冬季运行规定作为设计的技术文件,提供电网调度。水电站冬季每天有一定数量机组投运,往复水流动动是阻止冰盖形成的最为经济、有效的措施。

(3) 在寒冷地区建设抽水蓄能电站,如果上水库存在防冰冻要求,在施工总进度安排上不宜在 11 月份和 12 月份即将进入冰冻期时要求第 1 台机组投产发电,应使试运行后必不可少的机组消缺时段在非冰冻期进行,从而确保防渗面板的安全运行。

(北京勘测设计研究院 刘连希)

水电站大坝安全管理系统研究

目前中国已修建大坝 8 万多座,水库总库容约 4700 亿 m^3,其中属电力部门负责管理的有 130 多座,虽然数量只占全国大坝数量的很小一部分,但这 130 多座坝多为高坝大库,总库容约 2000 亿 m^3,占所有坝蓄水库容的 40%以上,装机容量约占全国总装机容量的五分之三。许多高坝大库位于大中城市上游,如丰满、新安江、刘家峡、水口等,这些大坝的安全,不仅直接影响到水电站自身效益的发挥,更与下游人民的生命财产、国民经济建设命脉乃至生态环境密切相关,在国计民生中占有特别重要的位置。一旦大坝溃决事故发生,造成的灾难将是不可想象的。

水电站大坝是一个运行工况极其复杂的结构,它受到洪水、地震、天气、地质条件变化等各种不确定因素的影响,坝体本身的应力、位移、渗漏等状况随着大坝使用年限和运行工况的变化不断在变化,特别是在洪水期,汛情千变万化,需要根据大坝的瞬时工作状态做出科学的水库调度和运行决策,因此大坝的管理应是动态的、适时的管理。目前中国对大坝安全最直接的管理是现场检查,《水电站大坝安全管理办法》规定,对大坝的检查分为日常巡查、年度详查、定期检查、特种检查四种,其中前两项检查是水电厂的自检,后两项检查是有专家参加、带有政府技术监督性质的检查,是目前中国确保大坝安全的重要措施之一,然而定期检查五年才能启动一次,因此只能对大坝阶段性的工作性态做出评价和鉴定。随着科技的进步,现代测控技术、计算机、网络通信技术的快速发展,对大坝的安全管理已经可以逐步实现以现场检查和在线管理相结合的新格局，大坝安全管理系统的研究和开发就是为了实现这一管理新格局所做的探索性工作。

“大坝安全管理系统”是一个集测控技术、计算机技术和网络通信技术于一体的现代化管理系统，其总目标是及时掌握所辖大坝的运行条件和安全状态，为国家电力公司和各网局主管部门及水电厂提供大坝安全信息服务和决策支持，实现大坝运行管理的科学决策，提高大坝安全管理水平。其核心是以计算机为主体的数据采集、传输、分析、反馈和预警系统，主要功能包括：①大坝运行状态自动监测；②监测数据采集、加工、整理；③监控指标的确定；④大坝安全状况的分析反馈；⑤电力系统水电站大坝安全状况的预报。

这一课题的研究对提高中国的大坝安全管理水平、防止溃坝灾害的发生是十分有意义的。2001年大坝安全监察中心牵头组织了该科研项目的申报工作，国家安全生产监督管理局和国家电力公司都十分重视，国家安全生产监督管理局专门发函支持开展该课题的研究，国家电力公司科技环保部已于2002年初组织业内专家对课题的立项进行了评审，专家一致同意该项目立项。

（大坝安全监察中心　张秀丽）

水电站大坝安全性态分析研究

根据国家经济贸易委员会的安排，大坝安全监察中心开展了“水电站大坝安全性态分析研究”的安全生产专项技术措施项目研究。

新中国成立以后，中国的水电建设事业得到了蓬勃发展，建造了数以万计高度不一的大坝，大坝的数量居世界之首。目前属于电力部门管理的水电站大坝有100多座，其中大多数为高坝或拥有巨大水库，其发电、防洪等综合效益巨大。如果大坝失事，不仅直接使水电站本身毁于一旦，而且将给下游人民的生命财产、工农业生产乃至生态环境造成重大灾难，危及到社会稳定的大局。中国虽未发生过高坝大库的失事，但1975年8月特大暴雨冲毁板桥、石漫滩水库的教训也是极为深刻的，世界各国从水库、大坝的可怕失事后果中也清醒地认识到确保大坝安全的重要性。

该项目根据电力部门管理100多座水电站大坝在大坝安全定期检查或工程安全鉴定中设计复核、施工复查、运行总结和现场检查所获取的大量资料为基础，对大坝设计、施工、运行全过程做全面的总结，对各阶段影响大坝安全的主要问题及其产生原因、影响机理、危害程度和发展趋势，做比较系统的分析研究，得出规律性认识，探讨对策和防范措施，旨在确保大坝安全，充分发挥水电站的综合效益。

1985年大坝安全监察中心成立之初，为了全面了解和掌握全国水电站大坝安全运行情况，更好地开展大坝安全监察工作，对当时原水电部统一管理的装机容量12MW以上的部分水电站大坝进行了一次普查，历时一年，共调查了104座水电站大坝的安全运行和管理情况。在此基础上，于1987年组织编制了首轮水电站大坝安全定期检查工作规划，根据安排确定将96座大坝列入检查规划。首轮定检后，1998年又全面开展第二轮大坝安全定期检查，在二轮定检中共安排了129座大坝，其中新增加了不少新建成的水电站大坝；在此期间，还有一些工程按照国家经济贸易委员会的规定，开展了工程安全鉴定。这些新建大坝一共有41座，通过检查，统计结果表明，水电站大坝安全方面存在的主要问题和缺陷有防洪标准、裂缝、渗流、冲刷、监测设施、金属结构等。对于这些问题和缺陷，在大坝定检或工程安全鉴定后，由有关水电厂和主管单位积极采取各种措施进行补强加固，使大坝的安全状况获得明显改善。

从水电站大坝安全定检和工程安全鉴定及大坝运行的实践中，可以看到虽然科学技术发展到今天已有相当高的水平，人们还是无法杜绝自然灾害的破坏，做不到确保大坝的绝对安全。但大坝发生事故和存在缺陷的反馈研究表明，影响水电站大坝安全的因素是多方面的：

（1）大坝建成投入运行后，随着时间的推移，筑坝材料老化，设计洪水增加等，改变了原来的设计条件；更有甚者是某些人为因素，使大坝超出了原设计的运行条件。

（2）在设计阶段，一些重大问题的决策，由于经验不足存在失误，将会给建成以后的大坝带来难以更改的先天不足。

（3）施工是工程建设的重要阶段，某一道工序出现失误，都有可能遗留下产生事故的隐患。

（4）管理中的一些疏忽或失误，也往往直接造成事故，带来重大损失。

该项目在总结中国10多年来开展的水电站大坝定检和安全鉴定工作的基础上，结合水电站大坝安全注册、防汛检查、补强加固、监测设施更新改造等方面的工作，综合分析、研究影响大坝安全的各类问题后，提出以下的安全对策和防范措施：

（1）增强风险意识，完善大坝安全管理组织。大坝的建设和管理，首先要增强风险意识，必须贯彻“安全第一、预防为主”的方针，正确处理好业主负责和政府监督这两者的关系，建立起一套完整的大坝安全管理组织体系。

(2) 建立和健全大坝安全管理法规和规章制度。设计、施工和运行三个阶段是一个连贯的整体，必须加强全过程的安全管理，依法管坝，使大坝安全管理工作做到规范化、科学化、制度化。

(3) 坚持实施水电站大坝安全定期检查和工程安全鉴定制度。这两项制度的实行，有助于实现水电工程从施工到运行的全过程管理。

(4) 认真进行水电站大坝安全注册，并且实行动态管理。水电站大坝安全注册是对大坝本身的安全度和大坝安全管理水平两方面的综合考核。

(5) 进行有效的大坝安全监测设施更新改造，加强大坝安全监测。大坝安全监测设施是大坝安全的"耳目"，健全和完善已建大坝的安全监测系统、进行有效的大坝安全监测设施更新改造和大坝安全监测自动化是保障大坝安全运行的重要手段。

(6) 加强日常维护，及时进行补强加固。做好这项工作可使大坝安全状况得到有效改善，重大缺陷和隐患可以及时得以消除。

(7) 大力开展科研攻关，解决水电站大坝运行中出现的工程技术问题。大坝安全技术属边缘交叉学科，必须要各方面通力合作，大力开展水电站安全运行管理方面的科研攻关。

(8) 协调好防汛与大坝安全的关系。大坝安全是防汛工作的基础，而防汛又是对大坝安全的考验。水电厂必须把防汛工作作为水电厂安全生产的中心环节来抓。

(9) 做好险情预测，充分做到有备无患。大坝的失事有一个由量变到质变的发展过程，大坝在溃决前都有某些征兆出现，大坝安全一方面要做到预防为主；另一方面如果大坝万一失事，应该心中有数，做到有条不紊的应急处理。这就要求必须做好险情预测，充分做到有备无患。

（大坝安全监察中心　沈家俊）

非常规水工建筑物技术研究

该课题为1997年度国家电力公司重点科技项目。课题研究的主要任务是在总结中国水电工程建设经验及科学研究成果的基础上，根据新时期建设大型水电工程对勘测设计技术发展的要求，针对高混凝土面板堆石坝、高碾压混凝土坝及高拱坝筑坝技术等水工建筑技术尚不完善之处或特殊问题，紧密结合工程进行试验研究，解决相关的技术难题，发展和完善水工设计、施工、管理等方面的配套技术，进一步提高中国水电勘测设计整体技术水平及工程的安全和经济性能。

课题所取得的主要研究成果为四项重点技术。

（一）*面板坝重点技术*

1. *溢流混凝土面板堆石坝关键技术*　该项研究的依托工程为新疆榆树沟水库工程。该工程由混凝土面板堆石坝（坝高67.5m）、坝体溢洪道和导流输水洞等建筑物组成。研究取得的主要成果有：

(1) 根据榆树沟坝址的地形特点，将溢洪道布置在左岸一级阶地段的坝体上。与国外类似工程采用宽顶堰不同，研究配合在坝顶下游设置挡墙的措施，缩短坝顶宽度，使得采用实用堰堰型成为可能，提高溢洪道泄流能力达20%以上，降低了工程造价。

(2) 泄槽段设叠瓦式结构的掺气槽兼作沉降缝并采用阻滑板、锚筋、底板下的排水系统等措施，以提高对高速水流和坝体变形的适应能力，使溢洪道的安全性有较大的储备。

(3) 通过水力学模型试验和理论分析，研究了不同工况下泄槽底板的动力稳定问题。选择合理的溢洪道结构、体形和尺寸，加大结构刚度，提高自振频率，避免因共振导致结构失稳。并考虑了脉动压力、水流拖曳力等因素，对泄槽底板进行稳定分析，保证了泄槽结构的安全。研究工作比国外类似工程更为深入和全面。

(4) 在面板坝工程中研究和率先使用了高性能混凝土材料，它具有高耐久性、高体积稳定性、高强度和良好的施工可操作性，同时也经济合理。

(5) 针对溢流混凝土面板堆石坝的特点，解决了一系列施工工艺问题，如预制锚筋、掺气槽附近的细部构造施工等，保证了施工质量，满足了工程特殊要求。

综上所述，依据该项研究成果所建成的依托工程，在国内属首创。成果所提出的一整套设计原则和施工工艺，都已在榆树沟工程中实现，它完善了混凝土面板堆石坝的系统功能，结束了国内面板坝只挡水不溢流的历史，对今后面板坝的建设具有重要的推动作用。

2. *沥青混凝土面板防渗技术*　该项研究依托工程为天荒坪抽水蓄能电站上水库沥青混凝土防渗护面工程。

研究取得的主要成果有：沥青混凝土原材料优选、改性沥青及其性能指标、沥青混凝土的变形性能、水工沥青混凝土防渗面板结构、上水库库盆结构选择与优化、沥青混凝土加筋材料、配合比优化、面板及其特殊部位和不同气候条件下的施工工艺与质量控制及裂缝防治处理措施等，全面总结了沥青混凝土防渗面板的关键技术问题。该成果已应用于依托工程，并可为类似工程借鉴。

3. 中高面板坝填筑施工模拟技术　该项研究取得了堆石体密度、填筑层厚与控制、碾压遍数、上坝方量等大坝施工参数自动采集和处理系统，施工监控自动化系统，枢纽建筑物开挖料与大坝填筑的优化调配等计算机模拟成果。这些成果的特点为：大坝施工监控自动化系统、枢纽建筑物开挖与大坝填筑优化调配方案结合鱼跳和水布垭工程业主、施工单位的要求进行，并有与之相配套的智能化仪器、设备、具有一定的先进性，可操作性能良好，经济适用，对指导中高面板堆石坝施工和现场科学管理有积极作用。

（二）碾压混凝土新型掺合料及高寒地区碾压混凝土拱坝筑坝技术

1. 碾压混凝土新型掺合料　新型 PT（磷矿渣与凝灰岩混磨）掺合料开发研究，紧密结合大朝山水电站设计、施工的全过程进行，取得了设计、施工各方面的系统成果。主要成果有：

(1) 对 PT 掺合料的物理力学特性、合理的掺混比例等进行了深入的研究，给出了系统成果。掺合料充分利用了磷矿渣的高活性和显著的强度特性，与凝灰岩混合后，解决了凝灰岩强度低、需水量大的问题，开拓了混凝土掺合料的新途径。

(2) 研究了 PT 的生产方法，提出了混磨工艺、磨细标准，保证了生产质量。

(3) 针对大朝山工程对利用 PT 掺合料的 RCC 配比进行了专题研究，使 $R_{90}150$ 的水泥用量由初设阶段的 80kg/m^3 下降到施工评图阶段的 68kg/m^3，取得了明显的工程经济效益。

(4) 上述成果已用于坝高 52m 的过水拱围堰及 111m 高的碾压混凝土拦河大坝。钻孔取芯和压水试验成果表明，层面结合良好，二级配 RCC 可满足 100m 级高坝上游面的防渗要求而不需设涂层。经过初期蓄水考验，大坝运行正常。

2. 高寒地区碾压混凝土拱坝筑坝技术　该项研究的依托工程为新疆石门子碾压混凝土拱坝（坝高 110m）和甘肃龙首碾压混凝土拱坝（坝高 54.5m），现两坝均已建成。主要研究成果有：

(1) 对水泥、掺合料、外加剂、砂石骨料进行了性能试验和优选，提出了适用于高寒地区的碾压混凝土优化设计配合比。

(2) 根据严寒地区外部碾压混凝土的耐久性要求，提出了影响碾压混凝土抗冻耐久性的主要因素有混凝土含气量、粉煤灰掺量、水胶比等的结论，并原则上提供了相应控制指标：含气量 4%～6%；粉煤灰掺量≤40%；水胶比≤0.55。

(3) 对抗裂与层面结合，提出了三条技术措施：①适当提高混凝土的胶材用量，延长混凝土初凝时间；②上层混凝土必须在下层混凝土初凝前铺筑碾压；③在混凝土层面上铺低水胶比的砂浆或净浆。

研究成果揭示了砂子品质对碾压混凝土的影响，特别提出了戈壁滩天然砂中细颗粒含量对用水量的影响较大，须慎重处理；提出了低水胶比大掺量粉煤灰和大剂量引气剂联合使用的措施，以保证碾压混凝土强度及含气量，可解决西北地区对碾压混凝土高抗冻性的要求。

（三）非整体拱坝结构分析新技术

该项研究依托小湾拱坝（坝高 292m）、溪洛渡拱坝（坝高 278m）、二滩拱坝（坝高 240m）和龙羊峡拱坝（坝高 178m）工程，进行了横缝和上游底缝对拱坝结构影响的分析研究。重点介绍小湾、溪洛渡两拱坝的研究成果。

1. 小湾拱坝

(1) 首先采用三维边界元法对拱坝进行静力荷载作用下的应力和变位分析，通过和 ADAP 程序计算结果的对比，验证了所采用的边界元的正确性。

(2) 采用边界元法对拱坝设上游底缝的影响规律进行了研究，分析了设在不同高程的底缝、不同缝深的底缝及干缝和湿缝对拱坝应力和变位的影响规律。

(3) 通过对设底缝后拱坝的应力、变位的变化规律分析，对设上游底缝以减少坝踵拉应力的机理有了更清楚的认识。

(4) 结合工程实际，为小湾拱坝设上游底缝提出建议，并对底缝的构造设计进行了初步探讨。通过比较表明：小湾拱坝的上游底缝设在 964m 高程，缝深 20m，缝面引进库水形成湿缝的设计比较好，在对底缝的构造进行设计时，主要应考虑底缝止水和止裂，对此也提出了具体的做法。

2. 溪洛渡拱坝　根据采用三维边界元和工程类比两种不同的方法对溪洛渡拱坝坝踵区开裂稳定性的分析结果，证明溪洛渡拱坝坝踵区开裂稳定性具有足够的安全保证，并指出：

(1) 溪洛渡拱坝坝踵具有更高的抗裂能力，如与二滩的条件比较，溪洛渡拱坝的施工质量、地基处理、混凝土标号等均不低于二滩的水平。

(2) 由于溪洛渡拱坝建于 U 形河谷，底部拱的跨度较大，拱承受径向荷载的能力不如 V 形河谷（二滩）优越，从而使梁截面的剪应力较大。因此当受某些外界不利因素影响时，如在坝踵出现大于 2m 的初始裂缝，而且防渗与排水失效、缝面有全水头水压力的作用下，裂缝可能向下扩展或缝端主拉应力的发展水平将会大于二滩，故应考虑采取适当的措施以避免上述不利情况的发生。

（四）新型消能功技术

1. 窄缝消能功的水力特性与计算方法研究　该项研究取得了窄缝消能功的一维水力计算方法、冲击波的简化公式及其对一级直线窄缝的计算、对称折线及曲线边墙的窄缝设计与对泄槽底板的最大冲击压强、非对称窄缝的设计与水力计算等成果，是新开发的一种消能功形式，对泄洪消能有较好的使用价值。

2. 下游台阶溢流面结合坝顶宽尾墩的表孔泄流研究　该项研究取得了“宽尾墩+庠式消力池”联合消能功、宽尾墩下游接台阶式溢流面再接消力池、池末端设梯形尾坎等设计研究成果。成果已用于大朝山碾压混凝土坝，其消能效果良好，且简化了施工，加快了进度，取得了显著的经济效益，可为同类工程参考使用。

（水电水利规划设计总院　卢立生）

特殊地质工程研究

（一）概述

“特殊地质工程”课题系 1997 年度国家电力公司重点科技项目。课题研究的任务是针对中国水电工程勘测设计领域中存在的薄弱环节，以及在复杂地形地质条件下建设大型水电工程的技术需求，对特殊的工程地质问题及其勘测手段依托具体工程进行试验研究，解决相关的技术难题，以提高水电勘测技术水平及工程的安全、经济性能。该课题拟定的主要研究内容有：①水电地下洞室有害气体测试评价方法及安全防护技术研究；②深厚覆盖层与喀斯特地区基础处理技术研究；③基岩强度及各向异性参数研究；④基于多路径复杂大型地下结构的关键技术问题研究；⑤数字化地形图等实用技术研究。课题总体目标是：①基本阐明新疆天池抽水蓄能电站长探洞有害气体与地质背景的相关关系；②为分别在深厚覆盖层地区和喀斯特地区修建围堰与水库提供基础处理新技术；③减少野外现场大、中型试验组次，并获得合理的基岩参数；④提出在复杂地质条件下地下洞室群的优化开挖方式及加固技术；⑤提高地形数字化成图技术水平。

该课题由水电水利规划设计总院负责组织实施，分解成 10 个专题，分别由中国水电顾问有限公司、中南勘测设计研究院、西北勘测设计研究院、成都勘测设计研究院、北京勘测设计研究院、昆明勘测设计研究院等单位承担。经过各参加研究工作单位的共同努力，专题研究工作在 2001 年全部完成。课题研究取得了一批水平高、实用性强的科技成果，这些成果在依托工程中应用，不仅解决了工程本身与复杂的工程地质条件相关的技术难题，提高了工程的安全和经济性能，同时对类似工程的勘测设计具有重要参考价值。

（二）主要成果

（1）结合新疆天池抽水蓄能电站工程，针对地下工程有害气体的种类、赋存条件及运移、积聚方式进行了系统研究，探求了适合水利水电工程特点的测试评价方法，提出了对地下洞室有害气体防护的建议措施。特别是对天池抽水蓄能电站地下厂房长探洞进行了长期系统的现场测试和取样分析，提出了地下洞室群在工程施工期和运行期不同的控制标准，填补了行业空白。

（2）结合向家坝水电站重力式围堰的特点，对深厚覆盖层上采用高喷方法进行了室内外试验研究，建立了数十项水电工程高喷灌浆技术运用数据库；首次在深达 40m 且含大粒径孤石和块石的地层进行了高喷试验尝试。同时采用了开挖、钻孔取芯检测，芯样室内试验，现场压缩变形试验，原位抗剪试验，孔内压水试验，孔内彩色电视录像和孔间声波等多种检测方法；在试验基础上，提出了深厚覆盖层高喷凝结体统计力学模型，首次研究分析了其宏观力学参数，并对向家坝纵向围堰进行了稳定性分析计算。

（3）结合云南罗平县大麦田水库，完成了在岩溶地区中、小型水库应用土工膜防渗、补漏的试验研究。考虑岩溶地区水库特殊的工程地质条件，进行了不同土工膜在不同垫层料上的室内大型水压击穿、埋于不同土料中的大型高压变形损伤、复杂应力应变条件下的渗透等多项试验研究；为大麦田水库土工膜防渗层结构设计和施工提供了科学依据。

（4）以黄河上游尼那等水电站为依托工程，研究第三系红层分布规律、岩体工程特性、岩石及岩体参数取值原则、工程地基的保护及处理措施。首次对传统的软岩饱和抗压强度的试验方法提出了改进建议，在红层承载力等取值方面取得了一定的突破；系统地提出了新第三系红层开挖保护措施、爆破参数等施工方法和措施。

（5）在溪洛渡水电站地质勘探工作中，通过岩石力学试验，对（似）层状结构岩体各向异性对岩体强度的影响及岩体结构本构特征进行了研究。系统地探讨了岩体内随机发育的缓倾角层内错动带对岩体质量及其各向异性的作用；在大量现场变形和强度试验成果的基础上，建立了不同方向力学参数与岩体结构特征指标间的相关关系，这些成果已应用于溪洛渡、紫坪铺等水电工程的地质勘探。

（6）结合在建工程大朝山水电站地下厂房洞室群，进行了研究。以大量地勘和地质分析资料为基础，采用多种方法和手段详细研究了凝灰岩软弱夹层、主要断层、地应力和地下水等因素对地下厂房洞室群布置和围岩稳定性的影响，并通过工程类比，提出了地下厂房洞室群布置方案、锚喷支护参数和防渗排水设计；在大朝山厂房顶拱Ⅲ类围岩段，通过现场试验研究，首次采用喷钢纤维混凝土加钢筋拱肋柔性支护代替钢筋混凝土衬砌结构，对保证施工、加快进度具有创新意义。

(7) 结合李家峡工程坝前滑坡研究论证了滑坡的蠕滑机制，通过滑带土剪切流变试验，获得了长期强度和进入加速蠕变的临界强度判断依据。试验研究得出了李家峡Ⅰ、Ⅱ号滑坡大部分滑体今后不会产生剧滑而引起涌浪危害的结论。在国内首次进行了模拟水库运行状态下的滑坡注水促滑试验。

(8) 进行了地形图室内采集数字化成图系统应用，研究比选了野外采集数字测图系统，使地质和设计后续各专业的生产效率有较大的提高。

(9) 近十年来，中国水电建设在高坝、高水头大单宽泄流、压力钢管等方面都取得了长足的进步，积累了丰富的工程经验。国家科技攻关以二滩、李家峡、小湾、溪洛渡等大型水电工程为依托，进行了大量的科学试验工作，取得了很多有创新意义的科研成果，而水工结构设计规范如拱坝、溢洪道、压力钢管等都已运用多年，有的甚至延用了十多年。为了使上述工程经验和成熟的新技术、新方法、新材料及时纳入到设计规范中，使其转化为生产力，在国家电力公司大力支持下，将有关规范的专题研究列入了该课题研究范畴。这些专题研究的主要原则和内容是：近十年来工程建设的经验和教训总结；近年来工程实践检验证明可以推广应用的新技术、新方法等科技成果；将原规范中水工结构设计部分按可靠度设计统一标准的原则和方法进行转轨和套改。

(水电水利规划设计总院　孙永娟)

高水头贯流式水轮机水力模型的开发

受国家电力公司委托，中国水利水电科学研究院(简称水科院)承担了“15～20m 高水头贯流式水轮机水力模型的开发”的研究项目(合同编号 SP-KJ015—02)，于 2001 年 12 月通过了国家电力公司的成果验收。

项目组对国外制造的灯泡贯流式水轮机组的流道控制尺寸进行了详细的调研，设计时充分考虑了该项目的特点，确定了贯流式水轮机的流道尺寸，并对流道的关键部分——尾水管进行了重点的分析计算，设计了两套尾水管。

在流道型线确定之后，进行了锥形活动导叶和转轮叶片的设计，设计中充分发挥水科院在以往开发 $H_{max}\leqslant 12$m 和 $H_{max}\leqslant 7$m 两个水头段灯泡贯流式水轮机上所取得的研究成果，并借鉴近年来国外在灯泡贯流式水轮机锥形设计活动导叶和转轮叶片设计上的特点，设计了两套锥形活动导叶和四套转轮，四套转轮的型号分别为 JGZ501、JGZ502、JGZ503 和 GJZ504。

15～20m 高水头灯泡贯流式水轮机水力模型试验在水科院水力机电研究所水力机械实验室 3 号试验台的贯流机试验段上进行。模型试验的方法和试验台精度符合 IEC 和 DL446—1991 规程的要求，模型效率综合误差在±0.3%之内。进行了能量、气蚀、飞逸、导叶水力距试验，试验结果如下：

1. 模型机主要参数

转轮直径：$D_1=300$mm

转轮叶片数：$Z=5$

轮毂比：$d/D_1=0.428$

导叶锥角：$\alpha_0=120°$

导叶数：$Z_0=16$

导叶相对高度：$b_1/D_1=0.345$

灯泡比：$D_0/D_1=1.2$

流道总长度：$L=7.6D_1$

流道进口尺寸：$A_1=2.2D_1\times 2D_1$

尾水管长度：$L_2=4.8D_1$

尾水管出口尺寸：$A_2=2D_1\times 1.6D_1$

2. 模型试验主要结果

(1) 最优工况点模型特性参数见表 1。

表 1　最优工况点模型特性参数表

型号	n'_{1opt}(r/min)	Q'_{1opt}(L/s)	η_{opt} (%)	σ^{-1}
JGZ503	135	1570	92.9	<0.8
JGZ504	145	1470	92.9	<0.8

(2) 飞逸特性。JGZ503 转轮的最高单位飞逸转速出现在叶片转角 $\Phi=0°$，导叶开度 $\alpha_0=75°$ 的非协联工况，$n'_{1pmax}=374$r/min，是最优单位转速的 2.8 倍。JGZ504 转轮的最高单位飞逸转速出现在叶片转角 $\Phi=40°$，导叶开度 $\alpha_0=75°$ 的非协联工况，$n'_{1pmax}=375$r/min，是最优单位转速的 2.6 倍。

(3) 导叶水力矩特性

1) 定桨 Φ 为常数时，实测数据表明：在导叶联动关系没有破坏时，各导叶开度下所有的导叶水力矩方向都为导叶关闭方向。

2) 最优工况时实测数据表明：只有被测导叶失控且其开度 $\alpha_0\geqslant 60°$时才出现导叶开启方向的力矩，其他情况的导叶水力矩都是关闭方向，最大开启力矩和最大关闭力矩基本相当。

3) 设计工况时实测数据表明：在被测导叶失控且 $\alpha_0>60°$和被测导叶背面侧导叶失控且 $\alpha_0<45°$时出现开启力矩，其他情况均为关闭力矩。最大开启力矩出现在被测导叶失控且 $\alpha_0=80°$处，最大关闭力矩出现在被测导叶正面导叶失控且 $\alpha_0=0°$处，两者大小基

本相当。

试验研究最终提供的 JGZ503 和 JGZ504 模型是国内首次开发完成的、具有实用性的两套灯泡贯流式水轮机水力模型，其性能指标达到了国内先进水平，为中国 15～20m 高水头段灯泡贯流式水轮机的选型提供了技术保障。

（中国水利水电科学研究院 朱耀泉）

拱坝沿拱座基面滑动机制及控制标准研究

为了揭示拱坝沿拱座基面滑动的机制，正确评价拱坝沿拱座基面滑动的稳定安全性，国家电力公司组织国内专家学者对其进行了专题研究，研究中采用了计算分析、模型试验及综合分析大坝观测资料三种方法。其中，计算分析中又包括三维非线性有限元法、多拱梁法、互动法及反分析法；模型试验中包括了超载法及强度储备法；综合分析观测资料是通过李家峡拱坝的坝体水平位移及内部变形监测资料的综合分析，判别拱坝的工作状态。该课题已于 2002 年 1 月通过了国家电力公司的验收。专题研究得出以下结论：

（一）关于拱坝沿拱座基面滑动的安全性

对二滩、小湾、李家峡、白山、紧水滩等拱坝的计算分析及二滩、李家峡、小湾拱坝的地质力学模型试验成果表明，拱坝在荷载作用下的应力、位移状态都具有以下共同的规律：

(1) 在正常蓄水位、自重及温降荷载作用下，坝体的水平位移都是指向下游，坝肩的铅直位移向下。拱座基面上的法向位移中，除了上游坝踵的边界部位指向坝体外，其余部位都是指向岩体内部，法向位移指向岩体内部的面积占拱座基面面积的 95%以上，顺坡向位移都是指向下方。拱座基面的应力状态中，有 90%以上的面积是压应力，有拉应力的面积只占拱座基面面积的 5%左右，在河床上游的坝踵有局部开裂，开裂的深度只有该部位坝体厚度的 1/4～1/8 左右，这表明拱座基面总体是处于受压状态。拱座基面上剪应力方向都是指向下游偏向河床。这表明，这些拱坝在正常蓄水位、自重及温降荷降作用下，处于正常工作状态，不存在沿拱座基面滑动的现象。

根据上述结果，在拱坝的体形设计中，一般不应以沿拱座基面滑动作为一个控制条件。但必须指出的是：沿拱座基面滑动的问题在理论上是有可能存在的，因此，对于一些体形比较扁平的拱坝或设有边缘缝或河岸平缓或有顺坡节理或有软弱面等复杂的地质条件时，应对沿拱座基面滑动稳定的问题予与重视。

(2) 在超载条件下，坝体的位移量、拱座基面上的压应力、剪应力、法向位移及顺坡向位移都随着荷载的增加而增加，其中拱座基面上的切向位移及剪力不仅仅随着荷载的增加而增加，而且坝体上部拱座基面上剪力方向由原来的指向下游偏向河床逐步变为指向下游偏向两岸。这表明，这种状态下拱座基面上存在沿拱座基面向上的顺坡向剪力分量及向上的顺坡向位移。超载条件下坝体的破坏形式是首先在上游面的河床坝踵部位开裂及下游坝踵有塑性屈服区；然后裂缝向两岸延伸，而且裂缝向坝体内部扩展，同时下游拱座基面的塑性区扩大；最后下游面出现裂缝，而且下游拱座基面出现大面积的塑性区，大坝以坍垮的形式破坏，超载系数一般都大于 4.0。在这一过程中，坝体在拱座基面上局部产生向上的顺坡向剪力及向上的顺坡向位移，如果这时的剪应力超过剪切强度，则有可能沿拱座基面产生局部滑移，但由于拱坝坝体的超静定作用，其内部应力与位移具有传递作用，经过调整后，有可能在一组新的内力与位移状态下达到新的平衡。若在新的内力与位移状态下达不到平衡，坝体与拱座基面的内力与位移将再做调整，如果调整后还是不能平衡，那么这种调整将继续下去，则最后导致大坝开裂、丧失稳定性，以及沿拱座基面剪切破坏的滑移和下游塑性区扩展的破坏同时发生。因此，认为如果拱坝在拱座基面上发生剪切滑动的失稳，也不仅仅只是这单一的破坏形式发生，必然伴随有坝体的开裂破坏、下游拱座基面或岩体内大面积的压剪进入塑性状态同时发生。

（二）关于拱坝沿拱座基面滑动机制

计算分析、模型试验及实测资料的综合分析，说明拱坝沿拱座基面滑动的实质是剪切破坏，同时在坝体内有裂缝发展与开裂破坏，拱座基面上还伴随着大面积的拉应力区，导致上游拉裂，下游有大面积的塑性屈服及塑性变形缝。因此坝体产生沿拱座基面滑动总要经过以下四个阶段：

(1) 第一阶段：大坝拱座基面及基础岩体处于弹性工作状态，其内部的应力位移均处于弹性范围，这一阶段的应力、位移与弹性计算成果大体上一致。

(2) 第二阶段：坝体局部进入非线性状态，应力、位移发生改变，上游坝踵部位裂缝向两岸扩展同时向深度方向延伸，而且下游拱座基面上的塑性区扩展。坝体的整体性有一定的降低，应力与位移发生了重新分布，与弹性状态下的应力、位移有较大差别。这一阶段属于滑动的酝酿阶段。

(3) 第三阶段：坝体开裂后，裂缝继续扩大，而且有上、下游方向贯通的裂缝。下游的塑性屈服范围增加并出现塑性变形缝，坝体的整体性更进一步降低，甚至已经基本丧失了整体性。这一阶段属于滑动的发展阶段。

(4) 第四阶段：开裂与剪切破坏的滑移量很快增加，同时伴随着坝体溃决。

(三) 关于沿拱座基面滑动稳定的控制标准

就所计算的二滩、李家峡、小湾等13座拱坝多拱梁法的点安全度及小湾、二滩、李家峡拱坝的模型试验成果可以看出，这些拱坝的最小点安全度一般都小于目前拱坝设计规范中沿用的坝肩深层抗滑稳定安全度要求，有的相距还比较大。但从已建的12座拱坝多年的运行状况看，都没有发现与拱座基面滑动有关的异常现象。这表明大坝处于正常运行之中，或者说，个别高程的点滑动安全度较小时，其内部应力的整体水平使坝体仍处于正常运行之中。因此，拱坝沿拱座基面滑动的控制标准，在技术上是一个十分复杂的问题，又是一个保证拱坝建设既安全可靠又经济合理的重大问题。鉴于上述原因，认为对于这一问题必须随着研究的不断深化，并且在大量总结工程实践经验的基础上，逐步加以解决。对现行规范中规定沿用坝肩深层抗滑稳定安全度的控制标准，建议在原基础上可适当降低。

(水电水利规划设计总院 姜军凯)

黄河李家峡水电站水库滑坡稳定性研究及处理

李家峡水电站位于青海尖扎县与化隆县交界处的黄河干流上，属大(1)型已建水电工程项目，坝型为混凝土双曲拱坝，最大坝高155m，正常蓄水高程2180m，总库容1.65万m^3，河床坝后式双排机引水发电厂房，总装机容量5×400MW，年平均发电量59亿kW·h，地震基本烈度Ⅶ度。2001年12月通过国家电力公司竣工验收。位于坝轴线上游的Ⅰ、Ⅱ号水库滑坡，均属现代活动的古滑坡，直接威胁电站安全。

(一) 滑坡简况

1. Ⅰ号滑坡　位于右岸坝轴线上游90～630m，属现代活动、大型、深切层岩质古滑坡。前缘剪出口高程2065～2075m，高出平水期河水面15～25m；后缘高出正常河水面273m，高出正常蓄水位145m。总体积约692万m^3，正常蓄水位2180m时66%的滑体位于水下。地表位移速率6～30mm/月，施工期做了石渣压脚，其压脚高程为2100m。

滑坡发育在前震旦系层状（产状NW290°～300°，SW45°～55°）混合岩及片岩中，其岩层走向与边坡走向（NE10°～20°）夹角大于70°，构成典型的斜向坡。以地表2号缝为界将Ⅰ号滑坡分上下游两区：上游区（Ⅰ-A）滑体完整性较好，滑体中岩层仍具有明显的层理，呈中厚～薄层状结构，层间弱带每10～15m发育一条，其下部滑面有一个较长平缓段，方量约380万m^3，属推移式滑坡；下游区（Ⅰ-B）滑体完整性差，不具明显层理、岩体破碎，总体上呈散体结构，下部滑面由两个较窄、高差30～40m的平缓段组成，方量约308万m^3，属牵引式滑坡。

2. Ⅱ号滑坡　位于左岸轴线上游830～2090m，地表位移速率多在3～25mm/月，属现代活动、大型、顺层溃曲破坏的岩质古滑坡（群）。前缘剪出口出露高程2047～2065m，次滑体前缘剪出口高程2075～2085m；后缘高出河水面243m，高出正常蓄水位100m，总体积约1845万m^3。

以前缘台锥状完整基岩为界，蓄水前将Ⅱ号滑坡分为上游区（Ⅱ-1）和下游区（Ⅱ-2），其中上游区方量440万m^3，岩体完整性较好，岩层正倾，其产状变动不大；下游区方量1405万m^3，正常蓄水位2180m时60%的滑体位于水下，中～上部岩层正倾，而下部岩层则多呈倒转反倾。

蓄水后以4号新生缝为界，又进一步将下游区分为2—A区及2—B区，体积分别为783万m^3和622万m^3；正常蓄水位2180m水位时66%滑体位于水下。

(二) 滑坡稳定性研究

1. 借鉴国内外水库滑坡研究经验　吸取意大利瓦依昂、中国柘溪水库塘岩光滑坡失败的教训，借鉴奥地利界帕齐、新西兰克莱得水库滑坡研究的成功经验，用蠕变理论的观点来研究李家峡坝前水库滑坡从蠕滑进入剧滑的机理，首次采用模拟水库运行环境下的“促滑试验”来论证和预测今后滑坡失稳和运动方式，是富有实用性和创造性的一项科研工作。

2. 滑带土蠕滑特性研究　李家峡坝前水库滑坡是古滑坡在新环境下的复活，蓄水初期曾有过速率较大的位移，十余年来监测滑坡一直处于蠕变状态。而水库滑坡危害主要是剧滑涌浪，而不是失稳，今后滑波蠕滑是否能转化为剧滑，仅采用传统静态平衡稳定分析已显不足，需进一步用直剪、伺服剪、剪切流变试验等方法研究李家峡滑带土蠕滑特性。

直剪试验成果表明李家峡滑带土剪切力（τ）—剪位移（ε）属塑型曲线类型，直剪屈服强度/峰值强度（τ_y/τ_p）＝0.76～0.85；残余强度/峰值强度（τ_r/τ_p）≈1。

伺服剪试验成果表明当剪切速率＞16mm/h（即384mm/d）时，滑带土参数值（f、c）均趋于稳定；当剪切速率＝0.6～16mm/h时，滑带土摩擦系数f先增大后减小，c值先减小后增大。

剪切流变试验采用“陈氏加载法”，模拟天然含水率15.21%、密度2.23g/cm^3，采用0.1～0.4MPa4级正应力，剪切荷载增量（1/8—1/11）P，各级荷载持续 5d。其成果表明：

(1) 滑带土长期强度 $f_w=0.162$，$c_w=0.0175\text{MPa}$；峰值强度 $f_p=0.320$，$c_p=0.767\text{MPa}$；

临界强度 $f_0=0.325$，$c_0=0.890\text{MPa}$(某级正应力时滑坡产生加速蠕变的强度)。

当下滑力恰界于长期强度（f_w）与临界强度（f_0）间时，滑坡不会向加速蠕变转化。

(2) 剪应力（τ）与黏滞系数（η）的关系：

国内外研究证明，剪应力增加黏滞系数下降，随时间增大，黏滞性增加；当剪应力不变（或略有下降时），黏滞系数有再尘现象。李家峡滑带土也符合上述规律，但幅度明显比界帕齐水库小，原因是流变试验正应力偏低、剪位移基本上是瞬时的，两天后基本趋于稳定。

3. 剧滑的必要条件　滑面剪应力超过滑面峰值强度。若下滑力增加能被滑坡本身的运动所平衡，剧滑不可能产生。

(1) 滑体启动后滑面强度有大幅度下降，易造成高速滑动，下降幅度越大、滑速越高。强度下降原因为残峰差值大，有动摩擦（剩余下滑力加速），多由降雨或库水上升淹没水平段引起滑面强度大范围恶化。

(2) 主滑荷载突然增加。降水引起孔隙水压力增加，加大滑面剪应力，滑体上部加载，如新滩水库（1985 年 6 月 12 日）上部不断有崩塌堆积物加载，由蠕滑转化为剧滑。

4. Ⅱ号滑坡生产性促滑试验　促滑试验的目的是模拟水库运行时最不利条件的考验，对滑坡下滑机制做进一步检验。找出代替开挖治理的方案。试验共进行 114 天，其中第一时段（1998 年 6 月 9 日～9 月 16 日）注水 $200\text{m}^3/\text{h}$；第二时段（1998 年 9 月 17 日～9 月 30 日）注水 $800\text{m}^3/\text{h}$。

(1) 第二时段 17d，地下水位普升至 2175m 以上，其浸润线可类比 2175m 骤降至 2145m 时的形态，形成的孔隙水压力不会小于 2180m 骤降到 2160m 时的水平。

(2) 注水强度已超过李家峡地区今后可能达到的最大暴雨强度，即第一时段 11.6mm/d；第二时段 42.8mm/d。因此认为，模拟 2180m 骤降至 2160m 环境土降水的目的已达到。

(3) 从稳定计算成果看，促滑试验后稳定系数增加值为 0.11（$K_{促}$）、0.048（$K_{次}$）。其升幅相当于库水位由 2057m 升至 2145m 水平。据计算由 2145m 上升到 2180m，纵 5 剖面 K 值可升高 0.05。因此，促滑试验成果可作为评价类似纵 5 剖面滑体的试验依据。

5. 滑坡稳定性预测　依据蓄水前滑坡地质调查、机制研究及动态监测、涌浪试验、滑坡稳定性计算（刚体和有限元）等成果，预测“水库蓄水后，随着库水位上升，滑体即开始向下滑移，并达到新的平衡，水位再上升，又再次向下滑移，这个过程应是一个缓慢的过程，产生涌浪危害的可能性很小。”这一结论，在水库蓄水过程、促滑试验中得到了验证，“水库采取分期、逐步提高水位措施”指导工程于 2001 年 11 月安全达到 2180m 正常蓄水位。

(三) 滑坡工程处理

依稳定分析和原型观测为依据，认为Ⅰ号滑坡上游区、Ⅱ号滑坡以纵 3 剖面代表的区域，今后仍有从蠕滑转变为剧滑、产生危害性涌浪的可能性，为水库运行的长治久安，必须进行处理，其余部位可不再进行工程治理。

Ⅰ号滑坡上游区处理方案为“削头减载”，工程量为 71 万 m^3。Ⅱ号滑坡研究了“注水促滑”和“削头减载”（方量约为 65 万 m^3）的两个方案，经过比较，推荐技术上可行、经济上合理的“注水促滑”方案。

处理过程中，Ⅰ号滑坡按上游区“削头减载”（方量约为 71 万 m^3）方案实施；Ⅱ号滑坡按纵 3 剖面“削头减载”（方量约为 41 万 m^3）方案实施，处理后经正常蓄水位 2180m 条件的考验，结合滑坡监测成果证明，两滑坡稳定性提高，变形速率趋缓。

鉴于滑坡稳定性预测做到万无一失尚有一定困难，在工程治理后，继续进行坝前滑坡监测，以掌握、预报工程治理后的滑坡动态，确保电站运行安全。

(四) 结论

近坝库岸大型滑坡的勘测设计研究是十分必要的。常规方法对滑坡稳定和滑速分析计算确定的滑坡涌浪高度，并不能全面反映滑坡的实际变形机制。

滑坡动力学分析中应引入蠕变（滑）概念进行滑坡动态分析。研究和监测证明，滑体复活后的松弛和位移对滑体稳定状态起自我调整作用。库水位稳定条件下李家峡水库滑坡的加、减速蠕变过程，证明滑带土黏滞系数随蠕滑过程不断增大，使滑面的剪应力始终未超过临界强度。滑体不能进入加速蠕变和剧滑，也就不会造成涌浪危害。

在条件适合的地方，选择有代表性的滑块做模拟水库运行条件下的促滑试验，是论证滑坡是否能由蠕滑转变为剧滑或提前解除滑坡涌浪威胁的有效措施。同时，也为滑坡处理探索了一条新途径。

该研究成果已在李家峡工程中得到初步应用，并取得了良好的经济效益。

(西北勘测设计研究院　韩建设　吕生弟)

在深厚覆盖层中高喷防渗墙施工机具及方法研究

（一）工程概况

福堂水电站位于四川省阿坝藏，羌族自治州汶川县境内的岷江干流河段上，属引水式电站，装机容量36.0万kW，主体建筑由首部枢纽、引水隧洞和厂区枢纽三大部分组成。首部枢纽工程位于玉龙大桥下游800.0m处，闸址距汶川县城15.0km，最大闸高31.0m，闸顶长187.0m，软基建闸，基岩接头、闸基基坑要求常年施工，河床一次性断流，右岸导流洞导流。

（二）围堰水文地质、工程地质条件

围堰所在河床覆盖层比较厚，一般厚34～80.0m，最大厚度可达92.5m，地质条件复杂，大孤石、漂石含量多，粒径大，最大粒径可达2.0m，卵石成分为火成岩，比较坚硬，地层结构不均一，局部架空严重，透水性强。

（三）围堰高喷防渗设计

围堰工程由上游围堰和下游围堰组成，上游围堰防渗采用高喷防渗墙与固化灰浆防渗墙相结合的方式，以高喷防渗为主。高喷防渗墙采用双排孔，孔距1.0m，排距0.6m，梅花型布置，孔深18.3m，防渗顶高程1256.3m，防渗底高程1238.0m，防渗轴线长123.0m；下游围堰全部采用高喷防渗墙防渗，单排孔，孔距0.8m，孔深11.0m，防渗顶高程1252.0m，防渗底高程1241.0m，防渗轴线长121.0m。高喷灌浆均分三序施工。

（四）高喷施工机具

1. 钻孔机具　钻孔采用英格索兰KR803-02全断面液压钻机，ODEX工法偏心跟管钻进。其钻进工艺基本原理是：使用钻杆连接一套钻具（冲击器、中心钻头、偏心钻头、稳杆器），冲击器在高风压作用下，带动中心钻头冲击钻进，偏心钻头在钻机旋转力矩作用下，甩出偏心，扩孔，套管在稳杆器作用下强行跟进。

2. 高喷机具　高喷台车采用GS500—4台车，桅杆高15.0m，能一次性喷射14.0m，超过14.0m的孔采用加接喷具的办法；高喷喷具提升采用无级变速，可设置任意提升速度，喷具为ϕ89mm的并列三管，喷具间采用螺栓连接、胶垫密封。高压水泵为天津通用机械厂生产的3S2-62MPa清水泵，具备长时间连续稳定工作运转能力。

（五）高喷施工方法

1. 钻孔方法　钻孔采用风动潜孔锤偏心跟管强行钻进，钻头为ϕ130mm～ϕ152mm的合金偏心球齿钻头，跟进套管为ϕ140mm无缝钢管，套管间丝扣连接。钻进遇大孤石时，取出钻杆和钻具，换上ϕ110mm球齿钻头，对大孤石进行超前钻进，钻穿孤石后，再换上先前的钻杆、钻具进行跟管钻进。钻孔过程中严格控制钻孔的偏斜率，每加一根套管，要用水平尺、重锤测量套管的偏斜情况，并进行纠偏。钻孔完毕，用浮漂测量所钻套管的孔斜，浮漂法测孔斜利用倒垂法测孔斜原理，测斜精度可高达万分之一，测试方法是从孔底向孔口测量，测出的数据首先满足孔底垂直来校核孔口是否垂直或偏斜，要求所有的孔斜偏差小于1%。钻孔中详细记录钻孔所遇到的各种地质现象，如地层及变化深度，大孤石的分布、埋深、粒径及地层返水情况等。采用特制的PVC管护壁，特制的PVC管壁薄、易碎，有一定的强度，能起临时护壁作用，在5～10MPa高压水作用下就能击碎。

2. 高喷方法　根据钻孔揭露的地质资料，有针对性地制定出每一个孔的高喷参数。高喷灌浆严格按高喷参数进行（高喷灌浆综合性施工参数见表1）。

表1　　高喷灌浆综合性施工参数表

项目	技术参数	相应要求	备注
高压水	压力:40～46MPa	水嘴个数:2个 水嘴直径:1.75～1.85mm	
	排量:75L/min		
压缩空气	压力:0.4～0.7MPa	风嘴个数:2个 气嘴与水嘴间隙:1.5～2.0mm	
	排量:1.5～2m^3/min		
浆液	压力:0.2～0.6MPa	进浆比重≥1.6g/cm^3	充分利用孔口返浆
	排量:40～100L/min	回浆比重≥1.2g/cm^3	
提升速度(cm/min)	一序孔:3～4	根据地层和返浆情况做适当调整，在地层交界处、透镜体砂层和大孤石密集区停止提升、静喷或降低提升速度等	
	二序孔:4～6		
	三序孔:6～8		
旋转速度	6～8r/min	每提升1.0cm旋转一圈	

（1）早强速凝塑性稳定浆液配制。早强速凝塑性浆液所用材料为水泥（P.O32.5普通硅酸盐水泥）、黏土（200目钙基膨润土）、纯碱（工业纯碱）、外加剂（AC即速凝、早强、高效减水剂）。其浆液配比为，水∶水泥∶膨润土∶纯碱∶AC＝118∶100∶25∶1.5∶2，各种材料加入顺序为，水→膨润土→纯碱→水泥→AC→放浆。材料加入严格称量，施工现场随时检查浆液的稳定性，并现场做配比试验，其浆液性能为4～5min失去流动性（初凝）、10～15min浆液具有一定的强度。

（2）高喷灌浆作业。高喷灌浆施工采用并列三联管法。当喷具下入到设计深度后，先通浆后通风、水，孔口返浆后，边旋转边提升，自下而上喷射。孔底先静灌10min，若孔底返浆，则采用全参数正常提升；孔底不返浆，则静灌后采用复合喷灌法至少提升2m后再全参数正常提升。高喷结束后，孔内注浆至孔口，并由专人负责用弃浆回填密实。

(3) 对大孤石、巨漂石的处理。高喷喷嘴进入孤石下界面，采用静喷（停止提升，其他高喷参数不变）10min，使浆液能有效地与大孤石进行裹袱。在大孤石内，若大孤石直径大于0.5m，提升速度采用8～10cm/min；若大孤石直径小于0.5m，则提升速度按正常要求进行。喷嘴出大孤石上界面时，先静喷10min，再静灌（停止提升，高压水压力降为5MPa，其他高喷参数不变）5min。

（六）高喷质量检查结果

(1) 在高喷墙体上钻孔取芯，取芯率达到88.5%，取出的岩芯中明显看见卵石被水泥结石胶结、裹袱。

(2) 在高喷墙体上钻孔做注水试验，渗透系数K值都达到10^{-5}cm/s。

(3) 声波测试：高喷后测得墙体的纵波波速v_p都在2100m/s以上，比高喷前的1500～1800m/s提高了30%～40%。

(4) 现场开挖直观成墙效果：通过墙体开挖，明显看见覆盖层中大孤石、卵石之间被水泥结石胶结、裹袱，孤石间架空部位完全被水泥结石填充，整个墙体光滑平整。

（中国水利水电第七工程局　罗建林）

混凝土表面保温、保湿、抗裂、防水喷涂技术的开发及应用

水工大体积混凝土工程调查表明，引起大体积混凝土产生裂缝的原因是复杂的，往往是多种因素联合作用导致的，但有70%左右的裂缝是由于温度应力和干缩应力联合作用而形成的。该项目系国家电力公司重点科技攻关项目（编号：SPKJ007-01），目的是研究开发一种新的大坝混凝土表面保温、保湿喷涂技术，即采用单组分和双组分喷涂技术，在混凝土表面形成3～5cm厚的发泡型高效保温、保湿全封闭防护层，从而在整体上改善新建或已建工程混凝土表面的保温、保湿、防裂、抗渗功能，达到整体提高水工混凝土建筑物安全运行耐久性的目标。

该项目的主要成果有：

(1) 完成了两大体系新型的保温、抗裂、防渗材料的开发选优试验和特性试验。一类为复合保温材料，其主要成分由无机胶凝材料、固体泡沫材料、有机高分子材料及气体泡沫组成；另一类为有机高分子的瞬间发泡保温材料，主要成分有聚醚混凝合物、扩链剂、催化剂、稳定剂、发泡剂、阻燃剂及固化剂等。此种材料预先加工成A、B两种组分，当两种组分混合时，在5s左右即形成一定厚度的发泡保温材料。

(2) 开发优选了适合于两种材料的喷涂机械和工艺，能适应各种混凝土表面的形状和干湿状态，以及保证材料与混凝土表面的良好黏结和快速施工。

项目研究开发的两种新型保温、保湿材料的主要技术特点为：

(1) 保温、保湿效果比现有的挂草帘、彩条塑料布及贴苯板等效果要好。

(2) 采用喷涂技术，对混凝土表面的形态和平整度没有要求，增加了保温材料与混凝土的黏结性能和耐久性能。

(3) 采用机械化喷涂作业，施工速度快，每台班可喷200m^{2}以上。

(4) 形成了一套切实可行的新技术体系，适应各种混凝土保温、防渗、防裂工程的需要，有良好的技术经济效果。

研究成果工程应用实例有：

(1) 复合保温防渗喷涂技术在江西下会坑水电站的应用。工程位于江西省上饶县境内，其大坝为混凝土砌石拱坝，上游面采用C20混凝土面板防渗。由于在夏季高温施工而未采取严格的温控措施，在防渗面板上形成了许多裂缝，随着气温的下降，裂缝有扩展和继续发展的可能。为了保证大坝上游面防渗面板的整体防渗作用，在对面板已有裂缝修补的基础上，采用复合保温防渗喷涂技术对大坝342m高程以下的面板进行了全封闭保温防渗喷涂处理，喷涂面积1500m^2，经蓄水运行，效果良好。

(2) 高分子发泡保温防渗喷涂技术在山西汾河二库中的应用。汾河二库是一座大型重点水利枢纽工程，大坝为碾压混凝土（RCC）重力坝。由于分块较长、温度应力过大，坝体和坝基廊道上、下游浇筑块出现了一些裂缝，虽进行了修补灌浆，但由于坝体温度尚未稳定，裂缝有可能还会生成和发展，因此有必要“加强大坝上游面的防渗保温措施”（摘自《山西省汾河二库水利枢纽工程蓄水安全鉴定报告》），确保大坝蓄水后的安全运行。采用高分子发泡保温防渗喷涂技术，对汾河二库碾压混凝土大坝上游面进行了保温防护施工，总共完成保温层喷涂6400m^2，效果良好。

以上两个工程均通过了管理单位验收。该项目已于2001年8月通过了国家电力公司组织的专家鉴定，

属水电领域国内首创。

（中国水利水电科学研究院 李金玉 曹建国 田军涛 林莉 李芳）

混凝土坝水下裂缝修补技术

混凝土坝裂缝是水工混凝土建筑物较普遍、常见的病害之一。特别是混凝土坝水下部分，由于其长期处于水下，工作环境恶劣，一旦产生水下混凝土裂缝，将造成大坝渗漏，对大坝安全运行构成直接的危害。但是由于运行要求，许多带有裂缝工作的大坝不允许放空水库进行修补，这就需要进行水下修补施工。另一方面，混凝土坝水下伸缩缝由于止水老化破坏而渗漏严重。国家电力公司重点项目“混凝土大坝水下裂缝修补技术研究”（编号：SPKJ007—02），目的在于研究出适于混凝土大坝水下裂缝和伸缩缝修补的材料，满足结构的要求，要求方便可行、施工简单、效果良好的水下施工工艺。

混凝土坝水下裂缝修补是技术难度很大的一项研究工作。该项课题研究紧密结合水下修补中关键性的技术问题，通过一系列室内外试验研究，成功研制出混凝土坝水下裂缝嵌缝材料、水下裂缝封缝材料、水下裂缝灌浆材料、水下伸缩缝弹性体灌浆材料和水下背水面弹性体快速封堵材料；通过试验，总结出整套水下修补施工技术，并在安徽陈村水电站上游坝面进行了水下伸缩缝修补试验，在引滦输水隧洞混凝土水下底板进行了水下裂缝凿槽与嵌缝试验、水下裂缝灌浆试验。

该项研究取得的主要成果有：

(1) 研制出的遇水膨胀止水条GBW具有膨胀速度较快、膨胀率较大、伸长率较大、析出物较少等特点。研制的水下封堵材料水中施工养护28d后黏结强度大于1.0MPa，在水中不分散，在使用过程中不会初凝，初凝时间可调。比较了混凝土水下表面覆盖所需的材料，在此基础上研制出了复合型水下裂缝覆盖材料。

(2) 利用环氧树脂和聚氨酯在一定条件下制备出可以形成同步互穿聚合物网络结构的新型化学灌浆材料。该材料综合了环氧树脂浆材和聚氨酯浆材的性能优点，浆材黏度低，凝结时间可调、强度高，变形性和可灌性都很好。水下混凝土灌浆试块的黏结抗拉强度可达1.05MPa，是一种性能优良、适用性强、适合水下灌浆的多功能新型灌浆材料。

(3) 选用具有高弹性及水下固化的聚氨酯材料与黏度极低可灌性良好的甲凝材料相互改性，利用交叉渗透交联工艺制备出互穿聚合物网络弹性体灌浆材料，其浆液黏度适当，可灌性良好，具有优良的水下固结及固结后弹性体要求的延伸率。该浆液在水下与混凝土表面固结后的弹性延伸率可达150%以上，但仍与混凝土表面良好黏结而不脱落。

(4) 选用具有高弹性的聚氨酯、高黏度的环氧树脂和具有快速固化性能的无机材料，研制出一种立体交叉网络结构的高性能有机、无机复合带水封堵材料，能够在水下潮湿混凝土表面快速固化，弹性好，与混凝土黏结强度达0.5MPa，在延伸率为100%范围内拉伸时，与混凝土表面黏结不脱落。

(5) 应用仿真模型试验技术，采用自行研制的混凝土坝水下裂缝及水下伸缩缝修补材料对水下裂缝嵌缝封堵工艺、水下裂缝锚贴工艺、水下裂缝灌浆工艺及水下伸缩缝灌浆工艺分别进行了详细研究，在此基础上提出了一整套水下裂缝及伸缩缝修补的施工方案及其施工工艺。

(6) 应用所研制的水下修补材料和总结的施工工艺与技术，进行了现场应用试验。在总结国内外水下修补施工经验和现场试验经验的基础上，提出了混凝土大坝水下裂缝及伸缩缝现场施工成套技术及有关的注意事项，为今后从事混凝土坝水下裂缝及伸缩缝修补施工提供了宝贵经验。所形成的成套水下裂缝修补技术内容包括以下几个方面：水下施工工作平台技术、水下混凝土表面清淤及修补面清理技术、水下钻孔与锚固技术、水下裂缝的嵌缝修补技术、水下裂缝表面覆盖技术和水下裂缝灌浆技术。

(7) 室内模拟试验和现场应用试验证明，所研制的混凝土水下修补材料满足结构的要求，材料性能不但达到规定的技术经济指标，而且填补了国内空白。总结出的水下施工工艺与技术方便可行，具有施工简单、效果好的特点，值得推广应用。

该项研究取得了较丰富的科研成果，所总结出的整套水下修补施工技术，为已建水工混凝土结构的水下修补奠定了良好的技术基础。应用这一技术可以在不放空水库的条件下进行混凝土坝水下裂缝的修补，具有较大的社会和经济效益。

（中国水利水电科学研究院 鲁一晖 孙志恒 买淑芳 许临 吴怀国 南京水利科学研究院 林宝玉 周明 蔡跃波）

沥青混凝土面板防渗技术研究

“沥青混凝土面板防渗技术研究”专题项目是以天荒坪抽水蓄能电站上水库沥青混凝土护面工程为依托进行的，在总结天荒坪上水库沥青混凝土护面工程的设计、试验、施工经验教训的基础上，参照国内外其他沥青混凝土面板防渗工程的经验，对沥青混凝土面板防渗技术进行研究。

专题研究项目主要内容包括沥青混凝土原材料的性能、指标要求与作用，沥青混凝土防渗面板的结构组成与特点，沥青混凝土下卧层、整平胶结层、防渗层、封闭层的作用与要求，配合比设计试验要求及实际采用的施工配合比指标与级配合成等，并对实施过程中可能遇到的问题进行了分析研究。报告中还对天荒坪上水库沥青混凝土护面工程施工布置、施工设备与施工工艺做了介绍，对试验项目与现场取样频率要求等进行了研究探讨。

报告中对一些有争议的技术问题进行了探讨研究，如骨料针片状颗粒含量对沥青混凝土性能的影响，认为以长厚比大于3的检查手段来确定针片状颗粒数量，结果不大于25%作为检测标准是合适的。对整平胶结层的孔隙率与渗透系数的关系与指标的合理选取进行探讨后认为，以10%～15%的孔隙率指标作为对整平胶结层的控制指标较为合理；对防渗层接缝的处理方法和提高沥青混凝土施工质量稳定性的措施等进行了研究探讨。根据天荒坪工程沥青混凝土面板运行过程中出现的问题，对沥青混凝土面板裂缝产生的原因和处理方法进行了分析，并提出运行蓄水的要求。

（一）沥青混凝土原材料

沥青混凝土的原材料指生产沥青混凝土所需的材料，主要有沥青、骨料、填料等三种，其中骨料又分粗骨料和细骨料。其他根据使用部位和要求的不同需使用的辅助材料包括掺料、加筋材料——高分子聚脂网、与常规混凝土的接缝材料——IGAS等塑性材料和乳化沥青、沥青涂料、氧化沥青等涂层材料。对沥青混凝土原材料的性能指标、试验与要求进行了研究，提出了具体的指标要求。沥青的基本指标主要有针入度、延度和软化点，要求其低温性能与抗老化指标要好。

（二）水工沥青混凝土配合比设计与试验

配合比设计的目的是为得到符合要求的沥青混凝土而确定骨料的级配、填料与沥青的含量。矿料合成级配、填料与沥青的含量要有合适的比例才能获得高质量的水工沥青混凝土。沥青混凝土配合比设计中采用胶浆理论，认为沥青混凝土是由多极空间网状结构组成的体系。沥青胶是以沥青为介质、填料为分散相的微分散系；沥青砂浆是以沥青胶为分散介质，细骨料为分散相的细分散系；沥青混凝土为沥青砂浆和粗骨料组成的粗分散系。

通常矿物骨料的累计级配曲线应符合或至少接近富勒（Fuller）曲线，使骨料合成级配能达到最小孔隙率，这种级配能最大限度地满足密实性最佳的要求。骨料级配必须确保沥青混凝土在斜面上具有较高的稳定性，避免蠕动；并考虑铺筑层厚、浇筑方式和碾压设备等情况。采用粗骨料可以加大压实层厚，并可以减少沥青和惰性填料的含量。

通过对原材料性能的分析研究，应正确选择满足沥青混凝土防渗面板设计要求的原材料的主要性能（在设计水头下完全不透水，渗透系数要求不大于10^{-8}cm/s；柔性良好，能适应变形；在所产生的应力下保持稳定；在现场最高温度下不发生流淌，最低温度下不发生脆裂，接缝接头不开裂；最优配合比；可施工性好，有较好的和易性和可压实性，压实孔隙率小于3%；耐久性好），并进行必要的性能试验，在此基础上设计满足工程要求的水工沥青混凝土配合比。

（三）水工沥青混凝土防渗面板结构设计

沥青混凝土面板有复式结构和简式结构两种结构型式，复式结构的组成包括封闭层、防渗面层、排水层、防渗底层、整平胶结层；简式结构的组成包括封闭层、防渗层、整平胶结层。现代沥青混凝土防渗面板结构的发展趋势是采用简式结构。

结构设计需考虑选用合适的材料，满足防渗性能要求、柔性要求、稳定与强度的要求，考虑到施工的不均匀性，设置加筋材料，满足现代化设备施工的要求，结构型式力求简单。

根据水工沥青混凝土简式结构中整平胶结层、防渗层、封闭层的功能要求，对各层性能指标包括强度、柔性、抗渗性、稳定性等及其他一些需要控制的综合指标，如容重、骨料最大粒径、膨胀性等，均研究了具体的控制要求。

（四）沥青混凝土面板施工工艺与质量控制

沥青混凝土面板的整个施工过程中，要求从骨料轧石、筛分、干燥、加热，沥青熔化贮存保温，热沥青混合物拌和到摊铺、碾压及冷缝处理均采用机械化，试验设备现代化，设备性能先进。对骨料、填料和沥青选料质量控制严格；对沥青混合料应通过试验确定配合比；对热沥青混合物拌和采用计算机自动监测控制系统；对摊铺、碾压温度和质量进行跟踪控制，杜绝施工中出现重大质量事故。

从分析研究天荒坪工程的施工方法入手，对施工布置、施工工艺、进度等进行深入研究。对沥青混凝土的生产系统，沥青混凝土的摊铺碾压等施工工艺包括面板特殊部位的施工、低温与雨季的施工、接缝的处理，以及施工进度、强度指标、施工设备、劳动力等做详细研究。由于沥青混凝土防渗面板的质量与施工设备、施工水平密切相关，故重点研究大型抽水蓄能电站水库斜面摊铺稳定性要求、摊铺长度与温度的关系，以及为减少接缝影响而采用的施工技术方案。

（五）结语

以充分的工程资料为依据，对水工沥青混凝土面板从原材料性能、基础和结构设计、施工设备和施工方法、材料与现场试验、工程维修等全过程的各项要求与指标进行全面的分析研究，认为沥青混凝土面板防渗性能好、适应变形能力强、能抵抗酸碱等侵蚀及对水质无污染，防渗效果是可靠的。

（华东勘测设计研究院　姜忠见）

多样化水情自动遥测通信方式的发展

20世纪后期，水情自动测报技术在中国有了很大发展，但采用单一的超短波通信方式已难以满足今日的需要。超短波通信受地理地形影响，山区视距通信范围很小，多级中继转发除增加对系统性能的要求外，也给维护工作带来很大困难。尤其随着中国各类专业及民用通信日益增加，超短波信道干扰严重，使通信误码率明显增加，精度下降。这种限制测报区范围的情况，不利于相邻梯级电站的资料共享和防洪联合调度。

1997年，成功地开发了Inmarsat卫星通信网在水情遥测中的实地应用，相继又开发了VSAT、Globalstar、OminiTRACS等卫星通信在水情测报中的应用，其他公用通信网也相继开发应用，取得了较大成就。以下重点介绍Inmarsat卫星通信及各种通信方式混合组网在水情测报方面的应用和发展。

（一）Inmarsat-C卫星通信

Inmarsat提供Inmarsat A、B/M、C、Mini M及Inmarsat-Aero等多种卫星通信系统，Inmarsat-C是一种存储转发方式双向卫星数字通信系统，通信组网灵活。Inmarsat-C终端在进行数据通信时，一种数据报告的通信方式最适合要求传输速度快、信息量不大的水情遥测系统，它是利用其信令信道来传送小数据量信息的。在这种数据报告方式中，通常是采用点对点的路由来实现双方的信息通信，它将用户的一组终端组成一个网，分配给它们一个数据网号（DNID），网内的所有终端都各自有不同的成员号（Member），其中有一个或两个终端设定为主站（中心站），其余的为从站（遥测站），这就是Inmarsat-C水情遥测通信网的一般结构，十分简单，野外安装调试也很方便。这种Inmarsat-C通信网可容纳255个测站，这是超短波遥测系统无法达到的规模。

Inmarsat-C工作在C波段和L波段，C波段用于卫星与地面站的通信，L波段为用户终端与卫星的通信，收发频率为1.5/1.6GHz，这属于卫星通信的最佳频段。Inmarsat-C数传速率适中，为600bit/s。

上述Inmarsat-C的特点使其在水情遥测中得到广泛应用，据称全国已建有800个Inmarsat-C小站，用户正逐年增加。因此出现信道拥挤、数据收集时间拖长的现象，因其以随机ALOHA方式分配信令信道，必然出现信号碰撞的合理概率。尤其在短时间内同时支持水文信息定时报，则可能出现某些高呼损率和信息碰撞问题，但目前仍在能被接受的范围之内。根据一个信令信道在有限时间内的测站支持量分析，认为一个地面站、一个TDMA信令信道，在15min时间内可有效传递1120个测站发出的数据报。另外，终端软件升级以优化终端发送随机能力；地面站提供支持预分配功能的升级软件；增加地面站信令信道以扩大信息容量，这些都很好地为信道拥挤问题提供了解决方案。

（二）各种通信方式混合组网

按各系统特点，选用各种相适应的多样化通信方式组成混合网是当前水情遥测通信的发展趋势，这里先就目前可供利用的几种通信方式的特点作简要比较说明，见表1。

表1　几种通信方式比较表

比较项目 通信方式	通信类型	性能特点	适用范围
VHF	超短波通信	实时性好，造价低，管理方便，干扰大，测区小	适于小系统通信组网或在近坝区通信组网
Inmarsat-C	同步卫星L/C波段	无雨衰，安装维护方便，功耗较低，造价较低，目前信道较拥挤	适于遥测站通信，可与各种通信方式共同组网
VSAT	同步卫星Ku波段	数据容量大，传输速率高，功耗大，雨衰严重，造价高，安装维护困难	不宜作遥测站通信，可作大数据量传送
Globalstar	低轨道卫星L波段	功耗和雨衰较小，造价较低，安装维护方便，信号不稳定	可在中国北方信号稳定地区的遥测站使用
OminiTRACS	同步卫星Ku波段	抗干扰能力强，安装较方便，雨衰严重	可在实时性要求不高、数据量不大、年降雨量较小地区的遥测站点试用

续表

比较项目 通信方式	通信类型	性能特点	适用范围
GSM	手机通信	造价低，安装维护方便，功耗低，有些边远山区不被覆盖	宜在信号畅通地区的遥测站及双信道互备的站点作主通信方式使用
PSTN和X.25	邮电公网	技术成熟，造价低，偏远山区无网点	可在有公网地区采用或作为系统间传送数据的通信方式

遥测数据通信方式的多样化发展，使水情自动测报系统的混合组网成为必要和可能，早期建成的规模较大的超短波水情测报系统已在逐步进行升级改造，对万安、黄龙滩、大黑汀、映秀湾等系统已完成混合组网改造工程。黄龙滩系统保留近坝区的超短波通信方式，远程地形不好的站点改用Inmarsat-C通信，撤消了一些超短波中继站，这种混合组网方式改善了全系统的运行状态。万安系统的混合组网原则大致与之相同，它对一些远端站点采用GSM遥测通信方式，组成VHF/GSM/Inmarsat-C混合网，效果很好。大黑汀系统也采用VHF/GSM/Inmarsat-C混合组网，但GSM不是用作遥测站，而是作为数据中继的主要通信方式，可以节省大量通信费用。1997年建造的映秀湾系统，原采用VSAT通信方式，因雨衰及地面站的营运等问题，现已改建成由VHF、GSM和PSTN混合组网的新系统。

在实现水情测报局域网间的互联或进行广域网连接时，可因地制宜地采用电力微波、PSTN、X.25及卫星通信等通信方式，例如江西省电力公司的水调系统与各水电厂的水情通信就是采用这种网际连接。

（北京水利水电科学研究院
孙增义　胡婉明　郭易）

水轮机泥沙磨损防护涂层的研究

中国的水轮机泥沙磨损是最严重的。据1994年统计，全国大型水电站中有中等以上程度磨损危害的水轮机容量达549万kW，占大型水电站总装机容量的30%。黄河干流上大中型水电站水轮机磨损容量占其总装机容量的64%；宜昌以上长江中上游干支流大中型水电站水轮机磨损容量占其总容量的74%。

由于泥沙磨损与空蚀往往同时存在、互相促进，因此加速了水轮机过流部件的破坏，故通常把这种破坏称为磨蚀。

水轮机磨蚀破坏的主要危害是：运行效率降低（有的水电站经过一个汛期，机组效率下降5%～6%），发电量减少，大修周期缩短，增加了大修费用及检修工期和备品。磨蚀严重者不仅降低了机组等效可用系数和运行的灵活性，而且往往提前报废（有的仅为正常使用寿命年限的1/3～1/2）。因此，有人把多泥沙河流上运行的水轮机的磨蚀称为“癌症”。

为了研究减轻水轮机的磨蚀问题，中国从20世纪70年代起开始了水轮机抗磨蚀的试验研究工作。1988年经原水利电力部科技司批准，成立了全国水机磨蚀试验研究中心（以下简称中心），1999年又成立了中国水力发电工程学会水机磨蚀专业委员会。中心成员单位包括科研、设计、制造、运行管理和高校等近百个单位，集中了全国从事水机磨蚀试验研究的专家、教授；编辑出版了《水机磨蚀论文集》和《水机磨蚀信息》。

实践经验表明：水轮机磨蚀的治理是一项系统工程，必须采取综合措施，如搞好水土保持，减少河流泥沙；水利枢纽设置必要的排沙设施，减少泥沙过机；以先进的水力设计理论和方法设计水轮机；合理选择水轮机的主要参数；提高加工制造工艺和材质；优化机组运行；运用状态监测技术合理安排机组检修；采用测绘修形技术提高检修质量，做到应修必修，修必修好；以及采取必要的金属或非金属抗磨蚀防护层等。

二十多年来，中国在中低水头中小型水轮机的磨蚀防护方面已取得不少成绩，但对高水头、大流量、多泥沙大型水轮机的磨蚀防护方面还有许多工作要做，与水电厂的实际要求还有不少差距，尚待深入研究。

随着中国改革开放的深化，引进的国外水电机组不断增多，不少水轮机引进时都有防磨蚀的要求，因此许多外国公司都十分关注中国水轮机的磨蚀问题。尤其在非金属抗磨蚀防护涂层方面，从20世纪90年代初以来，先后有不少国家的产品企图进入国内市场并在已发电的大中型水电站水轮机上进行试验，如美国POLMEL和加拿大世界贸易公司的超蚀金属强化DP.DL产品，曾经在刘家峡、柘溪、新安江和葛洲坝等水电站的水轮机上做局部试验；瑞士卡斯特林公司的麦卡太克黏结剂涂料在甘肃宕昌县何家堡水电站（单机容量1000kW，水头110m）小型混流式水轮机上试验；黄河水利委员会水利水电科学研究院引进的美国S-80聚氨酯涂料在三门峡、刘家峡、碧口等大型水电站水轮机上做试验；英国 E. WOOD 公司的 EG. FG 抗磨蚀涂料在龚嘴水电厂做试验等，结果都是由于涂料的黏结强度不够，涂层很快剥落，因而未被采用。

近年来外国非金属涂料在水轮机制造时采用的有：

(1) 法国阿尔斯通公司名为“耐尔久”的聚氨酯涂料，应用在万家寨水电厂（额定水头 68m，额定出力 180MW，混流式，转轮直径 6.1m）2 号、3 号水轮机转轮叶片、导水叶及 1 号、4 号水轮机的导水叶上，经 72h 试运行后检查，涂层大部分已脱落。

(2) 德国伏依特公司的聚氨酯涂料，在三门峡水电厂 1 号改进型水轮机（额定水头 30m，额定出力 60MW，轴流转桨式，转轮直径 6m）上应用，经 3642h 运行后检查结果为：在两个试验叶片的正、背面头部，均脱落严重，在全部 24 个导水叶中，除 15 号、16 号外，其余 22 个导水叶上的涂层均已严重破坏。2001 年 11 月德国专家到现场进行了修补，目前机组正在运行中。

由于法国阿尔斯通公司的涂料很不理想，应山西万家寨水利枢纽管理局的要求，全国水机磨蚀试验研究中心和天津水利水电勘测设计研究院科研所于 2000 年 8 月对万家寨水电厂 4 号水轮机转轮（包括叶片正、背面和上冠、下环流道）用国内研制的碳化硅环氧复合涂料进行防护，总面积达 $210m^2$，经 2000h 运行后检查，叶片正面及下环流道涂层完好率 100%；叶片背面严重空蚀区有局部破坏，约占背面面积的 0.2%。由于机组低负荷运行时间长，上冠流道涂层脱落较多，约占该流道总面积的 1/3，防护涂层总的脱落面积约占总保护面积的 1%。结果明显优于法国阿尔斯通公司“耐尔久”聚氨酯涂料的抗磨蚀效果，万家寨水电厂满意。该涂层主要指标为：黏结强度 40MPa 以上，剪切强度 30MPa，固化温度 50℃左右，固化时间 6～8h。据有关专家估计，机组运行 8000h 后该涂层的脱落面积也不会超过 20%（合同要求指标不超过 20%），目前万家寨水利枢纽管理局正在总结，拟将此涂层推广应用于其他几台水轮机。有专家认为，中国水轮机非金属抗磨涂层的研究已居国际先进水平。

虽然国内研制的碳化硅环氧复合涂层在黏结强度和应用效果方面超过了国外非金属涂层，但其抗空蚀性能还必须有较大程度的提高，国内外聚氨酯涂料的抗空蚀能力较为突出，但黏结力不足，易脱落。目前中心正与上海康达黏胶剂公司等单位协作解决环氧和聚氨酯的互穿网络的结合，从而明显提高非金属涂层的黏结强度和抗空蚀能力。

（全国水机磨蚀试验研究中心　顾四行）

KJ4 防水涂料

（一）简介

KJ4 防水涂料是聚氨酯类防水材料，具有极好的防水性能，多层涂抹干燥固化后，黏结力强、抗裂性能高、柔韧性和延伸性高。特别是它与混凝土具有高强的黏结强度，具有较高的抗拉强度、撕裂强度和剥离强度，并且具有双向防水能力。混凝土产生裂缝后，在混凝土表面涂抹 KJ4 防水涂料，既能防止内水外漏，也能防止外水内渗，适用于水工建筑物的防渗漏和工业民用建筑物的防水工程。KJ4 防水涂料耐水性好，在水下应用仍保持其良好的性能，可作为水槽、输水隧道等的防水层。KJ4 防水涂料的黏度较小，浸润性能好，因此能使涂料充分渗透到界面的空隙和凹坑内，并且被界面充分接触，产生吸附、扩散。KJ4 防水涂料施工简单，可以人工涂刷也可以机械喷涂，施工方法快捷、方便，质量容易保证。KJ4 防水涂料的主要性能指标见表 1。

表 1　KJ4 防水涂料主要性能指标表

邵尔 A 硬度	85
拉伸强度（MPa）	17.5
断裂伸长率（%）	178
黏结强度（MPa）	>2.43
撕裂强度（kN/m）	50.4
剥离强度（kN/m）	35.4
冲击强度（kg/cm）	45
毒性	无毒

（二）使用要求

(1) 涂料使用的基面务必清洁、干燥、平整。

(2) 使用时首先将标有甲料、乙料的两组分底料，按甲乙 1∶0.5 的比例混合搅拌均匀。

(3) 将搅拌均匀的底料均匀地涂刷或喷涂在使用基面。涂刷或喷涂底料三遍，每遍应相隔一段时间（常温条件下为 8h 左右，特殊情况下可以适当调整）。

(4) 涂刷或喷涂底料后，再将标有甲料、乙料、丙料组分的面料按甲、乙、丙 1∶0.5∶（0～0.06）的比例混合搅拌均匀。

(5) 涂刷或喷涂搅拌均匀的面料。应相隔一段时间（常温条件下 8h 左右，特殊情况下可以适当调整）再涂。

(6) 已配好的涂料应在 1h 内用完。

(7) 涂料涂刷或喷涂一次不可太厚，每次涂刷或喷涂的厚度以使涂料不流淌为准。

(8) 若长期在日光下的建筑上使用，应在该涂层上做保护层。

(9) 施工中对细部构造应做附加层。

(10) 施工完的 KJ4 涂层应晾置数天后（根据涂层的厚度定），再遇水。

(11) 施工人员应认真保护已经做好的涂层，严禁施工机械和坚硬物品损坏涂层。

(12) 该材料为易燃品，施工现场严禁烟火，并保证施工现场空气流通。

(13) 每次使用完的施工器具必须用溶剂清洗干净。

(14) 施工人员必须穿着安全防护衣帽。

（三）工程应用

KJ4 防水涂料已应用的工程有：

(1) 万家寨引黄工程总干一、二级泵站出水平洞防水处理。

(2) 万家寨引黄工程南干一级泵站出水平洞、出水渐变段、2 号洞进口防水处理。

(3) 万家寨引黄工程南干二级泵站出水平洞防水处理。

(4) 万家寨引黄工程南干偏关河渡槽防水处理。

(5) 万家寨引黄工程南干西坪沟渡槽防水处理。

（天津勘测设计研究院　王大实　姚光）

TK 聚合物修补砂浆

TK 聚合物砂浆是一种新型的混凝土表面修补材料，它是以少量水溶性聚合物改性剂再掺入一定量的活性成分、膨胀成分与水泥及砂配制的 TK 聚合物防渗、防碳化、防腐的修补砂浆。由于聚合物及活性成分的掺入，改善了聚合物水泥砂浆的物理、力学及耐久性能，主要体现在：

(1) 活性作用。聚合物乳液中有表面活性剂，能够起减水作用，同时对水泥颗粒有分散作用，可改善砂浆和易性，降低用水量，从而减少水泥的毛细孔等有害孔，提高砂浆的密实性和抗渗透能力。

(2) 桥键作用。聚合物分子中的活性基因与水泥水化中游离的 Ca^{2+}、Al^{3+}、Fe^{2+} 等离子进行交换，形成特殊的桥键，在水泥颗粒周围发生物理、化学吸附，形成连续相，具有高度均一性，降低了整体的弹性模量，改善了水泥浆的物理组织结构及内部应力状态，使承受变形能力增加，产生微裂隙的可能性大大减少。即使产生微裂隙，由于聚合物的桥键作用，也可限制裂缝的发展。

(3) 充填作用。聚合物乳液迅速凝结，形成坚韧、致密的薄膜，填充于水泥颗粒之间，与水泥水化产物形成连续相填充空隙，隔断了与外界联系的通道。TK 聚合物砂浆性能指标见表 1。

从表 1 可看出，与普通砂浆相比，TK 聚合物砂浆抗拉强度高、弹模低，干缩变形小，抗冻、抗渗、抗冲耐磨性能高，与混凝土黏结强度高，具有一定的弹性，抗裂性能高；与环氧砂浆相比，还具有施工工艺简单、操作方便、无毒、成本低（仅为环氧砂浆的 1/3～1/5）的优点，尤其适用于水工、港工、公路、交通及地下工程的混凝土建筑物，因碳化、空蚀、冻融破坏及化学侵蚀而引起的混凝土表层开裂、剥蚀等

表 1　TK 聚合物砂浆性能指标表

性能指标	TK 聚合物砂浆	普通水泥砂浆	备　注
抗压强度（MPa）	25～45	4/5	
抗折强度（MPa）	13～15	6～9	
黏结强度（MPa）	2.5～5.5	1.5	与老混凝土黏结采用小“8”字模
抗压弹模（MPa）	15000～16000	20000～26000	
干缩变形（$\times10^{-4}$）	5.0～7.9	12～14	温度 20±2℃；湿度 60%±5%
抗冻性	F200～F300	F50	按水工混凝土试验规程（快冻）
抗氯离子侵蚀（%）	0.07～0.10	0.79	钢筋失重率（按港口工程试验方法进行）
吸水率（%）	2.5	8.3	浸泡 30d
抗渗性	＞W2.5	W0.6	按《水工混凝土试验规程》进行
野外暴露试验结果	表面完好	表面密集龟裂	
抗磨蚀性[h/(kg·m²)]	＞0.97	0.56	按《水工混凝土试验规程》进行

混凝土表面薄层修补，同时也可用于建筑瓷砖粘贴和卫生间防渗。

已应用TK聚合物砂浆的工程有：河北省朱庄水库溢流面修补工程、天津市海河二道闸修补工程、天津市蓟运河闸修补工程、秦皇岛市汤河闸闸墩补强工程、秦皇岛市燕塞湖溢流面修补工程、山西省引黄工程南干输水隧洞缺陷处理工程。

（天津勘测设计研究院　杨天生　王建国）

计算机及信息技术在水电的开发应用

国家电力信息网SP网站“中国水电”专栏

2000年5月1日中国电力信息中心在国家电力信息网SP网站上开通了“中国水电”，由中国电力信息中心和国家电力公司电源建设部联合开发、主办，专栏主要介绍中国水力资源开发、利用情况；宣传中国水电发展、建设成就；交流大型水电工程生产、建设、科研先进技术；提供水电生产、建设、管理、经营等方面的最新信息。

“中国水电”采用IE浏览器方式访问，进入国家电力信息网（http：//www. sp. com. cn）；点击［中国水电］可进入“中国水电”主界面（如图1所示），点击菜单可分别进入各个栏目。

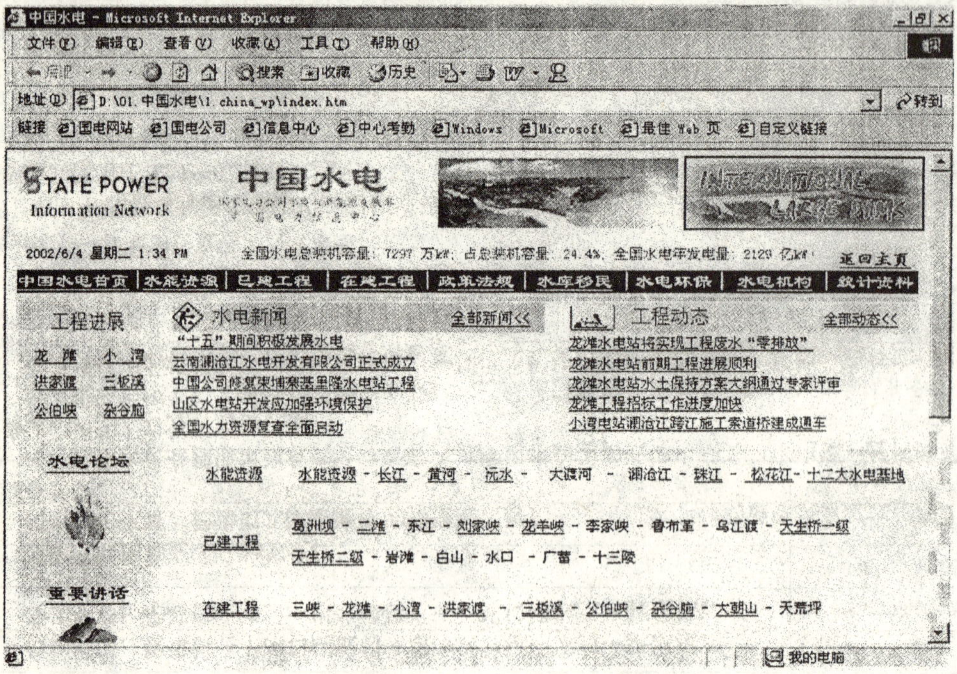

图1　“中国水电”主界面

“中国水电”的主要内容有：

（一）动态信息

1. 工程进展　主要反映与国家电力公司密切有关的龙滩、小湾、洪家渡、三板溪、公伯峡、杂谷脑“五大一小”六个工程的建设情况和工程进展，根据工程单位直接提供的内容，发布工程的前期准备、工程进展、建设中存在的问题、工程简报、大事记等，使有关管理部门通过国家电力信息网直接了解、及时掌握工程的进展情况。

2. 水电新闻　报道转载国内外有关水电开发、建设、环保、发展趋势等方面的新闻消息，报道国内外电力体制、经营管理的最新动态。

3. 工程动态　报道转载全国重点水电工程审查、设计、施工、管理等方面的新闻消息。

（二）固定栏目

1. 水能资源　该栏目介绍中国各水系的资源情况，从北到南依次主要有黑龙江水系、松花江水系、鸭绿江水系、辽河水系、海河水系、滦河水系、黄河水系、淮河水系、长江水系、珠江水系、东南沿海及岛屿水系等；西南有澜沧江、怒江、雅鲁藏布江等国际河流水系；西北有额尔齐斯河、伊犁河水系，还有塔里木河及新疆、甘肃、内蒙、青海等内陆水系。中国幅员辽阔，江河纵横，水能资源极为丰富，水能总蕴藏量居世界首位，随着西部大开发、“西电东送”的步伐加快，中国丰富的水电资源将会得到更迅速的开发。

2. 已建工程　目前，中国水能资源的开发利用率已达到19%以上，水电装机容量和发电量分别居世界的第二和第四位，随着三峡、二滩、小湾、小浪底、天生桥一级等一批大型水电站的建设，标志着中国筑坝技术水平已处于世界领先地位，中国水电建设已迈入世界先进行列。该栏目，充分展示新中国成立50多年来在水电建设方面取得的巨大成就：中国自行设计和建设的刘家峡混凝土重力坝（147m）、乌江渡重力拱坝（165m）、龙羊峡重力拱坝（178m）、泉水薄拱坝（80m）、二滩双曲拱坝（240m）、湖南镇大头坝（129m）、梅山连拱坝（88m）、天生桥一级混凝土面板堆石坝（178m）、小浪底心墙堆石坝（154m）、江垭碾压混凝土重力坝（131m）、普定碾压混凝土拱坝（75m）等在国际同类坝型中均为较著名的高坝。

3. 在建工程　中国“十五”计划提出进一步调整电源结构，强调积极发展水电，开工建设龙滩、小湾、水布椏、构皮滩、三板溪、公伯峡、瀑布沟等大型水电站，抓紧长江上游溪洛渡或向家坝水电站开发的前期论证工作。中国已规划的大型水利工程项目近百个，其中几十项已列为国家和省、市的重点建设项目，这些工程大部分除发电外，同时还具有防洪、航运、旅游、治涝、治碱等显著的综合效益。这些项目中，有的刚刚开工或即将兴建，有的正处在建设施工高峰期，有的近期将要完工，这些水电工程项目的建设，对带动全国水电事业的全面发展具有重大的意义。该栏目选择了一批具有代表性的大型水电工程进行跟踪报道，介绍在建工程的工程概况、组织机构、工程进展等内容，用详实的资料和照片以图文并茂的方式，较全面地反映目前中国水电建设的实际情况和建设水平，向国内外宣传中国水电建设的大好形势，展现中国水电工程技术水平和建设实力，供各级领导和广大水电工作者阅读参考。

4. 政策法规　该栏目发布国内水电开发的政策和法规，转载有关水电开发建设的重要文献，收集水电行业设计规范和技术标准，选载国外水电开发政策，为水电建设开发提供网上服务。

5. 移民环保　该栏目发布国内水电开发的移民政策，水库移民的做法和事例，水库的环境保护。

6. 水电机构　该栏目介绍国内水电设计单位、水电施工单位、水电开发公司、科研单位、水电学会等水电行业有关机构，以及各机构的组织、人员、业务范围、工程业绩等，加强水电系统的联系，促进水电行业的合作。

7. 统计资料　该栏目主要提供全国各省市规划设计的大中型水电站的设计技术指标，建设概况、工程施工等统计数据。

（三）其他内容

1. 水电论坛　为活跃水电行业学术气氛，进行广泛的学术交流，发扬百家争鸣的学术精神，促进水电建设、科技繁荣和发展，“中国水电”面对广大的水电工作者、专家、学者和一切关心中国水电建设的人士，提供了发表个人学术观点的水电学术论坛。范围涉及规划、勘测、设计、施工、科研、管理、运行等各专业，主要研究中国水电发展、新科技成果应用、管理运行等方面内容。

2. 重要讲话　主要登载国家领导、国家电力公司、水利部及相关单位领导有关中国水电开发建设的讲话。

3. 友好链接　链接国内外水电行业有关的网站，加强联系，扩展视野。

4. 欢迎来稿　欢迎一切关心中国水电建设的人士和该专栏联系，提出有利于中国水电发展的建议、设想，发表个人的学术观点、研究成果。

（四）进一步设想

1. 水电工程信息网的设想　国家电力信息网（SP网）是覆盖国家电力公司系统各单位的一个全国多级管理的内部专用信息网，除本系统互联外，还可以与有关部门的局域网安全互联，做到迅速、准确、灵活地提供交换生产、经营、建设、管理、运行等方面的信息。水电工程具有规模大、地域分散和施工组织复杂等特点，随着网络技术的发展，通过建设信息网络对水电工程的整个建设过程进行计算机管理已逐渐成为现实，各水电工程可以通过自己的局域网和管理信息系统大大提高工程管理水平，降低工程造价。水电工程的局域网与国家电力信息网互联后组成水电工程信息子网，使得管理部门能密切地与工程部门联系，直接了解和掌握各工程的实际进展情况并及时处理存在的问题，提高工作效率，提升管理水平。各水电工程之间也可以加强联系、共享资源、交换信息，水电工程信息网还可以通过Internet向社会和水电开发工程的股东进行信息发布和政策宣传。建设水电工程信息网既是现代化管理的需求，也是水电建设发展的必然趋势，国家电力信息网的运行为水电工程信息网的建设提供了网络基础，水电工程信息网的建设和运行将会为实施中国积极发展水电的战略创造更好的管理条件。

2. 水电工程信息网的建设　在建水电工程建设以办公自动化、生产管理信息系统应用为主的局域信息网络，通过各种组网技术与国家电力公司信息网一级网接入点进行互联，水电工程子网的建设采用滚动方式进行，即开工一个工程、建设一个局域网，并接入国家电力公司信息网。实现各在建的水电工程信息网互联后，形成水电工程信息网，构成国家电力信息网上的一个水电专业信息网，即可通过该网络实现互通互联、资源共享。在工程单位内部，使用局域网管理信息系统进行生产管理；在工程与管理部门之间，通过水电信息子网直接撑握了解工程情况；在工程之间，通过该网互相交换信息。

3. 各工程局域网及管理信息系统　在有关管理部门的主持下，进行水电工程局域网及管理信息系统的规划和协调，各水电开发公司负责本工程的局域网及管理信息系统的建设，管理信息系统主要包括生产管理、财务管理、人事管理、设备管理、物资供应及采购、合同管理等子系统，以及桌面会议、各种共享数据库、内部公报及通知发布、Internet信息发布等内容；实现全国水电行业的信息网络互联互通，最终使水电信息系统成为连接水电行业各单位有效的信息链。

（中国电力信息中心　吴　冰）

办公自动化是信息化的基础

办公自动化（OA）在中国自20世纪70年代至90年代中期大致经历了三个发展阶段：第一阶段以在办公过程中使用计算机、打字机、复印机等为主要标志；第二阶段以通过电脑打印机进行文字、表格处理、文件排版输出和进行人事、财务等信息的管理为主要标志；第三阶段以网络技术的普遍使用，通过网络实现文件共享、网络打印共享、网络数据库管理等工作为主要标志。

水电勘测设计系统和国内其他部门一样，在办公自动化发展过程中取得了很大成绩，但也暴露了投资大、重复建设多、水平低、效果不明显等问题，出现这些问题的原因主要有：①认为只要有先进技术和设备，办公自动化即可实现，忽略管理和信息积累这两个办公自动化发展的基础；②使用目的很单纯，认为只要效率提高就可以，忽视了实现办公自动化提高管理层决策效能的重要性；③技术条件的限制导致网络技术在信息共享和沟通方面早期的支持明显不足。

为了改变水电勘测设计系统在计算机应用和信息化工作方面的滞后状况，中国水电顾问有限公司与中国科学院软件研制中心合作编制了公司本部“集成应用系统总体规划方案”。在此方案的指导下，公司以“长远规划、科学论证、稳妥起步、滚动开发、分步实施”的建设方针，吸取本系统和先进单位的经验，结合公司的实际情况，以开发综合办公自动化（OA）为突破口，编制并实施了综合办公自动化（OA）系统（以下简称系统）方案。

（一）系统的建设目标和基本原则

1. 建设目标

（1）以先进成熟的计算机和通信技术为主要手段，建立完善的网络应用环境和办公应用开发平台，为领导决策和部门办公提供服务。

（2）具备文档一体化管理信息综合利用、多媒体技术利用等功能，达到“无纸办公”的要求。

（3）利用电信部门线路和中国电力信息网实现公司与各分公司公文信息及政务信息远程联网。

（4）具有电子邮件、电子传真、全文检索等功能。

2. 基本原则

（1）采用国内目前比较成熟的、先进的办公自动化技术手段，使建设和应用水平达到国内一流水平。

（2）既要充分考虑系统的保密性、可靠性和安全性，又要考虑可升级、可扩充、兼容和互联性。

（3）建立适应办公自动化需求的功能强大的、应用开发容易的、方便管理的、界面友好的各种应用。

（4）从实际需要出发，本着经济、实用的原则尽量做到分期实施、减少投资。

（二）系统的基本功能、平台与结构

系统在满足实用、可靠、通用、可扩充、可维护、安全及标准化的技术要求下，包括办公管理、领导查询、电子档案、物资管理、计划经营、合同管理及系统管理等子系统。

办公管理是系统的核心部分，其核心为文档一体化管理，即由办公管理产生的所有文档由电子档案可直接进行归档。系统提供与用友、实达软件的接口，并加工处理后供领导随时了解与财务和人事的相关信息。经营计划管理以项目为核心，具有项目信息管理、项目计划管理、合同及收费管理、市场信息等子系统，统一管理公司经营计划的相关信息，实现信息共享，为领导决策提供科学的依据。公司的设备物资通过设备物资管理子系统亦可进行统一管理，还配备了专为系统管理员提供使用的系统管理子系统。

在系统平台选择上，鉴于办公自动化系统具有管理模式多线并行的特点，以及信息流传的多样性和数据的多样性等，选择 I—DMS。I—DMS 是凯思博宏公司开发的基于 Internet、集成化的数据管理系统平台，该平台在构造整个系统平台时采用了数据库管理技术，基于多层体系结构，采用组件技术及 Internet/Web 技术等，其特点为：①WWW 网络用户界面；②动态工作界面自动生成；③流程管理；④集成管理；⑤图像信息处理；⑥文档管理；⑦系统管理；⑧对象管理。

I—DMS 系统结构的趋势是多层模式，多层应用将数据表示逻辑集中放在 WEB 服务器上，由 WEB 服务器统一维护。当建立在 WEB 服务器上的应用逻辑变化时，只需改变 WEB 服务上的表示逻辑即可，这些表示逻辑作为用户访问的内容，当有新的变化时用户立刻就会知道。应用逻辑和表示逻辑的改变不会影响到客户端的使用和升级，这就减轻了大量客户端的维护和管理工作，同时很容易做到软件系统对用户的透明升级。

系统结构分成三个部分，一是面向客户的操作界面，二是与用户需求密切相关的应用层，三是充分包含 OA 系统特点的系统低层平台。构建一个 OA 系统的过程是：通过系统调研，完善应用层；将调研后分析出的企业基本数据如人员、机构、流程、任务等输入低层平台；而前端则是用户通过 Brower 随时了解系统的操作变化，这样就能比较快地为企业建立 OA 系统。

中国水电顾问有限公司信息中心在公司信息化领导小组的积极领导和支持下，自 2000 年开始与系统开发商共同组成技术小组编制需求报告，设置、调整系统流程，培训公司领导及各业务部门办公室和公文处理人员等，2001 年底将该系统顺利投产。目前，该系统正在公司本部的局域网上运行。

（中国水电顾问有限公司　逄宪法）

三峡第二阶段工程大坝混凝土浇筑模拟分析系统

成都勘测设计研究院在总结 20 年来大型水电工程施工组织经验的基础上，与中国长江三峡工程开发总公司密切配合，利用现代系统工程理论、项目管理理论原理和计算机技术，专门针对三峡第二阶段工程大坝混凝土浇筑施工的计划制定、决策与分析及信息管理的需要，历时 3 年研制了三峡第二阶段工程大坝混凝土施工计算机模拟系统。

该系统充分、科学地考虑了混凝土坝在浇筑过程中各种复杂的约束条件，以及大坝施工各工序与浇筑机械间的衔接和影响，使之与工程实际密切结合以达到实用的效果。利用该模拟系统可以对当前施工进度进行快速、合理的评价；同时，利用计算机模拟系统的敏感分析，可及时提供解决设计与施工之间偏差的合适措施，使有关人员进行快速决策，从而避免施工中的偏差对工程总进度的消极影响；利用本系统可事先预测混凝土浇筑过程中可能出现的各种不利情况，为业主提供决策依据和解决措施，在施工时可采用较合理的方式予以减少或避免不利情况的发生，从而保证工程高质量、按计划地顺利进行。

以该模拟系统指导工程施工，既能满足工程近期施工的需要，也能保证当前施工符合工程长远目标的要求，使各工种各工序的衔接、资源的分配、材料的供应都均衡、有节奏地进行，达到近期目标与长期目标的有效结合及混凝土浇筑量与工程最佳形象面貌的有机统一。该系统在整个施工期间均能对大坝施工进行实时监控，对工程实际施工具有重要的指导作用。

在开发该系统的过程中，研究人员采用了以下多项创新技术：①将系统工程理论应用于水利水电工程管理中，从而使模拟系统从传统的模拟软件上升为工程项目管理及决策分析系统，提高了工程项目决策的准确性、科学性、快速性。这是水利水电工程管理方法上的一个重大突破。②该系统采用了深度缓冲区算法和控件技术，实现了实时图形处理技术，从而使施工过程更直观，极大地方便了设计人员和施工项目管理人员的分析与决策。③在结构化设计上使系统应用具有较强的适应性。④实现了信息化管理，能基本满足现代工程计算机管理的需要。

该系统应用于三峡工程后，通过科学地制订计划、指导施工和辅助决策，为保证三峡工程第二阶段混凝土的工期并创造 3 年完成 1400 万 m^3 混凝土工程量的世界纪录做出了重要贡献，取得了显著的经济与技术效益。

该系统在三峡工程的成功应用，不仅使三峡大坝工程管理效率提高了上百倍、决策更加科学和准确，而且使三峡工程的施工组织管理从宏观控制深入到了微观管理水平，这是对以往中国水电工程施工组织与管理方式的一种变革。同时，该系统提供的方法和手段，也是对传统施工组织设计方法和手段的重要突破，对中国今后的水电工程设计具有重要意义。

该系统于 2002 年 4 月通过国家电力公司的技术鉴定，鉴定结果为："该项目具有完整的自主知识产权，是迄今为止关于大坝混凝土施工模拟中最完善的软件，在混凝土浇筑施工计算机模拟方面处于国际领先水平"。

（成都勘测设计研究院　邱向东）

三峡第二阶段工程大坝施工实时动态仿真

（一）三峡第二阶段工程大坝简况

三峡第二阶段工程大坝为混凝土重力坝，坝顶高程185m，最大坝高181m，其挡水前缘总长1304.5m，由纵向围堰坝段、泄洪坝段、左导墙坝段、左岸厂房坝段和左非12～18号坝段组成。其中泄洪坝段位于河床中部，分为23个坝段，每个坝段宽21m，设置有底孔、深孔、表孔三层泄洪孔道，为第二阶段大坝施工的关键项目。第二阶段工程大坝采用塔带机、门塔机、缆机综合施工方案。

（二）仿真目的

三峡第二阶段工程大坝施工项目多、关系复杂、施工强度高，这些特点都为施工进度编排与控制带来了极大的难度，而且传统进度安排方法（如横道图法和网络法）不能及时应对施工中的突发异常情况。施工条件的不断改变将导致施工进度安排的不断调整，对传统手工进度编排方法提出了挑战。

采用计算机自动跳仓选块的仿真方法，能够充分体现混凝土工程的施工要求和特点，面向随机因素，针对施工条件改变（如多方案比较、结构现分缝调整、突发事件等），合理、便捷地安排最优施工进度，提出解决方案；以三维可视化图形直观表达形象进度，预演施工过程；同时可以将进度数据传递到P3进度等软件，实现微观进度与宏观进度的转换，满足多方面、多层次的进度控制需要。

（三）仿真系统特点

软件以Windows 98/WinNT为工作平台，支持键盘和鼠标操作，可以进行任意时段、任意区域的混凝土浇筑过程仿真，具备数据统计、查询、绘制图表及报表打印功能。该系统适用范围较广，可应用于不同混凝土品种、不同坝型、不同施工机械的混凝土施工动态仿真。

另外，软件模型的建立采用集成与组装思想，以实现不同施工形象及不同施工方案的仿真要求，系统的仿真结果可以与常用进度和图形等软件进行接口，后处理方便。

（四）系统开发主要技术方案和系统功能

以三峡第二阶段工程大坝施工为模型，运用系统工程原理及混凝土施工技术要求，通过模型转换和对大坝施工程序的仿真，在指定因素条件下进行优化；运用多目标决策系统，编制混凝土施工计算机仿真应用程序，通过计算机绘制和显示大坝各阶段形象面貌。

通过项目调研，选用VB作为开发工具，编制计算机自动跳仓选块的仿真程序，选定目前土木工程中较为通用的P3软件作为进度处理的后处理软件，并与华中科技大学CAD中心合作开发图形后处理部分，实现真三维图形的直观表达，同时可以和3DmaxViz、CAD等软件进行接口，对仿真结果进行图形的后处理。

系统主要内容有：①计算机跳仓选块（计算机仿真）和进度资源表；②P3软件施工进度计划表；③大坝真三维实时动态仿真图形。

系统主要功能有：①分仓位工程量计算；②多种机械浇筑大坝组合方案；③任意时段及其部位的计算机自动跳仓选块；④数据统计分析、报表定制及其打印；⑤纯粹三维图形可表达任意时刻的施工面貌、浇筑形象进度；⑥以动画形式实现浇筑过程重现；⑦进度数据可传递至P3进度软件；⑧与其他软件如Office系列、CAD等图形处理软件数据共享及其接口等。

（五）实施效果

长江水利委员会勘测设计研究院利用该系统跟踪三峡工程建设，对第二阶段大坝进行了多次仿真计算。以1997年的仿真计算为例，第二阶段大坝自1999年8月开始浇筑混凝土至2002年10月完成，总工期约38个月，月平均上升速度为3.8m，最高月平均上升速度为4.2m，平均月浇筑强度为15.1万m^3，最大月浇筑强度为25.3万m^3。

通过仿真结果和实际施工统计结果对比，仿真成果和实际施工吻合性好，年浇筑强度误差为1%～2%，成果可信度高，解决了过去计算机仿真结果与实际差距大的问题。先后向中国长江三峡工程开发总公司、长江水利委员会三峡工程建设监理部等单位分年度提交了6份进度及项目安排意见报告，为三峡工程建设进度及投资安排提供了科学依据。

（长江勘测规划设计研究院 范五一）

管理信息系统在李家峡水电厂的应用

（一）网络的基本构架

网络构架是整个局域网的关键。主干网的选型，要力求实用、可靠、易扩展、开放、灵活等。李家峡水电厂管理信息系统局域网始建于1998年，采用当时应用广泛的ATM技术构建企业主干网络，主干接入速率可达155Mbps。

考虑未来发展需要，还设计了广域网络接入方案，采用IBM多协议路由器连接异地局域网，以实现异地办公、移动办公为目的。

（二）数据库服务器及数据库选型

不同平台之间的通信联网能力，是开放系统和现代化企业计算环境的基本要求，因此数据库服务器必须在一个开放式、多厂商、异种平台环境中扮演不同的灵活角色，具有较强的系统管理及网络管理功能。经过分析比较，选定 RS6000-S7A 小型机作为数据库服务器，配以 Oracle8.1.5 数据库，构建整个软件开发应用所需的平台。

（三）系统建设及软件开发

该项目采用“总体设计、分步实施”的原则进行，一期建设完成了生产基地网络建设及相应的应用系统软件开发。下面以具体的模块为例，简要说明李家峡水电厂在计算机应用中取得的初步成效：

1. 办公自动化系统　办公自动化系统的典型功能为：邮件管理、电子公告、个人信息管理、档案管理、收发文管理、会议管理等，在推广应用中，拟定了分项逐步实施的原则，首先建立并投运邮件系统，使用户对网络信息传输有一个基本的认识，继而通知、公告逐步上网，实现了全厂范围内的重要信息网上发布，在逐步适应流程管理的基础上，将档案管理、公文管理也纳入运行范围。

2. 生产管理系统　生产管理系统是水电厂管理信息系统的核心系统，其主要功能为：设备档案管理；设备缺陷管理；检修作业管理；两票管理；运行值班管理；业务报表管理；物资采购、出入库、报表管理；计划统计管理；安全信息管理；职工培训管理。

(1) 设备档案管理的应用。以往的设备台账是分管部门分别建立的，按照传统的管理方式，班组、分部、归口管理部门根据需要分别建立相应的设备台账，信息的惟一性受到严重制约。为此，开发了设备管理模块，针对全厂设备建立了设备库，针对班组建立了设备检修记录管理、定值单管理、试验报告管理模块及相应的数据库，组织录入了全厂设备信息，避免了多方重复建台账及纸质台账易丢失、受损、数据不惟一的缺陷，实现了信息共享，确保了信息正确、及时。

(2) 设备缺陷管理。在引入管理信息系统以前，管理过程人工化使得生产流程非标准化、信息统计不准确、过程监控不及时等问题在所难免。为实现缺陷管理的流程控制而开发了缺陷管理模块，将消缺工作纳入流程化管理，缺陷登陆、分类查询、预安排、消缺完工处理等均在标准流程中实现。生产管理人员在各自的 MIS 终端上可随时调用、查询缺陷信息及处理结果，掌握全厂设备的运行情况，为生产管理决策提供了必要的依据。

(3) 检修作业管理及工作票、操作票管理为检修作业及两票管理开发的工程管理模块，其基本功能有检修项目管理、大小修作业流程控制、工作票流程控制、操作票流程控制等。该部分是投运较早的模块之一，水电厂检修作业管理的标准化给该模块的运行奠定了基础，该模块的运行使生产作业管理沿着合理、统一、高效的方向逐步迈进。

(4) 运行值班管理、业务报表管理、实时数据接口。根据李家峡水电厂运行值班的实际需要，开发了值长值班记事、工作日志、调度命令登记、操作命令登记、检修申请登记、分部命令发布、运行设备基本信息登录、业务报表等功能。生产报表管理模块的投运，确保了报表的及时、准确，提高了工作效率，数据的积累为生产信息的查询、统计、分析比较、制定工作计划提供了依据。此外，还将生产实时数据引入管理信息系统，便于生产管理人员以及科室相关人员及时了解生产状况。

(5) 其他。根据需要，尝试开发了库存管理、计划管理、安全管理模块等。库存台账的建立使工作人员从堆积如山的台账中解放出来；在计划管理模块处理项目立项、资金分配、合同执行情况等信息，便于决策层管理人员及时掌握项目、资金动态信息等；安全管理模块可提供安全信息的收集、编制、汇总、发布。

综上所述，李家峡水电厂计算机管理系统经过了3～4年的建设与推广，已初具现代企业管理的基本框架，应用系统在运行中得以不断扩展和完善，网络性能稳定。计算机管理信息系统的实施，使企业管理朝着有序和科学的方向不断迈进，开阔视野，转变观念，对由过去传统的管理方式向现代化管理方式的转变起到了积极的推动作用。

（李家峡水电厂　李美秀　陶文娟）

龙羊峡水电厂管理信息系统的开发应用

（一）简介

龙羊峡水电厂管理信息系统（LYXMIS）于2000年10月16日开始建设，由北京航天国科计算机系统有限公司和龙羊峡水电厂共同设计实施。系统的建设目标是利用主流的计算机和信息技术，采用先进、实用并符合 LYXMIS 系统需求的布线产品和计算机网络产品，选择稳定的服务器系统平台，建立覆盖龙羊峡生产基地及西宁生活基地等办公地点、主干为高带宽的计算机网络系统。该网络系统能与上级公司和兄弟单位实现网络互联，并可与国际互联网连接，有远程拨号上网功能。

基于以上平台，利用可视化开发工具，开发出了具有良好用户界面、易学易用、维护方便、方式灵活的应用软件，可快速准确地完成生产实时数据、经营管理数据、办公自动化信息的采集、加工和存储，为水电厂的生产、经营、管理服务。

（二）系统集成

网络系统采用1000兆网络技术，配置Nortel Networks公司网络产品。网络结构以星型连接，采用光纤形成中心机房与各楼宇间1000兆链路。远程访问服务器提供了16个远程端口；龙羊峡厂房与西宁办公楼间用路由器通过2兆微波连接，并在龙羊峡中心机房配置防火墙与Internet连接。

综合布线系统，主要进行厂房各部门、办公区各建筑群子系统的光纤布线及各建筑物内水平子系统的双绞线布线。室内布线材料均采用IBM超五类布线产品，建筑群间布线采用单模光纤。由于厂房内电磁干扰较大，故采用全程屏蔽的超五类布线系统。

服务器系统包括：数据库服务器、WWW服务器、LOTUS DOMINO服务器（OA服务器）、防病毒服务器以及网管工作站。数据库服务器采用IBM RS6000H80和F80小型机，其他服务器均采用IBM NETFINITY 5600。

由于工作站用户在地理上分为龙羊峡生产基地和西宁办公基地两个分散的区域，而两地之间的通信链路只有2兆微波通道，为了保证工作站请求速度和减少网络负担，系统设计上采用“局部自治、全局共享”的数据操作策略，即在龙羊峡生产区和西宁办公区分别设立数据处理中心，局部产生和使用的信息在局部处理，跨域访问的采用“数据同步策略”处理模式。因此两地均设有相同的服务器系统，通过高级复制技术保持两地数据同步。

两地主机房设备分别由10kV·A的UPS供电，断电后可维持供电4h，并能实现数据库服务器的自动关机功能。

系统安全管理提供以下三种手段：

(1) 采用多级安全控制。用户使用各子系统时有多级安全管理，第一级是用户登录系统检查工号和密码；第二级是用户不能使用未经管理员许可的功能；第三级是数据库端用户存取权限控制。

(2) 防止黑客破坏。采用硬件防火墙和软件代理服务有效隔离局域网与因特网。

(3) 防病毒。安装防病毒服务器和网络查杀毒软件，自动下载新的病毒库，并在用户不知情的情况下自动扫描和清除病毒。

（三）应用软件

龙羊峡水电厂管理信息系统共包括24个应用软件系统，分别为：①综合信息查询；②计划统计；③生产实时；④设备管理；⑤运行管理；⑥安全监察；⑦技术监督；⑧物资管理；⑨企业主页；⑩人力资源；⑪企业管理；⑫档案管理；⑬多种经营管理；⑭党群管理；⑮内部模拟市场支持系统；⑯办公自动化系统；⑰工程图纸系统；⑱工程管理系统；⑲地形、管道、电缆信息系统；⑳系统管理；㉑数据接口系统（上级接口、实时系统接口、财务系统接口）；㉒合同管理；㉓地震大坝管理；㉔教培管理。

（四）系统特色

1. B/S模式与C/S模式的有机结合　传统的C/S结构的软件模式具有事务处理集中、速度快、性能稳定等优点；而B/S结构的优点则表现在整个软件系统架构上的灵活性、通用性和软件易维护性上。LYXMIS吸取了两种模式的长处，并将二者有机地结合起来，对于每个具体的子系统，因其专项事务处理的特点，依然采用C/S结构进行开发，对于整个MIS的布局，则采用B/S结构，对所有的应用软件集中维护，用户利用浏览器通过统一的入口调用任一软件系统，客户端不需配置，呈现出B/S结构的瘦客户模式的特点。

2. 系统适应性强　各子系统具备良好的可扩充性和易维护性，维护人员通过系统提供的配置手段就可以改动需求的变动。例如计划统计系统可方便地修改各种统计指标和公式；又如人力资源系统中工资表的所有字段均可维护并动态生成；再如水电厂的改制导致组织结构体系可能发生变化，在系统开发时充分考虑了这个因素，系统功能以业务进行设计，尽量独立于部门，不受企业组织形式改变的影响。

3. 系统易用性　整个系统均采用人性化设计，从用户角度出发，尽量让对微机不熟悉的人也能正确使用系统。例如很多系统能够自动生成部分信息项；通过鼠标选择代替手工录入；提供了各种方便的查询手段等。

4. 充分利用企业网络平台和WEB技术　网络平台给很多事务的处理提供了一种新的手段。如办公自动化系统使公文在网上流转，一改以往的人工处理模式，提高了工作效率。在系统建设中，充分利用WEB技术，用户使用各子系统均可直接从主页进入；同时在WEB服务器上有大量的信息可供用户查询，如各种规章制度、企业标准、用户使用手册、厂情介绍、厂外新闻、各种宣传等。

5. 技术上的先进性　系统的设计和实施给系统的运行和维护提供了一些先进的功能，如电源系统的软关机功能、网络防病毒服务、实时数据显示功能、消息监控功能、数据接口功能等。

（龙羊峡水力发电厂　柴正隆）

"水力发电杂志光盘版及网上检索管理系统"研究与开发简介

《水力发电》杂志自1954年创刊以来，共出版了300多期，刊登勘测设计、施工、科研、运行和建设管理等各方面的论文5000多篇，各种信息数千条。这些论文和信息反映了中国各个时期水电建设的重大成果、科技水平和经验教训。其丰富的内容无疑是水电系统的一个极为重要的资料宝库和综合各个专业人力资源的巨型专家系统。水力发电光盘版及网上检索管理系统的研制，将为推进科技进步、加快科技成果转化为生产力发挥巨大的作用。

水力发电光盘版及网上检索管理系统是国家电力公司重点科技项目（科研号：SPKJ006-03-05-04），其内容涵盖《水力发电》杂志1954年创刊以来的全部内容，包括所有的文章、简介、小资料及工程、技术彩图。截至2001年共300多期，包括建设管理、水电规划与动能经济、地质与勘测、设计与施工、机电与金属结构、水电站运行等各种专业的科学技术论文5000余篇，文字3500万字，工程技术彩色图片2000余幅。

《水力发电》杂志的电子版采取两种形式：一是全文浏览式，按照杂志书本形式，转换成计算机可读形式，原版式不变，只是改变了载体；二是采取数据库全文检索式，按照计算机数据库形式进行数据库全文检索，系统设计实现光盘单机使用和网络使用两个版本，均可对原文进行原版式的下载，也可采用文本输出的方式，对文章内容进行修改和重新排版。

水力发电光盘版及网上检索管理系统突出了以下几个特点：

（1）容量大、资料全、实用性强、图文并茂。光盘版和网络版均包含自1954年以来的《水力发电》发表的全部论文，同时还建立了拥有上千张彩色图片的水力发电工程图片库。

（2）突破了一般期刊的电子版开发仅仅局限于电子期刊的基本要求，即往往只完成从书版阅读形式转换为电子版阅读形式的简单转变。水力发电光盘版及网上检索管理系统具有强大的数据库全文检索功能。

（3）采用全文检索和多种形式的检索方式可以使工程技术人员方便快捷地查找自己所需要的资料和信息，特别是模糊检索形式和按专业检索的形式更进一步扩大了使用范围，给读者提供了方便的阅读形式和高效的查询手段，大大方便了专业人员的使用。

水力发电光盘版及网上检索管理系统的研究是以国内外计算机检索管理软件为基础，吸取其优点，结合《水力发电》杂志的特点，建立一个适合于电力系统计算机网络的网上检索管理系统。该系统用户界面简单、方便、实用，查询速度快，具有较强的实用性。

在国家电力公司和水电水利规划设计总院的积极支持下，经过《水力发电》杂志社和水利部科技研究开发中心的共同努力，已按计划要求完成了科研合同规定的研制工作，并于2002年6月通过了国家电力公司的评审和验收。

（《水力发电》杂志社　马连城）

中国水利水电第十一工程局企业管理信息系统（MIS）

随着改革的深化和市场经济的发展，企业管理决策所需信息的类型越来越多，企业对信息的质量、传输速度、加工深度要求更高。为适应新形势下现代化企业管理的需要，建立一个高效、可靠的计算机网络系统，并在其上开发符合自己企业需要的管理信息系统已愈来愈成为现代企业的标志。它必将为企业生产经营、科学管理等各方面带来深远的影响。

（一）企业管理信息系统网络建设的主要内容

1. 网络系统平台　局机关、各二级单位及项目部局域网系统的规划、设计、安装、调试，包括网络选型、布线、网络设备安装、服务器安装、Windows NT4.0安装和整个网络系统的调试。在此基础上，采用远程拨号访问方式进行局机关和各二级单位及项目部的网络互联。

2. 办公自动化系统　在Lotus Domino/Notes平台上规划设计局办公自动化系统。Domino/Notes的邮件、文档数据库、工作流等特点非常适合构建办公自动化系统。区分业务系统的不同类型。适合在Domino/Notes平台上开发的就在其上进行；将业务系统的最终运算结果读入到Domino/Notes系统中，实现办公自动化系统和业务系统的有机结合。

3. Domino企业信息集成技术　在开发企业管理信息系统时充分利用上述手段使办公自动化系统和其他业务系统有机地结合起来。在Notes中可直接查询关系数据库，使用户通过单一的界面就可完成以往需在不同系统下完成的工作。

（二）自行开发主要模块功能简介

开发的企业管理信息系统主要包括公共信息、企业管理等。

1. 公共信息　具有公告牌与布告栏的功能，利用先进的网络技术实现信息发布。主要包含公告板、办事指南、政策法规、企业之窗、中州水电、科技情报、管理文摘、今日十一局、收文发文、局办文件、处室文件等模块。

2. 企业管理　主要包含计划统计、设备管理、安全管理、合同管理、法律事务、科技进步、质量管理、人事管理、工资管理、职工教育、招标投标、基地管理等十六个模块。这些模块的开发有效地结合了建筑施工企业管理的特点：中国水利水电第十一工程局（以下简称十一局）是国家500家最大建筑施工企业之一，总部设在河南三门峡市，施工项目分散国内外各地，项目控制与信息管理工作随着生产经营规模的扩张，越来越不能满足企业管理工作的整体需求。因此必须发挥高科技的优势，利用现代化的网络管理手段，进行管理创新。这些模块的建立并投入使用，使得企业管理的各项原始基本数据直接从分散的项目施工点输入局域网，数据的传输、汇总分析全部由计算机网络来实现，彻底改变了企业以往管理的模式，大大提高了生产力。

主要模块有：

(1) 计划统计。该程序主要有以下三个部分：

1) 专业文件部分。这部分主要存放着上级主管部门、地方、局及二级单位形成的不便于在大范围公开的文件和资料，以便于领导和相关人员查阅，规范计划统计管理工作的行为。这部分有一个视图和一张表单，视图相当于所有文件的总目录，点击所需查阅文件的标题，即可进入所要查阅文件的具体内容。

2) 项目管理部分。这部分设计了一张记录局各施工项目的基本情况、工程主要特性、主要机械配置、施工概况、施工中的主要经验和困难的表单，以及表单汇总的视图。

3) 计划统计部分。这一部分主要根据十一局目前计划统计（主要是产值）的工作需要而设计，随着未来全局各个项目的局域网的开通，管理人员只需在项目上填写本项目的计划统计数据，该程序即可自动进行统计，形成分别按单位、按类别、按项目统计汇总的三张视图，供管理人员决策使用。同时还可以通过 Excel 转化成总公司需要的各种报表。

(2) 设备管理。该程序主要有以下三个部分：

1) 管理文件部分。这部分主要存放着上级主管部门、地方、局及二级单位形成的不便于在大范围公开的文件和资料，以便于领导和相关人员查阅，规范设备招标采购及管理工作的行为。这部分有一个视图和一张表单，视图相当于所有文件的总目录。点击所需查阅文件的标题，即可进入所要查阅文件的具体内容。

2) 设备台账部分。这部分记载着十一局主要施工机械设备的基本数据、修理过程、设备折旧及调动过程情况，有分别按设备、按单位查询的两张视图，以及记录每台设备上述情况的一张表单。

3) 统计月报部分。这一部分对全局主要施工机械设备使用情况进行按月统计，随着未来全局各个项目的局域网的开通。管理人员只需在项目上填写本项目的设备使用月报，该程序即可自动进行统计，供管理人员决策使用。

(3) 安全管理。本程序主要有以下三个部分：

1) 安全管理部分。这部分主要存放着上级主管部门、地方、局及二级单位形成的不便于在大范围公开的文件和资料，以便于领导和相关人员查阅，规范安全工作的行为。

2) 事故管理部分。每发生一起安全事故，都应在这部分形成主要记录，记录事故的时间、地点、相关责任人、受伤害者，事故经过和原因分析、安全措施及落实情况。主要有事故的记录报告，可按单位、按类别进行统计分析报告，给领导提供决策依据。

3) 工伤管理部分。这一部分主要是为在水电建设事业中受到安全事故伤害的同志负责，记录他们的基本情况、伤害程度、治疗费用跟踪等证据。

(4) 质量管理。这是十一局实现质量监控的一个重要窗口，存放着国家、省市及局级的质量管理办法，国家优质工程审定及评选办法，局工程质量奖惩条例、质量手册、质量体系程序文件及 ISO9001 内部质量体系审该计划及实施内审的通知等；同时在此数据库中可及时处理和汇总局属二级单位及在建项目工地上报的统计报表，缩短了报表周期，加强了质量监控力度。

（中国水利水电第十一工程局　光现红）

光纤传感技术在引滦入津输水隧洞自动化安全监测与评估系统中的应用

引滦入津输水隧洞位于河北省迁西县和遵化县交界处，于1982年5月开工修建，1983年9月11日完工并正式通水运行。隧洞全长12.394km，断面形式为城门洞型，部分断面为箱型。典型断面宽5.7m，高6.25m，钢筋混凝土衬砌。隧洞设计流量为60.0m^3/s，设计水深3.92m，校核流量为75.0 m^3/s，校核水深4.68m，为无压输水隧洞。实际输水76.0 m^3/s，水深3.96m。

隧洞沿线地质情况比较复杂，穿越断层20多条，断层宽度大多为1.0～10.0m，最宽达30.0m。洞线靠近出口部位有5条挤压破碎带。经查原设计，该地区地下水位较高，隧洞洞身基本置于地下水位以下，洞底板上原始地下水位最大达65.0m。

由于受当时施工水平及条件的限制，隧洞衬砌混凝土质量较差，先后出现万余条裂缝，混凝土表面剥蚀麻面，伸缩缝漏水，部分区段混凝土渗水，工程老化严重。引滦入津输水隧洞每年要向天津市输送几亿方水，因此对隧洞实施全线安全监测势在必行。以下简要介绍引滦入津隧洞自动化安全监测系统。

（一）隧洞自动化安全监测与评估系统设计原则

考虑到隧洞内部相对湿度大，过水时无法检修，即使不输水时，由于洞径大，检修也相对困难。因此，要求监测系统耐久、可靠、实用、免维修。系统设计时考虑以下原则：

(1) 隧洞内除埋设传感器外，不布置数据采集设备及通信设备。

(2) 隧洞内布线必须简单，尽量减少接头，必要的接头必须设置可靠的防潮措施。

(3) 监测系统在隧洞内不使用电源。

(4) 根据隧洞安全评估系统对监测信息的要求，确定断面传感器类型与布置形式。

(5) 传感器、数据采集设备以及信息传递系统均应对雷电不敏感。

(6) 数据采集系统实现无人值守，安全评估系统在线分析，及时发现隧洞内的不安全因素，并具有不同级别的报警系统，为隧洞运行调度决策提供参考。

(7) 隧洞安全评估系统考虑 17 年来隧洞的运行经验和监测资料，并根据新系统的监测信息实时在线对隧洞断面安全状态进行评估。

（二）光纤传感技术简介

光纤式传感器是针对振弦式传感器的缺点而发展的一种新型传感器。它利用光纤作为传感介质，以光作为信息载体，利用光学干涉的方法通过量测光纤传感器的伸缩来获得被测量。光纤由两种不同折射率的玻璃材料拉制而成。内层为纤芯，能够传输光信号，实现光通信。外层为包层，使光信号封闭在纤芯中传播，内层的折射率比外层的折射率大。裸纤从高温炉刚拉出时要进行涂覆护套。因此，它有一定的强度与柔性。环境潮湿和电磁干扰等对光纤测量系统没有影响，光纤本身老化和衰减相当小，具有非常好的耐久性和可靠性。由于光在光纤内传播时衰减特别小，传感器与数据采集系统之间的距离可以很长，适合隧洞长距离监测。另外，雷电对光纤没有任何影响，只要做好数据采集设备的电源防雷击即可。

（三）引滦隧洞自动化安全监测系统

隧洞自动化安全监测系统采用光纤式传感器。经对隧洞进行详细的现场踏勘与研究，结合隧洞设计和施工的有关资料，确定监测断面为 12 个，其监测内容以混凝土衬砌变形和渗压为主。监测断面上的传感器类型和个数根据监测内容和安全评估系统的要求进行确定，共布置 93 支光纤传感器。每个光纤传感器使用单芯光缆作为输入输出接口。

根据引滦隧洞的实际情况，隧洞沿线在 6 号支洞、9 号支洞和 15 号支洞布置 3 个监测站，以便接入 12 个监测断面上的传感器。每个监测站设置一台增强型 32 通道 DMI 数据采集仪。监测站与各个监测断面之间使用一根 12 芯多模光缆连接传感器与 DMI 数据采集仪。监测断面到监测站的最远距离为 4.2km，满足数据采集设备的要求。监测站使用高性能在线式不间断电源供电，并配置可靠的电源防雷设施，以避免雷电干扰。

各监测站的 DMI 数据采集仪通过 Rs232 接口使用单模光缆与隧洞管理处的通信服务器相连进行数据传递。远程数据采集与控制计算机布置在隧洞管理处的中央控制室。

（四）自动化数据采集系统

自动化数据采集系统布置在隧洞管理处的中央控制室内，由数据采集与控制计算机、数据库服务器、WEB 服务器、通信服务器和相应的网络系统组成。通信服务器与各个监测站内的 DMI 相连，负责监测站与中央控制室之间的通信联络；数据采集与控制计算机负责读取 DMI 内的数据和设置 DMI 的各项参数；监测数据存放在数据库服务器上；WEB 服务器提供查询服务。

传感器数据采集周期设置为 1h，以便及时发现变化量比较大的数据。采取数据过滤技术减少数据存贮量，减轻数据库服务器的负担。利用 WEB 技术提供信息查询，用户使用标准的 Internet 浏览器进行访问。WEB 服务器根据用户的要求，对数据库服务器发出查询请求。数据库服务器根据 WEB 服务器的查询请求在数据库内查询并将结果传递给 WEB 服务器。WEB 服务器与数据库服务器之间的数据流仅为查询请求和结果，流量小、速度快。

（五）隧洞安全状态评估系统

隧洞安全状态评估系统根据自动化安全监测系统的监测数据实时在线对隧洞的安全状态进行评估，以便及时报警。

（清华大学　段云岭 冯金铭）

水电教育及改革——部分设置水电类专业的院校情况简介

清华大学水利水电工程系

清华大学水利水电工程系成立于1952年，原名水利工程系，前身为20世纪20年代末设立的土木工程系水利组。1988年更名为水利水电工程系，设有河川枢纽、河流海洋、岩土工程、水文水资源和水利水电工程设计研究所5个研究所及相应的系列课程组；建有高坝大型结构国家专业实验室（含水工结构和水电站两个实验室）和水沙科学教育部重点实验室（含水力学和泥沙两个实验室）及岩土工程实验室、水文水资源实验室。

清华大学水利水电工程系设有水利水电工程本科专业，从1996年起开始执行6年学制的本科—硕士统筹培养模式。1998年，该系首批获准按水利工程一级学科培养博士生，现有水利工程一级学科涵盖的水工结构工程，水文学及水资源，水力学及河流动力学，水利水电工程，港口、海岸及近海工程和属土木工程一级学科的岩土工程共6个二级学科专业的硕士和博士学位授予权。2001年水工结构工程和水力学及河流动力学两个学科被评为国家重点学科。此外，该系还设有水利工程博士后科研流动站。为扩大学生专业面，水利水电工程专业学生可按水利水电建筑工程、水资源与水环境及港口与航运工程三个方向课组选课，以一个方向课组为主，兼选其他方向课程；并实行多种因材施教措施，包括攻读第二学士学位，加强人文社会科学、经济管理学科课程的选修，使培养的学生逐渐从“技术主导型”向“技术管理复合型”过渡。该系现每年招收本科生90人，硕士生50～60人，博士生20～30人；进站博士后10人左右。建系以来，已培养本专科毕业生6000余名，毕业研究生700余名，其中博士101名；博士后出站40名；工程硕士班、项目经理班等培训班学员2500余人。现在校本科生353人，硕士生148人，博士生82人，在站博士后19人。该系教育教学工作取得较好成绩，在由教育部组织的两届全国百篇优秀博士论文评选中先后有两篇博士论文入选。2001年获高等教育国家级教学成果一等奖1项。

清华大学水利水电工程系坚持教学与科研并重，教育与生产实践相结合。20世纪50～60年代，先后承担北京密云水库、张坊水库、三家店水库、青石岭水电站、四川渔子溪水电站等多座水利水电工程的部分或全部设计任务。20世纪80年代以来，先后有20多名教师在伊拉克、伊朗、索马里、泰国、巴基斯坦、尼泊尔等国家承担有关水利水电工程的咨询、设计和管理工作。进入90年代，采用新的结构型式自主设计了福建溪柄碾压混凝土薄拱坝（坝高63.5m，厚高比0.189）和新疆石门子碾压混凝土高拱坝（坝高110m）。多年来，该系承担了一批国家科技攻关、国家自然科学基金重大和重点项目、“863”、“973”等重大科研项目及结合三峡、二滩、小浪底、小湾、龙滩、溪洛渡、龙羊峡、三门峡、水布垭等多项重点大型水利水电工程的科研项目，取得了一批重要成果。据不完全统计，自1978年全国科学大会以来，全系共获国家自然科学二等奖1项、三等奖2项，国家发明奖3项，国家科技进步奖16项，全国科学大会奖1项，省市、部委科技奖励112项。

全系现有教职工100人，其中教师74人，实验技术人员17人。专业技术人员中，教授、研究员33人，其中“两院”院士5人（张光斗、潘家铮、沈珠江、王思敬、张楚汉），博士生导师26人。另有兼职教授19人。

清华大学水利水电工程系按照清华大学争创世界一流大学的部署，提出了“抓住机遇、争创一流；增强实力、加强联合；全面推进、突出重点；立足国内、面向世界”的学科建设指导思想，以培养人才为目标，以师资队伍建设为本，以增强创新能力为核心，继续坚持教学和科研并重，继续发展和强化水工结构工程和水力学及河流动力学重点学科的优势，加强对21世纪中国水灾害、水资源、水环境和水生态的研究，加强学科的联合和交叉，加强与国内外水利水电同行的联系和交流，在基础理论和重大技术两方面争取突破，为将该系逐步建成一个综合性、研究型、开放式的新型水利系而努力。

（清华大学　水利水电工程系）

天津大学水利工程学科

天津大学水利工程学科有近70年的历史，是中国最早培养水利、水电、水运、海洋工程方面技术人才的高等学校之一。目前该学科具有本科、硕士、博士、博士后等各级办学层次，其中本科专业有水利水电工程、港口航道与海岸工程、国际工程管理（第二学位）；硕士专业有水利水电工程、水工结构工程、水力学及河流动力学、水文学与水资源、港口海岸与近海工程；博士专业有水利水电工程、港口海岸与近海工程，其中港口海岸与近海工程为国家级重点学科；此外还设有水利工程博士后流动站。目前在校水利类本科生480余名、硕士生260余名（含工程硕士）、博士生97名、博士后6名；教师队伍中有中国工程院院士2名、博士生导师15名、具有博士学位的教师30余名，学术队伍结构合理，具有老、中、青相结合的特点。

在教育教学方面，天津大学水利学科坚持"严谨治学，严格教学要求"的优良传统，注重学生知识、素质、能力的综合培养，以达到培养宽基础、高素质、有创新精神和实践能力的高水平人才的目的。近年来开展了一系列教学改革工作，包括示范性专业建设、优秀课程建设、双语教学、教学基础平台实验室建设、人文精神与科学精神的结合等。

在科研和学科建设方面，天津大学水利学科继承中国第一水工试验所的传统，走产、学、研相结合之路，密切结合国家建设实际开展科学研究，形成了大型水利水电工程施工系统仿真，工程水力学，水工水电站结构工程，水旱灾害评价与防治，水电枢纽运行仿真与优化调度，河口海岸水沙运动与环境生态，港口、海岸及近海工程结构，冰力学与冰工程，海洋土力学等特色鲜明、优势明显的研究方向。参加"六五"～"九五"国家重点科技攻关、"863"科研项目、国家自然科学基金以及三峡、二滩、小浪底、小湾、龙滩、溪洛渡、构皮滩、拉西瓦、糯扎渡、瀑布沟等大型水电工程研究项目400多项，近10年来获国家及中央部、委、省、市、自治区的科技进步奖40余项，目前在研项目合同经费约2000万元。

（天津大学　练继建）

河海大学

河海大学是教育部与水利部共建，以水利为特色，工科为主，理工结合，理、工、经、管、文、法多学科协调发展的教育部直属全国重点大学，是国务院首批授权可以授予学士、硕士、博士学位和自行审定教授、博士生导师的高校，也是国家实施"211工程"重点建设的高校。其前身是1915年建于南京的河海工程专门学校，是中国第一所培养水利专门人才的高等学府。1952年，国家集中南京大学、上海交通大学、同济大学、浙江大学等高校的水利系科，成立了华东水利学院。1985年恢复"河海大学"的校名，同年，邓小平同志亲笔题写校名。1995年江泽民总书记为学校建校80周年题词："面向未来，开拓进取，进一步发展水利教育事业"。

学校现有校本部及常州和江宁校区，校园总面积2120亩。校本部在南京市清凉山北麓，面积670亩；常州校区位于常州市高新技术产业开发区内，面积450亩；江宁校区位于南京市江宁经济技术开发区内，面积1000亩。

学校设有水文水资源及环境、水利水电工程、交通与海洋工程、土木工程、电气工程、计算机及信息工程、机电工程、国际工商、经济、人文、理学11个专业学院以及研究生院、成人教育学院和科学研究院。全校教职工2800余名，其中中国科学院、中国工程院双院士1名，中国工程院院士1名，正副教授740余名，博士生导师近100名，另有6名两院院士受聘担任学校的教授、博士生导师。学历教育学生24000余名，其中研究生2500余名，本科生14000余名，外国留学生60余名。

学校在水利、土木、资源环境、农业工程等学科方面具有明显的特色和优势，尤其是水利工程学科在国内实力较强，博士点、硕士点覆盖了全部水利二级学科。现有水文学及水资源、岩土工程、水工结构工程3个国家重点学科；工程力学，结构工程，水利水电工程，港口、海岸及近海工程，环境工程，机械电子工程，计算机应用技术，技术经济及管理8个部省级重点学科；水资源开发利用国家专业实验室1个，水资源开发教育部重点实验室1个，水力发电工程等8个水利部、江苏省重点实验室；教育部水电工程安全工程研究中心等4个部省级工程研究中心；水利工程等3个博士后流动站；水文学及水资源、水利水电工程、环境工程等10个博士点；硕士点38个，44个本科专业。

学校在人才培养上坚持"规模、结构、质量、效益"协调发展的方针，走特色发展的道路。20世纪50年代起学校就积极为西部培养人才，开展民族教育工作，1986年以来，每年招收新疆少数民族学生40名；1999年以来，每年招收西藏学生10名；1993年实施"插班"教学，是较早实施"插班"教学的高校之一。自60年代初即招收外国留学生，至今学校已为40多个国家培养留学生数百名，留学生教育用英语授课，以培养水利、土木、力学等理工科专业的博、硕士为主。几十年来，学校为国家培养了各类学历教育毕业生（含外国留学生）6万余名，其中有10多名院士。许多毕业生已成为中国水利、电力、交通等行业的管理和技术骨干；成为长江三峡、黄河小浪底等国家大型重点工程建设的管理和技术主要负责人；成为国家政府部门和企业单位的领导。

学校坚持科研与经济社会发展紧密结合，科研规模持续发展，取得了大量高水平的科研成果。2001年成立科学研究院，科研合同经费达1.3亿元。近年来，学校有230多项科研成果获国家和部省级奖励，20多项科技成果获国家科技进步奖，其中“广东核电站港口和取排水口布置方案研究”、“中国海岸带海涂资源综合调查研究”、“小浪底土石坝震后永久变形”、“沪宁高速公路江苏段工程技术和建设管理”等6个项目获得国家科技进步一等奖。目前还承担着西部水资源合理配置研究、西部大开发中重大水利工程布局研究、南水北调关键技术问题研究、引江济太关键技术问题研究、长江防洪决策支持系统、数字黄河工程、农业节水基本理论及节水技术方法研究、西部大开发重大水电建设关键技术问题、水资源承载能力与社会经济持续发展研究、长江口深水航道关键技术问题研究、海岸风暴灾害与减灾防灾、面向可持续发展的水价、水权理论研究等课题。

学校坚持“面向世界”，不断推进国际化办学进程，在水资源、水文、环境、航运、港口与海岸、岩土、工商管理、水库移民等方面与10多个国际组织进行合作与交流。学校与美国普渡大学、依阿华大学，俄罗斯莫斯科大学、国立水文气象大学，荷兰代尔夫特科技大学，德国汉诺威大学，法国里尔科技大学，日本长冈科技大学等20多个国家的40多所大学建立了校级协作关系。

学校的后勤社会化改革步伐较大，江宁校区成效明显。

学校精神文明建设成绩较好。1998年被评为“全国党的建设和思想政治工作先进高校”，连续11年被授予“全国大学生暑期社会实践先进集体”称号，4次荣获“全国民族团结进步模范单位”称号，多次被评为水利部、江苏省“文明单位”。

学校在新的世纪确立了发展目标，即在2015年百年校庆时，在保持与发展水利特色的基础上，把河海大学建成以工科为主、理工结合、多学科协调发展的高水平特色大学。在此基础上，再经过10～20年的努力，把河海大学建成具有多个特色优势学科、理工科为主、具有广泛国际影响的高水平多科性研究型大学。2001年教育部、水利部正式签订共建河海大学的协议，将为学校在新世纪的发展提供更加有力的支持。

（河海大学）

四川大学水利水电学院

四川大学水利水电学院前身为原四川大学1944年设立的理工学院土木水利系。学院由水利水电工程系、水文与水资源工程系、农业水利工程系和热能与动力工程系及高速水力学国家重点实验室、岩土工程省重点实验室、水利土木工程专业教学实验室、水动力学专业教学实验室、水土资源信息专业教学实验室和水利水电科学研究所组成，已形成较完善的综合性教学研究体系。学院师资力量雄厚，现有在职教职工130余人，其中博士生导师15人，长江学者特聘教授1人，跨世纪青年教师2人，正高级职称30人，副高级职称41人，具有博、硕士学位的人数占46%，在站博士后8人，正在国外留学进修的教师30余人。学院教学研究、实验用地30000多平方米，配备有大、中型实验设备和精密科研仪器，固定资产逾4000万元，并正在进行学校“523工程”本科教学实验室建设。院资料室藏书2万余册，中外文期刊近百种。现有在校学生1100余人，其中博、硕士研究生200余人，本科800余人，网校、专科生及成人学历教育150余人。2001年和2002年全日制本科招生人数分别为235人和280人。近几年，毕业生各专业一次就业率均达到95%以上，考研升学率在20%～30%左右。建国以来，培养了7000多名本专科以上层次的毕业生，各类培训班学员逾万人，涌现出许多国内外知名教授、专家与水利水电科研和生产单位的高层管理干部。

水利水电学院学科涵盖了水利、土木、农业工程3个一级学科，设有本科专业4个（水利水电工程、水文与水资源工程、农业水利工程、热能与动力工程），具有水利工程一级学科博士授予权，博士点6个（水文学及水资源、水力学及河流动力学、水工结构工程、水利水电工程、港口海岸及近海工程、岩土工程）及相应的硕士点6个，博士后流动站2个（水利工程、岩土工程），还有水利工程领域工程硕士授予权和研究生课程进修班。现有水力学及河流动力学国家重点学科1个，国家“211工程”的水利水电科学与工程重点建设学科1个，岩土工程省重点学科1个，长江学者特聘教授设岗学科1个（水力学及河流动力学）。另有各类研究机构4个。在科研方面，近五年来承担了国家、省部级和地方大量的水利水电研究项目，其中国家自然基金课题40余项、国家重点科技攻关课题30余项，获国家科技进步一等奖3项、二等奖2项、省部级科技进步奖29项，通过各级专家鉴定成果32项，达到国际先进水平20项。

水利水电学院在教育体制改革后，认真贯彻落实教育部4号文件精神，把“牢固树立人才培养的中心地位、教育教学改革的核心地位和不断提高办学质量与办学水平”作为学院改革、发展的永恒主题。已形成院领导牵头，全院上下齐抓共管，紧紧围绕本科教学这一中心工作，进一步加强教风、学风建设，加强教学过程管理和教育教学改革，以促进教学质量的不断提高的良好局面。2001年～2002年间，学院在都江堰设立了校外网络专业办学点，举办了全校惟一的工科网络专业——水利水电工程专业，并已招收2001级新生。为改善本科实验教学硬件环境，争取到了学校“523工程”建设项目，为水利类本科实验室投资达750余万元，目前正在投入一期建设。四川省水利类科学研究与人才培养基地和校水利类科学研究与人才培养基地的建设工作也正在进行之中。共投入4万元更新水利类本科毕业设计（论文）图书资料。学院获省教学成果二等奖1项、三等奖1项，获校优秀教学成果一等奖2项、二等奖1项。

为了彻底贯彻和落实教育部4号文件精神，学院对教学、科研管理工作常抓不懈，实施新的岗位制人事分配制度，充分调动教学、科研及管理一线教职工的积极性，并出台了相应措施、办法及细则：

(1) 完全学分制。实现了本科跨专业选课。

(2) 高级职称授课制。具备高级职称的教师，每学年至少承担1门本科课程的主讲，且教学工作量必须大于0.6。

(3) 中青年教师上岗前“先听、再试、后讲”的培训制度。建立专家领导听课、教师自评、学生评教的质量监控体系，以稳步促进教学质量的提高。

(4) 本科班主任制度。选择具有博硕士学位、敬业精神强的教师担任班主任，以加强专业教育，促进学风建设，提高英语四、六级通过率。

(5) 优秀本科生导师制。每年在大二学生中选出学业优秀本科生配以导师，参与导师的科研课题，以培养拔尖人才。

此外，强化实践性教学环节，做到产、学、研结合，组派学生到设计单位完成毕业设计。设立优秀教学成果奖、多项科研成果奖和院本科生CAD优秀作品奖等。

学院将本着“水电建设，立足西南，面向全国，走向世界”的办学目标，注重综合素质的提高，培养适应21世纪水利水电建设事业的专门人才，努力把学院建成西南领先、国内一流的研究型学院，为西部开发的水利水电建设事业做出更大的贡献。

（四川大学　水利水电学院）

广西大学土木建筑工程学院

广西大学土木建筑工程学院（原土木系）创建于1932年。水利水电工程专业1959年开始招生，40多年来共培养毕业生1681人（其中本科1489人、专科126人、硕士19人、地方研究生班47人）；现有在校四年制本科生167人、研究生34人（其中博士生3人、硕士生20人、研究生班11人）。2002年毕业本科生38人、研究生15人（其中博士1人、硕士6人、研究生班8人）；计划招本科生60人、研究生27人（其中工程硕士20人）。该专业有教师29人（其中教授8人，副教授、高工13人，讲师、工程师7人，助教1人）；青年教师全部有研究生学历，其中博士学位（含在读）4人；特聘潘家铮院士任兼职教授。

（一）学科建设

广西大学已完成“211工程”第一期建设，通过了国家验收。结构工程与红水河水力资源开发学科于1998年经国家计委批准立项重点建设，2002年成为教育部国家重点学科。1998年取得了博士授予权；2001年经批准建立博士后工作站和工程硕士学位点。

“九五”期间投入学科建设资金1000万元，“十五”期间计划再投入2000万元，加强学科基础设施建设。现有实验室面积10191m^2，固定资产3260万元。扩建了结构实验室，引进了电液伺服加载系统、动态分析仪等先进设备；水工实验室更新了供水系统，添置了瞬态测速装置等；扩建了计算中心，将2台服务器、12台交换机、144台计算机连成局域网；新建结构仿真实验室，备有商业版大型ANSYS软件系统。专业图书资料较齐全，拥有中文图书10.64万册、外文图书0.98万册、中文期刊113种、外文期刊11种。

（二）教学管理与教学改革

2001年为教学质量年，学校狠抓已出台教学管理制度的实施，并着重抓好基础课教学和毕业设计“一头一尾”的教学质量；改革招生办法，扩大与外省对换招生，改变生源结构；实行大类招生、中期分流培养；探索完善学分制，克服学年制、学分制双轨管理的弊端，提高学生的自主意识和竞争意识。

水利水电工程专业1999年～2002年在学校立项进行重点建设，并作为新世纪广西高等教育改革工程立项开展了“适应西部开发的水利水电工程专业教学改革研究”。在培养方案上调整了课程体系，加强实践性教学环节，密切与产业单位的联系，充实更新教学内容，使专业教学体现广西地方特色。在教学手段上，利用学院新建的2间CAI课件制作室、3间CAD教室和学校的多媒体教室，多门课程自行制作并使用多媒体课件教学。课程设计、毕业设计计算、绘图、编写报告实现计算机化，计算机出图率达80%以上。部分同学去设计院结合实际工程完成毕业设计。

为了加强教学质量监控，促进教学改革和专业建设，提高办学水平，学校设教学督导委员会，学院设教学调研员。聘请思想政治素质好、学术水平较高、教学和教学管理经验丰富、热心教学研究和改革的教师任职，发挥了良好效果。

（三）科研项目及成果

“九五”期间，学院共承担了各类科研项目180项，其中国家自然科学基金10项、国家重点工程项目5项、长江三峡项目4项、教育部骨干教师项目1项、广西自然科学基金项目13项、中国—加拿大国际合作项目1项，总科研经费1452万元。在国内外学术刊物上发表论文254篇，出版专著8部，教材7本。获得国家科技进步二等奖2项，广西科技进步一等奖1项，广西科技进步二等奖8项，电力工业部科技进步二等奖1项，原国家教委优秀学术著作奖1项。

目前学院在研课题24项，其中国家自然科学基金6项；与香港城市、科技大学合作项目2项；广西自然科学基金8项；三峡工程子项目2项；国家重点工程1项；教育部骨干教师项目1项；各厅局项目4项。

（四）对外交流

近年来，学院分别与清华大学水利系、香港科技大学、英国威尔士大学、丹麦奥尔堡大学保持合作联系，并联合承担了3个科研课题；与香港理工大学土木系建立了相互合作及互派人员访问的协议。有12人先后赴香港科技大学、新西兰、丹麦、英国等学校访问进修；邀请了法国、英国、澳大利亚学者，清华大学、东南大学、大连理工大学、同济大学院士等11人来校讲学。

学院主办了第六届全国结构工程学术大会、2001年全国高校水利水电类专业教学指导委员会会议。

（广西大学 燕柳斌 吴彰敦）

三峡大学土木水电学院

三峡大学于2000年6月29日在湖北省宜昌市成立，是经国家教育部批准、由原武汉水利电力大学（宜昌）和湖北三峡学院合并而成的省属高校中规模较大、学科门类齐全的一所综合性大学。学校组建两年来，突出以水电为特色的办学方向，大力加强水电专业学科建设，深化教育体制改革，在教学、科研和服务地方经济建设中取得了较好的成绩。

（一）土木水电学院水电学科建设情况

三峡大学土木水电学院目前有水利水电工程、土木工程2个水电类本科专业；1个水工结构工程博士点和结构工程、减灾防灾及防护工程、岩土工程、水工结构工程、水利水电工程5个硕士点；具有湖北省重点学科——减灾防灾及防护工程、水工结构工程及国家电力公司重点实验室——岩土工程研究中心，湖北省重点实验室——减灾防灾综合重点实验室4个省部级重点学科（实验室）。水工结构工程与岩土工程学科设有湖北省“楚天学者特聘教授”岗位；并且水工结构工程与岩土工程学科为国家“211工程”重点建设学科。土木水电学院下设水工结构工程、土木结构工程、岩土工程、减灾防灾及防护工程、水利水电工程、建筑学与城市规划、力学等8个学科（系、部）及岩土工程研究中心、土木工程研究所、水电勘测设计研究所、环境地质工程研究所、水文水资源研究所、水电施工技术研究中心6个直属研究所。

（二）土木水电学科建设的举措和成果

三峡大学在办学过程中坚持突出水电特色，重视水电专业的科学研究工作，并将其作为加强学术梯队建设的重要手段，已形成了相对稳定的科研方向，取得了较高水平的研究成果，特别是在土木工程施工全过程模拟技术、边坡工程加固仿真模拟技术、光纤检测技术等优势研究领域取得了有一定影响的成果。学院曾承担霍英东青年教师基金、国家自然科学基金、国家重点科技攻关项目、国家电力公司重大科技项目及各种省部级基金项目等多项纵向项目以及其他各种科技项目数百项；获得省部级各种科技奖励10余项及多项国家发明专利，其中获得省部级科技进步二等奖以上的奖励2项。近年来在长江三峡工程、清江隔河岩工程、高坝洲工程、水布垭工程等重大科技实践中贡献突出。科研经费逐年增长，目前在研科研项目52项，其中部级重大科技项目2项。近年来发表学术论文（著）600余篇（部），其中有30余篇科技论文被国际著名检索机构摘录。与此同时，学院积极将水电专业推向社会主义经济建设主战场，服务地方经济，先后完成了神农架林区娘娘庙等10个水电站的勘测设计工作、三峡坝区建设者之家等10余项民用建筑设计工作、三峡库区云阳县及开县等数百个移民新镇规划设计及公路设计共10余项。

学院认真贯彻三峡大学的办学思想、目标定位和办学特色，树立素质教育和终生学习的观念，坚持知识、能力、素质、个性的培养，努力培养宽基础、高素质、有创造性和终生学习能力的一流人才。近几年修订了本科综合培养方案，控制了教学计划中课程学时的比例；修订了教学大纲并进行了课程体系改革，体现了培养方案中素质教育和能力培养的环节。

广泛的国际合作与交流，使该校水电专业在国际上享有一定的声誉。目前，三峡大学水电类专业与日本京都大学、德国柏林应用科技大学、法国克莱蒙大学、法国里尔科技大学、法国杜威矿业学院、荷兰春提大学、美国匹茨堡大学、俄罗斯莫斯科水工研究所等有着广泛的学术联系、联合科研、互派访问学者及进修生、联合培养博士研究生等，并正与法国克莱蒙大学联合开发 PANDA-Ⅱ动力触探仪。

为提高学科建设水平，土木水电学院以建设高素质的师资队伍与培养高质量的人才为中心工作。“工程地质教学研究与实践”获湖北省及原电力部教学成果二等奖。工程地质课程与施工技术课程已通过部颁一类课程的验收，房屋建筑学等多门课程通过部颁二类课程或校重点课程建设的验收，其中工程地质及水工建筑物课程获省优质课程称号。

（三）学制、师资及人才培养

土木水电学院现有教职工 142 人（其中水电专业教师 65 人），其中教授 18 人、副教授 42 人；博士后及博士 15 人，硕士 24 人；博士生导师 5 人，硕士生导师 25 人。拥有国家级专家 1 人，湖北省有突出贡献的中青年专家 3 人，获中华电力基金奖 3 人，获霍英东青年教师科研奖 1 人；国务院特贴专家 4 人，国家电力公司跨世纪学术带头人 3 人，湖北省高校跨世纪学科带头人 3 人、学术骨干 5 人。

水利水电建筑工程、土木工程、水工结构工程等专业均为四年制本科生，授予工学学士学位。

三峡大学水电专业面向全国招收本科生、硕士研究生、博士研究生以及面向世界各国招收留学生。目前已招收法国留学生 8 人次，派出进修生 4 人，1 人获法国政府奖学金（从事博士后研究期间），联合培养博士生 2 人，教师互访多人次。

（三峡大学　张世梅）

南昌大学土木工程学院

南昌大学是 1993 年由江西大学和江西工业大学合并成立的综合性大学，是教育部与江西省共建的国家“211 工程”重点建设大学，是江西省惟一培养水利水电工程专业本科以上学历人才的高校，其水利水电工程专业系原江西工业大学土建系水利水电工程专业。

南昌大学将教学质量和“为江西经济和社会发展做更大贡献”放在重要位置。近年来，该校在本科生中实行学分制、淘汰制、滚动竞争制，教学质量与学生素质均有明显提高，现正积极准备迎接全国优秀本科教学质量评估。该校水利水电工程专业一直具有良好的教学、教研风气。伴随南昌大学“211 工程”建设，该专业积极探索，勇于改革，出现了可喜的变化。如 2001～2002 年，在考试方面，部分课程中实行教考分离制，并采取 A、B 卷方式进行。实践性教学环节改革了在校进行毕业设计的形式。毕业设计中，该专业与全省 11 个地市水利水电设计院合作，选派部分学生参与各设计院承担的具体工程项目的设计，由各设计院派工程师和该专业的教师共同指导。学生质量大幅提高，该专业学生毕业就业率达 95%以上，2002 年参加考研的学生上线率达 60%（包括每年向天津大学推荐的免试研究生）。

目前，该专业每年招生 80 人左右（包括专升本学生），现有在校本科生 340 人，有专职教师 22 人，其中具有高级职称人数占 50%。2001～2002 年，该专业选派了 2 名青年教师分别到中科院和荷兰进修、访问。

该专业现有硕士点 1 个，包括以下方向：水利水电工程规划管理、水利水电工程建筑物、水利水电工程计算机辅助设计、水利水电工程施工、水利水电工程计算水力学。有 9 名硕士导师和 1 名博士导师，硕士研究生 9 人。

2001 年～2002 年，该专业的教师承担了“鄱阳湖河湖关系分析及退田还湖后的水土资源利用”，“基础水利工程在鄱阳湖综合开发及其利用中的地位研究”，“东南地区综合农情调查”等科研项目，经费达 50 多万元。

（南昌大学　黎良辉）

云南农业大学水利水电与建筑学院

云南农业大学水利水电与建筑学院前身为水利工程系，创办于 1965 年，由华东水利学院（现河海大学）、武汉水利电力学院（现武汉大学）、东北电力学院等院校的一批教师组成，是云南省第一个水利水电高等教育系科，于 2001 年 4 月 29 日成立了水利水电与建筑学院。学院现设有水利水电工程、农业水利工程、农业建筑环境与能源工程、资源环境与城乡规划管理四个本科专业；建筑装饰、水利水电工程监理、水资源与环境保护三个专科专业；水利水电工程函授本、专科专业。

学院现有专职教师 48 人，其中教授、副教授 15 人，讲师 16 人，实验师 8 人，教学管理和教学辅助人员 9 人。在校全日制本、专科学生 750 人，硕士研究生 14 人，函授本、专科学生 406 人。现有水利实验中心、岩土与材料实验室、测量实验室、电工与电子学实验室、信息技术实验室及水利水电设计研究所、城乡规划建筑设计研究所等教学、科研、生产基地。1998 年经国务院学位委员会批准设立农业水土工程硕士点，招收水工建筑、水资源开发利用和水资源技术经济共三个方向的硕士研究生。

（一）教学

学院全面贯彻党的教学方针，立足发展，数量与质量并重，坚持面向云南经济发展，形成教学、科研、生产相结合的办学体系培养人才。近三年学院毕业生一次就业率保持在85%～90%，特别是水利水电工程专业毕业生社会反映普遍较好。

学院积极联合社会办学，举办培训班和研究生进修班，共培训180人次。与省水利水电学校共同开办专科教育，共招收86名学生。水利水电专业函授教育也取得进展，联合地、州水利局建立多处函授办学点，招生190多人。

学院设有测绘实验室和电工与电子实验室，已通过教育厅双基实验室合格验收；信息技术实验室、水利实验中心和岩土与建材实验室为开放性实验室。各实验室利用率达90%以上，实验开出率达97%。

（二）科研

学院90%的教师参加校级以上的研究课题。截至2001年12月，全校共有立项批准的校级以上科研课题20项，科研经费总数突破200万元。通过参与科研课题，提高了教师的理论水平和教学质量。全院共获校级以上的教学成果奖8项。

（三）生产

学院以学科发展为核心，坚持与业务主管厅局和生产部门的生产合作，发挥高校的人才优势，利用实验室等设备，大力开展生产服务，积极为地方经济建设服务。主要完成2座中型水库、8座小（1）型水库的安全鉴定，5县的土地开发整理规划设计任务，3座小（1）型水库的初步设计，双柏县节水灌溉规划设计（2000亩）等设计任务。完成工程项目总投资2亿元，创造了较大的经济和社会效益。

学院坚持以学科建设为龙头，师资队伍建设为重点，强化本科教学为核心，教学、科研、设计生产相结合，培养适应社会主义现代化建设，德、智、体、美全面发展，高素质的合格人才。37年来，学院共培养了3000余名水利水电技术专门人才。

2001～2002年度学院各专业学生人数统计见表1。

表1　　2001～2002年度学院各专业学生人数统计表

专业	学制	招生数		在校生数		毕业生数	
		2001	2002	2001	2002	2001	2002
水利水电工程	四	60	60	178	178	58	57
农业水利工程	四	60	60	60	60		
农业水土工程硕士点	三	5	8	9	14		

续表

专业	学制	招生数		在校生数		毕业生数	
		2001	2002	2001	2002	2001	2002
水利水电工程函授本科	四	23	30	17	40		
水利水电工程函授专科	四	194	180	142	336	45	30
水利水电工程监理	三	42	50	42	92		
水资源与环境保护	三	44	50	44	94		

（云南农业大学）

西北农林科技大学

西北农林科技大学于1999年9月经国务院批准，由原西北农业大学、西北林学院、水利部水土保持研究所、水利部西北水利科学研究所、陕西省农业科学院、陕西省林业科学院、中国科学院西北植物研究所7所科教单位合并组建而成，是教育部直属的以农、林、水学科为主的综合性全国重点大学。

学校设有热能与动力工程（水电站及动力设备）、水利与水电工程2个水电类本科专业，学制均为4年；有水利水电工程1个硕士学位授权点。水电类专业现有在岗教师及科研人员65名，其中教授及教授级高工11名，副教授及高级工程师35名，讲师及工程师15名。目前水利水电工程在校硕士研究生26人，当年毕业硕士9名；在校本科生224名。

新校成立后，在充分调研、论证的基础上，对原有机构、资源进行了调整、组合、优化配置，初步形成了产、学、研紧密结合的科教新体制。学校的改革使资源配置得到优化，水电类专业的教学科研实验条件得到了改善，教学内容、教学质量不断提高。一年来，获陕西省优秀教学成果二等奖1项，在《水力发电学报》、《水利学报》、《力学学报》等刊物上发表论文26篇，承担十多项水力发电工程项目的生产试验任务，结题完成5项，均被施工单位采用。

“十五”期间，水电类专业研究生招生数量每年将递增15名左右；本科生在校人数在“十五”末期将达到300人，平均每年毕业本科生60名左右；计划3年内将水利水电工程学科建设成为博士学位授权点，将热能动力工程建设成为硕士学位授权点，将高坝水利水电枢纽布置及消能防冲试验室及岩土工程实验室建成为省部级重点开放实验室，主要研究方向为：高坝水利水电枢纽布置及消能防冲研究、黄土特性及其在水电工程中的应用研究、多泥沙河流河道治理及渠库泥沙研究、旱寒地区水电工程新材料新结构的研究和西北地区水资源形成与转化及其优化配置研究。

为促进学校向一流大学迈进，学校采取了一系列措施加快建设发展步伐：

（1）配合教育体制改革，学校首批确定3个学院进行改革试点，积极探索以重心下移为重点的校院两级管理体制和学院内部运行机制，以促进产、学、研的深度融合和建立“改革、竞争、协作”的运行机制。

（2）结合教育部2001年4号文件精神，制定了“西北农林科技大学本科教学改革和发展行动计划”，并出台与之配套的管理制度和实施办法，不断提高教学质量和学生培养质量。

（3）采取措施，吸引优秀人才，充实学科带头人队伍；增加投入力度，改善教学、科研条件，加强学科建设。

展望未来，学校的发展目标是以西部大开发为契机，努力把学校建设成为立足西北、面向全国，在国际上有一定影响，在国内具有明显特色和优势，产、学、研紧密结合，以农、林、水学科为主的综合性大学。在教育质量、科技创新能力、管理水平和办学效益等方面达到国内一流大学的水平，成为高层次农业科技人才的培养基地、中国干旱半干旱农业及农业高新技术的创新基地、现代农业科技成果示范推广基地，为中国农业可持续发展和西部大开发提供高水平的科技支撑和高素质的人才支持。

（西北农林科技大学　靳全才）

青海大学水利电力工程系

青海大学始建于1958年，是省内重点建设的大学和国家重点支持的西部地方高等院校之一。水利电力工程系（简称水电系）设有农田水利工程、水利水电工程、电气工程及自动化和水文与水资源工程4个本科专业，学制均为四年，其中水利水电工程专业为省级重点学科。全系共有教职工40人，其中高级职称9人，具有研究生以上学历的教师10人，2名教师获青海省高校优秀骨干教师称号，1名教师被水利部评为水利水电行业优秀教育工作者称号。全系现有在校生598人；现有水力学、水工、电工电子、测量、地质、建材6个实验室，CAD室配有计算机31台；资料阅览室藏书1.5万册，备有62种各类期刊和部分教学光盘、录像带。

为适应新形势对人才培养的要求，迎接本科合格教学评佐，青海大学狠抓教学工作的软硬件建设，增加了教学经费的投入，完善了师资队伍的培养规划，并加大了教师培养力度。2002年度有3名教师在职攻读博士、硕士研究生，4名教师进行单科进修，主讲教师中高职称教师的比例达到40%。教师中参加科研项目的有9人次，其中2项通过鉴定，2项已完成，“金属表面合金粉末热喷焊技术在水轮机上的应用研究”的成果在青海省古浪堤电站4号机组试验及运行中取得了较好的效果，“产、学、研结合，打破毕业设计的传统模式”的教学科研获省级教学成果二等奖，共发表各类学术论文56篇。学校走教学、科研并重，产、学、研紧密结合之路，加强实践性教学环节，建立完善了相对稳定的9个实践性教学基地，加强了同河海大学、西安交通大学、西安理工大学、青海省水利水电勘测设计研究院、青海省水利水电科学研究所等院校的合作与交流，并成立了青海省水力发电工程学会青海大学分会，促进了教学科研工作。

水电系围绕学校总体发展规划，根据青海省产业结构和经济特色以及西部大开发的需求，进行了适度的扩招，2002年招生人数达到182人，毕业生有84人。制定了水电系专业建设目标，完善了课程建设规划，抓好水利水电省级重点学科和电工与电子学重点课程的建设工作，以课程建设优势带动学科专业建设，并着重开展研究生教育的论证工作和建设工作。教学中加强了实践性教学环节，重视学生实际工作能力的培养，进行了教学方法与手段的改革，加大了对毕业设计的指导力度。毕业设计全部到青海省水利水电勘测设计研究院进行，得到了高级工程技术人员的指导，毕业设计题目和具体工程项目相结合，真题真做，并全部采用CAD绘图，提高了毕业设计的质量。水利水电工程专业毕业生近年来的一次性就业率达到100%，毕业生得到用人单位的好评。

目前学校坚持“特色为先，质量为本”的办学理念，以人才培养为核心，走产、学、研一体化发展之路，加强专业学科建设，加强教学投入，提高教育质量，为国家水电事业培养合格人才。

（青海大学　李成凯）

新疆农业大学水利与土木工程学院

新疆农业大学水利与土木工程学院现设有水利水电工程一个本科专业，水利水电工程、水利水电工程造价管理两个专科专业；水利水电工程博士点一个；水利水电工程、水力学及河流动力学、水文与水资源三个硕士点。研究生学制三年，本科学制四年，专科学制三年。

学院现有教职工 88 人，具有博士学位者 3 人，具有硕士学位及同等学历者 28 人；博士生导师 4 人，硕士生导师 25 人；有水利水电类专业教师 47 人。已形成一支教学经验丰富、科研能力强、学术水平高的师资队伍，在教书育人、科研开发和技术推广工作中发挥着积极的作用。

学院 2001 年招水利水电类博士生 2 人，硕士生 6 人，本科生 178 人，专科生 168 人；现在校水电类博士生 2 人，硕士生 15 人，本科生 386 人，专科生 323 人；2002 年毕业水电类硕士生 5 人，本科生 37 人，专科生 107 人。

2001 年学院在办公楼内建立了局域网，楼内每间办公室或教室均可上网。在计算机室安装了投影机，开展多媒体教学，并购进计算机 40 余台。在专业基础课和专业课教学中，提倡和鼓励教师应用电化教学手段和计算机技术进行辅助教学。在力学课程和一些专业课的课程设计中，鼓励学生自己上机编程解决一些计算问题。在某些专业课的教学中，给学生播放实际工程的建设录像。在毕业设计中要求学生必须用计算机绘制设计图纸。目前，学院正积极进行 CAI 课题的研制开发和引进工作，进一步加速实现教学技术和手段的现代化，使之在改革教学方法、提高学院的整体教学水平中发挥作用。

2001 年学院水工实验室主持的研究课题“漏斗式全沙排沙漏斗及应用”获国家科技进步二等奖。

为了更好地组织教职工参加科研工作，有效地把科研成果转化为生产力，2001 年学院将下属科研实体——水利水电科技服务部与水利水电设计研究所合并成立新疆农业大学水利水电设计研究所，注册资金 53 万元，固定资产 30 多万元，完成产值 250 万元，已形成教学、科研、生产三结合的实体。

（新疆农业大学　党文革）

广西水电学校

（一）概况

广西水电学校位于广西南宁市，1956 年建校，现有全日制高专、高职学生 1593 人，普通中专学生 1930 人。建校 46 年来，为国家经济建设和社会发展培养了 22000 多名专业技术人才。

学校现有教职工 326 人，其中专职教师 134 人，兼职教师 22 人，实验、实习指导教师 48 人。专职教师中博士 2 人，研究生学历 18 人；高级讲师（副教授）63 人，占专任教师的 40%；中级职称 66 人，占专任教师的 50%；初级职称 13 人。教师中“双师型”教师 37 人。

学校现有高职高专、普通中专、成人中专、职业中专、高等教育自学助学班、短期培训班等多种办学形式。设有土建、电力、机械、计算机等四大门类 40 多个专业。其中水电类及相关专业有：水利水电工程建筑、水利水电工程技术、水电工程建筑施工、工程管理、水电站与水泵站电力设备、水电厂动力设备安装与检修等。

2001 年，学校通过了申报高等职业技术学院的评审，正待自治区人民政府审批为广西水利电力职业技术学院。

（二）教学科研体制改革及成果

2001 年，学校深化教学改革，明确办学思路，创建符合社会与市场经济需要的教学管理体系；坚持“立足市场、面向社会、服务行业”的办学思路，培养高素质的人才。以高职高专为重点，继续发展中专教育，积极开展成人函授继续教育培训，探索创办本科的路子。采取满足市场经济需求的多种办学形式，以全日制为主，开展高职“3＋2”、专升本、大专函授、高等自考、水利行业职工技术培训及与国内外学校联合办学。抓好师资队伍建设，实行教师上岗聘任制，教学工作岗位管理和高级讲师负责制。进行了专业设置和教学方法的改革，根据社会对人才的需求设置了 23 个高职高专专业；在课程设置上，按专业技术岗位及用人单位对人才的要求确定培养目标；在教学方法上，普遍运用现代化的手段进行教学，将传统的教师讲、学生听的旧模式改为教、学、做三位一体的教学新模式。进一步完善教学质量监督管理体系，强化日常教学工作的管理，将 ISO 质量管理体系引入学校教育质量管理中，使学校教育质量管理与评估更加标准化、科学化和合理化。

学校在科研上也取得了较好的成绩，全校 70% 的教师参加了结合教学的科研工作。“大坝测压管清淤器的研究与应用”等多项科研成果分别获得广西水电科技进步一、二、三等奖及广西科学技术进步三等奖。

（三）学生管理

2001 年，学校对学生管理工作进行了深入探索。在把握好当代大、中专学生特点的基础上，“严”字当头，把德育放在首位，建立良好的校纪校风。开展主题鲜明的夏令营等系列形式多样、行之有效的教育活动，获得了共青团区委的嘉奖。学生管理工作重点放在培养提高学生个人潜在能力、团队精神和社会责任感等方面，实现学生“自我管理、自我服务、自我发展”的健康成才目标。

广西水电学校 2001～2002 年度水电类学生情况见表 1。

表1　广西水电学校2001～2002年度水电类学生情况

序号	专业名称	高职高专人数			成人教育人数		
		招生	在校生	毕业生	招生	在校生	毕业生
1	水利水电建筑工程	75	194	87	50	23	
2	工程造价管理	34	41				
3	工程管理	35					
4	测量工程	40					
5	水利与建筑施工概预算		23				
6	环境工程（水环境水资源）		31				
7	发电厂及电力系统	70	282	88	100	60	
8	城乡供用电工程	40	59				
9	水电站机电设备		34				

（广西水电学校　吴汉生）

水电行业科技图书与期刊

《中国水力发电年鉴》获奖情况

《中国水力发电年鉴》以下简称年鉴是中国水力发电工程学会主办的专业性综合年鉴；由原电力工业部、现国家电力公司领导。年鉴主要是为全国水电行业从事勘测、规划、设计、科研、施工、制造、运行、管理等工程技术人员，大专院校师生和各级政府、企业领导、职工服务。

年鉴编辑部于1983年正式成立，截至2003年共出版七卷年鉴。第一卷的时段为1949年～1985年，第二卷为1986年～1988年，第三卷为1989年～1991年，第四卷为1992年～1994年，第五卷为1995年～1997年，第六卷为1998年～2000年，第七卷为2001年～2002年，第二至第六卷为每三年出版一卷，第七卷由于“西部大开发”及“西电东送”的实施，加快了西部水电开发建设，信息大量增加，资料更加丰富，因此将出版时段改为两年出版一卷。

年鉴第七卷的编撰指导思想是：以江泽民同志“三个代表”的重要思想为指导，倡导与时俱进的理念，认真贯彻“西部大开发”、“西电东送”的战略方针，大力实施水电可持续发展战略，全面反映2001年～2002年时段水电发展情况和各方面成就，做到“大事不漏、小事不上”，“大家用年鉴、大家办年鉴”，更好地为水电建设服务。

每卷年鉴都根据当时的情况，有重点地反映这一时段的发展情况，例如第七卷突出了“西部大开发中的水电建设”、“西电东送”、“电网建设”、“流域开发”、“三峡水电站建设”、“三峡水库移民”、“水电走向世界”、“对外合作及承包工程”等。在内容上要求言必有物、言简意赅、资料翔实、信息全面，深受读者欢迎，能作为他们实际工作中经常查阅借鉴的案头书，实用的技术参考手册。

由于年鉴编撰精心颉精取材，不断更新，与时俱进，曾获得各方面的奖励。

年鉴编辑部1992年12月5日获全国老年工作委员会颁发的“老有所为先进集体创新奖”荣誉称号。

年鉴编辑部1995年10月获中国水力发电工程学会1993年～1995年先进集体。

年鉴第四卷1996年获中国年鉴研究会首届中央级年鉴一等奖。

年鉴第五卷1999年在中国年鉴研究会第三届全国校对质量评比中，被评为良好。

年鉴第六卷2001年获中国版权协会中国年鉴委员会中央级年鉴二等奖。

年鉴编辑部2001年9月获中国水力发电工程学会先进集体奖。

尽管年鉴编辑工作获得了各方面的多次奖励，但对比各兄弟年鉴还存在很大的差距，尚需锐意进取，不断改革创新，以适应水电事业可持续发展的需要，为水电建设更好服务。

（中国水力发电年鉴编辑部　陈叔康）

2001年～2002年正式出版的部分水电图书一览表

书　　名	作　　者	出版者	出版年月
中国水力发电年鉴（第六卷）	中国水力发电学会	中国电力出版社	2001.8
水电厂计算机监视与控制	王定一等 编著	中国电力出版社	2001.8
石门拱坝25年运行技术专题研究	龙云霄　李保华　韩景泰 黄炳成　李瓒编著	中国电力出版社	2001.8
中小型水电站模板工程	李志良　编著	中国电力出版社	2001.7
电力企业防汛工作手册	国家电力公司发输电运营部编	中国电力出版社	2001.5
水电工程“实物法”概算编制导则（试行）		中国电力出版社	2001.2
大坝事故与安全　土石坝	汝乃华 牛运光 编著	中国水利水电出版社	2001.10
国际水利水电承包工程管理	陈杰 著	中国水利水电出版社	2001.1
混凝土冬季施工	李东升 等编著	中国水利水电出版社	2001.10
三峡水利枢纽混凝土工程温度控制研究	本书编辑委员会	中国水利水电出版社	2001.1
三峡土建安装工程施工承包合同 通用条款范例与适用指南	赵鑫钰　彭启友　蔡定国 编著	中国水利水电出版社	2001.11
水电站水库随机优化方法	麻荣永 著	中国水利水电出版社	2001.4
水工混凝土建筑物病害评估与修补文集	鲁一晖　孙志恒 主编	中国水利水电出版社	2001.9
水力计算	罗全胜　张耀光 著	中国水利水电出版社	2001.12
土石坝碾压式沥青混凝土心墙施工监理	祁世京 主编	中国水利水电出版社	2001.5
预应力锚固技术	赵长海 主编	中国水利水电出版社	2001.12
隧道工程病害防治图集	方利成等	中国电力出版社	2001.2
水利水电工程施工手册（第二卷） 土石方工程	全国水利水电施工技术信息网组编 《水利水电施工手册》编委会编	中国电力出版社	2002.12
水利水电工程施工手册（第三卷） 混凝土工程	全国水利水电施工技术信息网组编 《水利水电施工手册》编委会编	中国电力出版社	2002.12
湖南省大型水库防洪调度研究	湖南省电力公司 编	中国电力出版社	2002.7
莫让江河空自流——浅说水力发电	青长庚 主编	中国电力出版社	2002.5
抽水蓄能电站百问	梅祖彦　赵士和 编著	中国电力出版社	2002.5
水电工程建设监理招投标指南	水电建设监理分会 编	中国电力出版社	2002.4
水工工艺基础	顾志刚 主编	中国电力出版社	2002.3
20世纪中国河流水电规划	朱铁铮　主编	中国电力出版社	2002.8
水电建设工程质量监督工程师培训教材 水电工程施工试验与检验	水电建设工程质量监督总部	中国电力出版社	2002.12
水电建设工程质量监督工程师培训教材 水电工程设计基础	水电建设工程质量监督总部	中国电力出版社	2002.12
水电建设工程质量监督工程师培训教材 水电工程施工质量监督	水电建设工程质量监督总部	中国电力出版社	2002.12
水电工程达标投产考核办法	国家电力公司电源建设部	中国电力出版社	2002.3
拱坝设计研究	朱伯芳 等	中国水利水电出版社	2002.1
钢筋混凝土非线性有限元法原理与应用	董哲仁 著	中国水利水电出版社	2002.12

（中国电力出版社　姜　萍）

17

技术法规与标准

标 准 化 管 理

2001年电力标准化管理与服务

(一)《电力行业专业标准化技术委员会章程》发布

电力行业专业标准化技术委员会是电力标准化工作的技术机构，担负着电力标准的制修订、审查、宣贯等工作。为了规范和加强对电力行业专业标准化技术委员会的管理，经与国家经贸委多次协商后，中电联以中电联标［2001］30号文批准发布了《电力行业专业标准化技术委员会章程》。本章程共有6章38条，全面地阐述了电力行业专业标准化技术委员会的工作任务、组织机构、相关权利与义务、工作程序、经费的筹集与使用等，是建立电力行业专业标准化技术委员会并开展工作的依据。

(二) 专业标委会的换届与调整

2001年，根据工作需要对电力行业电力燃煤机械标委会、农村电气化标委会、水电站水轮机标委会、高压试验标委会、电力电缆标委会、电站锅炉标委会、汽机标委会和全国带电作业标委会进行了换届改选，对电力行业避雷器标委会和绝缘配合标委会进行合并，成立了电力行业过电压绝缘配合标委会，对第二届电力行业热工自动化标委会部分委员作了调整，更广泛地吸收和纳入企业的优秀人才，同时增加了年轻专家的比例，使电力行业的专业标准化技术委员会更加充满活力。

(三) 电力标准的规划与计划工作

根据国家质量监督检验检疫总局的要求并结合我国电力工业的发展状况，标准化中心向国家质量监督检验检疫总局报告了《"十五"期间电力行业标准化工作规划》。规划指出电力标准制修订工作将围绕着国家宏观改革和电力工业发展进一步开展工作，为政府和企业提供优质服务。首先在十五期间要提出电力行业全员标准化意识，对电力行业"八五"、"九五"期间科研成果中成熟的、有条件的转化为电力标准，指导生产实践，并积极消化吸收ISO/IEC等国际标准及国外先进标准，提高电力标准采标率，促进电力行业与国际技术交流。重点对电磁兼容技术、高效及低污染燃煤发电技术、高压电气安全技术等电力行业基础标准的制定工作，促进电力工业的进步与发展。

国家质量技术监督检验检疫总局和国家标准化管理委员会分批下达了2001年国家标准制、修订计划(质技监局标发[2001]59号、质技监局标发[2001]146号)，有22项电力国家标准制、修订计划项目被确定。

10月18日，国家经贸委电力司以电力［2001］44号文下达了2001年电力行业标准制、修订计划项目共计96项。

(四) 电力标准的制、修订工作

为进一步完善电力标准体系，加大"双采"力度，适应"入世"对标准化的要求，并为修订原电力工业部颁发的《电力标准体系表》做准备，就关于制定各专业标准化技术委员会标准体系表的有关事宜通知各标委会。请各专业标委会结合各自的发展状况并针对原电力工业部颁发的《电力标准体系表》修订出本标委会的标准体系。

为了适应我国加入世界贸易组织的要求，更好地保障人体健康和人身安全，保护环境，增强强制性电力国标的合理性和可操作性，提高强制性标准的权威性，根据原国家质量技术监督局的要求，我们对强制性国家标准进行了清理，清理结果是：由电力行业归口的强制性国家标准共25项，我们建议其中全文强制性国家标准为14项，条文强制4项，拟改为推荐性国家标准7项。

根据国家经贸委的要求，年初启动了《供电服务规范》的编写工作，落实了起草工作组成员、大纲、工作进度等事宜，在国家经贸委的指导下、在各有关单位的积极配合下，这项工作已经按计划顺利完成，上报国家经贸委。

由国家质量监督检验检疫总局负责起草的强制性国家标准《电磁辐射暴露限值和测量方法》是一个涉及面广、对电力行业变电站、电力线路等高电压环境的设计、试验、运行等诸多方面产生很大影响的技术标准，为准确反映电力行业的意见，标准化中心组织国家电力公司发输电运营部和科技环保部、电力规划设计总院、华北电力设计院、中国电力科学研究院、武汉高压研究所等单位的专家对该标准进行了认真地讨论后，代表电力行业提出了修改意见和建议。

(五) 电力标准的发布工作

2001年，经国家经贸委批准发布的电力行业标准共计95项，这些标准中有6项为强制性行业标准、89项推荐性行业标准；经国家经贸委批准发布的电力行业标准化技术指导性文件2项。标准化中心根据这些标准属性分别向国家质量技术监督局和国家建设部进行了备案。

2001年，标准化中心向国家经贸委申报的《电能质量　暂时过电压和瞬态过电压》等7项国家标准，已由国家质量监督检验检疫总局批准发布。

（六）电力标准化的宣贯工作

为了进一步推动电力企业标准化工作的深入进展、提升电力标准化服务质量、加强对不同类型电力企业的标准化服务，中电联标准化中心近年来加大了对电力企业标准化工作的指导力度，提高电力职工标准化意识，收到了较好的效果。应各有关电力部门和企业之邀，2001年中电联标准化中心派出多位专家赴有关电力部门和企业进行了标准化知识、企业标准化工作及管理和我国加入WTO以后电力标准化的应对工作等专题讲座，并对企业开展标准化工作进行指导，近千人参加培训，得到了各企业的普遍欢迎，同时中电联标准化中心还与国内有关部门密切合作，聘请知名专家来华进行标准化知识讲座和讨论，收到了良好的效果。

在电力行业有关单位和专家的大力支持下，中电联标准化中心组织举办了有关专业的标准宣贯会多次，来自电力行业各企事业单位的代表数百人参加。通过对新颁标准的宣贯，促进了企业正确理解标准、使用标准和执行标准，为电力工程建设和电力系统安全稳定运行起到了积极作用。

为配合《工程建设标准强制性条文》（电力工程部分）的颁布实施，使全行业有关人员能更好地理解和把握强制性条文，中电联标准化中心组织电力行业十余名资深专家编写了《〈工程建设标准强制性条文〉（电力工程部分）辅导教材》，用于对其进行宣讲。

2001年，中电联标准化中心根据企业的需要，完成了供电企业、水力发电厂和火力发电厂标准汇编审查编制工作。

（七）电力标准的清理工作

由于电力行业标准经历了能源部、电力部和国家经贸委等政府部门的管理，致使电力行业标准编号较多、年头较长，整理一套完整的电力行业标准文本是标准化工作者的需要，也是中国加入WTO对电力行业标准化的要求，为此，中电联标准化中心年初做了安排，将现行标准进行了一次全面的清查，整理出了标准的目录、文本及相关的报批、发布材料，并进行了建档。

根据国家质量监督检验检疫总局的要求，中电联标准化中心审查清理了1990以前发布的国家标准，提出了分年度修订计划，并报国家质量监督检验检疫总局审批。

（八）标准化国际交流

为了加速电力标准化与国际的接轨，在新一届的电力行业电厂化学和燃煤机械标委会中，吸纳了香港中华电力有限公司的专家，同时，为了进一步了解香港中华电力有限公司的生产运行情况，由中电联标准化中心组织的电力标准化考察团一行5人赴港对中华电力有限公司进行了标准化工作访问和技术交流，收到了良好的效果。

为了跟踪国际标准的发展情况，中电联标准化中心组织了电力行业有关专家赴挪威参加了IEC/TC 57年会。并完成了原国家质量技术监督局下达的关于翻译归口管理的IEC/TC标准目录工作。

（中国电力企业联合会　许松林）

2002年电力标准化管理与服务

（一）电力标准的发布工作

2002年加大了对历年电力标准计划项目的执行力度，对历年计划项目进行跟踪管理，督促项目承担单位按计划规定的时间完成。同时对1996年以前的计划项目进行了清理，对不适应电力工业技术发展要求的项目，或在电力体制改革中承担单位或主要起草人变动，无法完成的项目进行撤销处理，对继续保留的项目又重新进行了落实。因此，2002年电力标准制修订工作完成得较好，共发布电力标准120项（电力行业标准103项，电力国家标准17项），其中水电标准及相关标准19项，为历年来最多的一年。

（二）电力标准的制修订立项工作

根据电力工业发展、结构调整的需要和中国加入WTO的要求，2003年将对标龄较长的项目、等同或修改采用ISO/IEC国际标准项目、经过对强制性标准清理后需要修订的项目、成熟的科研成果转化项目、电力行业生产运行及安全等急需的项目列入制修订计划。计划立项的电力标准共119项，其中电力行业标准103项，电力国家标准16项，行业标准中水电标准15项。

（三）1997年和1998年电力行业标准计划验收工作

根据国家电力公司科技环保部的要求，2002年对1997年130项计划项目和1998年85项计划项目完成情况进行了清理，提交了两年的合同项目验收报告、发布的文件、已出版的标准文本等资料，通过了国家电力公司组织的科研项目验收，至此，1997年和1998年电力行业标准计划项目全部完成。

（四）标准宣贯工作

宣传和贯彻标准是标准化工作中的主要内容之一。标准的实施效果如何，与标准宣贯力度有很大的关系。为使电力行业标准尽快按照新的国家标准GB/T 1.1—2000和电力行业标准DL/T 600—2001的要求执行，2002年组织了两次DL/T 600—2001《电力行业标准编写基本规定》的宣贯会，还举办了两次DL/T 800—2001《电力企业标准编制规则》宣贯会。宣贯会针对各专业标准化技术委员会负责人及近期主要标准起草人，向他们介绍了编写标准的格式及注意事项，从而减少了标准的修改工作量，缩短了标准制修订周期。其他新颁布标准的宣贯力度也进一步加大，据统计，2002年内共举办标准宣贯会34次，约2050人次参加。

（五）专业标委会的管理

标准是科学技术和实践经验的结晶，标准的制修订工作当然离不开有关方面专家的辛勤劳动。电力行业各专业标准化技术委员会汇聚了大量的专业技术人员。2002年继续加强了标委会的组织建设和管理工作，按期对标委会进行换届，全年共有5个标委会进行了换届。在标委会的换届中，补充了年轻委员的数量，调整了标委会委员的年龄结构，保持标委会工作的连续性。对新当选的委员，进行了标准化基础知识、委员权利和义务等内容培训，便于更好地开展工作。对工作不力的标委会挂靠单位进行了调整，标委会挂靠单位调换以后，标委会的工作出现了新气象、新面貌，各项工作开展得非常顺利。鉴于目前核电事业的快速发展，特别是核电站常规岛在技术上与火力发电厂的区别，为更好地指导核电常规岛有关技术的发展，2002年正在筹备核电标委会。

（六）企业标准化工作

服务于企业是电力标准化工作的宗旨，2002年对企业标准化工作进行指导和帮助，为广大电力企业提供服务。由中电联标准化中心组织编撰的《供电企业技术标准汇编》、《火力发电厂技术标准汇编》、《水力发电厂技术标准汇编》正陆续出版，由国家经贸委电力司主编，中电联标准化中心汇编的《电力技术标准汇编》共分40册，已通过经贸委电力司组织的审查现正在印刷之中，即将与广大读者见面，受到了广大电力企业的欢迎。为了使广大工程技术人员全面了解电力标准替代情况，中电联标准化中心编辑了《新旧电力标准对照目录》，收集了历年来修订前后的标准代号及名称，促进了新标准的全面实施，适应了电力行业安全文明生产和创一流工作以及城乡电网改造工作的需要。应企业之邀，2002年还进行了各种标准化知识培训，听众460多人。

为切实帮助电力企业建立自己的标准体系，编写适合本企业需要的企业标准，2001年编制了DL/T 800—2001《电力企业标准编制规则》，其中规定了编制企业技术标准、管理标准和工作标准的基本规则。2002年还组织有关单位和人员着手编制电力企业管理标准、工作标准范本，对企业标准的内容、编写格式提出具体模式，企业在编制自己的标准时可根据对应的范本并结合本企业的实际情况进行适当修改即可。范本编制工作经过分工协调，现已进入起草阶段。范本的推出必将大大减少企业标准编制的工作量，提高企业标准的编制水平，加快推进电力企业标准化建设。

（七）加入WTO应对工作

针对2001年年底中国正式加入WTO，为了加快电力标准化与国际接轨的步伐，电力行业开展了一系列的工作与活动：首先研究WTO规则中与标准化相关的协议；组织电力行业标准化工作人员学习标准守则即WTO/TBT协议；研究TBT协议各条款及其对发展中国家的差别待遇、对电力标准化的影响及应对工作等，电力行业把采用国际标准和国外先进标准作为一项重要工作来抓，继续提高标准采标率，在电力行业归口管理的国际电工委员会8个技术委员会（IEC/TC）的采标率达81%。采标工作得到了国家有关标准主管部门的肯定和表扬。

为全面提高工程建设标准的技术水平，促进建设领域高新技术的推广应用，适应加入WTO的需要，根据建设部《关于组织开展工程建设标准复审工作的通知》要求，电力行业组织有关专家对1995年前发布、当前仍有效而未安排修订的电力工程建设标准进行了认真复审，共复审电力国家标准11项，电力行业标准41项，复审的结论为：电力国家标准，建议修订9项，局部修订2项；电力行业标准，建议修订20项，局部修订12项，继续有效7项，废止2项。对于需要修订的标准，将尽快安排计划，组织专家进行修订。工程建设标准化工作得到了建设部的肯定，在即将召开的建设部五年标准化工作总结大会上，电力标准化工作将作为受表彰的单位之一作典型发言。

（八）国际电工委员会第57技术委员会和第81技术委员会2002年年会

受国家标准化管理委员会的委托，中电联、国家电力公司和国家电力调度通信中心成功组织了国际电工委员会第57技术委员会（IEC/TC57）和第81技术委员会（IEC/TC 81）2002年年会及六个工作组会议。会议的成功举办扩大了我国与国外先进国家在电力系统及其通信领域的合作与交流，加大了参与国际标准化工作的力度。

（中国电力企业联合会　许松林）

电力行业专业标准化技术委员会章程发布

电力行业专业标准化技术委员会是电力标准化工

作的技术机构，担负着电力标准的制修订、审查、宣贯等工作。为了规范和加强对电力行业专业标准化技术委员会的管理，经与国家经贸委多次协商后，中电联以中电联标［2001］30号文批准发布了《电力行业专业标准化技术委员会章程》（以下简称本章程）。本章程共有6章38条。全面地阐述了电力行业专业标准化技术委员会的工作任务、组织机构、相关权利与义务、工作程序、经费的筹集与使用等，是建立电力行业专业标准化技术委员会并开展工作的依据。

（一）制定依据及意义

《中华人民共和国标准化法》规定："制定标准应当发挥行业协会、科学研究机构和学术团体的作用。制定标准的部门应当组织由专家组成的标准化技术委员会，负责标准的草拟，参加标准草案的审查工作。"国家经贸委第10号令《电力行业标准化管理办法》规定："中国电力企业联合会负责电力行业专业标准化技术委员会的具体组建和换届工作，组织指导电力行业专业标准化技术委员会的工作。"经过多年努力，电力行业建立了一支精干、高效、与生产实际和技术工作紧密结合的具有较高水平的标准化工作队伍，先后组建了电力行业专业标准化技术委员会34个，标委会委员达1000人以上，各标准化技术委员会的专业内容基本上包括了电力工业的规划、勘察、设计、施工、运行、试验、科研、制造等各环节的技术内容。为了规范和统一电力行业专业标准化技术委员会行为，中电联标准化中心依据《中华人民共和国标准化法》和国家经贸委第10号令的规定，并参照《全国专业技术委员会章程》，在广泛征求意见的基础上，制定出本章程。

（二）标委会的管理

按照国家经贸委第10号令要求，中电联负责电力行业各专业标委会的管理，包括标委会的组建、换届和指导标委会的工作。中电联根据电力工业技术发展需要，本着标委会的工作范围不重叠、不交叉并能覆盖全行业的原则，适时组建新的标委会，调整合并已组建的标委会。标委会一般五年进行一次换届，换届时由标委会提出申请，中电联批复。新组建或换届的标委会委员要填写"电力行业专业标准化技术委员会委员登记表"，经单位盖章，中电联审核后颁发聘书。

（三）工作任务

电力标准化工作的组织机构分为三个基本层次。第一层次是国家经济贸易委员会，负责电力行业标准化行政管理工作；第二层次是中国电力企业联合会，负责具体组织管理和日常工作；第三层次为专业标准化技术委员会，是电力行业标准化技术机构，主要有以下工作任务：

（1）提出本专业标准体系表。

（2）提出电力标准制、修订立项计划建议。

（3）组织编写电力标准及对标准进行技术审查。

（4）提供电力标准化服务，包括技术咨询和电力标准宣贯。

（四）组织机构

标委会委员由生产、制造、设计、施工、科研、教学、监督检验等方面人员和科技管理人员担任。随着社会主义市场经济不断深化，电力体制改革逐步完善。在改革中，很多管理单位和科研机构都改为企业，自负盈亏，因此，本章程规定标委会委员中电力企业的技术人员不得少于二分之一，高于全国标委会章程中"使用和经销方面的科技人员不得少于四分之一"之规定。同时，也反映了制修订电力标准充分听取企业技术人员的意见。

市场经济竞争中，关键在人才。各单位都注重人才的培养，近年来，电力行业涌现出一大批中青年高级知识分子。电力标准化工作为了发挥他们的作用，本章程规定，标委会的正副主任委员、正副秘书长及委员应由在职专业人员担任。

为了更广泛地吸收电力行业中有关企事业单位参加标委会的活动，标委会可设单位委员和通信成员。单位委员和通信成员与标委会委员不同，前者是以单位的名义参加，代表单位，所派代表人员固定；后者代表个人，所在单位同意。单位委员应是技术力量较强、标准化工作突出的单位，其代表由中电联审核、聘任、颁发聘书，并具有标委会委员同等的权利和义务，单位委员的代表在人数上不得超过标委会总数的三分之一。通信成员的代表人数不限，可列席标委会会议，但无表决权。

（五）标委会挂靠单位

标委会下设秘书处，秘书处负责本专业标委会的组织、管理和日常工作。秘书处所在单位称为此专业标委会的挂靠单位。标委会挂靠单位应是该专业技术领域的权威或权威单位之一。标委会一方面要依靠单位的支持，包括人力、财力、物力和技术等；另一方面，标委会对挂靠单位来说是一种无形资产，说明在本专业技术力量强、标准化工作突出，挂靠单位能及时获取本标委会的资料和文件，通过标委会委员了解本专业的最新动态和信息。目前，标委会挂靠单位，如水电水利规划设计总院、中国水利水电工程总公司、大坝安全监察中心等与标委会的关系处理得很好，他们大力支持标委会的工作，为电力标准化工作做出了很大贡献。

（六）工作程序

标委会的工作程序是按照制修订标准的一般程序来规定的。制修订电力国家标准和电力行业标准的程序为:计划立项、初稿的编制、征求意见、审查和报批。

1. 计划立项　国家标准化管理委员会和中电联标准化中心根据国民经济、科技发展和标准化发展计划，按年度分别提出编制电力国家标准和电力行业标准的原则和要求，标委会根据要求编制电力国家标准和电力行业标准的年度立项计划建议。主要依据为：

(1) 电力行业体系表所列项目。

(2) 电力建设、生产和运行发展要求制定的项目。

(3) 涉及安全、环保和人体健康的强制性标准项目。

(4) 采用国际标准和国外先进标准项目。

(5) 科研成果转化项目。

标委会提出的立项计划报中电联标准化中心，由国家标准委员会和国家经贸委电力司审定后下达，这是标委会制修订标准的依据。

2. 初稿的编制　标委会根据上级主管部门下达的计划，协助主编单位和参编单位组成标准编写工作组，在广泛调查研究和收集资料的基础上，进行初稿的编制。

3. 征求意见　初稿完成以后，经主要编写人进行统稿，主编单位和参编单位进行内部审查，修改后形成征求意见稿。由标委会组织征求意见，通常将征求意见稿发给标委会委员和生产、使用、科研、检验及大专院校等有代表性单位及专家，征求意见的期限一般为两个月，被征求意见单位应在规定的时间内回复意见。标准编写工作组对返回意见仔细研究、整理修改征求意见稿后，形成送审稿。

4. 审查报批　对标准送审稿（工程建设标准包括条文说明）的审查由标委会组织，审查可采用会议审查或函审的形式。对强制性标准，技术经济意义重大、涉及面广、意见比较分歧的推荐性标准应采用标委会会议审查，强制性标准属技术法规，审查时应邀请国家经贸委代表参加。对涉及面小、意见分歧不大、内容比较简单的推荐性标准可采用函审。标委会组织审查时，除委员外，可根据需要，邀请一些专家参加。

标准是协商一致的产物，对不同的意见，应充分进行民主讨论，取得意见统一，表决的办法不利于将讨论引向深入，应尽量避免。如达不成一致意见，确需表决时，有标委会全体委员人数的四分之三同意方为通过。函审时，必须有四分之三回函同意才能通过。

标准编写工作组根据审查意见修改后形成报批稿报标委会，标委会对技术内容和编写质量进行全面复核，并整理出全部报批材料报中电联标准化中心。

(七) 水电标委会

目前，已成立的水电标委会有 7 个：

(1) DL/TC 5　电力行业水电站水轮机标委会。挂靠在水电规划设计总院，主要工作任务是负责制定、修订、审查水电站水轮机应用技术条件、运行、安装、检修等标准。

(2) DL/TC 10　电力行业水电站水轮发电机标委会。挂靠在水电总公司，主要工作任务是负责制定、修订、审查水电站水轮发电机应用技术条件、运行、安装、检修等标准。

(3) DL/TC 17　电力行业水电站自动化设备标委会。挂靠在中国水利水电科学研究院自动化所，主要工作任务是负责制定、修订、审查水电站自动化设备应用技术条件、运行及试验等标准。

(4) DL/TC 21　电力行业水电站金属结构及启闭机标委会。挂靠在水电规划设计总院，主要工作任务是负责制定、修订、审查水电站金属结构及启闭机技术条件、运行及试验等标准。

(5) DL/TC 29　电力行业水电施工标委会。挂靠在水电总公司，主要工作任务是负责制定、修订、审查水电站枢纽工程永久和大型临时工程建设所涉及的施工组织设计标准，工程建筑材料标准，施工（含安装、装配）工艺标准，施工质量、安全标准，施工企业自行开发研制生产的设备、机具、仪器、仪表产品标准，施工管理标准。

(6) DL/TC 32　电力行业大坝安全监测标委会。挂靠在大坝安全监察中心，主要工作任务是对混凝土坝、土石坝、其他水工建筑物和影响大坝安全的边坡稳定的变形监测、渗流监测、监测仪器布置和埋设、监测系统自动化、监测资料分析和反馈等标准的制定、修订和审查。

(7) DL/TC 34　电力行业水电规划设计标委会。挂靠在水电规划设计总院，主要工作任务是负责制定、修订、审查水电勘测、水电规划、水工建筑物设计、机电设计、水库移民和水电规划设计计算机应用等专业的技术标准及其日常管理工作。

（中国电力企业联合会　许松林）

标准化与 WTO

(一) WTO 简介

世界贸易组织的英文名称是：World Trade Organization，取每个单词的首字母构成的缩略语就是 WTO，它是处理国家之间贸易规则的国际组织，是由关税和贸易总协定（General Agreement on Tariffs and Trade）缔约国经过多次多边贸易谈判演变而成的。1994 年 4 月 15 日在摩洛哥的马拉喀什签署了乌拉主回合协议，这个协议标志着GATT这个临时性协约组织的结束，正式过渡到永久多边贸易组织——WTO，于1995年1月1日正式成立。

中国虽是GATT创始缔约方的一员，但直到2001年11月10日才成为WTO的第143个正式成员。中国驻日内瓦的WTO办事机构于2002年1月28日正式挂牌。

WTO的最高权利机构是各成员政府部长参加的部长会议。部长会议每两年至少召开一次。部长会议可以就多边贸易协议涉及的任何问题进行讨论和作出决定。部长会议休会期间有总理事会、争端解决机构、贸易政策复审机构三个机构负责WTO的日常工作。

WTO的秘书处设在日内瓦，其他地方还有其分支机构。截止到2000年12月，WTO共有144个成员。

（二）世界贸易和国际标准

1997年10月14日是第28届世界标准日。这一届世界标准日的主题词是：“世界贸易需要国际标准”。在本届标准日的祝词中，ISO主席廖文良、IEC主席伯纳德·法克尔、ITU秘书长卡·塔礼尼指出，标准总是与贸易紧密相连，或者说总是与供应商同客户之间的商品和服务的交流紧密相连的。这些论述可从下述几方面得到证实：

(1) 国际标准是全球市场贸易的技术基础，它能使技术在全世界范围内通用、兼容，供应商和客户都能从中获取最大的利益。

(2) 基于国际标准统一规格的产品，供应商可避免为满足客户不同的需求而进行的改型和低效率的个别作业，从而节省了经费和资源。

(3) 国际标准和协议方便了跨国界、跨地区的贸易，消除或降低了贸易的技术壁垒。

由于世界贸易需要国际标准，而国际标准又总是与贸易紧密相连，所以，WTO的许多协议与标准有关。而1973年～1979年的东京回合所签署了关贸总协定贸易技术壁垒协议（GATT/TBT）也叫作标准守则，当时有32个GATT缔约方在协议上签了字。该协议规定了起草、采用和实施技术法规、标准和合格评定程序的规则。该协议于1980年1月1日正式生效。

（三）如何应对入世

既然中国已成为WTO的正式成员，理应实现入世前的所有承诺。执行和遵守WTO的29个独立协议是起码的要求，对中国标准化机构而言，尤其要严格遵守WTO协议，包括其中与标准化密切相关的附件（制定、采用和实施标准的良好行为规范，以下简称“良好行为规范”)，还有SPS协议等文件。具体来说，应做好以下几方面的工作：

(1) 熟悉世贸规则。标准化机构应着重了解国际标准制定的程序、阶段划分、编写规则等。有鉴于此，大力宣贯“ISO/IEC导则”应是十分重要的一项内容。由于我国已逐步把它们转化为我国标准，因此宣贯这些标准（如GB/T 1.1—2000，DL/T 600—2001等）实质上就是宣贯了“导则”。另一方面，与“导则”规定相去甚远的标准化法规，如《工程建设标准编写规定》，应尽快按与“导则”协调一致的原则进行修订。

(2) 中国有关标准化机构应尽量加入“良好行为规范”，并与ISONET取得密切联系。这样就可以获得更多的标准制定和标准化活动的信息，对于我们参与国际标准的制定、参加国际标准化活动及指导、协助电力企业走向世界都是十分有利的。有了这样的工作基础才能更好的对电力企业进行指导和服务，否则就是空谈。

(3) 中国有关标准化机构应当负起指导、提高企业标准化水平的责任，加大企业标准化的力度，以提高企业在国际贸易市场上的竞争实力。为企业培训标准化队伍，为企业走出国门作些实际的组织、服务工作等，应是一项十分重要的行业工作。

(4) 有条件的标准化机构，应尽量参与国际标准的制定，参加国际标准化活动，大力开展标准化方面的国际合作与交流。

(5) 积极采用国际标准、国外先进标准，提高我国标准的采标率，争取向国务院1997年发布的《质量振兴纲要》提出的目标迈进。

总之，入世以后摆在标准化行业面前的任务是繁重而艰巨的，只要大家认清自己肩负的责任，努力工作，不断进取，就一定能达到预定的目标，作出良好的成绩。

（中国水力发电工程学会 常兆堂
中国水利水电科学研究院 梁 力）

2001年～2002年水电勘测设计技术标准管理综述

水电勘测设计行业技术标准化管理，认真落实“政府宏观管理，企业自主经营，行业协会自律服务”的要求，针对水电勘测设计实际情况，以水电建设发展需要为目标，从工程建设需求出发，逐步完善勘测设计专业标准化体系，积极安排水电勘测设计方面国家标准和行业标准中技术标准的制、修订任务。

（一）技术标准编制简况

2001年～2002年水电勘测设计在编技术标准制、修订项目共72项，其中，2000年底结转有61项，

2001年新列项项目8项、2002年新列项项目3项。到2002年底在编技术标准制修订项目，处于报批稿阶段有8项；处于编制送审稿阶段有9项；处于编制征求意见稿阶段15项。

两年完成上报的技术标准的制修订项目有17项，2001年完成上报的项目有《水电水利工程施工机械设计导则》、《水电水利工程施工交通设计导则》、《水力发电厂二次接线规定》、《水力发电厂照明设计规范》、《水力发电厂气体绝缘金属封闭开关设备装置设计规范》、《水电站压力钢管设计规范》等6项；2002年完成上报的项目有《水电枢纽工程等级划分及设计安全标准》、《厂房采暖通风和空气调节设计技术规定》、《水工预应力锚固设计规范》、《溢洪道设计规范》、《抽水蓄能规划选点报告编制规范》、《水电水利工程施工制冷设计导则》、《水电水利工程施工制热设计导则》、《短路电流计算规定》、《水力发电厂厂用电系统设计规范》、《水力发电厂机电设计规范》等10项。这些技术标准的完成上报，为促进水电建设的技术进步和保证勘测设计产品的质量提高发挥了重大作用。

（二）技术标准管理简述

根据国家经济贸易委员会第10号令《电力行业标准化管理办法》，以及水电规划设计标准化技术委员会章程的要求，不断加强水电勘测设计技术标准的制修订管理工作。通过针对水电勘测设计新技术、新工艺、新材料的应用和标准的标龄较长问题，及时吸纳新技术、新工艺和新材料应用成果，以及对标龄长的标准的复审，提出技术标准的制修订意见，保证勘测设计技术标准的先进性，完善水电勘测设计行业技术标准体系。在水电勘测设计技术标准编制过程中，除了总结、分析工程建设经验外，还重视基础理论研究成果的应用和科研成果转化为生产力，提高水电勘测设计技术标准的先进水平。提高了技术标准的先进性，进一步完善水电勘测设计技术标准体系。

2001年11月，我国加入WTO后，国家专门成立了国家标准化管理委员会负责归口全国标准的管理，加强和推动了我国的技术标准进程。在工程建设技术标准中，2000年建设部颁布了《工程建设标准强制性条文》（电力工程部分），强调该强制性条文是现行工程建设国家标准和行业标准中直接涉及人民生命财产安全、人身健康、环境保护和其他公众利益的内容，同时考虑了提高经济效益和社会效益等方面的要求。2002年2月国家标准化管理委员会印发《关于加强强制性标准管理的若干规定》（国标委计划［2002］15号）的通知，指出了强制性标准或强制条文制定的立项要求、主要内容范围、工作程序和审批手续。从而，进一步完善强制性标准或强制条文的管理工作，同时也对工程建设技术标准制修订中，明确其强制性标准或强制条文的内容。

水电勘测设计技术标准的制修订，涉及到与工程质量的关系、与当前市场国际化的关系、与科技研究成果和技术创新的关系，因此，水电勘测设计系统和科研机构的领导都非常重视，广大工程技术人员也充分认识到技术标准重要性，使水电勘测设计技术标准受到高度的重视。特别在我国工程建设过程中，技术标准应作为工程建设的技术依据和准则，尤其是强制性标准规范。

两年来，加强技术标准的领导，统一认识，提高水电勘测设计技术水平，是水电勘测设计技术标准的首要目标；加强标准化业务建设，及时了解信息和动态，采取先进的信息技术，逐步建立电力行业标准化信息系统；加强规范标准化领域内关系，补充、完善电力行业标准化体系；加强企业标准化工作，充分认识到技术标准数据也属于生产力，充实技术力量，积极开展技术标准化工作，提高产品的技术含量。逐步形成建立一套一流的水电勘测设计技术标准，提高勘测设计技术水平，促进我国的水电建设发展。

（水电水利规划设计总院　翁新雄）

新 颁 与 修 订 标 准

2001年发布的水电标准

序号	标准编号	标准名称	代替标准号
1	DL/T 751—2001	水轮发电机运行规程	

续表

序号	标准编号	标准名称	代替标准号
2	DL/T 496—2001	水轮机电液调节系统及装置调整试验导则	DL/T 496—1992
3	DL/T 5124—2001	水电水利工程施工压缩空气、供水、供电系统设计导则	

续表

序号	标准编号	标准名称	代替标准号
4	DL/T 5125—2001	水电水利岩土工程施工及岩体测试造孔规程	
5	DL/T 5126—2001	聚合物改性水泥砂浆试验规程	
6	DL/T 5127—2001	水力发电工程CAD制图技术规定	
7	DL/T 5128—2001	混凝土面板堆石坝施工规范	
8	DL/T 5129—2001	碾压式土石坝施工规范	SDJ 213—1983
9	DL/T 5132—2001	水力发电厂二次接线设计规范	
10	DL/T 5133—2001	水电水利工程施工机械选择设计导则	
11	DL/T 5134—2001	水电水利工程施工交通设计导则	
12	DL/T 792—2001	水轮机调速器及油压装置运行规程	
13	DL/T 5135—2001	水电水利工程爆破施工技术规范	
14	DL/T 5139—2001	水力发电厂气体绝缘金属封闭开关设备配电装置设计规范	
15	DL/T 5140—2001	水力发电厂照明设计规范	
16	DL/T 5141—2001	水电站压力钢管设计规范	SD 144—1985
17	DL/T 5144—2001	水工混凝土施工规范	SDJ 207—1982 的1、4、5、6、7章及附录
18	DL/T 5148—2001	水工建筑物水泥灌浆施工技术规范	
19	DL/T 5150—2001	水工混凝土试验规程	SD 105—1982 中除第3、7章以外部分
20	DL/T 5151—2001	水工混凝土沙石骨料试验规程	SD105—1982中第3章
21	GB/T 18482—2001	可逆式抽水蓄能机组启动试验规程	

（中国电力企业联合会　许松林）

2002年发布的水电标准

序号	标准编号	标准名称	代替标准号
1	DL/T 445—2002	大中型水轮机选用导则	DL/T 445—1991
2	DL/T 507—2002	水轮发电机组启动试验规程	DL 507—1993
3	DL/T 799.1—2002	电力行业劳动环境监测技术规范　第1部分：总则	
4	DL/T 799.2—2002	电力行业劳动环境监测技术规范　第2部分：生产性粉尘监测	
5	DL/T 799.3—2002	电力行业劳动环境监测技术规范　第3部分：生产性噪声监测	
6	DL/T 799.4—2002	电力行业劳动环境监测技术规范　第4部分：生产性毒物监测	
7	DL/T 799.5—2002	电力行业劳动环境监测技术规范　第5部分：高温作业监测	
8	DL/T 799.6—2002	电力行业劳动环境监测技术规范　第6部分：微波辐射监测	
9	DL/T 799.7—2002	电力行业劳动环境监测技术规范　第7部分：极低频电磁场监测	
10	DL/T 817—2002	立式水轮发电机检修技术规程	
11	DL 5162—2002	水电水利工程施工安全防护设施技术规范	
12	DL/T 822—2002	水电厂计算机监控系统试验验收规程	
13	DL/T 827—2002	灯泡贯流式水轮发电机组启动试验规程	
14	DL/T 5163—2002	水电工程三相交流系统短路电流计算导则	

续表

序号	标准编号	标准名称	代替标准号
15	DL/T 5164—2002	水力发电厂厂用电设计规程	
16	DL/T 5165—2002	水力发电厂厂房采暖通风与空气调节设计规程	
17	DL/T 5166—2002	溢洪道设计规范	SDJ 341—1989
18	DL/T 5167—2002	水电水利工程启闭机设计规范	
19	DL/T 5169—2002	水工混凝土钢筋施工规范	SDJ 207—1982 中第 3 章

（中国电力企业联合会　许松林）

2001 年水电标准制、修订计划项目

项目序号	标准项目名称	制、修订	起止年限	项目承担单位	负责起草单位	标委会或归口单位
1	大坝安全监测系统施工监理规范	制定	2001～2003	国家电力公司大坝安全监察中心	成都勘测设计院	电力行业大坝安全监测标委会
2	水电工程工业电视设计技术规程	制定	2001～2003	水电水利规划设计总院	西北勘测设计院	电力行业水电规划设计标委会
3	水电水利工程物探规程（修订 DL 5010—1992）	修订	2001～2003	水电水利规划设计总院	贵阳勘测设计院	电力行业水电规划设计标委会
4	水电水利工程施工制冷设计导则	制定	2001～2002	水电水利规划设计总院	中南勘测设计院	电力行业水电规划设计标委会
5	水电水利工程施工制热设计导则	制定	2001～2002	水电水利规划设计总院	东北勘测设计院	电力行业水电规划设计标委会
6	水电工程环境保护设计规范	制定	2001～2002	水电水利规划设计总院	成都勘测设计院	电力行业水电规划设计标委会
7	差动电容式引张线坐标仪	制定	2001～2003	国家电力公司大坝安全监察中心	国家电力公司电力自动化研究院	电力行业大坝安全监测标委会
8	差动电容式变位计	制定	2001～2003	国家电力公司大坝安全监察中心	国家电力公司电力自动化研究院	电力行业大坝安全监测标委会
9	差动电容式测缝计	制定	2001～2003	国家电力公司大坝安全监察中心	国家电力公司电力自动化研究院	电力行业大坝安全监测标委会
10	差动电容式垂线坐标仪	制定	2001～2003	国家电力公司大坝安全监察中心	国家电力公司电力自动化研究院	电力行业大坝安全监测标委会
11	差动电容式静力水准仪	制定	2001～2003	国家电力公司大坝安全监察中心	国家电力公司电力自动化研究院	电力行业大坝安全监测标委会

续表

项目序号	标准项目名称	制、修订	起止年限	项目承担单位	负责起草单位	标委会或归口单位
12	差动电容式量水堰流量仪	制定	2001～2003	国家电力公司大坝安全监察中心	国家电力公司电力自动化研究院	电力行业大坝安全监测标委会
13	面板堆石坝安全监测技术规范	制定	2001～2003	国家电力公司大坝安全监察中心	昆明勘测设计院	电力行业大坝安全监测标委会
14	风力发电场生产事故调查规程	制定	2001～2003	国家电力公司电源建设部	国家电力公司电源建设部	国家电力公司电源建设部
15	风力发电工程施工组织设计导则	制定	2001～2003	国家电力公司电源建设部	国家电力公司电源建设部	国家电力公司电源建设部
16	水电水利基本建设工程 单元工程质量等级评定标准 (三)水轮发电机组安装工程(修订SDJ 249.3—1989)	修订	2001～2003	中国水利水电工程总公司	中国水利水电工程总公司	电力行业水电站水轮发电机标委会
17	水电水利基本建设工程 单元工程质量等级评定标准 (十一)灯泡贯流式水轮发电机组安装工程	制定	2001～2003	中国水利水电工程总公司	中国水利水电工程总公司	电力行业水电站水轮发电机标委会
18	水电水利工程振冲地基处理规范	制定	2001～2003	中国水利水电工程总公司	北京勘测设计院振冲公司	电力行业水电施工标委会
19	土石坝碾压式沥青混凝土防渗墙施工技术规范(修订SD 220—1987)	修订	2001～2003	中国水利水电工程总公司	葛洲坝集团公司	电力行业水电施工标委会
20	水工混凝土抗冲磨防空蚀技术规范	制定	2001～2003	中国水利水电工程总公司	南京水利科学研究院	电力行业水电施工标委会
21	水电水利爆破安全监测规程	制定	2001～2003	中国水利水电工程总公司	长江水利科学研究院	电力行业水电施工标委会
22	水电水利工程混凝土断裂试验规程	制定	2001～2003	中国水利水电工程总公司	岩石混凝土断裂力学信息网	电力行业水电施工标委会
23	水电项目组织技术规范	制定	2001～2003	中国水利水电工程总公司	二滩水电开发公司、三峡总公司	电力行业水电施工标委会
24	水电水利工程岩土化学分析试验规程[修订SD 1—1981土工试验规程(化学部分)]	修订	2001～2003	水电水利规划设计总院	成都勘测设计院	电力行业水电规划设计标委会
25	水轮机电液调节系统及装置技术规程(修订DL/T 563—1995)	修订	2001～2003	中国水利水电科学研究院	中国水利水电科学研究院	电力行业水电站水轮机标委会
26	水电水利工程升船机设计导则	制定	2001～2003	水电水利规划设计总院	华东勘测设计院	电力行业水电站金属结构及启闭机标委会

(中国电力企业联合会　许松林)

2002年水电标准制、修订计划项目

项目序号	标准项目名称	起止年限	项目承担单位	负责起草单位
1	大中型水轮发电机静止整流励磁系统及装置试验规程（DL489—1992）	2002～2004	中国水利水电科学研究院	国家电力公司电力自动化研究院
2	大中型水轮发电机静止整流励磁系统及装置技术条件（DL/T 583—1995）	2002～2004	中国水利水电科学研究院	国家电力公司电力自动化研究院
3	大中型水轮发电机静止整流励磁调节器的试验与调整导则	2002～2004	中国水利水电科学研究院	国家电力公司电力自动化研究院
4	水电厂计算机监控系统运行及维护规程	2002～2004	中国水利水电科学研究院	国家电力公司电力自动化研究院
5	水利水电工程动能设计规范（DL/T 5015—1996）	2002～2003	国家电力公司水电水利规划设计总院	国家电力公司水电水利规划设计总院
6	水电站厂房设计规范（SD 335—1989）	2002～2003	国家电力公司水电水利规划设计总院	国家电力公司水电水利规划设计总院
7	水闸设计规范（SD133—1984）	2002～2003	国家电力公司水电水利规划设计总院	国家电力公司水电水利规划设计总院
8	露顶式弧形闸门液压启闭机系列标准	2002～2003	国家电力公司水电水利规划设计总院	国家电力公司水电水利规划设计总院
9	水工混凝土配合比设计规程	2002～2004	中国水利水电工程总公司	长江水利委员会长江科学院
10	水工建筑物岩石基础开挖工程施工技术规范	2002～2004	中国水利水电工程总公司	长江水利委员会长江科学院
11	水电水利工程预应力锚索施工技术规范	2002～2004	中国水利水电工程总公司	葛洲坝集团公司
12	水电水利建筑安装安全技术工作规程（SD 267—1988）	2002～2004	中国水利水电工程总公司	中国水利水电工程总公司
13	压力钢管制造安装及验收规范（DL 5017—1993）	2002～2004	国家电力公司水电水利规划设计总院	国家电力公司水电水利规划设计总院
14	水泵水轮机、蓄能泵基本技术条件	2002～2004	国家电力公司水电水利规划设计总院	华东勘测设计院
15	水轮机、蓄能泵和水泵水轮机更新改造和性能改善指南	2002～2004	国家电力公司水电水利规划设计总院	国家电力公司水电水利规划设计总院

（中国电力企业联合会　许松林）

2001～2002年发布的水利技术标准

序号	标准名称	标准编号	发布单位	发布时间	实施日期	发布文件号
一	国家标准					
1	水文仪器基本环境试验条件及方法	GB/T 9359—2001，替代 GB/T 9359.5—1988	国家质量监督检验检疫总局	2001—11—12	2002—03—01	国标发布公告2001年12期
2	水文仪器通则 第3部分：基本性能表示方法	GB/T 18522.3—2001，替代 DB/T 9359.3—1988	国家质量监督检验检疫总局	2001—11—12	2002—03—01	国标发布公告2001年12期
3	水文仪器安全要求	GB/T 18523—2001，替代 GB/T 9359.7—1988	国家质量监督检验检疫总局会	2001—11—12	2002—03—01	国标发布公告2001年12期
二	行业标准					
1	水利基本建设项目竣工财务决算编制规程	SL 19—2001，替代 SL 19—1990	水利部	2001—02—08	2001—03—01	水国科［2001］39号
2	水利水电工程制图标准 水土保持图	SL 73.6—2001	水利部	2001—02—01	2001—03—01	水国科［2001］28号
3	水利水电工程岩石试验规程	SL 264—2001，替代 SLJ 2—1981 和 DL 5006—1992	水利部	2001—02—28	2001—04—01	水国科［2001］61号
4	水闸设计规范	SL265—2001，替代 SD 133—1984	水利部	2001—02—28	2001—04—01	水国科［2001］62号
5	水电站厂房设计规范	SL 266—2001，替代 SD 335—1989	水利部	2001—02—28	2001—04—01	水国科［2001］63号
6	雨水集蓄利用工程技术规范	SL 267—2001，替代 DB62/T 495—1997	水利部	2001—02—28	2001—04—01	水国科［2001］40号
7	大坝安全自动监测系统设备基本技术条件	SL 268—2001	水利部	2001—06—13	2001—12—01	水国科［2001］215号
8	水利水电工程沉沙池设计规范	SL 269—2001	水利部	2001—07—19	2001—12—01	水国科［2001］290号
9	多泥沙河流水环境样品采集及预处理技术规程	SL 270—2001	水利部	2001—08—02	2001—12—01	水国科［2001］318号

续表

序号	标准名称	标准编号	发布单位	发布时间	实施日期	发布文件号
10	水质总汞的测定 硼氢化钾还原冷原子吸收分光光度法	SL 271—2001	水利部	2001—09—11	2001—12—01	水国科［2001］369号
11	水质总硒的测定 铁（Ⅱ）邻菲罗啉光度法	SL 272—2001	水利部	2001—09—11	2001—12—01	水国科［2001］369号
12	水中有机物分析方法 痕量硝基苯类化合物的测定 树脂吸附/气相色谱法	SL/T 273.1—2001	水利部	2001—11—01	2002—01—01	水国科［2001］451号
13	碾压式土石坝设计规范	SL 274—2001，替代SDJ 218—1984和SDJ 218—1984（B）	水利部	2002—01—28	2002—03—01	水国科［2002］38号
14	核子水分-密度仪现场测试规程	SL 275—2001	水利部	2002—01—28	2002—03—01	水国科［2002］39号

（水利部　刘永峰）

《水工隧洞设计规范》(SD134—1984) 修订情况简介

《水工隧洞设计规范》（SD 134—1984）（以下简称原规范）是根据1984年及其以前的科研设计水平和施工经验编写的，对于我国的水工隧洞设计发挥了重要的指导作用。近十余年来，我国又建成了数百公里水工隧洞，隧洞的规模（断面尺寸、长度、内水压力）均比以前有较大的突破，遇到的地质条件也较以前复杂。在设计、施工、科学试验方面积累了大量的新技术和新经验。为了使隧洞设计更符合实际、安全适用、经济合理、技术先进的要求，在总结近十多年来的成功经验的基础上，对原规范进行修订补充是非常必要的。

《水利水电工程结构可靠度设计统一标准》（GB 50199—1994）已于1994年11月颁布实施，按其要求"各类水工结构设计规范均应按本标准制定相应的规定"，目前《水工建筑物荷载设计规范》、《水工混凝土设计规范》等与隧洞设计相关性密切的规范均已按其原则陆续修编并颁布实施。为了与上述标准和规范协调一致，也有必要对原规范进行修订补充。

（一）修订原则

1. 基本原则

(1) 本次规范的修订保持现行各规范的框架不变，修订内容要突出重点，只做必要的增补、修改和调整。

(2) 总结并反映20世纪80年代以来已建工程的失事教训，提出相应的防范设计方法和措施。

(3) 总结并反映近十几年来已成熟的科研成果和经实践检验证明可广泛应用的新技术，对现行规范的内容进行修改、补充和调整。

(4) 结构设计应按《水利水电工程结构可靠度设计统一标准》的基本原则和设计标准进行转轨或套改，确定以分项系数极限状态设计的表达式与分项系数。

2. 修订的重点

(1) 鉴于近年来水工隧洞事故多、影响大，此次修订应加强防范事故发生的有关结构设计、检测标准和质量控制的条款。

(2) 改进和补充隧洞的衬砌型式和计算方法，并按结构可靠度的基本原则进行套改，包括对附录的修订。

(3) 补充围岩分类和加固原则及不良地质地段水工隧洞的设计方法。

（二）增加和修改的内容

1. 规范增加的主要内容

(1) 在水工隧洞中采用预应力混凝土技术，始于20世纪40～50年代。法国、南斯拉夫、德国、意大利、奥地利和瑞士等国，相继在许多工程中采用了预应力混凝土衬砌，形成了一套较成熟的技术和施工机具。根据国外实践经验，我国在近代也进行了一系列的研究和应用，其中白山工程采用了压浆式混凝土衬砌，小浪底工程采用了后张法无黏结预应力混凝土衬砌，清江隔河岩和天生桥工程采用后张法有黏结预应力衬砌。通过工程实践，使我国应用预应力混凝土衬砌已达实用阶段，已有了成熟的设计方法、施工工艺、施工技术和施工机械，故本次修编将其列入规范。

(2) 岔洞是多机组水电站工程中的重要结构物，岔洞段的衬砌一般采用钢板衬砌，钢板可在工厂制造运到现场焊接安装。随着抽水蓄能电站的发展，高水头、大容量、大尺寸的岔洞应运而生。如仍然采用钢板衬砌，要求钢板很厚，制造、运输和现场组焊将非常困难，其质量也难以保证，为此，提出了采用钢筋混凝土衬砌岔洞的课题。在广州抽水蓄能电站和天荒坪抽水蓄能电站等工程的建设过程中，针对高压岔洞进行了大量的科研试验工作，国内外现已有10多座大型高压混凝土岔洞安全运行多年，国内也有了成功的设计、施工、运行经验，所以高压混凝土岔洞的设计也列入了新修编的规范。

(3) 封堵体设计早已有之，各设计单位设计的型式和设计方法各不相同，安全度差异较大。为规范封堵体的设计而在新修编的规范中增列了该部分内容。

(4) 增加了质量控制、围岩稳定评价、新材料应用等方面的内容。

2. 规范修改的主要内容

(1) 按照《水利水电工程结构可靠度设计统一标准》的要求“各类水工结构设计规范均应按本标准制定相应的规定”，在结构设计方面改变原规范“单一安全系数表达的极限状态设计方法”，新规范采用“以概率理论为基础的极限状态设计方法，分项系数表达式”，同时修改了相应的计算式和程序。

(2) 取消了钢筋混凝土衬砌结构的抗裂设计，采用开裂设计和限裂设计，使钢筋混凝土衬砌设计更合理、更科学。

(3) 经研究推荐了新的正常使用极限状态验算方法，使正常使用极限状态裂缝宽度验算更合理。

(4) 修改了一些已不适用的具体条款和部分内容。

近十余年来，我国水工隧洞的建设，从隧洞的规模、承受内水压力的能力、单洞开挖长度、跨度、洞群布置及不良地质洞段的工程地质、水文地质复杂程度及其支护设计等，均属世界上独一无二的。编制单位通过大量的调查研究、收集资料工作，广泛地征求了设计、科研单位对规范修订的意见，与国内著名的设计单位、科研院校共同完成了大量的科研成果，据此丰富的研究和工程经验总结，加之国内外专家的参与，并纳入了适合我国情况的国外先进技术经验所修编的本规范，在工程布置、设计及理论计算方面都更符合我国的实际。与国际同类规范相比，可以说内容广泛、技术先进、实用性强、便于操作。

《水工隧洞设计规范》(送审稿) 修订草案已于2002年4月通过电力行业水电规划设计标准化技术委员会审查，有关专家认为本规范已达国际先进水平，局部可达国际领先水平。

(成都勘测设计研究院 郝元麟)

《水电站厂房设计规范》正在修订

水电水利专业《水电站厂房设计规范》(SD 335—1989) 自1989年10月1日颁发以来，在我国水电站厂房建设中发挥了极其重要的作用。水电站厂房建设成就表明，随着科学技术的进步和水电站建设的不断发展，水电站厂房设计理论日臻完善、设计手段不断改善、设计技术不断创新、设计经验不断丰富、设计水平不断提高。近十余年来，我国水电工程建设取得了长足的进步和发展：①二滩水电站大型地下发电厂房、李家峡双排座发电厂房等一批大型水电站厂房不断建成投产。②溪洛渡、向家坝、小湾、锦屏、瀑布沟等一批大型或超大型水电站厂房正拟建或筹建。③一大批中小型水电站厂房（包括抽水蓄能电站厂房、高水头水电站厂房等）不断建成投产。④水电站厂房布置型式和结构型式不断创新、各种科技攻关和科研成果不断推广和应用。这些均使我国在水电站厂房设计、科研、施工和建设管理的许多方面积累了丰富的经验，在一些方面达到了国际先进水平。

同时，为了更好地适应水电建筑物设计和建设的需要，使工程结构设计达到安全适用、经济合理、技术先进的要求，1994年11月1日颁布的《水利水电工程结构可靠度设计统一标准》(GB 50199—1994) 大大促进了我国水电工程结构设计新标准体系的建立和完善，采用以概率理论为基础的极限状态设计理论和分项系统设计方法，不仅适应当前国际技术发展的基本趋势，也是工程结构规范应具备的功能。《水电站厂房设计规范》修订正是结合我国水电站厂房设计、施工、建设现状和《水利水电工程结构可靠度设计统一标准》的要求而进行的。

《水电站厂房设计规范》修订的主要目的是，及时总结新经验并吸取教训、及时反映新技术、积极贯彻《水利水电工程结构可靠度设计统一标准》，使修订后的《水电站厂房设计规范》在水电站厂房建设中将发挥更大的作用，不断提高我国水电站厂房建设水平，以取得更大的经济效益和社会效益。

《水电站厂房设计规范》修订遵循以下原则：

(1) 规范编制的总体框架与原《水电站厂房设计规范》基本保持一致。

(2) 准确反映十多年来国内工程实践的主要先进经验及有益教训。

(3) 准确反映十多年来我国科技攻关的较成熟的主要科研成果。

(4) 结合我国具体条件，积极吸收国际上的成熟经验和先进技术。

(5) 遵循《水利水电工程结构可靠度设计统一标准》的原则，积极采用以概率理论为基础的极限状态设计理论和分项系数设计方法。

(6) 规范修订主要结合水电水利枢纽工程岩基上的1、2、3级水电站厂房设计，同时满足超大型水电站厂房的设计，3级以下的水电站厂房设计也可参照使用。

《水电站厂房设计规范》修订的主要内容有：

(1) 扩大《水电站厂房设计规范》的适用范围。

(2) 补充超大型地下厂房等的布置设计内容。

(3) 确定厂房稳定安全性评价指标及有关设计标准。

(4) 基本确定结构分析的有限元控制标准。

(5) 向《水利水电工程结构可靠度设计统一标准》转轨，确定有关厂房结构、稳定的正常使用及承载能力极限状态的各项分项系数。

(6) 扩充水电站厂房新型重要结构的设计内容，如冲水保压蜗壳设计、岩锚吊车梁设计等。

(7) 补充软基建厂的有关内容。

该规范修编工作预计于2004年底完成。

（成都勘测设计研究院　李　杰）

SL 269—2001《水利水电工程沉沙池设计规范》简介

由水利部山西水利水电勘测设计研究院主编的《水利水电工程沉沙池设计规范》(SL 269—2001) 已于2001年7月19日经中华人民共和国水利部批准、发布，自2001年12月1日起实施。

沉沙池的设计涉及水文泥沙、水轮机和水泵、水力学、农田灌溉、技术经济及水工建筑物等多学科、多专业。且我国地域辽阔，各流域水系的水沙状况差异较大，水利工程和水电工程的沉沙池也有很大差异，在我国又属首次编制，难度较大，经编制组成员多年潜心研究，终于完成了我国第一本《水利水电工程沉沙池设计规范》，填补了我国没有沉沙池设计规范的空白。

该规范共有10章4个附录。10章分别为：总则；术语、主要符号；设计资料；沉沙池的设置条件及泥沙沉降设计标准；位置及类型选择；工程布置；主要尺寸确定；结构设计；运行设计；原型观测和安全监测设计。4个附录分别为：沉降计算方法；悬移质泥沙沉速计算；水利工程定期冲洗式沉沙池冲洗计算；水电站沉沙池有压及无压排沙水力学计算。

这本规范编制历时八年，有关科技专家通过大量调查研究、原型观测数据分析，先后提出各类专业的专题报告二十余项，逐项通过各类专家评审，在此基础上先后完成规范征求意见稿、送审稿和报批稿各阶段工作。根据中国河流泥沙状况，创造性的提出了沉沙池的设置条件及泥沙沉降设计标准；系统地提出了各类沉沙池布置和主要尺寸计算方法；提出了饱和输沙动床模型的泥沙沉降计算方法，并给出了恢复饱和系数的计算式；通过大量原型观测资料分析，给出了水利工程定期冲洗式沉沙池冲洗计算各阶段的计算方法。上述内容均系国内外首次提出。相信该规范在水利水电建设中将发挥应有的作用。

（山西水电学会　刘志义）

新颁水电标准介绍

根据有关统计资料，到2001年底我国常规水电装机跃居世界第一，达到82700MW。根据国家优先开发水电资源的政策，水电标准在电力生产建设中的作用越来越显得重要。2001年度国家经贸委发布了21个水电专业的电力行业标准，2002年又陆续发布了一些。现将几个重要的水电标准简介如下。

（一）施工规范

1. DL/T 5129—2001《碾压式土石坝施工规范》

本规范于2001年2月12日发布，2001年7月1日实施，代替原部标准SDJ 213—1983。

本规范给出了碾压式土石坝施工的技术要求和安全监测、质量控制等内容。适用于1、2、3级碾压式土石坝的施工；4、5级土石坝应参照执行。坝高超过70m的碾压式土石坝，不论等级均应执行本规范。

修订后的规范，强化了现代综合机械化施工的内容，补充了土工合成材料等新材料的应用，还补充了施工质量检验的新技术。

2. DL/T 5128—2001《混凝土面板堆石坝施工规范》　本规范于2001年2月12日发布，2001年7月1日实施。

本规范规定了混凝土面板堆石坝的施工技术要求。对施工导流、坝基和岸坡处理、坝体填筑与面板、接缝施工，以及相应质量控制都给出了明确规定。本规范适用于1、2、3级及3级以下坝高70m以上的混凝土面板堆石坝（含砂砾石填筑的坝）的施工。4、5级中低混凝土面板堆石坝的施工可参照使用。

3. DL/T 5144—2001《水工混凝土施工规范》 本规范于2001年12月26日发布，2002年5月1日实施。本规范是原部颁标准SDJ 207—1982的修订版。

本规范规定了水工混凝土施工和质量控制的基本要求，适用于大、中型水电水利工程中1、2、3级水工建筑物的混凝土和钢筋混凝土的施工。

本规范共分11章，主要技术内容为材料、配合比选定、施工、温度控制、低温季节施工、预埋件施工及质量控制与检查等。

本规范与DL/T 5110—2000《水电水利工程模板施工规范》、DL/T 5169—2002《水工混凝土钢筋施工规范》替代原部颁标准SDJ 207—1982《水工混凝土施工规范》。

4. DL/T 5184—2001《水工建筑物水泥灌浆施工技术规范》 本规范于2001年12月26日发布，2002年5月1日实施。本规范是原电力工业部、水利部联合发布的行业标准SL 62—1994的最新修订版。

本规范规定了水工建筑物水泥灌浆的施工技术要求和工程质量检验、评定方法。本规范适用于1、2、3级水工建筑物基岩灌浆、隧洞灌浆、混凝土坝接缝灌浆等工程。4、5级水工建筑物灌浆工程可参照使用。

本规范共有十章、两个附录。主要技术内容有：灌浆材料、设备和制浆；坝基岩体灌浆；隧洞灌浆；混凝土坝接缝灌浆；岸坡接触灌浆及工程验收等。

5. DL 5162—2002《水电水利工程施工安全防护设施技术规范》 由于涉及施工安全，故本规范是全文强制性标准。本规范对加强我国水电水利工程施工作业的安全文明生产，保障施工人员安全和健康，保障财产安全，对在施工过程中科学地设置安全防护设施有重要作用。

本规范规定了水电水利建筑安装工程中设置安全防护设施的基本要求，适用于大中型水电水利建筑安装工程及其附属工程。其他水电水利建筑安装工程及其附属工程可参照执行。

（二）试验规程

1. GB/T 18482—2001《可逆式抽水蓄能机组起动试验规程》 本规程于2001年11月2日发布，2002年4月1日实施。

本规程规定了可逆式抽水蓄能机组水泵工况的起动（启动）试运行试验程序和要求，适用于单机容量为15MW及以上、具有混流式水泵/水轮机的可逆式抽水蓄能机组的起动（启动）试运行试验和交接验收试验。

单机容量小于15MW的可逆式机组或其他型式的抽水蓄能机组可参照执行。

本规程第一次对具有混流式水泵/水轮机的可逆式机组的起动(启动)试验作出了统一规定。本规程统一了相应的工程用语和俗语。本规程的制定是抽水蓄能新技术推广运用的一个重要组成部分。在制定过程中，参考了IEC 60805:1985《蓄能泵和作为水泵运行的水泵水轮机的验收、运行和维护导则》的有关内容。

2. DL/T 507—2002《水轮发电机组启动试验规程》 本规程规定了单机容量为15MW及以上的水轮发电机组启动试运行试验程序和要求，适用于水电机组及相关机电设备的启动试运行试验和交接验收。单机容量小于15MW的机组可参照执行。本规程也适用于可逆式抽水蓄能机组发电工况的启动试验，这种机组水泵工况的试验要求按GB/T 18482—2001的规定执行。有关灯泡贯流式机组的启动运行试验，本规程未曾涉及，参见《灯泡贯流式水轮发电机组启动试验规程》的有关规定。

本规程给出了水电机组启动试运行前的检查、充水试验和带负荷试验、72h带负荷连续试运行和30d考核试运行以及交接与投入商业运行的具体技术要求。本规程代替DL/T 507—1993。

3. DL/T 5150—2001《水工混凝土试验规程》 本规程规定了检验水工混凝土拌合物性能和水工混凝土物理、力学、耐久性能的试验方法，以及现场检验水工建筑物混凝土质量的测试方法。本规程适用于水电水利工程水工混凝土的室内、现场科学试验及对施工混凝土质量的控制、检验。

本规程与DL/T 5151—2001《水工混凝土砂石骨料试验规程》、DL/T 5152—2001《水工混凝土水质分析试验规程》替代原部颁标准SD 105—1982《水工混凝土试验规程》。

（三）设计和检修规范

1. DL/T 5141—2001《水电站压力钢管设计规范》 本规范是对同名部颁标准SD 144—1985的修订，生效后替代SD 144—1985。

本规程对水电站明管、地下埋管、坝内埋管、坝后背管及其他管型（如回填管等）的设计技术要求作出了具体规定。适用于1、2、3级水电站发电引水钢管设计。4、5级发电引水钢管设计可参照使用。若钢管兼有其他用水要求（灌溉、供水等），其岔管及支管的设计亦应符合本规范的要求。

某些情况下，压力钢管基本参数超出本规范规定限度时，应作专力研究。

2. DL/T 817—2002《立式水轮发电机检修技术规程》 本规程规定了立式水轮发电机现场检修的类

别、程序和工艺要求，适用于额定功率为15MW及以上的立式水轮发电机的检修。5MW以下的小容量立式水轮发电机的检修可参照执行。

本规程共有六章,其主要技术内容为:立式水轮发电机检修的间隔、时间、项目;检修工艺要求;检修验收试验。对行业通用的专业术语也给出了定义和解释。

(中国电力企业联合会 许松林 常兆堂)

《水电工程设计概算编制办法及计算标准》简介

为适应国家政策和水电建设投资管理体制的变化，水电水利规划设计总院和水电建设定额站组织人员修订的《水电工程设计概算编制办法及计算标准》(2002年版)（以下简称新办法）已通过审查，即将颁布执行（现行办法和标准是原电力工业部以电水规[1997] 123号文颁布的)。

新办法调整的主要原则有四点：一是适应水电工程投资和建设管理体制的变化；二是充分反映国家有关政策法规的变化因素；三是在满足水电工程建设管理各方的合理需要基础上，使工程项目总投资更加合理；四是与后续的定额标准相配套。

新办法调整的主要内容有以下几方面：

(1) 项目划分更体现出完整性。新办法较以前增加了水库淹没处理补偿概算的编制内容，突出了环境保护工程的地位，内容更加完整全面。枢纽建筑物作为项目划分的第一部分，由施工辅助工程、建筑工程、环境保护工程、机电设备及安装工程、金属结构设备及安装工程五项组成。环境保护工程（含水土保持工程）项目独立成一大项，以突出环境保护的重要性。根据新土地法和大中型水利水电项目移民安置条例，将建设场地征用费和水库淹没处理补偿费合并，统称为建设征地和移民安置。作为项目划分的第二部分，包括农村移民、集镇迁建、城镇迁建、专业项目复建、库底清理和环境保护工程六项，分建设场地征用和水库淹没处理两种类型进行编制。建设管理费用、生产准备费、科研勘察设计费和其他税费构成项目划分的第三部分，即独立费用。

(2) 人工预算单价水平的确定体现人力资源的价格。基本工资水平有较大提高，特别是技术工人的工资，并增加了艰苦边远地区津贴。人工预算单价中的工会经费、劳动保险基金、职工待业保险基金等三项费用并入间接费的社会保障和企业计提费用中。同口径对比，六类工资区人工预算单价提高幅度见表1。

表1 人工预算单价提高幅度

序号	人工等级	1997年原标准(元/工时)	2002年工资组成		
			1997年标准(元/工时)*	2002年标准(元/工时)	提高幅度
1	高级熟练工	6.58	5.00	8.31	66%
2	熟练工	5.49	4.15	6.06	46%
3	半熟练工	4.73	3.56	4.69	32%
4	普工	4.26	3.19	3.76	18%

* 已扣除原标准中并入间接费的三项费用。

(3) 间接费按竞争性和非竞争性原则细化了费用构成。新的间接费由施工管理费、社会保障及企业计提费和财务费用组成。施工管理费包括现场管理费、企业管理费和承包人进退场费；社会保障及企业计提费包括职工基本养老保险费、医疗保险费、工作保险费、失业保险基金、工会经费、教育经费、住房公积金和职业病防治费；财务费用包括企业在生产经营期间发生的利息支出、汇兑净损失、调剂外汇手续费、金融机构手续费、保函手续费以及筹资发生的其他财务费用等。间接费费率的工程类别和标准有较大变化，见表2。

(4) 管理费项目划分和计算标准体现了以项目法人为管理中心。项目建设管理费包括前期工程费、工程建设管理费、建设征地和移民安置管理费、工程建设监理费、咨询服务费、项目技术经济评估审查费、工程保险费。为了满足工程建设的实际需要，合理确定费用，管理性费用全部改按相应投资额的百分率计算，费用标准较以前有较大幅度提高。

(5) 适应流域梯级开发项目的需要。对承担流域开发任务的项目明确按投资分摊的原则计列工程费和设备费。

表2 间接费费率的工程类别和标准

序号	工程类别	计算基础	间接费费率(%)			
			合计	施工管理费	社会保障及企业计提费	财务费
一	建筑工程					
1	土方工程	直接费	9.91	6.25	2.41	1.25
2	石方工程	直接费	15.68	9.60	4.83	1.25

续表

序　号	工程类别	计算基础	间接费费率（%）			
			合计	施工管理费	社会保障及企业计提费	财务费
3	混凝土工程*	直接费	11.75 (9.51)	6.16	4.34	1.25
4	钢筋制作安装工程	直接费	9.92	4.74	3.93	1.25
5	基础处理工程	直接费	16.10	6.31	8.54	1.25
6	喷锚支护工程	直接费	13.22	7.03	4.94	1.25
7	疏浚工程	直接费	14.05	7.79	5.01	1.25
8	植物工程	直接费	14.81	7.78	5.58	1.25
9	其他工程	直接费	12.66	6.79	4.62	1.25
二	设备安装工程	人工费	103	53	39	11

注　混凝土工程的砂石料采用对外采购价格时，其间接费费率采用括号中数字。

（水电水利规划设计总院　李国华）

18

国际合作与交流

走向世界的中国水电

中国水利水电工程总公司开拓国际市场迈出新步伐

进入21世纪以来，中国水利水电工程总公司(以下简称总公司)按照“十五”计划纲要的要求，在国家电力公司的领导下，企业改革步步深入，大力开拓国际市场，外经业务继续呈现上升势头。继1999年、2000年连续两年位列全球最大225家国际工程承包商第136位之后。2001年，总公司系统国外工程合同签约额达3.1亿美元，在建项目合同额达7.2亿美元，完成营业额1.28亿美元，均创历史新高。在建项目合同额、营业额分别比1998年增长71%、58%。2002年在国际建筑市场竞争中，截止到5月底，总公司当年新签国外承包合同1.42亿美元，分别是，刚果（金）金沙萨—马塔迪公里修复项目1500万美元、新加坡地铁连续墙工程780万美元、埃塞俄比亚泰可泽水电站项目2.24亿美元（该项目是由总公司为责任方的CWGS对外签约，总公司占52%的份额，约1.2亿美元)。通过开展国际业务，CWHEC在国际市场上形成了更为良好的品牌形象。

2001年以来，总公司在开展国际业务方面，有以下突出的特点。

一、向融资领域发展，积极探索国际承包的新形式，努力开拓国际工程承包的新领域

2001年，总公司以竞标夺标为国际承包业务的中心工作，取得了较大的经营成果，成为继1999年(签约2.6亿美元）后的第二个签约额超过2亿美元的年度。

第一，在继续采用竞争性投标方式的同时，运用EPC形式成功地获取了伊朗塔里甘水坝项目。当前，国际建筑业的承包方式发生了重大的变化，单一的承包施工方式已经落伍。为了适应这种变化，总公司在继续采用竞争性投标方式的同时，积极探索新的承包方式，向国际经营活动的深度和广度进军。伊朗塔里甘水坝项目，就是以承包商融资的方式开展竞标的，其中85%的资金由中标承包商进行融资，15%由业主以现汇方式支付。

总公司海外事业部从2000年9月份获取项目信息，12月25日以1.5亿美元的报价获第一标。经过同波斯商人艰苦的合同谈判，取得了重要的谈判成果，并于2001年2月12日在德黑兰签署了在满足一定条件下才能生效的开口合同。在此后的八个月时间里，总公司在国家电力公司、财政部、外经贸部、对外工程承包商会、机电进出口商会、中国进出口银行等单位的大力支持下，于10月下旬，正式获得了国务院的批准。这一项目运做成功，为总公司进入国际市场开辟了新的领域和新的途径，标志着总公司开拓国际市场实现了从追求量的增加到质的突破，为运用融资方式进入国际市场更加广阔的领域提供了宝贵的经验。

第二，在巩固原有市场的同时，开辟了新的市场。2001年以来中标的项目中，伊朗、印度、越南、吉尔吉斯、埃塞俄比亚是新的市场。在所参加的70个资审项目中，除了已有一定基础的孟加拉、尼泊尔、巴基斯坦等国，又涉足了约旦、尼日利亚、蒙古、叙利亚等国家。这说明，总公司提出的“巩固亚洲、发展非洲、进军南美洲”的市场战略取得了实质性的进展。

二、坚持大中小并举方针，实施以大中型项目为主的市场经营战略

根据总公司“逐渐形成抓大型、抓精品，以抓大中型项目（即：1亿美元以上，5000万美元以上）为主”的市场经营战略，一年多来，共投出5000万美元以上的项目9项，其中，1亿美元以上的项目6项。在这些项目中，总公司表现出强劲的竞争势头，其中埃塞俄比亚泰可泽水电站项目就是一个成功的范例。泰可泽水电站项目位于埃塞俄比亚西北部泰可泽河上，是一个集水利、发电为一体的综合性水利枢纽工程。该工程主坝为双曲混凝土坝，最大坝高185m，是埃塞俄比亚最大的基础设施建设项目，也是非洲最大的水利枢纽工程之一，是该国有史以来自筹资金建设的惟一大型项目，其地位在该国相当于中国的三峡，令全国上下瞩目。

泰可泽水电站项目土建部分合同金额达2.24亿美元，是中国水电施工企业迄今为止在非洲承建的最大的水电项目，也是中国水电施工企业首次完整地在国外承建185m高的拱坝，还是中埃乃至中非最大经

济合作项目，对中非经济合作具有深远的影响。以总公司为责任方的联营体在这一项目的竞争中，首先以优良的国内外施工经验和业绩，获得资格预审最高分数。在投标阶段，战胜了德国 STRABAG 与意大利 SALINI 联营体、日本 KAJIMA 与 ENKA 联营体、意大利 IMPERGLIO 与当地 SATCON 联营体、奥地利的 SKANSKA 与 GROUP5 联营体而一举中标。这不仅体现了我国水电施工企业的实力，而且体现了中国改革开放以来水电建设取得的重大成就和技术进步。

目前，总公司正在做马来西亚、印度、孟加拉、苏丹、伊朗、老挝、巴基斯坦、刚果、约旦、摩洛哥等一批大中型项目的资审等前期工作（预期单项合同额均在 8000 万美元以上），有的已经正式进入到投标阶段。还有一批中小型项目已经开标，并获得一标。总公司已经初步具备了同时做五六项重大项目投标工作的能力。

三、严格按照市场经济规律办事，规避风险，审慎地做好投标工作，认真抓好在建项目的管理工作

市场经济的一条重要法则就是追求效益的最大化。尽管市场经营活动中盈亏在所难免，但是，总公司还是精心组织，精心设计，努力把规避经济风险的工作做到项目的全过程。

(1) 坚持对来自各个方面，各种渠道的信息做出认真和充分的论证和筛选，从中选取可信度和可操作性强的项目，同时，投入充足的力量开始工作。根据“发挥技术优势，突出主业，增加核心竞争力，拓展核心市场”的市场开发原则，总公司发挥比较优势，在国际市场上着力开拓水利水电工程、河湖治理、基础处理等市场领域，将技术优势有效地转变为竞争优势，使这项业务成为总公司在国际市场上的支柱业务，在国际市场上牢固树立了中国水电第一品牌的形象。

(2) 在编制标书时，本着一条原则，即不做赔本生意，不刻意追求低价中标。要尽可能了解清楚项目所在国家的市场情况，认真做好询价工作。在汇标时，反复研究，充分论证，不采用低报价高索赔的竞争方式(因为这样做是很不可靠的)审慎地做好投标报价工作。在投标的过程中，总公司采取整体战的做法，尤其是在做大型项目时，从一些综合实力较强的工程局中，临时抽调一些搞外经工作的精兵强将一起开展工作。这样做，不但有利于编制出高质量的投标文件，也为工程局培养了外经工作骨干，通过这种方式，工程局的同志独立开展外经业务的能力普遍有所增强。

(3) 认真做好中标项目实施过程中的组织工作，以合同为依据，确保项目实施过程中的工期、质量问题，妥善处理好与工程成本相关的问题，包括人工费、材料费、设备费、管理费等。在这一原则的指导下，总公司目前在 14 个国家正在执行的项目和已经竣工的工程，均做到了规避风险，取得了较好的经济效益。

四、努力创造有利于企业发展的生存空间，打造中国水电第一品牌

在市场经济条件下，企业的外部生存环境是非常重要的。目前，总公司在社会同行中的影响力和信誉度都在不断提高，当选为中国对外承包工程商会常务理事单位；承包商会水利电力分会副会长及秘书长单位；中国机电产品进出口商会电工产品分会副会长单位；成为具有较大影响的《国际经济合作》杂志的协办单位。《中国电力报》、《中国水利报》、《国际商报》、《中国水力发电年鉴》、《国际经济合作》杂志、《国际工程与劳务》杂志、《中国电力企业管理》杂志都发表过文章，介绍总公司走向国际市场的情况，扩大了总公司在外界的影响。

由于对外经营工作的突出业绩和品牌效应，总公司被外经贸部列为重点支持发展的大型企业。在几个国外大型项目投标中，成为外经贸部或承包商会确认的中方联营体牵头单位。

由于具有较强的总体实力及在对外经营活动中诚信守约，总公司在对外经营工作中，得到了我国政府、有关主管部门和业内同行的普遍赞许，也得到了国外一些政府机构或知名公司的一致好评，这样，就形成了良好的企业生存空间。

目前，中国水利水电工程总公司正在积极贯彻江泽民主席提出的“走出去”的战略，决心与时俱进，争取在开拓国际市场方面取得更大的进展。CWHEC 愿意在更加广泛的领域与国内外朋友寻求更为紧密的合作，共同谋求更大的发展。

（中国水利水电工程总公司　刘起涛）

阿尔巴尼亚布沙特水电站勘测设计任务

一、概述

阿尔巴尼亚布沙特水电站是由中方采用 EPC 方式承包，即设计、采购和施工总承包的一个交钥匙工程，总承包商是中国水利水电进出口公司，由国家电力公司昆明勘测设计研究院分包勘测设计部分。工程总投资约 1.5 亿美元，其中 80% 约 1.2 亿美元由中

国进出口银行提供，承包商提供5%，其余的15%由阿方提供。

昆明勘测设计研究院1997年开展设计工作后，于1998年开展了补充地质勘探，2000年12月完成初步设计，2001年2月通过了阿方专家对初设的审查。2001年4月完成土建招标设计，同时开展技施设计。

阿尔巴尼亚共和国北部的德林河，规划有5个梯级电站，自上而下分别为斯加维斯、菲尔泽、科曼、毛泽东、布沙特水电站，其中二、三、四级均已完建多年。

布沙特水电站位于德林河下游的平原地区，距斯库台市约8.7km，对外交通方便。电站采用引水式开发，是一座低水头、大流量的水力发电工程。由于德林河下游河堤防洪标准过低，工程兼有分流泄洪的功能。本电站为径流引水式开发，工程由首部枢纽、引水建筑物、厂区建筑物、尾水渠建筑物四大部分组成。首部水库库容1800×万 m^3，装机容量80MW，多年平均发电量约3.5×亿kW·h。

工程处于多发地震区，地震设计烈度按砂砾石地基8度，软基9度。

二、工程布置

首部枢纽位于毛泽东水电站下游2km处，由溢流坝、土石坝、进水闸、非常溢洪道组成。其中溢流坝、土石坝、进水闸下游公路、铁路桥在20世纪60年代末已建成，坝顶高程28.00m。水库正常蓄水位由21.00m抬高至23.00m。

(1) 溢流坝。位于河道右岸主河床，由15孔无闸门控制的自由溢流孔口组成，溢流坝坝顶总长241.19m，堰顶高程需由21.00m加高到23.00m。最大下泄流量3900 m^3/s，上游最高水位27.5m。

(2) 土石坝。分别位于河道两岸及河中滩地上，总长约689m，均已建成，但坝顶需增设防浪墙。

(3) 进水闸。位于河床左岸，6孔，每孔尺寸14m×5m（宽×高），闸顶总长104.00m。进水闸要新建闸门室段及上游防渗铺盖。

(4) 非常溢洪道。位于引水渠首部渐变段的右侧，属无闸门控制的自流式侧堰溢洪道，为宽顶堰，总宽度300.00m。设计最大过流量为800 m^3/s。

(5) 引水渠。位于河床左岸，由砂砾石料填筑而成。全长6438.725m，底宽50.00m，纵向坡度0.932‰，堤坝内外边坡均为1∶1.75，外边坡分别为1∶1.75和1∶2.4，后接67.10m的前池。主要采用混凝土面板防渗。引水渠正常过流能力为540 m^3/s，最大过水能力为1200 m^3/s。

(6) 发电厂房。厂房位于阿什达村，布置在山丘北麓。厂房内安装两台水轮发电机，机组间距23m，安装间位于厂房左侧，副厂房位于安装间左侧端头。发电厂房全长83.3m，总宽21.5m，总高54.6m。

(7) 厂区溢洪道。位于厂房右侧，与厂房并列布置，共两孔，孔口尺寸为7.5m×10.5m（宽×高）。溢洪道采用底流消能。

(8) 开关站。位于厂房下游尾水渠左侧进厂公路旁边，距厂房约230m，开敞式布置，平面尺寸46.0m×104.0m。

(9) 尾水渠。全长6116.99m，底宽40.0m，底坡 $i=0.000049$，边坡坡比1∶2.0，全部由开挖而成。最大过流能力1200 m^3/s，采用铅丝笼衬砌。尾水渠上设有5座交通桥，其中地拉那至斯库台为一级公路桥，尾水渠尾部两座为4级公路桥，尾水渠中部两座为农用便桥。

三、机电主要情况

电站安装二台机组，单机容量为42MW，总装机84MW。水轮机型号ZZD243-LH-600，额定水头17.5m，吸出高度-4.5m，单机引用流量270 m^3/s，发电机型号SF42-56/950。主变压器型号SF8-50000/110。

布沙特水电站设110kV出线四回（其中一回预留）向国家主电网供电，并设35kV出线三回（其中一回预留）和10kV出线十回向附近地区电网供电。

（昆明勘测设计研究院　杨清　曹以南）

伊朗塔里干水利枢纽工程设计

塔里干（Taleghan）水利枢纽工程位于伊朗北部塔里干河中段，德黑兰西北135km处。该河是汇入黑海的塞菲特鲁德河的二级支流。坝址多年平均流量16.3 m^3/s，多年平均入库沙量125万 m^3，实测最大洪峰流量345 m^3/s。

该工程的目标主要是供水灌溉、防洪，其次是发电。水库正常蓄水位1780m，总库容4.2亿 m^3。水库死水位1742m，相应库容0.91亿 m^3，电站总装机17.8MW，发电量60GW·h。相当于大(2)型工程。

该工程为按FIDIC条款招标的交钥匙工程，由中国水电工程建设总公司中标，工程包括塔里干土石坝、池水底孔、溢洪道、输水隧洞和厂房、施工导流建筑物等。合同工期46个月，总标价1.43亿美元。工程设计由国电公司西北勘测设计院承担，水电第十工程局施工。工程最终设计按基础设计和详细设计两阶段分别提出设计备忘录，报业主代表审批后实施。

塔里干土石坝为黏土心墙砂砾石坝，坝顶高程1789m，长1132m，最大坝高102m。校核洪水标准采用可能最大洪水，洪峰流量3700 m^3/s。坝基河床部分冲积层最厚达50余米，从上到下依次为砂砾石层、粉质黏土层及砂砾石层，间夹散布的砂层透镜体。基岩为第三系砾层，间夹砂岩，透水性中等。采取混凝土防渗墙及水泥灌浆帷幕防渗处理。据地震危险性分析，坝区属高烈度区，基本设计地震（DBE）水平峰值加速度0.28g，最大可信地震（MCE）情况为0.38g。大坝剖面及坝脚压重都将依据抗震安全性选择，并做好冲积层的基础处理。

溢洪道位于左岸，不设闸门，堰顶高程与正常蓄水位同，堰净宽48m。在PMF情况，水库最高洪水位1787.2m，下泄量2040m^3/s。泄水底孔由导流洞改建而成，亦位于左岸，龙抬头压力式，进口高程1720m，出口高程1685.7m，闸孔尺寸2.8m×2.8m，设计泄量244m^3/s。用于放空水库和调节泄量。

坝址上游约0.5km处曾建有低坝和9km长的左岸输水隧洞，洞径3.6m。塔里干水库将淹没该取水设施，须设计新的引水系统，并利用落差发电，尾水仍进入原输水洞，电站只根据灌溉和供水需求运行，以实现供水灌溉目标。新的输水发电系统位于坝前左岸，距坝约0.5km。该系统进水口高程1729m，建筑物包括引水隧洞，压力管道、地下厂房、尾水隧洞和尾水调压井。地下厂房跨度12m，安装2台8.9MW机组，最大过流量30m^3/s。副厂房和开关站布置在地面。机组旁侧设有过流能力15m^3/s的旁通管，以备停机时正常供水。

工程采取左岸隧洞导流，导流标准为20年一遇，洪峰流量313m^3/s，洞径6m。大坝填筑量约1700万m^3。工程于2002年3月开工。

（西北勘测设计研究院 王丽科）

尼泊尔波迪科西水电站设计

波迪科西(Bhote Koshi)水电站位于尼泊尔东北部Sindhupalchok行政区境内，为径流引水式电站。Bhote Koshi河为尼泊尔四大水系之一Sun Koshi河的上游支流，发源于中国西藏喜马拉雅山南麓，具有典型的喜马拉雅河流特性。首部枢纽距中尼国界西藏樟木口岸友谊桥约5km，距尼泊尔首都加德满都约120km。

首部枢纽控制流域面积2132km^2，坝址多年平均流量66.4m^3/s，100年一遇洪水流量695m^3/s，10000年一遇洪水流量1030m^3/s，可能最大洪水(PMF)流量1750m^3/s，冰川湖爆发洪水(GLOF)流量约3300m^3/s。发电利用水头148m，引用流量36.8m^3/s，总装机容量45MW，年平均发电量246GW·h。

该工程处于亚沉积岩区，出露的地层主要有碳酸盐岩、硅质白云岩、泥板岩、千枚岩、片岩及第四系的冲积、坡积层等。河床主要为大块石与砾石组成的冲、洪积混合物，深度可达40m以上。厂房位于古滑坡体下缘。工程位于喜马拉雅山地质构造强烈活动地带，地震基本烈度为8度。

首部枢纽由挡水坝、泄洪拉沙闸、沉沙池和引水隧洞进水口组成。挡水坝布置在河床右岸，长76m，坝顶高程1435m，最大坝高22m，坝基为崩积层和冲积层。泄洪拉沙闸布置在挡水坝左侧，基础为冲、洪积层，闸室分2孔，采用8m×9m（宽×高）的弧形闸门控制，下游设消力池及护坦。沉沙池布置在左岸滩地上，为矩形单室式，池底净宽25m，顶净宽28m，平均池身长80m，总长约120m。进水前沿与坝轴线成80°夹角，呈侧向进水，布置有2孔6m×4m（宽×高）的沉沙池进水口和1孔5m×4m（宽×高）的旁通隧洞进水口，池前端设置1个配水墩和4个整流墩，整流墩间装有整流栅，池身布置3个横向排沙廊道，用2m×2m液压平板闸门控制，池尾及右侧墙顶设有溢流堰，维持池内水位平稳。旁通隧洞布置在沉沙池左侧山体内，城门洞型断面，尺寸为3.5m×3.5m，总长150m，尾部设闸门控制，以60°交角与引水隧洞相连。引水隧洞进水口布置在沉沙池尾部岩质边坡内，大致与岸坡垂直，设2孔6m×4m（宽×高）的共槽拦污栅/叠梁门及1孔4m×4m的平板工作闸门。遭遇冰川湖爆发洪水时，首部枢纽坝顶全面过流。

引水建筑物由引水隧洞、调压井及压力钢管组成。压力引水隧洞全长约3364m，采用城门洞型断面，全衬段4m×4m、不衬或喷锚段5m×5m，纵坡0.589%。调压井布置于压力隧洞的末端，采用阻抗式，内径8m，高43.5m，阻抗孔孔径1.8m，井顶设有高2m的隧洞通气孔。调压井下游以压力钢管与厂房相连，采用单管，总长465m，内径3m，至厂后按对称的“Y”型分岔，分两支管垂直进入厂房，支管内径1.8m。

厂区建筑物包括主（副）厂房、尾水系统、主变压器场和开关站等。主厂房为地面式，基础为滑坡堆积体，平行于河流布置，厂内安装两台混流式水轮发电机组，单机容量22.5MW，主厂房尺寸34.4m×14.1m×33.85m（长×宽×高）；尾水管后接尾水箱涵，以45°角偏向下游与河道相接；副厂房利用水轮机层、发电机层及安装场层的闲置空间布置；主变压器布置于主厂房上游侧；开关站采用露天开敞式。

该工程开发方式为国际BOT形式，业主是以美国熊猫（PANDA）国际能源公司为主体所组成的波迪科西私人电力有限公司（简称BKPC）。前期勘测设计由尼泊尔电力署（NEA）勘察设计部和美国

HARZA国际工程咨询公司完成。工程实行国际招标，采用“设计、采购及施工合同”（即《EPC合同》）固定价交钥匙工程总承包模式。经过“封顶报价”和“固定报价”两轮程序，最终以中国葛洲坝水利水电工程集团公司为代表，原电力工业部中南勘测设计研究院和哈尔滨电机厂参加组成的联合体中标。业主严格按合同管理，设计必须符合美国ACI及有关规范，并需经过审查方能施工。工程于1997年2月局部开工，7月主体工程全面开工，2000年12月电站建成投入试运行。

（中南勘测设计研究院 张 宏）

CWGS联营体中标埃塞俄比亚特克泽工程

由中国水利水电工程总公司、中国葛洲坝集团公司、埃塞俄比亚苏尔公司组成的CWGS联营体中标承建埃塞俄比亚总标价19.45亿比尔（折合2.24亿美元）的特克泽水电站工程。工程项目包括185m高程双曲拱坝、地下厂房及业主和工程师营地等。这是中国企业在非洲通过公开竞标而赢得的最大一项水电工程项目。

特克泽水电站位于俄塞俄比亚西北部尼罗河上游支流特克泽河上，距埃塞俄比亚首都亚的斯亚贝巴760km。该水电站设计安装4台7.5万kW机组，装机总容量30万kW。电站建成后总库容达94亿m^3，工程兼有供水、灌溉、发电等功能，被埃塞俄比亚政府称为“东非的三峡工程”。该工程的建设将带动整个东非地区的社会经济发展、提高东非地区人民的生活质量。

CWGS联营体三方按中国水利水电工程总公司52%、中国葛洲坝集团公司38%（0.85亿美元）、埃塞俄比亚苏尔公司10%的比例占有股份。CWGS联营体第一次董事会已就实施程序进行商议，项目施工按照紧密型联营体方式运作。

（葛洲坝水利水电工程集团年鉴编辑部 孙秀萍）

承担柬埔寨基里隆一级水电站修复项目勘测设计任务

一、概述

柬埔寨基里隆一级水电站修复项目，包括基里隆一级水电站、水电站～金边115kV输电线路、康蓬115/22kV变电站、金边115/22kV变电站（GS1）扩建。水电站原为南斯拉夫在1968年提供资金和技术所建，原电站装机2×5MW，水电站～金边输电线路电压等级110kV。该水电站在正常发电运行20个月后，损坏于战乱。

该项目系中国电力技术进出口公司以投资、修复、经营（BOT）方式，对工程进行总承包。工程勘测设计部分由中国国家电力公司昆明勘测设计研究院分包。

昆明勘测设计研究院自1998年11月对工程进行现场考察后，分别于1998年12月、2000年5月完成项目建议书、可行性研究报告编制，并通过了中国国家发展计划委员会的评审。2000年10月～11月，昆明院对工程进行现场踏勘、收资、勘测工作，随即编制完成了水轮发电机组、输电线路、康蓬变电站、金边GSI变电站、辅机供货及机电设备安装招标技术合同，同时开展技施设计、竣工图设计。

电站位于柬埔寨王国西南部，距离首都金边约120km，紧邻4号公路，交通极为方便。水电站采用引水式开发，无航运、灌溉、供水等综合利用要求。地震烈度小于5度，属区域构造稳定区。

工程修复后，水电站水库总库容为919×万m^3，装机容量为2×6MW，多年平均发电量62.5GW·h。工程总投资为1882.86万美元，其中电站工程为1271.14万美元，输变电工程为611.45万美元。

工程于2001年4月2日开工，2002年5月29日竣工并投入商业运行。

二、工程布置

1. 水电站工程布置 水电站由水库、首部枢纽、引水系统、厂区枢纽、生活区组成。其中大坝、自溃坝、溢洪道，调压塔基本完好；引水埋管及大部分明钢管存在一定的锈蚀，局部明钢管遭严重破坏；厂区建筑物和机电及其辅助设备完全损坏。

大坝为土质心墙堆石坝，最大坝高约31.5m，坝顶高程498.50m。大坝左侧布置有自溃坝，为土质心墙砂（砾）壳坝，最大坝高6.0m，坝顶高程497.50m。开敞式无闸门控制非常溢供道布置在自溃坝左侧。正常运行时，超过正常蓄水位496.50m的来水经溢洪道溢流侧堰（堰顶高程496.00m）下泄到侧槽，并经陡槽段引至下游河道，设计泄流量444.6m^3/s。当上游来水使库水位超过自溃坝坝顶时，自溃坝开始坝顶溢流直至溃决，形成泄水槽参与泄洪，最大泄量1100m^3/s。

电站进水口位于库内右岸侧，以“龙抬头”环向进水方式与坝下引水埋管相连接。进水口后紧接低压引水浅埋钢管，全长3274.8m，钢管内径1.4～1.3m。地面调压塔布置在压力埋管末端，为阻抗式地面调压塔，高度约56.76m,内径4m。压力明管采用一管二机供水方式,主管直径1.3～1.0m,全长2639.7m。

发电厂房为地面式，布置在原厂址上，长33.25m、宽21m、高21.25m，厂内布置有2台单机容量为6.0MW卧轴冲击式水轮发电机组及与其相配套的机电辅助设备。水轮机型号CJA 734-W-136/2×12.5，发电机型号SFW 6000-10/2130。

副厂房布置在主厂房左侧，电站运行采用计算机监控方式。

升压站布置在副厂房左侧，占地面积40.4m×51.9m。升压站内主要布有两台型号SF9-8000/115主变压器，以及2回115kV（本期1回，预留场地1回）和一回6.3kV出线的电气设备及构架。

生活区布置在厂区枢纽的南侧，为南站工程建设和电厂运行维护的中心管理区，占地面积约20000m^2。

2. 电站～金边115kV输电线路布置　输电线路路径基本上为东西方向走线，从电站出线后沿4号公路东行64.973km后，中途“π”接入新建的康蓬变电站；再东行40.706km后，利用原金边EDC的115kV环网中5.298km长的双回路水泥杆备用回，接入金边GS1变电站备用间隔。线路全部按单回路输电容量30MW架设，导线型号LGJ-150/20。全线铁塔共计268基，为热浸镀锌自立式螺栓塔，采用立柱式现浇混凝土基础。

3. 康蓬115/22kV变电站布置　康蓬变电站位于实居省会,距4号公路约0.5km,占地面积41.5m×51.0m。站内布置主变压器(本期装设一台,主变型号S9-6000/115。预留一台场地),以及3回115kV出线(本期2回,预留场地1回。本期2回出线中,1回至水电站;另1回至金边电网)、8回22kV出线(本期4回,预留场地4回)的电气设备及构架。另外还布置有变电站控制楼一幢,输电线路巡线站一幢。

4. 金边115/22kV变电站（GS1）布置　金边GS1变电站位于柬埔寨王国首都金边市区北侧，现已投入运行。该变电站东南角留有一备用出线间隔，其构架和设备的混凝土基础、埋管、设备接地甩头、电缆沟均已建成。目前临时接入115kV B段母线，与金边115kV系统并网运行，待金边西部变电站建成后，再更改部分线路走向，最终接入西部变电站。

（昆明勘测设计研究院　窦志明　顾叶荣　罗加谦）

中国水利水电第十工程局开拓国际市场

2001年～2002年，中国水利水电第十工程局（英文缩写CWET。以下简称“十局”）国际工程取得首批成果并取得更多的国际工程订单，第二批工程也取得良好开局。

首先，十局承建的老挝Nam Leuk水电站于2001年3月20日停机放空检查，所有建筑物安然无恙，状况良好。法国工程师以无缺陷责任颁发了交工证书。这标志着十局Nam Leuk土建项目经过15个月的运行考验，顺利结束了项目维护期，全面结束了项目合同。

老挝Nam Leuk水电项目是老挝政府利用亚洲开发银行（ADB）贷款兴建的一座中型水电站，电站装机60MW。业主为老挝国家电力公司（EDL），咨询为法国SOGRAH公司，土建承包商为中国水利水电对外公司（CWE），实际实施合同的为十局。十局承担的土建工程，合同总额为5658万美元，是十局独立承担的第一个国际工程项目。

十局100余名员工，从1996年12月进场，在异国他乡的原始森林中历经三载，取得了月开挖36万m^3；月填筑大坝32万m^3；采用气腿风钻钻爆作业，连续7个月单头月进度进尺超过120m，最高达135m；隧洞全断面混凝土衬砌平均月单头进度为615.2m，最高月单头月进度达到685.1m，衬砌质量优良；人均年完成产值达到13万美元；最高月产值达到400万美元等10余项十局记录，有些达到国际先进水平。项目于1999年12月22日提前7d圆满按合同工期完成了施工任务，取得了经济效益和社会效益的双丰收，为十局开拓国际市场取得了宝贵的经验。

其次，十局2001年度国际市场中标金额达1.4亿美元，占中国水利水电工程总公司（CWHEC）17个单位国际市场总中标额的67%。

2001年1月10日，CWHEC中标伊朗Taleghan水利枢纽工程。2001年7月26日，CWHEC委托十局承担Taleghan工程除设计和机电设备之外的全部主体工程的施工任务，总价约1.072亿美元。

2001年8月18日，CWHEC又将以其名义中标的老挝SAVANNAKHET防洪排水和道路工程委托十局承建，金额约238万美元。

2001年11月26日，十局获得老挝NamⅢ水电站土建部分施工合同（以CWE名义），合同金额约3000万美元。

第三，进入2002年，十局承建的3个国外工程均进入主体工程施工，工程进展顺利。特别是伊朗Taleghan工程在1.5亿元人民币的机械设备的配置下，实行了全机械化作业和工业电视监控。同年6月份实现土石方开挖45万m^3，7月份更达50万m^3。

第四，十几年前，中国水电施工企业在与外商合作中多处于“打工仔”地位，如今，“打工仔”变成了“承包商”。十局大力实施走出战略使企业在在市场中扮演的角色发生了质的变化。

过去，十局人为外商打工（当劳务、当分包商），现在是当地公司给十局打工。十局在南累克、塔里干工程中均使用当地公司作为分包商。过去，中国人愿意为外方公司打工，现在，外国人愿为中国公司打工；过去，中国工人羡慕外国工人的高收入，现在，中国工人收入同样令工程所在地国民羡慕；过去，外国人当管理人员，中国人当操作工，现在，中国员工当管理人员，当地雇员当操作工。

这种变化还表现在：

(1) 在营地建设上。过去十局员工作为“打工者”，居住条件较差。现在，他们在伊朗塔里干工地住的都是小别墅。每个房间都有卫生间、洗澡间、空调，加有隔热层，房屋内部作全装修，24h热水、卫星电视、电话、电脑等生活、工作设施用品一应俱全。营地还有篮球场、羽毛球场、单杠、双杠等设施。员工们每餐都有牛羊肉、瓜果、四菜一汤。2002年6月22日伊朗发生大地震，工地距震中仅80多公里。地震现场摇晃强烈，营地住户却安然无恙，因为住房全是钢筋混凝土框架结构。

(2) 在工程质量上。过去十局对外国承包商的工程质量和进度较为满意，而十局在老挝南累克工程中也实现了提前7d完工，经过15个月安全运行并停机放空检查后，获得了监理工程师颁发的无缺陷交工证书。对中国公司的合同履约情况，各界均给予了一致好评。

(3) 在索赔方面。十局在经过前期交学费的挫折之后，也开始按合同和国际惯例学会了索赔。十局在老挝南累克工程前期遭反索赔，后期却成功获得各种有条件补偿，增加结算金额达2060万美元，比中标时的合同价增加了57%。

面对大好的机遇和良好的形势，十局领导班子达成共识，国际工程是事关十局生存发展的重要战略；国际工程要服从于十局的全局利益，国内国外一盘棋；国际工程无论采取什么管理模式，十局都是其资产的拥有者、风险的最终承担者、经营成果的拥有者。根据上述基本认识，十局正探索着适合国际工程项目管理的体制机制，向着国际化的战略目标迈进。

（中国水利水电第十工程局　王　斌）

国 际 交 流

水电规划系统技术培训、交流

2001年5月14日至6月30日，由中国水电顾问有限公司组团赴法国、英国、挪威进行考察和培训。考察团由国家电力公司、三峡开发公司、乌江水电开发公司、四川省电力公司，以及北京、华东、成都、西北、中南、贵阳勘测设计研究院共21人组成，中国水电顾问有限公司副总经理晏志勇率团。

考察培训团于该年5月15日至6月6日先后对法国、英国及挪威有关单位进行了考察，主要有电力部门（法国电力公司、英国国家电网公司、挪威水资源能源署和北欧电力库）、水电站（法国大屋抽水蓄能电站、英国迪诺威克抽水蓄能电站、挪威Sima水电站和Kvilldal水电站）、水轮机制造厂家（阿尔斯通制造厂和GE制造厂）、设计咨询公司（英国Haicrow咨询公司和挪威顾问集团公司）。6月7日至29日在挪威顾问集团公司进行培训，培训内容包括水电入库径流预测、水电开发规划、水电优化运行及调度、经济分析、财务分析、水电开发环保影响、水轮机模型选择等。

本次考察及培训内容丰富，择其主要，归纳如下。

一、国外电力规划工作总结

(1) 电力规划以公司规划为主，规划目标函数为净收益最大。而电力市场未开放前，电力规划以国家总体规划为主，规划目标函数是成本费用最低。

(2) 电价贯穿整个电力规划，电力规划反映了价格杠杆在调节供需矛盾、指导电力生产和电力消费、调整能源结构等方面的作用。

(3) 国外电力负荷增长缓慢，电力市场更注重中、短期电力规划。

二、国外电力改革总结

成熟的电力市场必须具备的基本条件：①合理的价格传导机制是决定电力市场改革成败的关键；②完善的电力市场运作规则；③切合实际的长期电力规划及有效的实施办法（这一点在买方市场尤为关键）；④健全的电力法规、合理的能源政策；⑤先进的计算机信息处理和网络系统。

三、国内水电规划专业面临的机遇与挑战

随着中国社会主义市场经济体制的逐步完善和电力市场改革的不断深入，会有许多新问题、新情况需要研究解决，为电力市场各环节提供咨询服务将有着广阔的市场前景。中国加入“WTO”后，国外的咨询机构将大量涌入，竞争将非常激烈。

为此，从事水电规划专业人士应有危机感和紧迫感，应加强对电力市场改革的设计方案的学习与研究（包括电力法规及政策研究、市场设计等），抓紧相关应用软件的研制、开发和引进工作，注重知识产权的保护。

（水电水利规划设计总院　严碧波）

赴欧洲水电厂自动化技术考察与交流

为了解近年来中、西欧水电厂自动化技术的进展情况，应法国阿尔斯通公司、奥地利维奥技术水电（ELIN）公司、德国伏依特西门子水电公司的邀请，中国水力发电工程学会自动化专业委员会于2001年9月21日至10月12日组织了一次赴欧洲水电厂自动化技术考察。考察团成员8名，来自国家电力公司系统的运行、设计、管理等各个单位。大家参观了这几个公司的计算机监控系统生产调试车间、计算机监控系统的模拟仿真系统、励磁设备生产车间，与有关技术人员就水电厂计算机监控系统、梯级水电厂计算机集中控制系统、水轮发电机励磁系统、微机调速器等方面进行了研讨，考察了奥地利多瑙河上的Freudenau水电厂，奥地利、德国交界的茵河上的Braunau/Simbach梯级集中控制中心及德国境内埃朗根附近的Reisach抽水蓄能水电厂。

通过实地考察、座谈，考察团对上述几国的水电厂自动化设备的研制、运行情况有了简要的了解。归纳起来，有如下几点：

（1）这几个国家水电厂自动化设备的研制是集团化生产的一个组成部分，具有较好的生产工艺和软件开发支持。一般各大跨国公司的水电厂自动化设备、火电厂自动化设备、输配电自动化设备都在一起生产，有的甚至还包括其他工业领域的自动化设备，因而产量上能达到一定的规模，产品的工艺也有条件比较讲究，测试、试验条件也比较齐全，所有这些对保证产品的硬件质量都是比较有效的。在软件上，由于共用开发平台、开发工具，易于形成比较成熟稳定的软件产品，对于不断改进软件产品的可靠性也是很有帮助的。例如法国阿尔斯通公司的ALSPA P320系统，既可用于水电厂的控制，也可用于火电厂、核电厂、输配电系统的自动化。奥地利VATECH SAT公司的SAT1703、SAT200，也是既可用于水电厂的控制也可用于输配电系统、火电厂等的控制设备。德国伏依特西门子水电公司的基于Simatic S7的控制系统也是如此。这些国家在水电厂自动化设备方面都有定型产品，而且也在积极跟踪计算机技术、通信技术、网络技术的发展进行相关的技术开发。

（2）这几个国家水电厂自动化设备的研制厂商国际工程经验比较丰富。像法国阿尔斯通公司，我们到工厂参观的时候，有七八套水电厂计算机监控系统正在总体调试，其中只有一两套是用于法国境内的，其他都是用于法国以外的国家。奥地利VATECH SAT公司、德国伏依特西门子水电公司的水电自动化产品大部分也是往国外销售。

（3）我们所考察的3个中型水电厂（均为200MW左右）都还是有人值班的，但用人确实很少，一般都在20人左右。从技术的角度上来看，有的中型水电厂是可能做到无人值班的，但综合起来考虑，奥地利有关方面要求他们的电厂还是要设置值班人员。由于用人很少，对电厂人员的素质要求就比较高，一般要能做到“一专多能”。这些水电厂之所以能做到用人少，原因是多方面的，主要体现在没有庞大的后勤服务体系，没有齐全的机关科室，没有大修的队伍，雇用的人员主要负责管理、运行、维护，管理人员很少，运行人员是主体，维护人员也不多。

（4）法国的梯级水电厂集中控制搞得比较早，效果也是比较好。他们的经验是，搞梯级集中控制，除了在水系上能具备实现集中控制的条件外，在电力系统上也应能协调统一，只有这样才能实施好。法国比较大的几条河流上的梯级计算机集中控制系统都是比较早的产品，如杜朗斯-维安敦河梯级集中控制系统是1982年实施的，最新投入运行的梯级集中控制系统也是1992年就已投运的。奥地利的梯级水电厂计算机集中控制系统搞得相对较晚，但有最近投运的系统，如我们参观过的茵河梯级水电厂计算机集中控制系统，在一个水电厂实施对同一河流上的另外三个水电厂的集中监控。法国、奥地利的梯级集中控制都是在中、小河流上进行的，梯级总的装机容量都不是很大。

（水电水利规划设计总院　刘国阳）

水库专业赴美考察团考察报告

1. 考察概况　水库移民考察由水电水利规划设

计总院组团，参加本次考察活动的有水电总院、龙滩公司、清江公司、黑龙江省移民办和华东、中南、贵阳、成都勘测设计研究院等单位的同志。考察团全体成员于北京时间 2000 年 11 月 26 日下午离开北京，北京时间 2000 年 12 月 11 日下午回到北京，历时 16d。其间与世界银行的移民和环保专家共同探讨了有关工程建设引起的非自愿移民和环保等问题，参观考察了世界上早期建成的混凝土重力拱坝——Hoover 大坝，考察了华盛顿郊区的牧场、农业和生态情况，另外还考察了旧金山、纽约、洛杉矶等城市及其周围地区的环境（包括气候、植被、自然、土地利用、交通、城市卫生环境和城市管理、城市用水等），大家感觉这次考察收获甚多。

2. 国外非自愿移民工作的基本做法　代表团在华盛顿与世界银行 10 多位非自愿移民专家进行座谈，了解到国外非自愿移民工作的基本做法为：

(1) 由政府负责建设的公益性项目（如水利工程等），政府会要求在项目预算中留足移民费用，以使移民能够顺利搬迁；政府也遇到过因付给移民的钱太少而使项目不能顺利进行的事情；政府决定要干的项目，给予移民的补偿费用一经决定，如果移民还不愿意走，政府就要依法办事，用法律手段强制移民搬迁。项目的移民费用确定后，按计划付给移民，由移民自己去购置土地、寻找安置途径是一种方法；另一种方法是由政府出钱买好土地、建设好房屋等新区的一切设施后，提供给予移民使用。

(2) 由业主组织建设的工程，大多数情况下政府是让业主去买土地分配给予移民。业主在新区买好移民需要的土地、建设好移民的房屋与有关的基础设施（水、电、路、通信等）、甚至包括培训新区的移民教师后，以社区为单位将移民搬迁出去。业主负责在新区建设好基础设施后，将新区移民交给所在地的政府管理。但是世行专家们认为，一般而言，业主的移民责任永远难以完结，因为移民涉及到社会问题，什么时候结束，这主要取决于移民规划的考虑是否周全。

美国等西方国家已经建成的水库也有遗留的移民问题，如果这些移民的背后有（政治）势力支持，闹得还很厉害。他们的政府会出面敦促业主解决或直接出面解决，此时业主往往会再付出大笔的钱财，如果业主难于解决移民问题，会将整个工程连同移民问题一起推给政府。

南美土地为私有制的国家，穷人往往没有土地，他们借居在富人的土地上。如果因建设工程而征用富人的土地，富人能够得到土地赔偿，而穷人因没有土地而得不到赔偿，还会失去在当地的就业机会，带来新的社会问题。此时政府就会要求项目除了考虑给予富人的土地以赔偿外，还要考虑穷人的问题。如果项目使用世行贷款，世行会要求在项目概算中对穷人移民以足够的费用考虑，并要求项目业主不能只是关心项目的直接效益，还要考虑项目对环境和移民的影响问题。移民去购置新土地时也会遇到许多问题，此时政府一般会要求业主来处理这些问题。

3. 世界银行贷款项目的移民规划的基本做法　1980 年以后，世界银行在移民方面建立了一整套非自愿移民的政策，并在不断总结经验教训的基础上分别在 1985 年、1990 年和 2000 年进行了修订，形成了较为完善的指导进行工程项目移民安置的从计划到实施的业务指南《世界银行业务导则 4.30》，即 OD4.30。

4. 世行专家对中国水库移民安置工作的评价　世行专家认为中国、泰国两国的水库移民工作做得非常好，他们认为中国水库移民的经验主要是：

(1) 中国的水库移民是建立在开发性移民的基础上的。其他国家只给予补偿，没有考虑到补偿后怎么发展。中国不但给予补偿，而且给予扶持，使移民群众看到了未来和希望。

(2) 中国不浪费任何一点资源开发的机会，如水口工程就利用水面进行网箱养鱼和其他水产养殖，山坡上开梯田、种树或其他植物。充分利用动物、植物和土地资源，并辅以其他多种措施给予支持，使移民在开发性生产中能够有所收益。

(3) 在移民实施过程中根据具体情况对移民规划不断进行调整，对移民安置可能出现的问题事先有预见性，并进行有计划的调整，如水口工程移民安置中及时将种粮食改变为种植果树或其他非粮食作物，改以土地为基础进行安置为以非土地为基础进行安置等。

(4) 当地政府和移民群众的充分参与，对移民安置产生了积极的帮助。

世行专家还谈到，各国都有一套自己的移民安置规划和实施做法，世行没有确定的方法来确认谁的方法最好、谁的方法最差。因为不同的地区、不同的时间会遇到不同的情况，如当地政府的功能、土地所有制、实施机构的能力问题等。中国在水库移民安置问题上有自己的特点，也有值得向其他国家学习的地方，如在移民规划的早期阶段就应吸收其他专业的人员（农业、家庭规划等）参加。希望给予城市中的违章建筑给予一视同仁的补偿，监测工作要进一步加强和提高，不仅要有移民安置实施数量的评价，还要有质量的评价，评价人员要有移民代表、设计人员、地方政府等方面的代表参加，中国似乎知道要出什么问题，但解决问题的措施不力。移民实施计划的调整还可以做更多的工作，随时进行调整有利于消除和划解矛盾。

（水电水利规划设计总院　蔡　频）

农村水电及电气化的国际合作与交流

一、主要成果

我国农村水电设备制造厂具有年生产 300 万 kW 成套设备的能力，同时每年可完成 300 万 kW 农村水电的设计与施工，在世界上首屈一指。据不完全统计，我国农村水电设备已出口到 40 多个国家和地区，其低廉的价格、成熟的技术和稳定的性能受到了国际上的普遍赞誉。

2001 年 6 月 7 日至 8 日，国际小水电网协委会第七次年会在印度喀拉拉邦科瓦兰市隆重举行。印度总统纳拉亚南、总理瓦杰帕依为会议召开发来了贺电。会议选举了新一届协委会领导机构，推选格鲁吉亚总统谢瓦尔德纳泽、中国水利部副部长陈雷、浙江省副省长章猛进为国际小水电网名誉主席，外经贸部副部长龙永图为顾问。再一次选举中国水利部农村水电及电气化发展局局长程回洲为国际小水电网主席，欧盟可再生能源委员会主席亨利·巴库涅、拉美能源组织秘书长赫莱拉为副主席。经主席提名并经全体委员表决通过童建栋教授为国际小水电中心总干事，曾月华、中国外经贸部国际经济技术交流中心赵永利处长、原印度喀拉拉邦能源管理中心主任达蒙达拉教授、加拿大自然资源部能源技术中心可再生能源技术处处长巴拉德为国际小水电中心副总干事。

通过开展发达国家、发展中国家和国际组织三方之间的合作，国际小水电中心的国际化进程稳步推进，能力建设取得长足进步。现已实现了自我发展和良性循环，也为发达国家了解发展中国家小水电，为发展中国家小水电走向世界，开辟了新的途径。

我国农村水电外资利用已初具规模。已实施的利用外资项目有，利用 1300 多万美元奥地利政府贷款引进设备建成投产的湖南南津渡水电站加拿大政府引进 250 多万美元贷款建成投产的湖南高滩水电站；另外，广东、浙江等省利用港资和华侨投资建设了许多小水电站。拟利用外资的项目有利用亚洲开发银行技术援助资金进行的“中国农村小水电发展研究”项目；拟利用贷款进行的湖北省保康县寺坪等 10 个水利水电枢纽工程，利用世纪贷款的额度为 1.1 亿美元；甘肃黑河小孤山梯级水电站，拟利用亚行商业贷款，额度为 5000 万美元。

二、面临的机遇和挑战

（一）机遇

1. 国际能源行业的发展态势为促进农村水电国际合作创造了条件　发达国家和发展中国家的政治结构、资源条件和能源补贴情况差异很大，要促进全世界可再生能源的大发展，必须按照经济合理性进一步加快贸易开放和地区协作。

2. 加入世界贸易组织为开展农村水电国际合作提供了良好契机　加入世贸后，国家对农业的支持会加大，而农村水电是为农业、农村和农民服务的重要基础设施，兼具经济效益、社会效益和生态效益。作为绿箱政策的主要手段，国家将相应加大对农业基础设施的建设，这为农村水电建设吸引外资，扩大现有技术、设备出口，引进先进的国际管理经验，提高现有的管理水平非常有利。

（二）挑战

地区封锁和行业垄断为沟通农村水电国际国内两个市场设置了障碍。电力体制改革尚在进行之中，公平竞争的市场规则尚未建立，市场文化程度亟待提高。如不能消除地区封锁和行业垄断，进一步加大农村水电国际合作存在很多困难。

国际合作的竞争力不强。农村水电企业人员多，管理水平落后，人才机制和激励机制不健全，发挥我国农村水电行业的比较优势，增强国际竞争力，是入世后我国农村水电国际合作面临的严峻挑战。

投资环境尚待改善。农村水电企业规模小、资产分散，产权不明晰，企业人浮于事，缺乏制衡机制和约束机制，投资环境有待进一步改善。

三、“十五”期间农村水电国际合作的主要任务

（1）抓住我国加入世贸的有利时机，充分发挥我国农村水电的比较优势，积极开拓国际市场。同时发挥国际小水电中心的窗口作用，进一步扩大我国农村水电的国际影响。

（2）大力改善投资环境，特别是中西部地区的投资环境，积极引导外资开发建设中西部地区丰富的农村水电资源。以外资带动内资，提高外资利用效益及国际项目建设管理水平。

（3）增强农村水电企业的国际竞争力。把农村水电资产和社会优良资产进行大规模重组，组建跨县、跨地区的水电集团公司，形成全国性资本或几个大的区域性资本，达到业绩与资本扩张的同步增长，增强农村水电企业的国际竞争力。

（4）促进国际、国内两个市场的联系沟通，使农村水电国际合作更好地为能源结构调整及资源优化配置服务。

（水利部　张学进）

利　用　外　资

甘肃白水江汉坪咀水电站利用日元贷款

汉坪咀水电站位于甘肃文县白水江上，控制流域面积8177km^2，占全流域面积的98.3%。本工程以发电为主。水库正常蓄水位755.00m，校核洪水位757.41m；电站装机容量3×24MW，保证出力19.1MW，多年平均发电量3.64亿kW·h；属于中型三等工程；设计洪水为50年一遇，校核洪水为1000年一遇，地震设防烈度为Ⅶ度。

枢纽主要由混凝土面板堆石坝、引水发电系统、岸边式厂房、底孔排沙洞、表孔溢洪洞等组成。最大坝高57m，坝顶宽10m，上游坝坡1∶1.55，下游综合坝坡1∶1.59，混凝土面板厚0.4m，趾板宽2.5m，厚度为0.4～1.0m，混凝土防渗墙厚0.8m，防渗墙与趾板之间设一块连接板。坝体主要分为，垫层料（加工的变质凝灰岩）区、砂砾石料（主填筑区）区、排水体料区、变质凝灰岩料区、反滤料区、次堆石料区（弱风化板岩料和强风化变质凝灰岩）和下游护坡区。沿坝轴线、趾板线和防渗墙轴线设灌浆帷幕，并向左岸延伸20m，右岸延伸40m。混凝土防渗墙深入基岩1m，墙下进行帷幕灌浆。底孔排沙洞、表孔明流溢洪洞、引水洞布置在左岸，排沙洞为直径4.8m的有压洞，全长280m，挑流式消能。表孔明流溢洪洞由导流洞改建而成，堰体按低堰设计，堰顶高程739.00m，洞身为城门洞型，底坡$i=0.011$，洞身尺寸为11m×12.5m，采用挑流式消能，全长334m。引水发电洞进水口底板高程为735.00m，为直径8m的压力隧洞，主洞全长191.74m，设三条直径为3.8m岔洞，岔洞前段为混凝土衬护，后段为钢管衬护。电站厂房位于坝下游左岸，主厂房长43.2m，宽度19.2m，机组段长13.4m，边机组段长16.8m；安装间布置在厂房的左侧，长为20m，宽为19.2m；副厂房布置在厂房的右侧，长为18m，宽为19.2m。发电机层、安装间、尾水平台高程均为713.9m。开关站位于厂房和大坝之间，与厂房发电机层同高。

按照2000年价格水平计算的工程静态投资为48210万元人民币，总工期为3年，动态总投资为49912万元人民币。

根据与日本国际协力银行达成的《甘肃省利用日本国际协力银行贷款小水电项目　备忘录》，工程资金除资本金以外主要为日本国际协力银行贷款，贷款总额度为43.37亿日元，约占工程总投资的65%，不足部分从国内商业银行贷款解决。利用日元贷款采购的项目为设备制造和安装、土建工程施工以及材料采购，共分五个标，均采用国际招标（ICB）方式进行。

按全部投资财务内部收益率达到基准收益率10%的要求，测算的上网电价为0.224元/（kW·h），资本金财务内部收益率为33.53%。当工程投资增加10%时，上网电价增加到0.244元/（kW·h），资本金财务内部收益率为30.1%；当发电量减少10%时，上网电价增加到0.248元/（kW·h），资本金财务内部收益率为33.49%；当财务内部收益率由10%降至8%时，上网电价为0.18元/（kW·h）。

目前，该工程已进入实施阶段，施工辅助及隧洞工程标、材料采购标招标工作已完成，并开始使用日元贷款；机电设备采购和安装标资格预审工作已完成；大坝和厂房工程的招标工作正在进行之中。

（西北勘测设计研究院　　钱应德）

学术团体

中国水力发电工程学会

2001年～2002年主要学术活动的开展与效果

2001年～2002年中国水力发电工程学会各专业委员会紧紧围绕经济建设这个中心，以实施“西部大开发战略”为契机，以促进科学技术进步为宗旨，充分发挥学会专家群体的作用，开展学术交流活动，为水电大开发和“西电东送”作技术咨询和技术服务，努力为新世纪的水电事业，为水电改革和发展贡献力量。经初步统计，共开展学术活动12次，参加人数1025人次，发表论文393篇。主要学术活动及其效果介绍如下。

（一）聚丙烯纤维混凝土应用研讨会

混凝土面板堆石坝在我国有较大发展，混凝土面板防裂越来越引起关注。防裂措施除坝体压实减少不均匀沉陷之外，重点在于混凝土自身的防裂能力。据了解，一是采用外加剂等高性能混凝土，二是采用纤维混凝土。为了深入探讨纤维混凝土的应用情况，学会于2001年11月上旬在杭州举办了“聚丙烯纤维混凝土应用研讨会”。与会代表30人，有科研、设计、应用和业主单位。研讨会上请聚丙烯纤维研制单位、聚丙烯纤维混凝土设计、应用单位介绍了纤维的性能，聚丙烯纤维混凝土的性能，以及聚丙烯纤维混凝土应用情况。会议期间代表还到工地现场进行了参观学习。通过研讨会，与会代表对聚丙烯纤维混凝土在防裂、阻裂、增韧以及抗冻融、抗渗、抗冲磨、抗冲击等方面比普通混凝土具有较优越的性能，而且聚丙烯纤维混凝土比普通混凝土成本增加很少，如进一步研究，通过减少水泥用量，也可不增加成本等方面基本达成共识。特别是业主单位，表示了准备采用聚丙烯纤维混凝土的意向，促进混凝土面板堆石坝技术发展的预期目的。

（二）2001年碾压混凝土筑坝技术交流会

为了总结和交流碾压混凝土拱坝筑坝技术经验，推动我国碾压混凝土筑坝技术的发展，中国水力发电工程学会碾压混凝土筑坝专业委员会、中国水力学会碾压混凝土筑坝专业委员会共同主持，成都勘测设计研究院、中国水电八局、中国水电七局、沙牌水电开发公司承办，于2001年8月21日至24日在成都召开了2001年度全国碾压混凝土筑坝技术交流会。与会代表150人，共收到论文30余篇。

与会代表就碾压混凝土筑坝技术的各个领域（设计、施工、科研、生产等）进行了充分交流，对碾压混凝土筑坝技术的应用提出了新的思路，如二级配富胶凝材料防渗层的厚度、寒冷地区建碾压混凝土坝的温控措施、真空溜槽的长度及坡度、碾压混凝土代替坝基常态混凝土垫层以及碾压混凝土拱坝结构分缝等。对碾压混凝土拱坝的结构设计，特别是横缝间距、诱导缝设置、厚高比等技术参数作了进一步总结交流。

除交流之外，中国水力发电工程学会碾压混凝土专委会就国家电力公司颁布的《水工碾压混凝土施工规范》进行了解释，邀请规范修编成员对规范中的主要技术观点和指标作了重点说明。

（三）第十五次疏浚与吹填技术经验交流会

中国水力发电工程学会机械疏浚专业委员会于2001年10月28日至31日，在上海召开了第十五次疏浚与吹填技术经验交流会。参加大会的代表来自全国18个省市和芬兰康克公司共有109个单位230名代表。提交大会的论文共78篇，经专委会审核选出51篇，编入《论文与技术经验总结文集》。与会代表提出了不少有价值的观点，如软地基的处理问题、挖泥船吹填的软地基快速固结问题、疏浚与吹填中的环保问题等。会议上，芬兰康克公司的代表针对环保挖泥船做了比较详细的介绍。荷兰代尔夫特大学弗拉斯布伦教授也在会上介绍了“绞吸式挖泥船的漏泥损失理论与实践”。

（四）大坝安全监测技术研讨会

中国水力发电工程学会大坝安全管理、大坝安全监测专委员暨大坝安全监测技术信息网，于2001年11月11日至14日在上海召开了大坝安全监测技术研讨会。来自全国各大勘测设计、科研、施工单位、南片信息网网员单位、部分仪器厂家的代表参加了会议。会议上共有13位代表做了交流发言，比较全面地总结了我国大坝安全监测设计与施工技术近几年的技术和经验。尤其对碾压混凝土坝和面板堆石坝及其他坝型工程的安全监测设计与施工技术、监测仪器设备与自动化监测系统的选型和发展方向、大坝安全管理等进行了热烈的讨论，提出了一些新思路、新方法和新方向，为今后国内大坝安全监测设计和施工技术的提高与发展具有指导作用。

（五）全国大坝监测资料分析与信息处理新理论新方法学术研讨会

中国水力发电工程学会大坝安全管理、大坝安全监测专委会、福建省电力有限公司、福建省古田溪水电厂和河海大学主办，武汉大学、中国水科院协办，与2001年11月26日至29日，在福建省古田溪水电厂召开了全国大坝监测资料分析与信息处理新理论新方法学术研讨会。水电大坝的管理单位、水电厂、科研单位、高校以及设计部门等17个单位22位代表参加了研讨会。研讨会采取了会议发言、书面交流和大会讨论等多种方式，共提交了论文及各种资料18篇。有近10位代表就水电站大坝安全管理、大坝安全监测资料正反分析问题、大坝安全监测资料分析系统研制与开发、安全监测技术、水电站大坝安全监测整理与整编以及国内外大坝安全监测领域内的最新动态等方面作了专题发言。与会代表还结合各自单位的实际情况和自己从事大坝安全监测的工作实践，交流了经验，提出了不少建设性意见。

（六）加强水电站大坝安全管理工作座谈会

中国水力发电工程学会大坝安全管理、大坝安全监测专委会于2001年12月7日至9日，在新安江水电厂召开了加强水电站大坝安全管理工作座谈会，参加会议的有水电水利规划设计总院、国电公司大坝安全监察中心及有关水电厂、大专院校等26个单位的36位代表。专委会主任在发言中要求各成员单位要加强法规学习，要依法管坝，完善规章制度，要积极推进以自动化为中心的监测系统的改造与更新，要进一步完善水情测报系统。同时还提出要考虑制订大坝险情的应急计划，要加强大坝安全管理、大坝补强加固经验的交流和安全培训工作。

大会专题发言、分组讨论后，提出了以下意见和建议：①充分肯定了大坝安全管理、安全监测专委会在大坝安全管理工作中所发挥的重要作用。下一步要继续努力工作、增加凝聚力，为大坝安全管理及监测工作创造良好的外部条件，有力地支持和加强水电厂的大坝安全管理及监测工作。②大坝安全监测自动化工作，是各水电厂普遍关心的问题，在设计方面要很好地考虑其有效性、经济性及可靠性。今后要加强学术交流活动，使达成对各仪器厂家生产的自动化仪器设备有全面的了解，同时要考虑自动化监测及其他监测管理等标准的制定完善问题。③由于体制改革，少数电厂的大坝安全监测工作由非主业公司管理，这不利于大坝安全管理工作，要向有关部门反映，把大坝安全管理工作纳入主业管理。④今后要配合大坝安全监察中心，进一步收集整理全国水电厂的相关技术资料，为电厂提供有效可靠的信息，以便更好地指导基层工作。要针对近几年培训工作薄弱的现状，提出今后培训工作的具体实施方案。

（七）第十四次中国水电设备学术讨论会

中国水力发电工程学会水力机械专业委员会、中国电机学会水电设备专业委员会、中国动力工程学会水轮机专业委员会于2001年12月20日至24日，在湖北宜昌联合召开了第十四次中国水电设备学术讨论会，各专业委员会委员、顾问委员、特邀代表以及专家、教授和论文作者100余人出席了会议。

第十四次中国水电设备学术讨论会论文集收入论文87篇，其中回顾与展望13篇，流体分析与水力设计13篇，试验研究14篇，水轮机选型设计5篇，机械设计12篇，安装、调试、运行、改造18篇，发电机4篇，调速器3篇，其他5篇。此外，自由发言交流论文3篇。在与会代表讨论推举的基础上，选出了16篇优秀论文。

此次会议就以下问题进行了交流讨论。

(1) 回顾与展望。回顾建国50年来，中国水电设备行业取得的举世瞩目的成就，不仅表现在水电设备总容量增长速度上，而且机组制造水平也不断提高。由我国水电设备制造厂生产的一批超大型水轮发电机组的容量和尺寸继续列入国际大机组行列。水电站水力机械设计已经形成了一套有中国特色的设计理论和工作方法，设计手段不断提高、更新。跨入21世纪，世界水电行业的第一个最重大事件，将是装机26台、单机700MW、最大容量18200MW的中国三峡工程。三峡工程2003年首台机发电，2009年全部投入运行。20世纪80年代以来，世界水电设备市场开始向中国转移。在今后相当一个时期内，国际水电设备市场的中心在中国。我们面对世纪的挑战，要超前做好准备，有计划地开展科技攻关活动，把我国水电设备技术提高到一个新的水平。

(2) 流体分析与水力设计。水头变幅大、过机水流含沙量高是水电站建设中实际遇到的两大特殊运行条件。兼顾高水头和低水头时的要求，使机组安全稳定运行，以及较好地解决水轮机过流部件的磨损破坏是十分复杂的系统工程，技术难度大，必须采取有效的综合治理措施。做好水轮机的水力设计是综合治理措施中至关重要的环节。会议讨论了上述条件下水轮机水力设计的新思路、新方法，交流了水力分析计算技术以及在新电站的建设和老电站的技术改造中的成功应用经验。

(3) 试验研究。会议交流讨论了振动、压力脉动、转轮裂纹预防和处理、新的测试技术的应用等，特别是水轮发电机组的稳定分析和研究方面的成果。与会代表认为必须采取各种有效措施，改善水轮机运行稳定性，尤其不宜盲目追求水轮机的高能量指标，二者必须兼顾。

(4) 水轮机选型设计。对于目前已经投运和在建的特大型水轮发电机组的选型设计，重点讨论的是稳定运行。这一问题仍是近期一批大型机组安全可靠运行的关键，需要通过更深入试验研究进一步加以解决。

(5) 机械设计。对大型水轮机的现场组装进行了总结分析，交流了新材料、新技术、新工艺在水电站的成功应用经验，通过会议交流讨论，为结构设计和工艺设计提供了许多有益的经验。

(6) 安装、调试、运行、改造。随着当前特大型水轮发电机组的投入运行和一批蓄能机组的投入运行，对安装和运行提出了新的要求，会议对电站的技术改造和增容改造中取得的成功经验，对水电机组在电网中的运行方式、生产管理进行了交流。

(7) 发电机。会议对目前发电机结构设计中存在的问题、发电机技术改造、蒸发冷却技术在发电机上的应用等进行了交流，对我国目前发电机与国外的主要差距进行了分析，为大型水力发电设备的设计、制造、安装和运行管理提供了宝贵的经验。

除此之外，会议还对调速器容量的选择和参数调整、大型混流泵采用可调进口导叶调节特性进行了交流，对目前水电设备的热点问题进行了讨论。

(八) 抽水蓄能电站工程建设研讨会

国电公司电源建设部与中国水力发电工程学会抽水蓄能专业委员会于 2001 年 5 月 29 日至 31 日，在武汉联合召开了抽水蓄能电站工程建设研讨会，参加会议的有来自 20 个省、市、区 72 个单位的代表，总计 160 人。会议收到论文 40 余篇。研讨会以大会发言交流和分组讨论交流相结合的形式进行。

大会发言中，罗绍基院士详细阐述了当前世界上最大的广东抽水蓄能电站几年来的运行状况、经济与社会效益以及成功地采用租赁方式的运营情况，受到了与会代表的普遍关注。水电比重大的电网内开发建设抽水蓄能电站的必要性、经济性，是此次研讨会的重点内容。一些代表在发言中分析论述了该类地区(如比较典型的湖北省)电网内调峰容量日益紧缺的局面和弃水调峰造成的损失，以及电网内抽水蓄能电站的合理布局、合理比重等问题，具体介绍了湖北白莲河抽水蓄能电站优越的自然条件、巨大的开发价值及电网的迫切要求。发言还涉及到燃气轮机与蓄能机组的技术经济比较、国外抽水蓄能发展现状、国内一些电网的调峰研究及抽水蓄能电站的规划布局，及“西电东送”与抽水蓄能电站等。天荒坪等几座已建抽水蓄能电站的代表简要介绍了其运营情况、经济效益及在电网中的突出作用和目前存在问题。与会代表认为，抽水蓄能电站是现代化电网不可缺少的重要设施，但是，建设要因地制宜、因网制宜，必须坚持合理布局、优化电源配置的原则。

在分组发言中，在建、筹建单位的代表就各自工程项目的技术经济指标、运营的预想方式、工作的进展及存在的问题进行了介绍和交流。有关电价改革、经营模式，是讨论中较为普遍关注的一大热点，代表就此展开了广泛的交流和探讨，并且提出了一些观点和建议。此次会议是一次学术交流与生产建设直接结合的会议，将对我国抽水蓄能电站的发展起到较好效果。

(九) 中国水力发电工程学会环境保护专业委员会 2001 年学术年会

中国水力发电工程学会环境保护专业委员会于 2001 年 11 月 28 日至 30 日，在湖北宜昌召开了 2001 年学术年会。专委会委员和特邀代表共 42 人参加了会议。

会议对 2000 年以来专委会的工作进行了总结；选举增补了专委会委员；进行了学术交流；专题讨论了《建设项目环境保护竣工验收环境影响调查报告(表)格式》和《国家电力公司水电环境保护管理办法》(初稿)的有关问题；研究确定了 2002 年专委会工作计划。

专委会主任委员在发言中分析了环境保护和水利水电建设的形势，总结了水利水电环境保护工作取得的成绩和存在的问题，对进一步加强环保专委会工作提出了具体要求。副主任委员就中国目前环境保护的形势和如何完善水利水电环境保护工作发表了讲话。会议还邀请了美国环保局杨仁泰博士到会作学术报告。

会前共收到论文近 30 篇，其中 26 篇收集到论文集，提交会议交流。论文内容丰富，涉及了流域开发环境影响评价、水电可持续发展、水土保持规范、施工期的环境保护、库区环境问题、环境影响评价及有关先进技术、理论和方法的应用等。流域开发环境影响问题是本次学术交流的一个重点内容，共有 4 篇论文涉及到流域梯级开发和流域水电规划的环境影响问题。

会议认为，近几年，由于中国“西部大开发”和“西电东送”战略的实施，水利水电工程建设出现了一个新的高潮。与此同时，水利水电建设与生态环境保护的矛盾逐渐显露出来，并已经成为一些水利水电工程建设的制约因素。因此，如何解决水利水电工程生态环境保护问题，实现水利水电建设的可持续发展，开展和加强流域水利水电规划和梯级电站的环境影响评价工作是非常必要的。委员和与会代表一致认为，应当尽早开展这方面的研究试点工作。

会议上，与会代表对《建设项目环境保护竣工验收环境影响调查报告(表)格式》和《国家电力公司水电环境保护管理办法》（初稿）的有关问题提出了许多宝贵意见。会后，国电公司水电水利规划设计总院将根据会议的具体意见，进行修改。修改后分别报国家环境保护总局和国家电力公司审查。

（十）水利水电金属结构技术交流会

中国水力发电工程学会金属结构专业委员会和全国水利水电工程金属结构信息网于 2001 年 10 月 18 日至 23 日在成都共同主持召开了全国水利水电金属结构技术交流会。参加会议的有来自全国水工金属结构设计、科研、制造、安装及运行管理单位，共有 111 个单位的 210 余名代表。

会议共收到学术论文 50 余篇，内容涉及水工金属结构设计、制造、运行等方面的经验，以及新技术的应用和信息。这些论文和技术总结密切结合水利水电的工程实际，既具有一定的学术价值，又在生产实际中取得了较好的经济效益和社会效益。与会代表对这些成果较为关注，并展开了深入的讨论。

大会还总结了金属结构近 20 年的技术发展与提高，与此同时，与会代表对金属结构专业委员会在金属结构专业的发展中起到了举足轻重的作用取得了共识。

（十一）水电增值税问题工作会

中国水力发电工程学会水电建设管理专业委员会于 2002 年 1 月 16 日至 18 日在北京召开了《水电增值税问题工作会》。参加会议的有特邀专家中国社会科学院数量经济与技术经济研究所张景曾研究员，国家税务总局税收科学研究所张培森主任（派代表参加）、付广军副研究员，中国国际咨询公司教授级高工许怀隆以及 11 个专委会单位的 12 名代表。

会员单位代表会前准备了交流资料，特邀专家聆听会员代表发言后，提出了有意义的建议，指出了降低水电增值税税负的可能性和渠道。与会代表一致认为目前是争取降低税负的最佳时期，降低水电增值税税率对加快水电事业发展有重大意义。

与会代表就以下问题进行了讨论：

(1) 1994 年税制改革时，发电环节的发电税改为增值税，税率由 0.01 元/（kW·h）改为电价的 17%征收增值税。水、火电及电网一起核算，电力系统总体税负没有增加，但水电由于没有进项税相抵扣，相比增加了税负。根据到会水电企业的资料，水电增值税约 0.04～0.06 元/（kW·h），和税制改革前相比增加了 3～5 倍。

(2) 20 世纪 90 年代末，国家领导人曾同意将大型水电站的增值税税率由 17%降为 6%，因种种原因而搁浅。2001 年国务院三峡工程建设委员会第四次会议上确定，“为保证三峡电站上网电价低于当地水平，促进三峡电能消纳，同意三峡电站的增值税税率按 8%核定”。为解决其他水电站增值税税负过高的问题，三峡工程建设委员会与国家发展计划委员会有关同志取得共识，抓住三峡这次机遇，在政策出台时，争取一并解决。目前国家税收状况良好，降低水电增值税税负，引起的税收减少对整体税收收入影响较弱。为此，请会员单位准备资料，与中国社会科学院和国家税务总局的专家研究降低水电增值税税率的有关问题。

(3) 水电工程按政府指令，在损失自身利益情况下，为全社会做贡献，但在财政转移支付和产业政策上得到的支持力度不够。对国家来说，水电的收入是绿色 GDP，予以税收优惠是国际通行的惯例。随着国民经济的好转，现在应通过税收政策予以水电有条件的税负差别，增加其产业结构中的地位，鼓励企业投资水电的积极性，促进水电的发展，增强其竞争能力。

(4) 水电建设投资大，使生产成本项目中固定资产折旧所占比重大。现行“生产型”增值税，折旧中所含进项税不允许抵扣，政策上形成重复征收流转税现象，造成水电行业实际税负过重，削弱了水电的还贷能力，抑制了水电发展。为此，建议将水电行业由“生产型”增值税变为“消费型”增值税，允许在形成固定资产时部分进项税可以抵扣，并适当降低增值税税率。

特邀专家指出：

(1) 水电的社会效益要比企业经济效益高，对这样的行业在产业政策上需通过财政转移支付予以扶植。希望通过进一步测算，把水电在社会上的效益细化、具体化，并结合西部开发、可持续发展等国家宏观战略来阐述。

(2) 这次研究目的是降低水电增值税税率，不涉及水电发展存在的问题。通过论证水电增值税偏高，从水电的社会作用切入，阐述减税的必要性和可行性，以及对环保和可持续发展的作用和意义，最终提出降低税负方案和政策扶植的建议。

(3) 国家这两年税收情况比较好，尤其是 2001 年税收增加 2500 亿元。国家税务总局科研所要对不同地区、行业，不同经济类型的税负进行分析判断，提出有增有减税收政策。这些为水电减少增值税税率创造了有利条件。

（十二）中国水力发电工程学会水工及水电站建筑物专业委员会 2002 年学术交流会

中国水力发电工程学会水工及水电站建筑物专业委员会会同中国水力学会水工专委会和中国大坝委员会于 2002 年 5 月 10 日至 13 日在云南丽江县召开了“2002 年水工专委会学术交流会”。参加会议的有设计、科研、大专院校、施工和流域开发公司、水利建设管理部门等40个单位，与会委员代表共70余人。

学术交流会会前编辑了《2002年水工专委会学术论文集》，并刻制了会议征文光盘（载有论文60余篇）。

交流会上，代表们就坝工新技术、坝工结构、基础处理技术、水工沥青混凝土技术等方面作了大会报告。沈崇刚教授介绍了哥伦比亚 Miel 坝（坝高188m）的建设情况。刘文雪主任对我国水电装机跃居世界第一位和大型蓄能电站、高拱坝、高碾压混凝土坝和高面板堆石坝的新成就及坝工新技术进行了发言。贾金生主任介绍了中国水科院在混凝土面板堆石坝接缝止水结构及止水材料方面的科研成果、中国大坝委员会的工作情况、国际大坝委员会本届和下届年会情况。他还推荐了国外特别是日本在胶凝砂砾石坝方面的经验，呼吁国内应给予关注。杨全民教授介绍了国内沥青混凝土工程建设和技术进展情况。鲁一晖所长介绍了水工建筑物的病害诊断和修补方面的技术进展。

大会上共有21个代表进行了大会发言。会议主题突出，内容丰富，与会代表收获很大。

（中国水力发电工程学会　李　新）

2001年～2002年主要学术活动统计表

序号	学术会议	内容提要	地点	日期	人数	论文数	备注
1	水能专委会2001年年会	学术交流	宜昌	2001.3.5～3.9	64	35	
2	水能专委会2002年年会	流域滚动机制专题研讨	贵阳	2002年8日召开	48	15	
3	《移民条例》专题研究（水库专委会）	为国家经贸委起草《移民条例》建议稿	北京	2001.3	20		已完成
4	《水库移民监理规定》专题研究	为水利部起草《水库移民监理规定》建议稿	北京 西安 昆明	2001年～2002年	10		已完成
5	《水利水电工程移民验收规定》专题研究	为水利部、国家经贸委起草《水利水电工程移民验收规定》建议稿	北京 四川 黑龙江 云南	2001年～2002年	10		已完成
6	水库经济专委会学术年会	1. 水电工程移民监理 2. 水电工程移民验收 3. 三峡工程库区移民 4. 水电工程移民工作探讨	宜昌	2001.11	100	34	
7	环境保护专委会学术交流	1. 流域开发环境影响评价 2. 水电可持续发展 3. 库区环境问题 4. 水土保持规范等有关内容	宜昌	2001.11.28～30	42	30	
8	环境保护专委会学术交流年会	流域开发与环境监理	洛阳	2002年12月召开	37	25	
9	换届会议暨第三届学术讨论会（水文泥沙专委会）	成立第二届委员会，进行学术交流	南京	2001.11.20～23	56	23	
10	全国水利水电钻探学术交流会（地勘专委会）	钻探和岩土工程施工技术经验交流	洛阳	2001.4.15～18	76	68	

续表

序号	学术会议	内 容 提 要	地点	日期	人数	论文数	备注
11	2001年～2002年学术讨论会（水工专委会）	1. 大型工程新技术 2. 防渗材料新技术	云南丽江	2002.5.10～15	80	90	
12	2002年水工水力学专委会学术讨论会	宽尾墩台阶式坝面联合消能工学术讨论会	大朝山	9月中旬	50	20余篇	
13	通航专委会第四届第一次会议暨学术交流会	西部水运交通	成都	2001.10	67	45	
14	2001年全国碾压混凝土技术交流会	碾压混凝土拱坝技术（结合沙牌工程）	成都	2001.8.20～24	150	42	
15	2002年度全国碾压混凝土技术交流会	三峡三期围堰、百米高碾压混凝土筑坝技术	宜昌	2002.11初	162	52	
16	混凝土面板堆石坝运行管理经验交流会	1. 已建面板坝运行管理经验 2. 国内面板坝现状 3. 原型观测与遥测技术 4. 软岩筑坝技术	浙江遂昌县	2001.12.3～6	60	15	主要介绍陈屏坝
17	高面板堆石坝关键技术交流	高面板堆石坝建筑技术：坝体填筑、止水结构、原型观测等	贵州洪家渡	2002.8	100	40	
18	培训班研讨会（工程造价专委会）	规范培训班	三峡工地	2001.5	15		办法出台
19	教材修编研讨会议（工程造价专委会）	修订新培训讲义	北京	2001.7 2001.9	20		大纲
20	实物量分析法研讨会（工程造价专委会）	水电工程实物量分析法典型算例	北京	2002年11月	28		
21	水电电气信息网暨学术交流会	庆祝信息网20周年，学术交流	西安	2002年5月中旬	100	20	
22	《关于无人值班水电厂试点工作的若干意见》学术交流（自动化专委会）	《关于无人值班水电厂试点工作的若干意见》（送审稿）审查和定稿	北京	2001年	20	15	
23	水电厂自动化技术研讨会（自动化专委会）	水电厂计算机监控系统的技术发展动向及面临的问题	南京	2001.10.22～24	35	10	
24	第十四次中国水电设备学术讨论会（水机专委会）	水电设备发展、设计、试验、安装运行、改造	宜昌	2001.12.20～24	102	87	
25	全国金属结构专业技术交流会	庆祝金属结构专委会成立二十周年及学术交流	成都	2001.10	212	46	

续表

序号	学术会议	内容提要	地点	日期	人数	论文数	备注
26	“无人值班水电厂试点工作若干意见”审查会（运行专委会）	审查、修改	北京	2001.6	30		
27	“无人值班水电厂试点工作若干意见”定稿会（运行专委会）	完善、定稿	北京	2001.8	10		
28	水电厂无人值班技术研讨会（运行专委会）	对无人值班技术总结交流	广东	2001.3	60	15	
29	水电工程管理和水电站运行自动化（信息化专委会）	交流应用较成熟的工程管理软件及水电站计算机监控系统	新疆	2002.8	70	32	
30	水电建设管理研讨会	水电建设管理	三峡	2001.5	40	8	
31	水电增值税研讨会（水电建设管理专委会）	增值税过高问题	北京	2002.1	20	12	
32	大坝监测资料分析与信息处理新理论新方法学术研讨会	交流大坝监测资料与信息处理新理论新方法	古田溪水力发电厂	2001.11.26～29	35	20	
33	专委会大坝安全管理分会成立会暨加强水电厂大坝安全工作座谈会	交流水电厂大坝安全管理工作的经验与教训改进管理的建议	新安江水力发电厂	2001.12.6～9	40	25	
34	专委会监测设计与施工分会暨全国大坝安全监测技术信息网南片技术研讨会	交流大坝安全监测设计与施工经验，尤其是碾压混凝土坝与土石坝	上海勘测设计研究院	2001.12.12～14	35	20	
35	专委会学术年会（大坝安全监测专委会）	总结安排专委会工作交流有关大坝安全领域的文章，表彰优秀论文	厦门	2002.11	100	45	
36	大坝安全监测设计与施工研讨会	交流安全监测设计与施工中的经验及关心的问题	杭州	2002.6	30	15	
37	专委会大坝安全监测仪器学组成立暨监测仪器研讨会	交流大坝安全监测仪器的新产品及仪器生产情况及使用情况	杭州	2002.6	35	25	
38	水电厂安全监测管理工作研讨会	交流水电厂关于大坝安全监测管理工作的经验及教训	吉林丰满水力发电厂	2002.9	60	30	

续表

序号	学术会议	内 容 提 要	地点	日期	人数	论文数	备注
39	2001年会暨技术经验交流（机械疏浚专委会）	第十五次疏浚与吹填技术经验交流会	上海	2001.10.28	230	51	
40	2002年会暨技术经验交流会（机械疏浚专委会）	第十六次疏浚与吹填技术经验交流会	石家庄	2002.10	200	34	
41	规范修订（机械疏浚专委会）	水利部建管司《疏浚与吹填工程技术规范》终审稿	德州	2002.6	15		
42	抽水蓄能电站工程建设研讨会	水电比重大的地区发展抽水蓄能电站的必要性、经济性及其合理布局、合理比重	武汉	2001.5.29～31	170	42	与国电公司电源建设部合办
43	全国抽水蓄能电站建设经验、技术交流会	已建蓄能电站运行效益总结；蓄能机组运行情况总结及实现机组国产化的研究	福州	2002.10.31～11.3	104	34	与福建水电学会联合举办
44	专委会全会兼学术交流（水机磨蚀专委会）	金属防腐蚀性在抗空蚀磨损中的作用等	四川都江堰	2001.9.10～15	80	31	
45	研讨会（水机磨蚀专委会）	国内外水轮机抗磨蚀涂层应用研讨	山西万家寨	2002.7	50	20	

（中国水力发电工程学会 王 玉）

2001年～2002年培训班统计表

序号	培训班名称	举办单位及委托单位	主要内容	举办日期	举办地点	举办天数	参加人数
1	系统规划电源优化理论与应用培训班	水能规划及动能经济专业委员会	①电力规划 ②电力系统电源优化理论 ③电源规划模型 ④水电站优化调度	2001.4.23～4.29	北京	7	43
2	系统规划电源优化理论与应用国外培训班	水能规划及动能经济专业委员会	①赴美国、法国考察电力市场 ②赴挪威集中培训	2001.5.14～6.30	法国 美国 挪威	47	21
3	移民监理	水库专业委员会 委托单位：水电工程监理协会	移民监理工程师培训	2001.7	四川成都	15	30

续表

序号	培训班名称	举办单位及委托单位	主要内容	举办日期	举办地点	举办天数	参加人数
4	出国培训和考察	水电水利规划设计总院	国外水电建设工程环境保持与水土保持等有关内容	2002.5～6	美国		12
5	《水电水利工程泥沙设计规范》研讨班	水文泥沙专委会国电水电规划总院国电成都勘测设计院	学习泥沙设计规范，讨论问题	2001.4	成都	5	28
6	全国第39期水电工程造价培训班	水电总院举办委托三峡开发总公司	工程概预算知识	2001.5.10～6.20	长江三峡	42	117
7	全国第40期水电工程造价培训班	水电总院举办委托广西电力局及广西学会	工程概预算知识	2001.5.10～6.22	南宁	42	80
8	全国第41期水电工程造价培训班	水电总院举办委托成都勘测设计研究院	工程概预算知识	2001.8.19～9.3	成都	15	96
9	全国第42期水电工程造价培训班	水电总院举办委托三峡开发总公司	工程概预算知识	2001.10.15～11.22	长江三峡	33	67
10	全国第43期水电工程造价培训班	水电总院举办委托葛洲坝集团公司	工程概预算知识	2001.10.18～11.26	宜昌	38	65
11	全国第44期水电工程造价培训班	水电总院举办委托三峡开发总公司	工程概预算知识	2002.5.14～6.23	长江三峡	40	67
12	全国第45期水电工程造价培训班	水电总院举办委托成都勘测设计研究院	工程概预算知识	2002年10月中旬～11月底	成都	50	106
13	贵州乌江开发公司业务短训班	水电总院举办委托乌江开发公司	工程概预算知识	2002.4.8～4.20	洪家渡电站	15	50
14	水电厂计算机监控系统技术	南瑞自控公司自动化专委会计算机控制分专业委员会	UNIX操作系统、WINDOWSNT、分布式控制系统、C及C++编程、南瑞计算机监控系统产品系列	2001.10.8～10.22	南京	14	30

续表

序号	培训班名称	举办单位及委托单位	主要内容	举办日期	举办地点	举办天数	参加人数
15	水电站计算机监控	计算机（信息化）专委会	系统应用培训	2002.5	北京	14	40
16	水电站液压技术	水电液控专委会	液压技术在水电行业的应用	2002.10～11左右	葛洲坝水力发电厂	4	80
17	防汛培训班	防汛与减灾专委会	法规学习、经验交流	2002.3.11～16	国电公司党校	6	40
18	防汛培训班	防汛与减灾专委会	法规学习、经验交流	2002.3.18～23	国电公司党校	6	60

（中国水力发电工程学会　王　玉）

分支机构情况表

专委会名称	主任委员	秘书长	专业内容	挂靠单位
水能规划及动能经济专业委员会	晏志勇	李世东	水能规划及动能经济	国家电力公司水电水利规划设计总院
水库经济专业委员会	程念高	李明传	水利水电工程水库淹没处理	国家电力公司水电水利规划设计总院
环境保护专业委员会	童显武	顾洪宾	环境影响评价、咨询；环境保护设计；水土保持方案设计	国家电力公司水电水利规划设计总院
水文泥沙专业委员会	何根寿	朱鉴远	水文、泥沙专业的学术交流、技术总结	国家电力公司成都勘测设计研究院
地质及勘探专业委员会	郭义华	张性一	负责组织水电水利工程地质、测绘物探、钻探、岩土试验专业的学术交流	国家电力公司水电水利规划设计总院
水工及水电站建筑物专业委员会	刘文雪	苏　虹	水工	国家电力公司水电水利规划设计总院
水工水力学专业委员会	刘树坤	郭　军	灾害与环境、水力学	中国水科院水力学所
通航专业委员会	张瑞凯	李　云	通航技术交流、通航科技发展战略及政策咨询、委托项目论证培训及其他学术活动	南京水利科学研究院
碾压混凝土筑坝专业委员会	王圣培	郑桂斌	碾压混凝土筑坝技术（坝工、材料、运行、建设管理）	武警水电指挥部

续表

专委会名称	主任委员	秘书长	专业内容	挂靠单位
混凝土面板堆石坝专业委员会	童显武	卢立生	混凝土面板堆石坝设计、施工、材料、变形观测、运行管理等技术、交流、咨询、服务以及有关工程状况介绍等	国家电力公司水电水利规划设计总院
施工机械化及施工管理专业委员会	付元初	高　翔	水电工程水电站建设的施工管理、施工技术、施工机械化技术、工程施工项目管理以及施工管理信息化技术	中国水利水电工程总公司
工程经济定额预算专业委员会	童显武	周尚洁（兼）	工程造价	国家电力公司水电水利规划设计总院
电气专业委员会	黄贤鉴	李定中	电气	国家电力公司水电水利规划设计总院
自动化专业委员会	王　冰	叶钟黎	水电电气二次技术及相关内容	电家电力公司水电水利规划设计总院
水力机械专业委员会	余卫国	赵　琨	水力机械设计、试验、安装、运行、改造	国家电力公司水电水利规划设计总院
水工金属结构专业委员会	田永源	林朝晖	闸门及启闭设备、通航设备：设计、安装、调试	国家电力公司水电水利规划设计总院
水电站运行管理专业委员会	李向荣	裴哲义	水电站运行管理、水库经济运行	国家电力公司
水电建设管理专业委员会	石成梁	毛亚杰	水电建设管理经验与技术交流	国家电力公司电源建设部
计算机应用（信息化）专业委员会	陈东平	张亚力	计算机及自动化技术在水电工程规划、设计、施工及电站运行中的应用	中国水科院
大坝安全管理、大坝安全监测专业委员会	弓正华	池胡庆	水库、大坝的安全监测技术与安全管理	国家电力公司大坝安全监察中心
机械疏浚专业委员会	张广旗	王　究	积极组织和开展本专业的国内外学术与技术交流活动，推广应用先进经验，传播信息（介绍新技术、新工艺、新材料、新设备、新产品），提高机械疏浚与吹填技术水平和经营管理水平	中国水利水电第十三工程局
抽水蓄能专业委员会	曹楚生	姜梦清 韩　立	抽水蓄能发电的学术及其电站建设技术的宣传交流，有关发展战略研讨以及工程的咨询与服务等	水利部天津勘测设计院 国家电力公司北京勘测设计院
水电监理专业委员会	毛亚杰		水电监理经验与技术交流 监理技术与理论研究	中国水力发电工程学会

续表

专委会名称	主任委员	秘书长	专业内容	挂靠单位
水机磨蚀专业委员会	郑 贤	闵京声	水轮机泥沙磨损与空蚀试验研究及防护措施	水利部综合局
水电站液压控制专业委员会	韩大伟	刘宝军	液压控制技术在水电行业的应用、研究	电力部液压控制质量检验测试中心
电力工程防汛与减灾专业委员会	李向劳	于文革	技术交流、研究，技术推广、咨询	国家电力公司发输电运营部
建设合同专业委员会	陈东平	郭占池	编制水电工程建设涉及的各种类型的合同范本；协助主管部门起草各类管理文件；组织有关软件学课题研究；组织学术交流活动	国家电力公司电源建设部
西电东送与电力系统专业委员会	周小谦		西电东送电力系统规划基础方案及东西部电力市场研究，输电系统规划及有关政策研究	国家电力公司
水电自动化及计算机控制工程专业委员会	宋振沪	施 冲	水电站自动化、引水及泵站自动化管理及信息系统，调速、励磁、保护、通讯、水情水调、大坝监测等技术	国家电力公司自动化研究院

（中国水力发电工程学会 王 玉）

各省、市、自治区水力发电工程学会组织情况表

地方学会名称	会员总数	会员分类					办事机构设置	学术机构设置	会刊学报
		教授级高工	高级工程师	工程师	助理工程师	其他			
北京水力发电工程学会	1121	114	759	248			办公室 科普工作委员会	水电站发电运行专委会 水电站自动化专委会 水工建筑专委会 小水电专委会	
天津市水力发电工程学会	1555	169	854	421	46	65	秘书处 青年工作委员会	水工专委会 勘测专委会 水电成套设备专委会 基础处理施工专委会 大坝安全监测与管理专委会 机电与金属结构专委会 动能经济与抽水蓄能专委会	《水利水电工程设计》

续表

地方学会名称	会员总数	会员分类					办事机构设置	学术机构设置	会刊学报
		教授级高工	高级工程师	工程师	助理工程师	其他			
河北省水力发电工程学会	143		10	114	19		秘书处 咨询服务部		《河北水电简报》(不定期)
山西省水力发电工程学会	820	61	282	399		78	学术工作委员会 组织工作委员会 咨询工作委员会 科普工作委员会 秘书处	水电电气化自动化专委会 水力机械及水电设备专委会 水工及水电站建筑专委会 水电站运行及管理专委会 农村水电及电气化专委会 抽水蓄能电站专委会	《山西电力》水电专辑、《山西水电简报》、《学会工作简况》、《晋电科普》报
东北地区水力发电工程学会	2753	105	1033	1560	15	40	学会秘书处 青年工作委员会 学报编委会 学术论文评委会	水库经济专委会 水能及动能经济专委会 水工专委会 运行专委会 机电及金属结构专委会 施工专委会 小水电专委会	《东北水力发电》(内部资料)
上海市水力发电工程学会	276	74	148	28		26	秘书组	潮汐能、风能专委会 抽水蓄能专委会	
江苏省水力发电工程学会	809	93	338	325	41	12	学会秘书处 科普与学术工作委员会 科技咨询工作委员会 青年工作委员会 组织工作委员会	水工结构专委会 水工水力学专委会 水力机械及金属结构专委会 小水电专委会 水电站电气及自动化专委会 仪器仪表专委会 水能规划及动能经济专委会	
浙江省水力发电工程学会	1693	138	502	759	171	123	秘书处	水能规划及动能经济专委会 水工及水电站建筑专委会 水电站运行管理专委会 中小水电开发与管理专委会 施工专委会 机电设备专委会 地质勘测与基础处理专委会 计算机应用与信息管理专委会 大坝安全监测专委会	
安徽省水力发电工程学会	786	50	272	329	84	51	学会秘书处	水工及水电站建筑物专委会 小水电专委会 水电站运行管理专委会 水电建设管理专委会 水电站运行管理专委会 农村电气化专委会 水库经济专委会	《学会通讯》

续表

地方学会名称	会员总数	会员分类					办事机构设置	学术机构设置	会刊学报
		教授级高工	高级工程师	工程师	助理工程师	其他			
福建省水力发电工程学会	2300	67	610	1035	414	174	秘书处 《福建水力发电》编委会 咨询工作委员会 学术工作委员会 科普工作委员会 组织工作委员会	水能规划及动能经济专委会 工程勘察专委会 水工及水电站建筑物专委会 水力机械及金属结构专委会 水电站电气及自动化专委会 施工机械及施工管理专委会 水电建设管理专委会 水电站运行管理专委会 农村电气化专委会 水库经济专委会	《福建水力发电》
江西省水力发电工程学会	609	36	270	265	30	8	秘书处	水工专委会、机电专委会、施工专委会、运行专委会、小水电专委会、水能经济专委会	《学会简报》
河南省水力发电工程学会	1063	266	353	344	100	100	秘书处 青年工作委员会 评优工作委员会	水工金属结构专委会 中小型水电专委会 水能规划及动能经济专委会 水工及水电站建筑物专委会 水电站运行管理专委会 地质专委会 水电站电气及自动化专委会 施工机械化及施工管理专委会	《学会简报》
湖北省水力发电工程学会	3460	173	1142	1384	519	242	秘书处 学术部	水电站电气及自动化专委会 水工及水电站建筑物专委会 水力机械专委会 水利水电工程施工专委会 水电站运行管理专委会 水工水力学专委会 水能规划及动能经济专委会	《湖北水力发电》(季刊)
湖南省水力发电工程学会	3100	280	1510	1310			组织委员会 技术委员会 科技咨询服务部 科普与培训委员会 会刊编辑委员会 《中南水力发电》编辑部	勘测专委会 施工专委会 环保专委会 库区专委会 计算机应用专委会 水电站运行专委会 水电站设备专委会 农村电气化专委会 水能规划及动能经济专委会 水工机构及水电站建筑物专委会	《中南水力发电》
广东省水力发电工程学会	1290	50	516	605	119		秘书处 评优工作委员会	规划专委会 水工及水电站建筑物专委会 水电建设管理及施工专委会 水电站运行及自动化专委会	《学会简报》

续表

地方学会名称	会员总数	会员分类					办事机构设置	学术机构设置	会刊学报
		教授级高工	高级工程师	工程师	助理工程师	其他			
广西水力发电工程学会	2963	120	1010	1188	332	313	秘书处 学术工作委员会 咨询工作部 继续教育及科普工作部 青年工作委员会 专业英语翻译工作委员会	水能规划及动能经济专委会 施工机械化及施工管理专委会 水工及水电站建筑专委会 地质及勘测专委会 水力机械专委会 水工金属结构专委会 计算机应用专委会 水电站电气及自动化专委会 工程经济及定额预算专委会 水电站运行管理专委会 环境保护专委会 水库经济专委会 小水电及农村电气化专委会	《红水河》(季刊) 《学会简报》
四川省水力发电工程学会	5028	289	1365	2742	252	434	秘书处 咨询部 学报编委会 科普工委会 青年工作委员会	学术专委会 地勘专委会 运行专委会 经济动能专委会 施工专委会 水机专委会 规划专委会	《四川水力发电》 《高原水电》 《施工技术与管理》 《明珠水电》 《岷江水电》
贵州省水力发电工程学会	2058	105	784	1108	49	12	秘书处 办公室 学术工作委员会 科技咨询服务部 贵州水力发电编委会 科普工作委员会	水能规划及动能经济专委会 地质与勘探专委会 水工及水电站建筑专委会 工程经济专委会 水力机械及施工管理专委会 施工机械及施工管理专委会 水库经济专委会 水电站电气及自动化专委会 水电站运行管理专委会 小水电技术专委会	《贵州水力发电》(季刊)
云南省水力发电工程学会	2560	204	941	1085	322	8	秘书处	水能规划及动能经济专委会 地质及勘测专委会 水工及水电站建筑专委会 水力机械及金属结构专委会 水电站电气及自动化专委会 水电站运行管理专委会 施工机械化及施工管理专委会 工程经济定额预算专委会	《云南水力发电》
陕西省水力发电工程学会	2377	328	1092	739	174	44	学会秘书处 咨询服务中心、编委会 科普工作委员会 青年工作委员会	水工及水电站建筑物专委会 水能规划及动能经济专委会 工程地质勘测专委会 机电运行专委会 小水电专委会	《陕西水力发电》(季刊) 《学术活动》(不定期约每年10期)
陕西省水力发电工程学会							《电科普》编辑部	水电施工专委会 工程经济定额预算专委会 通航专委会 自动化专委会 环评及环境保护专委会	《输变电信息报》的"电科普"版(月报)

续表

地方学会名称	会员总数	会员分类					办事机构设置	学术机构设置	会刊学报
		教授级高工	高级工程师	工程师	助理工程师	其他			
甘肃省水力发电工程学会	903	35	294	399	129	46	秘书处	水电站动能经济与水库调度专委会 水电厂运行管理专委会 水力机械与金属结构专委会 水电站水工建筑与施工专委会 地质及勘探小水电等专委会	《甘肃电力技术》
青海省水力发电工程学会	790	23	183	367	217		秘书处 咨询部	水电工程经济定额预算专委会 小水电专委会 水工专委会 水库经济专委会 龙羊峡电厂分会 李家峡电厂分会 检修安装公司分会 水电四局分会	《青海水力发电》
宁夏水力发电工程学会	434	36	175	182	72		秘书处	电气自动化专委会 水电站运行专委会 水力机械空蚀磨损专委会 水电站施工专委会 小水电专委会	《宁夏电力》
宁夏水力发电工程学会								水能动能经济专委会 水工水利专委会 青铜峡水电厂分会 电力公司机关分会 电力公司中心调度所分会 水利厅机关分会 固原地区水利勘测设计院分会 宁夏农学院分会 宁夏水利水电勘测设计院分会 宁夏水利工程局会员小组 固海杨水管理处会员小组 银川电校会员小组 宁夏电力建筑安装公司会员小组 宁夏电力设计院会员小组	
新疆维吾尔自治区水力发电工程学会	585	5	164	197	20		秘书处 青年工作专委会	水工及水电站建筑专委会 水电站电气自动化专委会 水力机械及金属结构专委会 暖通专委会 农村电气化专委会 概预算专委会 水电站运行管理专委会	《新疆水利水电》
水电十三局会员小组	221	16	111	68	5	21	机械疏浚专委会 办公室		

（中国水力发电工程学会 王 玉）

四川省水力发电工程学会

四川省水力资源丰富，理论蕴藏量14268.85万kW，占全国的21.11%；技术可开发量10345.96万kW，为全国的27.33%。为促进四川省水力发电事业的发展，提高水电科技水平，使丰富的水力资源为四川经济建设服务，四川省水力发电科技工作者于1981年5月在成都成立了四川省水力发电工程学会。四川省水力发电工程学会是依法登记的社团法人，是四川省科协和中国水力发电工程学会的组成成员，挂靠四川省电力公司。学会有学术、科普、青年、咨询四个工作委员会和一个学报编委会，规划、地勘、水工、水机、施工、运行、工程造价7个专业委员会，12个分会，会员5082人。2001年9月，经会员代表大会选举产生了第五届理事会，理事69名，常务理事30名，副理事长7名，理事长马怀新。

四川省水力发电工程学会历届理事会坚持办会宗旨，团结全省水电科技工作者，做了大量卓有成效的工作。

1. 为开发四川水电资源献计献策　学会组织的专题研究《西南地区“西电东送”规划》、《三江水电考察》、《大渡河流域水电考察》为各级政府介绍四川水电、开发四川水电提供了决策依据。学会主办的“瀑布沟水电站尽快立项建设”讨论会，对促进大渡河流域水电滚动开发，推动瀑布沟水电站尽快上马起了舆论先导作用。专题研究《四川省“十五”——2015年水电开发最优规划研究》提出，到2010年，四川电力装机容量、水电装机容量、水力资源开发程度、全省人均用电量和全省全社会用电量都将比2000年翻一番。届时，川电还将外送1000万kW的方案已被四川省委和省府采纳并正式列入省政府有关文件，并正付诸实施。

2. 开展学术交流，促进水电科技进步　仅自1996年5月以来的五年中，学会及各专业委员会、分会与工作委员会共举办了65次学术交流活动，交流论文350余篇，参加人数4300人次。鲁布革水电站招投标专家的报告，将“鲁布革冲击”的春风送到了巴蜀大地；金沙江水电开发学术报告会，把溪洛渡、向家坝水电站作为“西电东送”的两个重要电源点，对长江防洪、防沙、增加三峡和葛洲坝水电站的效益介绍得有声有色；二滩水电工程学术报告会上，国内外专家分别对二滩电站建设进行了深入的研讨，仿佛将与会代表带到了国外，展示了当今国际水电建设的最新技术；四川省水力资源普查学术报告会，介绍了重庆直辖后四川水力资源最新普查结果；四川电力市场及水电出路学术研讨会，澄清了社会上一些模糊的认识。

3. 坚持不懈、大力开展科普宣传与教育活动　水电科技知识的普及、宣传与教育，是学会工作的一个重要组成部分。学会利用学报《四川水力发电》介绍了水利水电工程的招标与投标、《碾压混凝土筑坝技术》、《岩石脆性破裂理论》、《水轮机调速器》等新技术，请四川大学分会举办了四期“水工病害及处理”等研究班。举办了六期“农村小水电运行管理技术培训班”，为四川巴塘、芦山等边远山区及峨眉、大邑等全国农村电气化重点县共20多个县培养了近300名小水电运行骨干。多年来，学会先后举办了10余期青少年电力科技夏令营。夏令营主题鲜明，内容丰富，安全生动，受到了营员、家长和学校的热情赞誉与好评。学会组织编写的《水电明珠》科普读物，图文并茂，深入浅出，受到了省内外读者的广泛好评

4. 办好学会刊物，促进科技交流和进步　学会主办的《四川水力发电》是四川省一级期刊，四川省优秀期刊，中国科技论文统计源期刊，中国学术期刊（光盘板）入编期刊，“中国期刊网”入编期刊，中国学术期刊综合评价数据库来源期刊，中国科学引文数据库来源期刊，万方数据系统科技期刊群入编期刊，首届《CAJ-CD规范》执行优秀奖获奖期刊，中文科技期刊数据库入选期刊，《中国学术期刊文摘》入选期刊以及《中国科协科技期刊论文数据库》入选期刊。全文上因特网，国内外公开发行。1999年在四川首次期刊评级中，被四川省新闻出版局、省委宣传部、省科委评为四川省质量一级期刊。此外，施工专委会的《施工技术与管理》与武警水电三总队分会的《高原水电》等内部刊物，实用性强，颇有特色。

5. 开展科技咨询，实施“金桥工程”和“千厂千会协作活动”　发挥学会知识密集的群体优势，开展咨询服务，为企业排忧解难，增强学会活力。学会先后组织完成了龚咀、大洪河、渔子溪、耿达、苦蒿坪、宝珠寺、明台水电站的大坝安全检查工作，受到了业主和上级主管单位的好评。其中“龚咀电厂大坝定期安全检查”获省科协“优秀金桥工程”奖。学会承担的“映秀湾水电站取水口导墙冲刷分析与处理研究”，荣获中国科协、国家经贸委“千厂千会协作行动”优秀组织奖。《四川电网两部制上网电价定价方法研究》获中国科协、国家经贸委“千厂千会协作行动”优秀成果奖。

四川省水力发电工程学会历年来被四川省科协评为“四川省先进学会”，多次被评为“全国水电先进学会”，还被中国科协学会部授予“全国省级学会先进学会”的称号，3次在中国科协《学会》杂志社主办的全国省级“学会之星”评选活动中被评为“全国学会之星”，荣获中国科协、国家经贸委“千厂千会协作行动”第一批优秀组织奖、“千厂千会协作行动”优秀成果奖，学会科普工委被原电力工业部评为“全国电力科普工作先进集体”，学会咨询部年年都被省科协评为“先进咨询单位”。明珠集团分会杜仁明同志在全国科协“六大”上获“全国优秀科技工作者”称号。

（四川水力发电工程学会　樊天龙）

上海市水力发电工程学会理事会换届

上海市水力发电工程学会第一届理事会任期届满，按照《上海市科学技术协会主管学会理事会换届工作实施细则（试行）》的规定，于2001年4月成立换届工作筹备组，并召开两次理事会会议，酝酿第二届理事会理事候选人名单（共14人），理事会推荐7名候选人（其余7名由专业委员会推荐）。学会秘书组着手准备第一届理事会工作报告和修改学会章程，并由市科协指定的审计事务所负责第一届理事会的学会财务审计。学会换届筹备工作于8月完成。

2001年8月21日召开第二届会员代表大会，同日召开新一届理事会第一次会议。代表名额50人，实际到会39人。

大会先由第一届理事会理事长何国忠致辞，简要总结了第一届理事会领导下的学会各项工作，并向代表们汇报了本次大会筹备工作经过。其后由秘书长做第一届理事会工作报告和修改学会章程报告；代表们审议并通过了学会工作报告和修改学会章程报告，并审议了财务工作报告。

由理事长汇报新一届理事会理事人选的酝酿、产生的经过，并向代表逐个介绍各位候选人。新一届理事人选与上一届理事的最大区别在于，年龄结构上有很大改善，趋于年轻化。

选举采用等额选举、无记名投票方式，当场发票、开票、计票，并宣布选举结果。

最后，由当选理事代表肖贡元发言，谈了新一届理事会工作的初步设想，以及学会急需实施的几点意见。

第二届理事会任期为4年（从2001年8月到2005年8月）。

新一届理事会第一次会议通过选举，选出第二届理事会领导班子如下：

理事长　肖贡元

副理事长　石小强、何国忠、侯志俭、张德旺

秘书长　石忠良

第一次理事会，针对理事会工作打算作了热烈讨论，并对今后如何加强与兄弟省市学会的交流发表了意见。有关加快吸收新会员、专委会的工作等问题也作了议论。

（上海水力发电工程学会）

其他有关学会

中国水利学会组织与工作

一、组织建设

2001年10月30日，召开了“中国水利学会成立70周年纪念大会暨七届三次理事会”。该会于1931年创立，迄今已经风风雨雨走过了70年的历程。

全国政协副主席陈俊生为大会题词，全国政协副主席、中国水利学会第五届名誉理事长钱正英题词并莅会指导。出席本次大会的领导还有：水利部部长、中国水利学会第七届名誉理事长汪恕诚、水利部原副部长、中国水利学会创始人之一，第一、二届理事长张含英；中科院、工程院两院资深院士，中国水利学会第三、四届副理事长张光斗；水利部原部长、人大常委会环境委员会副主任、中国水利学会第五届理事长杨振怀；中国科学技术协会副主席赵忠贤；中国工程院副院长，中国科学院院士，中国水利学会第五、六届副理事长潘家铮；水利部副部长张基尧、翟浩辉、素丽生；水利部原总工、中国水利学会第七届理事长朱尔明。参加会议的来宾还有水利部、原水电部及中国水利学会的老领导：李伯宁、刘向三、陈赓仪、张季农、刘书田、黄友若、刘兆伦、王继兴、李昌凡；曾在水利学会任职的两院院士：林秉南、汪闻韶、徐乾清、陈厚群、曹楚生。前来祝贺的兄弟学会、协会及单位有：中国气象学会、中国地质学会、中国地理学会、中国地球物理学会、中国环境科学学会、中国自然资源学会、中国岩石力学与工程学会、中国水力发电工程学会、中国标准化协会、中国测绘学会、中国建筑学会、中国材料研究学会、中国林学会、中国水土保持学会、中国水利经济研究会、中国建筑业协会、中国治沙学会、中交水运规划设计院等。出席会议的还有水利部各流域机构、各省、自治区、直辖市水利（水务）厅局、水利部有关司局及在

京直属单位的领导和同志们，以及中国水利学会理事、名誉理事和专业委员会、工作委员会、省级学会、单位会员、国际学术机构中国国家组织的代表。到会总人数约350人。

陈俊生副主席的题词是：兴水利，除水害，是治国安民的大事。

钱正英副主席的题词是：为中国水利的现代化而奋斗。

该会第三四届理事长、第五届名誉理事长严恺院士也题了词，他的题词是：面向二十一世纪，弘扬学会优良传统，开拓创新，深化改革，为实现水利现代化和可持续发展做出新的贡献。

纪念大会由索丽生副部长主持，汪恕诚部长、中国科协赵忠贤副主席和中国水利学会朱尔明理事长先后讲话；索丽生副部长宣读了中国水利学会的四个表彰决定，并由钱正英副主席和汪恕诚部长为到会的“中国水利学会功勋奖”获得者张含英、张光斗颁发了奖牌和一万元奖金；张含英和张光斗分别发言，肯定了中国水利学会和水利事业的成就，祝愿把今后的工作搞得更好；中国水利学会曹征齐秘书长宣读了发来的贺信、发贺电单位和兄弟学会名单；汪恕诚部长做了《水环境与承载能力》的学术报告。

10月31日下午，召开了七届三次理事会。会议听取了“中国水利学会七届二次理事会以来的工作汇报和2002年工作要点（讨论稿）”和“中国水利学会七届三次常务理事会决议”。会议就学会工作和“2002年工作要点”征求了与会理事们的意见。最后，朱尔明理事长作了总结讲话，通过了《中国水利学会七届三次理事会纪要》。

二、国内学术活动

（1）中国水利学会于2001年2月组织有关专家出席了中国科协举办的“2001年减轻自然灾害学术研讨会”，并同中国气象学会等单位共同撰写了《2001年减轻自然灾害白皮书》的“水旱灾害”部分。

（2）2001年8月7日至9日，学会组织西部省区代表出席了由中国科协和中国工程院联合主办的西部科技经济与社会发展论坛，本次论坛的主题是“优化配置西部资源，坚持高效持续发展”，水利部副部长翟浩辉应邀在大会上作了题为“优化配置水资源，促进和保障西部地区经济社会可持续发展”的总报告，受到了与会代表的好评。

（3）2001年9月13日至16日，学会组成20人代表团出席了中国科协在吉林省长春市举办的2001年学术年会，年会主题是：新世纪、新机遇、新挑战—知识创新和高新技术产业发展。水利部索丽生副部长在大会上作了题为“中国水资源发展战略”的特邀报告；我会还向大会作了“九五期间水利科技重大进展”的成果发布。

（4）2001年10月30日至31日，在京召开了中国水利学会2001学术年会。会议邀请了12位专家学者做了精彩的学术报告，报告人中有两院院士、北京大学教授、长江学者，还有参与水利重大决策的部领导。报告人和学术报告题目分别为：水利部部长汪恕诚，水环境与承载能力；水利部副部长张基尧，水利发展第十个五年计划及2010年规划；水利部副部长翟浩辉，西部大开发水利发展战略；水利部副部长索丽生，水利科技发展战略；长江委主任蔡其华，关于长江治理开发重大问题及其对策的思考；黄委会主任李国英，黄河的重大问题及其对策；水利部农水司司长冯广志，对我国21世纪初节水工作的思考；水利部调水局局长张国良，南水北调东中线工程供水目标及需水分析；中国工程院副院长沈国舫，水、植被与生态环境；中国科学院院士刘昌明，21世纪水资源若干问题的探讨；交通部水运规划设计院副总工朱鲁存，内河航运发展战略；北京大学教授朱玉贤，生物技术的现状与展望。报告会因层次高、视野宽、观点新受到水利界的广泛关注，得到一致好评。

（5）由该会牵头，施工、水工结构、混凝土面板堆石坝三个专业委员会联合召开的“全国聚丙烯纤维混凝土水利工程应用研讨会”于5月28日至30日在宁波市白溪水库举行，共有82个单位的123位代表出席了会议。会议对聚丙烯纤维混凝土这一性能优良的新型材料在水利工程中的推广应用起到了良好的推动作用。

（6）为总结交流经验，在葛洲坝水利枢纽通航、发电20周年之际，该会与中国水力发电工程学会、中国电机工程学会于11月在葛洲坝联合召开“葛洲坝水利枢纽通航、发电20周年科技学术成果交流会”。

（7）2001年年初科技部委托11个全国一级学会编写“九五”期间我国科学技术重大进展。受科技部委托，该会在部有关单位的大力支持下，完成了《“九五”期间水利科学技术重大进展》的报告。并于5月16日在科技部举办的“‘九五’期间若干领域科学技术重大进展发布会”上进行了发布。

（8）由中国工程院主持的“20世纪我国重大工程技术成就”项目推选工作于7月结束。在由全国一级学会、国家部委局、大型企业和院士所推荐的278个项目中，选定了25个项目，其中包括该会代部编写的《大江大河治理和开发》。

中国水利学会2001年国内主要学术活动一览表

序号	会议名称	时间	规模(人)	地点	序号	会议名称	时间	规模(人)	地点
1	高新技术“十五”规划论证会	4.10～13	11	南京	22	水利量测技术研究会年会	10.17～18	21	北京
2	小水电技术与可持续发展国际研讨会(预备会)	4.11～13	24	河北承德	23	中国科协第四届青年学术年会	10.19～23	2	北京
3	水利水电钻探技术及岩土工程施工学术交流会	4.15～18	76	河南洛阳	24	第九届系统工程在水利水电施工中的应用	10.23～25	99	天津
4	城市水环境的历史与现状	4.27～29	50	浙江余姚	25	车辆安全管理干部研讨会	10.24～29	94	广西
5	北京水环境建设的历史借鉴研讨会	4.27～29	50	北京	26	中国水利学会2001学术年会	10.29～31	350	北京
6	水利量测学术报告会	5.5	80	浙江宁波	27	海河水环境的历史演变及其启示	10.26	25	天津
7	2001全国城市水利学术研讨会	5.15～17	89	江苏无锡	28	水库防洪研讨会	10.30～31	74	广西
8	第四届全国青年岩土力学与工程会议	5.23～26	120	武汉	29	第八届河流泥沙国际研讨会	11.3～5	207	埃及开罗
9	全国聚丙烯纤维混凝土水利工程应用研讨会	5.28～30	123	浙江宁波	30	水库汛限水位研讨会	11.7～8	11	北京
10	海峡两岸农田水利技术交流（大陆赴台）	6.18～29	7	台湾	31	泵及泵站2001学术年会暨全体委员会议	11.16～18	42	江苏扬州
11	劳动和社会保障专委会年会暨论文交流	6.22～25	58	吉林延边	32	全国农村水利现代化及大型灌区节水改造技术研讨会	11.19～22	88	浙江萧山
12	雨水利用专业委员会成立大会暨国际研讨会	7.23～26	110	兰州	33	工程地质勘测新技术、新方法、新理论应用研讨会	11.19～22	150	南京
13	水库洪水调度系统标准化研讨会	8.3～4	20	北京	34	全国泥沙学术讨论会	11.21～25	130	南京
14	中小水电板块论坛2001研讨会	8.7～9	80	杭州	35	探讨解决计算机网络安全的策略	11.22～24	130	郑州
15	水管单位社会保险改革的课题研讨会	9.5～6	16	北京	36	水库洪水调度系统技术研讨会	11.23～25	23	北京
16	21世纪初中国农村发展战略研讨会	9.9～13	70	重庆	37	葛洲坝水利枢纽通航、发电20周年科技学术成果交流会	11.28～29	100	湖北宜昌
17	第29届国际水利学大会	9.16～21	850	北京	38	全国混凝土面板坝运行管理经验交流会	12.3～6	60	浙江遂昌
18	遥感与GIS在水利中的应用研讨会	9.18～20	70	郑州	39	海峡两岸农田水利技术交流（台赴大陆）	12.9～18	26	江苏、上海、浙江
19	3S-3水利量测技术研讨会	9.20	40	北京	40	蓄洪围垦工程水库淡化技术研究探讨会	12.11～12	20	杭州
20	全国土石坝与岩土力学技术研讨会	10.9～14	70	四川都江堰	41	病险水库、水闸除险加固经验交流	12.20	100	北京
21	深化医疗卫生制度改革研讨会	10.9～12	32	成都					

三、国际合作交流

(1) 应美国内务部邀请，该会于9月组织了地方学会和单位会员共6位代表赴美国进行了水管理考察，同美国内务部农垦局等进行了业务会谈。学会通过组团考察，进一步扩大了国际学术交流渠道，增强了与国际学术组织的合作。

(2) 由该会主办，中国水科院、清华大学等单位协办的第29届国际水利学大会于9月17日至21日在北京召开，出席会议的代表总计850多人，是国际水利工程与研究协会历史上规模最大的会议。水利部部长汪恕诚会见了IAHR全体理事，水利部副部长索丽生出席会议开幕式并致辞，该会理事长朱尔明为大会做了总结报告。该会自始至终参加了大会的组织工作，会议在承办单位的精心组织和水利部的大力支持及具体指导下取得圆满成功。

四、科学普及

该会组织了一年一度的青少年水利科技夏令营；参加了中国科协组织的科普宣传周活动。该会于年内编辑出版了《中国水利学会 2000 学术年会论文集》等四部图书。

该会承担了塔里木河流域规划咨询、云南洱—漾规划咨询、吉林延边防汛自动化系统咨询、新疆克孜尔水库闸门自控系统等项目的咨询任务。其中，无偿科技咨询 1 项，决策咨询 2 项，完成技术咨询合同 3 项，咨询合同实现金额 140 万元。

五、表彰奖励

根据中国科协关于“2001 年继续增选中国科学院、中国工程院院士的通知”要求，学会秘书处在学会所属专业委员会、单位会员中进行了推荐申报工作，并组织有关院士和专家进行了认真的遴选后，将推荐材料报送中国科协。

在中国科协“六大”会议上，该会推荐的张瑞凯被中国科协授予“全国优秀科技工作者”称号；左仲谋、刘树坤被评为“中国科学技术协会先进工作者”。

在该会成立 70 周年纪念大会上，授予该会创始人、百岁老人张含英、孙辅世和该会两届正副理事长、90 岁高龄的两院资深院士严恺、张光斗“中国水利学会功勋奖”。同时，还表彰了“从事水利工作 50 年以上优秀老专家”323 名，“从事水利学会工作 20 年以上人员”85 名，以及“中国水利学会工作积极分子”54 名。

中国水利学会关于表彰的决定：

1. 关于授予张含英、孙辅世、严恺、张光斗“中国水利学会功勋奖”的决定　在纪念中国水利学会成立 70 周年之际，经七届三次常务理事会研究，决定授予学会创始人、百岁老人张含英、孙辅世和曾任学会两届正副理事长、90 岁高龄的两院资深院士严恺、张光斗“中国水利学会功勋奖”。他们一直为中国水利的振兴和发展呕心沥血，为学会的繁荣昌盛做出了不可磨灭的贡献。他们虽然年事已高，但仍一如既往、始终不渝地关心水利建设，支持中国水利学会的工作，功勋卓著，堪为后来者之楷模。

学会全体会员应学习他们忧国忧民，以水利为己任的崇高品质，学习他们锲而不舍，奋斗不息，为水利事业而献身的精神，在各自的岗位上为繁荣水利科学技术，实现我国水利现代化做出更大的贡献。

2. 关于表彰“从事水利工作五十年以上优秀老专家”的决定　水利事业蓬勃发展，水利工程气势恢宏，水利设施星罗棋布。新中国水利的每一项成就无不凝聚着老一辈水利专家的智慧、汗水和心血，饱含着他们对祖国和人民的忠诚。他们为我国水利事业的发展做出了不可磨灭的贡献，他们的业绩将载入新中国水利建设的史册，他们的奉献精神将永远为后人所传颂。为了激励广大水利科技工作者，七届三次常务理事会决定，在中国水利学会成立 70 周年之际，对 322 名从事水利工作 50 年以上的优秀老专家给予嘉奖，表彰他们 50 多年来为水利事业做出的卓越贡献。

中国水利学会号召全体会员和广大水利科技工作者向老一辈水利专家学习，继承和发扬他们的优良传统，学习他们对水利事业执着追求和无私奉献的崇高品质，学习他们严谨治学、勤奋敬业的科学态度，学习他们开拓进取、敢为人先的创新精神，积极投身水利现代化建设，为中华民族的伟大复兴和新世纪水利的辉煌再立新功。

二〇〇一年十月三十日

3. 关于表彰“从事水利学会工作二十年以上人员”的决定　自 1981 年我会召开第三次全国代表大会以来，学会工作蓬勃开展，学会队伍不断壮大。这首先得益于学会拥有一批稳定的专、兼职干部。他们多少年如一日，在平凡的工作岗位上默默耕耘，乐于奉献，以他们对学会的执着和热情，换来了学会的勃勃生机和活力。

为此，七届三次常务理事会决定在纪念中国水利学会成立 70 周年之际，对 85 名“从事水利学会工作二十年以上人员”给予表彰，希望他们戒骄戒躁，为学会工作再立新功。希望广大学会工作者向他们学习，爱岗敬业，更好地为广大会员服务，为把我会办成“水利科技工作者之家”而努力奋斗。

二〇〇一年十月三十日

4. 关于表彰“中国水利学会工作积极分子”的决定　在我国改革开放的大好形势下，学会的队伍日益壮大，学会的工作蓬勃开展，因而学会多次受到中国科协的表彰，已成为中国科协的骨干学会之一。面对改革开放带来的新机遇和新挑战，一大批学会工作者勇于开拓，大胆创新，刻苦钻研，无私奉献，在学会的组织管理、学科建设、学术交流、科普宣传及咨询服务等工作中积极主动，并做出了贡献。在他们的带动下，学会活动空前活跃，影响日益扩大。

为了发扬成绩，表彰先进，更好地开展学会工作，七届三次常务理事会决定，在纪念中国水利学会成立70周年之际，表彰54名“中国水利学会工作积极分子”。希望受表彰的同志再接再励，也希望广大会员以他们为榜样，关心支持学会工作，为把我会办成国内一流、国际知名的学术团体而共同努力。

2002年1月，该会按民政部、中国科协的要求，成立了分支机构复查登记工作领导小组，并按程序开展了对分支机构的复查登记工作，于1月将该会复查阶段情况汇报和各分支机构复查登记表上报中国科协。

该年2月，在郑州举办“纪念李仪祉先生诞辰120周年暨李仪祉先生治水思想研讨会”。

5月，在甘肃召开省级水利学会秘书长暨单位会员负责人举行工作座谈会，会议议题为：集思广益，开拓创新，做好新形势下的学会工作。

6月，召开该会专业委员会秘书长办公会议，布置编写中国水利学会《2001水利学科进展年度报告》、召开学术年会等任务。

9月，派团参加中国科协在成都举办的2002学术年会。

10月，在上海召开中国水利学会2002学术年会暨七届四次理事会，本次学术年会的主题是：提高水环境承载能力，促进水资源可持续利用。大会特邀10余位国内外专家作学术报告，并评选出优秀论文100余篇。

（中国水利学会　赵洁群）

中国电机工程学会 2001年～2002年6月重点工作

(1) 2001年11月23日在海口召开了中国电机工程学会七届二次理事会及七届三次常务理事会。115位理事或代表出席会议。郑建超副理事长传达了中国科协第六次全国代表大会的精神，郭灏秘书长作了“实践三个代表的重要思想，在新形势下做好学会工作”的报告，陆延昌理事长作了重要讲话。并通过了五项决议：中国电机工程学会接受社会赞助；增选吴玉生为常务理事；变更部分理事；表彰先进省级学会、专委会，颁发青年科技奖、优秀学术会议、优秀论文及优秀科普作品奖；批准对学术、组织、科普、咨询、编辑、外事等六个工作委员会委员的聘任。

(2) 2001年12月中国电机工程学会被授予《第三届中国科学技术协会先进学会》的光荣称号。

(3) 2001年学会开始进行会员登记工作，已有北京、湖北、山东、河北、吉林、天津、山西、宁夏、四川、重庆、甘肃、江苏、河南、贵州、福建、江西等16个省级学会做了重新登记工作，现登记会员52584人。部分单位已开始发放新的会员证。学会积极落实七届二次常务理事会决议，2001年开始发展在京直属单位的会员。国家电力公司对此项工作给予了大力支持，专门发文组织报名。

(4) 20001年学术委员会工作会议于2001年4月18日在北京召开。周孝信主任委员主持。会议评选了2000年度先进专委会、优秀学术会议和1998年～2000年度优秀论文。最终评出城市供电专委会等7个专委会（分会）为年度先进专委会（分会）、“2000年中国供电国际会议”等22项学术会议为优秀会议、“单相自激式异步发电机的研究”等92篇学术论文为优秀论文。会上，提出了学会新一届学术委员会组成人选，一批年轻专家、院士进入了学术委员会。以上各项已提交学会七届三次常务理事会审议并获得通过，为学会今后开展学术活动打下基础。

(5) 配合中国科协，积极向中国科学院、中国工程院推荐两院院士候选人，学会专门成立了以副理事长郑健超院士为组长的中国电机工程学会两院院士评选推选工作组，向中国科协推荐西安交通大学王锡凡教授为中国科学院院士候选人、沈阳工业大学唐任远教授和华东电力设计院许忠青高工为中国工程院院士候选人。经中国科协初选和两院评选，最终沈阳工业大学唐任远教授当选为中国工程院机械与运载工程学部院士。

(6) 组团参加中国科协2001年学术年会。2001年9月，中国科协2001年学术年会在长春召开，我会组织了以理事长郑健超院士为团长的中国电机工程学会20人代表团赴会。提交了由吉林省电力科学研究院副总工程师马卫平高工撰写的“微生物对大型变压器油介损影响的研究”、东北电力学院院长穆钢教授撰写的“输电系统网损功率概率分布函数的计算和分析”供年会交流，并入选论文摘要文集。

(7) 组团参加中国科协2001年青年学术会议。2001年10月，我会推选了曹一家、冯庆东、李凤瑞、于达仁四位年轻专家出席中国科协第四届青年学术年会，并进行专题学术交流。

(8) 发挥学会优势，开展厂会协作，抓好中国科协“千厂千会”协作行动典型项目。我会重点抓了以城市供电专委会与西藏拉萨电力局合作的“西藏拉萨城网改造及调度自动化系统规划设计”技术项目，在促进技术与经济相结合、促进少数民族地方经济方面发挥了作用。此项目已获中国科协和国家经贸委联合表彰。沪西供电所俞汝川股长获先进个人荣誉称号。

(9) 2001年8月10日至14日，中国电机工程学会、大电机专委会、电力行业电机标准化委员会在牡丹江市联合主办了“大型透平发电机学术交流会”，会议的主题是：大型透平发电机。来自全国范围内从事大型发电机制造、运行、科研等单位的80余位代表参加会议。会议专家组由电机行业德高望重的老专家汪耕院士、郑健超院士等组成。汪耕院士、郑健超院士在大会上分别作了题为“21世纪我国大型汽轮发电机制造技术展望”和“电力设备状态维修策略”学术报告。会议评选出5篇优秀论文。专家座谈会上，专家们就透平发电机领域内科研开发、人才培养、相互合作、发展战略等方面进行交流。

(10) 中国电机工程学会、国家电力公司科技环保部联合辽宁省电机工程学会、浙江省电力学会、中国电机工程学会电力信息化专委会、电力通信专委会、电力系统自动化专委会在2001年12月5日至9日在杭州市举办了“2001年电力信息技术（IT）应用与发展学术研讨会”。来自全国电力企业、科研、设计、高等院校、信息公司等单位从事电力信息、通信、电力系统自动化专业的科技工作者140余人出席了会议。本次会议征文收到稿件130篇，经过专家评审，76篇论文收录论文集。中国工程院院士、大唐电信科技产业集团电信科学技术研究院邬贺铨副院长，中国科学院院士、中国电力科学研究院周孝信总工程师，国家电力公司科技部刘建明副主任就新世纪之初我国信息通讯、电力系统网络的技术发展和应用前景分别作了“电信技术换代之际的走向”、“全国电网互联和联网关键技术”和“抓住入世机遇，推进国家电力公司信息化”学术报告。辛耀中、曹惠彬、蔡洋、王继业、白晓民、陆杏全等21位专家学者作大会重点报告。57篇论文进行了墙报交流。会议最后由专家评选出10篇大会优秀论文。

(11) 各专业委员会结合各自专业发展特点和重点，建立起了各自专业领域内的学术年会制度，或一年一次、或两年一次，在发扬学术民主、开展学术活动方面做出了很大的成就。2001年，总部各专业委员会召开工作会议48次，学术研讨会77次（其中国际会议4次），参加人数达6517人（其中国外学者187人），交流学术论文或技术报告2532篇（其中国外论文200余篇），编辑印制论文集上百种，共9000余册。专题报告或讲座40次，参加者1800人。学术活动活跃，论文质量明显提高，学术交流取得显著效果。

(12) 2001年7月在西安主办了国际电机工程会议（ICEE 2001），与会代表来自日本、韩国、美国、法国、罗马尼亚及香港地区等13个国家和地区共288人，国内代表194人，在会议上交流论文420篇。各国的知名专家做了专题演讲，出版论文集3卷。

(13) 2001年学会出资与科研单位共同成立了咨询公司，承担政府和电力企业委托的咨询工作。目前已经承担了国家经贸委、国家环保局、国家电力公司、华北电力集团公司等单位委托的项目，并已经提出了《用先进技术提升电力工业》、《关于推动减排SO_2政策的建议》、《关于与英国贸工部进行技术合作的建议》等咨询报告。

(14) 2002年专委会工作会议于2002年1月26日至30日在广州市召开。学会各专委会的主任委员、秘书长和代表共54人出席会议。会议由苏竹荆副秘书长主持。郑健超副理事长传达了中国科协书记处书记张玉台在1月22日在中国科协六届二次全委会上所做的工作报告的有关内容及中国科协《关于推进所属全国性学会改革的意见》。苏竹荆副秘书长传达学会七届二次理事会及七届三次常务理事会精神和陆理事长讲话。学会综合部主任崔文富传达了国家民政部对学会分支机构进行复查登记工作的具体要求。六个获1999年～2000年度先进专委会称号的单位在会上交流了两年来的工作情况及学会工作中的体会。其他专委会也在会上积极发言、交流。学会学术部负责人汇报了学术部2001年的工作和2002年学术工作的思路。会上，颁奖表彰了先进专委会、优秀学术会议和学术论文奖。会议围绕2002年专委会工作思路，确定了有关工作计划。苏竹荆副秘书长作了会议总结，对专委会的工作，特别是国家民政部对学会分支机构进行复查登记的工作提出了具体要求和安排。

(15) 中国电机工程学会2002年学术委员会工作会议于2002年4月9日在北京召开。陆延昌理事长出席指导会议并颁发了委员聘书。会议认真讨论了中国电机工程学会关于主办中国科协2002年学术年会第7主题分会场“加入WTO后中国电机工程科技发展的机遇与挑战”的组织方案及重点约稿。评选了2001年度优秀学术会议，讨论和审定了2002年重点学术活动计划，讨论2003年学术工作重点方向及组织编写“学科发展蓝皮书”等有关事宜。

(16) 在《电力科学技术普及规划要点》（1996年～2000年）的基础上，2002年组织编写完成《电力科学普及工作“十五”规划》。

（中国电机工程学会　苏竹荆）

人物与机构

人　物

中国科学院院士　张楚汉

张楚汉，水利水电工程专家，清华大学水利水电工程系教授，博士生导师，2001年当选为中国科学院院士。1933年10月出生于广东梅州，男，汉族。1957年毕业于清华大学水利工程系，1965年研究生毕业。1978年～1981年在美国加州大学（伯克利）从事研究。现为美国土木工程师协会会员，加拿大Concordia大学兼职客座教授，中国力学学会流固耦合委员会委员，中国南水北调专家委员会委员，中国国际工程咨询公司评审专家。

长期从事水工结构工程与抗震研究，提出一种无限边界单元以模拟不规则无限域，并与有限单元耦合，提出了拱坝—地基—库水动力相互作用的时域模型，使高拱坝及其耦联系统在强震下可以考虑无限地基的辐射阻尼与地震自由场幅差与相位差影响。理论模型还将地基无限域与拱坝结构横缝非线性结合起来，得到了考虑地基辐射阻尼可降低拱坝地震响应25%～30%的结论，已应用于中国300m级高拱坝抗震设计中，对高拱坝安全评价具有重要意义。

运用动力边界元法与断裂力学原理提出重力坝地震断裂与拱坝裂缝扩展模型，将这一模型发展到各向异性介质与非线性混凝土材料，进行了断裂试验验证，应用于多座混凝土坝抗震设计；在拱坝—库水—淤沙动力相互作用方面运用饱和多孔黏弹性模型得到了库水淤沙的反射特性；在边坡与地下工程研究方面提出了时域边界元与离散元耦合模型，应用于三峡船闸高边坡变形稳定预报以及地下厂房的抗震稳定分析。结合研究已培养博士13名，硕士10名，其中一人为长江学者，一人获中国水利十大科技英才称号。

研究紧密结合中国水利水电高坝工程实践，完成了三峡、二滩、小湾、溪洛渡等20多项高坝工程结构与抗震等关键技术研究。发表论文130余篇，SCI收录25篇，SCI引用132篇次，与合作者撰写专著3部，其中《Numerical Modeling of Concrete Dam-Foundation-Reservoir Systems》为英文版清华大学学术专著。获国家自然科学三等奖，国家科技大会奖，国家优秀教学成果一等奖，国家教委科技进步一等、二等奖，电力部科技进步二等奖等共8项。

（清华大学水利水电工程系）

中国工程院院士　陈志恺

陈志恺，1926年11月生于上海，1950年毕业于上海交通大学，先后在华东水利部、水利部设计局、中国水利水电科学研究院工作，历任技术员、工程师、高级工程师、教授级高级工程师及中国水科院水资源研究所所长职务。2001年当选为中国工程院院士。

完成了“中国暴雨洪水频率计算方法”和“设计洪水和设计暴雨计算方法”的研究，第一次对全国主要江河暴雨洪水资料频率计算适用线型和统计特征参数的地区变化规律，以及点暴雨计算公式的参数等进行了系统全面的研究，为《设计洪水计算规范》的制订提供了科学的依据。

主持完成了北京郊区十三陵水库、怀柔水库的工程水文计算工作，并参加了全国大中型水库的设计洪水复查工作，主持编制完成了《中国暴雨参数图集》，协助各省完成《水文计算手册》，主编完成《中国水文图集》，获得1978年全国科技大会自然科学奖。

于1963年和1975年先后两次参加了海河“63·8”特大暴雨和淮河上游“75·8”特大暴雨的现场调查工作，并编写了专题调查分析研究报告。1975年～1978年期间参加了全国可能最大暴雨的计算方法和《全国可能最大点暴雨等值线图》的编制工作，以及《设计洪水标准》、《设计洪水计算规范》的修订工作。在工程水文和中国暴雨洪水的基础研究方面做出了重要贡献。

1979年～1980年配合全国农业区划的研究工作，主持完成了《中国水资源初步评价》研究。为中国水资源评价在途径和方法上取得了试点经验。该研究1985年获得了国家科技进步二等奖。主持《华北地区地表水，地下水资源数量、质量及可利用量的研究》课题研究，通过大量试验研究，摸清了在不同地下水位埋深条件下降水—地表水—土壤水—地下水转化关系，为水利部门和地矿部门华北地区地表水和地下水评价成果的统一提供了科学的依据。

1985年～1990年主持并参加了“七五”国家科技攻关项目《华北和胶东地区水资源开发利用和供需平衡分析》的课题研究，完成了农业节水、工业和城市节水、咸水利用、污水处理回用、地表水地下水联调、用水现状调查、供需水预测和供需平衡分析等课题的研究工作。1992年该攻关项目获得水利部科技进步一等奖。

1992年～1993年主持了UNDP（联合国开发计划署）技术援助项目“华北水资源管理研究”，领导开发了“华北宏观经济多目标水资源规划模型”，并提交了研究报告。

1994年～1995年作为国家“八五”攻关项目（85—906）的顾问，倡导将区域宏观经济和水资源联系起来进行研究，并具体指导《华北地区宏观经济水资源规划管理研究》专题的工作，该专题成果1997年获得国家科技进步二等奖和水利部科技进步一等奖，为区域水资源优化配置和规划管理提供了科学决策手段。

1996年至今担任专家组副组长，指导国家“九五”科技攻关重点项目《西北地区水资源合理利用和生态环境保护研究》各课题的技术指导和咨询工作。重点研究干旱地区水资源承载力和生态环境保护问题，1999年开始部分专题验收，2001年年底已完成整个项目的验收任务。参加了中国工程院主持的重点咨询项目《中国可持续发展水资源战略研究》工作，负责“水资源开发利用评价及其发展趋势”的课题研究工作，完成了专题研究报告的编写。

1989年随同张光斗院士撰写了《关于我国水资源问题及其解决途径》的著名论文，受到江泽民总书记和陈云同志的重视，对该论文作出了重要批示，有力地推动了中国水资源研究工作。

（中国水利水电科学研究院　朱耀泉）

中国工程院院士　韩其为

韩其为，1933年11月出生，湖北松滋人，汉族，中共党员。教授级高级工程师、博士生导师、国家级有突出贡献的中青年专家。2001年被选为中国工程院院士。

1. 主要经历　1950年～1962年在长江水利委员会水文系统工作，1962～1980年在长江科学院河流研究室工作，任水库专题组组长，从事泥沙运动及水库泥沙研究。1980年以后在中国水利水电科学研究院工作，从事泥沙运动理论、水库淤积、河床演变研究。在泥沙研究和工程泥沙方面先后发表论文和研究报告140余篇。

2. 主要贡献

（1）在泥沙运动统计（随机）理论方面，采用了力学与随机过程相结合的方法，提出一些前人未涉及或未深入研究的新领域，如泥沙交换和输沙率的随机模型及统计规律、非均匀沙悬移质不平衡输沙理论、挟沙能力级配及有效床沙级配理论等。先后在科学通报、中国科学、力学学报、水利学报、泥沙研究、美国ASCE等杂志发表论文24篇，1984年由科学出版社出版专著一本。本项研究曾获水利部论文一等奖，国家自然科学三等奖。

（2）在泥沙起动规律及起动流速研究方面，统一了输沙率与起动的概念，证实了起动时仍符合输沙率规律，给出了泥沙起动时有关统计规律，提出了明确的起动标准，研究了大水深时起动流速变化、干相对密度对起动流速影响及细颗粒成团起动问题等。这些研究有不少进展和创新。出版了专著“泥沙起动规律及起动流速”。

（3）在水库淤积规律研究方面，内容颇为广泛和深入，包括水库淤积的机理、水库泥沙运动规律、淤积形态和形成条件、三角洲及锥体纵剖面的方程、横剖面特点、异面流输沙及倒灌、变动回水区冲淤、推移质淤积、回水抬高、非均匀沙淤积物随机组合时干相对密度确定及密实过程中的变化、淤积过程中糙率变化等。这些研究基本完成了将水库淤积由定性的描述到定量表达的过渡。此外在水库淤积控制和调度方面，如水库长期使用的理论、变动回水区航道控制措施也有创新成果。先后发表论文近30篇，并由其撰稿的“水库淤积”编入专著《泥沙手册》中。

（4）在河床演变方面也有一些新的研究成果。如利用悬沙与床沙交换从理论上证实了水库下游河道含沙量恢复的机理和恢复距离很长的现象。在床沙粗化研究中，首次提出了交换粗化，揭示了与冲刷粗化不同的机理，并给出了确定方法。通过汉江中下游河床演变论证了来水来沙对塑造河床的多方面作用，以及它们改变后对河床的影响，分析了水库下游河床冲刷卵石下移速度等。

（5）在水库淤积、泥沙运动统计理论、非均匀悬移质不平衡输沙及河床演变理论研究基础上，从1972年即开始建立了水库淤积与河床演变的（一维）数学模型。模型功能较全面，参数基本固定，通用性好，泥沙计算详尽，经我国河道、水库等约20个资料检验证明，符合实际，并先后在三峡、葛洲坝、丹江口、三门峡、小浪底等十多个大型水利水电工程中得到应用。1986年获国务院电子振兴领导小组一等奖，水电部科技进步二等奖，1988年获国家科技进步三等奖，并被美国编入《国际水库泥沙手册》。

(6) 参与了丹江口、葛洲坝、三峡工程、大藤峡、东风、向家坝、小浪底等重大工程的泥沙研究。例如在三峡工程中，所建立的全水库淤积预报的数学模型，预报了百余年三峡水库淤积的全过程；揭示了水库的造床作用和纵横剖面塑造过程，给出了长期使用参数的确定方法，从理论根据、技术可行性及经济上论证了三峡水库长期使用的合理性；1984年提出了将枯水位提高至防洪限制水位以上，从而加大了变动回水区航深，为万吨船队进入重庆提出了依据；研究了三峡水库对长江中下游河道冲刷的影响，特别是提出了由于冲刷将降低长江中游洪水位，减少洞庭湖约40亿m^3淤积，相当于在较长时期内增加数十亿立方米防洪库容。鉴于在三峡水库淤积及变动回水区冲淤方面所做的贡献，于1995年获水利部科技进步一等奖。

(7) 从江湖流量分配切入，对（荆）江（洞庭）湖关系变化及影响方面做了较深入研究，分析了相互影响及制约，初步摸清了一些规律。对三口河道演变规律和整治原则、洞庭湖淤积、作为分汊河道一支的荆江裁弯的特点及冲刷机理等均有所创新的研究成果。

（中国水利水电科学研究院　朱耀泉）

中国工程院院士、全国工程设计大师　王三一

王三一，1929年1月出生，浙江桐庐人，1953年毕业于清华大学水利系，至今从事水利水电工程设计工作已50年，是我国著名水工结构设计专家，历任国家电力公司中南勘测设计研究院技术员、工程组长、设计总工程师、副总工程师、总工程师、高级咨询等。1988年起享受教授、研究员同等待遇，1991年起享受政府特殊津贴，1994年被授予中国工程设计大师称号，2001年当选为中国工程院院士。其主持和参加设计的水电站有40多座，总装机容量达2000多万kW。其中代表性的已建水电及水库工程有上犹江、白莲河、柘溪、乌江渡、东江、五强溪、大广坝、东风（地下厂房）、五里冲等；在建和待建的大型水电站有龙滩、乌江渡扩机工程、向家坝、三板溪和白莲河抽水蓄能等电站。河流规划有沅水、红水河、乌江流域规划等；另外还参加了国内外的多座大型水电站的设计审查和咨询工作，如龙羊峡、二滩、三峡、隔河岩、天生桥Ⅰ级及伊朗的Upper Bote Koshi等水电站。

王三一在水电站设计的理论和实践中均有较高建树和创新，尤在高坝设计、岩溶地层防渗、复杂地基处理、泄洪消能与总体布置等方面做出了重要贡献；在设计观念上，他提倡一体化设计理念，并将其运用于围岩与衬砌、坝和地基的设计中；在优化设计方面，注重多专业、多学科的综合和技术创新，以获得总体上的经济和安全；在设计坝型的创新方面，他多次成功地设计了不同类型的高坝和岩溶地区高水头水库，开创了我国建筑高薄拱坝和在石灰岩地区复杂地质条件下修建高坝的先例，并赢得良好的国际声誉。

50年代在白莲河土坝设计中，他提出用坝址两岸花岗岩风化料替代砂砾石作坝壳，节约了投资，缩短了工期，建成了当时国内用风化料作坝壳的坝坡最陡、最高（69m）的心墙土坝。在引水隧洞设计中提出了防渗和受力都将围岩与衬砌视为一个整体结构以充分发挥围岩作用的新思路，并将混凝土衬砌按开裂设计，此思想乃是当今地下工程设计的一个重要概念。

70年代在乌江渡水电站设计中，他认真研究乌江两岸悬崖陡壁、溶洞、暗河和地质软弱结构面，全面分析与认识复杂山体形成的历史、断裂和岩溶分布的规律及其工程力学特性，从而构思设计，使水库防渗、坝型和泄洪消能在枢纽布置中互相协调，适应坝址的地形地质条件，并在技术上有所突破和创新。他与地质专业同志共同研究，提出质疑坝址无深部岩溶的定论，并补充深孔勘探，查明了左岸深部大溶洞，还揭露了上游页岩隔水层存在地下缺口，并采取相应对策，为水库防渗做出重大贡献。在防渗方案布置中，还成功地采用不冲洗岩溶夹泥的高压水泥灌浆，经多年运行渗漏极为微小，仅约$40m^3/d$。在大坝选型设计中，将坝和地基视为一个既相互影响又相互适应的整体，采用了上部有横缝、下部为整体式的拱型重力坝，使坝传到地基的荷载大致达到不同地基部位有同等的稳定安全度，提高了整体安全性。该设计思想成为复杂地质构造建坝时地基处理的重要理念，并在其他电站中也得到应用。此外，对乌江峡谷地区高流速、大单宽泄洪消能所采用的合理总布置和掺气减蚀等新技术，以及厂房顶溢流和厂前挑流均达国际领先水平。该工程1984年获“国家优秀设计金质奖”。作为设计负责人，他于1985年获国家科学技术进步一等奖。

他主管设计建成的东江、五强溪、大广坝和五里冲等工程在技术上也多有创新，其中东江拱坝是

当时我国建成的最高薄拱坝（157m），并采用了滑雪式溢洪道窄缝消能和下游坝面引水背管；五强溪工程采用了在宽尾墩中设底孔的新型联合消能工，成功地建成了高水头船闸，大弧门及高吨位预应力闸墩等，且这些工程均达到国内外领先水平。此两项工程均获"全国优秀工程设计金质奖"。大广坝厂房是国内第一座河床浅埋式地下厂房。此外，五里冲水库是国内第一座用高压灌浆及混凝土置换等手段处理地下岩溶及塌陷体建成的高水头（135m）无坝盲谷水库。

针对龙滩水电站的总布置，他提出了不同于原审定的重力坝方案改用全断面碾压混凝土高坝方案，此项优化设计，可缩短工期一年，节约投资约2亿元，提前发电的效益可达数十亿元。

总之，他业务精湛，勇于创新，学风严谨，思维辨证，他认为设计是一种创造，要不断有新构思，在取得成绩后要常反思不足。他品德高尚，为人谦逊，重视发挥集体智慧和培养年轻一代，他工作勤奋忘我，始终将国家、集体利益摆在第一位。他将自己的一生奉献给国家的水电事业，是一位为祖国水电建设事业做出了重大贡献的专家和大师。

（中南勘测设计研究院）

中国工程院院士　马洪琪

马洪琪同志，男，中共党员，籍贯上海，1942年10月出生，1967年毕业于清华大学水利系六年制本科。教授级高级工程师，国家有突出贡献专家，清华大学兼职教授，中国优秀施工企业经营者，荣获全国"五一"劳动奖章，2001年当选为中国工程院院士。现任云南澜沧江水电开发有限公司总工程师。

1967年7月至1999年7月，先后任水电十四局主管技术员、工程师、技术处副处长、局副总工程师、副局长兼总工程师、局长兼党委副书记。先后参加或组织建设了绿水河电站、喀麦隆拉格都电站、鲁布革水电站、云南漫湾水电站、大朝山水电站、广州抽水蓄能电站、浙江天荒坪抽水蓄能电站、黄河小浪底枢纽工程、长江三峡水利枢纽工程、福建棉花滩水电站等20余座水电工程。1999年7月至今，任云南澜沧江水电开发有限公司总工程师。

大学毕业35年来，长期在水电建设第一线从事工程技术及施工管理工作。经过多年的实践，探索并完善了各种地下工程和各类土石坝施工技术。提出了加快大型地下洞室群施工的"平面多工序、立体多层次"的施工方法，为复杂洞室群的施工规划和组织提供导则。他提出的岩锚吊车梁施工技术、无钢衬高压钢筋混凝土岔管施工技术，达到了世界先进水平。他总结了高压长斜井快速施工方法研制的XHM型斜井滑模填补了中国此项技术空白，属世界领先水平。他认真探索项目法施工科学管理获得成功，其主要内容是，改革施工管理体制，让生产力充分发展；顺应市场经济和价值规律，完善内部运行机制；建立科学管理制度，规范生产经营活动；探索直接费为主的成本控制体系，追求最佳投入产出比；按照现代化建设标准，搞好均衡生产文明施工；大力培养各种人才，提高职工队伍素质。创立了多种项目管理模式，在大型工程项目上发展"一级核算、二级管理、队为基础"的项目管理体制和内部运行机制，进而探索和完善了紧密型联营体运行模式，不断丰富和发展了项目法施工管理的内涵。

由马洪琪同志创造或主持创造的科技成果，有10项获国家、部省科技进步奖（其中，获国家科技进步二等奖2项，电力工业部科技成果一等奖2项），1项获国家专利，8项获优质工程奖，1项获国家鲁班奖，1项获科学管理优秀成果奖。

正在建设中的云南小湾水电站，是云南省实施西部大开发战略的标志性工程，装机容量420万kW，混凝土双曲拱坝高292m，为世界在建和拟建的同类坝型最高者，工程地处强地震区，地形地质条件复杂，施工困难，技术难度大。马洪琪作为建设单位的技术负责人，正积极组织有关方面就工程关键技术难题进行深入研究，全身心投入到小湾水电站工程建设中。

（中国水利水电第十四工程局　葛浩然）

机　　构

水电建设单位情况一览表

单位名称	地址	电话	邮政编码	单位名称	地址	电话	邮政编码
二滩水电开发有限责任公司	成都市双林路98号	(028)2907333	610021	乌江水电开发有限公司	贵阳市新华路9号	(0851)5784589	550002
北京华蓄水电开发公司	北京市昌平水关新村5号	(010)69741927	102200	黄河上游水电开发公司	西宁市城西区海西路7号	(0971)6194819	810008
中国长江三峡工程开发总公司	湖北省宜昌市东山大道80号	(0717)6738068	443002	国家开发投资公司	北京阜城门外大街7号	(010)68095101	100037
国电电力发展股份有限公司	北京市宣武区广安门南滨河路1号	(010)86362025	100055	国投电力公司	北京阜城门外大街7号	(010)68095733	100037
广东抽水蓄能电站联营公司	广州市天河区龙口东路28号	(020)87518168	510630	贵州黔源电力股份有限公司	贵州贵阳市南路48号	(0851)5592190	550002
杂谷脑水电开发有限公司	成都市青羊区十二桥街7号	(028)7791603	610072	琅琊山抽水蓄能电站有限公司	安徽滁州市凤凰路512号	(0550)3061668	239000
龙滩水电开发有限公司	广西南宁市思贤路3号	(0771)5692222	530023	桐柏抽水蓄能电站有限公司	浙江天台县工人西路50号电力大厦	(0576)3899463	317200
大朝山水电有限公司	昆明市小菜园江岸小区	(0871)5168729	650231	松江河水电厂建设管理处	吉林省抚松县抚松镇南新区	(0439)6210710	134500
国电大渡河流域水电开发有限公司	成都市红星路4段东升街89号	(028)8413420	610016	张河湾蓄能电站项目办公室	石家庄市长安东路437号	(0311)5053440	050031
小浪底水利枢纽建设管理局	河南省济源市	(0379)3905227	454681	河南宝泉抽水蓄能发电有限责任公司	河南新乡市开发区五一路东段8号	0371-3363368 3363369(传真)	453003
小三峡水电有限责任公司	兰州市敦煌路157号	(0931)2954701	730050	武警水电指挥部	北京市广外水口子村51号	(010)63467799	100055
澜沧江水电开发有限公司	昆明市拓东路15号澜沧江大厦	(0871)3012913	650011	国家电力公司电源部	北京市西长安街86号	(010)66598680	100031
水口水电开发有限公司	福州市火车站沁园路65号	(0591)7584180	350013	宝珠寺水电建设管理局	四川省广元市宝轮镇水电路	(0839)8523033	628003
五凌水电开发有限公司	长沙市芙蓉南路308号	(0731)5521206	410007	桂冠电力股份有限公司	广西南宁市民主路望仙坡一里3号	(0771)5640938	530023
天生桥一级水电开发有限责任公司	广州市体育西路1～3号丰源大厦副5楼	(020)	510620	清江水电开发有限公司	湖北宜昌市樵湖二路9号	(0717)6752345	443503
南电天生桥水电站建设管理局	广西隆林县天生桥镇	(0776)8460091	533409	棉花滩水电有限责任公司	福州市火车站沁园路65号	(0591)7584100	350013
天荒坪抽水蓄能电站建设公司	浙江省安吉县88号信箱	(0572)5041772	313302	新疆吉林台水电梯级开发有限公司	乌鲁木齐市建设路5号	(0991)2921135	830002
华能集团四川分公司	四川省成都市南府街新1号	(028)6672406	610016	南桠河流域水电开发有限责任公司	成都市紫东正街52号	(028)4442937	610061
丰满水电厂	吉林省吉林市丰满区	(0432)4604104	132108	泰安抽水蓄能电站有限公司	泰安市东岳大街樱桃园宾馆	(0538)8410242	271000

（国家电力公司　朱　军）

水电设计单位情况一览表

序号	单位名称	法人代表	在职职工人数	承担的主要任务	地址	电话	邮编
1	中国水电顾问有限公司（水电水利规划设计总院）（中国水利水电建设工程咨询公司）	李菊根	223	负责全国水电勘察设计及新能源的前期工作归口管理，承担水电政策研究、技术标准和规程规范编制、河流流域和风力发电规划、水电勘察设计、审查评估、监理咨询、项目设计等工作	北京市西城区六铺炕北小街2号	(010) 82071171	100011
2	北京勘测设计研究院	陈兴耀	854	大朝山、琅琊山、西龙池、张河湾等	北京定福庄	(010) 65765533	100024
3	华东勘测设计研究院	张为民	1281	铜板、泰安、宜兴、宝泉等	杭州上塘路	(0571) 88072824	310014
4	西北勘测设计研究院	郑合顺	2064	公伯峡、蔺河口、小峡、叙利亚迪什林、尼邦等	西安市电子工业园区丈八东路18号	(029) 8290228	710001
5	中南勘测设计研究院	廖家凯	1888	凤滩扩机、乌江渡扩机、三板溪、龙滩等	长沙市圭塘	(0731) 5075441	410014
6	成都勘测设计研究院	郑声安	2028	直孔、治勒、紫坪铺、福堂、姜射坝、青居等	成都市青羊宫	(028) 87319023	610072
7	贵阳勘测设计研究院	兰春杰	845	洪家渡、引子渡、索风营等	贵阳市解放路	(0851) 5566919	550022
8	昆明勘测设计研究院	段荣国	1470	小湾、巴基斯坦巴罗塔、马鹿塘等	昆明市交三桥	(0871) 3162093	650051

注 此表在职职工人数为2001年统计数据。

（中国水电顾问有限公司 王凯成）

水利设计单位情况一览表

单位名称	主要领导人姓名	在职职工人数	承担的主要任务	地址	邮编	电话
水利部水利水电规划设计总院	宁远	198	防洪规划、水利“十五”规划、水资源综合规划、西部水利发展规划、大型灌区续建配套与节水改造规划、水功能区划等水利规划编制；长江重要堤防隐蔽工程、黄河沙坡头、广西右江百色、尼尔基、临淮岗等175项水利工程项目审查及水利标准强制性条文宣贯等工作	北京市西城区六铺炕北小街2-1号	100011	(010) 62033377

续表

单位名称	主要领导人姓名	在职职工人数	承担的主要任务	地　址	邮编	电话
水利部长江水利委员会长江勘测规划设计研究院	钮新强	968	南水北调中线工程、三峡水利枢纽、长江重要堤防、水布垭水利枢纽皂市水利枢纽、隔河岩水利枢纽工程等	湖北省武汉市解放大道1155号	430010	(027) 82828114
水利部黄河水利委员会勘测规划设计研究院	沈凤生	1757	黄河流域治理开发规划、水资源开发利用规划、南水北调西线工程规划、黄河流域水资源规划；古贤、西霞院河口村等水利枢纽工程的勘察、设计	河南省郑州市金水河路109号	450003	(0371) 6023520
水利部淮河水利委员会水利勘测设计院	万隆	194	淮河流域防洪规划、淮河流域水资源规划、南水北调东线一期工程可行性研究临淮岗洪水控制工程等	安徽省蚌埠市凤阳西路499号	233001	(0552) 3056081
水利部珠江水利委员会勘测设计院	郑仁义	333	广西百色水利枢纽、红河干流规划、珠江河口整治规划、海南大隆水利枢纽、飞来峡水利枢纽等	广东省广州市天河东路	510611	(020) 87117779
水利部东北院勘测设计研究院	金正浩	1688	辽河流域防洪规划、松花江流域防洪规划、尼尔基水利枢纽初步设计、满拉灌区初设等	吉林省长春市工农大路10号	130021	(0431) 5653315
水利部天津院水利水电勘测设计研究院	刘德堂 李志英	1191	卫运河治理工程可研、漳卫河治理治理工程可研、蓟运河治理一期工程可研、伊犁河向北疆调水工程规划、万家寨水利枢纽工程等	天津市河西区洞庭路60号	300222	(022) 28702222

注　此表在职职工人数为2001年统计数据。

（水利水电规划设计总院　杜崇玲）

水利水电施工单位情况一览表

<table>
<tr><th colspan="2">单位名称</th><th>主要领导人姓名</th><th>在职职工人数</th><th>承担的主要任务</th><th>地　址</th><th>邮编</th><th>电话</th></tr>
<tr><td colspan="2">中国葛洲坝集团公司</td><td>张野</td><td>43136</td><td>三峡工程、水布垭电站、龙滩电站场内左岸公路及供水系统、小湾电站公路、公伯峡电站厂房（CV标段）、南桠河冶勒电站基础处理、田湾核电站新增土石方（W_4区）、连云港核电站前池Ⅱ标等</td><td>湖北宜昌清波路2号</td><td>443002</td><td>(0717) 6714018</td></tr>
<tr><td rowspan="3">中国水利水电工程总公司</td><td>中国水利水电工程总公司</td><td>郭建堂</td><td>160</td><td>埃塞俄比亚泰可泽水电站、伊朗塔里干水利枢纽、马来西亚巴贡水电站</td><td>北京宣武区白广路二条一号</td><td>100761</td><td>(010) 63416318</td></tr>
<tr><td>中国水利水电第一工程局</td><td>姜戍年</td><td>10015</td><td>尼尔基水利枢纽、河南南阳回龙抽水蓄能电站、琅琊山抽蓄能电站</td><td>吉林省长春市绿园区正阳街13号</td><td>130062</td><td>(0431) 7987316</td></tr>
<tr><td>中国水利水电第二工程局</td><td>王岩峰</td><td>1812</td><td>北京永定河滞洪水库、水科院住宅楼</td><td>北京市西城区德外六铺炕一区</td><td>100011</td><td>(010) 62013344</td></tr>
</table>

续表

单位名称		主要领导人姓名	在职职工人数	承担的主要任务	地址	邮编	电话
中国水利水电工程总公司	中国水利水电第三工程局	张治源	14212	许—平—南公路13标段工程、沙坡头水电站、公伯峡水电站、三板溪水电站	陕西省西安市龙首北路西段22号	710016	(029) 6283939
	中国水利水电第四工程局	郑征宇	10633	沙坡头水利枢纽、拉西瓦水电站、泰安抽水蓄能电站、三峡工程	青海省西宁市互助西路136号	810006	(0971) 8149917
	中国水利水电第五工程局	郭志强	9855	四川嘉陵江金银台船闸标工程、藤子沟水电站、漫水湾渠首及总干渠首部水利枢纽	四川省成都市一环路东四段8号	610066	(028) 84456155
	中国水利水电第六工程局	孙洪水	6620	黔江隧洞工程、尼尔基水利枢纽、漫水湾大桥水库灌渠一期工程	辽宁省丹东市振兴区人民街60号	118002	(0415) 6191612
	中国水利水电第七工程局	范集湘	11152	小湾水电站、龙滩水电站、瀑布沟水电站、新疆吉林台一级水电站、恶滩水电站	四川成都市郫县成灌东路349号	611730	(028) 87866314
	中国水利水电第八工程局	杨荣强	14071	广西水任-南宁高速公路、龙滩水电站、小湾水电站、三峡工程、平班水电站	湖南省长沙市南大路2号	410007	(0731) 5563353
	中国水利水电第九工程局	袁春炎	6012	索风营水电站、洪家渡水电站、引子渡水电站	贵州省贵阳市瑞金北路48号	550001	(0851) 6850338
	中国水利水电第十工程局	文端超	5236	四川省自一里水电站、福堂水电站、梯子洞电站	四川省都江堰市蒲阳路177号	611830	(028) 87133411
	中国水利水电第十一工程局	王宗敏	6490	河南南阳回龙抽水蓄能电站、汉坪嘴水电站、新疆昌东大龙口水库坝体工程	河南省三门峡市黄河路中段147号	472000	(0398) 2813325
	中国水利水电第十二工程局	徐鹿元	3560	浙江华光潭水电站、广西桂林漓江思安江水库枢纽工程、山东泰安抽水蓄能电站	浙江省杭州市环城北路8-8号	310004	(0571) 65195000
	中国水利水电第十三工程局	童劲松	4817	新疆引额济乌一期、临淮岗洪水控制工程	山东省德州市东风东路88号	253009	(0534) 2628672
	中国水利水电第十四工程局	李跃平	11205	广西右江水利枢纽、新疆伊犁特克斯河恰甫其海水利枢纽、湖北水布垭水电站	云南省昆明市环城东路192号	650041	(0871) 3335216
	中国水利水电闽江工程局	李良顺	4178	周宁水电站、广西百色右江水利枢纽、广州新白云国际飞机场工程	福建省福州市湖东路82号	350003	(0591) 7821294
	中国水利水电基础工程局	宗敦锋	1482	润扬长江大桥公路工程、尼尔基水利枢纽、新加坡（DBG）多美歌艺术馆地铁站地下连续墙工程	天津市武清县杨村镇	301700	(022) 295672458
	富春江水电设备总厂	潘承东	1676		浙江省桐庐县富春江镇	311504	(0571) 64651211
夹江水工机械厂		季晓勇	1214		四川省夹江县	614100	(0833) 5672451

续表

	单位名称	主要领导人姓名	在职职工人数	承担的主要任务	地　址	邮编	电话
中国人民武装警察部队水电指挥部	中国人民武装警察部队水电指挥部（中国安能建设总公司）	陈方枢（主任、总经理） 徐国武（政委、党委书记）		三峡永久船闸混凝土浇筑及金结安装，新疆吉林台水电站	北京市广安门外水口子村51号	100055	（010）63467799
	中国人民武装警察部队水电第一总队（江南水利水电工程公司）	何真祥（总队长、总经理） 向贵富（政委、党委书记）		广西天生桥二级水电站、龙滩水电站、河南鹤壁盘石头水电站、贵州洪家渡水电站、引子渡水电站、云南掌鸠河工程、山东泰安抽水蓄能电站、湖北水布垭水利枢纽放空洞工程、四川紫坪铺水利枢纽基础开挖、广东东深供水改造工程	广西区南宁市金州路23号	530028	（0771）5521500
	中国人民武装警察部队水电第二总队（江夏水电工程公司）	程恩华（总队长、总经理2000.9任） 蒋真举（政委、党委书记）		三峡永久船闸混凝土浇筑和金结安装，西藏满拉水利枢纽机组安装，长江堤防工程、新疆希尼尔水库，库塔西干渠，引额济乌明渠，江西赣州章江橡胶坝工程，广州白云机场，杭州市七格污水处理厂、厦门市海沧污水处理厂，南昌中山城房建工程	江西省新余市赣新西路9号	336525	（0790）6443600
	中国人民武装警察部队水电第三总队（安蓉建设总公司）	李创坚（总队长、总经理2001.8免） 刘松林（总队长、总经理2001.8任） 刘宏卫（政委、党委书记2000.12任）		西藏满拉水利枢纽工程、沃卡河一级水电站、普兰水电站、仲巴柴曲水电站、札达电站、金河水电站，阿涡夺水库，青海地盘子水电站、新疆吉林台水电站、希尼尔水库主坝，库尔勒城市供水，广东木京水电站库区防护工程，安徽芜湖堤防加固工程，四川红叶二级水电站引水隧洞工程	四川省成都市金牛区茶店子	610036	（028）82952499
	中国人民武装警察部队水电三峡指挥部（宜昌安联水利水电有限责任公司）	范德铭（指挥长、总经理2000.12免） 周光奉（指挥长、总经理2000.12任） 张去北（政委、党委书记）		三峡永久船闸地面工程，长江堤防工程，内蒙古呼和浩特二道洼水库，深圳房建工程，广东东深供水改造工程	湖北省宜昌市三峡坝区	443033	（0717）6765814
	中国人民武装警察部队水电技术学校（柳州安能建实业公司）	岳曦（校长、总经理2001.11调离） 郭小清（校长、总经理2001.11任） 李永胜（政委、党委书记）			广西壮族自治区柳州市新官塘	545005	（0772）3122558

注　此表在职职工人数为2001年统计数据。

（葛洲坝集团公司、水电总公司、武警水电指挥部　孙秀萍　高　翔　张永军）

科研院所介绍

中国水利水电科学研究院

中国水利水电科学研究院（以下简称中国水科院）是以水利水电公益型研究和应用技术科学研究为主，面向全国的专业齐全的综合性科研机构，是全国水利水电科学技术研究的中心。它着重解决水利、水电建设中的重大关键技术问题，承担行业基础和应用基础研究及新技术、新成果的推广。

主要研究领域包括水资源、水环境、防洪减灾、高效节水灌溉、牧区水利、河流水库泥沙、高坝水力学、高坝结构、新型建筑材料、岩土工程及地基加固、工程抗震、遥感、高效水轮机及水泵、电站计算机监控和水情测报自动化系统、电站通讯及自动化设备、火电核电站冷却水及环境、试验仪器及水利史研究等方面。同时还进行水利水电工程经济、环境问题的咨询及评估、工程安全监测及缺陷处理、工程安全鉴定、工程监理等。

中国水科院管理部门设有院办公室、党委办公室、国际合作与科研计划处（总工程师办公室）、人事处、财务资产管理处、纪检监察审计处和离退休职工管理处。下设15个研究所（中心），包括水资源研究所、水环境研究所、防洪减灾研究所、遥感技术应用中心、水利研究所、泥沙研究所、水力学研究所、工程抗震研究中心、结构材料研究所、牧区水利科学研究所、水力机电研究所、自动化研究所、天津水利电力研究所、信息网络中心和工程安全监察中心。

我院具有工程咨询资格甲级证书、水文、水资源调查评价甲级、建设项目环境影响评价甲级、编制开发建设项目水土保持方案资格甲级、建设工程地震安全性评价许可甲级、监理队伍资质甲级、设计乙级、施工二级资质证书，中国水利水电科学研究院工程检测中心通过国家质量监督检验检疫总局的计量认证。

2001年底在职人数1383人，其中，中国科学院、中国工程院院士6人，教授级高工96人，高工319人，工程师340人。具有博士学位88人，硕士学位176人。固定资产3亿元，具有国内外先进水平的大型试验设备有，三维六自由度震动试验台、450gt土工离心试验机、大型减压厢、高精度水力机械试验台等大型设备120台套，综合试验室32座。全院已实现计算机联网（www.iwhr.com）。

我院与国外著名科研机构、高等院校以及国际上重要的学术团体有广泛的交流与合作。国际泥沙研究培训中心、中国大坝委员会秘书处、中国灌排委员会秘书处、国际水利工程和研究协会中国会员联络组等均设（挂靠）在中国水科院。

经国务院学位委员会批准，我院现为有关学科的硕士、博士学位授予单位，并设有博士后流动站。我院从五十年代起就开始研究生的培养，现为国务院学位委员会批准的有关学科的博士、硕士学位授予单位。到2001年已授予硕士学位329名，博士学位35名。

面向国家重点和大型工程，解决工程实际问题。我院坚持科研紧密结合工程建设和生产实际，为国民经济建设服务。20年来，我院先后为三峡、小浪底、龙羊峡、漫湾、二滩、小湾、岩滩、五强溪、东江、溪洛渡、十三陵等几十座大型水电站以及秦山、大亚湾等全国大、中型火电、核电工程进行了大量的科学实验研究和技术服务。改革开放20余年来，我院共提出各类成果6679项，其中有327项获得省、部级科技进步奖，国家发明奖、国家自然科学奖、国家科技进步等国家级奖励62项，专利技术36余项，出版专著191余册。

科学技术面向经济建设是我院的宗旨，我们将竭诚为国内外水利水电、火电、核电建设以及其他领域的科学技术研究与发展提供优质服务。

法人代表：高季章

单位地址：北京车公庄西路20号，邮编：100044

联系电话：（010）68415522—3301，传真：（010）68412598

E—mail：office@iwhr.com

（中国水利水电科学研究院　朱耀泉）

中国水电顾问有限公司

中国水电顾问有限公司是在原电力部水电水利规划设计总院基础上组建，由国家电力公司控股的有限责任公司，是面向国内外市场，为水电建设提供全方位综合性服务的中介机构，下设北京国电、华东国电、中南国电、西北国电、成都国电、贵阳国电、昆明国电及中国水利水电建设工程咨询公司8个国家级“全国勘测设计百强”的勘测设计子公司和北京振冲集团、北京联能2个工程施工和高科技开发子公司。承担政府部门、金融机构、投资方、发展商和项目法人等委托的国内外江河流域规划、电力资源评估及大中型水电水利工程的规划、勘测、设计、咨询、监理、安全鉴定、风电规划设计、总承包、科研开发、项目融资和建设管理等业务。

公司现有员工10651人，其中中国工程院院士1人，国家级大师5人，勘测大师1人，享受政府特殊津贴的专家129人，高级工程师2580人，技术力量雄厚，专业配套齐全，具有坚实的综合管理能力和丰富的实践经验，拥有先进的生产设备及专有的技术工艺和覆盖广泛的信息资源。按照GB/T 19000、ISO 9000系列标准，建立了质量管理和质量保证体系，能够高质量高效率地完成顾客委托的各项任务。

公司在重组前的50年风雨历程中，在铸造自己的同时，也成就了共和国的水电水利建设事业的辉煌。成功地设计修建了178m高的龙羊峡重力拱坝、178m高的天生桥一级混凝土面板堆石坝、147m高的刘家峡重力坝、129m高的湖南镇梯形支墩坝、112m的凤滩空腹重力坝、240m高的二滩双曲拱坝等世界著名工程，完成长江水系、黄河水系、淮河水系、珠、海河水系及其他内陆水系和边境河流的流域水电规划，规划总容量20000多万kW。目前，正在设计或已完成设计的世界级高坝有，292m高的小湾拱坝、275m高的溪洛渡拱坝、192m的龙滩碾压混凝土坝等。通过不断地工程实践，我国高坝建设技术、泄洪消能技术、大型地下洞群建设技术、巨型金属结构技术、高边坡及地基处理技术等均有了很大发展。建立并完善了从规划、勘测、设计，科研到施工、运行管理和安全监测的一整套技术标准化体系，形成了具有中国特色的水电工程技术。

加强信息化建设，坚持以信息化带动勘测设计技术现代化。二维CAD的设计已经为广大设计人员所掌握，计算机出图率达到100%。在完善二维、三维有限元结构计算程序的基础上，研究和开发了一些建筑项目的计算机辅助设计系统，拱坝CAD辅助设计系统、重力坝CAD辅助设计系统、混凝土面板堆石坝CAD辅助设计系统、水电站厂房CAD辅助设计系统、地下工程施工模拟仿真设计系统、水工隧洞CAD辅助设计系统、地下工程开挖支护仿真设计系统、混凝土浇筑仿真设计系统等。借助计算机应用软件、计算机信息网络技术、计算机CAD辅助设计系统、数值模拟计算和计算机仿真技术的广泛应用，不断提升设计技术水平，以技术创新促设计精品，以设计精品促精品工程。历年来，获得国家级勘测设计金奖18项、银奖15项、铜奖19项，省、部级工程“四优”奖104项，国家级科技进步奖35项，部级科技进步奖193项。

面对21世纪中国蓬勃发展的水电市场，公司广大设计人员，精神振奋、斗志昂扬。本着“心系工程、追求更好”的企业精神，打造“中水顾问”品牌，培养“为政府服务、为业主服务”培育的文化理念，积极投身于全面建设小康社会，加快推进社会主义现代化建设的伟大实践。以中水顾问人特有的敬业精神和智慧，精心组织、精心设计，以精品设计促工程精品，全心全意为八方顾客服务，为中国水电建设服务。

法人代表：李菊根

电话：010—82085286　传真：010—82084665

地址：北京市西城区六铺炕北小街二号

邮编：100011　E—mail：checc@mx.cei.gov.cn

（中国水电顾问有限公司　王凯成）

长 江 科 学 院

长江科学院始建于1951年，是国家水利行业的重点科研单位，为水利部非盈利性科研机构之一，隶属水利部长江水利委员会。

长江科学院是一个以水利水电科学研究为主，并面向全国各行业开展技术服务、科技开发的多学科的综合性科研机构。下设12个专业研究所。主要从事的专业有防洪减灾、河流泥沙、水资源和环境科学、工程水力学、土工与渗流、工程岩石力学、水工结构、基础处理、工程材料、爆破与抗震、工程安全监测、机电控制设备、自动化与水工仪器、遥测遥感和地理信息系统等，并向材料科学、水资源利用、生态农业、环境工程、信息产业等领域拓展。全院现有在职职工800余人，教授级及具有高级技术职称人员200余人，博士后、博士、硕士100余人。目前全院拥有各类先进科研仪器设备4000余台（套)。在汉口、宜昌、重庆、丹江口等地设有科研基地，总占地面积45万m^2，现正在武汉经济开发区筹建的世行贷款项目“长江防洪模型”大型科研基地占地约600亩，是建国以来国家投资最大的一项水利科研项目。自20世纪50年代起，长科院先后为长江流域的荆江分洪、汉江分洪、丹江口、葛洲坝、万安、隔河岩、三峡、南水北调、水布垭等200余个大中型水利水电工程建设、长江干支流河道治理，以及国家“七五”、“九五”攻关项目、自然科学基金和部基金项目、全国相关行业科研项目和国际援助与合作项目，做了大量卓有成效的科学试验研究，提供了6000余份科研成果。其中，经国家、省部级鉴定的近100项重大科研成果达到国内领先、国际先进水平（部分成果居国际领先水平）；获国家、省部级优秀科技成果奖、科技进步奖、发明成果奖、重大贡献奖、自然科学论文奖等300多项；获国家实用新型及发明专利30项。同时，开发出近100项适用于工程建设、现代水利应用的新技术、新材料、新产品。其中，已产业化的产品有50余项。近年来，业务范围已扩展到机场、城市建筑、公路、桥梁、港口、矿山、生态环境保护、水土保持等领域，承担科研、设计、施工、监理、检测、监测等各类科技服务。

长江科学院各有关实验室1993年通过国家、水利部计量认证。水利部长江计量检定中心挂靠该院，设有水利部长江科学院工程质量检测中心，承担长江流域和西南诸河工程质量检测以及有关科研试验计量仪器设备的检定、校正工作。2000年7月，长江科学院成为水利行业科研机构首家通过ISO 9001质量体系认证的单位。院内设有研究生部，有三个硕士学位授予点，正在设立博士学位授予点。并拥有国家二级档案馆，编辑出版的学术刊物《长江科学院院报》是全国中文核心期刊，国内外公开发行。长江科学院下设长科院科技开发有限责任公司、长江工程技术公司、武汉长澳大地有限公司、长科工程建设监理公司等，开展广泛的工程技术业务。

长江科学院具有光荣的发展历史。1958年，毛泽东主席曾在武汉亲切接见了长江科学院首任院长、留美博士何之泰；1989年，江泽民总书记曾亲临长江科学院视察；1984年，李鹏委员长在视察长江科学院时题写了院名；钱正英、宋健等党和国家领导人也曾先后视察长江科学院。

（长江科学院　刘建华）

黄河水利科学研究院

黄河水利科学研究院是水利部所属的以河流泥沙研究为中心的多学科、综合性水利科研机构，是全国水利系统重点科研单位之一，创建于1950年10月5日。

现设有泥沙研究所、水土保持研究所、防汛抢险技术研究所、水资源研究所、工程力学研究所、引黄灌溉工程技术研究中心、高新工程技术研究开发中心7个研究单位，并成立有黄委会基本建设工程质量检测中心、黄河计量检定中心水工程计量检定站、黄河工程咨询监理有限责任公司等单位。

全院现有职工人数396人，其中高级工程师89人，工程师133人，博士6人，硕士29人。主要开展的研究方向有黄河泥沙运动基本理论、河床演变及河道整治、工程泥沙、河口演变与治理、河流模拟；水土保持、产流产沙规律、生态环境变迁及治理、泥沙灾害防治、区域水资源综合利用与优化调度、流域产汇流规律、流域水资源可持续利用及承载力、流域水资源管理新理论新技术等；防汛抢险技术、水利水电工程建设和管理关键技术；节水新技术；工程材料与结构、土工渗流与抗震、筑坝技术、水工建筑物和水力机械抗磨蚀；大型水利水电枢纽工程布置、消能防冲、空蚀空化处理和高速水流等试验研究，工程建设的理论与实践等。

拥有大型河工动床物理模型试验厅4座，其他专业实验厅、室30多个，总面积超过40000m²，有各类现代化检测仪器设备3000余台（套）。

科研工作的宗旨是“立足黄河，走向市场，突出泥沙，服务治黄”。建院以来，承担并完成了各级科研项目共2500余项，包括国家重点科技攻关及国家自然科学基金项目等。其中有近20项科研成果获国家级科技进步奖，有近200项科研成果获省、部级科技进步奖。共出版专著近60部。与美国、英国、法国、日本、俄罗斯等10多个国家均开展过国际科技合作。

黄河水利科学研究院竭诚欢迎社会各界和我院进行广泛地交流与合作，为水利建设和社会经济发展提供强有力的科技支撑。

单位名称：黄河水利委员会黄河水利科学研究院
单位地址：河南省郑州市顺河路45号
邮政编码：450003
法人代表：李文学
联系电话：0371—6024525
传真号码：0371—6225027

（黄河水利科学研究院）

南京水利科学研究院

南京水利科学研究院建于1935年，原名中央水工试验所，是我国历史最悠久的水利科学研究机构。

建国以来，该院已成为面向国内外的综合性水利、水电、水运科学研究机构；兼有应用、基础和开发研究，兼作水利部大坝安全管理中心和基本建设工程质量检测中心，设有水文水资源、水工水力学、河流海岸治理、岩土工程、材料结构、农村电气化6个研究所、勘测设计院、科兴工程建设监理有限公司以及江苏南水土建工程公司、瑞迪高新技术公司等研究开发机构，已形成30多个具有一定特色和优势的专业方向。该院为国家首批有关学科的博士、硕士学位授予单位，设有水利工程博士后流动站。

该院定期公开出版《水利水运工程学报》、《岩土工程学报》、《海洋工程》、《China Ocean Engineering》、《水科学进展》、《SHP News》、《小水电》7个学术期刊，其中3个学术刊物的论文为EI或SCI国际权威检索系统所收录；每年承担科研任务500多项，在国内外发表的科研论文多年位于全国科研院所前50名。中国水利学会岩土工程专业委员会、中国水力发电工程学会通航专业委员会、中国海洋工程学会的办事机构设在该院；该院是联合国教科文组织国际水文计划中国国家委员会副主席单位、国际水文科学协会中国国家委员会副主席单位、中国水利学会水文专业委员会副主席单位；该院十分重视国际交流与合作，承担过多项国外工程、科研项目，与许多国家和地区的近80个科研单位和高等学校建立了科技资料交流关系和双边合作关系。

全院现有职工1016人，其中中科院院士2人，高级职称以上的科研人员389人。截止2001年底，该院固定资产总值为1.83亿元，全院总占地面积30.11万平方米，各类房屋总建筑面积为12.70万平方米；全院共有仪器设备5821台（件），价值5300万元。

该院从1984年实行科技体制改革到2001年，共提出科研成果报告4400篇，在国内公开刊物发表和参加国外学术交流文章2300余篇，公开出版专著220部。自1978年全国科技大会以来，科研成果获国家、省部级以上科技进步奖励311项，其中国家级奖励40项，获得专利12项。1994年该院被国家计委批准为“水利、水电、水运甲级工程咨询单位”。

1996年两项国家“八五”科技攻关成果获国家“八五”科技攻关重大科技成果证书。

1991年被国家科协授予“金牛奖”。

1995年被江苏省科委授予“江苏省咨询信誉企业（机构）”称号，被中共江苏省委和江苏省人民政府授予江苏省省级“文明单位”，被水利部评为1995年度先进单位。

1996年又获水利部先进单位称号，获得第三届“全国技术市场金桥奖先进单位”、“全国科技保密工作单位先进集体”、“江苏省省级社会治安综合治理先进单位”等。并获得对外科技产品进出口经营权。

1997年被江苏省精神文明建设指导委员会评为文明单位，被水利部授予全国水利先进单位称号，国家科委授予贯彻《中华人民共和国技术合同法》先进单位，并获得第四届“全国技术市场金桥奖先进单位”，取得江苏省科委、省工商局组织的科技咨询机构等级评定的最高级AAA级信誉机构。

1998年被江苏省科技工委评为“文明院所”。

1999年被水利部命名为“全国水利系统文明单位”。

2001年被水利部确认为“全国水利系统文明单位”、被江苏省评为“江苏省文明单位”、江苏省委评为“先进基层党组织”、江苏省人民政府评为江苏省“九五”产学研联合“先进集体”。

（南京水利科学研究院　刘兆衡）

国家电力公司电力自动化研究院（南京南瑞集团公司）

国家电力公司电力自动化研究院（以下简称院集团公司）是主要从事电力系统及其自动化和水利水电工程测控领域理论研究、新技术应用和新产品开发的综合性重点研究开发机构，是国家科技部设立的“国家电力自动化工程技术研究中心”和国家计委设立的“电力系统自动化—系统控制和经济运行国家工程研究中心”的依托单位。南京南瑞集团公司是国电自动化研究院为促进科研成果产业化而创立的高新技术企业，是“国家火炬计划重点高新技术企业”、“中国软件100强企业”和“中国电气工业100强企业”。国电自动化研究院和南京南瑞集团公司实行一体化运行和管理。

院（集团公司）拥有15个研究所、12个分公司、11个子公司和一个成套设备厂，在南京、北京、上海、深圳等地建立了科研和产业基地。

院（集团公司）现有员工1500人，拥有中国工程院院士两名，博士、硕士400多名，各类科技人员1300名；建有博士后科研工作站；具有硕士学位授予权，并与浙江大学、山东大学、东南大学和武汉大学联合培养博士研究生。

该院（集团公司）主要专业领域为继电保护，电网安全稳定分析与控制，电网调度自动化，变电站自动化，水电站及梯级调度自动化，电力市场技术支持，电能量计量计费，城市轨道交通动力系统监控，水情水调及环境监测，发电机电气控制和电力电子，技术大坝及工程监测，电力企业管理及运营信息化技术，电力系统通信，农电自动化，配电自动化，火电厂控制自动化，市政及环保工程监控等。

院（集团公司）近两年承担的重大工程项目主要有，三峡水利枢纽梯级水库调度自动化系统，川电东送工程、东北-华北联网工程稳定控制系统，一大批超高压电力系统保护工程，国家电力公司水调自动化系统，西北电网、广西电网调度自动化系统，浙江、吉林电力市场技术支持系统工程，山西万家寨引黄人晋工程自动监测和控制系统，上海城市防汛信息系统，伊朗德黑兰地铁和广州地铁2号线电气控制系统，东江—深圳—香港供水改造工程监测自动化系统，以及一大批500kV变电站保护和监控系统工程等。

院（集团公司）的“两个文明”建设得到了协调发展，荣获四届“江苏省文明单位”称号和三届“全国电力系统双文明单位”称号，并被评为“全国精神文明建设工作先进单位”。院（集团公司）及其子公司在我国软件企业100强中占有3席，2001年签订销售合同超过18亿元，实现销售收入15亿元，人均产值100万元，合同额和销售收入都比2000年增长了30%，出口创汇400万美元。电力自动化研究院已成为全国四千多家科研院所中运行绩效最好和综合实力最强的科研院所之一，为国家和地方经济发展做出了贡献。

面对经济全球化的发展机遇和挑战，院（集团公司）制定了为期十年的战略规划，分产品扩张、产业扩张、事业扩张三个阶段，以“提供一流的技术、高品质的产品和精细化的服务而使用户满意”为宗旨；以“诚信合作，实现用户理想”为己任；以“成为广大用户值得信赖的事业合作者”为目标，向着国际一流的电力科研开发和高新技术企业的目标迈进，为我国电力工业和自动化技术的发展做出更大的贡献。

（国电自动化研究院 方辉钦）

各水电科研所介绍

1. 北京勘测设计研究院科研所 该所始建于1987年1月，下设水工、岩基、土工、结构材料及仪器5个试验室。所内原有固定职工60人，科技人员50人，归北京设计院领导。主要为北京设计院所设计的工程服务。90年代期间对安康、大朝山、十三陵抽水蓄能电站的科研工作，做出了突出的贡献。安康水电站的宽尾墩——消力池联合泄洪消能技术，曾获国家发明二等奖。2001年完成的大朝山宽尾墩一台阶式溢流坝联合消能工研究成果，达到了国际领先水平。2001年以来，又在研究旬阳坝、桐柏抽水蓄能等工程问题。但是，随着设计研究院的体制改革，该科研所已于2000年前后撤销。

2. 成都勘测设计研究院科研所 该所建于1950年11月，地点在重庆市，1955年迁入成都市，1978年改名为成都勘测设计院科研所。全所固定职工330人，科技人员为200人左右，下设水工试验室、岩基试验室、土工、结构、材料、仪器及维修研究室。该所从20世纪80年代到现在，主要结合四川境内大中型水电站的科研问题进行工作，对渔子溪、龚咀、二滩、瀑布沟、铜街子、溪洛渡等工程的科研课题做出了贡献。

3. 昆明勘测设计研究院科研所 该所始建于1956年，下设水工、材料结构、基岩、土工、化学、测试、情报及维修八个专业单位，固定职工179人，科技人员113人。90年代以来，随着云南水事的发展，科研所的业务有了较大的发展，增填了如减压箱、高水箱、空化管、大型堆石三轴仪、三向地质力学模型架等近20座设备，在设计院科研所中占首位。重点结合以礼河、天生桥、鲁布革、漫湾、小湾等大型水电站进行研究。

4. 贵阳勘测设计研究院科研所 该所于1983年2月在贵阳市组建，下设水工、材料结构、土化及岩基四个室，有固定职工80人左右，科技人员占80%以上。该所的任务主要是以常规试验研究为主，结合贵阳地区工程特点，在粉煤灰及硅粉利用、高强度低水泥用量混凝土及碾压混凝土等材料方面的研究上取得了成就，还有对岩溶地区水文地质分析方面有进一步的发展。

5. 西北勘测设计研究院科研所 该所创建于1957年，当时由于西北设计院设在兰州，所以该所早期位于兰州市。改革开放以来，1980年新建了水电研究单位，并随西北勘测设计院迁至西安，受西北勘测设计院领导。有固定职工198人，科技人员144人。所内设有水工、结构、材料、岩土、化学及仪器6个试验室，还有计算机及图书资料室等。该所的主要任务是结合黄河上游大中型水电站的特点，开展研究深窄峡谷高坝大机组的枢纽布置，高水头泄洪消能防冲问题、高土石坝粒料强度及变形、新型材料特性及工艺等。此外，对黄河上游水库滑坡现象开发了滑坡监视量测仪器及大坝安全监测仪器等。近十几年来，承担了龙羊峡、李家峡、拉西瓦等大型电站的关键技术研究，在压力钢管与混凝土联合作用等方面取得很大的发展。

6. 中南勘测设计研究院科研所 该所始建于1953年，地址设在长沙市东塘。80年代后期水电两部分家，水电设计院改名为中南勘测设计院，地址迁至长沙圭塘。该所固定职工200多人，科技人员150多人。所内设有水工、岩基、结构及混凝土力学等试验室，为了适应当时水电发展的需要，于90年代初期在宜昌设计了分院。科研所的主要研究方向任务是承担中南院所设计的水电工程中的科研题。结合乌江渡高速水流、凤滩拱坝的泄洪消能、东江电站溢洪道窄缝挑坝等进行了系统地室内及原型试验观测工作；结合五强溪电站高边坡、烘江电站、龙滩高坝等各种材料性能做了大量的研究，取得了较大的进展，近几年又承担了当前国内设有最大的底能消力池的向家坝水电站科研工作。

7. 华东勘测设计研究院科研所　该所建立于1979年6月，随着华东设计院迁至杭州市，早期的华东设计院位于上海，“文革”以后，上海的华东设计院一分为二，老的华东设计院留上海后改为上海勘测设计院。华东院科研所有固定职工157人，科技人员105人，下设水工一厅、二厅，振动室，结构室，材料室，岩土室，化灌材料室及仪器室等单位。重要的仪器有振动器、三轴剪力仪等大型设备。该所的主要任务是配合华东勘测设计院承担的工程进行研究，重点开展水工建筑物、抽水蓄能电站及潮汐电站的布置、地质、材料性能、建筑物振动、化灌工艺等研究，特别是在工业水下电视方面的研究取得了较大的成就。

8. 四川大学国家高速水力学重点试验室　该室是国家级的重点研究单位，它的前身是成都科技大学水利水电科研所。成立于1958年10月，由于西南地区水电事业的发展，于1990年1月改建为国家高速水力学重点试验室。该室在行政上受四川大学水电学院领导，水电学院在业务上属国电公司领导，所以应该是水电系统的科研单位之一。该室有高速水流、河流泥沙、环境水力学、流体量测及水资源利用与防灾5个方向。全室固定职工82人，管理人员只占全室人员的5%。近几年主要为二滩、瀑布沟、溪洛渡、锦屏、铜街子等四川境内的大中型电站中出现的问题进行研究解决。

（中国水利水电科学研究院　李桂芬）

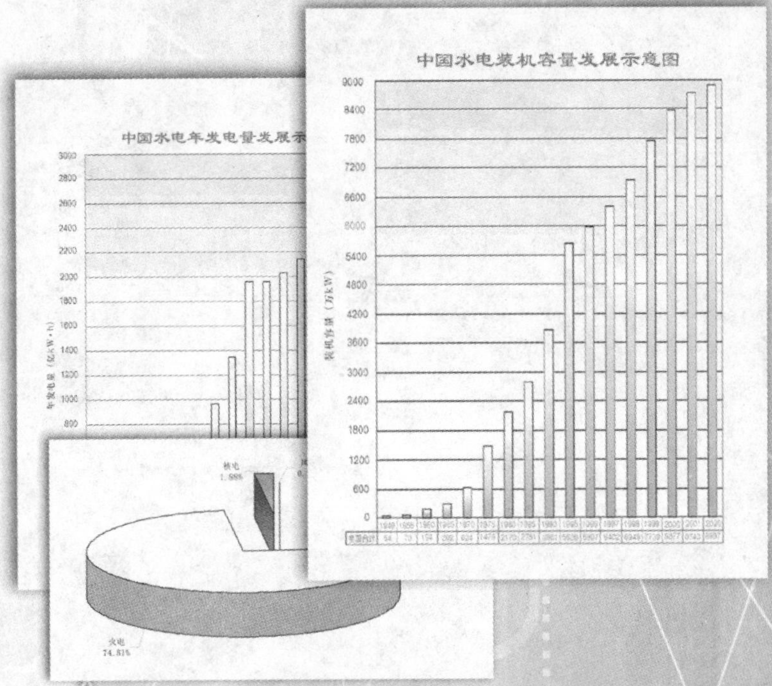

21

统 计 资 料

大中型水电站

2001年～2002年全国已建成的大型及部分中型水电站主要竣工资料表

水电站名称	小浪底水电站	棉花滩水电站
建设地点、所在河流	河南孟津县、黄河	福建永定县、汀江
控制流域面积(km²)	694155	7907
多年平均流量(m³/s)	134.2	232
工程及建筑物等级	一等	一等
坝　型	壤土斜心墙堆石坝	碾压混凝土重力坝
最大坝高/坝顶高程(m)	154/283	111/179
正常蓄水位/死水位(m)	275/230	173/146
总库容/调节库容(亿 m³)	126.5/51	20.35/11.22
水库调节性能	不完全年调节	不完全年调节
设计洪水标准/校核洪水标准 P(%)	0.1/0.01	0.2/0.02
设计洪水流量/校核洪水流量(m³/s)	11200/16821	12000/15500
主要泄洪设施 孔数－宽×高(m×m)	明流洞 1－8×10,2－8×9；孔板洞 2－4.8×5.4,4－4.8×4.8；排沙洞 3－4.4×4.5；溢洪道 3－11.5×17	溢洪道 3－16×18.5；底孔 1－5×7.2
隧洞长度/洞径(m)	1132/7.8	354/7.5
厂房型式	地下厂房	地下厂房
厂房尺寸(长×宽×高)(m×m×m)	251.5×26.2×61.44	129.5×21.9×52.18
最大水头/设计水头/最小水头(m)	139.2/117.8/77.8	101/87.6/68
主要机组型号	混流式 SF300-56/13600	HLD41-LJ-440
机组台数×单机容量(万 kW)	6×30	4×15
总装机容量(万 kW)	180	60
保证出力(万 kW)		8.8
年发电量(亿 kW·h)	51	15.2
综合利用	防洪、防凌、减淤、供水、灌溉、发电	发电、防洪、灌溉
淹没耕地(亩)/迁移人口(人)	200700/189700	29874/34133
开挖土石方(万 m³)	6027	270.29
填筑土石方(万 m³)	5574	
混凝土总量(万 m³)	354	77.55
总投资(亿元)		37.0888
动态总投资(亿元)	347.24	49.102
单位千瓦投资(元)(静态)		6181
投资方及投资比例		福建省电力公司60%、福建省投资开发公司22%、龙岩水电开发公司18%
开工(停工、复工)时间(年.月)	1994.9	1997.12
第一台机组投产时间/最后一台机组投产时间(年.月)	2000.1/2001.12	2001.4/2001.12
业主单位	小浪底水利枢纽建设管理局	棉花滩水电开发有限公司
设计单位	黄河水利委员会勘测规划设计研究院	上海勘测设计研究院、华东勘测设计研究院
监理单位	小浪底工程咨询有限公司	华东勘测设计研究院工程咨询公司
主要施工单位	意大利英波吉罗公司、德国旭普林公司、法国杜美兹公司(中国水利水电第四、六、七、十一、十四工程局参与)	中国水利水电第十四工程局、中国水利水电闽江工程局

续表

水电站名称	柘林水电站扩机	沙河抽水蓄能电站
建设地点、所在河流	江西永修县柘林镇、修河	江苏溧阳市、沙河
控制流域面积(km^2)	9340	
多年平均流量(m^3/s)	255	2.568(下水库)
工程及建筑物等级	一等	
坝 型	黏土心墙土坝	混凝土面板堆石坝
最大坝高/坝顶高程(m)	63.5/73.5	47.0/137.0(上水库)
正常蓄水位/死水位(m)	65/50	136/116.0(上水库) 下库 19/13
总库容/调节库容(亿 m^3)	79.2/31.15	0.025/0.023(上水库)
水库调节性能	多年调节	日调节
设计洪水标准/校核洪水标准 P(%)	0.1/0.01	1/0.5
设计洪水流量/校核洪水流量(m^3/s)	13000/18250	
主要泄洪设施 孔数－宽×高(m×m)	泄空洞 第一溢洪道 第二溢洪道 直径 $\phi8$ 3－12×7.5 7－11×15.9	
隧洞长度/洞径(m)		引水隧洞 574/6.5、尾水隧洞 890/4.8
厂房型式	地面式	竖井半地下式
厂房尺寸(长×宽×高)(m×m×m)	120.5×33×69.8	51×23.4×21.8
最大水头/设计水头/最小水头(m)	43.8/33.5/25.7	121/97.7/93.8
主要机组型号	HLA551C-LJ-691、SF120-80/14800	立轴单级可逆混流式水泵水轮机、立轴悬式空冷可逆式发电电动机
机组台数×单机容量(万 kW)	2×12	2×5
总装机容量(万 kW)	24	10
保证出力(万 kW)	5.25	
年发电量(亿 kW·h)	6.9	发电 1.82、抽水 2.44
综合利用	发电、防洪、灌溉、航运、水产	
淹没耕地(亩)/迁移人口(人)	扩建无淹没耕地/无迁移人口	0
开挖土石方(万 m^3)	232.74	173.32
填筑土石方(万 m^3)	23.06	124.76
混凝土总量(万 m^3)	19.16	7.86
总投资(亿元)	5.71	4.947
动态总投资(亿元)	7.08	6.033
单位千瓦投资(元)(静态)	2379	4947
投资方及投资比例	江西省电力公司 70%,江西省投资公司 20%,江西享达电力股份公司 5%,江西水电工程局 5%	江苏省电力公司 37.5%,其余由江苏国际信托投资公司、江苏溧阳投资公司、江苏电力(香港)有限公司投资
开工(停工、复工)时间(年.月)	2000.3	1998.9
第一台机组投产时间/最后一台机组投产时间(年.月)	2001.12/2002.5	2002.6/2002.8
业主单位	江西柘林水电开发有限责任公司	江苏沙河抽水蓄能发电有限公司
设计单位	贵阳勘测设计研究院	上海勘测设计研究院
监理单位	江西电力建设监理公司	中国水电工程咨询公司中南公司
主要施工单位	葛洲坝集团公司、中国水利水电第七工程局、江西水电工程局	土建:中国水利水电第十四工程局;机电安装:中国水利水电第一工程局

续表

水电站名称	姚河坝水电站	冷竹关水电站
建设地点、所在河流	四川石棉县、南桠河	四川甘孜州康定县、瓦斯河
控制流域面积(km^2)	1200	1564
多年平均流量(m^3/s)	32.6	46.2
工程及建筑物等级		
坝　型	混凝土闸坝	混凝土闸坝
最大坝高/坝顶高程(m)	35.5/1679	23/1764
正常蓄水位/死水位(m)	1678/1666	1762.5/1755
总库容/调节库容(亿 m^3)	1.623/1.331	0.0044/0.0032
水库调节性能	日调节	
设计洪水标准/校核洪水标准 P(%)	2/0.2	2/0.2
设计洪水流量/校核洪水流量(m^3/s)	562/797	355/475
主要泄洪设施 孔数－宽×高(m×m)	泄洪闸 3－5×8	泄洪闸　冲沙闸 2－6×3　1－4×3
隧洞长度/洞径(m)	4768/5.8＋3942/4.5	6246.5/5.5(城门洞型)
厂房型式	地面式	地下厂房
厂房尺寸(长×宽×高)(m×m×m)	70×19×34.1	80.4×17.4×37.03
最大水头/设计水头/最小水头(m)	307.1/280/270.5	387.5/362.0/361.3
主要机组型号	混流式 SF44-12/425	HL(E)-LJ-234、SF55-10/3400
机组台数×单机容量(万 kW)	3×4.4	3×6
总装机容量(万 kW)	13.2	18
保证出力(万 kW)	7.19	4.8
年发电量(亿 kW・h)	6.91	9.42
综合利用	发电	发电
淹没耕地(亩)/迁移人口(人)	107/18	30/14
开挖土石方(万 m^3)	104.13	12.315
填筑土石方(万 m^3)	4.95	0.511
混凝土总量(万 m^3)	21.64	10.582
总投资(亿元)	6.42	7.1955
动态总投资(亿元)	7.71	9.7(不含送出)、12.63(含送出)
单位千瓦投资(元)(静态)	4864	4361
投资方及投资比例	四川省电力公司 55%、四川电力股份有限公司 45%	华能集团公司 50%，甘孜州水电开发公司 40%，四川省电力公司 10%
开工(停工、复工)时间(年.月)	1998.8	1999.10
第一台机组投产时间/最后一台机组投产时间(年.月)	2001.9/2001.9	2000.10/2001.5
业主单位	四川南桠河流域水电开发有限责任公司	四川华能康定水电开发有限责任公司
设计单位	成都勘测设计研究院	成都勘测设计研究院
监理单位	北京华源咨询公司、西北勘测设计研究院	二滩国际监理公司
主要施工单位	葛洲坝集团公司、铁道第十五工程局、铁路隧道工程局、中国水利水电第十工程局	中国水利水电第七、十工程局

续表

水电站名称	小关子水电站	柴石滩水电站
建设地点、所在河流	四川宝兴县、宝兴河	云南宜良县、南盘江
控制流域面积(km^2)	2788	4645
多年平均流量(m^3/s)	89.1	48.4
工程及建筑物等级		
坝　型	混凝土闸坝	混凝土面板堆石坝
最大坝高/坝顶高程(m)	20/992.00	101.8/1648.8
正常蓄水位/死水位(m)	990/985	1640.4/1605
总库容/调节库容(亿 m^3)	0.0098/0.0065	4.37/2.55
水库调节性能		完全年调节
设计洪水标准/校核洪水标准 P(%)	2/0.2	0.2/0.05
设计洪水流量/校核洪水流量(m^3/s)	1450/2110	3390/4660
主要泄洪设施 孔数－宽×高(m×m)	泄洪闸 3－10×14	开敞式溢洪道 2－12×13.5
隧洞长度/洞径(m)	6462/7.5	524.5/5.5
厂房型式	地下厂房	地面式
厂房尺寸(长×宽×高)(m×m×m)	80×19×35.28	44×16×24
最大水头/设计水头/最小水头(m)	152.2/136.5/132.7	81/66/42
主要机组型号	HLD240-LJ-205、SF40-16/4250	HLA384-LJ-215、SF20-22/4250
机组台数×单机容量(万 kW)	4×4	3×2
总装机容量(万 kW)	16	6
保证出力(万 kW)	3.48	1.14
年发电量(亿 kW·h)	8.084	2.61
综合利用	发电	灌溉、防洪、发电
淹没耕地(亩)/迁移人口(人)		4192/3074
开挖土石方(万 m^3)	93	117
填筑土石方(万 m^3)	6.16	229.62
混凝土总量(万 m^3)	20.6	11.03
总投资(亿元)	6.019	2.274
动态总投资(亿元)	8.944(不含送出)	
单位千瓦投资(元)(静态)	3762	3790
投资方及投资比例	华能集团公司 68%，长江水利委员会 8%，四川省投资公司 12%，雅安市水电开发公司 10%，雅安市电力股份公司 2%	
开工(停工、复工)时间(年．月)	1998.5	1996.4
第一台机组投产时间/最后一台机组投产时间(年．月)	2000.10/2001.4	2001.8/2001.12
业主单位	四川华能宝兴河电力股份有限公司	柴石滩水库管理局
设计单位	成都勘测设计研究院	云南水利水电勘测设计院
监理单位	三峡利源监理公司	云南水利水电勘测设计院
主要施工单位	中国水利水电第七、十工程局	中国水利水电第十四工程局

续表

水电站名称	近尾洲水电站
建设地点、所在河流	湖南衡阳市衡南县近尾洲镇、湘江
控制流域面积(km^2)	28600
多年平均流量(m^3/s)	752
工程及建筑物等级	三等
坝　型	混凝土重力坝、土坝
最大坝高/坝顶高程(m)	24/74(桥面)、76(闸墩)
正常蓄水位/死水位(m)	66.0/65.1
总库容/调节库容(亿 m^3)	4.6/0.251
水库调节性能	日调节
设计洪水标准/校核洪水标准 P(%)	2/0.2
设计洪水流量/校核洪水流量(m^3/s)	14800/18900
主要泄洪设施 孔数－宽×高(m×m)	表孔弧门 6－14×11,16-14×9
隧洞长度/洞径(m)	
厂房型式	河床式
厂房尺寸(长×宽×高)(m×m×m)	55×15.5×25
最大水头/设计水头/最小水头(m)	10/6.8/3.0
主要机组型号	灯泡贯流式 SV628/80-155
机组台数×单机容量(万 kW)	3×2.106
总装机容量(万 kW)	6.318
保证出力(万 kW)	1
年发电量(亿 kW·h)	2.9239
综合利用	灌溉、航运、发电
淹没耕地(亩)/迁移人口(人)	3050/1188(1994 年数据)
开挖土石方(万 m^3)	68.4341
填筑土石方(万 m^3)	48.041
混凝土总量(万 m^3)	31.6559
总投资(亿元)	6.6593
动态总投资(亿元)	7.762
单位千瓦投资(元)(静态)	10540
投资方及投资比例	五凌水电开发有限责任公司独资
开工(停工、复工)时间(年.月)	1999.12 复工
第一台机组投产时间/最后一台机组投产时间(年.月)	2000.12/2001.9
业主单位	五凌水电开发有限责任公司
设计单位	湖南水利水电勘测设计研究总院
监理单位	湖南友源工程监理咨询有限公司
主要施工单位	中国水利水电第八工程局,湖南水利水电工程总公司

注　资料来源于有关设计院和项目业主单位。

(国家电力公司　朱家鹏)

2001年～2002年全国新开工的2.5万kW以上水电站主要指标表

水电站名称	小湾水电站	龙滩水电站
建设地点、所在河流	云南南涧县和凤庆县交界处、澜沧江	广西天峨县、红水河
控制流域面积(km^2)	110000	98500
多年平均流量(m^3/s)	1210	1640
工程及建筑物等级	一等	一等
坝　型	混凝土双曲拱坝	碾压混凝土重力坝
最大坝高/坝顶高程(m)	292/1252	192(216.5)/382(406.5)
正常蓄水位/死水位(m)	1240/1166	375(400)/330(340)
总库容/调节库容(亿m^3)	151.32/98.95	162.1(272)/111.5(205.3)
水库调节性能	多年调节	前期年调节、后期多年调节
设计洪水标准/校核洪水标准P(%)	0.2/0.01	0.2/0.01
设计洪水流量/校核洪水流量(m^3/s)	16700/23600	27600/35500
主要泄洪设施 孔数－宽×高(m×m)	表孔 5－11×15　中孔 4－6×5　泄洪洞 2－12×14	表孔 7－15×20　底孔 2－5×8
隧洞长度/洞径(m)	6条引水钢管，每条289.2/9.6	264.2～276.13/10.0
厂房型式	地下厂房	地下厂房
厂房尺寸(长×宽×高)(m×m×m)	226.6×32×72.32	388.5×28.5×74.4
最大水头/设计水头/最小水头(m)	251/216/164	154/125(额定)/97(179/140(额定)/107)
主要机组型号	混流式	HL-LJ-750
机组台数×单机容量(万kW)	6×70	7×60(9×60)
总装机容量(万kW)	420	420(540)
保证出力(万kW)	185.4	123.4(168)
年发电量(亿kW·h)	188.9	156.7(187)
综合利用	发电、防洪、灌溉、拦沙、航运	发电、防洪、航运
淹没耕地(亩)/迁移人口(人)	55680/36153	82920/80400
开挖土石方(万m^3)	1160	15935
填筑土石方(万m^3)	128	708.6
混凝土总量(万m^3)	851.64	533(652.2)
总投资(亿元)	222(1998年底价格水平)	208.08
动态总投资(亿元)	276(未计价差预备费)	246.97
单位千瓦投资(元)(静态)	5286	4954
投资方及投资比例	国家电力公司29%，云南省电力公司31%，云南开发投资公司28%，云南红塔实业投资有限公司12%	国家电力公司33%、广西电力公司32%、广西开发投资公司30%、贵州基建投资公司5%
开工(停工、复工)时间(年.月.日)	2002.1.20	2001.7.1
第一台机组投产时间/最后一台机组投产时间(年.月)	2010/2012	2007.6/2009
业主单位	云南澜沧江水电开发有限公司	龙滩水电开发有限责任公司
设计单位	昆明勘测设计研究院	中南勘测设计研究院
监理单位	中国水电工程咨询公司西北公司、华东水电工程咨询公司	中国水电咨询中南公司、二滩国际工程咨询有限责任公司、广西桂能公司
主要施工单位	中国水利水电第四、三工程局联营体，中国水利水电第八、七工程局、葛洲坝集团联营体，中国水利水电第十四、一工程局联营体	葛洲坝集团公司、江桂联营体、1478联营体、武警水电一总队

续表

水电站名称	百色水利枢纽工程	公伯峡水电站
建设地点、所在河流	广西百色市、右江	青海循化县和化隆两县交界处、黄河
控制流域面积(km^2)	19600	144000
多年平均流量(m^3/s)	261	717
工程及建筑物等级	一等	一等大(Ⅰ)型工程
坝　型	碾压混凝土重力坝	混凝土面板堆石坝
最大坝高/坝顶高程(m)	130/234	127/2010
正常蓄水位/死水位(m)	228/203	2005/2002
总库容/调节库容(亿 m^3)	56/26.2	6.2/0.75
水库调节性能	不完全多年调节	日调节
设计洪水标准/校核洪水标准 P(%)	0.2/0.02	0.2/0.01
设计洪水流量/校核洪水流量(m^3/s)	13700/18700	5530/7860
主要泄洪设施 孔数－宽×高(m×m)	表孔 4－14×18　中孔 3－4×7	溢洪道 2－12×18　深孔泄洪洞 1－7×9,1－7×11.5
隧洞长度/洞径(m)	284/6.5	引水钢管 252～279/8
厂房型式	地下厂房	地面厂房
厂房尺寸(长×宽×高)(m×m×m)	123×20×50	128.35×29×63.55
最大水头/设计水头/最小水头(m)	107.2/88/71	106.6/103.4/96.7
主要机组型号	HL230-LJ-430	HL(230)-LJ-570、SF300-48/12800
机组台数×单机容量(万 kW)	4×13.5	5×30
总装机容量(万 kW)	54	150
保证出力(万 kW)	12.3	49.2
年发电量(亿 kW·h)	16.9	51.4
综合利用	防洪、发电、灌溉、航运、供水	发电、灌溉、供水
淹没耕地(亩)/迁移人口(人)	45638/23140	7585/5340
开挖土石方(万 m^3)	1177	1326.87
填筑土石方(万 m^3)		655.02
混凝土总量(万 m^3)	301	142.76
总投资(亿元)	49.3	56
动态总投资(亿元)	77.8	66
单位千瓦投资(元)(静态)	9130	3733
投资方及投资比例	广西7.5亿元、水利部12.5亿元，其余由银行贷款	国家电力公司26.5%，国家电力公司西北公司35%，青海省电力公司21.1%，陕西省电力公司1.5%，甘肃省电力公司1.5%，宁夏电力公司1.5%，陕西电力投资公司3.9%，甘肃电力建设投资公司3.9%，青海投资公司4%，宁夏电力投资公司1.1%
开工(停工、复工)时间(年.月.日)	2001.10	2001.8
第一台机组投产时间/最后一台机组投产时间(年.月)	2005.12/2006.12	2004.12/2006.6
业主单位	广西右江水利开发有限责任公司	黄河上游水电开发有限责任公司
设计单位	广西水利电力勘测设计研究院、珠江水利委员会设计院	西北勘测设计研究院
监理单位	广西桂能公司、二滩国际工程咨询有限责任公司	小浪底咨询公司公伯峡监理部
主要施工单位	中国水利水电第十四工程局、广西水电工程局联营体，中国水利水电闽江工程局、中国水利水电第四工程局联营体	中国水利水电第三、四工程局、葛洲坝集团公司、陕西省水电工程局

续表

水电站名称	尼尔基水利枢纽工程	吉林台一级水电站
建设地点、所在河流	黑龙江讷河市与内蒙古自治区交界处、嫩江	新疆伊犁州尼勒克县、喀什河
控制流域面积(km^2)	66400	6061.9
多年平均流量(m^3/s)	332	112
工程及建筑物等级	一等	一等
坝 型	沥青混凝土心墙砂砾石坝	混凝土面板堆石坝
最大坝高/坝顶高程(m)	40/221	157/1427
正常蓄水位/死水位(m)	216/195	1420/1380
总库容/调节库容(亿 m^3)	83.24/58.1	25.3/17
水库调节性能	多年调节	不完全多年调节
设计洪水标准/校核洪水标准 P(%)	0.1/PMF	0.2/PMF
设计洪水流量/校核洪水流量(m^3/s)	15000/24900	1399/2187
主要泄洪设施 孔数－宽×高(m×m)	敞开式溢流孔 11孔－单孔净宽 14m	开敞式溢洪道 宽 8m 中孔泄洪洞 1－5×4
隧洞长度/洞径(m)		660～670/9
厂房型式	河床式	地面厂房
厂房尺寸(长×宽×高)(m×m×m)	120×27×60.1	112.2×25.5×52.855
最大水头/设计水头/最小水头(m)	33.2/22/9.9	138.5/110/91.8
主要机组型号	ZZ587A-LH-732	HLD333-HL-360
机组台数×单机容量(万 kW)	4×6.25	4×11.5
总装机容量(万 kW)	25	46
保证出力(万 kW)	近期 3.467、远期 1.84	9.16
年发电量(亿 kW·h)	5.4	9.38
综合利用	防洪、供水、发电、航运、灌溉、养殖	发电、灌溉、防洪
淹没耕地(亩)/迁移人口(人)	22700/53203	26290/3362
开挖土石方(万 m^3)	725.25	601.56
填筑土石方(万 m^3)	940.56	984.55
混凝土总量(万 m^3)	77.61	44.2
总投资(亿元)	52.35	20.84
动态总投资(亿元)	54.48	22.8
单位千瓦投资(元)(静态)	20940	4959
投资方及投资比例	水利部 32.78 亿元、黑龙江省 5 亿元、内蒙古自治区 3 亿元、银行贷款 13.7 亿元	新疆电力公司 72%、新疆投资公司 12%、安能建设总公司 8%、新疆水电设计院 4%、伊犁州电力公司 3%、尼勒克县投资公司 1%
开工(停工、复工)时间(年.月.日)	2001.6	2002.7.3
第一台机组投产时间/最后一台机组投产时间(年.月)	2005.10/2005.12	2005.12/2006.12
业主单位	嫩江水利水电有限公司	吉林台水电梯级开发有限责任公司
设计单位	东北勘测设计研究院	新疆水电勘测设计研究院
监理单位	小浪底工程咨询有限公司	二滩国际工程咨询有限责任公司
主要施工单位	中国水利水电第一、六工程局	中国安能建设总公司、中国水利水电第七工程局

续表

水电站名称	小峡水电站	福堂水电站
建设地点、所在河流	甘肃兰州市皋兰县、黄河	四川省阿坝州汶川县、岷江
控制流域面积(km^2)	225100	19111
多年平均流量(m^3/s)	1059	345
工程及建筑物等级	三等	大(Ⅱ)型2级
坝　型	河床式混凝土重力坝	混凝土闸坝
最大坝高/坝顶高程(m)	50/1502	31/1270.5
正常蓄水位/死水位(m)	1499/1495	1268/1260
总库容/调节库容(亿 m^3)	0.48/0.14	0.0297/0.022(正常蓄水位以下库容/无淤积调节库容)
水库调节性能	日调节	日调节
设计洪水标准/校核洪水标准 P(%)	2/0.2	1.0/0.1
设计洪水流量/校核洪水流量(m^3/s)	6310/7170	3330/5000
主要泄洪设施	泄洪闸	泄洪闸
孔数－宽×高(m×m)	3－13×14	4－12×10
隧洞长度/洞径(m)		19343/10.4(9.0)
厂房型式	河床式厂房	地面厂房
厂房尺寸(长×宽×高)(m×m×m)	120×27×61.7	93.5×22×42.34
最大水头/设计水头/最小水头(m)	18.6/13.8/8.3	184.02/159.3/146.1
主要机组型号	ZZ(K305711)-LH-830、SF-J57.5-88/12500	HLD307-LJ-290
机组台数×单机容量(万 kW)	4×5.75	4×9
总装机容量(万 kW)	23	36
保证出力(万 kW)	9.3	13.34
年发电量(亿 kW·h)	9.56	22.7
综合利用	发电、灌溉、旅游	发电
淹没耕地(亩)/迁移人口(人)	50/0	194/4
开挖土石方(万 m^3)	140	146.17
填筑土石方(万 m^3)		27.19
混凝土总量(万 m^3)	40	63.61
总投资(亿元)	13.40	17.4833
动态总投资(亿元)	15.20	19.4514
单位千瓦投资(元)(静态)	5825	4856.48
投资方及投资比例	国家开发投资电力公司50%、甘肃省电力投资公司30%,甘肃省电力公司20%	四川阿坝州40%,郎酒集团公司30%,四川省电力公司、成都勘测设计研究院、全兴酒业集团各10%
开工(停工、复工)时间(年.月.日)	2002.3.22	2001.6
第一台机组投产时间/最后一台机组投产时间(年.月)	2004.12/2005.12	2004.4/2004.12
业主单位	甘肃小三峡水电开发有限责任公司	四川福堂水电有限公司
设计单位	西北勘测设计研究院	成都勘测设计研究院
监理单位	西北水电咨询公司、二滩国际咨询公司	二滩国际工程咨询有限责任公司
主要施工单位	中国水利水电第三、七工程局	中国水利水电第五、七、十工程局,铁道第三、五、十二、十八工程局等11个单位

续表

水电站名称	南桠河一期冶勒电站	华能青居水电站
建设地点、所在河流	四川冕宁县、南桠河	四川南充市青居镇、嘉陵江
控制流域面积(km^2)	1200	76753
多年平均流量(m^3/s)	13.2	838
工程及建筑物等级		
坝　型	沥青混凝土心墙堆石坝	混凝土闸坝
最大坝高/坝顶高程(m)	125.5/2654.5	14.0/262.5
正常蓄水位/死水位(m)	2650/2600	252.5/247.5
总库容/调节库容(亿 m^3)	2.98/2.76	1.17/0.045
水库调节性能	多年调节	径流式
设计洪水标准/校核洪水标准 P(%)	1/0.01	2/0.2
设计洪水流量/校核洪水流量(m^3/s)	360/623	28700/39900
主要泄洪设施 孔数—宽×高(m×m)	泄洪洞 1—6×8.5	泄洪闸 11—12×15
隧洞长度/洞径(m)	7118.8/4.9	
厂房型式	地下式	地面厂房
厂房尺寸(长×宽×高)(m×m×m)	101.8×21.7×36.21	116×71.73×51.29
最大水头/设计水头/最小水头(m)	644.2/580/569.4	12.84/11/4.53
主要机组型号	冲击式	GZ(850)-WP-615
机组台数×单机容量(万 kW)	2×12	4×3.4
总装机容量(万 kW)	24	13.6
保证出力(万 kW)	10.56	4.7
年发电量(亿 kW·h)	5.88	5.911
综合利用		
淹没耕地(亩)/迁移人口(人)	2023/641	1344/2734
开挖土石方(万 m^3)	279.25	531.53
填筑土石方(万 m^3)	660	111.74
混凝土总量(万 m^3)	29.7	44.56
总投资(亿元)	18.96	6.6582
动态总投资(亿元)	29.52	8.966
单位千瓦投资(元)(静态)	7901	4896
投资方及投资比例	四川省电力公司55%、四川电力股份有限公司45%	华能集团公司55%、四川港航开发有限公司30%、南充市15%
开工(停工、复工)时间(年.月.日)	2001.1	2001.6
第一台机组投产时间/最后一台机组投产时间(年.月)	2004.12/2005.6	2004.12/2005.12
业主单位	四川南桠河流域水电开发有限责任公司	四川华能嘉陵江水电有限责任公司
设计单位	成都勘测设计研究院	成都勘测设计研究院、四川水电勘测设计院
监理单位	二滩国际工程咨询有限责任公司	二滩国际工程咨询有限责任公司
主要施工单位	葛洲坝集团公司,中国水利水电第七、十工程局,四川煤炭基本建设公司	中国水利水电第五、八工程局

续表

水电站名称	金河水电站	泰安抽水蓄能电站
建设地点、所在河流	西藏昌都市、金河	山东泰安市、大河
控制流域面积(km²)	6718	上水库 1.432,下水库 84.53
多年平均流量(m³/s)	79.1	上水库 0.0105,下水库 0.607
工程及建筑物等级	三等	
坝　型	混凝土闸坝	上水库:混凝土板堆石坝,下水库:均质土坝
最大坝高/坝顶高程(m)	34/3264	坝高:上水库 98.3、下水库 22
正常蓄水位/死水位(m)	3262/3257	正常水位:上水库 410、下水库 165
总库容/调节库容(亿 m³)	0.0427/0.017	总库容:上水库 0.1043、下水库 0.2997,上水库调节库容 0.089
水库调节性能	周调节	日调节
设计洪水标准/校核洪水标准 P(%)	2/0.2	
设计洪水流量/校核洪水流量(m³/s)	817/1280	上水库 76/97.3,下水库 1490/2200
主要泄洪设施 孔数－宽×高(m×m)	泄洪闸 2－6×10.5	上水库:放水洞,下水库:溢洪道 5－7.5×9.3
隧洞长度/洞径(m)	788/3.8～4.0	引水隧洞 533.7/7～8.5、尾水隧洞 1389.7/5.2～8.5
厂房型式	地面厂房	地下式
厂房尺寸(长×宽×高)(m×m×m)	60.14×14.6×25.8	174.6×24.5×51.29
最大水头/设计水头/最小水头(m)	156.1/142/135.5	253.09/220/212.9
主要机组型号	HLD46-LJ-130	单级混流可逆式
机组台数×单机容量(万 kW)	4×1.5	4×25
总装机容量(万 kW)	6	100
保证出力(万 kW)	1.18	
年发电量(亿 kW·h)	3.67	发电 13.376、抽水 17.84
综合利用	发电	
淹没耕地(亩)/迁移人口(人)		842.48/54
开挖土石方(万 m³)	30.86	994.67
填筑土石方(万 m³)	9.88	737.54
混凝土总量(万 m³)	9.26	34.91
总投资(亿元)	4.93	35.54
动态总投资(亿元)	6.9731	43.26
单位千瓦投资(元)(静态)	8261	3554
投资方及投资比例	国家拨款	山东省电力公司 60%、山东电力发电公司 35%、泰安基金投资担保公司 5%
开工(停工、复工)时间(年.月.日)	2001.11.15	2002.2.7
第一台机组投产时间/最后一台机组投产时间(年.月)	2004.2/2004	2006.12/2007.12
业主单位	西藏电力公司	山东泰安抽水蓄能电站有限责任公司
设计单位	成都勘测设计研究院	华东勘测设计研究院
监理单位	昆明勘测设计研究院	北京勘测设计研究院、山东成信工程建设监理有限公司
主要施工单位	中国安能建设总公司	武警水电一总队、中国水利水电第四、十二、一工程局、铁道第十四工程局

续表

水电站名称	索风营水电站	琅琊山抽水蓄能电站
建设地点、所在河流	贵州修文县和黔西县交界、乌江	安徽、滁州市
控制流域面积(km^2)	21862	下水库 168
多年平均流量(m^3/s)	395	下水库 5959
工程及建筑物等级	二等大(Ⅱ)型，大坝、泄洪系统、引水发电系统为2级	
坝　型	碾压混凝土重力坝	上水库：混凝土面板堆石坝，下水库：均质土坝
最大坝高/坝顶高程(m)	121.8/843.81	上水库 64/174，下水库 25.0/33.0
正常蓄水位/死水位(m)	837/822	上水库 171.8/150，下水库 29.0/22.0
总库容/调节库容(亿 m^3)	2.012/0.84	上水库 0.17/0.12，下水库 0.44/0.375
水库调节性能	日调节	
设计洪水标准/校核洪水标准 P(%)	1/0.1	上水库 1/0.05，下水库 0.1/0.01
设计洪水流量/校核洪水流量(m^3/s)	12500/16300	下水库 1960/5160
主要泄洪设施	溢流表孔	
孔数－宽×高(m×m)	5－13×10	
隧洞长度/洞径(m)	3条引水隧洞，平均每条 193.36/9.9	1555.8/6.0～8.8
厂房型式	岸边地下厂房	地下式
厂房尺寸(长×宽×高)(m×m×m)	133.2×26×57.72	158.16×21.5×46.17
最大水头/设计水头/最小水头(m)	81.4/62/58	149.8/126/121
主要机组型号	HLD74-LJ-571	立轴单级可逆混流式水泵水轮机
机组台数×单机容量(万 kW)	3×20	4×15
总装机容量(万 kW)	60	60
保证出力(万 kW)	16.69	15.3
年发电量(亿 kW·h)	20.11	8.56
综合利用	发电、灌溉、养殖、旅游	
淹没耕地(亩)/迁移人口(人)	1557/1320	/31
开挖土石方(万 m^3)	484.78	234.28
填筑土石方(万 m^3)		144.3
混凝土总量(万 m^3)	129.83	23.66
总投资(亿元)	25.03	22.49
动态总投资(亿元)	31.25	33.17
单位千瓦投资(元)(静态)	4635	3246
投资方及投资比例	国家电力公司 51%，贵州省 49%	
开工(停工、复工)时间(年.月.日)	2002.7	2002.12.2
第一台机组投产时间/最后一台机组投产时间(年.月)	2005.12/2006.12	2006.
业主单位	贵州乌江水电开发有限责任公司	琅琊山抽水蓄能电站有限责任公司
设计单位	贵阳勘测设计研究院	北京勘测设计研究院
监理单位	中国水电工程咨询公司中南公司	华东水电咨询公司
主要施工单位	中国水利水电第八、九、十二、十四工程局；铁道第十四工程局等	中国水利水电第一、五工程局

注　资料来源于有关设计院和项目业主单位。

（国家电力公司　朱家鹏）

水 电 建 设

2001 年电力基本建设投资情况表

全国及各省、自治区、直辖市	电力投资		水电投资		全国及各省、自治区、直辖市	电力投资		水电投资	
	投资额（亿元）	增长率（%）	投资额（亿元）	增长率（%）		投资额（亿元）	增长率（%）	投资额（亿元）	增长率（%）
全国	1010.71	5.98	115.36	6.09	湖北省	11.54	25.23	2.83	54.25
北京市	17.18	−18.23			湖南省	30.65	−1.94	9.69	−11.77
天津市	16.83	33.80			广东省	81.25	−21.73		
河北省	38.93	−9.23			广西自治区	17.56	54.33	9.52	406.13
山西省	40.12	−9.47			海南省	1.13	23.31		
内蒙古自治区	49.03	139.10			重庆市	8.39	42.11		
辽宁省	8.41	−66.85			四川省	42.29	30.62	28.62	24.22
吉林省	7.67	−65.79	3.44	−21.45	贵州省	49.06	267.75	12.63	759.14
黑龙江省	15.50	33.73			云南省	32.98	5.03	14.51	−3.42
上海市	36.94	26.76			西藏自治区	0.20	−34.40		
江苏省	85.19	96.72	1.06	52.40	陕西省	16.95	29.75		
浙江省	91.83	−24.35	3.98	172.04	甘肃省	12.14	−36.62		
安徽省	6.77	78.46			青海省	16.75	188.03	10.36	146.47
福建省	20.46	−7.77	8.28	−36.88	宁夏自治区	11.64	432.87		
江西省	25.15	−13.32	3.48	31.65	新疆自治区	11.97	30.34	1.57	
山东省	74.68	31.80			不分区	102.33	40.84	4.24	−76.34
河南省	29.18	−28.09	1.16						

（国家电力公司　谢兴旺）

2001 年全国水电增长情况表

全国及各省、自治区、直辖市	装机容量（万 kW）			发电量（亿 kW·h）		
	总量	水电	水电增长率（%）	总量	水电	水电增长率（%）
全国	33848.70	8300.65	4.61	14837.95	2611.08	7.39
华北地区	5105.80	316.78	−0.34	2506.24	28.96	−19.60
北京市	447.06	105.81	0.00	176.05	2.75	−70.96
天津市	563.70	0.50	0.00	221.75	0.09	−35.71
河北省	1722.74	74.26	2.12	931.94	3.12	−33.62
山西省	1421.18	79.59	−18.59	711.00	16.80	4.22
内蒙古自治区	951.12	56.62	37.90	465.50	6.20	10.91
东北地区	3555.58	565.22	0.93	1418.65	99.57	23.09
辽宁省	1540.38	126.18	1.07	664.61	23.99	45.22
吉林省	887.53	357.56	1.10	306.64	61.65	22.88
黑龙江省	1127.67	81.48	0.00	447.40	13.93	−1.90

续表

全国及各省、自治区、直辖市	装机容量（万kW）			发电量（亿kW·h）		
	总量	水电	水电增长率（%）	总量	水电	水电增长率（%）
华东地区	9989.06	1467.90	10.74	4590.66	404.55	17.09
上海市	1123.27			576.97		
江苏省	1970.15	3.37	0.30	1041.20	0.57	−19.72
浙江省	1881.89	573.25	5.76	788.17	105.73	17.79
安徽省	956.91	60.88	11.44	417.42	9.26	27.02
福建省	1261.69	618.00	16.06	446.39	234.43	20.11
江西省	693.76	206.78	12.02	216.16	54.25	3.83
山东省	2101.39	5.62	−33.17	1104.35	0.31	3.33
中南地区	8668.88	2761.44	5.51	3570.20	902.43	5.74
河南省	1778.70	243.80	59.55	795.94	35.72	57.08
湖北省	1520.29	712.56	0.78	590.70	270.26	−3.96
湖南省	1096.38	596.61	1.85	407.43	213.39	1.31
广东省	3360.07	730.28	4.10	1433.27	190.73	22.47
广西自治区	734.18	424.37	1.93	297.19	176.09	4.28
海南省	179.26	53.82	0.24	46.67	16.24	15.67
西南地区	3702.76	2050.07	2.84	1543.16	780.34	8.36
重庆市	416.63	126.80	−4.45	170.41	33.54	−12.24
四川省	1790.85	1153.15	4.75	636.47	428.38	16.08
贵州省	665.01	240.96	2.18	369.41	95.66	5.17
云南省	794.19	499.56	0.98	359.53	216.48	0.19
西藏自治区	36.08	29.60	0.41	7.34	6.29	8.26
西北地区	2574.62	887.24	2.09	1088.28	274.47	−8.40
陕西省	775.31	145.07	−0.03	308.84	27.03	−24.92
甘肃省	700.15	311.83	5.65	295.29	110.30	−3.53
青海省	389.41	312.74	0.43	141.71	95.20	−13.23
宁夏自治区	235.39	30.79	0.52	143.44	8.44	−6.84
新疆自治区	474.36	86.81	0.00	199.00	33.50	9.73
不分区	252.00	252.00	0.00	120.76	120.76	26.07

（国家电力公司　谢兴旺）

土建施工

2000年在建大中型水电工程计划总投资及累计完成表

万元

序号	水电站名称	计划总投资	累计完成	序号	水电站名称	计划总投资	累计完成
1	松江河水电站	401786	221714	8	沙县水电站	28500	25285
2	两江水电站	46340	46930	9	贡川水电站	32049	19432
3	江苏沙河抽水蓄能电站	60330	39933	10	竹洲水电站	39646	24782
4	天荒坪抽水蓄能电站	737678	632249	11	峡阳水电站	851560	16365
5	响洪甸抽水蓄能电站	40000	48714	12	柘林水电站扩建工程	78000	36500
6	棉花滩水电站	491020	239630	13	清江高坝洲水电站	307620	284867
7	穆阳溪芹山一级水电站	73092	53944	14	凌津滩水电站	351443	300787

续表

序号	水电站名称	计划总投资	累计完成	序号	水电站名称	计划总投资	累计完成
15	洪江水电站	199500	61751	22	引子渡水电站	159342	16330
16	碗米坡水电站	210400	10049	23	大朝山水电站	887400	432507
17	广州抽水蓄能电站（二期）	394765	353093	24	小湾水电站	3233600	44180
18	南椏河水电站（一期）	366200	55900	25	刘家峡右岸水电站	15980	15980
19	二滩水电站	2855451	2812000	26	天生桥一级水电站	1035200	876617
20	小关子水电站	89440	82566	27	天生桥二级水电站	1037405	985154
21	冷竹关水电站	97000	77060				

注　摘录自《2000年电力工业统计资料汇编》。

（国家电力公司　蔡声芸）

2001年在建大中型水电工程计划总投资及累计完成表

万元

序号	电站名称	计划总投资	累计完成	序号	电站名称	计划总投资	累计完成
1	松江河水电站	401786	247676	24	福堂水电站	194514	56859
2	两江水电站	46340	54579	25	紫坪铺水电站	697611	39950
3	江苏沙河抽水蓄能电站	60330	50580	26	瀑布沟水电站	1893143	4460
4	桐柏抽水蓄能电站	422600	30378	27	杂谷脑流域水电开发	40478	18918
5	天荒坪抽水蓄能电站	737678	641667	28	卡杜里水电站	21495	6868
6	棉花滩水电站	491020	289922	29	永乐水电站	39131	13466
7	穆阳溪二级周宁水电站		7507	30	金盘子水电站	30889	28081
8	沙县水电站	28500	28826	31	杨村水电站	42112	34974
9	贡川水电站	32049	24069	32	红岩子水电站	94800	65419
10	竹洲水电站	39646	31367	33	天龙湖水电站	79485	8681
11	峡阳水电站	851560	25465	34	小关子水电站	89440	74360
12	柘林水电站扩建工程	75600	67350	35	冷竹关水电站	97000	73426
13	赣能抱子石水电站	34169	3926	36	引子渡水电站	159342	48330
14	南阳回龙抽水蓄能电站	45122	11591	37	乌江洪家渡水电站	492715	123683
15	清江高坝洲水电站	307620	300567	38	乌江索风营水电站		11800
16	凌津滩水电站	351443	327563	39	乌江渡水电站扩机		15203
17	洪江水电站	199500	91782	40	大朝山水电站	887400	512507
18	碗米坡水电站	210400	32510	41	小湾水电站	2773200	109180
19	近尾洲水电站		31166	42	小峡水电站	151800	8197
20	龙滩水电站	2430000	167637	43	公伯峡水电站	6257000	94189
21	南椏河水电站（一期）	366200	100300	44	吉林台水电站	228604	16320
22	二滩水电站	2855451	2834754	45	天生桥一级水电站	1035200	825965
23	宝珠寺水电站	655607	628028	46	天生桥二级水电站	1037405	1002154

注　摘录自《2001年电力工业统计资料汇编》。

（国家电力公司　蔡声芸）

2000年水电施工企业完成产值及工程量表

	单位名称	企业总产值（千元）	企业建筑业产值（千元）	实物工程量					
				土方（万 m^3）	石方（万 m^3）	混凝土（万 m^3）	金属结构安装（t）	水轮机组投产（台）	水轮机组投产（万 kW）
	中国葛洲坝集团有限公司	4262433	3226793	703.86	1142.04	350.37	12237.75	15	116.90
中国水利水电工程总公司	中国水利水电工程总公司	576435	39693						
中国水利水电工程总公司	中国水利水电第一工程局	526972	456936	196.36	806.77	19.56	2766.30		
中国水利水电工程总公司	中国水利水电第二工程局	412774	374355	8.80		0.20	269.00		
中国水利水电工程总公司	中国水利水电第三工程局	762665	687934	182.85	103.15	75.00	5522.00	5	9.12
中国水利水电工程总公司	中国水利水电第四工程局	1126749	1052109	402.88	168.31	112.75	16767.00	1	30.00
中国水利水电工程总公司	中国水利水电第五工程局	580057	500548	590.28	209.36	22.96	2157.00	5	7.50
中国水利水电工程总公司	中国水利水电第六工程局	259689	257962	146.60	40.81	215.95	1473.00	5	56.00
中国水利水电工程总公司	中国水利水电第七工程局	1116408	1056456	185.17	191.85	220.52	10379.00	8	19.40
中国水利水电工程总公司	中国水利水电第八工程局	1737991	1022501	90.73	142.00	135.59	8062.00	2	3.91
中国水利水电工程总公司	中国水利水电第九工程局	420964	398316	112.10	227.66	9.27	6523.00	2	1.60
中国水利水电工程总公司	中国水利水电第十工程局	418499	324622	24.68	84.61	13.62	10022.80	24	43.46
中国水利水电工程总公司	中国水利水电第十一工程局	502753	307993	162.30	18.89	9.59	5479.00	2	0.40
中国水利水电工程总公司	中国水利水电第十三工程局	561416	358437	1471.18	29.60	3.91			
中国水利水电工程总公司	中国水利水电第十四工程局	1303305	1166657	473.31	452.34	98.36	5009.00	12	127.60
中国水利水电工程总公司	中国水利水电闽江工程局	599899	532669	175.02	47.66	57.17	3006.00	6	3.40
中国水利水电工程总公司	中国水利水电基础工程局	316471	300953		8.00	15.63			
	中国水利水电第十二工程局	513270	486530	120.59	631.43	39.10	7793.00	2	10.00
中国人民武装警察部队水电指挥部	中国人民武装警察部队水电指挥部（中国安能建设总公司）	1693341	1693341	1046.32	525.23	89.32	3704.00	6	45.05
中国人民武装警察部队水电指挥部	中国人民武装警察部队水电第一总队（江南水利水电工程公司）	632430	632430	109.20	121.92	36.87	1753.00		
中国人民武装警察部队水电指挥部	中国人民武装警察部队水电第二总队（江夏水利水电工程公司）	515497	515497	396.65	102.94	43.65	1210.00	4	45.00
中国人民武装警察部队水电指挥部	中国人民武装警察部队水电第三总队（中国安蓉建设总公司）	313276	313276	154.03	96.27	7.20	544.00	2	0.05
中国人民武装警察部队水电指挥部	中国人民武装警察部队水电三峡指挥部（宜昌安联水利水电有限责任公司）	232138	232138	386.44	204.10	1.60	197.00		

（各水电施工企业提供资料 符秀珍 郝维华 赵淑冰 金连才）

2001年水电施工企业完成产值及工程量表

	单位名称	企业总产值（千元）	企业建筑业产值（千元）	实物工程量					
				土方（万 m^3）	石方（万 m^3）	混凝土（万 m^3）	金属结构安装（t）	水轮机组投产（台）	水轮机组投产（万 kW）
	中国葛洲坝集团有限公司	4477661	3316307	1791.57	1960.62	319.97	28110.72	8	39.30
中国水利水电工程总公司	中国水利水电工程总公司	706960	108740						
中国水利水电工程总公司	中国水利水电第一工程局	554795	481599	477.50	973.70	105.10	587.00		
中国水利水电工程总公司	中国水利水电第二工程局	508943	477903	217.70	3.60	0.41	711.00	2	7.30
中国水利水电工程总公司	中国水利水电第三工程局	870212	778985	363.40	413.40	48.70	9928.00	5	35.20
中国水利水电工程总公司	中国水利水电第四工程局	1222977	1149044	721.50	369.30	113.50	10873.00		
中国水利水电工程总公司	中国水利水电第五工程局	604320	523528	516.30	357.20	46.50	712.00		
中国水利水电工程总公司	中国水利水电第六工程局	290410	280004	533.80	175.80	23.80	3277.00	3	6.00
中国水利水电工程总公司	中国水利水电第七工程局	1160071	1106610	500.40	232.60	52.20	15842.00	7	24.40
中国水利水电工程总公司	中国水利水电第八工程局	1696421	1048883	312.30	458.50	85.70	9367.00	10	15.70
中国水利水电工程总公司	中国水利水电第九工程局	538887	512254	207.10	229.10	24.20	1135.00	4	2.80
中国水利水电工程总公司	中国水利水电第十工程局	336866	307719	101.50	104.90	12.00	5494.00	9	23.40
中国水利水电工程总公司	中国水利水电第十一工程局	541812	345348	795.20	60.40	19.10	1333.00	10	4.20
中国水利水电工程总公司	中国水利水电第十三工程局	473514	262181	1180.40	2.90	10.70			
中国水利水电工程总公司	中国水利水电第十四工程局	1594179	1417724	302.60	589.50	80.10	7442.00	10	90.30
中国水利水电工程总公司	中国水利水电闽江工程局	652056	615961	249.70	50.10	31.70	3761.00	5	20.30
中国水利水电工程总公司	中国水利水电基础工程局	272059	261833	7.50		11.90			
	中国水利水电第十二工程局	527770	501740	178.60	433.54	48.13	6811.00	2	10.00
中国人民武装警察部队水电指挥部	中国人民武装警察部队水电指挥部（中国安能建设总公司）	1931789	1931789	1114.48	609.00	75.01	5508.80		
中国人民武装警察部队水电指挥部	中国人民武装警察部队水电第一总队（江南水利水电工程公司）	480697	480697	77.30	317.30	24.00			
中国人民武装警察部队水电指挥部	中国人民武装警察部队水电第二总队（江夏水利水电工程公司）	572690	572690	371.51	124.19	35.23	5399.00		
中国人民武装警察部队水电指挥部	中国人民武装警察部队水电第三总队（中国安蓉建设总公司）	292374	292374	148.67	157.51	5.78	109.80		
中国人民武装警察部队水电指挥部	中国人民武装警察部队水电三峡指挥部（宜昌安联水利水电有限责任公司）	586028	586028	517.00	10.00	10.00			

（各水电施工企业提供资料　符秀珍　郝维华　赵淑冰　金连才）

2002年水电施工企业完成产值及工程量表

	单位名称	企业总产值（千元）	企业建筑业产值（千元）	实物工程量 土方（万m^3）	石方（万m^3）	混凝土（万m^3）	金属结构安装（t）	水轮机组投产（台）	水轮机组投产（万kW）
	中国葛洲坝集团有限公司	5237174	3797254	3346.03	2230.69	181.37	27391.59	3	45.75
中国水利水电工程总公司	中国水利水电工程总公司	1691290	160500						
	中国水利水电第一工程局	670840	609530	365.50	427.30	26.60	4129.00		
	中国水利水电第二工程局	533200	496680	49.84	7.46	3.08		2	7.30
	中国水利水电第三工程局	1037910	946470	294.80	566.54	110.77	9986.60	8	2.86
	中国水利水电第四工程局	1327230	1266150	558.89	385.57	120.48	9983.65	3	38.00
	中国水利水电第五工程局	887270	803510	602.30	699.45	88.85	1399.00		
	中国水利水电第六工程局	402850	392930	385.00	228.00	34.00	2789.00	3	0.63
	中国水利水电第七工程局	1606030	1523250	304.79	418.20	89.05	28370.00	7	16.03
	中国水利水电第八工程局	1662850	1236940	461.20	740.10	93.90	24075.00	1	0.63
	中国水利水电第九工程局	739720	668970	192.95	433.59	30.64	2204.00	2	1.25
	中国水利水电第十工程局	611650	383390	68.23	64.21	13.36	6366.00	6	9.66
	中国水利水电第十一工程局	654800	439630	767.64	148.08	33.92	6246.00		
	中国水利水电第十二工程局	558820	524790	388.74	759.00	26.37	1691.00		
	中国水利水电第十三工程局	619650	407970	1273.00		15.49	43.00		
	中国水利水电第十四工程局	1641800	1452150	276.29	800.14	72.71	6401.00		
	中国水利水电闽江工程局	677270	639320	348.45	261.85	32.03	2788.00	9	7.82
	中国水利水电基础工程局	314040	301160	18.35		24.37			
中国人民武装警察部队水电指挥部	中国人民武装警察部队水电指挥部（中国安能建设总公司）	2114605	2114605	1030.83	806.27	71.47	2805.42		
	中国人民武装警察部队水电第一总队（江南水利水电工程公司）	589640	589640	196.99	495.14	22.07			
	中国人民武装警察部队水电第二总队（江夏水利水电工程公司）	579723	579723	438.65	140.25	21.31	2789.00		
	中国人民武装警察部队水电第三总队（中国安蓉建设总公司）	324462	324462	109.70	86.22	10.21	16.40		
	中国人民武装警察部队水电三峡指挥部（宜昌安联水利水电有限责任公司）	620780	620780	285.49	84.66	17.88	0.02		

（各水电施工企业提供资料　符秀珍　郝维华　赵淑冰　赵冠松）

机　　电

2001年～2002年水电机组投产项目表

年份		当年总计 台数	当年总计 容量（万kW）	投产项目［水电站名称　台数×单机容量（万kW）］	累计（万kW）
2001	大中型	17	222.7	棉花滩　4×15，大朝山　1×22.5，柘林　1×12，姚河坝　3×4.4，冷竹关　1×6，小关子　1×4，小浪底　3×30，珊溪　3×5	5858.85
	中小型	24	51.2	龙首　4×1.3，鱼跳水　3×1.6，柴石滩　3×2，两江口　1×2，贡川　2×2.15，竹洲　2×1.8，近尾洲　3×2.1，红岩子　3×3，天生桥中山包　1×4，港口湾 2×3	
	合计	41	273.9		
2002	大中型	7	88.5	大朝山　3×22.5，柘林　1×12，红叶二级　3×3	5987.82
	中小型	19	40.47	沙河蓄能　2×5，黑河龙首　3×1.3，峡阳　2×1.46，竹洲　1×1.8，巴蕉河二级　1×1.6，十堰陡子岭　3×2.35，宋家洲　1×1.4，木京　1×3，高塘　1×3.6，金盘子　3×1，杨村　1×2.2	
	合计	26	128.97		

注　1. 表中只统计了大型水电站、部分中型及小型水电站的机组。

2. 更正：《中国水力发电年鉴》（第六卷）435～436页，1998年当年总计中小型台数应改为8台；按国家电力公司战略规划部统计，累计应改为4521.6万kW。1999年中小型投产项目，徐村电站应改为1×2.6；中小型容量应改为70.3万kW；当年合计应改为596.7万kW；累计应改为5118.3万kW。2000年当年总计中小型台数，应改为35台，容量应改为99.85万kW；当年合计应改为466.65万kW；累计应改为5584.95万kW。

（国家电力公司　朱家鹏）

2001年～2002年各种类型水电机组安装工期情况表

水电站名称	机组型式	机组编号	单机容量（万kW）	安装工期（d） Ⅰ		安装工期（d） Ⅱ	
棉花滩	混流式	1	15	375	426（平均）	64	98（平均）
		2	15	478		121	
		3	15	445		88	
		4	15	406		120	
柘林扩机	混流式	5	12	294	328（平均）	85	78（平均）
		6	12	363		71	
姚河坝	混流式	1	4.4	470	408（平均）	240	167（平均）
		2	4.4	428		175	
		3	4.4	328		87	

续表

水电站名称	机组型式	机组编号	单机容量（万kW）	安装工期（d）			
				Ⅰ		Ⅱ	
小关子	混流式	1	4	363	344（平均）	127	67（平均）
		2	4	355		68	
		3	4	361		33	
		4	4	300		40	
冷竹关	混流式	1	6	332	385（平均）	157	101（平均）
		2	6	347		92	
		3	6	478		56	
小浪底	混流式	1	30	370	439（平均）	87	115（平均）
		2	30	410		104	
		3	30	408		102	
		4	30	391		84	
		5	30	550		176	
		6	30	505		136	

注 表中Ⅰ为座环开始安装至72h试运行结束；Ⅱ为从转轮吊入至72h试运行结束。

（国家电力公司 朱家鹏）

水 库 移 民

大中型水电站水库淹没主要指标表

水电站名称		小湾	龙滩	三板溪	吉林台	江坪河
河流名称		澜沧江	红水河	清水江	喀什河	娄水
所在省（区）、县（市）		云南省凤庆县	广西天峨县	贵州省锦屏县	新疆尼勒克县	湖北省鹤峰县
设计阶段		可行性研究	可行性研究	可行性研究	可行性研究	预可行性研究
水电站特性	装机容量（MW）	4200	4200	1000	460	500
	年发电量（亿kW·h）	189.9	156.7	24.28	9.38	10.05
水库特征	正常蓄水位（m）	1240	375	475	1420	475
	死水位（m）	1161	330	425	1380	427
	水面面积（km^2）	193.98	377	79.56	49.2	21.6
	干流回水长度（km）	179.6	255	120.9	26.7	59.6
	泥沙淤积（年）	20	20	20		20
	总库容（亿m^3）	151.32	162	40.94	25.3	14.06
	调节性能	多年	多年	多年	多年	多年
迁移人口	洪水频率（%）	5	5	5	10	5
	总人口（人）	35899	75125	45242	3003	1096
	其中：农业人口（人）	35048	56400	27797	2930	895
	非农业人口（人）	851	18725	17445	73	201

续表

	水电站名称	小湾	龙滩	三板溪	吉林台	江坪河
	拆迁房屋（万 m^2）	213.94	221.9	175.31	7.65	4.88
淹没耕地	洪水频率（%）	20	20	20	50	20
	总耕（园）地（亩）	63823.02	107813.2	11571.8	26291	1215
	其中：水田、水浇地（亩）	27792.79	45820	8286.6	26291	211
	旱地（亩）	34256.56	31150.1	2067.8		360
	园地（亩）	1293.53	23548	1161.7		462
	其他（亩）	480.14	7295.1	55.7		182
	林地（亩）	134075.88	218670	76225.2	6414	23298
专业项目	铁路（km）					
	二、三级公路（km）	19.2		3.9		
	四级公路（km）	131.65	271.45	120.3		3.2
	小型水电站（kW/座）	1704/9	30139.5/17	3947/21	480/1	1335/2
	输电线路（km）	96	400.29	179.6	9	2.2
	通信线路（km）	12.8		110.5	1	
	广播线路（km）	12.2	75.48			
迁移县、镇	乡、集镇（座）	1	12	7		
	县城（座）			1		
	勘测设计单位	昆明勘测设计研究院	中南勘测设计研究院	中南勘测设计研究院	新疆水利勘测设计研究院	中南勘测设计研究院
	报告审查时间	2001年6月	2000年6月	2001年11月	2001年11月	2000年10月

	水电站名称	公伯峡	康扬	拉西瓦	构皮滩	索风营
	河流名称	黄河	黄河	黄河	乌江	猫跳河
	所在省（区）、县（市）	青海省化隆县和循化县交界处	青海省尖扎县和化隆县交界处	青海省境内	贵州省余庆县	贵州省修文县和黔西县交界处
	设计阶段	可行性研究	可行性研究	可行性研究	可行性研究	可行性研究
水电站特性	装机容量（MW）	1500	284	4200	3000	600
	年发电量（亿 kW·h）	51.35	9.92	102.23	96.67	20.11
水库特征	正常蓄水位（m）	2005	2033	2452	630	837
	死水位（m）	2002	2031	2440	585	822
	水面面积（km^2）	22	6.34	13.94	96.04	5.7
	干流回水长度（km）	48	14.38	32.8	137	36.6
	泥沙淤积（年）	20	20	20	20	20
	总库容（亿 m^3）	4.75	0.288	10.79	55.46	2.012
	调节性能	日	日	日	年	日
迁移人口	洪水频率（%）	5	5	5	5	5
	总人口（人）	4796	1200	1650	18832	1283
	其中：农业人口（人）	4672	1086	1650	17549	1283
	非农业人口（人）	124	114		1283	
	拆迁房屋（万 m^2）	16.47	4.62	2.22	46.22	3.11
淹没耕地	洪水频率（%）	20	20	20	20	20
	总耕（园）地（亩）	9777	2182.3	421.8	39177.8	4685.04
	其中：水田、水浇地（亩）	7156	1889.4	321.8	19040.9	89.62
	旱地（亩）			90	16837.4	1467.04
	园地（亩）	988	285.9	10	3072.9	3128.38
	其他（亩）	1633	7		226.6	

续表

水电站名称		公伯峡	康扬	拉西瓦	构皮滩	索风营
淹没林地（亩）		1204	498	49.7	59561.4	·
专业项目	铁路（km）					
	二、三级公路（km）	8.6	0.53		4.8	
	四级公路（km）	4.3	0.1		10.5	
	小型水电站（kW/座）				9924/27	
	输电线路（km）	47.2			40.25	0.6
	通信线路（km）	28.7	2.5		25.5	
	广播线路（km）				4.12	
迁移县、镇	乡、集镇（座）		1		2	
	县城（座）					
勘测设计单位		西北勘测设计研究院	西北勘测设计研究院	西北勘测设计研究院	贵阳勘测设计研究院	贵阳勘测设计研究院
报告审查时间		2001年2月	2001年9月	2002年4月	2001年12月	2001年9月

（水电水利规划设计总院　张鼎荣）

抽水蓄能电站水库淹没主要指标表

抽水蓄能电站名称		宜兴		东山（纯阳坞）		洪屏		惠州		丰宁	
		上水库	下水库	上水库	下水库	上水库	下水库	上水库	下水库	上水库	下水库
河流名称				太湖		北潦北支北河				滦河	
所在省（区）、县（市）		江苏省宜兴市		江苏省吴县市		江西省靖安县		广东省惠州市博罗县		河北省丰宁县	
设计阶段		可行性研究		预可行性研究		预可行性研究		预可行性研究		预可行性研究	
电站特性	装机容量（MW）	1000		150		2400		2400		3600	
	年发电量（亿kW·h）	14.9		2.51		40.2		38.33		57.9	
水库特征	正常蓄水位（m）	471.5	80.6	145	1.7	733	186	760	227	1505	1060
	死水位（m）	428.6	57	125.3	0.4	716	162	740	205	1460	1040
	水面面积（km^2）	0.074	0.298	14.73	2460	1.61	3.15	1570	1390		
	干流回水长度（km）						13				13.61
	泥沙淤积（年）							50	50	20	
	总库容（万m^3）	530.7	572.8	380.9		2918	6600	2468	2360	5253	
	调节性能	日		日		周		周		周	
迁移人口	洪水频率（%）					5				5	
	总人口（人）		37			1035		30	1060		
	其中：农业人口（人）					1035			1060		
	非农业人口（人）		37					30			
拆迁房屋（万m^2）			2321.05			0.74	3.5	0.06	3.2		
淹没土地	洪水频率（%）					20				20	
	总耕（园）地面积（亩）		2.12			481	739	55	1285		
	其中：水田、水浇地（亩）					321	739		1125		
	旱地（亩）								51		
	园地（亩）		2.12			160		10	109		
	其他（亩）							45			

续表

抽水蓄能电站名称		宜兴		东山（纯阳坞）		洪屏		惠州		丰宁	
		上水库	下水库	上水库	下水库	上水库	下水库	上水库	下水库	上水库	下水库
河流名称				太湖		北潦北支北河				滦河	
所在省（区）、县（市）		江苏省宜兴市		江苏省吴县市		江西省靖安县		广东省惠州市博罗县		河北省丰宁县	
设计阶段		可行性研究		预可行性研究		预可行性研究		预可行性研究		预可行性研究	
淹没林地（亩）			336.56			1490	2140	1101.3	850	941	
专业项目	二、三级公路（km）										
	四级公路（km）										
	水电站（kW/座）										
	输电线路（km）					5	15	3	14		
	通信线路（km）						15	5			
	广播线路（km）						15				
迁移乡、集镇（座）											
勘测设计研究单位		上海勘测设计研究院		上海勘测设计研究院		华东勘测设计研究院		广东省水利电力设计研究院		北京勘测设计研究院	
报告审查时间		2000年1月		1998年9月		2001年6月		2000年3月		2001年10月	

（水电水利规划设计总院　张鼎荣）

生　产　运　行

2001年大中型水电厂生产运行情况表

水电厂名称		水电厂运行指标					水库运行指标			
		年末装机容量	年发电量	平均耗水率	单位发电成本	全员劳动生产率	入库水量	发电用水量	年末水位	年末库容
		万kW	亿kW·h	m^3/(kW·h)	元/(MW·h)	万元/(年·人)	亿m^3	亿m^3	m	亿m^3
1	十三陵抽水蓄能电厂	80.00	1.49	1.04		28.84	1.67	1.55	566.00	0.05
2	潘家口抽水蓄能电厂	27.00	5.76	4.98		11.69	36.73	9.22	222.25	20.79
3	永定河梯级	12.50	1.77		119.61	4.66				
4	其中：官厅	3.00	0.33	12.64			5.95	4.18	476.54	5.80
5	下马岭	6.50	0.96	5.00			5.12	4.78	347.92	0.06
6	下苇甸	3.00	0.48	10.00			5.15	4.32	201.44	0.03
7	石家庄水电总厂	5.70	0.52	15.47	357.00	4.77	5.61	7.97		3.58
8	其中：黄壁庄	1.60	0.08	42.61			4.32	3.29	113.43	1.26
9	岗南	4.10	0.44	10.68			1.29	4.68	183.83	2.32
10	王快水电厂	2.15	0.21	13.00	265.00	4.81	0.84	2.75	186.40	2.55
11	岳城水电厂	1.70	0.04	19.36	4694.49		2.60	0.86	136.27	2.56
12	天桥水电厂	12.80	4.36	22.09	85.31	6.25	99.32	96.29	833.30	0.05

续表

	水电厂名称	水电厂运行指标					水库运行指标			
		年末装机容量	年发电量	平均耗水率	单位发电成本	全员劳动生产率	入库水量	发电用水量	年末水位	年末库容
		万 kW	亿 kW·h	m^3/(kW·h)	元/(MW·h)	万元/(年·人)	亿 m^3	亿 m^3	m	亿 m^3
13	万家寨水电厂	108.00	16.23	6.64	210.00	67.39	113.30	107.80	961.77	3.98
14	丰满水电厂	87.25	10.78	7.84	214.49	24.85	122.58	109.50	255.13	59.29
15	太平湾水电厂	36.30	8.20		229.15	4.36				
16	其中：太平湾	20.30	5.51	28.65			155.21	157.85	29.11	1.61
17	长甸电	16.00	2.69	5.73				15.41	88.50	30.38
18	云峰水电厂	40.00	11.39	4.78	104.92	29.60	46.89	54.42	295.01	17.55
19	太平哨水电厂	16.10	2.56	11.54	229.68	5.47	54.74	32.59	191.29	1.62
20	白山发电厂	170.00	26.36		114.37	109.80				
21	其中：白山	150.00	21.48	3.61			69.56	77.51	399.64	35.21
22	红石	20.00	4.87	17.34			90.48	84.49	290.22	1.66
23	松江河水电厂	16.00	0.93	4.25	0.95	52.92	4.61	3.93	680.47	0.88
24	莲花水电厂	55.00	7.23	7.93	341.55	13.43	56.74	57.39	212.60	23.27
25	天荒坪抽水蓄能电站	180.00	22.38	0.73	340.00	127.00				
26	新安江水电厂	66.25	11.37	6.63	123.68	11.48	95.26	75.40	98.16	126.03
27	富春江水电厂	29.72	8.12	27.09	91.35	12.57	225.94	219.90	23.10	4.47
28	紧水滩水电厂	37.80	5.55			24.96				
29	其中：紧水滩	30.00	4.04	6.08	264.56	22.52	26.29	24.55	172.88	6.99
30	石塘	7.80	1.51	19.86	273.37	31.96	29.99	29.98	101.70	0.69
31	乌溪江水电厂	35.20	6.54		217.83	20.01				
32	其中：湖南镇	27.00	4.83	4.64			20.67	22.41	210.65	9.10
33	黄坛口	8.20	1.71	14.51			24.57	24.60	114.34	0.75
34	百丈漈水电厂	3.70	1.40	0.85	245.70	5.22	1.26	1.20	637.33	0.05
35	陈村水电厂	18.40	3.06		159.00	8.21				
36	其中：陈村	15.00	1.83	10.12			17.90	18.53	104.33	7.66
37	纪村	3.40	1.24							
38	佛子岭水电厂	4.70	0.98		1208.50	1.74				
39	其中：佛子岭	3.10	0.71	12.55			5.03	8.83	108.60	1.23
40	磨子潭	1.60	0.28	8.19			2.50	2.26	167.41	0.71
41	梅山水电厂	4.00	0.64	11.88	418.80	1.64	4.92	7.60	101.12	2.52
42	响洪甸水电厂	4.00	0.51	11.30	523.91	1.97	5.09	5.75	102.10	2.86
43	响洪甸抽水蓄能电站	8.00	0.37	13.20	715.00			4.88		
44	毛尖山水电厂	2.50	0.20	3.82	542.64	3.29	0.74	0.75	348.65	0.29
45	花凉亭水电厂	4.00	0.44	17.70		3.25	7.25	7.76	65.55	3.05
46	港口湾水电厂	6.00	0.36	8.79	125.04	72.21	6.04	3.18	125.39	2.75
47	水口水电厂	140.00	61.62	7.89	0.13		581.30	486.35	63.08	21.19

续表

水电厂名称		水电厂运行指标					水库运行指标			
		年末装机容量	年发电量	平均耗水率	单位发电成本	全员劳动生产率	入库水量	发电用水量	年末水位	年末库容
		万 kW	亿 kW·h	m^3/(kW·h)	元/(MW·h)	万元/(年·人)	亿 m^3	亿 m^3	m	亿 m^3
48	沙溪口水电厂	30.00	11.36	21.65	85.22	56.53	311.00	246.00	86.77	1.34
49	古田溪水电厂	25.90	9.06	4.10	82.01	11.07	13.70	12.98	374.25	3.19
50	万安水电厂	42.00	17.06	19.05	118.56	232.70	361.30	324.87	94.69	9.85
51	柘林水电开发有限责任公司	30.00	3.59	14.49	230.20	5.07	54.58	53.89	57.78	30.78
52	上犹江水电厂	7.20	3.23	9.31	102.05	7.88	33.33	30.06	192.86	5.06
53	东津水电厂	6.40	0.80	7.60	832.28	2.41	6.24	6.06	172.51	2.66
54	洪门水电厂	4.20	1.59	17.20	140.00	14.66	28.73	29.15	93.90	2.31
55	江口水电厂	3.52	0.84	31.02	225.80	2.40	29.40	26.07	66.35	2.08
56	罗湾水电厂	1.90	0.49	2.71	335.85	1.43	1.16	1.32	337.24	0.02
57	葛洲坝水电厂	271.50	162.91	21.44	44.68	80.47	4218.22	3492.52	65.94	15.78
58	丹江口水电厂	90.00	30.16	8.61			200.16	18.42	139.82	75.74
59	隔河岩水电厂	121.2	16.83	4.24	177.45	181.27	66.97	71.35	179.18	19.23
60	高坝洲水电厂	25.2	5.85	11.97		38.26	85.47	70.06	77.35	2.89
61	黄龙滩水电厂	15.00	5.58	6.46	88.39	17.67	38.00	36.13	239.97	8.06
62	白莲河水电厂	3.40	0.06	13.53	1532.21	0.41	4.30	0.87	91.40	2.38
63	长源富水水电厂	4.50	0.58	15.44	313.41	3.32	12.20	9.03	9.03	4.69
64	小浪底水电厂	180.00	21.11	4.47	473.22	210.17	137.78	94.29	235.25	45.09
65	三门峡水电厂	41.00	11.07	11.64	135.00	9.66	158.80	128.80	314.80	2.27
66	故县水电厂	6.00	0.54	7.18	465.00	3.40	4.57	3.86	518.09	3.88
67	柘溪水电厂	44.75	21.33	7.78	46.39	28.47	183.34	165.97	164.29	23.15
68	凤滩水电厂	40.00	16.40	6.04	44.67	41.58	101.34	99.00	200.25	11.80
69	东江水电厂	55.50	16.85	3.56	90.88	32.76				
70	其中：大东江	50.00	15.59	3.56			53.41	55.51	279.63	72.95
71	小东江	5.50	1.26	35.31			56.36	55.84	146.91	0.10
72	沙田	5.40	2.95				11.38		464.14	0.005
73	五强溪水电厂	120.00	45.05	8.67	200.00	1054.90	499.26	390.61	103.89	24.22
74	凌津滩水电厂	27.00	7.03	39.10	550.00	222.60	514.91	275.11	50.08	1.25
75	近尾洲水电厂	2.10	0.13	108.00				14.91	57.61	0.13
76	新丰江水电厂	31.50	10.58	6.11	42.55	19.80	75.63	64.67	108.58	82.64
77	枫树坝水电厂	16.00	6.10	6.84	51.83	25.22	39.32	41.69	152.80	9.52
78	南水水电厂	7.50	3.42	3.49	98.65	23.84	11.73	11.92	204.85	5.47
79	流溪河水电厂	4.80	2.17	4.21	80.32	16.67	8.81	9.12	227.05	2.13
80	长湖水电厂	7.20	3.33	12.40	62.94	18.77	56.95	41.29	61.14	1.21
81	长潭水电厂	6.00	1.30	11.58	169.05	29.52	18.28	15.01	138.09	0.66
82	青溪水电厂	14.40	3.56	19.41	128.59	47.43	72.60	69.12	67.74	0.38

续表

	水电厂名称	水电厂运行指标					水库运行指标			
		年末装机容量	年发电量	平均耗水率	单位发电成本	全员劳动生产率	入库水量	发电用水量	年末水位	年末库容
		万 kW	亿 kW·h	m^3/(kW·h)	元/(MW·h)	万元/(年·人)	亿 m^3	亿 m^3	m	亿 m^3
83	岩滩水电厂	121.00	53.92	7.07	65.10	102.85	590.40	380.31	222.69	25.78
84	大化水电厂	42.80	21.28	17.50	61.73	80.17	610.41	372.85	154.53	3.47
85	西津水电厂	23.44	9.45	29.30	41.17	21.28	645.83	277.30	61.38	11.05
86	百龙滩水电厂	19.20	9.20	38.60	108.16	339.39	688.00	319.00	127.80	0.78
87	麻石水电厂	10.00	3.72	25.30	74.30	25.57	139.03	95.49	133.86	1.58
88	宜州水电厂	10.70	3.90		106.72	15.28				
89	其中：拉浪	5.70	1.87	16.00			56.68	29.93	176.79	1.01
90	洛东	5.00	2.03	22.40			105.80	50.27	116.80	0.61
91	大广坝水电开发有限公司	24.00	6.08	5.45	145.54	33.92	42.30	33.06	137.75	12.85
92	牛路岭水电厂	8.00	3.08	7.06	80.00	17.67	21.69	21.77	105.15	5.30
93	二滩水电厂	330.00	127.05	2.40	82.76	542.55	584.27	305.64	1189.50	48.08
94	龚嘴水电厂	70.00	24.92	10.07	63.81	10.42	514.61	250.31	526.06	0.80
95	铜街子水电厂	60.00	22.62	12.74			534.16	288.25	471.50	0.60
96	宝珠寺水电厂	70.00	12.32	6.40	260.59	48.00	84.12	71.50	585.00	18.94
97	映秀湾水电总厂	45.00	19.90		55.33	28.41				
98	其中：映秀湾	13.50	6.36	7.74			103.71	49.23	944.30	0.005
99	渔子溪	16.00	6.73	1.60			16.40	10.73	1196.00	0.002
100	耿达	16.00	6.81	1.63			15.89	11.10	1492.60	0.002
101	南桠河水电厂	12.00	4.64	1.43		866.60	10.66	6.62	1368.80	0.001
102	磨房沟水电厂	3.75	1.53	0.93	30.58	3.75	1.42	1.52	1829.30	0.004
103	太平驿水电厂	26.00	11.92	3.46	80.00	109.80	96.91	41.24	1081.00	0.01
104	东西关水电厂	18.00	6.26	18.26	108.98	109.96	202.70	114.21	247.90	1.85
105	宝兴河梯级	30.00			78.16	403.00				
106	其中：雨城	6.00	2.20	28.74			109.25	58.84	597.50	0.08
107	铜头	8.00	4.01	8.22			34.29	20.40	759.70	0.17
108	小关子	16.00	6.60	4.35			28.75	18.74	989.10	0.01
109	狮子滩水电总厂		3.82		189.91	4.95				
110	其中：狮子滩	5.10	1.54	7.32			8.02	12.22	334.62	3.07
111	回龙寨	1.60	0.57	21.09						
112	下硐	3.00	1.19	9.13						
113	大洪河	3.50	0.52	5.47			3.99	2.90	287.04	0.53
114	漫湾水电厂	125.00	49.52	4.83	76.37	161.20	442.32	238.82	986.65	7.56
115	鲁布革水电厂	60.00	26.08	1.32	76.40	152.78	56.95	34.44	1125.98	0.87
116	乌江渡水电厂	63.00	28.89	3.46	37.03	100.97	175.55	99.86	755.38	19.27
117	东风水电厂	51.00	20.48	3.24	114.37	92.52	118.98	68.26	959.75	6.85

续表

序号	水电厂名称	水电厂运行指标					水库运行指标			
		年末装机容量	年发电量	平均耗水率	单位发电成本	全员劳动生产率	入库水量	发电用水量	年末水位	年末库容
		万 kW	亿 kW·h	m^3/(kW·h)	元/(MW·h)	万元/(年·人)	亿 m^3	亿 m^3	m	亿 m^3
118	天生桥水电总厂	132.00	69.65	2.29	7.89	261.60	248.87	159.17	644.11	0.15
119	其中：天生桥一级	120.00	51.14	3.45			237.39	176.17	774.38	74.62
120	红枫水电总厂	23.90	7.74							
121	其中：红枫	2.00	0.67	10.72			6.80	7.18	1236.81	4.36
122	百花	2.20	0.75	11.13			9.08	8.35	1190.77	1.28
123	修文	2.00	0.83	11.62			11.22	9.65	1129.97	0.11
124	窄巷口	4.50	0.90	7.61			13.63	6.85	1089.82	0.06
125	红林	10.20	3.45	3.08			13.60	10.62	1029.21	0.006
126	红岩	3.00	1.13	10.81			15.18	12.22	885.08	0.32
127	普定	7.50	3.41	7.90			41.82	27.06	1135.01	1.91
128	李官	1.30	0.34							
129	小修文	0.15	0.07							
130	羊卓雍湖水电厂	9.00	1.61	0.50	39.90	9.00	1.00	0.80	4439.33	150.00
131	龙羊峡水电分公司	128.00	40.12	4.05	37.76	58.78	140.82	162.65	2557.39	111.14
132	李家峡水电厂	160.00	45.62	3.46	15.91	323.52	160.99	157.62	2178.68	16.03
133	刘家峡水电厂	131.50	42.48	4.38		34.00	196.00	190.22	1728.44	33.62
134	盐锅峡水电厂	44.60	13.45	11.55	36.06	34.10	196.98	196.84	1619.25	0.31
135	大峡水电厂	32.45	14.10	15.15	137.71	83.20	213.78	213.68	1479.84	0.45
136	八盘峡水电厂	22.00	7.94	26.00	66.35	10.31	206.90	206.40	1577.50	0.20
137	青铜峡水电厂	30.20	7.48	21.62	108.00	6.16	192.23	161.74	1156.05	0.35
138	安康水电厂	80.00	16.00	5.69	142.67	37.74	106.23	104.93	329.11	25.12
139	碧口水电厂	30.00	9.82	5.45	90.12	11.89	64.03	60.70	703.85	1.66

（各省水力发电工程学会、电力公司、各水电厂提供资料）

2002年大中型水电厂生产运行情况表

序号	水电厂名称	水电厂运行指标					水库运行指标			
		年末装机容量	年发电量	平均耗水率	单位发电成本	全员劳动生产率	入库水量	发电用水量	年末水位	年末库容
		万 kW	亿 kW·h	m^3/(kW·h)	元/(MW·h)	万元/(年·人)	亿 m^3	亿 m^3	m	亿 m^3
1	十三陵抽水蓄能电厂	80.00	3.68	1.04		75.70	4.10	4.10	557.00	0.04
2	官厅水电厂	3.00	0.08	14.88			0.97	1.18	472.99	2.55
3	下马岭水电厂	6.50	0.27	5.00			1.54	1.35	348.18	0.06
4	下苇甸水电厂	3.00	0.12	10.00			1.56	1.25	201.00	0.03

续表

	水电厂名称	水电厂运行指标					水库运行指标			
		年末装机容量	年发电量	平均耗水率	单位发电成本	全员劳动生产率	入库水量	发电用水量	年末水位	年末库容
		万 kW	亿 kW·h	m^3/(kW·h)	元/(MW·h)	万元/(年·人)	亿 m^3	亿 m^3	m	亿 m^3
5	天桥水电厂	12.80	4.81	22.06	77.83	6.81	110.97	106.12	834.10	0.075
6	万家寨水电厂	108.00	18.93	6.24	254.00	122.80	118.94	118.09	963.04	4.19
7	丰满水电厂	100.25	11.13	7.76	251.54	94.81	76.30	94.00	247.90	30.60
8	太平湾水电厂	36.30	5.32		352.05	1.65				
9	其中：太平湾	20.30	3.69	29.12			107.32	107.25	29.39	1.61
10	长甸	16.00	1.63	6.30				10.30	93.91	38.67
11	云峰水电厂	40.00	8.09	4.95	183.37	20.97	42.26	40.06	297.80	19.37
12	太平哨水电厂	16.10	1.75	11.59	212.87	4.17	24.33	23.09	191.53	1.65
13	白山水电厂	170.00	17.37		160.85	119.45				
14	其中：白山	150.00	13.81	3.83			46.56	52.94	391.32	28.09
15	红石	20.00	3.56	17.37			61.83	61.82	290.33	1.67
16	松江河水电厂	16.00	1.72	4.27	0.70	8.58		7.36		
17	其中：小山						3.89		682.10	0.94
18	松山						5.59		706.30	1.04
19	莲花水电厂	55.00	9.04	7.50	558.02	16.47	80.80	69.66	216.62	27.79
20	天荒坪抽水蓄能电厂	180.00	25.77	0.79	394.59	144.00				
21	新安江水电厂	66.25	22.84	5.65	77.68	45.67	138.02	126.74	99.23	130.87
22	富春江水电厂	29.72	10.83	27.90	102.55	17.09	365.82	302.10	23.06	4.44
23	紧水滩水电厂	37.80	7.69			34.42				
24	其中：紧水滩	30.00	5.75	5.86	222.72	31.68	33.27	33.67	170.72	6.44
25	石塘	7.80	1.94	19.86	270.10	42.75	38.62	38.59	101.65	0.68
26	乌溪江水电厂	32.20	7.88	5.80	197.86	43.56				
27	其中：湖南镇	27.00	6.59	4.16			29.22	27.45	216.49	10.86
28	黄坛口	6.20	1.29	14.18			32.08	18.31	114.52	0.77
29	百丈漈水电厂	3.70	1.17	0.86	220.30	3.78	1.22	1.00	648.91	0.24
30	陈村水电厂	19.40	4.05		130.00	9.23				
31	其中：陈村	16.00	2.94	8.95			32.68	26.31	111.35	12.49
32	纪村	3.40	1.11							
33	佛子岭水电厂	4.70	1.11		332.00	2.34				
34	其中：佛子岭	3.10	0.87	12.72			12.91	11.22	109.97	1.39
35	磨子潭	1.60	0.24	8.10			4.33	1.91	177.34	1.23
36	梅山水电厂	4.00	0.79	10.00	350.00	2.92	15.20	7.89	120.30	9.29
37	响洪甸水电厂	4.00	0.51	10.00	555.03	3.12	11.97	5.06	119.73	9.39
38	响洪甸抽水蓄能电站	8.00	1.28	9.57				4.88		
39	毛尖山水电厂	2.50	0.35	3.31	300.00	4.48	1.28	1.18	358.45	0.13

续表

	水电厂名称	水电厂运行指标					水库运行指标			
		年末装机容量	年发电量	平均耗水率	单位发电成本	全员劳动生产率	入库水量	发电用水量	年末水位	年末库容
		万 kW	亿 kW·h	m^3/(kW·h)	元/(MW·h)	万元/(年·人)	亿 m^3	亿 m^3	m	亿 m^3
40	花凉亭水电厂	4.00	0.81	15.54	350.00	6.15	13.29	12.59	67.47	3.71
41	港口湾水电厂	6.00	1.16	9.89	140.18	233.09	11.11	10.93	126.14	2.93
42	水口水电厂	140.00	60.62	7.83			541.22	474.49	62.95	21.36
43	沙溪口水电厂	30.00	10.21	20.66	90.48	59.19	268.00	211.00	86.29	1.27
44	古田溪水电厂	25.90	8.42	1.44	167.57	11.07	13.64	12.14	377.54	4.12
45	万安水电厂	40.00	16.15	18.10	120.45	23.44	381.36	292.37	94.45	9.64
46	柘林水电开发有限责任公司	42.00	7.86	11.02	145.15	28.85	106.70	86.88	63.21	44.98
47	上犹江水电厂	7.20	3.33	8.39	103.99	9.70	37.42	27.96	196.53	6.44
48	东津水电厂	6.40	1.57	6.69	391.22	22.92	14.08	10.50	184.18	4.47
49	洪门水电厂	4.20	1.72	17.50	165.04	15.14	33.20	29.15	96.31	3.29
50	江口水电厂	3.96	1.35	29.58	166.69	3.80	45.97	40.06	68.64	2.98
51	罗湾水电厂	2.10	0.61	2.42	322.03	2.01	2.04	1.47	361.84	0.44
52	葛洲坝水电厂	271.50	158.10	20.28	46.49	86.92	3828.61	3206.57	65.91	15.80
53	丹江口水电厂	90.00	21.12	9.92			208.04	10.37	137.67	67.11
54	隔河岩水电厂	121.2	26.10	3.99	126.00	189.14	126.09	104.08	182.24	20.76
55	高坝洲水电厂	25.2	9.00	11.91	175.00	42.24	139.72	107.13	78.50	3.62
56	黄龙滩水电厂	15.05	5.31	6.27	84.42	18.40	35.36	33.20	233.77	5.80
57	白莲河水电厂	4.50	0.59	12.10	248.05	2.62	10.40	7.20	93.63	3.00
58	长源富水水电厂	3.70	1.18	14.30	209.81	5.80	27.00	16.87	54.70	7.20
59	小浪底水电厂	180.00	32.86	4.42	310.00	239.57	153.20	145.32	221.24	23.41
60	三门峡水电厂	41.00	11.91	11.51	141.30	14.37	174.88	137.13	313.80	1.84
61	故县水电厂	6.00	0.91	6.76	310.00	6.57	5.62	6.14	513.54	3.33
62	柘溪水电厂	44.75	27.09	7.30	37.53	53.00	260.06	197.79	167.84	27.78
63	凤滩水电厂	40.00	19.88	5.62	37.67	61.94	186.46	111.68	203.28	13.09
64	东江水电厂	55.50	16.85	3.56	90.88	32.76				
65	其中：大东江	50.00	17.77	3.45			68.14	61.39	280.51	74.27
66	小东江	5.50	1.44	36.82			66.23	62.58	146.95	0.10
67	五强溪水电厂	120.00	52.20	8.43			775.55	440.28	106.89	28.72
68	凌津滩水电厂	27.00	9.38	41.00			799.75	384.84	50.34	1.31
69	近尾洲水电厂	6.30	2.22	63.70			368.21	141.28	62.59	0.73
70	新丰江水电厂	31.50	6.36	7.39			39.35	46.99	105.88	74.89
71	枫树坝水电厂	16.00	3.73	6.96			30.06	25.96	162.67	13.62
72	南水水电厂	7.50	2.92	3.54			11.39	10.34	208.44	6.52
73	流溪河水电厂	4.80	1.19	4.38			5.71	5.21	230.80	2.63
74	长湖水电厂	7.20	2.92	15.06			44.00	43.98	60.30	1.16

续表

	水电厂名称	水电厂运行指标					水库运行指标			
		年末装机容量	年发电量	平均耗水率	单位发电成本	全员劳动生产率	入库水量	发电用水量	年末水位	年末库容
		万 kW	亿 kW·h	m^3/(kW·h)	元/(MW·h)	万元/(年·人)	亿 m^3	亿 m^3	m	亿 m^3
75	长潭水电厂	6.00	0.83	15.09			12.66	12.48	142.80	0.84
76	青溪水电厂	14.40	2.74	19.32			52.96	52.95	67.99	0.39
77	岩滩水电厂	121.00	53.98	6.92	66.29	104.80	542.91	376.41	222.67	25.76
78	大化水电厂	45.60	20.37	17.10	63.81	115.47	562.41	347.29	154.70	3.50
79	西津水电厂	23.44	9.92	28.40	91.11	23.00	430.00	282.00	61.14	10.72
80	百龙滩水电厂	19.20	8.89	50.50	159.14	164.90	583.00	293.00	123.97	0.60
81	麻石水电厂	10.00	4.78	25.30	54.02	28.54	250.58	122.85	133.71	1.51
82	宜州水电厂	10.70	4.18		82.42	16.03				
83	其中：拉浪	5.70	2.11	16.20			82.39	34.12	176.02	0.95
84	洛东	5.00	2.07	22.70			147.20	51.72	115.64	0.60
85	叶茂水电厂	3.75	1.58	23.80	144.00	34.40	107.90	37.80	140.08	0.63
86	大广坝水电开发有限公司	24.20	5.79	5.15	150.00	45.47	31.52	29.79	135.45	10.98
87	牛路岭水电厂	8.00	2.44	7.26	110.00	13.85	16.32	17.69	99.39	3.81
88	二滩水电厂	330.00	136.07	2.50	84.24	61.07	449.29	340.04	1191.75	49.99
89	龚嘴水电厂	70.00	28.02	9.80			370.16	290.89	521.51	0.25
90	铜街子水电厂	60.00	21.66	12.48			388.90	304.08	470.41	0.46
91	宝珠寺水电厂	70.00	10.10	7.31	320.32	31.68	52.81	62.66	563.58	9.37
92	映秀湾水电总厂	45.00	20.88		54.27	28.85				
93	其中：映秀湾	13.50	6.71	8.11			77.16	54.41	943.90	0.005
94	渔子溪	16.00	7.16	1.61			15.11	11.52	1195.10	0.002
95	耿达	16.00	7.01	1.69			14.67	11.87	1487.80	0.002
96	南桠河水电厂	12.00	4.16	1.57	98.04	241.60	8.71	6.53	1365.48	0.001
97	姚河坝水电厂	13.20	4.90	1.49	60.25	241.60	10.03	7.32	1671.59	0.005
98	磨房沟水电厂	3.75	1.59	0.90	165.50	3.94	1.43	1.43	1829.70	0.004
99	太平驿水电厂	26.00	11.87	3.44	75.19	114.38	69.05	40.84	1079.00	0.007
100	东西关水电厂	18.00	6.22	18.09	116.67	100.35	134.63	112.55	247.95	1.83
101	宝兴河梯级	30.00			93.44	85.75				
102	其中：雨城	6.00	2.36	28.89			91.93	68.19	597.50	0.08
103	铜头	8.00	3.88	5.71			27.16	22.17	759.30	0.17
104	小关子	16.00	7.17	2.90			24.57	20.82	989.10	0.01
105	狮子滩水电总厂		3.07		219.78	5.03				
106	其中：狮子滩	5.10	1.25	7.00			13.01	8.72	342.26	6.24
107	回龙寨	1.60	0.43	20.90						
108	下硐	3.00	0.72	9.06						

续表

	水电厂名称	水电厂运行指标					水库运行指标			
		年末装机容量	年发电量	平均耗水率	单位发电成本	全员劳动生产率	入库水量	发电用水量	年末水位	年末库容
		万 kW	亿 kW·h	m³/(kW·h)	元/(MW·h)	万元/(年·人)	亿 m³	亿 m³	m	亿 m³
109	大洪河	3.50	0.66	5.60			5.15	3.70	286.42	0.45
110	漫湾水电厂	125.00	49.52	4.83	76.37	161.20	442.32	238.82	986.65	7.56
111	鲁布革水电厂	60.00	26.08	1.32	76.40	152.78	56.95	34.44	1125.98	0.87
112	以礼河水电厂	32.15	15.29	0.36	79.60	31.21	4.25	3.95	2219.73	3.22
113	西洱河水电厂	25.50	12.39	0.72	86.95	26.66	11.05	8.97	1973.68	28.00
114	绿水河水电厂	6.55	3.76	1.39	75.30	15.79	5.87	5.22	476.58	0.003
115	大寨水电厂	5.32	2.43	2.40	120.30	17.30	9.65	5.83	1482.50	0.002
116	六郎洞水电厂	2.50	1.79	4.00	66.84	24.43	7.98	7.17	1085.60	0.003
117	螺丝湾水电厂	6.00	2.79	2.78	100.00	42.67	13.39	7.75	2259.00	0.008
118	乌江渡水电厂	63.00	27.53	3.56	31.60	122.91	152.39	98.15	739.88	13.36
119	东风水电厂	51.00	17.05	3.41	132.00	90.09	94.26	58.13	943.14	4.58
120	天生桥水电总厂	132.00	77.60	2.25	10.07	199.99	202.05	174.28	641.98	0.13
121	其中：天生桥一级	120.00	52.12	3.89			192.71	202.59	767.85	64.76
122	红枫水电总厂	23.90	9.43							
123	其中：红枫	2.00	0.73	11.16			6.55	8.15	1232.51	2.76
124	百花	2.20	0.84	11.30			9.84	9.49	1192.44	1.48
125	修文	2.00	0.98	11.82			12.15	11.58	1125.92	0.08
126	窄巷口	4.50	1.21	7.65			14.98	9.26	1086.29	0.05
127	红林	10.20	4.25	3.07			14.99	13.04	1029.27	0.006
128	红岩	3.00	1.41	10.85			16.81	15.30	882.32	0.28
129	李官	1.30	0.39							
130	龙羊峡水电分公司	128.00	33.18	4.56	92.95	44.81	108.97	151.40	2538.29	68.70
131	李家峡水电厂	160.00	46.70	3.23	91.23	305.99	151.22	150.97	2179.41	16.29
132	刘家峡水电厂	135.00	42.96	4.16		38.78	178.00	185.53	1721.19	25.33
133	盐锅峡水电厂	35.20	12.91	11.21	45.57	15.23	188.24	188.24	188.27	0.32
134	大峡水电厂	32.45	14.16	15.19	135.02	73.62	215.17	214.99	1479.85	0.46
135	八盘峡水电厂	22.00	8.05	26.30	69.77	9.94	218.87	211.69	1577.53	0.34
136	青铜峡水电厂	30.20	7.67	21.43	110.30	6.54	192.22	161.41	1155.75	0.32
137	安康水电厂	80.00	16.59	5.78	153.33	37.09	101.07	105.74	318.75	18.07
138	碧口水电厂	30.00	7.20	5.63	121.80	8.39	46.00	46.00	702.42	1.51

（各省水力发电工程学会、电力公司、各水电厂提供资料）

大坝安全

2001年度水电站大坝安全注册登记汇总表

序号	大坝名称	所属水电厂	注册等级	有效时间	注册编号
1	云峰大坝	云峰水电厂	甲级	1998年3月～2003年3月	BQ0021-F220582
2	白山大坝	白山水电厂	甲级	1998年3月～2003年3月	BA0031-F220282
3	红石大坝	白山水电厂	甲级	1998年3月～2003年3月	BA0042-F220282
4	桓仁大坝	桓仁水电厂	甲级	1998年3月～2003年3月	BQ0011-F210522
5	太平哨大坝	太平哨水电厂	甲级	1998年3月～2003年3月	BQ0032-F210624
6	太平湾大坝	太平湾水电厂	甲级	1998年3月～2003年3月	BQ0042-F210624
7	珠窝大坝	下马岭水电厂	甲级	1998年3月～2003年3月	BC0013-F110109
8	落坡岭大坝	下苇甸水电厂	甲级	1998年3月～2003年3月	BC0023-F110109
9	新安江大坝	新安江水电厂	甲级	1998年3月～2003年3月	BG0011-F330182
10	富春江大坝	富春江水电厂	甲级	1998年3月～2003年3月	BG0042-F330122
11	湖南镇大坝	乌溪江水电厂	甲级	1998年3月～2003年3月	BG0051-F330821
12	黄坛口大坝	乌溪江水电厂	甲级	1998年3月～2003年3月	BG0023-F330821
13	百丈漈一级大坝	百丈漈一级水电厂	甲级	1998年3月～2003年3月	BG0033-F330328
14	成屏大坝	成屏水电厂	甲级	1998年3月～2003年3月	BG0083-F332527
15	上标大坝	上标水电厂	甲级	1998年3月～2003年3月	BG0093-F332529
16	紧水滩大坝	紧水滩水电厂	甲级	1998年3月～2003年3月	BG0061-F332523
17	石塘大坝	紧水滩水电厂	甲级	1998年3月～2003年3月	BG0073-F332523
18	毛尖山大坝	毛尖山水电厂	甲级	1998年3月～2003年3月	BF0053-F340828
19	陈村大坝	陈村水电厂	甲级	1998年3月～2003年3月	BF0061-F342529
20	纪村大坝	陈村水电厂	甲级	1998年3月～2003年3月	BF0072-F342529
21	古田溪一级大坝	古田溪水电厂	甲级	1998年3月～2003年3月	BG0012-F352227
22	古田溪二级大坝	古田溪水电厂	甲级	1998年3月～2003年3月	BG0043-F352227
23	古田溪三级大坝	古田溪水电厂	甲级	1998年3月～2003年3月	BG0033-F350124
24	古田溪四级大坝	古田溪水电厂	甲级	1998年3月～2003年3月	BG0053-F350124
25	安砂大坝	安砂水电厂	甲级	1998年3月～2003年3月	BG0062-F350481
26	华安闸坝	华安水电厂	甲级	1998年3月～2003年3月	BG0073-F350629
27	池潭大坝	池潭水电厂	甲级	1998年3月～2003年3月	BG0082-F350429
28	沙溪口大坝	沙溪口水电厂	甲级	1998年3月～2003年3月	BG0092-F352101
29	范厝大坝	范厝水电厂	甲级	1998年3月～2003年3月	BG0103-F350428
30	良浅大坝	良浅水电厂	甲级	1998年3月～2003年3月	BG0113-F350429

续表

序号	大坝名称	所属水电厂	注册等级	有效时间	注册编号
31	水口大坝	水口发电有限公司	甲级	1998年3月～2003年3月	BG0121-F350124
32	水东大坝	尤溪水东水电公司	甲级	1998年3月～2003年3月	BG0132-F350426
33	万安溪大坝	万安溪水电公司	甲级	1998年3月～2003年3月	BG0142-F350601
34	石泉大坝	石泉水电厂	甲级	1998年3月～2003年3月	BF0012-F612423
35	刘家峡大坝	刘家峡水电厂	甲级	1998年3月～2003年3月	BD0021-F622923
36	盐锅峡大坝	盐锅峡水电厂	甲级	1998年3月～2003年3月	BD0012-F622923
37	八盘峡大坝	八盘峡水电厂	甲级	1998年3月～2003年3月	BD0032-F620104
38	碧口大坝	碧口水电厂	甲级	1998年3月～2003年3月	BF0042-F622626
39	青铜峡大坝	青铜峡水电厂	甲级	1998年3月～2003年3月	BD0012-F642102
40	流溪河大坝	流溪河水电厂	甲级	1998年3月～2003年3月	BH0012-F440122
41	南水大坝	南水水电厂	甲级	1998年3月～2003年3月	BH0031-F440232
42	新丰江大坝	新丰江水电厂	甲级	1998年3月～2003年3月	BH0021-F441601
43	长湖大坝	长湖水电厂	甲级	1998年3月～2003年3月	BH0042-F441822
44	枫树坝大坝	枫树坝水电厂	甲级	1998年3月～2003年3月	BH0051-F441622
45	长潭大坝	长潭水电厂	甲级	1998年3月～2003年3月	BQ0062-F441427
46	青溪大坝	青溪水电厂	甲级	1998年3月～2003年3月	BQ0073-F441422
47	西津大坝	西津水电厂	甲级	1998年3月～2003年3月	BH0012-F452122
48	拉浪大坝	宜州水电厂	甲级	1998年3月～2003年3月	BH0033-F452702
49	麻石大坝	麻石水电厂	甲级	1998年3月～2003年3月	GB0043-F452229
50	大化大坝	大化水电厂	甲级	1998年3月～2003年3月	BH0052-F452731
51	岩滩大坝	岩滩水电厂	甲级	1998年3月～2003年3月	BH0061-F452731
52	花溪大坝	花溪电站	甲级	1998年3月～2003年3月	BF0012-F520111
53	红枫大坝	红枫发电总厂	甲级	1998年3月～2003年3月	BF0022-F522502
54	百花大坝	红枫发电总厂	甲级	1998年3月～2003年3月	BF0042-F520113
55	修文大坝	红枫发电总厂	甲级	1998年3月～2003年3月	BF0033-F522524
56	窄巷口大坝	红枫发电总厂	甲级	1998年3月～2003年3月	BF0053-F522524
57	红林大坝	红枫发电总厂	甲级	1998年3月～2003年3月	BF0083-F522524
58	红岩大坝	红枫发电总厂	甲级	1998年3月～2003年3月	BF0063-F522524
59	乌江渡大坝	乌江渡发电厂	甲级	1998年3月～2003年3月	BF0071-F522121
60	天生桥二级大坝	天生桥水电总厂	甲级	1998年3月～2003年3月	BH0091-F522328
61	大广坝大坝	大广坝水电公司	甲级	1998年3月～2003年3月	BQ0021-F460032
62	葛洲坝大坝	葛洲坝水电厂	甲级	1998年3月～2003年3月	BF0011-F420501
63	隔河岩大坝	隔河岩水电厂	甲级	1998年3月～2003年3月	BF0021-F420528
64	柘溪大坝	柘溪水电厂	甲级	1998年3月～2003年3月	BF0021-F432326
65	花木桥大坝	沙田水电厂	甲级	1998年3月～2003年3月	BF0033-F432828
66	凤滩大坝	凤滩水电厂	甲级	1998年3月～2003年3月	BF0041-F433022
67	上犹江大坝	上犹江电厂	甲级	1998年3月～2003年3月	BF0012-F362125
68	洪门大坝	洪门水电厂	甲级	1998年3月～2003年3月	BF0022-F362522

续表

序号	大坝名称	所属水电厂	注册等级	有效时间	注册编号
69	江口大坝	江口水电厂	甲级	1998年3月～2003年3月	BF0032-F360501
70	柘林大坝	柘林水电开发公司	甲级	1998年3月～2003年3月	BF0041-F360425
71	罗湾大坝	罗湾水电厂	甲级	1998年3月～2003年3月	BF0053-F362232
72	万安大坝	万安水电厂	甲级	1998年3月～2003年3月	BF0061-F362428
73	苦蒿坪大坝	岷江电厂	甲级	1998年3月～2003年3月	BF0013-F511181
74	龚嘴大坝	龚嘴水电总厂	甲级	1998年3月～2003年3月	BF0022-F511111
75	映秀湾大坝	映秀湾水电总厂	甲级	1998年3月～2001年3月	BF0033-F513221
76	渔子溪大坝	映秀湾水电总厂	甲级	1998年3月～2003年3月	BF0043-F513221
77	南桠河三级闸坝	南桠河发电厂	甲级	1998年3月～2003年3月	BF0053-F513125
78	耿达大坝	映秀湾水电总厂	甲级	1998年3月～2003年3月	BF0063-F513221
79	太平驿大坝	太平驿水电厂	甲级	1998年3月～2003年3月	BF0073-F513221
80	狮子滩大坝	狮子滩水电厂	甲级	1998年3月～2003年3月	BF0022-F510221
81	上硐大坝	上硐水电厂	甲级	1998年3月～2003年3月	BF0013-F510221
82	回龙寨大坝	回龙寨水电厂	甲级	1998年3月～2003年3月	BF0043-F510221
83	下硐大坝	下硐水电厂	甲级	1998年3月～2003年3月	BF0033-F510221
84	大洪河大坝	大洪河水电厂	甲级	1998年3月～2003年3月	BF0052-F510221
85	以礼河一级坝	以礼河水电厂	甲级	1998年3月～2003年3月	BF0032-F532233
86	以礼河二级坝	以礼河水电厂	甲级	1998年3月～2003年3月	BF0013-F532233
87	以礼河三级坝	以礼河水电厂	甲级	1998年3月～2003年3月	BF0043-F532233
88	西洱河一级闸坝	西洱河水电厂	甲级	1998年3月～2003年3月	BI0102-F532901
89	西洱河二级闸坝	西洱河水电厂	甲级	1998年3月～2003年3月	BI0093-F532901
90	西洱河三级闸坝	西洱河水电厂	甲级	1998年3月～2003年3月	BI0113-F532922
91	西洱河四级闸坝	西洱河水电厂	甲级	1998年3月～2003年3月	BI0073-F532922
92	六郎洞大坝	六郎洞水电厂	甲级	1998年3月～2003年3月	BH0024-F532626
93	大寨闸坝	大寨水电厂	甲级	1998年3月～2003年3月	BH0083-F532226
94	鲁布革大坝	鲁布革水电厂	甲级	1998年3月～2003年3月	BH0112-F532226
95	漫湾大坝	漫湾水电厂	甲级	1998年12月～2003年12月	BI0131-F533523
96	东津大坝	东津水电厂	甲级	1998年12月～2003年12月	BF0072-F360425
97	东风大坝	东风发电厂	甲级	1998年12月～2003年12月	BF0102-F522502
98	十三陵上池大坝	十三陵蓄能电厂	甲级	1999年3月～2004年3月	BC0031-F110221
99	莲花大坝	莲花水电厂	甲级	1999年8月～2004年8月	BA0011-F231083
100	镜泊湖堤坝	镜泊湖水电厂	甲级	1999年8月～2004年8月	BA0021-F231084
101	五强溪大坝	五强溪水电厂	甲级	1999年9月～2004年9月	BF0061-F433022
102	铜街子大坝	龚嘴水电总厂	甲级	1999年12月～2004年12月	BF0082-F511111
103	潘家口下池坝	潘家口蓄能电厂	甲级	1999年12月～2004年12月	BC0041-F130227
104	大峡大坝	大峡水电厂	甲级	2000年12月～2005年12月	BD0012-F620123
105	丰满大坝	丰满水电厂	甲级	2000年12月～2005年12月	BA0011-F220211
106	高砂大坝	高砂水电有限公司	甲级	2000年12月～2005年12月	BG0153-F350427

续表

序号	大坝名称	所属水电厂	注册等级	有效时间	注册编号
107	宝珠寺大坝	宝珠寺水电厂	甲级	2000年12月～2005年12月	BF0091-F510801
108	回龙山大坝	桓仁水电厂	乙级	2001年3月～2004年3月	BQ0022-F210522
109	白渔潭大坝	白渔潭水电厂	丙级	2001年3月～2004年3月	BF0013-F430422
110	龙羊峡大坝	龙羊峡发电分公司	甲级	2001年3月～2006年3月	BD0011-F632521
111	马迹塘大坝	马迹塘水电厂	乙级	2001年3月～2004年3月	BF0053-F432325
112	以礼河四级坝	以礼河发电厂	乙级	2001年3月～2004年3月	BF0063-F532233
113	洛东大坝	宜州水电厂	丙级	2001年10月～2004年10月	BH0023-F452702
114	船场溪大坝	船场溪水电厂	甲级	2001年10月～2006年10月	BG0024-F350627
115	牛路岭大坝	牛路岭水电厂	乙级	2001年10月～2004年10月	BQ0012-F460002
116	东江大坝	东江水电厂	甲级	2001年10月～2006年10月	BF0061-F432802
117	小东江大坝	东江水电厂	甲级	2001年10月～2006年10月	BF0073-F432802
118	李官大坝	红枫水电总厂	乙级	2001年10月～2004年10月	BF0114-F520112
119	普定大坝	红枫水电总厂	甲级	2001年10月～2006年10月	BF0112-F522527
120	绿水河大坝	绿水河水电厂	甲级	2001年10月～2006年10月	BI0053-F532501
121	平地哨拦河闸	石龙坝水电厂	乙级	2001年12月～2004年12月	BI0145-F530112

（大坝安全监察中心　金常林）

2001年～2002年部分水电站大坝补强加固及监测设施更新改造一览表

序号	大坝名称	补强加固工程项目	监测设施更新改造项目
1	十三陵上池	主坝右坝肩平台顶面防护改为混凝土防护平台，以保证右坝肩的排水系统正常	大坝安全监测自动化系统改造
2	云峰	大坝挡水坝段下游面补强加固工程	大坝漏水和侧向位移自动化观测系统改造
3	丰满	溢流闸墩裂缝处理及闸墩侧墙加固；溢流闸门系统改造工程	BL32坝段正垂线自动化改造；坝顶激光观测系统改造
4	桓仁	16～17号坝段裂缝处理，防止裂缝扩大	进行观测自动化改造；垂线系统大修
5	太平哨	高孔溢流面空蚀修补，防止溢流面破坏；大坝0～7.5m伸缩缝漏水处理；闸墩裂缝加固处理，恢复闸墩的整体性	
6	新安江	右岸导流墙裂缝处理；右坝头坝基综合治理可行性方案研究；右坝基页岩化灌试验可行性方案研究	计划对大坝安全监测系统进行二期改造
7	富春江	左装间下游挡墙裂缝防渗漏处理；溢流坝鼻坎气蚀混凝土面水下处理；坝顶公路桥大修；左、右岸灌溉渠首闸门及操作系统大修	大坝安全监测自动化系统改造
8	紧水滩	2号中孔泄槽底板中段混凝土缺陷处理	
9	凤滩	厂房防水堵漏工程；220kV升压站改造160平台加固工程	大坝安全监测自动化系统部分改造
10	柘溪	大坝迎水面裂缝处理及挑流鼻坎改型	对部分监测设备进行了更新改造
11	马迹塘	厂房3号机组右边墙预应力加固处理	

续表

序号	大坝名称	补强加固工程项目	监测设施更新改造项目
12	五强溪	中孔泄水槽处理；船闸漏水段大修；结构缝漏水处理	船闸内观系统改造；大坝渗漏水监测改造
13	白渔滩	右岸抗洪水保护；坝体补强加固；梳齿孔回填	
14	万安	机组，尾水门，表底孔水下混凝土检查，修补	在基础廊道内安装测压计；建立管理系统
15	上犹江	溢洪道定轮门大修、喷锌、更换有关轴承水封；大坝伸缩缝槽钢更换或防腐处理	
16	东津		建立了内观自动化监测系统
17	洪门		大坝安全监测系统自动化改造
18	罗湾	在大坝迎水面浇筑一层沥青混凝土防渗面板	
19	盐锅峡	对坝顶防浪墙大修；部分管路明管段防暴加固处理	完成监测自动化软件升级
20	八盘峡	5～7号闸坝护坦补强加固工程	
21	碧口	左岸排沙洞出口至左泄出口段岸坡防护；尾水渠及左导墙补强加固；2号压力钢管上平段补强加固	完成监测自动化软件升级
22	青铜峡	7、8、13、14号泄水管底板冲刷部位补强加固；4号机组3号胸墙上游侧裂缝化灌处理；横向观测廊道防渗处理	
23	龙羊峡		全面对监测系统进行改造
24	托海	右岸绕渗补强灌浆处理	
25	大山口	右重力墩裂缝深层化学灌浆处理，右副坝廊道灌浆；右重力墩16根预应力锚束施工；坝基础渗漏处理	进行了监测系统自动化改造
26	铜街子	基础排水孔扫孔、新增加扬压力观测设施项目	进行了正倒垂孔的改造
27	渔子溪	泄洪排沙洞底板护面钢板修复	对监测系统进行了自动化改造
28	太平驿	启闭机房定、墙面防漏水处理及闸底水封处理；下游河床清淤及左岸护坡	
29	狮子滩	2～4号溢洪道闸孔改造	计划改用真空激光系统
30	漫湾	泄洪建筑物大修；上下游河道、岸坡治理、修补；左岸高程999米观测洞坍塌混凝土衬砌	
31	鲁布革	大坝启闭系统大修，大坝照明大修；调压井闸门防腐	
32	普定	4、21号坝段裂缝化学灌浆处理	
33	红枫		对监测系统进行了更新改造
34	大化	对大坝、厂房部分裂缝进行了化学灌浆处理；厂房安装间底板裂缝预应力锚束加固处理；下游左岸护坡大修	
35	洛东	大坝加高；计划对厂房挡水墙进行加固	
36	拉浪	左岸坝肩渗漏处理、右岸坝肩渗漏处理，堵塞渗漏通道	
37	西津	更换2、3、15、16号溢流坝工作闸门并改造启闭方式	大坝安全监测系统自动化改造
38	池潭	大坝下游尾水闸门基础孔谷补强加固；尾水管侧壁竖井裂缝和蜗壳廊道沥青处理；大坝坝前水下检查和安全观测系统维护；上坝公路塌方处理	
39	水口	大坝溢洪道反弧段护面处理；对4号机组钢衬脱空进行灌浆	完成扬压力、廊道静力水准、坝顶引张线观测系统改造
40	古田溪一级	大坝伸缩缝大修；右岸护坡大修；坝顶路面大修	对大坝自动监测系统进行了大修
41	古田溪二级	大坝右岸接头重力坝进行了补强加固	对大坝自动监测系统进行了大修
42	古田溪三级	右岸接头重力坝补强加固；进水口拦栅大修；对大坝面板防渗进行了补强加固	对大坝自动监测系统进行了大修

续表

序号	大坝名称	补强加固工程项目	监测设施更新改造项目
43	古田溪四级	进水口拦栅大修	计划进行监测系统自动化改造
44	沙溪口	厂房大梁裂缝加固处理；大坝消力池护坦补强加固	引张线监测系统大修；船闸垂直位移监测系统进行了改造
45	安砂	对防渗墙灌浆廊道析出物孔的灌浆封堵；闸门大修；4、5号坝段横缝漏水处理；拦污栅前清淤	实现了伸缩缝的自动监测；装载 DAU
46	华安	大坝帷幕灌浆；左、右岸坝肩基础回填灌浆、扬压力孔修复；下游右岸坡加固	
47	船场溪	渠道进水口改造工程	
48	葛洲坝	水下修补排沙底孔检修门底坎冲坑	进行二江泄水闸自动化监测系统改造
49	乌江渡	尾水右岸冲坑 1～3 段补强消缺、溢洪道表面气蚀修补	计划进行大坝安全监测自动化改造
50	东风	溢洪道修补；中孔检修闸门竖井混凝土防渗处理；尾水护坡修复	计划进行监测系统一体化改造
51	天生桥二级	对水毁部位进行了修复	大坝安全监测系统自动化改造
52	新丰江	放水洞有压段渗白浆化学灌浆	大坝安全监测系统自动化改造
53	南水	泄洪洞加固	T3 经纬仪更换及相应的系统改造

（大坝安全监察中心　金常林）

水电站大坝安全第二轮定期检查汇总表

主管单位	大坝安全定期检查情况		
	已经完成	正在进行	尚未开展
华北电力公司	潘家口下池、珠窝、落坡岭		十三陵上池
东北电力公司		云峰、太平湾	白山、红石、丰满
黑龙江省电力公司	镜泊湖		莲花
华东电力集团公司	富春江	新安江	
华能集团公司		石塘	
浙江省电力公司	百丈漈一级、黄坛口、湖南镇	紧水滩	
安徽省电力公司	纪村、梅山	陈村	毛尖山
福建省电力公司	古田一级、安砂、沙溪口、范厝、万安溪、水东	古田二、三、四级，良浅，华安，池潭	高砂、水口、船场溪二级
湖北省清江开发公司			隔河岩
中国长江三峡工程开发总公司	葛洲坝大江		葛洲坝二江、三江
江西省电力公司	上犹江、罗湾、柘林	万安、洪门	东津、江口
湖南省电力公司	东江、小东江	沙田、柘溪、马迹塘、白渔潭	凤滩、五强溪
湖北省电力公司		黄龙滩	南河
西北电力公司	石泉		安康、李家峡
青海省电力公司			龙羊峡
甘肃省电力公司	刘家峡、盐锅峡、八盘峡、碧口		
宁夏电力公司	青铜峡		

续表

主管单位	大坝安全定期检查情况		
	已经完成	正在进行	尚未开展
南方电力联营公司	天生桥二级		
重庆电力公司		大洪河、狮子滩	上硐、下硐、回龙寨
四川省电力股份公司	苦蒿坪，渔子溪一级、二级，太平驿	映秀湾、南桠河三级	宝珠寺
贵州省电力公司	乌江渡、修文、李官、普定、红岩、百花	红枫、窄巷口、红林	东风
云南省电力公司	绿水河、六郎洞、以礼河一、二、三、四级	西洱河一、二、三、四级	鲁布革、大寨、漫湾
广西电力公司	西津、拉浪、麻石	大化	洛东、岩滩
广东省电力公司	枫树坝，新丰江，流溪河，长湖，广蓄上、下库坝	南水、南告、清溪、长潭	
海南省电力公司	大广坝		牛路岭
国投电力公司			大峡
国电电力公司	太平哨、桓仁、回龙山、龚嘴		铜街子
新疆电力公司	大山口、铁门关、托海		
浙江丽水电力公司	成屏、上标		
合计（座）	64	35	32
总计（座）	131		

注 1. 按照国家电力公司安运技［1998］62号文《关于开展第二轮水电站大坝安全定期检查有关规定的通知》，第二轮定期检查共安排131座大坝（广州抽水蓄能电站按上、下库两座坝计）。但山西天桥大坝已经于1998年归地方管理；安徽的梅山、佛子岭、响洪甸、磨子潭4座大坝已于2001年11月均划归地方管理，除梅山大坝已经完成第二轮定期检查外，其余4座大坝均不做定期检查。新疆的大山口、铁门关、托海，广东的南告4座大坝是二轮定期检查中新增的大坝，现已经完成定期检查工作，所以在第二轮定期检查中仍应完成131座大坝定期检查。

2. 在尚未进行第二轮定期检查的32座大坝中，有的新建工程如宝珠寺、安康、李家峡、龙羊峡、东津、高砂6座水电站工程竣工安全鉴定工作完成时间不久，可以代替本轮定期检查，故二轮定期检查应完成125座大坝。2002年计划开展29座大坝定期检查（详见下表），现已有24座在年内启动。

（大坝安全监察中心 郑子祥）

2002年内新开展大坝定期检查工作计划

序号	主管单位	大坝名称	开始时间	完成时间	备注
1	华东电力公司	新安江	2002年1月	2003年6月	已经开展
2	福建省电力公司	华安	2002年1月	2003年6月	已经开展
3		池潭	2002年10月	2003年10月	已经开展
4	广东省电力公司	长潭	2002年1月	2003年2月	已经开展
5		清溪	2002年1月	2003年2月	已经开展
6	云南省电力公司	绿水河	2002年3月	2002年11月	已经开展
7		六郎洞	2002年3月	2002年11月	已经开展
8		以礼河二级	2002年3月	2002年11月	已经开展
9		以礼河三级	2002年3月	2002年11月	已经开展
10		以礼河四级	2002年3月	2002年11月	已经开展
11	广西电力公司	大化	2002年3月	2003年1月	已经开展

续表

序号	主管单位	大坝名称	开始时间	完成时间	备注
12	四川省电力公司	映秀湾	2002年3月	2002年11～12月	已经开展
13		南桠河三级	2002年4～5月	2002年11～12月	已经开展
14	江西省电力公司	万安	2002年5月	2003年3月	已经开展
15		洪门	2002年7月	2003年1月	已经开展
16	东北电力公司	云峰	2002年5月	2002年12月	已经开展
17		太平湾	2002年12月	2003年12月	已经开展
18	浙江省电力公司	紧水滩	2002年7月	2003年10月	已经开展
19	华能集团公司	石塘	2002年7月	2003年10月	已经开展
20	湖北清江开发公司	隔河岩	2002年7月	2003年10月	
21	中国长江三峡工程开发总公司	葛洲坝（二江、三江）	2002年9月	2003年12月	
22	安徽省电力公司代管	毛尖山	2002年10月	2003年12月	
23	湖南省电力公司	白渔潭	2002年9月	2003年12月	已经开展
24	湖北省电力公司	南河	2002年12月	2003年12月	
25	重庆电力公司	狮子滩	2002年10月	2003年10月	已经开展
26	贵州省电力公司	红枫	2002年9月	2003年6月	已经开展
27		窄巷口	2002年9月	2003年6月	已经开展
28		红林	2002年9月	2003年6月	已经开展
29	海南省电力公司	牛路岭	2002年12月	2003年12月	

（大坝安全监察中心　郑子祥）

小水电及农村电气化

2001年全国农村水电（小型水电）装机及发电情况表

地区	装机容量		年发电量		地区	装机容量		年发电量	
	kW	%	kW·h	%		kW	%	kW·h	%
全国	28787476	100.00	9490187	100.00	江苏	32746	0.11	4585	0.05
北京	45093	0.16	3087	0.03	浙江	1872792	6.51	469347	4.95
天津	5800	0.02	932	0.01	安徽	338843	1.18	49514	0.52
河北	317257	1.10	30403	0.32	福建	3264375	11.34	1220856	12.86
山西	151051	0.52	19075	0.20	江西	1180284	4.10	330143	3.48
内蒙	49227	0.17	8533	0.09	山东	78249	0.27	6524	0.07
辽宁	192945	0.67	37351	0.39	河南	318418	1.11	55201	0.58
吉林	294749	1.02	77090	0.81	湖北	1465651	5.09	366951	3.87
黑龙江	180900	0.63	35112	0.37	湖南	2397918	8.33	860232	9.06

续表

地区	装机容量 kW	装机容量 %	年发电量 kW·h	年发电量 %	地区	装机容量 kW	装机容量 %	年发电量 kW·h	年发电量 %
广东	3716152	12.91	1244642	13.12	西藏	158798	0.55	18300	0.19
广西	1896955	6.59	704275	7.42	陕西	453109	1.57	103692	1.09
海南	216169	0.75	70425	0.74	甘肃	415568	1.44	141878	1.49
重庆	1023309	3.55	344707	3.63	青海	234412	0.81	83793	0.88
四川	4131607	14.35	1547175	16.30	宁夏	3200	0.01	800	0.01
贵州	1008467	3.50	365725	3.85	新疆	722223	2.51	216359	2.28
云南	2621209	9.11	1073480	11.31					

（水利部 赵 虹）

2001年全国农村水电（小型水电）电气化县建设情况表

覆盖面积（km^2）	耕地面积合计（万 hm^2）	电力排灌面积（万 hm^2）	总人口（人）	通电乡 数量（个）	通电乡 通电率（%）	通电村 数量（个）	通电村 通电率（%）	通电户 数量（户）	通电户 通电率（%）
1989399	1120677.8	114613.1	152140768	7941	99.37	111296	98.75	39991320	97.85

年末拥有装机容量 合计（kW）	年末拥有装机容量 水电（kW）	当年新增装机容量 合计（kW）	当年新增装机容量 水电（kW）	在建装机容量 合计（kW）	在建装机容量 水电（kW）	本年完成投资（万元） 累计完成投资（万元）	本年完成投资（万元） 合计	按资金来源分 中央投资	按资金来源分 地方投资	按资金来源分 国内贷款	按资金来源分 县自筹	水库总库容（亿 m^3）
13794200	12311984	633136	562140	2591815	2497810	725280	725280	71192	611719	402055	185314	3265

年发电量 合计（万 kW·h）	年发电量 水电（万 kW·h）	厂用电量（万 kW·h）	年用电量 合计（万 kW·h）	年用电量 人均年用电量（kW·h/人）	年用电量 生活用电量（万 kW·h）	年用电量 户均年生活用电量（kW·h/人）	年用电量 工业用电量（万 kW·h）	年用电量 农业用电量（万 kW·h）	年用电量 其他用电量（万 kW·h）
4633756	4046934	98182	5598437	368	1352200	331	3331579	535570	379088

注 本表所列数据未包括西藏自治区和新疆生产建设兵团。

（水利部 赵 虹）

科技研究成果

2001年水电系统项目获中国电力科学技术奖（部级）成果介绍

2001年水电系统项目获中国电力科学技术奖（部级）成果统计见表1。

表1　2001年水电系统项目获中国电力科学技术奖（部级）表

序号	获奖名称	获奖等级	获奖单位	获奖人员
1	溪洛渡水电站高拱坝大流量泄洪消能关键技术的试验研究	二等	成都勘测设计研究院、中国水利水电科学研究院、清华大学、四川大学、河海大学	肖白云　高季章　刘之平　陈长植　杨永全　郭　军　周　钟　张　东　陈永灿　孙德根
2	溪洛渡及小湾水电站超大型地下洞室群合理布置及围岩稳定研究	二等	成都勘测设计研究院、河海大学、武汉大学、天津大学、清华大学、大连理工大学、中国科学院武汉岩土力学研究所	王仁坤　李　杰　尹晓林　姜弘道　卓家寿　俞裕泰　钟登华　金　峰　林　皋　速宝玉
3	水电工程快速钻探新技术的开发和应用	三等	成都勘测设计研究院、成都理工学院、中国地质科学院探矿工艺研究所	楼日新　张道云　李子章　陈礼仪　袁学武　李政昭　胥建华
4	刘家峡水电站泄洪道2号孔7×15.304-62.25m浮体检修闸门设计研究	三等	西北勘测设计研究院	罗同喜　郭明合　丁晓利　刘兰萍　顾　梅　潘晓曼　任国梁
5	福建省水口、沙溪口水电站环境影响后评估	三等	华东勘测设计研究院、福建省水利水电勘测设计研究院、福建省动物学会、福建省电力有限公司、福建省水口水电站工程建设公司	芮建良　项立新　陈奉良　张祖生　丁明明　邓秀梅　李　健
6	大型水电站变顶高尾水洞工作特性的研究	三等	武汉大学	杨建东　陈鉴治　赖　旭　蔡维由　孙利华　雷　艳　楚湘林
7	强震区面板坝大型振动台模型试验及动力分析	三等	中国水利水电科学研究院、大连理工大学、青海省水利厅黑泉水库工程建设局、青海省水利水电勘测设计研究院	刘小生　王钟宁　赵剑明　孔宪京　刘启旺　沈靖国　袁辉
8	高面板坝新型止水结构、新型止水材料研究及应用	三等	中国水利水电科学研究院、湖北清江水电开发有限责任公司、水电水利规划设计总院	贾金生　郝巨涛　吕小彬　陈肖蕾　许　临　鲁一晖　杜振坤
9	华北电网利用十三陵抽水蓄能电厂机组进行"黑启动"的试验研究	三等	华北电力科学研究院等	杨祝辉等

（一）溪洛渡水电站高拱坝大流量泄洪消能关键技术的试验研究

（主要完成单位：成都勘测设计研究院等；主要完成人：肖白云等）

该项研究为多项水力学研究的综合成果，在坝身宣泄流量30000m³/s的关键技术、新型的"反拱型"水垫塘泄洪隧洞体型及导流洞改建为大流量的泄洪隧洞等方面均有突破，取得了重大的进展。

该专题针对溪洛渡高拱坝泄洪消能关键技术进行科技攻关。通过优化表孔、深孔体型和采用反拱消力池底板等一系列结构措施，解决了坝身宣泄流量30000m³/s的关键难题，在国内外高拱坝中尚无先例；通过大比尺水工模型试验和对水垫塘内的水流流态、紊动特征、流速分布和下游水位波动等因素的研究，揭示了水垫塘消能机理和底板稳定性控制条件，为溪洛渡水电站水垫塘反拱底板的创新设计提供了重要的科学依据。该专题研究还提出了新型的“三维弯道”和“龙落尾式”高水头大流量的泄洪隧洞体型，研究中采用三维紊流计算和水工模型试验等多种手段对弯道水流的流态和隧洞空化现象进行了对比分析和论证，在关键技术上取得了重大突破。深入研究了高水头（$H>200$m）、大流量（$Q>2000m^3/s$）的旋流竖井式泄洪消能的水力学问题，为导流洞改建为泄洪洞提供了重要试验资料，初步解决了蜗壳室与引水洞、竖井与泄洪洞连接型式、结构尺寸和掺气减蚀工程措施等技术问题，为溪洛渡工程利用导流洞改建为泄洪洞创造了条件。高水头、大流量旋流竖井式泄洪洞的设计计算方法具有创新性，解决溪洛渡工程的泄洪消能中的重大技术问题，优化其泄洪消能布置和枢纽布置，对促进溪洛渡工程近期开工建设，提高中国的高拱坝建设水平具有重要意义。

该专题研究成果已应用于溪洛渡工程设计，基本解决了该工程泄洪消能布置和结构设计的关键技术问题。研究提出的多项水力学研究成果和水工布置、结构设计方案，为解决类似高拱坝泄洪消能问题提供了重要的参考资料，具有广泛的推广应用价值。

该成果获 2001 年度中国电力科学技术二等奖。

（二）溪洛渡及小湾水电站超大型地下洞室群合理布置及围岩稳定研究

（主要完成单位：成都勘测设计研究院等；主要完成人：王仁坤等）

该专题主要结合溪洛渡、小湾工程地下厂房洞室群设计中的重大技术问题进行攻关。研究内容紧密结合依托工程，提出了适于地下工程特点的一些分析方法和评判准则，提高了对地下工程节理岩体渗流特性及规律、地下洞室围岩稳定与支护方式安全评价的认识水平和分析判断能力；在研究方法上完善和开拓了许多新颖、精确的分析方法，使分析计算快速高效，更加符合工程实际；形成了地下洞室静、动力分析和施工动态仿真分析等较完整的分析模拟系统，提出了不少的新模型、新方法和新技术，为超大型地下洞室群设计和施工的继续攻关奠定了坚实的基础，取得了以下几个方面的突出成就：

(1) 针对溪洛渡工程特点，运用适用于复杂地层结构和超大型地下构筑物的有限元网格自动生成的“断面节点控制法”、“高密度排水系统快速模拟生成法”和渗流应力耦合模型对溪洛渡地下厂房进行渗流控制优化和渗流场与应力场的耦合分析，证明这套分析系统实用，成果合理。该方法的运用大大提高了工作效率，保证了溪洛渡工程设计研究工作的顺利完成。

(2) 运用分区界面元—有限元—无限元耦合算法、围岩稳定性广角度量化评判体系、计算机网络计算模式、多体有限元法、非线性块体单元法于溪洛渡工程地下洞室群围岩变形、应力和稳定性分析中，为工程设计提供了重要的科学依据。

(3) 将二维动力时域边界元—可变形体离散元耦合模型和分析软件用于分析辐射阻尼和地震输入对溪洛渡工程地下厂房洞室群动力变形稳定的影响。运用围岩介质动力影响的实用计算方法论证了地震高应力部位、范围、应力幅度。

(4) 运用三维弹塑性有限元的可靠度计算方法对溪洛渡工程地下厂房多种随机因素和施工开挖步序进行分析。计算和分析了围岩的安全可靠性对设计变量的敏感性，为溪洛渡水电站的设计、施工和运行提供依据。

(5) 运用三维弹塑性损伤有限元、施工分期开挖耗散能优化评估方法和爆破对围岩稳定影响的计算方法完成了溪洛渡工程左、右岸洞室群围岩稳定和施工开挖分析，提出了最优开挖顺序的方案。运用集循环网络计算机模拟技术、可视化面向资源建模技术、网络计划分析与优化技术及动态演示技术于一体的地下洞室群施工系统分析理论方法，为溪洛渡工程地下洞室群施工系统仿真及进度研究提供了一种崭新的思想方法，满足了溪洛渡工程地下洞室群施工进度分析的要求。

(6) 研制、开发的应用分析软件和专家系统为溪洛渡、小湾工程地下洞室群设计提供了先进的分析计算手段和高效的安全评价能力。

该专题的主要科研成果为溪洛渡和小湾工程设计提供了科学依据和重要手段，解决了设计过程中的关键性技术问题，确立了选定方案洞室群布置与设计的合理性、安全性和经济性。通过研究超大型地下洞室群有关共性的关键技术，为中国在复杂地形、地质条件下修建超大型地下厂房积累了设计经验，对国内外超大型地下洞室群的围岩稳定与支护方式研究、渗流控制研究、施工进度与动态仿真研究和抗震稳定性研究将产生较大的推动和指导作用，具有良好的应用前景。

该成果获 2001 年度中国电力科学技术二等奖。

（三）水电工程快速钻探新技术的开发和应用

（主要完成单位：成都勘测设计研究院等；主要完成人：楼日新等）

该项目针对溪洛渡水电站可行性研究阶段勘测设计工作急需解决的钻探技术难题，并结合当前水利水电工程地质钻探普遍存在的薄弱环节进行了四个子课题研究。全部研究成果均已在实际生产中应用并取得了良好的效果，项目主要内容为：

(1) 岩心定向新技术研究：研制的 SDQ-91 型定

向取心器可在同一回次内完成定向取心工序，节约了工时，减轻了体力劳动，提高了定向作业的可靠性。岩心定向新技术作为利用钻孔揭示了地下层及结构面产状的新手段，在加快水电站的工程地质勘察的进程中将起到重要作用。

(2) 适合溪洛渡工程地层条件的金刚石钻头研制：通过对溪洛渡工程地层岩石特性的认识和对钻头碎岩、磨损机理的分析，研制出了以663—Cu为基础黏结料、并加入Ni、Ti等组元的全新胎体配方；钻头设计中引入了两级级配的金刚石粒度设计；钻头寿命、时效均大幅提高，达到了预想的目的。这种钻头较好地适应了该水电站各类地层的钻进需求，在原料、加工、制作等环节的成本与现场已使用过的钻头相当或稍低的情况下，随着钻进时效和使用寿命的提高，将使每米钻头成本下降30%，推广的经济前景可观。

(3) 新型复合胶无黏土冲洗液研究：找到了SM植物胶的替代产品，解决了SM植物资源短缺、供不应求的矛盾；使用可种植再生的天然高聚物和复合高聚物，采用交联提胶改进方法配制了无黏土冲洗液，应用于复杂地层的钻探。

(4) 冲击式金刚石取心跟管钻进技术研究：完整地提供了一套在严重漏失、松散破碎等复杂地层钻进的新技术；将跟管钻进与金刚石液动冲击回转钻进有机地结合起来，实现了钻进过程中不提钻柱就可下入同径套管，并提高了钻进效率，确保了岩心采取率；采用机械楔顶式张敛原理，并结合砂卵石地层特点设计的跟管钻具，结构设计合理，动作灵活，工作性能可靠。解决了大漏失的松散破碎地层的钻进难题，保证了工程质量，减少了材料消耗，并使综合钻进效率比常规跟管钻进工艺提高了一倍，从而消除了制约依托工程地勘工作库岸滑坡体钻探进度迟缓的因素。此项技术可推广应用于西部地区其他水利水电工程，将取得更大的社会经济效益。

该成果获2001年度中国电力科学技术三等奖。

(四) 刘家峡水电站泄洪道2号孔7×15.304—62.25m浮体检修闸门设计研究

(主要完成单位：西北勘测设计研究院；主要完成人：罗同喜等)

该项目针对刘家峡水电站泄水道2号孔检修门冲蚀严重、影响泄洪、排沙的正常运行，危及大坝安全等问题，设计人员经多个方案比较、论证，决定在进口处设置平板浮体检修闸门进行封堵，形成泄水道2号孔孔内旱地施工条件，进行了泄水道2号孔磨蚀修复处理工程设计研究。

该项目的技术难点是闸门在坝体原型破面上封水和浮体闸门准确就位。为确保这两项关键技术的落实，针对刘家峡水电站泄水道2号孔因磨蚀破坏进行了设计研究，利用针梳原理专门设计了一套新颖的试探装置，独创了水下软向导桩技术、软导向技术、止水橡皮兼作支承技术，设计研究出浮体闸门，成功解决了修复处理检修闸门门槽前段不能进行旱地修复处理的难题。

大坝深水封堵浮体闸门首次应用到刘家峡水电站泄水道2号孔的修复工程，效果良好，该项研究的成功实践为高水头泄水道检修闸门的门型设计开创了一条新路，为高水头泄洪排沙建筑物的进口段检修提供了条件，同时也保证了水电站的安全和正常运行，该项研究成果可在全国推广应用。

该成果获2001年度中国电力科学技术三等奖。

(五) 福建省水口、沙溪口水电站环境影响后评估

(主要完成单位：华东勘测设计研究院等；主要完成人：芮建良等)

该项目主要针对闽江流域水库及下游水质、移民环境、水生生物、环境医学、航运影响、景观旅游、泥沙淤积、水土保持、库岸移定、下游环境、施工等环境影响方面进行了调查后评估，通过公众参与调查，发现了存在的环境问题，对工程环境管理提出了切实可行的建议。

该项目研究的主要内容有：

(1) 首次开展水电梯级开发工程的环境影响后评估，不仅客观地对工程产生的环境影响进行了评估，也为类似工程的后评估提供了参考，为制定后评估规范积累了经验。

(2) 对闽江上、下游梯级水库共布设了24个监测断面，进行了三期六次的水质同步监测，为分析上、下游梯级电站开发对水质的影响及水库沿程水质变化提供了翔实的资料。

(3) 首次进行了同站位长历时和上、下游同步水质的变化趋势分析，客观分析了引起水质变化的原因。

(4) 结合工程环境保护竣工验收进行后评估，并编制了工程环境保护竣工验收调查报告，为工程施工环境管理提供了参考依据。

(5) 采用通过公众参与调查的方式，了解公众关心的环境问题，发现工程建设和运行中存在的环境问题。

水口水电站环境影响后评估作为国家环保总局的试点项目，为制定水电工程环境影响评价和后评估规范提供了依据，为其他工程建设提供了参考和借鉴。

该成果获2001年度中国电力科学技术三等奖。

(六) 大型水电站变顶高尾水洞工作特性的研究

(主要完成单位：武汉大学；主要完成人：杨建

东等）

该项目依托三峡工程，实施模型试验、数值仿真和理论分析相结合的技术路线，选取水机电联合过渡过程物理模拟和数值仿真等关键技术，对大型水电站变顶高尾水洞工作特性进行了深入探索，建立了变顶高尾水洞的设计理论和计算方法，主要创新内容如下：

（1）在探明了变顶高尾水洞内在机理的前提下，提出了变顶高尾水洞体形设计的基本思路和具体步骤，界定了适用条件（即尾水洞的长度在150～600m范围内为宜），明确了变顶高尾水洞恒定流的水力特性。

（2）通过大波动、小波动和水力干扰等过渡过程的研究，发现体型合理的变顶高尾水洞不仅能有效地满足机组调节保证参数的要求，起到取代尾水调压室的作用，而且对调节品质和机组运行稳定所起的作用与尾水调压室相同。

（3）建立了变顶高尾水洞的数学模型和计算方法，研制了计算软件。能初步用于工程方案优化设计，较好地实现了科研成果向工程应用转化。首次开展了水机电联合过渡过程的带模型机组试验。为水电站全流道的物理模拟、完成有关过渡过程和机组运行稳定性研究奠定了基础。

该项研究不仅为三峡水电站依托工程变顶高尾水洞方案的确立提供了大量的试验数据、计算成果和理论依据；也为乌江彭水水电站变顶高尾水洞方案进行了数值仿真计算以及与尾水调压室方案的比较。该成果已用于指导向家坝地下水电站变顶高尾水洞方案专题研究。

变顶高尾水洞是一种新型的水电站管道体型，可取代尾水调压室，满足水电站调节和机组安全、稳定运行的要求。

该成果获2001年度中国电力科学技术三等奖。

（七）强震区面板坝大型振动台模型试验及动力分析

（主要完成单位：中国水利水电科学研究院等；主要完成人：刘小生等）

该项目依托位于强震区的黑泉、紫坪铺等高混凝土面板堆石坝的工程设计，进行了大型振动台模型试验和地震动力反应分析，提出相应的工程抗震措施。主要内容有：

（1）利用大型三向模拟地震振动台进行了大量二维、三维面板坝振动模型试验，考虑了模型设计中的多项影响因素，研究了各项因素对试验结果的影响，得到了模型坝的各项地震反应性状，为改进和验证动力反应分析方法提供了全面系统的基本资料。

（2）研制了面板坝三维非线性有效动力分析方法和计算程序，建立了异性薄层单元，模拟面板与堆石间的接触面特性。

（3）采用割线模量的概念，进行了静、动力反应和地震永久变形分析，并开发了相应室内堆石料动、静力耦合试验仪器和方法及等效线性动、静力耦合计算方法和程序。可以在一个试件上同时测定动、静力参数，在一次计算中完成动、静力反应和地震残余变形计算。

（4）采用等效线性方法对不同模型坝和不同试验方案进行了地震动力反应分析，此结果与模型试验基本一致，验证和改进了等效线性分析方法。应用经过模型试验验证和改进的方法及程序对依托工程进行计算，并提出了有效的抗震工程措施。

（5）根据试验结果，研究分析了小变形下高、低应力状态的土石料动、静应力应变关系存在的相似性，探索推导了一套大型振动台模型试验的相似规律。

该研究以大型振动台模型试验为中心，以试验和多种分析方法相结合，在大型三向模拟地震振动台进行了二维、三维面板坝振动模型试验，得到模型坝的各项地震反应性状，为验证、改进动力反应分析方法提供了全面系统的资料。试验资料已用于面板坝三维等效线性动力分析程序、面板坝三维有效应力与非线性动力分析程序的比较验证。采用改进后的面板坝三维等效线性动力分析程序，对黑泉水库、紫坪铺面板坝进行了地震动力反应分析和抗震安全性的研究，并提出了相应的工程抗震措施。

该研究成果对提高强震区的高土石坝抗震安全性起了重要作用，有广泛应用前景。

该成果获2001年度中国电力科学技术三等奖。

（八）高面板坝新型止水结构、新型止水材料研究及应用

（主要完成单位：中国水利水电科学研究院等；主要完成人：贾金生等）

该项目根据十三陵抽水蓄能电站上池、水布垭（坝高233m）、芹山（坝高122m）等面板堆石坝工程建设的需要，对面板坝的止水结构和止水材料问题进行了研究。项目主要内容有：适应大变形和高水头作用的新型止水结构和止水材料的研究；新型止水结构方案的大型仿真模型试验；复合止水材料及其施工工艺的研究等。

新型塑性嵌缝止水材料的研究确立了嵌缝材料关键技术性能指标，在以往GB止水材料的基础上开发出了GB嵌缝材料，它具有更加优异的流动止水性能。GB类止水材料在耐侵蚀、抗冻融循环、抗老化和施工性能等方面优于国外广泛采用的IGAS嵌缝材料。

基于GB嵌缝止水材料，该项研究为水布垭工程

还设计了GB新型止水结构和GB常规止水结构两种止水方案。通过试验分析论证，表明这些止水结构可以满足水布垭面板坝的止水要求。在上述预计接缝位移作用下，止水结构可以承受2.5MPa的水压力作用。其中GB新型止水结构型式为国内首创，经过芹山面板坝的工程应用表明，与国外提出的常规止水结构型式相比，施工更加可靠，质量更易于保证。

该项研究将模型试验方法和数值分析方法相结合，提出了一种铜止水的新设计方法，围绕GB嵌缝止水材料研究出了GB潮湿面黏结剂、橡胶止水带现场硫化接头仪、GB复合盖板及GB复合技术。研究成果对完善面板坝的接缝止水问题发挥了重要作用。

GB止水材料应用于十三陵抽水蓄能电站上池接缝止水的全池防渗。工程自1995年建成蓄水以来，止水运行正常，渗漏量低于设计要求值，为修建钢筋混凝土全池防渗工程积累了经验。通过大型仿真模型试验证明建议的止水材料和止水结构型式满足水布垭高面板坝。

该成果已成功应用于芹山、柴石滩、乌鲁瓦提、黑泉等100m级面板坝工程。其中芹山面板坝坝高122m，坝顶长286m，该坝采用了GB新型止水结构（面板下部附加了砂性土覆盖工程措施）及配套的施工工艺，大坝蓄水近两年以来，渗漏量小于5L/s，取得了满意的止水效果。

该成果获2001年度中国电力科学技术三等奖。

（九）华北电网利用十三陵抽水蓄能电厂机组进行“黑启动”的试验研究

（主要完成单位：华北电力科学研究院等；主要完成人：杨祝辉等）

该项目研究在首都电网发生全停电的极恶劣情况下，如何安全、快速恢复供电的“黑启动”方案，从华北电网实际出发，较详细地研究了“黑启动”过程中可能出现的发电机组自励磁、工频及暂态过电压、水电机组与火电机组并列运行等问题，确定了12个在理论上可行的“黑启动”方案，制订了“黑启动”试验大纲和调度执行方案。2000年5月，以十三陵抽水蓄能电厂机组为启动电源，通过220kV线路充电至石景山热电厂220kV母线，进而向石景山热电厂火电机组厂用负荷送电，启动石景山热电厂火电机组，最后实现十三陵水电厂机组与石景山热电厂火电机组在低负荷下并列，在华北电网成功地进行了“黑启动”试验，这在中国是首例成功的试验。这项研究成果验证了“黑启动”的可行性，将试验数据与理论计算结果进行比较，证明了理论分析的正确性，该项目的实施，形成了具有可操作性的“黑启动”预案。这些预案对于华北电网发生全停事故后安全、快速地恢复首都供电，从而进一步提高首都电网的安全稳定运行水平具有重大的政治、经济意义。该试验积累的大量试验数据和经验，对国内其他电网的“黑启动”研究具有指导意义。

该成果获2001年度中国电力科学技术三等奖。

（中国水电顾问有限公司　李晓新）

2002年水电系统项目获中国电力科学技术奖（部级）成果介绍

2002年水电系统项目获中国电力科学技术奖（部级）成果统计见表1。

表1　2002年水电系统项目获中国电力科学技术奖（部级）表

序号	获奖名称	获奖等级	获奖单位
1	高拱坝应力控制标准研究	一等	中国水利水电科学研究院、昆明勘测设计研究院、成都勘测设计研究院、大连理工大学、清华大学
2	三峡永久船闸68m直立墙边坡开挖锚固施工技术研究与应用	二等	武警水电三峡工程指挥部、四川九〇九建设工程有限公司预应力工程处、浙江安峡建设有限公司三峡坝区分公司、水利水电爆破咨询服务部、武汉大学
3	高混凝土面板堆石坝施工技术研究与发展	二等	中国人民武装警察部队水电第一总队
4	300m级高拱坝抗震关键技术研究	二等	中国水利水电科学研究院、昆明勘测设计研究院、国家地震局工程力学研究所、清华大学、河海大学、大连理工大学、成都勘测设计研究院
5	闽江流域水电站群水文信息自动测报及综合调度系统	三等	福建省电力有限公司、国家电力公司电力自动化研究院

续表

序号	获奖名称	获奖等级	获奖单位
6	白山发电厂水库调度综合自动化系统	三等	武汉大学、东北电力公司白山发电厂
7	碾压混凝土拌和设备研制	三等	中国水利水电第八工程局
8	高拱坝坝基稳定研究	三等	昆明勘测设计研究院、清华大学、四川大学、武汉大学、河海大学
9	工程地质综合分析技术的开发和应用	三等	成都勘测设计研究院、成都理工学院、河海大学
10	拱坝沿拱座基面滑动机制及控制标准的研究	三等	中国水电顾问有限公司、成都勘测设计研究院、昆明勘测设计研究院、西北勘测设计研究院、北京勘测设计研究院
11	黄河李家峡水电站坝前Ⅰ、Ⅱ号滑坡初期蓄水后稳定性预测研究	三等	西北勘测设计研究院、黄河上游水电开发有限责任公司、成都理工大学
12	黄河上游中型水电站新第三系红层工程地质特性研究	三等	西北勘测设计研究院、成都理工大学
13	自由式拉压复合型预应力锚索	三等	成都勘测设计研究院
14	复杂地质条件下岩土地基稳定性及治理技术	三等	河海大学
15	水电厂综合自动化系统研究	三等	国家电力公司电力自动化研究院（南京南瑞集团公司）、宝珠寺水力发电厂
16	三峡水电站500kV输电线路跨越永久船闸时对过闸船舶的通信干扰和工频电场安全研究	三等	武汉高压研究所、中国电力科学研究院、中国船舶重工集团公司第七研究院701研究所、长江航务管理局三峡办公室

注 表中获奖项目均为应用技术类成果。

（一）高拱坝应力控制标准研究

（主要完成单位：中国水利水电科学研究院等；主要完成人：朱伯芳等）

该研究首次大规模地用多拱梁法和三维有限元法程序对国内外已建成的13座高拱坝进行了坝体应力、开裂范围的计算。全面系统地对现行拱坝设计规范中考虑不周的各项因素对拱坝应力的综合影响进行了分析，结合理论分析和总结国内外拱坝建设实践经验，提出了一套新的高拱坝应力控制标准，关键创新内容有：

（1）对拱坝设计中封拱前的初始应力、非线性温差、蓄水后的混凝土湿胀、横缝不抗拉、库盆水压力、分期施工等重要因素进行了系统深入的分析，并研究了不同计算方法、计算软件、网格形式、材料特性等对拱坝应力状态的影响。

（2）用三维有限元法和多拱梁法，按照统一的设计荷载，对国内外已建的13座拱坝进行了大规模的、系统的分析，求出了坝体应力状态和开裂范围，计算成果为提出拱坝合理的应力控制标准提供了理论基础和工程经验。

（3）提出了拱坝损伤断裂力学模型，将塑性、损伤和水力劈裂有机地结合在同一个本构关系中，编制程序对小湾拱坝的开裂、破坏过程进行了分析。

（4）提出将拱坝的应力水平系数 D 和安全水平系数 J 作为新的拱坝体形的宏观判断指标，能更好地反映拱坝的安全度，比柔度系数更为合理。

（5）研究了新的拱坝孔口配筋公式，用钢量可以节约约25%。

该专题结合小湾、溪洛渡两座高拱坝进行研究，研究成果已直接用于小湾和溪洛渡拱坝设计，使两坝的设计建立在扎实、可靠的基础上，达到安全、经济的目的，为小湾和溪洛渡水电站的开工建设奠定了基础。通过该项研究，将使高拱坝应力控制标准趋于合理。研究成果为制定高拱坝应力控制标准提供了充分的理论依据，该专题的多项研究成果已被新编混凝土拱坝设计规范采用，对拱坝应力控制标准的修改起到了重要的作用。

该成果获2002年度中国电力科学技术一等奖。

（二）三峡永久船闸68m直立墙边坡开挖锚固施工技术研究与应用

（主要完成单位：武警水电三峡工程指挥部等；主要完成人：周光奉等）

三峡永久船闸是目前世界规模最大、水头最高、结构最复杂的双线五级连续船闸。该项施工地质条件复杂，闸室开挖、锚固和地下洞井开挖施工相互制约。该项目结合工程实际情况，开展了高边坡施工的技术攻关，提出了随开挖边坡成型先锁口、随机锚杆、锚索支护，再永久锚索、高强锚杆支护的施工程序和技术方案，确保了工程质量，满足了施工安全进度的要求。其主要内容有：

(1) 进行了地面与地下、中隔墩左右线之间、上下游闸室间、开挖与锚固等工序的研究，制定了“先槽后井”等合理的施工程序。

(2) 确立了直立墙开挖的技术进度要求和经济合理的成型手段。

(3) 研究了系统化的控制爆破技术方案，提出了增加施工光爆、二次缓冲爆破、两次光面爆破等新工艺，满足了岩体质量指标变化的要求。

(4) 研究了深 66m 水平孔对穿锚索的造孔及其编索、穿束、垫座混凝土、张拉、灌浆等工艺技术。

(5) 创立了具有独特材质和结构要求的高强锚杆的成套施工工艺。

(6) 改进了手风钻供风系统，提高了钻孔效率。

(7) 研制了高精度轻型快速水平钻机，解决了大孔径、水平长锚索孔的成孔技术。

该成果获 2002 年度中国电力科学技术二等奖。

(三) 高混凝土面板堆石坝施工技术研究与发展

(主要完成单位：中国人民武装警察部队水电第一总队；主要完成人：李光强等)

该项目结合天生桥一级电站工程实践，认真吸收引进国外先进经验，大胆尝试使用新设备，研究解决了施工技术难题，保证了工程质量和进度，主要关键技术内容有：

(1) 首次采用坝体内设临时减压排水井，保证了垫层料坡面的稳定，从而补充完善了施工规范。

(2) 采用ⅡA 垫层料直接生产上坝，解决了施工用地少、生产用料大的问题。

(3) 首次使用控制爆破技术将ⅢA 料直接爆破开采上坝，不需筛分，既保证了质量，又提高了施工效率。

(4) 采用激光控制技术进行垫层料坡面修整，解决了大面积修坡和边角部位密实难的问题。

(5) 采用有轨异型滑模浇筑趾板混凝土技术，解决了一套滑模适应多种趾板的问题，节省了工、料，缩短了工期，保证了混凝土的密实性。

(6) 应用新的大坝原型观测及仪器埋设技术，确保数据测读准确可靠，为设计、施工和运行提供了关键依据。

该项目结合工程具体实践，在坝料生产和应用上采用了新技术；在防渗工程上采用新材料、新方法；在趾板和面板混凝土施工中采用新工艺；在原型观测上采用新技术、新产品；运用科学、优质高效的管理办法，成功地解决了 200m 级高混凝土面板堆石坝施工强度大、技术难的新课题，适合在水电施工中推广和借鉴使用。

该成果获 2002 年度中国电力科学技术二等奖。

(四) 300m 级高拱坝抗震关键技术研究

(主要完成单位：中国水利水电科学研究院等；主要完成人：陈厚群等)

该项目密切结合小湾、溪洛渡等实际工程的抗震设计，对 300m 级高拱坝抗震问题展开了关键技术攻关，研究了一整套高拱坝抗震控制标准和科学有效的抗震工程措施。研究包括以下三个专题的内容。

1. 地震危险性分析和地震动输入机制研究　结合溪洛渡和小湾工程需要解决的重大基础性问题，对地震危险性与设计地震动输入机制与场地效应，以及 GIS（地理信息系统）技术与水库诱发地震进行了研究，在充分考虑溪洛渡工程库坝区地震地质条件的基础上，建立了考虑非统计型地质学资料不确定因素的数学处理方法。结合小湾、溪洛渡工程提出了基于地震危险性分析结果的重大工程设定地震及其反应谱的确定原则和工程实用方法，改进了拱坝地震动输入的功率谱模型，建立了一套坝址河谷随机地震动场的估计方法。开发、建立了水库诱发地震分析预测系统，给出了溪洛渡水电站库区诱震危险性的综合评价意见，具体分析了小湾水电站坝址复杂地质、地形条件对入射地震动的影响。

2. 高拱坝抗震分析和坝肩动力稳定性研究　针对高拱坝强地震反应特点，密切结合小湾、溪洛渡等实际工程抗震设计专门论证的要求，进行了针对强震地区高拱坝结构的抗震研究，内容包括拱坝体系作为连续介质的地震反应和坝肩抗震稳定方法及其在小湾拱坝工程中的实际应用；拱坝整体和有缝模型的动力试验；拱坝体系作为离散介质的地震反应和坝肩抗震稳定分析方法；厚淤沙对坝面动压影响；以及拱坝随机地震动场作用下的反应分析。该专题研究的最大特点是抓住本领域学术上的前沿问题，密切结合工程实际开展研究。为小湾拱坝等工程的抗震安全性作出了比较切合实际的评价，从而为工程抗震设计提供了依据。

3. 高拱坝地震应力控制标准和抗震结构工程措施研究　专题紧密结合小湾工程，开展高拱坝地震应力控制标准和抗震结构工程措施的关键技术攻关，研究全级配仿真混凝土动态性能、高拱坝地震应力控制标准、底缝对高拱坝地震反应影响以及高拱坝抗震结构工程措施等关键技术，提出了综合配套的高拱坝抗震应力控制标准和切实有效的抗震结构工程措施。

该项目将地理信息系统（GIS）高新技术应用于

水库诱发地震研究和前期预测。研究中提出的高拱坝抗震设计专门论证方法以及所提供的显式有限元时域波动分析程序已在龙羊峡拱坝（高178m）的竣工验收抗震专题报告及溪洛渡拱坝的抗震设计中应用。提出的动接触力分析方法已在丰满重力坝安全检查的坝体纵缝影响分析中应用，结果为安检报告所采纳。

该项目研究具有工程实用价值和重要的学术理论意义，部分研究成果已经直接用于小湾、溪洛渡工程的抗震安全性分析，并可推广应用到其他大型水利水电工程。

该成果获2002年度中国电力科学技术二等奖。

（五）闽江流域水电站群水文信息自动测报及综合调度系统

（主要完成单位：福建省电力有限公司等；主要完成人：杨诗经等）

该系统主要包括闽江流域水文信息自动测报、福建电网水库调度自动化、闽江流域水电站群短期联合经济调度、闽江流域水库群实时洪水调度、电网水调信息浏览等，其主要内容有：

(1) 系统按照实用性、可靠性、先进性、开放性、经济性的原则进行开发，分层分级、模块化、标准化进行系统应用软件开发，系统软件实用可靠、界面友好、功能齐全、使用方便，易于用户二次开发。

(2) 水文信息自动测报子系统在关键中继站采用双路中继通信方式，有效地提高了系统可靠性。采用适合流域特性的水文预报技术，洪水预报精度达到甲级标准。

(3) 水库群短期联合经济调度子系统中引入“最佳投入容量”的概念，不仅反映了梯级水电站之间投入容量的匹配问题，而且能有效地利用水能，发电效益显著。

(4) 电网水调自动化子系统实现了图形、报表自动化及在线水务自动计算，提高了水调工作效率、质量和管理水平。在水调通信服务器内存中构建水调实时数据库，提高了水调数据调用速度。

(5) 水库群实时洪水调度子系统适应不同的防洪调度需要，构建了实用的洪水调度模型库，针对不同的预见期提出了水库群洪水联合调度的有效方法。

该项目系统地解决了实现水库调度自动化中的关键技术难题，对解决同类系统类似问题具有一定的指导意义，促进了水库调度自动化工作的发展。该系统实现了水调数据采集、传输、水务计算、图形报表、汛情监视、水文预报、水库调度、信息交换、水调管理自动化及水调信息浏览等功能。在福建电力系统水库防洪减灾、增发水电、缓解通航矛盾及电网安全、经济运行中取得了良好的经济和社会效益。该系统的模式及关键技术正在其他水电厂及网、省电力调度部门普及推广应用。

该成果获2002年度中国电力科学技术三等奖。

（六）白山发电厂水库调度综合自动化系统

（主要完成单位：武汉大学等；主要完成人：郭生练等）

白山发电厂水库调度综合自动化系统的主要内容有：

(1) 建立了白山流域水情自动测报子系统、气象信息接收处理与预报子系统，研究了数据采集处理、信息传输和管理的关键性技术和方法，开发了定量降雨预报软件。

(2) 根据白山流域的特点，分别研制了蓄满产流分散入流模型、SCLS、纳西模型和API模型等多种预报模型方案，提出了洪水预报残差的可变遗忘因子自适应实时校正技术，建立了交互式洪水预报模块，实现了定时、随机和模拟作业预报功能。洪水模拟预报精度高，超过水情情报预报规范中的甲级标准。

(3) 研制开发了多种不同的水库调度模型，包括常规经验调度、优化调度、预报预泄调度、闸门控制调度等。用户可依据不同的控制（约束）条件生成洪水预报方案，可通过人机交互方式灵活多样、直观方便地实现多种条件下的洪水模拟仿真以及多方案的优化比较，为运行决策提供技术支持。

(4) 用户可选择不同的边界条件进行年、季、月、旬、周和日的发电调度和分析计算，实现了日常办公管理自动化，为梯级水电站电力生产优化调度、均衡生产和经济运行提供了技术支持和保证。

(5) 系统采用了先进的广域网平台环境、B/S和C/S等新技术，把水情自动测报系统、气象信息服务系统和白山、红石水电站MIS系统等有效地集成起来，实时自动采集发电厂和流域的生产业务和水情信息，有效地解决了数据处理的实时性和数据浏览的多样性问题；提高了信息的交互性和系统的易用性。

(6) 建立了功能强大的数据库管理系统，实现了与东北电力公司、丰满水电厂、吉林省防汛办公室等部门的远程数据通信功能，具有广域网范围内的信息资源共享能力，减少了信息的冗余和重复工作，保证了数据处理的准确性、一致性、可靠性和完整性。

(7) 系统具备数据采集及处理、系统监测及报警、数据管理、水文气象预报、水库调度、水务管理、信息交换等功能。系统界面友好、操作灵活，响应速度快、可扩充性好，具有较长的生命周期。

该项目的研究成果已在丰满水电厂、东北电力调度中心、陈村水电厂、丹江口水电站等十多个单位得到应用，经四年多的实践证明系统稳定、可靠，为水电调度运行提供了安全保障，取得了较大的经济效益和社会效益。

该成果获2002年度中国电力科学技术三等奖。

(七) 碾压混凝土拌和设备研制

(主要完成单位：中国水利水电第八工程局；主要完成人：张祖义等)

该项目研制的连续强制式搅拌设备为一字型三阶式布置，采用重量法连续配料，系统采用模块式设计，搅拌设备自动化程度高；骨料称量误差不大于2%，胶材、水、外加剂称量误差不大于1%，配料精度高，运行稳定，能按要求生产不同标号的两级配、三级配碾压混凝土、常态混凝土，生产能力为100～200m^3/h。

搅拌机为双卧轴连续强制式，驱动方式为：电动机＋液力耦合器＋皮带传动装置＋蜗轮蜗杆传动，采用无料垫方式，搅拌机衬板叶片采用自行研制的高铬铸铁抗磨材料，其耐磨性能优于国外进口产品。

砂石料及水泥、粉煤灰均选用皮带配料秤，水、外加剂均采用由调节器、流量计、调节阀等组成的液体计量配料系统，实现了重量法连续配料。

电控系统采用可编程序控制器控制各设备的启/停时序和逻辑关系，工业微机控制配料，实现了混凝土生产全过程自动化。

连续强制式搅拌设备从造价到运行成本均只有自落式搅拌设备的一半，衬板耐磨性能好，系统自动化程度高，配料精度高，机械运行环节少，操作简单，可靠性高，生产混凝土迅速，特别适应碾压混凝土的快速施工。

该专题的研制成果已成功地应用于沙牌碾压混凝土高拱坝工程，1999年2月开始生产大坝碾压混凝土，截至2001年底，共生产碾压混凝土约35万m^3。综合近三年的运行情况，该搅拌设备运行正常，稳定性较好，生产的混凝土质量稳定，均匀性好，高差系数低，各项性能及主要技术经济指标达到了工程预期的目标。

连续强制式搅拌设备可以生产碾压混凝土也可以生产常态混凝土；既可用于水利水电工程，也可用于机场、码头、公路等工程。应用该设备生产混凝土，可加快工程施工进度，节约工程投资，该设备具有很好的推广前景。

该成果获2002年度中国电力科学技术三等奖。

(八) 高拱坝坝基稳定研究

(主要完成单位：昆明勘测设计研究院等；主要完成人：邹丽春等)

该专题的研究工作，围绕高拱坝坝基稳定性这一主题，紧密结合小湾和溪洛渡工程实际，对拱坝坝基失稳机理、稳定分析方法、最不利滑型及相应岩石力学参数进行了全面、深入的研究。在此基础上，提出了坝基和坝肩的加固处理原则及优化方案，并采用大规模的渗流场分析及地质力学模型试验分析验证了理论研究成果及加固处理措施的合理性和有效性。其主要内容为：

(1) 对Hoek—Brown岩体强度理论做了研究和改进，研究了含断续节理岩体的破坏机理，为岩体强度参数的确定提供了新的分析手段。

(2) 提出截取边界恒渗透量补给条件下的模拟方法和相应算式；研究了干区虚拟渗流运动的不变网格有限元模拟分析方法，首次提出了出渗边界上可能出渗结点判别的等效节点流量判据；提出渗流控制分析中密集排水孔模拟的快速分析方法。

(3) 提出三维块体系统（包括凹块）弹黏塑性变形与稳定的基本理论和三维刚体弹簧元理论，实现了三维复杂块体系统的自动快速识别和图形显示。在国内外首次为高拱坝坝肩稳定性评价提出概念合理、计算简便、结果准确的新方法。

(4) 提出了不连续开裂的无单元法，追踪拱坝坝踵开裂，开发研制了相应的分析软件。

(5) 采用三维非线性有限元数值分析与大型地质力学模型试验相互验证的方法，分析研究了高拱坝整体破坏机理及相应的加固处理措施，提出了高拱坝整体安全性评价的方法。

该项研究成果为研究和解决小湾和溪洛渡水电站的高拱坝坝基稳定性问题，提供了极其重要的理论依据，其中部分研究成果已被直接运用到实际设计中，达到了优化设计、节省投资的目的，具有较好的应用前景。

该成果获2002年度中国电力科学技术三等奖。

(九) 工程地质综合分析技术的开发和应用

(主要完成单位：成都勘测设计研究院等；主要完成人：杨建等)

该专题以溪洛渡工程为依托，针对生产中的关键技术问题开展攻关研究，重点突出快速和综合应用。其研究成果的主要内容如下：

(1) 应用先进的网络技术和多项Web数据库查询与管理技术，建立了大型工程地勘资料网络数据库系统，在水电水利地勘资料的信息化管理技术上有所突破；并实现了工程地质问题分析应用软件与数据库的接口，最大限度地实现地勘资料的共享与信息化管理。

(2) 建立了复杂岩体结构三维可视化地质模型系统，该模型可实现地勘资料数据库管理、图件制作和工程地质分析。

(3) 集成开发了岩体地下水三维数值模拟软件系统，该系统具有计算、模拟水工建筑地区复杂水文地质条件下地下水三维渗流场、分析复杂水文地质条件下地下水补径排关系及确定结构面及岩体渗透参数等功能。

(4) 针对溪洛渡坝区玄武岩体中的结构面特性建立了系统的定名原则、描述指标体系、描述标准和野外工作方法，首次提出了裂隙连通率三维网络模型和概率分析模型。

(5) 新开发的岩体物理力学试验和水文地质试验原始资料整理与分析系列软件，可以快速、及时整理出清晰、美观、规范化的本构图和成果表。

(6) 在岩体物理力学参数选取研究上，建立了反映岩体质量与力学参数之间的相关关系，为工程岩体质量分级和结构面分类的地质量化与力学参数选取提供了科学的依据，在参数选取上对试验代表值作了进一步的统计特征和概率分析，提高了参数选取的合理性。

上述成果已应用于溪洛渡工程的生产实践中，优化了大坝建基面，减少工程开挖与混凝土浇筑等，节省了大量的投资；对加快溪洛渡工程的建设将产生显著的社会和经济效益。

该技术成果主要应用于水电水利的工程地质勘察，也适用于铁路、交通、建筑和地质勘探等行业的工程地质勘察研究。成果实用性强，应用方便，在水电水利及岩土工程勘察领域具有广阔的推广应用前景。

该成果获2002年度中国电力科学技术三等奖。

(十) 拱坝沿拱座基面滑动机制及控制标准的研究

(主要完成单位：中国水电顾问有限公司等；主要完成人：王柏乐等)

该项目主要研究拱坝沿建基面滑动的可能性、产生滑动的机制以及控制标准，同时对依托工程进行安全稳定性复核与评价，从理论和实践上论述了拱坝浅层滑动的过程以及应力、位移的分布特点，从而分析了拱坝产生滑动的机制。

该课题研究的技术路线是计算分析、模型试验、观测资料综合分析等方法。计算分析中采用了三维非线性有限元法、多拱梁法、互动法、反分析法等四种；模型试验中又采用了超载法及强度储备法；通过对李家峡大坝的坝体水平位移、垂直位移及内部变形监测资料的对比分析，进行观测资料的综合分析。在研究过程中，通过对依托工程的坝体变位（主要是铅直变位）、应力及位移的分布状态、建基面上的正应力、剪应力、顺坡向位移、法向位移、点安全度、局部安全度、整体安全度、开裂区的范围及开裂深度等物理量来判别坝体工作状态，并利用超载和强度储备等研究手段，进一步研究其变化规律，从而分析拱坝的稳定性。

该项目通过收集与分析国内外近30座拱坝稳定安全性资料和国内13座拱坝的计算成果及小湾、二滩、李家峡拱坝地质力学模型试验成果，从中发现了它们的共同特点与规律。经过分析，发现在正常荷载作用下拱坝的最小点安全度一般在1.3～2.0之间，整体安全度在3.5～10.0之间，把拱坝深层滑动的控制标准沿用于拱坝浅层滑动中有所偏高。

通过计算分析及地质力学模型试验成果的综合分析，揭示了拱坝浅层滑动的实质是剪切强度破坏，而且也不仅仅是单一的破坏发生，必须伴随有坝体的开裂，下游建基面或岩体内大面积的压剪进入塑性状态同时发生。

研究结论中指出了在拱坝的体型设计中，一般不应以沿建基面滑动作为一个控制标准，但指出沿建基面滑动的问题在理论上是有可能存在的。因此，对于一些体型扁平较薄，有特殊地形、地质条件的拱坝应对沿建基面滑动稳定的问题予以重视，这一结论对提高拱坝设计水平起到重要作用，既能节省工程投资又能确保工程安全可靠性，研究中对国内外已建的12座拱坝沿建基面滑动稳定进行了校核，对确保大坝安全运行起到重要作用。该研究成果具有较好的经济效益与社会效益，已在中国的拱坝设计及工程安全运行中得到广泛应用。

该成果获2002年度中国电力科学技术三等奖。

(十一) 黄河李家峡水电站坝前Ⅰ、Ⅱ号滑坡初期蓄水后稳定性预测研究

(主要完成单位：西北勘测设计研究院等；主要完成人：庆祖荫等)

在初期蓄水过程中李家峡坝前Ⅰ、Ⅱ号滑坡经历了多次加速和减速的滑动过程。该项目通过初期蓄水后两滑坡变形规律调查、地形测量和地质测绘，对长期监测资料进行多因素的相关分析，论证了滑体变形与位移速率和库水位、持续时间的相关关系；采用多种方法，在不同边界条件和参数的组合下，对滑坡稳性进行分析和反分析，对在今后长期运行条件下，滑坡的动态、产生剧滑的可能性进行了预测；并模拟水库运行环境，进行了现场促滑试验，提出滑坡治理的必要性和治理方案。

该项研究从以下几方面论证了滑坡的蠕滑机制，取得了有创新意义的成果：

(1) 用滑带土剪切流变试验得到的长期强度和临界强度，判断滑体所受的剪切荷载，不足以导致滑体剧滑。

(2) 滑带土黏滞系数随滑体蠕滑过程不断增大，使滑体的稳定保持在一种动态平衡之中。

(3) 结合瓦依昂、拓溪及其他高速滑坡的实例，分析了水库滑坡从蠕滑转为剧滑的条件。

(4) 进行了模拟水库运行状态下的滑坡注水促滑

试验。试验证明了上述几项研究成果，即滑体的松弛和位移对滑体的稳定状态起自我调节作用。促滑也可作为增稳处理的有效手段。

该项目紧密结合生产实际，研究成果表明李家峡坝前两滑坡大部分滑体可不再进行工程处理，仅部分地段仍有可能剧滑需作增稳处理。采用本研究项目提出的有效治理方案，彻底解除了李家峡坝前滑坡的威胁，经济效益显著。

中国许多水库滑坡有蠕滑迹象。以蠕变理论的观点研究李家峡坝前滑坡从蠕滑进入剧滑的机理，进行模拟水库运行环境的促滑试验，预测滑坡失稳、运动方式，是富有实用性和创造性的一项科研工作。该项目的研究思路和采取的科研步骤以及研究成果，可供有类似问题的大、中型水电工程借鉴。

该成果获2002年度中国电力科学技术三等奖。

（十二）黄河上游中型水电站新第三系红层工程地质特性研究

（主要完成单位：西北勘测设计研究院等；主要完成人：万宗礼等）

该项目以黄河上游众多中型水电站为依托，对坝基红层岩体进行全面系统的研究。主要内容为：对红层岩体古地理环境、粒度、矿化成分、成岩机理等进行了必要的基础性研究；从红层的基本物理特性和赋存条件入手，进行了红层软岩的试验方法、参数取值的分析和探讨；根据红层的工程特性，对其可能存在的承载、变形、渗透、抗滑等问题，从工程地质和结构设计两方面进行了分析评价；从红层崩解、风化、干缩的机理、程度、时效性等方面入手，对其进行了开挖保护措施、抗拉拔、可灌性等的试验研究，提出了相应的防护和工程处理措施；根据工程运行的环境条件和岩体的工程特性，分析研究了红层岩体的工程适应性及长期强度。

该项目采用诸多的特殊试验方法，研究红层的物理力学特性；揭示了华北三趾马红层为土、黄河上游三趾马红层为岩的原因和机理；进行了红层岩体力学参数的多方法分析探讨，在参数取值上有较大突破；在国内水电工程界首次进行了红层软岩开挖保护措施的专项研究，得到了红层爆破后松动影响层厚度、岩体完整性随时间衰减等具体成果，选择了合适的保护方式，探索了抗拉拔和可灌性等；分析了红层的工程适应性，探讨了适应红层的工程结构和加固措施。

该项目成果已应用于尼那工程泄水闸设计施工中，同时还在新疆风克干渠工程的侏罗系、白垩系红层地基的渠道、平原水库坝基施工以及黄河上游直岗拉卡、康扬、黄丰、大河家水电站，四川嘉陵江金溪、凤仪水电站的前期各阶段设计中采用和推广。

该项目是对黄河上游各中型水电站新第三系红层的专题研究，其理论方法、推荐的工程处理措施、岩体力学参数的试验研究和取值原则等可类比应用在下第三系侏罗、白垩系的红层利用上，除水利水电工程外，亦可推广应用到其他工程建设中。

该成果获2002年度中国电力科学技术三等奖。

（十三）自由式拉压复合型预应力锚索

（主要完成单位：成都勘测设计研究院；主要完成人：杨俊志等）

该研究项目与设计、施工密切结合，解决了传统拉力型与压力型预应力锚索施工中存在的问题。在理论分析研究与现场试验结果的基础上，采用高强度低松弛无黏结钢绞线、拉压复合（防腐）型结构及单孔多锚头结构，改善了锚固段应力集中状况，具有在复杂地层适应性强、锚固段不扩孔、全孔一次注浆工艺、能全程有效防腐等优点，增强了锚固效果，提高了锚固寿命，对工程的长效锚固起到了重要作用。

该研究项目从预应力锚索结构及锚固段应力分布和预应力锚索材料两方面入手，采用理论研究、现场试验监测对比、新材料的比选等方式，结合工程实际，在总结传统拉力型与压力型预应力锚施工中存在问题的基础上，解决了以下技术难题：①改善锚固段应力集中分布状况，能适应复杂地层；②锚固段不扩孔；③全孔一次注浆工艺；④全程有效防腐。

该项目紧密结合工程的关键技术，有针对性地开展深入研究，使得科研成果直接用于生产，同时提高了中国预应力锚固水平，具有明显的社会和经济效益，应用前景广阔。

自由式拉压复合（防腐）型预应力锚索已在铜头水电站高边坡加固、凉山州大桥水库“三洞口”高边坡预锚加固、108国道V1合同段边坡治理、华能宝兴小关子水电站引水口及开关站边坡治理、福堂水电站调压井后边坡预锚加固、四川紫坪铺导流洞进口边坡锚索加固等工程中应用，锚固效果良好。以上研究成果还可供国内、国外岩土锚固界及业主、设计单位参考借鉴使用。

该成果获2002年度中国电力科学技术三等奖。

（十四）复杂地质条件下岩土地基稳定性及治理技术

（主要完成单位：河海大学；主要完成人：任青文等）

该项目在复杂地基应力应变分析的理论与方法方面，提出可以分析非连续变形的弹塑性块体单元法，具有处理方便、工作量少、计算精度高的优点。研究了基于块体单元法的稳定性分析间接方法，即采用超载或强度储备的办法，使地基进入极限平衡状态，根据数值分析得到的地基位移场和应力场，按照一定的失稳判据，确定最小稳定安全系数，而且不必事先假定滑移面，能够自动搜索最危险滑移面和滑移方向，确定稳定安全度，使稳定性分析更加合理、可靠。成果的正确性已被模型试验所证实。

在地基稳定性的实验研究中，对三峡工程左岸3号厂房坝段的地基稳定性进行了模型试验，验证了弹塑性块体单元法的正确性。通过岩土材料参数的反演识别，提出分组迭代反演方法，能够高效地识别不均匀复杂地基的材料力学参数。

在复杂岩土地基的加固研究中，主要对预应力锚杆和锚索的加固机理进行了研究，并应用于实际工程。建立了边坡不稳定分析系统，该系统突出了根据现场专家对实测数据和当地的经验总结进行动态分析的特点，具有测点先兆分析、项目先兆分析和边坡整体先兆分析等功能。

该成果已用于溪洛渡水电站地下洞室群围岩、小浪底地下洞室群围岩、三峡工程大坝左岸3号厂房坝段地基的应力变形分析和稳定性研究、溪洛渡拱坝和坝基岩体稳定性及加固优化研究、太浦河平望段岸坡稳定性研究等多个工程，为工程设计提供了重要依据。用于不同场问题网格数据转换的等参元逆变换算法计算效率高、精度好，已应用于三峡工程永久船闸高边坡、李家峡大坝高边坡及二滩拱坝在线监控反分析中的渗流场数据转换。分组迭代反演方法优化精度高、收敛速度快，适用于不均匀地基岩土材料参数的反演识别，已在李家峡高边坡稳定性和二滩拱坝在线监控反分析中采用。边坡不稳定先兆系统将专家对实测数据的分析与当地经验密切结合，可以有效地监测边坡的稳定性和治理效果，已用于五强溪工程船闸边坡的稳定性研究。该成果不仅能用在水利水电工程建设中，还可推广到土木、交通、矿山工程，特别适合结构面众多的复杂地基和分缝结构，是应力变形分析和稳定性研究的有力工具，将在工程建设中发挥更大的作用。

该成果获2002年中国电力科学技术三等奖。

（中国水电顾问有限公司　李晓新）

2001年国家电力公司（部级）优秀水电水利工程勘测、设计项目

（一）优秀勘测项目

（1）二滩水电站工程勘测，成都勘测设计研究院。

（2）龙羊峡水电站工程勘测，西北勘测设计研究院。

（二）优秀设计项目

（1）二滩水电站工程设计，成都勘测设计研究院。

（2）龙羊峡水电站工程设计，西北勘测设计研究院。

（3）十三陵抽水蓄能电站工程设计，北京勘测设计研究院。

（4）五里冲水库枢纽工程设计，中南勘测设计研究院。

（水电水利规划设计总院　陈琍琍）

2002年国家电力公司（部级）优秀水电水利工程勘测、设计、计算机软件项目

（一）优秀勘测项目

（1）五里冲水库工程地质勘测，中南勘测设计研究院。

（2）福建棉花滩水电站工程勘测，华东勘测设计研究院。

（3）宝珠寺水电站工程勘测，西北勘测设计研究院。

（二）优秀设计项目

（1）宝珠寺水电站工程设计，西北勘测设计研究院。

（2）南澳风电场四期工程初步设计及技术施工设计，中国水利水电建设工程咨询公司。

（三）优秀计算机软件项目

三峡第二阶段工程大坝混凝土浇筑模拟分析系统，成都勘测设计研究院。

（水电水利规划设计总院　陈琍琍）

附　　录

国内外大坝统计资料

2002年国内外大坝的统计，是由中国大坝委员会秘书处完成的。据2002年统计资料，截至2002年8月28日中国已建、在建30m以上的大坝有4688座，其中在建大坝有245座（见表1）。在建的245座大坝中，100m以上有33座（见表2、表3），已建大坝中100m以上有53座（见表4），各省、市、自治区的大坝总数及按坝型分类情况见表5、表6。已建、在建大坝中碾压混凝土坝有49座（见表7）；70m以上已建、在建的面板堆石坝有49座（见表8）。

据世界大坝统计资料，截至1998年底（其中中国的数据为2002年8月28日统计数），世界大坝总数为49248座，其中坝高在100～150m间的大坝有511座（见表9），150m以上的大坝有149座（见表9）；截至2001年底，各国在建60m以上大坝有349座（见表10）。

表1　　2001年底中国已建、在建大坝统计汇总表（2002年8月28日统计）

2001年底中国已建、在建大坝统计		在建大坝情况统计	
坝高30m以上（含30m）的大坝数	4688	2000年底在建大坝数	214
坝高在15～30m间的大坝数	17174（同2000年底统计数）	2001年度完工大坝数	16
坝高在10～15m间、库容超过$1\times10^6m^3$的大坝数	3959（同2000年底统计数）	2001年度停工大坝数	3
大坝登记总数	25821	2001年度开工大坝数 2001年底在建大坝数	50 245（其中242座坝有详细资料）

表2　　2001年底中国在建大坝分类统计表（2002年8月28日统计）

坝型＼坝高	10～14m	15～29m	30～59m	60～99m	100～149m	150～199m	≥200m	合计
土坝			47	7				54
堆石坝			28	25	14	4	1	72
重力坝			31（1）	8	3	2		44（1）
拱坝			47（2）	16（1）	8		1	72（3）
合计			153（3）	56（1）	25	6	2	242（4）

注　1. 括号中的数为砌石坝数。

2. 100m以上在建大坝明细见表3。

表3　　2002年中国在建100m以上大坝统计表（2002年8月28日统计）

序号	坝名	开工年	完成或计划完成年	河流	最近的市、县	省份	坝型	坝高（m）	坝长（m）	坝身体积（万m^3）	库容（万m^3）	建库目的	装机容量（MW）
1	小湾	2002	2012	澜沧江	南涧、风庆	云南	拱坝	292	923	705	1510000	HCIN	4200
2	水布垭	2000	2009	清江	巴东	湖北	面板堆石坝	233	584	2326	470000	HCN	1600
3	龙滩（一期）	2001	2010	红水河	天峨	广西	碾压混凝土重力坝	192	736	532	1621000	CHI	4200

续表

序号	坝名	开工年	完成或计划完成年	河流	最近的市、县	省份	坝型	坝高(m)	坝长(m)	坝身体积(万 m^3)	库容(万 m^3)	建库目的	装机容量(MW)
4	三板溪	2001	2006	清水江	锦屏	贵州	面板堆石坝	186			409400		1000
5	洪家渡	2000	2006	六冲河	黔西	贵州	面板堆石坝	180	428	900	459000	HCS	540
6	三峡	1993	2010	长江	宜昌	湖北	重力坝	181	2309	1600	3930000	CHNIS	18200
7	紫坪铺	2000	2006	岷江	都江堰	四川	面板堆石坝	156	635	1180	108000	CHIS	760
8	吉林台	2001	2006	喀什河	尼勒克	新疆	面板堆石坝	152	392	920	244000	SIH	460
9	龙首二级	2002	2006	黑河	张掖	甘肃	面板堆石坝	147	191	253	8600	H	157
10	江口	2000	2004	芙蓉江	重庆	重庆	拱坝	140	366	55	49700	H	300
11	公伯峡	2000	2006	黄河	循化	青海	面板堆石坝	139	430	498	69200	HISC	1500
12	引子渡	2000	2004	三岔河	平坝	贵州	面板堆石坝	139	276	310	45500	H	360
13	洞坪	2000	2006	忠建河	宣恩	河北	拱坝	134	267	40.35	33600	H	102
14	百色	2001	2006	右江	百色	广西	碾压混凝土重力坝	130	734	269.3	560000	ICHN	540
15	金盆	1996	2002	黑河	周至	陕西	堆石坝	130	422	804.6	20000	SIH	15
16	藤子沟	2002	2006	龙河	石柱	重庆	拱坝	130				H	60
17	冶勒	2001	2006	两岔河	冕宁	四川	沥青心墙堆石坝	126	411	670	29800	H	240
18	索风营	2001	2006	鸭池河	息峰	贵州	碾压混凝土重力坝	122	220	73.5	19800	HIS	540
19	芭蕉河	2002		芭蕉河	鹤峰	湖北	面板堆石坝	115	280	192	9900	H	34
20	招徕河	2000	2005	招徕河	长阳	湖北	拱坝	113	206	25.47	7000	HIS	36
21	大朝山	1997	2003	澜沧江	云县	云南	碾压混凝土重力坝	111	480	150	89000	H	1350
22	双沟			松江河	抚松	吉林	面板堆石坝	110	312	258	39000	H	280
23	石门子	1999	2002	塔西河	玛纳斯	新疆	碾压混凝土拱坝	110	187	20	8000	ICH	64
24	鱼跳	1998	2002	大溪河	南川	四川	面板堆石坝	106	224	195	9520	H	48
25	泰安	2001		樱桃园沟	泰安	山东	面板堆石坝	106	548		1120	ICH	1000
26	华光潭二级	2002	2005	分水江	临安	浙江	拱坝	104				H	60
27	茅坪溪	1993		长江	宜昌	湖北	沥青心墙坝	104	1840	1213			
28	思安江	2000	2005	思安江	漓江	广西	面板堆石坝	103	385.9	210	9400		12
29	盘石头	1998	2004	洪河	鹤壁	河南	面板堆石坝	102	606	510	60800	CIHS	10
30	白水坑	2001	2003	红山港	江山	浙江	面板堆石坝	101	228	160	24620	ICH	40
31	下会坑	1996	2002	花厅河	上饶	江西	砌石拱坝	101	264.6	18.08	3529	HI	16
32	蔺河口	1999	2004	岚河	安康	陕西	碾压混凝土拱坝	100	311	29.3	14700	HI	72
33	塘仙	1996	2003	清水河	南丹	广西	爆破堆石坝	100	108	161.9	6600	CH	6

注 I—灌溉；C—防洪；H—发电；S—供水；N—航运；F—养鱼；R—旅游；X—其他。

表 4　　2002 年中国已建 100m 以上大坝统计表（2002 年 8 月 28 日统计）

序号	坝名	开工年	完成或计划完成年	河流	最近的市、县	省份	坝型	坝高（m）	坝长（m）	坝身体积（万 m^3）	库容（万 m^3）	建库目的	装机容量（MW）
1	二滩	1987	1999	雅砻江	攀枝花	四川	拱坝	240	775	474	580000	HCS	3300
2	德基	1969	1974	大甲溪	台中	台湾	拱坝	181	290	43	23200	HIC	234
3	龙羊峡	1976	1997	黄河	共和	青海	重力拱坝	178	1226	156.7	2763000	HCSI	1280
4	天生桥一级	1991	2000	南盘江	隆林	贵州	面板堆石坝	178	1104	1800	1025700	HIC	1200
5	乌江渡	1974	1983	乌江	遵义	贵州	重力拱坝	165	350	186.5	230000	CH	630
6	东风	1984	1997	乌江	黔西	贵州	拱坝	162	254	42.6	102500	HCS	510
7	东江	1978	1992	耒水	资兴	湖南	拱坝	157	438	151.6	914800	ICHF NRS	509
8	李家峡	1988	1997	黄河	化隆	青海	拱坝	155	382	75	163000	HC	2000
9	小浪底	1993	2001	黄河	孟津	河南	斜心墙堆石坝	154	1317	4900	1265000	CHIS	1800
10	隔河岩	1987	1995	清江	长阳	湖北	重力拱坝	151	665	306	344000	HCN	1212
11	白山	1975	1986	松花江	华甸	吉林	重力拱坝	150	677	214	532000	HC	1500
12	刘家峡	1958	1974	黄河	永靖	甘肃	重力坝	147	840	76	612000	HIC	1125
13	曾文	1967	1973	曾文河	台南	台湾	土石坝	137	470	1290	992400	SIH	50
14	石门	1956	1964	大汉溪	桃园	台湾	拱坝	133	360	689	31600	HICS	90
15	珊溪	1997	2001	飞云江	文成	浙江	面板堆石坝	133	448	589	182400	ICHS	200
16	宝珠寺	1984	1999	白龙江	广元	四川	重力坝	132	525	231.9	255000	CHI	700
17	漫湾	1985	1995	澜沧江	云县	云南	重力坝	132	418	24.5	92040	CH	1500
18	乌鲁瓦提	1993	2001	喀拉喀什河	和田	新疆	面板堆石坝	132	361	606	34700	ICH	60
19	沙牌	1997	2001	草坡河	汶川	四川	碾压混凝土拱坝	132	238	37.2	1800	H	36
20	湖南镇	1970	1979	乌溪江	衢县	浙江	梯形支墩坝	129	440	23	206000	HSC	170
21	安康	1978	1998	汉江	安康	陕西	重力坝	128	542	320	258000	HCNF	800
22	江垭	1995	1999	娄水	慈利	湖南	碾压混凝土重力坝	128	336	135	175000	ICH	300
23	故县	1978	1995	洛河	洛宁	河南	重力坝	125	315	172.3	117500	CIHS	60
24	白溪	1996	2001	白溪	宁海	浙江	面板堆石坝	124	398	390	16800	ICHS	18
25	黑泉	1996	2001	宝库河	大通	青海	面板堆石坝	124	433	540	18200	HISC	12
26	翡翠	1979	1987	北势河	台北	台湾	拱坝	123	510	71	40600	HS	70
27	芹山	1997	2000	穆阳溪	周宁	福建	面板堆石坝	122	260	248	26500	HS	70
28	白云	1992	1998	巫水	城步	湖南	面板堆石坝	120	200	170	36000	CHI	54
29	古洞口	1993	2001	古夫河	兴山	湖北	面板堆石坝	118	193	188	14800	HCS	36
30	雾社	1954	1959	浊水溪	南投	台湾	重力坝	114	226	32.9	15000	H	30
31	石头河	1972	1989	石头河	眉县	陕西	土坝	114	590	855	14700	ICSH	63
32	云峰	1959	1967	鸭绿江	吉安	吉林	重力坝	114	828	277	370800	H	400
33	凤滩	1970	1979	沅支酉水	怀化市沅陵	湖南	拱坝	113	488	117	174000	CHX	400
34	棉花滩	1997	2001	汀江	永定	福建	碾压混凝土重力坝	111	302	55.3	20400	HCN	600
35	高塘	1994	1999	白水河	怀集	广东	面板堆石坝	111	288	195	9600	HIS	36
36	岩滩	1987	1995	红水河	大化	广西	碾压混凝土重力坝	110	525	90.5	243000	CHNF	1210

续表

序号	坝名	开工年	完成或计划完成年	河流	最近的市、县	省份	坝型	坝高(m)	坝长(m)	坝身体积(万 m^3)	库容(万 m^3)	建库目的	装机容量(MW)
37	黄龙滩	1969	1978	堵河	十堰	湖北	重力坝	107	371	116.5	116250	HI	300
38	三门峡	1957	1960	黄河	三门峡	河南	重力坝	106	713	163	3540000	ICH	250
39	水丰	1937	1943	鸭绿江	宽甸县	辽宁	重力坝	106	900	138	1470000	HCN	630
40	潘家口	1975	1984	滦河	迁西	河北	重力坝	106	1038	300	293000	ICHS	420
41	茄子山	1995	1999	苏帕河	龙陵	云南	面板堆石坝	106	7	140	12100	ICH	16
42	新安江	1957	1965	新安江	建德市	浙江	重力坝	105	465.4	76.1	1786000	ICH	662.5
43	新丰江	1958	1960	新丰江	河源	广东	支墩坝	105	440	99.9	1389600	HCINS	292.5
44	万家寨	1994	2000	黄河	偏关	山西	重力坝	105	443	150	89800	SH	1080
45	柘溪	1958	1975	资水	安化	湖南	支墩坝	104	330	86	357000	HCNX	448
46	柴石滩	1993	1999	南盘江	宜良	云南	面板堆石坝	103	316	217	43700	ICH	60
47	紧水滩	1983	1986	龙泉溪	云和县	浙江	拱坝	102	350.6	30	139300	CHN	300
48	东高岛		1997		香港	香港	沥青心墙堆石坝	102	457	344.3	28430	S	
49	水口	1987	1995	闽江	闽侯	福建	碾压混凝土重力坝	101	791	171	234000	HCN	1400
50	鲁布革	1982	1990	黄泥河	罗平	云南	堆石坝	101	216	473	111000	IH	600
51	碧口	1969	1978	白龙江	文县	甘肃	堆石坝	101	297	389.4	52100	HIC	300
52	群英	1966	1971	大砂河	焦作市	河南	砌石拱坝	101	120	25.23	2000	IC	1
53	玉龙岩		1997	公溪河	黔阳	湖南	重力坝	100	400	20.3	5200	ICH	25

注　H—发电；I—灌溉；C—防洪；S—供水；N—航运；F—养鱼；R—旅游；X—其他。

表 5　2002 年中国各省、市、自治区已建、在建 30m 以上大坝（按坝高）统计表（2002 年 8 月 28 日统计）

序号	省、市、自治区	坝高					合计	最高坝	
		30～60m	60～100m	100～150m	150～200m	200m 以上		坝高（m）	坝型
1	湖南	560	30	5	1		596	157	拱坝
2	云南	411	25	5		1	442	292	重力坝
3	湖北	385	28	5	2	1	421	233	堆石坝
4	广东	369	36	2			407	111	堆石坝
5	四川	352	17	4	1	1	375	240	拱坝
6	浙江	283	34	7			324	133	堆石坝
7	福建	243	30	3			276	122	堆石坝
8	江西	233	22	1			256	101	拱坝
9	陕西	230	15	4			249	130	堆石坝
10	广西	217	22	4	1		244	192	重力坝
11	贵州	145	11	2	5		163	186	堆石坝
12	河南	129	16	4	1		150	154	堆石坝
13	山西	111	4	1			116	105	重力坝
14	宁夏	91					91	54	土坝
15	甘肃	76	4	3			83	147	重力坝

续表

序号	省、市、自治区	坝高					合计	最高坝	
		30～60m	60～100m	100～150m	150～200m	200m以上		坝高（m）	坝型
16	山东	73	5	1			79	106	堆石坝
17	重庆	60	10	2			72	140	拱坝
18	河北	51	9	2			62	134	拱坝
19	安徽	45	9				54	88	拱坝
20	新疆	33	7	2	1		43	152	堆石坝
21	辽宁	33	3	1			37	106	重力坝
22	青海	33		2	2		37	178	重力坝
23	海南	28	5				33	91	重力坝
24	吉林	19	3	2	1		25	150	拱坝
25	北京	18	3				21	75	堆石坝
26	内蒙古	14					14	59	拱坝
27	黑龙江	5	1				6	72	堆石坝
28	台湾			4	1		5	181	拱坝
29	西藏	3					3	50	土坝
30	天津	2					2	33	土坝
31	江苏	1					1	45	土坝
32	香港			1			1	102	堆石坝
33	上海								
34	澳门								
总计		4253	349	67	16	3	4688		

表 6　　2002年中国各省、市、自治区已建、在建30m以上大坝（按坝型）统计表（2002年8月28日统计）

序号	省份	土坝	重力坝	堆石坝	拱坝	连拱坝	支墩坝	闸坝	合计
1	湖南	442	65	39	40		9	1	596
2	云南	386	18	30	8				442
3	湖北	338	25	20	38				421
4	广东	322	51	15	18		1		407
5	四川	217	27	70	60			1	375
6	浙江	47	58	161	57		1		324
7	福建	99	41	53	80		3		276
8	江西	172	34	21	28		1		256
9	陕西	177	16	45	11				249
10	广西	97	51	38	49	2	4	3	244
11	贵州	39	18	7	98		1		163
12	河南	98	16	15	21				150
13	山西	98	8	4	6				116
14	宁夏	87	3	1					91

续表

序号	省份	土坝	重力坝	堆石坝	拱坝	连拱坝	支墩坝	闸坝	合计
15	甘肃	69	6	7	1				83
16	山东	54	7	2	14	2			79
17	重庆	15	8	21	28				72
18	河北	26	11	10	14	1			62
19	安徽	29	3	1	18	2	1		54
20	新疆	22	3	13	5				43
21	辽宁	17	17	2			1		37
22	青海	25	3	5	4				37
23	海南	25	6	1	1				33
24	吉林	7	9	8	1				25
25	北京	8	7	2	3		1		21
26	内蒙古	8	1	3	2				14
27	黑龙江	1		5					6
28	台湾		1	2	2				5
29	西藏	2		1					3
30	天津	2							2
31	江苏	1							1
32	香港			1					1
33	上海								
34	澳门								
	总计	2930	513	603	607	7	23	5	4688

表7 中国已建、正建的碾压混凝土坝（2002年8月28日统计）

序号	坝名	地点	河流	坝高（m）	坝长（m）	坝型	底宽（m）	顶宽（m）	坝体积（万 m^3）		总库容（亿 m^3）	目的	装机（MW）
									碾压	总量			
1	龙滩（一期）	广西天峨	红水河	192	736	重力	168.6	37	339	532	162.1	HCI	4200
2	沙牌	四川汶川	草坡河	132	238	拱	28	9.5	34.86	37.26	0.18	H	36
3	百色	广西百色	右江	130	734	重力	113	12	214.5	269.3	56	CNHI	540
4	江垭	湖南慈利	娄水	128	336	重力	105	12	99	135	17.5	CHI	300
5	索风营	贵州息峰	鸭池河	122	220	重力	84	12	64.5	73.55	1.98	HIS	540
6	大朝山	云南云县	澜沧江	111	480	重力	83	16	89	150	8.9	H	1350
7	棉花滩	福建永定	汀江	111	302	重力	90	7	47	55.3	2.04	HCN	600
8	岩滩	广西大化	红水河	110	525	重力	73	20	62.6	90.5	24.3	HNCF	1210
9	石门子	新疆玛纳斯	塔西河	110	187	拱	30	5	16	20	0.8	ICH	64
10	水口	福建闽候	闽江	101	791	重力	68	20	37.5	171.0	23.4	HNC	1400
11	蔺河口	陕西安康	岚河	100	311	拱	28	6	22.9	29.3	1.47	HI	72
12	铜街子	四川乐山	大渡河	88	1029	重力	82	4	40.7	85.5	2.0	HC	600
13	汾河二库	山西太原	汾河	87	350	重力	72	15	36.2	44.8	1.3	SCH	96

续表

序号	坝名	地点	河流	坝高(m)	坝长(m)	坝型	底宽(m)	顶宽(m)	坝体积（万 m^3）		总库容(亿 m^3)	目的	装机(MW)
									碾压	总量			
14	涌溪三级	福建德化	南溪	87	198	重力	59.6	8	19.6	25.5	0.69	CSH	40
15	花滩	四川荥经	荥河	85	173	重力	70	8	24	29	0.0824	H	24
16	石板水	四川丰都	龙河	83	445	重力	62.5	12	23.7	56.4	1.05	HFR	115
17	碗窑	浙江江山	达河溪	83	390	重力	61.5	8.5	32	43.5	2.23	ICH	12.6
18	观音阁	辽宁本溪	太子河	82	1040	重力	66	10.3	124	197	21.7	CHIF	19.5
19	桃林口	河北青龙	青龙河	82	524	重力	62	10.5	74.1	151.4	8.54	SHF	96
20	龙首	甘肃张掖	黑河	82	156	拱	14	5	19.5	21	0.13	HCI	52
21	通口	四川北川	通口河	76	222	重力	54.3	6	33	30.0	0.336	H	45
22	普定	贵州普定	三岔河	75	196	拱	28.2	6.3	10.3	13.7	9.2	HI	75
23	周宁	福建周宁	穆扬溪	73	201	重力	56	6.5	15.9	19.9	0.47	H	25
24	万安	江西万安	赣江	68	1104	重力	41	22	15.6	148.0	22.1	HN	500
25	水东	福建尤溪	尤溪	68	239	重力	4.3	4	4.2	12.6	1.05	HN	76
26	山仔	福建连江	鳌江	65	273	重力	63	6	18	24.5	1.81	HIS	45
27	溪柄溪一级	福建龙岩	溪柄溪	63	93	拱	12	7.4	2.5	3.3	0.09	SH	2
28	长顺	湖北利川	郁江	63	250	重力	45	7	17	20	0.8	SH	36
29	天生桥二级	贵州安龙	南盘江	61	470	重力	43	4	14.3	28.4	0.26	H	1320
30	锦江	广东仁化	锦江	60	229	重力	38.4	7	18.2	26.7	1.89	HC	25
31	龙门滩	福建德化	大樟溪	58	150	重力	48	6	7.1	9.3	0.528	HIS	18
32	山口三级	广东始兴	澄江	57	179	重力	50	6	9.8	11.9	0.456	H	12.4
33	大广坝	海南昌化	昌化江	57	719	重力	42.3	8.5	48.5	82.7	17.1	HC	240
34	高坝洲	湖北枝碱	清江	57	188	重力	42	5	70.2	79.8	4.3	HN	252
35	坑口	福建大田	屏山溪	57	123	重力	42	5	4.3	6.2	0.27	HS	1.5
36	红坡	云南昆明	沙郎河	55	244	拱	26	4.5	7	8.0	0.03	S	0
37	荣地	广西融水	都浪河	53	136	重力	44	5	6.3	10.8	0.194	I	3
38	双溪	广东大博	梅溪河	52	221	重力	40	5	11.3	17.2	0.91	HFR	36
39	白石	辽宁北票	大凌河	50	523	重力	57	11.3	17.1	57.5	1.0	CSIH	9.6
40	温泉堡	河北抚宁	汤河	49	188	拱	13.8	5	5.5	6.25	0.07	S	0
41	广蓄下库	广东从化	流溪河	44	153	重力	32	7	3.2	5.6	0.17	H	1200
42	石漫滩	河南午阳	滚河	40	675	重力	37	7	27.5	35	1.2	SI	0
43	满台城	吉林汪清	嘎呀河	37	357	重力	27.5	6	7.8	13.6	1.0	HI	24
44	阎王鼻子	辽宁朝阳	大凌河	35	383	重力	27.25	10	8.73	22	1.35	SIH	3.6
45	松月	吉林和龙	海澜河	31	271	重力	22.7	5	4.44	7.75	0.213	SH	0.375
46	河龙	吉林延吉	海澜河	30	244	重力	23.3	6	4.28	889	0.3	SRH	4.5
47	百龙滩	广西马山	红水河	28	247	重力	36	84	6.2	8	0.69	HN	192
48	马回	四川蓬安	嘉陵江	27	141	重力	26	13.5	26	41	0.8	H	46.3
49	潘家口	河北迁西	滦河	25	277	重力	15	6	0.6	2.3	0.1	SHC	10

注　H—发电；C—防洪；I—灌溉；N—航运；R—旅游；S—供水；F—养鱼。

表 8　　中国已建、在建混凝土面板堆石坝（坝高大于 70m）（2002 年 8 月 28 日统计）

序号	坝名	地点	河流	坝高 (m)	坝顶长 (m)	坝体积 ($\times10^6 m^3$)	坝坡 上游	坝坡 下游	坝料 施工方法	坝料 岩性	面板面积 (m^2)	库容 ($\times10^6 m^3$)	泄洪流量 (m^3/s)	装机 (MW)	完成年份
1	水布垭	湖北巴东	清江	233	584	23.26	1.4	1.46	CR	灰岩	12000	4710	18280	1600	2009
2	三板溪	贵州锦屏	清水江	185.5								4094		1000	2006
3	洪家渡	贵州黔西	六冲河	180	428	9	1.4	1.4	CR	灰岩	76400	4590	6996	540	2006
4	天生桥一级	广西、贵州	南盘江	178	1104	18	1.4	1.4	CR	灰岩	156000	10257	21750	1200	2000
5	紫坪铺	四川都江堰	岷江	156	635	11.8	1.4	1.5	CR	砂岩、灰岩		1080	7088	760	2006
6	吉林台	新疆尼勒克	喀什河	152	392	9.2	1.5	1.5	CR	凝灰岩	126800	2440	1753	460	2006
7	龙首二级	甘肃张掖	黑河	146.5	191	2.53						86		157	2006
8	公伯峡	青海循化	黄河	139	430	4.98	1.4	1.4				692	6593	1500	2006
9	引子渡	贵州平坝	三岔河	139	276	301	1.4	1.476	CR	灰岩		455	8251	360	2004
10	珊溪	浙江文成	飞云江	132.5	448	5.89	1.4	1.54	CR/CG	流纹岩、砂岩	69600	1824	14488	200	2001
11	乌鲁瓦提	新疆和田	喀拉喀什河	131.8	365	6.06	1.6	1.96	CR/CG	砂砾石、石英片岩	722200	347	2013	60	2001
12	黑泉	青海大通	宝库河	123.5	433	5.4	1.55	1.4	CR/CG	砂砾石、花岗片磨岩	79000	182	389	12	2000
13	白溪	浙江宁海	白溪	124.4	398	3.9	1.4	1.5	CR	熔凝灰岩		168	4534	18	2001
14	芹山	福建周宁	穆阳溪	122	260	2.48	1.4	1.35	CR	凝灰岩	42000	265	3315	70	2000
15	白云	湖南城步	巫水	120	200	1.7	1.4	1.4	CR	凝灰砂岩	14500	360	2150	54	1998
16	古洞口	湖北兴山	古夫河	118	193	1.88	1.5	1.4	CG/CR	砂砾石、灰岩		148	5467	36	1999
17	芭蕉河	湖北鹤峰	芭蕉河	115	280	1.92						99		34	
18	高塘	广东怀集	白水河	111	288	1.95			CR	花岗岩	26400	96	3530	36	2000
19	鱼跳	重庆南川	大溪河	106	223.8	1.95	1.4	1.4	CR	砂岩	30000	95		48	2000
20	双沟	吉林抚松	松江河	110	312	258	1.4	1.4	CR			390		280	
21	茄子山	云南龙陵	苏帕河	106	258	1.4	1.4	1.6/1.4	CR	花岗岩		121	730	16	2000
22	泰安	山东泰安	樱桃源沟	106	548							11.2		1000	
23	柴石滩	云南宜良	南盘江	103	316	2.17	1.4	1.4	CR	白云岩	38200	437	3336	60	2000
24	思安江	广西漓江	思安江	103	386	2.1						94		12	2005

注　CR—碾压堆石；CG—碾压砾石。

续表

序号	坝名	地点	河流	坝高（m）	坝顶长（m）	坝体积（$\times 10^6 m^3$）	坝坡		坝料		面板面积（m^2）	库容（$\times 10^6 m^3$）	泄洪流量（m^3/s）	装机（MW）	完成年份
							上游	下游	施工方法	岩性					
25	盘石头	河南鹤壁	淇河	102	606	5.1			CR	砂岩，页岩		608		10	2000
26	白水坑	浙江江山	红山港	101	228	1.6						246.2		40	2003
27	西北口	湖北宜昌	黄柏河	95	222	1.62	1.4	1.4	CR	灰岩	29521	210	6060	16	1990
28	万安溪	福建龙岩	万安溪	94	212	1.29	1.4	1.4	CR	花岗岩	18000	228	3236	45	1995
29	大桥	四川冕宁	安宁河	91	300	2.09			CR	混染岩	30000	658	920	90	2000
30	大坳	江西上饶	石溪水	90	408	1.45	1.4	1.3/1.4	CR	砂岩	25800	278	2075	40	1999
31	三插溪	浙江泰顺	三插溪	89	188	0.77			CR		13800	47	3760	44	1999
32	东津	江西修水	东津水	89	315	1.29	1.4	1.3	CR	砂岩	21190	800	3495	60	1995
33	陡岭子	湖北郧西	夹河	88.5	333	2.2			CR	灰岩、千枚岩	32300	485	8864	60	2000
34	天荒坪下库	浙江安吉	大溪	87	230	1.42	1.4	1.4	CR	熔凝灰岩	20778	8.8	1280	1800	1997
35	英川	浙江景宁	瓯江支流	87	250	1.1									2001
36	小山	吉林抚松	松江河	86	295	1.43	1.4	1.3	CR	安山岩	36000	97	2445	160	1997
37	云养	云南永善	井底河	82.5	320	1.5						10		5.2	2001
38	下天吉	新疆精河	精河	81.6	290							19			2001
39	花山	广西广宁	古水河	81	160	0.70	1.4	1.4	CR	花岗岩	13030	63	2836	24	1993
40	马沙沟	贵州习水	羊九水	80.7	200.5	0.76			CR	砂岩		7			2001
41	大水沟	云南镇雄	牛坊河	80.5	198.5	0.76						31			2001
42	泽雅	浙江温州	戍浦江	79	308	1.42	1.4	1.4	CR	熔凝灰岩		57		8	1997
43	株树桥	湖南浏阳	小溪河	78	245	0.82	1.4	1.7	CR	灰岩、风化板岩	23320	278	2880	24	1990
44	松山	吉林抚松	漫江	78	234	1.4	1.4	1.3	CR	安山岩	23600	123			
45	十三陵上库	北京昌平	上寺沟	75	550	2.70	1.5	1.7	CR	安山岩	32000	4		800	1994
46	成屏一级	浙江遂蛙	松阴溪	75	232	0.80	1.3	1.3	CR	凝灰岩	15850	52		8	1989
47	鱼背山	重庆万县	磨刀溪	72	214	0.89			CR		38000	860	3650	17	1998
48	莲花	黑龙江海林	牡丹江	72	902	4.23	1.4	1.4	CR	花岗岩	75400	4180	18570	550	1997
49	横山加高	浙江奉化	县江	70	382	1.09	1.4/2.0	1.3	CR	熔凝灰岩	10350	112		5	1992

注　CR—碾压堆石；CG—碾压砾石。

表 9　　世界 1998 年已建大坝情况统计表　　座

序号	国家	坝高						合计
		0～14m*	15～29m	30～59m	60～99m	100～149m	150m 以上	
1	中国	3959	17174	4253	349	67	19	25821
2	美国		4731	1222	332	71	19	6375
3	印度	1529	2056	347	57	16	5	4010
4	西班牙	273	414	319	141	37	3	1187
5	日本		47	685	267	67	11	1077
6	加拿大	212	398	131	33	8	5	787
7	韩国	33	627	89	14	2		765
8	土耳其	8	247	255	88	17	10	625
9	巴西	4	377	166	33	9	5	594
10	法国	24	354	131	45	11	4	569
11	南非	8	373	143	13	1		538
12	意大利	11	195	211	84	16	5	522
13	英国	70	333	104	10			517
14	澳大利亚	54	237	144	39	8	3	485
15	墨西哥	89	144	149	36	12	5	435
16	挪威		215	89	19	6		329
17	德国	39	173	74	23	2		311
18	阿尔巴尼亚		223	77	4	1	1	306
19	罗马尼亚	55	106	54	18	11	2	246
20	津巴布韦	3	168	37	4	1		213
21	泰国	1	163	32	5	2	1	204
22	瑞典		148	35	4	3		190
23	保加利亚	7	109	49	12	3		180
24	瑞士		68	40	23	16	9	156
25	奥地利	3	67	63	6	6	4	149
26	捷克	9	66	36	6	1		118
27	阿尔及利亚	13	53	25	12	4		107
28	葡萄牙	1	38	41	18	5		103
29	阿根廷	5	26	49	11	9	1	101
30	印度尼西亚		49	32	9	6		96
31	摩洛哥	4	43	25	17	3		92
32	俄罗斯		31	41	10	7	2	91
33	智利	3	48	19	10	4	3	87
34	新西兰	4	41	29	10	2		86
35	委内瑞拉		26	32	10	2	2	72
36	巴基斯坦		53	11	4	3		71
37	突尼斯	14	51	6				71
38	波兰	27	24	15	3			69
39	南斯拉夫	3	24	28	10	3	1	69
40	伊朗	3	13	10	20	13	7	66
41	芬兰	7	39	9				55

续表

序号	国家	坝高						合计
		0～14m*	15～29m	30～59m	60～99m	100～149m	150m 以上	
42	马来西亚	4	19	23	6	2	1	55
43	塞浦路斯		27	22	2	1		52
44	斯洛伐克	10	24	13	3			50
45	哥伦比亚		14	17	10	5	3	49
46	斯里兰卡	1	34	8	2	1		46
47	希腊		15	14	7	6	4	46
48	尼日利亚	10	26	6	1	1		44
49	秘鲁	13	16	7	4	1		41
50	叙利亚	2	18	17	4			41
51	斯洛文尼亚	3	13	13	1			30
52	克罗地亚	5	15	7	2			29
53	波斯尼亚		9	9	5	2		25
54	象牙海岸	9	8	5				22
55	冰岛		10	8			1	19
56	马其顿			8	7	3		18
57	爱尔兰		12	4				16
58	比利时	1	5	6	3			15
59	匈牙利	6	9					15
60	刚果	3	5	4	2			14
61	利比亚		2	8	2			12
62	多米尼加			5	4	2		11
63	丹麦	4	6					10
64	荷兰	1	7	2				10
65	马达加斯加	4	6					10
66	哥斯达黎加		6	1	2			9
67	喀麦隆	1	4	4				9
68	洪都拉斯	3	1	1	2		1	8
69	莱索托		4	2			1	7
70	玻利维亚		2	4				6
71	乌拉圭		2	2	2			6
72	埃及		3	1		1		5
73	加纳		3	1		1		5
74	黎巴嫩		3	1	1			5
75	巴拉圭			3			1	4
76	苏丹		1	2	1			4
77	危地马拉		2	1		1		4
78	赞比亚			2	1	1		4
79	卢森堡			3				3
80	尼泊尔		2			1		3
81	非成员国	38	218	185	63	27	10	541
合计		6593	30323	9726	1946	511	149	49248

* 指库容在 $1\times10^6m^3$ 以上的大坝。

表 10　　世界各国2001年底在建60m以上大坝情况统计表

序号	国家	坝数	最高坝		
			坝名	坝高（m）	坝型
1	中国	89	小湾	292	拱坝
2	土耳其	60	Deriner	247	拱坝
3	伊朗	45	KarunIV	230	拱坝
4	日本	44	Tokuyama	161	堆石坝
5	印度	11	Tehri	261	土坝
6	西班牙	11	Rules	130	重力坝
7	巴西	7	Campos Novos	198	面板堆石坝
8	罗马尼亚	7	Gura Apelor	168	堆石坝
9	缅甸*	7	Yeywa	132	碾压混凝土坝
10	意大利	7	Cameli	120	重力坝
11	委内瑞拉	6	Yacambu	158	堆石坝/重力坝
12	希腊	5	Sykia	150	堆石坝
			Messochora	150	面板堆石坝
13	俄罗斯	5	Bureya	139	碾压混凝土坝
14	阿尔及利亚	5	Tichy Haf	90	拱坝
15	阿根廷	4	Los Caracoles	155	堆石坝
16	韩国	4	San Chong（Upper）	97	堆石坝
17	摩洛哥	3	Sidi Said	120	碾压混凝土坝
18	南斯拉夫	3	Prvonek	90	堆石坝
19	智利	2	Ralco	155	碾压混凝土坝
20	马其顿	2	Kozjak	126	堆石坝
21	印度尼西亚	2	Batu Tegi	120	堆石坝
22	德国	2	Leibis/Lichte	106	重力坝
23	美国	2	Olivenhain	94	碾压混凝土坝
24	马来西亚	1	Bakun	205	面板堆石坝
25	格鲁吉亚*	1	Khudoni	201	拱坝
26	菲律宾*	1	San Roque	200	堆石坝
27	哥伦比亚	1	La miel I	188	碾压混凝土坝
28	乌兹别克斯坦*	1	Mush	188	土坝
29	莱索托	1	Mohale	145	面板堆石坝
30	哥斯达黎加	1	Pirris	113	碾压混凝土坝
31	阿尔巴尼亚	1	Banja	100	堆石坝
32	葡萄牙	1	Alqueva	96	拱坝
33	泰国	1	Tha Dan	95	碾压混凝土坝
34	津巴布韦	1	Mukorsi	90	面板堆石坝
35	波斯尼亚	1	Konjic	87	拱坝
36	保加利亚	1	Kustendil	78	堆石坝
37	塞浦路斯	1	Kannaviou	75	面板堆石坝
38	叙利亚	1	17-Apr	68	堆石坝
39	约旦*	1	Mujib	64	碾压混凝土坝
	总计	349			

* 国际大坝委员会非成员国家。

（中国水力发电工程学会）

中国已建及在建、拟建的25万kW以上的水电站

中国已建及在建、拟建的25万kW以上的水电站统计表分别见表1、表2。

表1　中国已建25万kW以上水电站统计表

序号	水电站名称	所在河流	所在省区	装机容量（万kW）	开工/复工/建成时间（年.月）
1	十三陵抽水蓄能	温榆河	北京	80.0	1992.9/1997.6
2	潘家口混蓄	滦河	河北	42.0	1975.10/1984.1/1992.12
3	万家寨	黄河	山西、内蒙	108.0	1994.10/2000.12
4	水丰	鸭绿江	（中朝）辽宁	63.0/2	1937/1958
5	丰满	第二松花江	吉林	100.3	1937.4/1998.7
6	白山	第二松花江	吉林	150.0	1975.5/1994.6
7	云峰	鸭绿江	（中朝）吉林	40.0/2	1959.9/1967.4
8	渭源	鸭绿江	（中朝）吉林	39.0/2	1979/1987.10
9	莲花	牡丹江	黑龙江	55.0	1992.10/1998.9
10	天荒坪抽水蓄能	西苕溪支流	浙江	180.0	1994.3/2000.12
11	新安江	新安江	浙江	66.25	1957.4/1977.10
12	富春江	富春江	浙江	29.72	1958.8/1976.12
13	紧水滩	龙泉溪	浙江	30.0	1981.7/1991.12
14	湖南镇	乌溪江	浙江	27.0	1958/1961/1996
15	水口	闽江	福建	140.0	1987.3/1996.11
16	沙溪口	西溪	福建	30.0	1984.10/1991.12
17	棉花滩	汀江	福建	60.0	1998.3/2000.4
18	万安	赣江	江西	40.0	1978/1984/1992.12
19	柘林	修水	江西	42.0	1970/2002.5
20	葛洲坝	长江	湖北	271.5	1971.5/1974.10/1988.12
21	丹江口	汉江	湖北	90.0	1958.9/1978.3/1992
22	隔河岩	清江	湖北	120.0	1987.1/1994.11
23	高坝洲	清江	湖北	25.2	1997.5/2000.7
24	小浪底	黄河	河南	180.0	1994.9/2001.12
25	三门峡	黄河	河南	41.0	1957.4/1978.12
26	柘溪	资水	湖南	44.75	1959.9/1975.7
27	凤滩	酉水	湖南	40.0	1970.10/1980
28	东江	耒水	湖南	50.0	1958.10/1978.2/1989.8
29	五强溪	沅水	湖南	120.0	1988.10/1990.12
30	凌津滩	沅水	湖南	27.0	1994.10/2000.12
31	江垭	澧水	湖南	30.0	1995.7/2000.6
32	新丰江	新丰江	广东	29.25	1959.4/1971.12
33	广州抽水蓄能	流溪河	广东	240.0	1989.4/2000.6
34	岩滩	红水河	广西	121.0	1985.3/1995.6
35	大化	红水河	广西	40.0	1976.1/1985.8
36	二滩	雅砻江	四川	330.0	1991.9/1999.12
37	龚嘴	大渡河	四川	70.0	1966.3/1978.12
38	铜街子	大渡河	四川	60.0	1985.1/1994.12
39	宝珠寺	白龙江	四川	70.0	1984.10/1998.6
40	太平驿	岷江	四川	26.0	1991.7/1996.2
41	漫湾	澜沧江	云南	125.0	1986.5/1995.6
42	鲁布革	黄泥河	云南	60.0	1982.11/1991.6
43	乌江渡	乌江	贵州	63.0	1972.3/1982.12

续表

序号	水电站名称	所在河流	所在省区	装机容量（万 kW）	开工/复工/建成时间（年．月）
44	东风	鸭池河	贵州	51.0	1984.11/1995.12
45	天生桥二级	南盘江	贵州、广西	132.0	1983.9/2000
46	天生桥一级	南盘江	贵州、广西	120.0	1991.6/2000.12
47	安康	汉江	陕西	85.25	1978.4/1992.12
48	刘家峡	黄河	甘肃	135	1965.10/1974.12
49	盐锅峡	黄河	甘肃	44.6	1958.9/1974.12
50	大峡	黄河	甘肃	30.0	1991.10/1998.6
51	碧口	白龙江	甘肃	30.0	1969.5/1977.6
52	青铜峡	黄河	宁夏	30.2	1958.8/1978.12
53	龙羊峡	黄河	青海	128.0	1979.12/1989.6
54	李家峡	黄河	青海	160.0	1989.6/1999

注 资料来源于1994年水利水电规划设计总院《中国大中型水电站规划图集》，1995年水电水利规划设计总院《全国大中型水电站技术经济指标及分布图》，《中国水力发电年鉴》第四、五、六卷等。

表2 中国在建、拟建25万kW以上水电站统计表

序号	水电站名称	所在河流	所在省区	装机容量（万 kW）	开工时间（年．月．日）
1	三峡	长江	湖北	1820	1994.12.14
2	大朝山	澜沧江	云南	135	1997.8
3	江口	芙蓉江	重庆	30	2000.4
4	洪家渡	乌江	贵州	60	2000.11
5	乌江渡扩建	乌江	贵州	50	2000.11
6	引子渡	乌江	贵州	36	2000.11
7	紫坪铺	岷江	四川	76	2001.3
8	尼尔基	嫩江	黑龙江	25	2001.6
9	福堂	岷江	四川	36	2001.6
10	龙滩	红水河	广西	420/540	2001.7.1
11	公伯峡	黄河	青海	150	2001.8
12	百色	右江	广西	54	2001.10
13	桐柏抽水蓄能	山茅溪	浙江	120	2001.12.30
14	小湾	澜沧江	云南	420	2002.1.20
15	水布垭	清江	湖北	160	2002.2
16	泰安抽水蓄能	樱桃沟	山东	100	2002.2.7
17	周宁	穆阳溪	福建	25	2002.6.13
18	索风营	乌江	贵州	60	2002.7
19	吉林台一级	喀什河	新疆	46	2002.7.3
20	琅琊山抽水蓄能	小沙河	安徽	60	2002.12.2
21	九甸峡	洮河	甘肃	26.4	2002.12
22	黄龙滩扩机	堵河	湖北	34	2002（开工报告已上报）
23	白山抽水蓄能	第二松花江	吉林	30	2002（开工报告已上报）
24	凤滩扩机	酉水	湖南	40	2002.3（可研报批）
25	三板溪	清水江	贵州	100	2002.11（可研已批，正做开工准备）
26	构皮滩	乌江	贵州	300	2002（项目建议书通过评估）
27	瀑布沟	大渡河	四川	330	2002（可研补充）

续表

序号	水电站名称	所在河流	所在省区	装机容量（万 kW）	开工时间（年．月．日）
28	平班	红水河	广西	40.5	2002.9（可研上报计委）
29	恶滩	红水河	广西	60	2001.1（开始施工准备）
30	宜兴抽水蓄能	—	江苏	100	2002.4（开始施工准备）
31	张河湾抽水蓄能	甘陶河	河北	100	2002.10（开始施工准备）
32	西龙池抽水蓄能	滹沱河	山西	120	2002（开始施工准备）
33	刘家峡扩机	黄河	甘肃	30	2002（前期准备）
34	拉西瓦	黄河	青海	420	2002（项目建议书上报计委）
35	宝泉抽蓄	—	河南	120	2001.4（立项，现处可研阶段）
36	街面	尤溪	福建	30	2002.12.26（立项，现处可研阶段）
37	溪洛渡	金沙江	四川、云南	1260	2002（立项）
38	向家坝	金沙江	四川、云南	600	2002（立项）

注　资料来源于《中国水力发电年鉴》第五、六卷及《电力快讯》等。

22

大事记

二〇〇一年

一 月

1月2日 陕西石泉水电站扩机2台（2×4.5万kW）发电，该水电站原装机容量为22.5万kW。

1月7日 广西桂冠电力股份有限公司、广西开发投资有限责任公司就出资开发恶滩水电站扩建工程签署协议书。该水电站是红水河10座梯级水电站中的第八座，总装机容量60万kW，年发电量29.9亿kW·h，工程于2001年1月开始施工准备，预计2004年第一台机组发电。

1月15日 国家电力公司将《关于乌江索风营水电工程项目建议书的请示》上报国家计委。索风营水电站位于贵州省修文县，为乌江干流梯级开发的第六座水电站，水库总库容1.68亿m^3，水电站总装机容量为54万kW（4×13.5万kW），年发电量18.37亿kW·h。

1月14日～2月9日 小浪底水库通过合理调度，以日平均350m^3/s的流量向下游均匀泄水，使黄河下游河道保持了适当的水量和流速，改变了结冰条件，避免了封河现象，首次发挥了防凌作用。

1月20日 国家电力公司在京主持召开了乌江构皮滩水电站装机容量专题论证专家讨论会。专家认为，构皮滩水电站本身有较好的调节性能和经济指标，总装机容量由240万kW增加到300万kW左右是合适的。

二 月

2月16日 国家经贸委批复同意湖北黄龙滩水电站增装2×17万kW水轮发电机组。扩建后，水电站总装机容量增加到49万kW，年发电量由7.58亿kW·h增加到10.3亿kW·h，将提高电网调峰能力。

2月18日 云南澜沧江水电开发有限公司在昆明成立。该公司由国家电力公司、云南省电力公司、云南省开发投资公司、云南红塔实业有限责任公司出资组建，将滚动开发澜沧江梯级水电站，首先开发小湾水电站。

2月21日 朱镕基总理发布了国务院第299号令，颁布了《长江三峡工程建设移民条例》。条例分总则、移民位置、淹没安置区的管理、移民资金使用的管理和监督、扶持措施、罚则、附则，共7章64条。

2月23日 《电力快讯》总第435期载：国家计委以计基础［2000］2504号文通知，国务院批准云南澜沧江小湾水电站项目建议书。该水电站位于云南省南涧县和凤庆县交界的澜沧江干流上，总装机容量420万kW（6×70万kW），年发电量190亿kW·h。大坝为混凝土双曲拱坝，最大坝高292m，以发电为主，兼有防洪、灌溉等综合利用效益。水库总库容151 m^3，调节库容99亿m^3，具有多年调节能力。工程动态总投资276亿元，由国家电力公司、云南省电力公司、云南省开发投资公司、云南红塔实业有限责任公司四方合资建设。

2月23日 《电力快讯》总第435期载：国家计委以计基础［2000］2505号文通知，国务院批准青海黄河公伯峡水电站项目建议书。该水电站位于青海省循化县和化隆县交界处的黄河干流上，总装机容量150万kW（5×30万kW），年发电量51.4亿kW·h。大坝为钢筋混凝土面板堆石坝，最大坝高139m，水库总库容6.2亿m^3，调节库容0.75亿m^3，具有日调节能力。工程动态总投资66亿元，由国家电力公司、西北电力集团公司及青海、陕西、甘肃、宁夏等10家电力公司投资兴建。

2月23日 《电力快讯》总第435期载：国家计委以计基础［2000］2506号文通知，国务院批准新疆吉林台一级水电站项目建议书。该水电站位于新疆尼勒克县境内喀什河中游，以发电为主，兼有灌溉和防洪等综合效益，总装机容量46万kW（4×11.5万kW），年发电量9.38亿kW·h。大坝为钢筋混凝土面板砂砾堆石坝，最大坝高157m，总库容25.3亿m^3，调节库容17亿m^3。工程动态总投资22.8亿。

2月27日～28日 国家电力公司在长沙召开了水电建设管理座谈会。周大兵副总经理以"加强水电建设管理，争创水电精品工程"为题在会上讲话，他说："我们有责任、有理由、有信心提高水电建设管理、水电工程质量水平，全面向国际先进水平的目标靠近"。

三 月

3月1日 国经贸电力［2001］91号文公布，2001年全国发电量预期调控目标为14500亿kW·h，比2000年增长7.41%，其中水电2500亿kW·h，增长8.7%。

3月6日 国务院批准江苏宜兴抽水蓄能电站工程项目建议书。该水电站安装4台25万kW的单级双向混流式水泵水轮发电机组，总装机容量100万kW，总投资54亿元，由江苏省电力公司、国家电力公司华东公司、江苏国际信托投资公司、宜兴市电力开发建设中心四方合资建设。

3月12日 龙滩水电站银团贷款协议在京签字。由国家开发银行牵头，中国建设银行、中国银行、中国农业银行共同参与，融资总额197.58亿元。该水电站于2001年6月正式开工，计划2007年6月第一台机组投产发电，2009年全部竣工。

3月15日 九届全国人大第四次会议批准了“十五”计划纲要，纲要提出：开工建设龙滩、小湾、水布垭、三板溪、公伯峡、瀑布沟等大型水电站；抓紧进行长江上游溪洛渡和向家坝水电站开发的前期论证工作；兴建黄河沙坡头、嫩江尼尔基、淮河临淮岗、岷江紫坪铺、澧水皂市、右江百色等水电枢纽工程，整治塔里木河水利工程；加紧南水北调工程的前期工作，力争在“十五”期间开工建设。

3月15日～4月10日 中国水力发电工程学会第五次全国会员代表大会采用通信方式，按照法定程序举行了第五次全国会员代表大会和五届一次全体理事会议。会议代表来自中央有关部门、各省/市/区水力发电工程学会、专业委员会、勘测设计单位、工程建设单位、水电厂运行单位、流域水电开发业主系统、各科研单位，共158人，其中有中科院/工程院院士、设计大师、教授、高级工程师和中青年学科带头人多名。大会审议通过了罗西北副理事长代表第四届理事会所做的工作报告；审议通过了学会章程；选举产生了第五届理事会。会议选举了周大兵同志为理事长，选举了何璟、贺恭、陈方枢、刘宏、石成梁、周小谦、程念高、郭建堂、高季章、邴凤山、汪易森同志为副理事长，邴凤山同志为秘书长。

大会明确：将以“三个代表”重要思想为指导，努力把水力发电工程学会办成国际一流的学术团体。

3月26日 国家电力公司以国电电源［2001］154号文发出了《关于进一步规范水电、火电建设项目招标投标工作的通知》。文件指出了目前招标投标中存在的问题并提出了改进办法及处理措施。

3月27日 四川民营企业——四川省汉龙投资发展有限公司投资2亿元兴建天龙湖水电站。天龙湖水电站位于阿坝州，总装机容量18万kW，总投资8亿元。该公司以2亿元作为启动资金，与阿坝州黄龙电力公司合资兴建。

3月28日～29日 国家计委在成都主持召开了全国水力资源复查会议。此次复查目的在于摸清中国水力资源的分布情况，并结合中国国情、国力，组织制定中国水力资源经济可开发量评价体系。此项工作由国家计委牵头，具体工作委托水电水利规划设计总院组织实施。

3月29日 国家重点建设项目、西部大开发“十大工程”之一的四川紫坪铺水利枢纽工程正式开工建设。该工程位于岷江上游都江堰市，具有灌溉、供水、防洪、发电、环保、旅游等综合效益。最大坝高156m，总库容11.12亿m^3，水电站装机容量76万kW（4×19万kW）。工程总投资67.76亿元，其中利用日本国际协力银行贷款2.6亿美元。建设工期为2001年～2006年。

3月30日 东方电机股份有限公司的响洪甸水电站40/55MW抽水蓄能机组研制成果通过了四川省科技厅组织的省级鉴定。该抽水蓄能机组除水泵水轮机引进奥钢联MCE公司两个转轮外，其余部分均由东方电机股份有限公司自行设计制造，机组已于2000年5月正式投入运行。

四 月

4月2日 中国在柬埔寨的第一个BOT项目——基里隆一级水电修复工程正式开工，柬埔寨首相洪森和中国国家电力公司领导参加了开工典礼。

4月9日 四川省计委批复绵阳市计委报告，同意修建南一里水电站。该水电站位于平武县火溪河上，为引水式水电站，总装机容量13万kW（2×6.5万kW），年发电量5.4亿kW·h。工程静态投资5.5153亿元，由华能集团公司、平武电力公司联合建设经营。

4月12日 国家电力公司西北公司和中国水电顾问有限公司在京举办黄河黑山峡河段开发方案咨询会。与会专家对采取一级开发还是二级开发存有不同看法，但一致建议尽快开发黄河黑山峡河段。

4月15日 棉花滩水电站首台机组（4号机）顺利通过72h的发电试运行。该水电站位于福建省永定县汀江干流，装机4台，共60万kW，年发电量15.1亿kW·h。该水电站于1998年3月19日正式开工，当年9月12日实现截流，从主体工程开工到首台机组投产仅用3年时间。

4月18日 国家计委批复河南宝泉抽水蓄能电站项目建议书，该工程正式立项。该水电站位于辉县境内，总装机容量120万kW，安装4台30万kW的可逆式抽水蓄能机组，年发电量16.08亿kW·h，年抽水电量21.44亿kW·h。该项目由河南省电力公司、河北省电力开发公司、新乡市和辉县市四方分别按70％、20％、5％、5％的比例合资建设。

4月20日 国家电力公司领导在上海接受新闻媒体采访时指出：由于水电成本相对较低且无环境污

染，故今后总体发展规划是大力发展水电，适当发展核电，10年内使水力发电量占总发电量的比例从现在的24%提高到30%。

4月22日 黄河小浪底工程3号水轮发电机组并网发电，该机组容量为30万kW。

4月26日 财政部部长项怀城在中国国际投资论坛上发言，谈到西部大开发战略中有关财政政策时提出：对在西部地区新办交通、电力、水利的企业，其所得税实行两年免征、三年减半征收的政策。

4月29日 中华全国总工会向296个先进集体和994名先进个人颁发了全国“五一劳动奖状”和“五一劳动奖章”。其中获全国“五一劳动奖状”的水电单位有：中国水利水电第七工程局、中国水利水电第四工程局、三峡工程三七八联营总公司“98.7”拌和项目部、葛洲坝集团三峡建设公司401号电铲班组、贵州乌江水电开发公司、西藏羊卓雍湖抽水蓄能电厂、陕西省水电工程局、甘肃小三峡水电有限责任公司、黄河水电公司龙羊峡发电分公司；获全国“五一劳动奖章”的有广西水利电力勘测设计院总工程师蓝可华（瑶族）等。

五　月

5月10日 国家计委以计基础［2001］789号文通知，《琅琊山抽水蓄能项目可行性研究报告》已经国务院批准。该水电站位于安徽省滁州市琅琊山麓，总装机容量60万kW（4×15万kW），年发电量8.56亿kW·h，年抽水用电量11.72亿kW·h。工程静态总投资19.4亿元。

5月10日 国家计委以计基础［2001］790号文通知，《青海尼那水电站工程可行性研究报告》已经国务院批准。该水电站位于青海省贵德县境内的黄河干流上，安装4台4万kW的贯流式水轮发电机组，总装机容量16万kW，年平均发电量7.6亿kW·h，总投资10.63亿元。该水电站由青海省投资公司、青海省电力公司、中国水利水电第四工程局、西北勘测设计研究院、黄河上游水电开发公司等单位合资建设。

5月24日 国家电力公司以国电发［2001］316号文发出《关于绿水河等18座水电站大坝安全定期检查报告审查意见的批复》，同意将绿水河、东江、小东江、葛洲坝大江、石泉、上犹江、潘家口下池、新丰江、乌江渡、修文、普定、苦蒿坪、古田溪一级、镜泊湖、百丈祭一级、纪村、流溪河17座水电站大坝评定为正常坝，将李官水电站大坝评定为病坝。

5月26日 湖北天堂抽水蓄能电站正式投产。该水电站位于罗田县天堂水库，安装2台3.5万kW可逆式水泵水轮发电机组，总装机容量7万kW，设计年抽水用电量1.6亿kW·h，发电量1.25亿kW·h。总投资3.9亿元，工程于1998年8月正式开工。

六　月

6月6日 河南省南阳回龙抽水蓄能电站开工建设。该水电站位于南召县境内，是河南省第一座抽水蓄能电站，安装2台6万kW单级可逆式水泵水轮发电机组，总装机容量12万kW，总投资4.5亿元，计划于2004年底全部建成。

6月6日 四川福堂水电站正式开工。该水电站位于岷江上游干流汶川县境内，为引水式水电站，装机4台，总容量36万kW，年发电量22.7亿kW·h，动态总投资19.5亿元，由阿坝州水电开发总公司、四川郎酒集团、四川全兴集团、四川省电力公司、成都勘测设计研究院五单位合资建设。第一台机组计划于2004年投产发电。

6月7日 国家电力公司以国电科［2001］350号文印发了《中国电力科学技术奖励办法》和《中国电力科学技术奖励办法实施细则》的通知。

6月13日 新华社报道：在武汉召开的抽水蓄能电站工程建设研讨会上，专家们认为，在水电比重大的地区适当建设抽水蓄能电站，可以弥补水电站受季节、防洪、灌溉影响而调节能力差的问题。

6月15日 《电力快讯》总第450期载：国家电力公司以国电规［2001］232号文将《广西红水河平班水电站项目建议书》上报国家计委。该水电站位于广西与贵州交界的南盘江上，是红水河综合开发的第三个梯级水电站，距上游天生桥二级水电站约50km。水库总库容2.78亿m^3，水电站总装机容量40.5万kW，年发电量16.03亿kW·h，最大坝高62.2m，坝长395.5m，工程总投资19.49亿元。工程由广西、贵州、广东三方组建项目公司，负责建设和经营管理。

6月中旬 刘家峡水电站运用大型浮体闸门深水封堵技术，成功修复了水深60m的2号泄水孔。经专家鉴定，此项新技术为国内科技首创，并达到国际领先水平。

6月20日 浙江新安江水电厂8号机组增容改造完成。至此，该厂已有4台机组完成增容改造，机组容量均由7.5万kW增加到9.5万kW。

6月24日 国家计委以计基础［2001］1102号文通知，《甘肃小峡水电站项目建议书》获国务院批准。该水电站位于皋兰县境内的黄河干流上，总装机容量23万kW(4×5.75万kW)，年发电量9.56亿kW·h，为径流式水电站。工程动态总投资14.56亿元。

6月24日 国家计委以计基础［2001］1103号文通知，《陕西喜河水电站项目建设书》获国务院批准。

该水电站位于石泉境内的汉江干流上，总装机容量18万kW(3×6万kW)，年平均发电量4.94亿kW·h。水库总容量1.39亿m^3。工程动态总投资13.3亿元。

6月24日 国家计委以计基础[2001]1101号文通知，山西西龙池抽水蓄能电站可行性研究报告已获国务院批准。该水电站位于五台县境内，距太原市100km，安装4台30万kW可逆抽水蓄能机组，总容量120万kW，年发电量18.05亿kW·h，年抽水用电量20.07亿kW·h。工程动态总投资约为50亿元。

6月28日 四川华能青居水电站开工。该水电站位于南充市，是嘉陵江13级梯级开发的重要工程之一，总装机容量12.8万kW，年发电量6.9亿，工程总投资9亿多元。

6月29日～7月2日 中国水电顾问有限公司在成都召开雅砻江锦屏一级水电站选坝报告审查会。该水电站位于四川盐源县和木里县境，是梯级开发的龙头水电站。坝高305m，是目前世界上最高的双曲拱坝。水库总库容77.7亿m^3，调节库容49.1m^3。水电站总装机容量330万kW，年发电量167.85亿kW·h。审查会同意成都勘测设计研究院报告提出的选取普罗斯沟坝址及混凝土双曲拱坝坝型的结论。

七 月

7月1日 广西龙滩水电站正式开工建设。该水电站位于广西天峨县境红水河上游，是实施西部大开发和“西电东送”的重要标志性工程，是中国目前仅次于三峡工程的第二大水电工程。规划总装机容量540万kW，安装9台60万kW水轮发电机组，年平均发电量187亿kW·h，分两期建设。一期建设装机容量420万kW，年发电量156亿kW·h。水库总库容272.1亿m^3。工程总投资243亿元。工程预计于2003年11月截流，2007年首台机组发电，2009年12月工程全部完工。

7月3日 国家计委以计基础［2001］1185号文发出通知，《重庆江口水电站项目建议书》已经国务院批准。该水电站总装机容量30万kW（3×10万kW)，年发电量10.71亿kW·h。大坝为混凝土双曲拱坝，最大坝高141m，水库总容量5亿m^3。工程动态总投资20.4亿。

7月4日 国家计委以计基础［2001］1183号文印发了国务院批准《青海公伯峡水电站项目可行性研究报告》的通知。该水电站安装5台30万kW机组，总装机容量150万kW，年均发电量51.4亿kW·h。大坝为钢筋混凝土面板堆石坝，最大坝高139m，总库容6.2亿m^3。静态投资约54亿元。工程由黄河上游水电开发有限责任公司负责建设和管理。

7月6日 国家计委以计基础［2001］1235号印发了国务院批准《湖北清江水布垭水电站项目可行性研究报告》的通知。该水电站总装机容量160万kW(4×40万kW)，年均发电量39.2亿kW·h。大坝为钢筋混凝土面板堆石坝，最大坝高233m。水库总库容45.8亿m^3，调节库容23.83亿m^3，水库具有多年调节能力。电站静态投资约90亿元。

7月10日 新华社报道：四川省委、省政府近日提出，鼓励国内各种所有制企业和外商来川投资建设水电站，在税收上采取5条优惠政策，如水电企业在一定期限内将按15%的税率征收企业所得税等。

7月16日 国家经贸委印发《电力工程建设定额工作管理暂行办法》。该办法适用于水电、火电、送变电工程，自发布之日起施行。

7月16日～18日 国务院三峡工程移民暨对口支援工作会议在湖北省宜昌市召开，国务院总理、国务院三峡工程建设委员会主任朱镕基在会上做了重要讲话。他指出：“目前距三峡水库蓄水不到两年时间，要认真贯彻、两个调整方针，加快库区移民外迁安置步伐，加大工矿搬迁、企业结构调整力度，千方百计确保三峡工程按时蓄水、发电、通航”。

7月19日 国家电力公司以国电规［2001］427号文将《西藏巴河雪卡水电站项目建议书》报送国家计委。巴河雪卡水电站设计装机容量4万kW（4×1万kW)，静态投资70656万元。

7月22日 中国电力报载：国家电力公司、共青团中央决定授予4名同志“国家电力公司首届青年科技创新杰出奖”和22名同志“国家电力公司首届青年科技创新奖”。水电系统获前一奖项的有白山水电厂路振刚，获后一奖项的有贵阳勘测设计研究院杨泽艳、丰满水电厂陈昌林、葛洲坝集团公司晏新春、中国水利水电基础工程局韩伟、昆明勘测设计研究院戴益华。

7月23日 云南省、广东省、国家电力公司南方公司三方签订售购电和输电合同，从7月1日起至年底，云南将向广东输送电量11亿kW·h，高峰时送电电量为40万kW。这标志着“云电东送”战略迈出实质性的步伐。

7月26日 三峡左岸电站14台水轮发电机组及其辅助设备安装与调试工程合同签字仪式在湖北宜昌举行。中国水利水电第八工程局、中国葛洲坝水利水电工程集团公司、中国水利水电第四工程局三单位中标，合同金额1.67亿元。

7月26日 天广（天生桥水电站—广东）500kV直流输电工程试运行成功，正式投入商业运行。天广直流输电工程，是实现“西电东送”1000万kW的重要标志性工程。

7月26日 中国进出口银行与四川省财政厅在

成都签署了紫坪铺水利枢纽工程项目日元贷款转贷协议，金额为321.99亿日元。

八 月

8月8日 中国与刚果共和国签订了刚果英布鲁水电站建设合同。合同金额2.2亿美元，85%将利用中方提供的卖方信贷。

8月8日 黄河公伯峡水电站开工建设。该水电站位于青海循化县和化隆县交界处，是黄河上游龙羊峡～青铜峡段的第四个大型梯级水电站。大坝为混凝土面板堆石坝，坝顶长423m，最大坝高139m。水电站总装机容量150万kW（5×30万kW），年平均发电量51.4亿kW·h，工程静态投资约54亿元，总投资62亿元。由黄河上游水电开发有限公司负责建设和管理。预计2004年第一台机组发电，2006年工程竣工。

8月1日～10日 由国家电力公司副总经理周大兵带队的黄河上游水力资源考察团考察了黄河青海段，实地考察了拉西瓦、龙羊峡、李家峡、公伯峡、积石峡、苏只、尼那、黄丰、康杨、直岗、拉卡等已建、在建和正在进行前期工作的大中型水电站。

8月14日 黄河水电公司拉西瓦工程建设部成立。拉西瓦水电站位于青海省贵德县与贵南县交界处的黄河干流上。大坝为混凝土双曲薄拱坝，最大坝高250m，总装机容量560万kW，年均发电量102.33亿kW·h，是黄河上最大的水电站。

8月15日 《乌江构皮滩水电站装机容量论证专题报告》在北京通过审查。该水电站位于乌江中游，是贵州“西电东送”主要的电源点之一，总装机容量300万kW。

8月15日 新疆额尔齐斯河至乌鲁木齐引水工程开工，工程全长700km，是西部大开发在新疆的重要项目，计划2005年12月完工。

8月23日 《中国经济导报》报导：国家计委公布了《国民经济和社会发展“十五”计划能源发展重点专项规划》，在能源发展的战略目标中提出：积极发展水电，根据西部大开发和电源结构调整的需要，优先安排调节性能好、水能指标优越的大中型水电站和流域综合开发项目的建设；因地制宜开发小型水电站；在水能资源缺乏、电网调峰困难的地区安排一些抽水蓄能电站的建设。

8月24日 国家电力公司以国电计［2001］512号文，向国家计委报送了《关于云南澜沧江小湾水电站可行性研究报告的请示》。该水电站位于云南省南涧县与凤庆县交界的澜沧江中下游河段，总装机容量420万kW，年发电量189.9亿kW·h，总投资275.36亿元。大坝为双曲拱坝，最大坝高292m。水库总库容149.14m，具有多年调节性能。

九 月

9月4日 中国水力发电工程学会在北京召开了第五届理事第二次扩大会议。会上提出了未来5年工作的目标：将学会建成一流的学术团体，为水电大开发当好后援，特别是当好技术后援，促进中国水电事业的发展。出席会议的有周大兵、李锐、张铁铮、陈赓仪、张光斗、潘家铮、何璟、周小谦、罗西北等领导和专家。会议推举李鹗鼎、潘家铮、陆佑楣为中国水力发电工程学会名誉理事长，增补了46名理事，表彰了11个先进省级学会、11个先进集体及179名优秀学会工作者。

9月4日 《中国水力发电年鉴第六卷》首发式在北京中国科技会堂举行。国家电力公司副总经理、年鉴编委会主任周大兵出席会议并做了讲话，肯定了《中国水力发电年鉴》的成果和意义并提出，编撰工作要不断改进，内容要不断推陈出新，年鉴条目要不断创新，语言要言简意赅，版面要新颖活泼。

水电行业在京有关单位的领导和专家、中国水力发电工程学会第五届理事会的全体理事、《中国水力发电年鉴第六卷》的在京编委和特约编辑、中国版协年鉴研究会的领导共100余人参加了会议。出席会议的老领导、老专家有李锐、林汉雄、陈赓仪、潘家铮、何璟、张光斗、张铁铮、罗西北等。

9月10日～11日 四川南桠河流域姚河水电站1号、2号机组并网发电，该水电站总装机容量13.2万kW（3×4.4万kW）。

9月18日～24日 中朝水力发电公司理事会第54次会议在北京举行。中方理事长周大兵在发言中建议今后应做好三项工作：首先，要做好目前正在运行电厂的安全稳定工作；其次，中朝双方要着力提高水力发电公司的经济效益，加强企业的经营管理；第三，要共同管理好、规划好鸭绿江流域的水电开发。朝方理事长申永成对中方的合作立场表示赞同。

9月25日 《云南澜沧江小湾水电站可行性研究报告》在北京通过了由国家计委委托中国国际工程咨询公司组织的专家组评估。

十 月

10月11日 广西百色水利枢纽工程开工。该工程位于郁江上游右江河段，坝址在百色市上游22km处，以防洪为主，兼顾发电、灌溉、航运、供水等综合利用效益。水库总库容56.6亿m^3，其中防洪库容16.4亿m^3，有效库容26.6亿m^3。水电站装机容量54万kW(4×13.5万kW)，年发电量16.9亿kW·h。主坝为混凝土重力坝，最大坝高130m，坝顶长720m。工程总投资47.13亿元。工程于1997年10月进行前期准备，至此已完成投资3亿多元。

10月11日 江苏宜兴抽水蓄能电站合资兴建签字仪式在南京举行。该水电站总装机容量100万kW（4×25万kW），工程总投资50.05亿元，由江苏省电力公司、国家电力公司华东公司、江苏国际信托投资公司、宜兴市资产经营公司四方合资兴建，其中利用世界银行贷款1.5亿美元。

10月12日 "西电东送"三广（三峡—广东）、贵广（贵州—广东）直流输电工程设备采购合同在京签字，吴邦国副总理出席签字仪式。两项工程额定直流电压为±500kV，输送容量均为300万kW。三广线输电距离约976km，贵广线输电距离约936km。两项工程换流站设备通过国际招标采购，ABB公司中标三广项目，西门子公司中标贵广项目。

10月15日 贵州洪家渡水电站截流成功，为2004年发电创造了条件。截流时龙口水面宽30m，不到40min，乌江水即被拦腰截断。

10月16日 贵州引子渡水电站截流成功，为2003年5月首台机组发电打下了基础。

10月16日 云南澜沧江水电开发公司与昆明勘测设计研究院签定了《糯扎渡水电站可行性研究勘测设计合同》。该水电站为澜沧江中下游河段第五个梯级，总装机容量550万kW，年发电量236.8亿kW·h，坝高约260m，水库总库容225亿m^3。

10月16日 小浪底水利枢纽2号发电机组（30万kW）并网发电。

10月19日 《电力快讯》载：国家电力公司以国电规［2001］537号文向国家计委报送了《四川大渡河瀑布沟水电站项目建议书》。该水电站位于汉源县，总装机容量330万kW（6×55万kW），年发电量145.8亿kW·h。大坝为砾石土心墙堆石坝，最大坝高186m，坝顶长573m。工程静态总投资131.94亿元。水电站由大渡河流域水电开发有限公司以龚嘴、铜街子两水电站为母体滚动开发。

10月21日～22日 国家电力公司在银川召开电力建设工程设计改革经验交流会。会议提出：在保证电厂和电网安全的前提下，努力降低工程造价，提高电力项目的投资效益和市场竞争能力，促进中国电力建设水平，向国际先进水平看齐。

10月24日 国家电力公司发输电部以发输电［2001］140号文印发《青铜峡水电厂技术改造可研报告审查意见》，同意该水电厂1、2、3、8号机组的改造，预计增加容量2.2万kW，年平均增加发电量5600万kW·h。10月28日国家电力公司又以［2001］819号文向国家经贸委报送。预计工程静态投资需19275万元。

10月25日 何梁何利基金第八届颁奖大会在京举行，56位科学家获科学进步奖，水利水电系统获奖者有中国工程院院士陈厚群。

10月28日 国家电力公司以国电规［2001］635号文印发《云南小湾水电站输电方案评审意见》。该水电站向广东输电距离1500km，输电容量210万kW。评审同意采用直流输电方式，输电容量按300万kW规模比较合适。

10月29日 水利部部长汪恕诚签发第14号令，《水利工程建设项目招标管理规定》自2002年1月1日起施行。

10月30日 中国水利学会成立70年纪念大会在北京召开。著名水利专家张含英、张光斗、孙辅世、严恺在会上被授予功勋奖。

十一月

11月1日 四川福堂水电站截流成功。

11月4日 云南大朝山水电站下闸蓄水。

11月5日 北京官厅水库清淤工程开工。由于多年的泥沙沉积，阻断了官厅水库中妫库与水库之间的连接段，有五分之四的水源被挡在了上游妫库的一面。此次大清淤将疏通两库之间的连通渠道，使水流畅通，保证京西冬季供水。

11月8日 嫩江尼尔基水利枢纽工程大江截流成功。该工程位于黑龙江省与内蒙古自治区交界的嫩江干流上，坝顶全长7242m，主坝最高为40m。水库总库容86.1亿m^3，其中防洪库容23.68亿m^3，兴利库容59.68亿m^3。水电站总装机容量为25万kW，年发电量6.14亿kW·h。工程静态总投资49.64亿元。工程以防洪和供水为主，兼有发电和改善下游航运等综合利用效益。

11月8日 2001年50亿元人民币三峡债券开始发行。这是三峡工程第四次发行债券，前三次已募集资金60亿元。

11月15日～16日 中国长江三峡工程开发总公司召开金沙江开发前期工作会议，指出金沙江开发前期工作获重大进展，由成都勘测设计研究院承担勘测设计任务的溪洛渡水电站（总装机容量1260万kW），已具备近期开工条件。

11月17日 湖南碗米坡水电站工程截流成功。该工程位于沅水支流的酉水中游，工程总投资21.14亿元。水电站总装机容量24万kW，年发电量7.92亿kW·h。工程于2000年下半年开工，计划2003年首台机组发电。

11月17日 长江三峡工程二期围堰开始拆除，它标志着二期工程取得了阶段性胜利。此项工程需完成800万m^3的开挖量，计划2002年5月1日上游围堰破堰进水；9月下游围堰进水；11月导流明渠截流。

11月21日 全国农村水电暨“十五”水电农村电气化建设工作会议在人民大会堂召开，温家宝副总理致信祝贺。至2000年底，全国已有1500多个县共建成小水电站4.8万座，总装机容量2485万kW，年发电量800亿kW·h。全国1/4人口主要靠农村水电供电，已建成653个初级电气化县。汪恕诚部长在会上宣布：“十五”期间，国务院批准全国建设400个水电农村电气化县，总投资700多亿元，计划完成500多亿元。

11月22日 目前世界最大的水轮发电机组——三峡水电站首台70万kW机组的定子开始组装。机座外径21.42m、高4.27m，定子总重721t。

11月22日 黄河沙坡头水利枢纽工程截流成功。截流从11月18日开始，经四天四夜连续奋战，到22日下午4点40分合龙完成截流。

11月23日 黄河上游小峡水电站正式开工。该水电站位于甘肃省皋兰县境内，是黄河上游规划开发的第十座梯级水电站。水电站以发电为主，兼有灌溉、旅游、养殖等综合效益，计划安装4台轴流转桨式水轮发电机组，总装机容量23万kW，年发电量9.56亿kW·h。工程于2002年截流，2004年首台机组发电。工程总投资15亿元。

11月23日 黄河西霞院水库可行性研究报告通过水利部审查。该水库是小浪底水利枢纽的配套工程——反调节水库，在其下游16km处，土坝高21m，总库容量1.62亿m^3，总装机容量14万kW，年发电量5.9亿kW·h。

11月27日 广西百色水利枢纽主坝工程由闽江—黄河水电工程联营体（闽江工程局与水电第四工程局）中标，承包合同签字仪式在南宁举行。合同金额6.017亿元。

11月28日 国家财政部宣布取消对葛洲坝水电厂专项费用支出行政审批。葛洲坝水电厂投产发电的二十年间，一直担负着库区维护、船闸运行维护、航道维护、中华鲟科研、地方专项补贴等费用支出，总数已达10亿多元。此前，每一笔费用的发生，都要经过层层审核，直到财政部审批。

11月28日 贵州乌江干流构皮滩水电站左岸进场公路开工，标志着该水电站建设的启动。构皮滩水电站是乌江干流梯级开发最大的水电站，位于余庆县境内，总装机容量300万kW，工程总投资122亿元，已列入“十五”开工项目。

十二月

12月1日 国务院办公厅转发了水利部、财政部、国家计委、国家经贸委、国家电力公司《关于加快解决中央直属水库移民遗留问题的若干意见》。

12月6日 经国务院批准，国家计委于2001年9月11日以计基础［2001］1716号文通知，西藏金河水电站于12月6日开工兴建。该水电站位于昌都地区察雅县，采取金河与澜沧江之间跨河流引水式开发，总装机容量6万kW（4×1.5万kW），年发电量3.67亿kW·h，工程总投资4.92亿元。

12月6日 全国第二次水力资源复查会议在昆明召开。全国水力资源复查工作领导小组颁布了《全国水力资源复查工作大纲》及《技术标准》，要求2003年完成全部复查工作。

12月9日 福建棉花滩水电站4台机组全部并网发电，比计划提前一年。该水电站位于永定县汀江干流，总装机容量60万kW（4×15万kW），年发电量15.2亿kW·h，水库总库容20.35亿m^3。大坝高115m，为碾压混凝土重力坝。主体工程于1998年3月开工，由闽江水利水电工程局、中国水利水电第十四工程局、FM联营体承担施工和机组安装。该工程由福建省电力公司、福建投资开发总公司、龙岩市水电开发公司分别投资60%、22%、18%联合开发。

12月12日 国家电力公司以国电源［2001］757号文，公布了2000年度电力工程优秀设计、勘测、计算机软件项目，其中水电项目有：二滩水电站工程设计（成都勘测设计研究院）、十三陵抽水蓄能电站工程设计（北京勘测设计研究院）、龙羊峡水电站工程设计（西北勘测设计研究院）、五里冲水库枢纽工程设计（中南勘测设计研究院）、二滩水电站工程勘测（成都勘测设计研究院）、龙羊峡水电站工程勘测（西北勘测设计研究院）。

12月12日 国家电力公司以国电发［2001］762号文命名了一批一流企业，其中宝珠寺水电厂被命名为“一流水力发电厂”。

12月14日 云南大朝山水电站首台机组投产发电。该水电站总装机容量135万kW（6×22.5万kW），保证出力36.31万kW，多年平均年发电量59.31亿kW·h。水库总库容9.4亿m^3。水电站始于1993年导流洞开挖，1997年8月国家正式批准开工，同年11月10日大江截流。该水电站由国家电力公司、云南红塔实业投资有限责任公司、云南省开发投资有限公司、云南省电力公司分别以5∶3∶1∶1的比例集资建设，工程总投资88.7亿元。

12月17日 柬埔寨总理洪森在中国国家电力公司副总经理周大兵陪同下，视察了中国在柬建设的基里隆一级水电站工地。

12月19日 李家峡水电站通过竣工验收。该水电站总装机容量200万kW，一期安装160万kW，多年平均年发电量 60.63 亿 kW·h。

12 月 23 日 巴基斯坦总统穆沙拉夫参观了三峡工程，他题词盛赞三峡工程是中国人创造的世界第八大奇迹。

12 月 24 日 江西柘林水电站扩建工程首台机组（容量 12 万 kW）并网发电。

12 月 24 日 国家电力公司以国电发［2001］806 号文件印发《关于处理利用发电企业现有设备设施安装运营小水（火）电机组的指导意见》。

12 月 23～25 日 国家电力公司在西安召开了电网建设专家委员会，对西北地区"西电东送"及西北电网发展 750kV 电压等问题进行了研讨。专家们认为，加快开发西北地区水电、优化建设火电、水火电打捆外送华北地区和山东省是实现大范围内资源优化配置的必要选择。

12 月 26 日 国家电力公司以国电财［2001］812 号文，公布了《国家电力公司预算管理办法》，共 8 章 37 条。

12 月 27 日 国家计委发布了《"十五"期间利用外资和境外投资规划》，提出：中国利用外资的重点将从引进国外资金向引进国外先进技术、现代化管理和专门人才转变；利用外资的领域将向服务领域大力推进；利用外资的方式在以吸收外资直接投资为主的同时向多方式引进开拓，政府的管理将从以行政审批为主向依法规范、引导、监督转变。

12 月 27 日 《中国水力发电工程》（共八卷）获第五届国家图书奖。该书由汪恕诚任编委会名誉主任、周大兵任主任、潘家铮和何璟任主编，集中了水电行业 200 余名专家、学者编纂而成。全书分工程水文、规划经济、移民环保、工程地质、水工、机电、施工和运行管理共 8 卷，由中国电力出版社出版。

12 月 27 日 小浪底水利枢纽工程第六台机组投产发电，标志着小浪底水利枢纽主体工程已全部完工，6 台机组总容量 180 万 kW 全部投产。已累计完成土方开挖 2800 万 m^3，石方明挖 1856 万 m^3，石方洞挖 344 万 m^3，土石方填筑 6290 万 m^3，混凝土浇筑 371 万 m^3。工程概算总投资 347.24 亿元。

12 月 28 日 广西百色水利枢纽大坝主体工程正式开工建设。最大坝高 130m，坝顶长 720m，采用全断面碾压混凝土工艺浇筑。

12 月 30 日 《浙江桐柏抽水蓄能电站项目开工报告》经国务院批准通过。该水电站总装机容量 120 万 kW（4×30 万 kW），可解决华东电网的填谷和事故备用。工程动态投资 42 亿元，其中利用世界银行贷款 2.24 亿美元。

12 月 30 日 《贵州省乌江构皮滩水电站可行性研究报告》在北京通过审查，该水电站总装机容量 300 万 kW。周大兵、何璟出席了审查会。

* * * * *

2001 年全国新投产发电装机容量 1713 万 kW，其中水电投产机组约 280 万 kW，有小浪底 90 万 kW（3 台）、棉花滩 60 万 kW（4 台）、姚河坝 13.2 万 kW（3 台）、大朝山 22.5 万 kW（1 台）、珊溪 10 万 kW（2 台）、柘林扩机 12 万 kW（1 台）及小关子、冷竹关等。

2001 年全国发电量 14780 亿 kW·h，比上年增加 9%，其中水电发电量 2575 亿 kW·h，占全国发电量的 17.4%，比上年增长 5.9%。

截至 2001 年底，全国储备的已完成可行性研究的水电项目，总装机容量 1384 万 kW；正在开展可行性研究的水电项目、常规水电站总装机容量 3120 万 kW；完成预可行性研究和正在开展预可行性研究的水电项目，总装机容量 1520 万 kW。

中国水利水电工程总公司系统 2001 年在国内中标总金额为人民币 136.7279 亿元。同时开拓国际市场取得丰硕成果，在伊朗、老挝、吉尔吉斯斯坦、印度、越南、马来西亚等国中标总金额为 23319 万美元。

三峡工程混凝土浇筑量 2001 年达到 402 万 m^3，继 1999 年（458 万 m^3）、2000 年（540 万 m^3）连续三年超过巴西伊泰普水电站创造的原世界纪录（320 万 m^3）。

2001 年，中央安排国债投资 32.248 亿元，用于全国 308 座病险水库的除险加固工程建设，计划 2002 年销号 248 座。

中国工程院公布了 2001 年新增院士名单，水利水电方面的有：中南勘测设计研究院王三一，澜沧江水电开发公司马洪琪，中国水利水电科学研究院陈志恺、韩其为。

（中国水力发电工程学会 陈上奎）

二○○二年

一　月

1月1日　中国水力发电装机容量位居世界第一。截至2001年底，中国常规水电总装机容量为7700万kW（未含抽水蓄能电站），居世界第一位。美国为第二，加拿大第三。

中国水电在建规模为3000万kW,规划设计规模为5000万kW,均居世界第一。小湾水电站为双曲混凝土拱坝,坝高292m;龙滩水电站为碾压混凝土坝,坝高218m;水布垭水电站为钢筋混凝土面板堆石坝,坝高233m;三者坝高均为世界同类型坝之最。

1月10日　国家电力公司以国电计［2002］14号文，向国家计委报送《贵州省乌江流域索风营水电站可行性研究报告》。该水电站总装机容量54万kW，年发电量18.3亿kW·h，为碾压混凝土坝，最大坝高121.8m，投资31.25亿元，总工期5年。

1月11日　新安江水电厂5号机组增容改造后正式投产，容量由7.5万kW增至9万kW。

1月14日　浙江省桐柏抽水蓄能电站利用世界银行贷款采购主机设备合同仪式在京举行，贷款总额2.24亿美元。经国际招标，选定奥地利VATECH水电联营体提供主机（4×30万kW）及500kV高压电气设备。

1月14日　陕西汉江开发有限公司在西安举行发起人签字仪式。汉江在陕西段全长700km，规划开发梯级为7级，总装机容量224万kW。

1月14日　国家电力公司以国电计［2002］33号文，向国家计委报送《西藏拉萨河直孔水电站可行性研究报告》，水电站大坝坝高47.6m，水库总库容2.25亿m^3，总装机容量10万kW（4×2.5万kW），年发电量4.07亿kW·h，大坝为黏土心墙堆石坝。总投资为13.3亿元，总工期为53个月。

1月16～18日　国家电力公司在天津召开工作会议。国家电力公司领导在会上强调，要按照“三个代表”重要思想要求，落实深化电力体制改革，做到“稳定、安全、灵活、多元”地为大局服务；以发展为主题，推进全国联网和公司的可持续发展；以结构调整为主线，推进水电流域开发和电源结构调整。

1月20日　云南澜沧江小湾水电站开工建设。该水电站位于澜沧江干流中下游河段，为该流域水电梯级开发的龙头电站。大坝坝高292m，是目前世界最高的混凝土双曲拱坝，水库总库容149亿m^3，具有多年调节性能，总装机容量为420万kW（6×70万kW），年发电量189亿kW·h，总投资（动态）277.31亿元，由国家电力公司、云南省电力公司、云南省开发投资公司及云南省红塔实业投资有限责任公司分别按20%、29%、24%及20%的比例合资兴建。水电站建设由云南澜沧江水电开发有限公司负责。昆明勘测设计院负责工程设计；中国水利水电第十、十四、一工程局负责主体工程施工。

1月22日　中国水利水电工程总公司与中国出口信用保险公司就大型卖方信贷项目——伊朗塔里干水利水电枢纽项目在北京举行保险合同签字仪式。该项目是中国水利水电工程总公司第一个出口信贷项目，表明该公司从单纯的施工承包转向融资和管理承包。该工程合同额约1.43亿美元。

1月23日　国家电力公司以国电计［2002］55号文，向国家计委报送了《新疆吉林台一级水电站项目可行性研究报告》。该水电站位于尼勒克县境内喀什河中游，为混凝土面板堆石坝，坝高157m。水电站装机容量46万kW（4×11.5万kW），年发电量9.38亿kW·h，水库总库容25.3亿m^3，调节库容17亿m^3，为多年调节水库。总投资22.86亿元。

1月25～27日　水利部在北京召开了《黄河近期重点治理开发规划》审查会。水利部副部长张基尧主持会议。

1月29日　2001年度中国建筑工程鲁班奖（国家优质工程）颁奖大会在北京召开，水电工程——莲花水电站、岩滩水电站获奖。

1月30日　中国水利水电工程总公司在北京召开工作会议。周大兵、张基尧、何璟等领导参加了会议。中国水利水电工程总公司郭建堂总经理做了“面向未来，开拓创新，坚持与时俱进，实现持续发展”的工作报告。

二　月

2月1日　国家计委颁布实施《国家重大建设项目招投标监督暂行办法》。

2月2日　《中国水利报》载：国务院西部大开发办公室、水利部、国家计委联合印发《西部地区水利发展规划纲要》。

2月2日　《中国电力报》载:国务院批复《三峡电

站电能消纳方案》:三峡电站供电区域为华东、广东和华中三大区八省一市,向华东输 720 万 kW、向广东输 300 万 kW、其余送华中。其比例为,输华东:上海 40%、江苏 28%、浙江 23%、安徽 9%;输华中:河南 25%、湖北 35%、湖南 22%、江西 18%。

2月4日 刘家峡水电厂1号机组改造完成，至此，该厂历经十年的设备技术增容改造全部完成。5台机组增加了 19 万 kW，由改造前的出力 116 万 kW，增加到 135 万 kW。

2月5日 水电界人士在京共贺新春举办联欢会。水利部部长汪恕诚、副部长张基尧、全国人大常委姚振炎、国家电力公司何璟、国家开发银行王文泽等领导及100余人参加。会上，汪恕诚部长论述了当前电力体制改革肯定有利于水电的发展，并号召大家要支持改革，积极主动参与改革。

2月7日 国家电力公司以国电计［2002］43号文，向国家计委报送《利用外资建设江苏宜兴抽水蓄能电站的可行性研究报告》，该水电站位于江苏宜兴市南 7km 处。总装机容量 100 万 kW（4×25 万 kW)，年抽水用电量 19.6 亿 kW·h，年发电量 14.9 亿 kW·h，总投资 47.11 亿元，其中利用外资 1.54 亿美元。由江苏省电力公司、江苏国际信托投资公司、国家电力公司华东公司、宜兴市资产经营公司，分别按 65%、20%、10%、5%的比例出资兴建。

2月9日 国家电力公司以国电计[2002]88号文,向国家计委报送《四川宝兴河哓碛水电站可行性研究报告》。该水电站位于四川省雅安市,总装机容量 24(3×8)万 kW,年发电量 9.11 亿 kW·h,总库容 2.12 亿 m^3。总投资 20.25 亿元,由华能集团公司、四川省电力开发公司、雅安市水电开发公司,长江水利水电开发公司和雅安市电力股份有限公司分别按 68%、12%、10%、8%和 2%的比例合资开发。

2月27日 国家电力公司召开大会，欢迎贺恭同志来国家电力公司工作。贺恭同志经中央和国务院任命为国家电力公司党组成员、国家电力公司副总经理。

2月28日 四川金银台航运—发电枢纽工程开工。该工程位于四川省南充市境内，是嘉陵江干流规划16级水电站中的第五个梯级，开发的重点是以渠化嘉陵江干流航道为主。该工程电站装机容量 12 万 kW，年发电量为 5.8 亿 kW·h，水库容量为 1.6 亿 m^3，是以环境、生态、旅游、灌溉、综合利用水资源为宗旨的河流水资源开发。

三 月

3月1日 根据国家计委和建设部有关规定，即日起工程勘察设计收费标准改为政府指导价。调整后的勘察收费标准提高了 120%，设计收费标准提高了 56%。

3月1日 中国水力发电工程学会五届二次理事会在北京召开，由学会副理事长兼秘书长邴凤山主持会议，会议主题为研究学会专业委员会重新注册问题及有关事宜。

3月10日 《中国电力报》载:《黄龙滩水电厂扩机工程可行性研究报告》已获国务院办公会议批准,新增 2 台 17 万 kW 发电机组,总投资 5.72 亿元。

3月12日 国家电力公司以国电计［2002］148号文，向国家计委报送《关于湖南凤滩水电站扩机工程可行性研究报告》。扩机工程在原水电站基础上新安装 2 台单机容量为 20 万 kW 的水轮发电机组，总容量增加 40 万 kW，年新增发电量 5.4 亿 kW·h，总投资 8.3 亿元。

3月14日 黄河小峡水电站列入 2002 年第三批新开工项目。该水电站总装机容量 23 万 kW（4×5.75 万 kW)，该水电站已于 2001 年 11 月开工兴建。工程总投资（静态）15 亿元。

3月15日 《水利水电报》载，国务院已批准水布垭水电站开工。水布垭水电站位于湖北清江中游、巴东县境内，总装机 160 万 kW（4×40 万 kW)，年发电量 39.2 亿 kW·h，大坝为混凝土面板堆石坝，最大坝高为 233m，是目前世界最高的混凝土面板坝，水库总库容量为 39.2 亿 m^3。

3月20日 黄河公伯峡水电站截流成功。

3月25～26日 国家电力公司主持召开了《公伯峡水电站送出工程和 750kV 电压输变电示范工程可行性研究报告》审查会，通过公伯峡水电站送出电压为 750kV。

3月28日 国务院副总理李岚清到贵州乌江洪家渡水电站施工现场视察工作。

3月29～31日 国家计委副主任张国宝、国家电力公司副总经理贺恭、四川省副省长邹广严、云南省副省长李汉柏及国家开发银行、中国长江三峡工程开发总公司、四川省电力公司、云南省电力公司等单位领导和专家赴金沙江溪洛渡水电站坝址实地考察，经现场讨论，一致建议抓紧筹备工作。该水电站总装机为 1260 万 kW，年发电量 571.2 亿 kW·h。

3月31日 国家经贸委以投资［2002］143号文通知，《黄龙滩水电厂扩建工程可行性研究报告》已经国务院批准。扩建容量 34 万 kW（2×17 万 kW)，扩建后每年可增加优质调峰电量 2.72 亿 kW·h，总投资 5.7 亿元左右。

四 月

4月1日 胡锦涛副主席视察广西百色水利枢纽

工程，鼓励参建的全体职工要以高度的使命感、责任感保质、保量地完成工程建设任务，为老区脱贫致富做出贡献。

4月5日 福堂水电站调压井，采用超大型倒挂模板新技术。全圆倒悬挂模板直径29.4m，高3m，总重99t。全圆整体浇筑衬砌混凝土能够一次浇筑成型，施工速度比常规模板快两倍。

4月9日 三峡工程枢纽梯级调度中心成立。

4月11日 新华社报道：国家电力体制改革方案已经国务院批准，开始进入实施阶段，决定成立国家电力监管会，国家电网公司、南方电网公司及华北、东北、西北、华东、华中五个区域电网公司。

五　月

5月1日 三峡二期工程上游围堰正式破堰进水，三峡大坝开始挡水。

5月1日 全国"五一劳动奖章"获得者名单公布，水电战线有：李积伦（中国水利水电第三工程局）、姚源涛（中国水利水电第四工程局）、王思义（中国水利水电第五工程局）、冯树荣（中南勘测设计研究院）、张为明（葛洲坝水利水电集团公司）、龚兰枝（女）（中国长江三峡工程开发总公司）、刘忠保（湖北清江水电开发公司）、李建辉（女）（柘溪水电站）、黄南山（万安水电站）、边琼（藏）（西藏羊卓雍湖抽水蓄能电厂）。获全国"五一劳动奖状"单位：贵州乌江水电厂、云南漫湾水电厂、中国水利水电第一工程局（大朝山电站厂房支模班）。

5月4日 国务院副总理钱其琛考察三峡工程。

5月9日 国家电力公司以国电计［2002］295号文，向国家计委报送《公伯峡水电站送出工程及750kV输变电示范工程可行性研究报告》。

5月16日 李锐同志考察三峡工程，与中国长江三峡工程开发总公司领导陆佑楣、李永安等进行了座谈。

5月17日 《水利水电报》载：国家计委在京召开了《金沙江中游河段水电站规划报告》审查会，与会专家、代表基本同意金沙江中游河段开发采用"一库八级"方案，即上虎跳峡、两家人、梨园、阿海、金安桥、龙开口、鲁地拉和观音岩，全梯级总装机容量为2058万kW。初步认为上虎跳峡水库总库容为183.4亿m^3，装机容量280万kW，年发电量105亿kW·h合适。

5月20日 江泽民主席视察四川紫坪铺水电工程，指出："从电站的对比程序来讲，水电效益最好。水电工程要兼顾防洪、发电和环保等综合效益，合理开发利用，造福后人"。

5月24日 胡锦涛副主席来到青海省尼那水电站建设工地，专程看望中国水利水电第四工程局职工，会见了全国"五一劳动奖章"获得者姚源涛、全国劳动模范李克勤等，询问了他们的生活、工作情况和水电站的建设情况。

六　月

6月1日 中国著名水电专家、两院院士张光斗，荣获第四届光华工程科技奖成就奖，奖励金额人民币100万元。

6月7日 中国水利水电工程总公司、葛洲坝水利水电集团联营体中标承建埃塞俄比亚泰可泽水电站。当天，在埃塞俄比亚首都举行签字仪式，中国水利水电工程总公司总经理郭建堂代表中方在合同上签字，国家电力公司副总经理贺恭同志出席了签字仪式。泰可泽水电站为混凝土双曲拱坝，最大坝高185m，合同总金额2.24亿美元。

6月9日 国务院总理朱镕基视察了中国水利水电第十四工程局在江西九江长江大堤的城防工程，对工程的施工质量表示满意。

6月9日 国家电力公司命名太平湾水电厂、云峰水电厂、东江水电厂、乌溪江水电厂、天生桥水电厂、东风水电厂为电力系统一流企业。

6月12日 三峡工程第三期土建主体工程（包括三峡工程右岸大坝和电厂厂房土建安装施工、导流明渠截流和围堰工程）在三峡坝区工地举行招标开标仪式。

6月17日 国家电力公司以国电规［2002］388号文，向国家计委报送《关于乌江构皮滩水电工程项目建议书》。该水电站总装机容量为300万kW，保证出力75万kW，年发电量96.67亿kW·h。水电站总库容64.51亿m^3，调节库容31.54亿m^3。大坝为混凝土双曲拱坝，最大坝高232m^3。工程总投资135.49亿元。

6月18日 山西省西龙池抽水蓄能电站正式开始建设。该水电站位于山西省五台县滹沱河山谷中，总装机容量为120万kW，水头644m，动态投资50.7亿元，是中国目前水头最高的抽水蓄能电站。

6月25日 "西电东送"送广东的第四条大通道——天生桥—广东三回输变电工程投产，送电能力由原来的300万kW提高到370万kW。全线长800km，跨越广西、广东的18个县市。

6月28日 湖北省黄龙滩水电站扩建工程开工，扩建2台17万kW水电机组。总投资5.7亿元。

七　月

7月1日 黄河上游干流上的拉西瓦水电站前期工程开工。该水电站距龙羊峡水电站32.8km，总装机容量420万～600万kW，是“西电东送”的骨干电源，是西北、华北电网调峰和事故备用电站，具有强大的快速反应功能。开工项目是进场交通系统工程。

7月1日 三峡工程左岸电厂厂房下游围堰防渗墙爆破成功。

7月1日 三峡双线五级船闸开始无水联合调试，主要任务为：调试五级船闸整体监控系统，对船闸各种设备在集中控制条件下协调性能、灵敏度、正确性和可靠性，进行实时性检测。

7月4日 黄河历史上最大规模的一次调水调沙试验启动，也是首次利用黄河小浪底工程进行调水调沙试验。7月4日上午，小浪底水库11个闸门开启，运用人造洪峰冲刷河道，恢复主槽的行洪能力。小浪底水库有75.5亿m^3的淤沙库容，通过合理调水调沙调度，可使下游河床20年不淤积抬升，为黄河的综合治理赢得了宝贵时间。经过计算分析，小浪底水库在试验时，下泄流量为$2800m^3/s$，当花园口水文站的流量不小于$2600m^3/s$，山东河段流量不小于$2000m^3/s$时，泥沙将直排入大海。

7月12日 国家开发银行向湖南三板溪水电开发公司贷款签字仪式在湖南长沙市举行。国家开发银行提供41.2亿元贷款。该水电站位于沅水上游，是沅水梯级水电开发的龙头水电站，总装机容量100万kW（4×25万kW），总投资65.27亿元。

7月13日 尼泊尔国王贾南德拉考察三峡工程。

7月15日 云南大朝山水电站3号机组（22.5kW）投产发电。

7月15～19日 国务院总理朱镕基考察黄河防汛工作，陪同考察的有温家宝、曾培炎、汪恕诚、马凯等。

7月26日 贵州乌江索风营水电站正式开工。该水电站位于修文、黔西两县交界处，最大坝高121.8m，总装机60万kW（3×20万kW），年发电量20.11亿kW·h，总投资为31.25亿元。

7月26日 国家电力公司在上海召开庆祝中国电力工业120周年纪念大会，黄菊、赵希正、周大兵、贺恭、李小鹏等领导参加。1882年7月26日，中国第一家发电公司——上海电气公司在上海成立，拉开了中国电力工业发展的序幕。

八 月

8月3日 江苏沙河抽水蓄能电站首台机组正式运行。

8月15日 三峡工程双线五级船闸工程全部完工，开始无水整体调试工作。

8月20日 “西电东送”北通道项目正式开工。首批工程包括三个输变电项目和四个电源项目。工程投产后，可新增向京津唐电网送电180万kW，向河北电网送电120万kW。总投资为189.6亿元。

8月20～23日 推广鲁布革水电工程管理经验十五周年交流会在昆明召开，李鹏委员长致信祝贺。中国水利水电第十四工程局局长李跃平、小浪底水利枢纽建设管理局局长陆承吉和中国工程院院士马洪琪院士到会并讲话。会议有中国水电、建筑行业专家，日本、韩国、新加坡、英国水电建筑行业代表600余人参加，会后代表们参观了鲁布革水电站。

8月22日 为开发长江中上游水电能源基地，有关单位发起组建中国长江电力股份有限公司。发起单位有：中国长江三峡工程开发总公司、华能国际电力股份有限公司、中国核工业集团公司、中国石油天然气集团公司、中国葛洲坝水利水电工程集团公司、长江水利委员会设计院。公司总股额为553000万股。股份公司成立后，中国长江三峡工程开发总公司将成为国家授权的投资机构。

8月22日 马来西亚国巴贡水电站土建工程由中国水利水电工程总公司中标。该水电站为混凝土拱坝，坝高205m，总装机容量240万kW，中标总金额为4.7亿美元。

8月23日 国家电力公司以国电规［2002］533号文，向国家计委报送《四川杂谷脑河狮子坪及红叶二级水电站项目建议书》，该两水电站装机容量分别为18万kW及9万kW，其年发电量分别为9.30亿kW·h及4.9亿kW·h。

8月25日 中国水力发电工程学会在昆明召开《中国水力发电年鉴》第七卷编审会，国家电力公司副总经理、学会副理事长贺恭到会讲话，对年鉴编辑工作提出了目标、要求和努力方向。

8月26日 江西柘林水电站扩建工程投产发电。新扩的2台12万kW机组投产后，柘林水电站总装机容量为42万kW。

8月28日 浙江滩坑水电站工程开始启动。首批移民建房奠基仪式在青田县举行。该水电站总装机容量为60万kW，水库总库容为41.5亿m^3。

8月29日 《中国水利报》载：由香港真兴集团公司和美国爱依斯（AES）集团合资建设的青海直岗拉卡水电站日前开工。该水电站位于青海省尖扎县与化隆县交界处黄河干流上，总装机容量为19万kW，年发电量7.62亿kW·h，总投资14.2亿元。

8月29日 九届全国人大常委会第二十九次会议表决通过中华人民共和国《水法》修订案。新《水法》重点增加了水资源规划，水资源配置和水事纠纷处理与执法、监督、检查三章，共增加28条。

8月30日 国务院副总理温家宝到龙羊峡水电站视察。

8月31日 三峡工程双向五级船闸下游引航道顺利通过破堰进水前的技术验收。

九 月

9月1日 三峡工程双向五级船闸开始进行有水调试，这标志着世界最大的船闸工程已进入最后调试和验收阶段。

9月9日 国家电力公司以国电计［2002］616号文，向国家计委报送《广西平班水电站可行性研究报告》。该水电站位于广西自治区隆林县的南盘江上，总装机容量40.5万kW，年发电量16.03亿kW·h，总投资18.81亿元。

9月10日 国家重点工程桐柏抽水蓄能电站顺利截流。

9月19日 长江三峡工程22扇导流底孔闸门首次启门分流。长江水流首次从三峡大坝底孔过流，总分流量为2700m³/s。

9月24日 青海直岗卡拉水电站主体工程开工。该水电站为黄河上游第四座梯级电站，为迳流式水电站，安装5台3.8万kW贯流式灯泡机组，年发电量7.62亿kW·h。

9月27日 全国政协副主席杨汝岱考察三峡工程。

9月27日 国家开发银行与贵州乌江水电开发公司签订协议，投资72.5亿元贷款，支持开发索风营和构皮滩水电站。

9月28日 四川南桠河冶勒水电站顺利截流。

9月28日 国家电力公司以国电发［2002］685号文，正式颁发《水电厂无人值班的若干规定》（试行）。

9月29日 中国长江电力股份有限公司在京成立。陆佑楣为公司董事长、李永安为副董事长兼总经理、林初学为监事会主席。

十 月

10月11日 河北省张河湾抽水蓄能电站前期工程近日正式动工。该水电站总装机容量100万kW。

10月15日 《云南省金沙江干流金安桥水电站预可行性研究报告》顺利通过审查。该水电站总装机容量250万kW，一期工程装机容量160万kW。

10月16日 三峡水力发电厂正式成立，它将负责三峡工程的电力生产、运行与维护工作。

10月16日 水利部黄河水利委员会举行新闻发布会，宣布黄河首次调水调沙试验成功。小浪底水库下泄历时11d，平均下泄流量2740m³/s。下泄水量共26.1亿m³，自小浪底到河口800km河道内，共冲刷泥沙0.362亿t。

10月18日 国务院长江三峡二期工程验收委员会枢纽组宣布，三峡工程已具备导流明渠截流条件。

10月18日 北京大唐电力公司参与云南李仙江、马鹿塘和那兰水电站开发项目签字仪式在昆明举行。李仙江流域梯级电站共7个，总装机容量131.1万kW，年发电量67亿kW·h，总投资70亿元，大唐公司占70%股份。

10月18日 山西省从万家寨工程“引黄入晋”一期工程试通水成功，以6.4m³/s的流量顺利到达太原市。

10月18日 广西百色工程枢纽实现大江截流。

10月25日 《水利水电报》载：国务院已批准金沙江溪洛渡水电站、向家坝水电站正式立项，装机容量分别为1260万kW和600万kW。

10月26日 清江水布垭水电站截流成功。该水电站装机容量160万kW。大坝为混凝土面板堆石坝，坝高233m，是世界上最高的混凝土面板堆石坝。

10月27日 三峡工程导流明渠截流初战告捷，上游围堰已形成宽150m的龙口，为顺利截流打下基础。

10月28日 国家开发银行支持开发小湾水电站的资金完全落实。

10月28日 云南澜沧江水电开发公司与国家开发银行在昆明签定150亿元人民币借款协议，该款项将随小湾水电站建设进程分批分期投放。

10月29日 国务院三峡工程建设委员会第十一次全体会议在京召开。朱镕基总理主持了会议，他强调三峡工程已进入关键时刻，要严把质量关，确保工程质量万无一失，要加紧工作，如期实现二期工程目标。

10月31日 国务院任命柴松岳为国家电力监管委员会主席，邵秉仁、宋密（女）、史玉波为国家电力监管委员会副主席。

10月31日 中国水电水利规划设计总院在昆明主持召开《云南澜沧江糯扎渡水电站可行性研究阶段装机容量专题研究报告》审查会，该水电站装机容量为585万kW（9×65万kW）。水库总库容为240亿m³，调节性能好。

十一月

11月6日 长江三峡工程导流明渠截流胜利合龙。上午9点12分，吴邦国副总理宣布截流开始，在导流明渠上下游4个戗堤同时进占。9点48分上游龙口合龙，该时刻流量为8600m³/s，全部从22个大坝导流底孔通过。截流时，通过三峡坝址的流量为8600m³/s，其中通过大坝导流底孔的流量为8450m³/s，通过龙口的流量是120m³/s。上游龙口的流速为

$3.1m^3/s$，下游龙口的流速为$2.78m/s$。截流总落差为$2.17m$。9点50分吴邦国副总理宣布截流成功。导流明渠截流难度大，$8600m^3/s$的流量大部分从大坝22个底孔通过。截流总功率41万kW，为1997年11月大江截流的9.2倍，为巴西伊泰普水电站的1.4倍。最大日抛投量为：上戗堤4.76万m^3，下戗堤4.87万m^3。另一个难点是防渗墙及灌浆帷幕施工工期短、强度大，每日平均强度上游围堰段为$450m^2$；下游围堰段为$630m^2$。上、下游围堰墙下帷幕最大日强度分别为100m及70m，均为世界之最。李鹏、邹家华、吴邦国等领导、专家1200人在现场参加了此次导流明渠截流。

11月6日 中国共产党第十六次全国代表大会在北京胜利召开。

11月6日 国家计委以计基础[2002]2339号文批准了《关于沅水三板溪水电站可行性研究报告的请示报告》，以计基础[2002]2338号文批准了《关于西藏拉萨直孔水电站可行性研究报告的请示报告》。

11月7日 三峡电站左岸厂房2号机组转子吊装就位。

11月23日 国家和四川省重点水电工程紫坪铺枢纽工程截流成功。15时35分，随着中央政治局委员、书记处书记、四川省委书记周永康一声令下，承担截流施工的中国水利水电第十二、五、七工程局闽江水利水电工程局职工和武警水电部队官兵立即投入围堰进占。16时20分，左、右戗堤合二为一，龙口合龙，截流成功。

11月25日 新华社报道：近日，国家批准“南水北调”工程总体规划，东线一期工程年内开工。

“南水北调”工程近期立项的单项工程有三项：①东线的江苏段三阳河工程；②山东段济平干渠工程；③中线的丹江口水库大坝加高工程。“南水北调”近期工程供水目标是以解决城市缺水为主，兼顾生态和农业用水。东线和中线工程受水区涉及京、津、冀、鲁、豫、苏6个省、直辖市的39座地级以上城市、245座县级以上城市和17个工业园区。有望在一期工程完成后，使北方受水区增加134亿m^3的供水量。针对“南水北调”问题，毛泽东同志在1952年10月提出：“南方水多，北方水少，如有可能借点水来也是可以的”。这一伟大的调水设想，即将开始实施。“南水北调”工程，是世界上最大的水利工程，工程规模大，建设工期长，既跨流域、又跨省市，不仅总投资超过三峡工程，其复杂性和艰巨性也不亚于三峡工程。东、中线一期工程总投资为1548亿元，其中主体工程投资1240亿元，配套工程308亿元。

11月30日 甘肃省小峡水电站工程截流成功。参加截流工程的主要领导有：甘肃省委书记宋照肃、省长陆浩、省政协主席杨振杰、省人大副主任杨作林、副省长郭琨、孙小系、国家开发投资公司总经理王文泽等。上午10点35分，陆浩省长宣布小峡水电站工程截流开始，10点48分龙口顺利合龙。小峡水电站总装机容量23万kW，年发电量9.56亿kW·h，投资15亿元。该水电站为甘肃西部大开发和“十五”规划重点项目。

十二月

12月2日 琅琊山抽水蓄能电站建设资金落实。该水电站位于安徽省滁州市南郊，装机60万kW（4×15万kW），将担负安徽省电网调峰、填谷和事故备用任务。该水电站总投资23.33亿元，其中工程项目资本金4.67亿元，占总投资的20%，由安徽省电力公司、安徽省能源集团公司和滁州市国有资产运营公司分别按55%、30%和15%的比例投资；其余银行贷款10亿元，由奥地利优惠贷款1亿美元。预计2008年电站第一台机组发电。

12月27日 “南水北调”工程开工。

举世瞩目的“南水北调”工程开工典礼在北京人民大会堂和江苏省、山东省施工现场同时举行。国家主席江泽民致贺信，国务院总理朱镕基宣布工程正式开工，国务院副总理温家宝发表讲话。

上午10时15分，江苏、山东省负责人分别在“南水北调”三阳河、潼河、宝应站工程和济平干渠工程开工典礼分会场报告开工准备完毕。随即，朱镕基总理宣布：“南水北调”工程开工。“南水北调”工程，首先启动东线一期和中线一期工程。现正式立项的有三个单项工程：东线一期工程（两项），中线一期工程（一项）。东、中线一期工程主体投资1240亿元，其中东线一期工程静态投资320亿元。

12月29日 中国电力新组建（改组）公司成立大会在北京人民大会堂召开，中共中央政治局委员、国家计委主任曾培炎出席会议并讲话。至此，中国电力体制改革迈出了重要的一步。实现厂网分开，引入竞争机制，标志着电力工业建立社会主义市场经济体制，加快社会主义现代化建设事业进入了一个新的发展阶段。

新组建（改组）的公司有：两家电网公司，五家发电集团公司和四家辅业集团公司。其中，两家电网公司是国家电网公司、中国南方电网有限责任公司；五家发电集团公司是中国华能集团公司、中国大唐集团公司、中国华电集团公司、中国国电集团公司和中国电力投资集团公司；四家辅业集团公司是中国电力工程顾问集团公司、中国水电工程顾问集团公司、中国水利水电建设集团公司和中国葛洲坝集团公司。

（中国水力发电工程学会 郁凤山）

中国水力发电年鉴（2001～2002）

附录

国外水电发展情况

世界各国水能资源开发近况

据英刊《国际水电与坝——2001年世界水电地图集》统计，全世界158个国家（或地区）技术/经济可开发水能资源共计14.37万亿/8.08万亿kW·h；1999年水电年发电量2.645万亿kW·h，对技术/经济可开发水能资源的开发率为18.4%/32.7%。世界各大洲和水电开发较多的一些国家的情况见表1。

其中，欧、美、日、俄、澳等45个发达国家的技术/经济可开发水能资源共计4.69万亿/2.77万亿kW·h/年；1999年水电年发电量1.52万亿kW·h，对其水能资源的开发率为32.4%/54.9%。亚非拉113个发展中国家（或地区）共有技术/经济可开发水能资源9.68万亿/5.31万亿kW·h；1999年水电年发电量1.13万亿kW·h，对其水能资源的开发率为11.7%/21.3%，继续开发的潜力很大。

中国由世界屋脊喜马拉雅山麓和云贵高原发源的长江、黄河、雅鲁藏布江、澜沧江、红水河等落差很高，降水径流也相当大，"中国水力甲天下"，得天独厚。其次为俄罗斯、巴西、加拿大、民主刚果、印度、美国，居第2至第7位。中国的技术/经济、水能资源的开发率分别为12.7%/19.3%，不仅低于发达国家，也比发展中国家墨西哥、巴西、委内瑞拉、巴拉圭、阿根廷、哥伦比亚、土耳其、莫桑比克和中国台北地区等还低。

据统计，世界158个国家（或地区）1999年已建常规水电站装机容量共约7亿kW，加上42国（或地区）已建抽水蓄能电站共约1亿kW，合计约8亿kW。为1950年全世界统计数7200万kW的11.1倍，平均年增长率5%。

其中，欧、美、日、俄、澳等45个发达国家1999年已建常规水电站约4亿kW，加上29个发达国家已建抽水蓄能电站约8600万kW，共计4.86亿kW，为1950年统计数6645万kW的7.3倍，平均年增率4.1%。亚非拉113个发展中国家1999年已建常规水电站约3亿kW，加上13个发展中国家（或地区）已建抽水蓄能电站1400万kW，合计3.14亿kW，为1950年统计数555万kW的56.6倍，平均年增长率为8.6%，比发达国家发展快。

此外，世界各国在建常规水电站1.05亿kW，规划中约2.7亿kW。其中，发达国家在建830万kW，规划中约3000万kW；发展中国家在建9670万kW，规划中约2.4亿kW。抽水蓄能电站在建共3070万kW，规划中6520万kW。其中，发达国家在建1765万kW，规划中4750万kW；发展中国家在建1305万kW，规划中1770万kW。

中国1949年电力统计水电装机容量16.3万kW，未包括中朝边界鸭绿江两国共有的水丰水电站送电至东北电网的18万kW，至1956年后则统计在内；以及当时对内地小水电统计不全；1950年中国水电装机容量应为36.5万kW（曾于《中国水力发电年鉴》1949年～1983年第一卷中说明）。由此基础上增至2000年7935万kW（含抽水蓄能电站556万kW）增长了217倍，平均年增率11.4%。

巴西的水能资源也很丰富，坚持以开发水电为主的方针，由1950年水电装机153.6万kW增至1999年5804万kW，增长了38倍，平均年增长率7.5%，发展也很快，由1950年第12位至1999年跃居第4位。

世界各国水电装机容量/年发电量在电力总量中所占比重，根据各国能源资源和执行能源政策的状况而不同。如表1中所列水电开发较多的30多个国家中，水电比重在30%以上的有22国，即2/3国家的水电比重在30%以上。挪威、巴西的水电比重长期保持在90%以上。

世界各国对小型、中型、大型水电站都得到发展。表2列出一些国家已建、在建和规划特大型（装机容量400万kW以上）水电站34座。其中已建、在建的18座，俄罗斯5座、南美洲5座、中国4座、北美洲3座、莫桑比克1座；查勘规划中的16座，中国9座（未计墨脱一级方案）、俄罗斯5座、巴西1座、印度1座。

中国西藏墨脱大拐弯一级开发大渡卡水库，过去普查所拟正常蓄水位2950m，坝壅高水位70m；总库容115亿m^3，调节库容75亿m^3，装机容量3800万kW，年发电量2285亿kW·h。成都勘测设计院于20世纪80年代实地查勘，将正常蓄水位抬高至2985m，总库容增至175亿m^3，调节库容112亿m^3，装机容量和年发电量增至4380万kW和2630亿kW·h。因看到大拐弯有大断层，地震烈度又高，故提出沿河8级开发方案，由于可增引中间支流流量，多级开发的总发电指标还比一级开发大，而且没有长大隧洞工程和特高水头机组等技术困难。表列岗朗为分级开发方案第3级，索玉为第4级。如采用分级开发方案，则放弃一级开发方案。

特大型水电站靠本身水库调节径流往往不够大，需靠其上游干支流水库共同调节。如巴西伊泰普特大水电站，最大坝高196m，调节库容190亿m^3，调节系数仅为0.07，需靠其上游干支流水库调节库容1074亿m^3共同调节，合计1264亿m^3，调节系数达0.44。中国三峡特大水电站，最大坝高181m，调节库容165亿m^3，调节系数仅0.04，考虑了上游支流水库调节库容176m^3，合计341亿m^3，调节系数也仅0.08，

表 1 世界各大洲和水电开发较多国家（地区）1999 年水电开发情况

大洲	国家、地区	1999 年水电装机容量（万 kW）	其中：常规水电（万 kW）	其中：抽水蓄能（万 kW）	1999 年水电年发电量（亿 kW·h）	水电比重 容量/电量（%）	技术可开发水能资源（亿 kW·h/年）/开发率（%）	经济可开发水能资源（亿 kW·h/年）/开发率（%）	在建/规划常规水电（万 kW）	全世界排位次序：装机容量	全世界排位次序：年发电量	全世界排位次序：技术可开发水能资源
世界	158 国（地区）	～80000	～70000	～10000	～26450		143700/18.4	～80820/32.7	＞10500/＞27000			
亚洲	共 36 国（地区）	～26000	～22500	3272	～7540		～68000/11.0	～36000/20.9	＞8440/15600			
	其中：中　国	7935	7379	556	2431	24.8/12.8	19200/12.7	12600/19.3	3500/5000	2	4	1
	日　本	4584	2723	1861	956	18.1/9.0	1355/70.6	1143/83.6	93/—	5	7	15
	俄罗斯	4400	4300	100	1605	21.4/19.3	16700/9.6	8520/18.8	512/1710	6	5	2
	印　度	2450	2295	155	800	24.9/17.0	6600/12.1	—/—	1540/2500	9	8	6
	土耳其	1082	1082	—	391	41.4/30.0	2150/18.2	1230/31.8	406/1972	16	14	11
	中国台北	702	442	260	128	24.5/6.0	201/63.7		14/12	23	30	
	朝　鲜	500	500	—	225	/64.0	—/—	—/—	—/—	26	23	
	巴基斯坦	483	483	—	221	/38.0	24MW/20.1	—/—	163/788	27	24	14
	印度尼西亚	420	420	—	130	11.6/11.0	4016/3.2	400/32.5	56/48	30	29	8
	塔吉克斯坦	405	405	—	161	93.0/96.0	2635/6.1		460/1180	32	26	9
欧洲	共 39 国	～21400	～17320	4057	～5670		～12250/46.3	～7750/73.2	＞221/800			
	其中：挪　威	2874	2741	133	1163	99.0/99.4	2000/58.2	1796/64.8	19/10	7	6	12
	法　国	2520	2090	430	765	22.0/15.3	720/10.6	715/107	—/16	8	9	22
	意大利	2222	1527	695	516	29.6/19.4	690/74.8	540/95.5	18/310	10	12	24
	西班牙	1932	1441	491	350	35.9/20.0	700/50.0	410/85.4	7/	11	17	23
	瑞　典	1619	1610	9	683	50.6/47.7	1300/52.5	900/75.9	—/—	12	10	16
	瑞　士	1323	1147	176	345	75.9/56.3	416/82.9	355/97.2	5/—	13	18	27
	奥地利	1150	944	206	375	63.9/65.0	537/69.8		2.7/38.7	15	15	25
	德　国	885	433	452	248	7.9/3.8	250/99.2	200/124	0.5/—	19	20	30
	罗马尼亚	593	587	6	160	36.5/34.8	400/40.0	300/53.3	17/50	24	27	28
	乌克兰	470	457	23	159	8.7/9.2	235/67.6	190/83.7	4/62	28	28	32

续表

大洲	国家、地区	1999年水电装机容量（万kW）	其中：常规水电（万kW）	其中：抽水蓄能（万kW）	1999年水电年发电量（亿kW·h）	水电比重容量/电量（%）	技术可开发水能资源（亿kW·h/年）/开发率（%）	经济可开发水能资源（亿kW·h/年）/开发率（%）	在建/规划常规水电（万kW）	全世界排位次序：装机容量	全世界排位次序：年发电量	全世界排位次序：技术可开发水能资源
	葡萄牙	438	382	56	115	41.5/27.0	245/46.9	198/58.1	42/16	29		31
	英　国	416	136	280	40	5.7/0.5	—	—	—	31		
北、中美洲	共18国	～18000	～15721	1907	～7025		～16600/42.3	～10000/70.2	>124/936			
	其中：美　国	9442	7552	1890	3088	12.1/9.0	5285/58.4	3760/82.1	—	1	2	7
	加拿大	6696	6679	17	3500	60.9/61.3	9810/35.7	5360/65.3	88/450	3	1	4
	墨西哥	1050	1050	—	246	30.0/15.0	490/50.2	322/76.4	—/256	17	21	26
南美洲	共13国	～11000	～10713	116	～5122		～26650/19.2	～16000/32.0	>1480/3548			
	其中：巴　西	5804	5790	14	2826	93.5/95.2	13000/21.7	7635/37.0	1042/1000	4	3	3
	委内瑞拉	1322	1322	—	606	65.2/77.0	2607/23.2	1000/60.6	216/1640	14	11	10
	阿根廷	958	861	97	320	41.4/38.8	1300/24.6	—	35/790	18	19	17
	哥伦比亚	856	853	3	370	67.8/68.0	2000/18.5	1400/26.4	80/1000	20	16	13
	巴拉圭	810	810	—	513	99.5/99.5	850/60.4	680/75.4	—/100	21	13	18
非洲	共42国	<2200	～2030	140	～760		～17500/0.04	～10000/7.6	>240/6000			
	其中：埃　及	281	281	—	115	27.5/20.0	—	500/23.0	65/19	41		19
	民主刚果	244	244	—	54	95.5/99.1	7740/0.01	4192/0.01	0.4/4300	44		5
	莫桑比克	218	218	—	115	91.2/94.0	376/30.6	317/36.2	—/200	50		29
大洋洲	共10国	～1400	1237	171	～422		～2700/15.6	～1070/39.4	>0.5/15			
	其中：澳大利亚	750	579	171	175	17.6/9.0	—	300/58.3	—	22	25	21
	新西兰	518	518	—	229	58.5/63.2	770/29.7	400/57.2	0.51/—	25	22	20

注　表中数据为，1999年水电装机容量400万kW以上，非洲200万kW以上（中国为2000年数据）。

表 2 世界已建、在建和规划特大型水电站主要指标（装机容量 400 万 kW 以上）

序号	水电站名称	国家	河流	年径流量（亿 m^3）	正常蓄水位 初期/后期（m）	调节库容 上游+本库（亿 m^3）	调节系数 本库/+上游	毛水头 初期/后期（m）	保证出力 初期/后期（万 kW）	装机容量 初期/后期（万 kW）	年发电量 初期/后期（亿 kW·h）	建设状况	开始发电年份 初期/后期
1	墨脱一级开发方案	中 国	雅鲁藏布江	609	2985	112	0.18	2421		4380	2630	查勘	
2	大英加	民主刚果	刚果河		190			140		3450	2420	可研	
3	三峡初/后期	中 国	长 江	4510	156/175	176+165	0.04/0.08	93/112	310/499	1820/2240	700/847	在建	2003/2009
4	岗 郎	中 国	雅鲁藏布江	609	2695	112+—	0.18	1120		2012	1213	查勘	
5	下 伦	俄罗斯	勒拿河					88		2000	1000	查勘	
6	图鲁汉	俄罗斯	通古斯卡河	1070		1550	1.45	150		2000	460	规划	
7	迪 汉	印 度	迪汉河		380	112+—		250		2000	1000	查勘	
8	溪洛渡	中 国	金沙江	1436	600	370+64	0.04/0.30	220	318/612	1200/1500	573/700	可研	2010
9	白鹤滩	中 国	金沙江	1306	820	277+93	0.07/0.28	220	492/552	1250/1400	550/644	规划	
10	伊泰普	巴 西	巴拉那河	2860	220	1074+190	0.07/0.44	120	936	1260/1400	710/570	已建	1984/2001
11	索 玉	中 国	雅鲁藏布江	947	1575	112+—	0.12	655		1398	839	查勘	
12	卡拉劳	巴 西	兴古河					90		1000	560	查勘	
13	大古力	美 国	哥伦比亚河	963	393	403+64	0.07/0.49	102		197/649/910	146/203	已建	1941/1975
14	古里初/后期	委内瑞拉	卡罗尼河	1537	215/270	854	0.56	92/146		203/901	150/510	已建	1968/1984
15	原东德	中 国	金沙江	1205	950	264+13	0.01/0.23	130	288/317	740/800	339/373	规划	
16	图库鲁伊	巴 西	托坎迁斯河	3470	78	430+254	0.07/0.20	68		400/796	228/324	已建	1984/2001
17	拉格朗德二级	加拿大	拉格朗德河	920	175	763+194	0.21/1.04	143		533/732	358/380	已建	1979/1991
18	向家坝	中 国	金沙江	1460	380	404+12	0.01/0.28	113	208/287	600/700	307/332	可研	2010
19	中叶尼塞	俄罗斯	叶尼塞河	2490	143	1465+180	0.07/0.66	55		670	301	可研	
20	伊加尔	俄罗斯	叶尼塞河	5270	51	1818+45	0.01/0.35	28		660	318	规划	
21	奥西诺夫	俄罗斯	叶尼塞河	2800	88	1645+173	0.06/0.65	47		650	288	规划	
22	萨扬舒申斯克	俄罗斯	叶尼塞河	467	540	153	0.33	220		640	233	已建	1978
23	克拉斯诺雅尔斯克	俄罗斯	叶尼塞河	884	243	153+304	0.34/0.52	100		600	204	已建	1967
24	虎跳峡高/低方案	中国	金沙江	1410	2012/1950	244/124	0.17/0.09	212/150	201/110	400/300	166/164	规划	
25	糯扎渡	中 国	澜沧江	552	812	99+122	0.22/0.40	210	239	550	237	可研	
26	丘吉尔瀑布	加拿大	哈密尔顿河	439	449	283	0.64	322		543	345	已建	1971
27	龙滩初/后期	中 国	红水河	517	375/400	58+206	0.40/0.51	152/177	157/240	420/540	157/188	在建	2010
28	布拉茨克初/后期	俄罗斯	安加拉河	916	402	465+482	0.53/1.03	106	242	450/500	224	已建	1961
29	兴古初/后期	巴 西	圣弗兰西斯科	909	138	442+20	0.02/0.51	100		300/500	190	已建	1955
30	金安桥低高坝方案	中 国	金沙江	527	1504/1410	244+20	0.50/0.04	207	120/223	250/500	114/215	规划	
31	伊里姆河口初/后期	俄罗斯	安加拉河	1010	300	947+28	0.03/0.97	91	236	384/432	/219	已建	1974
32	小 湾	中 国	澜沧江	382	1240	99	0.26	246	185	420	190	在建	2010
33	拉西瓦	中 国	黄 河	210	2452	193+2	0.01/0.93	216	96	420	102	可研	
34	卡博拉巴萨初/后期	莫桑比克	赞比西河	868	326	517	0.77	127	234	200/415	205	已建	1975
35	雅西雷塔初/后期	阿根．巴拉	巴拉那河	3760	82	1264+19	0.005/0.34	24		276/414	175/202	已建	1994
36	鲍古昌初/后期	俄罗斯	安格拉河	1080	207	975+33	0.03/0.93	75		300/400	178	在建	

因此保证出力相对较小，尚需加快上游干支流水库建设，增大调节作用。

梯级开发规划中，一般注意在上游人烟稀少、淹没损失较小的峡谷山区兴建高坝龙头水库，调节洪枯流量，对其下游一系列梯级电站都能得益，还可对相邻流域电站补偿调节。

表3列出一些国家已建、在建和规划梯级龙头大水电站调蓄电能100亿kW·h以上32座的指标。其中，中国15½座、俄罗斯5½座、加拿大5座、巴西3座、其他3座。国外的龙头水库库容较大。我国的梯级水头较高，建设较大水库，即可取得很大的调蓄电能。

如黄河龙羊峡控制黄河36个梯级电站，累计水头1780m，已、在建电站取得调蓄电能对390亿kW·h，规划全梯级有765亿kW·h。金沙江龙头水库虎跳峡高方案蓄水位2012m，调节库容243.7亿m^3，对金沙江12级及长江三峡、葛洲坝、小南海和朱扬溪、石硼，后2级因水库淹没损失较大，可能改为4级更低水头梯级，共7级，合计19级，累计水头1722m，可取得调蓄电能932亿kW·h。比较蓄水位1950m低方案的调蓄电能459亿kW·h增大一倍，而水库高低方案的淹没损失差别不大，与电力系统取得调节效益的经济比较是很划得来的。

欧洲各国在欧经会的电力统计年报中，在年发电量、装机容量等指标外，还列出各国所有水库调蓄电能总数，与其水电年发电量相比，以示其水电调节程度。如挪威426.3亿kW·h/626亿kW·h＝68.1%调节性能最好。其他如瑞典248亿/520亿kW·h＝47.7%，西班牙139亿kW·h/325亿kW·h＝42.8%，都是比较高的此项指标表示各国对大小河流与所建水库调蓄电能之和。中国尚需在各河流干支流上游加快建设龙头水电站，以提高大小电网中水电调节作用。

表3　一些国家已建、在建和规划梯级龙头水电站调蓄电能指标

（梯级调蓄电能100万kW·h以上）

	国家	河流	龙头水电站	正常蓄水位(m)	调节库容(亿m^3)	年径流量(亿m^3)	库容系数	控制梯级电站数 已.在建/规划	累计水头(m) 已.在建/规划	调蓄电能(亿kW·h) 已.在建/规划
1	中国	金沙江-长江	虎跳峡高方案	2012	243.7	444	0.55	—/19	—/1722	—/932
2	中国	黄河	龙羊峡	2600	193.5	202	0.96	16/36	875/1780	390/765
3	中国	雅鲁藏布江	大渡卡	2985	112.0	609	0.18	—/8	—/2179	—/542
4	委内瑞拉	卡罗尼河	古里	270	854	1537	0.56	2/4	170/244	315/480
5	俄罗斯	下通古斯卡河	图鲁汉		1550	1170	1.32	—/1	—/135	—/465
6	俄罗斯	安加拉-叶尼塞河	伊尔库茨克	457	465	606	0.77	3/10	215/430	230/460
7	中国	金沙江-长江	虎跳峡低方案	1950	124.1	444	0.28	—/9	—/1666	—/459
8	俄罗斯	安加拉-叶尼塞河	布拉茨克	402	482	917	0.53	2/9	128/377	266/419
9	加拿大	拉格朗德河	卡涅皮斯卡	535	385	246	1.59	4/7	329/457	288/406
10	巴西	托坎廷斯河	圣菲列克斯	440	430			2/7	180/389	178/386
11	加拿大	丘吉尔河	丘吉尔瀑布	448	310	439	0.72	1/3	312/448	223/320
12	加拿大	马尼夸根河	马尼克五级	360	375	214	1.75	4/4	347/347	304/300
13	津、赞	赞比亚河	卡里巴	485	440	456	0.96	2/5	196/288	199/292
14	中国	雅砻江	两河口	2913	50	211	0.24	—/20	—/2472	—/285
15	巴西	格兰德-巴拉那河	福尔纳斯	766	161	284	0.57	14/19	583/680	202/243
16	莫桑比克	赞比亚河	卡博拉巴萨	326	518	868	0.6	1/4	104/196	120/234
17	加拿大	哥伦比亚河	麦卡	754	148	185	0.8	13/16	626/671	214/229
18	中国	雅砻江	锦屏一级	1900	49	375	0.13	2/16	—/1599	—/221
19	中国	澜沧江	小湾	1240	99	382	0.26	3/16	407/987	90/217
20	中国	金沙江	王大龙	2520	41	276	0.15	—/21—22	—/2100	—/191
21	中国	红水河	龙滩	540	153	467	0.33	3/8	305/455	104/155
22	巴西	帕腊奈巴-巴拉那河	恩博尔卡萨	660	127	145	0.88	9/14	492/567	139/160
23	中国	额尔古纳-黑龙江	奇乾	500	184	87.4	2.1	—/7	—/388	—159
24	中国	金沙江	鲁地拉高方案	1297	66.3	495	0.13	—/13	—/1068	—/157

续表

国	家	河 流	龙头水电站	正常蓄水位(m)	调节库容(亿 m^3)	年径流量(亿 m^3)	库容系数	控制梯级电站数 已、在建/规划	累计水头(m) 已、在建/规划	调蓄电能(亿 kW·h) 已、在建/规划
25	俄罗斯	叶尼塞河	萨扬舒申斯克	400	206	517	0.4	5/8	287/354	131/162
26	中国	澜沧江	糯扎渡	812	122	552	0.22	—/—	—/457	—/151
27	中国	金沙江	白鹤滩	820	93	1280	0.07	—/10	—/618	—/143
28	俄罗斯	叶尼塞河	克拉斯诺雅尔	243	304	884	0.34	1/4	90/209	61/140
29	中、俄	黑龙江	墨 河	400	187	278	0.67	—/6	—/265	110/265
30	加拿大	拉格朗德河	拉格朗德三级	256	252	521	0.48	3/3	221/221	124/124
31	中国	澜沧江	托 巴	1820	34	255	0.13	—/20	—/1499	—/113
32	中国	大渡河	独松高方案	2360	49.2	168	0.29	—/24	—/1793	—/107

（中国电力信息中心　陆钦侃）

世界各国抽水蓄能电站发展概况

随着国民经济和人民生活水平的不断提高，电力负荷峰谷差愈来愈大。而火电、核电机组宜于担负比较均衡的基荷，效率较高，又能提高其利用小时数。在利用常规水电站调峰、专门设计的调峰火电机组、燃气轮机、蓄能电池、压缩空气和飞轮等各种调峰措施之外，应大量发展日、周调节抽水蓄能电站（以下简称抽蓄电站 Pumped Storage Project，PSP，以别于水库蓄能电站 Storage Project)。利用电网低谷负荷时无用电量 4kW·h 抽水蓄能，输水道和机电损失消耗能量约 1/4，至需电高峰时及时供应人们需要的峰荷约 3kW·h，效率 75%。当峰谷合理电价 2：1 时，相当于用 4kW·h 的成本换来 6kW·h 的价值，还可在电网中发挥调频、调相、旋转备用，快速增容等动态效益。

而且日、周调节抽蓄电站所需水库库容较小，有些还可利用天然湖泊或已建水库作为上库或下库，大坝工程量较少；隧洞及厂房工程在地下，与地面工程不相干扰，所需建设工期较短；水库淹没损失和移民较少；单位千瓦投资较低；对生态环境影响也较少。因此，抽蓄电站是国际发展最快最多的调峰电源。

世界上愈来愈多国家发展抽蓄电站。表 1 列出了 1960 年～1999 年世界各国抽蓄电站发展情况。1960 年只有 18 个欧、美、日等发达国家，共有 342 万 kW；至 1999 年已发展到 42 个国家或地区（包括 14 个发展中国家和地区）共有近 1 亿 kW。39 年内增长了 29.2 倍，平均年增长率达 9.0%。美国、日本平均年增长率达 14.5%和 15.6%。目前世界各国在建的共 3083 万 kW，规划中约 6000 万 kW，还将翻一番达 2 亿 kW。中国由 1990 年仅有小型 4.5 万 kW，增至 2000 年达 556 万 kW，增长也非常快。

各国发展抽蓄电站，都是从小型到中型，再到大型。初期欧、美、日等所建中小型抽蓄电站主要为改善洪枯径流发电不均问题，但所需库容较大，难以发展。近期所建大都为日、周调节抽蓄电站，而且所建电站规模愈来愈大，现已建成 100 万 kW 以上的大型抽蓄电站 39 座，加上在建和规划的更多。

表 2 列出了各国已建、在建和规划装机容量 150 万 kW 以上的特大型抽蓄电站 31 座。其中，已建 12 座，最大的为中国广州抽蓄电站上下库之间静水头为 530m，两期装机 8×30 万 kW 可逆式机组共 240 万 kW，1993 年第一期开始发电，2000 年两期全部建成。在建的 6 座，最大的为乌克兰的卡聂夫，水头 108m，装机 16×22.5 万 kW 可逆式机组，共 360 万 kW（1990 年在北京召开国际抽水蓄能会议时，前苏联代表报导此工程在建，现已十多年，近况不明）。还有日本的神流川，静水头 683m，装机 6×45 万 kW 可逆式机组，共 270 万 kW，将于 2004 年发电，2010 年建成。规划中的 11 座中，最大的为中国的丰宁，静水头 445m，前期装机 12×30 万 kW，计划初期 6 台 180 万 kW，2015 年投产，后期扩建 6 台共达 360 万 kW，2020 年建成。

已建水头最高的抽蓄电站为意大利的圣非拉诺，上、下库正常蓄水位分别为 1816.9m 和 383.5m，最大静水头 1438m，安装水泵与水轮机分开的三机式，单机容量 12.5 万 kW。可逆式机组最大水头为日本已建的葛野川，设计水头 714m。安装 4×40 万 kW，于 1999 年发电。

已建上水库，除利用高山湖泊外，最大的为法国的大屋，正常蓄水位 1695m，总库容 1.4 亿 m^3，有效库容 1.32 亿 m^3，为季调节抽蓄电站，装机 8 台 15 万 kW 可逆式机组，共 120 万 kW，并设 4 台 15 万 kW 冲击式水轮机组共 60 万 kW，为混合式抽蓄电站共180万kW，于1986年发电。

输水道长度与水头之比较小的为中国的天荒坪，仅为2.6，该水库于1998年发电；美国的腊孔山为3.1，于1978年发电。

中国对高水头可逆式机组，尚需依靠进口，希同时引进技术，发展自己的制造能力。

表1　**世界各国抽水蓄能电站发展情况（装机容量：万kW）**

国家或地区	1960年	1970年	1980年	1990年	1999年	在建	规划
总　计	18国342	21国1664	30国4624	38国8038	42国10000	13国3083	19国6000
其中：1 美　国	8.7	369	1327	1809	1890	350	2550
2 日　本	6.1	341	1081	1700	1861	700	648
3 意大利	24.0	126	362	620	695	—	100
4 中　国	—	1	3	3	556*	560	1814
5 西班牙	1.3	129	211	490	491	—	—
6 德　国	103.0	206	395	452	452	106	—
7 法　国	23.0	45	160	436	436	—	—
8 英　国	0.5	76	106	280	280	—	—
9 中国台北	—	—	—	100	260	—	120
10 奥地利	82.0	89	160	206	206	—	—
11 瑞　士	32.0	81	110	176	176	—	—
12 澳大利亚	—	—	75	171	171	—	—
13 波　兰	7.5	36	86	137	166	—	—
14 韩　国	—	—	40	103	160	230	140
15 印　度	—	—	24	139	155	434	100
16 南　非	—	—	18	140	140	—	—
17 挪　威	4.0	4	4	124	133	—	—
18 比利时	—	—	83	131	131	—	—
19 捷　克	6.6	12	63	112	112	—	—
20 保加利亚	—	16	16	85	110	—	—
21 卢森堡	—	90	110	110	110	—	—
22 俄罗斯	—	—	—	80	100	20	84
23 阿根廷	—	—	—	97	97	—	—
24 斯洛伐克	—	—	—	18	74	—	60
25 立陶宛	—	—	—	—	80	80	—
26 南斯拉夫	—	—	60	60	64	—	240
27 希　腊	—	—	—	32	62	—	—
28 葡萄牙	6.0	6	6	41	56	42	16
29 泰　国	—	—	—	18	53	100	—
30 波　黑	—	—	—	43	43	—	—
31 老　挝	—	—	—	—	42	—	—
32 菲律宾	—	—	30	30	30	30	120
33 爱尔兰	—	—	29	29	29	—	—
34 克罗地亚	—	—	—	—	28	—	—
35 乌克兰	—	—	23	23	23	317	—
36 加拿大	17.0	17	17	17	17	—	—
37 约　旦	—	—	—	—	15	—	—
38 巴　西	14.0	14	14	14	14	14	—
其他国	3国共6	3国共6	3国共11	3国共13	4国共20	1国2	6国930

* 中国是2000年数据。

表2　世界各国已建、在建和规划特大型抽水蓄能电站（装机容量150万kW以上）主要指标

抽水蓄能电站	国家、地区	装机容量初期/后期（万kW）	上/下水库正常蓄水位（m）	上/下水库调节库容（万m³）	静水头（m）	引水．尾水洞管长度（m）	机组台数×单机容量（台×万kW）	建设状况	开始发电年份
1 丰宁	中国河北	180/360	1505/1060	4356/6700	445		12×30	规划	2015/2020
2 卡聂夫	乌克兰	360		12000/30000	108		16×22.5	在建	
3 神流川	日本群马	270	1527/844	1300/1300	683	6000	6×45.0	在建	2004
4 多明圭兹	美国CO	250						规划	
5 广州	中国广东	120/240	817/287	1684/1711	530	4438	8×30.0	已建	1993/1998
6 惠州	中国广东	120/240	762/231	2740/2767	531	4472	8×30.0	可研	2008
7 仙游	中国福建	240	736/285		451		8×30.0	预可研	
8 洪屏	中国江西	240			523			规划	
9 铁门3	南斯拉夫	240		100000/				规划	
10 葛雷戈里康蒂	美国SD	236						规划	
11 金居原	日本岐阜	228			515			规划	2006
12 德聂斯特罗夫	乌克兰	226.8	229/67	3270/6010	162		7×32.4	在建	
13 巴斯康蒂	美国VA	210	1012/646		366	2468	6×35.0	已建	1985
14 希望山	美国NJ	200	274/488	600/矿井	762		6×34.0	在建	2003
15 阿贝特里娜	美国OR	200						规划	
16 雾灵山	中国河北	200	1808/945		863	2949	6×33.3	规划	
17 青石岭	中国辽宁	200			440			规划	
18 福寿山	中国湖南	200			760			规划	
19 勒丁顿	美国MI	198	287/177	6660/密湖	110	396	6×33.0	已建	1973
20 奥多多良木	日本关西	121.2/193.2	615.5/238	1738/1738	377.5	3938	4×30.3+2×36.0	已建	1974/1998
21 狄诺维克	美国N. Wales	180	633/106	670/670	527	3308	6×30.0	已建	1982
22 大屋（混合式）	法　国	180	1695/768	13200/1430	927	9080	12×15.0	已建	1986
23 天荒坪	中国浙江	180	905/344	805/805	561	1435	6×30.0	已建	1998
24 卡拉扬	菲律宾	60/180			286		初期4×15.0	在建	1983
25 明潭	中国台北	160	748/373	日月潭/1200	375	4290	6×26.7	已建	1992
26 克罗奥尼斯	立陶宛	80/160		4090/12.600	110	845	8×20.0	在建	1993
27 葛野川	日本山梨	160	1487/744	830/830	743	8570	4×40.0	已建	1999
28 奥清津	日本新泻	100/160	1306/725	1140/1140	581	2723	4×25+2×30	已建	1978/1996
29 腊孔山	美国TVA	153	510/193	4480/31200	317	990	4×38.2	已建	1978
30 奥美浓	日本岐阜	100/150			486		6×25.0	已建	1990/1994
31 萨密特	美国OH	150	/	/矿井	710		6×25.0	在建	

（中国电力信息中心　陆钦侃）

新世纪的水电设备发展动向

在新的世纪，水电设备专家开始从实验室理论研究和计算机模拟研究转向实际设备的研究。水电设备发展的两个主要动向是：第一，发电机技术取得突破性进展。过去针对老水电站设备效率低、性能差的情况通常采用更换设备的方法，如更换发电机，整修或更换发电机部件。20世纪90年代末，发电机技术取得重大突破，出现了功率重整高压发电机（Powerformer high-voltage generator）。第二，水轮机技术，主要是转轮取得重大革新。水轮机领域的重大革新是增加回游鱼苗的数量（以鲑鱼为主），生产出了便于鱼苗在下游安全入海的新型水轮机。

（一）功率重整高压发电机

功率重整高压发电机的主要优点是可以直接连接到输电网中，省去了中压母线工程、开关和升压器。创新技术是将高压聚乙烯电缆用于定子绕组，而不是常规发电机中的矩形绝缘铜导体。这种高压电缆与输、配电中所用的电缆类型相同。

有了功率重整，就可以不用建设变电所，包括室外开关站和变压器，而且没有功率损失。不仅节省了资金，还避免了使用油绝缘和冷却系统，减少了火灾危险，完全绝缘的绕组由于不会产生局部放电，也避免了产生臭氧的危险。安装了功率重整高压发电机可以使整个电站的功率比常规电站增加2%。

第一台功率重整高压发电机，功率为9.5MW，

于1998年5月在瑞典PORJUS电厂投入试运行，2001年5月在该电厂正式投入商业运行。

（二）水轮机技术的革新

1. 最小间隙转轮（Minimum gap runner）

最小间隙转轮(包括改良导叶,固定导叶和尾水管)是20世纪90年代新型水轮机设计中惟一具有创新特点的转轮。它的创新点在于叶片与轮毂,叶尖与排水环之间的间隙最小。生物实验表明鲑鱼鱼苗在轮叶后缘间隙关闭后的成活率提高了4.4%。轮毂附近的过鱼死亡率比轮叶中间部位的过鱼死亡大4%。最小间隙转轮能提高机组功率3%～4%。最小间隙转轮的过鱼成活率是93.9%～97.5%。鱼损伤率约1.5%。

最小间隙转轮的过鱼安全性在4个功率等级（包括最大功率点）的测试中变化不大，说明限制发电机的运行（即不考虑水力条件，限制发电机的最大功率）在过鱼高峰季节没有什么有益效果。

最小间隙转轮存在的问题是叶尖地区压力过大，剪力和机械力各占50%，需要改进。

2. ARL/NREC 转轮

ARL/NREC转轮是专门为过鱼而设计的，并可以保证水能效率，不产生空蚀，减少维护工作。转轮共有3个叶片，其长度大于宽度，呈长螺旋形，每个叶片的前缘很短，可以避免碰撞鱼，叶片之间的水流压力也控制在最小，水流剪力低，过水量大。这种水轮机可以把过鱼死亡率减少到几乎为零。

ARL/NREC转轮直径长1.2m，是标准尺寸的1/3,用铸钢制成。其他部件如蜗壳、导叶、转轮室和尾水管由钢制成。管道、注水系统、聚鱼处和调节池由2000马力的泵提供能源。

3. 蜗流水轮机

蜗流式水轮机也是便于过鱼的水轮机，主要用于低水头、小装机的水电站。它的设计以轴流式水轮机为基础，进水口没有传统的固定导叶和导叶，取而代之的是螺旋涡流型外壳，形成水流进入角，减少了鱼被粘在固定导叶上或因转轮上游面的导叶产生的紊流使鱼迷失方向的可能性。蜗流水轮机的转轮采用最小间隙转轮。

4. X型叶片轴流式水轮机

瑞典的一家水电公司开发了一种轴流式转轮，称为“X形叶片”水轮机，这种叶片的水轮机效能高，流量和水头的适用范围大，叶片曲线与水流方向一致，比传统轴流式水轮机的叶片直，水流在转轮中的分布均匀，减少了传统轴流式水轮机产生空蚀和水流问题的低压区，水力稳定，压力波动均匀。我国的三峡工程已选择采用X型叶片水轮机，它将成为世界上最大的轴流式水轮机。

（水利部　党卫红　姜　斌）

加拿大的大坝安全计划

魁北克省是加拿大拥有大坝数量最多的地区，现有大坝数百余座。魁北克水电局对保证大坝设施的安全一直非常重视。自1980年起，魁北克公用事业公司不断制定和完善大坝安全措施，以满足该地区及全国大坝、水库及特殊工程安全运行的需求。

魁北克的大坝安全措施由魁北克公用事业公司内部的专家制定，没有外界机构的参与。在不久的将来魁北克大坝安全法也将列入安全措施中。但魁北克水电局不希望进行重大调整，因为这些措施已经过多年实践且相当完善。

魁北克水电局共有水电开发项目70多个，共有226座大坝（按国际大坝委员会的标准）和400多座堤坝。这些工程约有80%是于1960年之前修建的。为了保证工程安全，魁北克水电局不断修改和完善大坝安全措施。

大坝安全措施主要包括5方面的内容：①内部条例、政策、标准和管理；②安全管理措施的计划和日程；③监测所有大坝及其附属设施；④评价大坝性能和状态；⑤维护计划和紧急措施。

魁北克大坝安全措施计划对每项工程进行长期安全研究。根据大坝状态和失事情况，研究周期一般定为8年～12年，每年进行定期检查。对所有大坝每年至少进行3次～6次监测，根据监测结果制定下一年度的安全计划。

魁北克水电局开发了自己的大坝安全等级系统，用于特殊工程的监测，监测工作分为两步，先根据经验进行目测，然后再利用仪器设备进行监测。目测由有经验的专家对大坝结构和状态进行认真细致的检查，发现异常后及时用仪器设备进行监测，主要是对渗流、压力、温度、内外位移和表面移动进行监测。魁北克水电局开发和研制了许多专用的监测仪器，如研制了测量裂缝用的高级井下照相设备，开发了用于安装监测混凝土坝坝内位移的摆锤仪的钻井技术等。

大坝监测记录作为永久档案为工程技术人员制定大坝安全维护计划提供了参考依据。魁北克水电局为此专门研制了计算机档案系统及监测记录的数据传输和转换系统。每年存入计算机档案系统中监测数据约1百万条。目前魁北克水电局正在开发现场数据记录系统。

魁北克水电局定期组织多学科工程师和专家对岩石工程、混凝土结构和水力发电设备进行安全评价、专门研究和追踪调查，及时掌握大坝性状和安全情况，为上级领导和管理人员提出建议。安全评价人员与大坝监测和管理人员分开独立工作，以确保评价工作的公正性和准确性。

风险管理也是安全评价的一项内容。魁北克水电局充分认识到风险研究的真正价值并制定出了解决风险问题的行之有效的措施。风险研究包括极端自然事件的发生（如洪水和地震）及其产生的裂缝，垮坝或崩塌等的可能性及对社会经济和环境带来的不利影响。

为配合风险管理，魁北克水电局最近开发和研制了使用细颗粒水泥的专用灌浆设备和密切控制混合灌浆和压力的计算机控制配料和泵送设备用于堵塞水库高压下的细小裂缝。

魁北克大坝安全措施的核心是：①确保在大坝现场工作的员工具有较高素质，组成地质工程、结构和水力专家小组。②根据每项工程的具体情况制定安全研究和分析日程。③及时发现问题，跟踪监测和进行现场调查研究，并制定特殊情况下的紧急措施。④建立独立于大坝管理和监测的安全评价机构。⑤根据新法规和国际惯例，建立自主的监测机构监测和管理大坝。⑥明确管理者的责任。

总之，魁北克的大坝安全措施涉及范围非常广泛，包括大坝安全等级、监测需求、紧急计划、年度安全报告、安全研究制度和法律、风险研究和评价等，不仅可以满足魁北克地区的水库大坝安全运行需求，也能满足全国的水库大坝安全运行需求。

（水利部 党卫红）

国外水电研究与开发的发展动向

为了交流与探讨未来水电研究与开发的发展方向，2001 年 7 月在美国犹他州盐湖城举行了第十二届国际水电大会暨“2001 年水电研究与开发”国际论坛。这次会议的主要目的是确定在未来的水电发展中最迫切需要研究与开发的有关项目，并且研究探讨如何处理这些项目。这次会议由美国水电研究基金会、能源部、电力研究院和田纳西流域管理局提供支持。经过来自世界各地的水电专家的热烈讨论和综合评议，最后确定了在未来水电发展过程中最值得研究与开发的 95 个项目。

这次会议的代表有水电站运行、环境协调、科学研究和政策制定方面的专家。在会议讨论期间，先按下列不同领域分为五个讨论评议组：水电站的生产及其特征；水电开发的环境问题；水电站和大坝的运行和维护；水电站多目标价值；水电开发的人力资源问题。

每一个评议组结合本领域的实际情况，提出他们认为在所涉及领域内最重要和最紧迫的研究与开发项目。这些项目要能有助于解决今后 5 年～10 年的问题并满足有关要求。然后对所有问题进行汇总并向全体代表说明，最后所有参加会议的代表对各组推荐的这些项目进行投票。按照得票多少，最后确定了 95 个得票最多的研究与开发项目。其中，列为前 10 位的项目分别是：

（1）研究水电价值衡量和与其他能源比较的方法。该项目排在首位，其研究方向是研究能够正确衡量水电价值的方法，并且能够将水电的价值与其他能源进行合理准确的对比分析。特别值得注意的是，这一项目将涉及衡量水电的非能源价值属性，需要研究水电项目开发目标的标准。对这些价值属性，用户应当支付相应的费用，从而能够合理体现这些价值。专家认为，这些标准应当建立在国际公认的标准基础之上，应当可以在不同电站类型之间进行比较，应当反映泄水的效果以及对水生资源和陆地资源的影响，还需要考虑生产的生命周期。

（2）开发先进的水轮机系统。该项目排在第二位，要求是不断更新水电站的水轮机系统，主要目标是减少过鱼的死亡率。为此，近年来研制开发了许多新型的水轮机系统，如采用最小间隙转轮、ARL/NREC 转轮、蜗流式水轮机、“X 型叶片”水轮机等。专家建议在现有研究的基础上，研制更新型的水轮机系统，以使鱼类的损失减少到最低程度，并且需要考虑在不影响发电的前提下改善水质。

（3）工况监测及运行维护研究。该项目要求通过分析水电设备的运行工况信息，以做出适宜的决策。专家认为，该项目需要建立分析模型，以便更好地利用工况监测信息，从而可以对水电站的运行和维护做出正确决策。

（4）研究改进计算其他服务成本和效益的方法。该项目的目标是改进计算水电站提供其他服务有价值的方法。专家认为，对水电站提供的其他服务，应当研究制定最优的价格策略。

（5）加强教育研究。该项目要求研究探讨有效的教育方法和教育内容，以及开发最好的知识转化方法，发展从事教育的网络、非政府组织及公众团体办学。

（6）绿色能源研究。并列排在第六位的有两个项目，一个项目是公众意见研究，以确定水电作为一种绿色能源的可接受程度，并且研究究竟有多少用户愿意对这种绿色能源支付费用。另外一个项目的研究重点是建立一套能吸引和培养不同技能程度的竞争型人才的计划，这个研究项目是对目前劳动力日益老化的一种应对措施，因为劳动力老化问题已影响到许多水电站的运行。

(7) 技术转化研究。该项目要求开发出更好的工具和程序，以便对水电站的调查情况和相关研究成果进行妥善处理。

(8) 运行寿命研究。该项目主要研究水电站的水轮发电机组的频繁停开机对其寿命的影响，不仅要研究确定影响设备寿命的因素及如何受影响，而且还要研究开发预防事故的保护措施及有关技术。

(9) 环境保护措施研究。该项目是评价水电站采取的环境保护措施的效果，以便确定最好的水电站建设与管理模式，要研究获取关于合理有效的河水流量、河水溶解氧的含量及其他水质参数。

(10) 紧急情况下的决策支持系统研究。该项目主要研究开发更先进的特别适用于在紧急情况下的决策支持系统，这些系统需要利用现代数字监测信息和控制等技术。

（水利部　姜　斌）

国外水电经济评价

国外水电项目的经济评价包括经济评估和财务评估两部分（如世界银行贷款的水电项目）。在经济评估中，主要分析项目的效益和费用，计算项目的经济内部受益率、净现值等指标，并进行必要的敏感性分析和风险～概率分析；在财务评估中，根据投资者、银行和短期债权人对项目的要求，从不同角度进行财务分析。

（一）水电站效益计算方法

水电站效益国外一般采用四种计算方法，即采用实际（或模拟）的市场价格、净收入变化、最可能的替代方案的费用和行政上规定的价值进行计算。前三种方法依据的是用户自愿支付费用的准则，第四种方法虽然与这个准则有关，但同时也反映了其他方面的目标和措施。实际上只有第一和第三种方法适于应用在水电效益评价中。

实际（或模拟）的市场价格方法适应的条件是：电厂发出的电能以边际费用定价和出售；新增电站的容量与系统负荷相比很小；不大可能有替代拟建水电站的其他电厂方案。

替代方案费用方法是将替代方案的费用作为水电站的效益，是计算水电站经济效益常用的方法之一。为了确定一个水电站费用最小的替代方案，通常要考虑几种类型的火电站，并计算每一种电站的总费用，总费用最小的电站通常被选为水电站最可能的替代方案。

替代火电的费用由固定费用（容量费用）和可变费用（电量费用）组成。固定费用一般包括：建设（施工）费用、施工期间的利息、燃料库存费用、固定运行和维修费用、管理和一般费用。这些费用将按火电厂的预计使用寿命（通常为 30 年）进行分期偿还计算，计算时采用包括偿还利息和固定折旧费用。可变费用由燃料费用和运行维修费用中可变部分组成。为了体现水电站比替代火电站具有相对的机械可靠性和运行的灵活性，需对替代方案的容量费用进行调整。此外，在电能效益计算时，还要分析系统中增加水电站与增加火电站对系统中其他电站运行费的差别。

虽然通常以替代火电站方案的费用作为计算水电站最大效益的依据，但是在某些国家，在满足电力需求的不同方法分析中，可以将节能措施作为非工程措施进行方案比较。由于各种不同节能措施的节电能力受到技术或实际的限制，它们与水电站之间的经济比较，应根据成本～效果准则进行，而不是按传统方法以替代火电方案费用来确定效益。

当有几个可供选择的水电站时，对每个给定水电站的最可能的替代方案可以是其他几个水电站中的一个。但是，在这种情况下，拟建水电站的效益不是根据替代水电站的费用确定的，而是对所有可供选择的水电站进行效益评价、排队，从中选出最佳工程方案。排队过程中所使用的效益根据最可能的火电替代方案的费用计算。

法国电力公司采用边际分析方法进行水电站经济评估。在电力系统电源优化规划的基础上，测算替代电源方案在年内不同时段的发电边际费用，它乘以水电站在年内不同时段的发电量即为发电效益。电力系统增加单位发电量所发生的费用（即边际费用），由短期边际费用和长期边际费用组成。短期边际费用是指在不改变发电设备容量条件下，为了满足电力系统的可靠性要求所增加的边际费用；长期边际费用是指为了满足电力系统的需电（容量和电量）要求，需要增加新的装机容量，由此增加的边际费用。

（二）水电站出力及经济评估

水电站的出力是用电能和容量两者来衡量的，其主要指标有可靠或一等电能、次等电能、平均电能（一等电能加次等电能）、可靠容量和间歇容量。

水电站的费用包括工程投资费用、中间更新费用、运行维护费用、折旧费与水电站有关的输电费用等。在效益和费用确定后，编制效益、费用现金流量表，计算净现值、内部受益率等指标，据此对水电站的经济合理性进行评估。

（三）财务评估

项目财务评估的主要目的是，确定项目所需的资金和资金来源，评价项目投产后的获利能力，估算项目偿还贷款的能力。一个项目在财务上是否可行，应从不同的角度进行分析。投资者(即持股者)关心的财务指标主要有经营收益率、销售利润率、权益资本利润率和投资回收期；银行关心的财务指标主要有负债权益比(1.5～2.3)和偿债保证比(1.3～1.5)；短期债权人关心的财务指标主要有流动比(达到2)和速动比(大于1)。如世界银行贷款项目主要分析项目在实施过程中是否有足够的资金可用于支付项目实施的一切费用，分析项目在财务上是否具有偿还一切债务的能力，企业投产后能否为其资产提供相应的收益。

(中国国际工程咨询公司　郑富龙)

水工建筑物 CAD

计算机辅助设计（Computer-Aided Design 简称为 CAD）技术在我国水利水电工程中的应用经历了二十余年的发展历程，早已普遍而深入地运用于水工建筑物的设计，发展成为了一门相当成熟的应用技术，并正在水利水电工程建设中发挥着巨大作用。

（一）AutoCAD 发展简述

最早的 AutoCAD 版本 1.0 出现在 1982 年 12 月，这是美国 Autodesk 公司开发 CAD 领域软件的首次尝试。1983 年 4 月该公司就推出了 1.2 版，主要增加了一个很有价值的尺寸标注功能。此后 Autodesk 公司便一发不可收，几乎年年都推出 AutoCAD 的升级版本，并逐步占领了世界的 CAD 市场。1982 年的 1.0 版本，到 1988 年 10 月推出 10.0 版，AutoCAD 产品逐步走向了完善，并且赢得了世界多数 CAD 用户的信任。1990 年推出的 11.0 版和 1992 年 6 月推出的 12.0 版使它的绘图功能更加强大，进一步强化了几何实体造型功能，提出和运用了图纸空间和模型空间的互补功能，并且提供了高级编程语言的接口。从 12.0 版开始尝试的 Windows 操作系统下的 AutoCAD 12.0 for Windows，完全采用了图形用户界面（GUI）和对话框功能，提供了访问标准数据库管理系统的 ASE 模块，加快了绘图速度，使得 AutoCAD 继续保持当今 CAD 软件世界的领先地位。为了适应目前飞速发展的 Internet 技术，使用户跟上时代发展的步伐，Autodesk 公司于 1998 年推出了 AutoCAD R14 for Windows，并内嵌了 Internet 功能。通过 AutoCAD R14 中的 Internet 功能，用户可以直接从 AutoCAD R14 的内部连接到 Internet 中浏览或发布相关的信息。直到现在水利水电专业中还习惯使用 AutoCAD R14。目前 AutoCAD2000、AutoCAD2002 已经问世，功能更加先进，相信必将替代旧版的 CAD，使勘测设计工作更为简便、快捷。

（二）AutoCAD 绘图

在传统工程设计工作中，绘制枢纽布置图、剖面图、结构图等，包括绘制零部件图形及零部件尺寸和基准点的计算，大都通过手工方式来完成。绘图精度差，绘图速度慢。虽然绘图仪的出现使绘图精度及速度有所提高，但需要描、晒等的缺点仍是不可避免，而且图纸容易污损，不易长期保存，已成型的产品图修改比较困难。随着 AutoCAD 软件的出现，这些困难则迎刃而解了，因为 AutoCAD 软件不仅具有绘图的功能，而且还增加了许多强有力的设计计算功能，大幅度提高了绘图的速度与精度，并具备易修改、好保存等特点。利用 AutoCAD 进行工程设计，有以下优点：①方便了图形的修改，克服了人工改图产生的凌乱及不统一的状况。②AutoCAD 提供的许多绘图功能，减少了绘图工作量及工序间的周转时间。③将图形存储于磁盘或硬盘中，不仅管理方便，而且保存的图形不易污染，且占用空间小。④可以将部分结构制作成标准块，并建立标准设计库。⑤AutoCAD R14 增加的 Internet 功能，方便了企业内部管理及对外联系。

因此，CAD 技术的应用缩短了设计周期，在节省人力、财力、物力及提高产品质量和工作效率方面发挥了巨大的作用。

（三）中国 CAD 的发展概况

自 20 世纪 70 年代起，中国在水工建筑物设计中应用计算机技术的主要是以数值计算为目标，而且至今仍在运用，那些需要大规模计算的复杂课题已经离不开计算机。从 80 年代初，随着西方先进计算机的引进及计算技术的发展，人们的注意力开始转向计算机辅助设计（CAD）。特别是 1986 年以后，水利水电行业各大设计院都配置了进口的 ApolloCAD 工作站及 VAX 系列小型机。这种硬件环境的改变，使得整个勘测设计行业的计算机应用水平跨上了一个新的台阶。从此，各大设计院分工开发了大量以美国原 Calma 公司的 DDM 为软件支撑环境的 CAD 软件。80 年代末，由原水电部中南院首先开发出了拱坝设计 CAD，这是我国水利水电系统自己开发的第一个大型 CAD 软件。自 90 年代以来，水工设计 CAD 的开发在行业中有了较快的发展，先后开发出的 CAD 软件有：地形地质 CAD，规划 CAD，重力坝 CAD，厂房 CAD（包括坝后式厂房、河床式厂房、贯流式机组厂房、地下式厂房、岸边式厂房、溢流式厂房、坝内式厂房），泄洪洞 CAD，混凝土坝施工详图 CAD，水工钢筋混凝土隧洞 CAD，机电专业的一次、二次、启闭机（卷扬式启闭机）、闸门 CAD（包括弧形闸门、平板闸门）等。直至近年，水利水电 CAD 软件开发的势头仍有增无减，比如水闸建筑物 CAD 开发已经完成，土坝 CAD 等的开发也即将完成。

由于水利水电勘测设计是CAD技术市场发展的一部分，国内专业计算机软件开发公司已介入开发CAD，并以有Opendensign. ICAD等产品运用于勘测设计工作中，取得了良好的效果。应当看到，尽管我国水利水电行业的计算机辅助设计技术已经取得了很多成果，进步也很大，但由于水利水电建设技术的复杂性及资金的限制与先进国家及国内某些行业相比还有差距，在现代信息化技术飞速发展、日益丰富的今天，水利水电行业的CAD技术必须能提供使设计简便敏捷的技术；如资源共享、信息服务、合作建模、联盟内的数据管理与设计过程管理等技术，并提供可支持产品敏捷设计的网络通信平台，及相关技术的解决方案，如WWW技术、邮件通信、远程传输、安全保密等。总之集成化、网络化和智能化是现代CAD技术所追求的功能目标。

目前水工建筑物CAD正经历着由传统技术向现代技术的转变，并且使设计工作实现集成化、网络化和智能化发展，逐步使设计的成品、半成品互用、网上传送等成为现实，并在不断发展完善。为了逐步实现水工建筑物设计中CAD制图的标准化，使设计全过程中的工程图形信息在各专业和协作单位之间得以平滑地流动和转换，保证信息的一致性、完整性及安全性，国家电力公司水电水利规划设计总院已会同成都勘测设计研究院共同编制了《水力发电工程CAD制图技术规定》，使我国水工建筑设计CAD走上了标准化、规范化的道路，为今后的更大规模开发利用提供了可供参考的标准、规范。在此基础上，如能集中软件开发人员和工程技术人员的优势，一定能开发出性能优良、价格适中的优良国产软件，使设计产品的质量更优、成本更低、周期更短。

（水电水利规划设计总院　韩军）

水电站泄水与环境协调

河流、湿地、湖泊是大自然赋予人类的天然家园，它们对生态系统平衡与社会发展起着无法替代的作用。目前世界上许多地区，尤其是在发展中国家，洪泛区的自然生态系统仍是许多人赖以生存的基本生活环境。然而，随着全球人口的激增，需要修建更多的库坝和水电站以满足人们的需求，这势必会有不同程度地破坏原有的自然生态环境。

英国国际发展部最近向世界大坝委员会提出，向洪泛区有控制地泄水可以维持其河道生态系统的平衡，从而减少大坝对其周边生态系统的负面影响。

（一）水电工程对生态系统及人类生活的影响

一条河流的水环境由所涉及的生物和非生物组成，因此，河流的生态系统包括它的上中下游、河岸区域、洪泛区、湿地、河口、近海等环境以及与之有关的地下水环境。河流生态系统与其自然的水文状况彼此是相适应的。洪水使河水、水中营养物质、泥沙及其他生物和非生物得以交换。洪泛区不同位置、水的深度、流态、频率、周期的时空差异导致了当地生活环境和生态系统的多样性，从而维持了动态平衡，便于人们生产和生活。世界上土地最肥沃、生物物种最具多样性的生态系统往往是洪水频繁发生的地区，甚至海岸湿地也常常由于淡水的注入带来更多的养分和泥沙。

大坝和水电站建成后，使天然水的时空分布发生了巨大变化，构成了新的环境结构，并从根本上改变了河流的某些功能，从而引起水库周围地区与环境、生物等发生一系列变化，这些变化分层递进，互相影响，其关系错综复杂。

首先，会使河流水化学和液体热力学、水的流态、水文特性、水中含沙量、水体富养化、水温等发生变化。当这种变化到一定程度时，水中含沙量和水流变化便会使河床形态发生变化，同时水温与水的化学特性变化则影响到浮游生物、藻类等水生生物的生长繁殖，引起河流两岸植被群落的成分、结构以及种类的配置变化。更进一步，还会影响到鱼类和以此为基本生存条件的鸟类等哺乳动物，从而破坏了整个地区的生态系统平衡。

总而言之，大坝和水电站与其周边的环境间存在着非常复杂的联系，这不仅取决于大坝结构和运行工况，还取决于水流的含沙量、地形、气候、当地水生物种的特性等因素。这种影响不尽相同，有些在大坝截流时会立刻显现出来，而有些（如河道地形变化）则表现较慢，对水生生物的影响往往需要经过几十年的时间才能得以体现。况且，各条河流的生态系统都有其独特个性，所以，很难以一个统一的标准来衡量各种影响因素效果的大小。

洪泛区生态系统为人类提供了丰富的生活资料。洪水浅表层温度适宜、养分充足，很适合鱼虾大量繁殖，有利于渔业发展。同时，汛期大量水会渗透进地下含水层，使得浅层水位和土壤温度即使到旱季仍保持不变，有利于农业耕种。洪泛区内还生长着大量的芦苇、木材等建筑材料。库坝及水电站的建设虽解决了发电、灌溉、供水等问题，但改变了河流水质、洪泛区面积，使原本依赖于洪水生存的动植物面临生存的威胁，鱼类数量和种类减少。

（二）泄水与生态环境协调

为保证水电站效益与生态效益双重发展，提出将水电站的部分水有效地控制排放到洪泛区的一个特定区域，从而可以有效地保护当地人们赖以生存的生态环境和自然资源。

1. 可行性分析　首先，要研究整个洪泛区的生态、经济与社会情况，确定目标。由于生态系统不可修复重建，因此建设目标应把维持生态系统平衡作为首要目标，在此基础上考虑发电、灌溉、供水等其他经济目标。

在明确了各项目标后，还需对泄水的技术和经济指标进行可行性分析。其中有3个指标非常关键：①大坝与水库的工程特性是否相适应。水库的库容与出水口要有足够大，以保证水流通畅。若1条河上有几个坝，还须合理地分配每个坝的泄水量，保证整体协调运行。②库水环境与集水区环境是否适应。选择取水时，要预测水库热力学年过程，并弄清取水区水温在水深上的分布状况。对于高含沙河流，泄水难度较大且费用较高。③要搞清楚大坝处于哪个河段、坝的下游支流、当地降水、地下水等情况。

2. 设计　在明确了目标，分析了技术和经济方面均满足要求后，进入设计阶段。工程设计时要在以下几方面给予充分考虑：①工程设计应充分考虑水库大坝管理者、技术专家、当地政府、水电公司、当地居民、下游居民等所有相关人士的意见和建议，尽可能全面地收集水库和洪泛区内的各项物理、化学、生物、社会与经济方面的数据，分析研究、多方论证、共同策划，尽可能地保证各方利益。②确定泄水量、生态系统及实现目标三者之间的关系。我们的目标是在不破坏生态系统的前提下有效控制泄水，从而实现既定目标，产生社会经济效益，而不是单纯地为维持生态环境平衡而泄水。③通过建立洪泛区、水库、主要河道和集水区的水文或水动力学模型，详细阐明泄水量大小、时间、频率、周期及泄水后对库中原有水的影响。④从环境、健康、法律三方面重点对泄水工程进行评估。当有大量人口涌入洪泛区内，就需要制定新的相关法律法规限制人们滥用自然资源，以保护生态系统的和谐。工程建设会不同程度地改变河流水质、气候，会对居民健康造成不同程度的影响，这也需要充分重视。除此之外，还要评估泄水是否会对灌溉、发电、供水产生影响及影响大小。⑤选择最优方案时，国家和地区利益不能成为评价项目可行的惟一标准。对每一个项目，政治、社会、历史、生态环境等因素都是特别要考虑的重大问题。

3. 实施　这个阶段主要做3项工作：工程设施的设计与施工；泄水；监测、评价及方案修正。

水库中的水温、水化学成分、水中生物营养元素、水中含沙情况随水深不同而不同，因此确定出水口位置和大小时要仔细斟酌。同时，为确保安全，还要修建堤防、溢洪道、鱼道等一些配套设施，并在附近建立医疗中心。

前两三年进行小规模试验性地泄水，观察对生态环境的影响程度及是否达到目标。若完全符合目标要求，方可开展大规模的泄水。

在整个实施过程中，要随时对生态系统、社会和经济等各项指标和进行监测和评估，根据实际情况随时、科学地调整方案，以利工程顺利进行。

在开发和改造世界的过程中，我们逐渐认识到，地球是人类与其他生物共有的家园，人类必须与大自然和谐相处，遵循生态学原理，综合运用各种工程性和非工程性手段，改善江河湖泊与陆地的生态环境，维护生态系统的平衡，实现社会、人类、资源、环境的可持续发展，造福后代。

（水利部　梁　宁）

挪威引水式水电站气垫式调压室的应用

20世纪70年代，挪威、美国和日本等国就开始进行气垫式调压室的研究，并应用于水利水电工程。特别是在挪威地质条件较好的高水头水电站中发展较快，目前已投入运行的引水式水电站气垫式调压室有10座。

根据挪威经验，在进行气垫调压室设计时，必须要知道建筑物区围岩的地应力、地下水外水压力和调压室室内的空气压力，要求气垫式调压室处围岩最小地应力应大于所承受的内压，以免产生水压劈裂破坏，并要考虑其漏气、漏水方面的性能。如果岩石渗透性较强，则漏气量可能会较大，就必需进行水幕或灌浆等处理措施。

世界上第一个采用气垫式调压室的水电站是挪威在1973年建成的Driva水电站。现在挪威已运行的10个气垫式调压室特点见表1。据挪威的经验，其优点主要如下：

(1) 调压室深埋以后，省掉了常规调压室的明挖工程和上井公路，即减少了投资，又避免了大规模明挖对自然景观的破坏，这对保护自然环境是相当有利的。

(2) 当调压室深埋以后，一般地质条件较好，地下洞室可不衬护，可节省投资。

(3) 进水口和调压室之间可一坡到底，从而省掉了常规调压室下游的竖井和斜井。

(4) 调压室位置选择灵活，形状也不受限制。

(5) 气垫式调压室可布置在离厂房较近的上游侧，可减小水击波，增加电站机组运行的稳定性。

采用气垫式调压室的不足之处有：①调压室的稳

定断面比常规调压室大；②因为调压室的内压力很高，所以对地质条件的要求高，地质的勘探、试验工作量较大；③需一套完整、自动化程度高的监测、控制系统，并且要备有长期的运行费用。

挪威气垫式调压室特点

电站名称	投入使用日期	电站装机容量(MW)	岩石类型	至水轮机距离(m)	水头(m)	连接隧洞长度(m)	垂直洞室横剖面(m^2)	洞室体积(m^3)	漏气量(m^3/h)	空压机容量(m^3/h)	最大气垫水头与最小岩石覆盖层之比
Driva	1973	140	条带片麻岩	1300	570	20	111	7350	0	425	0.5
Jukla	1974	35	花岗片麻岩	680	180	40	129	6050	0	180	0.7
oksla	1980	206	花岗片麻岩	350	465	60	235	18000	<5	290	1.0
Sima	1980	500	花岗片麻岩	1300	1158	70	173	9500	<2	270	1.1
osa	1981	90	片麻状花岗岩	1050	205	80	176	12500	900/70*	2320	1.3
Kvilldal	1981	1240	混合片麻岩	600	537	70	260～370	110000	240/0**	500	0.8
Tafjord	1982	82	条带片麻岩	150	897	50	130	1950	150/0**	260	0.8
Brattset	1982	80	千枚岩	400	274	25	89	8900	11	700	1.6
Ulset	1985	37	云母片麻岩	360	338	40	92	4900	0	360	1.1
Torpa	1989	150	变质粉砂岩	350	475	70	95	12000	400/0**	940	2.0

*　灌浆前或灌浆后

**　运行中有或无水幕

（成都勘测设计研究院　陈五一　张逢银）

百年寿命的美国拉巴奇水电站跨入新世纪

1901年，美国密执安州大急流城的三名美国实业家在密执安州西南索纳普尔河上修建了拉巴奇坝和水电站，距大急流城约19.3km，位于喀里多尼亚镇中心。该电站至今已持续运行100多年，促进了当时的喀里多尼亚、黑斯廷斯及纳什维尔城的制造业的发展和居民生活水平的提高。

在索纳普尔河上修建的这座木笼坝，水头为5.4m。河水平均流量为11.6m^3/s。发电厂房是木结构，以前归拉巴奇锯木厂所有。水电站装机容量为850kW，发电设备由1台卧式双转轮机组和1台立式混流式机组组成，年平均发电量为465万kW·h。

水电站从1901年～1940年一直持续运行，但无详细记录。1940年消费者电力公司收购了这座水电站，一直运行至1965年。由于其他发电方式成本较低，于1965年关闭了这座电站。除压力管道、进水口闸门、尾水管外，立式机组的大部分被拆走。而卧式机组的大部分设备则被保留下来，只有调节器、液压系统、直流励磁机、发电铜圈及开关控制板被拆走。

1982年，该座水电站保留设备连同大坝又被美国联邦电力公司收购。由于从1965年以来该水电站一直没有检修，新业主为密执安州南部地区制定了一个水电站再建工程的长期发展规划。并积极推行1978年颁布的公用事业管理法。为了从水电站加快折旧、能源及投资减税中获得收益，重新恢复了拉巴奇坝和水电站，并对设备进行了改造。木屋架厂房改建成钢屋架、金属镶板结构；将550kW的Allis Chalmers发电机组改型装入原有的水轮机机坑，发电能力曾再次达到满负荷出力；重新更换了导向轴承、推力轴承及弧形闸门水封；安装了新的液压装置、电力配电盘及门式工作起重机；清除了在发电机机坑周围的沉积物；安装了1台立式Leffel 36Z水轮机和1台Electric Machinery发电机，并为立式水轮机修建了1座调压井。

1998年10月，联邦电力公司曾签署一个临时性土地转让协议，把位于喀里多尼亚的拉巴奇大坝及水电厂周围地区作为国家公园，但联邦电力公司保留大坝和发电站的使用权。

2000年4月，美国能源公司又收购联邦电力公司。拉巴奇水电站以批发的方式将电力出售给消费者电力公司。该水电站现归属美国能源公司所有，发电容量为850kW，安装有两台水轮机机组，一台是由Allis Chalmers厂制造的混流式水轮机机组，额定出力为550kW；另一台由James Leffel厂制造的立式36Z的混流式水轮机机组，额定出力为300kW（包括原有的和更新后的），水轮机转速为150r/min。同时，还安装了2台发电机，第一台转速为150r/min、周波为60Hz的3相发电机；第二台转速为165r/min、周波为60Hz的3相发电机。输电线路从地下厂房到水电站变电站约有21.3m。水电厂房为混凝土结构，宽9.4m，长12.5m，高12.2m，尾水管由一根直径为2.7m混凝土肘形引水管和一根直径为1.8m钢立式尾水管组成。

2001年为拉巴奇坝和水电厂房建成100周年，它几乎和100年前一样，现今仍在发电。建在19世纪锯木厂厂址上的这座历史著名的拉巴奇坝使这一地区周围的居民从索纳普尔河流中获得不少益处，其运行持久不衰受到人们称赞。

（水利部　杨玉农）

世界1998年已建大坝情况统计表

序号	国家名称	0～14m*	15～29m	30～59m	60～99m	100～149m	150m以上	合 计
1	中国	3959	17174	4253	349	67	19	25821
2	美国		4731	1222	332	71	19	6375
3	印度	1529	2056	347	57	16	5	4010
4	西班牙	273	414	319	141	37	3	1187
5	日本		47	685	267	67	11	1077
6	加拿大	212	398	131	33	8	5	787
7	韩国	33	627	89	14	2		765
8	土耳其	8	247	255	88	17	10	625
9	巴西	4	377	166	33	9	5	594
10	法国	24	354	131	45	11	4	569
11	南非	8	373	143	13	1		538
12	意大利	11	195	211	84	16	5	522
13	英国	70	333	104	10			517
14	澳大利亚	54	237	144	39	8	3	485
15	墨西哥	89	144	149	36	12	5	435
16	挪威		215	89	19	6		329
17	德国	39	173	74	23	2		311
18	阿尔巴尼亚		223	77	4	1	1	306
19	罗马尼亚	55	106	54	18	11	2	246
20	津巴布韦	3	168	37	4	1		213
21	泰国	1	163	32	5	2	1	204
22	瑞典		148	35	4	3		190
23	保加利亚	7	109	49	12	3		180
24	瑞士		68	40	23	16	9	156
25	奥地利	3	67	63	6	6	4	149
26	捷克	9	66	36	6	1		118
27	阿尔及利亚	13	53	25	12	4		107
28	葡萄牙	1	38	41	18	5		103
29	阿根廷	5	26	49	11	9	1	101
30	印度尼西亚		49	32	9	6		96
31	摩洛哥	4	43	25	17	3		92
32	俄罗斯		31	41	10	7	2	91
33	智利	3	48	19	10	4	3	87
34	新西兰	4	41	29	10	2		86
35	委内瑞拉		26	32	10	2	2	72
36	巴基斯坦		53	11	4	3		71
37	突尼斯	14	51	6				71

续表

序号	国家名称	0～14m*	15～29m	30～59m	60～99m	100～149m	150m 以上	合　计
38	波兰	27	24	15	3			69
39	南斯拉夫	3	24	28	10	3	1	69
40	伊朗	3	13	10	20	13	7	66
41	芬兰	7	39	9				55
42	马来西亚	4	19	23	6	2	1	55
43	塞浦路斯		27	22	2	1		52
44	斯洛伐克	10	24	13	3			50
45	哥伦比亚		14	17	10	5	3	49
46	斯里兰卡	1	34	8	2	1		46
47	希腊		15	14	7	6	4	46
48	尼日利亚	10	26	6	1	1		44
49	秘鲁	13	16	7	4	1		41
50	叙利亚	2	18	17	4			41
51	斯洛文尼亚	3	13	13	1			30
52	克罗地亚	5	15	7	2			29
53	波斯尼亚		9	9	5	2		25
54	象牙海岸	9	8	5				22
55	冰岛		10	8			1	19
56	马其顿			8	7	3		18
57	爱尔兰		12	4				16
58	比利时	1	5	6	3			15
59	匈牙利	6	9					15
60	刚果	3	5	4	2			14
61	利比亚		2	8	2			12
62	多米尼加			5	4	2		11
63	丹麦	4	6					10
64	荷兰	1	7	2				10
65	马达加斯加	4	6					10
66	哥斯达黎加		6	1	2			9
67	喀麦隆	1	4	4				9
68	洪都拉斯	3	1	1	2		1	8
69	莱索托		4	2			1	7
70	玻利维亚		2	4				6
71	乌拉圭		2	2	2			6
72	埃及		3	1		1		5
73	加纳		3	1		1		5
74	黎巴嫩		3	1	1			5

续表

序号	国家名称	0～14m*	15～29m	30～59m	60～99m	100～149m	150m以上	合 计
75	巴拉圭			3			1	4
76	苏丹		1	2	1			4
77	危地马拉		2	1		1		4
78	赞比亚			2	1	1		4
79	卢森堡			3				3
80	尼泊尔		2			1		3
81	非成员国	38	218	185	63	27	10	541
	合计	6593	30323	9726	1946	511	149	49248

* 指库容在 $1\times10^6m^3$ 以上。1998年后，国际大坝委员会中心办公室没出汇总表。

（中国水力发电工程学会 郈凤山）

世界各国2001年年底在建60m以上大坝情况统计表

序号	国家名称	在建坝数（座）	在建最高坝名称	在建最高坝坝高（m）	在建最高坝坝型
1	中国	89	小湾	292	拱坝
2	土耳其	60	Deriner	247	拱坝
3	伊朗	45	Karun IV	230	拱坝
4	日本	44	Tokuyama	161	堆石坝
5	印度	11	Tehri	261	土坝
6	西班牙	11	Rules	130	重力坝
7	巴西	7	Campos Novos	198	面板堆石坝
8	罗马尼亚	7	Gura Apelor	168	堆石坝
9	缅甸*	7.	Yeywa	132	碾压混凝土坝
10	意大利	7	Cameli	120	重力坝
11	委内瑞拉	6	Yacambu	158	堆石坝/重力坝
12	希腊	5	Sykia Messochora	150 150	堆石坝 面板堆石坝
13	俄罗斯	5	Bureya	139	碾压混凝土坝
14	阿尔及利亚	5	Tichy Haf	90	拱坝
15	阿根廷	4	Los Caracoles	155	堆石坝
16	韩国	4	San Chong (Upper)	97	堆石坝
17	摩洛哥	3	Sidi Said	120	碾压混凝土坝
18	前南斯拉夫	3	Prvonek	90	堆石坝
19	智利	2	Ralco	155	碾压混凝土坝
20	马其顿	2	Kozjak	126	堆石坝
21	印度尼西亚	2	Batu Tegi	120	堆石坝
22	德国	2	Leibis/Lichte	106	重力坝
23	美国	2	Olivenhain	94	碾压混凝土坝

续表

序号	国家名称	在建坝数（座）	在建最高坝名称	在建最高坝坝高（m）	在建最高坝坝型
24	马来西亚	1	Bakun	205	面板堆石坝
25	格鲁吉亚*	1	Khudoni	201	拱坝
26	菲律宾*	1	San Roque	200	堆石坝
27	哥伦比亚	1	La miel I	188	碾压混凝土坝
28	乌兹别克斯坦*	1	Mush	188	土坝
29	莱索托	1	Mohale	145	面板堆石坝
30	哥斯达黎加	1	Pirris	113	碾压混凝土坝
31	阿尔巴尼亚	1	Banja	100	堆石坝
32	葡萄牙	1	Alqueva	96	拱坝
33	泰国	1	Tha Dan	95	碾压混凝土坝
34	津巴布韦	1	Mukorsi	90	面板堆石坝
35	波斯尼亚	1	Konjic	87	拱坝
36	保加利亚	1	Kustendil	78	堆石坝
37	塞浦路斯	1	Kannaviou	75	面板堆石坝
38	叙利亚	1	17-Apr	68	堆石坝
39	约旦*	1	Mujib	64	碾压混凝土坝
	总计	349			

* 国际大坝委员会非成员国家。

（中国水力发电工程学会　邴凤山）

内容索引

内 容 索 引

E

F

G

T

W

X

Y

Z

国家电力公司中南勘测设计研究院

党委书记、院长：廖家凯

中南勘测设计研究院是与共和国同龄的综合性大型国家甲级勘测设计研究院，“中国勘察设计综合实力百强”单位，具有工程设计、工程勘察、工程总承包、工程咨询、工程监理、工业与民用建筑及建筑智能化系统工程设计、环境影响评价和环保专项工程设计、工程造价咨询、测绘、编制开发建设项目水土保持方案、地质灾害防治工程勘查和设计等甲级资质证书，为国家技术监督局认证的计量合格单位，享有工程建设经济技术合作的直接对外经营权。1998年通过了ISO9001质量体系认证和世行DACON信息中心资格认证。

该院现有员工1890人，各类专业技术人员占70%，其中工程院院士1人，高级专业技术人员517人，各类注册工程师400余人，专业人才济济、技术力量雄厚，设计、科研成果丰硕，荣获省、部级及以上科技奖109项，其中国家级24项，国家优秀设计和优秀勘察金奖7项。

半个多世纪以来，该院对国内长江南、北近30条河流进行了梯级开发规划，共规划水电站200多座，总装机容量超过40000MW；在国内外勘测设计中已建成的大中型水电站共22座，总装机容量达5000MW；正在建设中的红水河上的龙滩、沅水上的三板溪水电站和勘测设计中的金沙江上的虎跳峡、向家坝等水电站装机容量达30000MW；积累了丰富的经验，多项技术达到了国内同行业领先水平；举世瞩目的西部大开发、西电东送的标志性工程——龙滩水电站创最高的碾压混凝土大坝、最大的地下厂房、提升高度最大的升船机3个世界之最。该院已完成和正在执行的监理项目达130余个，总投资过800亿元。近年来连续两次被评为全国监理先进单位，多次获省市先进单位称号。

目前该院市场领域和业务范围已遍及16个省、市、自治区。自1995年起，年收入均过亿元，2001年位居全国工程勘察设计企业勘察设计收入第28名。该院1998年和2000年两次被国家电力公司和湖南省政府命名为双文明单位。2000年，荣获国家电力公司“思想政治工作先进单位”称号。

该院弘扬“团结、求实、创新、高效”的企业精神，以服务社会、创新工程技术为宗旨，遵循“科学管理、技术先进、保证质量、信守合同”GB/T19001-ISO9001质量管理体系要求，在国内树立了良好的企业形象。今后，愿竭诚为社会各界服务，与国内外顾客携手共创美好的未来。

地址：湖南省长沙市雨花区香樟路17号
邮编：410014
电话：(0731)5075441
传真：(0731)5584080

龙滩水电站鸟瞰图

水电是可再生的清洁能源，大力开发水电有利于提高资源利用率和经济社会的综合效益，有利于优化能源结构，符合中国可持续发展战略的要求，符合国家和民族的长远利益。中国水利水电建设集团公司即是中国开发水利水电资源的骨干力量，建国以来承担着我国主要的水利水电工程建设任务，在中国基础设施建设领域，在西部大开发、“西电东送”战略中发挥着重要作用。与此同时，公司以雄厚的实力和开放的姿态，积极实施党中央提出的“走出去”战略，在国际建筑市场上牢固树立了“中国水电建设第一品牌”的良好形象，成为中国外经贸领域新近崛起的、有影响力和带动力的一支劲旅。

铸中国水电建设第一品牌

——享誉海内外建筑市场的中国水利水电建设集团公司

党组书记、总经理　郭建堂

中国水利水电建设集团公司(中文简称中国水电集团公司，英文缩写SHC)承担了国内近80%的大中型水电站和水利枢纽工程的建设任务，先后建成包括二滩、小浪底在内的国内大中型水电站近百座，总装机容量5000万kW，多次获得国家及地方政府颁发的鲁班奖、金质奖、银质奖、优秀工程奖。目前，在建工程包括三峡、龙滩、小湾等特大型、大型水利水电工程达20余座，装机总规模4000余万kW。与中国常规水电装机容量跃居世界第一位、水电建设技术列居国际先进水平同步，中国水电建设集团公司在水利水电及相关工程建设领域所具有的技术实力和相应的管理水平已经进入国际先进行列。

辉煌的业绩源自雄厚的实力。经过多年在激烈的市场竞争中的不断发展，中国水电集团公司已成为跨国经营的特大型综合性工程建设企业。截至2001年底，公司拥有总资产 139亿元，注册资金19.26亿元。中国水电集团公司具有国家施工总承包一级企业资质、对外工程承包经营权、进出口贸易权、AAA级信用等级，被外经贸部列为重点支持发展的大型外经企业。根据多元化发展战略，公司业务除水利水电工程总承包外，还将业务扩展到各类土木工程、市政工程、海事工程的设计、施工、机械设备和金属结构制造安装等，核心竞争力进一步得到扩展和增强，形成了年完成土石方开挖15000万m^3、混凝土浇筑1500万m^3、发电机组安装800万kW、钢结构制作安装10万t的综合施工能力。

中国水电集团公司所属16个工程局和两个机电设备制造厂(均属子公司)分布在全国各大中城市，在世界上多个国家和地区设有13个经理部、代表处和分公司。目前，在建工程项目分布在全国各地及全世界的15个国家和地区。

在积极从事国内工程建设和能源开发的同时，中国水电集团公司积极实施国际化战略，不断探索和实践与国际市场的全方位接轨，成功构筑了国内市场、国际市场二元开发的产业结构。公司先后在亚洲、非洲、欧洲的20多个国家和地区承建了水电站、引排灌渠、场地吹填及船闸、港口、高速公路等工程，创造了优良的业绩，使“SHC”在国际市场上尤其是在发展中国家具有较高的知名度。尤其是1999年以来，公司对外经营连续取得突破。1999年至2001年，中国水电集团公司国际工程营业额分别达到1.2亿美元、1.4亿美元、1.5亿美元，签约额分别达到2.6亿美元、1.68亿美元、3.3亿美元；2002年上半年，公司国际工程营业额已达到1.1亿美元，签约额达到2.35亿美元。自1999年公司连续三年进入全球最大225家国际工程承包商行列，2001年位列第128位。2001年，公司以总承包形式中标了合同额达 1.5亿美元的伊朗塔里干水电站工程；2002年，公司作为责任方联合其他公司承揽了非洲大型水利枢纽工程——埃塞俄比亚泰可泽水电站工程，合同额达2.24亿美元。此类国际大型工程项目的中标，不仅充分体现了中国水电集团公司不断增强的国际竞争力，而且体现了中国改革开放以来水电建设取得的重大成就。

通过大力开拓国际市场，中国水电集团公司提出的“巩固亚洲、发展非洲、进军南美洲”的市场战略已经取得了实质性的进展，成为我国新近崛起的、有影响力和带动力的外经企业，有力地带动了国内企业、资金、技术、设备、劳务走向国际市场。

“乘风破浪会有时，直挂云帆济沧海”。根据经济全球化进程加快、中国加入WTO后的新形势，中国水电集团公司及时完善了企业发展战略，确定了“将公司发展成为以水利水电建设及相关建筑业为核心业务，具有完备的融资、投资、设计、施工、物资设备采购和工程总承包能力，管理技术密集型、集团化、现代化、国际化的国际一流工程建设企业”的战略目标，通过实施制度创新、科技创新和管理创新等一系列战略措施实现跨越式发展。

二滩水电站大坝

小浪底水利枢纽

伊朗塔里干水电站砂石系统

泰国科隆泰丹碾压混凝土大坝上游面

地址：北京市宣武区白广路二条一号　邮编：100761　电话：(+8610) 83538143　传真：(+8610) 63416137

中国安能建设总公司
(中国人民武装警察部队水电指挥部)

总经理：陈方枢(主任)

党委书记：徐国武(政治委员)

总工程师：梅锦煜

中国安能建设总公司（中国人民武装警察部队水电指挥部）是经原能源部、对外经济贸易部核准，在国家工商行政管理局登记注册的国有大型施工企业。经建设部核准为水利水电工程施工总承包特级、工民建总承包一级、民航场道总承包一级资质。具有独立法人资格，享有对外经营权。下辖四个子公司和一个学校，分别为江南水利水电工程公司(武警水电第一总队)、江夏水电工程公司(武警水电第二总队)、安蓉建设总公司(武警水电第三总队)、宜昌安联水利水电有限责任公司(武警水电三峡工程指挥部)和武警水电技术学校。现有人员16000余人，拥有固定资产10多亿元。

该公司以水利水电工程建设为主，同时还承担市政公用工程、公路、铁路、民用机场、桥梁、港口、码头、工业与民用建筑、金属结构制作安装和输电线路架设等工程建设任务。该公司技术力量雄厚，装备水平先进，施工能力强劲，拥有一大批具有现代科学知识、现代管理知识和丰富管理经验的工程技术人员。在3000余名各类技术干部中，有高级职称的400余人，中级职称的1000余人；其中264人获项目经理证书，146人获监理工程师证书。拥有中级以上熟练技工2000余名，各类大中型施工设备5395台(套)，主要是由日本、美国、德国、瑞典等国进口；具有年开挖5000万m^3土石方、浇筑200万m^3混凝土、制作安装20000t大中型金属结构、安装100万kW以上水轮发电机组、工业与民用建筑30万m^2、进行特殊基础处理和承担大型发电厂的运行管理的能力；具有的地下工程施工、碾压混凝土筑坝；混凝土面板堆石坝筑坝、基岩保护层爆破、高边坡治理、滑模施工、不良地质基础的化学灌浆、大型船闸人字门安装、大型水力发电机组及抽水蓄能机组的安装等技术和工艺，居国内领先地位或国际先进水平，并有10多项技术获得国家有关部委颁发的科技进步奖，5项施工技术持有国家专利权。

36年来，公司先后承建和参建国内外大中型水电站及水库 30多座，装机容量达300多万kW。其中西藏和平解放50年来新增水电装机容量的58%是由该公司承建施工。已建成的潘家口水利枢纽，万安水电站，天生桥一、二级水电站，羊卓雍湖抽水蓄能电站和在建的三峡永久船闸等成为公司的“拳头产品”，在建设过程中还创造了广泛赞誉的“羊湖精神”、“三峡精神”等，取得了物质文明和精神文明的“双丰收”。在西部大开发建设中，又先后中标承建“西电东送”标志性工程贵州洪家渡水电站、广西龙滩水电站以及新疆吉林台一级水电站等工程；“西气东输”——涩一宁兰管道工程；青藏铁路。在巴基斯坦、菲律宾、坦桑尼亚等国承接了部分水利水电工程。通过了ISO9002国际质量体系认证，建立了质量、环境、职业健康安全综合管理体系并运行良好。

该公司以严谨的作风、科学的管理、务实的精神，满腔的热情，积极探索军队参加国家经济建设的新路子，以创更多优质工程、精品工程，为国家的经济腾飞和西部大开发战略的实施做出应有贡献。

公司领导：陈方枢　徐国武　马王长
李光强　张志瑞　郭从工
梅锦煜　段映东　朱高炎
地址：北京市广安门外六里桥水口子村51号
邮编：100055
电话：(010)63467799

广西龙滩水电站施工

贵州洪家渡水电站施工

三峡永久船闸是三峡水利枢纽三大主体工程之一，为双线五级船闸，是当今世界规模最大、水平最高、技术最复杂的船闸工程。图为三峡永久船闸近期施工全景。

天生桥一级水电站大坝全景鸟瞰（梁逵 摄）

云南大朝山水电有限责任公司

董事长卜繁森深入工程第一线

冯励生总经理向外国专家介绍大朝山工程建设情况

云南大朝山水电有限责任公司是依照《中华人民共和国公司法》组建、规范化运作的大型水电有限责任公司，主要负责云南大朝山水电站的建设管理、电力生产及其经营。公司按现代企业制度实行三会一班子即股东会、董事会、监事会、总经理工作班子的法人治理结构。在工程建设中，全面推行项目法人负责制、招标承包制和工程监理制。

大朝山电站1993年开始前期工程准备，1994年列入国家预备开工项目，1997年8月4日经国家批准正式开工，同年11月10日顺利完成大江截流。工程于2001年年底第一台机组发电，计划2002年三台机组发电，2003年两台机组发电。电站总投资88．7亿元。

大朝山水电有限责任公司通过8年的实践，形成了一套成功的“大朝山制度”，在云南率先走出了中国水电管理体制从“鲁布革冲击”、“漫湾模式”到“大朝山制度”三步棋的重要一步，起到了先导示范作用。大朝山电站是国家实施西部大开发的标志性工程，她的建成投产，对云南培育支柱产业和推动云南经济发展将产生巨大而深远的影响。

目前，云南大朝山水电有限责任公司为适应电力市场，积极创办学习型企业，结合电力体制改革，进一步加强公司建设。通过科学管理、改进改善，把公司做实、做强，为公司可持续发展奠定良好的基础。

已建成的大朝山水电站拦河坝

公司价值观：安全+效益　精诚+精益

公司的使命：提供高质量的电能，致力于电力生产的革新与进步，从根本上维护用户、股东和员工的利益，自觉承担经济、社会发展和环境保护的责任。

公司的愿景：科学管理、改进改善，把公司做实、做强，成为现代企业制度的成功典范、电力行业的领先者及大朝山人的美好幸福家园。

大朝山水电站首台机组（1号机）并网发电

地址：云南省昆明市护国路

2号广业大厦

邮编：650011

电话：(0871) 3116246

传真：(0871) 3116265

黄河上游水电开发有限责任公司

董事长 刘本粹

总经理 夏 忠

黄河上游水电开发有限责任公司是于1999年10月由国家电力公司，国电西北公司，陕、甘、宁、青四省(区)电力公司，陕西省电力建设投资开发公司，甘肃省电力建设投资开发公司，青海省投资公司，宁夏电力开发建设有限公司10个股东方共同出资组建的有限责任公司，由国电西北公司控股，负责黄河上游龙羊峡至青铜峡段水电资源的滚动开发。公司总部注册在陕西省西安市，初期注册资金10亿元，现拥有龙羊峡和李家峡两个装机百万千瓦以上的大型母体水电站，目前公司总资产为180亿元。

该公司是现代企业制度下股份制和滚动机制相结合的水电开发实体，公司的主要工作职能是生产、经营和水电开发建设。公司将按照国家西部大开发和西北电力工业发展总体战略，以市场为导向，以实现可持续发展和谋求更大范围资源优化配置为总体战略取向，遵循“流域、梯级、滚动、综合”开发的原则，在科学规划的基础上，持续不断地滚动开发黄河上游水电资源，有效利用水利资源并满足西部大开发用电需求，把黄河上游建设成我国最大的水电基地和调峰基地。

公司近期主要开发公伯

龙羊峡水电站是黄河上游龙头电站，枢纽工程由混凝土重力拱坝和电站厂房组成，最大坝高178m，装机容量128万kW，水库总容量为247亿m^3(目前国内最大)，具有多年调节性能

峡、拉西瓦以及其他条件成熟的水电站。公司首选的开发项目为公伯峡水电站，该水电站装机容量150万kW，总工期6.5年，2000年12月国务院总理办公会正式通过了公伯峡水电站项目建议书，公伯峡水电站已于2001年8月8日正式开工，2004年首台机组发电。在加快公伯峡水电站建设的同时，公司还将加强后续水电站的开发。目前，正在进行拉西瓦水电站的前期准备工作，该电站装机容量420万kW，坝高250m，是黄河上游最大的水电站，计划“十五”期间正式开工。

在水电开发建设中，公司将认真执行工程招投标制、项目法人制、工程监理制、资本金制、合同管理制。要把公伯峡水电工程建成“精品工程”，争创“鲁班奖”，把公司建成国内一流水电流域开发公司，为加快黄河上游水电开发，促进跨大区联网和“西电东送”而努力。

李家峡水电站是我国第一座采用双排机厂房布置 的水电站，最大坝高165m，单机容量40万kW，总装机容量为200万kW。

拉西瓦水电站正在进行前期准备工作，该电站最大坝高250m，装机总容量420万kW，是黄河上游最大的水电站

上图为拉西瓦水电站鸟瞰图

公伯峡水电站是黄河上游水电开发有限责任公司成立后首选的开发项目，总装机容量150万kW，已于2002年3月20日胜利截流，图为电站截流场面

地址：青海省西宁市海西路7号 邮编：810003 电话：0971-6174809 987124809(微波)

云南澜沧江水电开发有限公司

云南澜沧江水电开发有限公司办公大楼

云南澜沧江水电开发有限公司是由国家电力公司、云南电力集团有限公司、云南省开发投资有限公司、云南红塔投资有限责任公司按照27:29:24:20的股比，依照《中华人民共和国公司法》组建的大型水电流域开发公司，公司将以漫湾水电站为母体进行资金积累并按股权比例增资方式，本着“流域、梯级、滚动、综合”的原则对云南省境内的澜沧江、金沙江等流域水电站实行滚动开发。

云南省具有丰富的水能资源，尤以金沙江、澜沧江水能资源最为丰富，开发条件最好，澜沧江干流在云南境内分为15级开发，总装机容量约为25150MW。金沙江为云南省第一大江，理论蕴藏量达 112460MW，居全国十二大水电基地之首，属云南省内的装机容量约 40940MW。

2001年2月18日，云南澜沧江水电开发有限公司在昆明正式挂牌成立。公司成立后，首先开发澜沧江上的小湾水电站，该电站为我国已建和在建的第二大水电站，装机容量4200MW，投资约300亿元，坝高292m，为世界拟建的最高双曲拱坝，工程规模巨大，技术复杂，它的建设标志着我国水电设计、施工、管理进入了世界先进水平。小湾水电站已于2002年1月20日正式开工。

糯扎渡水电站是澜沧江中下游规划的第五个梯级，位于澜沧江下游思茅县和澜沧县界河段，为澜沧江梯级中工程规模和调节库容最大的电站。电站装机容量5850MW，保证出力约2390MW，年发电量约 237亿kW·h，水库总库容227亿m^3，调节库容122亿m^3，具有不完全多年调节能力，是澜沧江流域电力外送的主力电源点。目前已委托昆明勘测设计研究院进行该电站可行性研究阶段的勘测设计工作，计划2003年完成可研报告。

小湾水电站双曲拱坝（模型）

2002年1月20日小湾水电站开工仪式

小湾水电站导流隧洞开挖

地址：中国云南昆明市拓东路
15号澜沧江大厦
电话：(0871)3126770
传真：(0871)3126751
邮编：650011

前进中的贵州乌江水电开发有限责任公司

乌江水电开发有限责任公司是1990年经国务院同意，国家计委、原能源部批准，1992年正式成立的我国第一家流域水电开发公司。成立的目的是充分借鉴国外的成功经验，按照“流域、梯级、滚动”开发方针，依靠母体电站的收益作为开发新电站的建设资本金，实现梯级滚动发展的良性循环。公司目前经营管理装机容量114万kW两座母体电站：乌江渡(63万kW)、东风(51万kW)发电厂，设计年发电量57亿kW·h，公司总资产49.74亿元，现有职工1273人。截至2001年12月31日，两座水电站累计发电690亿kW·h。1999年 3月，国家电力公司、贵州省经过协商，明确公司产权关系，产权比例为：国家电力公司占51%，贵州省占49%，1999年7月将原公司改制为贵州乌江水电开发有限责任公司。改制给乌江公司注入了新的活力，推进企业经营机制转换，建立现代企业制度，使企业面貌发生了根本变化。

公司充分发挥“流域、梯级、滚动”开发方针的优越性，按照“充分发挥母体电站效益，挤出资本金加快水电滚动开发”的思路，将目标定位在“发展”上，在“挤”字上下功夫，公司运作已走向良性循环，走出了一条加强管理，降低成本，挤出资本金滚动开发的新路子。有关领导指出：“乌江水电开发的实践进一步证明了‘流域、梯级、滚动’开发方针的正确性，也为我国流域水电梯级开发积累了成功经验。”目前，公司利用流域滚动发展的良好机制，已同时开展4个梯级电站项目的开发建设，各电站开发资本金基本落实。

2001年，公司在省委省政府和国家电力公司领导下，紧紧抓住国家实施“西电东送”的历史机遇，坚持发展才是硬道理，生产与建设并举，精神文明与物质文明并重，圆满完成了各项工作任务，公司工作创造历史佳绩。发电量创历史最好水平；长周期安全生产记录继续创新高；利润水平连续 4年实现两位数增长；水电开发同时启动4个项目；公司基地选址规划工作进展顺利；公司先后荣获全国“五一”劳动奖状、贵州省有突出贡献企业荣誉称号。

(一)电力安全生产创历史最好成绩。2001年公司完成发电量49.37亿kW·h，同比增加3.15亿kW·h；其中乌江渡发电厂完成发电量28.89亿kW·h，同比增加1.99亿kW·h，东风发电厂完成发电量20.49亿kW·h，同比增加1.16亿kW·h。乌江渡、东风两发电厂分别实现连续安全生产记录1400天、1609天，汛期设备等效可用系数完成100%，未发生人身伤亡事故、设备损坏等重大事故。

(二)经营管理再创佳绩。实现销售收入(不含税)7.47亿元，同比增长1.06%；实现利润2.58亿元，同比增长24.26%；资产总额49.73亿元，同比增长18.43%；资产负债率62.8%；资本收益率17.32%，资产保值增值率11 3.29%，电费回收率100%；全员劳动生产率(1990年不变价)41.75万元/(年·人)，同比增长24.5%。

(三)基本建设全面展开。公司迎难而上，同时展开装机总容量482万kW的4个大中型电站建设。洪家渡水电站完成投资7.4亿元，如期实现大江截流，基坑开挖全部完成；大坝填筑已全面展开。乌江渡水电站扩建工程完成投资1.4亿元，地下厂房开挖2002年6月结束；索风营水电站完成投资1.1亿元，施工准备工作基本完成，初步具备正式开工条件，近期将申请国家批准开工建设；构皮滩水电站作为贵州实施“西电东送”的标志性工程，已列入国家“十五”计划纲要，完成工程前期费用1904万元，施工准备工作正式开展。项目前期工作，索风营水电站可行性研究报告通过审查，通过中国国际工程咨询公司项目评估咨询；构皮滩水电站可行性研究报告通过审查，完成了项目前期工作既定计划。移民工作，特别是洪家渡移民工作在经历了“4.26”移民事件后，在省地各级党委政府的高度重视和支持下，提前完成了移民搬迁年度计划。

洪家渡水电站是2000年11月8日国家首批开工的7个“西电东送”工程项目之一，2001年10月15日成功实现大江截流。

摄影：李红灵

董事长、法定代表人：戴绍良

党委书记：刘撇成

总经理：金泽华

职工人数：截至2001年底：1273人(在职)、173(离退)。

经营范围：承担乌江流域水电梯级开发与建设、电站建成后，负责电力生产、经营；水电工程建设咨询监理，建筑安装工程、物资设备成套供应。

地址：贵州省贵阳市新华路9号乌江大厦

邮政编码：550002

电话：(0851)5784589

中国水利水电基础工程局

宗敦峰 局长

中国水利水电基础工程局(简称基础工程局)始建于1959年，是从事水利、电力、工业与民用建筑、铁路、交通等工程的地基处理及基础工程的国有大型建筑施工企业。工程局现有员工2512人，其中高级职称92人，中级职称146人，有资质的项目经理78人。

40年来，基础工程局参加了长江三峡、黄河小浪底等众多大中型水利水电工程的地基处理施工，共建造混凝土防渗墙100余道，计150余万m^2；完成灌浆工程量100余万m。此外还在国内完成了大量的城市高层建筑、地铁、路桥、火电厂等项目的基础工程，多次获得国家、省、市、自治区的表彰和奖励。最近还在新加坡、伊朗和马来西亚承担了地铁、水电工程的地连墙、灌浆、振冲等施工任务。近年来，又在长江、珠江、松花江重要堤防除险加固工程中被誉为“水利水电建设基础处理的王牌军”。

基础工程局十分重视新技术的研发，完成了国家科技攻关的许多专项课题，多项成果达到国际先进水平，并应用到工程实践中。其中有24项，获得国家和省部级科学技术进步奖，还拥有7项国家专利。近年来，工程局从国外引进先进技术和设备，大大增强了施工能力。

基础工程局一贯重合同，守信誉，保质量，保工期。自1997年以来，按照ISO9002国际质量保证标准建立了质量体系，确定了“严格管理，精心施工，技术先进，质量优良”的方针，确保为各界用户，业主提供优良的服务。

工程局为您提供下列技术的施工、设计、咨询等服务：

* 防渗墙、地下连续墙
* 水泥灌浆、化学灌浆
* 高喷灌浆
* 深层搅拌桩
* 钻孔灌注桩
* 振冲碎石桩
* 预应力锚固
* 强夯
* 塑料排水板
* 基坑支护
* 其他地基处理技术

尼尔基水利枢纽主坝防渗墙施工

尼尔基水利枢纽主坝坝基防渗墙是整个工程的关键项目之一。防渗墙轴线长1364.28m，最大深度40m，墙厚0.8m，入岩1m。施工中采用“钻抓法”快速成槽和“接头管法”连接墙段，提高了工效，月施工最高强度达18000m^2。

中国水利水电闽江工程局

局长：李良顺

书记：陈纯鹏

中国水利水电闽江工程局组建于1957年，具有国家建设部颁发的水利水电施工总承包一级；市政公用工程施工总承包一级；公路工程施工总承包一级；民用建筑和港口工程施工总承包二级；金属结构、土石方、机场跑道工程施工专业一级资质的施工企业，是福建省基础设施建设的主力军。

本局现有职工5000余人，具有专业职称的各类干部 1459人，高级职称190人，中级职称440人。拥有价值1.7亿元的大中型施工机械设备近4000台（套）。主要年生产能力：土石方挖填300万m^3，混凝土浇筑120万m^3，金属结构制安8000t。

本局是全国500家最大建筑企业之一，福建省十大企业之首，国家计委授予的全国重点工程A级信誉单位，中国资信评价中心、中国调查统计事务所授予的2001年（首届）中国建设系统企业形象AAA级单位。在碾压混凝土筑坝、岩石控制爆破、钢筋气压焊、混凝土双掺技术、土工膜、塑性混凝土防渗技术、树脂预应力锚杆技术、大型模板技术、电磁波测距及微机处理测量技术等新工艺、新技术的运用方面均达到国内行业先进水平，其中获国家科技进步一等奖一项、三等奖一项；获省部级科技一等奖一项、二等奖一项、三等奖五项；获部科技情报二等奖一项。2001年被国家建设部授予第二届全国先进建筑施工企业称号。

本局恪守"科学管理，规范施工，全面履约，质量一流"的ISO9002质量方针，为用户奉献精品工程，提供优质服务。

地址：福州市湖东路82号　　电话：0591-7821294
邮编：350003　　传真：0591-7853663

本局承建的水口水电站

本局承建的棉花滩水电站

本局承建的杭甬高速公路

本局承建的乌兹别克斯坦机场

中国水利水电第四工程局开拓奋进铸辉煌

水电四局局长郑征宇（左）和党委书记王振南在工地（摄影 郭志伟）

中国水利水电第四工程局（简称水电四局）于1958年10月成立，现有职工11000多人，拥有各类主要施工设备5000多台（套），固定资产6亿多元人民币。该局是经国家建设部批准的工程施工总承包一级资质、取得国家公路施工一级资信的大型综合企业和跨世纪质量无投诉示范企业，荣居全国堤坝、电站、码头建筑行业100家最大经营规模企业第9位。40多年来，水电四局从单一的水电施工企业发展成为拥有雄厚的技术力量、先进的设备、科学的监测手段和现代化管理的综合性大型企业，集施工、勘测、设计、质控、安装、制造和运输等业务能力于一体，形成了强大的综合实力。

水电四局以水电建筑为主业，年施工能力为：土石方挖填1000万m^3；混凝土浇筑200万m^3；机组安装120万kW；金属结构制安12000t；可同时承建3座百万千瓦级以上大型水电站，对百米以上的各类混凝土大坝、面板堆石坝具有丰富的施工经验。先后建成了20多项大中型水利水电工程，总装机800多万千瓦，占全国水电装机总容量的13 %左右，居全国同行业之首。

2001 年“五一”前夕，获得了全国“五一劳动奖状”。连续六年获得水电总公司“文明单位”称号，连续两年荣获青海省“文明单位标兵”、国家电力公司“双文明单位”等殊荣。

李家峡水电站 （摄影 郭志伟）

地　　址：青海省西宁市互助西路136号
邮　　编：810006
联系电话：(0971)8149917

三峡工程左岸厂坝施工

全自动控制调度的混凝土生产系统(可同时生产99种级配的混凝土,采用二次风冷技术可生产7℃低温混凝土)

成都自来水六厂(BOT项目)

成都双流国际机场201飞机修理库

中国水利水电第十四工程局

中国水利水电第十四工程局（简称水电十四局），是以承建水利水电建筑安装工程为主，又担负高等级公路、桥梁、工业民用建筑和环境保护等工程的大型施工企业，具有水利水电工程施工总承包一级企业资质、土石方工程专业承包一级企业资质、市政公用工程施工总承包一级企业资质、公路施工总承包二级企业资质和承包经营国外工程等资质。

法定代表人——中国水利水电第十四工程局局长 李跃平

自1954年建局以来，在国内建成大中小型水电站150多座，安装水轮发电机组250余台，完成总装机容量690万kW。共建成各类型大坝42座，发电厂房46座（其中地下厂房18座）；共掘进各种隧洞400余条，总长100余km，斜井、竖井70余条，总长20余km。承建各类型永久公路近700km，建筑永久房屋面积50万m^2，建成净水厂1座，污水处理厂2座。在国外，先后在非洲、美洲、亚洲东南亚等国家与地区承建水利水电工程、公路和房建工程。目前参建的主要大型工程有：长江三峡、湖北清江水布垭、新疆恰甫其海与顶山、云南小湾、贵州乌江流域、广西百色、广西龙滩等水利水电工程及江苏田湾核电工程，遍布全国13个省区。

水电十四局现有工程技术人员4856人，其中高级职称309人，中级职称1150人。

2001年，水电十四局总资产约为11亿元，其中：固定资产原值39728万元，净资产38434.6万元，流动资产79613.89万元。国有资产保值增值率112%。2001年全局完成总产值159418万元。

近年来获省部级以上重大科技成果奖55项（其中国家级科技成果奖21项），已获省部级优质工程奖11项，鲁班奖两项（鲁布革大坝与广州抽水蓄能电站），并评为“2001年全国优秀施工企业”、“全国建筑业科技百强企业”、“全国百家产品质量信得过企业”、“连续十年以上‘重合同、守信用’企业”、“全国用户满意”企业称号，2002年通过了ISO 9001质量认证复审，赢得良好的社会信誉。水电十四局原局长马洪琪同志2001年12月12日当选为中国工程院院士。

水电十四局技术装备总价值64158万元，拥有各种施工设备5089台（套），总功率158739 kW。具有年开挖填筑土石方1000万m^3，混凝土浇筑150万m^3，钻探灌浆3万m，金属结构制安15000t，房屋建筑3.5万m^2，人工砂石料生产250万m^3，水轮发电机组安装150万 kW的施工能力。对承建各类能源、交通、工民建工程，对高土石坝工程、混凝土面板堆石坝、碾压混凝土坝、混凝土重力坝、大型地下厂房洞室群、大断面长隧洞、长斜井快速施工、大型水电站机电设备及金属结构制作安装和公路施工均具有丰富经验、优秀的业绩与信誉。

天荒坪抽水蓄能电站地下厂房

地址：云南省昆明市环城东路192号 邮编：650041
电话：(0871)3327821 电传：(0871)3333460
E-mail：fcbbgs@public.km.yn.cn

柴石滩混凝土面板堆石坝

（图为圆形断面隧洞大型钢模）

崛起中的三峡大坝厂房坝段

大朝山水电站尾水洞岔管段

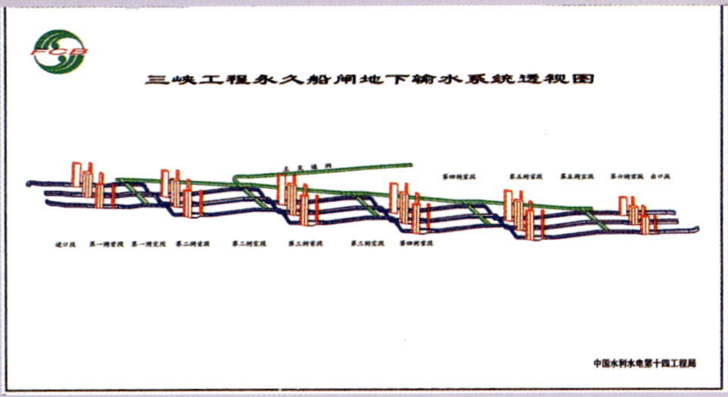

体形最复杂的地下洞室群，共有竖井36条，渐变斜井12条，6级18段平洞，渐变段72个，隧洞总长5.5km，石方洞挖80余万m^3，混凝土总量50万m^3。

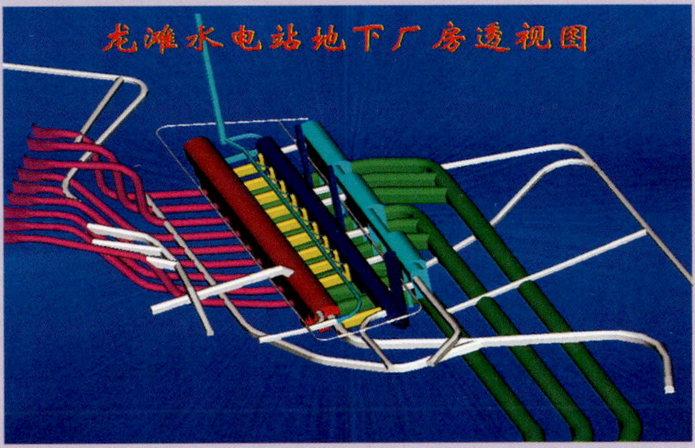

目前在世界上规模最大的地下电站厂房

龙滩水电站地下厂房在0.5km^2面积范围内共有地下洞室108条，石方洞挖300万m^3，混凝土浇筑量65万m^3，总装机容量5400MW，是目前世界上规模最大的地下电站厂房。

正在吊装的昆墨（昆明—墨江）高速公路特大桥

正在建设中的昆明第五污水处理厂

闽江明珠耀八闽

福建水口发电有限公司

福建水口发电有限公司成立于2000年8月30日，是福建省电力有限公司控股，福建省人民政府参股的国有特大型企业。公司前身为福建水口水力发电厂，是国家“七五”期间水电建设的“五朵金花”之一，电站装机容量140万千瓦，多年平均年发电量为49.5亿千瓦时，担负着省网的调峰、调频、事故备用等主要任务，电站枢纽辖有220千伏开关站，500千伏变电站，一座可同时通过2×500吨级驳船的一线三级船闸及一座升船机，是福建省网的主力发电厂之一。

水口水电站夜景

水口水电站中央控制室

通航中的水口三级船闸

近年来，水口发电公司立足基础，勇攀一流，始终以“保上下游防汛安全、保人身、设备、电网安全、保企业经济效益、投资者和价值最大化等三大责任安全。充分发扬“和谐、严谨、求实、创新”的企业精神，努力开创“以人为本，依法管理，科教兴企，追求卓越”的治企新局面。并在全体员工的

国家电力公司副总经理谢松林、
省电力公司总经理刘顺达等领导视察
水口发电公司

共同努力下，善于在优势领域中添后劲，在薄弱环节中加把劲，在紧跟潮流中抢机遇，在持之以恒中补足劲。取得了年年超额完成生产任务，经济效益逐年提高，双文明建设硕果累累的佳绩。先后连续两届获得“福建省文明单位”、“国电公司双文明单位称号”，并于2000年7月正式被国电公司命名为华东地区首家“一流水力发电厂”，2001年2月再次通过了国电公司一流复核。

“一流水力发电厂”授牌

新世纪之初，水口人在党的十五大精神指导下，自觉纳入国电公司发展战略、主动融入福建社会经济、积极汇入世界发展潮流，正朝着“巩固和发展一流成果，完善现代企业管理制度，积极面对市场竞争，力争2003年，确保2004年创国际一流的宏伟目标”奋进。

地　　址：福建省福州市北环东路92号
邮　　编：350013
电话总机：(0591)7578690 7578691
传　　真：(0591)7571590

四川杂谷脑水电开发有限责任公司

公司名称：四川杂谷脑水电开发有限责任公司

注册机关：四川省阿坝州工商行政管理局

公司住所：四川省阿坝州理县

成都办事处：成都市十二桥街7号

组织形式：有限责任公司

董事长：陈东平（法定代表人）

总经理：张长源

注册资本：伍仟万元

成立时间：2000年6月29日

经营范围：水电项目开发、建设、营运和管理；水电站检修、水利电力工程咨询和管理；科技开发、建筑安装、建筑材料经销；房地产开发、餐饮业、商业、旅游服务。

经营宗旨：根据国家政策，进行岷江杂谷脑河流域滚动开发，适时开发其他水电资源。

经营方式：独立核算、自主经营、自负盈亏，依法享有由股东投资形成的全部法人财产权，依法享有民事权利，承担民事责任。

经营期限：50年

股东单位：国家电力公司（控股）、阿坝州国有资产经营公司、四川省电力公司、安蓉建设总公司、中国水利水电建设工程咨询公司、国家电力公司成都勘测设计研究院

四川杂谷脑河干流水电梯级开发规划：一库九级——狮子坪（龙头水库）、红叶二级、理县、危关、甘堡、薛城、古城、下庄、桑坪，总装机容量618.2MW；其中地方已投资建成三个——理县、甘堡、下庄，装机容量75.2MW；拟由四川杂谷脑水电开发有限责任公司开发其余六个项目，共装机容量543MW。

正在开发项目：红叶二级水电站——装机容量90MW，设计年发电量4.9亿kW·h，总投资40461万元；开工时间——2000年12月，计划2002年发电。

正筹建开发项目：狮子坪水电站——为杂谷脑河流域开发的龙头水库，设计库容1.4亿m^3，调节库容1.1亿m^3，具有不完全年调节性能；装机容量180MW，保证出力59.39MW，年发电量9.3亿kW·h。已完成预可研、环境保护大纲、水土保持大纲的审查和项目咨询评估及入网运行批复，四川省计委已向国家计委报批了该电站项目建议书。

西部大开发标志性工程和“西电东送”战略项目

——红水河龙滩水电工程

龙滩水电工程是国家西部大开发的十大标志性工程和“西电东送”的战略项目之一。它的开发和建设，对于满足广东和广西地区电力增长的需要、优化华南地区电源结构和电力结构、减轻红水河下游及西江两岸地区的洪水威胁、促进广西和贵州少数民族地区经济和社会全面发展，具有巨大的作用。

龙滩水电工程规划装机容量540万kW，首期建设装机容量为420万kW，工程静态总投资243亿元，是目前建设仅次于长江三峡的巨型水电工程。工程主要由大坝、地下厂房和通航建筑物三大部分组成。它的建设将创造三项世界之最：最高的碾压混凝土大坝（最大坝高216.5m，坝顶长836m，坝体混凝土为685万m^3）；最大的地下厂房（长388.5m，宽28.5m，高74.5m）；提升高度最高的升船机（全长1700多m，最高提升高度179m。分两级提升，提起高度分别为88.5m和90.5m）。建设工期为9年，即2001年7月主体工程开工，2003年11月截流，2007年7月第一台机组发电，2009年12月7台机组全部投产发电。

龙滩水电工程施工全景

左岸岸坡施工全貌

在国务院、国家计委、国家电力公司和广西、贵州两省（区）人民政府以及社会各界的关怀、关心和支持下，2001年7月1日，龙滩水电工程顺利开工建设。

龙滩水电工程主体土建工程共分为5个标段。Ⅰ标段：左岸岸坡＋左岸导流洞；Ⅱ标段：右岸岸坡＋右岸导流洞；Ⅲ标段：大坝＋围堰；Ⅳ标段：地下引水发电系统；Ⅴ标段：通航建筑物。另外，还有机电和金结标段，以及为主体土建服务的临建工程标段。2001年先后完成了主体工程Ⅰ标段、Ⅱ标段、Ⅳ标段的招标工作，并签订了工作合同，这几个标段分别由葛洲坝集团公司、江桂联营体和1478联营体承建。

地下厂房施工

龙滩水电开发有限公司是龙滩水电工程的业主单位，负责电站的建设及运营。本公司1999年12月由国家电力公司、广西电力有限公司、广西开发投资有限责任公司和贵州省基本建设投资公司按33%、32%、30%、5%出资比例组建。工程建设期间，严格实行项目法人负责制、招标承包制和工程监理制。

公司全体员工在戴波总经理的领导下，将遵循“高效、廉洁、追求、卓越”的宗旨，团结参建各方，发扬艰苦奋斗和无私奉献精神，团结拼搏，开拓进取，克服困难，努力把龙滩建设成为精品工程和一流工程。

地址：广西南宁思贤路38号　邮编：530023　电话：(0771)5644658

航道开挖场景（摄影：潘炳康）

永不满足　不断创新

——能达公司十年创新路

能达公司总经理　　顾宏进

（教授级高工，享受国家级专家津贴）

宜昌市能达通用电气股份合作公司是中国长江三峡开发总公司所属的葛洲坝水力发电厂创办的一个高新技术企业，也是葛洲坝水力发电厂自动化研究所的研究机构。

经过十年的不断努力，能达公司由单一的小作坊式简单生产的公司，逐步发展成为拥有6个系列20多个产品品种的企业。公司的六大系列产品经过公司不断开发、研制，其功能不断完善，工艺不断改进，性能不断提高，产品向多样化方向发展。在公司的六项主导产品中，调速、励磁、保护、直流充电装置、直流电流互感器五项产品获得国家经贸委新产品证书。1997年后，公司不断加大科技投入，短短几年取得了较好的成果和业绩。LDS—100分布式泵站集控系统通过省级鉴定；八侧差动保护开发为国家攻关计划项目；步进式调速器被列为国家级“火炬计划项目”；WZCF微机直流充电装置，1999年被评为国家级新产品；水电厂智能控制－维护－管理集成自动化装置列入1999年国家技术创新项目计划；大型电厂新型LCU装置的研制和6.3MPa主配压阀研制已列入三峡工程“九五”攻关项目中；步进式水轮机调速器被评为2001年宜昌市名牌产品；1999年4月公司被中国电气工业协会接纳为会员；1999年6月公司被认定为“湖北省高新技术企业”；2002年3月12日高新技术企业通过复审；2000年公司的“调速器微机电气械、励磁装置、继电保护(元件保护)设备被国家电力公司水电水利规划设计总院和国家电力公司成套设备部列为(2000年版)水电工程主导机电设备推荐厂家名录；1999年3月公司研制的调速、励磁、保护等主导产品的设计、生产、制造通过了ISO9001质量体系认证。2001年12月在涵盖面扩大的情况下，一次通过北京9000质量认证中心2000版的9000体系监督审核复评工作。

技术创新为企业拓宽了生存空间，为企业的发展提供了强大的后劲，同时公司不断扩大在自动化领域的技术成果，研制开发出用于油田、冶金、仓库等多用途安全保卫的监测及报警系统，多年的技术创新为公司的发展带来了良好的外部环境，众多的国家级新产品，国家技术创新项目得到国家雄厚的资金支持，已先后得到用于科技开发的银行贷款1000万，支助款93万，新产品奖励三项累计达90万元。贷款贴息补助40万，为公司规模化经营提供了资金保证。公司连续三年被宜昌市授予纳税先进单位，2000年被宜昌市工商局确定为免税企业。公司的技术创新始终得到三峡开发总公司、葛洲坝电厂在资金、人力、技术上的大力支持，并成为新产品的试验基地。

联系人：易全生
电话、传真：(0717) 6953795
13908603336
邮编：443002
地址：湖北宜昌葛洲坝电厂

能达公司办公楼全景